BECK'SCHE KOMMENTARE ZUM ARBEITSRECHT
HERAUSGEGEBEN VON GÖTZ HUECK UND DIRK NEUMANN
BAND II

Kündigungsschutzgesetz

KOMMENTAR

von

Dr. Gerrick v. Hoyningen-Huene
o. Professor an der Universität Heidelberg

und

Dr. Rüdiger Linck
Richter am Bundesarbeitsgericht

13., völlig neubearbeitete Auflage

des von

Dr. Dr. h. c. Alfred Hueck,
weiland o. Professor an der Universität München,
begründeten und bis zur 10. Auflage von
Dr. Dr. h. c. Götz Hueck,
em. o. Professor an der Universität München,
fortgeführten Werkes

Verlag C. H. Beck München 2002

Zitiervorschlag:
v. Hoyningen-Huene/Linck KSchG § 1 Rn. 455

Die Deutsche Bibliothek – CIP-Einheitsaufnahme

Kündigungsschutzgesetz : Kommentar / begr. von Alfred Hueck. Bis zur 10. Aufl. fortgef. von Götz Hueck. – 13., völlig neubearb. Aufl. / von Gerrick v. Hoyningen-Huene und Rüdiger Linck. – München : Beck, 2001
  (Beck'sche Kommentare zum Arbeitsrecht ; Bd. 2)
  ISBN 3 406 46939 6

ISBN 3 406 46939 6

© 2002 Verlag C. H. Beck oHG
Wilhelmstraße 9, 80801 München
Druck: Bercker Graphischer Betrieb GmbH & Co. KG
Hooge Weg 100, 47623 Kevelaer

Satz: Druckerei C. H. Beck Nördlingen

Gedruckt auf säurefreiem, alterungsbeständigem Papier
(hergestellt aus chlorfrei gebleichtem Zellstoff)

Vorwort

In der vorliegenden 13. Auflage wird der Name „Hueck" nicht mehr als Verfasser genannt. Das 1951 von *Alfred Hueck* begründete Werk wurde bis zur 10. Auflage 1980 von seinem Sohn *Götz Hueck* fortgeführt. Bereits an jener Auflage hat *Gerrick v. Hoyningen-Huene* mitgewirkt, der ab der 11. Auflage unter Beteiligung von *Rüdiger Linck* die Gesamtbearbeitung übernommen hat. Da das Kündigungsschutzrecht seit 1980 so viele Änderungen und Ergänzungen erfahren und sich dadurch der Inhalt der Kommentierung ganz erheblich geändert hat, haben sich der Verlag und die jetzigen Autoren entschlossen, im Buchtitel nur noch die aktuellen Bearbeiter aufzuführen. Wir danken den Begründern für die geleistete Arbeit, die dem Kündigungsschutz-Kommentar zu hohem Ansehen verholfen hat.

Insgesamt sind Charakter und Stil des Kommentars auch in dieser Auflage bewahrt worden. So ist wie bisher sein Ziel eine wissenschaftlich fundierte Erläuterung des Kündigungsschutzrechts für den praktischen Gebrauch. Dazu wird einerseits besonderer Wert auf das Herausarbeiten von Strukturen und Prinzipien des Kündigungsschutzrechts gelegt, um die Orientierung in der nahezu unübersehbaren Rechtsprechung und Literatur nicht zu verlieren. Andererseits erfolgt eine Beschränkung der Darstellung auf das Kündigungsschutzgesetz. Andere Bereiche, wie das allgemeine Kündigungsrecht, der besondere Kündigungsschutz außerhalb des Kündigungsschutzgesetzes und die Mitbestimmung des Betriebsrats, werden nur im erforderlichen Zusammenhang und zum besseren Verständnis des Kündigungsschutzgesetzes behandelt. Die Befristung von Arbeitsverhältnissen ist unter § 1 erläutert (Rn. 554 ff.).

Gesetzgebung, Rechtsprechung und Schrifttum sind bis zum 1. 8. 2001 berücksichtigt. Insbesondere sind neben dem neuen Teilzeit- und Befristungsgesetz das SGB IX zum neugefaßten Schwerbehindertenrecht sowie die Novelle zum Betriebsverfassungsgesetz eingearbeitet worden. Außerdem wurde die gesamte Darstellung völlig überarbeitet, vor allem die Vielzahl neuer Kommentare zum Kündigungsschutzgesetz berücksichtigt. Aktuelle Themen wurden vertieft, z.B. zum Wiedereinstellungsanspruch oder zur Unternehmerentscheidung bei betriebsbedingten Kündigungen. Dabei wurde für die neueren Veröffentlichungen möglichst Vollständigkeit angestrebt, dagegen die ältere Literatur zum Kündigungsschutzgesetz vor 1969 aus Platzgründen nur noch ausnahmsweise aufgeführt, wohl aber in den Schrifttumsverzeichnissen nachgewiesen. Entscheidungen des BAG werden nach dem Datum zitiert, damit die Parallelfundstellen leichter (z.B. nach dem AP-Fundstellenregister) aufgefunden werden können. Soweit Anmerkungen zu den Entscheidungen vorliegen, werden diese ebenfalls angegeben. Alle Zitate finden sich jetzt in Fußnoten, um die Lesbarkeit des Textes zu verbessern. Die Zählung der Randnummern konnte weitgehend beibehalten werden, auch wenn erneut viele „a"-Randnummern eingefügt werden mußten.

Vorwort

Die Kommentierung des Ersten Abschnitts (§§ 1–14) ist ein Gemeinschaftswerk beider Autoren, wobei *Rüdiger Linck* den Großteil bearbeitet hat und seine richterliche Erfahrung einbringen konnte; die übrigen Teile hat *Gerrick v. Hoyningen-Huene* allein verfaßt. Besonderer Dank gilt schließlich Frau *Angelika Hertel,* die stets zuverlässig die vielfältigen Ergänzungen zum Manuskript erledigt hat.

Heidelberg/Erfurt, im September 2001 *Gerrick v. Hoyningen-Huene*
Rüdiger Linck

Inhaltsverzeichnis

Abkürzungen IX
Literaturverzeichnis XIII

A. Gesetzestext

Kündigungsschutzgesetz (KSchG) 1

B. Einleitung

    I. Entwicklung und Zielsetzung des Kündigungsschutzes 17
   II. Entstehung des Kündigungsschutzgesetzes 27
  III. Neufassung des Kündigungsschutzgesetzes vom 25. 8. 1969 durch das 1. Arbeitsrechtsbereinigungsgesetz 30
  IV. Betriebsverfassungsgesetz vom 15. 1. 1972, Bundespersonalvertretungsgesetz vom 15. 3. 1974 32
   V. Weitere Entwicklung 37
  VI. Das Arbeitsrechtliche Beschäftigungsförderungsgesetz und dessen Korrekturen 41
 VII. Reformbestrebungen 44
VIII. Inhalt des Kündigungsschutzgesetzes und Verhältnis zum sonstigen Kündigungsschutz 49
  IX. Geltungsbereich des Kündigungsschutzgesetzes 58

C. Kommentar zum Kündigungsschutzgesetz

Erster Abschnitt. Allgemeiner Kündigungsschutz

§ 1 Sozial ungerechtfertigte Kündigungen 67
§ 2 Änderungskündigung 424
§ 3 Kündigungseinspruch 480
§ 4 Anrufung des Arbeitsgerichtes 484
§ 5 Zulassung verspäteter Klagen 538
§ 6 Verlängerte Anrufungsfrist 555
§ 7 Wirksamwerden der Kündigung 560
§ 8 Wiederherstellung der früheren Arbeitsbedingungen 563
§ 9 Auflösung des Arbeitsverhältnisses durch Urteil des Gerichts; Abfindung des Arbeitnehmers 563
§ 10 Höhe der Abfindung 592
§ 11 Anrechnung auf entgangenen Zwischenverdienst 605
§ 12 Neues Arbeitsverhältnis des Arbeitnehmers; Auflösung des alten Arbeitsverhältnisses 615
§ 13 Verhältnis zu sonstigen Kündigungen 620
§ 14 Angestellte in leitender Stellung 654

Zweiter Abschnitt. Kündigungsschutz im Rahmen der Betriebsverfassung und Personalvertretung

§ 15 Unzulässigkeit der Kündigung 666
§ 16 Neues Arbeitsverhältnis; Auflösung des alten Arbeitsverhältnisses... 743

Inhalt

Dritter Abschnitt. Anzeigepflichtige Entlassungen

Vorbemerkungen zu §§ 17 ff.	745
§ 17 Anzeigepflicht	755
§ 18 Entlassungssperre	790
§ 19 Zulässigkeit von Kurzarbeit	805
§ 20 Entscheidungen des Landesarbeitsamtes	818
§ 21 Entscheidungen der Hauptstelle der Bundesanstalt für Arbeit	828
§ 22 Ausnahmebetriebe	830

Vierter Abschnitt. Schlußbestimmungen

§ 23 Geltungsbereich	835
§ 24 Anwendung des Gesetzes auf Betriebe der Schiffahrt und des Luftverkehrs	858
§ 25 Kündigung in Arbeitskämpfen	864
§ 26 Inkrafttreten	873
Sachverzeichnis	875

Abkürzungen

Verzeichnis der abgekürzt zitierten Literatur siehe S. XIII
Für hier nicht aufgeführte Abkürzungen wird verwiesen auf *Kirchner*,
Abkürzungsverzeichnis der Rechtssprache (4. Auflage 1993)

a. A.	anderer Ansicht
AA	Arbeitsamt
aaO	am angegebenen Ort
ABA	Arbeit, Beruf und Arbeitslosenhilfe (Zeitschrift)
abl.	ablehnend
ABM	Arbeitsbeschaffungsmaßnahme
AcP	Archiv für die civilistische Praxis
a. F.	alte(r) Fassung
AFG	Arbeitsförderungsgesetz
AG	Die Aktiengesellschaft (Zeitschrift)
AiB	Arbeitsrecht im Betrieb (Zeitschrift)
allg. M.	allgemeine Meinung
AngKSchG	Gesetz über die Fristen für die Kündigung von Angestellten
Anm.	Anmerkung
AOG	Gesetz zur Ordnung der nationalen Arbeit
AP	Arbeitsrechtliche Praxis (Entscheidungssammlung), Nachschlagewerk des Bundesarbeitsgerichts
ArbG	Arbeitsgericht
ArbGG	Arbeitsgerichtsgesetz
ArbMin.	Arbeitsminister, Arbeitsministerium
ArbPlSchG	Arbeitsplatzschutzgesetz
ArbR	Arbeitsrecht (Zeitschrift)
ArbRBereinigG	Erstes Arbeitsrechtsbereinigungsgesetz vom 14. 8. 1969
AR-Blattei	Arbeitsrecht-Blattei
ArbRdGgnw	Arbeitsrecht der Gegenwart (Band, Jahr, Seite)
ArbZG	Arbeitszeitgesetz
ARS	Arbeitsrechtssammlung, Entscheidungen des Reichsarbeitsgerichts und der Landesarbeitsgerichte
ARSt	Arbeitsrecht in Stichworten
AuA	Arbeit und Arbeitsrecht (Zeitschrift)
AuR	Arbeit und Recht (Zeitschrift)
ausf.	ausführlich
AVG	Angestelltenversicherungsgesetz
BA	Bundesanstalt für Arbeit
BAG	Bundesarbeitsgericht
BAM	Bundesarbeitsminister
BArbBl.	Bundesarbeitsblatt
BB	Betriebs-Berater (Zeitschrift)
BBG	Bundesbeamtengesetz
BBiG	Berufsbildungsgesetz
BeschFG	Beschäftigungsförderungsgesetz 1985 vom 26. 4. 1985
BetrR	Der Betriebsrat (Zeitschrift)
BetrVerf.	Die Betriebsverfassung (Zeitschrift)

Abkürzungen

Abkürzungsverzeichnis

BetrVG	Betriebsverfassungsgesetz
BGBl.	Bundesgesetzblatt
BGH	Bundesgerichtshof und seine Entscheidungen in Zivilsachen
BlStSozArbR	Blätter für Steuerrecht, Sozialversicherung und Arbeitsrecht
BPersVG	Bundespersonalvertretungsgesetz
BR-Drucks.	Drucksachen des Deutschen Bundesrates
BRG	Betriebsrätegesetz vom 4. 2. 1920
BSG	Bundessozialgericht
BT-Drucks.	Drucksachen des Deutschen Bundestages
BUrlG	Bundesurlaubsgesetz
BUV	Betriebs- und Unternehmensverfassung (Zeitschrift)
BVerfG	Bundesverfassungsgericht
BVerwG	Bundesverwaltungsgericht
DArbR	Deutsches Arbeitsrecht (Zeitschrift)
DB	Der Betrieb (Zeitschrift)
dgl.	dergleichen
d. h.	das heißt
DJZ	Deutsche Juristenzeitung
DRdA	Das Recht der Arbeit (Zeitschrift, Österreich)
DVO	Durchführungsverordnung
EFZG	Entgeltfortzahlungsgesetz
EGMR	Europäischer Gerichtshof für Menschenrechte
Erl.	Erläuterungen
EzA	Entscheidungssammlung zum Arbeitsrecht
FA	Fachanwalt Arbeitsrecht (Zeitschrift)
Fn.	Fußnote
GewO	Gewerbeordnung
GG	Grundgesetz für die Bundesrepublik Deutschland
GK	Gemeinschaftskommentar
GVBl.	Gesetz- und Verordnungsblatt
HAG	Heimarbeitsgesetz
HAS	Handbuch des Arbeits- und Sozialrechts, herausgegeben von Weiss/Gagel
HBV	Handbuch der Betriebsverfassung
HGB	Handelsgesetzbuch
h. M.	herrschende Meinung
Hs.	Halbsatz
HwB AR	Handwörterbuch des Arbeitsrechts, hrsg. von *Bürger/Oehmann/Matthes*
HzA	Handbuch zum Arbeitsrecht, herausgegeben von Leinemann
i. d. F.	in der Fassung
IPrax	Praxis des Internationalen Privat- und Verfahrensrechts (Zeitschrift)
i. S. (d.)	im Sinne (des/der)
i. V. m.	in Verbindung mit
JuS	Juristische Schulung (Zeitschrift)
JW	Juristische Wochenschrift
JZ	Juristen-Zeitung
KO	Konkursordnung
KR	Gemeinschaftskommentar zum Kündigungsrecht

KRG	Kontrollratsgesetz
krit.	kritisch
KSchG	Kündigungsschutzgesetz
LAA	Landesarbeitsamt
LAG	Landesarbeitsgericht
LAGE	Entscheidungssammlung der Landesarbeitsgerichte
LM	Lindenmaier/Möhring, Nachschlagewerk des Bundesgerichtshofs
MDR	Monatsschrift für Deutsches Recht
MitbestG	Mitbestimmungsgesetz 1976
MuSchG	Mutterschutzgesetz
m. w. N.	mit weiteren Nachweisen
n. F.	neue(r) Fassung
NJ	Neue Justiz
NJW	Neue juristische Wochenschrift
NZA	Neue Zeitschrift für Arbeits- und Sozialrecht
OGB	Oberster Gerichtshof des Bundes
oHG	offene Handelsgesellschaft
PersVG	Personalvertretungsgesetz
RArbBl.	Reichsarbeitsblatt
RAG	Reichsarbeitsgericht
RdA	Recht der Arbeit (Zeitschrift)
RG	Reichsgericht und seine Entscheidungen in Zivilsachen
RGBl.	Reichsgesetzblatt
RVO	Reichsversicherungsordnung
Rn.	Randnummer
RRG	Rentenreformgesetz
RzK	Rechtsprechung zum Kündigungsrecht
SAE	Sammlung arbeitsrechtlicher Entscheidungen
SchwbG	Schwerbehindertengesetz
SGB I	Sozialgesetzbuch I. Buch – Allgemeiner Teil
SGB IV	Sozialgesetzbuch IV. Buch – Gemeinsame Vorschriften für die Sozialversicherung
SGB V	Sozialgesetzbuch V. Buch – Gesetzliche Krankenversicherung
SGB VI	Sozialgesetzbuch VI. Buch – Gesetzliche Rentenversicherung
SGB IX	Sozialgesetzbuch IX. Buch – Rehabilitation und Teilhabe behinderter Menschen
SGB X	Sozialgesetzbuch X. Buch – Verwaltungsverfahren
TzBfG	Teilzeit- und Befristungsgesetz
USK	Urteilssammlung für die gesetzliche Krankenversicherung
u. U.	unter Umständen
VAA	Veröffentlichungen der Arbeitsgemeinschaft Arbeitsrecht im Deutschen Anwaltsverein
WM	Wertpapier-Mitteilungen (Zeitschrift)
WO-BetrVG	Wahlordnung zum Betriebsverfassungsgesetz vom 16. 1. 1972
WO-BPersVG	Wahlordnung zum Bundespersonalvertretungsgesetz vom 23. 9. 1974
ZAkDR	Zeitschrift der Akademie für Deutsches Recht
ZAP	Zeitschrift für Anwaltspraxis
ZAS	Zeitschrift für Arbeits- und Sozialrecht (Österreich)

Abkürzungen

z. B.	zum Beispiel
ZfA	Zeitschrift für Arbeitsrecht
ZIAS	Zeitschrift für ausländisches und internationales Arbeits- und Sozialrecht
ZIP	Zeitschrift für Wirtschaftsrecht und Insolvenzpraxis
ZPO	Zivilprozeßordnung
ZRP	Zeitschrift für Rechtspolitik
ZTR	Zeitschrift für Tarifrecht
zust.	zustimmend

Literaturverzeichnis

Ascheid	Beweislastfragen im Kündigungsschutzprozeß, 1989
Ascheid	Kündigungsschutzrecht: die Kündigung des Arbeitsverhältnisses, 1993
APS/(Bearbeiter)	Ascheid/Preis/Schmidt (Hrsg.), Großkommentar zum Kündigungsrecht, 2000, mit Nachtrag, 2001
Auffarth/Müller	Kündigungsschutzgesetz, Kommentar, 1960
Bachmeister/Trittin	Kündigungsschutz mit Nebengesetzen, 2000
Bader/(Bearbeiter)	Bader/Bram/Dörner/Wenzel, Kündigungsschutzgesetz, Kommentar, Loseblatt, Stand 2001
Bauer/Röder	Taschenbuch zur Kündigung, 2. Aufl. 2000
Baumbach/Lauterbach/Albers/Hartmann	Zivilprozeßordnung, Kommentar, 59. Aufl. 2001
Baumgärtel	Handbuch der Beweislast, Band 1, 2. Aufl. 1991
Besgen/Jüngst	ABC der Kündigung, 3. Aufl. 1999
Birk	Grundfälle zu Kündigung und Kündigungsschutz, JuS 1984, 197, 451, 781, 944; 1985, 193, 782; 1986, 375, 537; 1987, 113
Bopp	Kündigung und Kündigungsprozeß im Arbeitsrecht, 2. Aufl. 1996
Busemann/Schäfer	Kündigung und Kündigungsschutz im Arbeitsverhältnis, 3. Aufl. 1997 (begr. v. Bleistein)
Däubler	Das Arbeitsrecht 2, 11. Aufl. 1998
Däubler/Kittner/Klebe	Betriebsverfassungsgesetz, Kommentar, 7. Aufl. 2000
Dietz/Richardi BPersVG	Personalvertretungsgesetz, 2. Aufl. 1978
Dütz	Arbeitsrecht, 5. Aufl. 2000
Erdmann/Müller	Das Kündigungsschutzgesetz, Kommentar, 2. Aufl. 1954
ErfK/(Bearbeiter)	Dietrich/Hanau/Schaub (Hrsg.), Erfurter Kommentar zum Arbeitsrecht, 2. Aufl. 2001
Erman	Handkommentar zum Bürgerlichen Gesetzbuch, 10. Aufl. 2000
Fitting/Kaiser/Heither/Engels	Betriebsverfassungsgesetz, Kommentar, 20. Aufl. 2000
Flatow/Kahn-Freund	Kommentar zum BRG, 13. Aufl. 1931
Galperin/Löwisch	Betriebsverfassungsgesetz, Kommentar, 6. Aufl. 1982
Gamillscheg	Arbeitsrecht I Individualarbeitsrecht, 7. Aufl. 1987
Germelmann/Matthes/Prütting	Arbeitsgerichtsgesetz, 3. Aufl. 1999
Gnade/Kehrmann/Schneider/Blanke/Klebe	Betriebsverfassungsgesetz, Kommentar, 8. Aufl. 1999
GK-BetrVG/(Bearbeiter)	Gemeinschaftskommentar zum Betriebsverfassungsgesetz von Fabricius, Kraft, Wiese, Kreutz, Oetker, (mitbegr. v. Thiele), 6. Aufl. Band 1 1997, Band 2 1998
GK-TzA/(Bearbeiter)	Gemeinschaftskommentar zum Teilzeitarbeitsrecht von Becker, Danne, Lang, Lipke, Mikosch, Steinwedel, 1987
Grüll	Kündigungsrecht im Arbeitsverhältnis, 2. Aufl. 1981
Grunsky	Arbeitsgerichtsgesetz, 7. Aufl. 1995
HaKo-(Bearbeiter)	Fiebig/Gallner/Pfeiffer, Kündigungsschutzgesetz, Handkommentar, 2000
Hanau/Adomeit	Arbeitsrecht, 12. Aufl. 1999
HAS/(Bearbeiter)	Handbuch des Arbeits- und Sozialrechts, herausgegeben von Weiss/Gagel
Heinze	Personalplanung, Einstellung und Kündigung – Mitbestimmungsrechte –, 1982
Herschel/Löwisch	Kündigungsschutzgesetz, Kommentar, 6. Aufl. 1984

XIII

Literatur

Hess/Schlochauer/ Glaubitz	Kommentar zum Betriebsverfassungsgesetz, 5. Aufl. 1997
HK-KSchG/(Bearbeiter)	Heidelberger Kommentar zum Kündigungsschutzgesetz, hrsg. von Dorndorf u. a., 4. Aufl. 2001
Hönsch/Natzel	Handbuch des Fachanwalts Arbeitsrecht, 2. Aufl. 1994
v. Hoyningen-Huene	Betriebsverfassungsrecht, 4. Aufl. 1998
v. Hoyningen-Huene	Die Billigkeit im Arbeitsrecht, 1978
v. Hoyningen-Huene	Die kaufmännischen Hilfspersonen, 1996 (Münchener Kommentar HGB, Bd. 1, §§ 59–104)
v. Hoyningen-Huene	Kündigungsvorschriften im Arbeitsrecht, 2. Aufl. 1994
Huber	Die Kündigung. Ratgeber für die arbeitsrechtliche Praxis, 1999
Hueck	Kündigungsschutzgesetz, Kommentar, 10. Aufl. 1980
Hueck/Nipperdey/Dietz	Kommentar zum AOG, 4. Aufl. 1943
Hueck/Nipperdey	Lehrbuch des Arbeitsrechts, 7. Aufl. Band 1 1963 (zit. *Hueck* Lehrb.), Band 2 Halbband 1 1967, Band 2 Halbband 2 1970
Hümmerich	Kündigung von Arbeitsverhältnissen, 1999
Isenhardt/Böck	Kündigung und Kündigungsschutz, HzA Gruppe 5, Stand 1999
Jauernig (Hrsg.)	Bürgerliches Gesetzbuch, 9. Aufl. 1999
Joost	Betrieb und Unternehmen als Grundbegriffe im Arbeitsrecht, 1988
Kittner/Däubler/Zwanziger	Kündigungsschutzrecht, Kommentar, 4. Aufl. 1999; 5. Aufl. 2001
Knorr/Bichlmeier/ Kremhelmer	Handbuch des Kündigungsrechts, 4. Aufl. 1998
KPK-(Bearbeiter)	Kölner Praxiskommentar zum Kündigungsschutzgesetz, 1996
KR-(Bearbeiter)	Gemeinschaftskommentar zum Kündigungsschutzgesetz und zu sonstigen kündigungsschutzrechtlichen Vorschriften von Becker, Etzel, Fischermeier, Friedrich, Lipke, Pfeiffer, Rost, Spilger, Weigand, Wolff, 5. Aufl. 1998
Kramer	Kündigungsvereinbarungen im Arbeitsvertrag, 1994
Lieb	Arbeitsrecht, 6. Aufl. 1997
Linck	Die Kündigung von Arbeitsverträgen, 1993
Löwisch	Arbeitsrecht, 4. Aufl. 1996
Löwisch	Taschenkommentar zum Betriebsverfassungsgesetz, 4. Aufl. 1996
Löwisch	Kündigungsschutzgesetz, Kommentar, 7. Aufl. 1997
Mäschle	Lexikon des Kündigungsschutzes, 1996, Nachtrag 1997
Mäschle/Sippel	Lexikon der Kündigungsgründe, 2. Aufl. 1996
Maus	Kündigungsschutzgesetz, Kommentar, 1973
Meisel	Die Mitwirkung und Mitbestimmung des Betriebsrats in personellen Angelegenheiten, 5. Aufl. 1984
Meisel	Kündigung und Kündigungsschutz: Rechtsprechungsübersicht in Leitsätzen, 2. Aufl. 1993
Molitor	Die Kündigung, 2. Aufl. 1951
Monjau/Heimeier	Kündigungsschutzgesetz, Kommentar, Loseblatt-Ausgabe, Stand 1972
MünchArbR/(Bearbeiter)	Richardi/Wlotzke (Hrsg.), Münchener Handbuch zum Arbeitsrecht, Band 2, Individualarbeitsrecht II, 2. Aufl. 2000
MünchKomm-BGB/ (Bearbeiter)	Münchener Kommentar zum BGB, Band 4, 3. Aufl. 1997
MünchKomm-HGB/ (Bearbeiter)	Münchener Kommentar zum Handelsgesetzbuch, 1996 ff.

Literatur

MünchKomm-ZPO/(Bearbeiter)	Münchener Kommentar zur Zivilprozeßordnung, 1992
Neumann/Freitag	Lexikon zum Kündigungsrecht, Stand Juni 1999
Nikisch	Arbeitsrecht, Band 1, 3. Aufl. 1961, Band 2, 2. Aufl. 1959, Band 3, 2. Aufl. 1966 (Band 1 wird ohne Bandangabe zit.).
Otto	Einführung in das Arbeitsrecht, 2. Aufl. 1997
Palandt	Bürgerliches Gesetzbuch, 60. Aufl. 2001
Preis	Prinzipien des Kündigungsrechts bei Arbeitsverhältnissen, 1987
Pulte	Die Kündigung von Arbeitsverhältnissen, Heidelberger Musterverträge, 9. Aufl. 1994
RGRK-BGB/(Bearbeiter)	Das Bürgerliche Gesetzbuch, Kommentar, hrsg. von Mitgliedern des Bundesgerichtshofs, 12. Aufl. 1999; §§ 611–620 12. Aufl. 1997
Richardi	Betriebsverfassungsgesetz, Kommentar, 7. Aufl. 1998, mit Ergänzung, 2000
Rohwer-Kahlmann	Kündigungsschutzgesetz, Kommentar, 2. Aufl. 1955
Rosenberg/Schwab/Gottwald	Zivilprozeßrecht, 15. Aufl. 1993
Schaub	Arbeitsgerichtsverfahren, 7. Aufl. 2001
Schaub	Arbeitsrechts-Handbuch, 9. Aufl. 2000
Schaub	Arbeitsrechtsrechtliche Formularsammlung, 7. Aufl. 1999
Schmitt	Entgeltfortzahlungsgesetz, 4. Aufl. 1999
Schnorr v. Carolsfeld	Arbeitsrecht, 2. Aufl. 1954
Schüren	Arbeitnehmerüberlassungsgesetz, Kommentar, 1994
Schulz	Kündigungsschutz im Arbeitsrecht von A–Z, 2. Aufl. 1996
Söllner	Grundriß des Arbeitsrechts, 12. Aufl. 1998
Sowka (Hrsg.)	Kündigungsschutzgesetz, 2. Aufl. 2000
Stahlhacke/Preis/Vossen	Kündigung und Kündigungsschutz im Arbeitsverhältnis, 7. Aufl. 1999
Staudinger/(Bearbeiter)	Staudingers Kommentar zum BGB, §§ 611–615 bearb. von Richardi, 13. Aufl. 1999; §§ 616–619 bearb. von Oetker, 13. Aufl. 1997; §§ 620–630 bearb. von Neumann und Preis, 13. Aufl. 1995
Stege/Weinspach	Betriebsverfassungsgesetz, Kommentar, 8. Aufl. 1999
Stein/Jonas	Kommentar zur Zivilprozeßordnung, 21. Aufl. 1993 ff.
Thomas/Putzo	Zivilprozeßordnung, 22. Aufl. 1999
Tschöpe	Allgemeiner Kündigungsschutz im Arbeitsrecht, 1991
Wenzel	Kündigung und Kündigungsschutz, 6. Aufl. 1994
Windbichler	Arbeitsrecht im Konzern, 1989
Zöller	Zivilprozeßordnung, 21. Aufl. 1999
Zöllner/Loritz	Arbeitsrecht, 5. Aufl. 1998

A. Gesetzestext

Kündigungsschutzgesetz (KSchG)

in der Fassung vom 25. August 1969
(BGBl. I S. 1317)

mit den Änderungen durch § 123 BetrVG vom 15. Januar 1972 (BGBl. I S. 13), das Rentenreformgesetz vom 16. Oktober 1972 (BGBl. I S. 1965), Art. 287 Nr. 76 EGStGB vom 2. März 1974 (BGBl. I S. 469), § 114 BPersVG vom 15. März 1974 (BGBl. I S. 693) und die Gesetze zur Änderung des KSchG vom 5. Juli 1976 (BGBl. I S. 1769) und vom 27. April 1978 (BGBl. I S. 550), das Beschäftigungsförderungsgesetz 1985 vom 26. April 1985 (BGBl. I S. 710 [Art. 3, S. 712]), das Gesetz zur Bildung von Jugend- und Auszubildendenvertretungen in den Betrieben vom 13. Juli 1988 (BGBl. I S. 1034 [Art. 3, S. 1035 f.]), das Gesetz zur Bildung von Jugend- und Auszubildendenvertretungen in den Verwaltungen vom 13. Juli 1988 (BGBl. I S. 1037 [Art. 3, S. 1039]), das Gesetz zur Reform der gesetzlichen Rentenversicherung (Rentenreformgesetz 1992) vom 18. Dezember 1989 (BGBl. I S. 2261), die 5. Zuständigkeitsanpassungs-Verordnung vom 26. Februar 1993 (BGBl. I S. 278), das Gesetz zur Anpassung arbeitsrechtlicher Bestimmungen an das EG-Recht vom 20. Juli 1995 (BGBl. I S. 946), Art. 1 des Arbeitsrechtlichen Gesetzes zur Förderung von Wachstum und Beschäftigung (Arbeitsrechtliches Beschäftigungsförderungsgesetz) vom 25. September 1996 (BGBl. I S. 1476), Art. 50 des Gesetzes zur Reform der Arbeitsförderung (Arbeitsförderungs-Reformgesetz) vom 24. März 1997 (BGBl. I S. 594), Art. 6 des Gesetzes zu Korrekturen in der Sozialversicherung und zur Sicherung der Arbeitnehmerrechte vom 19. Dezember 1998 (BGBl. I S. 3843) und Art. 3 des Gesetzes zur Vereinfachung und Beschleunigung des arbeitsgerichtlichen Verfahrens (Arbeitsgerichtsbeschleunigungsgesetz) vom 30. März 2000 (BGBl. I S. 333), Art. 7 des Gesetzes zur Reform des Betriebsverfassungsgesetzes vom 23. Juli 2001(BGBl. I S. 1852)

BGBl. III/FNA 800-2

Erster Abschnitt. Allgemeiner Kündigungsschutz

§ 1 Sozial ungerechtfertigte Kündigungen

(1) Die Kündigung des Arbeitsverhältnisses gegenüber einem Arbeitnehmer, dessen Arbeitsverhältnis in demselben Betrieb oder Unternehmen ohne Unterbrechung länger als sechs Monate bestanden hat, ist rechtsunwirksam, wenn sie sozial ungerechtfertigt ist.

(2) Sozial ungerechtfertigt ist die Kündigung, wenn sie nicht durch Gründe, die in der Person oder in dem Verhalten des Arbeitnehmers liegen, oder durch dringende betriebliche Erfordernisse, die einer Weiterbeschäftigung des Arbeitnehmers in diesem Betrieb entgegenstehen, bedingt ist. Die Kündigung ist auch sozial ungerechtfertigt, wenn

1. in Betrieben des privaten Rechts
   a) die Kündigung gegen eine Richtlinie nach § 95 des Betriebsverfassungsgesetzes verstößt,
   b) der Arbeitnehmer an einem anderen Arbeitsplatz in demselben Betrieb oder in einem anderen Betrieb des Unternehmens weiterbeschäftigt werden kann

   und der Betriebsrat oder eine andere nach dem Betriebsverfassungsgesetz insoweit zuständige Vertretung der Arbeitnehmer aus einem dieser Grün-

de der Kündigung innerhalb der Frist des § 102 Abs. 2 Satz 1 des Betriebsverfassungsgesetzes schriftlich widersprochen hat,
2. in Betrieben und Verwaltungen des öffentlichen Rechts
   a) die Kündigung gegen eine Richtlinie über die personelle Auswahl bei Kündigungen verstößt,
   b) der Arbeitnehmer an einem anderen Arbeitsplatz in derselben Dienststelle oder in einer anderen Dienststelle desselben Verwaltungszweiges an demselben Dienstort einschließlich seines Einzugsgebietes weiterbeschäftigt werden kann

und die zuständige Personalvertretung aus einem dieser Gründe fristgerecht gegen die Kündigung Einwendungen erhoben hat, es sei denn, daß die Stufenvertretung in der Verhandlung mit der übergeordneten Dienststelle die Einwendungen nicht aufrechterhalten hat.

Satz 2 gilt entsprechend, wenn die Weiterbeschäftigung des Arbeitnehmers nach zumutbaren Umschulungs- oder Fortbildungsmaßnahmen oder eine Weiterbeschäftigung des Arbeitnehmers unter geänderten Arbeitsbedingungen möglich ist und der Arbeitnehmer sein Einverständnis hiermit erklärt hat. Der Arbeitgeber hat die Tatsachen zu beweisen, die die Kündigung bedingen.

(3) Ist einem Arbeitnehmer aus dringenden betrieblichen Erfordernissen im Sinne des Absatzes 2 gekündigt worden, so ist die Kündigung trotzdem sozial ungerechtfertigt, wenn der Arbeitgeber bei der Auswahl des Arbeitnehmers soziale Gesichtspunkte nicht oder nicht ausreichend berücksichtigt hat; auf Verlangen des Arbeitnehmers hat der Arbeitgeber dem Arbeitnehmer die Gründe anzugeben, die zu der getroffenen sozialen Auswahl geführt haben. Satz 1 gilt nicht, wenn betriebstechnische, wirtschaftliche oder sonstige berechtigte betriebliche Bedürfnisse die Weiterbeschäftigung eines oder mehrerer bestimmter Arbeitnehmer bedingen und damit der Auswahl nach sozialen Gesichtspunkten entgegenstehen. Der Arbeitnehmer hat die Tatsachen zu beweisen, die die Kündigung als sozial ungerechtfertigt im Sinne des Satzes 1 erscheinen lassen.

(4) Ist in einem Tarifvertrag, in einer Betriebsvereinbarung nach § 95 des Betriebsverfassungsgesetzes oder in einer entsprechenden Richtlinie nach den Personalvertretungsgesetzen festgelegt, welche sozialen Gesichtspunkte nach Absatz 3 Satz 1 zu berücksichtigen sind und wie diese Gesichtspunkte im Verhältnis zueinander zu bewerten sind, so kann die soziale Auswahl der Arbeitnehmer nur auf grobe Fehlerhaftigkeit überprüft werden.

(5) *(aufgehoben)*

§ 2 Änderungskündigung

Kündigt der Arbeitgeber das Arbeitsverhältnis und bietet er dem Arbeitnehmer im Zusammenhang mit der Kündigung die Fortsetzung des Arbeitsverhältnisses zu geänderten Arbeitsbedingungen an, so kann der Arbeitnehmer dieses Angebot unter dem Vorbehalt annehmen, daß die Änderung der Arbeitsbedingungen nicht sozial ungerechtfertigt ist (§ 1 Abs. 2 Satz 1 bis 3, Abs. 3 Satz 1 und 2). Diesen Vorbehalt muß der Arbeitnehmer dem Arbeitgeber innerhalb der Kündigungsfrist, spätestens jedoch innerhalb von drei Wochen nach Zugang der Kündigung erklären.

§ 3 Kündigungseinspruch

Hält der Arbeitnehmer eine Kündigung für sozial ungerechtfertigt, so kann er binnen einer Woche nach der Kündigung Einspruch beim Betriebsrat einlegen. Erachtet der Betriebsrat den Einspruch für begründet, so hat er zu versuchen, eine Verständigung mit dem Arbeitgeber herbeizuführen. Er hat seine Stellungnahme zu dem Einspruch dem Arbeitnehmer und dem Arbeitgeber auf Verlangen schriftlich mitzuteilen.

§ 4 Anrufung des Arbeitsgerichtes

Will ein Arbeitnehmer geltend machen, daß eine Kündigung sozial ungerechtfertigt ist, so muß er innerhalb von drei Wochen nach Zugang der Kündigung Klage beim Arbeitsgericht auf Feststellung erheben, daß das Arbeitsverhältnis durch die Kündigung nicht aufgelöst ist. Im Falle des § 2 ist die Klage auf Feststellung zu erheben, daß die Änderung der Arbeitsbedingungen sozial ungerechtfertigt ist. Hat der Arbeitnehmer Einspruch beim Betriebsrat eingelegt (§ 3), so soll er der Klage die Stellungnahme des Betriebsrates beifügen. Soweit die Kündigung der Zustimmung einer Behörde bedarf, läuft die Frist zur Anrufung des Arbeitsgerichtes erst von der Bekanntgabe der Entscheidung der Behörde an den Arbeitnehmer ab.

§ 5 Zulassung verspäteter Klagen

(1) War ein Arbeitnehmer nach erfolgter Kündigung trotz Anwendung aller ihm nach Lage der Umstände zuzumutenden Sorgfalt verhindert, die Klage innerhalb von drei Wochen nach Zugang der Kündigung zu erheben, so ist auf seinen Antrag die Klage nachträglich zuzulassen.

(2) Mit dem Antrag ist die Klageerhebung zu verbinden; ist die Klage bereits eingereicht, so ist auf sie im Antrag Bezug zu nehmen. Der Antrag muß ferner die Angabe der die nachträgliche Zulassung begründenden Tatsachen und der Mittel für deren Glaubhaftmachung enthalten.

(3) Der Antrag ist nur innerhalb von zwei Wochen nach Behebung des Hindernisses zulässig. Nach Ablauf von sechs Monaten, vom Ende der versäumten Frist an gerechnet, kann der Antrag nicht mehr gestellt werden.

(4) Über den Antrag entscheidet die Kammer durch Beschluss, der ohne mündliche Verhandlung ergehen kann. Gegen diesen ist die sofortige Beschwerde zulässig.

§ 6 Verlängerte Anrufungsfrist

Hat ein Arbeitnehmer innerhalb von drei Wochen nach Zugang der Kündigung aus anderen als den in § 1 Abs. 2 und 3 bezeichneten Gründen im Klagewege geltend gemacht, daß eine rechtswirksame Kündigung nicht vorliege, so kann er in diesem Verfahren bis zum Schluß der mündlichen Verhandlung erster Instanz auch die Unwirksamkeit der Kündigung gemäß § 1 Abs. 2 und 3 geltend machen. Das Arbeitsgericht soll ihn hierauf hinweisen.

§ 7 Wirksamwerden der Kündigung

Wird die Rechtsunwirksamkeit einer sozial ungerechtfertigten Kündigung nicht rechtzeitig geltend gemacht (§ 4 Satz 1, §§ 5 und 6), so gilt die Kündigung, wenn sie nicht aus anderem Grunde rechtsunwirksam ist, als von Anfang an rechtswirksam; ein vom Arbeitnehmer nach § 2 erklärter Vorbehalt erlischt.

§ 8 Wiederherstellung der früheren Arbeitsbedingungen

Stellt das Gericht im Falle des § 2 fest, daß die Änderung der Arbeitsbedingungen sozial ungerechtfertigt ist, so gilt die Änderungskündigung als von Anfang an rechtsunwirksam.

§ 9 Auflösung des Arbeitsverhältnisses durch Urteil des Gerichts; Abfindung des Arbeitnehmers

(1) Stellt das Gericht fest, daß das Arbeitsverhältnis durch die Kündigung nicht aufgelöst ist, ist jedoch dem Arbeitnehmer die Fortsetzung des Arbeitsverhältnisses nicht zuzumuten, so hat das Gericht auf Antrag des Arbeitnehmers das Arbeitsverhältnis aufzulösen und den Arbeitgeber zur Zahlung einer angemessenen Abfindung zu verurteilen. Die gleiche Entscheidung hat das Gericht auf Antrag des Arbeitgebers zu treffen, wenn Gründe vorliegen, die eine den Betriebszwecken dienliche weitere Zusammenarbeit zwischen Arbeitgeber und Arbeitnehmer nicht erwarten lassen. Arbeitnehmer und Arbeitgeber können den Antrag auf Auflösung des Arbeitsverhältnisses bis zum Schluß der letzten mündlichen Verhandlung in der Berufungsinstanz stellen.

(2) Das Gericht hat für die Auflösung des Arbeitsverhältnisses den Zeitpunkt festzusetzen, an dem es bei sozial gerechtfertigter Kündigung geendet hätte.

§ 10 Höhe der Abfindung

(1) Als Abfindung ist ein Betrag bis zu zwölf Monatsverdiensten festzusetzen.

(2) Hat der Arbeitnehmer das fünfzigste Lebensjahr vollendet und hat das Arbeitsverhältnis mindestens fünfzehn Jahre bestanden, so ist ein Betrag bis zu fünfzehn Monatsverdiensten, hat der Arbeitnehmer das fünfundfünfzigste Lebensjahr vollendet und hat das Arbeitsverhältnis mindestens zwanzig Jahre bestanden, so ist ein Betrag bis zu achtzehn Monatsverdiensten festzusetzen. Dies gilt nicht, wenn der Arbeitnehmer in dem Zeitpunkt, den das Gericht nach § 9 Abs. 2 für die Auflösung des Arbeitsverhältnisses festsetzt, das in der Vorschrift des Sechsten Buches Sozialgesetzbuch über die Regelaltersrente bezeichnete Lebensalter erreicht hat.

(3) Als Monatsverdienst gilt, was dem Arbeitnehmer bei der für ihn maßgebenden regelmäßigen Arbeitszeit in dem Monat, in dem das Arbeitsverhältnis endet (§ 9 Abs. 2), an Geld und Sachbezügen zusteht.

§ 11 Anrechnung auf entgangenen Zwischenverdienst

Besteht nach der Entscheidung des Gerichts das Arbeitsverhältnis fort, so muß sich der Arbeitnehmer auf das Arbeitsentgelt, das ihm der Arbeitgeber für die Zeit nach der Entlassung schuldet, anrechnen lassen,
1. was er durch anderweitige Arbeit verdient hat,
2. was er hätte verdienen können, wenn er es nicht böswillig unterlassen hätte, eine ihm zumutbare Arbeit anzunehmen,
3. was ihm an öffentlich-rechtlichen Leistungen infolge Arbeitslosigkeit aus der Sozialversicherung, der Arbeitslosenversicherung, der Arbeitslosenhilfe oder der Sozialhilfe für die Zwischenzeit gezahlt worden ist. Diese Beträge hat der Arbeitgeber der Stelle zu erstatten, die sie geleistet hat.

§ 12 Neues Arbeitsverhältnis des Arbeitnehmers; Auflösung des alten Arbeitsverhältnisses

Besteht nach der Entscheidung des Gerichts das Arbeitsverhältnis fort, ist jedoch der Arbeitnehmer inzwischen ein neues Arbeitsverhältnis eingegangen, so kann er binnen einer Woche nach der Rechtskraft des Urteils durch Erklärung gegenüber dem alten Arbeitgeber die Fortsetzung des Arbeitsverhältnisses bei diesem verweigern. Die Frist wird auch durch eine vor ihrem Ablauf zur Post gegebene schriftliche Erklärung gewahrt. Mit dem Zugang der Erklärung erlischt das Arbeitsverhältnis. Macht der Arbeitnehmer von seinem Verweigerungsrecht Gebrauch, so ist ihm entgangener Verdienst nur für die Zeit zwischen der Entlassung und dem Tage des Eintritts in das neue Arbeitsverhältnis zu gewähren. § 11 findet entsprechende Anwendung.

§ 13 Verhältnis zu sonstigen Kündigungen

(1) Die Vorschriften über das Recht zur außerordentlichen Kündigung eines Arbeitsverhältnisses werden durch das vorliegende Gesetz nicht berührt. Die Rechtsunwirksamkeit einer außerordentlichen Kündigung kann jedoch nur nach Maßgabe des § 4 Satz 1 und der §§ 5 bis 7 geltend gemacht werden. Stellt das Gericht fest, daß die außerordentliche Kündigung unbegründet ist, ist jedoch dem Arbeitnehmer die Fortsetzung des Arbeitsverhältnisses nicht zuzumuten, so hat auf seinen Antrag das Gericht das Arbeitsverhältnis aufzulösen und den Arbeitgeber zur Zahlung einer angemessenen Abfindung zu verurteilen; die Vorschriften des § 9 Abs. 2 und der §§ 10 bis 12 gelten entsprechend.

(2) Verstößt eine Kündigung gegen die guten Sitten, so kann der Arbeitnehmer ihre Nichtigkeit unabhängig von den Vorschriften dieses Gesetzes geltend machen. Erhebt er innerhalb von drei Wochen nach Zugang der Kündigung Klage auf Feststellung, daß das Arbeitsverhältnis durch die Kün-

digung nicht aufgelöst ist, so finden die Vorschriften des § 9 Abs. 1 Satz 1 und Abs. 2 und der §§ 10 bis 12 entsprechende Anwendung; die Vorschriften des § 5 über Zulassung verspäteter Klagen und des § 6 über verlängerte Anrufungsfrist gelten gleichfalls entsprechend.

(3) Im übrigen finden die Vorschriften dieses Abschnitts auf eine Kündigung, die bereits aus anderen als den in § 1 Abs. 2 und 3 bezeichneten Gründen rechtsunwirksam ist, keine Anwendung.

§ 14 Angestellte in leitender Stellung

(1) Die Vorschriften dieses Abschnitts gelten nicht
1. in Betrieben einer juristischen Person für die Mitglieder des Organs, das zur gesetzlichen Vertretung der juristischen Person berufen ist,
2. in Betrieben einer Personengesamtheit für die durch Gesetz, Satzung oder Gesellschaftsvertrag zur Vertretung der Personengesamtheit berufenen Personen.

(2) Auf Geschäftsführer, Betriebsleiter und ähnliche leitende Angestellte, soweit diese zur selbständigen Einstellung oder Entlassung von Arbeitnehmern berechtigt sind, finden die Vorschriften dieses Abschnitts mit Ausnahme des § 3 Anwendung. § 9 Abs. 1 Satz 2 findet mit der Maßgabe Anwendung, daß der Antrag des Arbeitgebers auf Auflösung des Arbeitsverhältnisses keiner Begründung bedarf.

Zweiter Abschnitt. Kündigungsschutz im Rahmen der Betriebsverfassung und Personalvertretung

§ 15 Unzulässigkeit der Kündigung

(1) Die Kündigung eines Mitglieds eines Betriebsrats, einer Jugend- und Auszubildendenvertretung, einer Bordvertretung oder eines Seebetriebsrats ist unzulässig, es sei denn, daß Tatsachen vorliegen, die den Arbeitgeber zur Kündigung aus wichtigem Grund ohne Einhaltung einer Kündigungsfrist berechtigen, und daß die nach § 103 des Betriebsverfassungsgesetzes erforderliche Zustimmung vorliegt oder durch gerichtliche Entscheidung ersetzt ist. Nach Beendigung der Amtszeit ist die Kündigung eines Mitglieds eines Betriebsrats, einer Jugend- und Auszubildendenvertretung oder eines Seebetriebsrats innerhalb eines Jahres, die Kündigung eines Mitglieds einer Bordvertretung innerhalb von sechs Monaten, jeweils vom Zeitpunkt der Beendigung der Amtszeit an gerechnet, unzulässig, es sei denn, daß Tatsachen vorliegen, die den Arbeitgeber zur Kündigung aus wichtigem Grund ohne Einhaltung einer Kündigungsfrist berechtigen; dies gilt nicht, wenn die Beendigung der Mitgliedschaft auf einer gerichtlichen Entscheidung beruht.

(2) Die Kündigung eines Mitglieds einer Personalvertretung, einer Jugend- und Auszubildendenvertretung oder einer Jugendvertretung ist unzulässig, es sei denn, daß Tatsachen vorliegen, die den Arbeitgeber zur Kündigung aus

wichtigem Grund ohne Einhaltung einer Kündigungsfrist berechtigen, und daß die nach dem Personalvertretungsrecht erforderliche Zustimmung vorliegt oder durch gerichtliche Entscheidung ersetzt ist. Nach Beendigung der Amtszeit der in Satz 1 genannten Personen ist ihre Kündigung innerhalb eines Jahres, vom Zeitpunkt der Beendigung der Amtszeit an gerechnet, unzulässig, es sei denn, daß Tatsachen vorliegen, die den Arbeitgeber zur Kündigung aus wichtigem Grund ohne Einhaltung einer Kündigungsfrist berechtigen; dies gilt nicht, wenn die Beendigung der Mitgliedschaft auf einer gerichtlichen Entscheidung beruht.

(3) Die Kündigung eines Mitglieds eines Wahlvorstands ist vom Zeitpunkt seiner Bestellung an, die Kündigung eines Wahlbewerbers vom Zeitpunkt der Aufstellung des Wahlvorschlags an, jeweils bis zur Bekanntgabe des Wahlergebnisses unzulässig, es sei denn, daß Tatsachen vorliegen, die den Arbeitgeber zur Kündigung aus wichtigem Grund ohne Einhaltung einer Kündigungsfrist berechtigen, und daß die nach § 103 des Betriebsverfassungsgesetzes oder nach dem Personalvertretungsrecht erforderliche Zustimmung vorliegt oder durch eine gerichtliche Entscheidung ersetzt ist. Innerhalb von sechs Monaten nach Bekanntgabe des Wahlergebnisses ist die Kündigung unzulässig, es sei denn, daß Tatsachen vorliegen, die den Arbeitgeber zur Kündigung aus wichtigem Grund ohne Einhaltung einer Kündigungsfrist berechtigen; dies gilt nicht für Mitglieder des Wahlvorstands, wenn dieser durch gerichtliche Entscheidung durch einen anderen Wahlvorstand ersetzt worden ist.

(3a) Die Kündigung eines Arbeitnehmers, der zu einer Betriebs-, Wahl- oder Bordversammlung nach § 17 Abs. 3, § 17a Nr. 3 Satz 2, § 115 Abs. 2 Nr. 8 Satz 1 des Betriebsverfassungsgesetzes einlädt oder die Bestellung eines Wahlvorstands nach § 16 Abs. 2 Satz 1, § 17 Abs. 4, § 17a Nr. 4, § 63 Abs. 3, § 115 Abs. 2 Nr. 8 Satz 2 oder § 116 Abs. 2 Nr. 7 Satz 5 des Betriebsverfassungsgesetzes beantragt, ist vom Zeitpunkt der Einladung oder Antragstellung an bis zur Bekanntgabe des Wahlergebnisses unzulässig, es sei denn, dass Tatsachen vorliegen, die den Arbeitgeber zur Kündigung aus wichtigem Grund ohne Einhaltung einer Kündigungsfrist berechtigen; der Kündigungsschutz gilt für die ersten drei in der Einladung oder Antragstellung aufgeführten Arbeitnehmer. Wird ein Betriebsrat, eine Jugend- und Auszubildendenvertretung, eine Bordvertretung oder ein Seebetriebsrat nicht gewählt, besteht der Kündigungsschutz nach Satz 1 vom Zeitpunkt der Einladung oder Antragstellung an drei Monate.

(4) Wird der Betrieb stillgelegt, so ist die Kündigung der in den Absätzen 1 bis 3 genannten Personen frühestens zum Zeitpunkt der Stillegung zulässig, es sei denn, daß ihre Kündigung zu einem früheren Zeitpunkt durch zwingende betriebliche Erfordernisse bedingt ist.

(5) Wird eine der in den Absätzen 1 bis 3 genannten Personen in einer Betriebsabteilung beschäftigt, die stillgelegt wird, so ist sie in eine andere Betriebsabteilung zu übernehmen. Ist dies aus betrieblichen Gründen nicht möglich, so findet auf ihre Kündigung die Vorschrift des Absatzes 4 über die Kündigung bei Stillegung des Betriebs sinngemäß Anwendung.

§ 16 Neues Arbeitsverhältnis; Auflösung des alten Arbeitsverhältnisses

Stellt das Gericht die Unwirksamkeit der Kündigung einer der in § 15 Abs. 1 bis 3a genannten Personen fest, so kann diese Person, falls sie inzwischen ein neues Arbeitsverhältnis eingegangen ist, binnen einer Woche nach Rechtskraft des Urteils durch Erklärung gegenüber dem alten Arbeitgeber die Weiterbeschäftigung bei diesem verweigern. Im übrigen finden die Vorschriften des § 11 und des § 12 Satz 2 bis 4 entsprechende Anwendung.

Dritter Abschnitt. Anzeigepflichtige Entlassungen

§ 17 Anzeigepflicht

(1) Der Arbeitgeber ist verpflichtet, dem Arbeitsamt Anzeige zu erstatten, bevor er

1. in Betrieben mit in der Regel mehr als 20 und weniger als 60 Arbeitnehmern mehr als 5 Arbeitnehmer,
2. in Betrieben mit in der Regel mindestens 60 und weniger als 500 Arbeitnehmern 10 vom Hundert der im Betrieb regelmäßig beschäftigten Arbeitnehmer oder aber mehr als 25 Arbeitnehmer,
3. in Betrieben mit in der Regel mindestens 500 Arbeitnehmern mindestens 30 Arbeitnehmer

innerhalb von 30 Kalendertagen entläßt. Den Entlassungen stehen andere Beendigungen des Arbeitsverhältnisses gleich, die vom Arbeitgeber veranlaßt werden.

(2) Beabsichtigt der Arbeitgeber, nach Absatz 1 anzeigepflichtige Entlassungen vorzunehmen, hat er dem Betriebsrat rechtzeitig die zweckdienlichen Auskünfte zu erteilen und ihn schriftlich insbesondere zu unterrichten über

1. die Gründe für die geplanten Entlassungen,
2. die Zahl und die Berufsgruppen der zu entlassenden Arbeitnehmer,
3. die Zahl und die Berufsgruppen der in der Regel beschäftigten Arbeitnehmer,
4. den Zeitraum, in dem die Entlassungen vorgenommen werden sollen,
5. die vorgesehenen Kriterien für die Auswahl der zu entlassenden Arbeitnehmer,
6. die für die Berechnung etwaiger Abfindungen vorgesehenen Kriterien.

Arbeitgeber und Betriebsrat haben insbesondere die Möglichkeiten zu beraten, Entlassungen zu vermeiden oder einzuschränken und ihre Folgen zu mildern.

(3) Der Arbeitgeber hat gleichzeitig dem Arbeitsamt eine Abschrift der Mitteilung an den Betriebsrat zuzuleiten; sie muß zumindest die in Abs. 2 Satz 1 Nr. 1 bis 5 vorgeschriebenen Angaben enthalten. Die Anzeige nach Absatz 1 ist schriftlich unter Beifügung der Stellungnahme des Betriebsrates

zu den Entlassungen zu erstatten. Liegt eine Stellungnahme des Betriebsrates nicht vor, so ist die Anzeige wirksam, wenn der Arbeitgeber glaubhaft macht, daß er den Betriebsrat mindestens zwei Wochen vor Erstattung der Anzeige nach Absatz 2 Satz 1 unterrichtet hat, und er den Stand der Beratungen darlegt. Die Anzeige muß Angaben über den Namen des Arbeitgebers, den Sitz und die Art des Betriebes enthalten, ferner die Gründe für die geplanten Entlassungen, die Zahl und die Berufsgruppen der zu entlassenden und der in der Regel beschäftigten Arbeitnehmer, den Zeitraum, in dem die Entlassungen vorgenommen werden sollen und die vorgesehenen Kriterien für die Auswahl der zu entlassenden Arbeitnehmer. In der Anzeige sollen ferner im Einvernehmen mit dem Betriebsrat für die Arbeitsvermittlung Angaben über Geschlecht, Alter, Beruf und Staatsangehörigkeit der zu entlassenden Arbeitnehmer gemacht werden. Der Arbeitgeber hat dem Betriebsrat eine Abschrift der Anzeige zuzuleiten. Der Betriebsrat kann gegenüber dem Arbeitsamt weitere Stellungnahmen abgeben. Er hat dem Arbeitgeber eine Abschrift der Stellungnahme zuzuleiten.

(3 a) Die Auskunfts-, Beratungs- und Anzeigepflichten nach den Absätzen 1 bis 3 gelten auch dann, wenn die Entscheidung über die Entlassungen von einem den Arbeitgeber beherrschenden Unternehmen getroffen wurde. Der Arbeitgeber kann sich nicht darauf berufen, daß das für die Entlassungen verantwortliche Unternehmen die notwendigen Auskünfte nicht übermittelt hat.

(4) Das Recht zur fristlosen Entlassung bleibt unberührt. Fristlose Entlassungen werden bei Berechnung der Mindestzahl der Entlassungen nach Absatz 1 nicht mitgerechnet.

(5) Als Arbeitnehmer im Sinne dieser Vorschrift gelten nicht
1. in Betrieben einer juristischen Person die Mitglieder des Organs, das zur gesetzlichen Vertretung der juristischen Person berufen ist,
2. in Betrieben einer Personengesamtheit die durch Gesetz, Satzung oder Gesellschaftsvertrag zur Vertretung der Personengesamtheit berufenen Personen,
3. Geschäftsführer, Betriebsleiter und ähnliche leitende Personen, soweit diese zur selbständigen Einstellung oder Entlassung von Arbeitnehmern berechtigt sind.

§ 18 Entlassungssperre

(1) Entlassungen, die nach § 17 anzuzeigen sind, werden vor Ablauf eines Monats nach Eingang der Anzeige beim Arbeitsamt nur mit dessen Zustimmung wirksam; die Zustimmung kann auch rückwirkend bis zum Tage der Antragstellung erteilt werden.

(2) Das Arbeitsamt kann im Einzelfall bestimmen, daß die Entlassungen nicht vor Ablauf von längstens zwei Monaten nach Eingang der Anzeige wirksam werden.

(3) *(aufgehoben)*

KSchG §§ 19–21

(4) Soweit die Entlassungen nicht innerhalb von 90 Tagen nach dem Zeitpunkt, zu dem sie nach den Absätzen 1 und 2 zulässig sind, durchgeführt werden, bedarf es unter den Voraussetzungen des § 17 Abs. 1 einer erneuten Anzeige.

§ 19 Zulässigkeit von Kurzarbeit

(1) Ist der Arbeitgeber nicht in der Lage, die Arbeitnehmer bis zu dem in § 18 Abs. 1 und 2 bezeichneten Zeitpunkt voll zu beschäftigen, so kann das Landesarbeitsamt zulassen, daß der Arbeitgeber für die Zwischenzeit Kurzarbeit einführt.

(2) Der Arbeitgeber ist im Falle der Kurzarbeit berechtigt, Lohn oder Gehalt der mit verkürzter Arbeitszeit beschäftigten Arbeitnehmer entsprechend zu kürzen; die Kürzung des Arbeitsentgelts wird jedoch erst von dem Zeitpunkt an wirksam, an dem das Arbeitsverhältnis nach den allgemeinen gesetzlichen oder den vereinbarten Bestimmungen enden würde.

(3) Tarifvertragliche Bestimmungen über die Einführung, das Ausmaß und die Bezahlung von Kurzarbeit werden durch die Absätze 1 und 2 nicht berührt.

§ 20 Entscheidungen des Arbeitsamtes

(1) Die Entscheidungen des Arbeitsamtes nach § 18 Abs. 1 und 2 trifft dessen Direktor oder ein Ausschuß (Entscheidungsträger). Der Direktor darf nur dann entscheiden, wenn die Zahl der Entlassungen weniger als 50 beträgt.

(2) Der Ausschuß setzt sich aus dem Direktor des Arbeitsamtes oder einem von ihm beauftragten Angehörigen des Arbeitsamtes als Vorsitzenden und je zwei Vertretern der Arbeitnehmer, der Arbeitgeber und der öffentlichen Körperschaften zusammen, die von dem Verwaltungsausschuß des Arbeitsamtes benannt werden. Er trifft seine Entscheidungen mit Stimmenmehrheit.

(3) Der Entscheidungsträger hat vor seiner Entscheidung den Arbeitgeber und den Betriebsrat anzuhören. Dem Entscheidungsträger sind, insbesondere vom Arbeitgeber und Betriebsrat, die von ihm für die Beurteilung des Falles erforderlich gehaltenen Auskünfte zu erteilen.

(4) Der Entscheidungsträger hat sowohl das Interesse des Arbeitgebers als auch das der zu entlassenden Arbeitnehmer, das öffentliche Interesse und die Lage des gesamten Arbeitsmarktes unter besonderer Beachtung des Wirtschaftszweiges, dem der Betrieb angehört, zu berücksichtigen.

§ 21 Entscheidungen der Hauptstelle der Bundesanstalt für Arbeit

Für Betriebe, die zum Geschäftsbereich des Bundesministers für Verkehr oder des Bundesministers für Post und Telekommunikation gehören, trifft, wenn mehr als 500 Arbeitnehmer entlassen werden sollen, ein gemäß § 20 Abs. 1 bei der Hauptstelle der Bundesanstalt für Arbeit zu bildender Ausschuß die Entscheidungen nach § 18 Abs. 1 und 2. Der zuständige Bundesminister kann zwei Vertreter mit beratender Stimme in den Ausschuß entsenden. Die Anzeigen nach § 17 sind in diesem Falle an die Hauptstelle der Bundesanstalt für Arbeit zu erstatten. Im übrigen gilt § 20 Abs. 1 bis 3 entsprechend.

§ 22 Ausnahmebetriebe

(1) Auf Saisonbetriebe und Kampagne-Betriebe finden die Vorschriften dieses Abschnitts bei Entlassungen, die durch diese Eigenart der Betriebe bedingt sind, keine Anwendung.

(2) Keine Saisonbetriebe oder Kampagne-Betriebe sind Betriebe des Baugewerbes, in denen die ganzjährige Beschäftigung nach dem Dritten Buch Sozialgesetzbuch gefördert wird. Der Bundesminister für Arbeit und Sozialordnung wird ermächtigt, durch Rechtsverordnung Vorschriften zu erlassen, welche Betriebe als Saisonbetriebe oder Kampagne-Betriebe im Sinne des Absatzes 1 gelten.

§ 22 a *(aufgehoben)*

Vierter Abschnitt. Schlußbestimmungen

§ 23 Geltungsbereich

(1) Die Vorschriften des Ersten und Zweiten Abschnitts gelten für Betriebe und Verwaltungen des privaten und des öffentlichen Rechts, vorbehaltlich der Vorschriften des § 24 für die Seeschiffahrts-, Binnenschiffahrts- und Luftverkehrsbetriebe. Die Vorschriften des Ersten Abschnitts gelten nicht für Betriebe und Verwaltungen, in denen in der Regel fünf oder weniger Arbeitnehmer ausschließlich der zu ihrer Berufsbildung Beschäftigten beschäftigt werden. Bei der Feststellung der Zahl der beschäftigten Arbeitnehmer nach Satz 2 sind teilzeitbeschäftigte Arbeitnehmer mit einer regelmäßigen wöchentlichen Arbeitszeit von nicht mehr als 20 Stunden mit 0,5 und nicht mehr als 30 Stunden mit 0,75 zu berücksichtigen.

(2) Die Vorschriften des Dritten Abschnitts gelten für Betriebe und Verwaltungen des privaten Rechts sowie für Betriebe, die von einer öffentlichen Verwaltung geführt werden, soweit sie wirtschaftliche Zwecke verfolgen. Sie gelten nicht für Seeschiffe und ihre Besatzung.

§ 24 Anwendung des Gesetzes auf Betriebe der Schiffahrt und des Luftverkehrs

(1) Die Vorschriften des Ersten und Zweiten Abschnitts finden nach Maßgabe der Absätze 2 bis 5 auf Arbeitsverhältnisse der Besatzung von Seeschiffen, Binnenschiffen und Luftfahrzeugen Anwendung. Als Betrieb im Sinne dieses Gesetzes gilt jeweils die Gesamtheit der Seeschiffe oder der Binnenschiffe eines Schiffahrtsbetriebs oder der Luftfahrzeuge eines Luftverkehrsbetriebs.

(2) Dauert die erste Reise eines Besatzungsmitglieds im Dienste einer Reederei oder eines Luftverkehrsbetriebs länger als sechs Monate, so verlängert sich die Sechsmonatsfrist des § 1 Abs. 1 bis drei Tage nach Beendigung dieser Reise.

(3) Die Klage nach § 4 ist binnen drei Wochen, nachdem das Besatzungsmitglied zum Sitz des Betriebes zurückgekehrt ist, zu erheben, spätestens jedoch binnen sechs Wochen nach Zugang der Kündigung. Wird die Kündigung während der Fahrt des Schiffes oder des Luftfahrzeuges ausgesprochen, so beginnt die sechswöchige Frist nicht vor dem Tage, an dem das Schiff oder das Luftfahrzeug einen deutschen Hafen oder Liegeplatz erreicht. An die Stelle der Dreiwochenfrist in § 6 treten die hier in den Sätzen 1 und 2 bestimmten Fristen.

(4) Für Klagen der Kapitäne und der Besatzungsmitglieder im Sinne der §§ 2 und 3 des Seemannsgesetzes nach § 4 dieses Gesetzes tritt an die Stelle des Arbeitsgerichts das Gericht, das für Streitigkeiten aus dem Arbeitsverhältnis dieser Personen zuständig ist. Soweit in Vorschriften des Seemannsgesetzes für die Streitigkeiten aus dem Arbeitsverhältnis Zuständigkeiten des Seemannsamtes begründet sind, finden die Vorschriften auf Streitigkeiten über Ansprüche aus diesem Gesetz keine Anwendung.

(5) Der Kündigungsschutz des Ersten Abschnitts gilt, abweichend von § 14, auch für den Kapitän und die übrigen als leitende Angestellte im Sinne des § 14 anzusehenden Angehörigen der Besatzung.

§ 25 Kündigung in Arbeitskämpfen

Die Vorschriften dieses Gesetzes finden keine Anwendung auf Kündigungen und Entlassungen, die lediglich als Maßnahmen in wirtschaftlichen Kämpfen zwischen Arbeitgebern und Arbeitnehmern vorgenommen werden.

§ 25 a Berlin-Klausel *(gegenstandslos)*

§ 26 Inkrafttreten

Dieses Gesetz tritt am Tage nach seiner Verkündung in Kraft.*

---

* **Amtl. Anm.:** Die Vorschrift betrifft das Inkrafttreten des Gesetzes in der Fassung vom 10. August 1951 (Bundesgesetzbl. I S. 499). Bis zum 31. Dezember 1972 gilt hinsichtlich der Anrechnung der Lehrzeit auf die Frist des § 1 Abs. 1 der Artikel 6 Abs. 3 des Ersten Arbeitsrechtsbereinigungsgesetzes vom 14. August 1969 (Bundesgesetzbl. I S. 1106).

B. Einleitung

Schrifttum: *Adomeit/Thau,* Welche wesentlichen Inhalte sollte ein nach Art. 30 des Einigungsvertrages zu schaffendes Arbeitsvertragsgesetz haben?, ZRP 1992, 350; *Albrecht/Reidegeld,* Arbeitsrecht und soziale Realität: Beitrag zu einer Soziologie des Arbeitsrechts am Beispiel des Kündigungsschutzes, BlStSozArbR 1979, 273; *Bauer,* Arbeitsrecht und Recht auf Arbeit, RdA 1983, 137; *ders.,* Arbeits- und sozialrechtliche Probleme beim Ausscheiden älterer Arbeitnehmer aus dem Arbeitsverhältnis, NZA 1987, Beil. 1, S. 2; *Becker,* Der Fortfall der Altersgrenze im Kündigungsschutzrecht, NJW 1976, 1486; *Becker/Rommelspacher,* Ansatzpunkte für eine Reform des Kündigungsrechts, ZRP 1976, 40; *Berdecki,* Ungleicher Kündigungsschutz bei Wohnungen und Arbeitsplätzen?, BB 1973, 806; *Bertzbach,* Verhindert die Anwendung des Kündigungsschutzgesetzes die Sanierung von Unternehmen?, Festschrift für Hanau, 1999, S. 173; *Bichler/Bader,* Allgemeiner und besonderer Kündigungsschutz der Arbeitnehmer in der neueren Rechtsprechung des BAG, DB 1983, 337; *Bodenbender/Giese,* Die Kodifizierung des Arbeitsvertragsrechts aus der Sicht der Länder, Festschrift für Wlotzke, 1996, S. 3; *Böhm,* Der Gleichbehandlungsgrundsatz im Kündigungsrecht, DB 1977, 2448; *Boemke,* Privatautonomie im Arbeitsvertragsrecht, NZA 1993, 532; *Bötticher,* Zum Regierungsentwurf des Kündigungsschutzgesetzes, RdA 1951, 81; *ders.,* Die „sozial ungerechtfertigte Kündigung" im Sinne des KSchG vom 10. 8. 1951, MDR 1952, 260; *ders.,* Bestandsschutz und Vertragsinhaltsschutz bei der Änderungskündigung, Festschrift für Molitor, 1962, S. 123; *ders.,* Zum „allgemeinen" Weiterbeschäftigungsanspruch des Arbeitnehmers während des Kündigungsschutzprozesses, BB 1981, 1954; *Brandes/Buttler/Domdorf/Walwei,* Grenzen der Kündigungsfreiheit; Kündigungsschutz zwischen Stabilität und Flexibilität, in (Semlinger Hrsg.) Flexibilisierung des Arbeitsmarktes, 1991, S. 111; *Buchner,* Gleichbehandlungsgrundsatz bei der Kündigung von Arbeitsverhältnissen, RdA 1970, 225; *ders.,* Die Anpassung des Kündigungsrechts an die Insolvenzsituation de lege lata und de lege ferenda, ZGR 1984, 180; *ders.,* Neuregelung des Arbeitsverhältnisrechts, DB 1992, 1930; *Coen,* Das Recht auf Arbeit und der Bestandsschutz des gekündigten Arbeitsverhältnisses, 1979; *Däubler,* Ein Arbeitsvertragsgesetz?, AuR 1992, 129; *Dietz,* Das neue Kündigungsschutzgesetz, NJW 1951, 941; *Dietze/Spitzner,* Entjustizialisierung des Kündigungsschutzverfahrens – ein Fortschritt?, BlStSozArbR 1979, 369; *Domdorf,* Vertragsdurchsetzung aus Funktion des Kündigungsschutzes, ZfA 1989, 345; *ders.,* Abfindung statt Kündigungsschutz?, BB 2000, 1938; *Ellermann-Witt/Rottleutner/Russig* (Hrsg.), Kündigungspraxis, Kündigungsschutz und Probleme der Arbeitsgerichtsbarkeit, 1983; *Falke/Höland/Rhode/Zimmermann,* Kündigungspraxis und Kündigungsschutz in der Bundesrepublik Deutschland, Forschungsbericht, 2 Bände 1981; *Falkenberg,* „Unsinn" des allgemeinen Kündigungsschutzes in Deutschland?, DB 1991, 2486 (mit Replik von *Rühle*); *Floretta,* Die Konstruktion des allgemeinen Kündigungsschutzes im österreichischen Arbeitsrecht und Grundgedanken in diesem Rechtsinstitut, Gedächtnisschrift für Kahn-Freund, 1980, S. 433; *Franz,* Chancen und Risiken einer Flexibilisierung des Arbeitsrechts aus ökonomischer Sicht, ZfA 1994, 439; *Galperin,* Die Rechtsmängel der Kündigung des Arbeitsverhältnisses, BB 1966, 1458; *ders.,* Grundgedanken und Struktur des Kündigungsschutzgesetzes – Eine dogmatische Studie, RdA 1966, 361; *Gamillscheg,* Zur Abfindung bei Verlust des Arbeitsplatzes, Festschrift für Bosch, 1976, S. 209; *ders.,* Betriebsrat und Kündigung, BAG-Festschrift, 1979, S. 117; *ders.,* Anregungen zu einem künftigen Kündigungsgesetz in Österreich, DRdA 1981, 185; *Gift,* Vertragliche Kündigungsbeschränkungen, RdA 1969, 72; *Gitter,* Möglichkeiten der Fortentwicklung des Rechts der sozialen Sicherheit zwischen Anpassungszwang und Bestandsschutz, NZA 1984, 137; *Güntner,* Der Bestandsschutz des Arbeitsverhältnisses und seine Rechtsverwirklichung, AuR 1974, 97 u. 135; *Hahn,* Kündigungsschutz für nicht Schutzbedürftige?, DB 1988, 1015; *Hanau,* Die Kodifikation des Arbeitsvertragsrechts auf dem 59. Deutschen Juristentag 1992 in der Intensivstation, RdA 1992, 392; *Hedemann,* Der Arbeitsplatz als Rechtsgut, RdA 1953, 121; *Heinze,* Zukunft der Arbeitsbeziehungen, NZA 2001, 1; *Herschel,* Das Kündigungsschutzgesetz, BArbBl. 1951, 484; *ders.,* Kündigungsschutz zugunsten des Arbeitgebers?, BB 1960, 105; *ders.,* Betriebsbe-

Einleitung

Literatur

zogenheit des arbeitsrechtlichen Kündigungsschutzes und ganzheitliche Abwägung, Festschrift für Schnorr von Carolsfeld, 1972, S. 157; *ders.*, Schutz der Betriebszugehörigkeit im Wandel der Zeiten, DB 1973, 80; *ders.*, Kündigungsschutz und Wettbewerb, RdA 1975, 28; *ders.*, „Recht auf Arbeit" und Kündigungsschutz, BB 1977, 708; *ders.*, Um den Kündigungsschutz im Arbeitsrecht, SozFortSchr. 1979, 151; *ders.*, Weiterentwicklung des arbeitsrechtlichen Kündigungsschutzes – Ein Vorschlag, SozFortSchr. 1980, 166; *ders.*, Gedanken zur Theorie des arbeitsrechtlichen Kündigungsgrundes, Festschrift für G. Müller, 1981, S. 191; *ders.*, Zu einigen Fragen des Kündigungsschutzes, DB 1984, 1523; *Henssler,* Der Diskussionsentwurf eines Arbeitsvertragsgesetzes des Arbeitskreises Deutsche Rechtseinheit im Arbeitsrecht, JZ 1992, 833; *Heuse,* Arbeitsvertragsgesetzentwurf '92 – Ein neuer Kodifikationsversuch, BB 1992, 1145; *v. Hoyningen-Huene,* Rechtsfortbildung im Arbeitsrecht als Vorreiter und Vorbild?, BB 1986, 2133; *ders.*, Rechtsfolgen des richterrechtlichen Weiterbeschäftigungsanspruchs, DB 1988, 264; *ders.*, Muß das Kündigungsschutzrecht reformiert werden?, Festschrift für LAG Rheinland-Pfalz, 1999, S. 215; *Hromadka,* Ein Arbeitsvertragsgesetz, NJW 1992, 1985; *A. Hueck,* Der Kündigungsschutz des Arbeitnehmers nach dem heutigen Stand von Gesetzgebung und Rechtsprechung in den Westzonen, BlStSozArbR 1949, 118 u. 131; *ders.*, Das neue Kündigungsschutzgesetz des Wirtschaftsrates, RdA 1949, 331; *ders.*, Der Hattenheimer Entwurf eines Kündigungsschutzgesetzes, RdA 1950, 65; *ders.*, Das Bundeskündigungsschutzgesetz, RdA 1951, 281; *G. Hueck,* Kündigungsschutz und Mitwirkung des Betriebsrats in der Rechtsprechung des Bundesarbeitsgerichts, BAG-Festschrift, 1979, S. 243; *Jobs/Bader,* Der allgemeine Kündigungsschutz, ARBlattei, Kündigungsschutz I (1981); *Kempff,* Der Gleichbehandlungsgrundsatz im Kündigungsschutz, DB 1977, 1413; *ders.*, „Treuepflicht" und Kündigungsschutz (Gemeinschafts- und Treuegedanke – eine Ideologie?), DB 1979, 790; *Klees,* Kündigungsschutz – Anspruch und Wirklichkeit in der Bundesrepublik Deutschland, BlStSozArbR 1978, 177; *Kraft,* Bestandsschutz des Arbeitsverhältnisses; Lohn ohne Arbeit – Überlegungen zur Reduzierung der Regelungsdichte des Arbeitsrechts und zur Wiederherstellung der Äquivalenz im Arbeitsverhältnis, ZfA 1994, 463; *Kühling,* Die Berufsfreiheit des Arbeitnehmers, Festschrift für Dieterich, 1999, S. 325; *Leinemann,* Fit für ein neues Arbeitsvertragsrecht?, BB 1996, 1381; *Mayer-Maly,* Die Begründung und Lösung von Arbeitsverhältnissen als Gesetzgebungsproblem, NJW 1978, 1566; *G. Müller,* Das Kündigungsschutzgesetz und Treu und Glauben unter besonderer Berücksichtigung der Rechtsprechung des Bundesarbeitsgerichts – Begründung des allgemeinen Kündigungsschutzes seit 1945 und des KSchG, DB 1960, 1037; *ders.*, Gedanken zum arbeitsrechtlichen Kündigungsrecht, ZfA 1982, 475; *Neef,* Das Kündigungsschutzrecht zur Jahrtausendwende, NZA 2000, 7; *Neumann,* Das neue Kündigungsrecht, Arbeitsrecht der Gegenwart, Bd. 7 (1970) S. 23; *ders.*, Der sächsische Entwurf eines Arbeitsvertragsgesetzes, Festschrift für Stahlhacke, 1995, S. 349; *ders.*, Der sächsische Entwurf eines Arbeitsvertragsgesetzes, DB 1995, 2013; *Notter,* Die Sicherung des Rechts auf den Arbeitsplatz – Gedanken zu einer notwendigen Reform des Kündigungsschutzrechts, DB 1976, 772; *ders.*, Kündigungsschutz nur auf dem Papier?, BlStSozArbR 1978, 182; *ders.*, Kündigungsschutz – Praxis und Perspektiven, BlStSozArbR 1982, 102; *ders.*, Brauchen wir ein liberaleres Kündigungsschutzrecht?, BlStSozArbR 1984, 241; *Otto,* Der vorläufige Bestandsschutz des Arbeitsverhältnisses, RdA 1975, 68; *Picker,* Die Anfechtung von Arbeitsverträgen – Theorie und Praxis der höchstrichterlichen Judikatur. Zugleich eine Auseinandersetzung mit der sog. Kündigungstheorie, ZfA 1981, 1; *U. Preis,* Prinzipien des Kündigungsrechts bei Arbeitsverhältnissen, 1987; *ders.*, Neuere Tendenzen im arbeitsrechtlichen Kündigungsschutz, DB 1988, 1387 u. 1444; *ders.*, Die Zeit ist reif für ein modernes Arbeitsvertragsrecht, AuA 1996, 41; *ders.*, Die Aktualität des Arbeitsvertragsgesetzes, in: *Blank* (Hrsg.), Arbeitsrecht im 21. Jahrhundert, 2000; *Reuter,* Die freie Wahl des Arbeitsplatzes – ein nicht realisierbares Grundrecht?, RdA 1973, 345; *ders.*, Das Recht auf Arbeit – ein Prinzip des Arbeitsrechts?, RdA 1978, 344; *ders.*, Grundlagen des Kündigungsschutzes – Bestandsaufnahme und Kritik, BAG-Festschrift, 1979, S. 405; *ders.*, Reichweite und Grenzen der Legitimität des Bestandsschutzes von Arbeitsverhältnissen, Ordo Bd. 33 (1982) S. 165; *Richardi,* Arbeitsvertragsgesetz und Privatautonomie, NZA 1992, 769; *ders.*, 50 Jahre Kündigungsschutzgesetz – ein vergessenes Jubiläum!, NZA 2000, 13; *Röhsler,* Die Kündigung und der Grundsatz der Gleichbehandlung im Arbeitsrecht, DB 1957, 992; *Rühle,* Sinn und Unsinn des allge-

Übersicht **Einleitung**

meinen Kündigungsschutzes in Deutschland – Plädoyer für eine Neuordnung des Kündigungsschutzrechts, DB 1991, 1378; *Sachverständigenrat* zur Begutachtung der gesamtwirtschaftlichen Entwicklung, Jahresgutachten 1989/90, Zur Anwendungspraxis von Regulierungen: Der arbeitsrechtliche Kündigungsschutz, Nr. 364–371, BT-Drucks. 11/5786 = RdA 1990, 288; *Schellhaaß*, Ein ökonomischer Vergleich finanzieller und rechtlicher Kündigungserschwernisse, ZfA 1984, 139; *Schlochauer*, Überlegungen zu einer Kodifizierung des Arbeitsrechts, Festschrift für Wlotzke, 1996, S. 121; *Schmitt*, Überlegungen zum Inhalt eines künftigen Arbeitsgesetzbuches, ZTR 1992, 280; *Schwedes*, Arbeitsrechtliche Gesetzgebung zum Ende der 12. Legislaturperiode, Festschrift für Stahlhacke, 1995, S. 489; *ders.*, Arbeitsgesetzbuch der DDR und seine Neufassung 1990, Festschrift für Wlotzke, 1996, S. 145; *Schwerdtner*, Die Garantie des Rechts auf Arbeit – Ein Weg zur Knechtschaft?, ZfA 1977, 47; *ders.*, Sind im Interesse einer gerechteren Verteilung der Arbeitsplätze Begründung und Beendigung des Arbeitsverhältnisses neu zu regeln? – Von der sozialstaatlichen Willkürkontrolle zum Recht auf Arbeit, BlStSozArbR 1978, 273; *ders.*, Reform des Bestandsschutzes von Arbeitsverhältnissen – Versuch einer Zwischenbilanz, DB 1979, Beil. 12; *Siebert*, Treu und Glauben im Kündigungsschutzrecht, BB 1960, 1029; *Simitis*, Sind im Interesse einer gerechten Verteilung der Arbeitsplätze Begründung und Beendigung der Arbeitsverhältnisse neu zu regeln? Verhandlungen des 52. Deutschen Juristentages, Referat M Bd. 2, 1978, S. M 8; *v. Stebut*, Der soziale Schutz als Regelungsproblem des Vertragsrechts, 1982; *Steinmeyer/Jürging*, Überlegungen zu einer gesamtdeutschen Kodifikation des Arbeitsvertragsrechts, NZA 1992, 777; *Viethen*, Kodifizierung des Arbeitsvertragsrechts, Festschrift für Wlotzke, 1996, S. 191; *Wank*, Das Recht auf Arbeit im Verfassungsrecht und im Arbeitsrecht, 1980; *ders.*, Rechtsfortbildung im Kündigungsschutzrecht, RdA 1987, 129; *ders.*, Die Reform des Kündigungsrechts und der Entwurf eines Arbeitsvertragsgesetzes 1992, RdA 1992, 225; *I. Weber*, Der Entwurf des Arbeitsvertragsgesetzes auf dem Prüfstand des Europäischen Gemeinschaftsrechts und der Gleichberechtigung nach Art. 3 GG, BB 1992, 1345; *Wiedemann*, Subjektives Recht und sozialer Besitzstand nach dem KSchG, RdA 1961, 1; *Willemsen*, Kündigungsschutz – vom Ritual zur Rationalität, NJW 2000, 2779; *M. Wolf/Gangel*, Anfechtung und Kündigungsschutz, AuR 1982, 271; *Zöllner*, Sind im Interesse einer gerechten Verteilung der Arbeitsplätze Begründung und Beendigung der Arbeitsverhältnisse neu zu regeln? Gutachten D für den 52. Deutschen Juristentag, Bd. 1, 1978; *ders.*, Arbeitsrecht und Marktwirtschaft, ZfA 1994, 423.

Übersicht

	Rn.
I. Entwicklung und Zielsetzung des Kündigungsschutzes	1
1. Kündigungsrecht vor 1914	1
2. Einführung von Kündigungsbeschränkungen	2
a) Interessenlage	3
(1) Individuelles Interesse des Arbeitnehmers	4
(2) Kollektive Arbeitnehmerinteressen	6
(3) Interessen der Arbeitgeber	7
(4) Interessen der Allgemeinheit	8
(5) Rechtspolitische Wertung	9
b) Zielsetzung	13
(1) Arbeitsmarktpolitische Kündigungsbeschränkungen	14
(2) Kündigungsbeschränkungen als Individualschutz	17
3. Entwicklung des allgemeinen Kündigungsschutzes bis zum KSchG	19
a) Betriebsrätegesetz vom 4. 2. 1920	19
b) Die Zeit nach 1933	23
c) Die Zeit nach dem zweiten Weltkrieg	24
II. Entstehung des Kündigungsschutzgesetzes	28
1. Vereinigtes Wirtschaftsgebiet, Frankfurter Gesetz	28
2. Hattenheimer Entwurf	29
3. Gesetzgebungsverfahren	30
4. Zum Inhalt des Gesetzes	33

Einleitung

Übersicht

	Rn.
III. Neufassung des KSchG vom 25. 8. 1969 durch das 1. Arbeitsrechtsbereinigungsgesetz	36
1. Das 1. Arbeitsrechtsbereinigungsgesetz	36
2. Änderungen des KSchG	38
3. Neufassung des KSchG	39
4. Änderungen des allgemeinen Kündigungsrechts	40
IV. Betriebsverfassungsgesetz vom 15. 1. 1972, Bundespersonalvertretungsgesetz vom 15. 3. 1974	41
1. Betriebsverfassungsrecht	42
2. Individueller Kündigungsschutz und kollektivrechtliche Mitwirkung	46
3. Personalvertretungsrecht	48
V. Weitere Entwicklung	53
1. Vorwiegend gesetzestechnische Änderungen des KSchG	53
2. Aufhebung der Mindestaltersgrenze	54
3. Kündigungsschutz bei Massenentlassungen, europäische Rechtsangleichung	55
4. Beschleunigungsnovelle zum ArbGG	56
5. Beschäftigungsförderungsgesetz 1985	57
6. Gesetz über befristete Arbeitsverträge mit wissenschaftlichem Personal	62
7. Kündigungsfristengesetz	62a
8. EG-Anpassungsgesetz	62b
VI. Das Arbeitsrechtliche Beschäftigungsförderungsgesetz und dessen Korrekturen	62c
1. Arbeitsrechtliches Beschäftigungsförderungsgesetz vom 25. 9. 1996	62c
2. Das Arbeitsförderungs-Reformgesetz vom 24. 3. 1997	62d
3. Gesetz zu Korrekturen in der Sozialversicherung und zur Sicherung der Arbeitnehmerrechte vom 19. 12. 1998	62e
4. Arbeitsgerichtsbeschleunigungsgesetz vom 30. 3. 2000	62f
5. Teilzeit- und Befristungsgestz vom 20. 12. 2000	62g
6. Betriebsverfassungs-Reformgesetz vom 23. 7. 2001	62h
VII. Reformbestrebungen	63
1. Kodifikation des Arbeitsvertragsrechts	63
2. Reform des Kündigungsschutzrechts	66
VIII. Inhalt des Kündigungsschutzgesetzes und Verhältnis zum sonstigen Kündigungsschutz	71
1. Inhalt und Abgrenzung	71
a) Allgemeiner Kündigungsschutz	71
b) Kündigungsschutz für betriebsverfassungsrechtliche Funktionsträger und bei Massenentlassungen	73
c) Außerhalb des KSchG	74
d) Verfassungsrechtliche Bedenken	74a
2. Verhältnis des KSchG zum besonderen Kündigungsschutz	75
3. Kündigungsrechtliche Regelungen im Einigungsvertrag	75a
a) Überblick	75a
b) Mangelnde persönliche Eignung	75d
c) Mangelnde fachliche Eignung	75g
d) Mangelnder Bedarf	75h
4. Verhältnis der Vorschriften des KSchG zu den allgemeinen Generalklauseln der §§ 138, 242 BGB	76
IX. Geltungsbereich des Kündigungsschutzgesetzes	77
1. Nationaler Geltungsbereich	77
2. Internationaler Geltungsbereich	79
a) „Ausstrahlung"	79
b) Deutsche Arbeitsverhältnisse im Ausland	80
c) Rechtswahl ausländischen Rechts	82
3. Arbeitnehmer bei den alliierten Streitkräften	84
4. Kündigungsschutz im Auslandsrecht	88

I. Entwicklung und Zielsetzung des Kündigungsschutzes

1. Kündigungsrecht vor 1914

Das Arbeitsrecht der Zeit vor 1914 wurde von den Ideen des wirtschaftlichen Liberalismus beherrscht. Dementsprechend galt ganz allgemein der **Grundsatz der Kündigungsfreiheit**. Wie das Arbeitsverhältnis durch freie Vereinbarung beider Teile, des Arbeitgebers und des Arbeitnehmers, geschaffen wurde, so sollten die Parteien des Arbeitsvertrages auch Umfang und Dauer ihrer Bindung regeln und deshalb frei darüber bestimmen können, wann und unter welchen Voraussetzungen eine einseitige Aufhebung des Arbeitsverhältnisses durch Kündigung zulässig sein sollte. Nur durch wenige zwingende Vorschriften war die Kündigungsfreiheit eingeschränkt. Für gewerbliche und kaufmännische Angestellte bestand eine Mindestkündigungsfrist von einem Monat zum Schluß des Kalendermonats (§§ 67 HGB, 133aa GewO), und für sie sowie für die gewerblichen Arbeiter galt der Grundsatz, daß die Kündigungsfrist für beide Teile gleich lang sein mußte (§ 122 Satz 2 und 3 GewO). Im übrigen waren die gesetzlichen Vorschriften über die ordentliche Kündigung dispositiv, ließen also dem Parteiwillen freien Spielraum.

2. Einführung von Kündigungsbeschränkungen

In diesem Rechtszustand ist **seit dem Ersten Weltkrieg** ein grundlegender Wandel eingetreten. Zum einen sind die zwingenden Vorschriften über die Länge der Kündigungsfristen und die Bindung an Kündigungstermine zunehmend erweitert worden, so zuerst sehr deutlich für ältere Angestellte durch das Angestelltenkündigungsschutzgesetz von 1926 bis hin zu § 622 BGB i. d. F. des Kündigungsfristengesetzes von 1993 mit verlängerten Fristen für alle langbeschäftigten Arbeitnehmer. Zum anderen aber wurde vor allem das freie Kündigungsrecht des Arbeitgebers dadurch beschränkt, daß die Kündigung bei Vorliegen bestimmter Voraussetzungen entweder an die Zahlung einer Kündigungsentschädigung geknüpft oder von der Zustimmung einer Behörde oder einer sonstigen Stelle abhängig gemacht oder für bestimmte Zeit ganz ausgeschlossen wurde. Vorschriften dieser Art werden üblicherweise als **Kündigungsbeschränkungen** bezeichnet und als **Recht des Kündigungsschutzes** zusammengefaßt, zu dem die erstgenannten Vorschriften über Kündigungsfristen und -termine jedoch nur in einem weiteren Sinn zu rechnen sind. Trotzdem besteht aber heute noch im Grundsatz Kündigungsfreiheit, auch wenn vielfältige Kündigungsbeschränkungen eingeführt worden sind.[1]

a) Interessenlage

Einführung und **fortschreitender Ausbau des Kündigungsschutzes** i. w. S. sind Folge einer tiefgreifenden Veränderung der sozialen Anschauungen gegenüber der Zeit vor 1914. Ihre prägende Kraft ist seither, wenn auch im Lauf der Zeit mit unterschiedlicher Intensität, in der Wirtschafts- und So-

---

[1] *Boemke* NZA 1993, 537; KR-*Etzel* § 1 KSchG Rn. 14 f.; APS/*Preis* Grundlagen G Rn. 5.

Einleitung 4–7 I. Entwicklung und Zielsetzung des Kündigungsschutzes

zialpolitik wirksam. Sie führt im Bereich des Kündigungsrechts zu differenzierter Berücksichtigung der komplexen **Interessenlage:**

4   (1) Diese umfaßt vor allem das **individuelle Interesse des Arbeitnehmers** an der Aufrechterhaltung seines Arbeitsverhältnisses und der Arbeitsbedingungen – **Bestandsschutzinteresse.** Im Vordergrund steht dabei die für den Arbeitnehmer in den meisten Fällen existentielle wirtschaftliche Bedeutung seines Arbeitsverdienstes als alleinige oder doch wichtigste Lebensgrundlage. Hinzu kommt, zumal mit zunehmender Dauer, die Bedeutung der Betriebszugehörigkeit einerseits für mancherlei Rechte bzw. rechtlich relevante Positionen des Arbeitnehmers (vgl. § 10 Abs. 2) und andererseits für die tatsächliche Ausübung seiner Tätigkeit, die durch die Einbindung in den Betrieb, durch wachsende Erfahrungen, vertraute Umgebung, Beziehungen zu Arbeitskollegen usw. ihre konkrete Gestalt erhält und so für den Arbeitnehmer zu einem wichtigen, gerade auch unter persönlichen Gesichtspunkten erhaltenswerten Gut wird. Damit verbunden sind wesentliche Ausstrahlungen über die berufliche Sphäre hinaus auf die persönlichen Lebensumstände des Arbeitnehmers bis hin beispielsweise zur arbeitsplatzbedingten Wahl des Wohnsitzes.

5   Insgesamt wird damit die eminente **Bedeutung** des individuellen Kündigungsschutzes für den abhängigen Arbeitnehmer deutlich. Nach altem Recht (oben Rn. 1) war er jederzeit dem Verlust seines Arbeitsplatzes mit allen nachteiligen Folgen durch eine grundsätzlich ins Belieben des Arbeitgebers gestellte, allenfalls an meist kurze Fristen gebundene Kündigung ausgesetzt. Demgegenüber war zunächst jede Beschränkung der Kündigungsfreiheit ein Fortschritt, auch schon die zwingende Bindung an längere Kündigungsfristen und bestimmte -termine zumindest als Verbesserung der Voraussehbarkeit und der Vorbereitung auf den Arbeitsplatzverlust durch einen längeren Zeitraum für erneute Stellensuche.

6   (2) **Kollektive Arbeitnehmerinteressen,** die vom Betriebsrat durch Mitwirkung oder Mitbestimmung bei Kündigungen (§ 102 BetrVG), auch schon bei deren Vorbereitung wahrgenommen werden, sind vielfach auf Unterstützung der einzelnen jeweils betroffenen Arbeitnehmer gerichtet. Insoweit besteht ein enger Zusammenhang mit den Individualinteressen. Doch kommen gleichermaßen auch echte kollektive Belegschaftsinteressen in Betracht, gerichtet vor allem auf Transparenz und sachlich wie rechtlich ordnungsgemäße Durchführung der Kündigungsvorgänge, vor allem, wenn diese betrieblich bedingt sind, und ganz besonders, wenn nicht ein einzelner, sondern mehrere, gar viele Arbeitnehmer betroffen sind, gerichtet schon im Vorfeld auf Vermeidung solcher Kündigungswellen, namentlich durch Einführung von Kurzarbeit, ganz allgemein gerichtet auf Kontinuität der Belegschaft und auf Wahrung des Betriebsfriedens. Evident ist ferner das Schutzbedürfnis der Betriebsratsmitglieder und anderer Amtsträger der Betriebsverfassung (§ 15 KSchG, § 103 BetrVG), wobei wiederum kollektive Interessen an Kontinuität und Unabhängigkeit der Arbeitnehmervertretung und Individualschutz der einzelnen Mitglieder ineinandergreifen.

7   (3) Auf der anderen Seite ist nicht zu verkennen, daß Kündigungsbeschränkungen die **Interessen der Arbeitgeber** stark berühren. Gewiß wird ein verständiger Arbeitgeber nicht auf willkürlichen Kündigungen bestehen,

doch muß er an einer effizienten Zusammensetzung seiner Belegschaft interessiert sein und darum auch an Kündigungsmöglichkeiten gegenüber weniger oder gar nicht geeigneten Arbeitnehmern, z. B. bei vertragswidrigem oder betriebsstörendem Verhalten auch unterhalb der Schwelle zur außerordentlichen Kündigung, ferner bei mangelnder Leistungsbereitschaft, auch bei fehlender oder, sozial besonders problematisch, nachlassender Leistungsfähigkeit u. dgl. Vor allem aber besteht das Interesse, aus Gründen der Rationalisierung wie auch zur Anpassung an konjunkturell oder in sonstiger Weise bedingte ungünstige Geschäftsentwicklungen im Betrieb entbehrliche Arbeitnehmer entlassen zu können.[2]

(4) Die deutlich divergierenden Interessen der beiderseits Betroffenen finden ihre Entsprechung in gleichfalls widersprüchlichen **Interessen der Allgemeinheit**. Denn einerseits ist unter bestimmten Voraussetzungen die Stetigkeit von Arbeitsverhältnissen wirtschafts- und sozialpolitisch durchaus erwünscht. Das gilt vor allem für besonders schutzwürdige Personengruppen, zumal wenn ihnen andere Arbeitsplätze schwer zu vermitteln sind, wie etwa Schwerbehinderte oder ältere Arbeitnehmer. Doch auch allgemein können positive volkswirtschaftliche Effekte mit Kündigungsbeschränkungen verbunden sein, die beispielsweise dem Sicherheitsbedürfnis der Arbeitnehmer entgegenkommen, Betriebs- und Arbeitsplatzbindungen im Interesse der Leistungsbereitschaft und -fähigkeit fördern und erhalten, u. U. auch bei Konjunktureinbrüchen oder sonstigen Krisen deren Auswirkungen auf den Arbeitsmarkt abschwächen oder wenigstens verzögern, wenn erschwerte Entlassungen durch Kurzarbeit aufgefangen oder doch hinausgeschoben werden.

Dem stehen jedoch auf der anderen Seite auch aus der Sicht der Allgemeinheit negative Folgen von Kündigungsbeschränkungen gegenüber, so die auch **volkswirtschaftlich relevante Gefahr einer Belastung der Betriebe** mit unproduktiven Arbeitskräften, so ferner die verminderte Mobilität der Arbeitnehmer in örtlicher, aber auch beruflich-fachlicher Hinsicht, die einer volkswirtschaftlich zweckmäßigen Verteilung der Arbeitskräfte nach Beschäftigungsmöglichkeiten hinderlich sein kann. Ob ein offeneres Kündigungsrecht insoweit die eigene Initiative der Arbeitnehmer nachhaltig fördern würde, mag allerdings angesichts mancher Erfahrungen bei der derzeitigen Arbeitsmarktlage fraglich erscheinen, ebenso freilich auch, inwieweit eine geeignete Ausgestaltung der Arbeitsvermittlung eine solche Initiative zu wecken oder zu ersetzen vermag.[3] Aus volkswirtschaftlicher Sicht können einer Lockerung der gesetzlichen Kündigungsvorschriften gewisse Beschäftigungsimpulse nicht abgesprochen werden, auch wenn ein nachhaltiger Beitrag zur Bekämpfung der Arbeitslosigkeit davon vermutlich nicht zu erwarten wäre. Jedenfalls ist der Kündigungsschutz unter **betriebswirtschaftlichen Gesichtspunkten** kostensteigernd[4] und schützt den Arbeitnehmer auch vor den Marktmechanismen.

---

[2] Dazu *Betzbach* FS Hanau S. 173 ff.
[3] Vgl. dazu Sachverständigenrat zum Kündigungsschutz, BT-Drucks. 11/5786, Nr. 366, 367, abgedr. in RdA 1990, 288.
[4] Dazu ausführlich *Franke*, Effizienz gesetzlicher Kündigungsschutzbestimmungen, 1996; *Franz* ZfA 1994, 439 ff., 449 ff.; zu Vorüberlegungen einer ökonomischen Analyse des Kündigungsschutzes *Dorndorf* ZfA 1989, 345.

Einleitung 9–11   I. Entwicklung und Zielsetzung des Kündigungsschutzes

9   (5) Für die **rechtspolitische Wertung** von Fragen des Kündigungsschutzes[5] stehen sich somit ausgeprägte **gegensätzliche Interessen** gegenüber. Diese leiten sich aus verfassungsrechtlichen Grundentscheidungen ab, einerseits für den Arbeitnehmer aus dem Grundrecht der Berufsfreiheit (Art. 12 GG)[6] und dem Sozialstaatsgebot (Art. 20 Abs. 1, 28 Abs. 1 GG), andererseits für den Arbeitgeber aus den Grundrechten der Berufsfreiheit (Art. 12 GG) und des Eigentumsschutzes nach Art. 14 GG.[7] Das macht verständlich, warum gerade auf dem Gebiet des Kündigungsschutzes Gesetzgebung und Rechtsanwendung im Lauf der Zeit gewissen Schwankungen unterworfen waren. Dabei ist auch keine eindeutige Tendenz festzustellen. Inhalt, Umfang und Intensität des Kündigungsschutzes haben sich im Zuge der politischen und wirtschaftlichen Entwicklung vielfach und keineswegs nur in Richtung einer Verstärkung des Schutzes gewandelt, wie auch die von der Gesetzgebung eingesetzten rechtstechnischen Mittel mit der jeweiligen Zielsetzung gewechselt haben (s. auch nachfolgend Rn. 13 ff.). Das Kündigungsschutzgesetz von 1951 i.d.F. vom 25.8.1969 mit den Änderungen und Ergänzungen vor allem durch das Betriebsverfassungsgesetz vom 15.1.1972 sowie durch einige weitere Gesetze kennzeichnet zwar eine wichtige, gegenwärtig aktuelle Phase in der Entwicklung, stellt aber keineswegs deren Abschluß dar.

10   Letzteres wird in der **rechtspolitischen Diskussion** ebenso deutlich wie in der Fortentwicklung der Rechtsanwendung, mag hier auch der betonte Einzelfallbezug der Rechtsprechung das Erkennen von Entwicklungslinien erschweren.[8] Keineswegs einziges, doch recht markantes Beispiel eines ursprünglich im Gesetz nicht angelegten Ausbaus des Kündigungsschutzes ist der **Weiterbeschäftigungsanspruch des Arbeitnehmers** während des Kündigungsschutzprozesses, zunächst in einem Teil der Literatur gefordert, dann von der Rechtsprechung aufgegriffen, doch bisher noch nicht eindeutig gesichert.[9]

11   Diskutiert wird in jüngerer Zeit aber auch ein ins Grundsätzliche gehender Wandel in der **Bewertung des allgemeinen Kündigungsschutzes.** Ansatz dafür ist die in der wissenschaftlichen Literatur kaum noch bestrittene Erkenntnis, daß Kündigungsbeschränkungen kein geeignetes Mittel für eine nachhaltige Bekämpfung der Arbeitslosigkeit sind. Hiervon ausgehend hat vor allem *Reuter* zutreffend die damit verbundene Konkurrenzsituation der

---

[5] Dazu ausführlich m.w.N. *Zöllner* Gutachten D zum 52. DJT 1978; ferner etwa *v.Hoyningen-Huene* FS LAG Rheinland-Pfalz S. 215 ff.; *Preis* S. 51 ff., 117 ff. m.w.N.; APS/ *Preis* Grundlagen B Rn. 29 ff.; *Rütten*, Institutionelle Arbeitslosigkeit und Grundgesetz, 2000; *Wank* RdA 1992, 227 ff.; KR-*M. Wolf*, 3. Aufl. 1989, Grunds. Rn. 43 ff.; sowie die unten Rn. 11 Genannten; – s. auch Begründung zum KSchG, B Erster Abschnitt Allgemeines, RdA 1951, 63; – zur wirtschaftlichen Beurteilung *Franz* ZfA 1994, 439 und *Schellhaaß* ZfA 1984, 139 sowie Jahresgutachten 1989/90 des *Sachverständigenrates* zur Begutachtung der gesamtwirtschaftlichen Entwicklung, BT-Drucks. 11/5786, Nr. 364–371 = RdA 1990, 288.
[6] Dazu *Kühling* FS Dieterich S. 325.
[7] Zu diesem Spannungsverhältnis BVerfG 27.1.1998, AP Nr. 17 zu § 23 KSchG 1969 unter B I 3 a; KR-*M. Wolf*, 3. Aufl. 1989, Grunds. Rn. 42 a–42 j.
[8] Dazu z.B. *Preis* DB 1988, 1387 ff. und 1444 ff. m.w.N.; s. auch unten Einl. Rn. 65 ff.
[9] Näher unten § 4 Rn. 94 ff.; zu weiteren Fällen *v. Hoyningen-Huene* BB 1986, 2137; *Kraft* ZfA 1994, 467 ff.

I. Entwicklung und Zielsetzung des Kündigungsschutzes 11 a, 12 **Einleitung**

Arbeitnehmer auf dem Arbeitsmarkt und damit die Interessen der Arbeitssuchenden stärker ins Bewußtsein gerückt.[10] Trotz seiner sehr bedenkenswerten Argumentation ist jedoch seine daran anknüpfende Wertung des allgemeinen Kündigungsschutzes, welche die Interessenkollision um den Arbeitsplatz konkurrierender Arbeitnehmer mit Vorrang gegenüber der überkommenen Begründung durch das Individualinteresse des einzelnen Arbeitnehmers hervorhebt, auf letztlich doch berechtigten Widerstand gestoßen. Als Folge stellt er den individuellen Schutz der Stelleninhaber in Frage. Dieser sei als Privilegierung gegenüber stellensuchenden Arbeitnehmern nur zur Erhaltung im Betrieb erworbener Rechtspositionen, sonst allein für besonders schutzbedürftige Arbeitnehmergruppen zu rechtfertigen. Eine solchermaßen wettbewerbsorientierte Arbeitsmarktstruktur würde jedoch eine weitgehende Zurücknahme des allgemeinen Kündigungsschutzes erfordern, wie *Reuter* sie auch konsequent befürwortet.

Dagegen werden zu Recht **schwerwiegende Bedenken** erhoben.[11] Ne- 11a ben begründeten Zweifeln an der Funktionsfähigkeit des Modells i. S. des angestrebten Ausgleichs und an seinem Nutzen für die Lösung von Beschäftigungsproblemen wird auf die evidente Gefahr sozial unzumutbar gesteigerten Leistungsdrucks und Unterbietungswettbewerbs bei den dann verschärft konkurrierenden Arbeitnehmern hingewiesen. Insgesamt ist eine isolierte Herausnahme des individuellen Bestandsschutzes aus dem auch im übrigen am einzelnen Arbeitnehmer orientierten Schutz des geltenden Arbeitsrechts ohne Systembruch kaum möglich; die dadurch zu bewirkende Steigerung des Wettbewerbs in diesem aus sozialen Gründen nur beschränkt wettbewerbsorientierten Bereich ist angesichts ungewisser, eher fragwürdiger Folgen auch keineswegs angezeigt. Jedenfalls wäre dazu eine grundlegend gewandelte Wertentscheidung des Gesetzgebers erforderlich, mit der schwerlich zu rechnen ist.

Mit dem Vorausgehenden nicht vergleichbar sind Überlegungen, die durch 12 begrenzt **erleichterte Lösungsmöglichkeiten** die Bereitschaft der Arbeitgeber zum Abschluß von Arbeitsverträgen auch bei **vorübergehendem Arbeitskräftebedarf** fördern wollen. Auf solchen Gedankengängen beruht die zeitlich begrenzte und an bestimmte Voraussetzungen geknüpfte Zulassung befristeter Arbeitsverträge durch das Beschäftigungsförderungsgesetz 1985 vom 26. 4. 1985 (dazu auch unten Einl. Rn. 57 ff.). Ein grundlegender Wandel in der überkommenen Bewertung der für den Kündigungsschutz maßgebenden Interessen liegt darin nicht.[12] Eine gewisse Einschränkung des Kündigungsschutzes war vorübergehend in der Schaffung des Arbeitsrechtlichen

---

[10] *Reuter* BAG-Festschrift S. 405 ff.; *ders.* bereits RdA 1973, 345 ff. sowie 1978, 344, 348 ff. und erneut Ordo Bd. 33 (1982) S. 165, 180 ff., 186 ff.; vgl. insoweit auch *v. Hoyningen-Huene* FS LAG Rheinland-Pfalz S. 215 ff.; *Schwerdtner* ZfA 1977, 47, 76 ff.; *ders.* DB Beil. 12/1979, insbes. S. 4 f.
[11] Kritisch und eingehend vor allem *Zöllner* Gutachten D zum 52. DJT 1978, S. 114 ff.; *ders.* ZfA 1994, 435; auch *Schwerdtner* ZfA 1977, 47, 76 ff.; bereits *Herschel* RdA 1975, 28, 30 ff.; ferner u. a. *Floretta*, Gedächtnisschrift für Kahn-Freund, 1980, S. 433, 438 ff.; *Herschel/ Löwisch* vor § 1 Rn. 3; *Kraft* ZfA 1994, 466; *Preis* S. 119; *Simitis* Verhandlungen des 52. DJT, Bd. 2, 1978, S. M 24 ff.; *v. Stebut* S. 310 ff.; KR-*M. Wolf*, 3. Aufl. 1989, Grunds. Rn. 626.
[12] Vgl. dazu *Adomeit* NJW 1989, 1715.

Einleitung 13, 14   I. Entwicklung und Zielsetzung des Kündigungsschutzes

Beschäftigungsförderungsgesetzes vom 25. 9. 1996[13] zu sehen, ohne allerdings an dem Grundprinzip zu rütteln (Einzelheiten unten Rn. 62c).

b) Zielsetzung:

13   Ihrem Zweck nach kann man die gesetzlichen Kündigungsbeschränkungen in zwei Gruppen mit durchaus unterschiedlicher Entwicklung einteilen: Die einen dienen vorwiegend der Eindämmung der Arbeitslosigkeit im Interesse der Volkswirtschaft als ganzer oder doch einer volkswirtschaftlich wünschenswerten Verteilung der Arbeitskräfte, sie verfolgen also **arbeitsmarktpolitische Ziele** (oben Rn. 8); die anderen sollen in erster Linie den einzelnen Arbeitnehmer in seinem eigenen Interesse vor dem Verlust seines Arbeitsplatzes schützen, gehören also zum **individuellen Arbeitnehmerschutz** (oben Rn. 4). Hiermit verbunden ist teilweise auch die Wahrnehmung **kollektiver Interessen** der Belegschaft und des Betriebes durch Beteiligung des Betriebsrats (oben Rn. 6), doch steht das Individualinteresse bzw. das Arbeitsmarktinteresse regelmäßig ganz im Vordergrund. – Allerdings lassen sich die Zwecke nicht völlig voneinander trennen; auch arbeitsmarktpolitisch orientierte Bestimmungen können dem einzelnen Arbeitnehmer zugute kommen, umgekehrt können Vorschriften, die einzelnen Arbeitnehmern ihre Arbeitsplätze zu erhalten suchen, zur Entspannung auf dem Arbeitsmarkt beitragen. Aber der Hauptzweck der einzelnen Vorschrift weist sie der einen oder anderen Gruppe zu.

14   (1) Zur ersten Gruppe, den **arbeitsmarktpolitisch orientierten Kündigungsbeschränkungen,** gehörten die Vorschriften der **Demobilmachungsverordnungen** aus der Zeit nach dem Ersten Weltkrieg. Die wichtigste von ihnen, die VO vom 12. 2. 1920, verbot schlechthin die Entlassung von Arbeitnehmern zum Zweck der Verminderung der Beschäftigtenzahl, solange die Beschäftigung aller Arbeitskräfte bei Herabsetzung der Arbeitszeit auf die Hälfte (Arbeitsstreckung) möglich war. Der Plan, diese Bestimmungen dauernd in die Gesetzgebung zu übernehmen, scheiterte an der katastrophalen Lage der deutschen Wirtschaft im Herbst 1923, welche die Befreiung der Unternehmen von allen der Produktion hemmenden, wenn auch sozial wünschenswerten Lasten erzwang. Deshalb wurden die Kündigungsbeschränkungen der Demobilmachungszeit bis auf einen geringen Rest in der Stillegungsverordnung abgebaut. Letztere enthielt einen besonderen Schutz bei Massenentlassungen und ist auf dem Weg über § 20 AOG von 1934 für den 3. Abschnitt des heutigen Kündigungsschutzgesetzes bedeutsam geworden. Im übrigen war jedoch der Versuch, die Arbeitslosigkeit durch Kündigungsbeschränkungen zu bekämpfen, gescheitert. Die Notwendigkeit, auf die Produktivität der Betriebe Rücksicht zu nehmen, hatte sich damals wie auch später als stärker erwiesen, eine rechtspolitisch wichtige Erfahrung ganz im Einklang mit der bereits erwähnten, heute allgemein verbreiteten Erkenntnis, daß Kündigungsbeschränkungen kein geeignetes Mittel zur nachhaltigen Bekämpfung von Arbeitslosigkeit sind (über neuere Maßnahmen zur Beschäftigungsförderung oben Rn. 12 und unten Rn. 57 ff.).

---

[13] BGBl. I S. 1476.

I. Entwicklung und Zielsetzung des Kündigungsschutzes 15–17 **Einleitung**

Bestrebungen, die Verteilung der Arbeitskräfte durch Beschränkungen des 15 freien Kündigungsrechts zu beeinflussen, sind in der **Zeit des Nationalsozialismus** wieder aufgenommen worden. Das geschah allerdings nicht, wie man damals noch hätte erwarten können, in den Anfangsjahren, als die Bekämpfung der Arbeitslosigkeit im Vordergrund stand. Vielmehr griff man zu diesem Mittel erst, als große Staatsaufträge die Arbeitslosigkeit im wesentlichen beseitigt hatten und nun umgekehrt ein Mangel an Arbeitskräften die Rüstungsindustrie zu beeinträchtigen drohte. Diese Bestrebungen gipfelten in der bei Kriegsbeginn erlassenen **Arbeitsplatzwechselverordnung** vom 1. 9. 1939, die grundsätzlich jede Kündigung, mochte sie vom Arbeitgeber oder vom Arbeitnehmer ausgehen, von der Zustimmung des Arbeitsamtes abhängig machte. Damit war die Verteilung der Arbeitskräfte völlig unter behördliche Kontrolle gestellt. Die Arbeitnehmer erhielten auf diese Weise mittelbar einen weitgehenden Schutz gegen Kündigungen, aber das Arbeitsamt hatte seine Entscheidung nicht auf Grund einer Nachprüfung der sozialen Berechtigung der Kündigung und der individuellen Interessen des einzelnen Arbeitnehmers zu treffen, sondern ausschließlich nach arbeitseinsatzpolitischen Gesichtspunkten, also nur im Hinblick auf die volkswirtschaftlich zweckmäßige Verteilung der Arbeitskräfte. Im übrigen unterband die ArbPlWVO zugleich auch weitgehend die Freizügigkeit der Arbeitnehmer, da sie auch deren Kündigungen zustimmungspflichtig machte. Es handelte sich also um eine völlige Lenkung des Arbeitseinsatzes im totalen Staat ohne jede Rücksicht auf die individuelle Freiheit.

Diese Beschränkungen des Kündigungsrechts sind auch **nach dem Zwei-** 16 **ten Weltkrieg** zunächst noch beibehalten, zeitweise sogar durch den Kontrollratsbefehl Nr. 3 vom 17. 1. 1946 noch verschärft worden. Man glaubte, die staatliche Lenkung des Arbeitseinsatzes bei der völligen Zerrüttung der wirtschaftlichen Verhältnisse in der Nachkriegszeit nicht entbehren zu können. Die schnell fortschreitende Konsolidierung der Wirtschaft nach der Währungsreform von 1948 hat dann aber Bestrebungen nach **Beseitigung des staatlichen Zwangs** wirksam gefördert. Bereits durch Art. 12 GG wurde die Freizügigkeit der Arbeitnehmer wiederhergestellt und damit die ArbPlWVO insoweit außer Kraft gesetzt, als sie die freie Kündigung des Arbeitnehmers einschränkte. Durch das Kündigungsschutzgesetz ist sie dann 1951 ganz aufgehoben worden. Von den arbeitsmarktpolitisch orientierten Kündigungsbeschränkungen ist heute nur noch der schon erwähnte **Kündigungsschutz bei Massenentlassungen** (oben Rn. 14) geblieben, der jetzt in den §§ 17 ff. geregelt ist.

(2) Um so wichtiger ist heute die zweite Gruppe der **Kündigungsbe-** 17 **schränkungen,** die vorwiegend den **Schutz des einzelnen Arbeitnehmers** zum Gegenstand haben. Dabei ist nach der personellen Ausrichtung weiter zu unterscheiden: Der allgemeine Kündigungsschutz gegen sozialwidrige Kündigungen gilt grundsätzlich für alle Arten von Arbeitnehmern, also gleichermaßen für Arbeiter und Angestellte und ebenso in privaten Betrieben wie im öffentlichen Dienst. Daneben steht der besondere Kündigungsschutz für bestimmte Gruppen von Arbeitnehmern, der diesen jeweils im Hinblick auf besondere Eigenschaften, Funktionen oder Situationen einen mehr oder weniger weitgehenden speziellen Schutz gewährt. Beide Ar-

23

Einleitung 18, 19   I. Entwicklung und Zielsetzung des Kündigungsschutzes

ten des individuellen Kündigungsschutzes haben sich im Lauf der Zeit nebeneinander entwickelt; über ihr Verhältnis zueinander unten Einl. Rn. 75 ff. Seiner Bedeutung nach steht der allgemeine Kündigungsschutz ganz im Vordergrund. Seine Regelung bildet den wichtigsten Teil des KSchG; deshalb wird seine Entwicklung nachfolgend (Rn. 19 ff.) gesondert dargestellt.

18   Der **besondere Kündigungsschutz** umfaßt eine Vielzahl verschiedener Personengruppen, die aus unterschiedlichen Gründen besonders schutzwürdig bzw. -bedürftig sind. Der Kreis der Geschützten ist im Lauf der Entwicklung Schwankungen unterlegen, hat doch insgesamt, vor allem seit 1948, deutlich zugenommen. Wichtige **Beispiele** geschützter Personen (jeweils nur mit dem jetzt aktuellen Gesetz)[14] sind:
- länger beschäftigte Arbeitnehmer (§ 622 Abs. 2 BGB);
- Schwerbehinderte (SGB IX vom 19. 6. 2001);
- Frauen vor und nach der Niederkunft (Mutterschutzgesetz i. d. F. vom 17. 1. 1997);
- Arbeitnehmer während des Erziehungsurlaubs (Bundeserziehungsgeldgesetz i. d. F. vom 1. 12. 2000);
- Auszubildende in einem Berufsausbildungsverhältnis (Berufsbildungsgesetz vom 14. 8. 1969);
- wegen des Wehrdienstes, des Zivildienstes oder des Dienstes im Zivilschutz geschützte Personen (Arbeitsplatzschutzgesetz i. d. F. vom 14. 4. 1980 nebst § 78 des Zivildienstgesetzes i. d. F. vom 28. 9. 1994, Eignungsübungsgesetz vom 20. 1. 1956, Zivilschutzgesetz i. d. F. vom 25. 3. 1997);
- Wahlbewerber und Mitglieder der Betriebs- und Personalräte sowie anderer Arbeitnehmervertretungen im Betrieb (KSchG §§ 15 ff.);
- durch das Heimarbeitsgesetz (vom 14. 3. 1951) wird auch Heimarbeitern, also arbeitnehmerähnlichen Personen, ein besonderer Kündigungsschutz gewährt.

3. Entwicklung des allgemeinen Kündigungsschutzes bis zum KSchG

19   a) Der allgemeine Kündigungsschutz gegen sozialwidrige Kündigungen ist durch das **Betriebsrätegesetz vom 4. 2. 1920** geschaffen worden. Ursprünglicher Ausgangspunkt war der Gedanke des Mitbestimmungsrechts der Arbeitnehmer, also ein **kollektivrechtlicher Ansatz,** der auch heute wieder, wenn auch nicht in erster Linie, für den Kündigungsschutz große Bedeutung hat. Im Regierungsentwurf zum BRG war das damals ganz deutlich hervorgehoben. Der Betriebsrat als solcher sollte gegenüber einer Kündigung ein Einspruchsrecht haben, und der Einspruch sollte nicht nur im Interesse des einzelnen Arbeitnehmers zulässig sein, um ihn gegen unbillige Härten zu schützen; sondern er sollte vor allem auch gegeben sein, wenn die Kündigung gegen die berechtigten Interessen des Betriebes oder der Belegschaft als Ganzes verstieß. Der Kollektivgedanke und nicht das Individualrecht des einzelnen Arbeitnehmers stand also ursprünglich im Vordergrund. Die weitere Ausgestaltung führte dann aber zu einer Verbindung des kollektivrecht-

---

[14] Dazu v. *Hoyningen-Huene,* Kündigungsvorschriften im Arbeitsrecht, 2. Aufl. 1994.

I. Entwicklung und Zielsetzung des Kündigungsschutzes   20–22   **Einleitung**

lichen Gesichtspunktes mit dem **individualrechtlichen Schutz** des einzelnen Arbeitnehmers. Nach der endgültigen Fassung des BRG war der alleinige Zweck der Regelung, den einzelnen Arbeitnehmer gegen Verletzung seiner Interessen durch eine unbillig harte, nicht durch die Verhältnisse des Betriebes bedingte Kündigung zu schützen, und es war Sache des Arbeitnehmers, gegen eine solche Kündigung Einspruch einzulegen. Deshalb wurde schon damals darauf hingewiesen, daß die Vorschriften systematisch nicht zum Betriebsverfassungsrecht, sondern zum Arbeitsvertragsrecht gehörten.[15]

Die rechtstechnische **Durchführung des Schutzes** blieb jedoch **kollektivrechtlich** orientiert: Der Einspruch war an den Betriebsrat zu richten. Nur wenn dieser ihn billigte, konnte er weiter verfolgt werden. Der Betriebsrat hatte dann in erster Linie zu versuchen, eine gütliche Verständigung mit dem Arbeitgeber herbeizuführen. Erst wenn dieser Versuch scheiterte, war der Weg für eine Klage beim Arbeitsgericht frei. Der Betriebsrat war also einerseits Sperrinstanz gegen unbegründete Einsprüche und andererseits Vermittlungsinstanz. Auch konnte die Klage nicht nur vom Arbeitnehmer, sondern auch vom Betriebsrat im eigenen Namen, wenn auch zugunsten des Arbeitnehmers, erhoben werden. Die Notwendigkeit der Mitwirkung des Betriebsrats hatte zur Folge, daß der Kündigungsschutz nur in Betrieben mit Betriebsräten, d.h. nicht in Kleinbetrieben mit weniger als 20 Arbeitnehmern, gewährt wurde.   20

Der Kündigungsschutz des BRG 1920 war kein absoluter. Vielmehr war in einem der Klage stattgebenden Urteil immer gleichzeitig eine **Entschädigung** festzusetzen; der Arbeitgeber hatte dann die Wahl, ob er die Kündigung widerrufen oder die Entschädigung zahlen wollte. Er konnte also stets das Ausscheiden des Arbeitnehmers erzwingen, wenn er ein entsprechendes finanzielles Opfer brachte. Insoweit wirkte der alte Gedanke der Kündigungsfreiheit noch erheblich nach. Über die Berechtigung dieser Regelung ist viel gestritten worden; man empfand vor allem in Fällen besonders schwerwiegender Sozialwidrigkeit die bloße Zahlung einer Kündigungsentschädigung als unbefriedigend. Im Lauf der weiteren Entwicklung hat sich die Rechtsprechung in solchen Fällen damit geholfen, daß sie die Kündigung wegen Verstoßes gegen die guten Sitten für schlechthin nichtig erklärte (§ 138 BGB).   21

Der Kündigungsschutz des BRG 1920 hat schnell **große praktische Bedeutung** erlangt. Zahlreiche Urteile der Arbeitsgerichte und der Landesarbeitsgerichte sind dazu ergangen; hingegen waren Entscheidungen des RAG, die zur Klärung mancher zweifelhafter Rechtsfragen hätten dienen können, ausgeschlossen, da gegen Urteile über Kündigungseinspruchsklagen die Revision nicht eröffnet war. Auch die Wissenschaft hat sich mit den Fragen des Kündigungsschutzes intensiv befaßt. Aus der reichhaltigen Literatur seien die systematischen Darstellungen in den Lehrbüchern von *Hueck/Nipperdey*[16] und *Kaskel/Dersch*[17] sowie die Kommentare zum BRG von *Flatow/Kahn-Freund*[18]   22

---

[15] Vgl. *Hueck/Nipperdey,* Lehrbuch des Arbeitsrechts, 3.–5. Aufl. Bd. I S. 363.
[16] 3.–5. Aufl. 1931, Bd. I S. 362 ff.
[17] 4. Aufl. 1932, S. 227 ff.
[18] 13. Aufl. 1931.

Einleitung 23–25   I. Entwicklung und Zielsetzung des Kündigungsschutzes

und *Mansfeld*[19] hervorgehoben, alle mit ausführlichen Angaben zur älteren Literatur und Judikatur.

23   b) Für die **Zeit nach 1933** hat der nationalsozialistische Gesetzgeber den individuellen Kündigungsschutz als solchen in den §§ 56 ff. des Gesetzes zur Ordnung der nationalen Arbeit vom 20. 1. 1934 (AOG) weitgehend übernommen. Jedoch fiel die Mitwirkung der Betriebsvertretung im wesentlichen fort. Betriebsräte gab es nicht mehr und der statt dessen eingeführte Vertrauensrat, an dessen Spitze der Unternehmer als Betriebsführer selbst stand, war nicht geeignet, die Berechtigung einer vom Unternehmer ausgesprochenen Kündigung nachzuprüfen, zumal er diesen lediglich zu beraten hatte. Das Vorprüfungsrecht und das Klagerecht des Betriebsrats wurden deshalb beseitigt; es blieb lediglich ein Güteverfahren vor dem Vertrauensrat. Von letzterem abgesehen spielte sich das Verfahren ausschließlich zwischen dem Arbeitgeber und dem einzelnen Arbeitnehmer ab. War schon bisher der Zweck des Kündigungsschutzes ein individualrechtlicher gewesen, so wurde jetzt auch das **Verfahren** ganz **individualrechtlich** gestaltet. Im übrigen brachte das AOG eine Reihe von technischen Verbesserungen und Vereinfachungen und darüber hinaus einen gewissen Fortschritt, insofern es den Kündigungsschutz auf Betriebe mit mindestens 10 Arbeitnehmern ausdehnte. Vgl. im übrigen die eingehende Darstellung des Kündigungsschutzrechts des AOG bei *Hueck / Nipperdey / Dietz*[20] mit weiteren Angaben zur Literatur und Judikatur.

24   c) Der Kündigungsschutz des AOG hat auch **nach dem Zweiten Weltkrieg** zunächst noch fortbestanden; erst mit Wirkung vom 1. 1. 1947 wurde auch insoweit das AOG durch die Militärregierungen aufgehoben. Damit fielen dessen Bestimmungen über den Kündigungsschutz fort und es entstand eine **Lücke in der gesetzlichen Regelung.** – Jedoch ist der **Kündigungsschutz** als solcher dadurch **nicht beseitigt** worden. Vielmehr hatte er sich, wie sich alsbald zeigte, seit 1920 so sehr gefestigt, und entspricht seither so sehr den sozialen Erfordernissen und Überzeugungen, daß er trotz des Wegfalls der gesetzlichen Regelung beibehalten wurde. Das ist um so bemerkenswerter, als drei Jahrzehnte früher die Kündigungsfreiheit noch als selbstverständlich gegolten hatte.

25   Zur **Ausfüllung der Lücke** in der gesetzlichen Regelung wurden ganz verschiedene Wege beschritten: In der sowjetischen Besatzungszone hat man vielfach jede Kündigung ohne Zustimmung des Betriebsrats für nichtig erklärt. – In der britischen Zone hat man die allgemeinen Grundsätze des Privatrechts, besonders die **Generalklauseln** der §§ 138, 242 BGB herangezogen. Man sah in einer Kündigung, die unbillig hart und nicht durch die Verhältnisse des Betriebes bedingt war, die also bisher der Widerrufsklage unterlag, einen Verstoß gegen Treu und Glauben (§ 242 BGB) oder, in schwereren Fällen, gegen die guten Sitten (§ 138 BGB); sie bedeute deshalb einen Rechtsmißbrauch und sei demgemäß nichtig. Über die Voraussetzungen im einzelnen bestand allerdings mancherlei Streit. Daneben suchte man auch die Vorschriften der ArbeitsplatzwechselVO, die die Kündigung von

---

[19] 3. Aufl. 1934.
[20] AOG, 4. Aufl. 1943, §§ 56 ff.

der Genehmigung des Arbeitsamtes abhängig machte und eigentlich nur arbeitseinsatzpolitischen Zwecken dienen sollte, dem sozialen Schutz des einzelnen Arbeitnehmers dienstbar zu machen.

Dagegen wurde in den Ländern der amerikanischen und französischen Zone erneut ein **gesetzlicher Kündigungsschutz** geschaffen, teils durch besondere Kündigungsschutzgesetze, teils durch Regelung des Kündigungsschutzes in neuen Betriebsrätegesetzen, und zwar jeweils **auf Landesebene,** daher regional verschieden; – Übersicht über die wichtigsten Bestimmungen dieser Gesetze und ihre Unterschiede bei *A. Hueck*.[21] Alle diese Vorschriften sind durch das KSchG des Bundes beseitigt worden. 26

Im einzelnen brachte diese Entwicklung in der britischen Zone eine sehr unerfreuliche **Rechtsunsicherheit,** in den übrigen Ländern eine ebenso unerfreuliche **Rechtszersplitterung** mit sich. Die Sondergesetze der Länder unterschieden sich sowohl in der grundsätzlichen Einstellung wie vor allem in zahlreichen Einzelheiten, so daß es kaum eine Frage gab, in der nicht zum mindesten ein Landesgesetz eine abweichende Stellung einnahm. Da es sich um praktisch besonders wichtige Fragen handelte und da diese Unterschiede durch keine historische Tradition und durch keinerlei sachliche Gründe gerechtfertigt waren, war dieser Rechtszustand auf die Dauer völlig unerträglich. Deshalb war eine bundesgesetzliche Regelung besonders dringlich, die mit dem **Kündigungsschutzgesetz vom 10. August 1951** hier Abhilfe brachte, das für das ganze damalige Bundesgebiet einheitliches Recht schuf und damit einerseits die zahlreichen Unterschiede der süddeutschen Sondergesetze beseitigte und andererseits für die britische Zone die allgemeinen Generalklauseln des BGB durch speziell auf die Kündigung des Arbeitsverhältnisses zugeschnittene Normen ersetzte. 27

II. Entstehung des Kündigungsschutzgesetzes

1. Das Bedürfnis nach einer einheitlichen gesetzlichen Regelung des Kündigungsschutzes führte schon nach Vereinigung der amerikanischen und britischen Zone **im Vereinigten Wirtschaftsgebiet** zu entsprechenden Initiativen im Hinblick auf die nunmehr eröffnete Möglichkeit überregionaler Gesetzgebung. Zunächst stellte der Gewerkschaftsrat der vereinten Zonen einen Entwurf auf und trat mit Vertretern der Arbeitgebervereinigungen in Besprechungen darüber ein. Noch vor Abschluß dieser Besprechungen wurde am 20. 7. 1949 auf Grund eines vom Direktor der Verwaltung für Arbeit eingebrachten Entwurfs vom Wirtschaftsrat in Frankfurt ein Kündigungsschutzgesetz beschlossen. Jedoch haben ihm die Militärregierungen die erforderliche Genehmigung im Hinblick auf die künftige Bundesgesetzgebung versagt. Das Frankfurter Gesetz ist daher nicht in Kraft getreten, doch ist es für die weitere Entwicklung wichtig gewesen als Modell für die späteren Entwürfe.[22] 28

---

[21] BlStSozArbR 1949 S. 118 ff. und 131 ff.; s. auch Begründung zum KSchG, A, RdA 1951, 61 f.
[22] Zu inhaltlichen Einzelheiten und ihrer Bedeutung vgl. 10. Aufl. dieses Kommentars Einl. Rn. 23 ff.; ferner *A. Hueck* RdA 1949, 331 ff.; *Richardi* NZA 2000, 13.

Einleitung 29–32　　II. Entstehung des Kündigungsschutzgesetzes

29　2. In der Folge kam es erneut zu Verhandlungen zwischen den Gewerkschaften und den Arbeitgeberverbänden. Sie führten zu einer völligen Einigung im sog. **Hattenheimer Entwurf** vom 13. 1. 1950.[23] Er baut auf dem Frankfurter Gesetz auf. Die Mehrzahl der Bestimmungen ist wörtlich übernommen. Immerhin findet sich auch eine Reihe bedeutsamer Änderungen.[24]

30　3. **Gesetzgebungsverfahren.** Der Hattenheimer Entwurf bildete die Grundlage für einen vom Bundesarbeitsministerium ausgearbeiteten **Regierungsentwurf** eines Bundeskündigungsschutzgesetzes.[25] In allen wesentlichen Punkten übernahm er den Hattenheimer Entwurf, schloß sich also der Einigung der Sozialpartner an. Im einzelnen aber enthielt er noch eine Reihe von Klarstellungen und Verbesserungen, vor allem in juristisch-technischer Hinsicht.

31　Am 27. 3. 1951 wurde der Regierungsentwurf zusammen mit einer Begründung[26] und einigen Änderungsvorschlägen und Anregungen des Bundesrates[27] dem **Bundestag** vorgelegt.[28] Dort kam es noch zu heftigen Kontroversen. Die Verhandlungen im Ausschuß für Arbeit brachten allerdings nur geringfügige Änderungen.[29] In der zweiten Lesung im Plenum aber wurde der Entwurf in wichtigen Punkten abgeändert und der Geltungsbereich des Kündigungsschutzes erheblich eingeschränkt: Voraussetzung für den Kündigungsschutz sollte eine einjährige Zugehörigkeit zum Betrieb (wie im AOG) und ein Alter von 25 Jahren sein, und ferner sollte der Kündigungsschutz entgegen dem Hattenheimer Vorschlag auf Betriebe mit mehr als zehn Arbeitnehmern beschränkt werden.[30] Diese vor allem von Vertretern der Landwirtschaft und des Handwerks durchgesetzten Einschränkungen des Kündigungsschutzes stießen auf lebhaften Widerspruch der Gewerkschaften. Die endgültige dritte Lesung brachte einen Kompromiß: Die Wartezeit, während der noch kein Kündigungsschutz gewährt wird, wurde auf ein halbes Jahr herabgesetzt, der Kündigungsschutz soll schon für Arbeitnehmer über 20 Jahre und für Betriebe mit mehr als fünf Arbeitnehmern gelten.[31]

32　Der Bundesrat stimmte dem Gesetz am 27. 7. 1951 zu; am **10. 8. 1951** wurde das **Kündigungsschutzgesetz** ausgefertigt und am 13. 8. 1951 im BGBl. I S. 499 veröffentlicht. Es ist am 14. 8. 1951 in Kraft getreten. – Durch Berliner Gesetz vom 22. 12. 1952[32] wurde es mit Wirkung vom 1. 1. 1953 auch für **Westberlin** übernommen; vgl. ferner Bekanntmachung der Neufassung vom 4. 9. 1969[33] sowie den durch das BeschFG 1985 eingefügten § 25a. – Im **Saarland** gilt es auf Grund des Gesetzes Nr. 628 vom 18. 6.

---

[23] Abgedr. in RdA 1950, 63 mit Besprechung von *A. Hueck*.
[24] Dazu *Hueck* KSchG, 10. Aufl., Einl. Rn. 31; vgl. im übrigen die Zusammenstellung bei *A. Hueck* aaO.
[25] Abgedr. in RdA 1951, 58.
[26] Abgedr. in RdA 1951, 61 ff.
[27] Abgedr. in RdA 1951, 178 ff.
[28] Drucks. Nr. 2090 des Deutschen Bundestages, 1. Wahlperiode 1949.
[29] Vgl. BT-Drucks. Nr. 2384.
[30] Vgl. die 156. Sitzung des Bundestages, Sitzungsberichte S. 6210 ff.
[31] Vgl. die 159. Sitzung, Berichte S. 6357 ff., sowie die kritische Stellungnahme zu diesen Einschränkungen von *A. Hueck* RdA 1951, 282 f.
[32] GVBl. S. 1197.
[33] GVBl. S. 1700.

II. Entstehung des Kündigungsschutzgesetzes **32 a, 33 Einleitung**

1958[34] seit dem 1. 1. 1959. Die ursprünglich für das Saarland geltende Ausnahmebestimmung, nach der der Arbeitnehmer schon mit Vollendung des 18. Lebensjahres Kündigungsschutz genießt, ist durch Art. I Nr. 1 des ArbRBereinigG allgemeines Recht geworden (mit der Aufhebung der Altersschranke durch Gesetz vom 5. 7. 1976[35] ganz beseitigt), so daß seither auch für das Saarland volle Rechtseinheit mit dem übrigen Bundesgebiet besteht (vgl. aber die Übergangsbestimmung des Art. 6 Abs. 3 ArbRBereinigG für die Zeit bis 31. 12. 1972).

Für das Gebiet der **ehemaligen DDR** gilt der Kündigungsschutz gemäß **32 a** Art. 17 des Vertrages über die Schaffung einer Währungs-, Wirtschafts- und Sozialunion vom 18. 5. 1990 – Staatsvertrag[36] – entsprechend dem Recht der Bundesrepublik Deutschland. Nach Anlage II Abschnitt IV Nr. 7 war demzufolge das KSchG von der DDR in Kraft zu setzen, was durch § 32 InkrG vom 21. 6. 1990[37] **mit Wirkung vom 1. 7. 1990** erfolgt ist. Durch Art. 8 des Einigungsvertrages vom 31. 8. 1990[38] i. V. m. Anlage I Kap. VIII, Sachgebiet A, Abschnitt III Nr. 6 wurde mit Wirksamwerden des Beitritts der DDR zur Bundesrepublik Deutschland am 3. 10. 1990 auch das KSchG mit einigen Ausnahmen in den „neuen Bundesländern" in Kraft gesetzt (dazu unten § 26 Rn. 9 f.). Kündigungen, die bis zum 30. 6. 1990 ausgesprochen worden sind, werden grundsätzlich nach dem Arbeitsgesetzbuch der DDR i. d. F. vom 16. 6. 1977 beurteilt.[39]

4. Die Entstehungsgeschichte läßt erkennen, daß das Gesetz mit seinem **33** endgültigen **Inhalt** in besonderem Maß das **Ergebnis gegenseitiger Konzessionen** ist. Schon der Hattenheimer Entwurf konnte nur durch beiderseitiges Nachgeben zustande kommen, und die Bundestagsbeschlüsse der dritten Lesung, die eine mittlere Linie zwischen dem Hattenheimer und dem ihm im wesentlichen folgenden Regierungsentwurf einerseits und den Beschlüssen der zweiten Lesung andererseits einhielten, sind wiederum deutlich durch das Bemühen um einen Ausgleich gekennzeichnet. Das ist verständlich bei einem Gesetz, das so stark verschiedenartige Interessen berührt (oben Rn. 3 ff.). Dabei geht es nicht nur um entgegengesetzte Interessen der Arbeitnehmer und Arbeitgeber an der Erhaltung des Arbeitsplatzes einerseits, an der freien Auswahl der Arbeitskräfte für den Betrieb andererseits, sondern auch um die verschiedenartigen Auswirkungen auf Industrie, Handwerk, Landwirtschaft sowie auf Groß- und Mittelbetriebe einerseits, Kleinbetriebe andererseits. Ist es somit erklärlich, daß das Gesetz ausgesprochenen **Kompromißcharakter** trägt, so kann es andererseits auch nicht überraschen, daß die üblichen Schwächen solcher Kompromißlösungen, mangelnde Folgerichtigkeit, Widersprüche, Unklarheiten und Lücken der gesetzlichen Regelung auch beim KSchG von 1951 trotz seiner eingehenden Vorbereitung nicht ganz fehlen.

---

[34] ABl. S. 1249.
[35] BGBl. I S. 1769.
[36] BGBl. II S. 518, 537.
[37] DDR-GBl. I S. 357.
[38] BGBl. II S. 889.
[39] Dazu *Stahlhacke/Preis*, 5. Aufl. 1991, Rn. 1325.

29

34 Immerhin hat das Gesetz in seinem materiellen Gehalt manche Verbesserungen im **Vergleich zum früheren Recht** des BRG 1920 und des AOG gebracht, wenn es auch andererseits teilweise dahinter zurückbleibt.[40] Folgende Punkte seien hervorgehoben: BRG 1920 und AOG waren noch vom Grundsatz der Kündigungsfreiheit ausgegangen, d. h. der Arbeitnehmer hatte gegen die grundsätzlich zulässige ordentliche Kündigung nur dann ausnahmsweise ein Recht zum Einspruch, wenn diese eine unbillige Härte darstellte. Dagegen schränkt das KSchG die Zulässigkeit der Kündigung generell ein. Zwar ist auch danach eine Kündigung nur unwirksam, wenn sie sozialwidrig ist; da letzteres aber stets der Fall ist, wenn sie nicht durch einen besonderen Grund in der Person oder im Verhalten des Arbeitnehmers oder durch dringende betriebliche Erfordernisse bedingt ist (§ 1 Abs. 2 Satz 1), kann im Ergebnis der Arbeitgeber nur noch beim Vorliegen eines besonderen von ihm zu beweisenden Grundes wirksam kündigen. – Trotz dieser geänderten Grundtendenz hat das Gesetz allerdings daran festgehalten, daß zur Geltendmachung der Sozialwidrigkeit wie früher eine besondere Klage notwendig ist, deren Versäumung den Mangel der Kündigung heilt. Der Kündigungsschutz wirkt also nicht automatisch, sondern muß vom betroffenen Arbeitnehmer nachträglich unter Einhaltung bestimmter Fristen (§§ 4–7) gerichtlich geltend gemacht werden.

35 Die Begrenzung der vom Kündigungsschutz ausgenommenen Kleinbetriebe auf solche mit bis zu fünf Arbeitnehmern stellte eine **Verbesserung gegenüber dem AOG** (zehn) und dem BRG 1920 (zwanzig Arbeitnehmer) dar. – Dagegen war die Festlegung der Wartezeit für das Eingreifen des Kündigungsschutzes auf sechs Monate Betriebszugehörigkeit zwar gegenüber dem AOG (ein Jahr) ein Fortschritt, nicht aber gegenüber dem BRG 1920, das keine solche Wartezeit vorsah. – Ein wichtiger Fortschritt war schließlich die Beseitigung des Wahlrechts des Arbeitgebers zwischen Widerruf der Kündigung und Zahlung einer Entschädigung; statt dessen sieht das KSchG nur noch ein Abfindungsrecht bei Unzumutbarkeit der Fortsetzung des Arbeitsverhältnisses auf besonderen Antrag vor. – Im Gegensatz zum BRG 1920 hatte der Betriebsrat nach dem KSchG nur eine fakultative Vermittlungsfunktion; zwar führte bereits 1952 das BetrVG (§ 66 Abs. 2) zwingend ein Anhörungsrecht ein, doch blieb dessen Sanktion fraglich und umstritten.[41]

III. Neufassung des KSchG vom 25. 8. 1969 durch das 1. Arbeitsrechtsbereinigungsgesetz

Schrifttum: *Adomeit,* Änderungskündigung – neu geregelt, DB 1969, 2179; *Falkenberg,* Zum 1. Arbeitsrechtsbereinigungsgesetz, BB 1970, 537; *Fitting,* Das 1. Arbeitsrechtsbereinigungsgesetz, DB 1969, 1459; *Gumpert,* Entwurf eines 1. Gesetzes zur Bereinigung arbeitsrechtlicher Vorschriften, BB 1969, 140; *Herschel,* Gedanken zum 1. Arbeitsrechtsbereinigungsgesetz, BB 1970, 5; *Hromadka,* Neue Arbeitsgesetze, NJW 1969, 1641; *Knütel,* Die Begründungspflicht bei Kündigungen, NJW 1970, 121;

---

[40] Näher dazu, unter Einbeziehung auch der süddeutschen Landesgesetze aus der Nachkriegszeit, *A. Hueck* RdA 1951, 281 ff.
[41] Zusammenfassend *G. Hueck* BAG-Festschrift S. 247 ff.; zum BetrVG 1972 unten Einl. Rn. 41 ff.

III. Neufassung des KSchG durch das ArbBerG   36–38 **Einleitung**

Monjau, 1. Arbeitsrechtsbereinigungsgesetz, BB 1969, 1042; *Neumann*, Das neue Kündigungsrecht, Das Arbeitsrecht der Gegenwart Bd. 7, 1970 S. 23; *Reyer*, Gesetz zur Änderung des Kündigungsrechts und anderer arbeitsrechtlicher Vorschriften, JR 1969, 414; *Richardi*, Streitfragen aus dem 1. Arbeitsrechtsbereinigungsgesetz, ZfA 1971, 73; *Wenzel*, Kritische Anmerkungen zum 1. Arbeitsrechtsbereinigungsgesetz, BB 1969, 1402.

1. **Wesentliche Änderungen und Ergänzungen**, die dann auch zu einer Neufassung mit geänderter Paragraphenfolge führten, hat das KSchG durch das **1. Arbeitsrechtsbereinigungsgesetz** vom 14. 8. 1969[42] erfahren. Die Erkenntnis, daß eine einheitliche Kodifikation des gesamten Arbeitsrechts oder zumindest des Arbeitsvertragsrechts, wenn sie überhaupt gelingen sollte, jedenfalls lange Zeit beanspruchen würde, ließ, ohne auf umfassendere Kodifikationspläne ganz zu verzichten (s. auch unten Einl. Rn. 63) in den 60er und 70er Jahren zunächst den Gedanken der Fortbildung einzelner Teilgebiete in den Vordergrund treten.[43] Das Mittel dafür sollten wie auf anderen Gebieten sog. „Bereinigungsgesetze" bilden – eine sprachlich unschöne, zudem in der Sache mißverständliche Bezeichnung, da es dabei keineswegs nur um die Bereinigung von Streitfragen oder sonstigen Mängeln der bestehenden Gesetze, sondern um eine den geänderten Anschauungen und Bedürfnissen entsprechende Fortbildung des Rechts ging. Das erste derartige Gesetz auf dem Gebiet des Arbeitsrechts ist vornehmlich der Fortbildung des Kündigungsrechts und des Kündigungsschutzrechts gewidmet. 36

Der **Entwurf zu diesem Gesetz** ist ähnlich wie der oben (Rn. 29) erwähnte Hattenheimer Entwurf zum KSchG von Vertretern der Arbeitgeber, der Gewerkschaften und des Bundesministeriums für Arbeit und Sozialordnung gemeinsam erarbeitet worden. Bei der anschließenden parlamentarischen Beratung ist die Grundkonzeption dieses Entwurfs weitgehend erhalten geblieben, wenn auch der Bundestag in einzelnen Fragen über die Vorschläge des Entwurfs hinausgegangen ist. Auch dieses Gesetz hat also ähnlich wie das KSchG von 1951 ausgesprochenen Kompromißcharakter. Immerhin wurde es so im Bundestag einstimmig verabschiedet. 37

2. Das 1. ArbRBereinigG enthält in seinem Art. 1 unter 13 Nummern **Änderungen des KSchG von 1951**. Sie bilden neben den Änderungen der Kündigungsvorschriften des BGB und anderer Gesetze seinen wesentlichen Inhalt. Die wichtigsten Änderungen betreffen die folgenden Punkte: – Erweiterung des Kündigungsschutzes durch Herabsetzung des Mindestalters der geschützten Arbeitnehmer vom 20. auf das 18. Lebensjahr (Altersgrenze inzwischen aufgehoben, vgl. unten Rn. 54) und Neuregelung der Wartezeit durch Abstellung auf die Dauer des Arbeitsverhältnisses statt der Dauer der Beschäftigung (§ 1 Abs. 1 KSchG 1969); – Pflicht des Arbeitgebers, auf Verlangen des Arbeitnehmers diesem die Gründe für die Auswahl der zur Entlassenden nach sozialen Gesichtspunkten mitzuteilen (§ 1 Abs. 3); – Regelung der Änderungskündigung (§§ 2, 4 Satz 2 und § 8); – Beweispflicht des Arbeitgebers für die Gründe, die seinen Antrag auf Auflösung des Arbeitsverhältnisses rechtfertigen (§ 9); – Bemessung der vom Arbeitgeber zu zah- 38

---

[42] BGBl. I S. 1106.
[43] Dazu *Fitting* DB 1969, 1459.

Einleitung 39, 40

lenden Abfindung (§§ 9, 10); – Beseitigung der gegen eine Umdeutung einer unwirksamen außerordentlichen Kündigung sprechenden Vermutung (§ 13); – Kündigungsschutz für leitende Angestellte (§ 14).

39 3. Art. 7 Nr. 1 des 1. ArbRBereinigG enthielt die Ermächtigung, den Wortlaut des KSchG in redaktionell bereinigter Fassung unter neuem Datum und in neuer Paragraphenfolge bekanntzumachen. Darauf beruht die **Neufassung des KSchG vom 25. 8. 1969**.[44] Sie enthält wie früher 26 Paragraphen. Dabei sind jedoch zwei Paragraphen (§§ 2 und 8) neu eingefügt worden, zwei andere (§§ 24 und 25) dafür fortgefallen; zehn weitere Paragraphen sind mehr oder weniger stark geändert worden. Von § 2 an ist auch die Paragraphenzählung geändert worden. Das muß bei der Benutzung älterer Literatur und Judikatur berücksichtigt werden.

40 4. Von den sonstigen Bestimmungen des 1. ArbRBereinigG interessieren in diesem Zusammenhang weiter diejenigen, die das **allgemeine Kündigungsrecht** betreffen. Hervorzuheben ist vor allem die einheitliche Zusammenfassung der für alle Arbeitnehmer geltenden Kündigungsvorschriften im BGB. Die Mehrzahl der Sondervorschriften für bestimmte Arten von Arbeitnehmern sind beseitigt, so vor allem die Kündigungsbestimmungen des HGB und der GewO wie auch anderer berufsspezifischer Gesetze. Eine Ausnahme macht lediglich das Seemannsgesetz. Neu hinzugekommen ist das Berufsbildungsgesetz, das aber auch der Vereinheitlichung und Vereinfachung des Rechts dient, insofern es anstelle der zersplitterten Vorschriften des HGB, der GewO und der HandwO über die Beendigung des Lehrverhältnisses eine einheitliche Regelung für alle Berufsausbildungsverhältnisse geschaffen hat. Dagegen sind die Sonderbestimmungen für besonders schutzbedürftige Arbeitnehmer grundsätzlich beibehalten worden, so diejenigen für ältere Angestellte (vgl. Art. 6 Abs. 4 des 1. ArbRBereinigG; warum die Vorschriften nicht unter Aufhebung des ohnehin wenig glücklich gefaßten AngKündSchG von 1926 in das BGB übernommen worden sind, ist nicht ersichtlich). Der Kündigungsschutz für ältere Arbeitnehmer ist auch auf ältere Arbeiter ausgedehnt durch § 622 Abs. 2 BGB, der allerdings nach dem Beschluß des BVerfG vom 30. 5. 1990[45] wegen Verstoßes gegen den Gleichheitssatz verfassungswidrig ist (zur Neuregelung vgl. Rn. 62a). Erhalten geblieben sind ferner die Schutzbestimmungen für Schwerbehinderte, Frauen vor und nach der Entbindung, Heimkehrer usw. (siehe oben Einl. Rn. 18).[46]

IV. Betriebsverfassungsgesetz vom 15. 1. 1972, Bundespersonalvertretungsgesetz vom 15. 3. 1974

Schrifttum: Vgl. die Einführungsaufsätze, Kommentare und Gesamtdarstellungen zum BetrVG 1972 und zum BPersVG; – außerdem insbesondere: *Brede*, Die Beendigung des Arbeitsverhältnisses im Lichte des neuen BetrVG, BlStSozArbR 1973, 17; *Gester/Zachert*, Betriebsverfassungsrechtliche Elemente des allgemeinen Kündigungs-

---

[44] BGBl. I S. 1317.
[45] AP Nr. 28 zu § 622 BGB.
[46] Vgl. dazu *v. Hoyningen-Huene*, Kündigungsvorschriften im Arbeitsrecht, 2. Aufl. 1994.

schutzes, ArbRdGgnw 12 (1974), 87; *Gumpert,* Kündigung und Mitbestimmung, BB 1972, 47; *Löwisch,* Die Verknüpfung von Kündigungsschutz und Betriebsverfassung nach dem BetrVG 1972, DB 1975, 349.

Das 1. ArbRBereinigG vom 14. 8. 1969 sollte zusammen mit der Neufassung des KSchG vom 25. 8. 1969 dem Kündigungsschutzrecht für längere Zeit bleibende Gestalt mit einer unveränderten gesetzlichen Grundlage geben. Jedoch hat bereits 1½ Jahre später die **Neuregelung des Betriebsverfassungsrechts** durch das BetrVG vom 15. 1. 1972 (nunmehr i. d. F. vom 23. 12. 1988) auch zu wesentlichen **Änderungen des Kündigungsrechts** geführt. Diese haben im Bereich des Kündigungsschutzes teilweise unmittelbar Ausdruck in Änderungen der §§ 1, 15 und 16 KSchG gefunden, doch reichen die kündigungsrechtlichen Auswirkungen des BetrVG von 1972 insgesamt wesentlich weiter. Gleiches gilt für das **Personalvertretungsrecht** nach dem BPersVG vom 15. 3. 1974. 41

1. Im **Betriebsverfassungsrecht** lag ein Schwerpunkt der Neuregelung gerade im Bereich der **personellen Angelegenheiten,** unter denen die Kündigung naturgemäß einen wichtigen Platz einnimmt. Dabei bleibt im Gegensatz zu § 60 BetrVG 1952, aber auch zu § 99 BetrVG 1972 (bezüglich anderer personeller Einzelmaßnahmen), die Mitwirkung des Betriebsrats bei Kündigungen nicht mehr auf Betriebe mit mehr als 20 Arbeitnehmern beschränkt; vielmehr erstreckt sie sich jetzt auf alle betriebsratspflichtigen Betriebe, in denen ein Betriebsrat gebildet worden ist. – Neu eingeführt wurde ferner vor allem die Beteiligung des Betriebsrats bei allgemeinen Personalangelegenheiten, die den personellen Einzelmaßnahmen vorgelagert und für sie richtungweisend und bestimmend sind. Für die Kündigung ist hier besonders die Mitbestimmung bei der Aufstellung von Auswahlrichtlinien unmittelbar bedeutsam, die auch allgemeine Kriterien für die Auswahl der Arbeitnehmer bei einer Kündigung enthalten können. Nach § 95 Abs. 1 BetrVG bedürfen vom Arbeitgeber aufgestellte Auswahlrichtlinien der Zustimmung des Betriebsrats und dessen Abs. 2 gibt für Betriebe mit mehr als 1000 Arbeitnehmern diesem ein erzwingbares Recht auf die Schaffung von Auswahlrichtlinien. 42

Die **Mitwirkung des Betriebsrats bei der einzelnen Kündigung** ist in § 102 BetrVG gegenüber § 66 BetrVG 1952 präzisiert und weiter ausgebaut worden: § 102 Abs. 1 BetrVG macht die Anhörung des Betriebsrats vor jeder Kündigung, auch der außerordentlichen, zu deren Wirksamkeitsvoraussetzung und hat damit eine zu § 66 BetrVG 1952 sehr umstrittene Frage in einem über die früher h. M. in Rechtsprechung und Literatur hinausgehenden Sinn geklärt. Gleichzeitig ist die bereits vorher allgemein angenommene Pflicht zur Mitteilung der Kündigungsgründe an den Betriebsrat gesetzlich normiert worden. – § 102 Abs. 2 BetrVG enthält Bestimmungen für das Anhörungsverfahren, das dadurch eine festere Form erhalten hat. – Damals neu eingeführt ist auch der in § 102 Abs. 3 BetrVG geregelte förmliche Widerspruch des Betriebsrats gegen die Kündigung beim Vorliegen bestimmter katalogmäßig aufgeführter Gründe. An diesen Widerspruch knüpfen § 102 Abs. 4 BetrVG eine Mitteilungspflicht des Arbeitgebers gegenüber dem Arbeitnehmer und vor allem dessen Abs. 5 die Pflicht zur Weiterbeschäftigung des gekündigten Arbeitnehmers bis zum rechtskräftigen Abschluß eines Kün- 43 digungsschutzprozesses. – Die wichtigste Rechtsfolge des Widerspruchs ist in den Bereich des individuellen Kündigungsschutzes verlegt: der durch § 123 BetrVG 1972 in § 1 Abs. 2 KSchG eingefügte Satz 2 erklärt eine wegen des Widerspruchs ausgesprochene Kündigung unter bestimmten Voraussetzungen für sozial ungerechtfertigt (dazu unten § 1 Rn. 495 f.). – Wiederum eine nach früherem Recht umstrittene Frage klärt schließlich § 102 Abs. 6 BetrVG, der ausdrücklich eine Erweiterung der Mitwirkung des Betriebsrats bei der einzelnen Kündigung durch Betriebsvereinbarung zur echten Mitbestimmung in Form der Zustimmung zuläßt.

44 Ein weiteres wichtiges Anliegen der Reform des Betriebsverfassungsrechts waren in organisatorischer Hinsicht der Ausbau der **betrieblichen Vertretungen** und dazu eine **Verbesserung der Rechtsstellung ihrer Mitglieder**.[47] Diesem Ziel, zugleich aber auch einer Stärkung der Mitbestimmung in personellen Angelegenheiten dient es, wenn § 103 BetrVG die außerordentliche Kündigung gegenüber den Mitgliedern der dort genannten Vertretungen einschließlich der Wahlbewerber von der Zustimmung des Betriebsrats abhängig macht. Nach § 103 Abs. 2 BetrVG kann allerdings das Arbeitsgericht die Zustimmung ersetzen; auf diese Weise soll sichergestellt werden, daß der Arbeitgeber nicht durch Verweigerung der Zustimmung des Betriebsrats an einem Arbeitsverhältnis festgehalten wird, das ihm bei Würdigung der gesamten Umstände des Falles nicht mehr zugemutet werden kann. – In denselben Zusammenhang gehört die Änderung der §§ 15 und 16 wie auch der Überschrift des aus diesen Bestimmungen gebildeten 2. Abschnitts des KSchG. Dadurch wird § 103 BetrVG Rechnung getragen. Außerdem wird der früher schon für Betriebsratsmitglieder bestehende Kündigungsschutz auf die Mitglieder anderer innerbetrieblicher Vertretungen ausgedehnt und in seiner zeitlichen Begrenzung erweitert (Näheres unten zu §§ 15 und 16).

45 Gegenüber dem früheren Recht **sachlich kaum verändert** sind die §§ 104 und 105 BetrVG, welche die Entfernung betriebsstörender Arbeitnehmer auf Verlangen des Betriebsrats sowie das Informationsrecht des Betriebsrats bei personellen Maßnahmen gegenüber leitenden Angestellten regeln. – Nicht mehr im BetrVG enthalten ist endlich eine dem § 66 Abs. 2 BetrVG 1952 entsprechende spezielle Regelung für ein Informations- und Beratungsrecht des Betriebsrats bei bevorstehenden Massenentlassungen, die jedoch durch das 2. Gesetz zur Änderung des KSchG vom 27. 4. 1978 in § 17 Abs. 2 wieder eingeführt worden ist (dazu unten Einl. Rn. 55). Dieser Bereich wird davon abgesehen aber nunmehr von dem allgemeineren Informations-, Beratungs- und Initiativrecht hinsichtlich der Personalplanung (§ 92 BetrVG) mit erfaßt, so daß insoweit die Befugnisse des Betriebsrats keineswegs verringert worden sind; auch §§ 111 ff. BetrVG über die Beteiligung in wirtschaftlichen Angelegenheiten, insbesondere die Regeln über Interessenausgleich und Sozialplan können hier je nach Lage des Falles Bedeutung erlangen. Ferner ist in diesem Zusammenhang darauf hinzuweisen, daß damals § 8 Abs. 1 AFG, der in § 102 Abs. 7 BetrVG a. F. aufrechterhalten wird, für die Meldung einer bevorstehenden Massenentlassung durch

---

[47] Dazu BT-Drucks. VI/1786, S. 32 f., 59; BT-Drucks. VI/2729, S. 7.

den Arbeitgeber an das Landesarbeitsamt die Beifügung einer Stellungnahme des Betriebsrats vorsieht, die dieser naturgemäß nur nach entsprechender Information abgeben kann (zur Abschaffung dieser Regelungen siehe § 18 Rn. 1 und 17).

2. Die Neuregelung durch das BetrVG 1972 behält in der äußeren Form **46** die **Trennung zwischen kollektivrechtlicher Mitwirkung** bzw. Mitbestimmung des Betriebsrats **und individualrechtlichem Kündigungsschutz** bei. Der Sache nach wird diese bis dahin klare Grenze allerdings teilweise durchbrochen. Zwar bleibt es weiterhin dem betroffenen Arbeitnehmer überlassen, ob er gegen eine Kündigung vorgehen will. Auch die Zustimmung des Betriebsrats zu einer Kündigung beseitigt seinen individualrechtlichen Kündigungsschutz nicht, der Widerspruch verstärkt ihn aber auch nicht.[48] Gleichwohl führen die Regeln über den Kündigungswiderspruch des Betriebsrats und seine Folgen dazu, daß in den Fällen des § 1 Abs. 2 Satz 2 die Erfolgsaussichten einer Kündigungsschutzklage wesentlich durch die vorausgegangene Stellungnahme des Betriebsrats beeinflußt werden, teilweise sogar ganz von ihr abhängen (zum Verhältnis von Widerspruch und allgemeinem Kündigungsschutz unten § 1 Rn. 499 ff.). Zwar hat der Betriebsrat sein Widerspruchsrecht im Interesse des betroffenen Arbeitnehmers auszuüben, doch hat dieser nur geringe Möglichkeiten, um notfalls die sachgerechte Wahrung seiner Interessen beim Betriebsrat durchzusetzen.[49] – Weiter als im eigentlichen Kündigungsschutz reicht der **kollektivrechtliche Einfluß im übrigen Kündigungsrecht,** wenn beispielsweise die Anhörung des Betriebsrats und bei Mitgliedern von Betriebsvertretungen (§ 15) bzw. auf Grund einer Betriebsvereinbarung auch bei anderen Arbeitnehmern (§ 102 Abs. 6 BetrVG) dessen Zustimmung Wirksamkeitsvoraussetzungen der individuellen Kündigung sind oder wenn der Anspruch auf Weiterbeschäftigung während der Dauer des Kündigungsschutzprozesses vom vorherigen Widerspruch des Betriebsrats abhängt (§ 102 Abs. 5 BetrVG).

Gerade diese besondere Art des **Zusammenwirkens von kollektivem** **47** **und individuellem Recht,** freilich nicht nur sie, macht seit 1972 die kündigungsrechtlichen Regeln des Betriebsverfassungsrechts mit ihren Rechtsfolgen besonders kompliziert und unübersichtlich. Manche Unklarheiten des alten Rechts sind zwar durch das BetrVG 1972 beseitigt, aber dessen Regelung hat andererseits zahlreiche neue Fragen aufgeworfen, die teilweise immer noch der Klärung bedürfen. Soweit diese für den Kündigungsschutz von Bedeutung sind, wird darauf bei der Kommentierung der Vorschriften des KSchG eingegangen werden.

3. Für das **Personalvertretungsrecht** überträgt das BPersVG vom 15. 3. **48** 1974 die Neuerungen, die das BetrVG von 1972 in seinem Anwendungsbereich für das Gebiet des Kündigungs- und Kündigungsschutzrechts gebracht

---

[48] BAG 14. 2. 1990, AP Nr. 12 zu § 1 BeschFG 1985 unter II 4 mit zust. Anm. *Wiedemann.*

[49] Allgemein dazu *W. Blomeyer,* Der Interessenkonflikt zwischen Arbeitnehmer und Betriebsrat bei Individualmaßnahmen, Gedächtnisschrift für Dietz, 1973 S. 147; *v. Hoyningen-Huene* ZRP 1978, 181, 183; *ders.* RdA 1992, 355, 360 f.; – siehe auch BAG 14. 2. 1990, AP Nr. 12 zu § 1 BeschFG 1985.

hat, folgerichtig auf die Arbeitsverhältnisse des öffentlichen Dienstes.[50] Die Regelung des BPersVG entspricht im Grundsätzlichen derjenigen des BetrVG; sie ist ihr auch in den Einzelheiten weitgehend nachgebildet. Deshalb kann generell auf das oben dazu Ausgeführte verwiesen werden. – Wie das BetrVG regelt auch das BPersVG einerseits allgemein die Mitwirkung der Personalvertretungen bei ordentlichen und außerordentlichen Kündigungen und gewährt andererseits einen besonderen kollektivrechtlichen Schutz für Mitglieder der Personalräte und andere Funktionsträger sowie Wahlbewerber gegenüber außerordentlichen Kündigungen, während ihr besonderer Kündigungsschutz bei ordentlichen Kündigungen individualrechtlich gestaltet und im KSchG geregelt ist.

49 So räumt § 79 Abs. 1 BPersVG dem Personalrat ein **Mitwirkungsrecht** (im technischen Sinn des § 72 BPersVG) **bei ordentlichen Kündigungen** ein, wobei Einwendungen nur auf bestimmte Gründe gestützt werden können, die den Widerspruchsgründen in § 102 Abs. 3 BetrVG entsprechen. Auch die Folgen der Einwendungen in § 79 Abs. 1 Satz 4 und Abs. 2 BPersVG entsprechen den Widerspruchsfolgen nach § 102 Abs. 4 und 5 BetrVG. – **Bei außerordentlichen Kündigungen** gewährt § 79 Abs. 3 BPersVG ein **Anhörungsrecht** wie § 102 Abs. 1 BetrVG. – In jedem Fall ist die vorherige Beteiligung des Personalrats nach § 79 Abs. 4 BPersVG Wirksamkeitsvoraussetzung für die Kündigung (vgl. § 102 Abs. 1 Satz 3 BetrVG).

50 In Anlehnung an § 103 BetrVG wird die **außerordentliche Kündigung gegenüber Personalratsmitgliedern** in § 47 Abs. 1 BPersVG von der Zustimmung des Personalrats abhängig gemacht, die u. U. durch das Verwaltungsgericht ersetzt werden kann. Entsprechendes gilt für **andere Funktionsträger** nach dem BPersVG und für Wahlbewerber; das Gesetz verwendet hier ein unübersichtliches System von Verweisungen (vgl. §§ 24 Abs. 1 Satz 3, 53 Abs. 3, 54 Abs. 1, 56, 62 Satz 2 und 3 BPersVG).

51 Endlich sieht § 108 BPersVG als **unmittelbar für die Länder geltendes Bundesrecht** ebenfalls die Beteiligung des Personalrats bei Kündigungen als Wirksamkeitsvoraussetzung vor (Abs. 2) und macht die außerordentliche Kündigung von Mitgliedern der Personalvertretungen, Jugend- und Auszubildendenvertretungen, Wahlvorstände und der Wahlbewerber von der Zustimmung der zuständigen Personalvertretung abhängig (Abs. 1).

52 Die Neuregelung der Kündigungsmitwirkung des Personalrats und die mit dem Ausbau der Personalvertretungen verbundene Verbesserung der Stellung ihrer Mitglieder, der sonstigen Funktionsträger und der Wahlbewerber durch das BPersVG führte gemäß § 114 BPersVG zu den entsprechenden **Änderungen des KSchG:** Vor allem mußte § 1 Abs. 2 Satz 2, der auf § 102 BetrVG ausgerichtet war, auch der Mitwirkung des Personalrats bei Kündigungen Rechnung tragen. Die dadurch bedingte Neufassung hat den materiellen Gehalt der Regelung nicht geändert; allerdings hat die ohnehin schon komplizierte Bestimmung an Übersichtlichkeit und Verständlichkeit noch verloren. In § 15 ist ein neuer Abs. 2 eingefügt worden, der den individual-

---

[50] Zu den verfassungsrechtlichen Grenzen der Mitbestimmung im öffentlichen Dienst vgl. BVerfG 24. 5. 1995, BVerfGE 93, 37 ff.

V. Weitere Entwicklung

rechtlichen Schutz gegen ordentliche Kündigungen für Mitglieder von Personalvertretungen, andere Funktionsträger nach dem BPersVG und Wahlbewerber in enger Anlehnung an die für den Bereich des BetrVG geltende Bestimmung des Abs. 1 regelt. Abs. 2 bis 4 des § 15 wurden zu Abs. 3 bis 5 und sind gleichzeitig in Wortlaut und Verweisungen angepaßt. Ebenfalls angepaßt wurden die Überschriften zum zweiten Abschnitt und zu § 16 sowie die Verweisungen in § 2 Satz 1 und § 16 Satz 1.

V. Weitere Entwicklung

1. In erster Linie **gesetzestechnisch bedingt** sind die **Änderungen des KSchG** durch das Rentenreformgesetz (RRG) vom 16. 10. 1972;[51] mit der Änderung durch Art. 31 RRG 1992 vom 18. 12. 1989[52] ab 1. 1. 1992: Anpassung der Verweisungen in § 10 Abs. 2 Satz 2; – durch das EGStGB vom 2. 3. 1974:[53] Aufhebung des § 20 Abs. 2 Satz 2 durch die Gesetze zur Bildung von Jugend- und Auszubildendenvertretungen in den Betrieben bzw. in den Verwaltungen vom 13. 7. 1988:[54] terminologische Anpassung und Ergänzung von § 15 Abs. 1 und 2.

2. Einen erfreulichen Fortschritt in der Entwicklung des Kündigungsschutzrechts brachte das Gesetz zur Änderung des Kündigungsschutzgesetzes vom 5. 7. 1976[55] mit der **Aufhebung der Mindestaltersgrenze** in § 1 Abs. 1. Damit ist eine rechts- und sozialpolitisch höchst fragwürdige Entscheidung des Gesetzgebers von 1951 korrigiert worden. – Der Ausschluß jüngerer Arbeitnehmer vom Kündigungsschutz war dem älteren Recht unbekannt. Er ist erst im Bundestag in der 3. Lesung des KSchG von 1951 eingeführt worden, nachdem in der 2. Lesung sogar ein Mindestalter von 25 Jahren vorgesehen worden war. Man ging davon aus, daß es für Jugendliche gut sei, sich auch einmal betrieblich zu verändern. Jedoch war von vornherein zu bezweifeln, daß das die Zulassung einer sozialwidrigen Kündigung sollte rechtfertigen können.[56] Im übrigen war das Alter des Arbeitnehmers im Rahmen des § 1 sowohl bei der Beurteilung der Gründe für eine personenbedingte Kündigung als auch bei der sozialen Auswahl im Fall einer betriebsbedingten Kündigung ohnehin zu berücksichtigen; erwies sich aber die Kündigung eines Jugendlichen auch bei Berücksichtigung seines Alters als sozialwidrig, so war die Versagung des Kündigungsschutzes eine besondere Härte, die angesichts des klaren Gesetzeswortlauts auch nicht auf dem Umweg über § 242 BGB beseitigt werden konnte.[57]

3. Einige Änderungen und Ergänzungen der §§ 17 ff. über den **Kündigungsschutz bei Massenentlassungen** hat das Zweite Gesetz zur Ände-

---

[51] BGBl. I S. 1965.
[52] BGBl. I S. 2261.
[53] BGBl. I S. 469.
[54] BGBl. I S. 1034 und S. 1037.
[55] BGBl. I S. 1769.
[56] Kritisch dazu z. B. *A. Hueck* RdA 1951, 281, 283, vgl. *Hueck* KSchG 9. Aufl. § 1 Rn. 42 ff.
[57] BAG 20. 9. 1957, AP Nr. 34 zu § 1 KSchG; – vgl. auch unten § 13 Rn. 86 ff.

Einleitung 56, 57 V. Weitere Entwicklung

rung des Kündigungsschutzgesetzes vom 27. 4. 1978[58] vorgenommen. Der Gesetzgeber hat damit der **EG-Richtlinie** zur Angleichung der Rechtsvorschriften der Mitgliedstaaten über Massenentlassungen vom 17. 2. 1975 Rechnung getragen, zugleich gewisse Unstimmigkeiten und Unklarheiten der alten Fassung beseitigt, die Verfahrensbestimmungen ausgebaut und die in § 92 BetrVG und § 111 BetrVG 1972 weniger präzise als früher in § 66 Abs. 2 BetrVG 1952 vorgesehene Mitwirkung des Betriebsrats nunmehr an dieser Stelle näher geregelt. Zu diesem Zweck sind in § 17 der Absatz 1 teilweise geändert und die Absätze 2 und 3 neu eingefügt worden. Weitere kleine Änderungen betreffen die §§ 20 Abs. 4 und 23 Abs. 2. Gesetzestechnisch wenig glücklich ist hier anders als bei dem vorausgegangenen Gesetz zur Änderung des KSchG vom 5. 7. 1976 die Übergangsregelung als § 22a in das KSchG selbst eingefügt worden. – Weitere Einzelheiten und Angaben zur Literatur in den Vorbemerkungen und Erläuterungen zu §§ 17ff.

56 4. Der beschleunigten Abwicklung von Kündigungsschutzprozessen soll der durch die sog. **Beschleunigungsnovelle zum ArbGG,** Gesetz vom 21. 5. 1979,[59] geschaffene § 61a ArbGG dienen, den § 64 Abs. 8 ArbGG für das Berufungsverfahren ergänzt.

57 5. Das **Beschäftigungsförderungsgesetz 1985** vom 26. 4. 1985,[60] ergänzt und verlängert als Beschäftigungsförderungsgesetz 1990 durch Gesetz vom 22. 12. 1989[61] sowie durch das Arbeitsrechtliche Beschäftigungsförderungsgesetz vom 25. 9. 1996,[62] sollte mit einem Bündel von Einzelmaßnahmen in verschiedenen Bereichen zur Entspannung der schwierigen Arbeitsmarktsituation beitragen. Es war deshalb als Artikelgesetz ausgestaltet, das neben einem in Art. 1 enthaltenen Gesetz über arbeitsrechtliche Vorschriften zur Beschäftigungsförderung in Art. 2–12 vielfältige Änderungen und Ergänzungen verschiedener anderer Gesetze vorsah. Wichtigster, wenn auch nicht einziger Zweck des Gesetzes war es, durch gezielte, teils nur temporäre, teils auch endgültige Änderungen der arbeits- und sozialrechtlichen Rahmenbedingungen einen Anreiz zum Abschluß weiterer Arbeitsverträge zu geben und so die Beschäftigungslage insgesamt zu verbessern. Dem sollten vor allem eine zeitlich begrenzte erweiterte Zulassung befristeter Arbeitsverträge (dazu unten § 1 Rn. 605ff.), ferner die Förderung von Teilzeitarbeit sowie gewisse sonstige Lockerungen von auf Arbeitgeberseite als einstellungshemmend empfundenen Vorschriften dienen. Damit verbunden war die Erwartung, daß es anstelle von Überstunden oder Sonderschichten bei höherem Arbeitsanfall, aber auch bei Neugründungen vermehrt zum Abschluß neuer, wenn auch befristeter Arbeitsverträge kommen werde, die dann vielfach in normale unbefristete Verträge übergehen könnten; ferner sollte einem Bedürfnis für mehr Teilzeitarbeit durch deren genauere und sicherere rechtliche Ausgestaltung genügt und auch insofern der Abschluß neuer Verträge gefördert

---

[58] BGBl. I S. 550.
[59] BGBl. I S. 545.
[60] BGBl. I S. 710.
[61] BGBl. I S. 2406.
[62] BGBl. I S. 1476, dazu unten Rn. 62 c.

V. Weitere Entwicklung **58, 59 Einleitung**

werden.[63] Das Gesetz war rechtspolitisch außerordentlich umstritten (Angaben bei den Genannten).[64] – § 1 BeschFG 1985 war bis 31. 12. 2000 befristet (dazu unten Rn. 59); diese und die übrigen Regelungen wurden durch das Teilzeit- und Befristungsgesetz vom 21. 12. 2000 ersetzt (dazu unten Rn. 62 g).
Das BeschFG 1985 enthielt in Art. 3 nur relativ geringfügige unmittelbare **Änderungen des KSchG:** Lediglich klarstellend wirkt ein in § 22 Abs. 2 eingefügter Satz, wonach gemäß § 76 Abs. 2 AFG geförderte Betriebe der Bauwirtschaft keine Saison- oder Kampagne-Betriebe sind; sie sind daher nicht nach § 22 Abs. 1 vom Kündigungsschutz bei Massenentlassungen gemäß §§ 17ff. ausgenommen. – In § 23 Abs. 1 Satz 2 ist die Bezeichnung Lehrlinge durch „**zu ihrer Berufsbildung Beschäftigte**" ersetzt worden, allerdings in Abwandlung zu dem Begriff „Auszubildender" i. S. d. § 3 BBiG. Das dient zum einen der längst überfälligen terminologischen Anpassung an das seit 1969 geltende BBiG; zum anderen wird damit aber auch klargestellt, daß bei Berechnung der für das Eingreifen des Kündigungsschutzes maßgebenden Belegschaftsgröße nicht nur die Auszubildenden i. e. S. entsprechend den früheren Lehrlingen außer Ansatz bleiben, sondern ebenso auch andere Arbeitnehmer, deren Beschäftigung vorwiegend der Ausbildung dient, also Anlernlinge, Umschüler, Praktikanten und Volontäre. Ausbildungsverhältnisse dieser Art dürften allerdings in Kleinbetrieben keine sonderliche Rolle spielen, so daß eine dadurch bewirkte Verschiebung der Kleinbetriebsgrenze praktisch kaum ins Gewicht fällt. – Eher kann das der Fall sein als Folge des in § 23 Abs. 1 eingefügten Satz 3, der weitergehend von der Berechnung der Belegschaftsgröße auch geringfügig beschäftigte **Teilzeitarbeitnehmer** (10 Stunden wöchentlich bzw. 45 Stunden monatlich) ausnimmt. Diese Regelung entspricht dem Anliegen des BeschFG 1985, Teilzeitarbeit zu fördern; sie weicht von der bisher allgemein anerkannten Praxis der von der Arbeitszeit unabhängigen Zusammenrechnung aller Arbeitnehmer ab[65] und ist durch das Arbeitsrechtliche Beschäftigungsförderungsgesetz vom 25. 9. 1996 wieder modifiziert worden (dazu unten Rn. 62 c und 62 d). Eine in § 23 Abs. 1 weiter als Satz 4 angefügte besitzstandwahrende Übergangsklausel soll Härten ausgleichen, die in diesem Zusammenhang durch das Herausfallen einzelner Betriebe aus dem Kündigungsschutz entstehen könnten; sie ist inzwischen wieder aufgehoben worden (dazu unten Rn. 62 e). – Mit § 25 a wird dem KSchG eine **Berlin-Klausel** angefügt, die durch die Wiedervereinigung inzwischen gegenstandslos geworden ist.
Schwerer als diese Änderungen wog der mittelbare Einfluß des BeschFG **59** 1985 auf das Kündigungsrecht durch die **erleichterte Zulassung befristeter Arbeitsverträge** in Art. 1 § 1 (dazu näher § 1 Rn. 605 ff.). Soweit diese

---

[63] Begründung zum Regierungsentwurf des BeschFG 1985 BR-Drucks. 393/84, BT-Drucks. 10/2102; vgl. ferner zu Einzelheiten die Einführungsaufsätze von *v. Hoyningen-Huene* NJW 1985, 1801; *Lorenz/Schwedes* DB 1985, 1077; *Otto* NJW 1985, 1807; *Schwerdtner* NZA 1985, 577; *Wlotzke* NZA 1984, 217; allgemein m. w. N. zur umfangreichen Literatur KR-*Lipke* zu § 1 BeschFG 1985; *Schaub* § 39 Rn. 71 ff. mit Angaben in Fn. 180.
[64] Zu seinem beschäftigungspolitischen Erfolg siehe *Büchtemann* u. a., Befristete Arbeitsverträge nach dem Beschäftigungsförderungsgesetz (BeschFG 1985), 1989; *Linne/Voswinkel*, „Vielleicht ist ja noch alles offen". – Eine empirische Untersuchung über befristete Arbeitsverhältnisse, 1989.
[65] Dazu *Becker*, GK-TzA, 1987, Art. 1 § 2 Rn. 246 ff.

Einleitung 60–62   V. Weitere Entwicklung

reicht, werden Kündigung und Kündigungsschutz durch den Fristablauf als Beendigungsgrund verdrängt. Dafür hatte ursprünglich der Referentenentwurf zum BeschFG[66] eine detaillierte Regelung des befristeten Arbeitsvertrages vorgesehen. Statt dessen hat sich das Gesetz dann aber darauf beschränkt, zeitlich begrenzt – vom 1. 5. 1985 bis zum 31. 12. 2000 – unter bestimmten Voraussetzungen eine einmalige Befristung von Arbeitsverträgen zuzulassen. Diese Möglichkeit ist durch das Arbeitsrechtliche Beschäftigungsförderungsgesetz v. 25. 9. 1996[67] (siehe auch unten Rn. 62c) erweitert worden, indem seither bis zur Gesamtdauer von 2 Jahren auch die dreimalige Verlängerung von befristeten Arbeitsverträgen zulässig ist. Im übrigen blieb es bei den allgemeinen Regeln, d. h. bei der durch das Erfordernis eines sachlichen Grundes eingeschränkten Anwendung von § 620 Abs. 1 BGB, wie sie das BAG in ständiger Rechtsprechung mit weitgehender Zustimmung der Literatur entwickelt hat (dazu auch unten § 1 Rn. 554 ff. m.w.N.). Abweichend hiervon verzichtet das BeschFG vorübergehend (oben Rn. 57) auf das Vorliegen eines besonderen sachlichen Grundes für eine erst- und einmalige Befristung bis zu 18 Monaten, wenn es sich um eine echte Neueinstellung handelt oder um die Weiterbeschäftigung im unmittelbaren Anschluß an eine Berufsausbildung; die Dauer der zulässigen Befristung verlängert sich auf 2 Jahre bei kleineren Betrieben (bis 20 Arbeitnehmer) im ersten Halbjahr nach der Geschäftsaufnahme. Die komplizierte Regelung hat zu mancherlei Zweifeln Anlaß gegeben (dazu m.w.N. § 1 Rn. 605 ff.).

60 Auch der **weitere Inhalt des BeschFG 1985** war vielfältig, wenn auch überwiegend nur mittelbar kündigungsrelevant. Das gilt für die Regelung der Teilzeitarbeit in Art. 1 §§ 2–6 BeschFG 1985, die primär Verträge über diese Form der Arbeit fördern, damit aber auch zur Vermeidung von Kündigungen beitragen sollte, so durch Anpassung von Dauer und Lage der Arbeitszeit an veränderte bzw. wechselnde Bedürfnisse des Arbeitnehmers (§ 3) oder des Arbeitgebers (§ 4), auch durch Arbeitsplatzteilung (sog. Job-sharing, § 5). – Der Förderung von Teilzeitarbeit diente, wie oben (Rn. 58) bereits erwähnt, auch die unmittelbare Änderung von § 23 Abs. 1, die dort zur Nichtberücksichtigung geringfügig Beschäftigter bei Berechnung der Kleinbetriebsgrenze führt. Ganz im gleichen Sinn haben Art. 4 und 5 BeschFG 1985 auch § 2 Abs. 1 AngKSchG und § 2 Abs. 3 ArbPlSchG, also zwei Vorschriften des besonderen Kündigungsschutzes unmittelbar geändert. – Erhebliche mittelbare Bedeutung für die Durchführung betriebsbedingter Kündigungen hatten die Änderungen in § 112 BetrVG und die Einfügung von § 112a BetrVG durch Art. 2 BeschFG; sie betreffen Aufstellung und Inhalt des Sozialplans, besonders im Fall isolierten Personalabbaus nebst einer Sonderregelung für neugegründete Unternehmen in den ersten 4 Jahren.

61 Art. 6–13 BeschFG 1985 sowie § 1 Abs. 2–8 BeschFG 1990 enthalten **weitere Einzelheiten** arbeits- und sozialrechtlichen Inhalts. Dazu wird auf die Übersichten bei den oben Rn. 57 Genannten verwiesen.

62 6. Das Gesetz über **befristete Arbeitsverträge mit wissenschaftlichem Personal** an Hochschulen und Forschungseinrichtungen vom 14. 6.

---

[66] Abgedr. in RdA 1984, 169.
[67] BGBl. I S. 1476.

VI. Das ArbRBeschFG u. dessen Korrekturen   **62a, 62b** Einleitung

1985[68] ist für das Kündigungsrecht wiederum nur mittelbar bedeutsam wegen der gegenüber Kündigung und Kündigungsschutz verdrängenden Wirkung zulässiger Befristungen. Das Gesetz enthält anders als Art. 1 § 1 BeschFG 1985/1990 eine auf Dauer angelegte Regelung für seinen speziellen Bereich, in dem die Befristung von Arbeitsverhältnissen seit jeher große Bedeutung hat. Das beruht auf spezifischen Besonderheiten der wissenschaftlichen, künstlerischen und ärztlichen Tätigkeit im Hochschul- und Forschungsbereich sowohl hinsichtlich persönlicher Qualifikationen für bestimmte Arbeiten als auch sachlich im Hinblick auf deren Gegenstände, Methoden und Ziele, wie auch ihre Finanzierung. Dem soll die Regelung unter Berücksichtigung der in der Rechtsprechung des BAG dazu entwickelten Grundsätze Rechnung tragen. Rechtstechnisch sind durch Art. 1 die §§ 57a–57f über die Befristung von Arbeitsverträgen in das Hochschulrahmengesetz des Bundes vom 26. 1. 1976 (jetzt i.d.F. vom 19. 1. 1999)[69] eingefügt worden. Darauf wird dann in Art. 2 für bestimmte andere Forschungseinrichtungen verwiesen.[70] Schließlich werden diese Regelungen ergänzt durch das „Gesetz über befristete Arbeitsverträge mit Ärzten in der Weiterbildung" vom 15. 5. 1986.[71]

7. Das Gesetz zur Vereinheitlichung der Kündigungsfristen von Arbeitern **62a** und Angestellten vom 7. 10. 1993 – **Kündigungsfristengesetz**,[72] hat nunmehr die Kündigungsfristen für die Arbeitnehmer weitgehend vereinheitlicht (vgl. oben Rn. 40).[73] Diese Bestimmungen des allgemeinen Kündigungsrechts haben keine direkten Auswirkungen auf das Kündigungsschutzgesetz.

8. Mit dem Gesetz zur Anpassung arbeitsrechtlicher Bestimmungen an das **62b** EG-Recht vom 20. 7. 1995 – **EG-Anpassungsgesetz**,[74] in Kraft getreten am 28. 7. 1995, ist die Richtlinie des Rates der Europäischen Gemeinschaften vom 24. 6. 1992 (92/56/EWG) in deutsches Recht umgesetzt worden. Dieses Gesetz hat die Unterrichtungs- und Anzeigepflichten des Arbeitgebers in § 17 ergänzt und konkretisiert, außerdem die inzwischen überflüssig gewordene Bestimmung des § 22a aufgehoben[75] (Einzelheiten Vorbem. zu §§ 17ff. Rn. 5a). Wesentliche materielle Änderungen des KSchG sind damit aber nicht erfolgt.

VI. Das Arbeitsrechtliche Beschäftigungsförderungsgesetz und dessen Korrekturen

Schrifttum: *Bader,* Neuregelungen im Bereich des Kündigungsschutzgesetzes durch das Arbeitsrechtliche Beschäftigungsförderungsgesetz, NZA 1996, 1125; *Buschmann,*

---

[68] BGBl. I S. 1065.
[69] BGBl. I S. 18.
[70] Vgl. zu den Einzelheiten der teilweise umstrittenen Regelung *Buchner* RdA 1985, 258; KR-*Lipke* Komm. zu §§ 57a ff. HRG; *Nagel,* Fristverträge an Hochschule und Forschungseinrichtungen, Kommentar, 1986; *Otto* NJW 1985, 1807, insbes. 1809 f.; *Schaub* § 39 Rn. 62 ff.; alle m.w.N. auch zur Rechtsprechung.
[71] BGBl. I S. 742.
[72] BGBl. I S. 1668.
[73] Ausführlich KR-*Spilger* § 622 BGB Rn. 7 ff., 49 ff.
[74] BGBl. I S. 946.
[75] KR-*Weigand* § 17 KSchG Rn. 6c ff.

Einleitung 62 c   VI. Das ArbRBeschFG u. dessen Korrekturen

Gemeine Marktwirtschaft, AuR 1996, 285; *ders.,* Bilanz eines gescheiterten Gesetzes – Das arbeitsrechtliche Beschäftigungsförderungsgesetz 1996, Festschrift LAG Rheinland-Pfalz, 1999, S. 543; *Coulin,* Das „Arbeitsrechtliche Beschäftigungsförderungsgesetz" und sein Verhältnis zu Tarifverträgen, PersR 1996, 461; *Däubler,* Halbierter Kündigungsschutz, Betriebsrat 1997, 1; *Hinrichs,* Das Arbeitsrechtliche Beschäftigungsförderungsgesetz, AiB 1996, 589; *v. Hoyningen-Huene/Linck,* Neuregelungen des Kündigungsschutzes und befristeter Arbeitsverhältnisse, DB 1997, 41; *Kittner,* Das neue Recht der Sozialauswahl bei betriebsbedingten Kündigungen und die Ausdehnung der Kleinbetriebsklausel, AuR 1997, 182; *Lakies,* Rechtsprobleme der Neuregelung des Kündigungsschutzgesetzes, NJ 1997, 121; *Leinemann,* Fit für ein neues Arbeitsvertragsrecht, BB 1996, 1381; *Löwisch,* Das Arbeitsrechtliche Beschäftigungsförderungsgesetz, NZA 1996, 1009; *Lorenz,* Das Arbeitsrechtliche Beschäftigungsförderungsgesetz, DB 1996, 1973; *U. Preis,* Das Arbeitsrechtliche Beschäftigungsförderungsgesetz 1996, NJW 1996, 3369; *Preuß/Rosendahl,* Arbeitsrechtliches Beschäftigungsförderungsgesetz, Betriebsrat 1996, 137; *Richter/Mitsch,* Neuer Schwellenwert im Kündigungsschutzgesetz, DB 1997, 526; *Schiefer,* Die Rechtsprechung zu den Neuregelungen durch das Arbeitsrechtliche Beschäftigungsförderungsgesetz, DB 1998, 925; *Schwedes,* Das Arbeitsrechtliche Beschäftigungsförderungsgesetz, BB 1996 Beil. 17; *Stahlhacke/U. Preis,* Das neue Kündigungsschutzrecht nach dem Arbeitsrechtlichen Beschäftigungsförderungsgesetz 1996, WiB 1996, 1025; *Wlotzke,* Einschränkungen des Kündigungsschutzes durch Anhebung der Schwellenzahl und Veränderungen bei der Sozialauswahl, BB 1997, 414.

62 c 1. Das **Arbeitsrechtliche Beschäftigungsförderungsgesetz vom 25. 9. 1996**[76] wollte die Schaffung neuer Arbeitsplätze erleichtern und sah daher auch einige Modifikationen beim Kündigungsschutzgesetz vor:[77]
- Der Schwellenwert, bis zu dem das Kündigungsschutzgesetz nicht gilt, wurde von fünf Arbeitnehmern auf zehn Arbeitnehmer angehoben (§ 23 Abs. 1 Satz 3).
- Zur Förderung der Teilzeitarbeit werden Teilzeitbeschäftigte beim Schwellenwert entsprechend der Dauer ihrer Arbeitszeit anteilig berücksichtigt (§ 23 Abs. 1 Satz 3).
- Die Sozialauswahl bei betriebsbedingten Kündigungen wurde auf die sozialen Grunddaten Dauer der Betriebszugehörigkeit, Lebensalter und Unterhaltspflichten des Arbeitnehmers begrenzt (§ 1 Abs. 3 Satz 1).
- Es wurde deutlicher als bisher geregelt, daß die Auswahl nach sozialen Gesichtspunkten ausscheidet, wenn die Weiterbeschäftigung bestimmte Arbeitnehmer wegen ihrer Kenntnisse, Fähigkeiten und Leistungen oder zur Sicherung einer ausgewogenen Personalstruktur des Betriebes im berechtigten betrieblichen Interesse liegt (§ 1 Abs. 3 Satz 2).
- Die gerichtliche Überprüfbarkeit der Sozialauswahl wird auf grobe Fehlerhaftigkeit beschränkt, wenn zwischen Arbeitgeber und Arbeitnehmervertretung Kriterien für die Sozialauswahl vereinbart oder die zu kündigenden Arbeitnehmer in einem Interessenausgleich namentlich genannt sind (§ 1 Abs. 4 und 5).

Nach Auffassung des Gesetzgebers bestand keine Notwendigkeit für eine grundsätzliche Änderung des gesetzlichen Kündigungsschutzes; doch sei das praktische Bedürfnis zu bejahen, im Interesse größerer Rechtssicherheit und vor allem im Interesse kleinerer Betriebe die vorstehenden Änderungen vorzunehmen.[78] Das Arbeitsrechtliche Beschäftigungsförderungsgesetz galt

---
[76] BGBl. I S. 1476.
[77] Vgl. BT-Drucks. 13/4612 und 13/5107.
[78] BT-Drucks. 13/4612 S. 14.

VI. Das ArbRBeschFG u. dessen Korrekturen 62 d–62 g **Einleitung**

jedoch nur 2¼ Jahre, weil es nach dem Regierungswechsel zum 1. 1. 1999 weitgehend wieder abgeschafft wurde (dazu unten Rn. 62 e).

2. Durch das **Gesetz zur Reform der Arbeitsförderung (AFRG)** vom 24. 3. 1997[79] wurde das AFG als SGB III in das Sozialgesetzbuch integriert und in diesem Zusammenhang auch das Recht der anzeigepflichtigen Entlassungen (§§ 17 ff.) geändert. Insbesondere sind anstelle der Landesarbeitsämter ab 1. 1. 1998 jetzt überwiegend die Arbeitsämter zuständig (§§ 18 Abs. 1, 20 n. F.); § 18 Abs. 3 ist folglich überflüssig geworden und entfallen. Die Freifrist nach § 18 Abs. 4 wurde auf 90 Tage verlängert. Schließlich wurde § 22 Abs. 2 sprachlich angepaßt.[80] 62 d

3. Das **Gesetz zu Korrekturen in der Sozialversicherung und zur Sicherung der Arbeitnehmerrechte** vom 19. 12. 1998[81] hat mit Wirkung vom 1. 1. 1999 weitgehend die Änderungen des Kündigungsschutzgesetzes durch das Arbeitsrechtliche Beschäftigungsförderungsgesetz vom 25. 9. 1996 (oben Rn. 62 c) wieder zurückgenommen, weil das Ziel der Förderung von Neueinstellungen nach Auffassung der Bundesregierung nicht erreicht worden ist.[82] Insbesondere wurde der Schwellenwert in § 23 Abs. 1 Satz 2 wieder auf 5 Arbeitnehmer gesenkt. Dagegen wurde die anteilige Berücksichtigung von Teilzeitbeschäftigten beim Schwellenwert in § 23 Abs. 1 Satz 3 weitgehend beibehalten, wenn auch jetzt Teilzeitbeschäftigungen mit mindestens 0,5 berücksichtigt werden (dazu unten § 23 Rn. 23); die Übergangsregelung in § 23 Abs. 1 Satz 4 wurde aufgehoben. Zurückgenommen wurden außerdem die Einschränkungen der Sozialauswahl in § 1 Abs. 3 Satz 1 und 2, aufgehoben wurden die eingeschränkte Überprüfbarkeit von Namenslisten im Interessenausgleich (§ 1 Abs. 5) sowie diejenige von einseitig aufgestellten Richtlinien zur Sozialauswahl (§ 1 Abs. 4 Satz 2 und 3).[83] 62 e

4. Eine weitere Änderung des KSchG erfolgte durch das **Gesetz zur Vereinfachung und Beschleunigung des arbeitsgerichtlichen Verfahrens** (Arbeitsgerichtsbeschleunigungsgesetz) vom 30. 3. 2000.[84] Dort wurde § 5 Abs. 4 Satz 1 dahingehend geändert, daß nunmehr statt des Arbeitsgerichts (mit mündlicher Verhandlung) die Kammer durch Beschluß ohne mündliche Verhandlung über den Antrag auf nachträgliche Zulassung der Klage entscheiden kann. 62 f

5. Das **Gesetz über Teilzeitarbeit und befristete Arbeitsverträge** (TzBfG) vom 20. 12. 2000[85] ersetzt ab 1. 1. 2001 das bisherige BeschFG 1985 (siehe oben Rn. 57 ff.). Das TzBfG modifiziert und ergänzt die Regelungen über befristete Arbeitsverträge und normiert nunmehr eingehend die Teilzeitarbeitsverhältnisse. Direkte Änderungen des KSchG sind aber nicht erfolgt. 62 g

---

[79] BGBl. I S. 594, 712.
[80] Dazu *Ermer* NJW 1998, 1288.
[81] BGBl. I S. 3843.
[82] BT-Drucks. 14/45 S. 1 und 23.
[83] Dazu *Bader* NZA 1999, 64; *Schiefer* DB 1998, 48.
[84] BGBl. I S. 333.
[85] BGBl. I S. 1966.

Einleitung 62 h–64

62 h 6. Das **Gesetz zur Reform des Betriebsverfassungsgesetzes** (BetrVerf-ReformG) vom 23. 7. 2001[86] hat das Wahlverfahren für Betriebsräte geändert und den Kündigungsschutz auch auf die Initiatoren für die Betriebsratswahl erstreckt. Deshalb wurde § 15 Abs. 3 a eingefügt und § 16 an die neue Rechtslage angepaßt.

VII. Reformbestrebungen

1. Kodifikation des Arbeitsvertragsrechts

63 Es entspricht einer seit langem immer wieder erhobenen Forderung, das **gesamte Arbeitsrecht** oder doch das Arbeitsvertragsrecht in einem **einheitlichen Gesetz zusammenzufassen** (vgl. schon Art. 157 Abs. 2 der Weimarer Verfassung). Frühere Ansätze zu einer solchen Kodifikation des Arbeitsvertragsrechts, vor allem die Entwürfe von 1923 und 1938, haben nicht bis zum Gesetz geführt. Der Weg der Teilreformen, der seit dem 1. ArbRBereinigG von 1969 beschritten wird (vgl. oben Rn. 36 ff., auch Rn. 53 ff.), hat sicher den Vorzug leichterer Realisierbarkeit, birgt aber auch die Gefahr einer gewissen Kurzatmigkeit, wie sie insbesondere das BeschFG 1985 kennzeichnet. Jedenfalls kann durch solche Einzelschritte das Ziel einer einheitlichen Gesamtkodifikation nicht erreicht werden.

64 Deshalb sind in neuerer Zeit die Bemühungen um eine **Kodifikation** zumindest des Arbeitsvertragsrechts **wieder intensiviert** worden.[87] Allerdings haben die Beratungen einer 1970 hierfür eingesetzten Sachverständigenkommission wiederum nur zu einem Entwurf geführt, der nicht Gesetz geworden ist; er ist vom Bundesarbeitsministerium im Herbst 1977 veröffentlicht worden: Arbeitsgesetzbuchkommission, Entwurf eines Arbeitsgesetzbuches – Allgemeines Arbeitsvertragsrecht. Obwohl in der Arbeitsgesetzbuchkommission Vertreter der Gewerkschaften mitgewirkt haben, hat der DGB kurze Zeit vorher einen eigenen Gesetzentwurf veröffentlicht.[88] Zwischen beiden Entwürfen bestehen gerade im Kündigungs- und Kündigungsschutzrecht, das angesichts seiner großen sozialen Bedeutung in der Kodifikation einen wichtigen Platz einnehmen sollte, wesentliche Unterschiede (vgl. §§ 85 ff., vor allem §§ 91 ff., §§ 96 ff. Kommissions-Entwurf und §§ 104 ff., vor allem §§ 108 ff., besonders §§ 116, 120 ff. DGB-Entwurf). Wenn auch das Gesetzgebungsvorhaben in dieser Form als endgültig gescheitert angesehen werden muß, bleiben doch die Entwürfe zusammen mit zahlreichen Stellungnahmen in der Literatur[89] wichtig als Material für die weitere Diskussion im Bereich des Kündigungsschutzrechts.

---

[86] BGBl. I S. 1852.
[87] Allgemein dazu etwa *Ramm* ZRP 1972, 13; *Badura* RdA 1974, 129; *Mayer-Maly* AuR 1975, 225; sowie später *Dieterich* RdA 1978, 329; *Hanau* ZRP 1978, 215; *Mayer-Maly* NJW 1978, 1566; alle mit zahlreichen weiteren Angaben; – vgl. in diesem Zusammenhang z. B. auch *Gamillscheg* AcP Bd. 176, 197 und DRdA 1981, 185 aus der Sicht deutsch-österreichischer Rechtsvergleichung sowie *Zöllner* AcP Bd. 176, 221 zu grundsätzlichen Fragen des Verhältnisses von Arbeitsrecht und Zivilrecht.
[88] Abgedr. in RdA 1977, 166.
[89] Vgl. die oben Genannten m. w. N.

VII. Reformbestrebungen   65–66 **Einleitung**

Durch den **Einigungsvertrag vom 31. 8. 1990**[90] wird in Art. 30 Abs. 1 **65**
Nr. 1 erneut die Aufgabe des Gesetzgebers vorgeschrieben, u. a. das Arbeitsvertragsrecht möglichst bald einheitlich neu zu kodifizieren. In der Denkschrift des Einigungsvertrages wird dies als „eine vordringliche Aufgabe des gesamtdeutschen Gesetzgebers" bezeichnet.[91] Nach den bisherigen Entwicklungen ist allerdings zu vermuten, daß diese Aufgabe – wie schon bisher – wenig Aussicht auf Erfolg haben wird, weil eine Vielzahl anderer Probleme, insbesondere die Renten- und Steuerpolitik, wohl Priorität genießen. Außerdem dürfte der inzwischen immer wieder deutlich gewordene Perfektionsdrang des deutschen Gesetzgebers einer raschen Kodifizierung hinderlich sein.[92]

Auf dem 59. **Deutschen Juristentag 1992** wurde zwar im Gutachten D **65a**
des Arbeitskreises Deutsche Rechtseinheit im Arbeitsrecht ein Gesetzentwurf vorgestellt.[93] Dieser Diskussionsentwurf faßt aber lediglich die bisherigen zersplitterten Einzelregelungen zusammen und konkretisiert bzw. präzisiert die bisherige Rechtslage auf der Grundlage höchstrichterlicher Rechtsprechung. Wesentliche Änderungen des Arbeitsvertragsrechts sind freilich damit nicht verbunden.

Auf der Basis des **Diskussionsentwurfs** (Rn. 65 a) hat 1995 der **Freistaat** **65b**
Sachsen erstmals einen Entwurf eines Arbeitsvertragsgesetzes über den Bundesrat in ein parlamentarisches Verfahren gebracht.[94] Ferner liegt ein Entwurf einer Länderarbeitsgruppe unter Federführung des Landes Nordrhein-Westfalen vor, der ebenfalls der Beratung über den Bundesrat zugeführt werden soll.[95] Für die weitere Zukunft der Reformbestrebungen muß außerdem die Entwicklung im Recht der Europäischen Union beachtet werden.

2. Reform des Kündigungsschutzrechts

Überlegungen zur Reform des Kündigungsschutzrechts haben ganz über- **66**
wiegend ihren **rechtstatsächlichen Ansatz** bei einer seit den 60er Jahren zunehmend zu beobachtenden ungünstigen Entwicklung des Kündigungsschutzes in der Praxis. Diese ist – verkürzt zusammengefaßt – gekennzeichnet durch eine unverhältnismäßig starke Zunahme der durch Abfindungsvergleich oder durch Auflösung gegen Abfindung nach § 9 KSchG beendeten Kündigungsschutzprozesse zu Lasten des dem KSchG primär entsprechenden Verbleibens des gekündigten Arbeitnehmers an seinem früheren Arbeits-

---

[90] BGBl. II S. 885.
[91] BR-Drucks. 600/90, S. 369.
[92] Vgl. *Preis*, in Hopt (Hrsg.), Europäische Integration als Herausforderung des Rechts, 1991, S. 140 ff.; dazu *G. Hueck*, ebenda S. 153.
[93] Auch abgedr. in NZA Beil. zu Heft 17/1992; Abdruck der Beschlüsse in DB 1992, 2033, der die Frage stellte: Welche wesentlichen Inhalte sollte ein neuer Art. 30 des Einigungsvertrages zu schaffendes Arbeitsgesetz haben? – dazu *Adomeit/Thau* ZRP 1992, 350; *Buchner* DB 1992, 1930; *Däubler* AuR 1992, 129; *Hanau* RdA 1992, 392; *Heuse* BB 1992, 1145; *Henssler* JZ 1992, 833; *Hromadka* NJW 1992, 1985; *Richardi* NZA 1992, 769; *Schmitt* ZTR 1992, 280; *Steinmeyer/Jürging* NZA 1992, 777; *I. Weber* BB 1992, 1345.
[94] BR-Drucks. 293/95; *Neumann* DB 1995, 2013; *ders.* FS Stahlhacke S. 349 ff.
[95] Vgl. *Preis* AuA 1996, 41 f.; zu weiteren Gesetzesentwürfen der Länder *Griese* NZA 1996, 803; zum Ganzen *Bader* KSchG Einführung Rn. 75 ff. und *Preis*, in: Blank (Hrsg.), S. 27 ff.

Einleitung 66 a, 67 VII. Reformbestrebungen

platz bzw. seiner baldigen Rückkehr dorthin bei erfolgreichem Abschluß des Verfahrens; allein schon die lange Verfahrensdauer macht dann neben manchen anderen Gründen die Wiederaufnahme der alten Tätigkeit entgegen der ratio legis sehr oft illusorisch. Pointiert wird deshalb von einer Umkehrung von Regel und Ausnahme oder von (weitgehender) Verdrängung des im KSchG intendierten Bestandsschutzes durch ein Abfindungsverfahren gesprochen.[96]

66 a Diese zunächst nur auf allgemeinen Beobachtungen beruhenden Prämissen sind in ihrem wesentlichen Gehalt eindrucksvoll bestätigt worden durch eine vom Bundesarbeitsministerium veranlaßte breit angelegte **empirische Untersuchung** der Sozialwissenschaftlichen Forschungsgruppe am Max-Planck-Institut für ausländisches und internationales Privatrecht in Hamburg. Die umfangreichen, sehr detaillierten Ergebnisse und ihre Auswertung sind 1981 vom Bundesarbeitsministerium veröffentlicht worden.[97] Die Untersuchung betrifft das Jahr 1978; ihre Ergebnisse dürften aber ungeachtet gewisser Verschiebungen im Detail auch heute noch im wesentlichen repräsentativ sein. Sie bleibt daher von hohem Wert für die weitere Diskussion; dabei sollten allerdings oberflächliche Vereinfachungen und allzu einseitige Wertungen unterbleiben, die den differenzierten Aussagen der Untersuchung nicht gerecht werden.

67 Diese Entwicklung wie auch ganz allgemein die besondere soziale Bedeutung von Kündigung und Kündigungsschutz haben dazu geführt, daß die **Diskussion über eine Neuregelung des Kündigungsschutzes** seit geraumer Zeit mit großer Intensität geführt wird. Dabei wird, wenn auch mit sehr unterschiedlichen Vorstellungen über deren Ausgestaltung und Tragweite, einerseits eine grundlegende Neuordnung des Kündigungsschutzes gefordert,[98] während von anderer Seite ebenso grundsätzliche Bedenken geltend gemacht und rechtliche wie rechtspolitische Grenzen für einen Ausbau des Kündigungsschutzes hervorgehoben werden.[99]

---

[96] Vgl. dazu, wenn auch mit unterschiedlicher Gewichtung, die Mehrzahl der nachfolgend Rn. 67 Genannten; zusammenfassende Würdigung bei *Zöllner* Gutachten D zum 52. DJT, 1978 S. D 134 ff.; neuestens *v. Hoyningen-Huene* FS LAG Rheinland-Pfalz S. 236 ff.; *Willemsen*, NJW 2000, 2779 ff.; ferner bei *G. Hueck*, Anm. zu AP Nr. 7 zu § 611 BGB Beschäftigungspflicht.

[97] *Falke/Höland/Rhode/Zimmermann*, Kündigungspraxis und Kündigungsschutz in der Bundesrepublik Deutschland, Forschungsberichte, 2 Bde. (kurze Auszüge BB 1981, 850; DB 1981, 1139; ausführlichere Berichte BABl. 1981, 5/18; RdA 1981, 300; auch *Moritz* AuR 1983, 10; dazu aus neuerer Zeit *Preis* S. 24 ff.; hingewiesen sei ferner auf *Ellermann-Witt/Rottleuthner/Russig*, Hrsg., Kündigungspraxis, Kündigungsschutz und Probleme der Arbeitsgerichtsbarkeit, 1983.

[98] Vgl. nur beispielsweise *Becker/Rommelspacher* ZRP 1976, 40; *Berdecki* BB 1973, 806; *Herschel* SozFortschr 1979, 151 und 1980, 166; *v. Hoyningen-Huene* FS LAG Rheinland-Pfalz S. 215 ff.; *Kehrmann* AuR 1979, 267; *Klees* BlStSozArbR 1978, 177; *Notter* DB 1976, 772, *ders*. BlStSozArbR 1978, 182 und 1982, 102 sowie 1984, 241; *Rühle* DB 1991, 1378; *Wank* RdA 1992, 225; *Wenzel* AuR 1980, 97; siehe auch *Otto* RdA 1975, 68, insbes. 72 f.; *Hofmann* ZfA 1984, 295, 300 ff.; – für Österreich *Gamillscheg*, DRdA 1981, 185.

[99] So vor allem *Reuter* BAG-Festschrift S. 405, sowie Ordo Bd. 33 (1982) S. 165, 180 ff., 186 ff., auch schon RdA 1973, 345 und 1978, 344, 348 ff.; *Schwerdtner* ZfA 1977, 47, 76 ff., sowie BlStSozArbR 1978, 273 und zusammenfassend DB Beil. 2/1979; – kritisch zu dem dabei betonten Wettbewerbsgesichtspunkt bereits oben Rn. 11 m. w. N.

VII. Reformbestrebungen 67a–68a **Einleitung**

Die Frage der Neuregelung des Kündigungsschutzes stand trotz an sich 67a weiter gefaßter Thematik ganz im Mittelpunkt der Verhandlungen der Arbeitsrechtlichen Abteilung des 52. **Deutschen Juristentages 1978**.[100] Hingewiesen sei ferner z. B. auf die von der IG-Metall mit Vertretern der Arbeitsrechtswissenschaft und mit Richtern der Arbeitsgerichtsbarkeit veranstalteten Kündigungsschutztagungen 1977 und 1978.[101]

Der Diskussionsentwurf des Arbeitskreises Deutsche Rechtseinheit im Ar- 67b beitsrecht als Gutachten D des **59. Deutschen Juristentages 1992** (oben Rn. 65a) hat in den §§ 117ff. die Kündigung und den Kündigungsschutz behandelt.[102] Der Entwurf bleibt aber bei den bisherigen Grundsätzen des Kündigungsrechts und versucht, die Erkenntnisse von Rechtsprechung und Lehre zusammenzufassen. Wesentliche Änderungen werden nicht vorgeschlagen.

Auf dem **63. Deutschen Juristentag 2000** hat *Hanau* vorgeschlagen, den 67c Schwellenwert des § 23 an die Größe des Unternehmens und nicht des Betriebes anzuknüpfen sowie den Anwendungsbereich des KSchG bei Neueinstellungen wieder bei 11 Arbeitnehmern beginnen zu lassen. Außerdem sollte das KSchG künftig tarifdispositiv sein und den Arbeitnehmern ein Wahlrecht zu dem bisherigen Kündigungsschutz und einer angemessenen Abfindungsregelung einräumen.[103]

So zahlreich die Äußerungen in der Literatur sind (vgl. nur beispielsweise 68 Angaben oben Rn. 67), so vielgestaltig und im einzelnen variantenreich sind auch die **Reformvorschläge** zur Verbesserung der Stellung des Arbeitnehmers i. S. eines effektiveren Bestandsschutzes (zur gegenläufigen Tendenz einer wettbewerbsorientierten Lockerung im Interesse arbeitsplatzsuchender Arbeitnehmer s. bereits oben Rn. 11 und die dort Genannten; – ferner zu gesetzgeberischen Maßnahmen zur Beschäftigungsförderung oben Rn. 12 und 57ff.). Entsprechend weit gefächert und kontrovers sind die Meinungen darüber, welche Maßnahmen dafür geeignet, erforderlich bzw. ausreichend, andererseits aber auch praktikabel und für die Arbeitgeberseite wirtschaftlich tragbar sind.[104]

Die wichtigsten Überlegungen gehen, kurz skizziert, in folgende Rich- 68a tungen: Ersetzung der Arbeitgeberkündigung durch eine **Auflösungsklage** ähnlich derjenigen bei der OHG (§ 133 HGB) oder eine Scheidungsklage bei der Ehe (§ 1564 BGB) und dementsprechend Beendigung des Arbeitsverhältnisses dann nur durch rechtskräftiges Gestaltungsurteil; weil das als allgemeine Regelung schon im Hinblick auf die Belastung der Arbeitsgerichte nicht praktikabel erscheint, könnte das Erfordernis einer Auflösungsklage auf die Fälle beschränkt werden, in denen der Betriebsrat der Kündigung

---

[100] Ausführlich zur gesamten Problematik unter eingehender Würdigung des Diskussionsstandes *Zöllner* Gutachten D zum 52. DJT, insbes. S. D 113ff.; ferner *Simitis* Referat Sitzungsbericht M des 52. DJT. S. M 8ff.; sowie Diskussion und Beschlüsse ebendort S. M 62ff.
[101] Protokoll, Schriftenreihe der IG-Metall Bd. 78.
[102] Dazu eingehend *Wank* RdA 1992, 225ff.
[103] *Hanau*, 63. DJT 2000, C 90.
[104] Ausführlich zum Ganzen *v.Hoyningen-Huene* FS LAG Rheinland-Pfalz S. 215ff.; APS/*Preis,* Grundlagen B Rn. 41ff.; *Zöllner* Gutachten D zum 52 DJT, S. D 134ff., insbes. D 137ff. m. w. N.; ferner *Wank* RdA 1992, 225ff.; KR-*M. Wolf,* 3. Aufl. 1989, Grunds. Rn. 628ff.; Übersicht auch bei *Becker/Rommelspacher* ZRP 1976, 40ff., insbes. 44.

47

Einleitung 69–70

widersprochen hat. Letzteres wird vor allem von Gewerkschaftsseite vorgeschlagen;[105] hingegen hat die Arbeitsgesetzbuchkommission (oben Rn. 64) einen entsprechenden Vorschlag ihres zuständigen Ausschusses (§ 92a) nicht in den Kommissions-Entwurf aufgenommen.[106]

69 Ferner wird vorgeschlagen, durch **Begründungszwang** für die Kündigung, evtl. ergänzt durch **Belehrung** über die Kündigungsschutzklage, die Stellung des mit dieser belasteten Arbeitnehmers zu verbessern; für ersteres gibt es – auch über die gesetzlich geregelten Fälle wie § 626 Abs. 2 Satz 3 BGB hinaus – bereits de lege lata gewisse Ansätze, deren Ausbau durch Rechtsfortbildung tendenziell möglich erscheint (dazu unten § 1 Rn. 159 ff.). – Ähnliches soll der seit 1. 5. 2000 durch § 623 BGB eingeführte **Schriftformzwang** für die Kündigung bewirken.

69a In eine andere Richtung weist der viel diskutierte Vorschlag einer über §§ 9 und 10 sowie §§ 111–113 BetrVG hinausgehenden allgemeinen Pflicht zu **Abfindungszahlungen** vor allem bei betriebsbedingten Kündigungen; sie soll kündigungshemmend wirken und gegebenenfalls dem betroffenen Arbeitnehmer einen gewissen Ausgleich für den Arbeitsplatzverlust gewähren.[107] Eine solche Regelung würde z. B. dem italienischen Recht entsprechen.[108] – Weitere Vorschläge betreffen z. B. die **Beweislastregelung** im Kündigungsschutzprozeß, die Erstreckung des Kündigungsschutzes auf **Kleinbetriebe**, die Einbeziehung von **Aufhebungsverträgen** u. a. m.

70 Besondere Qualität im Rahmen der Reformdiskussion haben die Überlegungen zum **Weiterbeschäftigungsanspruch** des Arbeitnehmers während des Kündigungsrechtsstreits (bei der Mehrzahl der oben Rn. 66 und 67 Genannten besonders betont). Sie beziehen sich überwiegend bereits auf das geltende Recht und haben zu einer grundsätzlichen, wenn auch in den Einzelheiten differenzierenden Anerkennung eines solchen Anspruchs durch die Rechtsprechung im Wege der Rechtsfortbildung geführt (dazu näher m. w. N. unten § 4 Rn. 94 ff.). In den Einzelheiten sowohl der rechtlichen Begründung wie der konkreten Ausgestaltung nach Voraussetzungen, Inhalt und Grenzen des Weiterbeschäftigungsanspruchs ist allerdings noch vieles ungeklärt und sehr umstritten. Er bleibt daher weiterhin Gegenstand der Reformdiskussion. – Im übrigen macht gerade die Behandlung der Weiterbeschäftigungsproblematik sehr eindringlich die allgemeine Bedeutung der Rechtsprechung für eine ständig fortschreitende **Entwicklung** des Kündigungsschutzrechts **de lege lata** deutlich.[109]

---

[105] So im DGB-Entwurf eines Arbeitsverhältnisgesetzes, oben Rn. 64, § 116 bzw. § 115 der in RdA abgedruckten Fassung.
[106] Abl. auch *Zöllner* und KR-*M. Wolf* jeweils aaO. Fn. 100.
[107] Ausführlich m. w. N. zur umfangreichen Literatur *v. Hoyningen-Huene* FS Rheinland-Pfalz S. 236 ff. m. w. N.; *Neef* NZA 2000, 8; *Zöllner* aaO. wie Rn. 67 a; ferner KR-*M. Wolf*, 3. Aufl. 1989, Grunds. Rn. 631 f. m. w. N.; auch *Becker/Rommelspacher* ZRP 1976, 43; *Dorndorf* BB 2000, 1938; *Heinze* NZA 2001, 3; *Rühle*, DB 1991, 1379; *Willemsen* NJW 2000, 2779.
[108] Vgl. *Hausmann*, Jahrbuch für ital. Recht 1991, Bd. 4, S. 49, 64 ff.
[109] Dazu ausführlich m. w. N. *Preis* DB 1988, 1387 und 1444; *Wank* RdA 1987, 129; grundsätzlich auch *v. Hoyningen-Huene* BB 1986, 2133, insbes. 2137 sowie BB 1988, 264.

VIII. Inhalt des Kündigungsschutzgesetzes und Verhältnis zum sonstigen Kündigungsschutz

1. Inhalt und Abgrenzung

a) Das KSchG setzt seinen eindeutigen Schwerpunkt bei der Regelung des **allgemeinen Kündigungsschutzes,** d. h. bei Bestimmungen, die generelle Schranken für das freie Kündigungsrecht des Arbeitgebers ziehen (zu den zusätzlichen kollektivrechtlichen Beschränkungen bereits oben Rn. 41 ff., insbes. 43, 46 f. sowie unten Rn. 73). Diese beziehen sich insbesondere auf die rechtliche Anerkennung eines Kündigungsgrundes, in § 1 als soziale Rechtfertigung der ordentlichen Kündigung bezeichnet, die im BGB nicht erfaßt ist. Hinsichtlich des wichtigen Grundes der außerordentlichen Kündigung wird ergänzend zu § 626 BGB in § 13 Abs. 1 die Geltendmachung der Unwirksamkeit dieser Kündigung geregelt. Andere Fragen des Kündigungsschutzrechts sollten nach der Begründung des Regierungsentwurfs in Übereinstimmung mit den Wünschen der Sozialpartner nicht geregelt, sondern bis zur Schaffung eines allgemeinen Gesetzes über das Arbeitsverhältnis zurückgestellt werden. Eine Teilregelung ist dann in Art. 2 des 1. ArbRBereinigG vom 14. 8. 1969 erfolgt (vgl. oben Rn. 40). Das KSchG selbst griff ursprünglich noch punktuell in das allgemeine Kündigungsrecht ein und regelte in § 11 Abs. 2 a. F. die Umdeutung einer unwirksamen außerordentlichen Kündigung in eine ordentliche; das hatte sich nicht bewährt und wurde gestrichen, so daß seit der Fassung des Gesetzes von 1969 die Beschränkung auf den Kündigungsschutz klar durchgeführt ist. Daran haben auch die seither erfolgten Änderungen des KSchG, insbesondere durch das BetrVG und das BPersVG (oben Rn. 41 ff., 48 ff.) nichts geändert.

Zum allgemeinen Kündigungsrecht, nicht zum Kündigungsschutz i. e. S. gehört auch die Festsetzung der **Kündigungsfristen** für die ordentliche Kündigung. Daraus erklärt sich, daß das sog. Angestelltenkündigungsschutzgesetz, genauer das Gesetz über die Fristen für die Kündigung von Angestellten vom 9. 7. 1926, das den älteren Angestellten lediglich durch Verlängerung der für sie geltenden Kündigungsfristen Schutz gewähren soll, durch das KSchG nicht berührt wird. Es galt bis 1993 und wurde durch die Regelung der Kündigungsfristen für ältere Arbeiter in § 622 Abs. 2 a. F. BGB ergänzt.[110] Diese Regelungen sind inzwischen durch das Kündigungsfristengesetz vom 7. 10. 1993 vereinheitlicht worden (oben Rn. 62 a).

b) Allerdings enthält das KSchG nicht nur Regeln über den allgemeinen Kündigungsschutz gegen sozialwidrige Kündigungen, wenn dieser auch den wichtigsten Teil des Gesetzes ausmacht (§§ 1 bis 14), sondern es regelt in zwei weiteren Abschnitten den **besonderen Kündigungsschutz der Betriebsratsmitglieder,** Personalratsmitglieder und der Mitglieder anderer Arbeitnehmervertretungen sowie der Wahlbewerber (§§ 15 und 16) und den **Kündigungsschutz bei Massenentlassungen** unter der Abschnitts-

---

[110] Dazu aber BVerfG 16. 11. 1982 und 30. 5. 1990, AP Nr. 16 und 28 zu § 622 BGB sowie BAG 28. 2. 1985 und 12. 12. 1985, AP Nr. 21, 22 zu § 622 BGB bzgl. § 622 Abs. 2 Satz 2 Hs. 2 BGB.

bezeichnung „Anzeigepflichtige Entlassungen" (§§ 17 bis 22a). Das Gesetz soll damit alle gesetzlichen Normen des individualrechtlichen Kündigungsschutzrechts, soweit sie allgemeinerer Natur sind, zusammenfassen, insoweit also eine erschöpfende Regelung des allgemeinen arbeitsrechtlichen Kündigungsschutzes aufstellen, die dann kollektivrechtlich durch die Normen des Betriebsverfassungs- und Personalvertretungsrechts über die Mitwirkung bzw. Mitbestimmung bei Kündigungen (oben Rn. 42 ff., 48 ff.) ergänzt wird.

74 c) **Außerhalb des KSchG** kommen nur noch Sondervorschriften für bestimmte Kategorien von Arbeitnehmern in Betracht (vgl. die oben Rn. 18 beispielhaft aufgezählten Gesetze). Dagegen sind mit dem Inkrafttreten des KSchG die Vorschriften des Arbeitseinsatzrechts über die Kündigung, die früher lange Zeit die praktisch wichtigsten Beschränkungen des Kündigungsrechts bedeuteten, fortgefallen (Näheres in § 25 i.d.F. von 1951). Das gleiche gilt für alle landesrechtlichen Vorschriften, soweit sie den Schutz der Arbeitnehmer gegen sozialwidrige Kündigungen, den Kündigungsschutz der Betriebsratsmitglieder und den Kündigungsschutz bei Massenentlassungen regeln (Näheres in den Anmerkungen zu § 26 in den beiden ersten Auflagen dieses Kommentars).

74a d) **Verfassungsrechtliche Bedenken** gegen das KSchG bestehen nicht. Lediglich ein gänzlicher Ausschluß des ordentlichen Kündigungsrechts oder die Begrenzung auf wenige Kündigungsgründe wären nicht mehr zulässig.[111] Das BVerfG hatte sich lange Zeit nicht mit der Verfassungsmäßigkeit des KSchG beschäftigt (siehe ausführlich § 1 Rn. 4a). Erst durch zwei Entscheidungen vom 27. 1. 1998 wurde der Schwellenwert von 5 Arbeitnehmern in § 23 Abs. 1 Satz 2 und 3 problematisiert, jedoch für verfassungsgemäß erklärt (dazu unten § 23 Rn. 19 a). Außerdem wurde die bis 1996 geltende Nichtberücksichtigung von geringfügig beschäftigten Arbeitnehmern im Rahmen des Schwellenwerts beanstandet, die aber bereits durch das Arbeitsrechtliche Beschäftigungsförderungsgesetz vom 25. 9. 1996 beseitigt worden ist (oben Rn. 62 c). Bei dieser Gelegenheit führte das BVerfG allerdings aus, daß ein gewisser Kündigungsschutz auch außerhalb des KSchG – also insbesondere in Kleinbetrieben – im Rahmen des Art. 12 GG gewährleistet sein müsse (dazu unten Rn. 76 und § 23 Rn. 19 c).

2. Verhältnis des KSchG zum besonderen Kündigungsschutz

75 Wie bereits oben Rn. 18 ausgeführt wurde, gibt es eine Vielzahl besonderer Kündigungsschutzregelungen außerhalb des KSchG. Diese Regelungen gelten grundsätzlich **neben** dem allgemeinen Kündigungsschutz, werden also **durch das KSchG nicht beeinflußt.** Das wird im übrigen durch § 13 Abs. 3 klargestellt, wonach das KSchG keine Anwendung findet, wenn eine Kündigung bereits aus anderen als den in § 1 Abs. 2 und 3 bezeichneten Gründen rechtsunwirksam ist. Das sind insbesondere Nichtigkeits- und Unwirksamkeitsgründe, die anderweitig ihre Rechtsgrundlage finden. Die Einzelheiten hierzu sind bei § 13 Rn. 75 ff. erläutert.

---

[111] *Löwisch* vor § 1 Rn. 21; dazu *Maunz/Dürig/Scholz,* GG, 1981, Art. 12 Anm. 50; *Zöllner* DJT Gutachten S. 119 ff.

VIII. Inhalt des Kündigungsschutzgesetzes   75 a **Einleitung**

3. Kündigungsrechtliche Regelungen im Einigungsvertrag

Schrifttum: *Ascheid,* Aktuelle Rechtsprechung zum Einigungsvertrag, NZA 1993, 97; *Battis/Schulte-Trux,* Verlängerung der Geltungsdauer der Kündigungsgründe nach Anlage I, Kap. XIX, Sachgebiet A, Abschn. III Nr. 1 Abs. 4 Einigungsvertrag, ZTR 1993, 179; *Berkowsky,* Die soziale Auswahl nach dem Einigungsvertrag, AuA 1995, 333; *Besgen,* Die Beteiligung des Personalrats bei Kündigungen nach dem BPersVG und dem Personalvertretungsgesetz DDR, PersR 1991, 125; *Dörner/Widlak,* Das Arbeitsrecht im Einigungsvertrag, NZA 1991, Beil. 1 S. 43; *Etzel,* AR-Blattei SD 1010.13 (1993); *Fenski/Linck,* Besonderheiten der Beendigung von Arbeitsverhältnissen in den neuen Bundesländern, NZA 1992, 337; *Germelmann,* Das Arbeitsrecht in den neuen Bundesländern, NJ 1992, 390; *Hantel,* Kündigungsschutz und Hochschulerneuerung nach dem Einigungsvertrag, NJ 1994, 489; *Holzhauser,* Zur gerichtlichen Überprüfung von Kündigungen im öffentlichen Dienst nach dem Einigungsvertrag, NJ 1991, 494; *Jeske,* Die Übergangsvorschriften für den öffentlichen Dienst im Einigungsvertrag, ZTR 1991, 451; *Kerls,* Indizkündigung nach dem Einigungsvertrag, AuR 1995, 214; *Künzl,* Aspekte des Kündigungsrechts in den neuen Bundesländern, AuR 1992, 204; *Kunst,* Einigungsvertrag, LzK 390 (1995); *P. Meyer,* Die ordentliche Kündigung von Arbeitsverhältnissen im öffentlichen Dienst der neuen Bundesländer nach dem Einigungsvertrag, Diss. Berlin 1993; *Langanke/Hanau,* Kündigungsmöglichkeiten in der öffentlichen Verwaltung nach dem Einigungsvertrag, NJ 1993, 437; *Müller-Glöge,* Arbeitsrecht in den neuen Bundesländern, 1998; *Opolony,* Die Kündigungsgründe des Einigungsvertrages, 1996; *Pieroth,* Regimebelastung und rechtsstaatlicher öffentlicher Dienst, NJ 1992, 89; *U. Preis,* Die Kündigung von Arbeitsverhältnissen im öffentlichen Dienst, PersR 1991, 201; *Reichold/Compensis,* Die ordentliche Kündigung von Personalräten aufgrund des Einigungsvertrages, BB 1993, 1018; *Säcker/Oetker,* MünchKomm-BGB, Ergänzungsband, Einigungsvertrag, 1991, Rn. 962–1028; *Scholz,* Fristlose Kündigung im öffentlichen Dienst wegen Tätigkeit für das frühere Ministerium für Staatssicherheit/Amt für nationale Sicherheit, BB 1991, 2515; *Vollmer,* Ordentliche Kündigung im öffentlichen Dienst nach dem Einigungsvertrag, AuR 1993, 17; *Wank,* Das Arbeits- und Sozialrecht nach dem Einigungsvertrag, RdA 1991, 1; *Weiß,* Übergangsrecht der Arbeitnehmer im beigetretenen Teil Deutschlands, PersV 1991, 97; *Weiss/Kreuder,* Das „Sonderkündigungsrecht" nach dem Einigungsvertrag, AuR 1994, 12; *Zekau,* Zur persönlichen Eignung von Lehrern in der ehemaligen DDR, AuR 1995, 84.

a) Überblick

Der allgemeine Kündigungsschutz wird durch den Einigungsvertrag **für 75 a Arbeitnehmer im öffentlichen Dienst modifiziert.**[112] In der Anlage I Kap. XIX Sachgebiet A Abschnitt III Nr. 1 Abs. 4 und 5 zum Einigungsvertrag vom 31. 8. 1990 sind Sonderregelungen für die ordentliche und außerordentliche Kündigung von Arbeitnehmern der öffentlichen Verwaltung enthalten. Nach Abs. 4 Satz 1 ist die **ordentliche Kündigung** eines Arbeitsverhältnisses in der öffentlichen Verwaltung auch zulässig, wenn (1.) der Arbeitnehmer wegen mangelnder fachlicher Qualifikation oder persönlicher Eignung den Anforderungen nicht entspricht oder (2.) der Arbeitnehmer wegen mangelnden Bedarfs nicht mehr verwendbar ist oder (3.) die bisherige Beschäftigungsstelle ersatzlos aufgelöst wird oder bei Verschmelzung, Eingliederung oder wesentlicher Änderung des Aufbaus der Beschäftigungsstelle die bisherige oder eine anderweitige Verwendung nicht mehr möglich ist. Nach Abs. 5 ist ein wichtiger Grund für eine **außerordentliche Kün-**

---

[112] Zur ordentlichen personen- oder verhaltensbedingten Kündigung wegen einer Tätigkeit für das Ministerium für Staatssicherheit der DDR und der falschen Beantwortung einer Frage danach vgl. § 1 Rn. 212 b).

Einleitung 75 b, 75 c   VIII. Inhalt des Kündigungsschutzgesetzes

digung insbesondere dann gegeben, wenn der Arbeitnehmer gegen die Grundsätze der Menschlichkeit oder Rechtsstaatlichkeit verstoßen hat, insbesondere die völkerrechtlich gewährleisteten Menschenrechte verletzt hat oder für das frühere Ministerium für Staatssicherheit/Amt für nationale Sicherheit tätig war und deshalb ein Festhalten am Arbeitsverhältnis unzumutbar erscheint.[113]

75 b   Bei der Sondervorschrift über die **ordentliche Kündigung in Abs. 4** handelt es sich um eine **Übergangsregelung**. Sie sollte gemäß Abs. 4 Satz 6 nach Ablauf von 2 Jahren nach dem Wirksamwerden des Beitritts, d. h. mit dem Ablauf des 2. Oktober 1992 außer Kraft treten. Durch Gesetz vom 20. 8. 1992[114] wurden die Kündigungsmöglichkeiten nach Abs. 4 EV bis 31. 12. 1993 verlängert. Der in Abs. 4 Nr. 1 EV enthaltene Sonderkündigungstatbestand genügt den verfassungsrechtlichen Anforderungen des Art. 12 Abs. 1 GG. Dasselbe gilt für das Gesetz zur Verlängerung der Kündigungsmöglichkeiten in der öffentlichen Verwaltung nach dem Einigungsvertrag. Der Einigungsvertrag schließt eine Verlängerung der dort vorgesehenen Frist nicht aus. Die bei seinem Abschluß von den vertragsschließenden Parteien gehegte Erwartung, daß Kündigungen nach Abs. 4 Nr. 1 EV innerhalb von zwei Jahren ausgesprochen werden könnten, hat sich nicht bestätigt. Die Schwierigkeiten waren größer als erwartet. Es war zu befürchten, daß nach dem Auslaufen des Abs. 4 Nr. 1 EV noch zahlreiche Mitarbeiter im öffentlichen Dienst beschäftigt worden wären, die nach dem Maßstab des Art. 33 Abs. 2 GG für ihre Funktion nicht geeignet waren. Es ist daher legitim, daß der Gesetzgeber dies nicht hinnehmen wollte.[115] Die Vorschrift des **Abs. 5 über die außerordentliche Kündigung** gilt dagegen **unbefristet**. Die in den Abs. 4 und 5 geregelten besonderen Kündigungstatbestände gelten nur für Arbeitsverhältnisse des öffentlichen Dienstes. Damit werden grundsätzlich alle Personen erfaßt, die in einem Arbeitsverhältnis zu Einrichtungen der öffentlichen Verwaltung (dazu Art. 13 Einigungsvertrag) standen.[116]

75 c   Die Regelung des **Abs. 4 Satz 1** in der Anlage I zum Einigungsvertrag geht dem durch § 1 Abs. 2 KSchG gewährleisteten allgemeinen Kündigungsschutz als **lex specialis** vor.[117] Dies ergibt sich schon aus dem Wortlaut, wonach die Kündigung eines Arbeitsverhältnisses in der öffentlichen Verwaltung „auch zulässig" ist, wenn die unter Nr. 1–3 genannten Tatbestände vorliegen. Für einen Vorrang der Kündigungsvorschriften in der Anlage zum Einigungsvertrag vor dem KSchG spricht weiterhin auch der in Abs. 1 der genannten Regelung (oben Rn. 75 a) normierte Vorbehalt, wo-

---

[113] Dazu *Scholz* BB 1991, 2515 ff.
[114] BGBl. I S. 1546.
[115] BVerfG 8. 7. 1997, AP Nr. 66 zu Einigungsvertrag Anlage I Kap. XIX; BAG 11. 5. 1995, AP Nr. 50 zu Einigungsvertrag Anlage I Kap. XIX; offengelassen von BVerfG 2. 3. 1993, AP Nr. 7 zu Einigungsvertrag Anlage I Kap. XIX; ebenso KR-*Etzel*, 4. Aufl. 1996, § 1 KSchG Rn. 638; – abweichend *Battis/Schulte-Trux* ZTR 1993, 179 ff.
[116] Zum personellen Anwendungsbereich vgl. BAG 18. 3. 1993, AP Nr. 20 zu Einigungsvertrag Anlage I Kap. XIX; BAG 18. 1. 1996, AP Nr. 17 zu Einigungsvertrag Art. 13; KR-*Etzel*, 4. Aufl. 1996, § 1 KSchG Rn. 643; *Müller-Glöge*, Rn. 343; MünchKomm-BGB/ *Säcker/Oetker* Ergänzungsband, 1991, Einigungsvertrag Rn. 964 ff.
[117] BAG 24. 9. 1992, AP Nr. 3 zu Einigungsvertrag Anlage I Kap. XIX mit insoweit zust. Anm. *v. Hoyningen-Huene*; *Fenski/Linck* NZA 1992, 337, 339 f.

VIII. Inhalt des Kündigungsschutzgesetzes 75 d, 75 e **Einleitung**

nach die für Arbeitnehmer in der öffentlichen Verwaltung der früheren DDR geltenden Arbeitsbedingungen nur nach Maßgabe des Einigungsvertrages, „insbesondere der Absätze 2 bis 7" fortgelten. Der Fortbestand der Arbeitsverhältnisse ist daher von vornherein mit erleichterten Kündigungsmöglichkeiten verbunden, um den erheblich übersetzten Personalbestand in der öffentlichen Verwaltung der neuen Bundesländer einfacher abbauen zu können. Diese Einschränkung des Kündigungsschutzes liegt angesichts der beschränkten finanziellen Leistungsfähigkeit von Bund und Ländern im öffentlichen Interesse und ist damit zulässig.[118] Die Kündigungstatbestände des Abs. 4 Nr. 1–3 verdrängen in ihrem Anwendungsbereich daher § 1 Abs. 2.

b) Mangelnde persönliche Eignung

Das BAG hat in einer Vielzahl von Entscheidungen die **mangelnde persönliche Eignung i. S. v. Abs. 4 Nr. 1** als eine der Person des Arbeitnehmers anhaftende Eigenschaft definiert, die sich auch aus der bisherigen Lebensführung herausgebildet haben kann.[119] 75 d

Die persönliche Eignung eines Angestellten des öffentlichen Dienstes erfordert danach, daß er sich durch sein gesamtes Verhalten zur freiheitlich demokratischen Grundordnung i. S. d. Grundgesetzes bekennen muß. Zu den grundlegenden Prinzipien dieser Ordnung sind mindestens die Achtung vor den im Grundgesetz konkretisierten Menschenrechten, vor allem vor dem Recht der Persönlichkeit auf Leben und freie Entfaltung, die Volkssouveränität, die Gewaltenteilung, die Verantwortlichkeit der Regierung, die Gesetzmäßigkeit der Verwaltung, die Unabhängigkeit der Gerichte, das Mehrparteienprinzip und die Chancengleichheit für alle politischen Parteien mit dem Recht auf verfassungsmäßige Bildung und Ausübung einer Opposition zu zählen. Die hiernach zu stellenden Anforderungen haben sich nach den Aufgaben des Angestellten auszurichten. Er muß grundsätzlich die Gewähr dafür bieten, daß er in Krisenzeiten und ernsthaften Konfliktsituationen zu den Grundwerten der Verfassung steht.[120]

Abs. 4 Nr. 1 zwingt den öffentlich-rechtlichen Arbeitgeber nicht, gleichsam die rechtsstaatliche Grundhaltung eines Arbeitnehmers zunächst zu erproben. Ein gerichtlich nur beschränkt nachprüfbarer Beurteilungsspielraum hinsichtlich der gesetzlichen Voraussetzungen des Abs. 4 Nr. 1 ist damit allerdings nicht verbunden. Es gelten nicht die Grundsätze für Einstellungen in den öffentlichen Dienst, sondern diejenigen für Kündigungen. Denn durch die auf Abs. 4 Nr. 1 gestützte Kündigung wird in besonderer Weise in das Grundrecht der Berufsfreiheit (Art. 12 GG) des einzelnen Beschäftigten eingegriffen. Ein Beurteilungsspielraum kann sich nur im Rahmen der vorzunehmenden **Einzelfallwürdigung** auf eine Abwägung besonders belastender Umstände bei der Identifikation mit Staats- und Parteizielen in der 75 e

---

[118] BVerfG 8. 7. 1997, AP Nr. 66 zu Einigungsvertrag Anlage I Kap. XIX; zu diesem Gesichtspunkt in bezug auf die Zulässigkeit der sog. Warteschleife vgl. BVerfG 24. 4. 1991, AP Nr. 70 zu Art. 12 GG = EzA Art. 13 Einigungsvertrag Nr. 1 unter C III 3 c mit Anm. *Berger-Delhey*.
[119] Vgl. BAG 18. 3. 1993, AP Nr. 12 zu Einigungsvertrag Anlage I Kapitel XIX sowie BAG 13. 10. 1994 und 11. 5. 1995, AP Nr. 35 und 50 zu Einigungsvertrag Anlage I Kap. XIX.
[120] BAG 27. 6. 1996, AP Nr. 61 zu Einigungsvertrag Anlage I Kap. XIX.

Einleitung 75 f, 75 g   VIII. Inhalt des Kündigungsschutzgesetzes

ehemaligen DDR gegenüber spezifisch entlastenden Tatsachen zur persönlichen Eignung beziehen. Die mangelnde persönliche Eignung ist indiziert, wenn der Arbeitnehmer sich in der Vergangenheit in besonderer Weise mit dem SED-Staat identifiziert hat. Dies ist anzunehmen, wenn er nicht nur kurzfristig Funktionen wahrgenommen hat, aufgrund derer er in hervorgehobener Position oder überwiegend an der ideologischen Umsetzung der Ziele der SED mitzuwirken hatte.[121]

75 f   Die Rechtsprechung des 2. und 8. Senats des BAG ist **vom BVerfG im Grundsatz bestätigt** worden.[122] Das BVerfG hat freilich deutlich gemacht, daß der in Abs. 4 Nr. 1 geschaffene Kündigungsgrund nicht allein nach der Stellung des Arbeitnehmers in der Hierarchie der DDR und seiner früheren Identifikation mit dem SED-Regime pauschal beurteilt werden kann. Erforderlich ist vielmehr – worauf allerdings auch das BAG in st. Rspr. hingewiesen hat[123] – eine einzelfallbezogene Überprüfung der persönlichen Eignung. Die dabei verfassungsrechtlich gebotene Gesamtwürdigung der Persönlichkeit des Mitarbeiters darf nicht dadurch verkürzt werden, daß einer von ihm früher innegehabten Position das Gewicht einer gesetzlichen Vermutung beigemessen wird, die einen Eignungsmangel begründet, wenn sie nicht widerlegt wird.[124] Entsprechend den allgemeinen kündigungsrechtlichen Grundsätzen muß zum Zeitpunkt der Kündigung festgestellt werden, ob der Arbeitnehmer für seine Tätigkeit im öffentlichen Dienst die erforderliche persönliche Eignung hat. Hierzu bedarf es einer Prognose, die eine konkrete einzelfallbezogene Würdigung der gesamten Persönlichkeit des Arbeitnehmers voraussetzt.[125] Sein Verhalten und seine Einstellung vor dem Beitritt sind dafür eine wesentliche Erkenntnisquelle, weil die Position in Staat und Partei, die der Betroffene seinerzeit innegehabt hat, nach Maßgabe ihrer Herausgehobenheit und des damit verbundenen Einflusses Anhaltspunkte für eine fortbestehende innere Verbundenheit mit dem Herrschaftssystem der DDR sein können. Eine abschließende Beurteilung der persönlichen Eignung muß weiterhin die Entwicklung des Arbeitnehmers nach dem Beitritt berücksichtigen.[126]

c) Mangelnde fachliche Eignung

75 g   Nach Abs. 4 Nr. 1 ist die ordentliche Kündigung eines Arbeitsverhältnisses in der öffentlichen Verwaltung auch zulässig, wenn der Arbeitnehmer wegen **mangelnder fachlicher Qualifikation** den Anforderungen nicht entspricht. Abs. 4 Nr. 1 wird dabei durch Art. 37 EV ergänzt. Danach gelten die in der

---

[121] Vgl. BAG 28. 4. 1994, NJ 1994, 483; im Ergebnis auch BAG 13. 10. 1994, 27. 6. 1996, AP Nr. 35, 61 zu Einigungsvertrag Anlage I Kap. XIX.
[122] Beschluß vom 21. 2. 1995, EzA Art. 20 Einigungsvertrag Nr. 44; BVerfG 8. 7. 1997, AP Nr. 66 zu Einigungsvertrag Anlage I Kap. XIX; BVerfG 8. 7. 1997, AP Nr. 37 zu Art. 33 Abs. 2 GG.
[123] Vgl. BAG 28. 4. 1994, NJ 1994, 483; BAG 13. 10. 1994, 27. 6. 1996, AP Nr. 35, 61 zu Einigungsvertrag Anlage I Kap. XIX.
[124] BVerfG 8. 7. 1997, AP Nr. 37 zu Art. 33 Abs. 2 GG.
[125] BVerfG 8. 7. 1997, AP Nr. 37 zu Art. 33 Abs. 2 GG; BVerfG 13. 2. 1998, EzA Art. 20 Einigungsvertrag Nr. 61.
[126] BVerfG 21. 2. 1995 unter C I 3 b aa; BVerfG 8. 7. 1997, AP Nr. 37 zu Art. 33 Abs. 2 GG; – zur Darlegungs- und Beweislast BAG 13. 10. 1994, 27. 6. 1996, AP Nr. 35, 61 zu Einigungsvertrag Anlage I Kap. XIX.

VIII. Inhalt des Kündigungsschutzgesetzes 75h, 75i **Einleitung**

DDR erworbenen oder staatlich anerkannten schulischen, beruflichen und akademischen Abschlüsse oder Befähigungsnachweise im Gebiet der neuen Länder weiter. Für die Feststellung der fachlichen Qualifikation ist nach der Rechtsprechung des BAG entscheidend, ob der Arbeitnehmer über entsprechende arbeitsplatzbezogene Kenntnisse und Fähigkeiten verfügt. Der Regelung in Art. 37 EV liege die Zielsetzung zugrunde, beruflich tätigen Arbeitnehmern jedenfalls im Gebiet der ehemaligen DDR die Qualifikation nicht abzuerkennen, die sie zur bisherigen Berufsausübung in der ehemaligen DDR befähigten. Die Einzelabschlüsse müßten jedoch einem bestimmten Berufsbild zugeordnet werden können.[127]

d) Mangelnder Bedarf

In den Nrn. 2 und 3 des Abs. 4 werden **betriebsbedingte Kündigungs-** 75h **gründe** genannt. Diese unterscheiden sich im Grundsatz nicht von den dringenden betrieblichen Erfordernissen des § 1 Abs. 2 KSchG. Auch zur sozialen Rechtfertigung einer betriebsbedingten Kündigung ist es erforderlich, daß ein Überhang an Arbeitskräften vorliegt, also der Arbeitnehmer wegen mangelnden Bedarfs nicht mehr verwendbar ist.[128] Der Tatbestand des Abs. 4 Nr. 3 entspricht dabei weitgehend den Voraussetzungen für eine betriebsbedingte Kündigung wegen Betriebsstillegung oder -änderung. Abweichend von den Voraussetzungen für die soziale Rechtfertigung einer betriebsbedingten Kündigung nach § 1 Abs. 2 KSchG steht allerdings – ebenso wie bei der Kündigung wegen fehlender Eignung – die Möglichkeit einer Weiterbeschäftigung des Arbeitnehmers, auch nach zumutbaren Umschulungs- oder Fortbildungsmaßnahmen (§ 1 Abs. 2 Satz 2 KSchG), einer Kündigung nach den Nr. 2 und 3 des Abs. 4 nicht entgegen.[129] Insoweit geht diese Regelung dem Kündigungsschutzgesetz vor (vgl. dazu oben Rn. 75f.). Wird die bisherige Beschäftigungsstelle ersetzt, so ist die Möglichkeit einer anderweitigen Verwendung bei der Ersatzbeschäftigungsstelle auch dann zu prüfen, wenn diese in einem anderen Verwaltungszweig eingerichtet wird. Das ergibt sich schon aus dem Zusammenhang mit Abs. 4 Ziff. 3, Alt. 1 EV, wonach sogar die Auflösung der Beschäftigungsstelle bei entsprechendem Ersatz die Kündigung nicht rechtfertigt. Der öffentliche Arbeitgeber kann sich wegen des räumlichen, organisatorischen und funktionellen Zusammenhangs der Beschäftigungsstellen nicht darauf berufen, nunmehr sei ein anderer Verwaltungszweig zuständig.[130]

Auch bei einer Kündigung nach Abs. 4 Nr. 2 und 3 ist freilich eine **so-** 75i **ziale Auswahl (§ 1 Abs. 3)** erforderlich, denn nur dadurch läßt sich der bei einem Arbeitskräfteüberhang zu kündigende Arbeitnehmer ermitteln.[131]

---

[127] Vgl. BAG 25. 2. 1993, EzA Art. 37 Einigungsvertrag Nr. 1; BAG 4. 11. 1993, AP Nr. 18 zu Einigungsvertrag Anlage I Kap. XIX mit zust. Anm. *Oetker.*
[128] Ebenso BAG 18. 3. 1993, AP Nr. 20 zu Einigungsvertrag Anlage I Kap. XIX; BAG 19. 1. 1995, AP Nr. 12 zu Art. 13 Einigungsvertrag; *Fenski/Linck* NZA 1992, 337, 341.
[129] Ebenso *Fenski/Linck* NZA 1992, 337, 340f.; *v. Hoyningen-Huene* Anm. zu BAG AP Nr. 3 zu Einigungsvertrag Anlage I Kap. XIX; *Müller-Glöge* Rn. 554.
[130] BAG 17. 7. 1997, AP Nr. 43 zu Art. 20 Einigungsvertrag.
[131] Ebenso Kreisgericht Rostock-Land BB 1991, 2296; *Däubler* PersR 1990, 313, 314; PersR 1991, 193, 199; *Fenski/Linck* NZA 1992, 337, 341 f.; *v. Hoyningen-Huene* Anm. zu BAG AP Nr. 3 Einigungsvertrag Anlage I Kap. XIX; *Künzl* AuR 1992, 204, 207 f.; *Preis*

Einleitung 75 j–75 l VIII. Inhalt des Kündigungsschutzgesetzes

75 j Der abweichenden Auffassung des BAG kann nicht gefolgt werden.[132] Die Regelung des **Abs. 4 Nr. 2 verdrängt lediglich § 1 Abs. 2**, nicht jedoch das Gebot der sozialen Auswahl nach Abs. 3. Entgegen der Auffassung des BAG erfordert auch der Zweck der Sonderkündigungsregelung im Einigungsvertrag, dem öffentlichen Arbeitgeber im Hinblick auf die vielfach überbesetzten öffentlichen Verwaltungen die Trennung von nicht mehr benötigtem Personal zu erleichtern, nicht eine Verdrängung des § 1 Abs. 3. Nach § 1 Abs. 3 Satz 2 können berechtigte betriebliche Belange die Bevorzugung von sozial weniger schutzwürdigen Arbeitnehmern rechtfertigen. Dieser Bestimmung kommt in den neuen Ländern im Hinblick auf das öffentliche Interesse an einer funktionstüchtigen Verwaltung ein besonderes Gewicht zu.[133]

75 k Obwohl das BAG annimmt, Abs. 4 Nr. 2 verdränge auch § 1 Abs. 3, unterzieht es die Auswahlentscheidung des Arbeitgebers bei der Kündigung wegen mangelnden Bedarfs einer Überprüfung. Der Maßstab von **Treu und Glauben (§ 242 BGB)** verbiete willkürliches Verhalten des Arbeitgebers und verhindere die vorrangige Entlassung besonders schutzwürdiger Arbeitnehmer. Der Arbeitgeber müsse seine einseitigen, einzelne Arbeitnehmer belastenden Auswahlentscheidungen nach vernünftigen, sachlichen Gesichtspunkten treffen und billiges Ermessen (§ 315 Abs. 1 BGB) wahren. Insbesondere dürfe er nicht nur eigene Belange berücksichtigen. Bei Anwendung der Generalklauseln der §§ 242, 315 BGB seien schließlich das Sozialstaatsprinzip des Art. 20 Abs. 1 GG und der Gleichheitssatz des Art. 3 Abs. 1 GG zur Geltung zu bringen. Der öffentliche Arbeitgeber habe daher bei der Auswahl auch soziale Gesichtspunkte zu berücksichtigen und diese mit seinen dienstlichen Belangen abzuwägen. Diese Vorgehensweise stelle jedoch keine analoge Anwendung des § 1 Abs. 3 dar.[134]

75 l Die Auffassung des BAG ist **aus mehrfachen Gründen abzulehnen**. Zunächst bleibt unklar, durch welche konkreten Merkmale sich die Auswahlentscheidung unter Anwendung der §§ 242, 315 BGB, des Sozialstaatsprinzips aus Art. 20 Abs. 1 GG und des Gleichheitssatzes des Art. 3 Abs. 1 GG von der Verpflichtung zur sozialen Auswahl nach § 1 Abs. 3 unterscheidet. Subsumtionsfähige Obersätze werden vom BAG nicht aufgestellt.[135] Folge dieser Rechtsprechung ist im übrigen, daß auch außerhalb des Anwendungsbereichs des KSchG (§ 1 Abs. 1, § 23 Abs. 1) bei betriebsbedingten

---

PersR, 1991, 201, 204; MünchKomm-BGB/*Säcker/Oetker* Einigungsvertrag Rn. 1003 f.; *Weiss/Kreuder* AuR 1994, 12, 18.
    [132] Vgl. BAG 19. 1. 1995, AP Nr. 12 zu Art. 13 Einigungsvertrag; BAG 5. 10. 1995, AP Nr. 15 zu Einigungsvertrag Anlage I Kap. XIX; BAG 26. 10. 1995, AP Nr. 35 zu Art. 13 Einigungsvertrag; BAG 29. 8. 1996, 24. 4. 1997, AP Nr. 62, 65 zu Einigungsvertrag Anlage I Kap. XIX; BAG 11. 9. 1997, AP Nr. 7 zu Art. 38 Einigungsvertrag; wie das BAG *Ascheid* NZA 1993, 97, 103; KR–*Etzel* § 1 KSchG Rn. 671; *Müller-Glöge* Rn. 540 ff.; zur Stellenbesetzung nach dem sächsischen Hochschulerneuerungsgesetz BAG 29. 8. 1996, AP Nr. 63 zu Einigungsvertrag Anlage I Kap. XIX; BAG 20. 3. 1997, AP Nr. 40 zu Art. 20 Einigungsvertrag.
    [133] Das BVerfG spricht in diesem Zusammenhang von einem überragend wichtigen Gemeinschaftsgut – BVerfG 24. 4. 1991, AP Nr. 70 zu Art. 12 GG.
    [134] So BAG 19. 1. 1995, AP Nr. 12 zu Art. 13 Einigungsvertrag unter B III 2 b.
    [135] Zutr. *Berkowsky* AuA 1995, 333, 334.

VIII. Inhalt des Kündigungsschutzgesetzes 75 m, 76 Einleitung

Kündigungen eine Auswahl nach sozialen Gesichtspunkten zu treffen wäre. Gerade dies ist jedoch abzulehnen, weil das KSchG für Kündigungen den Grundsatz von Treu und Glauben konkretisiert (dazu Einl. Rn. 76). Durch die Sonderregelung für ordentliche Kündigungen in Abs. 4 wird **75 m** der für besondere Arbeitnehmergruppen bestehende **Sonderkündigungsschutz nicht verdrängt.**[136] Der Wortlaut des Abs. 4 Satz 1 ist freilich recht unbestimmt, da er nur allgemein die ordentliche Kündigung in Arbeitsverhältnissen der öffentlichen Verwaltung auch unter den in den Nr. 1–3 genannten Voraussetzungen für zulässig erklärt. Die spezialgesetzlich geregelten Kündigungsvorschriften, wie z.B. § 9 MuSchG, § 15 SchwbG,[137] § 15 Abs. 4 und 5 KSchG[138] sind freilich ihrerseits wiederum auf besondere Personengruppen zugeschnitten, so daß sie in ihrem Anwendungsbereich als Sondervorschriften den allgemeinen Vorschriften über die ordentliche Kündigung vorgehen. Mit den spezialgesetzlichen Regelungen werden weiterhin nicht – wie mit den allgemeinen Kündigungsvorschriften – nur Bestandsschutzinteressen verfolgt, sondern auch allgemeine verfassungsrechtliche Ziele, wie beispielsweise beim Mutterschutz,[139] sozialpolitische Interessen, wie beispielsweise die Eingliederung Behinderter ins Arbeitsleben durch das SchwbG, oder kollektivrechtliche Aufgaben gesichert, wie beim Sonderkündigungsschutz von Betriebsrats- oder Personalratsmitgliedern.[140] Diese besondere Schutzrichtung der spezialgesetzlichen Regelungen gebietet es, den für einzelne Arbeitnehmergruppen bestehenden Sonderkündigungsschutz auch bei den auf die Übergangsregelung des Abs. 4 gestützten Kündigungen zu beachten.

4. Verhältnis des KSchG zu den Generalklauseln §§ 138, 242 BGB

Zu klären ist weiterhin das Verhältnis des KSchG zu den allgemeinen Generalklauseln der §§ 138, 242 BGB, die vor dem Erlaß des KSchG vielfach die Grundlage für den Kündigungsschutz gebildet haben (oben Rn. 25). Die Problematik hat eine doppelte Bedeutung. Es fragt sich einmal, ob für die unter das KSchG fallenden Arbeitnehmer neben dem Kündigungsschutz dieses Gesetzes noch ein **zusätzlicher Schutz** aus den genannten Paragraphen zu entnehmen ist und es fragt sich zweitens, ob für die Arbeitnehmer, für die der Kündigungsschutz des KSchG nicht gilt, also für Arbeitnehmer in Kleinbetrieben (§ 23 Abs. 1) und für Arbeitnehmer, die noch nicht sechs Monate in dem betreffenden Betrieb oder Unternehmen tätig sind (§ 1 Abs. 1), **ein Kündigungsschutz aus §§ 138, 242 BGB** hergeleitet werden kann.[141] Da **76**

---

[136] Ebenso *Fenski/Linck* NZA 1992, 337, 342; *v. Hoyningen-Huene* Anm. zu BAG AP Nr. 3 Einigungsvertrag Anlage I Kap. XIX; *Müller-Glöge*, Rn. 474 ff.; MünchKomm-BGB/*Säcker/Oetker* Einigungsvertrag Rn. 995; – abweichend *Jeske* ZTR 1991, 451, 454.
[137] Dazu BAG 16. 3. 1994, AP Nr. 21 zu Einigungsvertrag Anlage I Kap. XIX.
[138] Dazu BAG 28. 4. 1994, AP Nr. 12 zu Art. 20 Einigungsvertrag; – abweichend *Reichold/Compensis* BB 1993, 1018.
[139] Dazu insbes. BVerfG 24. 4. 1991, AP Nr. 70 zu Art. 12 GG unter C III 4.
[140] Ebenso BAG 16. 3. 1994, AP Nr. 21 zu Einigungsvertrag Anlage I Kap. XIX; BAG 28. 4. 1994, AP Nr. 12 zu Art. 20 Einigungsvertrag.
[141] Zum Kündigungsschutz außerhalb des KSchG: *Boemke* WiB 1997, 617; *Däubler* FS LAG Rheinland-Pfalz S. 271; *Falder* NZA 1998, 1254; *Gragert/Kreutzfeld* NZA 1998, 567; *Kittner* NZA 1998, 731; *Lakies* DB 1997, 1078; *Löwisch* BB 1997, 782; *Oetker* AuR 1997, 41; APS/*Preis* Grundlagen I; *Weigand* DB 1997, 2484.

beide Fragenkreise eng miteinander verknüpft sind, werden sie zusammenhängend bei § 13 unter dem Gesichtspunkt der sittenwidrigen Kündigung (§ 13 Rn. 57) und den sonstigen Unwirksamkeitsgründen des § 13 Abs. 3 erörtert (dazu unten § 13 Rn. 86 ff.).

IX. Geltungsbereich des Kündigungsschutzgesetzes

Schrifttum: *v. Bar,* Internationales Privatrecht Bd. 2, 1991, Rn. 443; *Beitzke,* Räumliche Kollisionen arbeitsrechtlicher Normen, AR-Blattei Rechtsquellen III, 1976; *Birk,* Das Arbeitskollisionsrecht der Bundesrepublik Deutschland, RdA 1984, 129; *ders.,* Die Bedeutung der Privatautonomie im internationalen Arbeitsrecht, RdA 1989, 201; *Däubler,* Das neue internationale Arbeitsrecht, RIW 1987, 249; *ders.,* Arbeitsrecht und Auslandsbeziehungen, AuR 1990, 1; *Franzen,* Internationales Arbeitsrecht, AR-Blattei SD 920 (1993); *Gamillscheg,* Internationales Arbeitsrecht, 1959; *ders.,* Ein Gesetz über das internationale Arbeitsrecht, ZfA 1983, 307; *Hickl,* Arbeitsverhältnisse mit Auslandsberührung, NZA 1987/Beil. 1, S. 10; *Heilmann,* Das Arbeitsvertragsrecht, 1991; *Hönsch,* Die Neuregelung des Internationalen Privatrechts aus arbeitsrechtlicher Sicht, NZA 1988, 113; *Junker,* Internationales Arbeitsrecht: Vertretungsstatut, Haftung, Arbeitnehmervertretung, RdA 1990, 212; *ders.,* Internationales Arbeitsrecht im Konzern, 1992; *Krebber,* Internationales Privatrecht des Kündigungsschutzes bei Arbeitsverhältnissen, 1997; *Löwisch/Flüchter,* Arbeitnehmereinsatz über Grenzen hinaus, Festschrift LAG Rheinland-Pfalz, 1999, S. 103; *E. Lorenz,* Das objektive Arbeitsstatut nach dem Gesetz zur Neuregelung des internationalen Privatrechts, RdA 1989, 220; *Reiserer,* Allgemeiner Kündigungsschutz bei Arbeitsverhältnissen mit Auslandsbezug, NZA 1994, 673; *Schlachter,* Grenzüberschreitende Arbeitsverhältnisse, NZA 2000, 57; *Winkler v. Mohrenfels,* Abschluß des Arbeitsvertrages und anwendbares Recht, EAS B 3000 (1998). – Ausführliches Literaturverzeichnis bei *v. Bar* aaO. vor Rn. 443 und *Martiny,* MünchKomm-BGB, Art. 30 EGBGB.

1. Nationaler Geltungsbereich

77 Der **allgemeine Kündigungsschutz des 1. Abschnitts** findet Anwendung, soweit das Arbeitsverhältnis dem **deutschen Recht** untersteht, auch wenn dieses durch Rechtswahl vereinbart wurde.[142] Das gilt grundsätzlich für alle Arbeitsverhältnisse in der Bundesrepublik Deutschland, gleichgültig, ob es sich um Deutsche oder Ausländer handelt.[143] Daher spielt insoweit weder die Staatsangehörigkeit des Arbeitgebers noch des Arbeitnehmers eine Rolle (beachte aber § 284 SGB III für die Arbeitserlaubnis). Das folgt auch aus Art. 30 Abs. 2 EGBGB, wonach mangels Vereinbarung das Recht desjenigen Staates Anwendung findet, in dem der Arbeitnehmer seine Arbeit verrichtet.[144] Für sogenannte Ortskräfte ausländischer Vertretungen findet ebenfalls grundsätzlich deutsches Arbeitsrecht Anwendung.[145] Soweit aus dem Ausland entsandte Arbeitnehmer mit ausländischem Arbeitsvertrag in Deutschland

---

[142] BAG 21. 1. 1999, AP Nr. 9 zu § 1 KSchG 1969 Konzern; LAG Frankfurt a. M., NJW 1980, 2664.
[143] BAG 23. 4. 1998, NZA 1988, 995; *Krebber* S. 314.
[144] Dazu KR-*Etzel* § 1 KSchG Rn. 49; *Löwisch* Vorb. zu § 1 Rn. 36; MünchKomm-BGB/*Martiny* Art. 30 EGBGB Rn. 30, 40 ff.; *Palandt/Heldrich* Art. 30 EGBGB Rn. 7; KR-*Weigand* Internationales Arbeitsrecht Rn. 45 ff., 86; *Schlachter* NZA 2000, 59; *Winkler v. Mohrenfels* EAS B 3000 Rn. 145.
[145] BAG 20. 11. 1997, AP Nr. 1 zu § 18 GVG = AR-Blattei ES 920 Nr. 5 mit Anm. *Mankowski.*

IX. Geltungsbereich des Kündigungsschutzgesetzes 78–80 **Einleitung**

tätig sind, besteht kein Kündigungsschutz nach dem KSchG (vgl. unten Rn. 82a, zur Rechtswahl ausländischen Rechts unten Rn. 82).

Der **2. Abschnitt des Kündigungsschutzgesetzes** kommt nur für inländische Betriebe in Betracht, da nur diese Betriebsräte und Personalvertretungen i. S. d. deutschen Rechts haben. Diese Regeln gelten auch dann für alle in Deutschland gelegenen Betriebe, wenn diese in rechtlich unselbständiger Form von Ausländern betrieben werden.[146] Dasselbe ergibt sich für den **3. Abschnitt des Kündigungsschutzgesetzes**, weil es sich um öffentliches Recht der Wirtschaftsverfassung handelt, und nur Inhaber inländischer Betriebe zu Anzeigen an deutsche Arbeitsämter verpflichtet sind.[147] 78

2. Internationaler Geltungsbereich

a) **„Ausstrahlung":** Werden Arbeitnehmer, die dem deutschen Arbeitsrecht unterstehen (oben Einl. Rn. 77), vorübergehend ins Ausland **entsandt** (z. B. Montageaufträge, Geschäftsreisen), bleibt das KSchG trotzdem anwendbar. Es handelt sich um Fälle der sog. Ausstrahlung (vgl. § 4 SGB IV), bei denen sich sozusagen die Geltung des KSchG auf das Ausland erstreckt.[148] 79

b) **Deutsche Arbeitsverhältnisse im Ausland:** Werden Arbeitnehmer von deutschen Unternehmen im Ausland beschäftigt, kommt es gemäß dem internationalen Arbeitsrecht für die Bestimmung des maßgeblichen Rechts in erster Linie auf den mutmaßlichen Willen der Vertragsschließenden an. Soweit keine ausdrückliche Rechtswahl erfolgt ist (zu dieser unten Einl. Rn. 82), muß durch **Auslegung** festgestellt werden, welches Recht angewendet werden soll.[149] Dafür sieht **Art. 30 Abs. 2 Nr. 1 und 2 EGBGB sog. Regelanknüpfungen** vor, wonach das Arbeitsverhältnis dem Recht desjenigen Staates unterliegt, in dem der Arbeitnehmer seine Arbeitsverpflichtung erfüllt oder in dem sich die Niederlassung des Arbeitgebers befindet, sofern die Arbeit gewöhnlich nicht in ein und demselben Staat verrichtet wird. Falls sich aber aus der Gesamtheit der Umstände ergibt, daß der Arbeitsvertrag oder das Arbeitsverhältnis engere Verbindungen zu einem anderen Staat aufweisen, ist gemäß Hs. 2 dieser Bestimmung das Recht des anderen Staates anzuwenden. Als solche Umstände kommen insbesondere die Staatsangehörigkeit der Parteien, der Sitz des Arbeitgebers, die Vertragssprache, die Währung für das Arbeitsentgelt, der Ort des Vertragsschlusses und 80

---

[146] So zu § 102 BetrVG: BAG 9. 11. 1977, AP Nr. 13 zu Internat. Privatrecht Arbeitsrecht mit Anm. *Beitzke* = SAE 1978, 236 mit Anm. *Birk*; zum Wirtschaftsausschuß BAG 1. 10. 1974, AP Nr. 1 zu § 106 BetrVG 1972 mit Anm. *Hinz*; außerdem *Beitzke* AR-Blattei Rechtsquellen III, B II 14c; *Krebber* S. 325; *Löwisch* Vorb. zu § 1 Rn. 46; Münch-Komm-BGB/*Martiny* Art. 30 EGBGB Rn. 80; KR-*Weigand* Internationales Arbeitsrecht Rn. 87; – abweichend *Birk* RdA 1984, 135; *Gamillscheg* Internationales Arbeitsrecht Nr. 317.

[147] *Beitzke* AR-Blattei Rechtsquellen III, B II 14c; *Gamillscheg* Internationales Arbeitsrecht Nr. 312; *ders.* ZfA 1983, 363; *Krebber* S. 324; *Löwisch* Vorb. zu § 1 Rn. 47; KR-*Weigand* Internationales Arbeitsrecht Rn. 88.

[148] Dazu *Däubler* AuR 1990, 5 ff.; *Franzen* AR-Blattei SD 920 Rn. 76; KR-*Weigand* Internationales Arbeitsrecht Rn. 50.

[149] *Junker* S. 180.

Einleitung 81–82a   IX. Geltungsbereich des Kündigungsschutzgesetzes

der Wohnsitz in Betracht.[150] Es besteht aber nach Gesetzeswortlaut, -systematik und -begründung keine Rangfolge der zu berücksichtigenden Umstände, es lassen sich auch keine starren Regeln aufstellen. Vielmehr müssen die jeweiligen Einzelumstände in ihrer Mehrzahl das Gewicht der in Betracht kommenden Regelanknüpfung deutlich überwiegen.[151]

81 Demzufolge wurde für das Arbeitsverhältnis eines deutschen Arbeitnehmers bei einer **deutschen Botschaft** im Ausland die Vereinbarung deutschen Rechts und damit des KSchG angenommen.[152] Das gilt in entsprechender Weise für die nicht nur vorübergehende Entsendung deutscher Arbeitnehmer zu einer **ausländischen Zweigstelle** oder Tochtergesellschaft ihres Arbeitgebers.[153] Für Besatzungen von **Seeschiffen** und **Luftfahrzeugen** kann nicht nur auf die Nationalität oder Flagge abgestellt werden, sondern es gelten die oben Einl. Rn. 80 ausgeführten Grundsätze zu Art. 30 Abs. 2 EGBGB.[154]

82 c) **Rechtswahl ausländischen Rechts:** Nach Art. 27 Abs. 1, 30 Abs. 1 EGBGB kann grundsätzlich auch unabhängig von einer Auslandsberührung ausländisches Recht vereinbart werden.[155] Haben die Arbeitsvertragsparteien demzufolge ausdrücklich oder stillschweigend ausländisches Recht vereinbart, gilt dieses grundsätzlich gemäß Art. 27 Abs. 1 Satz 1 EGBGB.[156]

82a Eine derartige Rechtswahl hat zur **Folge,** daß der **1. Abschnitt des Kündigungsschutzgesetzes keine Anwendung** findet, also der Kündigungsschutz nach §§ 1 ff. nicht eingreift, auch wenn die Arbeitspflicht in Deutschland erfüllt wird. Obwohl die Rechtswahl nach Art. 30 Abs. 1 EGBGB nicht dazu führen darf, daß dem Arbeitnehmer der Schutz entzogen wird, der ihm durch zwingende Bestimmungen[157] des deutschen Rechts gewährt wird, fällt der allgemeine Kündigungsschutz nicht darunter. Denn der allgemeine Kündigungsschutz gehört weder zu den wesentlichen Grundsätzen des deutschen Rechts (ordre public) i. S. d. Art. 6 EGBGB noch gemäß Art. 34 EGBGB zu den Bestimmungen des deutschen Rechts, die ohne

---

[150] BAG 24. 8. 1989, NZA 1990, 841 = SAE 1990, 317 mit Anm. *Junker;* LAG Niedersachsen 20. 11. 1998, AR-Blattei ES 920 Nr. 6 mit Anm. *Mankowski;* KR-*Weigand* Internationales Arbeitsrecht Rn. 55 f.
[151] BAG wie Fn. 144 unter A II 2 b aa.
[152] BAG 10. 5. 1962, AP Nr. 6 zu Internat. Privatrecht Arbeitsrecht mit zust. Anm. *Gamillscheg* = AR-Blattei Kündigungsschutz Entsch. 62 mit Anm. *Herschel* = SAE 1962, 199 mit Anm. *Mayer-Maly;* KR-*Weigand* Internationales Arbeitsrecht Rn. 69 f.
[153] BAG 21. 1. 1999, AP Nr. 9 zu § 1 KSchG 1969 Konzern; *Däubler* RIW 1987, 252; *Palandt/Heldrich* Art. 30 EGBGB Rn. 8; KR-*Weigand* Internationales Arbeitsrecht Rn. 66.
[154] Dazu BAG 24. 8. 1989, NZA 1989, 841 = SAE 1990, 317 mit Anm. *Junker;* ebenso E. *Lorenz* RdA 1990, 224 f.; MünchKomm-BGB/*Martiny* Art. 30 EGBGB Rn. 48 ff.; *Palandt/Heldrich* Art. 30 EGBGB Rn. 7; KR-*Weigand* Internationales Arbeitsrecht Rn. 58 ff., 62 ff.
[155] MünchKomm-BGB/*Martiny* Art. 27 EGBGB Rn. 18; *Palandt/Heldrich* Art. 27 EGBGB Rn. 3, Art. 30 EGBGB Rn. 4; KR-*Weigand* Internationales Arbeitsrecht Rn. 13 ff.; *Schlachter* NZA 2000, 58; *Winkler v. Mohrenfels* EAS B 3000 Rn. 33 f.; – abweichend *Hueck* KSchG, 10. Aufl., Einl. Rn. 92 zur früheren Rechtslage nach Art. 30 EGBGB a. F.; *Reiserer* NZA 1994, 676 f. unter verfehlter Berufung auf *Heilmann* S. 91; dazu zutreffend *Franzen* AR-Blattei SD 920 Rn. 126.
[156] Vgl. BAG 27. 2. 1985, DB 1985, 2700.
[157] Dazu *v. Bar* Rn. 448.

IX. Geltungsbereich des Kündigungsschutzgesetzes 83–85 **Einleitung**

Rücksicht auf das auf den Vertrag anzuwendende Recht den Sachverhalt zwingend regeln.[158]
Dagegen ist die Rechtswahl ausländischen Rechts nicht möglich im Bereich des **2. und 3. Abschnitts des Kündigungsschutzgesetzes**. Denn bei ihnen handelt es sich um **zwingende Vorschriften** i. S. d. Art. 34 EGBGB, weil die Bestimmungen über den Kündigungsschutz der Betriebsverfassungsorgane und über Massenentlassungen über das Individualinteresse hinausgehende Interessen regeln, bei denen staatliche Stellen (Arbeitsämter), Gerichte und Betriebsverfassungsorgane eingeschaltet werden müssen.[159] Infolgedessen wäre eine Rechtswahl zur Vermeidung dieser deutschen Regelungen gemäß § 134 BGB unwirksam; statt dessen bleibt es stets bei der Anwendung der §§ 15 f., 17 ff. im Inland, soweit deren Voraussetzungen vorliegen. 83

3. Arbeitnehmer bei den alliierten Streitkräften

Für Arbeitnehmer bei den alliierten Streitkräften gilt anstelle des früher maßgebenden Truppenvertrages vom 26. 5. 1952/23. 10. 1954 seit dem 1. 7. 1963 das **Zusatzabkommen** vom 3. 8. 1959[160] zu dem Abkommen zwischen den Parteien des **Nordatlantikvertrages** über die Rechtsstellung ihrer Truppen vom 19. 6. 1951,[161] und zwar seit dem 29. 3. 1998 in der Fassung des Änderungsabkommens vom 18. 3. 1993[162] – im folgenden ZAbk.[163] 84

Auf die Arbeitsverhältnisse der in Betracht kommenden Arbeitnehmer ist grundsätzlich **deutsches Arbeitsrecht** anwendbar (Art. 56 Abs. 1 a ZAbk.). Diese Rechtslage hat sich durch die Wiedervereinigung Deutschlands nicht geändert.[164] Arbeitgeber der zivilen Arbeitnehmer sind die Streitkräfte,[165] wenn auch die Lohnzahlung durch den Bund erfolgt. Ansprüche der Arbeit- 85

---

[158] BAG 20. 7. 1967, AP Nr. 10 zu Internat. Privatrecht Arbeitsrecht mit zust. Anm. *Gamillscheg* = SAE 1968, 33 mit zust. Anm. *Beitzke* = BB 1967, 1291 mit zust. Anm. *Trinkner;* BAG 9. 11. 1977, AP Nr. 13 zu Internat. Privatrecht Arbeitsrecht mit zust. Anm. *Beitzke* = SAE 1978, 236 mit krit. Anm. *Birk;* BAG 24. 8. 1989, NZA 1990, 841 = SAE 1990, 317 mit Anm. *Junker; Beitzke* AR-Blattei Rechtsquellen III, B II 14 a; *Franzen* AR-Blattei SD 920 Rn. 119; *Magnus* IPRax 1991, 385; *Palandt/Heldrich* Art. 6 EGBGB Rn. 31, Art. 30 EGBGB Rn. 6, Art. 34 EGBGB Rn. 3; *M. Schmidt* NZA 1998, 171; KR-*Weigand* Internationales Arbeitsrecht Rn. 34; *Winkler v. Mohrenfels* EAS B 3000 Rn. 91; – abweichend *Heilmann* S. 122; *Löwisch* Vorb. zu § 1 Rn. 41; MünchKomm-BGB/*Martiny* Art. 30 EGBGB Rn. 60; wohl auch *Birk* RdA 1984, 135; 1989, 207; *Krebber* S. 312 f.; *Schlachter* NZA 2000, 61.
[159] Zutreffend BAG 24. 8. 1989, NZA 1990, 841 unter B II 6 c; vgl. auch *Franzen* AR-Blattei SD 920 Rn. 121 f.; *Heilmann* S. 123; KR-*Weigand* Internationales Arbeitsrecht Rn. 34; MünchKomm-BGB/*Martiny* Art. 30 Rn. 80; – wohl auch *Schlachter* NZA 2000, 62.
[160] BGBl. 1961 II S. 1218.
[161] BGBl. II S. 1190.
[162] BGBl. 1994 II S. 2598 und 1998 II S. 1691.
[163] Dazu *Beitzke* RdA 1959, 441 und 1973, 156; *ders.* AR-Blattei Stationierungsstreitkräfte I (1973); *ders.* FS Kegel S. 33; *Kittner/Trittin* Art. 56 NATO-Zusatzabkommen; *Löwisch* Vorb. zu § 1 Rn. 48 ff.; *Reichel* BABl. 1961, 126 und 1973, 298; APS/*Dörner* ZA-NTS Art. 56; KR-*Weigand* Art. 56 Nato-ZusAbk; – zur tarifrechtlichen Situation, insbes. zum TVAL II vgl. *Beitzke* RdA 1968, 1; vgl. ferner Bericht RdA 1972, 36.
[164] BAG 14. 1. 1993, AP Nr. 15 zu Art. 56 ZA-Nato-Truppenstatut unter B 1.
[165] Vgl. BAG 20. 12. 1957, AP Nr. 11 zu Art. 44 Truppenvertrag; *Beitzke* AR-Blattei Stationierungsstreitkräfte I, B II 1.

Einleitung 86, 87 IX. Geltungsbereich des Kündigungsschutzgesetzes

nehmer aus dem Arbeitsverhältnis sind aber durch Klage gegen den Bund geltend zu machen; Klagen für den Arbeitgeber werden vom Bund erhoben; für solche Klagen sind die deutschen Arbeitsgerichte zuständig (Art. 56 Abs. 8 ZAbk). Als Arbeitgeber haben die Streitkräfte auch die Befugnis zur Kündigung (Art. 56 Abs. 6 ZAbk). Für die von ihnen gegenüber einem deutschen Arbeitnehmer ausgesprochene **Kündigung** gilt grundsätzlich das **KSchG,** insbesondere sein erster,[166] aber auch sein zweiter[167] und sein dritter Abschnitt. [168]

86 Jedoch sieht Art. 56 Abs. 2a ZAbk **wichtige Abweichungen** vor: Stellt ein deutsches Arbeitsgericht fest, daß das Arbeitsverhältnis eines Arbeitnehmers bei den alliierten Streitkräften durch eine Kündigung des Arbeitgebers nicht aufgelöst ist, und hat dieser im Prozeß erklärt, daß der Weiterbeschäftigung besonders schutzwürdige militärische Belange entgegenstehen, so hat das Gericht **von Amts wegen eine Abfindung** für den Fall festzusetzen, daß die Weiterbeschäftigung abgelehnt wird.[169] Das gilt vor allem für Kündigungsschutzklagen, aber auch für sonstige Klagen auf Feststellung oder Leistung aus dem Arbeitsverhältnis. Die Höhe der Abfindung richtet sich nach deutschem Recht, also nach § 10 (dazu unten § 10 Rn. 72). Trotz des Urteils konnten die Streitkräfte die Weiterbeschäftigung nach früherer Rechtslage ablehnen mit der Begründung, daß ihr besonders schutzwürdige militärische Belange entgegenstünden, Art. 56 Abs. 1c ZAbk a.F. (zur früheren Rechtslage vgl. 12. Aufl., Einl. Rn. 86 a). Nach dem **Änderungsabkommen** vom 18. 3. 1993,[170] in Kraft getreten am 29. 3. 1998,[171] darf die Weiterbeschäftigung nicht mehr abgelehnt werden, weil Art. 56 Abs. 1c ZAbk ersatzlos gestrichen worden ist.[172] Die Neuregelung entspricht damit weitgehend der allgemeinen Rechtslage.[173]

87 Nach Art. 56 Nr. 9 ZAbk gilt für die Betriebsvertretungen der Arbeitnehmer bei den alliierten Streitkräften deutsches Personalvertretungsrecht (dazu unten § 15 Rn. 15). Für die Mitglieder der Betriebsvertretungen gilt daher auch der besondere **Kündigungsschutz des § 15**,[174] der Auflösungsantrag nach Art. 56 Abs. 2a ZAbk (oben Rn. 86) kommt nach der ausdrücklichen Regelung in Art. 56 Abs. 2c ZAbk allerdings nicht in Betracht.[175]

---

[166] BAG 9. 12. 1971 und 14. 1. 1993, AP Nr. 3 und 15 zu Art. 56 ZA-Nato-Truppenstatut; KR-*Weigand* Art. 56 NATO-ZusAbk Rn. 31.
[167] Vgl. BAG 29. 1. 1981, AP Nr. 10 zu § 15 KSchG 1969 mit Anm. *Beitzke*; KR-*Weigand* Art. 56 NATO-ZusAbk Rn. 41.
[168] Vgl. BAG 3. 7. 1969, AP Nr. 1 zu § 46 TVAL II; BAG 21. 5. 1970, AP Nr. 11 zu § 15 KSchG; *Löwisch* Vorb. zu § 1 Rn. 50; KR-*Weigand* Art. 56 NATO-ZusAbk Rn. 38.
[169] Vgl. BAG 9. 12. 1971, AP Nr. 3 zu Art. 56 ZA-Nato-Truppenstatut mit Anm. *Beitzke*.
[170] BGBl. II 1994 S. 2598.
[171] BGBl. II S. 1691.
[172] Dazu KR-*Weigand* Art. 56 NATO-ZusAbk Rn. 11 ff.
[173] Vgl. BR-Drucks. 670/93, S. 69; Einzelheiten bei KR-*Weigand* Art. 56 NATO-ZusAbk Rn. 32 ff.
[174] KR-*Weigand* Art. 56 NATO-ZusAbk Rn. 41.
[175] Ebenso *Löwisch* Vorb. zu § 1 Rn. 50.

IX. Geltungsbereich des Kündigungsschutzgesetzes 88, 89 **Einleitung**

4. Kündigungsschutz im Auslandsrecht

Übergreifende Darstellungen zum ausländischen Kündigungsschutz finden sich bei: 88
- MünchArbR/*Berkowsky,* § 131 Rn. 60ff. für Belgien, Dänemark, Finnland, Frankreich, Griechenland, Irland, Italien, Luxemburg, Niederlande, Österreich, Portugal, Schweden, Spanien, Großbritannien;
- *Jura Europae,* Droit du Travail/Arbeitsrecht, Bd. I–III, Stand April 1995, für Belgien, Frankreich, Italien, Luxemburg, Niederlande, Dänemark, Irland, Großbritannien;
- *Kronke,* Regulierungen auf dem Arbeitsmarkt, 1990, S. 206, für Belgien, Dänemark, Frankreich, Griechenland, Irland, Italien, Japan, Luxemburg, Niederlande, Portugal, Schweiz, Spanien, Großbritannien;
- *Mozet,* Kündigungsschutz in Arbeitsverhältnissen – Ein Überblick über die Rechtslage in den Mitgliedstaaten der Europäischen Union, NZA 1998, 128ff.;
- *Richardi* (Hrsg.), Individuelles Arbeitsrecht in Osteuropa, 2000;
- *Wilhelm,* Arbeitsplatz und Kündigungsschutz im EG-Binnenmarkt, in: Poeschel Report 2, EG Binnenmarkt 1992, 1990, S. 133ff.

In Deutschland greifbare Darstellungen zu **einzelnen Ländern** (Auswahl): **Belgien:** *Schmitt-Schönenberg,* Kündigungsfristen für Angestellte und Handlungsreisende im belgischen Arbeitsrecht, RIW 1987, 677; **Frankreich:** *Ahrendt,* Der Kündigungsschutz bei Arbeitsverhältnissen in Frankreich, 1995; *Bien,* Die betriebsbedingte Kündigung in Deutschland und Frankreich, NZA 2000, 984; *Kessler,* Das neue französische Kündigungsschutzrecht, RdA 1989, 35; *ders.,* Der Kündigungsschutz in Frankreich, ZIAS 1991, 391; *Krebber,* Internationales Privatrecht des Kündigungsschutzes bei Arbeitsverhältnissen, 1997, S. 71 ff.; *Kufer,* Der tatsächliche und ernsthafte Kündigungsgrund im französischen Arbeitsrecht verglichen mit der sozialen Rechtfertigung nach dem deutschen Kündigungsschutzgesetz, 1996; *ders.,* Kündigungsrechtliche Entwicklungstendenzen im französischen Arbeitsrecht RIW 1997, 1011; *Lutz/App,* Die Kündigung des Arbeitsvertrages in Frankreich, NZA 1994, 254; *Ranke,* Arbeitsrecht in Frankreich, 1995; *Reiland,* Die Neuregelung der Kündigung aus wirtschaftlichen Gründen im französischen Recht, ZIAS 1989, 327; *Sonnenberger/Damann,* Die Reform des französischen Arbeitsvertragsrechts 1986/87, RIW 1988, 350; *Zumfelde,* Grundzüge des Rechts der Kündigung aus ökonomischen Beweggründen in Frankreich, NZA 1994, 59; **Großbritannien:** *Döse-Digenopoulos,* Der arbeitsrechtliche Kündigungsschutz in England, 1982; *Freedland,* Der Kündigungsschutz im Vereinigten Königreich, ZIAS 1991, 440; *Jander/Lorenz,* Kündigungsschutz im amerikanischen Arbeitsrecht – Das Ende der Employee-at-Will Doktrin, RdA 1990, 97; *Kilian,* Arbeitnehmerkündigung und „Right to Work" im englischen Arbeitsrecht, RIW 1999, 186; *Stein/Rabe v. Pappenheim,* Arbeitsrecht in Großbritannien, 1996; **Italien:** *Galantino,* Der Kündigungsschutz in Italien, ZIAS 1991, 414; *Hausmann,* Arbeitnehmerschutz nach italienischem Recht vor deutschen Arbeitsgerichten in: Jahrbuch für italienisches Recht, IV, 1991, S. 67; *Hofmann/Coslovich,* Arbeitsrecht in Italien, 1996; *Rungaldier,* Die Grundstrukturen des Kündigungsschutzrechts, DRdA 1999, S. 12; 89

Einleitung 89 IX. Geltungsbereich des Kündigungsschutzgesetzes

Schultze, Die Neuregelung des Kündigungsschutzes im italienischen Arbeitsrecht, NZA 1991, 974; *Thoeren,* Der allgemeine Kündigungsschutz für Einzelentlassungen im italienischen Arbeitsrecht, 1976; **Japan:** *Nozawa* in: Mukooyama/Akuzawa/Hanau, Studien zum japanischen Arbeitsrecht, 1984, S. 209; *Schregle,* Kündigungsschutz in Japan, DRdA 1994, 541; **Niederlande:** *Haas,* Arbeitsrecht in den Niederlanden, 1996, S. 34 ff.; **Österreich:** *Andexlinger/Spitzel,* Kündigung Behinderter: Vorschläge für eine Neugestaltung des Behindertenschutzes, Österr. Recht d. Wirtschaft, 1991, 331; *Beatrix,* Die krankheitsbedingte Kündigung, ZAS 1992, 152; *Binder,* Faktische Kündigungserschwerungen zu Lasten des Arbeitnehmers, ZAS 1993, 92; *Egger,* Die Beendigung von Arbeitsverhältnissen im Lichte der Rechtsprechung, WBl 1993, 33; *Fritz,* Arbeitsrecht in Österreich, 2001, S. 93 ff.; *Pircher,* Die Beeinträchtigung wesentlicher Interessen, ZAS 1994, 51; *Schima,* Konzerndimensionaler Kündigungsschutz, Österr. Recht d. Wirtschaft 1994, 352; *Mayer-Maly/Marhold,* Österreichisches Arbeitsrecht I, 1987, S. 165; *Mayer-Maly,* Unternehmerische Entscheidung und Kündigungsschutz, WBl 1988, 388; *Tomandl,* Arbeitsrecht II, 1990, S. 198; **Philippinen:** *Geffken,* Philippinisches Arbeitsrecht, RIW 1997, 115; **Polen:** *Sieg/Prujszczyk,* Arbeitsrecht in Polen, 1996; **Portugal:** Konflikt über neues Arbeitsgesetz, BABl. 1988/6, 29; **Rumänien:** *Tudor-Aurel Pop,* Das sowjetische und rumänische Arbeitsrecht, 1985, S. 13, 93; **Rußland:** *Scharf,* Das Arbeitsrecht der russischen Föderation und der Republik Belarus, 1999; **Saudi-Arabien:** *Bendref,* Die Beendigung von Arbeitsverhältnissen in Saudi-Arabien und der deutsche ordre public, RIW 1986, 186; **Schweden:** *Gotthardt,* Kündigungsschutz im Arbeitsverhältnis im Königreich Schweden und in der BRD, 1999; *ders.,* Die Änderungen des Kündigungsschutzgesetzes durch das Gesetz zu Korrekturen in der Sozialversicherung und zur Sicherung der Arbeitnehmerrechte vor dem Hintergrund der Rechtslage in Schweden, ZIAS 1999, 354; *Heilmann,* Kündigungsschutzrecht in Schweden und Deutschland bei betriebsbedingten Arbeitsplatzverlusten. Ansätze zu einem Vergleich, Festschrift für Gnade, 1992, 769; *Klein,* Der allgemeine Kündigungsschutz in Schweden und Österreich, DRdA 1987, 29; **Schweiz:** *M. Rehbinder,* Schweizerisches Arbeitsrecht, 14. Aufl. 1999, S. 97–107; *ders.,* Der neue Kündigungsschutz im schweizerischen Arbeitsrecht, ZIAS 1988, 319; *Senti,* Der Schutz vor Kündigung aus wirtschaftlichen Gründen im schweizerischen Arbeitsrecht, 1998; *Troxler,* Sachlicher Kündigungsschutz bei Kündigungen während der Probezeit, SJZ 1992, 366; *Ziegler,* Das Verbot von Kündigungsgründen, 1986; **Spanien:** *Cremades,* Arbeitsrecht in Spanien, 1996; *Flägel,* Die Beendigung von Arbeitsverhältnissen im spanischen Recht, RIW 1988, 445; *Lotz,* Arbeitsrechtlicher Kündigungsschutz in Spanien, Diss. FU Berlin 1997; *Natividad Mendoza Navas,* Die betriebsbedingte Kündigung in Spanien, AuR 1997, 224; **Tschechien:** *Geraner/Baron/Britz,* Arbeitsrecht in der Tschechischen Republik, 1999, S. 54 ff.; **UdSSR:** Perestroika für die Arbeitnehmer, BABl. 1988, 3, 33; **Ungarn:** *Nagy,* Die ungarische Wirtschaftsreform und das Arbeitsrecht, WSI 1989, 89; *Pajor-Bytomski,* Arbeitsrecht in Ungarn, 1998, S. 58 ff.; *ders.,* Die Beendigung von Arbeitsverhältnissen im ungarischen Recht, NZA 1999, 464; **USA:** *Dierolf,* Einführung in das Arbeitsrecht der USA, 2. Aufl. 1988, S. 193; *Jander/Lorenz,* Kündigungsschutz im amerikanischen Arbeitsrecht, RIW 1988, 25; *dies.,* Kündigungsschutz im amerikanischen Arbeitsrecht – Das Ende der Employee-at-Will Doktrin, RdA 1990, 97; *Kittner/Kohler,* Kündigungsschutz in Deutschland und den USA, BB Beil. 4/2000; *Krebber,* Internationales Privatrecht des Kündigungsschutzes bei Arbeitsverhältnissen, 1997, S. 118 ff.; *Liefers,* Wiedereinstellung und Abfindung im amerikanischen Kündigungsrecht, 1986; *Müller-Lukoschek,* Der Kündigungsschutz im Arbeitsrecht der USA, Diss. FU Berlin, 1989; *Roehm/Albicker,* Neues im Kündigungsschutzrecht der USA, RIW 1993, 721; *Thau,* Arbeitsrecht in der USA, 1998, S. 65 ff.; *Waas,* Der Entwurf eines Model Uniform Employment-Termination Act in den USA, RIW 1992, 982.

C. Kommentar

Kündigungsschutzgesetz (KSchG)

Vom 25. August 1969 (BGBl. I S. 1317)
Zuletzt geändert durch Gesetz vom 30. März 2000 (BGBl. I S. 333)

Erster Abschnitt. Allgemeiner Kündigungsschutz

§ 1 Sozial ungerechtfertigte Kündigungen

(1) Die Kündigung des Arbeitsverhältnisses gegenüber einem Arbeitnehmer, dessen Arbeitsverhältnis in demselben Betrieb oder Unternehmen ohne Unterbrechung länger als sechs Monate bestanden hat, ist rechtsunwirksam, wenn sie sozial ungerechtfertigt ist.

(2) [1]Sozial ungerechtfertigt ist die Kündigung, wenn sie nicht durch Gründe, die in der Person oder in dem Verhalten des Arbeitnehmers liegen, oder durch dringende betriebliche Erfordernisse, die einer Weiterbeschäftigung des Arbeitnehmers in diesem Betriebe entgegenstehen, bedingt ist. [2]Die Kündigung ist auch sozial ungerechtfertigt, wenn

1. in Betrieben des privaten Rechts
    a) die Kündigung gegen eine Richtlinie nach § 95 des Betriebsverfassungsgesetzes verstößt,
    b) der Arbeitnehmer an einem anderen Arbeitsplatz in demselben Betrieb oder in einem anderen Betrieb des Unternehmens weiterbeschäftigt werden kann

und der Betriebsrat oder eine andere nach dem Betriebsverfassungsgesetz insoweit zuständige Vertretung der Arbeitnehmer aus einem dieser Gründe der Kündigung innerhalb der Frist des § 102 Abs. 2 Satz 1 des Betriebsverfassungsgesetzes schriftlich widersprochen hat,

2. in Betrieben und Verwaltungen des öffentlichen Rechts
    a) die Kündigung gegen eine Richtlinie über die personelle Auswahl bei Kündigungen verstößt,
    b) der Arbeitnehmer an einem anderen Arbeitsplatz in derselben Dienststelle oder in einer anderen Dienststelle desselben Verwaltungszweiges an demselben Dienstort einschließlich seines Einzugsgebietes weiterbeschäftigt werden kann

und die zuständige Personalvertretung aus einem dieser Gründe fristgerecht gegen die Kündigung Einwendungen erhoben hat, es sei denn, daß die Stufenvertretung in der Verhandlung mit der übergeordneten Dienststelle die Einwendungen nicht aufrechterhalten hat.

[3]Satz 2 gilt entsprechend, wenn die Weiterbeschäftigung des Arbeitnehmers nach zumutbaren Umschulungs- oder Fortbildungsmaßnahmen oder eine Weiterbeschäftigung des Arbeitnehmers unter geänderten Arbeitsbedingungen möglich ist und der Arbeitnehmer sein Einverständnis hiermit erklärt hat. [4]Der Arbeitgeber hat die Tatsachen zu beweisen, die die Kündigung bedingen.

§ 1

(3) ¹Ist einem Arbeitnehmer aus dringenden betrieblichen Erfordernissen im Sinne des Absatzes 2 gekündigt worden, so ist die Kündigung trotzdem sozial ungerechtfertigt, wenn der Arbeitgeber bei der Auswahl des Arbeitnehmers soziale Gesichtspunkte nicht oder nicht ausreichend berücksichtigt hat; auf Verlangen des Arbeitnehmers hat der Arbeitgeber dem Arbeitnehmer die Gründe anzugeben, die zu der getroffenen sozialen Auswahl geführt haben. ²Satz 1 gilt nicht, wenn betriebstechnische, wirtschaftliche oder sonstige berechtigte betriebliche Bedürfnisse die Weiterbeschäftigung eines oder mehrerer bestimmter Arbeitnehmer bedingen und damit der Auswahl nach sozialen Gesichtspunkten entgegenstehen. ³Der Arbeitnehmer hat die Tatsachen zu beweisen, die die Kündigung als sozial ungerechtfertigt im Sinne des Satzes 1 erscheinen lassen.

(4) Ist in einem Tarifvertrag, in einer Betriebsvereinbarung nach § 95 des Betriebsverfassungsgesetzes oder in einer entsprechenden Richtlinie nach den Personalvertretungsgesetzen festgelegt, welche sozialen Gesichtspunkte nach Absatz 3 Satz 1 zu berücksichtigen sind und wie diese Gesichtspunkte im Verhältnis zueinander zu bewerten sind, so kann die soziale Auswahl der Arbeitnehmer nur auf grobe Fehlerhaftigkeit überprüft werden.

(5) *(aufgehoben)*

1. Schrifttum zum KSchG 1951: *Auffarth*, Die betriebsbedingte Kündigung im öffentlichen Dienst, insbesondere auf Grund von Sparmaßnahmen, RdA 1955, 409; *Bötticher*, Zum Regierungsentwurf des Kündigungsschutzgesetzes, RdA 1951, 81; *derselbe*, Die sozial ungerechtfertigte Kündigung, MDR 1952, 260; *derselbe*, Bestandsschutz und Vertragsinhaltsschutz im Lichte der Änderungskündigung, Festschrift für Molitor, 1962, S. 123; *Brox*, Die Einschränkung der Irrtumsanfechtung, 1960; *Crone*, Vermutete Sozialwidrigkeit der Kündigung?, RdA 1952, 330; *Dahns*, Rücknahme einer Kündigung, insbesondere während des Kündigungsschutzverfahrens, RdA 1958, 253; *Diekhoff*, Zur Nachprüfbarkeit der betriebsbedingten Kündigung, AuR 1957, 197; *derselbe*, Zur Frage der „ununterbrochenen Beschäftigung" im Sinn des KSchG, BB 1959, 560; *Dietz*, Das neue Kündigungsschutzgesetz, NJW 1951, 941; *Frey*, Der Abkehrwille beim Kündigungsschutz, AuR 1956, 101; *Galperin*, Umfang und Grenzen der gerichtlichen Nachprüfbarkeit betriebsbedingter Kündigungen, BB 1954, 1117; *derselbe*, Grundgedanken und Struktur des KSchG, RdA 1966, 361; *Hedemann*, Der Arbeitsplatz als Rechtsgut, RdA 1953, 121; *Heimeier*, Betriebsbedingte Kündigung nach dem KSchG, DB 1955, 1117; *Herschel*, Das Kündigungsschutzgesetz, BArbBl. 1951, 484; *derselbe*, Die Betriebszugehörigkeit als geschütztes Rechtsgut, RdA 1960, 121; *Hessel*, Weltanschauung des Arbeitgebers und Kündigungsschutz, BB 1956, 406; *Hiersemann*, Das Ausmaß des Kündigungsschutzes bei Herabsetzung von Arbeitsentgelten, BB 1959, 1141; *Hörnig*, Die betriebsbedingte Kündigung, RdA 1955, 132; *Joachim*, Umfang und Grenzen der gerichtlichen Nachprüfung betriebsbedingter Kündigungen, BB 1954, 1114; *Kauffmann*, Grenzfragen der Anwendung des Kündigungsschutzgesetzes, DB 1951, 1012; *derselbe*, Grenzen der Nachprüfung dringender betrieblicher Erfordernisse seitens des Arbeitsgerichts, NJW 1953, 1047; *Kauffmann/Zinkeisen*, Steht die Versetzungsmöglichkeit im öffentlichen Dienst einer auf dringende betriebliche Erfordernisse gestützten Kündigung entgegen?, RdA 1954, 375; *Köttgen*, Bestandsschutz und Verschuldensprinzip im Kündigungsschutz, BB 1955, 804 mit Entgegnung von *Herschel* ebendort; *Kunkel*, Kündigungsauswahl in der Praxis, BB 1952, 379; *derselbe*, Zur Theorie und Praxis des arbeitsrechtlichen Kündigungsschutzes, NJW 1953, 447; *derselbe*, Beweisführungspflicht bei betriebsbedingter Kündigung, NJW 1953, 927; *Meisel*, Dringende betriebliche Erfordernisse und Berücksichtigung von Leistungsgesichtspunkten bei betriebsbedingter Kündigung, BB 1963, 1058; *Meissinger*, Kündigung zwecks Änderung der Arbeitsbedingungen, DB 1954, 194; *Molitor*,

Sozial ungerechtfertigte Kündigungen § 1

Die sozialwidrige Kündigung in der Rechtsprechung, BB 1953, 34; *derselbe*, Wandlungen der Kündigung in der Rechtsprechung des BAG, BB 1960, 216; *Monjau*, Die Kündigung aus dringenden betrieblichen Erfordernissen, DB 1952, 18; *derselbe*, Die Auswahl bei der betriebsbedingten Kündigung, RdA 1959, 8; *derselbe*, Die Beweislast im Rechtsstreit um die Beendigung des Arbeitsverhältnisses, RdA 1959, 366; *derselbe*, Die betriebsbedingte Kündigung, BB 1967, 1211; *derselbe*, Soziale Auswahl bei betriebsbedingten Kündigungen, BB 1967, 1381; *G. Müller*, Zum Bereich der sozialen Auswahl nach § 1 Abs. 3 KSchG, DB 1956, 965; *derselbe*, Das Kündigungsschutzgesetz und Treu und Glauben, DB 1960, 1037; *Neumann*, Das neue Kündigungsrecht, ArbRGgnw, (Bd. 7), S. 23; *Nikisch*, Die unwirksame Kündigung, BB 1951, 646; *derselbe*, Probleme des Kündigungsschutzrechts, DB 1956, 1108 und 1133; *Rappenecker*, Die Unternehmerentscheidung im Kündigungsschutzprozeß, BB 1958, 47; *K.H. Schmidt*, Betriebsrationalisierung und Kündigungsschutz, RdA 1954, 170; *Schulz*, Zur Frage der Auswahl nach sozialen Gesichtspunkten, AuR 1953, 278; *Siebert*, Treu und Glauben im Kündigungsschutzrecht, DB 1960, 1029; *Wiedemann*, Subjektives Recht und sozialer Besitzstand nach dem KSchG, RdA 1961, 1; *Wünnenberg*, Die Berücksichtigung sozialer Gesichtspunkte bei der betriebsbedingten Kündigung, DB 1956, 645 und 665.

2. Allgemeines Schrifttum zu § 1 KSchG 1969: *Adam*, Die zweifelhafte Wirkung der Prognose im Kündigungsrecht, ZTR 1999, 113; *derselbe*, Sanktion, Prognose und Vertragsstörung bei der verhaltensbedingten Kündigung im Arbeitsrecht, NZA 1998, 284; *derselbe*, Die Kündigungserklärung, AR-Blattei Kündigung II, 1991; *derselbe*, Probleme im Arbeitsrecht, AR-Blattei Kündigung I B, 1991; *Adomeit*, Gesellschaftsrechtliche Elemente im Arbeitsverhältnis, 1986; *Adomeit/Spinti*, Der Kündigungsgrund, AR-Blattei Kündigung IX, 1990; *v. Altrock*, Zum Parteivorbringen im erstinstanzlichen Kündigungsschutzprozeß um eine ordentliche Kündigung, Festschrift für Dieter Gaul, 1987, S. 293; *Apel*, Die Ausgleichsquittung im Arbeitsrecht, 1982; *Auffermann*, Der Grundsatz der Verhältnismäßigkeit im Arbeits- und Sozialrecht, Diss. Würzburg 1975; *Bader*, Das Arbeitsförderungsrecht, AuR 1997, 381; *Bauer*, Kein Widerspruchsrecht der Arbeitnehmer bei Betriebsübergang, NZA 1990, 881; *derselbe*, Nochmals: Kein Widerspruchsrecht, NZA 1991, 139; *Bauer/Baeck/Merten*, Scientology – Fragerecht des Arbeitgebers und Kündigungsmöglichkeiten, DB 1997, 2534; *Bauer/Haußmann*, Die Verantwortung des Arbeitgebers für den Arbeitskampf, NZA 1997, 1100; *Baumgärtel*, Beweisrechtliche Studien, Festschrift der Rechtswissenschaftlichen Fakultät zur 600-Jahr-Feier der Universität zu Köln, 1988, S. 165; *Beck*, Rationalisierungsschutz und Grenzen der Tarifautonomie, AuR 1981, 333; *Becker*, Die freie Mitarbeit, 1982; *derselbe*, Leiharbeitsrecht und Kündigungsschutz, ArbRdGgw Bd. 21 (1984), S. 35; *Becker/Bader*, Bedeutung der gesetzlichen Verjährungsfristen und tariflichen Ausschlußfristen im Kündigungsrechtsstreit, BB 1981, 1709; *Becker/Braasch*, Recht der ausländischen Arbeitnehmer, 3. Aufl. 1986; *Becker-Schaffner*, Der Zugang der Kündigung in der Rechtsprechung, BlStSozArbR 1982, 321; *Beckschulze*, Der Wiedereinstellungsanspruch nach betriebsbedingter Kündigung, DB 1998, 417; *Bender*, Das Beweismaß, Festschrift für F. Baur, 1981, S. 247; *Berchtenbreiter*, Kündigungsschutzprobleme im kirchlichen Arbeitsverhältnis, 1984; *Berger-Delhey*, Wartezeit und Kündigung – Aspekte der ordentlichen Kündigung des Arbeitgebers, NZA 1988, 790; *derselbe*, Probezeit und Wartezeit, BB 1989, 977; *Berger-Delhey/Alfmeier*, Freier Mitarbeiter oder Arbeitnehmer?, NZA 1991, 257 ff.; *Bernert*, Zur Wirksamkeit der ordentlichen oder der außerordentlichen Kündigung eines Arbeitsverhältnisses durch den Arbeitgeber vor und während des Kündigungsrechtsstreits, Festschrift für E. Wolf, 1985, 1 ff.; *Beuthien*, Das Arbeitsverhältnis im Wandel: Beuthien (Hrsg.), Arbeitnehmer oder Arbeitgeber, Marburger Forum Philippinum 1987, S. 27 ff.; *derselbe*, Die Unternehmensautonomie im Zugriff des Arbeitsrechts, ZfA 1988, 1; *Beuthien/Wehler*, Stellung und Schutz der freien Mitarbeiter im Arbeitsrecht, RdA 1978, 2; *Bickel*, Sind Lehrlinge Arbeitnehmer?, Festschrift für E. Wolf, 1985, S. 35; *Bitter*, Der kündigungsrechtliche Dauerbrenner: Unternehmerfreiheit ohne Ende?, DB 1999, 1214; *Bitter/Kiel*, 40 Jahre Rechtsprechung des BAG zur Sozialwidrigkeit von Kündigungen, RdA 1994, 333; 1995, 26; *Boemke*, Neue Selbständigkeit und Arbeitsverhältnis, ZfA 1998, 285; *Boemke/Gründel*, Grundrechte im Arbeitsverhältnis, ZfA 2001, 245; *Boewer*, Die Verhältnismäßigkeit in der Rechtsprechung zu § 1 Abs. 2 S. 1 KSchG, Fest-

69

§ 1
1. Abschnitt. Allgemeiner Kündigungsschutz

schrift für Dieter Gaul, 1992, S. 19; *derselbe,* Der Wiedereinstellungsanspruch, NZA 1999, 1121 und 1177; *Bopp,* Die Beteiligung des Betriebsrats bei Kündigungen, 3. Aufl. 1991; *Braasch/Feichtinger,* Mitwirkung des Betriebsrats bei Kündigungen, HAS § 19 J, 1990; *Bram/Rühl,* Praktische Probleme des Wiedereinstellungsanspruchs nach wirksamer Kündigung, NZA 1990, 753; *Brill/Matthes/Oehmann,* Insolvenz- und Zwangsvollstreckungsrecht, 1976; *Buchner,* Der Gleichbehandlungsgrundsatz bei der Kündigung von Arbeitsverhältnissen, RdA 1970, 225; *derselbe,* Tendenzförderung als arbeitsrechtliche Pflicht, ZfA 1979, 335; *derselbe,* Die Anpassung des Kündigungsschutzes an die Insolvenzsituation de lege lata und de lege ferenda, ZGR 1984, 180; *Büchtemann* u. a., Forschungsbericht Befristete Arbeitsverhältnisse nach dem BeschFG 1985, 1989; *Burg,* Die Problematik der Ausgleichsquittung im Arbeitsrecht, 1983; *Buschmann,* Franchise-Arbeitnehmer, AiB 1988, 51; *Conze,* Die Rechtsstellung der unkündbaren Arbeitnehmer im öffentlichen Dienst am Beispiel des § 55 BAT, ZTR 1987, 99; *derselbe,* Die aktuelle Rechtsprechung des BAG zur Entfernung von Vorgängen aus Personalakten, DB 1989, 778; *Corts,* Kündigung im Arbeitsverhältnis, BlStSozArbR 1982, 1; *Dassau,* Die allgemeine Interessenabwägung im Rahmen des § 1 Abs. 2 Satz 1 KSchG unter Berücksichtigung der Rechtsprechung des BAG, Diss. Köln 1988; *Dey,* Der Grundsatz der Verhältnismäßigkeit im Kündigungsrecht, 1989; *Dikomey,* Das ruhende Arbeitsverhältnis, 1991; *Diller,* Zurückweisung der Kündigung nach § 174 BGB – eine vergessene Waffe, FA 1999, 106; *Dorndorf,* Vertragsdurchsetzung als Funktion des Kündigungsschutzes, ZfA 1989, 345; *Dütz,* Das Bundesverfassungsgericht zur Kündigung kirchlicher Arbeitsverhältnisse, NZA 1986 Beil. 1, S. 11; *Falke/Höland/Rhode/Zimmermann,* Forschungsbericht Kündigungspraxis und Kündigungsschutz in der Bundesrepublik Deutschland, 1978; *Falkenberg,* AR-Blattei Arbeitnehmerähnliche Personen, 1987; *derselbe,* Vorrang der BAT-Sonderregelung über befristete Arbeitsverträge (SR 2y BAT) gegenüber dem Beschäftigungsförderungsgesetz 1985, ZTR 1987, 19; *Fenn,* Die Mitarbeit in den Diensten Familienangehöriger, 1970; *Fenski,* Ausschlußklauseln in Allgemeinen Arbeitsbedingungen, AuR 1989, 168; *Fischermeier,* Die betriebsbedingte Kündigung nach den Änderungen durch das Arbeitsrechtliche Beschäftigungsförderungsgesetz, NZA 1997, 1089; *Friedemann,* Können Zeiten, die ein Auszubildender im Betrieb verbracht hat, auf die Wartezeit gemäß § 1 Abs. 1 KSchG angerechnet werden?, BB 1985, 1541; *Frölich,* Beendigung des Arbeitsverhältnisses durch konkludentes Verhalten, NZA 1997, 1273; *Fromm,* Die arbeitnehmerbedingten Kündigungsgründe, 1995; *Gagel,* Die Umsetzung sozialrechtlicher Ziele über Betriebsvereinbarungen und Tarifverträge, Festschrift für Dieterich, 1999, S. 169; *derselbe,* § 2 SGB III: Schlüssel zum eingliederungsorientierten Kündigungsrecht und zu Transfer-Sozialplänen, BB 2001, 358; *Gamillscheg,* Zivilrechtliche Denkformen und die Entwicklung des Individualarbeitsrechts, AcP 176 (1976), 197; *derselbe,* Betriebsrat und Kündigung, BAG-Festschrift, 1979, S. 117; *Gaul,* Vorrang tarifvertraglicher Befristungsregelungen vor dem Beschäftigungsförderungsgesetz, ZTR 1987, 164; *Gemählich,* Auswahlrichtlinien nach § 95 BetrVG, Diss. Erlangen 1983; *Gentges,* Prognoseprobleme im Kündigungsschutzrecht, 1994; *Gift,* Vertragliche Kündigungsbeschränkungen, RdA 1969, 72; *Greger,* Beweis und Wahrscheinlichkeit, 1978; *Griebeling,* Der Arbeitnehmerbegriff und das Problem der „Scheinselbständigkeit", RdA 1998, 208; *Gröninger,* Betriebsinhaberwechsel und Kündigungsschutzklage, Festschrift für Herschel, 1982, S. 163; *Grunsky,* Das Arbeitsverhältnis im Konkurs- und Vergleichsverfahren, 3. Aufl. 1994; *Güntner,* Der Bestandsschutz des Arbeitsverhältnisses und seine Rechtsverwirklichung, AuR 1974, 97, 135; *Günzel,* Der Wiedereinstellungsanspruch bei Fortführung des Betriebes nach Ablauf der Kündigungsfrist, DB 2000, 1227; *Hambüchen,* Das Arbeitserlaubnisrecht, HAS § 6 E, 1990; *Hanau,* Möglichkeiten der Sanierung von Unternehmen durch Maßnahmen im Unternehmens-, Arbeits-, Sozial- und Insolvenzrecht, Gutachten für den 54. Deutschen Juristentag 1982; *derselbe,* Die Rechtsprechung des Bundesarbeitsgerichts im Jahre 1983, ZfA 1984, 453; *derselbe,* Der Eingliederungsvertrag – Ein neues Instrument der Arbeitsförderung, DB 1997, 1278; *derselbe,* Ist Wilhelm Herschel mit schuld an der Massenarbeitslosigkeit?, NJW 1998, 1895; *Heinze,* Kündigung und Kündigungsschutz im Konkurs, in: Gottwald (Hrsg.), Insolvenzrechtshandbuch, 1990, S. 924 ff.; *Heither,* Zum Widerspruchsrecht der Arbeitnehmer bei Betriebsübergang, NZA 1991, 136; *Helle,* Konzernbedingte Kündigungsschranken, 1989; *Henkel,* Zumutbarkeit und Unzumutbarkeit als regulatives Prinzip, Festschrift für Mezger, 1954, S. 249; *Hennige,*

Sozial ungerechtfertigte Kündigungen   § 1

Rechtliche Folgewirkungen schlüssigen Verhaltens der Arbeitsvertragsparteien, NZA 1999, 281; *Henssler,* Der Arbeitsvertrag im Konzern, 1983; *Herb,* Telearbeit – Chancen, Risiken und rechtliche Einordnung des Computerarbeitsplatzes zu Hause, DB 1986, 1823; *Herschel,* Betriebsbezogenheit des arbeitsrechtlichen Kündigungsschutzes und ganzheitliche Abwägung, Festschrift für Schnorr v. Carolsfeld, 1972, S. 157; *derselbe,* Schutz der Betriebszugehörigkeit im Wandel der Zeiten, DB 1973, 80; *derselbe,* Kündigungsschutz und Wettbewerb, RdA 1975, 28; *derselbe,* „Recht auf Arbeit" und Kündigungsschutz, BB 1977, 708; *derselbe,* Gedanken zur Theorie des arbeitsrechtlichen Kündigungsgrundes, Festschrift für G. Müller, 1981, S. 191; *derselbe,* Kündigung im Konkurs, BB 1984, 987; *derselbe,* Zu einigen Fragen des Kündigungsschutzes, DB 1984, 1523; *Hess/Glotters,* Sanierung im Konkurs und § 613a BGB, BlStSozArbR 1984, 74; *Hess/Knörig,* Das Arbeitsrecht bei Sanierung und Konkurs, 1991; *Hilger,* Arbeitsrecht und Insolvenz, ZGR 1984, 258; *dieselbe,* Zum „Arbeitnehmer-Begriff", RdA 1989, 1; *Hillebrecht,* Ausgewählte Fragen zur Kündigungsrechtsprechung des Bundesarbeitsgerichts, BlStSozArbR 1978, 113; *derselbe,* Die Prinzipien des Kündigungsrechts bei Arbeitsverhältnissen und die Rechtsprechung des BAG, ZfA 1991, 87; *Hirschberg,* Der Grundsatz der Verhältnismäßigkeit, 1981; *Hitzfeld,* § 613a BGB im System der europäischen Rechtsprechung, BB 1991, 199; *Höcker,* Rechtsprobleme des Kündigungsschutzes, DB 1982, 2245; *Höland,* Zur Problematik des Nachschiebens von Kündigungsgründen, BlStSozArbR 1982, 143; *Hönn,* Zur Problematik fehlerhafter Vertragsverhältnisse, ZfA 1987, 61; *v. Hoyningen-Huene,* Tatsächliches Arbeitsverhältnis, AR-Blattei Arbeitsvertrag-Arbeitsverhältnis VI, 1980; *derselbe,* Die unbezahlte Freistellung von Arbeit, NJW 1981, 713; *derselbe,* Rechtliche Gestaltungsmöglichkeiten beim Job-Sharing-Arbeitsverhältnis, BB 1982, 1240; *derselbe,* Das neue Beschäftigungsförderungsgesetz 1985, NJW 1985, 1801; *derselbe,* Rechtsfragen des richterrechtlichen Weiterbeschäftigungsanspruchs, BB 1988, 264; *derselbe,* Muß das Kündigungsschutzgesetz reformiert werden?, Festschrift zum 50-jährigen Bestehen der Arbeitsgerichtsbarkeit Rheinland-Pfalz,1999, S. 215; *derselbe,* Gesellschafter, „Scheingesellschafter" oder Arbeitnehmer?, NJW 2000, 3233; *v. Hoyningen-Huene/Windbichler,* Der Übergang von Betriebsteilen nach § 613a BGB, RdA 1977, 329; *Hromadka,* Arbeitnehmerbegriff und Arbeitsrecht, NZA 1997, 1249; *derselbe,* Zur Begriffsbestimmung des Arbeitnehmers, DB 1998, 195; *Huber,* Das Beweismaß im Zivilprozeß, 1983; *G. Hueck,* Der Grundsatz der gleichmäßigen Behandlung im Privatrecht, 1958; *derselbe,* Zur Tätigkeit des Kommanditisten im Dienste der KG, DB 1962, 1363; *derselbe,* Kündigungsschutz und Mitwirkung des Betriebsrats bei der Rechtsprechung des Bundesarbeitsgerichts, BAG-Festschrift, 1979, S. 243; *Hutzler,* Kündigung und Kündigungsschutz beim Betriebsübergang, BB 1981, 1470; *Hwang,* Der maßgebliche Zeitpunkt für die Beurteilung der Wirksamkeit der Kündigung des Arbeitgebers, Diss. Göttingen 1988; *Ingenfeld,* Die Betriebsausgliederung aus der Sicht des Arbeitsrechts, 1992; *Jobs/Bader,* Der allgemeine Kündigungsschutz, AR-Blattei Kündigungsschutz I, 1981; *Joost,* Der Widerspruch des Arbeitnehmers bei Betriebsübergang und das europäische Recht, ZIP 1991, 220; *derselbe,* Arbeitnehmerbegriff, Scheinselbständigkeit und Weisungsrecht, Festschrift für Wiese, 1998, S. 191; *Käppler,* Die Rechtsprechung des Bundesarbeitsgerichts im Jahre 1993, ZfA 1995, 271; *Käßer,* Der fehlerhafte Arbeitsvertrag, 1979; *Kaiser,* Wegfall des Kündigungsgrundes – Weder Unwirksamkeit der Kündigung noch Wiedereinstellungsanspruch, ZfA 2000, 205; *Kampschulte,* Muß Rationalisierung zum Verlust des Arbeitsplatzes führen?, BB 1984, 730; *Kania/Kramer,* Unkündbarkeitsvereinbarungen in Arbeitsverträgen, Betriebsvereinbarungen und Tarifverträgen, RdA 1995, 287; *Kappus,* Rechtsfragen der Telearbeit, 1981; *Kempff,* Der Gleichbehandlungsgrundsatz im Kündigungsrecht, DB 1977, 1413; *derselbe,* Verhältnis von Kündigung und Änderungskündigung, DB 1978, 1400; *derselbe,* „Treuepflicht" und Kündigungsschutz, Gemeinschafts- und Treuegedanke – eine Ideologie?, DB 1979, 790; *Kiel,* Die anderweitige Beschäftigungsmöglichkeit im Kündigungsschutz, 1990; *Kienast,* Das Ende der Altersgrenzen im Arbeitsverhältnis?, DB 1991, 1725; *Kilian/Borsum/Hoffmeister,* Telearbeit und Arbeitsrecht, NZA 1987, 401; *Kindscher,* Die Kündigung wegen Betriebsübergangs, Diss. Münster 1999; *Kleinebrink,* Wiedereinstellungsanspruch und Betriebsübergang, FA 1999, 138; *Knigge,* Die Abstellung von Arbeitnehmern an eine baugewerbliche Arbeitsgemeinschaft, DB 1982 Beil. 4, S. 1; *derselbe,* AR-Blattei Volontär und Praktikant I, 1991; *Koller,* Die Zulässigkeit von Rationalisierungsschutzabkommen in Tarifverträgen, ZfA 1978, 45; *Konzen,* Arbeits-

§ 1   1. Abschnitt. Allgemeiner Kündigungsschutz

rechtliche Drittbeziehungen, ZfA 1982, 259; *derselbe,* Arbeitnehmerschutz im Konzern, RdA 1984, 65; *Kramer/Marhold,* AR-Blattei SD 290 Ausgleichsquittung, 2001; *M. Kramer,* Kündigungsvereinbarungen im Arbeitsvertrag, 1994; *St. Kramer,* Gestaltung arbeitsvertraglicher Regelungen zur Telearbeit, DB 2000, 1329; *Krebber,* Internationales Privatrecht des Kündigungsschutzes bei Arbeitsverhältnissen, 1997; *Kukat,* Betriebsbedingte Kündigung und konzernbezogener Kündigungsschutz in der Rechtsprechung des Bundesarbeitsgerichts, BB 2000, 1242; *Lakies,* Zu den seit 1. 10. 1996 geltenden arbeitsrechtlichen Vorschriften der Insolvenzordnung, RdA 1997, 145; *Langenbucher,* Der Wiedereinstellungsanspruch des Arbeitnehmers beim Betriebsübergang, ZfA 1999, 299; *Lieb,* Die Ehegattenmitarbeit im Spannungsfeld zwischen Rechtsgeschäft, Bereicherungsausgleich und gesetzlichem Güterrecht, 1970; *derselbe,* Wandelt sich das Arbeitsverhältnis zum unternehmerischen Teilhaberverhältnis?, in: Beuthien (Hrsg.) Arbeitnehmer oder Arbeitgeber, Marburger Forum Philippinum, 1987, S. 41 ff.; *Lingemann/v. Steinau-Steinrück,* Konzernversetzung und Kündigungsschutz, DB 1999, 2161; *Linnenkohl/Kilz/Rauschenberg/Reh,* Der Begriff des Arbeitnehmers und die „informationelle Abhängigkeit", AuR 1991, 203; *Löwisch,* Arbeits- und sozialrechtliche Hemmnisse einer weiteren Flexibilisierung der Arbeitszeit, RdA 1984, 197; *derselbe,* Tarifliche Regelung von Arbeitgeberkündigungen, DB 1998, 877; *derselbe,* Die besondere Verantwortung der „Arbeitnehmer" für die Vermeidung von Arbeitslosigkeit, NZA 1998, 729; *derselbe,* Neue Beschäftigungsformen auf der Grundlage des Arbeitsförderungsrechts, Festschrift für Hanau, 1999, S. 669; *Loritz,* Aktuelle Rechtsprobleme des Betriebsübergangs nach § 613 a BGB, RdA 1987, 65 ff.; *Manske,* Wiedereinstellungsanspruch in der Rechtsprechung des BAG, FA 1998, 143; *Martens,* Das Arbeitsverhältnis im Konzern, BAG-Festschrift, 1979, S. 367; *derselbe,* Grundlagen des Konzernarbeitsrecht, ZGR 1984, 417; *Maus/Schmidt,* Heimarbeitsgesetz, 3. Aufl. 1976; *Maute,* Gleichbehandlung im Arbeitnehmer, 1993; *Mayer-Maly,* Die arbeitsrechtliche Tragweite des kirchlichen Selbstbestimmungsrechts, BB 1977 Beil. 3; *Mayer-Maly/Löwisch,* Bemerkungen zur neueren Rechtsprechung zum Tendenzschutz, BB 1983, 913; *Mehrle,* AR-Blattei Heimarbeit I, 1987; *Meilicke,* EuGH zu § 613a BGB: Widerspruch des Arbeitnehmers hindert nicht Übergang des Arbeitsverhältnisses, DB 1990, 1770; *derselbe,* Widerspruchsrecht des Arbeitnehmers beim Betriebsübergang – Wirkungen des Europarechts, DB 1991, 1326; *Meinel/Th. Bauer,* Der Wiedereinstellungsanspruch, NZA 1999, 575; *Meisel,* Neue Entwicklung der Rechtsprechung des BAG zur sozialen Rechtfertigung einer Kündigung, ZfA 1985, 213; *Metzke,* Kündigungen bei Wechsel des Betriebsinhabers unter besonderer Berücksichtigung der Rechtsstellung des Betriebsrates, AuR 1986, 78; *Meyer,* Betriebliche Rügen und ihre Folgen, 3. Aufl. 1989; *Moritz,* Die Ausgleichsquittung – Privatautonomie im Arbeitsrecht?, BB 1979, 1610; *derselbe,* Kündigungsschutz in der betrieblichen Praxis, AuR 1983, 10; *G. Müller,* Gedanken zum arbeitsrechtlichen Kündigungsrecht, ZfA 1982, 475; *derselbe,* Überlegungen zur Tendenzträgerfrage, Festschrift für Hilger/Stumpf, 1983, S. 477; *Müller-Glöge/v. Senden,* Gesetzliche Schriftform für Kündigung, Auflösungsvertrag und Befristung, AuA 2000, 199; *Müllner,* Privatisierung des Arbeitsplatzes, 1985; *Mummenhoff,* Plaketten im Betrieb, DB 1981, 2539; *derselbe,* Loyalität im kirchlichen Arbeitsverhältnis, NZA 1990, 585; *Nägele,* Die Renaissance des Wiedereinstellungsanspruchs, BB 1998, 1686; *Natzel,* Das Eingliederungsverhältnis als Übergang zum Arbeitsverhältnis, NZA 1997, 806; *Neef,* Das Kündigungsschutzrecht zur Jahrtausendwende, NZA 2000, 7; *Nell,* Wahrscheinlichkeitsurteile in juristischen Entscheidungen, 1983; *Neuhausen,* Der im voraus erklärte Verzicht des Arbeitnehmers auf Kündigungsschutz, 1993; *Nicolai/Noack,* Grundlagen und Grenzen des Wiedereinstellungsanspruchs nach wirksamer Kündigung des Arbeitsverhältnisses, ZfA 2000, 87; *Notter,* Kündigungsschutz – Praxis und Perspektiven, BlStSozArbR 1982, 102; *Oetker,* Die Anhörung des Betriebsrats vor Kündigungen, 1987; *derselbe,* Das Widerspruchsrecht der Arbeitnehmer beim Betriebsübergang und die Rechtsprechung des EuGH, NZA 1991, 321; *derselbe,* Arbeitsrechtlicher Bestandsschutz und Grundrechtsordnung, RdA 1997, 7; *derselbe,* Gibt es einen Kündigungsschutz außerhalb des KSchG?, AuR 1997, 41; *Oetker,* Der Wiedereinstellungsanspruch des Arbeitnehmers bei nachträglichem Wegfall des Kündigungsgrundes, ZIP 2000, 643; *Otto,* Personale Freiheit und soziale Bindung, 1978; *derselbe,* Toleranz in den Arbeitsbeziehungen, AuR 1980, 289; *Otto,* Grünes Licht für die Wiedereinstellung bei betriebsbedingten Kündigungen?, Festschrift für Kraft, 1998, S. 451; *Pachtenfels,* Der Grundsatz der Verhältnismäßigkeit

Sozial ungerechtfertigte Kündigungen § 1

im arbeitsvertraglichen Kündigungsrecht, BB 1983, 1479; *Palme,* Berechnung der Wartefrist nach § 1 Abs. 1 KSchG, BlStSozArbR 1980, 33; *Pfarr,* Rechtsfragen der Telearbeit, 1989; *Pfarr/Struck,* Äquivalenzstörung im Arbeitsverhältnis durch zahlreiche Lohnpfändungen und Kündigungsschutz, BlStSozArbR 1982, 289; *Picker,* Die Anfechtung von Arbeitsverträgen, ZfA 1981, 1; *Pietzko,* Der Tatbestand des § 613a BGB, 1988; *Plander,* Drittfinanzierte Arbeitsverträge und deren betriebsbedingte Kündigung, DB 1982, 1216; *derselbe,* Die Ausgleichsquittung als Rechtsanwendungs- und Gesetzgebungsproblem, DB 1986, 1873; *Popp,* Anfechtung der auf Grund Kündigungsdrohung des Arbeitgebers ausgesprochenen Eigenkündigung des Arbeitnehmers, BlStSozArbR 1981, 17; *B. Preis,* Abschied von der Ausgleichsquittung?, AuR 1979, 97; *U. Preis,* Der Kündigungsschutz nach dem „Korrekturgesetz", RdA 1999, 311; *derselbe,* Verhältnismäßigkeit und Privatrechtsordnung, Festschrift für Dieterich, 1999, S. 429; *derselbe,* Die Verantwortung des Arbeitgebers und der Vorrang betrieblicher Maßnahmen vor Entlassungen (§ 2 I Nr. 2 SGB III), NZA 1998, 449; *derselbe,* Arbeitsrecht und „unbegrenzte Auslegung", NJW 1998, 1889; *derselbe,* Der Kündigungsschutz außerhalb des Kündigungsschutzgesetzes, NZA 1997, 1256; *derselbe,* Aktuelle Tendenzen im Kündigungsschutzrecht, NZA 1997, 1073; *Raab,* Der Wiedereinstellungsanspruch des Arbeitnehmers bei Wegfall des Kündigungsgrundes, RdA 2000, 147; *Rahmstorf,* Die Druckkündigung des Arbeitsverhältnisses, 1998; *Reinecke,* Die Beweislastverteilung im Bürgerlichen Recht und im Arbeitsrecht als rechtspolitische Regelungsaufgabe, 1976; *derselbe,* Beweisfragen im Kündigungsschutzprozeß, NZA 1989, 577; *derselbe,* Der Grad der persönlichen Abhängigkeit als Abgrenzungskriterium für den Arbeitnehmerbegriff, Festschrift für Dieterich, 1999, S. 463; *Reuter,* Die freie Wahl des Arbeitsplatzes – ein nicht realisierbares Grundrecht?, RdA 1973, 345; *derselbe,* Grundlagen des Kündigungsschutzes – Bestandsaufnahme und Kritik, BAG-Festschrift, 1979, S. 405; *Richardi,* Arbeitsrecht in der Kirche, 3. Aufl. 2000; *derselbe,* 50 Jahre KSchG – ein fast vergessenes Jubiläum, NZA 2000, 13; *derselbe,* Das Selbstbestimmungsrecht der Kirchen im Arbeitsrecht, NZA 1986 Beil. 1, S. 3; *derselbe,* Streitfragen zum 1. Arbeitsrechtsbereinigungsgesetz, ZfA 1971, 73; *Ricken,* Grundlagen und Grenzen des Wiedereinstellungsanspruchs, NZA 1998, 460; *Rieble,* Die relative Verselbständigung von Arbeitnehmern – Bewegung in den Randzonen des Arbeitsrechts?, ZfA 1998, 327; *Röder/Hahn,* AR-Blattei Abwerbung von Arbeitnehmern I, 1991; *Röhsler,* AR-Blattei Gruppenarbeit I; *derselbe,* AR-Blattei Mittelbares Arbeitsverhältnis I, 1988; *Rolfs,* Arbeitsrechtliche Aspekte des neuen Arbeitsförderungsrechts, NZA 1998, 17; *Rosenfelder,* Der arbeitsrechtliche Status des freien Mitarbeiters, 1982; *Rühle,* Sinn und Unsinn des Kündigungsschutzes in Deutschland, DB 1991, 1378; *Rüthers,* Kirchenautonomie und gesetzlicher Kündigungsschutz, NJW 1976, 1910, dazu Erwiderung von *Struck,* NJW 1977, 366 mit Schlußwort von *Rüthers* ebendort; *derselbe,* Wie kirchentreu müssen kirchliche Arbeitnehmer sein?, NJW 1986, 356; *derselbe,* Arbeitsrecht und ideologische Kontinuitäten, NJW 1998, 1433; *Ruland,* Die Sonderstellung der Religionsgemeinschaften im Kündigungsschutzrecht und in den staatlichen Mitbestimmungsordnungen, NJW 1980, 89; *Schaub,* Die besondere Verantwortung von Arbeitgeber und Arbeitnehmer für den Arbeitsmarkt – Wege aus der Krise oder rechtlicher Sprengstoff, NZA 1997, 810; *derselbe,* Arbeitsrecht in der Insolvenz, DB 1999, 217; *Schimana,* Abkehrwille des Arbeitnehmers und Kündigungsschutz, AR-Blattei Kündigungsschutz VII, 1979; *derselbe,* Entlassung und Versetzung auf Verlangen des Betriebsrats, AR-Blattei Kündigung XII, 1980; *Schlüter/Belling,* Die Zulässigkeit von Altersgrenzen im Arbeitsverhältnis, NZA 1988, 297; *Schopp,* Das Dienstverhältnis der in beiden christlichen Konfessionen im caritativen/diakonischen Bereich tätigen Mitarbeiter, BB 1983, 1732; *Schröder,* Altersbedingte Kündigung und Altersgrenzen im Individualarbeitsrecht, 1984; *Schüren,* Job-Sharing, 1983; *Schulte,* Rechtsfragen der Ausgleichsquittung bei Beendigung der Arbeitsverhältnisses, DB 1981, 937; *Schwerdtner,* Die Garantie des Rechts auf Arbeit – Ein Weg zur Knechtschaft?, ZfA 1977, 47; *derselbe,* Das „einheitliche Arbeitsverhältnis", ZIP 1982, 900; *derselbe,* Grenzen der Zulässigkeit des Nachschiebens von Kündigungsgründen im Kündigungsschutzprozeß, NZA 1987, 361; *derselbe,* Prinzipien des Kündigungsrechts, in: Brennpunkte des Arbeitsrechts 1998, S. 213; *Schwerdtner/Brill,* Aktuelle Rechtsfragen zum Weiterbeschäftigungsanspruch gekündigter Arbeitnehmer, 1986; *Silberberger,* Weiterbeschäftigungsmöglichkeiten und Kündigungsschutz im Konzern, 1994; *Simon/Kuhne,* Arbeitsrechtliche Aspekte der Telearbeit, BB 1987, 201;

§ 1 1. Abschnitt. Allgemeiner Kündigungsschutz

Spengler, Die Rechtsprechung zum Arbeitsrecht in kirchlichen Angelegenheiten – insbesondere zur Loyalitätspflicht der kirchlichen Mitarbeiter, NZA 1987, 833; *Stahlhacke*, Die Begrenzung von Arbeitsverhältnissen durch Festlegung einer Altersgrenze, DB 1989, 2329; *Steckhahn*, Der Bestandsschutz des Arbeitnehmers beim Betriebsübergang, Festschrift für Schnorr v. Carolsfeld, 1972, S. 463; *v. Stebut*, Der soziale Schutz als Regelungsproblem des Vertragsrechts, 1982; *Strick*, Die Anfechtung von Arbeitsverträgen durch den Arbeitgeber, NZA 2000, 695; *Struck*, Entwicklung und Kritik des Arbeitsrechts im kirchlichen Bereich, NZA 1991, 249; *Stückmann/Kohlepp*, Verhältnismäßigkeitsgrundsatz und „ultima-ratio-Prinzip" im Kündigungsrecht, RdA 2000, 331; *Thüsing/Börschel*, Neuere Entwicklungen in der Rechtsprechung zum kirchlichen Arbeitsrecht, NZA-RR 1999, 561; *Tilse*, Der allgemeine Kündigungsschutz des Arbeitnehmers im gerichtlichen Vergleichsverfahren, Diss. Münster 1977; *Trappe*, Betriebsbelange und Privatinteressen, BB 1974, 43; *Tschöpe*, Rechtsfolgen eines arbeitnehmerseitigen Widerspruchsrechts beim Betriebsinhaberwechsel, 1984; *Vollmer*, Verkürzung der regelmäßigen Arbeitszeit statt Einzelkündigung bei dauerhaftem Produktionsrückgang?, DB 1982, 1933; *Waechter*, Verzicht auf Kündigungsschutz, DB 1972, 628; *Wagner*, Vorrang der Änderungskündigung vor der Beendigungskündigung, NZA 1986, 632; *Walter*, Freie Beweiswürdigung, 1979; *Wank*, Teilzeitbeschäftigte im Kündigungsschutzgesetz, ZIP 1986, 206; *derselbe*, Rechtsfortbildung im Kündigungsschutzrecht, RdA 1987, 129; *derselbe*, Arbeitnehmer und Selbständige, 1988; *I. Weber*, Rechtsprobleme beim Massenkündigungsschutz, RdA 1986, 341; *Weltrich*, Zur Abgrenzung von Franchise- und Arbeitsvertrag, DB 1988, 806; *Weng*, Die Kündigung von Arbeitsverhältnissen mit langer Bindung aus wichtigem Grund, 1980; *Wickler*, Die Arbeitgeberkündigung beim rechtsgeschäftlichen Betriebsinhaberwechsel, 1985; *Willemsen*, Die Kündigung wegen Betriebsübergangs, ZIP 1983, 411; *derselbe*, Die neuere Rechtsprechung des BAG zu § 613a BGB, ZIP 1986, 477; *derselbe*, Alkohol und Arbeitsrecht, DB 1988, 2304; *derselbe*, Der Grundtatbestand des Betriebsübergangs nach § 613a BGB, RdA 1991, 204; *Winterstein*, Die Zulässigkeit des Nachschiebens von Kündigungsgründen im Kündigungsschutzprozeß, 1987; *derselbe*, Nachschieben von Kündigungsgründen – Hinweise für die betriebliche Praxis, NZA 1987, 728; *M. Wolf*, Inhaltskontrolle von Arbeitsverträgen, RdA 1988, 270; *M. Wolf/Gangel*, Anfechtung und Kündigungsschutz, AuR 1982, 271; *Wollenschläger/Frölich*, Kündigungsschutz nach § 613a BGB beim grenzüberschreitenden Betriebsübergang, AuR 1990, 314; *Woltereck*, Suspendierung des Arbeitnehmers, AR-Blattei Arbeitsvertrag-Arbeitsverhältnis VII, 1989; *Woltereck/Haase*, Die Beschäftigung ausländischer Arbeitnehmer in der Bundesrepublik, AR-Blattei Ausländische Arbeitnehmer I, 1987; *Ziemann*, Die Klage auf Wiedereinstellung oder Fortsetzung des Arbeitsverhältnisses, MDR 1999, 716; *Zitscher*, Der „Grundsatz der Verhältnismäßigkeit" im Arbeitsvertragsrecht als Blankettformel, BB 1983, 1285; *Zöllner*, Sind im Interesse einer gerechten Verteilung der Arbeitsplätze Begründung und Beendigung der Arbeitsverhältnisse neu zu regeln?, Gutachten D für den 52. Deutschen Juristentag, 1978; *derselbe*, Auswahlrichtlinien für Personalmaßnahmen, Festschrift für G. Müller, 1981, S. 665; *derselbe*, Immanente Grenzen arbeitsvertraglicher Regelungen, RdA 1989, 152.

Hinweis: Spezielle Literatur findet sich bei den einzelnen Problemkreisen jeweils vor deren Kommentierung (vor Rn. 175).

Übersicht

	Rn.
A. Geschichtliche Entwicklung	1
B. Grundgedanken	4
I. Sinn und Zweck	4
II. Zwingende Wirkung	7
III. Verzicht auf den Kündigungsschutz	10
1. Verzicht	10
2. Aufhebungsvertrag	13
3. Ausgleichsquittung	14
IV. Schutzgesetz	19

Sozial ungerechtfertigte Kündigungen § 1

	Rn.
C. Voraussetzungen des Kündigungsschutzes	20
I. Geschützte Personen	21
1. Arbeitnehmerbegriff	22
a) Persönliche Abhängigkeit	24
b) Weisungsgebundenheit	25
c) Wirtschaftliche Abhängigkeit	28
d) Eingliederung in den Betrieb	29
e) Fehlendes Unternehmerrisiko	30
f) Vertragsinhalt	31
g) Weitere Merkmale	33
2. Einzelfälle (alphabetisch)	34
II. Nicht geschützte Personen	43
1. Persönlich selbständig arbeitende Personen	44
2. Arbeitnehmerähnliche Personen	46
3. Beamte	47
4. Familienangehörige	48
5. Gesellschafter	49
6. Gesetzliche Vertreter juristischer Personen	50
7. Auszubildende	51
8. Arbeitnehmer in fehlerhaften Arbeitsverhältnissen	54
9. Sonstige Personengruppen	55
III. Besondere Arbeitsverhältnisse	57
1. Gruppenarbeitsverhältnis	57
2. Einheitliches Arbeitsverhältnis	58
3. Mittelbares Arbeitsverhältnis	60
IV. Tätigkeit in einem Betrieb	62
V. Wartezeit	63
1. Entstehungsgeschichte	63
2. Sinn und Zweck	64
3. Abdingbarkeit	66
4. Vollendung der Wartezeit	68
5. Tätigkeit im gleichen Unternehmen	70
a) Unternehmensbegriff	71
b) Veränderung der Unternehmenszugehörigkeit	72
c) Ein Unternehmer – zwei Unternehmen	73
6. Rechtsnachfolge	75
7. Berechnung der Wartezeit	77
a) Beginn des Arbeitsverhältnisses	77
b) Unterbrechung	80
c) Darlegungs- und Beweislast	94
VI. Lebensalter	95
VII. Kündigung	96
1. Begriff der Kündigung	97
2. Ordentliche Kündigung	100
3. Abgrenzung zur Nichtigkeit des Arbeitsvertrages	101
4. Kündigungsschutz in der Insolvenz	106
5. Kündigung im Vergleichsverfahren	109
6. Änderungskündigung	110
7. Aussetzen der Arbeit	111
D. Sozialwidrigkeit	112
I. Entwicklung	113
II. System der Kündigungsgründe	116
1. Allgemeines	116
2. Der Kündigungsgrund des § 1 Abs. 2 Satz 1	119
a) Unzumutbarkeit	120
b) Abgrenzung zur außerordentlichen Kündigung	123

§ 1 1. Abschnitt. Allgemeiner Kündigungsschutz

	Rn.
c) Erheblichkeit der Störung des Arbeitsverhältnisses	127
d) Negative Prognose	130
e) Wahrscheinlichkeitsgrad	131
III. Interessenabwägung	135
IV. Grundsatz der Verhältnismäßigkeit	139
1. Kündigung als ultima ratio	139
2. Anderweitige Beschäftigungsmöglichkeit	142
a) Allgemeines	142
b) Unternehmensbezogene Weiterbeschäftigungsmöglichkeit	144
c) Weiterbeschäftigungsangebot	145
d) Kein Konzernbezug	151
V. Gleichbehandlungsgrundsatz	153
VI. Beurteilungsmaßstab und -zeitpunkt	155
VII. Wiedereinstellungsanspruch	156 a
1. Rechtsgrundlage	156 b
2. Befristung des Anspruchs	156 e
3. Auswahlentscheidung	156 j
4. Einzelfälle	156 k
5. Prozessuale Fragen	156 p
VIII. Verzeihung und Verzicht	157
IX. Mitteilung der Kündigungsgründe	159
1. Grundsatz	159
2. Vereinbarte Begründungspflicht	161
3. Schadensersatzpflicht des Arbeitgebers	162
4. Nachschieben von Kündigungsgründen im Prozeß	164
X. Mehrere Kündigungsgründe und sog. Mischtatbestände	166
1. Mehrere Kündigungssachverhalte	167
2. Sog. Mischtatbestände	174
E. Die einzelnen Kündigungsgründe (Abs. 2 Satz 1)	175
I. Gründe in der Person des Arbeitnehmers	175
1. Voraussetzungen	176
a) Fehlende Eignung und negative Prognose	176
b) Konkrete betriebliche Beeinträchtigungen	177
c) Fehlende Weiterbeschäftigungsmöglichkeit	178
d) Interessenabwägung	180
2. Abgrenzung	185
3. Einzelne personenbedingte Kündigungsgründe	186
a) AIDS	187
b) Alkohol- und Drogensucht	190
c) Alter	194
d) Arbeitserlaubnis	196
e) Behördliche Berufsausübungserlaubnis	198
f) Betriebsgeheimnisse	200
g) Druckkündigung	201
h) Eheschließung und Ehescheidung	206
i) Ehrenamt	210
j) Eignung	211
k) Gewissensentscheidung	213
l) Krankheit	217
aa) Häufige Kurzerkrankungen	220
bb) Langandauernde Erkrankung	242
cc) Kündigung wegen dauernder Arbeitsunfähigkeit	252 a
dd) Kündigung wegen krankheitsbedingter Leistungsminderung	252 e
m) Leistungsfähigkeit	253
n) Straf- und Untersuchungshaft	254

Sozial ungerechtfertigte Kündigungen § 1

	Rn.
o) Straftaten	255
p) Tendenzbetriebe	256
q) Verdachtskündigung	260
r) Verschuldung des Arbeitnehmers	267a
s) Wehrdienst ausländischer Arbeitnehmer	268

II. Gründe in dem Verhalten des Arbeitnehmers ... 270
1. Verletzung vertraglicher Pflichten ... 271
2. Negative Zukunftsprognose ... 274
3. Beeinträchtigung des Arbeitsverhältnisses ... 275
4. Fehlende Weiterbeschäftigungsmöglichkeit ... 276
5. Interessenabwägung ... 277
6. Verschulden ... 279
7. Abmahnung ... 280
   a) Funktionen ... 281
   b) Erforderlichkeit ... 283
   c) Voraussetzungen ... 287
   d) Rechtsgrundlage ... 289
   e) Abmahnung und Kündigung ... 291
   f) Rechtsschutz ... 296
8. Darlegungs- und Beweislast ... 303a
9. Einzelne verhaltensbedingte Kündigungsgründe ... 304
   (1) Abkehrwille ... 305
   (2) Abwerbung ... 308
   (3) Alkoholmißbrauch ... 309
   (4) Anzeigen gegen den Arbeitgeber ... 312
   (5) Arbeitskampf ... 314
   (6) Arbeitspapiere ... 315
   (7) Arbeitsverweigerung ... 316
   (8) Außerdienstliches Verhalten ... 321
   (9) Beleidigungen, Bedrohungen und Ehrverletzungen ... 327
   (10) Betriebsfrieden ... 330
   (11) Betriebsgeheimnis ... 332
   (12) Eigenmächtiger Urlaubsantritt ... 333
   (13) Falschbeantwortung zulässiger Fragen ... 334b
   (14) Krankmeldungen ... 335
   (15) Lohnpfändungen ... 343
   (16) Mißbrauch von Kontrolleinrichtungen ... 346
   (17) Nebentätigkeiten ... 347
   (18) Personaleinkauf ... 348a
   (19) Private Telefongespräche ... 348b
   (20) Rauchverbot ... 348c
   (21) Schlechtleistungen ... 349
   (22) Schmiergeld ... 351
   (23) Sexuelle Belästigung ... 351b
   (24) Strafbare Handlungen ... 352
   (25) Tätlichkeiten ... 357
   (26) Überstundenverweigerung ... 358
   (27) Unentschuldigtes Fehlen ... 358b
   (28) Verdachtskündigung ... 359
   (29) Vorstrafen ... 360
   (30) Wettbewerbsverbot ... 360a
   (31) Wohnsitzvereinbarung ... 360c
   (32) Zuspätkommen ... 361

III. Dringende betriebliche Erfordernisse ... 363
1. Überblick ... 364
2. Die unternehmerische Entscheidung ... 366
   a) Bedeutung und Inhalt ... 366
   b) Willkürkontrolle durch die Gerichte ... 371

§ 1   1. Abschnitt. Allgemeiner Kündigungsschutz

	Rn.
3. Wegfall von Beschäftigungsmöglichkeiten	372
a) Auswirkung auf die Beschäftigungsmöglichkeiten	372 a
b) Identität und Kontinuität des Arbeitsplatzes	373
c) Betriebsbezogenheit der unternehmerischen Entscheidung	374
d) Geplante Umsetzung der unternehmerischen Entscheidung	375
e) Gerichtliche Überprüfung	376
4. Dringlichkeit	377
a) Dringlichkeit und Grundsatz der Verhältnismäßigkeit	378
b) Anforderungen an die Dringlichkeit	381
c) Einführung von Kurzarbeit als mildere Maßnahme	384
5. Fehlende Weiterbeschäftigungsmöglichkeit	390
a) Unternehmensbezug	391
b) Freier Arbeitsplatz	394
c) Auswahl bei mehreren Weiterbeschäftigungsmöglichkeiten	400 a
d) Mitbestimmung des Betriebsrats	401
e) Weiterbeschäftigungsmöglichkeit im öffentlichen Dienst	404
f) Darlegungs- und Beweislast	405
6. Beurteilungszeitpunkt	406
7. Gerichtliche Überprüfungsmöglichkeiten	408
8. Kein Ausschluß betriebsbedingter Kündigungen bei unterlassenem Interessenausgleich	412 a
9. Einzelfälle	413
a) Anforderungsprofil	413 a
b) Arbeitsverdichtung	413 c
c) Betriebsstillegung	414
d) Betriebsübergang	418
e) Drittmittelfinanzierte Arbeitsverhältnisse	423 a
f) Fremdvergabe von Arbeitsaufgaben	423 c
g) Leiharbeitnehmer	423 f
h) Öffentlicher Dienst	423 i
i) Rationalisierungsmaßnahmen	424
j) Teilzeitarbeit	425 a
k) Umsatz- und Auftragsrückgang	426
l) Unrentabilität und Gewinnverfall	430
10. Soziale Auswahl (Abs. 3)	431
a) Allgemeines	432
b) Betriebsbezogenheit	434
c) Betriebsübergang	439
d) Vergleichbarkeit der Arbeitnehmer	442
e) Kriterien der Vergleichbarkeit	451
f) Arbeitnehmer mit Sonderkündigungsschutz	453
g) Kurzzeitig und vorläufig weiterbeschäftigte Arbeitnehmer	460
h) Auswahlgesichtspunkte	462
i) Gerichtliche Überprüfungsmöglichkeiten	475
j) Berechtigte betriebliche Bedürfnisse nach Abs. 3 Satz 2	476
k) Auswahlrichtlinien	481
l) Massenkündigungen	485
m) Unterrichtung des Betriebsrats	488
n) Auskunftsanspruch des Arbeitnehmers	490
o) Darlegungs- und Beweislast	492
p) Soziale Auswahl in der Insolvenz	494 a
IV. Zusammenfassende Übersicht zum Kündigungsgrund	494 d
F. Die besonderen – absoluten – Gründe für die Sozialwidrigkeit der Kündigung (Abs. 2 Satz 2 und 3)	495
I. Allgemeines	495
II. Sinn und Zweck	498
III. Verhältnis von Abs. 2 Satz 1 und Satz 2	499

Sozial ungerechtfertigte Kündigungen § 1

	Rn.
IV. Widerspruch des Betriebsrats als Voraussetzung	505
V. Folgen eines Widerspruchs des Betriebsrats	508
VI. Das Widerspruchsverfahren nach dem BPersVG	514
VII. Die Widerspruchsgründe des § 102 Abs. 3 BetrVG	516
1. Grundsätze	517
2. Verstoß gegen eine Auswahlrichtlinie	522
3. Möglichkeit der Weiterbeschäftigung auf einem anderen Arbeitsplatz	529
VIII. Darlegungs- und Beweislast	541
G. Gesamtsystem der Darlegungs- und Beweislast des § 1	544
H. Befristete und auflösend bedingte Arbeitsverhältnisse ...	554
I. Die Befristung nach dem Teilzeit- und Befristungsgesetz (TzBfG)	555
1. Allgemeines	555
2. Begriff des befristeten Arbeitsverhältnisses	557
3. Zulässigkeit der Befristung von Arbeitsverhältnissen	560
a) Überblick	560
b) Gesetzliche Sachgründe	565
aa) Vorübergehender personeller Mehrbedarf	565
bb) Anschlußbeschäftigung an Ausbildung oder Studium	569
cc) Vertretung eines anderen Arbeitnehmers	570
dd) Eigenart der Arbeitsleistung	575
ee) Befristung zur Erprobung	578
ff) Gründe in der Person des Arbeitnehmers	580
gg) Befristete Haushaltsmittel	585
hh) Gerichtlicher Vergleich	590
c) Weitere Sachgründe	591
d) Beurteilungszeitpunkt	593
e) Vereinbarung des Befristungsgrundes	597
f) Befristungsdauer	601
g) Befristung einzelner Vertragsbedingungen	603
h) Nachträgliche Befristung	608
4. Befristung ohne sachlichen Grund	609
a) Grundsatz	609
b) Neueinstellung	612
c) Abweichende Tarifverträge	617
d) Befristung älterer Arbeitnehmer	618
5. Schriftformerfordernis	620
6. Ende des befristeten Arbeitsvertrages	622
7. Klagefrist	624
8. Übergangsprobleme	625
9. Mitbestimmung des Betriebs- und Personalrats	627
10. Auflösend bedingte Arbeitsverhältnisse	629
11. Darlegungs- und Beweislast	635
II. Die Regelungen des BeschFG 1996	637
1. Verlängerung bis zur Dauer von zwei Jahren	638
2. Anschlußverbot, § 1 Abs. 3 BeschFG	642
3. Fiktionswirkung des § 1 Abs. 5 BeschFG	647

§ 1 1–3 1. Abschnitt. Allgemeiner Kündigungsschutz

A. Geschichtliche Entwicklung

1 **§ 1** enthält die **grundlegende Norm des allgemeinen Kündigungsschutzes.** Während in der Zeit des liberalen Wirtschaftssystems für die Kündigung des Arbeitsverhältnisses der Grundsatz der Kündigungsfreiheit maßgebend war, der Arbeitgeber also ebensowenig wie der Arbeitnehmer für die ordentliche Kündigung besondere Gründe darzulegen brauchte, ist heute auf seiten des Arbeitgebers grundsätzlich nur noch eine sozial gerechtfertigte Kündigung statthaft (ausführlich Einl. Rn. 1 ff.).

2 Das Gesetz macht zwar die Wirksamkeit der ordentlichen Kündigung nicht unmittelbar von bestimmten Gründen abhängig, erklärt aber die sozial ungerechtfertigte Kündigung für rechtsunwirksam und bestimmt weiter, daß die **Kündigung dann sozial ungerechtfertigt ist, wenn nicht bestimmte, vom Arbeitgeber zu beweisende Rechtfertigungsgründe vorliegen** (§ 1 Abs. 2 Satz 1), oder wenn umgekehrt bestimmte im § 1 Abs. 2 Satz 2 und 3 geregelte Hindernisgründe gegeben sind, so daß im Ergebnis die Wirksamkeit der Kündigung doch von dem Vorhandensein oder Nichtvorhandensein dieser Voraussetzungen abhängig ist. Damit geht das KSchG weiter als das BRG 1920 und das AOG, die grundsätzlich die ordentliche Kündigung ohne Vorliegen besonderer Voraussetzungen als gültig ansahen und nur ausnahmsweise, nämlich dann, wenn die Kündigung eine unbillige, nicht betriebsbedingte Härte darstellte, dem Arbeitnehmer ein Recht zum Einspruch gaben. Der Einspruch führte dann allerdings auch nicht zur Unwirksamkeit der Kündigung, sondern nur zu einem Wahlrecht des Arbeitgebers zwischen Widerruf der Kündigung und Zahlung einer Entschädigung (ausführlich Einl. Rn. 19 ff.).

3 § 1 hat nach seinem Inkrafttreten im Jahre 1951 durch Art. I Nr. 1 und 2 des 1. ArbRBereinigG vom 14. 8. 1969, durch § 123 Nr. 1 BetrVG vom 15. 1. 1972, durch § 114 Abs. 1 BPersVG vom 15. 3. 1974, durch Art. 1 des Änderungsgesetzes vom 5. 7. 1976, das Arbeitsrechtliche Beschäftigungsförderungsgesetz vom 25. 9. 1996 und das Gesetz zu Korrekturen in der Sozialversicherung und zur Sicherung der Arbeitnehmerrechte vom 19. 12. 1998 folgende **Änderungen** erfahren:
1. Das Mindestalter des Arbeitnehmers ist 1969 von 20 auf 18 Jahre herabgesetzt und 1976 **ganz aufgehoben** worden.
2. Für die **Wartezeit** von 6 Monaten ist nur noch die Dauer des Arbeitsverhältnisses maßgebend (§ 1 Abs. 1).
3. Der Arbeitgeber ist verpflichtet, auf Verlangen des Arbeitnehmers diesem die **Gründe** für die soziale Auswahl **anzugeben** (§ 1 Abs. 3 Satz 1 Hs. 2).
4. Die Vorschrift des **Abs. 2** ist **erweitert** worden durch Aufnahme von vier der fünf Fälle, in denen nach § 102 Abs. 3 BetrVG der Betriebsrat Widerspruch bzw. nach § 79 Abs. 1 BPersVG der Personalrat Einwendungen gegen eine ordentliche Kündigung erheben kann.
5. **Konkretisierung des Abs. 3 und Einfügung der Abs. 4 und 5,** die Auswirkung von Kollektivvereinbarungen auf betriebsbedingte Kündigungen regeln.
6. **Beseitigung** der Änderungen in Abs. 3, **Änderung** des Abs. 4 sowie **Aufhebung** des Abs. 5.

B. Grundgedanken

I. Sinn und Zweck

Durch § 1 wird die **Kündigungsfreiheit** des Arbeitgebers **eingeschränkt.** 4
Eine ordentliche Kündigung führt grundsätzlich nur dann zur Beendigung
des Arbeitsverhältnisses, wenn hierfür die in § 1 Abs. 2 genannten Gründe
vorliegen. Eine Ausnahme von diesem Grundsatz enthalten die §§ 9 und 10,
wonach unter den dort genannten Voraussetzungen auch beim Vorliegen einer sozial ungerechtfertigten Kündigung das Arbeitsverhältnis durch Urteil
aufzulösen ist. Diese Vorschriften stellen aber einen Ausnahmetatbestand und
keinen allgemeinen Rechtsgrundsatz dar. Zu Recht hat daher das BAG wiederholt festgestellt, das KSchG diene vornehmlich dem Schutz des Arbeitsplatzes. Es ist ein **„Bestandsschutzgesetz und kein Abfindungsgesetz"**[1],
auch wenn nur 14% der Kündigungsschutzverfahren durch streitiges Urteil
entschieden werden.[2] Im Hinblick darauf, daß in der Praxis Kündigungsschutzprozesse ganz überwiegend mit einem Abfindungsvergleich beendet
werden und sich damit die Rechtswirklichkeit vom gesetzlichen Leitbild seit
langem weit entfernt hat, ist de lege ferenda zu erwägen, Arbeitgeber und
Arbeitnehmer nach Feststellung der Rechtswidrigkeit der Kündigung ein
Wahlrecht zwischen Weiterbeschäftigung und Abfindungszahlung einzuräumen.[3]

Mit den geltenden Kündigungsschutzvorschriften hat der Staat der aus 4a
Art. 12 Abs. 1 GG folgenden Schutzpflicht Rechnung getragen.[4] Denn
Art. 12 Abs. 1 GG schützt zugunsten des Arbeitnehmers u. a. die freie Wahl
des Arbeitsplatzes, die neben der Entscheidung für eine konkrete Beschäftigung auch den Willen des einzelnen umfaßt, den Arbeitsplatz zu behalten.
Diesem Interesse des Arbeitnehmers steht allerdings das gleichfalls von Art. 12
GG geschützte Interesse des Arbeitgebers gegenüber, in seinem Unternehmen nur Mitarbeiter zu beschäftigen, die seinen Vorstellungen entsprechen.
Da der Arbeitgeber damit seine Berufsfreiheit ausübt, hat der Gesetzgeber die
kollidierenden Grundrechtspositionen zu erfassen und so zu begrenzen, daß
sie für alle Beteiligten möglichst weitgehend wirksam werden. Dies ist mit
dem KSchG verfassungskonform geschehen.[5]

Der Schutz des Arbeitnehmers durch Art. 12 Abs. 1 GG geht freilich nicht 4b
so weit, daß hieraus ein Anspruch auf Bereitstellung eines Arbeitsplatzes eigener Wahl oder eine Bestandsgarantie für den einmal gewählten Arbeits-

---

[1] BAG 5. 11. 1964, AP Nr. 20 zu § 7 KSchG mit Anm. *Herschel;* BAG 7. 5. 1987, AP Nr. 19 zu § 9 KSchG 1969; dazu krit. *Rühle* DB 1991, 1378 ff.
[2] *Falke/Höland* u. a. S. 484; dazu *Däubler* 8.9.7.
[3] Vgl. ausf. zu solchen Reformüberlegungen *v. Hoyningen-Huene* Festschrift zum 50jährigen Bestehen der Arbeitsgerichtsbarkeit Rheinland-Pfalz S. 215, 240.
[4] BVerfG 24. 4. 1991, BVerfGE 84, 133, 146 f. = AP Nr. 70 zu Art. 12 GG = EzA Art. 13 Einigungsvertrag Nr. 1 mit Anm. *Berger-Delhey;* BVerfG 21. 2. 1995, EzA Art. 20 Einigungsvertrag Nr. 44 = JZ 1995, 897 mit Anm. *Goerlich* zu C I der Gründe; BVerfG 27. 1. 1998 AP Nr. 17 zu § 23 KSchG 1969; APS/*Dörner* § 1 KSchG Rn. 2; HK-KSchG/*Dorndorf* § 1 Rn. 171 ff.; ausf. hierzu *Boemke/Gründel* ZfA 2001, 245, 268 ff.; *Oetker* RdA 1997, 7 ff.
[5] BVerfG 27. 1. 1998, AP Nr. 17 zu § 23 KSchG 1969.

platz hergeleitet werden könnte.⁶ Das Grundrecht schützt nicht unmittelbar vor dem Verlust des Arbeitsplatzes auf Grund privater Disposition des Arbeitgebers. Der objektive Gehalt des Art. 12 Abs. 1 GG ist jedoch bei der **Auslegung des unbestimmten Rechtsbegriffs „soziale Rechtfertigung"** im Kündigungsschutzprozeß zu beachten.⁷

5 Nach der gesetzlichen Regelung wird die Kündigung durch die Gerichte **nachträglich** auf ihre Wirksamkeit **überprüft**.⁸ Das bedeutet, daß das Arbeitsverhältnis zunächst mit Ablauf der Kündigungsfrist endet. Erst durch die rechtskräftige gerichtliche Feststellung, daß das Arbeitsverhältnis durch die Kündigung nicht beendet wurde, wird im nachhinein die Unwirksamkeit der Kündigung festgestellt.

6 Hieraus resultieren bei längerer Verfahrensdauer große Schwierigkeiten bei der Wiedereingliederung des gekündigten Arbeitnehmers nach erfolgreichem Abschluß des Kündigungsschutzprozesses. Nur rund 1,7% der gekündigten Arbeitnehmer kehren nach erhobener Kündigungsschutzklage gegen den Willen des Arbeitgebers in den alten Betrieb zurück.⁹ Dem soll für Betriebe mit Betriebsrat § 102 Abs. 5 BetrVG entgegenwirken, wonach dem Arbeitnehmer für die Dauer des Kündigungsschutzprozesses ein **Weiterbeschäftigungsanspruch** zusteht, wenn der Betriebsrat der Kündigung zuvor nach § 102 Abs. 3 BetrVG widersprochen hat. Darüber hinaus hat der Große Senat des BAG im Wege der Rechtsfortbildung einen allgemeinen Weiterbeschäftigungsanspruch geschaffen.¹⁰

II. Zwingende Wirkung

7 Als ausgesprochene Schutzbestimmung ist die Vorschrift des § 1 **zugunsten des Arbeitnehmers zwingend.** Ein Ausschluß oder eine Beschränkung des Schutzes kann deshalb weder durch Einzelvertrag noch durch Tarifvertrag oder Betriebsvereinbarung im voraus wirksam vereinbart werden.¹¹

---

⁶ BVerfG 21. 2. 1995, EzA Art. 20 Einigungsvertrag Nr. 44; zur Vertragsbeendigungsfreiheit des Arbeitgebers siehe auch *Boemke* NZA 1993, 532, 537; *v. Hoyningen-Huene* Anm. zu BAG EzA § 242 BGB Nr. 39.

⁷ Vgl. *Kühling* AuR 1994, 126, 128; *Kittner/Däubler/Zwanziger* Einl. Rn. 10; siehe dazu auch BAG 23. 6. 1994, AP Nr. 9 zu § 242 BGB Kündigung = EzA § 242 BGB Nr. 39 mit abl. Anm. *v. Hoyningen-Huene* = SAE 1995, 103 mit zust. Anm. *Sandmann*, das zur verfassungskonformen Auslegung Art. 2 Abs. 1 GG heranzieht; zu dieser Entscheidung näher § 13 Rn. 92 b.

⁸ BAG 26. 5. 1977, AP Nr. 5 zu § 611 BGB Beschäftigungspflicht unter III 5 a mit zust. Anm. *Hj. Weber* = EzA § 611 BGB Beschäftigungspflicht Nr. 2 mit krit. Anm. *Dütz* = SAE 1978, 242 mit krit. Anm. *Reuter* = AR-Blattei Beschäftigungspflicht Nr. 6 mit Anm. *Buchner;* ErfK/*Ascheid* § 1 KSchG Rn. 24; – ausf. hierzu *Bernert* Festschrift für E. Wolf 1985 S. 1 ff.

⁹ Vgl. *Falke/Höland/Rohde/Zimmermann* Forschungsbericht Kündigungspraxis und Kündigungsschutz in der Bundesrepublik Deutschland 1978, S. 859.

¹⁰ Vgl. BAG GS 27. 2. 1985, AP Nr. 14 zu § 611 BGB Beschäftigungspflicht Nr. 9 mit Anm. *Gamillscheg* = SAE 1986, 37 mit Anm. *Lieb* = AuR 1986, 326 mit Anm. *Ramm* = AR-Blattei Beschäftigungspflicht Entsch. 15 mit Anm. *Buchner,* der aber mit dem Grundsatz der nachträglichen Überprüfung der Kündigung nicht zu vereinbaren ist vgl. *v. Hoyningen-Huene* BB 1988, 264, 265 f. sowie näher dazu § 4 Rn. 94 ff.

¹¹ Vgl. BAG 11. 3. 1976, AP Nr. 1 zu § 95 BetrVG 1972 unter II 3 mit zust. Anm. *G. Hueck* = EzA § 95 BetrVG 1972 Nr. 1 mit zust. Anm. *Gamillscheg* = SAE 1977, 145 mit zust. Anm. *Peterek; Ascheid* Kündigungsschutzrecht Rn. 180; ErfK/*Ascheid* § 1

Sozial ungerechtfertigte Kündigungen　　　　　　　　　　8, 9　§ 1

Aus diesem Grunde sind tarifvertragliche Regelungen oder Auswahlrichtlinien nach § 95 BetrVG, welche die soziale Auswahl abweichend von § 1 Abs. 3 KSchG regeln, unwirksam.[12] Gleichfalls unwirksam ist ein Sozialplan, der die Zahlung von Abfindungen an die infolge einer Betriebsänderung entlassenen Arbeitnehmer davon abhängig macht, daß diese gegen ihre Kündigungen keine gerichtlichen Schritte unternehmen.[13]

Einzelvertragliche oder kollektivrechtliche Regelungen, wonach bestimmte　8 Gründe eine Kündigung stets rechtfertigen sollen (sog. **absolute Kündigungsgründe**), sind für das Gericht nicht bindend, weil sie entgegen der gesetzlichen Regelung zu einer Kündigung ohne Rücksicht auf die Umstände des Einzelfalles führen würden.[14] Bei der Interessenabwägung sind freilich derartige Vereinbarungen zu berücksichtigen, weil sie Aufschluß über die Einstellung der Parteien zu der Bedeutung und Wichtigkeit dieser Gründe wiedergeben. Mit Ausnahme von § 64 Abs. 1 SeemG gibt es heute auch keine gesetzlich geregelten absoluten Kündigungsgründe mehr.

Durch Parteivereinbarungen oder kollektivrechtliche Regelungen ist es　9 jedoch möglich, den Kündigungsschutz **zugunsten des Arbeitnehmers zu verbessern**. So gibt es in zahlreichen Tarifverträgen eine Alterssicherung, welche die ordentliche Kündigung älterer Arbeitnehmer ausschließt (vgl. z. B. § 53 Abs. 3 BAT, wonach einem Beschäftigten, der das 40. Lebensjahr vollendet und eine Beschäftigungszeit von mindestens 15 Jahren hat, nur noch aus wichtigem Grund gekündigt werden kann).[15] Möglich sind daneben auch Regelungen, wonach der allgemeine Kündigungsschutz des § 1 bereits vor Ablauf der Wartezeit von sechs Monaten gelten soll.[16] Denkbar sind ferner Vereinbarungen über die Geltung des allgemeinen Kündigungsschutzes für Arbeitnehmer in Kleinbetrieben.[17]

KSchG Rn. 18; KR-*Etzel* § 1 KSchG Rn. 25; HaKo-*Fiebig* § 1 Rn. 6; *Löwisch* Vorbem. zu § 1 Rn. 94 f.; *Stahlhacke/Preis/Vossen* Rn. 764.
[12] Vgl. BAG 11. 3. 1976, AP Nr. 1 zu § 95 BetrVG 1972; BAG 15. 6. 1989, AP Nr. 18 zu § 1 KSchG 1969 Soziale Auswahl = EzA § 1 KSchG Soziale Auswahl Nr. 27 mit Anm. *Hergenröder;* BAG 18. 1. 1990, AP Nr. 19 zu § 1 KSchG 1969 Soziale Auswahl = SAE 1991, 118 mit zust. Anm. *v. Hoyningen-Huene* sowie unten Rn. 481 ff.
[13] BAG 20. 12. 1983, AP Nr. 1 zu § 112 BetrVG 1972 mit zust. Anm. *v. Hoyningen-Huene.*
[14] BAG 11. 3. 1976, AP Nr. 1 zu § 95 BetrVG 1972 mit zust. Anm. *G. Hueck* = EzA § 95 BetrVG 1972 mit Anm. *Gamillscheg* = SAE 1977, 145 mit Anm. *Peterek;* APS/*Dörner* § 1 KSchG Rn. 5; KR-*Etzel* § 1 KSchG Rn. 235; *Löwisch* Vorbem. zu § 1 Rn. 97; *Preis* S. 95 f.
[15] Zu Rationalisierungsschutzabkommen vgl. BAG 3. 5. 1978, AP Nr. 5 zu § 1 KSchG 1969 Betriebsbedingte Kündigung; zu einem tariflichen Kündigungsverbot aus Anlaß der Arbeitsunfähigkeit BAG 5. 2. 1998, AP Nr. 3 zu § 1 TVG Tarifverträge: Apotheken; zu einem tarifvertraglich vereinbarten zeitlich befristeten Verbot betriebsbedingter Kündigungen bei der Volkswagen AG vgl. NZA 1994, 111; *Beck* AuR 1981, 333 ff.; *Kittner/Däubler/Zwanziger* Einl. Rn. 347 ff.; *Kania/Kramer* RdA 1995, 287 ff.; *Koller* ZfA 1978, 45 ff.; *Stahlhacke/Preis/Vossen* Rn. 207.
[16] BAG 18. 2. 1967, AP Nr. 81 zu § 1 KSchG mit zust. Anm. *A. Hueck;* BAG 28. 2. 1990, AP Nr. 8 zu § 1 KSchG 1969 Wartezeit; ErfK/*Ascheid* § 1 KSchG Rn. 20; APS/*Dörner* § 1 KSchG Rn. 6; HK-KSchG/*Dorndorf* § 1 Rn. 61; KR-*Etzel* § 1 KSchG Rn. 104; zur Erstreckung tariflicher Beschränkungen von betriebsbedingten Kündigungen auf Arbeitnehmer in den ersten sechs Monaten des Arbeitsverhältnisses vgl. BAG 13. 6. 1996, AP Nr. 21 zu § 1 TVG Tarifverträge: Lufthansa.
[17] Vgl. KR-*Etzel* § 1 KSchG Rn. 28; abweichend *Löwisch* § 23 Rn. 24, der eine tarifvertragliche Erweiterung des betrieblichen Geltungsbereichs des KSchG ablehnt.

III. Verzicht auf den Kündigungsschutz

1. Verzicht

10 Auf Grund der zwingenden Wirkung des KSchG ist ein während des ungekündigten Bestandes des Arbeitsverhältnisses erklärter Verzicht des Arbeitnehmers auf den allgemeinen Kündigungsschutz unwirksam.[18] Deshalb darf auch in Sozialplänen die Zahlung von Abfindungen an die infolge einer Betriebsänderung zu kündigenden Arbeitnehmer nicht davon abhängig gemacht werden, daß diese gegen ihre Kündigung keine gerichtlichen Schritte unternehmen.[19] Zulässig ist nur ein Hinausschieben der Fälligkeit der Sozialplanansprüche bis zum rechtskräftigen Abschluß des Kündigungsrechtsstreits.[20] Schließlich ist auch ein Verzicht auf die verlängerten Kündigungsfristen bei längerer Betriebszugehörigkeit vor Ausspruch der Kündigung unwirksam.[21]

11 **Nach Zugang der Kündigung** kann der Arbeitnehmer allerdings auf die gerichtliche Geltendmachung des allgemeinen Kündigungsschutzes wirksam verzichten (pactum de non petendo). Die Zulässigkeit eines solchen Verzichts ergibt sich bereits daraus, daß das KSchG im Gegensatz zu anderen Gesetzen, die einen Verzicht auf bestimmte Rechte für unzulässig erklären (vgl. § 4 Abs. 4 TVG, § 13 Abs. 1 Satz 3 BUrlG, § 12 EFZG), keine Regelung getroffen hat, die dem Arbeitnehmer den Verzicht auf den Kündigungsschutz untersagt. Hinzu kommt, daß der Arbeitnehmer aus Rechtsgründen nicht gehalten ist, eine ihm ausgesprochene Kündigung mit der Kündigungsschutzklage anzugreifen, sondern untätig bleiben und die Kündigung hinnehmen kann mit der Folge, daß diese dann gemäß § 7 wirksam wird.[22]

11a Der Arbeitnehmer kann **nach erfolgter Kündigung auch vor Ablauf der Drei-Wochen-Frist** des § 4 auf die Erhebung der Kündigungsschutzklage verzichten;[23] denn anderenfalls würde die dem Arbeitnehmer grundsätzlich eingeräumte Entscheidungsfreiheit ohne zwingenden Grund eingeschränkt werden.[24] Ob bei Hinnahme einer offensichtlich rechtswidrigen

---

[18] Ganz h. M., vgl. BAG 6. 6. 1958, AP Nr. 18 zu § 44 Truppenvertrag unter I mit zust. Anm. G. *Hueck;* LAG München BB 1988, 348; *Ascheid* Kündigungsschutzrecht Rn. 180; HK-KSchG/*Hauck* § 4 Rn. 4; KR-*Friedrich* § 4 KSchG Rn. 296; *Schaub* § 134 Rn. 2; *Stahlhacke/Preis/Vossen* Rn. 764; – abweichend *Adomeit* NJW 1989, 1715; *Adomeit/Spinti* AR-Blattei SD 1010.9 (1992) Rn. 179ff.; *Neuhausen* S. 113.
[19] Vgl. BAG 20. 12. 1983, AP Nr. 17 zu § 112 BetrVG 1972 mit Anm. *v. Hoyningen-Huene* = EzA § 112 BetrVG 1972 Nr. 29 mit Anm. *Kreutz* = AR-Blattei Sozialplan Entsch. 19 mit Anm. *Löwisch* = SAE 1985, 263 mit Anm. *Hanau.*
[20] BAG 20. 6. 1985, AP Nr. 33 zu § 112 BetrVG 1972 mit Anm. *Hj. Weber.*
[21] LAG Frankfurt 24. 4. 1987, LAGE § 4 KSchG Verzicht Nr. 1.
[22] So zutr. BAG 3. 5. 1979, AP Nr. 6 zu § 4 KSchG 1969 mit zust. Anm. *Grunsky* = EzA § 4 KSchG Anm. *Herschel* = SAE 1980, 118 mit zust. Anm. *Heckelmann;* ErfK/*Ascheid* § 1 KSchG Rn. 16; APS/*Dörner* § 1 KSchG Rn. 8; KR-*Friedrich* § 4 KSchG Rn. 297; *Löwisch* § 7 Rn. 7; *Schaub* § 134 Rn. 3; *Stahlhacke/Preis/Vossen* Rn. 764.
[23] Ebenso die in Fn. 22 Genannten; abweichend *Herschel* Anm. zu BAG AP Nr. 4 zu § 4 KSchG 1969; *Schwerdtner* Anm. zu BAG EzA § 4 KSchG n. F. Nr. 12 sowie teilweise auch *Stahlhacke/Preis/Vossen* Rn. 764 Fn. 830 f.; KR-*M. Wolf* 3. Aufl. Grunds. Rn. 580.
[24] So zutr. BAG 3. 5. 1979, AP Nr. 6 zu § 4 KSchG 1969.

Kündigung eine Sperrzeit nach § 144 SGB III eintritt, hat das BSG zwar für naheliegend gehalten, im Ergebnis jedoch offengelassen.²⁵ Für den Verzicht auf den gesetzlichen Kündigungsschutz ist eine nach außen **deutlich erkennbare Äußerung** des Arbeitnehmers erforderlich. Eine wirksame Verzichtserklärung liegt beispielsweise vor, wenn der Arbeitnehmer erklärt, „gegen die Kündigung werden von mir keine Einwendungen erhoben".²⁶ Bloßes Schweigen gegenüber der Kündigung genügt nicht, da der Arbeitnehmer nicht gehalten ist, sich alsbald zu äußern.²⁷ Er kann vielmehr, wie die Drei-Wochen-Frist des § 4 für die Kündigungsschutzklage zeigt, zunächst überlegen, ob er gegen die Kündigung vorgehen will oder nicht.

2. Aufhebungsvertrag

Schrifttum: *Bauer,* Arbeitsrechtliche Aufhebungsverträge, 6. Aufl. 1999; *derselbe,* Beseitigung von Aufhebungsverträgen, NZA 1992, 1015; *derselbe,* Spiel mit Worten, NZA 1994, 440; *derselbe,* Unwirksame Aufhebungsverträge, NJW 1994, 980; *derselbe,* Sperrzeit aus Anlaß der Beendigung von Arbeitsverhältnissen, ArbRGgw. 1998, Band 35, S. 95; *derselbe,* Rechtsprechung der Jahre 1996 bis 1998 zu arbeitsrechtlichen Aufhebungsverträgen, NZA-RR 1999, 1; *Bauer/Diller,* Zur Inhaltskontrolle von Aufhebungsverträgen, DB 1995, 1810; *Bauer/Haußmann,* Der Rücktritt vom Aufhebungsvertrag, BB 1996, 901; *Bengelsdorf,* Arbeitsvertraglicher Aufhebungsvertrag und gestörte Vertragsparität, BB 1995, 978; *derselbe,* Privatautonomie und Aufhebungsvertrag, DB 1997, 874; *Boemke,* Privatautonomie im Arbeitsvertragsrecht, NZA 1993, 532; *Dieterich,* Grundgesetz und Privatautonomie im Arbeitsrecht, RdA 1995, 129; *Diller/Schuster,* Aufhebungsverträge mit Scheinselbständigen, FA 1998, 138; *Ehrich,* Recht des Arbeitnehmers zum Widerruf des Aufhebungsvertrages wegen „Überrumpelung" durch den Arbeitgeber?, DB 1992, 2239; *derselbe,* Unwirksamkeit eines Aufhebungsvertrages wegen „Überrumpelung" durch den Arbeitgeber, NZA 1994, 438; *Ernst,* Aufhebungsverträge zur Beendigung von Arbeitsverhältnissen, 1993; *Germelmann,* Grenzen der einvernehmlichen Beendigung von Arbeitsverhältnissen, NZA 1997, 236; *Glatzel,* Der Aufhebungsvertrag, AR-Blattei SD 260 (2000); *Große,* Rechtliche Gestaltungsmöglichkeiten zur vorzeitigen Beendigung des Berufsausbildungsverhältnisses, BB 1993, 2081; *Grunewald,* Der arbeitsrechtliche Abwicklungsvertrag – Alternative oder Ende des arbeitsrechtlichen Aufhebungsvertrages?, NZA 1994, 441; *Hoß/Ehrich,* Hinweis- und Aufklärungspflichten des Arbeitgebers beim Abschluß von Aufhebungsverträgen, DB 1997, 625; *Hoß/Kothe-Heggemann,* Inhalt arbeitsrechtlicher Aufhebungsverträge, MDR 1997, 1077; *Hümmerich,* Abschied vom arbeitsrechtlichen Abwicklungsvertrag, AuR 1994, 256; *derselbe,* Acht aktuelle Vorteile beim Abwicklungsvertrag, BB 1999, 1868; *Lorenz,* Arbeitsrechtlicher Aufhebungsvertrag, Haustürwiderrufsgesetz und „Undue Influence", JZ 1997, 277; *Müller* Arbeitsrechtliche Aufhebungsverträge, 1991; *Weber/Ehrich/Hoß,* Handbuch arbeitsrechtlicher Aufhebungsverträge, 2. Aufl. 1999; *Weber/Ehrich,* Anfechtung eines Aufhebungsvertrages – der verständig denkende Arbeitgeber, NZA 1997, 414; *dieselben,* Prozessuale Folgen der Unwirksamkeit von Aufhebungsverträgen bei Kündigungsschutzklagen, DB 1995, 2369; *Wisskirchen/Worzalla,* Aktuelle Fragen zu arbeitsrechtlichen Aufhebungsverträgen, DB 1994, 577; *Zwanziger,* Aufhebungsverträge und Vertragsfreiheit, BB 1996, 903.

---

²⁵ BSG 9. 11. 1995, EzA § 119a AFG Nr. 2; vgl. dazu auch *Gagel* HzA Gruppe 1/8 Rn. 2739 ff.
²⁶ BAG 6. 4. 1977, AP Nr. 4 zu § 4 KSchG 1969.
²⁷ Ebenso ErfK/*Ascheid* § 1 KSchG Rn. 16; APS/*Dörner* § 1 KSchG Rn. 16; KR-*Etzel* § 1 KSchG Rn. 30; KR-*Friedrich* § 4 KSchG Rn. 298; HK-KSchG/*Hauck* § 4 Rn. 5; *Stahlhacke/Preis/Vossen* Rn. 765.

13 Auf den Kündigungsschutz kann auf ganz unterschiedliche rechtsgeschäftliche Art verzichtet werden. Der Verzicht kann in einem **Aufhebungsvertrag** (in § 623 BGB jetzt als Auflösungsvertrag bezeichnet),[28] **Vergleich, Klageverzichtsvertrag** oder, wenn die Klage schon erhoben wurde, in einem **vertraglichen Klagerücknahmeversprechen** liegen.[29] In allen Fällen handelt es sich um einen **materiellrechtlichen Vertrag**, auf welchen die allgemeinen Vorschriften über Auslegung und Mängel von Willenserklärungen Anwendung finden.[30] Der Verzicht auf die Erhebung einer Kündigungsschutzklage kann dagegen nicht durch Erlaßvertrag (§ 397 Abs. 1 BGB) oder negatives Schuldanerkenntnis (§ 397 Abs. 2 BGB) erfolgen, da der Verzicht keinen schuldrechtlichen Anspruch betrifft.[31]

13 a Wenn der Arbeitnehmer bereit ist, auf den Kündigungsschutz zu verzichten, wird in der Praxis in der Regel ein **Aufhebungsvertrag** geschlossen. Das Recht der Arbeitsvertragsparteien, das Arbeitsverhältnis einverständlich zu beenden, gehört dabei zum Grundrecht der Berufsfreiheit. Für den Arbeitnehmer zählt die Freiheit, ein Arbeitsverhältnis zu beenden, ebenso zur freien Wahl des Arbeitsplatzes, Art. 12 Abs. 1 Satz 1 GG, wie die Freiheit des Arbeitgebers zur einvernehmlichen Vertragsbeendigung.[32] Zu Recht hat das BAG deshalb auch angenommen, daß ein Aufhebungsvertrag nicht allein deshalb unwirksam ist, weil der Arbeitgeber dem Arbeitnehmer weder eine Bedenkzeit noch ein Rücktritts- bzw. Widerrufsrecht eingeräumt und ihm auch das Thema des beabsichtigten Gesprächs über die Vertragsbeendigung vorher nicht mitgeteilt hat.[33]

13 b Aufhebungsverträge bedürfen seit 1. 5. 2000 gemäß § 623 BGB der **Schriftform**.[34] Damit scheidet nunmehr eine wirksame Beendigung des Arbeitsverhältnisses durch konkludentes Verhalten aus.[35] Der **Betriebsrat** ist vor Abschluß eines Aufhebungsvertrages nicht nach § 102 Abs. 1 BetrVG zu beteiligen, weil die einvernehmliche Vertragsbeendigung keine Kündigung darstellt.[36] Für Arbeitsverhältnisse des öffentlichen Dienstes kann freilich je nach Ausgestaltung des Landespersonalvertretungsgesetzes eine Beteiligung des **Personalrats** beim Abschluß des Aufhebungsvertrages erforderlich sein.[37]

13 c Die Arbeitsvertragsparteien können ihr Rechtsverhältnis im Zusammenhang mit einem **Betriebsübergang** auch ohne Vorliegen eines sachlichen Grundes wirksam durch Aufhebungsvertrag auflösen, wenn die Verein-

---

[28] Dazu BAG 30. 9. 1993, AP Nr. 37 zu § 123 BGB = EWiR 1994, 115 mit zust. Anm. *v. Hoyningen-Huene*; BAG 14. 2. 1996 – 2 AZR 234/95 n.v.
[29] Vgl. *Löwisch* § 7 Rn. 10.
[30] Vgl. BAG 27. 8. 1970, AP Nr. 33 zu § 133 BGB mit zust. Anm. *Henckel* = AR-Blattei Anfechtung im Arbeitsrecht Entsch. 10 mit Anm. *Sommer* = SAE 1971, 129 mit Anm. *Beitzke*; BAG 6. 4. 1977, AP Nr. 4 zu § 4 KSchG 1969 mit Anm. *Herschel* = EzA § 4 KSchG n. F. Nr. 12 mit Anm. *Schwerdtner*; ErfK/*Ascheid* § 1 KSchG Rn. 17.
[31] Vgl. *Soergel/Zeiss* BGB § 397 Rn. 8.
[32] Vgl. BAG 30. 9. 1993, AP Nr. 37 zu § 123 BGB; *Boemke*, NZA 1993, 532 ff. m. w. N.
[33] BAG 30. 9. 1993, AP Nr. 37 zu § 123 BGB mit Anm. *Boemke* = EzA § 611 BGB Aufhebungsvertrag Nr. 13 mit Anm. *Kaiser*.
[34] Vgl. hierzu APS/*Schmidt* Aufhebungsvertrag Rn. 18 f.
[35] Vgl. dazu *Frölich* NZA 1997, 1273; *Hennige* NZA 1999, 281, 290 f.
[36] Vgl. *Bauer* Rn. 323 a; *Fitting* § 102 Rn. 10.
[37] Vgl. LAG Hamm 4. 7. 1996, RzK I 9i Nr. 46 zu § 72a Abs. 2 PersVG-NRW.

barung auf das endgültige Ausscheiden des Arbeitnehmers aus dem Betrieb gerichtet ist. Ein Aufhebungsvertrag ist jedoch wegen objektiver Gesetzesumgehung nichtig, wenn er lediglich auf die Beseitigung der Wirkungen des § 613a Abs. 1 BGB gerichtet ist. Dies ist anzunehmen, wenn zugleich mit dem Aufhebungsvertrag ein neues Arbeitsverhältnis zum Betriebsübernehmer vereinbart oder zumindest verbindlich in Aussicht gestellt wird.[38]

Aufhebungsverträge können nach § 123 Abs. 1 BGB **wegen arglistiger Täuschung oder widerrechtlicher Drohung angefochten** werden.[39] Die Drohung mit einer Kündigung ist widerrechtlich, wenn ein verständiger Arbeitgeber in dieser Situation eine Kündigung nicht ernsthaft in Erwägung ziehen durfte. Dabei ist nicht erforderlich, daß die angekündigte Kündigung, wenn sie ausgesprochen worden wäre, sich in einem Kündigungsschutzprozeß als rechtsbeständig erwiesen hätte.[40] Deshalb kann von einem verständigen Arbeitgeber grundsätzlich auch nicht verlangt werden, daß er bei seiner Abwägung die Beurteilung des Tatsachengerichts „trifft". Nur wenn unter verständiger Abwägung aller Umstände des Einzelfalls der Arbeitgeber davon ausgehen muß, die angedrohte Kündigung werde im Falle ihres Ausspruchs einer arbeitsgerichtlichen Prüfung mit hoher Wahrscheinlichkeit nicht standhalten, darf er die Kündigungserklärung nicht in Aussicht stellen, um den Arbeitnehmer zu einer Eigenkündigung oder zum Abschluß eines Aufhebungsvertrages zu veranlassen.[41]

13 d

Eine widerrechtliche Drohung i. S. v. § 123 BGB liegt nicht schon dann vor, wenn der Arbeitnehmer beim Abschluß des Aufhebungsvertrages unter **Zeitdruck** gesetzt und ihm keine Überlegungsfrist gewährt wird.[42] Dagegen ist die Androhung einer Kündigung nach Auffassung des BAG widerrechtlich, wenn der **Beweiswert einer ärztlichen Arbeitsunfähigkeitsbescheinigung nicht erschüttert** ist, sondern lediglich ein gewisser Anfangsverdacht dafür besteht, daß der Arbeitnehmer die Erkrankung vorgetäuscht haben könnte. In diesem Falle sei der Arbeitgeber regelmäßig verpflichtet, die Verdachtsmomente (z. B. durch eine Befragung des Arbeitnehmers über die Art der Erkrankung) näher aufzuklären, ehe er mit einer fristlosen Kündigung droht und den Arbeitnehmer dadurch zum Abschluß eines Aufhebungsvertrags veranlaßt.[43]

13 e

Im Anfechtungsprozeß trägt der Arbeitnehmer die **Beweislast** für sämtliche Voraussetzungen des Anfechtungstatbestandes. Der Arbeitnehmer hat die Tatsachen darzulegen und ggf. zu beweisen, welche die angedrohte Kündigung als widerrechtlich erscheinen lassen. Liegt der vom Arbeitgeber in Aussicht gestellten Kündigung etwa eine Gleitzeitmanipulation zugrunde, muß der Arbeitnehmer im Rahmen der Anfechtung des Aufhebungsvertrages die

13 f

---

[38] Vgl. BAG 10. 12. 1998, AP Nr. 185 zu § 613a BGB.
[39] Vgl. hierzu *Bauer* NJW 1994, 980; *ders.* Rn. 94 ff.; *Weber/Ehrich* NZA 1997, 414.
[40] Vgl. BAG 16. 1. 1992, EzA § 123 BGB Nr. 36; BAG 30. 9. 1993, AP Nr. 37 zu § 123 BGB.
[41] Vgl. BAG 12. 8. 1999, AP Nr. 51 zu § 123 BGB.
[42] Vgl. BAG 16. 2. 1983, AP Nr. 22 zu § 123 BGB; *Boemke* Anm. zu BAG AP Nr. 37 zu § 123 BGB; *Ehrich* NZA 1994, 438, 440; *Wank* Anm. zu BAG EzA § 611 BGB Aufhebungsvertrag Nr. 21.
[43] Vgl. BAG 21. 3. 1996, AP Nr. 42 zu § 123 BGB.

13g Eine **Irrtumsanfechtung nach § 119 BGB** kommt beim Abschluß von Aufhebungsverträgen nur selten in Betracht. So ist der Irrtum des Arbeitnehmers über die aus dem Abschluß eines Aufhebungsvertrages sich ergebenden Nachteile, wie den Eintritt einer Sperrzeit nach § 144 Abs. 1 Nr. 1 SGB III, als bloßer Motiv- oder Rechtsfolgenirrtum unbeachtlich.[45] Der Arbeitgeber ist beim Angebot eines Aufhebungsvertrages grundsätzlich auch nicht verpflichtet, den Arbeitnehmer von sich aus darüber aufzuklären, daß er weitere Entlassungen beabsichtigt, die u. U. zu einer sozialplanpflichtigen Betriebseinschränkung führen können.[46] Tritt der Arbeitnehmer an den Arbeitgeber heran und bittet um Abschluß eines Aufhebungsvertrages, ist der Arbeitgeber nicht verpflichtet, den Arbeitnehmer auf die bevorstehende Unverfallbarkeit der bestehenden Versorgungsanwartschaft hinzuweisen.[47]

ihm angelastete Gleitzeitmanipulation widerlegen, indem er beweist, daß er das Bedienen der Stechuhr lediglich vergessen oder ein Einlesefehler vorgelegen habe.[44]

13h Ein Aufhebungsvertrag, der eine Beendigung der arbeitsvertraglichen Beziehungen zum Gegenstand hat und deshalb auch typischerweise weitere Rechte und Pflichten der Parteien aus Anlaß der Beendigung regelt, unterliegt **nicht der arbeitsgerichtlichen Befristungskontrolle**. Deshalb liegt in einer Vereinbarung der Arbeitsvertragsparteien, das Arbeitsverhältnis zum Ablauf der ordentlichen Kündigungsfrist aus betrieblichen Gründen gegen Zahlung einer Abfindung zu beenden, regelmäßig keine nachträgliche Befristung des Arbeitsverhältnisses, die eines sachlichen Grundes bedarf. Das gilt auch dann, wenn Arbeitgeber und Arbeitnehmer vor Beendigung des Arbeitserhältnisses den Beendigungstermin auf das Ende der nächsten Kündigungsfrist hinausschieben.[48] Überschreitet die Auslauffrist die Kündigungsfrist allerdings um ein Vielfaches und fehlt es an sonstigen, einen Aufhebungsvertrag kennzeichnenden Vereinbarungen, ist der Vertrag nicht auf die Beendigung, sondern auf eine befristete Fortsetzung des Arbeitsverhältnisses gerichtet. Ein solcher Vertrag bedarf dann zu seiner Wirksamkeit eines Sachgrundes.[49]

13i Eine Variante des Aufhebungsvertrages ist der sog. **Abwicklungsvertrag**, bei dem der Arbeitnehmer nach zuvor erfolgter Kündigung des Arbeitsverhältnisses durch den Arbeitgeber auf eine Kündigungsschutzklage verzichtet. Der Vorteil dieser Vereinbarung gegenüber einem Aufhebungsvertrag, der das Arbeitsverhältnis einvernehmlich und nicht durch arbeitgeberseitige Kündigung beendet, wird von seinen Befürwortern im Arbeitsförderungs-

---

[44] Vgl. BAG 12. 8. 1999, AP Nr. 51 zu § 123 BGB.
[45] Vgl. BAG 10. 3. 1988, AP Nr. 99 zu § 611 BGB Fürsorgepflicht; BAG 14. 2. 1996, EzA § 611 BGB Aufhebungsvertrag Nr. 21 mit zust. Anm. *Wank*.
[46] Vgl. BAG 13. 11. 1996, AP Nr. 4 zu § 620 BGB Aufhebungsvertrag.
[47] Vgl. BAG 3. 7. 1990, AP Nr. 24 zu § 1 BetrAVG; enger BAG 17. 10. 2000, NZA 2001, 206; zu Hinweispflichten des Arbeitgebers vgl. *Bauer* Rn. 82 ff.; *Hoß/Ehrich* DB 1997, 625; *Weber/Ehrich/Hoß* Teil 1 Rn. 62 ff.
[48] Vgl. BAG 13. 11. 1996, AP Nr. 4 zu § 620 BGB Aufhebungsvertrag.
[49] BAG 12. 1. 2000, AP Nr. 17 zu § 620 BGB Aufhebungsvertrag; – vgl. dazu schon früher BAG 26. 4. 1979, AP Nr. 47 zu § 620 BGB Befristeter Arbeitsvertrag = SAE 1980, 345 ff. m. Anm. *v. Hoyningen-Huene*.

Sozial ungerechtfertigte Kündigungen 14, 15 § 1

recht (SGB III) gesehen. Bei Beachtung der Kündigungsfristen habe der Abwicklungsvertrag weder eine Sperrzeit nach § 144 SGB III (früher § 119 AFG) noch ein Ruhen des Anspruchs auf Arbeitslosengeld gemäß §§ 143, 143a SGB III (früher §§ 117, 117a AFG) zur Folge.[50] Nach der zutreffenden Ansicht des BSG beteiligt sich der Arbeitnehmer jedoch auch bei der Vereinbarung eines Abwicklungsvertrages an der Beendigung des Arbeitsverhältnisses und löst damit die gleichen Rechtsfolgen wie bei einem Aufhebungsvertrag aus.[51]

3. Ausgleichsquittung

Der Verzicht auf den Kündigungsschutz kann auch in einer Ausgleichs- 14 quittung erfolgen. Aus Gründen der Rechtsklarheit muß der **Verzicht in der Urkunde selbst unmißverständlich zum Ausdruck** kommen.[52] An die Eindeutigkeit der Verzichtserklärungen sind in Ausgleichsquittungen besonders strenge Anforderungen zu stellen. Es ist sicherzustellen, daß der Arbeitnehmer bei Unterschriftsleistung Bedeutung und Tragweite seiner Erklärung erkennt.[53]

Dementsprechend hat das BAG **beispielsweise** Erklärungen des Arbeit- 15 nehmers, er wolle von seinem Recht, das Fortbestehen des Arbeitsverhältnisses geltend zu machen, Abstand nehmen oder eine mit diesem Ziel bereits erhobene Klage nicht mehr durchführen, als ausreichend erachtet. Gleiches gilt für die Erklärung des Arbeitnehmers, gegen die Kündigung erhebe er keine Einwendungen.[54] Die aus freien Stücken vom Arbeitnehmer abgegebene und nicht vom Arbeitgeber vorformulierte Erklärung, die vom Arbeitgeber zuvor ausgesprochene Kündigung werde „akzeptiert", ist regelmäßig als Erklärung des Arbeitnehmers auszulegen, die Unwirksamkeit der Kündigung nicht geltend machen zu wollen.[55] Demgegenüber kommt in der Erklärung, „Ich erkläre hiermit, keine Rechte aus dem Arbeitsverhältnis und seiner Beendigung mehr zu haben", der Wille des Arbeitnehmers, auf den Kündigungsschutz zu verzichten, nicht genügend zum Ausdruck.[56] Zu

---

[50] Vgl. *Hümmerich* NZA 1994, 200; *ders.* AuR 1994, 256; *ders.* BB 1999, 1868 sowie die Entgegnungen von *Bauer* NZA 1994, 440; *Grunewald* NZA 1994, 441; *ders.* AuR 1994, 260; außerdem *Hümmerich* und *Schwerdtner* in: Brennpunkte des Arbeitsrechts 1996, S. 245 ff.
[51] BSG 9. 11. 1995, EzA § 119a AFG Nr. 2.
[52] BAG 29. 6. 1978, AP Nr. 5 zu § 4 KSchG 1969 mit Anm. *Bernert* = EzA § 4 KSchG n. F. Nr. 13 mit Anm. *Käppler;* BAG 3. 5. 1979, AP Nr. 6 zu § 4 KSchG 1969 mit zust. Anm. *Grunsky* = EzA § 4 KSchG n. F. Nr. 15 mit krit. Anm. *Herschel* = SAE 1980, 118 mit zust. Anm. *Heckelmann;* BAG 20. 8. 1980, AP Nr. 3 zu § 9 LohnFG mit krit. Anm. *Herschel* und zust. Anm. *Burg* = EzA § 9 LohnFG Nr. 7 mit zust. Anm. *Schlüter;* näher dazu *Apel* Die Ausgleichsquittung im Arbeitsrecht 1982, S. 45 ff. und 132 ff.; *Birk* Anm. zu AR-Blattei Düsseldorf EzA § 119 BGB Nr. 6; *Burg* Die Problematik der Ausgleichsquittung im Arbeitsrecht 1983, S. 296 ff.; *Kramer/Marhold* AR-Blattei SD 290 (2001); *M. Kramer* S. 186; *Plander* DB 1986, 1873; *U. Preis* Grundfragen der Vertragsgestaltung 1993, S. 494 ff.; ErfK/ *Preis* § 611 BGB Rn. 604 ff.; *Stahlhacke/Preis/Vossen* Rn. 765; MünchArbR/*Wank* § 123 Rn. 3.
[53] So zutr. BAG 20. 8. 1980, AP Nr. 3 zu § 9 LohnFG; *Zöllner/Loritz* § 26 I 3.
[54] BAG 6. 4. 1977, 29. 6. 1978, AP Nr. 4, 5 zu § 4 KSchG 1969; LAG Hamm NZA 1985, 292.
[55] LAG Köln 7. 11. 1997, NZA 1998, 824; ähnlich LAG Rheinland-Pfalz 22. 7. 1997, RzK I 10f Nr. 10.
[56] BAG 3. 5. 1979, AP Nr. 6 zu § 4 KSchG 1969.

Recht hat das BAG in der zuletzt genannten Entscheidung[57] darüber hinaus festgestellt, daß es nicht zu den Voraussetzungen eines wirksamen Verzichts auf den Kündigungsschutz in einer Ausgleichsquittung gehört, daß der Arbeitgeber vor Unterzeichnung auf Inhalt und Bedeutung dieser Erklärung ausdrücklich hinweist;[58] aus der allgemeinen Fürsorgepflicht des Arbeitgebers läßt sich eine solche Hinweispflicht nicht ableiten.

16 **Bedenken** bestehen jedoch gegen die verbreitete Praxis, wonach in Ausgleichsquittungen mit einer Unterschrift auf einer Urkunde sowohl der **Erhalt der Arbeitspapiere quittiert** (§ 368 BGB) als auch der **Klageverzicht** erklärt wird. Der Arbeitgeber hat nämlich gemäß § 368 BGB nur einen Anspruch auf schriftliche Bestätigung des Erhalts der Arbeitspapiere, nicht aber auch auf die Erklärung eines Klageverzichts im Hinblick auf die erfolgte Kündigung.[59] Wenn nun in einer vorformulierten Urkunde, die als „Ausgleichsquittung" überschrieben ist, neben dem Erhalt der Arbeitspapiere auch ein Klageverzicht erklärt wird, so ist hierin eine **überraschende Klausel** zu sehen. Denn hierdurch wird die Quittung als reine Wissenserklärung ohne rechtsgeschäftlichen Gehalt[60] mit dem rechtsgeschäftlichen Klageverzicht verbunden. Der Inhalt der letztlich vom Arbeitnehmer abgegebenen Erklärungen entspricht damit nicht dem äußeren Erscheinungsbild des Formulars.

17 In entsprechender Anwendung der Grundsätze des § 3 AGBG[61] ist daher entgegen der Rechtsprechung des BAG davon auszugehen, daß der in einer Urkunde mit einer Unterschrift neben der Quittung gleichzeitig erklärte Klageverzicht unwirksam ist. Der Arbeitnehmer muß vielmehr **jede Erklärung gesondert unterschreiben** können. Nur so ist sichergestellt, daß der Arbeitgeber einerseits die von ihm zu beanspruchende Quittung erhält (§ 368 BGB) und der Arbeitnehmer andererseits bezüglich des Klageverzichts eine eindeutige Erklärung abgibt.[62]

18 Unterzeichnet ein der deutschen Sprache und Schrift nicht mächtiger **ausländischer Arbeitnehmer** einen Klageverzicht, der nur in deutscher Sprache gefaßt ist und vor der Unterzeichnung dem ausländischen Arbeitnehmer nicht übersetzt wurde, so kann sich der Arbeitgeber nicht auf die Rechtswirksamkeit der Verzichtserklärung berufen, auch wenn sie in deutscher Spra-

---

[57] Bestätigt in BAG 20. 6. 1985, AP Nr. 33 zu § 112 BetrVG 1972 unter B I 2 mit zust. Anm. *Hj. Weber.*
[58] Abweichend *U. Preis* Grundfragen der Vertragsgestaltung S. 497; MünchKomm-BGB/ *Schwerdtner* § 622 Anh. Rn. 166; *Stahlhacke/Preis/Vossen* Rn. 766.
[59] *Kramer/Marhold* AR-Blattei SD 290 Rn. 11.
[60] Siehe dazu nur *Heinrichs* MünchKomm-BGB § 368 Rn. 2 m. w. N.
[61] Zur Heranziehung dieser Grundsätze nach h. M. trotz § 23 Abs. 1 AGBG vgl. BAG 29. 11. 1995, AP Nr. 1 zu § 3 AGBG mit Anm. *Fastrich;* LAG Berlin 18. 1. 1993, LAGE § 4 KSchG Ausgleichsquittung Nr. 3; *Fenski* AuR 1989, 168 f.; *Kramer/Marhold* AR-Blattei SD 290 Rn. 43; *M. Kramer* Kündigungsvereinbarungen im Arbeitsvertrag S. 194 ff.; *Ulmer/Brandner/Hensen* AGB-Gesetz 7. Aufl. 1993, § 23 Rn. 4 a; *Wolf/Horn/Lindacher* AGB-Gesetz 3. Aufl. 1994, § 23 Rn. 40; *Wolf* RdA 1988, 270, 276; *Zöllner* RdA 1989, 152, 157.
[62] *Bernert* Anm. zu BAG AP Nr. 5 zu § 4 KSchG 1969; ebenso KR-*Friedrich* § 4 KSchG Rn. 308; *B. Preis* AuR 1979, 97, 102 ff.; *Schulte* DB 1981, 937, 941; – abweichend insoweit APS/*Dörner* § 1 KSchG Rn. 15; *M. Kramer* Kündigungsvereinbarungen im Arbeitsvertrag S. 202.

che klar und eindeutig gefaßt ist.[63] Das Sprachrisiko trägt also der Arbeitgeber, weshalb zweckmäßigerweise derartige vorformulierte Verzichtserklärungen für ausländische Arbeitnehmer vorher in deren Heimatsprache zu übersetzen sind. Im Streitfall ist der Arbeitgeber für die Umstände beweispflichtig, aus denen sich ergibt, daß der ausländische Arbeitnehmer die Erklärung verstanden hat bzw. daß er über ausreichende Deutschkenntnisse verfügt.[64]

IV. Schutzgesetz

Obwohl das KSchG dem Schutz des Arbeitnehmers dient, ist es **kein** **Schutzgesetz im Sinne des § 823 Abs. 2 BGB.**[65] Die Vorschriften des KSchG regeln allein die vertraglichen Beziehungen zwischen Arbeitgeber und Arbeitnehmer, sie bezwecken aber nicht einen besonderen Schutz gegen Rechtsverletzungen, was Voraussetzung für die Annahme eines Schutzgesetzes i. S. d. § 823 Abs. 2 BGB ist.   19

C. Voraussetzungen des Kündigungsschutzes

§ 1 setzt zunächst die **Voraussetzungen für den allgemeinen Kündigungsschutz** fest; allerdings ist seine Regelung nicht erschöpfend, sondern muß durch die §§ 14, 23–25 ergänzt werden. Keine zusätzlichen Voraussetzungen ergeben sich dagegen aus § 102 BetrVG. Wohl ist die Anhörung des Betriebsrats nach § 102 Abs. 1 BetrVG eine Wirksamkeitsvoraussetzung für die Kündigung, die auch im Kündigungsschutzprozeß als Vorfrage zu prüfen ist; das Eingreifen des Kündigungsschutzes als solchem ist aber nicht von einem bestimmten Verhalten des Betriebsrats abhängig. Selbst wenn dieser der Kündigung zugestimmt hat, kann der betroffene Arbeitnehmer den Kündigungsschutz in Anspruch nehmen und die Sozialwidrigkeit der Kündigung geltend machen.[66] Allerdings kann seine Rechtsstellung durch einen Widerspruch des Betriebsrats gestärkt werden (dazu unten Rn. 495ff.). Auch dafür ist aber das Eingreifen des Kündigungsschutzes nach den in § 1 in Verbindung mit den in §§ 14, 23–25 geregelten Voraussetzungen die Grundlage.   20

I. Geschützte Personen

Der Kündigungsschutz greift nach § 1 Abs. 1 nur ein, wenn ein Arbeitsverhältnis gekündigt wird und der Gekündigte **Arbeitnehmer** ist.   21

Die **Darlegungs- und Beweislast** für das Vorliegen eines Arbeitsverhältnisses i. S. v. § 1 Abs. 1 trifft den Arbeitnehmer. Wird dies vom Arbeitge-   21 a

---

[63] Vgl. LAG Düsseldorf 2. 11. 1971, EzA § 4 KSchG n. F. Nr. 1; LAG Hamm 2. 1. 1976, EzA § 305 BGB Nr. 8 = DB 1976, 923; KR-*Friedrich* § 4 KSchG Rn. 311; *Kramer/Marhold* AR-Blattei SD 290 Rn. 47; MünchKomm-BGB/*Schwerdtner* § 622 Anh. Rn. 169; *Stahlhacke/Preis/Vossen* Rn. 768.
[64] LAG Hamm 2. 1. 1976, EzA § 305 BGB Nr. 8.
[65] H. M.; vgl. ErfK/*Ascheid* § 1 KSchG Rn. 23; KR-*Etzel* § 1 KSchG Rn. 30; *Löwisch* Vorbem. zu § 1 Rn. 104; LAG Köln NZA 1988, 548.
[66] BAG 13. 9. 1973, AP Nr. 2 zu § 1 KSchG 1969 mit zust. Anm. G. *Hueck* = AR-Blattei Kündigungsschutz Entsch. 146 mit Anm. *Herschel* = SAE 1975, 1 mit Anm. *Otto*.

§ 1 22–24   1. Abschnitt. Allgemeiner Kündigungsschutz

ber mit der Begründung bestritten, das vereinbarte Arbeitsverhältnis sei in Wahrheit ein Scheingeschäft i. S. v. § 117 BGB, hat er dies konkret darzulegen und zu beweisen. Der Arbeitgeber ist gleichfalls darlegungs- und beweispflichtig für den Einwand, die geschlossenen Arbeitsverträge seien nicht abredegemäß durchgeführt worden.[67]

1. Arbeitnehmerbegriff

22 Das **KSchG enthält keine Definition** des Arbeitnehmers, setzt den Begriff vielmehr als bekannt voraus. Er ist demgemäß in dem Sinn zu verstehen, wie er im allgemeinen im Arbeitsrecht üblich ist. Allerdings ist dieser Begriff nicht unbestritten. Nach der wohl herrschenden Ansicht kann man den Arbeitnehmer definieren als die auf Grund privatrechtlichen Vertrages oder eines ihm gleichgestellten Rechtsverhältnisses im Dienst eines anderen zur abhängigen und weisungsgebundenen Arbeit verpflichtete Person.[68]

23 Ob jemand als Arbeitnehmer im Dienste eines anderen zur Arbeit verpflichtet oder selbständig tätig ist, richtet sich nach den folgenden **Kriterien:**

a) Persönliche Abhängigkeit

24 Wesentliches Merkmal der Arbeitnehmereigenschaft ist nach der ständigen Rechtsprechung des BAG die persönliche Abhängigkeit des zur Dienstleistung Verpflichteten.[69] Die persönliche Abhängigkeit beruht dabei auf der Erbringung fremd geplanter, fremdnütziger und von fremder Risikobereitschaft getragener Arbeit sowie auf der Eingliederung in einen fremden Arbeitsprozeß. Ob die ausgeübte Tätigkeit in persönlicher Abhängigkeit verrichtet wird, ist anhand der **Umstände des Einzelfalls** zu ermitteln. Dabei ist stets die Eigenart der jeweiligen Tätigkeit zu berücksichtigen.[70]

---

[67] Vgl. BAG 9. 2. 1995, EzA § 1 KSchG Personenbedingte Kündigung Nr. 12.
[68] Näher hierzu *Berger-Delhey/Alfmeier* NZA 1991, 257; *Boemke* ZfA 1998, 285; *Griebeling* RdA 1998, 208; *Hilger* RdA 1989, 1 ff.; *v. Hoyningen-Huene* BB 1987, 1730 ff.; *Hromadka* NZA 1997, 569; *ders.* NZA 1997, 1249; *ders.* DB 1998, 195; *Joost* Festschrift für Wiese, 1998, S. 191; ErfK/*Preis* § 611 BGB Rn. 44 ff.; *Reinecke* ZIP 1998, 581; *ders.* Festschrift für Dieterich, 1999, S. 463; *Rieble* ZfA 1998, 327; MünchArbR/*Richardi* § 23; *Schliemann* RdA 1997, 322; *Staudinger/Richardi* Vorbem. zu §§ 611 ff. Rn. 125 ff.; *Wank* Arbeitnehmer und Selbständige 1988; *Worzalla*, Arbeitsverhältnis – Selbständigkeit, Scheinselbständigkeit, 1996; *Zöllner/Loritz* § 4 III, jeweils m. w. N.; – zu abweichenden, gesellschaftsrechtliche Elemente des Arbeitsverhältnisses hervorhebenden Auffassungen, vgl. *Adomeit* Gesellschaftsrechtliche Elemente im Arbeitsverhältnis 1986; *Beuthien* Festschrift für E. Wolf 1985, S. 17 ff.; *ders.* in: *Beuthien* (Hrsg.) Arbeitnehmer oder Arbeitgeber, Marburger Forum Philippinum, 1987, S. 27 ff.; *Lieb* in: Beuthien aaO. S. 41 ff.
[69] Vgl. BAG 23. 4. 1980, 9. 9. 1981, 13. 1. 1983, 9. 5. 1984, AP Nr. 34, 38, 42, 45 zu § 611 BGB Abhängigkeit; BAG 3. 5. 1989, BB 1990, 779; BAG 7. 2. 1990, EzA § 611 BGB Arbeitnehmerbegriff Nr. 31; BAG 26. 5. 1999, AP Nr. 104 zu § 611 BGB Abhängigkeit; BAG 26. 5. 1999, AP Nr. 10 zu § 35 GmbHG.
[70] Vgl. BAG 8. 6. 1967, 28. 6. 1973, 3. 10. 1975, 8. 10. 1975, 13. 1. 1983, 9. 5. 1984, AP Nr. 6, 10, 16, 18, 42, 43, 45 zu § 611 BGB Abhängigkeit; BAG 20. 7. 1994, EzA § 611 BGB Arbeitnehmerbegriff Nr. 54; BAG 30. 11. 1994, 26. 5. 1999, AP Nr. 74, 104 zu § 611 BGB Abhängigkeit; *Berger-Delhey/Alfmeier* NZA 1991, 257; – krit. hierzu MünchArbR/*Richardi* § 23 Rn. 26.

b) Weisungsgebundenheit

Ein bedeutsames Kriterium der persönlichen Abhängigkeit ist die Weisungsgebundenheit.[71] Entscheidend ist die **Weisungsgebundenheit nach Ort und Zeit der Arbeitsleistung**. Dies ergibt sich aus der in § 84 Abs. 1 Satz 2 HGB vorgenommenen Abgrenzung zwischen dem selbständigen Handelsvertreter und dem unselbständigen Handlungsgehilfen.[72] Besteht neben dieser Weisungsgebundenheit nach Ort und Zeit der Arbeitsleistung auch eine fachliche Weisungsgebundenheit, so ist regelmäßig die persönliche Abhängigkeit und damit die Arbeitnehmereigenschaft zu bejahen.[73] Bei Diensten höherer Art ist die fachliche Weisungsgebundenheit nicht immer das entscheidende Merkmal. Die Art der Tätigkeit kann es vielmehr mit sich bringen, daß dem Dienstverpflichteten – wie etwa Chefärzten oder Rundfunkmitarbeitern – ein hohes Maß an Gestaltungsfreiheit, Eigeninitiative und fachlicher Selbständigkeit verbleibt.[74]

Aus der Weisungsgebundenheit allein kann freilich **nicht notwendig und zwingend** auf eine unselbständige Tätigkeit geschlossen werden.[75] Auch ein Selbständiger kann nämlich Weisungen erhalten (vgl. §§ 645, 675 BGB), die aber nur zur Auftragskonkretisierung dienen. Die Begrenzung der Selbständigkeit beruht in diesen Fällen allerdings nicht auf Einzelanordnungen, sondern auf generell abstrakten Leitlinien.[76] Während die im Werkvertragsrecht dem Besteller nach § 645 BGB zustehende Anweisungsbefugnis sach- und ergebnisorientiert ist, bezieht sich das arbeitsvertragliche Weisungsrecht des Arbeitgebers auf die vom Arbeitnehmer geschuldeten Handlungen. Die arbeitsvertragliche Weisung beinhaltet Anleitungen zur Vorgehensweise und Motivation des Dienstverpflichteten, die nicht Gegenstand des Anweisungsrechts nach § 645 BGB sind.[77]

Ein weiteres Abgrenzungskriterium ist die Möglichkeit, über **Arbeitszeit und Arbeitskraft frei verfügen** zu können. Während der Selbständige selbst über die Verwertung seiner Arbeitskraft verfügt und damit frei ist, einen Auftrag anzunehmen oder abzulehnen, kann der Arbeitnehmer über seine Arbeitszeit und Arbeitskraft nicht frei verfügen. Er ist vielmehr insoweit den Weisungen des Arbeitgebers unterworfen.[78]

---

[71] Hierzu näher v. *Hoyningen-Huene* BB 1987, 1730, 1731 f.; *Staudinger/Richardi* Vorbem. zu §§ 611 ff. Rn. 145 ff.; *Wank* Arbeitnehmer und Selbständige S. 145 ff.

[72] So zutr. BAG 15. 3. 1978, 13. 1. 1983, 20. 7. 1994, AP Nr. 26, 42, und 73 zu § 611 BGB Abhängigkeit; BAG 15. 12. 1999, EzA § 611 BGB Arbeitnehmerbegriff Nr. 78, 79 und 80; ausführlich v. *Hoyningen-Huene* MünchKomm-HGB § 84 Rn. 40.

[73] Vgl. BAG 9. 3. 1977, AP Nr. 21 zu § 611 BGB Abhängigkeit; G. *Hueck* RdA 1969, 216, 219.

[74] BAG 13. 1. 1983, AP Nr. 42 zu § 611 BGB Abhängigkeit; BAG 16. 3. 1994, 20. 7. 1994, 30. 11. 1994, AP Nr. 68, 73, 74 zu § 611 BGB Abhängigkeit; *Staudinger/Richardi* Vorbem. zu § 611 Rn. 146.

[75] So zutr. *Zöllner/Loritz* § 4 III 5 a aa.

[76] Vgl. etwa BSG 29. 1. 1981, BSGE 51, 164, 165 f. = BB 1981, 2074 für den Bezirksleiter einer Bausparkasse, dessen Selbständigkeit trotz gewisser Weisungsgebundenheit dort bejaht wurde; HK-KSchG/*Dorndorf* § 1 Rn. 8.

[77] BAG 30. 1. 1991, AP Nr. 8 zu § 10 AÜG; BAG 1. 12. 1992, EzA § 99 BetrVG 1972 Nr. 110; v. *Hoyningen-Huene* Anm. zu BAG EzA § 99 BetrVG 1972 Nr. 102.

[78] Vgl. BAG 8. 10. 1975, 20. 7. 1994, AP Nr. 18, 73 zu § 611 BGB Abhängigkeit; BAG 15. 12. 1999, EzA § 611 BGB Arbeitnehmerbegriff Nr. 80.

c) Wirtschaftliche Abhängigkeit

28 Neben der persönlichen Abhängigkeit besteht auch regelmäßig eine wirtschaftliche Abhängigkeit des Arbeitnehmers vom Arbeitgeber. Gleichwohl ist die wirtschaftliche Abhängigkeit **kein taugliches Kriterium** für die Unterscheidung zwischen Arbeitnehmern und Selbständigen.[79] Die Arbeitnehmereigenschaft kann nicht mit der Begründung verneint werden, es handele sich um eine nebenberufliche Tätigkeit.[80] Die mangelnde Tauglichkeit des Abgrenzungskriteriums wirtschaftliche Abhängigkeit zeigt sich insbesondere darin, daß auch Selbständige, die beispielsweise Zulieferarbeiten für ein anderes Unternehmen erbringen, von diesem Unternehmen häufig existenziell abhängig sind. Andererseits ist die wirtschaftliche Abhängigkeit eines Teilzeitbeschäftigten, dessen Ehegatte über ein volles Einkommen verfügt, eher gering einzuschätzen. Gleichwohl sind aber teilzeitbeschäftigte Personen anerkanntermaßen Arbeitnehmer, wenn sie sich in persönlicher Abhängigkeit zu ihrem Arbeitgeber befinden.[81]

d) Eingliederung in den Betrieb

29 Die persönliche Abhängigkeit des Arbeitnehmers kommt weiterhin darin zum Ausdruck, daß er in einen fremden Betrieb eingegliedert ist.[82] Er hat seine Arbeitsleistung im Rahmen einer **von Dritten bestimmten Arbeitsorganisation** zu erbringen.[83] Die Eingliederung in den Betrieb ist freilich nicht immer nur räumlich zu verstehen. Auch wer ausschließlich in seiner eigenen Wohnung arbeitet, kann aufgrund der Einordnung in die betriebliche Organisation Arbeitnehmer sein. So ist etwa eine Schadensbearbeiterin einer Versicherungsgesellschaft, die ausschließlich in ihrer Wohnung Schadensabrechnungen nach genauen Anweisungen der Versicherungsgesellschaft und unter Benutzung bestimmter Formulare und Hilfsmittel, die von der Versicherung gestellt werden, als unselbständige Handlungsgehilfin und damit Arbeitnehmerin einzuordnen.[84] Abgrenzungsprobleme können hier insbesondere bei der Telearbeit entstehen (dazu unten Rn. 41).

e) Fehlendes Unternehmerrisiko

30 Ein wesentliches Indiz für eine unselbständige Tätigkeit ist das fehlende unternehmerische Risiko.[85] Der Selbständige trägt das eigene Unternehmer-

---

[79] H. M.; vgl. *Hilger* RdA 1989, 1, 5 f.; *v. Hoyningen-Huene* BB 1987, 1730, 1733; MünchArbR/*Richardi* § 23 Rn. 15; *Müller-Glöge* MünchKomm-BGB § 611 Rn. 140.
[80] BAG 30. 10. 1991, 24. 6. 1992, 20. 7. 1994, AP Nr. 59, 61, 73 zu § 611 BGB Abhängigkeit; BAG 1. 11. 1995, EzA § 2 BeschFG 1985 Nr. 43; MünchArbR/*Richardi* § 23 Rn. 68.
[81] Vgl. hierzu etwa BAG 13. 3. 1987, AP Nr. 37 zu § 1 KSchG 1969 Betriebsbedingte Kündigung zur Arbeitnehmereigenschaft eines nebenberuflich an einer Volkshochschule tätigen Lehrers; Kasseler Handbuch/*Linck* 4/2 Rn. 44 ff.
[82] Dazu *Berger-Delhey/Alfmeier* NZA 1991, 257, 258; *Linnenkohl/Kilz/Rauschenberg/Reh* AuR 1991, 203, 205; *Zeuner* Festschrift für Kissel S. 1305, 1306 ff. sowie ausf. *Wank* Arbeitnehmer und Selbständige S. 154 ff.; – krit. hierzu MünchArbR/*Richardi* § 23 Rn. 17.
[83] Vgl. BAG 28. 6. 1973, 9. 3. 1977, 13. 1. 1983, 9. 5. 1984, 27. 3. 1991, 20. 7. 1994, 26. 5. 1999, AP Nr. 10, 21, 42, 45, 53, 73, 104 zu § 611 BGB Abhängigkeit; BAG 22. 4. 1998, AP Nr. 26 zu § 611 BGB Rundfunk; BAG 3. 5. 1989, BB 1990, 779, 780.
[84] Vgl. BSG USK 72115.
[85] Vgl. BAG 21. 1. 1966, AP Nr. 2 zu § 92 HGB; BSG 13. 7. 1978, AP Nr. 29 zu § 611 BGB Abhängigkeit; *v. Hoyningen-Huene* BB 1987, 1730, 1732; *Wank* Arbeitnehmer und Selbständige S. 122 ff.

risiko. Er ist vom Markt abhängig und kann demgemäß auch ohne Gewinn bleiben, falls keine Tätigkeit für ihn anfällt. **Demgegenüber trägt der unselbständig Beschäftigte kein Entgeltrisiko,** weil das Entgelt grundsätzlich – abgesehen von den Provisionsangestellten (§ 65 HGB) – nach Arbeitszeit und nicht nach dem Arbeitsergebnis bemessen wird.[86]

f) Vertragsinhalt

Ob jemand als Arbeitnehmer in einem Arbeitsverhältnis zu einem Arbeitgeber steht oder als selbständiger Unternehmer im Rahmen eines freien Dienstvertrages für einen anderen tätig ist, bestimmt sich nach dem Vertragsinhalt. Die **Vertragsfreiheit** erlaubt es den Vertragsparteien jedoch nicht, ein Beschäftigungsverhältnis, das aufgrund objektiver Würdigung der Einzelumstände als Arbeitsverhältnis zu beurteilen ist, als freies Dienstverhältnis zu vereinbaren und so der Anwendung des Arbeitsrechts zu entziehen.[87] Es kommt daher nicht darauf an, wie die Parteien ihr Rechtsverhältnis benannt haben, sondern vielmehr darauf, wie sie es tatsächlich ausgestaltet und durchgeführt haben.[88] Wenn der Vertrag abweichend von den ausdrücklichen Vereinbarungen vollzogen wird, ist die tatsächliche Durchführung maßgebend.[89] Denn aus der praktischen Handhabung lassen sich Rückschlüsse darauf ziehen, von welchen Rechten und Pflichten die Parteien in Wirklichkeit ausgegangen sind.[90]

Für eine **Rechtsformwahl** besteht nach der Rechtsprechung des BAG nur dann Raum, wenn das Rechtsverhältnis aufgrund der objektiven Gegebenheiten sowohl ein Arbeitsverhältnis als auch ein freies Dienstverhältnis sein kann.[91] In diesem sehr seltenen Fall ist die Qualifizierung des Rechtsverhältnisses durch die Vertragsparteien maßgebend, sofern der Vertragsschluß auf dem freien Willen des Beschäftigten beruht.[92]

g) Weitere Merkmale

Neben diesen Kriterien gibt es noch weitere Gesichtspunkte, die im Einzelfall zu berücksichtigen sind. Erforderlich ist eine Gesamtbetrachtung aller Umstände.[93] So deutet die **Gestellung von Arbeitsmaterial** und die Fortzahlung der **Vergütung bei Urlaub und Krankheit** auf eine unselbständige Beschäftigung hin. Die **Möglichkeit,** zur Verrichtung der Tätigkeit

---

[86] Vgl. MünchArbR/*Richardi* § 23 Rn. 62.
[87] So zutr. BAG 23. 4. 1980, AP Nr. 34 zu § 611 BGB Abhängigkeit; BAG 21. 2. 1990, 10. 5. 1990, EzA § 611 BGB Arbeitnehmerbegriff Nr. 32, 36; HK-KSchG/*Dorndorf* § 1 Rn. 12; MünchArbR/*Richardi* § 23 Rn. 53; *Staudinger/Richardi* Vorbem. zu §§ 611 ff. Rn. 179; *Wank* Arbeitnehmer und Selbständige S. 111 ff.
[88] So zutr. BAG 3. 10. 1975, AP Nr. 16 zu § 611 BGB Abhängigkeit; BAG 3. 4. 1990, AP Nr. 11 zu § 2 HAG; BAG 27. 3. 1991, 30. 11. 1994, AP Nr. 53, 74 zu § 611 BGB Abhängigkeit; BAG 22. 4. 1998, AP Nr. 26 zu § 611 BGB Rundfunk.
[89] BAG 16. 3. 1994, AP Nr. 69 zu § 611 BGB Abhängigkeit = SAE 1995, 122 mit Anm. *Boemke*.
[90] BAG 16. 7. 1997, AP Nr. 4 zu § 611 BGB Zeitungsausträger; BAG 19. 11. 1997, AP Nr. 90 zu § 611 BGB Abhängigkeit.
[91] Vgl. BAG 14. 2. 1974, 27. 3. 1991, AP Nr. 12, 53 zu § 611 BGB Abhängigkeit.
[92] Ebenso LAG Hamm 22. 6. 1989, NZA 1990, 192; MünchArbR/*Richardi* § 23 Rn. 56; *Staudinger/Richardi* Vorbem. zu §§ 611 ff. Rn. 182; kritisch hierzu *Hilger* RdA 1989, 1, 6.
[93] St. Rspr., vgl. zuletzt BAG 19. 11. 1997, 6. 5. 1998, 26. 5. 1999, AP Nr. 90, 94, 104 zu § 611 BGB Abhängigkeit.

Hilfskräfte und Vertreter einzusetzen und die **Vergütungsabrechnung nach Rechnungsstellung** (mit Mehrwertsteuer) sprechen demgegenüber für eine selbständige Tätigkeit.[94] Die Modalitäten der Entgeltzahlung und andere formale Merkmale wie die Abführung von Lohnsteuer oder Sozialversicherungsbeiträgen sowie das Führen von Personalakten sind jedoch **keine entscheidenden Abgrenzungsmerkmale**, sondern nur Hilfskriterien.[95]

2. Einzelfälle (alphabetisch)

34 Geht man von diesen Merkmalen zur Bestimmung der Arbeitnehmereigenschaft aus, so besteht für die in einem **Aushilfsarbeitsverhältnis** Beschäftigten grundsätzlich der allgemeine Kündigungsschutz, sofern die übrigen gesetzlichen Voraussetzungen vorliegen, insbesondere die 6-monatige Wartezeit des § 1 Abs. 1 erfüllt ist.[96]

35 Auch **ausländische Arbeitnehmer** genießen in einem deutschen Arbeitsverhältnis uneingeschränkten Kündigungsschutz.[97]

36 **Franchise-Nehmer** sind dagegen grundsätzlich **keine Arbeitnehmer**.[98] Gleichwohl können im Einzelfall die Bindungen zwischen dem Franchise-Geber und dem Franchise-Nehmer so stark werden, daß der Franchise-Nehmer nicht mehr als selbständiger Unternehmer angesehen werden kann.[99] Wird der Franchise-Nehmer durch eine vertragliche Vereinbarung vollständig in die Organisation des Franchise-Gebers einbezogen und verliert er dadurch die Möglichkeit, seine Tätigkeit im wesentlichen frei zu gestalten (vgl. § 84 Abs. 1 Satz 2 HGB), so ist er Arbeitnehmer.[100]

37 Arbeitnehmer, die sowohl zu einer **Gesamthafenbetriebsgesellschaft** als auch zu einem Einzelhafenbetrieb in einem Arbeitsverhältnis stehen, genießen für beide Arbeitsverhältnisse getrennten Kündigungsschutz.[101]

38 Weiterhin genießen auch Arbeitnehmer, die in einem sog. **Gruppenarbeitsverhältnis** stehen, allgemeinen Kündigungsschutz.[102]

---

[94] Vgl. BAG 19. 11. 1997, AP Nr. 90 zu § 611 BGB Abhängigkeit; *v. Hoyningen-Huene* BB 1987, 1730, 1733 f. m. w. N.

[95] BAG 20. 7. 1994, 26. 5. 1999, AP Nr. 73, 104 zu § 611 BGB Abhängigkeit.

[96] Ebenso KR-*Etzel* § 1 KSchG Rn. 48; *Preis/Kliemt/Ulrich* AR-Blattei SD 310 Rn. 247.

[97] Vgl. hierzu näher Kasseler Handbuch/*Braasch* 1.1 Rn. 167 ff.

[98] Vgl. BGH 3. 10. 1984, NJW 1985, 1894, 1895; BAG 24. 4. 1980, AP Nr. 1 zu § 84 HGB; LAG Düsseldorf NJW 1988, 725; OLG Schleswig NJW-RR 1987, 220, 221; – zum Franchisevertrag näher *Martinek* Franchising 1987; *Nolting* Die individualarbeitsrechtliche und betriebsverfassungsrechtliche Beurteilung von Franchisesystemen 1994; *Skaupy* Franchising 1987; *ders.* NJW 1992, 1785.

[99] Vgl. LAG Düsseldorf NJW 1988, 725; LSG Berlin DB 1994, 1829 sowie dazu *Buschmann* AiB 1988, 51; *Nolting* aaO. S. 69 ff.; *Weltrich* DB 1988, 806.

[100] Ebenso BAG 16. 7. 1997, AP Nr. 37 zu § 5 ArbGG 1979 mit Anm. *Kreuder* = ZIP 1998, 589 mit Anm. *Horn/Henssler;* LAG Düsseldorf NJW 1988, 725; *Wank* EWiR § 5 BetrVG 2/88, S. 219.

[101] Vgl. BAG 23. 7. 1970, AP Nr. 3 zu § 1 GesamthafenbetriebsG; BAG 30. 5. 1985, AP Nr. 24 zu § 1 KSchG 1969 Betriebsbedingte Kündigung = EWiR § 1 KSchG 1/86 mit Kurzkomm. *v. Hoyningen-Huene.*

[102] Vgl. BAG 21. 10. 1971, AP Nr. 1 zu § 611 BGB Gruppenarbeitsverhältnis; – dazu näher unten Rn. 57.

Bei **Leiharbeitsverhältnissen** ist zwischen der echten und unechten 39
Leiharbeit zu unterscheiden:[103] Echte Leiharbeitnehmer genießen gegenüber
dem Verleiherbetrieb Kündigungsschutz. Bei der unechten (gewerbsmäßigen) Leiharbeit genießt der Leiharbeitnehmer gegenüber dem Verleihbetrieb
nur dann Kündigungsschutz, wenn dieser im Besitz der nach § 1 Abs. 1
AÜG erforderlichen Erlaubnis ist. Fehlt diese Erlaubnis, so wird gemäß § 10
AÜG ein Arbeitsverhältnis zum Entleiher fingiert mit der Folge, daß der
Leiharbeitnehmer dann dem Betrieb des Entleihers zuzurechnen ist und diesem gegenüber – sofern die Voraussetzungen der §§ 1 Abs. 1, 23 Abs. 1 vorliegen – den allgemeinen Kündigungsschutz genießt.[104]

Bei einer Anstellung zur **Probe** liegt stets ein Arbeitsverhältnis vor.[105] Ge- 40
setzliche Mindest- und Höchstgrenzen der Probezeit gibt es abgesehen von
§ 13 BBiG nicht. Haben Arbeitnehmer in einem **Probearbeitsverhältnis**
mit ihrem Arbeitgeber eine über 6 Monate hinausgehende Probezeit vereinbart, so ist damit der allgemeine Kündigungsschutz nicht ausgeschlossen
worden. Dieser ist nicht vertraglich abdingbar, was dazu führt, daß das Arbeitsverhältnis nach Ablauf der Wartezeit von 6 Monaten nur bei Vorliegen
eines Kündigungsgrundes nach § 1 Abs. 2 gekündigt werden kann.[106] Dabei
sind weder an die Darlegungslast des Arbeitgebers noch an die Kündigungsgründe geringere als die allgemein gebotenen Anforderungen zu stellen.
Ansonsten würde durch Parteivereinbarung der zugunsten des Arbeitnehmers zwingende Kündigungsschutz (dazu Rn. 7ff.) unzulässig verschlechtert
werden.[107]

Kündigungsschutz genießen auch **Teilzeitarbeitnehmer,** und zwar un- 41
abhängig vom Umfang der Arbeitszeit.[108] Stehen Teilzeitarbeitnehmer zu
mehreren Arbeitgebern in Teilzeitarbeitsverhältnissen, so genießen sie, sofern
die übrigen Voraussetzungen des KSchG erfüllt sind, in jedem dieser Arbeitsverhältnisse Kündigungsschutz.[109] Unter den allgemeinen Kündigungsschutz
fallen auch die im TzBfG geregelten Bedarfsarbeitsverhältnisse und Job-
Sharing-Arbeitsverhältnisse.[110]

---

[103] Ebenso HK-KSchG/*Dorndorf* § 1 Rn. 41; vgl. hierzu *Schüren* AÜG Einl. Rn. 72.
[104] Vgl. BAG 30. 1. 1991, AP Nr. 8 zu § 10 AÜG = SAE 1992, 209 mit Anm. *Dauner-Lieb;* BAG 5. 5. 1992, AP Nr. 97 zu § 99 BetrVG 1972; hierzu näher *Becker/Wulfgramm*
AÜG 3. Aufl. 1985, Art. 1 § 10 Rn. 37ff.; Kasseler Handbuch/*Düwell* 4.5 Rn. 268ff.;
MünchArbR/*Marschall* § 169 Rn. 85ff.; *Schüren* AÜG § 10 Rn. 97ff.
[105] *Preis/Kliemt/Ulrich* AR-Blattei SD 1270 Rn. 8; MünchArbR/*Richardi* § 42 Rn. 55;
Kasseler Handbuch/*Zimmer* 4.3 Rn. 71ff.
[106] BAG 15. 8. 1984, AP Nr. 8 zu § 1 KSchG 1969 mit Anm. *M. Wolf.*
[107] Abweichend BAG 12. 2. 1981, AP Nr. 1 zu § 5 BAT zu IV 1c der Gründe mit zust.
Anm. *G. Hueck;* BAG 15. 8. 1984, AP Nr. 8 zu § 1 KSchG 1969 zu II 5b; *Preis/Kliemt/
Ulrich* AR-Blattei SD 1270 Rn. 258ff.
[108] Vgl. BAG 13. 3. 1987, AP Nr. 37 zu § 1 KSchG 1969 Betriebsbedingte Kündigung =
EzA § 1 KSchG Betriebsbedingte Kündigung Nr. 44 mit Anm. *Preis* = SAE 1988, 71 mit
insoweit abl. Anm. *Adomeit;* HK-KSchG/*Dorndorf* § 1 Rn. 53; KR-*Etzel* § 1 KSchG
Rn. 74; Kasseler Handbuch/*Linck* § 1 Rn. 217f.; MünchArbR/*Schüren* § 162 Rn. 196ff.;
Sowka/Köster Teilzeitarbeit und geringfügige Beschäftigung 1993, S. 73; ausf. *Wank* ZIP
1986, 206ff.; krit. hierzu *Hahn* DB 1988, 1015 und MünchArbR/*Berkowsky* § 132 Rn. 9 zu
nebenberuflicher Teilzeitarbeit.
[109] HK-KSchG/*Dorndorf* § 1 Rn. 53; KR-*Etzel* § 1 KSchG Rn. 74.
[110] Vgl. hierzu GK-TzA *Danne* Art. 1 § 5 BeschFG 1985 Rn. 135ff.; *Franke* DB 1985,
1635ff.; *v. Hoyningen-Huene* NJW 1985, 1801ff.; *ders.* BB 1982, 1240ff.; GK-TzA *Mikosch*

42 Problematisch ist die Arbeitnehmereigenschaft von **Telearbeitern**.[111] Bei der Telearbeit werden Arbeiten in die Wohnung des Telearbeiters verlagert, wobei jedoch eine kommunikationstechnische Anbindung des Arbeitsplatzes an das zentrale Büro vorhanden ist.[112] Eine Abhängigkeit des Telearbeitnehmers in zeitlicher Hinsicht wird man hier dann annehmen können, wenn der Telearbeiter Abrufarbeit leistet, kürzere Ankündigungs- und Erledigungsfristen bestehen und eine Anbindung an den Zentralrechner erfolgt. Die persönliche Abhängigkeit ergibt sich hierbei aus der Möglichkeit der ständigen technischen Überwachung und Kontrolle der Arbeit.[113]

II. Nicht geschützte Personen

43 Folgende Personengruppen unterstehen **nicht dem Schutz des KSchG:**

1. Persönlich selbständig arbeitende Personen

44 Zu den nicht geschützten Personen zählen alle Selbständigen. Dazu gehören auch die **Handelsvertreter** (Agenten), selbst wenn sie arbeitnehmerähnlich sind (dazu unten Rn. 46), prozeßrechtlich also der Arbeitsgerichtsbarkeit unterstehen (vgl. § 5 Abs. 3 ArbGG). Nur muß es sich um wirkliche Handelsvertreter handeln und nicht um Handlungsgehilfen, die ebenso wie Handelsvertreter mit der Vermittlung oder dem Abschluß von Handelsgeschäften betraut sein können.[114]

45 Auch **Heimarbeiter und Hausgewerbetreibende** (in Heimarbeit Beschäftigte i. S. d. § 1 HAG), die zwar wirtschaftlich abhängig, aber persönlich selbständig sind,[115] unterstehen nicht dem Schutz des KSchG.[116] Über die Lösung des Beschäftigungsverhältnisses von Heimarbeitern enthält § 29 HAG Sondervorschriften, die vor allem unterschiedlich lange Kündigungs-

---

Art. 1 § 4 BeschFG 1985 Rn. 123 ff.; *Schüren* Job-Sharing 1983, S. 152 ff. und 178 ff.; *ders.* BB 1983, 2121 ff.; zur Neuregelung im TzBfG vgl. *Worzalla* u. a., Teilzeitarbeit und befristete Arbeitsverträge, 2001, § 13 Rn. 13.
[111] Vgl. hierzu *Fenski* Außerbetriebliche Arbeitsverhältnisse 2. Aufl. 2000 Rn. 355 ff.; MünchArbR/*Heenen* § 232; *Herb* DB 1986, 1823; *Kappus* Rechtsfragen der Telearbeit 1981; *Kilian* NZA 1987, 401; *Kramer* DB 2000, 1329; *Müllner* Privatisierung des Arbeitsplatzes 1985; *Pfarr* Rechtsfragen der Telearbeit 1989; *Otten* Heim- und Telearbeit, 1996; *Simon-Kuhne* DB 1987, 201; *Wank* NZA 1999, 225; *Wedde* Telearbeit, 2. Aufl. 1994.
[112] *Fenski* Außerbetriebliche Arbeitsverhältnisse 2. Aufl. 2000 Rn. 340 ff.
[113] Vgl. *Fenski* Außerbetriebliche Arbeitsverhältnisse 2. Aufl. 2000 Rn. 361; *v. Hoyningen-Huene* BB 1987, 1730, 1731.
[114] Vgl. aus der reichhaltigen Rechtsprechung BAG 10. 3. 1960, AP Nr. 2 zu § 138 BGB; BAG 20. 4. 1964, AP Nr. 1 zu § 90 a HGB; BGH 4. 12. 1981, 11. 3. 1982, AP Nr. 2, 3 zu § 84 HGB; BSG 29. 1. 1981, AP Nr. 4 zu § 92 HGB; BAG 15. 12. 1999, AP Nr. 12 zu § 84 HGB sowie AP Nr. 5 und 6 zu § 92 HGB; – ausf. *v. Hoyningen-Huene* MünchKomm-HGB § 84 Rdnr. 23 f.; – zur Arbeitnehmereigenschaft von Pharmavertretern vgl. demgegenüber LAG Hamm 5. 10. 1989, 13. 10. 1989, LAGE § 611 BGB Arbeitnehmerbegriff Nr. 13 und 14.
[115] Vgl. dazu BAG 3. 4. 1990, AP Nr. 11 zu § 2 HAG.
[116] Vgl. dazu LAG Düsseldorf DB 1979, 120; LAG Baden-Württemberg AR-Blattei Heimarbeit Entsch. 16 sowie ausf. *Schmidt/Koberski/Tiemann/Wascher* HAG 4. Aufl. 1998, Kommentierung zu § 2; *Fenski* Außerbetriebliche Arbeitsverhältnisse 2. Aufl. 2000 Rn. 276 ff.; MünchArbR/*Heenen* § 231 Rn. 88 ff.; *Mehrle* AR-Blattei SD 910 (1997) Rn. 126 ff.

fristen, jedoch keinen Kündigungsschutz i. S. d. KSchG vorsehen.[117] Soweit nach § 5 Abs. 1 BetrVG n. F. auf die in Heimarbeit Beschäftigten das BetrVG Anwendung findet, ist allerdings vor Ausspruch einer Kündigung der Betriebsrat nach § 102 Abs. 1 BetrVG über die Kündigungsgründe zu unterrichten.[118]

2. Arbeitnehmerähnliche Personen

Keinen Kündigungsschutz genießen auch die sonstigen arbeitnehmerähnlichen Personen, die in persönlich selbständiger, aber wirtschaftlich abhängiger Stellung für andere Arbeit leisten.[119] Hierzu zählen insbesondere die **freien Mitarbeiter**.[120] Aus den charakteristischen Merkmalen des Rechtsverhältnisses kann sich jedoch ergeben, daß ein als freier Mitarbeiter Beschäftigter in Wahrheit Arbeitnehmer ist.[121]

3. Beamte

Beamte genießen **keinen Kündigungsschutz** nach dem KSchG, mögen sie auch i. S. d. Personalvertretungsgesetze zu den Bediensteten gerechnet werden. Wer Beamter ist, richtet sich nach den Beamtengesetzen. **Dienstordnungsangestellte,** deren Rechtsbeziehungen zum Arbeitgeber sich im wesentlichen nach beamtenrechtlichen Bestimmungen richten, sind gleichwohl Arbeitnehmer.[122] Das KSchG ist allerdings nur selten anwendbar, weil die Entlassung von Dienstordnungsangestellten in der Regel nach den für den Angestellten günstigeren beamtenrechtlichen Vorschriften erfolgt.[123] Die Dienstordnung über das Kündigungsrecht darf den Angestellten jedenfalls nicht schlechter stellen, als er mangels einer Vereinbarung nach bürgerlichem Recht stünde (vgl. § 354 Abs. 3 RVO). Arbeiter und Angestellte des öffentlichen Dienstes unterstehen uneingeschränkt dem KSchG.

---

[117] Vgl. BAG 24. 6. 1986, AP Nr. 2 zu § 29 HAG; vgl. hierzu APS/*Linck* Erläuterungen zu §§ 29, 29 a HAG; KR-*Rost* Arbeitnehmerähnliche Personen.
[118] BAG 7. 11. 1995, AP Nr. 74 zu § 102 BetrVG 1972.
[119] Vgl. LAG Hamm 15. 6. 1989, LAGE § 23 KSchG Nr. 6; HK-KSchG/*Dorndorf* § 1 Rn. 22; KR-*Etzel* § 1 KSchG Rn. 89; *Löwisch* § 1 Rn. 16; ausf. *Hromadka* NZA 1997, 1249; *Tiefenbacher* AR-Blattei SD 120 (1997); *Wank* Arbeitnehmer und Selbständige S. 235 ff.
[120] Vgl. dazu *Bauschke* AR-Blattei SD 720 (2000); *Becker* Die freie Mitarbeit 1982; *Berger-Delhey/Alfmeier* NZA 1991, 257 ff.; *Beuthien/Wehler* RdA 1978, 2 ff.; *Hohmeister/Goretzki,* Verträge über freie Mitarbeit, 2. Aufl. 2000; *Rosenfelder* Der arbeitsrechtliche Status des freien Mitarbeiters 1982, sowie aus der Rechtsprechung BVerfG 13. 1. 1982, AP Nr. 1 zu Art. 5 Abs. 1 GG Rundfunkfreiheit sowie BAG 30. 11. 1994, AP Nr. 42, 73 zu § 611 BGB Abhängigkeit sowie BAG 30. 11. 1994, AP Nr. 74 zu § 611 BGB Abhängigkeit = EzA § 611 BGB Arbeitnehmerbegriff Nr. 55 mit Anm. *Rüthers/Beninca* und BAG 22. 4. 1998, 26. 5. 1999 AP Nr. 96, 104 zu § 611 BGB Abhängigkeit zu Rundfunkmitarbeitern; BAG 3. 6. 1998, AP Nr. 97 zu § 611 BGB Abhängigkeit zu Rechtsanwälten.
[121] Vgl. BSG 30. 11. 1978, AP Nr. 31 zu § 611 BGB Abhängigkeit; LAG Baden-Württemberg 14. 3. 1985, BB 1985, 1534; LAG Hamm 20. 7. 1989, NZA 1990, 228; OLG München 24. 11. 1998, EzA § 611 BGB Arbeitnehmerbegriff Nr. 77 zu Rechtsanwälten.
[122] Vgl. BAG 21. 9. 1993, AP Nr. 68 zu § 611 BGB Dienstordnungsangestellte; *v. Hoyningen-Huene/Boemke* NZA 1994, 481; MünchArbR/*Richardi* § 27 Rn. 11.
[123] Vgl. BAG 5. 9. 1986, AP Nr. 27 zu § 15 KSchG 1969 mit Anm. *Stutzki*.

4. Familienangehörige

48 Keinen Kündigungsschutz genießen Familienangehörige, die nicht kraft Vertrages, sondern **auf Grund familiärer Bindung** Arbeit leisten (§§ 1353, 1356 Abs. 2, 1619 BGB).[124] Anders ist es, wenn Familienmitglieder auf Grund besonderes Vertrages in abhängiger Stellung tätig sind, wenn also etwa ein Ehegatte im Geschäft des anderen oder der Sohn im Geschäft des Vaters als Handlungsgehilfe angestellt ist. Er ist dann Arbeitnehmer und genießt deshalb Kündigungsschutz, sofern die sonstigen Voraussetzungen vorliegen.[125]

48a Auch die **Mitarbeit eines Familienmitgliedes in einer KG**, an der nur die Eltern und der Ehemann als Gesellschafter beteiligt sind, kann Gegenstand eines Arbeitsverhältnisses sein.[126] Ein Verlöbnis oder das Bestehen einer eheähnlichen Gemeinschaft stehen der Annahme eines Arbeitsverhältnisses nicht entgegen.[127] Die Abgrenzung zwischen arbeitsvertraglichen, familienrechtlichen oder gesellschaftsrechtlichen Mitarbeitsverhältnissen kann stets nur auf Grund der besonderen Umstände des Einzelfalles erfolgen.[128]

5. Gesellschafter

49 Gesellschafter und Personen, die auf Grund **körperschaftlicher Verpflichtung** Arbeit leisten, wie Mitglieder eines Vereins oder einer Genossenschaft, unterliegen nicht dem allgemeinen Kündigungsschutz. Bei ihnen fehlt die persönliche Abhängigkeit.[129] Anders ist es aber, wenn ein Mitglied einer Vereinigung unabhängig von dieser Eigenschaft bei der Körperschaft angestellt ist. Die rechtliche Stellung eines Angestellten einer Aktiengesellschaft ändert sich nicht dadurch, daß er Aktien der Gesellschaft erwirbt. Der Gesellschafter einer GmbH kann zu ihr in einem echten Arbeitsverhältnis stehen, wenn sich die Arbeitspflicht nicht aus dem Gesellschaftsvertrag, sondern aus einem davon unabhängigen Arbeitsverhältnis ergibt.[130] Beide genießen dann den vollen Kündigungsschutz, da sie der juristischen Person wie Dritte gegenüberstehen. Entsprechendes ist auch bei Personengesellschaften

---

[124] Vgl. dazu LAG Berlin 26. 6. 1989, LAGE § 23 KSchG Nr. 5; HK-KSchG/*Dorndorf* § 1 Rn. 24; KR-*Etzel* § 1 KSchG Rn. 57; *Löwisch* § 1 Rn. 13; ausf. *Carmen Hergenröder* AR-Blattei SD 700.1 (1999) Rn. 6 ff.
[125] Vgl. BAG 9. 2. 1995, EzA § 1 KSchG Personenbedingte Kündigung Nr. 12; *Carmen Hergenröder* AR-Blattei SD 700.1 Rn. 42 ff.
[126] BAG 20. 7. 1993, AP Nr. 4 zu § 1 BetrAVG Unverfallbarkeit; BSG 21. 4. 1993, SGb 1994, 388 mit zust. Anm. *v. Hoyningen-Huene*.
[127] Vgl. BAG 15. 3. 1960, AP Nr. 13 zu § 612 BGB.
[128] Vgl. hierzu näher *Fenn* Die Mitarbeit in den Diensten Familienangehöriger, 1970; *Lieb* Die Ehegattenmitarbeit im Spannungsfeld zwischen Rechtsgeschäft, Bereicherungsausgleich und gesetzlichem Güterstand, 1970.
[129] Vgl. BAG 16. 2. 1983, AP Nr. 8 zu § 2 AngKSchG mit Anm. *Brackmann;* BAG 10. 4. 1991, AP Nr. 54 zu § 611 BGB Abhängigkeit; HK-KSchG/*Dorndorf* § 1 Rn. 25; *Löwisch* § 1 Rn. 19; ausf. hierzu *v. Hoyningen-Huene* NJW 2000, 3233; *Löwisch* Festschrift für Kraft 1998, S. 375 ff.
[130] Vgl. LAG Hamm BB 1986, 391; BAG 9. 3. 1990, AP Nr. 6 zu § 35 GmbHG mit Anm. *Kramer*.

möglich und kommt vor allem für die Mitarbeit von Kommanditisten im Dienst der KG in Frage.[131]

Hat aber ein **Gesellschafter als Kapitaleigner** einen so großen Einfluß auf die Führung der Gesellschaft, daß er über seine Gesellschafterstellung letztlich auch die **Leitungsmacht** hat, so unterliegt er nicht dem Weisungsrecht des Geschäftsführers. Deshalb kann der Gesellschafter einer GmbH, dem mehr als 50% der Stimmen zustehen, auch dann kein Arbeitnehmer dieser Gesellschaft sein, wenn er nicht Geschäftsführer ist. Dabei ist unerheblich, ob er seine Leitungsmacht tatsächlich ausübt.[132] Auch der Minderheitsgesellschafter ist bei Bestehen einer Sperrminorität im Regelfall kein Arbeitnehmer.[133]

49 a

Ist der Gesellschafter einer GmbH zugleich deren Arbeitnehmer, so kann in dem Arbeitsvertrag mit der GmbH wirksam vereinbart werden, daß zu einer fristgerechten **Kündigung des Arbeitsverhältnisses die vorherige Zustimmung der Gesellschafterversammlung erforderlich ist.** Eine solche Regelung stellt auch keine nach § 37 Abs. 2 GmbHG unzulässige Beschränkung der Vertretungsbefugnis des GmbH-Geschäftsführers dar, weil § 37 Abs. 2 GmbHG nicht im Verhältnis zwischen Gesellschaft und dem angestellten Gesellschafter gilt.[134]

49 b

Genossenschaftsmitglieder, deren Pflicht zur Arbeitsleistung sich ausschließlich und unmittelbar aus der Mitgliedschaft zur Genossenschaft ergibt, sind nicht Arbeitnehmer. Dies gilt auch dann, wenn sie bei Erfüllung der Arbeitsleistung, ähnlich einem Arbeitnehmer, einem Weisungsrecht Folge zu leisten haben.[135] Nur dann, wenn neben dem Mitgliedschaftsverhältnis zur Genossenschaft ein weiteres Arbeitsverhältnis besteht, genießt der Beschäftigte hierfür Kündigungsschutz.

49 c

Die Mitglieder der **landwirtschaftlichen Produktionsgenossenschaften (LPG)** waren bis zum Inkrafttreten des Gesetzes zur Änderung des Landwirtschaftsanpassungsgesetzes[136] am 7. 7. 1991 keine Arbeitnehmer. Durch dieses Gesetz sind aber nunmehr die bestehenden Genossenschaftsverhältnisse mit ex nunc-Wirkung in Mitgliedschaftsverhältnisse nach dem weitergeltenden LPG-Gesetz[137] und daneben bestehende Arbeitsverhältnisse aufgespalten worden.[138]

49 d

6. Gesetzliche Vertreter juristischer Personen

Gem. § 14 Abs. 1 gilt der gesetzliche Kündigungsschutz nicht für Organmitglieder (dazu näher Erläuterungen zu § 14).

50

---

[131] Vgl. BAG 8. 1. 1970, AP Nr. 14 zu § 528 ZPO; BAG 11. 5. 1978, AP Nr. 2 zu § 161 HGB; BAG 28. 11. 1990, AP Nr. 137 zu § 1 TVG Tarifverträge: Bau = EzA § 611 BGB Arbeitnehmerbegriff Nr. 37 mit Anm. *v. Maydell;* BSG 8. 8. 1990, ZIP 1990, 1566; G. *Hueck* DB 1962, 1363.
[132] BAG 6. 5. 1998, AP Nr. 95 zu § 611 BGB Abhängigkeit.
[133] Vgl. BAG 28. 11. 1990, AP Nr. 137 zu § 1 TVG Tarifverträge: Bau mit zust. Anm. *Kraft.*
[134] BAG 28. 4. 1994, AP Nr. 116 zu § 626 BGB = EWiR 1994, 995 mit Anm. *Wonneberger.*
[135] BAG 16. 2. 1995, AP Nr. 1 zu Einigungsvertrag Anlage II zu Kap. VI = EWiR 1995, 701 mit Anm. *Oetker* unter B I 1 a.
[136] BGBl. I S. 1410.
[137] GBl. DDR 1990 I S. 483.
[138] BAG 16. 2. 1995, AP Nr. 1 zu Einigungsvertrag Anlage II zu Kap. VI.

7. Auszubildende

51 Auszubildende gehören an sich zu den Arbeitnehmern.[139] Der Kündigungsschutz des § 1 kommt aber für sie nicht in Betracht.[140] Auszubildende unterstehen dem **BBiG,** das die Beendigung des Berufsausbildungsverhältnisses in den §§ 13–16 abschließend regelt. Danach ist eine ordentliche Kündigung nach Ablauf der Probezeit ohnehin nicht zulässig.[141] In Betracht kommt hier nur eine außerordentliche Kündigung aus wichtigem Grund, für die § 1 gemäß § 13 Abs. 1 ohnehin nicht gilt (zur Anwendung von § 13 Abs. 1 Satz 2 und 3 auf Ausbildungsverhältnisse vgl. § 13 Rn. 18 und 32 ff.). Während der Probezeit scheidet ein Kündigungsschutz regelmäßig wegen der Sonderregelung in § 15 Abs. 1 BBiG aus.[142]

52 Für **sonstige Aus- und Fortbildungsverhältnisse** von Arbeitnehmern, die nicht den Vorschriften des BBiG unterliegen, kommt das KSchG voll zur Anwendung.[143] Vielfach ist allerdings auch hier die ordentliche Kündigung ausdrücklich oder durch Vertragszweck oder -dauer ausgeschlossen oder eingeschränkt.[144]

53 Für **Volontäre**[145] gelten gem. § 19 BBiG grundsätzlich die kündigungsrechtlichen Vorschriften der §§ 13 ff. BBiG. Werden die beruflichen Kenntnisse, Fertigkeiten oder Erfahrungen jedoch im Rahmen eines Arbeitsverhältnisses vermittelt, kommt § 19 BBiG nicht zur Anwendung, weshalb in diesen Fällen auch der allgemeine Kündigungsschutz gilt.[146]

8. Arbeitnehmer in fehlerhaften Arbeitsverhältnissen

54 Ist ein Arbeitnehmer aufgrund eines nichtigen oder unwirksamen Arbeitsvertrages beschäftigt, liegt ein fehlerhaftes (faktisches) Arbeitsverhältnis vor.[147] Wegen der Unwirksamkeit des Arbeitsvertrages fehlt hier der für ein wirksames Arbeitsverhältnis erforderliche Begründungstatbestand.[148] Auf den fehlenden Rechtsgrund für die Begründung eines Arbeitsverhältnisses können sich Arbeitgeber und Arbeitnehmer jederzeit berufen und so das fehlerhafte Arbeitsverhältnis beenden. Da es sich hierbei nicht um eine Kündigung han-

---

[139] Vgl. *Schaub* § 16 Rn. 5; *Zöllner/Loritz* § 5 IV 2 a; – krit. dazu *Bickel* Festschrift für E. Wolf 1985, S. 35 ff. m. w. N.

[140] H. M.; vgl. LAG Hamm 19. 6. 1986, LAGE § 5 KSchG Nr. 24; HK-KSchG/*Dorndorf* § 1 Rn. 48; KR-*Etzel* § 1 KSchG Rn. 52; *Löwisch* § 1 Rn. 10; KR-*Weigand* BBiG Rn. 122 f.

[141] Zur Zulässigkeit einer ordentlichen Kündigung mit einer Auslauffrist, die nach der Beendigung der Probezeit endet vgl. BAG 10. 11. 1988, AP Nr. 8 zu § 15 BBiG mit Anm. *Natzel*.

[142] Vgl. BAG 8. 3. 1977, DB 1977, 1322; zur Kündigung vor Beginn der Ausbildung BAG 17. 9. 1987, AP Nr. 7 zu § 15 BBiG.

[143] Ebenso ErfK/*Ascheid* § 1 KSchG Rn. 56; HK-KSchG/*Dorndorf* § 1 Rn. 50; KR-*Etzel* § 1 KSchG Rn. 53.

[144] Vgl. BAG 20. 1. 1977, AP Nr. 1 zu § 1 TVG Ausbildungsverhältnis mit Anm. *Wiedemann*.

[145] Ausf. zum Volontärverhältnis *Knigge* AR-Blattei SD 1740 (1998).

[146] Vgl. KR-*Etzel* § 1 KSchG Rn. 53; *Löwisch* § 1 Rn. 10 f.

[147] Vgl. dazu *v. Hoyningen-Huene* MünchKomm-HGB § 59 Rn. 136; *Käßer* Der fehlerhafte Arbeitsvertrag 1979.

[148] Vgl. dazu MünchArbR/*Buchner* § 40 Rn. 1 ff.; *Zöllner/Loritz* § 4 III.

delt, untersteht diese **Lossagung** nicht dem allgemeinen Kündigungsschutz.[149]

9. Sonstige Personengruppen

Für Personen, deren Beschäftigung nicht in erster Linie ihrem Erwerb, sondern vorwiegend ihrer **Heilung, Wiedereingewöhnung, sittlichen Besserung oder Erziehung** dient oder durch **Beweggründe karitativer oder religiöser Art bestimmt wird,** gilt der Kündigungsschutz nicht. Das war in § 10 BRG 1920 ausdrücklich bestimmt. Das KSchG enthält zwar keine entsprechende Vorschrift, doch ist auch heute das gleiche anzunehmen, da die genannten Personen nach richtiger Ansicht nicht als Arbeitnehmer anzusehen sind.[150] Dafür spricht auch § 5 Abs. 2 Nr. 3 und 4 BetrVG, der die genannten Personen nicht zu den Arbeitnehmern i. S. d. BetrVG rechnet. Beweggründe wissenschaftlicher und künstlerischer Art, die § 5 BetrVG im Gegensatz zu § 10 BRG 1920 nicht mehr nennt, schließen dagegen die Arbeitnehmereigenschaft nicht aus.

Keine Arbeitnehmer sind hiernach z. B. Kranke in Krankenanstalten, Erholungsheimen, Heil- und Pflegeanstalten (anders das in den Anstalten beschäftigte Pflegepersonal), **Insassen von Trinkerheilanstalten** und **Strafgefangene,** auch wenn sie im Rahmen des Strafvollzuges in einem Privatbetrieb arbeiten.[151] Auch **berufliche Rehabilitanten** i. S. v. § 97 SGB III sind keine Arbeitnehmer.[152] Für Arbeitslose, die aufgrund eines **Eingliederungsvertrages** beschäftigt werden, gilt das KSchG nicht, § 232 Abs. 2 SGB III.[153] Angehörige von Klöstern, evangelische **Diakonissen** (anders dagegen weltliche Krankenschwestern und Krankenpfleger), Missionare und **Entwicklungshelfer**[154] sind ebenfalls keine Arbeitnehmer. Nach Meinung des BAG sind auch **Rote-Kreuz-Schwestern** keine Arbeitnehmer.[155] Demgegenüber sind hauptamtlich aktiv tätige Mitglieder von **Scientology** Arbeitnehmer.[156]

---

[149] H. M.; vgl. ErfK/*Ascheid* § 1 KSchG Rn. 61; KR-*Etzel* § 1 KSchG Rn. 56; *Kittner/Däubler/Zwanziger* Einl. Rn. 53; – zur Berücksichtigung des fehlerhaften Arbeitsverhältnisses bei der Wartezeit vgl. Rn. 77 a.
[150] Vgl. HK-KSchG/*Dorndorf* § 1 Rn. 28 f.; KR-*Etzel* § 1 KSchG Rn. 92; *Löwisch* § 1 Rn. 17 f.; *Schopp* BB 1983, 1732 ff.; im Ergebnis auch *Zöllner/Loritz* § 4 III 2 d.
[151] BAG 3. 10. 1978, AP Nr. 18 zu § 5 BetrVG 1972.
[152] BAG 26. 1. 1994, AP Nr. 54 zu § 5 BetrVG 1972 = SAE 1994, 334 mit Anm. *Meisel.*
[153] Zutr. BAG 17. 5. 2001 – 2 AZR 10/00 sowie *Löwisch* § 1 Rn. 13.
[154] BAG 27. 4. 1977, AP Nr. 1 zu § 611 BGB Entwicklungshelfer mit Anm. *Herschel.*
[155] BAG 3. 6. 1975, 20. 2. 1986, AP Nr. 1 und 2 zu § 5 BetrVG 1972 Rotes Kreuz; BAG 6. 7. 1995, AP Nr. 22 zu § 5 ArbGG 1979 m. Anm. *Diller;* dazu *v. Hoyningen-Huene* BetrVR § 3 III 2; abweichend *Fitting* § 5 Rn. 108; DKK-*Trümner* § 5 Rn. 145 ff.
[156] BAG 22. 3. 1995, AP Nr. 21 zu § 5 ArbGG 1979; zum Fragerecht und zu Kündigungsmöglichkeiten vgl. näher *Bauer/Baeck/Merten* DB 1997, 2534.

III. Besondere Arbeitsverhältnisse

1. Gruppenarbeitsverhältnis

57   Auch für sog. Gruppenarbeitsverhältnisse gilt der allgemeine Kündigungsschutz.[157] Gruppenarbeitsverhältnisse liegen vor, wenn die Arbeitsverträge mit den einzelnen Arbeitnehmern, die zu einer gemeinsamen Dienstleistung verpflichtet sind, in ihrem Bestand voneinander abhängig sind.[158] Auf Grund der Verpflichtung zur gemeinsamen Dienstleistung ist bei Gruppenarbeitsverhältnissen regelmäßig die Einzelkündigung eines Gruppenmitgliedes ausgeschlossen.[159] Der Arbeitgeber ist jedoch berechtigt, **allen Gruppenmitgliedern zu kündigen,** sofern nur bei einem Gruppenmitglied ein Kündigungsgrund i. S. d. § 1 Abs. 2 vorliegt. Die anderen Gruppenmitglieder haben sich bei Vorliegen eines Gruppenarbeitsverhältnisses den durch ein Gruppenmitglied gesetzten Kündigungsgrund zurechnen zu lassen.[160]

2. Einheitliches Arbeitsverhältnis

58   Ebenso wie auf Arbeitnehmerseite[161] können auch **auf Arbeitgeberseite mehrere rechtlich selbständige Personen** an einem Arbeitsverhältnis beteiligt sein.[162] Stehen mehrere natürliche oder juristische Personen in arbeitsrechtlichen Beziehungen zu demselben Arbeitnehmer, so liegen nicht notwendig mehrere getrennte Arbeitsverhältnisse vor. Vielmehr kann auch ein einheitliches Arbeitsverhältnis gegeben sein. Wie sich aus den §§ 420 ff. BGB ergibt, geht nämlich auch das Gesetz davon aus, daß auf einer Seite eines Rechtsverhältnisses mehrere Personen stehen können.

59   Für die Annahme eines solchen einheitlichen Arbeitsverhältnisses mehrerer Arbeitgeber ist nicht Voraussetzung, daß die Arbeitgeber zueinander in einem bestimmten – insbesondere gesellschaftsrechtlichen – Rechtsverhältnis stehen, einen gemeinsamen Betrieb führen oder den Arbeitsvertrag gemeinsam abschließen. Erforderlich ist vielmehr ein **rechtlicher Zusammenhang** der arbeitsvertraglichen Beziehungen des Arbeitnehmers zu den einzelnen Arbeitgebern, der es verbietet, diese Beziehungen rechtlich getrennt zu behandeln. Im Rahmen einer gem. §§ 133, 157 BGB vorzunehmenden Auslegung des gesamten Vertragswerkes ist zu prüfen, ob nach den Vorstellungen der Vertragsschließenden die einzelnen Vereinbarungen nur gemeinsam gelten und zusammen durchgeführt werden sollen, d. h. Teile eines Gesamtge-

---

[157] Vgl. BAG 21. 10. 1971, AP Nr. 1 zu § 611 BGB Gruppenarbeitsverhältnis mit Anm. *Hanau.*
[158] Vgl. hierzu näher MünchArbR/*Marschall* § 164; ErfK/*Preis* § 611 BGB Rn. 194 ff.; *Röhsler* AR-Blattei Gruppenarbeit I 1961; *Schaub* § 181.
[159] MünchArbR/*Marschall* § 164 Rn. 16.
[160] BAG 21. 10. 1971, AP Nr. 1 zu § 611 BGB Gruppenarbeitsverhältnis m. Anm. *Hanau*; ErfK/*Ascheid* § 1 KSchG Rn. 62; HK-KSchG/*Dorndorf* § 1 Rn. 35; KR-*Etzel* § 1 KSchG Rn. 62; *Stahlhacke/Preis/Vossen* Rn. 148.
[161] BAG 21. 10. 1971, AP Nr. 1 zu § 611 BGB Gruppenarbeitsverhältnis mit Anm. *Hanau.*
[162] Dazu BAG 27. 3. 1981, AP Nr. 1 zu § 611 BGB Arbeitgebergruppe mit Anm. *Wiedemann* = SAE 1983, 288 mit Anm. *Schulin; Schwerdtner* ZIP 1982, 900; siehe auch BAG 9. 9. 1982, AP Nr. 1 zu § 611 BGB Hausmeister mit Anm. *Jahnke.*

schäfts sein sollen. Dabei genügt es nach Auffassung des BAG, wenn nur einer der Vertragspartner einen solchen Einheitlichkeitswillen hatte, dieser aber dem anderen Partner erkennbar war und von ihm gebilligt oder zumindest hingenommen wurde.[163]

3. Mittelbares Arbeitsverhältnis

Ein mittelbares Arbeitsverhältnis liegt vor, wenn ein Arbeitnehmer von **60** einem Mittelsmann beschäftigt wird, der seinerseits selbst Arbeitnehmer eines Dritten ist und die Arbeit mit Wissen des Dritten unmittelbar für diesen geleistet wird.[164] Beim mittelbaren Arbeitsverhältnis besteht ein Arbeitsverhältnis zwischen dem Arbeitnehmer und dem **Arbeitgeber erster Stufe,** der zugleich Arbeitnehmer im Verhältnis zum **Arbeitgeber zweiter Stufe** ist.[165] Mittelbare Arbeitsverhältnisse gab es früher insbesondere bei Rundfunkorchestern, sie spielen heute in der Praxis jedoch auch hier kaum noch eine Rolle.[166] Der einzelne Musiker steht bei einem mittelbaren Arbeitsverhältnis in einem Arbeitsverhältnis mit dem Orchesterleiter und dieser wiederum in einem Arbeitsverhältnis mit der Rundfunkanstalt. Ein Arbeitsverhältnis zwischen dem einzelnen Musiker und der Rundfunkanstalt besteht demgegenüber nicht.[167]

Eine **Kündigung** im mittelbaren Arbeitsverhältnis ist auf Grund der vertraglichen **61** Beziehungen nur zwischen den **jeweiligen Vertragspartnern** möglich. Der Kündigungsgrund kann auch aus dem Verhältnis zwischen Arbeitnehmer und mittelbarem Arbeitgeber stammen, sofern hierdurch ebenfalls Pflichten aus dem Arbeitsverhältnis zum Arbeitgeber erster Stufe verletzt werden.[168] Die Kündigungsschutzklage ist dann gegen den Mittelsmann zu richten und nicht gegen den mittelbaren Arbeitgeber zweiter Stufe.[169] Der mittelbare Arbeitgeber zweiter Stufe kann nur den Arbeitsvertrag mit dem Arbeitgeber erster Stufe kündigen, d.h. es könnte beim Vorliegen von mittelbaren Arbeitsverhältnissen nur der Orchesterleiter die Arbeitsverhältnisse der Musiker kündigen, nicht aber die Rundfunkanstalt. Diese wäre allerdings berechtigt, den Orchesterleiter zu kündigen.

IV. Tätigkeit in einem Betrieb

Der Kündigungsschutz gilt nur, wenn der Arbeitnehmer in einem **Betrieb 62 oder einer Verwaltung** tätig ist (vgl. zum Betriebsbegriff § 23 Rn. 3ff.).

---

[163] BAG 27. 3. 1981, AP Nr. 1 zu § 611 BGB Arbeitgebergruppe = SAE 1983, 288 ff. mit krit. Anm. *Schulin;* dazu näher *Schwerdtner* ZIP 1982, 900 ff.
[164] BAG 21. 2. 1990, AP Nr. 57 zu § 611 BGB Abhängigkeit.
[165] Vgl. dazu KR-*Etzel* § 1 KSchG Rn. 71 f.; MünchArbR/*Marschall* § 165 Rn. 11 ff.; ErfK/*Preis* § 611 BGB Rn. 202 ff.; *Röhsler* AR-Blattei SD 220.3 Arbeitsvertrag-Arbeitsverhältnis III 1998; *Waas* RdA 1993, 153; – zum Mißbrauch der Rechtsform des mittelbaren Arbeitsverhältnisses BAG 20. 7. 1982, AP Nr. 5 zu § 611 BGB Mittelbares Arbeitsverhältnis mit krit. Anm. *Koller* = SAE 1983, 46 mit Anm. *Zeiss*.
[166] *Heinemann,* Arbeitsrecht des Orchestermusikers 1994, S. 76.
[167] Vgl. dazu BAG 9. 4. 1957, AP Nr. 2 zu § 611 BGB Mittelbares Arbeitsverhältnis; zu Hausmeisterverträgen siehe auch BAG 9. 9. 1982, AP Nr. 1 zu § 611 BGB Hausmeister mit Anm. *Jahnke*.
[168] Zutr. *Waas* RdA 1993, 153, 159.
[169] BAG 21. 2. 1990, AP Nr. 57 zu § 611 BGB Abhängigkeit.

Das folgt schon daraus, daß der Kündigungsschutz eine bestimmte Dauer der Betriebszugehörigkeit voraussetzt und daß § 23 Abs. 1 Satz 2 eine bestimmte Mindestgröße des Betriebes verlangt (dazu unten § 23 Rn. 16). Nicht erforderlich ist, daß der Arbeitnehmer an der Betriebsstätte arbeitet; er muß nur organisatorisch in den Betrieb bzw. die Verwaltung eingegliedert sein (vgl. oben Rn. 29).

V. Wartezeit

1. Entstehungsgeschichte

63 Das Arbeitsverhältnis des Arbeitnehmers muß in demselben Betrieb oder Unternehmen ohne Unterbrechung **länger als 6 Monate** bestanden haben (**Wartezeit**). Das BRG 1920 und die meisten Landesgesetze kannten diese Voraussetzung des gesetzlichen Kündigungsschutzes nicht; das AOG verlangte dagegen eine Beschäftigungsdauer von 1 Jahr, ebenso das vom Frankfurter Wirtschaftsrat beschlossene Gesetz, während der Hattenheimer Entwurf sich in Übereinstimmung mit den Landesgesetzen von Bayern und Württemberg-Hohenzollern mit 3 Monaten begnügte. Die jetzige Festsetzung der Mindestdauer auf 6 Monate beruht auf einem Kompromiß bei der dritten Lesung des Gesetzes von 1951 (vgl. Einl. Rn. 31).

2. Sinn und Zweck

64 **Sinn der Vorschrift** ist, den Arbeitnehmer erst nach einer gewissen Dauer der Betriebszugehörigkeit das Recht auf den Arbeitsplatz erwerben zu lassen[170] und umgekehrt dem Arbeitgeber Gelegenheit zu geben, zunächst den Arbeitnehmer zu erproben.[171] Innerhalb der Wartezeit gilt der Grundsatz der Kündigungsfreiheit, der grundsätzlich auch nicht durch § 242 BGB, wohl aber durch § 138 BGB eingeschränkt wird.[172]

65 Ist bei einem auf unbestimmte Zeit abgeschlossenen Arbeitsvertrag eine **Probezeit von mehr als 6 Monaten** vereinbart, so genießt der Arbeitnehmer ungeachtet dieser Vereinbarung nach Ablauf von 6 Monaten den vollen Kündigungsschutz, da dieser nicht vertraglich ausgeschlossen werden

---

[170] So BAG 16. 2. 1995, AP Nr. 1 zu Einigungsvertrag Anlage II zu Kap. VI zu B I 2.
[171] So BAG 15. 3. 1978, AP Nr. 45 zu § 620 BGB Befristeter Arbeitsvertrag unter I 2b; BAG 18. 5. 1994, AP Nr. 64 zu § 102 BetrVG 1972 = EzA § 102 BetrVG 1972 Nr. 85 mit Anm. *Streckel; Backmeister/Trittin* § 1 KSchG Rn. 39; KR-*Etzel* § 1 KSchG Rn. 103; *Löwisch* § 1 Rn. 34; – kritisch zu diesem Zweck der Wartezeit BAG 12. 2. 1981, AP Nr. 1 zu § 5 BAT mit Anm. *G. Hueck;* HK-KSchG/*Dorndorf* § 1 Rn. 60; ausführlich zu Probezeit und Wartezeit *Berger-Delhey* BB 1989, 977.
[172] Vgl. BAG 16. 2. 1989, AP Nr. 46 zu § 138 BGB mit zust. Anm. *Kramer* = EzA § 138 BGB Nr. 23 mit krit. Anm. *Wank;* abweichend BAG 5. 4. 2001 – 2 AZR 185/01; BAG 21. 2. 2001 – 2 AZR 15/00; BAG 23. 6. 1994, EzA § 242 BGB mit abl. Anm. *v. Hoyningen-Huene;* BAG 24. 9. 1992, AP Nr. 3 zu Einigungsvertrag Anlage I Kap. XIX mit krit. Anm. *v. Hoyningen-Huene;* zur treuwidrigen Kündigung vgl. *Linck* FA 1999, 382 ff. m. w. N. sowie § 13 Rn. 57 ff. und 86 ff.; zur Pflicht, auch in diesem Stadium vor der Kündigung den Betriebsrat anzuhören, vgl. BAG 8. 9. 1988, AP Nr. 49 zu § 102 BetrVG 1972; BAG 11. 7. 1991, AP Nr. 57 zu § 102 BetrVG 1972; BAG 18. 5. 1994, AP Nr. 64 § 102 BetrVG 1972.

Sozial ungerechtfertigte Kündigungen 66, 67 § 1

kann (dazu oben Rn. 10 ff.).¹⁷³ Wird das Arbeitsverhältnis befristet nur für die Dauer der Probezeit abgeschlossen, so gelten die allgemeinen Regeln über die Befristung (unten Rn. 554 ff.); bei besonderen Anforderungen an einen Arbeitsplatz kann eine solche Befristung als Probezeit auch länger als 6 Monate dauern.¹⁷⁴

3. Abdingbarkeit

Eine Wartezeit ist nicht unbedingt notwendig; sie ist vielmehr vertraglich abdingbar. Zwar ist § 1 grundsätzlich zwingend (vgl. oben Rn. 7 ff.), **abweichende Vereinbarungen zugunsten des Arbeitnehmers** sind aber möglich. Ein Ausschluß oder eine Beschränkung des Schutzes ist also nicht zulässig, wohl aber eine Erweiterung. Dies gilt sowohl für einzelvertragliche Vereinbarungen als auch für tarifliche Regelungen.¹⁷⁵ Aus diesem Grunde sind Vereinbarungen zulässig, wonach der Kündigungsschutz schon früher, insbesondere schon mit Abschluß des Arbeitsvertrages, einsetzen soll. Eine solche Vereinbarung kann auch stillschweigend getroffen werden.¹⁷⁶ Allerdings genügt es dafür nicht, daß ein auf Dauer angelegtes Arbeitsverhältnis vorliegt.   66

Die **stillschweigende Vereinbarung vorzeitigen Kündigungsschutzes** kann nur besonderen Umständen entnommen werden. Denn nicht jedem auf Dauer angelegten Arbeitsverhältnis wohnt eine entsprechende stillschweigende Vereinbarung inne, die auch vom Arbeitgeber so gewollt ist. Es müssen deshalb **besondere Umstände hinzutreten,** deren Auslegung es im Einzelfall gestattet, ein auf Dauer angelegtes Arbeitsverhältnis mit einer solchen stillschweigenden Vereinbarung zu verbinden.¹⁷⁷ So kann sich eine stillschweigende Vereinbarung daraus ergeben, daß der Arbeitnehmer, der, wie dem neuen Arbeitgeber bekannt war, in seiner bisherigen Stellung schon Kündigungsschutz genoß, dem neuen Arbeitgeber vor Abschluß des Arbeitsvertrages erklärt, er lege besonderen Wert auf eine Dauerstellung, oder sonst zum Ausdruck bringt, daß sich die Sicherheit seines Arbeitsplatzes nicht verschlechtern dürfe, und der Arbeitgeber dem nicht widerspricht.¹⁷⁸ Ein Ausschluß der Wartezeit kann auch dann angenommen werden, wenn der Ar-   67

---

¹⁷³ BAG 15. 8. 1984, AP Nr. 8 zu § 1 KSchG 1969 mit Anm. *M. Wolf;* MünchArbR/ *Berkowsky* § 132 Rn. 82; APS/*Dörner* § 1 KSchG Rn. 29; HaKo-*Gallner* § 1 Rn. 57; HK-KSchG/*Dorndorf* § 1 Rn. 52.
¹⁷⁴ BAG 15. 8. 1984, AP Nr. 8 zu § 1 KSchG 1969 mit Anm. *M. Wolf.*
¹⁷⁵ So zutr. BAG 14. 5. 1987, AP Nr. 5 zu § 1 KSchG 1969 Wartezeit; BAG 28. 2. 1990, AP Nr. 8 zu § 1 KSchG 1969 Wartezeit; ErfK/*Ascheid* § 1 KSchG Rn. 68; APS/*Dörner* § 1 KSchG Rn. 23; HK-KSchG/*Dorndorf* § 1 Rn. 61; KR-*Etzel* § 1 KSchG Rn. 104 ff.; Kittner/*Däubler/Zwanziger* § 1 KSchG Rn. 32; *Kramer* Kündigungsvereinbarungen im Arbeitsvertrag S. 79 f.; – gegen eine pauschale Erstreckung des Kündigungsschutzes auf Arbeitnehmer, die sich noch in der Wartezeit befinden durch Tarifvertrag *Löwisch* § 1 Rn. 38; *ders.* DB 1998, 877, 881 f.
¹⁷⁶ Vgl. BAG 18. 2. 1967, AP Nr. 81 zu § 1 KSchG; BAG 8. 6. 1972, AP Nr. 1 zu § 1 KSchG 1969 mit Anm. *Konzen.*
¹⁷⁷ BAG 8. 6. 1972, AP Nr. 1 zu § 1 KSchG 1969.
¹⁷⁸ Vgl. BAG 18. 2. 1967, AP Nr. 81 zu § 1 KSchG mit Anm. *A. Hueck;* ErfK/*Ascheid* § 1 KSchG Rn. 68; APS/*Dörner* § 1 KSchG Rn. 24; HK-KSchG/*Dorndorf* § 1 Rn. 61; KR-*Etzel* § 1 KSchG Rn. 105; *Löwisch* § 1 Rn. 37; – zur Anrechnung zurückliegender Beschäftigungszeiten bei einem anderen konzernangehörigen Unternehmen vgl. Rn. 73 f.

beitnehmer schon zuvor einmal beim gleichen Arbeitgeber beschäftigt war und sich beide einig sind, daß das frühere Arbeitsverhältnis zu den alten Bedingungen wieder aufgenommen werden soll.[179] Für das Zustandekommen einer Vereinbarung, welche die Wartezeit des § 1 Abs. 1 verkürzt, ist der Arbeitnehmer **darlegungs- und beweispflichtig**.[180]

4. Vollendung der Wartezeit

68 Nach dem Wortlaut des Gesetzes muß, wenn der Kündigungsschutz Platz greifen soll, die Frist von 6 Monaten schon **zum Zeitpunkt der Kündigung**, also bei Zugang der Kündigungserklärung verstrichen sein. Es genügt nicht, daß die Dauer des Arbeitsverhältnisses erst mit Ablauf der Kündigungsfrist 6 Monate erreicht.[181] Eine Kündigung zum Ende des ersten halben Beschäftigungsjahres ist also ohne die Beschränkungen des KSchG zulässig.

69 Erfolgt allerdings die Kündigung kurz vor Ablauf der 6 Monate lediglich zu dem Zweck, das Inkrafttreten des **Kündigungsschutzes zu vereiteln**, so kann im Einzelfall in Analogie zu § 162 BGB der Kündigungsschutz eingreifen. Es widerspräche dem Ziel des KSchG, wenn die Absicht der **Gesetzesumgehung** Erfolg haben könnte. Das kommt aber nicht schon dann in Betracht, wenn der Arbeitgeber früher kündigt als nach Gesetz oder Vertrag zur Wahrung der Kündigungsfrist erforderlich ist; denn die Ausnutzung einer gesetzlichen Frist ist zulässig und kann daher auch nicht ohne weiteres als treuwidrige Vereitelung des Kündigungsschutzes angesehen werden.

69 a Die Kündigung kurz vor Ablauf der Wartezeit stellt sich erst auf Grund weiterer Umstände als **individueller Rechtsmißbrauch** dar.[182] Zu Recht hat daher das BAG festgestellt, daß noch kein Verstoß gegen Treu und Glauben vorliegt, wenn der Arbeitgeber kurz vor Ablauf der Wartezeit kündigt, um einen Rechtsstreit über die etwaige Sozialwidrigkeit der Kündigung zu vermeiden. Der Arbeitgeber übt hier nämlich lediglich die ihm gemäß Abs. 1 eingeräumte Kündigungsfreiheit aus.[183] Behauptet der **Arbeitnehmer** einen Verstoß gegen Treu und Glauben, so ist er hierfür **darlegungs- und beweispflichtig**.[184]

---

[179] LAG Baden-Württemberg BB 1974, 887.

[180] KR-*Etzel* § 1 KSchG Rn. 140; *Kittner/Däubler/Zwanziger* § 1 KSchG Rn. 34; RGRK-*Weller* BGB vor § 620 Rn. 152.

[181] Vgl. BAG 20. 9. 1957, AP Nr. 34 zu § 1 KSchG; BAG 16. 6. 1976, AP Nr. 8 zu § 611 BGB Treuepflicht; HK-KSchG/*Dorndorf* § 1 Rn. 87; KR-*Etzel* § 1 KSchG Rn. 112; *Kittner/Däubler/Zwanziger* § 1 KSchG Rn. 33; *Löwisch* § 1 Rn. 70.

[182] So zutr. BAG 28. 9. 1978, AP Nr. 19 zu § 102 BetrVG 1972 = SAE 1980, 36 mit Anm. *Schreiber;* BAG 18. 8. 1982, AP Nr. 24 zu § 102 BetrVG 1972 = AR-Blattei Betriebsverfassung XIV C Entsch. 80 mit Anm. *Herschel* = EzA § 102 BetrVG 1972 Nr. 48 mit Anm. *Heinze* = AuR 1984, 121 mit Anm. *Körnig;* BAG 5. 3. 1987, RzK I 4d Wartezeit Nr. 7; BAG 12. 12. 1996, RzK I 5g Nr. 66 zur Kündigung kurz vor Eintritt des besonderen tariflichen Kündigungsschutzes; ebenso ErfK/*Ascheid* § 1 KSchG Rn. 92; APS/*Dörner* § 1 KSchG Rn. 33 f.; HK-KSchG/*Dorndorf* § 1 Rn. 89; KR-*Etzel* § 1 KSchG Rn. 113; *Löwisch* § 1 Rn. 50; MünchKomm-BGB/*Schwerdtner* § 622 Anh. Rn. 182.

[183] BAG 18. 8. 1982, AP Nr. 24 zu § 102 BetrVG 1972.

[184] LAG Schleswig-Holstein 3. 3. 1983, DB 1983, 2260 und Urteil vom 14. 4. 1998, NZA-RR 1999, 191.

5. Tätigkeit im gleichen Unternehmen

Für die Berechnung der Dauer des Arbeitsverhältnisses ist nicht nur die **70** Tätigkeit im gleichen Betrieb, sondern auch die Tätigkeit in einem anderen Betrieb mitzurechnen, sofern er zu dem gleichen Unternehmen gehört. Dagegen ist die maßgebliche Arbeitnehmerzahl zur Anwendung des KSchG ausschließlich betriebsbezogen (dazu § 23 Rn. 16).

a) Unternehmensbegriff

Der **Begriff des Unternehmens** ist gegenüber dem des Betriebes (dazu **71** § 23 Rn. 3 ff.) der weitere. Unter Unternehmen ist die **organisatorische Einheit** zu verstehen, die bestimmt wird durch den wirtschaftlichen oder ideellen Zweck, dem ein Betrieb oder mehrere organisatorisch verbundene Betriebe desselben Unternehmens dienen. Maßgebend ist nicht wie beim Betrieb die Einheit des unmittelbaren (technischen) Zweckes der Tätigkeit, sondern des entfernteren, vom Unternehmer verfolgten Zweckes, der das Motiv für das Tätigwerden des Unternehmers ist. Man spricht meist vom wirtschaftlichen Zweck, doch kann es sich auch um ideelle Zwecke handeln.[185] Das Unternehmen stellt sozusagen den (gedachten) wirtschaftlichen Träger für den Betrieb dar, in dem der unternehmerische Geschäftszweck durch arbeitstechnische Mittel realisiert wird. Das Unternehmen als solches ist nicht rechtsfähig, sondern setzt einen einheitlichen Rechtsträger voraus, den Unternehmer, der mit dem Arbeitgeber identisch ist.[186] Auf die Rechtsform des Unternehmensträgers kommt es nicht an; Unternehmer kann demgemäß eine natürliche oder juristische Person sein, ebenso aber auch ein nicht rechtsfähiger Personenverband, wie oHG oder KG.

b) Veränderung der Unternehmenszugehörigkeit

Es genügt, wenn der Betrieb, in dem der Arbeitnehmer früher tätig war, **72** und der Betrieb, in dem er jetzt beschäftigt wird, bei Beginn des Arbeitsverhältnisses demselben Unternehmen angehörten. Wird also ein aus zwei Betrieben bestehendes Unternehmen in zwei Unternehmen aufgespalten und dabei ein Arbeitnehmer aus einem Betrieb in den anderen übernommen, so ist die frühere Beschäftigungszeit anzurechnen.[187] Nach § 323 Abs. 1 UmwG verschlechtert sich nämlich die kündigungsrechtliche Stellung eines Arbeitnehmers, der vor einer **Unternehmensspaltung oder** einer **Teilübertragung** zu dem übertragenden Unternehmen in einem Arbeitsverhältnis steht, für die Dauer von 2 Jahren ab dem Zeitpunkt des Wirksamwerdens der Spaltung oder Teilübertragung nicht.[188] Im übrigen liegt bei einer Unternehmensspaltung häufig ein rechtsgeschäftlicher Betriebsübergang vor, so daß die früheren Beschäftigungszeiten vom übernehmenden Unternehmen nach § 613a Abs. 1 BGB anzurechnen sind (dazu Rn. 75).

---

[185] Näher zum Unternehmensbegriff: *v. Hoyningen-Huene* BetrVR § 3 II 4; *Joost* Betrieb und Unternehmen 1988 S. 77 ff. und 208 ff.
[186] Dazu näher *v. Hoyningen-Huene* BetrVR § 3 III 1.
[187] Vgl. ErfK/*Ascheid* § 1 KSchG Rn. 90; APS/*Dörner* § 1 KSchG Rn. 44; HK-KSchG/*Dorndorf* § 1 Rn. 78 ff.; KR-*Etzel* § 1 KSchG Rn. 127.
[188] Vgl. *Kreßel* BB 1995, 925, 928; *Wlotzke* DB 1995, 40, 44; dazu unten § 23 Rn. 9 b ff.

72a Umgekehrt genügt es aber für eine Anrechnung der zurückliegenden Beschäftigungszeiten auch, daß der frühere und der jetzige Betrieb **zur Zeit der Kündigung demselben Unternehmen** angehören. Werden also zwei bisher getrennte Unternehmen zu einem zusammengeschlossen und dabei ein Arbeitnehmer in einen anderen Betrieb versetzt, so ist ebenfalls die frühere Beschäftigungszeit anzurechnen. In beiden Fällen besteht zwischen den Beschäftigungen in den verschiedenen Betrieben ein innerer Zusammenhang, was für die Anwendung des KSchG ausreichend ist.[189]

c) Ein Unternehmer – zwei Unternehmen

73 Dagegen sind die **Voraussetzungen des Abs. 1 nicht erfüllt,** wenn ein Unternehmer **zwei getrennte Unternehmen** A und B hat und er mit einem schon mehr als 6 Monate im Unternehmen A beschäftigten Arbeitnehmer ohne Lösung des Arbeitsverhältnisses eine „Versetzung" in das Unternehmen B vereinbart. Hier würde zwar das Arbeitsverhältnis länger als 6 Monate bestanden haben, aber nicht „in demselben Betrieb oder Unternehmen", wie es § 1 nach seinem eindeutigen Wortlaut ausdrücklich fordert. Die Beschäftigung erfolgt hier vielmehr innerhalb eines **Konzerns.** Ganz allgemein werden danach Beschäftigungszeiten innerhalb eines Konzerns bei verschiedenen Konzernunternehmen nicht zusammengerechnet.[190]

74 Es fragt sich aber, ob nach **Treu und Glauben** und mit Rücksicht auf die Verkehrssitte (§ 157 BGB) die **Vereinbarung über die Versetzung** nicht dahin **auszulegen** ist, daß diese den Arbeitnehmer hinsichtlich des Kündigungsschutzes nicht schädigen, anders ausgedrückt, daß ihm die im früheren Unternehmen verbrachte Zeit in all den Fällen, in denen von der Dauer der Betriebszugehörigkeit Rechte abhängen (Kündigungsschutz, Urlaub, Pension usw.), angerechnet werden soll.[191] Diese Frage ist in aller Regel, d. h. mangels des Hervortretens eines entgegengesetzten Willens beider Parteien jedenfalls dann zu bejahen, wenn die Versetzung von einem Unternehmen in ein anderes desselben Unternehmensträgers erfolgt. Aber auch bei der Versetzung in ein anderes Konzernunternehmen, und damit im Normalfall in den Bereich eines anderen Arbeitgebers, wird man bei diesem gleichfalls mangels abweichender Erklärung einen solchen Fortsetzungswillen annehmen können.[192] Folgt man dem, so zeigt sich, daß nach der heutigen Fassung des § 1, die nicht mehr auf die Dauer der Beschäftigung, sondern auf diejenige des Arbeitsverhältnisses abstellt, die Worte „in demselben Betrieb oder Unternehmen" keine große praktische Bedeutung mehr haben, sondern daß es vor allem auf die Identität des Arbeitsverhältnisses ankommt.

---

[189] Ebenso *Löwisch* § 1 Rn. 45.
[190] MünchArbR/*Berkowsky* § 132 Rn. 77; HK-KSchG/*Dorndorf* § 1 Rn. 75; *Löwisch* § 1 Rn. 46; weitergehend APS/*Dörner* § 1 KSchG Rn. 45; KR-*Etzel* § 1 KSchG Rn. 128; *Kittner/Däubler/Zwanziger* § 1 KSchG Rn. 26, die auch die bei einem hundertprozentigen Tochterunternehmen zurückgelegten Wartezeiten nach wirtschaftlicher Betrachtungsweise berücksichtigen wollen. – Siehe auch unten Rn. 151.
[191] Vgl. dazu *Helle* Konzernbedingte Kündigungsschranken S. 174 ff.; *Henssler* S. 117 ff.; *Silberberger* S. 31; *Windbichler* S. 121 ff.
[192] Vgl. HK-KSchG/*Dorndorf* § 1 Rn. 76; *Löwisch* § 1 Rn. 46; *Windbichler* S. 224 f.

6. Rechtsnachfolge

Für die Erfüllung der Wartezeit ist nicht erforderlich, daß der Arbeitnehmer während der 6 Monate vom gleichen Arbeitgeber beschäftigt wurde, vielmehr entscheidet nach der jetzigen Fassung des Gesetzes auch insoweit die Fortdauer des Arbeitsverhältnisses. Wird ein **Betrieb oder Betriebsteil veräußert**, so tritt der Erwerber nach **§ 613a Abs. 1 BGB** in die bestehenden Arbeitsverhältnisse ein. Dementsprechend wird die Dauer des Arbeitsverhältnisses beim Rechtsvorgänger mitgerechnet.[193] § 613a BGB gilt allgemein für die rechtsgeschäftliche Betriebsnachfolge.[194]

Die **Art des zugrundeliegenden Rechtsgeschäfts**, etwa Kauf, Pacht, Nießbrauchbestellung, Einbringung in eine Gesellschaft u.a.m., ist gleichgültig. Nicht erforderlich ist die Übernahme des ganzen Betriebes oder Unternehmens; es genügt, daß die Betriebsabteilung oder ein sonstiger Betriebsteil, in dem der Arbeitnehmer tätig ist, als organisatorische Einheit vom jetzigen Arbeitgeber übernommen und fortgeführt worden ist.[195]

Obwohl § 613a BGB nicht für den **Erbfall** gilt,[196] ergibt sich hier die Betriebsnachfolge des oder der Erben und damit die Fortsetzung der Arbeitsverhältnisse aus dem erbrechtlichen Prinzip der **Gesamtrechtsnachfolge** (§§ 1922, 1967 BGB). Bei einer Verschmelzung, Spaltung oder Vermögensübertragung nach dem UmwG gelten gemäß § 324 UmwG die Regelungen des § 613a Abs. 1 und 4 BGB.[197] Auch Testamentsvollstrecker, Nachlaßverwalter und Insolvenzverwalter können Rechtsvorgänger und Rechtsnachfolger sein, wenn der Betrieb fortgeführt wird. Dagegen handelt es sich um rechtsgeschäftliche Betriebsnachfolge nach § 613a BGB, wenn ein zur Insolvenzmasse gehörender Betrieb veräußert oder verpachtet wird.[198]

---

[193] Ebenso RGRK-*Ascheid* BGB § 613a Rn. 132; ErfK/*Ascheid* § 1 KSchG Rn. 89; *Backmeister/Trittin* § 1 KSchG Rn. 51; APS/*Dörner* § 1 KSchG Rn. 46; HK-KSchG/*Dorndorf* § 1 Rn. 79; *Erman/Hanau* BGB § 613a Rn. 69; KR-*Etzel* § 1 KSchG Rn. 129; *Kittner/Däubler/Zwanziger* § 1 KSchG Rn. 27; KR-*Pfeiffer* § 613a BGB Rn. 68f. sowie BAG 8. 2. 1983, AP Nr. 35 zu § 613a BGB; 20. 7. 1993, AP Nr. 4 zu § 1 BetrAVG Unverfallbarkeit zur Anrechnung der Betriebszugehörigkeit vor dem Betriebsübergang bei Ruhegeldanwartschaften.

[194] Eingehend dazu *Balze/Rebel/Schuck* Outsourcing und Arbeitsrecht 1997; *Gaul* Der Betriebsübergang 1990; *Kreitner* Kündigungsrechtliche Probleme beim Betriebsinhaberwechsel 1989; *Pietzko* Der Tatbestand des § 613a BGB 1988; *Hergenröder* AR-Blattei SD 500.1 (2000); *Wickler* Die Arbeitgeberkündigung beim rechtsgeschäftlichen Betriebsinhaberwechsel 1985.

[195] BAG 29. 10. 1975, AP Nr. 2 zu § 613a BGB = SAE 1976, 196 mit Anm. *Roemheld*; BAG 25. 6. 1985, AP Nr. 23 zu § 7 BetrAVG mit krit. Anm. *Kraft* = SAE 1986, 136 mit Anm. *Loritz*; HK-KSchG/*Dorndorf* § 1 Rn. 79; – ausf. zum Übergang von Betriebsteilen *v. Hoyningen-Huene/Windbichler* RdA 1977, 329 ff.

[196] Vgl. RGRK-*Ascheid* BGB § 613a Rn. 108; *Erman/Hanau* BGB § 613a Rn. 26; *Staudinger/Richardi* § 613a Rn. 86.

[197] Vgl. *Bauer/Lingemann* NZA 1994, 1057, 1061; *Berscheid* Festschrift für Stahlhacke 1995, S. 15 ff.; *Kallmeyer/Willemsen* UmwG § 324 Rn. 4 ff.; *Wlotzke* DB 1995, 40, 42 f.

[198] Vgl. BAG 17. 1. 1980, 26. 5. 1983, 26. 3. 1996, AP Nr. 18, 34 und 148 zu § 613a BGB; – ausf. hierzu *Lohkemper* KTS 1996, 1, 26 ff.; *Pietzko* Der Tatbestand des § 613a BGB 1988, S. 169 ff.; ErfK/*Preis* § 613a Rn. 128 ff.; *Staudinger/Richardi* § 613a Rn. 223 ff.

7. Berechnung der Wartezeit

a) Beginn des Arbeitsverhältnisses

77 Da heute nicht mehr die Beschäftigungsdauer, sondern die Dauer des Arbeitsverhältnisses maßgebend ist, kommt es für den Beginn der Wartezeit nicht auf den Zeitpunkt des Beschäftigungsbeginns, sondern auf den des **Beginns des Arbeitsverhältnisses** an. Das braucht weder der Zeitpunkt des Vertragsschlusses zu sein, noch derjenige des tatsächlichen Beginns der Arbeit, sondern entscheidend ist der Zeitpunkt, an dem nach der getroffenen Vereinbarung das Arbeitsverhältnis beginnen, d. h. der Arbeitnehmer zur Verfügung des Arbeitgebers stehen soll. Der Beginn der Wartezeit wird daher weder durch Annahmeverzug des Arbeitgebers noch durch Erkrankung des Arbeitnehmers vor dem tatsächlichen Antritt der Arbeit hinausgeschoben.[199] Anders ist es, wenn der Arbeitnehmer schuldhaft die Arbeit nicht zum vereinbarten Zeitpunkt aufnimmt. Es würde Treu und Glauben widersprechen, wenn der Arbeitnehmer die Anrechnung einer solchen Zeit verlangen würde, obwohl der Arbeitgeber infolge Verschuldens des Arbeitnehmers dessen Eignung in der in Betracht kommenden Zeit nicht hat erproben können.[200]

77 a Da es für die Erfüllung der Wartezeit auf die Dauer des rechtlichen Bestands des Arbeitsverhältnisses und nicht des Arbeitsvertrages ankommt, sind bei der Berechnung der Wartezeit auch die Zeiten eines **fehlerhaften Arbeitsverhältnisses** (dazu Rn. 54) zu berücksichtigen. Trotz des fehlenden vertraglichen Rechtsgrundes ist das Arbeitsverhältnis für die zurückliegende Zeit als wirksam zu behandeln.[201] Wird der rechtliche Mangel von den Parteien beseitigt und das Arbeitsverhältnis ohne Unterbrechung auf vertraglicher Grundlage fortgeführt, ist bei der Berechnung der Wartezeit daher die Dauer des fehlerhaften Arbeitsverhältnisses mitzurechnen.

77 b Zeiten der **Beschäftigung** im Betrieb oder Unternehmen, die **nicht im Rahmen eines Arbeitsverhältnisses** zurückgelegt wurden, sondern beispielsweise auf der Grundlage eines freien Dienstvertrages oder Geschäftsbesorgungsvertrages als Geschäftsführer oder auf Grund der Mitgliedschaft zu einer Genossenschaft, werden auf die Wartezeit nicht angerechnet.[202] Nach dem Wortlaut des Abs. 1 ist für die Erfüllung der Wartezeit allein der rechtliche Bestand des Arbeitsverhältnisses und nicht der Bestand einer irgendwie gearteten rechtlichen Beziehung maßgebend. Außer Betracht bleiben daher auch Beschäftigungen ohne Arbeitsverhältnis als mitarbeitender Familienangehöriger oder freier Mitarbeiter.[203]

---

[199] Ebenso APS/*Dörner* § 1 KSchG Rn. 30; HK-KSchG/*Dorndorf* § 1 Rn. 94; KR-*Etzel* § 1 KSchG Rn. 109; – abweichend für den Fall des Annahmeverzuges des Arbeitgebers *Löwisch* § 1 Rn. 49.

[200] Ebenso ErfK/*Ascheid* § 1 KSchG Rn. 90; APS/*Dörner* § 1 KSchG Rn. 30; KR-*Etzel* § 1 KSchG Rn. 110.

[201] Vgl. *v. Hoyningen/Huene* MünchKomm-HGB § 59 Rn. 136; ebenso *Kittner/Däubler/ Zwanziger* § 1 KSchG Rn. 21.

[202] BAG 16. 2. 1995, AP Nr. 1 zu Einigungsvertrag Anlage II Kap. VI unter B I 2b zu Genossenschaftsmitgliedern; LAG Bremen 24. 10. 1997, RzK I 4d Nr. 18 zu GmbH-Geschäftsführern.

[203] Ebenso KR-*Etzel* § 1 KSchG Rn. 116.

Sozial ungerechtfertigte Kündigungen 78–78 b § 1

Frühere Beschäftigungszeiten als **Leiharbeitnehmer** sind bei der späteren 78 Begründung eines Arbeitsverhältnisses zur Berechnung der Wartezeit ebenfalls nicht zu berücksichtigen, weil sich der Arbeitnehmer während der erlaubten Arbeitnehmerüberlassung in einem Arbeitsverhältnis zum Verleiher und damit zu einem anderen Unternehmen befindet.[204] Deshalb kann bei einem nach § 10 Abs. 1 Satz 1 AÜG übergegangenen Arbeitsverhältnis auch nicht die frühere Beschäftigungszeit bei dem (illegalen) Verleiher zur Berechnung der Wartezeit herangezogen werden.[205] Nur bei einer arbeitsvertraglich vereinbarten Anrechnung der Beschäftigungszeit als Leiharbeiter ist diese Tätigkeit zu berücksichtigen.[206]

Gleichgültig ist, in welcher Eigenschaft und mit **welchen Tätigkeiten** 78 a der Arbeitnehmer in einem Arbeitsverhältnis zum Arbeitgeber steht. Ist jemand als Arbeiter eingetreten und später beim gleichen Arbeitgeber Angestellter geworden, so wird auch die Zeit seiner Beschäftigung als Arbeiter mitgerechnet und umgekehrt.[207] Ebenso ist eine **Ausbildungszeit,** insbesondere die Lehrzeit, in die Beschäftigungszeit einzurechnen, da auch sie die Betriebszugehörigkeit begründet.[208] Dafür spricht auch Art. 6 Abs. 3 des 1. ArbRBereinigG, wonach bis zum 31. 12. 1972 auf die Sechs-Monats-Frist Zeiten aus einem Lehrverhältnis nur dann angerechnet wurden, wenn der Arbeitnehmer im Zeitpunkt der Kündigung das 20. Lebensjahr vollendet hatte. Diese Übergangsvorschrift wäre sinnlos gewesen, wenn nicht im allgemeinen Zeiten aus einem Lehrverhältnis anrechenbar wären. Das gilt auch für Anlernlinge und sonstige Auszubildende.

Ein **betriebliches Praktikum,** das der beruflichen Fortbildung dient (§ 46 78 b BBiG), ist freilich nur dann anzurechnen, wenn es im Rahmen eines Arbeitsverhältnisses abgeleistet wird.[209] Insoweit ist zu berücksichtigen, daß das BBiG in § 1 zwischen Berufsausbildung (Abs. 2) sowie beruflicher Fortbildung (Abs. 3) unterscheidet und nach § 3 Abs. 2 BBiG die für den Arbeitsvertrag geltenden Rechtsvorschriften nur auf Berufsausbildungsverhältnisse anzuwenden sind. Weiterhin ist auch § 19 BBiG auf Betriebspraktika zur beruflichen Fortbildung nicht anwendbar, weil diese Bestimmung nicht den Fall der Fortbildung einer bereits ausgebildeten Fachkraft für bestimmte spezielle Aufgaben erfaßt. Zeiten einer von der **Bundesanstalt für Arbeit geförderten Fortbildungsmaßnahme** in einem Betrieb können gleichfalls nur bei einer ausdrücklichen Vereinbarung der Parteien auf das Arbeits-

---

[204] Wohl ebenso BAG 8. 12. 1988, AP Nr. 6 zu § 1 BeschFG 1985 unter 3 b ee; *Schüren* AÜG § 10 Rn. 100; wie hier ErfK/*Ascheid* § 1 KSchG Rn. 71; *Backmeister/Trittin* § 1 KSchG Rn. 43; APS/*Dörner* § 1 KSchG Rn. 36; KR-*Etzel* § 1 KSchG Rn. 116; *Löwisch* § 1 Rn. 47.
[205] Vgl. dazu auch BAG 10. 2. 1977, AP Nr. 9 zu § 103 BetrVG 1972.
[206] Weitergehend wohl HK-KSchG/*Dorndorf* § 1 Rn. 108, der in diesen Fällen den Arbeitsvertrag für auslegungsbedürftig hält.
[207] LAG Berlin 8. 7. 1991, RzK I 4 d Nr. 16; *Ascheid* Kündigungsschutzrecht Rn. 179; KR-*Etzel* § 1 KSchG Rn. 116; *Kittner/Däubler/Zwanziger* § 1 KSchG Rn. 22.
[208] Ebenso BAG 2. 12. 1999, AP Nr. 57 zu § 622 BGB in einem obiter dictum; *Backmeister/Trittin* § 1 KSchG Rn. 44; *Bader/Bram* § 1 Rn. 93; KR-*Etzel* § 1 KSchG Rn. 117; *Löwisch* § 1 Rn. 47; dazu auch BAG 26. 8. 1976, AP Nr. 68 zu § 626 BGB unter III 3 mit Anm. *Löwisch/Röder;* – abweichend *Friedemann* BB 1985, 1541 ff.
[209] Vgl. BAG 18. 11. 1999, AP Nr. 11 zu § 1 KSchG 1969 Wartezeit.

§ 1 78 c–80   1. Abschnitt. Allgemeiner Kündigungsschutz

verhältnis angerechnet werden.[210] Denn auch bei einer solchen Fortbildungsmaßnahme besteht keine arbeitsvertragliche Beziehung zwischen dem Unternehmen als Träger der Maßnahme und dem Teilnehmer als Grundlage eines Arbeitsverhältnisses.

78 c Zeiten der Beschäftigung aufgrund eines **Eingliederungsvertrages nach § 229 SGB III** sind auf die Wartezeit nach § 1 Abs. 1 nicht anzurechnen.[211] Denn nach § 229 SGB III entsteht aufgrund des Eingliederungsvertrages kein Arbeitsverhältnis.[212] Die Übernahme in ein Arbeitsverhältnis ist vielmehr Ziel der Eingliederungsmaßnahme. Dementsprechend bezeichnet das Gesetz den Beschäftigten auch nicht als Arbeitnehmer, sondern als Arbeitslosen. Daß nach § 231 Abs. 2 SGB III auf den Eingliederungsvertrag die Vorschriften und Grundsätze des Arbeitsrechts anzuwenden sind, begründet nicht die Geltung des § 1 Abs. 1 für das Eingliederungsverhältnis. Ziel dieser Bestimmung ist nur sicherzustellen, daß die in einem Eingliederungsverhältnis Beschäftigten während der Laufzeit des Eingliederungsvertrages die gleichen Rechte und Pflichten haben wie die übrigen Arbeitnehmer. Da sich aber der Gesetzgeber gleichwohl dafür entschieden hat, das Eingliederungsverhältnis nicht als Arbeitsverhältnis, sondern als besonderes sozialversicherungsrechtliches Beschäftigungsverhältnis auszugestalten, ist es auch kein Arbeitsverhältnis i. S. v. § 1 Abs. 1.

79 Auf die Wartezeit des Abs. 1 ist allerdings eine Tätigkeit im Rahmen einer **Arbeitsbeschaffungsmaßnahme** nach den §§ 260 ff. SGB III (früher: §§ 91 ff. AFG) anzurechnen.[213] Dies gilt jedenfalls dann, wenn sich an die Beschäftigung im Rahmen einer befristeten Arbeitsbeschaffungsmaßnahme ein auf unbestimmte Zeit abgeschlossenes Arbeitsverhältnis unmittelbar anschließt. Im Unterschied zu den nach dem Arbeitsförderungsrecht geförderten Fortbildungsmaßnahmen (dazu Rn. 78 a) besteht bei einer Arbeitsbeschaffungsmaßnahme zwischen dem Unternehmen und dem Beschäftigten ein Arbeitsvertrag. Die Vereinbarung einer erneuten Probezeit für das neue Arbeitsverhältnis steht der Anrechnung der vorherigen Tätigkeit im Rahmen einer Arbeitsbeschaffungsmaßnahme auf die Wartezeit des § 1 Abs. 1 nicht entgegen.

b) Unterbrechung

80 Das Arbeitsverhältnis muß grundsätzlich **ohne rechtliche Unterbrechung** bestanden haben.[214] Tatsächliche Unterbrechungen des Arbeitsverhältnisses,

---

[210] BAG 8. 4. 1988, RzK I 4 d Nr. 10.
[211] Ebenso BAG 17. 5. 2001 – 2 AZR 10/00; KR-*Etzel* § 1 KSchG Rn. 116 (anders allerdings in Rn. 117); *Hanau* DB 1997, 1278, 1280; *Löwisch* § 1 Rn. 47; *ders.* Festschrift für Hanau 1999, S. 669, 677; *Natzel* NZA 1997, 806, 809; a. A. *Bader* AuR 1997, 381, 390; *Kittner/Däubler/Zwanziger* § 1 KSchG Rn. 22 a; *Küttner/Kania* Personalbuch 2000 Eingliederungsvertrag Rn. 5.
[212] So auch die Gesetzesbegründung BT-Drucks. 13/4941 S. 194; *Hanau* DB 1997, 1278, 1279; *Löwisch* Festschrift für Hanau S. 669, 676; *Natzel* NZA 1997, 806, 809; *Niesel/Menard* SGB III § 231 Rn. 3; *Rolfs* NZA 1998, 17, 19; – abweichend *Bader* AuR 1997, 381, 389; *Gagel/Bepler* SGB III § 231 Rn. 8.
[213] BAG 12. 2. 1981, AP Nr. 1 zu § 5 BAT mit Anm. *G. Hueck*; KR-*Etzel* § 1 KSchG Rn. 116.
[214] Vgl. BAG 10. 5. 1989, AP Nr. 7 zu § 1 KSchG 1969 Wartezeit; BAG 10. 11. 1993, NZA 1994, 896, 898 zu B II 1.

z. B. durch Streik, Krankheit, unbezahlte Freistellungen oder Urlaub beeinträchtigen den Lauf der Wartezeit nicht.[215] Damit wird die Wartezeit insbesondere auch bei **Arbeitsverhältnissen auf Abruf gemäß § 12 TzBfG** nach Ablauf von 6 Monaten erreicht, selbst wenn in dieser Zeit längere Freizeitintervalle lagen.[216] Auch **Aussperrungsmaßnahmen** des Arbeitgebers beeinträchtigen den Lauf der Wartezeit grundsätzlich nicht, da die Aussperrung in der Regel nur zu einer Suspendierung des Arbeitsverhältnisses führt.[217] Soweit allerdings der seltene Fall einer lösenden Aussperrung vorliegt, führt dies zu einer rechtlichen Unterbrechung des Arbeitsverhältnisses.[218] Tarifliche Wiedereinstellungsklauseln oder Maßregelungsverbote enthalten freilich häufig Regelungen, die den Arbeitnehmern die zurückgelegte Wartezeit erhalten.

Sollte nicht nur die tatsächliche Arbeitsleistung unterbrochen, sondern das Arbeitsverhältnis selbst beendet und später ein **neues Arbeitsverhältnis zwischen denselben Parteien** begründet werden, so kann mangels abweichender Vereinbarung die Dauer des ersten Arbeitsverhältnisses grundsätzlich nicht auf die für das neue Arbeitsverhältnis geltende Wartezeit angerechnet werden. Es muß vielmehr von der Neueinstellung an eine neue Wartezeit von 6 Monaten ablaufen, ehe der Arbeitnehmer in den Genuß des Kündigungsschutzes kommt.[219]

Etwas anderes gilt, wenn sich das **neue Arbeitsverhältnis** unmittelbar, d. h. **ohne zeitlichen Zwischenraum,** an das vorangegangene anschließt, wie das etwa kraft Gesetzes im Fall der §§ 14, 17 BBiG zutrifft. Die Beschäftigungszeiten werden weiterhin auch dann zusammengerechnet, wenn mehrere befristete Arbeitsverhältnisse unmittelbar aufeinander folgen oder sich an ein befristetes ein unbefristetes Arbeitsverhältnis unmittelbar anschließt.[220] Im übrigen wird, selbst wenn eine wesentliche Veränderung des Arbeitsplatzes, der Tätigkeit oder sonstiger Arbeitsbedingungen beabsichtigt ist, die Begründung eines neuen Arbeitsverhältnisses zwischen denselben Parteien im unmittelbaren Anschluß an das beendete die seltene Ausnahme sein gegenüber einer bloßen Änderung des Arbeitsvertrages oder der einverständlichen Rücknahme einer Kündigung, Annullierung eines Aufhebungsvertrages u. dgl. Ebenso wie diese praktisch viel häufigeren Vorgänge führt auch die unmittelbar an die Beendigung anschließende Neubegründung im Ergebnis nur zur **Fortsetzung des Arbeitsverhältnisses,** wenn auch vielleicht mit wesentlich geändertem Inhalt. Kündigungsschutzrechtlich liegt hierin ebenso-

---

[215] H. M.; vgl. *Ascheid* Kündigungsschutzrecht Rn. 178; HK-KSchG/*Dorndorf* § 1 Rn. 97; KR-*Etzel* § 1 KSchG Rn. 125; *Löwisch* § 1 Rn. 39.
[216] Vgl. *H.-J. Meyer* Kapazitätsorientierte variable Arbeitszeit 1989, S. 146; *Mikosch* GK-TzA Art. 1 § 4 BeschFG Rn. 123; *Schüren* AuR 1990, 235, 236.
[217] Vgl. BAG 10. 6. 1980, AP Nr. 64 bis 67 zu Art. 9 GG Arbeitskampf.
[218] Vgl. zu den engen Voraussetzungen einer lösenden Aussperrung BAG GS 21. 4. 1971, AP Nr. 43 zu Art. 9 GG Arbeitskampf; ablehnend jetzt wohl BVerfG 26. 6. 1991, AP Nr. 117 zu Art. 9 GG Arbeitskampf unter C I 1 a = EzA Art. 9 GG Arbeitskampf Nr. 97 mit Anm. *Rieble* = SAE 1991, 329 mit Anm. *Konzen*.
[219] Vgl. *G. Hueck* Anm. zu BAG AP Nr. 1 zu § 1 KSchG 1969 Wartezeit; *Löwisch* § 1 Rn. 40.
[220] BAG 12. 2. 1981, AP Nr. 1 zu § 5 BAT mit Anm. *G. Hueck*.

wenig eine Unterbrechung wie in den anderen Fällen.[221] Voraussetzung ist dabei allerdings, daß das neue Arbeitsverhältnis nicht nur mit demselben Arbeitgeber, sondern auch für dasselbe Unternehmen wie das vorangegangene begründet wird.[222]

83 Streitig ist, ob dasselbe auch dann gilt, wenn das neue Arbeitsverhältnis zwar erst in einem gewissen **zeitlichen Abstand nach der Beendigung** des früheren begründet wird, aber mit diesem **in innerem Zusammenhang** steht. Das BAG bejaht dies zu Recht. Danach ist die Dauer eines früheren Arbeitsverhältnisses bei der Berechnung der Wartezeit zu berücksichtigen, wenn das neu begründete mit diesem in engem sachlichen Zusammenhang steht.[223]

84 Ob ein enger sachlicher Zusammenhang zwischen dem früheren und dem neuen Arbeitsverhältnis besteht, richtet sich nach einer einzelfallbezogenen Würdigung der Gesamtumstände. Dabei ist der **geringe zeitliche Abstand der beiden** Arbeitsverhältnisse ein wichtiges Indiz. Weiter ist von Bedeutung, von welcher Partei und aus welchem Anlaß das frühere Arbeitsverhältnis beendet wurde, und ob die neue Beschäftigung des Arbeitnehmers seiner früheren Stellung entspricht.[224] Je länger die rein zeitliche „Unterbrechung" währt, um so gewichtiger müssen die für einen sachlichen Zusammenhang sprechenden Umstände sein.[225]

85 Zur Konkretisierung des engen sachlichen Zusammenhangs kann indessen nicht auf den bis zum 31. 12. 2000 geltenden **§ 1 Abs. 1 Satz 3 BeschFG** zurückgegriffen werden.[226] Nach dieser Regelung war ein enger sachlicher Zusammenhang zwischen einem vorhergehenden befristeten oder unbefristeten Arbeitsvertrag mit demselben Arbeitgeber insbesondere anzunehmen, wenn zwischen den Arbeitsverträgen ein Zeitraum von weniger als 4 Monaten lag. Diese Bestimmung betraf jedoch nur Neueinstellungen im Sinne des § 1 BeschFG und damit eine ganz andere Regelungsmaterie als die

---

[221] BAG 23. 9. 1976, AP Nr. 1 zu § 1 KSchG 1969 Wartezeit mit zust. Anm. G. *Hueck*; HK-KSchG/*Dorndorf* § 1 Rn. 100; KR-*Etzel* § 1 KSchG Rn. 124; *Stahlhacke/Preis/Vossen* Rn. 608; abweichend *Löwisch* § 1 Rn. 41 bei fehlendem Zusammenhang zwischen beiden Arbeitsverhältnissen.
[222] Dazu G. *Hueck* Anm. aaO. unter I 2; – oben Rn. 73 f.
[223] Vgl. BAG 6. 12. 1976, 18. 1. 1979, AP Nr. 2, 3 zu § 1 KSchG 1969 Wartezeit; BAG 10. 5. 1989, AP Nr. 7 zu § 1 KSchG 1969 Wartezeit mit Anm. *Berger-Delhey* = AuR 1990, 233 mit Anm. *Schüren* = EzA § 1 KSchG Nr. 46 mit Anm. *Löwisch*; BAG 4. 4. 1990, RzK I 4 d Nr. 15; BAG 20. 8. 1998, AP Nr. 9 und 10 zu § 1 KSchG 1969 Wartezeit mit Anm. *Schleusener*.
[224] BAG 10. 5. 1989, 20. 8. 1998, AP Nr. 7, 9 und 10 zu § 1 KSchG 1969 Wartezeit; BAG 16. 3. 2000, AP Nr. 2 zu § 87 LPVG Sachsen-Anhalt; ErfK/*Ascheid* § 1 KSchG Rn. 79; APS/*Dörner* § 1 KSchG Rn. 37; HK-KSchG/*Dorndorf* § 1 Rn. 101 f.; KR-*Etzel* § 1 KSchG Rn. 120; *Löwisch* § 1 Rn. 42; – zur Bedeutung der Vergleichbarkeit der Tätigkeiten vgl. BAG 17. 2. 1983, AP Nr. 74 zu § 620 BGB Befristeter Arbeitsvertrag mit Anm. *Koller*.
[225] Zutr. BAG 20. 8. 1998, AP Nr. 9 und 10 zu § 1 KSchG 1969 Wartezeit.
[226] So zutr. BAG 10. 5. 1989, AP Nr. 7 zu § 1 KSchG 1969 Wartezeit; ebenso *Ascheid* Kündigungsschutzrecht Rn. 179; ErfK/*Ascheid* § 1 KSchG Rn. 80; *Backmeister/Trittin* § 1 KSchG Rn. 55; APS/*Dörner* § 1 KSchG Rn. 40; *Löwisch* Rn. 43; *ders.* Anm. zu BAG EzA § 1 KSchG Nr. 46; *Schüren* AuR 1990, 235, 236; *Stahlhacke/Preis/Vossen* Rn. 609; – abweichend *Berger-Delhey* NZA 1988, 790, 791; HK-KSchG/*Dorndorf* § 1 Rn. 104; KR-*Etzel* § 1 KSchG Rn. 120; *Kittner/Däubler/Zwanziger* § 1 KSchG Rn. 23.

des Abs. 1. Die Regelung des § 1 Abs. 1 Satz 3 BeschFG kann daher nicht zur Berechnung der Wartezeit nach Abs. 1 bei unterbrochenen Arbeitsverhältnissen herangezogen werden.

Im Bereich des **öffentlichen Dienstes** ergibt sich aus § 19 BAT nichts anderes. Nach dieser Bestimmung ist zwar die bei demselben Arbeitgeber nach Vollendung des 18. Lebensjahres in einem Arbeitsverhältnis zurückgelegte Zeit, auch wenn sie unterbrochen ist, Beschäftigungszeit. Diese Vorschrift ist jedoch für die Berechnung der Probezeit nach § 5 BAT und der Kündigungsfrist in den ersten sechs Monaten nach Vertragsbeginn (§ 53 Abs. 1 BAT) und folglich zur Berechnung der Wartezeit nicht anwendbar. Denn anders als in § 53 Abs. 2 und 3 BAT für die Berechnung der Kündigungsfrist nach Ablauf der Probezeit und den Eintritt der Unkündbarkeit wird weder in § 5 noch in § 53 Abs. 1 BAT auf § 19 BAT verwiesen.[227]

85a

Einen engen sachlichen Zusammenhang zwischen zwei Arbeitsverhältnissen hat das BAG **beispielsweise** in einem Fall **bejaht**, in dem der Arbeitnehmer vom Arbeitgeber wegen Arbeitsmangels entlassen worden war und vier Tage nach Beendigung des vorherigen Arbeitsverhältnisses ein neues Arbeitsverhältnis mit dem gleichen Arbeitgeber begründet wurde.[228] Weiterhin hat das BAG angenommen, daß u.U. ein enger sachlicher Zusammenhang auch dann noch bestehen kann, wenn Arbeitsverhältnisse mit demselben Arbeitgeber lediglich für die Dauer der sechswöchigen Schulferien oder eines mehr als dreiwöchigen Betriebsurlaubs unterbrochen und anschließend ohne besonderen Anlaß wieder begründet worden sind.[229] Werden zwei Lehrer-Arbeitsverhältnisse lediglich durch die Schulferien voneinander getrennt, so wird ein enger sachlicher Zusammenhang u.a. dadurch indiziert, daß im ersten befristeten Arbeitsvertrag für die Zeit nach dessen Ablauf eine bevorzugte Berücksichtigung bei der Besetzung von Dauerarbeitsplätzen zugesagt war.[230]

86

Bei einer Unterbrechung des Arbeitsverhältnisses von 2²/₃ Monaten wurde dagegen ein enger sachlicher **Zusammenhang** zu dem vorherigen befristeten Arbeitsverhältnis **verneint**.[231] Für einen mehrfach befristet eingestellten Lehramtsbewerber wurde festgestellt, daß bereits die Zeit von zwei Monaten bzw. – unter Abzug von Schulferien – von einem Monat und zehn Tagen eine so erhebliche Unterbrechung darstellt, daß ein enger sachlicher Zusammenhang zwischen beiden Arbeitsverhältnissen ausscheidet.[232] Im Anschluß an *Sieg*[233] stellt nach Auffassung des BAG eine mehr als dreiwöchige Unterbrechung des Arbeitsverhältnisses im allgemeinen einen derart erheblichen

86a

---

[227] Zutr. BAG 20. 8. 1998, AP Nr. 10 zu § 1 KSchG 1969 Wartezeit; BAG 16. 3. 2000, AP Nr. 2 zu § 67 LPVG Sachsen-Anhalt.
[228] BAG 6. 12. 1976, AP Nr. 2 zu § 1 KSchG 1969 Wartezeit.
[229] BAG 4. 4. 1990, RzK I 4d Nr. 15.
[230] BAG 20. 8. 1998, AP Nr. 9 zu § 1 KSchG 1969 Wartezeit; vgl. hierzu aber auch die Parallelentscheidung vom gleichen Tage AP Nr. 10 zu § 1 KSchG 1969 Wartezeit, in der aufgrund der Umstände des Einzelfalles ein sachlicher Zusammenhang verneint wurde.
[231] BAG 11. 11. 1982, AP Nr. 71 zu § 620 BGB Befristeter Arbeitsvertrag.
[232] BAG 15. 12. 1983 – 2 AZR 166/82 n.v., zitiert nach BAG 10. 5. 1989, AP Nr. 7 zu § 1 KSchG 1969 Wartezeit.
[233] SAE 1977, 240, 241.

Zeitraum dar, der es ausschließt, von einer sachlich nicht ins Gewicht fallenden Unterbrechung zu sprechen.[234] Auch dies gilt jedoch nicht ausnahmslos, entscheidend sind stets die Umstände des Einzelfalls.[235] Nach Auffassung des LAG Frankfurt[236] steht eine fünfwöchige Unterbrechung der Annahme eines engen sachlichen Zusammenhanges nicht entgegen.

87 Im Wege der **Auslegung** kann sich ferner ergeben, daß das neue Arbeitsverhältnis auch ohne ausdrückliche Vereinbarung von den Parteien als Fortsetzung des früheren gewollt ist, oder auch, daß der Arbeitnehmer verständigerweise zumindest das Verhalten des Arbeitgebers in diesem Sinn verstehen konnte. Das hat je nach Lage der Dinge zur Folge, daß eine Vereinbarung dieses Inhalts und damit eine vertragliche Übertragung der zurückgelegten Wartezeit auf das neue Arbeitsverhältnis zustandekommt, oder daß die Berufung des Arbeitgebers auf die Unterbrechung treuwidrig oder sogar arglistig ist.[237] Dies gilt insbes. für Arbeitsverhältnisse im Baugewerbe oder in der saisonabhängigen Gastronomie, in der Arbeitnehmer häufig in den Wintermonaten mit der Aussicht auf Wiedereinstellung in den Sommermonaten gekündigt werden.

88 Im Sonderfall der **gewerbsmäßigen Arbeitnehmerüberlassung** stellt das Gesetz selbst den Zusammenhang zwischen zwei Arbeitsverhältnissen derselben Parteien bei einer Unterbrechung bis zu 3 Monaten her, falls diese auf einer Kündigung des Verleiher-Arbeitgebers beruht, § 9 Nr. 3 AÜG.[238] Wegen des besonderen rechtspolitischen Anliegens ist diese Regelung aber kaum auf andere Fälle übertragbar.

89 Die **Zeit der Unterbrechung** ist auf die Wartezeit **nicht anzurechnen.**[239] Das bedeutet, daß die Wartezeit nur dann erfüllt ist, wenn der Arbeitnehmer bei dem Arbeitgeber insgesamt sechs Monate in einem Arbeitsverhältnis gestanden hat. Der sachliche Zusammenhang zwischen zwei rechtlich selbständigen Arbeitsverhältnissen führt daher allein dazu, daß die Beschäftigungszeiten der beiden Arbeitsverhältnisse zu addieren sind. Lediglich für den Fall, daß die Parteien ausdrücklich vereinbart haben, daß auch die Zeit, in der kein Arbeitsverhältnis bestand, als Wartezeit im Sinne des Abs. 1 gilt, ist die Zeit der Unterbrechung bei der Berechnung der Wartezeit zu berücksichtigen.

90 Die Wartezeit wird durch eine zwischenzeitlich ausgesprochene **Änderungskündigung nicht unterbrochen,** wenn diese nur zur Änderung der Arbeitsbedingungen und nicht zur Auflösung des Arbeitsverhältnisses führt.

---

[234] BAG 18. 1. 1979, AP Nr. 3 zu § 1 KSchG 1969 Wartezeit mit Anm. G. *Hueck;* ebenso *Schleusener* Anm. zu BAG AP Nr. 10 zu § 1 KSchG 1969 Wartezeit.
[235] BAG 4. 4. 1990, RzK I 4 d Nr. 15; BAG 20. 8. 1998, AP Nr. 9 zu § 1 KSchG 1969 Wartezeit.
[236] NJW 1982, 1304.
[237] Ebenso HK-KSchG/*Dorndorf* § 1 Rn. 106.
[238] Dazu BAG 9. 4. 1987, AP Nr. 1 zu § 9 AÜG mit Anm. *Reuter* sowie *Schüren* AÜG § 9 Rn. 105 ff.
[239] So zutr. LAG Baden-Württemberg 17. 2. 1988, LAGE § 1 KSchG Nr. 7; ebensoLAG Hamm 20. 12. 1996, LAGE § 1 KSchG Nr. 10; ErfK/*Ascheid* § 1 KSchG Rn. 77; KR-*Etzel* § 1 KSchG Rn. 120; MünchKomm-BGB/*Schwerdtner* § 622 Anh. Rn. 180; *Stahlhacke/ Preis/Vossen* Rn. 609 Fn. 58; abweichend APS/*Dörner* § 1 KSchG Rn. 41.

Sozial ungerechtfertigte Kündigungen   91–94 § 1

Für die Berechnung der Wartezeit ist ohne Bedeutung, ob der Arbeit- 91
nehmer als **Vollzeit- oder Teilzeitbeschäftigter** tätig war;[240] denn auch
Teilzeitbeschäftigte sind Arbeitnehmer i. S. d. KSchG.[241]
Die Zeiten des **Grundwehrdienstes,** einer **Wehrübung** oder einer **Eig-** 92
nungsübung sowie die Zeit des **Zivildienstes** werden auf die Betriebszugehörigkeit angerechnet.[242] Gleiches gilt nach § 16a Abs. 1, § 6 Abs. 2
ArbPlSchG im Falle des Wehrdienstes eines Wehrpflichtigen als Soldat auf
Zeit für die Dauer von bis zu 2 Jahren sowie nach § 59 Abs. 1 BGSG für
Männer, die ihre Dienstpflicht beim Bundesgrenzschutz erfüllen. Durch die
Heranziehung zum **Zivilschutz** wird nach § 9 ZivilSchG das Arbeitsverhältnis ebenfalls nicht unterbrochen. Für **Staatsangehörige eines Mitgliedstaates der EU,** die in der Bundesrepublik Deutschland beschäftigt
sind, gelten nach Art. 7 der Verordnung des Rates über die Freizügigkeit der
Arbeitnehmer innerhalb der Gemeinschaft,[243] die gleichen Kündigungsschutzbestimmungen wie für deutsche Arbeitnehmer. Bei anderen ausländischen Arbeitnehmern (z. B. türkischen Staatsbürgern) führt dagegen nur die
Ableistung eines verkürzten Grundwehrdienstes nicht zu einer rechtlichen
Unterbrechung des Arbeitsverhältnisses, da in dieser Zeit das Arbeitsverhältnis ruht. Auf diese Arbeitnehmer ist das Arbeitsplatzschutzgesetz auch nicht
analog anwendbar.[244] Allein die Zeit des verkürzten Grundwehrdienstes ist
daher auf die Wartezeit des Abs. 1 anzurechnen.
Kündigt eine Frau gemäß § 10 Abs. 1 MuSchG während der **Schwan-** 93
gerschaft oder während der **Schutzfrist** nach der Entbindung das Arbeitsverhältnis zum Ende der Schutzfrist und wird sie innerhalb eines Jahres nach
der Entbindung in ihrem bisherigen Betrieb wieder eingestellt, ohne daß sie
in der Zwischenzeit bei einem anderen Arbeitgeber beschäftigt war, so gilt
nach § 10 Abs. 2 Satz 1 MuSchG das Arbeitsverhältnis als nicht unterbrochen. Das bedeutet, daß die vor dem Ende der Schutzfrist liegende Zeit
und die nach erneuter Begründung des Arbeitsverhältnisses zurückgelegte
Beschäftigungsdauer zusammengerechnet werden und die Wartezeit nicht
mit der Begründung des zweiten Arbeitsverhältnisses neu zu laufen beginnt.
Die Zeit der Unterbrechung wird jedoch nicht als Beschäftigungszeit fingiert.[245]

c) Darlegungs- und Beweislast

Der **Arbeitnehmer** ist darlegungs- und beweispflichtig für den persön- 94
lichen Geltungsbereich des KSchG.[246] Da der Ablauf der Wartezeit von
6 Monaten Voraussetzung des Kündigungsschutzes ist, muß grundsätzlich der
Arbeitnehmer, der eine Kündigungsschutzklage erhebt, darlegen und gege-

---

[240] Krit. *Löwisch* RdA 1984, 197, 204.
[241] Vgl. Rn. 41.
[242] Vgl. § 6 Abs. 2, § 10 ArbPlSchG, § 6 EigÜbG, § 78 ZDG.
[243] EWG-VO Nr. 1612/68 vom 15. 10. 1968 (ABl. L 257/1), geändert durch die Verordnung EWG Nr. 312/76 vom 9. 2. 1976 (ABl. L 39/2).
[244] BAG 22. 12. 1982, AP Nr. 23 zu § 123 BGB mit Anm. *Kramer*; HK-KSchG/*Dorndorf* § 1 Rn. 113; KR-*Etzel* § 1 KSchG Rn. 132; abweichend *Däubler* Arbeitsrecht Band 2, 11. Aufl., Rn. 1683.
[245] Zutr. *Buchner/Becker* MuSchG und BErzGG § 10 Rn. 51.
[246] Dazu ausf. *Ascheid* Beweislastfragen S. 52 ff.

benenfalls beweisen, daß zwischen ihm und dem beklagten Arbeitgeber mehr als 6 Monate vor Zugang der bekämpften Kündigung ein Arbeitsverhältnis zustande gekommen ist.[247] Macht der Arbeitgeber geltend, das vom Arbeitnehmer bewiesene Arbeitsverhältnis sei in der Zwischenzeit beendet und dann ein neues Arbeitsverhältnis begründet worden, und zwar zu einem Zeitpunkt, der noch nicht 6 Monate zurückliege, so erhebt er eine rechtsvernichtende Einwendung, für die er darlegungs- und beweispflichtig ist.[248] Der Arbeitnehmer trägt im Falle einer zuvor vom Arbeitgeber dargelegten und gegebenenfalls bewiesenen Unterbrechung die Beweislast für eine Anrechnungsvereinbarung.[249]

VI. Lebensalter

95 Die ursprünglich geltende **Mindestaltersgrenze** von zunächst 20, später 18 Lebensjahren ist durch Gesetz vom 5. 7. 1976[250] **aufgehoben** worden. Das Lebensalter des Arbeitnehmers ist seither für den Kündigungsschutz ohne Bedeutung.

VII. Kündigung

96 Die Kündigungsbeschränkungen des KSchG betreffen nur die **vom Arbeitgeber ausgehende ordentliche Kündigung**. Kündigt der Arbeitnehmer selbst, so kann er sich später nicht mit der Begründung auf den Schutz des KSchG berufen, daß durch seine Kündigung der allgemeine Kündigungsschutz „vereitelt" worden sei.[251]

1. Begriff der Kündigung

97 Unter einer Kündigung versteht man eine **einseitige**, empfangsbedürftige **Willenserklärung**, durch die der Wille, das Arbeitsverhältnis für die Zukunft aufzuheben, mit **rechtsgestaltender Wirkung** zum Ausdruck gebracht wird.[252] Eine Kündigung liegt nur vor, wenn der Kündigende **deutlich zum Ausdruck bringt**, daß das Arbeitsverhältnis zu einem bestimmten Zeitpunkt **aufgelöst** werden soll. Gemäß § 133 BGB ist bei der Beurteilung

---

[247] BAG 16. 3. 1989, AP Nr. 6 zu § 1 KSchG 1969 Wartezeit mit Anm. *Baumgärtel* = EzA § 1 KSchG Nr. 45 mit Anm. *Marhold; Baumgärtel/v. Altrock* Handbuch der Beweislast im Privatrecht Band 1 2. Aufl. 1991, Anh. zu § 611 Rn. 35 f.; APS/*Dörner* § 1 KSchG Rn. 49; HK-KSchG/*Dorndorf* § 1 Rn. 154; KR-*Etzel* § 1 KSchG Rn. 139; *Kittner/Däubler/Zwanziger* § 1 KSchG Rn. 34; *Löwisch* § 1 Rn. 51; *Prütting* Gegenwartsprobleme der Beweislast 1983, S. 296 f.
[248] Ebenso BAG 16. 3. 1989, AP Nr. 6 zu § 1 KSchG 1969 Wartezeit; APS/*Dörner* § 1 KSchG Rn. 50; KR-*Etzel* § 1 KSchG Rn. 139; *Löwisch* § 1 Rn. 51.
[249] Ebenso APS/*Dörner* § 1 KSchG Rn. 51; KR-*Etzel* § 1 KSchG Rn. 140; *Kittner/Däubler/Zwanziger* § 1 KSchG Rn. 34.
[250] BGBl. I S. 1769.
[251] LAG Hamm BB 1983, 61; – zur Unwirksamkeit fristloser Eigenkündigungen auf Veranlassung des Arbeitgebers zur Vermeidung der Rechtsfolgen des § 613a BGB vgl. BAG 29. 11. 1988, AP Nr. 7 zu § 1 BetrAVG Betriebsveräußerung; – zu weiteren Unwirksamkeitsgründen *Bock* AuR 1994, 262.
[252] Vgl. zu Fragen der Wirksamkeit von Kündigungserklärungen *Adam* AR-Blattei SD 1010.2 (1992); *Stahlhacke/Preis/Vossen* Rn. 57 ff.; KR-*M. Wolf* 3. Aufl. Grunds. Rn. 250 ff.

Sozial ungerechtfertigte Kündigungen   97 a–97 c § 1

der Frage, ob eine bestimmte Erklärung eine Kündigung darstellt, darauf abzustellen, wie der Erklärungsempfänger nach Treu und Glauben mit Rücksicht auf die Verkehrssitte die Erklärung verstehen mußte.[253] Dabei ist nicht an dem buchstäblichen Sinn des Wortes zu haften, sondern der wirkliche Wille des Erklärenden zu erforschen.[254]

Aus diesem Grunde ist es auch nicht erforderlich, daß der Kündigende **97 a**
ausdrücklich die **Worte „kündigen"** oder **„Kündigung"** gebraucht.[255] Streiten sich Arbeitgeber und Arbeitnehmer über auszuführende Arbeiten und beendet der Arbeitnehmer den Streit, indem er mit der Bemerkung „das mache ich nicht weiter" den Arbeitsplatz verläßt, liegt darin allerdings noch keine zweifelsfreie Kündigungserklärung.[256] Teilt der Arbeitgeber dem Arbeitnehmer mit, daß er einen befristeten Arbeitsvertrag nicht verlängern wolle, stellt dies gleichfalls regelmäßig keine Kündigung dar, sondern lediglich den Hinweis auf das bevorstehende Ende des Arbeitsverhältnisses gemäß § 620 Abs. 1 BGB.[257] Auch die Mitteilung des Arbeitgebers, der Arbeitnehmer habe die Arbeit zu einem bestimmten Zeitpunkt eingestellt und deswegen betrachte er – der Arbeitgeber – das Arbeitsverhältnis zu diesem Zeitpunkt als beendet, beinhaltet noch keine Kündigung des Arbeitgebers, sondern nur die Feststellung einer vermeintlichen Kündigung des Arbeitnehmers.[258]

Seit 1. 5. 2000 bedarf die Kündigung gemäß § 623 BGB zu ihrer Wirk- **97 b**
samkeit der **Schriftform**.[259] Bis zu diesem Zeitpunkt war eine Kündigung grundsätzlich auch mündlich zulässig, soweit nicht tarifvertraglich oder arbeitsvertraglich die Schriftform vorgesehen war.

Verschiedene Tarifverträge, wie beispielsweise § 54 BMT-G II bestimmen **97 c**
weitergehend, daß die Kündigung des Arbeitsverhältnisses unter **Angabe der Kündigungsgründe** zu erfolgen hat. Danach ist von Fall zu Fall entschieden worden, in welchem Umfang die Kündigungsgründe im Kündigungsschreiben angegeben werden müssen. Eine eingehende Schilderung der Gründe wie im Prozeß wird dabei grundsätzlich nicht verlangt. Die Gründe müssen aber anhand von Tatsachen so genau bezeichnet sein, daß im Prozeß nicht ernsthaft streitig werden kann, auf welchen Lebenssachverhalt die Kündigung gestützt ist. Die bloße Bezeichnung als „betriebsbedingte Kündigung" im Kündigungsschreiben erfüllt das Formerfordernis nicht.[260] Auch die bloße Bezugnahme im Kündigungsschreiben auf ein inhaltlich nicht näher umschriebenes Gespräch genügt nicht dem Former-

---

[253] BAG 19. 6. 1980, AP Nr. 55 zu § 620 BGB Befristeter Arbeitsvertrag unter 3 b aa mit zust. Anm. *Kraft* = AR-Blattei Kündigung VIII Entsch. 57 mit Anm. *Herschel* = SAE 1981, 4 mit Anm. *Sieg*.
[254] Vgl. dazu näher ErfK/*Müller-Glöge* § 620 Rn. 188 ff.; MünchKomm-BGB/*Schwerdtner* vor § 620 Rn. 63 ff.; *Stahlhacke/Preis/Vossen* Rn. 65 ff.; *Staudinger/Preis* Vorbem. zu §§ 620 ff. Rn. 31 ff.
[255] BAG 19. 1. 1956, AP Nr. 1 zu § 620 BGB Kündigungserklärung.
[256] LAG Frankfurt 19. 7. 1989, RzK I 2 a Nr. 6.
[257] BAG 15. 3. 1978, AP Nr. 45 zu § 620 BGB Befristeter Arbeitsvertrag unter II 1.
[258] Vgl. LAG Nürnberg 8. 2. 1994, BB 1994, 1290.
[259] Vgl. dazu *Böhm* NZA 2000, 561; *Caspers* RdA 2001, 28; *Lakies* BB 2000, 667; *Müller-Glöge/v. Senden* AuA 2000, 199; *Preis/Gotthardt* NZA 2000, 348.
[260] Vgl. BAG 10. 2. 1999, AP Nr. 3 zu § 54 BMT-G II.

§ 1 98–98 b   1. Abschnitt. Allgemeiner Kündigungsschutz

fordernis. Eine solche Kündigung ist im Anwendungsbereich des § 54 BMT-G II nichtig.[261]

98 Die Kündigung wird erst wirksam, wenn sie dem Arbeitnehmer **zugeht** (§ 130 BGB).[262] Zugegangen i. S. des § 130 BGB ist eine Willenserklärung dann, wenn sie so in den Machtbereich des Empfängers gelangt, daß dieser unter gewöhnlichen Umständen vom Inhalt der Willenserklärung Kenntnis nehmen kann.[263] Dies ist regelmäßig beim Einwurf eines Briefs in den **Hausbriefkasten** anzunehmen, da der Empfänger dann im Anschluß an die üblichen Zustellzeiten vom Inhalt des Schreibens Kenntnis nehmen kann.[264] Das gilt auch, wenn der Arbeitnehmer im Urlaub ist[265] oder sich in Strafhaft befindet.[266] Lehnt ein als Empfangsbote anzusehender Familienangehöriger des abwesenden Arbeitnehmers die Annahme eines Kündigungsschreibens des Arbeitgebers ab, so muß nach Auffassung des BAG der Arbeitnehmer die Kündigung nur dann als zugegangen gegen sich gelten lassen, wenn er auf die Annahmeverweigerung, etwa durch vorherige Absprache mit dem Angehörigen, Einfluß genommen hat.[267]

98 a Wird ein Kündigungsschreiben per **Einschreiben** versandt und der Adressat vom Postzusteller in seiner Wohnung nicht angetroffen, ist der Zugang mit dem Einlegen des Benachrichtigungszettels in den Hausbriefkasten noch nicht bewirkt. Durch den Benachrichtigungszettel wird der Empfänger lediglich in die Lage versetzt, das Einschreiben in seinen Machtbereich zu bringen. Zugegangen ist das Einschreiben erst mit der Aushändigung des Originalschreibens durch die Post.[268] Ein sog. **Einwurfeinschreiben** geht dem Empfänger mit Übergabe bzw. mit dem Einlegen in den Hausbriefkasten zu.[269]

98 b Für den Zugang der Kündigungserklärung ist der **Arbeitgeber darlegungs- und beweispflichtig.**[270] Mit dem Beweis, daß der Brief bei der Post eingeliefert wurde, ist der Beweis des Zugangs des Schreibens nicht erbracht. Es gibt keine Vermutung und keinen Beweis des ersten Anscheins, daß eine zur Post gegebene Sendung den Empfänger auch erreicht.[271]

---

[261] BAG 10. 2. 1999, AP Nr. 2 zu § 54 BMT-G II.
[262] Zu Zugangsfragen vgl. *Becker-Schaffner* BB 1998, 422 m. w. N.
[263] Vgl. MünchKomm-BGB/*Förschler* § 130 Rn. 10 ff. m. w. N.
[264] Vgl. BAG 2. 3. 1989, AP Nr. 17 zu § 130 BGB = EzA § 130 BGB Nr. 22 mit abl. Anm. *Klinkhammer*; BAG 25. 4. 1996, AP Nr. 35 zu § 4 KSchG 1969 mit Anm. *Ramrath* = EzA § 130 BGB Nr. 27 mit Anm. *v. Hoyningen-Huene*; MünchKomm-BGB/*Förschler* § 130 Rn. 12.
[265] BAG 16. 3. 1988, AP Nr. 16 zu § 130 BGB = EzA § 130 BGB Nr. 16 mit zust. Anm. *Adam*.
[266] BAG 2. 3. 1989, AP Nr. 17 zu § 130 BGB = EzA § 130 BGB Nr. 22 mit abl. Anm. *Klinkhammer*.
[267] Vgl. BAG 11. 11. 1992, AP Nr. 18 zu § 130 BGB mit abl. Anm. *Bickel* = EzA § 130 BGB Nr. 24 mit abl. Anm. *Brehm*.
[268] BAG 25. 4. 1996, AP Nr. 35 zu § 4 KSchG 1969 mit Anm. *Ramrath* = EzA § 130 BGB Nr. 27 mit Anm. *v. Hoyningen-Huene*.
[269] Zur Problematik des Zugangsnachweises in diesen Fällen vgl. *Bauer/Diller* NJW 1998, 2795; *Dübbers* NJ 2001, 65; *Ettwig* FA 1998, 368; *Hohmeister* JA 1999, 260 sowie LG Potsdam 27. 7. 2000, NJW 2000, 3722; LG Berlin 19. 4. 2001, Grundeigentum 2001, 770.
[270] Vgl. *Bauer/Röder* S. 41 f.; *Reinecke* NZA 1989, 582 f.; *Stahlhacke/Preis/Vossen* Rn. 113; LAG Bremen 5. 9. 1986, LAGE § 130 BGB Nr. 5.
[271] Vgl. BAG 14. 7. 1960, AP Nr. 3 zu § 130 BGB mit Anm. *Schnorr von Carolsfeld*.

Sozial ungerechtfertigte Kündigungen   98 c–99 a   § 1

Der Arbeitgeber kann sich beim Ausspruch der Kündigung vertreten lassen. Bei einer solchen Kündigung durch einen Vertreter gelten die allgemeinen Vorschriften über die **Stellvertretung bei Rechtsgeschäften.** Nach § 174 Satz 1 BGB ist ein einseitiges Rechtsgeschäft, das ein Bevollmächtigter einem anderen gegenüber vornimmt, unwirksam, wenn der Bevollmächtigte eine Vollmachtsurkunde nicht vorlegt und der andere das Rechtsgeschäft aus diesem Grunde unverzüglich zurückweist. In diesem Fall scheidet auch eine Genehmigung gemäß § 180 BGB aus. Die Zurückweisung der Kündigung ist allerdings nach § 174 Satz 2 BGB ausgeschlossen, wenn der Vollmachtgeber den Empfänger der Kündigung von der Bevollmächtigung in Kenntnis gesetzt hatte. Diese Vorschrift gilt auch für Kündigungen, weil es sich hierbei um einseitige empfangsbedürftige Willenserklärungen handelt.[272]   98 c

Nach altem Recht war sehr umstritten, ob die Anwendbarkeit des Kündigungsschutzes davon abhing, daß die **Kündigung**, abgesehen von der Sozialwidrigkeit, **rechtsgültig** war.[273] Nach richtiger Ansicht war die Frage schon damals zu verneinen. Das muß heute erst recht gelten.[274] Dabei ist freilich zu unterscheiden, ob die Geltendmachung der Sozialwidrigkeit die sonstige Gültigkeit der Kündigung zur Voraussetzung hat, was zu verneinen ist, und ob sonstige Nichtigkeitsgründe auch außerhalb des KSchG die Gültigkeit der Kündigung beeinträchtigen können, was nach § 13 Abs. 3 zu bejahen ist.[275] Die Klage des Arbeitnehmers geht nach § 4 auf Feststellung, daß das Arbeitsverhältnis durch die Kündigung nicht aufgelöst ist. Voraussetzung für diese Feststellung ist die Rechtsunwirksamkeit der Kündigung. Aus welchem Grunde die Rechtsunwirksamkeit eintritt, ist gleichgültig. Mithin kann der Arbeitnehmer sich auf verschiedene Gründe berufen, wie auch sonst anerkannt ist, daß, wenn die Nichtigkeit eines Rechtsgeschäftes in Frage steht, mehrere Nichtigkeitsgründe nebeneinander geltend gemacht werden können (vgl. dazu auch § 4 Rn. 71 d). Es steht also nichts im Wege, daß der Arbeitnehmer die Feststellungsklage gleichzeitig auf die Sozialwidrigkeit der Kündigung und einen anderen Nichtigkeitsgrund stützt und daß das Arbeitsgericht, wenn der andere Grund ohne Beweisaufnahme nicht geklärt werden kann, die Sozialwidrigkeit aber feststeht, der Klage stattgibt, ohne auf den anderen Grund einzugehen. Anders ist es allerdings, wenn die Auflösung des Arbeitsverhältnisses nach § 9 beantragt wird (dazu unten § 9 Rn. 13 ff.).   99

Erhebt der Arbeitnehmer Kündigungsschutzklage mit dem Antrag festzustellen, daß das Arbeitsverhältnis durch eine näher bezeichnete Kündigung nicht aufgelöst worden ist, so hat er, wenn der Arbeitgeber den Ausspruch einer Kündigung bestreitet, zu **beweisen,** daß eine Kündigung ausgesprochen worden ist.[276] Denn die Klage ist nur dann schlüssig, wenn sie sich auf eine Kündigung bezieht. Ist der Bestand des Arbeitsverhältnisses aus an-   99 a

---

[272] Vgl. BAG 29. 6. 1989, AP Nr. 7 zu § 174 BGB; BAG 20. 8. 1997, AP Nr. 11 zu § 620 BGB Kündigungserklärung; BAG 18. 10. 2000, NZA 2001, 219; ausf. dazu *Diller* FA 1999, 106; *Linck* AR-Blattei SD 1010.3 Rn. 103 ff.; *Stahlhacke/Preis/Vossen* Rn. 80 ff.
[273] Vgl. die Angaben bei *Hueck* AOG § 56 Rn. 6.
[274] Vgl. KR-*Etzel* § 1 KSchG Rn. 167; *Löwisch* § 1 Rn. 55.
[275] Nicht ganz scharf auch BAG 14. 10. 1954, AP Nr. 6 zu § 3 KSchG mit insoweit krit. Anm. *A. Hueck.*
[276] Ebenso KR-*Etzel* § 1 KSchG Rn. 168.

deren Gründen streitig, hat der Arbeitnehmer im Wege der allgemeinen Feststellungsklage nach § 256 ZPO auf Feststellung des Bestehens eines Arbeitsverhältnisses zu klagen. In diesem Verfahren ist dann der Arbeitgeber darlegungs- und beweispflichtig für die Tatsachen, aus denen sich eine Beendigung des Arbeitsverhältnisses ergeben soll.[277]

2. Ordentliche Kündigung

100 Der allgemeine Kündigungsschutz des § 1 erstreckt sich grundsätzlich nur auf ordentliche Kündigungen des Arbeitgebers.[278] Die ordentliche Kündigung ist gemäß § 622 BGB **grundsätzlich fristgebunden.** Eine ordentliche Kündigung liegt aber auch dann vor, wenn auf Grund der tarifvertraglichen Regelungen die Kündigung entfristet erfolgen, mithin das Arbeitsverhältnis mit sofortiger Wirkung beendet werden kann. Voraussetzung ist in diesen Fällen allerdings, daß in dem Tarifvertrag eindeutig eine entfristete ordentliche Kündigung und keine Kündigung aus wichtigem Grunde i. S. v. § 626 BGB geregelt wird.[279] Auf ihre soziale Rechtfertigung zu überprüfen sind weiterhin ordentliche Kündigungen befristeter Arbeitsverhältnisse, sofern eine ordentliche Kündigung auf Grund eines entsprechend vereinbarten Kündigungsvorbehalts gemäß § 15 Abs. 3 TzBfG überhaupt möglich ist.[280] Von der ordentlichen Kündigung ist schließlich die außerordentliche Kündigung mit Auslauffrist abzugrenzen.[281] Die Wirksamkeit einer solchen Kündigung richtet sich grundsätzlich nach § 626 BGB und nicht nach § 1 KSchG.

3. Abgrenzung zur Nichtigkeit des Arbeitsvertrages

101 Die gesetzlichen Kündigungsbeschränkungen kommen nicht in Betracht, wenn überhaupt **kein rechtgültiger Arbeitsvertrag** besteht und der Arbeitgeber die **Nichtigkeit** des Arbeitsverhältnisses geltend macht.[282] Dabei ist aber zu berücksichtigen, daß die rückwirkende Nichtigkeit eines Arbeitsverhältnisses, das auf fehlerhafter vertraglicher Grundlage durch tatsächliche Leistung der Arbeit in Kraft gesetzt ist, nur noch ausnahmsweise angenommen werden kann, die Berufung auf einen Nichtigkeitsgrund vielmehr im allgemeinen nur zur Beseitigung des Arbeitsverhältnisses für die Zukunft führt.[283]

---

[277] Vgl. *Ascheid* Beweislastfragen S. 197; HK-KSchG/*Dorndorf* § 1 Rn. 157; – zu dem Verhältnis von § 4 zu § 256 ZPO vgl. § 4 Rn. 72 ff.

[278] Vgl. zur Abgrenzung von außerordentlichen Kündigungen BAG 13. 1. 1982, AP Nr. 2 zu § 620 BGB Kündigungserklärung.

[279] BAG 4. 6. 1987, AP Nr. 16 zu § 1 KSchG 1969 Soziale Auswahl; BAG 28. 4. 1988, AP Nr. 25 zu § 622 BGB; vgl. hierzu auch APS/*Linck* § 622 BGB Rn. 109.

[280] Siehe dazu BAG 19. 6. 1980, AP Nr. 55 zu § 620 BGB Befristeter Arbeitsvertrag mit Anm. *Kraft*.

[281] Vgl. dazu BAG 19. 6. 1980, AP Nr. 55 zu § 620 BGB Befristeter Arbeitsvertrag; APS/*Linck* § 622 BGB Rn. 27 f.; *Staudinger*/*Preis* § 626 Rn. 252.

[282] Vgl. HK-KSchG/*Dorndorf* § 1 Rn. 124; KR-*Etzel* § 1 KSchG Rn. 188.

[283] Vgl. dazu BAG 15. 11. 1957, AP Nr. 2 zu § 125 BGB; BAG 19. 6. 1959, AP Nr. 1 zu § 611 BGB Doppelarbeitsverhältnis; *Hönn* ZfA 1987, 61 ff.; *v. Hoyningen-Huene* AR-Blattei Arbeitsvertrag-Arbeitsverhältnis VI, 1980, B IV; – ausf. hierzu *Käßer* Der fehlerhafte Arbeitsvertrag 1979; MünchArbR/*Richardi* § 44 Rn. 58 ff.; *Staudinger*/*Richardi* § 611 Rn. 136 ff.

Sozial ungerechtfertigte Kündigungen   102–103 § 1

Das gleiche gilt für das Vorliegen eines **Anfechtungsgrundes** nach §§ 119, 123 BGB. Ist das Arbeitsverhältnis in Kraft getreten, hat also der Arbeitnehmer bereits Arbeitsleistungen erbracht, so wird die rückwirkende Anfechtung (§ 142 Abs. 1 BGB) grundsätzlich durch eine nur für die Zukunft wirkende Auflösung ersetzt.[284] Dies gilt sowohl für die Irrtumsanfechtung nach § 119 BGB als auch für die Anfechtung wegen arglistiger Täuschung und Drohung nach § 123 BGB.[285] 102

Wird das **Arbeitsverhältnis** jedoch – aus welchen Gründen auch immer – **zwischenzeitlich außer Funktion gesetzt**, wirkt die Anfechtung auf den Zeitpunkt der Außerfunktionsetzung des Arbeitsvertrages zurück.[286] Die Rückwirkung der Anfechtung tritt dabei nicht nur in Fällen der Anfechtung wegen arglistiger Täuschung oder Bedrohung nach § 123 BGB ein, sondern darüber hinaus auch bei der Irrtumsanfechtung nach § 119 Abs. 1 BGB. Da nämlich die Anfechtung mit ex nunc-Wirkung eine Ausnahme von dem in § 142 BGB aufgestellten Grundsatz der ex tunc-Wirkung darstellt, muß es in allen Fällen, in denen das Arbeitsverhältnis nicht vollzogen wurde und deshalb auch keine Rückabwicklungsschwierigkeiten bestehen, bei der gesetzlichen Rechtsfolge der Rückwirkung der Anfechtung bleiben.[287] Dies gilt auch bei einer Anfechtung des Arbeitgebers im Anschluß an eine Arbeitsunfähigkeit des Arbeitnehmers.[288] 102a

Ob man die auf einen Anfechtungsgrund gestützte, aber nur für die Zukunft wirkende Auflösungserklärung als **Anfechtung mit ex nunc-Wirkung oder als außerordentliche Kündigung** bezeichnen will, ist nicht nur eine Frage der Terminologie.[289] Wichtig ist insoweit die Erkenntnis, daß ein Anfechtungsgrund i. S. d. §§ 119, 123 BGB grundsätzlich ohne weiteres die sofortige Auflösung des Arbeitsverhältnisses rechtfertigt, weil es für eine weitere Bindung an einer wirksamen Willenserklärung fehlt. Deshalb bedarf es nicht eines besonderen zukunftsbezogenen (dazu unten Rn. 126 ff.) Kündigungsgrundes i. S. v. § 626 BGB[290] und auch keiner vorherigen Anhörung des Betriebsrats nach § 102 Abs. 1 BetrVG.[291] Im Einzelfall kann die 103

---

[284] Vgl. BAG 28. 3. 1974, AP Nr. 3 zu § 119 BGB mit Anm. *Küchenhoff;* BAG 5. 12. 1957, 20. 11. 1969, AP Nr. 2, 15 zu § 123 BGB; *Lieb* § 2 I 2 a; *Schaub* § 35 Rn. 34; MünchArbR/*Richardi* § 44 Rn. 65; *Staudinger/Richardi* § 611 Rn. 182 ff.; *Strick* NZA 2000, 695; *M. Wolf/Gangel* AuR 1982, 271 ff.; *Zöllner/Loritz* § 11 II 1 b.
[285] BAG 18. 4. 1968, AP Nr. 32 zu § 63 HGB mit abl. Anm. *Mayer-Maly* = SAE 1969, 72 mit Anm. *Löwisch;* – abweichend, keine ex nunc-Wirkung bei einer Drohung MünchArbR/*Richardi* § 44 Rn. 66 f.
[286] BAG 16. 9. 1982, 29. 8. 1984, 20. 2. 1986, AP Nr. 24, 27 und 31 zu § 123 BGB.
[287] Offengelassen von BAG 20. 2. 1986, AP Nr. 31 zu § 123 BGB; – ausführlich hierzu *Picker* ZfA 1981, 1, 51 ff. sowie *Staudinger/Richardi* § 611 Rn. 176 ff.
[288] Vgl. BAG 3. 12. 1998, AP Nr. 49 zu § 123 BGB = EzA § 123 BGB Nr. 51 mit zust. Anm. *Mankowski* unter Aufgabe der früheren Rechtsprechung, vgl. dazu BAG 16. 9. 1986, AP Nr. 31 zu § 123 BGB.
[289] Hierzu näher *Picker* ZfA 1981, 1 ff.
[290] Vgl. BAG 5. 12. 1957, 19. 5. 1983, AP Nr. 2, 25 zu § 123 BGB sowie *Picker* ZfA 1981, 1, 20 ff.
[291] Ebenso BAG 11. 11. 1993, AP Nr. 38 zu § 123 BGB = EzA § 123 BGB Nr. 40 mit krit. Anm. *Rieble;* KR-*Etzel* § 102 BetrVG Rn. 42; *Fitting* § 102 Rn. 10; *Hess/Schlochauer/Glaubitz* § 102 Rn. 15; *Kraft* GK-BetrVG § 102 Rn. 25; *Picker* ZfA 1981, 1, 43 f.; *Stahlhacke/Preis/Vossen* Rn. 53; – abweichend *Gamillscheg* AcP 176 (1976), 197, 218;

§ 1 103 a–105 a 1. Abschnitt. Allgemeiner Kündigungsschutz

Anfechtung des Arbeitsvertrages wegen arglistiger Täuschung gegen **Treu und Glauben verstoßen** und daher gemäß § 242 BGB unwirksam sein. Das ist etwa dann anzunehmen, wenn der Anfechtungsgrund im Zeitpunkt der Anfechtungserklärung seine Bedeutung für die weitere Durchführung des Arbeitsverhältnisses verloren hat.[292]

103 a Eine Anfechtung des Arbeitsvertrages wegen Irrtums über eine verkehrswesentliche Eigenschaft des Arbeitnehmers (§ 119 Abs. 2 BGB) ist nur dann **unverzüglich i. S. d. § 121 Abs. 1 BGB** erklärt, wenn sie spätestens innerhalb einer Frist von zwei Wochen nach Kenntnis der für die Anfechtung maßgebenden Tatsachen erfolgt.[293] Andere Anfechtungsgründe können nicht nachgeschoben werden, wenn eine selbständige Anfechtung mit diesen Gründen nach § 121 Abs. 1 BGB verspätet wäre.[294]

104 Wegen des grundsätzlichen Unterschiedes zwischen Anfechtung und Kündigung braucht der Arbeitnehmer, wenn er gegen eine Anfechtung des Arbeitsvertrages vorgehen will, **nicht** gemäß § 13 Abs. 1, § 4 **binnen drei Wochen** nach Zugang der Anfechtungserklärung **Klage zu erheben**.[295] Das BAG hat diese Frage bislang ausdrücklich offen gelassen.[296]

105 Zu beachten ist freilich, daß ein **Anfechtungsgrund** u. U. auch **als Kündigungsgrund,** dann meist als wichtiger Grund für eine außerordentliche Kündigung, in Betracht kommen kann.[297] Wählt in einem solchen Fall der Arbeitgeber den Weg der Kündigung, so ist sowohl einerseits Anhörung des Betriebsrats nach § 102 Abs. 1 BetrVG, andererseits auch Kündigungsschutzklage nach § 13 Abs. 1 Satz 2 geboten. Spricht der Arbeitgeber vorsorglich sowohl eine Anfechtung als auch eine Kündigung aus, so muß auch das Fehlen des (identischen) Anfechtungs- und Kündigungsgrundes wegen des inneren Zusammenhangs nach § 13 Abs. 1 Satz 2 geltend gemacht werden; dagegen kann die Anfechtung auch ohne Anhörung des Betriebsrats wirksam sein.

105 a Die Kündigungsschutzvorschriften des § 1 KSchG verdrängen grundsätzlich die Regeln über den **Wegfall der Geschäftsgrundlage**.[298] Unter außergewöhnlichen Umständen kann allerdings das Arbeitsverhältnis auch ohne ausdrückliche Erklärung wegen Wegfalls der Geschäftsgrundlage sein Ende finden.[299] Solche Umstände liegen nach der Rechtsprechung des BAG vor,

---

Hönn ZfA 1987, 61, 89 f.; *Kittner/Däubler/Zwanziger* §§ 123, 124 BGB Rn. 6; *M. Wolf/Gangel* AuR 1982, 271, 275.

[292] BAG 18. 9. 1987, AP Nr. 32 zu § 123 BGB mit zust. Anm. *Conze;* BAG 28. 5. 1998, 20. 5. 1999, AP Nr. 46, 50 zu § 123 BGB *M. Wolf/Gangel* AuR 1982, 271, 273; – ausführlich hierzu mit einer Fallgruppenbildung *Picker* ZfA 1981, 1, 65 ff.
[293] Vgl. BAG 14. 12. 1979, AP Nr. 4 zu § 119 BGB.
[294] Vgl. BAG 21. 1. 1981, AP Nr. 5 zu § 119 BGB.
[295] Ebenso HK-KSchG/*Dorndorf* § 1 Rn. 128; *Löwisch* Vorbem. zu § 1 Rn. 28; *Picker* ZfA 1981, 1, 107 ff.; *Stahlhacke/Preis/Vossen* Rn. 52; *M. Wolf/Gangel* AuR 1982, 271, 277; – abweichend *Hönn* ZfA 1987, 61, 90 f.; *Brox* Die Einschränkung der Irrtumsanfechtung 1960, S. 271.
[296] BAG 14. 12. 1979, AP Nr. 4 zu § 119 BGB mit Anm. *Mühl* = SAE 1981, 82 mit Anm. *Picker* = AuR 1980, 252 mit Anm. *Herschel*.
[297] BAG 28. 3. 1974, 14. 12. 1979, AP Nr. 3, 4 zu § 119 BGB; BAG 5. 4. 2001 – 2 AZR 159/00; HK-KSchG/*Dorndorf* § 1 Rn. 129; KR-*Etzel* § 1 KSchG Rn. 185.
[298] Vgl. BAG 9. 2. 1995, EzA § 1 KSchG Personenbedingte Kündigung Nr. 12; HK-KSchG/*Dorndorf* § 1 Rn. 202; *Löwisch* Vorbem. zu § 1 Rn. 29.
[299] Vgl. dazu BAG 3. 10. 1961, 12. 3. 1963, 24. 8. 1995, AP Nr. 4, 5 und 17 zu § 242 BGB Geschäftsgrundlage.

wenn der ganze Vertrag gegenstandslos geworden ist, weil der Zweck des Arbeitsverhältnisses durch äußere Ereignisse endgültig oder doch für unabsehbare Zeit, für Arbeitgeber und Arbeitnehmer erkennbar, unerreichbar geworden ist. In diesem Fall kann der Arbeitnehmer nicht mit der Begründung, es liege keine das Arbeitsverhältnis beendende Kündigungserklärung vor, den Fortbestand des Arbeitsverhältnisses geltend machen.

4. Kündigungsschutz in der Insolvenz

Schrifttum: MünchArbR/*Berkowsky* § 133; *ders.*, Das neue Insolvenzkündigungsrecht, NZI 1999, 129; *Caspers,* Personalabbau und Betriebsänderung im Insolvenzverfahren, 1998; *Düwell,* Änderungs- und Beendigungskündigung nach dem neuen Insolvenzrecht, 1997, Kölner Schrift zur Insolvenzordnung, S. 1103; *Eisenbeis/Mues,* Arbeitsrecht in der Insolvenz, 2000; *Giesen,* Das neue Arbeitsrecht in der Insolvenz, ZIP 1998, 46; *Grunsky,* Probleme des Beschlußverfahrens nach § 126 InsO, Festschrift für Lüke, 1997, S. 191; *Grunsky/Moll,* Arbeitsrecht und Insolvenz, 1997; *Heinze,* Ein insolvenzspezifisches Arbeitsrecht, Festschrift für Hans Friedhelm Gaul, 1997, S. 185; *v. Hoyningen-Huene/Linck,* Neuregelungen des Kündigungsschutzes und befristeter Arbeitsverhältnisse, DB 1997, 41; *Koch,* Statt Kündigungsschutz ein kollektives Kündigungsverfahren, BB 1998, 213; *Lakies,* Zu den seit 1. 10. 1996 geltenden arbeitsrechtlichen Vorschriften der Insolvenzordnung, RdA 1997, 145; *Lohkemper,* Die Bedeutung des neuen Insolvenzrechts für das Arbeitsrecht, KTS 1996, 1; *Moll,* RWS-Forum 14, Insolvenzrecht, Hrsg. Henckel und Kreft, S. 189; *Schaub,* Arbeitsrecht in der Insolvenz, DB 1999, 217; *ders.,* Das Insolvenzverfahren und betriebsbedingte Kündigungen, AuA 1997, 218; *Warrikoff,* Die Stellung des Arbeitnehmers nach der neuen Insolvenzordnung, BB 1994, 2338; *Zeuner,* Zur kündigungsschutzrechtlichen Bedeutung des Interessenausgleichs nach § 1 Abs. 5 KSchG und §§ 125 Abs. 1 Satz 1, 128 Abs. 2 InsO, Festschrift für Zöllner, 1998, S. 1011; *Zwanziger,* Insolvenzordnung und materielle Voraussetzungen betriebsbedingter Kündigungen, BB 1997, 626.

Durch Art. 6 des Gesetzes zur Förderung von Wachstum und Beschäftigung vom 25. 9. 1996[300] sind zum 1. 10. 1996 die **§§ 113 und 120 bis 122 sowie die §§ 125 bis 128 der InsO** vom 5. 10. 1994[301] in der Fassung vom 19. 7. 1996[302] im Geltungsbereich der KO in Kraft gesetzt worden. In den neuen Bundesländern gilt die Neuregelung erst seit dem Inkrafttreten der übrigen Vorschriften der InsO am 1. 1. 1999 (Art. 110 Abs. 1 EG-InsO).[303]

Aus § 113 Abs. 1 InsO ergibt sich zunächst, daß das Arbeitsverhältnis auch nach Eröffnung des Insolvenzverfahrens fortbesteht. Abweichend vom früheren § 22 KO sieht allerdings § 113 Abs. 1 InsO nunmehr vor, daß das Arbeitsverhältnis vom Insolvenzverwalter und vom Arbeitnehmer mit einer **Frist von drei Monaten zum Monatsende** gekündigt werden kann, wenn nicht eine kürzere Frist maßgeblich ist. Solche kürzeren Fristen können sich aus einzelvertraglichen Vereinbarungen oder dem einschlägigen Tarifvertrag ergeben.

Ist arbeitsvertraglich eine längere als die gesetzliche Kündigungsfrist vereinbart, so ist bei einer Kündigung in der Insolvenz bis zur **Höchstfrist des § 113 Abs. 1 Satz 2 InsO** (drei Monate zum Monatsende) diese längere

---
[300] BGBl. I S. 1476.
[301] BGBl. I S. 2866.
[302] BGBl. I S. 1013.
[303] Vgl. zur alten Rechtslage Vorauflage § 1 Rn. 106 ff.

§ 1   107 b–107 e   1. Abschnitt. Allgemeiner Kündigungsschutz

Frist maßgeblich.[304] Die in § 113 Abs. 1 Satz 2 InsO vorgesehene Höchstfrist von drei Monaten verdrängt bei einer Kündigung durch den Insolvenzverwalter eine längere tarifliche Kündigungsfrist. Dies ist verfassungsgemäß.[305] Auch tariflich unkündbare Arbeitnehmer sind nunmehr im Insolvenzfall ordentlich kündbar.[306]

107 b   Bei einer Kündigung durch den Insolvenzverwalter erwirbt der Arbeitnehmer nach § 113 Abs. 1 Satz 3 InsO bei einer vorzeitigen Beendigung des Arbeitsverhältnisses einen **Schadensersatzanspruch,** mit dem er als einfacher Insolvenzgläubiger am Verfahren teilnimmt.[307]

107 c   § 113 InsO regelt nur die Kündigungsfristen und läßt im übrigen die **Vorschriften des gesetzlichen Kündigungsschutzes unberührt.** Dies entspricht auch der bisherigen Rechtslage.[308] Das bedeutet, daß der Insolvenzverwalter auch weiterhin nur nach Maßgabe des KSchG und der besonderen gesetzlichen Kündigungsschutzbestimmungen (z. B. § 9 MuSchG, §§ 85 ff. SGB IX) Arbeitsverhältnisse kündigen kann.[309]

107 d   Der Arbeitnehmer hat nunmehr nach § 113 Abs. 2 InsO die Unwirksamkeit der Kündigung durch den Insolvenzverwalter abweichend von der bisher geltenden Rechtslage auch dann innerhalb von drei Wochen gerichtlich geltend zu machen, wenn er sich auf **andere Unwirksamkeitsgründe als die mangelnde soziale Rechtfertigung** der Kündigung nach § 1 Abs. 2 und 3 beruft.[310] Hiermit weicht die Neuregelung für die Kündigung durch den Insolvenzverwalter von § 13 Abs. 3 ab. Nach dieser Bestimmung können nämlich sonstige Unwirksamkeitsgründe auch noch nach Ablauf der Drei-Wochen-Frist des § 4 Satz 1 gerichtlich geltend gemacht werden (dazu § 13 Rn. 93 f.).

107 e   In § 113 Abs. 2 InsO ist allerdings nicht bestimmt, welche **Rechtsfolgen** eine **verspätete Klage** hat, in der beispielsweise nur die Unwirksamkeit der Kündigung nach § 102 Abs. 1 BetrVG geltend gemacht wird. Eine entsprechende Anwendung von § 7, wonach die Kündigung als von Anfang an rechtswirksam gilt, wenn deren Rechtsunwirksamkeit nicht rechtzeitig geltend gemacht wird (dazu § 7 Rn. 3), ist in § 113 Abs. 2 InsO nicht vorgesehen. Da die materielle Wirksamkeit der Kündigung nicht fingiert wird, ist

---

[304] Vgl. BAG 3. 12. 1998, AP Nr. 1 zu § 113 InsO = EzA § 113 InsO Nr. 6 mit zust. Anm. *Moll.*
[305] Vgl. BAG 16. 6. 1999, AP Nr. 3 zu § 113 InsO = EzA § 113 InsO Nr. 9 mit Anm. *Caspers/Thüsing; MünchArbR/Berkowsky* § 133 Rn. 13 f.; *Caspers* Personalabbau und Betriebsänderung im Insolvenzverfahren 1998 Rn. 103 ff.; APS/*Dörner* § 113 InsO Rn. 2; *Eisenbeis/Mues* Arbeitsrecht in der Insolvenz 2000, Rn. 89; ErfK/*Müller-Glöge* § 113 InsO Rn. 17; KR-*Weigand* § 113 InsO Rn. 17.
[306] Ebenso BAG 19. 1. 2000, AP Nr. 5 zu § 113 InsO, MünchArbR/*Berkowsky* § 133 Rn. 15; *Caspers* Rn. 109 ff.; ErfK/*Müller-Glöge* § 113 InsO Rn. 10; *Fischermeier* NZA 1997, 1089, 1098; *Eisenbeis/Mues* Rn. 89; – abweichend *Lohkemper* KTS 1996, 1, 8.
[307] MünchArbR/*Berkowsky* § 133 Rn. 20; *Bork* Einführung in das neue Insolvenzrecht 1995, Rn. 175; *Caspers* Rn. 116.
[308] Vgl. dazu Vorauflage § 1 Rn. 106 f.
[309] Vgl. MünchArbR/*Berkowsky* § 133 Rn. 7; ErfK/*Müller-Glöge* § 113 InsO Rn. 21; *Eisenbeis/Mues* Rn. 90 ff.
[310] Vgl. MünchArbR/*Berkowsky* § 133 Rn. 84; ErfK/*Müller-Glöge* § 113 InsO Rn. 36; KR-*Weigand* § 113 InsO Rn. 26; krit. hierzu, soweit es um die Unwirksamkeit nach § 613 a Abs. 4 BGB geht *Lakies* RdA 1997, 145, 147.

Sozial ungerechtfertigte Kündigungen 107f–107i § 1

eine verspätete Klage gegen die vom Insolvenzverwalter ausgesprochene Kündigung somit als unzulässig und nicht als unbegründet abzuweisen (vgl. dazu § 4 Rn. 82 ff.).[311]
In § 125 InsO sind die **Auswirkungen eines Interessenausgleichs** geregelt. Diese Bestimmung entspricht im wesentlichen § 1 Abs. 5 a. F.[312] 107f
§ 126 InsO eröffnet dem Insolvenzverwalter die Möglichkeit, in einem 107g **arbeitsgerichtlichen Beschlußverfahren** die soziale Rechtfertigung der betriebsbedingten Kündigung einzelner namentlich benannter Arbeitnehmer feststellen zu lassen.[313] Diese Bestimmung ergänzt § 125 InsO, indem sie dem Insolvenzverwalter die Einleitung des Beschlußverfahrens ermöglicht, wenn nicht innerhalb von drei Wochen nach Verhandlungsbeginn oder schriftlicher Aufforderung zur Aufnahme von Verhandlungen ein Interessenausgleich zustandegekommen ist. Das Verfahren nach § 126 InsO ist auch zulässig, wenn die Kündigung der im Antrag bezeichneten Arbeitnehmer bereits vor Einleitung des Verfahrens ausgesprochen worden ist.[314] Das Beschlußverfahren kann auch eingeleitet werden, wenn im Betrieb kein Betriebsrat besteht.
Nach § 126 Abs. 2 InsO finden die Vorschriften des ArbGG über das Beschlußverfahren, also die **§§ 80 ff. ArbGG, entsprechende Anwendung.** 107h
Die Neuregelung enthält allerdings auch einige Abweichungen. In dem Beschlußverfahren nach § 126 InsO gilt zunächst, wie in jedem Beschlußverfahren, gemäß § 83 Abs. 1 ArbGG der Untersuchungsgrundsatz[315] und nicht, wie im Kündigungsschutzprozeß, der Beibringungsgrundsatz. Beteiligte des Verfahrens sind der Insolvenzverwalter, der Betriebsrat und die im Antrag bezeichneten Arbeitnehmer, soweit sie nicht mit der Beendigung oder der Änderung des Arbeitsverhältnisses einverstanden sind. Der Antrag des Insolvenzverwalters ist nach § 126 Abs. 2 Satz 2 i. V. m. § 122 Abs. 2 Satz 3 InsO von den Arbeitsgerichten nach Maßgabe von § 61a Abs. 3 bis 6 ArbGG vorrangig zu erledigen. Für die Kosten, die den Beteiligten im Verfahren es ersten Rechtszuges entstehen, gilt § 12a Abs. 1 Satz 1 und 2 ArbGG entsprechend.
Die rechtskräftige Entscheidung in dem Beschlußverfahren nach § 126 107i InsO ist für die Parteien in einen **späteren Kündigungsschutzprozeß nach § 127 Abs. 1 InsO bindend,** soweit sich die Sachlage nicht nach dem Schluß der letzten mündlichen Verhandlung wesentlich geändert hat.[316] Eine solche wesentliche Änderung ist beispielsweise gegeben, wenn der Betrieb ursprünglich stillgelegt werden sollte und nach dieser Entscheidung der Insolvenzverwalter einen Käufer findet, der den Betrieb übernimmt und

---

[311] Ebenso *Grunsky/Moll* Rn. 420; *v. Hoyningen-Huene/Linck* DB 1997, 41, 45; *Eisenbeis/Mues* Rn. 176; KR-*Weigand* § 113 InsO Rn. 29; abweichend *Caspers* Rn. 350 ff.; ErfK/*Müller-Glöge* § 113 InsO Rn. 37.
[312] Vgl. Rn. 494a ff.
[313] Vgl. BAG 20. 1. 2000, AP Nr. 1 zu § 126 InsO; ErfK/*Ascheid* § 126 InsO; MünchArbR/*Berkowsky* § 133 Rn. 46 ff.; *Caspers* Rn. 229 ff.; *Eisenbeis/Mues* Rn. 662 ff.; KR-*Weigand* §§ 120–128 InsO Rn. 52 ff.
[314] BAG 29. 6. 2000, AP Nr. 2 zu § 126 InsO.
[315] Ebenso ErfK/*Ascheid* § 126 InsO Rn. 9; *Lakies* RdA 1997, 145, 152; ausf. dazu *Germelmann/Matthes/Prütting* § 83 Rn. 85 ff.
[316] Vgl. hierzu MünchArbR/*Berkowsky* § 133 Rn. 56 ff.; *Caspers* Rn. 269 ff.

§ 1 107j–111   1. Abschnitt. Allgemeiner Kündigungsschutz

fortführt. Die in § 127 Abs. 1 InsO angeordnete Rechtskrafterstreckung ist damit von vornherein zeitlich begrenzt.[317]

107j Hat der Arbeitnehmer schon vor der Rechtskraft der Entscheidung im Beschlußverfahren nach § 126 InsO Klage erhoben, so ist nach § 127 Abs. 2 InsO die Verhandlung über die Klage auf Antrag des Verwalters **auszusetzen**. Ein Ermessensspielraum, wie bei der Aussetzung nach § 148 ZPO, besteht hier für das Arbeitsgericht nicht.

107k Gegen den Beschluß des Arbeitsgerichts im Verfahren nach § 126 InsO sind nur **eingeschränkt Rechtsmittel** gegeben. Nach § 126 Abs. 2 Satz 2 i. V. m. § 122 Abs. 3 InsO findet die Beschwerde zum LAG nicht statt. Um das Verfahren zu beschleunigen, ist allein die Rechtsbeschwerde zum BAG statthaft, wenn sie in dem Beschluß des Arbeitsgerichts zugelassen wird.[318] Die Nichtzulassungsbeschwerde ist nicht gegeben;[319] eine entsprechende Verweisung in § 122 Abs. 3 InsO auf § 72a ArbGG fehlt. Angesichts der Tragweite, die der Entscheidung des Arbeitsgerichts zukommt, erscheint jedenfalls der Ausschluß der Nichtzulassungsbeschwerde rechtspolitisch verfehlt.

108 In **Abweichung vom Rechtsbeschwerdeverfahren nach § 92 ArbGG** steht dem Rechtsbeschwerdeführer für die Einlegung und Begründung der Rechtsbeschwerde nicht jeweils ein Monat zur Verfügung. Die Rechtsbeschwerde ist vielmehr innerhalb eines Monats nach Zustellung des in vollständiger Form abgesetzten Urteils des Arbeitsgerichts einzulegen und zu begründen.[320]

5. Kündigung im Vergleichsverfahren

109 Nach § 2 Nr. 1, § 110 EGInsO ist die **Vergleichsordnung mit Ablauf des 31. 12. 1998 aufgehoben** worden. Wegen der rechtlichen Ausgestaltung der Kündigung im Vergleichsverfahren wird deshalb auf die Erläuterungen in der Vorauflage (§ 1 Rn. 108f.) verwiesen.

6. Änderungskündigung

110 Der Kündigungsschutz gilt auch für die **Änderungskündigung**. Diese hat in dem durch das 1. ArbRBereinigG eingefügten § 2 eine besondere Regelung erfahren und wird demgemäß zusammenhängend in den Erläuterungen zu § 2 behandelt.

7. Aussetzen der Arbeit

111 **Keine Kündigung** liegt vor, wenn das Arbeitsverhältnis nicht beendet, sondern lediglich die Arbeit ausgesetzt wird.[321] Das gilt auch für die Werks-

---

[317] Vgl. *Zeuner* in: Leipold Insolvenzrecht im Umbruch 1991, S. 261, 265 f.
[318] Vgl. hierzu BAG 20. 1. 2000, AP Nr. 1 zu § 126 InsO.
[319] Ebenso ErfK/*Ascheid* § 126 InsO Rn. 11; *Caspers* Rn. 263; *Lakies* RdA 1997, 145, 154.
[320] Ebenso ErfK/*Ascheid* § 126 InsO Rn. 11.
[321] Vgl. zur unbezahlten Freistellung *Dikomey* Das ruhende Arbeitsverhältnis 1991; *Hemming* Freistellung des Arbeitnehmers AR-Blattei SD 725 (1998); *v. Hoynigen-Huene* NJW 1981, 713 ff.

beurlaubung[322] und die Aussperrung als Maßnahme des Arbeitskampfes.[323] Das KSchG ist also in einem solchen Falle nicht anwendbar, vorausgesetzt, daß der Arbeitgeber ein Recht zur Arbeitsaussetzung ohne Kündigung der Arbeitsverträge hat oder der Arbeitnehmer sich freiwillig mit der Arbeitsaussetzung einverstanden erklärt. Trifft das nicht zu, so kann u. U. eine Kündigung oder Änderungskündigung vorliegen, für die das KSchG gilt; doch hängt das vom Inhalt der Erklärung des Arbeitgebers ab.

D. Sozialwidrigkeit

Der Kündigungsschutz greift nur durch, wenn die Kündigung **sozial ungerechtfertigt** ist. Das Gesetz bindet damit die Kündigung an das Vorliegen bestimmter Gründe.

I. Entwicklung

Das **Recht vor 1951** hatte die ordentliche Kündigung grundsätzlich anerkannt und dem Arbeitnehmer nur beim Vorliegen besonderer Gründe ein **Einspruchsrecht** gewährt. Dabei hatte das BRG 1920 vier Einspruchsgründe aufgezählt, das AOG sich dagegen mit der Generalklausel begnügt, daß die Kündigung eine unbillige, durch die Verhältnisse des Betriebes nicht bedingte Härte darstelle. Sachlich lag kein wesentlicher Unterschied vor, weil das BRG als vierten Einspruchsgrund auch die Generalklausel enthielt und die übrigen drei Einspruchsgründe von ihr, zum mindesten in aller Regel, umfaßt wurden (ausführlich oben Einl. Rn. 19 ff.).

Demgegenüber ist der **Ansatz des KSchG** ein anderer: Es erkennt grundsätzlich das **Recht des Arbeitnehmers auf seinen Arbeitsplatz** an, sofern sein Arbeitsverhältnis im Betrieb oder Unternehmen länger als 6 Monate bestanden hat, und schützt dieses Recht ohne Rücksicht darauf, ob sein Verlust eine unbillige Härte bedeutet.[324] Der Arbeitsplatz kann dem Arbeitnehmer nur genommen werden, wenn **besondere Gründe die Kündigung rechtfertigen**.[325] Doch sollte dieser Unterschied zum alten Recht auch nicht überbewertet werden. Denn eine Kündigung, die weder durch Gründe in der Person oder in dem Verhalten des Arbeitnehmers noch durch die Erfordernisse des Betriebes veranlaßt ist, wäre auch früher in aller Regel als unbillige Härte und damit als sozialwidrig angesehen worden; gleiches gilt für eine Kündigung, gegen die sich der begründete Widerspruch des Betriebsrats richtet.

Immerhin bleibt von Bedeutung, daß der Gesetzgeber, wie die Begründung zum Regierungsentwurf ausdrücklich betont, den **Kündigungsschutz verstärken** wollte.[326] Das kommt auch in der gegenüber dem alten Recht veränderten Fassung des Gesetzes sowie in der besonderen Qualifizierung der

---

[322] Dazu *Dikomey* S. 4 ff.
[323] Dazu Erl. zu § 25.
[324] Vgl. *Bitter/Kiel* RdA 1994, 333, 335.
[325] Vgl. Begründung des Regierungsentwurfs zum KSchG 1951, RdA 1951, 61, 63; ErfK/*Ascheid* § 1 KSchG Rn. 107.
[326] Vgl. RdA 1951, 61, 63.

betrieblichen Erfordernisse durch das Wort „dringend" eindeutig zum Ausdruck. Dementsprechend wird man die alte, sehr reichhaltige Rechtsprechung zum BRG 1920, zum AOG sowie zu § 242 BGB und zu den Kündigungsschutzvorschriften der Landesgesetze in diesem Punkt nur noch mit einer großen Vorsicht heranziehen dürfen.[327]

II. System der Kündigungsgründe

1. Allgemeines

116 Das KSchG hat schon in seiner ursprünglichen Fassung die Gründe, die eine Kündigung sozial rechtfertigen können, in Abs. 2 Satz 1 allgemein gekennzeichnet und dabei **drei Fälle unterschieden:** Gründe in der Person des Arbeitnehmers, Gründe in dem Verhalten des Arbeitnehmers sowie dringende betriebliche Erfordernisse. Bei der Neufassung des Abs. 2 durch § 123 des BetrVG 1972 wurden in Abs. 2 in den **Sätzen 2 und 3** zunächst vier katalogmäßig aufgeführte weitere Fälle hinzugefügt, in denen die Kündigung „auch" (ursprünglich hieß es „ferner") sozial ungerechtfertigt ist. Ohne diese Regelung in ihrem sachlichen Gehalt wesentlich zu verändern, hat § 114 BPersVG sie auf den Bereich des öffentlichen Dienstes ausgedehnt und zugleich neu gegliedert: Satz 2 des Abs. 2 nennt nunmehr zwei der Gründe, und zwar inhaltlich übereinstimmend in zwei Untergruppen jeweils für den Bereich des privaten und des öffentlichen Rechts; Satz 3 erstreckt diese Regelung auf zwei weitere Gründe, die dadurch gegenüber den vorher genannten als bloße Varianten gekennzeichnet werden. Gegenüber Satz 1 enthalten die Sätze 2 und 3 speziellere Tatbestände.

117 Damit werden die für die Beurteilung einer ordentlichen Kündigung maßgebenden Gesichtspunkte im Aufbau der Bestimmung schon äußerlich in **zwei Gruppen** gegliedert:[328]

118 In Satz 1 des Abs. 2 werden die allgemeinen Gründe für eine sozial ungerechtfertigte Kündigung genannt, daneben werden in Satz 2 und 3 des Abs. 2 besondere Gründe für die Sozialwidrigkeit der Kündigung geregelt. Diese **sog. absolute Sozialwidrigkeit** unterscheidet sich von der in Satz 1 des Abs. 2 geregelten **relativen Sozialwidrigkeit** insbesondere dadurch, daß sie in Betrieben des privaten Rechts den ordnungsgemäßen Widerspruch des Betriebsrats nach § 102 Abs. 2 Satz 1 BetrVG, in Betrieben und Verwaltungen des öffentlichen Rechts die Einwendung der zuständigen Personalvertretung voraussetzt. Bei berechtigtem Widerspruch bzw. Einwand ist die Kündigung stets sozialwidrig (vgl. zu den Einzelheiten unten Rn. 495 ff.). Liegt dagegen ein ordnungsgemäßer Widerspruch nicht vor, so kann sich der Arbeitnehmer nur auf die relative Sozialwidrigkeit der Kündigung nach Abs. 2 Satz 1 berufen.

---

[327] Eine Zusammenstellung der Rechtsprechung zum BRG und AOG bei *Hueck* AOG § 56 Rn. 17, Angaben über die Sonderliteratur ebendort § 56 Rn. 7.
[328] Ebenso ErfK/*Ascheid* § 1 KSchG Rn. 106; MünchArbR/*Berkowsky* § 134 Rn. 14 ff.

2. Der Kündigungsgrund des § 1 Abs. 2 Satz 1

§ 1 Abs. 2 Satz 1 bezeichnet die Kündigungsgründe nur unzureichend. 119
Die dort enthaltene Aufzählung von Gründen beschreibt nur die Richtung,
aus der die Störung des Arbeitsverhältnisses kommt.[329] Konkrete, subsumierbare Tatbestandsmerkmale enthält das Gesetz nicht.[330] Die vom Gesetz beschriebenen Gründe stellen gewissermaßen den **Anlaß zur Kündigung** dar.
Dabei ist nach Abs. 2 Satz 1 zwischen den Gründen in der Person oder dem
Verhalten des Arbeitnehmers, also den Gründen aus der Sphäre des Arbeitnehmers, und den dringenden betrieblichen Erfordernissen, die in der Sphäre
des Arbeitgebers liegen, zu unterscheiden.[331]

a) Unzumutbarkeit

Kündigungsrechtlich relevant sind die in Abs. 2 Satz 1 genannten Gründe 120
nur dann, wenn durch sie eine **konkrete Störung des Arbeitsverhältnisses** erfolgt und deshalb dem **Arbeitgeber eine Fortsetzung des Arbeitsverhältnisses nicht zugemutet** werden kann. Die Unzumutbarkeit der
Fortsetzung des Arbeitsverhältnisses ist damit in Wirklichkeit der eigentliche
Kündigungsgrund, der den in § 1 Abs. 2 Satz 1 genannten Kündigungsanlässen zugrunde liegt.

In Abs. 2 ist zwar nicht von der Unzumutbarkeit der Fortsetzung des Ar- 121
beitsverhältnisses als Kündigungsgrund die Rede. Da jedoch **Abs. 2 eine
Konkretisierung des Grundsatzes von Treu und Glauben** aus § 242
BGB ist (dazu näher § 13 Rn. 88) und das Prinzip der (Un-)Zumutbarkeit
seine Rechtsgrundlage in § 242 BGB hat,[332] ergibt sich, daß die Unzumutbarkeit der Fortsetzung des Arbeitsverhältnisses der wahre Kündigungsgrund
ist.[333] Darauf stellt im übrigen auch das Gesetz in § 78a Abs. 4 Satz 1 BetrVG
ab, wonach die Weiterbeschäftigung eines Auszubildenden unzumutbar sein
kann.[334] Die Unzumutbarkeit als regulatives Prinzip[335] ist in Abs. 2 näher
konkretisiert. Dem gesetzlichen Tatbestandsmerkmal „sozial ungerechtfertigt" in Abs. 2 ist dabei ein Sozialbezug zu entnehmen, der dazu führt, daß
insbesondere bei verhaltensbedingten Kündigungen die soziale Akzeptanz des
Verhaltens des Arbeitnehmers zu berücksichtigen ist.[336]

---

[329] So zutr. BAG 25. 11. 1982, AP Nr. 7 zu § 1 KSchG 1969 Krankheit unter B I 3; *Herschel* Festschrift Schnorr v. Carolsfeld 1972, S. 157, 171; *Hillebrecht* VAA 1984, S. 79; *Joost* S. 360.
[330] Ebenso ErfK/*Ascheid* § 1 KSchG Rn. 109.
[331] Ebenso *Ascheid* Kündigungsschutzrecht Rn. 53 ff.
[332] Dazu näher *v. Hoyningen-Huene* Billigkeit S. 92 ff.
[333] So zutr. *Herschel* Festschrift G. Müller 1981, S. 191, 204 f.; ebenso *Backmeister/Trittin*
§ 1 KSchG Rn. 109; HaKo-*Pfeiffer* § 1 Rn. 139; – kritisch hierzu MünchArbR/*Berkowsky*
§ 134 Rn. 36; *Mikosch* RdA 1996, 253.
[334] Dazu BAG 16. 1. 1979, AP Nr. 5 zu § 78a BetrVG 1972 unter II 2a mit Anm. *Schwedes*; BAG 24. 7. 1991, AP Nr. 23 zu § 78a BetrVG 1972; BAG 12. 11. 1997, AP Nr. 31 zu
§ 78a BetrVG 1972 = EzA § 78a BetrVG 1972 Nr. 25 und 26 mit Anm. *Vollstädt* = SAE
1999, 6 mit Anm. *Natzel*.
[335] Vgl. dazu *Henkel* Festschrift Mezger 1954, S. 249 ff.; *v. Hoyningen-Huene* Billigkeit,
S. 95 m. w. N.
[336] So zutr. ErfK/*Ascheid* § 1 KSchG Rn. 108 f.; vgl. im übrigen das Beispiel in Rn. 128.

122 Zur Feststellung der Unzumutbarkeit der Fortsetzung des Arbeitsverhältnisses ist eine **Güter- und Interessenabwägung** vorzunehmen.[337] Diese Abwägung ist jedenfalls bei der personen- und verhaltensbedingten Kündigung erforderlich, weil nur unter Berücksichtigung der Einzelfallumstände ermittelt werden kann, ob die vom Arbeitgeber dargelegte Störung des Arbeitsverhältnisses einer Weiterbeschäftigung des Arbeitnehmers entgegensteht und deshalb die Fortsetzung des Arbeitsverhältnisses dem Arbeitgeber nicht zuzumuten ist.[338] Bei der Interessenabwägung sind freilich nicht alle beliebigen Arbeitgeber- und Arbeitnehmerinteressen abzuwägen. Es sind vielmehr die vom Gesetz getroffenen Wertungen zu beachten (dazu näher Rn. 135 ff.). Weiterhin ist zu berücksichtigen, daß die Beendigung des Arbeitsverhältnisses durch eine Kündigung das letzte Mittel ist und nach dem Grundsatz der Verhältnismäßigkeit (dazu Rn. 139 ff.) nur in Betracht kommt, wenn den Interessen des Arbeitgebers nicht mit milderen Mitteln Genüge geleistet werden kann, die Fortsetzung des Arbeitsverhältnisses also auch zu gegebenenfalls geänderten Bedingungen unzumutbar ist.

b) Abgrenzung zur außerordentlichen Kündigung

123 Die in diesem Sinne erforderliche Unzumutbarkeit der Weiterbeschäftigung als Voraussetzung für die ordentliche Kündigung ist von derjenigen des § 626 Abs. 1 BGB abzugrenzen. Bei einer außerordentlichen Kündigung muß zwar auch – wie bei der ordentlichen nach Abs. 2 – ein Grund vorliegen, der die Fortsetzung des Arbeitsverhältnisses unzumutbar erscheinen läßt. Darüber hinaus muß aber dem Arbeitgeber auch die Einhaltung der Kündigungsfrist unzumutbar sein. Die **außerordentliche Kündigung** nach § 626 Abs. 1 BGB erfordert damit eine **doppelte Unzumutbarkeit:**[339] Die Unzumutbarkeit, das Arbeitsverhältnis überhaupt fortsetzen zu können (Unzumutbarkeit des Grundes) und die Unzumutbarkeit, die Kündigungsfrist einzuhalten (zeitliche Unzumutbarkeit). Demgegenüber genügt für die ordentliche Kündigung eine einfache Unzumutbarkeit, nämlich die in § 1 Abs. 2 näher konkretisierte Unzumutbarkeit, das Arbeitsverhältnis fortzusetzen.[340]

124 Die ordentliche und die außerordentliche Kündigung unterscheiden sich damit in der **Erheblichkeit der Störung des Arbeitsverhältnisses.** Eine sofortige Beendigung des Arbeitsverhältnisses durch eine außerordentliche Kündigung ist nur dann geboten, wenn aus der eingetretenen Störung des Arbeitsverhältnisses geschlossen werden kann, daß jede weitere Zusammenarbeit mit dem Arbeitnehmer für den Arbeitgeber unzumutbar ist.[341] Ob die für die außerordentliche Kündigung erforderliche doppelte Unzumutbarkeit vorliegt oder nur eine einfache Unzumutbarkeit für die Rechtfertigung einer ordentlichen Kündigung, kann stets erst nach einer umfas-

---

[337] Dazu unten Rn. 135 ff. sowie *Preis* S. 150 ff.; APS/*Preis* Grundlagen H Rn. 23 ff.; krit. hierzu *Löwisch* § 1 Rn. 61 ff.
[338] Vgl. Rn. 138; zur betriebsbedingten Kündigung Rn. 137.
[339] Ebenso wohl BAG 20. 1. 1994, AP Nr. 2 zu § 626 BGB Einigungsvertrag unter B II 2.
[340] Ähnlich *Staudinger/Preis* § 626 Rn. 74.
[341] Vgl. *Ascheid* Kündigungsschutzrecht Rn. 126; *Erman/Belling* § 626 Rn. 43 ff.; *Staudinger/Preis* § 626 Rn. 82.

senden Abwägung der geschützten Güter und Interessen beider Vertragsteile ermittelt werden.[342]

Die Abgrenzung der beiden Kündigungsarten, ordentliche und außerordentliche Kündigung, erfolgt damit nach der **Schwere und Intensität der Vertragsstörung**.[343] Die im Schrifttum vorgeschlagene Unterscheidung zwischen „innervertraglichen Durchführungsstörungen", die der ordentlichen Kündigung zugrunde liegen sollen, und einer vorsätzlichen „den Vertrag negierenden Haltung", die zur außerordentlichen Kündigung berechtige,[344] besagt im Ergebnis nichts anderes. Auch bei einer vorsätzlichen Vertragsverletzung muß nach der Erheblichkeit der Störung des Arbeitsverhältnisses gefragt werden, weil erst dann entschieden werden kann, ob ein Grund zur ordentlichen oder auch zur außerordentlichen Kündigung des Arbeitsverhältnisses besteht. Nur so ist feststellbar, ob dem Arbeitgeber auch die Einhaltung der Kündigungsfrist noch zugemutet werden kann oder nicht.

Entsprechendes gilt für die außerordentliche personenbedingte und betriebsbedingte Kündigung. So hat der Arbeitgeber nach der Rechtsprechung des BAG vor einer **außerordentlichen betriebsbedingten Kündigung** gegenüber einem tariflich „unkündbaren" Arbeitnehmer mit allen zumutbaren Mitteln eine Weiterbeschäftigung des Arbeitnehmers zu versuchen. Im Verhältnis zur ordentlichen Kündigung gelten insoweit verschärfte Anforderungen, so daß der Arbeitgeber gegebenenfalls auch durch Umorganisation oder Freimachen geeigneter Arbeitsplätze eine Weiterbeschäftigung versuchen muß.[345] Eine außerordentliche krankheitsbedingte Kündigung tariflich unkündbarer Arbeitnehmer kommt gleichfalls nur in Ausnahmefällen in Betracht.[346]

Im Rahmen der Interessenabwägung zur Feststellung der Unzumutbarkeit der Fortsetzung des Arbeitsverhältnisses ist die **Erheblichkeit des Verschuldens** ein wesentlicher, aber kein allein entscheidender Gesichtspunkt.[347] Weder bedingter noch direkter Vorsatz rechtfertigen ohne weiteres den Schluß, der Arbeitnehmer sei unwillig, und deshalb sei jede weitere Zusammenarbeit unzumutbar. Kommt ein Arbeitnehmer beispielsweise wiederholt absichtlich eine Minute zu spät, mag dies eine ordentliche Kündigung rechtfertigen, ohne Hinzutreten weiterer Umstände regelmäßig aber nicht eine außerordentliche. Die Intensität der Vertragsstörung ist hier nicht so erheblich, daß dem Arbeitgeber nicht mehr die Einhaltung der Kündigungsfrist zugemutet werden kann. Es fehlt hier an der zeitlichen Unzumutbarkeit (dazu Rn. 123).

---

[342] Vgl. dazu auch BAG 18. 2. 1993, AP Nr. 35 zu § 15 KSchG 1969 sowie BAG 21. 1. 1999, AP Nr. 151 zu § 626 BGB mit zust. Anm. *v. Hoyningen-Huene* = EzA § 626 BGB n. F. Nr. 178 mit Anm. *Adam*.
[343] Vgl. APS/*Dörner* § 1 KSchG Rn. 64; *Preis* S. 476; *Staudinger/Preis* § 626 Rn. 83 f.; MünchArbR/*Wank* § 117 Rn. 16.
[344] So *Ascheid* Kündigungsschutzrecht Rn. 128 ff.
[345] Vgl. BAG 17. 9. 1998, AP Nr. 148 zu § 626 BGB = EzA § 626 BGB Unkündbarkeit Nr. 3 mit zust. Anm. *Neuner*.
[346] Vgl. BAG 9. 7. 1998, EzA § 626 BGB Unkündbarkeit Nr. 1; BAG 16. 9. 1999, AP Nr. 159 zu § 626 BGB.
[347] Vgl. BAG 21. 1. 1999, AP Nr. 151 zu § 626 BGB mit zust. Anm. *v. Hoyningen-Huene* = EzA § 626 BGB n. F. Nr. 178 mit Anm. *Adam*.

c) Erheblichkeit der Störung des Arbeitsverhältnisses

127 Kündigungsrechtlich relevant sind nur **erhebliche Störungen** der unternehmerischen Interessen.[348] Dazu gehört regelmäßig die willentliche Verletzung der Arbeitspflicht als Hauptpflicht des Arbeitnehmers. Geringfügige Beeinträchtigungen sind grundsätzlich hinzunehmen, wie auch die verhältnismäßige Geringfügigkeit der noch nicht erbrachten Leistung nach § 320 Abs. 2 BGB noch nicht zur Verweigerung der Gegenleistung berechtigt.[349] Die Beeinträchtigungen müssen andererseits aber nicht so schwerwiegend sein, daß dem Arbeitgeber die Fortsetzung des Arbeitsverhältnisses überhaupt nicht mehr zugemutet werden kann. In diesem Falle könnte der Arbeitgeber bereits nach § 626 Abs. 1 BGB außerordentlich ohne Einhaltung einer Kündigungsfrist kündigen (oben Rn. 123 ff.).

128 Eine erhebliche Störung des Arbeitsverhältnisses ist bei einer **Verletzung der Arbeitspflicht** regelmäßig gegeben, weil es sich hierbei um die Hauptpflicht des Arbeitnehmers handelt. Als geringfügige Verletzung der Arbeitspflicht dürften hier beispielsweise kurze Begrüßungsgespräche über private Angelegenheiten zu Beginn der Arbeitszeit angesehen werden. Diese sind sozial adäquat und deshalb kein Kündigungsgrund, soweit sie nicht über eine kurze Begrüßung hinausgehen.[350]

129 Durch das Erfordernis der Beeinträchtigung bzw. Störung des Arbeitsverhältnisses oder der betrieblichen oder wirtschaftlichen Interessen des Arbeitgebers scheiden als Kündigungsgründe Umstände aus, durch die allein die Privatsphäre des Arbeitgebers verletzt wird.[351] Kündigungsrelevant sind nur Störungen des Leistungsbereichs (z. B. durch Schlechtleistung oder Unpünktlichkeit), des Betriebsablaufs oder des Vertrauensverhältnisses zwischen Arbeitnehmer und Arbeitgeber sowie wirtschaftliche Beeinträchtigungen des Arbeitgebers durch Entgeltfortzahlungskosten. Diese Beeinträchtigungen können zusammenfassend als **Beeinträchtigungen unternehmerischer Interessen** bezeichnet werden.[352]

129 a Bei **betriebsbedingten Kündigungen** liegt die Beeinträchtigung unternehmerischer Interessen in der Regel im Wegfall von Beschäftigungsmöglichkeiten auf Grund einer Neuorganisation des Arbeitsablaufs, die Folge einer freien unternehmerischen Entscheidung ist. Der hierdurch entstehende Personalüberhang ist Voraussetzung für die soziale Rechtfertigung einer betriebsbedingten Kündigung.[353]

---

[348] Ebenso APS/*Dörner* § 1 KSchG Rn. 64; vgl. auch ErfK/*Ascheid* § 1 KSchG Rn. 117, der eine Störung der vertraglichen Haupt- und Nebenpflichten verlangt.
[349] Ebenso *Kittner/Däubler/Zwanziger* § 1 KSchG Rn. 50.
[350] Vgl. *v. Hoyningen-Huene* Anm. zu BAG AR-Blattei ES 20 Nr. 23.
[351] Zutr. *Preis* S. 224 sowie *Belling* Festschrift für Kissel S. 11, 21 f.
[352] Vgl. *Joost* Anm. zu BAG EzA § 1 KSchG Krankheit Nr. 15; *ders.* Betrieb und Unternehmen S. 360; *Kittner/Däubler/Zwanziger* § 1 KSchG Rn. 46 a; *Oetker* Anm. zu BAG EzA § 1 KSchG Krankheit Nr. 28; *Tschöpe* DB 1987, 1042, 1044; ähnlich schon *Herschel* Festschrift für G. Müller 1981, S. 191, 205; *Ide* AuR 1980, 228.
[353] Vgl. BAG 27. 2. 1987, AP Nr. 41 zu § 1 KSchG 1969 Betriebsbedingte Kündigung; BAG 20. 1. 1994, AP Nr. 8 zu § 1 KSchG 1969 Konzern; *v. Hoyningen-Huene* NZA 1994, 1009, 1011; *Preis* DB 1988, 1357, 1392 f.; *ders.* NZA 1995, 241 ff.

d) Negative Prognose

Voraussetzung für die soziale Rechtfertigung einer ordentlichen Kündigung ist stets die **zukünftige Beeinträchtigung des Arbeitsverhältnisses**. Erst wenn die Verfolgung betrieblicher oder wirtschaftlicher Zwecke durch den Arbeitnehmer oder durch dringende betriebliche Erfordernisse unzumutbar beeinträchtigt wird, billigt die Rechtsordnung die Beendigung des Arbeitsverhältnisses durch arbeitgeberseitige Kündigung. Die Fortsetzung des Arbeitsverhältnisses ist dem Arbeitgeber aber nur dann nicht zuzumuten, wenn er in Zukunft weitere Beeinträchtigungen des Arbeitsverhältnisses befürchten muß. Dies kann nur auf Grund einer **Zukunftsprognose** festgestellt werden.[354]

130

Die Zukunftsbezogenheit der Kündigungsgründe ergibt sich aus dem **Wesen des Arbeitsverhältnisses** als Dauerschuldverhältnis.[355] Die Arbeitsvertragsparteien sind vertraglich auf unbestimmte Zeit (Ausnahme: Befristeter Arbeitsvertrag, § 620 Abs. 1 BGB) aneinander gebunden. Eine vorzeitige Beendigung dieser vertraglichen Bindung kommt daher nur in Frage, wenn Gründe vorliegen, die einer weiteren Fortsetzung des Vertragsverhältnisses entgegenstehen. Da Inhalt des Arbeitsverhältnisses der Austausch von Arbeitsleistung gegen Entgelt ist, besteht nur dann ein Grund zur Beendigung dieses Austauschverhältnisses, wenn es aus Gründen, die in der Person oder dem Verhalten des Arbeitnehmers liegen oder aus dringenden betrieblichen Erfordernissen dem Arbeitgeber nicht zuzumuten ist, die vertraglich vereinbarte Gegenleistung weiterhin zu erbringen und das Arbeitsverhältnis fortzusetzen. Dies kommt auch im Wortlaut von Abs. 2 zum Ausdruck: Die dort genannten Gründe müssen einer *Weiter*beschäftigung entgegenstehen. Entsprechend fordert § 626 Abs. 1 BGB für eine außerordentliche Kündigung die Unzumutbarkeit der *Fortsetzung* des Dienstverhältnisses.[356]

130 a

Der **Arbeitgeber** muß im Geltungsbereich des KSchG (§ 1 Abs. 1, § 23 Abs. 1) die **Gründe** für die Kündigung des Arbeitsverhältnisses **darlegen und gegebenenfalls beweisen** (§ 1 Abs. 2 Satz 4). Im Streitfall muß er begründen, weshalb eine Fortsetzung des auf unbestimmte Zeit geschlossenen Arbeitsverhältnisses für ihn nicht in Betracht kommt. Bei einer außerordentlichen Kündigung muß er zusätzlich darlegen, daß ihm eine Fortsetzung des Arbeitsverhältnisses bis zum Ablauf der Kündigungsfrist nicht zuzumuten ist.

130 b

---

[354] So auch BVerfG 13. 2. 1998, EzA Art. 20 Einigungsvertrag Nr. 61; BVerfG 21. 2. 1995, AP Nr. 44 zu Einigungsvertrag Anlage I Kap. XIX sowie *Ascheid* Kündigungsschutzrecht Rn. 28 ff.; ErfK/*Ascheid* § 1 KSchG Rn. 125 ff.; MünchArbR/*Berkowsky* § 134 Rn. 66 ff.; APS/*Dörner* § 1 KSchG Rn. 73; HK-KSchG/*Dorndorf* § 1 Rn. 288; KR-*Fischermeier* § 626 BGB Rn. 110; *Herschel* Festschrift für G. Müller 1981, S. 191, 202 f.; *Hillebrecht* ZfA 1991, 87, 120; *v. Hoyningen-Huene* NZA 1994, 1009 f.; *Kittner/Däubler/Zwanziger* § 1 KSchG Rn. 47; *Löwisch* § 1 Rn. 78 f.; HaKo-*Pfeiffer* § 1 Rn. 140; *Preis* S. 325 ff.; *Stahlhacke/Preis/Vossen* Rn. 618; RGRK-*Weller* Vor § 620 Rn. 160; – abweichend *Adam* NZA 1998, 284 sowie ZTR 1999, 113; *Kraft* ZfA 1994, 463, 475; *Rüthers/Müller* Anm. zu BAG EzA § 1 KSchG Verhaltensbedingte Kündigung Nr. 41; – differenzierend *Gentgens* Prognoseprobleme im Kündigungsschutzrecht 1995, passim; *Wank* RdA 1993, 79, 83.

[355] Verfehlt deshalb *Rüthers* NJW 1998, 1433, der in der Verwendung des Prognoseprinzips eine ideologische Kontinuität zu nationalsozialistischen Rechtsprinzipien sieht; – dagegen zu Recht nachdrücklich *Hanau* NJW 1998, 1895; *v. Hoyningen-Huene* Festschrift zum 50jährigen Bestehen der Arbeitsgerichtsbarkeit in Rheinland-Pfalz S. 215, 221 f.; *Löwisch* BB 1998, 1793; *Preis* NJW 1998, 1889.

[356] Zutr. APS/*Preis* Grundlagen H Rn. 74.

§ 1 130 c–130 f   1. Abschnitt. Allgemeiner Kündigungsschutz

Der **Arbeitnehmer** braucht dagegen bei einer fristgemäßen Kündigung nicht zu begründen, warum er das Arbeitsverhältnis nicht fortsetzen möchte. Für ihn gilt der Grundsatz der Kündigungsfreiheit.

130 c Zur **Begründung der Negativprognose** kann sich der Arbeitgeber insbesondere auf zurückliegende Umstände berufen. Diese sind freilich nur insoweit von Bedeutung, als sie den Schluß zulassen, auch künftig werde es zu vergleichbaren Vorfällen kommen oder das für die weitere Zusammenarbeit notwendige Vertrauen sei entfallen.[357] Erforderlich ist, daß die künftig zu erwartenden Störungen die unternehmerischen Interessen des Arbeitgebers (dazu Rn. 129) erheblich beeinträchtigen. Maßgeblich für die Beurteilung ist insoweit die objektive Sachlage zum Zeitpunkt der Kündigung.[358]

130 d So können zwar häufige **krankheitsbedingte Fehlzeiten** aus der Vergangenheit zunächst die Besorgnis begründen, es werde auch in Zukunft zu häufigen Erkrankungen kommen.[359] Eine solche Vermutung scheidet bei krankheitsbedingten Kündigungen aber aus, wenn den Zeiten der Arbeitsunfähigkeit Erkrankungen des Arbeitnehmers zugrunde lagen, die keine Wiederholungsgefahr in sich bargen.[360] Kündigungsrelevant für personenbedingte Kündigungsgründe sind nur Tatsachen, aus denen sich eine negative Prognose für die weitere Zusammenarbeit zwischen Arbeitgeber und Arbeitnehmer herleiten läßt.

130 e Bei **betriebsbedingten Kündigungen** ist ein **künftiger Personalüberhang** Voraussetzung für die soziale Rechtfertigung der Kündigung.[361] In diesem Zusammenhang ist es ausreichend, wenn die betrieblichen Umstände bereits sog. greifbare Formen angenommen haben.[362]

130 f Auch die **verhaltensbedingte Kündigung** ist zukunftsbezogen und stellt keine Sanktion für zurückliegende Vertragsverletzungen des Arbeitnehmers dar.[363] Zur Begründung der negativen Prognose bedarf es grundsätzlich einer vorangegangenen Abmahnung (dazu Rn. 284). Auch die **einmalige**

---

[357] Ebenso *Ascheid* Kündigungsschutzrecht Rn. 45 ff. und 57 ff.; ErfK/*Ascheid* § 1 KSchG Rn. 126; MünchArbR/*Berkowsky* § 134 Rn. 68 f.; HaKo-*Pfeiffer* § 1 Rn. 140; APS/*Preis* Grundlagen H Rn. 76.
[358] Ebenso HK-KSchG/*Dorndorf* § 1 Rn. 298 ff.; *Löwisch* § 1 Rn. 78; näher dazu Rn. 155 f.
[359] Vgl. dazu BAG 5. 7. 1990, AP Nr. 26 zu § 1 KSchG 1969 Krankheit; BAG 12. 12. 1996 EzA § 1 KSchG Krankheit Nr. 41.
[360] Dazu anschaulich BAG 14. 1. 1993, NZA 1994, 309; – näher unten Rn. 222 ff.
[361] Dazu ausführlich *v. Hoyningen-Huene* NZA 1994, 1009, 1011; *Preis* NZA 1995, 241, 246 f.
[362] BAG 19. 6. 1991, AP Nr. 53 zu § 1 KSchG 1969 Betriebsbedingte Kündigung = EzA § 1 KSchG Betriebsbedingte Kündigung Nr. 70 mit Anm. *Kraft/Raab*; BAG 11. 3. 1998, AP Nr. 43 zu § 111 BetrVG 1972; näher unten Rn. 375.
[363] Ebenso BAG 10. 11. 1988, AP Nr. 3 zu § 1 KSchG 1969 Abmahnung = EzA § 611 BGB Abmahnung Nr. 18 mit krit. Anm. *Peterek*; BAG 17. 1. 1991, AP Nr. 25 zu § 1 KSchG 1969 Verhaltensbedingte Kündigung = EzA § 1 KSchG Verhaltensbedingte Kündigung Nr. 37 mit krit. Anm. *Rüthers/Franke* = SAE 1992, 115 mit zust. Anm. *Bengelsdorf*; BAG 25. 1. 1995, AP Nr. 34 zu § 1 KSchG 1969 Verhaltensbedingte Kündigung mit zust. Anm. *Fleck*; *Ascheid* Kündigungsschutzrecht Rn. 29; ErfK/*Ascheid* § 1 KSchG Rn. 129; MünchArbR/*Berkowsky* § 134 Rn. 76; HK-KSchG/*Dorndorf* § 1 Rn. 293; *Hillebrecht* ZfA 1991, 78, 120; *Kittner/Däubler/Zwanziger* § 1 KSchG Rn. 47; ErfK/*Müller-Glöge* § 626 BGB Rn. 2; HaKo-*Pfeiffer* § 1 Rn. 140; *Stahlhacke/Preis/Vossen* Rn. 618 und 690; *Staudinger/Preis* § 626 Rn. 92; – abweichend *Heinze* Festschrift für Söllner 1990, S. 63, 69; *Popp* DB 1981, 2611, 2615; HAS/*Popp* § 19 E Rn. 18; *Weller* ArbRdGgnw, Band 20, 1982, 77, 79.

schwere Verfehlung des Arbeitnehmers, die sich in dieser Form aller Wahrscheinlichkeit nach künftig nicht wiederholen wird, kann eine negative Prognose für die weitere Zusammenarbeit begründen.[364] Denn eine erhebliche Vertragsverletzung kann je nach den Umständen des Einzelfalles das für die weitere Zusammenarbeit notwendige Vertrauen zerstören und damit einer Fortsetzung des Arbeitsverhältnisses entgegenstehen.

e) Wahrscheinlichkeitsgrad

Die vom Arbeitgeber für die soziale Rechtfertigung der Kündigung zu erstellende negative Zukunftsprognose ist naturgemäß einigen Unwägbarkeiten ausgesetzt, weil sich nicht mit letzter Sicherheit feststellen läßt, was zukünftig sein wird. Möglich sind nur **Wahrscheinlichkeitsurteile,** die auf den zum Zeitpunkt der Kündigung vorliegenden Tatsachen zu beruhen haben.[365]

Bislang kaum erörtert wurde in diesem Zusammenhang die Frage, welcher **Wahrscheinlichkeitsgrad** vorliegen muß, damit eine negative Prognose bejaht werden kann.[366] Bei der aus Anlaß einer geplanten Betriebsstillegung ausgesprochenen betriebsbedingten Kündigung fordert das BAG zur sozialen Rechtfertigung, daß die betrieblichen Umstände bereits greifbare Formen angenommen haben und eine vernünftige betriebswirtschaftliche Betrachtung die Prognose rechtfertigt, daß bis zum Abschluß der Kündigungsfrist der Arbeitnehmer entbehrt werden kann.[367] Bei verhaltens- oder personenbedingten Kündigungen finden sich zum Wahrscheinlichkeitsgrad keine näheren Darlegungen in der Rechtsprechung. Besonders deutlich wird die Problematik hier bei krankheitsbedingten Kündigungen. Genügt hier eine „gewisse Wahrscheinlichkeit" dafür, daß es zukünftig zu erheblichen krankheitsbedingten Fehlzeiten kommen wird, oder ist eine „überwiegende Wahrscheinlichkeit" oder gar eine „an Sicherheit grenzende Wahrscheinlichkeit" erforderlich?[368]

Zur Beantwortung dieser Frage ist davon auszugehen, daß der **Beweis einer Negativprognose** i. S. v. § 286 ZPO nur erbracht ist, wenn die fragliche Prognose zumindest wahrscheinlicher als unwahrscheinlicher ist. Eine bloß gewisse Wahrscheinlichkeit genügt nicht.[369] Da gemäß Abs. 2 Satz 4 der Kündigungsgrund und damit auch die negative Prognose vom Arbeitgeber bewiesen werden und zur Überzeugung des Gerichts feststehen muß (§ 286 Abs. 1 ZPO), ist aber auch eine nur überwiegende Wahrscheinlichkeit der

---

[364] Vgl. BAG 8. 6. 2000, AP Nr. 163 zu § 626 BGB (Kündigung nach vorsätzlichem Tötungsdelikt); – abweichend *Loritz* RdA 1996, 114.
[365] Vgl. *v. Hoyningen-Huene* Anm. zu BAG EzA § 1 KSchG Krankheit Nr. 18; *Preis* S. 338 f.; – ausf. zu Wahrscheinlichkeitsurteilen *Nell* Wahrscheinlichkeitsurteile in juristischen Entscheidungen 1983.
[366] Vgl. nunmehr aber auch HK-KSchG/*Dorndorf* § 1 Rn. 311 ff.
[367] BAG 19. 6. 1991, AP Nr. 53 zu § 1 KSchG 1969 Betriebsbedingte Kündigung = EzA § 1 KSchG Betriebsbedingte Kündigung Nr. 70 mit Anm. *Kraft/Raab;* BAG 11. 3. 1998, AP Nr. 43 zu § 111 BetrVG 1972.
[368] Vgl. zu den Wahrscheinlichkeitsgraden allgemein *Baumgärtel* Festschrift für die Universität Köln 1988, S. 165 ff., 176 ff.; *Bender* Festschrift für F. Baur 1981, S. 247 ff.; *J. Dürig* Beweismaß und Beweislast im Asylrecht 1989, S. 17 ff.; *Greger* Beweis und Wahrscheinlichkeit 1978, S. 38 ff.; *v. Hoyningen/Boemke* NJW 1994, 1758; *Huber* Das Beweismaß im Zivilprozeß 1983, S. 114 f.; *Nell* Wahrscheinlichkeitsurteile 1983, S. 21 ff.; *Prütting* Gegenwartsprobleme der Beweislast 1983, S. 74 ff.
[369] Dazu grundsätzlich BGH 17. 2. 1970, BGHZ 53, 245, 255 f. „Anastasia-Fall".

§ 1 134–136　　　　1. Abschnitt. Allgemeiner Kündigungsschutz

Negativprognose nicht ausreichend.[370] Erforderlich ist vielmehr eine an Sicherheit grenzende Wahrscheinlichkeit des Eintritts der fraglichen Tatsache, also beispielsweise der zukünftig zu erwartenden krankheitsbedingten Fehlzeiten.[371] Im Rahmen der richterlichen Überzeugungsbildung ist allerdings auch zu berücksichtigen, daß es um die Wahrscheinlichkeit des Eintritts künftiger Ereignisse geht, die niemand mit absoluter Sicherheit vorhersagen kann. Die Anforderungen an die richterliche Überzeugung i. S. v. § 286 ZPO dürfen deshalb auch nicht überspannt werden. Vernünftige Zweifel müssen schweigen. Die bloß überwiegende Wahrscheinlichkeit genügt jedoch allenfalls den Anforderungen an eine Glaubhaftmachung, nicht aber den Voraussetzungen für die Erbringung eines Beweises.[372]

134　　Ob aufgrund der vorgetragenen Umstände aus der Vergangenheit und ggfs. der vorliegenden Sachverständigengutachten ein solches Wahrscheinlichkeitsurteil erfolgen kann, ist letztlich, ebenso wie die Beweisführung über zurückliegende Umstände, **Tatfrage**. Erforderlich ist ein solcher Grad von Wahrscheinlichkeit, der keinen vernünftigen Zweifel mehr offen läßt.[373]

III. Interessenabwägung

135　　Nach **h. M.** ist zur Feststellung der Sozialwidrigkeit einer Kündigung stets eine **umfassende Interessenabwägung** erforderlich.[374] Die Erforderlichkeit einer Interessenabwägung ergibt sich aus dem eigentlichen Kündigungsgrund, nämlich der Unzumutbarkeit der Fortsetzung des Arbeitsverhältnisses (dazu Rn. 120 ff.).[375] Bei der Durchführung der Interessenabwägung ist einerseits zwischen der betriebsbedingten Kündigung und andererseits der verhaltens- und personenbedingten Kündigung zu unterscheiden.[376]

136　　Um nicht in eine „die Konturen auflösende richterliche Interessenabwägung"[377] zu verfallen, ist es zunächst erforderlich, die **vom Gesetzgeber**

---

[370] Gegen das sog. Überwiegensprinzip zutr. *Prütting* S. 77 ff.; *Walter* Freie Beweiswürdigung 1979, S. 173 ff.
[371] Ebenso HK-KSchG/*Dorndorf* § 1 Rn. 316; HaKo-*Pfeiffer* § 1 Rn. 141.
[372] Zutr. *Prütting* S. 79 f.
[373] Dazu grundlegend RGZ 15, 338, 339 sowie BGH 17. 2. 1970, BGHZ 53, 245, 256.
[374] Vgl. grundlegend BAG 20. 10. 1954, AP Nr. 6 zu § 1 KSchG; BAG 13. 9. 1973, 12. 8. 1976, AP Nr. 2 und 3 zu § 1 KSchG 1969; BAG 7. 3. 1980, AP Nr. 9 zu § 1 KSchG 1969 Betriebsbedingte Kündigung; BAG 22. 7. 1982, AP Nr. 5 zu § 1 KSchG 1969 Verhaltensbedingte Kündigung; *Adomeit/Spinti* AR-Blattei Kündigung IX, B II 3; MünchArbR/*Berkowsky* § 134 Rn. 41 ff.; *Bitter/Kiel* RdA 1994, 333, 336 ff.; *Dassau* Die allgemeine Interessenabwägung im Rahmen des § 1 Abs. 2 Satz 1 KSchG, Diss. Köln 1988; HK-KSchG/*Dorndorf* § 1 Rn. 283; KR-*Etzel* § 1 KSchG Rn. 233; *Kittner/Däubler/Zwanziger* § 1 KSchG Rn. 51; *Meisel* ZfA 1985, 213, 229; APS/*Preis* Grundlagen H Rn. 42 ff.; *Rüthers/Henssler* ZfA 1984, 31, 33; *v. Stebut* Der soziale Schutz als Regelungsproblem des Vertragsrechts 1982, S. 51 ff.; – kritisch hierzu *Ascheid* Kündigungsschutzrecht Rn. 205 ff.; *Boewer* Festschrift für D. Gaul 1992, S. 19, 24 ff.; *Löwisch* § 1 Rn. 61 ff.
[375] Ebenso APS/*Preis* Grundlagen H Rn. 30.
[376] So nunmehr auch BAG 30. 4. 1987, AP Nr. 42 zu § 1 KSchG 1969 Betriebsbedingte Kündigung unter IV 1 und 2; BAG 18. 1. 1990, AP Nr. 27 zu § 2 KSchG 1969 unter B I 2 c = EzA § 1 KSchG Betriebsbedingte Kündigung Nr. 65 mit zust. Anm. *Steinmeyer* = SAE 1991, 11 mit zust. Anm. *Oetker*; ErfK/*Ascheid* § 1 KSchG Rn. 141; MünchArbR/*Berkowsky* § 134 Rn. 47 ff.; HK-KSchG/*Dorndorf* § 1 Rn. 283 ff.; KR-*Etzel* § 1 KSchG Rn. 233; *Stahlhacke/Preis/Vossen* Rn. 619; *Wank* RdA 1993, 79, 81 f.; RGRK-*Weller* vor § 620 Rn. 161.
[377] *Bötticher* Festschrift für Molitor 1962, S. 123, 127.

selbst getroffenen Wertungen zu beachten, bevor eine umfassende Abwägung der Interessen erfolgt.[378] Dem entspricht im übrigen auch die Begründung zum Regierungsentwurf des KSchG. Danach setzt der Schutz des Gesetzes ein, wenn einer der in Abs. 2 genannten Gründe nicht vorliegt, „ohne daß noch für eine Abwägung Raum wäre, ob der Verlust des Arbeitsplatzes aus sonstigen, außerhalb des Arbeitsverhältnisses liegenden Gründen den Arbeitnehmer mehr oder weniger hart treffen würde".[379]

Gesetzliche Anhaltspunkte dafür, wie der Konflikt zwischen dem Bestandsschutzinteresse des Arbeitnehmers und dem Auflösungsinteresse des Arbeitgebers zu bewerten ist, enthält Abs. 2 Satz 1 für die **betriebsbedingte Kündigung.**[380] Danach geht das Unternehmerinteresse an der Auflösung des Arbeitsverhältnisses dem Bestandsschutzinteresse des Arbeitnehmers vor, wenn dringende betriebliche Erfordernisse der Weiterbeschäftigung des Arbeitnehmers entgegenstehen. Für eine darüber hinausgehende Interessenabwägung ist hier kein Raum. Allein im Rahmen der nach Abs. 3 vorzunehmenden sozialen Auswahl sind die Bestandsschutzinteressen der vom Wegfall der Arbeitsplätze betroffenen Arbeitnehmer zu berücksichtigen. Bei einer „an sich" betriebsbedingten Kündigung bedarf es daher zur sozialen Rechtfertigung keiner weiteren, zusätzlichen Interessenabwägung.[381]

Für die **Kündigung aus Gründen in der Person oder dem Verhalten** des Arbeitnehmers enthält das Gesetz dagegen keine eigene Wertung. Hier bedarf es deshalb zur Feststellung der sozialen Rechtfertigung der Kündigung und damit der Unzumutbarkeit der Fortsetzung des Arbeitsverhältnisses einer umfassenden Abwägung zwischen dem Bestandsschutzinteresse des Arbeitnehmers und dem Interesse des Arbeitgebers an der Beendigung des Arbeitsverhältnisses.[382] Entscheidend ist, ob die aus der Sphäre des Arbeitnehmers

---

[378] Ebenso ErfK/*Ascheid* § 1 KSchG Rn. 141; MünchArbR/*Berkowsky* § 134 Rn. 47; *Bötticher* Festschrift für Molitor 1962, S. 123, 127; *Boewer* NZA 1988, 678, 681; *Herschel* Festschrift für Schnorr v. Carolsfeld 1972, S. 157, 163 ff.; *Oetker* Anm. zu BAG EzA § 1 KSchG Krankheit Nr. 28; *Preis* S. 204 ff.; *ders.* Anm. zu BAG EzA § 1 KSchG Soziale Auswahl Nr. 29; *Wank* RdA 1987, 129, 136; *ders.* RdA 1993, 79, 82.
[379] RdA 1951, 61, 63.
[380] Darauf weist auch das BAG zu Recht hin, vgl. BAG 29. 3. 1990, AP Nr. 50 zu § 1 KSchG 1969 Betriebsbedingte Kündigung.
[381] So nun auch im Grundsatz BAG 16. 1. 1987, BB 1987, 2302, 2303; BAG 30. 4. 1987, AP Nr. 42 zu § 1 KSchG 1969 Betriebsbedingte Kündigung; BAG 18. 1. 1990, AP Nr. 27 zu § 2 KSchG 1969 = EzA § 1 KSchG Betriebsbedingte Kündigung Nr. 65 mit zust. Anm. *Steinmeyer;* ErfK/*Ascheid* § 1 KSchG Rn. 141; *Backmeister/Trittin* § 1 KSchG Rn. 114; MünchArbR/*Berkowsky* § 134 Rn. 48; *Bitter/Kiel* RdA 1994, 333, 346; HK-KSchG/ *Dorndorf* § 1 Rn. 286; KR-*Etzel* § 1 KSchG Rn. 566; *Joost* Anm. zu BAG EzA § 1 KSchG Krankheit Nr. 15; *Preis* S. 208 ff.; *ders.* Anm. zu BAG EzA § 1 KSchG Soziale Auswahl Nr. 29; *Stahlhacke/Preis/Vossen* Rn. 619; *Wank* RdA 1987, 129, 136 f.; HK-KSchG/ *Weller/Dorndorf* § 1 Rn. 942; – abweichend *Kittner/Däubler/Zwanziger* § 1 KSchG Rn. 293; *Oetker* Anm. zu BAG EzA § 1 KSchG Krankheit Nr. 28; *ders.* SAE 1991, 15, 19.
[382] Vgl. aus der Rechtsprechung zur krankheitsbedingten Kündigung BAG 6. 9. 1989, AP Nr. 21–23 zu § 1 KSchG 1969 Krankheit; BAG 29. 4. 1999, AP Nr. 36 zu § 1 KSchG 1969 Krankheit = EzA § 1 KSchG Krankheit Nr. 46 mit krit. Anm. *Kraft;* – zur verhaltensbedingten Kündigung BAG 17. 1. 1991, AP Nr. 25 zu § 1 KSchG 1969 Verhaltensbedingte Kündigung = EzA § 1 KSchG Verhaltensbedingte Kündigung Nr. 37 mit Anm. *Rüthers/Franke;* BAG 27. 2. 1997, AP Nr. 36 zu § 1 KSchG 1969 Verhaltensbedingte Kündigung = EzA § 1 KSchG Verhaltensbedingte Kündigung Nr. 51 mit Anm. *Friese;* MünchArbR/*Berkowsky*

herrührenden betrieblichen oder wirtschaftlichen Beeinträchtigungen des Arbeitgebers so gewichtig sind, daß sie die wirtschaftlichen und sozialen Interessen des Arbeitnehmers am Fortbestand des Arbeitsverhältnisses aufwiegen.[383]

IV. Grundsatz der Verhältnismäßigkeit
1. Kündigung als ultima ratio

139 Aus dem Ziel des Kündigungsschutzgesetzes, den Bestand des Arbeitsverhältnisses als Grundlage der wirtschaftlichen und sozialen Existenz des Arbeitnehmers zu sichern,[384] ist abzuleiten, daß eine Kündigung stets nur **ultima ratio** sein kann.[385] Bei der Prüfung der sozialen Rechtfertigung einer Kündigung ist daher auch der Grundsatz der Verhältnismäßigkeit zu beachten.[386]

139 a Eine Ausprägung des Verhältnismäßigkeitsgrundsatzes ist § 2 Abs. 1 Nr. 2 SGB III. Nach dieser Bestimmung haben die Arbeitgeber bei ihren Entscheidungen verantwortungsvoll deren Auswirkungen auf die Beschäftigung der Arbeitnehmer und von Arbeitslosen und damit die Inanspruchnahme von Leistungen der Arbeitsförderung einzubeziehen. Sie sollen dabei insbesondere vorrangig durch betriebliche Maßnahmen die Inanspruchnahme von Leistungen der Arbeitsförderung sowie Entlassungen von Arbeitnehmern vermeiden. Mit dieser Bestimmung wird freilich der gesetzliche Kündigungsschutz nicht erweitert.[387] § 2 Abs. 1 Nr. 2 SGB III wiederholt vielmehr nur das, was ohnehin schon galt.[388]

---

§ 134 Rn. 49; KR-*Etzel* § 1 KSchG Rn. 298 ff. und 432 ff.; *Stahlhacke/Preis/Vossen* Rn. 694 und 730; – näher zu den einzelnen Abwägungsgesichtspunkten Rn. 180 ff. und 277 ff.

[383] Vgl. *Ide* AuR 1980, 225, 228; *Joost* Anm. zu BAG EzA § 1 KSchG Krankheit Nr. 15; *Preis* S. 206 f.; – krit. zur Interessenabwägung auch in Fällen krankheitsbedingter Kündigungen *Ascheid* Kündigungsschutzrecht Rn. 425; *Boewer* NZA 1988, 678, 682; *Oetker* Anm. zu BAG EzA § 1 KSchG Krankheit Nr. 28.

[384] Vgl. Begründung des Regierungsentwurfs RdA 1951, 61, 63.

[385] Vgl. BAG 30. 5. 1978, AP Nr. 70 zu § 626 BGB mit Anm. *G. Hueck* = EzA § 626 BGB n. F. Nr. 66 mit Anm. *Käppler* = SAE 1979, 45 mit Anm. *Beitzke*; BAG 22. 2. 1980, AP Nr. 6 zu § 1 KSchG 1969 Krankheit mit Anm. *G. Hueck* = EzA § 1 KSchG Krankheit Nr. 5 mit Anm. *v. Maydell/Englert* = AR-Blattei Krankheit des Arbeitnehmers Entsch. 157 mit Anm. *Herschel*; BAG 27. 9. 1984, AP Nr. 8 zu § 2 KSchG 1969 mit Anm. *v. Hoyningen-Huene* = EzA § 2 KSchG Nr. 5 mit Anm. *Kraft* = SAE 1986, 216 mit Anm. *Hönn*; BAG 30. 11. 1989, AP Nr. 53 zu § 102 BetrVG 1972 unter II 1 c aa = SAE 1991, 128 mit zust. Anm. *Schmitt*; BAG 17. 1. 1991, AP Nr. 25 zu § 1 KSchG 1969 Verhaltensbedingte Kündigung = EzA § 1 KSchG Verhaltensbedingte Kündigung Nr. 37 mit Anm. *Rüthers/Franke*; BAG 15. 12. 1994, NZA 1995, 413 = EzA § 1 KSchG Betriebsbedingte Kündigung Nr. 76 mit im Erg. zust. Anm. *v. Hoyningen-Huene*.

[386] Vgl. MünchArbR/*Berkowsky* § 134 Rn. 62 ff.; *Bitter/Kiel* RdA 1994, 333, 337 f.; *Boewer* NZA 1988, 678, 679; *ders.* Festschrift für D. Gaul 1992, S. 19 ff.; *Dey* Grundsatz der Verhältnismäßigkeit 1989, S. 22 ff.; HK-KSchG/*Dorndorf* § 1 Rn. 270; KR-*Etzel* § 1 KSchG Rn. 238; *Löwisch* § 1 Rn. 70; *Kiel* S. 39 f.; *Kittner/Däubler/Zwanziger* § 1 KSchG Rn. 49 f.; *Oetker* SAE 1991, 15 ff.; *Pachtenfels* BB 1983, 1479; *Preis* S. 294 ff.; KPK-*Schiefer* § 1 Rn. 71 ff.; *Stahlhacke/Preis/Vossen* Rn. 616; *Wank* RdA 1987, 129, 134 f.; *ders.* RdA 1993, 79, 80 f.; RGRK-*Weller* vor § 620 Rn. 157.

[387] Ebenso *Bauer/Haußmann* NZA 1997, 1100; *Bitter* DB 1999, 1214, 1218; *Ettwig* NZA 1997, 1152; HaKo-*Pfeiffer* § 1 Rn. 145; – differenzierend *Hennig/Schlegel* SGB III § 2 Rn. 12 ff.; *Löwisch* NZA 1998, 729; *Preis* NZA 1998, 449, 454 f.; – abweichend *Schaub* NZA 1997, 810; – vgl. zu arbeitsrechtlichen Folgen dieser Bestimmung *Gagel* Festschrift für Dieterich S. 169.

[388] Zutr. *Fischermeier* NZA 1997, 1089, 1091; *Rolfs* NZA 1998, 17, 18 f.; ähnlich *Gagel* BB 2001, 358.

Der **Grundsatz der Verhältnismäßigkeit** besagt, daß eine Beendi- 140
gungskündigung, gleichgültig, ob sie auf betriebs-, personen- oder verhaltensbedingte Gründe gestützt ist, und gleichgültig, ob sie als ordentliche oder außerordentliche Kündigung ausgesprochen wird, als äußerstes Mittel erst dann in Betracht kommt, wenn sie zur Beseitigung betrieblicher Beeinträchtigungen **geeignet** und **erforderlich** ist sowie im Verhältnis zu dem verfolgten Zweck **angemessen** erscheint.[389]

Aus dem Grundsatz der Verhältnismäßigkeit ergibt sich **beispielsweise,** 141
daß der Arbeitgeber bei einem nur vorübergehenden Arbeitsmangel grundsätzlich – vorbehaltlich der Zustimmung des Betriebsrats – zunächst durch die Einführung von Kurzarbeit versuchen muß, betriebsbedingte Kündigungen zu vermeiden.[390] Bei lange andauernden Erkrankungen eines Arbeitnehmers folgt aus dem Grundsatz der Verhältnismäßigkeit, daß der Arbeitgeber zunächst durch zumutbare anderweitige Maßnahmen, wie Einstellung einer Aushilfskraft oder vorübergehende Einführung von Überstunden oder Mehrarbeit versuchen muß, die Zeit des krankheitsbedingten Arbeitsausfalls zu überbrücken.[391] Schließlich ist wegen des Verhältnismäßigkeitsgrundsatzes vor Ausspruch einer verhaltensbedingten Kündigung regelmäßig eine Abmahnung erforderlich.[392]

Eine Kündigung verstößt weiterhin dann gegen den Verhältnismäßigkeits- 141a
grundsatz, wenn der Arbeitgeber ein von ihm **selbst festgelegtes Verfahren vor Ausspruch der Kündigung nicht beachtet.** Legt ein Arbeitgeber in einer Dienstanweisung im einzelnen fest, wie er auf bestimmte Pflichtverstöße des Arbeitnehmers zu reagieren beabsichtigt, so bindet er sich damit selbst und muß sich im konkreten Fall an das in der Dienstanweisung festgelegte Verfahren halten.[393]

So hat **beispielsweise** die Katholische Kirche gemäß Art. 5 Abs. 1 der 141b
Grundordnung der Katholischen Kirche für den kirchlichen Dienst im Rahmen kirchlicher Arbeitsverhältnisse vom 22. 9. 1993 bei Verstößen gegen Loyalitätsobliegenheiten vor Ausspruch einer Kündigung mit dem kirchlichen Mitarbeiter ein Beratungsgespräch bzw. ein „klärendes Gespräch" zu führen. Eine Kündigung, die der Arbeitgeber ausspricht, ohne zuvor ein solches Gespräch zu führen, verstößt regelmäßig gegen den Verhältnismäßig-

---

[389] Vgl. APS/*Dörner* § 1 KSchG Rn. 66; HK-KSchG/*Dorndorf* § 1 Rn. 268 ff. sowie allgemein dazu *Dey* Grundsatz der Verhältnismäßigkeit, S. 17 ff.; *Hirschberg* Der Grundsatz der Verhältnismäßigkeit 1981, S. 19 ff.; *Preis* S. 265 f.; *ders.* Festschrift für Dieterich S. 429 ff.; *Wank* RdA 1987, 129, 136.
[390] Vgl. BAG 25. 6. 1964, AP Nr. 14 zu § 1 KSchG Betriebsbedingte Kündigung; *Hillebrecht* ZIP 1985, 257, 260 f.; *Preis* S. 404; – offengelassen von BAG 5. 2. 1985, AP Nr. 9 zu § 1 KSchG 1969 Soziale Auswahl; – abweichend BAG 14. 8. 1986, AP Nr. 3 zu § 87 BetrVG 1972 Kurzarbeit und BAG 11. 9. 1986, EzA § 1 KSchG Betriebsbedingte Kündigung Nr. 54; krit. dazu *Wank* RdA 1987, 129, 142 f.; – näher dazu unten Rn. 384 ff.
[391] BAG 22. 2. 1980, 25. 11. 1982, 29. 4. 1999, AP Nr. 6, 7, 36 zu § 1 KSchG 1969 Krankheit.
[392] Vgl. BAG 10. 11. 1988, AP Nr. 3 zu § 1 KSchG 1969 Abmahnung; BAG 17. 2. 1994, AP Nr. 115 zu § 626 BGB; – dazu näher *v. Hoyningen-Huene* RdA 1990, 193, 197 f. m. w. N. sowie unten Rn. 280 ff.
[393] Vgl. BAG 25. 4. 1996, AP Nr. 18 zu § 1 KSchG 1969 Personenbedingte Kündigung; BAG 16. 9. 1999, AP Nr. 1 zu Art. 4 GrO kath. Kirche.

keitsgrundsatz und ist deshalb sozialwidrig.[394] Sieht eine Dienstanweisung städtischer Verkehrsbetriebe vor, daß Busfahrer bei Verkehrsverstößen nachzuschulen sind, ist eine Kündigung, die ohne vorherige Nachschulung ausgesprochen wird, in der Regel sozialwidrig.[395]

2. Anderweitige Beschäftigungsmöglichkeit

a) Allgemeines

142 Die Verpflichtung des Arbeitgebers, vor der Beendigungskündigung anderweitige Beschäftigungsmöglichkeiten zu prüfen, wie sie vom BAG in seinem Urteil vom 27. 9. 1984 postuliert wurde,[396] ergibt sich nicht aus dem allgemeinen Grundsatz der Verhältnismäßigkeit.[397] Denn Verhältnismäßigkeit setzt voraus, daß zwischen mehreren Möglichkeiten eine Wahl besteht.[398] Gerade daran fehlt es aber, wenn die **Weiterbeschäftigung** des Arbeitnehmers auf einem anderen **freien Arbeitsplatz** möglich ist. In diesen Fällen scheidet vielmehr bereits nach Abs. 2 Satz 1 i. V. m. Satz 2 Nr. 1 b eine Beendigungskündigung grundsätzlich aus.[399]

143 Auf Grund der Entstehungsgeschichte und von Sinn und Zweck der Regelung in **Abs. 2 Satz 2 und 3** sind die dort genannten Unwirksamkeitsgründe für die Prüfung der sozialen Rechtfertigung auch dann beachtlich, wenn der Betriebsrat der Kündigung nicht widersprochen hat.[400] Kann der Arbeitnehmer seinen Fähigkeiten nach auf einem geeigneten, freien Arbeitsplatz im Unternehmen beschäftigt werden, so ist eine Beendigungskündigung bereits nach dieser Bestimmung ausgeschlossen.[401] Die Möglichkeit

---

[394] BAG 16. 9. 1999, AP Nr. 1 zu Art. 4 GrO kath. Kirche.
[395] BAG 25. 4. 1996, AP Nr. 18 zu § 1 KSchG 1969 Personenbedingte Kündigung.
[396] AP Nr. 8 zu § 2 KSchG 1969 mit krit. Anm. *v. Hoyningen-Huene* = EzA § 2 KSchG Nr. 5 mit Anm. *Kraft* = SAE 1986, 216 mit Anm. *Hönn;* ebenso BAG 18. 10. 1984, AP Nr. 6 zu § 1 KSchG 1969 Soziale Auswahl mit Anm. *Löwisch* = EzA § 1 KSchG Betriebsbedingte Kündigung Nr. 34 mit Anm. *v. Hoyningen-Huene;* bestätigt in BAG 30. 11. 1989, AP Nr. 53 zu § 102 BetrVG 1972 = SAE 1991, 128 mit zust. Anm. *Schmitt;* BAG 29. 3. 1990, AP Nr. 50 zu § 1 KSchG 1969 Betriebsbedingte Kündigung = EzA § 1 KSchG Soziale Auswahl Nr. 29 mit zust. Anm. *Preis.*
[397] Ebenso MünchArbR/*Berkowsky* § 135 Rn. 27; näher dazu *v. Hoyningen-Huene* Anm. zu BAG AP Nr. 8 zu § 2 KSchG 1969; *Preis* S. 300.
[398] Dazu *Auffermann* Grundsatz der Verhältnismäßigkeit im Arbeits- und Sozialrecht, Diss. Würzburg 1975, S. 110 ff.
[399] Ebenso nunmehr BAG 15. 12. 1994, AP Nr. 67 zu § 1 KSchG 1969 Betriebsbedingte Kündigung unter B II 1 = EzA § 1 KSchG Betriebsbedingte Kündigung Nr. 75 mit im Erg. zust. Anm. *v. Hoyningen-Huene.*
[400] H. M.; grundlegend BAG 13. 9. 1973, AP Nr. 2 zu § 1 KSchG 1969 mit zust. Anm. *G. Hueck* = AR-Blattei Kündigungsschutz Entsch. 146 mit Anm. *Herschel* = SAE 1975, 1 mit Anm. *Otto;* BAG 17. 5. 1984, AP Nr. 21 zu § 1 KSchG 1969 Betriebsbedingte Kündigung unter C III 1 mit insoweit zust. Anm. *v. Hoyningen-Huene* = SAE 1986, 273 mit zust. Anm. *Schulin;* BAG 15. 12. 1994, AP Nr. 67 zu § 1 KSchG 1969 Betriebsbedingte Kündigung = EzA § 1 KSchG Betriebsbedingte Kündigung Nr. 75 mit Anm. *v. Hoyningen-Huene;* näher dazu unten Rn. 499 ff., 529 ff.; KR-*Etzel* § 1 KSchG Rn. 242; HK-KSchG/*Weller/Dorndorf* § 1 Rn. 895.
[401] Vgl. *v. Hoyningen-Huene* Anm. zu BAG AP Nr. 8 zu § 2 KSchG 1969; *Kempff* DB 1978, 1400; *Stahlhacke/Preis/Vossen* Rn. 616; *Wank* RdA 1987, 129, 137; *ders.* RdA 1993, 79, 81.

Sozial ungerechtfertigte Kündigungen   143 a–144 § 1

einer anderweitigen Weiterbeschäftigung ist dabei grundsätzlich vor Ausspruch jeder Kündigung zu prüfen.[402]
Als anderweitige Beschäftigungsmöglichkeiten kommen nur **Tätigkeiten im Rahmen eines Arbeitsverhältnisses** in Betracht. Dies ergibt sich zum einen aus dem Wortlaut von Abs. 2 Satz 2 und 3, wo von Arbeitnehmern die Rede ist. Arbeitnehmer ist aber nur der Beschäftigte, der in einem Arbeitsverhältnis steht. Im übrigen wird durch das KSchG allein das zwischen Arbeitgeber und Arbeitnehmer bestehende Arbeitsverhältnis vor einer Beendigung oder inhaltlichen Veränderung (§ 2) geschützt. Dagegen ist es nicht Ziel des KSchG, Rechtsbeziehungen anderer Art zwischen Arbeitgeber und Arbeitnehmer zu schützen. Demzufolge muß der Arbeitgeber dem Arbeitnehmer vor Ausspruch einer Kündigung nicht die Weiterbeschäftigung im Rahmen eines freien Mitarbeiterverhältnisses oder eines anderen Dienst- oder Geschäftsbesorgungsverhältnisses anbieten.

143 a

Bei längerer Arbeitsunfähigkeit des Arbeitnehmers ist der Arbeitgeber nicht verpflichtet, eine Beschäftigung im Rahmen eines **Wiedereingliederungsverhältnisses nach § 74 SGB V**[403] anzubieten. Hierbei handelt es sich um ein Rechtsverhältnis eigener Art, bei dem nicht die Arbeitsleistung, sondern Gesichtspunkte der Rehabilitation im Vordergrund stehen.[404] Das Wiedereingliederungsverhältnis ist gegenüber dem Arbeitsverhältnis ein aliud. Wegen des besonderen Rehabilitationszwecks scheidet eine Pflicht zur Beschäftigung des Arbeitnehmers in einem Wiedereingliederungsverhältnis zur Vermeidung einer Kündigung des Arbeitsverhältnisses aus.

143 b

b) Unternehmensbezogene Weiterbeschäftigungsmöglichkeit

Entsprechend der Regelung des Abs. 2 Satz 2 Nr. 1 b ist die Weiterbeschäftigungsmöglichkeit **unternehmensbezogen** zu prüfen.[405] Die Kündigung ist also nicht sozial gerechtfertigt, wenn in einem anderen Betrieb des

144

---

[402] Vgl. BAG 10. 3. 1977, AP Nr. 4 zu § 1 KSchG 1969 Krankheit = EzA § 1 KSchG Krankheit Nr. 4 mit Anm. *Falkenberg* = AR-Blattei Kündigungsschutz Entsch. 176 mit Anm. *Herschel;* BAG 22. 7. 1982, AP Nr. 5 zu § 1 KSchG 1969 Verhaltensbedingte Kündigung mit Anm. *Otto* = SAE 1983, 313 mit Anm. *Ottow* = AR-Blattei Kündigungsschutz Entsch. 227 mit Anm. *Herschel;* BAG 10. 11. 1988, AP Nr. 3 zu § 1 KSchG 1969 Abmahnung; BAG 29. 3. 1990, AP Nr. 50 zu § 1 KSchG 1969 Betriebsbedingte Kündigung; KR-*Etzel* § 1 KSchG Rn. 241; *Hönn* SAE 1986, 221; *Plander* NZA 1993, 1057; *Stahlhacke* DB 1994, 1361; *Stahlhacke/Preis/Vossen* Rn. 616; *Wagner* NZA 1986, 632 f.
[403] Dazu *v. Hoyningen-Huene* NZA 1992, 49.
[404] BAG 29. 1. 1992, AP Nr. 1 zu § 74 SGB V = SAE 1992, 353 mit Anm. *Misera* = AR-Blattei ES 1000 Nr. 186 mit Anm. *Boemke;* BAG 19. 4. 1994, AP Nr. 2 zu § 74 SGB V mit Anm. *Gitter/Boerner*.
[405] Vgl. BAG 17. 5. 1984, AP Nr. 21 zu § 1 KSchG 1969 Betriebsbedingte Kündigung mit Anm. *v. Hoyningen-Huene* = SAE 1986, 273 mit Anm. *Schulin;* BAG 22. 5. 1986, AP Nr. 4 zu § 1 KSchG 1969 Konzern = SAE 1987, 129 mit Anm. *Windbichler;* BAG 5. 10. 1995, EzA § 1 KSchG Betriebsbedingte Kündigung Nr. 82; KR-*Etzel* § 1 KSchG Rn. 242; *Joost* Betrieb und Unternehmen S. 354 ff.; *Löwisch* § 1 Rn. 275; *Wank* RdA 1987, 129, 138; *Weller* AuR 1986, 225, 228 f.; HK-KSchG/*Weller/Dorndorf* § 1 Rn. 889; – abweichend *Erdmann* Unternehmensbezogener Kündigungsschutz, Diss. Köln 1990, S. 157 ff.; – zum Begriff des Unternehmens siehe oben Rn. 71, zum Konzernbezug siehe unten Rn. 151.

§ 1   144a–144c   1. Abschnitt. Allgemeiner Kündigungsschutz

Unternehmens freie Arbeitsplätze vorhanden sind, und zwar unabhängig davon, ob der Betriebsrat aus diesem Grund widersprochen hat oder der Arbeitnehmer für das gesamte Unternehmen eingestellt worden ist.[406] Zu den sich aus § 323 Abs. 1 UmwG ergebenden Folgen einer Spaltung nach §§ 123 ff. UmwG vgl. § 23 Rn. 9 b ff.

144a   Entsprechendes gilt nach Abs. 2 Satz 2 Nr. 2b in der **öffentlichen Verwaltung**, wenn der Arbeitnehmer zwar nicht an einem anderen Arbeitsplatz in derselben Dienststelle, jedoch in einer anderen Dienststelle desselben Verwaltungszweiges an demselben Dienstort einschließlich seines Einzugsbereichs weiterbeschäftigt werden kann. Hier ist die Gesamtheit der Dienststellen in dem umschriebenen Bereich dem Unternehmen im Bereich der Privatwirtschaft gleichgestellt.[407]

144b   Eine Weiterbeschäftigungsmöglichkeit besteht allerdings nicht, wenn der **Betriebsrat des aufnehmenden Betriebes seine Zustimmung zur vorgesehenen Einstellung verweigert** hat.[408] Für eine Weiterbeschäftigung kommen nur vergleichbare oder ungünstigere Arbeitsplätze im Unternehmen in Betracht. Es gibt keine Verpflichtung, den Arbeitnehmer zur Vermeidung einer Beendigungskündigung auf einer Beförderungsstelle weiterzubeschäftigen.[409] Um eine Beförderungsstelle in diesem Sinne handelt es sich nach Auffassung des BAG jedoch nicht, wenn der andere höher vergütete Arbeitsplatz neu eingerichtet wurde und dort jedenfalls ganz überwiegend die gleiche Arbeit wie zuvor zu verrichten ist.[410] Hat der Arbeitgeber trotz bestehender Weiterbeschäftigungsmöglichkeit auf einem freien Arbeitsplatz[411] eine Beendigungskündigung ausgesprochen, so ist die Kündigung von vornherein nicht sozial gerechtfertigt.

144c   Ist ein **freier Arbeitsplatz nur in einem im Ausland gelegenen Betrieb** des Unternehmens vorhanden, besteht – sofern keine abweichenden vertraglichen Vereinbarungen getroffen sind[412] – keine Weiterbeschäftigungspflicht auf diesem Arbeitsplatz. Denn vorbehaltlich einer abweichenden

---

[406] BAG 22. 11. 1973, AP Nr. 22 zu § 1 KSchG Betriebsbedingte Kündigung unter I 3a mit Anm. *Meisel;* BAG 14. 10. 1982, AP Nr. 1 zu § 1 KSchG 1969 Konzern unter B II 3 mit Anm. *Wiedemann* = SAE 1984, 139 mit Anm. *Windbichler;* BAG 15. 12. 1994, AP Nr. 66 zu § 1 KSchG 1969 Betriebsbedingte Kündigung = EzA § 1 KSchG Betriebsbedingte Kündigung Nr. 76 mit Anm. *v. Hoyningen-Huene.*
[407] BAG 17. 5. 1984, AP Nr. 21 zu § 1 KSchG 1969 Betriebsbedingte Kündigung unter C II mit Anm. *v. Hoyningen-Huene;* BAG 15. 12. 1994, AP Nr. 66 zu § 1 KSchG 1969 Betriebsbedingte Kündigung unter B II 1 = EzA § 1 KSchG Betriebsbedingte Kündigung Nr. 76 mit Anm. *v. Hoyningen-Huene;* siehe dazu auch BAG 6. 2. 1997 – 2 AZR 50/96 n. v.
[408] Dazu BAG 22. 1. 1991, AP Nr. 86 zu § 99 BetrVG 1972.
[409] BAG 29. 3. 1990, AP Nr. 50 zu § 1 KSchG 1969 Betriebsbedingte Kündigung; BAG 10. 11. 1994, AP Nr. 65 zu § 1 KSchG 1969 Betriebsbedingte Kündigung = EzA § 1 KSchG Betriebsbedingte Kündigung Nr. 77 mit insoweit zust. Anm. *v. Hoyningen-Huene.*
[410] BAG 5. 10. 1995, EzA § 1 KSchG Betriebsbedingte Kündigung Nr. 82; – näher dazu unten Rn. 398 a.
[411] Dazu eingehend BAG 29. 3. 1990, AP Nr. 50 zu § 1 KSchG 1969 Betriebsbedingte Kündigung.
[412] Vgl. zur Beschäftigung bei einem ausländischen konzernangehörigen Unternehmen BAG 21. 1. 1999, AP Nr. 9 zu § 1 KSchG 1969 Konzern.

Sozial ungerechtfertigte Kündigungen **145–147 § 1**

Rechtswahl nach Art. 27 ff. EGBGB endet grundsätzlich die Geltung des deutschen Arbeitsrechts an den deutschen Grenzen.[413]

c) Weiterbeschäftigungsangebot

Nach Auffassung des BAG ist eine Beendigungskündigung dann nicht unwirksam, wenn der Arbeitgeber dem Arbeitnehmer **vor Ausspruch der Kündigung ein Weiterbeschäftigungsangebot** unterbreitet und dabei eindeutig und unmißverständlich zum Ausdruck gebracht hat, daß er das Arbeitsverhältnis beenden werde, wenn der Arbeitnehmer das Änderungsangebot ablehne.[414] Der Arbeitnehmer soll dann eine Woche Zeit haben, sich zu überlegen, ob er das Änderungsangebot – ggfs. unter Vorbehalt – annimmt. Lehne er es ab, so könne sich der Arbeitnehmer in einem späteren Prozeß nicht mehr auf die angebotene Beschäftigungsmöglichkeit berufen. Nehme er es innerhalb der Wochenfrist unter Vorbehalt an, so müsse der Arbeitgeber eine Änderungskündigung aussprechen. **145**

Diese Auffassung kann **nicht überzeugen**.[415] Schon im Ergebnis ist nicht einzusehen, weshalb dem Arbeitnehmer bei einem Änderungsangebot ohne gleichzeitige Kündigung eine Überlegungsfrist von einer Woche eingeräumt wird, während ihm bei einer Änderungskündigung die in der Regel deutlich längere Überlegungsfrist des § 2 Satz 2 zur Verfügung steht. Es besteht aber auch kein Bedürfnis zu dieser Rechtsfortbildung.[416] Der Arbeitgeber ist insbesondere nicht aus Gründen der Verhältnismäßigkeit verpflichtet, dem Arbeitnehmer vor Ausspruch einer Kündigung ein Änderungsangebot zu unterbreiten.[417] **146**

Die **Interessen des Arbeitnehmers** sind im Ergebnis vielmehr gewahrt, wenn der Arbeitgeber – gesetzeskonform – gleich eine Änderungskündigung ausspricht, die nach Maßgabe des § 2 zu behandeln ist. Der Arbeitnehmer muß dann nicht fürchten, daß ihm das Änderungsangebot mit Kündigungsandrohung nur zum Schein gemacht wird; ihm steht auch die volle Überlegungsfrist des § 2 Satz 2 zu. Schließlich ist so gewährleistet, daß der Betriebsrat gemäß § 102 Abs. 1 BetrVG bereits vor der Einleitung kündigungsrechtlich erheblicher Schritte – nämlich Änderungsangebot mit verbindlicher Kündigungsandrohung – beteiligt wird.[418] **147**

---

[413] Vgl. *Loritz* RdA 1987, 65, 84; *Löwisch* § 1 Rn. 276; – siehe dazu auch *Junker* Internationales Arbeitsrecht im Konzern 1992, S. 236 ff. zu der ähnlichen Problematik beim grenzüberschreitenden Übergang von Arbeitsverhältnissen nach § 613 a BGB und zur Weiterbeschäftigung in ausländischen Unternehmen eines Konzerns; – zum internationalen Kündigungsrecht vgl. *Krebber* Internationales Privatrecht des Kündigungsschutzes bei Arbeitsverhältnissen, 1997.
[414] Vgl. BAG 27. 9. 1984, AP Nr. 8 zu § 2 KSchG 1969; BAG 30. 11. 1989, AP Nr. 53 zu § 102 BetrVG 1972 unter II 1 c) aus BAG 29. 11. 1990, AP Nr. 4; – wie das BAG *Hönn* SAE 1986, 221 ff.; *Preis* S. 300 f.; RGRK-*Weller* vor § 620 Rn. 216.
[415] Eingehend dazu *v. Hoyningen-Huene* Anm. zu BAG AP Nr. 8 zu § 2 KSchG 1969; *v. Hoyningen-Huene/Linck* DB 1993, 1185, 1188 f.; – ablehnend auch ErfK/*Ascheid* § 1 KSchG Rn. 553; APS/*Dörner* § 1 KSchG Rn. 91; KR-*Etzel* § 1 KSchG Rn. 252; *Kraft* ZfA 1994, 463, 474; *Linck* AR-Blattei SD 1020.1.1 Rn. 49; KR-*Rost* § 2 KSchG Rn. 18 d ff.; MünchKomm-BGB/*Schwerdtner* § 622 Anh. Rn. 106 f.; – differenzierend *Kittner/Däubler/Zwanziger* § 2 KSchG Rn. 5.
[416] Dazu im einzelnen *v. Hoyningen-Huene* Anm. zu BAG AP Nr. 8 zu § 2 KSchG 1969.
[417] Ebenso KR-*Rost* § 2 KSchG Rn. 18 g.
[418] Vgl. zu den sich aus der Auffassung des BAG ergebenden Folgen für die Betriebsratsanhörung BAG 30. 11. 1989, AP Nr. 53 zu § 102 BetrVG 1972.

148 Im Ergebnis hat der Arbeitgeber daher **bei bestehender Weiterbeschäftigungsmöglichkeit grundsätzlich eine Änderungskündigung** auszusprechen bzw. im Wege des Direktionsrechts einen anderen Arbeitsplatz zuzuweisen, wenn zuvor keine einvernehmliche Vertragsänderung[419] zustande kommt. Der Arbeitnehmer kann dann innerhalb der Frist des § 2 Satz 2 das Angebot mit oder ohne Vorbehalt annehmen oder ablehnen (zu den Folgen vgl. § 2 Rn. 52 und 91 ff.).

149 Ist die Kündigung wegen einer geeigneten Weiterbeschäftigungsmöglichkeit unwirksam, kann dieser Mangel **nicht** dadurch **geheilt werden**, daß der Arbeitgeber dem Arbeitnehmer nach Ausspruch der Kündigung ein Weiterbeschäftigungsangebot mit geänderten Arbeitsbedingungen macht; denn für die Beurteilung der Wirksamkeit einer Kündigung kommt es stets auf den Zeitpunkt der Kündigung an (dazu unten Rn. 156). Bestand zum Zeitpunkt der Kündigung eine zumutbare Weiterbeschäftigungsmöglichkeit auf einem anderen freien Arbeitsplatz, so ist dem Arbeitnehmer dieser Arbeitsplatz vor Ausspruch der Kündigung gemäß § 1 Abs. 2 Satz 1 und 2 Nr. 1 b anzubieten und dementsprechend eine Änderungskündigung auszusprechen.[420]

150 Besteht eine für den Arbeitnehmer geeignete Weiterbeschäftigungsmöglichkeit im Unternehmen und beruft er sich hierauf im Prozeß, so ist entgegen der Ansicht des BAG[421] nicht weiter zu prüfen, ob der Arbeitnehmer **hypothetisch** ein entsprechendes Weiterbeschäftigungsangebot vor Ausspruch der Kündigung jedenfalls unter Vorbehalt angenommen hätte.[422] Ein solches Änderungsangebot ist – wie oben dargelegt (Rn. 146 f.) – vor Ausspruch der Kündigung überhaupt nicht erforderlich; im übrigen ist die geforderte hypothetische Prüfung auch gar nicht justitiabel.[423] Eine objektiv vorhandene geeignete Weiterbeschäftigungsmöglichkeit führt vielmehr bereits dann zur Sozialwidrigkeit der ausgesprochenen Beendigungskündigung, wenn sich der Arbeitnehmer hierauf schlüssig beruft.[424]

d) Kein Konzernbezug

151 Der Vorrang der Änderungskündigung vor der Beendigungskündigung gilt grundsätzlich nur, wenn innerhalb des Unternehmens ein geeigneter freier Arbeitsplatz vorhanden ist; die Berücksichtigung von Beschäftigungsmöglichkeiten im **Konzern** ist nicht erforderlich.[425] Lediglich wenn arbeits-

---

[419] Hierzu eingehend *Wank* in: *Hromadka* Änderung von Arbeitsbedingungen 1990, S. 35 ff.; *v. Hoyningen-Huene/Linck* DB 1993, 1185 ff.; *v. Hoyningen-Huene/Boemke* S. 73 ff.
[420] Vgl. ausführlich hierzu *v. Hoyningen-Huene* Anm. zu BAG AP Nr. 8 zu § 2 KSchG 1969.
[421] BAG 27. 9. 1984, AP Nr. 8 zu § 2 KSchG 1969 unter B II 3 d aa.
[422] Ebenso *Hillebrecht* ZfA 1991, 87, 114; *Hönn* SAE 1986, 221 f.; *Kraft* Anm. zu BAG EzA § 2 KSchG Nr. 5; *Preis* S. 303; KR-*Rost* § 2 KSchG Rn. 18 h.
[423] Zutr. *Preis* S. 303.
[424] Vgl. APS/*Dörner* § 1 KSchG Rn. 91; HK-KSchG/*Dorndorf* § 1 Rn. 919; KR-*Etzel* § 1 KSchG Rn. 252; *Hillebrecht* ZfA 1991, 87, 114; *v. Hoyningen-Huene* Anm. zu BAG Nr. 8 zu § 2 KSchG 1969; *Kiel* S. 114 f.; KR-*Rost* § 2 KSchG Rn. 18 h; *Preis* S. 303; *Stahlhacke/Preis/Vossen* Rn. 639 a.
[425] BAG 14. 10. 1982, AP Nr. 1 zu § 1 KSchG 1969 Konzern mit Anm. *Wiedemann* = AR-Blattei Kündigungsschutz Entsch. 233 mit Anm. *Herschel* = SAE 1984, 139 mit Anm. *Windbichler*; BAG 22. 5. 1986, AP Nr. 4 zu § 1 KSchG 1969 Konzern = SAE 1987, 129 mit Anm. *Windbichler*; BAG 27. 11. 1991, AP Nr. 6 zu § 1 KSchG 1969 Konzern mit

vertraglich eine konzernweite Beschäftigungsmöglichkeit vereinbart wurde, kann auch ein „konzerndimensionaler" Kündigungsschutz in Betracht kommen.[426]
Der fehlende Konzernbezug ergibt sich letztlich daraus, daß der gesetzliche **Kündigungsschutz arbeitgeberbezogen** ist.[427] Arbeitgeber ist der Unternehmer, der im Einzelfall mehrere Betriebe haben kann. Konzernangehörige Drittunternehmen sind dagegen in der Regel nicht Arbeitgeber; auf sie hat der Arbeitgeber regelmäßig auch keine unmittelbare rechtliche Einflußmöglichkeit, um die Einstellung eines gekündigten Arbeitnehmers herbeizuführen.

V. Gleichbehandlungsgrundsatz

Der Gleichbehandlungsgrundsatz ist im Kündigungsrecht **grundsätzlich nicht anwendbar**.[428] Es steht dem Arbeitgeber vielmehr grundsätzlich frei, einzelnen Arbeitnehmern zu kündigen und anderen nicht. Ob ein Grund zur Kündigung eines Arbeitsverhältnisses vorliegt, beurteilt sich allein nach den jeweiligen Rechtsbeziehungen zwischen dem Arbeitgeber und dem gekündigten Arbeitnehmer.[429]
Bei den im Zusammenhang mit dem Gleichbehandlungsgrundsatz erörterten Fallgestaltungen geht es letztlich nicht um die Anwendung des Gleichbehandlungsgrundsatzes, sondern um die **Feststellung der Unzumutbarkeit** der Fortsetzung des Arbeitsverhältnisses unter Berücksichtigung der

---

Anm. *Windbichler* = EzA § 1 KSchG Betriebsbedingte Kündigung Nr. 72 mit Anm. *Rüthers/Franke*; BAG 20. 1. 1994, AP Nr. 8 zu § 1 KSchG 1969 Konzern; – ebenso ErfK/*Ascheid* § 1 KSchG Rn. 548; APS/*Dörner* § 1 KSchG Rn. 102; KR-*Etzel* § 1 KSchG Rn. 556; *Löwisch* § 1 Rn. 279; *Stahlhacke/Preis/Vossen* Rn. 628; HK-KSchG/*Weller/Dorndorf* § 1 Rn. 899; – näher dazu *Erdmann* S. 163 ff.; *Fiebig* DB 1993, 582 ff.; *Helle* S. 49 ff.; *Hensler* S. 129 ff.; *Ingenfeld* S. 350 ff.; *Kiel* S. 138 f.; *Martens* BAG-Festschrift S. 367, 376 ff.; *Konzen* ZfA 1982, 259, 306 f.; *ders.* RdA 1984, 65, 82 ff.; *Silberberger* S. 147 ff. und S. 185 ff.; *Windbichler* S. 156 f. und 259 ff.
[426] Vgl. BAG 27. 11. 1991, 21. 1. 1999 AP Nr. 6, 9 zu § 1 KSchG 1969 Konzern; *Kiel* S. 139 ff.; *Kittner/Däubler/Zwanziger* § 1 KSchG Rn. 389 ff.; *Kukat* BB 2000, 1242; *Lingemann/v. Steinau-Steinrück* DB 1999, 2161; *Windbichler* S. 155 ff.; – inwieweit im öffentlichen Dienst die kündigungsrechtliche Konzernproblematik entsteht, siehe *v. Hoyningen-Huene* Anm. zu BAG AP Nr. 21 zu § 1 KSchG 1969 Betriebsbedingte Kündigung unter 6 c.
[427] Ähnlich *Rüthers/Franke* Anm. zu BAG EzA § 1 KSchG Betriebsbedingte Kündigung Nr. 72; *Stahlhacke/Preis/Vossen* Rn. 628.
[428] Vgl. BAG 21. 10. 1969, AP Nr. 41 zu Art. 9 GG Arbeitskampf mit Anm. *Rüthers* = AR-Blattei Arbeitskampf II Entsch. 16 mit Anm. *Mayer-Maly* = SAE 1970, 230 mit Anm. *Lieb* = AuR 1971, 65 mit Anm. *Ramm*; BAG 28. 4. 1982, AP Nr. 3 zu § 2 KSchG 1969 mit Anm. *v. Hoyningen-Huene* = SAE 1982, 246 mit Anm. *Beitzke* = AuR 1982, 381 mit Anm. *Kempff*; *Ascheid* Kündigungsschutzrecht Rn. 16; ErfK/*Ascheid* § 1 KSchG Rn. 153; *Backmeister/Trittin* § 1 KSchG Rn. 121; *Buchner* RdA 1970, 225 ff.; APS/*Dörner* § 1 KSchG Rn. 67; KR-*Etzel* § 1 KSchG Rn. 257; *G. Hueck* Der Grundsatz der gleichmäßigen Behandlung im Privatrecht 1958, S. 356 ff.; *Kittner/Däubler/Zwanziger* § 1 KSchG Rn. 55; *Löwisch* Vorbem. zu § 1 Rn. 79; – teilweise abweichend MünchArbR/*Berkowsky* § 1 Rn. 102 ff.; *Marhold/Beckers* AR-Blattei SD 800.1 (1996) Rn. 189; *Maute* S. 164 ff.; *Preis* S. 375 ff., insbes. 387 ff.; *Stahlhacke/Preis/Vossen* Rn. 196 ff.; MünchArbR/*Wank* § 117 Rn. 56.
[429] Vgl. zur Bedeutung des Gleichbehandlungsgrundsatzes für die Auswahlentscheidung bei einer sog. Bedarfskündigung nach den Sonderkündigungsbestimmungen des Einigungsvertrages BAG 29. 8. 1996, AP Nr. 62 zu Einigungsvertrag Anlage I Kap. XIX.

§ 1 154a–156   1. Abschnitt. Allgemeiner Kündigungsschutz

Umstände des Einzelfalls.[430] Kündigt nämlich der Arbeitgeber bei gleichen Pflichtwidrigkeiten mehrerer Arbeitnehmer nicht allen Arbeitnehmern, sondern nur einem (sog. **herausgreifende Kündigung**), so kann hieraus zu schließen sein, daß es dem Arbeitgeber zumutbar ist, auch das Arbeitsverhältnis des gekündigten Arbeitnehmers fortzusetzen.[431]

154a Unter der Voraussetzung, daß mehreren Arbeitnehmern gleiche Pflichtwidrigkeiten vorgeworfen werden, aber nur einem Arbeitnehmer gekündigt wird, hat der Arbeitgeber daher besonders **darzulegen,** weshalb ihm die Fortsetzung des Arbeitsverhältnisses mit dem gekündigten Arbeitnehmer unzumutbar ist, während der andere Arbeitnehmer weiterbeschäftigt wird.[432] Differenzierungsgründe können beispielsweise unterschiedliche Betriebszugehörigkeit und vorausgegangene Abmahnungen sein.

VI. Beurteilungsmaßstab und -zeitpunkt

155 Maßgebliche Beurteilungsgrundlage für die Rechtmäßigkeit einer Kündigung sind die objektiven Verhältnisse im **Zeitpunkt des Zugangs der Kündigungserklärung.** Das subjektive Wissen des Arbeitgebers ist unerheblich.[433] Die Kündigungsgründe müssen ein solches Gewicht haben, daß sie bei verständiger Würdigung in Abwägung der rechtlich geschützten Interessen der Vertragsparteien und des Betriebes die Kündigung als billigenswert und angemessen erscheinen lassen und daher dem Arbeitgeber die Fortsetzung des Arbeitsverhältnisses nicht zuzumuten ist.[434] Sie müssen damit allerdings im Gegensatz zur außerordentlichen Kündigung nach § 626 Abs. 1 BGB nicht so erheblich sein, daß sie dem Arbeitgeber auch die vorübergehende Fortsetzung des Arbeitsverhältnisses bis zum Ablauf der Kündigungsfrist nicht mehr zumutbar erscheinen lassen.[435]

156 Maßgeblicher Zeitpunkt für die Beurteilung der Sozialwidrigkeit ist der **Zugang der Kündigung.**[436] Für die bei der Kündigung anzustellende Prog-

---

[430] Im Ergebnis ebenso KR-*Etzel* § 1 KSchG Rn. 257.
[431] So BAG 22. 2. 1979, DB 1979, 1659, 1660; ähnlich BAG 17. 2. 1994 – 8 AZR 68/93 n. v. unter B III 4 zu einer Kündigung wegen mangelnder persönlicher Eignung nach den Sonderkündigungsvorschriften des Einigungsvertrags – dazu auch Einl. Rn. 75a ff.; ebenso HK-KSchG/*Dorndorf* § 1 Rn. 319; KR-*Fischermeier* § 626 BGB Rn. 308; HaKo-*Pfeiffer* § 1 Rn. 152.
[432] Ebenso ErfK/*Ascheid* § 1 KSchG Rn. 154; APS/*Dörner* § 1 KSchG Rn. 67; KR-*Fischermeier* § 626 BGB Rn. 308; *Staudinger/Preis* § 626 Rn. 96.
[433] Vgl. BAG 15. 8. 1984, AP Nr. 16 zu § 1 KSchG 1969 Krankheit; BAG 18. 9. 1997, AP Nr. 138 zu § 626 BGB; BAG 17. 6. 1999, AP Nr. 37 zu § 1 KSchG 1969 Krankheit; HK-KSchG/*Dorndorf* § 1 Rn. 298; KR-*Etzel* § 1 KSchG Rn. 351; *Kittner/Däubler/Zwanziger* § 1 KSchG Rn. 48; *Löwisch* § 1 Rn. 77.
[434] Vgl. BAG 7. 10. 1954, AP Nr. 5 zu § 1 KSchG; 22. 7. 1982, AP Nr. 5 zu § 1 KSchG 1969 Verhaltensbedingte Kündigung; APS/*Dörner* § 1 KSchG Rn. 69; KR-*Etzel* § 1 KSchG Rn. 232.
[435] Vgl. hierzu näher oben Rn. 120 f.
[436] St. Rspr.; vgl. BAG 15. 7. 1971, AP Nr. 22 zu § 1 KSchG; BAG 9. 4. 1987, AP Nr. 18 zu § 1 KSchG 1969 Krankheit = EzA § 1 KSchG Krankheit Nr. 18 mit Anm. *v. Hoyningen-Huene* m. w. N. unter 3b; BAG 28. 4. 1988, 19. 5. 1988, AP Nr. 74, 75 zu § 613a BGB; BAG 27. 2. 1997, AP Nr. 1 zu § 1 KSchG 1969 Wiedereinstellung; BAG 17. 6. 1999, AP Nr. 37 zu § 1 KSchG 1969 Krankheit; ErfK/*Ascheid* § 1 KSchG Rn. 155; APS/*Dörner* § 1 KSchG Rn. 70; HK-KSchG/*Dorndorf* § 1 Rn. 300; KR-*Etzel* § 1 KSchG Rn. 259; *Kittner/Däubler/Zwanziger* § 1 KSchG Rn. 56; *Löwisch* § 1 Rn. 76; HaKo-*Pfeiffer*

Sozial ungerechtfertigte Kündigungen 156 a, 156 b § 1

nose (dazu Rn. 130 ff.) bedeutet das, daß die tatsächlichen Prognosegrundlagen zum Zeitpunkt des Zugangs der Kündigung vorliegen müssen.[437] Dies folgt aus der Rechtsnatur der Kündigung als einer einseitigen empfangsbedürftigen Willenserklärung mit Gestaltungswirkung. Nach Zugang (§ 130 BGB), d. h. dem Wirksamwerden der Erklärung, eintretende Umstände können denknotwendigerweise keinen Einfluß auf die Wirksamkeit der Kündigung haben. Auf solche nachträglichen Umstände kann allerdings eine weitere – hilfsweise – Kündigung gestützt werden. Umstände aus der Zeit vor Abschluß des Arbeitsvertrages können dagegen zur Begründung einer Kündigung herangezogen werden, wenn dem Arbeitgeber bei Vertragsschluß diese Gründe nicht bekannt waren.[438] Daneben kommt in diesen Fällen auch eine Anfechtung nach §§ 119 und 123 BGB in Betracht (vgl. dazu Rn. 102 ff.).

VII. Wiedereinstellungsanspruch

Erweist sich die vom Arbeitgeber erstellte Prognose auf Grund von Umständen, die erst nach Zugang der Kündigung eingetreten sind, als falsch, kann im Einzelfall ein **Wiedereinstellungsanspruch** des gekündigten Arbeitnehmers in Betracht kommen.[439]   156 a

1. Rechtsgrundlage

Rechtsgrundlage für einen Anspruch auf Wiedereinstellung kann ausnahmsweise der **Grundsatz des Vertrauensschutzes** (§ 242 BGB) oder – wie das BAG[440] meint – eine vertragliche Nebenpflicht aus dem bis zum Kündigungstermin fortbestehenden Arbeitsverhältnis sein. Der Wieder-   156 b

---

§ 1 Rn. 151; KPK-*Schiefer* § 1 Rn. 75; *Stahlhacke/Preis/Vossen* Rn. 617; RGRK-*Weller* vor § 620 Rn. 158 f.; – ausf. hierzu *Hwang* Der maßgebliche Zeitpunkt für die Beurteilung der Wirksamkeit der Kündigung des Arbeitgebers, Diss. Göttingen 1988.
[437] Zutr. HK-KSchG/*Dorndorf* § 1 Rn. 301.
[438] Ebenso KR-*Etzel* § 1 KSchG Rn. 260.
[439] Vgl. dazu BAG 15. 3. 1984, AP Nr. 2 zu § 1 KSchG 1969 mit Anm. *Wank* = SAE 1985, 302 mit Anm. *Mummenhoff;* BAG 29. 1. 1987, AP Nr. 1 zu § 620 BGB Saisonarbeit mit Anm. *Löwisch/Kaiser* = SAE 1988, 75 mit Anm. *Eich;* BAG 27. 2. 1997, AP Nr. 1 zu § 1 KSchG 1969 Wiedereinstellung = EzA § 1 KSchG Wiedereinstellungsanspruch Nr. 1 mit Anm. *Kania* = SAE 1998, 98 mit Anm. *Walker* = WiB 1997, 872 mit Anm. *Boemke;* BAG 6. 8. 1997, AP Nr. 2 zu § 1 KSchG 1969 Wiedereinstellung = SAE 1998, 317 mit Anm. *Bartel;* BAG 4. 12. 1997, AP Nr. 3 zu § 1 KSchG 1969 Wiedereinstellung = EzA § 1 KSchG Wiedereinstellungsanspruch Nr. 3 mit Anm. *Hergenröder;* BAG 17. 6. 1999, AP Nr. 37 zu § 1 KSchG 1969 Krankheit; BAG 28. 6. 2000, AP Nr. 6 zu § 1 KSchG 1969 Wiedereinstellung = BB 2001, 573 mit Anm. *Kukat* = SAE 2001, 125 mit Anm. *Kort* = ZIP 2000, 1781 mit Anm. *Oetker;* LAG Köln LAGE § 611 BGB Einstellungsanspruch Nr. 1 mit Anm. *Preis;* LAG Hamburg LAGE § 611 BGB Einstellungsanspruch Nr. 2; LAG Baden-Württemberg DB 1987, 543; *Beckschulze* DB 1998, 417 ff.; *Boewer* NZA 1999, 1121 und 1177; *Bram/Rühl* NZA 1990, 753 ff.; *Gentges* S. 354 ff.; *Hambitzer* Der Wiedereinstellungsanspruch des Arbeitnehmers nach wirksamer Kündigung, Diss. Bonn 1987; *ders.* NJW 1985, 2239 ff.; *Kaiser* ZfA 2000, 205 ff.; *Langenbucher* ZfA 1999, 299 ff.; *Langer* NZA 1999, Beil. 3 S. 23 ff.; *Linck* FA 2000, 334; *Manske* FA 1999, 143 ff.; *Mathern* NJW 1996, 818 ff.; *Nägele* BB 1998, 1686; *Nicolai/Noack* ZfA 2000, 87 ff.; *Oetker* ZIP 2000, 643 ff.; *Otto* Festschrift für Kraft S. 451 ff.; *Preis* S. 349 ff.; *Raab* RdA 2000, 147 ff.; *Ricken* NZA 1998, 460 ff.; *v. Stein* Fehleinschätzungen bei der Kündigung von Arbeitsverhältnissen, Diss. Köln 1989; *ders.* RdA 1991, 85 ff.; *Zwanziger* BB 1997, 42 ff.
[440] BAG 28. 6. 2000, AP Nr. 6 zu § 1 KSchG 1969 Wiedereinstellung.

einstellungsanspruch ist ein notwendiges Korrektiv dafür, daß aus Gründen der Rechtssicherheit für die Wirksamkeit der Kündigung nur die Umstände maßgeblich sind, die zum Zeitpunkt des Kündigungsausspruchs die Prognose rechtfertigen, mit Ablauf der Kündigungsfrist bestehe keine Weiterbeschäftigungsmöglichkeit mehr.[441] Denn der Arbeitnehmer kann in der Regel darauf vertrauen, daß es nur dann zu einer Beendigung des Arbeitsverhältnisses kommt, wenn die vom Arbeitgeber angegebenen Kündigungsgründe nach Ablauf der Kündigungsfrist auch noch bestehen.[442] Entfallen nachträglich die Umstände, die Grundlage der negativen Prognose und damit der Kündigung waren, und liegen diese Umstände in der Sphäre des Arbeitgebers, kann es gerechtfertigt sein, dem Arbeitnehmer einen Wiedereinstellungsanspruch zu gewähren. Dem entspricht im übrigen auch die Rechtslage im Mietrecht bei einer Eigenbedarfskündigung nach § 564b Abs. 2 Nr. 2 BGB (= § 573 Abs. 2 Nr. 2 BGB in der Fassung des Mietrechtsreformgesetzes), wenn der Kündigungsgrund nachträglich wegfällt.[443]

156 c Dem Vertrauen des Arbeitnehmers darauf, daß die vom Arbeitgeber angegebenen Kündigungsgründe auch noch zum Zeitpunkt des Wirksamwerdens der Kündigung bestehen, steht freilich das **Vertrauen des Arbeitgebers in die bestehende Rechtslage** entgegen. D. h. der Arbeitgeber kann seinerseits darauf vertrauen, daß die Kündigung wirksam ist, wenn zum Zeitpunkt des Zugangs der Kündigung Gründe für die soziale Rechtfertigung der Kündigung vorlagen.[444] Dieses Vertrauen des Arbeitgebers auf die Wirksamkeit der Kündigung ist allerdings nur dann gegenüber dem Vertrauen des Arbeitnehmers auf Fortbestehen der Kündigungsgründe schutzwürdig, wenn der Arbeitgeber im Hinblick auf die zunächst gegebene Wirksamkeit der Kündigung Dispositionen getroffen hat.[445]

156 d Zu Recht hat das BAG ein **überwiegendes schutzwürdiges Interesse des Arbeitgebers an der Beendigung des Arbeitsverhältnisses bejaht,** wenn der Arbeitgeber im Hinblick auf die Beendigung des Arbeitsverhältnisses beispielsweise bei einer krankheitsbedingten Kündigung in gutem Glauben an die Wirksamkeit der Kündigung den Arbeitsplatz neu besetzt hat.[446] Ebensowenig ist es dem Arbeitgeber grundsätzlich zumutbar, wirksam ge-

---

[441] Ebenso BAG 27. 2. 1997, 6. 8. 1997, AP Nr. 1, 2 zu § 1 KSchG 1969 Wiedereinstellung; BAG 28. 6. 2000, AP Nr. 6 zu § 1 KSchG 1969 Wiedereinstellung.
[442] Ebenso *Boewer* NZA 1999, 1121, 1128; *Hergenröder* Anm. zu BAG EzA § 1 KSchG Wiedereinstellungsanspruch Nr. 3.
[443] Vgl. OLG Karlsruhe 7. 10. 1981, NJW 1982, 54, 55.
[444] Zutr. *Raab* RdA 2000, 147, 152.
[445] Ebenso im Ergebnis BAG 27. 2. 1997, 4. 12. 1997, AP Nr. 1, 3 zu § 1 KSchG 1969 Wiedereinstellung; – einschränkend BAG 28. 6. 2000, AP Nr. 6 zu § 1 KSchG 1969 Wiedereinstellung; zust. ErfK/*Ascheid* § 1 KSchG Rn. 159; *Boewer* NZA 1999, 1121, 1131 f.; KR-*Etzel* § 1 KSchG Rn. 569; *Löwisch* § 1 Rn. 80 ff.; *Raab* RdA 2000, 147, 155; *Stahlhacke/Preis/Vossen* Rn. 645; HK-KSchG/*Weller/Dorndorf* § 1 Rn. 946 ff.; im Ergebnis auch *Oetker* ZIP 2000, 643, 647, der ausgehend von einer Interessenwahrungspflicht des Arbeitgebers eine Interessenabwägung vornimmt; zust. für betriebsbedingte Kündigungen *Nicolai/Noack* ZfA 2000, 87, 96 ff.; – abweichend *Adam* ZTR 1999, 113 ff.; *Boemke* AR-Blattei SD 220.10 Rn. 165 ff.; APS/*Dörner* § 1 KSchG Rn. 77 f.; *Kaiser* ZfA 2000, 205, 216 ff.; *Otto* Festschrift für Kraft S. 451, 463 f.; *Ricken* NZA 1998, 460 ff.
[446] Zur Frage, wer „Arbeitgeber" bei dezentraler Unternehmensorganisation ist vgl. *Oetker* ZIP 2001, 1787, 1788 f.

kündigten Arbeitnehmern die Fortsetzung des bisherigen Arbeitsverhältnisses zu den bisherigen Arbeitsbedingungen anzubieten, wenn eine sich nach dem Kündigungszeitpunkt unerwartet ergebende Möglichkeit, den Betrieb zu veräußern, vom Erwerber davon abhängig gemacht wird, daß die vorherigen Rationalisierungsmaßnahmen durchgeführt werden. Denn ohne die Rationalisierung würde der Verkauf scheitern und es müßte deshalb zu der von Anfang an geplanten Betriebsstillegung kommen.[447]

2. Befristung des Anspruchs

Ein Wiedereinstellungsanspruch kommt grundsätzlich nur im bestehenden Arbeitsverhältnis bis zum **Ablauf der Kündigungsfrist** in Betracht.[448] Da der Rechtsgrund des Wiedereinstellungsanspruchs in dem Vertrauen des Arbeitnehmers darauf zu sehen ist, daß der Kündigungsgrund auch noch zum Zeitpunkt des Ablaufs der Kündigungsfrist besteht, begründen danach eintretende Umstände kein schutzwürdiges Vertrauen des Arbeitnehmers. Nach Ablauf der Kündigungsfrist darf vielmehr der Arbeitgeber grundsätzlich darauf vertrauen, daß dann eintretende Umstände die Wirksamkeit der Kündigung nicht mehr beeinflussen.[449] Gleiches gilt, wenn man – wie das BAG – den Rechtsgrund des Weiterbeschäftigungsanspruchs in einer vertraglichen Nebenpflicht des Arbeitgebers sieht, weil nach der Beendigung des Arbeitsverhältnisses keine vertragliche Beziehung mehr als Grundlage des Wiedereinstellungsanspruchs besteht.[450]

Dem steht nicht entgegen, daß es auch nach Beendigung des Arbeitsverhältnisses **nachwirkende Nebenpflichten des Arbeitgebers** gibt.[451] Diese beziehen sich nur auf die Abwicklung des beendeten Arbeitsverhältnisses und betreffen im wesentlichen Bescheinigungen, Auskünfte und Herausgabeansprüche.[452] Ein Anspruch auf Wiedereinstellung kann hierauf grundsätzlich nicht gestützt werden. Schließlich ist es auch aus Gründen der Rechtssicherheit geboten, den Wiedereinstellungsanspruch zeitlich zu begren-

---

[447] Vgl. BAG 27. 2. 1997, AP Nr. 1 zu § 1 KSchG 1969 Wiedereinstellung.
[448] Ebenso BAG 6. 8. 1997, AP Nr. 2 zu § 1 KSchG 1969 Wiedereinstellung (7. Senat); BAG 28. 6. 2000, AP Nr. 6 zu § 1 KSchG 1969 Wiedereinstellung (7. Senat); – offengelassen von BAG 4. 12. 1997, AP Nr. 3 zu § 1 KSchG 1969 Wiedereinstellung (2. Senat); wie hier ErfK/*Ascheid* § 1 KSchG Rn. 158; *Boewer* NZA 1999, 1177, 1178; *Kania* Anm. zu BAG EzA § 1 KSchG Wiedereinstellung Nr. 1; *Linck* FA 2000, 334, 336; *Löwisch* § 1 Rn. 80; *Meinel/Bauer* NZA 1999, 575, 579 f.; KPK-*Meisel* § 1 Rn. 471; *Oetker* ZIP 2000, 643, 646; *Stahlhacke/Preis/Vossen* Rn. 645; HK-KSchG/*Weller/Dorndorf* § 1 Rn. 946 a; – abweichend wegen der Besonderheiten des Betriebsübergangs bei Übernahme der Hauptbelegschaft BAG 13. 11. 1997, AP Nr. 169 zu § 613a BGB (8. Senat) = EzA § 613a BGB Nr. 154 mit krit. Anm. *Peters/Thüsing* = SAE 1998, 143 mit Anm. *Langenbucher*; BAG 12. 11. 1998, AP Nr. 5 zu § 1 KSchG 1969 Wiedereinstellung mit zust. Anm. *Gussen* = AR-Blattei ES 500 mit Anm. *Hergenröder*; – grundsätzlich abweichend *Bram/Rühl* NZA 1990, 753, 757; KR-*Etzel* § 1 KSchG Rn. 569; *Kittner/Däubler/Zwanziger* § 1 KSchG Rn. 56 b; *Nicolai/Noack* ZfA 2000, 87, 105; *Walker* SAE 1998, 103, 106; *Zwanziger* BB 1997, 42, 45; – zu den Besonderheiten der Verdachtskündigung vgl. Rn. 156 k.
[449] Vgl. *Raab* RdA 2000, 147, 155; *Preis* Anm. zu LAG Köln LAGE § 611 BGB Einstellungsanspruch Nr. 1, die insoweit den Zweck der Kündigung als erfüllt ansehen.
[450] Vgl. BAG 28. 6. 2000, AP Nr. 6 zu § 1 KSchG 1969 Wiedereinstellung.
[451] So aber *Walker* SAE 1998, 103, 106.
[452] Vgl. hierzu näher *Boemke* AR-Blattei SD 220.10 Rn. 62 ff.

zen.[453] Für einen Wiedereinstellungsanspruch kommt daher grundsätzlich nur eine Veränderung der tatsächlichen Umstände in Betracht, die noch während der laufenden Kündigungsfrist eintritt.

156 g Soweit schließlich eingewandt wird, die zeitliche Begrenzung des Wiedereinstellungsanspruchs auf die Dauer der Kündigungsfrist führe bei einer **Massenentlassung** dazu, daß der Arbeitgeber nur die Arbeitnehmer wieder einstellen müßte, deren Kündigungsfrist im Zeitpunkt der Änderung der Beschäftigungsmöglichkeiten noch nicht abgelaufen sei,[454] kann auch dies kein anderes Ergebnis begründen.[455] Denn mit zunehmender Dauer der Betriebszugehörigkeit verfestigen sich die Bindungen der Arbeitsvertragsparteien, was im Kündigungsrecht und auch im Arbeitsförderungsrecht zu zahlreichen Differenzierungen je nach Dauer des Arbeitsverhältnisses führt. Auf die verlängerten Kündigungsfristen (§ 622 Abs. 2 BGB), die Abfindungsfestsetzung nach § 10 KSchG sowie die verringerte Anrechnung von Abfindungen auf das Arbeitslosengeld bei längerer Betriebszugehörigkeit nach § 143 a Abs. 2 Satz 3 SGB III sei beispielhaft hingewiesen. Mit dieser Verfestigung der Vertragsbindung erhöht sich das schutzwürdige Vertrauen des Arbeitnehmers. Dies rechtfertigt auch unterschiedliche zeitliche Grenzen für den Weiterbeschäftigungsanspruch.

156 h Kommt es nach Ausspruch einer betriebsbedingten Kündigung zu einem **Betriebsübergang,** kann der Arbeitnehmer nach der Rechtsprechung des BAG auch noch nach Ablauf der Kündigungsfrist die Fortsetzung des Arbeitsverhältnisses beim Erwerber verlangen.[456] Im Hinblick darauf, daß die Voraussetzungen eines Betriebsübergangs nicht nur durch die Übernahme materieller und/oder immaterieller Betriebsmittel, sondern auch durch die willentliche Übernahme der Hauptbelegschaft erfüllt werden können, kann der Arbeitnehmer den Wiedereinstellungsanspruch auch noch nach Beendigung des Arbeitsverhältnisses geltend machen. Nur so wird ein den europarechtlichen Vorgaben genügendes Mittel des Bestandsschutzes bei Betriebsübergängen gewährleistet.[457]

156 i Da der Zweck dieses Bestandsschutzes jedoch keine Phasen vermeidbarer Ungewißheit über das Zustandekommen eines Arbeitsverhältnisses zwischen Arbeitnehmer und Betriebserwerber rechtfertigt, hat der **Arbeitnehmer unverzüglich nach Kenntniserlangung** von den den Betriebsübergang ausmachenden tatsächlichen Umständen sein Fortsetzungsverlangen gegenüber dem Betriebserwerber **geltend zu machen.** Erfährt der Arbeitnehmer von der willentlichen Übernahme der Hauptbelegschaft, ist es ihm zumutbar, ohne schuldhaftes Zögern (§ 121 BGB) seinen Antrag auf Abschluß eines Fortsetzungsarbeitsvertrages zu unveränderten Arbeitsbedingungen unter Anrech-

---
[453] Zutr. *Bartel* SAE 1998, 318.
[454] So *Bader/Bram/Dörner/Wenzel* § 1 KSchG Rn. 259 a sowie *Kiel/Koch,* Die betriebsbedingte Kündigung, 2000, Rn. 860.
[455] Vgl. *Linck* FA 2000, 334, 336.
[456] Vgl. BAG 13. 11. 1997, AP Nr. 169 zu § 613 a BGB (8. Senat) = EzA § 613 a BGB Nr. 154 mit krit. Anm. *Peters/Thüsing* = SAE 1998, 143 mit Anm. *Langenbucher;* BAG 12. 11. 1998, AP Nr. 5 zu § 1 KSchG 1969 Wiedereinstellung mit zust. Anm. *Gussen* = AR-Blattei ES 500 Nr. 149 mit Anm. *Hergenröder.*
[457] Im Ergebnis ebenso *Nicolai/Noack* ZfA 2000, 87, 97 f.; *Langenbucher* ZfA 1999, 299, 306 ff.

nung der früheren Beschäftigungsdauer an den Betriebserwerber zu richten.[458]

3. Auswahlentscheidung

Kommt es bei einer Kündigung wegen beabsichtigter Betriebsteilstillegung **156j** während der Kündigungsfrist zu einer eingeschränkten Fortführung des von der Stillegung bedrohten Betriebsteils und kann der Arbeitgeber deshalb einzelne der gekündigten Arbeitnehmer wieder einstellen, hat er **eine Auswahl unter den Gekündigten vorzunehmen**.[459] Hierbei sind nicht nach § 1 Abs. 3, sondern nach § 315 BGB soziale Gesichtspunkte wie Alter, Betriebszugehörigkeit, Unterhaltspflichten zu berücksichtigen. Die Auswahl hat freilich nur unter den gekündigten Arbeitnehmern zu erfolgen und nicht zusätzlich unter Einbeziehung der ungekündigt Weiterbeschäftigten.[460]

4. Einzelfälle

Bei einer **Kündigung wegen des Verdachts einer strafbaren Handlung** **156k** kommt ein Wiedereinstellungsanspruch in Betracht, wenn sich später die Unschuld des Arbeitnehmers herausstellt oder nachträglich Umstände bekannt werden, die den bestehenden Verdacht beseitigen.[461] Die bloße Einstellung des staatsanwaltschaftlichen Ermittlungsverfahrens nach § 170 Abs. 2 Satz 1 StPO begründet jedoch noch keinen Wiedereinstellungsanspruch. Denn die Einstellungsverfügung stellt lediglich eine vorläufige Beurteilung durch die staatlichen Ermittlungsbehörden dar, der keinerlei Bindungswirkung für ein Arbeitsgerichtsverfahren zukommt.[462] Gelingt dem Arbeitgeber in dem bei Einstellung des Ermittlungsverfahrens noch nicht abgeschlossenen arbeitsgerichtlichen Verfahren der Nachweis, daß alle Voraussetzungen einer wirksamen Verdachtskündigung vorliegen, so ist kein schutzwürdiges Interesse des Arbeitnehmers verletzt, wenn der Arbeitgeber trotz der formellen Einstellung des Ermittlungsverfahrens auf dem Ergebnis der wirksam ausgesprochenen Verdachtskündigung beharrt und der Arbeitnehmer nicht wieder eingestellt wird.

Als **zeitliche Grenze** kann hier nicht auf die Dauer der Kündigungsfrist **156l** abgestellt werden. Der Arbeitnehmer kann im Falle einer Verdachtskündigung auch noch nach Ablauf der Kündigungsfrist einen Wiedereinstellungsantrag stellen. Diese Ausnahme ist gerechtfertigt, weil eine Kündigung, die mit einem letztlich ungerechtfertigten Verdacht einer Straftat begründet

---

[458] BAG 12. 11. 1998, AP Nr. 5 zu § 1 KSchG 1969 Wiedereinstellung.
[459] BAG 4. 12. 1997, AP Nr. 4 zu § 1 KSchG 1969 Wiedereinstellung; BAG 2. 12. 1999, AP Nr. 45 zu § 1 KSchG 1969 Soziale Auswahl; BAG 28. 6. 2000, AP Nr. 6 zu § 1 KSchG 1969 Wiedereinstellung; ebenso *Beckschulze* DB 1998, 417, 420; *Boewer* NZA 1999, 1177, 1179; *Linck* FA 2000, 334, 337; *Oetker* ZIP 2000, 643, 651; – abweichend *Raab* RdA 2000, 147, 157, der dem Arbeitgeber freies Ermessen zubilligt.
[460] BAG 4. 12. 1997, AP Nr. 4 zu § 1 KSchG 1969 Wiedereinstellung.
[461] Vgl. BAG 14. 12. 1956, AP Nr. 3 zu § 611 BGB Fürsorgepflicht; BAG 20. 8. 1997, AP Nr. 27 zu § 626 BGB Verdacht strafbarer Handlungen; *Belling* RdA 1996, 223, 238.
[462] BAG 20. 8. 1997, AP Nr. 27 zu § 626 BGB Verdacht strafbarer Handlungen.

worden ist, zu einer erheblichen Verletzung des allgemeinen Persönlichkeitsrechts des Arbeitnehmers führt. Im Hinblick darauf muß der Arbeitnehmer die Möglichkeit haben, bei erwiesener Unrichtigkeit der erhobenen Vorwürfe voll rehabilitiert zu werden und an seinen Arbeitsplatz zurückkehren zu können.[463]

156 m Maßgebliche zeitliche Grenze ist die **Dauer des Kündigungsschutzprozesses**, weil der Arbeitgeber in dieser Zeit nicht darauf vertrauen kann, der Arbeitnehmer werde die Kündigung hinnehmen. Für die Prozeßdauer als zeitliche Grenze spricht auch, daß das Kündigungsschutzverfahren Gelegenheit gibt, die Verdachtsmomente im einzelnen zu überprüfen. Ferner wird in dieser Zeit auch in den meisten Fällen ein staatsanwaltschaftliches Ermittlungsverfahren abgeschlossen sein, wobei insoweit zusätzlich eine Aussetzung des Verfahrens nach § 149 ZPO zu erwägen ist.

156 n Bei einer **krankheitsbedingten Kündigung** kommt ein Wiedereinstellungsanspruch in Betracht, wenn sich innerhalb der Kündigungsfrist herausstellt, daß eine positive Gesundheitsprognose besteht.[464] Für die Begründung des Wiedereinstellungsanspruchs genügt dabei nicht, daß der darlegungs- und beweispflichtige Arbeitnehmer Tatsachen vorträgt, welche die negative Gesundheitsprognose lediglich erschüttern. Erforderlich ist vielmehr, daß nach dem Vorbringen des Arbeitnehmers von einer positiven Gesundheitsprognose auszugehen ist.[465]

156 o Schließen Arbeitgeber und Arbeitnehmer nach Ausspruch der Kündigung innerhalb der Kündigungsfrist einen **Vergleich** oder beenden sie das Arbeitsverhältnis einvernehmlich durch **Aufhebungsvertrag,** ist hierdurch nach der Rechtsprechung des BAG ein Wiedereinstellungsanspruch nicht ausgeschlossen. Diese Vereinbarungen seien vielmehr grundsätzlich nach den Regeln über den Wegfall der Geschäftsgrundlage der geänderten Lage anzupassen.[466] Dies überzeugt nicht. Denn mit dem Vergleich bzw. dem Aufhebungsvertrag beseitigen Arbeitgeber und Arbeitnehmer die bestehenden Unsicherheiten über den Bestand des Arbeitsverhältnisses. Zu diesen Unsicherheiten gehören aber typischerweise auch die Gesichtspunkte, die später einen Wiedereinstellungsanspruch begründen können. Der Arbeitgeber zahlt dem Arbeitnehmer eine Abfindung dafür, daß der Arbeitnehmer mit der Beendigung einverstanden ist und somit ein „Schlußstrich" unter das Arbeitsverhältnis gezogen werden kann.[467]

5. Prozessuale Fragen

156 p **Prozessual** ist der Wiedereinstellungsantrag auf die **Abgabe einer Willenserklärung,** nämlich auf die Annahme des Angebots des Arbeitnehmers

---

[463] Ähnlich *Nicolai/Noack* ZfA 2000, 87, 101 f.; *Oetker* ZIP 2000, 643, 649; *Otto* Festschrift für Kraft S. 451, 461; *Ricken* NZA 1998, 460, 464.
[464] Vgl. BAG 27. 6. 2001 – 7 AZR 662/99.
[465] BAG 17. 6. 1999, AP Nr. 37 zu § 1 KSchG 1969 Krankheit.
[466] BAG 27. 2. 1997, 4. 12. 1997, AP Nr. 1, 4 zu § 1 KSchG 1969 Wiedereinstellung sowie einschränkend auch BAG 28. 6. 2000, AP Nr. 6 zu § 1 KSchG 1969 Wiedereinstellung; zust. *Hergenröder* Anm. zu BAG EzA § 1 KSchG Wiedereinstellungsanspruch Nr. 3; *Oetker* ZIP 2001, 1787, 1789.
[467] Zutr. *Zwanziger* BB 1997, 42, 45.

auf Fortsetzung des Arbeitsverhältnisses gerichtet.[468] Im Klageantrag ist gemäß § 253 Abs. 2 Nr. 1 ZPO näher zu bezeichnen, was Inhalt des Arbeitsverhältnisses sein soll, dessen Fortsetzung vom Arbeitnehmer begehrt wird. Hierzu kann auf den bisherigen Arbeitsvertrag Bezug genommen werden. Die Vollstreckung der Annahmeerklärung des Arbeitgebers richtet sich nach § 894 ZPO. Sie wirkt nur für die Zukunft; für die Vergangenheit stehen dem Arbeitnehmer nur Schadenersatzansprüche wegen der nicht rechtzeitigen Annahme des Angebots zu.[469] Die Darlegungs- und Beweislast für das Vorliegen der tatsächlichen Voraussetzungen der Wiedereinstellung trifft den Arbeitnehmer.[470]

VIII. Verzeihung und Verzicht

Im Einzelfall kann sich die Heranziehung eines Kündigungsgrundes als unzulässige Rechtsausübung erweisen, wenn nämlich der Arbeitgeber dem Arbeitnehmer ein bestimmtes Verhalten verziehen hat.[471] Als **Verzeihung** ist jede ausdrückliche oder konkludente Erklärung anzusehen, aus der sich ergibt, daß der Kündigungsberechtigte über ein bestimmtes Fehlverhalten des Arbeitnehmers hinwegsehen und darauf keine Kündigung mehr stützen will.[472] Die Verzeihung ist nicht anfechtbar, weil sie keine Willenserklärung, sondern eine sog. Gesinnungserklärung darstellt.[473] **157**

Neben einer Verzeihung kommt auch ein **Verzicht** auf Kündigungsgründe in Betracht.[474] Folge des Verzichts ist, daß der Arbeitgeber die dem Verzicht zugrundeliegenden Gründe zur Begründung der Kündigung nicht mehr heranziehen kann. Eine auf verziehene Gründe gestützte Kündigung wäre dann als unzulässige Rechtsausübung (§ 242 BGB) unwirksam.[475] **158**

Wenn der Arbeitgeber nach einer Pflichtwidrigkeit des Arbeitnehmers nicht gleich eine Kündigung ausspricht, sondern **mit der Kündigung einige Zeit zuwartet,** kann hierin allein grundsätzlich weder ein Verzicht auf den Kündigungsgrund noch eine Verwirkung des Kündigungsrechts gesehen werden. Hierzu bedarf es vielmehr weiterer Umstände.[476] Im Gegensatz zur **158a**

---

[468] Ebenso BAG 27. 2. 1997, AP Nr. 1 zu § 1 KSchG 1969 Wiedereinstellung; BAG 28. 6. 2000, AP Nr. 6 zu § 1 KSchG 1969 Wiedereinstellung; ErfK/*Ascheid* § 1 KSchG Rn. 160; ausf. hierzu *Ziemann* MDR 1999, 716.
[469] Zutr. *Boewer* NZA 1999, 1177, 1182; – abweichend *Oetker* ZIP 2000, 643, 653; – zur Bestimmung des Schadens vgl. *Oetker* ZIP 2001, 1787 f.
[470] Ebenso BAG 17. 6. 1999, AP Nr. 37 zu § 1 KSchG 1969 Krankheit; *Boewer* NZA 1999, 1177, 1183.
[471] Vgl. dazu *Ascheid* Kündigungsschutzrecht Rn. 106.
[472] Ebenso ErfK/*Ascheid* § 1 KSchG Rn. 165; HK-KSchG/*Dorndorf* § 1 Rn. 323; KR-*Etzel* § 1 KSchG Rn. 273; – abweichend *Löwisch* § 1 Rn. 88, der meint, die Verwendung dieses Begriffs führe in die Irre; hierbei wird freilich nicht hinreichend beachtet, daß es sich hierbei um einen Gesetzesbegriff handelt (vgl. §§ 532, 2337, 2343 BGB).
[473] Ebenso ErfK/*Ascheid* § 1 KSchG Rn. 165; vgl. dazu allgemein MünchKomm-BGB/*Frank* § 2337 Rn. 2 m. w. N.; *Gernhuber* Bürgerliches Recht 2. Aufl. 1983 § 1 IV 3.
[474] Ebenso HK-KSchG/*Dorndorf* § 1 Rn. 322; *Löwisch* § 1 Rn. 88.
[475] Siehe auch LAG Bremen BB 1984, 473, wonach eine außerordentliche Kündigung unwirksam ist, wenn der Arbeitgeber zwei Tage vor Ausspruch der Kündigung dem Arbeitnehmer ein ausnahmslos positives Zeugnis ausgestellt hat.
[476] Vgl. BAG 20. 1. 1994, AP Nr. 10 zu Art. 20 Einigungsvertrag; HK-KSchG/*Dorndorf* § 1 Rn. 322; KR-*Etzel* § 1 KSchG Rn. 274.

außerordentlichen Kündigung (§ 626 Abs. 2 BGB) ist der Arbeitgeber nämlich bei der ordentlichen Kündigung nicht verpflichtet, innerhalb einer bestimmten Frist nach Kenntnis der kündigungsrelevanten Umstände zu kündigen. Je länger der Arbeitgeber freilich die Kündigung hinausschiebt, desto schwerer dürfte ihm der Nachweis gelingen, daß ihm die Fortsetzung des Arbeitsverhältnisses aufgrund der zurückliegenden Pflichtwidrigkeit des Arbeitnehmers nicht zuzumuten ist (näher zur Zumutbarkeit oben Rn. 120ff.). Zurückliegende Kündigungsgründe können allerdings stets unterstützend für den Nachweis einer negativen Zukunftsprognose bei der Würdigung eines neuen Kündigungssachverhalts berücksichtigt werden.

IX. Mitteilung der Kündigungsgründe

1. Grundsatz

159 Für die Wirksamkeit der Kündigung ist die Mitteilung der Kündigungsgründe **nicht erforderlich**.[477] Dies ergibt sich mittelbar aus § 626 Abs. 2 Satz 3 BGB. Danach ist bei einer außerordentlichen Kündigung dem Gekündigten nur auf dessen Verlangen der Kündigungsgrund mitzuteilen. Wenn damit die schwerer wiegende außerordentliche Kündigung nicht einmal einer Begründung bedarf, so muß dies erst recht für die ordentliche Kündigung gelten.

160 Eine **Ausnahme** von diesem Grundsatz gilt nach § 15 Abs. 3 BBiG für die **Kündigung von Berufsausbildungsverhältnissen.** Danach ist die Begründung der Kündigung ein zwingendes Formerfordernis. Ein Verstoß hiergegen hat gemäß § 125 BGB die Nichtigkeit der Kündigung zur Folge.[478]

2. Vereinbarte Begründungspflicht

161 Durch einzelvertragliche oder kollektivrechtliche Vereinbarungen kann der Arbeitgeber verpflichtet werden, die Kündigung zu begründen. Durch Auslegung der getroffenen Vereinbarung ist dabei zu ermitteln, ob es sich hierbei um ein **konstitutives oder deklaratorisches Formerfordernis** handelt. Nur soweit die Begründung tatsächlich Wirksamkeitsvoraussetzung für die Kündigung sein soll, führt eine Verletzung der Begründungspflicht nach § 125 BGB zur Nichtigkeit der Kündigung. Zur Frage des Umfangs der Begründung ist hier zweckmäßigerweise auf die anerkannten Grundsätze zur Begründung nach § 15 Abs. 3 BBiG zurückzugreifen.[479] Die Kündigungsgründe müssen so genau bezeichnet sein, daß der Gekündigte hinreichend genau erkennen kann, weshalb ihm gekündigt wurde. Eine so eingehende Substantiierung wie im Prozeß ist im allgemeinen nicht erforderlich. Die bloße Bezeichnung der Kündigung im Kündigungsschreiben als „be-

---

[477] BAG 27. 2. 1958, AP Nr. 1 zu § 1 KSchG Betriebsbedingte Kündigung; BAG 21. 3. 1959, AP Nr. 55 zu § 1 KSchG; BAG 18. 9. 1997, AP Nr. 138 zu § 626 BGB; *Ascheid* Kündigungsschutzrecht Rn. 5; HK-KSchG/*Dorndorf* § 1 Rn. 342; KR-*Etzel* § 1 KSchG Rn. 262; *Kittner/Däubler/Zwanziger* Einl. Rn. 187; *Stahlhacke/Preis/Vossen* Rn. 70.

[478] BAG 22. 2. 1972, AP Nr. 1 zu § 15 BBiG; BAG 17. 6. 1998, RzK IV 3a Nr. 30; KR-*Weigand* §§ 14, 15 BBiG Rn. 92ff.

[479] So zutr. KR-*Etzel* § 1 KSchG Rn. 265.

Sozial ungerechtfertigte Kündigungen 162–165 § 1

triebsbedingt" genügt allerdings ebensowenig den Anforderungen wie die Bezugnahme auf ein inhaltlich nicht näher umschriebenes Gespräch.[480]

3. Schadensersatzpflicht des Arbeitgebers

Verletzt der Arbeitgeber durch die fehlende Angabe der Kündigungsgründe eine ihm gegenüber dem Arbeitnehmer obliegende Pflicht, so kann dies zu Schadensersatzansprüchen des Arbeitnehmers führen.[481] Voraussetzung hierfür ist aber stets, daß den Arbeitgeber eine **Pflicht zur Mitteilung** der Kündigungsgründe trifft. Gesetzlich geregelt sind derartige Auskunftspflichten in § 626 Abs. 2 Satz 3 BGB und § 1 Abs. 3 Satz 1 Hs. 2. Daneben kommen aber auch tarifliche und einzelvertragliche Vereinbarungen in Betracht. 162

Ist danach eine Schadensersatzpflicht zu bejahen, so bedeutet das freilich nicht, daß der Gekündigte so gestellt werden muß, als sei ihm nicht gekündigt worden, sondern lediglich so, als sei ihm der Kündigungsgrund rechtzeitig mitgeteilt worden. Denn der zum Schadensersatz verpflichtende Umstand i. S. d. § 249 BGB ist nicht die Kündigung, sondern die Nichtangabe des Kündigungsgrundes. Nur das **negative Interesse** ist daher Gegenstand des Schadensersatzanspruchs.[482] Zu einem erstattungsfähigen Schaden können insbesondere die Kosten eines Kündigungsschutzprozesses zählen, den der Arbeitnehmer bei Kenntnis der maßgebenden Umstände nicht angestrengt hätte.[483] 163

4. Nachschieben von Kündigungsgründen im Prozeß

Aus der im allgemeinen fehlenden Verpflichtung, eine Kündigung zum Zeitpunkt des Ausspruches zu begründen, folgt weiter, daß der Arbeitgeber im Kündigungsschutzprozeß **grundsätzlich uneingeschränkt Kündigungsgründe nachschieben** kann, die bereits zum Zeitpunkt des Zugangs der Kündigung vorlagen, dem Arbeitnehmer aber gleichwohl noch nicht mitgeteilt wurden.[484] Denn für die Beurteilung der Sozialwidrigkeit der Kündigung kommt es allein auf die objektiven Umstände zum Zeitpunkt des Zugangs der Kündigung an. 164

Eine wichtige **Ausnahme** von diesem Grundsatz gilt für **Betriebe mit Betriebsrat**.[485] Wegen der Pflicht, den Betriebsrat vor Ausspruch der Kündigung nach § 102 Abs. 1 BetrVG anzuhören, kann sich der Arbeitgeber im Kündigungsschutzprozeß nicht auf Kündigungsgründe oder für den Kündigungssachverhalt wesentliche Umstände berufen, die er dem Betriebsrat nicht mitgeteilt hat.[486] Uneingeschränkt zulässig ist nur eine Konkretisierung 165

---

[480] Vgl. BAG 25. 8. 1977, 10. 2. 1999, AP Nr. 1, 2, 3 zu § 54 BMT-G II.
[481] Ebenso KR-*Etzel* § 1 KSchG Rn. 263.
[482] Ebenso ErfK/*Ascheid* § 1 KSchG Rn. 113.
[483] Vgl. hierzu BAG 21. 3. 1959, AP Nr. 55 zu § 1 KSchG mit Anm. A. *Hueck*.
[484] Ebenso KR-*Etzel* § 1 KSchG Rn. 267; Stahlhacke/Preis/Vossen Rn. 77; ausf. hierzu *Winterstein* Die Zulässigkeit des Nachschiebens von Kündigungsgründen im Kündigungsschutzprozeß, 1987.
[485] Vgl. dazu KR-*Etzel* § 102 BetrVG Rn. 185 ff.; *Kittner/Däubler/Zwanziger* § 102 BetrVG Rn. 109 ff.; GK-BetrVG/*Kraft* § 102 Rn. 139 ff.; *Schwerdtner* NZA 1987, 361 ff.; *Winterstein* NZA 1987, 728 ff.
[486] BAG 29. 3. 1990, AP Nr. 50 zu § 1 KSchG 1969 Betriebsbedingte Kündigung unter B II 4.

der dem Betriebsrat mitgeteilten Kündigungsgründe durch Erläuterung und Ergänzung des Kündigungssachverhalts.

165 a Betriebsverfassungsrechtlich können danach Kündigungsgründe, die bei Ausspruch der Kündigung bereits entstanden waren, dem Arbeitgeber aber erst später bekanntgeworden sind, im Kündigungsschutzprozeß nur dann vorgebracht werden, wenn der Arbeitgeber zuvor den **Betriebsrat hierzu erneut angehört** hat.[487] Dagegen können Kündigungsgründe, die bei Ausspruch der Kündigung bereits entstanden, dem Arbeitgeber zu diesem Zeitpunkt auch schon bekanntgeworden sind, dem Betriebsrat indes nicht mitgeteilt wurden, im Kündigungsschutzprozeß nicht mehr nachgeschoben werden.[488] Dies gilt auch dann, wenn der Betriebsrat der beabsichtigten Kündigung zuvor auf der Grundlage der ihm mitgeteilten Gründe zugestimmt hat.[489] Die Kündigung ist allerdings in diesem Falle nicht schon deshalb rechtsunwirksam, weil der Arbeitgeber Kündigungsgründe nachschiebt. Folge der Beschränkung des Nachschiebens von Kündigungsgründen ist allein, daß sich der Arbeitgeber im Kündigungsschutzprozeß lediglich auf die dem Betriebsrat im Anhörungsverfahren mitgeteilten Kündigungsgründe stützen kann.

X. Mehrere Kündigungsgründe und sog. Mischtatbestände

166 Das Gesetz nennt in Abs. 2 Satz 1 **drei Gründe,** welche die Kündigung sozial rechtfertigen können. Das bedeutet, daß bei der Prüfung der sozialen Rechtfertigung einer ausgesprochenen Kündigung grundsätzlich die angegebenen Kündigungsgründe einem der drei Kündigungstatbestände zugeordnet werden müssen.[490]

1. Mehrere Kündigungssachverhalte

167 In manchen Fällen ist es nicht möglich, die vom Arbeitgeber angeführten Kündigungsgründe nur unter einen der drei Kündigungstatbestände zu subsumieren. So ist denkbar, daß eine Kündigung sowohl wegen hoher krankheitsbedingter Fehlzeiten als auch wegen häufigen Zuspätkommens ausgesprochen wird. Man kann hier von einem **Doppeltatbestand** sprechen, weil die Kündigung auf einen personen- und auf einen verhaltensbedingten Grund gestützt wird, mithin also auf zwei voneinander unabhängige Sachverhalte. In diesem Fall ist zunächst für jeden einzelnen Kündigungssachverhalt getrennt zu prüfen, ob er für sich allein geeignet ist, die Kündigung zu begründen.[491]

---

[487] BAG 11. 4. 1985, AP Nr. 39 zu § 102 BetrVG 1972 = EzA § 102 BetrVG 1972 Nr. 62 mit Anm. *Kraft*.
[488] Vgl. BAG 1. 4. 1981, AP Nr. 23 zu § 102 BetrVG 1972 mit Anm. G. *Hueck* = AR-Blattei Betriebsverfassung XIV C Entsch. 77 mit Anm. *Gröninger* = SAE 1982, 37 mit Anm. *Streckel*.
[489] BAG 26. 9. 1991, AP Nr. 28 zu § 1 KSchG 1969 Krankheit = EzA § 1 KSchG Personenbedingte Kündigung Nr. 10 mit insoweit zust. Anm. *Raab* = SAE 1993, 225 mit zust. Anm. *Schiefer/Köster*.
[490] BAG 17. 5. 1984, AP Nr. 21 zu § 1 KSchG 1969 Betriebsbedingte Kündigung mit Anm. *v. Hoyningen-Huene* = SAE 1986, 273 mit Anm. *Schulin*; BAG 21. 11. 1985, AP Nr. 12 zu § 1 KSchG 1969 = SAE 1987, 188 mit Anm. *Gitter*.
[491] Vgl. BAG 22. 7. 1982, AP Nr. 5 zu § 1 KSchG 1969 Verhaltensbedingte Kündigung mit Anm. *Otto* = AR-Blattei Kündigungsschutz Entsch. 227 mit Anm. *Herschel* = SAE

Sind die vom Arbeitgeber vorgetragenen Kündigungssachverhalte für sich **168**
allein nicht geeignet, eine Kündigung sozial zu rechtfertigen, so ist nach Auffassung des **BAG** „im Wege einer **einheitlichen Betrachtungsweise** zu prüfen, ob die einzelnen Kündigungsgründe in ihrer Gesamtheit Umstände darstellen, die bei verständiger Würdigung in Abwägung der Interessen der Vertragsparteien und des Betriebes die Kündigung als billigenswert und angemessen erscheinen lassen".[492] Dies ist indes problematisch, da es für eine derartige Gesamtabwägung bei betriebsbedingten Kündigungen keine Grundlage gibt (dazu im einzelnen oben Rn. 137).

Richtigerweise ist hier zwischen den Gründen, die in der Sphäre des Ar- **169**
beitnehmers liegen, und solchen, die in der Sphäre des Arbeitgebers liegen, zu **differenzieren**. Denn die Dreiteilung der Kündigungsgründe in Abs. 2 gibt nur die Richtung an, aus der die Störung kommt (näher dazu oben Rn. 119 ff.). Bei den Gründen in der Person oder dem Verhalten kommt die Störung des Arbeitsverhältnisses aus der Sphäre des Arbeitnehmers, bei den dringenden betrieblichen Erfordernissen liegt die Ursache für die Veränderung in der unternehmerischen Entscheidung des Arbeitgebers. Zur Feststellung der Unzumutbarkeit der Fortsetzung des Arbeitsverhältnisses können nur die aus der jeweiligen Sphäre herrührenden Störungen berücksichtigt werden. Dem Arbeitnehmer können nur Gründe in seiner Person oder seinem Verhalten zugerechnet werden, nicht aber unternehmerische Entscheidungen des Arbeitgebers.

Soweit also **mehrere Kündigungssachverhalte**, die **verschiedene Kün-** **170**
digungstatbestände betreffen, für sich allein betrachtet noch nicht so gewichtig sind, daß sie eine Kündigung sozial rechtfertigen, können sie gleichwohl zusammengefaßt und einheitlich bewertet werden, wenn sie in der Person und dem Verhalten des Arbeitnehmers liegen und die hiervon ausgehenden Störungen des Arbeitsverhältnisses insgesamt so erheblich sind, daß dem Arbeitgeber eine Fortsetzung des Arbeitsverhältnisses nicht zuzumuten ist.[493] Es können damit die auf personen- und verhaltensbedingte Kündigungssachverhalte zurückzuführenden Beeinträchtigungen betrieblicher und wirtschaftlicher Interessen des Arbeitgebers gewissermaßen „**addiert**" werden. Voraussetzung ist allerdings, daß die zugrundeliegenden tatsächlichen Umstände an sich für eine Kündigung geeignet sind, ihre betrieblichen Auswirkungen nur noch nicht so erheblich sind, daß sie im Rahmen der Interessenabwägung jeweils für sich allein die Kündigung rechtfertigen können.

1983, 313 mit Anm. *Ottow;* BAG 10. 12. 1992, AP Nr. 41 zu Art. 140 GG unter III 3 c aa; BAG 20. 11. 1997, AP Nr. 43 zu § 1 KSchG 1969.
[492] BAG 22. 7. 1982, AP Nr. 5 zu § 1 KSchG 1969 Verhaltensbedingte Kündigung; BAG 9. 8. 1990, RzK I 5i Nr. 63; BAG 20. 11. 1997, AP Nr. 43 zu § 1 KSchG 1969; dem folgend HaKo-*Pfeiffer* § 1 Rn. 149; KPK-*Schiefer* § 1 Rn. 89; – für eine strikte Einzelprüfung und gegen jede Gesamtbetrachtung ErfK/*Ascheid* § 1 KSchG Rn. 162; *Ascheid* Kündigungsschutzrecht Rn. 224; HK-KSchG/*Dorndorf* § 1 Rn. 331; *Kittner/Däubler/Zwanziger* § 1 KSchG Rn. 59; *Löwisch* § 1 Rn. 71 f.; *Rüthers/Henssler* ZfA 1988, 31, 33; *Stahlhacke/Preis/Vossen* Rn. 621 f.
[493] Ebenso *Backmeister/Trittin* § 1 KSchG Rn. 128; APS/*Dörner* § 1 KSchG Rn. 86; KR-*Etzel* § 1 KSchG Rn. 284; *Wank* RdA 1993, 79, 88; vgl. auch MünchKomm-BGB/*Schwerdtner* § 622 Anh. Rn. 254, der allerdings nur gleichartige Kündigungsgründe in die Gesamtbetrachtung einbeziehen will.

Soweit ein Kündigungssachverhalt jedoch nicht nur bei Abwägung der beiderseitigen Interessen gewichtig genug ist, eine Kündigung zu rechtfertigen, sondern darüber hinaus auch an qualitativen Mängeln leidet, wie z. B. an einer fehlenden Abmahnung bei verhaltensbedingten Kündigungsgründen, scheidet eine solche einheitliche Bewertung aus.

171 Die Möglichkeit der Addition von personen- und verhaltensbedingten Kündigungsgründen rechtfertigt sich daraus, daß die hierin liegenden Beeinträchtigungen allesamt aus der **Sphäre des Arbeitnehmers** kommen.[494] Bei der Prüfung der Erheblichkeit der betrieblichen und wirtschaftlichen Beeinträchtigungen sind zu Lasten des Arbeitnehmers daher all die Störungen des Arbeitsverhältnisses zu berücksichtigen, die ihre Ursache in seiner Sphäre haben. Dem entspricht im übrigen bei betriebsbedingten Kündigungen die Abwägung zwischen betrieblichen Interessen einerseits und sozialen Interessen der Arbeitnehmer andererseits im Rahmen der sozialen Auswahl nach Abs. 3 Satz 1 und 2.

172 Für eine zusammenfassende Bewertung verhaltens- und personenbedingter Kündigungsgründe spricht auch die **Begründung zum Regierungsentwurf** des Kündigungsschutzgesetzes 1951. Danach sollte der Schutz des Arbeitnehmers vor Kündigungen verbessert werden, ohne daß damit allerdings wirklich notwendige Kündigungen verhindert oder auch nur erschwert werden sollten: „Das Gesetz wendet sich nicht gegen Entlassungen, die aus triftigen Gründen erforderlich sind, sondern lediglich gegen solche Kündigungen, die hinreichender Begründung entbehren und deshalb als willkürliche Durchschneidung des Bandes der Betriebszugehörigkeit erscheinen."[495] Schließlich ist es auch kaum verständlich, die Kündigung eines langsam arbeitenden und häufig zu spät kommenden Arbeitnehmers, der für die ausgeübte Tätigkeit auch nur unzureichend persönlich geeignet ist, nicht zuzulassen, nur weil das Ausmaß der Leistungsmängel und die durch schlechte Arbeitsleistung sowie das wiederholte Zuspätkommen verursachten betrieblichen Beeinträchtigungen für sich allein betrachtet nicht erheblich genug sind, eine Kündigung sozial zu rechtfertigen.

173 Zu personen- oder verhaltensbedingten betrieblichen Beeinträchtigungen, die ihre Ursache in der Sphäre des Arbeitnehmers haben, können im Rahmen der Interessenabwägung jedoch **nicht Umstände hinzugerechnet** werden, die ihre Ursache in der **Sphäre des Arbeitgebers** haben. Solche Umstände sind dem Arbeitnehmer nicht zuzurechnen, da er auf sie keinerlei Einfluß nehmen kann. Das bedeutet, daß eine Kündigung, die auf schlechte Arbeitsleistungen gestützt wird, die für sich allein jedoch nicht so gravierend sind, daß sie eine personen- oder verhaltensbedingte Kündigung rechtfertigen könnten, nicht zusätzlich damit begründet werden kann, die Ertragslage des Unternehmens sei schlecht. Dieser Gesichtspunkt liegt in der Arbeitgebersphäre und hat daher bei der Prüfung der durch den Arbeitnehmer verursachten betrieblichen Beeinträchtigungen außer Betracht zu bleiben. Dagegen können bei betriebsbedingten Kündigungen im Rahmen des

---

[494] Vgl. zu dieser Unterscheidung nach Sphären: *v. Hoyningen-Huene* Anm. zu BAG AP Nr. 21 zu § 1 KSchG 1969 Betriebsbedingte Kündigung; *Meisel* ZfA 1975, 213, 215 f.
[495] Begründung zum Regierungsentwurf, RdA 1951, 61, 63.

Abs. 3 Satz 2 auch Leistungspunkte Berücksichtigung finden (dazu unten Rn. 476 ff.).

2. Sog. Mischtatbestände

Von der Problematik der Zuordnung mehrerer Kündigungssachverhalte zu den einzelnen Kündigungstatbeständen des Abs. 2 Satz 1 sind die sog. Mischtatbestände zu unterscheiden. Hierbei geht es um Fälle, in denen die Kündigung mit **einem einzigen Kündigungssachverhalt** begründet wird, der zugleich **mehrere** der in Abs. 2 Satz 1 geregelten **Gründe** berührt. In diesem Falle richtet sich der Prüfungsmaßstab in erster Linie danach, aus welchem der im Gesetz genannten Bereiche vorwiegend die Störung kommt, die sich auf das Arbeitsverhältnis nachteilig auswirkt.[496] Diese Zuordnung ist bei personen- und verhaltensbedingten Kündigungsursachen für die Frage der Erforderlichkeit einer Abmahnung vor Ausspruch der Kündigung von Bedeutung.[497] Wegen der Möglichkeit der Addition betrieblicher Beeinträchtigungen im Rahmen der Interessenabwägung bei Gründen in der Person und im Verhalten des Arbeitnehmers ist allerdings nur zu prüfen, ob der Kündigungssachverhalt der Sphäre des Arbeitnehmers oder des Arbeitgebers zuzuordnen ist. Die Bezeichnung „Mischtatbestand" ist deshalb letztlich ohne große rechtliche Bedeutung.[498]

E. Die einzelnen Kündigungsgründe (Abs. 2 Satz 1)

. Gründe in der Person des Arbeitnehmers

Schrifttum: *Aden,* Die Kündigung bei langandauernder Krankheit im Großbetrieb, RdA 1981, 280; *Basedau,* Abgrenzung der Kündigung wegen Leistungsunfähigkeit zur Kündigung wegen Krankheit, AuR 1991, 299; *Bauer/Röder/Lingemann,* Krankheit im Arbeitsverhältnis, 2. Aufl. 1996; *Becker-Schaffner,* Die Krankheit als Kündigungsgrund in der Rechtsprechung, BlStSozArbR 1976, 97; *derselbe,* Die unzureichende Arbeitsleistung als Kündigungsgrund in der Rechtsprechung, DB 1981, 1775; *derselbe,* Fragen und Grundsätzliches zur personenbedingten Kündigung, ZTR 1997, 49; *Berkowsky,* Die personen- und verhaltensbedingte Kündigung, 3. Aufl. 1997; *derselbe,* Interessenabwägung bei krankheitsbedingter Kündigung, DB 1981, 910; *Bernardi,* Krankheitsbedingte Kündigung – Vermeidbarkeit durch Beschäftigung auf einem anderen Arbeitsplatz, NZA 1999, 683; *Bezani,* Die krankheitsbedingte Kündigung, 1994; *Birkner-Kuschyk/Tschöpe,* Neue Aspekte zur krankheitsbedingten Kündigung, DB 1981, 264; *Blaese,* Die arbeitsrechtliche Druckkündigung, DB 1988, 178; *Boewer,* Krankheit als Kündigungsgrund – Betriebliche Auswirkungen und Prognose, NZA

---

[496] BAG 21. 11. 1985, AP Nr. 12 zu § 1 KSchG 1969 = SAE 1987, 188 mit zust. Anm. *Gitter;* BAG 6. 11. 1997, 20. 11. 1997, AP Nr. 42, 43 zu § 1 KSchG 1969; ebenso bereits BAG 17. 5. 1984, AP Nr. 21 zu § 1 KSchG 1969 Betriebsbedingte Kündigung mit Anm. *v. Hoyningen-Huene* = SAE 1986, 273 mit Anm. *Schulin;* LAG Köln LAGE § 1 KSchG Verhaltensbedingte Kündigung Nr. 14; *Birk* JuS 1986, 375; KR-*Etzel* § 1 KSchG Rn. 281; *Kittner/Däubler/Zwanziger* § 1 KSchG Rn. 58; – kritisch hierzu ErfK/*Ascheid* § 1 KSchG Rn. 163; APS/*Dörner* § 1 KSchG Rn. 83; HK-KSchG/*Dorndorf* § 1 Rn. 340; *Löwisch* § 1 Rn. 73 ff.; *Rüthers/Henssler* ZfA 1988, 31, 36 ff.
[497] Vgl. Rn. 185 ff.
[498] Vgl. *v. Hoyningen-Huene* Anm. zu BAG AP Nr. 21 zu § 1 KSchG 1969 Betriebsbedingte Kündigung.

1988, 678; *Bruns,* Aids im Betrieb und im Arbeitsleben, MDR 1988, 95; *Denck,* Kündigung des Arbeitnehmers wegen häufiger Kurzerkrankungen, JuS 1978, 156; *Denninger-Hohm,* Arbeitsverweigerung aus Gewissensgründen – Eine grundsätzliche Untersuchung, AG 1989, 145; *Derleder,* Arbeitsverhältnis und Gewissen, AuR 1991, 193; *Eich,* Rechtsfragen bei Krankheit des Arbeitnehmers, BB 1988, 197; *Eser,* Zum Kündigungsgrund krankheitsbedingter Ausfallzeiten, BB 1985, 1473; *Fleck/Körkel,* Der Rückfall alkoholabhängiger Arbeitnehmer als Kündigungsgrund, BB 1995, 722; *Gaul,* Aspekte der krankheitsbedingten Arbeitsunfähigkeit, DB 1992, 2189; *derselbe,* Mißbrauch einer krankheitsbedingten Arbeitsunfähigkeit, NZA 1993, 865; *Gola,* Krankheit als Kündigungsgrund, BlStSozArbR 1984, 326; *Graefe,* Kündigung wegen häufiger Urlaubserkrankungen, BB 1981, 1472; *Haesen,* Zur Aids-Problematik im Arbeitsrecht und öffentlichen Dienst, RdA 1988, 158; *Häusele,* Weisungen und Gewissen im Arbeitsrecht, 1989; *Hagen/de Vivie,* Auswirkungen von Alkohol und Alkoholismus auf das Arbeitsverhältnis – Ausgewählte Einzelprobleme, ZTR 1988, 33; *Hemming,* Die alkoholbedingte Kündigung, BB 1998, 1998; *Hennige,* Die krankheitsbedingte Kündigung im Spiegel der Rechtsprechung, AuA 1995, 145; *Herbst/Wohlfahrt,* Die Entscheidungen des Bundesarbeitsgerichts im Jahre 1989 zur Kündigung wegen häufiger Krankheit, DB 1990, 1816; *Herschel,* Unmöglichkeit der Dienstleistung und Kündigung insbesondere bei Krankheit, BB 1982, 253; *Hoß,* Die krankheitsbedingte Kündigung, MDR 1999, 777; *Ide,* Die krankheitsbedingte Kündigung, AuR 1980, 225; *Hunold,* Die Kündigung wegen mangelnder Kenntnisse des Mitarbeiters, NZA 2000, 802; *Jedzig,* Der Bestandsschutz des Arbeitsverhältnisses im Krankheitsfall, 1984; *Kasper,* Die Kunst forensischer Prophetie als Darlegungs- und Beweismittel bei krankheitsbedingten Kündigungen des Arbeitgebers, NJW 1994, 2979; *Keil,* Beweisfragen zur Arbeitsunfähigkeit des Arbeitnehmers, in: *Hromadka,* Krankheit im Arbeitsverhältnis, 1993, S. 39; *Keller,* Die ärztliche Untersuchung im Rahmen des Arbeitsverhältnisses, NZA 1988, 561; *Klak,* Aids und die Folgen für das Arbeitsrecht, BB 1987, 1382; *Klimpe-Auerbach,* Die Grundordnung des kirchlichen Dienstes, AuR 1995, 170; *Kohte,* Gewissenskonflikte am Arbeitsplatz – zur Aktualität des Rechts der Leistungsstörungen, NZA 1989, 161; *derselbe,* Die Krankheitskündigung im Blickwinkel des Arbeitsschutz- und Sozialrechts, AiB 1990, 125; *Konzen/Rupp,* Gewissenskonflikte im Arbeitsverhältnis, 1990; *Kraft,* Rechtspflicht und Gewissenspflicht, AcP 163 (1963), 472; *Künzl,* Alkohol im Betrieb, BB 1993, 1581 und 1876; *Lämmerhirdt,* Die auf Druck am Arbeitsverhältnis nicht beteiligter Dritter erfolgte Kündigung seitens des Arbeitgebers, 1973; *Lepke,* Kündigung bei Krankheit, 10. Aufl. 2000; *derselbe,* Zur Kündigung des Arbeitgebers wegen Trunk- und Drogensucht des Arbeitnehmers, DB 1982, 173; *derselbe,* Aids als arbeitsrechtlicher Kündigungsgrund, DB 1987, 1299; *derselbe,* Krankheitsbegriff im Arbeitsrecht, NZA-RR 1999, 57; *derselbe,* AIDS als Grund für eine Kündigung des Arbeitgebers, RdA 2000, 87; *Leuchten/Zimmer,* Kündigung wegen subjektiver Eignungsmängel, BB 1999, 1973; *Leuze,* Zur Arbeitsverweigerung aus Gewissensgründen, RdA 1993, 16; *Lichtenberg/Schücking,* Stand der arbeitsrechtlichen Diskussion zur HIV-Infektion und Aids-Erkrankung, NZA 1990, 41; *Lingemann,* Umorganisation zur Vermeidung einer krankheitsbedingten Kündigung, BB 1998, 1106; *Lipke,* Alkoholmißbrauch des Arbeitnehmers und Auswirkungen auf das Arbeitsverhältnis, DB 1978, 1543; *Löwisch,* Arbeitsrechtliche und persönlichkeitsrechtliche Probleme von Aids, in: *Schünemann/Pfeiffer,* Die Rechtsprobleme von Aids, 1988, S. 307; *derselbe,* Arbeitsrechtliche Fragen von Aids-Erkrankungen und Aids-Infektionen, DB 1987, 936; *Mathern,* Die krankheitsbedingte Kündigung, NJW 1996, 818; *Meisel,* Kündigung wegen Arbeitsunfähigkeit infolge Krankheit, DB 1981, 1722; *Meyer,* Kündigung wegen Sicherheitsbedenken, 1997; *Mohr,* Krankheitsbedingte Kündigung – unkalkulierbares Risiko?, DB 1984, 43; *Olderog,* Alkohol am Arbeitsplatz, in: *Hromadka,* Krankheit im Arbeitsverhältnis, 1993, S. 63; *Osthold,* Die Beweislage bei Kündigung wegen Krankheit in Betrieben privaten Rechts, BB 1982, 1306; *Ottow,* Kündigung wegen längerer Krankheit, DB 1977, 306; *Pflüger,* Die Kündigung wegen betrieblich verursachter Erkrankung, DB 1995, 1761; *Popp,* Materiell- und prozeßrechtliche Probleme der krankheitsbedingten Kündigung, DB 1981, 2611; *derselbe,* Lohnfortzahlungskosten als Kündigungsgrund, DB 1986, 1461; *derselbe,* Die personenbedingte Kündigung, HAS § 19 D; *Preis,* Die krankheitsbedingte Kündigung, in: *Hromadka,* Krankheit im Arbeitsverhältnis, 1993, S. 93; *Raab,* Mitbestimmung des Betriebsrats bei der Einführung und Ausgestaltung von Krankengesprächen, NZA 1993, 193; *Richardi*, Arbeitsrechtliche Probleme bei Einstellung und Entlassung Aids-infizierter Arbeitnehmer, NZA 1988, 73; *Roos*, Die Rechtsprechung zur Kündigung wegen Krankheit, NZA-RR 1999, 617; *Rosenland*, Arbeitsplatzbedingte Krankheit im Arbeitsverhältnis, AuR 1991, 266; *Rüthers/Henssler*, Die Kündigung bei kumulativ vorliegenden und gemischten Kündigungssachverhalten, ZfA 1988, 31; *Rummel*, Die Anhörung des Betriebsrats vor krankheitsbedingter Kündigung, NZA 1984, 76; *Schleusener*, Rechtsschutzmöglichkeiten bei einer Druckkündigung gegenüber dem Druckausübenden, NZA 1999, 1078; *Schumann*, Zur Anhörung des Betriebsrats bei einer Kündigung wegen häufiger Kurzerkrankungen, DB 1984, 1878; *Schwan/Zöller*, Alkohol im Betrieb als Kündigungsgrund, ZTR 1996, 62; *Schwerdtner*, Unzumutbar hohe Lohnfortzahlungskosten und krankheitsbedingte Kündigung, DB 1990, 375; *Sibben*, Die Möglichkeit der Weiterbeschäftigung bei krankheitsbedingter Kündigung, Festschrift für Stege, 1997, S. 283; *Stein*, Partielles Verbot krankheitsbedingter Kündigungen durch die Regelungen über Lohnfortzahlung im Krankheitsfall?, BB 1985, 605; *Tschöpe*, Die krankheitsbedingte Kündigung in der Rechtsprechung des BAG – Eine kritische Bestandsaufnahme, DB 1987, 1042; *Weber*, Checkliste zur Kündigung wegen häufiger Kurzerkrankungen des Arbeitnehmers, NZA 1989, 51; *Weber/Hoß*, Die krankheitsbedingte Kündigung im Spiegel der aktuellen Rechtsprechung des BAG, DB 1993, 2429; *Weller*, Kündigung bei Krankheit, ArbRdGgw, Band 20 (1983), S. 77; *Wendeling-Schröder*, Gewissen und Eigenverantwortung im Arbeitsleben, BB 1988, 1742; *Wisskirchen*, Außerdienstliches Verhalten von Arbeitnehmern, 1999.

Von den Gründen, die eine Kündigung rechtfertigen können, nennt das Gesetz an erster Stelle Gründe, die in der Person des Arbeitnehmers liegen, **personenbedingte Kündigung** (zu Einzelfällen personenbedingter Kündigungsgründe vgl. Rn. 186 ff.). **175**

1. Voraussetzungen

a) Fehlende Eignung und negative Prognose

Voraussetzung für eine personenbedingte Kündigung ist, daß der Arbeitnehmer aufgrund seiner **persönlichen Fähigkeiten und Eigenschaften** nicht mehr in der Lage ist, künftig seine arbeitsvertraglichen Verpflichtungen ganz oder teilweise zu erfüllen.[499] Der Kündigungsgrund liegt damit in der Sphäre des Arbeitnehmers.[500] Ein Verschulden des Arbeitnehmers ist nicht vorausgesetzt. Für den öffentlichen Dienst in den **neuen Bundesländern** enthält die Anlage I zum Einigungsvertrag vom 31. 8. 1990 zum Kündigungsgrund der fehlenden Eignung eine befristet geltende Übergangsregelung (dazu näher Einl. Rn. 75 a ff.). **176**

Auch bei der personenbedingten Kündigung ist eine **negative Prognose** erforderlich.[501] Die personenbedingte Kündigung ist nur dann sozial ge- **176 a**

---

[499] Ebenso BAG 20. 5. 1988, AP Nr. 9 zu § 1 KSchG 1969 Personenbedingte Kündigung unter C III 2 b aa mit Anm. *Rüthers/Henssler* und *Kothe*; BAG 29. 1. 1997, AP Nr. 32 zu § 1 KSchG 1969 Krankheit unter II 1 b zur teilweisen Einschränkung der Leistungsfähigkeit; ErfK/*Ascheid* § 1 KSchG Rn. 170; APS/*Dörner* § 1 KSchG Rn. 118; KR-*Etzel* § 1 KSchG Rn. 291; HaKo-*Gallner* § 1 Rn. 430; *Kittner/Däubler/Zwanziger* § 1 KSchG Rn. 62; *Löwisch* § 1 Rn. 180; *Rüthers/Henssler* ZfA 1988, 31, 44; *Stahlhacke/Preis/Vossen* Rn. 724; *Weller* ArbRdGgnw 20 (1982), 77, 79; RGRK-*Weller* vor § 620 Rn. 166; HK-KSchG/*Weller/Dorndorf* § 1 Rn. 359.
[500] Vgl. BAG 21. 11. 1985, AP Nr. 12 zu § 1 KSchG 1969; BAG 13. 3. 1987, AP Nr. 37 zu § 1 KSchG 1969 Betriebsbedingte Kündigung; *Stahlhacke/Preis/Vossen* Rn. 724.
[501] St. Rspr., vgl. BVerfG 8. 7. 1997, AP Nr. 37 zu Art. 33 Abs. 2 GG; BAG 22. 9. 1994, AP Nr. 25 zu § 1 KSchG 1969; BAG 4. 6. 1997, AP Nr. 137 zu § 626 BGB; BAG 20. 1.

rechtfertigt, wenn der Arbeitgeber in der Zukunft mit unzumutbaren Belastungen des Arbeitsverhältnisses zu rechnen hat. Die Kündigung aus Gründen in der Person des Arbeitnehmers ist keine Sanktion für vergangene Störungen des Arbeitsverhältnisses.

b) Konkrete betriebliche Beeinträchtigungen

177 Zum Kündigungsgrund der personenbedingten Kündigung gehört weiterhin, daß durch die personenbedingten Gründe **künftig** betriebliche oder wirtschaftliche **Interessen des Arbeitgebers konkret beeinträchtigt** werden.[502] Die Beeinträchtigung kann auf mangelnder Arbeitsfähigkeit, mangelnder persönlicher Eignung oder Mängeln in der fachlichen Eignung beruhen. Auf Grund dieser Umstände muß zur sozialen Rechtfertigung der Kündigung die sichere Wahrscheinlichkeit bestehen, daß das Arbeitsverhältnis als Austauschverhältnis zukünftig erheblich gestört werden wird.[503]

c) Fehlende Weiterbeschäftigungsmöglichkeit

178 Weiterhin darf es **keine Weiterbeschäftigungsmöglichkeit** auf einem anderen freien Arbeitsplatz geben, bei dem die Mängel nicht mehr oder nur unbedeutend relevant werden.[504] Als frei sind dabei solche Arbeitsplätze anzusehen, die zum Zeitpunkt des Zugangs der Kündigung unbesetzt sind oder die mit hinreichender Sicherheit bis zum Ablauf der Kündigungsfrist frei werden.[505] Sofern gemäß § 1 Abs. 2 Satz 3 eine Weiterbeschäftigung nach einer Umschulungs- oder Fortbildungsmaßnahme in Betracht kommt, setzt dies einen freien Arbeitsplatz zum Zeitpunkt der Beendigung der Umschulungsmaßnahme voraus.[506]

178 a Nach Auffassung des BAG[507] ist der Arbeitgeber allerdings dann, wenn der Arbeitnehmer auf Dauer nicht mehr in der Lage ist, die geschuldete Arbeit

---

2000, AP Nr. 38 zu § 1 KSchG 1969 Krankheit; ErfK/*Ascheid* § 1 KSchG Rn. 177; *Ascheid* Kündigungsschutzrecht Rn. 365 ff.; MünchArbR/*Berkowsky* § 137 Rn. 6; *Bitter/Kiel* RdA 1995, 26, 30; APS/*Dörner* § 1 KSchG Rn. 124; KR-*Etzel* § 1 KSchG Rn. 296; HaKo-*Gallner* § 1 Rn. 434f.; *Kittner/Däubler/Zwanziger* § 1 KSchG Rn. 70; *Stahlhacke/Preis/Vossen* Rn. 728; RGRK-*Weller* vor § 620 Rn. 167.
[502] Vgl. dazu BAG 20. 5. 1988, AP Nr. 9 zu § 1 KSchG 1969 Personenbedingte Kündigung; BAG 20. 7. 1989, AP Nr. 2 zu § 1 KSchG 1969 Sicherheitsbedenken unter II 2 b bb; BAG 28. 2. 1990, AP Nr. 25 zu § 1 KSchG 1969 Krankheit; BAG 26. 9. 1991, AP Nr. 28 zu § 1 KSchG 1969 Krankheit = EzA § 1 KSchG Personenbedingte Kündigung Nr. 10 mit zust. Anm. *Raab*; *Ascheid* Kündigungsschutzrecht Rn. 384 ff.; *Hillebrecht* VAA S. 79; *Preis* S. 433.
[503] Vgl. *Stahlhacke/Preis/Vossen* Rn. 728; *Weller* ArbRdGgnw 20 (1982), 77, 79 f.
[504] BAG 10. 3. 1977, AP Nr. 4 zu § 1 KSchG 1969 Krankheit; BAG 20. 5. 1988, AP Nr. 9 zu § 1 KSchG 1969 Personenbedingte Kündigung mit Anm. *Rüthers/Henssler* und Anm. *Kohte*; BAG 7. 2. 1991, AP Nr. 1 zu § 1 KSchG 1969 Umschulung = EzA § 1 KSchG Personenbedingte Kündigung Nr. 9 mit krit. Anm. *Kraft/Raab* unter B II 1 a; ErfK/*Ascheid* § 1 KSchG Rn. 180; KR-*Etzel* § 1 KSchG Rn. 297; HK-KSchG/*Weller/ Dorndorf* § 1 Rn. 368.
[505] BAG 29. 3. 1990, AP Nr. 50 zu § 1 KSchG 1969 Betriebsbedingte Kündigung unter B II 5 a; − zu einem Arbeitsplatztausch vgl. Rn. 178 a.
[506] BAG 7. 2. 1991, AP Nr. 1 zu § 1 KSchG 1969 Umschulung unter B II 2 a.
[507] Vgl. BAG 29. 1. 1997, AP Nr. 32 zu § 1 KSchG 1969 Krankheit = EzA § 1 KSchG Krankheit Nr. 42 mit abl. Anm. *Streckel* = SAE 1998, 15 mit zust. Anm. *K. Gamillscheg*; so auch *Backmeister/Trittin* § 1 KSchG Rn. 138; MünchArbR/*Berkowsky* § 137 Rn. 58; *Bernardi* NZA 1999, 683; HaKo-*Gallner* § 1 Rn. 440; HK-KSchG/*Weller/Dorndorf* § 1 Rn. 368 a.

auf seinem bisherigen Arbeitsplatz zu erbringen, verpflichtet, einen **anderen geeigneten Arbeitsplatz durch Ausübung seines Direktionsrechts frei zu machen** und so durch eine Art „Ringtausch" eine Weiterbeschäftigungsmöglichkeit für den erkrankten Arbeitnehmer zu schaffen. Kann beispielsweise ein Arbeitnehmer wegen einer Allergie auf seinem bisherigen Arbeitsplatz nicht weiterbeschäftigt werden und besteht die Möglichkeit der vertragsgemäßen Beschäftigung auf einem anderen geeigneten Arbeitsplatz, hat der Arbeitgeber zu prüfen, ob der andere Arbeitnehmer auf den von dem erkrankten Arbeitnehmer besetzten Arbeitsplatz im Wege des Direktionsrechts versetzt werden kann. Um die ggf. erforderliche Zustimmung des Betriebsrats nach § 99 Abs. 1 BetrVG habe sich der Arbeitgeber dabei zwar zu bemühen, zur Durchführung eines Zustimmungsersetzungsverfahrens gemäß § 99 Abs. 4 BetrVG sei der Arbeitgeber jedoch nicht verpflichtet. Eine weitergehende Umorganisation oder das Freimachen eines anderen Arbeitsplatzes durch Kündigung nach vorheriger sozialer Auswahl, wie es teilweise im Schrifttum verlangt wird,[508] ist dagegen auch nach Auffassung des BAG nicht erforderlich.[509]

Soweit das BAG angenommen hat, der Arbeitgeber habe einen geeigneten Arbeitsplatz durch Ausübung seines Direktionsrechts frei zu machen, ist dem **BAG nicht zu folgen**.[510] Die Versetzung des Dritten auf den Arbeitsplatz des zu Kündigenden durch Ausübung des Weisungsrechts ist nur zulässig, wenn die Weisung billigem Ermessen (§ 315 BGB) entspricht. Dies ist jedoch nicht der Fall, wenn die Zuweisung des anderen Arbeitsplatzes ausschließlich im Interesse eines außerhalb des Arbeitsverhältnisses stehenden anderen Arbeitnehmers erfolgt.[511]

Die Rechtsprechung des BAG hat im übrigen zur Folge, daß auf den Arbeitgeber u. U. ein **Rechtsstreit mit dem versetzten Arbeitnehmer** zukommt, der überhaupt nicht im Interesse des Arbeitgebers liegt, weil er diesen aus betrieblichen Gründen gar nicht versetzen wollte. Im Einzelfall kann auch durchaus streitig sein, ob eine Versetzung noch im Wege des Weisungsrechts durchgeführt werden kann oder ob hierzu eine Änderungskündigung erforderlich ist.[512] Weiterhin ist denkbar, daß mehrere leidensgerechte Arbeitsplätze für den erkrankten Arbeitnehmer als geeignet in Betracht kommen und der versetzte Arbeitnehmer einwendet, nicht er, sondern ein anderer, nach sozialen Gesichtspunkten weniger schutzwürdiger oder körperlich leistungsfähigerer Arbeitnehmer hätte versetzt werden müssen.[513] Dies hätte dann wohl auch nach der Rechtsprechung des BAG die Unbilligkeit der erfolgten Versetzung zur Folge. Ungeklärt ist letztlich, wie viele Versetzungen der Arbeitgeber zur Vermeidung der Kündigung durchführen muß.[514]

---

[508] Vgl. *Däubler* Arbeitsrecht 2, 11. Aufl. 1998, Rn. 1093; *Pflüger* DB 1995, 1761, 1764 f.
[509] BAG 29. 1. 1997, AP Nr. 32 zu § 1 KSchG 1969 Krankheit unter II 1 c.
[510] Ebenso *Löwisch* § 1 Rn. 187; *Lingemann* BB 1998, 1106, 1107; *Streckel* Anm. zu BAG EzA § 1 KSchG Krankheit Nr. 42.
[511] Ebenso *Löwisch* § 1 Rn. 187; – abweichend *Kania* Anm. zu BAG EzA § 626 BGB n. F. Nr. 156.
[512] Vgl. zur Abgrenzung § 2 Rn. 13 ff.
[513] Hierauf könnte der Betriebsrat auch einen Widerspruch nach § 99 Abs. 2 Nr. 4 BetrVG stützen, was HaKo-*Gallner* § 1 Rn. 442 übersieht.
[514] Zutr. *Lingemann* BB 1998, 1106, 1107, der zu Recht mehr als eine Versetzung für unzumutbar hält; weitergehend *Bernardi* NZA 1999, 683, 685.

178d Zu Recht ist das BAG jedoch der im Schrifttum[515] gelegentlich vertretenen Auffassung entgegengetreten, der Arbeitgeber habe ggf. durch **Freikündigung** unter Anwendung der Grundsätze des § 1 Abs. 3 einen freien Arbeitsplatz für den erkrankten Arbeitnehmer zu schaffen. Selbst wenn die Gesundheitsbeeinträchtigung betriebliche Ursachen hat, liegt die unmittelbare Störung des Arbeitsverhältnisses darin, daß der Arbeitnehmer – persönlich – nicht mehr in der Lage ist, die geschuldete Arbeitsleistung uneingeschränkt zu erbringen. Eine **entsprechende Anwendung von § 1 Abs. 3 auf derartige Kündigungen kommt nicht in Betracht.** Bei personen- und auch verhaltensbedingten Kündigungen steht nämlich der zu kündigende Arbeitnehmer bereits aufgrund der kündigungsrelevanten fehlenden Eignung oder des zur Kündigung führenden Fehlverhaltens fest, weshalb eine Auswahlentscheidung zur personellen Konkretisierung des zu kündigenden Arbeitnehmers nicht erforderlich ist.[516]

179 Für die Weiterbeschäftigung kommen grundsätzlich nur **vergleichbare Arbeitsplätze** in Betracht, d.h. Arbeitsplätze, die dem Arbeitnehmer im Wege des Direktionsrechts zugewiesen werden können. Verfügt der Arbeitgeber nur über einen geeigneten geringwertigeren Arbeitsplatz, so hat er eine Änderungskündigung auszusprechen (dazu näher oben Rn. 142 ff.). Einen Anspruch auf Beförderung auf einen höherwertigen Arbeitsplatz hat der Arbeitnehmer nicht.[517]

d) Interessenabwägung

180 Wird eine Kündigung auf Gründe in der Person des Arbeitnehmers gestützt, so ist schließlich zu prüfen, ob die Unzulänglichkeiten des Arbeitnehmers so gewichtig sind, daß hierdurch **betriebliche oder wirtschaftliche Interessen** des Arbeitgebers derart beeinträchtigt sind, daß die Fortsetzung des Arbeitsverhältnisses für den Arbeitgeber nicht mehr billigenswert und angemessen und damit unzumutbar ist.[518] Dabei ist insbesondere bei einer vorübergehenden Verhinderung des Arbeitnehmers auch zu prüfen, ob sich die Kündigung nicht durch Überbrückungsmaßnahmen vermeiden läßt.[519]

---

[515] Vgl. *Däubler* Arbeitsrecht 2, 11. Aufl. 1998, Rn. 1093; *Pflüger* DB 1995, 1761, 1764 f.

[516] BAG 29. 1. 1997, AP Nr. 32 zu § 1 KSchG 1969 Krankheit; ebenso ErfK/*Ascheid* § 1 KSchG Rn. 180; *Lingemann* BB 1998, 1106, 1107; *Löwisch* § 1 Rn. 187.

[517] Zutr. BAG 29. 3. 1990, AP Nr. 50 zu § 1 KSchG 1969 Betriebsbedingte Kündigung unter B II 7 b cc und c sowie allgemein *Dütz* Festschrift für Kissel S. 161 ff.

[518] Dazu oben Rn. 120 ff.; vgl. auch BAG 23. 1. 1958, AP Nr. 50 zu § 1 KSchG; BAG 7. 2. 1990, AP Nr. 14 zu § 1 KSchG 1969 Personenbedingte Kündigung = EzA § 1 KSchG Personenbedingte Kündigung Nr. 8 mit Anm. *Hergenröder*; BAG 5. 7. 1990, AP Nr. 26 zu § 1 KSchG 1969 Krankheit; BAG 20. 1. 2000, EzA § 1 KSchG Krankheit Nr. 47; ErfK/*Ascheid* § 1 KSchG Rn. 183; APS/*Dörner* § 1 KSchG Rn. 126; KR-*Etzel* § 1 KSchG Rn. 298 ff.; HaKo-*Gallner* § 1 Rn. 443; *Löwisch* § 1 Rn. 181 f.; *Preis* S. 433; *Stahlhacke/Preis/Vossen* Rn. 730; HK-KSchG/*Weller/Dorndorf* § 1 Rn. 372.

[519] Vgl. BAG 20. 5. 1988, AP Nr. 9 zu § 1 KSchG 1969 Personenbedingte Kündigung zum Wehrdienst ausländischer Arbeitnehmer; BAG 9. 3. 1995, AP Nr. 123 zu § 626 BGB zur Strafhaft; ErfK/*Ascheid* § 1 KSchG Rn. 182; *Bitter/Kiel* RdA 1995, 26, 29 f.; KR-*Etzel* § 1 KSchG Rn. 301; HaKo-*Gallner* § 1 Rn. 444; *Löwisch* § 1 Rn. 184 f.; *Kittner/Däubler/Zwanziger* § 1 KSchG Rn. 70.

Die **Interessenabwägung** gehört **nicht** zum **Kündigungsgrund**.[520] **181**
Vor einer Interessenabwägung ist daher die Feststellung erheblicher betrieblicher Beeinträchtigungen aus Gründen, die in der Person des Arbeitnehmers liegen, erforderlich. Nur so kann eine konturlose Interessenabwägung bei der Prüfung der sozialen Rechtfertigung einer Kündigung verhindert werden.

Da personenbedingte Kündigungsgründe vom Arbeitnehmer nicht schuld- **182** haft herbeigeführt werden, diese vielmehr in der Regel auf krankheits- oder altersbedingte Leistungsschwächen zurückzuführen sind, ist der Arbeitnehmer in dieser Situation besonders schutzwürdig. An die Interessenabwägung ist deshalb ein **strenger Maßstab** anzulegen.[521]

Abwägungsgesichtspunkte auf seiten des Arbeitnehmers sind grund- **183** sätzlich alle Umstände, die mit dem Arbeitsverhältnis in Zusammenhang stehen.[522] Dementsprechend kommt neben dem Alter des Arbeitnehmers insbes. der Betriebszugehörigkeit eine große Bedeutung zu.[523] Von Belang ist weiterhin die Ursache der fehlenden Eignung des Arbeitnehmers.[524] So ist ein Arbeitnehmer, dessen Leistungsfähigkeit altersbedingt nachgelassen hat, deutlich schutzwürdiger als beispielsweise ein Arbeitnehmer, der als Kraftfahrer seine arbeitsvertraglichen Pflichten nicht mehr erfüllen kann, weil ihm infolge einer Trunkenheitsfahrt der Führerschein entzogen wurde.[525] Zugunsten des Arbeitnehmers ist auch zu berücksichtigen, wenn das Nachlassen der Leistungsfähigkeit auf betriebliche Ursachen zurückzuführen ist,[526] oder auch auf veränderte Arbeitsanforderungen, die der Arbeitgeber gemäß § 81 Abs. 3 BetrVG nicht ausreichend mit dem Arbeitnehmer erörtert hat.[527] Schließlich sind zugunsten des Arbeitnehmers die beste-

---

[520] BAG 15. 11. 1984, AP Nr. 87 zu § 626 BGB = SAE 1986, 5 mit Anm. *Sieg;* BAG 20. 5. 1988, AP Nr. 9 zu § 1 KSchG 1969 Personenbedingte Kündigung; BAG 16. 2. 1989, AP Nr. 20 zu § 1 KSchG 1969 Krankheit mit Anm. *Preis* = EzA § 1 KSchG Krankheit Nr. 25 mit Anm. *Schüren/Feuerborn;* BAG 17. 1. 1991, AP Nr. 25 zu § 1 KSchG 1969 Verhaltsbedingte Kündigung; BAG 29. 7. 1993, AP Nr. 27 zu § 1 KSchG 1969 Krankheit; ErfK/*Ascheid* § 1 KSchG Rn. 184; *Oetker* Anm. zu BAG EzA § 1 KSchG Krankheit Nr. 28; *Weller* ArbRdGgnw 20 (1982), 77, 81.
[521] Vgl. BAG 10. 3. 1977, AP Nr. 4 zu § 1 KSchG 1969 Krankheit; *G. Hueck* Anm. zu BAG AP Nr. 6 zu § 1 KSchG 1969 Krankheit; *Kittner/Däubler/Zwanziger* § 1 KSchG Rn. 70; *Preis* S. 161; *Stahlhacke/Preis/Vossen* Rn. 730; – siehe auch KR-*Etzel* § 1 KSchG Rn. 298, der eine besonders sorgfältige, nicht aber besonders strenge Abwägung fordert.
[522] Ebenso *Ascheid* in: *Henssler/Moll,* Kündigung und Kündigungsschutz, Rn. 37; HK-KSchG/*Weller/Dorndorf* § 1 Rn. 372; *Preis* S. 224 ff.; – siehe zu den Abwägungsgesichtspunkten auch KR-*Etzel* § 1 KSchG Rn. 300 f.; *Oetker* Anm. zu BAG EzA § 1 KSchG Krankheit Nr. 28; *Schwerdtner* DB 1990, 375, 378; *Tschöpe* DB 1987, 1042, 1044.
[523] Ebenso st. Rspr., vgl. BAG 21. 5. 1992, AP Nr. 30 zu § 1 KSchG 1969 Krankheit; ErfK/*Ascheid* § 1 KSchG Rn. 185; *Backmeister/Trittin* § 1 KSchG Rn. 140; KR-*Etzel* § 1 KSchG Rn. 300; HaKo-*Gallner* § 1 Rn. 444; *Kittner/Däubler/Zwanziger* § 1 KSchG Rn. 70; KPK-*Schiefer* § 1 Rn. 110; *Stahlhacke/Preis/Vossen* Rn. 730; HK-KSchG/*Weller/Dorndorf* § 1 Rn. 374; – abweichend *Löwisch* § 1 Rn. 182.
[524] Ebenso *Löwisch* § 1 Rn. 182; *Stahlhacke/Preis/Vossen* Rn. 730; HK-KSchG/*Weller/Dorndorf* § 1 Rn. 373.
[525] Vgl. zu der hierbei erforderlichen Interessenabwägung BAG 30. 5. 1978, AP Nr. 70 zu § 626 BGB mit Anm. *G. Hueck.*
[526] BAG 6. 9. 1989, 5. 7. 1990, AP Nr. 22 und 26 zu § 1 KSchG 1969 Krankheit.
[527] Dazu *Löwisch* BB 1988, 1953, 1954.

henden Unterhaltspflichten sowie ggf. die Schwerbehinderung zu berücksichtigen.[528]

184 **Auf seiten des Arbeitgebers** sind alle vom Arbeitnehmer ausgehenden betrieblichen und wirtschaftlichen Beeinträchtigungen berücksichtigungsfähig. Das bedeutet, daß neben personenbedingten Störungen, wie beispielsweise krankheitsbedingten Fehlzeiten in der Vergangenheit, insbesondere auch solche Umstände zu berücksichtigen sind, die ihre Ursache im Verhalten des Arbeitnehmers haben und für eine verhaltensbedingte Kündigung an sich geeignet, aber nicht gewichtig genug sind (dazu ausf. oben Rn. 167 ff.).

2. Abgrenzung

185 Die Gründe in der Person des Arbeitnehmers sind von den Gründen im Verhalten des Arbeitnehmers abzugrenzen, weil die Voraussetzungen für eine personen- und verhaltensbedingte Kündigung teilweise, insbesondere im Hinblick auf das **Erfordernis einer Abmahnung** bei verhaltensbedingten Kündigungen, unterschiedlich sind.[529] Nur bei einem vertragswidrigen Verhalten eines Arbeitnehmers kann die Abmahnung ihre Warnfunktion erfüllen (dazu Rn. 283). Ist der Arbeitnehmer wegen mangelnder Befähigung für die geschuldete Arbeitsleistung nicht geeignet, geht die Abmahnung dagegen ins Leere.[530]

185 a Das BAG vertritt allerdings inzwischen die Auffassung, eine Abmahnung sei auch bei einer personenbedingten Kündigung erforderlich, wenn der Arbeitnehmer den **Grund in seiner Person durch steuerbares Verhalten beseitigen könne** und dadurch eine Wiederherstellung des Vertrauens zu erwarten sei.[531] Dem kann allerdings nicht gefolgt werden. Abmahnungsfähig ist nämlich grundsätzlich nur ein vertragswidriges steuerbares Verhalten des Arbeitnehmers, weil eine Abmahnung nur dann ihre Erinnerungs- und Warnfunktion erfüllen kann (dazu Rn. 281). Die mangelnde Eignung und Befähigung beruht aber gerade nicht auf einem steuerbaren Verhalten.[532] Nur dann, wenn zugleich eine arbeitsvertragliche Verpflichtung zur Beseitigung von Eignungsmängeln besteht, kann eine Abmahnung vor Ausspruch der Kündigung erforderlich sein.[533] In diesem Fall liegt ein sog. Mischtatbestand vor (dazu näher oben Rn. 174), bei dem festzustellen ist, ob die Stö-

---

[528] Ebenso BAG 5. 7. 1990, 29. 7. 1993, AP Nr. 26 und 27 zu § 1 KSchG 1969 Krankheit; BAG 20. 1. 2000, EzA § 1 KSchG Krankheit Nr. 47 mit krit. Anm. *Rolfs;* KR-*Etzel* § 1 KSchG Rn. 300; HaKo-*Gallner* § 1 Rn. 444; *Kittner/Däubler/Zwanziger* § 1 KSchG Rn. 70; – abweichend zu den Unterhaltspflichten *Löwisch* § 1 Rn. 182; *Rolfs* Anm. zu BAG EzA § 1 KSchG Krankheit Nr. 47; HK-KSchG/*Weller/Dorndorf* § 1 Rn. 431.
[529] Siehe dazu *v. Hoyningen-Huene* Anm. zu BAG AP Nr. 4 zu § 1 KSchG 1969 Verhaltensbedingte Kündigung unter 1 d und Anm. zu BAG AP Nr. 151 zu § 626 BGB.
[530] Ebenso APS/*Dörner* § 1 KSchG Rn. 131 und 266; HaKo-*Gallner* § 1 Rn. 427; MünchKomm-BGB/*Schwerdtner* § 622 Anh. Rn. 115; *Stahlhacke/Preis/Vossen* Rn. 725; HK-KSchG/*Weller/Dorndorf* § 1 Rn. 371 a; – abweichend KR-*Etzel* § 1 KSchG Rn. 294 und 420.
[531] Vgl. BAG 4. 6. 1997, AP Nr. 137 zu § 626 BGB mit zust. Anm. *Felderhoff* = SAE 1998, 310 mit krit. Anm. *Wank*.
[532] Ebenso APS/*Dörner* § 1 KSchG Rn. 120.
[533] Zutr. HK-KSchG/*Weller/Dorndorf* § 1 Rn. 371 a; vgl. hierzu BAG 15. 8. 1984, AP Nr. 8 zu § 1 KSchG 1969 mit Anm. *M. Wolf.*

rung des Arbeitsverhältnisses überwiegend durch verhaltensbedingte oder personenbedingte Gründe verursacht wird.[534] Ist die überwiegende Störungsursache in der Person des Arbeitnehmers zu sehen, ist vor Ausspruch der Kündigung eine Abmahnung nicht erforderlich.

Ein Grund in der Person des Arbeitnehmers liegt damit vor, wenn die vom Arbeitgeber beanstandete Störung auf einem vom Arbeitnehmer **nicht steuerbaren arbeitsbezogenem Verhalten** beruht. Hat der Arbeitnehmer demgegenüber die Störung des Arbeitsverhältnisses durch ein willensgesteuertes Handeln herbeigeführt, so liegt die Ursache im Verhalten und nicht in der Person des Arbeitnehmers.[535] Kurz: Ein Grund in der Person liegt vor, wenn der Arbeitnehmer will, aber nicht kann; ein Grund im Verhalten ist demgegenüber gegeben, wenn der Arbeitnehmer kann, aber nicht will. **185 b**

3. Einzelne personenbedingte Kündigungsgründe

Nachfolgend werden die wichtigsten personenbedingten Kündigungsgründe in **alphabetischer Reihenfolge** dargestellt. Dabei ist zu beachten, daß bei Anwendung der jeweiligen Rechtssätze auf den konkreten Fall die Umstände des Einzelfalles stets besonders zu beachten sind. **186**

a) AIDS

Die Kündigung aidserkrankter Arbeitnehmer richtet sich im wesentlichen nach den Rechtsgrundsätzen, die das BAG für die krankheitsbedingte Kündigung entwickelt hat.[536] Demzufolge rechtfertigt allein die Tatsache, daß ein Arbeitnehmer **HIV-infiziert** ist, grundsätzlich noch keine Kündigung i. S. d. Abs. 2 Satz 1.[537] Wenn sich jedoch aus der Tätigkeit des Arbeitnehmers die Gefahr der Infektion anderer Arbeitnehmer oder Dritter ergibt, ist auch die Infektion als solche geeignet, eine Kündigung aus Gründen in der Person des Arbeitnehmers sozial zu rechtfertigen.[538] Dies gilt allerdings auch nur dann, wenn eine Versetzung auf einen anderen Arbeitsplatz, bei dem die Gefahr der Infektion anderer ausgeschlossen ist, ausscheidet.[539] **Nach Ausbruch der Krankheit** kommt regelmäßig eine personenbedingte Kündigung in Betracht, die nach den Umständen des Einzelfalls entsprechend den Grundsätzen für langandauernde Krankheiten oder häufige Kurzerkrankungen zu beurteilen ist (dazu näher unten Rn. 217 ff.). **187**

Kündigt der Arbeitgeber das Arbeitsverhältnis eines HIV-infizierten Arbeitnehmers, der wegen noch nicht vollendeter Wartezeit (Abs. 1) noch **188**

---

[534] Ebenso HaKo-*Fiebig* § 1 Rn. 223.
[535] Wie hier MünchArbR/*Berkowsky* § 136 Rn. 3; APS/*Dörner* § 1 KSchG Rn. 120; HaKo-*Gallner* § 1 Rn. 427; – siehe dazu auch *Rüthers/Henssler* ZfA 1988, 31, 43 f.; – abweichend KR-*Etzel* § 1 KSchG Rn. 291.
[536] Vgl. MünchArbR/*Berkowsky* § 136 Rn. 86 ff.; *Haesen* RdA 1988, 158, 162; *Klak* BB 1987, 1382, 1386 f.; *Lepke*, S. 312 ff.; ders. DB 1987, 1299 ff.; ders. RdA 2000, 87 ff.; *Löwisch* DB 1987, 936, 941; ders. in: Schünemann/Pfeiffer (Hrsg.) Die Rechtsprobleme von AIDS 1988, S. 307, 324 ff.; *Richardi* NZA 1988, 73, 78 f.; *Wollenschläger/Kreßel* AuR 1988, 198, 204 ff.
[537] Ebenso ErfK/*Ascheid* § 1 KSchG Rn. 245; HK-KSchG/*Weller/Dorndorf* § 1 Rn. 448.
[538] Ausf. hierzu *Lepke* RdA 2000, 87, 90 f.
[539] Ebenso *Richardi* NZA 1988, 73, 78; *Lepke* DB 1987, 1299, 1300; ders. RdA 2000, 87, 91 f.; HK-KSchG/*Weller/Dorndorf* § 1 Rn. 449.

nicht den allgemeinen Kündigungsschutz genießt, so handelt er regelmäßig **nicht sittenwidrig** i. S. d. § 138 Abs. 1 BGB. Eine solche Kündigung ist auch nicht nach § 242 BGB treuwidrig und verstößt auch nicht gegen das Maßregelungsverbot des § 612a BGB.[540]

189 Erfährt die Belegschaft von der HIV-Erkrankung eines Mitarbeiters und verlangt sie vom Arbeitgeber die Kündigung dieses Mitarbeiters, rechtfertigt dies nicht ohne weiteres eine Kündigung durch den Arbeitgeber. Nach den Grundsätzen der **sog. Druckkündigung** (dazu unten Rn. 201 ff.) kommt in diesem Fall eine Kündigung des HIV-Infizierten nur dann in Betracht, wenn der Arbeitgeber zuvor mit allen möglichen und ihm zumutbaren Mitteln versucht hat, die Drucksituation zu beseitigen.[541] Der Arbeitgeber ist in diesen Fällen verpflichtet, sich zunächst schützend vor den Arbeitnehmer zu stellen. Nur wenn ihm unbillige und für seinen Betrieb unzumutbare Nachteile erwachsen, er wirtschaftlich schwer geschädigt oder gar in seiner Existenz bedroht wird, beispielsweise durch Streiks, Massenkündigungen anderer Arbeitnehmer oder durch die Androhung von Kunden oder Geschäftspartnern, Geschäftsverbindungen abzubrechen, ist der Arbeitgeber berechtigt, einem HIV-infizierten Arbeitnehmer zu kündigen.[542]

b) Alkohol- und Drogensucht

190 Wird eine Kündigung wegen einer Alkoholsucht des Arbeitnehmers ausgesprochen, so sind hierauf die Grundsätze für die Überprüfung krankheitsbedingter Kündigungen anzuwenden (dazu unten Rn. 217 ff.), sofern sich der Alkoholsüchtige in einem Stadium befindet, in welchem der **Trunksucht ein medizinischer Krankheitswert zukommt**.[543] Ein solches Stadium ist bei psychischer und physischer Abhängigkeit vom Alkohol erreicht, also dann, wenn der Arbeitnehmer die Selbstkontrolle verloren hat.[544]

190a An die für eine krankheitsbedingte Kündigung erforderliche **negative Gesundheitsprognose** sind bei Suchterkrankungen allerdings geringere Anforderungen zu stellen. Insbesondere bei wiederholten Rückfällen nach abgeschlossenen Alkoholtherapien ist in der Regel davon auszugehen, daß sich an der Sucht und damit dem Gesundheitszustand auch in Zukunft nichts ändern wird.[545]

191 Aus dem Verlust der Selbstkontrolle beim Alkoholabhängigen folgt, daß ein alkoholsüchtiger Arbeitnehmer, der infolge seiner Trunksucht gegen

---

[540] So zutr. BAG 16. 2. 1989, AP Nr. 46 zu § 138 BGB mit zust. Anm. *Kramer* = EzA § 138 BGB Nr. 23 mit krit. Anm. *Wank;* – abweichend APS/*Dörner* § 1 KSchG Rn. 225.

[541] Vgl. MünchArbR/*Berkowsky* § 136 Rn. 96; *Lepke* RdA 2000, 87, 92; HK-KSchG/ *Weller/Dorndorf* § 1 Rn. 450 f.

[542] Ebenso *Bruns* MDR 1988, 353, 357; *Lepke* S. 330 ff. m. w. N.; ders. DB 1987, 1299, 1301 sowie RdA 2000, 92 f.; *Löwisch* DB 1987, 936, 942.

[543] Vgl. BAG 9. 4. 1987, AP Nr. 18 zu § 1 KSchG 1969 Krankheit = EzA § 1 KSchG Krankheit Nr. 18 mit Anm. *v. Hoyningen-Huene;* BAG 13. 12. 1990, EzA § 1 KSchG Krankheit Nr. 33; KR-*Etzel* § 1 KSchG Rn. 309; *Fleck/Körkel* BB 1995, 722; *Hagen/de Vivie* ZTR 1988, 33 ff.; *Kittner/Däubler/Zwanziger* § 1 KSchG Rn. 112 ff.; *Künzl* BB 1993, 1581 und 1876; *Lepke* S. 272 ff.; *ders.* DB 2001, 269; *Stahlhacke/Preis/Vossen* Rn. 731; *Willemsen* DB 1988, 2304 ff.

[544] Vgl. BAG 1. 6. 1983, AP Nr. 52 zu § 1 LohnFG mit Anm. *Baumgärtel;* näher hierzu *Lepke* NZA-RR 1999, 57, 60.

[545] Vgl. BAG 16. 9. 1999, AP Nr. 159 zu § 626 BGB.

seine arbeitsvertraglichen Pflichten verstößt, indem er etwa während der Arbeitszeit Alkohol zu sich nimmt, **nicht verhaltensbedingt gekündigt** werden kann.[546] Der Pflichtverstoß beruht hier nämlich nicht auf einem steuerbaren Verhalten, sondern auf der Unfähigkeit des Arbeitnehmers zur Abstinenz.[547]

Nach Auffassung des BAG kommt eine **verhaltensbedingte Kündigung Alkoholsüchtiger** nur dann in Betracht, wenn der Arbeitgeber darlegt und beweist, daß der Arbeitnehmer die Sucht schuldhaft herbeigeführt hat.[548] Dies wird dem Arbeitgeber freilich kaum gelingen, da es keinen dahingehenden Erfahrungssatz gibt, daß Alkoholabhängigkeit in der Regel selbstverschuldet ist. Nach den gegenwärtigen medizinischen Erkenntnissen beruht die Alkoholsucht vielmehr regelmäßig auf einem Ursachenbündel, dessen einzelne Komponenten vom Süchtigen häufig nicht erkannt werden.[549]

Vor Ausspruch einer personenbedingten Kündigung wegen Alkoholsucht hat der Arbeitgeber den Arbeitnehmer **in der Regel aufzufordern, eine Entziehungskur durchzuführen**.[550] Dies ergibt sich aus dem Grundsatz der Verhältnismäßigkeit (oben Rn. 139 ff.). Im übrigen läßt sich die notwendige negative Gesundheitsprognose in der Regel auch nur dann stellen, wenn der Arbeitnehmer nicht therapiebereit ist[551] oder eine bereits durchgeführte Therapie erfolglos war.[552] Hat der Arbeitnehmer den Arbeitgeber in sog. Fehlzeitengesprächen vor Ausspruch der Kündigung nicht über seine Alkoholerkrankung unterrichtet und hat der Arbeitgeber auch aus sonstigen Umständen keine Kenntnis von der Alkoholsucht des Arbeitnehmers, kann sich der Arbeitnehmer nach Erhalt der Kündigung nicht mehr darauf berufen, der Arbeitgeber habe ihm die Möglichkeit einer Entziehungskur einräumen müssen. Das Verheimlichen der Sucht läßt vielmehr darauf schließen, daß der Arbeitnehmer bis zur Kündigung nicht therapiebereit war.[553]

Unterzieht sich der Arbeitnehmer einer Entziehungskur, muß der Arbeitgeber grundsätzlich deren **Erfolg abwarten**.[554] Eine Ausnahme von diesem Grundsatz ist nur dann anzuerkennen, wenn dem zwingende betriebliche

---

[546] BAG 9. 4. 1987, AP Nr. 18 zu § 1 KSchG 1969 Krankheit; – siehe auch LAG Berlin, DB 1985, 2690.
[547] Zu Alkoholmißbrauch und Kündigung vgl. *v. Hoyningen-Huene* DB 1995, 142 sowie Rn. 309 ff.
[548] BAG 1. 6. 1983, AP Nr. 52 zu § 1 LohnFG unter II 1; APS/*Dörner* § 1 KSchG Rn. 230.
[549] Vgl. BAG 1. 6. 1983, AP Nr. 52 zu § 1 LohnFG; – kritisch hierzu *Lepke* S. 289 sowie *ders.* DB 2001, 269, 275 f. m. w. N.
[550] Ebenso BAG 17. 6. 1999, AP Nr. 37 zu § 1 KSchG 1969 Krankheit; ErfK/*Ascheid* § 1 KSchG Rn. 247; APS/*Dörner* § 1 KSchG Rn. 233; KR-*Etzel* § 1 KSchG Rn. 310; HK-KSchG/*Weller/Dorndorf* § 1 Rn. 444; – einschränkend *Lepke* DB 2001, 269, 277.
[551] Dazu BAG 9. 4. 1987, AP Nr. 18 zu § 1 KSchG 1969 Krankheit = EzA § 1 KSchG Krankheit Nr. 18 mit Anm. *v. Hoyningen-Huene*; ErfK/*Ascheid* § 1 KSchG Rn. 247; *Künzl* NZA 1998, 122, 126; *Lepke* S. 289; RGRK-*Weller* vor § 620 Rn. 181.
[552] Dazu LAG Hamm 2. 5. 1986, LAGE § 1 KSchG Personenbedingte Kündigung Nr. 4.
[553] Vgl. BAG 17. 6. 1999, AP Nr. 37 zu § 1 KSchG 1969 Krankheit.
[554] ErfK/*Ascheid* § 1 KSchG Rn. 247; HaKo-*Gallner* § 1 Rn. 461; *Kittner/Däubler/Zwanziger* § 1 KSchG Rn. 114.

Gründe entgegenstehen. Die Aufforderung, sich einer ärztlichen Behandlung zu unterziehen, ist nur dann entbehrlich, wenn sich der Arbeitnehmer bereits Entgiftungsbehandlungen unterzogen hat und der Arbeitgeber ihm in der Vergangenheit mitgeteilt hat, daß er im Falle einer Fortsetzung der Trunksucht mit einer Kündigung zu rechnen habe.[555]

192 b Erklärt sich ein Arbeitnehmer erst **nach Ausspruch der Kündigung zu einer Entziehungskur bereit**, so kann dies eine zum Zeitpunkt des Zugangs der Kündigung vorliegende negative Gesundheitsprognose nicht mehr beseitigen, da es für deren Beurteilung allein auf die Umstände zum Zeitpunkt der Kündigung ankommt.[556] Hat der Arbeitnehmer in der Vergangenheit bereits eine Entziehungskur durchgeführt, dies aber dem Arbeitgeber verschwiegen, so rechtfertigt dies keine Kündigung.[557] Der Arbeitnehmer ist gleichfalls grundsätzlich nicht verpflichtet, dem Arbeitgeber bei Arbeitsbeginn seine Alkoholsucht mitzuteilen, es sei denn, er ist auf Grund der Sucht nicht in der Lage, seine arbeitsvertraglichen Verpflichtungen ordnungsgemäß zu erfüllen, wie dies etwa bei Berufskraftfahrern der Fall ist.[558]

192 c Die für eine krankheitsbedingte Kündigung erforderlichen **erheblichen betrieblichen Beeinträchtigungen** ergeben sich bei einer Kündigung wegen Alkoholsucht häufig aus Gründen der Selbstgefährdung des Arbeitnehmers und der Gefährdung anderer Personen. Hierdurch ist die Einsatzfähigkeit eines an Trunksucht leidenden Arbeitnehmers erheblich eingeschränkt.[559]

193 Die Kündigung **drogensüchtiger Arbeitnehmer** richtet sich nach den gleichen Grundsätzen wie die Kündigung Alkoholsüchtiger.[560] Aus Gründen der Verhältnismäßigkeit kommt auch hier eine Kündigung grundsätzlich nur dann in Betracht, wenn der Arbeitgeber den Arbeitnehmer zuvor aufgefordert hat, eine Entziehungskur durchzuführen oder wenn eine zuvor durchgeführte Entziehungskur erfolglos verlaufen ist. Maßgeblicher Zeitpunkt für die Beurteilung der Therapiebereitschaft ist hierbei nach allgemeinen Grundsätzen der Zeitpunkt des Zugangs der Kündigung.

c) Alter

194 Das Erreichen einer bestimmten Altersgrenze ist für sich **allein kein** in der Person des Arbeitnehmers liegender **Kündigungsgrund** i. S. d. § 1 Abs. 2 Satz 1.[561] Dies ergibt sich unmittelbar aus § 41 Satz 1 SGB VI, wonach die

---

[555] BAG 13. 12. 1990, EzA § 1 KSchG Krankheit Nr. 33.
[556] So zutr. BAG 9. 4. 1987, AP Nr. 18 zu § 1 KSchG 1969 Krankheit; BAG 13. 12. 1990, EzA § 1 KSchG Krankheit Nr. 33; BAG 17. 6. 1999, AP Nr. 37 zu § 1 KSchG 1969 Krankheit.
[557] LAG Baden-Württemberg DB 1982, 707.
[558] Ebenso KR-*Etzel* § 1 KSchG Rn. 311.
[559] Vgl. dazu insbes. BAG 13. 12. 1990, EzA § 1 KSchG Krankheit Nr. 33 sowie BAG 16. 9. 1999, AP Nr. 159 zu § 626 BGB.
[560] Ebenso KR-*Etzel* § 1 KSchG Rn. 312; *Lepke* S. 301 ff.
[561] BAG 28. 9. 1961, AP Nr. 1 zu § 1 KSchG Personenbedingte Kündigung mit Anm. *Zöllner*; BAG 25. 3. 1971, AP Nr. 5 zu § 57 BetrVG 1952 unter III 2 d mit Anm. *Schmidt-Räntsch* = SAE 1972, 132 mit Anm. *Richardi*; ebenso ErfK/*Ascheid* § 1 KSchG Rn. 248; KR-*Etzel* § 1 KSchG Rn. 313; *Löwisch* § 1 Rn. 210; *Stahlhacke/Preis/Vossen* Rn. 732; HK-KSchG/*Weller/Dorndorf* § 1 Rn. 452; dazu näher *Bauer/Lingemann* NZA 1993, 625; *Peter* AuR 1993, 387; *Schlüter/Belling* NZA 1988, 297 ff.; *Schröder* Altersbedingte Kündigun-

Tatsache, daß ein Arbeitnehmer berechtigt ist, eine Rente wegen Alters zu beanspruchen, nicht als ein Grund anzusehen ist, der die Kündigung des Arbeitsverhältnisses durch den Arbeitgeber nach § 1 Abs. 2 Satz 1 bedingt (zum altersbedingten Leistungsabfall Rn. 253). Auch die Möglichkeit zur Inanspruchnahme von Altersteilzeit stellt nach § 8 Abs. 1 AltersteilzeitG keinen Kündigungsgrund dar.[562]

In Anlehnung an die Rechtsprechung des BAG zur Wirksamkeit von Altersgrenzen für die Beendigung von Arbeitsverhältnissen in Betriebsvereinbarungen und Tarifverträgen[563] ist eine **Kündigung bei Erreichen des Rentenalters jedoch dann möglich,** wenn der Arbeitnehmer zu diesem Zeitpunkt ein gesetzliches Altersruhegeld beanspruchen kann und die Kündigung erfolgt, um einen vernünftigen Altersaufbau der Belegschaft zu erreichen und Aufstiegschancen innerhalb des Unternehmens zu eröffnen. Die Kündigung erfolgt in diesem Fall in erster Linie aus betrieblichen und nicht aus personenbedingten Gründen und ist daher sozial gerechtfertigt, wenn sie zur Erreichung dieser betrieblichen Notwendigkeit erfolgt.[564] Hieran ändert auch die zum 1. 1. 2000 in Kraft getretene Neufassung des § 41 SGB VI nichts.

d) Arbeitserlaubnis

Das Fehlen einer Arbeitsgenehmigung nach § 284 SGB III (früher: § 19 Abs. 1 AFG) führt nicht zur Nichtigkeit des Arbeitsvertrages nach § 134 BGB, sondern nur zu einem **Beschäftigungsverbot** des Arbeitnehmers.[565] Lediglich wenn beide Parteien den Arbeitsvertrag in Kenntnis der Genehmigungspflicht von vornherein in der Absicht geschlossen haben, ihn ohne Arbeitsgenehmigung zu vollziehen, ist der Vertrag nach § 134 BGB nichtig.[566]

Das Fehlen oder Erlöschen der Arbeitsgenehmigung nach § 284 SGB III kann als ein in der Person des ausländischen Arbeitnehmers liegendes **rechtliches Beschäftigungshindernis** eine Kündigung rechtfertigen.[567] Ist die

---

gen und Altersgrenzen im Individualarbeitsrecht 1984; *Simitis* NJW 1994, 1453; *Stahlhacke* DB 1989, 2329 ff.; *Stindt* DB 1993, 1361.

[562] Vgl. *Diller* NZA 1996, 847 ff.

[563] Vgl. hierzu BAG 20. 11. 1987, AP Nr. 2 zu § 620 BGB Altersgrenze Nr. 1 mit krit. Anm. *Joost* = AR-Blattei Betriebsvereinbarung Entsch. 43 mit Anm. *Hanau* = EzA § 620 BGB Altersgrenze Nr. 1 mit abl. Anm. *Belling* = EWiR § 620 BGB 2/88 mit Kurzkomm. *v. Hoyningen-Huene* = SAE 1989, 84 mit Anm. *Weber;* zuletzt BAG 9. 8. 2000, BB 2000, 2474; – dazu auch unten Rn. 631.

[564] BAG 28. 9. 1961, AP Nr. 1 zu § 1 KSchG Personenbedingte Kündigung; BAG 25. 3. 1971, AP Nr. 5 zu § 57 BetrVG 1952; ErfK/*Ascheid* § 1 KSchG Rn. 249; *Bauer/Lingemann* NZA 1993, 625, 626 ff.; *Boemke* WiB 1994, 127; KR-*Etzel* § 1 KSchG Rn. 410; *Stindt* DB 1993, 1361, 1363 ff.; – abweichend *Peter* AuR 1993, 384; *Stahlhacke/Preis/Vossen* Rn. 732; *Trittin* AuR 1995, 51; HK-KSchG/*Weller/Dorndorf* § 1 Rn. 453.

[565] BAG 13. 1. 1977, 19. 1. 1977, 16. 12. 1986, AP Nr. 2, 3 und 4 zu § 19 AFG; BAG 7. 2. 1990, AP Nr. 14 zu § 1 KSchG 1969 Personenbedingte Kündigung = EzA § 1 KSchG Personenbedingte Kündigung Nr. 8 mit Anm. *Hergenröder;* LAG Baden-Württemberg 25. 6. 1998, NZA-RR 1998, 492; Kasseler Handbuch/*Braasch* 1.2 Rn. 107 ff.; – unrichtig *Kretz* AR-Blattei SD 330 Rn. 133, der hier ein faktisches Arbeitsverhältnis annimmt, obwohl der Arbeitsvertrag wirksam ist.

[566] Vgl. BAG 30. 5. 1969, AP Nr. 4 zu § 35 AVAVG.

[567] BAG 13. 1. 1977 und 19. 1. 1977, AP Nr. 2 und 3 zu § 19 AFG; BAG 7. 2. 1990, AP Nr. 14 zu § 1 KSchG 1969 Personenbedingte Kündigung = EzA § 1 KSchG Personenbe-

Arbeitsgenehmigung zum Zeitpunkt der Kündigung rechtskräftig versagt worden, so ist die Kündigung regelmäßig sozial gerechtfertigt, weil der Arbeitnehmer dann zur Leistung der geschuldeten Dienste nicht im Stande ist.[568] Sofern über die Arbeitsgenehmigung noch nicht rechtskräftig entschieden wurde, ist in Anlehnung an die Grundsätze zur Kündigung wegen langandauernder Erkankungen (dazu unten Rn. 242 ff.) darauf abzustellen, ob für den Arbeitgeber bei objektiver Beurteilung im Zeitpunkt des Zugangs der Kündigung mit der Erteilung der Arbeitsgenehmigung in absehbarer Zeit nicht zu rechnen war und der Arbeitsplatz für den Arbeitnehmer ohne erhebliche betriebliche Beeinträchtigungen nicht offengehalten werden konnte.[569]

e) Behördliche Berufsausübungserlaubnis

198 Sofern zur Ausübung bestimmter Berufe besondere behördliche Erlaubnisse erforderlich sind, kann das Fehlen oder der spätere Wegfall dieser Erlaubnisse grundsätzlich eine personenbedingte Kündigung rechtfertigen. Ähnlich wie bei fehlender Arbeitserlaubnis führt das Fehlen einer behördlichen Berufsausübungserlaubnis **nicht zur Nichtigkeit des Arbeitsvertrages.**

199 Von der Rechtsprechung entschieden wurde, daß das Fehlen einer notwendigen **schulaufsichtlichen Genehmigung** zur Beschäftigung eines Arbeitnehmers als Lehrer eine personenbedingte Kündigung rechtfertigen kann.[570] Gleiches gilt beim Verlust der **Fahrerlaubnis**[571] oder der Nichtverlängerung der **Fluglizenz eines Verkehrsflugzeugführers.**[572] Ebenso kann der Entzug der zur Berufsausübung als **Wachmann** notwendigen polizeilichen Befugnisse eine personenbedingte Kündigung rechtfertigen.[573]

199 a In allen diesen Fällen ist aber stets vor Ausspruch der Beendigungskündigung zu prüfen, ob der Arbeitnehmer auf einem anderen **freien Arbeitsplatz ohne die behördliche Erlaubnis** weiterbeschäftigt werden kann. Verliert ein Arbeitnehmer, zu dessen arbeitsvertraglich geschuldeter Leistungspflicht notwendigerweise auch das Führen von Kraftfahrzeugen gehört (z. B. Berufskraftfahrer, Außendienstmitarbeiter) die Fahrerlaubnis, kann er freilich nicht geltend machen, er lasse sich für die Dauer des Fahrerlaubnisentzuges von einem Dritten, z. B. seinem Ehegatten, fahren. Hierauf braucht sich der Arbeitgeber nicht einzulassen, weil der Arbeitnehmer

---

dingte Kündigung Nr. 8 mit zust. Anm. *Hergenröder;* ErfK/*Ascheid* § 1 KSchG Rn. 250; MünchArbR/*Berkowsky* § 136 Rn. 136 ff.; Kasseler Handbuch/*Braasch* 1.2 Rn. 172 ff.; *Engels* RdA 1976, 165, 174; KR-*Etzel* § 1 KSchG Rn. 314; *Hanau* BAG-Festschrift, S. 169, 188 ff.; *Löwisch* § 1 Rn. 213 f.; *Stahlhacke/Preis/Vossen* Rn. 733.
[568] Ebenso Kasseler Handbuch/*Braasch* 1.2 Rn. 172.
[569] So zutr. BAG 7. 2. 1990, AP Nr. 14 zu § 1 KSchG 1969 Personenbedingte Kündigung; LAG Köln 18. 4. 1997 und LAG Hamm 9. 2. 1999, LAGE § 1 KSchG Personenbedingte Kündigung Nr. 15 und 16.
[570] Vgl. BAG 11. 7. 1980, AP Nr. 18 zu § 611 BGB Lehrer, Dozenten mit Anm. v. *Hoyningen-Huene;* BAG 11. 12. 1987, RzK I 5 h Nr. 4.
[571] Vgl. BAG 30. 5. 1978, AP Nr. 70 zu § 626 BGB mit Anm. *G. Hueck;* BAG 14. 2. 1991, RzK I 6 a Nr. 70; BAG 25. 4. 1996, AP Nr. 18 zu § 1 KSchG 1969 Personenbedingte Kündigung; LAG Schleswig-Holstein NZA 1987, 669; LAG Hamm AuR 1989, 147.
[572] BAG 31. 1. 1996, 7. 12. 2000 AP Nr. 17 und 23 zu § 1 KSchG 1969 Personenbedingte Kündigung.
[573] BAG 18. 3. 1981, AP Nr. 2 zu § 611 BGB Arbeitsleistung.

nach § 613 BGB seine Arbeitsleistung – wozu in diesen Fällen auch das Führen eines Kraftfahrzeugs gehört – grundsätzlich in Person zu erbringen hat.[574] Ein Arbeitnehmer darf seine Arbeit grundsätzlich nicht durch eine andere Person verrichten lassen.[575] Im übrigen ist dem Arbeitgeber ein solcher Einsatz Dritter in der Regel wegen der haftungsrechtlichen Risiken nicht zuzumuten.

f) Betriebsgeheimnisse

Durch Gründe in der Person des Arbeitnehmers ist die Kündigung auch dann bedingt, wenn der Arbeitgeber sich nur durch eine solche Kündigung gegen den Verrat von Betriebsgeheimnissen durch einen Arbeitnehmer, der mit dem Inhaber eines Konkurrenzunternehmens verwandt oder eng befreundet ist, wehren kann.[576] Daß es bereits zum Verrat von Betriebsgeheimnissen gekommen ist, wird dabei nicht vorausgesetzt, da dies bereits unter dem Gesichtspunkt der verhaltensbedingten Kündigung zu würdigen wäre. Erforderlich ist jedoch, daß **konkrete Tatsachen** vorliegen, welche die Sicherheitsbedenken des Arbeitgebers rechtfertigen.[577] Von Bedeutung sind hier Stellung und Funktion des Arbeitnehmers. Je herausgehobener die Funktion des Arbeitnehmers ist und je sensibler die Vorgänge sind, mit denen der Arbeitnehmer befaßt ist, um so eher wird man die Gefahr der Weitergabe von Betriebsgeheimnissen bejahen können.[578] Die bloße **Lebensgemeinschaft einer Arbeitnehmerin** mit einem bei einem Konkurrenzunternehmen in leitender Stellung Beschäftigten stellt noch keinen ausreichenden Anhaltspunkt dafür dar, daß mit einer Illoyalität zu rechnen ist. 200

Auch die Kündigung eines **Arbeitnehmers der Bundeswehr** wegen Sicherheitsbedenken kann nicht allein auf die Behauptung der Dienststelle, es bestünden Sicherheitsbedenken, gestützt werden. Erforderlich ist vielmehr, daß tatsächliche Umstände vorgebracht werden, aus denen sich die Bedenken ergeben.[579] Erhebliche finanzielle Belastungen, die auf rechtskräftige Verurteilungen wegen Vermögensdelikten zurückgehen, können solche kündigungsrelevanten Sicherheitsbedenken gegenüber einer Schreibkraft im Bundesministerium der Verteidigung begründen.[580] Die Verhandlung vor dem Arbeitsgericht hat dann u.U. nach § 172 Nr. 1 GVG unter Ausschluß der Öffentlichkeit zu erfolgen, wenn eine Gefährdung der Staatssicherheit zu besorgen ist. 200a

g) Druckkündigung

Von einer Druckkündigung spricht man, wenn **Dritte** unter Androhung von Nachteilen für den Arbeitgeber von diesem **die Kündigung eines Ar-** 201

---

[574] Ebenso LAG Schleswig-Holstein NZA 1987, 669; – offengelassen von BAG 14. 2. 1991, RzK I 6 a Nr. 70; – abweichend HaKo-*Gallner* § 1 Rn. 476.
[575] Vgl. *Staudinger/Richardi* § 613 Rn. 4.
[576] LAG Stuttgart BB 1953, 236; LAG Baden-Württemberg DB 1968, 359; LAG Hamburg BB 1970, 1096.
[577] BAG 27. 9. 1960, 28. 2. 1963, AP Nr. 1, 3 zu § 1 KSchG Sicherheitsbedenken; BAG 26. 10. 1978, 20. 7. 1989, AP Nr. 1 und 2 zu § 1 KSchG 1969 Sicherheitsbedenken; ausf. hierzu *Meyer* Die Kündigung wegen Sicherheitsbedenken 1997.
[578] Vgl. LAG Hamm 29. 1. 1997, RzK I 5 h Nr. 48.
[579] BAG 21. 3. 1996, RzK I 5 h Nr. 30; BVerwG 12. 12. 1985, BVerwGE 83, 90, 95.
[580] Vgl. LAG Köln 9. 5. 1996, RzK I 5 h Nr. 37.

beitnehmers verlangen.[581] Das Kündigungsverlangen kann dabei sowohl aus Kreisen der Belegschaft, von Kunden, Auftraggebern oder Lieferanten sowie von seiten des Betriebsrats (§ 104 BetrVG)[582] kommen.

202 Bei der Druckkündigung sind **zwei Fallgruppen** zu unterscheiden:[583] Das Verlangen Dritter kann gegenüber dem Arbeitgeber durch ein Verhalten des Arbeitnehmers oder einen in der Person des Arbeitnehmers liegenden Grund objektiv gerechtfertigt sein; in diesem Falle liegt es im Ermessen des Arbeitgebers, eine Kündigung auszusprechen.[584] Fehlt dagegen ein objektiver Kündigungsgrund, so ist das bloße Verlangen Dritter, einen bestimmten Arbeitnehmer zu kündigen, nicht ohne weiteres geeignet, eine Kündigung sozial zu rechtfertigen.[585]

203 Der Arbeitgeber hat sich beim Fehlen eines objektiven Kündigungsgrundes **schützend vor den Arbeitnehmer zu stellen** und alles ihm Zumutbare zu versuchen, um Dritte von deren Drohung abzubringen. Nur dann, wenn diese Versuche des Arbeitgebers keinen Erfolg haben, die Belegschaft also beispielsweise ernsthaft die Zusammenarbeit mit dem betroffenen Arbeitnehmer verweigert[586] bzw. mit Streik oder Massenkündigungen droht[587] oder Geschäftspartner des Arbeitgebers den Abbruch der Geschäftsbeziehungen ernstlich in Aussicht stellen,[588] kann eine Kündigung des betreffenden Arbeitnehmers sozial gerechtfertigt sein.[589] Die **vorherige Anhörung** des Arbeitnehmers ist dabei nicht Wirksamkeitsvoraussetzung für eine Druckkündigung.[590]

204 Der Arbeitgeber kann sich grundsätzlich nicht auf eine die Kündigung herbeiführende Drucksituation berufen, wenn er die **Drucksituation selbst**

---

[581] Vgl. dazu zuletzt BAG 31. 1. 1996, AP Nr. 13 zu § 626 BGB Druckkündigung; BAG 10. 12. 1992, AP Nr. 41 zu Art. 140 GG unter III 3 c dd; BAG 4. 10. 1990, AP Nr. 12 zu § 626 BGB Druckkündigung; BAG 19. 6. 1986, AP Nr. 33 zu § 1 KSchG 1969 Betriebsbedingte Kündigung mit Anm. *Gamillscheg*; außerdem BAG 10. 10. 1957, 11. 2. 1960, 26. 1. 1962, 18. 9. 1975, AP Nr. 1, 3, 8, 10 zu § 626 BGB Druckkündigung; *Ascheid* Kündigungsschutzrecht Rn. 168 ff.; MünchArbR/*Berkowsky* § 138 Rn. 67; *Birk* JuS 1986, 539; *Blaese* DB 1988, 178 ff.; KR-*Etzel* § 1 KSchG Rn. 601; KR-*Fischermeier* § 626 BGB Rn. 204; *Löwisch* § 1 Rn. 323 f.; *Lämmerhirdt* Die auf Druck am Arbeitsverhältnis nicht beteiligter Dritter erfolgte Kündigung seitens des Arbeitgebers 1973; *Rahmstorf* Die Druckkündigung des Arbeitsverhältnisses 1998; MünchKomm-BGB/*Schwerdtner* § 626 Rn. 177 ff.; *Stahlhacke/Preis/Vossen* Rn. 541; *Staudinger/Preis* § 626 Rn. 235.
[582] Dazu *v. Hoyningen-Huene* BetrVR § 14 V 3.
[583] Ebenso BAG 4. 10. 1990, AP Nr. 12 zu § 626 BGB Druckkündigung unter II 1; ErfK/*Ascheid* § 1 KSchG Rn. 276 f.
[584] Vgl. BAG 26. 1. 1962, AP Nr. 8 zu § 626 BGB Druckkündigung mit Anm. *Herschel*; BAG 18. 9. 1975, AP Nr. 10 zu § 626 BGB Druckkündigung mit Anm. *Hölters* = AR-Blattei Kündigung XII Entsch. 2 mit Anm. *Herschel*.
[585] H. M.; vgl. BAG 19. 6. 1986, AP Nr. 33 zu § 1 KSchG 1969 Betriebsbedingte Kündigung.
[586] Dazu BAG 10. 12. 1992, AP Nr. 41 zu Art. 140 GG unter III 3 c dd (2).
[587] Dazu BAG 4. 10. 1990, 31. 1. 1996, AP Nr. 12 und 13 zu § 626 BGB Druckkündigung.
[588] Dazu BAG 19. 6. 1986, AP Nr. 33 zu § 1 KSchG 1969 Betriebsbedingte Kündigung; BAG 26. 6. 1997, RzK I 8 d Nr. 8.
[589] Gegen die Zulässigkeit einer Druckkündigung in diesen Fällen HK-KSchG/*Weller/Dorndorf* § 1 Rn. 998.
[590] Zutr. BAG 4. 10. 1990, AP Nr. 12 zu § 626 BGB Druckkündigung.

in vorwerfbarer Weise herbeigeführt hat.[591] Wird die Kündigung gleichwohl in einem solchen Fall unvermeidbar, so ist der Arbeitgeber dem Arbeitnehmer wegen positiver Vertragsverletzung bzw. nach § 628 BGB schadenersatzpflichtig.[592] Gegenüber Dritten können dem Arbeitnehmer im Einzelfall Schadensersatzansprüche aus § 826 BGB zustehen.[593]

Rechtsdogmatisch wird die Druckkündigung **überwiegend als betriebsbedingte Kündigung** eingeordnet.[594] Dies scheint indes zweifelhaft, weil der eigentliche Grund, der zur Kündigung des betreffenden Arbeitnehmers führt, nicht dem Betrieb zuzurechnen ist, sondern der Person des betroffenen Arbeitnehmers.[595] Es erscheint daher richtiger, die Druckkündigung als personenbedingte Kündigung zu verstehen, weil die Person des Arbeitnehmers der eigentliche Anlaß für den von Dritten ausgeübten Druck auf den Arbeitgeber ist. 205

Inzwischen hat auch das BAG erkannt, daß eine Druckkündigung personenbedingt sein kann.[596] Stütze der Arbeitgeber die Kündigung auf eine Drucksituation, die auf persönliche Umstände des Arbeitnehmers zurückzuführen sei, wie beispielsweise **autoritärer Führungsstil und mangelnde Fähigkeit zur Menschenführung,** komme eine personenbedingte Druckkündigung in Betracht, wenn Dritte unter Androhung von erheblichen Nachteilen für den Arbeitgeber nachhaltig die Entlassung des Arbeitnehmers fordern. 205 a

h) Eheschließung und Ehescheidung

Die Eheschließung und die Ehescheidung sind grundsätzlich nicht geeignet, einen personenbedingten Kündigungsgrund zu bilden, weshalb sog. **Zölibatsklauseln** in Arbeitsverträgen gegen Art. 6 Abs. 1 GG verstoßen und unwirksam sind.[597] Nach Auffassung des BAG ist das **Scheitern der Ehe** ohne konkrete nachteilige Auswirkungen auf das Arbeitsverhältnis kein Kündigungsgrund.[598] 206

Dieser Grundsatz gilt jedoch nach der st. Rspr. des BAG nicht für Ehen von **Arbeitnehmern kirchlicher Einrichtungen,** wenn die Scheidung, der Ehebruch oder die wiederholte Heirat gegen fundamentale Grundsätze der 207

---

[591] BAG 26. 1. 1962, AP Nr. 8 zu § 626 BGB Druckkündigung; APS/*Dörner* § 626 BGB Rn. 339; KR-*Fischermeier* § 626 BGB Rn. 208; MünchKomm-BGB/*Schwerdtner* § 626 Rn. 177; *Staudinger/Preis* § 626 Rn. 235.

[592] Ebenso *Erman/Belling* § 626 Rn. 83; *Löwisch* § 1 Rn. 324; ErfK/*Müller-Glöge* § 626 Rn. 224; ausf. hierzu *Schleusener* NZA 1999, 1078; siehe dazu auch MünchKomm-BGB/ *Schwerdtner* § 626 Rn. 181, der in diesen Fällen §§ 9, 10 KSchG analog anwenden will.

[593] Vgl. dazu BAG 4. 6. 1998, AP Nr. 7 zu § 823 BGB mit Anm. *Edenfeld* sowie *Schleusener* NZA 1999, 1078, 1080.

[594] Siehe nur BAG 4. 10. 1990, AP Nr. 12 zu § 626 BGB Druckkündigung unter III 1 b; BAG 19. 6. 1986, AP Nr. 33 zu § 1 KSchG 1969 Betriebsbedingte Kündigung; KR-*Etzel* § 1 KSchG Rn. 454; *Löwisch* § 1 Rn. 207.

[595] Kritisch auch ErfK/*Ascheid* § 1 KSchG Rn. 278; MünchArbR/*Berkowsky* § 138 Rn. 67; *Gamillscheg* Anm. zu BAG AP Nr. 33 zu § 1 KSchG 1969 Betriebsbedingte Kündigung; APS/*Kiel* § 1 KSchG Rn. 521; *Wisskirchen* S. 90 ff.

[596] BAG 31. 1. 1996, AP Nr. 13 zu § 626 BGB Druckkündigung.

[597] BAG 10. 5. 1957, AP Nr. 1 zu Art. 6 Abs. 1 GG Ehe und Familie.

[598] BAG 9. 2. 1995, RzK I 5 h Nr. 25; – abweichend die Vorinstanz LAG Köln LAGE § 1 KSchG Personenbedingte Kündigung Nr. 11.

kirchlichen Glaubens- und Sittenlehre verstößt.[599] Hier ist zu berücksichtigen, daß sich ein kirchlicher Arbeitgeber beim Abschluß von Arbeitsverträgen nicht nur wie jedermann an der durch das staatliche Arbeitsrecht begrenzten Privatautonomie zur Begründung (und Beendigung) von Arbeitsverhältnissen beteiligt, sondern zugleich von der institutionellen Garantie Gebrauch macht, die es Kirchen ermöglicht, ihre Angelegenheiten nach Art. 140 GG i.V.m. Art. 137 Abs. 3 Satz 1 WRV selbständig innerhalb der Schranken der für alle geltenden Gesetze zu ordnen und zu verwalten. Deshalb findet neben dem staatlichen das kircheneigene Arbeitsrecht Anwendung.

207 a Obwohl die kirchlichen Arbeitsverhältnisse in den Geltungsbereich des KSchG einbezogen werden, hebt dies die Zugehörigkeit zu den „eigenen Angelegenheiten" der Kirche nicht auf. Die Anwendung des staatlichen Arbeitsrechts darf die **verfassungsrechtlich geschützte Eigenart des kirchlichen Dienstes** nicht in Frage stellen. Das verfassungsrechtlich garantierte Selbstbestimmungsrecht der Kirchen bleibt für die Gestaltung der Arbeitsverhältnisse wesentlich. Deshalb kann beispielsweise die katholische Kirche das besondere Leitbild einer christlichen Dienstgemeinschaft aller ihrer Mitarbeiter (Art. 1 Satz 1 GrO) den Arbeitsverhältnissen zugrunde legen. Sie ist befugt, den ihr angehörenden katholischen Arbeitnehmern durch Art. 4 Abs. 1 Satz 1 GrO aufzuerlegen, daß sie die Grundsätze der katholischen Glaubens- und Sittenlehre anerkennen und beachten. Denn für die Kirchen kann ihre Glaubwürdigkeit davon abhängen, daß ihre Mitglieder, die in ein Arbeitsverhältnis zu ihnen treten, die kirchliche Ordnung – auch in ihrer Lebensführung – respektieren.

207 b Die Arbeitsgerichte sind bei der Rechtsanwendung auch an die **Vorgaben von anerkannten Religionsgesellschaften** gebunden, soweit diese Vorgaben den anerkannten Maßstäben der verfaßten Kirchen Rechnung tragen und sich die Gerichte durch die Anwendung dieser Vorgaben nicht in Widerspruch zu den Grundprinzipien der Rechtsordnung begeben, wie sie im allgemeinen Willkürverbot (Art. 3 Abs. 1 GG) sowie in dem Begriff der guten Sitten (§ 138 Abs. 1 BGB) und des ordre public (Art. 30 EGBGB) ihren Niederschlag gefunden haben. Die Religionsgesellschaften dürfen al-

---

[599] BAG 25. 4. 1978, AP Nr. 2 zu Art. 140 GG mit zust. Anm. *Mayer-Maly* = EzA § 1 KSchG Tendenzbetrieb Nr. 4 mit zust. Anm. *Dütz* = AR-Blattei Kirchenbedienstete Entsch. 16 mit Anm. *Richardi;* BAG 4. 3. 1980, AP Nr. 3 zu Art. 140 GG mit zust. Anm. *Stein* = AR-Blattei Kirchenbedienstete Entsch. 18 mit zust. Anm. *Richardi;* BAG 14. 10. 1980, AP Nr. 7 zu Art. 140 GG mit zust. Anm. *Schlaich* = AR-Blattei Kirchenbedienstete Entsch. 20 mit krit. Anm. *Richardi* = EzA § 1 KSchG Tendenzbetrieb Nr. 10 mit zust. Anm. *Herschel;* BAG 31. 10. 1984, AP Nr. 20 zu Art. 140 GG mit Anm. *Dütz* = AR-Blattei Kirchenbedienstete Entsch. 30 mit zust. Anm. *Richardi;* BAG 18. 11. 1986, 25. 5. 1988, AP Nr. 35, 36 zu Art. 140 GG; BAG 24. 4. 1997, AP Nr. 27 zu § 611 BGB Kirchendienst mit Anm. *Thüsing;* BAG 16. 9. 1999, AP Nr. 1 zu Art. 4 GrO kath. Kirche; LAG Rheinland-Pfalz 9. 1. 1997, NZA 1998, 149; – vgl. dazu auch *Berchtenbreiter* Kündigungsschutzprobleme im kirchlichen Arbeitsverhältnis 1984; *Dütz* NJW 1990, 2025; *ders.* NJW 1994, 1369, 1372 f.; *Geck/Schimmel* AuR 1995, 177; *Keßler* Festschrift für Gitter, S. 461 ff.; *Klimpe-Auerbach* AuR 1995, 170; *Krüger* ZTR 1991, 11 ff.; *Mayer-Maly* BB 1977 Beil. 3; *Mummenhoff* NZA 1990, 585, 588; *Otto* AuR 1980, 289 ff.; *Richardi* Arbeitsrecht in der Kirche 3. Aufl. 2000, S. 90 ff.; MünchArbR/*Richardi* § 193 Rn. 33 ff.; *Rüthers* NJW 1976, 1918 ff.; *ders.* NJW 1986, 356 ff.; *Ruland* NJW 1980, 89 ff.; *Thüsing/Börschel* NZA-RR 1999, 561; *Vogler* RdA 1993, 257.

lerdings auch in Einzelfällen nicht unannehmbare Anforderungen an die Loyalität ihrer Arbeitnehmer stellen.[600]

Diese Rechtsprechung des BAG ist vom **Bundesverfassungsgericht** in seinem Beschluß vom 4. 6. 1985 im Grundsatz bestätigt worden.[601] Danach haben die Kirchen in den Schranken der für alle geltenden Gesetze das Recht, den kirchlichen Dienst nach ihrem Selbstverständnis zu regeln und die spezifischen Obliegenheiten kirchlicher Arbeitnehmer verbindlich zu bestimmen. Welche kirchlichen Grundverpflichtungen als Gegenstand des Arbeitsverhältnisses bedeutsam sein können, richtet sich dementsprechend nach den von der verfaßten Kirche anerkannten Maßstäben. Im Streitfall haben die Arbeitsgerichte die vorgegebenen kirchlichen Maßstäbe für die Bewertung vertraglicher Loyalitätspflichten zugrundezulegen, soweit die Verfassung das Recht der Kirchen anerkennt, hierüber selbst zu befinden. Es bleibt nach Auffassung des Bundesverfassungsgerichts grundsätzlich der verfaßten Kirche überlassen, verbindlich zu bestimmen, was „Glaubwürdigkeit der Kirche und ihrer Verkündung erfordert", was „spezifische kirchliche Aufgaben" sind, was „Nähe" zu ihnen bedeutet, welches die „wesentlichen Grundsätze der Glaubens- und Sittenlehre" sind und was als – gegebenenfalls schwerer – Verstoß gegen diese anzusehen ist. 208

Dementsprechend stellt zwar die **Heirat eines im kirchlichen (katholischen) Dienst stehenden Mitarbeiters mit einer geschiedenen katholischen Frau** einen schwerwiegenden Verstoß gegen den nach kanonischem Recht bestehenden Grundsatz der Unauflöslichkeit der Ehe dar. Dieser Verstoß ist aber auch nach Auffassung des BAG nur dann geeignet, eine Kündigung zu rechtfertigen, wenn der kirchliche Mitarbeiter in einem spezifischen Näheverhältnis zu der von der betreffenden kirchlichen Institution wahrzunehmenden Aufgabe steht, wie dies etwa bei Kindergartenleiterinnen und Lehrern anzunehmen ist.[602] Fehlt es bei der Ausübung der beruflichen Tätigkeit an einer solchen spezifischen Nähe zur kirchlichen Aufgabe, wie etwa bei Handwerkern, Schreibkräften, Reinigungs- und Küchenpersonal, so ist auch eine nach kanonischem Recht unwirksame Eheschließung grundsätzlich kein personen- oder verhaltensbedingter Kündigungsgrund.[603] 209

Der **Ehebruch des Leiters einer Kirchengemeinde der Mormonenkirche** kann eine außerordentliche Kündigung rechtfertigen.[604] Mit dem Ehebruch verstößt der Arbeitnehmer gegen die Verpflichtung, die hohen 209 a

---

[600] Vgl. BAG 24. 4. 1997, AP Nr. 27 zu § 611 BGB Kirchendienst mit Anm. *Thüsing* zur Mormonenkirche; BAG 21. 2. 2001 – 2 AZR 139/00; BVerfG 4. 6. 1985, AP Nr. 24 zu Art. 140 GG.

[601] BVerfG 4. 6. 1985, AP Nr. 24 zu Art. 140 GG = JZ 1986, 131 mit Anm. *Richardi* = NJW 1986, 367 mit Anm. *Rüthers* NJW 1986, 356 und *H. Weber* NJW 1986, 370 = AR-Blattei Kirchenbedienstete Entsch. 31 mit Anm. *Hofmann* sowie zuletzt BVerfG 31. 1. 2001, NZA 2001, 717; dazu auch *Dütz* NZA 1986 Beil. 1 S. 11; *Richardi* NZA 1986 Beil. 1 S. 3.

[602] Vgl. BAG 25. 4. 1978, 4. 3. 1980, 31. 10. 1984, AP Nr. 2, 3 und 20 zu Art. 140 GG; zur Zustimmung zur Kündigung nach § 18 Abs. 1 BErzGG in diesen Fällen OLG Düsseldorf BB 1992, 775 mit Anm. *Rust*.

[603] Vgl. BAG 14. 10. 1980, AP Nr. 7 zu Art. 140 GG; siehe auch LAG Rheinland-Pfalz 12. 9. 1991, LAGE § 611 BGB Kirchliche Arbeitnehmer Nr. 6, das im Falle der Wiederverheiratung einer bei der Caritas beschäftigten geschiedenen Altenpflegerin nach Interessenabwägung einen Kündigungsgrund verneint hat.

[604] BAG 24. 4. 1997, AP Nr. 27 zu § 611 BGB Kirchendienst mit Anm. *Thüsing*.

moralischen Grundsätze seiner Kirche einzuhalten und jegliches Verhalten zu unterlassen, das diese Grundsätze in Frage stellen könnte. Ein wesentlicher Glaubensgrundsatz der Mormonenkirche ist die absolute Treue zum Ehepartner. Ehebruch ist nach Mord das schwerste Vergehen. Diese Vorgaben der Religionsgemeinschaft tragen den anerkannten Maßstäben der verfaßten Kirchen Rechnung und stehen nicht im Widerspruch zu den Grundprinzipien der Rechtsordnung, weil der Ehe in den verfaßten Kirchen und in den Weltreligionen ebenfalls eine herausragende Bedeutung zukommt. Das kirchliche Verständnis der Ehe hat auch in Art. 6 Abs. 1 GG seinen Niederschlag gefunden, und zwar ungeachtet der Tatsache, daß dies in der gelebten Praxis auch anders gesehen wird.

209 b Diese Grundsätze gelten auch für **Arbeitnehmer der Katholischen Kirche**.[605] Daß der Ehebruch nach der Neufassung des codex iuris canonici im Jahre 1983 nicht länger als Verbrechen angesehen wird, ist dabei ohne Belang. Denn das kanonische Recht nennt als Wesenseigenschaft der Ehe nach wie vor ihre Unauflöslichkeit (can. 1056 cic) sowie ihre lebenslange und ausschließliche Natur (can. 1134 cic).

i) Ehrenamt

210 Die **Übernahme eines öffentlichen Ehrenamtes** und die dadurch bedingte Versäumung von Arbeitszeit ist nicht geeignet, eine Kündigung sozial zu rechtfertigen.[606] So ist in verschiedenen Landesverfassungen eine ausdrückliche Pflicht zur Übernahme von Ehrenämtern festgelegt.[607] Daraus läßt sich der allgemeine Schluß ziehen, daß auch dann, wenn zwar keine direkte Pflicht zur Übernahme von solchen Ämtern besteht, der Arbeitnehmer doch jedenfalls nicht wegen der Übernahme durch Kündigung geschädigt werden darf. Dies entspricht dem Maßregelungsverbot des § 612a BGB. Für Abgeordnete des Bundestages, der Länder, Kreis- und Gemeindeparlamente gibt es besondere Kündigungsverbote (z.B. Art. 48 Abs. 2 GG und § 2 Abs. 3 AbgeordnetenG).[608]

j) Eignung

211 Die **fehlende körperliche und geistige Eignung** eines Arbeitnehmers zur Ausführung der arbeitsvertraglich vereinbarten Arbeitsleistung stellt grundsätzlich einen Kündigungsgrund in der Person des Arbeitnehmers dar.[609] Die fehlende Eignung ist dabei von der unzureichenden Arbeitsleistung zu unterscheiden, die eine verhaltensbedingte Kündigung rechtfertigen kann.[610] Dabei sind freilich die Grenzen fließend.[611] Wichtig ist die Unterscheidung

---

[605] BAG 16. 9. 1999, AP Nr. 1 zu Art. 4 GrO kath. Kirche.
[606] Vgl. LAG Düsseldorf BB 1966, 288; ErfK/*Ascheid* § 1 KSchG Rn. 254; KR-*Etzel* § 1 KSchG Rn. 326.
[607] Vgl. z.B. Art. 121 Bayer. Verfassung: „Alle Bewohner Bayerns sind zur Übernahme von Ehrenämtern, insbesondere als Vormund, Waisenrat, Jugendpfleger, Schöffe und Geschworener verpflichtet".
[608] Vgl. dazu BAG 30. 6. 1994, AP Nr. 2 zu Art. 9 Einigungsvertrag.
[609] Vgl. *Becker-Schaffner* DB 1981, 1775; KR-*Etzel* § 1 KSchG Rn. 327ff.; *Leuchten/Zimmer* BB 1999, 1973; *Löwisch* § 1 Rn. 162ff.
[610] Vgl. Rn. 349ff.
[611] Vgl. zur Abgrenzung Rn. 185ff.

jedoch für die Frage, ob vor Ausspruch der Kündigung eine Abmahnung erforderlich ist. Da die Abmahnung nur dann Sinn hat, wenn der Abgemahnte sein Verhalten ändern kann, also der Leistungsmangel auf einem steuerbaren Verhalten beruht,[612] ist sie bei unbehebbaren Leistungsmängeln entbehrlich.[613]

Die mangelnde Eignung des Arbeitnehmers kann sich auch aus **außerdienstlichen Straftaten des Arbeitnehmers ergeben.**[614] So sind Lehrer oder Erzieher, die Sittlichkeits- oder Sexualdelikte begangen haben, für ihre Tätigkeit ungeeignet. Hier liegen Charaktermängel vor, die es unzumutbar erscheinen lassen, solche Personen weiter als Erzieher einzusetzen.[615] Gleiches gilt für Personen, die Bargeld für den Arbeitgeber verwalten (z. B. Bankkassierer) und außerbetrieblich Vermögensdelikte begehen. Auch hier ist dem Arbeitgeber in der Regel eine Fortsetzung des Arbeitsverhältnisses nicht zuzumuten.[616] Einem Kfz-Sachverständigen fehlt die erforderliche Eignung, wenn er mit einem Blutalkoholgehalt von 1,9 Promille einen Unfall verursacht, im Anschluß daran Fahrerflucht begeht und die Fahrerlaubnis daraufhin entzogen wird.[617] Ungeeignet ist ferner ein Angestellter einer Finanzbehörde, wenn er Steuern in erheblicher Höhe hinterzogen hat, und zwar auch dann, wenn er die Hinterziehung nach § 371 AO selbst angezeigt hat.[618]

Nicht behebbare veranlagungsbedingte Mängel im Ansatz des Musikinstruments können ohne vorherige Abmahnung einen personenbedingten Grund zur Kündigung einer 1. Hornistin darstellen.[619] **Mangelnde Sprachkenntnisse – also z. B. unzureichende Deutschkenntnisse ausländischer Arbeitnehmer oder mangelhafte Fremdsprachenkenntnisse deutscher Arbeitnehmer –** können gleichfalls eine personenbedingte Kündigung rechtfertigen, wenn die Sprachkenntnisse Gegenstand des vertraglich Vereinbarten sind und der Arbeitnehmer nicht in der Lage ist, sich die erforderlichen Kenntnisse anzueignen.[620] Läßt sich die Ursache der mangelhaften Arbeitsleistungen nicht eindeutig auf eine fehlende Eignung zurückführen, so ist allerdings im Zweifel vor Ausspruch der Kündigung eine Abmahnung erforderlich.[621]

Ein Sonderfall der fehlenden Eignung eines Arbeitnehmers ist die Tätigkeit für den Staatssicherheitsdienst der **ehemaligen DDR** („Stasi-Tätigkeit").

---

[612] Vgl. *v. Hoyningen-Huene* RdA 1990, 193, 199 ff.
[613] BAG 18. 1. 1980, AP Nr. 3 zu § 1 KSchG 1969 Verhaltensbedingte Kündigung; *Stahlhacke/Preis/Vossen* Rn. 737.
[614] BAG 26. 3. 1992, AP Nr. 23 zu § 626 BGB Verdacht strafbarer Handlung unter B III 2 a = EzA § 626 BGB Verdacht strafbarer Handlung Nr. 4 mit Anm. *Kittner; Preis* S. 466; *Stahlhacke/Preis/Vossen* Rn. 527; näher zum außerdienstlichen Verhalten Rn. 321 ff.
[615] Vgl. LAG Berlin 15. 12. 1989, LAGE § 626 BGB Nr. 45.
[616] Zur verhaltensbedingten Kündigung wegen außerdienstlichem Verhalten vgl. Rn. 321 ff.
[617] Vgl. LAG Köln 25. 8. 1988, LAGE § 626 BGB Nr. 34.
[618] BAG 21. 6. 2001 – 2 AZR 325/00.
[619] LAG Brandenburg 21. 3. 1994, LAGE § 1 KSchG Personenbedingte Kündigung Nr. 12.
[620] Vgl. Hessisches LAG 19. 7. 1999, LAGE § 1 KSchG Betriebsbedingte Kündigung Nr. 55 mit krit. Anm. *Schwarze.*
[621] BAG 29. 7. 1976, AP Nr. 9 zu § 1 KSchG Verhaltensbedingte Kündigung mit Anm. *Boden* zu fehlenden Führungseigenschaften eines Konzertmeisters.

§ 1   212 b, 212 c   1. Abschnitt. Allgemeiner Kündigungsschutz

Für Arbeitnehmer im **öffentlichen Dienst** ist gemäß Anlage I Kap. XIX Sachgebiet A Abschnitt III Nr. 1 Abs. 5 zum Einigungsvertrag vom 31. 8. 1990 bei einer früheren Tätigkeit für das Ministerium für Staatssicherheit/ Amt für nationale Sicherheit der DDR (MfS/ANS) sogar ein Grund für eine außerordentliche Kündigung gegeben (dazu oben Einl. Rn. 75 a ff.). Dadurch soll im Bereich des öffentlichen Dienstes die Trennung von vorbelastetem Personal erleichtert werden,[622] was im Hinblick auf die besondere Treuepflicht der Arbeitnehmer des öffentlichen Dienstes (vgl. § 8 Abs. 1 BAT) gerechtfertigt erscheint. Bei der Prüfung, ob ein Festhalten am Arbeitsverhältnis zumutbar ist, muß stets eine Einzelfallprüfung vorgenommen werden.[623] Aus der bloßen **Zurverfügungstellung einer konspirativen Wohnung** kann noch nicht auf die mangelnde Eignung geschlossen werden.[624]

212 b   Die von den Arbeitgebern des öffentlichen Dienstes in Personalfragebögen gestellten **Fragen über frühere Parteifunktionen in der SED und nach einer Tätigkeit für das MfS** sind zulässig und daher wahrheitsgemäß zu beantworten.[625] Nur Fragen nach Vorgängen, die vor dem Jahre 1970 abgeschlossen waren, sind im allgemeinen wegen Verletzung des allgemeinen Persönlichkeitsrechts unzulässig. Aus der falschen Beantwortung solcher Fragen dürfen keine arbeitsrechtlichen Konsequenzen gezogen werden.[626]
Die **Falschbeantwortung von Fragen nach einer MfS-Tätigkeit** und einer Verpflichtungserklärung kann eine fristgemäße Kündigung wegen mangelnder persönlicher Eignung für eine Beschäftigung im öffentlichen Dienst sozial rechtfertigen.[627] Denn die wahrheitsgemäße Beantwortung dieser Fragen ist im Hinblick auf die besonderen Treuepflichten der Angehörigen des öffentlichen Dienstes erkennbar für den Dienstherrn von besonderer Bedeutung.[628] Die Nichtbeantwortung der Fragen steht der Falschbeantwortung nicht gleich. Deshalb kann hieraus nicht auf einen charakterlichen Mangel und damit einen Kündigungsgrund in der Person des Arbeitnehmers geschlossen werden.[629] Das Recht zur Kündigung wegen Falschbeantwortung der Fragen nach einer Tätigkeit für das MfS wird nicht dadurch verwirkt, daß der Arbeitgeber zuvor (1 1/2 Jahre) zunächst wegen einer Tätigkeit für das MfS gekündigt hat.[630]

212 c   Für die soziale Rechtfertigung einer auf frühere Stasi-Tätigkeit gestützten Kündigung in der Privatwirtschaft kommt es darauf an, wie sich die **Vorbelastung des Arbeitnehmers auf das Arbeitsverhältnis auswirkt.** Ähnlich wie Vorstrafen nur ausnahmsweise geeignet sind, einen Kündigungsgrund zu bilden, kann auch die frühere Stasi-Tätigkeit nur dann eine Kündigung

---

[622] Vgl. Erläuterungen der Bundesregierung zu den Anlagen des Einigungsvertrages vom 31. 8. 1990, BT-Drucks. 11/7817, S. 180.
[623] Vgl. BAG 28. 4. 1994, AP Nr. 13 zu Art. 20 Einigungsvertrag; BAG 16. 9. 1999, RzK I 5 h Nr. 53.
[624] Vgl. BAG 1. 7. 1999, RzK I 5 h Nr. 50.
[625] BVerfG 8. 7. 1997, AP Nr. 39 zu Art. 2 GG; BAG 26. 8. 1993, AP Nr. 8 zu Art. 20 Einigungsvertrag; BAG 14. 12. 1995, EzA Art. 20 Einigungsvertrag Nr. 52.
[626] BVerfG 8. 7. 1997, AP Nr. 39 zu Art. 2 GG; BVerfG 4. 8. 1998, NZA 1998, 1329.
[627] Zur verhaltensbedingten Kündigung aus diesem Grunde vgl. Rn. 334 b m. w. N.
[628] BAG 9. 7. 1998, RzK I 5 h Nr. 43.
[629] Vgl. BAG 10. 10. 1996, RzK I 5 h Nr. 36.
[630] Vgl. BAG 20. 8. 1998, RzK I 5 h Nr. 46.

rechtfertigen, wenn für die arbeitsvertraglich vereinbarte Tätigkeit eine besondere Integrität des Arbeitnehmers erforderlich ist, wie dies beispielsweise bei Mitarbeitern in Vertrauensstellungen anzunehmen ist.[631] Für die Prognose, ob dem Arbeitgeber die Fortsetzung des Arbeitsverhältnisses mit einem früheren Stasi-Mitarbeiter zuzumuten ist, kommt es auch auf Art, Dauer und Zeitpunkt der früheren Stasi-Tätigkeit an; denn die Vorbelastung des Arbeitnehmers und die hieraus resultierenden Auswirkungen auf das Arbeitsverhältnis sind bei einer nur informellen Stasi-Tätigkeit geringer als bei einer hauptamtlichen.

Kündigungsrelevant kann im Einzelfall auch die **fehlende Akzeptanz** des früheren Stasi-Mitarbeiters **in der Belegschaft** und das von ihr ausgehende Kündigungsverlangen sein. Entsprechend den für die Druckkündigung geltenden Grundsätzen (dazu oben Rn. 201 ff.) ist hier unter Berücksichtigung aller Umstände des Einzelfalles zu prüfen, ob die Kündigung sozial gerechtfertigt erscheint.[632] Dabei ist auch insbesondere bei Führungskräften eine Änderungskündigung mit dem Ziel einer Versetzung auf einen Arbeitsplatz ohne Vorgesetztenfunktion als milderes Mittel vor einer Beendigungskündigung in Erwägung zu ziehen.

k) Gewissensentscheidung

Schrifttum: *Boemke/Gründel*, Grundrechte im Arbeitsverhältnis, ZfA 2001, 245; *Buchner*, Meinungsfreiheit im Arbeitsverhältnis, ZfA 1982, 49; *Denninger/Hohm*, Arbeitsverweigerung aus Gewissensgründen – eine grundsätzliche Untersuchung, AG 1989, 145; *Derleder*, Arbeitsverhältnis und Gewissen, AuR 1991, 193; *Häusele*, Weisung und Gewissen im Arbeitsrecht, 1989; *Herdegen*, Gewissensfreiheit und Normativität des positiven Rechts, 1989; *Hohn*, Die Freiheit des Gewissens, 1990; *Kissel*, Arbeitsrecht und Meinungsfreiheit, NZA 1988, 145; *Kohte*, Gewissenskonflikte am Arbeitsplatz – Zur Aktualität des Rechts der Leistungsstörungen, NZA 1989, 161; *Konzen/Rupp*, Gewissenskonflikte im Arbeitsverhältnis, 1990; *Kraft*, Rechtspflicht und Gewissensfreiheit, AcP 163 (1963), 472; *Kraushaar*, Die Glaubens- und Gewissensfreiheit des Arbeitnehmers nach Art. 4 GG, ZTR 2001, 208; *Mayer*, Arbeits- und sozialrechtliche Probleme der Gewissensfreiheit, AuR 1985, 105; *Leuze*, Zur Arbeitsverweigerung aus Gewissensgründen, RdA 1993, 16; *Reuter*, Das Gewissen des Arbeitnehmers als Grenze des Direktionsrechts des Arbeitgebers, BB 1986, 385; *Rüfner*, Gewissensentscheidung im Arbeitsverhältnis, RdA 1992, 1; *Wendeling-Schröder*, Gewissen und Eigenverantwortung im Arbeitsleben, BB 1988, 1742.

Sieht sich ein Arbeitnehmer aufgrund einer Gewissensentscheidung nicht in der Lage, die ihm zugewiesene Arbeit zu verrichten, so ist hierin nach Auffassung des BAG ein in der Person des Arbeitnehmers liegender Grund zu sehen, der an sich geeignet ist, eine personenbedingte Kündigung sozial zu rechtfertigen.[633] Voraussetzung der sozialen Rechtfertigung einer solchen Kündigung sei allerdings, daß für den betreffenden Arbeitnehmer eine **andere Beschäftigungsmöglichkeit nicht besteht**.[634]

---

[631] Ebenso *Scholz* BB 1992, 2424.
[632] Ebenso *Scholz* BB 1992, 2424, 2426.
[633] So BAG 24. 5. 1989, AP Nr. 1 zu § 611 BGB Gewissensfreiheit mit Anm. *Kraft/Raab* und *Berger-Delhey* = SAE 1991, 1 mit Anm. *Bydlinski* = AuR 1990, 265 mit Anm. *U. Mayer*; ArbG Köln EzA § 611 BGB Direktionsrecht Nr. 4.
[634] Vgl. ErfK/*Ascheid* § 1 KSchG Rn. 260; KR-*Etzel* § 1 KSchG Rn. 338; *Kittner/Däubler/Zwanziger* § 1 KSchG Rn. 141 a; *Löwisch* § 1 Rn. 230.

§ 1 214–216   1. Abschnitt. Allgemeiner Kündigungsschutz

214   Bei der Bestimmung des Begriffs der Gewissensentscheidung geht das BAG in Übereinstimmung mit der Rechtsprechung des BVerfG und des BVerwG von einem **subjektiven Gewissensbegriff** aus.[635] Danach ist Gewissen ein real erfahrbares seelisches Phänomen, dessen Forderungen, Mahnungen und Warnungen für den Menschen unmittelbar evidente Gebote unbedingten Sollens darstellen. Als eine Gewissensentscheidung sei jede ernste sittliche, d. h. an den Kategorien „gut" und „böse" orientierte Entscheidung anzusehen, die der einzelne in einer bestimmten Lage als für sich bindend und unbedingt verpflichtend innerlich erfahre, so daß er gegen sie nicht ohne ernste Gewissensnot handeln könne.[636]

215   Die Gewissensentscheidung des Arbeitnehmers ist nach Auffassung des BAG **nicht an objektiven Kriterien zu messen,** so daß sie nicht als direkt „falsch" oder „richtig" bewertet werden könne. Wenn sich ein Arbeitnehmer durch eine von ihm getroffene Gewissensentscheidung in seiner Einsatzmöglichkeit eingeschränkt fühle, sei vielmehr bei der Interessenabwägung zu prüfen, ob der Arbeitnehmer nicht im Rahmen der vereinbarten oder geänderter Arbeitsbedingungen anderweitig beschäftigt werden könne.[637] Vom BAG wurden hierbei als entscheidungserhebliche Abwägungskriterien die Vorhersehbarkeit und Wiederholungswahrscheinlichkeit einer vergleichbaren Gewissensnot sowie dringende betriebliche Erfordernisse auf seiten des Arbeitgebers angesehen.

216   Der **Arbeitnehmer,** der sich aufgrund einer Gewissensentscheidung weigert, bestimmte Arbeiten zu verrichten, hat diese Gewissensentscheidung im einzelnen **darzulegen** und zu erläutern. Dabei muß erkennbar sein, daß es sich um eine rational mitteilbare und ernsthafte Entscheidung handelt.[638] Nur in diesem Fall ist eine personenbedingte Kündigung zu prüfen; anderenfalls ist an eine verhaltensbedingte Kündigung wegen Arbeitsverweigerung zu denken. Eine solche würde dann allerdings grundsätzlich eine Abmahnung erfordern.

l) Krankheit

Schrifttum: *Bauer/Röder/Lingemann,* Krankheit im Arbeitsverhältnis, 2. Aufl. 1996; *Bezani,* Die krankheitsbedingte Kündigung, 1994; *Boewer,* Krankheit als Kündigungsgrund – Betriebliche Auswirkungen und Prognose, NZA 1988, 678; *Feichtinger,* AR-Blattei Krankheit des Arbeitnehmers I, SD 1000.1 (2001); *Hennige,* Die krankheitsbedingte Kündigung im Spiegel der Rechtsprechung, AuA 1995, 145; *Hoß,* Die krankheitsbedingte Kündigung, MDR 1999, 777; *Jedzig,* Der Bestandsschutz des Arbeits-

---

[635] Vgl. BAG 20. 12. 1984, AP Nr. 27 zu § 611 BGB Direktionsrecht mit Anm. *Brox* = AR-Blattei Direktionsrecht Entsch. 19 mit Anm. *Söllner;* BAG 24. 5. 1989, AP Nr. 1 zu § 611 BGB Gewissensfreiheit; BVerfGE 48, 127, 173; 69, 1, 23; BVerwGE 7, 242, 246; 75, 188, 195; 79, 24, 27; ebenso MünchArbR/*Berkowsky* § 133 Rn. 66 f.; *Kohte* NZA 1989, 161, 163; *Mayer* AuR 1985, 105, 108; *Preuß* AuR 1986, 382, 383; *Rüfner* RdA 1992, 1, 2 ff.; *Wendeling-Schröder* BB 1988, 1742, 1744; – kritisch hierzu *Brox* Anm. zu BAG AP Nr. 27 zu § 611 BGB Direktionsrecht; *Kissel* NZA 1988, 145, 151; *Kraft* AcP 163 (1963), 472, 484; *Leuze* RdA 1993, 16, 17 ff.

[636] Ausf. zum Gewissensbegriff *Derleder* AuR 1991, 193 ff.; *Denninger/Hohm* AG 1989, 145 ff.; *Häusele* S. 6 ff.; *Hohn* S. 257 ff.; *Konzen/Rupp* S. 102 ff.

[637] Vgl. auch LAG Düsseldorf 7. 8. 1992, NZA 1993, 411 zur Kollision zwischen Kunst- und Gewissensfreiheit.

[638] BAG 24. 5. 1989, AP Nr. 1 zu § 611 BGB Gewissensfreiheit; – zur Beweislast vgl. auch *Häusele* S. 32 ff.; *Reuter* BB 1986, 385, 389.

Sozial ungerechtfertigte Kündigungen   217, 218 § 1

verhältnisses im Krankheitsfall, 1984; *Lepke,* Kündigung bei Krankheit, 10. Aufl. 2000; *derselbe,* Zum Kündigungsrecht des Arbeitgebers bei Krankheit des Arbeitnehmers, DB 1970, 489; *derselbe,* Zur Kündigung des Arbeitgebers wegen Trunk- und Drogensucht des Arbeitnehmers, DB 1982, 173; *derselbe,* AIDS als arbeitsrechtlicher Kündigungsgrund, DB 1987, 1299; *derselbe,* Krankheitsbegriff im Arbeitsrecht, NZA-RR 1999, 57; *Liebig,* Die Krankheit des Arbeitnehmers als Kündigungsgrund, Diss. Erlangen 1988; *Nell,* Kündigung bei Krankheit, NJW 1978, 1838; *Popp,* Häufige Kurzerkrankungen als Kündigungsgrund, AuR 1979, 42; *derselbe,* Lohnfortzahlungskosten als Kündigungsgrund, DB 1986, 1461; *derselbe,* Zur Darlegungs- und Beweislast bei krankheitsbedingter Kündigung, BB 1980, 684; *Preis,* Die krankheitsbedingte Kündigung in: *Hromadka* (Hrsg.) Krankheit im Arbeitsverhältnis, 1993, S. 93; *Roos,* Die Rechtsprechung zur Kündigung wegen Krankheit, NZA-RR 1999, 617; *Schukai,* Kündigung wegen häufiger Fehlzeiten, DB 1976, 2015; *Schumann,* Zur Anhörung des Betriebsrats bei einer Kündigung wegen häufiger Kurzerkrankungen, DB 1984, 1878; *Schwerdtner,* Unzumutbar hohe Lohnfortzahlungskosten und krankheitsbedingte Kündigung, DB 1990, 375; *Stein,* Partielles Verbot krankheitsbedingter Kündigungen durch die Regelungen über Lohnfortzahlung im Krankheitsfall?, BB 1985, 605; *derselbe,* Lohnfortzahlungskosten und krankheitsbedingte Kündigung, AuR 1987, 388; *Stevens-Bartol,* Anmerkungen zur Rechtsprechung des BAG über „Krankheit als Kündigungsgrund", BlStSozArbR 1982, 353; *Tschöpe,* Die krankheitsbedingte Kündigung in der Rechtsprechung des BAG – Eine kritische Bestandsaufnahme, DB 1987, 1042; *Voigt,* Rechtliche Reaktionsmöglichkeiten auf eine Fehlprognose bei der krankheitsbedingten Kündigung, DB 1996, 526; *Weber/Hoß,* Die krankheitsbedingte Kündigung im Spiegel der aktuellen Rechtsprechung des BAG, DB 1993, 2429; *Weller,* Kündigung bei Krankheit, ArbRdGgnw, Band 20 (1983), 77; *Willemsen,* „Anstandspflichten" des erkrankten Arbeitnehmers?, DB 1981, 2619; *Wollenschläger/Kreßel,* Die arbeitsrechtlichen Konsequenzen von AIDS, AuR 1988, 198.

Wenn sich eine Krankheit störend auf das Arbeitsverhältnis auswirkt, kann **217** sie auch eine Kündigung sozial rechtfertigen.[639] Die krankheitsbedingte Kündigung ist sogar der **Hauptfall einer ordentlichen personenbedingten Kündigung.**[640] Eine außerordentliche krankheitsbedingte Kündigung kommt nur ausnahmsweise in Betracht, wobei grundsätzlich eine der ordentlichen Kündigungsfrist entsprechende Auslauffrist einzuhalten ist. Denkbar ist eine solche außerordentliche Kündigung insbesondere bei tariflich unkündbaren Arbeitnehmern[641] sowie in besonders krassen Fällen auch bei Betriebsratsmitgliedern.[642]

Unter Krankheit ist **jeder regelwidrige Körper- und Geisteszustand** **218** zu verstehen, der eine Heilbehandlung erforderlich macht.[643] Damit richtet sich sowohl die Kündigung wegen körperlicher Leiden als auch seelischer Erkrankungen nach den Grundsätzen der krankheitsbedingten Kündi-

---

[639] St. Rspr. seit BAG 12. 3. 1968, AP Nr. 1 zu § 1 KSchG Krankheit mit Anm. *A. Hueck.*
[640] *Birk* JuS 1986, 376 ff.; *Bitter/Kiel* RdA 1995, 26 ff.; KR-*Etzel* § 1 KSchG Rn. 343; *Hennige* AuA 1995, 145; *Stahlhacke/Preis/Vossen* Rn. 740; *Weber/Hoß* DB 1993, 2429; – zur rechtsgeschichtlichen Entwicklung der krankheitsbedingten Kündigung vgl. *Jedzig* Der Bestandsschutz des Arbeitsverhältnisses im Krankheitsfall 1984.
[641] BAG 9. 9. 1992, 12. 7. 1995, AP Nr. 3 und 7 zu § 626 BGB Krankheit; BAG 9. 7. 1998, EzA § 626 BGB Krankheit Nr. 1; BAG 16. 9. 1999, AP Nr. 159 zu § 626 BGB; BAG 18. 10. 2000, NZA 2001, 219.
[642] BAG 18. 2. 1993, AP Nr. 35 zu § 15 KSchG 1969; BAG 9. 7. 1998, EzA § 626 BGB Krankheit Nr. 1.
[643] BAG 5. 4. 1976, AP Nr. 40 zu § 1 LohnFG; BAG 25. 6. 1981, AP Nr. 52 zu § 616 BGB; *Boewer* NZA 1988, 678, 683 f.; *Lepke* S. 29 ff.; ders. NZA-RR 1999, 57; *Liebig* S. 4 ff.

gung.⁶⁴⁴ Auch Transsexualität wurde von der Rechtsprechung als Krankheit im medizinischen Sinne anerkannt.⁶⁴⁵ Nach Ansicht des EuGH verstößt die Kündigung einer transsexuellen Person wegen der Umwandlung des Geschlechts jedoch gegen Art. 5 Abs. 1 der Gleichbehandlungsrichtlinie 76/207/EWG und ist damit unwirksam.⁶⁴⁶

219   Bei der Prüfung krankheitsbedingter Kündigungen sind **vier Fallgruppen zu unterscheiden:**
(1) Kündigung wegen häufiger Kurzerkrankungen
(2) Kündigung wegen langandauernder Arbeitsunfähigkeit infolge einer Langzeiterkrankung
(3) Kündigung wegen dauernder Arbeitsunfähigkeit
(4) Kündigung wegen krankheitsbedingter Leistungsminderung.

aa) Häufige Kurzerkrankungen

220   Die Wirksamkeit von Kündigungen wegen häufiger Kurzerkrankungen ist nach inzwischen gefestigter Rechtsprechung in **drei Stufen** zu prüfen:⁶⁴⁷
– Nachweis einer negativen Gesundheitsprognose (Rn. 222, 227).
– Zukünftige erhebliche Beeinträchtigung betrieblicher oder wirtschaftlicher Interessen des Arbeitgebers infolge der Fehlzeiten (Rn. 231).
– Interessenabwägung (Rn. 235).

221   Der **Kündigungsgrund** besteht aus der negativen Gesundheitsprognose und den deshalb zu erwartenden betrieblichen oder wirtschaftlichen Beeinträchtigungen.⁶⁴⁸

222   (1) Eine **negative Gesundheitsprognose** liegt vor, wenn zum **Zeitpunkt des Zugangs der Kündigung** aufgrund objektiver Tatsachen damit zu rechnen ist, daß der Arbeitnehmer auch in Zukunft wiederholt arbeitsunfähig sein wird. Krankheitsbedingte Fehlzeiten in der Vergangenheit sind deshalb nur insoweit von Bedeutung, daß sie die Gefahr zukünftiger Erkrankungen indizieren können.⁶⁴⁹ Eine negative Gesundheitsprognose kann auch

---

⁶⁴⁴ Zu seelischen Erkrankungen vgl. BAG 6. 10. 1959, AP Nr. 19 zu § 14 SchwBeschG; LAG Baden-Württemberg BB 1961, 333.

⁶⁴⁵ Vgl. LAG Berlin 21. 1. 1980, EzA § 1 KSchG Personenbedingte Kündigung Nr. 1.

⁶⁴⁶ EuGH 30. 4. 1996, NJW 1996, 2421.

⁶⁴⁷ Vgl. BAG 9. 4. 1987, AP Nr. 18 zu § 1 KSchG 1969 Krankheit = EzA § 1 KSchG Krankheit Nr. 18 mit Anm. *v. Hoyningen-Huene;* BAG 16. 2. 1989, AP Nr. 20 zu § 1 KSchG 1969 Krankheit mit Anm. *Preis* = EzA § 1 KSchG Krankheit Nr. 25 mit Anm. *Schüren/Feuerborn;* BAG 6. 9. 1989, AP Nr. 21, 22, 23 zu § 1 KSchG 1969 Krankheit = EzA § 1 KSchG Krankheit Nr. 26, 27 mit gem. Anm. *Kittner* und Nr. 28 mit Anm. *Oetker;* BAG 7. 12. 1989, 10. 5. 1990, EzA § 1 KSchG Krankheit Nr. 30, 31; BAG 5. 7. 1990, AP Nr. 26 zu § 1 KSchG 1969 Krankheit; BAG 29. 8. 1991, AP Nr. 32 zu § 622 BGB; BAG 14. 1. 1993, NZA 1994, 309; BAG 29. 7. 1993, AP Nr. 27 zu § 1 KSchG 1969 Krankheit = EzA § 1 KSchG Krankheit Nr. 40 mit Anm. *Welslau/Haupt;* BAG 12. 12. 1996, EzA § 1 KSchG Krankheit Nr. 41; ebenso APS/*Dörner* § 1 KSchG Rn. 138; HK-KSchG/*Weller/Dorndorf* § 1 Rn. 379; – krit. hierzu ErfK/*Ascheid* § 1 KSchG Rn. 224.

⁶⁴⁸ BAG 7. 11. 1985, 16. 2. 1989, 6. 9. 1989, 29. 7. 1993, AP Nr. 17, 20, 23, 27 zu § 1 KSchG 1969 Krankheit; APS/*Dörner* § 1 KSchG Rn. 139; *Weller* ArbRdGgnw 20 (1982), 77, 81.

⁶⁴⁹ Ebenso BAG 10. 3. 1977, AP Nr. 4 zu § 1 KSchG 1969 Krankheit; BAG 10. 11. 1983, AP Nr. 11 zu § 1 KSchG 1969 Krankheit = SAE 1984, 205 mit Anm. *Denck;* BAG 16. 2. 1989, 6. 9. 1989, 29. 7. 1993, AP Nr. 20, 21, 22, 23, 27 zu § 1 KSchG 1969

dann gestellt werden, wenn in der Vergangenheit keine Fortsetzungserkrankungen i. S. d. § 3 Abs. 1 Satz 2 EFZG vorlagen.[650] Entscheidend ist die voraussichtliche jährliche Gesamtbelastung des Arbeitgebers durch krankheitsbedingte Fehlzeiten des Arbeitnehmers. Fehlt es an einer negativen Gesundheitsprognose, scheidet eine Kündigung aus. Die krankheitsbedingte Kündigung ist keine Sanktion für Fehlzeiten in der Vergangenheit.[651]

Um die Prognoseentscheidung treffen zu können, ist der Arbeitgeber im eigenen Interesse gut beraten, sich beim Arbeitnehmer vor Ausspruch der Kündigung über dessen Erkrankung zu erkundigen.[652] Eine **Erkundigungspflicht,** deren Verletzung zur Unwirksamkeit der Kündigung führen würde, besteht indes nicht.[653] Dementsprechend gibt es auch keine außerprozessuale **Auskunftspflicht** des Arbeitnehmers über seinen Gesundheitszustand, da hierfür eine entsprechende Rechtsgrundlage fehlt.[654]

Der Arbeitnehmer ist grundsätzlich außerhalb des Kündigungsschutzprozesses auch nicht verpflichtet, sich einer **amtsärztlichen oder betriebsärztlichen Untersuchung** zur Feststellung seiner zukünftigen Eignung für die vertraglich geschuldete Arbeitsleistung zu unterziehen. Eine solche arbeitsvertragliche Nebenpflicht ist § 242 BGB grundsätzlich nicht zu entnehmen.[655] Das Persönlichkeitsrecht des Arbeitnehmers (Art. 2 Abs. 1 GG) überwiegt insoweit das Informationsinteresse des Arbeitgebers an dem Gesundheitszustand des Arbeitnehmers. Nur ausnahmsweise besteht die Pflicht, sich einer Blutuntersuchung zur Klärung eines möglichen Alkohol- oder Drogenmißbrauchs zu unterziehen.[656]

Soweit allerdings Zweifel an der Arbeitsunfähigkeit bestehen, kann der Arbeitgeber nach § 275 Abs. 1 Nr. 3b SGB V eine Untersuchung durch den **Medizinischen Dienst der Krankenkassen** verlangen. Entsprechendes gilt, wenn arbeits- oder tarifvertragliche Regelungen eine solche Untersuchungspflicht ausdrücklich vorsehen.[657] So kann der **öffentliche Arbeitgeber** nach § 7 Abs. 2 BAT bei gegebener Veranlassung die Dienstfähigkeit des Angestellten durch einen Vertrauensarzt oder das Gesundheitsamt feststellen lassen. Bestehen begründete Zweifel, ob der Arbeitnehmer nur vor-

---

Krankheit; BAG 12. 12. 1996, EzA § 1 KSchG Krankheit; *Ascheid* Kündigungsschutzrecht Rn. 365 ff.; KR-*Etzel* § 1 KSchG Rn. 349; *Joost* Anm. zu BAG EzA § 1 KSchG Krankheit Nr. 15; *Lepke* S. 139 ff.; *Weller* ArbRdGgnw 20 (1982), 77, 79 f.; HK-KSchG/*Weller/Dorndorf* § 1 Rn. 383; – teilweise krit. hierzu MünchArbR/*Berkowsky* § 136 Rn. 40 f.

[650] Abweichend *Herbst/Wohlfahrt* DB 1990, 1816, 1820.
[651] BAG 23. 6. 1983, AP Nr. 10 zu § 1 KSchG 1969 Krankheit unter B III 4b aa.
[652] Zu Mitbestimmungsrechten des Betriebsrats bei Krankengesprächen vgl. BAG 8. 11. 1994, AP Nr. 24 zu § 87 BetrVG 1972 Ordnung des Betriebes; *Raab* NZA 1993, 193.
[653] BAG 10. 3. 1977, 22. 2. 1980, 15. 8. 1984, 17. 6. 1999, AP Nr. 4, 6, 16 und 37 zu § 1 KSchG 1969 Krankheit; *Stahlhacke/Preis/Vossen* Rn. 744; – anders noch BAG 12. 3. 1968, AP Nr. 1 zu § 1 KSchG Krankheit.
[654] Ebenso BAG 25. 11. 1982, AP Nr. 7 zu § 1 KSchG 1969 Krankheit; LAG Berlin DB 1990, 1621; ErfK/*Ascheid* § 1 KSchG Rn. 201; *Boewer* NZA 1988, 678, 684; *Lepke* S. 147 f.; HK-KSchG/*Weller/Dorndorf* § 1 Rn. 385.
[655] Ebenso LAG Berlin DB 1990, 1621; – abweichend *Bezani* Krankheitsbedingte Kündigung S. 66 ff.; *Keller* NZA 1988, 561, 564; *Wank* RdA 1993, 79, 87.
[656] BAG 12. 8. 1999, AP Nr. 41 zu § 1 KSchG 1969 Verhaltensbedingte Kündigung.
[657] Zu einer solchen tariflichen Regelung vgl. BAG 25. 6. 1992, AP Nr. 21 zu § 611 BGB Musiker.

übergehend durch Krankheit an der Arbeitsleistung verhindert oder auf Dauer berufs- oder erwerbsunfähig ist, so hat er sich, wenn er schuldhaft keinen Rentenantrag stellt, nach § 59 Abs. 1 Unterabs. 2, § 7 Abs. 2 BAT auf Verlangen des Arbeitgebers einer ärztlichen Untersuchung zu unterziehen.[658]

224 Bei der Bewertung der Anhaltspunkte für die Besorgnis künftiger Fehlzeiten besteht gemäß §§ 144, 286 ZPO ein **tatrichterlicher Ermessensspielraum.**[659] Zurückliegende Erkrankungen, denen ihrer Natur nach oder auf Grund ihrer Entstehung keine Wiederholungsgefahr beizumessen ist, können für eine negative Gesundheitsprognose nicht herangezogen werden. Dementsprechend scheiden einmalige Gesundheitsschäden, die auf einem Unfall (auch Betriebsunfall) beruhen, grundsätzlich als Prognosebasis aus.[660] Gleiches gilt für Arbeitsunfähigkeitszeiten, die auf akute Operationen (z. B. Blinddarm, Mandeln) zurückzuführen sind, oder ausgeheilte Krankheiten.[661]

224 a **Wiederholte unfallbedingte Fehlzeiten,** insbesondere wenn sie auf einer regelmäßigen Sportausübung beruhen, können jedoch im Einzelfall Rückschlüsse auf eine negative Gesundheitsprognose zulassen, beispielsweise weil sich damit der Arbeitnehmer als besonders verletzungsanfällig oder unvorsichtig erwiesen hat.[662] Bei einer Vielzahl von sportfallbedingten Fehlzeiten ist es Sache des Arbeitnehmers, darzulegen – z. B. unter Schilderung der Unfallhergänge –, warum künftig keine weiteren unfallbedingten Fehlzeiten mehr auftreten werden.[663]

225 Zur Beurteilung der künftigen Gesundheitsentwicklung bedarf es regelmäßig eines **medizinischen Sachverständigengutachtens,** sofern nicht bereits auf Grund der Natur oder der Entstehung der zurückliegenden Erkrankungen (z. B. Autounfall) die Indizwirkung der bisherigen Fehlzeiten für die negative Gesundheitsprognose entfällt.[664] Der Begutachtung sind dabei alle zurückliegenden Erkrankungen zugrundezulegen, soweit sie medizinische Rückschlüsse auf die künftige Gesundheitsentwicklung zulassen. Eine Beschränkung der Begutachtung auf Erkrankungen der letzten 12 Monate läßt sich dem Verhältnismäßigkeitsgrundsatz nicht entnehmen[665] und steht im übrigen auch der Erstellung eines fundierten Sachverständigengutachtens entgegen.

---

[658] Vgl. BAG 6. 11. 1997, AP Nr. 142 zu § 626 BGB.
[659] BAG 6. 9. 1989, AP Nr. 21 zu § 1 KSchG 1969 Krankheit; BAG 7. 12. 1989, EzA § 1 KSchG Krankheit Nr. 30; BAG 14. 1. 1993, NZA 1994, 309.
[660] BAG 6. 9. 1989, AP Nr. 21 zu § 1 KSchG 1969 Krankheit; BAG 7. 12. 1989, EzA § 1 KSchG Krankheit Nr. 30.
[661] Instruktiv insoweit BAG 14. 1. 1993, NZA 1994, 309; ebenso BAG 12. 12. 1996, EzA § 1 KSchG Krankheit Nr. 41.
[662] Vgl. BAG 2. 11. 1989, RzK I 5 g Nr. 32 unter II 2 b cc; BAG 7. 12. 1989, EzA § 1 KSchG Krankheit Nr. 30 unter 2 d; LAG Baden-Württemberg NZA 1988, 436.
[663] BAG 2. 11. 1989, RzK I 5 g Nr. 32.
[664] BAG 6. 9. 1989, AP Nr. 21 zu § 1 KSchG 1969 Krankheit unter B I 1 c; ErfK/*Ascheid* § 1 KSchG Rn. 207; *Ascheid* Beweislast S. 107; HAS-*Popp* § 19 D Rn. 32; – zur Entbehrlichkeit eines Sachverständigengutachtens LAG Köln 17. 6. 1994, LAGE § 1 KSchG Krankheit Nr. 18.
[665] So aber *Herbst/Wohlfahrt* DB 1990, 1816, 1820.

Maßgeblicher Zeitpunkt für die Prognose ist der des Zugangs der Kündigung.[666] Zur **Bestätigung oder Korrektur** der Prognose kann nicht auf die spätere Entwicklung einer Krankheit bis zum Ende der letzten mündlichen Verhandlung in der Tatsacheninstanz zurückgegriffen werden.[667] Hiergegen spricht, daß Streitgegenstand des Kündigungsschutzprozesses eine zu einem bestimmten Zeitpunkt ausgesprochene Kündigung ist.[668] Demzufolge kann nur geprüft werden, ob zum Zeitpunkt des Zugangs der Kündigung die begründete ernste Besorgnis bestanden hat, daß es zukünftig zu erheblichen weiteren Erkrankungen kommen werde.[669] Die tatsächliche Entwicklung des Krankheitsverlaufs nach Zugang der Kündigung kann deshalb auch dann nicht mehr berücksichtigt werden, wenn sie nicht auf einem neuen Kausalverlauf beruht.[670] Sonst kann u. U. – je nach Verlauf der Krankheit – der Prozeßausgang von der Dauer des Verfahrens abhängen. Bei einer positiven Gesundheitsprognose nach Zugang der Kündigung kann allerdings ein Wiedereinstellungsanspruch in Betracht kommen.[671] 226

Die **tatsächliche Entwicklung des Gesundheitszustands** des Arbeitnehmers nach Ausspruch der Kündigung ist immer dann unerheblich, wenn der Arbeitnehmer nach Zugang der Kündigung den Arzt wechselt und der neue Arzt eine andere, erfolgversprechendere Therapie anwendet.[672] Unbeachtlich ist weiterhin die nach Zugang der Kündigung erklärte Bereitschaft, eine zuvor abgelehnte Operation oder stationäre Behandlung durchzuführen oder sich einer zuvor verweigerten Entziehungskur zu unterziehen.[673] Nicht berücksichtigt werden darf auch eine Änderung der Lebensführung (regelmäßig Sport treiben und Fitnessübungen verrichten) nach Zugang der Kündigung, auch wenn sich dies auf den Gesundheitszustand positiv auswirkt.[674] 226 a

---

[666] St. Rspr., vgl. zuletzt BAG 29. 7. 1993, AP Nr. 27 zu § 1 KSchG 1969 Krankheit; *Ascheid* Kündigungsschutzrecht Rn. 369; MünchArbR/*Berkowsky* § 136 Rn. 25; KR-*Etzel* § 1 KSchG Rn. 349; *Weber/Hoß* DB 1993, 2429, 2430.

[667] Ebenso nunmehr auch der 2. Senat, vgl. BAG 29. 4. 1999, AP Nr. 36 zu 1 KSchG 1969 Krankheit = EzA § 1 KSchG Krankheit Nr. 46 mit Anm. *Kraft* unter Aufgabe seiner früheren Rechtsprechung, vgl. dazu BAG 10. 11. 1983, AP Nr. 11 zu § 1 KSchG 1969 Krankheit = AR-Blattei Kündigungsschutz Entsch. 248 mit Anm. *Herschel* = SAE 1984, 205 mit Anm. *Denck;* wie hier ErfK/*Ascheid* § 1 KSchG Rn. 198; MünchArbR/*Berkowsky* § 136 Rn. 24; APS/*Dörner* § 1 KSchG Rn. 200; *Stahlhacke/Preis/Vossen* Rn. 744; – abweichend HaKo-*Gallner* § 1 Rn. 509; *Voigt* DB 1996, 526, 527; HK-KSchG/*Weller/Dorndorf* § 1 Rn. 389.

[668] Vgl. *Boewer* NZA 1988, 678, 685; *Meisel* Anm. zu BAG AP Nr. 7 zu § 1 KSchG 1969 Krankheit; *Sieg* SAE 1984, 26 f.

[669] Kritisch hierzu *Kittner/Däubler/Zwanziger* § 1 KSchG Rn. 77; *Kittner* Anm. zu BAG EzA § 1 KSchG Krankheit Nr. 37.

[670] Ebenso bereits der 7. Senat, BAG 15. 8. 1984, AP Nr. 16 zu § 1 KSchG 1969 Krankheit = SAE 1986, 70 mit Anm. *Schreiber;* KR-*Etzel* § 1 KSchG Rn. 349; *v. Hoyningen-Huene* Anm. zu BAG EzA § 1 KSchG Krankheit Nr. 18; *Joost* Anm. zu BAG EzA § 1 KSchG Krankheit Nr. 15; *Preis* S. 339 ff.

[671] BAG 17. 6. 1999, AP Nr. 37 zu § 1 KSchG 1969 Krankheit = SAE 2000, 93 mit Anm. *Nicolai*, BAG 27. 6. 2001 – 7 AZR 662/99; – näher dazu Rn. 156 a ff.

[672] BAG 27. 11. 1991, RzK I 5 g Nr. 45.

[673] BAG 9. 4. 1987, AP Nr. 18 zu § 1 KSchG 1969 Krankheit = EzA § 1 KSchG Krankheit Nr. 18 mit Anm. *v. Hoyningen-Huene;* BAG 17. 6. 1999, AP Nr. 37 zu § 1 KSchG 1969 Krankheit.

[674] BAG 6. 9. 1989, AP Nr. 22 zu § 1 KSchG 1969 Krankheit.

227 (2) Im Kündigungsschutzprozeß ist der **Arbeitgeber** für die negative Gesundheitsprognose **darlegungs- und beweispflichtig** (§ 1 Abs. 2 Satz 4). Hat der Arbeitgeber über die Art der Erkrankung des Arbeitnehmers keine Information, so erfüllt er seine Darlegungspflicht zunächst dadurch, daß er die Fehlzeiten aus der Vergangenheit aufführt und behauptet, hieraus ergebe sich die Gefahr weiterer Erkrankungen in der Zukunft.[675] Bei der Angabe der Fehlzeiten hat der Arbeitgeber Dauer und Häufigkeit der Krankheitsperioden anzugeben.[676] Die alleinige Angabe der Gesamtfehltage ist nicht ausreichend, weil hieraus nicht erkennbar ist, ob der Arbeitnehmer in der Vergangenheit häufig kurzzeitig erkrankt war, oder eine langandauernde Erkrankung vorlag, was für die Prognoseentscheidung von Bedeutung ist (dazu näher Rn. 222).

227 a Soweit im Schrifttum und der Rechtsprechung der Instanzgerichte die Auffassung vertreten wird, der Arbeitgeber erfülle nur dann seine Darlegungslast, wenn er über einen Zeitraum von mindestens 2 Jahren krankheitsbedingte Fehlzeiten darlege,[677] kann dem nicht gefolgt werden. Mit Recht hat das BAG dagegen angenommen, auch bei Kurzerkrankungen, die sich auf einen **Zeitraum von rund 15 Monaten seit Beginn des Arbeitsverhältnisses** erstrecken könne, eine hinreichende Indizwirkung für die negative Gesundheitsprognose gegeben sein.[678] Im Hinblick auf die prozessuale Darlegungslast des Arbeitgebers ist es ausreichend, wenn er für einen Zeitraum von einem Jahr die krankheitsbedingten Fehlzeiten des gekündigten Arbeitnehmers darlegt. Denn auch für den Kündigungsgrund kommt es auf die im Laufe eines Jahres durch die Arbeitsunfähigkeit des Arbeitnehmers verursachten Beeinträchtigungen des Arbeitgebers an (dazu näher unten Rn. 233 a).

227 b Ein längerer Zeitraum als ein Jahr kann nicht mit dem Hinweis auf die möglichen Erkrankungen an sich gesunder Menschen verlangt werden.[679] Denn ob der Arbeitnehmer unter chronischen Krankheiten leidet oder nicht, kann in der Regel nur durch einen medizinischen Sachverständigen festgestellt werden. **Maßgeblich ist stets der tatsächlich prognostizierte Gesundheitszustand.** Legt der Arbeitnehmer keine ärztliche Stellungnahme zum zukünftigen Gesundheitszustand vor, hat der Arbeitgeber ohne Kündigung des Arbeitsverhältnisses keine Möglichkeiten festzustellen, ob es zukünftig zu erheblichen krankheitsbedingten Fehlzeiten kommen wird. Vor dem Hintergrund dieser Rechtslage kann man vom Arbeitgeber nicht verlangen, daß er zwei oder noch mehr Jahre erhebliche krankheitsbedingte wirtschaftliche oder betriebliche Beeinträchtigungen hinzunehmen hat, bevor er eine Kündigung aussprechen kann. Dies widerspricht der Zukunftsorientiertheit des krankheitsbedingten Kündigungsgrundes.

---

[675] BAG 16. 2. 1989, 6. 9. 1989, AP Nr. 20, 21 zu § 1 KSchG 1969 Krankheit; BAG 23. 9. 1992, EzA § 1 KSchG Krankheit Nr. 37.

[676] Ebenso KR-*Etzel* § 1 KSchG Rn. 353.

[677] Vgl. LAG Hamm 4. 12. 1996, LAGE § 1 KSchG Krankheit; KR-*Etzel* § 1 KSchG Rn. 354; HaKo-*Gallner* § 1 Rn. 507; HK-KSchG/*Weller/Dorndorf* § 1 Rn. 391; – unentschieden APS/*Dörner* § 1 KSchG Rn. 206 f.

[678] BAG 19. 5. 1993, RzK I 5 g Nr. 54; *Kittner/Däubler/Zwanziger* § 1 KSchG Rn. 84 c; *Löwisch* § 1 Rn. 199.

[679] So aber KR-*Etzel* § 1 KSchG Rn. 354.

227 c Zur schlüssigen Darlegung einer negativen Gesundheitsprognose gehört weiterhin, daß die Fehlzeiten in der Vergangenheit eine **steigende oder zumindest gleichbleibend hohe Tendenz** hatten. Von Bedeutung für die Prognose ist schließlich, ob die Fehlzeiten mit einer gewissen Häufigkeit aufgetreten sind.[680] Die **Dauer der künftig zu erwartenden Fehlzeiten** ist für die negative Gesundheitsprognose dagegen unerheblich.[681] Die prognostizierten Ausfallzeiten sind nur für die Frage der Erheblichkeit der zu erwartenden betrieblichen oder wirtschaftlichen Beeinträchtigungen und die abschließende Interessenabwägung von Bedeutung. Denn je nach Stellung des Arbeitnehmers im Betrieb können auch geringere Fehlzeiten eine Kündigung rechtfertigen.[682]

228 Nach der Darlegung der zurückliegenden krankheitsbedingten Fehlzeiten durch den Arbeitgeber muß der **Arbeitnehmer gemäß § 138 Abs. 2 ZPO** dartun, weshalb mit einer baldigen Genesung zu rechnen sei. Trägt der Arbeitnehmer selbst Umstände für die Ausheilung seines Leidens vor, so ist dieser Vortrag prozessual nur dann erheblich, wenn diese Tatsachen geeignet sind, die Indizwirkung der bisherigen Fehlzeiten zu erschüttern.[683] Der Hinweis auf einen Kurantritt vor Ausspruch der Kündigung kann dabei die durch hohe Krankheitszeiten indizierte negative Gesundheitsprognose jedenfalls dann nicht erschüttern, wenn der Arbeitnehmer an verschiedenen schwerwiegenden Erkrankungen leidet. Der Prozeßvortrag ist nur dann erheblich, wenn der Arbeitnehmer konkret darlegt, welche Krankheiten durch die Kur günstig beeinflußt werden.[684]

228 a In Abweichung von der früheren Rechtsprechung[685] genügt der Arbeitnehmer seiner Darlegungslast nach der neueren Rechtsprechung bei unzureichender ärztlicher Aufklärung oder medizinischer Kenntnis von seinem Gesundheitszustand bereits dadurch, daß er die Behauptung des Arbeitgebers bestreitet und die ihn behandelnden **Ärzte von der Schweigepflicht entbindet**.[686] Dies gelte aber nur soweit, wie darin die Behauptung liege, die Ärzte hätten die künftige gesundheitliche Entwicklung positiv beurteilt.[687] Das BAG begründet dies damit, daß in der Praxis davon auszugehen sei, daß ein Arbeitnehmer regelmäßig nicht in der Lage ist, den Krankheitsbefund und die vermutliche Entwicklung hinreichend genau zu schildern.[688]

---

[680] Vgl. BAG 6. 9. 1989, AP Nr. 21 zu § 1 KSchG 1969 Krankheit.
[681] Ebenso APS/*Dörner* § 1 KSchG Rn. 209; KR-*Etzel* § 1 KSchG Rn. 356; HaKo-*Gallner* § 1 Rn. 507; – abweichend LAG Hamm 4. 12. 1996, LAGE § 1 KSchG Krankheit Nr. 26.
[682] Vgl. BAG 29. 8. 1984, RzK I 5 g Nr. 9 zu einem Kraftfahrer im ärztlichen Notdienst, der im Durchschnitt der vergangenen vier Jahre eine Ausfallquote von 7,2% hatte.
[683] Ebenso BAG 16. 8. 1990, RzK I 5 g Nr. 41.
[684] BAG 12. 12. 1996, EzA § 1 KSchG Krankheit Nr. 41.
[685] BAG 10. 3. 1977, AP Nr. 4 zu § 1 KSchG 1969 Krankheit.
[686] BAG 23. 6. 1983, 7. 11. 1985, 16. 2. 1989, 6. 9. 1989, AP Nr. 10, 17, 20, 21 zu § 1 KSchG 1969 Krankheit; BAG 23. 9. 1992, EzA § 1 KSchG Krankheit Nr. 37; ähnlich *Ascheid* Beweislast S. 100 ff.; ErfK/*Ascheid* § 1 KSchG Rn. 206; KR-*Etzel* § 1 KSchG Rn. 357; *Stahlhacke/Preis/Vossen* Rn. 744 b; *Weller* ArbRdGgnw 20 (1982), 77, 90 f.
[687] BAG 6. 9. 1989, AP Nr. 21 zu § 1 KSchG 1969 Krankheit; BAG 23. 9. 1992, EzA § 1 KSchG Krankheit Nr. 37; BAG 17. 6. 1999, AP Nr. 37 zu § 1 KSchG 1969 Krankheit; BAG 17. 6. 1999 – 2 AZR 574/98 n. v.; KR-*Etzel* § 1 KSchG Rn. 357; HK-KSchG/*Weller/Dorndorf* § 1 Rn. 395.
[688] So BAG 16. 2. 1989, AP Nr. 21 zu § 1 KSchG 1969 Krankheit.

§ 1 228 b–229

228 b Diese **Rechtsprechung zur Einschränkung der Darlegungslast des Arbeitnehmers vermag jedoch nicht zu überzeugen,** da es dem Arbeitnehmer stets möglich ist, durch Befragung des behandelnden Arztes und der Krankenkasse Informationen über die Krankheitsbefunde zu erlangen und dementsprechend substantiiert zu der Gesundheitsprognose Stellung zu nehmen.[689] Soweit hiergegen vorgebracht wird, Ärzte seien nicht selten außerstande, den Patienten ihren Gesundheitszustand in verständlicher Form zu erklären,[690] überzeugt dies nicht. Der Arbeitnehmer hat nicht die medizinischen Einzelheiten und Zusammenhänge seiner Erkrankung zu schildern, sondern lediglich die vom Arzt festgestellte Diagnose und Gesundheitsprognose. Hierzu sind die Ärzte im übrigen auch im Rahmen der Krankenbehandlung verpflichtet und befähigt. Auch der Hinweis auf die Gefahr von Mißverständnissen und Übermittlungsfehlern bei einem medizinischen Laien[691] geht fehl. Hierbei handelt es sich um allgemeine zivilprozessuale Risiken, die eine Prozeßpartei zu tragen hat und die bei Beachtung der gebotenen Sorgfalt und ggf. Hinzuziehung von Prozeßbevollmächtigten beherrscht werden können. Solche Risiken bestehen im übrigen in jedem „normalen" Zivilprozeß, in dem technische Fragen eine Rolle spielen, wie beispielsweise bei Schadensersatzklagen nach Verkehrsunfällen.

228 c Weiterhin ist der Arbeitnehmer regelmäßig auch in der Lage darzulegen, inwieweit Erkrankungen auf Unfälle und sonstige einmalige Ereignisse zurückzuführen sind. Denn hierbei handelt es sich um **Fragen der eigenen Wahrnehmung** i. S. v. § 138 Abs. 4 ZPO.[692] Die gegenteilige Auffassung des BAG weicht ohne Not von den Grundsätzen zur Einlassungspflicht nach § 138 Abs. 2 ZPO ab und führt zu unzulässigen Ausforschungsbeweisen. Auch nach Auffassung des BAG ist die Berufung auf die behandelnden Ärzte unzureichend, wenn dies erkennen läßt, daß sich der **Arbeitnehmer erst durch das ärztliche Zeugnis die fehlende Kenntnis über den weiteren Verlauf seiner Erkrankung verschaffen will.** Bestreitet der Arbeitnehmer beispielsweise nur den Zusammenhang einiger Krankheitszeiten mit seiner Alkoholabhängigkeit, so ist darin nicht zugleich die Behauptung zu sehen, sein behandelnder Arzt habe die Gesundheitsprognose bezüglich aller Krankheiten positiv beurteilt.[693]

229 **Weigert** sich der Arbeitnehmer, die ihn behandelnden **Ärzte von der Schweigepflicht zu entbinden** und trägt er auch sonst nichts vor, was für eine baldige Genesung spricht, so gilt der Vortrag des Arbeitgebers gemäß § 138 Abs. 3 ZPO als zugestanden.[694] Der Arbeitnehmer hat die ihn behandelnden Ärzte aber auch dann von der Schweigepflicht zu entbinden, wenn er auf den Vortrag des Arbeitgebers zur negativen Gesundheitsprognose

---

[689] Ebenso APS/*Dörner* § 1 KSchG Rn. 211; ähnlich *Tschöpe* DB 1987, 1042, 1043; – weitergehend *Kasper* NJW 1994, 2979 ff.
[690] So HK-KSchG/*Weller/Dorndorf* § 1 Rn. 393.
[691] HaKo-*Gallner* § 1 Rn. 549.
[692] Zutr. HK-KSchG/*Weller/Dorndorf* § 1 Rn. 394.
[693] Vgl. BAG 17. 6. 1999, AP Nr. 37 zu § 1 KSchG 1969 Krankheit.
[694] Vgl. BAG 6. 9. 1989, AP Nr. 21 zu § 1 KSchG 1969 Krankheit unter B II 2 b aa; *Ascheid* Beweislast S. 102; KR-*Etzel* § 1 KSchG Rn. 359; *Stahlhacke/Preis/Vossen* Rn. 744 b.

selbst substantiiert Stellung nimmt. Denn anderenfalls ist der Arbeitgeber nicht in der Lage, den ihm nach Abs. 2 Satz 4 obliegenden Beweis der negativen Gesundheitsprognose zu führen, da nur durch Vernehmung der behandelnden Ärzte bzw. durch medizinisches Sachverständigengutachten die Behauptung der negativen Gesundheitsprognose nachgewiesen werden kann. In der Weigerung, die Ärzte von der Schweigepflicht zu entbinden, liegt daher eine **Beweisvereitelung**.[695] Nach Ansicht des BAG liegt bereits in der Benennung des Arztes als Zeugen eine Entbindung von der Schweigepflicht.[696] Dies dürfte jedoch im Hinblick auf die Bedeutung dieser Erklärung für den behandelnden Arzt zu weit gehen.

Stehen die in der Vergangenheit angefallenen krankheitsbedingten Fehlzeiten des Arbeitnehmers nach Dauer und Ursache fest, hat das Gericht nach **§§ 144, 286 ZPO** zu entscheiden, ob diese Umstände die Annahme entsprechender Ausfälle in der Zukunft rechtfertigen. Dies ist für jede Erkrankung gesondert festzustellen. Über mehrere Jahre nicht mehr aufgetretene Erkrankungen können regelmäßig als ausgeheilt angesehen werden.[697] Beantragt der Arbeitnehmer die Vernehmung seiner behandelnden Ärzte als sachverständige Zeugen nur für die Krankheitsursachen und nicht auch für die von ihm behauptete positive Gesundheitsprognose, so ist das Gericht im Rahmen seines Ermessens nach § 144 ZPO nur dann zur Erhebung eines Sachverständigenbeweises verpflichtet, wenn ihm die Sachkunde zur Prüfung fehlt, ob der bisherige Krankheitsverlauf ausreichende Indizien für die negative Prognose enthält.[698]

Besonderheiten gelten für **schwangere Arbeitnehmerinnen**.[699] Hierbei sind **gemeinschaftsrechtliche Vorgaben** bei der Auslegung zu beachten. Neben der Gleichbehandlungsrichtlinie 76/207/EWG ist hier die Richtlinie 92/85/EWG vom 19. 10. 1992 über die Durchführung von Maßnahmen zur Verbesserung der Sicherheit und des Gesundheitsschutzes von schwangeren Arbeitnehmerinnen, Wöchnerinnen und stillenden Arbeitnehmerinnen am Arbeitsplatz (ABl. L 348 S. 1) von Bedeutung. Der EuGH differenziert bei der gemeinschaftsrechtlichen Beurteilung von Kündigungen, die in einem Zusammenhang mit Schwangerschaften stehen, nach dem Zeitpunkt der Kündigung und dem Zeitraum, in dem die Erkrankung liegt.[700]

Während des **gesetzlichen Mutterschutzes** darf das schwangerschaftsbedingte Fernbleiben von der Arbeit nicht zur Entlassung der Arbeitnehmerin führen.[701] Der Arbeitgeber darf in dieser Zeit nicht wegen schwangerschaftsbedingter Fehlzeiten kündigen. Bei Krankheiten, die erst **nach der Zeit des**

---

[695] So zutr. *Ascheid* Beweislast S. 101 f.; ErfK/*Ascheid* § 1 KSchG Rn. 207; HK-KSchG/*Weller/Dorndorf* § 1 Rn. 396 .
[696] BAG 12. 1. 1995, RzK I 5 g Nr. 58; KR-*Etzel* § 1 KSchG Rn. 357.
[697] Vgl. dazu anschaulich BAG 14. 1. 1993, NZA 1994, 309.
[698] So ausdrücklich BAG 6. 9. 1989, AP Nr. 21 zu § 1 KSchG 1969 Krankheit Leitsatz 3; vgl. dazu auch LAG Köln 17. 6. 1994, LAGE § 1 KSchG Krankheit Nr. 18.
[699] Vgl. hierzu APS/*Linck* § 611 a BGB Rn. 69 ff.
[700] Vgl. EuGH 8. 11. 1990, AP Nr. 24 zu Art. 119 EWG-Vertrag – (Hertz); EuGH 29. 5. 1997, DB 1997, 1282 – (Larsson); EuGH 30. 6. 1998, AP Nr. 16 zu EWG-Richtlinie 76/207 – (Mary Brown).
[701] Vgl. zuletzt EuGH 30. 6. 1998, AP Nr. 16 zu EWG-Richtlinie 76/207 – (Mary Brown).

gesetzlichen Mutterschutzes auftreten**, ist nicht zwischen durch Schwangerschaft oder Entbindung verursachten Erkrankungen und anderen Krankheiten zu unterscheiden. Ein besonderer Schutz von Frauen besteht insoweit nicht. Denn Männer und Frauen sind grundsätzlich dem gleichen Krankheitsrisiko ausgesetzt, wenn auch bestimmte Gesundheitsstörungen spezifisch für das eine oder andere Geschlecht sind.[702]

230 c Mit der Schwangerschaft zusammenhängende **Abwesenheitszeiten, die in dem Zeitraum vom Beginn der Schwangerschaft bis zum Ende des gesetzlichen Mutterschutzes liegen**, dürfen auch dann nicht zur Begründung einer Kündigung herangezogen werden, wenn die **Kündigung erst nach Ablauf des gesetzlichen Mutterschutzes** ausgesprochen wird. Dem steht Art. 10 der Richtlinie 92/85/EWG vom 19. 10. 1992 über die Durchführung von Maßnahmen zur Verbesserung der Sicherheit schwangerer Arbeitnehmerinnen entgegen. Denn Ziel dieser Richtlinie ist nach der Rechtsprechung des EuGH, daß schwangerschaftsbedingte Abwesenheitszeiten zur Rechtfertigung einer Entlassung nicht herangezogen werden dürfen und daher auch nach Beendigung des Mutterschutzes eine Kündigung nicht begründen können.[703] Darüber hinaus verstößt die Berücksichtigung solcher Fehlzeiten auch gegen Art. 2 Abs. 1 und Art. 5 Abs. 1 der Gleichbehandlungsrichtlinie.[704]

231 (3) Die prognostizierten Fehlzeiten sind nur dann geeignet, eine krankheitsbedingte Kündigung sozial zu rechtfertigen, wenn sie zu **erheblichen betrieblichen oder wirtschaftlichen Beeinträchtigungen** führen. Diese Beeinträchtigungen gehören ebenso wie die negative Gesundheitsprognose zum Kündigungsgrund.[705] Störungen im Produktionsablauf sind als Kündigungsgrund nur dann geeignet, wenn sie nicht durch mögliche Überbrückungsmaßnahmen, wie etwa Überstunden, Neueinstellung einer Aushilfskraft oder Einsatz eines Arbeitnehmers aus einer vorgeschalteten Personalreserve, ausgeglichen werden können.[706] Der Arbeitgeber ist allerdings **nicht verpflichtet, eine Personalreserve vorzuhalten.**[707] Mit Recht hat das BAG entschieden, es sei eine freie unternehmerische Entscheidung, ob und in welchem Umfang der Arbeitgeber Springer zum Einsatz bringen möchte. Entscheidend ist, ob eine vorhandene Personalreserve tatsächlich herangezogen werden könnte, um die Ausfallzeiten des gekündigten Arbeitnehmers auszugleichen.[708] Werden auf diese Weise oder durch den Einsatz von Leiharbeitnehmern Ausfälle überbrückt, so liegt bereits objektiv keine

---

[702] Vgl. EuGH 8. 11. 1990, AP Nr. 24 zu Art. 119 EWG-Vertrag – (Hertz); EuGH 30. 6. 1998, AP Nr. 16 zu EWG-Richtlinie 76/207 – (Mary Brown).
[703] Vgl. EuGH 29. 5. 1997, DB 1997, 1282 – (Larsson).
[704] EuGH 30. 6. 1998, AP Nr. 16 zu EWG-Richtlinie 76/207 – (Mary Brown); – abweichend insoweit noch EuGH 29. 5. 1997, DB 1997, 1282 – (Larsson).
[705] BAG 7. 11. 1985, 16. 2. 1989, 6. 9. 1989, 29. 7. 1993, AP Nr. 17, 20, 23, 27 zu § 1 KSchG 1969 Krankheit; BAG 12. 12. 1996, EzA § 1 KSchG Krankheit Nr. 44.
[706] Vgl. BAG 16. 2. 1989, AP Nr. 20 zu § 1 KSchG 1969 Krankheit unter B I 2 a; BAG 7. 12. 1989, 10. 5. 1990, EzA § 1 KSchG Krankheit Nr. 30, 31 unter II 1 c; BAG 29. 8. 1991, AP Nr. 32 zu § 622 BGB unter II 2 b aa.
[707] BAG 29. 7. 1993, AP Nr. 27 zu § 1 KSchG 1969 Krankheit = EzA § 1 KSchG Krankheit Nr. 40 mit Anm. *Welslau/Haupt*.
[708] BAG 2. 11. 1989, RzK I 5 g Nr. 31.

Betriebsablaufstörung vor.⁷⁰⁹ Ist eine Betriebsablaufstörung auch mit Überbrückungsmaßnahmen nicht zu vermeiden, bleibt zu prüfen, ob die Störung nur geringfügig oder **erheblich** ist.⁷¹⁰

Zu den **Betriebsablaufstörungen** gehören nicht nur Störungen im Produktionsprozeß wie Stillstand von Maschinen oder Rückgang der Produktion, sondern auch die Überlastung der anderen Arbeitnehmer durch Mehrarbeit und hierdurch gestörter Betriebsfrieden⁷¹¹ oder die nicht mehr gegebene Möglichkeit der Einplanung des Arbeitnehmers in einen Schichtplan.⁷¹² Erheblich sind ferner Verzögerungen bei der Auftragsabwicklung und daraus resultierende Schwierigkeit mit Kunden. **232**

Es ist **Sache des Arbeitgebers,** im einzelnen konkret **darzulegen und** **232 a** gegebenenfalls **zu beweisen,** welche erheblichen Betriebsbeeinträchtigungen durch die krankheitsbedingten Fehlzeiten eingetreten sind und durch die zu erwartenden Fehlzeiten voraussichtlich eintreten werden.⁷¹³ Pauschale schlagwort- oder stichwortartige Angaben des Arbeitgebers (z. B. „Störung des Betriebsfriedens", „Ärger mit Kunden") genügen hierbei nicht.⁷¹⁴ Der Arbeitgeber muß vielmehr die aufgetretenen Störungen konkret beschreiben. Weiterhin hat er darzulegen, daß – soweit vorhanden – die an Durchschnittswerten ausgerichtete Planung der Personalreserve nicht in der Lage ist, die prognostizierten Fehlzeiten des gekündigten Arbeitnehmers zu überbrücken.⁷¹⁵ Für die Frage, ob die betrieblichen Störungen erheblich sind, kommt es auch auf die vom Arbeitnehmer im Betrieb ausgeübte Funktion an.⁷¹⁶

Zu den **wirtschaftlichen Belastungen** des Arbeitgebers zählen neben **233** den Kosten für die Beschäftigung von Aushilfskräften grundsätzlich auch die Entgeltfortzahlungskosten, die jährlich für einen Zeitraum von mehr als sechs Wochen, d. h. 30 Arbeitstagen bei einer Fünf-Tage-Woche aufzuwenden sind.⁷¹⁷

---

⁷⁰⁹ BAG 17. 6. 1999 – 2 AZR 574/98 n. v.
⁷¹⁰ BAG 7. 12. 1989, EzA § 1 KSchG Krankheit Nr. 30.
⁷¹¹ BAG 16. 2. 1989, AP Nr. 10 zu § 1 KSchG 1969 Krankheit; BAG 10. 5. 1990, EzA § 1 KSchG Krankheit Nr. 31.
⁷¹² BAG 6. 2. 1992 – 2 AZR 364/91 n. v. unter C I 5.
⁷¹³ ErfK/*Ascheid* § 1 KSchG Rn. 226; KR-*Etzel* § 1 KSchG Rn. 364.
⁷¹⁴ Dazu BAG 2. 11. 1983, AP Nr. 12 zu § 1 KSchG 1969 Krankheit; ebenso ErfK/ *Ascheid* § 1 KSchG Rn. 226; APS/*Dörner* § 1 KSchG Rn. 156.
⁷¹⁵ BAG 7. 12. 1989, RzK I 5 g Nr. 34 unter II 4 b und c.
⁷¹⁶ Zutr. ErfK/*Ascheid* § 1 KSchG Rn. 226; *Löwisch* § 1 Rn. 201; *Stahlhacke/Preis/Vossen* Rn. 745 a.
⁷¹⁷ BAG 16. 2. 1989, 6. 9. 1989, 5. 7. 1990, AP Nr. 20, 21, 26 zu § 1 KSchG 1969 Krankheit; BAG 10. 5. 1990, EzA § 1 KSchG Krankheit Nr. 31; BAG 29. 7. 1993, AP Nr. 27 zu § 1 KSchG 1969 Krankheit; zust. APS/*Dörner* § 1 KSchG Rn. 159; KR-*Etzel* § 1 KSchG Rn. 365 f.; HaKo-*Gallner* § 1 Rn. 517; *Joost* Anm. zu BAG EzA § 1 KSchG Krankheit Nr. 15; *Kraft* Anm. zu BAG EzA § 1 KSchG Krankheit Nr. 12; *Lepke* S. 208 ff.; *Löwisch* § 1 Rn. 203; *Oetker* Anm. zu BAG EzA § 1 KSchG Krankheit Nr. 28; *Tschöpe* DB 1987, 1042; *Weber/Hoß* DB 1992, 2429, 2432; HK-KSchG/*Weller/Dorndorf* § 1 Rn. 406; *Weller* ArbRdGgnw 20 (1982), 77, 85; wohl auch *Schwerdtner* DB 1990, 375, 376 sowie *Eich* BB 1988, 204 ff.; – abweichend ErfK/*Ascheid* § 1 KSchG Rn. 229; MünchArbR/*Berkowsky* § 136 Rn. 46 ff.; *Kittner/Däubler/Zwanziger* § 1 KSchG Rn. 84 o; *Kohte* AiB 1990, 125, 127 ff.; *Preis* Anm. zu BAG AP Nr. 20 zu § 1 KSchG 1969 Krankheit; – kritisch zuvor schon *Ide* AuR 1980, 225, 229; *Popp* DB 1986, 1461, 1464 ff.; *Preis* DB 1988, 1444, 1445; *Stein* AuR 1987, 388 ff.

233a Erheblich und damit geeignet, einen Kündigungsgrund zu bilden, sind die **Entgeltfortzahlungskosten** bereits dann, wenn zu erwarten ist, daß sie zukünftig jeweils für **mehr als sechs Wochen im Jahr** anfallen werden.[718] Dies bedeutet freilich nicht, daß bei einer zu erwartenden Entgeltfortzahlungsdauer von mehr als sechs Wochen stets eine Kündigung sozial gerechtfertigt ist; hierzu bedarf es vielmehr noch einer Interessenabwägung, in deren Rahmen alle anderen Umstände, wie insbesondere die Höhe und die Dauer der diese Grenze überschreitenden Entgeltfortzahlungskosten und die Betriebszugehörigkeit zu berücksichtigen sind.[719]

233b Mit diesen Urteilen aus den Jahren 1989 und 1990 hat das BAG seine **frühere Rechtsprechung präzisiert,** die zur Mindesthöhe der für eine Kündigung erforderlichen Entgeltfortzahlungskosten keine genauen Rechtsgrundsätze enthielt.[720]

233c Die zeitliche Mindestgrenze für die Entgeltfortzahlung von mehr als sechs Wochen gilt freilich nur dann, wenn die Entgeltfortzahlungskosten die einzigen störenden Auswirkungen der Krankheit sind.[721] Bei **gleichzeitigen Störungen des Betriebsablaufs** können schon jährliche Ausfallzeiten von weniger als sechs Wochen kündigungsrelevant sein.[722] Entscheidend sind dabei die Kosten des Arbeitsverhältnisses und nicht die Gesamtbelastung des Unternehmens mit Entgeltfortzahlungskosten.[723] Unerheblich ist, ob der Arbeitgeber einen Großbetrieb führt und hohe Gewinne erzielt.[724]

234 Ist der Arbeitgeber nach dem Tarifvertrag verpflichtet, bei Arbeitnehmern mit längerer Betriebszugehörigkeit im Krankheitsfall über den gesetzlichen Sechs-Wochen-Zeitraum hinaus für bestimmte Zeiträume einen **Zuschuß zum Krankengeld** zu bezahlen, so kann allein daraus noch nicht gefolgert werden, daß Ausfallzeiten, die sechs Wochen im Jahr übersteigen, grundsätzlich nicht geeignet seien, eine ordentliche Kündigung sozial zu rechtfertigen.[725]

234a Ob tarifliche Leistungen wie **Urlaubsgeld oder Jahressonderzahlungen,** die trotz fortdauernder Arbeitsunfähigkeit zu gewähren sind, als Beeinträchtigung wirtschaftlicher Interessen anerkannt werden können, hat das

---

[718] Vgl. hierzu grundsätzlich BAG 16. 2. 1989, AP Nr. 20 zu § 1 KSchG 1969 Krankheit unter B III 1–3 sowie BAG 29. 7. 1993, AP Nr. 27 zu § 1 KSchG 1969 Krankheit.

[719] Zutr. BAG 5. 7. 1990, AP Nr. 26 zu § 1 KSchG 1969 Krankheit unter II 2a; BAG 13. 6. 1990, RzK I 5g Nr. 38; – dazu im einzelnen Rn. 235ff.

[720] Vgl. BAG 2. 11. 1983, AP Nr. 12 zu § 1 KSchG 1969 Krankheit: Der bloße Hinweis des Arbeitgebers auf eine Fehlquote von 40% in den letzten $4^{1}/_{2}$ Jahren vor Ausspruch der Kündigung sei keine ausreichende Darlegung der betrieblichen Auswirkungen der Krankheit; BAG 15. 2. 1984, AP Nr. 14 zu § 1 KSchG 1969 Krankheit: Die Darlegung einer zukünftig zu erwartenden krankheitsbedingten Ausfallzeit von 35% sowie von Entgeltfortzahlungskosten in Höhe von rund 30 000,– DM in den letzten 4 Jahren sei ausreichend.

[721] BAG 29. 7. 1993, AP Nr. 27 zu § 1 KSchG 1969 Krankheit.

[722] BAG 6. 9. 1989, AP Nr. 23 zu § 1 KSchG 1969 Krankheit; BAG 29. 8. 1991, AP Nr. 32 zu § 622 BGB unter II 3f.; *Oetker* Anm. zu BAG EzA § 1 KSchG Krankheit Nr. 28.

[723] BAG 16. 2. 1989, AP Nr. 20 zu § 1 KSchG 1969 Krankheit unter B I 2b.

[724] BAG 22. 5. 1986, RzK I 5g Nr. 40.

[725] BAG 6. 9. 1989, AP Nr. 23 zu § 1 KSchG 1969 Krankheit zu § 12.4 MTV der Metallindustrie Nord-Württemberg/Nord-Baden; eingehend dazu *Oetker* Anm. zu BAG EzA § 1 KSchG Krankheit Nr. 28.

BAG ausdrücklich offengelassen.[726] Gegen die Berücksichtigung solcher Leistungen bei der Prüfung der sozialen Rechtfertigung einer krankheitsbedingten Kündigung bestehen jedoch keine Bedenken.[727] Sie wirken letztlich wie die Kosten für die Entgeltfortzahlung im Krankheitsfall wirtschaftlich belastend für den Arbeitgeber. Daß der Arbeitnehmer auf diese Leistungen nach § 4 Abs. 4 TVG nicht verzichten kann und somit durch die Gewährung von tariflichen Zusatzleistungen im Krankheitsfall ein Kündigungsgrund geschaffen wird, steht der Berücksichtigung dieser Belastungen des Arbeitgebers ebensowenig entgegen wie die Entgeltfortzahlung nach dem EFZG. Auch auf die Entgeltfortzahlungsansprüche kann der Arbeitnehmer nicht wirksam verzichten (§ 12 EFZG).

Besteht eine negative Gesundheitsprognose und sind die hierauf beruhenden betrieblichen und/oder wirtschaftlichen Beeinträchtigungen erheblich, hat der Arbeitgeber zu prüfen, ob die Kündigung durch **Versetzung auf einen freien Arbeitsplatz** vermieden werden kann. Dies ist Ausdruck des Verhältnismäßigkeitsgrundsatzes. Der Arbeitgeber hat dabei zunächst die Umsetzung auf einen vergleichbaren Arbeitsplatz und dann, wenn ein solcher nicht frei ist, die Zuweisung eines Arbeitsplatzes mit ungünstigeren Arbeitsbedingungen zu prüfen. Nach Auffassung des BAG ist der Arbeitgeber weitergehend sogar verpflichtet, durch Versetzung eines dritten Arbeitnehmers einen Arbeitsplatz frei zu machen und eine Art Ringtausch vorzunehmen.[728] Diese Auffassung ist jedoch abzulehnen.[729]

(4) Ist sowohl von einer negativen Gesundheitsprognose als auch von erheblichen betrieblichen oder wirtschaftlichen Beeinträchtigungen durch die prognostizierten Fehlzeiten auszugehen, so liegt an sich ein Kündigungsgrund in der Person des Arbeitnehmers vor. Auf einer dritten Stufe ist nun noch im Rahmen der bei jeder personenbedingten Kündigung gebotenen **Interessenabwägung** zu prüfen, ob die betrieblichen Beeinträchtigungen auf Grund der Besonderheiten des Einzelfalles vom Arbeitgeber noch hinzunehmen sind, oder ob sie bereits ein solches Ausmaß erreicht haben, daß sie ihm nicht mehr zuzumuten sind.[730] Hierbei sind die Interessen des Arbeitgebers an einer Beendigung des Arbeitsverhältnisses mit den Bestandsschutzinteressen des Arbeitnehmers abzuwägen.

Auf **seiten des Arbeitgebers** sind dabei neben den krankheitsbedingt verursachten betrieblichen Beeinträchtigungen und der **Höhe der Entgeltfortzahlungskosten** auch sonstige vom Arbeitnehmer ausgehende betriebliche Beeinträchtigungen zu berücksichtigen (dazu oben Rn. 169ff.). Auch der Vorhalt einer Personalreserve und die damit zusammenhängenden

---

[726] BAG 21. 5. 1992, AP Nr. 30 zu § 1 KSchG 1969 Krankheit = SAE 1994, 1 mit Anm. *Hromadka*.
[727] Ebenso APS/*Dörner* § 1 KSchG Rn. 162; – abweichend HK-KSchG/*Weller/Dorndorf* § 1 Rn. 408.
[728] Vgl. BAG 29. 1. 1997, AP Nr. 32 zu § 1 KSchG 1969 Krankheit.
[729] Ausf. hierzu Rn. 178a.
[730] St. Rspr.; vgl. zuletzt BAG 16. 2. 1989, 6. 9. 1989, 5. 7. 1990, 29. 7. 1993, AP Nr. 20, 21, 22, 23, 26, 27 zu § 1 KSchG 1969 Krankheit; MünchArbR/*Berkowsky* § 136 Rn. 29; KR-*Etzel* § 1 KSchG Rn. 337; HAS-*Popp* § 19 D Rn. 747; *Preis* S. 438ff.; *Stahlhacke/Preis/Vossen* Rn. 747ff.; – kritisch dazu *Ascheid* Kündigungsschutzrecht Rn. 425; *Boewer* NZA 1988, 678ff.; *Joost* Anm. zu BAG EzA § 1 KSchG Krankheit Nr. 15.

Kosten sind auf seiten des Arbeitgebers bei der Abwägung zu berücksichtigen, weil damit Störungen im Betriebsablauf vermieden werden können.[731] Erheblich ist weiter, wenn die Entgeltfortzahlungskosten in dem gekündigten Arbeitsverhältnis deutlich über denen von vergleichbaren Arbeitnehmern liegen.[732] Von Bedeutung ist ferner, **ob bzw. wie lange das Arbeitsverhältnis zunächst ungestört verlaufen** ist. Denn der Arbeitgeber schuldet einem Arbeitnehmer, der 20 Jahre zur Zufriedenheit gearbeitet hat und dann häufig erkrankt, erheblich mehr Rücksichtnahme als einem Arbeitnehmer, der seit dem ersten Jahre der Betriebszugehörigkeit erhebliche und steigende krankheitsbedingte Ausfälle gehabt hat.[733] Ein ungestörter Verlauf des Arbeitsverhältnisses liegt dabei freilich nicht schon dann vor, wenn der Arbeitnehmer im Jahr nicht länger als sechs Wochen arbeitsunfähig krank gewesen ist. Im Rahmen der Interessenabwägung sind vielmehr auch solche Ausfallzeiten zu berücksichtigen, die nicht nur geringfügig waren, sondern an der Mindestgrenze von 30 Tagen lagen,[734] und bei denen keine Wiederholungsgefahr bestand.[735]

236 a Nach der Rechtsprechung des BAG ist die weitere Beschäftigung des Arbeitnehmers, wenn die **Beeinträchtigungen des Arbeitgebers allein auf Entgeltfortzahlungskosten beruhen**, nur dann unzumutbar, wenn die Entgeltfortzahlungskosten „außergewöhnlich" hoch sind. Das BAG hat dies in einem Fall angenommen, in dem Entgeltfortzahlungskosten für durchschnittlich 60 Arbeitstage zu erwarten waren.[736] In einer anderen Entscheidung hat das BAG eine Überschreitung der Sechs-Wochen-Grenze um 50%, d. h. zu erwartende krankheitsbedingte Fehlzeiten von durchschnittlich 45 Tagen, als „erheblich" qualifiziert.[737] Unter Berücksichtigung der weiteren Umstände des Einzelfalles war dem Arbeitgeber die Fortsetzung des Arbeitsverhältnisses nicht zuzumuten, die Kündigung daher sozial gerechtfertigt.

237 Auf **seiten des Arbeitnehmers** ist neben dem Lebensalter[738] insbesondere die Betriebszugehörigkeit zu berücksichtigen. Hierbei ist von Bedeutung, ob bzw. wie lange das Arbeitsverhältnis zunächst ungestört verlaufen ist.[739] Erkrankungen des Arbeitnehmers, die auf unverschuldeten Arbeitsunfällen beruhen, sind besonders zu berücksichtigen.[740] Das BAG hat unter

---

[731] BAG 16. 2. 1989, 29. 7. 1993, AP Nr. 20, 27 zu § 1 KSchG 1969 Krankheit.
[732] BAG 15. 2. 1984, AP Nr. 14 zu § 1 KSchG 1969 Krankheit unter B II 3 b; BAG 10. 5. 1990, EzA § 1 KSchG Krankheit Nr. 31 unter III 2 b und c; – abweichend *Schwerdtner* DB 1990, 375, 378 ff.
[733] BAG 6. 9. 1989, AP Nr. 23 zu § 1 KSchG 1969 Krankheit.
[734] BAG 16. 2. 1989, 6. 9. 1989, AP Nr. 20, 23 zu § 1 KSchG 1969 Krankheit.
[735] BAG 2. 11. 1989, RzK I 5 g Nr. 32.
[736] BAG 5. 7. 1990, AP Nr. 26 zu § 1 KSchG 1969 Krankheit unter II 3 a.
[737] BAG 6. 9. 1989, AP Nr. 21 zu § 1 KSchG 1969 Krankheit mit Anm. *Preis* = EzA § 1 KSchG Krankheit Nr. 26 mit Anm. *Kittner*.
[738] Vgl. BAG 17. 6. 1999, AP Nr. 37 zu § 1 KSchG 1969 Krankheit; KR-*Etzel* § 1 KSchG Rn. 379; HaKo-*Gallner* § 1 Rn. 523; – abweichend APS/*Dörner* § 1 KSchG Rn. 184; *Löwisch* § 1 Rn. 182; HK-KSchG/*Weller/Dorndorf* § 1 Rn. 420.
[739] Vgl. dazu BAG 15. 2. 1984, 6. 9. 1989, AP Nr. 14, 23 zu § 1 KSchG 1969 Krankheit sowie Rn. 236.
[740] BAG 6. 9. 1989, 5. 7. 1990, AP Nr. 22, 26 zu § 1 KSchG 1969 Krankheit; HAS-*Popp* § 19 D Rn. 61.

Berücksichtigung dieser Grundsätze die Kündigung eines 25jährigen Arbeitnehmers mit einer Betriebszugehörigkeit von sechs Jahren, einem zu erwartenden jährlichen lohnfortzahlungspflichtigen Ausfall von 45 Arbeitstagen und Lohnfortzahlungskosten für 382 Arbeitstage in den sechs Jahren der Beschäftigung in Höhe von rund DM 81 000,– gebilligt.[741]

Im Rahmen der Interessenabwägung ist weiter von erheblicher Bedeutung, **238** ob die **Krankheit** des Arbeitnehmers auf **betriebliche Ursachen** zurückzuführen ist.[742] Ein Indiz für betriebliche Ursachen kann dabei in einer ähnlich hohen Ausfallquote von Arbeitnehmern, die vergleichbare Tätigkeiten verrichten, gesehen werden.[743]

Entgegen der Auffassung des BAG führt die Kenntnis des Arbeitgebers bei **239** der Einstellung von einer **chronischen Erkrankung** des Arbeitnehmers nicht dazu, daß der Arbeitgeber in diesem Fall längere Fehlzeiten hinnehmen muß als bei anderen Arbeitnehmern.[744] Denn ebenso wie die Kündigung wegen Krankheit keine Bestrafung des Arbeitnehmers darstellt,[745] darf die bewußte Einstellung chronisch Erkrankter zu keiner Bestrafung des Arbeitgebers führen.[746]

Beruft sich der Arbeitnehmer auf betriebliche Ursachen für seine Krank- **240** heit, so muß er im **Kündigungsschutzprozeß** zunächst dartun, daß ein Ursachenzusammenhang zwischen seiner Tätigkeit und der Erkrankung besteht. Wegen der in der Regel vorhandenen medizinischen Unkenntnis genügt der Arbeitnehmer seiner Darlegungslast dadurch, daß er seine Beschwerden und seine Tätigkeit schildert und darüber hinaus den ihn behandelnden Arzt von der Schweigepflicht entbindet. Es ist dann Sache des Arbeitgebers, die fehlende Kausalität zwischen Arbeitsbedingungen und Erkrankung zu beweisen. Bleibt die Frage auch nach der Beweisaufnahme ungeklärt, so geht dies zu Lasten des Arbeitgebers.[747]

(5) Im Rahmen des **Anhörungsverfahrens nach § 102 Abs. 1 BetrVG 241** hat der Arbeitgeber dem Betriebsrat bei krankheitsbedingten Kündigungen die konkreten Ausfallzeiten der einzelnen Jahre mitzuteilen, damit er sich über die Häufigkeit der Erkrankungen in einem Jahr ein Bild machen kann. Es genügt nicht, wenn bei häufigen Kurzerkrankungen die Fehlzeiten addiert gebündelt angegeben werden.[748] Da bei der krankheitsbedingten Kündigung die erhebliche Beeinträchtigung betrieblicher Interessen Teil des Kündigungsgrundes ist, muß der Arbeitgeber dem Betriebsrat auch die ihm hierzu be-

---

[741] BAG 6. 9. 1989, AP Nr. 21 zu § 1 KSchG 1969 Krankheit.
[742] BAG 7. 11. 1985, 6. 9. 1989, 5. 7. 1990, AP Nr. 17, 22, 26 zu § 1 KSchG 1969 Krankheit; HAS-*Popp* § 19 D Rn. 60 ff.; *Preis* S. 444 ff.; *Stahlhacke/Preis/Vossen* Rn. 746 a.
[743] Vgl. BAG 16. 2. 1989, AP Nr. 20 zu § 1 KSchG 1969 Krankheit; BAG 10. 5. 1990, EzA § 1 KSchG Krankheit Nr. 31; *Kohte* AiB 1990, 125, 130; *Oetker* Anm. zu BAG EzA § 1 KSchG Krankheit Nr. 28; – krit. dazu *Schwerdtner* DB 1990, 375, 377 f.
[744] So aber BAG 10. 6. 1969, AP Nr. 2 zu § 1 KSchG Krankheit mit Anm. *Gitter*.
[745] So zutr. *Boewer* NZA 1988, 678, 684; *Weller* ArbRdGgnw 20 (1982), 77, 79.
[746] Ebenso im Grundsatz *Lepke* S. 169 f.
[747] BAG 6. 9. 1989, AP Nr. 22 zu § 1 KSchG 1969 Krankheit.
[748] BAG 18. 9. 1986, RzK III 1 b Nr. 8 unter II 3 a; KR-*Etzel* § 102 BetrVG Rn. 63; APS/*Koch* § 102 BetrVG Rn. 121.

kannten und für ihn maßgeblichen Tatsachen mitteilen.[749] Der Arbeitgeber hat den Betriebsrat daher über die Betriebsablaufschwierigkeiten und/oder die durch die Fehlzeiten verursachten Entgeltfortzahlungskosten zu unterrichten.[750] Legt der Arbeitgeber dem Betriebsrat eine Aufstellung der Fehlzeiten unter Angabe der jährlichen Entgeltfortzahlungsbeträge vor, so kann er im späteren Kündigungsschutzprozeß diese Kosten weiter auf die einzelnen Arbeitsunfähigkeitszeiten aufschlüsseln und damit den Kündigungsgrund zulässigerweise konkretisieren.[751]

bb) Langandauernde Erkrankung

242 Von der Kündigung wegen häufiger Kurzerkrankungen ist die Kündigung **wegen langandauernder Erkrankung** zu unterscheiden.[752] Eine Kündigung wegen langandauernder Erkrankung ist sozial gerechtfertigt, wenn
- der Arbeitnehmer zum Zeitpunkt des Zugangs der Kündigung arbeitsunfähig erkrankt und damit zu rechnen ist, daß er auch weiterhin auf nicht absehbare Zeit arbeitsunfähig sein wird (Rn. 243);
- weiterhin zu erwarten ist, daß es durch die prognostizierte Arbeitsunfähigkeit zu erheblichen betrieblichen Beeinträchtigungen kommen wird (Rn. 247)
- und schließlich bei Abwägung der beiderseitigen Interessen dem Arbeitgeber Überbrückungsmaßnahmen nicht zuzumuten sind (Rn. 251).

243 (1) Zum **Zeitpunkt des Zugangs der Kündigung** muß der Arbeitnehmer **arbeitsunfähig** sein, weil ansonsten zu dem maßgeblichen Beurteilungszeitpunkt – Zugang der Kündigung – keine (negative) Gesundheitsprognose erstellt werden kann.[753] Wie lange der Arbeitnehmer bereits in der Vergangenheit arbeitsunfähig erkrankt war, ist freilich ohne Bedeutung. Auch nach Auffassung des BAG ist offenbar die zurückliegende Krankheitsdauer nur zur begrifflichen Bestimmung der Kündigung wegen langandauernder Erkrankung als einer Unterform der Kündigung wegen Krankheit von Bedeutung.[754]

243 a Soweit in der Literatur demgegenüber die Auffassung vertreten wird, eine Kündigung komme erst nach **Ablauf der Sechs-Wochen-Frist** für die

---

[749] BAG 9. 4. 1987, AP Nr. 18 zu § 1 KSchG 1969 Krankheit = EzA § 1 KSchG Krankheit Nr. 18 mit Anm. *v. Hoyningen-Huene;* BAG 18. 10. 1984, BB 1985, 661; BAG 24. 11. 1983, AP Nr. 30 zu § 102 BetrVG 1972.

[750] BAG 24. 11. 1983, AP Nr. 30 zu § 102 BetrVG 1972; BAG 2. 11. 1989, RzK III 1 b Nr. 13; – vgl. zum Ganzen auch *Rummel* NZA 1984, 76 ff.; *Schumann* DB 1984, 1878 ff.

[751] BAG 23. 9. 1992 – 2 AZR 150/92 n. v. unter II 1 c bb.

[752] Vgl. dazu BAG 22. 2. 1980, AP Nr. 6 zu § 1 KSchG 1969 Krankheit mit Anm. *G. Hueck* = AR-Blattei Krankheit des Arbeitnehmers Entsch. 157 mit Anm. *Herschel* = SAE 1980, 338 mit Anm. *Meisel* = EzA § 1 KSchG Krankheit Nr. 5 mit Anm. *v. Maydell/Eylert;* BAG 25. 11. 1982, AP Nr. 7 zu § 1 KSchG 1969 Krankheit mit Anm. *Meisel* = AR-Blattei Kündigungsschutz Entsch. 234 mit Anm. *Jahnke* = EzA § 1 KSchG Krankheit Nr. 10 mit Anm. *Otto;* BAG 15. 8. 1984, AP Nr. 16 zu § 1 KSchG 1969 Krankheit = SAE 1986, 70 mit Anm. *Schreiber;* BAG 6. 2. 1992, RzK I 5 g Nr. 46; BAG 21. 5. 1992, AP Nr. 30 zu § 1 KSchG 1969 Krankheit = SAE 1994, 1 mit zust. Anm. *Hromadka.*

[753] Vgl. *G. Hueck* Anm. zu BAG AP Nr. 6 zu § 1 KSchG 1969 Krankheit.

[754] Vgl. BAG 29. 4. 1999, AP Nr. 36 zu § 1 KSchG 1969 Krankheit = SAE 2000, 14 mit zust. Anm. *Gitter.*

Entgeltfortzahlung im Krankheitsfall in Betracht,[755] kann dem in dieser Allgemeinheit nicht gefolgt werden. Es wird hier übersehen, daß auch bei der Kündigung wegen langandauernder Krankheit der entscheidende Kündigungsgrund nicht die bisherigen Krankheitszeiten und die daraus resultierenden Belastungen sind, sondern die betrieblichen Folgen zukünftiger langer Arbeitsunfähigkeit.[756] Wenn also beispielsweise feststeht, daß ein Bauarbeiter aufgrund eines schweren Unfalles in absehbarer Zeit nicht mehr der bisherigen Beschäftigung nachgehen kann und auch kein anderer freier Arbeitsplatz im Betrieb zur Verfügung steht, kann der Arbeitgeber nach dem Unfall auch grundsätzlich vor Ablauf der Sechs-Wochen-Frist des § 3 EFZG eine Kündigung aussprechen. Daß den Arbeitgeber in diesem Fall möglicherweise gemäß § 8 Abs. 1 EFZG eine Entgeltfortzahlungspflicht bis zum Ablauf der Sechs-Wochen-Frist trifft, steht der Wirksamkeit der Kündigung nicht entgegen.

Ist der Arbeitnehmer zum Zeitpunkt des Zugangs der Kündigung arbeitsunfähig krank, so ist weiter erforderlich, daß nach den zum Zeitpunkt des Zugangs der Kündigungserklärung vorliegenden objektiven Umständen mit einer **Wiederherstellung der Arbeitsfähigkeit des Arbeitnehmers in absehbarer Zeit nicht gerechnet werden kann.**[757] Entscheidend ist damit, daß der Arbeitgeber zum Zeitpunkt der Kündigung von einer längeren Arbeitsunfähigkeit des Arbeitnehmers ausgehen konnte.[758] Dies erfordert eine Prognoseentscheidung, die darauf nachzuprüfen ist, ob bei Zugang der Kündigung objektive Kriterien vorlagen, aus denen der Arbeitgeber auf eine noch längere Zeit andauernde Arbeitsunfähigkeit schließen konnte.[759] Die ordentliche Kündigung des Arbeitsverhältnisses ist aus Anlaß einer Langzeiterkrankung erst dann sozial gerechtfertigt (§ 1 Abs. 2 KSchG), wenn eine negative Prognose hinsichtlich der voraussichtlichen Dauer der Arbeitsunfähigkeit vorliegt.[760] 244

Die Wirksamkeit einer Kündigung wegen langandauernder Krankheit erfordert, daß **im Zeitpunkt der Kündigung die Wiederherstellung der Arbeitsfähigkeit ungewiß** ist.[761] Hierdurch unterscheidet sich die Kündigung wegen langandauernder Krankheit von der Kündigung wegen krankheitsbedingter dauernder Leistungsunfähigkeit. Nach Auffassung des BAG ist 245

---

[755] So etwa ErfK/*Ascheid* § 1 KSchG Rn. 214; *Bezani* S. 38; *Löwisch* § 1 Rn. 195; *Neumann* NJW 1978, 1838, 1840; *Stahlhacke/Preis/Vossen* Rn. 752; siehe auch LAG Köln 25. 8. 1995, LAGE § 4 KSchG Nr. 30, das eine seit zwei Monaten andauernde Krankheit bei einem fünfjährigen Arbeitsverhältnis nicht als langandauernd ansieht.
[756] Ebenso *Bauer/Röder/Lingemann* S. 93 f.; MünchArbR/*Berkowsky* § 136 Rn. 20; APS/*Dörner* § 1 KSchG Rn. 145; KR-*Etzel* § 1 KSchG Rn. 389; HaKo-*Gallner* § 1 Rn. 526; *Kraft* Anm. zu BAG EzA § 1 KSchG Krankheit Nr. 46; *Popp* DB 1981, 2611, 2615; HK-KSchG/*Weller/Dorndorf* § 1 Rn. 426; *Weller* ArbRdGgnw 20 (1982), 77, 79 f.
[757] BAG 22. 2. 1980, 25. 11. 1982 und 15. 8. 1984, AP Nr. 6, 7, 16 zu § 1 KSchG 1969 Krankheit; BAG 6. 2. 1992, RzK I 5 g Nr. 46; BAG 29. 4. 1999, AP Nr. 36 zu § 1 KSchG 1969 Krankheit.
[758] *Lepke* S. 137 ff.; *Löwisch* § 1 Rn. 196.
[759] BAG 25. 11. 1982, 15. 8. 1984, AP Nr. 7, 16 zu § 1 KSchG 1969 Krankheit; BAG 30. 1. 1986, NZA 1987, 555 ff.; BAG 21. 5. 1992, AP Nr. 30 zu § 1 KSchG 1969 Krankheit; – zur Unberechenbarkeit der Rechtsprechung *Birk* JuS 1986, 377.
[760] BAG 29. 4. 1999, AP Nr. 36 zu § 1 KSchG 1969 Krankheit; näher dazu Rn. 226.
[761] BAG 21. 5. 1992, 29. 4. 1999, AP Nr. 30, 36 zu § 1 KSchG 1969 Krankheit.

die Wiederherstellung der Arbeitsfähigkeit ungewiß, wenn in absehbarer Zeit mit einer anderen als der negativen Prognose nicht gerechnet werden kann. Denn unter dieser Voraussetzung könne die Ungewißheit der Wiederherstellung der Arbeitsfähigkeit einer krankheitsbedingten dauernden Leistungsunfähigkeit gleichgestellt werden. Als absehbare Zeit in diesem Zusammenhang sieht das BAG im Anschluß an § 1 Abs. 1 BeschFG (jetzt: § 14 Abs. 2 TzBfG) einen Zeitraum von 24 Monaten an, weil der Arbeitgeber in dieser Zeit die Abwesenheit des arbeitsunfähigen Arbeitnehmers durch Einstellung einer Ersatzkraft mit einem befristeten Arbeitsverhältnis überbrücken könne.[762]

245 a Diese **Rechtsprechung überzeugt nicht.** Abgesehen davon, daß die vom BAG im entschiedenen Fall vorgenommene Würdigung des festgestellten Sachverhalts fragwürdig ist,[763] bestehen auch gegen die abstrakten Rechtsgrundsätze dieser Entscheidung Bedenken. Soweit das BAG fordert, über einen Zeitraum von 24 Monaten dürfe nicht mit einer anderen als einer negativen Prognose gerechnet werden, ansonsten fehle bereits die erste Voraussetzung einer krankheitsbedingten Kündigung, die negative Gesundheitsprognose, überspannt es die Anforderungen an die soziale Rechtfertigung der Kündigung. Für diesen Zeitraum von 24 Monaten wird – von den Fällen der dauerhaften Arbeitsunfähigkeit abgesehen – die vom BAG geforderte Prognose kaum gestellt werden können, weil bei einer Langzeiterkrankung, die nicht zur dauerhaften Arbeitsunfähigkeit führt, regelmäßig nicht ausgeschlossen werden kann, daß sich die Prognose nicht doch noch ändern wird. Das BAG hebt damit letztlich die von ihm selbst aus systematischen Gründen geforderte Unterscheidung zwischen der Kündigung wegen Langzeiterkrankungen und der Kündigung wegen dauernder Arbeitsunfähigkeit auf,[764] obwohl zwischen beiden Unterformen der krankheitsbedingten Kündigung durchaus Unterschiede bestehen.

245 b Soweit das BAG in diesem Zusammenhang auf die **erleichterte Befristungsmöglichkeit nach § 1 BeschFG** (jetzt: § 14 Abs. 2 TzBfG) zur Überbrückung der Abwesenheit des arbeitsunfähigen Arbeitnehmers verweist, überzeugt dies nicht. Denn dieses Argument ist nur für die Bewertung der betrieblichen Beeinträchtigungen als Folge der Arbeitsunfähigkeit von Gewicht.[765] Nur in diesem Zusammenhang kann systemgerecht die Frage möglicher Überbrückungsmaßnahmen von Bedeutung sein.[766] Mit der Gesundheitsprognose hat die Befristungsmöglichkeit nichts zu tun. Auch hier verwischt das BAG die von ihm in jahrelanger Rechtsprechung selbst aufgestellten Prüfungsschritte zur sozialen Rechtfertigung einer krankheitsbedingten Kündigung.

245 c Bereits 1982 hat das BAG demgegenüber zutreffend entschieden, daß eine Kündigung bei langanhaltender Arbeitsunfähigkeit sozial gerechtfertigt ist,

---

[762] BAG 29. 4. 1999, AP Nr. 36 zu § 1 KSchG 1969 Krankheit.
[763] Vgl. dazu mit Recht kritisch *Kraft* Anm. zu BAG EzA § 1 KSchG Krankheit Nr. 46.
[764] Ebenso APS/*Dörner* § 1 KSchG Rn. 195.
[765] Zutr. *Kraft* Anm. zu BAG EzA § 1 KSchG Krankheit Nr. 46.
[766] Insoweit zutreffend BAG 29. 4. 1999, AP Nr. 36 zu § 1 KSchG 1969 Krankheit unter II 4; vgl dazu im übrigen BAG 16. 2. 1989, AP Nr. 20 zu § 1 KSchG 1969 Krankheit unter B I 2 a zur Kündigung wegen häufiger Kurzerkrankungen.

wenn zum Zeitpunkt des Kündigungszugangs aufgrund der objektiven Umstände auf eine **Arbeitsunfähigkeit von nicht absehbarer Zeit zu schließen ist** und gerade diese Ungewißheit zu unzumutbaren betrieblichen oder wirtschaftlichen Belastungen führt.[767] Dem ist auch heute noch zu folgen. Für die negative Gesundheitsprognose ist erforderlich, aber auch ausreichend, daß zum Zeitpunkt der Kündigung ein Ende der Arbeitsunfähigkeit nicht absehbar ist. Auf der zweiten Stufe sind sodann die hieraus folgenden betrieblichen Beeinträchtigungen zu prüfen. Erst hier ist festzustellen, welche negativen Folgen die Abwesenheit des arbeitsunfähigen Arbeitnehmers hat und wie diese Beeinträchtigungen vermindert werden können. Dabei ist sicherlich auch die Möglichkeit einer erleichterten Befristung nach Maßgabe des TzBfG zu berücksichtigen. Andererseits dürfen aber auch hier Stellung und Aufgabe des Arbeitnehmers im Betrieb nicht unberücksichtigt bleiben. Denn für zahlreiche Tätigkeiten, die eine qualifizierte Ausbildung voraussetzen, gibt es auf dem Arbeitsmarkt keine geeigneten Aushilfskräfte. Will der Arbeitgeber sich hierauf berufen, so hat er konkret darzulegen, warum die Einstellung einer Ersatzkraft nicht möglich ist.[768]

Beurteilungskriterien für die Prognoseentscheidung sind insbesondere Art und Ursache der Erkrankung, das Alter des Arbeitnehmers sowie die Häufigkeit früherer gleichartiger Erkrankungen. In der Regel wird – wie bei häufigen Kurzerkrankungen (dazu oben Rn. 225) – zur Erstellung der Prognose ein medizinisches Sachverständigengutachten erforderlich sein. Rechtfertigt der Krankheitsbefund bei einem langzeiterkrankten Arbeitnehmer nach ärztlichem Gutachten die negative Prognose, so genügt nicht der allgemeine Vortrag des Arbeitnehmers, bei der derzeitigen – zum Zeitpunkt der Kündigung auch schon begonnenen – Behandlung bestehe eine konkrete Heilungschance, um die negative Indizwirkung des bisherigen Krankheitsverlaufs zu erschüttern. Erforderlich ist vielmehr die Darlegung konkreter Tatsachen, aus denen sich ergibt, daß nicht nur eine allgemeine Besserung des Krankheitszustandes zu erwarten ist, sondern weitergehend eine Wiederherstellung der Arbeitsfähigkeit, und zwar bezogen auf die vertraglich geschuldete Arbeitsleistung.[769]

(2) Eine Kündigung wegen langandauernder Erkrankung erfordert weiter, daß es wegen der zu erwartenden Arbeitsunfähigkeit **zu erheblichen betrieblichen Belastungen** kommt. Bei der Kündigung wegen langandauernder Krankheit liegen die Beeinträchtigungen des Arbeitgebers allerdings weniger im wirtschaftlichen Bereich, weil die Entgeltfortzahlungspflicht nach sechs Wochen endet. Die Beeinträchtigung des Arbeitgebers ist vielmehr in erster Linie darin zu sehen, daß das vertragliche Austauschverhältnis auf nicht absehbare Zeit gestört und damit sinnentleert ist. Der Arbeitgeber ist auf unabsehbare Zeit gehindert, sein Direktionsrecht auszuüben. Der Einsatz von Vertretungskräften ist erschwert, weil unklar ist, wann der erkrankte Arbeit-

---

[767] Vgl. BAG 25. 11. 1982, AP Nr. 7 zu § 1 KSchG 1969 Krankheit mit Anm. *Meisel* = EzA § 1 KSchG Krankheit Nr. 10 mit Anm. *Otto* = AR-Blattei Kündigungsschutz, Entsch. 234 mit Anm. *Jahnke*.
[768] Insoweit zutr. BAG 29. 4. 1999, AP Nr. 36 zu § 1 KSchG 1969 Krankheit; zust. *Gitter* SAE 2000, 18, 20.
[769] BAG 19. 5. 1993, RzK I 5 g Nr. 53.

nehmer an seinen Arbeitsplatz zurückkehrt.⁷⁷⁰ Diese Umstände hat der Arbeitgeber zur Begründung der Kündigung im Prozeß darzulegen und gegebenenfalls zu beweisen.

248 Soweit das BAG in diesem Zusammenhang von dem Erfordernis „**unzumutbarer**" **Belastungen** spricht,⁷⁷¹ ist dies unscharf.⁷⁷² Die Unzumutbarkeit der Beeinträchtigung des Arbeitsverhältnisses läßt sich nämlich nur im Rahmen einer Interessenabwägung ermitteln, die aber erst nach der Feststellung erheblicher betrieblicher Belastungen vorzunehmen ist. Schließlich ist es auch gedanklich nur schwer nachzuvollziehen, daß krankheitsbedingte Betriebsstörungen zwar zu unzumutbaren betrieblichen Beeinträchtigungen führen können, gleichwohl aber nach Abwägung aller Interessen dem Arbeitgeber die Durchführung von Überbrückungsmaßnahmen zugemutet werden kann.⁷⁷³ Hinter dieser ungenauen Formulierung des BAG steht jedoch der zutreffende Gedanke, daß **nicht jede geringfügige betriebliche Beeinträchtigung auch einen Kündigungsgrund darstellt.**⁷⁷⁴ Erforderlich ist vielmehr, daß die betrieblichen Beeinträchtigungen erheblich sind.

249 Die **Erheblichkeit** der betrieblichen Beeinträchtigungen **bemißt** sich bei Kündigungen wegen langandauernder Erkrankung in erster Linie nach der voraussichtlichen Dauer der Arbeitsunfähigkeit und der Ungewißheit des Heilungsverlaufs.⁷⁷⁵ Hiervon hängt es ab, ob der erkrankte Arbeitnehmer durch eine Aushilfskraft oder durch Mehrarbeit der übrigen Arbeitnehmer ersetzt werden kann.⁷⁷⁶ Die Durchführbarkeit solcher Überbrückungsmaßnahmen hängt weiter von der Position des erkrankten Arbeitnehmers ab, da Fachkräfte oder Mitarbeiter in leitender Position schwerer zu ersetzen sind als Hilfskräfte.⁷⁷⁷

250 **Feste Fristen** für die Dauer der Arbeitsunfähigkeit, nach deren Ablauf von einer erheblichen Beeinträchtigung gesprochen werden kann, **gibt es nicht**.⁷⁷⁸ Zu Recht hat das BAG darauf hingewiesen, daß solche Fristen

---

⁷⁷⁰ Vgl. BAG 21. 5. 1992, AP Nr. 30 zu § 1 KSchG 1969 Krankheit.
⁷⁷¹ BAG 22. 2. 1980, 25. 11. 1982, AP Nr. 6, 7 zu § 1 KSchG 1969 Krankheit.
⁷⁷² Kritisch auch ErfK/*Ascheid* § 1 KSchG Rn. 215; *Boewer* NZA 1988, 678, 685 f.; *Hanau* ZfA 1984, 453, 560 f.; *Joost* Anm. zu BAG EzA § 1 KSchG Krankheit Nr. 15; *Oetker* Anm. zu BAG EzA § 1 KSchG Krankheit Nr. 28; *Preis* S. 171 ff.; *Schwerdtner* DB 1990, 375, 377; HK-KSchG/*Weller/Dorndorf* § 1 Rn. 429.
⁷⁷³ So zutr. *Preis* S. 172 unter Hinweis auf BAG 15. 2. 1984, AP Nr. 14 zu § 1 KSchG 1969 Krankheit.
⁷⁷⁴ Vgl. BAG 7. 11. 1985, AP Nr. 17 zu § 1 KSchG 1969 Krankheit; *Weller* ArbRdGgnw 20 (1982), 77, 81 f.
⁷⁷⁵ Vgl. BAG 21. 5. 1992, AP Nr. 30 zu § 1 KSchG 1969 Krankheit; *Bauer/Röder/Lingemann* S. 96; *Lepke* S. 64 ff.
⁷⁷⁶ Vgl. BAG 22. 2. 1980, AP Nr. 6 zu § 1 KSchG 1969 Krankheit mit Anm. G. *Hueck* = AR-Blattei Krankheit des Arbeitnehmers Entsch. 157 mit Anm. *Herschel* = EzA § 1 KSchG Krankheit Nr. 5 mit Anm. *v. Maydell/Eylert* = SAE 1980, 338 mit Anm. *Meisel;* BAG 25. 11. 1982, AP Nr. 7 zu § 1 KSchG 1969 Krankheit mit Anm. *Meisel* = AR-Blattei Kündigungsschutz Entsch. 234 mit Anm. *Jahnke* = EzA § 1 KSchG Krankheit Nr. 10 mit Anm. *Otto*.
⁷⁷⁷ Vgl. *Stahlhacke/Preis/Vossen* Rn. 752 a.
⁷⁷⁸ Vgl. LAG Baden-Württemberg 13. 1. 1988, LAGE § 1 KSchG Personenbedingte Kündigung Nr. 5 zur Zulässigkeit einer Kündigung, nachdem dem Arbeitnehmer im Anschluß an eine längerfristige Erkrankung für eineinhalb Jahre befristet eine Erwerbsunfähig-

willkürlich wären und nicht geeignet sind, den Einzelfall zu erfassen.[779] Allerdings setzt das BAG die Ungewißheit der Wiederherstellung der Arbeitsfähigkeit einer krankheitsbedingten dauerhaften Leistungsunfähigkeit gleich, wenn in den nächsten 24 Monaten mit einer anderen Prognose nicht gerechnet werden kann.[780]

(3) Nach der Feststellung der negativen Prognose und der Erheblichkeit der betrieblichen Beeinträchtigungen ist eine **Interessenabwägung** vorzunehmen.[781] Die Interessenabwägung ist nicht Bestandteil des Kündigungsgrundes,[782] sie entspricht vielmehr dem allgemeinen Gebot bei jeder personen- oder verhaltensbedingten Kündigung (dazu oben Rn. 138). Im Rahmen der Abwägung sind auf seiten des Arbeitgebers neben den akuten betrieblichen Beeinträchtigungen auch krankheitsbedingte Fehlzeiten aus der Vergangenheit und das sonstige Arbeitsverhalten des Arbeitnehmers zu berücksichtigen. Auf seiten des Arbeitnehmers sind neben dem Lebensalter vor allem die Ursache der Erkrankung, beispielsweise Betriebsunfall, die Betriebszugehörigkeit und die Unterhaltspflichten[783] zu beachten. Unter Berücksichtigung dieser Gesichtspunkte ist dann zu prüfen, in welchem Umfang dem Arbeitgeber Überbrückungsmaßnahmen zugemutet werden können.

251

(4) Hinsichtlich der **Darlegungs- und Beweislast** gelten im wesentlichen die gleichen Grundsätze wie bei der Kündigung wegen häufiger Kurzerkrankungen,[784] wobei darauf zu achten ist, daß das BAG hiervon in seiner neueren Rechtsprechung zu häufigen Kurzerkrankungen z. T. abgewichen ist (näher dazu oben Rn. 227 ff. und 240). Der Arbeitgeber hat dementsprechend vorzutragen, daß der Arbeitnehmer an einer langandauernden Krankheit erkrankt ist, und die ihm bekannten Tatsachen darzulegen. Soweit er hierzu neben den bisherigen Fehlzeiten keine näheren Informationen hat, ist es sodann Sache des Arbeitnehmers, den Vortrag des Arbeitgebers substantiiert zu bestreiten und gleichzeitig die ihn behandelnden Ärzte von der Schweigepflicht zu entbinden. Weigert sich der Arbeitnehmer, so liegt eine Beweisvereitelung vor, mit der Folge, daß der Vortrag des Arbeitgebers als zugestanden gilt.

252

cc) Kündigung wegen dauernder Arbeitsunfähigkeit

Die krankheitsbedingte dauernde Unfähigkeit des Arbeitnehmers, die vertraglich geschuldete Arbeitsleistung zu erbringen, berechtigt den Arbeitgeber zur ordentlichen Kündigung des Arbeitsverhältnisses.[785] Die Wirksamkeit

252a

---

keitsrente bewilligt wurde; ErfK/*Ascheid* § 1 KSchG Rn. 217; KR-*Etzel* § 1 KSchG Rn. 389; HK-KSchG/*Weller/Dorndorf* § 1 Rn. 430.

[779] BAG 25. 11. 1982, AP Nr. 7 zu § 1 KSchG 1969 Krankheit; – vgl. auch *Lepke* S. 64 f., der einen Zeitraum von 6 Wochen als gewisse Richtschnur ansieht.
[780] BAG 29. 4. 1999, AP Nr. 36 zu § 1 KSchG 1969 Krankheit.
[781] BAG 22. 2. 1980, 25. 11. 1982, 15. 8. 1984, 21. 5. 1992, 29. 4. 1999, AP Nr. 6, 7, 16, 30, 36 zu § 1 KSchG 1969 Krankheit.
[782] BAG 7. 11. 1985, AP Nr. 17 zu § 1 KSchG 1969 Krankheit; – anders noch BAG 25. 11. 1982, AP Nr. 7 zu § 1 KSchG 1969 Krankheit.
[783] Vgl. BAG 20. 1. 2000, AP Nr. 38 zu § 1 KSchG 1969 Krankheit = EzA § 1 KSchG Krankheit Nr. 47 mit krit. Anm. *Rolfs*.
[784] BAG 25. 11. 1982, AP Nr. 7 zu § 1 KSchG 1969 Krankheit unter B II 2.
[785] BAG 30. 1. 1986, NZA 1987, 555; BAG 28. 2. 1990, AP Nr. 25 zu § 1 KSchG 1969 Krankheit; BAG 23. 9. 1992 – 2 AZR 150/92 n. v.; BAG 12. 7. 1995, AP Nr. 7 zu § 626

§ 1   252 b, 252 c   1. Abschnitt. Allgemeiner Kündigungsschutz

einer Kündigung wegen dauernder Arbeitsunfähigkeit ist ebenso wie die Kündigung wegen häufiger Kurzerkrankungen oder wegen langandauernder Arbeitsunfähigkeit in **drei Stufen zu prüfen**. Erforderlich ist zunächst eine negative Gesundheitsprognose, d. h. es muß zum Zeitpunkt der Kündigung prognostiziert werden können, daß der Arbeitnehmer in Zukunft die geschuldete Arbeitsleistung künftig nicht mehr erbringen kann. Weiterhin ist erforderlich, daß es deswegen zu einer erheblichen Beeinträchtigung betrieblicher Interessen kommt, die drittens für den Arbeitgeber die Fortsetzung des Arbeitsverhältnisses unzumutbar erscheinen läßt.

252 b   Ist vorauszusehen, daß der Arbeitnehmer in Zukunft die geschuldete Arbeitsleistung nicht mehr erbringen kann, liegt die **erhebliche betriebliche Beeinträchtigung** des Arbeitgebers in der Störung des Arbeitsverhältnisses als Austauschverhältnis von Leistung und Gegenleistung.[786] Wenn das Arbeitsverhältnis auf Grund der dauernden Arbeitsunfähigkeit des Arbeitnehmers nicht mehr vollzogen werden kann, ist es sinnentleert und besteht nur noch als leere Hülle. Steht ein Arbeitnehmer noch durchschnittlich zwei Drittel der Jahresarbeitszeit für die vertraglich geschuldete Arbeitsleistung zur Verfügung, so steht dies der dauernden Unmöglichkeit der Arbeitsleistung nicht gleich.[787] Da das Arbeitsverhältnis nicht von selbst endet, muß es gekündigt werden. Bei dauernder Arbeitsunfähigkeit besteht regelmäßig **kein schützenswertes Interesse des Arbeitnehmers am Fortbestand** des Arbeitsverhältnisses, es überwiegt vielmehr das Interesse des Arbeitgebers an einer Beendigung dieses sinnentleerten Vertragsverhältnisses.[788] Nur in dem eher theoretischen Fall, in dem die Arbeitsleistung des Arbeitnehmers für den Arbeitgeber überhaupt keinen Wert hätte, d. h. überflüssig wäre, entstünde durch die dauernde Arbeitsunfähigkeit keine Beeinträchtigung. Für einen solchen Ausnahmetatbestand wäre der Arbeitnehmer darlegungs- und beweispflichtig.[789]

252 c   Legt der Arbeitnehmer ein ärztliches Attest vor, aus dem hervorgeht, daß bei einer Weiterbeschäftigung zu den bestehenden Arbeitsbedingungen eine Verschlechterung des Gesundheitszustandes zu befürchten ist, hat der Arbeitgeber zu prüfen, ob der Arbeitsplatz mit zumutbarem Aufwand umgestaltet werden kann oder eine Versetzung an einen anderen Arbeitsplatz in Betracht kommt.[790] Eine besondere Fallgruppe der krankheitsbedingten **Kündigung aus Fürsorgegründen** ist damit freilich **nicht geschaffen** worden.[791] § 618 BGB normiert lediglich Rechtspflichten des Arbeitgebers und schafft keine zusätzlichen Gläubigerrechte.[792] Auch das vorgelegte ärztliche Attest allein

---

BGB Krankheit mit Anm. *Bezani* = EzA § 626 BGB n. F. Nr. 156 mit Anm. *Kania* zu einer außerordentlichen Kündigung einer tariflich unkündbaren Arbeitnehmerin.
[786] BAG 28. 2. 1990, AP Nr. 25 zu § 1 KSchG 1969 Krankheit.
[787] BAG 17. 6. 1999 – 2 AZR 574/98 n. v.
[788] BAG 28. 2. 1990, AP Nr. 25 zu § 1 KSchG 1969 Krankheit; MünchArbR/*Berkowsky* § 136 Rn. 118; APS/*Dörner* § 1 KSchG Rn. 192; – kritisch hierzu *Basedau* AuR 1991, 299 ff.
[789] Vgl. BAG 28. 2. 1990, 3. 12. 1998, AP Nr. 25, 33 zu § 1 KSchG 1969 Krankheit; ErfK/*Ascheid* § 1 KSchG Rn. 208.
[790] BAG 12. 7. 1995, AP Nr. 7 zu § 626 BGB Krankheit.
[791] BAG 12. 7. 1995, AP Nr. 7 zu § 626 BGB Krankheit; MünchArbR/*Berkowsky* § 136 Rn. 65 ff.
[792] So zutr. MünchArbR/*Berkowsky* § 136 Rn. 65; *Kania* Anm. zu BAG EzA § 626 BGB n. F. Nr. 156.

Sozial ungerechtfertigte Kündigungen 252 d–252 f § 1

rechtfertigt noch nicht die Kündigung.⁷⁹³ Erforderlich ist vielmehr, daß die allgemeinen Voraussetzungen einer krankheitsbedingten Kündigung wegen dauerhafter Arbeitsunfähigkeit vorliegen (dazu Rn. 252a und b).

Ist ein Arbeitnehmer bereits längere Zeit arbeitsunfähig krank und ist im Zeitpunkt der Kündigung die **Wiederherstellung der Arbeitsfähigkeit völlig ungewiß,** kann diese Ungewißheit wie eine feststehende dauernde Arbeitsunfähigkeit zu einer erheblichen Beeinträchtigung betrieblicher Interessen führen und deshalb eine Kündigung sozial rechtfertigen.⁷⁹⁴ Die Ungewißheit, wann der Arbeitnehmer wieder in der Lage ist, die vertraglich geschuldete Arbeitsleistung zu erbringen, ist dem auf gesundheitlichen Gründen beruhenden dauernden Unvermögen zur Arbeitsleistung gleichzustellen. Wenn nämlich die Wiederherstellung der Leistungsfähigkeit des Arbeitnehmers überhaupt nicht absehbar ist, hindert dies den Arbeitgeber auf nicht absehbare Zeit, sein arbeitsvertragliches Direktionsrecht auszuüben. Er kann weder den Einsatz des arbeitsunfähigen Arbeitnehmers noch den von Vertretungskräften planen.⁷⁹⁵ Damit ist der Vertragszweck, die Disposition über die Arbeitskraft des Arbeitnehmers, in Frage gestellt, und nur noch zu prüfen, wie lange dem Arbeitgeber die Hinnahme dieser Ungewißheit zuzumuten ist.⁷⁹⁶ Das BAG hatte eine solche Unzumutbarkeit zunächst in einem Fall angenommen, in dem der Arbeitnehmer bereits 1½ Jahre arbeitsunfähig und die Wiederherstellung der Arbeitsfähigkeit völlig ungewiß war.⁷⁹⁷ In einer neueren Entscheidung hat es die Anforderungen verschärft und angenommen, eine negative Gesundheitsprognose könne nur bejaht werden, wenn über einen Zeitraum von 24 Monaten nicht mit einer anderen als einer negativen Prognose gerechnet werden könne.⁷⁹⁸ 252 d

dd) Kündigung wegen krankheitsbedingter Leistungsminderung

Auch die krankheitsbedingte Minderung der Leistungsfähigkeit des Arbeitnehmers kann einen in der Person des Arbeitnehmers liegenden Grund zur sozialen Rechtfertigung einer Kündigung darstellen.⁷⁹⁹ Die Wirksamkeit einer solchen Kündigung ist wie auch die soziale Rechtfertigung der übrigen krankheitsbedingten Kündigungen in **drei Stufen zu prüfen.** 252 e

Zunächst ist zu prüfen, ob eine **negative Prognose** zum Zeitpunkt der Kündigung vorliegt. Erforderlich ist, daß zum Zeitpunkt der Kündigung 252 f

---

⁷⁹³ Ebenso *Bezani* Anm. zu BAG AP Nr. 7 zu § 626 BGB Krankheit.
⁷⁹⁴ BAG 21. 5. 1992, AP Nr. 30 zu § 1 KSchG 1969 Krankheit = SAE 1994, 1 mit Anm. *Hromadka;* BAG 29. 4. 1999, AP Nr. 36 zu § 1 KSchG 1969 Krankheit.
⁷⁹⁵ BAG 21. 5. 1992, AP Nr. 30 zu § 1 KSchG 1969 Krankheit.
⁷⁹⁶ Zutr. *Hromadka* SAE 1994, 5, 6.
⁷⁹⁷ BAG 21. 5. 1992, AP Nr. 30 zu § 1 KSchG 1969 Krankheit.
⁷⁹⁸ BAG 29. 4. 1999, AP Nr. 36 zu § 1 KSchG 1969 Krankheit = SAE 2000, 15 mit Anm. *Gitter* = EzA § 1 KSchG Krankheit Nr. 46 mit Anm *Kraft;* vgl. hierzu auch Rn. 245a ff.
⁷⁹⁹ BAG 26. 9. 1991, AP Nr. 28 zu § 1 KSchG 1969 Krankheit = EzA § 1 KSchG Personenbedingte Kündigung Nr. 10 mit Anm. *Raab* = SAE 1993, 225 mit Anm. *Schiefer/Köster;* ErfK/*Ascheid* § 1 KSchG Rn. 261; KR-*Etzel* § 1 KSchG Rn. 402; HaKo-*Gallner* § 1 Rn. 545; *Kittner/Däubler/Zwanziger* § 1 KSchG Rn. 145; *Löwisch* § 1 Rn. 205; *Stahlhacke/Preis/Vossen* Rn. 751; HK-KSchG/*Weller/Dorndorf* § 1 Rn. 436.

252 g prognostiziert werden kann, der Arbeitnehmer werde auch künftig in erheblichem Umfange Minderleistungen erbringen.[800]

Weitere Voraussetzung ist, daß es auf Grund des prognostizierten schlechten Gesundheitszustandes des Arbeitnehmers zu **erheblichen betrieblichen Beeinträchtigungen** kommt. Mit Recht weist das BAG insoweit darauf hin, daß bei eingeschränkter Leistungsfähigkeit des Arbeitnehmers in erster Linie eine wirtschaftliche Belastung des Arbeitgebers eintreten wird, weil der Arbeitnehmer im Leistungslohn nicht mehr eingesetzt werden kann und der Zahlung des vollen Zeitlohns keine nach betriebswirtschaftlichen und arbeitswissenschaftlichen Grundsätzen ausgerichtete adäquate Arbeitsleistung gegenübersteht.[801] Für die Annahme einer erheblichen Beeinträchtigung betrieblicher Interessen genügt freilich nicht jede Minderleistung (dazu näher Rn. 253 ff.). Das BAG hat eine Minderleistung von $^2/_3$ der Normalleistung als erhebliche betriebliche Beeinträchtigung angesehen.

252 h Auf der dritten Stufe ist schließlich eine **Interessenabwägung** vorzunehmen. Dabei ist insbesondere die Ursache der Krankheit, die Dauer der Betriebszugehörigkeit, der Verlauf des Arbeitsverhältnisses und das Lebensalter des Arbeitnehmers zu berücksichtigen.[802] Von Bedeutung ist in diesem Zusammenhang auch, welche Anstrengungen der Arbeitgeber unternommen hat, um den Arbeitnehmer seiner körperlichen Konstitution entsprechend einzusetzen.

m) Leistungsfähigkeit

253 Eine personenbedingte Kündigung ist wegen verminderter Leistungsfähigkeit nur dann möglich, wenn die **Leistungsmängel auf nicht steuerbaren Umständen beruhen** (vgl. dazu auch oben Rn. 185). Zu denken ist hier etwa an krankheits- oder altersbedingte Einschränkungen der Leistungsfähigkeit (zur krankheitsbedingten Leistungsminderung vgl. Rn. 252c ff.). Ein Nachlassen der Leistungsfähigkeit im Alter ist freilich nur dann geeignet, eine Kündigung sozial zu rechtfertigen, wenn der Leistungsabfall gegenüber vergleichbaren älteren Arbeitnehmern erheblich stärker ausfällt, da der Arbeitgeber grundsätzlich einen gewissen altersbedingten Abfall der Leistungsfähigkeit hinzunehmen hat.[803]

253 a Soweit das BAG in älteren Entscheidungen angenommen hat, der Arbeitgeber könne vom Arbeitnehmer nur eine „**individuelle Normalleistung**" verlangen,[804] bedarf dies der Präzisierung. Auch wenn der Arbeitnehmer nach § 613 S. 1 BGB verpflichtet ist, die Arbeitsleistung in Person zu erbringen, folgt hieraus nicht, daß Qualität und Quantität der Arbeitsleistung allein

---

[800] BAG 26. 9. 1991, AP Nr. 28 zu § 1 KSchG 1969 Krankheit; zustimmend *Raab* Anm. zu BAG EzA § 1 KSchG Personenbedingte Kündigung Nr. 10; *Schiefer/Köster* SAE 1993, 234, 235.

[801] BAG 26. 9. 1991, AP Nr. 28 zu § 1 KSchG 1969 Krankheit unter A III 3 c cc.

[802] BAG 26. 9. 1991, AP Nr. 28 zu § 1 KSchG 1969 Krankheit.

[803] Vgl. BAG 16. 3. 1961, AP Nr. 2 zu § 1 KSchG Verhaltensbedingte Kündigung mit Anm. *A. Hueck; KR-Etzel* § 1 KSchG Rn. 408; *Kittner/Däubler/Zwanziger* § 1 KSchG Rn. 144; *Löwisch* § 1 Rn. 210.

[804] Vgl. BAG 20. 3. 1969, AP Nr. 27 zu § 123 GewO mit zust. Anm. *Canaris*; BAG 17. 7. 1970, AP Nr. 3 zu § 11 MuSchG 1968; *MünchArbR/Blomeyer* § 48 Rn. 64 ff. m. w. N.

am Maßstab der individuellen Fähigkeiten des Arbeitnehmers zu bestimmen sind. Der Arbeitgeber hat vielmehr, sofern arbeitsvertraglich nichts Abweichendes vereinbart ist, bei verständiger Auslegung des Arbeitsvertrags nach § 157 BGB einen Anspruch auf eine objektive Normalleistung des Arbeitnehmers und nicht nur darauf, daß der Arbeitnehmer die Arbeitsleistung im Rahmen des persönlichen Leistungsvermögens unter angemessener Anspannung seiner Kräfte und Fähigkeiten erbringt.[805]

Der Regelung in § 613 BGB ist nur zu entnehmen, daß der Arbeitnehmer **253 b** die Arbeit höchstpersönlich zu leisten hat. Eine ordnungsgemäße Erfüllung der arbeitsvertraglichen Leistungspflicht liegt aber nur dann vor, wenn der Arbeitnehmer **objektive Normalleistung** (Grundgedanke des § 243 BGB) erbringt.[806] Dies ist regelmäßig Inhalt der vertraglichen Vereinbarung. Dementsprechend richtet sich die Arbeitnehmerhaftung auch nach dem objektiven Verschuldensmaßstab des § 276 BGB und nicht nach den persönlichen Fähigkeiten und Kenntnissen des Arbeitnehmers.[807]

Ginge man dagegen davon aus, daß der Arbeitnehmer nur zur individuel- **253 c** len Normalleistung verpflichtet ist, die allein vom persönlichen Leistungsvermögen des Arbeitnehmers abhängt,[808] müßte eine **personenbedingte Kündigung** wegen mangelnder Arbeitsleistung von vornherein ausscheiden, wenn der Arbeitnehmer unter angemessener Anspannung seiner Kräfte und Fähigkeiten die Arbeitsleistung erbringt, diese aber aufgrund der Konstitution des Arbeitnehmers erheblich unterhalb einer objektiven Normalleistung liegt. Denn der Arbeitnehmer erbrächte dann – folgt man der h. M. – die vertragsgemäße Arbeitsleistung. In Anlehnung an tarifvertragliche Bestimmungen ist jedoch unter arbeitsvertraglich vereinbarter Normalleistung die Arbeitsleistung zu verstehen, die ein durchschnittlicher Arbeitnehmer nach vollzogener Einarbeitung bei menschengerechter Gestaltung der Arbeitsbedingungen ohne Rücksicht auf Geschlecht, Alter und tägliches Schwanken der Arbeitsleistungen ohne gesteigerte Anstrengung erbringen kann.

n) Straf- und Untersuchungshaft

Bei der Kündigung eines Arbeitnehmers wegen Arbeitsverhinderung in- **254** folge der Verbüßung einer Freiheitsstrafe handelt es sich nicht um einen verhaltens-, sondern um einen personenbedingten Kündigungsgrund.[809] Ob die haftbedingte Nichterfüllung der Arbeitspflicht eine ordentliche oder sogar außerordentliche Kündigung[810] zu rechtfertigen vermag, hängt von Art und

---

[805] So aber BAG 20. 3. 1969, AP Nr. 27 zu § 123 GewO; BAG 17. 7. 1970, AP Nr. 3 zu § 11 MuSchG 1968; BAG 21. 5. 1992, AP Nr. 28 zu § 1 KSchG 1969 Verhaltensbedingte Kündigung; *Bitter* AR-Blattei SD 190 Rn. 72; MünchArbR/*Blomeyer* § 48 Rn. 66; *Staudinger/Richardi* § 611 Rn. 329 f.
[806] Ebenso MünchArbR/*Berkowsky* § 137 Rn. 18 ff.
[807] Vgl. dazu *v. Hoyningen-Huene* BB 1989, 1889, 1890 m. w. N.
[808] So das BAG und die h. M., vgl. MünchArbR/*Blomeyer* § 48 Rn. 66 m. w. N.
[809] BAG 15. 11. 1984, AP Nr. 87 zu § 626 BGB = SAE 1986, 5 mit Anm. *Sieg;* BAG 22. 9. 1994, AP Nr. 25 zu § 1 KSchG 1969; BAG 9. 3. 1995, AP Nr. 123 zu § 626 BGB = SAE 1996, 32 mit zust. Anm. *Franzen;* LAG Rheinland-Pfalz 12. 4. 1999, RzK I 5 h Nr. 49; ErfK/*Ascheid* § 1 KSchG Rn. 265; KR-*Etzel* § 1 KSchG Rn. 341; HaKo-*Gallner* § 1 Rn. 496; *Kittner/Däubler/Zwanziger* § 1 KSchG Rn. 141 b; *Löwisch* § 1 Rn. 229; *Stahlhacke/Preis/Vossen* Rn. 753.
[810] Dazu BAG 9. 3. 1995, AP Nr. 123 zu § 626 BGB.

§ 1   254 a, 255   1. Abschnitt. Allgemeiner Kündigungsschutz

Ausmaß der betrieblichen Auswirkungen ab. Da der Arbeitgeber für die Dauer der Strafhaft keine Entgeltfortzahlung zu leisten hat (§§ 325 Abs. 1 Satz 3, 323 Abs. 1 BGB), kommen allein **Störungen im Produktionsablauf oder im Personaleinsatz** als betriebliche Beeinträchtigungen in Betracht.[811] Zur Vermeidung betrieblicher Beeinträchtigungen kann der Arbeitgeber unter Umständen gehalten sein, an der Erlangung des Freigängerstatus mitzuwirken.[812]

254 a   Nach der zutreffenden Auffassung des BAG ist bei der **Interessenabwägung** eine Gleichstellung der Arbeitsverhinderung wegen Verbüßung einer Freiheitsstrafe mit den Fällen der Arbeitsverhinderung wegen langandauernder Krankheit verfehlt, weil die krankheitsbedingten Fehlzeiten auf einem „Schicksalsschlag" beruhen, während die Strafhaft durch schuldhaftes strafbares Verhalten selbst verursacht wurde.[813] Für die Arbeitsverhinderung infolge der Verbüßung von **Untersuchungshaft** gelten die gleichen Grundsätze.[814]

o) Straftaten

255   Straftaten des Arbeitnehmers **außerhalb des dienstlichen Bereichs** sind grundsätzlich nicht geeignet, eine personenbedingte Kündigung wegen fehlender Eignung zu rechtfertigen. Lassen allerdings die Straftaten die Eignung des Arbeitnehmers für den konkret ausgeübten Beruf entfallen, so liegt hierin ein Grund in der Person des Arbeitnehmers, der die Kündigung sozial gerechtfertigt erscheinen läßt.[815] Dies gilt beispielsweise für Vergehen einer angestellten Erzieherin gegen das Betäubungsmittelgesetz,[816] für den Diebstahl eines Arbeitnehmers in dessen Freizeit zum Nachteil einer Konzernschwestergesellschaft seiner Arbeitgeberin,[817] für die Verurteilung wegen einer Trunkenheitsfahrt bei einem Berufskraftfahrer.[818] Die Steuerhinterziehung eines Angestellten der Finanzverwaltung stellt ebenso einen personenbedingten Kündigungsgrund dar,[819] wie nach Auffassung des LAG Frankfurt der Ladendiebstahl einer bei der Staatsanwaltschaft angestellten Gerichtshelferin.[820] Eine strafbare Trunkenheitsfahrt in Verbindung mit Fahrerflucht des Leiters einer Kfz-Prüfstelle läßt auch diesen als ungeeignet für seine Tätigkeit erscheinen.[821]

---

[811] Vgl. ErfK/*Ascheid* § 1 KSchG Rn. 264; APS/*Dörner* § 1 KSchG Rn. 243; zur Darlegungslast des Arbeitgebers BAG 20. 11. 1997, RzK I 6 a Nr. 154.
[812] BAG 9. 3. 1995, AP Nr. 123 zu § 626 BGB.
[813] BAG 9. 3. 1995, AP Nr. 123 zu § 626 BGB.
[814] Vgl. BAG 22. 9. 1994, AP Nr. 25 zu § 1 KSchG 1969; LAG Berlin 19. 8. 1985, RzK I 6 a Nr. 14..
[815] Vgl. KR-*Etzel* § 1 KSchG Rn. 423; – zu außerdienstlichem Verhalten vgl. auch Rn. 321 ff.
[816] Vgl. dazu BAG 23. 9. 1976, AP Nr. 1 zu § 1 KSchG 1969 Wartezeit mit Anm. G. *Hueck* = AR-Blattei Kündigungsschutz Entsch. 168 mit Anm. *Herschel* = SAE 1977, 153 mit Anm. *Lepke;* BAG 18. 10. 2000, EzA § 626 BGB n. F. Nr. 183.
[817] Vgl. dazu BAG 20. 9. 1984, AP Nr. 13 zu § 1 KSchG 1969 Verhaltensbedingte Kündigung.
[818] BAG 22. 8. 1963, AP Nr. 51 zu § 626 BGB; BAG 30. 5. 1978, AP Nr. 70 zu § 626 BGB mit Anm. G. *Hueck* = EzA § 626 BGB n. F. Nr. 66 mit Anm. *Käppler* = SAE 1979, 45 mit Anm. *Beitzke;* BAG 16. 8. 1990, RzK I 5 h Nr. 18; LAG Schleswig-Holstein 16. 6. 1986, RzK I 6 a Nr. 21.
[819] LAG Düsseldorf 20. 5. 1980, EzA § 626 BGB n. F. Nr. 72.
[820] LAG Frankfurt 4. 7. 1985, LAGE § 626 BGB Nr. 22.
[821] LAG Köln 25. 8. 1988, LAGE § 626 BGB Nr. 34.

p) Tendenzbetriebe

Für die kündigungsrechtliche Beurteilung der Eignung und Leistungsmängel eines Arbeitnehmers gelten in Tendenzbetrieben **Besonderheiten**. Tendenzbetriebe dienen unmittelbar oder überwiegend politischen, koalitionspolitischen, konfessionellen, karitativen, erzieherischen, wissenschaftlichen oder künstlerischen Bestimmungen oder Zwecken der Berichterstattung oder Meinungsäußerung.[822] Kündigungsrechtlich erhebliche tendenzbezogene Leistungs- und Eignungsmängel liegen nur dann vor, wenn die von einem Tendenzträger erbrachte Arbeitsleistung bzw. dessen persönliche Eignung als solche dem Tendenzzweck zuwider läuft.[823]

256

Namentlich im **kirchlichen und karitativen Bereich** (vgl. § 118 Abs. 2 BetrVG) spielen tendenzbezogene Eignungsmängel kündigungsrechtlich immer wieder eine große Rolle.[824] Neben Eheschließung katholischer Kirchenbediensteter mit geschiedenen Ehepartnern, Ehebruch und Ehescheidung (dazu bereits oben Rn. 207 ff.) kommt nach der Rechtsprechung des BAG insbesondere der Kirchenaustritt als ein personenbedingter Kündigungsgrund in Betracht.[825]

257

Nimmt ein in einem katholischen Krankenhaus angestellter Arzt öffentlich für den **legalen Schwangerschaftsabbruch** Stellung, so kann dies nach der bedenklichen Auffassung des BAG ebenfalls eine Kündigung rechtfertigen.[826] Weiterhin wurde die im außerdienstlichen Bereich praktizierte **homosexuelle Neigung** eines im Dienst des Diakonischen Werkes einer evangelischen Landeskirche stehenden, im Bereich der Konfliktberatung eingesetzten Arbeitnehmers als grundsätzlich geeigneter Kündigungsgrund angesehen, sofern der Arbeitnehmer vorher erfolglos abgemahnt worden sei.[827] Das BAG ordnet damit die Kündigung zu Unrecht Gründen im Verhalten des Arbeitnehmers zu, obwohl Homosexualität als persönliche Eigenschaft allenfalls ein Grund in der Person des Arbeitnehmers sein könnte. Es hätte geprüft werden müssen, ob Homosexualität ein Grund in der Person des Arbeitnehmers ist,

258

---

[822] Vgl. § 118 Abs. 1 BetrVG und dazu *v. Hoyningen-Huene* BetrVR § 3 II 7 a; zur Rundfunkfreiheit vgl. zusammenfassend *Wrede* NZA 1999, 1019.
[823] Vgl. BAG 6. 12. 1979, AP Nr. 2 zu § 1 KSchG 1969 Verhaltensbedingte Kündigung mit zust. Anm. *Kunze* = SAE 1981, 91 mit Anm. *Koller* = EzA § 1 KSchG Tendenzbetrieb Nr. 5 mit Anm. *Rüthers*; BAG 3. 11. 1982, AP Nr. 12 zu § 15 KSchG 1969 = SAE 1983, 282 mit Anm. *Gagel* = AR-Blattei Betriebsverfassung IX Entsch. 55 mit Anm. *Hanau* zur Kündigung eines Orchestermusikers.
[824] Vgl. dazu *Berchtenbreiter* Kündigungsprobleme im kirchlichen Arbeitsverhältnis 1984; *Dütz* NJW 1990, 2025 ff.; *ders.* NJW 1994, 1369 ff.; *Mummenhoff* NZA 1990, 585 ff.; *Richardi* Arbeitsrecht in der Kirche 3. Aufl. 2000, S. 90 ff.; *Struck* NZA 1991, 249 ff.
[825] BAG 4. 3. 1980, AP Nr. 4 zu Art. 140 GG = AR-Blattei Kirchenbedienstete Entsch. 18 mit Anm. *Mayer-Maly* zur Kündigung einer Fachlehrerin für Gymnastik und Textilgestaltung an einer katholischen Privatschule; BAG 12. 12. 1984, AP Nr. 21 zu Art. 140 GG mit Anm. *Dütz*; LAG Rheinland-Pfalz 9. 1. 1997, NZA 1998, 149; dazu *Rüthers* NJW 1986, 356 und *H. Weber* NJW 1986, 367.
[826] BAG 21. 10. 1982, AP Nr. 14 zu Art. 140 GG mit Anm. *Stein* = EzA § 1 KSchG Tendenzbetrieb Nr. 12, 13 mit gem. krit. Anm. *Rüthers* = AR-Blattei Kirchenbedienstete Entsch. 23 mit Anm. *Mayer-Maly* zur Kündigung eines in einem katholischen Krankenhaus beschäftigten Assistenzarztes; BVerfG 4. 6. 1985, AP Nr. 24 zu Art. 140 GG zum vorigen Fall und zu einem in einem katholischen Jugendheim beschäftigten Buchhalter.
[827] BAG 30. 6. 1983, AP Nr. 15 zu Art. 140 GG mit Anm. *Richardi*.

der eine Kündigung sozial zu rechtfertigen vermag, was im Ergebnis zu verneinen gewesen wäre.

259 Aus personenbedingten Gründen sozial gerechtfertigt ist schließlich auch die Kündigung einer **DGB-Gewerkschaftssekretärin** anzusehen, die Mitglied im Kommunistischen Bund Westdeutschland (KBW) ist.[828] Der DGB ist wegen seiner koalitionspolitischen Bestimmung als ein Tendenzunternehmen anzusehen, dessen Beschäftigte, soweit sie wie Gewerkschaftssekretäre Tendenzträger sind, in ihrem außerdienstlichen Verhalten und in ihrem Privatleben einer weitergehenden Bindung unterliegen als in anderen Arbeitsverhältnissen. Entgegen der Auffassung des BAG liegt hier aber kein Grund im Verhalten der Arbeitnehmerin vor, sondern ein personenbedingter Kündigungsgrund, weil ihr auf Grund der Mitgliedschaft im KBW die persönliche Eignung für die auszuübende Tätigkeit fehlt.

q) Verdachtskündigung

Schrifttum: *Appel/Gerken,* Pro und Contra Verdachtskündigung, AuR 1995, 201; *Belling,* Die Verdachtskündigung, Festschrift für Kissel, 1994, S. 11; *derselbe,* RdA 1996, 223; *Bengelsdorf,* Die Verdachtskündigung, AuA 1995, 196; *Busch,* Die Verdachtskündigung im Arbeitsrecht, MDR 1995, 217; *Dörner,* Die Verdachtskündigung im Spiegel der Methoden zur Auslegung von Gesetzen, NZA 1992, 865; *derselbe,* Abschied von der Verdachtskündigung?, NZA 1993, 873; *derselbe,* AR-Blattei SD 1010.9.1 (1994); *derselbe,* Neues zur Verdachtskündigung, AiB 1995, 663; *Enderlein,* Das erschütterte Arbeitgebervertrauen im Recht der verhaltensbedingten Tat- und Verdachtskündigung, RdA 2000, 325; *Grunsky,* Die Verdachtskündigung, ZfA 1977, 167; *Th. Heinze,* Verdachtskündigung im Berufsausbildungsverhältnis?, AuR 1984, 237; *Hoefs,* Die Verdachtskündigung, 2001; *Joachim,* Zur Problematik der Verdachtskündigung, AuR 1964, 33; *Lücke,* Unter Verdacht: Die Verdachtskündigung, BB 1997, 1842; *derselbe,* Die Verdachtskündigung – Fragen aus der Praxis, BB 1998, 2259; *Moritz,* Grenzen der Verdachtskündigung, NJW 1978, 402; *Naujok,* Das Spannungsverhältnis zwischen Verdachtskündigung und Unschuldsvermutung, AuR 1998, 398; *Schütte,* Die Verdachtskündigung, NZA 1991, Beil. 2, S. 17; *vom Stein,* Fehleinschätzungen bei der Kündigung von Arbeitsverhältnissen, Diss. Köln 1989.

260 Steht der Arbeitnehmer in dem **dringenden Verdacht,** eine schwerwiegende Pflichtwidrigkeit gegen den Arbeitgeber begangen zu haben, kann dies im Einzelfall eine ordentliche oder auch außerordentliche Kündigung begründen.[829]

---

[828] Vgl. BAG 6. 12. 1979, AP Nr. 2 zu § 1 KSchG 1969 Verhaltensbedingte Kündigung mit Anm. *Kunze* = EzA § 1 KSchG Tendenzbetrieb Nr. 5 mit zust. Anm. *Rüthers* = SAE 1981, 91 mit Anm. *Koller* = AR-Blattei Tendenzbetrieb Entsch. 20 mit Anm. *Mayer-Maly.*

[829] Vgl. dazu BAG 4. 11. 1957, AP Nr. 39 zu § 1 KSchG; BAG 13. 2. 1961, 4. 6. 1964, 17. 5. 1984, AP Nr. 9, 13, 14 zu § 626 BGB Verdacht strafbarer Handlung; BAG 3. 4. 1986, AP Nr. 18 zu § 626 BGB Verdacht strafbarer Handlung = EzA § 102 BetrVG 1972 Nr. 63 mit krit. Anm. *Rüthers/Bakker;* BAG 30. 4. 1987, AP Nr. 19 zu § 626 BGB Verdacht strafbarer Handlung = AR-Blattei Kündigungsschutz Entsch. 278 mit Anm. *Löwisch;* BAG 6. 9. 1990, EzA § 1 KSchG Verdachtskündigung Nr. 1; BAG 26. 3. 1992, AP Nr. 23 zu § 626 BGB Verdacht strafbarer Handlung = EzA § 626 BGB Verdacht strafbarer Handlung Nr. 4 mit zust. Anm. *Kittner;* BAG 29. 7. 1993, AP Nr. 31 zu § 626 BGB Ausschlußfrist = EzA § 626 BGB Ausschlußfrist Nr. 4 mit zust. Anm. *Moll/Hottgenroth* = SAE 1994, 205 mit zust. Anm. *Belling;* BAG 26. 8. 1993, AP Nr. 112 zu § 626 BGB mit Anm. *Berning;* BAG 14. 9. 1994, AP Nr. 24 zu § 626 BGB Verdacht strafbarer Handlung mit zust. Anm. *Belling/Künster* = SAE 1996, 52 mit krit. Anm. *Weber;* BAG 13. 9. 1995, AP Nr. 25 zu § 626 BGB Verdacht strafbarer Handlung mit Anm. *Holand* = EzA § 626 BGB Verdacht

Sozial ungerechtfertigte Kündigungen 261, 261a § 1

Nach der zutreffenden Rechtsprechung des BAG ist die Kündigung wegen des Verdachts einer Pflichtverletzung von der Kündigung wegen einer vom Arbeitgeber als erwiesen erachteten Pflichtverletzung **abzugrenzen**.[830] Bei der Verdachtskündigung ist der Kündigungsgrund die Zerstörung des für die Fortsetzung des Arbeitsverhältnisses erforderlichen Vertrauens des Arbeitgebers in die Person des Arbeitnehmers durch den Verdacht eines strafbaren bzw. vertragswidrigen Verhaltens.[831] Dies spricht auch dafür, die Verdachtskündigung als personenbedingte – und nicht als verhaltensbedingte Kündigung anzusehen, zumal auch gerade das vorgeworfene Verhalten nicht bewiesen ist.[832] Daher ist auch eine Abmahnung (dazu Rn. 280 ff.) entbehrlich. Demgegenüber ist bei der Kündigung wegen einer nachgewiesenen strafbaren Handlung eben diese Handlung und der damit verbundene Vertrauensverlust, somit ein Verhalten des Arbeitnehmers der Kündigungsgrund.[833] Aus diesem Grunde handelt es sich bei der Frage des Verhältnisses zwischen der Verdachtskündigung und der Kündigung wegen eines nachgewiesenen vertragswidrigen Verhaltens auch nicht allein um ein Problem der Beweislastverteilung.[834] 261

Im Schrifttum ist gegen die Zulässigkeit der Verdachtskündigung eingewandt worden, sie verstoße gegen die **Unschuldsvermutung des Grundgesetzes** und des **Art. 6 Abs. 2 EMRK**, weil niemand ohne Schuldnachweis bestraft werden dürfe. Auch werde die Verdachtskündigung nicht auf Tatsachen gestützt, weil der Verdacht keine Tatsache sei, sondern nur eine Schlußfolgerung.[835] Diese Bedenken können freilich nicht überzeugen, geht 261a

---

strafbarer Handlung mit Anm. *Kraft;* BAG 20. 8. 1997, 12. 8. 1999, AP Nr. 27, 28 zu § 626 BGB Verdacht strafbarer Handlung; BAG 18. 11. 1999, AP Nr. 32 zu § 626 BGB Verdacht strafbarer Handlung = RdA 2001, 49 mit Anm. *Ricken; Ascheid* Kündigungsschutzrecht Rn. 160 ff.; *ders.* Beweislast S. 135 ff.; MünchArbR/*Berkowsky* § 144 Rn. 3; HK-KSchG/*Dorndorf* § 1 Rn. 842 ff.; KR-*Etzel* § 1 KSchG Rn. 523 ff.; KR-*Fischermeier* § 626 BGB Rn. 210 ff.; HaKo-*Gallner* § 1 Rn. 564 ff.; *Grunsky* Anm. zu BAG AP Nr. 2 zu § 626 BGB Ausschlußfrist; *Löwisch* § 1 Rn. 223 ff.; *Moritz* Anm. zu BAG AP Nr. 9 zu § 103 BetrVG 1972; ErfK/*Müller-Glöge* § 626 BGB Rn. 206 ff.; KPK-*Schiefer* § 1 Rn. 418 ff.; MünchKomm-BGB/*Schwerdtner* § 626 BGB Rn. 171 ff.; *Stahlhacke/Preis/Vossen* Rn. 578 ff.; *Staudinger/Preis* § 626 Rn. 223 ff.; – abweichend APS/*Dörner* § 1 KSchG Rn. 374; *ders.* NZA 1992, 865; *Kittner/Däubler/Zwanziger* § 626 BGB Rn. 151 ff.; *Naujok* AuR 1998, 398.

[830] Vgl. BAG 3. 4. 1986, 30. 4. 1987, 26. 3. 1992, 13. 9. 1995, AP Nr. 18, 19, 23, 25 zu § 626 BGB Verdacht strafbarer Handlung; BAG 18. 11. 1999, AP Nr. 32 zu § 626 BGB Verdacht strafbarer Handlung.

[831] Vgl. BAG 6. 9. 1990, EzA § 1 KSchG Verdachtskündigung Nr. 1; BAG 14. 9. 1994, 12. 8. 1999, AP Nr. 24, 28 zu § 626 BGB Verdacht strafbarer Handlung; BAG 18. 11. 1999, AP Nr. 32 zu § 626 BGB Verdacht strafbarer Handlung; – kritisch dazu *Enderlein* RdA 2000, 325, 329.

[832] Ebenso *Appel/Gerken* AuR 1995, 201, 205 f.; *Belling* Festschrift für Kissel S. 11, 24 f.; MünchArbR/*Berkowsky* § 144 Rn. 8; *Löwisch* § 1 Rn. 226; *Stahlhacke/Preis/Vossen* Rn. 578; *Staudinger/Preis* § 626 Rn. 223; – abweichend KR-*Etzel* § 1 KSchG Rn. 523; *Henssler* Anm. zu LAG Köln 16. 1. 1990, LAGE § 1 KSchG Verhaltensbedingte Kündigung Nr. 27; differenzierend KR-*Fischermeier* § 626 BGB Rn. 211.

[833] BAG 26. 3. 1992, AP Nr. 23 zu § 626 BGB Verdacht strafbarer Handlung zu einer Kündigung nach erfolgter Verurteilung im Strafprozeß.

[834] So aber *Grunsky* ZfA 1977, 167, 179 ff.; dagegen zutreffend MünchArbR/*Berkowsky* § 144 Rn. 2.

[835] Vgl. *Naujok* AuR 1998, 398, 401; *Schütte* NZA 1991, Beil. 2 S. 17, 22; – offengelassen von *Dörner* AiB 1995, 663, 668.

261b es doch bei der Verdachtskündigung nicht um die Verhängung einer Strafe, sondern um die Beendigung eines privatrechtlichen Dauerschuldverhältnisses. Insoweit ist der Hinweis auf die EMRK nicht einschlägig.[836]

261b Die Zulässigkeit einer Kündigung wegen des Verdachts strafbarer Handlungen **verstößt auch nicht gegen Grundrechte des Arbeitnehmers.** Bei der Auslegung des unbestimmten Rechtsbegriffs „soziale Rechtfertigung" bzw. „wichtiger Grund" ist auch zu berücksichtigen, daß das für die Fortsetzung eines Arbeitsverhältnisses notwendige Vertrauen[837] erheblich gestört sein kann, wenn der Arbeitgeber gegen einen Mitarbeiter den dringenden Verdacht hat, dieser habe strafbare Handlungen zum Nachteil des Arbeitgebers begangen. Dem Arbeitgeber hier das Recht zur Kündigung zu verweigern, würde einen Eingriff in dessen Grundrechte aus Art. 12 und 14 GG darstellen.[838] Schließlich übersehen die Kritiker der Verdachtskündigung, daß nicht der Verdacht allein Grund der Kündigung ist. Kündigungsrelevant sind vielmehr die den Verdacht auslösenden Umstände, soweit sie geeignet sind, das Vertrauen des Arbeitgebers in den Arbeitnehmer zu zerstören.

262 Eine **Verdachtskündigung liegt nur vor,** wenn der Arbeitgeber die Kündigung damit begründet, gerade der zum Zeitpunkt der Kündigung vorliegende Verdacht habe das für die Fortsetzung des Arbeitsverhältnisses erforderliche Vertrauen zerstört.[839] Dagegen liegt keine Verdachtskündigung vor, wenn der Arbeitgeber, obwohl er nur einen Verdacht hegt, die Verfehlung des Arbeitnehmers als sicher hinstellt und mit dieser Begründung kündigt.[840] Eine Kündigung ist nur dann unter dem Gesichtspunkt der Verdachtskündigung zu beurteilen, wenn der Arbeitgeber die Kündigung auch, zumindest hilfsweise, auf den entsprechenden Verdacht stützt. Dies kann sowohl vor dem Prozeß, etwa im Kündigungsschreiben, als auch später in den Tatsacheninstanzen geschehen.[841] Beruft sich der Arbeitgeber im Prozeß zur Begründung der Kündigung nicht wenigstens auch hilfsweise auf den Verdacht der Pflichtverletzung, ist der Kündigungsschutzklage im Ergebnis stattzugeben, wenn der Arbeitgeber die behauptete Pflichtwidrigkeit nicht durch objektive Umstände beweisen kann oder überhaupt keine objektiven Umstände für den Tatvorwurf vorliegen, sondern der Vorwurf nur auf Schlußfolgerungen des Arbeitgebers beruht.[842] Bleibt am Ende eines solchen Kündigungsschutzprozesses nur ein, wenn auch dringender Verdacht übrig, kann dies die ausgesprochene Kündigung nicht rechtfertigen, wenn der Arbeitgeber sich nicht wenigstens hilfsweise auf diesen Verdacht und die dadurch verursachte Zerstörung des Vertrauensverhältnisses berufen hat.

---

[836] Ebenso BAG 14. 9. 1994, AP Nr. 24 zu § 626 BGB Verdacht strafbarer Handlung.
[837] Dazu im einzelnen *Belling* Festschrift für Kissel S. 11, 24 ff.
[838] Zutreffend BAG 14. 9. 1994, AP Nr. 24 zu § 626 BGB Verdacht strafbarer Handlung; ebenso *Belling* Festschrift für Kissel S. 11, 14; *ders.* SAE 1994, 210 ff.; HaKo-*Gallner* § 1 Rn. 568; *Moll/Hottgenroth* Anm. zu BAG EzA § 626 BGB Ausschlußfrist Nr. 4.
[839] BAG 14. 9. 1994, 13. 9. 1995, AP Nr. 24, 25 zu § 626 BGB Verdacht strafbarer Handlung.
[840] BAG 26. 3. 1992, AP Nr. 23 zu § 626 BGB Verdacht strafbarer Handlung.
[841] Vgl. BAG 3. 4. 1986, 20. 8. 1997, AP Nr. 18, 27 zu § 626 BGB Verdacht strafbarer Handlung; zur Betriebsratsanhörung vgl. Rn. 267.
[842] BAG 3. 4. 1986, AP Nr. 18 zu § 626 BGB Verdacht strafbarer Handlung.

Kündigt der Arbeitgeber **nach rechtskräftiger Verurteilung des Arbeitnehmers** in einem Strafverfahren mit der Begründung, der Arbeitnehmer habe die ihm vorgeworfene Straftat tatsächlich begangen, so ist die Wirksamkeit der Kündigung nicht nach den Grundsätzen der Verdachtskündigung zu beurteilen. Kündigungsgrund ist hier vielmehr die vom Arbeitgeber behauptete strafbare Handlung des Arbeitnehmers und die hieraus folgende Unzumutbarkeit der Fortsetzung des Arbeitsverhältnisses.[843] **262 a**

Bestreitet der Arbeitnehmer in dem Kündigungsschutzprozeß trotz rechtskräftiger Verurteilung weiterhin die Tatbegehung, hat das **Arbeitsgericht ohne Bindung an das strafgerichtliche Urteil** (§ 14 Abs. 2 Nr. 1 EGZPO)[844] festzustellen, ob der Tatvorwurf begründet ist oder nicht. Dabei ist die Verwertung einzelner Beweisergebnisse des Strafverfahrens im Wege des Urkundenbeweises zulässig. Die Parteien des Kündigungsschutzprozesses haben jedoch das Recht, anstelle des Urkundenbeweises unmittelbaren Zeugen- bzw. Sachverständigenbeweis anzutreten.[845] **262 b**

An die Voraussetzungen einer Verdachtskündigung sind **strenge Anforderungen** zu stellen.[846] Die Verdachtsmomente müssen so schwer wiegen, daß dem Arbeitgeber die Fortsetzung des Arbeitsverhältnisses überhaupt nicht zugemutet werden kann, er also eine außerordentliche Kündigung aussprechen könnte.[847] Dies heißt freilich nicht, daß der Arbeitgeber eine Verdachtskündigung stets als fristlose außerordentliche Kündigung erklären muß.[848] Der Arbeitgeber kann vielmehr auch unter Einhaltung und Beachtung der Kündigungsfrist kündigen, nur muß der Verdacht eben so gravierend sein, daß er eine außerordentliche Kündigung aus wichtigem Grund rechtfertigen könnte.[849] Der Verdacht einer strafbaren Handlung kann eine außerordentliche Kündigung auch dann rechtfertigen, wenn der Arbeitnehmer bereits von der Arbeitspflicht freigestellt ist.[850] **263**

Eine Verdachtskündigung ist nur dann begründet, wenn der Verdacht objektiv durch konkrete Tatsachen begründet ist. Auf die subjektive Wertung des Arbeitgebers kommt es nicht an.[851] Der sich auf konkrete Tatsachen gründende **Verdacht** muß weiterhin **dringend** sein, d. h. es muß eine große Wahrscheinlichkeit für die Pflichtwidrigkeit des gekündigten Arbeitnehmers bestehen.[852] Der dringende Verdacht eines vertragswidrigen Verhaltens kann auch dann bestehen, wenn der Arbeitnehmer selbst nicht durch eigenes schuldhaftes Verhalten einen berechtigten Grund für die Annahme des **264**

---

[843] BAG 26. 3. 1992, AP Nr. 23 zu § 626 BGB Verdacht strafbarer Handlung = EzA § 626 BGB Verdacht strafbarer Handlung Nr. 4 mit zust. Anm. *Kittner.*
[844] BAG 20. 8. 1997, AP Nr. 27 zu § 626 BGB Verdacht strafbarer Handlung.
[845] BAG 26. 3. 1992, AP Nr. 23 zu § 626 BGB Verdacht strafbarer Handlung unter B II 4 a.
[846] BAG 13. 9. 1995, AP Nr. 25 zu § 626 BGB Verdacht strafbarer Handlung; HK-KSchG/*Dorndorf* § 1 Rn. 847; KR-*Etzel* § 1 KSchG Rn. 526.
[847] Ebenso *Löwisch* § 1 Rn. 226.
[848] Ebenso Hessisches LAG 24. 11. 1994, LAGE § 626 BGB Nr. 83; *Weber* SAE 1996, 57, 60.
[849] Zutr. *Löwisch* § 1 Rn. 226; − abweichend *Kittner/Däubler/Zwanziger* § 1 KSchG Rn. 249.
[850] BAG 5. 4. 2001, NZA 2001, 837.
[851] Ebenso BAG 20. 8. 1997, AP Nr. 27 zu § 626 BGB Verdacht strafbarer Handlung; HK-KSchG/*Dorndorf* § 1 Rn. 847; KR-*Etzel* § 1 KSchG Rn. 526.
[852] BAG 4. 6. 1964, AP Nr. 13 zu § 626 BGB Verdacht strafbarer Handlung.

Verdachts gegeben hat.[853] Der Wirksamkeit einer Verdachtskündigung steht die Einstellung des gegen den Arbeitnehmer geführten Ermittlungsverfahrens durch die Staatsanwaltschaft nach § 170 Abs. 2 Satz 1 StPO nicht entgegen, weil die Wirksamkeit der Kündigung nicht von der strafrechtlichen Würdigung eines den Sachverhalt begründenden Verhaltens abhängt.[854]

264a Der dringende Verdacht kann auf die Erkenntnisse von **Kontrollen durch Testpersonen** gestützt werden. Solche, insbesondere im Einzelhandel verbreiteten sog. Ehrlichkeitskontrollen unterliegen anders als **stichprobenartige Taschenkontrollen**[855] nach Auffassung des BAG nicht der Mitbestimmung nach § 87 Abs. 1 Nr. 1, 6 BetrVG.[856]

265 Zur Wirksamkeit einer Verdachtskündigung ist weiterhin erforderlich, daß der Arbeitgeber alles ihm Zumutbare zur Aufklärung des Sachverhalts getan hat. Dies setzt regelmäßig die **Anhörung des Arbeitnehmers** voraus. Die schuldhaft unterlassene Anhörung des Arbeitnehmers zu den vorliegenden Verdachtsmomenten führt regelmäßig zur Unwirksamkeit der Verdachtskündigung.[857] Die Anhörung des Arbeitnehmers kann freilich unterbleiben, wenn der Arbeitnehmer von vornherein nicht bereit ist, sich zu den Verdachtsgründen substantiiert zu äußern.[858]

266 Für die Wirksamkeit der Verdachtskündigung kommt es entsprechend den allgemeinen Grundsätzen allein auf die objektiven Tatsachen an, die zum **Zeitpunkt der Kündigungserklärung** bereits vorgelegen haben. Dies schließt es nach Auffassung des BAG indes nicht aus, auch weitere erst im Laufe des Kündigungsschutzprozesses zu Tage tretende Umstände, die sowohl für als auch gegen den Arbeitnehmer sprechen können, zu berücksichtigen.[859] Diese Auffassung ist jedoch abzulehnen, weil es nur darauf ankommt, ob zum Zeitpunkt der Kündigung auf Grund der dort bekannten Tatsachen ein dringender Verdacht gegeben war, der die Weiterbeschäftigung unzumutbar erscheinen ließ.[860] Später aufgedeckte Tatsachen ändern nichts daran, daß der Arbeitgeber zum Zeitpunkt der Kündigung aufgrund des Verdachts kein Vertrauen mehr in den Arbeitnehmer hatte. Die Gegenauffassung des BAG wird dem besonderen Kündigungsgrund des Verdachts letztlich nicht

---

[853] BAG 4. 11. 1957, AP Nr. 39 zu § 1 KSchG.
[854] Vgl. BAG 21. 6. 1995, RzK I 8c Nr. 37; BAG 20. 8. 1997, AP Nr. 27 zu § 626 BGB Verdacht strafbarer Handlung.
[855] Vgl. BAG 12. 8. 1999, AP Nr. 28 zu § 626 BGB Verdacht strafbarer Handlung.
[856] Vgl. BAG 18. 11. 1999, AP Nr. 32 zu § 626 BGB Verdacht strafbarer Handlung.
[857] BAG 11. 4. 1985, AP Nr. 39 zu § 102 BetrVG 1972; BAG 13. 9. 1995, AP Nr. 25 zu § 626 BGB Verdacht strafbarer Handlung; BAG 18. 11. 1999, AP Nr. 32 zu § 626 BGB Verdacht strafbarer Handlung; HK-*KSchG/Dorndorf* § 1 Rn. 848; KR-*Etzel* § 1 KSchG Rn. 526; KR-*Fischermeier* § 626 BGB Rn. 230; HaKo-*Gallner* § 1 Rn. 578; *Löwisch* § 1 Rn. 224; *Stahlhacke/Preis/Vossen* Rn. 578; – abweichend *Ascheid* Kündigungsschutzrecht Rn. 163; *Lücke* BB 1997, 1847; *Preis* DB 1988, 1444, 1448f.
[858] BAG 13. 9. 1995, AP Nr. 25 zu § 626 BGB Verdacht strafbarer Handlung.
[859] BAG 4. 6. 1964, 30. 4. 1987, AP Nr. 13, 19 zu § 626 BGB Verdacht strafbarer Handlung; BAG 14. 9. 1994, AP Nr. 24 zu § 626 BGB Verdacht strafbarer Handlung; ebenso KR-*Etzel* § 1 KSchG Rn. 527; KR-*Fischermeier* § 626 BGB Rn. 233.
[860] Wie hier *Ascheid* Kündigungsschutzrecht Rn. 165; *Belling* Festschrift für Kissel S. 11, 27f.; MünchArbR/*Berkowsky* § 144 Rn. 17; *Grunsky* ZfA 1977, 167, 170f.; *Löwisch* § 1 Rn. 225; *Stahlhacke/Preis/Vossen* Rn. 582; *Staudinger/Preis* § 626 Rn. 229; *vom Stein* S. 80 ff.; *Weber* SAE 1996, 57, 61.

Sozial ungerechtfertigte Kündigungen 267–267 b § 1

gerecht. Erweist sich die zum Zeitpunkt der Kündigung angestellte Prognose im nachhinein als unrichtig, so kommt im Einzelfall ein Wiedereinstellungsanspruch des Arbeitnehmers in Betracht (dazu näher Rn. 156 a ff.).[861]

Da es sich bei dem Verdacht eines pflichtwidrigen Verhaltens um einen eigenständigen Kündigungsgrund handelt, muß der Arbeitgeber dem **Betriebsrat** vor Ausspruch einer Kündigung gemäß § 102 Abs. 1 BetrVG auch mitteilen, daß er die Kündigung auf den Verdacht der Pflichtwidrigkeit stützt. Begründet der Arbeitgeber gegenüber dem Betriebsrat die beabsichtigte Kündigung allein damit, daß er die Pflichtwidrigkeit für erwiesen hält, so kann er sich im späteren Kündigungsschutzprozeß nicht mehr auf den Tatverdacht stützen, weil der Betriebsrat zu diesem Kündigungsgrund nicht angehört wurde.[862] Auf die Wirksamkeit der Betriebsratsanhörung nach § 102 BetrVG hat die Beschränkung des Kündigungssachverhalts auf die für nachgewiesen gehaltene Straftat dagegen keine Auswirkung; dadurch wird nur ein Nachschieben anderer Kündigungsgründe ausgeschlossen.[863] Der Arbeitgeber kann den Betriebsrat auch zu beiden Kündigungsgründen anhören; aus der Unterrichtung muß dies nur deutlich hervorgehen.[864] 267

r) Verschuldung des Arbeitnehmers

Die Verschuldung des Arbeitnehmers rechtfertigt **grundsätzlich keine Kündigung,** weil die finanzielle Lage eines Arbeitnehmers in der Regel in keinem Zusammenhang mit den arbeitsvertraglichen Pflichten steht. Die persönliche Eignung eines Arbeitnehmers für die vertraglich vereinbarte Arbeitsaufgabe kann jedoch entfallen, wenn der Arbeitnehmer eine Vertrauensstellung innehat und ohne eine Notlage in ungeordneten wirtschaftlichen Verhältnissen lebt.[865] 267 a

Soweit die Arbeitsaufgabe es mit sich bringt, daß der Arbeitnehmer **direkt oder indirekt Zugriff auf das Vermögen des Arbeitgebers hat,** kann der Arbeitgeber geordnete wirtschaftliche Verhältnisse als persönliche Eignungsvoraussetzung für die auszuübende Tätigkeit verlangen. So kann beispielsweise die hohe Verschuldung eines Einkäufers, die in relativ kurzer Zeit zu mehreren Lohnpfändungen geführt hat, die Eignung für die Tätigkeit als Einkäufer entfallen lassen. Je nach Lage der Umstände kann hier für den Arbeitgeber die begründete Sorge bestehen, daß der Arbeitnehmer sich von Zulieferern bestechen läßt. Dagegen entfällt die persönliche Eignung einer Sekretärin grundsätzlich auch nach mehreren Lohnpfändungen noch nicht. Es fehlt hier regelmäßig an der besonderen Vertrauensposition.[866] 267 b

---

[861] Vgl. dazu BAG 20. 8. 1997, AP Nr. 27 zu § 626 BGB Verdacht strafbarer Handlung; MünchArbR/*Berkowsky* § 144 Rn. 17; HK-KSchG/*Dorndorf* § 1 Rn. 849; *Löwisch* § 1 Rn. 225.

[862] BAG 3. 4. 1986, AP Nr. 18 zu § 626 BGB Verdacht strafbarer Handlung unter II 1; BAG 2. 3. 1989, AP Nr. 101 zu § 626 BGB unter I 2 a ee; BAG 26. 3. 1992, AP Nr. 23 zu § 626 BGB Verdacht strafbarer Handlung = EzA § 626 BGB Verdacht strafbarer Handlung Nr. 4 mit zust. Anm. *Kittner;* BAG 20. 8. 1997, AP Nr. 27 zu § 626 BGB Verdacht strafbarer Handlung.

[863] BAG 2. 3. 1989, AP Nr. 101 zu § 626 BGB.

[864] Ebenso MünchArbR/*Berkowsky* § 144 Rn. 13.

[865] BAG 15. 10. 1992, EzA § 1 KSchG Verhaltensbedingte Kündigung Nr. 45.

[866] Vgl. BAG 15. 10. 1992, EzA § 1 KSchG Verhaltensbedingte Kündigung Nr. 45; zur Kündigung wegen hoher Lohnpfändung vgl. Rn. 343.

s) Wehrdienst ausländischer Arbeitnehmer

268 Hat ein ausländischer Arbeitnehmer seinen vollen Wehrdienst zu leisten und kann er deshalb seine arbeitsvertraglichen Pflichten nicht erfüllen, so ist dies als ein in seiner Person liegender Grund i. S. d. Abs. 2 Satz 1 anzusehen, der an sich eine personenbedingte Kündigung rechtfertigen kann. Dies gilt jedenfalls für Ausländer, die nicht Angehörige eines Mitgliedstaates der EG sind und nicht im Geltungsbereich des Arbeitsplatzschutzgesetzes arbeiten (vgl. dazu oben Rn. 92). Ein personenbedingter Kündigungsgrund liegt allerdings nur dann vor, wenn der Ausländer den **vollen ausländischen Wehrdienst ableistet** und nicht von der Möglichkeit eines verkürzten Wehrdienstes – wie ihn etwa die Türkei für die Dauer von zwei Monaten vorsieht – Gebrauch macht.[867]

269 Ähnlich wie die Kündigung wegen der Verbüßung von Strafhaft ist der durch einen längeren Wehrdienst bedingte Ausfall eines ausländischen Arbeitnehmers nur dann geeignet, eine Kündigung sozial zu rechtfertigen, wenn die Abwesenheit des Arbeitnehmers zu einer **erheblichen Beeinträchtigung betrieblicher Interessen** führt, die nicht durch zumutbare personelle oder organisatorische Maßnahmen zu überbrücken ist.[868] Dies wurde in einem Fall bejaht, in dem der ausländische Arbeitnehmer mit einem anderen Mitarbeiter gemeinsam eine Tätigkeit zu verrichten hatte, bei der unbedingt zwei Arbeitskräfte benötigt wurden und der Wehrdienst des ausländischen Arbeitnehmers 12 Monate andauerte.[869]

II. Gründe im Verhalten des Arbeitnehmers

Schrifttum: *Adam,* Sanktion, Prognoseprinzip und Vertragsstörung bei der verhaltensbedingten Kündigung im Arbeitsrecht, NZA 1998, 284; *Becker-Schaffner,* Die unzureichende Arbeitsleistung als Kündigungsgrund in der Rechtsprechung, DB 1981, 1775; *derselbe,* Die Nebenbeschäftigung in der Rechtsprechung, BlStSozArbR 1980, 321; *derselbe,* Arbeitsverweigerung als Kündigungsgrund in der Rechtsprechung, BlStSozArbR 1982, 145; *derselbe,* Fragen und Grundsätzliches zur verhaltensbedingten Kündigung, ZTR 1997, 3; *Bengelsdorf,* Alkoholkonsum und verhaltensbedingte Kündigung, NZA 2001, 993; *Berkowsky,* Die personen- und verhaltensbedingte Kündigung, 3. Aufl. 1997; *derselbe,* Die verhaltensbedingte Kündigung – Teil 1, NZA-RR 2001, 1 und Teil 2 NZA-RR 2001, 57; *Bitter/Kiel,* 40 Jahre Rechtsprechung des Bundesarbeitsgerichts zur Sozialwidrigkeit von Kündigungen, RdA 1995, 26; *Brill,* Lohnpfändung als Kündigungsgrund, DB 1976, 1816; *Dudenbostel/Klas,* Außerdienstliches Verhalten als Kündigungsgrund, AuR 1979, 296; *Enderlein,* Das erschütterte Arbeitgebervertrauen im Recht der verhaltensbedingten Tat- und Verdachtskündigung, RdA 2000, 325; *Frölich,* Erstattung von Detektivkosten im Arbeitsverhältnis, NZA 1996, 464; *Fromm,* Tätlichkeiten im Betrieb, BB 1997, 1946; *Gaul,* Mißbrauch einer krankheitsbedingten Arbeitsunfähigkeit, NZA 1993, 865; *Gerauer,* Das Selbstbeurlaubsrecht des Arbeitnehmers, NZA 1988, 154; *Graefe,* Kündigung wegen häufiger Urlaubserkrankungen, BB 1981, 1472; *Glöckner,* Nebentätigkeitsverbote im Individualarbeitsrecht, 1993; *Gottwald,* Verhaltensbedingte Kündigung bei krankhaftem Alko-

---

[867] Vgl. dazu BAG 22. 12. 1982, AP Nr. 23 zu § 123 BGB mit Anm. *Kramer* = SAE 1983, 265 mit Anm. *Misera;* BAG 7. 9. 1983, AP Nr. 7 zu § 1 KSchG 1969 Verhaltensbedingte Kündigung mit Anm. *Ortlepp;* BAG 20. 5. 1988, AP Nr. 9 zu § 1 KSchG 1969 Personenbedingte Kündigung mit Anm. *Rüthers/Henssler* und Anm. *Kohte.*

[868] BAG 20. 5. 1988, AP Nr. 9 zu § 1 KSchG 1969 Personenbedingte Kündigung mit Anm. *Rüthers/Henssler* und Anm. *Kohte.*

[869] BAG 20. 5. 1988, AP Nr. 9 zu § 1 KSchG 1969 Personenbedingte Kündigung.

holismus, NZA 1997, 635; *derselbe,* Nochmals: Verhaltensbedingte Kündigung bei krankhaftem Alkoholismus, NZA 1999, 180; *Grunsky,* Das Recht auf Privatleben als Begrenzung vertraglicher Nebenpflichten, JuS 1989, 593; *Haller,* Diebstahl des Arbeitnehmers aus Beweisnot, BB 1997, 202; *Hemming,* Die alkoholbedingte Kündigung, BB 1998, 1998; *Horstkötter/Schiek,* Kündigungsschutz via Diskriminierungsverbot, NZA 1998, 863; *v. Hoyningen-Huene,* Belästigungen und Beleidigungen von Arbeitnehmern durch Vorgesetzte, BB 1991, 2215; *derselbe,* Alkoholmißbrauch und Kündigung, NZA 1995, 142; *v. Hoyningen-Huene/Hofmann,* Politische Plakette im Betrieb, BB 1984, 1050; *Hoß,* Die verhaltensbedingte Kündigung, MDR 1998, 869; *Hunold,* Ist eigenmächtiges Fernbleiben vom Arbeitsplatz kein (außerordentlicher) Kündigungsgrund mehr?, DB 1994, 2497; *Klaas,* Die Abwerbung von Arbeitskräften und unlauterer Wettbewerb, NZA 1984, 313; *Korinth,* Arbeitsrechtliche Reaktionsmöglichkeiten auf ausländerfeindliches Verhalten, AuR 1993, 105; *Kraft,* Bestandsschutz des Arbeitsverhältnisses; Lohn ohne Arbeit – Überlegungen zur Reduzierung der Regelungsdichte des Arbeitsrechts und zur Wiederherstellung der Äquivalenz im Arbeitsverhältnis, ZfA 1994, 463; *Krasney,* „Alkoholfahne" als Beweismittel für unerlaubten Alkoholgenuß im Betrieb, AuR 2000, 125; *Künzl,* Alkohol im Betrieb, BB 1993, 1581 und 1876; *derselbe,* Verhaltensbedingte Kündigung wegen Alkoholgenusses, AuR 1995, 206; *derselbe,* Arbeitsvertragliche Nebenpflicht zur Durchführung einer Alkoholtherapie, NZA 1998, 122; *derselbe,* Letztmals: Verhaltensbedingte Kündigung bei Verweigerung einer Alkoholtherapie, NZA 1999, 744; *Künzl/Weinmann,* Arbeitsrechtliche Maßnahmen bei Vortäuschen einer Krankheit, AuR 1996, 256 und 306; *Lansnicker/Schwirtzek,* Außerdienstliches fremdenfeindliches Verhalten als Kündigungsgrund?, DB 2001, 865; *Lepke,* Rechtsfolgen der Verletzung von Verhaltensobliegenheiten des Arbeitnehmers bei feststehender oder behaupteter, aber zweifelhafter krankheitsbedingter Arbeitsunfähigkeit, DB 1974, 430 und 478; *derselbe,* Schulden des Arbeitnehmers, Lohn- oder Gehaltspfändungen bzw. Abtretungen als Beendigungsgrund arbeitsvertraglicher Beziehungen, RdA 1980, 185; *Lingemann/Göpfert,* Der Einsatz von Detektiven im Arbeitsrecht, DB 1997, 374; *Moritz,* Voraussetzungen und Grenzen der Verpflichtung zur Umsetzung auf einen anderen Arbeitsplatz bei verhaltensbedingten Kündigungen, DB 1985, 229; *Marzodko/Rinne,* Sexuelle Belästigung am Arbeitsplatz, ZTR 2000, 305; *Pauly,* Kündigung wegen Nebenbeschäftigung während der Arbeitsunfähigkeit, DB 1981, 1282; *Popp,* Die verhaltensbedingte Kündigung, HAS § 19 E, 1990; *Preis,* Die verhaltensbedingte Kündigung, DB 1990, 630 und 685; *Preis/Reinfeld,* Schweigepflicht und Anzeigerecht im Arbeitsverhältnis, AuR 1989, 361; *Preis/Stoffels,* Kündigung wegen politischer Betätigung, RdA 1996, 210; *Röckl/Fahl,* Kündigung nach heimlicher Videoüberwachung, NZA 1998, 1035; *Rost,* Verhaltensbedingte Kündigung, in: Henssler/Moll, Kölner Tage des Arbeitsrechts, Kündigung und Kündigungsschutz in der betrieblichen Praxis, 2000, S. 35ff.; *Rumpenhorst,* Wann wird das Inaussichtstellen künftiger Arbeitsverweigerung kündigungsrelevant?, NZA 1995, 111; *Scheuring,* Außerdienstliches Fehlverhalten von Arbeitnehmern des öffentlichen Dienstes als Verletzung arbeitsvertraglicher Pflichten, ZTR 1999, 337 und 387; *Schlachter,* Sexuelle Belästigung am Arbeitsplatz – Inhalt und Funktion des Arbeitsplatzbezugs, NZA 2001, 121; *Schmitz-Scholemann,* Ehrverletzungen als Kündigungsgrund, BB 2000, 926; *Schönfeld,* Effektiver Rechtsschutz bei straftatbegründeter Kündigung, NZA 1999, 299; *Schulte-Westenberg,* Die außerordentliche Kündigung im Spiegel der neueren Rechtsprechung, NZA-RR 2000, 449; *Schwan/Zöller,* Alkohol im Betrieb als Kündigungsgrund, ZTR 1996, 62; *Wertheimer/Krug,* Rechtsfragen der Nebentätigkeit von Arbeitnehmern, BB 2000, 1462; *Wisskirchen, Amrei,* Außerdienstliches Verhalten von Arbeitnehmern, 1999.

Neben Gründen in der Person können auch Gründe, die im Verhalten des Arbeitnehmers liegen, eine Kündigung rechtfertigen, die sog. **verhaltensbedingte Kündigung.** Erforderlich ist dabei regelmäßig ein steuer- und zurechenbares Verhalten (zur Abgrenzung von der personenbedingten Kündigung vgl. oben Rn. 185; – zu Einzelfällen verhaltensbedingter Kündigungsgründe vgl. Rn. 304 ff.). Ein Verhalten ist steuerbar, wenn es willensmäßig beeinflußbar ist.[870]

1. Verletzung vertraglicher Pflichten

271 Zu den Kündigungsgründen im Verhalten des Arbeitnehmers gehören **Vertragsverletzungen verschiedenster Art.** Es kann sich hierbei zum einen um die Verletzung von Hauptleistungspflichten, aber auch um die Verletzung vertraglicher Nebenpflichten handeln.[871]

272 Darüber hinaus liegt nach Auffassung des BAG auch dann ein verhaltensbedingter Kündigungsgrund vor, wenn das Arbeitsverhältnis durch das beanstandete Verhalten **konkret berührt** wird.[872] Dies erscheint freilich zu unbestimmt und zu weit.[873] Denn der Arbeitnehmer ist grundsätzlich in seinem Verhalten frei. Nur soweit er sich vertraglich gegenüber dem Arbeitgeber zu einem bestimmten Verhalten verpflichtet, ist er in seinem Tun beschränkt. Allein im Rahmen einer vertraglichen Vereinbarung kann aber auch der Arbeitgeber – vorbehaltlich entgegenstehender zwingender gesetzlicher Regelungen – vom Arbeitnehmer ein bestimmtes Verhalten verlangen. Kündigungsrelevant kann daher auch nur ein vertragswidriges Verhalten sein, weil der Arbeitgeber vom Arbeitnehmer vertragsgemäße Leistung verlangen kann. Bei der Prüfung der sozialen Rechtfertigung einer verhaltensbedingten Kündigung ist es daher erforderlich, zunächst den Umfang der vertraglichen Pflichten, hierbei insbesondere auch der vertraglichen Nebenpflichten zu bestimmen.

273 Die **vertraglichen Nebenpflichten** ergeben sich – soweit keine besonderen gesetzlichen, einzelvertraglichen oder kollektivrechtlichen Regelungen vorliegen – aus § 242 BGB und dem darin enthaltenen Gebot, dafür zu sorgen, daß Personen, Eigentum und sonstige Rechtsgüter des anderen Vertragsteils bei der Durchführung des Schuldverhältnisses nicht verletzt werden.[874] Der Arbeitnehmer ist verpflichtet, alles zu unterlassen, was die

---

[870] Vgl. v. *Hoyningen-Huene* Anm. zu BAG AP Nr. 151 zu § 626 BGB.

[871] So zutr. BAG 16. 8. 1991, AP Nr. 27 zu § 1 KSchG 1969 Verhaltensbedingte Kündigung = EzA § 1 KSchG Verhaltensbedingte Kündigung Nr. 41 mit krit. Anm. *Rüthers/ Müller*; ErfK/*Ascheid* § 1 KSchG Rn. 287; MünchArbR/*Berkowsky* § 137 Rn. 8; HK-KSchG/*Dorndorf* § 1 Rn. 514 ff.; *Dütz* Anm. zu BAG EzA § 626 BGB n. F. Nr. 91; *Kittner/Däubler/Zwanziger* § 1 KSchG Rn. 154; *Löwisch* § 1 Rn. 93; *Preis* DB 1990, 630, 632; *Stahlhacke/Preis/Vossen* Rn. 680; RGRK-*Weller* vor § 620 Rn. 186 f.; – zur Bedeutung der Vertragspflichten ausführlich *Dorndorf* ZfA 1989, 345 ff.

[872] BAG 4. 11. 1981, AP Nr. 4 zu § 1 KSchG 1969 Verhaltensbedingte Kündigung mit Anm. v. *Hoyningen-Huene* = SAE 1983, 204 mit Anm. *Nickel* = AR-Blattei Kündigung IX Entsch. 61 mit Anm. *Herschel*; BAG 24. 9. 1987, AP Nr. 19 zu § 1 KSchG 1969 Verhaltensbedingte Kündigung mit Anm. *van Venrooy* = EzA § 1 KSchG Verhaltensbedingte Kündigung Nr. 18 mit Anm. *Löwisch*.

[873] Kritisch dazu auch ErfK/*Ascheid* § 1 KSchG Rn. 288; HK-KSchG/*Dorndorf* § 1 Rn. 536 f.; *Hillebrecht* ZfA 1991, 87, 119; *Kittner/Däubler/Zwanziger* § 1 KSchG Rn. 155; *Otto* Personale Freiheit und soziale Bindung 1978, S. 65; *Preis* DB 1990, 630, 632 f.; RGRK-*Weller* vor § 620 Rn. 186.

[874] Vgl. v. *Hoyningen-Huene* Anm. zu BAG AP Nr. 4 zu § 1 KSchG 1969 Verhaltensbedingte Kündigung; ausf. zu den arbeitsvertraglichen Nebenpflichten MünchArbR/*Berkowsky* § 137 Rn. 20 ff.; MünchArbR/*Blomeyer* § 49 Rn. 16 ff.; MünchKomm-BGB/*Müller-Glöge* § 611 Rn. 431 ff.

Funktionsfähigkeit des Betriebes und die notwendige betriebliche Ordnung gefährdet oder beeinträchtigt.⁸⁷⁵ Darüber hinaus ist er gehalten, außerhalb des Vertragsverhältnisses alles zu unterlassen, was geeignet ist, den Vertragszweck zu gefährden, insbesondere das gegenseitige, vertragsnotwendige Vertrauen zu erschüttern.⁸⁷⁶

Verletzt der Arbeitnehmer diese Nebenpflichten und beeinträchtigt dadurch Bestandsschutz- und Integritätsinteressen des Arbeitgebers, erweist er sich als unzuverlässig und enttäuscht damit **berechtigtes Vertrauen des Arbeitgebers** in die Loyalität der Arbeitnehmer.⁸⁷⁷ Straftaten des Arbeitnehmers zum Nachteil des Arbeitgebers beeinträchtigen schutzwürdiges Vertrauen des Arbeitgebers in die Verläßlichkeit der Arbeitnehmer und sind deshalb grundsätzlich als Kündigungsgrund geeignet. Im Rahmen der zur Feststellung der Unzumutbarkeit der Fortsetzung des Arbeitsverhältnisses erforderlichen Interessenabwägung ist eine im Zusammenhang mit dem Arbeitsverhältnis begangene strafbare Handlung zum Nachteil des Arbeitgebers von erheblicher Bedeutung (dazu im einzelnen Rn. 352 ff.). **273 a**

Auch vor **Beginn des Arbeitsverhältnisses liegende Ereignisse und Umstände** können eine – ggf. außerordentliche – verhaltensbedingte Kündigung rechtfertigen, wenn sie das Arbeitsverhältnis erheblich beeinträchtigen, und dem Kündigenden nicht schon bei Vertragsschluß bekannt waren.⁸⁷⁸ Entscheidend ist, ob durch das vorvertagliche Verhalten das berechtigte Vertrauen des Arbeitgebers in die Zuverlässigkeit und Redlichkeit des Arbeitnehmers zerstört ist. **273b**

2. Negative Zukunftsprognose

Auch zur sozialen Rechtfertigung einer verhaltensbedingten Kündigung ist eine negative Zukunftsprognose erforderlich (eingehend hierzu oben Rn. 126 ff.).⁸⁷⁹ Da durch die Kündigung **weitere Vertragsverletzungen verhindert** werden sollen, sind die Kündigungsgründe zukunftsgerichtet. Zum Zeitpunkt der Kündigung muß die objektiv begründete Gefahr **274**

---

⁸⁷⁵ Zutr. MünchArbR/*Berkowsky* § 137 Rn. 25 ff.
⁸⁷⁶ Zutr. *Dütz* Anm. zu BAG EzA § 626 BGB n. F. Nr. 91; ebenso ErfK/*Ascheid* § 1 KSchG Rn. 289; zum Verhältnis des „Rechts auf Privatleben" zu den vertraglichen Nebenpflichten *Grunsky* JuS 1989, 593 ff.; zum außerdienstlichen Verhalten näher Rn. 321 ff.
⁸⁷⁷ Vgl. dazu BAG 11. 3. 1999, AP Nr. 149 zu § 626 BGB; *Belling* Festschrift für Kissel S. 11, 22; *Enderlein* RdA 2000, 325.
⁸⁷⁸ BAG 17. 8. 1972, AP Nr. 65 zu § 626 BGB; BAG 5. 4. 2001, DB 2001, 2052.
⁸⁷⁹ Vgl. BAG 10. 11. 1988, AP Nr. 3 zu § 1 KSchG 1969 Abmahnung; BAG 7. 12. 1988, EzA § 1 KSchG Verhaltensbedingte Kündigung Nr. 26 mit abl. Anm. *Rüthers*; BAG 17. 1. 1991, AP Nr. 25 zu § 1 KSchG 1969 Verhaltensbedingte Kündigung = SAE 1992, 116 mit Anm. *Bengelsdorf* = EzA § 1 KSchG Verhaltensbedingte Kündigung Nr. 37 mit Anm. *Rüthers/Franke*; BAG 16. 8. 1991, AP Nr. 27 zu § 1 KSchG 1969 Verhaltensbedingte Kündigung = EzA § 1 KSchG Verhaltensbedingte Kündigung Nr. 41 mit krit. Anm. *Rüthers/Müller*; BAG 26. 1. 1995, AP Nr. 34 zu § 1 KSchG 1969 Verhaltensbedingte Kündigung; *Ascheid* Kündigungsschutzrecht Rn. 436; ErfK/*Ascheid* § 1 KSchG Rn. 296; MünchArbR/*Berkowsky* § 134 Rn. 76; *Bitter/Kiel* RdA 1995, 26, 34; APS/*Dörner* § 1 KSchG Rn. 272; HK-KSchG/*Dorndorf* § 1 Rn. 545; KR-*Etzel* § 1 KSchG Rn. 428; *Kittner/Däubler/Zwanziger* § 1 KSchG Rn. 166; *Hillebrecht* ZfA 1991, 87, 120; *Preis* S. 328 ff.; *ders.* DB 1990, 630, 634 f.; *Stahlhacke/Preis/Vossen* Rn. 690; – krit. hierzu *Gentges* S. 239 ff.; *Kraft* ZfA 1994, 463, 475 f.; *Löwisch* § 1 Rn. 99.

bestehen, daß es künftig zu weiteren Vertragsverletzungen kommen wird oder durch die zurückliegende Pflichtwidrigkeit das notwendige berechtigte Vertrauen des Arbeitgebers zum Arbeitnehmer nachhaltig gestört ist.[880] Die negative Zukunftsprognose läßt sich aus der Beharrlichkeit vergangener Vertragsverletzungen und der Höhe des Verschuldens ableiten. Für eine negative Prognose sprechen dabei insbesondere wiederholte Vertragsverletzungen trotz vorangegangener Abmahnungen und Rügen.[881]

274a Auch die verhaltensbedingte Kündigung hat **keinen Sanktionscharakter**.[882] Gleichwohl können im Einzelfall Gesichtspunkte der Betriebsdisziplin bei der Interessenabwägung je nach den Umständen eine Rolle spielen.[883] So kann sich beispielsweise das unerlaubte Fernbleiben von der Arbeit nachteilig auf den Betriebsfrieden auswirken. Diese möglichst konkret darzulegende Gefahr der Störung des Betriebsfriedens ist dann im Rahmen der Interessenabwägung zu berücksichtigen.[884]

3. Beeinträchtigung des Arbeitsverhältnisses

275 Die Verletzung vertraglicher Pflichten ist nach vorheriger Abmahnung (dazu unten Rn. 280 ff.) grundsätzlich geeignet, eine Kündigung sozial zu rechtfertigen. Eine darüber hinausgehende **Beeinträchtigung betrieblicher Interessen** gehört nicht zu den Erfordernissen des Kündigungsgrundes; sie ist allein im Rahmen der Interessenabwägung zu berücksichtigen.[885] In der Verletzung vertraglicher Pflichten liegt bereits der erforderliche Bezug des beanstandeten Verhaltens zum Arbeitsverhältnis. Dies gilt sowohl für die Verletzung von Hauptpflichten als auch bei Verstößen gegen die vielfältigen Nebenpflichten; freilich wird hier bei geringfügigen Pflichtverletzungen den betrieblichen Auswirkungen im Rahmen der Interessenabwägung eine erhebliche Bedeutung zukommen.

---

[880] Ebenso BAG 21. 11. 1996, AP Nr. 130 zu § 626 BGB mit Anm. *Bernstein;* ErfK/*Ascheid* § 1 KSchG Rn. 297 f.; HK-KSchG/*Dorndorf* § 1 Rn. 553; KR-*Etzel* § 1 KSchG Rn. 428.
[881] BAG 26. 1. 1995, AP Nr. 34 zu § 1 KSchG 1969 Verhaltensbedingte Kündigung; HK-KSchG/*Dorndorf* § 1 Rn. 561; *v. Hoyningen-Huene* DB 1995, 142, 145 f.
[882] Ebenso *Ascheid* Kündigungsschutzrecht Rn. 436; ErfK/*Ascheid* § 1 KSchG Rn. 296; HK-KSchG/*Dorndorf* § 1 Rn. 548; HaKo-*Fiebig* § 1 Rn. 161; Kittner/Däubler/Zwanziger § 1 KSchG Rn. 167; *Preis* S. 328; *Rost* S. 35, 40; *Stahlhacke/Preis/Vossen* Rn. 690; – kritisch dazu *Rüthers/Müller* Anm. zu BAG EzA § 1 KSchG Verhaltensbedingte Kündigung Nr. 41.
[883] Vgl. BAG 4. 6. 1997, AP Nr. 137 zu § 626 BGB.
[884] Vgl. BAG 16. 8. 1991, AP Nr. 27 zu § 1 KSchG 1969 Verhaltensbedingte Kündigung.
[885] Vgl. BAG 17. 3. 1988, AP Nr. 99 zu § 626 BGB = EzA § 626 BGB Nr. 116 mit Anm. *Kraft/Raab* und Anm. *Willemsen* = SAE 1989, 186 mit Anm. *Börgmann;* BAG 17. 1. 1991, AP Nr. 25 zu § 1 KSchG 1969 Verhaltensbedingte Kündigung = EzA § 1 KSchG Verhaltensbedingte Kündigung Nr. 37 mit Anm. *Rüthers/Franke* = SAE 1992, 116 mit Anm. *Bengelsdorf;* BAG 16. 8. 1991, AP Nr. 27 zu § 1 KSchG 1969 Verhaltensbedingte Kündigung = EzA § 1 KSchG Verhaltensbedingte Kündigung Nr. 41 mit Anm. *Rüthers/Müller;* BAG 5. 11. 1992, RzK I 5 i Nr. 81; BAG 27. 2. 1997, AP Nr. 36 zu § 1 KSchG 1969 Verhaltensbedingte Kündigung = EzA § 1 KSchG Verhaltensbedingte Kündigung Nr. 51 mit Anm. *Friese;* – im Ergebnis ebenso *Bitter/Kiel* RdA 1995, 26, 34; *Börgmann* SAE 1989, 192; *Willemsen* Anm. aaO.; *Stahlhacke/Preis/Vossen* Rn. 694 f.

4. Fehlende Weiterbeschäftigungsmöglichkeit

Zur sozialen Rechtfertigung ist weiterhin erforderlich, daß die zu befürchtenden künftigen Beeinträchtigungen des Arbeitsverhältnisses nicht durch eine **Weiterbeschäftigung** auf einem **anderen freien Arbeitsplatz** vermieden werden können.[886] Dabei ist zu beachten, daß die Möglichkeit der anderweitigen Weiterbeschäftigung in erster Linie bei Schlechtleistungen, d. h. bei arbeitsplatzbezogenen Mängeln in Betracht kommt. Bei Störungen im sog. Vertrauensbereich sowie bei Verstößen gegen die betriebliche Ordnung, z. B. Nichtbeachtung von Alkoholverboten oder der Anzeige und Nachweispflichten bei Arbeitsunfähigkeit, oder Unpünktlichkeit ist eine Weiterbeschäftigungsmöglichkeit auf einem anderen Arbeitsplatz in der Regel nicht zu prüfen. Entscheidend ist Ursache und Schwere des Pflichtenverstoßes sowie das an dem neuen Arbeitsplatz zu erwartende Verhalten.[887]

276

5. Interessenabwägung

Zur sozialen Rechtfertigung der verhaltensbedingten Kündigung ist neben der Feststellung der Vertragsverletzung, der negativen Prognose und der fehlenden Weiterbeschäftigungsmöglichkeit eine umfassende Interessenabwägung erforderlich (vgl. dazu allgemein oben Rn. 135 ff.).[888] Im Wege der Interessenabwägung ist zu ermitteln, ob dem Arbeitgeber die Fortsetzung des Arbeitsverhältnisses noch **zugemutet** werden kann (vgl. zur Zumutbarkeit oben Rn. 120 f.). Die Kündigung ist nur gerechtfertigt, wenn ein Tatbestand vorliegt, der bei gewissenhafter Abwägung der beiderseitigen Interessen einen verständig urteilenden Arbeitgeber zur Kündigung veranlassen würde.[889] Dabei sind die Anforderungen nicht so hoch wie bei der personenbedingten Kündigung, da der Arbeitnehmer es bei verhaltensbedingten Gründen selbst in der Hand hat, sich vertragstreu zu verhalten.[890] Dies gilt insbesondere dann, wenn den Arbeitnehmer ein hohes Eigenverschulden trifft.[891]

277

---

[886] BAG 22. 7. 1982, AP Nr. 5 zu § 1 KSchG 1969 Verhaltensbedingte Kündigung mit Anm. *Otto* = AR-Blattei Kündigungsschutz Entsch. 227 mit Anm. *Herschel* = SAE 1983, 313 mit Anm. *Ottow* = EzA § 1 KSchG Verhaltensbedingte Kündigung Nr. 10 mit Anm. *Weiss;* BAG 26. 3. 1992, AP Nr. 23 zu § 626 BGB Verdacht strafbarer Handlung unter B III 3 b = EzA § 626 BGB Verdacht strafbarer Handlung Nr. 4 mit Anm. *Kittner;* BAG 16. 1. 1997 RzK I 5 i Nr. 123; APS/*Dörner* § 1 KSchG Rn. 273; *Kiel* S. 48 ff.; *Moritz* DB 1985, 229 ff.; *Preis* DB 1990, 685 f.; *Stahlhacke/Preis/Vossen* Rn. 692.

[887] BAG 31. 3. 1993, AP Nr. 32 zu § 626 BGB Ausschlußfrist.

[888] Ebenso *Backmeister/Trittin* § 1 KSchG Rn. 206; *Bader/Bram* § 1 Rn. 195; APS/*Dörner* § 1 KSchG Rn. 274; HK-KSchG/*Dorndorf* § 1 Rn. 705; KR-*Etzel* § 1 KSchG Rn. 432; *Kittner/Däubler/Zwanziger* § 1 KSchG Rn. 170; *Stahlhacke/Preis/Vossen* Rn. 694; – krit. hierzu ErfK/*Ascheid* § 1 KSchG Rn. 319 ff.; MünchArbR/*Berkowsky* § 137 Rn. 10.

[889] Vgl. BAG 22. 7. 1982, AP Nr. 5 zu § 1 KSchG 1969 Verhaltensbedingte Kündigung mit Anm. *Otto;* BAG 7. 12. 1988, EzA § 1 KSchG Verhaltensbedingte Kündigung Nr. 26 mit abl. Anm. *Rüthers;* BAG 21. 11. 1996, AP Nr. 130 zu § 626 BGB mit krit. Anm. *Bernstein*.

[890] Dazu *Birk* JuS 1986, 537; ähnlich KR-*Etzel* § 1 KSchG Rn. 420; – krit. hierzu ErfK/*Ascheid* § 1 KSchG Rn. 319.

[891] Vgl. BAG 25. 4. 1991, AP Nr. 104 zu § 626 BGB zur außerordentlichen Kündigung; BAG 20. 8. 1997, RzK I 5 i Nr. 127 zur Falschbeantwortung einer Frage nach früherer Tätigkeit für das MfS; HK-KSchG/*Dorndorf* § 1 Rn. 710; KR-*Etzel* § 1 KSchG Rn. 434; *Preis* DB 1990, 630, 632.

§ 1   277a–278   1. Abschnitt. Allgemeiner Kündigungsschutz

277a   Für eine verhaltensbedingte Kündigung genügen solche im Verhalten des Arbeitnehmers liegende Umstände, die bei verständiger Würdigung in Abwägung der Interessen der Vertragsparteien und des Betriebes die **Kündigung als billigenswert und angemessen erscheinen lassen.** Dabei ist nicht von dem subjektiven Standpunkt des jeweiligen Arbeitgebers auszugehen. Vielmehr gilt ein **objektiver Maßstab.**[892]

278   Bei der Abwägung sind die **Intensität und Beharrlichkeit** der Vertragsverletzung, frühere Pflichtwidrigkeiten des Arbeitnehmers sowie das Maß des Verschuldens von Bedeutung.[893] **Betriebliche Beeinträchtigungen,** wie z. B. Betriebsablaufstörungen, Vermögensschäden, Rufschädigung sind ebenfalls gewichtige, aber keineswegs notwendige Abwägungsgesichtspunkte.[894] Betriebsablaufstörungen müssen dabei nicht einen bestimmten Intensitätsgrad erreichen, um im Rahmen der Interessenabwägung für den Arbeitnehmer zusätzlich belastend zu sein.[895] Abwägungsrelevant ist auch die Dauer der – ungestörten – **Betriebszugehörigkeit.**[896] Einem langjährig Beschäftigten, der sich stets vertragstreu verhalten hat, ist eine einmalige Entgleisung eher nachzusehen, als einem erst kurze Zeit tätigen Arbeitnehmer. Schließlich ist ein etwaiges **Mitverschulden des Arbeitgebers** zu berücksichtigen. Dem **Lebensalter** kommt bei verhaltensbedingten Kündigungen nur eine untergeordnete Bedeutung zu.[897]

278a   Unerheblich sind demgegenüber grundsätzlich die **Unterhaltspflichten,** weil sie in der Regel keinen Bezug zum verhaltensbedingten Kündigungsgrund haben.[898] Nur wenn die Unterhaltspflichten ausnahmsweise in einem Zusammenhang mit dem verhaltensbedingten Kündigungsgrund stehen, können sie Berücksichtigung finden. Dies ist etwa anzunehmen, wenn der Arbeitnehmer zu spät zur Arbeit kommt, weil er zu Hause noch sein krankes Kind versorgt hat.[899] Andererseits sind Unterhaltspflichten im Rahmen der Interessenabwägung unerheblich, wenn der Arbeitnehmer den Arbeitgeber bestohlen hat, und zwar auch dann, wenn er mit dem gestohlenen Geld Geschenke für seine Kinder kauft.[900] Gleiches gilt bei der eigenmächtigen Ur-

---

[892] Vgl. BAG 21. 11. 1996, AP Nr. 130 zu § 626 BGB; KR-*Etzel* § 1 KSchG Rn. 421; *Löwisch* § 1 Rn. 98; *Rost* S. 35, 40.

[893] H. M., vgl. BAG 21. 1. 1999, AP Nr. 151 zu § 626 BGB; HK-KSchG/*Dorndorf* § 1 Rn. 710; KR-*Etzel* § 1 KSchG Rn. 434.

[894] So nunmehr auch BAG 17. 1. 1991, AP Nr. 25 zu § 1 KSchG 1969 Verhaltensbedingte Kündigung unter II 3 a bb; *Bitter/Kiel* RdA 1995, 26, 33; *Börgmann* SAE 1989, 192; *Stahlhacke/Preis/Vossen* Rn. 695; *Willemsen* Anm. zu BAG EzA § 626 BGB Nr. 116; – abweichend noch BAG 7. 12. 1988, EzA § 1 KSchG Verhaltensbedingte Kündigung Nr. 26 unter II 3.

[895] Vgl. BAG 27. 2. 1997, AP Nr. 36 zu § 1 KSchG 1969 Verhaltensbedingte Kündigung = EzA § 1 KSchG Verhaltensbedingte Kündigung Nr. 51 mit Anm. *Friese*.

[896] BAG 13. 12. 1984, AP Nr. 81 zu § 626 BGB; BAG 31. 3. 1993, AP Nr. 32 zu § 626 BGB Ausschlußfrist unter III 2 d; BAG 30. 9. 1993, EzA § 626 BGB Nr. 152.

[897] BAG 5. 4. 2001, DB 2001, 2052.

[898] Vgl. BAG 2. 3. 1989, AP Nr. 101 zu § 626 BGB; BAG 5. 4. 2001, DB 2001, 2052; ErfK/*Ascheid* § 1 KSchG Rn. 324; *Rüthers/Frank* Anm. zu BAG EzA § 1 KSchG Verhaltensbedingte Kündigung Nr. 37; *Stahlhacke/Preis/Vossen* Rn. 695; – abweichend KR-*Etzel* § 1 KSchG Rn. 434.

[899] So ErfK/*Ascheid* § 1 KSchG Rn. 324; *Rost* S. 35, 43; ähnlich BAG 27. 2. 1997, AP Nr. 36 zu § 1 KSchG 1969 Verhaltensbedingte Kündigung.

[900] Ebenso *Rost* S. 35, 43.

laubsnahme.⁹⁰¹ Hier fehlt jeder rechtlich erhebliche Zusammenhang zwischen der Vertragsverletzung und den Unterhaltspflichten.

6. Verschulden

Eine verhaltensbedingte Kündigung kommt grundsätzlich nur bei schuldhaftem, d. h. **vorsätzlichem oder fahrlässigem** (§ 276 Abs. 1 BGB) **Verhalten** in Betracht.⁹⁰² Unter besonderen Umständen kann allerdings auch ein nicht schuldhaftes Verhalten genügen.⁹⁰³ Gefährdet der Arbeitnehmer durch sein Fehlverhalten die Sicherheit des Betriebes oder stört durch fortlaufende Tätlichkeiten, schwerste Beleidigungen etc. schwerwiegend die betriebliche Ordnung, muß der Arbeitgeber die Möglichkeit haben, das Arbeitsverhältnis zu beenden, weil eine Weiterbeschäftigung des betreffenden Arbeitnehmers bereits aufgrund des objektiven Fehlverhaltens des Arbeitnehmers unzumutbar ist. Gerade weil auch der verhaltensbedingte Kündigungsgrund zukunftsbezogen ist und keinen Sanktionscharakter hat, ist ein Verschulden des Arbeitnehmers keine notwendige Voraussetzung für eine wirksame verhaltensbedingte Kündigung. 279

Auch ein **Irrtum des Arbeitnehmers** über die Zulässigkeit seines Verhaltens schließt die Kündigung nicht ohne weiteres aus. Dies gilt zumindest dann, wenn der Arbeitnehmer sich nicht mit der gebotenen Sorgfalt erkundigt hat, oder wenn er ein ihm bekanntes ausdrückliches Verbot in der Meinung überschritten hat, dazu befugt zu sein, da er dann auf eigene Gefahr handelt.⁹⁰⁴ In diesen Fällen wird aber die negative Prognose nur schwer feststellbar sein.⁹⁰⁵ Geringe Sorgfaltspflichtverletzungen sind im Rahmen der Interessenabwägung zu berücksichtigen.⁹⁰⁶ 279a

7. Abmahnung

Schrifttum: *Adam,* Die Abmahnungsberechtigung, DB 1996, 476; *derselbe,* Grundfragen der Abmahnung im Arbeitsverhältnis, AuR 2001, 41; *Bader,* Die arbeitsrechtliche Abmahnung und ihre Entfernung aus der Personalakte – Versuch einer Rückbesinnung auf die Grundlagen, ZTR 1999, 200; *Bahntje,* Behält eine unwirksame Ab-

---

⁹⁰¹ Vgl. BAG 16. 3. 2000, AP Nr. 124 zu § 102 BetrVG 1972: Allenfalls marginale Bedeutung.
⁹⁰² BAG 16. 3. 1961, AP Nr. 2 zu § 1 KSchG Verhaltensbedingte Kündigung; BAG 21. 5. 1992, AP Nr. 28 zu § 1 KSchG 1969 Verhaltensbedingte Kündigung unter II 3 a.
⁹⁰³ BAG 4. 11. 1957, AP Nr. 39 zu § 1 KSchG; BAG 27. 7. 1961, AP Nr. 24 zu § 611 BGB Ärzte, Gehaltsansprüche; BAG 21. 1. 1999, AP Nr. 151 zu § 626 BGB mit zust. Anm. *v. Hoynningen-Huene* = EzA § 626 BGB Nr. 178 mit zust. Anm. *Adam* = SAE 2000, 85 mit zust. Anm. *Büdenbender* = RdA 2000, 109 mit zust. Anm. *Berkowsky;* APS/*Dörner* § 1 KSchG Rn. 276; KR-*Etzel* § 1 KSchG Rn. 423; *Stahlhacke/Preis/Vossen* Rn. 680; – dagegen KR/*Ascheid* § 1 KSchG Rn. 291; HK-KSchG/*Dorndorf* § 1 Rn. 530; HaKo-*Fiebig* § 1 Rn. 195; KR-*Fischermeier* § 626 BGB Rn. 139; *Löwisch* § 1 Rn. 94, die stets ein schuldhaftes Verhalten verlangen.
⁹⁰⁴ Vgl. BAG 12. 4. 1973, AP Nr. 24 zu § 611 BGB Direktionsrecht mit Anm. *Schnorr v. Carolsfeld;* BAG 14. 2. 1978, AP Nr. 58 zu Art. 9 GG Arbeitskampf mit Anm. *Konzen* = EzA Art. 9 GG Arbeitskampf Nr. 22 mit Anm. *Herschel* = SAE 1980, 139 mit Anm. *Seiter;* LAG Düsseldorf 25. 1. 1993, LAGE § 626 BGB Nr. 70; Hessisches LAG 13. 6. 1995, LAGE § 1 KSchG Verhaltensbedingte Kündigung Nr. 49; APS/*Dörner* § 1 KSchG Rn. 277; KR-*Etzel* § 1 KSchG Rn. 423; *Rüthers/Henssler* ZfA 1988, 31, 50.
⁹⁰⁵ Zutr. ErfK/*Ascheid* § 1 KSchG Rn. 292.
⁹⁰⁶ Vgl. APS/*Dörner* § 1 KSchG Rn. 277 und HK-KSchG/*Dorndorf* § 1 Rn. 527.

mahnung für eine spätere Kündigung ihre Warnfunktion?, AuR 1996, 250; *Becker-Schaffner*, Die Abmahnung im Arbeitsrecht in der Rechtsprechung, DB 1985, 650; *derselbe*, Die Abmahnung in der Praxis, BB 1995, 2526; *derselbe*, Rechtsfragen zur Abmahnung, ZTR 1999, 105; *Beckerle/Schuster*, Die Abmahnung, 4. Aufl. 1994; *Bock*, Rechtsprobleme der Abmahnung, AuR 1987, 217; *Bergwitz*, Abmahnung und Vertrauensstörungen im Arbeitsrecht, BB 1998, 2310; *Brill*, Verwirkung und Wirkungslosigkeit von Abmahnungen, NZA 1985, 109; *Burger*, Abmahnung im Arbeitsverhältnis, DB 1992, 836; *Conze*, Wirkungslosigkeit einer Abmahnung durch Zeitablauf, ZTR 1987, 175; *derselbe*, Zur Tilgung und Wirkungsdauer von berechtigten Abmahnungen, DB 1987, 889; *derselbe*, Die Wirkungsdauer einer Abmahnung, DB 1987, 2358; *derselbe*, Die Abmahnung in der aktuellen Rechtsprechung des Bundesarbeitsgerichts, ZTR 1997, 342; *Degel*, Die Abmahnung, Festschrift 50 Jahre saarländische Arbeitsgerichtsbarkeit 1947–1997, S. 201; *Eich*, Anspruch auf Entfernung einer berechtigten Abmahnung aus der Personalakte durch Zeitablauf?, NZA 1988, 759; *Falkenberg*, Die Abmahnung, NZA 1988, 489; *Fromm*, Die Entwicklung zum präventiven Kündigungsschutz insbesondere bei verhaltensbedingten Kündigungen, DB 1989, 1409; *Gerhards*, Abmahnungserfordernis bei Vertrauensstörungen, BB 1996, 794; *Gräfl*, LzK 30 (1995); *Hauer*, Die Abmahnung im Arbeitsverhältnis, 1990; *Heinze*, Die arbeitsvertragliche Abmahnung, Freundesgabe für Söllner, 1990, S. 63; *derselbe*, Zur Abgrenzung von Betriebsbuße und Abmahnung, NZA 1990, 169; *Herget*, Die arbeitsrechtliche Abmahnung, Festschrift für Dieter Gaul, 1987, S. 256; *v. Hoyningen-Huene*, Die Abmahnung im Arbeitsverhältnis, RdA 1990, 193; *Hoß*, Die arbeitsrechtliche Abmahnung, MDR 1999, 333; *Hunold*, Individual- und betriebsverfassungsrechtliche Probleme der Abmahnung, BB 1986, 2050; *derselbe*, Die Rechtsprechung zur Abmahnung, NZA-RR 2000, 169; *Jurkat*, Gerichtliche Feststellung der Rechtswirksamkeit einer Abmahnung auf Antrag des Arbeitgebers?, DB 1990, 2218; *Kammerer*, Personalakte und Abmahnung, 2. Aufl. 1994; *derselbe*, Die Berichtigung der Personalakte bei unzutreffenden Abmahnungen, BB 1991, 1926; *derselbe*, AR-Blattei SD 20 (2001); *Kania*, Die betriebsverfassungsrechtliche Abmahnung, DB 1996, 374; *Kleinebrink*, Abmahnung, 1999; *derselbe*, Entfernung einer Abmahnung aus der Personalakte, FA 1999, 213; *Koffka*, Die arbeitsrechtliche Abmahnung als Rechtsinstitut, 1993; *Kraft*, Sanktionen im Arbeitsverhältnis, NZA 1989, 777; *Kranz*, Die Ermahnung in der arbeitsrechtlichen Praxis, DB 1998, 1464; *Krasshöfer-Pidde*, Die Abmahnung, AuA 1993, 137; *Lißeck*, Die Abmahnung, Diss. Bochum 1990; *Lohmeyer*, Die Abmahnung im Arbeitsverhältnis, Diss. Bielefeld 1988; *W. Mayer*, Betriebliche Rügen und ihre Folgen, 3. Aufl. 1989; *Pauly*, Hauptprobleme der arbeitsrechtlichen Abmahnung, NZA 1995, 449; *derselbe*, Der Anspruch auf Entfernung einer Abmahnung aus der Personalakte, MDR 1996, 121; *Pfarr/Struck*, Abmahnung und Hinweispflichten im Arbeitsverhältnis, BlStSozArbR 1982, 305; *Pflaum*, Die Abmahnung im Arbeitsrecht als Vorstufe zur Kündigung, 1992; *Schaub*, Die arbeitsrechtliche Abmahnung, NJW 1990, 872; *derselbe*, Die Abmahnung als zusätzliche Kündigungsvoraussetzung, NZA 1997, 1185; *Schleusener*, Die betriebsverfassungsrechtliche Abmahnung, NZA 2001, 640; *Schmid*, Die Abmahnung und ihre rechtliche Problematik, NZA 1985, 409; *Schunck*, Gescheiterte Abmahnung: Kündigungsrechtliche Konsequenzen?, NZA 1993, 828; *Sibben*, Abschied vom Erfordernis der „einschlägigen" Abmahnung, NZA 1993, 583; *Tschöpe*, Formelle und prozessuale Probleme der Abmahnung, NZA 1990 Beil. 2, S. 10; *Walker*, Fehlentwicklungen bei der Abmahnung im Arbeitsrecht, NZA 1995, 601; *Th. Wolf*, Die Abmahnung als Voraussetzung der verhaltensbedingten Kündigung durch den Arbeitgeber, 1990; *Zuber*, Zum Abmahnungserfordernis vor Ausspruch verhaltensbedingter Kündigungen, NZA 1999, 1142.

280 Im allgemeinen rechtfertigt ein pflichtwidriges Verhalten des Arbeitnehmers **nur dann eine Kündigung,** wenn der Arbeitgeber ihm mit einer vorausgegangenen Abmahnung Gelegenheit gegeben hat, sein Verhalten zu korrigieren.[907]

---

[907] BAG 18. 1. 1980, AP Nr. 3 zu § 1 KSchG 1969 Verhaltensbedingte Kündigung = EzA § 1 KSchG Verhaltensbedingte Kündigung Nr. 7 mit Anm. *Peterek* = AuR 1981, 221 mit Anm. *Zachert;* BAG 9. 8. 1984, AP Nr. 12 zu § 1 KSchG 1969 Verhaltensbedingte

a) Funktionen

Die Abmahnung dient dazu, den beanstandeten Vorfall für den Arbeitgeber festzustellen (**Dokumentationsfunktion**). Eine weitergehende Beweisfunktion kommt der Abmahnung nicht zu, da sie nicht selbständig den Beweis für einen Pflichtverstoß des Arbeitnehmers erbringt.[908] Mit der Abmahnung soll weiterhin der Arbeitnehmer an seine vertraglichen Pflichten erinnert (**Erinnerungs- oder Ermahnungsfunktion**) und vor Konsequenzen für das Arbeitsverhältnis bei weiterem Fehlverhalten gewarnt werden (**Ankündigungs- und Warnfunktion**).[909]

281

Darüber hinaus hat die Abmahnung **keine Sanktionsfunktion**, da der Arbeitnehmer durch die Abmahnung nicht bestraft, sondern zu künftigem vertragsgemäßen Verhalten angehalten werden soll.[910] Die Abmahnung dient auch **nicht zur Abschreckung** anderer Arbeitnehmer, denen deutlich gemacht werden soll, daß der Arbeitgeber bestimmte Pflichtwidrigkeiten nicht hinnimmt.[911] Damit sind freilich solche mittelbar eintretenden Wirkungen einer Abmahnung nicht ausgeschlossen.[912]

282

Die Ausübung des Abmahnungsrechts durch den Arbeitgeber unterliegt als individualrechtliche Rüge **nicht der Mitbestimmung des Betriebsrats**.[913]

282 a

Kündigung mit Anm. *Bickel* = SAE 1987, 135 mit Anm. *Dorndorf*; BAG 18. 11. 1986, AP Nr. 17 zu § 1 KSchG 1969 Verhaltensbedingte Kündigung mit Anm. *Conze* = EzA § 611 BGB Abmahnung Nr. 4 mit Anm. *Peterek*; BAG 13. 3. 1987, AP Nr. 18 zu § 1 KSchG 1969 Verhaltensbedingte Kündigung = EzA § 611 BGB Abmahnung Nr. 5 mit Anm. *Bickel* = AR-Blattei Abmahnung Entsch. 16 mit Anm. *Führich*; BAG 10. 11. 1988, AP Nr. 3 zu § 1 KSchG 1969 Abmahnung = EzA § 611 BGB Abmahnung Nr. 18 mit Anm. *Peterek*; zuletzt BAG 18. 5. 1994, AP Nr. 3 zu § 108 BPersVG; BAG 26. 1. 1995, AP Nr. 34 zu § 1 KSchG 1969 Verhaltensbedingte Kündigung.

[908] Zutr. BAG 13. 3. 1987, AP Nr. 18 zu § 1 KSchG 1969 Verhaltensbedingte Kündigung.

[909] Vgl. BAG 7. 11. 1979, AP Nr. 3 zu § 87 BetrVG 1972 Betriebsbuße mit Anm. *Herschel* = SAE 1981, 236 mit Anm. *Thiele*; BAG 18. 1. 1980, AP Nr. 3 zu § 1 KSchG 1969 Verhaltensbedingte Kündigung; BAG 10. 11. 1988, AP Nr. 3 zu § 1 KSchG 1969 Abmahnung; BAG 21. 5. 1992, AP Nr. 28 zu § 1 KSchG 1969 Verhaltensbedingte Kündigung; BAG 17. 2. 1994, AP Nr. 115 zu § 626 BGB; ErfK/*Ascheid* § 1 KSchG Rn. 301; HK-KSchG/*Dorndorf* § 1 Rn. 581; HaKo-*Fiebig* § 1 Rn. 210; KR-*Fischermeier* § 626 BGB Rn. 256; *Stahlhacke/Preis/Vossen* Rn. 7; ausf. hierzu *v. Hoyningen-Huene* RdA 1990, 193, 198 m. w. N.

[910] Ebenso *Bader* ZTR 1999, 200, 204; HK-KSchG/*Dorndorf* § 1 Rn. 582; KR-*Fischermeier* § 626 BGB Rn. 267; *Pauly* NZA 1995, 449, 451; *Stahlhacke/Preis/Vossen* Rn. 8; – abweichend BAG 10. 11. 1988, AP Nr. 3 zu § 1 KSchG 1969 Abmahnung = EzA § 611 BGB Abmahnung Nr. 18 mit abl. Anm. *Peterek*; *Kittner/Däubler/Zwanziger* Einl. Rn. 74; *Kraft* NZA 1989, 777, 780.

[911] Ebenso *Kammerer* S. 125; *Kittner/Däubler/Zwanziger* Einl. Rn. 74; *Koffka* S. 59 f.; – abweichend BAG 13. 11. 1991, AP Nr. 7 zu § 611 BGB Abmahnung = SAE 1992, 316 mit krit. Anm. *van Venrooy*.

[912] Insoweit richtig HK-KSchG/*Dorndorf* § 1 Rn. 583.

[913] BAG 5. 12. 1975, AP Nr. 1 zu § 87 BetrVG 1972 Betriebsbuße mit Anm. *Konzen* = EzA § 87 BetrVG 1972 Betriebliche Ordnung Nr. 1 mit Anm. *Wiese* = AR-Blattei Betriebsbußen Entsch. 8 mit Anm. *Herschel* = SAE 1977, 88 mit Anm. *Meisel*; BAG 19. 7. 1983, AP Nr. 5 zu § 87 BetrVG 1972 Betriebsbuße mit Anm. *Herschel* = AR-Blattei Abmahnung Entsch. 9 mit Anm. *Buchner* = AuR 1984, 220 mit Anm. *Weiss*; BAG 17. 10. 1989, AP Nr. 12 zu § 87 BetrVG 1972 Betriebsbuße; ErfK/*Ascheid* § 1 KSchG Rn. 308; MünchArbR/*Berkowsky* § 137 Rn. 377; HK-KSchG/*Dorndorf* § 1 Rn. 586; KR-*Fischermeier* § 626 BGB Rn. 264; *v. Hoyningen-Huene* BetrVR § 12 II 1 b; *Kittner/Däubler/Zwanziger* Einl. Rn. 129; *Kraft* NZA 1989, 777, 781; *Pflaum* S. 249 ff.; *Schaub* NJW 1990, 872, 876.

Insoweit ist die Abmahnung von den nach § 87 Abs. 1 Nr. 1 BetrVG mitbestimmungspflichtigen Betriebsbußen abzugrenzen.[914] Gegen den Willen des Arbeitgebers kann auch nicht durch Beschluß der Einigungsstelle bestimmt werden, daß Abmahnungen in entsprechender Anwendung von § 99 BetrVG mitbestimmungspflichtig sind.[915]

b) Erforderlichkeit

283 Nach der älteren Rechtsprechung war eine Abmahnung vor Ausspruch einer verhaltensbedingten Kündigung grundsätzlich nur bei Pflichtwidrigkeiten im **Leistungsbereich** erforderlich, während bei Störungen im **Vertrauensbereich** der Arbeitnehmer nur ausnahmsweise vor der Kündigung abzumahnen war.[916] Diese Differenzierung zwischen Leistungsbereich und Vertrauensbereich ist jedoch abzulehnen.[917] Da die Abmahnung dem Arbeitnehmer Gelegenheit zu künftigem vertragsgerechten Verhalten geben soll, ist es bei jedem vertragswidrigen Verhalten grundsätzlich erforderlich, den Arbeitnehmer aus Gründen der Verhältnismäßigkeit vor Ausspruch einer verhaltensbedingten Kündigung zunächst abzumahnen, sofern eine Beseitigung der durch die Pflichtverletzung verursachten Beeinträchtigung des Arbeitsverhältnisses zu erwarten ist.[918]

283 a Dem entspricht nunmehr im Ergebnis auch weitgehend die **neuere Rechtsprechung des BAG.** Danach ist das Abmahnungserfordernis bei jeder Kündigung zu prüfen, die wegen eines steuerbaren Verhaltens des Arbeitnehmers ausgesprochen wurde, das der Arbeitnehmer zukünftig beseitigen kann. Erforderlich ist, daß zum Zeitpunkt der Kündigung eine Wiederherstellung der Vertragstreue und des Vertrauens erwartet werden kann.[919] Dies ist beispielsweise der Fall, wenn sich der Arbeitnehmer über den Inhalt seiner Vertragspflichten geirrt hat und mit vertretbaren Gründen annehmen konnte, sein Verhalten sei nicht vertragswidrig.[920]

284 Im übrigen ist eine Abmahnung auch grundsätzlich erforderlich, um die für die soziale Rechtfertigung einer späteren verhaltensbedingten Kündigung erforderliche **negative Zukunftsprognose** (dazu oben Rn. 274) begründen

---

[914] Dazu BAG 7. 11. 1979, AP Nr. 3 zu § 87 BetrVG 1972 Betriebsbuße.

[915] BAG 30. 8. 1995, AP Nr. 29 zu § 87 BetrVG 1972 Überwachung.

[916] Vgl. zuletzt BAG 18. 11. 1986, AP Nr. 17 zu § 1 KSchG 1969 Verhaltensbedingte Kündigung; BAG 10. 11. 1988, AP Nr. 3 zu § 1 KSchG 1969 Abmahnung; BAG 17. 2. 1994, AP Nr. 115 zu § 626 BGB; ebenso *Burger* DB 1992, 836 f.; *Kammerer* S. 139 ff.; *Schmid* NZA 1985, 409, 412.

[917] Ebenso *Ascheid* Kündigungsschutzrecht Rn. 68; *Backmeister/Trittin* § 1 KSchG Rn. 208; MünchArbR/*Berkowsky* § 137 Rn. 363; *Falkenberg* NZA 1988, 489, 490 f.; KR-*Fischermeier* § 626 BGB Rn. 278 f.; *Gerhards* BB 1996, 794; *Kittner/Däubler/Zwanziger* Einl. Rn. 82; *Koffka* S. 66 f.; *Preis* S. 454 f.; *ders.* DB 1990, 685, 687; MünchKomm-BGB/*Schwerdtner* § 622 Anh. Rn. 116; *Walker* NZA 1995, 601, 604; *Th. Wolf* S. 181 ff.

[918] Ausführlich hierzu *v. Hoyningen-Huene* RdA 1990, 193, 200.

[919] Vgl. BAG 4. 6. 1997, AP Nr. 137 zu § 626 BGB mit zust. Anm. *Felderhoff* = SAE 1998, 310 mit krit. Anm. *Wank;* BAG 10. 2. 1999, AP Nr. 42 zu § 15 KSchG 1969; BAG 11. 3. 1999, AP Nr. 150 zu § 626 BGB; zust. *Bergwitz* DB 1998, 2310, 2312 ff.; ähnlich bereits BAG 30. 6. 1983, AP Nr. 15 zu Art. 140 GG unter A IV 1 mit Anm. *Richardi;* BAG 7. 10. 1993, AP Nr. 114 zu § 626 BGB.

[920] Vgl. BAG 14. 2. 1996, AP Nr. 26 zu § 626 BGB Verdacht strafbarer Handlung.

zu können.⁹²¹ In der Regel wird erst nach einer Abmahnung die erforderliche Wahrscheinlichkeit dafür bestehen, daß sich der Arbeitnehmer auch in Zukunft nicht vertragstreu verhalten wird. Im Zweifel ist daher vor jeder verhaltensbedingten Kündigung eine Abmahnung auszusprechen.⁹²²

Die Abmahnung ist grundsätzlich nur dann **entbehrlich,** wenn der Arbeitnehmer nicht willens oder nicht in der Lage ist, sich vertragstreu zu verhalten.⁹²³ In diesen Fällen liefe die Warnfunktion leer. Eine Abmahnung ist demzufolge insbesondere auch bei personenbedingten Kündigungen nicht erforderlich (näher dazu Rn. 185).⁹²⁴

Eine **sofortige Kündigung ohne vorherige Abmahnung** ist ferner möglich, wenn die Kündigung nach Abwägung aller Umstände angesichts von Art, Schwere und Folgen der Pflichtverletzung billigenswert und angemessen erscheint, dem Arbeitnehmer die Rechtswidrigkeit der Pflichtwidrigkeit ohne weiteres erkennbar ist und er mit deren Billigung durch den Arbeitgeber offensichtlich nicht rechnen kann.⁹²⁵ In diesen Fällen ist einem verständigen Arbeitnehmer bewußt, daß er seinen Arbeitsplatz aufs Spiel setzt, so daß es einer Warnung nicht bedarf.

Eine Abmahnung kann vor Ausspruch einer Kündigung entbehrlich sein, wenn der Arbeitnehmer Mitarbeiterinnen **sexuell belästigt** hat⁹²⁶ oder Vorgesetzte und Kollegen in unflätiger Weise fortgesetzt **beschimpft** bzw. diesen gegenüber **handgreiflich** wird.⁹²⁷ Gleiches gilt, wenn ein Arbeitnehmer während der **Arbeitsunfähigkeit einer Nebentätigkeit nachgeht**, die den Genesungsprozeß verzögert,⁹²⁸ oder er sich fast ein Jahr lang hartnäckig weigert, einer Anordnung des Arbeitgebers nachzukommen, deren Recht-

---

⁹²¹ Zutr. BAG 17. 1. 1991, AP Nr. 25 zu § 1 KSchG 1969 Verhaltensbedingte Kündigung unter II 2 c; BAG 26. 1. 1995, NZA 1995, 517, 520; ErfK/*Ascheid* § 1 KSchG Rn. 298 ff.; HK-KSchG/*Dorndorf* § 1 Rn. 585; KR-*Fischermeier* § 626 BGB Rn. 269; *v. Hoyningen-Huene* DB 1995, 142, 145 f.; *Heinze* Freundesgabe für Söllner S. 63, 78 f. für die ordentliche Kündigung, ablehnend aber für die außerordentliche Kündigung S. 67 ff.; *Stahlhacke/Preis/Vossen* Rn. 684; Th. *Wolf* S. 181.
⁹²² *v. Hoyningen-Huene* Anm. zu BAG AP Nr. 4 zu § 1 KSchG 1969 Verhaltensbedingte Kündigung; ebenso *Stahlhacke/Preis/Vossen* Rn. 684.
⁹²³ BAG 29. 7. 1976, AP Nr. 9 zu § 1 KSchG Verhaltensbedingte Kündigung mit Anm. *Boden*; BAG 3. 2. 1982, AP Nr. 1 zu § 72 BPersVG mit Anm. *Herschel*; BAG 30. 6. 1983, AP Nr. 15 zu Art. 140 GG; BAG 12. 7. 1984, AP Nr. 32 zu § 102 BetrVG 1972; BAG 18. 5. 1994, AP Nr. 3 zu § 108 BPersVG unter B I 1 b; BAG 26. 1. 1995, NZA 1995, 517, 520; APS/*Dörner* § 1 KSchG Rn. 367; *Falkenberg* NZA 1988, 489, 490; HaKo-*Fiebig* § 1 Rn. 225; KR-*Fischermeier* § 626 BGB Rn. 280; *Hauer* S. 78 ff.; *v. Hoyningen-Huene* RdA 1990, 193, 201; *Löwisch* § 1 Rn. 102; *Schmid* NZA 1985, 409, 412; *Stahlhacke/Preis/Vossen* Rn. 688; Th. *Wolf* S. 185 ff.
⁹²⁴ Ebenso *Adam* AuR 2001, 41, 44; APS/*Dörner* § 1 KSchG Rn. 266; HK-KSchG/*Weller/Dorndorf* § 1 Rn. 371 a; HaKo-*Gallner* § 1 Rn. 427; *Stahlhacke/Preis/Vossen* Rn. 725; – abweichend BAG 4. 6. 1997, AP Nr. 137 zu § 626 BGB mit zust. Anm. *Felderhoff* = SAE 1998, 310 mit krit. Anm. *Wank*.
⁹²⁵ BAG 30. 11. 1978, AP Nr. 1 zu § 64 SeemG mit Anm. *Fettback*; BAG 12. 7. 1984, AP Nr. 32 zu § 102 BetrVG 1972; BAG 26. 8. 1993, AP Nr. 112 zu § 626 BGB unter B I 3 a; BAG 10. 2. 1999, AP Nr. 42 zu § 15 KSchG 1969; *Becker-Schaffner* DB 1985, 650, 651; Münch-ArbR/*Berkowsky* § 137 Rn. 364; *Bock* AuR 1987, 217, 219; APS/*Dörner* § 1 KSchG Rn. 367 und 371; HaKo-*Fiebig* § 1 Rn. 226; MünchKomm-BGB/*Schwerdtner* § 622 Anh. Rn. 117.
⁹²⁶ BAG 9. 1. 1986, AP Nr. 20 zu § 626 BGB Ausschlußfrist.
⁹²⁷ BAG 12. 7. 1984, AP Nr. 32 zu § 102 BetrVG 1972.
⁹²⁸ BAG 26. 8. 1993, AP Nr. 112 zu § 626 BGB.

mäßigkeit das Arbeitsgericht bereits rechtskräftig festgestellt hat.[929] Einer Abmahnung bedarf es auch dann nicht, wenn ein Lehrer im Schulunterricht einen „Juden-Witz" erzählt.[930] Eine – außerordentliche – Kündigung ohne vorherige Abmahnung kommt weiter in Betracht, wenn ein leitender Mitarbeiter versucht, den Arbeitgeber durch die **Androhung von Presseveröffentlichungen** von einer Versetzung oder Kündigung abzuhalten.[931] Ohne vorherige Abmahnung kann auch gekündigt werden, wenn ein **Kraftfahrer mit schwerer Schuld**, die am oberen Rand der mittleren Fahrlässigkeit liegt, einen Verkehrsunfall mit einem Totalschaden in Höhe von 60 000 DM verursacht.[932] Ein Angestellter, der innerhalb seines Aufgabenbereichs eine **wirtschaftlich nicht unbedeutende Verantwortung** zu tragen hat, kann bei wiederholtem fahrlässigen Versagen und dadurch verursachten schweren Schäden ohne vorherige Abmahnung gekündigt werden, weil dadurch das zur Fortsetzung des Arbeitsverhältnisses notwendige Vertrauen nachhaltig zerstört ist.[933]

286 b Diese Beispiele zeigen, daß in der Regel vor Ausspruch einer **außerordentlichen Kündigung** nach § 626 BGB eine **Abmahnung nicht erforderlich** ist.[934] Die außerordentliche Kündigung unterscheidet sich von der ordentlichen Kündigung darin, daß der Kündigungsgrund so erheblich sein muß, daß dem Arbeitgeber nicht nur die Fortsetzung des Arbeitsverhältnisses überhaupt, sondern darüber hinaus auch die Fortsetzung des Arbeitsverhältnisses bis zum Ablauf der Kündigungsfrist nicht zuzumuten ist (doppelte Unzumutbarkeit, dazu Rn. 123). Hierzu bedarf es einer ganz erheblichen Pflichtverletzung. Liegt aber ein solcher Kündigungssachverhalt vor, ist es unerheblich, ob zuvor schon einmal eine Abmahnung erfolgt ist. Die außerordentliche Kündigung verstößt dann auch nicht gegen das Übermaßverbot, weil die eingetretene Vertrauensstörung durch eine Abmahnung nicht beseitigt werden kann.

286 c Bestehen zwischen Arbeitnehmern Spannungen, ist der Arbeitgeber **nicht** gehalten, **anstelle einer Umsetzung eine Abmahnung** auszusprechen. Der Arbeitgeber kann auf Grund seines Weisungsrechts einem Arbeitnehmer vielmehr auch einen anderen Aufgabenbereich zuweisen und so den Konflikt lösen.[935]

c) Voraussetzungen

287 Eine Abmahnung erfordert, daß der Arbeitgeber den Arbeitnehmer **ernsthaft ermahnt** und auffordert, ein von ihm genau bezeichnetes Fehlverhalten aufzugeben oder zu ändern, und für den Wiederholungsfall **Konsequenzen für den Inhalt und den Bestand des Arbeitsverhältnisses androht**.[936] Das Wort „Abmahnung" muß nicht verwendet werden, obwohl

---

[929] BAG 18. 5. 1994, AP Nr. 3 zu § 108 BPersVG.
[930] BAG 5. 11. 1992, RzK I 5 i Nr. 81.
[931] Vgl. BAG 11. 3. 1999, AP Nr. 149 zu § 626 BGB.
[932] LAG Köln 26. 8. 1986, LAGE § 611 BGB Abmahnung Nr. 4.
[933] Vgl. BAG 4. 7. 1991 RzK I 6 a Nr. 73.
[934] Ebenso *Ascheid* Kündigungsschutzrecht Rn. 72; ErfK/*Ascheid* § 1 KSchG Rn. 135; *Heinze* Freundesgabe für Söllner S. 63, 66; *Staudinger/Preis* § 626 Rn. 119; – abweichend BAG 17. 2. 1994, AP Nr. 115 zu § 626 BGB; HK-KSchG/*Dorndorf* § 1 Rn. 607.
[935] BAG 24. 4. 1996, AP Nr. 48 zu § 611 BGB Direktionsrecht.
[936] BAG 18. 1. 1980, AP Nr. 3 zu § 1 KSchG 1969 Verhaltensbedingte Kündigung; ErfK/*Ascheid* § 1 KSchG Rn. 307; *Becker-Schaffner* DB 1985, 650; *Bock* AuR 1987, 217,

sich dies zur Klarheit empfiehlt. Entscheidend ist, ob durch Auslegung festgestellt werden kann, daß die abgegebene Erklärung eine Abmahnung sein soll.[937] In der Abmahnung muß das mißbilligte Verhalten so genau beschrieben werden, daß der Arbeitnehmer klar erkennen kann, durch welches Tun oder Unterlassen er den Arbeitsvertrag verletzt hat.[938] Pauschale Wertungen wie „Leistungsmängel" oder „Unpünktlichkeit" genügen grundsätzlich nicht.[939]

Zur Wirksamkeit einer Abmahnung ist es nicht erforderlich, bestimmte kündigungsrechtliche Maßnahmen, wie z. B. eine Kündigung, ausdrücklich anzudrohen.[940] Es genügt vielmehr, wenn der Arbeitnehmer deutlich darauf hingewiesen wird, daß bei wiederholtem Fehlverhalten der gerügten Art der **Inhalt oder der Bestand des Arbeitsverhältnisses gefährdet** sei;[941] die Ankündigung „arbeitsrechtlicher Schritte" ist dagegen nur unter besonderen Umständen ausreichend.[942]   **287a**

Im **öffentlichen Dienst** ist nach **§ 13 Abs. 2 BAT** der Angestellte vor einer Abmahnung, die in die Personalakte genommen werden soll, anzuhören. Der Angestellte kann nicht auf sein Recht zur Gegendarstellung (§ 13 Abs. 2 Satz 2 BAT) oder auf sein Recht zur Überprüfung der inhaltlichen Unrichtigkeit der Abmahnung verwiesen werden.[943] Gleichwohl entfaltet auch eine wegen Nichtanhörung des Arbeitnehmers nach § 13 Abs. 2 Satz 1 BAT formell unwirksame Abmahnung regelmäßig die vor einer verhaltensbedingten Kündigung erforderliche Warnfunktion.[944] Denn auch im Geltungsbereich des BAT kann der Arbeitgeber eine Abmahnung mündlich aussprechen, so daß ungeachtet der Regelung in § 13 Abs. 2 Satz 1 BAT dem Erfordernis der Warnfunktion Genüge getan wäre.   **287b**

Für den Bereich der Privatwirtschaft gibt es – soweit ersichtlich – keine § 13 Abs. 2 BAT entsprechenden Tarifbestimmungen zur **Anhörung des Arbeitnehmers vor der Abmahnung.** Aus § 82 BetrVG läßt sich eine Verpflichtung des Arbeitgebers zur Anhörung des Arbeitnehmers vor einer Abmahnung nicht herleiten.[945] Diese Bestimmung gibt dem Arbeitnehmer zwar das Recht, in betrieblichen Angelegenheiten, die seine Person   **287c**

219; HK-KSchG/*Dorndorf* § 1 Rn. 625 ff.; *v. Hoyningen-Huene* RdA 1990, 193, 206; Hunold BB 1986, 2050; *Löwisch* § 1 Rn. 108; *Schmid* NZA 1985, 409, 410; Th. *Wolf* S. 160 ff.

[937] *v. Hoyningen-Huene* RdA 1990, 193, 206.
[938] Vgl. Bader ZTR 1999, 200, 201 ff.; APS/*Dörner* § 1 KSchG Rn. 349; HK-KSchG/*Dorndorf* § 1 Rn. 626; KPK-*Schiefer* Teil G Rn. 36; Stahlhacke/*Preis*/*Vossen* Rn. 11.
[939] LAG Baden-Württemberg 17. 10. 1990, LAGE § 611 BGB Abmahnung Nr. 25.
[940] Ebenso ErfK/*Ascheid* § 1 KSchG Rn. 309.
[941] BAG 18. 1. 1980, AP Nr. 3 zu § 1 KSchG 1969 Verhaltensbedingte Kündigung unter 2 a; KR-*Fischermeier* § 626 BGB Rn. 268; *Kittner*/*Däubler*/*Zwanziger* Einl. Rn. 124; MünchKomm-BGB/*Schwerdtner* § 622 Anh. Rn. 120.
[942] Vgl. BAG 31. 5. 1985, AP Nr. 6 zu § 8a MuSchG 1968 unter B I 2 mit zust. Anm. *Bemm* = SAE 1987, 65 mit Anm. *Pestalozza*; – weitere Beispiele bei Th. *Wolf* S. 166 ff.
[943] Vgl. BAG 16. 11. 1989, AP Nr. 2 zu § 13 BAT mit Anm. *Conze*.
[944] Vgl. BAG 21. 5. 1992, AP Nr. 28 zu § 1 KSchG 1969 Verhaltensbedingte Kündigung; *Bahntje* AuR 1996, 250, 254.
[945] Ebenso HaKo-*Fiebig* § 1 Rn. 255; KR-*Fischermeier* § 626 BGB Rn. 272; – abweichend ArbG Frankfurt/Oder 7. 4. 1999, RzK I 1 Nr. 113; HK-KSchG/*Dorndorf* § 1 Rn. 645; *Kittner*/*Däubler*/*Zwanziger* Einl. Rn. 147; *Schaub* NJW 1990, 876.

betreffen, von den zuständigen Personen angehört zu werden. Dies erfordert allerdings ein entsprechendes Verlangen des Arbeitnehmers. Der Arbeitgeber ist nach dieser Bestimmung nicht verpflichtet, von sich aus den Arbeitnehmer anzuhören. Demgemäß verlangt das BAG zutreffend auch nicht vor Ausspruch einer Kündigung – mit Ausnahme der Verdachtskündigung – die Anhörung des Arbeitnehmers zu den Kündigungsgründen.[946] Die Anhörung des Arbeitnehmers vor der Abmahnung ist deshalb grundsätzlich nicht Wirksamkeitsvoraussetzung der Abmahnung.

288 Als geschäftsähnliche Handlung muß die Abmahnung zu ihrer Wirksamkeit dem Arbeitnehmer gemäß § 130 BGB **zugehen.**[947] Nach der Rechtsprechung ist hierfür auch die tatsächliche Kenntnis des Empfängers vom Inhalt der Abmahnung erforderlich. Der Empfänger einer Abmahnung muß sich nach Auffassung des BAG jedoch dann so behandeln lassen, als ob ihm ihr Inhalt bekannt sei, wenn es ihm nach Treu und Glauben verwehrt ist, sich auf die fehlende Kenntnis zu berufen.[948] Die Abmahnung unterliegt im übrigen **keiner besonderen Form,** sie kann daher auch mündlich erfolgen; aus Beweisgründen empfiehlt sich freilich die Schriftform.[949]

288 a Als **abmahnungsberechtigte Personen** kommen nicht nur Kündigungsberechtigte, sondern alle Mitarbeiter in Betracht, die befugt sind, verbindliche Anweisungen bezüglich des Ortes, der Zeit sowie der Art und Weise der arbeitsvertraglich geschuldeten Arbeitsleistung zu erteilen.[950]

288 b Die Abmahnungsbefugnis des Arbeitgebers ist grundsätzlich **nicht durch besondere Fristen zeitlich begrenzt.**[951] Sie kann freilich verwirken, wenn der Arbeitnehmer aufgrund des Verhaltens des Arbeitgebers annehmen durfte, dieser werde von seiner Abmahnungsbefugnis keinen Gebrauch machen. Der bloße Zeitablauf genügt für die Annahme der Verwirkung nicht.[952] Je länger der Zeitraum zwischen der dem Arbeitgeber bekannten Pflichtverletzung und der Abmahnung ist, desto geringer sind jedoch die Anforderungen an das erforderliche Umstandsmoment.[953] Das Recht zur

---

[946] Vgl. BAG 23. 3. 1972, 18. 9. 1997, AP Nr. 63 und 138 zu § 626 BGB.
[947] Ebenso APS/*Dörner* § 1 KSchG Rn. 406; HK-KSchG/*Dorndorf* § 1 Rn. 643; *Löwisch* § 1 Rn. 111.
[948] BAG 9. 8. 1984, AP Nr. 12 zu § 1 KSchG 1969 Verhaltensbedingte Kündigung mit krit. Anm. *Bickel;* ebenso MünchArbR/*Berkowsky* § 137 Rn. 379; *Kittner/Däubler/Zwanziger* Einl. Rn. 126; – näher dazu *v. Hoyningen-Huene* RdA 1990, 193, 206 f. m. w. N.
[949] Ebenso *Kittner/Däubler/Zwanziger* Einl. Rn. 123.
[950] BAG 18. 1. 1980, AP Nr. 3 zu § 1 KSchG 1969 Verhaltensbedingte Kündigung; BAG 5. 7. 1990, AP Nr. 1 zu § 15 SchwbG 1986 unter I 4 c aa; *Ascheid* Kündigungsschutzrecht Rn. 84; ErfK/*Ascheid* § 1 KSchG Rn. 314; MünchArbR/*Berkowsky* § 137 Rn. 375; APS/*Dörner* § 1 KSchG Rn. 408; KR-*Fischermeier* § 626 BGB Rn. 257; *v. Hoyningen-Huene* RdA 1990, 193, 206; *Hunold* BB 1986, 2050, 2051; *Löwisch* § 1 Rn. 110; *Schmid* NZA 1985, 409, 411; *Stahlhacke/Preis/Vossen* Rn. 11; – abweichend *Adam* DB 1996, 476; HK-KSchG/*Dorndorf* § 1 Rn. 641; *Kammerer* S. 134; *Kittner/Däubler/Zwanziger* Einl. Rn. 128; *Koffka* S. 110 ff.; *Schaub* NJW 1990, 872, 873.
[951] BAG 15. 1. 1986, AP Nr. 96 zu § 611 BGB Fürsorgepflicht mit Anm. *Echterhölter* = SAE 1986, 200 mit Anm. *Beitzke.*
[952] Ebenso ErfK/*Ascheid* § 1 KSchG Rn. 312; MünchArbR/*Berkowsky* § 137 Rn. 381; HaKo-*Fiebig* § 1 Rn. 243; *Löwisch* § 1 Rn. 109.
[953] Vgl. hierzu LAG Köln 28. 3. 1988 LAGE § 611 BGB Abmahnung Nr. 10, zur Verwirkung bei einem einjährigen Zuwarten des Arbeitgebers.

Abmahnung unterliegt nicht tariflichen **Ausschlußfristen,** weil es sich hierbei nicht um einen Anspruch i. S. v. § 194 BGB handelt.⁹⁵⁴

Eine **vorweggenommene Kündigungsandrohung** durch Aushang am 288 c „Schwarzen Brett", Rundschreiben oder im Arbeitsvertrag, mit welcher der Arbeitgeber darauf hinweist, daß er ein bestimmtes, näher bezeichnetes Verhalten nicht duldet und für den Fall der Pflichtwidrigkeit die Kündigung des Arbeitsverhältnisses ankündigt, genügt grundsätzlich nicht den Anforderungen einer Abmahnung.⁹⁵⁵ Die besondere Warn- und Hinweisfunktion wird nur erfüllt, wenn der Arbeitgeber auf eine konkrete Vertragsverletzung reagiert und diese Pflichtwidrigkeit zum Anlaß nimmt, den Arbeitnehmer an die Einhaltung der Vertragspflichten zu erinnern und damit die Kündigungsandrohung verbindet. Schließlich wird eine solche vorweggenommene Kündigungsandrohung nicht dem der Abmahnung letztlich zugrunde liegenden Übermaßverbot gerecht, weil dem Arbeitnehmer bei einer Vertragsverletzung keine weitere Gelegenheit zu vertragsgerechtem Verhalten mehr gegeben wird. Gleichwohl sind solche Erklärungen nicht völlig bedeutungslos, weil sie im Einzelfall bei schwereren Vertragsverletzungen eine Abmahnung entbehrlich machen können.⁹⁵⁶

d) Rechtsgrundlage

Die Pflicht zur Abmahnung vor Ausspruch einer verhaltensbedingten 289 Kündigung wird von der h. M. überwiegend aus § 326 BGB und dem Grundsatz der Verhältnismäßigkeit abgeleitet.⁹⁵⁷ Genaugenommen folgt die Pflicht zur Abmahnung aus dem in §§ 326 Abs. 1, 553 (= § 543 Abs. 3 n. F.), 634 Abs. 1, 643, 651 e Abs. 2 BGB konkretisierten **Übermaßverbot.**⁹⁵⁸ Diesen Vorschriften ist im Wege der Rechtsanalogie der allgemeine Gedanke zu entnehmen, daß der Gläubiger (Arbeitgeber) bei einem Fehlverhalten des Schuldners (Arbeitnehmer) dem Schuldner vor einer einseitigen Einwirkung auf den Inhalt oder den Bestand des Vertrages (Kündigung) grundsätzlich Gelegenheit zum vertragsgerechten Verhalten geben muß, indem er das vertragswidrige Verhalten zunächst abmahnt.⁹⁵⁹

---

⁹⁵⁴ BAG 14. 12. 1994, AP Nr. 15 zu § 611 BGB Abmahnung.

⁹⁵⁵ Ebenso HK-KSchG/*Dorndorf* § 1 Rn. 628; HaKo-*Fiebig* § 1 Rn. 240; Kittner/*Däubler*/ Zwanziger Einl. Rn. 139; *Löwisch* § 1 Rn. 108; MünchKomm-BGB/*Schwerdtner* § 622 Anh. Rn. 120; Stahlhacke/*Preis/Vossen* Rn. 688; – abweichend KR-*Fischermeier* § 626 BGB Rn. 280; KPK-*Schiefer* Teil G Rn. 23.

⁹⁵⁶ Zutr. deshalb LAG Köln 6. 9. 1999, LAGE § 626 BGB Nr. 127 zum mehrfachen Diebstahl von Lebensmitteln in einem Großhandel; zu weitgehend allerdings LAG Hamm 16. 12. 1982, BB 1983, 1601 und LAG Köln 12. 11. 1993, LAGE § 1 KSchG Verhaltensbedingte Kündigung Nr. 40 zur Kündigung bei nicht rechtzeitiger Vorlage einer Arbeitsunfähigkeitsbescheinigung.

⁹⁵⁷ Vgl. BAG 9. 8. 1984, AP Nr. 12 zu § 1 KSchG 1969 Verhaltensbedingte Kündigung; BAG 10. 11. 1988, AP Nr. 3 zu § 1 KSchG 1969 Abmahnung; BAG 26. 1. 1995, NZA 1995, 517, 519 f.; *Ascheid* Kündigungsschutzrecht Rn. 85 f.; *Becker-Schaffner* DB 1985, 650; *Bock* AuR 1987, 217, 218; APS/*Dörner* § 1 KSchG Rn. 343; HK-KSchG/*Dorndorf* § 1 Rn. 575; *Hauer* S. 47 f.; *Kammerer* S. 123; *Löwisch* § 1 Rn. 100; *Pauly* NZA 1995, 449, 450; *Preis* S. 453 ff.; *Oetker* SAE 1985, 175, 176 f.; – krit. dazu *Walker* NZA 1995, 601, 602 f.

⁹⁵⁸ Vgl. v. Hoyningen-Huene RdA 1990, 193, 197 f.; *Heinze* Freundesgabe für Söllner S. 63, 79.

⁹⁵⁹ Ähnlich KR-*Fischermeier* § 626 BGB Rn. 272; Th. *Wolf* S. 102 ff.

§ 1 289a–290b

289a Dem Übermaßverbot ist freilich nicht zu entnehmen, daß der Arbeitgeber vor Ausspruch einer Kündigung eine in einer Arbeitsordnung vorgesehene **Betriebsbuße** erteilen muß.[960] Abmahnung und Betriebsbußen verfolgen unterschiedliche Ziele. Während die Abmahnung den Arbeitnehmer zu vertragstreuem Verhalten anmahnt, dienen Betriebsbußen der Aufrechterhaltung der betrieblichen Ordnung (§ 87 Abs. 1 Nr. 1 BetrVG). Betriebsbußen haben Sanktionscharakter, der dem Kündigungsrecht fremd ist. Wegen der unterschiedlichen Inhalte von Betriebsbußen einerseits und Abmahnungen bzw. Kündigungen andererseits hängt die Wirksamkeit einer Kündigung nicht vom Ausspruch einer vorangegangenen Betriebsbuße ab.

290 Da der Arbeitgeber durch die Abmahnung den Bestand des Arbeitsverhältnisses gefährdet und damit in bestehende Rechtspositionen des Arbeitnehmers eingreift, setzt die Abmahnung eine **gewisse Intensität** des Fehlverhaltens voraus.[961] Einmalige geringfügige Pflichtverletzungen, wie beispielsweise das Überziehen der Pause um nur wenige Minuten, reichen grundsätzlich nicht aus.[962] Bei wiederholten geringfügigen Pflichtwidrigkeiten, etwa mehrfachem Überziehen der Pausen, ist dagegen eine Abmahnung möglich, weil dann insgesamt die Geringfügigkeitsgrenze überschritten ist.[963]

290a Ob das beanstandete Verhalten im Hinblick auf die ordnungsgemäß erfüllten arbeitsvertraglichen Pflichten **verhältnismäßig geringfügig** erscheint, bestimmt sich nach dem in **§ 320 Abs. 2 BGB** enthaltenen allgemeinen Rechtsgedanken. In diesem Zusammenhang ist zu beachten, daß die Erbringung der Arbeitsleistung die vertragliche Hauptleistungspflicht des Arbeitnehmers ist. Arbeitet der Arbeitnehmer nicht, handelt es sich daher grundsätzlich um einen schwerwiegenden Verstoß. Nur in besonderen Ausnahmefällen wird man daher eine Verletzung der Hauptleistungspflicht als geringfügig bezeichnen können, so z. B., wenn der Arbeitnehmer sich während der Arbeitszeit einen privaten Termin vormerkt oder bei der Begrüßung kurz über private Belange spricht. Diese Verhaltensweisen sind sozialadäquat und daher vom Arbeitgeber zu tolerieren.[964]

290b Soweit die Auffassung vertreten wird, eine Abmahnung käme nur in Betracht, wenn das abgemahnte Verhalten im **Wiederholungsfall eine verhaltensbedingte Kündigung** auslösen würde,[965] vermag dies nicht zu über-

---

[960] BAG 17. 1. 1991, AP Nr. 25 zu § 1 KSchG 1969 Verhaltensbedingte Kündigung = EzA § 1 KSchG Verhaltensbedingte Kündigung Nr. 37 mit Anm. *Rüthers/Franke* = SAE 1992, 116 mit Anm. *Bengelsdorf;* ebenso *Löwisch* § 1 Rn. 106.

[961] BAG 13. 11. 1991, AP Nr. 7 zu § 611 BGB = SAE 1992, 316 mit Anm. *van Venrooy* = AR-Blattei ES 20 Nr. 23 mit zust. Anm. *v. Hoyningen-Huene;* BAG 31. 8. 1994, AP Nr. 98 zu § 37 BetrVG 1972 = EzA § 611 BGB Abmahnung Nr. 33 mit zust. Anm. *Berger-Delhey;* HK-KSchG/*Dorndorf* § 1 Rn. 632; KR-*Fischermeier* § 626 BGB Rn. 274; *Stahlhacke/Preis/Vossen* Rn. 10; – abweichend MünchArbR/*Berkowsky* § 137 Rn. 371 f.; *Walker* NZA 1995, 601, 605.

[962] Vgl. LAG Berlin 22. 10. 1984, BB 1985, 271, 272; LAG Hamm 17. 4. 1985, DB 1985, 2691, 2692; LAG Bremen 28. 6. 1989, DB 1990, 742; APS/*Dörner* § 1 KSchG Rn. 394; KR-*Fischermeier* § 626 BGB Rn. 274; *Löwisch* § 1 Rn. 105; *Schaub* NJW 1990, 872, 874; abweichend LAG Düsseldorf 24. 1. 1990 und LAG Hamm 16. 4. 1992 LAGE § 611 BGB Abmahnung Nr. 27 und 32.

[963] Ebenso HK-KSchG/*Dorndorf* § 1 Rn. 638; *Löwisch* § 1 Rn. 105.

[964] Vgl. *v. Hoyningen-Huene* Anm. zu BAG AR-Blattei ES 20 Nr. 23.

[965] So LAG Düsseldorf 2. 11. 1990, DB 1991, 975.

zeugen.[966] Dabei wird nicht berücksichtigt, daß im Einzelfall für die erforderliche negative Prognose auch mehrere Abmahnungen notwendig sein können (dazu unten Rn. 293).[967] Der Arbeitgeber kann allerdings bei geringfügigen Vertragsverletzungen den Arbeitnehmer ohne Androhung von Konsequenzen für das Arbeitsverhältnis zu vertragsgerechtem Verhalten ermahnen und das allgemeine vertragliche Rügerecht ausüben.[968]

e) Abmahnung und Kündigung

Nach vorheriger Abmahnung kann ein weiterer Pflichtverstoß nur dann zur Kündigung berechtigen, wenn der erneute Pflichtverstoß **gleichartig** ist.[969] Das ergibt sich aus der Warn- und Erinnerungsfunktion der Abmahnung. Diese Funktionen würden nicht erfüllt, wenn man jedes weitere, anders gelagerte Fehlverhalten zum Anlaß für eine Kündigung nehmen könnte. Demzufolge kann einem Arbeitnehmer, der wegen Beleidigung von Vorgesetzten oder Kollegen abgemahnt worden ist, nicht gekündigt werden, wenn er nunmehr verspätet am Arbeitsplatz erscheint. Hierzu bedarf es zuvor einer Abmahnung der Unpünktlichkeit.

Andererseits ist es ausreichend, wenn sich die Pflichtverletzungen unter einem **einheitlichen Gesichtspunkt zusammenfassen** lassen können.[970] So stellen das mehrfache verspätete Aufsuchen und zu frühe Verlassen des Arbeitsplatzes, das vorzeitige Verlassen einer Baustelle sowie Kartenspielen während der Arbeitszeit gleichartige Pflichtverletzungen dar.[971] Auch Straßenverkehrsdelikte eines Berufskraftfahrers sind gleichartige Pflichtwidrigkeiten.[972] Demgegenüber liegen Arbeitszeitverstöße und Schlechtleistungen nicht auf einer Ebene, weil es hier einerseits um den Umfang, andererseits um den Inhalt der Leistungspflicht geht. Ist daher der Arbeitnehmer wegen Arbeitszeitverstößen und Fernbleiben von einem Besprechungstermin abgemahnt worden, kann er nicht unter Bezugnahme auf die erfolgten Abmahnungen gekündigt werden, wenn er in der Folgezeit Berichte nicht termingerecht fertigstellt.[973] Die Abmahnung wegen Verletzung der Anzeigepflicht bei Arbeitsunfähigkeit und die spätere Weigerung des Arbeitnehmers,

---

[966] Ebenso BAG 13. 11. 1991, AP Nr. 7 zu § 611 BGB Abmahnung = SAE 1992, 316 mit Anm. *van Venrooy* = AR-Blattei ES 20 Nr. 23 mit Anm. *v. Hoyningen-Huene;* BAG 30. 5. 1996, AP Nr. 2 zu § 611 BGB Nebentätigkeit; HK-KSchG/*Dorndorf* § 1 Rn. 638.
[967] Gegen jede Einschränkung insoweit *Heinze* Freundesgabe für Söllner S. 63, 86.
[968] Vgl. KR-*Fischermeier* § 626 BGB Rn. 274; näher zur Ermahnung *Kranz* DB 1998, 1464 ff.
[969] BAG 27. 2. 1985, RzK I 1 Nr. 5; BAG 21. 5. 1987, DB 1987, 2367; *Bader* ZTR 1999, 200, 204 f.; *Beckerle/Schuster* Rn. 63, 83 ff.; APS/*Dörner* § 1 KSchG Rn. 425; HK-KSchG/*Dorndorf* § 1 Rn. 649; HaKo-*Fiebig* § 1 Rn. 230 ff.; KR-*Fischermeier* § 626 BGB Rn. 269; *v. Hoyningen-Huene* RdA 1990, 193, 207 f.; *Hunold* BB 1986, 2050, 2054 f.; *Kittner/Däubler/Zwanziger* Einl. Rn. 140; *Koffka* S. 129 ff.; *Löwisch* § 1 Rn. 113; *Pflaum* S. 237 f.; MünchKomm-BGB/*Schwerdtner* § 622 Anh. Rn. 124; – abweichend *Heinze* Freundesgabe für Söllner S. 63, 83 ff.; *Kammerer* S. 145; *Kraft* ZfA 1994, 463, 471; *Sibben* NZA 1993, 583, 585; *Walker* NZA 1995, 601, 606.
[970] Vgl. hierzu näher *v. Hoyningen-Huene* RdA 1990, 193, 207 f.
[971] Vgl. LAG Berlin 18. 1. 1988, LAGE Nr. 31 zu § 626 BGB.
[972] Abweichend LAG Schleswig-Holstein 16. 6. 1986, NZA 1987, 669, 670 zu einer Trunkenheitsfahrt und Unfallflucht.
[973] BAG 27. 2. 1985, RzK I 1 Nr. 5; – kritisch hierzu *Beckerle/Schuster* Rn. 130.

während der Arbeitszeit zu einem Gespräch mit dem Vorgesetzten zu erscheinen, sind nicht gleichartige Pflichtverstöße.[974]

292 a Ist der Arbeitnehmer allerdings in der Vergangenheit **wegen einer Vielzahl verschiedenartiger Pflichtverletzungen abgemahnt** worden, kann bei einer weiteren Pflichtverletzung, die mit den bereits abgemahnten nicht gleichartig ist, auch eine Kündigung ohne weitere Abmahnung in Betracht kommen. Entscheidend ist, daß sich der Arbeitnehmer aufgrund der verschiedenen Abmahnungen als unzuverlässig erwiesen hat und deshalb eine weitere ungestörte Vertragserfüllung nicht zu erwarten ist.[975] Die Warnfunktion ist bei einer Vielzahl von Abmahnungen grundsätzlich auch dann erfüllt, wenn eine einschlägige Abmahnung fehlt, weil dem Arbeitnehmer deutlich gemacht wurde, daß der Arbeitgeber nicht gewillt ist, Vertragsverletzungen hinzunehmen.

293 Eine bestimmte **Anzahl von Abmahnungen** ist grundsätzlich nicht erforderlich.[976] Da es aber für das Vorliegen eines Kündigungsgrundes nach Abs. 2 auf eine negative Zukunftsprognose ankommt, kann es freilich je nach Schwere der Pflichtwidrigkeit nicht ausreichend sein, wenn der Arbeitnehmer nur einmal abgemahnt wurde. Insbesondere wenn der abgemahnte Vorfall längere Zeit zurückliegt und nicht gravierend war, ist im Einzelfall zu prüfen, ob vor Ausspruch der Kündigung noch eine weitere Abmahnung erforderlich ist.[977]

293 a Der Arbeitgeber kann grundsätzlich ohne zeitliche Verzögerung nach erfolgter Abmahnung bei der nächsten gleichartigen Pflichtverletzung eine Kündigung aussprechen. Nach der Abmahnung ist dem Arbeitnehmer nur dann **ausnahmsweise Zeit zur Korrektur seines Verhaltens** einzuräumen, wenn eine Änderung des Fehlverhaltens nicht ohne weiteres sofort möglich ist.[978] Das ist beispielsweise anzunehmen, wenn der Arbeitnehmer mit anderen, nicht beim gleichen Arbeitgeber beschäftigten unpünktlichen Personen zum Arbeitsort fährt und er nach erfolgter Abmahnung wegen des häufigen Zuspätkommens eine andere Fahrgemeinschaft bilden möchte. Im übrigen besteht bei den meisten Vertragsverletzungen keine Veranlassung, dem Arbeitnehmer längere Zeit zur Veränderung seines Verhaltens einzuräumen, weil das vertragswidrige Verhalten ohne weiteres abgestellt werden kann.

294 Hat der Arbeitgeber einen Pflichtenverstoß zunächst zum Anlaß für eine Abmahnung genommen, so kann er später wegen dieser Pflichtwidrigkeit keine Kündigung aussprechen. Zu Recht hat das BAG darauf hingewiesen, daß der Arbeitgeber mit der Abmahnung konkludent auf sein

---

[974] Abweichend Hessisches LAG 7. 7. 1997, LAGE § 626 BGB Nr. 115.
[975] Ebenso ErfK/*Ascheid* § 1 KSchG Rn. 310; *Bader* ZTR 1999, 200, 204; APS/*Dörner* § 1 KSchG Rn. 428; HK-KSchG/*Dorndorf* § 1 Rn. 652.
[976] Ebenso HK-KSchG/*Dorndorf* § 1 Rn. 657; HaKo-*Fiebig* § 1 Rn. 234; KR-*Fischermeier* § 626 BGB Rn. 270; *Kittner*/*Däubler*/*Zwanziger* Einl. Rn. 145; KPK-*Schiefer* Teil G Rn. 26 MünchKomm-BGB/*Schwerdtner* § 622 Anh. Rn. 125.
[977] Ebenso LAG Hamm 25. 9. 1997, LAGE § 1 KSchG Verhaltensbedingte Kündigung Nr. 59; HK-KSchG/*Dorndorf* § 1 Rn. 657; insoweit zutr. auch MünchArbR/*Berkowsky* § 137 Rn. 372.
[978] Ebenso im Grundsatz Hessisches LAG 26. 4. 1999, LAGE § 1 KSchG Verhaltensbedingte Kündigung Nr. 71; ErfK/*Ascheid* § 1 KSchG Rn. 311; HaKo-*Fiebig* § 1 Rn. 229.

Kündigungsrecht wegen der Gründe, die Gegenstand der Abmahnung waren, **verzichtet**.[979] Dies ergibt sich aus der Ankündigungsfunktion der Abmahnung. Hierdurch gibt der Arbeitgeber nämlich zu erkennen, er werde Konsequenzen für das Arbeitsverhältnis erst aus einem weiteren Fehlverhalten ziehen und dem Arbeitnehmer nochmals Gelegenheit zum vertragsgerechten Verhalten geben. Damit kann der abgemahnte Pflichtenverstoß nicht mehr zum Anlaß der Kündigung genommen werden. Eine bloße **Ermahnung** „verbraucht" dagegen nicht das Kündigungsrecht, weil ihr die Kündigungsandrohung fehlt.[980]

Die Abmahnung verliert durch längeren **Zeitablauf** ihre kündigungsrechtliche Wirkung. Dies läßt sich jedoch nicht anhand einer bestimmten Regelfrist beurteilen, sondern nur aufgrund aller Umstände des Einzelfalles.[981] Denn es macht bereits einen Unterschied, ob sich ein Arbeitnehmer nur eine kleinere Pflichtwidrigkeit hat zu Schulden kommen lassen oder ob er wegen eines besonders schweren Fehlverhaltens abgemahnt worden ist. Allerdings ist es zulässig, nach § 88 BetrVG eine freiwillige Betriebsvereinbarung abzuschließen, die bestimmte Fristen zur Entfernung vorsieht, z. B. bei leichten Verstößen zwei Jahre, bei schwereren Verstößen drei oder fünf Jahre.[982] 294 a

Der Arbeitgeber darf einen Arbeitnehmer **nach erfolgloser Kündigung** wegen desselben unstreitigen – für eine Kündigung aber nicht ausreichenden – Sachverhalts **abmahnen**. Durch eine sozialwidrige Kündigung verliert der Arbeitgeber nicht das Recht zur Abmahnung.[983] Die Unwirksamkeit der Kündigung ist nicht notwendig gleichbedeutend mit der Unwirksamkeit der Abmahnung, weil beide unterschiedliche Voraussetzungen haben. 295

Der Arbeitgeber braucht in diesem Fall allerdings nicht unbedingt eine erneute Abmahnung auszusprechen. Eine **frühere Kündigung erfüllt nämlich die Funktion einer Abmahnung** jedenfalls dann, wenn der Kündigungssachverhalt feststeht und die Kündigung aus anderen Gründen, z. B. wegen fehlender Abmahnung, als sozialwidrig erachtet worden ist.[984] Kündigt der Arbeitgeber nach der erfolglosen Kündigung erneut wegen einer gleichartigen Pflichtverletzung, so erfüllt die vorangegangene Kündigung die 295 a

---

[979] BAG 10. 11. 1988, AP Nr. 3 zu § 1 KSchG 1969 Abmahnung; ebenso ErfK/*Ascheid* § 1 KSchG Rn. 318; *Beckerle/Schuster* Rn. 138 a f.; HK-KSchG/*Dorndorf* § 1 Rn. 666; *v. Hoyningen-Huene* RdA 1990, 193, 208; *Kittner/Däubler/Zwanziger* Einl. Rn. 144; *Stahlhacke/Preis/Vossen* Rn. 686; – krit. dazu *Peterek* Anm. zu BAG EzA § 611 BGB Abmahnung Nr. 18.

[980] BAG 9. 3. 1995 – 2 AZR 644/95 n. v.; *Krause* Anm. zu LAG Hamm 8. 3. 1994, LAGE § 123 BGB Nr. 19; – widersprüchlich HK-KSchG/*Dorndorf* § 1 Rn. 666.

[981] BAG 18. 11. 1986, AP Nr. 17 zu § 1 KSchG 1969 Verhaltensbedingte Kündigung; BAG 21. 5. 1987, DB 1987, 2367; BAG 14. 12. 1994, AP Nr. 15 zu § 611 BGB Abmahnung; BVerfG 16. 10. 1998, AP Nr. 24 zu § 611 BGB Abmahnung; ErfK/*Ascheid* § 1 KSchG Rn. 316; *Beckerle/Schuster* Rn. 109 ff.; MünchArbR/*Berkowsky* § 137 Rn. 382; HK-KSchG/*Dorndorf* § 1 Rn. 663; HaKo-*Fiebig* § 1 Rn. 244; *Kammerer* S. 138; *Kittner/Däubler/Zwanziger* Einl. Rn. 146; *Kraft* NZA 1989, 777, 781; *Schaub* NJW 1990, 872, 874; *Walker* NZA 1995, 601, 607; *Th. Wolf* S. 150 ff.; – ablehnend *Brill* NZA 1985, 109, 110; *Conze* DB 1987, 889, 890; *Falkenberg* NZA 1988, 489, 492.

[982] Vgl. dazu näher *v. Hoyningen-Huene* RdA 1990, 193, 210.

[983] BAG 7. 9. 1988, AP Nr. 2 zu § 611 BGB Abmahnung mit zust. Anm. *Conze* = EzA § 611 BGB Abmahnung Nr. 17 mit zust. Anm. *Mummenhoff*; HK-KSchG/*Dorndorf* § 1 Rn. 667; – dazu krit. *Th. Wolf* S. 158 f.

[984] BAG 31. 8. 1989, AP Nr. 23 zu § 1 KSchG 1969 Verhaltensbedingte Kündigung; HK-KSchG/*Dorndorf* § 1 Rn. 668; – abweichend *Kittner/Däubler/Zwanziger* Einl. 121.

Funktion einer Abmahnung. Denn durch diese vorangehende Kündigung ist dem Arbeitnehmer deutlich vor Augen geführt worden, daß er mit seinen Pflichtverletzungen sein Arbeitsverhältnis aufs Spiel setzt.

295 b Eine **Abmahnung von Betriebsratsmitgliedern** kommt in Betracht, wenn das Betriebsratsmitglied durch sein Verhalten jedenfalls auch seine arbeitsvertraglichen Pflichten verletzt hat. Da ein Betriebsratsmitglied grundsätzlich in gleicher Weise wie andere Arbeitnehmer zur Arbeitsleistung verpflichtet ist, besteht für eine Ungleichbehandlung hinsichtlich der Abmahnungsmöglichkeit keine Veranlassung.[985] Eine Abmahnung scheidet jedoch aus, wenn dem Betriebsratsmitglied nur eine Verletzung seiner Amtspflichten vorzuwerfen ist. Insoweit kommt lediglich die Durchführung eines Ausschlußverfahrens nach § 23 Abs. 1 BetrVG in Betracht.[986]

295 c Die Verteilung gewerkschaftlichen Werbematerials während der Arbeitszeit durch ein Betriebsratsmitglied stellt eine Arbeitsvertragsverletzung dar, weil dies mit der Betriebsratstätigkeit nichts zu tun hat. Auch **freigestellte Betriebsratsmitglieder** dürfen während ihrer Arbeitszeit kein gewerkschaftliches Werbematerial verteilen, weil die Freistellung zweckgebunden zur Erfüllung betriebsverfassungsrechtlicher Aufgaben erfolgt und nicht zur Durchführung gewerkschaftlicher Werbe- und Informationstätigkeit.[987]

295 d Eine Arbeitsvertragsverletzung liegt ebenfalls vor, wenn ein nicht freigestelltes Betriebsratsmitglied an einer **Gerichtsverhandlung** in einem Kündigungsrechtsstreit zwischen dem Arbeitgeber und einem gekündigten Arbeitnehmer **teilnimmt**.[988] Das Betriebsratsmitglied kann sich dabei nicht darauf berufen, vom Betriebsrat als Gremium zum Besuch dieser Gerichtsverhandlung bestimmt worden zu sein. Denn der Entsendungsbeschluß des Betriebsrats bewirkt weder die Arbeitsbefreiung noch entlastet er das Betriebsratsmitglied von einer selbständigen Überprüfung der Rechtslage hinsichtlich des Bestehens einer Betriebsratsaufgabe und deren Erforderlichkeit.[989]

f) Rechtsschutz

296 Wird eine sachlich unbegründete Abmahnung zu den Personalakten genommen, so ist der Arbeitnehmer dadurch in seinem **allgemeinen Persönlichkeitsrecht verletzt.** Ihm steht daher in diesen Fällen in analoger

---

[985] BAG 15. 7. 1992, AP Nr. 9 zu § 611 BGB Abmahnung mit Anm. *Conze* = EzA § 611 BGB Abmahnung Nr. 26 mit Anm. *Kittner* (Verletzung der Ab- und Rückmeldepflicht); BAG 10. 11. 1993, AP Nr. 4 zu § 78 BetrVG 1972 (nicht erforderliche Schulungsteilnahme); BAG 31. 8. 1994, AP Nr. 98 zu § 37 BetrVG 1972 (Besuch einer Gerichtsverhandlung).

[986] Zur außerordentlichen Kündigung von Betriebsratsmitgliedern wegen Amtspflichtverletzung und dem Zusammentreffen mit Vertragspflichtverletzungen vgl. § 15 Rn. 89 ff.; zur „betriebsverfassungsrechtlichen Abmahnung" vgl. *Kania* DB 1996, 374; *Schleusener* NZA 2001, 640.

[987] BAG 13. 11. 1991, AP Nr. 7 zu § 611 BGB = SAE 1992, 316 mit Anm. *van Venrooy* = AR-Blattei ES 20 Nr. 23 mit Anm. *v. Hoyningen-Huene*; – abweichend BVerfG 14. 11. 1995, EzA Art. 9 GG Nr. 60 mit zust. Anm. *Thüsing* = AR-Blattei ES 20 Nr. 33 mit abl. Anm. *v. Hoyningen-Huene*, das die Entscheidung des BAG wegen Verstoßes gegen Art. 9 Abs. 3 GG aufgehoben hat.

[988] BAG 31. 8. 1994, AP Nr. 98 zu § 37 BetrVG 1972 = EzA § 611 BGB Abmahnung Nr. 33 mit Anm. *Berger-Delhey*.

[989] BAG 31. 8. 1994, AP Nr. 98 zu § 37 BetrVG 1972.

Sozial ungerechtfertigte Kündigungen 296a–298 § 1

Anwendung von § 1004 BGB bzw. – so das BAG – aus der allgemeinen Fürsorgepflicht (§ 242 BGB) des Arbeitgebers heraus ein Anspruch auf Widerruf der Abmahnung und Entfernung des Abmahnungsschreibens aus der Personalakte zu.[990]

Auch **nach der Entfernung einer Abmahnung aus der Personalakte** 296a ist der Arbeitnehmer nicht generell gehindert, einen Anspruch auf Widerruf der in der Abmahnung abgegebenen Erklärungen gerichtlich geltend zu machen. Eine Klage auf Widerruf der in der Abmahnung abgegebenen Erklärungen ist jedoch nur begründet, wenn die Abmahnung zu Unrecht erfolgt ist, die hierdurch bewirkte Rechtsbeeinträchtigung andauert und durch den begehrten Widerruf beseitigt werden kann. Eine fortdauernde Rechtsbeeinträchtigung fehlt, wenn der Arbeitgeber erklärt hat, er werde die Abmahnung nicht zur Begründung späterer arbeitsrechtlicher Maßnahmen heranziehen.[991]

Bei **mündlichen Abmahnungen** scheidet zwar ein Anspruch des Arbeit- 296b nehmers auf Entfernung der Abmahnung aus der Personalakte aus. Der Arbeitnehmer kann in diesen Fällen jedoch auf Widerruf der Abmahnung klagen.[992]

Im Bereich des **öffentlichen Dienstes** ist zu beachten, daß nach § 13 297 Abs. 2 Satz 1 BAT der Arbeitnehmer anzuhören ist, bevor eine Abmahnung zu den Personalakten genommen wird.[993] Nach Auffassung des BAG rechtfertigt schon allein der Verstoß gegen diese Anhörungspflicht einen Entfernungsanspruch des Arbeitnehmers.[994] Der Arbeitgeber im öffentlichen Dienst verletzt mit der Aufnahme einer Abmahnung ohne vorherige Anhörung der Angestellten eine tarifvertraglich geltende Nebenpflicht. Diese Pflichtverletzung begründet einen schuldrechtlichen Entfernungsanspruch neben dem Recht des Arbeitnehmers auf Gegenäußerung nach § 13 Abs. 2 Satz 2 BAT und der Möglichkeit, die mißbilligende Äußerung des Arbeitgebers gerichtlich überprüfen zu lassen, ob sie nach Form und Inhalt geeignet ist, ihn in seiner Rechtsstellung zu beeinträchtigen. Nur mit dieser Rechtsfolge wird dem Sinn und Zweck des Anhörungsrechts genügt, weil die vorherige Anhörung des Angestellten keine Förmelei ist, sondern eine Auseinandersetzung des Arbeitgebers mit der Gegendarstellung des Betroffenen bezweckt.

Das BAG bejaht für Klagen auf Widerruf oder Entfernung unberechtigter 298 Abmahnungen aus der Personalakte generell das **Rechtsschutzinteresse**,

---

[990] BAG 27. 11. 1985, AP Nr. 93 zu § 611 BGB Fürsorgepflicht mit Anm. *Echterhölter* = SAE 1986, 197 mit Anm. *Misera;* BAG 15. 1. 1986, AP Nr. 96 zu § 611 BGB Fürsorgepflicht mit Anm. *Echterhölter* = SAE 1986, 200 mit Anm. *Beitzke; BAG* 13. 4. 1988, AP Nr. 100 zu § 611 BGB Fürsorgepflicht mit zust. Anm. *Conze;* BAG 13. 10. 1988, AP Nr. 4 zu § 611 BGB Abmahnung; BAG 16. 11. 1989, AP Nr. 2 zu § 13 BAT; BAG 5. 8. 1992, 14. 9. 1994, AP Nr. 8, 13 zu § 611 BGB Abmahnung; HK-KSchG/*Dorndorf* § 1 Rn. 669 ff.; HaKo-*Fiebig* § 1 Rn. 266; KR-*Fischermeier* § 626 BGB Rn. 262; *Kittner/ Däubler/Zwanziger* Einl. Rn. 156; *Löwisch* § 1 Rn. 116; – eingehend zu den Anspruchsgrundlagen *Conze* Anm. aaO.; *ders.* DB 1989, 778 ff.; *Hauer* S. 158 ff.; *v. Hoyningen-Huene* RdA 1990, 193, 209 ff.; *Koffka* S. 148 ff.; *Misera* Anm. aaO.; – zum Rechtsschutz des Arbeitnehmers ausf. *Beckerle/Schuster* Rn. 158 ff.; *Kammerer* S. 96 ff.; *Lohmeyer* S. 132 ff.
[991] Vgl. BAG 15. 4. 1999, AP Nr. 22 zu § 611 BGB Abmahnung.
[992] Ebenso HK-KSchG/*Dorndorf* § 1 Rn. 676; HaKo-*Fiebig* § 1 Rn. 279; *Kittner/Däubler/Zwanziger* Einl. Rn. 158; – abweichend MünchKomm-BGB/*Schwerdtner* § 622 Anh. Rn. 134.
[993] Vgl. Rn. 287 b.
[994] BAG 16. 11. 1989, AP Nr. 2 zu § 13 BAT mit Anm. *Conze.*

weil der Arbeitnehmer durch unberechtigte Vorwürfe in seinem beruflichen Fortkommen behindert werde. Auch werde hierdurch regelmäßig das Persönlichkeitsrecht des Arbeitnehmers beeinträchtigt.[995]

298 a   Auch **nach Beendigung des Arbeitsverhältnisses** hat der Arbeitnehmer regelmäßig ein **Rechtsschutzinteresse** an einer Klage auf Entfernung einer unberechtigten Abmahnung aus der Personalakte. Solche Klagen sind daher zwar zulässig, allerdings regelmäßig unbegründet, weil das berufliche Fortkommen bei dem bisherigen Arbeitgeber durch die Abmahnung nicht mehr behindert werden kann.[996] Etwas anderes kann sich freilich für den öffentlichen Dienst ergeben, weil dort Stellenbewerber häufig aufgefordert werden, sich mit der Einsicht in die beim bisherigen öffentlichen Arbeitgeber geführten Personalakte einverstanden zu erklären. Der Arbeitnehmer hat daher in diesen Fällen auch nach Beendigung des Arbeitsverhältnisses ein Interesse daran, daß die bei dem bisherigen öffentlichen Arbeitgeber geführte Personalakte inhaltlich richtig ist.

298 b   Der Anspruch des Arbeitnehmers auf Entfernung einer Abmahnung aus der Personalakte unterliegt nicht **tariflichen Ausschlußfristen.**[997] Es ist zum einen nicht stimmig, daß der Arbeitgeber unbegrenzte Zeit eine Abmahnung aussprechen kann, während dem Arbeitnehmer nur innerhalb tariflicher Ausschlußfristen das Recht zustehen soll, deren Entfernung aus der Personalakte verlangen zu können.[998] Im übrigen hat das BAG nunmehr zu Recht darauf hingewiesen, daß die von einer unberechtigten Abmahnung ausgehende Persönlichkeitsrechtsverletzung nicht auf den Zeitpunkt des Zugangs der Abmahnung beschränkt ist, sondern den Arbeitnehmer fortwährend beeinträchtigt. Insoweit liegt ein Dauertatbestand vor, der dem Ablauf tariflicher Ausschlußfristen entgegensteht.

299   Werden in einem Abmahnungsschreiben – zulässigerweise – **mehrere Pflichtverletzungen gleichzeitig gerügt** und treffen davon nur einige, aber nicht alle zu, so muß das Abmahnungsschreiben auf Verlangen des Arbeitnehmers vollständig aus der Personalakte entfernt werden. Es kann in diesem Falle auch nicht teilweise aufrechterhalten bleiben, weil es dem Arbeitgeber überlassen bleiben muß, ob er an der Abmahnung festhalten will, wenn sich einzelne Vorwürfe als unzutreffend erwiesen haben.[999]

300   Nach Auffassung des BAG sind **sachlich zutreffende Abmahnungen aus der Personalakte zu entfernen,** wenn sie infolge **Zeitablaufs** wirkungslos geworden sind.[1000] Diese Rechtsprechung überzeugt nicht. Ein

---

[995] Hierzu grundsätzlich BAG 27. 11. 1985, AP Nr. 93 zu § 611 BGB Fürsorgepflicht unter I 3 b und 4.

[996] BAG 14. 9. 1994, AP Nr. 13 zu § 611 BGB Abmahnung.

[997] BAG 14. 12. 1994, AP Nr. 15 zu § 611 BGB Abmahnung unter Aufgabe der Entscheidung vom 8. 2. 1988, RzK I 1 Nr. 48.

[998] Vgl. *v. Hoyningen-Huene* RdA 1990, 193, 211.

[999] BAG 13. 3. 1991, AP Nr. 5 zu § 611 BGB Abmahnung = EzA § 611 BGB Abmahnung Nr. 20 mit krit. Anm. *Gaul/Burgmer* = SAE 1992, 163 mit Anm. *Schiefer;* LAG Düsseldorf 23. 2. 1996, LAGE § 611 BGB Abmahnung Nr. 45; HK-KSchG/*Dorndorf* § 1 Rn. 681; *Löwisch* § 1 Rn. 116; dazu auch *Kammerer* BB 1991, 1926 ff.

[1000] BAG 27. 1. 1988, RzK I 1 Nr. 26; BAG 13. 4. 1988, AP Nr. 100 zu § 611 BGB Fürsorgepflicht mit Anm. *Conze* = EzA § 611 BGB Fürsorgepflicht Nr. 47 mit Anm. *Buchner;* BAG 8. 2. 1989, RzK I 1 Nr. 47; BAG 14. 12. 1994, AP Nr. 15 zu § 611

Anspruch auf Entfernung längere Zeit zurückliegender sachlich zutreffender Abmahnungen besteht nicht, weil eine Personalakte ein vollständiges Bild des Arbeitnehmers in dienstlicher und persönlicher Hinsicht vermitteln soll. Der Arbeitgeber hat auch im Hinblick auf Zeugnisse und andere Personalentscheidungen als Kündigungen ein berechtigtes Interesse an einem vollständigen Bild des Arbeitnehmers.[1001] Eine Abmahnung hat nach längerer Zeit wegen der erforderlichen negativen Prognose lediglich für den Kündigungsgrund einer verhaltensbedingten Kündigung keine Bedeutung mehr. Bei der Kündigung eines schon längere Zeit bestehenden Arbeitsverhältnisses kann es für die Interessenabwägung aber durchaus bedeutsam sein, ob das Arbeitsverhältnis frei von Abmahnungen war oder nicht. Im übrigen wird die Abmahnung durch Zeitablauf auch nicht unrichtig, so daß ein Anspruch auf Entfernung der Abmahnung aus der Personalakte gerechtfertigt wäre.[1002]

Der Arbeitnehmer ist **nicht verpflichtet,** gegen eine Abmahnung **gerichtlich vorzugehen.** Hat er davon abgesehen, die Wirksamkeit einer Abmahnung gerichtlich überprüfen zu lassen, so ist er grundsätzlich nicht daran gehindert, die abgemahnte Pflichtwidrigkeit in einem späteren Kündigungsschutzprozeß zu bestreiten.[1003] Aus der Untätigkeit des Arbeitnehmers erwächst für den Arbeitgeber kein rechtlich schützenswertes Vertrauen, daß die für die Kündigung relevanten Umstände in einem späteren Kündigungsschutzprozeß tatsächlich unstreitig sind. Im übrigen ist auch zu berücksichtigen, daß es dem Arbeitnehmer nicht zugemutet werden kann, sein Arbeitsverhältnis durch eine Klage auf Widerruf und Entfernung der Abmahnung gegen den Arbeitgeber zusätzlich zu belasten. 301

Eine **Klage des Arbeitgebers** auf Feststellung der Wirksamkeit der Abmahnung ist unzulässig.[1004] Hierfür fehlt das nach § 256 Abs. 1 ZPO erforderliche rechtliche Interesse. 302

Die **Darlegungs- und Beweislast** für das Vorliegen einer wirksamen Abmahnung trägt nach h. M. der Arbeitgeber sowohl im Rechtsstreit um die Entfernung einer Abmahnung als auch im Rechtsstreit um eine verhaltensbedingte Kündigung, weil der Arbeitgeber nach § 1 Abs. 2 Satz 4 für die Kündigungsgründe und damit auch für die Abmahnung als Voraussetzung 303

BGB Abmahnung; zust. HK-KSchG/*Dorndorf* § 1 Rn. 685; HaKo-*Fiebig* § 1 Rn. 272; *Löwisch* § 1 Rn. 116.

[1001] Vgl. BVerfG 16. 10. 1998, AP Nr. 24 zu § 611 BGB Abmahnung unter II 2 b bb; v. *Hoyningen-Huene* RdA 1990, 193, 211; *Kraft* NZA 1989, 777, 781; *Walker* NZA 1995, 601, 608.

[1002] Wie hier *Beckerle/Schuster* Rn. 120 d; MünchArbR/*Berkowsky* § 137 Rn. 392; *Eich* NZA 1988, 759, 761; *Heinze* Freundesgabe für Söllner S. 63, 90; v. *Hoyningen-Huene* RdA 1990, 193, 210 f.; *Kraft* NZA 1989, 777, 781; *Tschöpe* NZA 1990 Beil. 2, S. 10, 16; *Walker* NZA 1995, 601, 608.

[1003] BAG 13. 3. 1987, AP Nr. 18 zu § 1 KSchG 1969 Verhaltensbedingte Kündigung; ebenso *Ascheid* Kündigungsschutzrecht Rn. 88; ErfK/*Ascheid* § 1 KSchG Rn. 317; *Beckerle/Schuster* Rn. 174 f.; MünchArbR/*Berkowsky* § 137 Rn. 387; HK-KSchG/*Dorndorf* § 1 Rn. 686; KR-*Fischermeier* § 626 BGB Rn. 263; v. *Hoyningen-Huene* RdA 1990, 193, 211; *Kraft* NZA 1989, 777, 781; *Löwisch* § 1 Rn. 117; *Reinecke* NZA 1989, 577, 585; – abweichend *Hunold* BB 1986, 2050, 2054; *Wank* RdA 1993, 79, 86.

[1004] Zutr. *Jurkat* DB 1990, 2218; – abweichend *Tschöpe* NZA 1990 Beil. 2 S. 10 ff., 18 ff.

einer verhaltensbedingten Kündigung beweispflichtig ist.[1005] Pauschale Behauptungen, wie „der Arbeitnehmer sei wegen eines bestimmten Verhaltens wiederholt abgemahnt oder ständig gerügt worden", sind dabei für einen schlüssigen Sachvortrag nach § 138 Abs. 2 ZPO nicht ausreichend. Erforderlich ist vielmehr, die Gründe für die Abmahnung nach Ort und Zeit substantiiert darzulegen.[1006] Rechtfertigungsgründe für sein Verhalten, wie eine Genehmigung durch den Vorgesetzten, muß der Arbeitnehmer konkret vortragen. Erst dann hat der Arbeitgeber darzulegen und ggf. zu beweisen, daß diese Gründe nicht vorliegen.[1007] Für die Voraussetzungen eines Entfernungsanspruchs nach Beendigung des Arbeitsverhältnisses ist der Arbeitnehmer darlegungs- und beweispflichtig.[1008]

8. Darlegungs- und Beweislast

303 a Im Kündigungsschutzprozeß trägt der **Arbeitgeber** die Darlegungs- und Beweislast für das vertragswidrige Verhalten des Arbeitnehmers (Abs. 2 Satz 4). Die Vertragsverletzung ist vom Arbeitgeber anhand von Tatsachen konkret darzulegen. Sofern **Abmahnungen** erfolgt sind, hat der Arbeitgeber diese darzulegen und im Falle des Bestreitens durch den Arbeitnehmer zu beweisen, daß die Abmahnungen wirksam waren. Der Arbeitgeber hat daher darzulegen, daß die Abmahnungen in der gebotenen Form erfolgten (dazu Rn. 287 f.) und ein Grund zur Abmahnung bestand. Die widerspruchslose Hinnahme einer Abmahnung durch den Arbeitnehmer ist dabei kein Eingeständnis der Wirksamkeit der Abmahnung, weil der Arbeitnehmer nicht verpflichtet ist, gegen eine Abmahnung vorzugehen.[1009]

303 b Der Arbeitgeber hat auch die **Rechtswidrigkeit der Vertragsverletzung** zu beweisen.[1010] Grund hierfür ist, daß keine Vertragsverletzung vorliegt, wenn das Verhalten des Arbeitnehmers nach dem Vertrag oder den Umständen des Einzelfalls erlaubt war.

303 c Zur schlüssigen Begründung der sozialen Rechtfertigung der Kündigung braucht der Arbeitgeber freilich **nicht von vornherein alle denkbaren Rechtfertigungsgründe auszuschließen.** Die Darlegungslast des Arbeitgebers im Kündigungsschutzprozeß richtet sich vielmehr danach, wie sich der Arbeitnehmer auf die vom Arbeitgeber zunächst behaupteten Kündigungsgründe einläßt.[1011] Nach § 138 Abs. 2 ZPO hat der Arbeitnehmer den

---

[1005] Vgl. LAG Frankfurt 31. 10. 1986, LAGE § 611 BGB Abmahnung Nr. 5; *Burger* DB 1992, 836, 839; HK-KSchG/*Dorndorf* § 1 Rn. 699; HaKo-*Fiebig* § 1 Rn. 281; *Kammerer* S. 169 f.; *Stahlhacke/Preis/Vossen* Rn. 11.
[1006] Zutr. *Ascheid* Beweislastfragen S. 117 f.
[1007] Vgl. LAG Bremen 6. 3. 1992, LAGE § 611 BGB Abmahnung Nr. 31.
[1008] Vgl. BAG 14. 9. 1994, AP Nr. 13 zu § 611 BGB Abmahnung.
[1009] BAG 13. 3. 1987, AP Nr. 18 zu § 1 KSchG 1969 Verhaltensbedingte Kündigung; näher dazu Rn. 301.
[1010] BAG 24. 11. 1983, AP Nr. 76 zu § 626 BGB mit Anm. *Baumgärtel*; BAG 6. 8. 1987, AP Nr. 97 zu § 626 BGB mit Anm. *Baumgärtel*; BAG 26. 8. 1993, AP Nr. 112 zu § 626 BGB mit Anm. *Berning*; *Ascheid* Beweislastfragen S. 118 ff.; ErfK/*Ascheid* § 1 KSchG Rn. 333; *Baumgärtel/v. Altrock* Handbuch der Beweislast Anh. zu § 611 BGB Rn. 44 ff.; HK-KSchG/*Dorndorf* § 1 Rn. 726; HaKo-*Fiebig* § 1 Rn. 296.
[1011] BAG 12. 8. 1976, AP Nr. 3 zu § 1 KSchG 1969 mit Anm. *E. Schneider*; BAG 22. 7. 1982, AP Nr. 5 zu § 1 KSchG 1969 Verhaltensbedingte Kündigung mit Anm. *Otto*; BAG

Vorwurf einer Vertragsverletzung unter konkreter Angabe der Gründe, aus denen er die Berechtigung zu dem vorgeworfenen Verhalten herleiten will, zu bestreiten. Erst die substantiierte Einlassung des Arbeitnehmers ermöglicht dem Arbeitgeber die Überprüfung der tatsächlichen Angaben und den gegebenenfalls erforderlichen Beweisantritt.[1012]

Begründet der Arbeitnehmer das **Fernbleiben von der Arbeit** damit, ihm sei an einem bestimmten Tag von einer bestimmten Person an einem näher bezeichneten Ort Urlaub erteilt worden, muß der Arbeitgeber diesen Vortrag widerlegen, wenn er eine Kündigung des Arbeitsverhältnisses auf das – unerlaubte – Fernbleiben des Arbeitnehmers in dem vermeintlichen Urlaubszeitraum stützen will.[1013] Kündigt der Arbeitgeber wegen einer **Tätlichkeit des Arbeitnehmers** und trägt der Arbeitnehmer im einzelnen schlüssig eine Notwehrlage vor, hat der Arbeitgeber darzulegen und zu beweisen, daß eine solche Notwehrlage nicht vorgelegen hat.[1014]

303 d

Wird die Kündigung des Arbeitsverhältnisses vom Arbeitgeber damit begründet, der Arbeitnehmer habe sich eine **Arbeitsunfähigkeitsbescheinigung erschlichen** und sei in Wahrheit nicht arbeitsunfähig gewesen, muß der Arbeitgeber die Umstände, die gegen die Arbeitsunfähigkeit sprechen, näher darlegen und notfalls beweisen, um den Beweiswert der Arbeitsunfähigkeitsbescheinigung zu erschüttern.[1015] Gelingt ihm dies, ist es Sache des Arbeitnehmers, weiter im einzelnen darzulegen, welche Krankheiten und gesundheitlichen Einschränkungen ihn an der Verrichtung der Arbeit gehindert haben. Gleichzeitig hat er den behandelnden Arzt von der Schweigepflicht zu entbinden. Erst wenn der Arbeitnehmer seiner Substantiierungspflicht nachgekommen ist, muß der Arbeitgeber aufgrund der ihm obliegenden Beweislast die behauptete Arbeitsunfähigkeit widerlegen.[1016] Mit dem behandelnden Arzt und ggf. einem ergänzenden Sachverständigengutachten stehen dem nach Abs. 2 Satz 4 beweisbelasteten Arbeitgeber geeignete Beweismittel zur Widerlegung der behaupteten Arbeitsunfähigkeit zur Verfügung.

303 e

Sofern die Umstände, die den Beweiswert des ärztlichen Attests erschüttern, so gravierend sind, daß sie ein ihrerseits starkes Indiz für die Behauptung des Arbeitgebers darstellen, die Krankheit sei nur vorgetäuscht worden, hat der Arbeitnehmer dieses Indiz zu entkräften.[1017] Im Rahmen der **tatrichterlichen Würdigung nach § 286 ZPO** hat das Gericht dann festzustellen, ob an der vom Arbeitgeber behaupteten vorgetäuschten Arbeitsunfähigkeit keine vernünftigen Zweifel mehr bestehen. Eine absolute Gewißheit kann hier im Hinblick auf die Grenzen menschlicher Erkenntnisfähigkeit nicht verlangt werden.

303 f

---

18. 10. 1990, RzK I 10 h Nr. 30; BAG 26. 8. 1993, AP Nr. 112 zu § 626 BGB mit Anm. *Berning.*
[1012] BAG 19. 12. 1991, RzK I 6 a Nr. 82; BAG 26. 8. 1993, AP Nr. 112 zu § 626 BGB.
[1013] BAG 19. 12. 1991, RzK I 6 a Nr. 82.
[1014] BAG 31. 5. 1990, RzK I 10 h Nr. 28.
[1015] BAG 26. 8. 1993, AP Nr. 112 zu § 626 BGB mit Anm. *Berning;* BAG 7. 12. 1995, RzK I 10 h Nr. 37.
[1016] Vgl. BAG 7. 12. 1995, RzK I 10 h Nr. 37.
[1017] BAG 23. 8. 1993, AP Nr. 112 zu § 626 BGB.

9. Einzelne verhaltensbedingte Kündigungsgründe

304 Die nachfolgende **Übersicht über Einzelfälle** kann nur Beispiele für verhaltensbedingte Kündigungsgründe nennen. Die denkbaren Verhaltensweisen und die jeweils zu berücksichtigenden Begleitumstände sind so vielgestaltig, daß eine umfassende Darstellung nicht möglich ist. Vor allem ist eine schematische Zuordnung konkreter Verhaltensweisen zu generell festgelegten Tatbeständen ausgeschlossen, da jeweils eine **Gesamtwürdigung aller Umstände des Einzelfalls** geboten ist, so daß gleiches oder ähnliches Verhalten in einem Fall eine Kündigung rechtfertigen kann, in einem anderen dagegen nicht. Auch die eine Kündigung ausschließende Möglichkeit, den Arbeitnehmer trotz seines Verhaltens noch in anderer Weise auf einen anderen Arbeitsplatz, vielleicht in einer anderen Betriebsabteilung weiterzubeschäftigen, kann nur im Einzelfall beurteilt werden.

(1) Abkehrwille

305 Trifft der Arbeitnehmer **ernstzunehmende Vorbereitungen, das Arbeitsverhältnis von sich aus zu lösen** (sog. Abkehrwille), so kann hierin ein kündigungsrelevantes Verhalten liegen. Im Hinblick auf die durch Art. 12 Abs. 1 GG gewährleistete Berufsfreiheit vermag freilich allein der innere Wille des Arbeitnehmers zur Lösung des Arbeitsverhältnisses eine Kündigung nicht sozial zu rechtfertigen.[1018] Es müssen vielmehr weitere Umstände hinzutreten.[1019]

306 Ein kündigungsrelevantes Verhalten liegt beispielsweise vor, wenn der Arbeitnehmer schon konkrete Beziehungen zu einem neuen Arbeitgeber, der Inhaber eines **Konkurrenzunternehmens** ist, aufgenommen hat und die Gefahr besteht, daß er dem Konkurrenten Auskünfte über Vorgänge in seinem bisherigen Betrieb zukommen läßt.[1020] Auch wenn es noch nicht zu einem nachweisbaren Geheimnisverrat gekommen ist, kann es jedoch im Einzelfall dem Arbeitgeber bei einem konkreten Verdacht des Verrats von Geheimnissen nicht verwehrt werden, eine Kündigung auszusprechen.[1021] Bestehen Zweifel, ob ein ernstlicher Abkehrwille vorliegt, muß der Arbeitgeber durch Befragung des Arbeitnehmers eine Klärung herbeiführen.

307 Im Zusammenhang mit dem Abkehrwillen des Arbeitnehmers kann eine Kündigung auch aus **dringenden betrieblichen Erfordernissen** sozial gerechtfertigt sein; so wenn der Arbeitnehmer auf ausdrückliches Befragen bestätigt, daß er beabsichtigt, aus dem Betrieb auszuscheiden und wenn es sich bei der besetzten Stelle um einen Arbeitsplatz handelt, für den erfahrungsgemäß

[1018] LAG Mannheim 12. 12. 1952, BB 1953, 356.
[1019] BAG 22. 10. 1964, AP Nr. 16 zu § 1 KSchG Betriebsbedingte Kündigung mit Anm. *A. Hueck;* LAG Frankfurt 11. 4. 1985, AuR 1986, 182; ErfK/*Ascheid* § 1 KSchG Rn. 339; KR-*Etzel* § 1 KSchG Rn. 438; *Kittner/Däubler/Zwanziger* § 1 KSchG Rn. 176 f.; *Löwisch* § 1 Rn. 124; *Stahlhacke/Preis/Vossen* Rn. 698.
[1020] Vgl. BAG 28. 9. 1989, RzK I 6 a Nr. 58; BAG 25. 1. 1995, EzA § 626 BGB Nr. 155.
[1021] Ebenso MünchKomm-BGB/*Schwerdtner* § 622 Anh. Rn. 323; – abweichend HK-KSchG/*Dorndorf* § 1 Rn. 774.

nur schwer eine gute Ersatzkraft zu finden ist, der Arbeitgeber aber gerade zur Zeit die Gelegenheit hat, eine solche Ersatzkraft einzustellen.[1022]

(2) Abwerbung

Versucht ein Arbeitnehmer im Zusammenhang mit der Vorbereitung des eigenen Ausscheidens aus dem Betrieb andere Mitarbeiter **abzuwerben**,[1023] kann auch dies grundsätzlich eine Kündigung sozial rechtfertigen.[1024] Der Abwerbungsversuch wird aber erst dann kündigungsrelevant, wenn besondere Begleitumstände vorliegen, da der Arbeitgeber einen Arbeitsplatzwechsel seiner Arbeitnehmer nicht verhindern kann.[1025] Ein Kündigungsgrund liegt vor, wenn der Arbeitnehmer versucht, andere Arbeitnehmer zum Arbeitsplatzwechsel unter Vertragsbruch, d. h. ohne Einhaltung der Kündigungsfristen zu bewegen,[1026] oder wenn der Arbeitnehmer versucht, ein Konkurrenzunternehmen zu seinem jetzigen Arbeitgeber zu gründen und hierfür Kollegen abwirbt.[1027] Die gelegentliche Frage an einen Kollegen, ob er mitkomme, wenn er sich selbständig mache, reicht indes nicht aus.[1028]

308

(3) Alkohol- und Drogenmißbrauch

Der Verstoß gegen allgemeine **betriebliche oder einzelvertragliche Alkoholverbote** ist grundsätzlich geeignet, eine Kündigung sozial zu rechtfertigen.[1029] Unerheblich ist, ob der Arbeitnehmer alkoholisiert zur Arbeit erscheint oder erst im Betrieb alkoholische Getränke zu sich nimmt.[1030] Betriebliche Alkoholverbote bedürfen in Betrieben mit Betriebsrat grundsätzlich der Zustimmung des Betriebsrats nach § 87 Abs. 1 Nr. 1 BetrVG.[1031] In der Regel ist vor Ausspruch der Kündigung wegen eines Verstoßes gegen ein Alkoholverbot eine Abmahnung erforderlich.[1032]

309

[1022] BAG 22. 10. 1964, AP Nr. 16 zu § 1 KSchG Betriebsbedingte Kündigung; MünchArbR/*Berkowsky* § 137 Rn. 139; KR-*Etzel* § 1 KSchG Rn. 439; – abweichend HK-KSchG/*Dorndorf* § 1 Rn. 774.
[1023] Dazu ausführlich *Röder/Hahn* AR-Blattei SD 30 (1991).
[1024] MünchArbR/*Berkowsky* § 137 Rn. 138; KR-*Etzel* § 1 KSchG Rn. 441; *Stahlhacke/Preis/Vossen* Rn. 699.
[1025] BAG 22. 11. 1965, AP Nr. 1 zu § 611 BGB Abwerbung; siehe auch LAG Schleswig-Holstein 6. 7. 1989, LAGE § 626 BGB Nr. 42.
[1026] BAG 22. 11. 1965, AP Nr. 1 zu § 611 BGB Abwerbung.
[1027] Vgl. LAG Saarbrücken 20. 1. 1965, DB 1965, 518.
[1028] LAG Baden-Württemberg 30. 9. 1970, DB 1970, 1538; LAG Rheinland-Pfalz 7. 2. 1992, LAGE § 626 BGB Nr. 64.
[1029] BAG 22. 7. 1982, AP Nr. 5 zu § 1 KSchG 1969 Verhaltensbedingte Kündigung mit Anm. *Otto* = AR-Blattei Kündigungsschutz Entsch. 227 mit Anm. *Herschel* = SAE 1983, 313 mit Anm. *Ottow* = EzA § 1 KSchG Verhaltensbedingte Kündigung Nr. 10 mit Anm. *Weiss*; BAG 26. 1. 1995, AP Nr. 34 zu § 1 KSchG 1969 Verhaltensbedingte Kündigung; LAG Berlin 1. 6. 1985, LAG Köln 11. 9. 1987, LAG Hamm 15. 12. 1989, 11. 11. 1996, LAGE § 1 KSchG Verhaltensbedingte Kündigung Nr. 4, 14, 26 und Nr. 56; MünchArbR/*Berkowsky* § 137 Rn. 143 ff.; HK-KSchG/*Dorndorf* § 1 Rn. 778 ff.; KR-*Etzel* § 1 KSchG Rn. 444; *v. Hoyningen-Huene* DB 1995, 142 ff.; *Künzl* AuR 1995, 206; *Stahlhacke/Preis/Vossen* Rn. 700.
[1030] BAG 26. 1. 1995, AP Nr. 34 zu § 1 KSchG 1969 Verhaltensbedingte Kündigung; LAG Hamm 11. 11. 1996, LAGE § 1 KSchG Verhaltensbedingte Kündigung Nr. 56.
[1031] Vgl. BAG 23. 9. 1986, AP Nr. 20 zu § 75 BPersVG.
[1032] LAG Frankfurt 20. 3. 1986 und LAG Hamm 15. 12. 1989, LAGE § 1 KSchG Verhaltensbedingte Kündigung Nr. 9 und 26.

309 a Auch wenn kein betriebliches oder einzelvertragliches Alkoholverbot vereinbart ist, besteht die **vertragliche Nebenpflicht** des Arbeitnehmers, seine Arbeitsfähigkeit nicht durch Alkoholgenuß zu beeinträchtigen. Es ist dann zwar erlaubt, in den Pausenzeiten alkoholische Getränke zu sich zu nehmen. Der Alkoholgenuß darf allerdings nicht dazu führen, daß der Arbeitnehmer sich in einem Zustand befindet, in dem er seine Arbeitspflichten nicht mehr vertragsgemäß erfüllen kann oder sich und andere gefährdet.[1033]

309 b **Umfang und Intensität dieser vertraglichen Nebenpflicht** hängen zum einen von der ausgeübten Tätigkeit des Arbeitnehmers und zum anderen auch von dessen Position ab. So hat ein leitender Mitarbeiter, der von Kunden oder Geschäftspartnern als Repräsentant seines Arbeitgebers betrachtet wird, das Ansehen des Betriebes zu fördern. Wenn eine Führungskraft bei Kundengesprächen mit deutlicher Alkoholfahne auftritt oder sich bei vom Arbeitgeber finanzierten Fortbildungskursen stark betrinkt, kann hierin eine Nebenpflichtverletzung liegen, die zur Kündigung berechtigt.[1034] Bei Tätigkeiten im sicherheitsrelevanten Bereich kann schon bei sehr geringen Alkoholmengen eine Pflichtwidrigkeit vorliegen.[1035] In diesen Fällen ist freilich vor Ausspruch der Kündigung in der Regel eine Abmahnung erforderlich, weil nur dann die zur sozialen Rechtfertigung der verhaltensbedingten Kündigung erforderliche negative Prognose besteht.[1036]

310 Bei **besonderen Personengruppen,** deren Tätigkeit bei vorherigem Alkoholgenuß Gefahren für andere Arbeitnehmer oder Dritte mit sich bringt, wie z. B. bei Kraftfahrern, Kranführern, Gerüstbauern und Chirurgen, kann allerdings bereits ein einmaliger Verstoß gegen ein Alkoholverbot eine verhaltensbedingte Kündigung begründen.[1037] Darüber hinaus ist auch der wiederholte Verstoß gegen die weitergehende arbeitsvertragliche Verpflichtung, nicht in alkoholisiertem Zustand im Dienst zu erscheinen, geeignet, nach vorheriger Abmahnung eine Kündigung zu rechtfertigen.[1038] Sofern maßvoller Alkoholgenuß „branchenüblich" und nicht durch Betriebsvereinbarung oder Arbeitsvertrag generell verboten ist oder der Arbeitgeber den Alkoholgenuß konkludent durch den Verkauf alkoholischer Getränke in der Kantine billigt, ist der Alkoholgenuß erst bei feststellbaren Ausfallserscheinungen kündigungsrelevant.[1039]

310 a Im Kündigungsrechtsstreit muß der **Arbeitgeber** nach Abs. 2 Satz 4 **darlegen und beweisen,** daß der Arbeitnehmer alkoholbedingt nicht in der

---

[1033] BAG 26. 1. 1995, AP Nr. 34 zu § 1 KSchG 1969 Verhaltensbedingte Kündigung; *Hemming* BB 1998, 1998, 2000; *v. Hoyningen-Huene* DB 1995, 142; *Künzl* BB 1993, 1581, 1586.
[1034] *v. Hoyningen-Huene* DB 1995, 142.
[1035] BAG 26. 1. 1995, AP Nr. 34 zu § 1 KSchG 1969 Verhaltensbedingte Kündigung.
[1036] *v. Hoyningen-Huene* DB 1995, 142, 145; *Künzl* AuR 1995, 206, 207.
[1037] Vgl. BAG 23. 9. 1986, AP Nr. 20 zu § 75 BPersVG; LAG Hamm 13. 9. 1974 und 22. 12. 1977, DB 1974, 2164; 1978, 750; LAG Hamm 23. 8. 1990, LAGE § 626 BGB Nr. 52; *Stahlhacke/Preis/Vossen* Rn. 700.
[1038] LAG Nürnberg 13. 7. 1987, LAGE § 1 KSchG Verhaltensbedingte Kündigung Nr. 19 für Bedienstete einer Justizvollzugsanstalt; zum Abmahnungserfordernis in diesem Zusammenhang vgl. BAG 4. 6. 1997, AP Nr. 137 zu § 626 BGB.
[1039] Vgl. LAG Köln 11. 9. 1987, LAGE § 1 KSchG Verhaltensbedingte Kündigung Nr. 14.

Lage war, seine arbeitsvertraglichen Pflichten ordnungsgemäß zu erfüllen. Zum Nachweis einer starken Alkoholisierung kann der Arbeitnehmer vom Arbeitgeber wegen des verfassungsmäßig garantierten Grundrechts auf körperliche Integrität weder zu einer Blutprobe noch zu einer Mitwirkung an einer Atemalkoholanalyse gezwungen werden.[1040]

Der Arbeitgeber kann jedoch darlegen und gegebenenfalls im Wege des **Zeugenbeweises** beweisen, daß der Arbeitnehmer eine starke Alkoholfahne hatte,[1041] lallte und schwankte. Sofern der Arbeitgeber eine Atemalkoholanalyse vorgenommen hat, kann auch das Ergebnis dieses Tests als Beweismittel verwendet werden. Kündigungsrelevant ist dabei nicht wie im Strafrecht die Überschreitung einer bestimmten Promillegrenze. Die Weigerung des Arbeitnehmers, sich einer Blutalkoholuntersuchung zu unterziehen, kann im Rahmen der freien Beweiswürdigung (§ 286 ZPO) zu Lasten des Arbeitnehmers berücksichtigt werden.[1042] Entscheidend ist, ob bezogen auf Tätigkeit und Funktion des Arbeitnehmers im Einzelfall eine Pflichtwidrigkeit zu bejahen ist.[1043] 310b

Ein Arbeitnehmer ist regelmäßig nicht verpflichtet, im laufenden Arbeitsverhältnis **routinemäßigen Blutuntersuchungen** zur Klärung, ob er alkohol- oder drogenabhängig ist, zuzustimmen.[1044] Zwar hat der Arbeitgeber an sich ein berechtigtes Interesse, nur solche Arbeitnehmer zu beschäftigen, die nicht infolge Alkohol- bzw. Drogenmißbrauchs im Betrieb eine Gefahr für sich und andere darstellen. Dem allgemeinen Persönlichkeitsrecht des Arbeitnehmers und dem dadurch gewährleisteten grundgesetzlichen Schutz vor der Erhebung und Weitergabe von Befunden über den Gesundheitszustand, die seelische Verfassung und den Charakter des Arbeitnehmers ist jedoch nur dann hinreichend Rechnung getragen, wenn die Begutachtung sich lediglich auf solche Umstände bezieht, die bei vernünftiger, lebensnaher Einschätzung die ernsthafte Besorgnis begründen, bei dem betreffenden Arbeitnehmer könne eine Alkohol- bzw. Drogenabhängigkeit vorliegen. 310c

Wird einem Arbeitnehmer wegen einer **Trunkenheitsfahrt** die Fahrerlaubnis entzogen, kann dies bei Kraftfahrern, auch wenn es sich um eine außerdienstliche Trunkenheitsfahrt gehandelt hat, eine personenbedingte Kündigung rechtfertigen, da dem Arbeitnehmer dann die Eignung zur Ausübung des Berufes fehlt.[1045] Nach Auffassung des BAG ist in diesen Fällen allerdings eine vorherige Abmahnung erforderlich, wenn es sich um ein steuerbares Verhalten handelt.[1046] 311

[1040] BAG 26. 1. 1995, AP Nr. 34 zu § 1 KSchG 1969 Verhaltensbedingte Kündigung; v. *Hoyningen-Huene* DB 1995, 142, 145; *Künzl* BB 1993, 1581, 1584; *Willemsen/Brune* DB 1988, 2304, 2306.
[1041] Vgl. hierzu *Krasney* AuR 2000, 125.
[1042] So LAG Hamm 11. 11. 1996, LAGE § 1 KSchG Verhaltensbedingte Kündigung Nr. 56; KR-*Etzel* § 1 KSchG Rn. 448.
[1043] BAG 26. 1. 1995, AP Nr. 34 zu § 1 KSchG 1969 Verhaltensbedingte Kündigung; v. *Hoyningen-Huene* DB 1995, 142, 143.
[1044] BAG 12. 8. 1999, AP Nr. 41 zu § 1 KSchG 1969 Verhaltensbedingte Kündigung.
[1045] Vgl. BAG 22. 8. 1963, 30. 5. 1978, AP Nr. 51 und 70 zu § 626 BGB sowie oben Rn. 211 f.
[1046] Vgl. BAG 4. 6. 1997, AP Nr. 137 zu § 626 BGB; zur Kritik an dieser Rechtsprechung vgl. Rn. 185 a.

311a Weigert sich ein Arbeitnehmer, eine Entziehungskur durchzuführen oder bricht er eine Entziehungskur ab, so stellt dies eine persönliche Entscheidung dar, durch die keine Arbeitspflicht verletzt wird. Eine verhaltensbedingte Kündigung scheidet deshalb aus.[1047]

311b Ebenso wie Alkoholmißbrauch kann auch **Drogenkonsum** während der Arbeitszeit eine Kündigung rechtfertigen, wenn hierdurch die Arbeitsleistung beeinträchtigt wird oder Gesundheitsgefahren am Arbeitsplatz bestehen.[1048] Dem Arbeitgeber bleibt es unbenommen – ggf. mit Zustimmung des Betriebsrats – jeden Drogenkonsum im Betrieb zu untersagen. Besteht ein solches Verbot, kommt nach vorheriger Abmahnung eine Kündigung auch ohne nachgewiesener Beeinträchtigung der Arbeitsleistung in Betracht.

(4) Anzeigen gegen den Arbeitgeber

312 Bestehen im Betrieb des Arbeitgebers aus Sicht des Arbeitnehmers **Sicherheits- oder Gesundheitsbedenken,** so ist der Arbeitnehmer grundsätzlich berechtigt, diese Umstände den zuständigen Behörden anzuzeigen. Er ist allerdings in der Regel gehalten, zuvor bei innerbetrieblichen Stellen auf Abhilfe hinzuwirken.[1049] Dies ist in § 21 Abs. 6 GefahrstoffVO für den Fall der Gesundheitsgefährdung am Arbeitsplatz ausdrücklich vorgesehen. Gelingt es dem Arbeitnehmer nicht, innerbetrieblich die Sicherheits- und Gesundheitsgefährdung zu beseitigen und zeigt er den Sachverhalt bei den zuständigen Behörden an, so rechtfertigt diese Anzeige grundsätzlich keine verhaltensbedingte Kündigung.[1050] Deshalb liegt kein Kündigungsgrund vor, wenn ein Kraftfahrer den ihm zugeteilten LKW der Polizei zur Überprüfung der Verkehrstüchtigkeit vorstellt, wenn er konkrete Gründe zu Zweifeln hat und er zuvor vergeblich versucht hat, den Arbeitgeber zur Beseitigung der Mängel zu veranlassen.[1051] Sind dem Arbeitgeber die rechtswidrigen Zustände bekannt und billigt er sie, so bedarf es regelmäßig keiner vorherigen Unterrichtung des Arbeitgebers.[1052]

313 Besteht für den Arbeitnehmer die Gefahr, bei Untätigkeit sich **selbst strafrechtlich verantwortlich** zu machen, ist er auch ohne vorherige Unterrichtung des Arbeitgebers befugt, die Ermittlungsbehörden einzuschalten.[1053] Ist ein Arbeitnehmer beispielsweise als **Sicherheitsingenieur** für die

---

[1047] Ebenso LAG Düsseldorf 25. 2. 1997, LAGE § 1 KSchG Verhaltensbedingte Kündigung Nr. 57; *Künzl* NZA 1998, 123; – abweichend *Gottwald* NZA 1997, 635 und NZA 1999, 180.
[1048] *Berkowsky* NZA-RR 2001, 57, 63; einschränkend LAG Baden-Württemberg 19. 10. 1993, NZA 1994, 175 in einem Zustimmungsersetzungsverfahren zur Kündigung eines Betriebsratsmitglieds, das im Betriebsratsbüro wiederholt Haschisch konsumiert hat.
[1049] Vgl. ArbG Berlin 29. 5. 1990, EzA § 1 KSchG Verhaltensbedingte Kündigung Nr. 31; ebenso MünchArbR/*Berkowsky* § 137 Rn. 153.
[1050] Ebenso HK-KSchG/*Dorndorf* § 1 Rn. 449; *Preis* DB 1990, 630, 633; *Preis/Reinfeld* AuR 1989, 361 ff.; *Stahlhacke/Preis/Vossen* Rn. 702; MünchArbR/*Wank* § 120 Rn. 70; ähnlich LAG Frankfurt 12. 2. 1987, LAGE § 626 BGB Nr. 28; – zu weitgehend daher LAG Baden-Württemberg 20. 10. 1976, EzA § 1 KSchG Verhaltensbedingte Kündigung Nr. 8 mit abl. Anm. *Weiss*.
[1051] Vgl. LAG Köln 23. 2. 1996, LAGE § 626 BGB Nr. 94.
[1052] Zutr. LAG Baden-Württemberg 3. 2. 1987, NZA 1987, 756.
[1053] Zutr. LAG Hamm 12. 11. 1990, LAGE § 626 BGB Nr. 54 zu einer Anzeige wegen Steuerhinterziehung nach § 371 AO durch den tatbeteiligten Angestellten; ErfK/*Ascheid* § 1

Sicherheit betrieblicher Einrichtungen verantwortlich, so hat er das Recht, Bedenken gegen den sicheren Zustand der von ihm zu beaufsichtigenden Einrichtungen bei allen verantwortlichen Stellen in der gehörigen Form zu erheben, wenn seine Sicherheitsbedenken zuvor innerbetrieblich nicht ausgeräumt werden konnten.[1054] Gleiches gilt, wenn Berufskraftfahrer ihren Arbeitgeber anzeigen, weil sie **überladene LKW** führen müssen und der Arbeitgeber in vorangegangenen Gesprächen hierauf bestanden hat.[1055] Denn in diesem Fall machen sich die Arbeitnehmer als Fahrzeugführer selbst strafbar.

Ein Kündigungsgrund kann dagegen vorliegen, wenn der Arbeitnehmer wegen der Zerrüttung privater Beziehungen zum Arbeitgeber aus niederen Beweggründen dem **Finanzamt solche Tatsachen mitteilt,** die eine Steuerfahndung auslösen.[1056] Hier liegt keine Wahrnehmung berechtigter eigener Interessen des Arbeitnehmers vor, sondern ausschließlich der Wunsch, dem Arbeitgeber Schaden zuzufügen. Aus diesem Grunde stellt auch das Anschwärzen des Arbeitgebers bei Behörden und die **Drohung, die Presse auf angebliche Mißstände aufmerksam zu machen,** einen – u. U. außerordentlichen – Kündigungsgrund dar, wenn tatsächlich keine gesetzwidrigen Zustände vorliegen und der Arbeitnehmer dies durch rechtskundige Beratung hätte erkennen können.[1057]

(5) Arbeitskampf

Die bloße Teilnahme eines Arbeitnehmers an **rechtmäßigen Arbeitskampfmaßnahmen** rechtfertigt keine verhaltensbedingte Kündigung, da die Arbeitsniederlegung bei rechtmäßigen Arbeitskämpfen keinen Arbeitsvertragsbruch darstellt.[1058] Die Teilnahme an **rechtswidrigen wilden Streiks** stellt demgegenüber einen Arbeitsvertragsbruch dar, der grundsätzlich nach vorheriger Abmahnung eine verhaltensbedingte Kündigung rechtfertigen kann.[1059]

(6) Arbeitspapiere

Verstößt der Arbeitnehmer gegen seine Pflicht, dem Arbeitgeber die Arbeitspapiere, also Lohnsteuerkarte und Sozialversicherungsheft bzw. Sozialversicherungsausweis, vorzulegen, so kann dies nach vorheriger wiederholter Abmahnung eine verhaltensbedingte Kündigung rechtfertigen.[1060] Denn ohne die erforderlichen Papiere kann der Arbeitgeber seinen gesetzlichen Pflichten zur Abführung der Lohnsteuer und der Sozialabgaben nicht ordnungsgemäß nachkommen.

KSchG Rn. 344; RGRK-*Corts* § 626 Rn. 92; HK-KSchG/*Dorndorf* § 1 Rn. 800; KR-*Etzel* § 1 KSchG Rn. 449.
[1054] BAG 14. 12. 1972, AP Nr. 8 zu § 1 KSchG Verhaltensbedingte Kündigung.
[1055] Ebenso KR-*Fischermeier* § 626 BGB Rn. 408.
[1056] BAG 4. 7. 1991, RzK I 6 a Nr. 74.
[1057] LAG Köln 10. 6. 1994, LAGE § 626 BGB Nr. 78.
[1058] Vgl. hierzu grundlegend BAG GS 28. 1. 1955, AP Nr. 1 zu Art. 9 GG Arbeitskampf sowie unten § 25 Rn. 1.
[1059] Vgl. BAG 21. 10. 1969, AP Nr. 41 zu Art. 9 GG Arbeitskampf; BAG 17. 12. 1976, AP Nr. 51 zu Art. 9 GG Arbeitskampf mit Anm. *Rüthers*; BAG 29. 11. 1983, AP Nr. 78 zu § 626 BGB mit Anm. *Herschel*; – einschränkend *Kittner/Däubler/Zwanziger* § 1 KSchG Rn. 188; näher dazu unten § 25 Rn. 20.
[1060] LAG Düsseldorf 23. 2. 1961, BB 1961, 677.

(7) Arbeitsverweigerung

316 Weigert sich ein Arbeitnehmer beharrlich, die von ihm vertraglich geschuldete Arbeit zu leisten, so rechtfertigt dies grundsätzlich eine verhaltensbedingte Kündigung.[1061] Bei **beharrlicher Arbeitsverweigerung** kommt auch eine außerordentliche Kündigung in Betracht. Die beharrliche Arbeitsverweigerung setzt voraus, daß der Arbeitnehmer die ihm übertragene Arbeit bewußt und nachhaltig nicht leisten will. Hierzu genügt grundsätzlich nicht, daß er nur eine Weisung unbeachtet läßt, erforderlich ist vielmehr grundsätzlich, daß eine intensive Weigerung vorliegt. Beharrlichkeit ist bei einer einmaligen Arbeitsverweigerung anzunehmen, wenn der Arbeitnehmer zuvor wegen eines gleichartigen Falles abgemahnt worden ist.[1062] Voraussetzung ist stets, daß der Arbeitnehmer tatsächlich verpflichtet war, die ihm zugewiesene Arbeit zu verrichten (zur Arbeitsverweigerung aus Gewissensgründen siehe oben Rn. 213 ff.). Dies wiederum bestimmt sich nach den vertraglichen Vereinbarungen sowie ergänzend nach den einschlägigen Tarifverträgen oder Betriebsvereinbarungen.[1063] Durch das Direktionsrecht kann der arbeitsvertragliche Pflichtenkreis demgegenüber nicht erweitert, sondern lediglich konkretisiert werden.[1064]

316a Die Arbeitsverweigerung kann im Einzelfall nicht rechtswidrig sein, wenn sich etwa eine Arbeitnehmerin gegenüber der bestehenden Arbeitspflicht auf eine **Pflichtenkollision** wegen der Personensorge für ihr Kind (§ 1627 BGB) und damit auf ein Leistungsverweigerungsrecht (§ 320 BGB) beruft.[1065] Ein solches Leistungsverweigerungsrecht kommt jedoch nur dann in Betracht, wenn die eingetretene Pflichtenkollision tatsächlich zu einer Zwangslage geführt hat und diese Zwangslage vom Arbeitnehmer nicht verschuldet ist. Hierfür ist der Arbeitnehmer darlegungspflichtig. Nach den Grundsätzen der abgestuften Darlegungs- und Beweislast kann sich der Arbeitgeber im Kündigungsschutzprozeß zunächst darauf beschränken, den objektiven Tatbestand einer Pflichtverletzung darzulegen. Gegenüber diesem Vortrag muß dann der Arbeitnehmer die Rechtfertigungsbzw. Entschuldigungsgründe konkret darlegen.[1066] Liegen die Voraussetzungen des § 45 Abs. 3 Satz 1 SGB V für eine Freistellung zur Pflege eines erkrankten Kindes vor und verweigert der Arbeitgeber rechtswidrig die Freistellung des Arbeitnehmers, kann die Kündigung auch ge-

---

[1061] Vgl. BAG 31. 1. 1985, AP Nr. 6 zu § 8a MuSchG 1968 mit Anm. *Bemm* = SAE 1987, 64 mit Anm. *Pestalozza;* BAG 21. 5. 1992, AP Nr. 29 zu § 1 KSchG 1969 Verhaltensbedingte Kündigung = EzA § 1 KSchG Verhaltensbedingte Kündigung Nr. 43 mit zust. Anm. *Kraft* = SAE 1993, 145 mit Anm. *v. Stebut*; ErfK/*Ascheid* § 1 KSchG Rn. 347; MünchArbR/*Berkowsky* § 137 Rn. 82; RGRK-*Corts* § 626 Rn. 133; KR-*Etzel* § 1 KSchG Rn. 455; *Staudinger/Preis* § 626 Rn. 141 ff.; – zum Inaussichtstellen künftiger Arbeitsverweigerung *Rumpenhorst* NZA 1995, 111.

[1062] Vgl. BAG 9. 5. 1996, AP Nr. 5 zu § 273 BGB; BAG 21. 11. 1996, AP Nr. 130 zu § 626 BGB.

[1063] Ebenso HK-KSchG/*Dorndorf* § 1 Rn. 732; HaKo-*Fiebig* § 1 Rn. 339.

[1064] Siehe dazu BAG 12. 4. 1973, AP Nr. 24 zu § 611 BGB Direktionsrecht mit Anm. *Schnorr v. Carolsfeld;* vgl. zum Direktionsrecht näher § 2 Rn. 13 ff.

[1065] Dazu BAG 21. 5. 1992, AP Nr. 29 zu § 1 KSchG 1969 Verhaltensbedingte Kündigung.

[1066] BAG 21. 5. 1992, AP Nr. 29 zu § 1 KSchG 1969 Verhaltensbedingte Kündigung.

Sozial ungerechtfertigte Kündigungen 316 b–318 § 1

gen das Maßregelungsverbot des § 612 a BGB verstoßen und unwirksam sein.[1067]

Der Arbeitnehmer ist weiterhin nach § 21 Abs. 6 Satz 2 GefStoffV 316b berechtigt, die Arbeit zu verweigern, wenn an seinem Arbeitsplatz durch die Überschreitung bestimmter Konzentrations- oder Toleranzwerte eine unmittelbare Gefahr für Leben und Gesundheit besteht. Gleiches gilt, wenn der Arbeitgeber die vorgeschriebenen Messungen nicht vornimmt.[1068] Geht die Gefährdung des Arbeitnehmers allein davon aus, daß er in gefahrstoffbelasteten Räumen arbeitet, ergibt sich das Zurückbehaltungsrecht aus §§ 273 Abs. 1, 618 Abs. 1 BGB.[1069] Eine Kündigung wegen Arbeitsverweigerung kommt hier wegen des Bestehens eines gesetzlichen Rechtfertigungsgrundes nicht in Betracht. Gleiches gilt, wenn der Arbeitnehmer wegen **nicht geringfügiger offenstehender Vergütungsansprüche sein Zurückbehaltungsrecht** hinsichtlich der Erbringung von Arbeitsleistungen ausübt.[1070]

Kommt der Arbeitnehmer dem **rechtmäßig ausgeübten Direktions-** 317 **recht** des Arbeitgebers nicht nach, stellt dies ein vertragswidriges Verhalten dar. Glaubt der Arbeitnehmer hierzu berechtigt zu sein, so trägt er das Risiko des Irrtums über die Rechtslage.[1071] Macht der Arbeitnehmer einen unverschuldeten Rechtsirrtum geltend, muß er nachweisen, daß er sich besonders sorgfältig über die Rechtslage hinsichtlich der Berechtigung des von ihm eingenommenen Rechtsstandpunktes informiert hat.[1072] Dies kann dann einer negativen Zukunftsprognose entgegenstehen und auch zur Unwirksamkeit der ordentlichen Kündigung führen.

Wird ein Arbeitnehmer in individualrechtlich zulässiger Weise aber **unter** 318 **Verletzung des Mitbestimmungsrechts** des Betriebsrats nach § 99 BetrVG auf einen anderen Arbeitsplatz **versetzt,** so soll der Arbeitnehmer berechtigt sein, die Beschäftigung auf dem neuen Arbeitsplatz zu verweigern.[1073] Diese Auffassung steht in Einklang mit der neueren Rechtsprechung des BAG, wonach betriebsverfassungswidrige Versetzungen nach § 134 BGB unwirksam sein sollen.[1074] Dabei wird aber verkannt, daß die betriebsver-

---

[1067] So LAG Köln 13. 10. 1993, LAGE § 612 a BGB Nr. 5; näher zur Unwirksamkeit von Kündigungen bei Verstößen gegen § 612 a BGB APS/*Linck* § 612 a BGB Rn. 13 ff.
[1068] BAG 2. 2. 1994, AP Nr. 4 zu § 273 BGB.
[1069] Vgl. BAG 8. 5. 1996, 19. 2. 1997, AP Nr. 23, 24 zu § 618 BGB unter teilweiser Aufgabe der im Urteil vom 2. 2. 1994, AP Nr. 4 zu § 273 BGB aufgestellten Rechtsgrundsätze.
[1070] BAG 9. 5. 1996, AP Nr. 5 zu § 273 BGB.
[1071] Vgl. BAG 12. 4. 1973, AP Nr. 24 zu § 611 BGB Direktionsrecht; BAG 29. 11. 1983, AP Nr. 78 zu § 626 BGB unter IV 2 a mit Anm. *Herschel* = SAE 1985, 253 mit Anm. *Kraft;* LAG Düsseldorf 25. 1. 1993 und LAG Berlin 17. 5. 1993, LAGE § 626 BGB Nr. 70 und 72; Hessisches LAG 13. 6. 1995, LAGE § 1 KSchG Verhaltensbedingte Kündigung Nr. 49; *Berkowsky* NZA-RR 2001, 1, 8.
[1072] LAG Berlin 6. 12. 1993, LAGE § 1 KSchG Verhaltensbedingte Kündigung Nr. 42.
[1073] So BAG 30. 9. 1993, AP Nr. 33 zu § 2 KSchG 1969 mit krit. Anm. *Wlotzke* = EzA § 99 BetrVG 1972 Nr. 118 mit krit. Anm. *Kania* = AR-Blattei ES 1700 Nr. 21 mit krit. Anm. *v. Hoyningen-Huene;* LAG Baden-Württemberg 10. 1. 1985, NZA 1985, 326; HK-KSchG/*Dorndorf* § 1 Rn. 734; KR-*Etzel* § 1 KSchG Rn. 456; *Kittner/Däubler/Zwanziger* § 1 KSchG Rn. 198.
[1074] Vgl. BAG 26. 1. 1988, AP Nr. 50 zu § 99 BetrVG 1972.

fassungsrechtliche Versetzung von der zugrundeliegenden individualrechtlichen Regelung scharf zu trennen ist.[1075]

319 Betriebsverfassungsrechtlich ist die Versetzung nur der **tatsächliche Vorgang** der Veränderung des Arbeitsbereichs, ohne daß es auf den individualrechtlichen Akt (arbeitsvertragliche Weisung, Änderungsvertrag oder Änderungskündigung) ankäme; daher bleibt auch die einverständliche Versetzung mitbestimmungspflichtig. Demzufolge kann auch die tatsächliche Zuweisung eines anderen Arbeitsbereichs rechtlich nicht unwirksam sein. Unwirksam kann lediglich der individualrechtliche Akt sein, also beispielsweise die nach § 315 BGB unwirksame Ausübung des Direktionsrechts.[1076] Daß das Zustimmungserfordernis zur Versetzung nach § 99 BetrVG keine Wirksamkeitsvoraussetzung für die personelle Einzelmaßnahme ist, zeigt sich darin, daß in § 101 BetrVG als Sanktion für ein betriebsverfassungswidriges Verhalten des Arbeitgebers dem Betriebsrat lediglich die Möglichkeit eingeräumt wurde, die Aufhebung der betriebsverfassungswidrigen Maßnahme beim Arbeitsgericht zu beantragen. Im Gegensatz zu § 102 Abs. 1 BetrVG enthält § 99 BetrVG keine individualrechtliche Rechtsfolge.

320 Ist daher die Zuweisung einer anderen Arbeit **individualrechtlich zulässig,** so kann der Arbeitnehmer entgegen der Auffassung des BAG[1077] nicht unter Hinweis auf einen möglichen Verstoß gegen § 99 BetrVG die Arbeit verweigern, da eine betriebsverfassungswidrige personelle Einzelmaßnahme die individualrechtliche Stellung des betroffenen Arbeitnehmers richtigerweise nicht berührt. Eine verhaltensbedingte Kündigung wegen Arbeitsverweigerung wäre in diesem Fall daher an sich sozial gerechtfertigt.[1078]

320 a Im Ergebnis ebenso beurteilt das BAG die Rechtsfolgen der **fehlenden Zustimmung des Betriebsrats zu einer Einstellung.**[1079] Da das Mitbestimmungsrecht bei der Einstellung dem Schutz kollektiver Interessen diene und grundsätzlich nicht der Wahrung der Interessen des betroffenen Arbeitnehmers,[1080] sei der Arbeitnehmer im Falle einer Zustimmungsverweigerung des Betriebsrats zu der beabsichtigten Einstellung nicht berechtigt, die Arbeitsleistung zu verweigern. Zutreffend weist das BAG darauf hin, daß die verweigerte Zustimmung zur beabsichtigten Einstellung die Wirksamkeit des Arbeitsvertrages unberührt läßt und lediglich ein betriebsverfassungsrechtliches Beschäftigungsverbot begründet. Hierauf kann sich der Arbeitnehmer aber nur berufen, wenn der Betriebsrat selbst nach § 101 BetrVG die Aufhebung der Einstellung betreibt. Fehlt es hieran, steht dem Arbeitnehmer ein Recht zur Arbeitsverweigerung nicht zu.[1080 a]

[1075] Ebenso KPK-*Schiefer* § 1 Rn. 334; näher dazu *v. Hoyningen-Huene* BetrVR § 14 III 8; *v. Hoyningen-Huene/Boemke* Versetzung S. 195 ff.
[1076] Dazu näher *v. Hoyningen-Huene* NZA 1993, 145 ff.; *ders.* Anm. zu BAG AR-Blattei ES 1700 Nr. 21.
[1077] Urteil vom 30. 9. 1993, AP Nr. 33 zu § 2 KSchG 1969.
[1078] Ausführlich dazu *v. Hoyningen-Huene/Boemke* Versetzung S. 197 ff.
[1079] BAG 5. 4. 2001 – 2 AZR 580/99.
[1080] Offengelassen von BAG 28. 3. 2000, AP Nr. 27 zu § 99 BetrVG Einstellung.
[1080 a] BAG 5. 4. 2001 – 2 AZR 580/99.

(8) Außerdienstliches Verhalten

Das **außerdienstliche Verhalten**[1081] ist grundsätzlich kündigungsrechtlich **irrelevant**, da zwischen dienstlichem und privatem Lebensbereich des Arbeitnehmers regelmäßig klar zu trennen ist und der Arbeitsvertrag nur Rechte und Pflichten des Arbeitsverhältnisses begründet.[1082] Vorgänge im Privatbereich stellen nur ausnahmsweise Verletzungen vertraglicher Nebenpflichten dar, die allein geeignet sind, eine ordentliche Kündigung sozial zu rechtfertigen.[1083] Nach Auffassung des BAG ist dagegen erforderlich, daß durch das außerdienstliche Verhalten das Arbeitsverhältnis konkret berührt wird, sei es im Leistungsbereich, im Bereich der betrieblichen Verbundenheit aller Mitarbeiter, im personalen Vertrauensbereich oder im Unternehmensbereich.[1084] Ist eine Angestellte, die in der Betreuung und psychologischen Beratung von Familien, Alleinstehenden, Kindern und Jugendlichen in akuten Krisensituationen tätig ist, aktives Mitglied in der Scientology Organisation, kann dies eine Kündigung des Anstellungsverhältnisses rechtfertigen.[1085]

Die **Loyalität zu kirchlichen Glaubensgemeinschaften** verbietet regelmäßig die Mitgliedschaft und Mitarbeit in Organisationen, deren Grundauffassung, Zielsetzung oder praktische Arbeit in Widerspruch zu dem Auftrag der Kirche stehen. Tritt ein Arbeitnehmer eines evangelischen Kindergartens, der arbeitsvertraglich zur Loyalität der Evangelischen Landeskirche gegenüber verpflichtet ist, in der Öffentlichkeit werbend für eine andere Glaubensgemeinschaft auf, die von den Glaubenssätzen der evangelischen Kirche erheblich abweicht, verstößt er gegen die vertraglich vereinbarte Loyalitätspflicht. Ein solches Verhalten kann eine – auch außerordentliche – verhaltensbedingte Kündigung rechtfertigen.[1086]

Die **DKP-Zugehörigkeit** eines Arbeitnehmers im öffentlichen Dienst und die damit verbundenen Aktivitäten sind nach der Rechtsprechung nur dann kündigungsrelevant, wenn hierdurch das Arbeitsverhältnis konkret beeinträchtigt wird. Erforderlich sind dabei Störungen im Arbeitsablauf, im Bereich der Verbundenheit der in der Dienststelle beschäftigten Mitarbeiter oder im persönlichen Vertrauensbereich.[1087] Dies ist im Ergebnis zutreffend, da sich auch Angestellte des öffentlichen Dienstes gemäß § 8 Abs. 1 Satz 2 BAT in

---

[1081] Zu den Besonderheiten bei Tendenzbetrieben vgl. Rn. 207 ff. und 256 ff.
[1082] Vgl. ErfK/*Ascheid* § 1 KSchG Rn. 348; HK-KSchG/*Dorndorf* § 1 Rn. 808; KR-*Etzel* § 1 KSchG Rn. 472; *Löwisch* § 1 Rn. 169 f.; *Kittner/Däubler/Zwanziger* § 1 KSchG Rn. 204; *Otto* Personale Freiheit und soziale Bindung 1978, S. 63; *Preis* S. 464; *Stahlhacke/Preis/Vossen* Rn. 706.
[1083] Näher dazu oben Rn. 271 ff. sowie *Ascheid* Kündigungsschutzrecht Rn. 135; *Dütz* Anm. BAG EzA § 626 BGB n. F. Nr. 91; ausführlich zu den einzelnen Nebenpflichten des Arbeitnehmers *Staudinger/Richardi* § 611 Rn. 374 ff.
[1084] Vgl. BAG 6. 6. 1984, 20. 9. 1984, 24. 9. 1987, AP Nr. 11, 13, 19 zu § 1 KSchG 1969 Verhaltensbedingte Kündigung; – dazu näher *Hillebrecht* ZfA 1991, 87, 119 f.; *v. Hoyningen-Huene* Anm. zu BAG AP Nr. 4 zu § 1 KSchG 1969 Verhaltensbedingte Kündigung; *Preis* DB 1990, 630, 632 f. sowie oben Rn. 272.
[1085] Vgl. LAG Berlin 11. 6. 1997, LAGE § 626 BGB Nr. 112.
[1086] BAG 21. 2. 2001 – 2 AZR 139/00.
[1087] Vgl. BAG 6. 6. 1984, AP Nr. 11 zu § 1 KSchG 1969 Verhaltensbedingte Kündigung; BAG 20. 7. 1989, AP Nr. 2 zu § 1 KSchG 1969 Sicherheitsbedenken; vgl. dazu auch EGMR 26. 9. 1995, NJW 1996, 375 und *Preis/Stoffels* RdA 1996, 210.

ihrem Gesamtverhalten zur freiheitlich demokratischen Grundordnung bekennen müssen.[1088] Wird im Einzelfall gegen diese Nebenpflicht verstoßen, kann dies nach Abwägung aller Interessen eine Kündigung rechtfertigen.

323 Den Arbeitnehmer trifft grundsätzlich **keine arbeitsvertragliche Pflicht zu einem ordentlichen gesitteten Lebenswandel.**[1089] Nach dem Wegfall des Kündigungsgrundes „liederlicher Lebenswandel" in § 123 Abs. 1 Nr. 2 GewO ist Kündigungen wegen **außerehelicher Schwangerschaft** oder intimen Beziehungen zwischen volljährigen Mitarbeitern und Mitarbeiterinnen der Boden entzogen.[1090] Lediglich dann, wenn durch die intimen Beziehungen von Arbeitskollegen die Arbeitsleistung oder die betriebliche Zusammenarbeit konkret beeinträchtigt werden, oder das Verhältnis zwischen Vorgesetzten und Auszubildenden bzw. jugendlichen Mitarbeitern besteht, kommt eine Kündigung in Betracht.[1091] **Spielbankbesuche** des Zweigstellenleiters einer Bank stellen keinen Kündigungsgrund dar, wenn sie ohne Auswirkungen auf das Arbeitsverhältnis geblieben sind.[1092] Ein Kündigungsgrund liegt ferner auch dann nicht vor, wenn sich eine Arbeitnehmerin in einer **„softpornographischen" Zeitschrift (hier: Praline) unbekleidet ablichten** läßt.[1093]

323 a Für den **öffentlichen Dienst** gilt dies allerdings nicht uneingeschränkt. Die in § 8 Abs. 1 Satz 1 BAT normierte Pflicht des Angestellten, sich so zu verhalten, wie es von Angehörigen des öffentlichen Dienstes erwartet wird, bezieht sich auch auf das außerdienstliche Verhalten. Die Öffentlichkeit mißt das Verhalten eines öffentlichen Bediensteten mit einem strengeren Maßstab als das Verhalten privat Bediensteter. In seinem außerdienstlichen Verhalten hat der Angestellte nicht nur die Gesetze und die sonstigen Rechtsvorschriften, sondern auch die ungeschriebenen Anstandsgesetze zu beachten, wobei der Angestellte allerdings das Recht hat, sein Privatleben nach seinen Vorstellungen zu gestalten, sofern er nicht gröblich seine Pflicht zu einem achtungswürdigen Verhalten verletzt.[1094]

323 b **Betrügereien und andere Vermögensdelikte** im außerdienstlichen Bereich stellen deshalb erhebliche (Neben-)Pflichtverletzungen dar und sind grundsätzlich geeignet, eine verhaltensbedingte Kündigung zu rechtfertigen.[1095] Auch die Verantwortlichkeit eines Angestellten des öffentlichen Dienstes für die **Verbreitung ausländerfeindlicher Pamphlete** kann

---

[1088] Vgl. dazu BAG 13. 10. 1988, AP Nr. 4 zu § 611 BGB Abmahnung.
[1089] Vgl. LAG Berlin 3. 11. 1964, DB 1965, 1291; LAG Baden-Württemberg 3. 4. 1967, BB 1967, 757 zu einer außerordentlichen Kündigung; ErfK/*Ascheid* § 1 KSchG Rn. 348; HK-KSchG/*Dorndorf* § 1 Rn. 819; *Löwisch* § 1 Rn. 172.
[1090] Vgl. dazu noch LAG Düsseldorf DB 1969, 667; *Otto* Personale Freiheit und soziale Bindung 1978, S. 71 ff. m. w. N.
[1091] Vgl. HK-KSchG/*Dorndorf* § 1 Rn. 820; KR-*Etzel* § 1 KSchG Rn. 476.
[1092] Vgl. LAG Hamm 14. 1. 1998, LAGE § 626 BGB Nr. 119.
[1093] ArbG Passau 11. 12. 1997, NZA 1998, 427.
[1094] Vgl. *Böhm/Spiertz/Sponer/Steinherr*, BAT Kommentar, § 8 Rz. 43; *Clemens/Scheuring/Steingen/Wiese*, BAT Kommentar, § 8 Erl. 2; ausf. zu § 8 BAT *Scheuring* ZTR 1999, 337.
[1095] Vgl. BAG 20. 11. 1997, AP Nr. 43 zu § 1 KSchG 1969 Verhaltensbedingte Kündigung; HK-KSchG/*Dorndorf* § 1 Rn. 834.

einen außerordentlichen Kündigungsgrund darstellen.[1096] Begeht ein im öffentlichen Dienst Beschäftigter ein **vorsätzliches Tötungsdelikt**, das auch zu einer Verurteilung zu einer Freiheitsstrafe von zwei Jahren auf Bewährung geführt hat, so ist es dem öffentlichen Arbeitgeber in der Regel unzumutbar, den Arbeitnehmer weiterzubeschäftigen, und zwar auch dann, wenn der Arbeitnehmer tariflich unkündbar ist.[1097] Eine **Bewährungshelferin, die einen vom Hafturlaub nicht zurückgekehrten Verurteilten für ein Wochenende in ihre Wohnung aufnimmt** und intime Beziehungen zu ihm aufnimmt, kann ordentlich gekündigt werden, auch wenn sie nicht die Bewährungshelferin des Verurteilten ist.[1098]

Gleiches gilt, wenn ein **Vorgesetzter im öffentlichen Dienst** außerhalb der Dienstzeiten und Diensträume mit Stellenbewerbern ohne sachlichen Grund in den Abendstunden auf seine Veranlassung hin **in einem Saunabetrieb Bewerbungsgespräche** führt. Hierbei wird der dringende Verdacht erweckt, daß nicht nur sachliche Gesichtspunkte bei der Bewerberauswahl maßgeblich sind und damit in hohem Maße gegen die dienstliche Verpflichtung verstoßen wird, alles zu unterlassen, was in der Öffentlichkeit den Eindruck erweckt, dienstliche Angelegenheiten würden mit zweifelhaften privaten Wünschen verquickt werden.[1099]

Außerdienstliche Straftaten des Arbeitnehmers sind nur ausnahmsweise geeignet, eine Kündigung zu rechtfertigen.[1100] Entscheidend ist hier, ob der Arbeitnehmer durch das außerdienstliche Verhalten gegen die ihm obliegende Pflicht verstoßen hat, alles zu unterlassen, was das gegenseitige vertragsnotwendige Vertrauen erschüttern kann.[1101] Dies ist offenkundig bei außerdienstlichen **Vermögensdelikten von Kassierern** oder bei **Sexualdelikten von Lehrern** oder Erziehern. Richtigerweise liegt in diesen Fällen allerdings kein verhaltensbedingter Kündigungsgrund vor, sondern ein Grund in der Person der Arbeitnehmers, da diesem auf Grund der außerdienstlichen Verhaltensweisen die Eignung für die Erfüllung der Arbeitsleistung fehlt.[1102] Haschischkonsum ohne Auswirkung auf das Arbeitsverhältnis rechtfertigt keine Kündigung.[1103]

Der **Diebstahl** eines Arbeitnehmers in einem Betrieb eines anderen Konzernunternehmens ist keine strafbare Handlung gegen den Arbeitgeber, sondern ein außerdienstliches Fehlverhalten, weil die Konzernbindung des Arbeitgebers nicht den Pflichtenrahmen des Arbeitnehmers konzerndimen-

---

[1096] BAG 14. 2. 1996, AP Nr. 26 zu § 626 BGB Verdacht strafbarer Handlung; zu weiteren Beispielen vgl. *Lansnicker/Schwirtzek* DB 2001, 865; *Polzer/Powietzka* NZA 2000, 970, 974 f.; *Scheuring* ZTR 1999, 387 m. w. N.
[1097] Vgl. BAG 8. 6. 2000, NZA 2000, 1282.
[1098] Vgl. Sächsisches LAG 17. 12. 1997, LAGE § 1 KSchG Verhaltensbedingte Kündigung Nr. 61.
[1099] Vgl. hierzu LAG Berlin 15. 8. 1989, LAGE § 1 KSchG Verhaltensbedingte Kündigung Nr. 24.
[1100] Vgl. BAG 20. 9. 1984, AP Nr. 13 zu § 1 KSchG 1969 Verhaltensbedingte Kündigung; LAG Hamm 15. 11. 1990, LAGE § 626 BGB Nr. 53.
[1101] So zutr. *Dütz* Anm. zu BAG EzA § 626 BGB n. F. Nr. 91.
[1102] Vgl. KR-*Etzel* § 1 KSchG Rn. 519; *Preis* S. 466.
[1103] LAG Baden-Württemberg 19. 10. 1993, NZA 1994, 175 zur außerordentlichen Kündigung eines Zeitungszustellers; – vgl. auch BAG 18. 10. 2000 – 2 AZR 131/00 zum Cannabiskonsum eines Heimerziehers.

sional erweitert.[1104] Eine Kündigung ist in diesem Fall daher nur sozial gerechtfertigt, wenn durch den Diebstahl das Vertrauensverhältnis zum Arbeitgeber erheblich beeinträchtigt worden ist. Allgemein kann als Anhalt dafür, welche strafbaren Handlungen wegen ihrer Schwere und ihres engen Zusammenhangs mit dem Arbeitsverhältnis für eine Kündigung von Bedeutung sind, die Rechtsprechung zur Offenbarung von Vorstrafen bei der Einstellung herangezogen werden.[1105]

(9) Beleidigungen, Bedrohungen und Ehrverletzungen

327 Beleidigungen oder Bedrohungen **gegenüber dem Arbeitgeber oder Vorgesetzten** sind grundsätzlich geeignet, eine Kündigung sozial zu rechtfertigen. Im Einzelfall kommt in diesen Fällen auch eine außerordentliche Kündigung in Betracht. Entsprechendes gilt für bewußt wahrheitswidrig aufgestellte ehrverletzende Tatsachenbehauptungen.[1106] Bei der Prüfung der sozialen Rechtfertigung einer Kündigung ist in diesen Fällen im Hinblick auf die negative Zukunftsprognose zu berücksichtigen, inwieweit **die Auseinandersetzung vom Arbeitgeber mitverursacht** wurde.[1107] Von Bedeutung sind weiterhin der betriebliche bzw. der branchenübliche Umgangston, die Gesprächssituation, d. h. die Ernsthaftigkeit der Äußerung sowie die Frage, ob Dritte von der Beleidigung Kenntnis genommen haben.

327 a Erklärt **beispielsweise** ein Arbeitnehmer in Anwesenheit anderer Arbeitnehmer dem Geschäftsführer, dieser habe ihm nichts zu sagen und er sei nicht bereit, dessen Weisungen zu befolgen, so stellt dies Verhalten einen geeigneten Kündigungsgrund dar. Gleiches gilt für Beschimpfungen des Geschäftsführers oder Vorgesetzten als Betrüger, Gauner und Halsabschneider[1108] oder „Sie haben doch nur Bumsen im Kopf"[1109] oder eines leitenden Angestellten mit den Worten „Du Schwein", „Ich stecke Deine Hütte über Deinem Kopf in Brand".[1110] Die Äußerung einer Verkäuferin zu einer Kundin „Nun werden Sie aber nicht so pissig" kann gleichfalls eine Kündigung rechtfertigen, sofern die Verkäuferin nicht durch Beleidigungen der Kundin provoziert wurde.[1111] Auch die wahrheitswidrige Behauptung einer sexuellen

---

[1104] Zutr. BAG 20. 9. 1984, AP Nr. 13 zu § 1 KSchG 1969 Verhaltensbedingte Kündigung; *Windbichler* S. 142.

[1105] Vgl. dazu BAG 15. 1. 1970, AP Nr. 7 zu § 1 KSchG Verhaltensbedingte Kündigung mit Anm. *Herschel* = SAE 1971, 132 mit Anm. *Hofmann;* BAG 20. 5. 1999, AP Nr. 50 zu § 123 BGB.

[1106] Vgl. BAG 26. 5. 1977, AP Nr. 5 zu § 611 BGB Beschäftigungspflicht mit Anm. *Hj. Weber;* BAG 2. 4. 1987, AP Nr. 96 zu § 626 BGB; BAG 11. 7. 1991, RzK I 5 i Nr. 68; BAG 6. 2. 1997, RzK I 6 a Nr. 146; BAG 21. 1. 1999, AP Nr. 151 zu § 626 BGB mit zust. Anm. *v. Hoyningen-Huene;* LAG Baden-Württemberg 30. 4. 1963, DB 1963, 1000; LAG Berlin 16. 3. 1981, DB 1981, 1627; LAG Hamm 23. 7. 1981, BB 1981, 1642; LAG Frankfurt 13. 2. 1984, NZA 1984, 200 und 31. 10. 1986, LAGE § 626 BGB Nr. 27; RGRK-*Corts* § 626 Rn. 117 f.; HK-KSchG/*Dornfeld* § 1 Rn. 811; KR-*Etzel* § 1 KSchG Rn. 484; *Löwisch* § 1 Rn. 165; *Staudinger/Preis* § 626 Rn. 156 f.; ausf. hierzu *Schmitz-Scholemann* BB 2000, 926.

[1107] BAG 19. 12. 1958, AP Nr. 1 zu § 133 b GewO; LAG Düsseldorf 9. 12. 1971, DB 1972, 51; LAG Köln 7. 12. 1995, LAGE § 1 KSchG Verhaltensbedingte Kündigung Nr. 50.

[1108] Vgl. BAG 6. 2. 1997, RzK I 6 a Nr. 146.

[1109] Vgl. LAG Köln 30. 1. 1998, RzK I 6 e Nr. 17.

[1110] Vgl. LAG Berlin 14. 7. 1997, LAGE § 626 BGB Nr. 108.

[1111] Vgl. LAG Schleswig-Holstein 5. 10. 1998, RzK I 6 e Nr. 18.

Belästigung durch einen Vorgesetzten ist ehrverletzend und kann eine Kündigung rechtfertigen.[1112]

Droht ein leitender Mitarbeiter einer Bank dem Arbeitgeber mit Unannehmlichkeiten in der Öffentlichkeit, und zwar durch **Information der Presse** über „Dinge im Zusammenhang mit Luxemburg", um eine Versetzung oder in Betracht gezogene Kündigung zu verhindern, läßt er die unverzichtbare Loyalität zur Kooperation mit seinem Arbeitgeber vermissen. Es handelt sich hierbei um eine grobe Pflichtwidrigkeit, durch die das bei einer Führungskraft für die weitere Zusammenarbeit notwendige Vertrauen nachhaltig zerstört wird. In einem solchen Fall kommt eine ordentliche Kündigung auch ohne vorherige Abmahnung in Betracht.[1113]

Werden **ehrverletzende Äußerungen des Arbeitnehmers in vertraulichen Gesprächen unter Arbeitskollegen** gemacht, sind diese nur eingeschränkt geeignet, eine Kündigung zu rechtfertigen. Die vertrauliche Kommunikation wird nach Auffassung des BAG durch das allgemeine Persönlichkeitsrecht geschützt, solange der Betroffene die Vertraulichkeit nicht selbst aufhebt. Der Arbeitnehmer ist nicht gehalten, von seinem Arbeitgeber nur positiv zu denken und sich in der Privatsphäre nur positiv zu äußern. Hebt der Gesprächspartner die Vertraulichkeit gegen den Willen des sich negativ äußernden Arbeitnehmers auf, geht dies nicht zu Lasten des Arbeitnehmers.[1114]

Auch die Beleidigung gegenüber Mitarbeitern ist grundsätzlich geeignet, eine Kündigung zu begründen.[1115] Dies gilt erst recht, wenn es sich hierbei um **ausländerfeindliche Äußerungen** gegenüber ausländischen Arbeitskollegen handelt.[1116] Denn es ist insbesondere einem Arbeitgeber, der Jugendliche ausbildet, grundsätzlich nicht zuzumuten, einen Arbeitnehmer zu beschäftigen, der ausländerfeindliche Tendenzen zur Schau trägt.[1117]

Nach Auffassung des BAG ist eine verhaltensbedingte Kündigung auch dann sozial gerechtfertigt, wenn ein Arbeitnehmer die nach Dienstschluß im Kollegenkreis geübte Kritik eines Kollegen an einem Vorgesetzten diesem hinterbringt und damit den **Arbeitskollegen denunziert**.[1118] Etwas anderes hat freilich dann zu gelten, wenn der Arbeitnehmer dem Arbeitgeber Mit-

---

[1112] Vgl. LAG Rheinland-Pfalz 16. 2. 1996, LAGE § 1 KSchG Verhaltensbedingte Kündigung Nr. 54.
[1113] Vgl. BAG 11. 3. 1999, AP Nr. 149 zu § 626 BGB.
[1114] Vgl. BAG 30. 11. 1972, AP Nr. 66 zu § 626 BGB; BAG 17. 2. 2000 – 2 AZR 927/98 n. v.
[1115] Vgl. BAG 15. 12. 1977, AP Nr. 69 zu § 626 BGB = SAE 1978, 274 mit Anm. *Leipold;* ausführlich *v. Hoyningen-Huene* BB 1991, 2215 ff.
[1116] Zutr. BAG 14. 2. 1996, AP Nr. 26 zu § 626 BGB Verdacht strafbarer Handlung; BAG 1. 7. 1999, AP Nr. 11 zu § 15 BBiG („Arbeit macht frei – Türkei schönes Land"); LAG Hamm 11. 11. 1994, LAGE § 626 BGB Nr. 82; LAG Köln 11. 8. 1995, NZA-RR 1996, 128 (Auschwitz-Lüge); LAG Rheinland-Pfalz 10. 6. 1997, LAGE § 1 KSchG Verhaltensbedingte Kündigung Nr. 62 („Wir hängen Euch"); LAG Köln 14. 12. 1998, LAGE § 626 BGB Nr. 124 („Witzesammlung"); ArbG Mannheim/Kammern Heidelberg 26. 1. 1995, BB 1995, 985; s. auch ArbG Hannover 22. 4. 1993, BB 1993, 1218 mit abl. Anm. *Däubler,* das die Wirksamkeit der Kündigung unzutreffend von einer vorherigen Abmahnung abhängig macht; näher dazu *Korinth* AuR 1993, 105; *Krummel/Küttner* NZA 1996, 67; *Schmitz-Scholemann* BB 2000, 926, 929 ff.
[1117] Vgl. BVerfG 2. 1. 1995, AP Nr. 53 zu Art. 103 GG.
[1118] BAG 31. 10. 1965, AP Nr. 5 zu § 1 KSchG Verhaltensbedingte Kündigung; zust. HK-KSchG/*Dorndorf* § 1 Rn. 814; KR-*Etzel* § 1 KSchG Rn. 487.

teilung über strafrechtlich relevante Mißstände im Betrieb macht.[1119] Dies ergibt sich schon deshalb, weil sich anderenfalls der Arbeitnehmer möglicherweise schadensersatzpflichtig machen würde.

329 Von der Beleidigung ist die **sachliche Kritik** am Arbeitgeber und an Vorgesetzten abzugrenzen. Diese ist zulässig und zwar insbesondere dann, wenn sie auf Betriebsversammlungen geäußert wird. Sie muß aber hierbei so vorgebracht werden, daß Ehrverletzungen und Störungen des Betriebsfriedens vermieden werden.[1120] Hier sind bei der Auslegung des unbestimmten Rechtsbegriffs der sozialen Rechtfertigung die vom BVerfG zu den Grenzen der Meinungsfreiheit (Art. 5 GG) entwickelten Grundsätze zu beachten.

329 a Kritik ist damit unabhängig davon zulässig, ob die Äußerung rational oder emotional, begründet oder grundlos ist und ob sie von anderen für nützlich oder schädlich, wertvoll oder wertlos gehalten wird. Der Grundrechtsschutz bezieht sich nicht nur auf den Inhalt, sondern auch auf die Form einer Äußerung. Allein eine polemische oder verletzende Formulierung entzieht eine Äußerung noch nicht dem Schutz der Meinungsfreiheit. Nur die **Schmähkritik oder Formalbeleidigung** scheidet nach der Rechtsprechung des BVerfG von vornherein aus dem Schutzbereich des Grundrechts aus. Ist eine Äußerung hingegen weder als Schmähung noch als Formalbeleidigung einzustufen, so ist unter Berücksichtigung aller Umstände eine Abwägung zwischen der Meinungsfreiheit einerseits und den berechtigten Belangen des Arbeitgebers andererseits vorzunehmen.[1121] Das BAG hat die Grenze von sachlicher Kritik zu Schmähkritik überschritten gesehen, als ein Arbeitnehmer einen Vorgesetzten mit Ausdrücken wie Gemeinheit, Schikane und dem Vorwurf, er habe jahrelang Günstlingswirtschaft betrieben und dadurch das Klima vergiftet, beleidigt hat.[1122]

(10) Betriebsfrieden

330 Als Kündigungsgrund ist in Rechtsprechung und Literatur auch die Störung des Betriebsfriedens anerkannt.[1123] Unter Betriebsfrieden wird dabei vom BAG die Summe aller derjenigen Faktoren verstanden, die unter Einschluß des Arbeitgebers das Zusammenleben und Zusammenwirken der im Betrieb tätigen Betriebsangehörigen ermöglichen, erleichtern oder nur erträglich machen. Gestört ist die Pflicht zur Wahrung des Betriebsfriedens, wenn das

---

[1119] Vgl. BAG 18. 6. 1970, AP Nr. 57 zu § 611 BGB Haftung des Arbeitnehmers mit Anm. *Steindorff* = AR-Blattei Haftung des Arbeitnehmers Entsch. 69 mit Anm. *Falkenberg* = SAE 1971, 97 mit Anm. *Weitnauer*.
[1120] Vgl. BAG 22. 10. 1964, AP Nr. 4 zu § 1 KSchG Verhaltensbedingte Kündigung mit Anm. *Herschel*.
[1121] Vgl. hierzu näher BVerfG 16. 10. 1998, AP Nr. 24 zu § 611 BGB Abmahnung.
[1122] BAG 22. 10. 1964, AP Nr. 4 zu § 1 KSchG Verhaltensbedingte Kündigung; vgl. dazu auch BAG 2. 4. 1987, AP Nr. 97 zu § 626 BGB sowie LAG Köln 24. 3. 1993, LAGE § 1 KSchG Verhaltensbedingte Kündigung Nr. 39.
[1123] Vgl. BAG 13. 10. 1977, AP Nr. 1 zu § 1 KSchG 1969 Verhaltensbedingte Kündigung mit Anm. *Pfarr* = EzA § 74 BetrVG 1972 Nr. 3 mit Anm. *Löwisch*; BAG 9. 12. 1982, AP Nr. 73 zu § 626 BGB = AR-Blattei Kündigung VIII Entsch. 58 mit Anm. *Buchner* = SAE 1984, 158 mit Anm. *Roemheld* = AuR 1984, 122 mit Anm. *Kohte* = EzA § 626 n. F. BGB Nr. 86 mit Anm. *Löwisch/Schönfeld*; ErfK/*Ascheid* § 1 KSchG Rn. 351; RGRK-*Corts* § 626 Rn. 120; KR-*Etzel* § 1 KSchG Rn. 489 ff.; *Löwisch* § 1 Rn. 145; *Stahlhacke/Preis/Vossen* Rn. 710; – krit. hierzu MünchArbR/*Berkowsky* § 137 Rn. 186 f.

störende Ereignis einen kollektiven Bezug aufweist, mögen unmittelbar von der Störung auch nur wenige Arbeitnehmer betroffen sein.[1124] Dies kann beispielsweise durch Werbung für die „Scientology Church" innerhalb des Betriebs erfolgen.[1125] Es ist nicht erforderlich, daß die gesamte oder die Mehrheit der Belegschaft oder ganze Betriebsabteilungen über einen Vorgang im Betrieb in Unruhe geraten, in Empörung ausbrechen oder ihren Unmut in spontanen Kundgebungen äußern.[1126] Auch ausländerfeindliches Verhalten kann den Betriebsfrieden stören.[1127]

Das Zusammenwirken der Arbeitnehmer kann insbesondere durch **politische Betätigung** im Betrieb gestört werden.[1128] Das Tragen politischer Plaketten ist allerdings nur dann kündigungsrelevant, wenn dadurch im Betrieb eine erhebliche Unruhe entsteht, durch die wiederum der Arbeitsablauf beeinträchtigt wird. Dabei kommt es auch auf die Größe, Farbe und Auffälligkeit der Plakette insgesamt an.[1129] Da das in § 74 Abs. 2 Satz 3 BetrVG enthaltene Verbot der parteipolitischen Betätigung im Betrieb nur für Arbeitgeber und Betriebsrat gilt,[1130] nicht dagegen für die übrigen Arbeitnehmer, wird allein durch das Tragen einer politischen Plakette nicht gegen vertragliche Nebenpflichten verstoßen; erst wenn es zu Störungen des Betriebsfriedens kommt, ist eine Kündigung in Betracht zu ziehen. Insoweit gilt auch hier das Recht zur freien Meinungsäußerung, Art. 5 Abs. 1 GG.[1131] Wird durch die politische Betätigung im Betrieb der Arbeitsablauf gestört oder gegen arbeitsvertragliche Pflichten verstoßen, kommt eine verhaltensbedingte Kündigung grundsätzlich erst dann in Frage, wenn der Arbeitnehmer zuvor abgemahnt wurde.

(11) Betriebsgeheimnis

Den Arbeitnehmer trifft die vertragliche Nebenpflicht (§ 242 BGB), Betriebs- und Geschäftsgeheimnisse zu wahren.[1132] Für Betriebsratsmitglieder folgt dies aus § 79 BetrVG.[1133] Unter einem **Betriebs- oder Geschäftsge-**

[1124] Vgl. BAG 13. 10. 1977, AP Nr. 1 zu § 1 KSchG 1969 Verhaltensbedingte Kündigung mit Anm. *Pfarr* = EzA § 74 BetrVG 1972 Nr. 3 mit Anm. *Löwisch*; BAG 9. 12. 1982, AP Nr. 73 zu § 626 BGB = AR-Blattei Kündigung VIII Entsch. 58 mit Anm. *Buchner* = SAE 1984, 158 mit Anm. *Roemheld* = AuR 1984, 122 mit Anm. *Kohte* = EzA § 626 n. F. BGB Nr. 86 mit Anm. *Löwisch/Schönfeld*; RGRK-*Corts* § 626 Rn. 120; KR-*Etzel* § 1 KSchG Rn. 489 ff.; *Stahlhacke/Preis/Vossen* Rn. 710.
[1125] Vgl. ArbG Ludwigshafen 12. 5. 1993, BB 1994, 861.
[1126] BAG 9. 12. 1982, AP Nr. 73 zu § 626 BGB.
[1127] BAG 1. 7. 1999, AP Nr. 11 zu § 15 BBiG; KR-*Etzel* § 1 KSchG Rn. 493; *Korinth* AuR 1993, 105, 109; *Polzer/Powietzka* NZA 2000, 970, 972.
[1128] Vgl. dazu BAG 9. 12. 1982, AP Nr. 73 zu § 626 BGB; EGMR 26. 9. 1995, NJW 1996, 375; *Buchner* ZfA 1982, 49 ff.; v. *Hoyningen-Huene/Hofmann* BB 1984, 1050 ff.; *Löwisch* § 1 Rn. 147; *Mummenhoff* DB 1981, 2539 ff.; *Preis/Stoffels* RdA 1996, 210 ff.
[1129] Vgl. BAG 9. 12. 1982, AP Nr. 73 zu § 626 BGB; v. *Hoyningen-Huene/Hofmann* BB 1984, 1050, 1054; *Löwisch/Schönfeld* Anm. zu BAG EzA § 626 n. F. BGB Nr. 86.
[1130] Dazu ausf. *Hofmann* Das Verbot der parteipolitischen Betätigung im Betrieb 1984.
[1131] Vgl. dazu BVerfG 19. 5. 1992, AP Nr. 12 zu Art. 5 GG = EzA Art. 5 GG Nr. 22 mit krit. Anm. *Reuter*; *Kissel* NZA 1988, 145 ff.
[1132] Vgl. BAG 26. 9. 1990, RzK I 8 c Nr. 20; ausführlich dazu *Schaub* § 54.
[1133] Vgl. dazu BAG 26. 2. 1987, AP Nr. 2 zu § 79 BetrVG 1972 mit Anm. *Teplitzky* = SAE 1988, 58 mit Anm. *Kort* = EzA § 79 BetrVG 1972 Nr. 1 mit Anm. v. *Hoyningen-Huene* = AR-Blattei Geheimnisschutz im Arbeitsrecht Entsch. 6 mit Anm. *Führich*.

heimnis ist jede im Zusammenhang mit dem Betrieb stehende Tatsache zu verstehen, die nicht offenkundig, sondern nur einem eng begrenzten Personenkreis bekannt ist und nach dem Willen des Betriebsinhabers auf Grund eines berechtigten wirtschaftlichen Interesses geheimgehalten werden soll.[1134] Verstößt der Arbeitnehmer gegen seine Verschwiegenheitspflicht, so ist dies grundsätzlich geeignet, eine ordentliche Kündigung zu rechtfertigen.[1135] Besteht lediglich der Verdacht, daß ein Arbeitnehmer etwa auf Grund verwandtschaftlicher Beziehungen zu Angestellten eines Konkurrenzunternehmens Geschäftsgeheimnisse weitergibt, so kommt unter Umständen auch eine personenbedingte Kündigung in Betracht (dazu oben Rn. 200).

(12) Eigenmächtiger Urlaubsantritt

333 Bei eigenmächtigem Urlaubsantritt oder eigenmächtiger Urlaubsverlängerung ohne vorherige Zustimmung des Arbeitgebers ist eine ordentliche Kündigung **regelmäßig sozial gerechtfertigt**.[1136] Im Einzelfall kommt auch eine außerordentliche Kündigung in Betracht.[1137] Fehlt der Arbeitnehmer unentschuldigt, so beginnt die Ausschlußfrist des § 626 Abs. 2 BGB für eine hierauf gestützte außerordentliche Kündigung frühestens mit dem Ende der unentschuldigten Fehlzeit, weil es sich bei dem unentschuldigten Fernbleiben von der Arbeit um einen Dauertatbestand handelt.[1138]

334 Die **Vertragsverletzung** ergibt sich aus § 7 Abs. 1 BUrlG, wonach der Urlaub grundsätzlich vom Arbeitgeber zu gewähren ist und nicht vom Arbeitnehmer einseitig genommen werden kann.[1139] Der Arbeitnehmer, der sich selbst beurlaubt, verletzt die Hauptpflicht zur Arbeitsleistung, von der er mangels einer Urlaubserteilung durch den Arbeitgeber nicht wirksam entbunden ist. Auch wenn der Arbeitgeber dem Urlaubsverlangen des Arbeitnehmers hätte nachkommen müssen, wird dadurch der eigenmächtige Urlaubsantritt durch den Arbeitnehmer nicht zu einer verzeihlichen Verletzung einer Nebenpflicht. Es stellt im Gegenteil regelmäßig sogar eine beharrliche Arbeitsverweigerung dar, wenn der Arbeitnehmer trotz der Ablehnung seines Urlaubsantrags sich einfach selbst beurlaubt und damit vorsätzlich seiner Arbeitspflicht nicht nachkommt.[1140] Eine Kündigung wegen eigenmächtigem Urlaubsantritt kann nach Ansicht des BAG allerdings im Einzelfall unwirk-

---

[1134] BAG 26. 2. 1987, AP Nr. 2 zu § 79 BetrVG 1972.
[1135] Vgl. BAG 26. 9. 1990, RzK I 8 c Nr. 20; ErfK/*Ascheid* § 1 KSchG Rn. 352; KR-*Etzel* § 1 KSchG Rn. 513; HaKo-*Fiebig* § 1 Rn. 420; *Grimm* AR-Blattei SD 770 Rn. 62; *Kittner/Däubler/Zwanziger* § 1 KSchG Rn. 230; *Löwisch* § 1 Rn. 152.
[1136] BAG 25. 2. 1983, AP Nr. 14 zu § 626 BGB Ausschlußfrist; BAG 5. 11. 1992, AP Nr. 2 zu § 626 BGB Krankheit = EzA § 626 BGB n. F. Nr. 143 mit zust. Anm. *Kraft* = AR-Blattei ES 1010.9 Nr. 78 mit Anm. *Buschbeck-Bülow;* BAG 20. 1. 1994, AP Nr. 114 zu § 626 BGB; BAG 31. 1. 1996, EzA § 1 KSchG Verhaltensbedingte Kündigung Nr. 47; BAG 22. 1. 1998, AP Nr. 38 zu § 626 BGB Ausschlußfrist; BAG 16. 3. 2000, AP Nr. 114 zu § 102 BetrVG 1972; LAG Frankfurt 16. 6. 1983, BB 1984, 786; LAG Hamm 25. 6. 1985, LAGE § 1 KSchG Verhaltensbedingte Kündigung Nr. 5; LAG Schleswig-Holstein 9. 2. 1988, BB 1988, 1531.
[1137] Vgl. dazu BAG 20. 1. 1994, AP Nr. 114 zu § 626 BGB; BAG 22. 1. 1998, AP Nr. 38 zu § 626 BGB Ausschlußfrist.
[1138] Vgl. BAG 22. 1. 1998, AP Nr. 38 zu § 626 BGB Ausschlußfrist.
[1139] Vgl. *Leinemann/Linck* Urlaubsrecht § 7 BUrlG Rn. 3.
[1140] Vgl. BAG 22. 1. 1998, AP Nr. 38 zu § 626 BGB Ausschlußfrist.

sam sein, wenn beispielsweise wegen einer Auslandsbeschäftigung des Arbeitnehmers gerichtliche Hilfe zur Durchsetzung des Urlaubsanspruchs nicht rechtzeitig in Anspruch genommen werden kann.[1141]

Bei einer Erkrankung während des Urlaubs tritt **keine automatische Urlaubsverlängerung** um die Krankheitstage ein.[1142] Der Arbeitnehmer hat sich vielmehr nach Ablauf des vereinbarten Urlaubs beim Arbeitgeber zurückzumelden oder zuvor mit ihm eine Urlaubsverlängerung abzustimmen.[1143] Bei eigenmächtigem Urlaubsantritt oder eigenmächtiger Urlaubsverlängerung ist vor Ausspruch der Kündigung eine **Abmahnung** grundsätzlich **nicht erforderlich**.[1144] Denn der Arbeitnehmer kann nicht davon ausgehen, der Arbeitgeber werde dieses vertragswidrige Verhalten hinnehmen (zur Beweislast vgl. Rn. 303c).[1145]

334a

(13) Falschbeantwortung zulässiger Fragen

Die im öffentlichen Dienst in den neuen Bundesländern beschäftigten Arbeitnehmer hatten nach dem Beitritt einen Fragebogen auszufüllen und hierbei **Angaben zu einer Tätigkeit für das frühere Ministerium für Staatssicherheit der DDR (MfS)** zu machen. Solche Fragen sind zulässig.[1146] Die Falschbeantwortung des Fragebogens wegen einer Zusammenarbeit mit dem ehemaligen Ministerium für Staatssicherheit der DDR rechtfertigt nicht ohne weiteres eine verhaltensbedingte Kündigung.[1147] Es kommt vielmehr auf die Umstände des jeweiligen Einzelfalles, u. a. auch darauf an, wie lange die Tätigkeit für das MfS zurückliegt und wie bedeutsam sie war.[1148]

334b

(14) Krankmeldungen

Im Falle der Arbeitsunfähigkeit treffen den Arbeitnehmer zahlreiche Verhaltenspflichten. So ist er nach § 5 Abs. 1 Satz 1 EFZG verpflichtet, dem Arbeitgeber die Arbeitsunfähigkeit und deren voraussichtliche Dauer unverzüglich anzuzeigen. Dauert die Arbeitsunfähigkeit länger als drei Kalendertage, hat der Arbeitnehmer nach § 5 Abs. 1 Satz 2 spätestens am darauf folgenden Arbeitstag eine ärztliche Arbeitsunfähigkeitsbescheinigung vorzulegen.[1149] § 5 EFZG hat damit zum 1. 6. 1994 für alle Arbeitnehmergruppen

335

[1141] BAG 20. 1. 1994, AP Nr. 114 zu § 626 BGB; – krit. dazu *Hunold* DB 1994, 2497 f.
[1142] Vgl. *Leinemann/Linck* Urlaubsrecht § 9 BUrlG Rn. 16.
[1143] Vgl. BAG 5. 11. 1992, AP Nr. 2 zu § 626 BGB Krankheit; LAG Baden-Württemberg 9. 5. 1974, BB 1974, 1300; RGRK-*Corts* § 626 Rn. 163; HK-KSchG/*Dorndorf* § 1 Rn. 838.
[1144] Vgl. BAG 5. 11. 1992, AP Nr. 2 zu § 626 BGB Krankheit; BAG 20. 1. 1994, AP Nr. 114 zu § 626 BGB; – abweichend HK-KSchG/*Dorndorf* § 1 Rn. 840.
[1145] Zutr. LAG Hamm 25. 6. 1985, LAGE § 1 KSchG Verhaltensbedingte Kündigung Nr. 5; enger BAG 22. 1. 1998, AP Nr. 38 zu § 626 BGB Ausschlußfrist.
[1146] Vgl. BVerfG 8. 7. 1997, AP Nr. 39 zu Art. 2 GG; BAG 13. 9. 1995, AP Nr. 53 zu Einigungsvertrag Anlage I Kap. XIX.
[1147] Zur personenbedingten Kündigung vgl. Rn. 212 a ff.
[1148] Vgl. BAG 13. 6. 1996, AP Nr. 33 zu § 1 KSchG 1969; BAG 4. 12. 1997, AP Nr. 37 zu § 1 KSchG 1969 Verhaltensbedingte Kündigung.
[1149] Vgl. zu den Anzeige- und Nachweispflichten *Feichtinger* AR-Blattei SD 1000.2 (1997); *Hanau/Kramer* DB 1995, 94; *Hunold* Krankheit des Arbeitnehmers 3. Aufl. 1994, S. 67 ff.; *Lepke* NZA 1995, 1085; *Schliemann* AuR 1994, 317, 322 ff.; *Schmitt* EFZG § 5 Rn. 12 ff.; *Vossen* Entgeltfortzahlung bei Krankheit und an Feiertagen, 1997, Rn. 230 ff.; *Worzalla* NZA 1996, 61 ff.

§ 1 336–336 d   1. Abschnitt. Allgemeiner Kündigungsschutz

die Anzeige- und Nachweispflichten vereinheitlicht (zur alten Rechtslage vgl. 11. Aufl. Rn. 335).

336   Der Pflicht zur **unverzüglichen Anzeige** der Arbeitsunfähigkeit wird nur dann genügt, wenn der Arbeitnehmer dem Arbeitgeber die Arbeitsunfähigkeit ohne schuldhaftes Zögern (vgl. § 121 BGB) mitteilt. Zu Recht fordert hierbei das BAG, daß der Arbeitgeber grundsätzlich am ersten Tage durch Zugang der Anzeige von der Arbeitsunfähigkeit unterrichtet werden muß. Entscheidend ist der Zugang der Anzeige, weshalb eine briefliche Anzeige in der Regel nicht als unverzüglich anzusehen ist.[1150]

336 a   Ob die Anzeige der Arbeitsunfähigkeit unverzüglich erfolgt ist, beurteilt sich nach den Umständen des Einzelfalls. Grundsätzlich hat der Arbeitnehmer den Arbeitgeber **zu Arbeitsbeginn telefonisch** über die Arbeitsunfähigkeit zu unterrichten. Geht der Arbeitnehmer zum Arzt, hat er vor dem Arztbesuch dem Arbeitgeber seine Arbeitsunfähigkeit anzuzeigen. Der Arbeitnehmer handelt nicht mehr unverzüglich, wenn er erst nach einer ärztlichen Diagnose den Arbeitgeber von seiner Arbeitsunfähigkeit unterrichtet.[1151]

336 b   Die Anzeigepflicht betrifft nicht nur den Beginn, sondern auch die **Fortdauer der Erkrankung** über den zunächst angenommenen Zeitraum hinaus. § 5 Abs. 1 Satz 1 EFZG ist ebenso wie der frühere § 3 Abs. 1 Satz 1 LohnFG nicht dahin auszulegen, daß nur der Beginn der Arbeitsunfähigkeit und deren voraussichtliche Dauer dem Arbeitgeber unverzüglich mitzuteilen sind. Da bei einer Fortdauer der Arbeitsunfähigkeit die Interessenlage gleich ist, gilt auch dafür die Pflicht zur unverzüglichen Anzeige.[1152]

336 c   Die Anzeigepflicht besteht auch nach **Ablauf des Entgeltfortzahlungszeitraums** von sechs Wochen.[1153] Denn die Anzeigepflicht besteht, damit der Arbeitgeber in seinem Betrieb das Personal disponieren kann. Die hierzu notwendigen Maßnahmen wie Versetzungen, Überstundenanordnungen oder Versagung von Urlaubswünschen wegen der krankheitsbedingten Abwesenheit eines Arbeitnehmers haben nichts mit der Dauer der Entgeltfortzahlung zu tun, weshalb die Anzeigepflicht unabhängig von der Dauer des Entgeltfortzahlungszeitraums besteht.

336 d   Verstößt der Arbeitnehmer gegen die gesetzlichen oder vertraglichen Anzeigepflichten, so ist dieser Verstoß jedenfalls nach **vorheriger Abmahnung** geeignet, eine ordentliche Kündigung sozial zu rechtfertigen.[1154] Dabei ist freilich stets zu prüfen, ob der Arbeitnehmer wegen Art und Schwere der Erkrankung überhaupt in der Lage war, den Arbeitgeber pflichtgemäß zu

---

[1150] BAG 31. 8. 1989, AP Nr. 23 zu § 1 KSchG 1969 Verhaltensbedingte Kündigung; BAG 16. 8. 1991, AP Nr. 27 zu § 1 KSchG 1969 Verhaltensbedingte Kündigung = EzA § 1 KSchG Verhaltensbedingte Kündigung Nr. 41 mit krit. Anm. *Rüthers/Müller*; BAG 23. 9. 1992, EzA § 1 KSchG Verhaltensbedingte Kündigung Nr. 44.

[1151] BAG 31. 8. 1989, AP Nr. 23 zu § 1 KSchG 1969 Verhaltensbedingte Kündigung.

[1152] Vgl. BAG 16. 8. 1991, AP Nr. 27 zu § 1 KSchG 1969 Verhaltensbedingte Kündigung zur Rechtslage vor Inkrafttreten des EFZG sowie ErfK/*Dörner* § 5 EFZG Rn. 46; *Hanau/Kramer* DB 1995, 94; *Lepke* NZA 1995, 1084, 1085; *Schmitt* EFZG § 5 Rn. 99.

[1153] Ebenso *Berkowsky* NZA-RR 2001, 57, 58; HK-KSchG/*Dorndorf* § 1 Rn. 752.

[1154] BAG 31. 8. 1989, 16. 8. 1991, AP Nr. 23, 27 zu § 1 KSchG 1969 Verhaltensbedingte Kündigung; ErfK/*Ascheid* § 1 KSchG Rn. 358; HK-KSchG/*Dorndorf* § 1 Rn. 753; KR-*Etzel* § 1 KSchG Rn. 497.

unterrichten. Eine **Störung des Betriebsablaufs ist nicht Voraussetzung** für die Wirksamkeit der Kündigung. Solche Betriebsablaufstörungen sind nur – soweit eingetreten – im Rahmen der Interessenabwägung zu Lasten des Arbeitnehmers zu berücksichtigen.[1155]

Die Verpflichtung zum **Nachweis** der Arbeitsunfähigkeit ist in § 5 Abs. 1 Satz 2 EFZG geregelt. Verstößt ein Arbeitnehmer gegen die gesetzliche Nachweispflicht, so ist auch dieser Verstoß nach vorheriger Abmahnung grundsätzlich geeignet, eine Kündigung sozial zu rechtfertigen.[1156] Unter besonderen Umständen kann bei Verletzung der bestehenden Nachweispflicht auch eine außerordentliche Kündigung in Betracht kommen.[1157] Die Nachweispflicht besteht auch nach Ablauf der Sechs-Wochen-Frist.[1158]

Meldet sich der Arbeitnehmer **nach Ablauf der Arbeitsunfähigkeit** nicht wieder beim Arbeitgeber zur Arbeitsaufnahme zurück, kann dies nach vorheriger Abmahnung ebenfalls grundsätzlich eine ordentliche Kündigung rechtfertigen, bei langfristigen Verzögerungen auch eine außerordentliche Kündigung. Bei einem solchen unerlaubten Fernbleiben von der Arbeit verletzt der Arbeitnehmer seine Hauptleistungspflicht, nämlich die Arbeitspflicht. Dies ist der Kündigungsgrund. Betriebsablaufstörungen sind nicht notwendige Voraussetzung der sozialen Rechtfertigung, sondern nur ein Teilaspekt der Interessenabwägung.[1159]

Verstößt der Arbeitnehmer während der Zeit der Arbeitsunfähigkeit gegen **ärztliche Anordnungen** (z. B. Bettruhe), so kann auch dies eine Kündigung rechtfertigen.[1160] Dabei ist freilich zu beachten, daß geringfügige Verstöße gegen ärztliche Anordnungen und Verhaltensregelungen, durch die der Heilungsprozeß weder verzögert noch die Krankheit verschlimmert wird, für eine Kündigung nicht ausreichen. Erforderlich ist vielmehr ein Verhalten des Arbeitnehmers, das eine Verlängerung der Krankheitszeit verursachen kann.

So ist **beispielsweise** nach Auffassung des LAG Hamm[1161] der mehrstündige Besuch eines **Spielcasinos** mit einer längeren An- und Abfahrt im Pkw am Abend des Tages, an dem der Arbeitnehmer durch seinen Hausarzt krankgeschrieben wurde, geeignet, eine ordentliche Kündigung zu rechtfertigen. Erbringt der krankgeschriebene Arbeitnehmer während der Zeit der Arbeitsunfähigkeit **Arbeitsleistungen für Dritte,** so ist auch dies geeignet,

---

[1155] BAG 16. 8. 1991, AP Nr. 27 zu § 1 KSchG 1969 Verhaltensbedingte Kündigung; – abweichend noch BAG 7. 12. 1988, AP Nr. 26 zu § 1 KSchG 1969 Verhaltensbedingte Kündigung.
[1156] Vgl. BAG 7. 12. 1988, AP Nr. 26 zu § 1 KSchG 1969 Verhaltensbedingte Kündigung = EzA § 1 KSchG Verhaltensbedingte Kündigung Nr. 26 mit abl. Anm. *Rüthers.*
[1157] BAG 15. 1. 1986, AP Nr. 93 zu § 626 BGB.
[1158] Vgl. MünchArbR/*Berkowsky* § 137 Rn. 207; *Vossen* Entgeltfortzahlung bei Krankheit und an Feiertagen, 1997, Rn. 292.
[1159] Vgl. BAG 16. 8. 1991, AP Nr. 27 zu § 1 KSchG 1969 Verhaltensbedingte Kündigung.
[1160] Vgl. BAG 13. 11. 1979, AP Nr. 5 zu § 1 KSchG 1969 Krankheit mit Anm. *Herschel;* BAG 26. 8. 1993, AP Nr. 112 zu § 626 BGB unter B I 3 mit Anm. *Berning;* LAG Hamm 28. 8. 1991, LAGE § 1 KSchG Verhaltensbedingte Kündigung Nr. 34; MünchArbR/*Berkowsky* § 137 Rn. 213 ff.; *ders.* NZA-RR 2001, 57, 59; KR-*Etzel* § 1 KSchG Rn. 503; HaKo-*Fiebig* § 1 Rn. 362; *Löwisch* § 1 Rn. 163; – abweichend HK-KSchG/*Dorndorf* § 1 Rn. 763; *Kittner/Däubler/Zwanziger* § 1 KSchG Rn. 219.
[1161] Urt. vom 11. 5. 1982, DB 1983, 235.

eine Kündigung zu begründen.¹¹⁶² Verstößt ein Arbeitnehmer gegen die ärztliche Weisung, sich ruhig zu verhalten, indem er in seiner Freizeit am Wochenende als **Linienrichter bei einem Fußballspiel** tätig wird, ist dies nach Auffassung des LAG Niedersachsen ein Grund für eine ordentliche Kündigung.¹¹⁶³ Gleiches gilt, wenn ein Arbeitnehmer während der Zeit ärztlich bescheinigter Arbeitsunfähigkeit in der **Gaststätte des Ehepartners hinter der Theke steht** und während der vollen Öffnungszeit Bier ausschenkt.¹¹⁶⁴ Ohne vorherige Abmahnung soll dagegen eine Kündigung unwirksam sein, wenn ein Arbeitnehmer während der Arbeitsunfähigkeit einen **Freund bei der Wohnungsrenovierung unterstützt**.¹¹⁶⁵

340a Weigert sich der Arbeitnehmer, sich von einem durch den Arbeitgeber bestimmten **Arzt untersuchen** zu lassen, begründet dies grundsätzlich keine Kündigung.¹¹⁶⁶ Nur wenn eine Verpflichtung zur ärztlichen Untersuchung, etwa aus einem Tarifvertrag (z. B. § 7 Abs. 2 BAT),¹¹⁶⁷ besteht, hat sich der Arbeitnehmer ärztlich untersuchen zu lassen. Die Weigerung kann dann nach vorheriger Abmahnung eine Kündigung begründen.¹¹⁶⁸

341 Eine ordentliche Kündigung ist weiterhin auch dann sozial gerechtfertigt, wenn der Arbeitnehmer für den Fall, daß ihm ein bestimmter Wunsch nicht erfüllt wird, **androht, er werde sich krankschreiben lassen**.¹¹⁶⁹ Hierin liegt – unabhängig von einer Strafbarkeit wegen Nötigung nach § 240 StGB – ein Verstoß gegen die arbeitsvertragliche Rücksichtnahmepflicht, der das Vertrauensverhältnis der Arbeitsvertragsparteien erheblich beeinträchtigt. Der Kündigungsgrund besteht auch dann, wenn der Arbeitnehmer später eine Arbeitsunfähigkeitsbescheinigung vorlegt. Denn Kündigungsgrund ist die Drohung und Druckausübung, nicht jedoch der Zweifel an der Arbeitsunfähigkeit. Da kein vernünftiger Arbeitnehmer annehmen kann, der Arbeitgeber werde eine solche Drohung hinnehmen, ist eine Abmahnung vor Ausspruch der Kündigung nicht erforderlich.¹¹⁷⁰

---

¹¹⁶² Vgl. BAG 26. 8. 1993, AP Nr. 112 zu § 626 BGB; LAG München 9. 9. 1982, DB 1983, 1931; LAG Düsseldorf 25. 6. 1981, BB 1981, 1522; – zur Erstattung von Detektivkosten vgl. BAG 17. 9. 1998, AP Nr. 113 zu § 611 BGB Haftung des Arbeitnehmers; *Frölich* NZA 1996, 464; *Lingemann/Göpfert* DB 1997, 374.
¹¹⁶³ Urt. vom 1. 9. 1983, BB 1984, 1233.
¹¹⁶⁴ Vgl. LAG Hamm 28. 5. 1998, LAGE § 1 KSchG Verhaltensbedingte Kündigung Nr. 69.
¹¹⁶⁵ Vgl. LAG Köln 9. 10. 1998, LAGE § 1 KSchG Verhaltensbedingte Kündigung Nr. 73.
¹¹⁶⁶ Vgl. BAG vom 23. 2. 1967, AP Nr. 1 zu § 7 BAT mit Anm. *A. Hueck; Hunold* Krankheit des Arbeitnehmers 3. Aufl. 1994, S. 101 f.
¹¹⁶⁷ Vgl. zu der gleichlautenden Vorschrift in § 4 Abs. 2 Tarifvertrag für Musiker in Kulturorchestern BAG 25. 6. 1992, AP Nr. 21 zu § 611 BGB Musiker; Hessisches LAG 18. 2. 1999, RzK I 6 a Nr. 172.
¹¹⁶⁸ Vgl. BAG 6. 11. 1997, AP Nr. 142 zu § 626 BGB.
¹¹⁶⁹ Vgl. BAG 5. 11. 1992, AP Nr. 2 zu § 626 BGB Krankheit = EzA § 626 BGB Nr. 143 mit zust. Anm. *Kraft;* LAG Hamm 23. 5. 1984, DB 1985, 49; LAG Düsseldorf 17. 12. 1980, DB 1981, 1094; ArbG Düsseldorf 25. 9. 1980, BB 1981, 365; Münch-ArbR/*Berkowsky* § 137 Rn. 220; HK-KSchG/*Dorndorf* § 1 Rn. 756; KR-*Etzel* § 1 KSchG Rn. 506; – einschränkend LAG Köln 1. 4. 1998 und 26. 2. 1999, RzK I 6 a Nr. 166 und 173.
¹¹⁷⁰ BAG 5. 11. 1992, AP Nr. 2 zu § 626 BGB Krankheit; *Kraft* Anm. zu BAG EzA § 626 BGB Nr. 143; – zur Möglichkeit einer Verdachtskündigung in diesen Fällen vgl. *Gaul* NZA 1993, 865, 869 ff.

Ein Grund für eine verhaltensbedingte Kündigung liegt ferner vor, wenn 341 a
der Arbeitnehmer die Krankheit vortäuscht und sich so eine ärztliche **Arbeitsunfähigkeitsbescheinigung erschleicht.** In diesem Fall liegt in der Regel ein Betrug zum Nachteil des Arbeitgebers vor, weil dieser durch die Vorlage der Arbeitsunfähigkeitsbescheinigung dazu veranlaßt wird, Entgeltfortzahlung zu leisten.[1171] Der Arbeitgeber hat dabei nach Abs. 2 Satz 4 zu beweisen, daß der Arbeitnehmer unentschuldigt der Arbeit ferngeblieben ist.

Bezweifelt der Arbeitgeber die durch ärztliche Bescheinigung nachgewie- 341 b
sene Arbeitsunfähigkeit, beruft er sich insbesondere darauf, der Arbeitnehmer habe den Arzt durch Simulation einer Krankheit getäuscht oder der Arzt habe den Begriff der Arbeitsunfähigkeit verkannt, muß der Arbeitgeber die Umstände, die gegen die Arbeitsunfähigkeit sprechen, im einzelnen darlegen und notfalls beweisen (dazu näher Rn. 303 e). Nur so kann die **Beweiskraft der ärztlichen Arbeitsunfähigkeitsbescheinigung erschüttert** werden.[1172] Täuscht ein Arbeitnehmer seine Arbeitsunfähigkeit vor, so liegt hierin ein Verstoß gegen die Arbeitspflicht, der eine – ggf. auch außerordentliche – Kündigung ohne vorherige Abmahnung rechtfertigen kann.[1173]

Häufige Urlaubserkrankungen, die ordnungsgemäß durch Arbeitsun- 342
fähigkeitsbescheinigungen nachgewiesen sind, rechtfertigen für sich allein noch nicht eine ordentliche Kündigung, und zwar auch nicht unter dem Gesichtspunkt einer Verdachtskündigung.[1174] Besteht indes auf Grund weiterer Umstände der dringende Verdacht, daß ein Arbeitnehmer eine Arbeitsunfähigkeitsbescheinigung erschlichen hat, d. h. daß er den Arzt mit unredlichen Mitteln zur Ausstellung der Bescheinigung beeinflußt hat, so kommt grundsätzlich eine ordentliche Kündigung in Betracht.[1175]

(15) Lohnpfändungen

Häufige Lohnpfändungen rechtfertigen nur ausnahmsweise eine verhal- 343
tensbedingte Kündigung.[1176] Eine Kündigung wegen häufiger Lohnpfändun-

---

[1171] BAG 26. 8. 1993, AP Nr. 112 zu § 626 BGB mit Anm. *Berning* = SAE 1994, 217 mit Anm. *Walker*; vgl. dazu auch *Künzl/Weinmann* AuR 1996, 256.
[1172] BAG 26. 8. 1993, AP Nr. 112 zu § 626 BGB; BAG 7. 12. 1995, RzK I 10 h Nr. 37; – zum Beweiswert der Arbeitsunfähigkeitsbescheinigung vgl. BAG 15. 7. 1992, AP Nr. 98 zu § 1 LohnFG; BAG 27. 4. 1994, AP Nr. 100 zu § 1 LohnFG mit Anm. *Blomeyer/Bramiak* = EzA § 3 LohnFG Nr. 18 mit Anm. *Marschner*; BAG 19. 2. 1997, AP Nr. 3 zu Art. 18 EWG-Verordnung Nr. 574/72 mit Anm. *Schmitt* = EzA § 5 EFZG Nr. 3 mit Anm. *Heinze/Giesen*; EuGH 3. 6. 1992, AP Nr. 1 zu Art. 18 EWG-Verordnung Nr. 574/72 = EzA § 3 LohnFG Nr. 16 mit zust. Anm. *Marschner*; EuGH 2. 5. 1996, AP Nr. 3 zu Art. 18 EWG-Verordnung Nr. 574/72 mit Anm. *Wank/Börgmann*; *Abele* NZA 1996, 631; *Leipold* Festschrift für Kissel S. 629 m. w. N.
[1173] Vgl. BAG 26. 8. 1993, AP Nr. 112 zu § 626 BGB; LAG Schleswig-Holstein 3. 11. 1997, RzK I 6 a Nr. 162.
[1174] LAG Düsseldorf 15. 1. 1986, DB 1986, 1180; LAG Frankfurt 22. 9. 1983, ARSt 1984, 54.
[1175] LAG Düsseldorf 3. 6. 1981, DB 1981, 1731; LAG Schleswig-Holstein 28. 11. 1983, DB 1984, 1355; – zum Beweiswert solcher ausländischer Arbeitsunfähigkeitsbescheinigungen vgl. BAG 19. 2. 1997, AP Nr. 4 zu § 3 EntgeltFG mit Anm. *Schmitt*; BAG 1. 10. 1997, AP Nr. 4 zu § 5 EntgeltFG.
[1176] Vgl. dazu BAG 4. 11. 1981, AP Nr. 4 zu § 1 KSchG 1969 Verhaltensbedingte Kündigung mit Anm. *v. Hoyningen-Huene* = SAE 1983, 204 mit Anm. *Nickel* = AR-Blattei Kündigung IX Entsch. 61 mit Anm. *Herschel*; BAG 15. 10. 1992, EzA § 1 KSchG Verhaltensbedingte Kündigung Nr. 45; ebenso *Birk* JuS 1986, 539; HK-KSchG/*Dorndorf* § 1

gen ist **nur dann sozial gerechtfertigt,** wenn die Lohnpfändungen oder -abtretungen beim Arbeitgeber als Drittschuldner i. S. d. §§ 828 ff. ZPO einen derartigen Arbeitsaufwand verursachen, daß dies nach objektiver Beurteilung zu wesentlichen Störungen im Arbeitsablauf (etwa in der Lohnbuchhaltung oder in der Rechtsabteilung) oder in der betrieblichen Organisation führt. Dabei ist stets auch eine umfassende Abwägung der Interessen beider Vertragsparteien erforderlich, weshalb sich eine schematische Prüfung der sozialen Rechtfertigung, wie etwa durch Abstellen auf eine bestimmte Anzahl von Lohnpfändungen, verbietet.[1177]

344 Die Kündigung wegen häufiger Lohnpfändungen stellt nach zutreffender h. M. eine **verhaltensbedingte Kündigung wegen außerdienstlichem Verhalten** dar.[1178] Durch sein außerdienstliches Ausgabeverhalten und die dadurch verursachten Lohnpfändungen greift der Arbeitnehmer mittelbar in die Betriebsorganisation ein, indem er Mehrbelastungen in der Lohnbuchhaltung verursacht. Damit verstößt der Arbeitnehmer gegen seine Pflicht, Beeinträchtigungen des Betriebsablaufs – hier der Lohnbuchhaltung – zu unterlassen.[1179]

345 Entgegen der Auffassung des BAG[1180] ist vor Ausspruch einer Kündigung wegen häufiger Lohnpfändungen eine **Abmahnung erforderlich.**[1181] Entscheidender Kündigungsgrund ist nämlich nicht die Lohnpfändung als solche, sondern die sich hieraus beim Arbeitgeber ergebenden erheblichen Betriebsstörungen. Wann die Beeinträchtigungen für den Arbeitgeber kündigungsrelevant werden, ist jedoch für den Arbeitnehmer nicht erkennbar. Es ist daher erforderlich, dem Arbeitnehmer durch eine Abmahnung vor Ausspruch der Kündigung deutlich zu machen, daß neue zu Lohnpfändungen führende Verbindlichkeiten eine Kündigung nach sich ziehen können. Es liegt dann am Arbeitnehmer, sein Ausgabeverhalten entsprechend einzustellen, um so eine negative Zukunftsprognose zu verhindern.

(16) Mißbrauch von Kontrolleinrichtungen

346 Der Mißbrauch von Kontrolleinrichtungen, wie elektronischen Zeiterfassungsgeräten, Stempeluhren, Stundenbescheinigungen, Besuchsberichten u. ä. **rechtfertigt regelmäßig eine verhaltensbedingte Kündigung,** wobei

---

Rn. 830; KR-*Etzel* § 1 KSchG Rn. 482; *Löwisch* § 1 Rn. 173; – abweichend *Pfarr/Struck* BlStSozArbR 1982, 289; *Preis* S. 467 f.; *ders.* DB 1990, 630, 632; *Stahlhacke/Preis/Vossen* Rn. 715.

[1177] Unzutreffend daher LAG Hamm 21. 9. 1977, DB 1977, 2237.

[1178] BAG 4. 11. 1981, AP Nr. 4 zu § 1 KSchG 1969 Verhaltensbedingte Kündigung mit Anm. *v. Hoyningen-Huene; Birk* JuS 1986, 538 f.; – abweichend *Nickel* SAE 1983, 207, 208; *Reuter* JuS 1982, 544, die sich für einen Kündigungsgrund in der Person des Arbeitnehmers aussprechen; – offengelassen von BAG 15. 10. 1992, EzA § 1 KSchG Verhaltensbedingte Kündigung Nr. 45.

[1179] Vgl. *v. Hoyningen-Huene* Anm. zu BAG AP Nr. 4 zu § 1 KSchG 1969 Verhaltensbedingte Kündigung.

[1180] BAG 4. 11. 1981, AP Nr. 4 zu § 1 KSchG 1969 Verhaltensbedingte Kündigung.

[1181] Vgl. dazu näher *v. Hoyningen-Huene* Anm. zu BAG AP Nr. 4 zu § 1 KSchG 1969 Verhaltensbedingte Kündigung; ebenso ErfK/*Ascheid* § 1 KSchG Rn. 356; *Berkowsky* NZA-RR 2001, 57, 68; HK-KSchG/*Dorndorf* § 1 Rn. 831; KR-*Etzel* § 1 KSchG Rn. 483; Ha-Ko-*Fiebig* § 1 Rn. 385; *Lepke* RdA 1980, 185, 194; *Löwisch* § 1 Rn. 173; *Nickel* SAE 1983, 207, 209; MünchKomm-BGB/*Schwerdtner* § 622 Anh. Rn. 336.

im Einzelfall auch eine außerordentliche Kündigung in Betracht kommt.[1182] Wegen der Schwere des Verstoßes ist in diesen Fällen in der Regel eine Abmahnung nicht erforderlich.[1183]

(17) Nebentätigkeiten

Eine Nebentätigkeit des Arbeitnehmers rechtfertigt **grundsätzlich keine Kündigung**.[1184] Soweit eine (tarif)vertragliche Vereinbarung über ein Verbot von Nebentätigkeiten oder über deren Genehmigungspflicht besteht, ist dieses unter Beachtung von Art. 12 GG verfassungskonform dahin auszulegen, daß nur solche Nebentätigkeiten verboten sind bzw. einer Genehmigung des Arbeitgebers bedürfen, an deren Unterlassung der Arbeitgeber ein berechtigtes Interesse hat.[1185] Gleiches gilt nach Auffassung des BAG für Nebentätigkeitsverbote in Betriebsvereinbarungen.[1186] Deshalb kann die Ausübung einer Nebentätigkeit eine Kündigung nur dann rechtfertigen, wenn die vertraglich geschuldeten Leistungen durch die Nebentätigkeit erheblich beeinträchtigt werden.[1187]

Eine solche **Beeinträchtigung der Arbeitgeberinteressen** ist insbesondere dann anzunehmen, wenn aufgrund der Beanspruchung durch die Nebentätigkeit der Arbeitnehmer bei der Erbringung der vertraglich geschuldeten Arbeitsleistung gegenüber dem Arbeitgeber beeinträchtigt wird.[1188] Eine Nebentätigkeit während der Arbeitsunfähigkeit kann den Heilungsverlauf verzögern und deshalb Arbeitgeberinteressen beeinträchtigen.[1189] Bedarf ein leitender Angestellter i. S. d. § 5 Abs. 3 BetrVG für die Ausübung einer Nebentätigkeit nach dem Arbeitsvertrag der Zustimmung des Arbeitgebers, so kann bei vertragswidriger Nebentätigkeit und vorheriger Abmahnung

---

[1182] Vgl. BAG 13. 8. 1987, RzK I 5 i Nr. 31 und BAG 12. 8. 1999, AP Nr. 51 zu § 123 BGB zur Manipulation beim Ausfüllen von Gleitzeitformularen; BAG 27. 1. 1977, AP Nr. 7 zu § 103 BetrVG 1972 zum heimlichen Verlassen des Betriebsgeländes nach Betätigung der Stempeluhr; LAG Berlin 6. 6. 1988, LAGE § 1 KSchG Verhaltensbedingte Kündigung Nr. 18 und LAG Hamm 7. 5. 1985, RzK I 6 a Nr. 12 zum Stempeln einer Stempelkarte durch Dritte; LAG Schleswig-Holstein 5. 6. 1986, RzK I 6 a Nr. 20 zu unrichtigen Eintragungen in der Zeitsummenkarte bei Gleitzeitregelung.
[1183] Vgl. BAG 13. 8. 1987, RzK I 5i Nr. 31; LAG Berlin 6. 6. 1988, LAGE § 1 KSchG Verhaltensbedingte Kündigung Nr. 18; LAG Niedersachsen 18. 10. 1994, RzK I 5i Nr. 99.
[1184] Ausführlich zur Nebentätigkeit *Wank* Nebentätigkeit 1995 sowie *Wertheimer/Krug* BB 2000, 1462.
[1185] BAG 18. 11. 1988, AP Nr. 3 zu § 611 BGB Doppelarbeitsverhältnis mit Anm. *Gitter* = SAE 1990, 25 mit Anm. *Bittner;* BAG 26. 6. 2001 – 9 AZR 343/00; LAG Hamburg 4. 11. 1994, LAGE § 1 TVG Nebentätigkeit Nr. 1; im Ergebnis ebenso MünchArbR/*Blomeyer* § 53 Rn. 53; *Glöckner* S. 74 ff.; *Preis* Grundfragen der Vertragsgestaltung im Arbeitsrecht 1993, S. 534 ff.
[1186] BAG 15. 3. 1990, RzK I 5 i Nr. 60.
[1187] Vgl. BAG 26. 8. 1976, AP Nr. 68 zu § 626 BGB mit Anm. *Löwisch/Röder* = AR-Blattei Nebentätigkeit des Arbeitnehmers Entsch. 7 mit Anm. *Herschel;* – zur ungenehmigten Nebentätigkeit im öffentlichen Dienst vgl. BAG 30. 5. 1996, AP Nr. 2 zu § 611 BGB Nebentätigkeit.
[1188] Vgl. BAG 21. 9. 1999, DB 2000, 1336: Kein Anspruch eines DGB-Rechtsschutzsekretärs auf Zustimmung zur Aufnahme einer Nebentätigkeit als Rechtsanwalt; BAG 24. 6. 1999, DB 2000, 1336 zur Nebentätigkeit eines Hörfunksprechers des NDR bei einem privaten Fernsehsender; BAG 26. 6. 2001 – 9 AZR 343/00 zum Verbot von Nebentätigkeiten bei Busfahrern, die mit dem Lenken von Kraftfahrzeugen verbunden sind.
[1189] BAG 26. 8. 1993, AP Nr. 112 zu § 626 BGB; LAG Köln 7. 1. 1993, LAGE § 626 BGB Nr. 69.

eine Kündigung gerechtfertigt sein.[1190] Wenn ein technischer Angestellter in hoher Stellung mit den Zulieferern des Arbeitgebers vertragswidrig Geschäfte macht und das verheimlicht, liegt u. U. sogar ein Grund zur außerordentlichen Kündigung vor.[1191]

348 Eine unerlaubte Nebentätigkeit liegt regelmäßig auch dann vor, wenn der Arbeitnehmer durch seine Nebentätigkeit dem Arbeitgeber **Konkurrenz** macht.[1192] Dies ergibt sich für Handlungsgehilfen aus dem in § 60 HGB ausdrücklich normierten Wettbewerbsverbot und für alle übrigen Beschäftigten aus der aus Treu und Glauben abzuleitenden vertraglichen Nebenpflicht.[1193] Ein Verstoß hiergegen rechtfertigt regelmäßig eine verhaltensbedingte Kündigung, im Einzelfall kommt dabei auch eine außerordentliche Kündigung in Betracht.[1194]

(18) Personaleinkauf

348 a Der Arbeitnehmer, der sich beim Personaleinkauf einen Preisnachlaß auf Waren geben läßt, die **nicht für den Eigenbedarf, sondern für Nachbarn** bestimmt sind, handelt vertragswidrig, weil er dem Arbeitgeber die Voraussetzungen eines nur nach § 9 Nr. 3 RabattG zulässigen Personaleinkaufs vorspiegelt. Diese Vertragsverletzung kann der Arbeitnehmer nicht damit entschuldigen, ihm sei nicht bekannt gewesen, daß Personaleinkäufe nur für Privatzwecke bestimmt sein dürfen, weil sich dies aus dem RabattG ergibt und damit als bekannt vorauszusetzen ist. Ein solches Verhalten kann u. U. auch ohne vorherige Abmahnung eine verhaltensbedingte Kündigung rechtfertigen.[1195] Mit dem Außerkrafttreten des RabattG zum 31. 7. 2001 kann eine Kündigung freilich nicht mehr so begründet werden. Eine Kündigung kommt allerdings nach wie vor in Betracht, wenn nach dem Arbeitsvertrag der Personaleinkauf nur zur Deckung des Eigenbedarfs erfolgen darf und der Arbeitnehmer hiergegen verstößt.

(19) Private Telefongespräche

348 b Auch wenn private Telefongespräche vom Arbeitgeber stillschweigend geduldet werden, kann häufiges, ausschweifendes Telefonieren zu privaten Zwecken eine Vertragsverletzung darstellen. Bei der Gewichtung der Vertragsverletzung sind nicht nur die entstandenen **Telefongebühren** zu berücksichtigen, sondern auch die **eingesetzte Arbeitszeit**. In der Regel wird freilich vor Ausspruch der Kündigung eine Abmahnung erforderlich sein; entsprechendes gilt für die **private Internetnutzung**.[1196]

[1190] LAG Berlin 25. 1. 1988, WM 1988, 1519; BAG 20. 5. 1988, WM 1988, 1524.
[1191] LAG Köln 24. 11. 1993, LAGE § 626 BGB Nr. 75.
[1192] Vgl. hierzu auch Rn. 360 a.
[1193] Vgl. BAG 17. 10. 1969, AP Nr. 7 zu § 611 BGB Treuepflicht mit Anm. *Canaris;* BAG 16. 6. 1976, 3. 5. 1983, AP Nr. 6, 10 zu § 60 HGB; BAG 16. 8. 1990, AP Nr. 10 zu § 611 BGB Treuepflicht; LAG Schleswig-Holstein 30. 5. 1991, DB 1991, 1990; Münch-Komm-HGB/*v. Hoyningen-Huene* § 60 Rn. 8.
[1194] Vgl. BAG 6. 8. 1987, AP Nr. 97 zu § 626 BGB mit Anm. *Baumgärtel;* BAG 16. 8. 1990, AP Nr. 10 zu § 611 BGB Treuepflicht; LAG Frankfurt 6. 11. 1996, LAGE § 1 KSchG Verhaltensbedingte Kündigung Nr. 10; LAG Köln 11. 9. 1996, LAGE § 626 BGB Nr. 103.
[1195] LAG Hamm 26. 1. 1995, LAGE § 1 KSchG Verhaltensbedingte Kündigung Nr. 47; vgl. auch *Kircher* Der Personalkauf 1997 S. 118 f.
[1196] Vgl. LAG Niedersachsen 13. 1. 1998, LAGE § 1 KSchG Verhaltensbedingte Kündigung Nr. 63 (Telefongebühren in Höhe von rund 175 DM in 3 ½ Monaten); LAG Köln 2. 7. 1998,

(20) Rauchverbot

Der wiederholte Verstoß gegen ein betriebliches Rauchverbot kann nach vorangegangenen **Abmahnungen** auch die Kündigung eines langjährig beschäftigten Arbeitnehmers rechtfertigen.[1197]

348 c

(21) Schlechtleistungen

Erbringt ein Arbeitnehmer nur **unzureichende Arbeitsleistungen,** kann auch dies nach vorheriger Abmahnung eine verhaltensbedingte Kündigung rechtfertigen.[1198] Dabei kann es im Einzelfall schwierig sein festzustellen, ob die unzureichende Arbeitsleistung auf einem Verhalten des Arbeitnehmers beruht oder auf einer unzureichenden Eignung. Im letzteren Fall käme eine personenbedingte Kündigung in Betracht.[1199] In Zweifelsfällen ist grundsätzlich vor Ausspruch der Kündigung eine Abmahnung erforderlich.[1200]

349

Keiner vorherigen Abmahnung bedarf die Kündigung eines **Lehrers, der im Schulunterricht menschenverachtende Witze erzählt.**[1201] Die pädagogische Leistung eines solchen Lehrers ist unzureichend, weil er die Schüler nicht im Sinne eines humanen, die Würde des Individuums achtenden Weltbildes erzieht, sondern die Opfer des Holocaust verhöhnt. Einer Abmahnung vor Ausspruch der Kündigung bedarf es hier nicht, weil der Lehrer mit einer Billigung des Verhaltens nicht rechnen konnte.

349 a

Eine mangelhafte Arbeitsleistung liegt ferner vor, wenn sich ein **Vertriebsmitarbeiter bei einem Kundenbesuch selbst negativ über die Produkte seines Arbeitgebers äußert** und dem Kunden die Anschrift eines Konkurrenzunternehmens nennt sowie telefonisch einen Kontakt zwischen dem Kunden und dem Konkurrenten herstellt.[1202]

349 b

Eine Kündigung wegen unzureichender Arbeitsleistung setzt stets die substantiierte Darlegung des Arbeitgebers voraus, daß der betreffende Arbeitnehmer **unterdurchschnittliche Arbeitsleistungen** erbringt, obwohl er zu besseren Leistungen in der Lage wäre (siehe dazu oben Rn. 253). Dazu ist zunächst erforderlich, die im Durchschnitt geforderte Arbeitsleistung genau zu bestimmen. Dies kann sich allerdings als problematisch erweisen, da in einer sehr guten Arbeitsgruppe schon der an sich gute Arbeitnehmer bezo-

350

LAGE § 1 KSchG Verhaltensbedingte Kündigung Nr. 66 (Telefongebühren in Höhe von rund 580 DM in 10 Monaten); zur Internetnutzung ArbG Hannover NZA 2001, 1022; ArbG Wesel NZA 2001, 786.

[1197] Vgl. LAG Düsseldorf 17. 6. 1997, LAGE § 1 KSchG Verhaltensbedingte Kündigung Nr. 58.

[1198] Vgl. BAG 22. 7. 1982, AP Nr. 5 zu § 1 KSchG 1969 Verhaltensbedingte Kündigung mit Anm. *Otto;* BAG 15. 8. 1984, AP Nr. 8 zu § 1 KSchG 1969 mit Anm. *M. Wolf;* BAG 21. 5. 1992, AP Nr. 28 zu § 1 KSchG 1969 Verhaltensbedingte Kündigung; *Becker-Schaffner* BlStSozArbR 1981, 1775 ff.; MünchArbR/*Berkowsky* § 137 Rn. 75; HK-KSchG/*Dorndorf* § 1 Rn. 743; *Leuchten/Zimmer* BB 1999, 1973; *Löwisch* § 1 Rn. 135 f.; *Stahlhacke/Preis/Vossen* Rn. 716; – zur alkoholbedingten Schlechtleistung vgl. LAG Frankfurt 20. 3. 1986, BB 1986, 2271.

[1199] Vgl. dazu Rn. 211 ff.

[1200] BAG 27. 9. 1976, AP Nr. 9 zu § 1 KSchG Verhaltensbedingte Kündigung mit Anm. *Boden.*

[1201] BAG 5. 11. 1992, RzK I 5 i Nr. 81.

[1202] Vgl. Sächsisches LAG 25. 6. 1996, LAGE § 626 BGB Nr. 102.

gen auf diese sehr gute Gruppe unterdurchschnittliche Arbeitsleistungen erbringt.[1203] Der Arbeitgeber ist deshalb gehalten, Tatsachen darzulegen, aus denen sich feststellen läßt, welche Leistungen von einem vergleichbaren Arbeitnehmer durchschnittlich erwartet werden können und welche Leistungen der gekündigte Arbeitnehmer tatsächlich auf längere Zeit erbracht hat.[1204] Hierfür können auch Zielvereinbarungen, die mit dem Gekündigten und vergleichbaren Arbeitnehmern getroffen wurden, herangezogen werden. Weicht die tatsächliche Arbeitsleistung von der berechtigterweise durchschnittlich zu fordernden Arbeitsleistung erheblich ab, so kann die Kündigung nach vorheriger Abmahnung sozial gerechtfertigt sein, sofern keine Weiterbeschäftigungsmöglichkeit auf einem anderen Arbeitsplatz besteht.

(22) Schmiergeld

351 Die Annahme von Schmiergeld und sonstigen nicht nur geringfügigen Geschenken, wie z. B. Kugelschreibern oder Kalendern, stellt regelmäßig einen **Grund zur ordentlichen oder außerordentlichen Kündigung** dar.[1205] Auf eine Schädigung des Arbeitgebers kommt es dabei nicht an, weil durch die bloße Annahme von Schmiergeldern das Vertrauensverhältnis zu dem Mitarbeiter in aller Regel erschüttert ist.[1206]

351 a Keine Annahme von Schmiergeld liegt dagegen nach Auffassung des BAG vor, wenn ein Arbeitnehmer, der nicht mit der Einstellung von Personal befaßt ist, für die Vermittlung der Einstellung eines anderen Arbeitnehmers eine **Vermittlungsprovision** erhalten hat.[1207] Hierbei handele es sich um außerdienstliches Verhalten, das nur bei einer konkreten Beeinträchtigung des Arbeitsverhältnisses geeignet sei, eine Kündigung sozial zu rechtfertigen.

(23) Sexuelle Belästigung

351 b Die Beeinträchtigung der sexuellen Selbstbestimmung einer Arbeitnehmerin durch einen männlichen Arbeitnehmer stellt einen Kündigungsgrund dar, wenn die Arbeitnehmerin im Betrieb ohne ihre Zustimmung sexuell belästigt wird.[1208] Dies gilt insbesondere für sexuelle Belästigungen von Auszubildenden durch Ausbilder, weil der Arbeitgeber auf die moralische Integrität seiner Ausbilder vertrauen können muß.[1209] Auch sexuelle Belästigungen einer Mitarbeiterin einer Kundenfirma können die Kündigung eines

---

[1203] Zutr. BAG 22. 7. 1982, AP Nr. 5 zu § 1 KSchG 1969 Verhaltensbedingte Kündigung.
[1204] Ebenso MünchArbR/*Berkowsky* § 137 Rn. 76; – abweichend HaKo-*Fiebig* § 1 Rn. 356.
[1205] Vgl. BAG 17. 8. 1972, AP Nr. 65 zu § 626 BGB mit Anm. *Birk;* LAG Düsseldorf 12. 8. 1980, EzA § 626 BGB n. F. Nr. 73; LAG Köln 4. 1. 1984, DB 1984, 1101.
[1206] So zutr. BAG 15. 11. 1995, AP Nr. 73 zu § 102 BetrVG 1972; Hessisches LAG 18. 6. 1997, LAGE § 626 BGB Nr. 114; HK-KSchG/*Dorndorf* § 1 Rn. 828; KR-*Etzel* § 1 KSchG Rn. 514; MünchKomm-BGB/*Schwerdtner* § 622 Anh. Rn. 358; *Staudinger/Preis* § 626 Rn. 199.
[1207] BAG 24. 9. 1987, AP Nr. 19 zu § 1 KSchG 1969 Verhaltensbedingte Kündigung mit abl. Anm. *van Venrooy* = EzA § 1 KSchG Verhaltensbedingte Kündigung Nr. 18 mit abl. Anm. *Löwisch.*
[1208] Vgl. Hessisches LAG 20. 8. 1995 – 3 Sa 636/94 n. v.: Griff an die Brust einer arglos und konzentriert arbeitenden Arbeitnehmerin durch einen Kollegen; LAG Hamm 10. 3. 1999, NZA-RR 1999, 623; vgl. dazu auch *Berkowsky* NZA-RR 2001, 57, 63f. sowie ausf. *Schlachter* NZA 2001, 121.
[1209] Vgl. BAG 9. 1. 1986, AP Nr. 20 zu § 626 BGB Ausschlußfrist.

Sozial ungerechtfertigte Kündigungen **351 c–353 § 1**

angestellten Verkäufers rechtfertigen. Hierzu ist erforderlich, daß der Arbeitgeber **konkret darlegt**, durch welche Handlungen, Gesten oder Worte es zu den Übergriffen des gekündigten Arbeitnehmers gekommen ist. Der pauschale Hinweis auf eine sexuelle Belästigung genügt nicht.[1210]

Bei der Auslegung des KSchG sind auch die gesetzlichen Wertungen in §§ 2, 4 Abs. 1 Nr. 1 des **BeschäftigtenschutzG vom 24. 6. 1994**[1211] zu beachten. Danach ist die sexuelle Belästigung am Arbeitsplatz eine Verletzung arbeitsvertraglicher Pflichten (§ 2 Abs. 2 BeschSchG), auf die der Arbeitgeber nach § 4 Abs. 1 Nr. 1 mit angemessenen arbeitsrechtlichen Maßnahmen reagieren muß. Die vom Arbeitgeber zu ergreifende Maßnahme muß dem Grundsatz der Verhältnismäßigkeit entsprechen.[1212] Die vom Arbeitgeber gem. § 2 BeschSchG zu treffenden vorbeugenden Schutzmaßnahmen gegen sexuelle Belästigung am Arbeitsplatz berechtigen ihn nicht, der sexuellen Belästigung beschuldigte Arbeitnehmer zu entlassen, wenn ihnen eine entsprechende Tat nicht nachgewiesen werden kann. § 4 BeschSchG gewährt insoweit kein Kündigungsrecht.[1213] **351 c**

(24) Strafbare Handlungen

Die kündigungsrechtliche Bedeutung strafbarer Handlungen hängt grundsätzlich davon ab, ob die strafbare Handlung im Privatbereich verübt wurde oder bei der Erbringung der Arbeitsleistung. Strafbare Handlungen **im außerdienstlichen Bereich** sind kündigungsrechtlich nur insoweit von Relevanz, als durch sie die Eignung des Arbeitnehmers in Frage gestellt ist (dazu oben Rn. 325 f.). In diesen Fällen kommt daher eine personenbedingte Kündigung in Betracht. **352**

Straftaten im Betrieb, die zum Nachteil des Arbeitgebers begangen werden, rechtfertigen grundsätzlich eine ordentliche bzw. im Einzelfall auch eine außerordentliche Kündigung, weil durch sie das Vertrauensverhältnis zwischen Arbeitgeber und Arbeitnehmer erheblich beeinträchtigt wird.[1214] Dies gilt nach der Rechtsprechung des BAG auch dann, wenn sich der Arbeitnehmer eine im Eigentum des Arbeitgebers stehende geringwertige Sache durch einen **Diebstahl** aneignet, wobei es nicht darauf ankommt, ob der Diebstahl im Beschäftigungsbetrieb oder in einem anderen, räumlich entfernten Betrieb des Arbeitgebers begangen wird.[1215] Nach Ansicht des LAG Düsseldorf beeinträchtigt allerdings die unberechtigte Wegnahme einer **353**

[1210] Vgl. BAG 26. 6. 1997, RzK I 5 i Nr. 126.
[1211] BGBl. I S. 1406; vgl. hierzu *Marzodko/Rinne* ZTR 2000, 305.
[1212] Vgl. LAG Hamm 22. 10. 1996, LAG Hamburg 21. 10. 1998, LAGE § 4 BSchG Nr. 1 und 3; LAG Hamm 10. 3. 1999, LAGE § 1 KSchG Verhaltensbedingte Kündigung Nr. 75.
[1213] BAG 8. 6. 2000, NZA 2001, 91.
[1214] Vgl. RGRK-*Corts* § 626 Rn. 151 ff.; KR-*Etzel* § 1 KSchG Rn. 520; *Kittner/Däubler/Zwanziger* § 1 KSchG Rn. 244; *Löwisch* § 1 Rn. 160; *Stahlhacke/Preis/Vossen* Rn. 720; *Staudinger/Preis* § 626 Rn. 189 ff.; – zum Diebstahl aus Beweisnot vgl. *Haller* BB 1997, 202.
[1215] Vgl. BAG 17. 5. 1984, AP Nr. 14 zu § 626 BGB Verdacht strafbarer Handlung; BAG 20. 9. 1984, AP Nr. 80 zu § 626 BGB = SAE 1985, 171 mit Anm. *Oetker*; BAG 3. 4. 1986, AP Nr. 18 zu § 626 BGB Verdacht strafbarer Handlung: Verzehr eines Stück Bienenstichkuchens einer Verkäuferin hinter der Bedienungstheke; Diebstahl von drei Kiwifrüchten im Wert von DM 2,97; Diebstahl eines Lippenstiftes zum Kaufpreis von DM 9,00; BAG 12. 8. 1999, AP Nr. 28 zu § 626 BGB Verdacht strafbarer Handlung; – kritisch hierzu *Zuber* NZA 1999, 1142, 1144.

Wurst durch einen in einer Metzgerei beschäftigten Arbeitnehmer das Arbeitsverhältnis nicht so, daß dies eine außerordentliche, wohl aber eine ordentliche Kündigung rechtfertigt.[1216]

354 Bei der Bewertung des Diebstahls und der Prüfung der Frage, ob eine außerordentliche oder nur eine ordentliche Kündigung in Betracht kommt, spielen die **Umstände des Einzelfalles** eine erhebliche Rolle. Dabei kann insbesondere von Bedeutung sein, ob der Arbeitnehmer nach seinem Arbeitsvertrag eine besondere Obhutspflicht für das Vermögen des Arbeitgebers hatte (z. B. Kassierer) oder ob der Arbeitnehmer die strafbare Handlung nur gelegentlich seiner Arbeitsleistungen verübt hat.[1217] Der Diebstahl von 100 l Kraftstoff durch einen Schiffsführer kann deshalb auch die fristlose Kündigung eines langjährigen Arbeitsverhältnisses rechtfertigen.[1218] Die für die Dauer von ein bis zwei Stunden vorübergehende Entnahme von Geld aus einer Kasse soll dagegen eine Kündigung nur nach vorheriger Abmahnung rechtfertigen können.[1219]

355 Ein **Spesenbetrug** des Arbeitnehmers ist grundsätzlich auch bei verhältnismäßig geringen Beträgen geeignet, eine Kündigung zu begründen.[1220]

356 Der **versuchte Lohnbetrug** durch Abgabe von Akkordabrechnungen für Arbeiten, die gar nicht ausgeführt wurden, rechtfertigt regelmäßig eine ordentliche verhaltensbedingte Kündigung.[1221]

356 a Durch wiederholte **Urkundenfälschungen** wird in der Regel der Vertrauensbereich so nachhaltig erschüttert, daß es auf eine Wiederholungsgefahr nicht ankommt.[1222]

(25) Tätlichkeiten

357 **Tätliche Auseinandersetzungen** rechtfertigen grundsätzlich eine verhaltensbedingte Kündigung.[1223] Dabei ist insbesondere bei unprovozierten Tätlichkeiten eine Abmahnung nicht erforderlich.[1224] Bei der Prüfung der

---

[1216] LAG Düsseldorf 19. 2. 1992, LAGE § 626 BGB Nr. 66; ähnlich LAG Köln 24. 8. 1995, LAGE § 626 BGB Nr. 86 zur Mitnahme von 2 gebratenen Fischstücken im Wert von 10.– DM, die nach Schließung der Kantine vom Mittagessen übriggeblieben waren; LAG Köln 6. 8. 1999, LAGE § 626 BGB Nr. 127: Diebstahl von jeweils einem Glas mit sechs Wiener Würstchen an drei Tagen; LAG Köln 30. 9. 1999, NZA-RR 2001, 83: Diebstahl von drei Briefumschlägen im Gesamtwert von 0,03 DM rechtfertigt ohne Abmahnung grundsätzlich keine Kündigung.
[1217] So zutr. BAG 20. 9. 1984, AP Nr. 80 zu § 626 BGB.
[1218] Vgl. LAG Rheinland-Pfalz 27. 3. 1996, LAGE § 626 BGB Nr. 113.
[1219] Vgl. LAG Sachsen-Anhalt 29. 9. 1998, RzK I 6 a Nr. 169.
[1220] Vgl. BAG 2. 6. 1960, 22. 11. 1962, AP Nr. 42 und 49 zu § 626 BGB; siehe auch LAG Frankfurt 5. 7. 1988, LAGE § 1 KSchG Verhaltensbedingte Kündigung Nr. 20, wonach im Einzelfall bei langjähriger beanstandungsfreier Beschäftigung und einem geringen Schaden – hier 25.– DM – auch eine ordentliche Kündigung unwirksam sein kann; zu manipulierten Reisekostenabrechnungen vgl. LAG Köln 2. 3. 1999, RzK I 6 a Nr. 174.
[1221] LAG Hamm 5. 7. 1988, LAGE § 1 KSchG Verhaltensbedingte Kündigung Nr. 23.
[1222] Vgl. BAG 29. 1. 1997, AP Nr. 131 zu § 626 BGB.
[1223] Vgl. BAG 12. 7. 1984, 12. 3. 1987, AP Nr. 32, 47 zu § 102 BetrVG 1972; BAG 31. 3. 1993, AP Nr. 32 zu § 626 BGB Ausschlußfrist; BAG 30. 9. 1993, EzA § 626 BGB n. F. Nr. 152; vgl. dazu auch *Berkowsky* NZA-RR 2001, 57, 65 f.
[1224] BAG 12. 7. 1984, AP Nr. 32 zu § 102 BetrVG 1972; LAG Hamm 23. 7. 1994 und 20. 9. 1995, LAGE § 1 KSchG Verhaltensbedingte Kündigung Nr. 43 sowie § 626 BGB Nr. 89; – abweichend LAG Frankfurt 23. 7. 1987, DB 1988, 763 zu einer Auseinandersetz-

Sozialwidrigkeit einer fristgerechten Kündigung wegen eines tätlichen Angriffs auf einen Arbeitskollegen darf nicht allein auf die Frage abgestellt werden, ob und ggf. wann der Arbeitgeber mit einem weiteren Angriff des betreffenden Arbeitnehmers auf diesen oder einen anderen Arbeitskollegen mit einer gewissen Wahrscheinlichkeit zu rechnen hat. Da der Arbeitgeber alle Arbeitnehmer seines Betriebes vor tätlichen Angriffen zu schützen hat, muß seine Reaktion auf eine Tätlichkeit im Betrieb geeignet sein, weitere derartige Vorfälle möglichst zu verhindern. Der Arbeitgeber darf deshalb auch berücksichtigen, wie es sich auf das Verhalten der übrigen Arbeitnehmer auswirkt, wenn er von einer Kündigung absieht. Schon ein einmaliger tätlicher Angriff auf einen Arbeitskollegen kann deshalb eine Kündigung rechtfertigen, auch wenn der Arbeitgeber nicht in der Lage ist, zu der Frage der Wiederholungsgefahr weitere Umstände vorzutragen.[1225]

(26) Überstundenverweigerung

Im Einzelfall kann auch die Weigerung des Arbeitnehmers, Überstunden zu verrichten, eine – ggf. auch außerordentliche – Kündigung rechtfertigen. Dies setzt allerdings voraus, daß der Arbeitnehmer durch den Arbeitsvertrag, eine Betriebsvereinbarung oder Tarifvertrag **zur Leistung von Überstunden verpflichtet** ist oder eine besondere Notsituation vorliegt, die den Arbeitnehmer nach Treu und Glauben im Einzelfall zu Überstunden verpflichtet.[1226] Liegt der Überstundenanordnung ein kollektiver Tatbestand zugrunde, ist in Betrieben mit Betriebsrat nach § 87 Abs. 1 Nr. 3 BetrVG die vorherige Zustimmung des Betriebsrats Wirksamkeitsvoraussetzung für die Anordnung der Überstunden.[1227]

Auch wenn der Arbeitnehmer an sich verpflichtet ist, Überstunden zu leisten, ist weiterhin stets zu prüfen, ob die **Anordnung der Überstunden in der konkreten Situation billigem Ermessen (§ 315 BGB) entspricht**. Dabei kommt es insbesondere auf die familiären Umstände des Arbeitnehmers (z. B. teilzeitbeschäftigte Mutter, die ihr Kind aus dem Kindergarten zu einer bestimmten Zeit abholen muß), die betrieblichen Notwendigkeiten und die Dauer der Überstunden an. Weiterhin ist von Bedeutung, wie kurzfristig die Überstunden angeordnet wurden. Demzufolge bedarf die Kündigung wegen der Verweigerung von Überstunden einer sehr sorgfältigen Interessenabwägung.

(27) Unentschuldigtes Fehlen

Wiederholtes unentschuldigtes Fehlen und Entfernen vom Arbeitsplatz können – ggf. nach entsprechender Abmahnung – eine Kündigung rechtfertigen.[1228] Der Arbeitgeber muß hierzu darlegen und erforderlichenfalls bewei-

---

zung, die ihre Ursache in einer privaten Liebesbeziehung zwischen der Arbeitnehmerin und ihrem Vorgesetzten hatte.
[1225] Vgl. BAG 24. 10. 1996, RzK I 5 i Nr. 120.
[1226] Vgl. LAG Köln 27. 4. 1999, LAGE § 626 BGB Nr. 126 mit krit. Anm. *Adam*; MünchArbR/*Berkowsky* § 137 Rn. 92; *ders.* NZA-RR 2001, 1, 10; HK-KSchG/*Dorndorf* § 1 Rn. 742; KR-*Etzel* § 1 KSchG Rn. 459; *Löwisch* § 1 Rn. 131.
[1227] Vgl. *v. Hoyningen-Huene* BetrVR § 12 I 5 a.
[1228] Vgl. BAG 17. 3. 1988, AP Nr. 99 zu § 626 BGB = EzA § 626 BGB n. F. Nr. 116 mit Anm. *Kraft/Raab* und Anm. *Willemsen* = SAE 1989, 186 mit Anm. *Börgmann*; LAG Berlin 12. 8. 1996, LAGE § 1 KSchG Verhaltensbedingte Kündigung Nr. 55.

sen, daß der Arbeitnehmer unberechtigt der Arbeit ferngeblieben ist. Meint der Arbeitnehmer, ein Recht zum Fernbleiben gehabt zu haben, so hat er dies gemäß § 138 Abs. 2 ZPO anhand von Tatsachen konkret darzulegen. Der Arbeitgeber hat dann seinerseits hierauf zu erwidern und das Fehlen der vom Arbeitnehmer behaupteten Rechtfertigungsgründe zu beweisen.[1229]

(28) Verdachtskündigung

359 Der Verdacht einer gegen den Arbeitgeber gerichteten schweren Pflichtverletzung, insbesondere einer strafbaren Handlung, ist nach h. M. **grundsätzlich geeignet, eine ordentliche Kündigung zu rechtfertigen** (eingehend dazu oben Rn. 260 ff.). Die Verdachtskündigung wird allerdings von der h. M. zu Unrecht als verhaltensbedingte Kündigung aufgefaßt. Kündigungsgrund ist jedoch nicht die dem Arbeitnehmer vorgeworfene Pflichtwidrigkeit, sondern der Verdacht, der auf dem Arbeitnehmer lastet und zur Zerstörung des Vertrauensverhältnisses zum Arbeitgeber geführt hat. Der zur Zerstörung des Vertrauensverhältnisses führende Verdacht ist freilich ein in der Person des Arbeitnehmers liegender Grund, weil dem Arbeitnehmer wegen des für den Arbeitgeber unerträglichen Verdachts die Eignung zur Fortsetzung des Arbeitsverhältnisses fehlt. Die Verdachtskündigung ist daher richtigerweise eine personenbedingte Kündigung.

(29) Vorstrafen

360 Hat der Arbeitnehmer auf die zulässige Frage nach Vorstrafen solche wahrheitswidrig verneint, so kann hierauf später eine verhaltensbedingte Kündigung gestützt werden.[1230] Voraussetzung ist in diesen Fällen allerdings, daß die **Frage nach Vorstrafen zulässig** war.[1231] Hierzu gilt der Grundsatz, daß der Arbeitnehmer nur solche Vorstrafen anzugeben hat, die auch in ein Führungszeugnis, das für private Zwecke ausgestellt wird, nach den Vorschriften des Bundeszentralregistergesetzes aufgenommen werden. Darüber hinaus hat der Arbeitnehmer Fragen nach einschlägigen Vorstrafen dann zu beantworten, wenn sie nach der Art des zu besetzenden Arbeitsplatzes von Bedeutung sind (so etwa Vermögensdelikte eines Kassierers oder Straßenverkehrsdelikte eines Berufskraftfahrers).

(30) Wettbewerbsverbot

360a Für die Dauer des Arbeitsverhältnisses besteht für kaufmännische Angestellte nach **§ 60 Abs. 1 HGB** ein Wettbewerbsverbot. Für die übrigen Arbeitnehmer folgt dies als **vertragliche Nebenpflicht aus § 242 BGB** bzw. aus analoger Anwendung des § 60 Abs. 1 HGB.[1232] Das Wettbewerbsverbot verbietet dem Arbeitnehmer für die Dauer des Arbeitsverhältnisses

---

[1229] Vgl. näher zur Beweislastverteilung Rn. 303 a ff.
[1230] Vgl. BAG 15. 1. 1970, AP Nr. 7 zu § 1 KSchG Verhaltensbedingte Kündigung mit Anm. *Herschel* = SAE 1971, 132 mit Anm. *Hofmann*; zur Anfechtung in diesen Fällen vgl. BAG 20. 5. 1999, AP Nr. 50 zu § 123 BGB.
[1231] Dazu näher MünchArbR/*Buchner* § 4 Rn. 145 ff.
[1232] Vgl. BAG 17. 10. 1969, AP Nr. 7 zu § 611 BGB Treuepflicht mit Anm. *Canaris*; BAG 16. 6. 1976, 3. 5. 1983, AP Nr. 6, 10 zu § 60 HGB; BAG 16. 8. 1990, AP Nr. 10 zu § 611 BGB Treuepflicht; BAG 26. 1. 1995, EzA § 626 BGB n. F. Nr. 155; MünchKomm-HGB/*v. Hoyningen-Huene* § 60 Rn. 8 f.

Sozial ungerechtfertigte Kündigungen 360 b–361 § 1

jede Tätigkeit, die für seinen Arbeitgeber Konkurrenz bedeutet.[1233] Das ist anzunehmen, wenn der Arbeitnehmer in eigenem Namen und in eigenem wirtschaftlichen Interesse seine Dienste und Leistungen im Marktbereich des Arbeitgebers anbietet.[1234] Dem Arbeitnehmer ist nicht nur eine Konkurrenztätigkeit im eigenen Namen und Interesse untersagt, sondern ihm ist gleichfalls nicht gestattet, einem Arbeitskollegen bei einer konkurrierenden Tätigkeit zu helfen oder einen Wettbewerber des Arbeitgebers zu unterstützen.[1235]

Das gilt nach Auffassung des BAG auch, wenn die Wettbewerbshandlungen **nach Ablauf der Kündigungsfrist während des laufenden Kündigungsschutzprozesses** erfolgen.[1236] Auch die Beteiligung an einem Unternehmen, das zu dem des Arbeitgebers in Konkurrenz steht, kann bereits Wettbewerb darstellen.[1237] Der Arbeitgeber ist in diesem Zusammenhang nicht nur für das Vorliegen einer Konkurrenztätigkeit darlegungs- und beweispflichtig, sondern darüber hinaus auch für die Tatsachen, welche die vom gekündigten Arbeitnehmer behauptete Rechtfertigung durch Einwilligung ausschließen.[1238] 360 b

(31) **Wohnsitzvereinbarung**

Verletzt ein Arbeitnehmer eine vertragliche Wohnsitzvereinbarung, indem er seinen Wohnsitz nicht an dem vereinbarten Ort nimmt und weigert er sich beharrlich, dies auch künftig zu tun, so kann das eine ordentliche Kündigung rechtfertigen.[1239] Erforderlich ist freilich stets eine **Abmahnung** des Arbeitnehmers. 360 c

(32) **Zuspätkommen**

Wiederholte Unpünktlichkeiten eines Arbeitnehmers oder unerlaubtes Fernbleiben von der Arbeit sind grundsätzlich nach vorheriger Abmahnung geeignet, eine verhaltensbedingte Kündigung zu rechtfertigen.[1240] Bereits die 361

[1233] Vgl. LAG Rheinland-Pfalz 1. 12. 1997, RzK I 6 a Nr. 163: Reiseleitung und Reisevermittlung eines Reisebüroangestellten; ausf. hierzu MünchKomm-HGB/*v. Hoyningen-Huene* § 60 Rn. 30 ff. m. w. N.
[1234] BAG 16. 8. 1990, AP Nr. 10 zu § 611 BGB Treuepflicht.
[1235] Vgl. BAG 21. 11. 1996, EzA § 626 BGB n. F. Nr. 162; BAG 23. 4. 1998 – 2 AZR 442/97 n.v.
[1236] BAG 25. 4. 1991, AP Nr. 104 zu § 626 BGB.
[1237] Vgl. Hessisches LAG 28. 4. 1998, LAGE § 1 KSchG Verhaltensbedingte Kündigung Nr. 65 = BB 1998, 1899 mit abl. Anm. *Hohmeister*.
[1238] BAG 6. 8. 1987, AP Nr. 97 zu § 626 BGB.
[1239] LAG München 9. 1. 1991, LAGE § 1 KSchG Verhaltensbedingte Kündigung Nr. 32; – zu vertraglichen Wohnsitzklauseln vgl. Hanau/Preis Der Arbeitsvertrag II W 40.
[1240] Vgl. BAG 13. 3. 1987, AP Nr. 18 zu § 1 KSchG 1969 Verhaltensbedingte Kündigung = EzA § 611 BGB Abmahnung Nr. 5 mit Anm. *Bickel* = AR-Blattei Abmahnung Entsch. 16 mit Anm. *Führich*; BAG 17. 3. 1988, AP Nr. 99 zu § 626 BGB = EzA § 626 n. F. BGB Nr. 116 mit Anm. *Kraft/Raab* und Anm. *Willemsen* = SAE 1989, 186 mit Anm. *Börgmann*; BAG 24. 3. 1988, RzK I 5 i Verhaltensbedingte Kündigung Nr. 35; BAG 17. 1. 1991, AP Nr. 25 zu § 1 KSchG 1969 Verhaltensbedingte Kündigung = EzA § 1 KSchG Verhaltensbedingte Kündigung Nr. 37 mit Anm. *Rüthers/Franke* = SAE 1992, 116 mit Anm. *Bengelsdorf*; BAG 27. 2. 1997, AP Nr. 36 zu § 1 KSchG 1969 Verhaltensbedingte Kündigung = EzA § 1 KSchG Verhaltensbedingte Kündigung Nr. 51 mit Anm. *Friese*; LAG München 5. 12. 1988, LAGE § 1 KSchG Verhaltensbedingte Kündigung Nr. 16; LAG Hamm 8. 10. 1997, LAGE § 1 KSchG Verhaltensbedingte Kündigung Nr. 60.

Unpünktlichkeit bewirkt eine Störung des Arbeitsverhältnisses im Leistungsbereich. Durch die nicht rechtzeitige Aufnahme der Arbeit verletzt der Arbeitnehmer seine Hauptleistungspflicht und beeinträchtigt so das Verhältnis von Leistung und Gegenleistung. Ob es darüber hinaus zu konkreten Störungen des Betriebsablaufs oder des Betriebsfriedens kommt, ist im Rahmen der Interessenabwägung zu berücksichtigen.[1241]

362 Die Kündigung ist aber nur wirksam, wenn zu befürchten ist, daß es auch zu **zukünftigen Vertragsverstößen** kommen wird.[1242] Für die hier anzustellende Prognose ist die Häufigkeit und die Ursache des Zuspätkommens in der Vergangenheit von erheblicher Bedeutung. Im Rahmen der Interessenabwägung sind insbesondere die Anzahl der Pflichtwidrigkeiten und Abmahnungen, die möglichen Beeinträchtigungen des Betriebsablaufs sowie die Betriebszugehörigkeit zu berücksichtigen.

362a Zu Recht hat das BAG auch entschieden, daß von einem einschlägig abgemahnten Arbeitnehmer erwartet werden kann, daß er in einem **erhöhten Maße Vorsorge gegen die Wiederholung von Verspätungen** trifft, etwa durch Überprüfung der Fahrtüchtigkeit seines Kfz am Abend zuvor oder durch bessere Absicherung des Aufweckens am Morgen, wenn er mit Schlafstörungen durch ein krankes Kind rechnen muß. Wer wiederholt den Wecker überhört und verschläft, muß eben für einen lauteren Wecker oder für ein Aufwecken durch zuverlässige Dritte sorgen oder frühzeitig zu Bett gehen.[1243]

III. Dringende betriebliche Erfordernisse

Schrifttum: *Abbrent,* Personalabbau im Konzern, BB 1988, 756; *Alp,* Die Berücksichtigung der unternehmerischen Entscheidungsfreiheit im Rahmen des KSchG, Diss. Tübingen 1998; *Ascheid,* Betriebsbedingte Kündigung – Unternehmerentscheidung und außerbetriebliche Gründe, DB 1987, 1144; *derselbe,* Die betriebsbedingte Kündigung § 1 KSchG – § 54 AGB-DDR – § 613a Abs. 4 Satz 2 BGB, NZA 1991, 873; *Bachner,* Individualarbeits- und kollektivrechtliche Auswirkungen des neuen Umwandlungsgesetzes, NJW 1995, 2881; *Bader,* Die Neuregelungen im Bereich des Kündigungsschutzgesetzes durch das Arbeitsrechtliche Beschäftigungsförderungsgesetz, NZA 1996, 1125; *Baeck/Schuster,* Unwirksame betriebsbedingte Kündigung bei Anwendung „alter" Auswahlrichtlinien?, NZA 1998, 1250; *Barnhofer,* Kurzarbeit zur Vermeidung betriebsbedingter Kündigung, Diss. Heidelberg 1994; *Bauer,* Beendigung von Arbeitsverhältnissen beim Betriebsübergang, DB 1983, 713; *derselbe,* Zuordnung von Arbeitsverhältnissen beim Betriebsübergang, DB 1983, 1097; *derselbe,* Aktuelle Probleme des Personalabbaus im Rahmen von Betriebsänderungen, DB 1994, 274; *Bauer/Lingemann,* Das neue Umwandlungsrecht und seine arbeitsrechtlichen Auswirkungen, NZA 1994, 1057; *Becker-Schaffner,* Die betriebsbedingte Kündigung in Rechtsprechung und Literatur, BlStSozArbR 1975, 97; *Berkowsky,* Die betriebsbedingte Kündigung, 4. Aufl. 1997; *derselbe,* Aktuelle Probleme im Recht der betriebs-

---

[1241] BAG 17. 3. 1988, AP Nr. 99 zu § 626 BGB unter II 4 d; BAG 17. 1. 1991, AP Nr. 25 zu § 1 KSchG 1969 Verhaltensbedingte Kündigung unter II 2 a; zust. *Börgmann* SAE 1989, 192; – krit. zu dieser Unterscheidung *Kraft/Raab* und *Willemsen* Anm. zu BAG EzA § 626 n. F. BGB Nr. 116.
[1242] BAG 10. 11. 1988, AP Nr. 3 zu § 1 KSchG 1969 Abmahnung unter II 2 d bb; BAG 17. 1. 1991, AP Nr. 25 zu § 1 KSchG 1969 Verhaltensbedingte Kündigung unter II 2 c mit umfassenden Rechtsprechungsnachweisen; *Hillebrecht* ZfA 1991, 87, 120; *Stahlhacke/Preis/Vossen* Rn. 690.
[1243] So zutr. BAG 27. 2. 1997, AP Nr. 36 zu § 1 KSchG 1969 Verhaltensbedingte Kündigung unter II 4 der Gründe.

bedingten Kündigung, NJW 1983, 1292; *derselbe*, Beschäftigung, Weiterbeschäftigung, Sozialauswahl, NJW 1996, 291; *Bertzbach*, Verhindert die Anwendung des KSchG die Sanierung von Unternehmen?, Festschrift für Hanau, S. 173; *Bitter*, Zum Umfang und Inhalt der Informationspflicht des Arbeitgebers gegenüber dem Betriebsrat bei der betriebsbedingten Kündigung, insbesondere bei der Sozialauswahl, NZA 1991 Beil. 3, S. 16; *derselbe*, Der kündigungsrechtliche Dauerbrenner: Unternehmerfreiheit ohne Ende?, DB 1999, 1214; *derselbe*, Zur Unternehmerentscheidung zwecks Personalabbau, DB 2000, 1760; *Bitter/Kiel*, 40 Jahre Rechtsprechung des Bundesarbeitsgerichts zur Sozialwidrigkeit von Kündigungen, RdA 1994, 333; *Boeddinghaus*, Die alte und die neue Rechtsprechung zur betriebsbedingten Kündigung, AuR 2001, 8; *Boewer*, Der Wiedereinstellungsanspruch, NZA 1999, 1121 und 1177; *Bontrup/Dammann*, Beschäftigungsabbau trotz Betriebsgewinn?, AuA 1999, 399; *Borrmann*, Zur Bedeutung der wirtschaftlichen Lage des Arbeitgebers für die soziale Rechtfertigung einer betriebsbedingten Kündigung, ArbRdGgw Bd. 24 (1987), S. 71; *Busch*, Maßgeblicher Beurteilungszeitpunkt für die Möglichkeit der Weiterbeschäftigung bei betriebsbedingten Kündigungen, NZA 2000, 754; *Coen*, Der Kündigungsschutz im Konzern, RdA 1983, 348; *Denck*, Betriebsbedingte Kündigung und Kurzarbeitergeld, ZfA 1985, 249; *Ehrich*, Einstweilige Verfügung gegen betriebsbedingte Kündigung, BB 1993, 356; *Ennemann*, Betriebsbedingte Kündigung, 1999; *Falkenberg*, Die Darlegungs- und Beweislast im Kündigungsschutzprozeß und betriebsbedingte Kündigung, DB 1984, 1984; *Feudner*, Freie Unternehmerentscheidung beim Personalabbau?, DB 1999, 2566; *derselbe*, Replik auf Zepter, DB 2000, 476; *derselbe*, Betriebsbedingte Kündigung quo vadis?, NZA 2000, 1136; *Fischer*, Kernprobleme des Personalabbaus, DB 1983, 284; *Fischermeier*, Die betriebsbedingte Kündigung nach der Änderung durch das Arbeitsrechtliche Beschäftigungsförderungsgesetz, NZA 1997, 1089; *Franke*, Kündigung und Kündigungsschutz bei Job-Sharing-Arbeitsverhältnissen, DB 1985, 1635; *Franzen*, Die unternehmerische Entscheidung in der Rechtsprechung des BAG zur betriebsbedingten Kündigung, NZA 2001, 805; *Fritz*, Die Auswahlrichtlinien bei der Kündigung gemäß § 95 BetrVG, Diss. Gießen 1978; *Frohner*, Zum Verhältnis von tariflichen Alterssicherungsbestimmungen und gesetzlichen Kündigungsschutznormen, BlStSozArbR 1977, 353; *Gajewski*, Die betriebsbedingte Kündigung, Festschrift für Dieter Gaul, 1987, S. 311; *Gaul*, Die Weiterbeschäftigung nach zumutbaren Umschulungs- und Fortbildungsmaßnahmen, BB 1995, 2422; *Groeger*, Probleme der außerordentlichen betriebsbedingten Kündigung ordentlich unkündbarer Arbeitnehmer, NZA 1999, 850; *Hagemeier*, Personalabbau in wirtschaftlichen Krisenzeiten, BB 1984, 1100; *Hambitzer*, Wiedereinstellungsanspruch nach wirksamer betriebsbedingter Kündigung?, NJW 1985, 2239; *derselbe*, Der Wiedereinstellungsanspruch des Arbeitnehmers nach wirksamer Kündigung, Diss. Bonn 1987; *Hantel*, Arbeitsrecht und öffentliches Haushaltsrecht, ZTR 1998, 145; *derselbe*, Haushaltskürzungen als Rechtfertigungsgrund, AuA 1999, 414; *Heinze*, Arbeitsrechtliche Probleme bei der Umstrukturierung von Unternehmen, DB 1998, 1861; *Helle*, Konzernbedingte Kündigungsschranken, 1989; *Herschel*, Kündigung bei Betriebsübergang, DB 1984, 612; *Hillebrecht*, Die betriebsbedingte Kündigung, Veröffentlichungen der Arbeitsgemeinschaft Arbeitsrecht im DAV (VAA), 1983, S. 79; *derselbe*, Dringende betriebliche Erfordernisse (§ 1 Abs. 2 KSchG) zur Kündigung von Arbeitsverhältnissen durch den Konkursverwalter, ZIP 1985, 257; *derselbe*, Der Bestandsschutz des Arbeitsverhältnisses im Zusammenhang mit § 613a BGB, NZA 1989 Beil. 4, S. 10; *Hoffmann*, Neue Technologien und Kündigungsschutz, DB 1986, 1821; *Hofmann*, Zur betriebsbedingten Kündigung, ZfA 1984, 295; *derselbe*, Zur Auslegung des § 613a Abs. 4 BGB, Festschrift für Pleyer, 1986, S. 319; *v. Hoyningen-Huene*, Grundlagen und Auswirkungen einer Versetzung, NZA 1993, 145; *derselbe*, Betriebsbedingte Kündigung in der Wirtschaftskrise, NZA 1994, 1009; *v. Hoyningen-Huene/Linck*, Betriebsbedingte Kündigung und Weiterbeschäftigungspflicht, DB 1993, 1185; *dieselben*, Neuregelung des Kündigungsschutzes und befristete Arbeitsverhältnisse, DB 1997, 41; *Hoß*, Die betriebsbedingte Kündigung, MDR 2000, 305; *Hümmerich/Spirolke*, Die betriebsbedingte Kündigung im Wandel – neue Wege zum rechtssicheren Personalabbau, NZA 1998, 797; *Ingelfinger*, Widerspruch des Arbeitnehmers beim Betriebsübergang und Sozialauswahl bei anschließender betriebsbedingter Kündigung, ZfA 1996, 591; *Jänisch*, Die Rechtsprechung zur betriebsbedingten Kündigung, Diss. Konstanz 1991; *Kaiser*, Wegfall des Kündigungsgrundes – Weder Unwirksamkeit der Kündigung noch Wiedereinstellungsanspruch, ZfA 2000, 205;

§ 1 1. Abschnitt. Allgemeiner Kündigungsschutz

Kassen, Die Möglichkeiten der Weiterbeschäftigung gemäß § 1 Absatz 2 Sätze 2 und 3 KSchG als Alternativen zur Beendigungskündigung, Diss. Bochum 2000; *Kiel,* Die anderweitige Beschäftigungsmöglichkeit im Kündigungsschutz, 1990; *Kittner,* Leichter kündigen als änderungskündigen, NZA 1997, 968; *Kleinebrink,* Wiedereinstellungsanspruch und Betriebsübergang, FA 1999, 138; *derselbe,* Darlegung der „Unternehmerentscheidung" im Kündigungsschutzprozeß, FA 2000, 70; *Köhne,* Die Kündigung wegen dringender betrieblicher Erfordernisse, AR-Blattei SD 1020.4 (2000); *Kracht,* Das Kündigungsverbot des § 613a BGB, Diss. Bonn 1988; *Kreitner,* Kündigungsrechtliche Probleme beim Betriebsinhaberwechsel, 1989; *derselbe,* Kündigung beim Betriebsübergang, FA 1998, 2; *Kukat,* Betriebsbedingte Kündigung und konzernbezogener Kündigungsschutz in der Rechtsprechung des Bundesarbeitsgerichts, BB 2000, 1242; *Lakies,* Drittfinanzierte Arbeitsverhältnisse in der Privatwirtschaft und deren Beendigung, NZA 1995, 296; *derselbe,* Die Bedeutung des Haushaltsrechts für die Beendigung von Arbeitsverhältnissen im Öffentlichen Dienst, NZA 1997, 745; *Lingemann/Grothe,* Betriebsbedingte Kündigung im öffentlichen Dienst, NZA 1999, 1072; *Lingemann/ v. Steinau-Steinrück,* Konzernversetzung und Kündigungsschutz, DB 1999, 2161; *Löwisch,* Kurzarbeit vor Kündigung zwischen Betriebsverfassungs- und Kündigungsschutzrecht, Festschrift für Wiese, 1998, S. 249; *Manske,* Wiedereinstellungsanspruch in der Rechtsprechung des BAG, FA 1998, 143; *Mayer-Maly,* Betriebliche Erfordernisse, ZfA 1988, 209; *Meinel/Th. Bauer,* Der Wiedereinstellungsanspruch, NZA 1999, 575; *Meinhold,* Mitbestimmung des Betriebsrats bei der Einführung von Kurzarbeit und betriebsbedingte Kündigung, BB 1988, 623; *Moll,* Die außerordentliche betriebsbedingte (Änderungs-)Kündigung zwischen unternehmerischer Organisationsfreiheit und Arbeitsplatzschutz, DB 1984, 1346; *W. Müller,* Die betriebsbedingte Kündigung im Kündigungsschutzprozeß, DB 1975, 2130; *Müller-Glöge,* Bestandsschutz beim Betriebsübergang nach § 613a BGB, NZA 1999, 449; *Nägele,* Die Renaissance des Wiedereinstellungsanspruchs, BB 1998, 1686; *Nell,* Haushaltsrechtlich betriebsbedingte Kündigung im öffentlichen Dienst, RdA 1979, 371; *Nicolai/Noack,* Grundlagen und Grenzen des Wiedereinstellungsanspruchs nach wirksamer Kündigung des Arbeitsverhältnisses, ZfA 2000, 87; *Oetker,* Der Wiedereinstellungsanspruch des Arbeitnehmers bei nachträglichem Wegfall des Kündigungsgrundes, ZIP 2000, 643; *Pauly,* Zur Frage der unternehmerischen Entscheidungsfreiheit bei betriebsbedingter Kündigung, ZTR 1997, 113; *Plander,* Die Betriebsstillegung aus gesellschafts- und arbeitsrechtlicher Sicht, NZA 1999, 505; *B. Preis,* Betriebsbedingte Kündigung zwischen dringenden betrieblichen Erfordernissen und unternehmerischer Entscheidungsfreiheit, NZA 1997, 625; *derselbe,* Betriebsbedingte Kündigung zwischen Arbeitsplatzschutz und unternehmerischer Entscheidungsfreiheit, AuR 1997, 60; *derselbe,* Stellenabbau als unternehmerische Entscheidung?, DB 2000, 1122; *U. Preis,* Neue Tendenzen im arbeitsrechtlichen Kündigungsschutz, DB 1988, 1387 und 1444; *derselbe,* Betriebsbedingte Kündigung, HAS § 19 F, 1990; *derselbe,* Autonome Unternehmerentscheidung und „dringendes betriebliches Erfordernis", NZA 1995, 241; *Quecke,* Unternehmerentscheidung und Personalabbau, NZA 1999, 1247; *derselbe,* Unternehmerentscheidung als Kündigungsgrund?, DB 2000, 2429; *Raab,* Der Wiedereinstellungsanspruch des Arbeitnehmers bei Wegfall des Kündigungsgrundes, RdA 2000, 147; *Reinfelder/Zwanziger,* Teilzeitarbeit und betriebsbedingte Kündigung, DB 1996, 677; *Reuter,* Zur Kontrolldichte bei der Überprüfung der betriebsbedingten Kündigung, NZA 1989, 241; *Ricken,* Grundlagen und Grenzen des Wiedereinstellungsanspruchs, NZA 1998, 460; *Rommé/Pauker,* Die Unternehmerentscheidung bei der betriebsbedingten Kündigung, NZA-RR 2000, 281; *Rost,* Die betriebsbedingte Kündigung in der Unternehmenskrise und bei Insolvenz, 1987; *Schaub,* Die betriebsbedingte Kündigung in der Rechtsprechung des BAG, NZA 1987, 217; *derselbe,* Aktuelle Fragen zum Kündigungsschutzrecht unter besonderer Berücksichtigung der betriebsbedingten Kündigung, RdA 1981, 371; *Chr. Schmitt,* Sozialauswahl bei Konkurrenz um anderweitige Beschäftigung, 2000; *Schrader,* Die geänderte Rechtsprechung des BAG zur Unternehmerentscheidung, NZA 2000, 401; *Schüren,* Kündigung und Kündigungsschutz bei Job-Sharing-Arbeitsverhältnissen, BB 1983, 2121; *Schwab,* Betriebsinhaberwechsel und Kündigungsschutzgesetz, NZA 1985, 312; *Schwerdtner,* Offene Probleme des Kündigungsschutzes bei betriebsbedingten Kündigungen, ZIP 1984, 10; *Stahlhacke,* Grundfragen der betriebsbedingten Kündigung, DB 1994, 1361; *derselbe,* Probleme der betriebsbedingten Kündigung, BlStSozArbR 1983, 33; *Stein,* Freiheit und Dringlichkeit der unternehmerischen Entscheidung im Kündigungsschutzrecht, BB 2000, 457; *vom Stein*, Fehleinschätzungen bei der Kündigung von Arbeitsverhältnissen, Diss. Köln 1989; *derselbe*, Wiedereinstellungsanspruch des Arbeitnehmers bei Fehlprognose des Arbeitgebers, RdA 1991, 85; *Tenczer*, Freie Unternehmerentscheidung und betriebsbedingte Kündigung, Diss. Köln 1999; *Teske*, Arbeitsrecht und Haushaltsrecht – Zwei völlig separate Problemfelder des Rechts?, Festschrift für Stahlhacke, 1995, S. 569; *Tschöpe*, Die Darlegungs- und Beweislast für eine zutreffende Sozialauswahl bei der betriebsbedingten Kündigung, NJW 1983, 1890; *derselbe*, Betriebsbedingte Kündigung, BB 2000, 2630; *Vogt*, Aktuelle Probleme bei Massenentlassungen und Massenkündigungen, BB 1985, 1141; *derselbe*, Personaleinschränkungen im Rahmen betriebsbedingter Kündigungen und sozialplanpflichtige Betriebsänderungen, DB 1981, 1823; *derselbe*, Soziale Auswahlkriterien und betriebliche Bedürfnisse bei betriebsbedingter Kündigung, DB 1984, 1467; *Vossen*, Die betriebsbedingte Kündigung durch den bisherigen Arbeitgeber aus Anlaß des Betriebsübergangs, BB 1984, 1557; *Wolter*, Der Schutz des Arbeitnehmers vor betriebsbedingter Kündigung, 1980; *Zepter*, Freie unternehmerische Entscheidung bei Personalabbau!, DB 2000, 474.

Die Kündigung kann auch gerechtfertigt sein, wenn dringende betriebliche Erfordernisse einer Weiterbeschäftigung des Arbeitnehmers entgegenstehen, **betriebsbedingte Kündigung.**

1. Überblick

Grundlage der betriebsbedingten Kündigung sind **betriebsbezogene Umstände oder Vorgänge,** die von der Person des betroffenen Arbeitnehmers unabhängig sind. Dadurch unterscheidet sich die betriebsbedingte Kündigung ganz wesentlich von den Fällen der personen- und verhaltensbedingten Kündigung (oben Rn. 176 ff. und Rn. 270 ff.), die ohnehin nicht immer scharf voneinander zu trennen sind (oben Rn. 185) und gerade in ihrem individuellen, bei mehreren gleichgelagerten Fällen doch jeweils auf den einzelnen Arbeitnehmer bezogenen Ansatz übereinstimmen.

Im Gegensatz dazu geht es bei der betriebsbedingten Kündigung darum, daß auf Grund einer **freien unternehmerischen Entscheidung** der Beschäftigungsbedarf für einen oder mehrere Arbeitnehmer in dem bisher wahrgenommenen Aufgabenbereich entfällt. Das allein rechtfertigt eine Kündigung jedoch nicht, vielmehr muß hinzukommen, daß der Arbeitnehmer auch nicht **auf einem anderen freien Arbeitsplatz weiterbeschäftigt** werden kann. Nur unter dieser weiteren Voraussetzung kann eine Kündigung gemäß Abs. 2 Satz 1 durch dringende betriebliche Erfordernisse bedingt sein. – Soll, was häufig vorkommt, von mehreren Arbeitnehmern, die unter betrieblichen Gesichtspunkten gleichermaßen für eine Kündigung in Betracht kommen, nur einem oder einigen gekündigt werden, so muß gemäß Abs. 3 Satz 1 eine **Auswahl nach sozialen Gesichtspunkten** erfolgen. Wird hiergegen verstoßen, so ist trotz Vorliegens ausreichender betrieblicher Gründe die Kündigung gegenüber dem unter sozialen Gesichtspunkten falsch ausgewählten Arbeitnehmer sozialwidrig, § 1 Abs. 3 (zu Sonderregelungen des Einigungsvertrages bei betriebsbedingten Kündigungen im öffentlichen Dienst siehe Einl. Rn. 75 a ff.).

Das führt zu einer **dreistufigen Prüfung** der betriebsbedingten Kündigung: In jedem Fall ist zunächst der Wegfall des Arbeitsplatzes aufgrund einer freien Unternehmerentscheidung festzustellen, sodann das Fehlen einer Weiterbeschäftigungsmöglichkeit. Schließlich ist immer dann, wenn diese

Voraussetzungen bei mehreren Arbeitnehmern zutreffen, denen aber nicht allen gekündigt werden soll, eine soziale Auswahl unter den in Betracht kommenden Arbeitnehmern vorzunehmen.

2. Die unternehmerische Entscheidung

a) Bedeutung und Inhalt

366 **Jeder betriebsbedingten Kündigung** liegt eine unternehmerische Entscheidung zugrunde, mit welcher der Arbeitgeber auf eine bestimmte volkswirtschaftliche oder betriebswirtschaftliche Situation reagiert.[1244] So kann die Nachfrage nach einem Produkt sinken, der Umsatz zurückgehen oder der Gewinn schrumpfen, kurz gesagt, der Betrieb nicht mehr rentabel sein.[1245] Das BAG bezeichnet diese Umstände seit dem Urteil vom 7. Dezember 1978 als **außerbetriebliche Gründe**.[1246] Auf Grund einer Analyse der betriebswirtschaftlichen Lage des Unternehmens erfolgen unternehmerische Zielsetzungen und Planungen auf technischem, organisatorischem oder wirtschaftlichem Gebiet, die zu konkreten unternehmerischen Entscheidungen führen.[1247] Diese unternehmerischen Entscheidungen bezeichnet das BAG als **innerbetriebliche Ursachen** für die betriebsbedingte Kündigung.[1248] Die Unterscheidung zwischen inner- und außerbetrieblichen Umständen dient in erster Linie der Systematisierung und der näheren Bestimmung der Darlegungs- und Beweislast im Kündigungsschutzprozeß.[1249]

367 Zu den vom BAG als innerbetriebliche Ursachen bezeichneten **unternehmerischen Entscheidungen gehören beispielsweise:**
- die **Änderung oder Einführung neuer Fertigungsmethoden,**[1250] Rationalisierungsmaßnahmen, organisatorische Veränderungen, wie etwa die Einführung schlankerer Führungsstrukturen,[1251] oder von Gruppenarbeit;
- die **Zusammenlegung von Abteilungen;**[1252]

[1244] Vgl. hierzu ausf. *Bitter* DB 1999, 1214; *ders.* DB 2000, 1760; *Ehmann/Krebber* Anm. zu BAG AP Nr. 102 zu § 1 KSchG 1969 Betriebsbedingte Kündigung; *Feudner* DB 1999, 2566; *ders.* DB 2000, 476; *ders.* NZA 2000, 1136; *v. Hoyningen-Huene* NZA 1994, 1009, 1010; *Lakies* NJ 1999, 666; *B. Preis* DB 2000, 1122; *U. Preis* NZA 1995, 241, 243; *Quecke* NZA 1999, 1247; *Rommé/Pauker* NZA-RR 2000, 281; *Schrader* NZA 2000, 401; *Stein* BB 2000, 457; *Wank* RdA 1987, 129, 135; *Zepter* DB 2000, 474

[1245] Vgl. BAG 11. 10. 1989, AP Nr. 47 zu § 1 KSchG 1969 Betriebsbedingte Kündigung mit abl. Anm. *Berger-Delhey*.

[1246] Vgl. AP Nr. 6 zu § 1 KSchG 1969 Betriebsbedingte Kündigung mit Anm. *Reuter* = EzA § 1 KSchG Betriebsbedingte Kündigung Nr. 10 mit Anm. *Rancke* = SAE 1979, 141 mit Anm. *Herschel*.

[1247] Vgl. BAG 19. 5. 1993, AP Nr. 31 zu § 2 KSchG 1969 mit Anm. *Waas* = EzA § 1 KSchG Betriebsbedingte Kündigung Nr. 73 mit Anm. *Raab* = SAE 1994, 150 mit Anm. *Steinmeyer*; *v. Hoyningen-Huene* NZA 1994, 1009, 1010; *U. Preis* NZA 1995, 241, 244.

[1248] Vgl. BAG 15. 6. 1989, AP Nr. 45 zu § 1 KSchG 1969 Betriebsbedingte Kündigung = EzA § 1 KSchG Betriebsbedingte Kündigung Nr. 63 mit Anm. *Rotter*.

[1249] Ebenso ErfK/*Ascheid* § 1 KSchG Rn. 380; *Bitter* DB 1999, 1216; *Franzen* NZA 2001, 805, 809; *Hillebrecht* ZfA 1991, 87, 98; APS/*Kiel* § 1 KSchG Rn. 473; HK-KSchG/*Weller/Dorndorf* § 1 Rn. 861.

[1250] Vgl. BAG 29. 1. 1997, RzK I 5 c Nr. 82; BAG 26. 6. 1997, AP Nr. 86 zu § 1 KSchG 1969 Betriebsbedingte Kündigung.

[1251] Vgl. BAG 21. 6. 1995, AP Nr. 36 zu § 15 KSchG 1969 mit krit. Anm. *Preis*.

[1252] Vgl. BAG 6. 11. 1997, AP Nr. 42 zu § 1 KSchG 1969.

- die **Stillegung des Betriebes**[1253] oder von Betriebsabteilungen;[1254]
- das Auslagern von betrieblicher Tätigkeit auf Fremdfirmen (**„outsourcing"**);[1255]
- die **Produktionsverlagerung ins Ausland**;[1256]
- die **Erhöhung der Arbeitsdichte** durch Umorganisation des Arbeitsablaufs;[1257]
- die **Einführung von Wechselschichtarbeit**;[1258]
- im öffentlichen Dienst die **Stellenstreichung im Haushaltsplan**, soweit es um eine nach sachlichen Merkmalen bestimmte Stelle geht;[1259]
- die **Einführung eines neuen Vertriebssystems** und Umgestaltung der zugrundeliegenden Vertragsform für die Vertriebsmitarbeiter (freies Mitarbeiterverhältnis statt Arbeitsverhältnis);[1260]
- die Bestimmung des **Anforderungsprofils** für einen eingerichteten Arbeitsplatz;[1261]
- die Entscheidung, die anfallenden Arbeiten auf **Vollzeit- oder Teilzeitarbeitsplätzen** erledigen zu lassen;[1262]
- die **Umwandlung eines Halbtagsarbeitsplatzes** in einen Ganztagsarbeitsplatz.[1263]

[1253] Vgl. BAG 19. 6. 1991, 10. 10. 1996, AP Nr. 53, 81 zu § 1 KSchG 1969 Betriebsbedingte Kündigung; BAG 11. 3. 1998, AP Nr. 43 zu § 111 BetrVG 1972.

[1254] Vgl. BAG 5. 10. 1995, AP Nr. 71 zu § 1 KSchG 1969 Betriebsbedingte Kündigung = SAE 1996, 389 mit Anm. *Meisel;* BAG 7. 5. 1998, AP Nr. 94 zu § 1 KSchG 1969 Betriebsbedingte Kündigung mit Anm. *Schiefer* = EzA § 1 KSchG Interessenausgleich Nr. 5 mit Anm. *v. Hoyningen-Huene* = SAE 1999, 93 mit Anm. *Büdenbender.*

[1255] Vgl. BAG 30. 4. 1987, 17. 6. 1999, AP Nr. 42, 102 zu § 1 KSchG 1969 Betriebsbedingte Kündigung; BAG 12. 11. 1998, AP Nr. 51 zu § 2 KSchG 1969.

[1256] Vgl. BAG 18. 9. 1997, EzA § 1 KSchG Betriebsbedingte Kündigung Nr. 97.

[1257] BAG 26. 6. 1975, AP Nr. 1 zu § 1 KSchG 1969 Betriebsbedingte Kündigung; BAG 27. 4. 1997, AP Nr. 42 zu § 2 KSchG 1969 = EzA § 2 KSchG Nr. 26 mit Anm. *Henssler* = SAE 1997, 336 mit Anm. *R. Weber;* BAG 17. 6. 1999, AP Nr. 102, 103 zu § 1 KSchG 1969 Betriebsbedingte Kündigung mit Anm. *Ehmann/Krebber* = EzA § 1 KSchG Betriebsbedingte Kündigung Nr. 101 und 102 mit Anm. *Rieble* = SAE 2000, 279 mit Anm. *Singer/ v. Finckenstein.*

[1258] BAG 18. 1. 1990, AP Nr. 27 zu § 2 KSchG 1969 = EzA § 1 KSchG 1969 Betriebsbedingte Kündigung Nr. 65 mit Anm. *Steinmeyer* = SAE 1991, 11 mit Anm. *Oetker;* BAG 18. 12. 1997, AP Nr. 46 zu § 2 KSchG 1969.

[1259] BAG 3. 5. 1978, AP Nr. 5 zu § 1 KSchG 1969 Betriebsbedingte Kündigung mit Anm. *Göller;* BAG 18. 11. 1999, EzA § 1 KSchG Betriebsbedingte Kündigung Nr. 104.

[1260] Vgl. BAG 9. 5. 1996, AP Nr. 79 zu § 1 KSchG 1969 Betriebsbedingte Kündigung = EzA § 1 KSchG Betriebsbedingte Kündigung Nr. 85 mit Anm. *Franzen;* vgl. dazu auch BAG 26. 9. 1996, AP Nr. 80 zu § 1 KSchG 1969 Betriebsbedingte Kündigung.

[1261] Vgl. BAG 10. 11. 1994, AP Nr. 65 zu § 1 KSchG 1969 Betriebsbedingte Kündigung = EzA § 1 KSchG Betriebsbedingte Kündigung Nr. 77 mit Anm. *v. Hoyningen-Huene;* BAG 30. 8. 1995, AP Nr. 5 zu § 99 BetrVG 1972 = EzA § 99 BetrVG 1972 Nr. 130 mit Anm. *Löwisch;* BAG 7. 11. 1996, AP Nr. 82 zu § 1 KSchG 1969 Betriebsbedingte Kündigung; Hessisches LAG 19. 7. 1999, LAGE § 1 KSchG Betriebsbedingte Kündigung Nr. 55 mit Anm. *Schwarze.*

[1262] BAG 19. 5. 1993, AP Nr. 31 zu § 2 KSchG 1969 mit Anm. *Waas* = EzA § 1 KSchG Betriebsbedingte Kündigung Nr. 73 mit Anm. *Raab* = SAE 1994, 150 mit Anm. *Steinmeyer;* BAG 3. 12. 1998, AP Nr. 39 zu § 1 KSchG 1969 Soziale Auswahl = EzA § 1 KSchG Soziale Auswahl Nr. 37 mit Anm. *Preis/Bütefisch* = SAE 1999, 294 mit Anm. *Kort.*

[1263] Vgl. LAG Rheinland-Pfalz 10. 5. 1988, NZA 1989, 273; *Ascheid* Kündigungsschutzrecht Rn. 287; siehe dazu auch LAG Hamburg 20. 11. 1996, LAGE § 2 KSchG Nr. 25.

367a Die Umsetzung der unternehmerischen Entscheidung muß den **Beschäftigungsbedarf grundsätzlich auf Dauer entfallen lassen.**[1264] Diesen Grundsatz hat das BAG zuletzt insbesondere bei Unternehmerentscheidungen, die auf eine Arbeitsverdichtung gerichtet waren, in den Vordergrund gestellt.[1265] Ausnahmsweise kann freilich auch die Entscheidung, den **Betrieb vorübergehend zu schließen**, eine Kündigung sozial rechtfertigen.[1266] Auch bei **witterungsbedingten Arbeitsunterbrechungen** im Baugewerbe, Gartenbau usw. sind nach der Rechtsprechung des BAG betriebsbedingte Kündigungen nicht ausgeschlossen.[1267]

368 Die **betriebswirtschaftliche Situation** eines Unternehmens **führt** in der Regel allerdings **nicht unmittelbar zum Wegfall eines Arbeitsplatzes.** Hierzu bedarf es vielmehr einer Unternehmerentscheidung, durch die der Arbeitgeber auf die vom BAG so bezeichneten außerbetrieblichen Umstände, beispielsweise durch Rationalisierungsmaßnahmen oder Betriebsstillegung, reagiert.[1268] Nur dann, wenn der Arbeitgeber von vornherein die Mitarbeiterzahl an bestimmte Umsatzzahlen gekoppelt hat, bewirkt ein Umsatzrückgang automatisch auch den Wegfall von Arbeitsplätzen.[1269]

369 Auch in diesem Fall wird freilich nicht auf das Erfordernis einer Unternehmerentscheidung zur Umsetzung der betriebswirtschaftlichen Situation verzichtet. Denn die Entscheidung zur betriebsbedingten Kündigung hat stets ein unternehmerisches Motiv, z. B. Kosteneinsparung wegen des Umsatzrückgangs. Es handelt sich in solchen Fällen um eine stillschweigende oder **verdeckte Unternehmerentscheidung.**[1270] Die Entscheidung, die Anzahl der Beschäftigten von konkreten Umsatzzahlen abhängig zu machen, stellt regelmäßig die vorweggenommene Unternehmerentscheidung dar, die dann zur Kündigung führt. Im Kündigungsschutzprozeß hat der Arbeitgeber die Verbindung zwischen der Mitarbeiterzahl und den Umsätzen konkret darzulegen und gegebenenfalls zu beweisen.[1271]

369a Die unternehmerische Entscheidung bedarf grundsätzlich **keiner besonderen Form.** Besteht die Unternehmerentscheidung in dem Entschluß, den Betrieb stillzulegen, ist hierfür bei einer juristischen Person bzw. einer

---

[1264] Vgl. BAG 7. 5. 1998, 17. 6. 1999, AP Nr. 94, 101, 102 zu § 1 KSchG 1969 Betriebsbedingte Kündigung.
[1265] Vgl. insbes. BAG 17. 6. 1999, AP Nr. 101, 102 zu § 1 KSchG 1969 Betriebsbedingte Kündigung.
[1266] Vgl. BAG 27. 4. 1995, EzA § 1 KSchG Betriebsbedingte Kündigung Nr. 83 sowie unten Rn. 417a.
[1267] Vgl. dazu BAG 7. 3. 1996, AP Nr. 76 zu § 1 KSchG 1969 Betriebsbedingte Kündigung = AR-Blattei ES 1020 Nr. 338 mit Anm. *Schwab* sowie Rn. 417b.
[1268] Vgl. BAG 24. 10. 1979, 17. 6. 1999, AP Nr. 8, 103 zu § 1 KSchG 1969 Betriebsbedingte Kündigung; *Ascheid* DB 1987, 1144, 1147 f.; *Franzen* NZA 2001, 805, 809; *Preis* DB 1988, 1387, 1388 f.; *Rommé/Pauker* NZA-RR 2000, 281, 283.
[1269] Vgl. BAG 15. 6. 1989, AP Nr. 45 zu § 1 KSchG 1969 Betriebsbedingte Kündigung = EzA § 1 KSchG Betriebsbedingte Kündigung Nr. 63 mit Anm. *Rotter;* dazu näher *Ascheid* DB 1987, 1144, 1147 f.; – krit. hierzu *Rommé/Pauker* NZA-RR 2000, 281, 288 ff.
[1270] Zutr. *Ascheid* Kündigungsschutzrecht Rn. 238; ErfK/*Ascheid* § 1 KSchG Rn. 381 f.; ebenso KR-*Etzel* § 1 KSchG Rn. 536; *Franzen* NZA 2001, 805, 809; *von Hoyningen-Huene* NZA 1994, 1009, 1011.
[1271] BAG 15. 6. 1989, AP Nr. 45 zu § 1 KSchG 1969 Betriebsbedingte Kündigung.

Kommanditgesellschaft kein formell gültiger Beschluß des zuständigen Organs erforderlich.[1272] Nach Auffassung des BAG ist die Wirksamkeit der unternehmerischen Entscheidung zur Betriebsstillegung durch ein Organ der Gesellschaft unter gesellschaftsrechtlicher Betrachtung eine Frage des „Dürfens", kündigungsrechtlich aber eine Frage des „Könnens". Die Überschreitung des gesellschaftsrechtlich internen Dürfens durch das die Betriebsstillegung betreibende Organ der Gesellschaft könne nur dann zur Unwirksamkeit der Kündigung führen, wenn die Rechtsordnung dies zum Schutz der Arbeitnehmer vorsehe. § 49 Abs. 2 GmbHG bezwecke jedoch nur den Schutz der Gesellschaft bzw. der Gesellschafter, nicht jedoch der Arbeitnehmer. Eine betriebsbedingte Kündigung ist daher nicht allein deshalb unwirksam, weil der zur Stillegung des Betriebes nach § 49 Abs. 2 GmbHG erforderliche Beschluß der Gesellschafter fehlt und die Entscheidung hierüber nur der Geschäftsführer getroffen hat.[1272a]

Die **Kündigung** selbst ist **nicht die freie unternehmerische Entscheidung**.[1273] Andernfalls wäre der vom Gesetz gewollte Schutz der Arbeitnehmer gegen betriebsbedingte Kündigungen weitgehend ausgehebelt. Denn der Arbeitgeber könnte sich dann, von Fällen des offenbaren Mißbrauchs abgesehen, stets erfolgreich mit dem Hinweis verteidigen, die Kündigung stelle eine von den Gerichten nicht zu überprüfende Unternehmerentscheidung dar.[1274] Die Kündigung ist vielmehr Folge der betrieblichen Umsetzung einer freien unternehmerischen Entscheidung.[1275]

Reduziert sich die Unternehmerentscheidung zur Personalreduzierung praktisch auf den Kündigungsentschluß, sind diese beiden Entscheidungen ohne nähere Konkretisierung nicht voneinander zu unterscheiden. Dies ist etwa anzunehmen, wenn sich die unternehmerische Entscheidung in dem Entschluß erschöpft, die Personalstärke um eine bestimmte Arbeitnehmerzahl zu reduzieren. Wegen der Nähe zum bloßen Kündigungsentschluß, dessen Durchsetzung wegen § 1 Abs. 2 nicht bloß auf Unsachlichkeit oder Willkür zu überprüfen ist, muß der Arbeitgeber in diesen Fällen auch darlegen, in welchem Umfang sich der Arbeitsanfall reduzieren wird und wie diese Arbeiten von dem verbliebenen Personal ohne überobligatorische Leistungen erledigt werden können.[1276]

[1272] Vgl. BAG 11. 3. 1998, AP Nr. 43 zu § 111 BetrVG 1972; *Ehmann/Krebber* Anm. zu BAG AP Nr. 102 zu § 1 KSchG 1969 Betriebsbedingte Kündigung; *Kittner/Däubler/Zwanziger* § 1 KSchG Rn. 321; – abweichend LAG Berlin 10. 8. 1987, LAGE § 1 KSchG Betriebsbedingte Kündigung Nr. 13; *Plander* NZA 1999, 505; HK-KSchG/*Weller/Dorndorf* § 1 Rn. 972.
[1272a] BAG 5. 4. 2001 – 2 AZR 696/99, zur Veröffentlichung bestimmt.
[1273] Zutr. BAG 20. 2. 1986, AP Nr. 11 zu § 1 KSchG 1969; BAG 20. 3. 1986, AP Nr. 14 zu § 2 KSchG 1969 = EzA § 2 KSchG Nr. 6 mit Anm. *Löwisch;* BAG 17. 6. 1999, AP Nr. 101, 102 zu § 1 KSchG 1969 Betriebsbedingte Kündigung.
[1274] Zutr. *Kittner/Däubler/Zwanziger* § 1 KSchG Rn. 265; *Löwisch* Anm. zu BAG EzA § 1 KSchG Nr. 6; *Preis* DB 1988, 1387, 1389.
[1275] Vgl. *Ascheid* Kündigungsschutzrecht Rn. 235; *Franzen* NZA 2001, 805, 810.
[1276] Vgl. dazu BAG 17. 6. 1999, AP Nr. 102 zu § 1 KSchG 1969 Betriebsbedingte Kündigung mit zust. Anm. *Ehmann/Krebber*.

b) Willkürkontrolle durch die Gerichte

371 Die unternehmerische Entscheidung, die zu einer betriebsbedingten Kündigung führt, kann nur **begrenzt gerichtlich überprüft** werden. Nachprüfbar ist zunächst, ob die behauptete Unternehmerentscheidung überhaupt zum Kündigungszeitpunkt vorlag.[1277] Von den Arbeitsgerichten ist nicht zu überprüfen, ob die beabsichtigte Maßnahme wirtschaftlich sinnvoll ist. Für die unternehmerische Entscheidung, die zu einer Umorganisation des Betriebes führt, gilt vielmehr grundsätzlich die Vermutung, daß sie aus sachlichen Gründen getroffen worden ist.[1278] Notwendigkeit und Zweckmäßigkeit der Unternehmerentscheidung sind inhaltlich nicht durch die Arbeitsgerichte zu überprüfen, weil nach der geltenden Wirtschafts- und Sozialordnung der Arbeitgeber das wirtschaftliche Risiko für die zweckmäßige Einrichtung und Gestaltung des Betriebes trägt und die Richter überfordert wären, wenn sie dem Arbeitgeber eine „bessere" betriebliche Organisation vorschreiben wollten.[1279] Die unternehmerische Entscheidung unterliegt deshalb grundsätzlich nur einer Willkürkontrolle, ob sie offenbar unsachlich, unvernünftig oder willkürlich ist.[1280]

371 a Grund für die eingeschränkte Überprüfbarkeit der unternehmerischen Entscheidung ist das **verfassungsrechtlich** über Art. 12, 14 und 2 Abs. 1 GG **geschützte Interesse an unternehmerischer Entscheidungsfreiheit.**[1281] So ist insbesondere der Nachteilsausgleich nach § 113 BetrVG bei Kündigungen als Folge der Verletzung oder Versäumung eines Interessenausgleichs nach § 112 BetrVG nur vor dem Hintergrund der freien, im Kündigungsschutzverfahren nicht nachprüfbaren Unternehmerentscheidung des Arbeitgebers sinnvoll und verständlich.[1282] Denn der sich auf die Durchführung der unternehmerischen Entscheidung beziehende Interessenausgleich kann nur auf freiwilliger Basis erzielt werden.[1283]

371 b **Offensichtlich unsachlich ist eine Unternehmerentscheidung** insbesondere dann, wenn ihre Umsetzung **gegen Gesetze oder Tarifverträge**

[1277] Zutr. *Ehmann/Krebber* Anm. zu BAG AP Nr. 102 zu § 1 KSchG 1969 Betriebsbedingte Kündigung; *Zepter* DB 2000, 474, 475.

[1278] BAG 30. 4. 1987, 17. 6. 1999, AP Nr. 42, 103 zu § 1 KSchG 1969 Betriebsbedingte Kündigung.

[1279] So zutr. BAG 7. 2. 1985, AP Nr. 9 zu § 1 KSchG 1969 Soziale Auswahl; BAG 21. 6. 1995, AP Nr. 36 zu § 15 KSchG 1969 mit krit. Anm. *Preis;* BAG 17. 6. 1999, AP Nr. 102 zu § 1 KSchG 1969 Betriebsbedingte Kündigung.

[1280] St. Rspr.; zuletzt BAG 10. 11. 1994, 5. 10. 1995, 17. 6. 1999, AP Nr. 65, 71, 101, 102, 103 zu § 1 KSchG 1969 Betriebsbedingte Kündigung; *Ascheid* NZA 1991, 873 f.; ErfK/*Ascheid* § 1 Rn. 429; KR-*Etzel* § 1 KSchG Rn. 540; *Feudner* NZA 2000, 1136, 1140 f.; HaKo-*Gallner* § 1 Rn. 600; v. *Hoyningen-Huene* NZA 1994, 1009, 1011; APS/*Kiel* § 1 KSchG Rn. 466; *Löwisch* § 1 Rn. 258; *Preis* S. 215 ff.; *Rieble* Anm. zu BAG EzA § 1 KSchG Betriebsbedingte Kündigung Nr. 102; – einschränkend *Stahlhacke/Preis/Vossen* Rn. 657; – krit. *Däubler* Das Arbeitsrecht Band 2 Rn. 1030 ff.; *B. Preis* DB 2000, 1122, 1124 ff.; *Quecke* NZA 2000, 1247, 1251; *Stein* BB 2000, 457, 461 ff.

[1281] Ebenso *Bitter* DB 1999, 1214, 1217; KR-*Etzel* § 1 KSchG Rn. 542; *Singer/v. Finkenstein* SAE 2000, 282; – abweichend *Feudner* NZA 2000, 1136, 1138.

[1282] Vgl. KR-*Etzel* § 1 KSchG Rn. 542; v. *Hoyningen-Huene* NZA 1994, 1009, 1011; APS/*Kiel* § 1 KSchG Rn. 467; *Schaub* NZA 1987, 217, 218; *Stahlhacke* DB 1994, 1361, 1365.

[1283] Vgl. v. *Hoyningen-Huene* BetrVR § 15 III 3.

Sozial ungerechtfertigte Kündigungen　　　　371 c–371 e　§ 1

verstößt.[1284] Nach abzulehnender Auffassung des BAG verstößt ein Änderungsangebot zur Lage der Arbeitszeit, das eine teilzeitbeschäftigte Arbeitnehmerin gegenüber den Vollzeitbeschäftigten benachteiligt, gegen § 2 Abs. 1 BeschFG (seit 1. 1. 2001: § 4 Abs. 1 TzBfG) und führt deshalb zur Sozialwidrigkeit der entsprechenden Änderungskündigung (näher dazu § 2 Rn. 66 a ff.).[1285] Eine betriebsbedingte Änderungskündigung, mit der eine tarifwidrige Arbeitszeitgestaltung (Samstagsarbeit) eingeführt werden soll, ist ebenfalls sozial ungerechtfertigt.[1286] Gleiches gilt für eine Änderungskündigung, mit welcher der Arbeitgeber die wöchentliche tarifliche Arbeitszeit von 35 Stunden auf 38,5 Stunden bei einer Lohnerhöhung von 3% heraufzusetzen versucht.[1287]

Der unternehmerischen Entscheidungsfreiheit trägt § 1 Abs. 2 Satz 1 **371 c** Rechnung, indem er lediglich auf **betrieblicher Ebene** die Umsetzung der unternehmerischen Entscheidung der **gerichtlichen Überprüfung** unterzieht (dazu Rn. 374 ff.). Dagegen ist die wirtschaftliche Lage des Unternehmens, die durch die freie unternehmerische Gestaltungsbefugnis bestimmt wird, einer Überprüfung durch die Gerichte weitgehend entzogen. Mit Recht hat *Auffarth* in diesem Zusammenhang schon frühzeitig darauf hingewiesen, daß klar zwischen der Lage des Unternehmens und der des Betriebes unterschieden werden müsse.[1288]

Aus der Anerkennung der nur beschränkt nachprüfbaren freien unter- **371 d** nehmerischen Entscheidung folgt, daß von den Gerichten im Kündigungsschutzprozeß **nicht nachzuprüfen** ist, ob die vom Arbeitgeber nach Ausspruch der Kündigung erwarteten **Vorteile zu den Nachteilen,** die sich für den betroffenen Arbeitnehmer ergeben, in einem vernünftigen Verhältnis stehen.[1289] Eine Interessenabwägung findet insoweit nicht statt. Die besondere soziale Schutzwürdigkeit der betroffenen Arbeitnehmer ist im Rahmen der sozialen Auswahl nach Abs. 3 (dazu Rn. 431 ff.) zu berücksichtigen.

Da eine Abwägung zwischen den auf Grund der unternehmerischen Ent- **371 e** scheidung erwarteten Vorteilen und den sich für den Arbeitnehmer sich

---

[1284] Ebenso ErfK/*Ascheid* § 1 KSchG Rn. 431; KR-*Etzel* § 1 KSchG Rn. 540; APS/*Kiel* § 1 KSchG Rn. 468; HK-KSchG/*Weller/Dorndorf* § 1 Rn. 878.
[1285] Vgl. BAG 24. 4. 1997, AP Nr. 42 zu § 2 KSchG 1969 = EzA § 2 KSchG Nr. 26 mit Anm. *Henssler* = SAE 1997, 336 mit Anm. *R. Weber*.
[1286] Vgl. BAG 18. 12. 1997, AP Nr. 46 zu § 2 KSchG 1969.
[1287] Vgl. BAG 10. 2. 1999, AP Nr. 52 zu § 2 KSchG 1969, das allerdings in diesem Fall die Nichtigkeit der Kündigung nach § 134 BGB, § 4 Abs. 3 TVG wegen der Abweichung vom Tarifvertrag angenommen hat; näher hierzu § 2 Rn. 66 c.
[1288] Anm. zu LAG Freiburg, AP Nr. 16 zu § 1 KSchG.
[1289] BAG 30. 4. 1987, AP Nr. 42 zu § 1 KSchG 1969 Betriebsbedingte Kündigung = SAE 1988, 206 mit Anm. *Peterek* unter Aufgabe der früheren Rechtsprechung; BAG 19. 12. 1991, RzK I 5 c Nr. 41; – zur früheren Rechtsprechung vgl. BAG 4. 2. 1960, AP Nr. 5 zu § 1 KSchG Betriebsbedingte Kündigung; BAG 3. 5. 1978, 7. 3. 1980, 17. 10. 1980, AP Nr. 5, 9, 10 zu § 1 KSchG 1969 Betriebsbedingte Kündigung; – der neueren Rechtsprechung folgend *Ascheid* Kündigungsschutzrecht Rn. 349; ErfK/*Ascheid* § 1 KSchG Rn. 426; KR-*Etzel* § 1 KSchG Rn. 546; *v. Hoyningen-Huene* SAE 1991, 124, 125; *ders.* NZA 1994, 1009, 1011; *Kiel* S. 128; *Löwisch* § 1 Rn. 250; *Oetker* SAE 1991, 1518; *Preis* S. 218 ff.; *Stahlhacke* DB 1994, 1361, 1362; HK-KSchG/*Weller/Dorndorf* § 1 Rn. 881; – krit. hierzu *Kittner/Däubler/Zwanziger* § 1 KSchG Rn. 285 ff.; *Stein* BB 2000, 457, 463 ff.

ergebenden Nachteilen nicht erfolgt, sind **Umstrukturierungen, die eine Gewinnsteigerung zum Ziel haben,** zwar unpopulär, aber nicht willkürlich und damit wirksam.[1290] Dies ergibt sich schon aus der verfassungsrechtlich zulässigen (Art. 12, 14 GG) Zielsetzung unternehmerischen Tätigwerdens, das in erster Linie auf die Erzielung von Gewinn und nicht auf die Schaffung von Arbeitsplätzen gerichtet ist. Auch aus den Rechten der vom Arbeitgeber beschäftigten Arbeitnehmer (Art. 12 GG) sowie dem Sozialstaatsprinzip (Art. 20 GG) lassen sich keine Höchstgrenzen für einen rechtlich noch zulässigen Gewinn entnehmen.

371 f **Darlegungs- und beweispflichtig** dafür, daß die unternehmerische Entscheidung offenbar unsachlich, unvernünftig oder willkürlich ist, ist der Arbeitnehmer.[1291] Das BAG hat dies bislang damit begründet, daß für eine beschlossene und tatsächlich durchgeführte Unternehmerentscheidung die Vermutung spreche, daß die Entscheidung aus sachlichen Gründen erfolgt sei, Rechtsmißbrauch also die Ausnahme sei.[1292] Zur Begründung der Darlegungs- und Beweislastverteilung bedarf es dieser Vermutung freilich nicht. Denn bei der Frage, ob die Unternehmerentscheidung unsachlich, unvernünftig oder willkürlich ist, handelt es sich in der Sache um den Einwand rechtsmißbräuchlichen Verhaltens (§ 242 BGB), dessen tatsächliche Voraussetzungen derjenige darzulegen hat, der sich hierauf beruft.[1293] Aus diesem Grund sind auch nicht die Grundsätze der Darlegungs- und Beweislastverteilung für das Nichtvorliegen von Rechtfertigungsgründen bei der verhaltensbedingten Kündigung (dazu Rn. 303 c) heranzuziehen.[1294]

3. Wegfall von Beschäftigungsmöglichkeiten

372 Dringende betriebliche Erfordernisse für eine Kündigung liegen vor, wenn die Umsetzung oder eingeleitete **Durchführung der unternehmerischen Entscheidung im Betrieb** zum Wegfall einer Beschäftigungsmöglichkeit führt.[1295]

[1290] Zutr. *Franzen* NZA 2001, 805, 810; *Hillebrecht* ZfA 1991, 87, 110; APS/*Kiel* § 1 KSchG Rn. 471; *Löwisch* § 1 Rn. 259; *Rieble* Anm. zu BAG EzA § 1 KSchG Betriebsbedingte Kündigung Nr. 102; *Stahlhacke* DB 1994, 1361, 1365; – einschränkend *Feudner* NZA 2000, 1136, 1143; *Preis* NZA 1995, 241, 248 f.; – abweichend ArbG Gelsenkirchen 28. 10. 1997, EzA § 1 KSchG Betriebsbedingte Kündigung Nr. 100 mit krit. Anm. *Hamacher*; *Quecke* NZA 1999, 1247, 1251.
[1291] Ebenso BAG 24. 10. 1979, AP Nr. 8 zu § 1 KSchG 1969 Betriebsbedingte Kündigung; BAG 9. 5. 1996, AP Nr. 79 zu § 1 KSchG 1969 Betriebsbedingte Kündigung = EzA § 1 KSchG Betriebsbedingte Kündigung Nr. 85 mit Anm. *Franzen;* – zweifelnd neuerdings BAG 17. 6. 1999, AP Nr. 101, 102 zu § 1 KSchG 1969 Betriebsbedingte Kündigung; *Bitter* DB 1999, 1214, 1217; – abweichend *Quecke* NZA 1999, 1247, 1250.
[1292] Vgl. BAG 30. 4. 1987, 9. 5. 1996, AP Nr. 42, 79 zu § 1 KSchG 1969 Betriebsbedingte Kündigung.
[1293] Ebenso *Franzen* NZA 2001, 805, 810; *Rommé/Pauker* NZA-RR 2000, 281, 284; hierzu allgemein *Baumgärtel/Strieder* Handbuch der Beweislast, 2. Aufl. 1991, § 242 BGB Rn. 11; MünchKomm-BGB/*Roth* § 242 Rn. 52.
[1294] Abweichend *Bitter* DB 1999, 1214, 1217; HaKo-*Gallner* § 1 Rn. 612.
[1295] *Ascheid* Kündigungsschutzrecht Rn. 236; *v. Hoyningen-Huene* NZA 1994, 1009, 1011; *Preis* NZA 1995, 241, 243.

a) Auswirkung auf die Beschäftigungsmöglichkeiten

Die dringenden betrieblichen Erfordernisse müssen **nicht zum Wegfall eines bestimmten Arbeitsplatzes führen**.[1296] Die Umsetzung der Unternehmerentscheidung muß sich vielmehr nur konkret auf die Beschäftigungsmöglichkeit des gekündigten Arbeitnehmers auswirken. Bei einer betriebsbedingten Kündigung ist daher stets zu prüfen, ob nach Umsetzung der unternehmerischen Entscheidung im Betrieb rechnerisch ein Überhang an Arbeitskräften entstanden ist, durch den unmittelbar oder mittelbar das Bedürfnis zur Weiterbeschäftigung eines oder mehrerer Arbeitnehmer entfällt.[1297] Der Beschäftigungsbedarf für einen Arbeitnehmer entfällt beispielsweise bei der Zusammenfassung der Arbeitsaufgaben von vormals drei Arbeitnehmern auf zwei Arbeitsplätzen mit geänderten Arbeitsaufgaben.

b) Identität und Kontinuität des Arbeitsplatzes

Die bisherige Beschäftigungsmöglichkeit fällt weg, wenn **Identität und Kontinuität des bisherigen Arbeitsplatzes** nicht mehr gegeben sind.[1298] Es kommt also nicht darauf an, ob an dem bisherigen Arbeitsplatz irgendeine Arbeit noch geleistet werden kann, sondern ob die nach der unternehmerischen Entscheidung an dem Arbeitsplatz zu verrichtende Arbeit eine weitgehend identische Tätigkeit ist.[1299] Strukturiert der Arbeitgeber die bisherige Arbeit um, so verändert er den bisherigen Arbeitsplatz und hebt seine Identität auf.[1300] Dabei unterliegt es grundsätzlich der freien unternehmerischen Entscheidung des Arbeitgebers, das Anforderungsprofil für einen eingerichteten Arbeitsplatz festzulegen.[1301] Ob die Identität eines Arbeitsplatzes verändert worden ist, bestimmt sich u.a. nach der Stellenbeschreibung des Arbeitsplatzes und der unternehmerischen Entscheidung. Weiterhin ist zu berücksichtigen, wie der einschlägige Tarifvertrag die jeweiligen Tätigkeiten bewertet. Hierfür ist insbesondere die tariflich vorgesehene Vergütung ein bedeutendes Kriterium.[1302] Ist die neue Stelle nach Bedeu-

---

[1296] So aber noch BAG 7. 1. 1978, AP Nr. 6 zu § 1 KSchG 1969 Betriebsbedingte Kündigung mit Anm. *Reuter* = EzA § 1 KSchG Betriebsbedingte Kündigung Nr. 10 mit Anm. *Rancke* = SAE 1979, 141 mit Anm. *Herschel*.

[1297] BAG 30. 5. 1985, AP Nr. 24 zu § 1 KSchG 1969 Betriebsbedingte Kündigung mit Anm. *v. Schmidt* = EWiR § 1 KSchG 1/86 mit Kurzkomm. *v. Hoyningen-Huene;* BAG 13. 3. 1987, AP Nr. 37 zu § 1 KSchG 1969 Betriebsbedingte Kündigung = AR-Blattei Kündigungsschutz Entsch. 277 mit Anm. *Löwisch* = SAE 1988, 71 mit Anm. *Adomeit* = EzA § 1 KSchG Betriebsbedingte Kündigung Nr. 44 mit Anm. *Preis;* BAG 15. 6. 1989, AP Nr. 45 zu § 1 KSchG 1969 Betriebsbedingte Kündigung = EzA § 1 KSchG Betriebsbedingte Kündigung Nr. 63 mit Anm. *Rotter;* BAG 7. 3. 1996, 17. 6. 1999, AP Nr. 76, 101–103 zu § 1 KSchG 1969 Betriebsbedingte Kündigung; *Ascheid* Kündigungsschutzrecht Rn. 233 f.; MünchArbR/ *Berkowsky* § 138 Rn. 46 ff.; KR-*Etzel* § 1 KSchG Rn. 544; APS/*Kiel* § 1 KSchG Rn. 477.

[1298] *v. Hoyningen-Huene* NZA 1994, 1009, 1011.

[1299] BAG 10. 11. 1994, 5. 10. 1995, AP Nr. 65, 71 zu § 1 KSchG 1969 Betriebsbedingte Kündigung; BAG 18. 10. 2000, NZA 2001, 437; – ähnlich BAG 30. 8. 1995, AP Nr. 5 zu § 99 BetrVG 1972 Versetzung.

[1300] Vgl. dazu *v. Hoyningen-Huene* Anm. zu BAG EzA § 1 KSchG Betriebsbedingte Kündigung Nr. 77.

[1301] Vgl. BAG 7. 11. 1996, AP Nr. 82 zu § 1 KSchG 1969 Betriebsbedingte Kündigung = EzA § 1 KSchG Betriebsbedingte Kündigung Nr. 88 mit Anm. *Söllner;* BAG 18. 10. 2000, NZA 2001, 437.

[1302] BAG 5. 10. 1995, AP Nr. 5 zu § 99 BetrVG 1972 Versetzung.

tung und Verantwortung nicht nur unerheblich anspruchsvoller, fehlt es an der Identität des Arbeitsplatzes.[1303] Die Identität des Arbeitsplatzes fehlt auch, wenn der Arbeitgeber sich entschließt, die Arbeitsaufgaben nicht mehr durch Arbeitnehmer, sondern durch freie Mitarbeiter ausführen zu lassen.[1304]

373 a Das BAG hat einen betriebsbedingten Kündigungsgrund in einem Fall verneint, in dem ein Flugunternehmen seinen **Flugzeugpark von Propellermaschinen auf Jets umgestellt** und den bisher beschäftigten Piloten betriebsbedingt gekündigt hatte.[1305] Die Beschäftigungsmöglichkeit für den gekündigten Piloten sei nicht entfallen, weil der Arbeitgeber trotz der Außerdienststellung der Propellermaschinen noch Beschäftigungsbedarf für den Piloten hatte. Diese Begründung überzeugt nicht. Entgegen der Auffassung des BAG war hier die Beschäftigungsmöglichkeit für den Piloten der Propellermaschine zunächst entfallen, weil der Pilot keine Fluglizenz für Düsenjets besaß und der Arbeitgeber den Flugbetrieb auf Propellermaschinen eingestellt hatte.[1306] Der Arbeitgeber war jedoch nach § 1 Abs. 2 Satz 3 verpflichtet, dem Piloten eine Fortbildungsmaßnahme anzubieten, die ihm den Erwerb der Fluglizenz für Düsenjets ermöglicht hätte.[1307] Eine solche Fortbildungs- oder Umschulungsmaßnahme wäre dem Arbeitgeber im Hinblick auf die ständigen Veränderungen im Flugzeugbau auch zuzumuten gewesen.[1308] Nachdem er dem Piloten diese Umschulungsmaßnahme nicht angeboten hatte, war die Kündigung sozial ungerechtfertigt.

373 b Besteht die unternehmerische Entscheidung im wesentlichen darin, **eine Abteilung des Betriebes zu schließen** und die dort bisher erledigten Arbeiten nach einer Umorganisation des Arbeitsablaufs **neuen Stellen einer anderen Abteilung zuzuordnen,** so entfällt dadurch nicht die Identität des Arbeitsplatzes und damit der Beschäftigungsbedarf für die in der umstrukturierten Abteilung bisher beschäftigten Arbeitnehmer.[1309] Wird der neugeschaffene Arbeitsplatz allerdings gegenüber dem bisherigen inhaltlich umgestaltet mit der Folge, daß zusätzlich zu den bisherigen weitere Arbeitsaufgaben zu erfüllen sind und aus diesem Grunde die Stelle auch vergütungsrechtlich höher bewertet wird, sind Identität und Kontinuität des bisherigen Arbeitsplatzes nicht mehr gegeben. Auf Grund der unternehmerischen Entscheidung ist vielmehr der bisherige Arbeitsplatz weggefallen.[1310]

c) Betriebsbezogenheit der unternehmerischen Entscheidung

374 Zur Beantwortung der Frage, ob die Umsetzung der Unternehmerentscheidung zum Wegfall von Beschäftigungsmöglichkeiten führt, sind **allein**

[1303] Ebenso HaKo-*Gallner* § 1 Rn. 615; APS/*Kiel* § 1 KSchG Rn. 480.
[1304] Vgl. BAG 9. 5. 1996, AP Nr. 79 zu § 1 KSchG 1969 Betriebsbedingte Kündigung.
[1305] BAG 7. 5. 1968, AP Nr. 18 zu § 1 KSchG 1969 Betriebsbedingte Kündigung.
[1306] Ebenso APS/*Kiel* § 1 KSchG Rn. 481.
[1307] Ähnlich nunmehr BAG 30. 8. 1995, AP Nr. 5 zu § 99 BetrVG 1972 Versetzung.
[1308] Vgl. *Birk* Festschrift für Kissel S. 51, 62; – dazu näher Rn. 539.
[1309] BAG 10. 11. 1994, 5. 10. 1995, AP Nr. 65, 71 zu § 1 KSchG 1969 Betriebsbedingte Kündigung; APS/*Kiel* § 1 KSchG Rn. 477.
[1310] Vgl. BAG 18. 10. 2000, NZA 2001, 437; *v. Hoyningen-Huene* Anm. zu BAG EzA § 1 KSchG Betriebsbedingte Kündigung Nr. 77.

die **Verhältnisse des Betriebes heranzuziehen,** weil der gesetzliche Kündigungsschutz grundsätzlich betriebsbezogen ausgestaltet ist.[1311] Wenn ein Unternehmen mit mehreren Betrieben eine unternehmerische Entscheidung trifft, ist daher zu prüfen, wie sich diese unternehmerische Entscheidung auf die Beschäftigungsmöglichkeiten in dem Betrieb auswirkt, in dem die Kündigungen ausgesprochen werden.[1312] Im Bereich des öffentlichen Dienstes entspricht die Dienststelle dem Betrieb. Dies folgt aus § 1 Abs. 2 Satz 2 Nr. 2.[1313]

Eine Beschränkung der Überprüfung der betriebsbedingten Kündigung auf die Verhältnisse eines **Betriebsteils** ist nach dem Wortlaut des § 1 Abs. 2 Satz 1 **nicht möglich.**[1314] Sie würde dem System des KSchG widersprechen, das grundsätzlich betriebsbezogen ausgestaltet ist.[1315] Bei der Schließung einer Betriebsabteilung sind die Kündigungsmöglichkeiten daher nicht auf die Arbeitnehmer der zu schließenden Abteilung beschränkt. Nach der zutreffenden Auffassung des BAG kann in einem solchen Fall vielmehr aufgrund der nach Abs. 3 erforderlichen Sozialauswahl auch ein sozial weniger schutzwürdiger Arbeitnehmer einer anderen Abteilung gekündigt werden (näher dazu Rn. 434 ff.).[1316]

d) Geplante Umsetzung der unternehmerischen Entscheidung

Die unternehmerische Entscheidung muß nicht bereits zum Zeitpunkt der Kündigung umgesetzt sein. Es reicht vielmehr aus, wenn die **geplante Maßnahme greifbare Formen angenommen** hat und eine vernünftige und betriebswirtschaftliche Betrachtung die Prognose ergibt, daß mit hinreichender Sicherheit bis zum Ablaufen der Kündigungsfrist die geplante Maßnahme durchgeführt und der Arbeitnehmer damit entbehrlich sein wird.[1317] Dafür, daß die geplanten Maßnahmen bereits greifbare Formen angenommen haben, ist der Arbeitgeber darlegungs- und beweispflichtig.[1318]

[1311] KR-*Etzel* § 1 KSchG Rn. 554; APS/*Kiel* § 1 KSchG Rn. 482; *Löwisch* § 1 Rn. 244; HK-KSchG/*Weller/Dorndorf* § 1 Rn. 866; ausführlich zum Betriebsbegriff § 23 Rn. 3 ff.).
[1312] Vgl. BAG 11. 10. 1989, AP Nr. 47 zu § 1 KSchG 1969 Betriebsbedingte Kündigung; *Buchner* DB 1984, 504, 505 f.; *Hofmann* ZfA 1984, 295, 309; *Mayer-Maly* ZfA 1988, 209, 216 f.
[1313] Vgl. BAG 17. 5. 1984, AP Nr. 21 zu § 1 KSchG 1969 Betriebsbedingte Kündigung mit Anm. *v. Hoyningen-Huene.*
[1314] BAG 11. 10. 1989, AP Nr. 47 zu § 1 KSchG 1969 Betriebsbedingte Kündigung mit abl. Anm. *Berger-Delhey*; BAG 20. 8. 1998, AP Nr. 50 zu § 2 KSchG 1969 = EzA § 2 KSchG Nr. 31 mit krit. Anm. *Thüsing*; ErfK/*Ascheid* § 1 KSchG Rn. 378; APS/*Kiel* § 1 KSchG Rn. 482; HK-KSchG/*Weller/Dorndorf* § 1 Rn. 869.
[1315] Vgl. Begründung zum Reg.-Entw. des KSchG 1951, RdA 1951, 61, 63.
[1316] Vgl. BAG 25. 4. 1985, 8. 8. 1985, 15. 6. 1989, 5. 5. 1994, AP Nr. 7, 10, 18, 23 zu § 1 KSchG 1969 Soziale Auswahl.
[1317] BAG 27. 2. 1987, AP Nr. 41 zu § 1 KSchG 1969 Betriebsbedingte Kündigung; BAG 19. 5. 1988, AP Nr. 75 zu § 613 a BGB; BAG 19. 6. 1991, AP Nr. 53 zu § 1 KSchG 1969 Betriebsbedingte Kündigung; BAG 20. 1. 1994, AP Nr. 8 zu § 1 KSchG 1969 Konzern; BAG 10. 10. 1996, AP Nr. 81 zu § 1 KSchG 1969 Betriebsbedingte Kündigung; BAG 27. 2. 1997, AP Nr. 1 zu § 1 KSchG 1969 Wiedereinstellungsanspruch; BAG 3. 9. 1998, NZA 1999, 147; ErfK/*Ascheid* § 1 KSchG Rn. 398; KR-*Etzel* § 1 KSchG Rn. 567; *Kittner/Däubler/Zwanziger* § 1 KSchG Rn. 296; *Stahlhacke/Preis/Vossen* Rn. 654.
[1318] BAG 23. 3. 1984 und 19. 6. 1991, AP Nr. 38 und 53 zu § 1 KSchG 1969 Betriebsbedingte Kündigung.

e) Gerichtliche Überprüfung

376 Im Kündigungsschutzprozeß ist durch die Arbeitsgerichte **voll nachprüfbar,** ob die vom Arbeitgeber behaupteten Gründe für die Kündigung tatsächlich vorliegen und ob sie sich im betrieblichen Bereich dahin auswirken, daß für die Weiterbeschäftigung des gekündigten Arbeitnehmers kein Bedürfnis mehr besteht.[1319] Dagegen ist die unternehmerische Entscheidung selbst nicht auf ihre sachliche Rechtfertigung oder ihre Zweckmäßigkeit zu überprüfen, sondern nur darauf, ob sie offenbar unsachlich, unvernünftig oder willkürlich ist (dazu oben Rn. 371 ff.).

376 a Der Arbeitgeber hat **darzulegen** und gegebenenfalls zu **beweisen,** welche Arbeitsplätze in welchem Umfang von der unternehmerischen Entscheidung betroffen sind. Er hat daher im Prozeß vorzutragen, inwieweit die betriebliche Umsetzung der Unternehmerentscheidung den Arbeitsanfall vermindert und sich daraus eine Reduzierung der Arbeitsplätze ergibt. Weiterhin hat er grundsätzlich **konkrete Angaben** dazu zu machen, **wie sich die Verringerung der Produktion auf die Arbeitsmenge auswirkt** und in welchem Umfang dadurch ein konkreter Arbeitskräfteüberhang entsteht.[1320] Im Verwaltungsbereich müßte dargelegt werden, daß durch den Wegfall einzelner Tätigkeiten der verbleibende Arbeitsanfall in kürzerer Zeit bewältigt werden kann, so daß die Einsparung einer bestimmten Zahl von Arbeitsplätzen möglich ist. Die einzelnen wegfallenden Tätigkeiten müßten daher für jeden betroffenen Arbeitsplatz im zeitlichen Umfang bestimmt werden, damit das Einsparungspotential definiert werden kann.

376 b Besteht die Unternehmerentscheidung in dem **Entschluß, die Belegschaftsstärke zur Senkung der Personalkosten zu reduzieren,** hat der Arbeitgeber im Kündigungsschutzprozeß darzulegen, welche betrieblichen Folgen sich aus der Stellenstreichung ergeben.[1321] Hierzu ist einsichtig und nachprüfbar auszuführen, was mit den von dem bisherigen Arbeitsplatzinhaber wahrgenommenen Aufgaben zukünftig geschieht, ob und ggf. in welchem Umfang diese also beispielsweise wegfallen, an Drittfirmen vergeben oder auf die verbleibende Belegschaft verteilt werden. Der Arbeitnehmer hat dann unter Berücksichtigung dieses Vortrags des Arbeitgebers näher darzulegen, warum diese Planung nicht umsetzbar ist, also beispielsweise, warum Tätigkeiten durch die Facharbeiter nicht plan- und konzeptmäßig durchgeführt werden können. Nur soweit der Arbeitnehmer keinen Einblick in die betrieblichen Abläufe hat, kommt auch ein Bestreiten des Arbeitnehmers mit Nichtwissen (§ 138 Abs. 4 ZPO) in Betracht.[1322]

[1319] BAG 30. 5. 1985, AP Nr. 24 zu § 1 KSchG 1969 Betriebsbedingte Kündigung; BAG 15. 6. 1989, AP Nr. 45 zu § 1 KSchG 1969 Betriebsbedingte Kündigung = EzA § 1 Betriebsbedingte Kündigung Nr. 63 mit Anm. *Rotter;* BAG 5. 10. 1995, AP Nr. 71 zu § 1 KSchG 1969 Betriebsbedingte Kündigung; BAG 17. 6. 1999, AP Nr. 102 zu § 1 KSchG 1969 Betriebsbedingte Kündigung; ErfK/*Ascheid* § 1 KSchG Rn. 417; KR-*Etzel* § 1 KSchG Rn. 551; *Franzen* NZA 2001, 805, 809.

[1320] Ebenso BAG 17. 6. 1999, AP Nr. 101, 102 zu § 1 KSchG 1969 Betriebsbedingte Kündigung; *Franzen* NZA 2001, 805, 809; HK-KSchG/*Weller/Dorndorf* § 1 Rn. 883; *Zepter* DB 2000, 474, 475.

[1321] Näher zur Kündigung wegen Arbeitsverdichtung Rn. 413 b.

[1322] BAG 17. 6. 1999, AP Nr. 102 zu § 1 KSchG 1969 Betriebsbedingte Kündigung; – krit. hierzu *Quecke* NZA 1999, 1247, 1250; *Zepter* DB 2000, 474, 476.

Trifft der Arbeitgeber die organisatorische Entscheidung, daß bestimmte **376 c**
Arbeitsgruppen eines Betriebes **künftig in Wechselschicht zu arbeiten**
haben, so ist dies als freie unternehmerische Entscheidung von den Gerichten
hinzunehmen, weil die Einführung von Wechselschicht grundsätzlich nicht
willkürlich ist.[1323] Bei der Frage, ob ein Arbeitnehmer betriebsbedingt gekündigt werden kann, der aus persönlichen Gründen sich weigert, in
Wechselschicht zu arbeiten, hat das Arbeitsgericht jedoch zu prüfen, ob der
Entschluß zur Kündigung in den Rahmen der umgestalteten Betriebsorganisation paßt oder ob diese auch ohne die Kündigung verwirklicht werden
kann.[1324] Denn nach Abs. 2 Satz 1 können nur „dringende betriebliche Erfordernisse" die Kündigung rechtfertigen. Darin bringt das Gesetz zum Ausdruck, daß der Arbeitgeber nur dann kündigen darf, wenn das im Interesse
des Betriebes wirklich notwendig ist, nicht jedoch, wenn das geänderte unternehmerische Konzept auch durch andere Maßnahmen verwirklicht werden kann (unten Rn. 377 ff.). In dem vom BAG im Urteil vom 18. 1. 1990
entschiedenen Fall fehlte es an der Dringlichkeit, weil sich die klagende Arbeitnehmerin in einer kurzfristigen persönlichen Zwangslage befand und der
Arbeitgeber in vier anderen Fällen ebenfalls Arbeitnehmer im Einschichtbetrieb belassen hatte, ohne dadurch sein Konzept, künftig Wechselschicht einzuführen, als gefährdet anzusehen.

4. Dringlichkeit

Nach Abs. 2 Satz 1 können nur **dringende** betriebliche Erfordernisse eine **377**
betriebsbedingte Kündigung sozial rechtfertigen. Das Gesetz bringt damit im
Gegensatz zu früheren Regelungen im BRG und AOG zum Ausdruck, daß
der Arbeitgeber nur dann betriebsbedingt kündigen darf, wenn das im Interesse des Betriebes wirklich notwendig ist.[1325] Dabei kommt es freilich nicht
darauf an, daß die unternehmerische Entscheidung dringlich ist. Diese unterliegt nur der Willkürkontrolle durch die Gerichte, weshalb auch eine unternehmerische Entscheidung mit dem Ziel einer Gewinnsteigerung zulässig ist
(vgl. Rn. 371 e). Maßgeblich ist vielmehr, ob die Durchführung der Unternehmerentscheidung im Betrieb ein dringendes betriebliches Erfordernis für
die Kündigung zur Folge hat.[1326]

a) Dringlichkeit und Grundsatz der Verhältnismäßigkeit

Ob die zur Kündigung vom Arbeitgeber angeführten betrieblichen Erfor- **378**
dernisse dringend sind, ist anhand des Grundsatzes der Verhältnismäßigkeit
zu beurteilen.[1327] Die Prüfung der betriebsbedingten Kündigung am Maßstab

---

[1323] BAG 18. 1. 1990, AP Nr. 27 zu § 2 KSchG 1969.
[1324] BAG 18. 1. 1990, AP Nr. 27 zu § 2 KSchG 1969.
[1325] BAG 15. 6. 1989, AP Nr. 45 zu § 1 KSchG 1969 Betriebsbedingte Kündigung unter
II 1 a; MünchArbR/*Berkowsky* § 138 Rn. 124; *v. Hoyningen-Huene* SAE 1991, 124, 125;
APS/*Kiel* § 1 KSchG Rn. 561; *Stahlhacke/Preis/Vossen* Rn. 643 a.
[1326] *Ascheid* NZA 1991, 873, 877; ErfK/*Ascheid* § 1 KSchG Rn. 427; KR-*Etzel* § 1
KSchG Rn. 546; *Henssler* Kündigung und Kündigungsschutz Rn. 25; APS/*Kiel* § 1 KSchG
Rn. 558.
[1327] Vgl. BAG 18. 1. 1990, AP Nr. 27 zu § 2 KSchG 1969; BAG 29. 3. 1990, AP Nr. 50
zu § 1 KSchG 1969 Betriebsbedingte Kündigung; *Ascheid* NZA 1991, 873, 877; *ders.* Kündigungsschutzrecht Rn. 284; *Bader/Bram* § 1 Rn. 257; KR-*Etzel* § 1 KSchG Rn. 545; Ha-

§ 1 378a–381   1. Abschnitt. Allgemeiner Kündigungsschutz

des Verhältnismäßigkeitsgrundsatzes reduziert sich wegen der vorgegebenen unternehmerischen Entscheidung im wesentlichen auf die **Überprüfung der Erforderlichkeit** der Kündigung bei der Umsetzung der vom Arbeitgeber getroffenen Unternehmerentscheidung. Die Prüfung der Geeignetheit der beabsichtigten Kündigung zur Durchsetzung der unternehmerischen Entscheidung auf betrieblicher Ebene wirft regelmäßig keine Probleme auf.

378a   Aus § 2 Abs. 1 Nr. 2 SGB III ergeben sich keine Folgerungen für die Auslegung des Merkmals „dringende betriebliche Erfordernisse". Nach dieser Bestimmung sollen die Arbeitgeber vorrangig durch betriebliche Maßnahmen die Inanspruchnahme von Leistungen der Arbeitsförderung sowie Entlassungen von Arbeitnehmern vermeiden. Hierbei handelt es sich schon nach dem Wortlaut des Gesetzes („sollen") nur um einen Programmsatz, an den keine konkreten Rechtsfolgen anknüpfen.[1328] Im übrigen ist § 2 Abs. 1 Nr. 2 SGB III auch seinem Wortlaut nach nicht zu entnehmen, daß betriebsbedingte Kündigungen aus weiteren als den im KSchG geregelten Gründen unwirksam sein sollen. § 2 Abs. 1 Nr. 2 SGB III wiederholt vielmehr nur das, was ohnehin schon galt.[1329]

379   Eine Überprüfung der Kündigung auf ihre **Verhältnismäßigkeit im engeren Sinne,** d.h. der Angemessenheit der Maßnahme zu dem bezweckten Ziel, entfällt.[1330] Da nämlich die unternehmerische Maßnahme nicht auf Zweckmäßigkeit und Notwendigkeit kontrolliert werden kann, ist sie als feste Größe hinzunehmen. Die vom Unternehmer verfolgten Ziele können nicht durch die möglicherweise entstehenden Nachteile der betroffenen Arbeitnehmer aufgewogen werden.

380   Eine **allgemeine Interessenabwägung** ist bei der betriebsbedingten Kündigung **nicht möglich.** Es ist nicht zu prüfen, ob die vom Arbeitgeber nach der Kündigung erwarteten Vorteile zu den Nachteilen, die der Arbeitnehmer erleidet, in einem „vernünftigen" Verhältnis stehen (dazu auch Rn. 371 d).[1331]

b) Anforderungen an die Dringlichkeit

381   Dringende betriebliche Erfordernisse liegen vor, wenn es dem Arbeitgeber **nicht möglich** ist, nach Umsetzung der unternehmerischen Entscheidung auf betrieblicher Ebene den Vorgaben des neuen Unternehmenskonzepts

---

Ko-*Gallner* § 1 Rn. 618; APS/*Kiel* § 1 KSchG Rn. 559; *Kittner/Däubler/Zwanziger* § 1 KSchG Rn. 279; *Wank* RdA 1987, 129, 136; HK-KSchG/*Weller/Dorndorf* § 1 Rn. 887; ähnlich *Hillebrecht* ZIP 1985, 257, 259 ff.; *Oetker* SAE 1991, 15, 16 f.; *Preis* S. 305 ff.; – krit. hierzu KPK-*Meisel* § 1 Rn. 454.
[1328] Ebenso *Bauer/Haußmann* NZA 1997, 1100; MünchArbR/*Berkowsky* § 138 Rn. 133; *Bitter* DB 1999, 1214, 1218; *Ettwig* NZA 1997, 1152; KR-*Etzel* § 1 KSchG Rn. 546; APS/*Kiel* § 1 KSchG Rn. 565; differenzierend *Löwisch* NZA 1998, 729; *Preis* NZA 1998, 449, 454 f.; – abweichend *Schaub* NZA 1997, 810; vgl. zu arbeitsrechtlichen Folgen dieser Bestimmung *Gagel* Festschrift für Dieterich S. 169.
[1329] Zutr. *Fischermeier* NZA 1997, 1089, 1091; *Rolfs* NZA 1998, 17, 18 f.; – ähnlich *Gagel* BB 2001, 358.
[1330] Ebenso APS/*Kiel* § 1 KSchG Rn. 559; *Preis* S. 305; *Stahlhacke/Preis/Vossen* Rn. 643; HK-KSchG/*Weller/Dorndorf* § 1 Rn. 886; – einschränkend *Ascheid* Kündigungsschutzrecht Rn. 284; *Wank* RdA 1987, 129, 136 f.
[1331] Ebenso ErfK/*Ascheid* § 1 KSchG Rn. 426; MünchArbR/*Berkowsky* § 138 Rn. 127; APS/*Kiel* § 1 KSchG Rn. 651; HK-KSchG/*Weller/Dorndorf* § 1 Rn. 942; – anders aber noch BAG 3. 5. 1978, 7. 3. 1980, 17. 10. 1980, AP Nr. 5, 9, 10 zu § 1 KSchG 1969 Betriebsbedingte Kündigung.

anders als durch Ausspruch einer Kündigung zu entsprechen. Die betrieblichen Erfordernisse sind dringlich, wenn es dem Arbeitgeber nicht möglich ist, der betrieblichen Lage durch andere Maßnahmen auf technischem, organisatorischem oder wirtschaftlichem Gebiet als durch eine Kündigung gerecht zu werden. Die Kündigung muß wegen der betrieblichen Lage unvermeidbar sein.[1332]

Trotz der Bindung an die Entscheidung der Unternehmensleitung ist von den Arbeitsgerichten im Rahmen des Tatbestandsmerkmals „dringend" in § 1 Abs. 2 Satz 1 zu **prüfen, ob nur der Entschluß zur Kündigung in den Rahmen der umgestalteten Betriebsorganisation paßt** oder ob diese auch ohne Kündigung verwirklicht werden kann (dazu auch Rn. 376 c).[1333] Die Kündigung ist nur dann sozial gerechtfertigt, wenn die Umsetzung der Unternehmerentscheidung zwangsläufig zum Wegfall von Beschäftigungsmöglichkeiten führt und das unternehmerische Konzept konsequent umgesetzt wird.[1334]

Nach dem Wortlaut von § 1 Abs. 2 Satz 1 bezieht sich die **Dringlichkeit** auf die **betrieblichen Erfordernisse.** Es kommt daher nicht auf die Dringlichkeit der Unternehmerentscheidung an, sondern auf die Folgen der Durchführung dieser Unternehmerentscheidung auf betrieblicher Ebene.[1335] Aus diesem Grunde muß die der betriebsbedingten Kündigung zugrunde liegende unternehmerische Entscheidung nicht mit Rentabilitätsinteressen gerechtfertigt werden, sie ist vielmehr auch dann wirksam, wenn sie zum Zwecke der Gewinnsteigerung erfolgt.[1336]

Dringende betriebliche Erfordernisse liegen beispielsweise nicht vor, wenn in der Abteilung, in welcher der gekündigte Arbeitnehmer tätig war, von vergleichbaren Arbeitnehmern ständig und nicht nur zur Abdeckung eines vorübergehenden Engpasses **Überstunden** geleistet werden.[1337] Gleiches gilt regelmäßig auch dann, wenn in der Abteilung, in welcher der gekündigte Arbeitnehmer beschäftigt war, **Leiharbeitnehmer** auf vergleichbaren Arbeitsplätzen tätig sind.[1338] Gehört der dauerhafte Einsatz von Leiharbeitnehmern auf bestimmten Arbeitsplätzen allerdings zum unternehmerischen Konzept, kann der Arbeitgeber nicht verpflichtet werden, künftig auf diesen Arbeitsplätzen eigene Arbeitnehmer statt der Leiharbeiter zu beschäftigen.

[1332] BAG 26. 6. 1997, AP Nr. 86 zu § 1 KSchG 1969 Betriebsbedingte Kündigung.
[1333] Zutr. BAG 18. 1. 1990, AP Nr. 27 zu § 2 KSchG 1969 = EzA § 1 KSchG Betriebsbedingte Kündigung Nr. 65 mit Anm. *Steinmeyer* = SAE 1991, 11 mit Anm. *Oetker;* MünchArbR/*Berkowsky* § 138 Rn. 134 ff.; APS/*Kiel* § 1 KSchG Rn. 563; – dies verkennen *B. Preis* DB 2000, 1122, 1124 und *Stein* BB 2000, 457, 459 ff.
[1334] Zutr. ErfK/*Ascheid* § 1 KSchG Rn. 427 f.
[1335] Ebenso *Ascheid* Kündigungsschutzrecht Rn. 284; *ders.* NZA 1991, 873, 877; APS/*Kiel* § 1 KSchG Rn. 558; *Wank* RdA 1987, 129, 136; – unzutr. *Feudner* NZA 2000, 1136, 1142.
[1336] Zutr. *Henssler* Kündigung und Kündigungsschutz Rn. 30 ff.; *Hillebrecht* ZfA 1991, 87, 110; *Stahlhacke* DB 1994, 1361, 1364 f.; – abweichend *Preis* NZA 1995, 241, 248 f.; dazu auch Rn. 371 e.
[1337] Vgl. MünchArbR/*Berkowsky* § 138 Rn. 140 f.; *Hillebrecht* ZIP 1985, 257, 260; APS/*Kiel* § 1 KSchG Rn. 567; *Kittner*/*Däubler*/*Zwanziger* § 1 KSchG Rn. 291; *Löwisch* § 1 Rn. 299; *Schaub* NZA 1987, 217, 219; *Stahlhacke*/*Preis*/*Vossen* Rn. 642; HK-KSchG/ *Weller*/*Dorndorf* § 1 Rn. 940 .
[1338] APS/*Kiel* § 1 KSchG Rn. 567; *Kittner*/*Däubler*/*Zwanziger* § 1 KSchG Rn. 292; *Stahlhacke*/*Preis*/*Vossen* Rn. 642; HK-KSchG/*Weller*/*Dorndorf* § 1 Rn. 940.

Damit würde unzulässig in die unternehmerische Entscheidungsfreiheit eingegriffen, weil der rationelle Einsatz von Arbeitskräften zum Kernbereich unternehmerischen Handelns gehört. Es ist nicht Sache der Arbeitsgerichte, dem Arbeitgeber eine „bessere" oder „richtigere" Unternehmenspolitik vorzuschreiben und damit in die Kostenkalkulation des Arbeitgebers einzugreifen.[1339] Der **Abbau von Überstunden und Leiharbeitsverhältnissen** hat damit grundsätzlich Vorrang vor dem Ausspruch betriebsbedingter Kündigungen, soweit dadurch die betriebliche Umsetzung unternehmerischer Entscheidungen nicht beeinträchtigt wird.

c) Einführung von Kurzarbeit als mildere Maßnahme

384 Als mildere Maßnahme gegenüber einer betriebsbedingten Kündigung kann **im Einzelfall** auch die Einführung von Kurzarbeit in Betracht kommen.[1340]

385 Es wäre aber verfehlt, in der Einführung von Kurzarbeit stets ein mögliches Hilfsmittel zu sehen. Die Einführung von Kurzarbeit als milderes Mittel kommt nur bei einem **vorübergehenden Arbeitsmangel** in Betracht.[1341] Besteht der Arbeitsmangel jedoch nicht nur vorübergehend, ist grundsätzlich ein betriebsbedingter Kündigungsgrund gegeben.[1342] Ein vorübergehender Arbeitsmangel liegt vor, wenn aufgrund der Auftragslage des Unternehmens in absehbarer Zeit wieder genügend Arbeit zur Vollzeitbeschäftigung der Arbeitnehmer vorhanden ist. In diesem Zusammenhang ist freilich zu beachten, daß es der Arbeitgeber in der Hand hat, die Einführung von Kurzarbeit auch bei einem vorübergehenden Arbeitsmangel auszuschließen, wenn er auf Grund eines Umsatzrückgangs die unternehmerische Entscheidung trifft, einen bestimmten Betriebsteil endgültig aufzugeben und zu schließen.[1343] Denn damit entfällt der Beschäftigungsbedarf auf Dauer.

386 Soweit nur ein vorübergehender Arbeitsmangel vorliegt, kann Kurzarbeit nur durch Massenänderungskündigung, einvernehmliche Vertragsänderung

---

[1339] So zutr., wenn auch in anderem Zusammenhang BAG 17. 6. 1999, AP Nr. 102 zu § 1 KSchG 1969 Betriebsbedingte Kündigung.
[1340] Vgl. BAG 8. 11. 1956, AP Nr. 19 zu § 1 KSchG; BAG 25. 6. 1964, AP Nr. 14 zu § 1 KSchG Betriebsbedingte Kündigung mit Anm. *Herschel;* − offengelassen in BAG 7. 2. 1985, AP Nr. 9 zu § 1 KSchG 1969 Soziale Auswahl = SAE 1988, 145 mit Anm. *Färber* = AuR 1986, 124 mit Anm. *Dänzer-Vanotti* = EzA § 1 KSchG Soziale Auswahl Nr. 20 mit Anm. *Schulin;* BAG 15. 6. 1989, AP Nr. 45 zu § 1 KSchG 1969 Betriebsbedingte Kündigung = EzA § 1 KSchG Betriebsbedingte Kündigung Nr. 63 mit Anm. *Rotter;* − abweichend allerdings BAG 4. 3. 1986, AP Nr. 3 zu § 87 BetrVG 1972 Kurzarbeit mit Anm. *Wiese* = AR-Blattei Betriebsverfassung XIV B Entsch. 93 mit Anm. *Löwisch/Rieble* = SAE 1987, 34 mit Anm. *Reuter;* BAG 11. 9. 1986, EzA § 1 KSchG Betriebsbedingte Kündigung Nr. 54; − vgl. dazu auch *Ascheid* Kündigungsschutzrecht Rn. 255 ff.; ErfK/*Ascheid* § 1 KSchG Rn. 393; *Barnhofer* S. 81 ff.; MünchArbR/*Berkowsky* § 138 Rn. 142 ff.; *Beuthien* ZfA 1988, 1, 19 f.; *Denck* ZfA 1985, 249, 254 ff.; KR-*Etzel* § 1 KSchG Rn. 548 f.; *Hillebrecht* ZIP 1985, 257, 260 f.; *ders.* ZfA 1991, 87, 101 ff.; APS/*Kiel* § 1 KSchG Rn. 570 ff.; *Kittner/Däubler/Zwanziger* § 1 KSchG Rn. 287 ff.; *Löwisch* § 1 Rn. 294 ff.; *ders.* Festschrift für Wiese S. 249; *Meinhold* BB 1988, 623 ff.; *Preis* S. 404 ff.; *ders.* DB 1988, 1387, 1390 f.; *Vollmer* DB 1982, 1933 ff.; *Wank* RdA 1987, 129, 142 ff.; HK-KSchG/*Weller/Dorndorf* § 1 Rn. 933 ff.; RGRK-*Weller* vor § 620 Rn. 219.
[1341] Vgl. § 170 Abs. 1 SGB III; zu witterungsbedingten Einschränkungen vgl. Rn. 417 b.
[1342] Zutreffend BAG 15. 6. 1989, 26. 6. 1997, AP Nr. 45, 86 zu § 1 KSchG 1969 Betriebsbedingte Kündigung.
[1343] Zutreffend *Preis* NZA 1995, 241, 247.

oder kollektivrechtliche Vereinbarung eingeführt werden.[1344] Dabei hat der Arbeitgeber das **Mitbestimmungsrecht des Betriebsrats** nach § 87 Abs. 1 Nr. 3 BetrVG zu beachten.[1345] Sofern keine einvernehmliche Vertragsänderung mit den betroffenen Arbeitnehmern zustande kommt, kann Kurzarbeit durch Abschluß einer Betriebsvereinbarung eingeführt werden.[1346] Eine formlose Regelungsabrede genügt nicht.[1347]

Das **Direktionsrecht** des Arbeitgebers ist grundsätzlich **keine ausreichende Rechtsgrundlage** für die Einführung von Kurzarbeit (zur Ausnahmeregelung nach § 19 vgl. dort Rn. 13 ff.). Dies gilt auch dann, wenn eine tarifvertragliche Regelung – wie beispielsweise § 15 Abs. 5 BAT-O – die Einführung von Kurzarbeit durch den Arbeitgeber erlaubt, ohne jedoch Regelungen über Voraussetzungen, Umfang und Höchstmaß dieser Maßnahme zu treffen. Eine solche tarifvertragliche Regelung eröffnet dem Arbeitgeber ein einseitiges Gestaltungsrecht, das ihn berechtigen würde, ohne Bindung an Kündigungsfristen und Kündigungsgründe einseitig in den Kernbereich des Arbeitsverhältnisses eingreifen zu können. Dies ist freilich unzulässig, weil hierdurch der Umfang der Arbeitsleistung einseitig zur Disposition des Arbeitgebers gestellt und damit der gesetzliche Kündigungsschutz (§ 2) umgangen wird.[1348]

Der Arbeitgeber ist nicht verpflichtet, zur Vermeidung betriebsbedingter Kündigungen **die Arbeitszeit** der Arbeitnehmer **auf Dauer zu verkürzen**.[1349] Für das Gebiet der neuen Bundesländer ist im Bereich des öffentlichen Dienstes zu beachten, daß nach § 15 c BAT-O zur Vermeidung betriebsbedingter Kündigungen bis zum 31. Dezember 1995 durch bezirkliche oder örtliche Tarifverträge die regelmäßige tarifliche Arbeitszeit für längstens drei Jahre unter Vereinbarung eines Teillohnausgleichs bis zu 32 Stunden wöchentlich herabgesetzt werden konnte.

Sofern ein nur vorübergehender Arbeitsmangel vorliegt, hat der Arbeitgeber Kurzarbeit einzuführen, wenn der **Betriebsrat zustimmt.** Vom Arbeitgeber kann aus Gründen der Verhältnismäßigkeit nicht verlangt werden, Kurzarbeit gegen den Willen des Betriebsrats durch Anrufung einer Einigungsstelle einzuführen.[1350] Die kündigungsrechtliche Beantwortung der Frage, ob Kurzarbeit als milderes Mittel zur Vermeidung betriebsbedingter Kündigungen in Betracht kommt, ist daher wegen des Mitbestimmungs-

---

[1344] Vgl. BAG 12. 10. 1994, AP Nr. 66 zu § 87 BetrVG 1972 Arbeitszeit; zu den Rechtsgrundlagen vgl. weiterhin *Fitting* § 87 Rn. 151 ff.; sowie ausführlich *Barnhofer* S. 65 ff.

[1345] Vgl. dazu *v. Hoyningen-Huene* BetrVR § 12 II 3 S. 253 ff.

[1346] Vgl. BAG 12. 10. 1994, AP Nr. 66 zu § 87 BetrVG 1972 Arbeitszeit; – abweichend MünchArbR/*Berkowsky* § 138 Rn. 144; *Heinze* RdA 1998, 14, 22.

[1347] BAG 14. 2. 1991, AP Nr. 4 zu § 615 BGB Kurzarbeit.

[1348] BAG 17. 1. 1994, AP Nr. 1 zu § 15 BAT-O; BAG 18. 10. 1994, AP Nr. 11 zu § 615 BGB Kurzarbeit.

[1349] So aber ArbG Bocholt 22. 6. 1982, DB 1982, 1938, abgeändert durch LAG Hamm 15. 12. 1982, DB 1983, 506 f.; wie hier MünchArbR/*Berkowsky* § 138 Rn. 138 f; KR-*Etzel* § 1 KSchG Rn. 547; APS/*Kiel* § 1 KSchG Rn. 578; *Wank* RdA 1987, 129, 143; HK-KSchG/*Weller/Dorndorf* § 1 Rn. 938.

[1350] Ebenso ErfK/*Ascheid* § 1 KSchG Rn. 395; KR-*Etzel* § 1 KSchG Rn. 548; APS/*Kiel* § 1 KSchG Rn. 575; *Löwisch* § 1 Rn. 297; *Wank* RdA 1987, 129, 143; HK-KSchG/*Weller/Dorndorf* § 1 Rn. 935.

388 a rechts aus § 87 Abs. 1 Nr. 3 BetrVG durchaus vom Verhalten des Betriebsrats abhängig.[1351]

388 a Ist nach der Ansicht des Arbeitgebers, die er aufgrund einer ernstlich vorgenommenen Prüfung gewonnen hat und die er im Streitfall sachlich belegen muß, die Einführung von **Kurzarbeit** für den Betrieb **technisch oder organisatorisch nicht möglich oder nicht tragbar,** so unterliegt die objektive Richtigkeit dieses Urteils nicht der Nachprüfung durch das Gericht.[1352] Es handelt sich hierbei um Fragen des wirtschaftlichen Ermessens, die nur der Unternehmer entscheiden kann. Das Gericht hat daher nur zu prüfen, ob trotz des Vorliegens eines nur vorübergehenden Arbeitsmangels zum Zeitpunkt der Kündigung vom damaligen Standpunkt des Unternehmers dessen Entscheidung, statt der Einführung von Kurzarbeit eine betriebsbedingte Kündigung auszusprechen, offensichtlich unsachlich, unvernünftig oder willkürlich war.[1353] Hält der Arbeitgeber die Einführung von Kurzarbeit für technisch, organisatorisch oder wirtschaftlich nicht tragbar und trifft er deswegen die unternehmerische Entscheidung, seinen Betrieb umzustrukturieren und Arbeitsplätze aufzugeben, so ist dies hinzunehmen.

389 Auch **nach Einführung von Kurzarbeit** sind **betriebsbedingte Kündigungen nicht ausgeschlossen.**[1354] Voraussetzung ist in diesem Fall allerdings, daß zusätzlich zu den Gründen, die zu der Einführung der Kurzarbeit geführt haben, weitere organisatorische Maßnahmen auf betrieblicher Ebene vom Arbeitgeber ergriffen werden, die Beschäftigungsmöglichkeiten für eine Mehrzahl von Arbeitnehmern entfallen lassen.

5. Fehlende Weiterbeschäftigungsmöglichkeit

390 Dringende betriebliche Erfordernisse, die zum Wegfall eines Arbeitsplatzes geführt haben, sind nach Abs. 2 Satz 1 nur dann zur sozialen Rechtfertigung einer Kündigung geeignet, wenn auch **keine Möglichkeit zur anderweitigen Beschäftigung** des Arbeitnehmers besteht.[1355] Der Wegfall von Beschäftigungsmöglichkeiten allein genügt nicht für die soziale Rechtfertigung einer betriebsbedingten Kündigung.

[1351] Ebenso RGRK-*Weller* vor § 620 Rn. 219; – abweichend *Ascheid* Kündigungsschutzrecht Rn. 255.

[1352] Vgl. *v. Hoyningen-Huene* SAE 1991, 124, 125.

[1353] Ebenso *Denck* ZfA 1985, 249, 261; *v. Hoyningen-Huene* SAE 1991, 124, 125; *Vollmer* DB 1982, 1933, 1934; RGRK-*Weller* vor § 620 Rn. 219; vgl. auch BAG 4. 3. 1986, AP Nr. 3 zu § 87 BetrVG 1972 Kurzarbeit; BAG 11. 9. 1986, EzA § 1 KSchG Betriebsbedingte Kündigung Nr. 54, wonach die Arbeitsgerichte auch diese Mißbrauchskontrolle nicht ausüben dürfen.

[1354] BAG 17. 10. 1980, AP Nr. 10 zu § 1 KSchG 1969 Betriebsbedingte Kündigung = SAE 1981, 148 mit Anm. *Peterek;* BAG 26. 6. 1997, AP Nr. 86 zu § 1 KSchG 1969 Betriebsbedingte Kündigung.

[1355] Vgl. BAG 13. 9. 1973, AP Nr. 2 zu § 1 KSchG 1969 mit Anm. *G. Hueck;* BAG 27. 9. 1984, AP Nr. 8 zu § 2 KSchG 1969 mit Anm. *v. Hoyningen-Huene;* BAG 29. 3. 1990, AP Nr. 50 zu § 1 KSchG 1969 Betriebsbedingte Kündigung; BAG 10. 11. 1994, 15. 12. 1994, AP Nr. 65–67 zu § 1 KSchG 1969 Betriebsbedingte Kündigung = EzA § 1 KSchG Betriebsbedingte Kündigung Nr. 75–77 mit Anm. *v. Hoyningen-Huene* = SAE 1996, 116 mit Anm. *Oetker;* BAG 6. 11. 1997, AP Nr. 42 zu § 1 KSchG 1969 – ausf. hierzu *v. Hoyningen-Huene/Linck* DB 1993, 1185 sowie *Berkowsky* NJW 1996, 291.

a) Unternehmensbezug

Nach dem Wortlaut des Gesetzes ist die Weiterbeschäftigungsmöglichkeit nur betriebsbezogen zu prüfen. Dringende betriebliche Erfordernisse müssen gemäß Abs. 2 Satz 1 einer Weiterbeschäftigung des Arbeitnehmers „in diesem Betrieb" entgegenstehen. Auf Grund der Neufassung des Abs. 2 Satz 2 und 3 im Jahre 1972 ist die Weiterbeschäftigungsmöglichkeit jedoch generell auf das **gesamte Unternehmen** zu erstrecken (ausf. hierzu unten Rn. 499 ff.).[1356] Die Möglichkeit einer anderweitigen Beschäftigung ist damit auf alle Betriebe des Arbeitgebers bezogen. Ein Widerspruch des Betriebsrats gegen die Kündigung ist nicht erforderlich.[1357] Zu den Auswirkungen bei einer Betriebsspaltung nach § 323 Abs. 1 UmwG siehe unten § 23 Rn. 9 c ff.

Unterhalten mehrere Unternehmen einen **Gemeinschaftsbetrieb**, ist vor der Kündigung eines in dem Gemeinschaftsbetrieb beschäftigten Arbeitnehmers zu prüfen, ob in dem Gemeinschaftsbetrieb ein geeigneter freier Arbeitsplatz vorhanden ist, auf dem der Arbeitnehmer weiterbeschäftigt werden könnte.[1358] Besteht der Arbeitsvertrag zu einem an dem Gemeinschaftsbetrieb beteiligten Unternehmen, sind die Weiterbeschäftigungsmöglichkeiten in dem Gemeinschaftsbetrieb und in den weiteren Betrieben dieses Unternehmens zu berücksichtigen. Weitere Betriebe der anderen an dem Gemeinschaftsbetrieb beteiligten Unternehmen bleiben dagegen unberücksichtigt, weil insoweit keine arbeitsvertragliche Verbindung besteht.[1359]

Aus der arbeitgeberbezogenen Prüfung der Weiterbeschäftigungsmöglichkeiten ergibt sich, daß eine weitere Ausdehnung der Prüfung über das Unternehmen hinaus auf andere Unternehmen in einem Konzern grundsätzlich ausscheidet. Die Weiterbeschäftigungsmöglichkeit ist **nicht konzernbezogen**.[1360] Gegen eine konzernbezogene Weiterbeschäftigungs-

---

[1356] Vgl. hierzu BAG 13. 9. 1973, AP Nr. 2 zu § 1 KSchG 1969 mit Anm. *G. Hueck* = SAE 1975, 1 mit Anm. *Otto* = AR-Blattei Kündigungsschutz Entsch. 146 mit Anm. *Herschel;* BAG 17. 5. 1984, AP Nr. 21 zu § 1 KSchG 1969 Betriebsbedingte Kündigung mit Anm. *v. Hoyningen-Huene* = SAE 1986, 273 mit Anm. *Schulin;* BAG 15. 12. 1994, AP Nr. 66 zu § 1 KSchG 1969 Betriebsbedingte Kündigung = EzA § 1 KSchG Betriebsbedingte Kündigung Nr. 76 mit krit. Anm. *v. Hoyningen-Huene;* ErfK/*Ascheid* § 1 KSchG Rn. 441; *Bitter/Kiel* RdA 1994, 333, 349 ff.; KR-*Etzel* § 1 KSchG Rn. 555; *v. Hoyningen-Huene/Linck* DB 1993, 1185, 1186; APS/*Kiel* § 1 KSchG Rn. 587; *Stahlhacke/Preis/Vossen* Rn. 628; *Wank* RdA 1987, 129, 137; HK-KSchG/*Weller/Dorndorf* § 1 Rn. 889; RGRK-*Weller* vor § 620 Rn. 209.
[1357] BAG 17. 5. 1984, AP Nr. 21 zu § 1 KSchG 1969 Betriebsbedingte Kündigung; ausf. hierzu Rn. 499 ff.
[1358] BAG 13. 6. 1985, AP Nr. 10 zu § 1 KSchG 1969 mit Anm. *Wiedemann;* BAG 5. 5. 1994, AP Nr. 23 zu § 1 KSchG 1969 Soziale Auswahl mit Anm. *Mummenhoff;* BAG 18. 10. 2000, NZA 2001, 437; KR-*Etzel* § 1 KSchG Rn. 560; *Löwisch* § 1 Rn. 276.
[1359] Zutr. APS/*Kiel* § 1 KSchG Rn. 589.
[1360] H. M.; vgl. BAG 18. 10. 1976, AP Nr. 3 zu § 1 KSchG 1969 Betriebsbedingte Kündigung mit Anm. *Wiedemann/Strohn;* BAG 14. 10. 1982, AP Nr. 1 zu § 1 KSchG 1969 Konzern mit Anm. *Wiedemann* = AR-Blattei Kündigungsschutz Entsch. 233 mit Anm. *Herschel* = SAE 1984, 139 mit Anm. *Windbichler;* BAG 22. 5. 1986, AP Nr. 4 zu § 1 KSchG 1969 Konzern = SAE 1987, 129 mit Anm. *Windbichler;* BAG 27. 11. 1991, AP Nr. 6 zu § 1 KSchG 1969 Konzern mit Anm. *Windbichler* = EzA § 1 KSchG Betriebsbedingte Kündigung Nr. 72 mit Anm. *Rüthers/Franke;* BAG 10. 1. 1994, AP Nr. 8 zu § 1 KSchG 1969 Konzern; *Ascheid* Kündigungsschutzrecht Rn. 303; MünchArbR/*Berkowsky* § 140 Rn. 7;

pflicht spricht zwingend die rechtliche Selbständigkeit der Konzernunternehmen.[1361]

393 Etwas anderes kann nur dann gelten, wenn sich aus dem Arbeitsvertrag, einer vertraglichen Absprache oder einer Selbstbindung des Arbeitgebers, etwa auf Grund einer formlosen Zusage oder eines vorangegangenen Verhaltens, ein Anspruch des Arbeitnehmers gegen seinen bisherigen Konzernarbeitgeber auf Verschaffung eines neuen Arbeitsplatzes in einem anderen Konzernunternehmen ergibt.[1362] Dies ist insbesondere dann anzunehmen, wenn der Arbeitnehmer bereits im **Arbeitsvertrag für den gesamten Konzernbereich** eingestellt worden ist und sich arbeitsvertraglich mit einer konzernübergreifenden Zuweisung von Arbeitsplätzen einverstanden erklärt hat.[1363]

b) Freier Arbeitsplatz

394 Die Verpflichtung zur Weiterbeschäftigung besteht für den Arbeitgeber nur dann, wenn er über freie Arbeitsplätze verfügt.[1364] Das bedeutet, daß der Arbeitnehmer **keinen Anspruch auf die Einrichtung neuer Arbeitsplätze** hat, es müssen vielmehr vorhandene Arbeitsplätze frei sein.[1365] Der Arbeitnehmer hat im Rahmen der Prüfung der unternehmensbezogenen Weiterbeschäftigungsmöglichkeit auch keinen Anspruch auf Freikündigung eines anderen Arbeitsplatzes.[1366] Die Weiterbeschäftigungsmöglichkeit auf einem freien Arbeitsplatz ist grundsätzlich nach den Umständen **zum Zeitpunkt der Kündigung zu beurteilen.**[1367] Die Möglichkeit der Weiterbeschäftigung kommt auch auf Arbeitsplätzen in Betracht, die im Laufe der für

---

KR-*Etzel* § 1 KSchG Rn. 556; *Fiebig* DB 1993, 582; APS/*Kiel* § 1 KSchG Rn. 590; *Löwisch* § 1 Rn. 279; *Stahlhacke/Preis/Vossen* Rn. 628; HK-KSchG/*Weller/Dorndorf* § 1 Rn. 899; näher hierzu *Helle* S. 49 ff.; *Kiel* S. 137 ff.; *Windbichler* S. 259 ff.; – z. T. abweichend *Abbrent* BB 1988, 756, 759 f.; *Henssler* S. 134 ff.

[1361] BAG 14. 10. 1982, 27. 11. 1991, AP Nr. 1, 6 zu § 1 KSchG 1969 Konzern; APS/*Kiel* § 1 KSchG Rn. 591; *Löwisch* § 1 Rn. 279; *Preis* DB 1988, 1387, 1393.

[1362] BAG 14. 10. 1982, 27. 11. 1991, 21. 1. 1999, AP Nr. 1, 6, 9 zu § 1 KSchG 1969 Konzern; MünchArbR/*Berkowsky* § 140 Rn. 7; APS/*Kiel* § 1 KSchG Rn. 592 ff.; *Kittner/Däubler/Zwanziger* § 1 KSchG Rn. 389 ff.; *Löwisch* § 1 Rn. 280; *Stahlhacke/Preis/Vossen* Rn. 628; dazu näher *Konzen* ZfA 1982, 259, 305 ff.; *Lingemann/v. Steinau-Steinrück* DB 1999, 2161; *Martens* BAG-Festschrift S. 367, 376 ff.; *Windbichler* S. 262 f.

[1363] Vgl. dazu BAG 18. 10. 1976, AP Nr. 3 zu § 1 KSchG 1969 Betriebsbedingte Kündigung; BAG 21. 1. 1999, AP Nr. 9 zu § 1 KSchG 1969 Konzern = SAE 1999, 267 mit Anm. *Kraft*; KR-*Etzel* § 1 KSchG Rn. 558; HaKo-*Gallner* § 1 Rn. 628; *Kiel* S. 146 ff.; *Windbichler* S. 156 ff.; – zur Versetzung in ein anderes Konzernunternehmen siehe *v. Hoyningen-Huene/Boemke* Versetzung S. 216 ff.

[1364] Zu freien Arbeitsplätzen im Ausland vgl. Rn. 144 c.

[1365] BAG 3. 2. 1977, AP Nr. 4 zu § 1 KSchG 1969 Betriebsbedingte Kündigung; BAG 29. 3. 1990, AP Nr. 50 zu § 1 KSchG 1969 Betriebsbedingte Kündigung; BAG 15. 12. 1994, AP Nr. 67 zu § 1 KSchG 1969 Betriebsbedingte Kündigung = EzA § 1 KSchG Betriebsbedingte Kündigung Nr. 75 mit insoweit zust. Anm. *v. Hoyningen-Huene*.

[1366] Ebenso *Ascheid* Kündigungsschutzrecht Rn. 296; ErfK/*Ascheid* § 1 KSchG Rn. 442; KR-*Etzel* § 1 KSchG Rn. 762; APS/*Kiel* § 1 KSchG Rn. 600; *Kittner/Däubler/Zwanziger* § 1 KSchG Rn. 372; *Löwisch* § 1 Rn. 269; *Stahlhacke/Preis/Vossen* Rn. 635; – zur Kündigung von Betriebsratsmitgliedern vgl. BAG 18. 10. 2000, EzA § 15 KSchG Nr. 51 mit Anm. *Auer*.

[1367] BAG 27. 9. 1984, AP Nr. 39 zu § 613 a BGB; BAG 15. 12. 1994, AP Nr. 67 zu § 1 KSchG 1969 Betriebsbedingte Kündigung; KR-*Etzel* § 1 KSchG Rn. 567; *Wank* SAE 1986, 151, 153; HK-KSchG/*Weller/Dorndorf* § 1 Rn. 904; – näher dazu oben Rn. 155 f. und unten Rn. 406 f.

den zu kündigenden Arbeitnehmer geltenden **Kündigungsfrist** mit hinreichender Sicherheit **frei werden,** z. B. durch altersbedingtes Ausscheiden oder Eigenkündigung eines anderen Arbeitnehmers.[1368]

Der sozialen Rechtfertigung einer betriebsbedingten Kündigung steht weiterhin entgegen, wenn zum Zeitpunkt der Kündigung feststeht, daß in absehbarer Zeit **nach Ablauf der Kündigungsfrist** vergleichbare Arbeitsplätze frei werden und dem Arbeitgeber die Überbrückung dieses Zeitraums zuzumuten ist.[1369] Nicht ausreichend ist es, wenn lediglich nach den Erfahrungen des Betriebes mit einiger Sicherheit in absehbarer Zeit mit dem Freiwerden eines Arbeitsplatzes gerechnet werden kann. Der Arbeitgeber kann deshalb auch nicht auf die allgemeine Personalfluktuation verwiesen werden.[1370] Der dem Arbeitgeber zuzumutende Überbrückungszeitraum bestimmt sich nach der Einarbeitungszeit, die ein anderer Stellenbewerber benötigen würde. Hierbei kommt es auf die konkreten Arbeitsanforderungen an.[1371] 394 a

Den Arbeitgeber trifft hinsichtlich der Weiterbeschäftigungsmöglichkeit **keine Prüfungspflicht** im Sinne einer Wirksamkeitsvoraussetzung für die betriebsbedingte Kündigung.[1372] Entscheidend ist vielmehr, ob die Umsetzung des gekündigten Arbeitnehmers auf einen anderen freien Arbeitsplatz tatsächlich möglich ist.[1373] 395

Die Weiterbeschäftigungsmöglichkeit ist grundsätzlich auch auf Arbeitsplätze zu beziehen, die vorübergehend von **Leiharbeitnehmern besetzt** sind.[1374] Diese Arbeitsplätze sind jedenfalls dann als frei anzusehen, wenn es nicht zum unternehmerischen Konzept gehört, die dort anfallenden Arbeiten dauerhaft von Leiharbeitnehmern ausführen zu lassen. Hat der Arbeitgeber jedoch die unternehmerische Entscheidung getroffen, auf diesen Arbeitsplätzen dauerhaft Leiharbeitnehmer zu beschäftigen, bestehen insoweit keine Weiterbeschäftigungsmöglichkeiten.[1375] Dieser Fall ist nicht anders zu behandeln als die unternehmerische Entscheidung, Arbeitsaufgaben künftig nicht mehr durch Arbeitnehmer, sondern durch Selbständige ausführen zu lassen.[1376] 396

[1368] BAG 6. 6. 1984, AP Nr. 16 zu § 1 KSchG 1969 Betriebsbedingte Kündigung; BAG 29. 3. 1990, AP Nr. 50 zu § 1 KSchG 1969 Betriebsbedingte Kündigung.
[1369] BAG 15. 12. 1994, AP Nr. 67 zu § 1 KSchG 1969 Betriebsbedingte Kündigung = EzA § 1 KSchG Betriebsbedingte Kündigung Nr. 75 mit insoweit zust. Anm. v. *Hoyningen-Huene* = SAE 1996, 116 mit krit. Anm. *Oetker;* ErfK/*Ascheid* § 1 KSchG Rn. 442; MünchArbR/*Berkowsky* § 140 Rn. 16; *Kittner/Däubler/Zwanziger* § 1 KSchG Rn. 381; HK-KSchG/*Weller/Dorndorf* § 1 Rn. 905; – abweichend *Schiefer* NZA 1995, 662, 666 f.
[1370] Ebenso MünchArbR/*Berkowsky* § 140 Rn. 16; APS/*Kiel* § 1 KSchG Rn. 605; *Stahlhacke/Preis/Vossen* Rn. 635.
[1371] Vgl. v. *Hoyningen-Huene* Anm. zu BAG EzA § 1 KSchG Betriebsbedingte Kündigung Nr. 77.
[1372] Dazu BAG 18. 1. 1990, AP Nr. 19 zu § 1 KSchG 1969 Soziale Auswahl unter II 3 b aa; ausführlich *v. Hoyningen-Huene* SAE 1991, 124, 126.
[1373] BAG 3. 2. 1977, AP Nr. 4 zu § 1 KSchG 1969 Betriebsbedingte Kündigung; ErfK/*Ascheid* § 1 KSchG Rn. 446; APS/*Kiel* § 1 KSchG Rn. 584.
[1374] Vgl. *Kittner/Däubler/Zwanziger* § 1 KSchG Rn. 373; *Stahlhacke/Preis/Vossen* Rn. 637; HK-KSchG/*Weller/Dorndorf* § 1 Rn. 940.
[1375] Zutr. *Löwisch* § 1 Rn. 269 sowie *Bauer/Röder* Taschenbuch zur Kündigung S. 140 f.; – abweichend LAG Bremen 2. 12. 1997, LAGE § 1 KSchG Betriebsbedingte Kündigung Nr. 47.
[1376] Vgl. dazu BAG 9. 5. 1996, AP Nr. 79 zu § 1 KSchG 1969 Betriebsbedingte Kündigung = EzA § 1 KSchG Betriebsbedingte Kündigung Nr. 85 mit Anm. *Franzen.*

397 Der Weiterbeschäftigungsmöglichkeit steht grundsätzlich nicht entgegen, daß der Arbeitgeber andere **außenstehende Bewerber** für die Besetzung einer freien Stelle vorgesehen hat, sofern jedenfalls der zu kündigende Arbeitnehmer den Anforderungen dieses Arbeitsplatzes genügt. Insoweit geht der Bestandsschutz den Interessen der Arbeitsuchenden vor.[1377] Gegenüber anderen **innerbetrieblichen** Bewerbern um diese Stelle, etwa Auszubildenden, die übernommen werden sollen, oder befristet zur Probe Beschäftigten oder sonstigen innerbetrieblichen Bewerbern genießt dagegen der zu kündigende Arbeitnehmer grundsätzlich keinen Vorrang.[1378] Hier ist vielmehr der letztlich zu kündigende Arbeitnehmer unter den vergleichbaren Arbeitnehmern des Betriebes im Wege der sozialen Auswahl nach § 1 Abs. 3 zu ermitteln (dazu unten Rn. 400 e).

398 Die Möglichkeit einer anderweitigen Beschäftigung ist grundsätzlich nur bezüglich **vergleichbarer** freier **Arbeitsplätze** zu prüfen.[1379] Der Arbeitnehmer muß daher den Anforderungen des neuen Arbeitsplatzes entsprechen. Er hat keinen Anspruch auf Beförderung auf einen besseren Arbeitsplatz zur Vermeidung der Kündigung.[1380] Einarbeitungszeiten für den neuen Arbeitsplatz sind allerdings zu berücksichtigen.

398 a Nach Auffassung des BAG besteht eine Weiterbeschäftigungsmöglichkeit allerdings auch dann, wenn der Arbeitgeber den Arbeitsablauf in einer Betriebsabteilung umgestaltet, bestimmte Arbeiten in eine andere Betriebsabteilung verlagert und dort einen **neuen Arbeitsplatz** schafft, der im wesentlichen den Anforderungen des bisherigen Arbeitsplatzes entspricht, jedoch **höher vergütet** wird.[1381] Diese Auffassung kann nicht überzeugen. Sofern der neue Arbeitsplatz mit dem alten Arbeitsplatz hinsichtlich der Arbeitsaufgaben nicht mehr identisch ist (dazu Rn. 373 f.) und an dem neuen Arbeitsplatz Arbeiten verrichtet werden, die zu einer höheren Vergütung führen, besteht keine Weiterbeschäftigungspflicht des Arbeitgebers. Denn andernfalls würde die Freiheit des Arbeitgebers zur Einstellung von Arbeitnehmern und Besetzung von Beförderungsstellen mit bestimmten Arbeitnehmern unzulässigerweise eingeschränkt werden (dazu unten Rn. 398 b). Der Arbeitgeber ist nur verpflichtet, den **bisherigen Arbeitsvertrag zu erfüllen** bzw. bei Wegfall der

---

[1377] Ebenso BAG 18. 10. 2000, NZA 2001, 437; ErfK/*Ascheid* § 1 KSchG Rn. 443; APS/*Kiel* § 1 KSchG Rn. 608; *Löwisch* § 1 Rn. 270; *Preis* DB 1988, 1387, 1392; HK-KSchG/*Weller/Dorndorf* § 1 Rn. 911.
[1378] Vgl. APS/*Kiel* § 1 KSchG Rn. 608; *Löwisch* § 1 Rn. 271; – abweichend *Kittner/Däubler/Zwanziger* § 1 KSchG Rn. 382; zur Bedeutung des Anforderungsprofils einer Stellenausschreibung LAG Baden-Württemberg 27. 5. 1993, NZA 1994, 557.
[1379] Vgl. BAG 29. 3. 1990, AP Nr. 50 zu § 1 KSchG 1969 Betriebsbedingte Kündigung.
[1380] BAG 29. 3. 1990, AP Nr. 50 zu § 1 KSchG 1969 Betriebsbedingte Kündigung unter B II 7; BAG 22. 1. 1998, AP Nr. 173 zu § 613a BGB; BAG 21. 9. 2000, AP Nr. 111 zu § 1 KSchG 1969 Betriebsbedingte Kündigung; ErfK/*Ascheid* § 1 KSchG Rn. 444; *v. Hoyningen-Huene/Linck* DB 1993, 1185, 1187; *Löwisch* § 1 Rn. 273; *Stahlhacke/Preis/Vossen* Rn. 639; – kritisch dazu *Kittner/Däubler/Zwanziger* § 1 KSchG Rn. 379; HK-KSchG/*Weller/Dorndorf* § 1 Rn. 909.
[1381] BAG 10. 11. 1994, AP Nr. 65 zu § 1 KSchG 1969 Betriebsbedingte Kündigung = EzA § 1 KSchG Betriebsbedingte Kündigung Nr. 77 mit abl. Anm. *v. Hoyningen-Huene*; BAG 5. 10. 1995, AP Nr. 71 zu § 1 KSchG 1969 Betriebsbedingte Kündigung = SAE 1996, 389 mit krit. Anm. *Meisel*; BAG 18. 10. 2000, NZA 2001, 437; dem folgend APS/*Kiel* § 1 KSchG Rn. 480; *Löwisch* § 1 Rn. 273; *Stahlhacke/Preis/Vossen* Rn. 639.

Beschäftigungsmöglichkeit den Arbeitnehmer gemäß § 2 i. V. m. § 1 Abs. 2 zu gleichwertigen oder ungünstigeren Arbeitsbedingungen weiter zu beschäftigen.[1382]

Bestehen **im Betrieb freie vergleichbare** Arbeitsplätze, so kann der Arbeitgeber **den Kündigungsschutz** nicht dadurch umgehen, daß er zunächst diese Arbeitsplätze durch Neueinstellungen (dazu Rn. 397) oder im Wege einer einvernehmlichen Änderung der Arbeitsverträge anderer Arbeitnehmer besetzt und erst dann die Arbeitsverhältnisse der verbleibenden Arbeitnehmer kündigt. Zu Unrecht leitet das BAG allerdings dieses Ergebnis aus § 162 BGB her.[1383] Denn auch wenn der Arbeitgeber vor Ausspruch betriebsbedingter Kündigungen freie Stellen bereits mit anderen Arbeitnehmern besetzt hat und danach keine weiteren freien Arbeitsplätze mehr zur Verfügung stehen, müssen gleichwohl bei nachfolgenden Kündigungen diese Arbeitnehmer nach Abs. 3 in die Sozialauswahl einbezogen werden, sofern sie vergleichbar und austauschbar sind.[1384]   398 b

Handelt es sich bei der im Betrieb neu besetzten Stelle um eine **echte Beförderungsstelle,** die der Arbeitgeber mit einem Arbeitnehmer besetzt, der bei einer späteren Kündigung ohne die zwischenzeitlich erfolgte Versetzung in die Sozialauswahl einbezogen werden müßte, liegt gleichfalls kein Fall des § 162 BGB vor. Denn es steht dem Arbeitgeber frei, Beförderungsstellen mit Arbeitnehmern seiner Wahl zu besetzen.[1385] Auf einen solchen Arbeitsplatz kann sich ein später gekündigter Arbeitnehmer weder im Hinblick auf – vormals – gegebene Weiterbeschäftigungsmöglichkeiten berufen noch ist der neue Stelleninhaber im Rahmen der Sozialauswahl in den Sozialvergleich einzubeziehen.[1386] Es fehlt hier an der arbeitsplatzbezogenen Vergleichbarkeit. Ein Fall der treuwidrigen Bedingungsvereitelung i. S. v. § 162 BGB ist daher in keinem Fall gegeben. Nur wenn es um die Besetzung vergleichbarer neuer Stellen in anderen Betrieben des Unternehmens geht, ist § 162 BGB anzuwenden. Denn die Grundsätze der sozialen Auswahl gelten nur betriebsbezogen.   398 c

Im Einzelfall kann der Arbeitgeber auch verpflichtet sein, für den betroffenen Arbeitnehmer **Umschulungs- oder Fortbildungsmaßnahmen** durchzuführen.[1387] Der Arbeitgeber ist freilich nur dann zu einer Umschu-   399

[1382] Vgl. dazu *v. Hoyningen-Huene* Anm. zu BAG EzA § 1 KSchG Betriebsbedingte Kündigung Nr. 77.
[1383] BAG 10. 11. 1994, AP Nr. 65 zu § 1 KSchG 1969 Betriebsbedingte Kündigung = EzA § 1 KSchG Betriebsbedingte Kündigung Nr. 77 mit insoweit abl. Anm. *v. Hoyningen-Huene.*
[1384] Vgl. *v. Hoyningen-Huene* Anm. zu BAG EzA § 1 KSchG Betriebsbedingte Kündigung Nr. 77.
[1385] Zutr. BAG 22. 1. 1998, AP Nr. 173 zu § 613 a BGB; – einschränkend BAG 18. 10. 2000, NZA 2001, 437.
[1386] Ebenso BAG 29. 3. 1990, AP Nr. 50 zu § 1 KSchG 1969 Betriebsbedingte Kündigung = EzA § 1 KSchG Soziale Auswahl Nr. 29 mit Anm. *Preis.*
[1387] BAG 7. 5. 1968, AP Nr. 18 zu § 1 KSchG 1969 Betriebsbedingte Kündigung mit Anm. *A. Hueck;* BAG 13. 9. 1973, AP Nr. 2 zu § 1 KSchG 1969 mit Anm. *G. Hueck;* BAG 29. 7. 1976, AP Nr. 1 zu § 373 ZPO; BAG 29. 3. 1990, AP NR. 50 zu § 1 KSchG 1969 Betriebsbedingte Kündigung; BAG 7. 2. 1991, AP Nr. 1 zu § 1 KSchG 1969 Umschulung; MünchArbR/*Berkowsky* § 140 Rn. 19; *Birk* Festschrift für Kissel S. 51 ff.; *Gaul* BB 1995, 2422 ff.; APS/*Kiel* § 1 KSchG Rn. 614; *Löwisch* § 1 Rn. 285; HK-KSchG/*Weller/Dorndorf* § 1 Rn. 923.

lungsmaßnahme verpflichtet, wenn der Arbeitnehmer umschulungswillig ist, die Maßnahme für den Arbeitgeber zumutbar ist und im Anschluß an die Maßnahme eine Weiterbeschäftigung im Unternehmen möglich ist (näher dazu Rn. 539).[1388] Dies kann nur im Einzelfall aufgrund einer sorgfältigen Interessenabwägung ermittelt werden. Von Bedeutung ist hierfür der zu erwartende Kostenaufwand für die Umschulungsmaßnahme, die Dauer der Betriebszugehörigkeit und die Umschulungsfähigkeit des Arbeitnehmers, also die Frage, ob zu erwarten ist, daß sich der Betroffene die erforderlichen neuen Techniken und Fertigkeiten aneignet.

400 Für die Frage der Weiterbeschäftigungsmöglichkeit ist nicht erheblich, ob die Zuweisung der neuen Tätigkeit durch Ausübung des **Direktionsrechts** erfolgen kann oder ob hierfür eine **Änderungskündigung** erforderlich ist.[1389] Aus § 1 Abs. 2 Satz 2 und 3 folgt nämlich, daß der Arbeitgeber vor Ausspruch einer Beendigungskündigung stets auch eine Weiterbeschäftigung zu geänderten verschlechterten Arbeitsbedingungen in Betracht ziehen muß, sofern ein entsprechender freier Arbeitsplatz vorhanden ist.[1390] Es gilt der Vorrang der Änderungskündigung vor der Beendigungskündigung (dazu oben Rn. 143 ff.).

c) Auswahl bei mehreren Weiterbeschäftigungsmöglichkeiten

400 a Wenn in einem Unternehmen ein Arbeitsplatz wegfällt, gleichzeitig aber ein oder mehrere vergleichbare Arbeitsplätze vorhanden sind, stellt sich das Problem, in welcher **Reihenfolge** der Arbeitgeber welche personellen Maßnahmen zu treffen hat.[1391]

400 b Sofern der Arbeitgeber dem vom Wegfall seines Arbeitsplatzes betroffenen Arbeitnehmer einen freien vergleichbaren Arbeitsplatz im Wege des **Direktionsrechts** zuweisen kann, ist eine Änderungskündigung unzulässig. Bestehen also zwei freie Arbeitsplätze, von denen der eine im Wege des Direktionsrechts dem betroffenen Arbeitnehmer zugewiesen werden kann und der andere nur durch Änderungskündigung, so hat der Arbeitgeber den Arbeitnehmer durch Ausübung seines Weisungsrechts auf den neuen Arbeitsplatz zu versetzen und ihn dort weiterzubeschäftigen.[1392] Ist der Arbeitnehmer damit nicht einverstanden, kann er auf Feststellung der Unwirksamkeit der im Wege des Direktionsrechts erfolgenden Versetzung klagen.

400 c Der Arbeitnehmer kann vom Arbeitgeber nicht die Weiterbeschäftigung auf einem Arbeitsplatz verlangen, auf den er nicht durch Ausübung des Direktionsrechts versetzt werden könnte, sofern ihm ein anderer Arbeitsplatz im Wege des Weisungsrechts zugewiesen werden könnte. Denn der Arbeitnehmer hat nur einen Anspruch auf **vertragsgemäße Beschäftigung,** die wiederum

---

[1388] Dazu BAG 7. 2. 1991, AP Nr. 1 zu § 1 KSchG 1969 Umschulung.
[1389] So auch BAG 29. 3. 1990, AP Nr. 50 zu § 1 KSchG 1969 Betriebsbedingte Kündigung; näher dazu *v. Hoyningen-Huene/Linck* DB 1993, 1185, 1187 f.
[1390] Vgl. BAG 27. 9. 1984, AP Nr. 8 zu § 2 KSchG 1969 mit Anm. *v. Hoyningen-Huene*.
[1391] Dazu BAG 15. 12. 1994, AP Nr. 66 zu § 1 KSchG 1969 Betriebsbedingte Kündigung = EzA § 1 KSchG Betriebsbedingte Kündigung Nr. 76 mit Anm. *v. Hoyningen-Huene;* BAG 21. 9. 2000, AP Nr. 111 zu § 1 KSchG 1969 Betriebsbedingte Kündigung; sowie ausführlich *v. Hoyningen-Huene/Linck* DB 1993, 1185, 1188 ff.; *Schmitt* Sozialauswahl bei Konkurrenz um anderweitige Beschäftigung 2000.
[1392] *v. Hoyningen-Huene/Linck* DB 1993, 1185, 1188.

vom Arbeitgeber durch Ausübung des Weisungsrechts konkretisiert wird.[1393] Gibt es mehrere geeignete freie Arbeitsplätze, die dem Arbeitnehmer zugewiesen werden könnten, so hat der Arbeitgeber dem Arbeitnehmer vorbehaltlich entgegenstehender betrieblicher Gründe grundsätzlich die Tätigkeit zuzuweisen, die dem Arbeitnehmer nach seinen Fähigkeiten am ehesten gerecht wird. Nur dann entspricht die Weisung billigem Ermessen i. S. v. § 315 BGB.

Kommt die Zuweisung eines anderen Arbeitsplatzes durch Ausübung des Direktionsrechts nicht in Betracht, besteht aber die Möglichkeit der Weiterbeschäftigung auf einem Arbeitsplatz, der im Wege der **Änderungskündigung** dem Arbeitnehmer zugewiesen werden kann, so hat der Arbeitgeber dem Arbeitnehmer diesen Arbeitsplatz mit der Änderungskündigung anzubieten.[1394]

400 d

Fallen in einem Betriebsteil Beschäftigungsmöglichkeiten weg, gibt es jedoch in anderen Betriebsteilen auf freien Arbeitsplätzen Weiterbeschäftigungsmöglichkeiten, hat der Arbeitgeber in entsprechender Anwendung von Abs. 3 zuerst dem **sozial schutzwürdigsten Arbeitnehmer**, für den eine Beschäftigungsmöglichkeit entfallen ist, die Weiterbeschäftigung auf einem freien Arbeitsplatz anzubieten.[1395] Fallen also z.B. in einem Betrieb von sieben vergleichbaren Maschinenarbeitsplätzen für Metallfacharbeiter vier Arbeitsplätze weg, gibt es aber in einem anderen Betriebsteil einen freien vergleichbaren Arbeitsplatz für einen Metallfacharbeiter und eine unbesetzte Stelle für einen angelernten Hilfsarbeiter, hat der Arbeitgeber unter den Metallfacharbeitern eine soziale Auswahl vorzunehmen und dem sozial schutzwürdigsten die freie Stelle im Wege des Direktionsrechts zuzuweisen. Die freie Stelle des angelernten Hilfsarbeiters ist dem nächst schutzwürdigen Facharbeiter im Wege der Änderungskündigung anzubieten. Lehnt dieser das Weiterbeschäftigungsangebot ab, hat der Arbeitgeber dem nächst schutzwürdigen Arbeitnehmer eine Änderungskündigung mit dem Ziel der Versetzung auf die Hilfsarbeiterstelle auszusprechen.[1396]

400 e

Besteht nach Wegfall von Beschäftigungsmöglichkeiten in einem Betrieb des Unternehmens eine Weiterbeschäftigungsmöglichkeit des Arbeitnehmers in einem **anderen Betrieb des Unternehmens,** so hat der Arbeitgeber unter den vom Wegfall der Beschäftigungsmöglichkeiten betroffenen Arbeitnehmern analog § 1 Abs. 3 ebenfalls eine Auswahl nach sozialen Gesichtspunkten vorzunehmen und dem sozial schutzwürdigsten Arbeitnehmer die Weiterbeschäftigung auf dem freien Arbeitsplatz in dem anderen Betrieb an-

400 f

[1393] Vgl. *Berkowsky* NJW 1996, 291, 292 ff.; APS/*Kiel* § 1 KSchG Rn. 638.

[1394] *v. Hoyningen-Huene/Linck* DB 1993, 1185, 1188; HK-KSchG/*Weller/Dorndorf* § 1 Rn. 914; dazu im einzelnen Rn. 142 ff.

[1395] Vgl. KR-*Etzel* § 1 KSchG Rn. 563; *v. Hoyningen-Huene/Linck* DB 1993, 1185, 1189; *Kiel* S. 90; *Kittner/Däubler/Zwanziger* § 1 KSchG Rn. 513 ff.; *Weller* AuR 1986, 225, 230; – abweichend *Lück* S. 14 ff.; ausf. hierzu *Schmitt* Sozialauswahl bei Konkurrenz um anderweitige Beschäftigung S. 57 ff.

[1396] *v. Hoyningen-Huene/Linck* DB 1993, 1185, 1190; siehe dazu auch *Bitter/Kiel* RdA 1994, 333, 351; *Kittner/Däubler/Zwanziger* § 1 KSchG Rn. 513 ff.; *Schmitt* Sozialauswahl bei Konkurrenz um anderweitige Beschäftigung S. 127 ff.

zubieten.[1397] Soweit das BAG[1398] die Auffassung vertritt, die Auswahl unter den Arbeitnehmern habe gemäß § 315 Abs. 3 BGB nach billigem Ermessen zu erfolgen, kann ihm nicht gefolgt werden.

400 g Zutreffend geht das BAG zwar davon aus, daß im KSchG nicht geregelt ist, wie der Arbeitgeber seine Auswahlentscheidung zu treffen hat, wenn in dem Betrieb des Unternehmens, in dem als Folge einer unternehmerischen Entscheidung Beschäftigungsmöglichkeiten entfallen, keine Weiterbeschäftigungsmöglichkeiten auf anderen freien Arbeitsplätzen bestehen, wohl aber in einem anderen Betrieb des Unternehmens. Es liegt hier eine planwidrige Regelungslücke vor, die in möglichst enger Anlehnung an das geltende Recht zu schließen ist. Hierfür bietet sich eine **analoge Anwendung von Abs. 3** an, weil die dort geregelten Grundsätze der sozialen Auswahl den Maßstab für eine Auswahlentscheidung des Arbeitgebers angeben.[1399]

400 h Die vom BAG gegen eine analoge Anwendung des Abs. 3 angeführten Bedenken und für die Anwendung des **§ 315 Abs. 3 BGB** ausgeführten Gründe **überzeugen** demgegenüber **nicht**. Daß Abs. 3 von seinem Wortlaut her auf eine betriebsübergreifende Sozialauswahl nicht paßt,[1400] spricht nicht gegen eine analoge Anwendung, weil andernfalls Abs. 3 unmittelbar zur Anwendung käme. Gegen eine Analogie kann weiterhin nicht vorgebracht werden, der Arbeitgeber habe bei einer betriebsübergreifenden Weiterbeschäftigungspflicht nicht nur die Mitbestimmungsrechte eines Betriebsrats zu beachten, sondern zwei Betriebsräte zu beteiligen. Denn das Mitbestimmungsrecht aus § 99 Abs. 1 BetrVG besteht unabhängig davon, ob die Auswahl nach Abs. 3 analog oder § 315 BGB erfolgt.[1401] Schließlich ist die Auffassung des BAG abzulehnen, weil der 2. Senat nicht deutlich macht, inwieweit sich der abstrakte Prüfungsmaßstab des § 315 Abs. 3 BGB von dem des § 1 Abs. 3 unterscheidet.[1402]

d) Mitbestimmung des Betriebsrats

401 Die Zuweisung einer anderen Tätigkeit erfüllt regelmäßig den Tatbestand der **Versetzung i. S. d. § 95 Abs. 3 BetrVG**,[1403] weshalb zur Durchführung dieser Maßnahme gemäß § 99 BetrVG die Zustimmung des Betriebsrats erforderlich ist. Erfolgt die Weiterbeschäftigung zu geänderten Arbeitsbedingungen

---

[1397] Ebenso LAG Düsseldorf 9. 7. 1993, LAGE § 1 KSchG Soziale Auswahl Nr. 12; ErfK/*Ascheid* § 1 KSchG Rn. 445; KR-*Etzel* § 1 KSchG Rn. 630; *v. Hoyningen-Huene* Anm. zu BAG EzA § 1 KSchG Betriebsbedingte Kündigung Nr. 75–77; *v. Hoyningen-Huene/Linck* DB 1993, 1185, 1189; *Löwisch* § 1 Rn. 277; *Weller* AuR 1986, 225, 230; HK-KSchG/*Weller/Dorndorf* § 1 Rn. 915, 1032; – abweichend BAG 15. 12. 1994, AP Nr. 66 zu § 1 KSchG 1969 Betriebsbedingte Kündigung; *Lück* S. 14 ff.; KPK-*Meisel* § 1 Rn. 492.

[1398] BAG 15. 12. 1994, AP Nr. 66 zu § 1 KSchG 1969 Betriebsbedingte Kündigung; – anders wohl nunmehr BAG 21. 9. 2000, AP Nr. 111 zu § 1 KSchG 1969 Betriebsbedingte Kündigung unter B IV 2 b.

[1399] *v. Hoyningen-Huene* Anm. zu BAG EzA § 1 KSchG Betriebsbedingte Kündigung Nr. 77; ebenso LAG Düsseldorf 9. 7. 1993, LAGE § 1 KSchG Soziale Auswahl Nr. 12; APS/*Kiel* § 1 KSchG Rn. 643; HK-KSchG/*Weller/Dorndorf* § 1 Rn. 1032.

[1400] So BAG 15. 12. 1994, AP Nr. 66 zu § 1 KSchG 1969 Betriebsbedingte Kündigung unter B III 3 d (4).

[1401] Vgl. zu den Auswirkungen der Zustimmungsverweigerung nach § 99 BetrVG auf eine Änderungskündigung BAG 30. 9. 1993, AP Nr. 33 zu § 2 KSchG 1969 sowie § 2 Rn. 45 ff.

[1402] Ebenso *Berkowsky* NJW 1996, 291, 295.

[1403] Dazu ausf. *v. Hoyningen-Huene/Boemke* Die Versetzung 1991.

auf der Grundlage einer Änderungskündigung, so ist zusätzlich eine Anhörung des Betriebsrats nach § 102 Abs. 1 BetrVG zur Änderungskündigung erforderlich.[1404] Erfolgt die Versetzung innerhalb eines Unternehmens zwischen zwei Betrieben, müssen gemäß § 99 Abs. 1 BetrVG der Betriebsrat des abgebenden Betriebes (Versetzung) und der Betriebsrat des aufnehmenden Betriebes (Einstellung) die Zustimmung erteilen. Nur wenn die Versetzung auf Dauer im Einverständnis mit dem Arbeitnehmer erfolgt, ist die Zustimmung zur Versetzung nicht erforderlich, sondern nur die Zustimmung zur Einstellung.[1405]

Die **fehlende Zustimmung des Betriebsrats nach § 99 BetrVG** zu der beabsichtigten Versetzung des Arbeitnehmers führt nicht zur Unwirksamkeit der Änderungskündigung. Denn die Sozialwidrigkeit der Änderungskündigung beurteilt sich unabhängig von dem Mitbestimmungsverfahren des § 99 BetrVG allein nach §§ 1 und 2 (dazu im einzelnen § 2 Rn. 45 ff.).

Der Arbeitgeber braucht im Rahmen von **§ 102 Abs. 1 BetrVG** den Betriebsrat nur pauschal vom Fehlen einer anderweitigen Beschäftigungsmöglichkeit zu unterrichten. Besteht aus der Sicht des Arbeitgebers keine Möglichkeit, den zu kündigenden Arbeitnehmer auf einem anderen Arbeitsplatz weiterzubeschäftigen (§ 1 Abs. 2 Satz 2 1b und 2b KSchG), so genügt der Arbeitgeber seiner Anhörungspflicht nach § 102 BetrVG in der Regel schon durch den ausdrücklichen oder konkludenten Hinweis auf fehlende Weiterbeschäftigungsmöglichkeiten.[1406] Der weitere Vortrag im Prozeß stellt dann eine zulässige Konkretisierung dar.[1407]

Hat jedoch der **Betriebsrat vor Einleitung des Anhörungsverfahrens Auskunft über Weiterbeschäftigungsmöglichkeiten** für den zu kündigenden Arbeitnehmer auf einem konkreten, kürzlich frei gewordenen Arbeitsplatz **verlangt,** so muß der Arbeitgeber dem Betriebsrat nach § 102 Abs. 1 Satz 2 BetrVG mitteilen, warum aus seiner Sicht eine Weiterbeschäftigung des Arbeitnehmers auf diesem Arbeitsplatz nicht möglich ist. Der lediglich pauschale Hinweis auf fehlende Weiterbeschäftigungsmöglichkeiten im Betrieb reicht dann nicht aus. Diese erweiterte Mitteilungspflicht gilt nur dann nicht, wenn der Betriebsrat entsprechende Kenntnisse schon besitzt. Hat der Arbeitgeber den Betriebsrat über Weiterbeschäftigungsmöglichkeiten auf dem vom Betriebsrat benannten Arbeitsplatz zunächst irrtümlich objektiv falsch informiert und rügt der Betriebsrat dies innerhalb der Frist des § 102 Abs. 2 BetrVG unter Angabe des zutreffenden Sachverhalts, so ist der Arbeitgeber verpflichtet, dem Betriebsrat ergänzend mitzuteilen, warum aus seiner Sicht trotzdem eine Weiterbeschäftigung des Arbeitnehmers auf die-

---

[1404] BAG 3. 11. 1977, AP Nr. 1 zu § 75 BPersVG; BAG 30. 9. 1993, AP Nr. 33 zu § 2 KSchG 1969 mit Anm. *Wlotzke* = EzA § 99 BetrVG 1972 Nr. 118 mit Anm. *Kania* = AR-Blattei ES 1700 Nr. 21 mit krit. Anm. *v. Hoyningen-Huene;* KR-*Etzel* § 102 BetrVG Rn. 31; *v. Hoyningen-Huene* NZA 1993, 145 ff.
[1405] BAG 20. 9. 1990, AP Nr. 84 zu § 99 BetrVG 1972.
[1406] BAG 17. 2. 2000, AP Nr. 113 zu § 102 BetrVG 1972; BAG 21. 9. 2000, AP Nr. 111 zu § 1 KSchG 1969 Betriebsbedingte Kündigung.
[1407] BAG 29. 3. 1990, AP Nr. 50 zu § 1 KSchG 1969 Betriebsbedingte Kündigung = EzA § 1 KSchG Soziale Auswahl Nr. 29 unter B II 4 mit Anm. *Preis* = SAE 1991, 203 mit zust. Anm. *Pottmeyer;* BAG 21. 9. 2000, AP Nr. 111 zu § 1 KSchG 1969 Betriebsbedingte Kündigung; ausführlich *Bitter* NZA 1991 Beil. 3 S. 16 ff.

sem Arbeitsplatz nicht in Betracht kommt. Unterläßt er dies und kündigt, so ist die Kündigung nach § 102 BetrVG unwirksam.[1408]

e) Weiterbeschäftigungsmöglichkeit im öffentlichen Dienst

404 Die Weiterbeschäftigungspflicht im öffentlichen Dienst erstreckt sich auf Arbeitsplätze in **derselben Dienststelle** oder in einer **anderen Dienststelle desselben Verwaltungszweiges** an demselben Dienstort einschließlich seines Einzugsgebietes. Dies ergibt sich aus der Einschränkung, die der Gesetzgeber im Abs. 2 Satz 2 Nr. 2b getroffen hat. Die Gesamtheit der Dienststellen in dem umschriebenen Gebiet sind dem Unternehmen im Bereich der Privatwirtschaft gleichgestellt.[1409] Ebenso wie in der Privatwirtschaft muß bei der Kündigung im Bereich des öffentlichen Dienstes zusätzlich zu dem Wegfall von Beschäftigungsmöglichkeiten eine Weiterbeschäftigungsmöglichkeit in dem in Abs. 2 Satz 2 Nr. 2b genannten Gebiet fehlen. Auf einen Widerspruch des Personalrats kommt es hierbei ebensowenig an wie auf einen Widerspruch des Betriebsrats.[1410]

f) Darlegungs- und Beweislast

405 Bezüglich der Möglichkeit einer anderweitigen Beschäftigung gilt im Prozeß eine **abgestufte Darlegungs- und Beweislast**.[1411] Dabei ist davon auszugehen, daß nach § 1 Abs. 2 Satz 4 der Arbeitgeber beweispflichtig ist, er also die Feststellungslast trägt. Der Umfang seiner Darlegungslast ist nach § 138 Abs. 2 ZPO davon abhängig, wie sich der Prozeßgegner auf seinen Vortrag einläßt. Es genügt daher zunächst der Vortrag des Arbeitgebers, daß eine anderweitige Beschäftigungsmöglichkeit im Betrieb oder Unternehmen nicht vorhanden ist.[1412] Es ist dann Sache des Arbeitnehmers, konkrete Vorstellungen zur Möglichkeit anderweitiger Beschäftigung zu äußern und deutlich zu machen, wie er sich seine Tätigkeit vorstellt.

405 a Vom **Arbeitnehmer** wird dabei freilich **nicht verlangt, einen konkreten freien Arbeitsplatz zu benennen**.[1413] Nach entsprechender Rüge des Arbeitnehmers muß der Arbeitgeber im einzelnen erläutern, aus welchen Gründen eine Umsetzung nicht möglich ist.[1414] Macht der Arbeitnehmer gegenüber einer betriebsbedingten Kündigung eine anderweitige Beschäftigungsmöglichkeit geltend und bestreitet der Arbeitgeber das Vorhandensein eines freien Arbeitsplatzes, muß der Arbeitnehmer konkret aufzeigen, wie er sich eine an-

---

[1408] BAG 17. 2. 2000, AP Nr. 113 zu § 102 BetrVG 1972.
[1409] BAG 15. 12. 1994, AP Nr. 66 zu § 1 KSchG 1969 Betriebsbedingte Kündigung = EzA § 1 KSchG Betriebsbedingte Kündigung Nr. 76 mit krit. Anm. *v. Hoyningen-Huene;* APS/*Kiel* § 1 KSchG Rn. 598; *Lingemann/Grothe* NZA 1999, 1072, 1074; HK-KSchG/ *Weller/Dorndorf* § 1 Rn. 932.
[1410] BAG 17. 5. 1984, AP Nr. 21 zu § 1 KSchG 1969 Betriebsbedingte Kündigung mit Anm. *v. Hoyningen-Huene* = SAE 1986, 273 mit Anm. *Schulin*.
[1411] BAG 24. 3. 1983, AP Nr. 12 zu § 1 KSchG 1969 Betriebsbedingte Kündigung; BAG 18. 1. 1990, AP Nr. 19 zu § 1 KSchG 1969 Soziale Auswahl = SAE 1991, 118 mit Anm. *v. Hoyningen-Huene;* BAG 29. 3. 1990, AP Nr. 50 zu § 1 KSchG 1969 Betriebsbedingte Kündigung; ausf. hierzu *Ascheid* Beweislastfragen S. 151 ff.
[1412] BAG 20. 1. 1994, AP Nr. 8 zu § 1 KSchG 1969 Konzern.
[1413] BAG 25. 2. 1988, RzK I 5c Nr. 26 unter B II 2c dd; eingehend hierzu *Ascheid* Beweislastfragen S. 156 ff.
[1414] Vgl. BAG 27. 9. 1984, AP Nr. 8 zu § 2 KSchG 1969 unter B II 3d bb mit Anm. *v. Hoyningen-Huene*.

derweitige Beschäftigung vorstellt.[1415] Die Behauptung des Arbeitnehmers, der Arbeitgeber könne ihn ohne weiteres in vielfältiger Weise anderweitig beschäftigen, geht über einfaches Bestreiten der fehlenden Beschäftigungsmöglichkeit nicht hinaus und genügt deshalb nicht den Anforderungen.[1416] Dies gilt grundsätzlich auch, wenn sich der Arbeitnehmer auf einen nur ausnahmsweise anzuerkennenden konzernweiten Kündigungsschutz, also z. B. auf eine Weiterbeschäftigung in einem Tochterunternehmen, beruft.[1417]

6. Beurteilungszeitpunkt

Maßgeblicher Zeitpunkt für die Beurteilung der sozialen Rechtfertigung betriebsbedingter Kündigungen ist grundsätzlich – wie bei allen Kündigungen – der Zeitpunkt des **Zugangs der Kündigungserklärung.**[1418] Dies schließt es allerdings nicht aus, zu diesem Zeitpunkt feststehende **künftige Entwicklungen** zu berücksichtigen. Danach ist es ausreichend, wenn die der Kündigung zugrundeliegenden Maßnahmen bereits greifbare Formen angenommen haben (dazu unten Rn. 416). Dies ist anzunehmen, wenn zum Kündigungszeitpunkt auf Grund einer vernünftigen betriebswirtschaftlichen Betrachtung davon auszugehen ist, daß mit Ablauf der einzuhaltenden Kündigungsfrist die geplante Maßnahme durchgeführt und der Arbeitnehmer damit entbehrlich sein wird.[1419]

Liegen zum Zeitpunkt der Kündigung dringende betriebliche Erfordernisse i. S. d. Abs. 2 Satz 1 für eine Kündigung vor, so wird die Kündigung **nicht nachträglich unwirksam,** wenn sich die betrieblichen Verhältnisse beispielsweise durch eine unerwartet gute Entwicklung der Auftragslage im nachhinein verändern.[1420] In diesem Fall kann aber dem gekündigten Arbeitnehmer unter Umständen ein **Wiedereinstellungsanspruch** zustehen (ausführlich hierzu oben Rn. 156 a ff.).

[1415] Vgl. BAG 29. 3. 1990, AP Nr. 50 zu § 1 KSchG 1969 Betriebsbedingte Kündigung unter B II 4; BAG 17. 9. 1998, AP Nr. 148 zu § 626 BGB unter II 6; BAG 24. 2. 2000, AP Nr. 47 zu § 1 KSchG 1969 Soziale Auswahl.
[1416] Zutr. BAG 24. 2. 2000, AP Nr. 47 zu § 1 KSchG 1969 Soziale Auswahl.
[1417] BAG 20. 1. 1994, AP Nr. 8 zu § 1 KSchG 1969 Konzern.
[1418] Vgl. BAG 27. 2. 1958, AP Nr. 1 zu § 1 KSchG Betriebsbedingte Kündigung; BAG 30. 5. 1985, AP Nr. 24 zu § 1 KSchG 1969 Betriebsbedingte Kündigung mit Anm. *V. Schmidt;* BAG 10. 10. 1996, AP Nr. 81 zu § 1 KSchG 1969 Betriebsbedingte Kündigung; BAG 27. 2. 1997, 4. 12. 1997, AP Nr. 1, 4 zu § 1 KSchG 1969 Wiedereinstellung; KR-*Etzel* § 1 KSchG Rn. 569; *Stahlhacke/Preis/Vossen* Rn. 644; HK-KSchG/*Weller/Dorndorf* § 1 Rn. 943.
[1419] Vgl. BAG 27. 9. 1984, AP Nr. 39 zu § 613 a BGB; BAG 27. 2. 1987, AP Nr. 41 zu § 1 KSchG 1969 Betriebsbedingte Kündigung; BAG 19. 5. 1988, AP Nr. 75 zu § 613 a BGB, das es allerdings ausreichen läßt, wenn mit dem Eintritt des Grundes mit „einiger Sicherheit" zu rechnen ist; dieser Wahrscheinlichkeitsgrad ist jedoch zu gering, wie hier APS/*Kiel* § 1 KSchG Rn. 454; HK-KSchG/*Weller/Dorndorf* § 1 Rn. 944; dazu eingehend oben Rn. 131 ff.; BAG 19. 6. 1991, AP Nr. 53 zu § 1 KSchG 1969 Betriebsbedingte Kündigung = EzA § 1 KSchG Betriebsbedingte Kündigung Nr. 70 mit Anm. *Kraft/Raab;* BAG 20. 1. 1994, AP Nr. 8 zu § 1 KSchG 1969 Konzern; BAG 10. 10. 1996, AP Nr. 81 zu § 1 KSchG 1969 Betriebsbedingte Kündigung.
[1420] BAG 28. 4. 1988, AP Nr. 74 zu § 613 a BGB mit Anm. *Hefermehl* = EzA § 613 a BGB Nr. 80 mit Anm. *Löwisch;* BAG 10. 10. 1996, AP Nr. 81 zu § 1 KSchG 1969 Betriebsbedingte Kündigung; KR-*Etzel* § 1 KSchG Rn. 569; *Stahlhacke/Preis/Vossen* Rn. 645; *Wank* SAE 1986, 151, 153; HK-KSchG/*Weller/Dorndorf* § 1 Rn. 945.

7. Gerichtliche Überprüfungsmöglichkeiten

408 Bei betriebsbedingten Kündigungen ist die **unternehmerische Entscheidung**, welche der ausgesprochenen Kündigung zugrunde liegt, nur darauf nachprüfbar, ob sie offenbar unsachlich, unvernünftig oder willkürlich ist.[1421] Hierfür ist der Arbeitnehmer darlegungs- und beweispflichtig (dazu oben Rn. 371 f.). Die arbeitgeberseitige Kündigung selbst ist jedoch keine Unternehmerentscheidung, die von den Gerichten im Kündigungsschutzprozeß als bindend hinzunehmen wäre (dazu oben Rn. 370). Dementsprechend ist zwischen der Unternehmerentscheidung selbst, deren Umsetzung auf betrieblicher Ebene und der als Folge der daraus resultierenden dringenden betrieblichen Erfordernisse ausgesprochenen Kündigung zu unterscheiden (dazu oben Rn. 376 ff.).

409 Eine schlechte Auftragslage oder ein erheblicher Umsatzrückgang können beispielsweise **Motive** für die unternehmerische Entscheidung darstellen, Betriebsteile stillzulegen oder Rationalisierungsvorhaben einzuleiten.[1422] Folge dieser betrieblichen Durchführung der Unternehmerentscheidung sind dann gegebenenfalls betriebsbedingte Kündigungen. Von den Gerichten ist hierbei zu überprüfen, ob die vom Arbeitgeber behauptete Durchführung der Unternehmerentscheidung auf betrieblicher Ebene tatsächlich erfolgt ist und wie sie sich auf die Beschäftigungsmöglichkeit für den gekündigten Arbeitnehmer ausgewirkt hat.[1423] Ob die vom Arbeitgeber behaupteten Gründe (z. B. Umsatzrückgang) für die Unternehmerentscheidung vorliegen, ist grundsätzlich (zur Ausnahme Rn. 410) nicht vom Arbeitgeber darzulegen.[1424] Diese Motive sind nur von Bedeutung für die Frage, ob die unternehmerische Entscheidung willkürlich war, was wiederum erst nach entsprechenden Darlegungen des Arbeitnehmers gerichtlich nachzuprüfen ist.

410 Behauptet der Arbeitgeber, bereits außerbetriebliche Gründe allein hätten das Bedürfnis für eine Weiterbeschäftigung entfallen lassen, hat das Gericht nachzuprüfen, ob zum Zeitpunkt des Kündigungsausspruches feststand, daß **zum Zeitpunkt des Ablaufs der Kündigungsfrist** eine Beschäftigungsmöglichkeit für den gekündigten Arbeitnehmer nicht mehr gegeben sei.[1425] Dies gilt insbesondere dann, wenn sich aus dem Vortrag des Arbeitgebers eine Selbstbindung dahin ergibt, daß er Personal nur soweit abbauen will, wie

---

[1421] BAG 7. 12. 1978, 24. 10. 1979, 30. 4. 1987, 17. 6. 1999, AP Nr. 6, 8, 42, 101–103 zu § 1 KSchG 1969 Betriebsbedingte Kündigung; BAG 18. 1. 1990, AP Nr. 27 zu § 2 KSchG 1969 = SAE 1991, 11 mit Anm. *Oetker;* näher dazu Rn. 371 ff.

[1422] Vgl. BAG 26. 6. 1997, AP Nr. 86 zu § 1 KSchG 1969 Betriebsbedingte Kündigung.

[1423] Vgl. BAG 15. 6. 1989, AP Nr. 45 zu § 1 KSchG 1969 Betriebsbedingte Kündigung = EzA § 1 KSchG Betriebsbedingte Kündigung Nr. 63 mit Anm. *Rotter;* BAG 19. 5. 1993, AP Nr. 31 zu § 2 KSchG 1969 mit Anm. *Waas* = EzA § 1 KSchG Betriebsbedingte Kündigung Nr. 73 mit Anm. *Raab* = SAE 1994, 150 mit Anm. *Steinmeyer* = AR-Blattei ES 1020.1.1 Nr. 13 mit Anm. *Preis;* BAG 17. 6. 1999, AP Nr. 102 zu § 1 KSchG 1969 Betriebsbedingte Kündigung; *Hillebrecht* ZfA 1991, 87, 97; v. *Hoyningen-Huene* NZA 1994, 1009, 1011 f.

[1424] Zutr. *Rommé/Pauker* NZA-RR 2000, 281, 284, 290.

[1425] So zutr. BAG 15. 6. 1989, AP Nr. 45 zu § 1 KSchG 1969 Betriebsbedingte Kündigung unter II 1 a; ErfK/*Ascheid* § 1 KSchG Rn. 454; siehe dazu auch *Ascheid* NZA 1991, 873, 876.

Sozial ungerechtfertigte Kündigungen   411–412a § 1

der Umsatzrückgang es erfordert.[1426] Für diese Gründe der Kündigung ist der Arbeitgeber im einzelnen darlegungs- und beweispflichtig.[1427]

Ob die vom Arbeitgeber getroffene unternehmerische Entscheidung (z. B. Produktionseinstellung oder -verlagerung) wirtschaftlich sinnvoll oder zweckmäßig war, unterliegt nicht der Überprüfung durch die Gerichte. Diesen obliegt insoweit nur eine **Willkürkontrolle** (dazu näher oben Rn. 378 ff.).[1428] Eine betriebsbedingte Kündigung kann daher nicht mit der Begründung als sozial ungerechtfertigt angesehen werden, der Arbeitgeber hätte anstelle einer teilweisen Stillegung des Betriebes Rationalisierungsmaßnahmen durchführen müssen.[1429]   411

Die **Kündigung** selbst ist allerdings **nicht diese unternehmerische Entscheidung**.[1430] Anderenfalls wäre der vom Gesetz gewollte Schutz der Arbeitnehmer gegen betriebsbedingte Kündigung weitgehend ausgehebelt, weil sich der Arbeitgeber dann, von Fällen des offenbaren Mißbrauchs abgesehen, stets erfolgreich mit dem Hinweis verteidigen könnte, die Kündigung stelle eine nicht zu überprüfende Unternehmerentscheidung dar.[1431]   412

8. Kein Ausschluß betriebsbedingter Kündigungen bei unterlassenem Interessenausgleich

Beabsichtigt der Arbeitgeber im Rahmen einer geplanten Betriebsänderung i. S. v. § 111 BetrVG betriebsbedingte Kündigungen auszusprechen, kann der Betriebsrat dies nicht im Wege einer **einstweiligen Verfügung** verhindern, wenn die Verhandlungen über den Interessenausgleich noch nicht abgeschlossen sind. Hierfür fehlt ein Verfügungsanspruch. Die von den betriebsbedingten Kündigungen betroffenen Arbeitnehmer haben in diesem Fall lediglich einen Anspruch auf Nachteilsausgleich nach § 113 Abs. 3 BetrVG. Da dem Arbeitgeber nach §§ 111 ff. BetrVG letztlich die alleinige Entscheidung über die Durchführung der Betriebsänderung eingeräumt ist, und ein Interessenausgleich über die Einigungsstelle nicht erzwungen werden kann, hat der Betriebsrat keinen Anspruch auf Unterlassung betriebsbedingter Kündigungen vor Abschluß der Verhandlungen über den Interessenausgleich.[1432]   412a

---

[1426] BAG 11. 9. 1986, EzA § 1 KSchG Betriebsbedingte Kündigung Nr. 54; *Hillebrecht* ZfA 1991, 87, 97.

[1427] Grundlegend BAG 7. 12. 1978, AP Nr. 6 zu § 1 KSchG 1969 Betriebsbedingte Kündigung; siehe dazu auch *Ascheid* Beweislastfragen S. 146 f.

[1428] BAG 7. 12. 1978, AP Nr. 6 zu § 1 KSchG 1969 Betriebsbedingte Kündigung mit Anm. *Reuter;* BAG 29. 3. 1990, 17. 6. 1999, AP Nr. 50, 101–103 zu § 1 KSchG 1969 Betriebsbedingte Kündigung; 19. 5. 1993, AP Nr. 31 zu § 2 KSchG 1969; *v. Hoyningen-Huene* SAE 1991, 124 f.; *ders.* NZA 1994, 1009, 1010; *Pottmeyer* SAE 1991, 210, 211; *Preis* NZA 1995, 241, 243; *Schaub* NZA 1987, 217, 218; – abweichend *Spieß* AuR 1994, 265.

[1429] Vgl. BAG 24. 10. 1979, AP Nr. 8 zu § 1 KSchG 1969 Betriebsbedingte Kündigung.

[1430] So zutr. BAG 20. 2. 1986, AP Nr. 11 zu § 1 KSchG 1969; BAG 20. 3. 1986, AP Nr. 14 zu § 2 KSchG 1969 = EzA § 2 KSchG Nr. 6 mit Anm. *Löwisch.*

[1431] So zutr. *Löwisch* Anm. zu BAG EzA § 2 KSchG Nr. 6; *Preis* DB 1988, 1387, 1389; dazu Rn. 370.

[1432] LAG Rheinland-Pfalz 28. 3. 1989, LAGE § 111 BetrVG 1972 Nr. 10; LAG Schleswig-Holstein 13. 1. 1992, LAGE § 111 BetrVG 1972 Nr. 72; LAG Düsseldorf 19. 11. 1996, LAGE § 111 BetrVG 1972 Nr. 14; LAG Baden-Württemberg 28. 8. 1985, DB 1986, 805; LAG Düsseldorf 14. 11. 1983, DB 1984, 511; *Bauer* DB 1994, 224; *Bauer/Göpfert* DB

9. Einzelfälle

413 Im folgenden werden die wichtigsten Fallgestaltungen betriebsbedingter Kündigungen in **alphabetischer Reihenfolge** dargestellt.

a) Anforderungsprofil

413 a Es unterliegt grundsätzlich der freien unternehmerischen Entscheidung des Arbeitgebers, das Anforderungsprofil für einen eingerichteten Arbeitsplatz festzulegen. Soweit die Erfüllung bestimmter Voraussetzungen für die sachgerechte Erledigung der Arbeitsaufgaben erforderlich ist, kann die unternehmerische Entscheidung nur daraufhin überprüft werden, ob sie offenbar unsachlich ist.[1433] So ist die Entscheidung des Arbeitgebers, bestimmte Tätigkeiten nur von Arbeitnehmern mit besonderer Qualifikation ausführen zu lassen, grundsätzlich zu respektieren.[1434]

413 b Bei **drittfinanzierten Arbeitsverträgen** kommt hinzu, daß das Anforderungsprofil oft bereits durch den Drittmittelgeber festgelegt wird. Deshalb ist anerkannt, daß bei drittfinanzierten Arbeitsverträgen die Entscheidung des Drittmittelgebers, die Fördermittel zu streichen bzw. zu kürzen, Anlaß einer betriebsbedingten Kündigung sein kann. Führt der Drittmittelempfänger die bisher geförderte Maßnahme nicht – etwa aus eigenen Mitteln – fort, so liegt darin für die dort beschäftigten Arbeitnehmer an sich ein Grund für eine betriebsbedingte Kündigung.[1435] Auch soweit der Drittelmittelgeber versucht, auf die Besetzung der finanzierten Arbeitsplätze im Betrieb des Drittmittelempfängers Einfluß zu nehmen und dabei insbesondere eine bestimmte Mindestqualifikation der Arbeitnehmer durchzusetzen, haben sich die unternehmerischen Entscheidungen des Drittmittelempfängers stets an dem Recht des Drittmittelgebers zu orientieren, die Fördermittel zu streichen und ggf. andere Institutionen zu fördern.[1436]

b) Arbeitsverdichtung

413 c Der Entschluß des Arbeitgebers, die vorhandene Arbeit künftig mit weniger Personal zu erledigen, ist eine freie Unternehmerentscheidung. Zutreffend hat das BAG angenommen, **der möglichst rationelle Einsatz der Arbeitskräfte sei Sache des Arbeitgebers**.[1437] Soweit infolge der Um-

---

1997, 1470; *Ehler* BB 1994, 2270; *Ehrich* BB 1993, 356; *Etzel* Betriebsverfassungsrecht 6. Aufl. 1998 Rn. 997; *v. Hoyningen-Huene* BetrVR § 15 II 4; *Richardi* BetrVG § 1 Rn. 163; – abweichend LAG Berlin 7. 9. 1995, LAGE § 111 BetrVG 1972 Nr. 13 = BB 1996, 64; LAG Frankfurt 30. 8. 1984, DB 1985, 178 sowie 6. 4. 1993, LAGE § 111 BetrVG 1972 Nr. 12; LAG Hamburg 27. 6. 1997, LAGE § 111 BetrVG 1972 Nr. 15; *Fitting* § 111 Rn. 110 ff.; ErfK/*Hanau/Kania* § 111 BetrVG Rn. 24; *Kittner/Däubler/Zwanziger* § 113 BetrVG Rn. 10 f.
[1433] BAG 18. 10. 2001, NZA 2001, 437.
[1434] Vgl. BAG 10. 11. 1994, 5. 10. 1995, 7. 11. 1996, AP Nr. 65, 71, 82 zu § 1 KSchG 1969 Betriebsbedingte Kündigung.
[1435] BAG 30. 10. 1987, RzK I 5 c Nr. 24; vgl. dazu auch Rn. 423 a.
[1436] BAG 7. 11. 1996, AP Nr. 82 zu § 1 KSchG 1969 Betriebsbedingte Kündigung.
[1437] So zutr. BAG 24. 4. 1997, AP Nr. 42 zu § 2 KSchG 1969; BAG 17. 6. 1999, AP Nr. 101, 102 zu § 1 KSchG 1969 Betriebsbedingte Kündigung; *Franzen* NZA 2001, 805, 810; *Henssler*, Kündigung und Kündigungsschutz in der betrieblichen Praxis, S. 89, 98 f.; *Hillebrecht* ZfA 1991, 87, 107; *v. Hoyningen-Huene* NZA 1994, 1009, 1010 f.; APS/*Kiel* § 1 KSchG Rn. 539 ff.; *Löwisch* § 1 Rn. 253; *Singer/v. Finckenstein* SAE 2000, 282, 284 ff.; *Stahl*-

Sozial ungerechtfertigte Kündigungen 413 d–414 a § 1

setzung der Entscheidung, künftig mit weniger Personal zu arbeiten, eine Leistungsverdichtung eintritt, ist dies als Konzept gewollt. Erscheint das unternehmerische Konzept nicht von vornherein gesetz-, tarif- oder vertragswidrig, ist es als geeignetes Mittel zum rationelleren Einsatz der Arbeitnehmer anzusehen und schafft damit die Voraussetzung für die auf betriebliche Erfordernisse gestützte Kündigung. Dabei bleibt es dem Arbeitgeber überlassen, ob er z. B. eine langsamere Arbeitsausführung aufgrund des Einsatzes von weniger Personal und damit gleichzeitig eine eventuell erwünschte Arbeitsstreckung in Kauf nimmt oder in anderer Weise dem prognostizierten Arbeitskräfteüberhang begegnet.[1438]

Nicht erforderlich ist, daß die unternehmerische Entscheidung auch zu einer Reduzierung der Arbeitsmenge führt.[1439] Die unternehmerische Entscheidungsfreiheit beinhaltet notwendigerweise auch die **Freiheit, Arbeitsabläufe zu verändern,** um möglichst wirtschaftlich und marktgerecht arbeiten zu können. Der Unternehmer kann nicht für alle Zeiten an eine einmal getroffene Organisationsentscheidung gebunden werden. Soweit die eintretende Leistungsverdichtung nicht von vornherein gesetz-, tarif- oder vertragswidrig ist und von den betroffenen Arbeitnehmern keine überobligatorischen Leistungen verlangt werden, ist die unternehmerische Entscheidung bindend. 413 d

c) Betriebsstillegung

Wird ein Betrieb stillgelegt, rechtfertigt dies grundsätzlich eine betriebsbedingte Kündigung.[1440] Unter Betriebsstillegung ist die **Auflösung der zwischen Arbeitgeber und Arbeitnehmer bestehenden Betriebs- und Produktionsgemeinschaft** zu verstehen, die ihre Veranlassung und zugleich ihren unmittelbaren Ausdruck darin findet, daß der Arbeitgeber die bisherige wirtschaftliche Betätigung in der ernstlichen Absicht einstellt, den bisherigen Betriebszweck dauernd oder für eine ihrer Dauer nach unbestimmte, wirtschaftlich nicht unerhebliche Zeitspanne nicht weiterzuverfolgen.[1441] 414

Die Stillegung des Betriebes **ist eine unternehmerische Maßnahme,** die im Kündigungsschutzprozeß nicht auf ihre Notwendigkeit oder Zweck- 414 a

---

hacke DB 1994, 1361, 1364f.; *Tenczer/Stahlhacke* Anm. zu LAG Bremen LAGE § 1 KSchG Soziale Auswahl Nr. 16.
[1438] Zur Darlegungs- und Beweislast insoweit Rn. 376ff.
[1439] Ebenso *Ehmann/Krebber* Anm. zu BAG AP Nr. 102 zu § 1 KSchG 1969 Betriebsbedingte Kündigung; *Hümmerich/Spirolke* NZA 1998, 797 ff.; – abweichend *Ascheid* DB 1987, 1144, 1146; *Preis* NZA 1995, 2241, 2247.
[1440] BAG 23. 3. 1984, AP Nr. 38 zu § 1 KSchG 1969 Betriebsbedingte Kündigung; BAG 7. 6. 1984, AP Nr. 5 zu § 22 KO = SAE 1985, 308 mit Anm. *M. Wolf;* BAG 27. 9. 1984, AP Nr. 39 zu § 613a BGB = SAE 1986, 147 mit Anm, *Wank;* BAG 27. 2. 1987, AP Nr. 41 zu § 1 KSchG 1969 Betriebsbedingte Kündigung; BAG 28. 4. 1988, AP Nr. 74 zu § 613a BGB; BAG 19. 6. 1991, AP Nr. 53 zu § 1 KSchG 1969 Betriebsbedingte Kündigung = EzA § 1 KSchG Betriebsbedingte Kündigung Nr. 70 mit Anm. *Kraft/Raab;* BAG 15. 12. 1994, AP Nr. 66 zu § 1 KSchG 1969 Betriebsbedingte Kündigung = EzA § 1 KSchG Betriebsbedingte Kündigung Nr. 76 mit Anm. *v. Hoyningen-Huene;* BAG 27. 2. 1997, AP Nr. 1 zu § 1 KSchG 1969 Wiedereinstellung; ErfK/*Ascheid* § 1 KSchG Rn. 411; KR-*Etzel* § 1 KSchG Rn. 594 ff.; APS/*Kiel* § 1 KSchG Rn. 487 ff.; *Löwisch* § 1 Rn. 318; *Plander* NZA 1999, 505; HK-KSchG/*Weller/Dorndorf* § 1 Rn. 966.
[1441] So die st. Rspr., vgl. BAG 11. 3. 1998, AP Nr. 43 zu § 111 BetrVG 1972; siehe dazu § 15 Rn. 145 ff.

mäßigkeit nachzuprüfen ist. Die Motive des Arbeitgebers für die Betriebsstillegung sind grundsätzlich unerheblich.[1442] Es unterliegt nicht der gerichtlichen Kontrolle, ob die vom Arbeitgeber erwarteten Vorteile in einem vernünftigen Verhältnis zu den Nachteilen stehen, die der Arbeitnehmer durch die Kündigung erleidet.[1443] Der Arbeitgeber ist auch nicht aus Gründen der Verhältnismäßigkeit gezwungen, den Betrieb zu veräußern statt stillzulegen.[1444] In bezug auf die Prüfung der sozialen Rechtfertigung nach Abs. 2 steht der völligen Stillegung des Betriebes die Stillegung von Betriebsteilen oder einzelner Maschinen gleich, mögen diese auch keine selbständigen Abteilungen ausmachen.[1445]

414 b Erforderlich ist die **Prognose,** daß zum Kündigungszeitpunkt der Wegfall der Beschäftigungsmöglichkeit zum Ablauf der Kündigungsfrist für nicht unerhebliche Zeit mit großer Wahrscheinlichkeit zu erwarten war. Dabei ist ein Zeitraum von neun Monaten als erheblich anzusehen.[1446]

414 c Die Stillegung eines Betriebes kann **ausnahmsweise** sogar eine **außerordentliche Kündigung rechtfertigen.**[1447] Sofern die ordentliche Kündigung von vornherein vertraglich oder tarifvertraglich ausgeschlossen ist, stellt es eine unzumutbare Belastung des Arbeitgebers dar, wenn dieser die Arbeitsleistung des Arbeitnehmers infolge der Betriebsschließung nicht mehr in Anspruch nehmen kann, andererseits aber über Jahre hinweg zur Zahlung des vereinbarten Entgelts (§ 615 BGB) verpflichtet bleibt.[1448]

415 Zur sozialen Rechtfertigung einer Kündigung wegen Betriebsstillegung ist nicht erforderlich, daß der Betrieb bereits stillgelegt ist. Es kommt auch eine Kündigung wegen **beabsichtigter Stillegung** in Betracht.[1449] Dies setzt voraus, daß der Unternehmer im Zeitpunkt des Zugangs der Kündigung den ernsthaften und endgültigen Entschluß gefaßt hat, den Betrieb nicht nur vorübergehend stillzulegen (dazu Rn. 417a). Hierfür muß der Arbeitgeber substantiiert darlegen, daß und zu welchem Zeitpunkt er organisatorische Maßnahmen geplant hat, die sich als Betriebsstillegung darstellen.[1450] So sind die Bekanntgabe des Stillegungsbeschlusses gegenüber Kunden und Lieferanten sowie die Kündigung von Versicherungen oder Lieferverträgen starke

---

[1442] Zutr. *Feudner* NZA 2000, 1136, 1140.
[1443] BAG 30. 4. 1987, AP Nr. 42 zu § 1 KSchG 1969 Betriebsbedingte Kündigung; dazu auch oben Rn. 371 c.
[1444] Ebenso *Feudner* NZA 2000, 1136, 1141; *B. Preis* NZA 1997, 625, 629 f.
[1445] Vgl. zur Stillegung von Betriebsteilen BAG 11. 10. 1989, AP Nr. 47 zu § 1 KSchG 1969 Betriebsbedingte Kündigung mit Anm. *Berger-Delhey.*
[1446] Vgl. BAG 27. 4. 1995, EzA § 1 KSchG Betriebsbedingte Kündigung Nr. 83; – zur witterungsbedingten Kündigung Rn. 417 b.
[1447] BAG 22. 7. 1992, EzA § 626 BGB n. F. Nr. 141.
[1448] Vgl. BAG 28. 3. 1985, AP Nr. 86 zu § 626 BGB mit zust. Anm. *Herschel* = EzA § 626 BGB n. F. Nr. 96 mit Anm. *Buchner.*
[1449] Vgl. dazu BAG 27. 2. 1987, AP Nr. 41 zu § 1 KSchG 1969 Betriebsbedingte Kündigung; BAG 28. 4. 1988, AP Nr. 74 zu § 613a BGB; BAG 19. 6. 1991, AP Nr. 53 zu § 1 KSchG 1969 Betriebsbedingte Kündigung; BAG 22. 7. 1992, EzA § 626 BGB n. F. Nr. 141; BAG 10. 10. 1996, AP Nr. 81 zu § 1 KSchG 1969 Betriebsbedingte Kündigung; BAG 11. 3. 1998, AP Nr. 43 zu § 111 BetrVG 1972; BAG 18. 1. 2001, NJW 2001, 2116.
[1450] BAG 23. 3. 1984, 19. 6. 1991, AP Nr. 38, 53 zu § 1 KSchG 1969 Betriebsbedingte Kündigung.

Indizien für einen ernsthaften Stillegungsentschluß.[1451] Bei alsbaldiger Wiedereröffnung des Betriebes spricht dagegen eine tatsächliche Vermutung gegen die ernsthafte Stillegungsabsicht.[1452] Die Eröffnung des Konkurs- oder Gesamtvollstreckungsverfahrens bedeutet noch keine Betriebsstillegung, weil der Verwalter den Betrieb weiterführen kann.[1453]

Die Absicht, die gekündigten Arbeitnehmer in ihrer jeweiligen Kündigungsfrist bis zum beschlossenen Termin der Betriebsstillegung für die Erledigung noch vorhandener Aufträge einzusetzen statt die Arbeiten auf allen Baustellen sofort einzustellen, stellt die unternehmerische Entscheidung nicht in Frage.[1454] Gegenüber den entsprechend dieser Absicht tatsächlich eingesetzten Arbeitnehmern erfüllt der Arbeitgeber lediglich seine **auch im gekündigten Arbeitsverhältnis bestehende Beschäftigungspflicht.** Wenn der Arbeitgeber auf Grund des beschlossenen schnellstmöglichen Personalabbaus auf Null bereits übernommene Aufträge nicht mehr vollständig erledigen kann, berührt dies nur seine schuldrechtlichen Verpflichtungen gegenüber den Auftraggebern und nicht den Entschluß zur Betriebsstillegung.

Wird die Kündigung auf die künftige Entwicklung der betrieblichen Verhältnisse gestützt, so ist sie nur dann begründet, wenn die geplanten Maßnahmen **greifbare Formen** angenommen haben und eine vernünftige und betriebswirtschaftliche Betrachtung die Prognose ergibt, daß bis zum Auslaufen der einzuhaltenden Kündigungsfrist die Maßnahmen durchgeführt sind und der Arbeitnehmer somit dann entbehrt werden kann.[1455] Daran fehlt es, wenn der Arbeitgeber zum Zeitpunkt der Kündigung noch in ernsthaften Verhandlungen über eine Veräußerung des Betriebes steht und deswegen nur vorsorglich mit der Begründung kündigt, der Betrieb solle zu einem bestimmten Zeitpunkt stillgelegt werden, falls eine Veräußerung scheitere.[1456] Der bloße Vorbehalt des Arbeitgebers, falls sich wider Erwarten in der Folgezeit doch noch eine Möglichkeit zur Betriebsveräußerung ergeben sollte, werde er diese Chance wahrnehmen, steht der endgültigen Stillegungsabsicht freilich nicht entgegen.[1457]

Dafür, daß die geplanten Maßnahmen bereits greifbare Formen angenommen haben, ist der Arbeitgeber **darlegungs- und beweispflichtig.**[1458] Kommt es bei der Auftragsabwicklung zu nicht vorhersehbaren Verzögerungen, so ist dies unerheblich. Der Wirksamkeit der Kündigung steht

---

[1451] Vgl. BAG 19. 6. 1991, AP Nr. 53 zu § 1 KSchG 1969 Betriebsbedingte Kündigung.
[1452] BAG 27. 9. 1984, AP Nr. 39 zu § 613a BGB; APS/*Kiel* § 1 KSchG Rn. 490.
[1453] BAG 27. 11. 1986, RzK I 5f Nr. 6.
[1454] BAG 18. 1. 2001, NJW 2001, 2116.
[1455] Grundlegend BAG 27. 2. 1958, AP Nr. 1 zu § 1 KSchG Betriebsbedingte Kündigung; BAG 27. 2. 1987, AP Nr. 41 zu § 1 KSchG 1969 Betriebsbedingte Kündigung; BAG 19. 5. 1988, AP Nr. 75 zu § 613a BGB; BAG 19. 6. 1991, AP Nr. 53 zu § 1 KSchG 1969 Betriebsbedingte Kündigung; BAG 20. 1. 1994, AP Nr. 8 zu § 1 KSchG 1969 Konzern; BAG 27. 2. 1997, AP Nr. 1 zu § 1 KSchG 1969 Wiedereinstellung; BAG 18. 1. 2001, NJW 2001, 2116; ErfK/*Ascheid* § 1 KSchG Rn. 413.
[1456] BAG 27. 9. 1984, AP Nr. 39 zu § 613a BGB; BAG 10. 10. 1996, AP Nr. 81 zu § 1 KSchG 1969 Betriebsbedingte Kündigung.
[1457] BAG 7. 3. 1996, RzK I 5f Nr. 22.
[1458] BAG 23. 3. 1984, AP Nr. 38 zu § 1 KSchG 1969 Betriebsbedingte Kündigung; BAG 30. 1. 1991, RzK I 10h Nr. 31; BAG 19. 6. 1991, AP Nr. 53 zu § 1 KSchG 1969 Betriebsbedingte Kündigung.

nicht entgegen, wenn es in den letzten Monaten vor der Betriebsschließung wegen eines nicht vorhersehbaren extrem hohen Krankenstandes von über 50% in Einzelfällen planwidrig zum Einsatz von Leiharbeitnehmern kommt.[1459]

417 a Ausnahmsweise kann auch eine nur **vorübergehende Schließung des Betriebes** eine betriebsbedingte Kündigung rechtfertigen.[1460] Erforderlich ist, daß zum Zeitpunkt der Kündigung die Prognose erstellt werden kann, nach Ablauf der Kündigungsfrist werde der Beschäftigungsbedarf für eine nicht unerhebliche Zeit mit großer Wahrscheinlichkeit entfallen. Hierfür ist der Arbeitgeber darlegungs- und beweispflichtig. Ein Zeitraum von einem dreiviertel Jahr ist dabei jedenfalls als erheblich anzusehen.[1461]

417 b Die **witterungsbedingte vorübergehende Unterbrechung** eines Betriebes, der Strom- und Fernmeldekabel unter der Erde verlegt, für die Dauer der winterlichen Frostperiode von etwa 3 Monaten rechtfertigt grundsätzlich keine betriebsbedingte Beendigungskündigung, wenn der Arbeitgeber beabsichtigt, den Betrieb im Frühjahr wieder unverändert weiterzuführen.[1462] Zwar ist der Entschluß des Arbeitgebers, seinen Betrieb für einen vorübergehenden Zeitraum zu schließen, eine freie unternehmerische Entscheidung. Diese rechtfertigt freilich nur dann nach Abs. 2 Satz 1 eine betriebsbedingte Kündigung, wenn sich hieraus ein dringendes betriebliches Erfordernis ergibt, das einer Weiterbeschäftigung des Arbeitnehmers auf Dauer entgegensteht (dazu Rn. 377 ff.). Hieran fehlt es jedoch, wenn feststeht, daß der Arbeitgeber den Betrieb nach der Winterpause unverändert weiterführt. Denn auch wenn hier wegen der nicht vorhersehbaren Temperaturentwicklung in den Wintermonaten der Zeitpunkt der Arbeitsaufnahme im Frühjahr nicht auf den Tag genau bestimmbar ist, steht doch fest, daß der Betrieb nicht endgültig stillgelegt werden soll, sondern nur für eine verhältnismäßig kurze Zeit.

417 c Das anzuerkennende unternehmerische Ziel, die Frostperiode wegen vorübergehend fehlender Beschäftigungsmöglichkeiten ohne Pflicht zur Arbeitsvergütung zu überbrücken, erfordert in diesem Fall nicht eine Beendigung des Arbeitsverhältnisses. Der Arbeitgeber kann dieses Ziel auch durch eine **befristete Suspendierung der Hauptpflichten** aus dem Arbeitsverhältnis erreichen. In Anlehnung an die neuere Rechtsprechung zur Zulässigkeit der nachträglichen Befristung zunächst unbefristet eingegangener Arbeitsverhältnisse[1463] hat der Arbeitgeber daher eine Änderungskündigung mit dem Angebot auszusprechen, das Arbeitsverhältnis für die Zeit der voraussichtlichen

---

[1459] BAG 18. 1. 2001, NJW 2001, 2116.
[1460] Vgl. BAG 27. 4. 1995, EzA § 1 KSchG Betriebsbedingte Kündigung Nr. 83; BAG 7. 3. 1996, AP Nr. 76 zu § 1 KSchG 1969 Betriebsbedingte Kündigung.
[1461] Zutr. BAG 27. 4. 1995, EzA § 1 KSchG Betriebsbedingte Kündigung Nr. 83.
[1462] Ebenso *Kittner/Däubler/Zwanziger* § 1 KSchG Rn. 322a; HK-KSchG/*Weller/Dorndorf* § 1 Rn. 974; – abweichend BAG 7. 3. 1996, AP Nr. 76 zu § 1 KSchG 1969 Betriebsbedingte Kündigung = AR-Blattei ES 1020 Nr. 338 mit Anm. *Schwab;* KR-*Etzel* § 1 KSchG Rn. 581; APS/*Kiel* § 1 KSchG Rn. 555; vgl. dazu auch das tarifliche Kündigungsverbot in dem allgemeinverbindlichen § 12.2 BRTV-Bau für die Zeit vom 1.11. bis 31.3.
[1463] Dazu BAG 25. 4. 1996, NZA 1996, 1197 sowie bereits *v. Hoyningen-Huene* Anm. zu BAG AP Nr. 21 zu § 1 KSchG 1969 Betriebsbedingte Kündigung; *Linck* AR-Blattei SD 1020.1.1 Rn. 12 ff.

Betriebsunterbrechung ohne Vergütungspflicht ruhen zu lassen.[1464] Es ist dann Sache des Arbeitnehmers, dieses Angebot – gegebenenfalls unter Vorbehalt – anzunehmen oder abzulehnen.

d) Betriebsübergang

Im Zusammenhang mit Betriebsübergängen werden häufig **betriebsbedingte Kündigungen** ausgesprochen.[1465] Grund hierfür ist häufig, daß der Erwerber eine neue Organisationsstruktur schaffen will und dabei Personal abbaut.

Erfolgt die Kündigung allein wegen des Betriebsübergangs, so ist sie nach § 613a Abs. 4 Satz 1 BGB unwirksam. Diese Vorschrift enthält nach heute h. M. ein **eigenständiges Kündigungsverbot** i. S. d. § 13 Abs. 3.[1466]

Eine im Zusammenhang mit dem Übergang des Betriebes erfolgte Kündigung ist freilich nur dann nach § 613a Abs. 4 Satz 1 BGB unwirksam, wenn der Betriebsübergang der **tragende Beweggrund** für die Kündigung war. Das Kündigungsverbot schützt nicht vor Risiken, die sich jederzeit unabhängig vom Betriebsübergang aktualisieren können. Zwar ergibt sich ein Kündigungsgrund nicht schon daraus, daß ein Interessent den Erwerb des Betriebs von der Kündigung abhängig macht. Doch ist der Betriebsinhaber durch § 613a Abs. 4 Satz 1 BGB nicht gehindert, auch im Zusammenhang mit einer Veräußerung des Betriebs Rationalisierungsmaßnahmen zur Verbesserung des Betriebs durchzuführen und zu diesem Zweck betriebsbedingte Kündigung auszusprechen.[1467] Es ist daher stets zu prüfen, ob es neben dem Betriebsübergang einen sachlichen Grund gibt, der aus sich heraus geeignet ist, die Kündigung zu rechtfertigen, so daß der Betriebsübergang sich nur als äußerer Anlaß darstellt, nicht aber als überwiegende Ursache für die Kündigung.[1468]

Eine Kündigung wegen des Betriebsübergangs i. S. v. § 613a Abs. 4 Satz 1 BGB liegt nicht vor, wenn sie der **Verkleinerung des Betriebs zur Verbesserung der Verkaufschancen** dient und der Betrieb ohne die Rationa-

---

[1464] Vgl. dazu auch KR-*Etzel* § 15 KSchG Rn. 90, der dem Arbeitgeber bei einer bis zu dreimonatigen Betriebsunterbrechung das Recht zubilligt, einseitig die Arbeitsverhältnisse der Betriebsratsmitglieder unter Wegfall der Vergütung zu suspendieren.
[1465] Vgl. zu kündigungsrechtlichen Problemen im Zusammenhang mit einem Betriebsübergang insbes. *Ascheid* NZA 1991, 873, 877 ff.; MünchArbR/*Berkowsky* § 141 Rn. 19 ff.; *Hillebrecht* NZA 1989, Beil. 4, S. 10 ff.; *Kracht* Das Kündigungsverbot des § 613a BGB, Diss. Bonn 1988; *Kreitner* Kündigungsrechtliche Probleme beim Betriebsinhaberwechsel 1989; *Loritz* RdA 1987, 65, 80 ff.; *Müller-Glöge* NZA 1999, 449; *Wickler* Die Arbeitgeberkündigung beim rechtsgeschäftlichen Betriebsinhaberwechsel 1985.
[1466] Vgl. BAG 31. 1. 1985, AP Nr. 40 zu § 613a BGB = AR-Blattei Betriebsinhaberwechsel Entsch. 55 mit Anm. *Meyer* = EzA § 613a BGB Nr. 42 mit Anm. *Wank*; BAG 5. 12. 1985, AP Nr. 47 zu § 613a BGB; BGH 4. 7. 1985, 18. 7. 1996, AP Nr. 50, 147 zu § 613a BGB; RGRK-*Ascheid* § 613a Rn. 248; *Hillebrecht* NZA 1989, Beil. 4, S. 10, 13; *Hofmann* Festschrift für Pleyer 1986, 319, 347; APS/*Kiel* § 1 KSchG Rn. 503; *Kreitner* S. 45 ff.; KR-*Pfeiffer* § 613a BGB Rn. 106; ErfK/*Preis* § 613a BGB Rn. 119; *Staudinger/ Richardi/Annuß* § 613a Rn. 244; HK-KSchG/*Weller/Dorndorf* § 1 Rn. 983; *Willemsen* ZIP 1983, 411, 413 f.; *ders.* ZIP 1986, 477, 487; – abweichend MünchArbR/*Berkowsky* § 141 Rn. 27; *Herschel/Löwisch* § 1 Rn. 206 m. w. N. – Zur Gegenmeinung.
[1467] BAG 26. 5. 1983, 18. 7. 1996, AP Nr. 34, 147 zu § 613a BGB.
[1468] BAG 26. 5. 1983, 27. 9. 1984, 31. 5. 1985, 5. 12. 1985, 28. 4. 1988, 19. 5. 1988, 18. 7. 1996, AP Nr. 34, 39, 40, 47, 74, 75, 147 zu § 613a BGB; BAG 3. 9. 1998, NZA 1999, 147, 149; KR-*Pfeiffer* § 613a Rn. 112 ff.; *Staudinger/Richardi/Annuß* § 613a Rn. 249; ähnlich MünchKomm-BGB/*Schaub* § 613a Rn. 67.

lisierung stillgelegt werden müßte. Der Betriebsinhaber muß dabei nicht beabsichtigen, den Betrieb selbst fortzuführen.[1469]

421 Stützt der Arbeitgeber eine Kündigung im Zusammenhang mit einem Betriebsübergang auf dringende betriebliche Erfordernisse i. S. v. § 1 Abs. 2, und bestreitet der Arbeitnehmer diese Gründe, so ist der Arbeitgeber gemäß § 1 Abs. 2 Satz 4 für die betrieblichen Gründe **beweispflichtig.** Er hat also darzulegen, daß die im Zusammenhang mit dem Betriebsübergang erfolgte Kündigung durch einen sachlichen Grund i. S. d. § 613 a Abs. 4 Satz 2 BGB gerechtfertigt ist. Gelingt dem Arbeitgeber dieser Nachweis, und hängt die Unwirksamkeit der Kündigung nur davon ab, ob das Kündigungsverbot des § 613 a Abs. 4 Satz 1 BGB eingreift, so muß der Arbeitnehmer die Voraussetzungen dieser Vorschrift darlegen und beweisen.[1470]

422 Ob eine Kündigung wegen des Übergangs eines Betriebes i. S. d. § 613 a Abs. 4 BGB erfolgt ist, beurteilt sich nach den Verhältnissen zum **Zeitpunkt der Kündigung.**[1471] Dabei kommt es nicht darauf an, ob zum Zeitpunkt der Kündigung der Betriebsübergang bereits erfolgt ist.[1472] Entscheidend ist vielmehr, ob der Arbeitgeber zum Zeitpunkt der Kündigung den Betriebsübergang bereits geplant und dieser greifbare Formen angenommen hat (vgl. Rn. 416), so daß die Kündigung aus der Sicht des Arbeitgebers ausgesprochen wird, um den geplanten Betriebsübergang vorzubereiten und zu ermöglichen.[1473] Ein späteres Scheitern des erwarteten und eingeleiteten Betriebsübergangs führt nicht zum Wegfall des Unwirksamkeitsgrundes des § 613 a Abs. 4 Satz 1 BGB, da es für die Beurteilung jeglicher Kündigung maßgebend auf den Zeitpunkt der Kündigung ankommt.[1474] Scheitert der geplante Betriebsübergang, so hat der Arbeitgeber die Möglichkeit, wegen einer gegebenenfalls erforderlich werdenden Betriebsstillegung erneut eine betriebsbedingte Kündigung auszusprechen.

423 Kommt es dagegen bei einer zum Zeitpunkt der Kündigung endgültig geplanten und bereits eingeleiteten oder teilweise durchgeführten Betriebsstillegung **nachträglich** doch zu einem **Betriebsübergang,** so ist diese Kündigung nicht nach § 613 a Abs. 4 Satz 1 BGB unwirksam.[1475] Entscheidend sind auch hier die Verhältnisse zum Zeitpunkt der Kündigung, weshalb in

---

[1469] Vgl. BAG 18. 7. 1996, AP Nr. 147 zu § 613 a BGB; siehe dazu weiterhin RGRK-*Ascheid* § 613 a Rn. 256 ff.; MünchArbR/*Berkowsky* § 141 Rn. 21 f.; APS/*Kiel* § 1 KSchG Rn. 505; *Staudinger/Richardi/Annuß* § 613 a Rn. 250 f.; vgl. hierzu auch KR-*Pfeiffer* § 613 a BGB Rn. 113.

[1470] So zutr. BAG 5. 12. 1985, AP Nr. 47 zu § 613 a BGB; APS/*Kiel* § 1 KSchG Rn. 987; KR-*Pfeiffer* § 613 a Rn. 115.

[1471] BAG 28. 4. 1988, 19. 5. 1988, AP Nr. 74 und 75 zu § 613 a BGB; BAG 3. 9. 1998, NZA 1999, 147, 149.

[1472] BAG 31. 1. 1985, 19. 5. 1988, AP Nr. 40, 75 zu § 613 a BGB.

[1473] BAG 19. 6. 1991, AP Nr. 53 zu § 1 KSchG 1969 Betriebsbedingte Kündigung = EzA § 1 KSchG Betriebsbedingte Kündigung Nr. 70 mit Anm. *Kraft/Raab;* BAG 13. 11. 1997, AP Nr. 169 zu § 613 a BGB; BAG 12. 11. 1998, AP Nr. 5 zu § 1 KSchG 1969 Wiedereinstellung.

[1474] BAG 19. 5. 1988, AP Nr. 75 zu § 613 a BGB.

[1475] BAG 28. 4. 1988, AP Nr. 74 zu § 613 a BGB; BAG 19. 6. 1991, AP Nr. 53 zu § 1 KSchG 1969 Betriebsbedingte Kündigung unter II 3; BAG 13. 11. 1997, AP Nr. 169 zu § 613 a BGB; BAG 12. 11. 1998, AP Nr. 5 zu § 1 KSchG 1969 Wiedereinstellung; offengelassen noch in BAG 27. 9. 1984, AP Nr. 39 zu § 613 a BGB.

Sozial ungerechtfertigte Kündigungen 423 a–423 c § 1

einem solchen Fall allein zu prüfen ist, ob ungeachtet der später erfolgten Betriebsveräußerung zum Zeitpunkt der Kündigung die Voraussetzungen für eine betriebsbedingte Kündigung wegen Betriebsstillegung vorlagen. Dem Arbeitnehmer steht in diesem Fall allerdings ein Wiedereinstellungsanspruch zu.[1476]

e) Drittmittelfinanzierte Arbeitsverhältnisse

Bei drittfinanzierten Arbeitsverträgen stellt die Entscheidung des Drittmittelgebers, die **Zuwendungen zu kürzen**, für sich allein noch keinen betriebsbedingten Kündigungsgrund dar. Vielmehr muß der Drittmittelempfänger entscheiden, ob ein derart subventioniertes Arbeitsverhältnis fortgeführt oder eingestellt werden soll.[1477] Auch die bloße **Ungewißheit über den Wegfall** oder die Bewilligung weiterer Drittmittel genügt nicht zur sozialen Rechtfertigung einer etwaigen betriebsbedingten Kündigung. Erforderlich ist im Zeitpunkt der Kündigung die sichere Prognose, daß mit Ablauf der Kündigungsfrist keine weiteren Drittmittel für die Beschäftigung des Arbeitnehmers zur Verfügung stehen.[1478] 423 a

Entfallen die Beschäftigungsmöglichkeiten wegen des Wegfalls der Drittmittel und der darauf beruhenden Einstellung des geförderten Projekts, ist weiter zu prüfen, ob die **Möglichkeit der Weiterbeschäftigung auf einem anderen Arbeitsplatz** besteht. Lehnt der Leiter eines anderen mit Drittmitteln geförderten Forschungsvorhabens die Übernahme des Arbeitnehmers ab, steht dies bei Universitäten wegen der in § 25 Abs. 5 HRG (und entsprechender landesrechtlicher Regelungen) garantierten Freiheit der Personalwahl grundsätzlich einer Weiterbeschäftigung bei diesem Forschungsvorhaben entgegen. Die Personalentscheidung des Projektleiters ist nur darauf zu überprüfen, ob sie willkürlich oder offenbar unsachlich oder unvernünftig ist.[1479] 423 b

f) Fremdvergabe von Arbeitsaufgaben

Entschließt sich ein Unternehmen, **bisher selbst wahrgenommene Aufgaben an Drittfirmen zu übertragen**, so ist hierin eine bindende Unternehmerentscheidung zu sehen.[1480] Zu diesen oftmals auch unter dem Stichwort „outsourcing" im Zusammenhang mit Fragen des Betriebsübergangs behandelten Fällen gehören beispielsweise die Ausgliederung der Lohnbuchhaltung an eine Steuerberatungsgesellschaft, die Vergabe von Rei- 423 c

---

[1476] Vgl. BAG 13. 11. 1997, AP Nr. 169 zu § 613a BGB; BAG 12. 11. 1998, AP Nr. 5 zu § 1 KSchG 1969 Wiedereinstellung sowie Rn. 156a ff.

[1477] Vgl. BAG 20. 2. 1986, AP Nr. 11 zu § 1 KSchG 1969; BAG 30. 10. 1987 und 24. 8. 1989, RzK I 5c Nr. 24 und 32; BAG 7. 11. 1996, AP Nr. 82 zu § 1 KSchG 1969 Betriebsbedingte Kündigung; KR-*Etzel* § 1 KSchG Rn. 599; APS/*Kiel* § 1 KSchG Rn. 514; *Stahlhacke/Preis/Vossen* Rn. 656; HK-KSchG/*Weller/Dorndorf* § 1 Rn. 990; ausführlich hierzu *Lakies* NZA 1995, 296, 299f.; *Plander* DB 1982, 1216, 1218 ff.

[1478] BAG 24. 8. 1989, RzK I 5c Nr. 32.

[1479] Vgl. BAG 21. 6. 1990, RzK I 5c Nr. 37; ErfK/*Ascheid* § 1 KSchG Rn. 407; APS/*Kiel* § 1 KSchG Rn. 518.

[1480] Vgl. BAG 7. 3. 1980, 30. 4. 1987, 17. 6. 1999, AP Nr. 9, 42, 102 zu § 1 KSchG 1969 Betriebsbedingte Kündigung; ErfK/*Ascheid* § 1 KSchG Rn. 418; APS/*Kiel* § 1 KSchG Rn. 522; HK-KSchG/*Weller/Dorndorf* § 1 Rn. 961; – zur Übertragung von Aufgaben auf Leiharbeitnehmer vgl. Rn. 423 f ff.

§ 1 423 d, 423 e 1. Abschnitt. Allgemeiner Kündigungsschutz

nigungsarbeiten,[1481] Wachschutzaufgaben[1482] oder der Kantinenbewirtschaftung[1483] an Dienstleistungsunternehmen sowie die Vergabe von einfachen Bauarbeiten an spezialisierte Subunternehmen.[1484] Hierzu gehört aber auch die Übertragung von Rechtsschutzaufgaben des DGB auf die DGB-Rechtsschutz GmbH.[1485]

423 d   Entschließt sich ein Unternehmen, die Dienstleistungen, die es bisher durch eigene Arbeitnehmer angeboten hat, künftig nur noch durch selbständig unternehmerisch tätige Personen anzubieten, so ist hierin eine freie unternehmerische Entscheidung zu sehen, die von den Gerichten nicht auf ihre Wirtschaftlichkeit und Zweckmäßigkeit überprüft werden kann. Folge der Umsetzung dieser Unternehmerentscheidung ist, daß für die Beschäftigten das **Bedürfnis für die Weiterbeschäftigung als Arbeitnehmer wegfällt**.[1486] Von den Gerichten ist in diesen Fällen nur nachzuprüfen, ob das unternehmerische Konzept auch tatsächlich umgesetzt wird, d. h. ob die Gekündigten wirklich selbständig tätig sind oder ob in Wahrheit ein verschleiertes Arbeitsverhältnis und somit sog. „Scheinselbständigkeit" vorliegt.[1487]

423 e   Das BAG hat in dem sog. **„Weight-Watchers-Urteil"** zu Recht eine wirksame Umgestaltung der zugrundeliegenden Vertragsform für die Vertriebsmitarbeiter von einem Arbeitsverhältnis in ein freies Mitarbeiterverhältnis angenommen.[1488] In dem wenige Monate später entschiedenen sog. **„Crewing-Fall"** kam das BAG demgegenüber zu dem Ergebnis, daß Ziel der unternehmerischen Entscheidung nicht die Übertragung von Aufgaben an Dritte zur selbständigen Erledigung war.[1489] Die beauftragte Drittfirma sollte vielmehr lediglich für den Arbeitgeber Personal auswählen und zur Verfügung stellen. Das so ausgewählte Personal – hier: Kapitän eines Seeschiffes – wurde dann in den Schiffsbetrieb des Arbeitgebers eingegliedert und dem Weisungsrecht des Arbeitgebers und nicht der Drittfirma unterworfen. Hierin sah das BAG zu Recht eine unzulässige Austauschkündigung. Entscheidend für die Wirksamkeit der Kündigung ist damit die schlüssige Darlegung des geänderten Personalkonzepts und dessen Umsetzung durch den Arbeitgeber.[1490]

[1481] Vgl. EuGH 11. 3. 1997 (Ayse Süzen), AP Nr. 14 zu EWG-Richtlinie Nr. 77/187; BAG 11. 12. 1997, AP Nr. 172 zu § 613a BGB.
[1482] BAG 22. 1. 1998, AP Nr. 174 zu § 613a BGB.
[1483] BAG 11. 12. 1997, AP Nr. 171 zu § 613a BGB.
[1484] Vgl. BAG 17. 6. 1999, AP Nr. 102 zu § 1 KSchG 1969 Betriebsbedingte Kündigung.
[1485] BAG 7. 12. 2000, NZA 2001, 495.
[1486] Vgl. dazu BAG 9. 5. 1996, AP Nr. 79 zu § 1 KSchG 1969 Betriebsbedingte Kündigung.
[1487] Zutr. APS/*Kiel* § 1 KSchG Rn. 527 f.
[1488] BAG 9. 5. 1996, AP Nr. 79 zu § 1 KSchG 1969 Betriebsbedingte Kündigung = EzA § 1 KSchG Betriebsbedingte Kündigung Nr. 81 mit Anm. *Franzen;* ebenso LAG Köln 28. 6. 1996, LAGE § 1 KSchG Betriebsbedingte Kündigung Nr. 40; MünchArbR/*Berkowsky* § 138 Rn. 107; KR-*Etzel* § 1 KSchG Rn. 615; HaKo-*Gallner* § 1 Rn. 681; *Löwisch* § 1 Rn. 315; – kritisch hierzu *Kittner/Däubler/Zwanziger* § 1 KSchG Rn. 336 f.; *B. Preis* AuR 1997, 60, 65 f.; *U. Preis* NZA 1997, 1073, 1079; *Stahlhacke/Preis/Vossen* Rn. 652.
[1489] BAG 26. 9. 1996, AP Nr. 80 zu § 1 KSchG 1969 Betriebsbedingte Kündigung; ebenso ErfK/*Ascheid* § 1 KSchG Rn. 418.
[1490] So zutr. APS/*Kiel* § 1 KSchG Rn. 529.

g) Leiharbeitnehmer

Noch nicht höchstrichterlich entschieden ist die Frage, ob in dem Entschluß des Arbeitgebers, **künftig Arbeiten nicht mehr durch eigene Arbeitnehmer sondern durch Leiharbeiter ausführen zu lassen**, eine bindende unternehmerische Entscheidung zu sehen ist, deren Umsetzung ein dringendes betriebliches Erfordernis zur Kündigung darstellt. Das LAG Bremen hat dies verneint und angenommen, es liege eine unzulässige Austauschkündigung vor, wenn ein Unternehmer eigene Beschäftigte durch Leiharbeitnehmer ersetze.[1491] Dies überzeugt nicht.

423 f

Es macht keinen Unterschied, ob sich ein Unternehmer entschließt, künftig Arbeiten nicht mehr durch eigene Arbeitnehmer, sondern – beispielsweise im Rahmen von Franchise-Verträgen – durch Selbständige oder durch Leiharbeitnehmer ausführen zu lassen.[1492] Maßgeblich ist, daß sich der Arbeitgeber in beiden Fällen entschließt, die **Aufgaben nicht mit eigenen Arbeitnehmern auszuführen.**[1493] Diese unternehmerische Entscheidung ist weder willkürlich noch unsachlich und damit bindend, wenn es sich um erlaubte Arbeitnehmerüberlassung handelt.

423 g

Es liegt auch **keine unzulässige Austauschkündigung** vor. Die Gegenauffassung verkennt, daß zwischen dem Entleiher und dem Leiharbeitnehmer gerade kein Arbeitsverhältnis besteht. Daß der Entleiher für die Dauer der Arbeitnehmerüberlassung gegenüber dem Leiharbeitnehmer weisungsbefugt ist, steht dem nicht entgegen, weil dieses Weisungsrecht seine Grundlage gerade nicht in einem Arbeitsvertrag zwischen dem weisungsberechtigten Entleiher und dem Leiharbeitnehmer hat. Die sog. „Crewing-Entscheidung" des BAG[1494] kann auch nicht zur Stützung der gegenteiligen Auffassung herangezogen werden, weil dieser Entscheidung letztlich ein Fall unerlaubter Arbeitnehmerüberlassung zugrunde lag.

423 h

h) Öffentlicher Dienst

Für betriebsbedingte Kündigungen im Bereich des öffentlichen Dienstes gelten im wesentlichen die gleichen Grundsätze wie in der Privatwirtschaft.[1495] Darüber hinaus ist jedoch anerkannt, daß dann, wenn im Haushaltsplan bestimmte, nach sachlichen Merkmalen bezeichnete Stellen einzelner Dienststellen gestrichen werden, eine betriebsbedingte Kündigung sozial gerechtfertigt sein kann. **Stellenstreichungen in einem Haushaltsplan** können nämlich ebenso wie das Anbringen eines kw-Vermerks an einer Personalstelle eine von den Gerichten nicht nachprüfbare Entscheidung darstellen. Dies setzt allerdings stets eine nach sachlichen Merkmalen genau be-

423 i

[1491] Vgl. LAG Bremen 2. 12. 1997, LAGE § 1 KSchG Betriebsbedingte Kündigung Nr. 47; zust. MünchArbR/*Berkowsky* § 138 Rn. 108; *Bertzbach* Festschrift für Hanau S. 173 ff.; KR-*Etzel* § 1 KSchG Rn. 615; HaKo-*Gallner* § 1 Rn. 681; *Kittner/Däubler/Zwanziger* § 1 KSchG Rn. 336 a; *Stahlhacke/Preis/Vossen* Rn. 652.
[1492] So die Weight-Watchers-Entscheidung BAG 9. 5. 1996, AP Nr. 79 zu § 1 KSchG 1969 Betriebsbedingte Kündigung.
[1493] Ebenso *Bauer/Röder* Kündigungsfibel S. 140; APS/*Kiel* § 1 KSchG Rn. 523; *Löwisch* § 1 Rn. 269.
[1494] BAG 26. 9. 1996, AP Nr. 80 zu § 1 KSchG 1969 Betriebsbedingte Kündigung.
[1495] Vgl. hierzu *Hantel* ZTR 1998, 145; *ders.* AuA 1999, 414; *Lakies* NZA 1997, 745; *Lingemann/Grothe* NZA 1999, 1072.

stimmte Stelle voraus. Andernfalls kann nämlich nicht festgestellt werden, ob im konkreten Fall der ausgesprochenen Kündigung ein dringendes betriebliches Erfordernis zugrunde liegt.[1496] Beruft sich der Arbeitgeber des öffentlichen Dienstes zur Begründung einer Kündigung auf Stellenstreichungen im Haushalt, hat er die vorgegebenen Stellenkürzungen zu beachten und darf nicht über die beschlossenen Kürzungen hinaus Arbeitsverhältnisse kündigen.[1497]

423j Der im Haushaltsplan vorgesehene **kw-Vermerk** (künftig wegfallend) allein konkretisiert noch nicht das Wegfallen eines Beschäftigungsbedürfnisses auf bestimmte Stellen. Denn die Wirkung der kw-Vermerke besteht grundsätzlich darin, daß über Ausgaben und Stellen, die der Haushaltsplan als künftig wegfallend bezeichnet, von dem Zeitpunkt an, mit dem die im Haushaltsplan bezeichnete Voraussetzung für den Wegfall erfüllt ist, nicht mehr verfügt werden darf (§ 47 BHO).[1498] Ein dringendes betriebliches Erfordernis zur Kündigung entsteht in diesen Fällen erst auf Grund eines auf den Stellenbedarf der jeweiligen Dienststelle zugeschnittenen Konzepts der zuständigen Verwaltung.[1499] Die konkrete Verteilung des Bedarfs innerhalb der Verwaltungseinrichtungen ist Teil der unternehmerischen Entscheidung, die nur auf Willkür überprüft werden kann. Enthält der kw-Vermerk keine Zeitangaben, wird der Zeitpunkt des Wegfalls offengehalten. Ein solcher kw-Vermerk ohne nähere Angaben stellt nur einen „Merkposten" für die nächste Haushaltsverhandlung dar. Bei dieser Rechtslage kommt das Ausbringen eines derartigen kw-Vermerks wegen allgemeiner Einsparungsmaßnahmen weder einer Stellenstreichung gleich noch führt diese Maßnahme dann mit Sicherheit dazu, daß eine bestimmte Stelle entfällt, da der kw-Vermerk auch wieder aufgehoben werden kann.[1500]

423k Werden im Haushaltsplan nicht ganz bestimmte Stellen gestrichen, sondern erfolgt nur eine **allgemeine Einsparung von personellen Mitteln für bestimmte Dienststellen,** bedarf es ebenfalls einer Umsetzung dieser haushaltsrechtlichen Vorgaben als „unternehmerische Entscheidung" auf Dienststellenebene.[1501] Dies entspricht in der Privatwirtschaft der Durchführung der unternehmerischen Entscheidung auf betrieblicher Ebene (dazu Rn. 372 ff.). Unabhängig von haushaltsrechtlichen Vorgaben können im Bereich der öffentlichen Verwaltung auch Rationalisierungsmaßnahmen vorgenommen werden, die zum Wegfall von Arbeitsplätzen führen. Die

---

[1496] Vgl. BAG GS 28. 11. 1956, AP Nr. 20 zu § 1 KSchG; BAG 3. 5. 1978, AP Nr. 5 zu § 1 KSchG 1969 Betriebsbedingte Kündigung; BAG 18. 11. 1999, AP Nr. 55 zu § 2 KSchG 1969 mit Anm. *Feudner;* KR-*Etzel* § 1 KSchG Rn. 609; APS/*Kiel* § 1 KSchG Rn. 533.

[1497] Vgl. Sächsisches LAG 12. 4. 1996, RzK I 5 c Nr. 71.

[1498] Vgl. BAG 6. 9. 1978, AP Nr. 4 zu § 1 KSchG 1969 = EzA § 1 KSchG Betriebsbedingte Kündigung Nr. 9 mit Anm. *Herschel;* näher dazu *Teske* Festschrift für Stahlhacke S. 569, 580 ff.

[1499] BAG 19. 3. 1998, AP Nr. 76 zu Einigungsvertrag Anlage 1 Kap. XIX; BAG 18. 11. 1999, AP Nr. 55 zu § 2 KSchG 1969; BAG 17. 2. 2000 – 2 AZR 109/99 n.v.; ErfK/*Ascheid* § 1 KSchG Rn. 407; *Hantel* ZTR 1998, 145, 152; APS/*Kiel* § 1 KSchG Rn. 535; *Löwisch* § 1 Rn. 325; *Stahlhacke/Preis/Vossen* Rn. 656.

[1500] Vgl. BAG 6. 9. 1978, AP Nr. 4 zu § 1 KSchG 1969.

[1501] Vgl. KR-*Etzel* § 1 KSchG Rn. 609; APS/*Kiel* § 1 KSchG Rn. 535; *Teske* Festschrift für Stahlhacke S. 569, 574 ff.

vorherige Streichung von Stellen im Haushaltsplan der Körperschaft ist hierfür nicht Wirksamkeitsvoraussetzung, weil die Körperschaft nicht verpflichtet ist, alle im Haushalt ausgewiesenen Stellen zu besetzen.[1502]

Die Organisationsentscheidung des öffentlichen Arbeitgebers, eine Angestelltenstelle, auf der hoheitliche Aufgaben erledigt werden, **in eine Beamtenstelle umzuwandeln** und mit einem Beamten zu besetzen, kann ein dringendes betriebliches Erfordernis zur Kündigung des bisherigen Stelleninhabers darstellen, wenn dieser nicht über die Voraussetzungen für eine Übernahme in ein Beamtenverhältnis verfügt.[1503] Erfüllt der bisherige Stelleninhaber jedoch das Anforderungsprofil der neu geschaffenen Beamtenstelle, besteht nach Auffassung des BAG[1504] kein dringendes betriebliches Erfordernis zur Kündigung des bisherigen Stelleninhabers. Der öffentliche Arbeitgeber könne sich nach dem in § 162 Abs. 1 und 2 BGB normierten Rechtsgedanken nicht darauf berufen, daß er die Stelle mit einem – möglicherweise aus seiner Sicht geeigneteren – externen Bewerber besetzt habe. Dem stehe gleich, wenn der öffentliche Arbeitgeber dem bisherigen Stelleninhaber unwirksam gekündigt, dann eine Ersatzkraft eingestellt habe und diese Ersatzkraft nunmehr anstelle des bisherigen Stelleninhabers auf der neu geschaffenen Beamtenstelle zum Beamten ernannt werde.

Dies überzeugt nicht, weil das BAG den **unterschiedlichen Status von Angestellten und Beamten nicht genügend berücksichtigt.** Das KSchG schützt den Bestand des Arbeitsverhältnisses und nicht ein Tätigwerden für den Arbeitgeber in irgendeiner Beschäftigungsform (vgl. oben Rn. 143 a). Entschließt sich der öffentliche Arbeitgeber hoheitliche Aufgaben nicht mehr von Angestellten ausführen zu lassen, sondern diese Aufgaben Beamten zu übertragen, ist er bei der Besetzung dieser Stelle nicht durch das KSchG eingeschränkt.

i) Rationalisierungsmaßnahmen

Rationalisierungsmaßnahmen sind eine häufige Ursache für betriebsbedingte Kündigungen. Sie können der Sache nach sehr **unterschiedlichen Inhalt** haben und sowohl vorwiegend technischer Art sein, etwa Einführung arbeitssparender Maschinen, Umstellung auf neuartige Fertigungstechniken oder sonstige Änderung der Arbeitsmethoden, als auch mehr betriebsorganisatorischen Charakter haben, wie Straffung des Arbeitsablaufs,[1505] Bildung neuer oder Auflösung bestehender Betriebsabteilungen bis hin zur Aufgabe oder Ausgliederung ganzer Funktionsbereiche.[1506] Dabei greifen technische und organisatorische Maßnahmen oft ineinander.[1507]

[1502] Vgl. BAG 26. 6. 1975, 27. 2. 1987, AP Nr. 1, 41 zu § 1 KSchG 1969 Betriebsbedingte Kündigung; *Löwisch* § 1 Rn. 327.

[1503] Vgl. BAG 26. 2. 1957, AP Nr. 23 zu § 1 KSchG; BAG 21. 9. 2000, AP Nr. 112 zu § 1 KSchG 1969 Betriebsbedingte Kündigung.

[1504] BAG 21. 9. 2000, AP Nr. 112 zu § 1KSchG 1969 Betriebsbedingte Kündigung.

[1505] Näher dazu Rn. 413 c.

[1506] Vgl. *v. Hoyningen-Huene* NZA 1994, 1009, 1010; APS/*Kiel* § 1 KSchG Rn. 547; HK-KSchG/*Weller/Dorndorf* § 1 Rn. 1003 f.; näher dazu Rn. 423 c.

[1507] Zum outsourcing vgl. EuGH 14. 4. 1994, AP Nr. 106 zu § 613a BGB mit Anm. *Loritz* = EzA § 613a BGB Nr. 114 mit Anm. *Blomeyer*; BAG 21. 3. 1996, EzA § 613a BGB Nr. 141; BAG 22. 1. 1998, AP Nr. 173 zu § 613a BGB; sowie BAG 30. 4. 1987, AP

§ 1 425–425 c 1. Abschnitt. Allgemeiner Kündigungsschutz

425 Der Entschluß des Arbeitgebers, Rationalisierungsmaßnahmen durchzuführen, ist der **gerichtlichen Kontrolle weitgehend entzogen,** da es sich hierbei um eine nur auf Willkür und Mißbrauch beschränkt nachkontrollierbare Unternehmerentscheidung handelt (dazu näher oben Rn. 371 ff.).[1508] Durch die Gerichte nachprüfbar ist allein, ob tatsächlich Rationalisierungsmaßnahmen durchgeführt wurden und wie sie sich auf den Arbeitsplatz des gekündigten Arbeitnehmers auswirken.[1509]

j) Teilzeitarbeit

425 a Entschließt sich ein Unternehmer zur Ausweitung seiner Produktion und Geschäftsaktivitäten, kann dies auch die **Umwandlung eines Halbtagsarbeitsplatzes in einen Ganztagsarbeitsplatz** zur Folge haben. In diesem Fall kann eine (Änderungs-)Kündigung der Halbtagskraft sozial gerechtfertigt sein, wenn diese nicht bereit ist, ganztags zu arbeiten und es dem Arbeitgeber nicht gelingt, eine weitere geeignete Halbtagsbeschäftigte neu einzustellen oder wenn der Arbeitgeber den neuen Arbeitsplatz so organisiert, daß nur eine Ganztagsbeschäftigte dort arbeiten kann.[1510]

425 b Verringert sich der Beschäftigungsbedarf in einem bestimmten Umfang, so ist der Arbeitgeber frei zu bestimmen, ob die **verbleibende Arbeitsmenge durch Teilzeit- oder Vollzeitbeschäftigte ausgeführt** werden soll.[1511] Hat der Arbeitgeber eine Organisationsentscheidung getroffen, aufgrund derer für bestimmte Arbeiten Vollzeitkräfte vorgesehen sind, so kann diese Entscheidung als freie Unternehmerentscheidung nur darauf überprüft werden, ob sie offenbar unsachlich, unvernünftig oder willkürlich ist.[1512]

425 c Hieran ändert der zum 1. 1. 2001 in Kraft getretene **§ 8 Abs. 4 TzBfG** nichts.[1513] In § 8 Abs. 4 Satz 2 TzBfG ist nämlich bestimmt, daß der Arbeitgeber die Verringerung der Arbeitszeit eines Arbeitnehmers ablehnen kann, wenn die Verringerung der Arbeitszeit die Organisation im Betrieb wesentlich beeinträchtigt. Die Gestaltung der Betriebsorganisation bleibt damit

---

Nr. 42 zu § 1 KSchG 1969 Betriebsbedingte Kündigung; BAG 29. 3. 1990, AP Nr. 50 zu § 1 KSchG 1969 Betriebsbedingte Kündigung = EzA § 1 KSchG Soziale Auswahl Nr. 29 unter B II 3 mit Anm. *Preis* = SAE 1991, 203 mit Anm. *Pottmeyer.*

[1508] Dazu BAG 30. 4. 1987, AP Nr. 42 zu § 1 KSchG 1969 Betriebsbedingte Kündigung; BAG 18. 1. 1990, AP Nr. 19 zu § 1 KSchG 1969 Soziale Auswahl = SAE 1991, 118 mit Anm. *v. Hoyningen-Huene*; BAG 19. 5. 1993, AP Nr. 31 zu § 2 KSchG 1969 mit Anm. *Waas* = EzA § 1 KSchG Betriebsbedingte Kündigung Nr. 73 mit Anm. *Raab* = SAE 1994, 150 mit Anm. *Steinmeyer*; näher dazu oben Rn. 371 ff.

[1509] Vgl. zur Kündigung wegen Rationalisierungsmaßnahmen BAG 3. 5. 1978, 7. 12. 1978, 10. 12. 1979, 24. 10. 1979, 30. 4. 1987, AP Nr. 5, 6, 7, 8, 42 zu § 1 KSchG 1969 Betriebsbedingte Kündigung; BAG 19. 5. 1993, AP Nr. 31 zu § 2 KSchG 1969; BAG 9. 5. 1996, NZA 1996, 1145.

[1510] Vgl. LAG Rheinland-Pfalz 10. 5. 1988, NZA 1989, 273 sowie *Ascheid* Kündigungsschutzrecht Rn. 287; siehe dazu auch LAG Hamburg 20. 11. 1996, LAGE § 2 KSchG Nr. 25.

[1511] Vgl. BAG 19. 5. 1993, AP Nr. 31 zu § 2 KSchG 1969 mit Anm. *Waas* = EzA § 1 KSchG Betriebsbedingte Kündigung Nr. 73 mit Anm. *Raab* = AR-Blattei ES 1020.1.1 Nr. 13 mit Anm. *Preis* = SAE 1994, 150 mit Anm. *Steinmeyer*; BAG 24. 4. 1997, AP Nr. 42 zu § 2 KSchG 1969.

[1512] Vgl. BAG 3. 12. 1998, AP Nr. 39 zu § 1 KSchG 1969 Soziale Auswahl mit Anm. *Schüren/Cantauw.*

[1513] Ebenso *Preis/Gotthardt* DB 2000, 2065, 2068.

Sache des Arbeitgebers. Ein Rechtsanspruch auf Teilzeitbeschäftigung besteht nur dann, wenn diese in das betriebliche Organisationskonzept paßt.

k) Umsatz- und Auftragsrückgang

Umsatz- und Auftragsrückgänge können eine betriebsbedingte Kündigung 426 rechtfertigen, wenn dadurch der Arbeitsanfall so zurückgeht, daß für einen oder mehrere Arbeitnehmer das **Bedürfnis zur Weiterbeschäftigung entfällt**.[1514] In der Regel bedarf es vor Ausspruch der Kündigung einer **unternehmerischen Entscheidung**, mit welcher der Arbeitgeber auf den Umsatzrückgang reagiert. Erst wenn infolge der Durchführung dieser Unternehmerentscheidung im Betrieb Beschäftigungsbedarf entfällt, liegt ein betriebsbedingter Kündigungsgrund vor (vgl. Rn. 366 ff.).

Von diesem Grundsatz ist allerdings dann eine **Ausnahme** zu machen, 427 wenn der Arbeitgeber seinen Betrieb so organisiert hat, daß er die Anzahl der benötigten Arbeitnehmer unmittelbar aus dem Umsatz errechnet. In diesem Fall kann der Arbeitgeber ohne zwischengeschaltete Unternehmerentscheidung unmittelbar aus der Verringerung des Umsatzes auf eine Veränderung der Beschäftigungsmöglichkeiten schließen.[1515] Hierin liegt freilich im Ergebnis kein Verzicht auf die sonst geforderte Unternehmerentscheidung.[1516] Die Unternehmerentscheidung ist vielmehr in diesem Fall bereits im Vorfeld bei der Festlegung der entsprechenden Betriebsorganisation getroffen worden, wonach sich die Anzahl der Arbeitnehmer an bestimmten Umsatzzahlen zu orientieren hat (vgl. dazu oben Rn. 369).

Bei einer betriebsbedingten Kündigung wegen Umsatzrückgangs unter- 428 liegt die organisatorische Maßnahme, die der Arbeitgeber trifft, um seinen Betrieb der veränderten Auftragslage anzupassen, nur der **eingeschränkten Mißbrauchskontrolle**. Dabei ist der Arbeitnehmer für die Umstände, aus denen sich ein Mißbrauch ergeben soll, darlegungs- und beweispflichtig.[1517]

Kündigt der Arbeitgeber mit der Begründung, die Auftragslage habe sich 429 verschlechtert und der Umsatz sei rückläufig, hat er im einzelnen darzulegen, wie sich der noch vorhandene Auftragsbestand auf die Beschäftigungslage auswirkt. **Schlagwortartige Umschreibungen** wie „Umsatzrückgang", „Gewinnverlust" oder „einschneidende Rationalisierungsmaßnahmen" genügen nicht.[1518] Darüber hinaus hat der Arbeitgeber darzulegen, wie sich die

---

[1514] BAG 7. 12. 1978, 24. 10. 1979, 15. 6. 1989, AP Nr. 6, 8, 45 zu § 1 KSchG 1969 Betriebsbedingte Kündigung; BAG 11. 9. 1986, EzA § 1 KSchG Betriebsbedingte Kündigung Nr. 54.
[1515] BAG 15. 6. 1989, AP Nr. 45 zu § 1 KSchG 1969 Betriebsbedingte Kündigung = EzA § 1 KSchG Betriebsbedingte Kündigung Nr. 63 mit Anm. *Rotter*; dazu auch *Ascheid* DB 1987, 1144, 1147; ErfK/*Ascheid* § 1 KSchG Rn. 407; KR-*Etzel* § 1 KSchG Rn. 536; siehe dazu auch BAG 29. 1. 1997, RzK I 5c Nr. 82, wo das BAG unzutr. einen außerbetrieblichen Grund angenommen hat, obwohl Strukturveränderungen und damit innerbetriebliche Gründe für den Wegfall der Beschäftigungsmöglichkeit maßgeblich waren.
[1516] So aber *Rotter* Anm. zu BAG EzA § 1 KSchG Betriebsbedingte Kündigung Nr. 63.
[1517] BAG 24. 10. 1979, 27. 2. 1987, AP Nr. 8, 41 zu § 1 KSchG 1969 Betriebsbedingte Kündigung; BAG 9. 5. 1996, NZA 1996, 1145.
[1518] BAG 7. 12. 1978, AP Nr. 6 zu § 1 KSchG 1969 Betriebsbedingte Kündigung; *Ascheid* Beweislastfragen S. 146 f.

von ihm behaupteten Umstände unmittelbar oder mittelbar auf den Arbeitsplatz des gekündigten Arbeitnehmers auswirken.[1519]

l) Unrentabilität und Gewinnverfall

430 Die Unrentabilität eines Unternehmens berechtigt den Arbeitgeber grundsätzlich zu organisatorischen Maßnahmen zur Abwendung des Gewinnverfalls.[1520] Nur wenn der Arbeitgeber die **Unrentabilität zum Anlaß einer unternehmerischen Entscheidung** nimmt, die sich auf den Arbeitsplatz auswirkt, kann eine Kündigung durch dringende betriebliche Erfordernisse bedingt sein.[1521] Die Unternehmerentscheidung ist dabei nur darauf zu überprüfen, ob sie offenbar unsachlich oder willkürlich erscheint. Im übrigen gelten die gleichen Grundsätze wie bei einer Kündigung wegen Umsatzrückgangs (oben Rn. 426 ff.).

10. Soziale Auswahl (Abs. 3)

Schrifttum: *Achenbach,* Datenschutzrechtliche Probleme anläßlich der Bekanntgabe und Berücksichtigung sozialer Daten im Kündigungsschutzprozeß, NZA 1984, 278; *v. Altrock,* Die „abgestufte Darlegungs- und Beweislast" – Rechtsinstitut eigener Art im Kündigungsschutzprozeß, DB 1987, 433; *Ascheid,* Tarifvertragliche Regelungen bei der Sozialauswahl, Festschrift für Schaub, 1998, S. 7; *Bader,* Das Kündigungsschutzgesetz in neuer (alter) Fassung, NZA 1999, 64; *Bauer,* Die Sozialauswahl als Stolperstein betriebsbedingter Kündigungen in: Henssler/Moll (Hrsg.), Kündigung und Kündigungsschutz in der betrieblichen Praxis, 2000; *Bauer/Klein,* Sozialauswahl bei Teilzeitbeschäftigung – Zur Lehre von Äpfeln und Birnen, BB 1999, 1162; *Bauer/Lingemann,* Personalabbau und Altersstruktur, NZA 1993, 625; *Becker-Schaffner,* Sind Leistungsgesichtspunkte bei der sozialen Auswahl (§ 1 Abs. 3 KSchG) zu berücksichtigen?, BlStSozArbR 1978, 49; *Berkowsky,* Betriebsbedingte Kündigung und soziale Auswahl, BB 1983, 2057; *derselbe,* Die „Betriebsbezogenheit" der Sozialauswahl – Gesetzesbefehl oder Notbremse?, NZA 1996, 290; *Berscheid,* Interessenausgleich und Namensliste, MDR 1998, 816, 942 und 1129; *Bitter,* Zum Umfang und Inhalt der Informationspflicht des Arbeitgebers gegenüber dem Betriebsrat bei der betriebsbedingten Kündigung, insbesondere bei der Sozialauswahl, NZA 1991 Beil. 3, S. 16; *Boewer,* Probleme der Sozialauswahl im Kündigungsschutzprozeß unter betriebsverfassungsrechtlichen Aspekten, NZA 1988, 1; *Brill,* Das Auskunftsverlangen des Arbeitnehmers zur sozialen Auswahl, AuR 1984, 140; *Buchner,* Berücksichtigung leistungsbezogener oder verhaltensbedingter Gesichtspunkte bei der sozialen Auswahl im Rahmen betriebsbedingter Kündigung, DB 1983, 388; *derselbe,* Die Rechtslage zur betriebsbedingten Kündigung, DB 1984, 504; *Bütefisch,* Die Sozialauswahl, 2000; *Dudenbostel,* Beibringungsgrundsatz und Darlegungslast bei der sozialen Auswahl nach § 1 Abs. 3 KSchG, AuR 1984, 298; *derselbe,* Vergleichbarkeit und Leistungsbeurteilung bei der sozialen Auswahl nach § 1 Abs. 3 KSchG, DB 1984, 826; *derselbe,* Verhandlungsmaxime und Amtsprüfung bei der Sozialauswahl nach § 1 Abs. 3 KSchG, DB 1986, 1175; *Ehler,* Unbeachtlichkeit tarifrechtlicher Kündigungsschutzregelungen bei einer personellen Konkretisierung der Sozialauswahl, DB 1994, 2068; *Ehmann,* Zur Sozialauswahl bei betriebsbedingter Kündigung, BlStSozArbR 1984, 209; *Färber,* Die horizontale und vertikale Vergleichbarkeit von Arbeitnehmern im Rahmen der Sozialauswahl, NZA 1985, 175; *Fenski,* Beteiligungsrechte des Betriebsrats bei der Sozialauswahl, 1989; *derselbe,* Zur Zulässigkeit von Punktetabellen bei der Sozialauswahl im Rahmen einer betriebsbedingten Kündigung, DB 1990, 1917; *Fischer,* Die Kündigungsliste nach § 1 Abs. 5 KSchG, AuR 1998, 261; *Gaul,* Wechselbeziehungen zwi-

---
[1519] Siehe dazu insbesondere BAG 11. 9. 1986, EzA § 1 KSchG Betriebsbedingte Kündigung Nr. 54; BAG 15. 6. 1989, AP Nr. 45 zu § 1 KSchG 1969 Betriebsbedingte Kündigung.
[1520] BAG 24. 10. 1979, AP Nr. 8 zu § 1 KSchG 1969 Betriebsbedingte Kündigung.
[1521] BAG 26. 1. 1995, AP Nr. 36 zu § 2 KSchG 1969 mit Anm. *Enderlein.*

Sozial ungerechtfertigte Kündigungen   § 1

schen Direktionsrecht und Sozialauswahl, NZA 1992, 673; *Hahn*, Kündigungsschutz für nicht Schutzbedürftige, DB 1988, 1015; *Helpertz*, Widerspruch des Arbeitnehmers und Sozialauswahl beim Betriebsübergang, DB 1990, 1562; *Hillebrecht*, Streitige Fragen zur sozialen Auswahl, Veröffentlichungen der Arbeitsgemeinschaft Arbeitsrecht im DAV (VAA), 1983, S. 117; *Hold*, Die geänderte Sozialauswahl, AuA 1998, 369; *Hoffmeister*, Soziale Auswahl nach Widerspruch bei Betriebsteilübergang, AuR 1995, 132; *v. Hoyningen-Huene*, Die Sozialauswahl nach § 1 Abs. 3 KSchG bei sogenannten Doppelverdienern, NZA 1986, 449; *Jobs*, Soziale Auswahl bei betriebsbedingter Kündigung, DB 1986, 538; *Ingelfinger*, Widerspruch des Arbeitnehmers beim Betriebsübergang und Sozialauswahl bei anschließender betriebsbedingter Kündigung, ZfA 1996, 591; *Kittner*, Das neue Recht der Sozialauswahl bei betriebsbedingter Kündigung und die Ausdehnung der Kleinbetriebsklausel, AuR 1997, 182; *Künzl*, Probleme der Sozialauswahl, ZTR 1996, 385; *derselbe*, Beendigung des Arbeitsverhältnisses nach dem Arbeitsrechtlichen Beschäftigungsförderungsgesetz, ZTR 1999, 3; *Lakies*, Rechtsprobleme der Neuregelung des Kündigungsschutzgesetzes, NJ 1997, 121; *derselbe*, Altes und Neues beim Kündigungsschutz seit dem 1. 1. 1999, NJ 1999, 74; *Langanke*, Die soziale Auswahl bei betriebsbedingter Kündigung und der Zweck des Arbeitsverhältnisses, RdA 1993, 219; *Linck*, Die soziale Auswahl bei betriebsbedingter Kündigung, 1990; *derselbe*, Die Darlegungs- und Beweislast bei der sozialen Auswahl nach § 1 Abs. 3 KSchG, DB 1990, 1866; *derselbe*, Die soziale Auswahl bei betriebsbedingter Kündigung, AR-Blattei SD 1020.1.2, 1999; *Löwisch*, Neugestaltung des Interessenausgleichs durch das Arbeitsrechtliche Beschäftigungsförderungsgesetz, RdA 1997, 80; *derselbe*, Kündigung nach altem Recht bis 31. Dezember möglich, BB 1998, 2581; *Lück*, Probleme der Sozialauswahl nach § 1 Abs. 3 KSchG, Diss. Köln 1989; *Matthießen*, Die Nichteinbeziehung von Arbeitnehmern in die soziale Auswahl bei betriebsbedingten Kündigungen, NZA 1998, 1153; *Meisel*, Die soziale Auswahl bei betriebsbedingter Kündigung, DB 1991, 92; *Melms*, Die Auswahlentscheidung des Arbeitgebers bei Kündigungen, Diss. Regensburg 1998; *C. Meyer*, Der Interessenausgleich mit Namensliste im Kündigungsschutzrecht, BB 1998, 2417; *Mirow*, Die soziale Rechtfertigung betriebsbedingter Vertragsaufhebung, Festschrift für Dieter Gaul zum 70. Geburtstag, 1992, S. 429; *Möhn*, Gibt es ein entscheidendes Kriterium bei der Sozialauswahl?, BB 1995, 563; *Neyses*, Auswahlkriterien, Auswahlschema und Auswahlrichtlinien bei betriebsbedingter Kündigung, DB 1983, 2414; *Oetker*, Der auswahlrelevante Personenkreis im Rahmen von § 1 Abs. 3 KSchG, Festschrift für Wiese, 1998, S. 333; *Pakirnus*, Sind §§ 1, 23 KSchG in der ab 1. 1. 1999 geltenden Fassung auf vor diesem Tag ausgesprochene Kündigungen anzuwenden?, DB 1999, 186; *Pauly*, Neue Streitfragen zur sozialen Auswahl bei betriebsbedingter Kündigung, MDR 1997, 513; *Piehler*, Rechtsfolgen einer (Teil-) Namensliste nach § 1 V KSchG, NZA 1998, 970; *B. Preis*, Rahmen und Grenzen der Sozialauswahl, Gedanken zur Anpassung von § 1 Abs. 3 KSchG an Massenentlassungen, DB 1984, 2244; *derselbe*, Sozialdaten und Beurteilungsspielraum, DB 1986, 746; *derselbe*, Auf dem Weg zur Kollektivierung des Kündigungsschutzes, DB 1998, 1614; *derselbe*, Das neue Recht der Sozialauswahl, DB 1998, 1761; *U. Preis*, Der Kündigungsschutz nach dem Korrekturgesetz, RdA 1999, 311; *Rasch*, Zur Darlegungs- und Beweislast für die Richtigkeit der sozialen Auswahl bei der betriebsbedingten Kündigung unter kündigungs- und datenschutzrechtlichen Gesichtspunkten, DB 1982, 2296; *Rass*, Die Sozialauswahl bei betriebsbedingter Kündigung, 1986; *Reinfelder/Zwanziger*, Teilzeitarbeit und betriebsbedingte Kündigung, DB 1996, 677; *Rieble*, Der Entscheidungsspielraum des Arbeitgebers bei der Sozialauswahl nach § 1 Abs. 3 KSchG und seine arbeitsgerichtliche Kontrolle, NJW 1991, 65; *Rost*, Die Sozialauswahl bei betriebsbedingter Kündigung, ZIP 1982, 1396; *Rühle*, Die Sozialauswahl bei Arbeitnehmern mit unterschiedlicher Arbeitszeit, DB 1994, 834; *Rumpenhorst*, Das berechtigte betriebliche Bedürfnis i.S.d. § 1 Abs. 3 Satz 2 KSchG bei Massenentlassungen, NZA 1991, 214; *Schiefer*, Das Arbeitsrechtliche Beschäftigungsförderungsgesetz in der Praxis, NZA 1997, 915; *Schröder*, Die Sozialauswahl bei betriebsbedingter Kündigung nach § 1 Abs. 3 KSchG, ZTR 1995, 394; *Stindt*, Sozial gerechtfertigte Kündigung älterer Arbeitnehmer?, DB 1993, 1361; *Trittin*, Kein verminderter Kündigungsschutz für ältere Arbeitnehmer, AuR 1995, 51; *Tschöpe*, Die Darlegungs- und Beweislast für eine zutreffende Sozialauswahl bei der betriebsbedingten Kündigung, NJW 1983, 1890; *Vogt*, Soziale Auswahlkriterien und betriebliche Bedürfnisse bei betriebsbedingter Kündigung, DB 1984, 1467; *Weissleder*,

§ 1   431–431 b   1. Abschnitt. Allgemeiner Kündigungsschutz

„Soziale Auswahl" bei betriebsbedingter Kündigung in der Gerichtspraxis – zur Rechtswirklichkeit einer Norm, Diss. Kiel 1982; *Weller*, Kündigungsschutz in Betrieb und Unternehmen, AuR 1986, 225; *derselbe*, Betriebliche und tarifliche Regelungen, die sich auf die soziale Auswahl nach § 1 Abs. 3 KSchG auswirken, RdA 1986, 222; *Weng*, Die soziale Auswahl bei der betriebsbedingten Kündigung, DB 1978, 884; *Wenning-Morgenthaler*, Soziale Auswahl und tarifvertragliche „Unkündbarkeit", BlStSozArbR 1985, 193; *Westhoff*, Die Sozialauswahl – Zur Darlegungs- und Beweislast im Kündigungsverfahren, DB 1983, 2465; *Zimmerling*, Zur Beachtlichkeit des Leistungsprinzips bei der betriebsbedingten Kündigung durch den öffentlichen Arbeitgeber, ZTR 1995, 62; *Zwanziger*, Tarifliche Unkündbarkeit und Sozialauswahl, DB 2000, 2166.

431   Auch wenn die Lage des Betriebes eine Kündigung notwendig macht, kann diese gegenüber einem bestimmten Arbeitnehmer gleichwohl sozialwidrig sein, wenn der Arbeitgeber bei dessen Auswahl unter mehreren für die Kündigung in Frage kommenden Arbeitnehmern soziale Gesichtspunkte nicht ausreichend berücksichtigt hat. Dieser **Grundsatz der Auswahl nach sozialen Gesichtspunkten** bei betrieblich bedingten Kündigungen war schon in § 13 der DemobilmachungsVO vom 12. 2. 1920 enthalten; seine Geltung war auch in der Folgezeit allgemein anerkannt.[1522]

431 a   Durch das zum 1. 10. 1996 in Kraft getretene **Gesetz zur Förderung von Wachstum und Beschäftigung** vom 25. 9. 1996 (BGBl. I S. 1476) sind die Rechtsgrundlagen für die soziale Auswahl modifiziert und ergänzt worden. Mit dem zum 1. 1. 1999 in Kraft getretene **Gesetz zu Korrekturen in der Sozialversicherung und zur Sicherung der Arbeitnehmerrechte vom 19. 12. 1998** (BGBl. I 3843) hat der Gesetzgeber in § 1 Abs. 3 wieder den Rechtszustand hergestellt, der bis zum 30. 9. 1996 galt. Die Regelung in Abs. 4 knüpft an die durch das Arbeitsrechtliche Beschäftigungsförderungsgesetz vom 25. 9. 1996 (BGBl. I S. 1476) zum 1. 10. 1996 in Kraft getretene Bestimmung an. § 1 Abs. 5 in der Fassung des Arbeitsrechtlichen Beschäftigungsförderungsgesetzes vom 25. 9. 1996 ist durch die Neuregelung zum 1. 1. 1999 ersatzlos aufgehoben worden. Nach Auffassung der Gesetzgebung hat diese Vorschrift das angestrebte Ziel, die Rechte des Betriebsrats zu stärken, nicht erreicht. Die Vereinbarung von Namenslisten sei schon auf der Grundlage des vor dem 1. 10. 1996 geltenden Rechts möglich gewesen, ohne die Rechte der von einer betriebsbedingten Kündigung betroffenen Arbeitnehmer zu verkürzen. § 1 Abs. 5 habe dem Interesse an einer dem Prinzip der Einzelfallgerechtigkeit folgenden arbeitsgerichtlichen Entscheidung nicht ausreichend Rechnung getragen und den individuellen Kündigungsschutz verkürzt.[1523]

431 b   Die rechtliche Beurteilung von **Kündigungen aus dem Zeitraum vom 1. 10. 1996 bis zum 31. 12. 1998** richtet sich auch bei Entscheidungen der Arbeitsgerichte nach dem 31. 12. 1998 nach dem Kündigungsschutzgesetz in der Fassung des Arbeitsrechtlichen Beschäftigungsförderungsgesetzes vom 25. 9. 1996. Das zum 1. 1. 1999 in Kraft getretene Korrekturgesetz wirkt, was u. a. die Aufhebung des § 1 Abs. 5 betrifft, nicht zurück.[1524] Maßgeblich ist die

---

[1522] Vgl. zur geschichtlichen Entwicklung *Bütefisch* S. 1 ff.; *Linck* S. 5 ff.
[1523] Vgl. Bericht des Ausschusses für Arbeit und Sozialordnung vom 4. 12. 1998 BT-Drucks. 14/151.
[1524] BAG 10. 2. 1999, AP Nr. 40 zu § 1 KSchG 1969 Soziale Auswahl; ebenso ErfK/*Ascheid* § 1 KSchG Rn. 461; *Bader* NZA 1999, 64, 68; *Däubler* NJW 1999, 601, 604; APS/*Kiel* § 1 KSchG Rn. 656; *Löwisch* BB 1998, 2528; – abweichend *Pakirnus* DB 1999, 286.

Rechtslage zum Zeitpunkt der Kündigung und nicht die Rechtslage zum Zeitpunkt der gerichtlichen Entscheidung. Der nachfolgenden Kommentierung liegt die seit 1. 1. 1999 geltende Gesetzesfassung zugrunde.

a) Allgemeines

Die soziale Auswahl dient der **personellen Konkretisierung** der zur Kündigung führenden dringenden betrieblichen Erfordernisse des § 1 Abs. 2 Satz 1.[1525] Da bei betriebsbedingten Kündigungen der Kündigungsgrund in der Sphäre des Arbeitgebers liegt, ist es nicht gerechtfertigt, in jedem Fall den Arbeitnehmer zu kündigen, dessen konkreter Arbeitsplatz weggefallen ist. Nach der gesetzgeberischen Wertung des § 1 Abs. 3 hat der Arbeitgeber vielmehr den Arbeitnehmer zu ermitteln, den die Kündigung relativ am wenigsten hart trifft. Dies gilt auch für die außerordentliche betriebsbedingte Kündigung tariflich unkündbarer Arbeitnehmer.[1526] 432

Der Arbeitgeber hat auch bei betriebsbedingten Kündigungen, die im Rahmen einer **etappenweise erfolgenden Betriebsstillegung** ausgesprochen werden, die Grundsätze der sozialen Auswahl zu beachten.[1527] Sollen nach der beschlossenen Stillegung des Betriebes einzelne Arbeitnehmer noch mit Abwicklungsaufgaben beschäftigt werden, hat der Arbeitgeber daher den Kreis der bis zum Abschluß der Betriebsstillegung weiterbeschäftigten Arbeitnehmer gemäß § 1 Abs. 3 zu bestimmen. 432a

Bei **personen- oder verhaltensbedingten Kündigungen** scheidet eine Sozialauswahl aus.[1528] Das folgt bereits aus dem eindeutigen Wortlaut des Abs. 3 Satz 1, der sich nur auf betriebsbedingte Kündigungen bezieht. Im übrigen steht bei personen- und verhaltensbedingten Kündigungen der zu kündigende Arbeitnehmer bereits aufgrund der kündigungsrelevanten fehlenden Eignung oder des zur Kündigung führenden Fehlverhaltens fest, weshalb eine Auswahlentscheidung zur personellen Konkretisierung des zu kündigenden Arbeitnehmers nicht in Betracht kommt.[1529] 433

b) Betriebsbezogenheit

Die soziale Auswahl ist grundsätzlich auf alle vergleichbaren **Arbeitnehmer des Betriebes** zu erstrecken.[1530] Demzufolge scheidet eine Beschrän- 434

[1525] BAG 7. 2. 1985, 5. 5. 1994, AP Nr. 9 und 23 zu § 1 KSchG 1969 Soziale Auswahl; ErfK/*Ascheid* § 1 KSchG Rn. 463; KR-*Etzel* 4. Aufl. 1996 § 1 KSchG Rn. 560; *Jobs* DB 1986, 538; *Kittner/Däubler/Zwanziger* § 1 KSchG Rn. 419; *Linck* AuA 1991, 11; *Rieble* NJW 1991, 65.
[1526] Vgl. BAG 5. 2. 1998, AP Nr. 143 zu § 626 BGB mit Anm. *Höland* = EzA § 626 BGB Unkündbarkeit Nr. 2 mit Anm. *Walker* = SAE 1998, 214 mit Anm. *Schleusener*.
[1527] BAG 20. 1. 1994, AP Nr. 8 zu § 1 KSchG 1969 Konzern; BAG 10. 10. 1996, RzK I 5 d Nr. 55; ErfK/*Ascheid* § 1 KSchG Rn. 464.
[1528] So zutr. BAG 23. 9. 1992, EzA § 1 KSchG Krankheit Nr. 37 unter III 3 b bb; LAG Baden-Württemberg 30. 9. 1982, AP Nr. 1 zu § 1 KSchG 1969 Personenbedingte Kündigung; ErfK/*Ascheid* § 1 KSchG Rn. 464; *Kittner/Däubler/Zwanziger* § 1 KSchG Rn. 424; *Linck* S. 14; *Meisel* DB 1991, 92; – kritisch zu dieser Beschränkung auf betriebsbedingte Kündigungen *Gamillscheg* Arbeitsrecht I, S. 496.
[1529] Ebenso KR-*Etzel* 4. Aufl. 1996 § 1 KSchG Rn. 561.
[1530] Vgl. BAG 25. 4. 1985, AP Nr. 7 zu § 1 KSchG 1969 Soziale Auswahl = SAE 1986, 110 mit Anm. *van Venrooy*; BAG 8. 8. 1985, 26. 2. 1987, AP Nr. 10, 15 zu § 1 KSchG 1969 Soziale Auswahl; BAG 15. 6. 1989, AP Nr. 18 zu § 1 KSchG 1969 Soziale Auswahl = EzA § 1 KSchG Soziale Auswahl Nr. 27 mit Anm. *Hergenröder* = SAE 1990, 208 mit Anm.

kung der Auswahl auf Mitarbeiter eines Betriebsteils oder einer Betriebsabteilung nach der gefestigten, zutreffenden Rechtsprechung des BAG aus.[1531] Dies entspricht dem Willen des Gesetzgebers, weil die betriebsbedingte Kündigung nach Abs. 2 Satz 1 auf den Betrieb beschränkt ist, also die Verhältnisse im Betrieb Anknüpfungspunkt für die Beurteilung der Sozialwidrigkeit der Kündigung und damit auch für die soziale Auswahl sind.

434a Hat ein **Betrieb mehrere Betriebsteile oder Betriebsabteilungen,** so ist die soziale Auswahl grundsätzlich auch dann auf den gesamten Betrieb zu erstrecken, wenn die einzelnen Betriebsstätten räumlich entfernt sind und deshalb nach § 4 Abs. 1 Nr. 1 BetrVG als selbständige Betriebe gelten.[1532] Für den Betriebsbegriff i. S. d. KSchG kommt es in erster Linie auf die Einheit der Organisation an und nicht auf die räumliche Einheit.

434b Für die **rechtliche Zusammenfassung mehrerer Betriebsstätten** ohne gemeinsame räumliche Unterbringung zu einem Gemeinschaftsbetrieb ist entscheidend, ob die wesentlichen Arbeitgeberfunktionen im personellen oder sozialen Bereich von derselben institutionellen Leitung ausgeübt werden. Von Bedeutung ist insoweit, wer das arbeitsvertragliche Weisungsrecht ausübt oder wer die Dienstpläne oder Urlaubspläne erstellt.[1533] Der Kreis der in allen Betriebsstätten nach arbeitsplatzbezogenen Merkmalen (Rn. 451) vergleichbaren Arbeitnehmer findet freilich im Direktionsrecht des Arbeitgebers seine Grenze.[1534] Der vom Wegfall seines Arbeitsplatzes betroffene Arbeitnehmer ist nur dann mit einem Arbeitnehmer eines anderen, räumlich entfernten Betriebsteils vergleichbar, wenn der Arbeitgeber ihn im Wege des Direktionsrechts (dazu Rn. 449 f.) in die entfernt liegende Betriebsstätte versetzen könnte.[1535]

435 Die soziale Auswahl erstreckt sich deshalb **nicht auf andere Betriebe des Unternehmens oder gar des Konzerns**.[1536] Dies folgt schon aus der

---

Preis = AR-Blattei Kündigungsschutz Entsch. 304 mit abl. Anm. *Wank*; BAG 5. 5. 1994, AP Nr. 23 zu § 1 KSchG 1969 Soziale Auswahl mit zust. Anm. *Mummenhoff*; BAG 15. 12. 1994, AP Nr. 66 zu § 1 KSchG 1969 Betriebsbedingte Kündigung = EzA § 1 KSchG Betriebsbedingte Kündigung Nr. 76 mit krit. Anm. *v. Hoyningen-Huene*; BAG 17. 9. 1998, AP Nr. 36 zu § 1 KSchG 1969 Soziale Auswahl mit Anm. *Oetker* = SAE 1999, 167 mit Anm. *Langenbucher*; *Ascheid* Kündigungsschutzrecht Rn. 325; ErfK/*Ascheid* § 1 KSchG Rn. 479; KR-*Etzel* § 1 KSchG Rn. 625; *Kittner/Däubler/Zwanziger* § 1 KSchG Rn. 437; *Künzl* ZTR 1996, 385, 386; *Löwisch* § 1 Rn. 333; *Meisel* DB 1991, 92, 93; *U. Preis* DB 1988, 1387, 1394; *Stahlhacke/Preis/Vossen* Rn. 661; – abweichend *Berkowsky* NZA 1996, 290, 292; MünchArbR/*Berkowsky* § 139 Rn. 70 ff.
[1531] Vgl. BAG 25. 4. 1985, 8. 8. 1985, 15. 6. 1989, 5. 5. 1994, 17. 2. 2000, AP Nr. 7, 10, 18, 23, 46 zu § 1 KSchG 1969 Soziale Auswahl; ErfK/*Ascheid* § 1 KSchG Rn. 479; MünchArbR/*Berkowsky* § 139 Rn. 42; HK-KSchG/*Dorndorf* § 1 Rn. 1022 f.; *Linck* AR-Blattei SD 1020.1.2 Rn. 14; APS/*Kiel* § 1 KSchG Rn. 664; *Löwisch* § 1 Rn. 333; *Schaub* § 132 Rn. 10; *Weller* AuR 1986, 225, 230; – abweichend *Kassen* Anm. zu BAG AP Nr. 46 zu § 1 KSchG 1969 Soziale Auswahl; *Wank* Anm. zu BAG AR-Blattei Kündigungsschutz Entsch. 304.
[1532] Ebenso BAG 21. 6. 1995, RzK I 5 d Nr. 50 unter II 3 b aa; LAG Sachsen-Anhalt 11. 1. 2000, NZA-RR 2000, 81; KR-*Etzel* § 1 KSchG Rn. 626; *v. Hoyningen-Huene* Festschrift für Stahlhacke 1995, S. 173, 181; APS/*Kiel* § 1 KSchG Rn. 664; *Schröder* ZTR 1995, 394, 395; ausf. hierzu *Bütefisch* S. 47 ff.
[1533] Vgl. LAG Köln 19. 6. 1998, LAGE § 1 KSchG Soziale Auswahl Nr. 25; vgl. dazu auch § 23 Rn. 5 f.
[1534] Ebenso *Berkowsky* NZA 1996, 290, 292.
[1535] Vgl. BAG 21. 6. 1995, RzK I 5 d Nr. 50.
[1536] Vgl. BAG 13. 6. 1985, AP Nr. 10 zu § 1 KSchG 1969 mit Anm. *Wiedemann*; BAG 22. 5. 1986, AP Nr. 4 zu § 1 KSchG 1969 Konzern = SAE 1987, 129 mit Anm. *Windbich-*

Sozial ungerechtfertigte Kündigungen **435a, 436 § 1**

grundsätzlich nur betriebsbezogenen Ausgestaltung des gesetzlichen Kündigungsschutzes, der lediglich bezüglich der Weiterbeschäftigungsmöglichkeit nach § 1 Abs. 2 Satz 2 und 3 ausnahmsweise unternehmensbezogen ist (näher dazu oben Rn. 144 ff., 390 ff.).[1537] Gegen einen Konzernbezug der sozialen Auswahl spricht darüber hinaus entscheidend, daß dadurch ein selbständiges Unternehmen wegen dringender betrieblicher Erfordernisse, die zum Wegfall eines Arbeitsplatzes in einem anderen Unternehmen geführt haben, zu einer Kündigung und gleichzeitig zu einer Neueinstellung gezwungen würde. Dies ist jedoch mit der rechtlichen Selbständigkeit einzelner Konzernunternehmen nicht zu vereinbaren.

Die **Spaltung oder Teilübertragung nach §§ 123 ff. bzw. 174 ff.** **435a** UmwG kann allerdings zu einer unternehmensübergreifenden Sozialauswahl führen. § 323 Abs. 1 UmwG soll verhindern, daß sich die kündigungsrechtliche Stellung des von einer Umwandlung betroffenen Arbeitnehmers für die Dauer von zwei Jahren nach erfolgter Spaltung oder Teilübertragung verschlechtert. Das bedeutet vor allem, daß der Arbeitnehmer, der vor der Umwandlung Kündigungsschutz genossen hat, auch danach dem KSchG unterliegt, selbst wenn in dem neuen Betrieb die Beschäftigtenzahl des § 23 Abs. 1 nicht erreicht wird.[1538] Außerdem werden die in § 1 Abs. 2 und 3 geregelten Voraussetzungen der sozialen Rechtfertigung einer Kündigung von § 323 Abs. 1 UmwG befristet abgeändert (dazu unten § 23 Rn. 9c ff.).

Betreiben mehrere Unternehmen einen **gemeinsamen Betrieb,**[1539] so **436** sind alle vergleichbaren Arbeitnehmer des Betriebes in die soziale Auswahl einzubeziehen, mögen sie auch bei verschiedenen Unternehmen beschäftigt sein.[1540] Dies ist in § 322 Abs. 2 UmwG für Fälle der Betriebsspaltung klargestellt worden.[1541] In diesem Fall ist eine Erstreckung des auswahlrelevanten Personenkreises auf die Arbeitnehmer mehrerer Unternehmen zulässig, weil die an dem einheitlichen Betrieb beteiligten Unternehmen einen gemeinsamen Leitungsapparat gebildet haben, dem von vornherein unter Beschrän-

---

ler; BAG 27. 11. 1991, AP Nr. 6 zu § 1 KSchG 1969 Konzern mit Anm. *Windbichler* = EzA § 1 KSchG Betriebsbedingte Kündigung Nr. 72 mit Anm. *Rüthers/Franke; Ascheid* Kündigungsschutzrecht Rn. 325; *Gaul* NZA 1992, 673, 674; APS/*Kiel* § 1 KSchG Rn. 665; *Kittner/Däubler/Zwanziger* § 1 KSchG Rn. 437; *HAS-Preis* § 19 F Rn. 120; vgl. dazu näher *Bütefisch* S. 68 ff.; *Linck* S. 19 ff.; *Windbichler* S. 159 ff. und S. 263 ff.

[1537] BAG 22. 5. 1986, AP Nr. 4 zu § 1 KSchG 1969 Konzern; *Schulin* SAE 1986, 279, 280; *Weller* AuR 1986, 225, 230.

[1538] Ebenso *Bachner* NJW 1995, 2881, 2885; *Boecken* Unternehmensumwandlungen und Arbeitsrecht, 1996, Rn. 275; KR-*Etzel* § 1 KSchG Rn. 627; *Kallmeyer* ZIP 1994, 1746, 1757; – abweichend ErfK/*Ascheid* § 323 UmwG Rn. 5; *Bauer/Lingemann* NZA 1994, 1057, 1060; *Berscheid* Festschrift für Stahlhacke S. 15, 35; *Kreßel* BB 1995, 925, 928; *Löwisch* § 1 KSchG Rn. 336; APS/*Steffan* § 323 UmwG Rn. 7; – einschränkend *Wlotzke* DB 1995, 40, 44.

[1539] Dazu BAG 25. 9. 1986, AP Nr. 7 zu § 1 BetrVG 1972 sowie unten § 23 Rn. 10.

[1540] Vgl. BAG 13. 6. 1985, AP Nr. 10 zu § 1 KSchG 1969 mit Anm. *Wiedemann*; BAG 5. 5. 1994, AP Nr. 23 zu § 1 KSchG 1969 Soziale Auswahl; BAG 13. 9. 1995, AP Nr. 72 zu § 1 KSchG 1969 Betriebsbedingte Kündigung; ErfK/*Ascheid* § 1 KSchG Rn. 480; HK-KSchG/*Dorndorf* § 1 Rn. 1027; KR-*Etzel* § 1 KSchG Rn. 626; APS/*Kiel* § 1 KSchG Rn. 666; *Kittner/Däubler/Zwanziger* § 1 KSchG Rn. 437; *Löwisch* § 1 Rn. 335.

[1541] *Bauer/Lingemann* NZA 1994, 1057, 1060; KR-*Etzel* § 1 KSchG Rn. 627; APS/*Kiel* § 1 KSchG Rn. 666; *Kreßel* BB 1995, 925, 928; *Wlotzke* DB 1995, 40, 44.

436a Nach der **Auflösung eines Gemeinschaftsbetriebes** und der Stillegung des verbliebenen Einzelbetriebes entfällt die Notwendigkeit einer auf den früheren einheitlichen Betrieb bezogenen Sozialauswahl. Eine nachwirkende Pflicht zur unternehmensübergreifenden sozialen Auswahl besteht nicht.[1543]

437 Umstritten ist, ob **Arbeitnehmer, deren Arbeitsverhältnisse ruhen,** in die Sozialauswahl einzubeziehen sind. Dies wird vom BAG für Arbeitnehmer in Betrieben des **Baugewerbes,** die nach § 9 des Bundesrahmen-Tarifvertrages für das Baugewerbe (BRTV) an eine Arbeitsgemeinschaft abgestellt worden sind, verneint.[1544] Dem kann jedoch nicht gefolgt werden. Zwar stellt das BAG zu Recht fest, daß der Einbeziehung dieser Arbeitnehmer in die soziale Auswahl nicht bereits die Betriebsbezogenheit der Sozialauswahl entgegensteht.[1545] Das Arbeitsverhältnis und die Betriebszugehörigkeit zum Stammbetrieb bestehen aber während der Zeit der Abordnung zur ARGE fort.[1546] Es ruhen lediglich die beiderseitigen Hauptpflichten, wie sich aus § 9 Nr. 2.1. des BRTV des Baugewerbes ergibt.

438 Der Ausschluß der an eine Arbeitsgemeinschaft abgestellten Arbeitnehmer aus der Sozialauswahl kann auch nicht damit begründet werden, daß die Kündigung eines Arbeitnehmers, dessen Arbeitsverhältnis ruht, für den Arbeitgeber nicht die gewünschte **finanzielle Entlastung** bringt. Dieser Gesichtspunkt ist allein im Rahmen der wirtschaftlichen Bedürfnisse nach Abs. 3 Satz 2 zu berücksichtigen. Auch ruhende Arbeitsverhältnisse sind daher in die soziale Auswahl einzubeziehen.[1547] Damit wird im übrigen auch das unvertretbare Ergebnis vermieden, daß sozial weniger schutzwürdige freigestellte Arbeitnehmer aus der Sozialauswahl ausgenommen bleiben, obwohl die Wiederaufnahme der Arbeit im Stammbetrieb unmittelbar bevorsteht.[1548] Eine in Kürze auslaufende Freistellung kann nämlich zur Folge haben, daß das wirtschaftliche Bedürfnis an der Kündigung des schutzwürdigeren, nicht freigestellten Arbeitnehmers hinter den sozialen Belangen dieses Arbeiternehmers zurückzustehen hat. In diesem Fall müßte daher der freigestellte Arbeitnehmer gekündigt werden.

c) Betriebsübergang

439 Auch bei betriebsbedingten Kündigungen im Zusammenhang mit **Betriebsübergängen nach § 613 a BGB** ist eine soziale Auswahl vorzunehmen.[1549]

[1542] Vgl. hierzu näher *Bütefisch* S. 84 ff.; *Linck* S. 23 ff. m. w. N.
[1543] Zutr. BAG 13. 9. 1995, AP Nr. 72 zu § 1 KSchG 1969 Betriebsbedingte Kündigung.
[1544] BAG 26. 2. 1987, AP Nr. 15 zu § 1 KSchG 1969 Soziale Auswahl; ebenso KR-*Etzel* § 1 KSchG Rn. 681; APS/*Kiel* § 1 KSchG Rn. 689; *Kittner/Däubler/Zwanziger* § 1 KSchG Rn. 437; *Lück* S. 41 f.; *Stahlhacke/Preis/Vossen* Rn. 662; differenzierend ErfK/*Ascheid* § 1 KSchG Rn. 476.
[1545] So allerdings unzutreffend LAG Berlin 28. 2. 1983, DB 1984, 673, 674; *Meisel* DB 1991, 92, 93; – dagegen insoweit zutreffend *Lück* S. 42.
[1546] Ebenso MünchArbR/*Winterfeld* § 184 Rn. 38.
[1547] Dazu näher *Linck* S. 28 ff.; ebenso *Bütefisch* S. 150; HK-KSchG/*Dorndorf* § 1 Rn. 1052.
[1548] Für eine Einbeziehung in diesem Fall auch *Stahlhacke/Preis/Vossen* Rn. 662.
[1549] Vgl. dazu *Bauer* DB 1983, 713, 714; *Commandeur* NJW 1996, 2537 ff.; *Hanau* Gutachten E für den 54. DJT, 1982, S. E 39; *Helpertz* DB 1990, 1596; *Henckel* ZGR 1984, 225,

Sozial ungerechtfertigte Kündigungen 440–441a § 1

Für die Bestimmung des auswahlrelevanten Personenkreises sind allerdings verschiedene Zeitpunkte zu unterscheiden:

Kündigt bei einem beabsichtigten Betriebsübergang der **bisherige Arbeit- 440 geber** vor Abschluß des Übernahmevertrages Arbeitnehmern aus betriebsbedingten Gründen, so sind nur die Arbeitnehmer des zu veräußernden Betriebes in die soziale Auswahl einzubeziehen.[1550] Gleiches gilt bei einer betriebsbedingten Kündigung durch den bisherigen Arbeitgeber **nach Abschluß, aber vor Inkrafttreten des Übernahmevertrages** nach § 613a BGB.[1551] Einer Einbeziehung der Arbeitnehmer des übernehmenden Betriebes in die soziale Auswahl steht hier entgegen, daß es dem bisherigen Arbeitgeber gar nicht möglich ist, diese Arbeitnehmer des Übernehmerbetriebes zu kündigen, da er zu diesen Arbeitnehmern in keinem Vertragsverhältnis steht.[1552]

Auch **nach vollzogenem Betriebsübergang** ist die Sozialauswahl bei 441 einer Kündigung durch den Erwerber grundsätzlich betriebsbezogen vorzunehmen. Wird daher der übernommene Betrieb getrennt von anderen Betrieben des Übernehmerunternehmens fortgeführt, ergibt sich bereits aus der Betriebsbezogenheit der Sozialauswahl, daß der neue Arbeitgeber nur unter den Arbeitnehmern des übernommenen Betriebes eine Sozialauswahl vorzunehmen hat.[1553] Anders ist die Rechtslage, wenn der übernommene Betrieb oder Betriebsteil in einen anderen Betrieb des übernehmenden Unternehmens eingegliedert wird. In diesem Fall sind bei einer betriebsbedingten Kündigung des Übernehmers alle vergleichbaren Arbeitnehmer des Übernehmerbetriebs in die Sozialauswahl einzubeziehen, weil anderenfalls der Grundsatz der Betriebsbezogenheit der sozialen Auswahl durchbrochen würde.[1554]

Widerspricht ein Arbeitnehmer dem Übergang seines Arbeitsverhält- 441a nisses auf den Betriebsübernehmer, geht das Arbeitsverhältnis nicht auf den Übernehmer über, sondern besteht mit dem bisherigen Arbeitgeber fort.[1555] Sofern für den widersprechenden Arbeitnehmer in dem nicht übergegangenen Betrieb oder Betriebsteil jedoch keine Beschäftigungsmöglichkeiten

---

234f.; *Hilger* ZGR 1984, 258, 260; *Kreitner* Kündigungsrechtliche Probleme beim Betriebsinhaberwechsel 1989, S. 115ff.; *Linck* S. 31ff.

[1550] BAG 26. 5. 1983, AP Nr. 34 zu § 613a BGB mit Anm. *Grunsky* = AR-Blattei Betriebsinhaberwechsel Entsch. 51 mit Anm. *Seiter*.

[1551] Ebenso im Ergebnis HK-KSchG/*Dorndorf* § 1 Rn. 1036; *Hanau* DJT-Gutachten, S. E 40; *Henckel* ZGR 1984, 225, 234; *Hess/Glotters* BlStSozArbR 1984, 74, 75; *Kreitner* S. 166; *Linck* AR-Blattei SD 1020.1.2 Rn. 15; *Vossen* BB 1984, 1557, 1560.

[1552] Für eine Einbeziehung dieser Arbeitnehmer jedoch *Bütefisch* S. 99f.; *Hilger* ZGR 1984, 258, 260; APS/*Kiel* § 1 KSchG Rn. 668; *Kittner/Däubler/Zwanziger* § 1 KSchG Rn. 440; *Loritz* RdA 1987, 65, 84; *Wickler* Arbeitgeberkündigung bei Betriebsinhaberwechsel 1985, S. 101f.

[1553] Ebenso im Ergebnis *Henckel* ZGR 1984, 225, 234f.; *Kracht* Das Kündigungsverbot des § 613a BGB, Diss. Bonn 1988, S. 122; *Kreitner* S. 116; *Linck* S. 33.

[1554] Vgl. dazu ErfK/*Ascheid* § 1 KSchG Rn. 477; KR-*Etzel* § 1 KSchG Rn. 628; *Kracht* S. 120f.; *Linck* S. 33f.; *Wickler* S. 101; – abweichend *Henckel* ZGR 1984, 225, 235; *Kreitner* S. 117f.

[1555] St. Rspr., vgl. BAG 7. 4. 1993, AP Nr. 22 zu § 1 KSchG 1969 Soziale Auswahl mit krit. Anm. *Gentges* = EzA § 1 KSchG Soziale Auswahl Nr. 30 mit zust. Anm. *Preis/Steffan* = AR-Blattei ES 1020.1.2 Nr. 1 mit abl. Anm. *v. Hoyningen-Huene*; zuletzt BAG 24. 2. 2000, AP Nr. 47 zu § 1 KSchG 1969 Soziale Auswahl; siehe dazu auch EuGH 16. 12. 1992, AP Nr. 97 zu § 613a BGB = SAE 1993, 214 mit Anm. *Nebendahl*.

§ 1 441b–441d 1. Abschnitt. Allgemeiner Kündigungsschutz

mehr bestehen, kann der Arbeitgeber das Arbeitsverhältnis betriebsbedingt kündigen. Der gekündigte Arbeitnehmer, der dem Übergang seines Arbeitsverhältnisses widersprochen hatte, soll sich allerdings nach Auffassung des 2. Senats des BAG in einem späteren Kündigungsschutzprozeß nur dann auf eine fehlerhafte Sozialauswahl berufen können, wenn er für seinen Widerspruch objektiv vertretbare Gründe hatte.[1556]

441b Diese Auffassung ist abzulehnen.[1557] Wenn der Arbeitnehmer das Recht hat, einem Betriebsübergang zu widersprechen, kann man nach der Ausübung des Widerspruchsrechts bei einer späteren Kündigung nicht ohne weiteres aus dem Widerspruch **nachteilige Konsequenzen für den widersprechenden Arbeitnehmer herleiten.** Die gegenteilige Ansicht des BAG ist insoweit halbherzig und nicht folgerichtig. Schließlich ist kaum vorstellbar, wann überhaupt ein objektiv vertretbarer Grund für den Widerspruch vorliegt.[1558]

441c **Der 8. Senat des BAG hat die Rechtsprechung inzwischen fortgeführt** und zu Recht angenommen, daß sich der Arbeitnehmer auf eine mangelhafte Sozialauswahl nach § 1 Abs. 3 KSchG auch dann berufen kann, wenn der Verlust seines Arbeitsplatzes darauf beruht, daß er dem Übergang des Arbeitsverhältnisses auf einen Teilbetriebserwerber widersprochen hat. Bei der Prüfung der sozialen Schutzwürdigkeit aller vergleichbaren Arbeitnehmer berücksichtigt das BAG nunmehr, daß der widersprechende Arbeitnehmer seine bisherigen Arbeitsmöglichkeiten aus freien Stücken aufgegeben hat und erst dadurch ein dringendes betriebliches Erfordernis für die Kündigung geschaffen wurde. Der soziale Besitzstand des Gekündigten könne daher nicht unabhängig von den Gründen beurteilt werden, aus denen er die Fortsetzung des Arbeitsverhältnisses mit dem anderen Arbeitgeber abgelehnt hat.[1559] Eine solche Abwägung erscheint sachgerecht.

441d Je geringer die Unterschiede hinsichtlich der sozialen Gesichtspunkte unter vergleichbaren Arbeitnehmern sind, desto gewichtiger müssen die Gründe dafür sein, einen vom Betriebsübergang nicht betroffenen Arbeitnehmer zu verdrängen. Sind **Bestand oder Inhalt des Arbeitsverhältnisses auch ohne Widerspruch des Arbeitnehmers ernsthaft gefährdet,** kommt seiner Abschlußfreiheit gegenüber dem Bestandsschutz anderer Arbeitnehmer gleicher Rang im Rahmen einer sozialen Auswahl zu. Ist demgegenüber der widersprechende Arbeitnehmer sozial nicht ganz erheblich, sondern nur ge-

---

[1556] BAG 7. 4. 1993, AP Nr. 22 zu § 1 KSchG 1969 Soziale Auswahl; BAG 21. 3. 1996, EzA § 102 BetrVG 1972 Nr. 91; ebenso *Bauer* DB 1983, 713, 715; *Bauer/Röder* S. 111; *Helpertz* DB 1990, 1562 f.; *Hutzler* BB 1981, 1470, 1471; APS/*Kiel* § 1 KSchG Rn. 671; *Kreitner* S. 162 ff.; *Lunk* NZA 1995, 711 ff.; *Neef* NZA 1994, 97, 101 f.; *Tschöpe* S. 45 ff.; *Wickler* S. 117 ff.; eingehend hierzu *Bütefisch* S. 100 ff.

[1557] Ebenso *Berkowsky* Betriebsbedingte Kündigung § 11 Rn. 30 ff.; HK-KSchG/*Dorndorf* § 1 Rn. 1039; HaKo-*Gallner* § 1 Rn. 720; *v. Hoyningen-Huene* Anm. zu BAG AR-Blattei ES 1020.1.2 Nr. 1; *Linck* § 1 Rn. 34 ff.; *ders.* AR-Blattei SD 1020.1.2 Nr. 19 f.; KR-*Pfeiffer* § 613 a BGB Rn. 65.

[1558] Zutr. *Hensslerr* NZA 1994, 294, 296; vgl. dazu LAG Hamm 19. 7. 1994, LAGE § 1 KSchG Soziale Auswahl Nr. 11 sowie *Commandeur* NJW 1996, 2537, 2541 ff.; *Kreitner* S. 162 ff.

[1559] Vgl. BAG 18. 3. 1999, 24. 2. 2000, AP Nr. 41, 47 zu § 1 KSchG 1969 Soziale Auswahl; zust. ErfK/*Ascheid* § 1 KSchG Rn. 478; *Löwisch* § 1 Rn. 351.

ringfügig schutzwürdiger als die vergleichbaren Arbeitnehmer, verdient er allenfalls dann den Vorrang, wenn seinem Widerspruch die berechtigte Befürchtung eines baldigen Arbeitsplatzverlustes oder einer baldigen wesentlichen Verschlechterung seiner Arbeitsbedingungen bei dem Erwerber zugrunde liegt.

d) Vergleichbarkeit der Arbeitnehmer

Die Betriebsbezogenheit der Sozialauswahl führt nicht dazu, daß bei betriebsbedingten Kündigungen stets alle Arbeitnehmer des Betriebes in den Sozialvergleich einzubeziehen sind. Die soziale Auswahl ist vielmehr auf **vergleichbare Arbeitnehmer eines Betriebes** beschränkt.[1560] Dies ergibt sich aus den Folgen der sozialen Auswahl. Wenn nämlich bei betriebsbedingten Kündigungen nicht zwingend der Arbeitnehmer zu kündigen ist, dessen Arbeitsplatz wegfällt (z. B. bei Stillegung einer konkreten Maschine), so kann dieser Arbeitnehmer doch nur mit solchen anderen Beschäftigten des Betriebes verglichen werden, deren Tätigkeit auch der vom Wegfall des Arbeitsplatzes unmittelbar Betroffene ausüben könnte. 442

aa) Die Pflicht zur sozialen Auswahl bezieht sich grundsätzlich auch auf **Teilzeitbeschäftigte**.[1561] Dabei ist zu beachten, daß die Teilzeitbeschäftigung als solche gemäß § 4 Abs. 1 TzBfG (früher § 2 Abs. 1 BeschFG) auch bei der Sozialauswahl nicht zum Nachteil des Arbeitnehmers berücksichtigt werden darf. Erforderlich ist vielmehr die Berücksichtigung aller Umstände des Einzelfalles.[1562] Nach Auffassung des EuGH steht die Gleichbehandlungsrichtlinie 76/207/EWG einer im Einzelfall fehlenden Vergleichbarkeit von teilzeit- und vollzeitbeschäftigten Arbeitnehmern nicht entgegen.[1563] 443

Das BAG macht die Einbeziehung von Vollzeitbeschäftigten in die Sozialauswahl bei betriebsbedingten Kündigungen von Teilzeitbeschäftigten von der **betrieblichen Organisation** abhängig. Hat der Arbeitgeber ein nachvollziehbares unternehmerisches Konzept der Arbeitszeitgestaltung konkret dargelegt,[1564] aufgrund dessen für bestimmte Arbeiten Vollzeitkräfte vorgesehen sind, kann diese Entscheidung als sog. freie Unternehmerentscheidung 443 a

---

[1560] Vgl. dazu insbes. BAG 29. 3. 1990, AP Nr. 50 zu § 1 KSchG 1969 Betriebsbedingte Kündigung = EzA § 1 KSchG Soziale Auswahl Nr. 29 mit Anm. *Preis* = SAE 1991, 203 mit Anm. *Pottmeyer*; BAG 5. 5. 1994, AP Nr. 23 zu § 1 KSchG 1969 Soziale Auswahl mit krit. Anm. *Mummenhoff*; BAG 17. 9. 1998, 3. 12. 1998, AP Nr. 36, 39 zu § 1 KSchG 1969 Soziale Auswahl.
[1561] Vgl. dazu BAG 3. 12. 1998, AP Nr. 39 zu § 1 KSchG 1969 Soziale Auswahl mit Anm. *Schüren/Cantauw* = EzA § 1 KSchG Soziale Auswahl Nr. 37 mit Anm. *Preis/Bütefisch* = RdA 1999, 264 mit Anm. *Oetker* = SAE 1999, 274 mit Anm. *Kort*; BAG 12. 8. 1999, AP Nr. 44 zu § 1 KSchG 1969 Soziale Auswahl; LAG Köln 20. 8. 1993, DB 1994, 147; ErfK/*Ascheid* § 1 KSchG Rn. 485; GK-TzA *Becker* § 2 Rn. 265; KR-*Etzel* § 1 KSchG Rn. 635; APS/*Kiel* § 1 KSchG Rn. 681; *Künzl* ZTR 1996, 385, 388; *Linck* S. 59ff.; ders. AR-Blattei 1020.1.2 Rn. 63ff.; *H.J. Meyer* Kapazitätsorientierte variable Arbeitszeit 1989, S. 148ff.; *Reinfelder/Zwanziger* DB 1996, 677; *Rühle* DB 1994, 834; MünchArbR/*Schüren* § 162 Rn. 215ff.; *Stahlhacke/Preis/Vossen* Rn. 664; *Wank* ZIP 1986, 206, 214ff.; – abweichend *Schröder* ZTR 1995, 394, 397f.
[1562] Vgl. dazu näher *Bauer/Klein* BB 1999, 1162; *Linck* S. 59ff.; *Wank* ZIP 1986, 206, 214ff.
[1563] EuGH 26. 9. 2000, AP Nr. 51 zu § 1 KSchG 1969 Soziale Auswahl.
[1564] Vgl. BAG 12. 8. 1999, AP Nr. 44 zu § 1 KSchG 1969 Soziale Auswahl.

nur darauf überprüft werden, ob sie offenbar unsachlich, unvernünftig oder willkürlich ist.[1565] Liegt eine solche Entscheidung vor, sind bei der Kündigung einer Teilzeitkraft die Vollzeitkräfte nicht in die Sozialauswahl einzubeziehen.

443 b Hieran hat sich auch nach **Inkrafttreten des TzBfG** zum 1. 1. 2001 nichts geändert.[1566] Zwar hat der Arbeitnehmer nunmehr nach § 8 Abs. 1 TzBfG einen Anspruch auf Verringerung der Arbeitszeit. Diesem Anspruch können aber nach § 8 Abs. 4 TzBfG vom Arbeitgeber betriebliche Gründe entgegengehalten werden. Hierzu gehört auch die vom Arbeitgeber eingerichtete Arbeitsorganisation. Legt der Arbeitgeber plausibel dar, daß er in bestimmten Bereichen nur Vollzeitkräfte einsetzen will, weil nur dies den vorgegebenen Organisationsabläufen gerecht wird, so ist dies hinzunehmen. Die Organisation des Betriebes ist damit auch nach dem TzBfG eine freie Unternehmerentscheidung.[1567] Will der Arbeitgeber dagegen in einem bestimmten Bereich lediglich die Zahl der insgesamt geleisteten Arbeitsstunden abbauen, ohne daß eine Organisationsentscheidung der erwähnten Art vorliegt, sind sämtliche in diesem Bereich beschäftigten Arbeitnehmer ohne Rücksicht auf ihr Arbeitszeitvolumen in die Sozialauswahl einzubeziehen.[1568]

443 c Der teilzeitbeschäftigte Arbeitnehmer kann bei einer die Vergleichbarkeit ausschließenden Organisationsentscheidung des Arbeitgebers (vgl. Rn. 443a), die Vergleichbarkeit mit Vollzeitbeschäftigten nicht durch seine **Bereitschaft, als Vollzeitbeschäftigter arbeiten zu wollen,** herbeiführen. Unabhängig von der Beurteilung, ob die Vollzeitbeschäftigung tatsächlich zu einer Besserstellung des Teilzeitbeschäftigten führt[1569] oder nicht, steht dem jedenfalls entgegen, daß die Bestimmung des auswahlrelevanten Personenkreises nicht von einem Einverständnis des Arbeitnehmers abhängt.[1570]

443 d Entfällt in einer Betriebsabteilung, in der zwei vergleichbare Vollzeitarbeitnehmer und zwei damit vergleichbare Halbtagsbeschäftigte vormittags tätig sind, der Beschäftigungsbedarf für einen Vollzeitarbeitnehmer und trifft der Arbeitgeber zugleich die willkürfreie organisatorische Entscheidung, auch zukünftig vier Arbeitnehmer vormittags zu beschäftigen, so kann er **zwei Änderungskündigungen gegenüber den Vollzeitarbeitnehmern** aussprechen. Diese können sich dann nicht darauf berufen, daß die Halbtagsbeschäftigten sozial weniger schutzwürdig seien und deshalb gemäß Abs. 3 hätten vorrangig gekündigt werden müssen. Es handelt sich hier nicht um ein Problem der Sozialauswahl, vielmehr bedingt die innerbetriebliche Organisationsentscheidung gemäß Abs. 2 eine Verteilung der verringerten Ge-

---

[1565] Zust. *Kort* SAE 1999, 278, 281; *Oetker* RdA 1999, 267, 268; – kritisch *Bauer/Klein* BB 1999, 1162, 1164.
[1566] Ebenso *Preis/Gotthardt* DB 2000, 2065, 2068.
[1567] Ebenso *Rolfs* RdA 2001, 129, 132.
[1568] BAG 3. 12. 1998, AP Nr. 39 zu § 1 KSchG 1969 Soziale Auswahl mit Anm. *Schüren/ Cantauw* = EzA § 1 KSchG Soziale Auswahl Nr. 37 mit Anm. *Preis/Bütefisch;* BAG 12. 8. 1999, AP Nr. 44 zu § 1 KSchG 1969 Soziale Auswahl; zustimmend *Oetker* RdA 1999, 267, 268; – kritisch hierzu *Bauer/Klein* BB 1999, 1162f.
[1569] BAG 3. 12. 1998, AP Nr. 39 zu § 1 KSchG 1969 Soziale Auswahl.
[1570] So bereits BAG 29. 3. 1990, AP Nr. 50 zu § 1 KSchG 1969 Betriebsbedingte Kündigung sowie BAG 17. 9. 1998, AP Nr. 36 zu § 1 KSchG 1969 Soziale Auswahl; ebenso *Kort* SAE 1999, 278, 279.

samtarbeitszeit auf zwei Arbeitnehmer. Die Sozialauswahl nach Abs. 3 kann nur innerhalb dieser Vorgabe erfolgen.[1571]

bb) In die soziale Auswahl sind grundsätzlich nur Arbeitnehmer einzubeziehen, die **austauschbar** sind.[1572] Die Austauschbarkeit von Arbeitnehmern ist arbeitsplatzbezogen festzustellen. Es ist daher zu prüfen, ob der Arbeitnehmer, dessen Arbeitsplatz weggefallen ist, die Funktion anderer Arbeitnehmer wahrnehmen kann.[1573] Der Vergleich der Arbeitnehmer vollzieht sich hierbei auf derselben Ebene der Betriebshierarchie, **sog. horizontale Vergleichbarkeit**.[1574]   **444**

In die soziale Auswahl sind grundsätzlich nicht Arbeitnehmer einzubeziehen, die auf **unterschiedlicher betriebshierarchischer Ebene** stehen, weil es insoweit an der Austauschbarkeit fehlt.[1575] Der Arbeitgeber ist bei Wegfall des bisherigen Arbeitsgebietes eines Arbeitnehmers nicht gehalten, diesem zur Vermeidung einer Beendigungskündigung eine „Beförderungsstelle" anzubieten. § 1 Abs. 3 Satz 1 gebietet nicht, einem sozial schutzwürdigeren Arbeitnehmer eine Weiterbeschäftigung zu günstigeren Bedingungen anzubieten, um für ihn durch Kündigung eines anderen sozial besser gestellten Arbeitnehmers, mit dem der Gekündigte erst durch Vertragsänderung vergleichbar wird, eine Beschäftigungsmöglichkeit zu schaffen.[1576]   **445**

Hat der Arbeitgeber einen **neu geschaffenen arbeitsplatzbezogen vergleichbaren Arbeitsplatz** vor Ausspruch der Kündigung mit einem außenstehenden Bewerber besetzt, hat der Arbeitgeber auch diesen Stelleninhaber in die Sozialauswahl einzubeziehen.[1577] Dies gilt auch dann, wenn diese Stelle erst kurze Zeit vor Ausspruch der Kündigung besetzt wur-   **446**

[1571] BAG 19. 5. 1993, AP Nr. 31 zu § 2 KSchG 1969 mit Anm. *Waas* = EzA § 1 KSchG Betriebsbedingte Kündigung Nr. 73 mit Anm. *Raab* = SAE 1994, 150 mit Anm. *Steinmeyer* = AR-Blattei ES 1020.1.1 Nr. 13 mit Anm. *Preis*.

[1572] Vgl. BAG 4. 12. 1959, AP Nr. 2 zu § 1 KSchG Betriebsbedingte Kündigung; BAG 16. 9. 1982, AP Nr. 4 zu § 22 KO = EzA § 1 KSchG Betriebsbedingte Kündigung Nr. 18 mit Anm. *Herschel;* BAG 7. 2. 1985, AP Nr. 9 zu § 1 KSchG 1969 Soziale Auswahl = EzA § 1 KSchG Soziale Auswahl Nr. 20 mit Anm. *Schulin* = SAE 1988, 145 mit Anm. *Färber* = AuR 1986, 124 mit Anm. *Dänzer-Vanotti;* BAG 15. 6. 1989, AP Nr. 18 zu § 1 KSchG 1969 Soziale Auswahl; BAG 29. 3. 1990, AP Nr. 50 zu § 1 KSchG 1969 Betriebsbedingte Kündigung = EzA § 1 KSchG Soziale Auswahl Nr. 29 unter B III 2 mit Anm. *Preis;* BAG 17. 9. 1998, AP Nr. 36 zu § 1 KSchG 1969 Soziale Auswahl; ErfK/*Ascheid* § 1 KSchG Rn. 481; KR-*Etzel* § 1 KSchG Rn. 631; Dudenbostel DB 1984, 826, 827; HK-KSchG/*Dorndorf* § 1 Rn. 1040; HaKo-*Gallner* § 1 Rn. 724; APS/*Kiel* § 1 KSchG Rn. 672; *Kittner/Däubler/Zwanziger* § 1 KSchG Rn. 447; *Linck* S. 49 ff.; *Löwisch* § 1 Rn. 337; *Oetker* Festschrift für Wiese S. 333, 342 ff.

[1573] BAG 7. 2. 1985, 15. 6. 1989, AP Nr. 9, 18 zu § 1 KSchG 1969 Soziale Auswahl; BAG 29. 3. 1990, AP Nr. 50 zu § 1 KSchG 1969 Betriebsbedingte Kündigung; *Birk* JuS 1987, 114; *Gaul* NZA 1992, 673, 674; *Kittner/Däubler/Zwanziger* § 1 KSchG Rn. 447; *Mummenhoff* Anm. zu BAG AP Nr. 23 zu § 1 KSchG 1969 Soziale Auswahl.

[1574] Vgl. ErfK/*Ascheid* § 1 KSchG Rn. 486; *Bitter/Kiel* RdA 1994, 353 f.; KR-*Etzel* § 1 KSchG Rn. 639 f.; *Färber* NZA 1985, 175; APS/*Kiel* § 1 KSchG Rn. 678; *Löwisch* § 1 Rn. 345; *Rost* ZIP 1982, 1396, 1402; *Stahlhacke/Preis/Vossen* Rn. 664.

[1575] Vgl. dazu BAG 7. 2. 1985, AP Nr. 9 zu § 1 KSchG 1969 Soziale Auswahl; BAG 29. 3. 1990, AP Nr. 50 zu § 1 KSchG 1969 Betriebsbedingte Kündigung unter B III 3 b; BAG 4. 2. 1993, RzK I 5 d Nr. 31; *Boewer* NZA 1988, 1, 3.

[1576] Zutr. BAG 29. 3. 1990, AP Nr. 50 zu § 1 KSchG 1969 Betriebsbedingte Kündigung; BAG 21. 1. 1999, AP Nr. 3 zu § 1 KSchG 1969 Namensliste.

[1577] *v. Hoyningen-Huene* Anm. zu BAG EzA § 1 KSchG Betriebsbedingte Kündigung Nr. 77.

de.¹⁵⁷⁸ Hierin liegt keine treuwidrige Bedingungsvereitelung i. S. v. § 162 BGB, weil der Arbeitgeber durch die Neueinstellung die Sozialauswahl nicht verhindern kann.¹⁵⁷⁹

446a Besetzt der Arbeitgeber vor Ausspruch der Kündigung eine neu geschaffene Stelle, die mit dem Arbeitsplatz des gekündigten Arbeitnehmers nicht identisch ist, weil sie beispielsweise **nach Bedeutung und Verantwortlichkeit anspruchsvoller** ist und dementsprechend auch höher vergütet wird, fehlt es an der Austauschbarkeit der Stelleninhaber.¹⁵⁸⁰ Denn der Arbeitgeber kann Beförderungsstellen jederzeit mit einem Arbeitnehmer seiner Wahl besetzen, weil der einzelne Arbeitnehmer grundsätzlich keinen Anspruch auf Beförderung hat.¹⁵⁸¹ Der neueingestellte Arbeitnehmer ist daher in diesem Fall nicht in die Sozialauswahl einzubeziehen.

446b In der älteren Rechtsprechung und Literatur wurde die Auffassung vertreten, daß eine **vertikale Vergleichbarkeit** von Arbeitnehmern dann bestehe, wenn sich die Arbeitnehmer bereit erklären, zu verschlechterten Arbeitsbedingungen weiterzuarbeiten.¹⁵⁸² Eine solche Erweiterung des auswahlrelevanten Personenkreises ist jedoch abzulehnen.¹⁵⁸³

447 Hiergegen spricht, daß sonst letztlich ein **„Veränderungswettbewerb nach unten"**¹⁵⁸⁴ ausgelöst wird. Dieser Veränderungswettbewerb könnte äußerstenfalls dazu führen, daß wegen des Wegfalls eines Arbeitsplatzes in der Buchhaltung letztlich der Pförtner gekündigt wird, weil sich die Arbeitnehmer der dazwischenliegenden betriebshierarchischen Ebenen jeweils bereit erklärt haben, geringerwertige Tätigkeiten auszuüben. Dieses Ergebnis läßt den Zusammenhang zwischen den dringenden betrieblichen Erfordernissen, die zum Wegfall des Arbeitsplatzes führen, und der sozialen Auswahl völlig außer Acht.

447a Im Rahmen der sozialen Auswahl ist einzig zu prüfen, welchem Arbeitnehmer gegenüber der Arbeitgeber das ihm aus betrieblichen Gründen zu-

---

¹⁵⁷⁸ BAG 29. 3. 1990, AP Nr. 50 zu § 1 KSchG 1969 Betriebsbedingte Kündigung; *v. Hoyningen-Huene* Anm. zu BAG EzA § 1 KSchG Betriebsbedingte Kündigung Nr. 77; *Stahlhacke/Preis/Vossen* Rn. 665.
¹⁵⁷⁹ So aber BAG 10. 11. 1994, 5. 10. 1995, AP Nr. 65, 71 zu § 1 KSchG 1969 Betriebsbedingte Kündigung.
¹⁵⁸⁰ *v. Hoyningen-Huene* Anm. zu BAG EzA § 1 KSchG Betriebsbedingte Kündigung Nr. 77; *Linck* AR-Blattei SD 1020.1.2 Rn. 56; – abweichend BAG 10. 11. 1994, 5. 10. 1995, AP Nr. 65, 71 zu § 1 KSchG 1969 Betriebsbedingte Kündigung; BAG 18. 10. 2000, NZA 2001, 437 für den Fall, daß die Stellen im wesentlichen gleich sind; vgl. dazu auch Rn. 397 a.
¹⁵⁸¹ Dazu im einzelnen *Dütz* Festschrift für Kissel S. 161 ff.
¹⁵⁸² Vgl. dazu BAG 4. 12. 1959, AP Nr. 2 zu § 1 KSchG Betriebsbedingte Kündigung; BAG 19. 4. 1979, EzA § 1 KSchG Betriebsbedingte Kündigung Nr. 11; *Dudenbostel* DB 1984, 826, 828; *Hillebrecht* VAA S. 119; *Meisel* ZfA 1985, 213, 234 f.; *Rost* ZIP 1982, 1396, 1402.
¹⁵⁸³ Noch offengelassen von BAG 7. 2. 1985, AP Nr. 9 zu § 1 KSchG 1969 Soziale Auswahl; – ablehnend nunmehr auch BAG 29. 3. 1990, AP Nr. 50 zu § 1 KSchG 1969 Betriebsbedingte Kündigung; ErfK/*Ascheid* § 1 KSchG Rn. 486; *Boewer* NZA 1988, 1, 3; HK-KSchG/*Dorndorf* § 1 Rn. 1042; KR-*Etzel* § 1 KSchG Rn. 639; *Färber* NZA 1985, 175, 179; *ders.* SAE 1988, 149, 150; *Gaul* NZA 1992, 673, 675; *Jobs* DB 1986, 538, 539; APS/*Kiel* § 1 KSchG Rn. 678; *Linck* S. 55 ff.; *Löwisch* § 1 Rn. 345; *Pottmeyer* SAE 1991, 210, 214; *Schulin* Anm. zu BAG EzA § 1 KSchG Soziale Auswahl Nr. 20; *Stahlhacke/Preis/Vossen* Rn. 665; *Wank* RdA 1987, 129, 143.
¹⁵⁸⁴ *Löwisch* § 1 Rn. 345; – dagegen MünchArbR/*Berkowsky* § 139 Rn. 56.

stehende Kündigungsrecht ausüben darf. Wenn zunächst das Einverständnis des von der Entlassung bedrohten Arbeitnehmers zur Um- oder Versetzung eingeholt werden müßte, bliebe der auswahlrelevante Personenkreis entgegen der gesetzlichen Konzeption nicht auf den von dem betrieblichen Erfordernis **unmittelbar betroffenen betrieblichen Bereich** beschränkt, sondern würde durch eine subjektive Entscheidung des Arbeitnehmers auf andere Bereiche ausgedehnt. Für den verdrängten Beschäftigten würde erst durch diese Entschließung und nicht durch den betrieblichen Umstand ein Kündigungsgrund geschaffen.[1585] Die soziale Auswahl hat daher auf der betrieblichen Ebene zu erfolgen, auf der auch tatsächlich Beschäftigungsmöglichkeiten entfallen sind.[1586]

Die Erweiterung des auswahlrelevanten Personenkreises läßt sich auch nicht unter **Heranziehung der Rechtsprechung zur Prüfung der Weiterbeschäftigungsmöglichkeiten** rechtfertigen. Danach kann ein gekündigter Arbeitnehmer noch innerhalb einer Frist von einer Woche nach Zugang der Kündigungserklärung dem Arbeitgeber seine Bereitschaft erklären, auf einem freien Arbeitsplatz zu ungünstigeren Arbeitsbedingungen weiterzuarbeiten.[1587] Während es nämlich bei der Weiterbeschäftigungspflicht nach Abs. 2 Satz 2 darum geht, den Arbeitnehmer auf einem **freien Arbeitsplatz** weiterzubeschäftigen, besteht bei der sozialen Auswahl ein solcher freier Arbeitsplatz gerade nicht. Durch die nach Ausspruch der Kündigung abgegebene Erklärung des gekündigten Arbeitnehmers, auch zu verschlechterten Arbeitsbedingungen weiterarbeiten zu wollen, würde der Arbeitgeber faktisch gezwungen werden, die soziale Auswahl unter Einbeziehung einer weiteren Arbeitnehmergruppe vorzunehmen und dann gegebenenfalls eine weitere Kündigung auszusprechen.[1588] Er liefe damit Gefahr, wegen des Wegfalls eines Arbeitsplatzes zwei Kündigungsschutzprozesse führen zu müssen. Das Prozeßrisiko wäre damit für den Arbeitgeber völlig unkalkulierbar, da die Anzahl der Verfahren sich nahezu beliebig ausdehnen ließe.[1589] Eine Ausweitung der sozialen Auswahl auf weitere betriebshierarchische Ebenen (sog. vertikale Vergleichbarkeit) ist daher abzulehnen.

Vergleichbar mit dem vom Wegfall von Beschäftigungsmöglichkeiten betroffenen Arbeitnehmer sind weiterhin grundsätzlich nur solche Arbeitnehmer, deren Arbeitsaufgaben dem an sich zu kündigenden Arbeitnehmer im Wege des **Direktionsrechts** zugewiesen werden können.[1590] Der arbeits-

---

[1585] Vgl. BAG 7. 2. 1985, AP Nr. 9 zu § 1 KSchG 1969 Soziale Auswahl; BAG 29. 3. 1990, AP Nr. 50 zu § 1 KSchG 1969 Betriebsbedingte Kündigung; BAG 17. 9. 1998, AP Nr. 36 zu § 1 KSchG 1969 Soziale Auswahl.
[1586] Ebenso im Ergebnis BAG 29. 3. 1990, AP Nr. 50 zu § 1 KSchG 1969 Betriebsbedingte Kündigung; *Ascheid* Kündigungsschutzrecht Rn. 325 und 246; *Boewer* NZA 1988, 1, 3; *Linck* S. 56 ff.; *Löwisch* § 1 Rn. 345; *Pottmeyer* SAE 1991, 210, 214; RGRK-*Weller* vor § 620 Rn. 227.
[1587] So aber noch BAG 19. 4. 1979, EzA § 1 KSchG Betriebsbedingte Kündigung Nr. 11; – anders nunmehr BAG 29. 3. 1990, AP Nr. 50 zu § 1 KSchG 1969 Betriebsbedingte Kündigung.
[1588] Vgl. auch *Gaul* NZA 1992, 673, 675.
[1589] Ebenso APS/*Kiel* § 1 KSchG Rn. 678.
[1590] Ebenso BAG 17. 9. 1998, 3. 12. 1998, 17. 2. 2000, AP Nr. 36, 39, 46 zu § 1 KSchG 1969 Soziale Auswahl; BAG 21. 1. 1999, AP Nr. 3 zu § 1 KSchG 1969 Namensliste; ErfK/*Ascheid* § 1 KSchG Rn. 481; *Berkowsky* NZA 1996, 290, 292 ff.; MünchArbR/

vertraglich vereinbarten Tätigkeit kommt damit bei der Bestimmung des auswahlrelevanten Personenkreises erhebliche Bedeutung zu. Die abweichende Auffassung,[1591] die meint, das Ziel der Sozialauswahl, im Verhältnis der Arbeitnehmer zueinander Gerechtigkeit bei dem gravierenden Eingriff des Arbeitsplatzverlustes zu schaffen, verbiete es, die soziale Auswahl davon abhängig zu machen, ob der Arbeitgeber die nach objektiven Kriterien vergleichbaren Arbeitnehmer entsprechend ihrem jeweiligen Arbeitsvertrag um- oder versetzen könne, überzeugt nicht.

449 a Wenn die Frage der Austauschbarkeit an die erklärte Bereitschaft des Arbeitnehmers geknüpft wird, die mit dem Einsatz auf dem anderweitig besetzten Arbeitsplatz bewirkte Vertragsänderung hinzunehmen, berücksichtigt das nicht in hinreichendem Maße, daß dem **Arbeitnehmer durch die Eingrenzung seiner Arbeitspflicht ein Vorteil erwächst** und durch eine erneute Vertragsänderung, die erst im Zusammenhang mit der Kündigung vorgenommen wird, Rechte Dritter berührt werden.[1592] Die inhaltliche Bestimmung der Arbeitsaufgaben ist Sache der Arbeitsvertragsparteien. Der Arbeitsvertrag begründet und begrenzt die beiderseitigen Rechte und Pflichten. Eine weit gefaßte Tätigkeitsbeschreibung gestattet dem Arbeitgeber im bestehenden Arbeitsverhältnis einen flexiblen Personaleinsatz und verpflichtet ihn im Gegenzug im Falle einer betriebsbedingten Kündigung zu einer ausgedehnten Sozialauswahl. Umgekehrt steht dem Vorteil einer eng gefaßten Regelung der geschuldeten Arbeit – aus Sicht des Arbeitnehmers – der Nachteil einer nur begrenzten Austauschbarkeit im Rahmen des § 1 Abs. 3 gegenüber. Verengt sich die vereinbarte Leistungspflicht des Arbeitnehmers auf einen einzigen Arbeitsplatz, kann er ohne soziale Auswahl entlassen werden, wenn diese Position entfällt.

449 b Die abweichende Auffassung beachtet weiterhin nicht hinreichend, daß das Einverständnis des von der Entlassung bedrohten Arbeitnehmers zur Versetzung letztlich ein **unzulässiger Vertrag zu Lasten Dritter** wäre.[1593] Schließlich bliebe nach der Gegenauffassung der auswahlrelevante Personenkreis entgegen der gesetzlichen Konzeption nicht auf den von dem betrieblichen Erfordernis unmittelbar betroffenen betrieblichen Bereich beschränkt, sondern würde durch eine subjektive Entscheidung des Arbeitnehmers auf andere Bereiche ausgedehnt. Für den verdrängten Beschäftigten würde erst durch diese Entschließung und nicht durch den betrieblichen Umstand ein Kündigungsgrund geschaffen.[1594]

449 c Wurde **beispielsweise** einer Arbeitnehmerin unter Abänderung ihres Arbeitsvertrages die Leitung einer kleinen **Gaststätte in einem Sanatorium**

Berkowsky § 139 Rn. 36 ff.; KR-*Etzel* § 1 KSchG Rn. 633; APS/*Kiel* § 1 KSchG Rn. 677; Kittner/Däubler/Zwanziger § 1 KSchG Rn. 448; KPK-*Meisel* § 1 Rn. 508; Oetker Festschrift für Wiese S. 333, 346 ff.

[1591] HK-KSchG/*Dorndorf* § 1 Rn. 1043a; *Löwisch* § 1 Rn. 340.

[1592] So zutr. BAG 17. 2. 2000, AP Nr. 46 zu § 1 KSchG 1969 Soziale Auswahl mit Anm. Kassen = EzA § 1 KSchG Soziale Auswahl Nr. 43 mit Anm. *Kittner*.

[1593] So BAG 17. 2. 2000, AP Nr. 46 zu § 1 KSchG 1969 Soziale Auswahl; MünchArbR/ *Berkowsky* § 139 Rn. 37; Oetker Festschrift für Wiese S. 333, 347; – abweichend *Kittner* Anm. zu BAG EzA § 1 KSchG Soziale Auswahl Nr. 43.

[1594] Hierauf hat das BAG bereits im Urteil vom 29. 3. 1990 zutr. hingewiesen, vgl. BAG 29. 3. 1990, AP Nr. 50 zu § 1 KSchG 1969 Betriebsbedingte Kündigung.

übertragen und kündigt der Arbeitgeber später betriebsbedingt, weil dieser Arbeitsbereich wegfällt, so sind die ehemals vergleichbaren, ohne Leitungsfunktion in anderen Arbeitsbereichen beschäftigten Arbeitnehmer nicht in die soziale Auswahl einzubeziehen.[1595] Kann die **Redakteurin eines großen Verlagshauses** nach ihrem Arbeitsvertrag nur innerhalb der Redaktion der von ihr betreuten Zeitschrift eingesetzt werden, so ist bei einer wegen Wegfalls dieses Arbeitsbereiches erforderlichen betriebsbedingten Kündigung keine Sozialauswahl unter Einbeziehung der vom Tätigkeitsfeld vergleichbaren Arbeitnehmer anderer Redaktionen durchzuführen.[1596]

Der Umfang des Direktionsrechts dient schließlich auch der **Abgrenzung** zwischen unzulässiger **vertikaler Vergleichbarkeit** und zulässiger **horizontaler Vergleichbarkeit.** Arbeitsplätze mit ungünstigeren Arbeitsbedingungen, die dem Arbeitnehmer nur im Wege der Änderungskündigung zugewiesen werden könnten, sind nicht in die Sozialauswahl einzubeziehen.[1597] Anders ist freilich zu entscheiden, wenn der Arbeitnehmer nach seinem Arbeitsvertrag oder dem auf das Arbeitsverhältnis anwendbaren Tarifvertrag verpflichtet ist, auch unterwertige Arbeiten dauerhaft auszuführen und ihm deshalb solche Aufgaben im Wege des Weisungsrechts zugewiesen werden können.[1598]

Dieses Ergebnis erscheint jedoch dann zweifelhaft, wenn der Arbeitsplatz eines sozial besonders schutzwürdigen Arbeitnehmers wegfällt, dessen Tätigkeit sich aufgrund langjähriger Betriebszugehörigkeit und weiterer Umstände zwischenzeitlich auf einen bestimmten **Arbeitsplatz konkretisiert** hat und der allein auf Grund der eingetretenen Konkretisierung der Arbeitsbedingungen nicht mehr kraft Direktionsrechts auf einen anderen Arbeitsplatz versetzt werden kann.[1599] Hier würde sich der nach § 242 BGB bewirkte Schutz vor einseitigen Versetzungen im Falle betriebsbedingter Kündigungen zum Nachteil des Arbeitnehmers auswirken. Dies ist problematisch, weil die Konkretisierung des Tätigkeitsbereichs auf einem schutzwürdigen Vertrauen des Arbeitnehmers beruht. Dieser Vertrauenstatbestand ist bei der Prüfung, ob eine Weisung noch billigem Ermessen i. S. v. § 315 BGB entspricht, zu berücksichtigen. Eine längere Beschäftigung zu unveränderten Arbeitsbedingungen kann insbesondere, wenn noch weitere vertrauensbegründende Umstände vorliegen, eine Veränderung dieser Arbeitsbedingungen unbillig erscheinen lassen.[1600]

[1595] Vgl. BAG 17. 9. 1998, AP Nr. 36 zu § 1 KSchG 1969 Soziale Auswahl mit Anm. *Oetker* = SAE 1999, 167 mit Anm. *Langenbucher.*
[1596] Vgl. BAG 17. 2. 2000, AP Nr. 46 zu § 1 KSchG 1969 Soziale Auswahl mit Anm. *Kassen* = EzA § 1 KSchG Soziale Auswahl Nr. 43 mit Anm. *Kittner.*
[1597] Vgl. BAG 15. 6. 1989, AP Nr. 18 zu § 1 KSchG 1969 Soziale Auswahl; BAG 29. 3. 1990, AP Nr. 50 zu § 1 KSchG 1969 Betriebsbedingte Kündigung; BAG 21. 6. 1995, RzK I 5 d Nr. 50; ErfK/*Ascheid* § 1 KSchG Rn. 481; KR-*Etzel* § 1 KSchG Rn. 633; *Gaul* NZA 1992, 673; *Hergenröder* Anm. zu BAG EzA § 1 KSchG Soziale Auswahl Nr. 27; *Künzl* ZTR 1996, 385, 387; *Linck* S. 58; *Schröder* ZTR 1995, 394, 397; *Schulin* Anm. zu BAG EzA § 1 KSchG Soziale Auswahl Nr. 20; *Stahlhacke/Preis/Vossen* Rn. 665; – krit. hierzu HK-KSchG/*Dorndorf* § 1 Rn. 1045.
[1598] Ebenso MünchArbR/*Berkowsky* § 139 Rn. 58; APS/*Kiel* § 1 KSchG Rn. 679.
[1599] Krit. auch *Hergenröder* Anm. zu BAG EzA § 1 KSchG Soziale Auswahl Nr. 27; APS/*Kiel* § 1 KSchG Rn. 680.
[1600] Vgl. *v. Hoyningen-Huene/Boemke* Die Versetzung 1991, S. 101 f.; siehe dazu auch MünchArbR/*Blomeyer* § 48 Rn. 53.

450a Sieht man die Grundlage der Einschränkung des Weisungsrechts in einem **schutzwürdigen Vertrauen** des Arbeitnehmers auf einen Fortbestand der Arbeitsbedingungen, kann sich hieraus nicht eine Beschränkung des gesetzlichen Kündigungsschutzes ergeben. Eine solche Folge kann nur eintreten, wenn der Arbeitnehmer durch eine ausdrückliche vertragliche Vereinbarung seine Arbeitspflicht konkretisiert. Deshalb erscheint es sachgerecht, arbeitsvertragliche Konkretisierungen hinsichtlich des ganz konkreten Arbeitsplatzes bei der Prüfung der horizontalen Vergleichbarkeit unberücksichtigt zu lassen.[1601]

e) Kriterien der Vergleichbarkeit

451 Die Austauschbarkeit der Arbeitnehmer ist stets im Einzelfall zu ermitteln. Auf der Grundlage der arbeitsvertraglich bestimmten Arbeitsaufgabe und des sich hieraus ergebenden Direktionsrechts ist festzustellen, ob der vom Wegfall der Beschäftigungsmöglichkeiten betroffene Arbeitnehmer persönlich und fachlich auf Grund seiner Kenntnisse und Fähigkeiten in der Lage ist, eine vergleichbare Arbeit auszuführen. Wesentliche Kriterien zur Feststellung der Austauschbarkeit sind die **Berufsausbildung** sowie die im Laufe der Beschäftigung gewonnenen **beruflichen Erfahrungen** und betrieblichen Spezialisierungen. Dabei ist zu berücksichtigen, daß jeder Arbeitnehmer auf seinem Arbeitsplatz Routinevorsprünge hat, so daß bei einem Arbeitsplatzwechsel dem neuen Stelleninhaber gewisse **Einarbeitungszeiten** zuzugestehen sind.[1602] Zutreffend verlangt das BAG eine „alsbaldige Substituierbarkeit".[1603] Diese ist beispielsweise nicht mehr gegeben, wenn die veranschlagte Einarbeitungszeit zur Aneignung erforderlicher CAD und PC-Kenntnisse 3 Monate beträgt. Als äußerste Grenze für eine Einarbeitungszeit dürfte die im Betrieb übliche oder die einschlägige tarifliche Probezeit anzusetzen sein.[1604]

451a Der **gleichen tariflichen Eingruppierung** kommt bei einfachen Tätigkeiten ein gewisser Indizwert für die Annahme einer vergleichbaren Tätigkeit zu.[1605] Mit steigender beruflicher Qualifikation der Arbeitnehmer verliert die tarifliche Eingruppierung indes ihren Aussagewert, weil die betriebliche Spezialisierung trotz gleicher Eingruppierung bei höher qualifizierten Tätigkeiten häufig einer Austauschbarkeit entgegenstehen wird. Andererseits deutet eine

---

[1601] *v. Hoyningen-Huene* NZA 1994, 1009, 1013; APS/*Kiel* § 1 KSchG Rn. 680; *Linck* AR-Blattei SD 1020.1.2 Rn. 59 f.; – abweichend *Schröder* ZTR 1995, 394, 398.

[1602] BAG 25. 4. 1985, AP Nr. 7 zu § 1 KSchG 1969 Soziale Auswahl; BAG 5. 5. 1994, AP Nr. 23 zu § 1 KSchG 1969 Soziale Auswahl mit Anm. *Mummenhoff; Ascheid* Kündigungsschutzrecht Rn. 326 f.; ErfK/*Ascheid* § 1 KSchG Rn. 482 f.; *Berkowsky* Betriebsbedingte Kündigung § 6 Rn. 65; HK-KSchG/*Dorndorf* § 1 KSchG Rn. 1047; KR-*Etzel* § 1 KSchG Rn. 631; *v. Hoyningen-Huene* NZA 1994, 1009, 1013; APS/*Kiel* § 1 KSchG Rn. 674; *Kittner*/*Däubler*/*Zwanziger* § 1 KSchG Rn. 451 ff.; *Linck* AR-Blattei SD 1020.1.2 Rn. 48 ff.; *Löwisch* § 1 Rn. 338; KPK-*Meisel* § 1 Rn. 521; *B. Preis* DB 1984, 2244, 2247.

[1603] BAG 5. 5. 1994, AP Nr. 23 zu § 1 KSchG 1969 Soziale Auswahl.

[1604] Vgl. *Dudenbostel* DB 1984, 826, 828; *Linck* S. 52 f.; *Meisel* ZfA 1985, 213, 234; *Schwerdtner* ZIP 1984, 10, 15; *Stahlhacke/Preis/Vossen* Rn. 664; – krit. hierzu *Bütefisch* S. 181 f.

[1605] Ebenso BAG 25. 4. 1985, 15. 6. 1989, AP Nr. 7, 18 zu § 1 KSchG 1969 Soziale Auswahl; KR-*Etzel* § 1 KSchG Rn. 632; APS/*Kiel* § 1 KSchG Rn. 674; – dagegen *Lück* S. 76 ff.

unterschiedliche Eingruppierung auf fehlende Vergleichbarkeit hin, weil der niedriger Eingruppierte grundsätzlich keinen Anspruch auf Beförderung hat (dazu Rn. 445) und der höher Eingruppierte auch durch die erklärte Bereitschaft, zu ungünstigeren Arbeitsbedingungen arbeiten zu wollen, den Auswahlkreis nicht erweitern kann (dazu Rn. 447).

Gleiches gilt für die **Berufsausbildung.** Auf Grund der im Laufe der Beschäftigung gewonnenen unterschiedlichen beruflichen Erfahrung und der damit verbundenen Spezialisierungen sind beispielsweise nicht alle Maschinenbauingenieure eines Betriebes vergleichbar.[1606] Auch bei gleicher Berufsausbildung kann von einer alsbaldigen Substituierbarkeit nur dann die Rede sein, wenn der Arbeitnehmer, dessen Arbeitsplatz wegfällt, noch vorhandene Arbeitsaufgaben an einem anderen Arbeitsplatz auf Grund seiner persönlichen Fähigkeiten innerhalb einer kurzen Einarbeitungszeit wahrnehmen kann. Bedarf der betroffene Arbeitnehmer erst einer qualifizierten Fortbildung oder gar Umschulung, besteht keine Vergleichbarkeit.[1607] 451 b

Gesundheitliche Leistungsmängel stehen der Vergleichbarkeit von Arbeitnehmern grundsätzlich nicht entgegen.[1608] Eine Beschränkung der sozialen Auswahl auf gesundheitlich beeinträchtigte Arbeitnehmer unterläuft im Ergebnis die Anforderungen an die berechtigten betrieblichen Belange des Abs. 3 Satz 2, die der Auswahl nach sozialen Gesichtspunkten entgegenstehen können, weil dann von vornherein nur unter den leistungsschwachen Arbeitnehmern eine Sozialauswahl stattfindet. Das Interesse des Arbeitgebers an einer leistungsstarken Belegschaft und damit an der Kündigung von leistungsschwachen Arbeitnehmern ist allein im Rahmen der Abwägung zwischen den sozialen Gesichtspunkten nach Abs. 3 Satz 1 und den berechtigten betrieblichen Bedürfnissen nach Abs. 3 Satz 2 zu berücksichtigen (näher dazu unten Rn. 478f.).[1609] 452

f) Arbeitnehmer mit Sonderkündigungsschutz

In die soziale Auswahl sind Arbeitnehmer nicht einzubeziehen, bei denen von Gesetzes wegen die **ordentliche arbeitgeberseitige Kündigung ausgeschlossen** ist. Dies gilt etwa gemäß § 15 Abs. 1 Satz 1 für Mitglieder des Betriebsrats[1610] oder der Personalvertretung[1611] – sofern nicht ein Fall von § 15 Abs. 4 oder 5 vorliegt[1612] – sowie gemäß § 2 Abs. 1 ArbPlSchG bzw. § 78 Abs. 1 Nr. 1 ZDG für Wehrpflichtige bzw. Zivildienstleistende.[1613] 453

[1606] BAG 5. 5. 1994, AP Nr. 23 zu § 1 KSchG 1969 Soziale Auswahl.
[1607] Ebenso *Berkowsky* Betriebsbedingte Kündigung § 8 Rn. 79; KR-*Etzel* § 1 KSchG Rn. 637; APS/*Kiel* § 1 KSchG Rn. 675; *Linck* S. 52.
[1608] Abweichend *Hillebrecht* VAA S. 117, 118; *Jobs* DB 1986, 538; *Lück* S. 104 f.
[1609] Vgl. KR-*Etzel* § 1 KSchG Rn. 636; HK-KSchG/*Dorndorf* § 1 Rn. 1050; APS/*Kiel* § 1 KSchG Rn. 676; *Linck* S. 53 f.; *Löwisch* § 1 Rn. 339; *W. Müller* DB 1975, 2130, 2134; *Stahlhacke/Preis/Vossen* Rn. 664.
[1610] BAG 17. 6. 1999, AP Nr. 103 zu § 1 KSchG 1969 Betriebsbedingte Kündigung.
[1611] BAG 18. 11. 1999, AP Nr. 55 zu § 2 KSchG 1969.
[1612] Dazu BAG 28. 10. 1999, AP Nr. 44 zu § 15 KSchG 1969; näher dazu § 15 Rn. 172.
[1613] *Ascheid* Kündigungsschutzrecht Rn. 323; ErfK/*Ascheid* § 1 KSchG Rn. 471; *Bader/Bram* § 1 Rn. 319; MünchArbR/*Berkowsky* § 139 Rn. 92; HK-KSchG/*Dorndorf* § 1 Rn. 1054; KR-*Etzel* § 1 KSchG Rn. 678; APS/*Kiel* § 1 KSchG Rn. 691; *Kittner/Däubler/Zwanziger* § 1 KSchG Rn. 443; *Löwisch* § 1 Rn. 347; *Stahlhacke/Preis/Vossen* Rn. 662; RGRK-*Weller* vor § 620 Rn. 228.

Diese Vorschriften gehen dem allgemeinen Kündigungsschutz nach § 1 als spezialgesetzliche Regelungen vor. Durch sie ist die Möglichkeit einer ordentlichen betriebsbedingten Kündigung der von ihnen geschützten Arbeitnehmergruppen von vornherein von Gesetzes wegen ausgeschlossen.

454 Ist die ordentliche Kündigung dagegen nicht generell ausgeschlossen, sondern nur zusätzlich von der **Zustimmung der zuständigen Behörde abhängig** (vgl. § 9 Abs. 3 MuSchG; § 85 SGB IX (früher § 15 SchwbG); § 18 Abs. 1 Satz 2 BErzGG), so ist unter der Voraussetzung der Zustimmung der zuständigen Behörde auch eine ordentliche betriebsbedingte Kündigung dieser Arbeitnehmer möglich. Diese Arbeitnehmer sind demzufolge auch in die soziale Auswahl einzubeziehen, sofern die Zustimmung der zuständigen Behörde vorliegt.[1614]

455 **Befristet beschäftigte Arbeitnehmer,** welche die Möglichkeit einer ordentlichen Kündigung während der Laufzeit des Arbeitsvertrages nicht ausdrücklich vereinbart haben, sind bei betriebsbedingten Kündigungen nicht in die Sozialauswahl einzubeziehen.[1615] Auch in diesen Fällen ist nämlich von Gesetzes wegen eine ordentliche Kündigung ausgeschlossen, weil nach § 15 Abs. 1 TzBfG das befristete Arbeitsverhältnis grundsätzlich mit Zeitablauf endet und nach Abs. 3 dieser Bestimmung nur dann der ordentlichen Kündigung unterliegt, wenn dies einzelvertraglich oder tariflich vereinbart ist.[1616] Die Befristungsabrede bietet den Arbeitnehmern daher grundsätzlich einen umfassenden Schutz vor betriebsbedingten Kündigungen.

455 a Bei der nur ausnahmsweise zulässigen **außerordentlichen Kündigung tariflich unkündbarer Arbeitnehmer** ist der Arbeitgeber zu einer sozialen Auswahl entsprechend § 1 Abs. 3 verpflichtet.[1617] Da die außerordentliche Kündigung in derartigen Fällen nur die tariflich ausgeschlossene ordentliche Kündigung ersetzt, würde es einen Wertungswiderspruch darstellen, wollte man zugunsten des besonders geschützten Arbeitnehmers nicht zumindest die Kündigungsschranken beachten, die ihn im Fall einer ordentlichen Kündigung schützen.

456 Umstritten ist, ob bei Wegfall des Beschäftigungsbedarfs für ordentlich kündbare Arbeitnehmer auch im übrigen vergleichbare unkündbare Arbeitnehmer in die Sozialauswahl einzubeziehen sind. Wohl überwiegend wird die Auffassung vertreten, daß **tariflich unkündbare Arbeitnehmer** mit

---

[1614] *Ascheid* Kündigungsschutzrecht Rn. 323; MünchArbR/*Berkowsky* § 135 Rn. 96; HK-KSchG/*Dorndorf* § 1 Rn. 1053; KR-*Etzel* § 1 KSchG Rn. 678; APS/*Kiel* § 1 KSchG Rn. 692; *Linck* S. 37; *Löwisch* § 1 Rn. 347; – kritisch dazu *Bitter/Kiel* RdA 1994, 333, 355; – differenzierend *Bütefisch* S. 133 ff.; – abweichend *Gajewski* Festschrift für D. Gaul S. 311, 319; *Lück* S. 51.
[1615] Ebenso KR-*Etzel* § 1 KSchG Rn. 574; *Kittner/Däubler/Zwanziger* § 1 KSchG Rn. 445; *Linck* AR-Blattei SD 1020.1.2 Rn. 23.
[1616] Vgl. BAG 19. 6. 1980, AP Nr. 55 zu § 620 BGB Befristeter Arbeitsvertrag; KR-*Lipke* § 620 BGB Rn. 14; *Schaub* § 39 Rn. 100 zur gleichen Rechtslage bei dem bis zum 31. 12. 2000 allein maßgeblichen § 620 Abs. 1 BGB sowie unten Rn. 555.
[1617] BAG 5. 2. 1998, AP Nr. 143 zu § 626 BGB mit Anm. *Höland* = EzA § 626 BGB Unkündbarkeit Nr. 2 mit Anm. *Walker* = SAE 1998, 228 mit Anm. *Schleusener*; BAG 17. 9. 1998, AP Nr. 148 zu § 626 BGB = EzA § 626 BGB Unkündbarkeit Nr. 3 mit Anm. *Neuner*; HK-KSchG/*Dorndorf* § 1 Rn. 1019; *Groeger* NZA 1999, 850.

den übrigen Arbeitnehmern des Betriebes nicht vergleichbar sind.[1618] Diese Auffassung ist indes **abzulehnen,** weil dadurch der gesetzliche Kündigungsschutz des § 1 im Einzelfall zu Lasten besonders schutzwürdiger Arbeitnehmer eingeschränkt wird. Dies verdeutlicht folgendes Beispiel: Gemäß § 4. 4 MTV der Metallindustrie Nordwürttemberg/Nordbaden sind Arbeitnehmer nach Vollendung des 53. Lebensjahres und einer Betriebszugehörigkeit von mindestens 3 Jahren nur noch aus wichtigem Grund kündbar. Nach überwiegend vertretener Auffassung wäre daher ein 52jähriger Arbeitnehmer mit einer Betriebszugehörigkeit von 30 Jahren und 4 unterhaltsberechtigten Kindern vor einem gerade 53jährigen ledigen Arbeitnehmer mit nur 3 Jahren Betriebszugehörigkeit betriebsbedingt zu kündigen. Die Herausnahme der tariflich geschützten Arbeitnehmer aus der sozialen Auswahl führt daher zu Ergebnissen, die dem Sinn des § 1 Abs. 3 klar entgegenstehen.[1619]

§ 1 Abs. 3 soll sozial besonders schutzwürdige Arbeitnehmer vor betriebsbedingten Kündigungen schützen; diese Regelung berührt den Kündigungsschutz der Arbeitnehmer daher nicht nur als Reflex.[1620] Durch die Herausnahme tariflich unkündbarer Arbeitnehmer aus dem Kreis der zu vergleichenden Arbeitnehmer wird der zwingende gesetzliche Kündigungsschutz unmittelbar beeinträchtigt (wie das vorstehende Beispiel Rn. 456 deutlich zeigt). Eine **Beschränkung des gesetzlichen Kündigungsschutzes** durch Tarifvertrag ist aber in Ermangelung einer entsprechenden Öffnungsklausel im KSchG **nicht möglich.**[1621] Der Hinweis auf mögliche Widersprüche zwischen dem Schutz des Abs. 3 und gesetzlichen Kündigungsverboten[1622] ist zwar an sich zutreffend, läßt aber keine Rückschlüsse auf die Wirksamkeit tariflicher Kündigungsbeschränkungen zu. Tarifvertragliche Regelungen, die eine Unkündbarkeit von Arbeitnehmern vorsehen, verstoßen gegen höherrangiges Recht, soweit sie tariflich unkündbare Arbeitnehmer bei betriebsbedingten Kündigungen von der Sozialauswahl ausnehmen. Die Tarifregelungen sind insoweit nicht anwendbar.

[1618] Vgl. LAG Brandenburg 29. 10. 1998, LAGE § 1 KSchG Soziale Auswahl Nr. 29 = AuR 1999, 284 mit abl. Anm. *Pauly*; *Ascheid* Kündigungsschutzrecht Rn. 348; ErfK/*Ascheid* § 1 KSchG Rn. 474; *ders.* RdA 1997, 333, 335; HK-KSchG/*Dorndorf* § 1 Rn. 1055; KR-*Etzel* § 1 KSchG Rn. 679; *Herschel* AuR 1977, 137, 143; *Kittner/Däubler/Zwanziger* § 1 KSchG Rn. 445; *Künzl* ZTR 1996, 385, 389; *Meisel* DB 1991, 92, 94; KPK-*Meisel* § 1 Rn. 519; HAS-*Preis* § 19 F Rn. 130; MünchKomm-BGB/*Schwerdtner* § 622 Anh. Rn. 394; *ders.* Festschrift für Kissel S. 1077, 1093; *Stahlhacke/Preis/Vossen* Rn. 662; *Weller* RdA 1986, 222, 230; *Zöllner* Festschrift für G. Müller S. 565, 684 Fn. 64; *Zwanziger* DB 2000, 2166.
[1619] Ebenso ArbG Cottbus 17. 5. 2000, EzA § 1 KSchG Soziale Auswahl Nr. 44; *Bauer/Röder* S. 156 f.; MünchArbR/*Berkowsky* § 139 Rn. 106; *Ehler* BB 1994, 2068; *Gaul* NZA 1992, 673, 675; *Linck* S. 39; *Löwisch* § 1 Rn. 348; *Oetker* Festschrift für Wiese S. 333, 341 f.; *Pauly* AuR 1997, 97; *Säcker/Oetker* Grundlagen und Grenzen der Tarifautonomie 1992, S. 186 ff.; ähnlich LAG Baden-Württemberg 26. 5. 1994 – 17 Sa 9/94 n. v.; – zweifelnd *Bitter/Kiel* RdA 1994, 333, 354; – differenzierend APS/*Kiel* § 1 KSchG Rn. 695 ff.
[1620] Vgl. dazu näher *Linck* S. 39 f.; – abweichend LAG Brandenburg 29. 10. 1998, LAGE § 1 KSchG Soziale Auswahl Nr. 29; KR-*Etzel* § 1 KSchG Rn. 680; *Stahlhacke/Preis/Vossen* Rn. 662; *Weller* RdA 1986, 222, 230, für den dabei freilich ein „Unbehagen" bleibt; *Weng* Kündigung von Arbeitsverhältnissen 1980, S. 161 f.
[1621] So ausdrücklich BAG 11. 3. 1976, AP Nr. 1 zu § 95 BetrVG 1972 mit Anm. G. *Hueck* zu tarifvertraglichen Auswahlrichtlinien; unzutreffend deshalb *Zwanziger* DB 2000, 2166 f.
[1622] KR-*Etzel* § 1 KSchG Rn. 680.

457a Die hier vertretene Auffassung wird **durch die Neuregelung in § 1 Abs. 4 bestätigt**.[1623] Der Gesetzgeber hat in dieser Bestimmung nicht nur die Befugnis der Tarifvertragsparteien zur Vereinbarung von Auswahlrichtlinien bestätigt, sondern zugleich bestimmt, daß die in solchen Richtlinien vorgenommene Gewichtung der Auswahlgesichtspunkte nur auf grobe Fehlerhaftigkeit überprüft werden kann. Hiermit sind tarifliche Regelungen, die den generellen Ausschluß von Arbeitnehmern aus der Sozialauswahl vorsehen, grundsätzlich nicht zu vereinbaren.[1624] Aus diesem Grunde kann auch nicht der vermittelnden Auffassung gefolgt werden, nach der tarifliche Unkündbarkeitsregelungen jedenfalls dann zu einem Ausschluß der hiervon erfaßten Arbeitnehmer aus der Sozialauswahl führen, wenn der Tarifvertrag die Dauer der Betriebszugehörigkeit und das Lebensalter in einem angemessenen Verhältnis berücksichtigt.[1625] Hiergegen spricht bereits, daß die Außerachtlassung der Unterhaltspflichten schon deshalb zu unangemessenen Ergebnissen führt, weil einer der drei wesentlichen Auswahlgesichtspunkte nicht in das Auswahlergebnis einfließt. Die abstrakte Gewichtung der Auswahlgesichtspunkte ist damit grob fehlerhaft i. S. v. § 1 Abs. 4.

458 Bei betriebsbedingten Kündigungen sind daher auch **tariflich unkündbare Arbeitnehmer in die soziale Auswahl einzubeziehen.** Ergibt die Berücksichtigung sozialer Gesichtspunkte, daß ein tariflich unkündbarer Arbeitnehmer weniger schutzwürdig ist als ein anderer Arbeitnehmer, der nicht unter den tariflichen Kündigungsschutz fällt, so ist dem tariflich unkündbaren Arbeitnehmer aus wichtigem Grund gemäß § 626 Abs. 1 BGB unter Einhaltung der gesetzlichen oder tariflichen Kündigungsfrist betriebsbedingt zu kündigen.[1626]

459 Ebenso wie die tariflich geregelte Unkündbarkeit führt auch der **einzelvertraglich vereinbarte Ausschluß der ordentlichen Kündigung** nicht zu einer Einschränkung des auswahlrelevanten Personenkreises. Die vereinbarte Unkündbarkeit bedeutet nämlich gleichzeitig für die anderen Arbeitnehmer bei betriebsbedingten Kündigungen eine Verschlechterung des gesetzlichen Kündigungsschutzes, wenn der unkündbare Arbeitnehmer nicht in die Sozialauswahl einbezogen wird.[1627] Es handelt sich insoweit um einen

---

[1623] Zutr. *Oetker* Festschrift für Wiese S. 333, 341.
[1624] Ebenso *Oetker* Festschrift für Wiese S. 333, 341; – unzutreffend *Zwanziger* DB 2000, 2166 f.
[1625] Vgl. APS/*Kiel* § 1 KSchG Rn. 695 ff.
[1626] Dazu *Linck* S. 42 ff.; *Löwisch* § 1 Rn. 348; *Oetker* Festschrift für Wiese S. 333, 341 f.; *Säcker/Oetker* Grundlagen und Grenzen der Tarifautonomie 1992, S. 187 f.; – vgl. auch *Frohner* BlStSozArbR 1977, 353; *Gift* RdA 1969, 72, 77; *Wenning-Morgenthaler* BlStSozArbR 1985, 193, 194 sowie MünchArbR/*Berkowsky* § 139 Rn. 111, der solche Tarifnormen für verfassungswidrig und deshalb für unwirksam hält; – zur sozialen Auswahl bei außerordentlichen betriebsbedingten Kündigung mit Auslauffrist, vgl. BAG 5. 2. 1998, AP Nr. 143 zu § 626 BGB.
[1627] Ebenso MünchArbR/*Berkowsky* § 139 Rn. 112 ff.; *Kania/Kramer* RdA 1995, 287, 288; *Kramer* Kündigungsvereinbarungen im Arbeitsrecht 1994, S. 31 f.; *Künzl* ZTR 1996, 385, 389; *Linck* S. 46; *Löwisch* § 1 Rn. 349; – abweichend ErfK/*Ascheid* § 1 KSchG Rn. 475; HK-KSchG/*Dorndorf* § 1 Rn. 1055 a; KR-*Etzel* § 1 KSchG Rn. 679; APS/*Kiel* § 1 KSchG Rn. 699 ff.; *Kittner/Däubler/Zwanziger* § 1 KSchG Rn. 443; *Stahlhacke/Preis/Vossen* Rn. 662; – differenzierend Sächsisches LAG 28. 3. 1996 LAGE § 1 KSchG Soziale Auswahl Nr. 18.

unzulässigen Vertrag zu Lasten Dritter. Auch einzelvertraglich unkündbare Arbeitnehmer sind daher in die soziale Auswahl einzubeziehen und dann, wenn sie sich als sozial am wenigsten schutzbedürftig erweisen, außerordentlich mit der vereinbarten Kündigungsfrist zu kündigen.

g) Kurzzeitig und vorläufig weiterbeschäftigte Arbeitnehmer
Arbeitnehmer, die noch **nicht die Wartezeit des Abs. 1 erfüllt** haben, sind im Rahmen der sozialen Auswahl nach Abs. 3 Satz 1 bei betriebsbedingten Kündigungen grundsätzlich vor Arbeitnehmern zu kündigen, die bereits den allgemeinen Kündigungsschutz genießen. Derart kurzzeitig Beschäftigte sind daher auch nicht in die soziale Auswahl einzubeziehen, es sei denn, es lägen die Voraussetzungen des Abs. 3 Satz 2 vor.[1628]

In die soziale Auswahl sind allerdings die nach § 102 Abs. 5 BetrVG oder aufgrund des richterrechtlichen **Weiterbeschäftigungsanspruchs**[1629] vorläufig weiterbeschäftigten Arbeitnehmer einzubeziehen.[1630] Die vorläufig weiterbeschäftigten Arbeitnehmer gehören nach wie vor dem Betrieb an und sind daher auch nicht besser zu stellen als Arbeitnehmer in einem ungekündigten Arbeitsverhältnis. Es ist daher möglich, daß bei entsprechendem Ergebnis der Auswahlentscheidung gegenüber dem vorläufig weiterbeschäftigten Arbeitnehmer eine betriebsbedingte Kündigung ausgesprochen und dadurch das Weiterbeschäftigungsverhältnis beendet wird.

h) Auswahlgesichtspunkte
Der Arbeitgeber hat nach § 1 Abs. 3 Satz 1 bei der Auswahl des Arbeitnehmers **soziale Gesichtspunkte ausreichend zu berücksichtigen.** Dies entspricht der bis zum 30. 9. 1996 geltenden Rechtslage. Die durch das Arbeitsrechtliche Beschäftigungsförderungsgesetz vom 25. 9. 1996 (BGBl. I S. 1476) zum 1. 10. 1996 eingeführte Begrenzung der Auswahlkriterien auf die Dauer der Betriebszugehörigkeit, das Lebensalter und Unterhaltspflichten des Arbeitnehmers ist durch das Gesetz zu Korrekturen in der Sozialversicherung und zur Sicherung der Arbeitnehmerrechte vom 19. 12. 1998 (BGBl. I S. 3843) mit der Begründung aufgehoben worden, hierdurch sei nicht mehr Rechtssicherheit erreicht worden.[1631]

Die Sozialauswahl ist heute nicht mehr auf die **drei Grunddaten** Betriebszugehörigkeit, Lebensalter und Unterhaltspflichten beschränkt.[1632] Dem

---

[1628] BAG 25. 4. 1985, AP Nr. 7 zu § 1 KSchG 1969 Soziale Auswahl = SAE 1986, 101 mit Anm. *van Venrooy*, unter Aufgabe der früheren Rechtsprechung; BAG 20. 1. 1961, AP Nr. 7 zu § 1 KSchG Betriebsbedingte Kündigung; wie hier ErfK/*Ascheid* § 1 KSchG Rn. 471; *Bütefisch* S. 155; KR-*Etzel* § 1 KSchG Rn. 676; APS/*Kiel* § 1 KSchG Rn. 687; *Linck* AR-Blattei SD 1020.1.2 Rn. 43 f.; *Löwisch* § 1 Rn. 346; *Stahlhacke/Preis/Vossen* Rn. 663; – krit hierzu *Oetker* Festschrift für Wiese S. 333, 337.

[1629] Vgl. BAG GS 27. 2. 1985, AP Nr. 14 zu § 611 BGB Beschäftigungspflicht; eingehend dazu § 4 Rn. 94 ff.

[1630] Ebenso HK-KSchG/*Dorndorf* § 1 Rn. 1058; KR-*Etzel* § 1 KSchG Rn. 682; APS/*Kiel* § 1 KSchG Rn. 690; *Kittner/Däubler/Zwanziger* § 1 KSchG Rn. 442; *Künzl* ZTR 1996, 385, 387; *Linck* S. 48 f.; *Schwerdtner/Brill* Weiterbeschäftigungsanspruch, 1986, S. 81.

[1631] Vgl. Begründung des Gesetzentwurfs der Regierungskoalition vom 17. 11. 1998, BT-Drucks. 14/45, S. 35 f.; zur verfassungsrechtlichen Zulässigkeit der Einschränkung der Auswahlkriterien in der bis zum 31. 12. 1998 geltenden Fassung vgl. KR-*Etzel* § 1 KSchG Rn. 685; *v. Hoyningen-Huene/Linck* DB 1997, 41, 42.

[1632] Vgl. dazu Vorauflage Rn. 475 a ff.

Gesetz ist allerdings nicht zu entnehmen, was konkret unter sozialen Gesichtspunkten i. S. d. Abs. 3 Satz 1 zu verstehen ist. Es handelt sich hierbei um einen **unbestimmten Rechtsbegriff**.[1633] Zur Bestimmung des Inhalts des Tatbestandsmerkmals soziale Gesichtspunkte in Abs. 3 Satz 1 ist eine eingehende Auslegung erforderlich.[1634]

463 Der Begriff sozial in Abs. 3 Satz 1 kann nicht gelöst von den arbeitsvertraglichen Beziehungen ausgelegt werden.[1635] Denn bei der sozialen Auswahl geht es darum, den Arbeitnehmer zu ermitteln, dessen Interesse an der Aufrechterhaltung der arbeitsvertraglichen Beziehungen am geringsten zu bewerten und der daher zu kündigen ist. Die Auswahlgesichtspunkte müssen deshalb in **Verbindung mit dem Arbeitsverhältnis** stehen.[1636] Gesichtspunkte, die keinen Bezug zum Arbeitsverhältnis haben, sind für die soziale Auswahl nach Abs. 3 grundsätzlich unbeachtlich. Relevant sind nur Kriterien, die in einem Zusammenhang mit dem Bestandsschutzinteresse des Arbeitnehmers am Arbeitsverhältnis stehen. Es ist somit festzustellen, was „sozial im Sinne des KSchG" ist.[1637]

464 Im Rahmen von Abs. 3 **Satz 1** sind **nur Belange der Arbeitnehmer** zu berücksichtigen, weil es hierbei nur darum geht, den schutzwürdigsten Arbeitnehmer zu ermitteln.[1638] Betriebliche Belange des Arbeitgebers, wozu insbesondere dessen Interesse am Erhalt einer leistungsfähigen Belegschaft gehört, sind allein im Rahmen der Prüfung der den sozialen Gesichtspunkten entgegenstehenden berechtigten betrieblichen Bedürfnisse des Abs. 3 Satz 2 beachtlich.[1639]

465 Beabsichtigt der Arbeitgeber betriebsbedingte Kündigungen auszusprechen, so ist er grundsätzlich berechtigt, die vergleichbaren Arbeitnehmer vor Ausspruch der Kündigung **nach den relevanten Sozialdaten zu befragen**.[1640] Eine solche Nachfrage ist angebracht und sinnvoll, weil sich die so-

---

[1633] BAG 24. 3. 1983, 20. 10. 1983, AP Nr. 12, 13 zu § 1 KSchG 1969 Betriebsbedingte Kündigung; BAG 18. 10. 1984, AP Nr. 6 zu § 1 KSchG 1969 Soziale Auswahl = EzA § 1 KSchG Betriebsbedingte Kündigung Nr. 34 mit Anm. *v. Hoyningen-Huene; Birk* JuS 1987, 113; KR-*Etzel* § 1 KSchG Rn. 611; *v. Hoyningen-Huene* Anm. zu BAG AP Nr. 13 zu § 1 KSchG 1969 Betriebsbedingte Kündigung.

[1634] Dazu im einzelnen *Linck* S. 65 ff. sowie *Bütefisch* S. 199 ff.

[1635] Vgl. *Ascheid* Kündigungsschutzrecht Rn. 329; ErfK/*Ascheid* § 1 KSchG Rn. 490; *Bütefisch* S. 200 f.; *v. Hoyningen-Huene* NZA 1986, 449, 450; *Klinkhammer/Klinkhammer* AuR 1984, 62, 64; *Linck* S. 76 f.; *Preis* S. 419; *B. Preis* DB 1986, 746 ff.; *Stahlhacke/Preis/Vossen* Rn. 667 b; *Wank* RdA 1987, 129, 144; RGRK-*Weller* vor § 620 Rn. 230.

[1636] Vgl. BAG 18. 1. 1990, AP Nr. 19 zu § 1 KSchG 1969 Soziale Auswahl; BAG 19. 5. 1993, AP Nr. 31 zu § 2 KSchG 1969 mit Anm. *Waas* = EzA § 1 KSchG Betriebsbedingte Kündigung Nr. 73 mit Anm. *Raab* = SAE 1994, 150 mit Anm. *Steinmeyer; Bitter/Kiel* RdA 1994, 333, 355.

[1637] So zutr. *Preis* S. 419.

[1638] BAG 24. 3. 1983, 20. 10. 1983, AP Nr. 12, 13 zu § 1 KSchG 1969 Betriebsbedingte Kündigung; KR-*Etzel*, 4. Aufl. 1998, § 1 KSchG Rn. 594; APS/*Kiel* § 1 KSchG Rn. 703.

[1639] H. M.; BAG 24. 3. 1983, 20. 10. 1983, AP Nr. 12 und 13 zu § 1 KSchG 1969 Betriebsbedingte Kündigung mit insoweit zust. Anm. *Meisel* (zu Nr. 12) und *v. Hoyningen-Huene* (zu Nr. 13); ErfK/*Ascheid* § 1 KSchG Rn. 502; KR-*Etzel* § 1 KSchG Rn. 587; *Berkowsky* BB 1983, 2057, 2061; *Löwisch/Schüren* SAE 1984, 50, 51; – abweichend *Buchner* DB 1983, 388.

[1640] Ebenso ErfK/*Ascheid* § 1 KSchG Rn. 491; APS/*Kiel* § 1 KSchG Rn. 725; dazu näher *Linck* S. 80 ff.

ziale Schutzwürdigkeit nach den tatsächlichen Verhältnissen bestimmt. Insbesondere für bestehende Unterhaltspflichten kommt es nicht allein auf die Eintragungen auf der Lohnsteuerkarte an; der Arbeitgeber hat vielmehr grundsätzlich auch weitere gesetzliche Unterhaltspflichten zu berücksichtigen.[1641] Verweigert der Arbeitnehmer auf eine Frage des Arbeitgebers die Auskunft über seine sozialen Verhältnisse oder macht er unvollständige Angaben, so hat dies zur Folge, daß sich der Arbeitnehmer im Prozeß nicht mehr auf Tatsachen berufen kann, die er dem Arbeitgeber auf dessen Frage hin verschwiegen hat.[1642] Beruft sich der Arbeitnehmer trotzdem auf verschwiegene Umstände, so wäre das eine unzulässige Rechtsausübung (§ 242 BGB), da bezüglich der Frage nach zulässigen Auswahlkriterien kein sachlicher Grund zum Verschweigen dieser Kriterien besteht.

Als Auswahlgesichtspunkte sind heute nahezu unbestritten die sog. **466 drei Grunddaten Lebensalter, Betriebszugehörigkeit und Unterhaltsverpflichtungen** anerkannt.[1643] Diese Kriterien waren bereits in § 13 Demobilmachungsverordnung vom 20. 2. 1920 ausdrücklich als Auswahlgesichtspunkte genannt.[1644]

Keinem dieser drei Kriterien kommt ein genereller und absoluter 466a Vorrang zu.[1645] Mit Recht hat das BAG darauf hingewiesen, daß das Gewicht der Sozialdaten nicht unverändert feststeht, sondern auch von der industriellen, arbeitsmarktpolitischen und wirtschaftlichen Entwicklung abhängt.[1646]

[1641] Ebenso *Bader/Bram* § 1 Rn. 325 a; *Bütefisch* S. 238; HK-KSchG/*Dorndorf* § 1 Rn. 1074; APS/*Kiel* § 1 KSchG Rn. 725; MünchKomm-BGB/*Schwerdtner* § 622 Anh. Rn. 422; – abweichend LAG Hamm 21. 8. 1997, LAGE § 1 KSchG Soziale Auswahl Nr. 21; MünchArbR/*Berkowsky* § 139 Rn. 180; *Löwisch* § 1 Rn. 369; KPK-*Meisel* § 1 Rn. 545; unklar KR-*Etzel* § 1 KSchG Rn. 691.

[1642] Ebenso LAG Köln 3. 5. 2000, NZA-RR 2001, 247; KR-*Etzel* § 1 KSchG Rn. 691; *v. Hoyningen-Huene* NZA 1986, 449, 452; *Linck* S. 82; *Löwisch* § 1 Rn. 369; MünchKomm-BGB/*Schwerdtner* § 622 Anh. Rn. 421; im Ergebnis auch ErfK/*Ascheid* § 1 KSchG Rn. 491.

[1643] Vgl. BAG 24. 3. 1983, AP Nr. 12 zu § 1 KSchG 1969 Betriebsbedingte Kündigung mit Anm. *Meisel* = SAE 1984, 43 mit Anm. *Löwisch/Schüren* = AuR 1984, 58 mit Anm. *Klinkhammer/Klinkhammer*; BAG 8. 5. 1985, 15. 6. 1989, 18. 1. 1990, AP Nr. 10, 18, 19 zu § 1 KSchG 1969 Soziale Auswahl; *Ascheid* Kündigungsschutzrecht Rn. 331; ErfK/*Ascheid* § 1 KSchG Rn. 492; *Bader/Bram* § 1 Rn. 323; *Bauer/Röder* S. 124; HK-KSchG/*Dorndorf* § 1 Rn. 1065; KR-*Etzel*, 4. Aufl. 1998, § 1 KSchG Rn. 579 f.; *Jobs* DB 1986, 538, 540; APS/*Kiel* § 1 KSchG Rn. 706; *Löwisch* § 1 Rn. 353; *Meisel* DB 1991, 92, 95 f.; *Stahlhacke/Preis/Vossen* Rn. 667 b; – kritisch hierzu freilich MünchArbR/*Berkowsky* § 139 Rn. 125 f.

[1644] Dazu *Linck* S. 5 ff.

[1645] BAG 24. 3. 1983, AP Nr. 12 zu § 1 KSchG 1969 Betriebsbedingte Kündigung; BAG 18. 1. 1990, AP Nr. 19 zu § 1 KSchG 1969 Soziale Auswahl = SAE 1991, 118 mit Anm. *v. Hoyningen-Huene*; ebenso *Ascheid* Kündigungsschutzrecht Rn. 332; ErfK/*Ascheid* § 1 KSchG Rn. 493; *Möhn* BB 1995, 563 f.; – für einen Vorrang der Betriebszugehörigkeit aber BAG 18. 10. 1984, AP Nr. 6 zu § 1 KSchG 1969 Soziale Auswahl mit Anm. *Löwisch* = EzA § 1 KSchG Betriebsbedingte Kündigung Nr. 34 im insoweit krit. Anm. *v. Hoyningen-Huene*; HK-KSchG/*Dorndorf* § 1 Rn. 1070; KR-*Etzel*, 4. Aufl. 1998, § 1 KSchG Rn. 579; APS/*Kiel* § 1 KSchG Rn. 727; *Preis* S. 421 f.; – für eine vorrangige Berücksichtigung des Lebensalters bei der Sozialauswahl *Gamillscheg* Anm. zu BAG EzA § 95 BetrVG 1972 Nr. 1.

[1646] BAG 24. 3. 1983, AP Nr. 12 zu § 1 KSchG 1969 Betriebsbedingte Kündigung mit Anm. *Meisel*.

§ 1   466 b–466 d   1. Abschnitt. Allgemeiner Kündigungsschutz

466 b   Das **Lebensalter** des Arbeitnehmers ist bei der Sozialauswahl ein bedeutender Auswahlgesichtspunkt, weil mit zunehmendem Alter grundsätzlich die soziale Schutzwürdigkeit steigt. Dies kommt beispielsweise in § 10 Abs. 2 bei der Bemessung der Abfindung bei Auflösung des Arbeitsverhältnisses zum Ausdruck.[1647] Andererseits ist aber zu beachten, daß auch jüngere Arbeitnehmer von einer Kündigung hart getroffen sein können.[1648] Jüngere Arbeitnehmer mit Kindern sind oftmals noch im Aufbau einer gesicherten Existenz begriffen, über die ältere Mitarbeiter häufig schon verfügen. Bei der Gewichtung des Auswahlgesichtspunktes Lebensalter kann deshalb berücksichtigt werden, daß ein älterer Arbeitnehmer nur noch einen überschaubaren Zeitraum bis zur Rentenberechtigung zu überbrücken hat, während die Kündigung des jüngeren Arbeitnehmers dazu führen kann, daß Ausbildungsmöglichkeiten seiner Kinder in Frage gestellt werden.[1649]

466 c   Auch in der neueren Gesetzgebung kommt diese **Ambivalenz des Lebensalters** zum Ausdruck.[1650] So sind durch das Gesetz zur sozialen Absicherung flexibler Arbeitszeiten vom 6. 4. 1998 (BGBl. I S. 688) das Verbot, den Anspruch auf Rente oder Altersteilzeit zum Nachteil des Arbeitnehmers bei der sozialen Auswahl zu berücksichtigen (§ 41 Abs. 4 Satz 2 SGB VI a. F. und § 8 Abs. 1 Hs. 2 ATG a. F.), gestrichen worden. Mit dem Gesetz zur Fortentwicklung der Altersteilzeit vom 20. 12. 1999 (BGBl. I S. 2494) ist dann allerdings zum 1. 1. 2000 § 8 Abs. 1 Hs. 2 ATG wieder eingeführt worden. Die neueste Gesetzgebung zur Befristung von Arbeitsverhältnissen hat wiederum den Schutz älterer Arbeitnehmer reduziert, indem nach § 14 Abs. 3 TzBfG die Befristung eines Arbeitsverhältnisses ab dem 58. Lebensjahr des Arbeitnehmers ohne sachlichen Grund für zulässig erklärt wurde, während nach § 1 Abs. 2 BeschFG bis zum 31. 12. 2000 die Altersgrenze noch bei 60 Jahren lag.

466 d   Mit Recht betrachtet das BAG neuerdings die Bedeutung des Auswahlgesichtspunkts Lebensalter differenziert, soweit damit zugleich die **Chancen auf dem Arbeitsmarkt mit bewertet** werden.[1651] Die Möglichkeiten, auf dem Arbeitsmarkt einen neuen Arbeitsplatz zu finden, sind beispielsweise im Alter von 35 Jahren nicht erheblich geringer als im Alter von 25 Jahren.[1652] Ein Lebensaltersunterschied von zehn Jahren fällt deshalb jedenfalls in dieser Altersgruppe nicht erheblich ins Gewicht, zumal je nach den Umständen und der Einstellung des betreffenden Arbeitgebers sogar die Chancen einer 35-jährigen Frau am Arbeitsmarkt besser zu beurteilen sein können als die einer 25-jährigen.[1653] Anders ist der Altersunterschied zwischen zwei vierzig-

---

[1647] Ausf. hierzu *Bütefisch* S. 216 ff.; *Linck* S. 89 f.
[1648] Vgl. BAG 24. 3. 1983, AP Nr. 12 zu § 1 KSchG 1969 Betriebsbedingte Kündigung und BAG 8. 8. 1985, AP Nr. 10 zu § 1 KSchG 1969 Soziale Auswahl; bestätigt von BAG 18. 1. 1990, AP Nr. 19 zu § 1 KSchG 1969 Soziale Auswahl; ebenso ErfK/*Ascheid* § 1 KSchG Rn. 495 .
[1649] Zutr. *Bauer/Lingemann* NZA 1993, 625, 628; APS/*Kiel* § 1 KSchG Rn. 713; ähnlich *Gagel* AuR 1992, 225, 230; *Hanau* DB 1992, 2625, 2652; *Stindt* DB 1993, 1361, 1366; – zur Altersteilzeit und vorgezogenen Altersrente vgl. Rn. 474.
[1650] Zutr. *Preis* RdA 1999, 311, 316.
[1651] Dazu BAG 21. 1. 1999, AP Nr. 3 zu § 1 KSchG 1969 Namensliste.
[1652] Ebenso APS/*Kiel* § 1 KSchG Rn. 712 sowie *Linck* S. 90.
[1653] Zutr. BAG 21. 1. 1999, AP Nr. 3 zu § 1 KSchG 1969 Namensliste.

und fünfzigjährigen Arbeitnehmern zu bewerten.[1654] Dem Tatbestandsmerkmal „soziale Gesichtspunkte" ist damit nicht zwingend zu entnehmen, daß ältere Arbeitnehmer in jeder Altersgruppe einen unbedingten Vorrang in der Sozialauswahl vor jüngeren genießen. Eine Lockerung des Kündigungsschutzes für bestimmte Gruppen älterer Arbeitnehmer ist aus diesem Grund auch nicht verfassungswidrig.[1655]

467 Der **Betriebszugehörigkeit** kommt bei der sozialen Auswahl große Bedeutung zu.[1656] Die Bedeutung der Betriebszugehörigkeit ergibt sich u. a. aus § 10, wonach bei der Ermittlung der Abfindungshöhe die Betriebszugehörigkeit maßgeblich zu berücksichtigen ist.

467a Bei der Berechnung der **Dauer der Betriebszugehörigkeit** ist nicht nur die aktuelle Beschäftigungszeit zu berücksichtigen, sondern auch eine frühere Beschäftigung beim gleichen Arbeitgeber, die auch zu einer Anrechnung auf die Wartezeit nach Abs. 1 führen würde.[1657] Hierzu gehören auch **Berufsausbildungszeiten**[1658] sowie Zeiten, in denen das Arbeitsverhältnis geruht hat. Dies folgt für **Wehr- und Zivildienstzeiten** aus § 6 Abs. 2 ArbPlSchG (i. V. m. § 78 Abs. 1 Nr. 1 ZDG). Auch die **Elternzeit** nach dem BErzGG gehört zur Betriebszugehörigkeit, weil durch die Inanspruchnahme von Elternzeit das Arbeitsverhältnis nicht unterbrochen wird.[1659] Im Falle eines **Betriebsübergangs** ist die Beschäftigungszeit beim Veräußerer vom Erwerber als Betriebszugehörigkeit zu berücksichtigen.[1660] Eine weitergehende Berücksichtigung früherer Beschäftigungszeiten oder von Zeiten der Beschäftigung bei anderen (z. B. konzernangehörigen) Unternehmen ist nur möglich, wenn dies vertraglich vereinbart wurde.[1661]

468 Als dritter wesentlicher Auswahlgesichtspunkt sind **gesetzliche Unterhaltspflichten** zu beachten.[1662] Da das KSchG das Ziel verfolgt, die wirt-

---

[1654] Ebenso *Bütefisch* S. 220.
[1655] Abweichend *Trittin* AuR 1995, 51, 52 f.
[1656] Vgl. BAG 18. 1. 1990, AP Nr. 19 zu § 1 KSchG 1969; *Ascheid* Kündigungsschutzrecht Rn. 332; ErfK/*Ascheid* § 1 KSchG Rn. 494; HK-KSchG/*Dorndorf* § 1 Rn. 1066, 1070; KR-*Etzel* § 1 KSchG, 4. Aufl. 1996, Rn. 579; *v. Hoyningen-Huene* Anm. zu BAG EzA § 1 KSchG Betriebsbedingte Kündigung Nr. 34; APS/*Kiel* § 1 KSchG Rn. 709; *Stahlhacke/Preis/Vossen* Rn. 667 b; ausführlich hierzu *Linck* S. 86 ff.; allgemein zur Seniorität im Arbeitsrecht vgl. *Däubler* Festschrift für Gnade 1992, S. 95.
[1657] Vgl. HK-KSchG/*Dorndorf* § 1 Rn. 1072; KR-*Etzel* § 1 KSchG Rn. 687; *Fischermeier* NZA 1997, 1089, 1094; APS/*Kiel* § 1 KSchG Rn. 707; *Linck* S. 87 f.; *Löwisch* § 1 Rn. 356; KPK-*Meisel* § 1 Rn. 537; – zu weitgehend LAG Hamm 29. 3. 1985, LAGE § 1 KSchG Soziale Auswahl Nr. 1, wonach eine Unterbrechung von vier Jahren nicht von ausschlaggebender Bedeutung sein soll.
[1658] Ebenso APS/*Kiel* § 1 KSchG Rn. 707; *Linck* AR-Blattei SD 1020.1.2 Rn. 79; zur Berücksichtigung von Berufsausbildungszeiten bei der Berechnung der Kündigungsfristen nach § 622 Abs. 2 BGB vgl. BAG 2. 12. 1999, AP Nr. 57 zu § 622 BGB.
[1659] Vgl. *Buchner/Becker* MuSchG und BErzGG, 6. Aufl. 1998, Vor §§ 15–21 BErzGG Rn. 44; *Meisel/Sowka* Mutterschutz und Erziehungsurlaub, 5. Aufl. 1999, § 15 BErzGG Rn. 42.
[1660] RGRK-*Ascheid* § 613a Rn. 132; KR-*Etzel* § 1 KSchG Rn. 687; APS/*Kiel* § 1 KSchG Rn. 708; KR-*Pfeiffer* § 613a Rn. 84.
[1661] Ebenso *Künzl* ZTR 1996, 385, 390; *Schröder* ZTR 1995, 394, 400.
[1662] Vgl. BAG 18. 10. 1984, AP Nr. 6 zu § 1 KSchG 1969 Soziale Auswahl mit Anm. *Löwisch*; BAG 8. 8. 1985, AP Nr. 10 zu § 1 KSchG 1969 Soziale Auswahl; ErfK/*Ascheid* § 1 KSchG Rn. 496; *Bütefisch* S. 223 ff.; HK-KSchG/*Dorndorf* § 1 Rn. 1074; KR-*Etzel* 4. Aufl. 1996, § 1 KSchG Rn. 580; HaKo-*Gallner* § 1 Rn. 755; APS/*Kiel* § 1 KSchG Rn. 716;

schaftliche und soziale Existenz des Arbeitnehmers zu schützen,[1663] sind bei der Sozialauswahl Unterhaltsverpflichtungen des Arbeitnehmers neben Betriebszugehörigkeit und Lebensalter zu berücksichtigen. Dies gebietet auch eine verfassungskonforme Auslegung von Abs. 3 Satz 1 im Lichte des Art. 6 Abs. 1 GG.

468 a Berücksichtigungsfähig sind allerdings nur **bestehende gesetzliche Unterhaltspflichten**.[1664] Hierbei sind nicht nur Unterhaltspflichten gegenüber dem Ehegatten und den Kindern zu berücksichtigen, sondern auch Unterhaltspflichten gegenüber pflegebedürftigen Eltern (§§ 1601 ff. BGB) sowie die gesetzlichen Unterhaltspflichten eingetragener gleichgeschlechtlicher Lebenspartnerschaften nach dem Lebenspartnerschaftsgesetz. Unterhaltsleistungen in einer **nichtehelichen Lebensgemeinschaft** bleiben unberücksichtigt, weil hierfür keine Rechtspflicht besteht. Maßgeblich ist nicht nur die Anzahl der Unterhaltsberechtigten, sondern in welcher Höhe der Arbeitnehmer diesen Unterhaltsberechtigten zum Unterhalt verpflichtet ist.[1665] So macht es beispielsweise einen erheblichen Unterschied, ob ein ausländischer Arbeitnehmer seinen im Ausland lebenden Kindern zu dem dortigen relativ niedrigen Lebensunterhalt verpflichtet ist oder ein Kollege für seine in Deutschland lebenden Kinder einen weitaus höheren Unterhalt leisten muß.

468 b Neben den genannten drei Grunddaten ist zur Feststellung der sozialen Schutzwürdigkeit eine etwaige **Schwerbehinderung** i. S. v. § 2 Abs. 2 SGB IX zu berücksichtigen.[1666] § 1 Abs. 3 Satz 1 ist insofern im Lichte des Art. 3 Abs. 3 Satz 2 GG verfassungskonform auszulegen.

469 Im Rahmen der sozialen Auswahl ist weiter der Verdienst des Ehegatten (sog. **Doppelverdienst**) zu berücksichtigen.[1667] Zwar bestehen gewisse Bedenken gegen die Berücksichtigung des Doppelverdienstes bei der sozialen Auswahl, weil sie zu einer mittelbaren Diskriminierung der Frauen bei Kündigungen führen könnte.[1668] Da das Lohnniveau der Frauen statistisch gesehen erheblich unter dem der Männer liegt, führt eine Berücksichtigung des Doppelverdienstes bei der Sozialauswahl in der Regel dazu, daß verheiratete Frauen eher als weniger schutzwürdig angesehen und deshalb früher als Männer gekündigt werden, weil auf das niedrigere Einkommen der Ehefrau

---

Kittner/Däubler/Zwanziger § 1 KSchG Rn. 473; *Löwisch* § 1 Rn. 358; *Stahlhacke/Preis/Vossen* Rn. 667 b.

[1663] Vgl. Begründung des Regierungsentwurfs zum KSchG, RdA 1951, 61, 63.

[1664] Ebenso LAG Köln 7. 4. 1995, LAGE § 1 KSchG Betriebsbedingte Kündigung Nr. 33; *Falkenberg* DB 1984, 1988; APS/*Kiel* § 1 KSchG Rn. 717; *Linck* S. 91 f.; *Löwisch* § 1 Rn. 358; *Preis* S. 423.

[1665] Ebenso HK-KSchG/*Dorndorf* § 1 Rn. 1075; KR-*Etzel* 4. Aufl. 1996, § 1 KSchG Rn. 580; APS/*Kiel* § 1 KSchG Rn. 717; *Linck* AR-Blattei SD 1020.1.2 Rn. 84; – abweichend *Fischermeier* NZA 1997, 1089, 1094 zur Rechtslage vor dem 1. 1. 2000.

[1666] Vgl. BAG 24. 3. 1983, AP Nr. 12 zu § 1 KSchG 1969 Betriebsbedingte Kündigung; *Dörner* Festschrift für Dieterich, S. 83, 86; APS/*Kiel* § 1 KSchG Rn. 722.

[1667] BAG 8. 8. 1985, AP Nr. 10 zu § 1 KSchG 1969 Soziale Auswahl; ErfK/*Ascheid* § 1 KSchG Rn. 496; KR-*Etzel*, 4. Aufl. 1996, § 1 KSchG Rn. 581; *Kittner/Däubler/Zwanziger* § 1 KSchG Rn. 474; – dazu näher *v. Hoyningen-Huene* NZA 1986, 449 ff.; *Linck* S. 93 ff.; *Pfarr/Bertelsmann* Gleichbehandlungsgesetz 1983, Rn. 92; – abweichend HK-KSchG/*Dorndorf* § 1 Rn. 1085; *Künzl* ZTR 1996, 385, 390 f.; *Preis* S. 424 f.; *Stahlhacke/Preis/Vossen* Rn. 667 b.

[1668] Vgl. hierzu *v. Hoyningen-Huene* NZA 1986, 449, 451; *Linck* S. 94 f.; *Preis* S. 224 f.

Sozial ungerechtfertigte Kündigungen

leichter verzichtet werden kann als auf das in der Regel höhere Einkommen des Ehemannes.
Die Berücksichtigung des sog. **Doppelverdienstes bei der Sozialauswahl ist** 470 jedoch **sachlich gerechtfertigt,** da er in einem Zusammenhang zu den ebenfalls beachtlichen Unterhaltsverpflichtungen steht.[1669] Berücksichtigt man zugunsten des Arbeitnehmers Unterhaltspflichten, so muß man zur näheren Bestimmung der Höhe dieser Pflichten auch mögliche Unterhaltsansprüche aus § 1360 BGB gegenüber dem mitverdienenden Ehegatten beachten.[1670]
Die **Bedeutung** des Doppelverdienstes bei der sozialen Auswahl ist frei- 471 lich eher gering anzusetzen, da er im Ergebnis nur einen beschränkten Aussagewert hat. Wegen des Arbeitsplatzrisikos des Zweitverdieners kann diese Einkommensquelle plötzlich wegfallen und sich daher die Auswahlentscheidung im nachhinein als falsch erweisen.[1671]
Nach h. M. sind bei der Sozialauswahl weiterhin die **Arbeitsmarktchan-** 472 **cen** zu berücksichtigen.[1672] Hiergegen bestehen jedoch Bedenken, weil die Arbeitsmarktchancen des gekündigten Arbeitnehmers mit den vertraglichen Beziehungen in keinerlei Zusammenhang stehen.[1673] Hinzu kommt, daß die Arbeitsmarktchancen kaum brauchbar bewertet werden können, weil es insoweit nicht nur auf die erworbenen, durch Zeugnisse und Zertifikate belegten Kenntnisse und Fähigkeiten ankommt, sondern auch auf die Persönlichkeit des Arbeitnehmers und sein Auftreten im Arbeitsleben.
Entgegen einer verbreiteten Meinung im Schrifttum und der älteren 473 Rechtsprechung haben die **Vermögensverhältnisse** der Arbeitnehmer bei der Ermittlung der sozialen Schutzwürdigkeit außer Betracht zu bleiben.[1674] Gegen die Berücksichtigung der Vermögensverhältnisse bei der Sozialauswahl spricht, daß diese ganz wesentlich auf der privaten Lebensführung

---

[1669] Zur objektiven Rechtfertigung einer faktischen Benachteiligung EuGH 13. 5. 1986, AP Nr. 10 zu § 119 EWG-Vertrag mit Anm. *Pfarr* = AR-Blattei Gleichbehandlung im Arbeitsverhältnis, Entsch. 77 mit Anm. *Colneric;* insoweit wird der Doppelverdienst auch von ErfK/*Ascheid* § 1 KSchG Rn. 499; HK-KSchG/*Dorndorf* § 1 Rn. 1076; APS/*Kiel* § 1 KSchG Rn. 723 und *Löwisch* § 1 Rn. 360 berücksichtigt.
[1670] Ähnlich *Ascheid* Kündigungsschutzrecht Rn. 337; – näher dazu *v. Hoyningen-Huene* NZA 1986, 449, 451; *Linck* S. 94 f.
[1671] Vgl. *v. Hoyningen-Huene* NZA 1986, 449, 451; *Linck* S. 95; *Pfarr/Bertelsmann* Gleichbehandlungsgesetz 1983 Rn. 290.
[1672] Vgl. BAG 24. 3. 1983, AP Nr. 12 zu § 1 KSchG 1969 Betriebsbedingte Kündigung; BAG 8. 8. 1985, AP Nr. 10 zu § 1 KSchG 1969 Soziale Auswahl; MünchArbR/*Berkowsky* § 139 Rn. 126, der hierin das maßgebliche Kriterium sieht; HK-KSchG/*Dorndorf* § 1 Rn. 1081; KR-*Etzel*, 4. Aufl. 1996, § 1 KSchG Rn. 581; *Herschel/Löwisch* § 1 Rn. 226; *Jobs* DB 1986, 538, 540.
[1673] Krit. auch *Ascheid* Kündigungsschutzrecht Rn. 339; ErfK/*Ascheid* § 1 KSchG Rn. 500; *Bitter/Kiel* RdA 1994, 333, 356; *Bütefisch* S. 252 ff.; APS/*Kiel* § 1 KSchG Rn. 724; *Klinkhammer/Klinkhammer* AuR 1984, 62, 64; *Linck* S. 99 f.; *Meisel* ZfA 1985, 213, 237; *Preis* S. 427; *Stahlhacke/Preis/Vossen* Rn. 667 b.
[1674] Ebenso *Ascheid* Kündigungsschutzrecht Rn. 338; ErfK/*Ascheid* § 1 KSchG Rn. 501; *Bitter/Kiel* RdA 1994, 333, 356; *Bütefisch* S. 258; HK-KSchG/*Dorndorf* § 1 Rn. 1084; *Hillebrecht* ZfA 1991, 87, 117; APS/*Kiel* § 1 KSchG Rn. 724; *Kittner/Däubler/Zwanziger* § 1 KSchG Rn. 476; *Linck* S. 101 ff.; *Meisel* ZfA 1985, 213, 238; *ders.* DB 1991, 92, 96; *Preis* S. 426; *Schwerdtner* ZIP 1984, 10, 16; – abweichend BAG 26. 4. 1964, AP Nr. 15 zu § 1 KSchG Betriebsbedingte Kündigung; *Berkowsky* Betriebsbedingte Kündigung § 6 Rn. 111 ff.; KR-*Etzel*, 4. Aufl. 1996, § 1 KSchG Rn. 581; *Rass* S. 80 ff.; *Schaub* NZA 1987, 217, 222.

des Arbeitnehmers beruhen, die wiederum kündigungsrechtlich irrelevant ist.[1675]

474 Für die Sozialauswahl von Bedeutung ist allerdings der **Gesundheitszustand** des Arbeitnehmers, wenn die Gesundheitsbeeinträchtigung auf betriebliche Umstände zurückzuführen ist.[1676] Sonstige gesundheitliche Beeinträchtigungen sind nur dann beachtlich, wenn sie den Grad einer **Schwerbehinderung** erreicht haben.[1677]

474a Die durch Einführung der flexiblen Altersgrenze geschaffene Möglichkeit, auch vor Vollendung des 65. Lebensjahres **Altersruhegeld** (Altersrente) zu beziehen, darf bei der Sozialauswahl berücksichtigt werden, weil das in § 41 Abs. 4 Satz 2 SGB VI a. F. enthaltene Verbot durch das Gesetz zur sozialen Absicherung flexibler Arbeitszeiten vom 6. 4. 1998 (BGBl. I S. 688) aufgehoben worden ist. Demgegenüber darf nach § 8 Abs. 1 ATG der **Anspruch auf Altersteilzeit** nicht zum Nachteil des Arbeitnehmers bei der sozialen Auswahl berücksichtigt werden.

i) Gerichtliche Überprüfungsmöglichkeiten

475 Unter Berücksichtigung dieser Auswahlkriterien ist vom Arbeitgeber der sozial am wenigsten schutzwürdige Arbeitnehmer zu ermitteln. Da der Arbeitgeber nach Abs. 3 Satz 1 soziale Gesichtspunkte nur ausreichend zu berücksichtigen hat, ist seine Auswahlentscheidung durch die Gerichte nur **beschränkt nachprüfbar**. Dem Arbeitgeber steht ein gewisser Wertungsspielraum zu, weil er soziale Gesichtspunkte nur „ausreichend" zu berücksichtigen hat.[1678] Nur deutlich schutzbedürftigere Arbeitnehmer als die vom Arbeitgeber ermittelten können mit Erfolg die Auswahl als fehlerhaft rügen.[1679] Auch die unrichtige oder unvollständige Berücksichtigung sozialer Gesichtspunkte kann zufällig zur zutreffenden Auswahlentscheidung führen, wenn sich der Fehler nicht auswirkt.[1680] Die Verwendung von **schematisierenden Punktetabellen** durch die Gerichte zur Überprüfung der sozialen Auswahl ist unzulässig, weil bei der Prüfung der sozialen Schutzbedürftigkeit stets eine Würdigung des Einzelfalles vorzunehmen ist.[1681]

[1675] So zutr. *Wank* RdA 1987, 129, 144.
[1676] Vgl. ErfK/*Ascheid* § 1 KSchG Rn. 498; *Bütefisch* S. 242 ff.; APS/*Kiel* § 1 KSchG Rn. 722; *Linck* S. 107 ff.; *Meisel* DB 1991, 92, 96; *Preis* S. 420; *ders.* RdA 1999, 311, 317; weitergehend BAG 24. 3. 1983, AP Nr. 12 zu § 1 KSchG 1969 Betriebsbedingte Kündigung; KR-*Etzel*, 4. Aufl. 1996, § 1 KSchG Rn. 581; zur Bedeutung krankheitsbedingter Fehlzeiten Rn. 479a.
[1677] Ebenso *Bütefisch* S. 246 f.; APS/*Kiel* § 1 KSchG Rn. 722; *Preis* RdA 1999, 311, 317; vgl. hierzu auch *Dörner* Festschrift für Dieterich S. 83 ff.
[1678] Vgl. BAG 18. 10. 1984, AP Nr. 6 zu § 1 KSchG 1969 Soziale Auswahl mit Anm. *Löwisch* = EzA § 1 KSchG Betriebsbedingte Kündigung Nr. 34 mit Anm. *v. Hoyningen-Huene*; BAG 9. 5. 1996, AP Nr. 79 zu § 1 KSchG 1969 Betriebsbedingte Kündigung; ErfK/*Ascheid* § 1 KSchG Rn. 493; KR-*Etzel* 4. Aufl. 1996, AP Nr. 610; APS/*Kiel* § 1 KSchG Rn. 726; *Löwisch* § 1 Rn. 366 f.; *Stahlhacke/Preis/Vossen* Rn. 669.
[1679] So BAG 25. 4. 1985, AP Nr. 7 zu § 1 KSchG 1969 Soziale Auswahl.
[1680] Vgl. BAG 20. 10. 1983, AP Nr. 13 zu § 1 KSchG 1969 Betriebsbedingte Kündigung mit Anm. *v. Hoyningen-Huene*; BAG 18. 10. 1984, AP Nr. 6 zu § 1 KSchG 1969 Soziale Auswahl; BAG 18. 1. 1990, AP Nr. 19 zu § 1 KSchG 1969 Soziale Auswahl; BAG 24. 2. 2000, AP Nr. 47 zu § 1 KSchG 1969 Soziale Auswahl; *Ascheid* Kündigungsschutzrecht Rn. 331.
[1681] BAG 24. 3. 1983, AP Nr. 12 zu § 1 KSchG 1969 Soziale Auswahl mit Anm. *Meisel*; – abweichend *Fenski* DB 1990, 1918; – zu Auswahlrichtlinien unten Rn. 481.

j) Berechtigte betriebliche Bedürfnisse nach Abs. 3 Satz 2

Der Auswahl nach sozialen Gesichtspunkten können gemäß Abs. 3 Satz 2 berechtigte betriebliche Bedürfnisse des Arbeitgebers entgegenstehen, wenn sie die **Weiterbeschäftigung eines oder mehrerer Arbeitnehmer bedingen** (zur Bedeutung des Abs. 3 Satz 2 bei Massenkündigungen vgl. Rn. 487 b). Durch die in § 1 Abs. 3 Satz 2 zum 1. 1. 1999 in Kraft getretene Rückkehr zur Rechtslage vor dem 1. 10. 1996 sind die Anforderungen an die unternehmerischen Interessen, die der Auswahl nach sozialen Gesichtspunkten entgegenstehen können, wieder verschärft worden.[1682]

Unterschiedliche Leistungen und Fähigkeiten zwischen dem sozial besonders schutzwürdigen und dem sozial stärkeren Arbeitnehmer sind zu berücksichtigen, wenn die **Weiterbeschäftigung** des sozial stärkeren Arbeitnehmers im Interesse eines geordneten Betriebsablaufs **erforderlich** ist.[1683] Reine Nützlichkeitserwägungen stehen freilich einer Auswahl nach sozialen Gesichtspunkten nicht entgegen.

Soweit das **BAG**[1684] allerdings fordert, die Leistungsunterschiede müßten so erheblich sein, daß auf den leistungsstärkeren Arbeitnehmer im Interesse eines geordneten Betriebsablaufs **nicht verzichtet** werden könne, ist ihm nicht zu folgen.[1685] Hiergegen spricht bereits, daß ein Arbeitnehmer, der auf Grund seiner Qualifikation und seiner Tätigkeit für den Betrieb unverzichtbar ist, schon gar nicht in die Sozialauswahl einzubeziehen ist, weil er von vornherein nicht mit anderen Arbeitnehmern vergleichbar, d. h. austauschbar ist.[1686] Im übrigen wird sich im Kündigungsschutzprozeß kaum nachweisen lassen, daß ein Arbeitnehmer für den geordneten Betriebsablauf unverzichtbar ist. Richtigerweise ist vielmehr eine Abwägung im Einzelfall vorzunehmen.

Das bedeutet, daß unter den vergleichbaren Arbeitnehmern zunächst eine Auswahl nach sozialen Gesichtspunkten vorzunehmen ist. Sodann ist zu fragen, ob dem Ergebnis dieser Auswahl nach sozialen Gesichtspunkten berechtigte betriebliche Bedürfnisse entgegenstehen. Im Rahmen der **Abwägung** sind dabei an die betrieblichen Bedürfnisse für die Weiterbeschäftigung des sozial stärkeren Arbeitnehmers um so höhere Anforderungen zu stellen, desto größer der Unterschied in der sozialen Schutzbedürftigkeit zwischen dem sozial stärksten und dem sozial schwächeren Arbeitnehmer ist.[1687]

[1682] Zur Rechtslage bis zum 31. 12. 1999 vgl. Vorauflage Rn. 480 a ff.

[1683] BAG 24. 3. 1983, AP Nr. 12 zu § 1 KSchG 1969 Betriebsbedingte Kündigung mit Anm. *Meisel* = SAE 1984, 43 mit Anm. *Löwisch/Schüren* = AuR 1984, 58 mit Anm. *Klinkhammer/Klinkhammer;* – abweichend noch BAG 20. 1. 1961, AP Nr. 7 zu § 1 KSchG Betriebsbedingte Kündigung.

[1684] BAG 24. 3. 1983, AP Nr. 12 und § 1 KSchG 1969 Betriebsbedingte Kündigung; dem BAG folgend *Ascheid* Kündigungsschutzrecht Rn. 341; HaKo-*Gallner* § 1 Rn. 769; *Kittner/Däubler/Zwanziger* § 1 KSchG Rn. 492.

[1685] Krit. auch *Berkowsky* BB 1983, 2057, 2061; *Birk* JuS 1987, 115; HK-KSchG/*Dorndorf* § 1 Rn. 1102; APS/*Kiel* § 1 KSchG Rn. 741; *Linck* S. 120 ff.; *Meisel* Anm. zu BAG AP Nr. 12 zu § 1 KSchG 1969 Betriebsbedingte Kündigung.

[1686] Abweichend BAG 20. 1. 1994, AP Nr. 8 zu § 1 KSchG 1969 Konzern unter III 3, das zunächst die Vergleichbarkeit der Arbeitnehmer bejaht, dann aber nach Abs. 3 Satz 2 einzelne Arbeitnehmer aus der Sozialauswahl herausnimmt.

[1687] Ebenso *Bader* NZA 1999, 64, 68; HK-KSchG/*Dorndorf* § 1 Rn. 1107; KR-*Etzel* 4. Aufl. 1996, § 1 KSchG Rn. 595; HaKo-*Gallner* § 1 Rn. 579; *v. Hoyningen-Huene* Anm.

478 a Auch im Bereich des **öffentlichen Dienstes** gibt es Arbeitgeberbelange, die der Auswahl nach sozialen Gesichtspunkten entgegenstehen können. Hier ist gleichfalls – wie in der Privatwirtschaft – eine Abwägung zwischen der Schutzwürdigkeit des sozial schwächeren Arbeitnehmers und den dienstlichen Bedürfnissen an der Weiterbeschäftigung des sozial stärkeren Arbeitnehmers vorzunehmen. Die Auslegung von Abs. 3 im Lichte des Art. 33 Abs. 2 GG führt nicht zu einer vorrangigen Berücksichtigung von Leistungsgesichtspunkten bei der Sozialauswahl, weil Art. 33 Abs. 2 GG nur den Zugang zu den öffentlichen Ämtern regelt, jedoch keine Aussagen über die Beendigung von Dienstverhältnissen enthält.[1688]

479 Nach Auffassung des BAG sind **Gründe, die in der Person oder in dem Verhalten** des Arbeitnehmers liegen, im Rahmen des Abs. 3 Satz 2 nur dann zu berücksichtigen, wenn sie so erheblich sind, daß die Voraussetzungen für eine personen- oder verhaltensbedingte Kündigung vorliegen.[1689]

479 a **Krankheitsbedingte Fehlzeiten** stehen nach Ansicht des BAG[1690] der Auswahl nach sozialen Gesichtspunkten nur entgegen, wenn die Voraussetzungen einer krankheitsbedingten Kündigung vorliegen. Hiergegen spricht jedoch, daß es bei der Frage, ob Gründe in der Person oder dem Verhalten des Arbeitnehmers bei der Sozialauswahl zum Nachteil des Gekündigten zu beachten sind, nicht darum geht, ob diese Gründe die Kündigung i. S. d. Abs. 2 Satz 1 bedingen.[1691] Darauf deutet bereits der Wortlaut des Gesetzes hin. Während nach § 1 Abs. 2 Satz 1 nämlich nur „dringende" betriebliche Erfordernisse eine Kündigung rechtfertigen, genügen gemäß Abs. 3 Satz 2 „berechtigte" betriebliche Bedürfnisse, um von der Auswahl nach sozialen Gesichtspunkten abweichen zu können. Im Rahmen der Abwägung zwischen dem Ergebnis der Auswahl nach sozialen Gesichtspunkten und den entgegenstehenden berechtigten betrieblichen Bedürfnissen sind daher auch solche betriebliche Beeinträchtigungen zu berücksichtigen, die ihre Ursache in der Person (z. B. krankheitsbedingte Fehlzeiten) oder dem Verhalten des

---

zu BAG AP Nr. 13 zu § 1 KSchG 1969 Betriebsbedingte Kündigung; *ders.* NZA 1994, 1009, 1016; APS/*Kiel* § 1 KSchG Rn. 743; *Linck* S. 122; *ders.* AR-Blattei SD 1020.1.2 Rn. 101; – krit. zu dieser Abwägung *Bütefisch* S. 295 ff.; *Meisel* DB 1991, 92, 94; *Preis* RdA 1999, 311, 318; *Rieble* NJW 1991, 65, 68; *Stahlhacke/Preis/Vossen* Rn. 675 b.

[1688] Ebenso *Bütefisch* S. 307; KR-*Etzel* 4. Aufl. 1996, § 1 KSchG Rn. 594; APS/*Kiel* § 1 KSchG Rn. 738; – abweichend *Zimmerling* ZTR 1995, 62, 65.

[1689] BAG 24. 3. 1983, 20. 10. 1983, AP Nr. 12, 13 zu § 1 KSchG 1969 Betriebsbedingte Kündigung; BAG 8. 8. 1985, AP Nr. 10 zu § 1 KSchG 1969 Soziale Auswahl; ebenso *Ascheid* Kündigungsschutzrecht Rn. 330; HK-KSchG/*Dorndorf* § 1 Rn. 1114; *Dudenbostel* DB 1984, 826, 829 f.; *Kittner/Däubler/Zwanziger* § 1 KSchG Rn. 495; *Löwisch* § 1 Rn. 375; *Rieble* NJW 1991, 65, 68; *Stahlhacke/Preis/Vossen* Rn. 673; RGRK-*Weller* vor § 620 Rn. 232.

[1690] BAG 24. 3. 1983, AP Nr. 12 zu § 1 KSchG 1969 Betriebsbedingte Kündigung; zust. ErfK/*Ascheid* § 1 KSchG Rn. 512; *Bader/Bram* § 1 Rn. 327 a; APS/*Kiel* § 1 KSchG Rn. 747; sowie die in der vorstehenden Fußnote Genannten.

[1691] Krit. gegenüber dem BAG auch *Berkowsky* DB 1983, 2059, 2062; MünchArbR/ *Berkowsky* § 139 Rn. 251; *Bütefisch* S. 308; KR-*Etzel* 4. Aufl. 1996, § 1 KSchG Rn. 597; *Hanau* ZfA 1984, 453, 566 f.; *v. Hoyningen-Huene* Anm. zu BAG AP Nr. 13 zu § 1 KSchG 1969 Betriebsbedingte Kündigung; *ders.* NZA 1994, 1009, 1015; *Kraft* Anm. zu BAG EzA § 1 KSchG Betriebsbedingte Kündigung Nr. 28; *Linck* AR-Blattei SD 1020.1.2 Rn. 111; *Meisel* DB 1991, 92, 94 f.; *Otto* SAE 1985, 218, 221.

Arbeitnehmers haben, auch wenn sie noch nicht geeignet sind, für sich allein eine Kündigung zu rechtfertigen.

Ein berechtigter betrieblicher Belang ist grundsätzlich auch das Interesse des Arbeitgebers, nach Ausspruch betriebsbedingter Kündigungen eine **ausgewogene Altersstruktur** im Betrieb zu behalten.[1692] Hierfür spricht neben der grammatikalischen Auslegung die Begründung des sog. Korrekturgesetzes vom 19. 12. 1998 (BGBl. I S. 3843). In der Gesetzesbegründung zum Regierungsentwurf heißt es, daß mit der Rückkehr zum Wortlaut des § 1 Abs. 3 Satz 2 in der vor dem 1. 10. 1996 geltenden Fassung die frühere Rechtslage wieder hergestellt sei. Danach sei auch in der Erhaltung einer ausgewogenen Altersstruktur ein berechtigtes betriebliches Bedürfnis gesehen worden.[1693] Auch wenn die Rechtslage vor dem 1. 10. 1996 entgegen der Gesetzesbegründung keineswegs eindeutig war,[1694] ist der bekundete Wille des Gesetzgebers doch beachtlich.[1695] In der fehlerhaften Beurteilung der Rechtslage liegt lediglich ein unbeachtlicher „Motivirrtum", denn die Gesetzgebung ist nicht gehindert, die Rechtslage zu ändern oder zu präzisieren. Maßgeblich ist, daß der bekundete Wille der Gesetzgebung mit dem Wortlaut des § 1 Abs. 3 Satz 2 vereinbar ist.

Als berechtigter betrieblicher Belang, der gemäß Abs. 3 Satz 2 einer Auswahl nach sozialen Gesichtspunkten entgegensteht, kommt dem Interesse des Arbeitgebers an einer ausgewogenen Altersstruktur vor allem bei **Massenkündigungen** Bedeutung zu. Denn in diesen Fällen kann es zu erheblichen Verschiebungen in der Altersstruktur des Betriebes kommen, die eine Korrektur der Auswahlentscheidung erforderlich machen. Durch die Sozialauswahl kann eine bestehende Altersstruktur der Belegschaft freilich nur gesichert, nicht aber neu gestaltet werden.[1696]

Das berechtigte Interesse des Arbeitgebers an einer ausgewogenen Altersstruktur beruht nicht allein auf einem befürchteten Anstieg der krankheitsbe-

---

[1692] Ebenso wohl nunmehr auch BAG 23. 11. 2000, NZA 2001, 601 unter B I 4b sowie LAG Düsseldorf 17. 3. 2000, NZA-RR 2000, 421; ErfK/*Ascheid* § 1 KSchG Rn. 512; *Bauer/Lingemann* NZA 1993, 625, 628; MünchArbR/*Berkowsky* § 139 Rn. 269 ff.; *Bütefisch* S. 325; KR-*Etzel* 4. Aufl. 1996, § 1 KSchG Rn. 598a; *Hanau* DB 1992, 2625, 2632; v. *Hoyningen-Huene* NZA 1994, 1009, 1015; APS/*Kiel* § 1 KSchG Rn. 749; *Langanke* RdA 1993, 219 ff.; *Linck* AR-Blattei SD 1020.1.2 Rn. 103; *Löwisch* § 1 Rn. 380 ff.; *ders.* BB 1999, 102, 103; *Rumpenhorst* NZA 1991, 214 ff.; *Stindt* DB 1993, 1361, 1365; – einschränkend LAG Sachsen-Anhalt 13. 5. 1998, LAGE § 1 KSchG Soziale Auswahl Nr. 28; *Stahlhacke/Preis/Vossen* Rn. 673; – abweichend Sächsisches LAG 10. 6. 1996, LAGE § 1 KSchG Soziale Auswahl Nr. 17; *Holthöwer/Rolfs* DB 1995, 1074, 1075; *Kittner/Däubler/Zwanziger* § 1 KSchG Rn. 495a mit unzutreffendem Hinweis auf § 41 Abs. 4 Satz 3 SGB VI, der bereits durch das Gesetz zur sozialen Absicherung flexibler Arbeitszeitregelungen vom 6. 4. 1998 (BGBl. I S. 688) aufgehoben wurde; *Trittin* AuR 1995, 51 ff.; – offengelassen von LAG Schleswig-Holstein 8. 7. 1994, BB 1995, 2660.

[1693] Vgl. BT-Drucks. 14/45 S. 54; wie hier *Bütefisch* S. 325; APS/*Kiel* § 1 KSchG Rn. 749; *Löwisch* BB 1999, 102, 103; *Schiefer* DB 1999, 48, 50; zweifelnd *Bader* NZA 1999, 64, 69 in Fn. 50; – abweichend *Däubler* NJW 1999, 601, 602; HK-KSchG/*Dorndorf* § 1 Rn. 1116; *Lakies* NJ 1999, 74, 76; unentschieden HaKo-*Gallner* § 1 KSchG Rn. 773.

[1694] Insoweit zutreffend HK-KSchG/*Dorndorf* § 1 Rn. 1116; zur früheren Rechtslage vgl. Vorauflage Rn. 479b sowie KR-*Etzel* 4. Aufl. 1996, § 1 KSchG Rn. 598a.

[1695] Vgl. APS/*Kiel* § 1 KSchG Rn. 749; *Löwisch* BB 1999, 102, 103; *Schiefer* DB 1999, 48, 50; – abweichend *Däubler* NJW 1999, 601, 602; HK-KSchG/*Dorndorf* § 1 Rn. 1116.

[1696] Ebenso KR-*Etzel* 4. Aufl. 1996, § 1 KSchG Rn. 598a; APS/*Kiel* § 1 KSchG Rn. 753.

dingten Fehlzeiten und einer etwaigen Abnahme der Leistungsfähigkeit der Gesamtbelegschaft bei einer Erhöhung des Durchschnittsalters. Hinzu kommt vielmehr auch, daß nur bei einer ausgewogenen Altersstruktur **betriebliche Aufstiegsmöglichkeiten** bestehen und damit jüngeren Beschäftigten berufliche Perspektiven gegeben werden können. Schließlich ist zu berücksichtigen, daß die Überalterung der Belegschaft dazu führt, daß mit Erreichen des Rentenalters in kurzer Zeit eine erhebliche Anzahl von Arbeitnehmern aus dem Betrieb ausscheidet und für den Arbeitgeber so nachhaltig Probleme bei der qualifizierten Neubesetzung der dann frei werdenden Stellen entstehen können.

479 e Sofern es zu Massenkündigungen kommt, welche die in **§ 112a Abs. 1 Nr. 1–4 BetrVG genannten Grenzzahlen überschreiten,** ist es daher nicht nur möglich, die Auswahl nach sozialen Gesichtspunkten anhand von Punktetabellen, die zwischen Arbeitgeber und Betriebsrat vereinbart worden sind, vorzunehmen (dazu Rn. 487). Bei massenhaften Kündigungen ist es vielmehr auch nicht zu beanstanden, wenn die Betriebspartner Auswahlrichtlinien nach § 95 BetrVG vereinbaren (dazu Rn. 481 ff.), nach denen innerhalb der jeweiligen Gruppe vergleichbarer Arbeitnehmer Untergruppen nach Lebensalter gebildet werden. So ist es denkbar, innerhalb der vergleichbaren Arbeitnehmer Gruppen der bis 30 jährigen, der 31–40 jährigen, der 41–50 jährigen, der 51–60 jährigen und der über 60 jährigen zu bilden.[1697] Ist beispielsweise der Beschäftigungsbedarf aufgrund dringender betrieblicher Erfordernisse nach Abs. 2 Satz 1 für 50 von 150 vergleichbaren Arbeitnehmern entfallen, so ist innerhalb jeder der fünf Personengruppen eine Auswahl nach sozialen Gesichtspunkten durchzuführen, die dazu führt, daß in jeder der fünf Altersgruppen ein Drittel der dort zusammengefaßten Arbeitnehmer gekündigt wird.[1698]

479 f Hiergegen spricht auch nicht, daß das Ergebnis der **Sozialauswahl je nach Gruppenbildung unterschiedlich** ausfallen kann. Sofern die Altersgruppen nach einem abstrakten Schema plausibel gebildet und keine Anhaltspunkte dafür erkennbar sind, daß die Gruppenbildung zielgerecht zur Kündigung einzelner dem Arbeitgeber unliebsamer Arbeitnehmer vorgenommen worden ist, hält sich die Auswahlentscheidung innerhalb des Wertungsspielraums, der dem Arbeitgeber zusteht (dazu Rn. 475).[1699]

480 Als weitere berechtigte betriebliche Bedürfnisse kommen **beispielsweise** in Betracht:[1700] Ein vom Arbeitnehmer geäußerter **Abkehrwille,** die Einplanung eines Arbeitnehmers für **künftige Führungsaufgaben,**[1701] **Leistungsgesichtspunkte,**[1702] besondere **Verbindungen eines Mitarbeiters zu Kunden oder Lieferanten** sowie besondere Qualifikationen wie

---

[1697] Zust. BAG 23. 11. 2000, NZA 2001, 601; ErfK/*Ascheid* § 1 KSchG Rn. 512; KR-*Etzel* 4. Aufl. 1996, § 1 KSchG Rn. 598a; APS/*Kiel* § 1 KSchG Rn. 751; – grundsätzlich abweichend *Giesen* ZfA 1997, 145, 155; *Kittner/Däubler/Zwanziger* § 1 KSchG Rn. 495a.
[1698] I. E. ebenso *Berkowsky* Betriebsbedingte Kündigung § 21 Rn. 64; KR-*Etzel* 4. Aufl. 1996, § 1 KSchG Rn. 598a; APS/*Kiel* § 1 KSchG Rn. 749; – teilweise abweichend HK-KSchG/*Dorndorf* § 1 Rn. 1121 ff.
[1699] Ebenso APS/*Kiel* § 1 KSchG Rn. 750.
[1700] Ausführlich hierzu *Bütefisch* S. 302 ff.
[1701] LAG Hamm 5. 2. 1987, LAGE § 1 KSchG Soziale Auswahl Nr. 2.
[1702] BAG 20. 10. 1983, AP Nr. 13 zu § 1 KSchG 1969 Betriebsbedingte Kündigung.

Fremdsprachenkenntnisse u. ä.[1703] Hierzu kann bei Erzieherinnen in Kinderbetreuungseinrichtungen die **Qualifikation für eine Tätigkeit in Integrationsgruppen** gehören.[1704] Berechtigte betriebliche Bedürfnisse liegen auch vor, wenn der Arbeitgeber im Falle einer etappenweisen Betriebsstillegung eingearbeitete Fachkräfte mit den verbleibenden Restarbeiten beschäftigt, um so Verzögerungen durch längere Einarbeitszeiten zu vermeiden.[1705]

Auf den Ausnahmetatbestand des § 1 Abs. 3 Satz 2 kann sich **nur der Arbeitgeber berufen**.[1706] Denn diese Bestimmung besteht im Interesse des Arbeitgebers. Ob der Arbeitgeber sich hierauf stützen will oder nicht, ist seine freie Entscheidung.[1707]

k) Auswahlrichtlinien

Die Betriebspartner können gemäß §§ 95 und 112 BetrVG in einer Betriebsvereinbarung, Regelungsabrede oder in einem Interessenausgleich Auswahlrichtlinien zur Durchführung der Sozialauswahl vereinbaren (dazu auch unten Rn. 523 ff.).[1708] Gegenstand solcher Auswahlrichtlinien können sowohl **Punktetabellen** zur Bewertung der Auswahlgesichtspunkte als auch **Regelungen zur Feststellung der Vergleichbarkeit** von Arbeitnehmern sein. Weiterhin können in Auswahlrichtlinien die berechtigten betrieblichen Belange, die der Auswahl nach sozialen Gesichtspunkten gemäß § 1 Abs. 3 Satz 2 entgegenstehen, näher konkretisiert werden. Insbesondere bei Massenentlassungen können in Auswahlrichtlinien auch Regelungen zur Sicherung einer ausgewogenen Altersstruktur vereinbart werden.

aa) Geschichtliche Entwicklung: Auswahlrichtlinien mußten nach der Rechtsprechung, die zu der bis zum 30. 9. 1996 geltenden Gesetzesfassung erging, die **Wertungen des § 1 Abs. 3** beachten. Das bedeutet, daß bei einer schematischen Bewertung der sozialen Gesichtspunkte die sog. **drei Grunddaten** Lebensalter, Betriebszugehörigkeit und Unterhaltsverpflichtungen ausgewogen berücksichtigt werden mußten, ohne daß einem dieser Kriterien ein absoluter Vorrang zukommen durfte (siehe oben Rn. 466).[1709]

[1703] BAG 20. 10. 1983, AP Nr. 13 zu § 1 KSchG 1969 Betriebsbedingte Kündigung.
[1704] Abweichend LAG Brandenburg 27. 9. 1997, LAGE § 1 KSchG Soziale Auswahl Nr. 24.
[1705] BAG 20. 1. 1994, AP Nr. 8 zu § 1 KSchG 1969 Konzern unter B III 3 c der Gründe.
[1706] Ebenso ErfK/*Ascheid* § 1 KSchG Rn. 513; MünchArbR/*Berkowsky* § 139 Rn. 278; HK-KSchG/*Dorndorf* § 1 Rn. 1101; KR-*Etzel* § 1 KSchG Rn. 646; *Löwisch* § 1 Rn. 372; – unzutreffend *Buschmann* AuR 1996, 285, 287.
[1707] Zur Beweislastverteilung im Kündigungsschutzprozeß vgl. Rn. 492.
[1708] Vgl. dazu *Fritz* Die Auswahlrichtlinien bei der Kündigung gem. § 95 BetrVG, Diss. Gießen 1978; *Gemählich* Auswahlrichtlinien nach § 95 BetrVG, Diss. Erlangen 1983; *Linck* S. 129 ff.; *Meisel* DB 1991, 92, 97 f.; *Rieble* NJW 1991, 65 ff.; *Zöllner* Festschrift für G. Müller 1981, S. 665 ff.
[1709] BAG 11. 3. 1976, AP Nr. 1 zu § 95 BetrVG 1972 mit Anm. G. *Hueck* = EzA § 95 BetrVG 1972 Nr. 1 mit Anm. *Gamillscheg*; BAG 20. 10. 1983, AP Nr. 13 zu § 1 KSchG 1969 Betriebsbedingte Kündigung mit Anm. *v. Hoyningen-Huene* = EzA § 1 KSchG Betriebsbedingte Kündigung Nr. 28 mit Anm. *Kraft* = SAE 1985, 215 mit Anm. *Otto*; BAG 15. 6. 1989, AP Nr. 18 zu § 1 KSchG 1969 Soziale Auswahl = EzA § 1 KSchG Soziale Auswahl Nr. 27 mit Anm. *Hergenröder* = SAE 1990, 208 mit Anm. *Preis* = AR-Blattei Kündigungsschutz Entsch. 304 mit Anm. *Wank*; BAG 18. 1. 1990, AP Nr. 19 zu § 1 KSchG 1969 Soziale Auswahl = SAE 1991, 118 mit Anm. *v. Hoyningen-Huene*.

Die Auswahlrichtlinie mußte weiterhin grundsätzlich die Möglichkeit bieten, individuelle Besonderheiten des Einzelfalles zu berücksichtigen.[1710] Auswahlrichtlinien dienten dem Arbeitgeber damit im wesentlichen nur zur **Vorauswahl** für eine Kündigung.[1711]

482 a In dem mit dem **Arbeitsrechtlichen Beschäftigungsförderungsgesetz zum 1. 10. 1996 neu eingefügten § 1 Abs. 4** wurden die gerichtlichen Überprüfungsmöglichkeiten der Auswahlentscheidung nach § 1 Abs. 3 Satz 1 **eingeschränkt.** Die Bewertung der dort aufgeführten sozialen Gesichtspunkte konnte durch die Gerichte nur auf grobe Fehlerhaftigkeit überprüft werden, wenn in einem Tarifvertrag, einer Auswahlrichtlinie nach § 95 BetrVG, oder einer entsprechenden Richtlinie nach den Personalvertretungsgesetzen festgelegt war, wie die Auswahlkriterien im Verhältnis zueinander zu bewerten sind.[1712]

482 b **Die seit 1. 1. 1999 geltende Fassung** des § 1 Abs. 4 knüpft hieran an. § 1 Abs. 4 Satz 1 KSchG ist redaktionell an die geänderte Fassung des Abs. 3 Satz 1[1713] angepaßt worden. Die Sätze 3 und 4 des Abs. 4 a. F. wurden zum 1. 1. 1999 ersatzlos aufgehoben.

482 c bb) **Auswahlrichtlinien:** Die Überprüfung der Sozialauswahl ist nach § 1 Abs. 4 auf grobe Fehlerhaftigkeit beschränkt, wenn in einem Tarifvertrag, einer Betriebsvereinbarung nach § 95 BetrVG oder einer entsprechenden Richtlinie nach den Personalvertretungsgesetzen festgelegt ist, welche sozialen Gesichtspunkte nach Abs. 3 Satz 1 zu berücksichtigen sind und wie diese Gesichtspunkte im Verhältnis zueinander zu bewerten sind. **Tarifvertragliche Auswahlrichtlinien** sind Betriebsnormen i. S. v. § 3 Abs. 2 TVG.[1714] Sie gelten deshalb unabhängig von der Tarifbindung der Arbeitnehmer für alle Betriebe, deren Arbeitgeber tarifgebunden ist. **Betriebsvereinbarungen** müssen den formalen Anforderungen des § 77 Abs. 2 BetrVG genügen. Formlose Regelungsabreden zwischen Arbeitgeber und Betriebsrat werden von § 1 Abs. 4 nicht erfaßt.[1715] Den Betriebsvereinbarungen des BetrVG sind **Dienstvereinbarungen** im Personalvertretungsrecht gleichgestellt. § 1 Abs. 4 gilt nicht für einseitig erlassene Auswahlrichtlinien.[1716]

[1710] BAG 20. 10. 1983, AP Nr. 13 zu § 1 KSchG 1969 Betriebsbedingte Kündigung mit Anm. *v. Hoyningen-Huene*; siehe dazu insbes. die ausgewogene Auswahlrichtlinie in BAG 18. 1. 1990, AP Nr. 19 zu § 1 KSchG 1969 Soziale Auswahl; zur Bedeutung bei Massenkündigungen Rn. 485 ff.

[1711] BAG 11. 3. 1976, AP Nr. 1 zu § 95 BetrVG 1972; BAG 18. 10. 1984, AP Nr. 6 zu § 1 KSchG 1969 Soziale Auswahl mit Anm. *Löwisch* = EzA § 1 KSchG Betriebsbedingte Kündigung Nr. 34 mit Anm. *v. Hoyningen-Huene*; BAG 18. 1. 1990, AP Nr. 19 zu § 1 KSchG 1969 Soziale Auswahl.

[1712] Vgl. hierzu Vorauflage Rn. 484 a ff. sowie auch BAG 21. 1. 1999, AP Nr. 3 zu § 1 KSchG 1969 Namensliste und BAG 2. 12. 1999, AP Nr. 45 zu § 1 KSchG 1969 Soziale Auswahl zur Überprüfung der Sozialauswahl bei einer in einem Interessenausgleich aufgestellten Namensliste nach § 1 Abs. 5 a. F.

[1713] Vgl. dazu Rn. 462.

[1714] Ebenso ErfK/*Ascheid* § 1 KSchG Rn. 521; HK-KSchG/*Dorndorf* § 1 Rn. 1126; KR-*Etzel* § 1 KSchG Rn. 725; *Fischermeier* NZA 1997, 1089, 1095; *Wiedemann* TVG § 1 Rn. 580; – abweichend *Buschmann* AuR 1996, 285, 288.

[1715] Zutr. *Bader* NZA 1999, 64, 69; HK-KSchG/*Dorndorf* § 1 Rn. 1126 a; APS/*Kiel* § 1 KSchG Rn. 758.

[1716] HK-KSchG/*Dorndorf* § 1 Rn. 1126.

Sozial ungerechtfertigte Kündigungen

Obwohl im Gesetz nicht ausdrücklich erwähnt, findet § 1 Abs. 4 auch auf **482 d** Auswahlrichtlinien Anwendung, die in einem **Interessenausgleich** vereinbart sind.[1717] Die Gleichstellung mit Betriebsvereinbarungen ist gerechtfertigt, weil der Interessenausgleich ebenfalls auf einer Vereinbarung der Betriebspartner beruht und gemäß § 112 Abs. 3 BetrVG schriftlich niederzulegen und zu unterschreiben ist. Mit dieser Gleichsetzung wird auch der gesetzgeberischen Zielsetzung, die Stellung des Betriebsrats zu stärken, Rechnung getragen.

cc) Inhalt der Auswahlrichtlinien: Nach § 1 Abs. 4 ist die soziale **482 e** Auswahl nur dann auf grobe Fehlerhaftigkeit zu überprüfen, wenn in einer Auswahlrichtlinie festgelegt ist, welche sozialen Gesichtspunkte nach § 1 Abs. 3 Satz 1 KSchG zu berücksichtigen sind und wie diese zueinander zu bewerten sind. Bei der Bestimmung der sozialen Gesichtspunkte haben sie freilich die gesetzlichen Vorgaben des § 1 Abs. 3 zu beachten. Auswahlrichtlinien unterliegen insoweit einer Rechtskontrolle.[1718]

Die Auswahlrichtlinien müssen deshalb jedenfalls die **drei Grunddaten** **482 f** **Betriebszugehörigkeit, Lebensalter und Unterhaltspflichten** berücksichtigen.[1719] Ob noch weitere Gesichtspunkte in die Richtlinie aufgenommen werden oder nicht, steht den Betriebspartnern bzw. Tarifvertragsparteien frei.[1720] Die Bewertung der sozialen Gesichtspunkte in Auswahlrichtlinien nach § 1 Abs. 4 kann schematisch anhand einer **Punktetabelle** erfolgen. Das BAG hat eine Punktetabelle gebilligt, welche die ersten 10 Jahre der Betriebszugehörigkeit mit je 1 Punkt und jedes weitere Jahr mit je 2 Punkten bis maximal 55 Punkte bewertete. Für jedes Lebensjahr war 1 Punkt, ebenfalls bis höchstens 55 Punkte vorgesehen. Je unterhaltsberechtigtem Kind wurden 4 Punkte für den Ehepartner 8 Punkte vergeben. Ein Grad der Behinderung (GdB) von 50 ergab 5 Punkte, wobei für jeweils 10 weitere GdB 1 Punkt gegeben wurde.[1721]

dd) Grobe Fehlerhaftigkeit: Im Anwendungsbereich des § 1 Abs. 4 sind **482 g** die gerichtlichen Überprüfungsmöglichkeiten der sozialen Auswahl auf den Maßstab grober Fehlerhaftigkeit beschränkt. Diese Bestimmung räumt damit den Tarifvertragsparteien bzw. den Betriebspartnern bei der Auswahlentscheidung einen **größeren Beurteilungsspielraum** ein, als er dem Arbeitgeber bei einer Auswahl ohne Richtlinie zustünde. In Auswahlrichtlinien führen Abweichungen von den gesetzlichen Vorgaben des § 1 Abs. 3 erst dann zur Unwirksamkeit der Sozialauswahl, wenn die Abweichung grob ist.[1722] Diese

---

[1717] Ebenso *Bader* NZA 1999, 64, 70; *Bader/Bram* § 1 Rn. 330a; APS/*Kiel* § 1 KSchG Rn. 761; *Preis* RdA 1999, 311, 320.
[1718] Vgl. ErfK/*Ascheid* § 1 KSchG Rn. 526; *Bader* NZA 1999, 64, 69.
[1719] Ebenso ErfK/*Ascheid* § 1 KSchG Rn. 528; HK-KSchG/*Dorndorf* § 1 Rn. 1137; APS/*Kiel* § 1 KSchG Rn. 767; *Linck* AR-Blattei SD 1020.1.2 Rn. 128; *Löwisch* § 1 Rn. 385; KPK-*Meisel* § 1 Rn. 553b; – im Grundsatz auch *Stahlhacke/Preis/Vossen* Rn. 678a, die jedoch im Hinblick auf das Kriterium Lebensalter Zweifel haben.
[1720] Vgl. *Bader* NZA 1999, 64, 69f.; *Löwisch* BB 1999, 102, 103; *ders.* § 1 Rn. 385; – abweichend *Däubler* NJW 1999, 601, 602; *Gaul* DB 1998, 2467, 2468.
[1721] Zu einer solchen zulässigen Tabelle vgl. BAG 18. 1. 1990, AP Nr. 19 zu § 1 KSchG 1969 Soziale Auswahl.
[1722] Zutr. HK-KSchG/*Dorndorf* § 1 Rn. 1136; – abweichend MünchArbR/*Berkowsky* § 139 Rn. 196, der die Möglichkeit einer Überprüfung auf grobe Fehlerhaftigkeit leugnet.

Differenzierung rechtsfehlerhafter Regelungen ist der Rechtsordnung im übrigen nicht fremd. So wird beispielsweise im Verwaltungsrecht zwischen rechtswidrigen und offenkundig schwer fehlerhaften und damit nichtigen Verwaltungsakten (§ 44 Abs. 1 VwVfG) unterschieden. Ob die soziale Auswahl grob fehlerhaft ist, bestimmt sich verschuldensunabhängig nach objektiven Merkmalen.[1723]

482 h Die soziale Auswahl ist grob fehlerhaft, wenn in den Auswahlrichtlinien den drei Grunddaten der Sozialauswahl, **Betriebszugehörigkeit, Lebensalter und Unterhaltspflichten keine oder eine offensichtlich völlig unzureichende bzw. überhöhte Bedeutung beigemessen** wird und die Gewichtung der Gesichtspunkte damit jede Ausgewogenheit vermissen läßt.[1724] Bleibt einer dieser Hauptgesichtspunkte in der Auswahlrichtlinie völlig unberücksichtigt, ist die Richtlinie regelmäßig grob fehlerhaft.[1725] Wird in einer Auswahlrichtlinie bestimmt, daß die Auswahl allein nach Betriebszugehörigkeit und Lebensalter erfolgt und jedes volle Jahr mit einem Punkt zu bewerten ist, kann von einer ausgewogenen Auswahl keine Rede mehr sein. Denn die Unterhaltspflichten sind hier unberücksichtigt und das Lebensalter ist überproportional gewichtet.

482 i **Nicht grob fehlerhaft** sind Auswahlrichtlinien, die Unterhaltspflichten gegenüber dem Ehepartner unabhängig davon berücksichtigen, ob dieser über eigenes Einkommen verfügt.[1726] Der vom Gesetzgeber weit gefaßte Beurteilungsspielraum der Betriebspartner läßt es auch zu, bei der Gewichtung der Sozialkriterien das Schwergewicht auf die Unterhaltspflichten der betroffenen Arbeitnehmer zu legen.[1727] Dieser vom BAG zu § 1 Abs. 5 Satz 2 a. F. aufgestellte Grundsatz gilt auch für eine Sozialauswahl nach Abs. 4, weil der gerichtliche Prüfungsmaßstab für die soziale Auswahl in beiden Bestimmungen die grobe Fehlerhaftigkeit ist.[1728]

482 j Eine **abschließende Einzelfallprüfung** kann zwar vereinbart werden, ist aber nicht zwingend erforderlich.[1729] Das folgt aus dem Ziel der Neuregelung, Rechtssicherheit zu schaffen. Indem die soziale Auswahl nach der gegenwärtigen Gesetzeslage unter den tatbestandlichen Voraussetzungen des § 1 Abs. 4 nur auf grobe Fehlerhaftigkeit überprüft werden kann, ist von der Gesetzgebung in Kauf genommen, daß einfach fehlerhafte Auswahlentscheidungen nicht zur Sozialwidrigkeit der Kündigung führen.[1730] Hierin liegt der entscheidende und von der Gesetzgebung erkennbar gewollte Unterschied zur Sozialauswahl ohne Auswahlrichtlinien.[1731] Ist die Möglichkeit einer Ein-

---

[1723] ErfK/*Ascheid* § 1 KSchG Rn. 534; APS/*Kiel* § 1 KSchG Rn. 765.

[1724] Vgl. Begründung des Gesetzentwurfs, BT-Drucks. 14/45, S. 53; ErfK/*Ascheid* § 1 KSchG Rn. 534; *Bader* NZA 1999, 64, 69f., APS/*Kiel* § 1 KSchG Rn. 767; *Linck* AR-Blattei SD 1020.1.2 Rn. 128; *Löwisch* § 1 Rn. 385; *Stahlhacke/Preis/Vossen* Rn. 678 a.

[1725] Ebenso *Bütefisch* S. 426; APS/*Kiel* § 1 KSchG Rn. 767; *Preis* RdA 1999, 311, 321.

[1726] Vgl. BAG 21. 1. 1999, AP Nr. 3 zu § 1 KSchG 1969 Namensliste; – abweichend HK-KSchG/*Dorndorf* § 1 Rn. 1138.

[1727] Vgl. BAG 2. 12. 1999, AP Nr. 45 zu § 1 KSchG 1969 Soziale Auswahl.

[1728] Ebenso *Löwisch* § 1 Rn. 385; – abweichend APS/*Kiel* § 1 KSchG Rn. 767.

[1729] Ebenso *Hoß* MDR 2000, 304, 312; *Preis* RdA 1999, 311, 320f.; *Stahlhacke/Preis/Vossen* Rn. 678a; – abweichend *Däubler* NJW 1999, 601, 603; HaKo-*Gallner* § 1 Rn. 786.

[1730] Ebenso *Löwisch* BB 1999, 102, 103.

[1731] Vgl. BT-Drucks. 14/45, S. 24 und 36.

zelfallprüfung nicht vereinbart, kann der Arbeitgeber von der Richtlinie auch nicht ausnahmsweise abweichen.[1732] Ansonsten läge nach § 1 Abs. 2 Satz 2 Nr. 1 a und 2 a ein absoluter Unwirksamkeitsgrund vor.

Nach Auffassung des BAG darf der Arbeitgeber bei einer abschließenden individuellen Prüfung der sozialen Schutzwürdigkeit berücksichtigen, daß ein nach den vereinbarten Auswahlrichtlinien schutzwürdigerer und deshalb nicht zur Kündigung vorgesehener Arbeitnehmer bereit ist, für den Fall der Weiterbeschäftigung seines zur Kündigung vorgesehenen Sohnes auf den **Arbeitsplatz zu verzichten**.[1733] Nähme der Arbeitgeber ein solches Angebot des Vaters an, führe die Weiterbeschäftigung des Sohnes in der Regel nicht zur Fehlerhaftigkeit der Sozialauswahl, weil nach § 1606 BGB Abkömmlinge vorrangig zum Unterhalt verpflichtet seien.

482 k

Diese Rechtsprechung überzeugt nicht.[1734] Der abstrakten gesetzlichen Regelung über die Rangordnung der Unterhaltspflichtigen aus § 1606 BGB ist nicht zu entnehmen, ob der **Sohn tatsächlich gegenüber dem Vater unterhaltspflichtig** ist. Denn eine Unterhaltspflicht der Kinder gegenüber den Eltern besteht nach § 1602 Abs. 1 BGB nur dann, wenn der nach der Gesetzeslage an sich Unterhaltsberechtigte auch wirklich bedürftig ist. Dies ist im Einzelfall unter Berücksichtigung der gesamten Einkommens- und Vermögenslage festzustellen. Arbeitslosengeld ist dem Unterhaltsberechtigten dabei im Gegensatz zur Arbeitslosenhilfe als Einkommen zuzurechnen, weil es sich hierbei nicht um eine subsidiäre Sozialleistung handelt.[1735] Weiterhin liegt hier auch ein Verstoß des Arbeitgebers gegen die mit dem Betriebsrat nach § 95 BetrVG vereinbarten Auswahlrichtlinien vor, weil entgegen der Auffassung des BAG nicht nur eine Einzelfallkorrektur des Ergebnisses der Vorauswahl erfolgt ist. Der Arbeitgeber hat vielmehr die Auswahlentscheidung ohne die in den Richtlinien mit dem Betriebsrat vereinbarten Kriterien durchgeführt und einen sozial nicht so schutzwürdigen Arbeitnehmer bevorzugt. Die Kündigung ist damit nach § 1 Abs. 2 Satz 2 Nr. 1 a sozial ungerechtfertigt.

482 l

Im Schrifttum ist umstritten, ob sich die Einschränkung der Überprüfungsmöglichkeiten auf grobe Fehlerhaftigkeit nur auf die Bewertung der sozialen Gesichtspunkte bezieht oder auch auf das **Ergebnis der Auswahlentscheidung** einschließlich der Vergleichbarkeit der Arbeitnehmer und der berücksichtigten betrieblichen Bedürfnisse erstreckt. Der **Wortlaut** deutet darauf hin, daß nicht nur die Bewertung der Auswahlgesichtspunkte auf grobe Fehlerhaftigkeit überprüft werden kann, sondern die gesamte Auswahl nach § 1 Abs. 3. Denn nach § 1 Abs. 4 kann unter den dort genannten Voraussetzungen „die soziale Auswahl" nur auf grobe Fehlerhaftigkeit überprüft werden.

482 m

[1732] Ebenso *Löwisch* BB 1999, 102, 103; – abweichend für krasse Ausnahmefälle HK-KSchG/*Dorndorf* § 1 Rn. 1139; APS/*Kiel* § 1 KSchG Rn. 770; *Löwisch* § 1 Rn. 386; – noch weitergehend HaKo-*Gallner* § 1 Rn. 786.
[1733] BAG 7. 12. 1995, AP Nr. 29 zu § 1 KSchG 1969 Soziale Auswahl = EzA § 1 KSchG Soziale Auswahl Nr. 35 mit abl. Anm. *Schwarze*.
[1734] Ablehnend auch ErfK/*Ascheid* § 1 KSchG Rn. 496; *Keppeler* BB 1996, 1994; APS/*Kiel* § 1 KSchG Rn. 720; *Linck* AR-Blattei SD 1020.1.2 Rn. 115; *Preis* NZA 1997, 1073, 1083.
[1735] Vgl. *Erman*/H. *Holzhauer* § 1602 Rn. 30; *Palandt*/*Diederichsen* § 1602 Rn. 19.

482 n Auch die **Entstehungsgeschichte** der jetzigen Fassung des § 1 Abs. 4 spricht hierfür. Während nach der aktuellen Fassung des Abs. 4 „die soziale Auswahl" nur auf grobe Fehlerhaftigkeit überprüft werden kann, hieß es in der alten Fassung des § 1 Abs. 4 vom 1. 10. 1996 noch, die „Bewertung" der sozialen Gesichtspunkte könne nur auf grobe Fehlerhaftigkeit überprüft werden.[1736] Demgegenüber sah § 1 Abs. 5 Satz 2 a. F. vor, daß im Falle der namentlichen Bezeichnung der zu kündigenden Arbeitnehmer in einem Interessenausgleich „die soziale Auswahl der Arbeitnehmer" nur auf grobe Fehlerhaftigkeit überprüft werden könne. Hierzu hat das BAG zu Recht die Auffassung vertreten, die eingeschränkte Möglichkeit zur Überprüfung der sozialen Auswahl auf grobe Fehlerhaftigkeit beziehe sich nicht nur auf die Beachtung und Gewichtung der Auswahlgesichtspunkte, sondern erstrecke sich auch auf die Einbeziehung der vergleichbaren Arbeitnehmer in die Auswahlentscheidung. Zur Begründung hat das BAG u. a. auch auf den unterschiedlichen Wortlaut des § 1 Abs. 4 und des Abs. 5 hingewiesen.[1737] Da davon auszugehen ist, daß der Gesetzgebung diese Rechtsprechung bekannt war, spricht die Entstehungsgeschichte des § 1 Abs. 4 eher dafür, die Einschränkung der Überprüfungsmöglichkeiten auf die gesamte soziale Auswahl zu beziehen.[1738]

483 Die **Begründung des Koalitionsentwurfs** stützt dieses Zwischenergebnis allerdings nicht. Nach der Gesetzesbegründung sollte mit der Neufassung eine inhaltliche Änderung nicht verbunden sein. Der Wille der an der Gesetzgebung Beteiligten ist aber nur insoweit relevant, als er im Wortlaut des Gesetzes Niederschlag gefunden hat. Hierfür genügt die Verweisung in § 1 Abs. 4 auf Abs. 3 Satz 1 nicht.[1739] Denn der erste Satzteil des Abs. 4 stellt allein die tatbestandlichen Voraussetzungen auf, die vorliegen müssen, damit die soziale Auswahl der Arbeitnehmer nur auf grobe Fehlerhaftigkeit überprüft werden kann.[1740]

484 Das **Ziel der zum 1. 1. 1999 in Kraft getretenen Neuregelung** spricht dafür, die Auswahlentscheidung insgesamt nur einer beschränkten Überprüfung zu unterziehen. Denn der Koalitionsentwurf strebte die Stärkung der betrieblichen Arbeitnehmervertretungen an. Gleichzeitig sollte durch eine Beschränkung der gerichtlichen Überprüfungsmöglichkeiten Rechtssicherheit bei betriebsbedingten Kündigungen geschaffen werden. Diese Ziele werden verwirklicht, wenn man – an den Wortlaut des § 1 Abs. 4 anknüpfend – die Einschränkung der Überprüfungsmöglichkeiten auf die gesamte soziale Auswahl einschließlich der Frage der Vergleichbarkeit von Arbeitnehmern und der Bedeutung der berechtigten betrieblichen Bedürfnisse bezieht. Denn damit steigt die Bedeutung solcher Richtlinien für den Arbeit-

---

[1736] Übersehen von *Hoß* MDR 2000, 305, 312; *U. Preis* RdA 1999, 311, 320; *Stahlhacke/ Preis/Vossen* Rn. 678 c.
[1737] BAG 7. 5. 1998, AP Nr. 94 zu § 1 KSchG 1969 Betriebsbedingte Kündigung mit Anm. *Schiefer* = EzA § 1 KSchG Interessenausgleich Nr. 5 mit Anm. *v. Hoyningen-Huene*.
[1738] So auch *Linck* AR-Blattei SD 1020.1.2 Rn. 119; *Löwisch* § 1 Rn. 388; *ders.* BB 1999, 102, 103; ähnlich wohl *Schiefer* DB 1999, 48, 50.
[1739] Abweichend *Bütefisch* S. 416.
[1740] Abweichend *Däubler* NJW 1999, 601, 603; ähnlich wohl *Bader* NZA 1999, 64, 69; zur Gesetzesbegründung vgl. BT-Drucks. 14/45, S. 53.

geber, so daß er eher bereit sein wird, hierüber mit dem Betriebsrat eine Vereinbarung nach § 95 Abs. 1 BetrVG abzuschließen.[1741] Im Rahmen dieser Verhandlungen hat der Betriebsrat dann die Möglichkeit, auch Richtlinien zur Vergleichbarkeit von Arbeitnehmern mit dem Arbeitgeber zu vereinbaren. Die Rechte des Betriebsrats wären damit faktisch verstärkt und zugleich wäre damit ein Beitrag zur Erhöhung der Rechtssicherheit geleistet.[1742]

l) Massenkündigungen

Auch bei Massenkündigungen hat der Arbeitgeber grundsätzlich eine **individuelle Sozialauswahl** vorzunehmen. Auswahlrichtlinien nach § 1 Abs. 4 können die soziale Auswahl in diesen Fällen erheblich erleichtern. Besondere Schwierigkeiten bereiten Massenkündigungen, weil sich wegen der individualrechtlichen Konzeption des Kündigungsschutzes grundsätzlich beliebig viele sozial schwächere Arbeitnehmer zur gleichen Zeit darauf berufen können, daß ein sozial stärkerer Arbeitnehmer nicht gekündigt wurde und daher die soziale Auswahl fehlerhaft sei.[1743] Dies kann im Einzelfall dazu führen, daß Hunderte von Kündigungen sozialwidrig sind, wenn ein nicht gekündigter Arbeitnehmer weniger sozial schutzwürdig ist als die übrigen. Der Arbeitgeber müßte dann eine Unzahl neuer Kündigungen aussprechen.

Um dieses Ergebnis zu vermeiden, neigt das BAG dazu, dem Arbeitgeber die Möglichkeit einzuräumen, Fehler in der **Sozialauswahl nachträglich im Kündigungsschutzprozeß zu korrigieren,** indem er die sozial weniger betroffenen Arbeitnehmer nachträglich kündigt und einer entsprechenden Anzahl von Arbeitnehmern die Fortsetzung des Arbeitsverhältnisses anbietet.[1744] Hiergegen spricht allerdings entscheidend die Gesetzessystematik, nach der die soziale Rechtfertigung einer Kündigung nach den Umständen zum Zeitpunkt des Zugangs der Kündigung zu beurteilen ist.[1745]

Eine Möglichkeit, die auftretenden Schwierigkeiten zu überwinden, ist die im Schrifttum vorgeschlagene **„eingeschränkte Kausalitätsprüfung".**[1746] Danach kann sich der klagende Arbeitnehmer im Kündigungsschutzprozeß jedenfalls dann nicht auf einen Auswahlfehler berufen, wenn sich dieser Fehler offensichtlich nicht zu seinen Gunsten auswirkt. Nur der sozial

---

[1741] Vgl. *Löwisch* § 1 Rn. 388.
[1742] Ebenso *Löwisch* BB 1999, 102, 103 sowie im Ergebnis offenbar *Lakies* NJ 1999, 74, 76; – abweichend *Bütefisch* S. 416 f.
[1743] BAG 18. 10. 1984, AP Nr. 6 zu § 1 KSchG 1969 Soziale Auswahl mit Anm. *Löwisch* = EzA § 1 KSchG Betriebsbedingte Kündigung Nr. 34 mit Anm. *v. Hoyningen-Huene* = AR-Blattei Kündigungsschutz I A Entsch. 5 mit Anm. *Hanau;* BAG 25. 4. 1985, AP Nr. 7 zu § 1 KSchG 1969 Soziale Auswahl.
[1744] BAG 18. 10. 1984, AP Nr. 6 zu § 1 KSchG 1969 Soziale Auswahl; zust. HK-KSchG/ *Dorndorf* § 1 Rn. 1165.
[1745] Ebenso MünchArbR/*Berkowsky* § 155 Rn. 49; *Bütefisch* S. 352; *v. Hoyningen-Huene* Anm. zu BAG EzA § 1 KSchG Betriebsbedingte Kündigung Nr. 34; *ders.* NZA 1994, 1015; APS/*Kiel* § 1 KSchG Rn. 773; *Linck* AR-Blattei SD 1020.1.2 Rn. 183 ff.; *Löwisch* § 1 Rn. 398; *ders.* Anm. zu BAG AP Nr. 6 zu § 1 KSchG 1969 Soziale Auswahl; *Rieble* NJW 1991, 65, 70; *Stahlhacke/Preis/Vossen* Rn. 670; Bedenken auch bei *Bitter/Kiel* RdA 1994, 333, 358; *Kittner/Däubler/Zwanziger* § 1 KSchG Rn. 510.
[1746] Vgl. APS/*Kiel* § 1 KSchG Rn. 776 sowie *Bütefisch* S. 354 ff.; in diesem Sinne auch bereits LAG Hamm 31. 8. 1994, LAGE § 1 KSchG Soziale Auswahl Nr. 13.

§ 1 487 a, 487 b 1. Abschnitt. Allgemeiner Kündigungsschutz

schutzwürdigste gekündigte Arbeitnehmer soll sich darauf berufen können, daß der Arbeitgeber einen sozial weniger schutzwürdigen Arbeitnehmer nicht in die Auswahl einbezogen hat. Diese Auffassung stößt aber bereits dann auf Probleme, wenn der schutzwürdigste Arbeitnehmer keine Kündigungsschutzklage erhebt und dessen Kündigung deshalb gemäß § 7 KSchG als wirksam gilt. Dann müßte der nächst schutzwürdige Arbeitnehmer nachrücken. Besser erscheint es daher, in diesen Fällen vor Massenentlassungen die **endgültige Sozialauswahl** anhand von zwischen Arbeitgeber und Betriebsrat vereinbarten **Punktetabellen** vorzunehmen.[1747] Die seit 1. 1. 1999 geltende Rechtslage eröffnet den Betriebspartnern in § 1 Abs. 4 nunmehr diese Möglichkeit (vgl. Rn. 481 ff.).

487 a   Als Folge der sozialen Auswahl bei Massenkündigungen kann es wegen des damit verbundenen zahlreichen Wechsels von Arbeitnehmern aus stillgelegten Abteilungen in fortgeführte Betriebsteile zu erheblichen **Betriebsablaufschwierigkeiten** kommen. Um diese gerade für Unternehmen in wirtschaftlicher Notlage fatale Folge zu begrenzen, ist der Arbeitgeber bei Massenkündigungen berechtigt, nicht alle Arbeitnehmer des fortgeführten Betriebsteils auszutauschen, die etwas weniger schutzwürdig sind als die vergleichbaren Arbeitnehmer der stillgelegten Betriebsabteilungen.[1748]

487 b   Der Arbeitgeber kann die **Anzahl der auszutauschenden Arbeitnehmer** bei Massenkündigungen **begrenzen.** Zwar scheidet auch in einer solchen Situation eine Beschränkung der Sozialauswahl auf die Arbeitnehmer der jeweiligen vom Wegfall von Beschäftigungsmöglichkeiten betroffenen Abteilungen aus, weil die soziale Auswahl nach der gesetzlichen Konzeption betriebsbezogen ist.[1749] Da das Gesetz in Abs. 3 Satz 2 dem Arbeitgeber allerdings erlaubt, diejenigen Arbeitnehmer von der Sozialauswahl auszunehmen, deren Weiterbeschäftigung für den ordnungsgemäßen Betriebsablauf erforderlich ist, kann der Arbeitgeber jedoch zunächst ermitteln, wie viele Arbeitnehmer der unterschiedlichen Qualifikationsstufen in der fortgeführten Betriebsabteilung ausgetauscht werden können, ohne daß dadurch der Arbeitsprozeß ernsthaft gefährdet würde.[1750] Entsprechend der so vom Arbeitgeber ermittelten Anzahl der in jeder Qualifikationsstufe austauschbaren Arbeitnehmer sind anschließend jeweils die Arbeitnehmer zu bestimmen, die sozial am wenigsten schutzwürdig sind und deshalb für eine Kündigung am ehesten in Betracht kommen. Im nächsten Schritt ist in der stillzulegenden

---

[1747] Dazu bereits v. *Hoyningen-Huene* Anm. zu BAG EzA § 1 KSchG Betriebsbedingte Kündigung Nr. 34; *ders.* Anm. zu BAG EzA § 1 KSchG Soziale Auswahl Nr. 26; *Linck* S. 137 ff. zur Rechtslage vor dem 1. 10. 1996; wohl ähnlich *Kittner/Däubler/Zwanziger* § 1 KSchG Rn. 510; – abweichend KR-*Etzel* 4. Aufl. 1996, § 1 KSchG Rn. 588; APS/*Kiel* § 1 KSchG Rn. 775.

[1748] BAG 25. 4. 1985, AP Nr. 7 zu § 1 KSchG 1969 Soziale Auswahl unter B II 4 c und d = SAE 1986, 110 mit Anm. *van Venrooy;* siehe dazu auch HK-KSchG/*Dorndorf* § 1 Rn. 1167; v. *Hoyningen-Huene* NZA 1994, 1009, 1015 f.; APS/*Kiel* § 1 KSchG Rn. 754; *Kittner/Däubler/Zwanziger* § 1 KSchG Rn. 509; *Linck* S. 141 f.; *B. Preis* DB 1984, 2244, 2248 ff.; *I. Weber* RdA 1986, 341, 343 ff.

[1749] Ebenso MünchArbR/*Berkowsky* § 155 Rn. 44; – abweichend *Wank* Anm. zu BAG vom 15. 6. 1989, AR-Blattei Kündigungsschutz Entsch. 304.

[1750] So ausdrücklich BAG 25. 4. 1985, AP Nr. 7 zu § 1 KSchG 1969 Soziale Auswahl unter B II 4 d.

Abteilung die gleiche Anzahl der schutzwürdigsten austauschbaren Arbeitnehmer zu ermitteln, die dann schließlich in der fortgeführten Betriebsabteilung weiterarbeiten.

Will der **Arbeitgeber** solche berechtigten betrieblichen Bedürfnisse geltend machen, hat er **darzulegen und gegebenenfalls unter Beweis zu stellen,** daß nur ein begrenzter Austausch vergleichbarer Arbeitnehmer zwischen verschiedenen Betriebsteilen möglich ist, ohne daß der ordnungsgemäße Ablauf des Betriebes gestört wird. Hierzu genügt es, wenn der Arbeitgeber anhand von Tatsachen plausibel die begrenzten Austauschmöglichkeiten darlegt. Eine mathematisch genaue Anzahl noch austauschbarer Arbeitnehmer kann nämlich vom Arbeitgeber nicht ermittelt und nachgewiesen werden.[1751] 487 c

m) Unterrichtung des Betriebsrats

Gemäß § 102 Abs. 1 BetrVG ist der Betriebsrat vor Ausspruch der Kündigung durch den Arbeitgeber über die von ihm berücksichtigten Auswahlgesichtspunkte zu unterrichten.[1752] Dies gilt auch für die Kündigung von Heimarbeitsverhältnissen.[1753] Der Arbeitgeber hat daher **von sich aus** und nicht erst auf ausdrückliches Verlangen dem Betriebsrat vor Ausspruch der Kündigung die Auswahlgesichtspunkte mitzuteilen.[1754] 488

Der Arbeitgeber hat den Betriebsrat grundsätzlich **nur über die Auswahlgesichtspunkte zu unterrichten, die für ihn – den Arbeitgeber – bei der Auswahlentscheidung maßgeblich sind.** Hat sich der Arbeitgeber entschlossen, bei einer betriebsbedingten Kündigung nicht nach sozialen Gesichtspunkten (§ 1 Abs. 3) auszuwählen, ist die Betriebsratsanhörung nicht fehlerhaft, wenn er das dem Betriebsrat so mitteilt. Einer „vorsorglichen Sozialauswahl" im Rahmen der Betriebsratsbeteiligung bedarf es nicht.[1755] Über eine nur abstrakt mögliche, aber unterbliebene Auswahl muß nicht unterrichtet werden, weil diese für den Kündigungsentschluß gerade nicht maßgeblich ist. Sozialdaten von Arbeitnehmern, die nach Meinung des Arbeitgebers nicht in die Sozialauswahl einzubeziehen sind, müssen dem Betriebsrat nicht mitgeteilt werden.[1756] 488 a

Verneint der Arbeitgeber bei einer **Kündigung nach Widerspruch eines Arbeitnehmers gegen einen Betriebsteilübergang** das Erfordernis einer Sozialauswahl allein wegen der Tatsache des Widerspruchs des Arbeitnehmers gegen einen Betriebsteilübergang, hat er dies gemäß § 102 Abs. 1 488 b

---

[1751] Ebenso MünchArbR/*Berkowsky* § 155 Rn. 62.
[1752] BAG 29. 3. 1984, AP Nr. 31 zu § 102 BetrVG 1972 mit Anm. *v. Hoyningen-Huene* = EzA § 102 BetrVG 1972 Nr. 55 mit Anm. *Moll* = SAE 1985, 88 mit Anm. *Reuter* = AR-Blattei Kündigungsschutz Entsch. 252 mit Anm. *Löwisch;* ausf. dazu *Bitter* NZA 1991 Beil. 3, S. 16 ff.; *Bütefisch* S. 359 ff.; KR-*Etzel* § 102 BetrVG Rn. 62 d–i; *Fenski* Beteiligungsrechte des Betriebsrats bei der Sozialauswahl 1989; APS/*Koch* § 102 BetrVG Rn. 111 ff.; *Linck* S. 151 ff.
[1753] BAG 7. 11. 1995, AP Nr. 74 zu § 102 BetrVG 1972.
[1754] Anders noch BAG 6. 7. 1978, AP Nr. 16 zu § 102 BetrVG 1972 mit Anm. *G. Hueck;* zum Inhalt der Unterrichtung näher *Fenski* S. 53 ff.; *Linck* S. 155 ff.
[1755] Zutr. BAG 24. 2. 2000, AP Nr. 47 zu § 1 KSchG 1969 Soziale Auswahl.
[1756] Vgl. BAG 5. 10. 1995, AP Nr. 71 zu § 1 KSchG 1969 Betriebsbedingte Kündigung; BAG 7. 11. 1996, RzK III 1 b Nr. 26; BAG 21. 9. 2000, NZA 2001, 535 unter B II 3 c.

BetrVG dem Betriebsrat mitzuteilen. Dies gilt auch dann, wenn der Arbeitgeber unzutreffend eine soziale Auswahl wegen des Widerspruchs des Arbeitnehmers für überflüssig gehalten hat und richtigerweise eine Sozialauswahl hätte vorgenommen werden müssen.[1757]

488 c Hat der **Arbeitgeber bei der getroffenen Sozialauswahl bestimmte Arbeitnehmer übersehen oder nicht für vergleichbar gehalten** und deshalb dem Betriebsrat die für die soziale Auswahl (objektiv) erheblichen Umstände zunächst nicht mitgeteilt, so darf er auf entsprechende Rüge des Arbeitnehmers im Prozeß insoweit seinen Vortrag ergänzen, ohne daß darin ein nach § 102 Abs. 1 BetrVG unzulässiges Nachschieben von Kündigungsgründen gesehen werden kann.[1758] Zwar kann sich der Arbeitgeber im Prozeß nicht auf Kündigungsgründe oder für einen Kündigungssachverhalt wesentliche Umstände berufen, die er dem Betriebsrat nicht mitgeteilt hat.[1759] Darum geht es jedoch nicht bei der Erweiterung der Gründe für die soziale Auswahl auf Arbeitnehmer, die der Arbeitgeber übersehen oder für nicht vergleichbar gehalten hat. Denn die objektive Darlegungs- und Beweislast für eine fehlerhafte Sozialauswahl obliegt gemäß § 1 Abs. 3 Satz 3 zunächst dem Arbeitnehmer und nicht dem Arbeitgeber. Der Arbeitgeber muß für die soziale Auswahl objektiv erhebliche Umstände, die er ursprünglich nicht mitgeteilt hat, weil er sie übersehen oder zu Unrecht für unerheblich gehalten hat, erst auf eine entsprechende Rüge des Arbeitnehmers im Prozeß substantiiert vortragen. In diesem Vortrag liegt deshalb nur eine Konkretisierung des bisherigen und kein nach § 102 Abs. 1 BetrVG unzulässiges Nachschieben eines neuen Kündigungssachverhalts.[1760]

488 d Diese **subjektive Determinierung** der Unterrichtungspflicht[1761] führt freilich nicht dazu, daß auf die Mitteilung persönlicher Umstände ganz verzichtet werden kann, wenn der Arbeitgeber tatsächlich eine Auswahl vornimmt.[1762] Grundsätzlich hat der Arbeitgeber vielmehr den Betriebsrat jedenfalls über die Grunddaten der Sozialauswahl, nämlich Betriebszugehörigkeit, Lebensalter und Unterhaltspflichten sowie über einen eventuellen Sonderkündigungsschutz zu unterrichten.[1763] Nur dann ist der Betriebsrat in der Lage, zu der beabsichtigten Kündigung sachgemäß Stellung zu nehmen.

489 Ob die **Gründe,** die den Arbeitgeber zur Kündigung veranlaßt haben, die Kündigung tatsächlich sozial rechtfertigen, ist für das Anhörungsverfahren nach § 102 BetrVG freilich **unerheblich.** Denn der Arbeitgeber ist allein

---

[1757] BAG 24. 2. 2000, AP Nr. 47 zu § 1 KSchG 1969 Soziale Auswahl.
[1758] BAG 7. 11. 1996, RzK III 1 b Nr. 26.
[1759] Vgl. BAG 11. 4. 1985, AP Nr. 39 zu § 102 BetrVG 1972.
[1760] Vgl. BAG 29. 3. 1990, AP Nr. 50 zu § 1 KSchG 1969 Betriebsbedingte Kündigung.
[1761] Dazu *Kraft* Festschrift für Kissel S. 611 ff.
[1762] Zutr. BAG 15. 12. 1994, AP Nr. 67 zu § 1 KSchG 1969 Betriebsbedingte Kündigung = EzA § 1 KSchG Betriebsbedingte Kündigung Nr. 75 unter B I 3 a (2) mit Anm. *v. Hoyningen-Huene;* – abweichend *Bayer* DB 1992, 782, 784; KR-*Etzel* § 102 BetrVG Rn. 62 f.
[1763] BAG 15. 12. 1994, AP Nr. 67 zu § 1 KSchG 1969 Betriebsbedingte Kündigung; ebenso *Kittner/Däubler/Zwanziger* § 102 BetrVG Rn. 93; GK-BetrVG/*Kraft* § 102 Rn. 62.

verpflichtet, die Gründe mitzuteilen, die ihn subjektiv zu der getroffenen sozialen Auswahl veranlaßt haben.[1764]

n) Auskunftsanspruch des Arbeitnehmers

Der Arbeitgeber ist nach Abs. 3 Satz 1 Hs. 2 verpflichtet, dem Arbeitnehmer auf Verlangen die Gründe mitzuteilen, die zu der getroffenen sozialen Auswahl geführt haben. Hierzu zählen neben den **sozialen Gesichtspunkten** auch die **betrieblichen Bedürfnisse,** welche nach Auffassung des Arbeitgebers einer Auswahl nach sozialen Gesichtspunkten entgegenstehen.[1765] Der Arbeitgeber hat hierzu mitzuteilen, welche Arbeitnehmer er in die Auswahl einbezogen hat. Aus dem Rechtsgedanken des § 626 Abs. 2 Satz 3 BGB ist dabei abzuleiten, daß der Arbeitgeber auf das Auskunftsverlangen unverzüglich zu reagieren hat.[1766] Beide Fälle sind vergleichbar, weil beide Mitteilungspflichten dem Zweck dienen, den Arbeitnehmer möglichst rasch nach Zugang der Kündigung in die Lage zu versetzen, die in einem Kündigungsrechtsstreit zu erwartenden Prozeßrisiken abzuwägen. Gegen die Auskunftspflicht bestehen keine datenschutzrechtlichen Bedenken.[1767]

Verletzt der Arbeitgeber seine Mitteilungspflicht, ist er dem Arbeitnehmer wegen positiver Vertragsverletzung **schadensersatzpflichtig.** Zu dem erstattungsfähigen Schaden gehören hierbei – mit Ausnahme der nach § 12a Abs. 1 Satz 1 ArbGG nicht ersetzbaren Kosten für die Hinzuziehung eines Prozeßbevollmächtigten in der ersten Instanz[1768] – insbesondere die Kosten eines Kündigungsschutzprozesses, den der Arbeitnehmer bei Kenntnis der für die Sozialauswahl maßgebenden Umstände nicht angestrengt hätte.[1769] Darüber hinaus ist die Erfüllung der Mitteilungspflicht allerdings **keine Wirksamkeitsvoraussetzung** für die betriebsbedingte Kündigung.

o) Darlegungs- und Beweislast

Nach Abs. 3 Satz 3 ist der **Arbeitnehmer** für die Fehlerhaftigkeit der vom Arbeitgeber vorgenommenen sozialen Auswahl **beweispflichtig.** Diese Regelung betrifft nach zutreffender h. M. nur den Nachweis der nicht ausreichenden Berücksichtigung sozialer Gesichtspunkte.

[1764] BAG 29. 3. 1984, AP Nr. 31 zu § 102 BetrVG 1972 unter III 2 d; *Linck* S. 155 ff.; zum Nachschieben von Auswahlgesichtspunkten im Prozeß BAG 29. 3. 1990, AP Nr. 50 zu § 1 KSchG 1969 Betriebsbedingte Kündigung unter B III 4.

[1765] Ebenso BAG 21. 7. 1988, AP Nr. 17 zu § 1 KSchG 1969 Soziale Auswahl = EzA § 1 KSchG Soziale Auswahl Nr. 26 mit insoweit zust. Anm. *v. Hoyningen-Huene;* BAG 10. 2. 1999, AP Nr. 40 zu § 1 KSchG 1969 Soziale Auswahl; ErfK/*Ascheid* § 1 KSchG Rn. 508 ff.; *Brill* AuR 1984, 140, 143; HK-KSchG/*Dorndorf* § 1 Rn. 1169; KR-*Etzel* § 1 KSchG Rn. 712; APS/*Kiel* § 1 KSchG Rn. 731; *Kittner/Däubler/Zwanziger* § 1 KSchG Rn. 496; *Linck* S. 174; *Löwisch* § 1 Rn. 393.

[1766] Ebenso HK-KSchG/*Dorndorf* § 1 Rn. 1171; KR-*Etzel* § 1 KSchG Rn. 711; *Stahlhacke/Preis/Vossen* Rn. 676.

[1767] BAG 24. 3. 1983, AP Nr. 12 zu § KSchG 1969 Betriebsbedingte Kündigung; KR-*Etzel* § 1 KSchG Rn. 720; APS/*Kiel* § 1 KSchG Rn. 731; *Löwisch* § 1 Rn. 392; – dazu näher *Linck* S. 78 ff.

[1768] ErfK/*Ascheid* § 1 KSchG Rn. 511; vgl. dazu BAG 30. 4. 1992, AP Nr. 6 zu § 12a ArbGG 1979.

[1769] Ebenso HK-KSchG/*Dorndorf* § 1 Rn. 1173; KR-*Etzel* § 1 KSchG Rn. 713; APS/*Kiel* § 1 KSchG Rn. 733; *Löwisch* § 1 Rn. 395.

492 a Für den Nachweis der den sozialen Gesichtspunkten **nach § 1 Abs. 3 Satz 2 entgegenstehenden berechtigten betrieblichen Bedürfnisse** ist demgegenüber der **Arbeitgeber** darlegungs- und beweispflichtig.[1770] Der Arbeitgeber hat daher konkrete Tatsachen vorzutragen, aus denen sich ergibt, daß die Weiterbeschäftigung einzelner Arbeitnehmer erforderlich ist. Hierzu sind die besonderen Kenntnisse und Qualifikationen und deren Bedeutung für den Betrieb genau darzulegen. Beruft sich der Arbeitgeber auf Leistungsunterschiede, hat er die Arbeitsleistungen der betroffenen Arbeitnehmer sowie den Bewertungsmaßstab substantiiert darzulegen.

493 Für den Nachweis der Fehlerhaftigkeit der vom Arbeitgeber vorgenommenen Auswahl nach sozialen Gesichtspunkten gilt ein **abgestuftes System** der Darlegungs- und Beweislast:[1771]

493 a – Zuerst hat der **Arbeitnehmer vorzutragen, daß die soziale Auswahl fehlerhaft vorgenommen wurde.** Ohne entsprechende Darlegung hat der Arbeitgeber keine Veranlassung, zur sozialen Auswahl Stellung zu nehmen. Die Behauptung des Arbeitnehmers, der Arbeitgeber habe keine Sozialauswahl durchgeführt, genügt nicht.[1772] Der Arbeitnehmer muß wenigstens behaupten, ihm habe bei Durchführung einer Sozialauswahl nicht gekündigt werden dürfen, weil er sozial schutzwürdiger als vergleichbare Arbeitnehmer gewesen sei. – Bestreitet der Arbeitnehmer die Richtigkeit der sozialen Auswahl und **benennt er andere Arbeitnehmer**, die weniger schutzbedürftig sein sollen, so hat er im Falle des Bestreitens durch den Arbeitgeber die entsprechenden Behauptungen zu beweisen.

493 b – Ist der **Arbeitnehmer nicht in der Lage, substantiiert zur sozialen Auswahl Stellung zu nehmen,** und fordert er aus diesem Grunde den Arbeitgeber auf, ihm die Gründe mitzuteilen, die ihn zur getroffenen Auswahlentscheidung veranlaßt haben, so geht insoweit die Darlegungslast auf den Arbeitgeber über.[1773] Der Arbeitgeber hat nun vollständig und wahrheitsgemäß (§ 138 Abs. 1 ZPO) seine subjektiven, tatsächlich angestellten Überlegungen zur getroffenen Auswahl darzutun. Von ihm kann nach § 1 Abs. 3 Satz 1 Hs. 2 aber nicht eine vollständige Auflistung der Sozialdaten aller objektiv vergleichbaren Arbeitnehmer seines Betriebes verlangt werden. Der Arbeitgeber genügt vielmehr seiner Auskunftspflicht, wenn er sich auf die Arbeitnehmer beschränkt, die er als ver-

---

[1770] Vgl. BAG 28. 3. 1957, AP Nr. 25 zu § 1 KSchG; BAG 20. 1. 1994, AP Nr. 8 zu § 1 KSchG 1969 Konzern unter B III 3 c; BAG 10. 2. 1999, AP Nr. 40 zu § 1 KSchG 1969 Soziale Auswahl; *Ascheid* Beweislastfragen S. 181; ErfK/*Ascheid* § 1 KSchG Rn. 536; HK-KSchG/*Dorndorf* § 1 Rn. 1174; KR-*Etzel* § 1 KSchG Rn. 669; APS/*Kiel* § 1 KSchG Rn. 785; *Linck* S. 167; *Reinecke* Beweislastverteilung S. 171.

[1771] Dazu grundlegend BAG 23. 3. 1983, AP Nr. 12 zu § 1 KSchG 1969 Betriebsbedingte Kündigung sowie BAG 21. 7. 1988, 15. 6. 1989, 24. 2. 2000, AP Nr. 17, 18, 47 zu § 1 KSchG 1969 Soziale Auswahl; ErfK/*Ascheid* § 1 KSchG Rn. 539; HK-KSchG/*Dorndorf* § 1 Rn. 1175 ff.; KR-*Etzel* § 1 KSchG Rn. 715 ff.; *v. Hoyningen-Huene* SAE 1991, 124, 126 f.; APS/*Kiel* § 1 KSchG Rn. 781 ff.; *Kittner/Däubler/Zwanziger* § 1 KSchG Rn. 499 ff.; – ausführlich hierzu *Ascheid* Beweislastfragen S. 162 ff.; *Bütefisch* S. 374 ff.; *Haug* Informationelle Strategien im Arbeitsrecht 1988, S. 144 ff.; *Linck* DB 1990, 1866 ff.

[1772] Zutr. BAG 24. 2. 2000, AP Nr. 47 zu § 1 KSchG 1969 Soziale Auswahl.

[1773] Vgl. hierzu instruktiv BAG 24. 2. 2000, AP Nr. 47 zu § 1 KSchG 1969 Soziale Auswahl.

Sozial ungerechtfertigte Kündigungen   493 c–493 e § 1

gleichbar erachtet hat, selbst wenn sich aus dem Inhalt seiner Auskunft die materielle Unrichtigkeit seiner Auffassung ergibt.[1774]

– Trägt der **Arbeitgeber** nach entsprechender Aufforderung des Arbeitnehmers nur Gründe vor, die erkennen lassen, daß er die **soziale Auswahl ausschließlich nach betrieblichen Interessen** vorgenommen hat, so spricht nach Auffassung des BAG eine tatsächliche Vermutung dafür, daß die Auswahlentscheidung auch im Ergebnis sozialwidrig ist. Gleiches gilt, wenn der Arbeitgeber dem Arbeitnehmer nur abstrakt die Auswahlgesichtspunkte mitteilt, ohne ihm darüber hinaus die vergleichbaren Arbeitnehmer namentlich zu benennen und Auskunft über die konkret berücksichtigten Sozialdaten zu geben.[1775] Zum gleichen Ergebnis gelangt man, wenn man den Vortrag des Arbeitgebers als nicht erheblich i. S. v. § 138 Abs. 2 ZPO und damit den Vortrag des Arbeitnehmers als nicht bestritten i. S. v. § 138 Abs. 3 ZPO ansieht. Der Arbeitgeber kann freilich darlegen, daß die von ihm getroffene Auswahl gleichwohl im Ergebnis den Anforderungen des § 1 Abs. 3 entspricht. Denn § 1 Abs. 3 fordert nicht ein irgendwie geartetes Tätigwerden des Arbeitgebers, sondern nur ein „richtiges" Ergebnis.[1776]   493 c

– Gibt der **Arbeitgeber keine oder keine vollständige Auskunft** über seine subjektiven Erwägungen ab, so kann der Arbeitnehmer bei fehlender eigener Kenntnis der Gründe für die getroffene Auswahlentscheidung seiner Darlegungslast nicht genügen. In diesem Fall ist sein Vortrag, es seien sozial stärkere Arbeitnehmer als er vorhanden, schlüssig und ausreichend.[1777] Das gleiche gilt, wenn den Darlegungen des Arbeitgebers zu entnehmen ist, daß er die Sozialauswahl nicht unter Berücksichtigung des Vortrages des Arbeitnehmers auf aus dessen Sicht vergleichbare Arbeitnehmer erstreckt hat und wenn er es unterläßt, seinen Vortrag im Prozeß zu ergänzen.   493 d

– **Kommt der Arbeitgeber dem Auskunftsverlangen des Arbeitnehmers nach,** so fällt die Darlegungslast wieder voll an den Arbeitnehmer zurück. Dieser hat nun darzulegen, wer von den in die Auswahl einbezogenen Arbeitnehmern weniger schutzwürdig ist als er selbst.[1778] Dabei ist es ausreichend, wenn der Arbeitnehmer eine Aufstellung der seiner Ansicht nach vergleichbaren Arbeitnehmer und deren Sozialdaten vorlegt. Auf der Grundlage dieser Darlegung hat das Gericht dann über die Rechtsfrage der sozialen Schutzwürdigkeit zu entscheiden. Die nament-   493 e

---

[1774] Vgl. BAG 21. 12. 1983, 8. 8. 1985, 21. 7. 1988; 15. 6. 1989, AP Nr. 4, 10, 17, 18 zu § 1 KSchG 1969 Soziale Auswahl.

[1775] Vgl. BAG 18. 10. 1984, AP Nr. 18 zu § 1 KSchG 1969 Betriebsbedingte Kündigung; KR-*Etzel* § 1 KSchG Rn. 717; APS/*Kiel* § 1 KSchG Rn. 783.

[1776] BAG 24. 2. 2000, AP Nr. 47 zu § 1 KSchG 1969 Soziale Auswahl sowie bereits BAG 24. 3. 1983, AP Nr. 12 zu § 1 KSchG 1969 Betriebsbedingte Kündigung; BAG 15. 6. 1989, AP Nr. 18 zu § 1 KSchG 1969 Soziale Auswahl = EzA § 1 KSchG Soziale Auswahl Nr. 27 mit Anm. *Hergenröder*.

[1777] Vgl. BAG 21. 7. 1988, AP Nr. 11 zu § 1 KSchG 1969 Soziale Auswahl = EzA § 1 KSchG Soziale Auswahl Nr. 26 mit zust. Anm. *von Hoyningen-Huene* = SAE 1991, 256 mit Anm. *Baumgärtel;* BAG 15. 6. 1989, AP Nr. 18 zu § 1 KSchG 1969 Soziale Auswahl.

[1778] Vgl. BAG 8. 8. 1985, 21. 7. 1988, 15. 6. 1989, AP Nr. 10, 17, 18 zu § 1 KSchG 1969 Soziale Auswahl.

liche Benennung eines anderen Arbeitnehmers, der vor dem klagenden Arbeitnehmer hätte gekündigt werden müssen, ist nicht erforderlich.[1779]

494 Wenngleich durch dieses abgestufte System der Darlegungslast eine **gewisse Verlagerung** der durch das Gesetz in Abs. 3 Satz 3 an sich dem Arbeitnehmer zugewiesenen Beweislast auf den Arbeitgeber erfolgt, darf doch nicht übersehen werden, daß den Arbeitnehmer im Ergebnis trotzdem das Risiko der Nichterweislichkeit der ausreichenden Berücksichtigung sozialer Gesichtspunkte trifft.

p) Soziale Auswahl in der Insolvenz

494a Vor Inkrafttreten der InsO war anerkannt, daß auch der **Konkursverwalter** (in den neuen Bundesländern der **Gesamtvollstreckungsverwalter**) bei betriebsbedingten Kündigungen eine soziale Auswahl vorzunehmen hatte.[1780] Hieran hat sich nach Inkrafttreten der InsO nichts geändert.[1781] In den §§ 125 ff. InsO sind Sonderregelungen für die soziale Auswahl im Insolvenzfall enthalten.[1782]

494b § 125 Abs. 1 InsO schränkt den Kündigungsschutz ein, wenn zwischen dem Insolvenzverwalter und dem Betriebsrat ein **Interessenausgleich** zustande kommt, in dem die Arbeitnehmer, denen gekündigt werden soll, **namentlich bezeichnet** sind. Die Rechtswirkungen des § 125 Abs. 1 InsO treten auch dann ein, wenn der zu kündigende Arbeitnehmer in einer nicht unterschriebenen Namensliste benannt ist, die mit dem Interessenausgleich, der auf die Namensliste als Anlage ausdrücklich Bezug nimmt, mittels Heftmaschine fest verbunden ist.[1783]

494c Die soziale Auswahl kann dann nach § 125 Abs. 1 Nr. 2 InsO nur im Hinblick auf die Dauer der **Betriebszugehörigkeit, das Lebensalter und die Unterhaltspflichten und auch insoweit nur auf grobe Fehlerhaftigkeit** nachgeprüft werden.[1784] Diese Bestimmung entspricht weitgehend § 1 Abs. 5 a. F.[1785] Hierzu hat das BAG zutreffend erkannt, daß auch die Nichteinbeziehung vergleichbarer Arbeitnehmer nur auf grobe Fehlerhaftigkeit überprüft werden kann.[1786] Die soziale Auswahl ist nur dann grob fehlerhaft, wenn die Gewichtung der Kriterien Alter, Betriebszugehörigkeit und Unterhaltspflichten jede Ausgewogenheit vermissen läßt. Der vom Gesetzge-

---

[1779] Abweichend BAG 24. 3. 1983, AP Nr. 12 zu § 1 KSchG 1969 Betriebsbedingte Kündigung; ErfK/*Ascheid* § 1 KSchG Rn. 539; wie hier *Bütefisch* S. 382 f.; KR-*Etzel* § 1 KSchG Rn. 718 f.; APS/*Kiel* § 1 KSchG Rn. 784; ausführlich *Linck* S. 176 ff.

[1780] Vgl. BAG 16. 9. 1982, AP Nr. 4 zu § 22 KO; BAG 21. 7. 1988, AP Nr. 17 zu § 1 KSchG 1969 Soziale Auswahl = EzA § 1 KSchG Soziale Auswahl Nr. 26 mit Anm. *v. Hoyningen-Huene;* zur Sozialauswahl im Gesamtvollstreckungsverfahren vgl. *Berscheid* Konkurs-Gesamtvollstreckung-Sanierung 1992, III Rn. 109 ff.; *Hess/Binz/Wienberg* GesO 2. Aufl. 1993, Rn. 163 ff.

[1781] Ausf. hierzu *Bütefisch* S. 433 ff.

[1782] Vgl. dazu auch Rn. 106 ff.

[1783] BAG 7. 5. 1998, AP Nr. 1 zu § 1 KSchG 1969 Namensliste mit Anm. *Schiefer* = EzA § 1 KSchG Interessenausgleich Nr. 6 mit Anm. *Kraft*.

[1784] Vgl. ErfK/*Ascheid* Erläuterungen zu § 125 InsO.

[1785] Vgl. dazu Vorauflage Rn. 484 i ff.; *Linck* AR-Blattei SD 1020.1.2 Rn. 137 ff.

[1786] Vgl. BAG 7. 5. 1998, AP Nr. 94 zu § 1 KSchG 1969 Betriebsbedingte Kündigung mit Anm. *Schiefer* = EzA § 1 KSchG Interessenausgleich Nr. 5 mit Anm. *v. Hoyningen-Huene* sowie Hessisches LAG 24. 6. 1999, NZA-RR 2000, 74.

ber weit gefaßte Beurteilungsspielraum der Betriebspartner läßt es auch zu, bei der Gewichtung der Sozialkriterien das Schwergewicht auf die Unterhaltspflichten der betroffenen Arbeitnehmer zu legen.[1787] Die Auswahl ist nicht als grob fehlerhaft anzusehen, wenn eine **ausgewogene Personalstruktur** erhalten oder geschaffen wird.[1788]

IV. Zusammenfassende Übersicht zum Kündigungsgrund

1. **Das Wesen des Kündigungsgrundes**
   a) Unzumutbarkeit der Fortsetzung des Arbeitsverhältnisses, die aus negativer Prognose resultiert.
   b) Objektiver Maßstab zum Zeitpunkt der Kündigungserklärung.

2. **An sich geeigneter Grund**
   a) Personenbedingte Kündigung: Fehlende Eignung und zusätzlich erhebliche betriebliche oder wirtschaftliche Beeinträchtigung.
   b) Verhaltensbedingte Kündigung: Rechtswidrige Pflichtverletzung und – in der Regel – zusätzlich Abmahnung.
   c) Betriebsbedingte Kündigung: Wegfall der Beschäftigungsmöglichkeit nach Durchführung einer freien unternehmerischen Entscheidung.

3. **Fehlen einer Weiterbeschäftigungsmöglichkeit (Grundsatz der Verhältnismäßigkeit).** Hierbei sind nur zu berücksichtigen:
   a) freie Arbeitsplätze im Unternehmen, die
   b) der Arbeitnehmer nach Kenntnissen und Fähigkeiten ausfüllen kann und
   c) die auf gleicher (vergleichbarer) oder niedrigerer betriebshierarchischer Ebene liegen. Höherwertige freie Arbeitsplätze bleiben unberücksichtigt (kein Anspruch auf Beförderung).
   d) Bei Weiterbeschäftigung zu verschlechterten Arbeitsbedingungen sind nur beiderseits zumutbare Arbeitsplätze zu berücksichtigen. Besteht eine solche Weiterbeschäftigungsmöglichkeit, so hat stets eine Änderungskündigung (statt Beendigungskündigung) zu erfolgen.
   e) Bei betriebsbedingten Kündigungen ist dann noch zusätzlich die Möglichkeit der Einführung von Kurzarbeit bei vorübergehendem Arbeitsmangel zu prüfen.

4. **Interessenabwägung**
   a) Bei personenbedingter Kündigung muß eine unzumutbare Belastung des Arbeitgebers (betrieblich oder wirtschaftlich) vorliegen.
   b) Bei verhaltensbedingter Kündigung ist in der Regel eine unzumutbare Störung des Betriebsablaufs oder des Vertrauens erforderlich.
   c) Bei betriebsbedingter Kündigung keine allgemeine Interessenabwägung, sondern nur soziale Auswahl im Betrieb (nicht nur Abteilung) gemäß § 1 Abs. 3.

[1787] BAG 21. 1. 1999, AP Nr. 3 zu § 1 KSchG 1969 Namensliste; BAG 2. 12. 1999, AP Nr. 45 zu § 1 KSchG 1969 Soziale Auswahl.
[1788] Vgl. hierzu *Caspers* Personalabbau und Betriebsänderung im Insolvenzverfahren 1998, Rn. 179 ff.; *Giesen* ZIP 1998, 46, 48 ff.; *Hess* AR-Blattei SD 915.1 Rn. 128 ff.; *Lakies* NJ 1999, 74, 77 f.; *Schaub* DB 1999, 217, 221 ff.

F. Die besonderen – absoluten – Gründe für die Sozialwidrigkeit der Kündigung (Abs. 2 Satz 2 und 3)

I. Allgemeines

495 Ihrem **sachlichen Gehalt** nach ist die Regelung des Abs. 2 Satz 2 und 3 durch § 123 BetrVG in das KSchG eingefügt worden (Einl. Rn. 43 ff.); die heutige Fassung beruht auf § 114 BPersVG (Einl. Rn. 52), der sie auf den Bereich des öffentlichen Dienstes erstreckt hat. Die hier besonders genannten Tatbestände begründen „auch" die Sozialwidrigkeit der Kündigung, falls darauf ein Widerspruch des Betriebsrats bzw. Einwendungen der zuständigen Personalvertretung gestützt worden sind. Die beiden Grundtatbestände legt Satz 2 fest; es handelt sich um den Verstoß gegen Richtlinien über die personelle Auswahl nach § 95 BetrVG bzw. § 76 Abs. 2 Nr. 8 BPersVG (Satz 2 Nr. 1a und Nr. 2a) sowie die Möglichkeit der Weiterbeschäftigung des Arbeitnehmers an einem anderen Arbeitsplatz (Satz 2 Nr. 1b und Nr. 2b). Lediglich zwei besondere Unterfälle der letzteren fügt Satz 3 hinzu, die Weiterbeschäftigung nach zumutbaren Umschulungs- oder Fortbildungsmaßnahmen sowie unter geänderten Arbeitsbedingungen.

496 Die Regelung des § 1 Abs. 2 Satz 2 und 3 stellt sich inhaltlich als **Verweisungsvorschrift** auf § 102 Abs. 3 Nr. 2–5 BetrVG dar. Voraussetzung für die Sozialwidrigkeit der Kündigung ist nämlich ein nach § 102 Abs. 3 Nr. 2–5 BetrVG begründeter und ordnungsgemäß eingelegter Widerspruch des Betriebsrats. Ist der Widerspruch des Betriebsrats unbegründet oder nicht fristgerecht eingelegt worden, so ist die ausgesprochene Kündigung allein am Maßstab des § 1 Abs. 2 Satz 1 zu prüfen.

497 Die Regelung für die **Arbeitnehmer im öffentlichen Dienst** entspricht in dem hier behandelten kündigungsschutzrechtlichen Zusammenhang der Sache nach ganz derjenigen für Arbeitnehmer in privaten Betrieben. Deshalb beschränkt sich die folgende Darstellung zur Vereinfachung und im Interesse der Übersichtlichkeit auf die Rechtslage in privaten Betrieben. Die Ausführungen gelten entsprechend für den Bereich des öffentlichen Dienstes. Soweit sich aus Unterschieden zwischen Betriebsverfassungsrecht und Personalvertretungsrecht Besonderheiten ergeben, wird darauf hingewiesen. Für das letztere wird allein das BPersVG zugrundegelegt.

II. Sinn und Zweck

498 Durch Abs. 2 Satz 2 und 3 soll der **individualrechtliche Kündigungsschutz** des Arbeitnehmers für den Fall **verstärkt** werden, daß sich der Arbeitgeber über die fristgemäß vorgebrachten und durch die objektive Rechtslage begründeten Einwendungen des Betriebsrats zum Nachteil des Arbeitnehmers hinwegsetzt.[1789] Bei einem ordnungsgemäßen und begründeten Widerspruch des Betriebsrats nach § 102 Abs. 3 Nr. 2–5 BetrVG ist

---

[1789] BAG 6. 6. 1984, AP Nr. 16 zu § 1 KSchG 1969 Betriebsbedingte Kündigung; ErfK/Ascheid § 1 KSchG Rn. 542; KR-*Etzel* § 1 KSchG Rn. 749.

die Kündigung daher sozialwidrig, ohne daß es einer weiteren Interessenabwägung bedarf.[1790]

III. Verhältnis von Abs. 2 Satz 1 und Satz 2

Es bleibt zu prüfen, welche **rechtliche Bedeutung** das Nebeneinander von Satz 1 und Satz 2 des Abs. 2 hat. **§ 1 Abs. 2 Satz 2 wurde zunächst als abschließende Regelung** für die Geltendmachung und Berücksichtigung der dort aufgezählten speziellen Tatbestände im Kündigungsschutzprozeß angesehen.[1791] Gestützt wurde das ganz allgemein auf den betriebsbezogenen Charakter der speziellen Widerspruchsgründe, weiter vor allem auf den Wortlaut des Satzes 2, der den abschließend aufgezählten Widerspruchsgründen eine äußerlich abgehobene Sonderstellung gegenüber den Gesichtspunkten einräumt, die nach Satz 1 für die allgemeine Prüfung der Sozialwidrigkeit maßgebend sind. Auch der Umstand, daß der Widerspruchsgrund des § 102 Abs. 3 Nr. 1 BetrVG nur zur allgemeinen Nachprüfung der sozialgerechten Auswahl führt, während für die weiteren Widerspruchsgründe eine Sonderregelung in das KSchG eingefügt worden ist, kann für eine Differenzierung im Sinne dieser strengen Auslegung des § 1 Abs. 2 Satz 2 herangezogen werden. Die Folge ist, daß nach dieser Auffassung die Sozialwidrigkeit einer Kündigung auf die in Satz 2 aufgeführten Tatbestände nur dann gestützt werden kann, wenn ein form- und fristgerechter Widerspruch vorliegt; dagegen sollen diese Tatbestände ganz außer Betracht bleiben, und zwar auch im Rahmen der allgemeinen Abwägung nach Abs. 2 Satz 1 und Abs. 3, wenn der Widerspruch fehlt, somit immer auch dann, wenn gar kein Betriebsrat besteht.

Demgegenüber ist aber mit der jetzt **herrschenden Meinung**[1792] zu beachten: § 1 Abs. 2 Satz 2 enthält in den Nrn. 1 b und 2 b ebenso wie Satz 3 Tatbestände, die – zumindest großenteils – vor der Neuregelung bereits im Rahmen der allgemeinen Prüfung der Sozialwidrigkeit nach Abs. 2 Satz 1 und Abs. 3 berücksichtigt worden sind und die nach der Rechtsprechung des BAG auch ohne den heutigen Abs. 2 Satz 2 zur Unwirksamkeit einer betriebsbedingten Kündigung führen konnten.[1793] Für den Tatbestand der Nrn. 1a und 2a galt das in dieser Form naturgemäß nicht, da es Auswahl-

---

[1790] Dazu grundlegend BAG 13. 9. 1973, AP Nr. 2 zu § 1 KSchG 1969 mit Anm. G. *Hueck*; APS/*Dörner* § 1 KSchG Rn. 92; HK-KSchG/*Höland* § 1 Rn. 1187.

[1791] LAG Hamm 8. 11. 1972, DB 1973, 482 f.; LAG Frankfurt 21. 3. 1973, DB 1973, 1806; *Gumpert* BB 1972, 49 f.; *Maus* § 1 Rn. 256, 257; *Meisel* DB 1972, 1679 und Anm. zu BAG AP Nr. 22 zu § 1 KSchG Betriebsbedingte Kündigung; *Wagener* BB 1972, 1373.

[1792] Vgl. BAG 13. 9. 1973, AP Nr. 2 zu § 1 KSchG 1969 mit Anm. G. *Hueck* = AR-Blattei Kündigungsschutz Entsch. 146 mit Anm. *Herschel* = SAE 1975, 1 mit Anm. *Otto*; BAG 17. 5. 1984, AP Nr. 21 zu § 1 KSchG 1969 Betriebsbedingte Kündigung mit Anm. v. *Hoyningen-Huene* = SAE 1986, 273 mit Anm. *Schulin*; BAG 15. 12. 1994, AP Nr. 66 zu § 1 KSchG 1969 Betriebsbedingte Kündigung = EzA § 1 KSchG 1969 Betriebsbedingte Kündigung Nr. 76 mit Anm. v. *Hoyningen-Huene*; ErfK/*Ascheid* § 1 KSchG Rn. 544; *Berkowsky* Betriebsbedingte Kündigung § 10 Rn. 6 ff.; HK-KSchG/*Höland* § 1 Rn. 1194; KR-*Etzel* § 1 KSchG Rn. 751; *Joost* S. 354 ff.; APS/*Kiel* § 1 KSchG Rn. 582; *Kittner/Däubler/ Zwanziger* § 1 KSchG Rn. 357 f.; *Löwisch* DB 1975, 349 f.; ders. § 1 Rn. 418; *Stahlhacke/ Preis* Rn. 758; *Wank* RdA 1987, 129, 137; HK-KSchG/*Weller/Dorndorf* § 1 Rn. 895.

[1793] Dazu ausf. G. *Hueck* Anm. zu BAG AP Nr. 2 zu § 1 KSchG 1969.

richtlinien in diesem Sinn noch nicht gab. Wohl aber ist davon auszugehen, daß gerade solche Gesichtspunkte, die schon früher für die Beurteilung betriebsbedingter Kündigungen bedeutsam waren, zum Inhalt von Auswahlrichtlinien gemacht und so ebenfalls in den Geltungsbereich von Abs. 2 Satz 2 gerückt werden; als Folge tritt dann für sie dieselbe Situation ein wie in den Fällen der Nrn. 1b und 2b sowie des Satzes 3.[1794] Würde man der strengen Auslegung folgend alle diese Tatbestände ausschließlich Abs. 2 Satz 2 und 3 unterstellen, ihre Berücksichtigung im Kündigungsprozeß damit strikt an den Widerspruch des Betriebsrats binden, so würden dadurch die individuellen Verteidigungsmöglichkeiten des Arbeitnehmers gegen eine Kündigung beim Fehlen des Widerspruchs beträchtlich eingeschränkt. Bei dem Widerspruchsgrund der Nrn. 1a und 2a (Richtlinienverstoß) würde dieser Effekt zu Lasten der Arbeitnehmer sogar um so stärker hervortreten, je mehr und je genauer an sich schon für die Sozialwidrigkeit einer Kündigung maßgebende Gesichtspunkte auch in die Auswahlrichtlinien aufgenommen und damit automatisch in den Bereich der Widerspruchsgründe nach Abs. 2 Satz 2 verwiesen werden.

501 Eine **solche Beschränkung** des individuellen, auch ohne Widerspruch des Betriebsrats realisierbaren Kündigungsschutzes wird dadurch **nicht aufgewogen,** daß die Neuregelung den Kündigungsschutz im Falle des Widerspruchs in mancher Hinsicht erweitert, so vor allem in Nr. 1b durch die generelle Ausdehnung auch auf andere Betriebe desselben Unternehmens. Auch der Hinweis auf eine durch das BetrVG 1972 bewirkte Verschiebung des Gewichts zugunsten der Mitwirkungsbefugnisse des Betriebsrats im Rahmen des im übrigen nach wie vor individualrechtlich ausgestalteten Kündigungsschutzes vermag nicht zu überzeugen. Denn trotz der naturgemäß starken Betonung des kollektiven Elements kann eine bis zur Einschränkung des individuell geltend zu machenden Kündigungsschutzes (wenn auch zugunsten einer Abhängigkeit von Entscheidungen betrieblicher Organe) reichende Intention den Materialien zum BetrVG nicht entnommen werden. In ihnen ist vielmehr gerade von einer „Erweiterung" bzw. „Verbesserung des Kündigungsschutzes" die Rede.[1795] Damit wäre eine Einschränkung des vorher möglichen Vorbringens gegen eine Kündigung nicht vereinbar. Die Erweiterung der Mitwirkungsbefugnisse des Betriebsrats bei Kündigungen soll vielmehr die Position des gekündigten Arbeitnehmers stärken, sie aber nicht durch eine neu begründete Abhängigkeit von der Stellungnahme des Betriebsrats schwächen.

502 Der **Wortlaut des Abs. 2 Satz 2,** auf den sich die strenge Auslegung vornehmlich stützt, läßt im übrigen auch die Deutung zu, daß in den dort geregelten Fällen die Kündigung beim Vorliegen eines Widerspruchs schon dann sozialwidrig ist, wenn der Widerspruch sich als sachlich berechtigt erweist, ohne daß weitere Gesichtspunkte geprüft werden müssen, während ohne Widerspruch die Gründe, die einen Widerspruch gerechtfertigt hätten, nur wie früher im Rahmen einer Gesamtwürdigung der Kündigung nach

---

[1794] Insoweit allerdings einschränkend *Gumpert* BB 1972, 49, 50.
[1795] Vgl. insbesondere Begründung zu § 124 RegEntw. – nunmehr § 123 BetrVG – BT-Drucks. VI/1786 S. 59; ferner Ausschußbericht BT-Drucks. zu VI/2729 S. 7.

Abs. 2 Satz 1 und Abs. 3 mit berücksichtigt werden können. Diese weitere Auslegung wird dem Ziel, den Kündigungsschutz zu erweitern, besser gerecht und entspricht gleichwohl dem Normzweck als Sanktion für den Widerspruch des Betriebsrats ebensogut wie nach der strengen Auslegung; dabei fügt sie sich aber besser in das System des geltenden individualrechtlichen Kündigungsschutzes ein. Ihr ist daher der Vorzug zu geben.

Somit ergibt sich: Die Aufnahme bestimmter Tatbestände als **Widerspruchsgründe in Abs. 2 Satz 2 und 3** schließt nicht aus, daß diese Tatbestände in gleicher Weise wie vor der Neufassung der Bestimmung auch **im Rahmen der allgemeinen Prüfung der Sozialwidrigkeit nach Abs. 2 Satz 1 und Abs. 3 mit berücksichtigt werden.** Das gilt auch und gerade dann, wenn kein Widerspruch gegen die Kündigung erhoben worden ist, wenn der Betriebsrat der Kündigung sogar zugestimmt hat oder wenn kein Betriebsrat vorhanden ist. Letzteres ist wichtig, um auch in betriebsratsfähigen Betrieben, in denen aber (noch) kein Betriebsrat gebildet worden ist, den Arbeitnehmern den vollen Kündigungsschutz zu sichern. Weitere Folge ist, daß auch leitende Angestellte (mit den Schranken des § 14 Abs. 2) den vollen Kündigungsschutz genießen, obwohl für sie nach §§ 5 Abs. 3, 105 BetrVG ein Widerspruch des Betriebsrats nicht in Betracht kommt.

§ 1 Abs. 2 Satz 2 (und 3) kann dagegen nur zur **Sozialwidrigkeit** einer Kündigung führen, wenn der Betriebsrat oder eine andere zuständige Arbeitnehmervertretung dieser Kündigung form- und fristgerecht widersprochen hat.[1796] Der Widerspruch ist notwendige Voraussetzung für die Anwendung dieser Bestimmung. Er hat zur Folge, daß sich die Prüfung des Gerichts im **Kündigungsschutzprozeß** – jedenfalls zunächst – **auf die sachliche Berechtigung des Widerspruchs beschränkt.**

IV. Widerspruch des Betriebsrats als Voraussetzung

Voraussetzung für die Sozialwidrigkeit einer Kündigung nach Abs. 2 Satz 2 und 3 ist der form- und fristgerechte **Widerspruch des Betriebsrats** oder einer anderen nach dem BetrVG insoweit zuständigen Arbeitnehmervertretung gegen diese Kündigung. Dadurch wird die unmittelbare Verbindung zur Regelung der Mitwirkung des Betriebsrats bei der Kündigung hergestellt. Der Widerspruch erfolgt im Rahmen des Anhörungsverfahrens nach § 102 BetrVG. Zuständig ist in erster Linie der Betriebsrat. Die Behandlung von Kündigungen kann auch dem Betriebsausschuß nach § 27 BetrVG oder einem daneben gebildeten weiteren Ausschuß nach § 28 BetrVG, etwa einem Personalausschuß, zur selbständigen Erledigung übertragen werden.[1797]

Der Widerspruch ist an die **Frist** des § 102 Abs. 2 Satz 1 BetrVG gebunden; er muß also innerhalb einer Woche erhoben werden. Die Frist beginnt mit der Mitteilung der beabsichtigten Kündigung (unter Angabe der Einzelheiten, vor allem der in Betracht gezogenen Kündigungsgründe) durch den Arbeitgeber an den Betriebsrat, wobei letzterer durch seinen Vorsitzenden

---

[1796] BAG 6. 6. 1984, AP Nr. 16 zu § 1 KSchG 1969 Betriebsbedingte Kündigung.
[1797] BAG 4. 8. 1975, 12. 7. 1984, AP Nr. 4, 32 zu § 102 BetrVG 1972; KR-*Etzel* § 102 BetrVG Rn. 93; *Fitting* § 102 Rn. 20.

oder ein sonstiges zur Entgegennahme ermächtigtes Mitglied vertreten wird. Für die Berechnung der Frist gelten im übrigen §§ 187 ff. BGB.[1798]

507 Nach Abs. 2 Satz 2 muß der Widerspruch **schriftlich** erfolgen, also nach § 126 BGB schriftlich abgefaßt und vom Betriebsratsvorsitzenden oder einer anderen zur Vertretung des Betriebsrats bzw. des zuständigen Ausschusses berechtigten Person unterzeichnet sein. Form und Frist gelten für den Widerspruch als solchen und damit auch für seine Begründung.[1799] Ein Telefax ist unzureichend, weil es keine Originalunterschrift enthält.[1800] Die **Begründung** muß erkennen lassen, welchen der Widerspruchsgründe, ggf. auch mehrere, der Betriebsrat als gegeben ansieht und auf welche tatsächlichen Umstände er sich dabei stützt; ein bestimmter Wortlaut oder eine Bezeichnung nach dem Gesetz ist nicht erforderlich. Eine reine Wiederholung des Gesetzeswortlauts ohne Angabe konkreter Tatsachen stellt jedoch keinen ordnungsgemäßen Widerspruch dar.[1801] Gleiches gilt, wenn der Betriebsrat gegen die Kündigung lediglich Bedenken anmeldet.[1802] Nach der Widerspruchsbegründung muß es möglich erscheinen, daß einer der im Gesetz genannten Widerspruchsgründe geltend gemacht wird.[1803]

507 a Für einen ordnungsgemäßen **Widerspruch des Betriebsrats nach § 102 Abs. 3 Nr. 3 BetrVG wegen bestehender Weiterbeschäftigungsmöglichkeiten** muß der Betriebsrat konkret darlegen, auf welchem freien Arbeitsplatz eine Weiterbeschäftigung des Arbeitnehmers in Betracht kommt. Dabei muß der Arbeitsplatz in bestimmbarer Weise bezeichnet werden.[1804] Hierzu genügt der allgemeine Hinweis auf Personalmangel und Überstunden nicht. Gleichfalls unzureichend ist es, wenn der Betriebsrat auf Personalengpässe bei Arbeiten hinweist, die im Betrieb von einem Subunternehmer aufgrund eines Werkvertrages erledigt werden. Ein Arbeitsplatz bei einem anderen Unternehmer ist kein freier Arbeitsplatz i. S. v. § 102 Abs. 3 Nr. 3 BetrVG. Der Arbeitgeber ist auch nicht verpflichtet, einen neuen Arbeitsplatz im Betrieb zu schaffen, indem er dem aufgrund des Werkvertrages tätigen Subunternehmer Aufgaben entzieht und diese wieder durch Arbeitnehmer des eigenen Betriebes ausführen läßt.

[1798] Vgl. APS/*Koch* § 102 BetrVG Rn. 100; GK-BetrVG/*Kraft* § 102 Rn. 100.
[1799] BAG 30. 5. 1985, AP Nr. 24 zu § 1 KSchG 1969 Betriebsbedingte Kündigung unter B IV; KR-*Etzel* § 102 BetrVG Rn. 142; GK-BetrVG/*Kraft* § 102 Rn. 104; – die von *Göttling/Hoentges/Zepp* RdA 1972, 284, auch von *Gester/Zachert* ArbRdGgnw 12 (1974), 96, vertretene Auffassung, daß auch ein mündlicher Widerspruch zur Fristwahrung ausreiche, wenn die schriftliche Erklärung nachgeholt wird, findet im Gesetz keine Stütze.
[1800] Ebenso *Fitting* § 102 Rn. 32.
[1801] Dazu näher LAG Nürnberg 27. 10. 1992, LAG Brandenburg 15. 12. 1992, LAGE § 102 BetrVG 1972 Beschäftigungspflicht Nr. 11, 13; KR-*Etzel* § 102 BetrVG Rn. 143 f.; *Feichtinger* Die Betriebsratsanhörung bei Kündigung 1994, Rn. 182 ff.; *Fitting* § 102 Rn. 38; *Richardi* § 102 Rn. 174.
[1802] KR-*Etzel* § 102 BetrVG Rn. 136.
[1803] Vgl. LAG München 17. 8. 1994, LAGE § 102 BetrVG 1972 Beschäftigungspflicht Nr. 18 mit Anm. *Pallasch;* LAG München 16. 8. 1995, LAGE § 102 BetrVG 1972 Beschäftigungspflicht Nr. 22; LAG Schleswig-Holstein 5. 5. 1996, LAGE § 102 BetrVG 1972 Beschäftigungspflicht Nr. 23; *Fitting* § 102 Rn. 38; GK-BetrVG/*Kraft* § 102 Rn. 105.
[1804] BAG 19. 6. 1999, RzK III 1 e Nr. 25; BAG 11. 5. 2000, NZA 2000, 1055.

V. Folgen eines Widerspruchs des Betriebsrats

Erweist sich der **Widerspruch** als **sachlich berechtigt**, liegt also der 508 damit geltend gemachte Tatbestand aus dem Bereich des Abs. 2 Satz 2 oder 3 vor, so ist die **Kündigung** nach dieser Bestimmung **sozialwidrig**. Einer allgemeinen Prüfung nach Abs. 2 Satz 1 und evtl. Abs. 3 und der damit verbundenen allgemeinen Interessenabwägung (dazu Rn. 135 ff.) bedarf es daneben nicht.[1805] Das bedeutet allerdings nicht, daß überhaupt keine Interessenabwägung stattfindet; sie ist aber in die Prüfung des Widerspruchsgrundes einbezogen und dementsprechend auf den geltend gemachten Tatbestand beschränkt.[1806] Das Gericht hat danach nur zu prüfen, ob die tatsächlichen Voraussetzungen des erhobenen Widerspruchs, der auch auf mehrere der in Satz 2 und 3 aufgeführten Widerspruchsgründe gleichzeitig gestützt sein kann, gegeben sind und ob der Widerspruch gegen die konkrete Kündigung wirklich durchgreift.[1807]

In diesem Zusammenhang müssen dann allerdings auch die **Gründe für** 509 **diese Kündigung** gewürdigt werden. Denn die Beschränkung des Widerspruchs auf bestimmte, fest umschriebene Tatbestände in § 102 Abs. 3 BetrVG und ganz entsprechend dann auch in Abs. 2 Satz 2 und 3 hat zur Folge, daß nicht gegen jede Kündigung Widerspruch erhoben werden kann; vielmehr muß ein Zusammenhang zwischen Kündigungsgrund und Widerspruchsgrund bestehen. So kann der Widerspruch gegen eine personenbedingte Kündigung nicht mit der Verletzung von Auswahlrichtlinien begründet werden, weil diese nur für die betriebsbedingte Kündigung aufgestellt werden können (dazu Rn. 525). Die Möglichkeit der Weiterbeschäftigung kann den Widerspruch gegen eine betriebsbedingte, je nach Lage der Dinge aber auch gegen eine personen- oder verhaltensbedingte Kündigung rechtfertigen.[1808] Allgemein kann man freilich feststellen, daß sich die Widerspruchsgründe des § 102 Abs. 3 BetrVG schon wegen ihres kollektiven, betriebsbezogenen Charakters in erster Linie gegen die betriebsbedingte Kündigung richten, wenn sie auch teilweise (Nrn. 3–5) so allgemein gefaßt sind, daß sie nicht notwendig ganz auf diese beschränkt bleiben (näheres unten Rn. 516 ff.).

Ergibt die Prüfung, daß der **Widerspruch nicht sachlich berechtigt** ist, 510 so folgt daraus allein noch keineswegs, daß die Kündigung sozial gerechtfertigt ist. Der individuelle Kündigungsschutz des betroffenen Arbeitnehmers ist nicht durch den Widerspruch des Betriebsrats bedingt und auch nicht auf die damit geltend gemachten Widerspruchsgründe beschränkt. Deshalb hat das Arbeitsgericht **nunmehr** die Kündigung nach den **allgemeinen Regeln**

[1805] BAG 13. 9. 1973, AP Nr. 2 zu § 1 KSchG 1969 unter II 7 a; BAG 6. 6. 1984, AP Nr. 16 zu § 1 KSchG 1969 Betriebsbedingte Kündigung; APS/*Dörner* § 1 KSchG Rn. 92; *Kittner/Däubler/Zwanziger* § 1 KSchG Rn. 354; *Stahlhacke/Preis/Vossen* Rn. 755.
[1806] Ebenso *Birk* Festschrift für Kissel S. 51, 59 Fn. 36; *Preis* S. 165.
[1807] Vgl. BAG 6. 6. 1984, AP Nr. 16 zu § 1 KSchG 1969 Betriebsbedingte Kündigung.
[1808] Vgl. BAG 10. 3. 1977, AP Nr. 4 zu § 1 KSchG 1969 Krankheit; BAG 22. 7. 1982, AP Nr. 5 zu § 1 KSchG 1969 Verhaltensbedingte Kündigung; ebenso *Brox* BAG-Festschrift 1979, S. 37, 48; *Moritz* DB 1985, 229 ff.

des Abs. 2 Satz 1 zu würdigen und danach zu entscheiden, ob sie sozial gerechtfertigt ist.

511 Dem Wortlaut des Abs. 2 Satz 2 könnte man entnehmen, daß der **Widerspruch**, wenn er auch **nur auf einen der in Nr. 1 oder in Satz 3 genannten Gründe gestützt** wird, zur Anwendung der ganzen Vorschrift führt mit der Folge, daß für die Kündigung automatisch auch die anderen Widerspruchsgründe zu prüfen sind, wenn der mit dem Widerspruch geltend gemachte Grund tatsächlich nicht vorliegt.[1809] Danach könnte die Sozialwidrigkeit der Kündigung unter Ausschluß von Abs. 2 Satz 1 auf jeden der in Satz 2 und 3 aufgezählten Tatbestände gestützt werden, wenn auch nur einer von ihnen im Wege des Widerspruchs geltend gemacht worden ist.

512 Dem ist allerdings entgegenzuhalten, daß damit der Widerspruch rein formal zum auslösenden Moment für die Anwendung des Abs. 2 Satz 2 und 3 gemacht würde, während sein eigentlicher Zweck, der in der **Bindung an bestimmte betriebsbezogene Tatbestände** zum Ausdruck kommt und dem die Regeln über die Begründung des Widerspruchs Rechnung tragen, dabei vernachlässigt wird. Denn in dem Widerspruch soll die größere Sachkenntnis und der bessere Überblick des Betriebsrats über die betrieblichen Verhältnisse zum Tragen kommen;[1810] das trifft aber für die Gründe gerade nicht zu, auf die der Betriebsrat den Widerspruch nicht gestützt hat, deren Vorliegen er also im Zweifel verneint. Im Rahmen von Abs. 2 Satz 2 und 3 können deshalb nur **diejenigen Gründe berücksichtigt werden, auf die der Betriebsrat seinen Widerspruch gegen die konkrete Kündigung gestützt hat.**[1811] Der Unterschied zwischen beiden Auffassungen ist allerdings nicht so groß, wie er zunächst erscheinen mag: Der Betriebsrat kann den Widerspruch auf mehrere Widerspruchsgründe gleichzeitig stützen, wenn er sie für gegeben hält, und er braucht die Widerspruchsgründe nicht nach dem Gesetz zu bezeichnen. Deshalb hat das Gericht die zur Begründung des Widerspruchs angeführten Tatsachen nach Abs. 2 Satz 2 und 3 unter allen dafür in Betracht kommenden rechtlichen Gesichtspunkten zu würdigen; aber es kann freilich in tatsächlicher Hinsicht nicht über die Widerspruchsbegründung hinausgehen.

513 Auch die Neufassung durch das **BPersVG** hat an dem Verhältnis von Abs. 2 Satz 1 und Satz 2 (und 3) nichts geändert. Gerade hier beschränkt sich das BPersVG vielmehr ganz darauf, die Regelung des BetrVG nachzuvollziehen und die Kündigungsmitwirkung samt ihrer Sanktion im individualrechtlichen Kündigungsschutz auf den öffentlichen Dienst zu übertragen. So stimmen die Gründe, auf die der Personalrat nach § 79 Abs. 1 Satz 3 BPersVG Einwendungen gegen eine Kündigung stützen kann, völlig mit den Widerspruchsgründen in § 102 Abs. 3 BetrVG überein; und dementsprechend ist Abs. 2 nur auf den öffentlichen Dienst ausgedehnt und redaktionell angepaßt, dagegen im sachlichen Gehalt nicht verändert worden. Auch im übrigen läßt nichts darauf schließen, daß hier eine Abweichung von der 1972

[1809] So *Adomeit* DB 1971, 2363; *Hoechst* AuR 1973, 328, 330.
[1810] Vgl. BT-Drucks. zu VI/2729 S. 7 unter IV 3.
[1811] Ebenso BAG 6. 6. 1984, AP Nr. 16 zu § 1 KSchG 1969 Betriebsbedingte Kündigung; *Meisel* Mitwirkung und Mitbestimmung des Betriebsrats Rn. 543.

durch das BetrVG getroffenen Gestaltung beabsichtigt sein könnte. Deshalb gilt das oben (Rn. 499 ff.) Ausgeführte ganz entsprechend auch im Anwendungsbereich des BPersVG.[1812]

VI. Das Widerspruchsverfahren nach dem BPersVG

Im Rahmen des Mitwirkungsverfahrens nach §§ 72, 79 BPersVG kann der Personalrat grundsätzlich **Einwendungen** aller Art gegen eine geplante Kündigung erheben; das entspricht der Äußerung von Bedenken durch den Betriebsrat nach § 102 Abs. 2 BetrVG. Die in diesem Zusammenhang wesentliche **Widerspruchswirkung** haben jedoch nur Einwendungen, die auf die in § 79 Abs. 1 BPersVG abschließend aufgezählten Gesichtspunkte gestützt werden;[1813] diese stimmen mit den Widerspruchsgründen nach § 102 Abs. 3 BetrVG sachlich überein. – Abweichend von der Wochenfrist des BetrVG beträgt hier die **Frist** zur Erhebung von Einwendungen nach § 72 Abs. 2 BPersVG zehn Arbeitstage. Als solche kommen heute bei den meisten Dienststellen nur die Werktage von Montag bis Freitag in Betracht. – Anders als Abs. 2 Satz 2 Nr. 1 für den Widerspruch des Betriebsrats verlangt Nr. 2 für die Einwendungen des Personalrats **nicht** ausdrücklich die **Schriftform;** auch die Verfahrensregeln in § 72 BPersVG sehen diese nicht ausdrücklich vor.[1814] Allerdings setzt die Verpflichtung zur abschriftlichen Mitteilung der Stellungnahme des Personalrats an den Arbeitnehmer nach § 79 Abs. 1 Satz 4 BPersVG notwendig voraus, daß jedenfalls die hier allein wesentlichen Einwendungen mit Widerspruchswirkung schriftlich zu erheben sind,[1815] und zwar im Hinblick auf den Zweck dieser Bestimmung gerade auch hinsichtlich der nach § 72 Abs. 2 Satz 2 BPersVG erforderlichen Begründung. Gleichwohl kann man den Unterschied zwischen Nr. 1 und Nr. 2 des Abs. 2 Satz 1 nicht als bloßes Redaktionsversehen werten, sondern wird daraus folgern, daß es für die kündigungsschutzrechtliche Wirkung nicht auf die schriftliche Abfassung der Einwendungen ankommen soll.[1816]

Eine Besonderheit gegenüber dem privaten Bereich ergibt sich schließlich daraus, daß das Personalvertretungsrecht dem hierarchischen Aufbau der Verwaltung durch die Bildung von **Stufenvertretungen** Rechnung trägt, §§ 53 ff. BPersVG.[1817] Je nach der Stellung der Beschäftigungsdienststelle im Behördenaufbau kann daher das Mitwirkungsverfahren nach § 72 Abs. 4 BPersVG durch Vorlage bei übergeordneten Dienststellen, bei denen Stufenvertretungen bestehen, in einer zweiten und u. U. auch dritten Stufe fortgesetzt werden. Das hat zur Folge, daß eine Kündigung erst nach Abschluß des ganzen Mitwirkungsverfahrens wirksam ausgesprochen werden kann. Andererseits ist die Widerspruchswirkung der Einwendungen des Personalrats da-

---

[1812] Siehe dazu BAG 17. 5. 1984, 6. 6. 1984, AP Nr. 21 und 16 zu § 1 KSchG 1969 Betriebsbedingte Kündigung.
[1813] KR-*Etzel* §§ 72, 79, 108 BPersVG Rn. 57 f.
[1814] Vgl. KR-*Etzel* §§ 72, 79, 108 BPersVG Rn. 41.
[1815] *Dietz/Richardi* BPersVG § 79 Rn. 58.
[1816] Ebenso HaKo-*Pfeiffer* § 1 Rn. 815; – abweichend *Dietz/Richardi* BPersVG § 79 Rn. 58; KR-*Etzel* §§ 72, 79, 108 BPersVG Rn. 60.
[1817] Dazu *Dietz/Richardi* BPersVG Vorbem. und Erl. zu §§ 53 ff.; KR-*Etzel* §§ 72, 79, 108 BPersVG Rn. 48 ff.

§ 1   516–519   1. Abschnitt. Allgemeiner Kündigungsschutz

von abhängig, daß sie die Stufenvertretung in der Verhandlung mit der übergeordneten Dienststelle aufrechterhalten hat. Abs. 2 Satz 2 Nr. 2 a. E. hebt das ausdrücklich hervor. Im privaten Bereich gibt es hierzu keine Parallele.

VII. Die Widerspruchsgründe des § 102 Abs. 3 BetrVG

516   Die in Abs. 2 Satz 2 und 3 genannten **Widerspruchsgründe** entsprechen im sachlichen Gehalt genau denjenigen des **§ 102 Abs. 3 Nr. 2–5 BetrVG** (§ 79 Abs. 1 Nr. 2–5 BPersVG). Nur ein hierauf gestützter Widerspruch erfüllt die Voraussetzungen des Abs. 2 Satz 2 und 3. Die Aufzählung ist abschließend. Ein **Widerspruch nach § 102 Abs. 3 Nr. 1 BetrVG** (mangelhafte Berücksichtigung sozialer Gesichtspunkte bei der Auswahl) reicht dagegen nicht aus. Ein form- und fristgerechter Widerspruch nach § 102 Abs. 3 Nr. 1 BetrVG löst freilich – ebenso wie die anderen Widerspruchsgründe des § 102 Abs. 3 BetrVG – die Rechtsfolgen der Abs. 4 und 5 des § 102 BetrVG aus, d. h. der Arbeitgeber hat dem Arbeitnehmer die Stellungnahme des Betriebsrats zuzuleiten und der Arbeitnehmer kann nach Erhebung der Kündigungsschutzklage Weiterbeschäftigung bis zum rechtskräftigen Abschluß des Kündigungsschutzprozesses verlangen.

1. Grundsätze

517   Der Betriebsrat kann einer Kündigung gleichzeitig aus mehreren Gründen widersprechen. Dabei kann auch ein Widerspruch nach § 102 Abs. 3 Nr. 1 BetrVG mit einem solchen nach den Nrn. 2–5 (= § 1 Abs. 2 Satz 2 und 3 KSchG) zusammentreffen. Dann ist zu beachten: Der Widerspruch nach Nrn. 3–5 bedeutet, daß nach Auffassung des Betriebsrats die Kündigung gar nicht betriebsbedingt (bzw. personenbedingt) ist, weil der Arbeitnehmer in anderer Weise weiterbeschäftigt werden kann. Dagegen setzt der Widerspruch nach Nr. 1 streng genommen die **Betriebsbedingtheit der Kündigung** bereits voraus, denn nur dann findet überhaupt nach § 1 Abs. 2 Satz 1 und Abs. 3 eine Auswahl nach sozialen Gesichtspunkten statt, deren Mißachtung mit dem Widerspruch gerügt wird. Gleichwohl schließen sich die Widerspruchsgründe nicht gegenseitig aus.[1818]

518   Möglich ist auch, daß der Betriebsrat gleichzeitig geltend macht, primär sei die Kündigung angesichts von Weiterbeschäftigungsmöglichkeiten nicht betriebsbedingt (Nrn. 3–5), jedenfalls aber sei der dafür in Aussicht genommene Arbeitnehmer selbst bei Annahme einer Betriebsbedingtheit unter Verletzung sozialer Gesichtspunkte aus der in Betracht kommenden Gruppe ausgewählt worden. Ein solches **Eventualvorbringen** kann man dem Betriebsrat umso weniger versagen, als er durch die Fristbindung des § 102 Abs. 3 BetrVG gehalten ist, alle in Betracht kommenden Widerspruchsgründe gleichzeitig geltend zu machen.

519   Wird nun ein Widerspruch sowohl auf § 102 Abs. 3 Nr. 1 BetrVG als auch auf eine oder mehrere der Nrn. 2–5 gestützt, so führt die Sonderstel-

---

[1818] KR-*Etzel* § 102 BetrVG Rn. 149; LAG Düsseldorf 23. 5. 1975, EzA § 102 BetrVG 1972 Beschäftigungspflicht Nr. 4.

lung der letztgenannten Gründe in § 1 Abs. 2 Satz 2 und 3 dazu, daß im Kündigungsschutzprozeß das Gericht sich zunächst auf die **Prüfung dieser Gründe** zu beschränken hat, während der Mangel der sozialen Auswahl erst bei einer Würdigung nach den allgemeinen Gesichtspunkten des Abs. 2 Satz 1 und Abs. 3 eine Rolle spielt, zu der es nur kommt, wenn der Widerspruch nach Abs. 2 Satz 2 und 3 sachlich nicht begründet ist (dazu oben Rn. 508ff.).

Die Widerspruchsgründe des § 102 Abs. 3 BetrVG (§ 79 Abs. 1 Satz 3 BPersVG) betreffen der Sache nach vor allem Fälle betriebsbedingter Kündigungen; hier ist ihr Hauptanwendungsgebiet. Daraus ergibt sich jedoch **keine generelle Beschränkung des Widerspruchsrechts** auf diesen Bereich. Sie kann weder aus der Entstehungsgeschichte der Bestimmung noch aus dem Normzweck oder aus einem inneren Zusammenhang der verschiedenen Widerspruchsgründe abgeleitet werden. Deshalb wird heute die Möglichkeit eines Widerspruchs auch bei personen- und verhaltensbedingten Kündigungen überwiegend anerkannt.[1819]

Die **Widerspruchsmöglichkeiten gegenüber den drei Arten von Kündigungsgründen** müssen freilich, wie das heute auch regelmäßig geschieht, für die verschiedenen Widerspruchsgründe gesondert beurteilt werden.[1820]

2. Verstoß gegen eine Auswahlrichtlinie

Abs. 2 Satz 2 Nr. 1a und Nr. 2a: Im Rahmen der Mitwirkung und Mitbestimmung in allgemeinen personellen Angelegenheiten macht § 95 Abs. 1 BetrVG die Aufstellung von **Richtlinien über die personelle Auswahl bei** Einstellungen, Versetzungen, Umgruppierungen und **Kündigungen** von der Zustimmung des Betriebsrats abhängig.[1821] Danach ist der Arbeitgeber zwar nicht gehalten, solche Richtlinien überhaupt aufzustellen; beabsichtigt er das aber, so bedarf die Einführung und als Konsequenz auch die Änderung der Richtlinien der Zustimmung des Betriebsrats. Kommt es dabei zu keiner Einigung, so kann der Arbeitgeber eine verbindliche Entscheidung der Einigungsstelle (§ 76 BetrVG) herbeiführen. Wegen der besonderen Bedeutung der Auswahlrichtlinien vor allem für größere Betriebe räumt § 95 Abs. 2 BetrVG in Betrieben mit mehr als 1000 (seit 1. 8. 2001: 500) Arbeitnehmern auch dem Betriebsrat das Initiativrecht für die notfalls erzwingbare Einführung von Auswahlrichtlinien ein. Nach der zum **seit 1. 1. 1999 in Kraft getretenen gesetzlichen Neuregelung** haben Auswahlrichtlinien erhebliche Aus-

---

[1819] Vgl. BAG 22. 7. 1982, AP Nr. 5 zu § 1 KSchG 1969 Verhaltensbedingte Kündigung mit Anm. *Otto;* BAG 24. 3. 1988, RzK III 1e Nr. 12; ErfK/*Ascheid* § 1 KSchG Rn. 542; KR-*Etzel* § 102 BetrVG Rn. 146; *Feichtinger* Die Betriebsratsanhörung bei Kündigung 1994, Rn. 179f.; *Fitting* § 102 Rn. 42; HK-KSchG/*Höland* § 1 Rn. 1189; *Moritz* DB 1985, 229; HaKo-*Pfeiffer* § 1 Rn. 817; *Richardi* § 102 Rn. 137; – abweichend *Hess/Schlochauer/ Glaubitz* § 102 Rn. 92ff.; *Stege/Weinspach* § 102 Rn. 114ff.

[1820] Dazu im einzelnen Kommentare zu § 102 BetrVG.

[1821] Vgl. Rn. 481ff. sowie zu Begriff und Rechtsnatur der Auswahlrichtlinien insbes. *Zöllner* Festschrift für G. Müller 1981, S. 665ff. sowie *Fritz* Die Auswahlrichtlinien bei der Kündigung gemäß § 95 BetrVG, Diss. Gießen 1978, S. 21ff.; *Gemählich* Auswahlrichtlinien nach § 95 BetrVG, Diss. Erlangen 1983, S. 18ff.

§ 1 523–525 1. Abschnitt. Allgemeiner Kündigungsschutz

wirkungen auf die gerichtliche Überprüfung der Auswahlentscheidung (dazu Rn. 481 ff.). – Ganz entsprechend sieht § 76 Abs. 2 Nr. 8 BPersVG für den **öffentlichen Dienst** die Mitbestimmung des Personalrats beim Erlaß von Richtlinien über die personelle Auswahl bei Kündigungen vor.[1822]

523 Das Gesetz bestimmt den **Begriff der Auswahlrichtlinien** nicht näher. Gemeint sind Regeln, die losgelöst vom Einzelfall die Gesichtspunkte generell festlegen, nach denen bei einer personellen Maßnahme der genannten Art, also auch bei einer Kündigung, die Entscheidung zwischen mehreren in Betracht kommenden Personen getroffen werden soll. Die Auswahlrichtlinien sind damit ein besonders für Großbetriebe, aber auch in Betrieben mittlerer Größe nützliches Instrument zur Vereinheitlichung und Rationalisierung von Personalentscheidungen. Sie können wesentlich zu deren Versachlichung wie auch zur Transparenz der Entscheidungsvorgänge beitragen.[1823] Den Auswahlrichtlinien nach § 95 BetrVG sind Kündigungsrichtlinien, die im Rahmen eines Interessenausgleichs nach § 112 Abs. 1 BetrVG vereinbart werden, gleichzustellen.[1824]

524 Auswahlrichtlinien stehen als Regelung auf Betriebsebene im Rang unter dem Gesetz; zwingende gesetzliche Bestimmungen gehen ihnen stets vor. Deshalb kann in Kündigungsrichtlinien auch nicht von den zugunsten der Arbeitnehmer grundsätzlich **zwingenden Regeln des Kündigungsschutzrechts** abgewichen werden, so daß die Auswahlrichtlinien für Kündigungen insbesondere an den durch § 1 Abs. 2 und 3 gesetzten Rahmen gebunden sind.[1825] Innerhalb dieses Rahmens können die Kündigungsrichtlinien für den Kündigungsschutz wesentliche Gesichtspunkte präzisieren und so vor allem die soziale Auswahl erleichtern und transparent machen (dazu oben Rn. 481 ff.). Dagegen sind sie nicht geeignet, materiell den Kündigungsschutz über das Gesetz hinaus zu erweitern.

525 Kündigungsrichtlinien nach § 95 BetrVG (§ 76 Abs. 2 Nr. 8 BPersVG) haben nur im Bereich der **betriebsbedingten Kündigung** Bedeutung. Hier schreibt § 1 Abs. 3 ausdrücklich eine Auswahl nach sozialen Gesichtspunkten vor (dazu oben Rn. 431 ff.), und gerade für die Auswahl zwischen mehreren für eine personelle Maßnahme in Betracht kommenden Personen sieht § 95 BetrVG (§ 79 Abs. 2 Nr. 8 BPersVG) die Einführung von Richtlinien vor. Dagegen ist eine Kündigung aus Gründen in der Person oder im Verhalten des Arbeitnehmers schon vom Kündigungsgrund her auf die Person eines bestimmten Arbeitnehmers beschränkt, so daß eine personelle

---

[1822] Dazu *Dietz/Richardi* BPersVG § 76 Rn. 128 ff., 143 ff.
[1823] Vgl. BT-Drucks. VI/1786 S. 50.
[1824] Vgl. BAG 20. 10. 1983, AP Nr. 13 zu § 1 KSchG 1969 Betriebsbedingte Kündigung mit Anm. *v. Hoyningen-Huene;* BAG 18. 1. 1990, AP Nr. 19 zu § 1 KSchG 1969 Soziale Auswahl = SAE 1991, 118 mit Anm. *v. Hoyningen-Huene; Weller* AuR 1986, 225, 232.
[1825] BAG 11. 3. 1976, AP Nr. 1 zu § 95 BetrVG 1972 mit zust. Anm. G. *Hueck* = EzA § 95 BetrVG 1972 Nr. 1 mit Anm. *Gamillscheg;* BAG 20. 10. 1983, AP Nr. 13 zu § 1 KSchG 1969 Betriebsbedingte Kündigung mit insoweit zust. Anm. *v. Hoyningen-Huene;* BAG 15. 6. 1989, AP Nr. 18 zu § 1 KSchG 1969 Soziale Auswahl; BAG 18. 1. 1990, AP Nr. 19 zu § 1 KSchG 1969 Soziale Auswahl = SAE 1991, 118 mit Anm. *v. Hoyningen-Huene;* APS/*Dörner* § 1 KSchG Rn. 97; KR-*Etzel* § 102 BetrVG Rn. 159 f.; *Linck* Die soziale Auswahl bei betriebsbedingter Kündigung 1990, S. 130 ff.; HaKo-*Pfeiffer* § 1 Rn. 818; *Zöllner* Festschrift für G. Müller 1981, S. 665, 686 f.

Auswahl gar nicht stattfindet. Deshalb sind nach überwiegender Auffassung die Kündigungsrichtlinien grundsätzlich auf betriebsbedingte Kündigungen beschränkt.[1826]

Inhalt der Auswahlrichtlinien für Kündigungen können sowohl Verfahrensregeln als auch materielle Gesichtspunkte für die Auswahl der zu kündigenden Arbeitnehmer sein.[1827] Als **Verfahrensregel** kann beispielsweise eine im Gesetz nicht vorgeschriebene vorherige Anhörung der vielleicht betroffenen Arbeitnehmer vorgesehen werden, die ihnen die Möglichkeit zur Schilderung ihrer sozialen Verhältnisse eröffnet; oder etwa eine neben den allgemeinen Informationsrechten des BetrVG stehende spezielle Unterrichtung des Betriebsrats über freie Arbeitsplätze im gesamten Unternehmen, die ihm auch als Entscheidungsgrundlage für einen Widerspruch nach § 102 Abs. 3 Nr. 3–5 BetrVG dient mit der Folge, daß bei einer Verschleierung solcher Umstände statt dessen ein Widerspruch nach Nr. 2 des § 102 Abs. 3 BetrVG erfolgen kann, der ebenfalls zur Anwendung von § 1 Abs. 2 Satz 2 (Nr. 1a bzw. 2a statt 1b bzw. 2b oder Satz 3) führt. Solche Verfahrensregelungen sind auch auf personen- und verhaltensbedingte Kündigungen anwendbar.

In materieller Hinsicht stehen bei den Kündigungsrichtlinien die **sozialen Auswahlkriterien** naturgemäß ganz im Vordergrund.[1828] Die Auswahlgesichtspunkte können durch die Richtlinien in ihrer Bedeutung für die besonderen Verhältnisse des konkreten Betriebes, auch im Hinblick auf die spezifische soziale Struktur der Belegschaft verdeutlicht und in ein bestimmtes Verhältnis zueinander gebracht werden. Abschließende Punktetabellen sind seit 1. 1. 1999 zulässig (näher dazu Rn. 482j).

In Auswahlrichtlinien kann auch bestimmt werden, welche Arbeitnehmer im Rahmen der sozialen Auswahl als **vergleichbar** anzusehen sind.[1829] Zu Recht hat das BAG darauf hingewiesen, daß beispielsweise in Auswahlrichtlinien geregelt werden kann, daß bei einem Wechsel von einer spezialisierten Tätigkeit in eine andere auf Grund der gemachten Erfahrungen die Vergleichbarkeit nach Ablauf eines bestimmten Zeitraumes als nicht mehr gege-

---

[1826] H. M.; vgl. Rn. 433 sowie KR-*Etzel* § 102 BetrVG Rn. 158; *Fitting* § 95 Rn. 20; *Galperin/Löwisch* § 95 Rn. 12; *Hess/Schlochauer/Glaubitz* § 95 Rn. 29; HK-KSchG/*Höland* § 1 Rn. 1200; GK-BetrVG/*Kraft* § 95 Rn. 36; *Richardi* Festschrift für Stahlhacke 1995 S. 447, 452; *Stahlhacke/Preis/Vossen* Rn. 759; *Zöllner* Festschrift für G. Müller 1981, S. 665, 676; – abweichend *Kittner/Däubler/Zwanziger* § 102 BetrVG Rn. 191.

[1827] *Boewer* NZA 1988, 1, 4 f.; *Fitting* § 95 Rn. 22; *Löwisch* § 95 Rn. 5; *Richardi* § 95 Rn. 26; ähnlich *Zöllner* Festschrift für G. Müller 1981, S. 665, 681 f.; – abweichend GK-BetrVG/*Kraft* § 95 Rn. 15.

[1828] Dazu Rn. 481 ff. sowie BAG 20. 10. 1983, AP Nr. 13 zu § 1 KSchG 1969 Betriebsbedingte Kündigung mit Anm. *v. Hoyningen-Huene* = AR-Blattei Kündigungsschutz Entsch. 240 mit Anm. *Ehmann* = SAE 1985, 215 mit Anm. *Otto* = EzA § 1 KSchG Betriebsbedingte Kündigung Nr. 28 mit Anm. *Kraft;* BAG 15. 6. 1989, AP Nr. 18 zu § 1 KSchG 1969 Soziale Auswahl = AR-Blattei Kündigungsschutz Entsch. 304 mit Anm. *Wank* = EzA § 1 KSchG Soziale Auswahl Nr. 27 mit Anm. *Hergenröder* = SAE 1990, 208 mit Anm. *Preis;* BAG 18. 1. 1990, AP Nr. 19 zu § 1 KSchG 1969 Soziale Auswahl = SAE 1991, 118 mit Anm. *v. Hoyningen-Huene.*

[1829] Vgl. dazu BAG 15. 6. 1989, AP Nr. 18 zu § 1 KSchG 1969 Soziale Auswahl = EzA § 1 KSchG Soziale Auswahl Nr. 27 mit Anm. *Hergenröder* = SAE 1990, 208 mit Anm. *Preis* = AR-Blattei Kündigungsschutz Entsch. 304 mit Anm. *Wank;* dazu auch *Meisel* DB 1991, 92, 97 f.; *Rieble* NJW 1991, 65, 69 f.

ben zu erachten sein kann, weil eine erneute Einarbeitungszeit als zu lang zu beurteilen ist.[1830]

3. Möglichkeit der Weiterbeschäftigung auf einem anderen Arbeitsplatz

529 Unter bestimmten Voraussetzungen haben Rechtsprechung und Literatur schon nach früherem Recht die Wirksamkeit betriebsbedingter, teilweise auch personenbedingter Kündigungen dann verneint, wenn der Arbeitnehmer auf einem anderen Arbeitsplatz weiterbeschäftigt werden konnte (vgl. Rn. 143). In den **Widerspruchsgründen** des § 102 Abs. 3 Nr. 3–5 BetrVG (§ 79 Abs. 1 Satz 3 Nr. 3–5 BPersVG) und entsprechend des § 1 Abs. 2 Satz 2 Nr. 1b und 2b sowie Satz 3 ist das übernommen, präzisiert und teilweise, so vor allem durch die Erstreckung auf den Unternehmensbereich (im öffentlichen Dienst auf den Bereich des Verwaltungszweiges am Dienstort), ausgebaut und erweitert worden. Darüber, daß diese Regelung nur gilt, wenn der Betriebsrat der Kündigung mit entsprechender Begründung widersprochen hat, vgl. oben Rn. 511 ff., und daß andererseits beim Fehlen des Widerspruchs die anderweitige Beschäftigungsmöglichkeit auch weiterhin bei der Beurteilung der Kündigung nach den allgemeinen Gründsätzen des § 1 Abs. 2 Satz 1 in der früher schon anerkannten Weise zu berücksichtigen ist, vgl. Rn. 500 ff.

530 Während materielle Kündigungsrichtlinien nach § 95 BetrVG grundsätzlich nur für betriebsbedingte Kündigungen in Betracht kommen (oben Rn. 525), besteht bei der Weiterbeschäftigungsmöglichkeit kein so enger **Anwendungsbereich:** Zwar wird auch hier der Widerspruch gegen betriebsbedingte Kündigungen praktisch im Vordergrund stehen, doch ist die Widerspruch gegen eine personen- oder verhaltensbedingte Kündigung hier weder begrifflich noch durch die insoweit allgemein gehaltene Formulierung der gesetzlichen Regelung ausgeschlossen.[1831] Bei einer verhaltensbedingten Kündigung kommt die Weiterbeschäftigung auf einem anderen Arbeitsplatz und dementsprechend ein darauf gestützter Widerspruch freilich nur ausnahmsweise in Betracht;[1832] so am ehesten im Grenzbereich zur personenbedingten Kündigung, etwa bei unverschuldeter Schlechtleistung, wenn der Arbeitnehmer den geringeren Anforderungen eines anderen Arbeitsplatzes noch genügen kann. Selbst nach schuldhaftem Verhalten des Arbeitnehmers ist eine Weiterbeschäftigungsmöglichkeit jedoch nicht gänzlich ausgeschlossen. Der allgemeine Gesichtspunkt, daß vor Ausspruch einer Kündigung zumutbare Umsetzungsmöglichkeiten zu prüfen sind (oben Rn. 142 ff.), gilt an sich unabhängig vom Verschulden; allerdings wird nach schuldhaftem Fehlverhalten des Arbeitnehmers nur selten eine Umsetzung Abhilfe schaffen können. Immerhin ist es denkbar, daß das Fehlverhalten rein arbeitsplatzbedingt war, wie das etwa bei Differenzen mit ganz bestimmten Mitarbeitern, auch unmittelbaren Vorgesetzten der Fall sein kann.

[1830] BAG 15. 6. 1989, AP Nr. 18 zu § 1 KSchG 1969 Soziale Auswahl.
[1831] BAG 22. 7. 1982, AP Nr. 5 zu § 1 KSchG 1969 Verhaltensbedingte Kündigung; BAG 31. 3. 1993, AP Nr. 32 zu § 626 BGB Ausschlußfrist; KR-*Etzel* § 1 KSchG Rn. 761; GK-BetrVG/*Kraft* § 102 Rn. 110, 115, 125.
[1832] Sehr str. vgl. dazu Rn. 276 und 509.

Die Weiterbeschäftigung setzt voraus, daß ein **anderer freier, ver-** 531
gleichbarer Arbeitsplatz in demselben Betrieb, wenn auch in einer anderen Betriebsabteilung, oder in einem anderem Betrieb desselben Unternehmens verfügbar ist.[1833] **Vergleichbar** ist ein Arbeitsplatz in erster Linie dann, wenn der Arbeitnehmer dort die gleiche oder doch eine ähnliche Tätigkeit wie bisher zu im wesentlichen gleichen Arbeitsbedingungen auszuüben hat. Die Beförderung auf einen höherwertigen, freien Arbeitsplatz kann der Arbeitnehmer nicht verlangen.[1834] § 1 Abs. 2 Satz 3 erweitert das jedoch erheblich sowohl in Richtung einer anders gearteten Tätigkeit als auch in bezug auf veränderte Arbeitsbedingungen.

Es muß sich um einen **anderen Arbeitsplatz** handeln; der Widerspruch 531 a kann nicht mit der Möglichkeit der Weiterbeschäftigung auf dem bisherigen Arbeitsplatz begründet werden.[1835] Ein argumentum a maiore, daß der Widerspruch, da er auf die Möglichkeit der Weiterbeschäftigung an einem anderen Arbeitsplatz gestützt werden kann, „erst recht" auf den gleichen Arbeitsplatz bezogen werden könne, verstößt nicht nur gegen den klaren Wortlaut von § 102 Abs. 3 Nr. 3 BetrVG, § 79 Abs. 1 Satz 3 Nr. 3 BPersVG sowie § 1 Abs. 2 Satz 2 Nr. 1 b und 2 b, sondern vor allem auch gegen den Sinn der Regelung. Dadurch würde die Widerspruchsmöglichkeit im Ergebnis auf alle denkbaren Fälle der Sozialwidrigkeit erstreckt; denn mit dem Vorbringen, daß eine weitere Beschäftigung auf dem gleichen Arbeitsplatz möglich sei, wird nichts anderes als das Fehlen des Kündigungsgrundes selbst geltend gemacht. Eine so weitgehende Ausdehnung des Widerspruchsrechts ist jedoch mit der Nennung ganz bestimmter Widerspruchsgründe im Gesetz und der damit beabsichtigten Kompetenzzuweisung ebenso unvereinbar wie mit der Unterscheidung zwischen allgemeinen Kündigungsrechtfertigungsgründen in Abs. 2 Satz 1 und besonderen, an spezielle Tatbestände gebundenen, absolut wirkenden Gründen für die Sozialwidrigkeit in Satz 2 und 3.

Nur in den **Sonderfällen** der Weiterbeschäftigung nach Umschulungs- 532 oder Fortbildungsmaßnahmen (Abs. 2 Satz 3) kann ausnahmsweise auch der bisherige Arbeitsplatz des betroffenen Arbeitnehmers, dann aber entsprechend verändert und in diesem Sinn eben doch als anderer Arbeitsplatz für eine Weiterbeschäftigung in Betracht kommen.[1836] Entsprechendes gilt bei Schichtarbeit für die Weiterbeschäftigung des Arbeitnehmers auf dem gleichen Arbeitsplatz in einer anderen Schicht.[1837]

[1833] Dazu BAG 29. 3. 1990, AP Nr. 50 zu § 1 KSchG 1969 Betriebsbedingte Kündigung = EzA § 1 KSchG Soziale Auswahl Nr. 29 mit Anm. *Preis;* – für den öffentlichen Dienst vgl. LAG Baden-Württemberg 27. 5. 1993, NZA 1994, 557.
[1834] BAG 29. 3. 1990, AP Nr. 50 zu § 1 KSchG 1969 Betriebsbedingte Kündigung.
[1835] H. M.; BAG 12. 9. 1985, AP Nr. 7 zu § 102 BetrVG 1972 Weiterbeschäftigung; LAG München 5. 10. 1994, LAGE § 102 BetrVG 1972 Beschäftigungspflicht Nr. 19; ErfK/*Ascheid* § 1 KSchG Rn. 561; APS/*Dörner* § 1 KSchG Rn. 98; *Hess/Schlochauer/Glaubitz* § 102 Rn. 117; *Kittner/Däubler/Zwanziger* § 1 KSchG Rn. 370; GK-BetrVG/*Kraft* § 102 Rn. 110; *Löwisch* § 1 Rn. 419; HaKo-*Pfeiffer* § 1 Rn. 820; *Richardi* § 102 Rn. 153; *Stahlhacke/Preis/Vossen* Rn. 760; – abweichend *Brox* BAG-Festschrift 1979, S. 37, 50; KR-*Etzel* § 102 BetrVG Rn. 164; *Fitting* § 102 Rn. 47.
[1836] Ebenso HaKo-*Pfeiffer* § 1 Rn. 820; *Richardi* § 102 Rn. 155.
[1837] ArbG Ludwigshafen 6. 3. 1972, BB 1972, 446; *Fitting* § 102 Rn. 47; GK-BetrVG/*Kraft* § 102 Rn. 110.

533 Der Widerspruch setzt weiter voraus, daß ein anderer geeigneter **Arbeitsplatz** bereits **vorhanden und unbesetzt** ist (siehe auch oben Rn. 402). Der Arbeitgeber ist nicht etwa verpflichtet, nur zum Zweck der Weiterbeschäftigung einen neuen Arbeitsplatz zu schaffen.[1838] Auch eine Weiterbeschäftigung, die nur durch die Entlassung eines anderen Arbeitnehmers ermöglicht wird, scheidet aus. Dementsprechend genügt zur Begründung des Widerspruchs nicht ein allgemeiner Hinweis auf denkbare Weiterbeschäftigungsmöglichkeiten; vielmehr müssen diese unter Angabe des offenen Arbeitsplatzes konkretisiert werden.[1839] Im eigenen Betrieb wird der Betriebsrat regelmäßig selbst den erforderlichen Überblick haben oder sich verschaffen können (dazu § 80 Abs. 2 BetrVG). Auf der Ebene des Unternehmens kann er die Hilfe der anderen Betriebsräte, auch unter Einschaltung des Gesamtbetriebsrats, in Anspruch nehmen.

534 Für die Weiterbeschäftigungsmöglichkeit sind nicht nur freie Arbeitsplätze im selben Betrieb, sondern auch solche in **anderen Betrieben desselben Unternehmens** (in anderen Dienststellen desselben Verwaltungszweiges an demselben Dienstort) zu berücksichtigen.[1840] Ausdrücklich ist das zwar nur in § 102 Abs. 3 Nr. 3 BetrVG (§ 79 Abs. 1 Satz 3 Nr. 3 BPersVG) für den Normalfall der Weiterbeschäftigung auf einem dem bisherigen entsprechenden Arbeitsplatz bestimmt, doch muß dasselbe auch für die Sonderfälle der Weiterbeschäftigung nach Umschulungs- oder Fortbildungsmaßnahmen bzw. unter geänderten Arbeitsbedingungen gelten.[1841] Hierfür spricht schon der Gesetzeswortlaut, der sprachlich die beiden Sonderfälle mit dem Grundfall verknüpft. Besonders deutlich wird das in Abs. 2 seit der Änderung von 1974 durch § 114 BPersVG, denn Satz 3 verweist nunmehr für die Sonderfälle ganz allgemein auf den Normalfall. Vor allem aber besteht sachlich kein Grund, in dieser Hinsicht zu differenzieren. Vielmehr wird gerade die Umsetzung in einen anderen Betrieb häufig auch Umschulungsmaßnahmen erfordern oder geänderte Arbeitsbedingungen mit sich bringen. Voraussetzung für die Weiterbeschäftigungsmöglichkeit in dem anderen Betrieb des Unternehmens ist allerdings die Zustimmung des dortigen Betriebsrats nach § 99 BetrVG. Wird die Zustimmung verweigert,[1842] so ist eine Weiterbeschäftigung auf diesem Arbeitsplatz des anderen Betriebs nicht möglich.[1843]

[1838] BAG 3. 2. 1977, AP Nr. 4 zu § 1 KSchG 1969 Betriebsbedingte Kündigung; BAG 29. 3. 1990, AP Nr. 50 zu § 1 KSchG 1969 Betriebsbedingte Kündigung unter B II 5; BAG 7. 2. 1991, AP Nr. 1 zu § 1 KSchG 1969 Umschulung = EzA § 1 KSchG Personenbedingte Kündigung Nr. 9 unter B II 1; ErfK/*Ascheid* § 1 KSchG Rn. 554 f.; APS/*Dörner* § 1 KSchG Rn. 98; HaKo-*Pfeiffer* § 1 Rn. 821; *Stahlhacke/Preis/Vossen* Rn. 760.

[1839] BAG 19. 6. 1999, RzK III 1 e Nr. 25; BAG 11. 5. 2000, NZA 2000, 1055; LAG Düsseldorf 26. 6. 1980, DB 1980, 2043; KR-*Etzel* § 102 BetrVG Rn. 163; *Hess/Schlochauer/Glaubitz* § 102 Rn. 120; GK-BetrVG/*Kraft* § 102 Rn. 112; – abweichend BAG 31. 8. 1978, AP Nr. 1 zu § 102 BetrVG 1972 Weiterbeschäftigung unter II mit krit. Anm. *Grunsky;* vgl. dazu auch Rn. 507 a.

[1840] KR-*Etzel* § 1 KSchG Rn. 760; *Stahlhacke/Preis/Vossen* Rn. 760.

[1841] Ebenso *Birk* Festschrift für Kissel, S. 51, 63; APS/*Dörner* § 1 KSchG Rn. 99; KR-*Etzel* § 1 KSchG Rn. 765; *Gaul* BB 1995, 2422; HaKo-*Pfeiffer* § 1 Rn. 822.

[1842] Dazu BAG 22. 1. 1991, AP Nr. 86 zu § 99 BetrVG 1972.

[1843] Ebenso KR-*Etzel* § 102 BetrVG Rn. 166.

Nicht in Betracht kommt hingegen eine Ausdehnung über das einzelne 534a
Unternehmen hinaus auf den **Bereich des Konzerns**.[1844]

Die Umsetzung zur **Weiterbeschäftigung auf einem anderen Ar-** 535
beitsplatz kann, soweit sie den Rahmen des Direktionsrechts überschreitet
und auch nicht vertraglich vorgesehen ist, nur mit Zustimmung des betroffenen Arbeitnehmers durchgeführt werden. Dasselbe gilt erst recht für die Verwirklichung von Umschulungs- bzw. Fortbildungsmaßnahmen und für die Veränderung der Arbeitsbedingungen. Dabei sind zwei Gestaltungen zu unterscheiden: Das Gesetz macht nur bei einer Veränderung der Arbeitsbedingungen den Widerspruch gegen die Kündigung davon abhängig, daß der Arbeitnehmer sein Einverständnis erklärt hat, § 102 Abs. 3 Nr. 5 BetrVG, § 79 Abs. 1 Satz 3 Nr. 5 BPersVG, § 1 Abs. 2 Satz 3.

Macht der Betriebsrat die Möglichkeit der Weiterbeschäftigung zu geän- 535a
derten Vertragsbedingungen geltend, ist die **Einverständniserklärung des**
Arbeitnehmers Wirksamkeitsvoraussetzung für den Widerspruch.[1845] Der Arbeitnehmer hat sein Einverständnis gegenüber dem Betriebsrat zu erklären. Anderenfalls ist der Widerspruch nicht etwa nur sachlich nicht berechtigt, sondern unwirksam. Nicht erforderlich ist, daß der Arbeitgeber zuvor ein entsprechendes Angebot macht; vielmehr kann der Betriebsrat von sich aus die Initiative ergreifen.

Das Einverständnis des Arbeitnehmers kann auch unter dem Vorbehalt er- 536
klärt werden, daß die Änderung der Arbeitsbedingungen sozial gerechtfertigt ist; ein unbedingtes Einverständnis verlangt das Gesetz nicht.[1846] Im Falle eines solchen Vorbehalts muß der Arbeitgeber, wenn er sich den Änderungsvorschlag des Betriebsrats zu eigen macht, eine **Änderungskündigung** aussprechen; der Arbeitnehmer kann dann nach §§ 2, 4 Satz 2 auf Feststellung der Sozialwidrigkeit der geänderten Arbeitsbedingungen klagen, wird aber vorläufig zu den von ihm im vorhinein, wenn auch mit Vorbehalt angenommenen Arbeitsbedingungen weiterbeschäftigt. Bei vorbehaltlosem Einverständnis des Arbeitnehmers kann dagegen die Kündigung ganz entfallen, wenn Arbeitgeber und Arbeitnehmer sich über die geänderten Arbeitsbedingungen einigen. Kündigt der Arbeitgeber dagegen, ohne auf den Änderungsvorschlag des Betriebsrats einzugehen, so treten die allgemeinen Folgen des Widerspruchs, auch die Weiterbeschäftigung nach § 102 Abs. 5 BetrVG zu den alten Arbeitsbedingungen ein.

Im Unterschied zur Weiterbeschäftigung unter geänderten Arbeitsbedin- 537
gungen ist in den anderen Fällen das **Einverständnis des Arbeitnehmers**

[1844] Ebenso BAG 14. 10. 1982, AP Nr. 1 zu § 1 KSchG 1969 Konzern mit Anm. *Wiedemann* = SAE 1984, 139 mit Anm. *Windbichler*; – zu Ausnahmen BAG 21. 1. 1999, AP Nr. 9 zu § 1 KSchG 1969 Konzern; ErfK/*Ascheid* § 1 KSchG Rn. 548; APS/*Dörner* § 1 KSchG Rn. 102; ausführlich dazu auch *Kiel* S. 130 ff.; *Martens* BAG-Festschrift 1979, S. 377 ff.; *Windbichler* S. 259 ff.; außerdem oben Rn. 151.
[1845] H. M.; vgl. BAG 27. 9. 1984, AP Nr. 8 zu § 2 KSchG 1969 unter B II 3 c bb mit Anm. *v. Hoyningen-Huene*; ErfK/*Ascheid* § 1 KSchG Rn. 552; KR-*Etzel* § 1 KSchG Rn. 769; *Fitting* § 102 Rn. 49; *Hess/Schlochauer/Glaubitz* § 102 Rn. 135; GK-BetrVG/*Kraft* § 102 Rn. 125.
[1846] Ebenso KR-*Etzel* § 102 BetrVG Rn. 173; *Fitting* § 102 Rn. 50; GK-BetrVG/*Kraft* § 102 Rn. 123; – abweichend *Adomeit* DB 1971, 2363; *Hess/Schlochauer/Glaubitz* § 102 Rn. 135.

nicht Voraussetzung für den Widerspruch.[1847] Will der Arbeitgeber auf den mit dem Widerspruch geltend gemachten Umsetzungsvorschlag des Betriebsrats eingehen und kann er ihn nicht kraft Direktionsrechts oder besonderer Vertragsregelung einseitig verwirklichen, so bedarf es der Einigung mit dem betroffenen Arbeitnehmer über ein entsprechendes Angebot.[1848] Lehnt der Arbeitnehmer das Angebot ab, verweigert er also seine Zustimmung, oder steht bereits vorher fest, daß er nicht zustimmen wird, so kann der Arbeitgeber kündigen. Der Widerspruch erweist sich dann als sachlich nicht begründet, da die vorgeschlagene Weiterbeschäftigung nicht verwirklicht werden kann. Dagegen ergibt sich daraus nicht, daß der Widerspruch unzulässig, unwirksam oder einfach unbeachtlich ist, wie die Gegner der hier vertretenen Auffassung annehmen. Angebot und Kündigung kann der Arbeitgeber im Wege der Änderungskündigung miteinander verbinden (dazu näher § 2 Rn. 10ff.).

538 Die im Gesetz geregelten drei Fälle der Weiterbeschäftigungsmöglichkeit stehen in einer gewissen **Rangordnung**. Den **Normalfall** bildet die Weiterbeschäftigung auf einem anderen vergleichbaren Arbeitsplatz zu den bisherigen Arbeitsbedingungen, § 102 Abs. 3 Nr. 3 BetrVG, § 79 Abs. 1 Satz 3 Nr. 3 BPersVG, § 1 Abs. 2 Satz 2 Nr. 1b, 2b. Setzt die Weiterbeschäftigung auf einem anderen oder dem bisherigen, aber technisch oder in sonstiger Weise sachlich veränderten Arbeitsplatz voraus, daß der Arbeitnehmer an **Umschulungs-** bzw. **Fortbildungsmaßnahmen** teilnimmt, so liegt der Sonderfall der Nr. 4 des § 102 Abs. 3 BetrVG und des § 79 Abs. 1 Satz 3 BPersVG, entsprechend § 1 Abs. 2 Satz 2 Alt. 1 vor. Der Widerspruch kann dann auch nur auf diese Bestimmung gestützt werden.

538 a Eine Umschulung i. S. v. Abs. 2 Satz 3 soll den Arbeitnehmer zu einer **anderen beruflichen Tätigkeit befähigen** (vgl. § 1 Abs. 4 BBiG). Da Abs. 2 Satz 3 seinem Wortlaut nach uneingeschränkt dem Arbeitnehmer – vorbehaltlich der Zumutbarkeit – jede Möglichkeit zu einer beruflichen Neuorientierung eröffnet, ist das Merkmal Umschulung nicht auf den Erwerb eines Abschlusses in einem anerkannten Ausbildungsberuf beschränkt.[1849] Im Unterschied zur Fortbildung ist die Umschulung nicht auf eine Verbesserung der beruflichen Qualifikation bezogen. Begrifflich erfaßt die Umschulung vielmehr jede Veränderung der beruflichen Kenntnisse und Fähigkeiten und damit auch geringerwertigere Qualifikationen.[1850] Darin liegt auch der Unterschied zur Einarbeitung, die im Vorfeld der Umschulung liegt. Im Rahmen der Einarbeitung werden keine neuen beruflichen Qualifikationen erworben, sondern vorhandene Fähigkeiten bezüglich einer neuen Tätigkeit vertieft.

[1847] Ebenso *Gussone* AuR 1994, 245, 250; *Heinze* Rn. 558; *Löwisch* BetrVG § 102 Rn. 39; – abweichend *Birk* Festschrift für Kissel, S. 51, 68; KR-*Etzel* § 102 BetrVG Rn. 169 c; *Fitting* § 102 Rn. 48; GK-BetrVG/*Kraft* § 102 Rn. 120 für die Weiterbeschäftigung nach zumutbaren Umschulungsmaßnahmen; *Hess/Schlochauer/Glaubitz* § 102 Rn. 128 sowohl für die Weiterbeschäftigung an einem anderen Arbeitsplatz als auch für die Weiterbeschäftigung nach zumutbaren Umschulungsmaßnahmen.

[1848] Dazu *v. Hoyningen-Huene/Boemke* Versetzung S. 73 ff.

[1849] Zutr. *Birk* Festschrift für Kissel S. 51, 56 f.; ebenso im Ergebnis APS/*Dörner* § 1 KSchG Rn. 105.

[1850] Ebenso *Birk* Festschrift für Kissel S. 51, 56; wohl auch KR-*Etzel* § 1 KSchG Rn. 766; enger ErfK/*Ascheid* § 1 KSchG Rn. 565: gleiche allgemeine Qualifikationsanforderungen.

Die **Umschulungs- bzw. Fortbildungsmaßnahmen** (dazu §§ 46, 47 **539** BBiG) müssen sowohl dem Arbeitnehmer als auch dem Arbeitgeber **zumutbar** sein.[1851] Ersterem wird schon dadurch Rechnung getragen, daß sie ohne Zustimmung des Arbeitnehmers für ihn gar nicht in Betracht kommen.[1852] Die Zumutbarkeit für den Arbeitgeber kann nur nach den Umständen des Einzelfalles beurteilt werden, wobei das Vorhandensein betrieblicher oder außerbetrieblicher Schulungseinrichtungen, Dauer, Umfang des erforderlichen Aufwandes, auch Größe und wirtschaftliche Lage des Betriebes, Erfolgsaussichten der Maßnahme im Hinblick auf Eignung des Arbeitnehmers, Beschäftigungsdauer u. a. m. eine Rolle spielen können.[1853]

Der Arbeitgeber ist nur dann nach Abs. 2 Satz 3 zur Umschulung verpflichtet, wenn der Arbeitnehmer nach Durchführung der Maßnahme auf einem der Umschulung entsprechenden vorhandenen **freien Arbeitsplatz** beschäftigt werden kann. Hieran fehlt es, wenn bei Ausspruch der Kündigung kein entsprechender Arbeitsplatz frei ist und auch nicht mit hinreichender Sicherheit voraussehbar ist, daß nach Abschluß der Maßnahmen eine Beschäftigungsmöglichkeit besteht, die der neu erworbenen Qualifikation entspricht.[1854] **539 a**

Im Kündigungsschutzprozeß genügt der Arbeitnehmer seiner **Darlegungslast** nicht, wenn er nur behauptet, das Vorhandensein eines freien Arbeitsplatzes könne nicht mit Sicherheit ausgeschlossen werden. Es müssen vielmehr tatsächliche Anhaltspunkte einer Weiterbeschäftigungsmöglichkeit dargelegt werden.[1855] Die in mittleren oder größeren Betrieben übliche Fluktuation der Belegschaft begründet für sich allein noch nicht eine hinreichende Wahrscheinlichkeit dafür, daß eine Beschäftigungsmöglichkeit bestehen wird.[1856] **539 b**

Die Umschulungspflicht gilt grundsätzlich für alle **betriebs- und personenbedingten Kündigungen.** Bei verhaltensbedingten Kündigungen wird dem Arbeitgeber im Hinblick auf die Vertragspflichtverletzung des Arbeitnehmers dagegen regelmäßig eine Umschulungsmaßnahme nicht zumutbar sein.[1857] **539 c**

An letzter Stelle ist die Möglichkeit der Weiterbeschäftigung unter **geänderten Vertragsbedingungen** genannt, § 102 Abs. 3 Nr. 5 BetrVG, § 79 Abs. 1 Satz 3 Nr. 5 BPersVG, § 1 Abs. 2 Satz 3 Alt. 2. Dieser Widerspruchsgrund kann auch gleichzeitig mit dem zuvor behandelten geltend gemacht werden, wenn etwa eine Weiterbeschäftigung zu gleichen Arbeitsbedingun- **540**

[1851] Dazu BAG 7. 2. 1991, AP Nr. 1 zu § 1 KSchG 1969 Umschulung = EzA § 1 KSchG Personenbedingte Kündigung Nr. 9 unter B II 3 mit Anm. *Kraft/Raab; Birk* Festschrift für Kissel S. 51 ff.; *Gaul* BB 1995, 2422 ff.; *Kittner/Däubler/Zwanziger* § 1 KSchG Rn. 400 ff.

[1852] Vgl. oben Rn. 535; vgl. auch ErfK/*Ascheid* § 1 KSchG Rn. 567, der deshalb die Zumutbarkeit für den Arbeitnehmer nicht für erforderlich hält.

[1853] Vgl. ErfK/*Ascheid* § 1 KSchG Rn. 568; *Birk* Festschrift für Kissel S. 51, 58 ff.; *Preis* S. 165 ff.

[1854] BAG 7. 2. 1991, AP Nr. 1 zu § 1 KSchG 1969 Umschulung; ErfK/*Ascheid* § 1 KSchG Rn. 567.

[1855] Ebenso *Kraft/Raab* Anm. zu BAG EzA § 1 KSchG Personenbedingte Kündigung Nr. 9.

[1856] Ebenso BAG 24. 2. 2000, AP Nr. 47 zu § 1 KSchG 1969 Soziale Auswahl zu II 2 b der Gründe; *Birk* Festschrift für Kissel S. 51, 64; *Gaul* BB 1995, 2422, 2423.

[1857] Ebenso *Birk* Festschrift für Kissel S. 51, 66 ff.; *Gaul* BB 1995, 2422, 2426.

gen nur nach einer Umschulung, ohne diese aber eine Weiterbeschäftigung zu geänderten Bedingungen möglich ist. Ein auf diesen letzten Grund gestützter Widerspruch setzt, wie oben (Rn. 535) bereits dargelegt, als Wirksamkeitsvoraussetzung das vorher eingeholte Einverständnis des Arbeitnehmers voraus, bei dessen Fehlen der Widerspruch nicht wirksam erhoben ist. Dadurch wird dem Umstand Rechnung getragen, daß dem Arbeitnehmer keinesfalls ohne sein Einverständnis andere Vertragsbedingungen, die für ihn nicht selten ungünstiger sind, aufgezwungen werden können. Aber auch dem Arbeitgeber muß die Weiterbeschäftigung dieses Arbeitnehmers unter geänderten Vertragsbedingungen zugemutet werden können. Das ist besonders sorgfältig zu prüfen, wobei seine Eignung und sonstige einzelfallbedingte Umstände berücksichtigt werden müssen.

VIII. Darlegungs- und Beweislast

541 Die **Beweislastregel des Abs. 2 Satz 4** gilt grundsätzlich auch für den Nachweis der Gründe für die absolute Sozialwidrigkeit nach Abs. 2 Satz 2 und 3. Es ist allerdings zu differenzieren. Zunächst hat der Arbeitnehmer die Tatsache des Widerspruchs darzulegen und gegebenenfalls zu beweisen, da es sich hierbei um eine für ihn günstige Tatsache handelt.[1858] Steht fest, daß der Betriebsrat der Kündigung widersprochen hat, greift die allgemeine Beweislastregel des Abs. 2 Satz 4 ein. Der Arbeitgeber hat daher sodann darzulegen, daß der Widerspruch unbegründet oder verspätet ist.[1859] Im übrigen ist nach den einzelnen Widerspruchsgründen zu unterscheiden.

542 Stützt der Arbeitnehmer seine Klage auf einen Widerspruch, der mit einer Weiterbeschäftigungsmöglichkeit begründet ist (§ 1 Abs. 2 Satz 2 Nr. 1b und 2b sowie Satz 3, § 102 Abs. 3 Nr. 3–5 BetrVG, § 79 Abs. 1 Satz 3 Nr. 3–5 BPersVG), so hat der Arbeitgeber zu beweisen, daß für den Arbeitnehmer **keine Weiterbeschäftigungsmöglichkeit** besteht.[1860] Mit dem Widerspruch wird hier nämlich gerade ein wesentliches Element des Kündigungsgrundes selbst bestritten.

543 Hat der Betriebsrat einen **Verstoß gegen eine Auswahlrichtlinie** gerügt (§ 1 Abs. 2 Satz 2 Nr. 1a und 2a, § 102 Abs. 3 Nr. 2 BetrVG, § 79 Abs. 1 Satz 3 Nr. 2 BPersVG), so hat der Arbeitgeber darzulegen und zu beweisen, daß er die in den Auswahlrichtlinien bestimmten Verfahrensregeln und vorgegebenen Auswahlkriterien eingehalten hat.[1861] Ist der Arbeitgeber bei der getroffenen sozialen Auswahl von den Auswahlrichtlinien abgewichen, obliegt ihm der Nachweis, daß diese Abweichung erforderlich war, um den gesetzlichen Erfordernissen des Abs. 3 zu genügen. Hat der Arbeitgeber die Sozialauswahl im Einklang mit den vereinbarten Auswahlrichtlinien vorgenommen und behauptet der Arbeitnehmer nun die Unvereinbarkeit der Auswahlrichtlinien mit Abs. 3, so ist er hierfür gemäß Abs. 3 Satz 3 darlegungs- und beweispflichtig.

[1858] Zutr. *Ascheid* Beweislastfragen S. 193; ebenso KR-*Etzel* § 1 KSchG Rn. 752; HaKo-*Pfeiffer* § 1 Rn. 823.
[1859] § 102 Abs. 2 Satz 1 BetrVG; vgl. *Ascheid* Beweislastfragen S. 193.
[1860] Vgl. ErfK/*Ascheid* § 1 KSchG Rn. 569; KR-*Etzel* § 1 KSchG Rn. 574.
[1861] *Ascheid* Beweislastfragen S. 194; KR-*Etzel* § 1 KSchG Rn. 757; *Löwisch* § 1 Rn. 415.

G. Gesamtsystem der Darlegungs- und Beweislast des § 1

Das KSchG enthält anders als das frühere Recht ausdrückliche Regelungen der Beweislast.[1862] Es stellt **zwei allgemeine Regeln** hierfür auf und unterscheidet damit zumindest im Grundsatz zwei Bereiche: Der **Arbeitgeber** hat die Tatsachen zu beweisen, welche die Kündigung bedingen, Abs. 2 Satz 4. Er trägt damit die **Beweislast für den Kündigungsgrund,** ist also im Kündigungsschutzprozeß in erster Linie beweispflichtig. Dagegen trifft den **Arbeitnehmer die Beweislast für eine fehlerhafte soziale Auswahl** bei betriebsbedingter Kündigung, Abs. 3 Satz 3.

Besonderheiten der Darlegungs- und Beweislast zu den einzelnen Kündigungsgründen sind jeweils am Ende der entsprechenden Kommentierung dargestellt. Allgemein gelten die **folgenden Grundsätze in drei Stufen:**

1. In der Kündigungsschutzklage muß der **Arbeitnehmer** zunächst **die Voraussetzungen für die Anwendung des KSchG** darlegen, wenn er behauptet, die Kündigung sei sozialwidrig. Er hat folglich darzutun, daß er gemäß Abs. 1 länger als sechs Monate zum beklagten Arbeitgeber in einem Arbeitsverhältnis gestanden hat (dazu näher oben Rn. 63 ff.) und daß der beklagte Arbeitgeber in der Regel mehr als fünf Arbeitnehmer beschäftigt (§ 23 Abs. 1 Satz 2). Zur Bestimmung des Streitgegenstandes nach § 253 Abs. 2 Nr. 2 ZPO hat er weiterhin die Kündigung, gegen die er vorgeht, genau zu bezeichnen.

2. Steht die Anwendbarkeit des KSchG auf die erfolgte Kündigung fest, so hat der **Arbeitgeber** nunmehr auf der zweiten Stufe gemäß Abs. 2 Satz 4 die **Gründe darzulegen,** welche die Kündigung sozial rechtfertigen sollen.

a) Bei **verhaltensbedingten Kündigungen** hat der Arbeitgeber die Pflichtwidrigkeit des Arbeitnehmers, deren negative Auswirkungen auf das Arbeitsverhältnis, die sich hieraus ergebende negative Zukunftsprognose und erforderlichenfalls die erfolgten Abmahnungen konkret vorzutragen (dazu näher oben Rn. 274, 303). Bei **personenbedingten Kündigungen** hat der Arbeitgeber darzulegen, daß der gekündigte Arbeitnehmer aus Gründen in seiner Person künftig, nicht nur vorübergehend, die geschuldete Arbeitsleistung nicht mehr erbringen wird und deshalb erhebliche betriebliche oder wirtschaftliche Beeinträchtigungen zu erwarten sind (dazu oben Rn. 177).

Bei **betriebsbedingten Kündigungen** muß der Arbeitgeber substantiiert die getroffene unternehmerische Entscheidung darlegen, die bei ihrer Durchführung auf betrieblicher Ebene zu einem Überhang an Arbeitskräften geführt hat. Behauptet der Arbeitnehmer, die unternehmerische Entschei-

---

[1862] Dazu v. *Altrock* Festschrift für D. Gaul 1987, S. 293 ff.; *ders.* DB 1987, 433 ff.; *ders.* in: *Baumgärtel* Handbuch der Beweislast, Band 1, 2. Aufl. 1991, Anh. zu § 611 BGB; *Ascheid* Beweislastfragen im Kündigungsschutzprozeß, 1989; *Haug* Informationelle Strategien im Arbeitsrecht 1988, S. 133 ff.; *v. Hoyningen-Huene* SAE 1991, 125 ff.; *Prütting* Gegenwartsprobleme der Beweislast 1983, S. 296 ff.; *Reinecke* Die Beweislastverteilung im Bürgerlichen Recht und dem Arbeitsrecht als rechtspolitische Regelungsaufgabe 1976, S. 166 ff.; *ders.* NZA 1989, 577 ff.

dung, die zum Ausspruch der Kündigung geführt hat, sei willkürlich oder offenbar unsachlich, so hat er dies konkret darzulegen und zu beweisen.[1863]

550 b) Bei allen drei Kündigungsgründen hat der Arbeitgeber weiterhin das **Fehlen einer Weiterbeschäftigungsmöglichkeit** zu beweisen. Zu näheren Darlegungen für diesen Negativbeweis ist der Arbeitgeber aber erst verpflichtet, wenn der Arbeitnehmer konkret vorträgt, wie er sich eine Weiterbeschäftigung vorstellt, wobei er nicht einen bestimmten Arbeitsplatz anzugeben braucht. Der Arbeitgeber kann daher zunächst pauschal behaupten, daß eine Weiterbeschäftigung des gekündigten Arbeitnehmers nicht möglich sei.[1864]

551 3. Auf der dritten Stufe des Systems der Darlegungs- und Beweislast muß zwischen Kündigungsgründen, die einerseits aus der **Sphäre des Arbeitnehmers** und andererseits aus der **Sphäre des Arbeitgebers** stammen, unterschieden werden:

552 Bei **personen- und verhaltensbedingten** Gründen hat der Arbeitgeber noch die Umstände darzulegen, aus denen sich ein Vorrang seines Interesses an der Auflösung des Arbeitsverhältnisses gegenüber den Interessen des Arbeitnehmers am Fortbestand des Arbeitsverhältnisses ergibt (oben Rn. 180 ff., 277 f.).

553 Da bei **betriebsbedingten Kündigungen** eine Interessenabwägung nicht vorzunehmen ist (dazu oben Rn. 137 und 371 c), erübrigen sich dazu nähere Darlegungen des Arbeitgebers. Zu der bei betriebsbedingten Kündigungen vorzunehmenden **Sozialauswahl** hat sich der Arbeitgeber erst näher einzulassen, wenn die Auswahl vom Arbeitnehmer konkret beanstandet wird oder der Arbeitnehmer ihn auffordert, ihm seine Gründe für die getroffene Auswahlentscheidung mitzuteilen (dazu näher oben Rn. 492).

H. Befristete und auflösend bedingte Arbeitsverhältnisse

Schrifttum zur Befristung von Arbeitsverhältnissen: *Adomeit,* Befristete Arbeitsverträge – wieder verboten?, NJW 1989, 1715; *Andritzky,* Befristete Arbeitsverträge, 1991; *Baeck/Diller,* Altersgrenzen – und sie gelten doch!, NZA 1995, 360; *Barwasser,* Zeitverträge mit Arbeitnehmern – Unumgängliche Notwendigkeit oder sozialpolitische Anomalie?, DB 1977, 1944; *Berger-Delhey,* Die Befristung von Arbeitsverhältnissen im Rahmen von Arbeitsbeschaffungsmaßnahmen, NZA 1990, 47; *derselbe,* Vernunft wird Unsinn – Wohltat Plage – Überlegungen zur Altersgrenzenentscheidung des BAG, ZTR 1994, 181; *Blechmann,* Der Abschluß befristeter Arbeitsverträge zur übergangsweisen Beschäftigung von Berufsanfängern, NZA 1987, 191; *Blomeyer,* Der befristete Arbeitsvertrag als Problem der Gesetzesinterpretation, RdA 1967, 406; *Boecken,* Das SGB VI ÄndG und die Wirksamkeit von alten Altersgrenzenvereinbarungen, NZA 1995, 145; *Boerner,* Altersgrenzen für die Beendigung von Arbeitsverhältnissen in Tarifverträgen und Betriebsvereinbarungen, 1992; *Buchner,* Befristete Arbeitsverhältnisse mit wissenschaftlichem Personal an Hochschulen und Forschungseinrichtungen, RdA 1985, 258; *Dallinger,* Neue Möglichkeiten für Zeitverträge mit wissenschaftlichen Assistenten, NZA 1985, 648; *Dammann,* Zur rechtlichen Zulässig-

---

[1863] BAG 18. 1. 1990, AP Nr. 19 zu § 1 KSchG 1969 Soziale Auswahl unter II 2 b; BAG 9. 5. 1996, AP Nr. 59 zu § 1 KSchG 1969 Betriebsbedingte Kündigung; *v. Hoyningen-Huene* SAE 1991, 124, 126.
[1864] BAG 29. 3. 1990, AP Nr. 50 zu § 1 KSchG 1969 Betriebsbedingte Kündigung unter B II 4.

keit befristeter Arbeitsverträge, AuR 1978, 65; *Dieterich,* Die Befristung von Trainerverträgen im Spitzensport, NZA 2000, 857; *Ehrich,* Die Zulässigkeit von auflösenden Bedingungen in Arbeitsverträgen, DB 1992, 1186; *derselbe,* Die Neuregelung des § 41 Abs. 4 Satz 3 SGB VI – Nun doch wieder mit 65 Jahren in Rente?, BB 1994, 1633; *Eich,* Befristung von Arbeitsverträgen aus arbeitsmarkt- und wirtschaftspolitischen Gründen, DB 1978, 1785; *Engel,* Mehrfach befristete Arbeitsverträge, AuR 2000, 365; *Falkenberg,* Zulässigkeit und Grenzen auflösender Bedingungen in Arbeitsverträgen, DB 1979, 590; *Felix,* Zulässigkeit und Besonderheiten auflösend bedingter Arbeitsverträge, NZA 1994, 1111; *Fieberg,* Tarifliche Altersgrenze 65 – erneut im Zwielicht?, ZTR 1995, 291; *v. Friesen,* Zustimmungsverweigerung des Betriebsrats/Personalrats als auflösende Bedingung des Arbeitsvertrages, BB 1984, 677; *Frohner/Pieper,* Befristete Arbeitsverhältnisse, AuR 1992, 97; *Füllgraf,* Die auflösende Bedingung im Arbeitsvertrag, NJW 1982, 738; *Gardain,* Der befristete Arbeitsvertrag, ZTR 1996, 252; *Gaul/ Laghzaoui,* Die gesundheitliche Eignung des Arbeitnehmers als auflösende Bedingung, ZTR 1996, 300; *Gitter/Boerner,* Altersgrenzen in Tarifverträgen, RdA 1990, 129; *Grotheer,* Befristetes Arbeitsverhältnis und Kündigungsschutz, 1973; *Gumpert,* Befristete Aushilfsarbeitsverhältnisse, BB 1965, 911; *Hanau,* Zur Wirksamkeit vertraglicher Altersgrenzen zwischen dem 1. 1. 1992 und dem 31. 7. 1994, DB 1994, 2394; *Hantel,* Arbeitsrecht und öffentliches Haushaltsrecht, ZTR 1998, 145; *Heinze,* Das befristete Arbeitsverhältnis zwischen Gesetz und Tarifvertrag, DB 1989, 2327; *Hofmann,* Der befristete Arbeitsvertrag im Spiegel der neueren Rechtsprechung, ZTR 1993, 399; *Hromadka,* Zur Zulässigkeit des auflösend bedingten Arbeitsvertrages, RdA 1983, 88; *v. Hoyningen-Huene,* Die altersbedingte Beendigung von Arbeitsverhältnissen, BB 1994, 640; *Hunold,* Die Rechtsprechung zur Befristung von Arbeitsverträgen, NZA-RR 2000, 505; *Jobs/Bader,* Der befristete Arbeitsvertrag, DB 1981 Beil. 21; *Kempff,* Befristetes Arbeitsverhältnis und zwingender Kündigungsschutz, DB 1976, 1576; *Keyser,* Befristete Arbeitsverträge, 1984; *Klevemann/Ziemann,* Die Reichweite der Befristungskontrolle bei mehrfach befristeten Arbeitsverhältnissen, DB 1989, 2608; *Koch,* Die Rechtsprechung des Bundesarbeitsgerichts zur Zulässigkeit befristeter Arbeitsverträge, NZA 1985, 345; *derselbe,* Die Zulässigkeit befristeter Arbeitsverhältnisse, BB 1978, 1218; *König,* Der Bestandsschutz befristeter Arbeitsverhältnisse mit wissenschaftlichen Mitarbeitern im Hochschulbereich, 1985; *v. Koppenfels,* Rechtsfolgen formunwirksamer Befristungsabreden – Probleme der Neuregelung der §§ 14 ff. TzBfG und § 623 BGB, AuR 2001, 201; *Künzl,* Die Befristungsschutzklage nach § 1 Abs. 5 BeschFG, ZTR 2000, 392; *Lakies,* Drittfinanzierte Arbeitsverhältnisse und deren Beendigung in der Privatwirtschaft, NZA 1995, 296; *Laux,* Altersgrenzen im Arbeitsrecht, NZA 1991, 967; *Leuchten,* Widerrufsvorbehalt und Befristung von Arbeitsvertragsbedingungen, insbes. Provisionsvereinbarungen, NZA 1994, 721; *Linder,* Probleme der rechtlichen Zulässigkeit von befristeten Arbeitsverträgen, DB 1975, 2082; *Linke,* Richterliche Kontrolle der Befristung einzelner Arbeitsbedingungen, 1993; *Lörcher,* Zeitarbeitsverträge als Problem der Mitbestimmung von Betriebs- und Personalräten bei der Einstellung (§ 99 Abs. 1 BetrVG, § 75 Abs. 1 Nr. 1 BPersVG), BlStSozArbR 1981, 177; *Löwisch,* Die Befristung einzelner Bedingungen des Arbeitsvertrages, ZfA 1986, 1; *derselbe,* Rahmenvereinbarungen für befristete Arbeitsverträge, RdA 1987, 97; *Lübbert,* Befristete Arbeitsverhältnisse im Hochschulbereich und in außeruniversitären Forschungseinrichtungen, 1985; *Mache,* Das befristete Arbeitsverhältnis, BB 1981, 243; *May,* Das bedingte Arbeitsverhältnis, Diss. Köln 1990; *Neumann,* Haushalt und Befristung im Öffentlichen Dienst, Festschrift für Herschel, 1982, S. 321; *Oßwald,* Der (bedingte) Aufhebungsvertrag im Arbeitsrecht und die Privatautonomie im Kündigungsschutzrecht, Diss. Würzburg 1990; *Otte,* Zeitvertrag und Kündigungsschutz – Eine Untersuchung zur Zulässigkeit befristeter Arbeitsverhältnisse, 1980; *Otto,* Erleichterte Zulassung befristeter Arbeitsverträge, NJW 1985, 1807; *Peiseler,* Probleme des befristeten Arbeitsverhältnisses, NZA 1985, 238; *Plander/ Schmidt,* Grenzen der Befristung von Anstellungsverhältnissen wissenschaftlicher Mitarbeiter, AuR 1979, 321; *Preis,* Neuer Wein in alten Schläuchen – Zur Neuauflage der Altersgrenzendebatte, Festschrift für Stahlhacke, 1995, S. 417; *Richardi,* Die Bedeutung der Personalstruktur für die Befristung von Arbeitsverhältnissen im Hochschulbereich, DB 1981, 1461; *Ritter,* Das befristete Arbeitsverhältnis, NZA 1985 Beilage 2, S. 13; *Schaub,* Teilzeitbeschäftigung und befristete Arbeitsverhältnisse als Formen einer Personalentscheidung, BB 1988, 2253; *Schliemann,* Rechtsprechung des

§ 1   554   1. Abschnitt. Allgemeiner Kündigungsschutz

Siebten Senats des BAG zur Befristung von Arbeitsverträgen, ArbRdGgw 1991, 113; *Schütz*, HzA Gruppe 1/2 (1995); *Schwerdtner*, Abschied vom befristeten Probearbeitsverhältnis?, ZIP 1983, 406; *Simitis*, Die Altersgrenzen – Ein spät entdecktes Problem, RdA 1994, 257; *Sowka*, Befristete Arbeitsverhältnisse, DB 1988, 2457; *derselbe*, Befristete Arbeitsverhältnisse – Eine Bestandsaufnahme unter Berücksichtigung des BeschFG, BB 1994, 1001; *Steinmeyer*, Kollektive Altersbegrenzungsregelungen ab 1. 1. 1992, RdA 1992, 6; *Teske*, Arbeitsrecht und Haushaltsrecht – Zwei völlig separate Problemfelder des Rechts, Festschrift für Stahlhacke, 1995, S. 569; *Vetter*, Zur arbeitsgerichtlichen Befristungskontrolle von Arbeitsverträgen nach SR 2 y Nr. 1 c BAT, ZTR 1994, 455; *Waltermann*, Wieder Altersgrenze 65?, NZA 1994, 822; *Walz*, Befristetes Arbeitsverhältnis im öffentlichen Dienst, ZRP 1978, 77; *Wank*, Atypische Arbeitsverhältnisse, RdA 1992, 103; *Weiler*, Der befristete Arbeitsvertrag, BB 1985, 934; *Wiedemann/Palenberg*, Die Zulässigkeit von Zeitarbeitsverträgen im öffentlichen Dienst, insbes. im Hochschulbereich, RdA 1977, 85; *Wiedemann*, Zur Typologie zulässiger Zeitarbeitsverträge, Festschrift für Lange, 1970, S. 395; *Zuck*, Können Chefarztverträge befristet werden?, NZA 1994, 961.

Schrifttum zur Befristung nach dem TzBfG: *Bauer*, Neue Spielregeln für Teilzeitarbeit und befristete Arbeitsverträge, NZA 2000, 1039; *Braun*, Das Gesetz über Teilzeitarbeit und befristete Arbeitsverträge, RiA 2001, 12; *Däubler*, Das geplante Teilzeit- und Befristungsgesetz, ZIP 2000, 1961; *derselbe*, Das neue Teilzeit- und Befristungsgesetz, ZIP 2001, 217; *Dassau*, Das Gesetz über Teilzeitarbeit und befristete Arbeitsverhältnisse, ZTR 2001, 64; *Hopfner*, Verlängerung befristeter Arbeitsverträge aus der Geltungszeit des § 1 BeschFG, BB 2001, 200; *Hromadka*, Das neue Teilzeit- und Befristungsgesetz, NJW 2001, 400; *derselbe*, Befristete und bedingte Arbeitsverhältnisse neu geregelt, BB 2001, 621 und 674; *Kleinsorge*, Teilzeitarbeit und befristete Arbeitsverträge – Ein Überblick über die Neuregelung, MDR 2001, 181; *Lakies*, Das Teilzeit- und Befristungsgesetz, DZWiR 2001, 1; *derselbe*, Die Neuregelungen zur Teilzeitarbeit und zu befristeten Arbeitsverträgen, NJ 2001, 70; *Pelzner/Scheddler/Widlak*, Flexibilität im Arbeitsverhältnis – Das neue Teilzeit- und Befristungsgesetz in der Praxis, 2001; *Preis/Gotthardt*, Neuregelung der Teilzeitarbeit und befristeten Arbeitsverhältnisse, DB 2000, 2065; *dieselben*, Das Teilzeit- und Befristungsgesetz, DB 2001, 145; *Richardi/Annuß*, Gesetzliche Neuregelung von Teilzeitarbeit und Befristung, BB 2000, 2201; *Rzadkowski/Renners*, Das Gesetz über Teilzeitarbeit und befristete Arbeitsverhältnisse, PersR 2001, 51; *Schiefer*, Entwurf eines Gesetzes über Teilzeitarbeit und befristete Arbeitsverträge und zur Änderung und Aufhebung arbeitsrechtlicher Bestimmungen, DB 2000, 2118; *Sowka*, Befristete Arbeitsverträge ohne Sachgrund nach neuem Recht – offene Fragen, DB 2000, 2427; *Worzalla/Will/Mailänder/Worch/Heise*, Teilzeitarbeit und befristete Arbeitsverträge, 2001.

554   Da neben der Kündigung insbesondere der Ablauf einer Befristung oder der Eintritt einer Bedingung zur Auflösung des Arbeitsverhältnisses führen können, sollen auch diese Gestaltungsformen im folgenden behandelt werden. Nachstehend wird zunächst das zum 1. 1. 2001 in Kraft getretene **Teilzeit- und Befristungsgesetz (TzBfG)** in seinen Grundzügen erläutert. Im Rahmen dieser Darstellung wird auf die von der Rechtsprechung bislang anerkannten sachlichen Gründe für eine Befristung eingegangen.[1865] Schließlich werden auch noch die Grundsätze zur Befristung nach dem zum 31. 12. 2000 außer Kraft getretenen BeschFG dargestellt. Die Sonderfragen der Zulässigkeit von Befristungen im Hochschulbereich, insbesondere nach den §§ 57a ff. HRG, bleiben unberücksichtigt.[1866]

[1865] Zur Befristung aus sachlichem Grund und der hierzu ergangenen Rechtsfortbildung des BAG vgl. Vorauflage Rn. 555 ff
[1866] Zur Verfassungsmäßigkeit dieser Bestimmungen BVerfG 24. 4. 1996, NZA 1996, 1157 sowie Erläuterungen bei *Hauck-Scholz/Neie* NZA-RR 1999, 169; KR-*Lipke* §§ 57a ff. HRG; APS/*Schmidt* §§ 57 a–f HRG m. w. N.; außerdem Einl. Rn. 62.

I. Die Befristung nach dem Teilzeit- und Befristungsgesetz (TzBfG)[1867]

1. Allgemeines

Die Neuregelung über die Befristung von Arbeitsverhältnissen im TzBfG setzt die **Richtlinie 1999/70/EG vom 28. 6. 1999**[1868] in nationales Recht um. Die gesetzliche Regelung soll – wie es in § 1 TzBfG heißt – die Vorschriften für die Zulässigkeit befristeter Arbeitsverträge festlegen und die Diskriminierung von befristet beschäftigten Arbeitnehmern verhindern. Zu einer gesetzlichen Neuregelung bestand weiterhin Anlaß, weil die Bestimmungen über den erleichterten Abschluß befristeter Arbeitsverhältnisse im BeschFG nur befristet bis zum 31. 12. 2000 galten.

Die zusammenhängende Neuregelung des Rechts der befristeten Arbeitsverhältnisse soll nach der **Zielsetzung des Gesetzes** die Rechtssicherheit für Arbeitnehmer und Arbeitgeber erhöhen. Das Gesetz soll ein ausgewogenes Verhältnis zwischen flexibler Organisation der Arbeit und Sicherheit für die Arbeitnehmer erreichen. Von der Neuregelung bleiben die besonderen gesetzlichen Vorschriften über die Befristung von Arbeitsverträgen, u. a. im Bundeserziehungsgeldgesetz, im Hochschulrahmengesetz, im Arbeitnehmerüberlassungsgesetz unberührt. Dadurch ist leider doch keine zusammenhängende Regelung über die Zulässigkeit befristeter Arbeitsverhältnisse erfolgt und damit das selbst gesteckte Ziel der Gesetzgebung nicht erreicht.

2. Begriff des befristeten Arbeitsverhältnisses

Der Begriff des befristet beschäftigten Arbeitnehmers ist in § 3 TzBfG gesetzlich **definiert**. Danach ist ein Arbeitnehmer mit einem auf bestimmte Zeit geschlossenen Arbeitsvertrag befristet beschäftigt. Ein solcher befristeter Arbeitsvertrag liegt vor, wenn seine Dauer kalendermäßig bestimmt ist oder sich aus Art, Zweck oder Beschaffenheit der Arbeitsleistung ergibt.

Für ein **zweckbefristetes Arbeitsverhältnis** ist kennzeichnend, daß die Dauer des Arbeitsverhältnisses nicht kalendermäßig bestimmt ist, das Arbeitsverhältnis vielmehr mit Eintritt eines von den Parteien als gewiß, der Zeit nach aber als ungewiß angesehenen Ereignisses enden soll.[1869] Dem entspricht § 620 Abs. 2 BGB, wonach eine Zweckbefristung vorliegt, wenn die Dauer des Dienstverhältnisses weder bestimmt noch aus der Beschaffenheit oder dem Zweck der Dienste zu entnehmen ist. Die Definition in § 3 Abs. 1 TzBfG ist demgegenüber ungenau, weil danach auch zweckbefristete Verträge auf bestimmte Zeit geschlossen sind.[1870]

Von der Definition der Befristung in § 3 Abs. 1 TzBfG wird der **auflösend bedingte Arbeitsvertrag** nicht erfaßt.[1871] Aus § 21 TzBfG ergibt sich allerdings, daß der auflösend bedingte Vertrag weitgehend den gleichen

---

[1867] Vom 21. 12. 2000, BGBl. I S. 1966.
[1868] ABl. Nr. L 175/43.
[1869] Vgl. BAG 9. 2. 1984, AP Nr. 7 zu § 620 BGB Bedingung; BAG 26. 3. 1986, AP Nr. 103 zu § 620 BGB Befristeter Arbeitsvertrag.
[1870] Vgl. hierzu die Kritik von APS/*Backhaus* § 3 TzBfG Rn. 2.
[1871] Vgl. *Preis/Gotthardt* DB 2000, 2065, 2070.

rechtlichen Regelungen unterstellt wird wie der befristete Arbeitsvertrag. Dies ist schon deshalb sinnvoll, weil häufig die auflösende Bedingung von der Zweckbefristung kaum zu unterscheiden ist.[1872]

3. Zulässigkeit der Befristung von Arbeitsverhältnissen

a) Überblick

560 Die Zulässigkeit befristeter Arbeitsverhältnisse bestimmt sich nach § 14 TzBfG. Hier ist im Einzelnen bestimmt, unter welchen Voraussetzungen eine Befristung von Arbeitsverhältnissen möglich ist. Der gesetzlichen Regelung liegt dabei erkennbar das unbefristete Arbeitsverhältnis als Normalfall zugrunde. Denn nach § 14 Abs. 1 TzBfG ist die Befristung eines Arbeitsvertrages nur zulässig, wenn sie durch einen sachlichen Grund gerechtfertigt ist. Die Befristung des Arbeitsverhältnisses soll damit der **Ausnahmefall** vom anzustrebenden Normalfall des unbefristeten Arbeitsverhältnisses sein.

561 In einer Reihe von Regel- und Ausnahmetatbeständen sind die **Befristungsgründe** aufgeführt.[1873] Die Ausnahme vom gesetzlichen Regelfall des unbefristeten Arbeitsverhältnisses ist nach § 14 Abs. 1 TzBfG die Befristung aus sachlichem Grund.[1874] Von der ausnahmsweise zulässigen Befristung eines Arbeitsvertrages aus sachlichem Grund macht das Gesetz in § 14 Abs. 2 TzBfG eine Rückausnahme für den Fall der Neueinstellung eines Arbeitnehmers. Hier bedarf es keines sachlichen Grundes für die Befristung bis zur Dauer von zwei Jahren.[1875] Eine weitere Rückausnahme ergibt sich aus § 14 Abs. 3 TzBfG bei der Einstellung eines Arbeitnehmers, der das 58. Lebensjahr vollendet hat.[1876] Ergänzend bleiben nach § 23 TzBfG befristete Arbeitsverträge nach anderen gesetzlichen Vorschriften von den Bestimmungen des TzBfG unberührt.

562 Die **gesetzliche Neuregelung** löst das Erfordernis eines **sachlichen Grundes** für die Befristung von den bestehenden richterrechtlichen Vorgaben.[1877] Seit dem Beschluß des Großen Senats des Bundesarbeitsgerichts vom 12. Oktober 1960[1878] war ein Sachgrund für die Befristung nämlich nur dann erforderlich, wenn durch den befristeten Arbeitsvertrag Kündigungsschutzrecht umgangen werden konnte. Nach dem klaren Wortlaut des Gesetzes ist dies nicht mehr Voraussetzung für einen sachlichen Grund zur Befristung eines Arbeitsvertrages. Das Gesetz sieht bis auf die in § 14 Abs. 2 und 3 TzBfG geregelten Tatbestände keine Ausnahmen vom Sachgrunderfordernis vor. Aus diesem Grund ist ein Sachgrund auch bei Befristungen von Arbeitsverträgen erforderlich, wenn der Arbeitnehmer in einem Kleinbetrieb i. S. d. § 23 Abs. 1 beschäftigt wird oder der Arbeitsvertrag auf höchstens sechs Monate befristet ist und deshalb nach § 1 Abs. 1 kein Kündigungsschutz besteht.[1879]

[1872] APS/*Backhaus* § 3 TzBfG Rn. 5.
[1873] APS/*Backhaus* § 14 TzBfG Rn. 16; *Worzalla u. a.*, S. 36.
[1874] Vgl. dazu Rn. 565 ff.
[1875] Vgl. dazu Rn. 609 ff.
[1876] Vgl. dazu Rn. 618 f.
[1877] Vgl. hierzu Voraufl. Rn. 561 ff. sowie APS/*Backhaus* § 620 BGB Rn. 39 ff.; ErfK/*Müller-Glöge* § 620 BGB Rn. 39 ff.
[1878] BAG 12. 10. 1960, AP Nr. 16 zu § 620 BGB Befristeter Arbeitsvertrag.
[1879] Ebenso APS/*Backhaus* § 14 TzBfG Rn. 17 ff.; *Bader* § 620 BGB Rn. 4; *Däubler* ZIP 2000, 1961, 1966; *Dassau* ZTR 2001, 64, 68; *Preis/Gotthardt* DB 2000, 2065, 2070; *Richardi/Annuß* BB 2000, 2201, 2204; – abweichend *Schiefer* DB 2000, 2118, 2121.

Soweit es in der **Begründung des Regierungsentwurfs**[1880] zu § 14 **563**
Abs. 1 TzBfG heißt, in Betrieben mit nicht mehr als fünf Arbeitnehmern
könnten weiterhin erleichterte Befristungen geschlossen werden, weil eine
Umgehung des Kündigungsschutzgesetzes nicht möglich sei, findet dies im
Wortlaut des Gesetzes keinen Niederschlag. Diese Vorstellung der an der
Gesetzgebung Beteiligten ist nicht Gesetz geworden und deshalb unzutreffend und unbeachtlich.[1881] Das Sachgrunderfordernis ist freilich in den Fällen,
in denen das Kündigungsschutzgesetz nicht eingreift, wenig sinnvoll. Denn
der Arbeitgeber kann das Arbeitsverhältnis – sofern das Recht zur ordentlichen Kündigung vertraglich vereinbart ist (§ 15 Abs. 3 TzBfG) – ohne Vorliegen von Kündigungsgründen ordentlich kündigen, wenn nicht ausnahmsweise ein besonderer Kündigungsschutz, wie beispielsweise nach § 9
MuSchG oder § 18 BErzGG eingreift.

In § 14 Abs. 1 TzBfG werden ausgehend von der Rechtsprechung des **564**
Bundesarbeitsgerichts beispielhaft **typische Gründe** genannt, welche eine
Befristung des Arbeitsvertrages rechtfertigen können. Die Aufzählung in § 14
Abs. 1 Satz 2 TzBfG soll weder andere von der Rechtsprechung bisher akzeptierte noch weitere Gründe ausschließen.[1882]

b) Gesetzliche Sachgründe
aa) Vorübergehender personeller Mehrbedarf

Nach **§ 14 Abs. 1 Satz 2 Nr. 1 TzBfG** liegt ein sachlicher Grund für **565**
die Befristung vor, wenn der betriebliche Bedarf an der Arbeitsleistung nur
vorübergehend besteht. Da das Gesetz die Voraussetzungen des vorübergehenden personellen Mehrbedarfs nicht näher erläutert, gelten die vom
Bundesarbeitsgericht hierzu aufgestellten Kriterien fort. Danach kann ein
vorübergehender Mehrbedarf an Arbeitskräften die Befristung eines Arbeitsverhältnisses rechtfertigen, wenn im Zeitpunkt des Vertragsabschlusses zu
erwarten ist, daß für eine Beschäftigung des befristet eingestellten Arbeitnehmers nach Ablauf der Vertragszeit kein Bedarf mehr besteht.[1883] Dies ist
insbesondere bei Saison- und Kampagnebetrieben der Fall.[1884]

Zur **zeitlichen Begrenztheit des Arbeitsanfalls** hat der Arbeitgeber ei- **566**
ne Prognose zu erstellen, die sich auf Umfang und Dauer des voraussichtlichen Mehrbedarfs zu erstrecken hat und die darauf bezogen ist, daß zum
Zeitpunkt des Ablaufs der Befristung mit hinreichender Wahrscheinlichkeit
kein Bedarf mehr an der Arbeitsleistung des befristet eingestellten Arbeitnehmers besteht.[1885] Die bloße Unsicherheit über die künftige Entwicklung

---

[1880] BT-Drucks. 14/4374, S. 18.
[1881] Ebenso APS/*Backhaus* § 14 TzBfG Rn. 19; *Hromadka* NJW 2001, 400, 404.
[1882] BT-Drucks. 14/4374, S. 18; *Hromadka* BB 2001, 621, 622; *Richardi/Annuß* BB 2000, 2201, 2204 f.
[1883] Vgl. BAG 12. 9. 1996, AP Nr. 182 zu § 620 BGB Befristeter Arbeitsvertrag.
[1884] Vgl. BAG GS 12. 10. 1960, AP Nr. 16 zu § 620 BGB Befristeter Arbeitsvertrag; BAG 20. 10. 1967, AP Nr. 30 zu § 620 BGB Befristeter Arbeitsvertrag mit Anm. *A. Hueck;* BAG 29. 1. 1987, AP Nr. 1 zu § 620 BGB Saisonarbeit mit zust. Anm. *Löwisch/Kaiser* = SAE 1988, 75 mit zust. Anm. *Eich* = AuR 1988, 245 mit Anm. *Schüren* und Anm. *Zachert.*
[1885] Vgl. BAG 25. 11. 1992 und 22. 3. 2000, AP Nr. 150 und 221 zu § 620 BGB Befristeter Arbeitsvertrag.

des Arbeitskräftebedarfs reicht für die Befristung eines Arbeitsverhältnisses nicht aus.[1886] Wird die Prognose durch nachfolgende Ereignisse bestätigt, besteht eine ausreichende Vermutung dafür, daß sie hinreichend erstellt worden ist. Die Grundlage der Prognose hat der Arbeitgeber offenzulegen, damit der Arbeitnehmer die Richtigkeit der Prognose überprüfen kann.[1887]

566 a Wird eine **sozialstaatliche Daueraufgabe** (z. B. Sprachkurs für Aussiedler) einem privaten Maßnahmeträger jeweils nur für einen bestimmten Zeitraum, wie etwa ein Ausbildungsjahr, übertragen, rechtfertigt allein die Ungewißheit, ob er danach einen Anschlußauftrag erhält, nicht die Befristung von Arbeitsverträgen. Ebensowenig entbindet nach der Rechtsprechung des BAG die Fremdbestimmtheit und die durch die Bindung an einen bedarfsabhängigen Personalschlüssel seines Auftraggebers entstehende Einschränkung der personellen Planungskompetenz den Auftragnehmer von der Obliegenheit, bei Abschluß des befristeten Arbeitsvertrags eine auf konkreten Tatsachen beruhende Prognose darüber zu erstellen, ob mit Auslaufen des befristeten Arbeitsverhältnisses der Beschäftigungsbedarf für den Arbeitnehmer vorraussichtlich entfallen wird.[1888]

567 Eine **Dauervertretung bzw. Daueraushilfe** kann die Befristung eines Arbeitsvertrages nicht rechtfertigen. Eine solche Befristung liegt vor, wenn bei Abschluß des Arbeitsvertrages eine über den Endtermin der Befristung hinausgehende Beschäftigung des Arbeitnehmers bereits vorgesehen war.[1889] Ist also beispielsweise Arbeitsaufgabe des befristet eingestellten Arbeitnehmers, vorübergehend ausfallende Arbeitnehmer zu vertreten (sog. Springer), so ist angesichts dieser ständig gleichbleibenden Arbeitsaufgabe die Befristung für die Dauer der jeweils aktuellen Vertretung sachlich nicht gerechtfertigt und damit unwirksam.

568 Von § 14 Abs. 1 Satz 2 Nr. 1 TzBfG wird auch die befristete Einstellung eines Arbeitnehmers **bis zur Übernahme eines Auszubildenden** erfaßt. Insoweit ist anerkannt, daß der Arbeitgeber ohne besondere Darlegung für Auszubildende bei Ende der Berufsausbildung eine Beschäftigungsmöglichkeit bereithalten kann. Der Befristungsgrund der geplanten Übernahme eines Auszubildenden setzt nicht voraus, daß der Arbeitgeber dem Auszubildenden die Übernahme bereits im Zeitpunkt des Vertragsabschlusses mit dem ersatzweise eingestellten Arbeitnehmer zugesagt hat. Erforderlich ist allerdings ein Kausalzusammenhang, aus dem sich ergibt, daß der Arbeitgeber infolge der geplanten Übernahme des Auszubildenden an der Arbeitsleistung des befristet eingestellten Arbeitnehmers nur ein vorübergehendes Interesse hat.[1890] Die Befristung eines Arbeitsverhältnisses bis zu dem Zeitpunkt, zu dem ein freier Dauerarbeitsplatz mit einem anderen Arbeitnehmer besetzt werden soll, ist im übrigen nur dann sachlich gerechtfertigt, wenn sich der Arbeitgeber bereits im Zeitpunkt des Abschlusses des befristeten Arbeitsver-

---

[1886] BAG 10. 8. 1994, 12. 9. 1996, 22. 3. 2000, AP Nr. 162, 182, 221 zu § 620 BGB Befristeter Arbeitsvertrag.
[1887] BAG 8. 7. 1998, 12. 5. 1999, RzK I 9 a Nr. 132, 156.
[1888] BAG 22. 3. 2000, AP Nr. 221 zu § 611 BGB Befristeter Arbeitsvertrag.
[1889] Vgl. BAG 3. 10. 1984, 20. 2. 1991, AP Nr. 87, 137 zu § 620 BGB Befristeter Arbeitsvertrag; LAG Berlin 3. 4. 1997, NZA-RR 1998, 103.
[1890] BAG 21. 4. 1993, AP Nr. 148 zu § 620 BGB Befristeter Arbeitsvertrag.

trags gegenüber dem auf unbestimmte Zeit einzustellenden Arbeitnehmer vertraglich gebunden hat.[1891]

bb) Anschlußbeschäftigung an Ausbildung oder Studium
Nach § 14 Abs. 1 Satz 2 Nr. 2 TzBfG liegt ein sachlicher Grund vor, wenn die Befristung im Anschluß an eine Ausbildung oder ein Studium erfolgt, um den Übergang des Arbeitnehmers in eine Anschlußbeschäftigung zu erleichtern. Hiermit wird tariflichen Regelungen in vielen Wirtschaftsbereichen Rechnung getragen.[1892] Erfaßt wird auch der Fall, daß ein Arbeitnehmer, der als Werkstudent bei einem Arbeitgeber beschäftigt war, nach dem Studium bei diesem Arbeitgeber erneut befristet eingestellt wird.[1893] Für diesen Personenkreis kommt nämlich nach der verfehlten Regelung in § 14 Abs. 2 Satz 2 TzBfG eine Befristung ohne sachlichen Grund nicht in Betracht. Unklar ist freilich, welcher zeitliche Abstand zwischen dem Ausbildungs- bzw. Studienabschluß und der neuen Beschäftigung liegen muß. Erforderlich ist ein enger zeitlicher und sachlicher Zusammenhang zwischen dem Ausbildungsabschluß und dem befristeten Arbeitsverhältnis. Hieran fehlt es regelmäßig, wenn es sich nicht um die erste ausbildungsgerechte Beschäftigung nach dem Abschluß der Ausbildung handelt.[1894]

cc) Vertretung eines anderen Arbeitnehmers
Sachlich begründet ist nach **Nr. 3 des § 14 Abs. 1 Satz 2 TzBfG** auch die befristete Beschäftigung eines Arbeitnehmers zur Vertretung eines anderen Arbeitnehmers. Die Einstellung eines Arbeitnehmers zur Vertretung eines zeitweilig ausfallenden Mitarbeiters ist schon lange als sachlicher Befristungsgrund anerkannt.[1895]

Der anerkannte **Befristungsgrund** liegt nicht in der Vertretung als solcher, sondern darin, daß der Arbeitgeber seinen Arbeitskräftebedarf an sich bereits durch den Arbeitsvertrag bzw. das Beamtenverhältnis mit dem „Vertretenen" abgedeckt hat und deshalb an der Arbeitskraft des „Vertreters" von vornherein nur ein vorübergehender, zeitlich durch die Rückkehr des Vertretenen begrenzter Bedarf besteht.[1896] Sprachlich genauer wäre deshalb von „Ersatz" statt „Vertretung" zu sprechen. Die Befristung ist wirksam, wenn der Arbeitgeber im Zeitpunkt des Vertragsabschlusses mit der Vertretungskraft mit der Rückkehr des Vertretenen auf seinen Arbeitsplatz rechnen muß.[1897] Unwirksam ist demgegenüber eine Befristung, die auf das Ausscheiden des Vertretenen aus dem Arbeitsverhältnis abstellt.[1898]

[1891] Vgl. BAG 6. 11. 1996, AP Nr. 188 zu § 620 BGB Befristeter Arbeitsvertrag; BAG 1. 12. 1999, RzK I 9 a Nr. 170.
[1892] Vgl. dazu BAG 14. 10. 1997, AP Nr. 155 zu § 1 TVG Tarifverträge: Metallindustrie.
[1893] BT-Drucks. 14/4374, S. 19; – krit. zu dieser Regelung *Hromadka* BB 2001, 621, 622f.; *Preis/Gotthardt* DB 2000, 2065, 2071.
[1894] Vgl. *Hromadka* BB 2001, 621, 623.
[1895] Vgl. BAG 22. 11. 1995, 24. 9. 1997, AP Nr. 178, 192 zu § 620 BGB Befristeter Arbeitsvertrag.
[1896] BAG 26. 6. 1996, AP Nr. 23 zu § 620 BGB Bedingung; BAG 11. 11. 1998, AP Nr. 204 zu § 620 BGB Befristeter Arbeitsvertrag; BAG 21. 2. 2001, BB 2001, 1479.
[1897] Vgl. BAG 22. 11. 1995, AP Nr. 178 zu § 620 BGB Befristeter Arbeitsvertrag.
[1898] BAG 8. 7. 1998, NZA 1998, 1279.

572 Bei der Befristung des Arbeitsvertrages mit einem zur Vertretung eingestellten Arbeitnehmer braucht sich die **Prognose des Arbeitgebers** grundsätzlich nur darauf zu beziehen, daß der zu vertretende Mitarbeiter seinen Dienst wieder antreten wird, nicht aber auch darauf, wann dies der Fall sein wird.[1899] Die Prognose muß sich auch nicht darauf beziehen, ob die zu vertretende Stammkraft ihre Arbeit in vollem Umfang wieder aufnehmen wird.[1900] Bei einer bereits langjährig beschäftigten Vertretungskraft hat der Arbeitgeber besonders sorgfältig zu prüfen, ob noch mit einer Rückkehr des zu vertretenden Mitarbeiters zu rechnen ist. Auf den zu erwartenden Zeitpunkt der Rückkehr kommt es jedoch auch hier nicht an.[1901]

572 a Die **Häufigkeit der Befristungen und die bisherige Gesamtbefristungsdauer** können Indizien für das Fehlen eines Sachgrundes sein.[1902] Die wiederholte Befristung wegen einer sich mehrfach verlängernden Arbeitsunfähigkeit der zu vertretenden Stammkraft steht der Prognose des künftigen Wegfalls des Vertretungsbedarfs nur dann entgegen, wenn sich erhebliche Zweifel daran aufdrängen müssen, ob die Stammkraft ihre Tätigkeit überhaupt wieder aufnehmen wird. Sofern nicht besondere Umstände vorliegen, kann der Arbeitgeber in Fällen der Krankheitsvertretung ebenso wie in Fällen der Urlaubsvertretung grundsätzlich davon ausgehen, die zu vertretende Stammkraft werde wieder zurückkehren. Er muß daher vor Abschluß des befristeten Vertrages mit der Vertretungskraft grundsätzlich nicht von sich aus Erkundigungen über die gesundheitliche Entwicklung des erkrankten Arbeitnehmers oder über die Planungen des beurlaubten Arbeitnehmers einholen.[1903]

572 b Der Sachgrund der Vertretung setzt nicht voraus, daß die Vertretungskraft dieselben Arbeiten verrichten soll, die der ausgefallene Mitarbeiter zu verrichten gehabt hätte. Möglich ist auch eine **mittelbare Vertretung.**[1904] Denn der vorübergehende Ausfall einer Stammkraft und die befristete Beschäftigung zur Vertretung schränkt die Versetzungsbefugnis des Arbeitgebers nicht ein. Der Arbeitgeber kann bestimmen, ob er den Arbeitsausfall überhaupt überbrücken will oder ob er im Wege der Umverteilung die von dem verhinderten Arbeitnehmer zu erledigenden Arbeiten auf andere Beschäftigte verteilt und deren Aufgaben ganz oder teilweise von einer Ersatzkraft erledigen läßt. Notwendig, aber auch ausreichend ist damit ein Kausalzusammenhang zwischen dem zeitweiligen Ausfall eines Arbeitnehmers und dem dadurch hervorgerufenen vorübergehenden Vertretungsbedarf einerseits und der befristeten Einstellung der Vertretungskraft andererseits.[1905] Der Arbeitgeber muß diesen Zusammenhang aufzeigen und darlegen, daß die Vertretungskraft gerade wegen des durch den zeitweiligen Ausfall des zu vertreten-

---

[1899] BAG 11. 11. 1998, AP Nr. 204 zu § 620 BGB Befristeter Arbeitsvertrag; BAG 6. 12. 2000, NZA 2001, 721.
[1900] BAG 6. 12. 2000, NZA 2001, 721.
[1901] BAG 22. 11. 1995, AP Nr. 178 zu § 620 BGB Befristeter Arbeitsvertrag.
[1902] BAG 6. 12. 2000, NZA 2001, 721; BAG 21. 2. 2001, BB 2001, 1479.
[1903] BAG 21. 2. 2001, BB 2001, 1479.
[1904] Vgl. dazu BAG 20. 1. 1999, AP Nr. 138 zu § 611 BGB Lehrer, Dozenten; BAG 21. 2. 2001 – 7 AZR 107/00 zur Veröff. bestimmt.
[1905] Vgl. BAG 20. 1. 1999, AP Nr. 138 zu § 611 BGB Lehrer, Dozenten; BAG 27. 9. 2000, BB 2001, 412; BAG 24. 1. 2001 – 7 AZR 208/99 n. v.

den Mitarbeiters entstandenen vorübergehenden Beschäftigungsbedarfs eingestellt worden ist.[1906]

Der sog. Vertretungsfall als sachlicher Befristungsgrund liegt **beispielsweise** vor, wenn wegen Krankheit, Beurlaubung, Einberufung zum Wehrdienst oder Abordnung ins Ausland ein vorübergehender Bedarf einer Beschäftigung eines anderen Arbeitnehmers entsteht.[1907] Die Befristung zur Vertretung eines anderen Arbeitnehmers stellt sich damit als Untergruppe des vorübergehenden personellen Mehrbedarfs nach Nr. 1 des § 14 Abs. 1 dar.

Der Arbeitgeber kann die Vertretungskraft zunächst für einen **kürzeren Zeitraum** einstellen. Eine zeitliche Kongruenz der Vertragsdauer des Vertreters mit der prognostizierten Ausfallzeit ist nicht erforderlich, weil es dem Arbeitgeber freisteht, ob er beim zeitweiligen Ausfall eines Arbeitnehmers überhaupt für eine Vertretung sorgt.[1908] Erforderlich ist nur, daß der befristet Beschäftigte gerade wegen des vorübergehenden Bedarfs eingestellt worden ist.[1909] Der Befristungsdauer kommt insoweit nur Bedeutung zu, als sie neben anderen Umständen Indiz dafür sein kann, daß der Sachgrund für die Befristung vorgeschoben ist.[1910]

dd) Eigenart der Arbeitsleistung

Mit der unter § 14 Abs. 1 Satz 2 Nr. 4 TzBfG angeführten Befristung aufgrund der Eigenart der Arbeitsleistung trägt das Gesetz der **Rechtsprechung zur Rundfunkfreiheit (Art. 5 Abs. 1 GG)** Rechnung. Die den Rundfunk- und Fernsehanstalten zustehende Rundfunkfreiheit kann im Einzelfall die Befristung des Arbeitsvertrages mit einem programmgestaltend tätigen Arbeitnehmer rechtfertigen, ohne daß weitere Gründe für die Befristung erforderlich sind.[1911] Der durch Art. 5 Abs. 1 Satz 2 GG gewährleistete Schutz der Rundfunkfreiheit umfaßt auch die Entscheidung der Rundfunkanstalten darüber, ob die programmgestaltend tätigen Mitarbeiter fest angestellt werden oder ob ihre Beschäftigung aus Gründen der Programmplanung auf eine gewisse Dauer oder auf ein bestimmtes Projekt zu beschränken ist und wie oft ein Mitarbeiter benötigt wird. Die Belange der Rundfunkanstalten und des betroffenen Arbeitnehmers sind im Einzelfall abzuwägen, wobei wegen der besonderen Bedeutung der Rundfunkfreiheit dieser mehr Gewicht beizumessen ist als dem arbeitsrechtlichen Bestandsschutz.[1912]

[1906] BAG 21. 2. 2001 – 7 AZR 107/00 zur Veröff. bestimmt.

[1907] Vgl. BAG 13. 4. 1983, AP Nr. 76 zu § 620 BGB Befristeter Arbeitsvertrag mit Anm. *Koller*; BAG 6. 6. 1984, 3. 10. 1984, AP Nr. 83, 87 zu § 620 BGB Befristeter Arbeitsvertrag.

[1908] Vgl. dazu BAG 22. 11. 1995, 11. 11. 1998, AP Nr. 178, 204 zu § 620 BGB Befristeter Arbeitsvertrag.

[1909] BAG 8. 5. 1985, AP Nr. 97 zu § 620 BGB Befristeter Arbeitsvertrag = SAE 1987, 309 mit zust. Anm. *Kreutz* = AuR 1986, 317 mit abl. Anm. *Colneric*; BAG 11. 8. 1988, RzK I 9 a Nr. 34; BAG 21. 3. 1990, NZA 1990, 744, 745 f.

[1910] BAG 21. 2. 2001, BB 2001, 1479.

[1911] BAG 11. 12. 1991, AP Nr. 144 zu § 620 BGB Befristeter Arbeitsvertrag mit Anm. *Deetz* = EzA § 620 BGB Nr. 112 mit zust. Anm. *Rieble*; vgl. dazu auch BVerfG 13. 1. 1982, AP Nr. 1 zu Art. 5 Abs. 1 Rundfunkfreiheit = EzA Art. 5 GG Nr. 9 mit Anm. *Konzen/Rupp*; vgl. dazu auch *Rüthers* DB 1982, 1869.

[1912] BAG 11. 12. 1991, AP Nr. 144 zu § 620 BGB Befristeter Arbeitsvertrag.

§ 1 576–579 1. Abschnitt. Allgemeiner Kündigungsschutz

576 Die Rundfunkfreiheit umfaßt auch das **Recht der Rundfunkanstalten, die Programm- und Organisationsstruktur zu ändern** und den dafür erforderlichen Mitarbeiterwechsel sicherzustellen.[1913] Die Entscheidung der Rundfunkanstalt, ein neues Programm einzuführen, dieses in der Erprobung zu ändern oder einzustellen, ist vom verfassungsrechtlichen Schutz der Programmfreiheit umfaßt. Würden im Rahmen dieser Erprobung nur festangestellte Arbeitnehmer beschäftigt, würde dies die Programmgestaltungsfreiheit beeinträchtigen.[1914] Die Einführung und Erprobung neuer Programme kann daher die befristete Beschäftigung programmgestaltender Arbeitnehmer durch eine Rundfunkanstalt sachlich rechtfertigen.[1915] Auch die Befristung von Arbeitsverträgen mit Lokalreportern von Rundfunk- und Fernsehanstalten kann aus Gründen der Rundfunkfreiheit sachlich gerechtfertigt sein.[1916]

577 In gleicher Weise wird mit der **Freiheit der Kunst** (Art. 5 Abs. 3 GG) das Recht der Bühnen begründet, entsprechend dem vom Intendanten verfolgten künstlerischen Konzept Arbeitsverträge mit Solisten (Schauspieler, Solosänger, Tänzer, Kapellmeister etc.) jeweils befristet abzuschließen.[1917]

ee) Befristung zur Erprobung

578 Die Bedeutung des Befristungsgrundes „Erprobung" (**§ 14 Abs. 1 Satz 2 Nr. 5 TzBfG**) dürfte in der Praxis recht gering sein.[1918] Denn der Arbeitgeber kann nach § 14 Abs. 2 TzBfG bei einer Neueinstellung ohne Vorliegen eines sachlichen Grundes das Arbeitsverhältnis bis zur Dauer von zwei Jahren befristen.[1919] Bis zu dieser Gesamtdauer von zwei Jahren ist auch die höchstens dreimalige Verlängerung eines kalendermäßig befristeten Arbeitsvertrages zulässig.

579 Bedeutung dürfte der Befristung zur Erprobung dann allerdings zukommen, wenn der Arbeitgeber einen Arbeitnehmer, der schon einmal im Unternehmen beschäftigt war, **erneut einstellt**. Da nämlich die Befristung ohne sachlichen Grund nach § 14 Abs. 2 Satz 1 TzBfG nur bei einer Neueinstellung zulässig ist, d. h. wenn mit demselben Arbeitnehmer nicht bereits zuvor ein befristetes oder unbefristetes Arbeitsverhältnis bestanden hat, bleibt dem Arbeitgeber lediglich die Möglichkeit der Befristung nach § 14 Abs. 1 Nr. 5 TzBfG, wenn er vor einer unbefristeten Einstellung des Arbeitnehmers dessen Fähigkeiten im Rahmen eines befristeten Arbeitsverhältnisses erproben möchte. Insoweit ist allerdings zu berücksichtigen, daß im allgemeinen eine Befristung zur Erprobung, die länger als sechs Monate dauert, nicht zulässig ist. Nur in besonders begründeten Ausnahmefällen, wenn die Besonderheiten des Arbeitsverhältnisses eine endgültige Beurteilung der Eignung des Arbeitnehmers auch nach Ablauf von sechs Monaten

---

[1913] BAG 11. 12. 1991, AP Nr. 144 zu § 620 BGB Befristeter Arbeitsvertrag; BAG 24. 4. 1996, AP Nr. 180 zu § 620 BGB Befristeter Arbeitsvertrag.
[1914] BVerfG 13. 1. 1982, AP Nr. 1 zu Art. 5 GG Rundfunkfreiheit.
[1915] BAG 24. 4. 1996, AP Nr. 180 zu § 620 BGB Befristeter Arbeitsvertrag.
[1916] Vgl. BAG 22. 4. 1998, AP Nr. 26 zu § 611 BGB Rundfunk.
[1917] Vgl. hierzu *Germelmann* ZfA 2000, 149; *Opolony* ZfA 2000, 179.
[1918] Vgl. zur Verlängerung der Probezeit bei einem Konzertmeister BAG 12. 9. 1996, AP Nr. 27 zu § 611 BGB Musiker.
[1919] Näher dazu Rn. 612 ff.

nicht möglich erscheinen lassen, sind auch längere Befristungen zur Erprobung zulässig. Dies ist insbesondere im künstlerischen Bereich denkbar.[1920]

ff) Gründe in der Person des Arbeitnehmers

Ein in der Person des Arbeitnehmers liegender Befristungsgrund (**§ 14 Abs. 1 Satz 2 Nr. 6 TzBfG**) ist u. a. gegeben, wenn ein Arbeitnehmer aus sozialen Gründen vorübergehend beschäftigt wird. Eine soziale Überbrückungsmaßnahme kann die Befristung eines Arbeitsverhältnisses rechtfertigen, wenn der Arbeitgeber seinem früheren Beschäftigten, dessen Arbeitsverhältnis wirksam beendet worden ist oder der seine Ausbildung abgeschlossen hat, zur Vermeidung von Übergangsschwierigkeiten oder zur Verbesserung seiner Arbeitsmarktchancen befristet weiterbeschäftigt.[1921] 580

Derartige **soziale Beweggründe** kommen als Sachgrund allerdings nur in Betracht, wenn es ohne den sozialen Überbrückungszweck überhaupt nicht zur Begründung eines Arbeitsverhältnisses, auch keines befristeten Arbeitsverhältnisses, gekommen wäre. Darlegungs- und beweispflichtig hierfür ist der Arbeitgeber.[1922] Der Vortrag des Arbeitgebers muß darauf schließen lassen, daß die betrieblichen/dienstlichen Interessen des Arbeitgebers für den Abschluß des Arbeitsvertrags nicht ausschlaggebend waren. Die Tatsache, daß der Arbeitnehmer während der Befristung mit sinnvollen Arbeitsaufgaben beschäftigt wird, hindert dagegen nicht die Annahme, daß ohne den sozialen Überbrückungszweck ein Vertragsschluß unterblieben wäre.[1923]

Der **Wunsch des Arbeitnehmers** kann die Befristung des Arbeitsverhältnisses sachlich rechtfertigen, wenn der Arbeitnehmer bei Vertragsschluß in seiner Entscheidungsfreiheit nicht beeinträchtigt war.[1924] Dazu müssen im Zeitpunkt des Vertragsschlusses objektive Anhaltspunkte vorliegen, aus denen ein Interesse des Arbeitnehmers an einer befristeten Beschäftigung folgt. Entscheidend ist, ob der Arbeitnehmer auch bei einem Angebot des Arbeitgebers auf Abschluß eines unbefristeten Arbeitsvertrages nur ein befristetes Arbeitsverhältnis vereinbart hätte.[1925] Dies ist insbesondere dann anzunehmen, wenn der Arbeitnehmer aus Gründen in seiner Person (z. B. wegen familiärer Verpflichtungen oder wegen einer noch nicht abgeschlossenen oder bevorstehenden Ausbildung, wie beispielsweise Studienbeginn) nur einen begrenzten Zeitraum arbeiten kann oder will.[1926] 581

Die Befristung des Arbeitsvertrages mit einem **Studenten** kann sachlich begründet sein, wenn sie angesichts der Vertragsgestaltung erforderlich ist, um die Erwerbstätigkeit den immer wieder wechselnden Erfordernissen des 582

[1920] Vgl. BAG 15. 3. 1978, AP Nr. 45 zu § 620 BGB Befristeter Arbeitsvertrag.
[1921] BAG 3. 10. 1984, 7. 7. 1999, AP Nr. 88, 211 zu § 620 BGB Befristeter Arbeitsvertrag.
[1922] BAG 3. 10. 1984, 12. 12. 1985, AP Nr. 88, 96 zu § 620 BGB Befristeter Arbeitsvertrag.
[1923] BAG 7. 7. 1999, AP Nr. 211 zu § 620 BGB Befristeter Arbeitsvertrag.
[1924] BAG GS 12. 10. 1960, AP Nr. 16 zu § 620 BGB Befristeter Arbeitsvertrag; BAG 26. 4. 1985, AP Nr. 91 zu § 620 BGB Befristeter Arbeitsvertrag = AR-Blattei Arbeitsvertrag-Arbeitsverhältnis VIII Entsch. 63 mit zust. Anm. *Hunold*.
[1925] BAG 6. 11. 1996, AP Nr. 188 zu § 620 BGB Befristeter Arbeitsvertrag; vgl. auch BAG 3. 3. 1999, AP Nr. 5 zu § 57 c HRG.
[1926] Vgl. BAG 31. 1. 1979, AP Nr. 101 zu § 611 BGB Gratifikation mit Anm. *Herschel*.

Studiums anzupassen.[1927] Die Befristung des Arbeitsverhältnisses eines Studenten kann jedoch dann nicht mit dessen Interesse, seine Arbeitsverpflichtung mit den Anforderungen des Studiums in Einklang zu bringen, gerechtfertigt werden, wenn bereits die Kündigungsmöglichkeiten in einem unbefristeten Arbeitsverhältnis sowie Umfang und Lage der Arbeitszeit dem Interesse des Studenten ausreichend Rechnung tragen.[1928]

583 Personenbedingt gerechtfertigt kann auch die Befristung eines Arbeitsvertrages sein, wenn der Arbeitsvertrag für die Dauer einer **befristeten Aufenthaltserlaubnis** eines Arbeitnehmers geschlossen wird und zum Zeitpunkt des Vertragsschlusses hinreichend gewiß ist, daß die Aufenthaltserlaubnis nicht verlängert wird.[1929] Die Prognose des Arbeitgebers muß auf konkreten Anhaltspunkten beruhen. Dabei kann von Bedeutung sein, ob sich Prognosen der vorliegenden Art in der Vergangenheit bereits wiederholt als unzutreffend erwiesen haben.

584 Im Prozeß gilt eine **abgestufte Darlegungslast**. Danach besteht dann, wenn die spätere Entwicklung die Prognose des Arbeitgebers bestätigt, eine ausreichende Vermutung dafür, daß sie hinreichend fundiert erstellt worden ist. Es ist dann Sache des Arbeitnehmers, Tatsachen vorzutragen, nach denen zumindest im Zeitpunkt des Vertragsabschlusses die Prognose nicht gerechtfertigt war. Hat sich dagegen die Prognose nicht bestätigt, muß der Arbeitgeber die Tatsachen vortragen, die ihm jedenfalls zum Zeitpunkt des Vertragsabschlusses den hinreichend sicheren Schluß darauf erlaubten, daß nach Ablauf der Befristung die Weiterbeschäftigung des Arbeitnehmers wegen Fehlens einer gültigen Aufenthaltserlaubnis nicht mehr möglich sein werde.[1930]

gg) Befristete Haushaltsmittel

585 Nach § 14 Abs. 1 Satz 2 Nr. 7 TzBfG ist die Befristung eines Arbeitsvertrages aufgrund zeitlich begrenzter Haushaltsmittel sachlich gerechtfertigt. Dieser Befristungsgrund betrifft nur den öffentlichen Dienst.[1931]

586 Entscheidungen des **Haushaltsgesetzgebers** können die Befristung eines Arbeitsverhältnisses auch dann sachlich rechtfertigen, wenn an sich ein Dauerbedarf an der Beschäftigung des Arbeitnehmers besteht.[1932] Denn im öffentlichen Dienst richtet sich der Arbeitskräftebedarf grundsätzlich nicht nach Umfang und Dauer der zu erledigenden Arbeitsaufgaben, sondern danach, in welchem Umfang und für welche Dauer der Haushaltsgesetzgeber Mittel für die Beschäftigung von Arbeitnehmern zur Verfügung stellt.

587 Die **Bindung an das Haushaltsrecht** bedeutet keine Einwirkung des grundsätzlich nur verwaltungsintern geltenden Haushaltsrechts auf den Inhalt von Arbeitsverhältnissen. Die haushaltsrechtlichen Vorgaben treten im öffentlichen Dienst vielmehr lediglich an die Stelle der in der Privatwirtschaft

---

[1927] Vgl. BAG 10. 8. 1994, AP Nr. 162 zu § 620 BGB Befristeter Arbeitsvertrag; BAG 12. 5. 1999, RzK I 9 a Nr. 157; weitergehend noch BAG 4. 4. 1990, AP Nr. 136 zu § 620 BGB Befristeter Arbeitsvertrag.
[1928] BAG 29. 10. 1998, AP Nr. 206 zu § 620 BGB Befristeter Arbeitsvertrag.
[1929] BAG 12. 1. 2000, AP Nr. 217 zu § 620 BGB Befristeter Arbeitsvertrag.
[1930] BAG 12. 1. 2000, AP Nr. 217 zu § 620 BGB Befristeter Arbeitsvertrag.
[1931] Dazu *Hantel* ZTR 1998, 145; *Teske* Festschrift für Stahlhacke S. 569, 583 ff.
[1932] Vgl. BAG 24. 1. 1996, 7. 7. 1999, AP Nr. 179, 215 zu § 620 BGB Befristeter Arbeitsvertrag.

grundsätzlich maßgeblichen unternehmerischen Entscheidung, welche Aufgaben in welchem Zeitraum und in welchem Umfang durch die Beschäftigung von Arbeitnehmern erfüllt werden sollen. Der Unterschied liegt lediglich darin, daß diese Entscheidung in der Privatwirtschaft unmittelbar aufgrund der Feststellung eines Bedürfnisses an der Verrichtung bestimmter Arbeiten und im öffentlichen Dienst durch haushaltsrechtliche Vorgaben getroffen wird.[1933]

Ein Befristungsgrund liegt vor, wenn die Vergütung des befristet eingestellten Arbeitnehmers aus einer **konkreten Haushaltsstelle** erfolgt, die nur befristet bewilligt worden ist. In diesem Fall ist anzunehmen, daß sich der Haushaltsgesetzgeber mit den Verhältnissen dieser Stelle befaßt und festgestellt hat, daß für die Beschäftigung des Arbeitnehmers nur ein vorübergehender Bedarf besteht. Der Arbeitnehmer muß nicht einer konkreten vorübergehend freien Stelle zugeordnet werden. Es muß nur sichergestellt sein, daß die Vergütung des befristet eingestellten Arbeitnehmers aus den Mitteln einer nur vorübergehend zur Verfügung stehenden Planstelle erfolgt[1934] oder deren Streichung zum Ablauf der vereinbarten Befristung mit einiger Sicherheit zu erwarten ist.[1935]

Der öffentliche Arbeitgeber hat zum Zeitpunkt des Vertragsabschlusses aufgrund konkreter Tatsachen die **Prognose** zu erstellen, daß für die Beschäftigung des Arbeitnehmers Haushaltsmittel nur vorübergehend zur Verfügung stehen. Das kann beispielsweise der Fall sein, wenn der Haushaltsgesetzgeber eine für die Beschäftigung eines Beamten bestimmte Planstelle nur vorübergehend für die Besetzung mit einem Angestellten freigegeben hat.[1936] Ein bei einer Stelle im Haushaltsplan angebrachter, auf einen Zeitpunkt innerhalb eines künftigen Haushaltsjahres datierter kw-Vermerk begründet als solcher noch nicht die Feststellung, die Stelle werde auch tatsächlich mit einiger Sicherheit zu dem vermerkten Zeitpunkt entfallen. Dies läßt sich nur anhand der dem kw-Vermerk zugrunde liegenden Erwägungen des Haushaltsgesetzgebers feststellen.[1937]

hh) Gerichtlicher Vergleich

Beruht die Vereinbarung der Befristung eines Arbeitsvertrages auf einem gerichtlichen Vergleich, ist sie nach **§ 14 Abs. 1 Satz 2 Nr. 8 TzBfG** sachlich gerechtfertigt. Dies entspricht der bisherigen Rechtsprechung.[1938] Grund hierfür ist, daß die Mitwirkung des Gerichts an dem Vergleich hinreichende Gewähr für die Wahrung der Schutzinteressen des Arbeitnehmers bietet.

c) Weitere sachliche Gründe

Neben den im Gesetz genannten Sachgründen gibt es weitere Tatbestände, die eine Befristung von Arbeitsverhältnissen rechtfertigen können. Die Aufzählung in **§ 14 Abs. 1 TzBfG ist nicht abschließend.** So kann ein

---

[1933] BAG 7. 7. 1999, AP Nr. 215 zu § 620 BGB Befristeter Arbeitsvertrag.
[1934] Vgl. BAG 3. 11. 1999, RzK I 9 a Nr. 167.
[1935] BAG 22. 3. 2000, AP Nr. 221 zu § 620 BGB Befristeter Arbeitsvertrag.
[1936] BAG 7. 7. 1999, AP Nr. 215 zu § 620 BGB Befristeter Arbeitsvertrag.
[1937] BAG 16. 1. 1987, AP Nr. 111 zu § 620 BGB Befristeter Arbeitsvertrag.
[1938] Vgl. BAG 2. 12. 1998, AP Nr. 4 zu § 57 a HRG.

Arbeitsvertrag wirksam befristet werden, wenn dadurch für einen Sozialhilfeempfänger Gelegenheit zu gemeinnütziger und **zusätzlicher Arbeit i. S. v. § 19 Abs. 2 BSHG** geschaffen werden soll.[1939] Die bloße Unsicherheit der künftigen Entwicklung des Arbeitskräftebedarfs rechtfertigt die Befristung eines Arbeitsverhältnisses auch bei der **Übertragung sozialstaatlicher Aufgaben** nicht. Maßgeblich ist vielmehr die Prognose, daß zum Zeitpunkt des Ablaufs der Befristung der Beschäftigungsbedarf voraussichtlich entfällt.[1940] Ein sachlicher Grund besteht weiterhin, wenn der Arbeitnehmer dem Arbeitgeber im Rahmen einer **Arbeitsbeschaffungsmaßnahme** zugewiesen worden ist und die Befristungsdauer mit der Dauer der Zuweisung übereinstimmt.[1941]

592 Die Befristung des Arbeitsvertrags eines **Sporttrainers** kann sachlich gerechtfertigt sein, wenn mit der Betreuung von Spitzensportlern oder besonders talentierten Nachwuchssportlern die Gefahr verbunden ist, daß die Fähigkeit des Trainers zur weiteren Motivation der anvertrauten Sportler nachläßt (sog. Verschleißtatbestand).[1942] Dies setzt jedoch voraus, daß die vereinbarte Befristung überhaupt geeignet ist, der Gefahr eines Verschleißes in der Beziehung zwischen dem Trainer und den zu betreuenden Sportlern wirksam vorzubeugen. Daran fehlt es jedenfalls dann, wenn die Verweildauer der zu betreuenden Sportler in der Obhut des Trainers kürzer bemessen ist als die vorgesehene Vertragszeit des Trainers. Der Befristungsgrund eines Verschleißes rechtfertigt sich nämlich nicht durch den Wechsel der Sportler, sondern allenfalls durch das Bedürfnis, den auf Dauer im Kader verbleibenden Sportler mit den Anforderungen eines anderen Trainers vertraut zu machen.[1943]

d) Beurteilungszeitpunkt

593 Der sachliche Grund für die Befristung des Arbeitsverhältnisses muß zum **Zeitpunkt des Vertragsschlusses** vorgelegen haben.[1944] Andernfalls wäre dem Zufall Tür und Tor geöffnet, weil Rechtfertigungsgründe jederzeit eintreten oder wegfallen können.

594 Bei **mehrfachen Befristungen** (sog. **Kettenarbeitsverhältnissen**) kommt es nach der Rechtsprechung grundsätzlich nur auf den zuletzt geschlossenen Vertrag an, sofern der Arbeitnehmer bei zuvor geschlossenen Verträgen nicht einen Vorbehalt erklärt hat.[1945] Ein vertraglicher Verzicht,

---

[1939] Vgl. dazu BAG 7. 7. 1999, 22. 3. 2000, AP Nr. 216, 222 zu § 620 BGB Befristeter Arbeitsvertrag.
[1940] BAG 22. 3. 2000, AP Nr. 221 zu § 620 BGB Befristeter Arbeitsvertrag.
[1941] BAG 3. 12. 1982, 12. 6. 1987, 15. 2. 1995, AP Nr. 72, 114, 166 zu § 620 BGB Befristeter Arbeitsvertrag; BAG 26. 4. 1995, AP Nr. 4 zu § 91 AFG; – krit. dazu *Wollenschläger/Kreßel* AuR 1989, 61 ff.
[1942] Vgl. BAG 29. 10. 1998, AP Nr. 14 zu § 611 BGB Berufssport; dazu auch *Dieterich* NZA 2000, 857.
[1943] Vgl. BAG 15. 4. 1999, AP Nr. 1 zu § 13 AÜG.
[1944] BAG 8. 9. 1983, AP Nr. 77 zu § 620 BGB Befristeter Arbeitsvertrag unter III 2 b mit zust. Anm. *Koller;* BAG 10. 6. 1992, EzA § 620 BGB Nr. 116; BAG 12. 9. 1996, AP Nr. 182 zu § 620 BGB Befristeter Arbeitsvertrag.
[1945] BAG 8. 5. 1985, AP Nr. 97 zu § 620 BGB Befristeter Arbeitsvertrag = SAE 1987, 309 mit zust. Anm. *Kreutz* = AuR 1986, 317 mit abl. Anm. *Colneric;* BAG 15. 2. 1995, AP Nr. 166 zu § 620 BGB Befristeter Arbeitsvertrag; BAG 22. 4. 1998, AP Nr. 24 zu § 611 BGB Rundfunk; BAG 1. 12. 1999, AP Nr. 21 zu § 57b HRG.

sich insbesondere auch im Rahmen der Überprüfung des Folgevertrages auf die Unwirksamkeit der Befristung des vorangegangenen Vertrages zu berufen, liegt hierin nach der neuesten Rechtsprechung des BAG indessen nicht.[1946]

Auf die Verhältnisse beim Abschluß des vorletzten Vertrages kann es insbesondere ankommen, wenn sich der letzte Vertrag als **unselbständiger Annex** des vorletzten Vertrages darstellt. Dies ist anzunehmen, wenn die Parteien ihr Arbeitsverhältnis mit dem Abschluß des weiteren befristeten Vertrages nicht auf eine neue rechtliche Grundlage stellen, sondern nur das Auslaufen des bisherigen Vertrages im Sinne einer am Sachgrund für dessen Befristung orientierten nachträglichen Korrektur des ursprünglich vereinbarten Endzeitpunktes um eine verhältnismäßig nicht erhebliche Zeit hinausschieben wollen.[1947] Das ist beispielsweise der Fall, wenn ein drittmittelfinanziertes Arbeitsverhältnis, das für die Dauer der erfolgten Drittmittelbewilligung befristet war, später um einen verhältnismäßig kurzen Zeitraum verlängert wird, um einen noch verbliebenen Drittmittelrest zu verbrauchen.[1948] 595

Vereinbaren die Vertragsparteien während der Dauer eines befristeten Arbeitsverhältnisses eine **Änderung der geschuldeten Tätigkeit und der Vergütung**, so unterliegt der Änderungsvertrag als letzter Vertrag der Befristungskontrolle, auch wenn die Befristungsdauer unverändert bleibt.[1949] Denn mit der Veränderung der beiderseitigen Hauptleistungspflichten werden die Kernstücke des Arbeitsvertrages neu geregelt, so daß nicht nur eine unerhebliche Abänderung des bisherigen Arbeitsvertrages erfolgt, sondern unter Aufrechterhaltung der Befristungsregelung ein neuer Arbeitsvertrag geschlossen wird. 596

e) Vereinbarung des Befristungsgrundes

Für die Zulässigkeit zeitlich befristeter Arbeitsverträge ist grundsätzlich entscheidend, ob zum Zeitpunkt des Vertragsschlusses der sachliche Grund **objektiv gegeben** war.[1950] Der Befristungsgrund muß dem Arbeitnehmer, wie der Kündigungsgrund bei Ausspruch einer Kündigung, grundsätzlich nicht mitgeteilt werden oder Vertragsinhalt sein.[1951] 597

Von diesem Grundsatz ist **bei zweckbefristeten Arbeitsverträgen** (dazu oben Rn. 558) eine **Ausnahme** zu machen.[1952] Da bei zweckbefristeten Verträgen das Arbeitsende nicht zeitlich genau fixiert ist, wie etwa bei einer Befristung zur Erledigung eines bestimmten Auftrags oder zur Vertretung eines erkrankten Arbeitnehmers, muß unter dem Gesichtspunkt des Vertrauensschutzes bei Vertragsschluß der Befristungszweck dem Arbeitnehmer deutlich erkennbar gewesen und damit Vertragsinhalt geworden 598

[1946] Vgl. BAG 26. 7. 2000, AP Nr. 26 zu § 1 BeschFG 1985.
[1947] So BAG 21. 1. 1987, AP Nr. 4 zu § 620 BGB Hochschule; BAG 15. 2. 1995, AP Nr. 166 zu § 620 BGB Befristeter Arbeitsvertrag; BAG 1. 12. 1999, AP Nr. 21 zu § 57 b HRG.
[1948] BAG 21. 1. 1987, AP Nr. 4 zu § 620 BGB Hochschule.
[1949] BAG 21. 3. 1990, AP Nr. 135 zu § 620 BGB Befristeter Arbeitsvertrag.
[1950] BAG 31. 1. 1990, 24. 4. 1996, AP Nr. 1, 9 zu § 57 b HRG.
[1951] BAG 8. 12. 1988, AP Nr. 6 zu § 1 BeschFG 1985; BAG 24. 4. 1996, AP Nr. 9 zu § 57 b HRG.
[1952] Ebenso KR-*Lipke* § 620 BGB Rn. 151 a; ErfK/*Müller-Glöge* § 620 BGB Rn. 72.

sein.¹⁹⁵³ Gleiches gilt, wenn das Arbeitsverhältnis zum Zweck der Erprobung befristet wird.¹⁹⁵⁴

599 Nach manchen **Tarifverträgen** ist es schließlich erforderlich, den Befristungsgrund im Arbeitsvertrag schriftlich niederzulegen.¹⁹⁵⁵ Zur Begründung der Befristung kann sich der Arbeitgeber in einem späteren Rechtsstreit nur auf die schriftlich vereinbarten Befristungsgründe berufen. Ein Nachschieben anderer Befristungsgründe ist nicht möglich, da die tarifliche Regelung den Zweck hat, einem späteren Streit der Parteien über den Befristungsgrund durch eine klare Vereinbarung vorzubeugen.¹⁹⁵⁶

600 Die Tarifvorschrift **Nr. 2 Abs. 1 SR 2 y BAT fordert** zwar nicht die Vereinbarung des sachlichen Befristungsgrundes, wohl aber die Vereinbarung der Befristungsgrundform (Zeitangestellter, Angestellter für Aufgaben von begrenzter Dauer bzw. Aushilfsangestellter).¹⁹⁵⁷ Diese Regelung bedarf nicht der Schriftform und hat für die Wirksamkeit der Befristungsvereinbarung keine konstitutive Wirkung.¹⁹⁵⁸ Sie dient vielmehr der Rechtssicherheit und Rechtsklarheit. Deshalb kann sich ein Arbeitgeber nicht auf Sachgründe berufen, die einer Befristungsgrundform zuzuordnen sind, die im Arbeitsvertrag nicht vereinbart wurde.¹⁹⁵⁹

600a Haben die Parteien beim Abschluß eines befristeten Arbeitsvertrages die nach Nr. 2 Abs. 1 SR 2 y BAT im Arbeitsvertrag anzugebende tarifliche Befristungsgrundform (Zeitangestellter, Angestellter für Aufgaben von begrenzter Dauer oder Aushilfsangestellter) **falsch bezeichnet,** weil sie den für die Befristung maßgebenden konkreten Sachgrund einer rechtlich unzutreffenden tariflichen Befristungsgrundform zugeordnet haben, hindert diese unrichtige Zuordnung den Arbeitgeber jedenfalls dann nicht, sich auf den tatsächlichen Befristungsgrund zu berufen, wenn der Befristungsgrund im Arbeitsvertrag schlagwortartig angegeben ist und dem Arbeitnehmer die näheren Einzelheiten bekannt sind.¹⁹⁶⁰

f) Befristungsdauer

601 Die **Dauer der Befristung bedarf** für sich allein **keiner sachlichen Rechtfertigung.**¹⁹⁶¹ Denn die Einschränkung der Vertragsfreiheit hinsichtlich befristeter Arbeitsverträge ist erfolgt, um eine Ausschaltung des zwin-

---

[1953] Vgl. *Wiedemann/Palenberg* RdA 1977, 85, 94 f.
[1954] BAG 30. 9. 1981, 31. 8. 1994, AP Nr. 61, 163 zu § 620 BGB Befristeter Arbeitsvertrag; – abweichend RGRK-*Dörner* § 620 Rn. 86.
[1955] Vgl. Sonderregelung 2 y Nr. 2 Abs. 1 zum BAT, wonach in befristeten Arbeitsverträgen die Aufgabe zu bezeichnen und anzugeben ist, mit Ablauf welcher Frist oder durch Eintritt welchen Ereignisses das Arbeitsverhältnis enden soll.
[1956] Vgl. BAG 14. 1. 1982, AP Nr. 64 zu § 620 BGB Befristeter Arbeitsvertrag mit Anm. *Koller;* BAG 6. 6. 1984, AP Nr. 83 zu § 620 BGB Befristeter Arbeitsvertrag = SAE 1985, 62 mit abl. Anm. *Hj. Weber;* BAG 15. 3. 1989, AP Nr. 126 zu § 620 BGB Befristeter Arbeitsvertrag; BAG 20. 2. 1991, 11. 12. 1991, AP Nr. 137, 145 zu § 620 BGB Befristeter Arbeitsvertrag.
[1957] BAG 29. 10. 1998, AP Nr. 17 zu § 2 BAT SR 2y; ausführlich hierzu APS/*Schmidt* SR 2y BAT Rn. 11 ff.
[1958] BAG 20. 2. 1991, AP Nr. 137 zu § 620 BGB Befristeter Arbeitsvertrag.
[1959] BAG 28. 3. 2001 – 7 AZR 701/99 m. w. N.
[1960] BAG 8. 4. 1992, AP Nr. 146 zu § 620 BGB Befristeter Arbeitsvertrag.
[1961] BAG 26. 8. 1988, AP Nr. 124 zu § 620 BGB Befristeter Arbeitsvertrag.

genden Kündigungsschutzes zu verhindern, nicht aber um die richtige Befristungsdauer zu ermitteln. Gleichwohl ist die Befristungsdauer für die Prüfung der Zulässigkeit der Befristungsvereinbarung nicht unerheblich. Aus der gewählten Befristungsdauer lassen sich nämlich Rückschlüsse auf die **Stichhaltigkeit des angegebenen Befristungsgrundes** ziehen. Die Befristungsdauer muß sich am Befristungsgrund orientieren und mit ihm insoweit in Einklang stehen, daß die Dauer der Befristung nicht gegen den angegebenen sachlichen Grund der Befristung spricht.[1962]

Wird die Befristung etwa mit der Erprobung des Arbeitnehmers begründet und **überschreitet die Vertragsdauer deutlich die übliche Erprobungszeit,** so spricht dies dafür, daß andere Gründe für die Befristungsvereinbarung ausschlaggebend waren.[1963] Gleiches gilt für den umgekehrten Fall, bei dem die Dauer der Befristung hinter dem Zeitraum zurückbleibt, für den der Sachgrund der Befristung besteht. Auch hier ist zu prüfen, ob die vereinbarte kürzere Dauer dem angegebenen Sachgrund der Befristung derart entgegensteht, daß hieraus zu schließen ist, daß der Sachgrund nicht besteht oder nur vorgeschoben ist. Dies ist freilich erst dann anzunehmen, wenn die Dauer der Befristung so weit hinter der voraussichtlichen Dauer des Befristungsgrundes zurückbleibt, daß eine sinnvolle, dem Sachgrund der Befristung entsprechende Mitarbeit des Arbeitnehmers nicht möglich erscheint.[1964] Mit zunehmender Dauer der Beschäftigung steigen die Anforderungen an den Befristungsgrund.[1965]

g) Befristung einzelner Vertragsbedingungen

Nicht nur die Befristung des gesamten Arbeitsvertrages, sondern auch die **vorübergehende Veränderung einzelner Arbeitsbedingungen** zugunsten des Arbeitnehmers bedarf eines sachlichen Grundes, wenn bei unbefristeter Änderung die neuen Arbeitsbedingungen dem gesetzlichen Änderungsschutz des § 2 unterliegen würden.[1966] Nach Auffassung des BAG muß auch der **Zeitraum,** für den geänderte Arbeitsbedingungen gelten sollen, an dem Sachgrund für die befristete Vertragsgestaltung orientiert sein.[1967] Ob hieran jedoch angesichts der neuen Rechtsprechung zur sachlichen Rechtfertigung für die Dauer der Befristung festgehalten werden kann (dazu oben Rn. 601), erscheint zweifelhaft. Entscheidend ist nicht die Ermittlung der

---

[1962] Vgl. BAG 31. 8. 1994, 11. 11. 1998, AP Nr. 163, 204 zu § 620 BGB Befristeter Arbeitsvertrag; BAG 21. 2. 2001, BB 2001, 1479.
[1963] Vgl. BAG 15. 3. 1978, AP Nr. 45 zu § 620 BGB Befristeter Arbeitsvertrag.
[1964] Zutr. BAG 26. 8. 1988, AP Nr. 124 zu § 620 BGB Befristeter Arbeitsvertrag.
[1965] BAG 11. 12. 1991, AP Nr. 145 zu § 620 BGB Befristeter Arbeitsvertrag; BAG 6. 12. 2000, NZA 2001, 721; BAG 21. 2. 2001, BB 2001, 1479.
[1966] BAG 13. 6. 1986, AP Nr. 19 zu § 2 KSchG 1969 = EzA § 620 BGB Nr. 85 mit zust. Anm. *Otto* = SAE 1987, 171 mit zust. Anm. *Zeiss;* BAG 21. 4. 1993, AP Nr. 34 zu § 2 KSchG 1969 = EzA § 2 KSchG Nr. 20 mit Anm. *Krause;* BAG 26. 8. 1998, AP Nr. 203 zu § 620 BGB Befristeter Arbeitsvertrag; BAG 15. 4. 1999, AP Nr. 18 zu § 2 SR 2y BAT; BAG 29. 9. 1999 – 7 AZR 205/98 n.v.; BAG 24. 1. 2001 – 7 AZR 208/99 n.v.; *Erman/Hanau* § 620 Rn. 80; *Hromadka* RdA 1992, 234, 243 ff.; KR-*Lipke* § 620 BGB Rn. 69 a, 157 a ff.; *Löwisch* ZfA 1986, 1, 6 f.; – krit. dazu *Staudinger/Preis* § 620 Rn. 126 ff.; *M. Wolf* RdA 1988, 270, die für eine Angemessenheitskontrolle der Vereinbarung eintreten.
[1967] BAG 13. 6. 1986, AP Nr. 19 zu § 2 KSchG 1969 unter II 3 a bb.

richtigen Befristungsdauer, sondern die Frage, ob die befristete Veränderung der Arbeitsbedingungen überhaupt zulässig ist. Damit bedarf es im Ergebnis aber keines besonderen sachlichen Grundes für die Dauer der Veränderung der Vertragsbedingungen.[1968]

604 Befristete Vertragsbedingungen bedürfen dann eines sachlichen Grundes, wenn zwischen der **Befristungsvereinbarung und § 2** ein **Wertungswiderspruch** entsteht. Da § 2 den Kernbereich des Arbeitsverhältnisses schützt (dazu § 2 Rn. 20), ist nur für solche Vereinbarungen ein sachlicher Grund erforderlich, die sich unmittelbar auf eine Änderung des Umfangs und des Inhalts der vertraglich geschuldeten Arbeitsleistung und der vereinbarten Arbeitsvergütung beziehen.[1969] Ein Sachgrund für die Befristung ist daher erforderlich, wenn die Befristungsabrede so ausgestaltet ist, daß sich der Arbeitgeber von den einzelnen Arbeitsbedingungen zum Zeitpunkt der Befristungsvereinbarung nur durch eine Änderungskündigung lösen könnte, wäre nicht die befristete Geltung der geänderten Vertragsbedingungen vereinbart worden.

605 Bei der Prüfung des sachlichen Grundes für die vorübergehende Veränderung einzelner Arbeitsbedingungen ist zu berücksichtigen, daß die befristete Geltung der veränderten Vertragsbedingungen das zugrunde liegende Vertragsverhältnis in seinem Fortbestand unberührt läßt. Demzufolge können die zur Befristung von Arbeitsverhältnissen aufgestellten Grundsätze nicht ohne weiteres auf die Beurteilung der Befristung einzelner Vertragsbedingungen übertragen werden. Es bedarf vielmehr entsprechender **Modifikationen** dieser Grundsätze, und zwar unter Beachtung der spezifischen Zielsetzung des kündigungsschutzrechtlichen Vertragsinhaltsschutzes.[1970]

606 Zur **Konkretisierung des sachlichen Grundes** verweist das BAG[1971] auf die Rechtsprechung zur Zulässigkeit einer einseitig vom Arbeitgeber vorgenommenen vorübergehenden Übertragung höherwertiger Tätigkeiten.[1972] Danach ist beispielsweise die befristete Vertretung eines anderen Mitarbeiters ebenso zulässig wie die vorübergehende Besetzung einer freien Stelle, um Zeit für Überlegungen zu gewinnen, mit wem die Stelle endgültig besetzt werden soll.[1973]

607 Vereinbaren Arbeitgeber und Arbeitnehmer zusätzlich zu der tariflich oder arbeitsvertraglich festgelegten Arbeitsvergütung eine weitere **Leistungszulage,** die befristet gelten soll und unter dem Vorbehalt des Widerrufs steht, ist für die Befristung in der Regel ein sachlicher Grund nicht erforderlich.[1974] Durch diese Vereinbarung entsteht kein Wertungswiderspruch zu § 2, weil dieser Vertragsteil nicht zu dem durch § 2 geschützten Kernbereich des Arbeitsverhältnisses gehört. Der Arbeitgeber kann diese Zusatzvereinbarung

---

[1968] Ebenso *Hromadka* RdA 1992, 234, 243.
[1969] Vgl. BAG 21. 4. 1993, AP Nr. 34 zu § 2 KSchG 1969.
[1970] BAG 13. 6. 1986, AP Nr. 19 zu § 2 KSchG 1969 unter II 3 a cc; *Löwisch* ZfA 1986, 1, 7 f.; – krit. dazu KR-*Lipke* § 620 BGB Rn. 157 b.
[1971] BAG 13. 6. 1986, AP Nr. 19 zu § 2 KSchG 1969 unter II 3 a dd.
[1972] Dazu BAG 19. 6. 1985, AP Nr. 9 zu § 24 BAT; – krit. hierzu KR-*Lipke* § 620 BGB Rn. 157 c.
[1973] Eingehend hierzu *Löwisch* ZfA 1986, 1, 10 ff.
[1974] Zutr. BAG 21. 4. 1993, AP Nr. 34 zu § 2 KSchG 1969.

Sozial ungerechtfertigte Kündigungen

ohne Änderungskündigung beenden, er muß lediglich die Grenzen billigen Ermessens i. S. v. § 315 BGB beachten.[1975]

h) Nachträgliche Befristung

Die nachträgliche arbeitsvertragliche Befristung eines bereits unbefristet **608** zustande gekommenen und unter Kündigungsschutz stehenden Arbeitsverhältnisses ist grundsätzlich nur **wirksam, wenn** es hierfür einen **sachlichen Grund** gibt.[1976] Denn durch die nachträgliche Befristung verliert der Arbeitnehmer den gesetzlichen Kündigungsschutz. Das Arbeitsverhältnis endet durch Fristablauf, ohne daß es einer Kündigung bedarf.[1977] Ist der Arbeitnehmer nicht bereit, einvernehmlich das unbefristet bestehende Arbeitsverhältnis in ein befristetes zu ändern, kann der Arbeitgeber eine Änderungskündigung aussprechen. Die Änderung der Arbeitsbedingungen ist allerdings nur dann wirksam, wenn es für die nachträgliche Befristung einen sachlichen Grund gibt.[1978]

4. Befristung ohne sachlichen Grund

a) Grundsatz

Nach § 14 Abs. 2 Satz 1 TzBfG ist die kalendermäßige Befristung eines **609** Arbeitsvertrages ohne sachlichen Grund **bis zur Dauer von zwei Jahren** zulässig. Bis zu dieser Gesamtdauer von zwei Jahren ist auch die höchstens dreimalige Verlängerung eines kalendermäßigen Arbeitsvertrages zulässig. Mit dieser Regelung schreibt das TzBfG die durch § 1 Abs. 1 BeschFG i. d. F. des Jahres 1996 erstmals geschaffene Möglichkeit der erleichterten Befristung des Arbeitsvertrages fort.

Ob eine Verlängerung nach § 14 Abs. 1 Satz 1 Hs. 2 TzBfG wirksam ver- **610** einbart ist, bestimmt sich nach den **zu § 1 Abs. 1 BeschFG entwickelten Grundsätzen,** soweit sie in Einklang mit der Regelung in § 14 Abs. 2 Satz 2 TzBfG stehen.[1979] Die Verlängerung muß deshalb vor Ablauf des zu verlängernden Zeitvertrags vereinbart werden, so daß eine nahtlose Weiterbeschäftigung erfolgt.[1980] Das BAG fordert weiterhin, daß sich der Vertragsinhalt nicht ändert.[1981] Andernfalls handelt es sich um den Neuabschluß eines Zeitvertrages, dessen Befristungsabrede gemäß § 14 Abs. 2 Satz 2 TzBfG ohne sachlichen Grund unwirksam wäre.

[1975] BAG 21. 4. 1993, AP Nr. 34 zu § 2 KSchG 1969; ebenso KR-*Lipke* § 620 Rn. 157 b; – krit. dazu *Krause* Anm. zu BAG EzA § 2 KSchG Nr. 20; *Leuchten* NZA 1994, 721, 726 f.
[1976] BAG 26. 4. 1979, AP Nr. 47 zu § 620 BGB Befristeter Arbeitsvertrag mit Anm. *Koller* = SAE 1980, 345 mit Anm. *v. Hoyningen-Huene*; BAG 24. 1. 1996, 8. 7. 1998, 26. 8. 1998, AP Nr. 179, 201, 203 zu § 620 BGB Befristeter Arbeitsvertrag.
[1977] Zur Abgrenzung zum Aufhebungsvertrag vgl. BAG 12. 1. 2000, AP Nr. 16 zu § 620 BGB Aufhebungsvertrag; *v. Hoyningen-Huene* SAE 1980, 349, 350.
[1978] BAG 25. 4. 1996, NZA 1996, 1197; dazu näher § 2 Rn. 8 a.
[1979] Vgl. APS/*Backhaus* § 14 TzBfG Rn. 73.
[1980] Vgl. BAG 26. 7. 2000, AP Nr. 4 zu § 1 BeschFG 1996; BAG 25. 10. 2000, DB 2001, 872; APS/*Backhaus* § 14 TzBfG Rn. 73; *Bader* § 620 BGB Rn. 55; *Lakies* DZWIR 2001, 1, 13.
[1981] BAG 26. 7. 2000, AP Nr. 4 zu § 1 BeschFG 1996; – mit Recht kritisch hierzu APS/*Backhaus* § 14 TzBfG Rn. 74.

611   Die Verlängerung bedarf gemäß § 14 Abs. 4 TzBfG der **Schriftform**.[1982] Die Verlängerungsvereinbarung muß vor dem Ende der vorangehenden Befristung getroffen, schriftlich niedergelegt und unterschrieben werden.

b) Neueinstellung

612   § 14 Abs. 2 Satz 2 TzBfG enthält gegenüber § 1 BeschFG eine wesentliche **Einschränkung** der Befristungsmöglichkeiten ohne sachlichen Grund. Die Befristung nach Satz 1, d. h. die Befristung ohne sachlichen Grund, ist nicht zulässig, wenn mit demselben Arbeitgeber bereits zuvor ein befristetes oder unbefristetes Arbeitsverhältnis bestanden hat. Im Unterschied zum bisherigen Recht ist damit der Anschluß einer erleichterten Befristung an eine Befristung mit sachlichem Grund bei demselben Arbeitgeber ausgeschlossen.[1983] Ebenso ist eine erneute erleichterte Befristung nach mindestens vier Monaten Unterbrechung unzulässig. Das Gesetz läßt sachgrundlose Befristungen nur bei Neueinstellungen zu. Befristungsketten, die durch einen mehrfachen Wechsel zwischen Befristungen mit und ohne sachlichen Grund entstehen, sollen nach der gesetzlichen Zielsetzung verhindert werden.[1984]

613   Nach der Begründung des Regierungsentwurfs soll es allerdings zulässig sein, einen befristeten Arbeitsvertrag ohne sachlichen Grund mit einem Arbeitnehmer im Anschluß an die Berufsausbildung abzuschließen, weil das **Berufsausbildungsverhältnis** kein Arbeitsverhältnis i. S. d. Abs. 2 Satz 2 von § 14 sei (vgl. oben Rn. 569).[1985] Eine vorherige Tätigkeit als **Leiharbeitnehmer**[1986] oder freier Mitarbeiter steht einer Neueinstellung gleichfalls nicht entgegen. Gleiches gilt, wenn der Arbeitnehmer zuvor auf der Grundlage eines **Eingliederungsvertrages** nach §§ 231 ff. SGB III beschäftigt war. Denn das Eingliederungsverhältnis ist kein Arbeitsverhältnis.[1987] Weiterhin ist es zulässig, an eine Befristung ohne sachlichen Grund nach § 14 Abs. 2 Satz 1 TzBfG eine Befristung mit sachlichem Grund anzuschließen.

614   Der Ausschluß befristeter Arbeitsverträge nach § 14 Abs. 2 Satz 2 TzBfG hat bei **wörtlicher Auslegung** weitreichende Folgen. Hat beispielsweise ein Arbeitnehmer während seines Studiums in den ersten Semestern als Aushilfe in einem Unternehmen gearbeitet, kann dieses den vormaligen Studenten und nun examinierten Arbeitnehmer nicht mehr nach § 14 Abs. 2 Satz 1 TzBfG ohne sachlichen Grund einstellen. Ein vorangegangenes Arbeitsverhältnis schließt die Möglichkeit einer Befristung ohne Sachgrund „lebenslang" aus. Der Arbeitgeber ist daher gut beraten, den Arbeitnehmer vor der Einstellung zu fragen, ob er bereits früher bei ihm beschäftigt war. Diese

---

[1982] APS/*Backhaus* § 14 TzBfG Rn. 73; *Däubler* ZIP 2001, 217, 224; *Hromadka* BB 2001, 674; *Worzalla* § 14 Rn. 70.
[1983] Ebenso APS/*Backhaus* § 14 TzBfG Rn. 76 ff.; *Däubler* ZIP 2000, 1961, 1966; *Hromadka* BB 2001, 621, 627; *Lakies* DZWIR 2001, 1, 13; *Preis/Gotthardt* DB 2000, 2065, 2072.
[1984] Vgl. BT-Drucks. 14/4374, S. 14.
[1985] Vgl. BT-Drucks. 14/4374, S. 14; ebenso APS/*Backhaus* § 14 TzBfG Rn. 81; *Lakies* DZWIR 2001, 1, 13; *Preis/Gotthardt* DB 2000, 2065, 2072; – abweichend *Däubler* ZIP 2001, 217, 223.
[1986] Vgl. BAG 8. 12. 1988, AP Nr. 6 zu § 1 BeschFG 1985.
[1987] Ebenso *Pelzner/Scheddler/Widlak* S. 94 f.; – abweichend *Bader* § 620 BGB Rn. 111.

Frage muß der Arbeitnehmer wahrheitsgemäß beantworten.[1988] Bei einer wahrheitswidrigen Beantwortung der Frage besteht für den Arbeitgeber die Möglichkeit der Anfechtung wegen arglistiger Täuschung nach § 123 BGB. Die Neuregelung in § 14 Abs. 2 Satz 2 TzBfG schießt deutlich über ihr Ziel hinaus und ist deshalb rechtspolitisch verfehlt.[1989] Im Schrifttum wird von *Löwisch*[1990] die Auffassung vertreten, § 14 Abs. 2 Satz 2 TzBfG sei **einschränkend auszulegen.** Es mache keinen Sinn, eine erneute Befristung für unzulässig zu erklären, wo kein Zusammenhang mehr zwischen dem neu abzuschließenden befristeten Arbeitsvertrag und einem vorhergehenden befristeten oder unbefristeten Arbeitsvertrag besteht. In Anlehnung an die Verjährungsvorschriften kommt *Löwisch* zu dem Ergebnis, Beschäftigungszeiten, die länger als zwei Jahre ab Ende des Kalenderjahres, in dem die frühere Beschäftigung stattgefunden hat, zurückliegen, nicht mehr als ein „zuvor" bestehendes Arbeitsverhältnis anzusehen.[1991] So sehr das Ergebnis überzeugt, bestehen im Hinblick auf den Gesetzeswortlaut doch Bedenken gegen diese Auslegung.[1992]

615

Nur ein **mit demselben Arbeitgeber**[1993] bereits zuvor bestandenes Arbeitsverhältnis schließt eine Befristung nach § 14 Abs. 2 Satz 1 TzBfG aus. Ein vorangegangenes Arbeitsverhältnis in einem anderen konzernangehörigen Unternehmen ist für die Annahme einer Neueinstellung i. S. d. Abs. 2 unschädlich.[1994] Geht ein Betrieb im Wege des Betriebsüberganges auf ein anderes Unternehmen über, steht eine vorherige Beschäftigung im Veräußererbetrieb der Annahme einer Neueinstellung beim Erwerber nicht entgegen. In diesem Fall liegen zwei unterschiedliche Arbeitsverhältnisse mit zwei verschiedenen Arbeitgebern vor. Denn das vor dem Betriebsübergang beendete Arbeitsverhältnis zum Veräußerer bestand zu einem anderen Arbeitgeber als das Arbeitsverhältnis, das nunmehr zu dem Erwerber begründet werden soll.[1995]

616

c) Abweichende Tarifverträge

Nach **§ 14 Abs. 2 Satz 3 TzBfG** kann durch Tarifvertrag die Anzahl der Verlängerungen oder die Höchstdauer der Befristung abweichend vom Gesetz geregelt werden. Im Geltungsbereich eines solchen Tarifvertrages können nicht tarifgebundene Arbeitgeber und Arbeitnehmer die Anwendung eines solchen Tarifvertrages vereinbaren. Die Abweichung von der gesetzlichen Regelung kann gemäß § 22 Abs. 1 TzBfG auch zuungunsten der Arbeitnehmer erfolgen. Außer in den in § 22 Abs. 1 TzBfG genannten Fällen

617

[1988] Ebenso *Däubler* ZIP 2000, 1961, 1966; *Kleinsorge* MDR 2001, 181, 185; *Lakies* DZWIR 2001, 1, 13; *Worzalla* § 14 Rn. 66.
[1989] Kritisch auch *Bader* § 620 BGB Rn. 59; *Hromadka* BB 2001, 621, 627; *Löwisch* BB 2001, 254; *Preis/Gotthardt* DB 2000, 2065, 2072; *Richardi/Annuß* BB 2000, 2201, 2204; *Schiefer* DB 2000, 2118, 2122.
[1990] BB 2001, 254.
[1991] So auch die Anregung von *Preis/Gotthardt* DB 2000, 2065, 2072 zum Regierungsentwurf.
[1992] Ebenso *Bader* § 620 BGB Rn. 59.
[1993] Dazu BAG 25. 4. 2001, ZIP 2001, 1511.
[1994] APS/*Backhaus* § 14 TzBfG Rn. 90 sowie § 1 BeschFG Rn. 45; *Worzalla* § 14 Rn. 60.
[1995] Vgl. APS/*Backhaus* § 14 TzBfG Rn. 90 sowie § 1 BeschFG Rn. 46; *Bader* § 620 BGB Rn. 60.

kann von den Bestimmungen des TzBfG nicht zuungunsten der Arbeitnehmer abgewichen werden. Dies ist auch im Hinblick auf die durch Art. 9 Abs. 3 GG geschützte Tarifautonomie verfassungsgemäß.[1996]

d) Befristung älterer Arbeitnehmer

618 Nach § 14 Abs. 3 TzBfG bedarf die Befristung eines Arbeitsvertrages keines sachlichen Grundes, wenn der Arbeitnehmer bei Beginn des befristeten Arbeitsverhältnisses das 58. Lebensjahr vollendet hat. Bis zum 31. Dezember 2000 galt die Vollendung des 60. Lebensjahres nach § 1 Abs. 2 BeschFG als entsprechende Altersgrenze.

619 Die Befristung ohne sachlichen Grund eines älteren Arbeitnehmers ist nach § 14 Abs. 3 Satz 2 TzBfG allerdings nicht zulässig, wenn zu einem vorhergehenden unbefristeten Arbeitsvertrag **mit demselben Arbeitgeber** ein sachlicher Zusammenhang besteht. Ein solcher ist insbesondere anzunehmen, wenn zwischen den Arbeitsverträgen ein Zeitraum von weniger als sechs Monaten liegt. Insoweit sind die gesetzlichen Anforderungen verschärft worden, weil nach § 1 Abs. 3 Satz 2 BeschFG 1985 lediglich eine Unterbrechung von vier Monaten die Befristung ohne sachlichen Grund ausschloß.

5. Schriftformerfordernis

620 Die Befristung eines Arbeitsvertrages bedarf nach **§ 14 Abs. 4 TzBfG** zu ihrer Wirksamkeit der Schriftform. Das Schriftformerfordernis betrifft nur die Befristungsabrede selbst, nicht jedoch die übrigen Arbeitsbedingungen. Der Schriftform unterliegen Befristungen mit und ohne Sachgrund. Die Befristung einzelner Arbeitsbedingungen ist dagegen formfrei, weil der Fristablauf nicht zur Beendigung des Arbeitsverhältnisses führt.[1997] Rechtsfolge einer formunwirksamen Befristungsabrede ist gemäß § 125 Satz 1 BGB die Nichtigkeit der Befristungsabrede.[1998] Es kommt damit ein unbefristetes Arbeitsverhältnis zustande. Der Arbeitsvertrag im übrigen ist wirksam.[1999] Bei einer kalendermäßigen Befristung muß die schriftliche Vereinbarung das Enddatum des Arbeitsverhältnisses oder die Befristungsdauer enthalten.[2000]

621 Weiterhin bestimmt **§ 16 Satz 2 TzBfG**, daß bei einer Formnichtigkeit der Befristungsabrede der Arbeitsvertrag auch vor dem vereinbarten Ende ordentlich gekündigt werden kann. Ist die Befristung aus anderen Gründen unwirksam, kann der Arbeitsvertrag gemäß § 16 Satz 1 TzBfG vom Arbeitgeber frühestens zum vereinbarten Ende gekündigt werden, sofern nicht zusätzlich zur Befristung die Möglichkeit einer ordentliche Kündigung vereinbart ist.

6. Ende des befristeten Arbeitsvertrages

622 Ein kalendermäßig befristetes Arbeitsverhältnis endet gemäß **§ 15 Abs. 1 TzBfG** mit **Ablauf der vereinbarten Zeit.** Ein zweckbefristetes Arbeitsverhältnis endet nach § 15 Abs. 2 TzBfG mit Erreichen des Zwecks, frühe-

---

[1996] Ebenso *Bader* § 620 Rn. 13; vgl. dazu allgemein BVerfG 24. 4. 1996, AP Nr. 2 zu § 57 HRG.
[1997] Ebenso *Bader* § 620 Rn. 248; *Preis/Gotthardt* DB 2001, 145, 150.
[1998] Ausführlich hierzu *v. Koppenfels* AuR 2001, 201 ff.
[1999] *Lakies* DZWIR 2001, 1, 14; *Preis/Gotthardt* DB 2001, 145, 150.
[2000] Zutr. *Bader* § 620 BGB Rn. 259; *Däubler* ZIP 2001, 217, 224.

stens jedoch zwei Wochen nach Zugang der schriftlichen Unterrichtung durch den Arbeitgeber über den Zeitpunkt der Zweckerreichung.[2001] Das Schriftformerfordernis ist zu beachten (§ 126 BGB). Unterrichtet der Arbeitgeber den Arbeitnehmer verspätet über die Zweckerreichung, endet das Arbeitsverhältnis zwei Wochen nach Zugang der Mitteilung.[2002] Die Mitteilungspflicht des Arbeitgebers soll den Arbeitnehmer vor einer nicht vorhersehbaren plötzlichen Beendigung des Arbeitsverhältnisses schützen. Damit wird die Rechtsprechung des BAG zu dieser Frage im Grundsatz bestätigt.[2003]

§ 15 Abs. 3 TzBfG stellt klar, daß ein befristetes Arbeitsverhältnis nur dann **623** der **ordentlichen Kündigung** unterliegt, wenn dies besonders vereinbart ist. Für die Kündigung gilt gemäß § 623 BGB die Schriftform. § 15 Abs. 4 TzBfG entspricht dem früheren § 624 BGB. Insoweit kann auf die einschlägigen Kommentare zu dieser Bestimmung verwiesen werden. Die Regelung in § 15 Abs. 5 TzBfG entspricht im wesentlichen § 625 BGB.[2004]

7. Klagefrist

Nach § 17 **TzBfG** muß der Arbeitnehmer innerhalb von drei Wochen nach **624** dem vereinbarten Ende des befristeten Arbeitsvertrages die Unwirksamkeit der Befristung des Arbeitsvertrages gerichtlich geltend machen. Die Klage ist auf die Feststellung zu erheben, daß das Arbeitsverhältnis aufgrund der Befristung nicht beendet ist. Die §§ 5 bis 7 KSchG gelten entsprechend. Auf Grund der Verweisung in § 21 ist die Dreiwochenfrist nunmehr auch auf auflösende Bedingungen anzuwenden. Das Bundesarbeitsgericht hatte dies bislang für § 1 Abs. 5 BeschFG abgelehnt.[2005] Gegenstand der Klage nach § 17 TzBfG ist allein ein bestimmter Beendigungstatbestand, nämlich die Beendigung des Arbeitsverhältnisses aufgrund der Befristung. Wie bei der Kündigungsschutzklage handelt es sich hierbei um einen punktuellen Streitgegenstand.

8. Übergangsprobleme

Das TzBfG enthält leider **keine Übergangsregelung.** Hieraus ergeben **625** sich eine Reihe von **Zweifelsfragen.** Problematisch ist zum einen, ob ein befristeter Arbeitsvertrag, der noch im Jahre 2000 abgeschlossen wurde, dessen Beginn allerdings im Jahre 2001 liegt, nach den Regelungen des BeschFG oder des TzBfG behandelt werden muß. Nach allgemeinen Grundsätzen dürften die Umstände zum Zeitpunkt des Vertragsschlusses maßgeblich sein, weil sich die Wirksamkeit der Befristungsabrede als Rechtsgeschäft nach den zum Zeitpunkt der Vornahme des Rechtsgeschäfts maßgeblichen rechtlichen Regelungen bestimmt. Der tatsächliche Beginn der Beschäftigung ist insoweit unerheblich.[2006] Eine Ausnahme hiervon ist allenfalls dann zu machen, wenn Anhaltspunkte für eine rechtsmißbräuchliche Umgehung des TzBfG vorliegen.

[2001] Vgl. dazu Rn. 558.
[2002] Vgl. *Hromadka* BB 2001, 674, 676; *Richardi/Annuß* BB 2000, 2201, 2205.
[2003] Vgl. dazu Voraufl. Rn. 573 f.
[2004] Näher hierzu APS/*Backhaus* § 15 TzBfG Rn. 19; *Pelzner/Scheddler/Widlak* S. 112 ff.
[2005] BAG 23. 2. 2000, AP Nr. 25 zu § 1 BeschFG 1985.
[2006] Ebenso *Bader* § 620 BGB Rn. 11; *Preis/Gotthardt* DB 2001, 145, 152; – abweichend APS/*Backhaus* Art. 3, 4 TzBfG Rn. 6.

§ 1   626–628   1. Abschnitt. Allgemeiner Kündigungsschutz

626   Gleichfalls umstritten ist, ob ein Vertrag nach § 1 Abs. 1 BeschFG, der im Jahre 2000 abgeschlossen und in Vollzug gesetzt wurde, noch **im Jahre 2001 verlängert** werden kann, wenn keine echte Neueinstellung i. S. v. § 14 Abs. 2 Satz 2 TzBfG vorliegt, sondern zu demselben Arbeitgeber bereits in der Vergangenheit ein Arbeitsverhältnis bestand, dieses aber länger als vier Monate zurückliegt (§ 1 Abs. 3 BeschFG). Teilweise wird die Auffassung vertreten, ein solcher Vertrag könne nicht sachgrundlos verlängert werden, weil die Verlängerung ein Rechtsgeschäft sei. Hierauf sei das Recht anzuwenden, das zum Zeitpunkt der Vornahme dieser Verlängerungsvereinbarung gelte.[2007]

626 a   Dagegen spricht jedoch, daß nach der Gesetzesbegründung § 14 Abs. 2 Satz 1 TzBfG die bis zum Inkrafttreten des TzBfG zeitlich begrenzte inhaltsgleiche Regelung des § 1 Abs. 1 BeschFG 1996 als Dauerregelung fortsetzen soll.[2008] § 14 Abs. 2 Satz 1 TzBfG stellt sich damit als **Fortgeltung des § 1 Abs. 1 BeschFG 1996 in anderer Fassung** dar. Diese Rechtslage entspricht dem Verhältnis von § 1 Abs. 1 BeschFG 1985 zu § 1 Abs. 1 BeschFG 1996. Hierzu hat das BAG zutreffend entschieden, daß § 1 Abs. 1 BeschFG 1996 auch die Verlängerung eines auf der Grundlage von § 1 Abs. 1 BeschFG 1985 geschlossenen befristeten Arbeitsvertrages bis zur Gesamtdauer von zwei Jahren gestattet.[2009] Die Verlängerung eines vor dem 1. 1. 2001 geschlossenen befristeten Arbeitsvertrages ist somit eine Verlängerung i. S. v. § 14 Abs. 2 Satz 1 TzBfG und kein Fall des § 14 Abs. 2 Satz 2 TzBfG, wenn sich durch Auslegung des Arbeitsvertrages ergibt, daß die vorherige Befristung eine Befristung nach dem BeschFG in der jeweiligen Fassung war.[2010]

9. Mitbestimmung des Betriebs- und Personalrats

627   Der Betriebsrat kann der **Einstellung** eines Arbeitnehmers in ein befristetes Arbeitsverhältnis nicht nach § 99 Abs. 2 Nr. 1 BetrVG mit der Begründung widersprechen, die Befristungsabrede sei unwirksam und verstoße gegen das Gesetz.[2011] Ein Grund zur Zustimmungsverweigerung besteht nämlich nur, wenn die personelle Maßnahme selbst – also beispielsweise die Einstellung – gegen das Gesetz verstößt. Da eine gesetzeswidrige Befristungsabrede jedoch nicht die Beschäftigung des Arbeitnehmers als solche untersagt, sondern lediglich zur Folge hat, daß es nicht zur Beendigung des Arbeitsverhältnisses durch Zeitablauf kommt, wäre ein Widerspruch des Betriebsrats unbeachtlich.[2012] Hieran hat die zum 1. 8. 2001 in Kraft getretene Änderung des § 99 Abs. 2 Nr. 3 BetrVG nichts geändert.

628   Ist dem **Personalrat** dagegen in **landesgesetzlichen Bestimmungen** (z. B. § 72 Abs. 1 Nr. 1 LPVG Nordrhein-Westfalen) bei der „Befristung von Arbeitsverhältnissen" und insoweit auch bei der inhaltlichen Ausgestaltung des Arbeitsvertrages ein Mitbestimmungsrecht eingeräumt, führt die

---

[2007] So APS/*Backhaus* Art. 3, 4 TzBfG Rn. 7.
[2008] Vgl. BT-Drucks. 14/4374 S. 13, 19.
[2009] Vgl. BAG 22. 3. 2000, 28. 6. 2000, AP Nr. 1, 2 zu § 1 BeschFG 1996.
[2010] Im Ergebnis ebenso *Hopfner* BB 2001, 200, 201.
[2011] BAG 16. 7. 1985, AP Nr. 21 zu § 99 BetrVG 1972 mit Anm. *Kraft* = SAE 1986, 180 mit Anm. *v. Hoyningen-Huene;* BAG 28. 6. 1994, AP Nr. 4 zu § 99 BetrVG 1972 Einstellung.
[2012] Vgl. *v. Hoyningen-Huene* BetrVR § 14 III 4.

Verletzung dieses Mitbestimmungsrechts dazu, daß die Befristungsabrede wegen fehlender Zustimmung des Personalrats unwirksam ist.[2013] Die übrigen arbeitsvertraglichen Vereinbarungen bleiben jedoch hiervon unberührt und wirksam. Der Arbeitnehmer steht dann in einem unbefristeten Arbeitsverhältnis. Hat ein Personalrat seine Zustimmung nach § 72 Abs. 1 Satz 1 Nr. 1 LPVG NW für ein 1 Jahr dauerndes Arbeitsverhältnis erteilt und schließen die Vertragsparteien danach einen Zeitvertrag von kürzerer Vertragsdauer, so ist die Befristung des Arbeitsverhältnisses wegen Verletzung des Mitbestimmungsrechts unwirksam. Zwischen den Parteien besteht ein Arbeitsverhältnis auf Dauer und nicht nur für den zunächst geplanten Zeitraum.[2014] Unterliegt die Änderung des Arbeitsvertrages der Mitbestimmung des Personalrats, so wird hiervon die Verlängerung eines befristeten Arbeitsvertrages nicht erfaßt.[2015]

10. Auflösend bedingte Arbeitsverhältnisse

Ein auflösend bedingtes Arbeitsverhältnis liegt vor, wenn der Beendigungszeitpunkt durch den Eintritt eines **künftigen ungewissen Ereignisses** bestimmt wird (§ 158 Abs. 2 BGB). Auflösend bedingte Arbeitsverhältnisse sind nach § 21 TzBfG nur unter den Voraussetzungen des § 14 Abs. 1 TzBfG wirksam. Damit ist nach der Neuregelung im TzBfG ein sachlicher Grund auch dann erforderlich, wenn das KSchG nicht umgangen werden kann.[2016] Die gegenteilige Rechtsprechung des BAG zur Rechtslage vor dem Inkrafttreten des TzBfG ist überholt.[2017] Die Erleichterung des § 14 Abs. 2 TzBfG bei Neueinstellungen findet auf auflösend bedingte Arbeitsverhältnisse mangels Bezugnahme in § 21 TzBfG keine Anwendung.[2018]

Die auflösende Bedingung bedarf gemäß § 21, § 14 Abs. 4 TzBfG wie die Befristung der **Schriftform**. Weiterhin hat der Arbeitgeber nach § 21, § 15 Abs. 2 TzBfG den Arbeitnehmer über den **Zeitpunkt des Bedingungseintritts schriftlich zu unterrichten**; das Arbeitsverhältnis endet frühestens zwei Wochen nach Zugang der schriftlichen Unterrichtung.

Tarifvertragliche Regelungen, die – wie beispielsweise § 59 BAT – vorsehen, daß das Arbeitsverhältnis endet, wenn feststeht, daß der **Arbeitnehmer berufsunfähig oder erwerbsunfähig** ist, haben eine auflösende Bedingung zum Inhalt. Die Auflösung des Arbeitsverhältnisses wegen festgestellter Berufsunfähigkeit ist allerdings auf die Fälle beschränkt, in denen es an einer zumutbaren Beschäftigungsmöglichkeit auf einem freien Arbeitsplatz fehlt.[2019] Dies ergibt sich aus der Gleichstellung der beiden Beendigungstatbestände Berufsunfähigkeit und Erwerbsunfähigkeit in § 59 Abs. 1 BAT so-

---

[2013] BAG 13. 4. 1994, AP Nr. 9 zu § 72 LPVG NW mit zust. Anm. *Plander;* BAG 6. 8. 1997, AP Nr. 5 zu § 101 ArbGG 1979; ebenso zu § 63 Abs. 1 Nr. 4 LPVG Brandenburg BAG 27. 9. 2000, BB 2001, 412.
[2014] Vgl. BAG 8. 7. 1998, AP Nr. 18 zu § 72 LPVG NW.
[2015] BAG 4. 12. 1996 – 7 AZR 136/96 n. v. zum SächsPersVG; BAG 21. 2. 2001, BB 2001, 1479 zum HmbPersVG.
[2016] Ebenso APS/*Backhaus* § 21 TzBfG Rn. 4.
[2017] Vgl. hierzu BAG 20. 10. 1999, AP Nr. 25 zu § 620 BGB Bedingung.
[2018] Ebenso APS/*Backhaus* § 21 TzBfG Rn. 4.
[2019] Vgl. BAG 28. 6. 1995, 11. 3. 1998, AP Nr. 6, 8 zu § 59 BAT; BAG 9. 8. 2000, DB 2000, 2480.

wie dem angemessenen Ausgleich der kollidierenden Grundrechtspositionen beider Arbeitsvertragsparteien.[2020] Während die Erwerbsunfähigkeit voraussetzt, daß das Leistungsvermögen des Arbeitnehmers in einem Maße gesunken ist, daß auf absehbare Zeit eine Arbeitsleistung von nennenswertem wirtschaftlichem Wert nicht mehr zu erwarten ist, liegt Berufsunfähigkeit bereits dann vor, wenn der Arbeitnehmer auf Grund gesundheitlicher Einschränkungen seine bisherige berufliche Tätigkeit nicht mehr ausüben kann und auch keine weiteren zumutbaren Arbeiten mehr in Betracht kommen. Der Gleichstellung dieser beiden Rentenarten in § 59 Abs. 1 BAT ist der Wille der Tarifpartner zu entnehmen, das Arbeitsverhältnis enden zu lassen, wenn der Gesundheitszustand der Erbringung einer Arbeitsleistung auf Dauer entgegensteht. Das ist bei Berufsunfähigkeit freilich erst dann der Fall, wenn es an zumutbaren Weiterbeschäftigungsmöglichkeiten auf einem anderen Arbeitsplatz im Unternehmen fehlt.[2021]

632 Die in § 45 Abs. 1 TVK geregelte auflösende Bedingung, nach der das Arbeitsverhältnis eines **Orchestermusikers** auf Grund der Gewährung einer zeitlich begrenzten Rente wegen Erwerbsunfähigkeit endet, ist mit höherrangigem Recht vereinbar, weil der Arbeitgeber gemäß § 45 Abs. 5 TVK den Musiker nach Ablauf der Zeitrente wieder einzustellen hat, soweit für dessen Instrument ein freier Arbeitsplatz im Orchester vorhanden ist.[2022]

633 Von großer praktischer Bedeutung sind vertragliche Vereinbarungen, nach denen das Arbeitsverhältnis bei Erreichen einer bestimmten **Altersgrenze** endet (zur Kündigung wegen Alters vgl. oben Rn. 194 f.). Nach § 41 Satz 2 SGB VI gilt eine Vereinbarung, welche die Beendigung des Arbeitsverhältnisses ohne Kündigung zu einem Zeitpunkt vorsieht, in dem der Arbeitnehmer vor Vollendung des 65. Lebensjahres eine Rente wegen Alters beantragen kann, dem Arbeitnehmer gegenüber als auf die Vollendung des 65. Lebensjahres abgeschlossen. Anderes gilt nur dann, wenn die Vereinbarung innerhalb der letzten drei Jahre vor diesem Zeitpunkt abgeschlossen oder vom Arbeitnehmer bestätigt worden ist.

634 Für **auflösend bedingte Aufhebungsverträge** können ebenfalls Einschränkungen gelten.[2023] Wird nämlich eine grundsätzlich zulässige Aufhebungsvereinbarung mit einer Bedingung verknüpft, so ist praktisch kein Unterschied mehr zu einer – nur eingeschränkt zulässigen – nachträglichen Befristung des Arbeitsvertrages erkennbar, weshalb die gleichen Anforderungen an deren Zulässigkeit zu stellen sind.[2024]

[2020] Vgl. BAG 9. 8. 2000, DB 2000, 2480.
[2021] BAG 28. 6. 1995, AP Nr. 6 zu § 59 BAT.
[2022] Vgl. BAG 23. 2. 2000, AP Nr. 13 zu § 1 TVG Tarifverträge: Musiker.
[2023] Vgl. BAG 19. 12. 1974, AP Nr. 3 zu § 620 BGB Bedingung mit Anm. *A. Hueck*; LAG Baden-Württemberg 15. 10. 1990, BB 1991, 209, 210; *Bauer* Arbeitsrechtliche Aufhebungsverträge Rn. 26 ff.; *v. Hoyningen-Huene* SAE 1980, 349, 350; ausf. hierzu *Oßwald* Der (bedingte) Aufhebungsvertrag im Arbeitsrecht und die Privatautonomie im Kündigungsschutzrecht, Diss. Würzburg 1990.
[2024] *v. Hoyningen-Huene* SAE 1980, 349, 350.

11. Darlegungs- und Beweislast

Für die Frage, **ob eine Befristung** vereinbart wurde, ist derjenige darlegungs- und beweispflichtig, der sich auf die Beendigung des Arbeitsverhältnisses durch Fristablauf beruft.[2025]

Der **Arbeitgeber ist darlegungs- und beweispflichtig** für das Vorliegen eines sachlichen Grundes nach § 14 Abs. 1 TzBfG.[2026] Dies folgt schon daraus, daß die Befristung die Ausnahme zum Regelfall des unbefristeten Arbeitsverhältnisses sein soll.

II. Die Regelungen des BeschFG 1996

Nachfolgend soll noch ein **kurzer Überblick zur Zulässigkeit der Befristung nach § 1 BeschFG in der Fassung vom 1. 10. 1996** gegeben werden. Dies ist trotz des Außerkrafttretens dieses Gesetzes zum 31. 12. 2000 veranlaßt, weil auch in den nächsten Jahren noch zahlreiche Befristungsabreden nach den Bestimmungen des § 1 BeschFG überprüft werden.

1. Verlängerung bis zur Dauer von zwei Jahren

§ 1 Abs. 1 BeschFG bestimmt, daß die Befristung eines Arbeitsvertrags bis zur **Dauer von zwei Jahren zulässig** ist. Bis zur Gesamtdauer von zwei Jahren ist nach § 1 Abs. 1 Satz 2 BeschFG die höchstens **dreimalige Verlängerung** eines befristeten Arbeitsvertrags zulässig.

Eine **Verlängerung i. S. d. § 1 Abs. 1 Satz 2 BeschFG** kommt nur in Betracht, wenn die vorherige Befristung auf die Vorschriften des Beschäftigungsförderungsgesetzes in der jeweiligen Fassung gestützt wurde. Das folgt aus dem in der Norm zum Ausdruck gekommenen Willen des Gesetzgebers, einerseits die Kombination von Sachgrundbefristungen bzw. spezialgesetzlich erlaubten Befristungen mit anschließenden Befristungen nach dem Beschäftigungsförderungsgesetz zu ermöglichen, andererseits Befristungen nach diesem Gesetz zeitlich zu begrenzen.[2027]

Ob eine **Befristung auf das BeschFG gestützt** ist, muß in der Regel durch **Auslegung** festgestellt werden. Maßgeblich ist der Wille der Arbeitsvertragsparteien.[2028] Da § 1 BeschFG kein Zitiergebot enthält, kann sich der Parteiwille, eine Befristung nach dieser Vorschrift zu vereinbaren, auch aus den Umständen ergeben. Bedurfte die Befristung einer Rechtfertigung und wurde bei Vertragsschluß nicht über andere gesetzliche Befristungsgründe oder Sachgründe gesprochen, kommt nur das BeschFG zur Rechtfertigung der Befristung in Betracht. Wurden dagegen andere Sachgründe erörtert oder lagen die Voraussetzungen des BeschFG ersichtlich nicht vor, kann der befristete Vertrag nicht als ein nach dem BeschFG befristeter Vertrag angesehen werden.[2029]

[2025] Vgl. KR-*Lipke* § 620 BGB Rn. 239; *Reinecke* Beweislastverteilung S. 182 ff.; *Staudinger/Preis* § 620 Rn. 114; MünchArbR/*Wank* § 116 Rn. 154.
[2026] Ebenso APS/*Backhaus* § 14 TzBfG Rn. 63.
[2027] BAG 22. 3. 2000, AP Nr. 1 zu § 1 BeschFG 1996 mit abl. Anm. *Sowka* = EzA § 1 BeschFG 1985 Klagefrist Nr. 4 mit Anm. *Gotthardt* = SAE 2001, 33 mit Anm. *Rieble;* BAG 28. 6. 2000, EzA § 1 BeschFG 1985 Nr. 15.
[2028] BAG 26. 7. 2000, 25. 10. 2000, EzA § 1 BeschFG 1985 Nr. 16, 17, 22.
[2029] BAG 28. 6. 2000, 26. 7. 2000, EzA § 1 BeschFG 1985 Nr. 15, 19.

641 Die **Verlängerung** nach § 1 Abs. 1 BeschFG muß **vor Ablauf des zu verlängernden Zeitvertrages** nach dem BeschFG vereinbart werden.[2030] Nach Auffassung des BAG darf sich dabei der bisherige **Vertragsinhalt nicht ändern**. Andernfalls handelt es sich um einen Neuabschluß eines befristeten Arbeitsvertrages nach dem BeschFG, der dem Anschlußverbot des § 1 Abs. 3 Satz 1 Alt. 2 BeschFG unterfällt.[2031] Die Erhöhung der Vergütung steht der Annahme einer Verlängerung nicht entgegen, wenn es sich hierbei um die tarifliche Lohnerhöhung handelt.[2032] Dagegen liegt keine Verlängerung vor, wenn ein Vollzeitarbeitsverhältnis als Teilzeitarbeitsverhältnis fortgesetzt wird.[2033]

2. Anschlußverbot, § 1 Abs. 3 BeschFG

642 Nach § 1 Abs. 3 Satz 1 BeschFG ist eine Befristung nach § 1 Abs. 1 und Abs. 2 BeschFG nicht zulässig, wenn zu einem vorhergehenden unbefristeten Arbeitsvertrag oder zu einem vorhergehenden nach § 1 Abs. 1 BeschFG befristeten Arbeitsvertrag mit demselben Arbeitgeber ein enger sachlicher Zusammenhang besteht. Die Zulässigkeit eines Verlängerungsvertrages nach § 1 Abs. 1 Satz 2 BeschFG erfordert damit, daß der zu verlängernde Ausgangsvertrag nicht gegen das Anschlußverbot des § 1 Abs. 3 Satz 1 BeschFG verstößt.[2034] Ein **vorhergehender unbefristeter Arbeitsvertrag** i. S. d. § 1 Abs. 3 Satz 1 Alt. 1 BeschFG kann auch ein unwirksam befristeter Arbeitsvertrag sein.[2035] Denn an die Stelle des unwirksam befristeten Arbeitsverhältnisses tritt ein unbefristetes Arbeitsverhältnis.

643 **Arbeitgeber** i. S. v. § 1 Abs. 3 Satz 1 BeschFG ist der Vertragspartner, also die natürliche oder juristische Person, die mit dem Arbeitnehmer den Arbeitsvertrag geschlossen hat. Maßgeblich ist damit nicht die Eingliederung in den Betrieb, sondern die individualrechtliche Bindung. Deshalb sind mehrere Vertragsarbeitgeber, die gemeinsam einen Betrieb führen, nicht derselbe Arbeitgeber i. S. d. § 1 Abs. 3 Satz 1 BeschFG.[2036]

644 In einem Rechtsstreit über die Wirksamkeit einer Befristungsabrede müssen deshalb die Arbeitsgerichte auf entsprechenden Sachvortrag prüfen, ob der Arbeitgeber mit der nach § 1 Abs. 1 BeschFG vereinbarten Befristung das **Anschlußverbot** des § 1 Abs. 3 BeschFG **verletzt** hat.[2037] Damit ist grundsätzlich die Kontrolle verbunden, ob es für den vorangehenden Vertrag einen Sachgrund oder eine spezialgesetzliche Befristungsmöglichkeit gegeben hat (vgl. dazu Rn. 640). Die Kontrolle der vorletzten Befristung **widerspricht nicht dem Grundsatz**, daß von mehreren aufeinanderfolgenden befristeten Arbeitsverträgen **nur der letzte zu überprüfen ist**. Denn dieser Grundsatz beruht auf der Erwägung, daß die Parteien durch den vorbehaltlos abgeschlossenen Vertrag ihre bisherigen Vertragsbeziehungen auf eine andere

---
[2030] BAG 26. 7. 2000, 25. 10. 2000, EzA § 1 BeschFG 1985 Nr. 19, 22.
[2031] BAG 26. 7. 2000, EzA § 1 BeschFG 1985 Nr. 19.
[2032] BAG 24. 1. 2000 – 7 AZR 567/01 n. v.
[2033] BAG 26. 7. 2000, EzA § 1 BeschFG 1985 Nr. 19.
[2034] BAG 25. 10. 2000, EzA § 1 BeschFG 1985 Nr. 22.
[2035] BAG 28. 6. 2000, EzA § 1 BeschFG 1985 Nr. 15.
[2036] Vgl. BAG 25. 4. 2001, ZIP 2001, 1511.
[2037] BAG 22. 3. 2000, AP Nr. 1 zu § 1 BeschFG 1996.

Rechtsgrundlage stellen und damit die vorausgehenden Verträge der Befristungskontrolle entziehen. Bei der Anwendung des § 1 Abs. 3 BeschFG geht es dagegen nicht allein um die Auslegung der Vereinbarung, sondern um die Feststellung, ob ein rechtsvernichtendes Tatbestandsmerkmal vorliegt. Der Anwendung des § 1 Abs. 3 BeschFG steht daher der vorbehaltlose Abschluß des letzten Vertrags nicht entgegen.[2038]

Das **Anschlußverbot** des § 1 Abs. 3 Satz 1 BeschFG **setzt nicht voraus, daß der vorhergehende Vertrag nach dem BeschFG in der ab 1. 10. 1996 geltenden Fassung befristet** war. Da das BeschFG in der seit 1. 10. 1996 geltenden Fassung nicht zwischen Befristungen nach altem und neuerem Recht unterscheidet und auch keine Übergangsregelungen enthält, ist davon auszugehen, daß der Gesetzgeber das BeschFG 1985 lediglich geändert und fortgeschrieben hat.[2039]

Der vorhergehende nach § 1 Abs. 1 BeschFG befristete Vertrag i. S. v. § 1 Abs. 3 Satz 1 BeschFG muß auch **nicht der unmittelbar vorhergehende Arbeitsvertrag** sein. Ein i. S. v. § 1 Abs. 3 Satz 1 BeschFG vorhergehender befristeter Arbeitsvertrag nach § 1 Abs. 1 BeschFG liegt vielmehr auch vor, wenn zwischen dem letzten und dem früheren nach Abs. 1 geschlossenen Vertrag ein weiterer oder gar mehrere nicht nach § 1 Abs. 1 BeschFG geschlossene Arbeitsverträge liegen. Unerheblich ist auch, ob es sich bei den **dazwischen liegenden Verträgen** um ein Arbeitsverhältnis mit einem Dritten oder um ein mit Sachgrund befristetes Arbeitsverhältnis mit demselben Arbeitgeber handelt.[2040] Entscheidend ist, daß zwischen den Verträgen nach dem BeschFG bzw. zu dem vorangehenden unbefristeten Vertrag ein enger sachlicher Zusammenhang besteht.[2041] Die Darlegungs- und Beweislast hierfür hat derjenige, der sich darauf beruft.[2042] Ein sachlicher Zusammenhang besteht regelmäßig nicht mehr, wenn der zeitliche Abstand mehr als acht Monate beträgt.[2043] Ein **fingiertes Arbeitsverhältnis nach § 625 BGB** ist ein vorhergehender unbefristeter Arbeitsvertrag i. S. v. § 1 Abs. 3 Satz 1 BeschFG.[2044]

3. Fiktionswirkung des § 1 Abs. 5 BeschFG

Macht ein Arbeitnehmer nach dem vereinbarten Ablauf des befristeten Arbeitsvertrags nicht innerhalb der **Drei-Wochen-Frist nach § 1 Abs. 5 Satz 1 BeschFG** geltend, daß die Befristungsabrede das Arbeitsverhältnis nicht beendet hat, so gilt die Befristung nach § 1 Abs. 5 Satz 2 BeschFG i. V. m. § 7 KSchG als von Anfang an wirksam. Die Fiktion des § 1 Abs. 5 Satz 2 BeschFG i. V. m. § 7 KSchG bewirkt, daß der Arbeitnehmer bei der

---

[2038] BAG 22. 3. 2000, AP Nr. 1 zu § 1 BeschFG 1996.
[2039] BAG 28. 6. 2000, EzA § 1 BeschFG 1985 Nr. 15; BAG 26. 7. 2000, NZA 2001, 261.
[2040] BAG 28. 6. 2000, AP Nr. 2 zu § 1 BeschFG 1996; BAG 25. 4. 2001, ZIP 2001, 1511.
[2041] BAG 28. 6. 2000, EzA § 1 BeschFG 1985 Nr. 15.
[2042] BAG 25. 10. 2000, EzA § 1 BeschFG 1985 Nr. 23.
[2043] BAG 25. 10. 2000, EzA § 1 BeschFG 1985 Nr. 23; BAG 25. 4. 2001, ZIP 2001, 1511.
[2044] BAG 26. 7. 2000, NZA 2001, 261.

gerichtlichen Überprüfung einer nachfolgenden, auf § 1 Abs. 1 BeschFG gestützten Befristung nicht einwenden kann, das Anschlußverbot des § 1 Abs. 3 BeschFG sei verletzt, weil der vorangehende Vertrag bereits ein Dauerarbeitsverhältnis begründet habe. Der vorangehende Vertrag gilt als wirksam befristeter Arbeitsvertrag.[2045]

§ 2 Änderungskündigung

[1] **Kündigt der Arbeitgeber das Arbeitsverhältnis und bietet er dem Arbeitnehmer im Zusammenhang mit der Kündigung die Fortsetzung des Arbeitsverhältnisses zu geänderten Arbeitsbedingungen an, so kann der Arbeitnehmer dieses Angebot unter dem Vorbehalt annehmen, daß die Änderung der Arbeitsbedingungen nicht sozial ungerechtfertigt ist (§ 1 Abs. 2 Satz 1 bis 3, Abs. 3 Satz 1 und 2).** [2] **Diesen Vorbehalt muß der Arbeitnehmer dem Arbeitgeber innerhalb der Kündigungsfrist, spätestens jedoch innerhalb von drei Wochen nach Zugang der Kündigung erklären.**

Schrifttum: *Adam,* Die Änderungskündigung zur Einschränkung oder Beseitigung nach § 4 TVG geschützter Bestimmungen des Arbeitsvertrages, ZTR 2001, 112; *Adomeit,* Änderungskündigung – neu geregelt, DB 1969, 2179; *Becker-Schaffner,* Rechtsfragen zur Änderungskündigung, BlStSozArbR 1975, 273; *derselbe,* Die Änderungskündigung aus materiellrechtlicher und prozessualer Sicht, BB 1991, 129; *derselbe,* Die Änderungskündigung in der Rechtsprechung, ZTR 1998, 193; *Berger-Delhey,* Die Leistungs- und Weisungsbefugnis des Arbeitgebers, DB 1990, 2266; *derselbe,* Betriebsbedingte Änderungskündigung: Gestaltungsmittel der Sanierung oder Zwang zur Pleite?, DB 1991, 1571; *Berkowsky,* Die betriebsbedingte Änderungskündigung, 2000; *derselbe,* Der Arbeitsrichter in der Flugsicherung – Überlegungen zur Sozialauswahl bei betriebsbedingten Änderungskündigungen, DB 1990, 834; *derselbe,* Der „doppelte Vorbehalt" bei der Änderungskündigung, BB 1999, 1266; *derselbe,* Die Änderungskündigung zur Tarifumgehung, DB 1999, 1606; *derselbe,* Änderungskündigung, Direktionsrecht und Tarifvertrag – Zur Dogmatik der überflüssigen Änderungskündigung, NZA 1999, 293; *derselbe,* Die betriebsbedingte Änderungskündigung und ihr Streitgegenstand, NZA 2000, 1129; *Betz,* Die Änderungskündigung des Arbeitgebers – ihre Stellung im System der arbeitsrechtlichen Anpassungsrechtsbehelfe und im Recht der Kündigung, Diss. Mannheim 1972; *Birk,* Arbeitsrechtliche Leitungsmacht, 1973; *Bötticher,* Bestandsschutz und Vertragsinhaltsschutz im Lichte der Änderungskündigung, Festschrift für Molitor, 1962, S. 123; *Boewer,* Die Auswirkungen der §§ 99, 100 BetrVG auf die individualrechtliche Stellung des Arbeitnehmers, RdA 1974, 72; *derselbe,* Streitgegenstand und Prüfungsmaßstab bei der Änderungsschutzklage, BB 1996, 2618; *Brenneis,* Der Maßstab der sozialen Rechtfertigung einer Änderungskündigung, Diss. Bonn, 1998; *derselbe,* Sozialauswahl bei betriebsbedingter Änderungskündigung, FA 2000, 147; *Brill,* Probleme der Änderungskündigung, AuR 1986, 236; *Buchner,* Keine Entgeltänderung mittels Änderungskündigung?, Festschrift für Kraft, 1998, S. 23; *Conze,* Das Direktionsrecht des öffentlichen Arbeitgebers in der Rechtsprechung der Arbeitsgerichte, Teil 1 und 2, ZTR 1999, 400, 443; *Dänzer-Vanotti/Engels,* Möglichkeiten und Grenzen der Lohnsenkung durch Änderungskündigung, DB 1986, 1390; *Ehrich,* Die individualrechtlichen Auswirkungen der fehlenden Zustimmung des Betriebsrats i. S. v. § 99 BetrVG auf die Versetzung des Arbeitnehmers, NZA 1992, 731; *Enderlein,* Die Annahme unter Vorbehalt nach § 2 Satz 1 KSchG, ZfA 1992, 21; *Falkenberg,* Gegenstand und Grenzen des arbeitgeberseitigen Weisungsrechts, DB 1981, 1087; *Fischermeier,* Die betriebsbedingte Ände-

---

[2045] BAG 22. 3. 2000, AP Nr. 1 zu § 1 BeschFG 1996; BAG 28. 6. 2000, 26. 7. 2000, EzA § 1 BeschFG 1985 Nr. 15, 19; zust. *Rieble* SAE 2001, 36.

rungskündigung, NZA 2000, 737; *Frey*, Zwei Probleme der Änderungskündigung, AuR 1958, 97; *Friedhofen/Weber*, Flexibler Personaleinsatz – Direktionsrecht oder Änderungskündigung, NZA 1986, 145; *Galperin*, Wirkung und Unwirksamkeit der Änderungskündigung, DB 1958, 799 und 838; *B. Gaul*, Arbeitsentgeltänderung aufgrund Widerrufsvorbehalt oder Teilkündigungsrecht im Arbeitsvertrag, ZTR 1998, 245; *derselbe*, Änderungskündigung zur Absenkung oder Flexibilisierung von Arbeitszeit und/oder Arbeitsentgelt, DB 1998, 1913; *D. Gaul*, Vertragsänderung durch Änderung des Organisationsplans?, NZA 1990, 873; *Gramm*, Zur Kündigungsschutzklage gegen Änderungskündigungen, DB 1954, 721; *Griese*, Mitbestimmung bei Versetzungen, BB 1995, 458; *Gumpert*, Versetzung von Arbeitnehmern, BB 1960, 607; *derselbe*, Teilkündigung, Änderungskündigung und Widerruf, BB 1969, 409; *Hiersemann*, Änderungskündigung – Teilkündigung – Widerrufsvorbehalt, ArbRdGgw 6 (1968), S. 67; *Hohmeister*, Die Beteiligung des Betriebsrats bei unter Vorbehalt angenommener Änderungskündigung, BB 1994, 1777; *v. Hoyningen-Huene*, Die Rechtsstellung des Arbeitnehmers bei betriebsverfassungswidrigen personellen Einzelmaßnahmen, RdA 1982, 205; *derselbe*, Grundlagen und Auswirkungen einer Versetzung, NZA 1993, 145; *v. Hoyningen-Huene/Boemke*, Die Versetzung, 1991; *v. Hoyningen-Huene/Linck*, Betriebsbedingte Kündigung und Weiterbeschäftigungspflicht, DB 1993, 1185; *Hromadka*, Änderung von Arbeitsbedingungen, RdA 1992, 234; *derselbe*, Das Leistungsbestimmungsrecht des Arbeitgebers, DB 1995, 1609; *derselbe*, Das allgemeine Weisungsrecht, DB 1995, 2601; *derselbe*, Möglichkeiten und Grenzen der Änderungskündigung, NZA 1996, 1; *Hübner*, Die individualrechtliche Versetzungsbefugnis und Versetzungspflicht des Arbeitgebers, 1992; *G. Hueck*, Die Teilkündigung im Arbeitsrecht, RdA 1968, 201; *Hunold*, Das Direktionsrecht des Arbeitgebers, AR-Blattei SD 600, 1995; *Isenhardt*, Individualrechtliche Flexibilisierung von Arbeitsbedingungen, Festschrift für Hanau, 1999, S. 221; *Joachim*, Kann die Änderung des Arbeitsvertrages auch durch eine Teilkündigung erfolgen?, RdA 1957, 326; *Kallmeyer*, Änderungskündigung und Mitbestimmung des Betriebsrats, DB 1973, 970; *Kania*, Flexible Vergütungsgestaltung, DB 1998, 2418; *Kanz*, Kündigungsschutz und Mitbestimmung bei Herabgruppierungen, ZTR 1989, 219; *Kaup*, Die Individual-Änderungskündigung im Arbeitsrecht, Diss. Köln 1975; *Kempff*, Verhältnis von Kündigung und Änderungskündigung, DB 1978, 1400; *Kittner*, Leichter kündigen als änderungskündigen?, NZA 1997, 968; *Knevels*, Die Änderungskündigung, insbesondere gegenüber Betriebsratsmitgliedern, BB 1961, 1390; *Konow*, Die Übertragung niedriger gelöhnter Beschäftigungen ohne Änderungskündigung, NZA 1987, 117; *Krause*, Die Änderungskündigung zum Zwecke der Entgeltreduzierung, DB 1995, 574; *Künzl*, Nochmals: Mitbestimmung bei Versetzung aufgrund einer Umsetzungs- oder Versetzungsklausel, BB 1995, 823; *Küttner*, Ausgewählte Probleme der Änderungskündigung, in: *Henssler/Moll* (Hrsg.), Kündigung und Kündigungsschutz in der betrieblichen Praxis, 2000; *Kunze*, Die Änderungskündigung als Teilkündigung, BB 1971, 918; *Langer*, Die Änderungskündigung, ZAP 1991, 509; *Leinemann*, Änderung von Arbeitsbedingungen durch Betriebsvereinbarung, in: *Hromadka* Änderung von Arbeitsbedingungen, 1990, S. 145; *Leßmann*, Die Grenzen des arbeitgeberseitigen Direktionsrechts, DB 1992, 1137; *Linck*, Die Änderungskündigung, AR-Blattei SD 1020.1.1 (1998); *Löwisch*, Die Befristung einzelner Bedingungen des Arbeitsvertrages, ZfA 1986, 1; *derselbe*, Die Änderung von Arbeitsbedingungen auf individualrechtlichem Wege, insbesondere durch Änderungskündigung, NZA 1988, 633; *Maurer*, Eingruppierungskorrekturen nur durch Änderungskündigung?, NZA 1993, 721; *Meier*, Beteiligungsrechte des Betriebsrates bei Versetzung und Änderungskündigungen, NZA 1988 Beil. 3, S. 3; *Meisel*, Die Mitwirkung und Mitbestimmung des Betriebsrats bei Änderungskündigung, BB 1973, 944; *Moll*, Die außerordentliche betriebsbedingte (Änderungs-)Kündigung zwischen unternehmerischer Organisationsfreiheit und Arbeitsplatzschutz, DB 1984, 1346; *Monjau*, Senkung außertariflicher Löhne, DB 1959, 708; *A. Müller*, Die Änderungskündigung, 2001; *H. Müller*, Möglichkeiten und Grenzen der Gehaltsabsenkung in insolvenzbedrohten Unternehmen zur Meidung von Massenentlassungen, NZA 1985, 307; *Nikisch*, Die sogenannte Änderungskündigung, Festschrift für Friedrich Sitzler, 1956, S. 265; *Palme*, Kündigungsschutz bei Änderungskündigung in der neueren Rechtsprechung, BlStSozArbR 1976, 257; *Plander*, Änderungskündigungen zwecks Umwandlung unbefristeter in befristete Arbeitsverhältnisse, NZA 1993, 1057; *Pauly*, Hauptprobleme der Änderungskündigung, DB 1997, 2378; *Plüm*, Die tarifliche

§ 2   1. Abschnitt. Allgemeiner Kündigungsschutz

Erweiterung von Leistungsbestimmungsrechten des Arbeitgebers, DB 1992, 735; *Popp,* Status quo und Perspektive des arbeitsvertraglichen Direktionsrechts, BB 1997, 1790; *Precklein,* Prüfungsmaßstab bei der Änderungskündigung, 1995; *U. Preis,* Der Kündigungsschutz nach dem „Korrekturgesetz", RdA 1999, 311; *Quecke,* Änderungskündigung mit tarifwidrigem Inhalt, NZA 2001, 812; *Ratajczak,* Die Änderungskündigung des Arbeitgebers, 1984; *Rewolle,* Änderungskündigung und Mitbestimmung des Betriebsrats, DB 1973, 185; *Richardi,* Streitfragen aus dem Ersten Arbeitsrechtsbereinigungsgesetz, ZfA 1971, 73; *derselbe,* Änderungskündigung und Versetzung nach neuem Betriebsverfassungsrecht, DB 1974, 1285 und 1335; *Richter,* Die Änderung von Arbeitsbedingungen kraft Direktionsrechts des Arbeitgebers unter Beachtung der Beteiligung des Betriebsrats, DB 1989, 2378 und 2430; *Rost,* Die „Erweiterung des Direktionsrechts" durch Tarifvertrag, Festschrift für Dieterich, 1999, S. 505; *Rüthers/Bakker,* Arbeitnehmerentsendung und Betriebsinhaberwechsel im Konzern, ZfA 1990, 245; *Säcker,* Herabsetzung nicht tariflicher Arbeitsbedingungen durch kollektive Änderungskündigung, DB 1967, 1086; *Söllner,* Einseitige Leistungsbestimmung im Arbeitsverhältnis, 1966; *derselbe,* Die Änderung der Arbeitsbedingungen durch Weisung in: Hromadka Änderung von Arbeitsbedingungen, 1990, S. 13; *Schaub,* Der Kündigungsschutz bei Änderungskündigungen, RdA 1970, 230; *derselbe,* Die Änderungskündigung, in: Hromadka Änderung von Arbeitsbedingungen, 1990, S. 73; *derselbe,* Änderungskündigung und Kündigungsschutz bei Betriebsvereinbarungen, BB 1990, 289; *E. Schmidt,* Die Änderungskündigung nach den neuen Vorschriften des KSchG, NJW 1971, 684; *Schwerdtner,* Kündigungsschutzrechtliche und betriebsverfassungsrechtliche Probleme der Änderungskündigung, BAG-Festschrift, 1979, S. 555; *derselbe,* Lernen auf Vorrat als Risiko, NJW 1987, 1607; *derselbe,* Die Änderungskündigung in: Brennpunkte des Arbeitsrechts 1993, Schriftenreihe des Deutschen Anwaltsinstituts, S. 235 ff.; *Trenkle,* Die Vorbehaltserklärung im Arbeitsrecht, NZA 2000, 1089; *Tophoven,* Allgemeiner Kündigungsschutz bei Änderungskündigungen, DB 1960 Beil. 16 zu Heft 51/52; *Wagner,* Vorrang der Änderungskündigung vor der Beendigungskündigung, NZA 1986, 632; *Walden,* Änderungskündigung, unternehmerische Entscheidungsfreiheit und Prognoseprinzip, Diss. Münster 1993; *Wank,* Einvernehmliche Änderung von Arbeitsbedingungen, 1990, S. 35; *Weber/Ehrich* Direktionsrecht und Änderungskündigung, BB 1996, 2246; *Wendt,* Die Änderungskündigung, AuR 1954, 292; *Wiedemann,* Subjektives Recht und sozialer Besitzstand nach dem KSchG, RdA 1961, 4; *Zimbauer,* Die Änderungskündigung, NZA 1995, 1073; *Zöllner,* Der Abbau einheitsvertraglicher Arbeitsbedingungen im nicht tariflich gesicherten Bereich, RdA 1969, 250.

Übersicht

	Rn.
I. Allgemeines	1
II. Sinn und Zweck	2
III. Begriff der Änderungskündigung	3
1. Begriffsbestimmung	4
a) Kündigung	5
b) Änderungsangebot	8
c) Angebot einer befristeten Weiterbeschäftigung	8 a
d) Verbindung von Kündigung und Änderungsangebot	10
e) Schriftform	12 a
2. Direktionsrecht	13
a) Konkretisierung der vereinbarten Arbeitspflichten	13 a
b) Billiges Ermessen	13 b
c) Generalisierende Bezeichnung der Arbeitsaufgaben	14
d) Konkrete Aufgabenbeschreibung	16
e) Veränderung der Arbeitszeit	18 a
f) Versetzungsklauseln	19
g) Einzelfälle	23
h) Beweislast	27 b
3. Teilkündigung und Widerruf	28

Änderungskündigung 1 § 2

	Rn.
IV. **Grundsatz der Verhältnismäßigkeit**	32 a
V. **Beteiligung des Betriebsrats**	33
1. Anhörung nach § 102 BetrVG	35
a) Inhalt der Anhörung	35
b) Folgen unwirksamer Betriebsratsanhörung	38
2. Mitwirkung nach § 99 BetrVG	42
a) Zustimmung des Betriebsrats	43
b) Zustimmungsverweigerung	45
c) Änderungsschutzverfahren und Zustimmungsersetzungsverfahren	49
3. Mitbestimmung nach § 87 BetrVG	51 a
VI. **Ablehnung des Änderungsangebots**	52
1. Verweisung auf § 1	52
2. Berücksichtigung des Änderungsangebots	54
3. Beurteilungsmaßstab für die Sozialwidrigkeit	62
a) Zweistufiges Prüfungsverfahren	63
b) Geringere Anforderungen an die Interessenabwägung	67
c) Personen- und verhaltensbedingte Gründe	70
d) Betriebsbedingte Gründe	71
e) Öffentlicher Dienst	74 a
f) Soziale Auswahl	75
4. Widerspruch des Betriebsrats	78
VII. **Annahme unter Vorbehalt**	81
1. Allgemeines	81
2. Wesen des Vorbehalts	83
3. Erklärung des Vorbehalts	85
VIII. **Folgen der Annahme unter Vorbehalt**	91
1. Vorläufige Geltung der neuen Arbeitsbedingungen	91
2. Kündigungsschutzprozeß, Änderungsschutzklage	93
3. Rechtslage bei Obsiegen des Arbeitgebers	96
4. Rechtslage bei Obsiegen des Arbeitnehmers	97
5. Rücknahme der Änderungskündigung	98 a
IX. **Annahme ohne Vorbehalt**	99

I. Allgemeines

Der die Änderungskündigung betreffende § 2 ist 1969 durch das 1. Arb- 1
BereinigG **neu eingefügt** worden. Die Änderungskündigung war bis dahin
überhaupt nicht gesetzlich geregelt, obwohl ihre Zulässigkeit von der herrschenden Meinung seit langem anerkannt war und sie seit jeher in der Praxis
und auch in der Literatur eine erhebliche Rolle spielte.[1] § 2 in Verbindung
mit den gleichzeitig neu geschaffenen § 4 Satz 2, § 7 Hs. 2 und § 8 regeln
jetzt eine ganze Reihe der sie betreffenden Fragen, nehmen allerdings nicht
ausdrücklich zu der besonders umstrittenen Frage Stellung, ob und in welcher Weise das Angebot des Arbeitgebers, das Arbeitsverhältnis zu anderen
Bedingungen fortzusetzen, bei der Prüfung der Sozialwidrigkeit der Änderungskündigung als Kündigung zu berücksichtigen ist. Diese Frage muß

---

[1] Vgl. insbes. *Bötticher* Bestandsschutz und Vertragsinhaltsschutz im Lichte der Änderungskündigung, Festschrift für Molitor 1962, S. 123, der die wesentlichen Anregungen für die gesetzliche Regelung gegeben hat; – weitere Angaben oben in der Literaturübersicht.

vielmehr auch heute noch wie in der älteren Rechtsprechung und Literatur auf Grund des § 1, jedoch unter Berücksichtigung der Regelung in § 2, entschieden werden. Aus Gründen der Zweckmäßigkeit sollen aber alle Besonderheiten der Änderungskündigung zusammenfassend in den Erläuterungen zu § 2 behandelt werden.

II. Sinn und Zweck

2 Die Regelung des § 2 dient in erster Linie dem **Vertragsinhaltsschutz**.[2] § 2 bewirkt einen Schutz vor einseitigen Veränderungen des Arbeitsverhältnisses, während § 1 den Bestand des Arbeitsverhältnisses schützt.

2a Der **Arbeitnehmer hat drei Möglichkeiten**, auf die Änderungskündigung zu reagieren. Nimmt er das Änderungsangebot vorbehaltlos an, wird der Arbeitsvertrag geändert, und es gelten zu dem in der Kündigung vorgesehenen Zeitpunkt die neuen Arbeitsbedingungen (dazu Rn. 99). Der Arbeitnehmer kann das Änderungsangebot aber auch unter dem Vorbehalt annehmen, daß die Änderung der Arbeitsbedingungen nicht sozial ungerechtfertigt ist (dazu Rn. 81 ff.). Schließlich kann der Arbeitnehmer das Änderungsangebot des Arbeitgebers von vornherein ablehnen. Die Kündigung führt dann zur Beendigung des Arbeitsverhältnisses (dazu Rn. 52 ff.).

2b Durch die Möglichkeit, das Änderungsangebot unter dem Vorbehalt der gerichtlichen Überprüfung annehmen zu können, wird das **Prozeßrisiko des Arbeitnehmers begrenzt**. Denn im Falle des Unterliegens im Kündigungsschutzprozeß verliert der Arbeitnehmer nicht seinen Arbeitsplatz, sondern kann zu den geänderten Arbeitsbedingungen weiterarbeiten.

III. Begriff der Änderungskündigung

3 Nach § 2 ist die Änderungskündigung eine vom Arbeitgeber ausgesprochene **Kündigung, mit welcher der Arbeitgeber dem Arbeitnehmer zugleich die Fortsetzung des Arbeitsverhältnisses zu geänderten Arbeitsbedingungen anbietet.** An sich kann zwar eine Änderungskündigung auch vom Arbeitnehmer ausgesprochen werden, aber im Rahmen des Kündigungsschutzrechts interessiert nur die vom Arbeitgeber ausgehende Kündigung; nur auf sie findet § 2 Anwendung. Im folgenden wird deshalb unter Änderungskündigung nur die vom Arbeitgeber ausgesprochene Kündigung verstanden.

---

[2] BAG 7. 6. 1973, AP Nr. 1 zu § 626 BGB Änderungskündigung mit insoweit zust. Anm. *Löwisch/Knigge* und *Lieb* = AR-Blattei Kündigungsschutz Entsch. 142 mit zust. Anm. *Herschel* = SAE 1975, 100 mit zust. Anm. *Fenn*; BAG 13. 6. 1986, AP Nr. 19 zu § 2 KSchG 1969 = EzA § 620 BGB Nr. 85 mit zust. Anm. *Otto* = SAE 1987, 171 mit zust. Anm. *Zeiss*; BAG 19. 5. 1993, AP Nr. 31 zu § 2 KSchG 1969 mit Anm. *Waas* = EzA § 1 KSchG Betriebsbedingte Kündigung Nr. 73 mit Anm. *Raab* = SAE 1994, 150 mit Anm. *Steinmeyer* = AR-Blattei ES 1020.1.1 Nr. 13 mit Anm. *Preis*; APS/*Künzl* § 2 KSchG Rn. 3; *Löwisch* § 2 Rn. 1; KR-*Rost* § 2 KSchG Rn. 7; *Schwerdtner* BAG-Festschrift 1979, S. 555, 558; HK-KSchG/*Weller/Hauck* § 2 Rn. 2; *Wiedemann* RdA 1961, 1, 4; ähnlich *Hromadka* NZA 1996, 1, 3; – kritisch hierzu *Ascheid* Kündigungsschutzrecht Rn. 484; ErfK/*Ascheid* § 2 KSchG Rn. 2.

1. Begriffsbestimmung

Die Änderungskündigung besteht aus **zwei Elementen:** Der **Kündi-** 4
gung des Arbeitsverhältnisses und dem damit verbundenen **Angebot** auf
Fortsetzung des Arbeitsverhältnisses zu geänderten Arbeitsbedingungen.[3]
a) Voraussetzung einer Änderungskündigung ist zunächst eine **Kündi-** 5
gung des bestehenden Arbeitsverhältnisses (vgl. zur Kündigungserklärung
§ 1 Rn. 97 ff.). Mit der Änderungskündigung muß daher eindeutig erklärt
werden, daß das Arbeitsverhältnis enden soll, wenn das Fortsetzungsangebot
nicht angenommen wird.[4]
§ 2 gilt unmittelbar nur für die ordentliche Änderungskündigung. Nach 6
zutreffender h. M. ist § 2 aber auch auf **außerordentliche Änderungskündigungen** entsprechend anzuwenden.[5] Der Gesetzgeber hat die Problematik
der außerordentlichen Änderungskündigung offensichtlich übersehen. Es
liegt deshalb eine Regelungslücke vor, die durch eine analoge Anwendung
des § 2 zu schließen ist. Denn der Regelung des § 2 ist der deutliche Wille
des Gesetzgebers zu entnehmen, dem Arbeitnehmer eine angemessene Reaktionsmöglichkeit auf eine mit einer Kündigung verbundene Änderung der
Arbeitsbedingungen zu geben, ohne daß dabei gleich das ganze Arbeitsverhältnis aufs Spiel gesetzt wird.[6] Ein wichtiger Grund für eine außerordentliche Änderungskündigung liegt vor, wenn die Änderung der Arbeitsbedingungen für den Arbeitgeber unabweisbar notwendig ist.[7]
Ob das Arbeitsverhältnis für den Fall der Ablehnung des Änderungsange- 7
bots tatsächlich gekündigt werden soll, ist eine Frage der **Auslegung der
Kündigungserklärung.**[8] Die Erklärung des Arbeitgebers, die Akkordsätze
würden gekündigt und um 20% gesenkt, reicht für die Annahme einer Kündigung des Arbeitsverhältnisses jedenfalls nicht aus.[9] Unzureichend ist

---

[3] Vgl. ErfK/*Ascheid* § 2 KSchG Rn. 4; *Berkowsky* S. 35; APS/*Künzl* § 2 KSchG Rn. 5; HK-KSchG/*Weller/Hauck* § 2 Rn. 4.
[4] Vgl. BAG 12. 1. 1961, AP Nr. 10 zu § 620 BGB Änderungskündigung mit zust. Anm. *A. Hueck;* BAG 30. 5. 1980, AP Nr. 8 zu § 611 BGB Arzt-Krankenhaus-Vertrag unter I 1 b; BAG 27. 5. 1982, DB 1984, 620; *Linck* AR-Blattei SD 1020.1.1 Rn. 3; KR-*Rost* § 2 KSchG Rn. 9.
[5] BAG 7. 6. 1973, AP Nr. 1 zu § 626 BGB Änderungskündigung mit krit. Anm. *Löwisch/Knigge* und *Lieb;* BAG 17. 5. 1984, AP Nr. 3 zu § 55 BAT mit zust. Anm. *Scheuring;* BAG 19. 6. 1986, AP Nr. 16 zu § 2 KSchG 1969 = AR-Blattei Kündigungsschutz I A Entsch. 7 mit krit. Anm. *Löwisch/Abshagen;* BAG 27. 3. 1987, AP Nr. 20 zu § 2 KSchG 1969 = EzA § 2 KSchG Nr. 10 mit krit. Anm. *Peterek* = AR-Blattei Kündigungsschutz I A Entsch. 8 mit zust. Anm. *Wank;* BAG 4. 10. 1990, AP Nr. 12 zu § 626 BGB Druckkündigung; BAG 21. 6. 1995, AP Nr. 36 zu § 15 KSchG 1969 mit krit. Anm. *Preis;* ErfK/*Ascheid* § 2 KSchG Rn. 6; *Kittner/Däubler/Zwanziger* § 2 KSchG Rn. 8; *Moll* DB 1984, 1346 ff.; *Ratajczak* S. 6 ff.; KR-*Rost* § 2 KSchG Rn. 30 ff.; *Schaub* in: Hromadka, Änderung von Arbeitsbedingungen 1990, S. 73, 76; *Schwerdtner* BAG-Festschrift S. 555, 558; *Stahlhacke/ Preis/Vossen* Rn. 434; – abweichend *Löwisch* § 2 Rn. 52 f.
[6] Vgl. BAG 17. 5. 1984, AP Nr. 3 zu § 55 BAT; APS/*Künzl* § 2 KSchG Rn. 42; *Ratajczak* S. 7; HK-KSchG/*Weller/Hauck* § 2 Rn. 14; – abweichend *Löwisch* § 2 Rn. 74.
[7] BAG 3. 6. 1986, 21. 6. 1995, AP Nr. 19, 36 zu § 15 KSchG 1969.
[8] Vgl. dazu BAG 10. 12. 1992, AP Nr. 27 zu § 611 BGB Arzt-Krankenhaus-Vertrag = EzA § 315 BGB Nr. 40 mit abl. Anm. *Mayer-Maly; Becker-Schaffner* BB 1991, 129.
[9] ArbG Solingen 10. 5. 1977, AuR 1979, 27; vgl. auch ArbG Mannheim 9. 12. 1981 BB 1982, 1613.

weiterhin die bloße Unterbreitung eines Änderungsangebotes ohne Kündigungserklärung. Hierin liegt lediglich ein Angebot zur einvernehmlichen Vertragsänderung.[10] Kündigt der Arbeitgeber unter Vorlage eines Vertragsänderungsangebots zugleich an, im Falle einer Ablehnung sei eine Beendigungskündigung unvermeidlich, kann hierin allein noch nicht der Ausspruch einer Änderungskündigung gesehen werden.[11]

7 a Eine **vorsorgliche Änderungskündigung** ist in der Regel so auszulegen, daß sie nur für den Fall Rechtswirkungen entfalten soll, daß die erstrebte Änderung nicht schon aus anderen Gründen, wie beispielsweise einer vertraglichen Abrede, folgt.[12] Unter dieser Rechtsbedingung ist die vorsorgliche Änderungskündigung wirksam.[13]

8 b) Neben der Kündigung des Arbeitsverhältnisses erfordert die Änderungskündigung auch ein **Angebot i. S. v. § 145 BGB** zur Fortsetzung des Arbeitsverhältnisses unter geänderten Bedingungen. Dieses Angebot muß inhaltlich so bestimmt oder gemäß §§ 133, 157 BGB so bestimmbar sein, daß es der Arbeitnehmer mit einem schlichten „Ja" annehmen kann.[14]

8 a c) Nach der früheren Auffassung des BAG setzt eine Änderungskündigung voraus, daß das Arbeitsverhältnis auf unbestimmte Zeit fortgesetzt werden soll. Das **Angebot einer befristeten Weiterbeschäftigung** zu geänderten Bedingungen könne nicht Gegenstand eines Änderungsschutzverfahrens nach §§ 2, 4 Satz 2 sein, da eine Befristung nur auf ihren sachlichen Grund, nicht aber auf die soziale Rechtfertigung nach § 1 Abs. 2 geprüft werden könne.[15]

9 Diese Begründung greift jedoch zu kurz. Es geht nicht darum, die Befristungsvereinbarung am Maßstab des § 1 Abs. 2 zu messen,[16] sondern um die Frage, ob eine Kündigung mit dem Angebot zur befristeten Weiterbeschäftigung eine Änderungskündigung ist. Davon unabhängig und zu trennen ist die Beurteilung des **sachlichen Grundes für die Befristung**.[17] Das hat inzwischen auch das BAG erkannt und seine frühere Rechtsprechung aufgegeben.[18]

9 a Deutlich wird dies bei einer betriebsbedingten Änderungskündigung mit dem **Angebot zur befristeten Weiterbeschäftigung zu geänderten Arbeitsbedingungen**.[19] Hier ist zunächst zu prüfen, ob überhaupt drin-

---

[10] KR-*Rost* § 2 KSchG Rn. 11.
[11] Vgl. LAG Frankfurt 9. 4. 1990, RzK I 7 a Nr. 20.
[12] Vgl. BAG 11. 3. 1998, RzK I 7 a Nr. 43.
[13] Ebenso ErfK/*Ascheid* § 2 KSchG Rn. 5.
[14] Vgl. zur Bestimmtheit des Angebots LAG Hamm 25. 7. 1986, LAG Rheinland-Pfalz 6. 2. 1987, LAG Berlin 13. 1. 2000, LAGE § 2 KSchG Nr. 4, 6, 37.
[15] BAG 17. 5. 1984, AP Nr. 21 zu § 1 KSchG 1969 Betriebsbedingte Kündigung unter B II 1 mit abl. Anm. *v. Hoyningen-Huene* = SAE 1986, 273 mit zust. Anm. *Schulin*; *Ascheid* Kündigungsschutzrecht Rn. 467; *Löwisch* NZA 1988, 633, 634.
[16] Dazu zu Recht abl. BAG 29. 8. 1979, AP Nr. 50 zu § 620 BGB Befristeter Arbeitsvertrag mit krit. Anm. *Kraft* = SAE 1980, 182 mit zust. Anm. *Beitzke*.
[17] Eingehend dazu *v. Hoyningen-Huene* Anm. zu BAG AP Nr. 21 zu § 1 KSchG 1969 Betriebsbedingte Kündigung; *Schaub* in: *Hromadka* Änderung von Arbeitsbedingungen 1990, S. 73, 74.
[18] BAG 25. 4. 1996, AP Nr. 78 zu § 1 KSchG 1969 Betriebsbedingte Kündigung; BAG 8. 7. 1998, AP Nr. 201 zu § 620 BGB Befristeter Arbeitsvertrag.
[19] Vgl. *Plander* NZA 1993, 1057, 1061.

Änderungskündigung 9 b–10 a § 2

gende betriebliche Erfordernisse für die Änderung der Arbeitsbedingungen vorliegen und weiter, ob bei mehreren vergleichbaren Arbeitnehmern die Sozialauswahl nach § 1 Abs. 3 richtig vorgenommen wurde. Selbst wenn die Änderung der Arbeitsbedingungen sozial gerechtfertigt und das Änderungsangebot zumutbar ist, muß weiterhin ein sachlicher Grund für die Befristung des Weiterbeschäftigungsangebots vorliegen.[20] Im Ergebnis ist daher auch die Kündigung mit dem Angebot einer befristeten Weiterbeschäftigung eine Änderungskündigung und als solche nach §§ 2, 4 Satz 2 überprüfbar.[21]

Von der Änderungskündigung mit dem Angebot einer befristeten Weiterbeschäftigung ist die Änderungskündigung abzugrenzen, durch die – unter Aufrechterhaltung des unbefristeten Arbeitsverhältnisses – **einzelne Arbeitsbedingungen befristet geändert werden sollen.** Das unbefristete Arbeitsverhältnis besteht in diesem Falle fort, nur einzelne Vertragsbedingungen sollen, beispielsweise durch die befristete Übertragung einer anderen Tätigkeit in einem anderen Arbeitsbereich, verändert werden. Eine solche Änderungskündigung bedarf nach § 2 Satz 1 auch der sozialen Rechtfertigung und darüber hinaus eines sachlichen Grundes für die Befristung (dazu im einzelnen § 1 Rn. 565 ff.). 9b

d) Das Änderungsangebot muß nach § 2 Satz 1 im Zusammenhang mit der Kündigung erfolgen. Dabei geht das Gesetz in § 2 davon aus, daß eine **unbedingte Kündigung** ausgesprochen und damit das Angebot verbunden wird, das Arbeitsverhältnis unter geänderten Bedingungen fortzusetzen.[22] Notwendig ist das aber nicht; vielmehr ist seit langem anerkannt, daß eine Änderungskündigung auch dann vorliegt, wenn der Arbeitgeber **unter der Bedingung kündigt,** daß der Arbeitnehmer die vorgeschlagene Änderung der Arbeitsbedingungen ablehnt. Das läuft sachlich auf dasselbe hinaus.[23] 10

Das gilt auch nach Einführung des § 2, da nicht ersichtlich ist, daß das Gesetz nur Anwendung finden soll, wenn der Arbeitgeber für die Erklärung seines Willens gerade die in § 2 gewählte Formulierung benutzt, sofern nur ein entsprechender Wille klar zum Ausdruck kommt. Man kann auch nicht einwenden, daß eine bedingte Kündigung als Gestaltungsakt nicht zulässig sei.[24] Das ist zwar früher vielfach behauptet worden, gilt aber nur, wenn der Vertragsgegner durch die Bedingung in eine ungewisse Lage versetzt wird. 10a

---

[20] Ebenso nunmehr BAG 25. 4. 1996, AP Nr. 78 zu § 1 KSchG 1969 Betriebsbedingte Kündigung; BAG 8. 7. 1998, AP Nr. 201 zu § 620 BGB Befristeter Arbeitsvertrag.
[21] Ebenso KPK-*Bengelsdorf* § 2 Rn. 15; *v. Hoyningen-Huene* Anm. zu BAG AP Nr. 21 zu § 1 KSchG 1969 Betriebsbedingte Kündigung; *Kittner/Däubler/Zwanziger* § 2 KSchG Rn. 161; *Linck* AR-Blattei SD 1020.1.1 Rn. 15; *Löwisch* § 2 Rn. 6; *Plander* NZA 1993, 1057, 1061 ff.; KR-*Rost* § 2 KSchG Rn. 10a; *Schaub* in: Hromadka Änderung von Arbeitsbedingungen 1990, S. 73, 74; HK-KSchG/*Weller/Hauck* § 2 Rn. 19; – krit. hierzu ErfK/*Ascheid* § 2 KSchG Rn. 9 und 54; *Berkowsky* S. 94 ff.; MünchArbR/*Berkowsky* § 145 Rn. 74; APS/*Künzl* § 2 KSchG Rn. 21; *Preis* NZA 1997, 1973, 1980; *Stahlhacke/Preis/ Vossen* Rn. 769 a.
[22] Vgl. BAG 10. 12. 1975, AP Nr. 90 zu §§ 22, 23 BAT unter I.
[23] Vgl. ErfK/*Ascheid* § 2 KSchG Rn. 10; APS/*Künzl* § 2 KSchG Rn. 11; *Löwisch* § 2 Rn. 10; *ders.* NZA 1988, 633, 634; *Plander* NZA 1993, 1057, 1061; *Ratajczak* S. 41 ff.; KR-*Rost* § 2 KSchG Rn. 13 ff.; *Schaub* RdA 1970, 230, 231; HK-KSchG/*Weller/Hauck* § 2 Rn. 9.
[24] Vgl. dazu auch BAG 10. 11. 1994, AP Nr. 24 zu § 9 KSchG 1969 = AR-Blattei ES 1020 Nr. 336 mit Anm. *v. Hoyningen-Huene* sowie BAG 15. 3. 2001 – 2 AZR 705/99.

§ 2 11–12   1. Abschnitt. Allgemeiner Kündigungsschutz

Das trifft dann nicht zu, wenn der Eintritt der Bedingung ausschließlich von seinem Willen abhängt (sog. **Potestativbedingung**). Das ist aber hier der Fall; die in die Form der bedingten Kündigung gefaßte Änderungskündigung stellt eine Kündigung unter einer Potestativbedingung dar.[25]

11 Das **Änderungsangebot** kann der Kündigungserklärung **nicht nachfolgen**.[26] Es ist auch nicht möglich, ein bis zum Beginn der Kündigungsfrist nachfolgendes Änderungsangebot zu berücksichtigen.[27] Denn der Arbeitnehmer hat sich spätestens innerhalb von drei Wochen „nach Zugang der Kündigung" (§ 2 Satz 2) zu erklären und ggf. zu klagen (§ 4 Satz 2).

11 a Nach der Gegenauffassung hat es der Arbeitgeber in der Hand, die dem Arbeitnehmer gesetzlich eingeräumte **Überlegungsfrist beliebig zu verkürzen,** indem er mit dem Änderungsangebot bis zum letzten Tag der Frist wartet. Dem kann auch nicht durch eine Modifikation der Erklärungsfrist des Satzes 2 und einer Verlängerung der Frist für die Erhebung der Kündigungsschutzklage begegnet werden,[28] da insbesonders die Drei-Wochen-Frist des § 4 aus Gründen der Rechtssicherheit einer Verlängerung nicht zugänglich ist. Geht mit der Kündigung kein bestimmtes Änderungsangebot zu, so liegt daher nur eine Beendigungskündigung vor,[29] die am Maßstab des § 1 Abs. 2 und 3 auf ihre soziale Rechtfertigung zu überprüfen ist.

11 b Bei einem nachgeschobenen Änderungsangebot ist zu prüfen, ob hierin eine **neue Änderungskündigung** gesehen werden kann. Das ist durch Auslegung der Erklärung zu ermitteln (§ 133 BGB).[30] Erforderlich ist freilich, daß die Erklärung des Arbeitgebers hinreichend deutliche Anhaltspunkte für eine Kündigung des Arbeitsverhältnisses enthält. Der Arbeitnehmer muß den Kündigungswillen des Arbeitgebers erkennen können, weil er innerhalb der Drei-Wochen-Frist Klage erheben muß, um den Eintritt der Fiktionswirkung des § 7 zu verhindern.

12 Der Arbeitgeber kann das **Änderungsangebot** allerdings bereits **vor Ausspruch** der **Änderungskündigung** abgeben. Bei Ausspruch der Änderungskündigung muß er aber klarstellen, daß er das Änderungsangebot aufrechterhält.[31] Zu einem solchen Vorgehen ist der Arbeitgeber jedoch nicht

---

[25] Vgl. *Ascheid* Kündigungsschutzrecht Rn. 468; *Linck* AR-Blattei SD 1020.1.1 Rn. 10; *Rieble* Anm. zu BAG RdA 2000, 40, 42; KR-*Rost* § 2 KSchG Rn. 15.
[26] BAG 10. 12. 1975, AP Nr. 90 zu §§ 22, 23 BAT; ErfK/*Ascheid* § 2 KSchG Rn. 11; *Backmeister/Trittin* § 2 Rn. 10; KPK-*Bengelsdorf* § 2 Rn. 17; *Kittner/Däubler/Zwanziger* § 2 KSchG Rn. 120; APS/*Künzl* § 2 KSchG Rn. 28; *Linck* AR-Blattei SD 1020.1.1 Rn. 17; *Nikisch* Festschrift für Sitzler 1956, S. 255, 274 f.; HaKo-*Pfeiffer* § 2 Rn. 11; KR-*Rost* § 2 KSchG Rn. 21 f.; *Stahlhacke/Preis/Vossen* Rn. 769; HK-KSchG/*Weller/Hauck* § 2 Rn. 20 f.; – differenzierend *Schaub* RdA 1970, 230, 231; *ders.* in: Hromadka Änderung von Arbeitsbedingungen S. 73, 75 f.; – abweichend *Löwisch* § 2 Rn. 11; *ders.* NZA 1988, 633, 634.
[27] So aber *Schaub* in: Hromadka Änderung von Arbeitsbedingungen S. 73, 75 f.; – dagegen *Kittner/Däubler/Zwanziger* § 2 KSchG Rn. 120; *Linck* AR-Blattei SD 1020.1.1 Rn. 18; KR-*Rost* § 2 KSchG Rn. 22.
[28] So aber *Löwisch* § 2 Rn. 11.
[29] Ebenso *Ascheid* Kündigungsschutzrecht Rn. 468.
[30] Vgl. ErfK/*Ascheid* § 2 KSchG Rn. 12; *Kittner/Däubler/Zwanziger* § 2 KSchG Rn. 121; APS/*Künzl* § 2 KSchG Rn. 29; KR-*Rost* § 2 KSchG Rn. 22.
[31] BAG 27. 9. 1984, AP Nr. 8 zu § 2 KSchG 1969 mit Anm. *v. Hoyningen-Huene*; ebenso ErfK/*Ascheid* § 2 KSchG Rn. 10; *Kittner/Däubler/Zwanziger* § 2 KSchG Rn. 122; APS/*Künzl* § 2 KSchG Rn. 30; *Löwisch* § 2 Rn. 13; KR-*Rost* § 2 KSchG Rn. 18; HK-KSchG/*Weller/Hauck* § 2 Rn. 22; vgl. auch BAG 30. 11. 1989, AP Nr. 53 zu § 102 BetrVG 1972.

Änderungskündigung

verpflichtet (näher dazu § 1 Rn. 145 ff.).[32] Er kann vielmehr unmittelbar eine Änderungskündigung aussprechen, ohne dem Arbeitnehmer zuvor ein Änderungsangebot unterbreitet zu haben.[33] Demzufolge ist der Arbeitnehmer auch nicht verpflichtet, sich innerhalb einer bestimmten Frist zu dem Änderungsangebot zu äußern.[34]

e) Die Änderungskündigung bedarf gemäß § 623 BGB der **Schriftform**. 12 a Das Schriftformerfordernis bezieht sich nicht nur auf die Kündigungserklärung, sondern auch auf das damit verbundene Änderungsangebot.[35] Denn die Kündigungserklärung und das Änderungsangebot bilden eine innere Einheit.[36]

2. Direktionsrecht

Von einer Kündigung zum Zweck der Änderung des Arbeitsvertrages ist 13 scharf zu unterscheiden die **Änderung der Arbeitsbedingungen,** die der Arbeitgeber ohne Auflösung des Arbeitsvertrages **durch einseitige Erklärung** vornimmt, sei es auf Grund seines Direktionsrechts, sei es auf Grund eines ihm ausdrücklich oder stillschweigend eingeräumten Rechts zur einseitigen Änderung der Arbeitsbedingungen.[37]

a) Das Weisungsrecht dient der **Konkretisierung der vereinbarten Ar-** 13 a **beitspflichten** (vgl. § 121 GewO) nach Zeit, Ort und Art der Tätigkeit.[38] Sein Umfang bestimmt sich nach dem Inhalt des Arbeitsvertrages.[39] Das vertraglich Vereinbarte bildet die Grenze des Direktionsrechts. Die Ausübung des Weisungsrechts führt damit nicht zu einer Änderung des Arbeitsvertrages, sondern läßt diesen unberührt. Für die Ausübung des Direktionsrechts ist umso mehr Raum, je weiter die Arbeitspflichten vertraglich bestimmt sind.

b) Die erteilten Weisungen müssen gemäß § 315 BGB im Zweifel **billi-** 13 b **gem Ermessen** entsprechen.[40] Die Konkretisierung der Arbeitsaufgabe

---

[32] So aber BAG 27. 9. 1984, AP Nr. 8 zu § 2 KSchG 1969; – dagegen ausf. *v. Hoyningen-Huene* Anm. zu BAG AP Nr. 8 zu § 2 KSchG 1969.
[33] Ebenso KPK-*Bengelsdorf* § 2 Rn. 3; APS/*Künzl* § 2 KSchG Rn. 35 ff.; *Linck* AR-Blattei SD 1020.1.1 Rn. 49; KR-*Rost* § 2 KSchG Rn. 18 g; HK-KSchG/*Weller/Hauck* § 2 Rn. 26.
[34] Abweichend BAG 27. 9. 1984, AP Nr. 8 zu § 2 KSchG 1969, das dem Arbeitnehmer eine Überlegungsfrist von einer Woche einräumt.
[35] Ebenso *Bader/Bram/Dörner/Wenzel* § 623 Rn. 8; APS/*Preis* § 623 BGB Rn. 32; *Preis/Gotthardt* NZA 2000, 348, 350 f.; *Richardi/Annuß* NJW 2000, 1231, 1233; – abweichend *Löwisch* § 2 Rn. 15 a.
[36] Vgl. BAG 7. 6. 1973, AP Nr. 1 zu § 626 BGB Änderungskündigung.
[37] Dazu *Berger-Delhey* DB 1990, 2266 ff.; *Birk* Arbeitsrechtliche Leitungsmacht 1973; MünchArbR/*Blomeyer* § 48 Rn. 30 ff.; *Conze* ZTR 1999, 400 ff. und 443 ff.; *v. Hoyningen-Huene* Die Billigkeit im Arbeitsrecht 1978, S. 139 ff.; *v. Hoyningen-Huene/Boemke* S. 83 ff.; *Hromadka* DB 1995, 1609 und 2601; *Hunold* AR-Blattei SD 1600 (2000); *Leßmann* DB 1992, 1137; *Popp* BB 1997, 1790; *Söllner* Einseitige Leistungsbestimmung im Arbeitsverhältnis 1966; *ders.* in: Hromadka Änderung von Arbeitsbedingungen S. 13 ff.; *Weber/Ehrich* BB 1996, 2246.
[38] Vgl. BAG 23. 6. 1993, AP Nr. 42 zu § 611 BGB Direktionsrecht; APS/*Künzl* § 2 KSchG Rn. 50; KR-*Rost* § 2 KSchG Rn. 36; HK-KSchG/*Weller/Hauck* § 2 Rn. 31.
[39] BAG 25. 10. 1989, AP Nr. 36 zu § 611 LPVG NW mit abl. Anm. *v. Hoyningen-Huene*; BAG 30. 8. 1995, EzA § 611 BGB Direktionsrecht Nr. 14; BAG 29. 10. 1997, AP Nr. 51 zu § 611 BGB Direktionsrecht.
[40] BAG 25. 10. 1989, AP Nr. 36 zu § 611 BGB Direktionsrecht; BAG 10. 11. 1992, AP Nr. 6 zu § 72 LPVG NW; BAG 12. 9. 1996, AP Nr. 1 zu § 30 ZDG.

durch den Arbeitgeber kraft seines Direktionsrechts muß sich dabei nicht nur hinsichtlich der Zuweisung, sondern auch bezüglich des Entzugs von Arbeitsaufgaben in den Grenzen billigen Ermessens halten.[41]

13 c Die Wahrung billigen Ermessens setzt voraus, daß die **wesentlichen Umstände des Falles abgewogen** und die beiderseitigen Interessen angemessen berücksichtigt werden.[42] Für den Bereich des öffentlichen Dienstes ist zu beachten, daß sich eine Verwaltung in der Ausübung ihres Ermessens insbesondere durch entsprechende Verwaltungsvorschriften selbst binden kann.[43] Eine Selbstbindung ist aber auch ohne entsprechende Verwaltungsvorschriften möglich, insbesondere durch entsprechende mündliche Erklärungen.[44]

14 c) Wird die zu leistende Arbeit **generalisierend umschrieben** („Hilfsarbeiter", „kaufmännischer Angestellter"), dann ist hiervon jede Art von Tätigkeit erfaßt, die innerhalb des Betriebes von der bezeichneten Personengruppe zu leisten ist.[45] Nicht mehr vom Direktionsrecht gedeckt ist jedoch eine Weisung des Arbeitgebers, die zu einer dauerhaften Absenkung des qualitativen Niveaus der Arbeitsleistung führt.[46] Zur geschuldeten Tätigkeit gehören auch die üblichen Nebenarbeiten, die in einem inneren Zusammenhang mit der vertraglich vereinbarten Arbeitsleistung stehen.[47]

14 a Den Arbeitern und Angestellten des **öffentlichen Dienstes** können in der Regel im Wege des Weisungsrechts alle Tätigkeiten übertragen werden, welche die Merkmale der für sie maßgebenden Vergütungsgruppe erfüllen. Unerheblich ist dabei nach Auffassung des BAG, ob aus der jeweils einschlägigen Fallgruppe dieser Vergütungsgruppe ein Bewährungsaufstieg möglich ist oder nicht.[48] Dem Arbeitnehmer darf aber nicht ein Aufgabenbereich zugewiesen werden, der lediglich die Tätigkeitsmerkmale einer niedrigeren Vergütungsgruppe erfüllt und nur auf dem Umweg über den Bewährungsaufstieg dazu führt, daß die bisherige Vergütung erhalten bleibt.[49]

15 Bei einer **fachlichen Umschreibung** der Tätigkeit des Arbeitnehmers („Verkäufer", „Schlosser") kann der Arbeitgeber auf Grund seines Weisungsrechts nur die sich innerhalb des üblichen Berufsbilds bewegenden Arbeiten zuweisen. Hierzu kann für den Bereich des Handwerks zur Konkretisierung auf die Verordnung zur Bestimmung des Berufsbildes nach § 45 Nr. 1 HandwO zurückgegriffen werden. Im übrigen können die Ausbildungsverträge nach § 25 BBiG Anhaltspunkte geben.[50]

15 a Dementsprechend kann **beispielsweise** ein als **Verkäufer** eingestellter Arbeitnehmer, soweit sein Aufgabenbereich nicht weiter vertraglich spe-

---

[41] BAG 12. 9. 1996, AP Nr. 1 zu § 30 ZDG.
[42] Vgl. BAG 17. 12. 1997, AP Nr. 52 zu § 611 BGB Direktionsrecht.
[43] Vgl. BAG 11. 10. 1995, AP Nr. 45 zu § 611 BGB Direktionsrecht.
[44] Vgl. BAG 17. 12. 1997, AP Nr. 52 zu § 611 BGB Direktionsrecht.
[45] Vgl. BAG 27. 3. 1980, AP Nr. 26 zu § 611 BGB Direktionsrecht mit Anm. *Löwisch* = SAE 1981, 268 mit Anm. *Hanau*; LAG Hamm 7. 8. 1962, BB 1962, 1160; *Falkenberg* DB 1981, 1087, 1088; zusammenfassend *v. Hoyningen-Huene/Boemke* S. 84 ff.
[46] LAG Hamm 13. 12. 1990, LAGE § 611 BGB Direktionsrecht Nr. 7.
[47] BAG 29. 8. 1991, AP Nr. 38 zu § 611 BGB Direktionsrecht.
[48] BAG 30. 8. 1995, AP Nr. 44 zu § 611 BGB Direktionsrecht.
[49] BAG 30. 8. 1995, 24. 4. 1996, AP Nr. 44, 49 zu § 611 BGB Direktionsrecht.
[50] Ebenso APS/*Künzl* § 2 KSchG Rn. 54.

Änderungskündigung 15 b–17 § 2

zifiziert ist, kraft Weisungsrecht von der Kinder- in die Herrenabteilung eines Bekleidungshauses oder von der Abteilungsgruppe Sport eines Warenhauses in die Abteilungsgruppe Schuhe versetzt werden.[51] Ebenso ist die einseitige Umsetzung eines **kaufmännischen Angestellten** durch den Arbeitgeber von der Arbeitsvorbereitung in die Buchhaltung und umgekehrt im Wege des Weisungsrechts zulässig.[52] Demgegenüber kann ein **Buchhalter** nicht gegen seinen Willen als Verkäufer eingesetzt werden.[53] Ein als **Fleischbeschauer** eingestellter Tierarzt kann nicht zur Trichinenschau herangezogen werden.[54]

Zu den **Nebenarbeiten**, die in innerem Zusammenhang mit der geschuldeten Arbeitsleistung stehen und deshalb vom Arbeitnehmer auszuführen sind, gehört beispielsweise die **Durchführung von Dienstreisen** mit einem vom Angestellten selbst zu führenden Dienstwagen.[55] Der Arbeitgeber kann von einer qualifizierten **Sekretärin** auch die Teilnahme an einer Schulung in ein neues Schreibsystem verlangen.[56] Eine **Bäckereifachverkäuferin** ist auf Anordnung des Arbeitgebers verpflichtet, zeitweise die im Verkaufsraum installierte automatische Brötchenbackanlage einschließlich vorgeschaltetem Gärschrank zu bedienen.[57] **Sekretärinnen** haben Besucher zu empfangen und zu bewirten.[58] 15 b

d) Soweit nach dem Arbeitsvertrag die **Einstellung für eine bestimmte Tätigkeit** erfolgt, wird diese Vertragsinhalt,[59] so daß u. U. kein Raum mehr für die Zuweisung einer anderen Tätigkeit im Wege des Weisungsrechts verbleibt.[60] Erfolgt also beispielsweise die Einstellung eines Verkäufers ausdrücklich für die Warengruppe Sport, dann ist die Versetzung in den Verkaufsbereich Schuhe nicht mehr vom Weisungsrecht des Arbeitgebers gedeckt.[61] Der Tätigkeitsbereich kann im Arbeitsvertrag sogar so genau fixiert sein, daß jede Zuweisung einer anderen Tätigkeit eine Änderung des Arbeitsvertrages bedeuten würde.[62] 16

Wird der Arbeitnehmer für einen **bestimmten Arbeitsort eingestellt**, dann ist die Zuweisung inhaltlich gleicher Tätigkeiten an einem anderen Arbeitsort vom Direktionsrecht nicht mehr gedeckt.[63] Gleiches gilt bei der 17

---

[51] Vgl. LAG Köln 26. 10. 1984, NZA 1985, 258; LAG Düsseldorf 28. 1. 1987, NZA 1988, 69 f.
[52] LAG Rheinland-Pfalz 13. 10. 1987, NZA 1988, 471 f.
[53] *Neumann-Duesberg* Anm. zu LAG Düsseldorf AP Nr. 1 zu § 611 BGB Direktionsrecht.
[54] BAG 8. 9. 1994, AP Nr. 18 zu § 611 BGB Fleischbeschauer-Dienstverhältnis.
[55] BAG 29. 8. 1991, AP Nr. 38 zu § 611 BGB Direktionsrecht.
[56] Vgl. ArbG Bonn 4. 7. 1990, NZA 1991, 512.
[57] LAG Hamm 8. 6. 1994, LAGE § 611 BGB Direktionsrecht Nr. 20.
[58] Ebenso *Hromadka* DB 1995, 2601, 2602.
[59] *Berger-Delhey* DB 1990, 2266, 2267; *Schaub* § 45 Rn. 23 ff.
[60] Vgl. *Gumpert* BB 1960, 907, 908.
[61] LAG Düsseldorf 28. 1. 1987, NZA 1988, 69 f.
[62] BAG 10. 11. 1955, AP Nr. 2 zu § 611 BGB Beschäftigungspflicht mit Anm. *A. Hueck* = SAE 1956, 145 ff. mit Anm. *Pieper* = AR-Blattei Beschäftigungspflicht des Arbeitgebers Entsch. III mit Anm. *Grub* hinsichtlich einer Chefärztin der Röntgen- und Strahlenabteilung eines Krankenhauses.
[63] Zur abweichenden Rechtslage bei einem tarifvertraglich erweitertem Direktionsrecht vgl. Rn. 19.

vertraglichen Vereinbarung eines Versetzungsverbotes.[64] Bei Abschluß des Arbeitsvertrages gehen Arbeitgeber und Arbeitnehmer im Zweifel davon aus, daß Arbeitsort der Betrieb ist.[65] Fehlt es an einer vertraglichen Bestimmung des Arbeitsortes, dann unterliegt die Zuweisung der Arbeitsstätte dem billigen Ermessen des Arbeitgebers.[66]

18 Bei außergewöhnlichen Umständen und in **Notfällen** ist der Arbeitgeber auch ohne entsprechenden Vorbehalt berechtigt, dem Arbeitnehmer zumutbare Arbeiten zuzuweisen, die vertraglich nicht geschuldet sind.[67] Eine außergewöhnliche Sachlage kann freilich nur dann angenommen werden, wenn es sich um Engpässe handelt, die durch rechtzeitige Personalplanung nicht ohne weiteres behoben werden können. Insoweit kann auf die in § 14 ArbZG niedergelegten Kriterien verwiesen werden.[68] Allgemeine Dispositionsschwierigkeiten, wie regelmäßige Eilaufträge oder permanenter Arbeitskräftemangel reichen hierfür nicht aus.[69]

18a e) Auf Grund des arbeitsvertraglichen Weisungsrechts ist der Arbeitgeber berechtigt, einseitig die im Arbeitsvertrag vereinbarte Arbeitsdauer zeitlich näher zu konkretisieren, d. h. **Beginn und Ende der Arbeitszeit** festzulegen.[70] Nur dann, wenn im Arbeitsvertrag die Lage der Arbeitszeit eindeutig festgelegt ist, kann der Arbeitgeber nicht auf Grund seines Weisungsrechts eine Änderung herbeiführen.[71] Ob im Arbeitsvertrag die Lage der Arbeitszeit endgültig festgelegt ist, muß durch Auslegung (§§ 133, 157 BGB) des Arbeitsvertrages festgestellt werden.

18b Fehlt es an einer eindeutigen arbeitsvertraglichen Regelung über die Lage der Arbeitszeit, so ist der Arbeitgeber im Rahmen seines Direktionsrechts befugt, für einzelne Arbeitnehmer statt **Nachtarbeit** künftig **Tagarbeit** anzuordnen.[72] Sofern keine entgegenstehende eindeutige abweichende arbeitsvertragliche Vereinbarung getroffen ist, kann der Arbeitgeber grundsätzlich für Arbeitnehmer, die zuvor von 7.00 Uhr bis 16.00 Uhr gearbeitet haben, **Wechselschichtarbeit** einführen.[73] Der Arbeitgeber hat dabei freilich das Mitbestimmungsrecht des Betriebsrats aus § 87 Abs. 1 Nr. 2 BetrVG zu beachten.

19 f) Das Direktionsrecht des Arbeitgebers kann bei arbeitsvertraglich konkret bestimmten Tätigkeitsbereichen durch sog. **Umsetzungs- oder Verset-**

---

[64] Vgl. v. *Hoyningen-Huene/Boemke* S. 87 f.
[65] Ebenso MünchArbR/*Blomeyer* § 48 Rn. 79, 81; *Hromadka* DB 1995, 2601, 2604; MünchArbR/*Richardi* § 12 Rn. 55; – abweichend *Falkenberg* DB 1981, 1087, 1088.
[66] Vgl. LAG Schleswig-Holstein 23. 11. 1964, BB 1965, 417; LAG Berlin 25. 4. 1988, DB 1988, 1228.
[67] Vgl. BAG 29. 1. 1960, AP Nr. 12 zu § 123 GewO; BAG 8. 10. 1962, AP Nr. 18 zu § 611 BGB Direktionsrecht; BAG 3. 12. 1980, AP Nr. 4 zu § 615 BGB Böswilligkeit = SAE 1982, 162 ff. mit Anm. *Otto;* ArbG Detmold 15. 9. 1967, BB 1967, 1422; *Berger-Delhey* DB 1990, 2266, 2268; *Birk* Leitungsmacht S. 380 ff.; *Schaub* § 45 Rn. 31.
[68] Vgl. *Berger-Delhey* DB 1990, 2266, 2268; *Birk* Leitungsmacht S. 282; *Hromadka* DB 1995, 2601, 2602.
[69] MünchArbR/*Bloymeyer* § 48 Rn. 35.
[70] Vgl. BAG 23. 6. 1992, AP Nr. 1 zu § 611 BGB Arbeitszeit = SAE 1993, 193 mit Anm. *Danne;* MünchArbR/*Blomeyer* § 48 Rn. 142 ff.
[71] Vgl. LAG Berlin 26. 7. 1993, LAGE § 611 BGB Direktionsrecht Nr. 16.
[72] LAG Berlin 29. 4. 1991, LAGE § 611 BGB Direktionsrecht Nr. 9.
[73] BAG 23. 6. 1992, AP Nr. 1 zu § 611 BGB Arbeitszeit.

zungsklauseln **erweitert** werden.[74] Im öffentlichen Dienst erlaubt § 12 Abs. 1 **BAT** dem Arbeitgeber Versetzungen und Abordnungen, d. h. die Zuweisung einer auf Dauer bestimmten Tätigkeit bei einer anderen Dienststelle desselben Arbeitgebers bzw. die Zuweisung einer vorübergehenden Beschäftigung bei einer anderen Dienststelle desselben Arbeitgebers oder eines anderen Arbeitgebers, beides unter Fortsetzung des bestehenden Arbeitsverhältnisses.[75] Deshalb schließt die in Arbeitsverträgen über die Weiterverwendung von Lehrern enthaltene Angabe einer bestimmten Schule in der Regel das Recht des Landes, den Lehrer an eine andere Schule umzusetzen, nicht aus.[76]

Behält sich der Arbeitgeber bei **Außendienstmitarbeitern** im Arbeits- 20 vertrag eine Änderung des zugewiesenen Bezirks aus organisatorischen Gründen vor, ist er aus sachlichen Gründen, z. B. wegen einer Angleichung an Gemeindegrenzen oder einer Verlegung des Standortes des Außendienstmitarbeiters in die Mitte des Bezirkes, zur Neueinteilung der Bezirke seiner Außendienstmitarbeiter berechtigt.[77]

Eine solche Erweiterung des Direktionsrechtes ist nur dann unwirksam, 21 wenn dem Arbeitgeber damit das Recht zum einseitigen Eingriff in den kündigungsschutzrechtlich geschützten **Kernbereich des Arbeitsverhältnisses** eröffnet wird.[78] Dies ist beispielsweise anzunehmen, wenn dem Arbeitgeber bei arbeitszeitabhängiger Vergütung das Recht eingeräumt worden ist, die zunächst festgelegte Arbeitszeit später einseitig nach Bedarf zu reduzieren.[79] Der Arbeitgeber kann demzufolge auch Kurzarbeit mit entsprechender Lohnminderung nicht auf Grund seines Direktionsrechtes einführen (dazu näher § 1 Rn. 386 f.); hierzu bedarf es vielmehr entweder einer Betriebsvereinbarung (§ 87 Abs. 1 Nr. 3 BetrVG), einer einvernehmlichen Vertragsänderung oder einer Änderungskündigung.[80]

Nach Auffassung des BAG ist allerdings eine **tarifliche Regelung** zuläs- 22 sig, die den Arbeitgeber beim Vorliegen dienstlicher Erfordernisse berechtigt,

---

[74] Vgl. BAG 10. 11. 1992, AP Nr. 6 zu § 72 LPVG NW mit abl. Anm. *v. Hoyningen-Huene*; dazu ausführlich *v. Hoyningen-Huene/Boemke* S. 89 ff.; zu entsprechenden Tarifbestimmungen vgl. *Rost* Festschrift für Dieterich S. 505 ff.
[75] Vgl. BAG 18. 2. 1976, AP Nr. 1 zu Saarland Universitätsgesetz; BAG 29. 10. 1997, AP Nr. 51 zu § 611 BGB Direktionsrecht; LAG Berlin 29. 11. 1999, LAGE § 2 KSchG Nr. 36.
[76] BAG 29. 10. 1997, AP Nr. 51 zu § 611 BGB Direktionsrecht.
[77] Vgl. BAG 7. 10. 1982, AP Nr. 5 zu § 620 BGB Teilkündigung mit krit. Anm. *M. Wolf* = AR-Blattei Kündigung I B Entsch. 3 mit zust. Anm. *Gröninger* = SAE 1983, 185 mit zust. Anm. *Beitzke* = EzA § 315 BGB Nr. 28 mit Anm. *Herschel; Küstner* Handbuch des gesamten Außendienstes Band III 1985, Rn. 425; siehe auch BAG 19. 5. 1971, AP Nr. 12 zu § 611 BGB Fleischbeschauer-Dienstverhältnis.
[78] Vgl. BAG 12. 12. 1984, AP Nr. 6 zu § 2 KSchG 1969 = SAE 1985, 357 mit Anm. *Schüren*; BAG 21. 4. 1993, AP Nr. 34 zu § 2 KSchG 1969 = EzA § 2 KSchG 1969 Nr. 20 mit Anm. *Krause*.
[79] BAG 12. 12. 1984, AP Nr. 6 zu § 2 KSchG 1969; – zu den Besonderheiten der Arbeit auf Abruf nach dem früheren § 4 BeschFG vgl. BAG 12. 3. 1992, AP Nr. 1 zu § 4 BeschFG 1985 mit abl. Anm. *Schüren* DB 1992, 1786; *v. Hoyningen-Huene* NJW 1985, 1801, 1804 f.; *Schüren* SAE 1985, 362 ff.; zum Widerrufsvorbehalt bei übertariflichen Zulagen vgl. Rn. 30 a f.
[80] BAG 15. 12. 1961, AP Nr. 1 zu § 615 BGB Kurzarbeit; BAG 14. 2. 1991, AP Nr. 4 zu § 615 BGB Kurzarbeit; BAG 27. 1. 1994, AP Nr. 1 zu § 15 BAT-O; BAG 18. 10. 1994, AP Nr. 11 zu § 615 BGB Kurzarbeit.

dem Arbeitnehmer eine andere, niedriger vergütete Tätigkeit zuzuweisen.[81] Das ist jedoch bedenklich, weil dem Arbeitgeber damit das Recht zur einseitigen Abänderung der vertraglichen Hauptleistungspflichten eingeräumt wird, was aber nach der gesetzlichen Regelung nur im Wege einer Änderungskündigung nach § 2 und nicht durch Ausübung des Direktionsrechtes möglich ist. Der Tarifvertrag kann als rangniedrigere Rechtsquelle die zwingende gesetzliche Regelung des § 2 nicht abändern, weil das KSchG – anders als beispielsweise § 622 Abs. 4 BGB – keine Tariföffnungsklausel enthält.[82]

23 g) Ob die Zuweisung einer anderen Arbeit im Wege des Direktionsrechtes zulässig ist, hängt stets von den **Umständen des Einzelfalles** ab. Hierzu sind im folgenden zur besseren Anschauung einige **Beispiele** aus der Rechtsprechung aufgeführt:

24 Wird ein als **Hilfsarbeiter** angestellter Arbeitnehmer über fünf Jahre mit **Angestelltentätigkeiten** beschäftigt, kann der Arbeitgeber diesem Arbeitnehmer regelmäßig per Weisungsrecht keine Hilfsarbeitertätigkeiten mehr zuweisen, weil hierdurch eine Verschlechterung seines zwischenzeitlich erlangten Status eintreten würde.[83] Demgegenüber schließt die jahrelange Beschäftigung mit bestimmten Hilfsarbeitertätigkeiten nicht die Zuweisung einer anderen Hilfsarbeitertätigkeit aus, weil sich hierdurch die Stellung des Arbeitnehmers innerhalb der betrieblichen Hierarchie nicht verändert.[84]

25 Die Versetzung eines seit acht Jahren im **Dreischichtbetrieb** eingesetzten Arbeitnehmers im Wege des Weisungsrechtes in den Einschichtbetrieb kann unzulässig sein, wenn die Schichtarbeit wegen der damit verbundenen besseren Verdienstmöglichkeiten vereinbart wurde.[85]

25 a Ohne besondere Anhaltspunkte muß ein **Arbeitnehmer des öffentlichen Dienstes** grundsätzlich davon ausgehen, daß ihm sein Arbeitgeber nur die Leistungen gewähren will, zu denen er rechtlich verpflichtet ist. Der Arbeitnehmer kann daher nicht darauf vertrauen, daß auch langjährig erbrachte Vergünstigungen, die den Rahmen rechtlicher Verpflichtungen überschreiten, Vertragsinhalt geworden sind und unbefristet weitergewährt werden. Daher hindert auch eine langjährige Übung, wonach ein Teil der Arbeitszeit außerhalb des Dienstgebäudes abgeleistet werden darf, den Arbeitgeber des öffentlichen Dienstes nicht daran, den Arbeitnehmer anzuweisen, in Zukunft die gesamte Arbeitszeit im Dienstgebäude abzuleisten.[86]

---

[81] BAG 22. 5. 1985, AP Nr. 6, 7 zu § 1 TVG Tarifverträge: Bundesbahn mit abl. Anm. *Weiss;* BAG 26. 6. 1985, AP Nr. 4 zu § 9 TVAL II mit Anm. *Henschel* = AR-Blattei Stationierungsstreitkräfte Entsch. 36 mit Anm. *Beitzke.*
[82] Ebenso im Ergebnis LAG Düsseldorf 17. 3. 1995, LAGE § 2 KSchG Nr. 16; APS/ *Künzl* § 2 KSchG Rn. 89f.; *Linck* AR-Blattei SD 1020.1.1 Rn. 30; *Weiss* Anm. zu BAG AP Nr. 6, 7 zu § 1 TVG Tarifverträge: Bundesbahn; HK-KSchG/*Weller/Hauck* § 2 Rn. 66 – teilweise abweichend *Kittner/Däubler/Zwanziger* § 2 KSchG Rn. 30; KR-*Rost* § 2 KSchG Rn. 54 aff.; näher dazu *Friedhofen/Weber* NZA 1986, 145 ff.; *Konow* NZA 1987, 117 ff.; *Rost* Festschrift für Dieterich S. 505 ff.
[83] LAG Baden-Württemberg 24. 6. 1953, BB 1953, 800.
[84] LAG Hamm 7. 8. 1962, BB 1962, 1160.
[85] Vgl. ArbG Freiburg 15. 9. 1987, DB 1988, 184.
[86] BAG 11. 10. 1995, NZA 1996, 718; ebenso im Ergebnis BAG 7. 12. 2000, NZA 2001, 780.

Änderungskündigung 26, 27 § 2

Unwirksam ist die Anweisung an einen Arbeitnehmer, der jahre- 26
lang als **Kraftfahrer** eingesetzt wurde, keine Kraftfahrzeuge mehr zu führen;[87] die Umsetzung eines Arbeitnehmers, der vom Arbeitsamt als Hilfsschreiner und Beifahrer zugewiesen und vom Arbeitgeber drei Jahre als **Beifahrer** eingesetzt wurde, in die Versandabteilung;[88] die Zuweisung einer Tätigkeit als **Nachtwächter** an einen als Pförtner eingestellten Arbeitnehmer;[89] die **Verlegung des Tätigkeitsorts** um mehr als 100 km;[90] die Zuweisung einer **Tätigkeit im Innendienst** an einen angestellten Handelsvertreter;[91] die Umsetzung eines als **Kraftfahrer** eingestellten Arbeitnehmers an eine Steinsägemaschine;[92] die Anordnung an einen **Lohnbuchhalter**, die Fernfahrer hinsichtlich des Führens eines Schichtbuchs und der Einhaltung des ArbZG zu überwachen;[93] die Beauftragung eines **Facharbeiters** mit Hilfsarbeitertätigkeiten[94] sowie der Einsatz eines **Kraftfahrers als Bauhilfsarbeiter**.[95]

Als vom **Direktionsrecht gedeckt** wurden in der Rechtsprechung an- 27
gesehen die Zuweisung eines **anderen Reinigungsobjekts** an eine bei einem Reinigungsunternehmen angestellte Raumpflegerin, soweit diese nicht für einen bestimmten Arbeitsplatz eingestellt worden ist;[96] die Umsetzung einer **Verkäuferin** von der Kinder- in die Herrenabteilung;[97] die Versetzung eines **Verkaufsstellenleiters** in eine andere Filiale, wenn die Einstellung nicht für einen bestimmten Ort erfolgte und die Versetzung nicht mit einer erheblichen Einkommenseinschränkung verbunden ist;[98] der Einsatz von **Omnibusfahrern** der Deutschen Bundesbahn auf Linien einer regionalen Verkehrsgesellschaft, die bisher von der Deutschen Bundesbahn in eigener Betriebsführung als Bahnbuslinien betrieben worden waren;[99] die Änderung des Beschaubezirkes eines **angestellten Tierarztes** aus organisatorischen Gründen, wenn der Arbeitgeber sich dies durch eine Organisationsklausel im Arbeitsvertrag vorbehalten hat;[100] die Verlängerung der Arbeitszeit von 32 auf 36 Wochenstunden, wenn die tarifliche regelmäßige Arbeitszeit 40 Stunden beträgt und die praktizierte 32-stündige Arbeitswoche nicht auf Grund betrieblicher Übung Vertragsinhalt geworden ist.[101] Auch die nach dem einschlägigen Tarifvertrag widerruflich übertragene **Vorarbeiterposition** kann nach der bedenklichen Auffassung des BAG im Wege des Direktionsrechtes widerrufen werden.[102]

---

[87] LAG Düsseldorf 3. 7. 1974, AuR 1974, 379.
[88] LAG Düsseldorf 26. 10. 1955, BB 1956, 110.
[89] LAG Düsseldorf BB 1957, 667.
[90] BAG 14. 6. 1973, DB 1973, 1304 f.
[91] LAG Baden-Württemberg 24. 10. 1969, BB 1970, 173.
[92] BAG 3. 12. 1980, AP Nr. 4 zu § 615 BGB Böswilligkeit.
[93] LAG Berlin 15. 11. 1962, BB 1963, 938.
[94] LAG Düsseldorf 20. 12. 1957, BB 1958, 449.
[95] ArbG Villingen 15. 8. 1956, BB 1956, 1196.
[96] LAG Berlin 25. 4. 1988, DB 1988, 1228.
[97] LAG Köln 26. 10. 1984, NZA 1985, 258.
[98] LAG Schleswig-Holstein 23. 11. 1964, BB 1965, 417.
[99] BAG 17. 1. 1979, AP Nr. 2 zu § 613 BGB mit Anm. v. *Hoyningen-Huene*.
[100] BAG 19. 5. 1971, AP Nr. 12 zu § 611 BGB Fleischbeschauer-Dienstverhältnis.
[101] BAG 27. 3. 1987, AP Nr. 29 zu § 242 BGB Betriebliche Übung.
[102] BAG 10. 11. 1992, AP Nr. 6 zu § 72 LPVG NW mit abl. Anm. *v. Hoyningen-Huene*.

27 a Kraft seines Direktionsrechts ist der Arbeitgeber grundsätzlich befugt, Mitarbeitern im Verkaufsbereich **Kleidervorschriften** zu machen. Ein Arbeitgeber, der Möbel gehobenen Genres vertreibt, kann seinen im Verkauf tätigen Arbeitnehmern untersagen, in Gegenwart von Kunden in Jeans, Turnschuhen, mit offenem Kragen, ohne Krawatte und ohne Sakko aufzutreten.[103] Ein **Schmuckverbot für Pflegehelfer** in Fachkliniken ist aus Sicherheitsgründen wirksam.[104] Beabsichtigt der Arbeitgeber die Einführung einer einheitlichen Arbeitskleidung zur Verbesserung des äußeren Erscheinungsbildes, so unterliegt dies der **Mitbestimmung des Betriebsrats**.[105] Die Weisung des Arbeitgebers, einheitliche Arbeitskleidung zu tragen, kann vom Arbeitnehmer in der Regel nur dann abgelehnt werden, wenn er in seinem Persönlichkeitsrecht verletzt wird oder die Kleidung Sicherheitserfordernissen widerspricht. Eine Verletzung des Persönlichkeitsrechts ist anzunehmen, wenn die Firmenkleidung so beschaffen ist, daß die Arbeitnehmer der Lächerlichkeit preisgegeben werden.[106]

27 b h) Ob die Grenzen billigen Ermessens beachtet worden sind, unterliegt gemäß § 315 Abs. 3 Satz 2 BGB der **gerichtlichen Kontrolle**.[107] Der Arbeitnehmer kann eine allgemeine Feststellungsklage (§ 256 ZPO) erheben. Die **Beweislast** dafür, daß die Ausübung des Direktionsrechts billigem Ermessen entspricht, trägt der Arbeitgeber. Denn nach § 315 BGB hat die Partei, der das Recht zur einseitigen Leistungsbestimmung zusteht, zu beweisen, daß die von ihr getroffene Leistungsbestimmung billigem Ermessen entspricht.[108]

3. Teilkündigung und Widerruf

28 Eine **Teilkündigung** ist eine Willenserklärung, mit welcher der Kündigende einzelne Vertragsbedingungen gegen den Willen der anderen Vertragspartei einseitig ändern will.[109] Die Teilkündigung ist von der Änderungskündigung zu unterscheiden. Während die Änderungskündigung immer dann, wenn der Arbeitnehmer der Änderung des Vertragsinhalts nicht – auch nicht unter Vorbehalt – zustimmt, eine völlige Auflösung des Arbeitsverhältnisses zur Folge hat, somit Beendigungskündigung ist und deshalb dem KSchG unterfällt, läßt die Teilkündigung den Bestand des Arbeitsverhältnisses als solchen unberührt und betrifft nur einzelne Vertragsbestimmungen.[110] Deshalb findet das KSchG auf sie grundsätzlich keine Anwendung.

---

[103] LAG Hamm 22. 10. 1991, DB 1992, 280.
[104] LAG Schleswig-Holstein 26. 10. 1995, BB 1996, 222.
[105] BAG 1. 12. 1992, AP Nr. 20 zu § 87 BetrVG 1972 Ordnung des Betriebes = EzA § 87 BetrVG 1972 Betriebliche Ordnung Nr. 20 mit zust. Anm. *v. Hoyningen-Huene* zur Gestellung von Arbeitskleidung in einem Bauunternehmen.
[106] BAG 1. 12. 1992, AP Nr. 20 zu § 87 BetrVG 1972 Ordnung des Betriebes; LAG Hamm 7. 7. 1993, LAGE § 611 BGB Direktionsrecht Nr. 14.
[107] BAG 23. 1. 1992, 24. 4. 1996, AP Nr. 39, 48 zu § 611 BGB Direktionsrecht.
[108] BAG 13. 5. 1987, AP Nr. 131 zu §§ 22, 23 BAT 1975; BAG 11. 10. 1995, AP Nr. 45 zu § 611 BGB Direktionsrecht.
[109] Vgl. BAG 22. 1. 1997, AP Nr. 6 zu § 620 BGB Teilkündigung.
[110] Vgl. BAG 8. 11. 1957, AP Nr. 2 zu § 242 BGB Betriebliche Übung mit Anm. *Denecke* = AR-Blattei Kündigung I B Entsch. 1 mit Anm. *Molitor;* BAG 4. 2. 1958, AP Nr. 1 zu § 620 BGB Teilkündigung mit Anm. *A. Hueck;* BAG 7. 10. 1982, AP Nr. 5 zu § 620

Änderungskündigung

Eine **Teilkündigung** ist im Gegensatz zur Änderungskündigung im allgemeinen **unzulässig**, da sie einen einseitigen Eingriff in den Inhalt eines fortbestehenden Vertragsverhältnisses bedeutet und deshalb mit dem Prinzip der Vertragsautonomie nicht vereinbar ist.[111]

Es ist zwar ein **rechtspolitisch gut diskutabler Gedanke**, als weiteres Gestaltungsmittel zur Änderung von Arbeitsbedingungen die Teilkündigung zuzulassen. Mit dem geltenden Recht ist jedoch die Teilkündigung unvereinbar. Denn das KSchG enthält eine abschließende Regelung über die Kündigungsmöglichkeiten und sieht zur Veränderung der Arbeitsbedingungen lediglich die Änderungskündigung vor, deren Voraussetzungen in § 2 geregelt sind.

Die Zulassung der Teilkündigung als weiteres Gestaltungsmittel würde die Rechtslage verkomplizieren, ohne daß dafür ein wirkliches Bedürfnis besteht. Offen ist insbesondere, nach welchen **Maßstäben** die Wirksamkeit einer Teilkündigung zu beurteilen ist. Denkbar wäre die analoge Anwendung des § 1 Abs. 2 mit den dort entwickelten Wertungsmaßstäben (vgl. § 1 Rn. 135 ff.). Soweit im Schrifttum gelegentlich die Auffassung vertreten wird, Teilkündigungen seien aus „sachlichem Grund" zulässig,[112] bleibt unklar, inwieweit sich die Anforderungen an den sachlichen Grund von der sozialen Rechtfertigung (§ 2 Satz 1 i. V. m. § 1 Abs. 2) bzw. dem billigen Ermessen (§ 315 Abs. 1 BGB) unterscheiden. Schließlich kann gegen die Unzulässigkeit der Teilkündigung auch nicht eingewandt werden, daß die Nichtzulassung den Arbeitgeber besserstelle, der kautelarjuristisch gut beraten sei.[113] Denn es liegt in der Natur der Privatautonomie, daß die besser beratene Vertragspartei gegenüber der weniger gut beratenen im Vorteil ist. Hieraus können aber keine Schlüsse hinsichtlich der Zulässigkeit bzw. Unzulässigkeit gesetzlich nicht vorgesehener Rechtsinstitute gezogen werden. Eine Teilkündigung ist daher nach geltender Rechtslage grundsätzlich nicht möglich.

BGB Teilkündigung mit krit. Anm. *M. Wolf* = AR-Blattei Kündigung I B Entsch. 3 mit zust. Anm. *Gröninger* = SAE 1983, 185 mit zust. Anm. *Beitzke* = EzA § 315 BGB Nr. 28 mit Anm. *Herschel*; BAG 23. 8. 1989, AP Nr. 3 zu § 565 e BGB; BAG 15. 2. 1990, AP Nr. 17 zu § 17 BAT; BAG 14. 11. 1990, AP Nr. 25 zu § 611 BGB Arzt-Krankenhaus-Vertrag; BGH 5. 11. 1992, EzA § 622 BGB Teilkündigung Nr. 6; BAG 22. 1. 1997, AP Nr. 6 zu § 620 BGB Teilkündigung; *Ascheid* Kündigungsschutzrecht Rn. 21; *G. Hueck* RdA 1968, 201; *Preis* Grundfragen der Vertragsgestaltung S. 432 ff.; KR-*Rost* § 2 KSchG Rn. 51 ff.; *Stahlhacke/Preis/Vossen* Rn. 138 ff.; *Wank* in: Hromadka Änderung von Arbeitsbedingungen S. 35, 48 ff.

[111] BAG 4. 2. 1958, 7. 10. 1982, AP Nr. 1, 5 zu § 620 BGB Teilkündigung; BAG 23. 8. 1989, AP Nr. 3 zu § 565 e BGB; BGH 5. 11. 1992, EzA § 622 BGB Teilkündigung Nr. 6; ErfK/*Ascheid* § 2 KSchG Rn. 7; *Erman/Hanau* § 620 Rn. 92; *G. Hueck* RdA 1968, 201 ff.; APS/*Künzl* § 2 KSchG Rn. 74; *Linck* AR-Blattei SD 1020.1.1 Rn. 36; KR-*Rost* § 2 KSchG Rn. 51; *Schaub* § 123 Rn. 51; MünchKomm-BGB/*Schwerdtner* vor § 620 Rn. 59; HK-KSchG/*Weller/Hauck* § 2 Rn. 93; – abweichend *Joachim* RdA 1957, 326 ff.; *Preis* Grundfragen der Vertragsgestaltung S. 434 f.; *Stahlhacke/Preis/Vossen* Rn. 140 und 142; *Wank* in: Hromadka Änderung von Arbeitsbedingungen S. 35, 48; *M. Wolf* Anm. zu BAG AP Nr. 5 zu § 620 BGB Teilkündigung; – zur tarifvertraglich zulässigen Teilkündigung einer Nebenabrede zum Arbeitsvertrag vgl. BAG 15. 2. 1990, AP Nr. 17 zu § 17 BAT.
[112] *Preis* Grundfragen der Vertragsgestaltung S. 435.
[113] So aber *Preis* Grundfragen der Vertragsgestaltung S. 434; MünchArbR/*Wank* § 118 Rn. 50.

§ 2 30–30 c   1. Abschnitt. Allgemeiner Kündigungsschutz

30   Eine **Ausnahme** gilt nur, wenn ausdrücklich oder konkludent etwas anderes vereinbart ist.[114] Das kommt namentlich bei vom Arbeitgeber freiwillig gewährten zusätzlichen Leistungen vor.[115] Man vermeidet dann aber besser den Ausdruck „Kündigung" und spricht von **„Widerruf",**[116] selbst wenn die Einhaltung einer der Kündigungsfrist entsprechenden Frist vereinbart ist.[117] Die Vereinbarung der Zulässigkeit einer „Teilkündigung" ist dann nichts anderes als ein vom Arbeitnehmer akzeptierter **Widerrufsvorbehalt** des Arbeitgebers.[118] Ob ein solcher Widerrufsvorbehalt vereinbart ist, muß durch Auslegung der Vereinbarung (§§ 133, 157 BGB) festgestellt werden.[119] Hat der Arbeitgeber eine zusätzliche Leistung zugesagt, ohne sich den Widerruf vorzubehalten, so kann er die Vergünstigung nicht mit der Begründung einstellen, die Gewährung freiwilliger Leistungen liege in seinem billigem Ermessen.[120]

30 a   Natürlich darf die Vereinbarung eines Widerrufsrechts nicht gegen die guten Sitten, ein gesetzliches Verbot, einen Tarifvertrag oder eine Betriebsvereinbarung verstoßen, und sie darf nicht der Umgehung des KSchG dienen. Die Vereinbarung eines Widerrufsvorbehalts ist gemäß § 134 BGB nichtig, wenn sie zu einer **Ausschaltung des zwingenden Kündigungsschutzes** führt. Das ist anzunehmen, wenn wesentliche Elemente des Arbeitsvertrages einer einseitigen Änderung unterliegen sollen, durch die das Gleichgewicht zwischen Leistung und Gegenleistung gestört werden würde.[121]

30 b   In diesen **Kernbereich des Arbeitsverhältnisses** wird beispielsweise eingegriffen, wenn der Arbeitgeber nach dem Arbeitsvertrag bei arbeitszeitabhängiger Vergütung die Arbeitszeitdauer einseitig nach Bedarf reduzieren kann.[122] Kein Eingriff in den geschützten Kernbereich des Arbeitsverhältnisses liegt dagegen vor, wenn lediglich zusätzlich zur tariflichen Vergütung zugesagte Vergütungsbestandteile geändert werden.[123]

30 c   Das BAG hat eine grundlegende Störung des Leistungsgleichgewichts und damit einen Eingriff in den kündigungsschutzrechtlich geschützten Kern-

---

[114] BAG 7. 10. 1982, AP Nr. 5 zu § 620 BGB Teilkündigung; BAG 14. 11. 1990, AP Nr. 25 zu § 611 BGB Arzt-Krankenhaus-Vertrag.
[115] Vgl. dazu BAG 7. 9. 1994, AP Nr. 11 zu § 611 BGB Lohnzuschläge.
[116] G. *Hueck* RdA 1968, 201, 205; KR-*Rost* § 2 KSchG Rn. 51.
[117] Zum Vorrang des Widerrufs vor der Änderungskündigung BAG 28. 4. 1982, AP Nr. 3 zu § 2 KSchG 1969 mit Anm. *v. Hoyningen-Huene* = AuR 1983, 381 mit Anm. *Kempff* = SAE 1982, 246 mit Anm. *Beitzke*.
[118] Vgl. BAG 7. 10. 1982, AP Nr. 5 zu § 620 BGB Teilkündigung; G. *Hueck* RdA 1968, 201, 206; KR-*Rost* § 2 KSchG Rn. 52.
[119] Vgl. *Hromadka* RdA 1992, 234, 251.
[120] Vgl. BAG 14. 6. 1995, AP Nr. 1 zu § 611 BGB Personalrabatt = SAE 1997, 69 mit Anm. *Peterek*.
[121] BAG 7. 10. 1982, AP Nr. 5 zu § 620 BGB Teilkündigung; BAG 12. 12. 1984, AP Nr. 6 zu § 2 KSchG 1969 = SAE 1985, 357 mit Anm. *Schüren*; BAG 14. 11. 1990, AP Nr. 25 zu § 611 BGB Arzt-Krankenhaus-Vertrag unter III 1; HaKo-*Pfeiffer* § 2 Rn. 21.
[122] BAG 12. 12. 1984, AP Nr. 6 zu § 2 KSchG 1969.
[123] Vgl. BAG 15. 11. 1995, AP Nr. 20 zu § 1 TVG Tarifverträge: Lufthansa; BAG 28. 5. 1997, AP Nr. 36 zu § 611 BGB Arzt-Krankenhaus-Vertrag; näher hierzu *Gaul* ZTR 1998, 245; *Isenhardt* Festschrift für Hanau 1999, S. 221; *Kania* DB 1998, 2418; *Krauß* Widerruf von Arbeitgeberleistungen 1997; *Richardt*, Arbeitsvertragliche Flexibilisierung von Entgeltbedingungen 1998.

bereich in Fällen verneint, in denen eine Leistung unter Widerrufsvorbehalt stand und sich das Widerrufsrecht bei unveränderter Tätigkeit auf Zulagen in Höhe von **25 bis 30% bzw. 15% der Tarifvergütung** erstreckte.[124] Als wichtig angesehen wurde in diesem Zusammenhang nicht nur, wieviel Prozent der Vergütung widerruflich waren, sondern auch, welche Vergütung dem Arbeitnehmer unwiderruflich zustand. In den genannten Fällen blieb dem Arbeitnehmer jeweils zumindest die tarifliche Vergütung.

Die für Chefarztverträge typischen **Entwicklungs- und Anpassungsklauseln** sind grundsätzlich wirksam.[125] Eine auf Grund einer Entwicklungsklausel vorgenommene Beschränkung des Aufgabenbereichs eines Chefarztes führt nach Auffassung des BAG nicht schon deshalb zu einer Umgehung des Kündigungsschutzrechts, weil dadurch seine Einnahmen für die Tätigkeit im dienstlichen Aufgabenbereich auf etwa 75% und die Gesamteinnahmen aus dienstlicher und genehmigter Nebentätigkeit auf 60 bis 65% seiner bisherigen Einnahmen sinken. 30 d

Im allgemeinen darf ein **Widerruf nur nach billigem Ermessen** erfolgen, § 315 BGB.[126] Dann kommt in der Regel eine Ausschaltung des KSchG nicht in Betracht. Denn der Arbeitnehmer kann gegen einen unbilligen Widerruf gerichtlichen Schutz in Anspruch nehmen (§ 315 Abs. 3 BGB), ähnlich wie das bei einer sozial ungerechtfertigten Kündigung der Fall ist. 31

Die Ausübung des Widerrufsrechts kann der Arbeitnehmer im Wege der **allgemeinen Feststellungsklage** gerichtlich überprüfen lassen. Er ist hierbei an die Klagefrist des § 4 KSchG nicht gebunden. Nach Auffassung des BAG kann der Arbeitnehmer dabei auf Feststellung der billigen Leistung durch das Gericht nach § 315 Abs. 3 Satz 2 BGB klagen.[127] 32

IV. Grundsatz der Verhältnismäßigkeit

Vor Ausspruch einer Änderungskündigung hat der Arbeitgeber stets zu prüfen, ob er das mit der Änderungskündigung angestrebte Ziel der Veränderung der Arbeitsbedingungen nicht mit weniger einschneidenden Maßnahmen erreichen kann. Aus dem im Kündigungsschutzrecht geltenden Grundsatz der Verhältnismäßigkeit (dazu § 1 Rn. 139 ff.) folgt, daß der Arbeitgeber das **mildeste Mittel wählen** muß, um sein Ziel zu erreichen.[128] 32 a

---

[124] Vgl. BAG 13. 5. 1987, AP Nr. 4 zu § 305 BGB Billigkeitskontrolle; BAG 21. 4. 1993, AP Nr. 34 zu § 2 KSchG 1969.
[125] BAG 28. 5. 1997, AP Nr. 36 zu § 611 BGB Arzt-Krankenhaus-Vertrag mit Anm. *Popp.*
[126] BAG 7. 1. 1971, AP Nr. 12 zu § 315 BGB = AR-Blattei Lohn XVI Entsch. 7 mit Anm. *Söllner* = SAE 1972, 56 mit Anm. *Westhaus;* BAG 7. 10. 1982, AP Nr. 5 zu § 620 BGB Teilkündigung; BAG 13. 5. 1987, AP Nr. 4 zu § 305 BGB Billigkeitskontrolle = SAE 1988, 161 mit krit. Anm. *Henssler;* BAG 26. 5. 1992, AP Nr. 2 zu § 1 BUrlG Treueurlaub; BAG 7. 9. 1994, AP Nr. 11 zu § 611 BGB Lohnzuschläge; BAG 28. 5. 1997, AP Nr. 36 zu § 611 BGB Arzt-Krankenhaus-Vertrag; *v. Hoyningen-Huene* Billigkeit S. 204 ff.; *Hromadka* RdA 1992, 234, 237 f.; APS/*Künzl* § 2 KSchG Rn. 100.
[127] BAG 7. 10. 1982, AP Nr. 5 zu § 620 BGB Teilkündigung unter I; vgl. auch MünchArbR/*Blomeyer* § 48 Rn. 47; ErfK/*Ascheid* § 2 KSchG Rn. 23.
[128] Vgl. BAG 28. 4. 1982, AP Nr. 3 zu § 2 KSchG 1969 mit zust. Anm. *v. Hoyningen-Huene* = AuR 1983, 381 mit Anm. *Kempff* = SAE 1982, 246 mit Anm. *Beitzke;* BAG 9. 2. 1989, RzK I 7 a Nr. 15; BAG 19. 5. 1993, AP Nr. 31 zu § 1 KSchG 1969 Betriebsbedingte

Kann der Arbeitgeber die beabsichtigte Änderung im Wege des Direktionsrechts oder durch Ausübung seines Widerrufsrechts erreichen, hat er sich dieser Gestaltungsmittel zu bedienen, weil hierdurch der Bestand des Arbeitsverhältnisses nicht gefährdet wird. Der Ausspruch einer hilfsweisen Änderungskündigung bleibt freilich hiervon unberührt.

32 b Neuerdings ist das BAG freilich der Auffassung, daß die Möglichkeit, eine Änderung der aktuellen Arbeitsbedingungen durch Ausübung des Direktionsrechtes zu bewirken, nicht zur **Unwirksamkeit** einer gleichwohl ausgesprochenen **Änderungskündigung** führe, wenn der Arbeitnehmer das Änderungsangebot unter Vorbehalt annehme.[129] Gleiches soll gelten, wenn die Ausübung eines vertraglich vorbehaltenen Widerrufsrechts billigem Ermessen entspricht.[130] Bei einer Annahme des Änderungsangebotes unter Vorbehalt gehe es von vornherein nicht um eine mögliche Beendigung des Arbeitsverhältnisses, sondern um dessen inhaltliche Ausgestaltung. Unverhältnismäßig könne allenfalls das Element der Kündigung sein, nicht dagegen das mit der Kündigung verbundene Änderungsangebot. Die Frage, ob die neuen Arbeitsbedingungen gerade infolge der mit der Änderungskündigung angebotenen Vertragsänderung gelten oder ob die angebotenen Arbeitsbedingungen bereits ohnehin Grundlage des Arbeitsverhältnisses seien, sei daher nur eines der Elemente der Begründetheitsprüfung.

32 c Diese Rechtsprechung kann nicht überzeugen.[131] Es ist für den Arbeitnehmer ein **wesentlicher Unterschied**, ob ihm im Wege des **Direktionsrechtes** eine bestimmte Tätigkeit zugewiesen wird oder ob der Arbeitgeber zur Erreichung des gleichen Ziels eine **Änderungskündigung** ausspricht. Mit dem Zugang der Änderungskündigung beginnt für den Arbeitnehmer die Klagefrist von drei Wochen (§ 4 Satz 1) zu laufen. Läßt er diese Frist untätig verstreichen, endet das Arbeitsverhältnis. Kommt er demgegenüber einer Weisung des Arbeitgebers nicht nach, ist es Sache des Arbeitgebers, weitere arbeitsrechtliche Maßnahmen zu ergreifen. Der Arbeitgeber hat dann beispielsweise die Möglichkeit, nach einer Abmahnung eine verhaltensbedingte Kündigung auszusprechen. Auch kann der Arbeitnehmer von sich aus ohne Einhaltung der Drei-Wochen-Frist des § 4 die Unwirksamkeit der erfolgten Weisung gerichtlich geltend machen. Diese Zusammenhänge erhellen, daß mit einer Änderungskündigung durchaus eine relevante Gefährdung des Arbeitsverhältnisses einhergeht und deswegen vor Ausspruch einer Änderungskündigung stets vom Arbeitgeber geprüft werden muß, ob diese

---

Kündigung; *Ascheid* Kündigungsschutzrecht Rn. 477 f.; *Hromadka* RdA 1992, 234, 257 f.; *Kittner/Däubler/Zwanziger* § 2 KSchG Rn. 139; APS/*Künzl* § 2 KSchG Rn. 104; *Precklein* S. 55; KR-*Rost* § 2 KSchG Rn. 106 a; *Söllner* in: Hromadka Änderung von Arbeitsbedingungen S. 13, 23; HK-KSchG/*Weller/Hauck* § 2 Rn. 148.

[129] So BAG 26. 1. 1995, AP Nr. 36 zu § 2 KSchG 1969 mit krit. Anm. *Enderlein* sowie BAG 21. 2. 1991, RzK I 7 a Nr. 23; BAG 9. 7. 1997, AP Nr. 233 zu §§ 22, 23 BAT 1975; LAG Berlin 29. 11. 1999, LAGE § 2 KSchG Nr. 36.

[130] Vgl. BAG 15. 11. 1995, AP Nr. 20 zu § 1 TVG Tarifverträge: Lufthansa mit Anm. *Hromadka*.

[131] Ablehnend auch ErfK/*Ascheid* § 2 KSchG Rn. 14; *Berkowsky* NZA 1999, 293, 295 ff.; *Boewer* BB 1996, 2618, 2621; *Gaul* DB 1998, 1913; *Hromadka* Anm. zu BAG AP Nr. 20 zu § 1 TVG Tarifverträge: Lufthansa; APS/*Künzl* § 2 KSchG Rn. 107 f.; KR-*Rost* § 2 KSchG Rn. 106 a ff.; *Stahlhacke/Preis/Vossen* Rn. 779 f.

Änderungskündigung   32 d–32 f § 2

nicht durch Ausübung des Direktions- oder Widerrufsrechts als milderes Mittel vermieden werden kann.[132]

Soweit das BAG[133] seine abweichende Auffassung damit begründet, daß **32 d** **Streitgegenstand der Änderungsschutzklage** bei einer Annahme des Änderungsangebots unter Vorbehalt von vornherein nicht eine mögliche Beendigung des Arbeitsverhältnisses sei, sondern lediglich dessen inhaltliche Ausgestaltung, ist dies zwar richtig. Dies steht aber nicht der Annahme entgegen, daß die Änderungskündigung gleichwohl unverhältnismäßig ist. Für die Beurteilung der Wirksamkeit der Änderungskündigung kommt es nämlich nicht auf die Verhältnisse zum Zeitpunkt der Klageerhebung an, sondern auf die Verhältnisse zum Zeitpunkt des Zugangs der Änderungskündigung. Stellt man richtigerweise auf diesen Zeitpunkt ab, ist aus den oben (Rn. 32 c) dargestellten Gründen eine Änderungskündigung unwirksam, wenn die vom Arbeitgeber gewünschte neue Ausgestaltung der Arbeitsbedingungen im Wege des Direktionsrechts oder durch Ausübung eines Widerrufs erreicht werden kann. Das BAG übersieht in diesem Zusammenhang, daß zum Zeitpunkt des Zugangs der Änderungskündigung Änderungsangebot und Kündigung eine Einheit bilden.

Schließlich beruft sich der 2. Senat in seinem Urteil vom 21. 2. 1991[134] **32 e** zu Unrecht auf den 7. Senat.[135] In der angezogenen Entscheidung des 7. Senats hatte der Arbeitgeber die streitgegenständliche **Änderungskündigung nur vorsorglich** für den Fall ausgesprochen, daß die zuvor erteilte Weisung unwirksam war. Demgegenüber wurde eine solche Weisung in den neueren Entscheidungen des Bundesarbeitsgerichts[136] nicht erteilt. Unter Berücksichtigung der Wirksamkeit der erfolgten Weisung kam das BAG im Jahre 1987 dann zu dem zutreffenden Ergebnis, daß die Kündigungsschutzklage des Arbeitnehmers ins Leere gehe, weil die Änderungskündigung für den Fall dieser Rechtslage nicht ausgesprochen und daher rechtlich nicht vorhanden sei.[137]

Ein Arbeitgeber des öffentlichen Dienstes kann sich von einer rechts- **32 f** fehlerhaften Tarifanwendung, die nicht zur Entstehung einzelvertraglicher Rechtsansprüche geführt hat, einseitig lossagen, sog. **korrigierende Rückgruppierung.**[138] Eine Änderungskündigung ist nur zur Änderung arbeitsvertraglicher Ansprüche erforderlich.[139] Wird eine zu hohe Vergütung rechtsgrundlos gezahlt, kann die Zahlung vom Arbeitgeber einseitig eingestellt

---

[132] Abweichend *Enderlein* Anm. zu BAG AP Nr. 36, 37 zu § 2 KSchG 1969; *Löwisch* § 2 Rn. 95.
[133] Vgl. BAG 26. 1. 1995, AP Nr. 36 zu § 2 KSchG 1969; BAG 15. 11. 1995, AP Nr. 20 zu § 1 TVG Tarifverträge: Lufthansa; BAG 9. 7. 1997, AP Nr. 233 zu §§ 22, 23 BAT 1975; ebenso *Fischermeier* NZA 2000, 737, 739.
[134] BAG 21. 2. 1991, RzK I 7 a Nr. 23.
[135] BAG 27. 3. 1987, AP Nr. 29 zu § 242 BGB Betriebliche Übung.
[136] BAG 21. 2. 1991 RzK I 7 a Nr. 23 sowie BAG 26. 1. 1995, AP Nr. 36 zu § 2 KSchG 1969.
[137] BAG 27. 3. 1987, AP Nr. 29 zu § 242 BGB Betriebliche Übung unter III.
[138] BAG 23. 4. 1986, AP Nr. 118 zu §§ 22, 23 BAT 1975; BAG 23. 8. 1995, ZTR 1996, 169; BAG 18. 2. 1998, AP Nr. 239 zu § 2 KSchG 1969; BAG 16. 2. 2000, EzA § 4 TVG Rückgruppierung Nr. 1; näher dazu *Linck* FA 1998, 105.
[139] Vgl. dazu auch BAG 15. 3. 1991, AP Nr. 28 zu § 2 KSchG 1969, das im entschiedenen Fall abweichend einen vertraglichen Vergütungsanspruch angenommen hat.

§ 2 32 g–33   1. Abschnitt. Allgemeiner Kündigungsschutz

werden. Denn die Angabe der Vergütungsgruppe in Arbeitsverträgen des öffentlichen Dienstes kann grundsätzlich nicht dahin ausgelegt werden, dem Arbeitnehmer solle ein eigenständiger, von den tariflichen Bestimmungen unabhängiger arbeitsvertraglicher Anspruch auf eine bestimmte Vergütung zustehen.[140] Der Arbeitgeber des öffentlichen Dienstes will nämlich grundsätzlich im Wege des Normenvollzuges nur das gewähren, was dem Arbeitnehmer tarifvertraglich zusteht.[141]

32 g Stellt die Angabe/Mitteilung der Vergütungsgruppe **keine wissentliche Zubilligung einer übertariflichen Vergütung** dar, so kann der Arbeitgeber im Rahmen des BAT eine erneute tarifvertragliche Zuordnung der zu bewertenden Tätigkeit im Wege der korrigierenden Rückgruppierung auch zu Lasten des Angestellten vornehmen. Im Streitfall kann sich der Angestellte zunächst auf die ihm vom Arbeitgeber mitgeteilte Vergütungsgruppe berufen. Sodann muß der Arbeitgeber die objektive Fehlerhaftigkeit der mitgeteilten Vergütungsgruppe darlegen und beweisen.[142]

32 h Die **objektive Fehlerhaftigkeit** liegt bereits vor, wenn auch nur eine der tariflichen Voraussetzungen für die bisherige Eingruppierung fehlt. Die Eingruppierung ist objektiv fehlerhaft, wenn sich der Arbeitgeber insoweit bei der Rechtsanwendung „geirrt" hat, als er unzutreffende Tatsachen zugrunde gelegt und/oder eine objektiv unzutreffende rechtliche Bewertung vorgenommen hat. Da die vom Arbeitgeber darzulegende Fehlerhaftigkeit der mitgeteilten Eingruppierung bereits gegeben ist, wenn auch nur eine der tariflichen Voraussetzungen für die bisherige Eingruppierung fehlt, muß der Arbeitgeber nicht notwendigerweise zu allen Voraussetzungen vortragen.[143] Insoweit ist der Umfang seiner Darlegungslast ein anderer als bei einem Arbeitnehmer, der grundsätzlich zu allen Voraussetzungen der von ihm begehrten höheren Eingruppierung substantiiert vortragen muß. Der Arbeitgeber erfüllt seine Darlegungslast bereits dann, wenn sich aus seinem Vorbringen einschließlich des unstreitigen Sachverhalts ergibt, daß jedenfalls wegen einer der tariflichen Voraussetzungen die mitgeteilte Eingruppierung nicht zutreffend war.

V. Beteiligung des Betriebsrats

33 Vor Ausspruch der Änderungskündigung ist nach **§ 102 Abs. 1 BetrVG** der Betriebsrat anzuhören.[144] Ist mit der Änderungskündigung eine

---

[140] Abweichend BAG 15. 3. 1991, AP Nr. 28 zu § 2 KSchG 1969; wie hier BAG 16. 2. 2000, EzA § 4 TVG Rückgruppierung Nr. 1; *Rieble* Anm. zu BAG EzA § 2 KSchG Nr. 17.
[141] St. Rspr., vgl. BAG 23. 8. 1995, ZTR 1996, 169; BAG 8. 8. 1996, AP Nr. 46 zu §§ 22, 23 BAT Lehrer; BAG 28. 5. 1997, ZTR 1997, 457; BAG 9. 7. 1997, 18. 2. 1998, AP Nr. 223, 239 zu §§ 22, 23 BAT 1975.
[142] BAG 16. 2. 2000, 17. 5. 2000, EzA § 4 TVG Rückgruppierung Nr. 1, 2.
[143] BAG 16. 2. 2000, EzA § 4 TVG Rückgruppierung Nr. 1; ähnlich bereits BAG 18. 2. 1998, AP Nr. 239 zu §§ 22, 23 BAT; – zur Bedeutung des Nachweisgesetzes in diesem Zusammenhang EuGH 14. 12. 1997, AP Nr. 3 zu EWG-Richtlinie 91/533 sowie *Linck* FA 1999, 105.
[144] BAG 3. 11. 1977, AP Nr. 1 zu § 75 BPersVG mit Anm. *Richardi* = SAE 1979, 201 mit Anm. *Dütz*; BAG 10. 3. 1982, AP Nr. 2 zu § 2 KSchG 1969 mit Anm. *Meisel* = SAE

Änderungskündigung　　　　　　　　　　　　　　　33 a, 33 b　§ 2

Versetzung i. S. v. § 95 Abs. 3 BetrVG oder eine Umgruppierung verbunden, so hat der Arbeitgeber den Betriebsrat noch zusätzlich gemäß § **99 Abs. 1 BetrVG** zu unterrichten und die Zustimmung einzuholen.[145] Dies gilt auch für die außerordentliche Änderungskündigung.[146] Hat der Personalrat fristgerecht Einwendungen gegen eine beabsichtigte Änderungskündigung erhoben, so ist diese in der Regel unwirksam, wenn der Arbeitgeber eine nach dem einschlägigen Personalvertretungsgesetz vorgeschriebene Erörterung mit dem Personalrat unterlassen hat.[147]

Soweit im Schrifttum vereinzelt die Auffassung vertreten wird, daß dann, 33 a wenn der Arbeitnehmer das Angebot des Arbeitgebers zur Änderung der Arbeitsbedingungen unter Vorbehalt annehmen möchte, eine **Unterrichtung des Betriebsrats** nach § 102 Abs. 1 BetrVG nicht erforderlich sei,[148] kann dem nicht gefolgt werden. Dieser Auffassung liegt ein unrichtiges Verständnis von der Zulässigkeit der Änderungskündigung zugrunde. Der Arbeitgeber ist keineswegs verpflichtet, vor Ausspruch einer Änderungskündigung dem Arbeitnehmer individualrechtlich eine Weiterbeschäftigung auf einem anderen freien Arbeitsplatz anzubieten. Es steht ihm vielmehr frei, unmittelbar eine Änderungskündigung auszusprechen (dazu im einzelnen § 1 Rn. 145 ff.). Wenn der Arbeitgeber eine Änderungskündigung ausspricht, muß er freilich eine Unterrichtung des Betriebsrats nach § 102 Abs. 1 BetrVG vornehmen.

Aber auch wenn der Arbeitgeber dem Arbeitnehmer **zunächst ein Än-** 33 b **derungsangebot unterbreitet** und dieser das Angebot unter einem dem § 2 entsprechenden Vorbehalt annimmt, muß der Arbeitgeber eine Änderungskündigung aussprechen, um die gewünschte Vertragsänderung herbeizuführen. Vor dieser Kündigung hat er nach dem klaren Wortlaut von § 102 Abs. 1 BetrVG den Betriebsrat über die Kündigungsgründe zu unterrichten. Der Arbeitgeber kann im übrigen auch nicht sicher sein, daß der Arbeitnehmer das in der Änderungskündigung enthaltene Änderungsangebot tatsächlich unter Vorbehalt annimmt und Änderungsschutzklage erhebt.[149] Unterläßt der Arbeitgeber in diesen Fällen die vorherige Unterrichtung des Betriebsrats nach § 102 Abs. 1 BetrVG, läuft er Gefahr, daß der Arbeitnehmer das in der Änderungskündigung enthaltene Änderungsangebot nicht unter Vorbehalt annimmt und statt dessen im Kündigungsschutzprozeß die

---

1983, 104 mit zust. Anm. *v. Hoyningen-Huene*; BAG 20. 3. 1986, AP Nr. 14 zu § 2 KSchG 1969 = EzA § 2 KSchG Nr. 6 mit zust. Anm. *Löwisch/Bernards*; BAG 30. 11. 1989, AP Nr. 53 zu § 102 BetrVG 1972 = SAE 1991, 128 mit Anm. *Schmitt*; BAG 30. 9. 1993, AP Nr. 33 zu § 2 KSchG 1969 mit krit. Anm. *Wlotzke* = EzA § 99 BetrVG 1972 Nr. 118 mit zust. Anm. *Kania* = AR-Blattei ES 1700 Nr. 21 mit krit. Anm. *v. Hoyningen-Huene* = SAE 1995, 360 mit krit. Anm. *Waltermann*; ErfK/*Ascheid* § 2 KSchG Rn. 24; KR-*Etzel* § 102 BetrVG Rn. 30; *Hess/Schlochauer/Glaubitz* § 102 Rn. 17; *v. Hoyningen-Huene* BetrVR § 14 IV 2; *v. Hoyningen-Huene/Boemke* S. 82 f.; *Kittner/Däubler/Zwanziger* § 2 KSchG Rn. 186; GK-BetrVG/*Kraft* GK-BetrV § 102 Rn. 30; APS/*Künzl* § 2 KSchG Rn. 115; *Linck* AR-Blattei SD 1020.1.1 Rn. 107 f.; *Löwisch* § 2 Rn. 82; KR-*Rost* § 2 KSchG Rn. 113; *Schwerdtner* BAG-Festschrift S. 555, 576.

[145] BAG 30. 9. 1993, AP Nr. 33 zu § 2 KSchG 1969.
[146] BAG 29. 6. 1988, DB 1989, 1090, 1091 zur Personalratsbeteiligung.
[147] Vgl. BAG 20. 1. 2000, AP Nr. 56 zu § 2 KSchG 1969.
[148] So etwa *Fitting* § 102 Rn. 7.
[149] Abweichend *Fitting* § 102 Rn. 7.

Unwirksamkeit der Kündigung nach § 102 Abs. 1 Satz 3 BetrVG geltend macht.[150]

34 Die Beteiligung gemäß § 102 BetrVG tritt neben die Mitwirkung nach § 99 BetrVG, weil sich Änderungskündigung und Versetzung bzw. Umgruppierung sowohl vom Gegenstand als auch von der Rechtsnatur unterscheiden. Soweit die entsprechenden Voraussetzungen gegeben sind, können **beide Mitwirkungsverfahren nebeneinander durchgeführt werden.**[151]

1. Anhörung nach § 102 BetrVG

35 a) Der Arbeitgeber hat vor Ausspruch einer Änderungskündigung gemäß § 102 Abs. 1 BetrVG dem Betriebsrat sowohl die **Gründe für die Änderung** der Arbeitsbedingungen als auch das **Änderungsangebot** mitzuteilen.[152] Hierfür genügt es in der Regel nicht, die Kündigungsgründe nur pauschal und schlagwortartig zu bezeichnen oder bloße Werturteile ohne Angabe der für die Bewertung maßgebenden Tatsachen anzugeben.[153]

36 Wird dem Betriebsrat das Änderungsangebot nicht mitgeteilt und muß dieser deswegen davon ausgehen, es gehe um eine Beendigungskündigung, so führt dies unmittelbar zur **Unwirksamkeit nach § 102 Abs. 1 Satz 3 BetrVG.**[154] Unterbreitet der Arbeitgeber dem Arbeitnehmer vor Ausspruch der Kündigung ein Änderungsangebot und legt er im Rahmen der Anhörung zu einer beabsichtigten Änderungskündigung dem Betriebsrat neben dem Änderungsangebot auch die Stellungnahme des Arbeitnehmers hierzu vor, so genügt diese Anhörung auch bei Ablehnung des Änderungsangebots durch den Arbeitnehmer nicht den Erfordernissen für eine dann tatsächlich ausgesprochene Beendigungskündigung.[155] Die Beendigungskündigung ist nämlich nicht die zwingende Folge der Ablehnung des Änderungsangebots durch den Arbeitnehmer, da es im Ermessen des Arbeitgebers steht, dem Arbeitnehmer auch nach Ablehnung des Änderungsangebots eine Änderungskündigung auszusprechen.

37 Zur ordnungsgemäßen Anhörung des Betriebsrats bei betriebsbedingten Änderungskündigungen zur Kürzung der vertraglichen Weihnachtsgratifikation gehört jedenfalls dann die **Angabe der Kündigungsfristen** der

---

[150] Im Ergebnis ebenso *Hohmeister* BB 1994, 1777, 1780 ff.; KR-*Rost* § 2 KSchG Rn. 114.

[151] BAG 3. 11. 1977, AP Nr. 1 zu § 75 BPersVG unter II 1 mit Anm. *Richardi*; BAG 30. 9. 1993, AP Nr. 33 zu § 2 KSchG 1969; ErfK/*Ascheid* § 2 KSchG Rn. 24; *Becker-Schaffner* BB 1991, 129, 135; *v. Hoyningen-Huene* BetrVR § 14 III 2 b; GK-BetrVG/*Kraft* § 102 Rn. 30; *Löwisch* NZA 1988, 633, 639; *ders.* § 2 Rn. 85; *Meier* NZA 1988 Beil. 3, S. 3, 10; KR-*Rost* § 2 KSchG Rn. 130; *Schaub* in: Hromadka Änderung von Arbeitsbedingungen 1990 S. 73, 104; – teilweise abweichend *Fitting* § 102 Rn. 7.

[152] BAG 3. 11. 1977, AP Nr. 1 zu § 75 BPersVG; BAG 10. 3. 1982, 20. 3. 1986, AP Nr. 2, 14 zu § 2 KSchG 1969; BAG 30. 11. 1989, AP Nr. 53 zu § 102 BetrVG 1972; BAG 19. 5. 1993, AP Nr. 31 zu § 2 KSchG 1969; *v. Hoyningen-Huene* SAE 1983, 108, 110; APS/*Künzl* § 2 KSchG Rn. 118; KR-*Rost* § 2 KSchG Rn. 115; HK-KSchG/*Weller/Hauck* § 2 Rn. 169.

[153] Vgl. BAG 13. 7. 1978, AP Nr. 17 zu § 102 BetrVG 1972 mit Anm. *G. Hueck* = SAE 1979, 206 mit zust. Anm. *v. Hoyningen-Huene*.

[154] BAG 27. 5. 1982, BB 1985, 56.

[155] BAG 30. 11. 1989, AP Nr. 53 zu § 102 BetrVG 1972.

Änderungskündigung 38–40 a § 2

betroffenen Arbeitnehmer, wenn sich erst daraus der Umfang der erstrebten Reduzierung des Weihnachtsgeldes, bezogen auf das laufende oder das nachfolgende Kalenderjahr, ermitteln läßt.[156]

b) Hinsichtlich der individualrechtlichen **Folgen einer unwirksamen Anhörung des Betriebsrats** ist zu unterscheiden: 38

Hat der Arbeitnehmer das **Änderungsangebot abgelehnt**, besteht für die vom Arbeitgeber angestrebte Veränderung der Arbeitsbedingungen keine individualrechtliche Grundlage. Da keine Vertragsänderung zustande gekommen ist, wirkt sich ein Verstoß gegen § 102 Abs. 1 BetrVG nur dahin aus, daß der Arbeitnehmer allein wegen der unterlassenen Anhörung die Unwirksamkeit der Kündigung geltend machen kann, ohne gemäß § 13 Abs. 3 an die Frist des § 4 Satz 1 gebunden zu sein.[157] 39

Nimmt der Arbeitnehmer das **Änderungsangebot vorbehaltlos an**, hängt die Wirksamkeit des Änderungsvertrages davon ab, ob sich die Unwirksamkeit nach § 102 Abs. 1 Satz 3 BetrVG nur auf die Kündigungserklärung oder auch auf das gleichzeitig unterbreitete Änderungsangebot des Arbeitgebers erstreckt. Dies bestimmt sich nach § 139 BGB. Da dem Arbeitgeber bei der Änderungskündigung vorrangig an der Fortsetzung des Arbeitsvertrages zu veränderten Arbeitsbedingungen gelegen ist, wird das Änderungsangebot regelmäßig trotz Unwirksamkeit der Kündigung gewollt sein.[158] Mit der vorbehaltlosen Annahme dieses Änderungsangebots durch den Arbeitnehmer kommt der Änderungsvertrag zustande. 40

Entgegen einer im Schrifttum vertretenen Auffassung[159] kommt es für die **Wirksamkeit der Annahmeerklärung** nicht darauf an, ob der Arbeitnehmer in Kenntnis der Unwirksamkeit der Kündigung die veränderten Arbeitsbedingungen akzeptiert hätte.[160] Der Arbeitnehmer bringt durch die vorbehaltlose Annahme zum Ausdruck, daß er unabhängig von der Wirksamkeit und der sozialen Rechtfertigung des Druckmittels der Kündigung mit den veränderten Arbeitsbedingungen einverstanden ist. Aus dem gleichen Grund scheidet auch eine denkbare Anfechtung (§ 119 Abs. 1 BGB) der Annahmeerklärung aus. Trotz fehlender Anhörung des Betriebsrats ist daher der Änderungsvertrag endgültig wirksam. Dieser stellt die individualrechtliche Grundlage für die Veränderung der Tätigkeit des Arbeitnehmers dar. 40 a

---

[156] BAG 29. 3. 1990, AP Nr. 56 zu § 102 BetrVG 1972 = EzA § 102 BetrVG 1972 Nr. 79 mit zust. Anm. *Marhold;* vgl. dazu weiter BAG 28. 2. 1974, AP Nr. 2 zu § 102 BetrVG 1972 mit Anm. *Richardi* = EzA § 102 BetrVG 1972 Nr. 8 mit Anm. *Kraft* = SAE 1975, 119 mit Anm. *Meisel;* BAG 28. 3. 1974, AP Nr. 3 zu § 102 BetrVG 1972 mit Anm. *Herschel* = SAE 1975, 112 mit Anm. *Meisel;* BAG 29. 1. 1986, AP Nr. 42 zu § 102 BetrVG 1972; BAG 15. 12. 1994, AP Nr. 67 zu § 1 KSchG 1969 Betriebsbedingte Kündigung = EzA § 1 KSchG Betriebsbedingte Kündigung Nr. 75 mit Anm. *v. Hoyningen-Huene;* KR-*Etzel* § 102 BetrVG Rn. 59; *Fitting* § 102 Rn. 16.
[157] Ebenso ErfK/*Ascheid* § 2 KSchG Rn. 26; *Kittner/Däubler/Zwanziger* § 2 KSchG Rn. 187.
[158] ErfK/*Ascheid* § 2 KSchG Rn. 25; APS/*Künzl* § 2 KSchG Rn. 125; KR-*Rost* § 2 KSchG Rn. 121; *Schwerdtner* BAG-Festschrift S. 555, 576.
[159] So etwa *Galperin/Löwisch* § 102 Rn. 10; *Kittner/Däubler/Zwanziger* § 2 KSchG Rn. 187; *Schwerdtner* BAG-Festschrift S. 555, 576.
[160] Ebenso HAS-*Kramer* 19 G Rn. 59; APS/*Künzl* § 2 KSchG Rn. 125.

41 Hat der Arbeitnehmer das Änderungsangebot **unter Vorbehalt angenommen,** gilt für die Wirksamkeit dieses Änderungsangebots entsprechendes.[161] Es wird nach § 139 BGB von der Unwirksamkeit der Kündigungserklärung nicht berührt. Allerdings ist der Änderungsvertrag auflösend bedingt durch die rechtskräftige Feststellung der Unwirksamkeit oder Sozialwidrigkeit der Änderungskündigung. Diese kann der Arbeitnehmer schon wegen eines Verstoßes gegen § 102 Abs. 1 BetrVG geltend machen. Mit der rechtskräftigen Feststellung der Unwirksamkeit der Kündigung entfällt dann die individualrechtliche Grundlage für die Änderung der Arbeitsbedingungen.

2. Mitwirkung nach § 99 Abs. 1 BetrVG

42 Sofern die Änderungskündigung mit einer **Versetzung** i. S. v. § 95 Abs. 3 BetrVG oder einer Umgruppierung verbunden ist, hat der Arbeitgeber in Unternehmen mit in der Regel mehr als 20 wahlberechtigten Arbeitnehmern nach § 99 Abs. 1 Satz 1 BetrVG vor Durchführung der Maßnahme die **Zustimmung des Betriebsrats** einzuholen.[162] Das Mitwirkungsrecht des Betriebsrats nach § 99 Abs. 1 BetrVG ist stärker als das bloße Anhörungsrecht nach § 102 Abs. 1 BetrVG, weil der Arbeitgeber nach § 99 Abs. 1 BetrVG die Zustimmung des Betriebsrats benötigt. Auf Grund des Nebeneinander der §§ 102 und 99 BetrVG sind folgende Konstellationen zu unterscheiden:

43 a) Stimmt der Betriebsrat sowohl der Kündigung als auch der Versetzung zu bzw. widerspricht er den beiden Maßnahmen nicht fristgerecht, so gibt es keine Probleme. Die **Zustimmung** ist oder gilt gemäß § 102 Abs. 2, § 99 Abs. 3 Satz 2 BetrVG als erteilt. Der Arbeitgeber kann die beabsichtigten Maßnahmen daher durchführen.

44 Liegt die nach § 99 Abs. 1 BetrVG erforderliche Zustimmung des Betriebsrats vor, **widerspricht** er aber der ausgesprochenen **Kündigung,** beispielsweise wegen eines Verstoßes gegen Auswahlrichtlinien, so kann der Arbeitgeber gleichwohl die beabsichtigte Änderungskündigung aussprechen. Der Widerspruch des Betriebsrats bewirkt allein, daß der Arbeitnehmer für den Fall der Ablehnung des Änderungsangebotes und der rechtzeitigen Erhebung der Kündigungsschutzklage einen Weiterbeschäftigungsanspruch nach § 102 Abs. 5 BetrVG erwirbt.[163]

45 b) Problematisch ist hingegen die Rechtslage, wenn der Betriebsrat nach § 99 Abs. 2 BetrVG die **Zustimmung zur Versetzung verweigert.** Hier kann der Arbeitgeber zwar zunächst unabhängig von der Reaktion des Betriebsrats die beabsichtigte Änderungskündigung aussprechen. **Lehnt**

---

[161] Ebenso ErfK/*Ascheid* § 2 KSchG Rn. 27; HAS-*Kramer* 19 G Rn. 60; APS/*Künzl* § 2 KSchG Rn. 126; *Linck* AR-Blattei SD 1020.1.1 Rn. 114.
[162] Vgl. dazu BAG 28. 1. 1986, AP Nr. 32 zu § 99 BetrVG 1972 = AR-Blattei Betriebsverfassung XIV C Entsch. 104 mit zust. Anm. *Löwisch/Bittner;* BAG 30. 9. 1993, AP Nr. 33 zu § 2 KSchG 1969 mit Anm. *Wlotzke* = EzA § 99 BetrVG 1972 Nr. 118 mit Anm. *Kania* = AR-Blattei ES 1700 Nr. 21 mit Anm. *v. Hoyningen-Huene* = SAE 1995, 360 mit Anm. *Waltermann;* ErfK/*Ascheid* § 2 KSchG Rn. 30; APS/*Künzl* § 2 KSchG Rn. 127; *Löwisch* § 2 Rn. 85; KR-*Rost* § 2 KSchG Rn. 122; zur Mitwirkung nach § 72 Abs. 1 LPVG NW vgl. BAG 29. 6. 1988, DB 1989, 1090 f.
[163] Ebenso ErfK/*Ascheid* § 2 KSchG Rn. 30; KR-*Rost* § 2 KSchG Rn. 135.

Änderungskündigung 46–46 c § 2

daraufhin der **Arbeitnehmer** das **Änderungsangebot ab,** so ergeben sich keine besonderen Konsequenzen, da jetzt eine Weiterbeschäftigung zu den geänderten Bedingungen ausscheidet und damit das Verfahren nach § 99 BetrVG gegenstandslos wird.[164]

Nimmt der Arbeitnehmer dagegen das Änderungsangebot unter Vorbehalt **46** an und verweigert der Betriebsrat zu der beabsichtigten Versetzung nach § 99 Abs. 2 BetrVG seine Zustimmung, so führt dies **nicht zur Unwirksamkeit der Änderungskündigung.**[165] Zutreffend stellt das BAG heraus, daß die Beteiligung des Betriebsrats nach § 102 BetrVG auf der individualrechtlichen Ebene an das Gestaltungsrecht der Kündigung anknüpft, die Mitbestimmung nach § 99 BetrVG dagegen auf der tatsächlichen Ebene an die Erfüllungs- bzw. Durchführungshandlung.

Schließlich bestimmt § 102 Abs. 1 Satz 3 BetrVG ausdrücklich, daß eine **46 a** ohne Anhörung des Betriebsrats ausgesprochene Kündigung unwirksam ist. Eine entsprechende individualrechtliche **Rechtsfolge** ist im Gesetz **bei Verstößen gegen § 99 BetrVG** nicht vorgesehen.[166] Hier kann der Betriebsrat nach § 101 BetrVG nur beim Arbeitsgericht beantragen, dem Arbeitgeber aufzugeben, die personelle Maßnahme aufzuheben, sofern dieser die Maßnahme nicht unter Beachtung der Voraussetzungen des § 100 BetrVG vorläufig durchgeführt hat.

Liegt nach Ablauf der Kündigungsfrist die Zustimmung des Betriebsrats **46 b** nicht vor und macht der Arbeitgeber auch nicht von den in § 100 BetrVG eingeräumten Rechten Gebrauch, so ist nach Auffassung des BAG eine „Versetzungsweisung" nicht möglich. Werde sie gleichwohl erteilt, sei sie entsprechend **§ 134 BGB nichtig.**[167]

Diese Rechtsprechung des 2. Senats steht in Übereinstimmung mit der des **46 c** 1. Senats zu **mitbestimmungswidrigen Versetzungen.**[168] Auf Grund der

---

[164] *Kania* Anm. zu BAG EzA § 99 BetrVG 1972 Nr. 118; *Linck* AR-Blattei SD 1020.1.1 Rn. 119; KR-*Rost* § 2 KSchG Rn. 136; *Schaub* in: Hromadka Änderung von Arbeitsbedingungen 1990, S. 73, 105.

[165] Zutr. BAG 30. 9. 1993, AP Nr. 33 zu § 2 KSchG 1969 = AR-Blattei ES 1700 Nr. 21 mit Anm. *v. Hoyningen-Huene*; BAG 8. 6. 1995, RzK I 7 a Nr. 30; ebenso bereits *v. Hoyningen-Huene/Boemke* S. 34 ff.; zust. ErfK/*Ascheid* § 2 KSchG Rn. 32; *Kania* Anm. zu BAG EzA § 99 BetrVG 1972 Nr. 118; *Kittner/Däubler/Zwanziger* § 2 KSchG Rn. 188; APS/*Künzl* § 2 KSchG Rn. 138; *Raab* ZfA 1995, 479, 509; KR-*Rost* § 2 KSchG Rn. 141; *Waltermann* SAE 1995, 167, 168; HK-KSchG/*Weller/Hauck* § 2 Rn. 174; *Wlotzke* Anm. zu BAG AP Nr. 33 zu § 2 KSchG 1969.

[166] Ebenso *Ehrich* NZA 1992, 731, 733 f.; *v. Hoyningen-Huene* RdA 1992, 355, 359; – krit. zu dieser Begründung *Raab* ZfA 1995, 479, 485.

[167] BAG 30. 9. 1993, AP Nr. 33 zu § 2 KSchG 1969 = AR-Blattei ES 1700 Nr. 21 mit insoweit abl. Anm. *v. Hoyningen-Huene;* zust. *Griese* BB 1995, 458, 463; APS/*Künzl* § 2 KSchG Rn. 139; KR-*Rost* § 2 KSchG Rn. 140; *Waltermann* SAE 1995, 367, 371; HK-KSchG/*Weller/Hauck* § 2 Rn. 174; – ablehnend KPK-*Bengelsdorf* § 2 Rn. 79; GK-BetrVG/*Kraft* § 99 Rn. 124; *Linck* AR-Blattei SD 1020.1.1 Rn. 123; *Raab* ZfA 1995, 479, 512; *Wlotzke* Anm. zu BAG AP Nr. 33 zu § 2 KSchG 1969.

[168] Vgl. BAG 26. 1. 1988, AP Nr. 50 zu § 99 BetrVG 1972 = AR-Blattei Versetzung des Arbeitnehmers Entsch. 9 mit abl. Anm. *Löwisch* = SAE 1989, 73 mit abl. Anm. *Kraft* = EzA § 99 BetrVG 1972 Nr. 58 mit Anm. *Ch. Weber*; BAG 26. 1. 1993, AP Nr. 102 zu § 99 BetrVG 1972 mit abl. Anm. *v. Hoyningen-Huene*; ebenso LAG Baden-Württemberg 19. 1. 1985, NZA 1985, 325, 326; LAG Frankfurt 18. 3. 1987, BB 1987, 2453; LAG Düsseldorf 25. 1. 1990, LAGE § 99 BetrVG 1972 Nr. 33; *Fitting* § 99 Rn. 21 a; *Galperin/Löwisch* § 99 Rn. 119; *Schaub* in: Hromadka Änderung von Arbeitsbedingungen S. 73, 106; – offenge-

Zustimmungsverweigerung sei die geplante Maßnahme solange unwirksam, bis die Zustimmung in einem von dem Arbeitgeber einzuleitenden Ersetzungsverfahren nach § 99 Abs. 4 BetrVG durch das Arbeitsgericht ersetzt werde. Da der Ausgang des Änderungsschutzverfahrens nach dieser Auffassung von dem Beschlußverfahren nach § 99 Abs. 4 BetrVG abhängt, ist das Änderungsschutzverfahren bis zum rechtskräftigen Abschluß des Zustimmungsersetzungsverfahrens auszusetzen.[169]

47 Dem kann jedoch schon deswegen **nicht gefolgt** werden, weil unter dem betriebsverfassungsrechtlichen Begriff der Versetzung nur die tatsächliche Zuweisung eines anderen Arbeitsbereichs gemäß § 95 Abs. 3 BetrVG zu verstehen ist.[170] Nach § 99 Abs. 1 BetrVG unterliegt nur die Versetzung als tatsächlicher Vorgang, nicht aber das zugrunde liegende Rechtsgeschäft der Zustimmung des Betriebsrats. Daher verstößt die Versetzungsregelung (Rechtsgeschäft) ohne Zustimmung des Betriebsrats nicht gegen ein gesetzliches Verbot, so daß der Tatbestand des § 134 BGB entgegen der Auffassung des BAG hier nicht erfüllt ist. Die ohne Zustimmung des Betriebsrats getroffene Versetzungsregelung ist daher wirksam.[171]

48 Dies hat zur Konsequenz, daß der **Arbeitnehmer** zu geänderten Arbeitsbedingungen zunächst **weiterzuarbeiten** hat.[172] Wollte man nämlich dem Arbeitnehmer das Recht einräumen, sich auf die Verletzung betriebsverfassungsrechtlicher Pflichten (§ 99 Abs. 1 BetrVG) des Arbeitgebers gegenüber dem Betriebsrat zu berufen, so hätte er im Ergebnis die Möglichkeit, über Beteiligungsrechte zu disponieren, die nach dem Gesetz allein dem Betriebsrat zustehen. Dies stünde zudem in Widerspruch zu dem allgemeinen Rechtsgrundsatz, daß ein einzelner Einwände aus dem Recht Dritter, hier des Betriebsrats, nicht herleiten kann. Nur der Betriebsrat kann nach § 101 BetrVG die Aufhebung der Versetzung vom Arbeitgeber verlangen. Der Arbeitnehmer muß daher auch einer betriebsverfassungswidrigen Versetzung Folge leisten, wenn die zugrundeliegende Versetzungsregelung wirksam ist.

48 a Entgegen der Auffassung des BAG[173] kommt individualrechtlich auch eine Weiterbeschäftigung des Arbeitnehmers zu den bisherigen Arbeitsbedingun-

---

lassen von BAG 29. 6. 1988, DB 1989, 1090, 1091 unter 2, weil in jenem Fall gemäß § 72 Abs. 1 Satz 1 Nr. 4 LPVG NW auch die Änderung des Arbeitsvertrages zustimmungspflichtig war.
[169] KR-*Rost* § 2 KSchG Rn. 141; *Schaub* in: Hromadka Änderung von Arbeitsbedingungen S. 73, 106.
[170] Vgl. BAG 30. 9. 1993, AP Nr. 33 zu § 2 KSchG 1969 unter B I 3 e cc; dazu eingehend *v. Hoyningen-Huene* BetrVR § 14 III 8; *ders.* RdA 1982, 205, 211 f.; *ders.* NZA 1993, 145, 150; *v. Hoyningen-Huene/Boemke* S. 195 ff.; *Raab* ZfA 1995, 479, 497 ff.
[171] Ebenso im Ergebnis *Heinze* Personalplanung Rn. 334; *Hess/Schlochauer/Glaubitz* § 99 Rn. 9, 59; *v. Hoyningen-Huene* RdA 1982, 205, 213; GK-BetrVG/*Kraft* § 99 Rn. 124; *ders.* SAE 1989, 77 f.; *Linck* AR-Blattei SD 1020.1.1 Rn. 123; *Richardi* § 99 Rn. 286.
[172] Vgl. KPK-*Bengelsdorf* § 2 Rn. 79; *v. Hoyningen-Huene* NZA 1993, 145, 150; *ders.* Anm. zu BAG AR-Blattei ES 1700 Nr. 21; *v. Hoyningen-Huene/Boemke* S. 197 ff.; *Linck* AR-Blattei 1020.1.1 Rn. 124; – abweichend *Ehrich* NZA 1992, 731, 733 f.; *Griese* BB 1995, 458, 463; *Kania* Anm. zu BAG EzA § 99 BetrVG 1972 Nr. 118; *Kittner/Däubler/Zwanziger* § 2 KSchG Rn. 188; *Raab* ZfA 1995, 479, 512 ff.; KR-*Rost* § 2 KSchG Rn. 140; *Wlotzke* Anm. zu BAG AP Nr. 33 zu § 2 KSchG 1969.
[173] BAG 30. 9. 1993, AP Nr. 33 zu § 2 KSchG 1969 = AR-Blattei ES 1700 Nr. 21 mit insoweit abl. Anm. *v. Hoyningen-Huene;* wie das BAG allerdings *Kittner/Däubler/Zwanziger* § 2 KSchG Rn. 188.

gen nicht in Betracht.[174] Die Annahme des Änderungsangebots führt nämlich **nicht** zu einer **Erweiterung des Direktionsrechts** des Arbeitgebers, sondern zu einer Veränderung der arbeitsvertraglich geschuldeten Arbeitsleistung. Die unter Vorbehalt erklärte Annahme des in der Änderungskündigung enthaltenen Änderungsangebots hat zur Folge, daß der Arbeitnehmer individualrechtlich weder verpflichtet ist, seine zuvor ausgeübte Tätigkeit wieder aufzunehmen, noch dies seinerseits beanspruchen kann.[175] Gegenstand des Arbeitsvertrages sind vielmehr die neu vereinbarten Arbeitsbedingungen. Eine Weiterbeschäftigung zu den Arbeitsbedingungen, wie sie vor Ausspruch der Änderungskündigung bestanden, scheidet daher aus.

c) Probleme ergeben sich, wenn im **Änderungsschutzverfahren** die Klage des Arbeitnehmers abgewiesen wird und damit zugleich feststeht, daß die Änderung der Arbeitsbedingungen wirksam ist, während andererseits im gleichzeitig eingeleiteten **Beschlußverfahren** über die **Ersetzung der Zustimmung** gemäß § 99 Abs. 4 BetrVG der Antrag zurückgewiesen wird, mit der Folge, daß diese Maßnahme nicht durchgeführt werden kann. Da letztlich die Durchführung der individualrechtlich ausgesprochenen Änderungskündigung kollektivrechtlich von der Zustimmung des Betriebsrats nach § 99 Abs. 1 BetrVG abhängig ist, empfiehlt sich in analoger Anwendung von § 148 ZPO eine Aussetzung des Änderungsschutzverfahrens bis zum rechtskräftigen Abschluß des Zustimmungsersetzungsverfahrens nach § 99 Abs. 4 BetrVG.[176]

Die Entscheidung im Beschlußverfahren hat allerdings **keine präjudizielle Wirkung** für das Änderungsschutzverfahren.[177] Die Streitgegenstände beider Verfahren sind unterschiedlich. Im Zustimmungsersetzungsverfahren nach § 99 Abs. 4 BetrVG geht es um die Begründetheit eines Widerspruchs des Betriebsrats zu einer Versetzung. Dagegen ist Gegenstand des Änderungsschutzverfahrens die soziale Rechtfertigung der Änderungskündigung. Da die Wirksamkeit der Änderungskündigung nicht von der Zustimmung des Betriebsrats zu der beabsichtigten Versetzung abhängt (dazu Rn. 46), betrifft das Beschlußverfahren nicht eine Vorfrage des Änderungsschutzverfahrens. Die teilweise abweichende Auffassung in der Vorauflage wird aufgegeben.

Erweist sich nach rechtskräftigem Abschluß des Beschlußverfahrens nach § 99 Abs. 4 BetrVG, daß der Betriebsrat die Zustimmung zur beabsichtigten Versetzung gemäß § 99 Abs. 1 BetrVG zu Recht verweigert hat, so liegt

---

[174] Ebenso ErfK/*Ascheid* § 2 KSchG Rn. 32; GK-BetrVG/*Kraft* § 99 Rn. 124; *Käppler* ZfA 1995, 271, 378; APS/*Künzl* § 2 KSchG Rn. 142.
[175] Vgl. *v. Hoyningen-Huene* NZA 1993, 145, 150; ebenso ErfK/*Ascheid* § 2 KSchG Rn. 32; *Kania* Anm. zu BAG EzA § 99 BetrVG 1972 Nr. 118; GK-BetrVG/*Kraft* § 99 Rn. 124; HAS-*Kramer* 19 G Rn. 70; APS/*Künzl* § 2 KSchG Rn. 142; *Raab* ZfA 1995, 479, 512; *Waltermann* SAE 1995, 367, 372.
[176] Ebenso *Kittner/Däubler/Zwanziger* § 2 KSchG Rn. 188; APS/*Künzl* § 2 KSchG Rn. 145; KR-*Rost* § 2 KSchG Rn. 141; *Schaub* in: Hromadka Änderung von Arbeitsbedingungen S. 73, 106; HK-KSchG/*Weller/Hauck* § 2 Rn. 175 sowie *Rieble* Anm. zu BAG EzA § 99 BetrVG 1972 Nr. 122 für Eingruppierungsverfahren.
[177] Ebenso *Boemke* ZfA 1992, 473, 504; APS/*Künzl* § 2 KSchG Rn. 145; sowie BAG 13. 5. 1981, AP Nr. 24 zu § 59 HGB mit zust. Anm. *v. Hoyningen-Huene* zu Eingruppierungsverfahren.

ein Fall der **nachträglichen rechtlichen Unmöglichkeit** i. S. d. § 275 Abs. 2 BGB bezüglich der Durchführung der beabsichtigten Vertragsänderung vor.[178] Die individualrechtliche Änderung der Arbeitsbedingungen kann nicht realisiert werden, weil die tatsächliche Maßnahme nicht durchgeführt werden darf. Der Arbeitgeber hat dann die individualrechtlich wirksame Vertragsänderung rückgängig zu machen und mit dem Arbeitnehmer die ursprünglichen Arbeitsbedingungen zu vereinbaren.[179] Ist freilich die Änderungskündigung erfolgt, weil der bisherige Arbeitsplatz weggefallen war, kann auch eine betriebsbedingte Beendigungskündigung in Betracht kommen.[180]

3. Mitbestimmung nach § 87 Abs. 1 BetrVG

51 a Unterliegt die mit der Änderungskündigung beabsichtigte Änderung der Arbeitsbedingungen der Mitbestimmung nach § 87 Abs. 1 BetrVG (z. B. Änderung der Arbeitszeit nach Nr. 2 oder Änderung der betrieblichen Lohngestaltung nach Nr. 10), ist umstritten, ob die **vorherige Zustimmung des Betriebsrats** zu dieser Änderung Wirksamkeitsvoraussetzung für die Kündigung ist. Der Erste Senat des BAG hatte 1984 noch die Auffassung vertreten, daß Änderungskündigungen mit dem Ziel der Umstellung des Vergütungsgruppensystems ohne vorherige Einigung mit dem Betriebsrat oder einen diese ersetzenden Spruch der Einigungsstelle unwirksam sind.[181] Hiervon ist der Zweite Senat des BAG 1998 abgerückt. Danach hat das Mitbestimmungsrecht des Betriebsrats aus § 87 Abs. 1 Nr. 10 BetrVG keine Auswirkungen auf die Wirksamkeit einer Änderungskündigung. Eine nicht mitbestimmte, aber sozial gerechtfertigte Änderung der Vertragsbedingungen könne der Arbeitgeber lediglich nicht durchsetzen, solange die Mitbestimmung nicht durchgeführt sei.[182]

51 b Die neue Rechtsprechung des BAG überzeugt nicht.[183] Bedauerlich ist bereits, daß trotz der Divergenz der beiden Urteile eine **Anrufung des Großen Senats nach § 45 Abs. 2 ArbGG nicht erfolgt** ist. Die maßgebliche Rechtsfrage liegt entgegen der Auffassung des Zweiten Senats nicht in der Auslegung von § 2 KSchG, sondern in der Bestimmung der Folgen von Verstößen gegen das Mitbestimmungsrecht aus § 87 Abs. 1 Nr. 10 BetrVG.

---

[178] So zutr. ErfK/*Ascheid* § 2 KSchG Rn. 32; v. *Hoyningen-Huene/Boemke* Versetzung S. 199 f.; *Kittner/Däubler/Zwanziger* § 2 KSchG Rn. 188; APS/*Künzl* § 2 KSchG Rn. 174; *Linck* AR-Blattei SD 1020.1.1 Rn. 129; *Löwisch* Anm. zu BAG AR-Blattei Versetzung des Arbeitnehmers Entsch. 9; KR-*Rost* § 2 KSchG Rn. 141; – offengelassen von BAG 30. 9. 1993, AP Nr. 33 zu § 2 KSchG 1969 unter B I 3 e ff.
[179] v. *Hoyningen-Huene/Boemke* S. 200.
[180] BAG 30. 9. 1993, AP Nr. 33 zu § 2 KSchG 1969.
[181] Vgl. BAG 31. 1. 1984, AP Nr. 15 zu § 87 BetrVG 1972 Lohngestaltung; ebenso v. *Hoyningen-Huene* BetrVR § 12 I 5 b; *Kittner/Däubler/Zwanziger* § 2 KSchG Rn. 189a; *Linck* AR-Blattei SD 1020.1.1 Rn. 125 f.; KR-*Rost* § 2 KSchG Rn. 143; GK-BetrVG/*Wiese* § 87 Rn. 121; – einschränkend *Richardi* BetrVG § 2 Rn. 128.
[182] Vgl. BAG 17. 6. 1998, AP Nr. 49 zu § 2 KSchG 1969 mit krit. Anm. *H. Hanau* SAE 2000, 238 mit zust. Anm. *Henssler*; BAG 1. 7. 1999, AP Nr. 53 zu § 2 KSchG 1969; BAG 23. 11. 2000 – 2 AZR 690/99 n.v.; zust. *Berkowsky* S. 141; APS/*Künzl* § 2 Rn. 159; HK-KSchG/*Weller/Hauck* § 2 Rn. 176; – ähnlich *Löwisch* § 2 Rn. 89 (schwebend unwirksame Änderungskündigung).
[183] Ebenso *Kittner/Däubler/Zwanziger* § 2 KSchG Rn. 189a.

Änderungskündigung 51 c, 52 § 2

Eine Anrufung des Großen Senats konnte deshalb nicht mit der Begründung unterbleiben, der Zweite Senat sei für Kündigungsschutzverfahren allein zuständig.[184] Die Anrufung des Großen Senats konnte im übrigen auch schon deshalb nicht unterbleiben, weil der Große Senat des BAG im Beschluß vom 3. 12. 1991 zur Anrechnung von Tariflohnerhöhungen auf übertarifliche Zulagen angenommen hat, „daß die Verletzung von Mitbestimmungsrechten des Betriebsrats im Verhältnis zwischen Arbeitgeber und Arbeitnehmer jedenfalls zur Unwirksamkeit von Maßnahmen oder Rechtsgeschäften führt, die den Arbeitnehmer belasten".[185] Die Änderungskündigung ist ein solches Rechtsgeschäft.

Die neue Rechtsprechung überzeugt auch in der Sache nicht. Die vom BAG zu den kündigungsrechtlichen Folgen eines Verstoßes gegen § 99 Abs. 1 BetrVG entwickelten Grundsätze[186] sind auf die Verletzung der Mitbestimmungsrechte aus § 87 Abs. 1 BetrVG nicht übertragbar. Denn das Mitbestimmungsrecht aus § 87 Abs. 1 BetrVG ist stärker als das Mitwirkungsrecht des Betriebsrats nach § 99 BetrVG. Im Unterschied zur Mitwirkung nach § 99 BetrVG führt die Verletzung des Mitbestimmungsrechts aus § 87 Abs. 1 BetrVG nach der Theorie der Wirksamkeitsvoraussetzung[187] auf individualrechtlicher Ebene zur Unwirksamkeit der mitbestimmungswidrigen Anordnung. Die einseitige Anordnung und damit auch die Kündigung ist gegenüber dem Arbeitnehmer unwirksam, wenn der Betriebsrat nicht zuvor zugestimmt hat. Daher ist entgegen der Auffassung des Zweiten Senats des BAG eine (Massen-)Änderungskündigung mit dem Ziel der Umstellung des Vergütungsgruppensystems ohne vorherige Zustimmung des Betriebsrats bereits nach § 87 Abs. 1 BetrVG unwirksam.

51 c

VI. Ablehnung des Änderungsangebots

1. Verweisung auf § 1

Bei der Änderungskündigung hat der Arbeitnehmer die **freie Wahl zwischen Annahme und Ablehnung des Änderungsangebots. Lehnt er das Angebot ab,** so steht damit die **Beendigungskündigung des Arbeitgebers** fest. Gegen diese steht dem Arbeitnehmer unter den allgemeinen Voraussetzungen des § 1 **Kündigungsschutz** zu, den er durch eine normale Kündigungsschutzklage geltend machen kann. Seit jeher ist allerdings sehr umstritten, wann eine Änderungskündigung sozial ungerechtfertigt ist, so daß die in ihr enthaltene Kündigung auch bei Weigerung des Arbeitnehmers, der angebotenen Änderung der Arbeitsbedingungen zuzustimmen, nicht zur Auflösung des Arbeitsverhältnisses führt. § 2 löst dieses Problem nicht eindeutig. Deshalb ist für die Prüfung der Sozialwidrigkeit der Kündigung auf § 1 zurückzugreifen. Danach ist die Änderungskündigung als Kündigung sozialwidrig, wenn sie nicht durch Gründe in der Person oder im Verhalten des Arbeitnehmers oder durch dringende betriebliche Erforder-

52

---

[184] BAG 17. 6. 1998, AP Nr. 49 zu § 2 KSchG 1969 unter II 3 c bb.
[185] Vgl. BAG GS 3. 12. 1991, AP Nr. 51 zu § 87 BetrVG 1972 Lohngestaltung zu D II.
[186] Dazu Rn. 42 ff.
[187] Dazu v. Hoyningen-Huene BetrVR § 12 I 5 b; GK-BetrVG/Wiese § 87 Rn. 98 ff. sowie BAG GS 3. 12. 1991, AP Nr. 51 zu § 87 BetrVG 1972 Lohngestaltung.

nisse bedingt ist, wobei im letzteren Fall auch die sozialgerechte Auswahl des zu kündigenden Arbeitnehmers zu prüfen ist. Auch die besonderen Gründe für die Sozialwidrigkeit bei sachlich berechtigtem Widerspruch des Betriebsrats oder Personalrats nach § 1 Abs. 2 Satz 2 und 3 gelten bei der Änderungskündigung. Die Verweisung in § 2 Satz 2 a. E. war früher auf § 1 Abs. 2 Satz 1 beschränkt, umfaßt jedoch nunmehr auch Satz 2 und 3; als Einschränkung wurde sie zudem allgemein nur auf die Nachprüfung der neuen Arbeitsbedingungen im Fall der Annahme unter Vorbehalt bezogen.

53 Die entscheidende Frage ist, ob nach Ablehnung des Änderungsangebots bei der **Beurteilung der Sozialwidrigkeit** der Kündigung nach § 1 der Umstand eine Rolle spielt, daß ursprünglich eine Änderungskündigung ausgesprochen worden ist. Dabei ergeben sich zwei Aspekte, die zwar eng miteinander verknüpft sind, aber doch getrennt beurteilt werden sollten, nämlich ob das Angebot des Arbeitgebers, das Arbeitsverhältnis zu bestimmten anderen Bedingungen fortzusetzen, in diesem Zusammenhang überhaupt noch zu berücksichtigen ist (dazu nachfolgend Rn. 54 ff.) und ferner, welcher Maßstab bei der Beurteilung der Sozialwidrigkeit in diesen Fällen anzulegen ist (unten Rn. 62 ff.).

2. Berücksichtigung des Änderungsangebots

54 **Das Änderungsangebot des Arbeitgebers ist bei der Beurteilung der Sozialwidrigkeit der Kündigung zu berücksichtigen.** Dementsprechend ist die Sozialwidrigkeit der Änderungskündigung zu verneinen, wenn die vorgeschlagene Änderung der Arbeitsbedingungen unter Berücksichtigung von § 1 sachlich gerechtfertigt und dem Arbeitnehmer zumutbar ist. Zwar ist der Arbeitnehmer nicht verpflichtet, sich auf eine Änderung der Arbeitsbedingungen einzulassen; er handelt weder rechtswidrig noch schuldhaft, wenn er seine Zustimmung verweigert. Deshalb bildet die Ablehnung des Änderungsangebots auch keineswegs selbst einen Kündigungsgrund.[188]

55 Die Tatsache, daß der **Arbeitgeber mit dem Änderungsvorschlag die Fortsetzung des Arbeitsverhältnisses angeboten** hat, kann bei der Bewertung der Kündigung gleichwohl nicht übergangen werden. Der Arbeitnehmer, der eine den oben genannten Anforderungen entsprechende Änderung der Arbeitsbedingungen ablehnt, schlägt damit selbst eine angemessene Alternative zur Kündigung aus und muß deshalb eher hinnehmen, daß er nach Ablauf der Kündigungsfrist den Arbeitsplatz verliert. Auch bei einer Ablehnung des Änderungsangebots durch den Arbeitnehmer ist nicht auf die Beendigung des Arbeitsverhältnisses, sondern auf das Änderungsangebot und seine soziale Rechtfertigung abzustellen. Dieses Ergebnis entspricht der heute und schon seit langem **herrschenden Meinung** in Rechtsprechung und Schrifttum.[189]

---

[188] BAG 7. 6. 1973, AP Nr. 1 zu § 626 BGB Änderungskündigung; *Kittner/Däubler/ Zwanziger* § 2 KSchG Rn. 126; KR-*Rost* § 2 KSchG Rn. 104; HK-KSchG/*Weller/Hauck* § 2 Rn. 143.

[189] BAG 7. 6. 1973, AP Nr. 1 zu § 626 BGB Änderungskündigung mit krit. Anm. *Löwisch/Knigge* und *Lieb* = AR-Blattei Kündigungsschutz Entsch. 142 mit zust. Anm. *Herschel*

Nach der **Gegenmeinung** soll es nicht genügen, daß das Verlangen nach **56** Änderung der Arbeitsbedingungen sozial gerechtfertigt ist, sondern es müsse geprüft werden, ob die Kündigung als solche durch Gründe nach § 1 Abs. 2 bedingt sei. Lehne der Arbeitnehmer die Änderung der Arbeitsbedingungen ab, so bleibe nur die Kündigung übrig, und es komme dann allein darauf an, ob diese durch dringende betriebliche Erfordernisse oder Gründe in der Person oder im Verhalten des Arbeitnehmers gerechtfertigt sei.[190]

Daran ist richtig, wird aber auch von der h. M. keineswegs übersehen, daß **57** die nach Ablehnung des Änderungsangebots verbleibende Kündigung dem Kündigungsschutz nach § 1 unterliegt (oben Rn. 52). Wenn daraus jedoch eine strikte **Trennung von Kündigung und Änderungsangebot** hergeleitet und geschlossen wird, daß die Rechtswirksamkeit der Änderungskündigung als Kündigung keinesfalls anders beurteilt werden dürfe als bei einer Kündigung ohne Änderungsangebot, kann dem nicht gefolgt werden. Damit würde dem Arbeitnehmer im Kündigungsschutzprozeß die Möglichkeit eröffnet, sich auf die zuvor abgelehnte Weiterbeschäftigung zu den im Änderungsangebot enthaltenen geänderten Arbeitsbedingungen zu berufen. Dies aber ist ein unhaltbares Ergebnis.[191]

Demgegenüber wird die Verbindung zwischen Änderungsangebot und **58** Kündigung, wenn auch mit anderer Zielrichtung als die h. M., von einigen Vertretern der Gegenmeinung doch wiederhergestellt, indem sie auch für den Anwendungsbereich von § 2 hervorheben, daß die Vertragsänderung nur dann im Sinne dieser Bestimmung sozial gerechtfertigt sei, wenn aus gleichem Grund das Arbeitsverhältnis auch uneingeschränkt gekündigt werden könnte.[192] Daran ist zutreffend, daß bei einer Änderungskündigung die soziale Rechtfertigung der Vertragsänderung und bei deren Ablehnung diejenige der Kündigung grundsätzlich **nicht nach unterschiedlichen Maßstäben beurteilt** werden können. Deshalb reduziert sich die Abweichung von der h. M. letztlich auf die Frage, ob die Berücksichtigung des Änderungsangebots das Ergebnis der Sozialwidrigkeitsprüfung im Rahmen des § 2

= SAE 1975, 100 mit zust. Anm. *Fenn*; BAG 3. 11. 1977, AP Nr. 1 zu § 75 BPersVG mit zust. Anm. *Richardi* = SAE 1979, 201 mit zust. Anm. *Dütz*; BAG 28. 4. 1982, AP Nr. 3 zu § 2 KSchG 1969 mit zust. Anm. *v. Hoyningen-Huene* = SAE 1982, 246 mit zust. Anm. *Beitzke* = AuR 1983, 381 mit zust. Anm. *Kempff*; BAG 19. 5. 1993, AP Nr. 31 zu § 2 KSchG 1969 mit Anm. *Waas* = EzA § 1 KSchG Betriebsbedingte Kündigung Nr. 73 mit Anm. *Raab* = SAE 1994, 150 mit Anm. *Steinmeyer* = AR-Blattei ES 1020.1.1 Nr. 13 mit Anm. *Preis*; BAG 24. 4. 1997, AP Nr. 42 zu § 2 KSchG 1969 = EzA § 2 KSchG Nr. 26 mit krit. Anm. *Henssler* = SAE 1997, 336 mit krit. Anm. *Weber*; ErfK/*Ascheid* § 2 KSchG Rn. 45; *Hromadka* NZA 1996, 1,11; *Linck* AR-Blattei SD 1020.1.1 Rn. 57; *Löwisch* § 2 Rn. 30; *ders.* NZA 1988, 633, 635 Fn. 20; KR-*Rost* § 2 KSchG Rn. 92; *Schaub* § 137 III 3 c; *Stahlhacke/Preis/Vossen* Rn. 777; RGRK-*Weller* vor § 620 Rn. 243.

[190] Vgl. MünchArbR/*Berkowsky* § 145 Rn. 41 ff.; *Boewer* BB 1996, 2618, 2620; *Herschel* Festschrift für G. Müller S. 191, 206 f.; *Löwisch/Knigge* Anm. zu BAG AP Nr. 1 zu § 626 BGB Änderungskündigung; *Precklein* S. 62 ff.; *Ratajczak* S. 117; *Schwerdtner* BAG-Festschrift S. 555, 566 ff.; MünchKomm-BGB/*Schwerdtner* Anh. § 622 Rn. 553 ff.; *Weber* SAE 1997, 339, 340; für das frühere Recht etwa *Frey* AuR 1958, 97; – mißverständlich BAG 12. 11. 1998, AP Nr. 51 zu § 2 KSchG 1969 unter B I 5.

[191] Ebenso KR-*Rost* § 2 KSchG Rn. 92 a sowie inzwischen auch MünchKomm-BGB/ *Schwerdtner* Anh. § 622 Rn. 555.

[192] So MünchArbR/*Berkowsky* § 145 Rn. 41 sowie noch *Schwerdtner* BAG-Festschrift S. 555, 571.

59 – und angesichts der Identität des Prüfungsmaßstabes dann wohl auch im Rahmen von § 1 – beeinflußt. Das wird aber in § 2 angeordnet.

59 Das Kündigungsschutzgesetz sichert nicht nur den bloßen Fortbestand des Arbeitsverhältnisses, sondern auch seine inhaltliche Ausgestaltung. Dem Arbeitnehmer wird also neben **Bestandsschutz** auch **Inhaltsschutz** für sein Arbeitsverhältnis gewährt.[193] Anders als die einfache Beendigungskündigung, die sich gegen den Bestand des Arbeitsverhältnisses richtet, hat die Änderungskündigung in erster Linie eine inhaltliche Änderung der Arbeitsbedingungen und nur bei deren Mißlingen die Auflösung des Arbeitsverhältnisses zum Ziel. Der dem Arbeitnehmer zu gewährende Schutz muß daher primär Inhaltsschutz und erst danach Bestandsschutz sein.

59 a Die gesetzliche Regelung in § 2 und ergänzend in § 4 Satz 2, § 7 Hs. 1 und § 8 trägt diesem Ziel, den **Inhalt des Arbeitsverhältnisses zu schützen,** Rechnung. Das Änderungsverlangen wird dort in den Kündigungsschutz einbezogen und in enger Anlehnung an den Schutz bei der einfachen Beendigungskündigung geregelt. Es kommt nach § 2 darauf an, ob die Änderung der Arbeitsbedingungen, also das Änderungsangebot, nicht etwa die damit verbundene Kündigung als solche, sozial gerechtfertigt ist.

60 Ausdrücklich bestimmt ist das in § 2 allerdings nur für den Fall, daß der Arbeitnehmer das Änderungsangebot unter dem Vorbehalt gerichtlicher Nachprüfung annimmt. Daraus kann jedoch nicht geschlossen werden, daß das Änderungsangebot im Falle der Ablehnung für die dann eingreifende Kündigung und den für sie geltenden Bestandsschutz nach § 1 ohne Bedeutung sei. Denn bei der Änderungskündigung sind **Änderungsangebot und Kündigung** tatsächlich und rechtlich so miteinander verknüpft, daß sie eine innere **Einheit** bilden und deshalb zusammen betrachtet werden müssen.[194]

61 Die **Einbeziehung des Änderungsangebots in den Kündigungsschutz nach § 2** unter Bezugnahme auf § 1 und gleichzeitiger Ausrichtung auf den funktional dem Änderungsverlangen gemäßen Inhaltsschutz verdeutlicht die innere Einheit von Kündigung und Änderungsangebot. Dabei sollte man auch nicht übersehen, daß die gesetzliche Regelung in Kenntnis der schon vorher gebildeten h. M. erfolgt ist (vgl. Rn. 1). Deshalb darf man auch bei zurückhaltenden Erwartungen gegenüber modernen Gesetzen doch annehmen, daß eine Abkehr von der früheren, auch in der Praxis herrschenden Rechtsauffassung in der Neuregelung Ausdruck gefunden hätte. Für eine solche Abkehr ist jedoch kein Anhaltspunkt zu finden.

---

[193] Grundlegend gerade in bezug auf die Änderungskündigung vor allem *Böttcher* Festschrift für Molitor S. 123; vgl. im übrigen BAG 7. 6. 1973, AP Nr. 1 zu § 626 BGB Änderungskündigung; BAG 19. 5. 1993, AP Nr. 31 zu § 2 KSchG 1969; APS/*Künzl* § 2 KSchG Rn. 172; *Löwisch* § 2 Rn. 1; HK-KSchG/*Weller/Hauck* § 2 Rn. 2; *Wiedemann* RdA 1961, 1, 3 f. sowie die oben Rn. 55 Genannten; – abweichend *Ascheid* Kündigungsschutzrecht Rn. 484; ErfK/*Ascheid* § 2 KSchG Rn. 2; – differenzierend *Hromadka* NZA 1996, 1, 3.

[194] BAG 7. 6. 1973, AP Nr. 1 zu § 626 BGB Änderungskündigung; BAG 28. 4. 1982, AP Nr. 3 zu § 2 KSchG 1969 mit zust. Anm. *v. Hoyningen-Huene*; BAG 10. 2. 1999, AP Nr. 52 zu § 2 KSchG 1969; ErfK/*Ascheid* § 2 KSchG Rn. 46; APS/*Künzl* § 2 KSchG Rn. 173; KR-*Rost* § 2 KSchG Rn. 86, 90; – krit. hierzu *Berkowsky* DB 1999, 1606, 1607.

3. Beurteilungsmaßstab für die Sozialwidrigkeit

Die **Berücksichtigung des Änderungsangebots** im Kündigungs- 62
schutzprozeß wirkt sich auf den Maßstab für die Beurteilung der Sozialwidrigkeit unmittelbar aus. Darin liegt gerade der Kern des oben (Rn. 54 ff.) behandelten Meinungsstreits. Zu beachten ist, daß freilich auch nach der h. M. das Vorliegen eines Änderungsangebots allein die Änderungskündigung noch keineswegs rechtfertigt. Vielmehr muß ein die Sozialwidrigkeit ausschließender Grund i. S. d. § 1 Abs. 2 Satz 1 vorliegen. Auch die **Ablehnung des Änderungsangebots** als solche stellt keinen eigenen **Kündigungsgrund** i. S. einer verhaltensbedingten Kündigung dar.[195]

a) Aus der Berücksichtigung des Änderungsangebots bei der Prüfung der 63
Sozialwidrigkeit der Kündigung ergibt sich ein **zweistufiges Prüfungsverfahren** für die Änderungskündigung:[196]

In einem **ersten Schritt** ist zu prüfen, ob Gründe in der Person oder dem 64
Verhalten des Arbeitnehmers oder dringende betriebliche Erfordernisse das Änderungsangebot nach § 1 Abs. 2 bedingen. Bei der personen- und verhaltensbedingten Kündigung muß zunächst ein an sich geeigneter Kündigungsgrund vorliegen. Die **personenbedingte** Änderungskündigung erfordert daher, daß auf Grund mangelnder Eignung oder unzureichender Fähigkeiten des Arbeitnehmers erhebliche betriebliche oder wirtschaftliche Beeinträchtigungen des Arbeitgebers bestehen (dazu im einzelnen § 1 Rn. 176 ff.). Die **verhaltensbedingte** Änderungskündigung setzt ein vertragswidriges Verhalten des Arbeitnehmers und gegebenenfalls eine vorherige Abmahnung voraus (dazu näher § 1 Rn. 271 ff.). **Dringende betriebliche Erfordernisse** für eine Änderungskündigung liegen vor, wenn die Durchführung einer unternehmerischen Entscheidung zum Wegfall oder zur Änderung der bisherigen Arbeitsbedingungen führt (dazu im einzelnen § 1 Rn. 366 ff.; – zu Einzelfällen vgl. Rn. 70 ff.).

In einem **zweiten Schritt** ist dann zu prüfen, ob die dem Arbeitnehmer 65
vorgeschlagene Änderung der Arbeitsbedingungen im Hinblick auf den Kündigungsgrund dem Verhältnismäßigkeitsgrundsatz entspricht. Hier ist also das Änderungsangebot in die Prüfung miteinzubeziehen. Bei der **personenbedingten** und **verhaltensbedingten Änderungskündigung** ist zu

---

[195] BAG 7. 6. 1973, AP Nr. 1 zu § 626 BGB Änderungskündigung.
[196] Vgl. BAG 18. 10. 1984, AP Nr. 6 zu § 1 KSchG 1969 Soziale Auswahl mit krit. Anm. *Löwisch* = AR-Blattei Kündigungsschutz I A Entsch. 5 mit zust. Anm. *Hanau* = EzA § 1 KSchG Betriebsbedingte Kündigung Nr. 34 mit krit. Anm. *v. Hoyningen-Huene*; BAG 6. 3. 1986, AP Nr. 19 zu § 15 KSchG 1969 unter B II 4 b mit zust. Anm. *Schlaeper* = AR-Blattei Betriebsverfassung IX Entsch. 62 mit krit. Anm. *Löwisch/Abshagen*; BAG 20. 3. 1986, AP Nr. 14 zu § 2 KSchG 1969 = EzA § 2 KSchG Nr. 6 mit zust. Anm. *Löwisch/Bernards*; BAG 13. 6. 1986, AP Nr. 13 zu § 1 KSchG 1969 Soziale Auswahl = AR-Blattei Kündigungsschutz I A Entsch. 6 mit zust. Anm. *Löwisch/Abshagen* = SAE 1989, 134 mit zust. Anm. *Schreiber* = AuR 1987, 182 mit zust. Anm. *Dänzer-Vanotti*; BAG 18. 1. 1990, AP Nr. 27 zu § 2 KSchG 1969 = SAE 1991, 11 mit Anm. *Oetker*; BAG 19. 5. 1993, 12. 11. 1998, AP Nr. 31, 51 zu § 2 KSchG 1969; ErfK/*Ascheid* § 2 KSchG Rn. 48; KPK-*Bengelsdorf* § 2 Rn. 91 ff.; APS/*Künzl* § 2 KSchG Rn. 176; *Löwisch* § 2 Rn. 28; KR-*Rost* § 2 KSchG Rn. 95 f.; *Schaub* in: Hromadka Änderung von Arbeitsbedingungen S. 73, 88; *Stahlhacke/Preis/Vossen* Rn. 778 f.; HK-KSchG/*Weller/Hauck* § 2 Rn. 144.

prüfen, ob das Änderungsangebot geeignet und erforderlich ist, die Störung des Arbeitsverhältnisses zu beseitigen. Weiterhin ist in diesen Fällen eine abschließende Interessenabwägung vorzunehmen, bei der das Interesse des Arbeitnehmers am Fortbestand des Arbeitsverhältnisses mit dem Interesse des Arbeitgebers an einer Änderung der Arbeitsbedingungen abzuwägen ist. Bei der **betriebsbedingten** Änderungskündigung ist zu prüfen, ob die Durchführung der unternehmerischen Entscheidung das Änderungsangebot erforderlich macht oder ob weniger einschneidende Änderungen in Betracht kommen. Eine Interessenabwägung entfällt hierbei in der Regel, weil das Änderungsangebot durch die grundsätzlich nicht überprüfbare Unternehmerentscheidung vorgegeben ist. Besonderheiten gelten hier nur bei der betriebsbedingten Änderungskündigung mit dem Ziel einer Entgeltsenkung (dazu Rn. 71 b).

66   Diese Prüfung entspricht im wesentlichen auch der vom **BAG vorgenommenen zweistufigen Überprüfung** der Änderungskündigung. Danach ist bei der betriebsbedingten Änderungskündigung das Änderungsangebot des Arbeitgebers daran zu messen, ob dringende betriebliche Erfordernisse gemäß § 1 Abs. 2 das Änderungsangebot bedingen und ob sich der Arbeitgeber bei einem an sich anerkennenswerten Anlaß zur Änderungskündigung darauf beschränkt hat, nur solche Änderungen vorzuschlagen, die der Arbeitnehmer billigerweise hinnehmen muß.[197] Hierbei wird freilich der Eindruck erweckt, die Änderungskündigung unterliege letztlich einer Art Billigkeitskontrolle.[198] Dies wird allerdings auch vom BAG letztlich so nicht vertreten.[199] Auch das BAG orientiert sich bei der Prüfung, ob der Arbeitnehmer das Änderungsangebot billigerweise hinnehmen mußte, am Grundsatz der Verhältnismäßigkeit.[200]

66 a   Das Änderungsangebot des Arbeitgebers darf **nicht gegen zwingende gesetzliche oder tarifvertragliche Regelungen verstoßen.** Das BAG hat einen Verstoß gegen das gesetzliche Benachteiligungsverbot des § 2 Abs. 1 BeschFG (seit 1. 1. 2001: § 4 Abs. 1 TzBfG) in einem Fall angenommen, in dem einer **teilzeitbeschäftigten Verkäuferin in einem Kaufhaus** im Wege einer betriebsbedingten Änderungskündigung angeboten wurde, zu geänderten Arbeitszeiten an fünf Wochentagen, vorwiegend nachmittags, und an jedem Samstag zu arbeiten. Hierin liege eine nicht gerechtfertigte Benachteiligung der Teilzeitbeschäftigten, weil diese durchgehend samstags arbeiten sollte, während alle Vollzeitbeschäftigten in einem rollierenden Arbeitszeitsystem alle sechs Wochen samstags frei hatten.[201]

66 b   Das ist **im Ergebnis nicht überzeugend.** Die Beschäftigung eines Arbeitnehmers im Einzelhandel in den umsatzstärksten Zeiten stellt entgegen der Auffassung des BAG keine ungerechtfertigte Benachteiligung wegen der Teilzeitbeschäftigung dar, weil sie sich am Beschäftigungsbedarf orientiert

---

[197] Vgl. BAG 15. 3. 1991, 19. 5. 1993, AP Nr. 28, 31 zu § 2 KSchG 1969.
[198] So etwa *Precklein* S. 41; *Stahlhacke* DB 1994, 1361, 1368.
[199] Ebenso *Hromadka* NZA 1996, 1, 12; *Kittner/Däubler/Zwanziger* § 2 KSchG Rn. 138; APS/*Künzl* § 2 KSchG Rn. 183; KR-*Rost* § 2 KSchG Rn. 98.
[200] Vgl. BAG 21. 1. 1993, AP Nr. 1 zu § 52 MitbestG Schleswig-Holstein unter C II 2 b; BAG 17. 6. 1998, AP Nr. 49 zu § 2 KSchG 1969.
[201] BAG 24. 4. 1997, AP Nr. 42 zu § 2 KSchG 1969.

Änderungskündigung 66 c–66 e § 2

und damit sachlich gerechtfertigt ist. Vom Arbeitgeber kann nicht verlangt werden, daß er einen Teilzeitbeschäftigten zum Ausgleich für die Beschäftigung an umsatzstarken Tagen auch an anderen umsatzschwachen Tagen einsetzt, obwohl in dieser Zeit kein Beschäftigungsbedarf besteht. Denn grundsätzlich ist von der arbeitsrechtlichen Gleichwertigkeit aller Arbeitstage auszugehen.[202] Führt man die Argumentation des BAG weiter, würde dem Arbeitgeber letztlich verwehrt, Teilzeitbeschäftigte für die umsatzstarken Spitzenzeiten einzustellen, weil sich das Benachteiligungsverbot nach der ständigen Rechtsprechung des BAG nicht nur auf einseitige Handlungen des Arbeitgebers, sondern auch auf vertragliche Vereinbarungen bezieht.[203] Dies ist sicherlich nicht Ziel des § 4 Abs. 1 TzBfG.

Dagegen hat das BAG zu Recht angenommen, daß eine Änderungskündigung, mit welcher der Arbeitgeber die **Erhöhung der tariflichen Arbeitszeit von 35 Stunden auf 38,5 Stunden bei einer Lohnerhöhung von 3%** durchzusetzen versucht, rechtsunwirksam ist.[204] Änderungskündigungen sind nicht nur dann wegen Verstoßes gegen die zwingende Wirkung eines Tarifvertrages (§ 4 Abs. 1 TVG) unwirksam, wenn im Zeitpunkt des Kündigungszugangs ein tarifliches Kündigungsverbot besteht, sondern auch dann, wenn mit der Änderungskündigung gegen tarifliche Inhaltsnormen verstoßen und damit ein tariflich unzulässiges Ziel erstrebt wird. Das in der Änderungskündigung enthaltene Angebot des Arbeitgebers auf vertragliche Verlängerung der tariflichen Arbeitszeit mit nur teilweisem Lohnausgleich ist nach § 4 Abs. 3 TVG rechtsunwirksam, ebenso wie im Falle seiner Annahme durch den Arbeitnehmer dessen Einverständniserklärung mit der tarifwidrigen Arbeitszeit unwirksam wäre. 66 c

Das BAG **erstreckt** entgegen einer im Schrifttum gelegentlich vertretenen Auffassung[205] zutreffend die **Unwirksamkeit des Änderungsangebots auch auf die in der Änderungskündigung enthaltene Kündigungserklärung.** Dies ergibt sich schon daraus, daß bei der Nachprüfung der Wirksamkeit einer vom Arbeitgeber erklärten Änderungskündigung nicht nur auf die Beendigung des Arbeitsverhältnisses, sondern auch auf das Angebot des Arbeitgebers abzustellen ist, das Arbeitsverhältnis unter bestimmten anderen Bedingungen fortzusetzen.[206] Denn die Änderungskündigung zielt als ein aus zwei Willenserklärungen zusammengesetztes Rechtsgeschäft auf die Vertragsänderung, nicht auf die Beendigung des Arbeitsverhältnisses. 66 d

Der Verstoß gegen tarifvertragliche Regelungen hat die **Nichtigkeit der Änderungskündigung** zur Folge.[207] Hierbei handelt es sich um einen son- 66 e

---

[202] Im Ergebnis ebenso *Henssler* Anm. zu BAG EzA § 2 KSchG Nr. 26; Bedenken auch bei *Weber* SAE 1997, 336, 340.
[203] Vgl. BAG 20. 11. 1996, AP Nr. 127 zu § 611 BGB Lehrer, Dozenten; Kasseler Handbuch/*Linck* 4.2 Rn. 90 jeweils m. w. N.
[204] Vgl. BAG 10. 2. 1999, AP Nr. 52 zu § 2 KSchG 1969 = SAE 1999, 305 mit zust. Anm. *Schleusener* = AuR 1999, 326 mit zust. Anm. *Wendeling-Schröder*; ebenso bereits BAG 10. 3. 1982, AP Nr. 2 zu § 2 KSchG 1969 = SAE 1983, 104 mit Anm. *v. Hoyningen-Huene*; APS/*Künzl* § 2 KSchG Rn. 238; *Löwisch* § 2 Rn. 9.
[205] Vgl. *Berkowsky* DB 1999, 1606.
[206] Vgl. dazu Rn. 54 ff.
[207] BAG 10. 2. 1999, AP Nr. 52 zu § 2 KSchG 1969; zust. *Löwisch* § 2 Rn. 9; *Quecke* NZA 2001, 812 ff.; KR-*Rost* § 2 KSchG Rn. 179 a; *Schleusener* SAE 1999, 308, 310; *Wende-

stigen Unwirksamkeitsgrund i.S.v. § 13 Abs. 3. Den Tarifverstoß kann der Arbeitnehmer deshalb selbst dann noch geltend machen, wenn er wegen Ablaufs der Klagefrist nach §§ 4, 7 sich auf die Sozialwidrigkeit der Kündigung nicht mehr berufen kann.

66 f Die **Einführung von Samstagsarbeit** ist zwar eine unternehmerische Entscheidung, die an sich einen billigenswerten Anlaß zur Änderung von Arbeitsbedingungen i.S.v. § 2 darstellt. Die Umsetzung dieses unternehmerischen Entschlusses darf jedoch nicht gegen tarifliche Arbeitszeitvorschriften verstoßen, die beispielsweise die Samstagsarbeit zeitlich begrenzen.[208]

67 b) Die Prüfung der sozialen Rechtfertigung einer **Änderungskündigung** unterscheidet sich von der Überprüfung einer **Beendigungskündigung** insbesondere bei Gründen in der Person oder dem Verhalten des Arbeitnehmers.[209] Eine Änderung der Arbeitsbedingungen setzt zwar sowohl bei der personen- oder verhaltensbedingten Änderungskündigung als auch bei der entsprechenden Beendigungskündigung zunächst voraus, daß überhaupt eine Beeinträchtigung betrieblicher oder wirtschaftlicher Interessen des Arbeitgebers bzw. eine Vertragsverletzung vorliegt. Im Rahmen der **Interessenabwägung** ist jedoch das Änderungsangebot zu berücksichtigen. Denn Ziel der Änderungskündigung ist nicht eine Beendigung des Arbeitsverhältnisses, sondern eine Änderung der Arbeitsbedingungen. Dies rechtfertigt es, an eine personen- oder verhaltensbedingte Änderungskündigung im Rahmen der Interessenabwägung letztlich geringere Anforderungen zu stellen als eine entsprechende Beendigungskündigung.[210]

68 Bei der **betriebsbedingten Änderungskündigung** gilt dagegen hinsichtlich der Betriebsbedingtheit (§ 1 Abs. 2 Satz 1) grundsätzlich kein anderer Maßstab als bei der Beendigungskündigung.[211] In beiden Fällen ist eine **unternehmerische Entscheidung** erforderlich. Bei der Beendigungskündigung kommt es infolge der Durchführung der unternehmerischen Entscheidung zum Wegfall von Beschäftigungsmöglichkeiten, ohne daß die Möglichkeit einer anderweitigen Beschäftigung an einem anderen Arbeitsplatz oder zu anderen Arbeitsbedingungen besteht. Die Unternehmerentscheidung führt dementsprechend bei der Änderungskündigung entweder zu einer Veränderung der Arbeitsbedingungen bei einer Fortsetzung des Arbeitsverhältnisses auf dem gleichen Arbeitsplatz (z.B. Verkürzung der Arbeitszeit) oder zu einem Wegfall des bisherigen Arbeitsplatzes und einer Weiterbeschäftigung auf einem neuen Arbeitsplatz. Sowohl bei der Beendigungs- als auch bei der Änderungskündigung bedingt damit eine grundsätzlich nicht nachprüfbare und hinzunehmende unternehmerische Entscheidung die Veränderung der Arbeitsbedingungen (zur Unternehmerentscheidung näher § 1 Rn. 366 ff.).

---

ling-Schröder AuR 1999, 327, 328; – abweichend ErfK/*Ascheid* § 2 KSchG Rn. 60; *Berkowsky* DB 1999, 1606, 1608; *Rieble* RdA 2000, 40.

[208] Vgl. BAG 18. 12. 1997, AP Nr. 46 zu § 2 KSchG 1969 mit Anm. *Wiedemann* = SAE 1998, 266 mit Anm. *Hromadka* = AuR 1998, 212 mit Anm. *Zachert*.

[209] Zutr. *Hromadka* NZA 1996, 1, 11; ebenso APS/*Künzl* § 2 KSchG Rn. 187.

[210] Zutr. insoweit BAG 7. 6. 1973, AP Nr. 1 zu § 626 BGB Änderungskündigung, zu einer verhaltensbedingten Änderungskündigung.

[211] Zutr. *Hromadka* NZA 1996, 1, 8; ebenso *Kittner* NZA 1997, 968, 970.

Ob es zur Beendigung des Arbeitsverhältnisses kommt oder zu einer Fort- **69** setzung unter geänderten Bedingungen, hängt davon ab, ob es **anderweitige Beschäftigungsmöglichkeiten** gibt. Die Prüfung dieser Voraussetzung ist allerdings erst Folge der vorrangigen unternehmerischen Entscheidung und deren Durchführung auf betrieblicher Ebene. An die unternehmerische Entscheidung selbst werden jedoch bei der Beendigungs- und der Änderungskündigung keine unterschiedlichen Anforderungen gestellt.[212]

c) Eine **personen-** oder **verhaltensbedingte** Änderungskündigung kann **70** sich grundsätzlich nur auf eine **Änderung der Tätigkeit** beziehen.[213] Unzureichende Arbeitsleistungen berechtigen den Arbeitgeber nicht zu einer Änderungskündigung mit dem Ziel einer Absenkung der Arbeitsvergütung. Denn der Arbeitnehmer schuldet auf Grund des Arbeitsvertrages nur eine Dienstleistung, nicht aber einen bestimmten Erfolg. Entspricht die vom Arbeitnehmer erbrachte Arbeitsleistung nicht der zu erwartenden Normalleistung (dazu § 1 Rn. 253 a ff.), so kann sich hieraus nur die Berechtigung des Arbeitgebers ergeben, dem Arbeitnehmer eine andere Tätigkeit zuzuweisen oder gegebenenfalls das Arbeitsverhältnis zu beenden. Lediglich als Folge der veränderten Tätigkeit kann sich eine Minderung des Arbeitsentgelts ergeben. Eine Änderungskündigung, die darauf zielt, die bisherigen Arbeitsbedingungen beizubehalten, jedoch aus Gründen in der Person oder dem Verhalten des Arbeitnehmers das Arbeitsentgelt herabzusetzen, ist nicht zulässig.

Eine **personenbedingte Änderungskündigung** kommt in Betracht, **70a** wenn der Arbeitnehmer aus gesundheitlichen Gründen seine bisherige Tätigkeit nicht fortsetzen kann und ein anderer freier Arbeitsplatz vorhanden ist.[214] Möglich ist auch eine Änderungskündigung wegen Sicherheitsbedenken.[215]

Eine Änderungskündigung wegen **krankheitsbedingter Fehlzeiten** mit **70b** dem Ziel einer Versetzung erfordert neben der negativen Gesundheitsprognose auch eine erhebliche Beeinträchtigung betrieblicher oder wirtschaftlicher Interessen (dazu § 1 Rn. 233 a ff.). Soweit also keine Betriebsablaufstörungen vorliegen, muß zum Zeitpunkt der Änderungskündigung zu erwarten sein, daß der Arbeitgeber künftig mehr als sechs Wochen Entgeltfortzahlung zu leisten hat.[216] Denn erst dann liegt ein an sich geeigneter Grund in der Person des Arbeitnehmers vor, der zur Kündigung berechtigt. Im Rahmen der Interessenabwägung ist dann einerseits die Beeinträchtigung des Arbeitgebers durch die krankheitsbedingten Fehlzeiten und andererseits der Inhalt des Änderungsangebots und die damit verbundene etwaige Verschlechterung der Arbeitsbedingungen des Arbeitnehmers zu berücksichtigen. Daneben sind auch die sonstigen Kriterien einer Interessenabwägung, wie Lebensalter, Betriebszugehörigkeit, Ursache der Erkrankung und gegebenenfalls Unterhaltsverpflichtungen zu berücksichtigen. Wird die Kündi-

---

[212] So im Ergebnis auch BAG 6. 3. 1986, AP Nr. 19 zu § 15 KSchG 1969 mit Anm. *Schlaeper* zu einer außerordentlichen betriebsbedingten Änderungskündigung; BAG 24. 4. 1997, 18. 12. 1997, AP Nr. 42, 46 zu § 2 KSchG 1969; *Löwisch* § 2 Rn. 34.
[213] Zutr. *Hromadka* NZA 1996, 1, 11.
[214] BAG 3. 11. 1977, AP Nr. 1 zu § 75 BPersVG.
[215] BAG 20. 7. 1989, AP Nr. 2 zu § 1 KSchG 1969 Sicherheitsbedenken.
[216] Abweichend *Hromadka* NZA 1996, 1, 11.

gung nur auf die durch die Entgeltfortzahlung verursachten Kosten gestützt, sind im Rahmen der Interessenabwägung an die Höhe der Entgeltfortzahlungskosten bei der Änderungskündigung geringere Anforderungen als bei der Beendigungskündigung zu stellen.[217]

70 c Eine Änderungskündigung aus Gründen im **Verhalten des Arbeitnehmers** erfordert eine Verletzung arbeitsvertraglicher Pflichten (dazu § 1 Rn. 271) und grundsätzlich eine vorherige Abmahnung (dazu § 1 Rn. 283 ff.). Erst dann liegt ein Kündigungsgrund i. S. v. § 1 Abs. 2 Satz 1 vor, auf den § 2 Satz 1 verweist.[218] An die Zuweisung eines anderen Arbeitsplatzes im Wege der Änderungskündigung ist vor allem dann zu denken, wenn es zu Störungen im Betriebsablauf infolge ständiger Streitereien zwischen mehreren Arbeitnehmern kommt und die Ursachen in persönlichen Unverträglichkeiten liegen.[219]

71 d) Bei **betriebsbedingten Änderungskündigungen** sind verschiedene Fallgruppen zu unterscheiden. Ändert sich Art und Umfang der Tätigkeit auf Grund einer unternehmerischen Entscheidung, so ist diese hinzunehmen. Führt die Umsetzung der unternehmerischen Entscheidung im Betrieb zu dem Wegfall des Arbeitsplatzes und besteht in einem anderen Betriebsteil oder einem anderen Betrieb eines Unternehmens eine **Weiterbeschäftigungsmöglichkeit auf einem freien Arbeitsplatz** und bietet der Arbeitgeber dem vom Wegfall des Arbeitsplatzes betroffenen Arbeitnehmer eine solche Weiterbeschäftigungsmöglichkeit an, ist lediglich nachprüfbar, ob nach Durchführung der unternehmerischen Entscheidung tatsächlich der bisherige Arbeitsplatz weggefallen ist und keine anderweitige, den Arbeitnehmer weniger beeinträchtigende Beschäftigungsmöglichkeit besteht.[220]

71 a Führt die Durchführung der unternehmerischen Entscheidung im Betrieb dazu, daß sich die Arbeitsmenge für einzelne Arbeitnehmer verringert und spricht der Arbeitgeber aus diesem Grund eine Änderungskündigung mit dem Ziel der **Verkürzung der Arbeitszeit** aus, so hat er den Umfang der Verringerung des Arbeitsanfalls darzulegen.[221] Durch die Gerichte ist nachprüfbar, ob die vom Arbeitgeber behauptete Verringerung der Arbeitsmenge tatsächlich vorliegt. Nicht nachprüfbar ist, ob es zweckmäßiger gewesen wäre, wenn der Arbeitgeber statt mehrerer Änderungskündigungen eine Beendigungskündigung ausgesprochen hätte.[222] Es liegt im Ermessen des Unternehmers, mit welcher Zahl von Arbeitskräften er nach Durchführung des

---

[217] Vgl. dazu § 1 Rn. 236 a.
[218] Vgl. BAG 21. 11. 1985, AP Nr. 12 zu § 1 KSchG 1969; BAG 18. 11. 1986, AP Nr. 17 zu § 1 KSchG 1969 Verhaltensbedingte Kündigung mit Anm. *Conze* = EzA § 611 BGB Abmahnung Nr. 4 mit Anm. *Peterek*.
[219] Vgl. BAG 22. 7. 1982, AP Nr. 5 zu § 1 KSchG 1969 Verhaltensbedingte Kündigung mit Anm. *Otto* = SAE 1983, 313 mit Anm. *Ottow* = AR-Blattei Kündigungsschutz Entsch. 227 mit Anm. *Herschel*; BAG 10. 11. 1988, AP Nr. 3 zu § 1 KSchG 1969 Abmahnung.
[220] Dazu BAG 21. 6. 1995, AP Nr. 36 zu § 15 KSchG 1969.
[221] Vgl. § 1 Rn. 413 c.
[222] Zutr. BAG 19. 5. 1993, AP Nr. 31 zu § 2 KSchG 1969 mit Anm. *Waas* = EzA § 1 KSchG Betriebsbedingte Kündigung Nr. 73 mit Anm. *Raab* = SAE 1994, 150 mit Anm. *Steinmeyer* = AR-Blattei ES 1020.1.1 Nr. 13 mit Anm. *Preis*; LAG Hamm 22. 3. 1996, LAGE § 2 KSchG Nr. 19; ErfK/*Ascheid* § 2 KSchG Rn. 55; APS/*Künzl* § 2 KSchG Rn. 237.

Änderungskündigung   71 b–72 a § 2

innerbetrieblichen Organisationsaktes die verbleibende Arbeit ausführen läßt. Zur unternehmerischen Entscheidungsfreiheit gehört gleichfalls die Umgestaltung von Vollzeitarbeitsplätzen in Teilzeitarbeitsplätze, um verbesserte Vertretungsmöglichkeiten in Krankheitsfällen oder während des Urlaubs zu erreichen.[223]

Die **Heraufsetzung der Arbeitszeit** von einer Halbtagsbeschäftigung zu einer Vollzeitbeschäftigung im Wege der Änderungskündigung kann ebenfalls durch dringende betriebliche Erfordernisse bedingt sein.[224] Entschließt sich der Arbeitgeber zu einer solchen Umwandlung des Halbtagsarbeitsplatzes in einen Ganztagsarbeitsplatz, so liegt hierin eine nur beschränkt nachprüfbare freie unternehmerische Entscheidung.[225]   71 b

Weiterhin kommt eine betriebsbedingte Änderungskündigung in Betracht, wenn **vertraglich zugesicherte Überstunden abgebaut** werden sollen,[226] der Betrieb von einem **Einschichtsystem in ein Zweischichtsystem** umorganisiert wird und das unternehmerische Konzept auch im Einzelfall nicht durch andere Maßnahmen verwirklicht werden kann,[227] in dem Betrieb **Samstagsarbeit eingeführt werden** soll und dies tarifrechtlich zulässig ist[228] sowie bei einer Verlängerung der Arbeitszeit Teilzeitbeschäftigter.[229]   71 c

Eine betriebsbedingte Änderungskündigung mit dem Ziel, **unter Beibehaltung der Arbeitsbedingungen im übrigen die Lohnkosten zu senken,** ist nur eingeschränkt möglich.[230] Denn der Arbeitgeber trägt grundsätzlich das Wirtschaftsrisiko[231] und hat – ebenso wie der Arbeitnehmer – geschlossene Verträge einzuhalten. Ebensowenig wie der Arbeitnehmer bei einem außergewöhnlich hohen Unternehmensgewinn einen Anspruch auf Erhöhung des Arbeitsentgelts hat, kann der Arbeitgeber in wirtschaftlich schwierigen Zeiten ohne weiteres übertarifliche Entgeltbestandteile reduzieren.[232] Gegen einen völligen Ausschluß der Möglichkeit einer Änderungskündigung zur Lohnsenkung spricht jedoch, daß es für Arbeitnehmer und Arbeitgeber wirtschaftlich durchaus sinnvoll sein kann, eine Änderungskündigung zur Entgeltsenkung in Betracht zu ziehen, wenn dadurch eine Beendigungskündigung verhindert werden kann.   72

Vor diesem rechtlichen und wirtschaftlichen Hintergrund ist in Rechtsprechung und Schrifttum **umstritten, welche Anforderungen an die**   72 a

---

[223] Zu eng LAG Hamm 26. 9. 1996, LAGE § 2 KSchG Nr. 23.
[224] Vgl. LAG Rheinland-Pfalz 10. 5. 1988, NZA 1989, 273; APS/*Künzl* § 2 KSchG Rn. 240; KR-*Rost* § 2 KSchG Rn. 112; HK-KSchG/*Weller*/*Hauck* § 2 Rn. 162; – offengelassen von LAG Berlin 10. 9. 1996, LAGE § 2 KSchG Nr. 20.
[225] Abweichend LAG Hamburg 20. 11. 1996, LAGE § 2 KSchG Nr. 25.
[226] BAG 16. 1. 1997, RzK I 7 a Nr. 37; BAG 23. 11. 2000, NZA 2001, 492.
[227] Vgl. BAG 18. 1. 1990, AP Nr. 27 zu § 2 KSchG 1969.
[228] Vgl. BAG 18. 12. 1997, AP Nr. 46 zu § 2 KSchG 1969 mit Anm. *Wiedemann* = SAE 1998, 266 mit Anm. *Hromadka* = AuR 1998, 212 mit Anm. *Zachert*.
[229] Vgl. BAG 24. 4. 1997, AP Nr. 42 zu § 2 KSchG 1969 sowie Rn. 66 a.
[230] Vgl. dazu *Berger-Delhey* DB 1991, 1571 ff.; *Buchner* Festschrift für Kraft S. 23 ff.; *Dänzer-Vanotti*/*Engels* DB 1986, 1390; *Hromadka* NZA 1996, 1, 8 ff.; *Krause* DB 1995, 574 ff.; *Precklein* S. 85 ff.; *Walden* S. 148 ff.; – gänzlich ablehnend *Berkowsky* S. 109 ff.
[231] Vgl. BAG 11. 7. 1990, AP Nr. 32 zu § 615 BGB Betriebsrisiko; BAG 12. 12. 1996, EzA § 2 KSchG Nr. 25.
[232] Zum Widerruf übertariflicher Leistungen bei einem entsprechenden Vorbehalt vgl. Rn. 30 ff.

soziale Rechtfertigung einer Änderungskündigung zur Entgeltsenkung zu stellen sind. Einigkeit besteht noch im Ausgangspunkt, daß die Absicht des Arbeitgebers, die Lohnkosten durch Senkung der Arbeitsvergütung der Arbeitnehmer zu kürzen, keine unternehmerische Entscheidung ist, die der gerichtlichen Überprüfung entzogen wäre.[233]

72 b   Nach **Auffassung des BAG** kann eine Änderungskündigung sozial gerechtfertigt sein, wenn die Unrentabilität des Betriebes einer Weiterbeschäftigung zu unveränderten Bedingungen entgegensteht, wenn also durch die **Senkung der Personalkosten die Stillegung des Betriebes oder die Reduzierung der Belegschaft verhindert werden kann und soll** und die Kosten durch andere Maßnahmen nicht zu senken sind.[234] Unter Umständen kommt auch eine (Massen-)Änderungskündigung mit dem Ziel der Entgeltkürzung im Rahmen eines langfristigen Sanierungskonzepts in Betracht.[235]

72 c   Bei der Prüfung, ob ein dringendes betriebliches Erfordernis zu einer Änderung der Arbeitsbedingungen besteht, stellt das BAG zu Recht auf die **wirtschaftliche Situation des Gesamtbetriebes** und nicht nur auf die eines unselbständigen Betriebsteils ab.[236] Dies ergibt sich schon aus § 2 Satz 1, der auf § 1 Abs. 2 verweist und damit ein dringendes betriebliches, nicht abteilungsspezifisches Erfordernis zur sozialen Rechtfertigung der Änderung der Arbeitsbedingungen vorausgesetzt. Die Unrentabilität einer Betriebsabteilung kann sich freilich auf das gesamte Betriebsergebnis auswirken und so eine Änderungskündigung rechtfertigen.

72 d   Da sich eine Änderungskündigung, die allein auf die Senkung des Arbeitsentgelts gerichtet ist und die übrigen Arbeitsbedingungen unberührt läßt, nicht auf den Betriebsablauf und die Betriebsorganisation auswirkt, ist sie nur zu rechtfertigen, wenn sie dem **Grundsatz der Verhältnismäßigkeit** entspricht.[237] Denn damit wird dem grundsätzlichen Vorrang der Änderungskündigung vor der Beendigungskündigung Rechnung getragen. Weiterhin ist der Verhältnismäßigkeitsgrundsatz eher justitiabel als die weitgehend konturlose Zumutbarkeitsprüfung.[238] Die Änderungskündigung mit dem

---

[233] BAG 20. 3. 1986, AP Nr. 14 zu § 2 KSchG 1969; BAG 22. 3. 1990, RzK I 7 a Nr. 19; BAG 12. 12. 1996, EzA § 2 KSchG Nr. 32; *Fischermeier* NZA 2000, 737, 752; *Hromadka* RdA 1992, 234, 252 f.; APS/*Künzl* § 2 KSchG Rn. 245; *Linck* AR-Blattei SD 1020.1.1 Rn. 72; *Löwisch* Anm. zu BAG EzA § 2 KSchG Nr. 33; KR-*Rost* § 2 KSchG Rn. 107 c; *Stahlhacke/Preis/Vossen* Rn. 779 a.

[234] Vgl. BAG 30. 10. 1987, RzK I 7 a Nr. 8; BAG 10. 11. 1989, AP Nr. 47 zu § 1 KSchG 1969 Betriebsbedingte Kündigung; BAG 26. 1. 1995, AP Nr. 36 zu § KSchG 1969; BAG 20. 8. 1998, AP Nr. 50 zu § 2 KSchG 1969 = EzA § 2 KSchG Nr. 31 mit krit. Anm. *Thüsing*; BAG 12. 11. 1998, AP Nr. 51 zu § 2 KSchG 1969 = EzA § 2 KSchG Nr. 33 mit krit. Anm. *Löwisch*; LAG Berlin 11. 5. 1998, LAGE § 2 KSchG Nr. 32; ähnlich ErfK/*Ascheid* § 2 KSchG Rn. 65; *Hillebrecht* ZIP 1985, 257, 260; *Hromadka* in: Hromadka Arbeitsrechtsfragen bei der Umstrukturierung und Sanierung von Unternehmen, S. 57, 73 f.; *ders.*, RdA 1992, 234, 255 f.; *ders.* NZA 1996, 1, 10.

[235] Vgl. *Hromadka* NZA 1996, 1, 10; *Krause* DB 1995, 574, 578 f.

[236] Vgl. BAG 11. 10. 1989, AP Nr. 47 zu § 1 KSchG 1969 Betriebsbedingte Kündigung; BAG 20. 8. 1998, 12. 11. 1998, AP Nr. 50, 51 zu § 2 KSchG 1969; zust. ErfK/*Ascheid* § 2 KSchG Rn. 65; APS/*Künzl* § 2 KSchG Rn. 247; *Stahlhacke/Preis/Vossen* Rn. 779 b.

[237] Ebenso ErfK/*Ascheid* § 2 KSchG Rn. 64; APS/*Künzl* § 2 KSchG Rn. 245; ähnlich BAG 12. 11. 1998, AP Nr. 51 zu § 2 KSchG 1969.

[238] Hierfür allerdings auch *Buchner* Festschrift für Kraft S. 23, 35 f.

Änderungskündigung 72 e–72 g § 2

Ziel der Lohnsenkung muß daher unter Berücksichtigung der konkreten betrieblichen Umstände zur Vermeidung von Beendigungskündigungen erforderlich und geeignet sein und darf nicht zu einer unverhältnismäßigen Entgeltsenkung führen.

Erforderlich ist eine Änderungskündigung zur Entgeltsenkung, wenn bei 72 e einer Aufrechterhaltung der bisherigen Personalkostenstruktur weitere, betrieblich nicht mehr auffangbare Verluste entstehen, die absehbar zu einer Reduzierung der Belegschaft oder sogar zu einer Schließung des Betriebes führen.[239] Dies bedeutet allerdings nicht, daß die dringenden betrieblichen Erfordernisse schon im Zeitpunkt der Kündigung einer Weiterbeschäftigung des Arbeitnehmers im Betrieb dergestalt entgegenstehen müssen, daß der Arbeitgeber mit dem Ausspruch einer Änderungskündigung warten muß, bis sein Ruin unmittelbar bevorsteht. Entscheidend ist vielmehr, ob die schlechte Geschäftslage einer Weiterbeschäftigung des Arbeitnehmers zu unveränderten Bedingungen entgegensteht.[240] Dies ist beispielsweise anzunehmen, wenn ein **Unternehmen längere Zeit nur Verluste erwirtschaftet** hat und eine Änderung zur Vermeidung der Insolvenz nur erreicht werden kann, wenn im Rahmen eines Sanierungskonzepts auch die Lohnkosten gesenkt werden und andernfalls infolge von Reorganisationsmaßnahmen Arbeitsplätze wegfallen.[241]

Macht der Arbeitgeber geltend, die **Stillegung der betreffenden Be-** 72 f **triebsabteilung noch nicht beschlossen, sondern als Alternative zu der beabsichtigten Änderungskündigung ins Auge gefaßt zu haben**, hat er seine Gründe für die alternativ erwogene Abteilungsschließung schlüssig darzulegen, so daß festgestellt werden kann, ob die erwogenen Beendigungskündigungen i. S. v. § 1 Abs. 2 KSchG sozial gerechtfertigt wären.[242] Wenn unter Berücksichtigung dieses Vorbringens eine Beendigungskündigung in Betracht kommt und der Arbeitgeber weiter darlegt, daß bei einer Aufrechterhaltung der bisherigen Personalkostenstruktur weitere, betrieblich nicht mehr auffangbare Verluste entstehen, kommt eine Änderungskündigung zur Lohnsenkung in Betracht.[243]

Nicht ausreichend ist es, wenn das Unternehmen **einmalige Verluste** 72 g gemacht hat oder wenn nur einzelne Abteilungen rote Zahlen schreiben, ohne daß dadurch die Existenz des gesamten Betriebes gefährdet

---

[239] Vgl. BAG 20. 8. 1998, 12. 11. 1998, AP Nr. 50, 51 zu § 2 KSchG 1969; BAG 20. 1. 2000, AP Nr. 40 zu § 103 BetrVG 1972, das unter diesen Voraussetzungen ein dringendes betriebliches Erfordernis bejaht; enger noch BAG 20. 3. 1986, 26. 1. 1995, AP Nr. 14, 36 zu § 2 KSchG 1969 sowie *Dänzer-Vanotti/Engels* DB 1986, 1390, 1392; *Hillebrecht* ZIP 1985, 257, 259, die eine akute Gefährdung des Arbeitsverhältnisses gefordert haben; – vgl. auch LAG Köln 15. 6. 1988, LAGE § 2 KSchG Nr. 8; KPK-*Bengsdorf* § 2 Rn. 99; *Berger-Delhey* DB 1991, 1571 ff.; *Löwisch* NZA 1988, 633, 637; *Stahlhacke/Preis/Vossen* Rn. 779 b, die einen sachlichen bzw. triftigen Grund für die Lohnsenkung fordern.
[240] Vgl. BAG 20. 3. 1986, 26. 1. 1995, 20. 8. 1998, AP Nr. 14, 36, 50 zu § 2 KSchG 1969.
[241] Vgl. BAG 26. 4. 1990, AP Nr. 28 zu § 9 Bergmann-VersorgungsscheinG-NRW unter III 2; ähnlich BAG 30. 10. 1987, RzK I 7 a Nr. 8; *Hromadka* RdA 1992, 234, 255 f.
[242] Vgl. hierzu BAG 12. 11. 1998, AP Nr. 51 zu § 2 KSchG 1969; *Fischermeier* NZA 2000, 737, 743; – krit. hierzu *Löwisch* Anm. zu BAG EzA § 2 KSchG Nr. 33.
[243] Enger wohl *Fischermeier* NZA 2000, 737, 743.

ist.²⁴⁴ Eine Änderungskündigung zur Lohnsenkung ist nicht erforderlich und damit ausgeschlossen, wenn der Betrieb wirtschaftlich nicht gefährdet ist und sie nur zur Erhöhung der Rentabilität erfolgt.²⁴⁵

72 h Die Erforderlichkeit einer Änderungskündigung mit dem Ziel der Lohnsenkung kann weiterhin nur bejaht werden, wenn sie im Rahmen eines **umfassenden Sanierungsplans** erfolgt, der alle gegenüber der beabsichtigten Änderungskündigung mildern Mittel ausschöpft.²⁴⁶ Als solche milderen Mittel kommen etwa die Absenkung von freiwilligen Zulagen, Rationalisierungsmaßnahmen und sonstige Einsparungen in Betracht, wobei auch die Sanierungsfähigkeit des Betriebes und eigene Sanierungsbeiträge des Arbeitgebers bzw. Dritter (Banken) zu berücksichtigen sind.²⁴⁷

73 Die mit der Änderungskündigung angestrebte Lohnsenkung muß **geeignet** sein, die wirtschaftliche Gefährdung des Betriebes zu beseitigen.²⁴⁸ Dies kann nicht angenommen werden, wenn das Einsparpotential so gering ist, daß es sich auf die finanzielle Situation des Betriebes kaum auswirkt.²⁴⁹ **Verhältnismäßig im engeren Sinn** ist eine Änderungskündigung beispielsweise, wenn bei einem prognostizierten vorübergehenden Verlust die Entgeltkürzung nur zeitlich befristet erfolgt.²⁵⁰

73 a Eine Änderungskündigung zur Lohnsenkung kommt **beispielsweise** in Betracht, wenn bei Autoverkäufern in einem Autohaus die **Provisionssätze und das Fixum gekürzt** werden, weil eine Verminderung der Verluste nur durch eine Herabsetzung von Fixum und Provision möglich ist und die Verluste nicht durch eine zu große Zahl von Verkäufern oder anderem Personal, sondern durch die unverhältnismäßig hohen Einkünfte der Verkäufer bedingt ist.²⁵¹ Die **Einführung einer neuen Lohnfindungsmethode** (Umstellung auf eine leistungsbezogene Vergütung) allein stellt keinen betriebsbedingten Grund für eine Änderungskündigung gegenüber einem Arbeitnehmer dar, dessen Lohn sich aus dem Grundlohn und einer widerruflichen Gewinnbeteiligung zusammensetzt.²⁵² Nach Auffassung des BAG sind betriebliche Erfordernisse für eine Änderungskündigung nicht dringend, wenn einem prognostizierten Defizit von 8,9 Millionen DM geplante Einsparungen (unter Einschluß der beabsichtigten Entgeltkürzungen in Höhe von 6 Millionen DM) in Höhe von 12 bis 13 Millionen DM gegenüberstehen. Eine anteilige Reduzierung der vom Arbeitgeber vorgenommenen Streichung der Zulagen durch die Gerichte kommt nicht in Betracht, weil

---

²⁴⁴ Vgl. BAG 20. 3. 1986, AP Nr. 14 zu § 2 KSchG 1969; BAG 10. 11. 1989, AP Nr. 47 zu § 1 KSchG 1969 Betriebsbedingte Kündigung.
²⁴⁵ Ebenso ErfK/*Ascheid* § 2 KSchG Rn. 65.
²⁴⁶ Vgl. BAG 11. 10. 1989, RzK I 7b Nr. 9; BAG 12. 11. 1998, AP Nr. 51 zu § 2 KSchG 1969; BAG 20. 1. 2000, AP Nr. 40 zu § 103 BetrVG 1972; LAG Baden-Württemberg 20. 3. 1997, LAGE § 2 KSchG Nr. 28.
²⁴⁷ Zustimmend *Thüsing* Anm. zu BAG EzA § 2 KSchG Nr. 31.
²⁴⁸ Ebenso ErfK/*Ascheid* § 2 KSchG Rn. 65.
²⁴⁹ Vgl. dazu BAG 12. 1. 1961, AP Nr. 10 zu § 620 BGB Änderungskündigung.
²⁵⁰ Vgl. BAG 20. 8. 1998, 12. 11. 1998, AP Nr. 50, 51 zu § 2 KSchG 1969; *Fischermeier* NZA 2000, 737, 742; *Löwisch* Anm. zu BAG EzA § 2 KSchG Nr. 33.
²⁵¹ BAG 20. 3. 1986, AP Nr. 14 zu § 2 KSchG 1969 = EzA § 2 KSchG Nr. 6 mit krit. Anm. *Löwisch/Bernards*.
²⁵² LAG Rheinland-Pfalz, 9. 1. 1997, LAGE § 2 KSchG Nr. 24; ebenso LAG Berlin 21. 8. 1998, LAGE § 2 KSchG Nr. 34.

Änderungskündigung 74, 74a § 2

die Art und Weise der Kosteneinsparung dem Arbeitgeber nicht vorgeschrieben werden kann.²⁵³ Die **Kürzung einer Jahressonderzahlung** kommt nach Auffassung des LAG Baden-Württemberg nur dann in Betracht, wenn der Arbeitgeber konkret die prognostizierte wirtschaftliche Entwicklung seines Unternehmens und des betroffenen Betriebes darlegt.²⁵⁴ **Negative Betriebsergebnisse einer Betriebsabteilung** rechtfertigen keine Lohnsenkung durch Änderungskündigung, wenn sie nicht auf das Gesamtergebnis negativ durchschlagen.²⁵⁵ Zur Vermeidung einer Betriebsstillegung oder Reduzierung der Belegschaft kommt auch eine **Reduzierung der „Fernauslösung"** für Monteure in Betracht.²⁵⁶

Will der Arbeitgeber mit einer Änderungskündigung die Besserstellung einer Arbeitnehmergruppe oder einzelnen Arbeitnehmer bei betrieblichen Sozialleistungen beseitigen, so kann er sich nicht auf den **Gleichbehandlungsgrundsatz** zur sozialen Rechtfertigung berufen.²⁵⁷ Dies ist eine Konsequenz des Vorrangs der Vertragsfreiheit beim Abschluß eines Arbeitsvertrages vor dem arbeitsrechtlichen Gleichbehandlungsgrundsatz.²⁵⁸ Es bedarf vielmehr sonstiger inner- oder außerbetrieblicher Umstände, die als dringende betriebliche Erfordernisse angesehen werden können. Der Gleichbehandlungsgrundsatz kann eine Änderungskündigung grundsätzlich nicht rechtfertigen, da er nur zur Begründung von Rechten dient,²⁵⁹ nicht aber zu deren Einschränkung.²⁶⁰

74

e) Im Bereich des **öffentlichen Dienstes** liegen dringende betriebliche Erfordernisse für eine Änderungskündigung dann vor, wenn im Haushaltsplan bestimmte, nach sachlichen Merkmalen bezeichnete Stellen gestrichen werden und damit zum Ausdruck gebracht wird, daß diese Stellen entbehrlich sind. Entsprechendes gilt für das Anbringen eines kw-Vermerks an einer Personalstelle, wenn ein auf den konkreten Stellenbedarf zugeschnittenes Konzept hinzukommt.²⁶¹ In diesem Fall haben die Gerichte nicht darüber zu befinden, ob diese Entscheidung sachgerecht oder zweckmäßig ist.²⁶² Wenn der öffentliche Arbeitgeber mit der Änderungskündigung dem Arbeitnehmer

74a

---

²⁵³ BAG 12. 12. 1996, EzA § 2 KSchG Nr. 32.
²⁵⁴ Vgl. LAG Baden-Württemberg 20. 3. 1997, LAGE § 2 KSchG Nr. 28; vgl. dazu auch LAG Berlin 30. 6. 1997, LAGE § 2 KSchG Nr. 27.
²⁵⁵ Vgl. BAG 20. 8. 1998, 12. 11. 1998, AP Nr. 50, 51 zu § 2 KSchG 1969.
²⁵⁶ Vgl. BAG 23. 11. 2000 – 2 AZR 690/99 n. v.
²⁵⁷ BAG 28. 4. 1982, AP Nr. 3 zu § 2 KSchG 1969 mit zust. Anm. v. *Hoyningen-Huene*; BAG 1. 7. 1999, AP Nr. 53 zu § 2 KSchG 1969; BAG 20. 1. 2000, AP Nr. 40 zu § 103 BetrVG 1972; ebenso *Ascheid* Kündigungsschutzrecht Rn. 494; *Kittner/Däubler/Zwanziger* § 2 KSchG Rn. 140; APS/*Künzl* § 2 KSchG Rn. 242; KR-*Rost* § 2 KSchG Rn. 110; HK-KSchG/*Weller/Hauck* § 2 Rn. 163; – zur korrigierenden Rückgruppierung vgl. Rn. 32 f.
²⁵⁸ So zutr. BAG 1. 7. 1999, AP Nr. 53 zu § 2 KSchG 1969; BAG 20. 1. 2000, AP Nr. 40 zu § 103 BetrVG 1972.
²⁵⁹ Vgl. *G. Hueck* Grundsatz der gleichmäßigen Behandlung im Privatrecht 1958, S. 276.
²⁶⁰ Vgl. *v. Hoyningen-Huene* Anm. zu BAG AP Nr. 3 zu § 2 KSchG 1969; einschränkend zur Angleichung der Lohnstruktur nach einem Betriebsübergang ErfK/*Ascheid* § 2 KSchG Rn. 67 und APS/*Künzl* § 2 KSchG Rn. 243.
²⁶¹ Vgl. BAG 18. 11. 1999, AP Nr. 55 zu § 2 KSchG 1969 mit Anm. *Feudner*; BAG 17. 2. 2000 – 2 AZR 109/99 n. v. sowie bereits BAG 19. 3. 1998, AP Nr. 76 zu Einigungsvertrag Anlage I Kap. XIX.
²⁶² Vgl. BAG 21. 1. 1993, AP Nr. 1 zu § 52 MitbestG Schleswig-Holstein; BAG 18. 11. 1999, AP Nr. 55 zu § 2 KSchG 1969 mit Anm. *Feudner*.

eine Weiterbeschäftigung zu verschlechterten Arbeitsbedingungen anbietet, kann nur nachgeprüft werden, ob es eine bessere Beschäftigungsmöglichkeit als die vom Arbeitgeber angebotene gibt. Hierbei hat der Arbeitnehmer darzulegen, wie er sich eine solche anderweitige Beschäftigung vorstellt.[263]

75 f) Für die bei betriebsbedingten Änderungskündigungen erforderliche **soziale Auswahl** gelten die Grundsätze des § 1 Abs. 3 in modifizierter Form.[264]

75 a **§ 1 Abs. 4 findet keine Anwendung**, weil diese Bestimmung in § 2 nicht in Bezug genommen worden ist.[265] Ein Redaktionsversehen des Gesetzgebers kann dabei kaum angenommen werden, weil bereits bei der Änderung des KSchG durch das Arbeitsrechtliche Beschäftigungsförderungsgesetz vom 25. 9. 1996 in § 2 eine Bezugnahme auf die Abs. 4 und 5 von § 1 unterblieben ist und hierauf im Schrifttum wiederholt hingewiesen wurde.[266] Wenn der Gesetzgeber auf die hierbei geäußerte Kritik nicht reagiert hat, besteht kein Anhaltspunkt für die Annahme einer planwidrigen Gesetzeslücke. Die bestehende Rechtslage ist freilich rechtspolitisch unbefriedigend, weil auch bei Massenänderungskündigungen ein Bedürfnis nach Rechtssicherheit bei der Sozialauswahl besteht. § 2 sollte daher durch einen Verweis auf § 1 Abs. 4 ergänzt werden.

76 Bei Änderungskündigungen sind nur **Arbeitnehmer vergleichbar**, die sowohl hinsichtlich der bisherigen Tätigkeiten austauschbar sind als auch – bei einer mit der Änderungskündigung verbundenen Versetzung – in der Lage sind, den neuen Arbeitsplatz auszufüllen.[267]

77 Bei der **Bewertung der Auswahlkriterien** ist zu beachten, daß die soziale Schutzwürdigkeit der Arbeitnehmer bei der Änderungskündigung nicht bezogen auf die Beendigung des Arbeitsverhältnisses zu prüfen ist, sondern im Hinblick auf die Veränderung der Arbeitsbedingungen.[268] Dementspre-

---

[263] BAG 21. 1. 1993, AP Nr. 1 zu § 52 MitbestG Schleswig-Holstein.
[264] Vgl. BAG 18. 10. 1984, AP Nr. 6 zu § 1 KSchG 1969 Soziale Auswahl mit krit. Anm. *Löwisch* = EzA § 1 KSchG Betriebsbedingte Kündigung Nr. 34 mit krit. Anm. *v. Hoyningen-Huene* = AR-Blattei Kündigungsschutz I A Entsch. 5 mit zust. Anm. *Hanau*; BAG 13. 6. 1986, AP Nr. 13 zu § 1 KSchG 1969 Soziale Auswahl = EzA § 1 KSchG Soziale Auswahl Nr. 23 mit krit. Anm. *Reuter* = AuR 1987, 182 mit Anm. *Dänzer-Vanotti* = AR-Blattei Kündigungsschutz I A Entsch. 6 mit zust. Anm. *Löwisch* = SAE 1989, 134 mit zust. Anm. *Schreiber*, BAG 19. 5. 1993, AP Nr. 31 zu § 2 KSchG 1969 mit Anm. *Waas* = EzA § 1 KSchG Betriebsbedingte Kündigung Nr. 73 mit zust. Anm. *Raab* = SAE 94, 150 mit Anm. *Steinmeyer* = AR-Blattei ES 1020.1.1 Nr. 13 mit Anm. *Preis;* eingehend *Brenneis* FA 2000, 147; *Linck* Soziale Auswahl S. 143 ff.
[265] Ebenso *Kittner/Däubler/Zwanziger* § 2 KSchG Rn. 181 a; APS/*Künzl* § 2 KSchG Rn. 276 i. V. m. Rn. 269 f.; *Löwisch* § 2 Rn. 51; – abweichend ErfK/*Ascheid* § 2 KSchG Rn. 56 sowie zur Rechtslage vor dem 1. 1. 1999 *Fischermeier* NZA 1997, 1089, 1100; KR-*Rost* § 2 KSchG Rn. 103 c m.w. N.; unklar *Preis* RdA 1999, 311, 321; *Stahlhake/Preis/Vossen* Rn. 780 c.
[266] Vgl. nur KR-*Rost* § 2 KSchG Rn. 103 c m. w. N.
[267] Vgl. dazu BAG 13. 6. 1986, AP Nr. 13 zu § 1 KSchG 1969 Soziale Auswahl; BAG 23. 8. 1990, RzK I 7 b Nr. 10; *Ascheid* Kündigungsschutzrecht Rn. 493; *Kittner/Däubler/Zwanziger* § 2 KSchG Rn. 182; *Linck* Soziale Auswahl S. 144 ff.; KR-*Rost* § 2 KSchG Rn. 103; HK-KSchG/*Weller/Hauck* § 2 Rn. 156; – kritisch dazu *Brenneis* FA 2000, 147, 148; *Berkowsky* S. 103 ff.; ders. DB 1990, 834 ff.; *Schwerdtner* NJW 1987, 1607 f.
[268] BAG 18. 10. 1984, 13. 6. 1986, AP Nr. 6, 13 zu § 1 KSchG 1969 Soziale Auswahl; BAG 19. 5. 1993, AP Nr. 31 zu § 2 KSchG 1969; ErfK/*Ascheid* § 2 KSchG Rn. 56; *v. Hoy-*

chend sind beispielsweise Unterhaltsverpflichtungen ohne Bedeutung, wenn die Änderungskündigung nicht mit einer Einkommenseinbuße verbunden ist. Lebensalter und Betriebszugehörigkeit sind dagegen auch bei einer Veränderung der Arbeitsbedingungen ohne Verdiensteinbuße von Bedeutung, weil der Arbeitnehmer durch die Dauer seiner Beschäftigung einen erhöhten Besitzstand auch hinsichtlich der Art der Beschäftigung erwirbt und es ihm mit zunehmenden Alter immer schwerer fällt, sich auf einen neuen Arbeitsplatz umzustellen.[269] Bei einer Änderungskündigung, die zu einer räumlichen Veränderung des Arbeitsortes führt und für den Arbeitnehmer einen Umzug zur Folge haben würde, sind über den Auswahlgesichtspunkt Unterhaltspflichten auch die familiären Beeinträchtigungen wie Schulwechsel der Kinder u. ä. zu berücksichtigen.

4. Widerspruch des Betriebsrats

Für die Änderungskündigung gilt das Anhörungsverfahren nach § 102 BetrVG (dazu oben Rn. 33ff.). Daher kann gegen die Kündigung auch ein **Widerspruch des Betriebsrats** gerichtet sein. **78**

Hat der Arbeitnehmer das **Änderungsangebot abgelehnt** und kommt deshalb die Kündigung zum Tragen, so treten die **vollen Wirkungen des Widerspruchs** ein. Unter anderem hat der Arbeitnehmer dann das Recht auf Weiterbeschäftigung nach § 102 Abs. 5 BetrVG (§ 79 Abs. 2 BPersVG); diese erfolgt hier im Gegensatz zur ganz anders gearteten Weiterbeschäftigung nach Annahme des Änderungsangebots unter Vorbehalt (dazu unten Rn. 92) zu den bisherigen Arbeitsbedingungen.[270] **79**

Der Widerspruch kann auch im Rahmen von § 1 Abs. 2 Satz 2 und 3 zur **Sozialwidrigkeit der Kündigung** ohne weitere Prüfung nach den allgemeinen Grundsätzen führen (vgl. § 1 Rn. 508ff.). Dabei ist zu den einzelnen Widerspruchsgründen zu beachten: Satz 2 Nr. 1a, 2a: Ein Verstoß gegen Kündigungsrichtlinien nach § 95 BetrVG (§ 76 Abs. 2 Nr. 8 BPersVG) liegt nur vor, wenn die verletzte Richtlinie auch für Änderungskündigungen gilt; ob das zutrifft, ist notfalls durch Auslegung zu ermitteln (vgl. im übrigen § 1 Rn. 522ff.). – Satz 2 Nr. 1b, 2b und Satz 3: Betrifft das Änderungsangebot gerade die mit dem Widerspruch geltend gemachte Weiterbeschäftigungsmöglichkeit, so führt die Ablehnung durch den Arbeitnehmer dazu, daß diese Weiterbeschäftigung nicht möglich, der Widerspruch damit sachlich unbegründet ist (vgl. § 1 Rn. 529ff.). Im Rahmen der 2. Alternative von Abs. 2 Satz 3 kann dieser Fall allerdings nicht eintreten, da hier bereits der Widerspruch das vorherige Einverständnis des Arbeitnehmers voraussetzt (vgl. § 1 Rn. 535). In allen Fällen kann der Widerspruch jedoch auch darauf gestützt sein, daß der Arbeitnehmer abweichend vom Angebot des Arbeitge- **80**

---

ningen-Huene Anm. zu BAG EzA § 1 KSchG Betriebsbedingte Kündigung Nr. 34; *Kittner/Däubler/Zwanziger* § 2 KSchG Rn. 183; APS/*Künzl* § 2 KSchG Rn. 278; *Linck* Soziale Auswahl S. 147ff.; *ders.* AR-Blattei SD 1020.1.1 Rn. 86f.; *Löwisch* § 2 Rn. 50; *Preis* DB 1988, 1387, 1395; *ders.* RdA 1999, 311, 321; *Reuter* JuS 1985, 919; KR-*Rost* § 2 KSchG Rn. 103a.

[269] Ebenso *Preis* RdA 1999, 311, 321.
[270] H. M.; vgl. etwa ErfK/*Ascheid* § 2 KSchG Rn. 28; *Fitting* § 102 Rn. 9; GK-BetrVG/*Kraft* § 102 Rn. 172; *Löwisch* § 2 Rn. 69; KR-*Rost* § 2 KSchG Rn. 118.

bers unter weniger einschneidenden Änderungen weiterbeschäftigt werden kann; erweist sich das als zutreffend, so führt der Widerspruch zur Sozialwidrigkeit der Änderungskündigung nach § 1 Abs. 2 Satz 2 und 3 (vgl. § 1 Rn. 500 ff.).

VII. Annahme unter Vorbehalt

1. Allgemeines

81   § 2 eröffnet dem Arbeitnehmer die Möglichkeit, bei einer Änderungskündigung das **Angebot geänderter Arbeitsbedingungen** unter dem Vorbehalt anzunehmen, daß die Änderung nicht sozial ungerechtfertigt ist, und dies dann im Wege der Änderungsschutzklage nach § 4 Satz 2 **gerichtlich nachprüfen** zu lassen. Ohne eine solche Regelung stünde der Arbeitnehmer nur vor der Alternative, entweder die angebotene Änderung sogar bei erheblichen Zweifeln an deren sozialer Berechtigung ungeprüft hinzunehmen oder aber sie ganz abzulehnen und die dann verbleibende Kündigung mit der Kündigungsschutzklage nach § 4 Satz 1 anzugreifen. Dabei müßte er jedoch in Kauf nehmen, daß das Gericht die Kündigung, zumal angesichts des Änderungsangebots, als gerechtfertigt ansieht und die Klage abweist, was zum endgültigen Verlust des Arbeitsplatzes führen würde, weil das Änderungsangebot mit der Ablehnung erloschen ist.

82   Die Ablehnung des Angebots mit dem Ziel einer gerichtlichen Überprüfung ist also für den Arbeitnehmer mit einem erheblichen Risiko verbunden. **Zweck der Vorbehaltsregelung** in § 2 ist, dem Arbeitnehmer dieses Risiko zu nehmen und ihm zu ermöglichen, die Änderung der Arbeitsbedingungen als sozial ungerechtfertigt anzugreifen, ohne daß er dabei Gefahr läuft, seinen Arbeitsplatz ganz zu verlieren.

2. Wesen des Vorbehalts

83   Die **Annahme unter Vorbehalt** weicht der Sache nach nicht von dem Änderungsangebot des Arbeitgebers ab; es liegt weder ein Einigungsmangel (Dissens) nach §§ 154 Abs. 1, 155 BGB vor noch eine modifizierte Annahme i. S. d. § 150 Abs. 2 BGB, die als Ablehnung verbunden mit einem neuen Vertragsantrag zu werten wäre.[271] Der Vorbehalt bewirkt vielmehr kraft Gesetzes (§ 2 i. V. m. § 4 Satz 2 und § 8), daß der durch die Annahme zustandegekommene Änderungsvertrag unter die **rückwirkende auflösende Bedingung** (§ 158 Abs. 2 BGB) gerichtlich festzustellender Sozialwidrigkeit der Änderung der Arbeitsbedingungen gestellt wird.[272] Dem entspricht, daß die vorbehaltliche Annahme des Änderungsangebots auch bei Eintritt dieser Bedingung und damit rückwirkender Wiederherstellung der alten Arbeitsbedingungen (§ 8) dennoch die Wirkung behält, daß die

---

[271] Ebenso ErfK/*Ascheid* § 2 KSchG Rn. 40; APS/*Künzl* § 2 KSchG Rn. 198; vgl. dazu auch *Adomeit* DB 1969, 2179 f.

[272] Vgl. BAG 27. 9. 1984, AP Nr. 8 zu § 2 KSchG 1969 mit Anm. *v. Hoyningen-Huene*; *Ascheid* Kündigungsschutzrecht Rn. 470; ErfK/*Ascheid* § 2 KSchG Rn. 39; APS/*Künzl* § 2 KSchG Rn. 198; *Löwisch* § 2 Rn. 19; *Ratajczak* S. 51 f.; KR-*Rost* § 2 KSchG Rn. 58; eingehend hierzu *Richardi* ZfA 1971, 73, 102 ff.

vom Arbeitgeber alternativ ausgesprochene Kündigung endgültig entfallen ist (das würde anders sein, wenn nur die Annahme als solche auflösend bedingt wäre).

Soweit im Schrifttum die Auffassung vertreten wird, in der Annahme des Änderungsangebots unter Vorbehalt liege das Einverständnis des Arbeitnehmers damit, daß der Arbeitgeber zu der beabsichtigten Änderung des Vertrages das Mittel der Teilkündigung verwenden könne, weshalb die **Annahme unter Vorbehalt** eine **rechtsgestaltende Erklärung** sei, kraft derer die Änderungskündigung als Teilkündigung wirke, kann dem nicht gefolgt werden.[273] Hierbei wird übersehen, daß bei der Änderungskündigung durch die Erklärung des Arbeitgebers nicht nur ein Teil der vereinbarten Arbeitsbedingungen gekündigt wird, sondern die in der Änderungskündigung enthaltene Kündigung auf eine vollständige Beendigung des Arbeitsverhältnisses zielt. Diese in der Änderungskündigung enthaltene Beendigungskündigung gestaltet das Arbeitsverhältnis, indem sie zur Beendigung führt, sofern der Arbeitnehmer das mit der Kündigung des Arbeitsverhältnisses abgegebene Änderungsangebot nicht – auch nicht unter Vorbehalt – annimmt. Eine solche Gestaltungserklärung des Arbeitgebers kann nicht durch eine gestalterische Erklärung des Arbeitnehmers „umgestaltet" werden. 83 a

Die Erklärung des Vorbehalts ist also eine **privatrechtsgestaltende Willenserklärung**, durch die der Arbeitnehmer kraft Gesetzes (§ 2 Satz 1), abweichend von § 150 Abs. 2 BGB ein Vertragsangebot unter einer Bedingung annehmen kann.[274] Die hiervon abweichende Deutung des Vorbehalts unter prozessualen Gesichtspunkten als Voraussetzung der Änderungsschutzklage[275] erklärt einerseits nicht das Zustandekommen der auch von den Vertretern dieser Auffassung erkannten Bedingtheit des Änderungsvertrages und andererseits auch nicht den Charakter der Entscheidung über die Änderungsschutzklage als Feststellungsurteil, das die bereits materiellrechtlich eingetretene Wirkung des Vorbehalts voraussetzt. Sie ist daher abzulehnen. Der Arbeitnehmer kann die einmal erklärte Annahme unter Vorbehalt **nicht einseitig widerrufen oder zurücknehmen.**[276] 84

3. Erklärung des Vorbehalts

Die Erklärung des Vorbehalts kann vom Arbeitnehmer grundsätzlich nur binnen einer bestimmten **Frist** abgegeben werden. Die Frist entspricht der Kündigungsfrist, wenn diese nicht länger als drei Wochen ist. Ist die Kündigungsfrist aber länger als drei Wochen, muß der Vorbehalt spätestens binnen drei Wochen nach Zugang der Änderungskündigung erklärt werden, also in derselben Frist, in der nach § 4 die Kündigungsschutzklage oder Änderungs- 85

---

[273] So aber *Enderlein* ZfA 1992, 21, 33 ff. im Anschluß an *Kunze* BB 1971, 919 ff.
[274] Vgl. BAG 27. 9. 1984, 17. 6. 1998, AP Nr. 8, 49 zu § 2 KSchG 1969; ErfK/*Ascheid* § 2 KSchG Rn. 40; KPK-*Bengelsdorf* § 2 Rn. 70; APS/*Künzl* § 2 KSchG Rn. 197; HK-KSchG/*Weller/Hauck* § 2 Rn. 96.
[275] So *Adomeit* DB 1969, 2179, 2180; *Becker-Schaffner* BlStSozArbR 1975, 273 f.
[276] Vgl. LAG Rheinland-Pfalz 2. 5. 1994, LAGE § 2 KSchG 1969 Nr. 14; ErfK/*Ascheid* § 2 KSchG Rn. 43; APS/*Künzl* § 2 KSchG Rn. 218; *Löwisch* § 2 Rn. 24.

schutzklage erhoben werden muß. Entscheidend für die Fristwahrung ist der Zugang der Vorbehaltserklärung beim Arbeitgeber, § 130 BGB.[277] Die Fristberechnung erfolgt nach §§ 187 ff. BGB.

86 Ist die **Kündigungsfrist kürzer als drei Wochen,** so ist nur sie allein maßgebend. Obwohl so die Bindung der Erklärung an die jeweilige Kündigungsfrist zu einer unerfreulichen Verkürzung der Überlegungsfrist für den Arbeitnehmer führen kann, läßt der eindeutige Gesetzeswortlaut doch keine andere Lösung zu.[278] Den ausdrücklichen Bezug auf die Kündigungsfrist in § 2 Satz 2 kann man nicht übergehen, selbst wenn man die Regelung für unzweckmäßig hält; auch eine eher noch denkbare einengende Auslegung im Sinne der jeweiligen gesetzlichen Kündigungsfrist findet im Gesetz keinen hinreichenden Anhalt.

87 Kündigungsfristen, die kürzer als drei Wochen sind, sind nach der Neuregelung von § 622 BGB nur wirksam, wenn sie **tarifvertraglich** vereinbart wurden (§ 622 Abs. 4 BGB).[279] Sie sind in dem Arbeitsverhältnis nur dann anwendbar, wenn beiderseitige Tarifbindung besteht, der Tarifvertrag für allgemeinverbindlich erklärt oder eine einzelvertragliche Bezugnahme auf den Tarifvertrag erfolgt ist.

88 Faßt man den Vorbehalt in § 2 als privatrechtliches Rechtsgeschäft auf (oben Rn. 84; – anders bei einer prozessualen Deutung), so ist der Arbeitgeber nicht gehindert, sich auch **nach Ablauf der Frist des § 2 Satz 2** auf eine **Annahme unter Vorbehalt** einzulassen. In der Erklärung des Vorbehalts nach Ablauf der Frist des § 2 Satz 2 ist gemäß § 150 Abs. 1 BGB ein neues Angebot des Arbeitnehmers zu sehen, das der Arbeitgeber nun seinerseits annehmen kann. Hierzu bedarf es einer entsprechenden Erklärung des Arbeitgebers, die unter Umständen auch in der Weiterbeschäftigung des Arbeitnehmers zu den geänderten Bedingungen gesehen werden kann.[280] Ein diesbezüglicher Erklärungswille des Arbeitgebers muß jedoch klar erkennbar sein; er kann selbst bei kürzester Kündigungsfrist nicht ohne weiteres allein aus dem Ausspruch einer Änderungskündigung gefolgert werden. – **Versäumt der Arbeitnehmer** die Frist und läßt sich der Arbeitgeber auf den verspätet erhobenen Vorbehalt nicht ein, so kann der Arbeitnehmer zwar trotzdem innerhalb der Frist des § 4 Kündigungsschutzklage erheben, büßt aber dann bei Verlust des Prozesses seinen Arbeitsplatz ein.[281]

---

[277] Ebenso BAG 17. 6. 1998, AP Nr. 49 zu § 2 KSchG 1969; ErfK/*Ascheid* § 2 KSchG Rn. 41; *Linck* AR-Blattei SD 1020.1.1 Rn. 91; *Löwisch* § 2 Rn. 22; KR-*Rost* § 2 KSchG Rn. 70; *Stahlhacke/Preis/Vossen* Rn. 1238; HK-KSchG/*Weller/Hauck* § 2 Rn. 97.

[278] H. M.; BAG 19. 6. 1986, AP Nr. 16 zu § 2 KSchG 1969 unter B III 2; ErfK/*Ascheid* § 2 KSchG Rn. 41; APS/*Künzl* § 2 KSchG Rn. 209; *Linck* AR-Blattei SD 1020.1.1 Rn. 90; *Löwisch* § 2 Rn. 20; *Richardi* ZfA 1971, 73, 96; KR-*Rost* § 2 KSchG Rn. 68; *Stahlhacke/Preis/Vossen* Rn. 1239; – abweichend *Schwerdtner* BAG-Festschrift S. 555, 571; *Wenzel* MDR 1969, 968, 975 f.

[279] Näher dazu APS/*Linck* § 622 Rn. 101 ff.

[280] Vgl. dazu BAG 17. 6. 1998, AP Nr. 49 zu § 2 KSchG 1969; *Kittner/Däubler/Zwanziger* § 2 KSchG Rn. 123 f.; APS/*Künzl* § 2 KSchG Rn. 217; *Linck* AR-Blattei SD 1020.1.1 Rn. 93; *Löwisch* § 2 Rn. 23.

[281] Ebenso *Kittner/Däubler/Zwanziger* § 2 KSchG Rn. 131; *Linck* AR-Blattei SD 1020.1.1 Rn. 92; – teilw. abweichend *Richardi* ZfA 1971, 73, 96 f.; – abweichend *Schwerdtner* BAG-Festschrift S. 555, 561 f.

Die Erklärung des Vorbehalts ist an **keine bestimmte Form** gebunden.[282] Die bloße Fortsetzung des Arbeitsverhältnisses zu den geänderten Bedingungen reicht allerdings nicht, da sie je nach Sachlage möglicherweise sogar als vorbehaltlose Annahme des Änderungsangebots ausgelegt werden kann.[283] Zweckmäßig ist deshalb eine ausdrückliche Erklärung. Auch die Erhebung der **Kündigungsschutzklage** mit dem Antrag, die Sozialwidrigkeit der Änderung der Arbeitsbedingungen festzustellen (§ 4 Satz 2, Änderungsschutzklage), kann den Vorbehalt wirksam zum Ausdruck bringen, wenn die Klage innerhalb der Kündigungsfrist, spätestens innerhalb der Drei-Wochen-Frist, dem Arbeitgeber zugestellt wird.[284] 89

Auf Grund des eindeutigen Wortlauts von § 2 Satz 2 sowie des dahinterstehenden Sinns, innerhalb fester Fristen Klarheit über den Vertragsinhalt zu schaffen, genügt es nicht, wenn die mit der Kündigungsschutzklage verbundene Vorbehaltserklärung innerhalb von drei Wochen beim Arbeitsgericht eingeht, aber erst nach Ablauf der Drei-Wochen-Frist, jedoch noch innerhalb der Kündigungsfrist, dem Arbeitgeber zugeht. **§ 270 Abs. 3 ZPO i. V. m. § 46 Abs. 2 ArbGG findet keine Anwendung**, weil die Frist zur Vorbehaltserklärung nicht einer Frist zur Klageerhebung oder zur Vornahme einer Prozeßhandlung gleichsteht. Dies gilt auch, wenn die Kündigungsfrist länger als drei Wochen ist.[285] 89 a

Bei einer **außerordentlichen Änderungskündigung** hat der Arbeitnehmer den Vorbehalt **unverzüglich zu erklären**.[286] Dies bedeutet, daß der Vorbehalt nach § 121 Abs. 1 Satz 2 BGB nicht sofort erklärt werden muß, sondern ohne schuldhaftes Zögern. Zu Recht hat das BAG daher einen Vorbehalt, der dem Arbeitgeber fünf Tage nach Ausspruch der außerordentlichen Änderungskündigung zuging, noch als wirksam erachtet, weil der Arbeitnehmer noch am Tage der Kündigung, einem Freitag, seinen Anwalt zu erreichen versuchte, ihm dies aber erst am darauffolgenden Montag nach Feierabend gelang.[287] 90

---

[282] Ebenso ErfK/*Ascheid* § 2 KSchG Rn. 43; APS/*Künzl* § 2 KSchG Rn. 200; KR-*Rost* § 2 KSchG Rn. 60; HK-KSchG/*Weller/Hauck* § 2 Rn. 101.
[283] Vgl. dazu BAG 19. 6. 1986, 27. 3. 1987, AP Nr. 16, 20 zu § 2 KSchG 1969; LAG Hamm 30. 1. 1997, LAGE § 2 KSchG Nr. 26; APS/*Künzl* § 2 KSchG Rn. 202; *Löwisch* § 2 Rn. 17; KR-*Rost* § 2 KSchG Rn. 63; *Stahlhacke/Preis/Vossen* Rn. 772.
[284] Vgl. BAG 17. 6. 1998, AP Nr. 49 zu § 2 KSchG 1969; *Ascheid* Kündigungsschutzrecht Rn. 469; ErfK/*Ascheid* § 2 KSchG Rn. 43; *Löwisch* § 2 Rn. 22; *Stahlhacke/Preis/Vossen* Rn. 771.
[285] Ebenso BAG 17. 6. 1998, AP Nr. 49 zu § 2 KSchG 1969 mit Anm. *H. Hanau* = SAE 2000, 238 mit Anm. *Henssler*; ErfK/*Ascheid* § 2 KSchG Rn. 41, 43; APS/*Künzl* § 2 KSchG Rn. 215; *Linck* AR-Blattei SD 1020.1.1 Rn. 91; *Stahlhacke/Preis/Vossen* Rn. 1238; HK-KSchG/*Weller/Hauck* § 2 Rn. 103 f.; – abweichend LAG Hamm 13. 10. 1988, 22. 8. 1997, LAGE § 2 KSchG Rn. 7, 29; *Ratajczak* S. 54 f.; *Richardi* ZfA 1971, 73, 99; KR-*Rost* § 2 KSchG Rn. 72.
[286] BAG 19. 6. 1986, 27. 3. 1987, AP Nr. 16, 20 zu § 2 KSchG 1969; ErfK/*Ascheid* § 2 KSchG Rn. 44; APS/*Künzl* § 2 KSchG Rn. 210; KR-*Rost* § 2 KSchG Rn. 33; *Stahlhacke/Preis/Vossen* Rn. 434; HK-KSchG/*Weller/Hauck* § 2 Rn. 111; – krit. hierzu *Löwisch* § 2 Rn. 74.
[287] Vgl. BAG 27. 3. 1987, AP Nr. 20 zu § 2 KSchG 1969.

VIII. Folgen der Annahme unter Vorbehalt

1. Vorläufige Geltung der neuen Arbeitsbedingungen

91 Aus der Fassung des § 2, der gerade von einer Annahme des Angebots, wenn auch unter Vorbehalt ausgeht, folgt für den Arbeitnehmer, der eine solche Annahme erklärt hat, daß er **nach Ablauf der Kündigungsfrist vorläufig**, d. h. solange über die Änderungsschutzklage noch nicht entschieden, der Vorbehalt also noch nicht wirksam geworden ist, **zu den vom Arbeitgeber angebotenen neuen Arbeitsbedingungen arbeiten muß.** Der Arbeitnehmer hat also zunächst z. B. zu einem geringeren Lohn, unter gänzlichem oder teilweisem Fortfall bestimmter Zulagen, im Akkordlohn statt im Zeitlohn oder umgekehrt, in einer anderen Betriebsabteilung, unter Änderung der Arbeitszeit usw. weiterzuarbeiten.[288] Sofern sich im Einzelfall aus dem Änderungsangebot nichts anderes ergibt, gelten die neuen Arbeitsbedingungen von dem Zeitpunkt an, zu dem bei Ablehnung des Änderungsangebots die Kündigung unter Berücksichtigung der Kündigungsfrist hätte wirksam werden sollen. Eine abweichende vertragliche Regelung ist jedoch ohne weiteres möglich. In jedem Fall ist eine ausdrückliche Festlegung des Änderungszeitpunkts zweckmäßig.

92 Mit der Annahme des Änderungsangebots, und sei es auch unter dem Vorbehalt des § 2, ist die gleichzeitig ausgesprochene **Kündigung hinfällig** geworden. War sie bedingt ausgesprochen, so steht nunmehr fest, daß die Bedingung (Ablehnung des Angebots) nicht eintritt; aber auch eine unbedingte Kündigung entfällt sinngemäß, da sie nicht mehr realisiert werden kann. Dementsprechend kann auch ein **Widerspruch des Betriebsrats** gegen die Kündigung die nur für die normale Beendigungskündigung konzipierten Wirkungen nicht mehr entfalten. Schon aus diesem Grund kommt eine **Anwendung von § 102 Abs. 5 BetrVG** (§ 79 Abs. 2 BPersVG), die zur Weiterbeschäftigung zu den früheren Arbeitsbedingungen führen könnte, **nicht in Betracht.** Dem entspricht, daß § 102 Abs. 5 BetrVG (§ 79 Abs. 2 BPersVG) tatbestandlich ausdrücklich die Erhebung einer Kündigungsschutzklage nach § 4 Satz 1 voraussetzt, der die Änderungsschutzklage nach § 4 Satz 2 gerade in dieser Hinsicht nicht gleichzusetzen ist. Auch würde die Geltung der früheren Arbeitsbedingungen der, wenn auch unter Vorbehalt erklärten, Annahme der neuen Arbeitsbedingungen durch den Arbeitnehmer zuwiderlaufen und dem Sinn der besonderen Regelung in § 2 widersprechen. Aus diesem Grunde scheidet eine vorläufige Weiterbeschäftigung zu den alten Arbeitsbedingungen nach § 102 Abs. 5 BetrVG aus.[289]

---

[288] BAG 27. 3. 1987, 18. 1. 1990, AP Nr. 20, 27 zu § 2 KSchG 1969; ErfK/*Ascheid* § 2 KSchG Rn. 44; APS/*Künzl* § 2 KSchG Rn. 219; *Linck* AR-Blattei SD 1020.1.1 Rn. 96; KR-*Rost* § 2 KSchG Rn. 158; *Stahlhacke/Preis/Vossen* Rn. 773; HK-KSchG/*Weller/Hauck* § 2 Rn. 118.

[289] Vgl. ErfK/*Ascheid* § 2 KSchG Rn. 28; KR-*Etzel* § 102 BetrVG Rn. 199c; *Fitting* § 102 Rn. 8a; GK-BetrVG/*Kraft* § 102 Rn. 173; APS/*Künzl* § 2 KSchG Rn. 220; *Linck* AR-Blattei SD 1020.1.1 Rn. 97; *Matthes* Festschrift für Gnade S. 225, 227; *Oetker* SAE 1991, 15, 20; *Richardi* § 102 Rn. 268; KR-*Rost* § 2 KSchG Rn. 158a; HK-KSchG/*Weller/Hauck* § 2 Rn. 119f.; – abweichend *Enderlein* ZfA 1992, 21, 49 ff.; *Kittner/Däubler/Zwanziger* § 102 BetrVG Rn. 251.

Gleiches gilt auch für eine Weiterbeschäftigung auf Grund des allgemeinen Weiterbeschäftigungsanspruches.[290]

2. Kündigungsschutzprozeß, Änderungsschutzklage

Hat der Arbeitnehmer das Angebot des Arbeitgebers unter Vorbehalt angenommen, so kommt eine Auflösung des Arbeitsverhältnisses nicht mehr in Betracht. Zu klären ist nur noch, ob künftig die alten oder die geänderten Arbeitsbedingungen gelten sollen. Infolgedessen ändert sich der im Kündigungsschutzprozeß zu stellende **Klageantrag** nach § 4 Satz 2: Er geht nicht mehr auf Feststellung, daß das Arbeitsverhältnis durch die Kündigung nicht aufgelöst sei, sondern lediglich auf die Feststellung, daß die Änderung der Arbeitsbedingungen sozial ungerechtfertigt sei, sog. **Änderungsschutzklage** (dazu auch unten § 4 Rn. 93). Die nicht rechtzeitige (§ 4 Satz 1) Klageerhebung führt nach § 7 Hs. 2 zum Erlöschen des Vorbehalts (dazu § 7 Rn. 8).

Für die **Prüfung der sozialen Rechtfertigung** verweist § 2 auf § 1 Abs. 2 Satz 1 bis 3 sowie Abs. 3 Satz 1 und 2. Die Änderung der Arbeitsbedingungen muß also durch Gründe in der Person oder im Verhalten des Arbeitnehmers oder durch dringende betriebliche Erfordernisse unter Berücksichtigung einer sozialgerechten Auswahl des Betroffenen gerechtfertigt sein und sie darf nicht gegen einen ordnungsgemäßen Widerspruch des Betriebsrats (Einwendungen der Personalvertretung) verstoßen, der auf Verletzung von Auswahlrichtlinien oder auf bestimmte Weiterbeschäftigungsmöglichkeiten gestützt ist. Gegenüber dem Kündigungsrechtsstreit bei normaler Beendigungskündigung besteht jedoch ein ganz wesentlicher Unterschied darin, daß hier nicht eine mit dem endgültigen Verlust des Arbeitsplatzes verbundene Beendigung des Arbeitsverhältnisses, sondern nur dessen **Fortsetzung unter veränderten Arbeitsbedingungen zu beurteilen** ist. Das muß bei der Entscheidung über die Änderungsschutzklage berücksichtigt werden. Das oben (Rn. 52 ff.) zur Kündigungsschutzklage nach Ablehnung des Änderungsangebots Ausgeführte gilt hier erst recht.[291]

Hat der **Betriebsrat Widerspruch gegen die Änderungskündigung** erhoben, so ist zunächst zu prüfen, ob das auch für den Fall geschehen ist, daß der Arbeitnehmer das Änderungsangebot unter Vorbehalt annimmt. Trifft das zu, so ist weiter zu beachten: Ein Widerspruch wegen Verletzung einer Kündigungsrichtlinie (§ 102 Abs. 3 Nr. 2 BetrVG, § 79 Abs. 1 Satz 3 Nr. 2 BPersVG, § 1 Abs. 2 Satz 2 Nr. 1a, 2a) kommt nur in Betracht, wenn diese auch für Änderungskündigungen gilt; ob das zutrifft, ist notfalls durch

---

[290] BAG 28. 3. 1985, AP Nr. 4 zu 767 ZPO unter B II 4c aa = SAE 1986, 211, 213 mit Anm. *Hj. Weber* = AR-Blattei Beschäftigungspflicht Entsch. 16 mit Anm. *Buchner;* BAG 18. 1. 1990, AP Nr. 27 zu § 2 KSchG 1969 unter B II 2c; ErfK/*Ascheid* § 2 KSchG Rn. 28; *Kittner/Däubler/Zwanziger* § 2 KSchG Rn. 128; APS/*Künzl* § 2 KSchG Rn. 220; *Löwisch* § 2 Rn. 69; *Oetker* SAE 1991, 15, 21; KR-*Rost* § 2 KSchG Rn. 158a; *Stahlhacke/Preis/ Vossen* Rn. 773; HK-KSchG/*Weller/Hauck* § 2 Rn. 118.

[291] H.M.; vgl. BAG 7. 6. 1973, AP Nr. 1 zu § 626 BGB Änderungskündigung; BAG 28. 4. 1982, 18. 1. 1990, 12. 11. 1998, 1. 7. 1999, AP Nr. 3, 27, 51, 53 zu § 2 KSchG 1969; ErfK/*Ascheid* § 2 KSchG Rn. 45; APS/*Künzl* § 2 KSchG Rn. 221f.; *Löwisch* § 2 Rn. 31; KR-*Rost* § 2 KSchG Rn. 88; HK-KSchG/*Weller/Hauck* § 2 Rn. 115; – abweichend *Schwerdtner* BAG-Festschrift S. 555, 562 ff.

Auslegung zu ermitteln.²⁹² – Ist der Widerspruch auf eine Weiterbeschäftigungsmöglichkeit gestützt (§ 102 Abs. 3 Nr. 3–5 BetrVG, § 79 Abs. 1 Satz 3 Nr. 3–5 BPersVG, § 1 Abs. 2 Satz 2 Nr. 1b, 2b und Satz 3), so ist er gegenstandslos, wenn der Arbeitgeber mit der Änderungskündigung gerade die vom Betriebsrat vorgeschlagene Weiterbeschäftigung angeboten hat. Ist letztere dagegen für den Arbeitnehmer günstiger als das Änderungsangebot des Arbeitgebers und erweist sich der Widerspruch auch im übrigen als begründet, so führt das zur Sozialwidrigkeit der Änderung der Arbeitsbedingungen nach § 2 i. V. m. § 1 Abs. 2 Satz 2 oder 3 und damit zum Erfolg zur Änderungsschutzklage, ohne daß es noch einer Würdigung unter den Gesichtspunkten des § 1 Abs. 2 Satz 1 bedarf (dazu oben § 1 Rn. 508 ff.).

3. Rechtslage bei Obsiegen des Arbeitgebers

96 Unterliegt der Arbeitnehmer mit der Änderungsschutzklage, so wird sein Vorbehalt wirkungslos. Die **neuen Arbeitsbedingungen sind endgültig wirksam.**²⁹³ Dem Verlust des Prozesses steht es gleich, wenn der Arbeitnehmer die Änderungsschutzklage nicht rechtzeitig erhebt, weil dann nach § 7 Hs. 2 der Vorbehalt des Arbeitnehmers erlischt.²⁹⁴ Dasselbe gilt, wenn der Arbeitnehmer die Klage wirksam zurücknimmt (§ 269 ZPO).²⁹⁵

4. Rechtslage bei Obsiegen des Arbeitnehmers

97 Hat die Änderungsschutzklage des Arbeitnehmers Erfolg, so gilt nach § 8 die Änderungskündigung als von Anfang an rechtsunwirksam. Der Arbeitgeber muß also den Arbeitnehmer so stellen, als ob die Änderungskündigung nicht erfolgt wäre. Das führt zur rückwirkenden **Wiederherstellung der früheren Arbeitsbedingungen.** Hat der Arbeitgeber z. B. bei der Kündigung die Fortsetzung des Arbeitsverhältnisses zu einem geringeren Lohn angeboten und hat er in der Zwischenzeit bis zur rechtskräftigen Entscheidung des Kündigungsschutzprozesses tatsächlich nur diesen geringeren Lohn gezahlt, so muß er dem Arbeitnehmer die Differenz zwischen dem ursprünglichen Lohn und dem tatsächlich gezahlten Lohn für diese Zeit nachzahlen.²⁹⁶ Das rechtskräftige Urteil wirkt somit auf den Zeitpunkt der vorläufigen Annahme des Angebots des Arbeitgebers zurück (zur Bedeutung der Rückwirkung bei tariflichen Ausschlußfristen unten § 4 Rn. 23). Das ist berechtigt, weil jetzt durch das Urteil im Kündigungsschutzprozeß rechtskräftig feststeht, daß das Verlangen des Arbeitgebers, die Arbeitsbedingungen zu ändern, von vornherein sozial ungerechtfertigt war.

98 Eine Rückwirkung kommt allerdings nur insoweit in Betracht, als sie tatsächlich durchführbar ist. Handelt es sich um eine Änderung der Arbeitszeit oder die Versetzung in eine andere Betriebsabteilung, so kann im allgemei-

---

²⁹² Ebenso APS/*Künzl* § 2 KSchG Rn. 227.
²⁹³ Ebenso ErfK/*Ascheid* § 2 KSchG Rn. 72; APS/*Künzl* § 2 KSchG Rn. 321; KR-*Rost* § 2 KSchG Rn. 173; *Stahlhacke/Preis/Vossen* Rn. 774.
²⁹⁴ Ebenso ErfK/*Ascheid* § 2 KSchG Rn. 72; HK-KSchG/*Weller/Hauck* § 2 Rn. 134.
²⁹⁵ Ebenso ErfK/*Ascheid* § 2 KSchG Rn. 72.
²⁹⁶ Ebenso ErfK/*Ascheid* § 2 KSchG Rn. 74; KR-*Rost* § 2 KSchG Rn. 172; HK-KSchG/*Weller/Hauck* § 2 Rn. 135.

nen nur die **Wiederherstellung** des früheren Zustandes **für die Zukunft** verlangt werden. Anders ist es nur dann, wenn dem Arbeitnehmer durch die zeitweise Änderung besondere Kosten entstanden sind oder durch die notwendige Umstellung auf eine andersartige Arbeit zeitweise ein Lohnausfall eingetreten ist; diese Einbußen muß der Arbeitgeber ersetzen.

5. Rücknahme der Änderungskündigung

Erklärt der Arbeitgeber die „Rücknahme" der Änderungskündigung nachdem der Arbeitnehmer diese unter Vorbehalt angenommen hat, gelten die ursprünglichen Arbeitsbedingungen weiter. In der Vorbehaltserklärung ist die **vorweggenommene Zustimmung zu dem in der Rücknahme enthaltenen Angebot des Arbeitgebers** zu sehen, das Arbeitsverhältnis zu unveränderten Bedingungen fortzusetzen. Mit der Rücknahme der Änderungskündigung ist der Rechtsstreit in der Hauptsache erledigt (§ 91a ZPO).²⁹⁷ Die Situation bei der Annahme einer Änderungskündigung unter Vorbehalt unterscheidet sich grundlegend von der bei einer Beendigungskündigung, wo zu Recht in der Erhebung der Kündigungsschutzklage nicht die vorweggenommene Zustimmung zu einer etwaigen Rücknahme der Kündigung gesehen wird.²⁹⁸ Denn Gegenstand der Änderungsschutzklage ist allein die Frage, zu welchen Arbeitsbedingungen das Arbeitsverhältnis fortbesteht.

98a

IX. Annahme ohne Vorbehalt

Die Annahme des Änderungsangebots ist eine empfangsbedürftige Willenserklärung. Die Annahmeerklärung kann dabei auch in einem schlüssigen Verhalten des Arbeitnehmers gesehen werden. Dementsprechend liegt in der **widerspruchs- und vorbehaltslosen Weiterarbeit** zu geänderten Arbeitsbedingungen regelmäßig dann eine Annahme des Änderungsangebots, wenn sich die neuen Arbeitsbedingungen unmittelbar auf das Arbeitsverhältnis auswirken und die Überlegungsfrist des § 2 Satz 2 abgelaufen ist.²⁹⁹ Ist die Kündigungsfrist kürzer als die Drei-Wochen-Frist des § 4 Abs. 1, so ist bereits in der vorbehaltlosen Weiterarbeit nach Ablauf der Kündigungsfrist eine konkludente Annahme zu sehen.³⁰⁰

99

Die Annahme des Angebots muß innerhalb der Frist des Satz 2 dem Arbeitgeber **zugehen.**³⁰¹ Zwar enthält § 2 Satz 2 nur eine Regelung für die Erklärung des Vorbehalts. Anhaltspunkte dafür, daß der Gesetzgeber die Frist

100

---

²⁹⁷ Ebenso ErfK/*Ascheid* § 2 KSchG Rn. 73; APS/*Künzl* § 2 KSchG Rn. 319; KR-*Rost* § 2 KSchG Rn. 159a; HK-KSchG/*Weller/Hauck* § 2 Rn. 124f.
²⁹⁸ Dazu im einzelnen § 4 Rn. 27ff.
²⁹⁹ BAG 20. 5. 1976, AP Nr. 4 zu § 305 BGB = SAE 1976, 208 mit Anm. *Beitzke;* BAG 19. 6. 1986, AP Nr. 16 zu § 2 KSchG 1969 = AR-Blattei Kündigungsschutz I A Entsch. 7 mit krit. Anm. *Löwisch/Abshagen;* BAG 27. 3. 1987, AP Nr. 20 zu § 2 KSchG 1969 = AR-Blattei Kündigungsschutz I A mit zust. Anm. *Wank;* LAG Hamm 30. 1. 1997, LAGE § 2 KSchG Nr. 26; ErfK/*Ascheid* § 2 KSchG Rn. 35; APS/*Künzl* § 2 KSchG Rn. 202.
³⁰⁰ Vgl. BAG 19. 6. 1986, AP Nr. 16 zu § 2 KSchG 1969; KR-*Rost* § 2 KSchG Rn. 62f.; HK-KSchG/*Weller/Hauck* § 2 Rn. 102.
³⁰¹ Zutr. LAG Baden-Württemberg 30. 10. 1990, BB 1991, 69f.; ErfK/*Ascheid* § 2 KSchG Rn. 36; APS/*Künzl* § 2 KSchG Rn. 161; *Stahlhacke/Preis/Vossen* Rn. 1237.

für die vorbehaltlose Annahme anders bemessen wollte als für die Vorbehaltserklärung, sind jedoch nicht ersichtlich. Die Frist des Satz 2 soll Rechtssicherheit schaffen. § 2 Satz 2 stellt sich daher für die Änderungskündigung als gesetzliche Konkretisierung des § 147 Abs. 2 BGB dar.[302] Geht dem Arbeitgeber nicht innerhalb der Überlegungsfrist des Satz 2 eine Annahmeerklärung mit oder ohne Vorbehalt zu und erhebt der Arbeitnehmer nicht innerhalb der Drei-Wochen-Frist Kündigungsschutzklage, so endet das Arbeitsverhältnis durch die ausgesprochene Änderungskündigung.

§ 3 Kündigungseinspruch

[1] **Hält der Arbeitnehmer eine Kündigung für sozial ungerechtfertigt, so kann er binnen einer Woche nach der Kündigung Einspruch beim Betriebsrat einlegen.** [2] **Erachtet der Betriebsrat den Einspruch für begründet, so hat er zu versuchen, eine Verständigung mit dem Arbeitgeber herbeizuführen.** [3] **Er hat seine Stellungnahme zu dem Einspruch dem Arbeitnehmer und dem Arbeitgeber auf Verlangen schriftlich mitzuteilen.**

Schrifttum: *Brill,* Kündigungseinspruch trotz Anhörung des Betriebsrats? (Zum Verhältnis zwischen § 3 KSchG und § 102 BetrVG), AuR 1977, 109; *Etzel,* Kündigungseinspruch, LzK 760 (1997); *Fischer,* Nochmals: Ist § 3 KSchG obsolet?, NZA 1995, 1133; *Möhn,* Ist § 3 KSchG obsolet?, NZA 1995, 113; *Oehmann,* Ist § 2 KSchG Schutzgesetz im Sinne von § 823 Abs. 2 BGB?, RdA 1953, 20.

Übersicht

	Rn.
1. Allgemeines, Entstehung und rechtliche Bedeutung	1
2. Einspruch	5
3. Behandlung des Einspruchs durch den Betriebsrat	7
4. Schriftliche Stellungnahme des Betriebsrats	9
5. Kein Schutzgesetz i. S. v. § 823 Abs. 2 BGB	11
6. Bedeutung	12

1. Allgemeines, Entstehung und rechtliche Bedeutung

1 § 3 regelt die **Mitwirkung des Betriebsrats beim Kündigungsschutz**, d. h. nach Ausspruch der Kündigung. Sie tritt **neben** die Mitwirkung des Betriebsrats bei der Kündigung als solcher, die im **Anhörungsverfahren** nach § 102 BetrVG vor der Kündigung stattfindet. Dieses Nebeneinander ist trotz der wesentlichen Erweiterung der Mitwirkung bei der Kündigung durch das BetrVG 1972 in § 102 Abs. 7 ausdrücklich beibehalten worden, auch wenn die praktische Bedeutung nicht besonders groß ist.[1]

2 Gegenüber dem **BRG 1920** ist die Mitwirkung des Betriebsrats im Rahmen des heute ganz individualrechtlich ausgestalteten Kündigungsschutzes stark zurückgetreten. Damals mußte ein Einspruch des Arbeitnehmers an den

---

[302] So zutr. LAG Baden-Württemberg 30. 10. 1990, BB 1991, 69.
[1] Ebenso ErfK/*Ascheid* § 3 KSchG Rn. 4; *Kittner/Däubler/Zwanziger* § 3 KSchG Rn. 2; APS/*Künzl* § 3 KSchG Rn. 3; KR-*Rost* § 3 KSchG Rn. 7.

Arbeiter- oder Angestelltenrat (Gruppenrat) gerichtet werden. Nur wenn dieser den Einspruch für begründet erklärte, konnte das Gericht angerufen werden. Der Gruppenrat war also Sperrinstanz gegenüber unbegründeten Klagen. Diese Funktion hat schon das AOG beseitigt. Im Gegensatz zu verschiedenen Landesgesetzen aus der Zeit nach 1945 hat sie weder das KSchG noch das BetrVG wiederhergestellt. Der Arbeitnehmer kann Kündigungsschutzklage erheben, ohne den Betriebsrat fragen zu müssen. Das Vorhandensein eines Betriebsrats und seine Stellungnahme sind deshalb auch nicht Voraussetzung der Klage. Selbst eine ausdrückliche Zustimmung des Betriebsrats zur Kündigung schließt die Klage nicht aus. – Weiter hatte nach dem BRG 1920 der Gruppenrat die Befugnis, an Stelle des Arbeitnehmers die Klage zu erheben. Auch diese nicht gerade glückliche doppelte Klagemöglichkeit ist beseitigt.

Endlich sah das BRG ein **obligatorisches Verständigungsverfahren** 3 zwischen Gruppenrat und Arbeitgeber vor. Erst beim Scheitern der Verhandlungen war der Weg für die Klageerhebung frei. Der Gruppenrat war also auch Vermittlungsinstanz. Nur diese letztere Funktion hat ihm das KSchG eingeräumt, aber mit dem sehr wesentlichen Unterschied, daß der Arbeitnehmer den Betriebsrat zwar um seine Vermittlung bitten kann, aber nicht dazu gezwungen ist, sondern unmittelbar Kündigungsschutzklage erheben kann. **Heute** besteht also nach Ausspruch der Kündigung nur noch eine **fakultative Vermittlungsfunktion des Betriebsrats.**

Neben dieser von der Initiative des Arbeitnehmers abhängigen Vermitt- 4 lungsfunktion des Betriebsrats und unabhängig von ihr besteht das **Anhörungsrecht nach § 102 Abs. 1 Satz 1 BetrVG,** d.h. das gegen den Arbeitgeber gerichtete Recht des Betriebsrats, vor jeder Kündigung gehört zu werden (zu den Einzelheiten vgl. Kommentare zu § 102 BetrVG). Für das **Verhältnis von Anhörungs- und Einspruchsverfahren** gilt: Die vorherige Anhörung des Betriebsrats durch den Arbeitgeber und selbst die Anhörung des Arbeitnehmers im Rahmen dieses Verfahrens durch den Betriebsrat nach § 102 Abs. 2 Satz 4 BetrVG schließen die Pflicht des Betriebsrats zur Prüfung eines späteren Einspruchs des Arbeitnehmers gegen die erfolgte Kündigung nach § 3 nicht aus und ebensowenig das Recht des Betriebsrats, wegen einer Verständigung über diesen Einspruch erneut mit dem Arbeitgeber zu verhandeln.[2] Dabei kommt es nicht darauf an, ob und in welchem Sinn sich der Betriebsrat im Anhörungsverfahren nach § 102 BetrVG bereits zu der Kündigung geäußert hat. Das ist schon deshalb sinnvoll, weil der Arbeitnehmer neue Gesichtspunkte gegen die Kündigung, insbesondere in bezug auf seine Person oder sein Verhalten sowie die Berücksichtigung der sozialen Verhältnisse bei der Auswahl des zu Entlassenden vorbringen kann, die der Betriebsrat dann im Einspruchsverfahren nach § 3 aufgreifen und auch dem Arbeitgeber gegenüber geltend machen kann.

---

[2] H.M.; vgl. statt anderer ErfK/*Ascheid* § 3 KSchG Rn. 4; *Brill* AuR 1977, 109; HK-KSchG/*Hauck* § 3 Rn. 5 f.; APS/*Künzl* § 3 KSchG Rn. 5; *Löwisch* BetrVG § 102 Rn. 6.

2. Einspruch

5 Will der Arbeitnehmer die Vermittlung des Betriebsrats in Anspruch nehmen, so hat er **binnen einer Woche** seit Zugang der Kündigung Einspruch bei ihm einzulegen. Diese Einspruchsfrist war nach dem BRG 1920 sehr bedeutsam, weil ihre Versäumung den Einspruch und damit auch die Klage ausschloß. Heute kommt ihr keine wesentliche Bedeutung mehr zu. Denn die Versäumung der Einspruchsfrist macht die Kündigungsschutzklage nicht unmöglich. Aber auch der Verständigungsversuch des Betriebsrats wird durch Versäumung der Frist nicht ausgeschlossen. Denn wenn der Arbeitnehmer sich nach Ablauf der Wochenfrist mit der Bitte um Vermittlung an den Betriebsrat wendet, so ist dieser nicht gehindert, eine gütliche Einigung mit dem Arbeitgeber zu versuchen; und er wird, wenn ein solcher Versuch aussichtsreich erscheint, zweckmäßig im Interesse aller Beteiligten auch jetzt noch diesen Schritt tun, um einen Prozeß zu vermeiden. Man kann lediglich sagen, daß bei Versäumung der Frist für den Betriebsrat keine direkte Rechtspflicht mehr besteht, sich jetzt noch mit der Angelegenheit zu befassen.[3] Sofern aber der Betriebsrat seine Aufgabe richtig auffaßt, wird er sich durch solche formalen Erwägungen nicht von einem Eingreifen abhalten lassen, falls das zweckmäßig erscheint. Die Einlegung des Einspruchs binnen der Wochenfrist befreit den Arbeitnehmer auch nicht von der Einhaltung der in § 4 für die Erhebung der Kündigungsschutzklage vorgeschriebenen Drei-Wochen-Frist.[4]

6 Für den Einspruch ist **keine Form** vorgeschrieben.[5] Er kann also mündlich oder schriftlich eingelegt werden. Mitteilung an den Betriebsratsvorsitzenden genügt (§ 26 Abs. 3 Satz 2 BetrVG). Nach § 86 BRG 1920 waren die Gründe für den Einspruch darzulegen und die Beweise ihrer Berechtigung vorzubringen. Das KSchG enthält darüber keine ausdrückliche Bestimmung, aber eine solche Begründung des Einspruchs ist auch heute noch, wenn nicht rechtlich, so doch praktisch erforderlich, da der Betriebsrat sonst keine Grundlagen für seine Stellungnahme hat. Es steht aber nichts im Wege, daß der Arbeitnehmer im Lauf des Verfahrens noch andere Gründe und Beweismittel nachreicht.

3. Behandlung des Einspruchs durch den Betriebsrat

7 Wird rechtzeitig Einspruch eingelegt, so muß der Betriebsrat den **Einspruch prüfen;** er wird dies auch bei verspäteter Einlegung tun (oben Rn. 5). Hält er den Einspruch für unbegründet, die Kündigung also für gerechtfertigt, so braucht er, abgesehen von der nachfolgend in Rn. 9 zu besprechenden schriftlichen Mitteilung seiner Stellungnahme an jede Partei des Arbeitsverhältnisses, die eine solche verlangt (Satz 3), keine weiteren Schritte

---

[3] ErfK/*Ascheid* § 3 KSchG Rn. 1; APS/*Künzl* § 3 KSchG Rn. 24; *Löwisch* § 3 Rn. 4; KR-*Rost* § 3 KSchG Rn. 16.
[4] ErfK/*Ascheid* § 3 KSchG Rn. 4; HK-KSchG/*Hauck* § 3 Rn. 10; APS/*Künzl* § 3 KSchG Rn. 10; *Löwisch* § 3 Rn. 4; KR-*Rost* § 3 KSchG Rn. 26.
[5] *Kittner/Däubler/Zwanziger* § 3 KSchG Rn. 5; APS/*Künzl* § 3 KSchG Rn. 21; KR-*Rost* § 3 KSchG Rn. 10 f.

zu unternehmen. Im anderen Fall dagegen ist er verpflichtet, die Herbeiführung einer **Verständigung mit dem Arbeitgeber** zu versuchen (Satz 2). Die Verständigung kann zur Zurücknahme der Kündigung, zur Verlängerung der Kündigungsfrist, zur Zahlung einer Entschädigung durch den Arbeitgeber oder dergleichen führen. Stets ist die **Zustimmung beider Teile**, des Arbeitgebers und des Arbeitnehmers, erforderlich. Der Betriebsrat kann ohne Zustimmung des Arbeitnehmers nicht über dessen Recht verfügen, die völlige Nichtigkeit der Kündigung geltend zu machen. Das gilt auch bei der Zurücknahme der Kündigung durch den Arbeitgeber, da der Arbeitnehmer dadurch das Recht verliert, nach § 9 die Auflösung des Arbeitsverhältnisses und die Zahlung einer Entschädigung zu verlangen.

In der Erhebung des Einspruchs durch den Arbeitnehmer liegt auch **nicht** 8 etwa eine **stillschweigende Bevollmächtigung des Betriebsrats,** für den Arbeitnehmer dem Arbeitgeber gegenüber bindende Erklärungen abzugeben, insbesondere einen Vergleich abzuschließen. Der Einspruch ermächtigt den Betriebsrat lediglich zu Verständigungsverhandlungen.[6]

4. Schriftliche Stellungnahme des Betriebsrats

Jede Partei des Arbeitsverhältnisses kann verlangen, daß der Betriebsrat ihr 9 seine **Stellungnahme schriftlich mitteilt** (Satz 3). Das gilt sowohl, wenn der Betriebsrat den Einspruch für unbegründet hält, wie auch, wenn er ihn für begründet erachtet und die Verständigung gescheitert ist. Die **Mitteilungspflicht** besteht auch dann, wenn im Falle eines Widerspruchs des Betriebsrats der Arbeitgeber nach § 102 Abs. 4 BetrVG bei einer gleichwohl ausgesprochenen Kündigung dem Arbeitnehmer bereits eine Abschrift der Stellungnahme des Betriebsrats im Anhörungsverfahren zugeleitet hat. Die Stellungnahme des Betriebsrats nach Satz 3 erfolgt in einem späteren Stadium des Kündigungsverfahrens aus anderem Anlaß und braucht sich mit der früheren Stellungnahme nicht zu decken.[7] Noch wichtiger ist für den Arbeitnehmer die Mitteilung der neuerlichen Stellungnahme nach Satz 3, wenn der Betriebsrat keinen Kündigungswiderspruch erhoben hat; denn dann besteht weder für den Betriebsrat noch für den Arbeitgeber eine Verpflichtung, den Arbeitnehmer über die Äußerungen im Anhörungsverfahren zu unterrichten. – Die Stellungnahme des Betriebsrats ist zunächst für die Entscheidung der beiden Parteien, ob sie es zum Prozeß kommen lassen sollen, von Bedeutung. Sie spielt aber auch für den Prozeß selbst eine Rolle, wenn sie auch für das Gericht nicht bindend ist; sie soll deshalb nach § 4 Satz 3 vom Arbeitnehmer der Kündigungsschutzklage beigefügt werden (dazu unten § 4 Rn. 68).

Ihrem Zweck entsprechend muß die Stellungnahme des Betriebsrats be- 10 gründet werden. Es besteht eine **Begründungspflicht** des Betriebsrats. Dafür genügt nicht, daß die Zustimmung zur Kündigung mit allgemeinen

---

[6] Ebenso ErfK/*Ascheid* § 3 KSchG Rn. 6; *Kittner/Däubler/Zwanziger* § 3 KSchG Rn. 7; *Löwisch* § 3 Rn. 6; KR-*Rost* § 3 KSchG Rn. 21; – vgl. auch die allgemeine Regelung der §§ 80 Abs. 1 Nr. 3 und 85 Abs. 1 BetrVG.
[7] ErfK/*Ascheid* § 3 KSchG Rn. 7; *Brill* AuR 1977, 109; APS/*Künzl* § 3 KSchG Rn. 29; *Löwisch* § 3 Rn. 5; KR-*Rost* § 3 KSchG Rn. 23.

Worten erklärt oder diese abgelehnt, etwa die Kündigung als sozialwidrig bezeichnet wird, sondern der Betriebsrat muß im einzelnen darlegen, daß und warum die ihm vom Arbeitgeber schon im Anhörungsverfahren nach § 102 Abs. 1 BetrVG oder nunmehr in einer erneuten Verhandlung mitgeteilten Gründe nach seiner Ansicht die Kündigung rechtfertigen oder nicht rechtfertigen, und ob nach seiner Meinung auch bei der Auswahl des zu Entlassenden soziale Gesichtspunkte ausreichend berücksichtigt worden sind.[8] Nur eine so begründete Stellungnahme des Betriebsrats hat Aussicht, den Arbeitgeber oder den Arbeitnehmer vom Prozeß abzuhalten und verständigungsbereit zu machen, nur sie wird auch für die Entscheidung des Gerichts, wenn es zum Prozeß kommt, wirkliche Bedeutung gewinnen.

5. Kein Schutzgesetz i. S. v. § 823 Abs. 2 BGB

11 § 3 ist kein Schutzgesetz i. S. v. § 823 Abs. 2 BGB, da durch § 3 keine Rechtsgutverletzungen verhindert werden sollen, sondern nur Pflichten des Betriebsrats konkretisiert werden.[9] Kommt der Betriebsrat seinen Pflichten aus § 3 nicht nach, so steht dem Arbeitnehmer daher **kein Schadensersatzanspruch** gegen den Betriebsrat zu.

6. Bedeutung

12 Die Regelung des § 3 hat **keine unmittelbare rechtliche Bedeutung**. Ihre **praktische Bedeutung ist gering**.[10] Durch die Einschaltung des Betriebsrats wird beiden Parteien lediglich die tatsächliche und rechtliche Lage noch einmal eindringlich vor Augen geführt und so möglicherweise ihre Einstellung zu einem Kündigungsschutzprozeß beeinflußt.[11]

§ 4 Anrufung des Arbeitsgerichtes

[1]**Will ein Arbeitnehmer geltend machen, daß eine Kündigung sozial ungerechtfertigt ist, so muß er innerhalb von drei Wochen nach Zugang der Kündigung Klage beim Arbeitsgericht auf Feststellung erheben, daß das Arbeitsverhältnis durch die Kündigung nicht aufgelöst ist.** [2]**Im Falle des § 2 ist die Klage auf Feststellung zu erheben, daß die Änderung der Arbeitsbedingungen sozial ungerechtfertigt ist.** [3]**Hat der Arbeitnehmer Einspruch beim Betriebsrat eingelegt (§ 3), so soll er der Klage die Stellungnahme des Betriebsrates beifügen.** [4]**Soweit die Kündigung der Zustimmung einer Behörde bedarf, läuft die Frist zur Anrufung des Arbeitsgerichtes erst von der Bekanntgabe der Entscheidung der Behörde an den Arbeitnehmer ab.**

---

[8] Ebenso HK-KSchG/*Hauck* § 3 Rn. 30; APS/*Künzl* § 3 KSchG Rn. 28; *Löwisch* § 3 Rn. 5; KR-*Rost* § 3 KSchG Rn. 24.
[9] Ebenso ErfK/*Ascheid* § 3 KSchG Rn. 8; HK/KSchG/*Hauck* § 3 Rn. 12; APS/*Künzl* § 3 KSchG Rn. 11; *Löwisch* § 3 Rn. 8; KR-*Rost* § 3 KSchG Rn. 35 ff.; – abweichend *Oehmann* RdA 1953, 20, 21; *Schaub* § 135 Rn. 5.
[10] Ebenso APS/*Künzl* § 3 KSchG Rn. 3; KR-*Rost* § 3 KSchG Rn. 7.
[11] Zu einer Hemmung der Drei-Wochen-Frist des § 4 de lege ferenda vgl. *Fischer* und *Möhn* NZA 1995, 113 und 1133.

Anrufung des Arbeitsgerichtes § 4

Schrifttum: *Arnhold-Zedelius*, Die Rücknahme der Kündigung im arbeitsrechtlichen Kündigungsschutzprozeß, 1986; *Ascheid*, Die Wiederholungskündigung als Problem der „hinkenden" Rechtskraftwirkung, Festschrift für Stahlhacke, 1995, S. 1; *Bader*, Kündigungsschutzprozesse richtig führen – Typische Fehler im Kündigungsschutzprozeß, NZA 1997, 905; *Bandey*, Die Kündigungsschutzklage nach dem Kündigungsschutzgesetz, Diss. Marburg 1992; *Bauer*, Rechtliche und taktische Erwägungen zum Auflösungsantrag, DB 1985, 1180; *Becker/Bader*, Bedeutung der gesetzlichen Verjährungsfristen und tariflichen Ausschlußfristen im Kündigungsrechtsstreit, BB 1981, 1709; *Becker/Glaremin*, Streitwertaddition beim mit uneigentlichem Hilfsantrag geltend gemachten Weiterbeschäftigungsanspruch?, NZA 1989, 207; *Berkowsky*, Die „Rücknahme" der Kündigung im Kündigungsschutzprozeß und ihre Auswirkungen auf den Annahmeverzug des Arbeitgebers, BB 1984, 216; *Besta*, Die Regelung der Klageerhebungsfrist in den §§ 4–6 KSchG, Diss. Passau 1987; *Bettermann*, Der Gegenstand des Kündigungsstreits nach dem Kündigungsschutzgesetz, ZfA 1985, 5; *Bitter*, Zur Kombination von Kündigungsschutzklage und allgemeiner Feststellungsklage, DB 1997, 1407; *Boemke*, Kündigungsschutzklage und allgemeine Feststellungsklage, RdA 1995, 211; *Böttcher*, Streitgegenstand und Rechtskraft im Kündigungsschutzprozeß, Festschrift für Herschel, 1955, S. 181; *derselbe*, Zur Geltendmachung der Unwirksamkeit einer sozial ungerechtfertigten Kündigung, BB 1952, 978; *derselbe*, Der Streitgegenstand des Kündigungsschutzprozesses, BB 1959, 1032; *Boewer*, Streitgegenstand und Prüfungsmaßstab der Änderungsschutzklage, BB 1996, 2618; *derselbe*, Der Streitgegenstand des Kündigungsschutzprozesses, NZA 1997, 359; *derselbe*, Der Kündigungsschutzprozeß, in: *Henssler/Moll* (Hrsg.), Kündigung und Kündigungsschutz in der betrieblichen Praxis, 2000; *Borgmann*, Die fehlende Unterschrift des Anwalts, AnwBl. 1987, 137 f.; *Diller*, Kein Schutz mehr vor Schriftsatzkündigungen?, NZA 1994, 830; *derselbe*, Neues zum richtigen Klageantrag im Kündigungsschutzverfahren, NJW 1996, 2141; *derselbe*, Neues zum richtigen Klageantrag im Kündigungsschutzverfahren, NJW 1998, 663; *Fischer*, Die Rücknahme der Arbeitgeberkündigung vor und im Kündigungsschutzprozeß – rechtliche und taktische Überlegungen, NZA 1999, 459; *Francken*, Zur Notwendigkeit einer einheitlichen Klagefrist für alle Bestandsschutzstreitigkeiten im Arbeitsgerichtsgesetz, NZA 1999, 796; *Grunsky*, Ausschlußfristen und Verjährung, Festschrift für Kissel, 1994, S. 283; *Güntner*, Das Verhältnis von Feststellungs- und Lohnklage nach dem KSchG, RdA 1954, 249; *derselbe*, Der Anwendungsbereich der Dreiwochenklagefrist des KSchG, RdA 1954, 131; *derselbe*, Rechtsnatur und Probleme des kündigungsschutzrechtlichen Zulassungsverfahrens, AuR 1954, 193; *derselbe*, Der Bestandsschutz des Arbeitsverhältnisses und seine Rechtsverwirklichung, AuR 1974, 97; *derselbe*, Die Besonderheiten und Probleme des Kündigungsschutzverfahrens, DB 1975, 1267, 1317; *derselbe*, Die Befristung der Kündigungsschutzklage und ihre Probleme, DB 1976, 148; *Haberkorn*, Feststellungsklage nach dem KSchG und Rechtssicherheit, NJW 1953, 13; *W. Habscheid*, Zur Lehre vom Streitgegenstand im Kündigungsschutzprozeß, RdA 1958, 46, 95; *E.J. Habscheid*, Neue Probleme zu Streitgegenstand, Rechtskraft und Präklusion im Kündigungsschutzprozeß, RdA 1989, 88; *Holtermüller*, Streitgegenstand, Rechtskraft und Präklusion im arbeitsgerichtlichen Kündigungsschutzverfahren, 1997; *A. Hueck*, Klage und Urteil im Kündigungsschutzstreit, Festschrift für Nipperdey, 1955, S. 99 ff.; *Kampen*, Die „punktuelle Streitgegenstandstheorie" und die sich daraus ergebenden Probleme mit Anträgen und Tenorierungen im Kündigungsschutzverfahren, AuR 1996, 172; *Kissel*, Die neuen §§ 17 bis 17 b GVG in der Arbeitsgerichtsbarkeit, NZA 1995, 345; *Klimpe-Auerbach*, Gesetzesänderungen des Jahres 1990 und ihre Auswirkungen auf das arbeitsgerichtliche Verfahren, AuR 1992, 118; *Köhler*, Der Streitgegenstand im Kündigungsschutzprozeß, 1991; *Künzl*, Abschied vom punktuellen Streitgegenstandsbegriff?, Erlanger Festschrift für K.H. Schwab, 1990, S. 123; *derselbe*, Kündigungsschutzklage als Feststellungs- oder Gestaltungsklage?, DB 1986, 1280; *Lang*, Anwaltliche Aufklärungspflichten im Kündigungsschutzprozeß, MDR 1984, 458 f.; *Lehmann-Jessen*, Die Kündigungsschutzklage nach § 4 Satz 1 KSchG, Diss. Kiel, 1995; *Leisten*, Die Reichweite der Fiktion in den §§ 7 und 13 Abs. 1 Satz 2 KSchG, AuR 1985, 181; *Lepke*, Zur Rechtsnatur der Klagefrist des § 4 KSchG, DB 1991, 2034; *Löwisch/Neumann*, Betriebserwerber als richtiger Kündigungsschutz-Beklagter bei vor Betriebsübergang ausgesprochener Kündigung, DB 1996, 474; *Lüke*, Zum Streitge-

§ 4　1. Abschnitt. Allgemeiner Kündigungsschutz

genstand im arbeitsgerichtlichen Kündigungsschutzprozeß, JZ 1960, 203; *derselbe,* Arbeitsgerichtliche Kündigungsschutzklage und Verjährung des Gehaltsanspruchs, NJW 1960, 1333; *derselbe,* Kündigungsgrund und Kündigungsschutzprozeß, NJW 1961, 1390; *Müller/Houbertz/Widmaier-Müller,* Die Aufgaben und die Arbeit der Schiedsstelle, 1991; *Opolony,* Prozessuale Fragen des Kündigungsrechts, AR-Blattei SD 1020.3 (2000); *Philippsen/Dörner,* Aktuelle Fragen zur Streitwertfestsetzung im Kündigungsschutzprozeß, NZA 1987, 113; *Popp,* Die Fassung des Klagantrags im Kündigungsschutzprozeß, BB 1988, 1180; *Prütting,* Der Streitgegenstand im Arbeitsgerichtsprozeß, Festschrift für Lücke, 1997, S. 617; *Rewolle,* Unterbricht die Erhebung der Kündigungsschutzklage die Verjährung der Lohn- und Gehaltsansprüche?, DB 1980, 1696; *Rieble,* Schiedsstellen für Arbeitsrecht – nur eine Episode?, NZA 1991, 841; *Schaub,* Praktische Probleme bei kumulativen Feststellungsanträgen im Kündigungsschutzprozeß, NZA 1990, 85; *Schlee,* Der Rechtsanwalt im arbeitsrechtlichen Verfahren, AnwBl. 1987, 279; *Schneider,* Formulierung der Klageanträge im Kündigungsschutzprozeß, RdA 1955, 94; *Schwab,* Die Rechtsprechung des BAG zur Kombination einer Kündigungsschutzklage mit einer allgemeinen Feststellungsklage, NZA 1998, 342; *Schwerdtner,* Rücknahme der Kündigung und Kündigungsschutzprozeß, ZIP 1982, 639; *derselbe,* Die Präklusionswirkung von Urteilen im Kündigungsschutzprozeß, NZA 1987, 263; *Stahlhacke,* Der Streitgegenstand der Kündigungsschutzklage und ihre Kombination mit einer allgemeinen Feststellungsklage, Festschrift für Wlotzke, 1996, S. 173; *Thüsing,* Die Rücknahme der Kündigung im Kündigungsschutzprozeß, AuR 1996, 245; *Tschöpe,* Nicht rechtzeitige Erhebung der Kündigungsschutzklage: Die Fiktionswirkung des § 7 KSchG, DB 1984, 1522; *Valentin,* Arbeitgeberseitige Belehrungspflicht im Rahmen des § 4 KSchG de lege lata?, AuR 1990, 276; *Vollkommer,* Begründet die Dreiwochenfrist des § 3 KSchG eine besondere Prozeßvoraussetzung oder ist sie eine materiellrechtliche Frist?, AcP Bd. 161, 332; *derselbe,* Die Neuregelung des Verhältnisses zwischen den Arbeitsgerichten und den ordentlichen Gerichten und ihre Auswirkungen, Festschrift für Kissel, 1994, S. 1184; *derselbe,* Verlust des Kündigungsrechtsschutzes des Arbeitnehmers bei Versäumung der Klagefrist durch Vertreterverschulden, Festschrift für Stahlhacke, 1995, S. 599; *Vossen,* Fortführung oder Aussetzung des Vergütungsprozesses vor rechtskräftigem Abschluß des Bestandrechtsstreits?, RdA 1989, 96; *Walter,* Streitgegenstand und materielle Rechtskraft bei Feststellungsklagen aus Anlaß der Kündigung eines Arbeitnehmers, RdA 1954, 264; *Weidemann,* Die „Schriftsatzkündigung" während des Kündigungsschutzprozesses, NZA 1989, 246; *Weißenfels,* Streitgegenstand in arbeitsgerichtlichen Bestandsstreitigkeiten, BB 1996, 1326; *Wenzel,* Zur Kombination der Kündigungsschutzklage nach § 4 KSchG mit der allgemeinen Feststellungsklage nach § 256 ZPO, DB 1997, 1869; *Wilhelm,* Die Zusammenhänge zwischen Sonderkündigungsschutz und dem Kündigungsschutzgesetz, NZA 1988 Beil. 3, S. 18; *Zeuner,* Wiederholung der Kündigung und Rechtskraft im Kündigungsschutzstreit, MDR 1956, 257; *derselbe,* Verfahrensrechtliche Folgen des Betriebsübergangs nach § 613a BGB, Festschrift für K. H. Schwab, 1990, S. 575; *Zimbauer,* Anwaltliche Kunstfehler im Arbeitsrecht, NZA 1989 Beil. 3, S. 34.

Übersicht

	Rn.
I. Grundgedanken	1
II. Geltungsbereich	3
III. Feststellungsklage	4
1. Allgemeines	4
2. Klageantrag	5
3. Form der Klage	10
4. Feststellungsinteresse	14
5. Auswirkungen auf Lohnansprüche	17
a) Verjährung von Lohnansprüchen	17
b) Tarifliche Ausschlußfristen	19
c) Besonderheiten der Änderungsschutzklage	23
6. Auswirkungen auf Urlaubsansprüche	23 a

Anrufung des Arbeitsgerichtes 1 § 4

		Rn.
7.	Vorbringen anderer Nichtigkeitsgründe	24
8.	Rücknahme der Kündigung	27
9.	Klagerecht bei Lohnpfändung, Abtretung und Vererbung	33
10.	Person des Beklagten	37
11.	Rücknahme der Klage und Verzicht	42

IV. **Besonderheiten der Änderungskündigung** 43
    1. Vorbringen anderer Nichtigkeitsgründe 44
    2. Rücknahme der Kündigung 45
    3. Klagerecht bei Vererbung 49

V. **Die Frist für die Klageerhebung** 51
    1. Länge der Frist 51
    2. Ausschlußfrist 53
    3. Wahrung der Frist 54
    4. Behördliche Zustimmung 59
    5. Wehrdienst und Zivildienst 67

VI. **Die Stellungnahme des Betriebsrats** 68

VII. **Das Urteil** 69
    1. Der Streitgegenstand der Klage nach § 4 69
    2. Geltungsbereich der Kündigungsschutzklage .... 71 a
    3. Verbindung der Klage nach § 4 mit allgemeinem Feststellungsantrag nach § 256 ZPO 72
       a) Auslegung des Antrags .... 72 a
       b) Streitgegenstand 73
       c) Feststellungsinteresse 76
       d) Zusammentreffen mit späterer Kündigungsschutzklage 77
    4. Klage des Arbeitgebers 80
    5. Abweisung der Klage 81
    6. Das Feststellungsurteil 86
    7. Besonderheiten der Änderungskündigung 93

VIII. **Anhang: Allgemeiner Weiterbeschäftigungsanspruch** 94
    1. Die Rechtsfortbildung des Großen Senats des BAG zum allgemeinen Weiterbeschäftigungsanspruch 95
       a) Grundsätze des Großen Senats 96
       b) Unzulässigkeit der Rechtsfortbildung 99
       c) Weiterbeschäftigung durch einstweilige Verfügung 101
    2. Rechtsnatur und Inhalt des richterrechtlichen Weiterbeschäftigungsanspruchs 104
       a) Auflösend bedingte Fortsetzung des Arbeitsverhältnisses 105
       b) Weiterbeschäftigung zur Abwendung der Zwangsvollstreckung 106
       c) Leistungspflichten des Arbeitgebers 109
       d) Rechtsgrund der Weiterbeschäftigung 112
       e) Kündigung des Weiterbeschäftigungsverhältnisses 118
       f) Weiterbeschäftigungsantrag 120

I. Grundgedanken

Für die **Durchführung des Kündigungsschutzes** ist die rechtzeitige, 1 gegen die Kündigung gerichtete Klage des Arbeitnehmers beim Arbeitsgericht von entscheidender Bedeutung. Zwar ist nach dem Grundkonzept des KSchG die sozialwidrige Kündigung ohne besondere Klage rechtsunwirksam (§ 1 Abs. 1); nach § 7 wird der Mangel der Sozialwidrigkeit aber geheilt, wenn die Klage nach § 4 nicht rechtzeitig erhoben wird. Die Klage ist also zwar nicht notwendig, um die Nichtigkeit der Kündigung herbeizuführen, aber **sie ist erforderlich, um die bestehende Nichtigkeit** aufrechtzuerhalten. Es ist deshalb nicht ganz zu Unrecht darauf hingewiesen worden, daß die Unwirksamkeit der sozialwidrigen Kündigung praktisch doch auf eine bloße „Anfechtbarkeit" hinauslaufe;[1] denn im Ergebnis hängt das Schicksal der Kündigung davon ab, ob sich der Arbeitnehmer entschließt, gerichtlich gegen sie vorzugehen. Nur wenn er Klage erhebt, kann die Kündigung endgültig nichtig bleiben. Da aber der Gesetzgeber nun einmal bewußt die geschilderte Konstruktion – Unwirksamkeit der sozialwidrigen Kündigung, aber Heilung des Mangels bei Versäumung der Klage – gewählt hat, muß sie den Ausgangspunkt für die Auslegung des Gesetzes bilden.

1a Der Arbeitgeber ist nicht verpflichtet, den Arbeitnehmer bei Ausspruch der Kündigung auf die **Drei-Wochen-Frist hinzuweisen.**[2] Es ist vielmehr Sache des Arbeitnehmers, sich über die geltende Rechtslage zu informieren.

2 **Sinn und Zweck** der Befristung der Klagemöglichkeit und der nach Fristablauf eintretenden Fiktion des § 7 ist die Herstellung alsbaldiger **Klarheit** über Fortbestand oder Ende des Arbeitsverhältnisses.[3] Der Arbeitgeber soll innerhalb der Drei-Wochen-Frist wissen, ob ein Kündigungsschutzverfahren auf ihn zukommt, oder ob er den Arbeitsplatz wieder neu besetzen kann, ohne die Rückkehr des gekündigten Arbeitnehmers gewärtigen zu müssen. Entsprechendes gilt für die Änderungsschutzklage gemäß Satz 2 (dazu unten Rn. 23, 43 ff., 93).

II. Geltungsbereich

3 § 4 betrifft unmittelbar nur die **sozial ungerechtfertigte Kündigung** (vgl. auch Rn. 71 a) und in entsprechender Anwendung gemäß § 13 Abs. 1 Satz 2 die Unwirksamkeit der **außerordentlichen Kündigung** (dazu unten § 13 Rn. 13 ff.). Die Drei-Wochen-Frist gilt auch bei Kündigungen, die auf die **Sonderkündigungsvorschriften des Einigungsvertrages** gestützt werden.[4] Die Unwirksamkeit einer Befristung muß ebenfalls gemäß § 17 TzBfG innerhalb von drei Wochen nach dem vereinbarten Ende des befristeten Arbeitsvertrages gerichtlich geltend gemacht werden (dazu näher § 1 Rn. 624). Eine Anwendung von § 4 Satz 1 auf die Geltendmachung der Unwirksamkeit anderer Maßnahmen des Arbeitgebers, beispielsweise bei Ausübung des Direktionsrechts, kommt dagegen nicht in Betracht, weil es

---

[1] *Bötticher* RdA 1951, 81, 83.

[2] Ebenso BAG 26. 8. 1993, AP Nr. 8 zu § 72 LPVG NW mit Anm. *Mummenhoff;* LAG Düsseldorf 12. 6. 1980, DB 1980, 1551; ErfK/*Ascheid* § 4 KSchG Rn. 2; KR-*Friedrich* § 5 KSchG Rn. 64; HK-KSchG/*Hauck* § 4 Rn. 3; *Schaub* § 136 Rn. 47; – abweichend *Valentin* AuR 1990, 276 ff.; krit. auch *Kittner/Däubler/Zwanziger* § 5 KSchG Rn. 5.

[3] Vgl. BAG 27. 1. 1955, AP Nr. 5 zu § 11 KSchG mit insoweit zust. Anm. *A. Hueck;* BAG 23. 2. 1978, AP Nr. 3 zu § 12 SchwbG mit Anm. *Meisel* = SAE 1979, 27 mit Anm. *v. Maydell;* BAG 14. 9. 1994, AP Nr. 32 zu § 4 KSchG 1969; APS/*Ascheid* § 4 KSchG Rn. 3; *Bakker* Anm. zu BAG EzA § 4 KSchG n. F. Nr. 46; *Besta* S. 17 ff.; KR-*Friedrich* § 4 KSchG Rn. 10; HK-KSchG/*Hauck* § 4 Rn. 3; *Kittner/Däubler/Zwanziger* § 4 KSchG Rn. 1; *Lepke* DB 1991, 2034, 2035; *Löwisch* § 4 Rn. 1; – einschränkend *Boemke* RdA 1995, 211, 220: Nur Gewißheit über soziale Rechtfertigung.

[4] BAG 24. 9. 1992, AP Nr. 3 zu Einigungsvertrag Anl. I Kap. XIX mit insoweit zust. Anm. *v. Hoyningen-Huene.*

hier nicht um die Beendigung des Arbeitsverhältnisses geht.[5] Die Unwirksamkeit einer **Änderungskündigung** ist dagegen innerhalb der Drei-Wochen-Frist geltend zu machen. Dies folgt aus der eindeutigen Regelung in Satz 2.

III. Feststellungsklage

1. Allgemeines

Aus der oben in Rn. 1 dargelegten Konstruktion des Kündigungsschutzes folgt, daß die Klage nicht Rechtsgestaltungsklage (so die Regelung im alten Recht nach BRG 1920 und AOG), sondern **Feststellungsklage** ist. Das wird in § 4 ausdrücklich ausgesprochen. Das Gericht soll feststellen, daß das Arbeitsverhältnis durch die Kündigung nicht aufgelöst ist, der Sache nach also, daß die Kündigung rechtsunwirksam ist; es soll dagegen nicht eine Änderung des bis zum Urteil bestehenden Rechtszustandes herbeiführen.[6]

2. Klageantrag

Die Klage muß auf **die in § 4 Satz 1 oder** bei Vorliegen der besonderen Voraussetzungen auf die in **Satz 2 vorgeschriebene Feststellung** gerichtet sein.[7] Dabei ist es zweckmäßig und üblich, jedoch nicht unbedingt notwendig, den vom Gesetz gebrauchten Wortlaut zu verwenden. Es genügt, wenn der Wille, eine Kündigungsschutzklage oder Änderungsschutzklage nach § 4 zu erheben, hinreichend deutlich zum Ausdruck kommt, insbesondere der Antrag nach dem Klagevorbringen in diesem Sinn auszulegen ist.[8]

So ist ein ungenau verkürzter **Antrag auf Feststellung** der Unwirksamkeit einer bestimmten Kündigung der Sache nach regelmäßig als Antrag im Sinne des § 4 zu verstehen, also als auf die Feststellung gerichtet, daß durch diese Kündigung das Arbeitsverhältnis nicht aufgelöst worden ist.

---

[5] BAG 20. 1. 1960, AP Nr. 8 zu § 611 BGB Direktionsrecht mit insoweit zust. Anm. *Nikisch*; BAG 27. 3. 1980, AP Nr. 26 zu § 611 BGB Direktionsrecht unter II mit zust. Anm. *Löwisch* = SAE 1981, 268 mit Anm. *Hanau*; APS/*Ascheid* § 4 KSchG Rn. 11; KR-*Friedrich* § 4 KSchG Rn. 16.
[6] H. M.; BAG 13. 11. 1958, AP Nr. 17 zu § 3 KSchG mit Anm. *Habscheid*; BAG GS 27. 2. 1985, AP Nr. 14 zu § 611 BGB Beschäftigungspflicht = SAE 1986, 37 mit Anm. *Lieb* = AR-Blattei Beschäftigungspflicht Entsch. 15 mit Anm. *Buchner* = EzA § 611 BGB Beschäftigungspflicht Nr. 9 mit Anm. *Gamillscheg*; BAG 26. 6. 1986, AP Nr. 14 zu § 4 KSchG 1969; BAG 2. 4. 1987, AP Nr. 96 zu § 626 BGB = SAE 1988, 119 mit Anm. *Coester*; *Ascheid* Kündigungsschutzrecht Rn. 716; APS/*Ascheid* § 4 KSchG Rn. 19; *Bandey* S. 79 ff.; *Boemke* RdA 1995, 211, 213; *Colneric* AuR 1984, 105 ff.; KR-*Friedrich* § 4 KSchG Rn. 17; HK-KSchG/*Hauck* § 4 Rn. 23; G. *Hueck* Anm. zu BAG AP Nr. 7 zu § 611 BGB Beschäftigungspflicht; *Künzl* DB 1986, 1280; *Löwisch* § 4 Rn. 2; *Stahlhacke/Preis/Vossen* Rn. 1055; *v. Stebut* Der soziale Schutz als Regelungsproblem des Vertragsrechts 1982, S. 105; – abweichend *Berkowsky* NJW 1982, 905, 908; *Böttcher* RdA 1951, 83; ders. BB 1981, 1954 ff.; *Lehmann-Jessen* S. 129.
[7] Vgl. zur Antragsformulierung *Bauer/Röder* Taschenbuch zur Kündigung S. 361 f.; *Popp* BB 1988, 1180 f.; *Schaub* Formularsammlung §§ 33, 34.
[8] Vgl. BAG 11. 9. 1956, AP Nr. 8 zu § 3 KSchG mit zust. Anm. *Herschel*; BAG 9. 3. 1961, AP Nr. 31 zu § 3 KSchG mit zust. Anm. *A. Hueck*; BAG 28. 6. 1973, AP Nr. 2 zu § 13 KSchG 1969 mit zust. Anm. *Herschel*; BAG 21. 5. 1981, AP Nr. 7 zu § 4 KSchG 1969; BAG 17. 2. 1982, AP Nr. 1 zu § 15 SchwbG mit zust. Anm. *Gröninger* = SAE 1983, 3 mit Anm. *Corts/Hege*.

Das BAG[9] hat sogar eine Klage auf Gewährung einer Abfindung nach § 7 (jetzt § 9) KSchG in diesem Sinne gedeutet, da in ihr denknotwendig der Antrag auf Feststellung der Unwirksamkeit der Kündigung mitenthalten sei.[10]

7 Den Anforderungen des § 4 **genügt es nicht,** wenn der Arbeitnehmer im Hinblick auf das Fortbestehen des Arbeitsverhältnisses nur eine **Leistungsklage** erhebt, etwa auf Lohnzahlung klagt, auch wenn dann als Voraussetzung des Lohnanspruchs vom Gericht inzident die Nichtigkeit der Kündigung festgestellt wird.[11] In diesem Fall kann der Arbeitnehmer aber noch bis zum Schluß der mündlichen Verhandlung erster Instanz in entsprechender Anwendung von § 6 Satz 1 die Unwirksamkeit der Kündigung geltend machen.[12] Auch die **Klage auf Weiterbeschäftigung** genügt den Anforderungen des § 4 nicht, weil ein hierbei ergehendes Leistungsurteil nicht zwingend die Feststellung der fehlenden sozialen Rechtfertigung voraussetzt.[13]

8 Ebensowenig ist es ausreichend, wenn der Arbeitnehmer die Unwirksamkeit der Kündigung nur in Form eines **Einwandes** geltend macht, etwa gegenüber einer Klage des Arbeitgebers auf Feststellung der Auflösung des Arbeitsverhältnisses.[14] Das folgt aus dem eindeutigen Wortlaut des § 4 und seinem Zweck, im Interesse der Rechtssicherheit möglichst bald (§ 61a ArbGG) eine unmittelbar durch die Ablehnung der Kündigung seitens des Arbeitnehmers veranlaßte gerichtliche Entscheidung über deren Wirksamkeit herbeizuführen. Dafür spricht auch eine Parallele zur Rechtsgestaltungsklage. Schreibt das Gesetz für die Herbeiführung einer Rechtswirkung die Klage vor, so kann das Gestaltungsrecht nur durch Klage oder Widerklage, nicht aber durch Einwendung oder Einrede geltend gemacht werden.[15] Der Entscheidung des BAG vom 21. 12. 1967[16] kann kein abweichender Standpunkt entnommen werden. Das BAG spricht hier nur zutreffend aus, daß in einem besonders gelagerten Fall, in dem der Arbeitnehmer rechtzeitig das Fehlen eines wichtigen Kündigungsgrundes durch einen Hilfsantrag in der Klageschrift geltend gemacht hatte (!), das bloße Nichtverlesen des Hilfsantrages nicht schade, wenn der Arbeitnehmer durch einen Antrag auf Abweisung einer Widerklage des Arbeitgebers den gleichen Erfolg erreiche.[17]

9 Die Anforderungen von § 4 wahrt dagegen eine **auf Feststellung gerichtete Widerklage** des Arbeitnehmers, wenn sie **innerhalb der Drei-Wochen-Frist** eingelegt wird.[18] Desgleichen genügt Geltendmachung durch

---

[9] BAG 13. 12. 1956, AP Nr. 5 zu § 7 KSchG.
[10] Ebenso *Kittner/Däubler/Zwanziger* § 4 KSchG Rn. 16.
[11] BAG 25. 3. 1976, AP Nr. 10 zu § 626 BGB Ausschlußfrist unter II 2; KR-*Friedrich* § 4 KSchG Rn. 20; *Kittner/Däubler/Zwanziger* § 4 KSchG Rn. 15; *Löwisch* § 4 Rn. 13.
[12] Vgl. dazu BAG 30. 11. 1961, AP Nr. 3 zu § 5 KSchG sowie unten § 6 Rn. 4.
[13] Zutr. *M. Wolf/Pfeiffer* AuR 1985, 33, 37f. sowie im Anschluß daran APS/*Ascheid* § 4 KSchG Rn. 22; KR-*Friedrich* § 4 KSchG Rn. 20.
[14] Ebenso *Löwisch* § 4 Rn. 17.
[15] Dazu näher *A. Hueck* Anm. zu BAG AP Nr. 33 zu § 3 KSchG.
[16] BAG AP Nr. 33 zu § 3 KSchG mit zust. Anm. *A. Hueck.*
[17] Näheres dazu bei *A. Hueck* Anm. zu BAG AP Nr. 33 zu § 3 KSchG; ebenso KR-*Friedrich* § 4 KSchG Rn. 25.
[18] LAG Hannover 1. 9. 1952, AP 53 Nr. 122.

einen **Hilfsantrag**.[19] Ebenso reicht es aus, wenn in einen schon anhängigen Prozeß innerhalb der Drei-Wochen-Frist der Kündigungsschutzantrag durch **Klageänderung** oder Klageerweiterung eingeführt wird.[20]

Auch in der **Berufungsinstanz** kann der Kündigungsschutzantrag noch im Wege der Klageerweiterung des anhängigen Verfahrens gestellt werden.[21] Sofern die im Wege der Klageänderung erhobene Feststellungsklage als nicht sachdienlich angesehen (§ 263 ZPO) und daher abgewiesen wird, kann der Arbeitnehmer nach Auffassung des BAG noch innerhalb eines angemessenen Zeitraums danach, wenn auch erst nach Ablauf der Drei-Wochen-Frist, erneut Klage erheben.[22] Richtigerweise handelt es sich hier jedoch um einen Fall der nachträglichen Zulassung der Kündigungsschutzklage nach § 5.[23]

9 a

Nach Auffassung des BAG kann die Drei-Wochen-Frist auch gewahrt werden, wenn der Arbeitnehmer im Hauptantrag fristgerecht den falschen Arbeitgeber verklagt, jedoch gleichfalls fristgerecht hilfsweise den richtigen Arbeitgeber Kündigungsschutzklage erhebt.[24] Hierin liege zwar eine **unzulässige subjektive Klagehäufung**. Da dem hilfsweise verklagten richtigen Arbeitgeber jedoch mit Zustellung der Klageschrift bekannt gewesen sei, daß sich der Arbeitnehmer gegen die streitgegenständliche Kündigung zur Wehr setzen wolle, habe der Arbeitnehmer mit dieser unzulässigen Klage gleichwohl die Drei-Wochen-Frist gewahrt. Dies ist freilich wenig überzeugend, weil dem hilfsweise verklagten Arbeitgeber unter Umständen über mehrere Instanzen ein Schwebezustand zugemutet wird, der mit dem Grundsatz der Rechtssicherheit und Rechtsklarheit kaum zu vereinbaren ist. Der Arbeitnehmer muß sich vor Klageerhebung entscheiden, gegen wen er die Klage richten möchte. Gegebenenfalls besteht die Möglichkeit, einem eventuellen zweiten Arbeitgeber den Streit zu verkünden.[25]

9 b

3. Form der Klage

Der **notwendige Inhalt der Klageschrift** ergibt sich aus § 253 Abs. 2 ZPO. Danach müssen das angerufene Gericht sowie die Parteien des Rechtsstreits bezeichnet sein. Weiterhin ist der Gegenstand der Klage zu bezeichnen. Hierfür genügt nach zutreffender h. M., daß der Arbeitnehmer die Kündigung bezeichnet, die er angreifen will. Es ist nicht erforderlich, daß er darlegt, ob es sich hierbei um eine ordentliche oder um eine außerordentliche Kündigung handelt.[26] Ist in der Klage das Datum der Kündigung nicht benannt, so schadet dies nicht, wenn der Arbeitgeber nur eine Kündigung

10

---

[19] BAG 21. 12. 1967, AP Nr. 33 zu § 3 KSchG; KR-*Friedrich* § 4 KSchG Rn. 24; *Löwisch* § 4 Rn. 12.
[20] BAG 9. 3. 1961, AP Nr. 31 zu § 3 KSchG mit zust. Anm. *A. Hueck*.
[21] BAG 10. 12. 1970, AP Nr. 40 zu § 3 KSchG mit zust. Anm. *A. Hueck*.
[22] BAG 10. 12. 1970, AP Nr. 40 zu § 3 KSchG.
[23] Ebenso *Spilger* AR-Blattei SD 160.10.2 Rn. 352 f.; *Stahlhacke/Preis/Vossen* Rn. 1101.
[24] BAG 31. 3. 1993, AP Nr. 27 zu § 4 KSchG 1969 = EzA § 4 KSchG n. F. Nr. 46 mit abl. Anm. *Bakker*; zust. *Löwisch* § 4 Rn. 40.
[25] Vgl. dazu *Bakker* Anm. zu BAG EzA § 4 KSchG n. F. Nr. 46.
[26] BAG 11. 9. 1956, AP Nr. 8 zu § 3 KSchG mit zust. Anm. *Herschel*; BAG 21. 5. 1981, AP Nr. 7 zu § 4 KSchG 1969; APS/*Ascheid* § 4 KSchG Rn. 111; KR-*Friedrich* § 4 KSchG Rn. 158; *Löwisch* § 4 Rn. 17.

ausgesprochen hat und sich der Arbeitnehmer erkennbar gegen diese Kündigung wehren will.[27] Die Kündigungsschutzklage muß auch nicht als Klage bezeichnet sein, es ist vielmehr auch ausreichend, wenn sich der Arbeitnehmer an das Arbeitsgericht mit einem „Einspruch gegen die sozial ungerechtfertigte Kündigung" richtet.[28]

10 a Kündigt der Arbeitgeber das Arbeitsverhältnis schriftlich, so wahrt die Klage des Arbeitnehmers auf Feststellung, daß das Arbeitsverhältnis durch die an diesem Tage ausgesprochene Kündigung nicht aufgelöst worden ist, die Drei-Wochen-Frist regelmäßig auch für eine **mündliche Kündigung, die der Arbeitgeber am selben Tag wegen desselben Sachverhalts** ausgesprochen hatte.[29] Verwirklicht der Arbeitgeber seine Kündigungsabsicht auf Grund desselben Sachverhalts am selben Tag durch **eine mündliche und eine weitere schriftliche Erklärung**, so stellen beide Erklärungen regelmäßig einen einheitlichen Lebenssachverhalt dar.[30] Wenn dann der Arbeitnehmer gegen die an diesem Tage ausgesprochene Kündigung Klage erhebt, muß dem Arbeitgeber auch von vornherein klar sein, daß der Arbeitnehmer sich gegen die tatsächlich vorliegende Kündigung zur Wehr setzen will, unabhängig davon, ob diese nun in der mündlichen oder in der schriftlichen Erklärung zu sehen ist. Allerdings kann sich durch Auslegung der Umstände im Einzelfall ergeben, daß – beispielsweise bei unterschiedlichen Lebenssachverhalten – zwei selbständige Kündigungen ausgesprochen wurden, die dann auch jede für sich mit einer Kündigungsschutzklage anzugreifen sind. Wegen des zum 1. 5. 2000 in Kraft getretenen Schriftformerfordernisses für Kündigungen in § 623 BGB hat diese Frage freilich heute kaum noch praktische Relevanz. Der Formmangel kann gemäß § 13 Abs. 3 auch noch nach Ablauf der Drei-Wochen-Frist gerichtlich geltend gemacht werden.

11 Die Kündigungsschutzklage ist gemäß §§ 253 Abs. 4, 130 Nr. 6 ZPO vom Kläger oder seinem Prozeßbevollmächtigten eigenhändig zu **unterschreiben**.[31] Ein ohne eigenhändige Unterschrift eingereichtes Schriftstück stellt nur einen Klageentwurf dar. Eine ordnungsgemäße Klage liegt trotz fehlender Unterschrift allerdings vor, wenn sich aus einem dem Klageentwurf beigeschlossenen Schriftstück ergibt, daß die Klage mit Wissen und Wollen des Verfassers bei Gericht eingegangen ist. Eine dem Klageentwurf beiliegende, vom Kläger eigenhändig unterschriebene Prozeßvollmacht reicht hierfür freilich nicht aus.[32] Dem Formerfordernis des § 130 Nr. 6 ZPO genügt dagegen eine per Telefax oder Telekopie eingereichte Klage, wenn die Telekopievorlage unterzeichnet und die Unterschrift auf der Kopie wiedergege-

---

[27] BAG 21. 5. 1981, AP Nr. 7 zu § 4 KSchG 1969 unter B I 2.
[28] APS/*Ascheid* § 4 KSchG Rn. 115; KR-*Friedrich* § 4 KSchG Rn. 164.
[29] BAG 14. 9. 1994, AP Nr. 32 zu § 4 KSchG 1969.
[30] Vgl. BAG 25. 4. 1996, AP Nr. 35 zu § 4 KSchG 1969.
[31] APS/*Ascheid* § 4 KSchG Rn. 112; zur Zulässigkeit einer eingescannten Unterschrift GmS-OGB 5. 4. 2000, NZA 2000, 959.
[32] BAG 26. 1. 1976, AP Nr. 1 zu § 4 KSchG 1969 mit abl. Anm. *Vollkommer;* BAG 26. 6. 1986, AP Nr. 14 zu § 4 KSchG 1969; LAG Hamm 26. 7. 1990, LAGE § 4 KSchG Nr. 18; APS/*Ascheid* § 4 KSchG Rn. 112; KR-*Friedrich* § 4 KSchG Rn. 165 ff.; HK-KSchG/*Hauck* § 4 Rn. 108; *Kittner/Däubler/Zwanziger* § 4 KSchG Rn. 41; *Löwisch* § 4 Rn. 19; *Stahlhacke/Preis/Vossen* Rn. 1091; – abweichend *J. Martens* NJW 1976, 1991.

Anrufung des Arbeitsgerichtes

ben ist.³³ Bei Massenverfahren läßt es das BAG ausreichen, wenn nur einzelne Klagen eigenhändig unterschrieben sind, die meisten dagegen nur eine kopierte Unterschrift aufweisen, innerhalb der Drei-Wochen-Frist aber ein vom Prozeßbevollmächtigten eigenhändig unterschriebener Schriftsatz in allen Kündigungsschutzverfahren eingeht.³⁴ Der Mangel der fehlenden Unterschrift nach § 130 Nr. 6 ZPO ist gemäß § 295 ZPO heilbar.³⁵

Die Klage ist schließlich in **deutscher Sprache** abzufassen, da gemäß § 184 GVG die Gerichtssprache deutsch ist.³⁶ Eine Ausnahme gilt gemäß Anlage I Kapitel III Sachgebiet A Abschnitt III Nr. 1 Buchst r des Einigungsvertrages für **Sorben:** In den Heimatkreisen der sorbischen Bevölkerung, d. h. in der Lausitz (Brandenburg und Sachsen), sind Schriftsätze in sorbischer Sprache fristwahrend und von Amts wegen zu übersetzen.³⁷ 12

Von diesen Formalien einer ordnungsgemäßen Klageerhebung ist die **schlüssige Darlegung** der klagebegründenden Tatsachen zu trennen. So hat der Kläger, wenn er sich auf die fehlende soziale Rechtfertigung einer Kündigung nach § 1 Abs. 2 beruft, die Voraussetzungen zur Anwendung des KSchG (§§ 1 Abs. 1, 23 Abs. 1) schlüssig vorzutragen (dazu ausf. § 1 Rn. 546). Fehlen solche Angaben, so führt dies nicht zur Unzulässigkeit, sondern zur Unbegründetheit der Klage, sofern nicht andere Unwirksamkeitsgründe dargetan sind.³⁸ 13

4. Feststellungsinteresse

Ein besonderes Feststellungsinteresse, wie es § 256 ZPO für gewöhnliche Feststellungsklagen verlangt, braucht nicht nachgewiesen zu werden. Denn die Notwendigkeit, Klage zu erheben, um die Heilung der Sozialwidrigkeit nach § 7 zu verhindern, ergibt ohne weiteres das **Feststellungsinteresse** des Arbeitnehmers.³⁹ Deshalb wird die Feststellungsklage auch durch die Möglichkeit, eine Leistungsklage (Lohnklage) zu erheben, nicht ausgeschlossen. 14

Das Feststellungsinteresse besteht auch dann, wenn der **Arbeitnehmer inzwischen ein neues Arbeitsverhältnis** eingegangen ist und deshalb nicht in das alte zurückkehren will.⁴⁰ Zwar hat er dann nur ein Interesse daran, den Lohn für die Zeit zwischen der sozialwidrigen Entlassung und dem Tag des Eintritts in das neue Arbeitsverhältnis zu erhalten (§ 12 Satz 4), aber dieser Anspruch setzt voraus, daß nicht die Kündigung als solche schon das 15

---

[33] Vgl. BAG 14. 1. 1986, AP Nr. 2 zu § 94 ArbGG 1979; BGH 11. 10. 1989, NJW 1990, 188.
[34] BAG 14. 2. 1978, AP Nr. 60 zu Art. 9 GG Arbeitskampf mit Anm. *Konzen* = SAE 1980, 129 mit Anm. *Seiter* = EzA § 102 BetrVG 1972 Nr. 33 mit Anm. *Herschel.*
[35] So zutr. BAG 26. 6. 1986, AP Nr. 14 zu § 4 KSchG 1969.
[36] Vgl. BAG 17. 2. 1982, AP Nr. 1 zu § 15 SchwbG unter II 2 b mit zust. Anm. *Gröninger* = SAE 1983, 3 mit zust. Anm. *Corts/Hege;* KR-*Friedrich* § 4 KSchG Rn. 167 b.
[37] Vgl. *Zöller/Gummer* § 184 GVG Rn. 8.
[38] Vgl. BAG 11. 9. 1956, AP Nr. 8 zu § 3 KSchG.
[39] Ebenso BAG 11. 2. 1981, AP Nr. 8 zu § 4 KSchG 1969 mit zust. Anm. *M. Wolf;* APS/*Ascheid* § 4 KSchG Rn. 24; *Boemke* RdA 1995, 211, 215; KR-*Friedrich* § 4 KSchG Rn. 26; HK-KSchG/*Hauck* § 4 Rn. 24; *Kittner/Däubler/Zwanziger* § 4 KSchG Rn. 57; *Stahlhacke/Preis/Vossen* Rn. 1058.
[40] BAG 14. 1. 1993, AP Nr. 15 zu Art. 56 ZA-Nato-Truppenstatut unter B 2; ErfK/ *Ascheid* § 4 KSchG Rn. 9; KR-*Friedrich* § 4 KSchG Rn. 27 f.; HK-KSchG/*Hauck* § 4 Rn. 25; *Löwisch* § 4 Rn. 42.

Arbeitsverhältnis aufgelöst hat. Der Arbeitnehmer muß deshalb auch in diesem Fall eine rückwirkende Heilung der Unwirksamkeit der Kündigung verhindern, und dafür ist die Feststellungsklage nach § 4 nötig.

16 Das **Interesse** des Arbeitnehmers an der Feststellung der Sozialwidrigkeit einer Kündigung **fehlt** jedoch, wenn das Arbeitsverhältnis wegen eines vor oder gleichzeitig mit Ablauf der Kündigungsfrist wirksam werdenden anderen Beendigungstatbestandes endet und diese Beendigung zwischen den Parteien unstreitig bzw. rechtskräftig festgestellt ist.[41] Beim Zusammentreffen eines Kündigungsschutzprozesses mit einem Antrag auf Schadensersatz wegen Auflösungsverschuldens des Arbeitgebers (§ 628 Abs. 2 BGB) entfällt das Feststellungsinteresse für den Kündigungsschutzantrag allerdings nur dann, wenn der Arbeitnehmer unmißverständlich erklärt, auch für den Fall seines Unterliegens im Schadensersatzprozeß weder das Arbeitsverhältnis fortsetzen zu wollen noch die gerichtliche Auflösung des Arbeitsverhältnisses gemäß §§ 9 und 10 gegen Festsetzung einer Abfindung zu begehren.[42]

5. Auswirkungen auf Lohnansprüche

17   a) Da die Kündigungsschutzklage lediglich auf die Feststellung gerichtet ist, daß das Arbeitsverhältnis durch die Kündigung nicht aufgelöst ist, führt sie weder zur Unterbrechung noch zur Hemmung der **Verjährung eines auf § 615 BGB gestützten Lohnanspruchs**.[43] Wie immer man über den Streitgegenstand des Kündigungsschutzprozesses denken mag (dazu unten Rn. 69 ff.), ist jedenfalls nicht der Lohnanspruch Gegenstand des Prozesses. Das der Kündigungsschutzklage stattgebende Urteil bedeutet keine Feststellung des Lohnanspruchs für die Zeit bis zum Erlaß des Urteils, da ihm nicht zu entnehmen ist, in welcher Höhe ein Lohnanspruch besteht (vgl. dazu insbesondere § 11 KSchG). Der Lohnanspruch wird im Kündigungsschutzprozeß nicht geltend gemacht; der Arbeitnehmer klagt weder auf Erfüllung noch auf Feststellung desselben, sofern er nicht mit der Kündigungsschutzklage eine Lohnklage verbindet; § 209 BGB findet keine Anwendung.[44]

18   Es ist allerdings nicht zu verkennen, daß **dieses Ergebnis der h. M. nicht voll befriedigt.** Es ist verständlich, wenn ein Arbeitnehmer während der Dauer des Kündigungsschutzprozesses noch keine Lohnklage erhebt, obwohl ihre Verbindung mit der Feststellungsklage aus § 4 möglich ist, sondern zunächst das Ergebnis des Kündigungsschutzprozesses abwarten will. Er wird es deshalb als Unrecht empfinden, wenn ihm nach Obsiegen im Kündigungsschutzprozeß ein Teil seines Lohnes wegen Verjährung verweigert

---

[41] BAG 11. 2. 1981, AP Nr. 8 zu § 4 KSchG 1969 mit zust. Anm. *M. Wolf;* ebenso APS/*Ascheid* § 4 KSchG Rn. 25 mit unzutr. Hinweis auf diesen Kommentar; *Löwisch* § 2 Rn. 43; *Stahlhacke/Preis/Vossen* Rn. 1058.

[42] BAG 11. 2. 1981, AP Nr. 8 zu § 4 KSchG 1969.

[43] BAG 1. 2. 1960, 29. 5. 1961, AP Nr. 1 und 2 zu § 209 BGB mit Anm. *A. Hueck* zu Nr. 1; BAG 7. 11. 1991, AP Nr. 6 zu § 209 BGB = EzA § 209 BGB Nr. 5 mit krit. Anm. *Teske*; zust. APS/*Ascheid* § 4 KSchG Rn. 154; *Grunsky* Festschrift für Kissel S. 281, 294 ff.; HK-KSchG/*Hauck* § 4 Rn. 181; *Kittner/Däubler/Zwanziger* § 4 KSchG Rn. 11; *Löwisch* § 4 Rn. 67; *Stahlhacke/Preis/Vossen* Rn.1061; – ausf. hierzu *Becker/Bader* BB 1981, 1709 ff.; *Larenz* SAE 1960, 80 f.; *Lüke* NJW 1960, 1333 f.; *Rewolle* DB 1980, 1696 ff.

[44] Für eine analoge Anwendung dagegen *Becker/Bader* BB 1981, 1709, 1716.

Anrufung des Arbeitsgerichtes 19–20a § 4

wird. *Larenz*[45] neigt deshalb zu der Annahme, daß, da die Unwirksamkeit der Kündigung so lange nicht geltend gemacht werden kann, als sie nicht auf eine Klage des Arbeitnehmers durch Urteil festgestellt ist, die Kündigung zunächst einmal wirksam sei und deshalb der Lohnanspruch erst mit Rechtskraft des die Nichtigkeit der Kündigung feststellenden Urteils entstehe und somit die Verjährung erst jetzt beginne.[46] Das widerspricht aber der klaren gesetzlichen Regelung, die betont von der sofortigen Unwirksamkeit der sozialwidrigen Kündigung ausgeht (vgl. oben Rn. 1). Diese Ansicht würde auch zu der wenig erfreulichen Folgerung führen, daß der Arbeitgeber, der nach sozialwidriger Kündigung den Lohn verweigert, vor Rechtskraft des Urteils nicht in Schuldnerverzug geriete. – **De lege ferenda** ist zu erwägen, ob man nicht für die Verjährung des Lohnanspruchs eine **Ablaufhemmung** ähnlich wie in den §§ 206, 207 BGB vorsehen sollte.[47]

b) Für die Frage, ob mit Erhebung einer Kündigungsschutzklage Lohnansprüche innerhalb einer **tariflichen Ausschlußfrist** geltend gemacht worden sind, ist nach der Art der Ausschlußfristen zu unterscheiden: 19

Verlangt eine tarifliche Ausschlußfrist lediglich die **schriftliche Geltendmachung** aller tariflichen Ansprüche innerhalb einer bestimmten Frist, so erfaßt die tarifgerecht erhobene Kündigungsschutzklage regelmäßig auch die tariflichen Lohnansprüche.[48] Das BAG macht dabei für den Bereich des öffentlichen Dienstes insoweit eine Einschränkung, als sich aus der Kündigungsschutzklage im Hinblick auf die Schriftform des § 70 BAT deutlich ergeben müsse, daß mit ihr auch Gehaltsansprüche geltend gemacht werden.[49] Eine ausreichende Geltendmachung liegt auch vor, wenn die Kündigungsschutzklage vor Fälligkeit der Lohnansprüche erhoben wird. Beginnt nach der tariflichen Regelung allerdings die Ausschlußfrist erst mit dem Zeitpunkt der rechtskräftigen Entscheidung des Kündigungsschutzverfahrens, so können Ansprüche vorher nicht fristwahrend geltend gemacht werden. Die Geltendmachung muß dann wiederholt werden.[50] 20

Genügt eine fristgerecht erhobene Kündigungsschutzklage den tariflichen Anforderungen zur schriftlichen Geltendmachung von Ansprüchen aus dem Arbeitsverhältnis, so finden die Vorschriften über **Dauer und Ende der** 20a

---

[45] SAE 1960, 81.
[46] Ebenso *Bötticher* BB 1981, 1954, 1958.
[47] Vgl. *A. Hueck* Anm. zu BAG AP Nr. 1 zu § 209 BGB; siehe auch KR-*Friedrich* § 4 KSchG Rn. 36, der dies bereits de lege lata annimmt; siehe auch *Lüke* NJW 1960, 1333 und *Konzen* SAE 1970, 279, die schon für das geltende Recht für eine Hemmung der Verjährung in Analogie zu § 202 Abs. 1 BGB eintreten, die das BAG, wie Rn. 17, jedoch zutreffend ablehnt.
[48] BAG 16. 6. 1976, AP Nr. 56 zu § 4 TVG Ausschlußfristen mit Anm. *Wiedemann* = EzA § 4 TVG Ausschlußfrist Nr. 27 mit Anm. *Falkenberg*; BAG 13. 2. 1979, AP Nr. 10 zu § 7 BUrlG Abgeltung mit Anm. *Herschel* = AR-Blattei Urlaub Entsch. 230 mit Anm. *Herbst* = SAE 1981, 62 mit Anm. *Hohmann-Dennhardt*; BAG 20. 3. 1986, EzA § 615 BGB Nr. 48; BAG 9. 6. 1990, AP Nr. 46 zu § 615 BGB = EzA § 4 TVG Ausschlußfristen Nr. 88 mit Anm. *Vogg*; BAG 7. 11. 1991, AP Nr. 114 zu § 4 TVG Ausschlußfristen = EzA § 4 TVG Ausschlußfristen Nr. 93 mit Anm. *Schulin*; ErfK/*Ascheid* § 4 KSchG Rn. 92; KR-*Friedrich* § 4 KSchG Rn. 38; HK-KSchG/*Hauck* § 4 Rn. 182; *Löwisch* § 4 Rn. 68; *Stahlhacke*/*Preis*/*Vossen* Rn. 1066.
[49] Vgl. BAG 16. 6. 1976, 21. 6. 1978, AP Nr. 57, 65 zu § 4 TVG Ausschlußfristen.
[50] BAG 22. 10. 1980, AP Nr. 69 zu § 4 TVG Ausschlußfristen.

Unterbrechung der Verjährung bei Klage und Klagerücknahme (§§ 211, 212 BGB) keine entsprechende Anwendung. Die fristwahrende Wirkung der Kündigungsschutzklage entfällt daher weder durch Klagerücknahme noch dadurch, daß der Kündigungsschutzprozeß ohne triftigen Grund nicht betrieben wird und deshalb in Stillstand gerät.[51]

20 b Der **Klageabweisungsantrag des Arbeitgebers** in einem Kündigungsschutzrechtsstreit enthält nicht zugleich die schriftliche Geltendmachung für Ansprüche des Arbeitgebers auf Rückgewähr solcher Leistungen, die er für die Zeit nach der rechtskräftig festgestellten Beendigung des Arbeitsverhältnisses rechtsgrundlos dem Arbeitnehmer erbracht hat.[52]

21 Ist im Tarifvertrag neben der außergerichtlichen Geltendmachung eine **gerichtliche Geltendmachung von Ansprüchen** vorgesehen (z.B. § 16 BRTV-Baugewerbe), so erfordert die gerichtliche Geltendmachung von Lohnansprüchen die Erhebung einer fristgerechten Zahlungsklage. Die Kündigungsschutzklage ersetzt in diesem Fall nicht die gerichtliche Geltendmachung der Lohnansprüche im Wege einer Lohnklage.[53]

22 Die tarifliche Ausschlußfrist ist bei der Geltendmachung der Ansprüche durch Erhebung der Kündigungsschutzklage nur dann gewahrt, wenn die **Klage vor Ablauf der Frist zugestellt** ist. Die bloße Einreichung der Klageschrift bei Gericht genügt für die Geltendmachung nicht.[54]

23 c) Die rechtzeitige Geltendmachung von Lohnansprüchen durch Erhebung der Kündigungsschutzklage ist im Fall der **Änderungskündigung** abweichend zu beurteilen. Die Annahme des Änderungsangebots unter Vorbehalt nach § 2 bewirkt, daß die geänderten Arbeitsbedingungen als vorläufig vereinbart gelten; führt dann eine Kündigungsschutzklage gemäß § 8 zur Wiederherstellung der ursprünglichen Arbeitsbedingungen, so wird die Differenz zwischen dem ursprünglichen und dem tatsächlich gezahlten Lohn trotz der Rückwirkung des § 8 erst mit Rechtskraft der Entscheidung fällig, da die Rückwirkung lediglich fingiert wird. Dementsprechend kann vorher noch keine Ausschlußfrist laufen.[55]

6. Auswirkungen auf Urlaubsansprüche

23 a Die Erhebung einer Kündigungsschutzklage hat grundsätzlich **nicht die Geltendmachung von Urlaubsansprüchen** zum Inhalt.[56] Mit der Kündi-

---

[51] BAG 7. 11. 1991, AP Nr. 114 zu § 4 TVG Ausschlußfristen; zustimmend *Schulin* Anm. zu BAG EzA § 4 TVG Ausschlußfristen Nr. 93; APS/*Ascheid* § 4 KSchG Rn. 156.
[52] Vgl. BAG 19. 1. 1999, AP Nr. 1 zu § 70 BAT-O.
[53] Vgl. BAG 9. 3. 1966, AP Nr. 31 zu § 4 TVG Ausschlußfristen mit krit. Anm. *Zöllner* = SAE 1966, 235 mit krit. Anm. *Schnorr*; BAG 22. 2. 1978, AP Nr. 63 zu § 4 TVG Ausschlußfristen = SAE 1978, 250 mit Anm. *Sieg* = EzA § 4 TVG Ausschlußfristen Nr. 33 mit Anm. *Herschel*; BAG 13. 9. 1984, AP Nr. 86 zu § 4 TVG Ausschlußfristen; BAG 9. 8. 1990, 21. 3. 1991, AP Nr. 46, 49 zu § 615 BGB; BAG 8. 8. 2000, NZA 2000, 1236; APS/*Ascheid* § 4 KSchG Rn. 160; HK-KSchG/*Hauck* § 4 Rn. 185; *Löwisch* § 4 Rn. 69; – abweichend KR-*Friedrich* § 4 KSchG Rn. 44 ff.; ErfK/*Preis* § 615 BGB Rn. 75.
[54] BAG 4. 11. 1969, AP Nr. 3 zu § 496 ZPO mit Anm. *G. Hueck*; BAG 8. 3. 1976, AP Nr. 4 zu § 496 ZPO mit Anm. *Wiedemann; Löwisch* § 4 Rn. 68; *Stahlhacke/Preis/Vossen* Rn. 1066.
[55] Ebenso HK-KSchG/*Hauck* § 4 Rn. 186.
[56] BAG 17. 1. 1995, 21. 9. 1999, AP Nr. 66, 77 zu § 7 BUrlG Abgeltung.

gungsschutzklage können zwar u. U. tarifliche Verfallfristen eingehalten werden (dazu oben Rn. 19 ff.), es kann aber nicht das Erlöschen von Urlaubs- oder Urlaubsabgeltungsansprüchen durch Zeitablauf verhindert werden.[57] Denn der Arbeitgeber wird durch die Kündigungsschutzklage bezüglich der Urlaubserteilung nicht in Verzug gesetzt. Der Arbeitnehmer ist daher gehalten, seine Urlaubsansprüche zusätzlich und fristgerecht geltend zu machen, um den Arbeitgeber so mit der Urlaubsgewährung in Verzug zu setzen und sich Schadensersatzansprüche zu sichern.[58]

7. Vorbringen anderer Nichtigkeitsgründe

Eine Folge der im Gesetz verwirklichten Konstruktion der Kündigungsschutzklage ist, daß der **Arbeitnehmer,** wenn er wegen der Sozialwidrigkeit der Kündigung Feststellungsklage erhebt, **in diesem Prozeß auch alle sonstigen Nichtigkeitsgründe** in bezug auf die Kündigung geltend machen muß.[59] Das Gericht entscheidet im Gegensatz zum früheren Recht nicht lediglich über die Sozialwidrigkeit der Kündigung, sondern über ihre Rechtswirksamkeit schlechthin, d. h. über die Frage, ob die Kündigung das Arbeitsverhältnis aufgelöst hat. **24**

Ein **Urteil,** das eine negative Feststellungsklage abweist, stellt das **Bestehen des Rechtsverhältnisses** rechtskräftig fest.[60] Klagt der Arbeitnehmer also auf Feststellung der Unwirksamkeit der Kündigung und wird diese Klage abgewiesen, dann steht rechtskräftig die Wirksamkeit der Kündigung fest (vgl. unten Rn. 69 ff.). Erblickt man in der Klage eine positive Feststellungsklage, nämlich eine Klage auf Feststellung des Fortbestehens des Arbeitsverhältnisses, so stellt umgekehrt die Abweisung der Klage das Nichtbestehen des Rechtsverhältnisses, also die Auflösung des Arbeitsverhältnisses, rechtskräftig fest.[61] Steht aber die Auflösung des Arbeitsverhältnisses rechtskräftig fest, so kann der Arbeitnehmer in einem neuen Prozeß nicht mehr damit gehört werden, daß die Kündigung aus irgendeinem anderen Grunde, etwa wegen Nichtanhörung des Betriebsrats nach § 102 Abs. 1 BetrVG, Formmangels usw., nichtig sei.[62] Der Arbeitnehmer muß diese Nichtigkeitsgründe allerdings nach § 13 Abs. 3 nicht innerhalb der Drei-Wochen-Frist geltend **25**

---

[57] Vgl. BAG 1. 12. 1983, AP Nr. 15 zu § 7 BUrlG Abgeltung.
[58] I. E. ebenso KR-*Friedrich* § 4 KSchG Rn. 50; ausführlich hierzu *Leinemann/Linck* Urlaubsrecht § 7 Rn. 170 ff.
[59] BAG 14. 10. 1954, AP Nr. 6 zu § 3 KSchG mit zust. Anm. *A. Hueck;* BAG 12. 1. 1977, AP Nr. 3 zu § 4 KSchG 1969 mit abl. Anm. *Grunsky* = SAE 1979, 284 mit abl. Anm. *Kuchinke;* BAG 12. 6. 1986, AP Nr. 17 zu § 4 KSchG 1969 = EzA § 4 KSchG n. F. Nr. 31 mit abl. Anm. *Teske; Ascheid* Kündigungsschutzrecht Rn. 757; APS/*Ascheid* § 4 KSchG Rn. 116; *Boemke* RdA 1995, 211, 213 f.; *Boewer* in: Henssler/Moll (Hrsg.), Kündigung und Kündigungsschutz in der betrieblichen Praxis, 2000 Rn. 18 ff.; KR-*Friedrich* § 4 KSchG Rn. 221; *E. Habscheid* RdA 1989, 88, 89 f.; *Kittner/Däubler/Zwanziger* § 4 KSchG Rn. 51; *Löwisch* § 4 Rn. 59; *Stahlhacke/Preis/Vossen* Rn. 1157; – abweichend *Bettermann* ZfA 1985, 5, 16.
[60] Vgl. *Rosenberg/Schwab* Zivilprozeßrecht § 94 I; *Zöller/Vollkommer* ZPO § 322 Rn. 11.
[61] Vgl. *Rosenberg/Schwab* § 94 I; *Stein/Jonas/Schumann* ZPO, 20. Aufl. 1986, § 256 Rn. 167; *Zöller/Vollkommer* ZPO § 322 Rn. 12.
[62] BAG 12. 1. 1977, 12. 6. 1986, AP Nr. 3, 17 zu § 4 KSchG 1969; *Ascheid* Kündigungsschutzrecht Rn. 783; HK-KSchG/*Hauck* § 4 Rn. 141; *Kittner/Däubler/Zwanziger* § 4 KSchG Rn. 51.

machen. Sie können auch später noch nachgebracht werden, solange kein rechtskräftiges Urteil vorliegt; auch noch in 2. Instanz, soweit nicht § 67 ArbGG und § 528 ZPO entgegenstehen. Das Gesagte gilt auch für den Fall, daß die Klage des Arbeitnehmers wegen Versäumung der Drei-Wochen-Frist abgewiesen wird (dazu unten Rn. 81).

26   Ebenso muß, wenn der **Arbeitgeber auf Feststellung** klagt, daß **kein Arbeitsverhältnis** mehr besteht, der Arbeitnehmer in diesem Prozeß die Sozialwidrigkeit vorbringen und durch Widerklage (oben Rn. 9) geltend machen, da nach einem die Wirksamkeit der Kündigung feststellenden rechtskräftigen Urteil eine Feststellungsklage nach § 4 nicht mehr möglich wäre.[63]

8. Rücknahme der Kündigung

27   Die Kündigung ist als einseitige rechtsgestaltende empfangsbedürftige Willenserklärung gemäß § 130 Abs. 1 Satz 1 BGB in dem Zeitpunkt wirksam, in welchem sie dem Arbeitnehmer zugeht. Nach dem Zugang der Kündigungserklärung ist ein einseitiger **Widerruf** oder eine **Rücknahme** durch den Arbeitgeber grundsätzlich **nicht möglich,** da die Gestaltungswirkung der Kündigung mit dem Zugang der Erklärung eintritt.[64]

28   Fraglich kann allerdings erscheinen, ob, **solange die Klage nicht erhoben ist,** auch der Arbeitgeber die Nichtigkeit der Kündigung geltend machen kann. Geht man davon aus, daß die sozialwidrige Kündigung nichtig ist, so scheint es folgerichtig zu sein, auch dem Arbeitgeber die Berufung auf diese Nichtigkeit zu gestatten. Das stößt aber auf Schwierigkeiten, wenn der Arbeitnehmer keine Klage erhebt. Nach § 7 wird dann der Mangel der Sozialwidrigkeit geheilt, die Kündigung gilt als von Anfang an gültig. Daraus folgt, daß der Arbeitnehmer, der mit der Kündigung einverstanden ist, den Arbeitgeber an der Kündigung festhalten kann.[65]

29   **Erhebt der Arbeitnehmer Klage** auf Feststellung der Unwirksamkeit der Kündigung und erklärt der Arbeitgeber im Laufe des Prozesses die Rücknahme der Kündigung, so liegt darin ein Angebot zur Fortsetzung des Arbeitsverhältnisses zu den bisherigen Bedingungen.[66] Dem Arbeitnehmer

---

[63] Zu einer Feststellungsklage des Arbeitgebers bei einer Arbeitnehmerkündigung vgl. BAG 9. 9. 1992, RzK I 10 e Nr. 13; BAG 24. 10. 1996, AP Nr. 37 zu § 256 ZPO 1977.
[64] BAG 21. 2. 1957, AP Nr. 22 zu § 1 KSchG mit zust. Anm. *Herschel;* BAG 29. 1. 1981, AP Nr. 6 zu § 9 KSchG 1969 mit zust. Anm. *Herschel* = SAE 1982, 98 mit krit. Anm. *Corts;* BAG 19. 8. 1982, AP Nr. 9 zu § 9 KSchG 1969 mit zust. Anm. *Bernert* = AR-Blattei Kündigungsschutz Entsch. 228 mit Anm. *Herschel;* BAG 17. 4. 1986, AP Nr. 40 zu § 615 BGB; BAG 6. 2. 1992, AP Nr. 13 zu § 119 BGB; APS/*Ascheid* § 4 KSchG Rn. 128; KR-*Friedrich* § 4 KSchG Rn. 54; *Kittner/Däubler/Zwanziger* § 4 KSchG Rn. 61; KPK-*Ramrath* § 4 Rn. 131; *Stahlhacke/Preis/Vossen* Rn. 121; – ausf. zur Rücknahme von Kündigungen *Arnhold-Zedelius* Die Rücknahme der Kündigung im arbeitsrechtlichen Kündigungsschutzprozeß 1986; *Fischer* NZA 1999, 459ff.; *Schwerdtner* ZIP 1982, 639ff.; *Thüsing* AuR 1996, 245ff.
[65] BAG 21. 2. 1957, AP Nr. 22 zu § 1 KSchG; APS/*Ascheid* § 4 KSchG Rn. 131; KR-*Friedrich* § 4 KSchG Rn. 57ff.; HaKo-*Gallner* § 4 Rn. 83; *Löwisch* § 4 Rn. 82; *Schwerdtner* ZIP 1982, 639, 642; *Stahlhacke/Preis/Vossen* Rn. 122.
[66] BAG 29. 1. 1981, 19. 8. 1982, AP Nr. 6, 9 zu § 9 KSchG 1969; APS/*Ascheid* § 4 KSchG Rn. 132; KR-*Friedrich* § 4 KSchG Rn. 63; HaKo-*Gallner* § 4 Rn. 79; KPK-*Ramrath* § 4 Rn. 131ff.

bleibt sodann die Wahl: Er kann dieses Angebot des Arbeitgebers entsprechend den §§ 145 ff. BGB annehmen oder auch ablehnen. Dabei geht das BAG zu Recht davon aus, daß in der Erhebung der Kündigungsschutzklage nicht die vorweggenommene Annahmeerklärung zu sehen ist.[67] Nimmt der Arbeitnehmer das Angebot des Arbeitgebers an, ist der Rechtsstreit in der Hauptsache erledigt. Hat der Arbeitgeber den Antrag unter den Voraussetzungen des § 307 ZPO anerkannt, so kann der klagende Arbeitnehmer ein Anerkenntnisurteil beantragen.

Lehnt der Arbeitnehmer das in der Rücknahme der Kündigung liegende **Angebot** des Arbeitgebers zur Fortsetzung des Arbeitsverhältnisses **ab,** so entfällt damit nicht unbedingt das Rechtsschutzinteresse an der Fortsetzung des Kündigungsschutzverfahrens. Das Interesse des Arbeitnehmers an der Fortsetzung des Kündigungsschutzprozesses kann sich hier aus der Möglichkeit ergeben, gemäß § 9 die Auflösung des Arbeitsverhältnisses unter Zahlung einer Abfindung beantragen zu können. Dieses Recht kann ihm vom Arbeitgeber nicht einseitig durch Zurückziehung der Kündigung genommen werden.[68] Gleiches gilt für das Auflösungsrecht nach § 12. 30

Entgegen einer teilweise vertretenen Ansicht führt das nicht unverzügliche Stellen eines Auflösungsantrages nach § 9 nicht zu einer **konkludenten Annahme** des in der Rücknahme der Kündigung liegenden Angebots zur Fortsetzung des Arbeitsverhältnisses.[69] Ebensowenig wie in der Kündigungsschutzklage die vorweggenommene Annahmeerklärung zu sehen ist, liegt in der bloßen Fortführung des Kündigungsschutzprozesses nach Kündigungsrücknahme eine stillschweigende Annahmeerklärung.[70] Der Arbeitnehmer ist allein gehalten, entsprechend den §§ 145 ff. BGB das Angebot des Arbeitgebers zur Fortsetzung des Arbeitsverhältnisses umgehend anzunehmen, wenn er dies will. Eine solche Annahmeerklärung kann dabei beispielsweise darin liegen, daß er die Hauptsache für erledigt erklärt.[71] 31

Endlich kann der Arbeitnehmer auch, wenn er inzwischen ein neues Arbeitsverhältnis eingegangen ist, **gemäß § 12** die Fortsetzung der Arbeit durch Erklärung gegenüber dem alten Arbeitgeber verweigern. Auch daran kann ihn der Arbeitgeber nicht durch Anerkennung der Sozialwidrigkeit der Kündigung und Zurückziehung derselben hindern.[72] Der Arbeitnehmer wird, falls sich der Arbeitgeber nicht freiwillig mit der Auflösung des Arbeitsverhältnisses einverstanden erklärt, in diesem Fall gut tun, auf Grund des 32

---

[67] BAG 19. 8. 1982, AP Nr. 9 zu § 9 KSchG 1969 unter Klarstellung zu BAG 26. 11. 1981, AP Nr. 8 zu § 9 KSchG 1969 mit zust. Anm. *Denck* = SAE 1982, 133 mit insoweit abl. Anm. *Beitzke* = EzA § 9 KSchG n. F. Nr. 11 mit abl. Anm. *Herschel;* ebenso APS/ *Ascheid* § 4 KSchG Rn. 133; *Stahlhacke/Preis/Vossen* Rn. 131.
[68] BAG 29. 1. 1981, 19. 8. 1982, AP Nr. 6, 9 zu § 9 KSchG 1969; LAG Niedersachsen 19. 1. 1996, BB 1996, 1119; KR-*Friedrich* § 4 KSchG Rn. 69ff.; *Löwisch* § 4 Rn. 86; KPK-*Ramrath* § 4 Rn. 132; *Stahlhacke/Preis/Vossen* Rn. 131.
[69] So aber KR-*Friedrich* § 4 KSchG Rn. 64, 72.
[70] Wie hier APS/*Ascheid* § 4 KSchG Rn. 133; *Stahlhacke/Preis/Vossen* Rn. 131; *Thüsing* AuR 1996, 245, 248 f.
[71] BAG 17. 4. 1986, AP Nr. 40 zu § 615 BGB; HK-KSchG/*Hauck* § 4 Rn. 157; *Stahlhacke/Preis/Vossen* Rn. 131.
[72] *Fischer* NZA 1999, 459, 461; KR-*Friedrich* § 4 KSchG Rn. 73; *Löwisch* § 4 Rn. 85; *Stahlhacke/Preis/Vossen* Rn. 132.

Anerkenntnisses des Arbeitgebers durch Anerkenntnisurteil (§ 307 ZPO) feststellen zu lassen, daß die Kündigung das Arbeitsverhältnis nicht aufgelöst habe, um danach die Erklärung nach § 12 abzugeben, die dann ihrerseits das Arbeitsverhältnis rechtsgestaltend auflöst.

9. Klagerecht bei Lohnpfändung, Abtretung und Vererbung

33 Die Erhebung der Kündigungsschutzklage setzt den Entschluß voraus, die Fortsetzung des Arbeitsverhältnisses anzustreben und nicht dessen Beendigung durch die ohne die Klage nach § 7 geheilte Kündigung hinzunehmen. Da es um den Bestand des ihn persönlich bindenden Arbeitsverhältnisses geht, muß sich der Arbeitnehmer hier frei entscheiden können. Deshalb ist allgemein anerkannt, daß das **Recht zur Erhebung der Kündigungsschutzklage** dem **Arbeitnehmer höchstpersönlich** zusteht.[73] Dasselbe gilt für den **Antrag auf gerichtliche Auflösung des Arbeitsverhältnisses** gegen Abfindung nach § 9 Abs. 1 Satz 1. Die Zulässigkeit einer Prozeßvollmacht für die Kündigungsschutzklage wird dadurch nicht berührt.

34 Ein **Gläubiger,** der den Lohn- oder Gehaltsanspruch gepfändet hat, kann daher nicht von sich aus die Sozialwidrigkeit der Kündigung gerichtlich geltend machen, sondern muß abwarten, ob der Arbeitnehmer die Klage nach § 4 durchführt. Im Fall einer Abtretung von Lohn- oder Gehaltsansprüchen gilt das ebenso für den **Zessionar.**[74] Sollte der Gläubiger oder Zessionar, ehe das Gericht auf Klage des Arbeitnehmers die Fortdauer des Arbeitsverhältnisses festgestellt hat, mit der Behauptung, die Kündigung sei sozialwidrig, auf Zahlung des Lohnes klagen, so müßte diese Klage als zur Zeit unbegründet abgewiesen oder (zweckmäßiger) die Verhandlung nach § 227 ZPO vertagt oder, falls der Arbeitnehmer schon Kündigungsschutzklage erhoben hat, nach § 148 ZPO bis zur Entscheidung über diese Klage ausgesetzt werden.

35 Anders aber ist die Rechtslage für den **Erben des Arbeitnehmers.** Stirbt der Arbeitnehmer nach Zugang der Kündigung während der Drei-Wochen-Frist des § 4 oder der nach §§ 5 und 6 in Betracht kommenden längeren Frist, so liegt kein Grund vor, daß der Arbeitgeber, der sozialwidrig gekündigt hat, daraus Vorteile ziehen soll. Vielmehr steht nunmehr dem Erben das Recht zu, die Sozialwidrigkeit der Kündigung durch Feststellungsklage geltend zu machen und dann den Lohn für die Zeit bis zum Tod des Arbeitnehmers zu verlangen.[75] Das gilt erst recht für die Aufnahme des Kündigungsprozesses, wenn der Arbeitnehmer nach Klageerhebung stirbt.

36 Das Gesagte trifft nicht zu, wenn der **Arbeitnehmer noch vor Ablauf der Kündigungsfrist stirbt;** denn dann erreicht das Arbeitsverhältnis mit dem Tod des Arbeitnehmers sein Ende, kann also nicht mehr durch die

---

[73] ErfK/*Ascheid* § 4 KSchG Rn. 15; KR-*Friedrich* § 4 KSchG Rn. 74; *Löwisch* § 4 Rn. 28; Stahlhacke/Preis/Vossen Rn. 1098; – ausf. *Besta* S. 95 ff.

[74] H. M.; KR-*Friedrich* § 4 KSchG Rn. 75; *Löwisch* § 4 Rn. 28; Stahlhacke/Preis/Vossen Rn. 1099.

[75] Ebenso ErfK/*Ascheid* § 4 KSchG Rn. 18; KR-*Friedrich* § 4 KSchG Rn. 82; HaKo-*Gallner* § 4 Rn. 95; *Löwisch* § 4 Rn. 30; *Schaub* § 136 I 1 b; LAG Hamm 19. 9. 1986, NZA 1987, 669.

Kündigung aufgelöst werden. Hatte der Arbeitnehmer schon eine Kündigungsschutzklage erhoben, so wird diese in der Hauptsache erledigt; es kann nur noch eine Kostenentscheidung nach § 91 a ZPO verlangt werden. Sollten die Erben des Arbeitnehmers den Rechtsstreit in der Hauptsache fortsetzen, so muß die Klage abgewiesen werden. Das gilt auch für einen Antrag auf Zahlung einer Abfindung nach § 9 Abs. 1 Satz 1.[76]

10. Person des Beklagten

Die Klage ist **gegen den Arbeitgeber** zu richten. Beim **mittelbaren Arbeitsverhältnis** (näheres darüber § 1 Rn. 60 f.) ist das der Mittelsmann;[77] beim **Leiharbeitsverhältnis,** vor allem auch bei der **gewerbsmäßigen Arbeitnehmerüberlassung,** ist Arbeitgeber der Verleiher (dazu § 1 Rn. 39). 37

Bei **Veräußerung des Betriebes** (Betriebsübergang, Betriebsnachfolge – § 613 a BGB) ist die Klage gegen eine noch vom Veräußerer als Arbeitgeber vor dem Betriebsübergang ausgesprochene Kündigung gegen diesen zu richten.[78] Dies gilt nicht nur für den Fall der Klageerhebung vor dem Betriebsübergang,[79] sondern auch, wenn die Klage erst nach dem Betriebsübergang erhoben wird.[80] Dem gekündigten Arbeitnehmer bleibt es allerdings unbenommen, gegen den Erwerber eine allgemeine Feststellungsklage dahin zu erheben, daß zwischen ihnen ein Arbeitsverhältnis besteht. Das notwendige Feststellungsinteresse besteht, wenn der Übergang des Arbeitsverhältnisses streitig ist[81]. Werden Betriebsveräußerer und Betriebserwerber in demselben Rechtsstreit als Arbeitgeber verklagt, sind sie Streitgenossen.[82] 38

Macht der Arbeitnehmer mit seiner Klage einen **Verstoß gegen § 613 a Abs. 4 Satz 1 BGB** geltend, so kann er dies auch im Wege der allgemeinen Feststellungsklage nach § 256 ZPO gegenüber dem Erwerber tun.[83] Denn § 613 a Abs. 4 Satz 1 BGB stellt insoweit ein eigenständiges Kündigungsverbot i. S. d. § 134 BGB dar, das gemäß § 13 Abs. 3 auch außerhalb der Drei-Wochen-Frist des § 4 Satz 1 geltend gemacht werden kann.[84] 38 a

---

[76] BAG 15. 12. 1960, AP Nr. 21 zu § 3 KSchG mit zust. Anm. *A. Hueck.*; KR-*Friedrich* § 4 KSchG Rn. 84; *Löwisch* § 4 Rn. 30.
[77] BAG 21. 2. 1990, EzA § 611 BGB Arbeitnehmerbegriff Nr. 32.
[78] BAG 14. 2. 1978, AP Nr. 60 zu Art. 9 GG Arbeitskampf mit Anm. *Konzen* = SAE 1980, 129 mit Anm. *Zachert* = EzA § 102 BetrVG 1972 Nr. 33 mit Anm. *Herschel;* BAG 26. 5. 1983, AP Nr. 34 zu § 613 a BGB mit Anm. *Grunsky* = AR-Blattei Betriebsinhaberwechsel Entsch. 51 mit Anm. *Seiter;* BAG 27. 9. 1984, AP Nr. 39 zu § 613 a BGB = AR-Blattei Kündigungsschutz Entsch. 258 mit Anm. *Boldt* = SAE 1986, 147 mit Anm. *Wank;* BAG 18. 3. 1999, AP Nr. 44 zu § 4 KSchG 1969.
[79] So aber APS/*Ascheid* § 4 KSchG Rn. 49; *Löwisch* § 4 Rn. 35.
[80] Ebenso BAG 18. 3. 1999, AP Nr. 44 zu § 4 KSchG 1969; KR-*Friedrich* § 4 KSchG Rn. 96; HK-KSchG/*Hauck* § 4 Rn. 40; *Stahlhacke/Preis/Vossen* Rn. 1097; – abweichend *Löwisch/Neumann* DB 1996, 474; KR-*Pfeiffer* § 613 a BGB Rn. 117 und *Zeuner* Festschrift für K. H. Schwab S. 575, 585 ff.
[81] Vgl. APS/*Ascheid* § 4 KSchG Rn. 50; KR-*Friedrich* § 4 KSchG Rn. 96; HK-KSchG/*Hauck* § 4 Rn. 42.
[82] Vgl. BAG 25. 4. 1996, AP Nr. 1 zu § 59 ZPO.
[83] BAG 31. 1. 1985, AP Nr. 40 zu § 613 a BGB unter II = EzA § 613 a BGB Nr. 42 mit zust. Anm. *Wank*; APS/*Ascheid* § 4 KSchG Rn. 51; KR-*Friedrich* § 4 KSchG Rn. 97.
[84] Vgl. KR-*Friedrich* § 4 KSchG Rn. 97; *Hillebrecht* NZA 1989, Beil. 4 S. 10, 13; *Stahlhacke/Preis/Vossen* Rn. 1097; LAG Hamm 9. 3. 1989, LAGE § 613 a BGB Nr. 15.

38 b Wird in einem Kündigungsrechtsstreit zwischen Arbeitnehmer und bisherigem Betriebsinhaber rechtskräftig die **Unwirksamkeit** der vom Veräußerer ausgesprochenen Kündigung wegen Betriebsübergangs (§ 613a Abs. 4 BGB) festgestellt, findet § 325 ZPO im Verhältnis zu dem vom Arbeitnehmer als Übernehmer in Anspruch genommenen Person weder unmittelbare noch entsprechende Anwendung, wenn der behauptete Betriebsübergang vor Eintritt der Rechtshängigkeit der Kündigungsschutzklage vollzogen wurde.[85]

38 c Hat der Arbeitnehmer gegen den Arbeitgeber, der ihm gekündigt hat, eine Kündigungsschutzklage erhoben und wird nach deren Rechtshängigkeit der Betrieb veräußert, kann der Arbeitnehmer einen bisher nicht gestellten **Auflösungsantrag** mit Erfolg nur in einem Prozeß gegen den ihm bekannten Betriebserwerber stellen.[86]

39 Ist der Arbeitgeber eine **offene Handelsgesellschaft** oder eine **Kommanditgesellschaft,** so ist die Gesellschaft als solche unter ihrer Firma zu verklagen, da sie Partei des Arbeitsverhältnisses ist (§ 124 HGB). Damit kann aber eine Lohnklage gegen die einzelnen Gesellschafter verbunden werden, weil diese für die Schulden der Gesellschaft gemäß §§ 128, 161, 171 Abs. 1 HGB persönlich haften.[87] Ebenso kann die Klage zugleich gegen die Gesellschafter gerichtet werden, wenn der Arbeitnehmer gemäß § 9 die Zahlung einer Abfindung verlangt, da auch für diese die Gesellschafter als Gesamtschuldner haften. Bei zweifelhafter Zahlungsfähigkeit der Gesellschaft kann es sehr zweckmäßig sein, die Gesellschafter von vornherein mitzuverklagen, da nur dadurch die Vollstreckung in ihre Privatvermögen möglich wird (§ 129 Abs. 4 HGB). Es gibt keinen Grund, aus formalen Erwägungen die gleichzeitige Klage gegen Gesellschaft und Gesellschafter abzulehnen und so den Arbeitnehmer bei Zahlungsunfähigkeit der Gesellschaft zu doppelter Klage zu nötigen. Der Wechsel auf der Beklagtenseite von der Komplementär-GmbH auf die Kommanditgesellschaft ist ein Parteiwechsel, der einer Rubrumsberichtigung nicht zugänglich ist.[88]

40 Ist Arbeitgeber ein **nicht rechtsfähiger Verein,** so ist die Klage gegen den Verein zu richten (§ 50 Abs. 2 ZPO).[89] Entsprechendes gilt erst recht, wenn der Arbeitgeber eine **juristische Person** (rechtsfähiger Verein, AG, GmbH, juristische Person des öffentlichen Rechts usw.) ist.[90]

41 Ist der Arbeitgeber eine **Gesellschaft des bürgerlichen Rechts,** so war nach bislang überwiegend vertretener Ansicht die Klage gegen alle Gesellschafter zu richten, da die Gesellschaft als solche nicht verklagt werden könne.[91] Hiervon ist der BGH jedoch jüngst abgerückt und hat entschieden,

---

[85] Vgl. BAG 18. 2. 1999, AP Nr. 5 zu § 325 ZPO; BAG 18. 3. 1999, AP Nr. 44 zu § 4 KSchG 1969.
[86] Vgl. BAG 20. 3. 1997, AP Nr. 30 zu § 9 KSchG 1969; KR-*Friedrich* § 4 KSchG Rn. 97.
[87] Vgl. APS/*Ascheid* § 4 KSchG Rn. 46; KR-*Friedrich* § 4 KSchG Rn. 90 f.; *Stahlhacke/Preis/Vossen* Rn. 1095.
[88] Thüringer LAG 10. 12. 1996, LAGE § 4 KSchG Nr. 38.
[89] Ebenso APS/*Ascheid* § 4 KSchG Rn. 42.
[90] KR-*Friedrich* § 4 KSchG Rn. 92 f.
[91] Vgl. dazu BAG 6. 7. 1989, AP Nr. 4 zu § 705 BGB; KR-*Friedrich* § 4 KSchG Rn. 94 ff.; *Habersack* JuS 1990, 179 ff.; *Löwisch* § 4 Rn. 34; *Stahlhacke/Preis/Vossen* Rn. 1094.

daß die Gesellschaft selbst und nicht ihre einzelnen Gesellschafter als Träger der in ihrem Namen begründeten Rechte und Pflichten anzusehen ist.[92] Die gegen nur einen Gesellschafter einer Gesellschaft bürgerlichen Rechts gerichtete Kündigungsschutzklage ist unzulässig.[93] Wenn eine **Erbengemeinschaft** Arbeitgeber ist, sind nach bislang überwiegend vertretener Auffassung alle Erben zu verklagen.[94] Zwar sind Passivprozesse im allgemeinen gegen jeden Gesamthänder zulässig; das gilt namentlich für Feststellungsklagen. Anders aber ist es bei Gestaltungsklagen, wenn das Gestaltungsrecht gegenüber mehreren Personen besteht und nur durch Klage ausgeübt werden kann.[95] Die Kündigungsschutzklage ist zwar eine Feststellungsklage, welche die andernfalls eintretende Heilung der Sozialwidrigkeit nach § 7 verhindert. Dieser Erfolg kann aber nur allen Gesamthändern gegenüber gemeinsam herbeigeführt werden; es ist nicht denkbar, daß die Kündigung gegenüber dem einen Gesellschafter oder Erben wirksam, gegenüber dem andern unwirksam ist. Daraus wird man folgern müssen, daß **nur eine gemeinsame Klage gegen alle Gesamthänder zulässig ist.**

Parlamentsfraktionen sind kraft spezialgesetzlicher Regelungen in den Fraktionsgesetzen (z. B. § 46 FraktionsG – BGBl. I, 1994, S. 526; Art. 1 Abs. 2 Satz 1 BayFraktG[96]) parteifähig, **Partnergesellschaften** können nach § 7 Abs. 2 PartGG, § 124 HGB unter dem Namen ihrer Partnerschaft verklagt werden.

11. Rücknahme der Klage und Verzicht

Nimmt der Arbeitnehmer die **Klage zurück,** so ist der Rechtsstreit als nicht anhängig geworden anzusehen (§ 269 Abs. 3 ZPO). Dies hat zur Folge, sofern inzwischen die Drei-Wochen-Frist verstrichen ist, daß eine etwa doch vorliegende Sozialwidrigkeit der Kündigung nach § 7 geheilt, das Arbeitsverhältnis also durch eine von Anfang an wirksame Kündigung aufgelöst ist. – **Verzichtet** der Arbeitnehmer auf den Klageanspruch, so ist auf Antrag des Beklagten die Klage abzuweisen (§ 306 ZPO). Auch damit steht fest, daß die Kündigung von Anfang an rechtswirksam war und das Arbeitsverhältnis mit Ablauf der Kündigungsfrist auflöst bzw. aufgelöst hat. Kein Verzicht i. S. d. des § 306 ZPO ist die außerhalb des Prozesses, z. B. in einer Ausgleichsquittung, abgegebene Erklärung des Arbeitnehmers, daß er gegenüber einer bestimmten Kündigung auf den Kündigungsschutz verzichte (dazu § 1 Rn. 14 ff.). Eine solche Erklärung kann auch nach Klageerhebung noch abgegeben werden;[97] sie hat jedoch keine unmittelbare prozessuale, sondern nur materiellrechtliche Bedeutung (dazu oben § 1 Rn. 13).

---

[92] BGH 29. 1. 2001, DB 2001, 423.
[93] LAG Berlin 15. 8. 1997, LAGE § 4 KSchG Nr. 37.
[94] LAG Köln 10. 10. 1988, NZA 1989, 281, 282; APS/*Ascheid* § 4 KSchG Rn. 48; *Löwisch* § 4 Rn. 34.
[95] Vgl. *Rosenberg/Schwab* Zivilprozeßrecht § 50 III, 1 b a. E.
[96] Vgl. dazu BAG 26. 8. 1998, AP Nr. 202 zu § 620 BGB Befristeter Arbeitsvertrag.
[97] BAG 6. 4. 1977, 29. 6. 1978, 3. 5. 1979, AP Nr. 4, 5, 6 zu § 4 KSchG 1969.

IV. Besonderheiten der Änderungskündigung

43 Die Ausführungen in den Rn. 1–42 beziehen sich auf die ordentliche Beendigungskündigung. Sie gelten aber im wesentlichen ebenso, wenn der Arbeitgeber eine Änderungskündigung ausgesprochen und der Arbeitnehmer das **Änderungsangebot gemäß § 2 unter Vorbehalt angenommen** hat. An die Stelle der Kündigungsschutzklage nach § 4 Satz 1 tritt dann die sogenannte **Änderungsschutzklage nach Satz 2**, d.h. eine Klage auf Feststellung, daß die Änderung der Arbeitsbedingungen sozial ungerechtfertigt ist. Die Klage nach Satz 2 ist ebenfalls eine Feststellungsklage. Sie ist wie die Klage nach Satz 1 nötig, um die Heilung der Sozialwidrigkeit der Kündigung bzw. hier der mit der Änderungskündigung verfolgten Änderung der Arbeitsbedingungen nach § 7 zu verhindern. Immerhin unterscheidet sich die Änderungsschutzklage nach Satz 2 von der gewöhnlichen Kündigungsschutzklage dadurch, daß sie nicht die Auflösung des Arbeitsverhältnisses verhindern will, weil der Fortbestand des Arbeitsverhältnisses durch die, wenn auch unter einem Vorbehalt erklärte, Annahme des Angebots des Arbeitgebers seitens des Arbeitnehmers schon feststeht. Soweit bei den Ausführungen in den Rn. 1–42 dieser Gesichtspunkt eine maßgebende Rolle spielt, scheidet deshalb ihre Anwendung auf die Klage nach Satz 2 aus. Da somit für die Änderungskündigung weitgehend das oben für die einfache Kündigung Ausgeführte entsprechend gilt, sind nachfolgend nur die **Besonderheiten der Änderungskündigung** hervorzuheben (vgl. bereits oben Rn. 23).

1. Vorbringen anderer Nichtigkeitsgründe (zu Rn. 24–26)

44 Da die Klage nach Satz 2 nur auf die Feststellung geht, daß die Änderung der Arbeitsbedingungen sozial ungerechtfertigt ist, stellt ein die Klage abweisendes Urteil an sich nur fest, daß die geplante Änderung der Arbeitsbedingungen sozial gerechtfertigt ist, nicht aber, daß die Kündigung ganz allgemein wirksam ist, also auch keine sonstigen Mängel aufweist, wie es bei Abweisung einer Klage nach § 4 Satz 1 zutrifft. Da aber auch bei der Änderungsschutzklage in gleicher Weise wie bei der Kündigungsschutzklage das Bedürfnis nach einer umfassenden Klärung der Wirksamkeit der Änderung der Arbeitsbedingungen besteht, ist als Streitgegenstand der Änderungsschutzklage insgesamt die Wirksamkeit der Änderung der Arbeitsbedingungen anzusehen.[98] Bei einem klageabweisenden Urteil im Änderungsschutzverfahren ist daher die spätere Geltendmachung weiterer Mängel, wie beispielsweise einer unzureichenden Betriebsratsanhörung (§ 102 Abs. 1 BetrVG), nicht mehr möglich. Dementsprechend sollte der Arbeitnehmer den **Klageantrag** auf die Feststellung richten, daß die Änderung

---

[98] Ebenso BAG 23. 3. 1983, AP Nr. 1 zu § 6 KSchG 1969 unter I 3 mit abl. Anm. *Bickel* = SAE 1984, 127 mit insoweit zust. Anm. *Loritz* = AR-Blattei Kündigungsschutz I A Entsch. 2 mit Anm. *Herschel;* BAG 28. 5. 1998, AP Nr. 48 zu § 2 KSchG 1969; – offengelassen von BAG 21. 1. 1993, AP Nr. 1 zu § 52 MitbestG Schleswig-Holstein; APS/*Ascheid* § 4 KSchG Rn. 121; KR-*Friedrich* § 4 KSchG Rn. 290 f.; *Löwisch* § 2 Rn. 56; KR-*Rost* § 2 KSchG Rn. 151 ff.; – ausf. *Richardi* ZfA 1971, 73, 99 ff.

der Arbeitsbedingungen durch die ausgesprochene Kündigung unwirksam ist.[99]

2. Rücknahme der Kündigung (zu Rn. 27–32)

Zu Rn. 27: Die Ausführungen zu Rn. 27 verneinen die Frage, ob der Arbeitgeber bis zur Klageerhebung durch den Arbeitnehmer ohne Zustimmung desselben die Kündigung zurücknehmen kann. Für die Klage nach Satz 2 wird man umgekehrt entscheiden müssen. Der Arbeitnehmer hat durch seine, wenn auch unter Vorbehalt erklärte, Annahme des Angebots des Arbeitgebers selbst die Auflösung des Arbeitsverhältnisses ausgeschlossen. Er erhält, wenn der Arbeitgeber die Änderungskündigung zurücknimmt, alles, was er durch seinen Vorbehalt und eine Klage nach Satz 2 erreichen könnte, nämlich die Fortsetzung des Arbeitsverhältnisses zu den bisherigen Bedingungen. Man kann daher in der Vorbehaltserklärung die vorweggenommene Annahme des in der Rücknahme der Kündigung liegenden Angebots des Arbeitgebers zur Fortsetzung des Arbeitsverhältnisses zu unveränderten Bedingungen sehen.[100]

Zu Rn. 29: Die Ausführungen zu Rn. 29 sind ihren Grundgedanken nach auch auf die Klage nach Satz 2 anwendbar, bedürfen aber der Anpassung. Zieht der Arbeitgeber in diesem Fall seine Kündigung zurück, so erklärt er dadurch sein Einverständnis mit der Fortdauer des Arbeitsverhältnisses zu den alten Bedingungen. Die Feststellungsklage ist deshalb in der Hauptsache erledigt, der Arbeitgeber muß die Kosten tragen.[101] Da das Arbeitsverhältnis ohnehin fortgesetzt werden sollte, bleibt es dabei. Der Arbeitgeber hat aber entsprechend dem Fall des § 8 dem Arbeitnehmer rückwirkend die früheren Arbeitsbedingungen zu gewähren, soweit das durchführbar ist.

Zu Rn. 30 f.: Die Ausführungen zu Rn. 30 f. finden keine Anwendung. Da der Arbeitnehmer selbst seine Bereitschaft erklärt hat, für den Fall des Verlustes des Prozesses das Arbeitsverhältnis sogar zu den geänderten, für ihn ungünstigeren Bedingungen fortzusetzen, kann er, nachdem die Klage infolge der Rücknahme der Kündigung Erfolg gehabt hat, also das Arbeitsverhältnis zu den bisherigen Bedingungen bestehen bleiben soll, die Fortsetzung des Arbeitsverhältnisses zu diesen für ihn günstigeren Bedingungen nicht mehr ablehnen. Denn dadurch würde er sich mit seiner eigenen Erklärung in direkten Widerspruch setzen. § 9 kommt somit in diesem Fall nicht in Betracht.[102]

Zu Rn. 32: Da der Prozeß im Fall des § 2 i. V. m. § 4 Satz 2 nicht um die Auflösung des Arbeitsverhältnisses geführt wird, sondern nur darum, ob künftig die alten oder die neuen Arbeitsbedingungen gelten sollen, das Ar-

---

[99] Zutr. *Richardi* ZfA 1971, 73, 102; KR-*Rost* § 2 KSchG Rn. 154; *Stahlhacke/Preis/Vossen* Rn. 1244.
[100] Ebenso im Ergebnis KR-*Friedrich* § 4 KSchG Rn. 286; *Löwisch* § 2 Rn. 67.
[101] KR-*Friedrich* § 4 KSchG Rn. 287; *Löwisch* § 2 Rn. 67.
[102] Vgl. LAG München 29. 10. 1987, DB 1988, 866; *Bauer* DB 1985, 1180, 1181; HK-KSchG/*Hauck* § 4 Rn. 172; *Linck* AR-Blattei SD 1020.1.1 Rn. 134; *Löwisch* § 2 Rn. 66; KR-*Rost* § 2 KSchG Rn. 166; KR-*Spilger* § 9 KSchG Rn. 30; *Stahlhacke/Preis/Vossen* Rn. 1249 sowie unten § 9 Rn. 17.

beitsverhältnis also auf jeden Fall fortgesetzt werden soll, darf der Arbeitnehmer nicht ein neues Arbeitsverhältnis eingehen. § 12 und demgemäß auch Rn. 32 zu § 4 kommen nicht in Betracht.[103]

3. Klagerecht bei Vererbung (zu Rn. 35, 36)

49 Das Arbeitsverhältnis wird spätestens mit dem Tod des Arbeitnehmers aufgelöst. Hatte der Arbeitnehmer schon eine Erklärung nach § 2 abgegeben, so bleibt es dabei. Der Prozeß geht dann lediglich um die Frage, ob für die Zeit zwischen Ende der Kündigungsfrist und dem Tod des Arbeitnehmers die alten oder die geänderten Arbeitsbedingungen gelten, was davon abhängt, ob die angebotene Änderung sozial gerechtfertigt war. Voraussetzung ist aber, daß der **Erbe ein Interesse an der Feststellung hat,** was namentlich dann der Fall ist, wenn die Änderung der Arbeitsbedingungen eine Verminderung der Vergütung, z. B. Herabsetzung des Lohnes oder Fortfall einer Zulage, bedeutet. Je nach Ausgang des Prozesses erhält in diesem Fall der Erbe anstelle des Erblassers einen etwas höheren oder geringeren Lohn.[104]

50 Hatte der Arbeitnehmer keine Erklärung des Vorbehalts nach § 2 abgegeben, so kann sie sein **Erbe nicht nachholen,** da eine Fortsetzung des Arbeitsverhältnisses nicht mehr möglich ist. – Hatte dagegen der Arbeitnehmer den Vorbehalt erklärt, so bleibt nach seinem Tod eine Klage auf Feststellung der Sozialwidrigkeit der Änderung der Arbeitsbedingungen möglich, sei es als Fortsetzung einer von ihm schon erhobenen Klage, sei es als neue Klage des Erben, sofern die Frist für eine Klageerhebung noch nicht verstrichen ist. Sie wird dann zweckmäßig mit einer Klage auf Auszahlung des Lohnes bis zum Tod des Arbeitnehmers verbunden, bzw. wenn der Arbeitgeber den Lohn nach den geänderten Bedingungen gezahlt hat, auf die Differenz zwischen den alten und den neuen Bedingungen.

V. Die Frist für die Klageerhebung

1. Länge der Frist

51 Die Klage muß binnen einer **Frist von drei Wochen** erhoben werden. Die Frist beginnt mit dem **Zugang** der Kündigung. Es gelten hier die allgemeinen Grundsätze des § 130 Abs. 1 BGB. Danach ist für den Zugang einer Kündigung erforderlich, daß die Kündigungserklärung so in den Machtbereich des Empfängers gelangt, daß er unter normalen Verhältnissen von ihr Kenntnis nehmen kann. Entscheidend ist insoweit die Verkehrsanschauung.[105] Geht dem Arbeitnehmer eine Arbeitgeberkündigung per **Übergabe-**

---

[103] *Löwisch* § 2 Rn. 66.
[104] Vgl. KR-*Friedrich* § 4 KSchG Rn. 288 f.
[105] Vgl. BAG 16. 3. 1988, AP Nr. 16 zu § 130 BGB = SAE 1989, 179 mit zust. Anm. *Schukai/Ramrath* = EzA § 130 BGB Nr. 16 mit zust. Anm. *Adam* (Zugang während Urlaubsabwesenheit); BAG 2. 3. 1989, AP Nr. 17 zu § 130 BGB = EzA § 130 BGB Nr. 22 mit Anm. *Klinkhammer* (Zugang während Untersuchungs- oder Auslieferungshaft); BAG 11. 11. 1992, AP Nr. 18 zu § 130 BGB mit abl. Anm. *Bickel* = EzA § 130 BGB Nr. 24 mit abl. Anm. *Brehm* (Annahmeverweigerung eines Empfangsboten); *Jauernig* BGB 7. Aufl. 1994, § 130 Anm. 2 a; *Soergel/Hefermehl* BGB 12. Aufl. 1987, § 130 Rn. 8; – näher zum Zugang von Kündigungserklärungen KR-*Friedrich* § 4 KSchG Rn. 100 ff.; *Stahlhacke/Preis/Vossen* Rn. 100 ff.

Anrufung des Arbeitsgerichtes 52–54 § 4

einschreiben zu, so ist die Klagefrist des § 4 Satz 1 auch dann grundsätzlich erst ab der Aushändigung des Einschreibebriefs zu berechnen, wenn der Postbote den Arbeitnehmer nicht antrifft und dieser das Einschreiben zwar nicht alsbald, aber noch innerhalb der ihm von der Post mitgeteilten Aufbewahrungsfrist beim zuständigen Postamt abholt oder abholen läßt. Der Benachrichtigungszettel ersetzt nicht den Zugang der Sendung.[106]

Bei der **Fristberechnung** ist der Tag, an dem die Kündigung zugeht, 52 nach § 187 Abs. 1 BGB nicht mitzurechnen, so daß die Frist mit dem Ablauf desjenigen Tages der dritten Woche endet, der durch seine Benennung dem Tage entspricht, an dem die Kündigung zuging (§ 188 Abs. 2 BGB). Sollte dieser Tag ein Samstag, ein Sonntag oder ein staatlich anerkannter Feiertag sein, so tritt an seine Stelle der nächstfolgende Werktag (§ 193 BGB). Auf den Zeitpunkt, zu dem der Arbeitnehmer von der Kündigung tatsächlich Kenntnis erlangt, kommt es nicht an. Wurde vor dem 1. 5. 2000[107] eine zulässigerweise mündlich ausgesprochene Kündigung einige Tage später schriftlich bestätigt, so ist die Kündigung gleichwohl mit der mündlichen Erklärung zugegangen, so daß diese für den Beginn der Frist maßgebend bleibt.[108]

2. Ausschlußfrist

Die Drei-Wochen-Frist ist eine **Ausschlußfrist, nicht eine Verjäh-** 53 **rungsfrist.** Ihre Nichteinhaltung ist deshalb vom Prozeßgericht auch dann zu berücksichtigen, wenn sich der Beklagte nicht darauf beruft.[109] Sie ist **zwingend** vorgeschrieben und kann deshalb durch Vereinbarung der Parteien nicht verlängert oder verkürzt werden, auch nicht durch Tarifvertrag oder Betriebsvereinbarung. Über die ausnahmsweise durch Gesetz vorgesehene Verlängerung der Frist vgl. §§ 5 und 6.

3. Wahrung der Frist

Innerhalb der Drei-Wochen-Frist muß die **Klage beim Arbeitsge-** 54 **richt** erhoben werden (zur notwendigen Form der Klage vgl. Rn. 10 ff.). Maßgebend ist der Zeitpunkt, zu dem die Klage beim Arbeitsgericht eingeht, nicht der Zeitpunkt, zu dem die Zustellung an den Beklagten erfolgt, sofern nur die Zustellung demnächst vorgenommen wird (§ 46 Abs. 2 ArbGG i. V. m. §§ 495, 270 Abs. 3 ZPO). Die Vorschrift des § 270 Abs. 3 ZPO ist auf die Drei-Wochen-Frist anwendbar.[110] Die Zustellung ist im Sinne von § 270 Abs. 3 ZPO noch als „demnächst erfolgt" anzusehen, wenn sie innerhalb einer den jeweiligen Umständen nach angemessenen Frist erfolgt. Als in diesem Sinne noch ausreichend hat das BAG[111] eine Zustellung innerhalb

---

[106] Vgl. BAG 25. 4. 1996, AP Nr. 35 zu § 4 KSchG 1969 = EzA § 130 BGB Nr. 27 m. Anm. *v. Hoyningen/Huene* m. w. N. sowie BGH 26. 11. 1997, EzA § 130 BGB Nr. 28.
[107] Seit 1. 5. 2000 bedarf die Kündigung nach § 623 BGB der Schriftform.
[108] Vgl. zu dieser Frage allgemein BAG 10. 12. 1970, AP Nr. 39 zu § 3 KSchG; KR-*Friedrich* § 4 KSchG Rn. 135; *Stahlhacke/Preis/Vossen* Rn. 1104; vgl. dazu auch Rn. 10a.
[109] BAG 20. 9. 1955, AP Nr. 7 zu § 3 KSchG; BAG 26. 6. 1986, AP Nr. 14 zu § 4 KSchG 1969; APS/*Ascheid* § 4 KSchG Rn. 92; KR-*Friedrich* § 4 KSchG Rn. 136; *Lepke* DB 1991, 2034; *Löwisch* § 4 Rn. 65.
[110] BAG 10. 7. 1989, RzK I 8 h Nr. 6.
[111] BAG 8. 4. 1976, AP Nr. 2 zu § 4 KSchG 1969 mit zust. Anm. *Leipold*.

von 10 Tagen nach Ablauf der Drei-Wochen-Frist angesehen, auch wenn den Kläger ein Verschulden an der Verzögerung der Zustellung trifft.[112] Sogar eine längere Verzögerung schadet nicht, wenn sie vom Kläger nicht schuldhaft herbeigeführt worden ist.[113]

55   Die Frist des § 4 ist nach Auffassung des BAG weiterhin auch dann gewahrt, wenn der Arbeitnehmer gegen eine ihm als **sicher in Aussicht gestellte Kündigung Klage** auf Feststellung der Unwirksamkeit einer zu erwartenden Kündigung erhoben hatte und die Umstellung des Klageantrages auf eine Kündigungsschutzklage erst später als drei Wochen nach der Kündigung erfolgt.[114] Da sich das ursprüngliche Klagebegehren auf die dann schließlich ausgesprochene Kündigung beziehe, bedürfe es keiner erneuten Klage innerhalb der Frist des § 4. Diese sei überflüssig, weil der beklagte Arbeitgeber durch die schon vor dem Ausspruch der Kündigung erhobene Feststellungsklage wisse, daß der Arbeitnehmer die Kündigung nicht hinnehmen und gerichtlich gegen sie vorgehen werde. Der Zweck der Klagefrist des § 4, nämlich dem Arbeitgeber alsbald Gewißheit darüber zu verschaffen, ob der gekündigte Arbeitnehmer die Kündigung hinnehmen oder ihre Unwirksamkeit geltend machen wolle, sei daher bereits mit der ursprünglichen Klage erreicht.

56   Zur **Fristwahrung** reicht es dagegen **nicht** aus, daß der Kläger die Klage zwar rechtzeitig einreicht, zugleich aber bittet, die Zustellung an den Beklagten vorläufig nicht zu bewirken, weil noch Vergleichsverhandlungen schweben;[115] eine so verzögerte Zustellung erfolgt nicht mehr „demnächst". Etwas anderes gilt, wenn die **Klage alsbald zugestellt** und nur vorerst von einer Terminbestimmung abgesehen wird. Zwar erfolgt die Terminbestimmung nach den gemäß § 46 Abs. 2 ArbGG entsprechend anwendbaren Vorschriften der ZPO nach § 216 ZPO unverzüglich von Amts wegen, und nach §§ 214, 274 Abs. 1, 497 Abs. 1 ZPO wird daraufhin die Ladung von der Geschäftsstelle des Gerichts veranlaßt, die nach §§ 209, 253 Abs. 1, 270 Abs. 1, 271 Abs. 1, 497, 498 ZPO auch unverzüglich die Zustellung der Klageschrift (bzw. des Protokolls über die Klage) zu bewirken hat. Sollte aber entgegen diesen Bestimmungen nur die Zustellung der Klage, aber zunächst keine Terminbestimmung erfolgen, so wird auch dadurch die Klage rechtsgültig erhoben,[116] die Drei-Wochen-Frist also gewahrt. Der Kläger kann jedoch eine solche Zustellung der Klage unter Aufschub der Terminbestimmung nicht von sich aus durch einen entsprechenden Antrag herbeiführen.[117] Die ZPO sieht eine solche Möglichkeit nicht vor, vielmehr verpflichtet § 216 Abs. 2 ZPO den Vorsitzenden zur unverzüglichen

---

[112] Vgl. auch BAG 13. 5. 1987, AP Nr. 3 zu § 209 BGB zu einer für die Unterbrechung der Verjährung unschädlichen Verzögerung von zwei Wochen.
[113] BAG 8. 4. 1976, AP Nr. 2 zu § 4 KSchG 1969; RG 8. 12. 1922 und 22. 6. 1926, RGZ 105, 422 und 114, 126; BGH 16. 12. 1959, BGHZ 31, 346; APS/*Ascheid* § 4 KSchG Rn. 94; *Rosenberg/Schwab* Zivilprozeßrecht § 76 I 2.
[114] BAG 4. 3. 1980, AP Nr. 3 zu Art. 140 GG mit Anm. *Stein* = AR-Blattei Kirchenbedienstete Entsch. 17 mit Anm. *Richardi;* BAG 14. 9. 1994, AP Nr. 32 zu § 4 KSchG 1969; APS/*Ascheid* § 4 KSchG Rn. 98.
[115] KR-*Friedrich* § 4 KSchG Rn. 144; *Löwisch* § 4 Rn. 62; *Stahlhacke/Preis/Vossen* Rn. 1108.
[116] BGH 21. 11. 1953, BGHZ 11, 175, 177.
[117] KR-*Friedrich* § 4 KSchG Rn. 145; *Stahlhacke/Preis/Vossen* Rn. 1108.

Anrufung des Arbeitsgerichtes 56 a–58 § 4

Terminbestimmung. Eine Verzögerung wäre auch mit der besonderen Prozeßförderung in Kündigungssachen nach § 61 a ArbGG und mit dem Zweck des § 4, eine baldige Klärung der Rechtslage herbeizuführen, nicht vereinbar.

Die Drei-Wochen-Frist ist weiterhin nicht gewahrt, wenn die als Anlage 56 a eines Antrages auf Bewilligung von Prozeßkostenhilfe eingereichte **Klageschrift** in der Antragsbegründung ausdrücklich **als Entwurf bezeichnet** ist, und zwar auch dann, wenn sie von einem Rechtsanwalt unterzeichnet ist.[118]

Die Klage ist **beim zuständigen Arbeitsgericht** zu erheben (zur Klage- 57 erweiterung im zweiten Rechtszug vgl. Rn. 9 a). Für die Wahrung der Frist genügt aber auch eine Klage vor einem örtlich unzuständigen Arbeitsgericht, sofern gemäß § 48 Abs. 1 Nr. 1 ArbGG i. V. m. § 17 a Abs. 3 und 4 GVG die Sache an das zuständige Gericht verwiesen wird.

Dasselbe wurde bis zur Änderung des § 48 ArbGG durch das 4. VwGO- 57 a ÄndG vom 17. 12. 1990[119] von der wohl h. M. angenommen, wenn die **Klage beim ordentlichen Gericht erhoben,** von diesem aber an das Arbeitsgericht verwiesen wurde, da die Verfahren vor dem Arbeitsgericht und dem ordentlichen Gericht wegen des gleichen Rechtsweges eine Einheit bildeten.[120] Auf Grund der genannten Änderung des § 48 ArbGG sowie der Änderung des § 2 ArbGG durch das ArbGGÄndG vom 26. 6. 1990[121] ist jedoch nunmehr davon auszugehen, daß die Verfahren vor den Arbeitsgerichten und den ordentlichen Gerichten unterschiedliche Rechtswege und nicht nur verschiedene sachliche Zuständigkeiten betreffen.[122] Da aber nach § 17 b Abs. 1 Satz 2 GVG auch nach einer Verweisung die Wirkungen der Rechtshängigkeit bestehen bleiben, wahrt eine beim ordentlichen Gericht erhobene Klage weiterhin die Drei-Wochen-Frist.[123]

An die Stelle des Arbeitsgerichts tritt ein **Schiedsgericht,** wenn ein sol- 58 ches gültig vorgesehen ist.[124] Die in § 101 Abs. 2 Satz 3 ArbGG eröffnete Möglichkeit der einzelvertraglichen Vereinbarung einer Schiedsklausel ist nur für solche Arbeitsverhältnisse zulässig, die nach dem konkreten Inhalt der ausgeübten Tätigkeit einer Berufsgruppe zuzuordnen sind, für die nach § 101 Abs. 2 Satz 1 ArbGG bei Tarifbindung der Vorrang der Schiedsgerichtsbarkeit wirksam geregelt werden kann.[125] Damit sind Schiedsklauseln nur für Bühnenkünstler, Filmschaffende, Artisten und Angehörige einer Schiffsbesatzung i. S. v. §§ 2 und 3 SeemG zulässig.[126]

---

[118] LAG Köln 11. 3. 1996, LAGE § 4 KSchG Nr. 34.
[119] BGBl. I, S. 2809.
[120] Vgl. *Herschel/Löwisch* § 4 Rn. 19.
[121] BGBl. I, S. 1206.
[122] Ebenso BAG 26. 5. 1992, AP Nr. 7 zu § 48 ArbGG 1979; *Germelmann/Matthes/Prütting* § 48 Rn. 3; *Kissel* NJW 1991, 945, 947; *Koch* NJW 1991, 1856, 1859; *Vollkommer* Festschrift für Kissel S. 1191; – abweichend *Schwab* NZA 1991, 657, 663.
[123] Ebenso LAG Sachsen-Anhalt 23. 2. 1995, LAGE § 4 KSchG Nr. 26; LAG Köln 10. 7. 1998, LAGE § 4 KSchG Nr. 41; *KR-Friedrich* § 4 KSchG Rn. 186; *Kittner/Däubler/Zwanziger* § 4 KSchG Rn. 49.
[124] BAG 24. 9. 1970, AP Nr. 37 zu § 3 KSchG mit Anm. *Herschel*; *KR-Friedrich* § 4 KSchG Rn. 188 ff.; – zum DDR-Schiedsstellenrecht siehe 11. Aufl. Rn. 4 a f.
[125] Vgl. BAG 6. 8. 1997, AP Nr. 5 zu § 101 ArbGG 1979.
[126] Zur Klagefrist bei Kündigungen von Berufsausbildungsverhältnissen und dem Verhältnis zu § 111 Abs. 2 Satz 5 ArbGG, vgl. § 13 Rn. 32 ff.

4. Behördliche Zustimmung

59 § 4 Satz 4 verlegt den **Beginn der Drei-Wochen-Frist** für die Klageerhebung dann, wenn die Kündigung der Zustimmung einer Behörde bedarf, auf den Zeitpunkt der **Bekanntgabe der Entscheidung über die Zustimmung** an den Arbeitnehmer. Das Gesetz enthält damit eine ausdrückliche Regelung für die nach altem Recht vor 1951 sehr umstrittene Frage der Frist für die Widerrufsklage gegenüber einer zustimmungsbedürftigen Kündigung (näheres dazu 7. Aufl. § 4 Rn. 33). Maßgeblicher Zeitpunkt für den Fristbeginn ist grundsätzlich die Bekanntgabe der behördlichen Zustimmung an den Arbeitnehmer.[127]

60 **Verweigert** die Behörde die Zustimmung und wird diese erst auf einen Rechtsbehelf des Arbeitgebers hin erteilt, so läuft die Frist erst von der Bekanntgabe dieser Entscheidung an; denn erst dann ist für den Arbeitnehmer erkennbar, daß die Kündigung das Arbeitsverhältnis auflösen wird, wenn er nicht ihre Sozialwidrigkeit geltend macht. – **Erteilt** jedoch die Behörde ihre Zustimmung und ergreift der Arbeitnehmer seinerseits dagegen einen Rechtsbehelf, so wird der Beginn der Frist dadurch nicht hinausgeschoben, denn dann muß der Arbeitnehmer mit der Wirksamkeit der Kündigung rechnen.[128] Der Zweck des § 4, eine baldige Klärung der Sozialwidrigkeit der Kündigung herbeizuführen, kommt hier unabhängig von den Erfolgsaussichten des ergriffenen Rechtsbehelfs zum Tragen. Diese vorwiegend zum früheren Schwerbeschädigtengesetz entwickelten Grundsätze[129] haben auch nach dessen Ersatz durch die andersartige Regelung des Schwerbehindertengesetzes von 1974 sowie des SGB IX aus dem Jahre 2001 (dazu unten Rn. 65) für den verbleibenden geringeren Anwendungsbereich des § 4 Satz 4 (unten Rn. 63) noch Bedeutung.[130]

61 § 4 Satz 4 gilt **nur** für die **nachträgliche Zustimmung** einer Behörde zu einer bereits ausgesprochenen Kündigung. Wird die Zustimmung vor der Kündigung erteilt, so liegt kein Grund vor, die Drei-Wochen-Frist zu Lasten des Arbeitnehmers schon vor dem Zugang der Kündigung beginnen zu lassen.[131]

62 Liegt zu der Kündigung die erforderliche vorherige behördliche Zustimmung vor (vgl. z. B. § 85 SGB IX) und geht jedoch der behördliche **Zustimmungsbescheid** dem Arbeitnehmer ausnahmsweise nicht bereits vor, sondern erst **nach Zugang der Kündigung zu,** so ist es nach dem Sinn und Zweck des § 4 Satz 4 geboten, hinsichtlich des Beginns der dreiwöchigen Klagefrist auf den Zeitpunkt der Bekanntgabe der behördlichen Entscheidung an den Arbeitnehmer abzustellen.[132] Wird daher beispielsweise die nach § 85 SGB IX erforderliche vorherige Zustimmung des Integrationsam-

---

[127] Vgl. BAG 17. 2. 1982, AP Nr. 1 zu § 15 SchwbG mit zust. Anm. *Gröninger* = SAE 1983, 3 mit Anm. *Corts/Hege.*
[128] Ebenso KR-*Friedrich* § 4 KSchG Rn. 201.
[129] Vgl. dazu BAG 25. 11. 1971, AP Nr. 41 zu § 3 KSchG; *Becker* SchwerbeschG 2. Aufl. Vorbem. 20 vor § 14; *Wilrodt/Neumann,* SchwerbeschG 3. Aufl. § 14 Rn. 9 mit weiteren Angaben.
[130] *Güntner* DB 1976, 148, 149.
[131] Ebenso APS/*Ascheid* § 4 KSchG Rn. 104.
[132] BAG 17. 2. 1982, AP Nr. 1 zu § 15 SchwbG; ebenso *Löwisch* § 2 Rn. 57.

Anrufung des Arbeitsgerichtes

tes (früher Hauptfürsorgestelle) dem Arbeitnehmer erst nach Zugang der Kündigung durch die Behörde bekanntgemacht, so kommt es für den Beginn der Drei-Wochen-Frist des § 4 nicht auf den Zeitpunkt des Zugangs der Kündigung, sondern auf den Zeitpunkt der Bekanntmachung der behördlichen Zustimmung gegenüber dem Arbeitnehmer an.[133] Bis zum Zeitpunkt der Bekanntmachung kann nämlich ein schwerbehinderter Arbeitnehmer auf eine mögliche Unwirksamkeit der Kündigung nach § 85 SGB IX vertrauen und daher von der Erhebung einer Kündigungsschutzklage absehen.

Die **praktische Bedeutung** von § 4 Satz 4 ist verhältnismäßig gering: Behördliche Zustimmungsbedürftigkeit der hier in Betracht kommenden Art ist nach Landesrecht vorgesehen für die Kündigung gegenüber politisch Verfolgten sowie gegenüber Inhabern von Bergmannsversorgungsscheinen.[134] – Eine entsprechende Anwendung von § 4 Satz 4 kommt für Arbeitnehmer im Kirchendienst in Betracht, wenn kirchenrechtliche Vorschriften die Wirksamkeit der Kündigung von der Zustimmung der Kirchenleitung abhängig machen.[135]

Für eine unter das **Mutterschutzgesetz** fallende Kündigung kommt § 4 Satz 4 **nicht** in Betracht; denn § 9 MuSchG verbietet, sofern seine Voraussetzungen vorliegen, die Kündigung grundsätzlich völlig, macht sie also nicht von der Zustimmung einer Behörde abhängig. Allerdings sieht § 9 Abs. 3 MuSchG vor, daß die zuständige Behörde in besonderen Fällen ausnahmsweise die Kündigung für zulässig erklären kann. Das ist aber keine Zustimmung, die auch nach der Kündigung erfolgen könnte und dann rückwirkende Kraft hätte, sondern eine behördliche Vorentscheidung, durch welche die Kündigung überhaupt erst zulässig wird. Eine ohne solche vorherige Zulassung erfolgende Kündigung verstößt gegen ein gesetzliches Verbot und ist deshalb nach § 134 BGB nichtig.[136] Das gleiche gilt nach § 18 Abs. 1 Satz 2 BErzGG für die Zulässigkeitserklärung bei Kündigungen von Arbeitnehmern während der Elternzeit.[137] Ein Fall des § 4 Satz 4 liegt also nicht vor.[138] Ein gegen die behördliche Zulassung der Kündigung gerichteter Rechtsbehelf verlängert den Lauf der Drei-Wochen-Frist nicht.

Entsprechendes gilt grundsätzlich für die Kündigung gegenüber einem **Schwerbehinderten** (zur Ausnahme bei nachträglicher Bekanntgabe der Zustimmung nach § 85 SGB IX vgl. oben Rn. 62). Im Gegensatz zum

---

[133] BAG 17. 2. 1982, AP Nr. 1 zu § 15 SchwbG.
[134] Nordrhein-Westfalen: § 11 des Ges. vom 20. 12. 1983, GVBl. 635; vgl. dazu RGRK-BGB/*Boldt* § 630 Anh. I, Erläuterungen zu §§ 10–12 BergmannsversorgungsscheinG NRW; Saarland: § 11 des Ges. vom 11. 7. 1962/11. 3. 1970, ABl. S. 605/S. 267; – dagegen verweist § 1 des niedersächsischen Ges. vom 6. 1. 1949, GVBl. Sb. I S. 741 auf das jeweils geltende Schwerbeschädigtenrecht.
[135] KR-*Friedrich* § 4 KSchG Rn. 212; *Güntner* DB 1976, 148, 149; – abweichend LAG Kiel 16. 12. 1953, AP Nr. 1 zu § 3 KSchG mit abl. Anm. *Herschel*.
[136] BAG 31. 3. 1993, AP Nr. 20 zu § 9 MuSchG 1968 = SAE 1994, 226 mit Anm. *Hönsch*.
[137] Vgl. BAG 31. 3. 1993, AP Nr. 20 zu § 9 MuSchG 1968; *Meisel/Sowka* Mutterschutz und Erziehungsurlaub 5. Aufl. 1999, § 18 BErzGG Rn. 22; KR-*Pfeiffer* § 18 BErzGG Rn. 10.
[138] Vgl. KR-*Friedrich* § 4 KSchG Rn. 203.

früheren § 14 SchwerbeschG macht jetzt § 85 SGB IX die Kündigung von der vorherigen Zustimmung des Integrationsamtes (zuvor Hauptfürsorgestelle) für Schwerbehinderte abhängig. Trotz anderer Formulierung ist damit das Vorliegen der Zustimmung hier ebenso wie im Fall des § 9 Abs. 3 MuSchG Voraussetzung für den Ausspruch der Kündigung, das behördliche Zustimmungsverfahren also notwendig der Kündigung vorgelagert. Eine ohne vorherige Zustimmung ausgesprochene Kündigung ist unwirksam; eine Heilung durch nachträgliche Zustimmung ist nicht mehr möglich. Damit entfällt grundsätzlich die Anwendung von § 4 Satz 4;[139] die Drei-Wochen-Frist beginnt grundsätzlich erst mit Zugang der nach der Zustimmung ausgesprochenen Kündigung. Widerspruch oder Klage des Arbeitnehmers gegen die Erteilung der Zustimmung ändern Beginn und Lauf der Frist nicht.

66 **Vermittlungsverhandlungen** des Betriebsrats (§ 3) oder irgendeiner anderen Stelle haben auf den Lauf der Drei-Wochen-Frist keinen Einfluß.

5. Wehrdienst und Zivildienst

67 Geht dem Arbeitnehmer nach der **Zustellung des Einberufungsbescheides** zum Wehrdienst oder **während des Wehrdienstes** eine Kündigung zu, so beginnt die Drei-Wochen-Frist erst zwei Wochen nach Ende des Wehrdienstes (§ 2 Abs. 4 ArbPlSchG). Entsprechendes gilt für freiwillige Wehrübungen, die in einem Kalenderjahr zusammen nicht länger als sechs Wochen dauern (§ 10 ArbPlSchG). – Nach § 78 Abs. 1 Nr. 1 des Zivildienstgesetzes gilt das entsprechend für anerkannte **Kriegsdienstverweigerer** in bezug auf eine Kündigung nach Einberufung zum Zivildienst oder während dessen Ableistung.

VI. Die Stellungnahme des Betriebsrats

68 Der Arbeitnehmer soll, wenn er nach § 3 beim Betriebsrat Einspruch eingelegt hatte, die schriftliche **Stellungnahme des Betriebsrats der Klage beifügen.** § 4 Satz 3 enthält insoweit aber lediglich eine **Sollvorschrift.** Die Klage ist also zulässig, auch ohne daß eine schriftliche Stellungnahme des Betriebsrats beigefügt wird.[140] Welche Folgen der Verstoß gegen die Sollvorschrift hat, ist im Gesetz nicht gesagt. Deshalb ist anzunehmen, daß keine besonderen Rechtsfolgen eintreten. Das erscheint auch berechtigt; eine ihm günstige Stellungnahme des Betriebsrats wird der Arbeitnehmer im eigenen Interesse vorlegen. Eine für den Arbeitnehmer ungünstige Stellungnahme aber wird der Arbeitgeber vorlegen, der dazu in der Lage ist, weil nach § 3 der Betriebsrat auch dem Arbeitgeber seine Stellungnahme auf Antrag schriftlich mitzuteilen hat (vgl. im übrigen die Erläuterungen zu § 3). – § 4 Satz 3 bezieht sich nicht auf die dem Arbeitnehmer nach § 102 Abs. 4 BetrVG zu erteilende Abschrift der Stellungnahme des Betriebsrats im Falle eines Kündigungswiderspruchs. Doch ist der Arbeitnehmer nicht gehindert, auch diese der Klage beizufügen.

---

[139] KR-*Friedrich* § 4 KSchG Rn. 208.
[140] *Löwisch* § 4 Rn.44.

Anrufung des Arbeitsgerichtes 69, 70 § 4

VII. Das Urteil

1. Der Streitgegenstand der Klage nach § 4

Die Wirkung der Rechtskraft des im Kündigungsschutzprozeß ergehen- 69
den Urteils hängt davon ab, was Streitgegenstand des Kündigungsschutzprozesses ist. Die Frage ist sehr umstritten. Die herrschende Meinung sieht, wenn der Arbeitnehmer lediglich entsprechend dem Wortlaut des § 4 Satz 1 auf Feststellung klagt, daß das Arbeitsverhältnis durch die Kündigung nicht aufgelöst sei (oben Rn. 5), als Streitgegenstand die **Wirksamkeit dieser konkreten Kündigung** an; anders ausgedrückt ist Streitgegenstand die Auflösung bzw. Nichtauflösung des Arbeitsverhältnisses gerade durch die angegriffene Kündigung zu dem in ihr vorgesehenen Termin, sog. punktueller Streitgegenstand.[141]

Die herrschende Meinung entspricht dem **Wortlaut** des KSchG, das in 70
§ 4 Satz 1 ausdrücklich von der Auflösung des Arbeitsverhältnisses durch die Kündigung spricht, wobei der Ausdruck „die" Kündigung auf die konkrete, am Anfang des § 4 genannte, vom Arbeitnehmer für sozial ungerechtfertigt angesehene Kündigung hinweist.[142] Es kann auch nicht eingewendet werden, daß die herrschende Meinung dem § 256 ZPO widerspreche, da nicht die Kündigung, sondern nur das Arbeitsverhältnis ein Rechtsverhältnis sei, dessen Bestehen oder Nichtbestehen festgestellt werden könne. Denn es

---

[141] BAG 13. 11. 1958, AP Nr. 17 zu § 3 KSchG mit insoweit zust. Anm. *Habscheid* = AR-Blattei Kündigungsschutz Entsch. 38 mit Anm. *Herschel* = SAE 1959, 165 mit Anm. *Molitor* = AuR 1959, 377 mit Anm. *Trieschmann*; BAG 17. 11. 1958, AP Nr. 18 zu § 3 KSchG mit zust. Anm. *Habscheid* = AuR 1959, 349 mit Anm. *Herschel* = BB 1959, 635 mit abl. Anm. *Bötticher* S. 1032 ff.; BAG 10. 12. 1970, AP Nr. 40 zu § 3 KSchG mit zust. Anm. *A. Hueck* = AR-Blattei Kündigungsschutz Entsch. 123 mit Anm. *Herschel* = SAE 1971, 244 mit Anm. *Zeiss*; BAG 12. 1. 1977, AP Nr. 3 zu § 4 KSchG 1969 mit abl. Anm. *Grunsky* = SAE 1979, 284 mit abl. Anm. *Kuchinke* = AR-Blattei Kündigungsschutz Entsch. 173 mit Anm. *Herschel*; BAG 31. 5. 1979, AP Nr. 50 zu § 256 ZPO mit zust. Anm. *Leipold* = AR-Blattei Arbeitsgerichtsbarkeit XI Entsch. 91 mit Anm. *Herschel*; BAG 12. 6. 1986, AP Nr. 17 zu § 4 KSchG 1969 = EzA § 4 KSchG n. F. Nr. 31 mit abl. Anm. *Teske*; BAG 21. 1. 1988, AP Nr. 19 zu § 4 KSchG 1969 = EzA § 4 KSchG n. F. Nr. 33 mit zust. Anm. *Vollkommer/Weinland* = SAE 1990, 83 mit insoweit zust. Anm. *Mummenhoff* = AR-Blattei Kündigungsschutz Entsch. 295 mit zust. Anm. *Löwisch*; BAG 16. 8. 1990, AP Nr. 10 zu § 611 BGB Treuepflicht; BAG 27. 1. 1994, AP Nr. 28 zu § 4 KSchG 1969 = EzA § 4 KSchG n. F. Nr. 48 mit abl. Anm. *Franzen*; BAG 28. 2. 1995, EzA § 4 KSchG n. F. Nr. 51; BAG 13. 3. 1997, AP Nr. 38 zu § 4 KSchG 1969 mit Anm. *Diller* = EzA § 4 KSchG n. F. Nr. 57 mit Anm. *Dauner-Lieb* = AR-Blattei ES 1020.3 Nr. 9 mit Anm. *Mayer-Maly*; *Ascheid* Kündigungsschutzrecht Rn. 756 f.; ErfK/*Ascheid* § 4 KSchG Rn. 78; *Bitter* DB 1997, 1407; *Boemke* RdA 1995, 211, 213; *Boewer* NZA 1997, 359, 360; KR-*Friedrich* § 4 KSchG Rn. 227; HaKo-*Gallner* § 4 Rn. 48; *W. Habscheid* RdA 1958, 46 ff. und 95 ff.; *E. Habscheid* RdA 1989, 88 ff.; HK-KSchG/*Hauck* § 4 Rn. 120; *A. Hueck* Festschrift für Nipperdey S. 99 ff.; *Löwisch* § 4 Rn. 11; *Prütting* Festschrift für Lüke S. 617, 625 ff.; *Stahlhacke* Festschrift für Wlotzke S. 173, 177 f.; *Stahlhacke/Preis/Vossen* Rn. 1147; – abweichend Bettermann ZfA 1985, 5 ff., der den Streitgegenstand der Klage nach § 4 allein auf die Sozialwidrigkeit der Kündigung beschränken will; dem folgend MünchArbR/*Berkowsky* § 148 Rn. 88 ff., 96; – abweichend weiterhin *Bötticher* Festschrift für Herschel S. 181 ff.; ders. BB 1959, 1032 ff.; *Güntner* AuR 1974, 97, 108 ff.; ders. DB 1975, 1267, 1270 f.; *Lüke* JZ 1960, 203 ff.; *Zeuner* MDR 1956, 257 ff., die den Streitgegenstand im Bestand des Arbeitsverhältnisses zur Zeit der letzten mündlichen Verhandlung erblicken.

[142] Ebenso BAG 12. 6. 1986, AP Nr. 17 zu § 4 KSchG 1969; KR-*Friedrich* § 4 KSchG Rn. 227.

steht nichts im Wege, daß das KSchG in § 4 Satz 1 durch eine speziellere Regelung auch die Wirksamkeit einer Kündigung bzw. die gerade durch diese Kündigung herbeigeführte Auflösung des Arbeitsverhältnisses und damit ein einzelnes rechtliches Element eines Rechtsverhältnisses zu einem möglichen Streitgegenstand erklärt.[143]

70 a Für die herrschende Meinung spricht auch die **historische Entwicklung**; denn nach dem BRG 1920 und dem AOG handelte es sich im Kündigungsschutzprozeß um eine Klage auf Beseitigung bzw. auf Widerruf einer ganz bestimmten, zunächst an sich gültigen Kündigung.[144] Gegenstand des Prozesses war also nur die Wirksamkeit dieser Kündigung bzw. die Ausübung eines die Unwirksamkeit der Kündigung herbeiführenden Gestaltungsrechts.

71 Vor allem erscheint es aber auch sachlich gerechtfertigt, daß die Parteien, wenn sie es wollen, **nur die Wirksamkeit der Kündigung** zum Gegenstand des Rechtsstreits machen können, ohne daß die Frage, ob etwa das Arbeitsverhältnis später durch einen anderen Umstand (Fristablauf, Vereinbarung, weitere Kündigung usw.) aufgelöst worden ist, in diesen Prozeß einbezogen werden muß.[145] So kann im Fall des § 12 der Arbeitnehmer ein erhebliches Interesse an der Feststellung haben, daß das Arbeitsverhältnis nicht durch die Kündigung, sondern erst durch seine Weigerung zur Wiederaufnahme der Arbeit erloschen sei. Gibt er diese Erklärung vor der Entscheidung des Kündigungsschutzprozesses ab, so würde eine Klage auf Feststellung des Fortbestehens des Arbeitsverhältnisses nicht mehr erfolgreich sein. Um die Vergütungsansprüche jedoch bis zur Auflösung des Arbeitsverhältnisses nach § 12 zu sichern, muß der Arbeitnehmer verhindern, daß die Fiktionswirkung des § 7 eintritt und die Kündigung als sozial gerechtfertigt gilt (vgl. oben Rn. 14).

2. Geltungsbereich der Kündigungsschutzklage

71 a Dem Arbeitnehmer steht die Kündigungsschutzklage mit ihrem punktuellen Streitgegenstand nur **im Geltungsbereich des KSchG** zur Verfügung.[146] Dies folgt bereits aus dem Wortlaut von § 4 Satz 1, wonach der Arbeitnehmer die Kündigungsschutzklage erheben muß, wenn er geltend machen will, daß die Kündigung sozial ungerechtfertigt sei. Die fehlende soziale Rechtfertigung nach § 1 Abs. 2 kann vom Arbeitnehmer aber nur gerügt werden, wenn die Voraussetzungen von § 1 Abs. 1 und § 23 Abs. 1 vorliegen, d. h. das KSchG überhaupt Anwendung findet. Andernfalls kann der Arbeitnehmer nur die allgemeine Feststellungsklage nach § 256 ZPO erheben und nicht die besondere Klage nach § 4 Satz 1.

---

[143] Ebenso *Prütting* Festschrift für Lüke S. 617, 626; *Stahlhacke* Festschrift für Wlotzke S. 173, 178.
[144] Vgl. *A. Hueck* AOG § 56 Rn. 27; *ders.* Festschrift für Nipperdey 1955, S. 99 ff.
[145] BAG 13. 11. 1958, AP Nr. 17 zu § 3 KSchG; BAG 31. 5. 1979, AP Nr. 50 zu § 256 ZPO; BAG 12. 6. 1986, AP Nr. 17 zu § 4 KSchG 1969; *Boewer* NZA 1997, 359, 360; KR-*Friedrich* § 4 KSchG Rn. 227.
[146] BAG 31. 5. 1979, AP Nr. 50 zu § 256 ZPO mit Anm. *Leipold* = AR-Blattei Arbeitsgerichtsbarkeit XI Entsch. 91 mit Anm. *Herschel*; *Ascheid* Kündigungsschutzrecht Rn. 739; *Boemke* RdA 1995, 211, 215.

Anrufung des Arbeitsgerichtes 71 b–71 e § 4

Auch wenn das KSchG zur Anwendung kommt, kann der Arbeitnehmer nach dem klaren Wortlaut von § 4 Satz 1 nur dann die besondere Kündigungsschutzklage erheben, wenn er in der Klagebegründung jedenfalls auch die **fehlende soziale Rechtfertigung der Kündigung geltend macht**.[147] Werden vom Arbeitnehmer nur sonstige Unwirksamkeitsgründe gerügt (z. B. § 102 Abs. 1 BetrVG, § 9 MuSchG, tarifliche Unkündbarkeitsregelungen), hat er die allgemeine Feststellungsklage nach § 256 ZPO zu erheben.[148] Dies folgt aus § 13 Abs. 3, wonach § 4 auf Kündigungen, die aus anderen als den in § 1 Abs. 2 und 3 genannten Gründen unwirksam sind, keine Anwendung findet. Bei unrichtiger Antragstellung ist zu prüfen, ob sich im Wege der Auslegung ergibt, daß der zutreffende Antrag gestellt wurde.[149] Ansonsten hat das Gericht nach § 139 ZPO einen entsprechenden Hinweis zu geben. 71 b

Hat der Arbeitnehmer zunächst innerhalb der Drei-Wochen-Frist die Unwirksamkeit der Kündigung aus sonstigen, außerhalb von § 1 Abs. 2 liegenden Gründen im Wege der allgemeinen Feststellungsklage geltend gemacht, kann er gemäß § 6 Satz 1 auch noch **nach Ablauf der Frist des § 4 Satz 1 die mangelnde soziale Rechtfertigung der Kündigung rügen**. Der Arbeitnehmer muß dann den Kündigungsschutzantrag stellen und insoweit die Klage ändern.[150] 71 c

Im Rahmen der Kündigungsschutzklage, mit welcher der Arbeitnehmer die Sozialwidrigkeit der Kündigung rügt, hat er freilich auch **alle sonstigen Unwirksamkeitsgründe geltend zu machen**.[151] Dies folgt letztlich aus dem punktuellen Streitgegenstand der Kündigungsschutzklage. In Rechtskraft erwächst nach dem Wortlaut von § 4 Satz 1 nicht die Feststellung, daß das Arbeitsverhältnis durch die „sozialwidrige" Kündigung nicht aufgelöst wurde, sondern durch die näher bezeichnete Kündigung. Damit wird durch die Kündigungsschutzklage die Wirksamkeit der Kündigung einer umfassenden gerichtlichen Überprüfung zugeführt und die Geltendmachung von weiteren Unwirksamkeitsgründen nach rechtskräftiger Entscheidung ausgeschlossen. 71 d

In ihrem Anwendungsbereich verdrängt die **Kündigungsschutzklage als speziellere Klageform** die allgemeine Feststellungsklage nach § 256 ZPO.[152] Will der Arbeitnehmer die Unwirksamkeit einer Kündigung wegen fehlender sozialer Rechtfertigung geltend machen, hat er eine Kündigungsschutzklage nach § 4 Satz 1 zu erheben. Nur so kann er grundsätzlich den Eintritt der Fiktionswirkung des § 7 verhindern. 71 e

---

[147] Ebenso *Boemke* RdA 1995, 211, 216; *Gift/Baur* E Rn. 142; *Stahlhacke/Preis/Vossen* Rn. 1183; – abweichend *Löwisch* § 4 Rn. 9; unklar MünchArbR/*Berkowsky* § 145 Rn. 80.
[148] Vgl. BAG 21. 6. 2000, NZA 2001, 271.
[149] Vgl. BAG 19. 8. 1982, AP Nr. 10 zu § 9 MuSchG 1968 mit Anm. *Zmarzlik* = SAE 1984, 53 mit Anm. *Mummenhoff*; BAG 21. 6. 2000, NZA 2001, 271.
[150] Zutr. *Boemke* RdA 1995, 211, 216.
[151] Ebenso BAG 12. 1. 1977, AP Nr. 3 zu § 4 KSchG 1969 mit Anm. *Grunsky* = SAE 1979, 284 ff. mit Anm. *Kuchinke*; *Ascheid* Kündigungsschutzrecht Rn. 757; APS/*Ascheid* § 4 KSchG Rn. 116; *Boemke* RdA 1995, 211, 214; KR-*Friedrich* § 4 KSchG Rn. 221; *Kittner/Däubler/Zwanziger* § 4 KSchG Rn. 51; *Löwisch* § 4 Rn. 76; *Stahlhacke* Festschrift für Wlotzke S. 173, 180; *Stahlhacke/Preis/Vossen* Rn. 1157; *Wilhelm* NZA 1988, Beil. 3 S. 18, 19; – abweichend *Bettermann* ZfA 1985, 1, 16.
[152] Ebenso *Bandey* S. 150; *Boemke* RdA 1995, 211, 214.

3. Verbindung der Klage nach § 4 mit allgemeinem Feststellungsantrag nach § 256 ZPO

72 Die Parteien können durch entsprechende Fassung des Klageantrages oder durch Erhebung einer Widerklage den Streitgegenstand auch erweitern. So kann der Arbeitnehmer auf Feststellung klagen, daß das Arbeitsverhältnis fortbesteht, indem er mit der Kündigungsschutzklage eine **Feststellungsklage nach § 256 ZPO** verbindet.[153]

72 a a) Ob der klagende Arbeitnehmer zusätzlich zu dem Kündigungsschutzantrag einen allgemeinen Feststellungsantrag gestellt hat, ist durch **Auslegung des Antrags und der Antragsbegründung** festzustellen.[154] Wird zu dem Kündigungsschutzantrag nach § 4 Satz 1 der Zusatz „und fortbesteht" oder „und über den ... fortbesteht" angehängt, ist unklar, ob damit ein zusätzlicher Feststellungsantrag nach § 256 ZPO gestellt ist. Sofern hierzu in der Klagebegründung keine Darlegungen enthalten sind, dürfte dies zu verneinen und in dem Zusatz nur ein unselbständiges Anhängsel zu sehen sein.[155] Insoweit hat das Gericht nach § 139 ZPO den Gegenstand des Antrages aufzuklären.[156]

72 b Beabsichtigt der Kläger eine Erweiterung der Kündigungsschutzklage durch zusätzliche Erhebung der allgemeinen Feststellungsklage nach § 256 ZPO, so empfiehlt sich, dies klar und **eindeutig zu beantragen**. Ist ein solcher Feststellungsantrag (z. B.: „Es wird festgestellt, daß zwischen den Parteien auch nach dem ... ein Arbeitsverhältnis besteht") gestellt, genügt dies entgegen der Auffassung des 8. Senats des BAG,[157] und zwar auch dann, wenn dieser Antrag nicht begründet ist.[158] Ein nicht begründeter, aber

---

[153] Vgl. BAG 21. 1. 1988, AP Nr. 19 zu § 4 KSchG 1969; BAG 16. 8. 1990, AP Nr. 10 zu § 611 BGB Treuepflicht; BAG 27. 1. 1994, AP Nr. 28 zu § 4 KSchG 1969 = EzA § 4 KSchG n. F. Nr. 48 mit krit. Anm. *Franzen*; BAG 16. 3. 1994, AP Nr. 29 zu § 4 KSchG 1969 = EzA § 4 KSchG n. F. Nr. 49 mit Anm. *Dütz/Singer*; BAG 7. 12. 1995, AP Nr. 33 zu § 4 KSchG 1969 mit Anm. *Boemke*; BAG 13. 3. 1997, AP Nr. 38 zu § 4 KSchG 1969; Ascheid Kündigungsschutzrecht Rn. 761 ff.; ErfK/*Ascheid* § 4 KSchG Rn. 79; Bitter DB 1997, 1407; KR-*Friedrich* § 4 KSchG Rn. 238; *Germelmann/Matthes/Prütting* Einl. 169; HK-KSchG/*Hauck* § 4 Rn. 126 ff.; *Köhler* S. 70; *Kuchinke* SAE 1979, 287; *Prütting* Festschrift für Lüke S. 617, 627; *Schaub* NZA 1990, 85, 87 f.; *Schwerdtner* NZA 1987, 263, 264; *Stahlhacke/Preis/Vossen* Rn. 1150 ff.; *Vollkommer/Weinland* Anm. zu BAG EzA § 4 KSchG n. F. Nr. 33; *Ch. Weber* Anm. zu LAG Köln LAGE § 4 KSchG Nr. 15; *Wenzel* DB 1997, 1869; – abweichend *Bakker* Anm. zu BAG EzA § 4 KSchG n. F. Nr. 46.

[154] Übereinstimmend BAG 27. 1. 1994, 16. 3. 1994, 7. 12. 1995, AP Nr. 28, 29, 33 zu § 4 KSchG 1969; *Diller* NJW 1996, 2141; *ders.* NJW 1998, 663, 664; *Stahlhacke/Preis/Vossen* Rn. 1153 f.; *Wenzel* DB 1997, 1869, 1870; vgl. zur Auslegung in diesen Fällen auch BAG 31. 5. 1979, AP Nr. 50 zu § 256 ZPO; BAG 16. 8. 1990, AP Nr. 10 zu § 611 BGB Treuepflicht; *Ch. Weber* Anm. zu LAG Köln LAGE § 4 KSchG Nr. 15.

[155] Ebenso BAG 27. 1. 1994, AP Nr. 28 zu § 4 KSchG 1969; BAG 28. 2. 1995, AP Nr. 17 zu § 17a GVG; – offengelassen von BAG 7. 12. 1995, AP Nr. 33 zu § 4 KSchG 1969 unter III 2a; – dagegen bejahend *Boemke* RdA 1995, 211, 225.

[156] Zutr. BAG 7. 12. 1995, 13. 3. 1997, AP Nr. 33, 38 zu § 4 KSchG 1969; HK-KSchG/*Hauck* § 4 Rn. 114; *Kittner/Däubler/Zwanziger* § 4 KSchG Rn. 53; *Stahlhacke* Festschrift für Wlotzke S. 173, 182; *Stahlhacke/Preis/Vossen* Rn. 1154 b.

[157] BAG 16. 3. 1994, AP Nr. 29 zu § 4 KSchG 1969.

[158] Wie hier *Bitter* DB 1997, 1407, 1408; *Boewer* NZA 1997, 359, 362; *Dauner-Lieb* Anm. zu BAG EzA § 4 KSchG n. F. Nr. 57; *Diller* NJW 1996, 2142; *Dütz/Singer* Anm. zu BAG

Anrufung des Arbeitsgerichtes 72 c–74 § 4

hinreichend bestimmt gefaßter Antrag wird nämlich nicht wegen der fehlenden Begründung hinfällig.

Wie § 253 Abs. 2 Nr. 2 ZPO zu entnehmen ist, hat eine Klage neben 72 c dem bestimmten Antrag Gegenstand und Grund des erhobenen Anspruchs zu bezeichnen. Das **Fehlen der Anspruchsbegründung** führt daher zur Unzulässigkeit der Klage, nicht aber dazu, daß überhaupt keine Klage anhängig ist.[159] Das wird offensichtlich, wenn der Arbeitnehmer zusätzlich zum Kündigungsschutzantrag in einem weiteren Antrag die Verurteilung des Arbeitgebers zur Zahlung von 1000,– DM begehrt und in der Klageschrift und den folgenden Schriftsätzen zu dem Zahlungsantrag nichts darlegt. Der Zahlungsantrag ist dann wegen mangelnder streitgegenständlicher Bestimmtheit des Klagegrundes (§ 253 Abs. 2 Nr. 2 ZPO) als unzulässig abzuweisen, er darf aber nicht vom Gericht als nicht gestellt übergangen werden.

b) Wird eine Kündigung mit einer Klage angegriffen, in welcher der 73 Antrag nach § 4 mit dem allgemeinen Feststellungsantrag nach § 256 ZPO kumuliert wird (§ 260 ZPO), ist **Streitgegenstand** die Frage, ob ein **Arbeitsverhältnis** über einen bestimmten Termin hinaus zum **Zeitpunkt der letzten mündlichen Verhandlung** in der Tatsacheninstanz oder einem anderen näher bezeichneten Zeitpunkt fortbesteht.[160] Durch diese Verbindung der beiden Anträge nähert sich das BAG im Ergebnis der Auffassung, die bereits allein für die Klage nach § 4 den Bestand des Arbeitsverhältnisses zum Zeitpunkt der letzten mündlichen Verhandlung in der Tatsacheninstanz als Streitgegenstand angesehen hat.[161] Der genaue Inhalt der mit dem Antrag nach § 256 ZPO begehrten Feststellung ist durch Auslegung des Antrags zu ermitteln (vgl. dazu Rn. 72 a).

Von einem neben dem Antrag nach § 4 gestellten allgemeinen Feststel- 74 lungsantrag nach § 256 ZPO werden **nach h. M.** außer sonstigen Auflösungstatbeständen wie Aufhebungsverträgen und Eigenkündigungen des Arbeitnehmers auch **alle weiteren Kündigungen erfaßt,** die der Arbeitgeber in dem streitbefangenen Zeitraum ausgesprochen hat.[162] Zwar sei § 4 Satz 1 lex specialis im Verhältnis zu § 256 ZPO. Der Arbeitnehmer habe daher

---

EzA § 4 KSchG n. F. Nr. 49; *Stahlhacke/Preis/Vossen* Rn. 1154 b; wohl auch BAG (2. Senat) 7. 12. 1995, AP Nr. 33 zu § 4 KSchG 1969.
[159] Ebenso *Stahlhacke/Preis/Vossen* Rn. 1154 b.
[160] BAG 31. 5. 1979, AP Nr. 50 zu § 256 ZPO; BAG 21. 1. 1988, AP Nr. 19 zu § 4 KSchG 1969; BAG 16. 8. 1990, AP Nr. 10 zu § 611 BGB Treuepflicht; BAG 27. 1. 1994, 13. 3. 1997, AP Nr. 28, 38 zu § 4 KSchG 1969; APS/*Ascheid* § 4 KSchG Rn. 142; *Dütz/Singer* Anm. zu BAG EzA § 4 KSchG n. F. Nr. 48; KR-*Friedrich* § 4 KSchG Rn. 238; *Gift/Baur* E Rn. 134; *Grunsky* Anm. zu BAG AP Nr. 3 zu § 4 KSchG 1969; HK-KSchG/*Hauck* § 4 Rn. 123; *Schaub* NZA 1990, 85, 87; *Stahlhacke/Preis/Vossen* Rn. 1150.
[161] Ebenso *Stahlhacke/Preis/Vossen* Rn. 1150; zu dieser Auffassung vgl. namentlich *Bötticher* Festschrift für Herschel S. 181 ff. sowie die oben Rn. 69 a. E. Genannten.
[162] BAG 21. 1. 1988, AP Nr. 19 zu § 4 KSchG 1969; BAG 16. 8. 1990, AP Nr. 10 zu § 611 BGB Treuepflicht; BAG 27. 1. 1994, 16. 3. 1994, AP Nr. 28, 29 zu § 4 KSchG 1969; BAG 7. 12. 1995, AP Nr. 33 zu § 4 KSchG 1969 mit Anm. *Boemke*; BAG 13. 3. 1997, AP Nr. 38 zu § 4 KSchG 1969; LAG Köln 9. 11. 1988, LAGE § 4 KSchG Nr. 15 mit insoweit zust. Anm. *Ch. Weber*; ErfK/*Ascheid* § 4 KSchG Rn. 82; KR-*Friedrich* § 4 KSchG Rn. 247; *Künzl* Erlanger Festschrift für Schwab S. 123, 142; *Schaub* NZA 1990, 85, 87; *Stahlhacke/Preis/Vossen* Rn. 1150; *Vollkommer/Weinland* Anm. zu BAG EzA § 4 KSchG n. F. Nr. 33.

grundsätzlich die Sozialwidrigkeit der Kündigung im Wege der Kündigungsschutzklage geltend zu machen (dazu Rn. 71a ff.). Er könne aber die allgemeine Feststellungsklage nach § 256 ZPO mit der Kündigungsschutzklage nach § 4 Satz 1 verbinden, um im Kündigungsschutzprozeß versteckten Schriftsatzkündigungen oder ständigen Wiederholungskündigungen wirksam zu begegnen.[163]

75 Im Rahmen des allgemeinen Feststellungsantrags könne sich der Arbeitnehmer jederzeit auf die Unwirksamkeit weiterer Auflösungstatbestände, insbesondere weiterer Kündigungen berufen. Er brauche bei einer zulässigen Verbindung des Antrags nach § 4 mit dem allgemeinen Feststellungsantrag nach § 256 ZPO die weiteren Kündigungen auch **nicht innerhalb von drei Wochen** in den Prozeß einzuführen.[164] Dies gelte auch dann, wenn die Sozialwidrigkeit der Kündigung noch zum Schluß der mündlichen Verhandlung in der Berufungsinstanz geltend gemacht werde. Dies folge aus einer entsprechenden Anwendung von § 6, weil der Arbeitnehmer mit der Erhebung einer Feststellungsklage nach § 256 ZPO dem Arbeitgeber deutlich gemacht habe, er wolle am Bestand des Arbeitsverhältnisses ungeachtet aller Kündigungs- bzw. Beendigungstatbestände festhalten. Diese Erwägung gelte während der Prozeßdauer so lange fort, bis neue Tatsachen in den Prozeß eingeführt werden können.[165]

75a Diese **Auffassung der h.M. überzeugt nicht**. Sie widerspricht dem Gesetz, weil nach § 7 nur durch eine Klage, die den Anforderungen des § 4 Satz 1 entspricht, verhindert werden kann, daß die Fiktion der Rechtswirksamkeit der Kündigung eintritt.[166] Eine allgemeine Feststellungsklage nach § 256 ZPO genügt hierfür nicht, weil sie einen anderen Streitgegenstand hat (vgl. Rn. 70). Der Arbeitnehmer hat daher jede Kündigung des Arbeitgebers mit einem Antrag nach § 4 Satz 1 anzugreifen, wobei es ihm freisteht, ob er die bereits erhobene Klage erweitert oder eine neue Klage einreicht.

75b Es gibt keinen Grund, von der eindeutigen gesetzlichen Regelung abzuweichen. Soweit die allgemeine Feststellungsklage für erforderlich gehalten wird, um **sog. Schriftsatzkündigungen** wirksam begegnen zu können,[167]

---

[163] So zuletzt BAG 27. 1. 1994, 7. 12. 1995, 13. 3. 1997, AP Nr. 28, 33, 38 zu § 4 KSchG 1969; zustimmend insoweit *Ascheid* Kündigungsschutzrecht Rn. 761; ErfK/*Ascheid* § 4 KSchG Rn. 82; *Bitter* DB 1997, 1407, 1408 f.; *Dütz/Singer* Anm. zu BAG EzA § 4 KSchG n. F. Nr. 49; KR-*Friedrich* § 4 KSchG Rn. 243; *Gift/Baur* E Rn. 134; *Prütting* Festschrift für Lüke S. 617, 628 f.; *Stahlhacke/Preis/Vossen* Rn. 1150; *Teske* Anm. zu BAG EzA § 4 KSchG n. F. Nr. 31; *Wenzel* DB 1997, 1869, 1870 f.

[164] BAG 21. 1. 1988, AP Nr. 19 zu § 4 KSchG 1969 unter B II 2b; BAG 18. 2. 1993–2 AZR 518/92 n. v. unter B I; BAG 13. 3. 1997, AP Nr. 38 zu § 4 KSchG 1969; APS/*Ascheid* § 4 KSchG Rn. 143; *Dütz/Singer* Anm. zu BAG EzA § 4 KSchG n. F. Nr. 49; *Gift/Baur* E Rn. 134; HK-KSchG/*Hauck* § 4 Rn. 127; *Kleveman* Anm. zu LAG München LAGE § 4 KSchG Nr. 14; *Schaub* NZA 1990, 85, 87; *Stahlhacke/Preis/Vossen* Rn. 1155 f.; *Vollkommer/Weinland* Anm. zu BAG EzA § 4 KSchG n. F. Nr. 33; *Ch. Weber* Anm. zu LAG Köln LAGE § 4 KSchG Nr. 15; *Wenzel* DB 1997, 1869, 1872.

[165] So BAG 13. 3. 1997, AP Nr. 38 zu § 4 KSchG 1969; zust. APS/*Ascheid* § 4 KSchG Rn. 143; *Bitter* DB 1997, 1407, 1408 f.; HK-KSchG/*Hauck* § 4 Rn. 127; *Wenzel* DB 1997, 1869, 1872.

[166] Ebenso *Boemke* RdA 1995, 211, 220; *ders.* Anm. zu BAG AP Nr. 33 zu § 4 KSchG 1969; *Franzen* Anm. zu BAG EzA § 4 KSchG n. F. Nr. 48.

[167] So BAG 21. 1. 1988, 13. 3. 1997, AP Nr. 19, 38 zu § 4 KSchG 1969.

rechtfertigt dies nicht die Abweichung von der klaren gesetzlichen Regelung. Es gibt keinen Grund, einer Prozeßpartei das genaue Lesen eines Schriftsatzes zu ersparen.[168] Der Arbeitnehmer muß auch gegen die erste Kündigung fristgerecht Kündigungsschutzklage erheben, und zwar auch dann, wenn zunächst nicht ganz klar ist, ob der Arbeitgeber das Arbeitsverhältnis tatsächlich gekündigt hat. Bleibt der Arbeitnehmer untätig und beruft sich der Arbeitgeber nach drei Wochen auf die Wirksamkeit der zuvor ausgesprochenen Kündigung, kann der Arbeitnehmer nicht mehr geltend machen, er habe in der Erklärung des Arbeitgebers keine Kündigung gesehen. Wenn der Arbeitgeber das Arbeitsverhältnis gekündigt hat, was durch Auslegung der Erklärung festzustellen ist, tritt bei einer verspäteten Klage vielmehr die Fiktionswirkung des § 7 ein, auch wenn der Arbeitnehmer – irrtümlich – angenommen hat, es liege keine Kündigung vor. Es ist deshalb nicht einsichtig, weshalb vom Arbeitnehmer während eines Kündigungsschutzprozesses weniger Sorgfalt verlangt wird als vor Beginn des Verfahrens. Hinzu kommt, daß Arbeitnehmer häufig anwaltlich oder durch einen Rechtssekretär der Gewerkschaft vertreten sind.

Die **Anwendung der gesetzlichen Bestimmungen** hat zur Folge, daß der Arbeitnehmer zwar im Wege der Klagehäufung zum Kündigungsschutzantrag nach § 4 Satz 1 einen allgemeinen Feststellungsantrag nach § 256 ZPO stellen kann. Dieser allgemeine Feststellungsantrag hindert aber grundsätzlich nicht den Eintritt der Fiktionswirkung des § 7, wenn vom Arbeitgeber im Laufe des Prozesses eine weitere Kündigung ausgesprochen wird. Der allgemeine Feststellungsantrag erfaßt lediglich sonstige Beendigungstatbestände, wie beispielsweise Aufhebungsverträge oder Anfechtungserklärungen.

Hat der Arbeitnehmer jedoch die erste Kündigung mit dem Antrag nach § 4 Satz 1 angegriffen, zusätzlich den allgemeinen Feststellungsantrag gestellt und macht er **innerhalb der Drei-Wochen-Frist des § 4 Satz 1 die Unwirksamkeit einer weiteren Kündigung schriftsätzlich geltend**, kann er nach **§ 6 Satz 1** noch bis zum Schluß der mündlichen Verhandlung erster Instanz den Kündigungsschutzantrag nach § 4 Satz 1 stellen. Die Fiktionswirkung des § 7 tritt dann nicht ein.

Mit der **vom BAG vorgenommenen erweiterten Auslegung von § 256 ZPO und § 6 Satz 1**[169] läßt sich allenfalls noch begründen, daß Kündigungen, die im Laufe des Verfahrens erster Instanz ausgesprochen werden, von dem allgemeinen Feststellungsantrag erfaßt werden und der Arbeitnehmer – gegebenenfalls nach Hinweis des Gerichts – dann bis zum Schluß der mündlichen Verhandlung erster Instanz deren Sozialwidrigkeit geltend machen kann.[170] Soweit das BAG dem Arbeitnehmer dies auch noch in der zweiten Instanz gestattet, ist dies contra legem und angesichts der eindeutigen zeitlichen Begrenzung in § 6 Satz 1 nicht zu rechtfertigen.

c) Der allgemeine Feststellungsantrag nach § 256 ZPO ist nur zulässig, wenn der klagende Arbeitnehmer ein **Feststellungsinteresse** hat. Erforder-

---

[168] Zutr. *Ascheid* Kündigungsschutzrecht Rn. 767.
[169] Vgl. BAG 13. 3. 1997, AP Nr. 38 zu § 4 KSchG 1969.
[170] So etwa *Boewer* NZA 1997, 359, 364 f.

lich hierfür ist, daß er durch konkreten Tatsachenvortrag weitere Kündigungen oder Beendigungsgründe in den Prozeß einführt oder wenigstens deren Möglichkeit glaubhaft macht und damit belegt, warum dieser, die Klage nach § 4 erweiternde Antrag – noch dazu alsbald – gerechtfertigt sein soll.[171] Maßgeblich ist der Zeitpunkt der letzten mündlichen Verhandlung.[172] Das besondere Feststellungsinteresse besteht nicht schon deshalb, weil eine bestimmte bezeichnete Kündigung ausgesprochen worden und wegen dieser ein Kündigungsrechtsstreit anhängig ist. Die abstrakte Möglichkeit der Geltendmachung weiterer Auflösungstatbestände durch den Arbeitgeber, insbesondere der Ausspruch weiterer Kündigungen, genügt nicht zur Begründung des Feststellungsinteresses.[173] Bestehen Zweifel, so hat das Gericht den Kläger gemäß § 139 ZPO auf die Erforderlichkeit der Darlegung weiterer Auflösungstatbestände hinzuweisen.[174] Ist der Arbeitnehmer zu einem entsprechenden Sachvortrag nicht in der Lage, ist die Klage hinsichtlich des allgemeinen Feststellungsantrags als unzulässig abzuweisen.[175]

77 d) Probleme ergeben sich für die h. M. (dazu Rn. 74 f.), wenn der Arbeitnehmer gegen eine Kündigung mit dem Antrag nach § 4 und dem allgemeinen Feststellungsantrag nach § 256 ZPO gerichtlich vorgeht und dann später **gegen eine weitere Kündigung erneut Kündigungsschutzklage** erhebt. Nach Auffassung des BAG entfällt in diesem Fall im Zeitpunkt der Erhebung der späteren Klage das rechtliche Interesse für die früher erhobene allgemeine Feststellungsklage.[176] Der Arbeitnehmer gebe mit der Erhebung und Weiterverfolgung der späteren Klage zu erkennen, daß er die Rechtsunwirksamkeit der späteren Kündigung und den Fortbestand des Arbeitsverhältnisses über den in der Kündigung vorgesehenen Termin hinaus in einem gesonderten Verfahren nach § 4 überprüft und festgestellt wissen will. Die zunächst erhobene allgemeine Feststellungsklage sei daher wegen fehlendem Feststellungsinteresse unzulässig.[177]

78 Gegen diese Auffassung bestehen jedoch Bedenken, weil zweifelhaft ist, ob die zweite Kündigungsschutzklage überhaupt zulässig ist. Mit der zunächst erhobenen allgemeinen Feststellungsklage ist nämlich der Streit über den Bestand des Arbeitsverhältnisses bereits **rechtshängig**. Spätestens mit der Geltendmachung einer weiteren Kündigung im ersten Kündi-

---

[171] Vgl. BAG 27. 1. 1994, 13. 3. 1997, AP Nr. 28, 38 zu § 4 KSchG 1969; APS/*Ascheid* § 4 KSchG Rn. 142; KR-*Friedrich* § 4 KSchG Rn. 238; – zu großzügig LAG Köln 21. 2. 1989, LAGE § 1 KSchG Krankheit Nr. 12; – ausf. hierzu *Stahlhacke* Festschrift für Wlotzke S. 173 ff.
[172] Vgl. *Stein/Jonas/Schumann* ZPO, 21. Aufl. 1997, § 256 Rn. 122 ff.
[173] Zutr. *Boemke* RdA 1995, 211, 225; *Boewer* NZA 1997, 359, 363; *Stahlhacke/Preis/Vossen* Rn. 1155 a; *Ch. Weber* Anm. zu LAG Köln LAGE § 4 KSchG Nr. 15.
[174] Insoweit ebenso BAG 21. 1. 1988, 13. 3. 1997, AP Nr. 19, 38 zu § 4 KSchG 1969.
[175] Ebenso APS/*Ascheid* § 4 KSchG Rn. 142; – abweichend BAG 16. 3. 1994, AP Nr. 29 zu § 4 KSchG 1969, wonach in diesem Fall gar keine Feststellungsklage erhoben ist, dazu Rn. 72 b.
[176] BAG 16. 8. 1990, AP Nr. 10 zu § 611 BGB Treuepflicht; BAG 7. 12. 1995, AP Nr. 33 zu § 4 KSchG 1969 unter III 2 b mit Anm. *Boemke*; BAG 13. 3. 1997, AP Nr. 38 zu § 4 KSchG 1969.
[177] Ebenso auch *Boemke* RdA 1995, 211, 225; HK-KSchG/*Hauck* § 4 Rn. 126 b; *Kittner/Däubler/Zwanziger* § 4 KSchG Rn. 55.

gungsschutzprozeß wird nach Auffassung der Rechtsprechung[178] der dort rechtshängige allgemeine Feststellungsantrag auch zulässig. Mit der Folgekündigung hat sich gerade die Befürchtung des Arbeitnehmers realisiert, wegen der er den allgemeinen Feststellungsantrag nach § 256 ZPO neben dem Antrag nach § 4 gestellt hat. Die zweite Kündigung wird – legt man die Auffassung des BAG zugrunde (dazu Rn. 74, zur Kritik Rn. 75a ff.) – daher von dem allgemeinen Feststellungsantrag erfaßt; durch ihn ist deren Sozialwidrigkeit gerichtlich geltend gemacht. Die zweite Klage gegen die Folgekündigung ist daher nach § 261 Abs. 3 Nr. 1 ZPO wegen anderweitiger Rechtshängigkeit unzulässig.[179]

Auch wenn der Arbeitnehmer tatsächlich die neuerliche Kündigung mit einem gesonderten Antrag verfolgen will, ist er hieran wegen der zuvor erhobenen allgemeinen Feststellungsklage solange gehindert, bis er diese zurücknimmt oder einschränkt. Denn vom Streitgegenstand dieser allgemeinen Feststellungsklage nach § 256 ZPO – nämlich Bestand des Arbeitsverhältnisses bis zu dem im Antrag genannten Zeitraum – wird der Streitgegenstand der späteren Kündigungsschutzklage mit umfaßt, sofern die neue Kündigung in dem im Antrag bestimmten Zeitraum ausgesprochen wurde. Anderenfalls wäre die allgemeine Feststellungsklage überhaupt kein geeignetes Mittel für den Arbeitnehmer, sich gegen weitere Kündigungen zur Wehr zu setzen. Es besteht insoweit – wenn man der Auffassung des BAG folgt – eine **Teilidentität** zwischen der zweiten Kündigungsschutzklage und der zuvor erhobenen allgemeinen Feststellungsklage.[180] Der engere Streitgegenstand der Klage nach § 4 ist im Streitgegenstand des Antrages nach § 256 ZPO vollständig enthalten.[181]

Der Identität steht nicht entgegen, daß der allgemeine Feststellungsantrag eine positive Feststellungsklage enthält – nämlich Feststellung des Bestands des Arbeitsverhältnisses – und die Kündigungsschutzklage nach § 4 eine negative Feststellungsklage darstellt – Feststellung, daß das Arbeitsverhältnis durch eine bestimmte Kündigung nicht aufgelöst ist. **Positive und negative Feststellungsklage** sind hier nämlich in ihren Zielen identisch, weil auch die Abweisung der negativen Feststellungsklage eine positive Feststellung enthält.[182] Schließlich ist die Annahme des BAG,[183] in der nachträglichen Kündigungsschutzklage liege zugleich eine Änderung des Feststellungsantrages dahin, daß dieser nur den Zeitraum vor dem mit der nun speziell ange-

---

[178] Zuletzt BAG 7. 12. 1995, 13. 3. 1997, AP Nr. 33, 38 zu § 4 KSchG 1969; zust. *Wenzel* DB 1997, 1869, 1872.
[179] Ebenso APS/*Ascheid* § 4 KSchG Rn. 141; *Dauner-Lieb* Anm. zu BAG EzA § 4 KSchG n. F. Nr. 57; *Dütz/Singer* Anm. zu BAG EzA § 4 KSchG n. F. Nr. 49; *Franzen* Anm. zu BAG EzA § 4 KSchG n. F. Nr. 48; *Stahlhacke* Festschrift für Wlotzke S. 173, 186; *Stahlhacke/Preis/Vossen* Rn. 1155e; *Vollkommer/Weinland* Anm. zu BAG § 4 KSchG n. F. Nr. 33; *Wilhelm* NZA 1988 Beil. 3 S. 18, 21 sowie wohl auch *Boewer* NZA 1997, 359, 362; ähnlich bereits *Böttcher* Festschrift für Herschel, S. 181, 188 ff.
[180] Ebenso *Stahlhacke/Preis/Vossen* Rn. 1155e; dazu allgemein *Stein/Jonas/Schumann* ZPO, 21. Aufl. 1997, § 261 Rn. 51 ff.
[181] Zutr. *Vollkommer/Weinland* Anm. zu BAG EzA § 4 KSchG n. F. Nr. 33.
[182] Vgl. dazu allgemein *Stein/Jonas/Schumann* ZPO, 21. Aufl. 1997, § 261 Rn. 61 sowie § 256 Rn. 167 und oben Rn. 25.
[183] BAG 7. 12. 1995, AP Nr. 33 zu § 4 KSchG 1969 unter III 2b.

griffenen Kündigung vorgesehenen Auflösungszeitpunkt erfasse, eine Unterstellung. Ohne konkrete Anhaltspunkte im klägerischen Vorbringen ist es nicht möglich, eine unzulässige Klage als zulässig auszulegen.

4. Klage des Arbeitgebers

80   Eine **Klage des Arbeitgebers** auf Feststellung, daß die Kündigung nicht sozialwidrig sei, ist als unzulässig abzuweisen, da für eine solche Klage das Rechtsschutzbedürfnis fehlt. Denn entweder klagt der Arbeitnehmer und macht dadurch die Klage des Arbeitgebers überflüssig, oder die Sozialwidrigkeit wird nach § 7 durch Ablauf der Drei-Wochen-Frist geheilt.

5. Abweisung der Klage

81   Ist lediglich eine Kündigungsschutzklage mit dem gesetzlichen Antrag nach § 4 Satz 1 erhoben und weist das Gericht diese Klage rechtskräftig ab, weil es die Kündigung für sozial gerechtfertigt hält, **steht damit rechtskräftig fest,** daß das **Arbeitsverhältnis durch die Kündigung aufgelöst** ist. Ob das Arbeitsverhältnis zu einem früheren Zeitpunkt bestanden hat, ist nicht zu entscheiden.[184] Nach Rechtskraft des klageabweisenden Urteils kann der Arbeitnehmer in einem weiteren Kündigungsschutzprozeß die angegriffene Kündigung nicht mehr wegen anderer Mängel erfolgreich angreifen.[185] Der Arbeitnehmer kann deshalb auch den Lohn für die Zeit nach Ablauf der Kündigungsfrist nicht mehr mit der Begründung verlangen, die Kündigung sei wegen irgendeines anderen Mangels doch nichtig gewesen.[186]

82   Im Schrifttum wurde früher die Ansicht vertreten, daß bei **Versäumung der Drei-Wochen-Frist** die Klage ohne sachliche Prüfung durch Prozeßurteil als unzulässig abzuweisen sei, weil die Einhaltung der Frist eine echte Prozeßvoraussetzung darstelle.[187] Dagegen ist nach st. Rspr. des BAG und der h. L. eine Kündigungsschutzklage bei Versäumung der Drei-Wochen-Frist als unbegründet abzuweisen.[188]

83   Der herrschenden Meinung ist zuzustimmen. Nach § 7 hat die **Versäumung der prozessualen Frist** des § 4 Satz 1 die **materiell-rechtliche Wirkung,** daß die Kündigung, wenn sie nicht aus anderem Grunde rechtsunwirksam ist, als von Anfang an rechtswirksam gilt;[189] anders ausgedrückt,

---

[184] BAG 15. 1. 1991, AP Nr. 21 zu § 113 BetrVG 1972 unter I 1.
[185] BAG 12. 1. 1977, 12. 6. 1986, AP Nr. 3, 17 zu § 4 KSchG 1969; *Ascheid* Kündigungsschutzrecht Rn. 783; ErfK/*Ascheid* § 4 KSchG Rn. 84; KR-*Friedrich* § 4 KSchG Rn. 264; HK-KSchG/*Hauck* § 4 Rn. 141; *Löwisch* § 4 KSchG Rn. 81; *Stahlhacke/Preis/Vossen* Rn. 1157; – abweichend *Bettermann* ZfA 1985, 5, 16.
[186] Ebenso *Ascheid* Kündigungsschutzrecht Rn. 784; *Boemke* RdA 1995, 211, 222.
[187] *Herschel/Steinmann* § 3 Rn. 12; *Nikisch* S. 779.
[188] Vgl. BAG 20. 9. 1955, AP Nr. 7 zu § 3 KSchG; BAG 19. 1. 1961, AP Nr. 1 zu § 6 KSchG sowie im Ergebnis BAG 26. 6. 1986, AP Nr. 14 zu § 4 KSchG 1969; APS/*Ascheid* § 4 KSchG Rn. 98; *Besta* S. 87 ff.; KR-*Friedrich* § 4 KSchG Rn. 217; *Kittner/Däubler/Zwanziger* § 4 KSchG Rn. 50 f.; *Löwisch* § 4 KSchG Rn. 77; *Otto* Die Präklusion 1970 S. 27 ff.; *Schaub* § 136 Rn. 30; *Stahlhacke/Preis/Vossen* Rn. 1110 a; – im Ergebnis auch *Vollkommer* AcP 161 (1962), 332 ff.
[189] So BAG 26. 6. 1986, AP Nr. 14 zu § 4 KSchG 1969 unter B II 3b im Anschluß an *Vollkommer* AcP 161 (1962), 332 ff.; BAG 13. 4. 1989, AP Nr. 21 zu § 4 KSchG 1969; zust. LAG Rheinland-Pfalz 9. 8. 1989, LAGE § 5 KSchG Nr. 43; APS/*Ascheid* § 4 KSchG

der Mangel der Sozialwidrigkeit wird geheilt. Eine nach Fristablauf erhobene Klage auf Feststellung, daß das Arbeitsverhältnis durch die Kündigung nicht aufgelöst sei, ist prozeßrechtlich zulässig.[190] Sie könnte auch sachlich Erfolg haben, wenn die Kündigung aus irgendeinem anderen Grund unwirksam ist, etwa wegen Sittenwidrigkeit, wegen eines Formmangels oder wegen Nichtanhörung des Betriebsrats nach § 102 Abs. 1 BetrVG. Aber sie ist sachlich unbegründet und dementsprechend durch Sachurteil abzuweisen, wenn sie lediglich auf Sozialwidrigkeit gestützt wird, da, selbst wenn die Kündigung ursprünglich an mangelnder sozialer Rechtfertigung gelitten haben sollte, dieser Mangel jetzt durch § 7 geheilt ist.

Die Streitfrage hat auch **praktische Bedeutung.** Würde die Klage durch Prozeßurteil als unzulässig abgewiesen, so würde die Rechtskraft eines derartigen Urteils einer Klage, welche die Rechtsunwirksamkeit der Kündigung aus anderen Gründen behauptet, nicht entgegenstehen. Ein die Klage abweisendes Sachurteil dagegen stellt die Auflösung des Arbeitsverhältnisses endgültig fest, so daß anderweitige Kündigungsmängel nicht mehr geltend gemacht werden können (vgl. oben Rn. 24). 84

Gegenüber der hier vertretenen Ansicht hat *Nikisch* (S. 779) geltend gemacht, es sei eine ungerechtfertigte Härte, wenn ein Arbeitnehmer, der die Frist versäumt habe, auch andere Unwirksamkeitsgründe nicht mehr geltend machen könne; man könne der Fristversäumung nicht die gleiche Wirkung beilegen, wie einem Urteil, das die Kündigung für wirksam erklärt hat, nachdem der Kläger Gelegenheit hatte, alle dagegen sprechenden Gründe vorzubringen. Dabei wird übersehen, daß die **hier vertretene Ansicht** diese Wirkung nicht an die Fristversäumung, sondern an ein Sachurteil knüpft, vor dessen Erlaß der Kläger die Gelegenheit hat, alle sonstigen Kündigungsmängel geltend zu machen.[191] Zu Unrecht beruft sich *Nikisch* auf die Entscheidung des BAG vom 29. 5. 1956,[192] da in dem dort entschiedenen Fall überhaupt kein Urteil über die Kündigungsschutzklage ergangen war, der Kläger vielmehr die Kündigungsschutzklage nicht durchgeführt hatte, so daß einer neuen Klage nicht die Rechtskraft eines früheren Urteils entgegenstand. 85

6. Das Feststellungsurteil

Hält das Gericht die Kündigung für sozial ungerechtfertigt, so hat es, sofern nicht ein besonderer Antrag nach § 9 gestellt ist, festzustellen, daß das **Arbeitsverhältnis durch die Kündigung nicht aufgelöst** ist.[193] 86

Auf Grund eines derartigen Urteils steht fest, daß das Arbeitsverhältnis durch die Kündigung nicht aufgelöst ist, die Kündigung also keinerlei Wir- 87

Rn. 99; *Stahlhacke/Preis/Vossen* Rn. 1110 a; – krit. dazu LAG Hamm 27. 1. 1994, LAGE § 5 KSchG Nr. 65 mit insoweit zust. Anm. *Rieble; Lepke* DB 1991, 2034 ff.
[190] Abweichend *Boemke* RdA 1995, 211, 216.
[191] Ebenso *Löwisch* § 4 Rn. 77.
[192] BAG 25. 5. 1956, AP Nr. 2 zu § 184 BGB.
[193] Zum Inhalt der Feststellung bei gleichzeitiger unwirksamer außerordentlicher und wirksamer ordentlicher Kündigung vgl. BAG 10. 3. 1977, AP Nr. 9 zu § 313 ZPO mit Anm. *Grunsky* = SAE 1978, 108 mit Anm. *Schreiber* = AR-Blattei Kündigungsschutz Entsch. 175 mit Anm. *Herschel;* auch unten § 13 Rn. 56.

kung gehabt hat. Die Folge ist, daß der Arbeitgeber, wenn er den Arbeitnehmer in der Zwischenzeit nicht beschäftigt hat, in **Annahmeverzug** geraten ist und dem Arbeitnehmer gemäß § 615 BGB den Lohn zahlen muß.[194] Gegenüber dem Anspruch des Arbeitnehmers auf Zahlung des Annahmeverzugslohns kann der Arbeitgeber nicht die Wirksamkeit der Kündigung geltend machen.[195] Da das Arbeitsverhältnis fortbesteht, ist der Arbeitnehmer jederzeit auf Verlangen des Arbeitgebers zur Wiederaufnahme der Arbeit verpflichtet.[196] Über die Ausnahme bei Begründung eines anderen Arbeitsverhältnisses durch den Arbeitnehmer vgl. Kommentierung zu § 12.

88 **Kündigt der Arbeitgeber,** sei es auch nur vorsorglich, **erneut,** so muß der Arbeitnehmer, wenn er auch die neue Kündigung für sozialwidrig hält, sie durch eine **erneute Klage nach** § 4 angreifen (vgl. dazu eingehend oben Rn. 72 ff.). Schwebt der bisherige Prozeß noch, kann das im Rahmen dieses Prozesses durch Klageerweiterung geschehen. Der Arbeitnehmer kann aber ebenso die neue Kündigung hinnehmen und dennoch ein Interesse an der Fortsetzung des Prozesses über die frühere Kündigung haben, um bis zur Wirksamkeit der neuen Kündigung den Lohn nach § 615 BGB zu erhalten.

89 Mit der **Rechtskraft** des stattgebenden Urteils im Kündigungsschutzprozeß steht nach Auffassung des BAG auch fest, daß im Zeitpunkt des Zugangs der Kündigung ein **Arbeitsverhältnis** zwischen den streitenden Parteien **bestanden hat.**[197] Dem kann jedoch nicht gefolgt werden. Ob zum Kündigungszeitpunkt ein Arbeitsverhältnis bestand, ist lediglich eine **Vorfrage** für die Entscheidung über die Kündigungsschutzklage. Streitgegenstand des Kündigungsschutzprozesses und damit Gegenstand der Rechtskraft des Urteils ist die Nichtauflösung des Arbeitsverhältnisses durch die konkret angegriffene Kündigung. Der Bestand des Arbeitsverhältnisses wird auf Grund des punktuellen Streitgegenstandes (dazu Rn. 69 ff.) gerade nicht festgestellt.[198] Auch wenn das Arbeitsgericht einer Kündigungsschutzklage stattgegeben hat, kann der Arbeitgeber daher geltend machen, das Arbeitsverhältnis habe bereits zu einem früheren Zeitpunkt geendet. Mit einem der Kündigungsschutzklage stattgebenden Urteil erwächst im übrigen auch nicht die Fest-

---

[194] Dazu *Colneric* AuR 1984, 105 ff.; *Vossen* RdA 1989, 96 f.; zu Anrechnungspflichten des Arbeitnehmers vgl. Kommentierung zu § 11; zum Einfluß des Kündigungsschutzprozesses auf Verjährung und Ausschlußfristen vgl. oben Rn. 17 ff.
[195] Vgl. *Löwisch* § 4 Rn. 74.
[196] Zutr. LAG Düsseldorf 14. 10. 1969, DB 1970, 545.
[197] BAG 12. 1. 1977, 12. 6. 1986, AP Nr. 3, 17 zu § 4 KSchG 1969; BAG 26. 8. 1993, AP Nr. 113 zu § 626 BGB = EzA § 322 ZPO Nr. 9 mit zust. Anm. *Vogg;* BAG 5. 10. 1995, AP Nr. 48 zu § 519 ZPO; BAG 18. 3. 1999, AP Nr. 44 zu § 4 KSchG 1969; ebenso Münch-ArbR/*Berkowsky* § 149 Rn. 36; KR-*Friedrich* § 4 KSchG Rn. 255; *E. Habscheid* RdA 1989, 88, 89 f.; HK-KSchG/*Hauck* § 4 Rn. 140; *Knorr/Bichlmeier/Kremhelmer* Kap. 11 Rn. 96; *Schaub* NZA 1990, 85, 86.
[198] Ebenso *Ascheid* Kündigungsschutzrecht Rn. 772; *Boemke* RdA 1995, 211, 222 f.; *Grunsky* Anm. zu BAG AP Nr. 3 zu § 4 KSchG 1969; *Künzl* Erlanger Festschrift für Schwab S. 123, 139 ff.; *Löwisch* § 4 Rn. 11; *Schwerdtner* NZA 1987, 263, 265 f.; *Stahlhacke* Festschrift für Wlotzke S. 173, 178; *Stahlhacke/Preis/Vossen* Rn. 1158; *Teske* Anm. zu BAG EzA § 4 KSchG n. F. Nr. 31; *M. Wolf* Anm. zu BAG AP Nr. 8 zu § 4 KSchG 1969.

stellung, es habe ein Arbeitsverhältnis und kein Dienstverhältnis bestanden, in Rechtskraft, sofern kein diesbezüglicher Statusprozeß geführt wurde.[199]

Wird durch rechtskräftiges Urteil festgestellt, daß das Arbeitsverhältnis durch die angegriffene Kündigung nicht aufgelöst ist, kann der Arbeitgeber eine **erneute Kündigung** nicht auf dieselben Kündigungsgründe stützen, die er schon zur Begründung der ersten Kündigung vorgebracht hat und die vom Arbeitsgericht mit dem Ergebnis materiell geprüft worden sind, daß sie die Kündigung nicht rechtfertigen können.[200] Entscheidend ist, ob die neue Kündigung auf denselben Lebenssachverhalt gestützt wird wie die frühere Kündigung.[201] 90

Allein solche Beendigungstatbestände, über die vom Gericht im ersten Verfahren **bewußt nicht entschieden** worden ist, können in einem zweiten Verfahren einer Sachprüfung zugeleitet werden, weil insoweit die Rechtskraft des Urteils nicht entgegensteht.[202] Hierzu gehören auch Umstände, die wegen fehlender Anhörung des Betriebsrats nicht bei der Prüfung der Sozialwidrigkeit der Kündigung berücksichtigt wurden oder vom Gericht bei der Entscheidungsfindung ausdrücklich nicht berücksichtigt wurden.[203] Auf sie kann sich der Arbeitgeber zur Begründung einer neuen weiteren Kündigung – nach vorheriger Anhörung des Betriebsrats – berufen.[204] Gleiches gilt, wenn der Arbeitgeber wegen desselben Kündigungsgrundes zunächst ordentlich, dann außerordentlich kündigt und das Gericht die Feststellung der Unwirksamkeit der ordentlichen Kündigung allein darauf stützt, daß bei dem Arbeitnehmer die ordentliche Kündigung tariflich ausgeschlossen ist. Auch hier hat eine materielle Prüfung der Kündigungsgründe nicht stattgefunden, eine Bindungswirkung kann deshalb nicht eintreten.[205] 90 a

Kündigt der Arbeitgeber erneut unter Berufung auf dieselben Gründe, die für die vom Arbeitnehmer mit Erfolg angegriffene frühere Kündigung maßgeblich waren (sog. **Trotzkündigung**), so ist der Kündigungsschutzklage des Arbeitnehmers ohne weiteres stattzugeben.[206] Allerdings muß der Arbeitnehmer auch hier innerhalb der Drei-Wochen-Frist Kündigungsschutzklage erheben.[207] 91

Der Arbeitgeber kann jedoch stets eine weitere Kündigung auf **neue**, d. h. nach der letzten mündlichen Verhandlung des Vorprozesses entstandene **Tatsachen** stützen. Zur Unterstützung der Behauptung, die neuen Tatsa- 92

---

[199] LAG Rheinland-Pfalz 4. 9. 1997, LAGE § 4 KSchG Nr. 36.
[200] BAG 26. 8. 1993, AP Nr. 113 zu § 626 BGB; BAG 7. 3. 1996, AP Nr. 76 zu § 1 KSchG 1969 Betriebsbedingte Kündigung; ausführlich hierzu *Ascheid* Festschrift für Stahlhacke S. 1 ff.; APS/*Ascheid* § 4 KSchG Rn. 148.
[201] Zutr. KR-*Fischermeier* § 626 BGB Rn. 403.
[202] BAG 12. 6. 1986, AP Nr. 17 zu § 4 KSchG 1969 unter C; *Bötticher* Festschrift für Herschel S. 181, 193 ff.; KR-*Friedrich* § 4 KSchG Rn. 273.
[203] Vgl. dazu BAG 31. 3. 1993, AP Nr. 20 zu § 9 MuSchG 1968.
[204] Ebenso *Löwisch* § 4 Rn. 73.
[205] Zutr. BAG 5. 2. 1998, AP Nr. 143 zu § 626 BGB.
[206] Ebenso BAG 26. 8. 1993, AP Nr. 113 zu § 626 BGB; KR-*Friedrich* § 4 KSchG Rn. 271; *Stahlhacke/Preis/Vossen* Rn. 1160; zur Betriebsratsanhörung in diesen Fällen BAG 11. 10. 1989, AP Nr. 55 zu § 102 BetrVG 1972 unter III 4 b.
[207] BAG 26. 8. 1993, AP Nr. 113 zu § 626 BGB.

chen seien geeignet, die weitere fristlose Kündigung zu rechtfertigen oder doch einer ordentlichen Kündigung die Sozialwidrigkeit zu nehmen, kann er ergänzend auch auf weiter zurückliegende, im ersten Prozeß schon behandelte Umstände zurückgreifen, mögen diese auch für sich allein die frühere Kündigung nicht gerechtfertigt haben.

7. Besonderheiten der Änderungskündigung

93 Die Ausführungen zu Rn. 69–92 beziehen sich nur auf die gegen eine Beendigungskündigung gerichtete normale Kündigungsschutzklage nach § 4 Satz 1; nur bei ihr ist **Streitgegenstand** die Wirksamkeit der konkreten Kündigung bzw. die Auflösung des Arbeitsverhältnisses durch diese Kündigung. Hat dagegen der Arbeitgeber eine Änderungskündigung ausgesprochen und hat der Arbeitnehmer das **Angebot** des Arbeitgebers, das Arbeitsverhältnis zu geänderten Arbeitsbedingungen fortzusetzen, **unter Vorbehalt angenommen** (§ 2), so ist Streitgegenstand der daraufhin erhobenen Änderungsschutzklage nach dem Wortlaut des § 4 Satz 2 lediglich die Sozialwidrigkeit der Änderung der Arbeitsbedingungen. Parallel zur eigentlichen Kündigungsschutzklage (oben Rn. 69) wird man allerdings auch hier annehmen dürfen, daß nicht nur die Sozialwidrigkeit, sondern allgemeiner die Wirksamkeit der Änderung der Arbeitsbedingung insgesamt Streitgegenstand ist (siehe dazu oben Rn. 44).[208] Auch insoweit besteht eine Parallele zur Beendigungskündigung, als die Frist zur Klageerhebung auch hier den Charakter einer prozessualen Ausschlußfrist hat (oben Rn. 82 f.). Wie immer der Prozeß ausgehen mag, der Fortbestand des Arbeitsverhältnisses wird dadurch nicht berührt. Beim Obsiegen des Arbeitnehmers bleiben die bisherigen Arbeitsbedingungen maßgebend; obsiegt der Arbeitgeber, so treten von dem Zeitpunkt an, zu dem die Kündigung wirksam geworden wäre, die neuen Arbeitsbedingungen an die Stelle der bisherigen.

VIII. Anhang: Allgemeiner Weiterbeschäftigungsanspruch

Schrifttum: *Adomeit,* Der Weiterbeschäftigungsanspruch – abgelehnt, NJW 1986, 901; *Bächle,* Der Weiterbeschäftigungsanspruch während des Kündigungsschutzprozesses, NJW 1979, 1693; *Barton,* Die Anerkennung eines Weiterbeschäftigungsanspruchs durch Arbeitsgerichte unter „verfassungsrechtlichen Gesichtspunkten", NZA 1985, 77; *Barton/Hönsch,* Die Fortentwicklung des Weiterbeschäftigungsanspruchs in der Praxis, NZA 1987, 721; *Bengelsdorf,* Beschluß des Großen Senats des BAG zum Weiterbeschäftigungsanspruch – Unzulässiger richterlicher Rechtsetzungsakt, DB 1986, 168 und 222; *derselbe,* Die erzwungene Weiterbeschäftigung: Kein Arbeitsverhältnis, DB 1989, 2020; *Berkowsky,* Der allgemeine Weiterbeschäftigungsanspruch des Arbeitnehmers während des Kündigungsschutzprozesses – ein Phantom?, NJW 1982, 905; *derselbe,* „Wasch mir den Pelz, aber mach' mich nicht naß", BB 1986, 795; *Beuthien,* Das fehlerhafte Arbeitsverhältnis als bürgerlich-rechtliches Abwicklungsproblem, RdA 1969, 161; *Blanke,* Weiterbeschäftigungsanspruch und erneute Kündigung, AuR 1987, 185; *derselbe,* Zivilprozessuale Probleme des Weiterbeschäftigungsanspruchs, AuR 1987, 257; *Bötticher,* Zum „allgemeinen" Weiterbeschäftigungsanspruch des Arbeitnehmers während des Kündigungsschutzprozesses, BB 1981, 1954; *Braasch,* Der Anspruch auf vorläufige Weiterbeschäftigung, BB 1976, 319; *Brill,* Die Durchsetzung des

---

[208] Ebenso *Boewer* BB 1996, 2618; KR-*Friedrich* § 4 KSchG Rn. 290; *Löwisch* § 2 Rn. 56; *Richardi* ZfA 1971, 73, 101; *Schaub* § 137 Rn. 17.

Anrufung des Arbeitsgerichtes § 4

allgemeinen Weiterbeschäftigungsanspruchs – Verfahrens- und vollstreckungsrechtliche Probleme, BB 1982, 621; *Brill/Schwerdtner,* Aktuelle Rechtsfragen zum Weiterbeschäftigungsanspruch gekündigter Arbeitnehmer, 1986; *Brox,* Zum Anspruch des Arbeitnehmers auf Weiterbeschäftigung während des Kündigungsschutzprozesses nach Ablauf der Kündigungsfrist, BAG-Festschrift, 1979, S. 37; *Buchner,* Beschäftigungspflicht, 1989; *Coen,* Das Recht auf Arbeit und der Bestandsschutz des gekündigten Arbeitsverhältnisses, 1979; *Colneric,* Rechtskraft des Kündigungsschutzurteils – Vorbedingung für Leistungsurteile über Lohn und Beschäftigung?, AuR 1984, 105; *Dänzer-Vanotti,* Das Arbeitsverhältnis während des Kündigungsschutzprozesses – Folgerungen aus der Entscheidung des Großen Senats des BAG zum Weiterbeschäftigungsanspruch, DB 1985, 2610; *Däubler,* DB 1987. 8.8.8; *Dütz,* Effektiver Bestandsschutz im Arbeitsverhältnis, DB 1978 Beil. 13, S. 7; *derselbe,* Der Beschäftigungsanspruch in der Rechtsprechung des Bundesarbeitsgerichts, BAG-Festschrift, 1979, S. 71; *derselbe,* Die Weiterbeschäftigungs-Entscheidung des Großen Senats des Bundesarbeitsgerichts und ihre Folgen für die Praxis, NZA 1986, 209; *derselbe,* Vollstreckungsverhältnis als Arbeitsverhältnis, AuR 1987, 317; *Ehler,* Der sogenannte allgemeine Weiterbeschäftigungsanspruch, BB 1996, 376; *Eich,* Verfahrensrechtliche Implikationen des Weiterbeschäftigungsbeschlusses des Großen Senats des BAG vom 27. 2. 1985, DB 1986, 692; *Falkenberg,* Die Weiterbeschäftigungsentscheidung des Bundesarbeitsgerichts und ihre verfahrensrechtlichen Auswirkungen, DB 1987, 1534; *Färber/Kappes,* Die Entscheidung des Großen Senats zum Weiterbeschäftigungsanspruch während des Kündigungsschutzprozesses, NZA 1986, 215; *Feichtinger,* Die Weiterbeschäftigung während des Kündigungsschutzprozesses, DB 1983, 939; *Gamillscheg,* Zur Weiterbeschäftigung während der Kündigung, Festschrift für Dieterich, 1999, S. 185; *Geffert,* Beschäftigung wider Willen, 1994; *Growe,* Anträge zur Effektivierung des Weiterbeschäftigungsanspruchs, NZA 1996, 567; *Grunsky,* Der Anspruch des gekündigten Arbeitnehmers auf Beschäftigung, NJW 1979, 86; *Hanau,* Die Weiterbeschäftigungsentscheidung des BAG – Unerlaubte Rechtsfortbildung im Rückfall?, ZIP 1986, 3; *Hoehn,* Beschäftigungsanspruch und Zahlungsansprüche des Arbeitnehmers im gekündigten Arbeitsverhältnis, 1989; *v. Hoyningen-Huene,* Rechtsfortbildung im Arbeitsrecht als Vorreiter oder Vorbild?, BB 1986, 2133; *derselbe,* Rechtsfolgen der richterlichen Weiterbeschäftigungsanspruchs, BB 1988, 264; *Jobs,* Der Weiterbeschäftigungsanspruch des gekündigten Arbeitnehmers als rechts- und arbeitsmarktpolitisches Problem, AuR 1981, 16; *Kamphausen,* Weiterbeschäftigung nach Ablauf der Kündigungsfrist, BlStSozArbR 1982, 65; *Kappes,* Weiterbeschäftigung trotz Kündigung, Arbeitgeber 1979, 953; *Kehrmann,* Der Beschäftigungsanspruch des gekündigten Arbeitnehmers, AuR 1979, 267; *Kempff,* Weiterbeschäftigungsanspruch gekündigter Arbeitnehmer ohne Widerspruch des Betriebsrats?, DB 1976, 2111; *Klebe/Schumann,* Das Recht auf Beschäftigung im Kündigungsschutzprozeß, 1981; *Kleemann,* Zum Weiterbeschäftigungsanspruch gekündigter Arbeitnehmer, DB 1981, 2276; *Konzen,* Das Weiterbeschäftigungsverhältnis mit dem gekündigten Arbeitnehmer, Festschrift für Hyung-Bae Kim, 1995, S. 63; *Körnig/Reinecke,* Materiellrechtliche und vollstreckungsrechtliche Probleme des Beschäftigungsanspruchs während des Kündigungsschutzprozesses, AuR 1978, 193, 233; *Kraft,* Beschäftigungsanspruch und Weiterbeschäftigungsanspruch, ZfA 1979, 123; *Kreßel,* Die arbeitsrechtlichen Auswirkungen des Weiterbeschäftigungsanspruchs bei rechtmäßiger Kündigung, JZ 1988, 1102; *Künzl,* Der allgemeine Weiterbeschäftigungsanspruch, BB 1989, 1261; *derselbe,* Der Beschäftigungsanspruch des Arbeitnehmers, AuR 1993, 389; *Löwisch,* Die Verknüpfung von Kündigungsschutz und Betriebsverfassung nach dem BetrVG 1972, DB 1975, 349; *derselbe,* Die Weiterbeschäftigung des Arbeitnehmers während des Kündigungsrechtsstreits, DB 1978 Beil. 7, S. 8; *Lüke,* Arbeitsgerichtliche Kündigungsschutzklage und Verjährung des Gehaltsanspruchs, NJW 1960, 1333; *derselbe,* Das Arbeitsverhältnis während des Kündigungsschutzprozesses, NJW 1980, 2170; *Marcus,* Die einstweilige Verfügung und Weiterbeschäftigung während des Kündigungsschutzprozesses, RdA 1975, 340; *Mayer-Maly,* Weiterbeschäftigung nach Kündigung, DB 1979, 1601; *derselbe,* Die Grenzen des Anspruchs auf Weiterbeschäftigung nach Ablauf der Kündigungsfrist, BB 1984, 1751; *derselbe,* Über die der Rechtswissenschaft und der richterlichen Rechtsfortbildung gezogenen Grenzen, JZ 1986, 557; *Opolony,* Weiterbeschäftigungsanspruch und Weiterbeschäftigung während des Kündigungsrechtsstreits, AR-Blattei SD 1010.10 (2001); *Otto,* Der vorläufige Bestandsschutz des Arbeitsverhältnisses, RdA 1975, 68; *Pahle,* Zum Weiterbe-

527

schäftigungsanspruch gekündigter Arbeitnehmer, AuR 1986, 233; *Pallasch,* Der Beschäftigungsanspruch des Arbeitnehmers, 1993; *derselbe,* Noch einmal: Das Weiterbeschäftigungsverhältnis und seine Rückabwicklung, BB 1993, 2225; *Ramm,* Weiterbeschäftigung und Kündigungsfeststellungsklage, AuR 1986, 326; *Ramrath,* Rechtsnatur und Rechtsfolgen der ohne Verurteilung erfolgten Weiterbeschäftigung des Arbeitnehmers während des Kündigungsschutzprozesses, DB 1987, 92; *Schäfer,* Inhalt und praktische Konsequenzen der Weiterbeschäftigungsentscheidung des Großen Senats, NZA 1985, 691; *Schaub,* Vorläufiger Rechtsschutz bei der Kündigung von Arbeitsverhältnissen, NJW 1981, 1807; *Schellhaaß,* Die Weiterbeschäftigung des gekündigten Arbeitnehmers während des Kündigungsschutzprozesses, DB 1979, 2189; *Schukai,* Praktische Konsequenzen des Beschlusses des Großen Senats des BAG zum Weiterbeschäftigungsanspruch vom 27. 2. 1985, DB 1986, 482; *Schumann,* Das Recht auf Beschäftigung im Kündigungsschutzprozeß, NZA 1985, 688; *Schwerdtner,* Vom Beschäftigungsanspruch zum Weiterbeschäftigungsanspruch, ZIP 1985, 1361; *derselbe,* Das Weiterbeschäftigungsverhältnis als Arbeitsverhältnis „zweiter Klasse", DB 1989, 878; *derselbe,* Nochmals: Das Weiterbeschäftigungsverhältnis als Arbeitsverhältnis „zweiter Klasse", DB 1989, 2025; *Seier,* Der allgemeine Weiterbeschäftigungsanspruch, 1990; *Süß,* Zur Problematik der Vollstreckbarkeit von Weiterbeschäftigungsurteilen zugunsten gekündigter Arbeitnehmer, NZA 1988, 719; *Thieme,* Die Praxis des Weiterbeschäftigungsanspruchs, NZA 1986 Beil. 3, S. 20; *Walker,* Die bereicherungsrechtliche Rückabwicklung des Weiterbeschäftigungsverhältnisses, DB 1988, 1596; *Wank,* Rechtsfortbildung im Kündigungsschutzrecht, RdA 1987, 129; *Wassner,* Horror pleni, ZIP 1985, 1171; *Wenzel,* Der Weiterbeschäftigungsanspruch im Kündigungsschutzprozeß unter rechtspolitischen und rechtsgrundsätzlichen Aspekten, AuR 1980, 97; *Wlotzke/Lorenz,* Weiterbeschäftigung während des Kündigungsschutzprozesses – Eine Regelungsaufgabe für den Gesetzgeber, AuR 1980, 1; *M. Wolf/Pfeiffer,* Weiterbeschäftigung ohne Ende?, AuR 1985, 33.

94   Nachfolgend sollen die im **Zusammenhang mit dem Kündigungsschutzverfahren** seit vielen Jahren diskutierten Fragen eines allgemeinen Weiterbeschäftigungsanspruchs des Arbeitnehmers bis zum rechtskräftigen Abschluß des Kündigungsschutzprozesses kurz dargestellt werden. Die folgenden Erläuterungen beziehen sich dabei nur auf den in Rechtsprechung und Literatur umstrittenen **allgemeinen Weiterbeschäftigungsanspruch** außerhalb des § 102 Abs. 5 BetrVG bzw. § 79 Abs. 2 BPersVG, da nur dieser allgemeine Weiterbeschäftigungsanspruch einen speziellen Bezug zum KSchG aufweist. Wegen der Weiterbeschäftigungsansprüche nach dem BetrVG bzw. dem BPersVG ist auf die einschlägigen Kommentierungen zu jenen Vorschriften zu verweisen.

1. Die Rechtsfortbildung des Großen Senats des BAG zum allgemeinen Weiterbeschäftigungsanspruch

95   Nach einer breiten Diskussion Ende der siebziger Jahre[209] und Anfang der achtziger Jahre[210] hat der Große Senat des BAG durch Beschluß vom 27. 2. 1985 einen arbeitsvertraglichen **Anspruch auf vertragsgemäße Beschäftigung über den Ablauf der Kündigungsfrist,** bzw. bei einer fristlosen Kündigung über deren Zugang **hinaus,** bis zum rechtskräftigen Abschluß des Kündigungsschutzprozesses bejaht, wenn die Kündigung unwirksam ist

---

[209] Vgl. dazu die Nachweise bei G. *Hueck* Anm. zu BAG AP Nr. 7 zu § 611 BGB Beschäftigungspflicht.
[210] Vgl. dazu die Nachweise in den Vorlagebeschlüssen des 7. und 2. Senats vom 21. 12. 1983 und 29. 3. 1984, AP Nr. 10 und 12 zu § 611 BGB Beschäftigungspflicht.

und überwiegende schutzwerte Interessen des Arbeitgebers einer solchen Beschäftigung nicht entgegenstehen.[211]

a) Nach den **Grundsätzen des Großen Senats** des BAG begründet die Ungewißheit über den Ausgang des Kündigungsschutzprozesses außer im Falle einer offensichtlich unwirksamen Kündigung grundsätzlich ein schutzwertes Interesse des Arbeitgebers an der Nichtbeschäftigung des gekündigten Arbeitnehmers für die Dauer des Kündigungsschutzverfahrens. Dieses Interesse des Arbeitgebers überwiege in der Regel das Beschäftigungsinteresse des Arbeitnehmers bis zu dem Zeitpunkt, in dem im Kündigungsschutzprozeß ein die Unwirksamkeit der Kündigung feststellendes Urteil ergehe. Solange ein solches Urteil bestehe, könne die Ungewißheit des Prozeßausganges für sich allein ein überwiegendes Gegeninteresse des Arbeitgebers jedoch nicht mehr begründen. Hinzukommen müßten dann vielmehr zusätzliche Umstände, aus denen sich im Einzelfall ein überwiegendes Interesse des Arbeitgebers ergebe, den Arbeitnehmer nicht zu beschäftigen. Fehle es an solchen Umständen, so überwiege das Interesse des Arbeitnehmers an der Durchsetzung des Beschäftigungsanspruchs. Der arbeitsvertragliche Beschäftigungsanspruch könne dabei vom Arbeitnehmer im Klagewege geltend gemacht werden. Sei die Wirksamkeit einer Kündigung nach den Vorschriften des KSchG zu beurteilen, so dürfe einer Beschäftigungsklage allerdings nur stattgegeben werden, wenn das Arbeitsgericht auf eine entsprechende Kündigungsschutzklage des Arbeitnehmers hin festgestellt habe oder gleichzeitig feststelle, daß das Arbeitsverhältnis durch die Kündigung nicht aufgelöst worden sei.[212]

96

Der Große Senat des BAG leitet den Weiterbeschäftigungsanspruch damit aus dem **vertraglichen Beschäftigungsanspruch** ab, der nach diesen Grundsätzen auch für die Zeit nach Ablauf der Kündigungsfrist bestehen soll.[213] Dem stehe nicht entgegen, daß das KSchG nur eine nachträgliche Überprüfung der Rechtswirksamkeit der Kündigung kenne. Zwar sei nicht zu verkennen, daß bei einer in Widerspruch zur objektiven Rechtslage erfolgten Weiterbeschäftigung des gekündigten Arbeitnehmers ein die Wirksamkeit der Kündigung ex tunc feststellendes Urteil im Ergebnis den Effekt eines ex nunc wirkenden Gestaltungsurteils habe.[214] Dies sei aber ein allgemeines Problem der Durchsetzung eines Leistungsanspruches – hier des

97

---

[211] BAG GS 27. 2. 1985, AP Nr. 14 zu § 611 BGB Beschäftigungspflicht = BB 1985, 1978 mit Anm. *Gumpert* = EzA § 611 BGB Beschäftigungspflicht Nr. 9 mit abl. Anm. *Gamillscheg* = SAE 1986, 37 mit abl. Anm. *Lieb* = AR-Blattei Beschäftigungspflicht Entsch. 15 mit zust. Anm. *Buchner*, – aus dieser Entscheidung vgl. weiter *Bengelsdorf* DB 1986, 168 ff. und 222 ff.; *ders.* SAE 1987, 254 ff.; *Berkowsky* BB 1986, 795 ff.; *Blanke* AuR 1987, 257 ff.; *Brill/Schwerdtner* Aktuelle Rechtsfragen zum Weiterbeschäftigungsanspruch gekündigter Arbeitnehmer 1986, S. 19 ff.; *Dänzer-Vanotti* DB 1985, 2610 ff.; *Dütz* NZA 1986, 209 ff.; *Eich* DB 1986, 692 ff.; *Falkenberg* DB 1987, 1534 ff.; *Färber/Kappes* NZA 1986, 215; *Hanau* ZIP 1986, 3; *Herschel* AuR 1986, 159 ff.; *Künzl* BB 1989, 1261 ff.; *Pahle* AuR 1986, 233 ff.; *Ramm* AuR 1986, 326 ff.; *Schäfer* NZA 1986, 691 ff.; *Schukai* DB 1986, 482 ff.; *Schumann* NZA 1985, 688 ff.; *Schwerdtner* ZIP 1985, 1361 ff.; *Thieme* NZA 1986 Beil. 3, S. 20 ff.; *Wank* RdA 1987, 129, 149 ff.; *Wassner* ZIP 1985, 1171.
[212] BAG GS 27. 2. 1985, AP Nr. 14 zu § 611 BGB Beschäftigungspflicht.
[213] BAG GS 27. 2. 1985, AP Nr. 14 zu § 611 BGB Beschäftigungspflicht unter C II.
[214] BAG GS 27. 2. 1985, AP Nr. 14 zu § 611 BGB Beschäftigungspflicht unter C II 1 b.

Weiterbeschäftigungsanspruches – aufgrund vorläufiger Vollstreckbarkeit. Ob die Ungewißheit über den Ausgang des Kündigungsschutzprozesses eine Weiterbeschäftigungspflicht des Arbeitgebers nach Ablauf der Kündigungsfrist auslöse, sei durch eine Abwägung zwischen dem aus §§ 611, 613, 242 BGB i. V. m. Art. 1 und 2 GG resultierenden Beschäftigungsinteresse des Arbeitnehmers und dem Interesse des Arbeitgebers an der Nichtbeschäftigung des Arbeitnehmers nach Ausspruch der Kündigung zu ermitteln.[215]

98 Die Grundsätze des Großen Senats zum Weiterbeschäftigungsanspruch gekündigter Arbeitnehmer werden vom BAG – folgerichtig – entsprechend angewendet, wenn um die **Wirksamkeit einer Befristung oder auflösenden Bedingung** des Arbeitsverhältnisses gestritten wird.[216]

99 b) Der Beschluß des Großen Senats kann **weder in der Begründung noch im Ergebnis überzeugen.**[217] Die Anerkennung eines Weiterbeschäftigungsanspruchs in der vom Großen Senat entwickelten Form stellt eine **unzulässige Rechtsfortbildung** dar.[218]

100 Entgegen der bestehenden gesetzlichen Regelung, die **nur eine nachträgliche gerichtliche Überprüfung der Kündigung** vorsieht, führt die Anerkennung eines Weiterbeschäftigungsanspruchs in der vom Großen Senat entwickelten Form zu dem Ergebnis, daß die Folge einer Kündigung – Beendigung des Arbeitsverhältnisses – regelmäßig erst dann eintritt, wenn die Kündigung durch ein rechtskräftiges Urteil bestätigt worden ist. Dies wollte aber der Gesetzgeber gerade nicht. Wie sich aus § 102 Abs. 5 BetrVG ergibt, hatte auch der moderne Gesetzgeber das Problem des Weiterbeschäftigungsanspruchs erkannt. Aus dieser Regelung und der Entscheidung des Bundesrats vom 7. 10. 1983, in der ein Vorstoß der Länder Hessen und Hamburg auf eine gesetzliche Ausdehnung des Weiterbeschäftigungsanspruchs als zu weitgehend von der Bundesratsmehrheit abgelehnt wurde,[219] läßt sich ein beredtes Schweigen des Gesetzgebers zum allgemeinen Weiterbeschäfti-

---

[215] BAG GS 27. 2. 1985, AP Nr. 14 zu § 611 BGB Beschäftigungspflicht unter C II 3 a–c.
[216] Vgl. BAG 13. 6. 1985, AP Nr. 19 zu § 611 BGB Beschäftigungspflicht mit krit. Anm. *Belling* = AR-Blattei Beschäftigungspflicht Entsch. 17 mit zust. Anm. *Buchner* = SAE 1987, 11 mit insoweit zust. Anm. *Kraft; Brill/Schwerdtner* Aktuelle Rechtsfragen zum Weiterbeschäftigungsanspruch S. 44 f.; *Buchner* Beschäftigungspflicht S. 66 f.; – abweichend LAG Köln 26. 9. 1986 und 10. 4. 1987, LAGE § 611 BGB Beschäftigungspflicht Nr. 17 mit zust. Anm. *Wank* und Nr. 20.
[217] Abl. auch ErfK/*Ascheid* § 4 KSchG Rn. 95; *Barton* NZA 1985, 77 ff.; *Bengelsdorf* DB 1986, 168 ff., 222 ff.; *ders.* SAE 1987, 254 ff.; *Dütz* NZA 1986, 209 ff.; *Gamillscheg* Anm. zu BAG GS EzA § 611 BGB Beschäftigungspflicht Nr. 9; *ders.* Festschrift für Dieterich S. 185, 191 ff.; *v. Hoyningen-Huene* BB 1986, 2133, 2138; *ders.* BB 1988, 264 ff.; APS/*Koch* § 102 BetrVG Rn. 236; *Konzen* Festschrift für Hyung-Bae Kim S. 63, 72 f.; *Lieb* SAE 1986, 48 ff.; *Mayer-Maly* JZ 1986, 557, 559; *Pallasch* S. 105 ff.; *Schwerdtner* ZIP 1985, 1361; *Staudinger*/*Richardi* § 611 Rn. 812 ff.; *Wank* RdA 1987, 129, 149 ff.; *ders.* Anm. zu LAG Köln LAGE § 611 BGB Beschäftigungspflicht Nr. 17; *ders.* MünchArbR § 121 Rn. 87 f.; – dem BAG zust. jedoch HK-KSchG/*Dorndorf* § 1 Anh. 2 Rn. 4 ff.; *Erman/Hanau* § 611 Rn. 371 ff.; KR-*Etzel* § 102 Rn. 271; *Kittner/Däubler/Zwanziger* Einl. Rn. 739 ff.; im Ergebnis auch *Künzl* BB 1989, 1261 ff.
[218] Dazu näher *v. Hoyningen-Huene* BB 1986, 2133, 2138; *Mayer-Maly* JZ 1986, 557, 559; *Wank* RdA 1987, 129, 150 ff.
[219] Vgl. BR-Drucks. 272/83 S. 366 ff. mit Begründung des Berliner Senators Prof. Scholz.

Anrufung des Arbeitsgerichtes 101–103 § 4

gungsanspruch ableiten. Ein solches qualifiziertes Schweigen des Gesetzgebers steht aber einer Rechtsfortbildung grundsätzlich im Wege.[220]

c) Die Sicherung des Arbeitsplatzes während des Kündigungsrechtsstreits **101** ist kein Problem des materiellen Rechts, sondern ein **prozessuales Problem** der sachgerechten Gestaltung des **einstweiligen Rechtsschutzes**.[221] Im Wege einer Regelungsverfügung nach § 940 ZPO kann eine befriedigende Sicherung des Bestandsschutzinteresses des Arbeitnehmers an seinem Arbeitsplatz im Falle einer umstrittenen Kündigung erreicht werden. Hierzu bedarf es auch – im Gegensatz zur Sicherungsverfügung nach § 935 ZPO – keines zu sichernden materiellen Anspruchs.[222] Gegenstand der einstweiligen Verfügung nach § 940 ZPO ist vielmehr die Regelung eines streitigen Rechtsverhältnisses.[223] Das streitige Rechtsverhältnis ist hier das Arbeitsverhältnis, das durch den Kündigungsrechtsstreit über die Wirksamkeit der Kündigung selbst in seinem Bestand zwischen den Parteien streitig geworden ist.[224] Der erforderliche Verfügungsgrund ergibt sich dabei daraus, daß durch die zunächst vollzogene tatsächliche Entlassung des Arbeitnehmers zusammen mit einer überlangen Verfahrensdauer die spätere Fortsetzung eines möglicherweise nicht wirksam beendeten Arbeitsverhältnisses gefährdet wird.[225]

Bei der Prüfung des **Verfügungsgrundes** ist das Interesse des Arbeitneh- **102** mers an der Sicherung seines Arbeitsplatzes im Falle der Unwirksamkeit seiner Kündigung mit dem Interesse des Arbeitgebers, den gekündigten Arbeitnehmer nach Ablauf der Kündigungsfrist nicht mehr weiter beschäftigen zu müssen, abzuwägen.[226] Dabei ist von dem Grundsatz auszugehen, daß es nach Ablauf der Kündigungsfrist keine Weiterbeschäftigungspflicht des Arbeitgebers mehr gibt. Eine solche Pflicht kommt vielmehr nur dann in Frage, wenn die hohe Wahrscheinlichkeit eines Obsiegens des Arbeitnehmers im Kündigungsrechtsstreit besteht.[227]

Die hier vertretene Auffassung führt zu **weitgehend gleichen Ergeb-** **103** **nissen wie die vom Großen Senat entwickelte Lösung.** Dabei ist freilich zu beachten, daß die Inanspruchnahme des einstweiligen Rechtsschutzes zu einer Schadensersatzpflicht des Arbeitnehmers nach § 945 ZPO führen

---

[220] Dazu *Larenz* Methodenlehre 6. Aufl. 1991, S. 370; siehe auch *Canaris* Die Feststellung von Lücken im Gesetz 2. Aufl. 1983, S. 50 ff.
[221] Ebenso ErfK/*Ascheid* § 4 KSchG Rn. 95; *v. Hoyningen-Huene* BB 1988, 264, 268 f.; *G. Hueck* Anm. zu BAG AP Nr. 7 zu § 611 BGB Beschäftigungspflicht; *Staudinger/Richardi* § 611 Rn. 831; *Wank* RdA 1987, 129, 159.
[222] So zutr. *Richardi* § 102 Rn. 252; ebenso *Dütz* DB 1978 Beil. 13, S. 7; *Pallasch* BB 1993, 2225, 2227; *Reuter* SAE 1978, 248, 249; KR-M. *Wolf* 3. Aufl. 1989 Grunds. Rn. 480.
[223] Siehe nur *Stein/Jonas/Grunsky* ZPO 21. Aufl. 1996 § 940 Rn. 4 f.; *Zöller/Vollkommer* ZPO § 940 Rn. 2.
[224] Vgl. LAG Niedersachsen 7. 2. 1986, DB 1986, 1126, 1129; *Dütz* DB 1978 Beil. 13, S. 6 f.
[225] So zutr. *Dietz/Richardi* 6. Aufl. 1982 § 102 Rn. 270; zu eng insoweit KR-M. *Wolf* 3. Aufl. 1989 Grunds. Rn. 480.
[226] Zutr. LAG Niedersachsen 7. 2. 1986, DB 1986, 1126, 1129; *Löwisch* DB 1978 Beil. 7, S. 8; *Reuter* SAE 1978, 248, 249; *Wank* RdA 1987, 129, 159.
[227] Ebenso *Dietz/Richardi* 6. Aufl. 1982 § 102 Rn. 271; *Löwisch* DB 1978 Beil. 7, S. 8; *Marcus* RdA 1975, 340, 342.

kann, wenn sich später im Kündigungsrechtsstreit endgültig ergibt, daß die Kündigung doch wirksam war.[228] Inwieweit dann gezahlter Lohn vom Arbeitnehmer zurückzuzahlen ist, muß unter dem Gesichtspunkt der Vorteilsausgleichung beurteilt werden.[229]

2. Rechtsnatur und Inhalt des richterrechtlichen Weiterbeschäftigungsanspruchs

104 Da sich der hier abgelehnte richterrechtliche Weiterbeschäftigungsanspruch in der Praxis inzwischen weitgehend durchgesetzt hat,[230] sollen nachfolgend Inhalt und Rechtsnatur dieses Weiterbeschäftigungsanspruchs näher erörtert werden. Der Weiterbeschäftigungsanspruch in der vom Großen Senat entwickelten Form gibt dem Arbeitnehmer lediglich einen **Anspruch auf tatsächliche Beschäftigung**. Rechtsgrund, Schutzzweck und Rechtswirkungen der Weiterbeschäftigung sind danach voneinander zu trennen.[231] Der Große Senat hat damit ausdrücklich die Frage offen gelassen, nach welcher Rechtsgrundlage die Vergütungsansprüche des Arbeitnehmers in der Zeit seiner Weiterbeschäftigung zu beurteilen sind. Zur Klärung dieser Frage ist es erforderlich, die Rechtsnatur dieses Weiterbeschäftigungsverhältnisses näher zu untersuchen.

105 a) Beschäftigt der Arbeitgeber den Arbeitnehmer nach Ablauf der Kündigungsfrist bis zum Ablauf des Kündigungsschutzprozesses weiter, liegt hierin regelmäßig die durch den rechtskräftigen Abschluß des Kündigungsschutzverfahrens **auflösend bedingte Fortsetzung des ursprünglichen Arbeitsverhältnisses.**[232] Für die Annahme eines faktischen Arbeitsverhältnisses ist bei einer derartigen Weiterbeschäftigung regelmäßig kein Raum,[233] weil das Arbeitsverhältnis von beiden Vertragsparteien in Kenntnis des ungewissen Prozeßausganges einvernehmlich fortgesetzt wird. Bei der einvernehmlichen Fortsetzung des Arbeitsverhältnisses bis zum Abschluß des Kündigungsschutzverfahrens bestehen zwischen den Arbeitsvertragsparteien die gleichen Rechte und Pflichten wie in einem gekündigten, aber noch nicht beendeten Arbeitsverhältnis.

106 b) Rechtlich problematisch ist die Beurteilung der Weiterbeschäftigung, wenn der Arbeitgeber den Arbeitnehmer lediglich zur **Abwendung der**

---

[228] Vgl. dazu *Brill/Schwerdtner* Aktuelle Rechtsfragen des Weiterbeschäftigungsanspruchs S. 203 f.; kritisch hierzu *Stein/Jonas/Grunsky* ZPO 21. Aufl. 1996 § 945 Rn. 37.
[229] Vgl. BAG 10. 3. 1987, AP Nr. 1 zu § 611 BGB Weiterbeschäftigung unter I 6 c mit abl. Anm. *v. Hoyningen-Huene; Brill/Schwerdtner* Aktuelle Rechtsfragen des Weiterbeschäftigungsanspruchs S. 204; *Eich* DB 1986, 692, 696; KR-*M. Wolf* 3. Aufl. 1989 Grunds. Rn. 481 a.
[230] Ebenso APS/*Koch* § 102 BetrVG Rn. 236.
[231] BAG GS 27. 2. 1985, AP Nr. 14 zu § 611 BGB Beschäftigungspflicht unter C II 3 b.
[232] BAG 4. 9. 1986, AP Nr. 22 zu § 611 BGB Beschäftigungspflicht = SAE 1987, 249 mit Anm. *Bengelsdorf;* – widersprüchlich BAG 17. 1. 1991, NZA 1991, 769 unter II 2 c = ZIP 1991, 1092 mit krit. Anm. *Künzl; Buchner* Beschäftigungspflicht S. 83; *Kreßel* JZ 1988, 1102, 1107; *Stahlhacke/Preis/Vossen* Rn. 1314; *Walker* DB 1988, 1596.
[233] So aber BAG 15. 1. 1986, AP Nr. 66 zu § 1 LohnFG = SAE 1986, 258 mit krit. Anm. *Misera; Dütz* AuR 1987, 317 ff.; abl. auch *Barton/Hönsch* NZA 1987, 721 ff.; *Bengelsdorf* SAE 1987, 254, 260 f.; *Buchner* Beschäftigungspflicht S. 82 f.; *Lieb* Anm. zu BAG EzA § 611 BGB Beschäftigungspflicht Nr. 28.

Zwangsvollstreckung aus einem Weiterbeschäftigungsurteil weiterbeschäftigt.[234]

Nach Auffassung des BAG besteht für die erfolgte Weiterbeschäftigung bei wirksamer Arbeitgeberkündigung kein Rechtsgrund.[235] Eine entsprechende Anwendung der Rechtsfolgen einer Weiterbeschäftigung nach § 102 Abs. 5 BetrVG scheide wegen des besonderen Regelungszwecks dieser Vorschrift aus.[236] Die Anwendung der Grundsätze des faktischen Arbeitsverhältnisses als Grundlage für die Weiterbeschäftigung komme nicht in Betracht, weil die Weiterbeschäftigung gegen den Willen des Arbeitgebers erfolgt sei.[237] Die gegenseitigen Ansprüche von Arbeitnehmer und Arbeitgeber richteten sich daher nach den **allgemeinen Bestimmungen des Bereicherungsrechts**.[238] Danach habe der Arbeitnehmer bei Wirksamkeit der Kündigung gegen den Arbeitgeber Anspruch auf Ersatz des Werts der geleisteten Arbeit (§ 812 Abs. 1 Satz 1 und § 818 Abs. 2 BGB). Der Wert der Arbeitsleistung bestimme sich nach der üblichen Vergütung. Zu dieser zähle auch eine zeitanteilige Jahressonderleistung, wenn diese nach dem Inhalt der für das beendete Arbeitsverhältnis maßgeblichen Tarifregelung als auf den Weiterbeschäftigungszeitraum entfallender Lohn anzusehen sei.[239] Nicht zu ersetzen sei jedoch Urlaub, der dem Arbeitnehmer nicht gewährt worden sei.

Gegen diese Rechtsprechung bestehen jedoch **nachhaltige Bedenken**.[240] Selbst wenn man, um in der Systematik des BAG zu bleiben, Bereicherungsrecht heranzieht, kann der konkreten Anwendung der §§ 812 Abs. 1 und 818 Abs. 2 BGB nur teilweise gefolgt werden.[241]

c) **Leistungspflichten des Arbeitgebers:** Konsequent ist der Ansatzpunkt des BAG, wonach der Arbeitgeber um die erbrachte Arbeitsleistung

---

[234] Vgl. dazu BAG 10. 3. 1987, AP Nr. 1 zu § 611 BGB Weiterbeschäftigung mit abl. Anm. *v. Hoyningen-Huene* = EzA § 611 BGB Beschäftigungspflicht Nr. 28 mit zust. Anm. *Lieb* und zust. Anm. *Schilken* = SAE 1987, 251 mit zust. Anm. *Bengelsdorf*; BAG 1. 3. 1990, EzA § 611 BGB Beschäftigungspflicht Nr. 41; BAG 17. 1. 1991, AP Nr. 8 zu § 611 BGB Weiterbeschäftigung = ZIP 1991, 1092 mit Anm. *Künzl*; BAG 12. 2. 1992, AP Nr. 9 zu § 611 BGB Weiterbeschäftigung = JZ 1993, 319 mit abl. Anm. *Hanau/Rolfs*; siehe dazu auch *Bengelsdorf* DB 1989, 2020 ff.; *Brill/Schwerdtner* Aktuelle Rechtsfragen zum Weiterbeschäftigungsanspruch gekündigter Arbeitnehmer S. 76 ff.; *Buchner* Beschäftigungspflicht S. 83 ff.; HK-KSchG/*Dorndorf* § 1 Anh. 2 Rn. 18 ff.; *Dütz* AuR 1987, 317 ff.; *v. Hoyningen-Huene* BB 1988, 264 ff.; *Kreßel* JZ 1988, 1102 ff.; *Pallasch* BB 1993, 2225, 2227 ff.; *Schwerdtner* DB 1989, 878 f., 2025 f.; *Stahlhacke/Preis/Vossen* Rn. 1315 ff.; *Walker* DB 1988, 1596 ff.
[235] BAG 10. 3. 1987, 17. 1. 1991, 12. 2. 1992, AP Nr. 1, 8, 9 zu § 611 BGB Weiterbeschäftigung.
[236] BAG 10. 3. 1987, AP Nr. 1 zu § 611 BGB Weiterbeschäftigung unter I 4.
[237] BAG 10. 3. 1987, AP Nr. 1 zu § 611 BGB Weiterbeschäftigung unter I 5.
[238] BAG 10. 3. 1987, AP Nr. 1 zu § 611 BGB Weiterbeschäftigung unter I 6 und 7.
[239] BAG 10. 3. 1987, AP Nr. 1 zu § 611 BGB Weiterbeschäftigung sowie BAG 1. 3. 1990, AP Nr. 7 zu § 611 BGB Weiterbeschäftigung.
[240] Dazu eingehend *Buchner* Beschäftigungspflicht S. 84 ff.; HK-KSchG/*Dorndorf* § 1 Anh. 2 Rn. 26 ff.; *Hanau/Rolfs* JZ 1993, 321 ff.; *v. Hoyningen-Huene* BB 1988, 264, 266 ff.; *ders.* Anm. zu BAG AP Nr. 1 zu § 611 BGB Weiterbeschäftigung; *Kreßel* JZ 1988, 1102, 1106 f.; *Schwerdtner* DB 1989, 878 f. und 2025 f.; *Walker* DB 1988, 1596, 1598 ff. jeweils mit umfassenden w. N.; dem BAG zustimmend *Barton/Hönsch* NZA 1987, 721, 723 ff.; *Bengelsdorf* SAE 1987, 264 ff.; *ders.* DB 1989, 2020, 2022 f.; *Künzl* BB 1989, 1261, 1266 f.; *Lieb* Anm. zu BAG EzA § 611 BGB Beschäftigungspflicht Nr. 28; *Pallasch* BB 1995, 2225, 2228; *Stahlhacke/Preis/Vossen* Rn. 1316.
[241] Zu den Einzelheiten siehe *v. Hoyningen-Huene* BB 1988, 264, 266 ff.

bereichert ist.²⁴² Denn diese hat der Arbeitgeber tatsächlich erhalten. Das **erlangte Etwas i. S. v. § 812 Abs. 1 Satz 1 BGB** ist also nicht die Ersparnis an Lohnkosten, sondern die Arbeitsleistung selbst.²⁴³ Das hat zur Konsequenz, daß der Arbeitgeber, da er zur Herausgabe der erbrachten Arbeitsleistung nicht mehr in der Lage ist, gemäß § 818 Abs. 2 BGB Wertersatz für die erlangte Arbeitsleistung zu leisten hat.²⁴⁴ Der Umfang dieses Wertersatzanspruchs bemißt sich dabei nach dem objektiven Wert der erbrachten Arbeitsleistungen und nicht nach den ersparten Lohnkosten, wobei sich der objektive Wert der Arbeitsleistung grundsätzlich nach dem üblichen Entgelt richtet.²⁴⁵ Bei Arbeitsverhältnissen entspricht dies in der Regel den Leistungen nach dem einschlägigen Tarifvertrag. Zu diesen Leistungen gehören auf jeden Fall der tarifliche Arbeitslohn und tarifliche Jahressonderzahlungen, soweit sie nicht ein ungekündigtes Arbeitsverhältnis voraussetzen.²⁴⁶

110 Entgegen der Ansicht des BAG²⁴⁷ sind aber auch die **tariflichen Urlaubsansprüche** beim Bereicherungsausgleich zu berücksichtigen.²⁴⁸ Da der Arbeitgeber nämlich im wirksamen Arbeitsverhältnis nicht nur Lohn, sondern auch bezahlte Freistellung von der Arbeit (§ 1 BUrlG, § 611 BGB) schuldet, bemißt sich der objektive Wert der rechtsgrundlos geleisteten Arbeit auch nach den auf die Beschäftigungszeit entfallenden Urlaubsansprüchen.²⁴⁹ Denn wenn ein Arbeitnehmer beschäftigt wird, hat er gemäß § 1 BUrlG auch Anspruch auf bezahlten Erholungsurlaub, der nach § 7 Abs. 4 BUrlG abzugelten ist, wenn er nicht gewährt werden kann. Ob der Urlaubsanspruch Entgeltcharakter hat,²⁵⁰ ist entgegen der Ansicht des BAG für die vorliegende Frage unerheblich. Das wäre allenfalls dann von Bedeutung, wenn man die Bereicherung des Arbeitgebers in den ersparten Lohnkosten sieht. Für die Bestimmung des Wertes der geleisteten Arbeit ist demgegenüber maßgeblich, was der Arbeitgeber dem Arbeitnehmer üblicherweise schuldet. Das ergibt sich aber aus dem einschlägigen Tarifvertrag, wonach der Arbeitgeber nicht nur Lohn, sondern auch Urlaub und gegebenenfalls auch Urlaubsabgeltung schuldet.

111 Selbst wenn man also dem BAG dahin folgen würde, daß sich die Rückabwicklung des Weiterbeschäftigungsverhältnisses nach Bereicherungsrecht richtet, stünde dem Arbeitnehmer, entgegen der Auffassung des BAG, auch

---

²⁴² BAG 10. 3. 1987, AP Nr. 1 zu § 611 BGB Weiterbeschäftigung.
²⁴³ Vgl. dazu allgemein MünchKomm-BGB/*Lieb* § 812 Rn. 299 ff. und § 818 Rn. 10 ff.; *Staudinger/Lorenz* § 812 Rn. 102.
²⁴⁴ Vgl. MünchKomm-BGB/*Lieb* § 818 Rn. 32.
²⁴⁵ HK-KSchG/*Dorndorf* § 1 Anh. 2 Rn. 41; MünchKomm-BGB/*Lieb* § 818 Rn. 36; *Pallasch* Anm. zu BAG EzA § 611 BGB Beschäftigungspflicht Nr. 52; *Stahlhacke/Preis/Vossen* Rn. 1316 a.
²⁴⁶ Ebenso BAG 10. 3. 1987, 1. 3. 1990, AP Nr. 1, 7 zu § 611 BGB Weiterbeschäftigung.
²⁴⁷ BAG 10. 3. 1987, AP Nr. 1 zu § 611 BGB Weiterbeschäftigung.
²⁴⁸ Vgl. HK-KSchG/*Dorndorf* § 1 Anh. 2 Rn. 43; *Färber/Kappes* NZA 1986, 215, 219; *v. Hoyningen-Huene* BB 1988, 264, 268; *ders.* Anm. zu BAG AP Nr. 1 zu § 611 BGB Weiterbeschäftigung; *Konzen* Festschrift für Hyung-Bae Kim S. 63, 81 f.; *Kreßel* JZ 1988, 1102, 1107 sowie allg. *Beuthien* RdA 1969, 161, 170; – abweichend *Barton/Hönsch* NZA 1987, 721, 725; *Bengelsdorf* DB 1989, 2020, 2022; *Lieb* Anm. zu BAG EzA § 611 BGB Beschäftigungspflicht Nr. 28; *Stahlhacke/Preis/Vossen* Rn. 1316; *Walker* DB 1988, 1596, 1599 f.
²⁴⁹ So bereits *Beuthien* RdA 1969, 161, 170.
²⁵⁰ Dazu *Leinemann/Linck* Urlaubsrecht § 1 Rn. 15 ff.

der übliche Urlaub zu. Allerdings bleibt dann noch ein möglicher **Wegfall der Bereicherung nach § 818 Abs. 3 BGB** zu untersuchen.[251] Der Einwand des Wegfalls der Bereicherung ist zwar im Regelfall ausgeschlossen, sobald der Bereicherungsschuldner die entsprechende vertragliche, wenn auch unwirksame Verpflichtung zurechenbar und damit risikobegründend übernommen hatte.[252] Bei der Weiterbeschäftigung zur Abwendung der Zwangsvollstreckung ist jedoch zu beachten, daß dem Arbeitgeber die Arbeitsleistungen aufgedrängt worden sind.[253] Es ist daher zu prüfen, ob die Arbeitsleistungen des weiterbeschäftigten Arbeitnehmers für den Arbeitgeber überhaupt noch von Nutzen sind. Bei einer aufgedrängten Arbeitsleistung kann sich der Arbeitgeber nämlich nach § 818 Abs. 3 BGB darauf berufen, daß die erlangten Arbeitsleistungen für ihn keinen dem objektiven Wert entsprechenden Nutzen haben und daher insoweit für ihn keine Bereicherung mehr vorliegt.[254] Zumindest eine Minderung der Bereicherung ist daher insbesondere bei betriebsbedingten Kündigungen in Erwägung zu ziehen.

d) **Rechtsgrund der Weiterbeschäftigung:** Unabhängig von diesen Fragen der konkreten Anwendung des Bereicherungsrechts bestehen jedoch durchgreifende Bedenken gegen die Anwendung des Bereicherungsrechts als solchem, da entgegen der Auffassung des BAG die Arbeitsleistung im Weiterbeschäftigungsverhältnis **nicht ohne rechtlichen Grund** erfolgt.[255] Die Annahme des BAG, die Weiterbeschäftigung erfolge ohne rechtlichen Grund,[256] ist inkonsequent, weil sowohl nach Auffassung des 8. Senats des BAG als auch des Großen Senats der Weiterbeschäftigungsanspruch des Arbeitnehmers materiellrechtlicher Natur sein soll.[257]

Rechtsgrund für das Tätigwerden ist also das **Weiterbeschäftigungsverhältnis als solches,** das durch die Rechtsfortbildung des BAG materiellrechtlich ausgestaltet worden ist.[258] Das durch die tatsächliche Beschäftigung entstehende Rechtsverhältnis beinhaltet zwar zunächst nur das Recht des Arbeitnehmers, vom Arbeitgeber die tatsächliche Beschäftigung verlangen zu können. Durch die Geltendmachung und Realisierung dieses Anspruchs

---

[251] Vgl. *Barton/Hönsch* NZA 1987, 721, 724; HK-KSchG/*Dorndorf* § 1 Anh. 2 Rn. 42; *v. Hoyningen-Huene* BB 1988, 264, 267; *ders.* Anm. zu BAG AP Nr. 1 zu § 611 BGB Weiterbeschäftigung; *Walker* DB 1988, 1596, 1600 f.
[252] Vgl. MünchKomm-BGB/*Lieb* § 818 Rn. 36.
[253] Vgl. *Buchner* Beschäftigungspflicht S. 87; *v. Hoyningen-Huene* BB 1988, 264, 267.
[254] Dazu näher MünchKomm-BGB/*Lieb* § 818 Rn. 34 f. m. w. N.
[255] Vgl. dazu näher *v. Hoyningen-Huene* BB 1988, 264, 266; *ders.* Anm. zu BAG AP Nr. 1 zu § 611 BGB Weiterbeschäftigung; im Ergebnis ebenso HK-KSchG/*Dorndorf* § 1 Anh. 2 Rn. 26 ff.; *Falkenberg* DB 1987, 1534, 1538; *Kreßel* JZ 1988, 1102, 1107; *Künzl* BB 1989, 1261, 1266 f.
[256] BAG 10. 3. 1987, AP Nr. 1 zu § 611 BGB Weiterbeschäftigung unter I; BAG 17. 1. 1991, NZA 1991, 769 unter II.
[257] Vgl. BAG GS 27. 2. 1985, AP Nr. 14 zu § 611 BGB Beschäftigungspflicht unter C II 2 b, wo vom Großen Senat ausdrücklich eine vollstreckungsrechtliche Lösung bezüglich des Weiterbeschäftigungsanspruchs verworfen wird; außerdem BAG 10. 3. 1987, AP Nr. 1 zu § 611 BGB Weiterbeschäftigung unter I 1; – wie hier HK-KSchG/*Dorndorf* § 1 Anh. 2 Rn. 29.
[258] Abweichend BAG 17. 1. 1991, AP Nr. 8 zu § 611 BGB Weiterbeschäftigung unter II 2 c.

entsteht dann aber das Weiterbeschäftigungsverhältnis. Die Rechtsfolgen des Tätigwerdens, wie sie sonst durch § 611 BGB geregelt sind, insbesondere die Entgeltansprüche, wurden bei der Rechtsfortbildung des BAG ausdrücklich offengelassen. Das ändert aber nichts daran, daß trotzdem materiellrechtlich ein Rechtsverhältnis vorliegt, auch wenn dieses nur unvollkommen geregelt ist.

114 Das **Weiterbeschäftigungsverhältnis besteht** auflösend bedingt (§ 158 Abs. 2 BGB) durch die endgültige Entscheidung im Kündigungsschutzprozeß.[259] Mit der Feststellung der Wirksamkeit der Kündigung entfällt damit das Weiterbeschäftigungsverhältnis nicht rückwirkend, es endet vielmehr mit Rechtskraft der Entscheidung ex nunc. Die Voraussetzungen für eine condictio indebiti nach § 812 Abs. 1 Satz 1 BGB liegen daher bei konsequenter Anwendung der vom Großen Senat entwickelten Rechtsgrundsätze zum allgemeinen Weiterbeschäftigungsanspruch nicht vor. Das gilt auch für die Anwendung des § 812 Abs. 1 Satz 2 Fall 1 BGB (condictio ob causam finitam), wonach auch bei späterem Wegfall des rechtlichen Grundes ein Rückabwicklungsanspruch bestünde. Bei einem auflösend bedingten Dauerschuldverhältnis bleibt jedoch das Vertragsverhältnis bis zum Bedingungseintritt wirksam bestehen, nicht anders, als wäre es von vornherein nur bis zu diesem Zeitpunkt eingegangen worden. Einer Rückabwicklung nach § 812 Abs. 1 Satz 2 Fall 1 BGB unterliegen insoweit lediglich die von einer Partei erbrachten Vorleistungen.[260] Die auf Grund des Weiterbeschäftigungsanspruchs vom Arbeitnehmer erbrachte Arbeitsleistung ist daher auch unter diesem Gesichtspunkt mit Rechtsgrund erfolgt. Eine Rückabwicklung der bereits erbrachten Leistungen scheidet daher aus.

115 Bejaht man daher entgegen der hier vertretenen Auffassung mit dem Großen Senat einen materiellen Weiterbeschäftigungsanspruch des Arbeitnehmers neben den Sondervorschriften des BetrVG bzw. BPersVG, so entsteht dadurch im Ergebnis ein **Rechtsverhältnis eigener Art,** dem lediglich eine Vergütungsregelung fehlt.[261] Die Ergänzung der fehlenden Vergütungsregelung hat dabei über § 612 BGB zu erfolgen. Immer dann, wenn eine Dienstleistung den Umständen nach nur gegen eine Vergütung zu erwarten ist, eine Vergütungsvereinbarung aber nicht getroffen wurde, gilt gemäß § 612 Abs. 1 BGB eine Vergütung als stillschweigend vereinbart.[262] Ob für die erbrachte Arbeitsleistung eine Vergütungspflicht aus § 612 Abs. 1 BGB fingiert werden kann, ist nach der objektiven Sachlage und nach den tatsächlichen Verhältnissen des Einzelfalles und auch unabhängig von der Frage zu prüfen, ob der Dienstberechtigte selbst gewußt hat, daß die Dienstleistung den Umständen nach nur gegen Vergütung zu erwarten war.[263] Dabei muß

---

[259] Vgl. HK-KSchG/*Dorndorf* § 1 Anh. 2 Rn. 29; *v. Hoyningen-Huene* BB 1988, 264, 266; *Kreßel* JZ 1988, 1102, 1106 f.; *Schaub* § 110 Rn. 23; – abweichend BAG 17. 1. 1991, AP Nr. 8 zu § 611 BGB Weiterbeschäftigung unter II 2.
[260] Vgl. *Staudinger/Lorenz* § 812 Rn. 102.
[261] Vgl. dazu näher *v. Hoyningen-Huene* BB 1988, 264, 267 f.; siehe dazu auch *Dütz* AuR 1987, 317, 321 ff.; *Falkenberg* DB 1987, 1534, 1538 sowie BAG 15. 1. 1986, AP Nr. 66 zu § 1 LohnFG, die hier die Regeln über das faktische Arbeitsverhältnis anwenden.
[262] Vgl. dazu MünchKomm-BGB/*Schaub* § 612 Rn. 1.
[263] Vgl. hierzu grundlegend BAG AP Nr. 13 zu § 612 BGB mit zust. Anm. *A. Hueck;* außerdem *v. Hoyningen-Huene* Anm. zu BAG AP Nr. 29 zu § 612 BGB m. w. N.

der Arbeitgeber in der Regel davon ausgehen, daß der Arbeitnehmer auch im Falle der Weiterbeschäftigung seine Arbeitsleistung nur gegen eine Vergütung erbringen will.

Die **Höhe der Vergütung** richtet sich gemäß § 612 Abs. 2 BGB nach der üblichen Vergütung, die im Regelfall der tariflichen Vergütung entspricht.[264] Zur tariflichen Vergütung zählen stets der Tariflohn und die tarifliche Jahressonderzahlung. Dies gilt im Ergebnis auch für noch nicht gewährten Urlaub.[265] Der Urlaubsanspruch stellt zwar keine Gegenleistung des Arbeitgebers für erbrachte Arbeitsleistungen dar. Es handelt sich hierbei vielmehr um einen eigenständigen Anspruch auf bezahlte Freistellung. Dieser Freistellungsanspruch wandelt sich gemäß § 7 Abs. 4 BUrlG in einen Abgeltungsanspruch um, wenn die Freistellung nicht in Anspruch genommen werden kann und der Arbeitnehmer aus dem Betrieb ausscheidet. Der Arbeitnehmer kann daher auch Urlaubsabgeltung verlangen.

Die **übrigen Rechte und Pflichten** zwischen Arbeitgeber und Arbeitnehmer während des Weiterbeschäftigungszeitraums müssen mangels ausdrücklicher Regelung entsprechend § 102 Abs. 5 BetrVG bestimmt werden.[266] Das gilt namentlich für die Arbeitspflicht des Arbeitnehmers für diesen Zeitraum, von der er sich nicht ohne weiteres lossagen kann. Hierzu bedarf es vielmehr einer Kündigung unter Einhaltung der Kündigungsfristen.

e) Das Weiterbeschäftigungsverhältnis endet grundsätzlich, wenn der Arbeitgeber eine **erneute Kündigung** ausspricht.[267] Der Arbeitnehmer kann sich auch unter Berücksichtigung des Beschlusses des Großen Senats nicht auf das im Anschluß an die erste Kündigung ergangene Weiterbeschäftigungsurteil berufen, da durch die neuerliche Kündigung der Fortbestand des Arbeitsverhältnisses wieder ungewiß geworden ist.[268] An dieser Ungewißheit fehlt es nur dann, wenn die neue Kündigung offensichtlich unwirksam ist oder auf dieselben Gründe gestützt wird, die nach Auffassung des Arbeitsgerichts schon für die erste Kündigung nicht ausgereicht haben. Wird die Kündigung auf einen neuen Lebenssachverhalt gestützt, so endet grundsätzlich die Weiterbeschäftigungspflicht.[269] Gleiches gilt nach Auffassung des Achten Senats, wenn der Arbeitgeber im zweiten Rechtszug einen **Auflösungsantrag** nach § 9 stellt.[270]

---

[264] Vgl. HK-KSchG/*Dorndorf* § 1 Anh. 2 Rn. 41; *Erman/Hanau* § 612 Rn. 22; Münch-Komm-BGB/*Schaub* § 612 Rn. 220.

[265] Dazu näher *v. Hoyningen-Huene* BB 1988, 264, 268.

[266] Ähnlich *Brill/Schwerdtner* Aktuelle Rechtsfragen zum Weiterbeschäftigungsanspruch S. 76; HK-KSchG/*Dorndorf* § 1 Anh. 2 Rn. 35; *Färber/Kappes* NZA 1986, 215, 219; *Wank* RdA 1987, 129, 156.

[267] Vgl. dazu BAG 28. 3. 1985, AP Nr. 4 zu § 767 ZPO; BAG 19. 12. 1985, AP Nr. 17 zu § 611 BGB Beschäftigungspflicht = AR-Blattei Beschäftigungspflicht Entsch. 18 mit zust. Anm. *Buchner* = SAE 1987, 17 mit zust. Anm. *Kraft; Blanke* AuR 1987, 185 ff.; *Buchner* Beschäftigungspflicht S. 62 ff.; *Schäfer* NZA 1985, 691, 694 f.; *Schumann* NZA 1985, 688, 690.

[268] BAG 19. 12. 1985, AP Nr. 17 zu § 611 BGB Beschäftigungspflicht.

[269] BAG 19. 12. 1985, AP Nr. 12 zu § 611 BGB Beschäftigungspflicht; *Buchner* Beschäftigungspflicht S. 63 f.; *Kraft* SAE 1987, 20 ff.; – abweichend *Blanke* AuR 1987, 185 ff.; *Schumann* NZA 1985, 688, 690.

[270] Vgl. BAG 16. 11. 1995, AP Nr. 54 zu Einigungsvertrag Anlage I Kap. XIX; – kritisch hierzu *Löwisch* § 4 Rn. 98.

§ 5   1. Abschnitt. Allgemeiner Kündigungsschutz

119   Ist der Arbeitgeber vom Arbeitsgericht zur vorläufigen Weiterbeschäftigung verurteilt worden und hat er hiergegen Berufung eingelegt, so kann er nach Ausspruch der erneuten Kündigung nach § 62 Abs. 1 ArbGG, §§ 719 Abs. 1 Satz 1, 707 Abs. 1 Satz 1 ZPO die **einstweilige Einstellung der Zwangsvollstreckung** aus dem Weiterbeschäftigungsurteil beantragen. Wenn das Weiterbeschäftigungsurteil rechtskräftig ist, so hat er gemäß § 767 ZPO Vollstreckungsabwehrklage zu erheben.[271]

120   f) Der Weiterbeschäftigungsantrag kann im Kündigungsschutzprozeß als **uneigentlicher Hilfsantrag** neben dem Feststellungsantrag für den Fall gestellt werden, daß der Kündigungsschutzklage stattgegeben wird.[272] Der Antrag ist dabei auf die Weiterbeschäftigung zu den bisherigen Bedingungen über den Ablauf der Kündigungsfrist hinaus bis zum rechtskräftigen Abschluß des Kündigungsrechtsstreits zu richten.[273]

§ 5 Zulassung verspäteter Klagen

(1) **War ein Arbeitnehmer nach erfolgter Kündigung trotz Anwendung aller ihm nach der Lage der Umstände zuzumutenden Sorgfalt verhindert, die Klage innerhalb von drei Wochen nach Zugang der Kündigung zu erheben, so ist auf seinen Antrag die Klage nachträglich zuzulassen.**

(2) [1]**Mit dem Antrag ist die Klageerhebung zu verbinden; ist die Klage bereits eingereicht, so ist auf sie im Antrag Bezug zu nehmen.** [2]**Der Antrag muß ferner die Angabe der die nachträgliche Zulassung begründenden Tatsachen und der Mittel für deren Glaubhaftmachung enthalten.**

(3) [1]**Der Antrag ist nur innerhalb von zwei Wochen nach Behebung des Hindernisses zulässig.** [2]**Nach Ablauf von sechs Monaten, vom Ende der versäumten Frist an gerechnet, kann der Antrag nicht mehr gestellt werden.**

(4) [1]**Über den Antrag entscheidet die Kammer durch Beschluss, der ohne mündliche Verhandlung ergehen kann.** [2]**Gegen diesen ist die sofortige Beschwerde zulässig.**

Schrifttum: *Becker-Schaffner,* Die Rechtsprechung zur nachträglichen Zulassung einer Kündigungsschutzklage (§ 5 KSchG), BlStSozArbR 1976, 289; *Berkowsky,* Die Kündigungsschutzklage und ihre nachträgliche Zulassung, NZA 1997, 352; *Bernstein,* Die Zurechnung von Fehlverhalten und Verschulden anläßlich der Klageerhebung nach § 4 KSchG – ein Klassiker des Kündigungsschutzrechts, Festschrift für Stege, 1997; *Corts,* Kündigung im Urlaub, DB 1979, 2081; *Eylert,* Nachträgliche Zulassung

---

[271] Vgl. dazu BAG 28. 3. 1985, AP Nr. 4 zu § 767 ZPO; *Buchner* Beschäftigungspflicht S. 64; *Kraft* SAE 1987, 20, 21.
[272] Vgl. BAG 8. 4. 1988, AP Nr. 4 zu § 611 BGB Weiterbeschäftigung; *Becker/Glaremin* NZA 1989, 207 ff.; HK-KSchG/*Dorndorf* § 1 Anh. 2 Rn. 46; *Stahlhacke/Preis/Vossen* Rn. 1309.
[273] Vgl. dazu näher LAG Schleswig-Holstein 6. 1. 1987, NZA 1987, 322; LAG Frankfurt 13. 7. 1987, LAGE § 888 ZPO Nr. 12; LAG Hamm 21. 11. 1989, LAGE § 888 ZPO Nr. 20; LAG Nürnberg 17. 3. 1993, LAGE § 888 ZPO Nr. 28; *Growe* NZA 1996, 567 ff.; *Stahlhacke/Preis/Vossen* Rn. 1309 ff.; *Süß* NZA 1988, 719 ff.

der Kündigungsschutzklage, AuA 1996, 414; *Fischer,* Die nachträgliche Zulassung einer Kündigungsschutzklage, AiB 1987, 186; *Francken,* Das Verschulden des Prozeßbevollmächtigten an der Versäumung der Klagefristen des § 4 KSchG, § 1 Abs. 5 BeschFG und des § 113 Abs. 2 InsO, 1998; *Grundstein,* Nachträgliche Zulassung einer Kündigungsschutzklage bei Verschulden des Prozeßbevollmächtigten, BB 1975, 523, mit Erwiderung von *Wenzel,* BB 1975, 791; *Güntner,* Rechtsnatur und Probleme des kündigungsschutzrechtlichen Zulassungsverfahrens, AuR 1954, 193; *Holthaus,* Versäumung der Dreiwochenfrist des § 4 KSchG – Nachträgliche Zulassung der Kündigungsschutzklage trotz Anwaltsverschuldens, 1998; *Köhne,* Nachträgliche Zulassung von Kündigungsschutzklagen, AR-Blattei SD 1020.3.1 (1998); *Lepke,* Fragen der gerichtlichen Entscheidungsform bei der nachträglichen Zulassung von Kündigungsschutzklagen, AuR 1970, 109; *Linke,* Zulassung verspäteter Kündigungsschutzklagen, BB 1955, 931; *Melzer,* Der Beginn der Antragsfrist für die nachträgliche Zulassung der Kündigungsschutzklage, RdA 1959, 59; *derselbe,* Die Versäumung der Frist des § 3 KSchG durch Verschulden des Prozeßbevollmächtigten, AuR 1966, 107; *Mühlhausen,* Begründetheit von Anträgen nach § 5 KSchG bei Falschauskunft durch ein Betriebsratsmitglied, NZA 1992, 877; *Neumann,* Verfahrensfragen zur nachträglichen Zulassung von Kündigungsschutzklagen, RdA 1954, 269; *Poelmann,* Die Zulassung verspäteter Klagen nach § 4 KSchG, RdA 1952, 205; *Pünnel,* Verfahrensrechtliche Probleme zu § 3 KSchG, AuR 1962, 105; *Reinecke,* Die Entscheidung über die nachträgliche Zulassung der Kündigungsschutzklage bei Säumnis einer der Parteien, NZA 1985, 243; *Rewolle,* Das Verfahren bei der Zulassung verspäteter Klagen nach § 4 KSchG, BB 1952, 147; *Rüstig,* Die Zulassung verspäteter Klagen, AuR 1953, 175; *K. Schmid,* Die nachträgliche Zulassung der Kündigungsschutzklage durch Beschluß, 2001; *Tschöpe/Fleddermann,* Zurechnung anwaltlichen Verschuldens bei Versäumung der Klagefrist nach § 4 KSchG, BB 1998, 157; *Vollkommer,* Verlust des Kündigungsschutzes des Arbeitnehmers bei Versäumung der Klagefrist durch Vertreterverschulden?, Festschrift für Stahlhacke, 1995, S. 599; *Wenzel,* Vertreterverschulden und nachträgliche Klagezulassung im Kündigungsschutzprozeß, DB 1970, 730; *derselbe,* Die nachträgliche Klagezulassung nach § 5 KSchG in der Rechtsprechung des LAG Hamm, AuR 1976, 325; *derselbe,* Neue Aspekte im Streit um die Anrechnung des Vertreterverschuldens bei der Versäumung der Klagefrist des § 4 KSchG, Festschrift für E. Schneider, 1997, S. 325. – Außerdem Schrifttumsnachweise bei § 4.

Übersicht

	Rn.
I. Allgemeines	1
II. Sachliche Voraussetzungen für die Klagezulassung (Abs. 1)	2
1. Zuzumutende Sorgfalt	2
2. Einzelfälle	4
III. Formale Voraussetzungen	20
1. Inhalt des Antrags (Abs. 2)	20
2. Antragsfrist (Abs. 3)	21
3. Glaubhaftmachung	25
4. Rechtsschutzinteresse	27
IV. Entscheidung über den Antrag (Abs. 4)	28

I. Allgemeines

§ 5 gewährt unter bestimmten Voraussetzungen dem Arbeitnehmer die Möglichkeit, auch **nach Ablauf der Klagefrist des § 4 noch Kündigungsschutzklage** zu erheben. Die Vorschrift knüpft an das alte Recht an, das in § 90 BRG 1920 (später ähnlich § 6 der 14. DVO zum AOG) gegen die Versäumung der Frist für die Kündigungseinspruchsklage eine Wiedereinsetzung in den vorigen Stand vorgesehen hatte. Im Gegensatz zu diesen Bestimmungen verwendet § 5 diese Bezeichnung jedoch nicht, sondern

§ 5 1a–3   1. Abschnitt. Allgemeiner Kündigungsschutz

spricht von einer nachträglichen Zulassung der Klage. Damit kommt auch im Wortlaut zum Ausdruck, daß es sich um einen besonderen Vorgang des KSchG handelt, der sich trotz unverkennbarer Parallelen doch in den materiellen Voraussetzungen wie im Verfahren von der allgemeinen Regelung der Wiedereinsetzung in den vorigen Stand in § 233 ZPO unterscheidet.[1]

1a Durch das Arbeitsgerichtsbeschleunigungsgesetz vom 30. 3. 2000[2] ist **§ 5 Abs. 4 mit Wirkung vom 1. 5. 2000 geändert** worden. Nach der Neuregelung kann die Entscheidung über den Antrag auf nachträgliche Zulassung der Kündigungsschutzklage ohne mündliche Verhandlung erfolgen. Dies führt zu einer erheblichen Beschleunigung des Verfahrens, weil nicht erst Kammertermin bestimmt werden muß, sondern über den Antrag bereits zum nächsten Kammertermin entschieden werden kann (vgl. näher dazu Rn. 28a).

II. Sachliche Voraussetzungen für die Klagezulassung (Abs. 1)

1. Zuzumutende Sorgfalt

2 Die nachträgliche Zulassung der Klage setzt voraus, daß der Arbeitnehmer sie trotz Anwendung aller ihm nach Lage der Umstände zuzumutenden Sorgfalt nicht fristgerecht erheben konnte. Den Arbeitnehmer darf also **keinerlei Verschulden** an der Versäumung der Drei-Wochen-Frist treffen, auch keine leichte Fahrlässigkeit.[3] Für die Beurteilung legt das Gesetz besonderes Gewicht auf die individuellen Möglichkeiten des betroffenen Arbeitnehmers – subjektiver Maßstab –, stellt dabei dann aber, wie das Erfordernis der Anwendung „aller" zumutbaren Sorgfalt zeigt, strenge Anforderungen.[4]

3 Anders als § 233 ZPO in der bis 1977 geltenden Fassung setzt § 5 nicht voraus, daß der Arbeitnehmer an der Einhaltung der Frist gerade durch Naturereignisse oder andere unabwendbare Zufälle verhindert worden ist. Jedoch hatte die Rechtsprechung zu § 233 a. F. ZPO schon seit langem den **unabwendbaren Zufall** im wesentlichen als durch zumutbare Sorgfalt nicht abwendbares Ereignis verstanden,[5] so daß praktisch kein allzu großer Unterschied bestand; die reichhaltige Kasuistik zu § 233 a. F. ZPO kann deshalb auch heute noch für § 5 zum Vergleich herangezogen werden.[6] – Dagegen stellt die seit dem 1. 7. 1977 geltende Neufassung des § 233 ZPO nur noch auf **Verschulden** ab und ist damit deutlich großzügiger als die frühere Fassung, aber auch als der unverändert fortgeltende § 5.[7] § 233

---

[1] Dazu KR-*Friedrich* § 5 KSchG Rn. 16; *Köhne*, AR-Blattei SD 1020.3.1 Rn. 16 ff.
[2] BGBl. I S. 333.
[3] Vgl. LAG Düsseldorf 21. 10. 1997, LAGE § 5 KSchG Nr. 89; APS/*Ascheid* § 5 KSchG Rn. 10; *Besta* Die Regelung der Klageerhebungsfrist in den §§ 4–6 KSchG, Diss. Passau 1987, S. 126 ff.; KR-*Friedrich* § 5 KSchG Rn. 13; HK-KSchG/*Hauck* § 5 Rn. 6; *Löwisch* § 5 Rn. 3; *Stahlhacke/Preis/Vossen* Rn. 1127.
[4] Ebenso ErfK/*Ascheid* § 5 KSchG Rn. 2; *Becker-Schaffner* BlStSozArbR 1976, 289, 290; KR-*Friedrich* § 5 KSchG Rn. 11; *Kittner/Däubler/Zwanziger* § 5 KSchG Rn. 4; *Löwisch* § 5 Rn. 3; *Schmid* S. 117 f.
[5] RG 10. 12. 1938, RGZ 159, 109, 110.
[6] Vgl. LAG Stuttgart 17. 1. 1952, AP 52 Nr. 231; LAG Frankfurt 21. 2. 1952, AP 52 Nr. 129; LAG Mannheim 27. 5. 1953, AP 53 Nr. 230; KR-*Friedrich* § 5 KSchG Rn. 14.
[7] Vgl. KR-*Friedrich* § 5 KSchG Rn. 16; *Löwisch* § 5 Rn. 2; – abweichend *Corts* BlStSozArbR 1982, 1, 4; *Schaub* § 136 Rn. 36; *Stahlhacke/Preis/Vossen* Rn. 1127.

Zulassung verspäteter Klagen   4–6 § 5

n. F. ZPO stellt nicht in der für § 5 charakteristischen Weise auf die individuellen Möglichkeiten des Betroffenen, sondern nur auf die bei der Prozeßführung allgemein übliche Sorgfalt ab,[8] und betont dabei auch nicht wie § 5 das hohe Maß der erforderlichen individuellen Sorgfalt. Parallelen zwischen § 233 n. F. ZPO und § 5 können daher nur mit großer Vorsicht gezogen werden.[9]

2. Einzelfälle

Die folgende **alphabetische Darstellung** einzelner **Gründe für die** 4 **Klagezulassung oder deren Versagung** steht unter dem Vorbehalt der nach § 5 gebotenen individuellen Beurteilung in jedem einzelnen Fall. Es handelt sich also um Hinweise, die nicht ohne weiteres schematisch zu übertragen sind.[10]

Schließt der Arbeitnehmer aus dem Verhalten des **Arbeitgebers,** daß 5 dieser die Kündigung zurücknehmen werde und sieht er aus diesem Grunde von der Erhebung einer Kündigungsschutzklage ab, so rechtfertigt dies regelmäßig keine nachträgliche Zulassung der Klage.[11] Gleiches gilt, wenn der Arbeitgeber sich weigert, eine **Wiedereinstellungszusage** zu erfüllen, die er beim Ausspruch einer betriebsbedingten Kündigung wegen fehlender Beschäftigungsmöglichkeiten im Winter gegeben hat.[12] Der **Arglisteinwand** kann die nachträgliche Klagezulassung regelmäßig nicht rechtfertigen. Dem Arbeitnehmer bleiben wegen des arglistigen Verhaltens allein Schadensersatzansprüche gegen den Arbeitgeber. In diesen Fällen ist freilich stets zu prüfen, ob die Äußerungen des Arbeitgebers als Angebot zur Fortsetzung des Arbeitsverhältnisses auszulegen sind. Dieses Angebot bedürfte der Annahme des Arbeitnehmers nach §§ 145 ff. BGB (dazu näher § 4 Rn. 29 ff.).

Unterläßt das **Arbeitsgericht** einen nach § 139 ZPO gebotenen und im 5a Rahmen des normalen Geschäftsganges noch rechtzeitigen Hinweis darauf, daß die Klageschrift nicht unterschrieben ist, so ist die Kündigungsschutzklage auf Antrag nachträglich zuzulassen, wenn der Kläger die Unterzeichnung noch innerhalb der Klagefrist hätte nachholen können.[13]

Falsche Auskünfte rechtfertigen eine nachträgliche Zulassung nur dann, 6 wenn der Arbeitnehmer die Auskunft von einer zuverlässigen Stelle eingeholt hat.[14] **Geeignete Auskunftsstellen** in diesem Sinne sind **Rechtsse-**

---

[8] Vgl. *Zöller/Greger* ZPO § 233 Rn. 12.
[9] Vgl. auch BVerfG 25. 2. 2000, NZA 2000, 789 wonach die möglichen Probleme, die bei der Übermittlung fristwahrender Schriftsätze entstehen können, völlig gleich gelagert sind.
[10] Vgl. zum folgenden auch die Zusammenstellung bei KR-*Friedrich* § 5 KSchG Rn. 17 ff.; *Köhne* AR-Blattei SD 1020.3.1 Rn. 87 ff.
[11] Zutr. LAG Hamm 29. 10. 1987, LAGE § 5 KSchG Nr. 33; LAG Köln 26. 11. 1999, LAGE § 5 KSchG Nr. 97; – abweichend LAG Frankfurt 5. 9. 1988, LAGE § 5 KSchG Nr. 40; APS/*Ascheid* § 5 KSchG Rn. 16; KR-*Friedrich* § 5 KSchG Rn. 40; *Kittner/Däubler/Zwanziger* § 5 KSchG Rn. 5; – differenzierend LAG Köln 24. 5. 1994, NZA 1995, 127.
[12] LAG Nürnberg 15. 1. 1998, LAGE § 5 KSchG Nr. 91.
[13] LAG Mecklenburg-Vorpommern 27. 7. 1999, LAGE § 5 KSchG Nr. 95; APS/*Ascheid* § 5 KSchG Rn. 18; KR-*Friedrich* § 5 KSchG Rn. 29.
[14] Vgl. dazu *Ascheid* Kündigungsschutzrecht Rn. 729; KR-*Friedrich* § 5 KSchG Rn. 30; *Stahlhacke/Preis/Vossen* Rn. 1129.

kretäre der Gewerkschaften,[15] nicht aber die dort beschäftigten sonstigen Bediensteten, wie etwa Schreibkräfte. Geeignete Auskunftsstellen sind weiterhin **Rechtsanwälte,** wobei entgegen der Auffassung des LAG Köln der Arbeitnehmer nicht verpflichtet ist, einen Anwalt auf einen offensichtlichen Rechtsirrtum aufmerksam zu machen.[16] Ungeeignet ist demgegenüber das Büropersonal von Rechtsanwälten.[17] Die **Rechtsantragstelle des Arbeitsgerichts** ist eine geeignete Auskunftsstelle, nicht aber die Geschäftsstelle des Arbeitsgerichts, weil es nicht zu deren Angelegenheiten gehört, Rechtssuchenden Auskünfte zu erteilen.[18] Geeignete Auskunftstellen sind auch solche **ausländische Institutionen,** die nach der im jeweiligen Land geltenden Verkehrsanschauung zuverlässige Auskünfte in Kündigungsrechtsverfahren erteilen.[19]

7   Eine **ungeeignete Auskunftsstelle** ist der **Betriebsrat**[20] **und der Personalrat.**[21] Es gehört – für den Arbeitnehmer erkennbar – nicht zu den Aufgaben des Betriebsrats, die Arbeitnehmer in Rechtsangelegenheiten zu beraten. Diese Aufgabe ist im übrigen auch nicht im Aufgabenkatalog des § 80 Abs. 1 BetrVG enthalten. Gleichfalls ungeeignet sind die Angestellten und Vertreter von **Rechtsschutzversicherungen.**[22] Auch ihnen obliegt nicht die Beratung in Rechtsangelegenheiten der Versicherten. Die **Büroangestellte eines Rechtsanwalts** ist ebenfalls keine zuverlässige Stelle. Die nachträgliche Zulassung einer Kündigungsschutzklage ist daher nicht begründet, wenn ein Arbeitnehmer, der die Klagefrist nicht kennt, innerhalb dieser Frist mit einer Angestellten eines Rechtsanwalts einen Termin vereinbart, der nach Ablauf der Klagefrist liegt.[23] Auch die **Arbeitsämter** sind ungeeignete Auskunftsstellen, weil zu deren Aufgaben nicht die Beratung in Arbeitsrechtsfragen gehört.[24] Rät der **Schulleiter einer Schule** in Unkenntnis der Klagefrist einem angestellten Lehrer von der Klageerhebung ab, soll es nach Auffassung des LAG Baden-

---

[15] LAG Düsseldorf 26. 7. 1976, EzA § 5 KSchG Nr. 1; LAG Köln 13. 9. 1982, EzA § 5 KSchG Nr. 16.
[16] Unrichtig daher LAG Köln 30. 8. 1989, LAGE § 5 KSchG Nr. 42; – wie hier *Stahlhacke/Preis/Vossen* Rn. 1129.
[17] LAG Düsseldorf 21. 10. 1997, LAGE § 5 KSchG Nr. 89.
[18] LAG Köln 28. 11. 1985, LAGE § 5 KSchG Rn. 21; – abweichend KR-*Friedrich* § 5 KSchG Rn. 31.
[19] LAG Hamm 19. 3. 1981, BB 1982, 495.
[20] Vgl. LAG Köln 13. 9. 1982, EzA § 5 KSchG Nr. 16; LAG Hamburg 10. 4. 1987, LAGE § 5 KSchG Nr. 29 = DB 1987, 1744; LAG Rheinland-Pfalz 19. 9. 1984, NZA 1985, 430; LAG Berlin 17. 6. 1991, LAGE § 5 KSchG Nr. 52; APS/*Ascheid* § 5 KSchG Rn. 60; HaKo-*Gallner* § 5 Rn. 52; *Löwisch* § 5 Rn. 9; *Stahlhacke/Preis/Vossen* Rn. 1130; – z. T. abweichend KR-*Friedrich* § 5 KSchG Rn. 33; *Kittner/Däubler/Zwanziger* § 5 KSchG Rn. 7; *Mühlhausen* NZA 1992, 877.
[21] Weitergehend im Einzelfall LAG Baden-Württemberg 3. 4. 1998, LAGE § 5 KSchG Nr. 94.
[22] Sächsisches LAG 23. 7. 1998, NZA 1999, 112; ErfK/*Ascheid* § 5 KSchG Rn. 9; HaKo-*Gallner* § 5 Rn. 51; *Löwisch* § 5 Rn. 9; *Stahlhacke/Preis/Vossen* Rn. 1130; – abweichend KR-*Friedrich* § 5 KSchG Rn. 34; *Kittner/Däubler/Zwanziger* § 5 KSchG Rn. 6.
[23] LAG Düsseldorf 21. 10. 1997, LAGE § 5 KSchG Nr. 89.
[24] LAG Düsseldorf 25. 4. 1991, LAGE § 5 KSchG Nr. 51; ErfK/*Ascheid* § 5 KSchG Rn. 9; HaKo-*Gallner* § 5 Rn. 51; *Löwisch* § 5 Rn. 9; – abweichend KR-*Friedrich* § 5 KSchG Rn. 31.

Württemberg[25] treuwidrig sein, wenn sich das Land als Arbeitgeber auf die Fristversäumung beruft.

Geht die Kündigung dem Arbeitnehmer während eines **Aufenthalts im** **8** **Ausland** zu, so hat er die Klage auch in diesem Fall innerhalb von drei Wochen beim Arbeitsgericht einzureichen.[26] Es ist dabei nicht danach zu differenzieren, ob es sich um einen deutschen oder ausländischen Arbeitnehmer handelt.[27] Die fehlende Möglichkeit, vor Erhebung der Kündigungsschutzklage fachkundigen Rechtsrat im Ausland einzuholen, macht die Einhaltung der Klagefrist für die Erhebung der Kündigungsschutzklage grundsätzlich nicht unzumutbar.[28] Es kann dem Arbeitnehmer in diesen Fällen durchaus zugemutet werden, nach Klageerhebung über die Erfolgsaussichten der Klage Rechtsrat einzuholen, zumal eine Klagerücknahme auch noch im Gütertermin ohne Zustimmung des Arbeitgebers möglich ist und dabei auch keine Gerichtsgebühren anfallen.[29] Im Interesse der Rechtssicherheit ist daher die Klageerhebung auch bei der fehlenden Möglichkeit, sich vorher rechtlich beraten zu lassen, innerhalb der Drei-Wochen-Frist erforderlich.

Die volle **Ausnutzung der Klagefrist** ist dem Arbeitnehmer grundsätz- **9** lich nicht vorzuwerfen. Wartet er aber mit der Klage bis zum letzten Augenblick, so trägt er grundsätzlich das Risiko, daß die rechtzeitige Klageerhebung nicht mehr gelingt.[30] Das Abwarten bis zur **Deckungszusage der Rechtsschutzversicherung** rechtfertigt die nachträgliche Zulassung einer Kündigungsschutzklage nicht.[31] Entsprechendes gilt, wenn der Arbeitnehmer die Bewilligung von **Prozeßkostenhilfe** vor der Klageerhebung abwartet.[32] Die Versäumung der Drei-Wochen-Frist ist jedoch unverschuldet, wenn der Arbeitnehmer am letzten Tag der Frist die Klage zu Protokoll der Geschäftsstelle erheben möchte und das Arbeitsgericht wegen eines Betriebsausflugs geschlossen ist.[33]

Die verspätete **Kenntnisnahme** vom Inhalt des Kündigungsschutzschrei- **10** bens bei ausländischen Arbeitnehmern wegen fehlender Kenntnisse der deutschen Sprache rechtfertigt keine nachträgliche Zulassung.[34] Die verspätete Aushändigung des Kündigungsschreibens durch Familienangehörige an

---

[25] LAG Baden-Württemberg 3. 4. 1998, LAGE § 5 KSchG Nr. 94.
[26] Ebenso APS/*Ascheid* § 5 KSchG Rn. 50; KR-*Friedrich* § 5 KSchG Rn. 35b; vgl. auch Hessisches LAG 24. 5. 2000, RzK I 10d zur Beauftragung eines Anwalts, gegen eine in Usbekistan zugegangene Kündigung Klage zu erheben.
[27] Zutr. KR-*Friedrich* § 5 KSchG Rn. 35b.
[28] Zutr. LAG Frankfurt 6. 4. 1990, LAGE § 5 KSchG Nr. 49; ähnlich LAG Hamm 12. 9. 1985, LAGE § 5 KSchG Nr. 20 zur krankheitsbedingten Verhinderung, Rechtsrat einzuholen; *Löwisch* § 5 Rn. 12; *Stahlhacke/Preis/Vossen* Rn. 1140b; differenzierend LAG Nürnberg 5. 2. 1992, LAGE § 5 KSchG Nr. 57; – abweichend ErfK/*Ascheid* § 5 KSchG Rn. 17; LAG Düsseldorf 6. 3. 1980, EzA § 5 KSchG Nr. 9 und LAG Köln 14. 1. 1982, EzA § 5 KSchG Nr. 14.
[29] Ebenso *Löwisch* § 5 Rn. 12.
[30] Vgl. LAG Frankfurt 21. 2. 1952, AP 52 Nr. 129; HK-KSchG/*Hauck* § 5 Rn. 32.
[31] LAG Rheinland-Pfalz 23. 1. 1972, BB 1972, 839.
[32] HK-KSchG/*Hauck* § 5 Rn. 55; *Löwisch* § 5 Rn. 14.
[33] LAG Frankfurt 29. 9. 1993, BB 1994, 1083; HK-KSchG/*Hauck* § 5 Rn. 33; *Kittner/Däubler/Zwanziger* § 5 KSchG Rn. 13.
[34] Ebenso LAG Hamburg 6. 7. 1990, LAGE § 130 BGB Nr. 16; APS/*Ascheid* § 5 KSchG Rn. 62; KR-*Friedrich* § 5 KSchG Rn. 58;– abweichend LAG Hamm 24. 3. 1988, LAGE § 5 KSchG Nr. 32.

den Arbeitnehmer kann ausnahmsweise eine nachträgliche Zulassung rechtfertigen, wenn das Familienmitglied das Kündigungsschreiben bewußt zurückhält, um den erkrankten Arbeitnehmer vor Aufregungen zu bewahren[35] oder wenn die Aushändigung unterbleibt, weil die Ehefrau des Arbeitnehmers, die das Kündigungsschreiben in Empfang genommen hat, sich aufgrund einer schweren Erkrankung der Mutter in einer psychischen Ausnahmesituation befunden hat.[36]

11 Die Unkenntnis der **Klagefrist** des § 4 rechtfertigt regelmäßig keine nachträgliche Zulassung. Dies gilt auch für ausländische Arbeitnehmer.[37] Im Hinblick auf die Funktion der Drei-Wochen-Frist – Erzielung alsbaldiger Rechtssicherheit über die Frage, ob die Kündigung gerichtlich angegriffen wird – ist zu fordern, daß jeder Arbeitnehmer die Klageerhebungsfrist des § 4 kennt oder sich alsbald nach Zugang der Kündigungserklärung bei einer zuverlässigen Stelle hierüber unterrichten läßt.[38] Der Arbeitgeber ist auch auf Grund seiner Fürsorgepflicht nicht verpflichtet, den Arbeitnehmer auf die Drei-Wochen-Frist hinzuweisen.[39]

12 **Krankheit** allein rechtfertigt die nachträgliche Zulassung nicht. Nur wenn durch die Krankheit die Entscheidungsfähigkeit des Arbeitnehmers beeinträchtigt ist und eine rechtzeitige Klageerhebung unmöglich wird, ist die verspätete Kündigungsschutzklage nachträglich zuzulassen.[40] Entscheidend ist, ob der Arbeitnehmer auf Grund seiner Erkrankung – beispielsweise einer stationären Behandlung – objektiv daran gehindert war, seine Rechte wahrzunehmen.[41] Dabei hat er auch die Möglichkeit der Beauftragung von Angehörigen oder Bekannten in Betracht zu ziehen.[42] Erkrankt der Arbeitnehmer erst am Ende der Drei-Wochen-Frist so schwer, daß ihm die Klageerhebung objektiv nicht möglich ist, so ist die Klage nachträglich zuzulassen.[43] Der Arbeitnehmer kann die Drei-Wochen-Frist voll ausschöpfen, so daß ihm nicht entgegengehalten werden kann, er hätte die Kündigungsschutzklage alsbald nach Zugang der Kündigung erheben müssen. Ist der Arbeitnehmer indes zu Beginn der Drei-Wochen-Frist wegen einer Erkrankung an der Klageerhebung gehindert, so kann er die nachträgliche Zulas-

---

[35] LAG Berlin 4. 1. 1982, AP Nr. 3 zu § 5 KSchG 1969.
[36] LAG Hamm 28. 7. 1988, DB 1988, 1759.
[37] Vgl. LAG Düsseldorf 6. 3. 1980, EzA § 5 KSchG Nr. 9; LAG Hamburg 10. 4. 1987, LAGE § 5 KSchG Nr. 34 und 6. 7. 1990, LAGE § 130 BGB Nr. 16; Sächsisches LAG 23. 7. 1998, NZA 1999, 112; KR-*Friedrich* § 5 KSchG Rn. 64; HaKo-*Gallner* § 5 Rn. 48; HK-KSchG/*Hauck* § 5 Rn. 57; *Kittner/Däubler/Zwanziger* § 5 KSchG Rn. 12; *Löwisch* § 5 Rn. 10; KPK-*Ramrath* § 5 Rn. 3; *Stahlhacke/Preis/Vossen* Rn. 1128.
[38] Vgl. LAG Köln 26. 11. 1999, LAGE § 5 KSchG Nr. 97.
[39] BAG 26. 8. 1993, AP Nr. 8 zu § 72 LPVG NW mit Anm. *Mummenhoff*; – abweichend *Valentin* AuR 1990, 276 ff.
[40] LAG Berlin 14. 4. 1999, RzK I 10 d Nr. 97; LAG Düsseldorf 18. 7. 1978, EzA § 5 KSchG Nr. 4; LAG Hamburg 20. 11. 1984, NZA 1985, 127; LAG Hamm 5. 8. 1981, EzA § 5 KSchG Nr. 11 und 12. 9. 1985, 31. 1. 1990, LAGE § 5 KSchG Nr. 20, 45; APS/*Ascheid* § 5 KSchG Rn. 38, KR-*Friedrich* § 5 KSchG Rn. 42 ff.; HK-KSchG/*Hauck* § 5 Rn. 48; *Löwisch* § 5 Rn. 16; *Stahlhacke/Preis/Vossen* Rn. 1131.
[41] LAG Köln 1. 9. 1993, LAGE § 5 KSchG Nr. 62 und 18. 2. 1997, RzK I 10 d Nr. 82; *Kittner/Däubler/Zwanziger* § 5 KSchG Rn. 8.
[42] Zutr. LAG Hamm 31. 1. 1990, LAGE § 5 KSchG Nr. 45; KR-*Friedrich* § 5 KSchG Rn. 43.
[43] LAG München 3. 11. 1975, DB 1976, 732; KR-*Friedrich* § 5 KSchG Rn. 54.

sung der Kündigungsschutzklage nicht mit der Begründung verlangen, ihm habe wegen der Erkrankung nicht die volle dreiwöchige Überlegungsfrist zur Verfügung gestanden.[44]

Wird die Klageschrift am letzten Tag der Drei-Wochen-Frist vor 24 Uhr **13** beim Arbeitsgericht in den regulären Briefkasten eingeworfen oder ist ein funktionsfähiger **Nachtbriefkasten** nicht vorhanden, so ist die Klage auf Antrag nachträglich zuzulassen.[45] Entgegen der Auffassung des BAG ist die Klage nämlich nicht innerhalb der Frist des § 4 Satz 1 bei Gericht eingegangen, wenn der Arbeitnehmer die Klageschrift in den normalen Briefkasten des Arbeitsgerichts einwirft und nicht in den vorhandenen Nachtbriefkasten.[46] Die abweichende Auffassung widerspricht der st. Rspr. des BAG und auch des BGH zur Einhaltung von Rechtsmittelfristen.[47] Die Einreichung der Klageschrift ist als Teil der Klageerhebung ebenso Prozeßhandlung wie Einreichung einer Rechtsmittelschrift bei der Einlegung eines Rechtsmittels. Eine Differenzierung bei den Anforderungen an eine wirksame Einreichung des fristwahrenden Schriftsatzes nach Klageschrift und Rechtsmittelschrift ist nicht gerechtfertigt.[48]

Der Arbeitnehmer darf bei der Klageerhebung auf die Einhaltung der an- **14** gegebenen **Postlaufzeiten** vertrauen.[49] Verzögerungen bei der Briefbeförderung und der Briefzustellung hat der Arbeitnehmer nicht zu vertreten, weshalb in diesen Fällen eine nachträgliche Zulassung der Kündigungsschutzklage möglich ist.[50] Muß der Absender allerdings wegen eines Streiks bei der Post mit Verzögerungen rechnen, hat er das Risiko durch eine Nachfrage bei Gericht aufzufangen.[51]

Streitig ist, ob das Verschulden des **Prozeßbevollmächtigten** des Ar- **15** beitnehmers diesem zuzurechnen ist. Die h. M. bejaht das zu Recht.[52]

---

[44] Zutr. LAG Hamm 5. 8. 1981, EzA § 5 KSchG Nr. 11; LAG Köln 1. 9. 1993, LAGE § 5 KSchG Nr. 62.
[45] Ebenso APS/*Ascheid* § 5 KSchG Rn. 19; KR-*Friedrich* § 5 KSchG Rn. 22; *G. Hueck* Anm. zu BAG AP Nr. 6 zu § 1 KSchG 1969 Krankheit.
[46] Vgl. BAG 22. 2. 1980, AP Nr. 6 zu § 1 KSchG 1969 Krankheit mit insoweit abl. Anm. *G. Hueck* = AR-Blattei Krankheit des Arbeitnehmers Entsch. 157 mit Anm. *Herschel* = SAE 1980, 338 mit insoweit zust. Anm. *Meisel* = EzA § 1 KSchG Krankheit Nr. 5 mit insoweit zust. Anm. *v. Maydell/Eylert*.
[47] Siehe dazu nur BAG 21. 10. 1963, AP Nr. 38 zu § 233 ZPO.
[48] Dazu näher *G. Hueck* Anm. zu BAG AP Nr. 6 zu § 1 KSchG 1969 Krankheit unter II.
[49] Vgl. BVerfG 4. 12. 1979, AP Nr. 74 zu § 233 ZPO; BVerfG 27. 2. 1992, EzA § 233 ZPO Nr. 14; BAG 24. 11. 1977, AP Nr. 1 zu § 233 ZPO 1977; HaKo-*Gallner* § 5 Rn. 47; HK-KSchG/*Hauck* § 5 Rn. 51; *Löwisch* § 5 Rn. 15; *Stahlhacke/Preis/Vossen* Rn. 1132.
[50] LAG Nürnberg 31. 10. 1991, LAGE § 5 KSchG Nr. 56; *Kittner/Däubler/Zwanziger* § 5 KSchG Rn. 13.
[51] BVerfG 29. 12. 1994, EzA § 233 ZPO Nr. 28.
[52] Vgl. LAG Berlin 28. 8. 1978, AP Nr. 2 zu § 5 KSchG 1969; LAG Nürnberg 28. 7. 1987, LAGE § 5 KSchG Nr. 30; LAG Rheinland-Pfalz 9. 8. 1989, 19. 5. 1992, LAGE § 5 KSchG Nr. 43, 59; LAG Frankfurt 26. 10. 1993, LAGE § 5 KSchG Nr. 63; LAG Köln 26. 7. 1994, LAGE § 5 KSchG Nr. 67; LAG Köln 10. 7. 1998, LAGE § 4 KSchG Nr. 41 für den Fall einer zwischenzeitlichen Klagerücknahme; *Ascheid* Kündigungsschutzrecht Rn. 732; *Brehm* Anm. zu LAGE § 5 KSchG Nr. 73; *Francken* S. 23 ff.; *Grunsky* Anm. zu LAG Hamm EzA § 5 KSchG Nr. 8; HK-KSchG/*Hauck* § 5 Rn. 53; *Kittner/Däubler/Zwanziger* § 5 KSchG Rn. 15; *Löwisch* § 5 Rn. 5; *Rieble* Anm. zu LAGE § 5 KSchG Nr. 65; *Stahlhacke/Preis/Vossen* Rn. 1137; *Tschöpe/Fleddermann* BB 1998, 157; – abweichend insbes. LAG Hamburg 3. 6. 1985, 24. 1. 1997, LAGE § 5 KSchG Nr. 19, 85; LAG Hamm 27. 1.

§ 5 15a–17   1. Abschnitt. Allgemeiner Kündigungsschutz

15 a Diese Auffassung ist unter der Geltung der §§ 232, 233 ZPO a. F. entwikkelt worden und stützte sich auf eine entsprechende Anwendung von § 232 Abs. 2 ZPO a. F. Der seit dem 1. 7. 1977 an die Stelle dieser Bestimmung getretene neue § 85 Abs. 2 ZPO stellt ganz allgemein das Verschulden des Prozeßbevollmächtigten bei Prozeßhandlungen dem Verschulden der vertretenen Partei gleich; die Regelung ist damit als **allgemeiner Grundsatz für Prozeßvertretungen** aus dem früheren Zusammenhang mit den Bestimmungen über die Versäumung von Prozeßhandlungen und die Wiedereinsetzung in den vorigen Stand gelöst worden. Bedenken gegen die h. M., die gerade hieran anknüpfen und sich gegen die Heranziehung des § 232 Abs. 2 ZPO a. F. im Bereich des nicht mit der Wiedereinsetzung in den vorigen Stand gleichzusetzenden § 5 richten (dazu 9. Aufl. § 5 Rn. 9), ist dadurch der Boden entzogen. Die h. M. kann sich daher heute erst recht auf eine entsprechende Anwendung des über § 46 Abs. 2 ArbGG auch im arbeitsgerichtlichen Verfahren geltenden § 85 Abs. 2 ZPO stützen. Dies gilt um so mehr, wenn man mit dem BAG[53] die Drei-Wochen-Frist des § 4 Satz 1 als prozessuale Frist deutet.[54] Es besteht daher kein Hinderungsgrund mehr für die Anwendung des § 85 Abs. 2 ZPO auf das Verfahren der nachträglichen Zulassung nach § 5. Entsprechendes ergibt sich bei Verschulden des gesetzlichen Vertreters eines Arbeitnehmers aus § 51 Abs. 2 ZPO.[55]

16 Ob der **Prozeßbevollmächtigte** ein Rechtsanwalt, ein Verbandsvertreter (Gewerkschaftsvertreter) oder eine andere Person ist, macht keinen Unterschied.[56] Dagegen ist es dem Arbeitnehmer nicht zuzurechnen, wenn nicht der Prozeßbevollmächtigte selbst, sondern eine seiner Hilfspersonen, bei einem Anwalt also vor allem das Büropersonal, schuldhaft gehandelt hat.[57] Das gilt allerdings nur, wenn der Prozeßbevollmächtigte die Hilfsperson sorgfältig ausgewählt, unterwiesen und überwacht hat; andernfalls trifft ihn selbst ein Organisationsverschulden, das auch der vertretenen Partei zuzurechnen ist.[58]

17 Nicht anwendbar ist § 85 Abs. 2 ZPO, wenn es sich nicht um einen Prozeßbevollmächtigten handelt, sondern um einen Rechtsanwalt oder eine

---

1994, 21. 12. 1995, 27. 2. 1997, LAGE § 5 KSchG Nr. 65, 73, 86; LAG Niedersachsen 27. 7. 2000, LAGE § 5 KSchG Nr. 98; APS/*Ascheid* § 5 KSchG Rn. 28; *Berkowsky* NZA 1997, 352, 355; KR-*Friedrich* § 5 KSchG Rn. 70 ff.; *Schmid* S. 147 ff.; *Vollkommer* Festschrift für Stahlhacke S. 599 ff.
[53] BAG 26. 6. 1986, AP Nr. 17 zu § 4 KSchG 1969.
[54] So zutr. LAG Nürnberg 28. 7. 1987, LAGE § 5 KSchG Nr. 30; LAG Baden-Württemberg 26. 8. 1992, LAGE § 5 KSchG Nr. 58; – abweichend *Vollkommer* Festschrift für Stahlhacke S. 599, 606; vgl. dazu auch § 4 Rn. 82 f.
[55] Dazu LAG Frankfurt 15. 11. 1988, LAGE § 5 KSchG Nr. 41 sowie *Rieble* Anm. zu LAG Hamm LAGE § 5 KSchG Nr. 65.
[56] BAG 18. 6. 1954, AP Nr. 1 zu § 232 ZPO; LAG Mecklenburg-Vorpommern 18. 3. 1993, AuA 1994, 86 zur gewerkschaftlichen Vertretung; *Francken* S. 61 ff.; HaKo-*Gallner* § 5 Rn. 17; *Kittner/Däubler/Zwanziger* § 4 KSchG Rn. 15.
[57] LAG Köln 21. 4. 1997, LAGE § 5 KSchG Nr. 88; HaKo-*Gallner* § 5 Rn. 23; HK-KSchG/*Hauck* § 5 Rn. 53; *Löwisch* § 5 Rn. 6.
[58] St. Rspr.; vgl. etwa BAG 30. 11. 1962, 15. 3. 1965, 9. 10. 1972, 27. 11. 1974, AP Nr. 37, 42, 62, 68 zu § 233 ZPO; BAG 9. 1. 1990, AP Nr. 16 zu § 233 ZPO 1977; LAG Baden Württemberg 26. 8. 1992, LAGE § 5 KSchG Nr. 58; LAG Köln 26. 7. 1994, LAGE § 5 KSchG Nr. 67.

andere **rechtskundige Person, die den Arbeitnehmer nur beraten hat.**[59] Hier kommt es allein auf dessen eigenes Verschulden an, das gerade durch die Befragung eines Rechtsanwalts oder einer anderen geeigneten Stelle ausgeschlossen werden kann, auch wenn eine falsche Auskunft gegeben wird (dazu oben Rn. 6 und die dortigen Angaben).

Wird eine form- und fristgerecht erhobene **Kündigungsschutzklage** nach Ablauf der Drei-Wochen-Frist **zurückgenommen,** so ist der Antrag auf nachträgliche Zulassung einer neu eingereichten Kündigungsschutzklage zurückzuweisen.[60] Denn ausweislich des Vorprozesses steht fest, daß der Arbeitnehmer nicht an der Wahrung der Klagefrist gehindert war.[61] Zwar ist die zurückgenommene Kündigungsschutzklage nach § 269 Abs. 3 ZPO als nicht anhängig geworden anzusehen. Der damit bewirkte Wegfall der Folgen der Rechtshängigkeit beseitigt aber nicht den rein tatsächlichen Befund, daß der Arbeitnehmer offensichtlich in der Lage war, rechtzeitig Kündigungsschutzklage zu erheben. Ein Antrag auf nachträgliche Zulassung der zweiten Kündigungsschutzklage wäre damit nicht begründet.

Wird dem Arbeitnehmer während seines **Urlaubs** gekündigt, so geht ihm das an die Wohnanschrift gerichtete Kündigungsschreiben auch dann zu, wenn er während des Urlaubs verreist ist.[62] Dem Arbeitnehmer ist allerdings bei einer durch die urlaubsbedingte Ortsabwesenheit verspätet erhobenen Kündigungsschutzklage regelmäßig auf Antrag die nachträgliche Zulassung nach § 5 zu gewähren.[63] Dies gilt auch dann, wenn der Arbeitnehmer auf Grund eines vor Urlaubsantritt mit dem Personalleiter geführten Gesprächs Veranlassung hatte, mit einer Kündigung während der Urlaubsabwesenheit zu rechnen, und er gleichwohl nicht sichergestellt hat, daß er während seiner Ortsabwesenheit Kenntnis von der Kündigung erlangt.[64]

Wenn der **Arbeitnehmer noch innerhalb der Drei-Wochen-Frist aus dem Urlaub zurückkehrt,** hat er grundsätzlich in der verbleibenden Zeit die Kündigungsschutzklage zu erheben.[65] Ist die Drei-Wochen-Frist des § 4 bei Rückkehr des Arbeitnehmers aus dem Urlaub zwar objektiv noch nicht verstrichen, mußte der Arbeitnehmer aber auf Grund des Datums der Kündigung und der Zustellart annehmen, daß die Klagefrist bereits abgelaufen war, ist die Kündigungsschutzklage bei sonst fehlendem Verschulden nachträglich zuzulassen, wenn der Antrag innerhalb von zwei Wochen nach Kenntnisnahme von dem Kündigungsschreiben gestellt wird.[66]

---

[59] APS/*Ascheid* § 5 KSchG Rn. 53; KR-*Friedrich* § 5 KSchG Rn. 75; *Löwisch* § 5 Rn. 8.
[60] Ebenso LAG Mecklenburg-Vorpommern 9. 12. 1993, RzK I 10 d Nr. 57; HK-KSchG/ *Hauck* § 5 Rn. 56.
[61] KR-*Friedrich* § 5 KSchG Rn. 63; – abweichend allerdings LAG Hamm 27. 10. 1994 LAGE § 5 KSchG Nr. 68 = AR-Blattei ES 1020.3 Nr. 3 mit krit. Anm. *Boemke.*
[62] Vgl. dazu BAG 16. 3. 1988, AP Nr. 16 zu § 130 BGB; – anders noch BAG 16. 12. 1980, AP Nr. 11 zu § 130 BGB.
[63] Ebenso *Stahlhacke/Preis/Vossen* Rn. 1135.
[64] LAG Köln 4. 3. 1996, LAGE § 5 KSchG Nr. 75; LAG Hamm 28. 3. 1996, LAGE § 5 KSchG Nr. 78; ErfK/*Ascheid* § 5 KSchG Rn. 17; – abweichend LAG Nürnberg 6. 11. 1995, LAGE § 5 KSchG Nr. 71; KR-*Friedrich* § 4 KSchG Rn. 60.
[65] Zutr. LAG Köln 17. 4. 1997, LAGE § 5 KSchG Nr. 87 (eine Woche); *Kittner/Däubler/Zwanziger* § 5 KSchG Rn. 10.
[66] Vgl. LAG Köln 6. 9. 1996, LAGE § 5 KSchG Nr. 80.

19 Dem völligen Unterlassen der Kündigungsschutzklage steht die **verspätete Klageerhebung** gleich. § 5 Abs. 2 Satz 1 Hs. 1 zeigt, daß auch hier ein Antrag auf nachträgliche Zulassung der Klage möglich und zur Vermeidung einer Klageabweisung erforderlich ist. Sachliche Voraussetzung für die Klagezulassung ist, daß die Verspätung der Klageerhebung unverschuldet ist. Für die Beurteilung gelten die vorstehenden Ausführungen entsprechend. Darüber, wann in diesem Fall die Frist für den Zulassungsantrag beginnt, vgl. unten Rn. 23.

III. Formale Voraussetzungen

1. Inhalt des Antrags (Abs. 2)

20 Der **Antrag** auf nachträgliche Zulassung der Klage ist beim Arbeitsgericht zu stellen. Sein **Inhalt** bestimmt sich nach § 5 Abs. 2. Danach muß der Arbeitnehmer die die nachträgliche Zulassung begründenden Tatsachen und die Mittel für deren Glaubhaftmachung angeben; außerdem muß die versäumte Klage nunmehr erhoben werden. War die Klage schon erhoben, so ist im Antrag auf sie Bezug zu nehmen. – Der Zulassungsantrag braucht nicht ausdrücklich gestellt zu werden; allerdings genügt Klageerhebung allein nicht, vielmehr muß irgendwie zum Ausdruck gebracht werden, daß die Klage trotz Fristversäumung noch zugelassen werden möge.[67]

20 a Der Antrag auf nachträgliche Zulassung ist beim **zuständigen Arbeitsgericht** zu stellen. Ein bei einem örtlich unzuständigen Arbeitsgericht erhobener Antrag ist fristwahrend, wenn er an das zuständige Arbeitsgericht verwiesen und alsbald zugestellt wird.[68] Wird der Antrag bei einem sachlich unzuständigen Gericht gestellt, wahrt dies die Frist nicht.[69]

2. Antragsfrist (Abs. 3)

21 Der Antrag ist an eine Frist gebunden. Er muß innerhalb von **2 Wochen** nach Behebung des Hindernisses, jedenfalls aber binnen 6 Monaten vom Ende der versäumten Frist an gestellt werden, § 5 Abs. 3. Die letztere Frist kann unter Umständen für den Arbeitgeber Härten mit sich bringen, da er, wenn die verspätete Klage zugelassen wird und Erfolg hat, für die ganze Zwischenzeit Lohn zahlen muß. Das Gericht wird deshalb bei längerer Hinauszögerung des Antrags die Frage des Verschuldens des Arbeitnehmers besonders sorgfältig prüfen müssen. – Gegen die Versäumung der Antragsfrist gibt es keine Wiedereinsetzung in den vorigen Stand.[70]

---

[67] LAG Kiel 14. 7. 1952, AP 53 Nr. 103; LAG Berlin 11. 2. 1964, AP Nr. 11 zu § 4 KSchG; APS/*Ascheid* § 5 KSchG Rn. 64; KR-*Friedrich* § 5 KSchG Rn. 78 f.; *Löwisch* § 5 Rn. 20; *ders.* Anm. zu LAG Baden-Württemberg LAGE § 5 KSchG Nr. 37; *Stahlhacke/Preis/Vossen* Rn. 1141; siehe dazu auch BAG 9. 2. 1961, AP Nr. 1 zu § 41 VwGO unter IV 3 sowie BAG 24. 3. 1975, AP Nr. 11 zu § 234 ZPO.
[68] ErfK/*Ascheid* § 5 KSchG Rn. 19; KR-*Friedrich* § 5 KSchG Rn. 98.
[69] Ebenso KR-*Friedrich* § 5 KSchG Rn. 99; HK-KSchG/*Hauck* § 5 Rn. 21; – abweichend Hessisches LAG 1. 10. 1996, LAGE § 5 KSchG Nr. 82; ErfK/*Ascheid* § 5 KSchG Rn. 19; *Kittner/Däubler/Zwanziger* § 5 KSchG Rn. 25.
[70] LAG Berlin 19. 1. 1987, LAGE § 5 KSchG Nr. 27; LAG Hamm 26. 6. 1995, LAGE § 5 KSchG Nr. 76; ErfK/*Ascheid* § 5 KSchG Rn. 24; KR-*Friedrich* § 5 KSchG Rn. 122; *Löwisch* § 5 Rn. 26; *Stahlhacke/Preis/Vossen* Rn. 1141.

Den **Beginn der Antragsfrist** knüpft § 5 Abs. 3 Satz 1 an die Behebung 22
des Hindernisses für die rechtzeitige Klageerhebung. Hindernis ist im Sinne
von § 5 Abs. 1 zu verstehen; der dafür geltende subjektive Beurteilungsmaßstab (oben Rn. 2) ist deshalb auch hier maßgebend.[71] Die Frist beginnt somit
jedenfalls mit Kenntnis vom Wegfall des Hindernisses für die Klageerhebung,
also spätestens dann, wenn der Arbeitnehmer erkennt, daß die Klagefrist abgelaufen ist. Die Frist für den Antrag auf nachträgliche Zulassung kann aber
auch schon vorher beginnen, wenn der Arbeitnehmer die Kenntnis vom
Wegfall des Hindernisses bei Aufbietung der zumutbaren Sorgfalt hätte erlangen können, also die fortbestehende Unkenntnis nicht mehr unverschuldet ist.[72]

§ 5 erkennt nur die unverschuldete Versäumung der Klagefrist an; deshalb 22 a
dürfen auch die spätere Klage und der Antrag auf ihre nachträgliche Zulassung **nicht schuldhaft hinausgezögert** werden.[73] Unverschuldete Unkenntnis der Möglichkeit oder Notwendigkeit, einen Antrag auf nachträgliche Klagezulassung zu stellen, kann dabei in gewissem Umfang zugunsten
des Arbeitnehmers berücksichtigt werden.[74] – Kenntnis und verschuldete
Unkenntnis des Prozeßbevollmächtigten sind auch hier dem Arbeitnehmer
zuzurechnen.[75]

Auch für den Beginn der Frist für den Antrag auf **nachträgliche Klage-** 23
zulassung im Fall einer verspätet erhobenen Kündigungsschutzklage kommt
es nach dem oben (Rn. 22) Gesagten darauf an, ob und gegebenenfalls
von wann an die Unkenntnis des Klägers von der Verspätung verschuldet
war. Trifft den Kläger kein Verschulden, ist etwa die Klage nur durch ein
Versehen der Post, mit dem der Kläger nicht zu rechnen brauchte, zu
spät bei Gericht eingegangen, so läuft die Zwei-Wochen-Frist von dem
Zeitpunkt an, zu dem der Kläger hiervon Kenntnis erlangt. Anders liegt
es, wenn der Kläger bei Anwendung der erforderlichen Sorgfalt die Verspätung der Klage schon früher hätte erkennen können; dann läuft die Frist
von diesem Zeitpunkt an.[76] Hat der Arbeitnehmer wegen eines Urlaubsaufenthalts im Ausland vom Zugang der Kündigung keine Kenntnis, so fällt
das Hindernis nach Rückkehr aus dem Urlaub dann nicht sofort weg,
wenn er sich wegen einer schweren Erkrankung sofort in stationäre Kran-

---

[71] Ebenso APS/*Ascheid* § 5 KSchG Rn. 79; KR-*Friedrich* § 5 KSchG Rn. 104 a.
[72] Zutr. LAG Hamm 4. 11. 1996, LAGE § 5 KSchG Nr. 81; LAG Köln 8. 11. 1994, LAGE § 5 KSchG Nr. 70; APS/*Ascheid* § 5 KSchG Rn. 79; KR-*Friedrich* § 4 KSchG Rn. 110; *Kittner/Däubler/Zwanziger* § 4 KSchG Rn. 26. .
[73] So auch LAG Hamm 29. 9. 1983, EzA § 5 KSchG Nr. 18; KR-*Friedrich* § 5 KSchG Rn. 109 ff.
[74] LAG Hamm 27. 11. 1986, LAGE § 5 KSchG Nr. 26; KR-*Friedrich* § 4 KSchG Rn. 111; – abweichend LAG Köln 8. 11. 1994, LAGE § 5 KSchG Nr. 70.
[75] Oben Rn. 15 sowie LAG Hamm 24. 9. 1984, LAGE § 5 KSchG Nr. 31; LAG Frankfurt 22. 7. 1983, AuR 1984, 89; LAG Baden-Württemberg 8. 3. 1988, LAGE § 5 KSchG Nr. 37 mit Anm. *Löwisch*; – abweichend KR-*Friedrich* § 5 KSchG Rn. 112.
[76] Str.; wie hier LAG Hamm 4. 11. 1996, LAGE § 5 KSchG Nr. 81; Hessisches LAG 2. 10. 1996, LAGE § 5 KSchG Nr. 83; LAG Köln 8. 11. 1994, LAGE § 5 KSchG Nr. 70; LAG Rheinland-Pfalz 19. 5. 1992, LAGE § 5 KSchG Nr. 59; KR-*Friedrich* § 5 KSchG Rn. 109; *Stahlhacke/Preis/Vossen* Rn. 1141 Fn. 219; – abweichend *Güntner* AuR 1954, 192, 197; LAG Hamm 8. 7. 1952, AP 53 Nr. 91; LAG Stuttgart 29. 1. 1954, AP 54 Nr. 122.

kenhausbehandlung begeben muß und deshalb die Post nicht durchsehen kann.[77]

24 Obwohl § 5 Abs. 2 vorsieht, daß die Klageerhebung mit dem Antrag auf nachträgliche Zulassung zu verbinden und dieser mit einer Begründung zu versehen ist, können Klageerhebung und Begründung auch noch nach dem Antrag **nachgeholt** werden, sofern das nur innerhalb der Zwei-Wochen-Frist geschieht; denn es genügt, daß am Ende dieser Frist ein begründeter Antrag und die nachgeholte Klageerhebung vorliegen.[78]

3. Glaubhaftmachung

25 Der gemäß § 5 Abs. 3 Satz 1 innerhalb von zwei Wochen nach Behebung des Hindernisses bei Gericht einzureichende Antrag auf nachträgliche Zulassung muß nach Abs. 2 Satz 2 die die nachträgliche Zulassung begründenden Tatsachen und die **Mittel für deren Glaubhaftmachung angeben**. Nach Ablauf der Frist vorgebrachte Gründe und Mittel der Glaubhaftmachung dürfen nicht mehr berücksichtigt werden.[79] Lediglich Tatsachen und Mittel der Glaubhaftmachung, die der Ergänzung und Präzisierung bereits benannter Umstände und Mittel dienen, dürfen auch nach Ablauf der Frist noch berücksichtigt werden.[80]

25 a Als Mittel der Glaubhaftmachung nach § 294 Abs. 1 ZPO kann eine einfache **anwaltliche Erklärung** ausreichen, sofern sie sich auf die eigene Berufstätigkeit des Anwalts und eigene Wahrnehmungen bezieht.[81] In diesem Fall ist die Angabe einer ausdrücklichen „anwaltlichen Versicherung" oder einer Versicherung an Eides Statt als Mittel der Glaubhaftmachung nicht erforderlich.[82] Zu weit geht es indessen, einem von einem Rechtsanwalt verfaßten Antrag auf nachträgliche Zulassung der Kündigungsschutzklage in der Regel auch ohne ausdrückliche Hervorhebung zu entnehmen, es sollten die Tatsachen, welche die Zulassung begründen, soweit sie im Wissen des Arbeitnehmers stehen, durch dessen eidesstattliche Versicherung glaubhaft gemacht werden.[83] Hier wird unzulässig mit Unterstellungen gearbeitet, um mangelnde Sorgfalt zu verdecken.

26 Die **Glaubhaftmachung als solche** braucht nicht im Antrag enthalten zu sein und ist auch nicht an die Zwei-Wochen-Frist gebunden. Sie kann

---

[77] Hessisches LAG 2. 10. 1996, LAGE § 5 KSchG Nr. 83.
[78] LAG Stuttgart, 25. 11. 1954, AP Nr. 6 zu § 4 KSchG; LAG Düsseldorf 31. 10. 1975, DB 1976, 106; LAG Baden-Württemberg 8. 3. 1988; LAGE § 5 KSchG Nr. 37; ArbG Göttingen 13. 6. 1955, AP Nr. 4 zu § 4 KSchG mit zust. Anm. *Herschel;* KR-*Friedrich* § 5 KSchG Rn. 84.
[79] LAG Baden-Württemberg 8. 3. 1988, LAGE § 5 KSchG Nr. 37 mit Anm. *Löwisch;* LAG Baden-Württemberg 14. 2. 1990, LAGE § 130 BGB Nr. 13; LAG Berlin 19. 1. 1987, LAGE § 5 KSchG Nr. 27; LAG Frankfurt 8. 11. 1991, LAGE § 5 KSchG Nr. 54; APS/*Ascheid* § 5 KSchG Rn. 72; KR-*Friedrich* § 5 KSchG Rn. 86; *Löwisch* § 5 Rn. 22; *Stahlhacke/Preis/Vossen* Rn. 1142; – abweichend LAG Köln 31. 7. 1990, LAGE § 5 KSchG Nr. 48.
[80] Vgl. dazu LAG Hamburg 8. 11. 1967, DB 1967, 2123 f. und 11. 4. 1989, LAGE § 5 KSchG Nr. 47; KR-*Friedrich* § 5 KSchG Rn. 87.
[81] BAG 14. 11. 1985, AP Nr. 1 zu § 251 a ZPO.
[82] Ebenso KR-*Friedrich* § 4 KSchG Rn. 94.
[83] So aber LAG Hamm 18. 4. 1996, LAGE § 5 KSchG Nr. 79, – kritisch hierzu auch KR-*Friedrich* § 4 KSchG Rn. 92.

vielmehr bis zur Beschlußfassung erfolgen, sofern die Mittel dafür rechtzeitig benannt worden sind.[84] Zur Glaubhaftmachung genügt auch die Versicherung an Eides Statt, es sind aber auch alle anderen Beweismittel zuzulassen (vgl. § 294 ZPO).

4. Rechtsschutzinteresse

Der Antrag setzt zwar ein Rechtsschutzinteresse voraus; es ist aber im Zulassungsverfahren **nicht zu prüfen, ob die Kündigungsschutzklage selbst Aussicht auf Erfolg hat**.[85] – Ein vorsorglicher Antrag für den Fall, daß die frühere Klage nicht ordnungsgemäß sein sollte, ist zulässig.[86] Hat der Arbeitnehmer eine zulässige allgemeine Feststellungsklage (§ 256 ZPO) erhoben, mit der er sich gegen eine Anfechtung des Arbeitsverhältnisses wehrt, kann er nach der Rechtsprechung des BAG[87] die Unwirksamkeit einer Kündigung auch noch nach Ablauf der Drei-Wochen-Frist gerichtlich geltend machen; für einen Antrag auf nachträgliche Zulassung der Kündigungsschutzklage fehlt dann das Rechtsschutzinteresse.[88] 27

Trägt der Arbeitnehmer selbst Tatsachen vor, aus denen sich ergibt, daß das **KSchG auf das Arbeitsverhältnis nicht anwendbar** ist, so ist der Antrag auf nachträgliche Zulassung der Klage unzulässig.[89] In diesem Falle wäre nämlich auch eine Kündigungsschutzklage nach § 4 unzulässig und nur die allgemeine, nicht fristgebundene Feststellungsklage nach § 256 ZPO statthaft (dazu § 4 Rn. 71 a). 27 a

IV. Entscheidung über den Antrag (Abs. 4)

Über den Antrag entscheidet das **Arbeitsgericht** nach mündlicher Verhandlung, und zwar die Kammer in voller Besetzung, sofern die Parteien nicht nach § 55 Abs. 3 ArbGG eine Alleinentscheidung des Vorsitzenden beantragen.[90] Die Entscheidung ergeht immer durch **Beschluß**, § 5 Abs. 4.[91] 28

Nach der zum 1. 5. 2000 in Kraft getretenen Neufassung von § 5 Abs. 4[92] kann die Entscheidung des Arbeitsgerichts **ohne mündliche Verhandlung** erfolgen. Abweichend von § 53 Abs. 1 ArbGG ergeht nach dem klaren 28 a

---

[84] Vgl. LAG Baden-Württemberg 8. 3. 1988, LAGE § 5 KSchG Nr. 37; LAG Berlin 20. 7. 1983, DB 1984, 885 f. und 19. 1. 1987, LAGE § 5 KSchG Nr. 27; APS/*Ascheid* § 5 KSchG Rn. 69; KR-*Friedrich* § 5 KSchG Rn. 95; HaKo-*Gallner* § 5 Rn. 32; Kittner/Däubler/Zwanziger § 5 KSchG Rn. 21.

[85] LAG Düsseldorf 13. 4. 1956, AP Nr. 7 zu § 4 KSchG mit Anm. *Herschel* und 26. 9. 1974, BB 1975, 139; APS/*Ascheid* § 5 KSchG Rn. 9; KR-*Friedrich* § 5 KSchG Rn. 100 ff.; HaKo-*Gallner* § 5 Rn. 41.

[86] Vgl. LAG Düsseldorf 13. 4. 1956, AP Nr. 7 zu § 4 KSchG mit zust. Anm. *Herschel;* KR-*Friedrich* § 5 KSchG Rn. 103.

[87] Vgl. näher dazu § 4 Rn. 74 ff.

[88] Vgl. LAG Sachsen-Anhalt 23. 4. 1997, LAGE § 5 KSchG Nr. 93.

[89] LAG Nürnberg 3. 1. 1994, LAGE § 5 KSchG Nr. 64.

[90] Vgl. LAG München 3. 11. 1975, DB 1976, 732; LAG Frankfurt 27. 3. 1987, LAGE § 55 ArbGG Nr. 2; KR-*Friedrich* § 5 KSchG Rn. 126.

[91] BAG 14. 10. 1982, AP Nr. 2 zu § 72 ArbGG 1979; KR-*Friedrich* § 5 KSchG Rn. 127; Kittner/Däubler/Zwanziger § 5 KSchG Rn. 37; *Köhne*, AR-Blattei SD 1020.3.1 Rn. 64; – zur Entscheidung bei Säumnis einer der Parteien vgl. *Reinecke* NZA 1985, 243 f.

[92] BGBl. I S. 333.

Wortlaut des Gesetzes die Entscheidung aber nicht durch den Vorsitzenden allein, sondern durch die Kammer.[93] Diese Gesetzesänderung führt zu einer Beschleunigung des Verfahrens. Für den Antragsteller bedeutet dies aber auch, daß er dem Antrag alle Mittel zur Glaubhaftmachung der die nachträgliche Zulassung begründenden Tatsachen beizufügen hat. Die Vernehmung von Zeugen oder das Nachreichen benannter Mittel der Glaubhaftmachung im Termin scheidet regelmäßig aus.

29 Gegen den Beschluß, mag er dem Antrag stattgeben oder ihn ablehnen, ist die **sofortige Beschwerde** gegeben, § 5 Abs. 4 Satz 2. Der Beschluß bedarf einer Rechtsmittelbelehrung nach § 9 Abs. 5 ArbGG; ohne sie beginnt die Beschwerdefrist nicht zu laufen. Wird in gesetzwidriger Weise über den Antrag auf nachträgliche Zulassung und die Kündigungsschutzklage einheitlich durch Urteil entschieden, so kann hiergegen sowohl Berufung als auch sofortige Beschwerde eingelegt werden.[94] Wird Berufung eingelegt, ist diese vom LAG zugleich als sofortige Beschwerde zu behandeln. Diese ist von dem Berufungsverfahren abzutrennen und hierüber ist zunächst zu entscheiden.[95]

30 **Beschwerdeberechtigt** ist, wer durch den Beschluß beschwert ist, also bei Ablehnung des Antrags der Arbeitnehmer, andernfalls der Arbeitgeber. Die Beschwerde muß binnen einer **Notfrist von 2 Wochen** nach Zustellung des Beschlusses eingelegt werden, und zwar entweder durch Schriftsatz oder zu Protokoll der Geschäftsstelle des Arbeitsgerichts oder des LAG, § 569 ZPO. – Über die Beschwerde **entscheidet das LAG**. Die Entscheidung über die Beschwerde kann gemäß § 78 Abs. 1 ArbGG i. V. m. § 573 Abs. 1 ZPO ohne mündliche Verhandlung ergehen.[96] Ergeht der Beschluß ohne mündliche Verhandlung, entscheidet der Vorsitzende allein.[97]

30 a Ist Beschwerde eingelegt oder ist sie zu erwarten, so wird das Arbeitsgericht zweckmäßig das Verfahren über die Kündigungsschutzklage bis zur Entscheidung über die Beschwerde nach **§ 148 ZPO aussetzen.**[98] Andernfalls könnten sich Schwierigkeiten ergeben, wenn etwa das Arbeitsgericht der Klage stattgibt und das LAG erst danach auf die Beschwerde hin den Zulassungsantrag abweist oder umgekehrt das Arbeitsgericht die Klage als verspätet abweist und das LAG dann den Zulassungsantrag für begründet hält.

31 Über den Antrag auf nachträgliche Zulassung der Kündigungsschutzklage hat das Arbeitsgericht nur zu entscheiden, wenn es die Drei-Wochen-Frist des § 4 für anwendbar (§§ 1 Abs. 1, 13 Abs. 1 und 23 Abs. 1), entschei-

---

[93] Ebenso *Schaub* NZA 2000, 344, 348; wohl auch HK-KSchG/*Hauck* § 5 Rn. 64; – abweichend ErfK/*Ascheid* § 5 KSchG Rn. 28.
[94] BAG 14. 10. 1982, AP Nr. 2 zu § 72 ArbGG 1972; *Stahlhacke/Preis/Vossen* Rn. 1143.
[95] Vgl. BAG 28. 4. 1983, AP Nr. 4 zu § 5 KSchG 1969.
[96] KR-*Friedrich* § 5 KSchG Rn. 151; *Germelmann/Matthes/Prütting* § 46 Rn. 95.
[97] Ebenso LAG Frankfurt 26. 10. 1993, LAGE § 5 KSchG Nr. 63; LAG Hamm 4. 11. 1996, LAGE § 5 KSchG Nr. 81; LAG Mecklenburg-Vorpommern 27. 7. 1999, LAGE § 5 KSchG Nr. 95; KR-*Friedrich* § 5 KSchG Rn. 151; HK-KSchG/*Hauck* § 5 Rn. 76; *Schmid* S. 190 ff.; *Stahlhacke/Preis/Vossen* Rn. 1143 c; – abweichend LAG Sachsen-Anhalt 22. 10. 1997, LAGE § 5 KSchG Nr. 92; *Berkowsky* NZA 1997, 352, 357 f.
[98] LAG Düsseldorf 2. 4. 1976, EzA § 5 KSchG Nr. 2; APS/*Ascheid* § 5 KSchG Rn. 109; KR-*Friedrich* § 5 KSchG Rn. 169.

dungserheblich und nicht eingehalten ansieht. Dementsprechend ist der Antrag auf nachträgliche Zulassung auch stets nur **Hilfsantrag** für den Fall, daß das Gericht die Klage für verspätet hält.[99]

Kommt das Beschwerdegericht im Beschwerdeverfahren im Gegensatz 32 zum erstinstanzlichen Arbeitsgericht zu dem Ergebnis, daß die **Klage nicht verspätet** ist, so hat es den Antrag auf nachträgliche Zulassung nicht mangels Rechtsschutzbedürfnis als unzulässig zu verwerfen.[100] Das LAG hat vielmehr den Beschluß des Arbeitsgerichts über die nachträgliche Zulassung ersatzlos aufzuheben, weil über den Zulassungsantrag als Hilfsantrag nur bei verspäteter Kündigungsschutzklage zu befinden ist.[101]

Die Entscheidung über die nachträgliche Zulassung ist der **inneren** 33 **Rechtskraft** fähig und entfaltet daher gemäß §§ 329, 318 ZPO eine Bindungswirkung in Folgeverfahren. Nach Auffassung des BAG wird bei einer Zurückweisung des Antrags auf nachträgliche Zulassung für das Kündigungsschutzverfahren bindend festgestellt, daß die Klage vom Arbeitnehmer nicht ohne Verschulden verspätet erhoben worden ist.[102] Nach rechtskräftiger Zurückweisung des Antrags auf nachträgliche Zulassung dürfe daher im Kündigungsschutzverfahren nicht noch einmal geprüft werden, ob die Klage überhaupt verspätet sei.[103] Bestünden keine anderen Unwirksamkeitsgründe für die ausgesprochene Kündigung, so sei die Kündigungsschutzklage auf Grund der bindenden Feststellungen aus dem Zulassungsverfahren abzuweisen. Über die Frage der verspäteten Klageerhebung hinaus erwachsen jedoch auch nach Auffassung des BAG andere Vorfragen, wie beispielsweise die Anwendbarkeit des KSchG, nicht in Rechtskraft und unterliegen demzufolge auch keiner Bindungswirkung für das Kündigungsschutzverfahren.[104]

Die Auffassung des BAG zum Umfang der Bindungswirkung der Ent- 34 scheidung über die nachträgliche Zulassung ist im Schrifttum und in der Rechtsprechung der Instanzgerichte überwiegend kritisch aufgenommen worden. Zu Unrecht meint das BAG, daß neben der Frage des Verschuldens hinsichtlich der verspäteten Klageerhebung auch die Verspätung der Klageerhebung selbst bindend festgestellt wird. Die **Bindungswirkung** des Beschlusses über den Antrag auf nachträgliche Zulassung erstreckt sich richtigerweise

---

[99] BAG 28. 4. 1983, AP Nr. 4 zu § 5 KSchG 1969 mit abl. Anm. *Grunsky* = EzA § 5 KSchG Nr. 20 mit krit. Anm. *Otto;* BAG 5. 4. 1984, AP Nr. 6 zu § 5 KSchG 1969; LAG Sachsen-Anhalt 24. 1. 1995, 23. 4. 1997, LAGE § 5 KSchG Nr. 69; APS/*Ascheid* § 5 KSchG Rn. 97; KR-*Friedrich* § 5 KSchG Rn. 158; *Löwisch* § 5 Rn. 28; *ders.* Anm. zu LAG Baden-Württemberg LAGE § 5 KSchG Nr. 37; *Stahlhacke/Preis/Vossen* Rn. 1144; *Vollkommer* Anm. zu LAG Hamm LAGE § 5 KSchG Nr. 22; – abweichend LAG Baden-Württemberg 8. 3. 1988, LAGE § 5 KSchG Nr. 37 mit insoweit abl. Anm. *Löwisch; Berkowsky* NZA 1997, 352, 356.
[100] So aber LAG Hamm 7. 11. 1985 AP Nr. 8 zu § 5 KSchG 1969 mit abl. Anm. *Dütz/Kronthaler*.
[101] Zutr. LAG Hamm 24. 3. 1988, AP Nr. 9 zu § 5 KSchG 1969; LAG Sachsen-Anhalt 24. 1. 1995, 23. 4. 1997, LAGE § 5 KSchG Nr. 69, 93; APS/*Ascheid* § 5 KSchG Rn. 116; *Dütz/Kronthaler* Anm. zu LAG Hamm AP Nr. 8 zu § 5 KSchG 1969; – z. T. abweichend KR-*Friedrich* § 5 KSchG Rn. 158.
[102] BAG 28. 4. 1983, 5. 4. 1984, AP Nr. 4, 6 zu § 5 KSchG 1969; BAG 28. 5. 1998, AP Nr. 48 zu § 2 KSchG 1969 mit Anm. *Löwisch;* HK-KSchG/*Hauck* § 5 Rn. 92.
[103] Zust. *Stahlhacke/Preis/Vossen* Rn. 1144.
[104] BAG 5. 4. 1984, AP Nr. 6 zu § 5 KSchG 1969.

allein auf die Frage des Verschuldens i. S. d. § 5 Abs. 1.[105] Dies folgt bereits aus dem besonderen Charakter des Zulassungsverfahrens. So sind nach § 5 Abs. 2 Satz 2 die die nachträgliche Zulassung begründenden Tatsachen lediglich glaubhaft zu machen. Die Feststellungen im Zulassungsverfahren werden daher auf Grund bloßer Glaubhaftmachung nach § 294 ZPO getroffen. Ein voller Beweis – wie er für das Kündigungsschutzverfahren erforderlich ist – muß hier nicht erbracht werden. Die Feststellungen haben daher eher summarischen Charakter. Darüber hinaus gibt es im nachträglichen Zulassungsverfahren nur eine Rechtsmittelinstanz, während im Kündigungsschutzprozeß der normale Instanzenzug bis hin zum BAG eröffnet ist.[106] Entgegen der Auffassung des BAG wird daher im nachträglichen Zulassungsverfahren die Verspätung der Klageerhebung nicht bindend festgestellt.

35   Geht das Arbeitsgericht im ersten Rechtszug davon aus, daß die Kündigungsschutzklage rechtzeitig erhoben wurde und stellt sich im zweiten Rechtszug heraus, daß die Drei-Wochen-Frist entgegen der Annahme des Arbeitsgerichts nicht eingehalten worden ist, hat das Berufungsgericht das Urteil des Arbeitsgerichts aufzuheben und den **Rechtsstreit an das Arbeitsgericht nach § 539 ZPO zurückzuverweisen**.[107] § 68 ArbGG steht dem nicht entgegen. Dieser Bestimmung liegt zugrunde, daß ein Verfahrensmangel in der Berufungsinstanz noch reparabel ist. Ist jedoch im zweiten Rechtszug der Verfahrensmangel nicht mehr korrigierbar, ist die Sache an das Arbeitsgericht zurückzuverweisen, weil das Gesetz mit dem Zurückverweisungsverbot die unterlegene Partei nicht endgültig mit den Folgen von Verfahrensmängeln belasten will.[108]

36   Ein **nicht mehr korrigierbarer Verfahrensmangel** liegt vor, wenn das Arbeitsgericht zu Unrecht angenommen hat, die Drei-Wochen-Frist des § 4 Satz 1 sei gewahrt und deshalb nicht über den hilfsweise gestellten Antrag auf nachträgliche Zulassung der Kündigungsschutzklage entschieden hat. Da grundsätzlich nur das Arbeitsgericht als Eingangsinstanz über den hilfsweise gestellten Antrag auf nachträgliche Zulassung der Kündigungsschutzklage entscheiden kann, ist die Sache an das Arbeitsgericht zurückzuverweisen. Das gleiche gilt, wenn das Arbeitsgericht über den hilfsweise gestellten Antrag auf nachträgliche Zulassung nicht entschieden hat, weil es die Kündigung bereits aus anderen Gründen nach § 13 Abs. 3 für unwirksam erachtet hat.[109]

---

[105] Ebenso LAG Baden-Württemberg 8. 3. 1988, LAGE § 5 KSchG Nr. 37; LAG Berlin 19. 1. 1987, LAGE § 5 KSchG Nr. 27; LAG Mecklenburg-Vorpommern 27. 7. 1999, LAGE § 5 KSchG Nr. 95; LAG Sachsen-Anhalt 22. 10. 1997, LAGE § 5 KSchG Nr. 92; APS/*Ascheid* § 5 KSchG Rn. 129; KR-*Friedrich* § 5 KSchG Rn. 156 a; *Grunsky* Anm. zu BAG AP Nr. 4 zu § 5 KSchG 1969; *Kittner/Däubler/Zwanziger* § 5 KSchG Rn. 41; *Löwisch* Anm. zu LAG Baden-Württemberg LAGE § 5 KSchG Nr. 37; *Otto* Anm. zu BAG EzA § 5 KSchG Nr. 20; *Vollkommer* Anm. zu LAG Hamm § 5 KSchG Nr. 22.

[106] So zutr. LAG Baden-Württemberg 8. 3. 1988, LAGE § 5 KSchG Nr. 37 mit insoweit zust. Anm. *Löwisch; Otto* Anm. zu BAG EzA § 5 KSchG Nr. 20; *Vollkommer* Anm. zu LAG Hamm LAGE § 5 KSchG Nr. 22.

[107] Ebenso LAG Brandenburg 13. 3. 1996, LAGE § 5 KSchG Nr. 77; LAG Köln 19.10. 2000, MDR 2001, 517; APS/*Ascheid* § 5 KSchG Rn. 119; *Germelmann/Matthes/Prütting* § 68 Rn. 5; *Stahlhacke/Preis/Vossen* Rn. 1143 b.

[108] Vgl. *Grunsky* § 68 Rn. 7.

[109] LAG Nürnberg 19. 9. 1995, LAGE § 5 KSchG Nr. 72; Hessisches LAG 11. 11. 1997, NZA-RR 1998, 515; LAG Köln 19. 10. 2000, MDR 2001, 517.

Die Zurückverweisung der Sache an das Arbeitsgericht hat unter **Ab-** 37
änderung des Urteils erster Instanz zu erfolgen.[110] Soweit die Auffassung
vertreten wird, das Berufungsverfahren sei vom LAG auszusetzen, um dem
Arbeitsgericht Gelegenheit zu geben, über den Antrag auf nachträgliche
Zulassung der Kündigungsschutzklage zu entscheiden,[111] kann dem nicht
gefolgt werden. Das Arbeitsgericht wäre nämlich in diesem Fall an einer
Entscheidung über den Antrag auf nachträgliche Zulassung gehindert, da
sein Urteil ohne vorherige Aufhebung durch das Berufungsgericht noch existent ist.[112] Im übrigen könnte das Arbeitsgericht in diesem Falle auch nicht
mit Bindungswirkung angewiesen werden, über den Hilfsantrag zu entscheiden.[113]

Das Berufungsgericht hat allerdings dann über den Antrag auf nachträg- 38
liche Zulassung einer Kündigungsschutzklage zu entscheiden, wenn der
Arbeitnehmer in einem bereits vor dem LAG anhängigen Berufungsverfahren eine weitere vom Arbeitgeber ausgesprochene Kündigung mit der
Kündigungsschutzklage angreift. Eine solche **Klageänderung** ist nach Auffassung des BAG gemäß § 263 ZPO auch im **zweiten Rechtszug** möglich,
wenn der Beklagte einwilligt oder das Gericht sie für sachdienlich erachtet.[114]
Das Berufungsgericht hat deshalb selbst über den hilfsweise gestellten Antrag
auf nachträgliche Zulassung der im Wege der Klageänderung vor dem LAG
erhobenen Kündigungsschutzklage zu entscheiden, wenn die Drei-Wochen-
Frist nicht gewahrt ist.[115]

§ 6 Verlängerte Anrufungsfrist

¹**Hat ein Arbeitnehmer innerhalb von drei Wochen nach Zugang der
Kündigung aus anderen als den in § 1 Abs. 2 und 3 bezeichneten Gründen im Klagewege geltend gemacht, daß eine rechtswirksame Kündigung nicht vorliege, so kann er in diesem Verfahren bis zum Schluß der
mündlichen Verhandlung erster Instanz auch die Unwirksamkeit der
Kündigung gemäß § 1 Abs. 2 und 3 geltend machen.** ²**Das Arbeitsgericht soll ihn hierauf hinweisen.**

Übersicht

	Rn.
1. Allgemeines	1
2. Voraussetzungen	2
3. Geltendmachung der Sozialwidrigkeit	8
4. Hinweispflicht	10

---

[110] LAG Brandenburg 13. 3. 1996, LAGE § 5 KSchG Nr. 77; APS/*Ascheid* § 5 KSchG Rn. 119; *Germelmann/Matthes/Prütting* § 68 Rn. 5; *Stahlhacke/Preis/Vossen* Rn. 1143b.
[111] So etwa LAG Berlin 23. 8. 1988, LAGE § 5 KSchG Nr. 38; *Grunsky* § 68 Rn. 7; KR-*Friedrich* § 5 KSchG Rn. 167; *Löwisch* § 5 Rn. 28.
[112] Ebenso APS/*Ascheid* § 5 KSchG Rn. 119.
[113] Zutr. *Germelmann/Matthes/Prütting* § 68 Rn. 5; *Stahlhacke/Preis/Vossen* Rn. 1143b.
[114] Vgl. dazu BAG 10. 12. 1970, AP Nr. 40 zu § 3 KSchG mit Anm. *A. Hueck* = SAE 1971, 244 mit Anm. *Zeiss* = AR-Blattei Kündigungsschutz Entsch. 123 mit Anm. *Herschel*.
[115] Ebenso *Stahlhacke/Preis/Vossen* Rn. 1143a.

1. Allgemeines

1 § 6 erleichtert dem Arbeitnehmer die Geltendmachung der Sozialwidrigkeit dadurch, daß er diese ohne die besonderen Voraussetzungen des § 5 und auch ohne gerichtliche Zulassung nach Ablauf der Klagefrist des § 4 noch in einem gegen die Kündigung gerichteten Prozeß einführen kann, den er aus anderen Gründen vor Ablauf der Frist eingeleitet hat. Die Regelung hat ein gewisses Vorbild in § 61 AOG, der jedoch lediglich die Frist für die Erhebung der Klage auf Widerruf der in einer fristlosen Kündigung liegenden ordentlichen Kündigung betraf. Dagegen gilt § 6 **für jede ordentliche oder außerordentliche Kündigung**, die aus einem anderen Grunde als wegen Sozialwidrigkeit bzw. wegen Fehlens des wichtigen Grundes angegriffen wird. Die Vorschrift ist vor allem dann praktisch wichtig, wenn der zuerst geltend gemachte Klagegrund keinen Erfolg verspricht, aber auch, wenn der Arbeitnehmer nachträglich zu der Überzeugung kommt, es entspreche seinem Interesse mehr, die Auflösung des Arbeitsverhältnisses und eine Abfindung nach § 9 zu verlangen, wozu er dann, wenn er die Klage nur auf andere Gründe stützt, im allgemeinen keine Möglichkeit hat.[1]

2. Voraussetzungen

2 Voraussetzung ist, daß der Arbeitnehmer binnen der Drei-Wochen-Frist des § 4 **Klage gegen die Kündigung** erhoben hat. Ist die Klage später erhoben, so kann zwar der sonstige Nichtigkeitsgrund, nicht aber die Sozialwidrigkeit der Kündigung geltend gemacht werden.[2] Wenn § 6 verlangt, daß das Nichtvorliegen einer rechtswirksamen Kündigung im Klagewege geltend gemacht wird, so sind damit in erster Linie Fälle gemeint, in denen der Arbeitnehmer unmittelbar **auf Feststellung** der Unwirksamkeit der Kündigung klagt, die Klage aber nicht auf Sozialwidrigkeit stützt. Dabei ist gleichgültig, auf welchen Grund der Unwirksamkeit die Klage gestützt wird. Die verlängerte Anrufungsfrist des § 6 gilt daher beispielsweise dann, wenn der Arbeitnehmer die fehlende oder unzureichende Anhörung des Betriebsrats nach § 102 Abs. 1 BetrVG rügt oder geltend macht, die Kündigung verstoße gegen gesetzliche Verbote (z.B. § 9 Abs. 1 MuSchG oder § 85 SGB IX). Auch wenn mit der Klage nur die Nichteinhaltung der Kündigungsfrist geltend gemacht wird, sind die Voraussetzungen des § 6 erfüllt.[3] Schließlich ist § 6 von Bedeutung, wenn ein Kündigungsschutzantrag nach § 4 mit einem allgemeinen Feststellungsantrag verbunden ist.[4]

3 Hat der Arbeitnehmer gegen eine vom Arbeitgeber ausgesprochene **außerordentliche Kündigung** Kündigungsschutzklage erhoben, gilt § 6 auch,

---

[1] BAG 13. 8. 1987, AP Nr. 3 zu § 6 KSchG 1969; ErfK/*Ascheid* § 6 KSchG Rn. 4; KR-*Friedrich* § 6 KSchG Rn. 7; *Kittner/Däubler/Zwanziger* § 6 KSchG Rn. 1; *Stahlhacke/Preis/Vossen* Rn. 1111.

[2] BAG 22. 11. 1956, AP Nr. 8 zu § 4 KSchG mit zust. Anm. *Herschel*.

[3] Vgl. APS/*Ascheid* § 6 KSchG Rn. 12; KR-*Friedrich* § 6 KSchG Rn. 13; HK-KSchG/*Hauck* § 6 Rn. 11; *A. Hueck* Anm. zu ArbG Hamburg AP Nr. 2 zu § 5 KSchG; *Kittner/Däubler/Zwanziger* § 6 KSchG Rn. 4; *Löwisch* § 6 Rn. 4; *Stahlhacke/Preis/Vossen* Rn. 1112; – abweichend *Güntner* DB 1976, 148, 149; KPK-*Ramrath* § 6 Rn. 4.

[4] Vgl. dazu § 4 Rn. 75c.

Verlängerte Anrufungsfrist   4, 5 § 6

wenn die Kündigung im Laufe des Verfahrens **in eine ordentliche Kündigung umgedeutet wird.**[5] Denn mit der Klageerhebung hat der Arbeitnehmer deutlich gemacht, daß er die Beendigung des Arbeitsverhältnisses nicht hinnehmen will. Hat der Arbeitnehmer allerdings für den Fall der Unwirksamkeit der außerordentlichen Kündigung anerkannt, daß das Arbeitsverhältnis mit Ablauf der bei einer ordentlichen Kündigung einzuhaltenden Kündigungsfrist endet, bleibt bei der **Umdeutung der außerordentlichen in eine ordentliche Kündigung** für eine Verlängerung der Anrufungsfrist nach § 6 kein Raum.[6] Der Arbeitnehmer kann daher nach Ablauf der Drei-Wochen-Frist im Laufe des Kündigungsschutzprozesses nicht mehr geltend machen, die in eine ordentliche Kündigung umgedeutete außerordentliche Kündigung sei sozialwidrig. § 6 ist in diesem Fall nach seiner Zweckbestimmung, nämlich den Arbeitnehmer vor Rechtsnachteilen zu bewahren, wenn er die Beendigung des Arbeitsverhältnisses in keiner Form hinnehmen will, nicht anwendbar, weil der Arbeitnehmer von vornherein erklärt, daß er die Kündigung als ordentliche hinnehmen will. In diesem Fall besteht für ihn nicht die Gefahr des Verlusts des Kündigungsschutzes aus formalen Gründen.[7]

Man kann aber **§ 6 entsprechend** auf die Fälle **ausdehnen,** in denen der 4
Arbeitnehmer aus der Unwirksamkeit der Kündigung Ansprüche, praktisch vor allem Lohnansprüche herleitet und deshalb eine **Leistungsklage** erhoben hat.[8] Allerdings muß die Leistungsklage Ansprüche zum Gegenstand haben, die gerade auf die Unwirksamkeit der Kündigung gestützt werden. Die Geltendmachung von Lohnansprüchen für die Zeit vor der Kündigung genügt deshalb nicht, auch wenn in der Klageschrift die Unwirksamkeit der Kündigung erwähnt und darauf gestützte weitere Ansprüche vorbehalten werden.[9] Unzureichend ist ferner eine Klage auf Nachteilsausgleich nach § 113 BetrVG, weil dieser Anspruch gerade die Wirksamkeit der Kündigung voraussetzt.[10]

Die verlängerte Anrufungsfrist des § 6 ist weiterhin analog anzuwen- 5
den, wenn innerhalb von drei Wochen nach Zugang einer Änderungskündigung **Änderungsschutzklage** nach § 4 Satz 2 erhoben wird und sich im Laufe des Verfahrens herausstellt, daß der Vorbehalt nach § 2 nicht wirksam erklärt wurde und daher Streitgegenstand des Prozesses nicht die Änderung der Arbeitsbedingungen, sondern die Beendigung des Arbeitsverhält-

---

[5] Vgl. BAG 30. 11. 1961, AP Nr. 3 zu § 5 KSchG; APS/*Ascheid* § 6 KSchG Rn. 13; HaKo-*Gallner* § 6 Rn. 10 f.; *Kittner/Däubler/Zwanziger* § 6 KSchG Rn. 5; vgl. auch § 13 Rn. 47 a.
[6] BAG 13. 8. 1987, AP Nr. 3 zu § 6 KSchG 1969.
[7] So zutr. BAG 13. 8. 1987, AP Nr. 3 zu § 6 KSchG 1969.
[8] BAG 30. 11. 1961, AP Nr. 3 zu § 5 KSchG mit krit. Anm. *Böttiger* = AR-Blattei Kündigungsschutz Entsch. 61 mit zust. Anm. *Molitor;* BAG 28. 6. 1973, AP Nr. 2 zu § 13 KSchG 1969 mit zust. Anm. *Herschel;* APS/*Ascheid* § 6 KSchG Rn. 15; KR-*Friedrich* § 6 KSchG Rn. 23 f.; HK-KSchG/*Hauck* § 6 Rn. 13; *Kittner/Däubler/Zwanziger* § 6 KSchG Rn. 7; *Löwisch* § 6 Rn. 5; *Schaub* § 136 Rn. 18; *Stahlhacke/Preis/Vossen* Rn. 1116; – abweichend *Güntner* DB 1976, 148, 150; *ders.* RdA 1953, 249 ff.
[9] LAG Hamm 2. 11. 1953 AP 54 Nr. 91 mit Anm. *Herschel;* KR-*Friedrich* § 6 KSchG Rn. 25; *Löwisch* § 6 Rn. 5.
[10] Zutr. KR-*Friedrich* § 6 KSchG Rn. 29 c; HaKo-*Gallner* § 6 Rn. 20; HK-KSchG/*Hauck* § 5 Rn. 21.

nisses ist.[11] Es ist nämlich davon auszugehen, daß bei der Neuregelung der §§ 2 und 4 Satz 2 im Jahre 1969 eine Anpassung des § 6 aufgrund eines redaktionellen Versehens unterblieben ist.[12] Einer analogen Anwendung des § 6 auf den Fall der zunächst erhobenen Änderungsschutzklage stehen im übrigen auch keine schutzwürdigen Interessen des Arbeitgebers entgegen, da dieser durch die erhobene Änderungsschutzklage weiß, daß sich der Arbeitnehmer gegen die ausgesprochene Änderungskündigung wenden will. Die Analogie erscheint daher auch interessengerecht.

6 Besonders weitgehend hat das BAG § 6 **bei mehreren Klagen** zugunsten eines Arbeitnehmers angewandt, der gegen eine Änderungskündigung fristgemäß Kündigungsschutzklage erhoben, dann aber gegenüber einer weiteren außerordentlichen Kündigung zunächst nur – übrigens erfolglos – eine einstweilige Verfügung zur Gehaltsfortzahlung beantragt und erst nach Fristablauf die anhängige Kündigungsschutzklage auch auf die außerordentliche Kündigung ausgedehnt hatte.[13] Das BAG hält das für die Anwendung des § 6 für ausreichend, wohl mit Recht.[14] Entscheidend ist, daß einerseits der Arbeitnehmer gegen die erste Kündigung rechtzeitig Kündigungsschutzklage erhoben und andererseits eindeutig und für den Arbeitgeber erkennbar zum Ausdruck gebracht hatte, er werde auch die fristlose Kündigung nicht gelten lassen, sondern gerichtlich bekämpfen, und daß er letzteres auch innerhalb der Drei-Wochen-Frist durch den Antrag auf Erlaß einer einstweiligen Verfügung getan hat. Damit war der Zweck der §§ 4 und 6 erfüllt, mag auch der Weg der einstweiligen Verfügung prozessual fehlerhaft gewesen sein. Berücksichtigt man, daß Ziel des § 6 ist, den häufig nicht rechtskundigen Arbeitnehmer nach Möglichkeit vor dem Verlust des Kündigungsschutzes aus formalen Gründen zu schützen, wenn er nur durch rechtzeitige Anrufung des Gerichts seinen Willen, die Wirksamkeit der Kündigung zu bekämpfen, genügend klar zum Ausdruck bringt, so muß das auch für einen Fall wie den vorliegenden gelten. Die dagegen von *Trinkner*[15] geltend gemachten prozeßrechtlichen Bedenken müssen gegenüber diesem Zweck des § 6 zurücktreten.

7 Für die Anwendung des § 6 ist schließlich Voraussetzung, daß eine **Klage des Arbeitnehmers** oder doch wenigstens eine Anrufung des Gerichts durch den Arbeitnehmer vorliegt. Bloßes Bestreiten der Rechtmäßigkeit der Kündigung außerhalb des Prozesses genügt nicht; denn das Gesetz verlangt ausdrücklich ein aktives Vorgehen des Arbeitnehmers im Klagewege.[16]

---

[11] BAG 23. 3. 1983, AP Nr. 1 zu § 6 KSchG 1969 mit abl. Anm. *Bickel* = SAE 1984, 127 mit abl. Anm. *Loritz* = AR-Blattei Kündigungsschutz I A Entsch. 2 mit zust. Anm. *Herschel;* APS/*Ascheid* § 6 KSchG Rn. 17; KR-*Friedrich* § 6 KSchG Rn. 29 b; *Kittner/Däubler/ Zwanziger* § 6 KSchG Rn. 9; *Löwisch* § 6 Rn.10; *Stahlhacke/Preis/Vossen* Rn. 1116.
[12] Eingehend dazu BAG 23. 3. 1983, AP Nr. 1 zu § 6 KSchG 1969.
[13] BAG 9. 11. 1967, BB 1968, 293 mit krit. Anm. *Trinkner.*
[14] Zust. APS/*Ascheid* § 6 KSchG Rn. 18; KR-*Friedrich* § 6 KSchG Rn. 26 f.; HK-KSchG/ *Hauck* § 5 Rn. 17; *Löwisch* § 6 Rn. 6; – abweichend KPK-*Ramrath* § 6 Rn. 5; *Trinkner* BB 1968, 294.
[15] *Trinkner* BB 1968, 294 f.
[16] Ebenso ErfK/*Ascheid* § 6 KSchG Rn. 2; KR-*Friedrich* § 6 KSchG Rn. 28; *Kittner/ Däubler/Zwanziger* § 6 KSchG Rn. 10; *Löwisch* § 6 Rn. 8.

3. Geltendmachung der Sozialwidrigkeit

Liegen die genannten Voraussetzungen vor, so kann der Arbeitnehmer **in dem anhängigen Verfahren,** auch wenn die Drei-Wochen-Frist des § 4 inzwischen verstrichen ist, noch die Unwirksamkeit der Kündigung wegen **Sozialwidrigkeit geltend machen,** und zwar bis zum Schluß der letzten mündlichen Verhandlung der ersten Instanz. Er fügt dann zu den vorher schon geltend gemachten Nichtigkeitsgründen die Sozialwidrigkeit als weiteren hinzu. Entsprechendes gilt für das Fehlen des wichtigen Grundes bei der außerordentlichen Kündigung.

Die **Bedeutung des § 6** besteht darin, daß die Geltendmachung der Sozialwidrigkeit der Kündigung bei vorheriger Geltendmachung anderer Nichtigkeitsgründe nicht an die Drei-Wochen-Frist des § 4 gebunden ist. Es liegt also nicht (wie früher im Falle des § 61 AOG) eine objektive Klagehäufung vor, sondern lediglich eine mehrfache Begründung desselben Klageanspruches.[17] Doch wird man, wenn der Arbeitnehmer nicht ohnehin schon auf Feststellung der Fortdauer des Arbeitsverhältnisses geklagt, sondern eine Leistungsklage erhoben hatte, im Interesse der Klarheit verlangen müssen, daß ein Feststellungsantrag nach § 4 gestellt wird.[18] Über die Frage, ob, wenn die Klage gleichzeitig auf Sozialwidrigkeit und andere Nichtigkeitsgründe gestützt wird, ein Antrag auf Auflösung des Arbeitsverhältnisses und Abfindung nach § 9 gestellt werden kann, vgl. § 9 Rn. 12 ff.

4. Hinweispflicht

Das Arbeitsgericht ist nach § 6 Satz 2 verpflichtet, den Arbeitnehmer, der die Klage nur auf andere Gründe, nicht aber auf Sozialwidrigkeit der Kündigung gestützt hat, auf die Möglichkeit, die § 6 bietet, **hinzuweisen.** Das hat allerdings nur dann Sinn, wenn nach Lage der Dinge eine Sozialwidrigkeit der Kündigung überhaupt in Frage kommen kann. Die Hinweispflicht gilt entsprechend, wenn der Arbeitnehmer eine auf die Unwirksamkeit der Kündigung gestützte Leistungsklage, vor allem eine Lohnklage, erhoben hat (oben Rn. 4).

Verletzt das Arbeitsgericht die Hinweispflicht, weist es also trotz Vorliegens der Voraussetzungen des § 6 Satz 1 den Arbeitnehmer nicht auf diese Möglichkeit hin oder macht es ihn, wenn der Arbeitnehmer lediglich einen Antrag auf Lohnzahlung gestellt hatte, nicht auf die Notwendigkeit des Feststellungsantrags aufmerksam, so liegt ein **Mangel im Verfahren** vor.[19]

Sehr umstritten ist, ob auf Grund dieses Mangels das Berufungsgericht die Sache an das Arbeitsgericht zurückverweisen darf, um dem Arbeitnehmer die Nachholung des auf Sozialwidrigkeit gestützten Feststellungsantrags zu ermöglichen, oder ob § 68 ArbGG, der die Zurückverweisung wegen eines Mangels im Verfahren für unzulässig erklärt, dem entgegensteht. Die Frage

---

[17] Ebenso APS/*Ascheid* § 6 KSchG Rn. 7; KR-*Friedrich* § 6 KSchG Rn. 20; – abweichend HaKo-*Gallner* § 6 Rn. 8.
[18] BAG 30. 11. 1961, AP Nr. 3 zu § 5 KSchG; KR-*Friedrich* § 6 KSchG Rn. 30.
[19] H. M.; vgl. APS/*Ascheid* § 6 KSchG Rn. 24; KR-*Friedrich* § 6 KSchG Rn. 33; HaKo-*Gallner* § 6 Rn. 26; HK-KSchG/*Hauck* § 5 Rn. 27; *Löwisch* § 6 Rn. 13.

dürfte im ersteren Sinn zu entscheiden sein.[20] § 68 ArbGG will die mit der Zurückverweisung verbundene Verzögerung des Verfahrens vermeiden; es sollen im Interesse der Beschleunigung die Verfahrensfehler der ersten Instanz gleich im Verfahren der Berufungsinstanz korrigiert werden. Dieser Zweck des § 68 ArbGG trifft aber dann nicht zu, wenn der in der ersten Instanz unterlaufene Fehler in der Berufungsinstanz nicht mehr geheilt werden kann. Dann muß die **Zurückverweisung durch das Berufungsgericht** nach der allgemeinen Regel des § 539 ZPO **möglich** sein, weil der Antrag nach § 6 nur in der ersten Instanz gestellt werden kann.

13 Die Notwendigkeit, die Sozialwidrigkeit der Kündigung nach § 1 Abs. 2 und 3 bis zum Schluß der mündlichen Verhandlung erster Instanz geltend zu machen, ist im übrigen auf den Fall des § 6, d. h. auf die **verspätete Geltendmachung** in einem anderen, seinerseits rechtzeitig eingeleiteten Verfahren beschränkt. Dadurch wird nach Auffassung des BAG nicht ausgeschlossen, eine neuerliche Kündigung innerhalb der Drei-Wochen-Frist des § 4 durch Klageänderung oder -erweiterung im Rahmen eines anhängigen Verfahrens auch in der zweiten Instanz noch anzugreifen;[21] es handelt sich dabei nicht um einen Fall des § 6.

§ 7 Wirksamwerden der Kündigung

Wird die Rechtsunwirksamkeit einer sozial ungerechtfertigten Kündigung nicht rechtzeitig geltend gemacht (§ 4 Satz 1, §§ 5 und 6), so gilt die Kündigung, wenn sie nicht aus anderem Grunde rechtsunwirksam ist, als von Anfang an rechtswirksam; ein vom Arbeitnehmer nach § 2 erklärter Vorbehalt erlischt.

Schrifttum: *Berkowsky* Der „doppelte Vorbehalt" bei der Änderungskündigung, BB 1999, 1266; *Hohmeister*, Das Wirksamwerden einer Kündigung, ZRP 1994, 141; *Leisten*, Die Reichweite der Fiktion in den §§ 7 und 13 Abs. 1 Satz 2 KSchG, AuR 1985, 181; *Tschöpe*, Nicht rechtzeitige Erhebung der Kündigungsschutzklage: Die Fiktionswirkung des § 7 KSchG, DB 1984, 1522; *Weber/Ehrich*, Prozessuale Folgen der Unwirksamkeit von Aufhebungsvereinbarungen bei Kündigungsschutzklagen, DB 1995, 2369.

1 Die **Bedeutung des § 7** ist in den Erläuterungen zu § 4 Rn. 1 ff., 83 ff. schon hervorgehoben worden. Er stellt klar, daß, wenn die Feststellungsklage nicht rechtzeitig erhoben wird, die Sozialwidrigkeit nicht mehr geltend gemacht werden kann, der Mangel also geheilt wird. Es handelt sich hierbei um eine **rückwirkende Heilung**.[1] Nach fruchtlosem Ablauf der Frist für

---

[20] Für eine Zurückverweisung BAG 30. 11. 1961, AP Nr. 3 zu § 5 KSchG; LAG Köln 8. 3. 1988, LAGE § 6 KSchG Nr. 1; KR-*Friedrich* § 6 KSchG Rn. 38; HaKo-*Gallner* § 6 Rn. 26; *Grunsky* § 68 Rn. 7; HK-KSchG/*Hauck* § 6 Rn. 28; *Kittner/Däubler/Zwanziger* § 6 KSchG Rn. 12; *Löwisch* § 6 Rn. 13; *Schaub* § 136 Rn. 18; – abweichend *Bötticher* BB 1952, 978; *Güntner* RdA 1953, 249, 252; *ders.* DB 1976, 148, 150; vgl. auch ErfK/*Ascheid* § 6 KSchG Rn. 8, der in diesen Fällen eine Geltendmachung der Sozialwidrigkeit im Zweiten Rechtszug für zulässig hält.
[21] Vgl. dazu oben § 4 Rn. 9 a und BAG 10. 12. 1970, AP Nr. 40 zu § 3 KSchG.
[1] Ebenso ErfK/*Ascheid* § 5 KSchG Rn. 2; HK-KSchG/*Hauck* § 7 Rn. 15; *Löwisch* § 7 Rn. 1; KR-*Rost* § 7 KSchG Rn. 4.

Wirksamwerden der Kündigung 2–5 § 7

die Klage wird die Rechtslage so behandelt, als ob die Kündigung in bezug auf die Regeln des KSchG von vornherein ordnungsgemäß gewesen wäre.
Eine rückwirkende Heilung tritt auch ein, wenn eine zunächst rechtzeitig 2 erhobene Klage nach Ablauf der Drei-Wochen-Frist **zurückgenommen wird**. Durch die Klagerücknahme gilt gemäß § 269 Abs. 3 Satz 1 ZPO der Rechtsstreit als nicht anhängig geworden. Auf Grund dieser Wirkung des § 269 Abs. 3 Satz 1 ZPO treten die Rechtswirkungen des § 7 bei einer Rücknahme der Kündigungsschutzklage rückwirkend auf den Tag des Zugangs der Kündigung ein.[2]

Geheilt wird nur der in der Sozialwidrigkeit liegende Mangel. Litt die 3 Kündigung noch an anderen Mängeln, so hat darauf der Ablauf der Drei-Wochen-Frist keinen Einfluß.[3] Das schließt nicht aus, daß das Recht zur Geltendmachung dieser Mängel unabhängig von der Drei-Wochen-Frist aus anderen Gründen **verwirkt** wird. Wann der Tatbestand der Verwirkung erfüllt ist, kann nur aufgrund der Umstände des Einzelfalles entschieden werden. Dabei ist zu beachten, daß dem Zeitablauf zwar eine erhebliche Bedeutung zukommt, darüber hinaus aber auch weitere Umstände vorliegen müssen, die beim Arbeitgeber den Eindruck erwecken durften, der Arbeitnehmer werde die Kündigung hinnehmen.[4] Das Zeitmoment und das Umstandsmoment sind ohne kausalen Bezug zueinander zu prüfen. Ist das Zeitmoment nicht erfüllt, kommt das Umstandsmoment nicht zum Tragen. Ist das Zeitmoment erfüllt, kann das Umstandsmoment nicht deshalb verneint werden, weil der Arbeitgeber vor Ablauf des Zeitmoments über den Arbeitsplatz disponiert hat.[5]

Folge der Fiktion des § 7 ist, daß auch bei der Prüfung von Lohnan- 4 sprüchen des Arbeitnehmers oder Vertragsstrafeabreden von der Wirksamkeit der Kündigung auszugehen ist. Sofern keine sonstigen Nichtigkeitsgründe vorliegen, bestehen daher nur bis zum Ablauf der Kündigungsfrist Lohnansprüche; wegen weitergehender Arbeitsentgeltansprüche kann sich der Arbeitnehmer nicht mehr auf die Sozialwidrigkeit der Kündigung berufen.[6] Diese Wirkung gilt auch gegenüber Dritten, wie Lohnpfändungsgläubigern und Sozialversicherungsträgern.[7]

Auf Grund der Fiktion des § 7 steht freilich **nur die Beendigung** des 5 Arbeitsverhältnisses fest. Daß die vom Arbeitgeber behaupteten Kündigungsgründe – z. B. schuldhaft vertragswidriges Verhalten des Arbeitnehmers –

---

[2] Zutr. LAG Hamm 18. 12. 1996, LAGE § 269 ZPO Nr. 3; HaKo-*Gallner* § 7 Rn. 2; KR-*Rost* § 7 KSchG Rn. 8.
[3] BAG 19. 1. 1961, AP Nr. 1 zu § 6 KSchG mit insoweit zust. Anm. *A. Hueck;* HK-KSchG/*Hauck* § 5 Rn. 21; *Löwisch* § 7 Rn. 4; KR-*Rost* § 7 KSchG Rn. 6; *Tschöpe* DB 1984, 1522 ff.
[4] Vgl. BAG 20. 5. 1988, AP Nr. 5 zu § 242 BGB Prozeßverwirkung mit zust. Anm. *Kreitner* = EzA § 242 BGB Prozeßverwirkung Nr. 1 mit zust. Anm. *Schulin;* BAG 28. 2. 1990, DB 1990, 1923, 1924 unter I 2; BAG 25. 4. 2001, NZA 2001, 966; HK-KSchG/*Hauck* § 7 Rn. 22 f.; *Löwisch* § 7 Rn. 6; KR-*Rost* § 7 KSchG Rn. 36 ff.
[5] BAG 2. 12. 1999, AP Nr. 6 zu § 242 BGB Prozeßverwirkung; ausf. hierzu APS/*Ascheid* § 7 KSchG Rn. 35 ff.
[6] Vgl. APS/*Ascheid* § 6 KSchG Rn. 10; HaKo-*Gallner* § 7 Rn. 8; HK-KSchG/ *Hauck* § 7 Rn. 25; *Kittner/Däubler/Zwanziger* § 7 Rn. 2; *Stahlhacke/Preis/Vossen* Rn. 1123.
[7] Ebenso APS/*Ascheid* § 7 KSchG Rn. 12; KR-*Rost* § 7 KSchG Rn. 20 b.

vorliegen, wird dagegen von § 7 nicht fingiert.[8] Davon geht offenbar auch das BAG[9] aus, wenn es bei der Frage der Verwirkung einer Vertragsstrafe nach § 339 BGB zwar die Beendigung des Arbeitsverhältnisses auf Grund der Fiktion des § 7 zugrunde legt, gleichwohl aber zusätzlich eingehend prüft, ob sich der Arbeitnehmer schuldhaft pflichtwidrig verhalten hat.[10]

6 Die Begrenzung der Fiktionswirkung auf die Beendigung ist folgerichtig, weil sich aus dem **Zusammenhang mit § 4** ergibt, daß die Fiktion des § 7 nur Klarheit darüber schaffen soll, ob der Arbeitgeber noch mit einem Rechtsstreit über die Wirksamkeit der Beendigung rechnen muß oder nicht (siehe dazu auch § 4 Rn. 2). Hierfür genügt aber die Fiktion der Beendigung als solcher unabhängig davon, ob die vom Arbeitgeber angeführten Gründe tatsächlich vorliegen.

7 Die **Nichterwähnung des Satzes 4 von § 4** in § 7 beruht lediglich auf einem redaktionellen Versehen.[11]

8 Nach § 7 Hs. 2 erlischt bei **Änderungskündigungen** ein nach § 2 Satz 1 erklärter Vorbehalt, wenn der Arbeitnehmer nicht innerhalb der Drei-Wochen-Frist Änderungsschutzklage erhebt. Mit dem Erlöschen des Vorbehalts ist die vom Arbeitnehmer erklärte Annahme des Änderungsangebots endgültig wirksam geworden; der Arbeitnehmer hat zu den geänderten Bedingungen weiterzuarbeiten. Ob der Arbeitnehmer mit einer nach Ablauf der Drei-Wochen-Frist erhobenen Klage noch sonstige Unwirksamkeitsgründe, beispielsweise einen Verstoß gegen § 102 Abs. 1 BetrVG, geltend machen kann, ist umstritten.

9 Das **BAG** vertritt neuerdings die Auffassung, der Arbeitnehmer könne sich auf **sonstige Unwirksamkeitsgründe** (z. B. § 102 BetrVG) auch dann noch berufen, wenn er die **Klage erst nach Ablauf der Frist des § 4** erhebe. Mit seiner Vorbehaltsannahme mache er nicht nur die fehlende soziale Rechtfertigung geltend, sondern erkläre konkludent mit einem erweiterten Vorbehalt, er nehme die Vertragsänderung nur an, wenn die Kündigung auch nicht aus sonstigen Gründen unwirksam sei.[12] Nur in diesem Sinne dürfe ein Arbeitgeber gemäß §§ 133, 157 BGB die Vorbehaltsannahme in der Regel verstehen.[13] Müsse der Arbeitgeber im Fall der Vorbehaltsannahme gemäß § 2 Satz 1 ohnehin damit rechnen, daß der Arbeitnehmer auch sonstige Unwirksamkeitsgründe geltend mache, so sei sein Vertrauen auf eine beständige Vertragsänderung auch nach Ablauf der Drei-Wochen-Frist des § 4 (bis zur Grenze der Verwirkung) nicht schützenswert. Das in § 7 Hs. 2 angeordnete Erlöschen des Vorbehalts sei als angefügter Halbsatz der zuvor getroffenen Grundaussage zugeordnet, welche die Geltendmachung sonstiger Unwirksamkeitsgründe nach Ablauf der Klagefrist gerade nicht

---

[8] Ebenso APS/*Ascheid* § 7 KSchG Rn. 7; HaKo-*Gallner* § 7 Rn. 9; *Kittner/Däubler/Zwanziger* § 7 KSchG Rn. 2; *Löwisch* § 7 Rn. 2; KR-*Rost* § 7 KSchG Rn. 20 a.
[9] BAG 25. 3. 1984, AP Nr. 9 zu § 339 BGB.
[10] Vgl. zum Ganzen *Leisten* AuR 1985, 181 ff.; *Tschöpe* DB 1984, 1522.
[11] Vgl. APS/*Ascheid* § 7 KSchG Rn. 4; HK-KSchG/*Hauck* § 7 Rn. 4; *Kittner/Däubler/Zwanziger* § 7 KSchG Rn. 10; *Löwisch* § 7 Rn. 3; KR-*Rost* § 7 KSchG Rn. 9.
[12] Vgl. BAG 28. 5. 1998, AP Nr. 48 zu § 2 KSchG 1969 mit im Ergebnis zust. Anm. *Löwisch* = SAE 2000, 69 mit zust. Anm. *Künster/Steinberg*.
[13] Mit Recht kritisch hierzu allerdings *Berkowsky* BB 1999, 1266 ff.

ausschließe, sondern aus der angeordneten Rechtsfolge der Wirksamkeit der Kündigung ausklammere.[14]

Diese **Rechtsprechung des BAG überzeugt nicht**, weil das BAG den inneren Zusammenhang zwischen § 2 Satz 1 und § 7 Hs. 2 nicht genügend beachtet.[15] Die dem Arbeitnehmer in § 2 Satz 2 eröffnete Möglichkeit der Annahme eines Änderungsangebots unter Vorbehalt[16] wird durch § 7 Hs. 2 ergänzt. Auch wenn der Arbeitnehmer – wie das BAG meint – den Vorbehalt auf sonstige Unwirksamkeitsgründe erstreckt, erlischt nach dem klaren Wortlaut von § 7 Hs. 2 dieser Vorbehalt, wenn der Arbeitnehmer nicht fristgerecht Klage erhebt bzw. einen begründeten Antrag nach § 5 stellt.

10

Soweit das BAG zur Begründung seiner Auffassung darauf hinweist, das in § 7 Hs. 2 angeordnete Erlöschen des Vorbehalts sei als angefügter Halbsatz der zuvor getroffenen Grundaussage zugeordnet, welche die Geltendmachung sonstiger Unwirksamkeitsgründe nach Ablauf der Klagefrist gerade nicht ausschließe, sondern aus der angeordneten Rechtsfolge der Wirksamkeit der Kündigung ausklammere, bleibt der **Zusammenhang mit § 2 Satz 1 unbeachtet**. Nach dem Wortlaut dieser Bestimmung bezieht sich der vom Arbeitnehmer erklärte Vorbehalt in zulässiger spezialgesetzlicher Abweichung von § 150 Abs. 2 BGB nur darauf, daß die Änderung der Arbeitsbedingungen nicht sozial ungerechtfertigt ist. Erweitert man nun, wie das BAG, diesen zulässigen Vorbehalt um den Zusatz, daß die Änderung der Arbeitsbedingungen auch nicht in sonstiger Weise unwirksam sein darf, erfaßt § 7 Hs. 2 eben diesen erweiterten Vorbehalt.

11

§ 8 Wiederherstellung der früheren Arbeitsbedingungen

Stellt das Gericht im Falle des § 2 fest, daß die Änderung der Arbeitsbedingungen sozial ungerechtfertigt ist, so gilt die Änderungskündigung als von Anfang an rechtsunwirksam.

Der die Änderungskündigung betreffende § 8 ist durch das 1. ArbRBereinigG neu eingefügt worden. Er ist bereits oben in § 2 Rn. 97 f. erläutert worden.

§ 9 Auflösung des Arbeitsverhältnisses durch Urteil des Gerichts; Abfindung des Arbeitnehmers

(1) [1]**Stellt das Gericht fest, daß das Arbeitsverhältnis durch die Kündigung nicht aufgelöst ist, ist jedoch dem Arbeitnehmer die Fortsetzung des Arbeitsverhältnisses nicht zuzumuten, so hat das Gericht auf Antrag des Arbeitnehmers das Arbeitsverhältnis aufzulösen und den Arbeitge-**

---

[14] Vgl. BAG 28. 5. 1998, AP Nr. 48 zu § 2 KSchG 1969 mit im Ergebnis zust. Anm. *Löwisch* = SAE 2000, 69 mit zust. Anm. *Künster/Steinberg*; APS/*Ascheid* § 7 KSchG Rn. 22; Kittner/Däubler/Zwanziger § 7 KSchG Rn. 3; *Löwisch* § 2 Rn. 62.
[15] Ablehnend auch *Berkowsky* BB 1999, 1266 ff.; sowie früher bereits KR-*Rost* § 7 KSchG Rn. 14 c; HK-KSchG/*Hauck* § 7 Rn. 30.
[16] Dazu im Einzelnen § 2 Rn. 83 ff.

ber zur Zahlung einer angemessenen Abfindung zu verurteilen. ²Die gleiche Entscheidung hat das Gericht auf Antrag des Arbeitgebers zu treffen, wenn Gründe vorliegen, die eine den Betriebszwecken dienliche weitere Zusammenarbeit zwischen Arbeitgeber und Arbeitnehmer nicht erwarten lassen. ³Arbeitnehmer und Arbeitgeber können den Antrag auf Auflösung des Arbeitsverhältnisses bis zum Schluß der letzten mündlichen Verhandlung in der Berufungsinstanz stellen.

(2) Das Gericht hat für die Auflösung des Arbeitsverhältnisses den Zeitpunkt festzusetzen, an dem es bei sozial gerechtfertigter Kündigung geendet hätte.

Schrifttum: *Auffarth,* Die Auflösung des Arbeitsverhältnisses gem. §§ 7, 8 KSchG, DB 1969, 528; *Bauer,* Rechtliche und taktische Erwägungen zum Auflösungsantrag, DB 1985, 1180; *derselbe,* Die Auflösung des Arbeitsverhältnisses durch Urteil, Festschrift für Hanau, 1999, S. 151; *Bauer/Hahn,* Der Auflösungsantrag in zweiter Instanz, DB 1990, 2471; *Belling,* Die Verfassungswidrigkeit der rückwirkenden Auflösung des Arbeitsverhältnisses nach § 9 KSchG, DB 1985, 1890; *Bleckmann/Coen,* Verfassungsrechtliche Probleme infolge Rückwirkung des Gestaltungsurteils gemäß § 9 KSchG, DB 1981, 640; *Boewer,* Zur Verfassungsmäßigkeit des Auflösungszeitpunktes gemäß § 9 Abs. 2 KSchG, DB 1982, 751; *Brill,* Abfindungen im Arbeitsrecht, AuR 1966, 268; *Crone,* Gesetzwidrige Kündigungen und richterliche Auflösung des Arbeitsverhältnisses, RdA 1952, 244; *Fischer,* Die Rücknahme der Arbeitgeberkündigung vor und im Kündigungsschutzprozeß – rechtliche und taktische Überlegungen, NZA 1999, 459; *Fromm,* Auflösung des Arbeitsverhältnisses eines unkündbaren Angestellten in besonders herausragender Funktion gegen dessen Willen?, DB 1988, 601; *Gamillscheg,* Zur Abfindung bei Verlust des Arbeitsplatzes, Festschrift für Bosch, 1976, S. 209; *Hofmann,* Zur Auslegung des § 9 Abs. 1 KSchG, ZfA 1970, 63; *Hohn,* Abfindungen anläßlich der Beendigung des Arbeitsverhältnisses, BB 1963, 1100; *A. Hueck,* Klage und Urteil im Kündigungsschutzstreit, Festschrift für Nipperdey, 1955, 99; *Kauffmann,* Die Auflösung des Arbeitsverhältnisses durch Gerichtsurteil, BB 1952, 750; *Kirschner,* Der Streitwert im Kündigungsschutzprozeß, DB 1971, 239; *Koller,* Abfindungs- und Fortsetzungsverweigerungsrecht im Falle einer aus „sonstigen Gründen" unwirksamen Kündigung (§ 13 Abs. 3 KSchG), DB 1979, 1458; *Lepke,* Der unbezifferte Zahlungsantrag im Urteilsverfahren vor dem Arbeitsgericht, DB 1990, 273; *Lunk,* Auflösungsantrag (§ 9 KSchG) und Betriebsratsanhörung, NZA 2000, 807; *Matissek,* Die Berufung auf „besonders schutzwürdige militärische Interessen" als Grund für Kündigung oder Auflösung des Arbeitsverhältnisses, NZA 1988, 383; *derselbe,* Der Auflösungsantrag des Arbeitgebers, Festschrift zum 50-jährigen Bestehen der Arbeitsgerichtsbarkeit in Rheinland-Pfalz, 1999, S. 287; *Molitor,* Die Gestaltungsmöglichkeiten beim Kündigungsschutz, DB 1951, 702; *Neumann,* Die Kündigungsabfindung, AR-Blattei SD 1020.6 (1996); *Ohl,* Zum Abfindungsrecht bei betriebsbedingtem Verlust des Arbeitsplatzes, AuR 1980, 108; *Redeker,* Verfassungsrechtliche Probleme des § 9 Abs. 2 KSchG, BB 1986, 1219; *Schäfer,* Auflösungsanspruch des Arbeitgebers bei unwirksamer außerordentlicher Kündigung, BB 1985, 1994; *Tons,* Das sozialversicherungspflichtige Beschäftigungsverhältnis bei sozial ungerechtfertigter Kündigung, BB 1951, 898; *Trappehl/Lambrich,* Auflösungsantrag des Arbeitgebers nach außerordentlicher Kündigung?, RdA 1999, 243.

Übersicht

	Rn.
I. Vorbemerkungen	1
II. Entwicklung und Grundgedanke	4
1. Entwicklung	4
2. Verfassungsmäßigkeit	7
3. Sachliche Voraussetzungen und Beweislastverteilung	8
4. Wahlrecht	11

Auflösung des Arbeitsverhältnisses durch Urteil; Abfindung 1 § 9

	Rn.
III. Voraussetzungen des Auflösungsurteils	12
1. Sozialwidrigkeit der Kündigung	12
a) Anhängiger Kündigungsschutzprozeß	12
b) Weitere Unwirksamkeitsgründe neben der Sozialwidrigkeit	13
c) Sozial gerechtfertigte Kündigung	16
d) Änderungskündigung	17
2. Antrag	18
a) Antrag des Arbeitnehmers	19
b) Zeitpunkt der Antragstellung	21
c) Verbindung mit Kündigungsschutzklage	23
d) Rücknahme des Auflösungsantrags	27
3. Bestand des Arbeitsverhältnisses zum Auflösungszeitpunkt	31
4. Begründung des Arbeitnehmerantrags	32
a) Zumutbarkeit	32
b) Einzelne Gründe	33
c) Treuwidrigkeit	35
d) Beurteilungszeitpunkt	36
5. Begründung des Arbeitgeberantrags	37
a) Allgemeines	37
b) Einzelne Gründe	39
c) Treuwidrigkeit	42
d) Beurteilungszeitpunkt	43
e) Darlegungs- und Beweislast	44
f) Leitende Angestellte	46
6. Beiderseitiger Auflösungsantrag	47
IV. Das Urteil	48
1. Abweisung der ganzen Klage	49
2. Abweisung des Auflösungsantrags	50
3. Urteil nach dem Auflösungsantrag	51
a) Auflösung des Arbeitsverhältnisses	51
b) Auflösung und andere Beendigungsgründe	53
c) Festsetzung der Abfindung und des Auflösungszeitpunkts	57
d) Kostenentscheidung und Streitwert	61
e) Vorläufige Vollstreckbarkeit	66
4. Rechtsmittel	66 a
V. Abfindung ohne Auflösungsurteil	67
1. Sozialplan und Nachteilsausgleich	67
2. Seerecht und NATO-Truppenstatut	72

I. Vorbemerkungen

Der frühere § 7, jetzt § 9, regelt die **gerichtliche Auflösung des Ar-** 1
beitsverhältnisses auf Antrag einer Partei. Die Vorschrift ist hinsichtlich des
Antrags des Arbeitnehmers unverändert geblieben. Dagegen hat das 1. ArbR-
BereinigG die Voraussetzungen, die für die Auflösung des Arbeitsverhältnisses auf Antrag des Arbeitgebers vorliegen müssen, erheblich verschärft.
Während es früher für diesen Antrag genügte, daß der Arbeitgeber Gründe
behauptete, die eine den Betriebszwecken dienliche weitere Zusammenarbeit der Parteien nicht mehr erwarten lassen, muß der Arbeitgeber jetzt das
Vorliegen dieser Gründe beweisen. Dafür ist die früher in § 7 Abs. 1 Satz 3
für den Arbeitnehmer vorgesehene Möglichkeit, die Auflösung des Arbeitsverhältnisses durch den Beweis zu verhindern, daß die vom Arbeitgeber vorgebrachten Gründe in wesentlichen Punkten unrichtig seien oder die Kündigung offensichtlich willkürlich oder aus nichtigen Gründen unter Mißbrauch

der Machtstellung des Arbeitgebers im Betrieb erfolgt sei, gestrichen worden. Das ist die selbstverständliche Folge davon, daß dem Arbeitgeber jetzt ohnehin die volle Beweislast für seine Gründe zur Auflösung des Arbeitsverhältnisses obliegt.

2   Eine weitere, mehr zu § 10 gehörende und deshalb dort zu behandelnde Änderung liegt darin, daß die für den Arbeitnehmer festzusetzende **Abfindung** ausdrücklich als „angemessen" bezeichnet wird.

3   Eine § 9 entsprechende Regelung trifft § 13 Abs. 1 Satz 3 für die **außerordentliche Kündigung** beim Fehlen eines wichtigen Grundes (dazu unten § 13 Rn. 17ff.). § 13 Abs. 2 Satz 2 erklärt § 9 im Fall einer **sittenwidrigen Kündigung** teilweise für entsprechend anwendbar (dazu unten § 13 Rn. 71).

II. Entwicklung und Grundgedanke

1. Entwicklung

4   Nach dem **Recht vor 1951,** und zwar sowohl nach dem BRG 1920 wie nach dem AOG, führte die Verurteilung des Arbeitgebers auf Grund einer Einspruchs- oder Widerrufsklage nie zu einem unbedingten Zwang für den Arbeitgeber, das Arbeitsverhältnis fortzusetzen; vielmehr erhielt er ein Wahlrecht zwischen Widerruf der Kündigung und Zahlung einer Entschädigung. Durch ein entsprechendes finanzielles Opfer konnte er also stets das Ausscheiden des Arbeitnehmers erreichen. – Diesen Standpunkt hat der Gesetzgeber des **KSchG,** dem Vorbild verschiedener Landesgesetze sowie der auf die §§ 138, 242 BGB gestützten Rechtsprechung folgend, aufgegeben. Das KSchG erklärt die sozialwidrige Kündigung für schlechthin unwirksam, so daß, wenn es nicht zur Heilung der Sozialwidrigkeit nach § 7 kommt, das Arbeitsverhältnis grundsätzlich fortbesteht.

5   Immerhin trägt das KSchG auch dem Umstand Rechnung, daß es Fälle gibt, in denen die Fortsetzung des Arbeitsverhältnisses dem Interesse des einen oder anderen Teiles so sehr widerspricht, daß **ausnahmsweise trotz Sozialwidrigkeit der Kündigung die Lösung des Arbeitsverhältnisses notwendig** erscheint. Das sind vor allem die Fälle, in denen die Vertrauensgrundlage, auf der das Arbeitsverhältnis beruht, fortgefallen ist. Deshalb gibt unter bestimmten Voraussetzungen § 9 beiden Teilen das Recht, eine Auflösung des Arbeitsverhältnisses zu beantragen. Erweist sich der Antrag als begründet, so hat das Gericht die Auflösung auszusprechen.

5a Die durch § 9 eröffnete Möglichkeit der Auflösung eines Arbeitsverhältnisses durchbricht den durch das KSchG gewährleisteten Bestandsschutz in eng umgrenzten Fällen. Es ist daher trotz der in § 9 vorgesehenen Auflösungsmöglichkeit richtig, wenn allgemein angenommen wird, das KSchG sei ein **Bestandsschutzgesetz und kein Abfindungsgesetz.**[1] Eine Auflösung des Arbeitsverhältnisses nach § 9 kommt nur in Betracht, wenn dem Arbeitnehmer die Fortsetzung des Arbeitsverhältnisses nicht zuzumuten ist oder

---

[1] So BAG 5. 11. 1964, AP Nr. 20 zu § 7 KSchG mit Anm. *Herschel;* BAG 25. 10. 1989, AP Nr. 36 zu § 611 BGB Direktionsrecht; APS/*Biebl* § 9 KSchG Rn. 1; *Kittner/Däubler/Zwanziger* § 9 KSchG Rn. 1; KR-*Spilger* § 9 KSchG Rn. 8 f.

Gründe vorliegen, die eine den Betriebszwecken dienliche weitere Zusammenarbeit zwischen Arbeitgeber und Arbeitnehmer nicht erwarten lassen. Diese Auflösungsgründe sind von der Partei, welche die Auflösung des Arbeitsverhältnisses beantragt, im einzelnen darzulegen und gegebenenfalls zu beweisen.

Da nach § 1 Abs. 1 die sozialwidrige Kündigung rechtsunwirksam ist, ihrerseits also die Auflösung nicht herbeiführen kann, tritt folgerichtig die Auflösung erst durch das Urteil des Gerichts ein. Insoweit handelt es sich also nicht mehr um ein Feststellungsurteil, sondern um ein **Gestaltungsurteil**.[2] Dieses Urteil hat **Rückwirkung,** wie das auch sonst bei Rechtsgestaltungsurteilen nicht ganz selten der Fall ist, und zwar auf den Zeitpunkt, zu dem die Kündigung, wenn sie nicht sozialwidrig wäre, das Ende des Arbeitsverhältnisses herbeigeführt hätte. – Da der Grund für die Auflösung des Arbeitsverhältnisses letztlich darin liegt, daß der Arbeitgeber in sozialwidriger Weise gekündigt hat, erscheint es gerecht, daß er gleichzeitig zur Zahlung einer angemessenen Abfindung verurteilt wird. Im Gegensatz zum früheren Recht steht ihm in diesem Fall kein Wahlrecht zu, sondern er wird, wenn die Voraussetzungen für die Auflösung des Arbeitsverhältnisses gegeben sind, unbedingt zur Zahlung der Abfindung verurteilt.

2. Verfassungsmäßigkeit

Die Vorschrift des **§ 9 Abs. 2 ist verfassungsgemäß**.[3] Die Regelung verstößt weder gegen den Gleichheitssatz des Art. 3 Abs. 1 GG noch gegen die Eigentumsgarantie des Art. 14 GG und schließlich auch nicht gegen das in Art. 20 Abs. 3 GG verankerte Rechtsstaatsprinzip.

3. Sachliche Voraussetzungen und Beweislastverteilung

Für die Auswirkungen in der Praxis besonders wichtig sind die sachlichen Voraussetzungen und die Beweislastverteilung, von denen das Gesetz die Auflösung des Arbeitsverhältnisses abhängig macht. Das vom Frankfurter Wirtschaftsrat beschlossene Gesetz (vgl. Einl. Rn. 28 ff.) hatte ursprünglich beiden Parteien ein solches Recht, die Auflösung des Arbeitsverhältnisses zu verlangen, dann geben wollen, wenn die Fortsetzung des Arbeitsverhältnisses der den Antrag stellenden Partei **nicht mehr zuzumuten** war. Für den Arbeitnehmer hat das KSchG hieran festgehalten. Dagegen hatte es den Arbeitgeber zunächst wesentlich besser gestellt, da er lediglich Gründe zu behaupten brauchte, die eine weitere zweckdienliche Zusammenarbeit der Parteien nicht mehr erwarten ließen; dafür stand dann dem Arbeitnehmer das Recht zu, durch Beweis bestimmter Gegengründe die Auflösung zu verhindern.

---

[2] Vgl. ErfK/*Ascheid* § 9 KSchG Rn. 2; HK-KSchG/*Hauck* § 9 Rn. 2.
[3] BVerfG 29. 1. 1990, EzA § 9 KSchG n. F. Nr. 34; BAG 16. 5. 1984, AP Nr. 12 zu § 9 KSchG 1969 = AuR 1985, 399 mit abl. Anm. *Reinecke* = SAE 1985, 345 mit Anm. *v. Maydell;* ErfK/*Ascheid* § 9 KSchG Rn. 1; APS/*Biebl* § 9 KSchG Rn. 3; *Boewer* DB 1982, 751 ff.; *Herschel* Anm. zu BAG AP Nr. 68 zu § 242 BGB Gleichbehandlung; *Redeker* BB 1986, 1219 ff.; KR-*Spilger* § 9 KSchG Rn. 13 a; *Stahlhacke/Preis/Vossen* Rn. 1187; – abweichend *Belling* DB 1985, 1890 ff.; *Bleckmann/Coen* DB 1981, 640 ff.

9 Diese den **Auflösungsantrag des Arbeitgebers** sehr begünstigende Regelung ist durch das 1. ArbRBereinigG mit der heute geltenden Fassung des § 9 beseitigt worden. Danach müssen auch für den Arbeitgeber ausreichende Gründe für die Auflösung tatsächlich vorliegen. Da es sich dabei um anspruchsbegründende Tatsachen für einen Antrag des Arbeitgebers handelt, ist dieser nunmehr nach den allgemeinen Lehren über die Beweislast **für das Vorliegen der Gründe beweispflichtig.**[4] Zur Schlüssigkeit des Auflösungsantrags des Arbeitgebers gehört dabei der Vortrag greifbarer Tatsachen, aus denen folgt, daß eine den Betriebszwecken dienliche weitere Zusammenarbeit nicht zu erwarten ist. Allgemeine Redewendungen etwa des Inhalts, die Vertrauensgrundlage sei weggefallen oder ein unüberbrückbares Zerwürfnis sei eingetreten, genügen nicht.[5] Vom Gericht dürfen nur solche Tatsachen berücksichtigt werden, die der darlegungspflichtige Arbeitgeber vorgebracht hat; selbst offenkundige Tatsachen müssen außer Betracht bleiben, wenn sie von der darlegungspflichtigen Partei nicht aufgegriffen worden sind.[6]

10 Ganz entsprechend ist der **Arbeitnehmer darlegungs- und beweispflichtig** für die Gründe, auf die er **seinerseits einen Auflösungsantrag** stützt.[7] Auch hier genügen schlagwortartige Wendungen nicht, es ist vielmehr unter Angabe konkreter Tatsachen darzulegen, warum dem Arbeitnehmer die Fortsetzung des Arbeitsverhältnisses nicht zumutbar erscheint.[8]

4. Wahlrecht

11 Der Arbeitgeber kann nach Maßgabe von § 9 auch heute noch in manchen Fällen das Ausscheiden des Arbeitnehmers erzwingen, aber er erhält **kein Wahlrecht,** sondern muß sich schon vor Stellung des Antrags entscheiden, ob er, wenn das Gericht die Kündigung für sozialwidrig erklärt, die Fortsetzung des Arbeitsverhältnisses oder das Ausscheiden des Arbeitnehmers mit Abfindung erstreben will. Im letzteren Fall besteht für ihn das Risiko, daß das Gericht auf die Höchstabfindung von 12, bei höherem Alter und längerer Betriebszugehörigkeit des Arbeitnehmers auch 15 oder 18 Monatsverdiensten erkennt, was für ihn eine erhebliche finanzielle Belastung bedeuten kann. Der Gesetzgeber wollte, wie die Begründung zum Regierungsentwurf 1951 erkennen läßt, damit erreichen, daß der Arbeitgeber im

---

[4] BAG 30. 9. 1976, AP Nr. 3 zu § 9 KSchG 1969 = EzA § 9 KSchG n. F. Nr. 3 mit krit. Anm. *Herschel* = SAE 1977, 299 mit abl. Anm. *Glaubitz;* BAG 14. 5. 1987, AP Nr. 18 zu § 9 KSchG 1969; LAG Hamburg 27. 6. 1995, LAGE § 9 KSchG Nr. 26; ErfK/*Ascheid* § 9 KSchG Rn. 27; APS/*Biebl* § 9 KSchG Rn. 60 f.; *Löwisch* § 9 Rn. 51; KR-*Spilger* § 9 KSchG Rn. 60.
[5] BAG 30. 9. 1976, 14. 5. 1987, AP Nr. 3, 18 zu § 9 KSchG 1969; BAG 14. 1. 1993, NZA 1994, 309, 311.
[6] BAG 30. 9. 1976, AP Nr. 3 zu § 9 KSchG 1969; BAG 25. 10. 1989, AP Nr. 36 zu § 611 BGB Direktionsrecht unter III 2 a; ErfK/*Ascheid* § 9 KSchG Rn. 27; zu den Besonderheiten bei leitenden Angestellten nach § 14 Abs. 2 Satz 2 siehe § 14 Rn. 28.
[7] BAG 5. 11. 1964, AP Nr. 20 zu § 7 KSchG mit Anm. *Herschel* = AR-Blattei Kündigungsschutz Entsch. 77 mit Anm. *Hessel*; BAG 30. 9. 1976, AP Nr. 3 zu § 9 KSchG 1969; ErfK/*Ascheid* § 9 KSchG Rn. 16; *Kittner/Däubler/Zwanziger* § 9 KSchG Rn. 15; *Löwisch* § 9 Rn. 34; KR-*Spilger* § 9 KSchG Rn. 47 ff.
[8] Vgl. LAG Köln 26. 1. 1995, LAGE § 9 KSchG Nr. 25.

Hinblick auf dieses Risiko den Antrag auf Auflösung des Arbeitsverhältnisses nur in wirklich begründeten Fällen stellt, in denen das für eine weitere Zusammenarbeit unerläßliche Vertrauensverhältnis nicht mehr vorhanden ist.[9]

III. Voraussetzungen des Auflösungsurteils

1. Sozialwidrigkeit der Kündigung

a) Die Auflösung des Arbeitsverhältnisses nach § 9 ist nur **im Rahmen eines Kündigungsschutzprozesses** möglich, in welchem der Arbeitnehmer die Sozialwidrigkeit der Kündigung geltend macht.[10] Stellt der Arbeitnehmer nur einen Auflösungsantrag nach § 9 und nicht zugleich auch den Feststellungsantrag nach § 4, ist der Auflösungsantrag als unzulässig abzuweisen.[11] Der Auflösungsantrag kann nicht unabhängig vom Kündigungsschutzantrag gestellt werden, weil die Auflösung des Arbeitsverhältnisses nach § 9 voraussetzt, daß festgestellt wird, daß das Arbeitsverhältnis durch die sozialwidrige Kündigung nicht aufgelöst worden ist. 12

Erklärt der Arbeitgeber im Laufe des Kündigungsschutzprozesses die „**Rücknahme der Kündigung**", so liegt darin ein Angebot zur Fortsetzung des Arbeitsverhältnisses zu den bisherigen Bedingungen (näher dazu § 4 Rn. 27 ff.).[12] Nimmt der Arbeitnehmer das Angebot des Arbeitgebers an, ist der Rechtsstreit in der Hauptsache erledigt. Wenn der Arbeitnehmer jedoch das in der Rücknahme der Kündigung liegende Angebot des Arbeitgebers zur Fortsetzung des Arbeitsverhältnisses ablehnt, bleibt ihm die Möglichkeit, nach § 9 die Auflösung des Arbeitsverhältnisses zu beantragen. Dabei kann u. U. auf Grund der Rücknahmeerklärung des Arbeitgebers zwischen den Parteien die Sozialwidrigkeit der mit der Klage angegriffenen Kündigung als unstreitig angesehen werden. Dies dürfte regelmäßig allerdings nur dann der Fall sein, wenn die Kündigung nicht zugleich auch aus anderen Gründen (z. B. § 85 SGB IX) unwirksam ist.[13] 12 a

b) Umstritten ist, ob der Antrag aus § 9 auch dann gestellt werden kann, wenn der Arbeitnehmer die Unwirksamkeit der Kündigung außer auf die fehlende soziale Rechtfertigung **auch auf andere Gründe** (z. B. fehlerhafte Anhörung des Betriebsrats, § 102 Abs. 1 BetrVG; fehlende Zustimmung des Integrationsamtes, § 85 SGB IX; Verstoß gegen das Maßregelungsverbot des § 612a BGB[14]) stützt. Richtigerweise ist zu unterscheiden, ob der Arbeitnehmer oder der Arbeitgeber den Auflösungsantrag stellt: 13

Beantragt der Arbeitnehmer die Auflösung des Arbeitsverhältnisses, so setzt dies voraus, daß die Kündigung überhaupt sozialwidrig ist. Hieraus erwächst dem Arbeitnehmer das Recht, die Auflösung des Arbeitsverhältnisses und die Verurteilung des Arbeitgebers zur Zahlung einer Abfindung zu ver- 14

---

[9] Vgl. RdA 1951, 61, 64.
[10] Zum Auflösungsantrag bei der außerordentlichen Kündigung vgl. § 13 Rn. 17.
[11] BAG 29. 5. 1959, AP Nr. 19 zu § 3 KSchG; LAG Baden-Württemberg 3. 6. 1991, LAGE § 9 KSchG Nr. 20; KR-*Spilger* § 9 KSchG Rn. 14.
[12] Vgl. BAG 29. 1. 1981, 19. 8. 1982, AP Nr. 6, 9 zu § 9 KSchG 1969; ErfK/*Ascheid* § 9 KSchG Rn. 10; KR-*Spilger* § 9 KSchG Rn. 20 a.
[13] Vgl. LAG Köln 17. 3. 1995, LAGE § 9 KSchG Nr. 24.
[14] Dazu BAG 25. 11. 1993, AP Nr. 3 zu § 14 KSchG 1969.

langen, wenn ihm die Fortsetzung des Arbeitsverhältnisses nicht mehr zuzumuten ist. Die Tatsache, daß die Kündigung außerdem auch noch aus einem anderen Grunde nichtig ist, steht dem nicht entgegen, da diese Tatsache die Unzumutbarkeit der Fortsetzung des Arbeitsverhältnisses wegen der Sozialwidrigkeit der Kündigung nicht berührt, § 9 also seinem Sinn und Zweck nach eingreift.[15] Deshalb muß das Gericht, um über den Auflösungsantrag entscheiden zu können, auch dann die Sozialwidrigkeit feststellen, wenn sich die Unwirksamkeit der Kündigung bereits aus einem anderen Grund ergibt.[16] Erweist sich allerdings die Kündigung nicht als sozialwidrig und auch nicht als sittenwidrig (§ 13 Abs. 2 Satz 2),[17] sondern nur aus einem anderen Grunde als nichtig, so kann das Gericht lediglich die Fortdauer des Arbeitsverhältnisses feststellen, nicht aber auf Auflösung und Abfindung erkennen.[18]

15 Nach der zutreffenden Rechtsprechung des BAG kann dagegen der **Arbeitgeber,** wenn die Kündigung nicht nur sozialwidrig, sondern auch aus einem anderen Grunde unwirksam ist, nicht die Auflösung des Arbeitsverhältnisses verlangen.[19] Dies rechtfertigt sich daraus, daß die Lösungsmöglichkeit des § 9 für den Arbeitgeber eine Vergünstigung darstellt, mit der ihm die Möglichkeit gegeben werden soll, das Arbeitsverhältnis gegen Zahlung einer Abfindung zu beenden, wenn für die Zukunft eine den Betriebszwecken dienliche Zusammenarbeit nicht zu erwarten ist. Diese Vergünstigung steht dem Arbeitgeber aber nicht zu, wenn er das Arbeitsverhältnis durch eine von vornherein rechtsunwirksame, weil gesetzwidrige Kündigung beenden wollte.[20] Ein Auflösungsantrag kann vom Arbeitgeber allerdings dann gestellt werden, wenn er die Kündigung nicht nur auf einen Kündigungssachverhalt stützt, bei dem sich die Unwirksamkeit der Kündigung allein aus der mangelnden sozialen Rechtfertigung ergibt, sondern die Kündigung auf weitere Kündigungsgründe stützt, die wegen Verstoßes gegen sonstige Vorschriften außerhalb des KSchG die Kündigung nicht begründen können.[21]

---

[15] BAG 29. 1. 1981, AP Nr. 6 zu § 9 KSchG 1969 unter III 1 mit Anm. *Herschel* = SAE 1982, 98 mit Anm. *Corts;* BAG 20. 3. 1997, AP Nr. 30 zu § 9 KSchG 1969; *Ascheid* Kündigungsschutzrecht Rn. 793; ErfK/*Ascheid* § 9 KSchG Rn. 5; *Löwisch* § 9 Rn. 17; KR-*Spilger* § 9 KSchG Rn. 27; *Stahlhacke/Preis/Vossen* Rn. 1192.
[16] BAG 26. 8. 1993, AP Nr. 113 zu § 626 BGB; APS/*Biebl* § 9 KSchG Rn. 9; *Stahlhacke/Preis/Vossen* Rn. 1192; – bedenklich BAG 14. 10. 1954, AP Nr. 6 zu § 3 KSchG mit krit. Anm. *A. Hueck.*
[17] Vgl. dazu § 13 Rn. 57 ff.
[18] Ebenso ErfK/*Ascheid* § 9 KSchG Rn. 6; APS/*Biebl* § 9 KSchG Rn. 9; *Löwisch* § 9 Rn. 18.
[19] BAG 9. 10. 1979, AP Nr. 4 zu § 9 KSchG 1969 mit zust. Anm. *G. Hueck;* BAG 29. 1. 1981, AP Nr. 6 zu § 9 KSchG 1969; BAG 30. 11. 1989, AP Nr. 53 zu § 102 BetrVG 1972 unter III; BAG 10. 12. 1992, AP Nr. 41 zu Art. 140 GG unter II 6; BAG 25. 11. 1993, AP Nr. 4 zu § 14 KSchG 1969; BAG 10. 11. 1994, AP Nr. 24 zu § 9 KSchG 1969 = AR-Blattei ES 1020 Nr. 336 mit krit. Anm. *v. Hoyningen-Huene;* BAG 21. 9. 2000, NZA 2001, 102 = BB 2001, 1102 mit Anm. *Schäfer;* ErfK/*Ascheid* § 9 KSchG Rn. 18; *Backmeister/Trittin* § 9 Rn. 7; HaKo-*Fiebig* § 9 Rn. 30; *Kittner/Däubler/Zwanziger* § 9 KSchG Rn. 6; *Knorr/Bichlmeier/Kremhelmer* Kap. 14 Rn. 129; *Löwisch* § 9 Rn. 45; MünchKomm-BGB/*Schwerdtner* Anh. § 622 Rn. 462; – abweichend (noch) *Ascheid* Kündigungsschutzrecht Rn. 806; *Bauer* Festschrift für Hanau S. 151, 163; APS/*Biebl* § 9 KSchG Rn. 11; KR-*Spilger* § 9 KSchG Rn. 27; *Stahlhacke/Preis/Vossen* Rn. 1194.
[20] Zutr. BAG 9. 10. 1979, AP Nr. 4 zu § 9 KSchG 1969 mit zust. Anm. *G. Hueck.*
[21] Vgl. BAG 21. 9. 2000, NZA 2001, 102.

Nach Auffassung des BAG soll ein Auflösungsantrag des Arbeitgebers auch **15a** dann in Betracht kommen, wenn neben der Sozialwidrigkeit der Kündigung auch noch **sonstige Unwirksamkeitsgründe** vorliegen, **die nicht dem Schutz des Arbeitnehmers dienen.** Greife der Schutzzweck der verletzten Norm nicht zugunsten des Arbeitnehmers ein, sei nicht einzusehen, daß dem Arbeitgeber die Möglichkeit einer Auflösung des Arbeitsverhältnisses nach § 9 verwehrt werde.[22] Dem Schutz des Arbeitnehmers dienen dabei insbesondere § 9 MuSchG, §§ 85, 91 SGB IX oder § 103 BetrVG, § 15 KSchG. Die besondere Schutzfunktion hat das BAG in einem besonders gelagerten Fall verneint, in dem im Arbeitsvertrag eines im Ausland beschäftigten deutschen Lehrers vereinbart war, daß die Wirksamkeit der Kündigung des Arbeitgebers von der Zustimmung der deutschen Auslandsvertretung abhängig sein soll.[23]

Dem kann nicht zugestimmt werden.[24] Bei einer Auflösung des Arbeitsverhältnisses nach § 9 auf Antrag des Arbeitgebers tritt die Zahlung einer Abfindung i. V. m. den Gründen, die eine den Betriebszwecken dienliche weitere Zusammenarbeit zwischen Arbeitgeber und Arbeitnehmer nicht erwarten lassen, an die Stelle des personen-, verhaltens- oder betriebsbedingten Kündigungsgrundes nach § 1 Abs. 2.[25] Die Abfindungszahlung und die in § 9 Abs. 1 Satz 2 vorgesehenen Voraussetzungen für die Auflösung des Arbeitsverhältnisses ersetzen damit die in § 1 Abs. 2 geregelten Kündigungsgründe, nicht aber sonstige Mängel der Kündigung. Es kommt daher nicht darauf an, ob der sonstige Kündigungsmangel gerade im Interesse des Arbeitnehmers die Unwirksamkeit der Kündigung anordnet oder nicht. Entscheidend ist vielmehr, daß der Auflösungsgrund aus § 9 Abs. 1 Satz 2 und die vom Arbeitgeber zu leistende Abfindung lediglich die fehlende soziale Rechtfertigung der Kündigung ersetzen und deshalb nur dann auf Antrag des Arbeitgebers zur Beendigung des Arbeitsverhältnisses führen können, wenn keine weiteren Gründe für die Unwirksamkeit der Kündigung bestehen. **15b**

Daß eine Auflösung des Arbeitsverhältnisses auf Antrag des Arbeitgebers **15c** nicht in Betracht kommt, wenn neben der Sozialwidrigkeit auch sonstige Unwirksamkeitsgründe – gleich welcher Art – vorliegen, zeigt auch die folgende **Kontrollüberlegung:** Ist die Kündigung beispielsweise wegen nicht ordnungsgemäßer Unterrichtung des Betriebsrats nach § 102 Abs. 1 BetrVG unwirksam, aber gleichwohl sozial gerechtfertigt i. S. v. § 1 Abs. 2, scheidet ein Auflösungsantrag des Arbeitgebers nach § 9 Abs. 1 Satz 2 von vornherein aus. Die Auflösung kommt nämlich nur in Betracht, wenn die Sozialwidrigkeit der Kündigung feststeht. Die Zulassung des Auflösungsantrags des Arbeitgebers auch bei sonstigen Unwirksamkeitsgründen würde damit dazu führen, daß der sozialwidrig kündigende Arbeitgeber besser steht als ein Arbeitgeber, dessen Kündigung sozial gerechtfertigt ist. Ersterer könnte trotz sonstiger Unwirksamkeitsgründe die Auflösung des Arbeitsverhältnisses nach

---

[22] BAG 10. 11. 1994, AP Nr. 24 zu § 9 KSchG 1969 = AR-Blattei ES 1020 Nr. 336 mit insoweit abl. Anm. *v. Hoyningen-Huene.*
[23] Vgl. BAG 10. 11. 1994, AP Nr. 24 zu § 9 KSchG 1969.
[24] Ablehnend auch *Bader* § 9 Rn. 4; *Löwisch* § 9 Rn. 45.
[25] Dazu näher *v. Hoyningen-Huene* Anm. zu BAG AR-Blattei ES 1020 Nr. 336.

§ 9 Abs. 1 Satz 2 herbeiführen, während letzterer sich trotz sozialer Rechtfertigung der Kündigung wegen sonstiger Unwirksamkeitsmängel am Arbeitsverhältnis festhalten lassen müßte. Damit würde der sozialwidrig kündigende Arbeitgeber privilegiert, was wiederum von § 9 Abs. 1 Satz 2 nicht bezweckt ist.

16 c) Ist die **Kündigung sozial gerechtfertigt,** so führt schon die Kündigung das Ende des Arbeitsverhältnisses herbei. Für eine Rechtsgestaltung durch das Gericht ist dann kein Raum. Steht fest, daß das Arbeitsverhältnis durch die Kündigung aufgelöst ist, hat das Gericht die Feststellungsklage des Arbeitnehmers abzuweisen. Eine Abfindung kommt nicht in Frage. Das Gericht kann, sofern es die Kündigung für sozial gerechtfertigt ansieht, auf eine Abfindung auch dann nicht erkennen, wenn es nach Lage der Umstände eine solche Abfindung für billig hält, was z. B. der Fall sein kann, wenn die Kündigung dringenden betrieblichen Erfordernissen entspricht, trotzdem aber den Arbeitnehmer besonders hart trifft, ohne daß an seiner Stelle ein anderer Arbeitnehmer entlassen werden könnte.

17 d) Das Erfordernis einer sozialwidrigen Kündigung als Voraussetzung für die Auflösung des Arbeitsverhältnisses fehlt im Falle der **Änderungskündigung,** wenn der Arbeitnehmer das Änderungsangebot nach § 2 unter Vorbehalt angenommen hat. Streitgegenstand ist hier die Änderung der Arbeitsbedingungen (§ 4 Satz 2) und nicht die Beendigung des Arbeitsverhältnisses (dazu § 4 Rn. 93). Deshalb kann in dem Prozeß nach § 4 Satz 2 über die Sozialwidrigkeit der Änderung der Arbeitsbedingungen die Auflösung des Arbeitsverhältnisses von keiner der Parteien verlangt werden.[26] Hat der Arbeitnehmer dagegen das Änderungsangebot nicht angenommen, sondern die Kündigungsschutzklage nach § 4 Satz 1 erhoben, so gelten die allgemeinen Regeln; die Auflösung ist also möglich, wenn die Änderungskündigung als Kündigung sozialwidrig ist.

2. Antrag

18 Das Gericht kann nicht von Amts wegen die Auflösung des Arbeitsverhältnisses vornehmen, auch wenn es dies für zweckmäßig erachten sollte. Es ist vielmehr an den **Antrag der einen oder anderen Partei** gebunden.[27]

19 a) Der Auflösungsantrag ist eine **Prozeßhandlung,**[28] für welche die allgemeinen prozessualen Anforderungen gelten. Wie jede andere Prozeßhandlung ist auch der Auflösungsantrag auslegungsfähig.[29] Darin allein, daß der Arbeitnehmer für den Fall, daß das Gericht einem vom Arbeitgeber

---

[26] BAG 29. 1. 1981, AP Nr. 6 zu § 9 KSchG 1969; LAG München 29. 10. 1987, DB 1988, 866; LAG Düsseldorf 20. 5. 1997, NZA-RR 1998, 111, 114; ErfK/*Ascheid* § 9 KSchG Rn. 4; APS/*Biebl* § 9 KSchG Rn. 14; HK-KSchG/*Hauck* § 9 Rn. 8; *Löwisch* § 9 Rn. 4; KR-*Spilger* § 9 KSchG Rn. 30; *Stahlhacke/Preis/Vossen* Rn. 1195; – abweichend *Corts* SAE 1982, 103, 104; MünchKomm-BGB/*Schwerdtner* Anh. § 622 Rn. 18.
[27] BAG 28. 1. 1961, AP Nr. 8 zu § 7 KSchG mit zust. Anm. *A. Hueck;* ErfK/*Ascheid* § 9 KSchG Rn. 7, *Auffarth* DB 1969, 528; *Neumann* AR-Blattei SD 1020.6 Rn. 8; *Schaub* § 141 Rn. 3; KR-*Spilger* § 9 KSchG Rn. 15.
[28] Ebenso ErfK/*Ascheid* § 9 KSchG Rn. 8; APS/*Biebl* § 9 KSchG Rn. 22; KR-*Spilger* § 9 KSchG Rn. 18.
[29] APS/*Biebl* § 9 KSchG Rn. 24; KR-*Spilger* § 9 KSchG Rn. 18.

gestellten Auflösungsantrag stattgibt, eine höhere Abfindung fordert, liegt allerdings noch kein selbständiger Auflösungsantrag des Arbeitnehmers. Das Gericht kann deshalb, wenn der Arbeitgeber seinen Antrag zurücknimmt, nicht auf Auflösung erkennen, sofern nicht der Arbeitnehmer nunmehr einen eigenen Auflösungsantrag stellt.[30]

Hat dagegen **lediglich der Arbeitnehmer einen Antrag auf Zahlung einer Abfindung** gestellt, so kann darin zugleich ein Antrag auf Auflösung des Arbeitsverhältnisses erblickt werden, da die Auflösung des Arbeitsverhältnisses grundsätzlich notwendige Voraussetzung für den Abfindungsantrag ist.[31] Allerdings bleibt hier noch zu prüfen, ob nicht auch zugleich ein Anspruch auf eine Sozialplanabfindung nach § 112 BetrVG, ein Nachteilsausgleichsanspruch nach § 113 BetrVG oder ein anderweitiger tariflicher Abfindungsanspruch (z. B. im öffentlichen Dienst: Tarifvertrag zur sozialen Absicherung vom 6. 7. 1992) in Betracht kommt. Dies hat das Gericht gegebenenfalls gemäß § 139 ZPO aufzuklären. 19a

Durch das Gesetz ist eine bestimmte **Antragsformulierung** nicht vorgeschrieben, insbesondere ist es nicht erforderlich, die Höhe der Abfindung zu beziffern. Es genügt vielmehr, wenn die Zahlung einer angemessenen Abfindung beantragt wird.[32] Der Antrag könnte daher lauten: „Es wird beantragt, das Arbeitsverhältnis zum ... aufzulösen und den Beklagten zur Zahlung einer angemessenen Abfindung zu verurteilen" bzw. „Es wird beantragt, das Arbeitsverhältnis gegen Zahlung einer angemessenen Abfindung zum ... aufzulösen". 20

b) Der Wortlaut des § 9 könnte so verstanden werden, daß das Gericht zunächst die Nichtauflösung des Arbeitsverhältnisses feststellen müsse und erst im Anschluß daran der Antrag auf Auflösung des Arbeitsverhältnisses gestellt werden könne. Das trifft jedoch nicht zu; vielmehr muß der Antrag nach § 9 Abs. 1 Satz 3 spätestens **in der letzten mündlichen Verhandlung** in der Berufungsinstanz gestellt werden.[33] Es steht deshalb nichts im Wege, daß der Arbeitnehmer die Auflösung des Arbeitsverhältnisses schon in der Klageschrift beantragt.[34] Wird der Antrag erst nach Schluß der mündlichen Verhandlung, aber vor einem anberaumten Verkündungstermin gestellt, ist hierüber nicht mehr zu entscheiden.[35] In der Revisionsinstanz kann kein Auflösungsantrag mehr gestellt werden. Der Antrag ist also vor der Entscheidung des Gerichts über die Wirksamkeit der Kündigung für den Fall zu stellen, daß das Gericht die Kündigung für sozialwidrig hält. 21

Wird der Auflösungsantrag erstmals im zweiten Rechtszug gestellt, ist dies nur unter Beachtung der **Förmlichkeiten der Berufung bzw. Anschluß-** 21a

---

[30] BAG 28. 1. 1961, AP Nr. 8 zu § 7 KSchG mit zust. Anm. *A. Hueck*.
[31] BAG 13. 12. 1956, AP Nr. 5 zu § 7 KSchG; *Auffarth* DB 1969, 528, 529; *Neumann* AR-Blattei SD 1020.6 Rn. 9; KR-*Spilger* § 9 KSchG Rn. 18.
[32] BAG 26. 6. 1986, AP Nr. 3 zu § 10 KSchG 1969; APS/*Biebl* § 9 KSchG Rn. 23; *Kittner/Däubler/Zwanziger* § 9 KSchG Rn. 36; KR-*Spilger* § 9 KSchG Rn. 19.
[33] Vgl. LAG Berlin 5. 5. 1997, LAGE § 9 KSchG Nr. 29; *Bauer/Hahn* DB 1990, 2471; APS/*Biebl* § 9 KSchG Rn. 25; *Kittner/Däubler/Zwanziger* § 9 KSchG Rn. 37; *Löwisch* § 9 Rn. 21; KR-*Spilger* § 9 KSchG Rn. 20; *Stahlhacke/Preis/Vossen* Rn. 1191.
[34] APS/*Biebl* § 9 KSchG Rn. 25; KR-*Spilger* § 9 KSchG Rn. 20.
[35] Zutr. APS/*Biebl* § 9 KSchG Rn. 25.

berufung möglich.[36] Begehrt der Berufungsbeklagte die Auflösung, so hat er gemäß § 522a ZPO eine Berufungsanschlußschrift mit entsprechendem Antrag und einer Begründung einzureichen. Dieser Schriftsatz ist dann gemäß § 522a Abs. 3, § 519a ZPO dem Gegner zuzustellen. Die Erklärung des Auflösungsantrages in der mündlichen Berufungsverhandlung zu Protokoll genügt diesen Anforderungen nicht. Die fehlende Zustellung ist freilich unschädlich, wenn der Gegner diesen Mangel nicht rügt und zu dem Antrag verhandelt.

22 Hat der **Arbeitnehmer in der ersten Instanz keinen Auflösungsantrag gestellt** und das Gericht deshalb lediglich festgestellt, daß das Arbeitsverhältnis durch die Kündigung nicht aufgelöst sei, so ist der Arbeitnehmer durch dieses Urteil **nicht beschwert**, da seinem Antrag vollständig stattgegeben ist. Er kann dann nicht Berufung einlegen, um in der zweiten Instanz noch einen Auflösungsantrag zu stellen.[37] Legt aber der Arbeitgeber Berufung ein, so kann der Arbeitnehmer nunmehr in der zweiten Instanz den Auflösungsantrag auch dann noch anbringen, wenn er ihn in der ersten Instanz nicht gestellt hatte.[38] Da das Gesetz diese Möglichkeit ausdrücklich vorsieht, bedarf der Antrag keiner Zulassung als Klageänderung nach § 263 ZPO; auch kann er nicht nach §§ 296, 527, 528 ZPO, § 67 ArbGG als nachträgliches oder verspätetes Vorbringen zurückgewiesen werden.[39]

23 c) Der Auflösungsantrag kann **nur im Rahmen eines Prozesses** gestellt werden, in dem durch Klage oder Widerklage rechtzeitig die Feststellung **nach § 4** (oben § 4 Rn. 5) verlangt worden ist.[40] Denn wenn eine solche Kündigungsschutzklage nicht erhoben ist, wird die Sozialwidrigkeit der Kündigung nach § 7 geheilt, das Arbeitsverhältnis ist oder wird mithin durch die nunmehr gültige Kündigung aufgelöst, und für ein Gestaltungsurteil des Arbeitsgerichts ist kein Raum mehr.

24 Der **Antrag des Arbeitnehmers** kann deshalb nur im Zusammenhang mit der Kündigungsschutzklage gestellt werden, er stellt eine Erweiterung der Klage dar. Der Arbeitnehmer verlangt in erster Linie Feststellung der Sozialwidrigkeit der Kündigung und zusätzlich Auflösung des Arbeitsverhältnisses und Abfindung. Dieser zweite Antrag setzt die Begründetheit des ersten voraus. Der Auflösungsantrag des Arbeitnehmers ist daher nur für den Fall gestellt, daß der Feststellungsantrag begründet ist. Ist der Feststellungsantrag unbegründet, so ist der Auflösungsantrag notwendig auch unbegründet und deshalb ohne weiteres hinfällig **(sog. uneigentlicher Eventualan-**

---

[36] Vgl. BAG 26. 11. 1981, AP Nr. 8 zu § 9 KSchG 1969; *Bauer* Festschrift für Hanau S. 151, 161.
[37] Ebenso BAG 23. 6. 1993, AP Nr. 23 zu § 9 KSchG 1969 = AR-Blattei ES 1020.6 Nr. 2 mit zust. Anm. *Boemke* = EzA § 64 ArbGG 1979 Nr. 30 mit Anm. *Dütz/Kiefer*; *Ammermüller* DB 1975, Beil. 10 S. 5; *Bauer/Hahn* DB 1990, 2471, 2473; APS/*Biebl* § 9 KSchG Rn. 25; *Löwisch* § 9 Rn. 21; *Neumann* AR-Blattei SD 1020.6 Rn. 15; KR-*Spilger* § 9 KSchG Rn. 20.
[38] Ebenso HK-KSchG/*Hauck* § 9 Rn. 31; *Löwisch* § 9 Rn. 22.
[39] ErfK/*Ascheid* § 9 KSchG Rn. 8; *Bauer/Hahn* DB 1990, 2471; *Löwisch* § 9 Rn. 22; KR-*Spilger* § 9 KSchG Rn. 20.
[40] BAG 29. 5. 1959, AP Nr. 19 zu § 3 KSchG unter II; LAG Baden-Württemberg 3. 6. 1991, LAGE § 9 KSchG Nr. 20; HK-KSchG/*Hauck* § 9 Rn. 21; *Löwisch* § 9 Rn. 19.

Auflösung des Arbeitsverhältnisses durch Urteil; Abfindung 25–27 § 9

trag).[41] Es ist deshalb nicht zulässig, den Auflösungsantrag in dem Sinn „hilfsweise" zu stellen, daß er nur bei Abweisung des Antrags auf Feststellung der Sozialwidrigkeit der Kündigung gelten solle.[42] Wohl aber ist es umgekehrt möglich, daß der Feststellungsantrag begründet, der Auflösungsantrag dagegen unbegründet ist; dann ist die Fortsetzung des Arbeitsverhältnisses die Folge.

Demgegenüber ist der **Antrag des Arbeitgebers** regelmäßig ein echter 25 Eventualantrag, der neben dem Antrag auf Abweisung der Feststellungsklage steht und nur in Betracht kommen soll, wenn der Abweisungsantrag nicht durchdringt.[43] Weist das erstinstanzliche Gericht auf den Hauptantrag des Arbeitgebers die Kündigungsschutzklage ab, so hat es über den Hilfsantrag nach § 9 nicht zu befinden, da dieser Antrag vom Arbeitgeber nur für den Fall gestellt worden ist, daß er mit seinem Antrag auf Klageabweisung keinen Erfolg hat. Legt der Arbeitnehmer gegen das Urteil Rechtsmittel ein, so fällt der vom Arbeitgeber gestellte Hilfsantrag nach § 9 auch ohne Anschlußrechtsmittel ohne weiteres in der Berufungsinstanz an.[44]

Der Arbeitgeber braucht den Auflösungsantrag aber nicht unbedingt als 26 Hilfsantrag zu stellen. Es ist auch möglich, daß der **Arbeitgeber** die Sozialwidrigkeit der Kündigung nicht bestreitet und **nur die Auflösung** des Arbeitsverhältnisses nach § 9 verlangt.[45] Der Arbeitgeber kann beispielsweise die Sozialwidrigkeit der Kündigung in der Berufungsinstanz nicht mehr bestreiten und nur noch die Auflösung des Arbeitsverhältnisses begehren.[46] Praktisch wird das selten vorkommen, weil der Arbeitgeber, wenn das Gericht die Sozialwidrigkeit der Kündigung verneint, die Auflösung des Arbeitsverhältnisses ohne Abfindung erreicht.

d) Der **Auflösungsantrag kann** bis zum Schluß der mündlichen Ver- 27 handlung in der Berufungsinstanz **zurückgenommen werden**.[47] Das gilt auch, wenn das Arbeitsgericht dem Auflösungsantrag stattgegeben hatte, da die gestaltende Wirkung des Auflösungsurteils erst mit Rechtskraft ein-

---

[41] Vgl. BAG 19. 12. 1958, AP Nr. 1 zu § 133b GewO; BAG 5. 11. 1964, AP Nr. 20 zu § 7 KSchG unter III; BAG 23. 6. 1993, AP Nr. 23 zu § 9 KSchG 1969 = AR-Blattei ES 1020.6 Nr. 2 mit zust. Anm. *Boemke* = EzA § 64 ArbGG 1979 Nr. 30 mit Anm. *Dütz/ Kiefer;* LAG Rheinland-Pfalz 10. 7. 1997, LAGE § 68 ArbGG 1979 Nr. 4; ErfK/*Ascheid* § 9 KSchG Rn. 7; *Bauer/Hahn* DB 1990, 2471; HK-KSchG/*Hauck* § 9 Rn. 26; *Kittner/Däubler/Zwanziger* § 9 KSchG Rn. 33; KR-*Spilger* § 9 KSchG Rn. 16; *Stahlhacke/Preis/Vossen* Rn. 1198.

[42] BAG 21. 3. 1959, AP Nr. 55 zu § 1 KSchG unter IV 5; ErfK/*Ascheid* § 9 KSchG Rn. 7.

[43] BAG 4. 4. 1957, AP Nr. 1 zu § 301 ZPO; BAG 25. 10. 1989, AP Nr. 36 zu § 611 BGB Direktionsrecht unter III 1; ErfK/*Ascheid* § 9 KSchG Rn. 20; *Bauer/Hahn* DB 1990, 2471; HK-KSchG/*Hauck* § 9 Rn. 29; *Kittner/Däubler/Zwanziger* § 9 KSchG Rn. 34; *Neumann* AR-Blattei SD 1020.6 Rn. 26; KR-*Spilger* § 9 KSchG Rn. 17.

[44] BAG 25. 10. 1989, AP Nr. 36 zu § 611 BGB Direktionsrecht; ErfK/*Ascheid* § 9 KSchG Rn. 39 sowie BAG 18. 12. 1980, AP Nr. 22 zu § 102 BetrVG 1972 für das Revisionsverfahren.

[45] HaKo-*Fiebig* § 9 Rn. 13; KR-*Spilger* § 9 KSchG Rn. 17; *Stahlhacke/Preis/Vossen* Rn. 1203.

[46] Vgl. dazu BAG 9. 10. 1997 – 2 AZR 32/97 n. v.

[47] H. M.; BAG 28. 1. 1961, AP Nr. 8 zu § 7 KSchG; *Bauer/Hahn* DB 1990, 2471; APS/ *Biebl* § 9 KSchG Rn. 28; HaKo-*Fiebig* § 9 Rn. 22; *Löwisch* § 9 Rn. 24; *Schaub* § 141 Rn. 3; KR-*Spilger* § 9 KSchG Rn. 22.

tritt.⁴⁸ Sofern nicht auch die andere Partei einen Auflösungsantrag gestellt hat, schließt die Rücknahme des Antrags die Auflösung des Arbeitsverhältnisses durch Gestaltungsurteil aus. Allerdings ist die Gegenseite nicht gehindert, noch bis zum Ende der mündlichen Verhandlung in der Berufungsinstanz ihrerseits einen Auflösungsantrag zu stellen. Beiderseits gestellte Anträge sind hinsichtlich der Rücknahme voneinander unabhängig.

28 Fraglich ist, ob **prozessual** in der Rücknahme des Antrags ein teilweiser Klageverzicht liegt, der nach § 306 ZPO zulässig ist, allerdings einen neuerlichen Antrag ausschließt.⁴⁹ Man kann die Frage nicht generell beantworten, sondern muß im Einzelfall prüfen, ob die Rücknahme des Antrags als teilweise Klagerücknahme nach § 269 ZPO, die einen erneuten Auflösungsantrag nicht ausschließt, oder als Klage-(Anspruchs-)Verzicht nach § 306 ZPO zu verstehen ist.⁵⁰ Für die Annahme eines Klageverzichts müssen allerdings zur Rücknahmeerklärung weitere Umstände hinzutreten.

29 Eine Rücknahme des Auflösungsantrages bedarf entgegen der h. M. wie die Klagerücknahme der **Einwilligung des Gegners,** wenn dieser zur Hauptsache mündlich verhandelt hat (§ 269 ZPO); nach diesem Zeitpunkt kommt ohne Einwilligung nur noch ein Verzicht in Betracht.⁵¹ Obwohl der Auflösungsantrag des Arbeitgebers nicht den Charakter einer Widerklage hat und erst recht nicht in Form einer selbständigen Klage geltend gemacht werden kann (oben Rn. 23), sind auf ihn als Prozeßhandlung die genannten Bestimmungen der ZPO zumindest entsprechend anzuwenden. Denn prozessual bildet der Auflösungsantrag einen eigenen Streitgegenstand.⁵²

30 Das **Einverständnis der Gegenpartei** mit der Auflösung des Arbeitsverhältnisses schließt die Rücknahme des Auflösungsantrags nicht aus. Soweit eine echte Einigung über die Auflösung des Arbeitsverhältnisses erzielt wird, kann ein gerichtlicher oder außergerichtlicher Vergleich in Betracht kommen.

3. Bestand des Arbeitsverhältnisses zum Auflösungszeitpunkt

31 Die Auflösung des Arbeitsverhältnisses nach § 9 kommt weiterhin nur dann in Betracht, wenn zu dem nach § 9 Abs. 2 für die Auflösung festzusetzenden Zeitpunkt das **Arbeitsverhältnis noch besteht.**⁵³ Endet das Ar-

---

⁴⁸ Vgl. BAG 28. 1. 1961, AP Nr. 8 zu § 7 KSchG.
⁴⁹ So noch BAG 28. 1. 1961, AP Nr. 8 zu § 7 KSchG; aufgegeben von BAG 26. 10. 1979, AP Nr. 5 zu § 9 KSchG 1969 mit insoweit zust. Anm. *Grunsky* = SAE 1980, 57 mit abl. Anm. *Sieg* = AR-Blattei Kündigungsschutz Entsch. 195 mit abl. Anm. *Herschel.*
⁵⁰ Ebenso *Neumann* AR-Blattei SD 1020.6 Rn. 38; KR-*Spilger* § 9 KSchG Rn. 25; – gegen die Annahme eines Klageverzichts *Bauer/Hahn* DB 1990, 2471, 2472; APS/*Biebl* § 9 KSchG Rn. 29; HaKo-*Fiebig* § 9 Rn. 23; *Löwisch* § 9 Rn. 24.
⁵¹ Ebenso *Herschel* Anm. zu BAG AR-Blattei Kündigungsschutz Entsch. 195; *Neumann* AR-Blattei SD 1020.6 Rn. 37; – abweichend allerdings BAG 26. 10. 1979, AP Nr. 5 zu § 9 KSchG 1969; ErfK/*Ascheid* § 9 KSchG Rn. 9; *Bauer/Hahn* DB 1990, 2471, 2472; APS/*Biebl* § 9 KSchG Rn. 29; HaKo-*Fiebig* § 9 Rn. 22; HK-KSchG/*Hauck* § 9 Rn. 33; *Kittner/Däubler/Zwanziger* § 9 KSchG Rn. 40; *Löwisch* § 9 Rn. 16; KR-*Spilger* § 9 KSchG Rn. 24; *Stahlhacke/Preis/Vossen* Rn. 1191; im Ergebnis wie das BAG *Grunsky* Anm. zu BAG AP Nr. 5 zu § 9 KSchG 1969 auf Grund einer einschränkenden Auslegung des § 269 ZPO.
⁵² Insoweit ebenso GK-ArbGG/*Ascheid* § 72 Rn. 44; APS/*Biebl* § 9 KSchG Rn. 21.
⁵³ BAG 15. 12. 1960, AP Nr. 21 zu § 3 KSchG mit zust. Anm. *A. Hueck;* BAG 25. 6. 1987, AP Nr. 14 zu § 620 BGB Bedingung unter II 4 d cc; BAG 20. 3. 1997, AP Nr. 30 zu

beitsverhältnis schon vor dem vom Gericht nach § 9 Abs. 2 für die Auflösung festzusetzenden Zeitpunkt beispielsweise auf Grund einer weiteren außerordentlichen Kündigung, einer auflösenden Bedingung[54] oder Tod des Arbeitnehmers, ist eine auf den späteren Zeitpunkt des § 9 Abs. 2 wirkende Auflösung nicht mehr möglich, da zum gesetzlich festgelegten Auflösungszeitpunkt kein Arbeitsverhältnis mehr zu beenden ist, das Urteil also nichts mehr gestalten kann. Das Kündigungsschutzverfahren ist in diesem Fall einschließlich des Auflösungsantrags in der Hauptsache erledigt.[55] Dies stellt auch keine Härte dar; denn die sozialwidrige Kündigung war für die Beendigung des Arbeitsverhältnisses nicht ursächlich, weil es nicht durch sie, sondern durch einen sonstigen Auflösungsgrund sein Ende gefunden hat.

Diese Grundsätze gelten auch im Falle eines **Betriebsübergangs**. Hat der Arbeitnehmer gegen den Arbeitgeber, der ihm gekündigt hat, eine Kündigungsschutzklage erhoben und wird nach deren Rechtshängigkeit der Betrieb veräußert, kann der Arbeitnehmer einen bisher nicht gestellten Auflösungsantrag mit Erfolg nur in einem Prozeß gegen den ihm bekannten Betriebserwerber stellen.[56] Der kündigende Veräußerer ist bezüglich des Auflösungsantrags nicht mehr passivlegitimiert.

4. Begründung des Arbeitnehmerantrags

a) Die Begründetheit des vom Arbeitnehmer gestellten Antrags setzt voraus, daß ihm die **Fortsetzung des Arbeitsverhältnisses nicht mehr zuzumuten** ist. Die Anforderungen an die Unzumutbarkeit in § 9 Abs. 1 sind mit § 626 Abs. 1 BGB nicht identisch.[57] Hat ein Betriebsübergang stattgefunden, kommt es auf die Unzumutbarkeit der Fortsetzung des Arbeitsverhältnisses beim Erwerber an.[58]

Zwischen **§ 9 Abs. 1** und **§ 626 Abs. 1 BGB** bestehen **grundlegende Unterschiede**. Während sich bei außerordentlichen Kündigungen die Prüfung darauf beschränkt, ob die Fortsetzung des Arbeitsverhältnisses nicht wenigstens bis zum Ablauf der Kündigungsfrist oder bis zum vereinbarten Ende zumutbar ist, kommt es bei § 9 Abs. 1 darauf an, ob die Fortsetzung des Arbeitsverhältnisses überhaupt, d. h. auf unbestimmte Dauer, zumutbar ist. Dieser unterschiedliche Normzweck der beiden Vorschriften erfordert auch

---

§ 9 KSchG 1969; ErfK/*Ascheid* § 9 KSchG Rn. 11; HK-KSchG/*Hauck* § 9 Rn. 13; *Löwisch* § 9 Rn. 26; KR-*Spilger* § 9 KSchG Rn. 32; *Stahlhacke/Preis/Vossen* Rn. 1196.

[54] Dazu BAG 25. 6. 1987, AP Nr. 14 zu § 620 BGB Bedingung.

[55] Vgl. BAG 15. 12. 1960, AP Nr. 21 zu § 3 KSchG mit Anm. *A. Hueck*.

[56] BAG 20. 3. 1997, AP Nr. 30 zu § 9 KSchG 1969; ErfK/*Ascheid* § 9 KSchG Rn. 11; APS/*Biebl* § 9 KSchG Rn. 32; *Löwisch* § 9 Rn. 29; dazu auch *Löwisch/Neumann* DB 1996, 474.

[57] BAG 26. 11. 1981, AP Nr. 8 zu § 9 KSchG 1969 mit zust. Anm. *Denck* = EzA § 9 KSchG n. F. Nr. 11 mit abl. Anm. *Herschel* = SAE 1982, 133 mit zust. Anm. *Beitzke* unter ausdrücklicher Aufgabe der früheren Rechtsprechung; BAG 24. 9. 1992, AP Nr. 3 zu Einigungsvertrag Anlage I Kap. XIX mit zust. Anm. *v. Hoyningen-Huene*; *Ascheid* Kündigungsschutzrecht Rn. 799; *Bauer* DB 1985, 1180, 1181; APS/*Biebl* § 9 KSchG Rn. 33; *Hofmann* ZfA 1970, 73 ff.; *Kittner/Däubler/Zwanziger* § 9 KSchG Rn. 10; *Löwisch* § 9 Rn. 35; KR-*Spilger* § 9 KSchG Rn. 39; *Stahlhacke/Preis/Vossen* Rn. 1199; – zur früheren Rechtsprechung vgl. BAG 5. 11. 1964, AP Nr. 20 zu § 7 KSchG.

[58] Vgl. BAG 20. 3. 1997, AP Nr. 30 zu § 9 KSchG 1969; ErfK/*Ascheid* § 9 KSchG Rn. 13; *Löwisch* § 9 Rn. 33.

unterschiedliche Beurteilungsmaßstäbe. Gründe, die zur außerordentlichen Kündigung berechtigen, machen zwar stets auch die Fortsetzung des Arbeitsverhältnisses nach § 9 Abs. 1 unzumutbar. Darüber hinaus können aber auch Tatsachen vorliegen, die eine Fortsetzung des Arbeitsverhältnisses auf unbestimmte Dauer i. S. v. § 9 unzumutbar machen, die aber für eine fristlose Kündigung nach § 626 Abs. 1 BGB nicht ausreichen.[59]

33 b) Die Begründung zum Regierungsentwurf[60] hebt als **Beispiele** für die Unzumutbarkeit der Fortsetzung des Arbeitsverhältnisses hervor, daß als Kündigungsgründe unzutreffende **ehrverletzende Behauptungen** über die Person oder das Verhalten des Arbeitnehmers leichtfertig aufgestellt worden sind[61] oder das **Vertrauensverhältnis** im Verlauf des weiteren durch die Kündigung ausgelösten Verfahrens ohne wesentliches Verschulden des Arbeitnehmers **zerrüttet** worden ist. Dies kann der Fall sein, wenn sich der Arbeitgeber im Laufe des Kündigungsschutzprozesses unberechtigt an den Arzt des Arbeitnehmers wendet und **Zweifel an der Berechtigung zur Krankschreibung äußert.**[62] In Frage kann auch kommen, daß für den Arbeitnehmer, falls er auf Grund eines obsiegenden Urteils in den Betrieb zurückkehrt, die Gefahr besteht, daß er dort nicht mehr ordnungsgemäß behandelt wird, der Arbeitgeber oder ein Vorgesetzter sich vielmehr für den Verlust des Prozesses zu „**rächen**" sucht.[63] Allerdings müssen für eine solche Gefahr tatsächliche Anhaltspunkte gegeben sein. Unter Umständen kann auch eine **völlig unberechtigte Suspendierung** von der Arbeit während der Kündigungsfrist einen Auflösungsantrag rechtfertigen.[64] Wird ein **ausländischer Arbeitnehmer wegen seiner Nationalität gekündigt,** ist ihm eine Fortsetzung des Arbeitsverhältnisses regelmäßig nicht mehr zumutbar.[65]

33 a Auch konkret zu **erwartende Spannungen mit Mitarbeitern**, etwa wegen deren Benennung als sozial weniger schutzbedürftig im Streit über die soziale Auswahl nach § 1 Abs. 3, können den Antrag rechtfertigen.[66] Ganz allgemein ist zu beachten, daß durch den Ausspruch der Kündigung das Arbeitsverhältnis schon erheblich belastet ist, weshalb bei einer **offensichtlich unbegründeten ordentlichen Kündigung des Arbeitgebers** regelmäßig schon geringfügige weitere Gründe genügen können, um einen Auflösungsantrag des Arbeitnehmers zu begründen.[67] Dabei ist freilich klarzustellen, daß die unbegründete ordentliche Kündigung allein einen Auflösungsantrag noch

---

[59] So zutr. BAG 26. 11. 1981, AP Nr. 8 zu § 9 KSchG 1969; vgl. auch oben § 1 Rn. 121.
[60] Abgedruckt in RdA 1951, 61, 64.
[61] Dazu auch LAG Köln 26. 1. 1995, LAGE § 9 KSchG Nr. 25; ArbG Dortmund 14. 8. 1990, RzK I 11 b Nr. 10 („zu dumm, einen Besen zu halten").
[62] Vgl. BAG 20. 11. 1997 – 2 AZR 803/96 n. v.
[63] *Molitor* DB 1951, 702, 703; weitere Beispiele bei *Brill* AuR 1966, 268, 269.
[64] BAG 24. 9. 1992, AP Nr. 3 zu Einigungsvertrag Anlage I Kap. XIX.
[65] Vgl. LAG Hamm 17. 5. 1993, RzK I 11 b Nr. 12.
[66] Vgl. LAG Hamm 23. 5. 1975, DB 1975, 1514; LAG Köln 2. 2. 1987, LAGE § 9 KSchG Nr. 5; ErfK/*Ascheid* § 9 KSchG Rn. 5; HK-KSchG/*Hauck* § 9 Rn. 41; *Kittner*/*Däubler*/*Zwanziger* § 9 KSchG Rn. 11; *Neumann* AR-Blattei SD 1020.6 Rn. 24; – einschränkend *Bauer* DB 1985, 1180, 1181; *ders.* Festschrift für Hanau S. 151, 154; APS/*Biebl* § 9 KSchG Rn. 44.
[67] Vgl. LAG Frankfurt 18. 1. 1980, BB 1981, 122; LAG Köln 26. 1. 1995, LAGE § 9 KSchG Nr. 25; *Bauer* DB 1985, 1180, 1181; *Löwisch* § 9 Rn. 36.

nicht rechtfertigt.⁶⁸ Eine gerichtliche Auseinandersetzung über die Wirksamkeit der Kündigung begründet keinen Auflösungsantrag, wenn das **Kündigungsschutzverfahren sachlich geführt** wird.⁶⁹ Hat der Arbeitgeber allerdings wiederholt mit der gleichen Begründung, nämlich wegen angeblichem Arbeitsmangel, **kurz hintereinander Kündigungen ausgesprochen** und die Kündigungen mit der Behauptung, die Gründe seien entfallen, jeweils **nach Erhebung der Kündigungsschutzklage bzw. im Laufe des Prozesses zurückgenommen,** ist die Befürchtung des Arbeitnehmers, er könne im Falle einer Fortsetzung des Arbeitsverhältnisses einer schikanösen Behandlung ausgesetzt sein, nicht von der Hand zu weisen.⁷⁰

Ein Auflösungsantrag des Arbeitnehmers ist nicht schon deshalb begründet, weil der Arbeitnehmer schon eine **andere Stelle** angenommen hat.⁷¹ Daraus allein folgt nicht, daß die Fortsetzung des alten Arbeitsverhältnisses unzumutbar wäre. Vielmehr sind die Folgen der Annahme einer neuen Stelle abschließend in § 12 geregelt.⁷² Freilich hindert die Annahme einer neuen Stellung und selbst die vorsorgliche Berufung auf § 12 den Arbeitnehmer nicht, zugleich auch den Antrag nach § 9 zu stellen, wenn die Voraussetzungen dafür gleichfalls vorliegen.⁷³ **34**

c) Der Arbeitnehmer kann sich grundsätzlich nicht auf Auflösungsgründe berufen, die er **selbst in treuwidriger Weise herbeigeführt** hat.⁷⁴ Dies folgt aus dem Rechtsgedanken des § 162 BGB, wonach sich niemand auf den Eintritt oder Nichteintritt eines Ereignisses berufen darf, den er selbst treuwidrig herbeigeführt oder verhindert hat.⁷⁵ Insoweit kann für den Auflösungsantrag des Arbeitnehmers nichts anderes gelten als für den Auflösungsantrag des Arbeitgebers, für den das BAG diesen Grundsatz in seinem Urteil vom 15. 2. 1973⁷⁶ zutreffend angewandt hat. **35**

d) Die Gründe für die Unzumutbarkeit brauchen nicht schon zur Zeit der Kündigung vorliegen, sie können sich auch erst während des Laufes des Prozesses ergeben. Maßgebend für die Beurteilung ist der **Zeitpunkt der letzten mündlichen Verhandlung in der Tatsacheninstanz.**⁷⁷ **36**

---

⁶⁸ BAG 24. 9. 1992, AP Nr. 3 zu Einigungsvertrag Anlage I Kap. XIX mit zust. Anm. v. *Hoyningen-Huene;* LAG Frankfurt 15. 4. 1983, AuR 1984, 52; *Löwisch* § 9 Rn. 38; KR-*Spilger* § 9 KSchG Rn. 45.
⁶⁹ LAG Frankfurt 15. 4. 1983, AuR 1984, 52; *Löwisch* § 9 Rn. 38; KR-*Spilger* § 9 KSchG Rn. 45.
⁷⁰ BAG 29. 1. 1981, AP Nr. 6 zu § 9 KSchG 1969.
⁷¹ ErfK/*Ascheid* § 9 KSchG Rn. 15; APS/*Biebl* § 9 KSchG Rn. 45; Kittner/Däubler/Zwanziger § 9 KSchG Rn. 11; Stahlhacke/Preis/Vossen Rn. 1200; – abweichend LAG Hannover 12. 5. 1952, AP 53 Nr. 45 mit abl. Anm. *Herschel.*
⁷² *Löwisch* § 9 Rn. 41; *Schaub* § 141 Rn. 11; KR-*Spilger* § 9 KSchG Rn. 44.
⁷³ BAG 19. 10. 1972, AP Nr. 1 zu § 12 KSchG 1969.
⁷⁴ Ebenso BAG 24. 9. 1992, AP Nr. 3 zu Einigungsvertrag Anlage I Kap. XIX; ErfK/*Ascheid* § 9 KSchG Rn. 15; APS/*Biebl* § 9 KSchG Rn. 37; *Löwisch* § 9 Rn. 42; KR-*Spilger* § 9 KSchG Rn. 46.
⁷⁵ Vgl. dazu *Jauernig* § 162 Rn. 3; *Soergel/M. Wolf* § 162 Rn. 16.
⁷⁶ BAG 15. 2. 1973, AP Nr. 2 zu § 9 KSchG 1969.
⁷⁷ BAG 18. 1. 1962, AP Nr. 20 zu § 66 BetrVG; BAG 30. 9. 1976, AP Nr. 3 zu § 9 KSchG 1969 für den Auflösungsantrag des Arbeitgebers; ErfK/*Ascheid* § 9 KSchG Rn. 13; HK-KSchG/*Hauck* § 9 Rn. 38; Kittner/Däubler/Zwanziger § 9 KSchG Rn. 12; *Löwisch* § 9 Rn. 32; KR-*Spilger* § 9 KSchG Rn. 40.

36 a   Die Auflösungsgründe müssen im **Zusammenhang mit der Kündigung oder dem Kündigungsprozeß** stehen.[78] Gründe, die mit der Kündigung des Arbeitgebers und dem dadurch veranlaßten Prozeß nichts zu tun haben, können zwar dem Arbeitnehmer einen Anlaß zur Lösung des Arbeitsverhältnisses geben, gegebenenfalls auch eine fristlose Kündigung rechtfertigen, gewähren ihm aber keinen Anspruch auf eine Kündigungsabfindung.

5. Begründung des Arbeitgeberantrags

37   a) Der Arbeitgeber kann die Auflösung des Arbeitsverhältnisses nur verlangen, wenn er Gründe vorträgt, die eine **den Betriebszwecken dienliche weitere Zusammenarbeit mit dem Arbeitnehmer nicht erwarten lassen.** Damit ist keine Unzumutbarkeit der Weiterbeschäftigung i. S. v. § 626 Abs. 1 BGB gefordert; denn dann könnte der Arbeitgeber außerordentlich kündigen, ohne das Verfahren nach § 9 durchführen und eine Abfindung zahlen zu müssen (vgl. auch oben § 1 Rn. 121). Aus dem gleichen Grunde müssen die Auflösungsgründe des Arbeitgebers auch nicht geeignet sein, die Kündigung sozial zu rechtfertigen.[79]

37 a   Der Arbeitgeber kann sich grundsätzlich zur Begründung des Auflösungsantrags auch auf **Gründe berufen, mit denen er zuvor – erfolglos – die ausgesprochene Kündigung begründet hat.** Der Arbeitgeber muß in diesen Fällen allerdings zusätzliche greifbare Tatsachen dafür vortragen, daß der Kündigungssachverhalt, obwohl er die Kündigung nicht rechtfertigt, gleichwohl so beschaffen ist, daß er eine weitere gedeihliche Zusammenarbeit nicht erwarten läßt.[80] Dabei dürfen nur solche Tatsachen berücksichtigt werden, die der darlegungspflichtige Arbeitgeber vorgetragen oder aufgegriffen hat. Das gilt auch für offenkundige Tatsachen, die vom Gericht nicht unter Verstoß gegen den Verhandlungsgrundsatz verwertet werden dürfen.

38   Andererseits verlangt der dem KSchG zugrunde liegende Gedanke des Bestandsschutzes, daß an die Gründe für die Auflösung des Arbeitsverhältnisses auf Betreiben des Arbeitgebers **nicht zu geringe Anforderungen** gestellt werden.[81]

38 a   Hat der Arbeitnehmer zwischenzeitlich, d. h. nach Zugang der Kündigung, ein **betriebsverfassungs- oder personalvertretungsrechtliches**

---

[78] BAG 18. 1. 1962, AP Nr. 20 zu § 66 BetrVG; BAG 24. 9. 1992, AP Nr. 3 zu Einigungsvertrag Anlage I Kap. XIX mit zust. Anm. *v. Hoyningen-Huene;* APS/*Biebl* § 9 KSchG Rn. 34; *Löwisch* § 9 Rn. 31; KR-*Spilger* § 9 KSchG Rn. 41; *Stahlhacke/Preis/Vossen* Rn. 1200.

[79] Vgl. BAG 29. 3. 1960, AP Nr. 7 zu § 7 KSchG unter II 1; BAG 30. 9. 1976, AP Nr. 3 zu § 9 KSchG 1969 unter 3 a; LAG Berlin 5. 5. 1997, LAGE § 9 KSchG Nr. 29; *Löwisch* § 9 Rn. 52.

[80] Vgl. BAG 30. 9. 1976, AP Nr. 3 zu § 9 KSchG 1969; BAG 18. 12. 1980, AP Nr. 22 zu § 102 BetrVG 1972; BAG 30. 6. 1983, AP Nr. 15 zu Art. 140 GG unter B II 2 mit Anm. *Richardi;* BAG 14. 1. 1993, NZA 1994, 309, 311; ErfK/*Ascheid* § 9 KSchG Rn. 21; APS/*Biebl* § 9 KSchG Rn. 52; KR-*Spilger* § 9 KSchG Rn. 58.

[81] BAG 30. 9. 1976, 16. 5. 1984, AP Nr. 3, 12 zu § 9 KSchG 1969; BAG 25. 10. 1989, AP Nr. 36 zu § 611 BGB Direktionsrecht unter III 2 a; BAG 14. 1. 1993, NZA 1994, 309, 311; APS/*Biebl* § 9 KSchG Rn. 49; *Kittner/Däubler/Zwanziger* § 9 KSchG Rn. 18; *Löwisch* § 9 Rn. 52; KR-*Spilger* § 9 KSchG Rn. 52; *Stahlhacke/Preis/Vossen* Rn. 1204.

Amt übernommen, so ist das beim Auflösungsgrund besonders zu berücksichtigen. Der Auflösungsgrund müßte daher im Hinblick auf den durch § 15 gewährleisteten Schutz eine Kündigung aus wichtigem Grund rechtfertigen können.[82] Die Zustimmung des Betriebsrats zum Auflösungsantrag in entsprechender Anwendung von § 103 BetrVG ist dagegen nicht erforderlich.[83] Für eine analoge Anwendung dieser Vorschrift besteht kein Bedürfnis, weil dem besonderen Schutz der Betriebsratsmitglieder bei der Prüfung des Auflösungsgrundes hinreichend Rechnung getragen werden kann.

Entsprechendes gilt, wenn eine Arbeitnehmerin nach Ausspruch der Kündigung **schwanger** wird und so dem besonderen Schutz des § 9 MuSchG unterliegt. Der verfassungsrechtlich gebotene Schutz der Schwangeren kann mit einer strengeren Prüfung der Auflösungsgründe erreicht werden. Eine Zustimmung der Aufsichtsbehörde in analoger Anwendung von § 9 MuSchG ist nicht erforderlich.[84] Gleiches gilt für die weiteren Personengruppen mit Sonderkündigungsschutz, wie beispielsweise Schwerbehinderte und Personen in der Elternzeit.

Eine Auflösung des Arbeitsverhältnisses von **Mitgliedern der Mitarbeitervertretung in Einrichtungen der katholischen Kirche** ist gemäß § 9 Abs. 1 in Fällen der Kündigung wegen Loyalitätspflichtverletzungen uneingeschränkt zulässig.[85] Denn § 19 Abs. 1 Satz 2 MAVO läßt eine ordentliche Kündigung des Dienstgebers gegenüber dem Mitglied der Mitarbeitervertretung wegen Verletzung von Loyalitätsobliegenheiten gerade zu. Es besteht deshalb für den Mitarbeitervertreter stets die Gefahr, wegen Verletzung von Loyalitätsobliegenheiten seinen Arbeitsplatz gegebenenfalls auch ohne Abfindung zu verlieren. Der besondere Kündigungsschutz der Mitarbeitervertreter, der hinsichtlich der Loyalitätsobliegenheiten stark eingeschränkt ist, wird durch eine solche Auflösungsmöglichkeit nicht umgangen.

b) Für die Begründung des Arbeitgeberantrags kommen **beispielsweise Gründe** in Betracht, welche **die Tätigkeit oder das Verhalten des Arbeitnehmers betreffen,** insbesondere sein Verhältnis zum Arbeitgeber, zu sonstigen Vorgesetzten oder Mitarbeitern oder seine Eignung für die ihm gestellten Aufgaben. Behauptet der Arbeitnehmer im Prozeß, das **Vertrauensverhältnis zu Vorgesetzten sei völlig zerrüttet,** weil die notwendige Kooperationsbereitschaft nicht mehr bestehe, kann sich der Arbeitgeber zur Begründung seines Auflösungsantrages diesen Vortrag zu eigen machen.[86] Ein Auflösungsantrag des Arbeitgebers kann weiterhin dann berechtigt sein, wenn sich der gekündigte Arbeitnehmer nach Ausspruch der Kündigung

---

[82] Vgl. dazu BAG 7. 12. 1972, AP Nr. 1 zu § 9 KSchG 1969; *Ascheid* Kündigungsschutzrecht Rn. 810; ErfK/*Ascheid* § 9 KSchG Rn. 25; *Kittner/Däubler/Zwanziger* § 9 KSchG Rn. 24; *Löwisch* § 9 Rn. 62; differenzierend APS/*Biebl* § 9 KSchG Rn. 58; – abweichend LAG Hamm 30. 9. 1999, LAGE § 102 BetrVG 1972 Nr. 73, das in diesen Fällen eine Auflösung nach § 9 generell für unzulässig hält.
[83] Kritisch dazu auch APS/*Biebl* § 9 KSchG Rn. 58; – abweichend HK-KSchG/*Hauck* § 9 Rn. 53; *Löwisch* § 9 Rn. 62; KR-*Spilger* § 9 KSchG Rn. 62.
[84] Abweichend Sächsisches LAG 12. 4. 1996, RzK I 5 c Nr. 71; KR-*Spilger* § 9 KSchG Rn. 62 a.
[85] BAG 16. 9. 1999, AP Nr. 1 zu Art. 4 GrO kath. Kirche; *Bleistein/Thiel*, MAVO, 2. Aufl., § 19 Rz. 84.
[86] Vgl. LAG Berlin 5. 5. 1997, LAGE § 9 KSchG Nr. 29.

mit unzutreffenden Tatsachenbehauptungen gegen den Arbeitgeber an die Öffentlichkeit wendet und so den **Arbeitgeber in Mißkredit** bringt.[87] **Strafanzeigen gegen Vorgesetzte** belasten zwar das Arbeitsverhältnis, sie können aber nur dann einen Auflösungsantrag begründen, wenn der Arbeitnehmer den Vorgesetzten wahrheitswidrig beschuldigt hat oder insoweit zumindest der dringende Verdacht besteht.[88] Auf Grund der besonderen Glaubwürdigkeit, auf die **Kirchengemeinden** in der Öffentlichkeit angewiesen sind, kann im Einzelfall der Eindruck einer heillosen Zerstrittenheit des Gemeindepersonals die Auflösung eines Arbeitsverhältnisses eines kirchlichen Arbeitnehmers rechtfertigen.[89] **Wirtschaftliche oder betriebliche Gründe** können dagegen einen Auflösungsantrag **nicht begründen,** diese können nur Anlaß für eine betriebsbedingte Kündigung bieten.[90]

39 a Ein **Verhalten dritter Personen** ist als Grund für den Auflösungsantrag des Arbeitgebers nach § 9 nur dann geeignet, wenn der Arbeitnehmer dieses Verhalten durch eigenes Tun entscheidend veranlaßt hat und es ihm so zuzurechnen ist.[91] Von Bedeutung ist auch das **prozessuale Verhalten** des Arbeitnehmers. Beleidigungen oder sonstige ehrverletzende Behauptungen gegenüber dem Arbeitgeber können auch zur Begründung eines Auflösungsantrags herangezogen werden. **Falsche Rechtsansichten,** beispielsweise die Behauptung, die Kündigung sei sittenwidrig oder verstoße gegen Treu und Glauben, genügen hierfür allerdings nicht.[92] Das **Verhalten des Prozeßbevollmächtigten** ist dem Arbeitnehmer dabei grundsätzlich zuzurechnen, wenn der Arbeitnehmer dem nicht persönlich entgegentritt.[93]

40 Ein **Verschulden** des Arbeitnehmers ist **nicht erforderlich,** es genügt, daß die objektive Lage die negative Beurteilung durch den Arbeitgeber rechtfertigt.[94]

40 a Bei der Gewichtung der Auflösungsgründe ist die **Stellung des Arbeitnehmers im Betrieb** zu berücksichtigen. Eine weitere den Betriebszwecken dienliche Zusammenarbeit zwischen Arbeitnehmer und Arbeitgeber kann auch gerade deshalb nicht mehr zu erwarten sein, weil der Arbeitnehmer, ohne leitender Angestellter i. S. v. § 14 Abs. 2 zu sein, im Betrieb eine Schlüsselstellung inne hat und aus beachtlichen Gründen das Vertrauen des Arbeitgebers verloren hat.[95]

---

[87] LAG Düsseldorf 8. 9. 1978, DB 1979, 556; LAG Köln 29. 9. 1982, DB 1983, 124.
[88] LAG Hamburg 27. 6. 1995, LAGE § 9 KSchG Nr. 26.
[89] BVerfG 2. 2. 1990, EzA § 9 KSchG n. F. Nr. 36.
[90] BAG 14. 10. 1954, AP Nr. 6 zu § 3 KSchG; BAG 9. 12. 1955, AP Nr. 2 zu § 7 KSchG; APS/*Biebl* § 9 KSchG Rn. 62; *Löwisch* § 9 Rn. 59; KR-*Spilger* § 9 KSchG Rn. 55.
[91] BAG 14. 5. 1987, AP Nr. 18 zu § 9 KSchG 1969.
[92] Ebenso *Kittner/Däubler/Zwanziger* § 9 KSchG Rn. 21; KR-*Spilger* § 9 KSchG Rn. 56.
[93] Vgl. BAG 30. 6. 1959, AP Nr. 56 zu § 1 KSchG; BAG 3. 11. 1983, RzK I 11a Nr. 7; ErfK/*Ascheid* § 9 KSchG Rn. 23, *Löwisch* § 9 Rn. 57; ähnlich MünchKomm-BGB/*Schwerdtner* Anh. § 622 Rn. 472; – abweichend APS/*Biebl* § 9 KSchG Rn. 66; HK-KSchG/*Hauck* § 9 KSchG Rn. 51; *Kittner/Däubler/Zwanziger* § 9 KSchG Rn. 21; KR-*Spilger* § 9 KSchG Rn. 56.
[94] BAG 30. 6. 1959, AP Nr. 56 zu § 1 KSchG; BAG 14. 5. 1987, AP Nr. 18 zu § 9 KSchG 1969; LAG Berlin 5. 5. 1997, LAGE § 9 KSchG Nr. 29; *Löwisch* § 9 Rn. 55; KR-*Spilger* § 9 KSchG Rn. 57; *Stahlhacke/Preis/Vossen* Rn. 1206.
[95] Vgl. BAG 26. 6. 1997 – 2 AZR 502/96 insoweit n.v.; LAG Berlin 5. 5. 1997, LAGE § 9 KSchG Nr. 29; *Löwisch* § 9 Rn. 56.

Das Gericht kann einen Auflösungsantrag des Arbeitgebers, der sich auf **41** einen erst **nach längerer Prozeßdauer eingetretenen Sachverhalt** stützt, nicht mit der Begründung abweisen, daß der Arbeitnehmer nur eine erheblich unter dem im Falle des Fortbestehens des Arbeitsverhältnisses zu zahlenden Verzugslohns liegende Abfindung erhalten würde.[96] Für Billigkeitserwägungen ist angesichts des eindeutigen Wortlauts des § 9 diesbezüglich kein Raum.

c) Der Antrag des Arbeitgebers auf Auflösung des Arbeitsverhältnisses ist **42** unbegründet, wenn er selbst den **Auflösungsgrund treuwidrig herbeigeführt** hat, um damit eine den Betriebszwecken dienliche weitere Zusammenarbeit als aussichtslos darstellen zu können.[97] Nach dem Rechtsgedanken des § 162 BGB scheidet in diesen Fällen eine Auflösung des Arbeitsverhältnisses aus.

d) Für den Auflösungsantrag kommt es nicht, wie bei Beurteilung der So- **43** zialwidrigkeit der Kündigung, auf den Zeitpunkt der Kündigung an, sondern es ist nach dem Stand der letzten mündlichen Verhandlung **im Zeitpunkt der Entscheidung zu beurteilen,** ob in Zukunft eine den Betriebszwecken dienliche weitere Zusammenarbeit zu erwarten ist.[98]

e) Für die Auflösungsgründe trägt der **Arbeitgeber die volle Darle- 44 gungs- und Beweislast.**[99] Dabei genügen nicht allgemeine Behauptungen des Inhalts, die Vertrauensgrundlage sei fortgefallen oder ein unüberbrückbares Zerwürfnis sei eingetreten.[100] Erforderlich ist vielmehr die Darlegung ganz konkreter Tatsachen.[101]

Problematisch ist allerdings, ob sich der Arbeitgeber zur Begründung sei- **45** nes Auflösungsantrags auch auf Gründe berufen kann, mit denen er wegen der Nichteinschaltung des Betriebsrats im Kündigungsschutzprozeß ausgeschlossen ist.[102] Gegen eine Beschränkung des arbeitgeberseitigen Vorbringens auf die Gründe, die er dem Betriebsrat im Rahmen der **Anhörung nach § 102 Abs. 1 BetrVG** mitgeteilt hat, spricht, daß der Arbeitgeber von Gesetzes wegen nur verpflichtet ist, dem Betriebsrat die Kündigungsgründe mitzuteilen. Eine Anhörungspflicht bezüglich möglicher Auflösungsgründe ist im Gesetz nicht vorgesehen.[103] Im übrigen besteht auch bei Ausspruch der

---

[96] BAG 25. 11. 1982, AP Nr. 10 zu § 9 KSchG 1969 mit Anm. *Herschel* = EzA § 9 KSchG n. F. Nr. 15 mit insoweit abl. Anm. *Belling; Löwisch* § 9 Rn. 58.
[97] BAG 15. 2. 1973, AP Nr. 2 zu § 9 KSchG 1969 mit zust. Anm. *Herschel* = SAE 1974, 78 mit zust. Anm. *Schwerdtner;* ErfK/*Ascheid* § 9 KSchG Rn. 23; KR-*Spilger* § 9 KSchG Rn. 59.
[98] BAG 29. 3. 1960, AP Nr. 7 zu § 7 KSchG; BAG 30. 9. 1976, AP Nr. 3 zu § 9 KSchG 1969; BAG 30. 6. 1983, AP Nr. 15 zu Art. 140 GG unter B II 2; BAG 30. 4. 1992, RzK I 11 a Nr. 20; BAG 14. 1. 1993, NZA 1994, 309, 311; *Löwisch* § 9 Rn. 49; KR-*Spilger* § 9 KSchG Rn. 54.
[99] BAG 30. 9. 1976, AP Nr. 3 zu § 9 KSchG 1969.
[100] BAG 14. 1. 1993, NZA 1994, 309, 311.
[101] BAG 30. 9. 1976, AP Nr. 3 zu § 9 KSchG 1969; BAG 25. 10. 1989, AP Nr. 36 zu § 611 BGB Direktionsrecht unter III 2 a.
[102] Offengelassen von BAG 18. 12. 1980, AP Nr. 22 zu § 102 BetrVG 1972 mit zust. Anm. *Herschel* = SAE 1982, 20 mit insoweit abl. Anm. *Koller.*
[103] Zutr. ErfK/*Ascheid* § 9 KSchG Rn. 23; HaKo-*Fiebig* § 9 Rn. 69; *Koller* SAE 1982, 27, 30.

Kündigung für den Arbeitgeber noch gar keine Veranlassung, sich über mögliche Auflösungsgründe Gedanken zu machen, da völlig unklar ist, ob der Arbeitnehmer gegen die ausgesprochene Kündigung überhaupt Kündigungsschutzklage erhebt. Der Arbeitgeber ist daher in der Begründung seines Auflösungsantrags nicht durch § 102 Abs. 1 BetrVG beschränkt.[104]

46 f) Keiner Begründung bedarf der Auflösungsantrag des Arbeitgebers, wenn es sich um das Arbeitsverhältnis eines **leitenden Angestellten** handelt, § 14 Abs. 2 Satz 2 (dazu unten § 14 Rn. 28 ff.).

6. Beiderseitiger Auflösungsantrag

47 Stellen beide Parteien einen Auflösungsantrag, so liegt darin zwar **kein Anerkenntnis des gegnerischen Antrags,** zumal die Parteien über die Höhe der Abfindung sehr verschiedene Vorstellungen haben werden. Der gemeinsame Wille beider Parteien, das Arbeitsverhältnis im Fall sozialwidriger Kündigung durch richterlichen Akt zur Auflösung zu bringen, ist für das Gericht jedoch bindend.[105] Bei beiderseitigen Auflösungsanträgen erklärt der Sache nach der Arbeitnehmer, daß eine dienliche Zusammenarbeit von ihm aus gesehen nicht mehr zu erwarten sei. Damit ist der Antrag des Arbeitgebers auf Auflösung des Arbeitsverhältnisses begründet. Das Gericht hat also in diesem Fall, wenn es die Sozialwidrigkeit der Kündigung bejaht, ohne weiteres auf Auflösung des Arbeitsverhältnisses zu erkennen und nur noch zu prüfen, wie hoch die Abfindung zu bemessen ist.

IV. Das Urteil

48 Ist ein Antrag nach § 9 gestellt, so bestehen für das Arbeitsgericht **drei Entscheidungsmöglichkeiten:**[106]

1. Abweisung der ganzen Klage

49 Sieht das Gericht die **Kündigung als sozial gerechtfertigt** an, so ist die Kündigungsschutzklage abzuweisen. Der Antrag auf Auflösung des Arbeitsverhältnisses ist damit ohne weiteres erledigt, da eine wesentliche Voraussetzung, nämlich die Sozialwidrigkeit der Kündigung (oben Rn. 12) fehlt.

---

[104] Ebenso ErfK/*Ascheid* § 9 KSchG Rn. 23; HaKo-*Fiebig* § 9 Rn. 69; *Koller* SAE 1982, 27, 30; *Löwisch* § 9 Rn. 50; KPK-*Ramrath* §§ 9, 10 Rn. 19; *Stahlhacke/Preis/Vossen* Rn. 1206a; – abweichend LAG Hamm 30. 9. 1999, LAGE § 102 BetrVG 1972 Nr. 73; *Herschel* Anm. zu BAG AP Nr. 22 zu § 102 BetrVG 1972; *Kittner/Däubler/Zwanziger* § 9 KSchG Rn. 23; KR-*Spilger* § 9 KSchG Rn. 58 a.

[105] Vgl. BAG 29. 3. 1960, AP Nr. 7 zu § 7 KSchG mit Anm. *Herschel;* ErfK/*Ascheid* § 9 KSchG Rn. 28; *Bauer* DB 1985, 1180, 1182; *ders.* Festschrift für Hanau S. 151, 158; *Bauer/Hahn* DB 1990, 2471; APS/*Biebl* § 9 KSchG Rn. 71; MünchKomm-BGB/*Schwerdtner* Anh. § 622 Rn. 476; *Stahlhacke/Preis/Vossen* Rn. 1212; im Ergebnis ebenso *Löwisch* § 9 Rn. 86; – abweichend HaKo-*Fiebig* § 9 Rn. 74; HK-KSchG/*Hauck* § 9 Rn. 55; *Kittner/Däubler/Zwanziger* § 9 KSchG Rn. 29 f.; *Neumann* AR-Blattei SD 1020.6 Rn. 31; KR-*Spilger* § 9 KSchG Rn. 66; – offengelassen von BAG 23. 6. 1993, AP Nr. 23 zu § 9 KSchG 1969.

[106] Vgl.APS/*Biebl* § 9 KSchG Rn. 72; HK-KSchG/*Hauck* § 9 Rn. 61; *Schaub* § 141 Rn. 16; KR-*Spilger* § 9 KSchG Rn. 80 ff.; sowie eingehend *A. Hueck* Festschrift für Nipperdey S. 99 ff., insbes. S. 114 ff.

Einer besonderen Abweisung des Antrags im Tenor des Urteils bedarf es nicht, da der Antrag nur hilfsweise, nämlich nur für den Fall, daß das Gericht die Sozialwidrigkeit der Kündigung bejaht, gestellt war, diese Bedingung aber nicht eingetreten ist.[107] Das gilt in gleicher Weise für den Auflösungsantrag des Arbeitnehmers wie des Arbeitgebers.

2. Abweisung des Auflösungsantrags

Sieht das Gericht die **Kündigung als sozialwidrig** an, **verneint** es aber **die Voraussetzungen des Auflösungsantrags** – mag dieser vom Arbeitnehmer oder vom Arbeitgeber ausgehen –, so hat es festzustellen, daß das Arbeitsverhältnis durch die Kündigung nicht aufgelöst ist, und zugleich den Antrag auf Auflösung des Arbeitsverhältnisses und Zahlung einer Abfindung abzuweisen. Beides muß im Urteilstenor geschehen.[108]

50

3. Urteil nach dem Auflösungsantrag

a) Sieht das Gericht die Kündigung als sozialwidrig und den **Auflösungsantrag als begründet** an, so erkennt es auf Auflösung des Arbeitsverhältnisses. Dabei genügt es, daß die in § 9 Abs. 1 geforderte Feststellung der Unwirksamkeit der Kündigung in den Gründen getroffen wird. Zwar kann das Gericht auch im Tenor des Urteils dem Wortlaut des § 9 entsprechend aussprechen, daß das Arbeitsverhältnis durch die Kündigung nicht aufgelöst sei und zugleich die rückwirkende Auflösung des Arbeitsverhältnisses anordnen; das würde aber widerspruchsvoll klingen. Der Tenor des Urteils wird deshalb ganz überwiegend auf den letzteren Ausspruch beschränkt und bringt damit, da es sich um die notwendige Voraussetzung hierfür handelt, zugleich auch die Unwirksamkeit der Kündigung zum Ausdruck.[109]

51

Über die Rechtswirksamkeit der Kündigung und über die Auflösung des Arbeitsverhältnisses kann grundsätzlich nur **einheitlich entschieden** werden. Eine Aufteilung der Entscheidung in ein Teilurteil wegen der Unwirksamkeit der Kündigung und ein Schlußurteil wegen der Auflösung gegen Abfindung ist im allgemeinen unzulässig.[110]

52

Dieser Grundsatz gilt freilich nicht, wenn der Arbeitgeber den Antrag des Arbeitnehmers auf Feststellung der Unwirksamkeit der Kündigung anerkannt

52 a

---

[107] APS/*Biebl* § 9 KSchG Rn. 73 ff.; *Löwisch* § 9 Rn. 64; KR-*Spilger* § 9 KSchG Rn. 81; dazu oben Rn. 24.

[108] *Ascheid* Kündigungsschutzrecht Rn. 820; APS/*Biebl* § 9 KSchG Rn. 78; HK-KSchG/ *Hauck* § 9 Rn. 63; HaKo-*Fiebig* § 9 KSchG Rn. 65; KR-*Spilger* § 9 KSchG Rn. 82.

[109] H. M.; BAG 9. 12. 1955, 13. 12. 1956, AP Nr. 2 und 5 zu § 7 KSchG; BAG 28. 11. 1968, AP Nr. 19 zu § 1 KSchG Betriebsbedingte Kündigung; ErfK/*Ascheid* § 9 KSchG Rn. 31; *Löwisch* § 9 Rn. 66; KR-*Spilger* § 9 KSchG Rn. 84; – siehe auch *Neumann* AR-Blattei SD 1020.6 Rn. 63, der eine Entscheidung über beide Anträge im Tenor für „prozessual richtiger", wenn auch nicht für unbedingt nötig hält.

[110] BAG 4. 4. 1957, AP Nr. 1 zu § 301 ZPO mit zust. Anm. *Herschel*; BAG 9. 12. 1971, AP Nr. 3 zu § 56 ZA-NATO-Truppenstatut mit insoweit zust. Anm. *Beitzke* = AR-Blattei Kündigungsschutz Entsch. 129 mit zust. Anm. *Herschel*; LAG Rheinland-Pfalz 10. 7. 1997, LAGE § 68 ArbGG 1979 Nr. 4; HaKo-*Fiebig* § 9 KSchG Nr. 87; HK-KSchG/*Hauck* § 9 Rn. 63; *Kittner/Däubler/Zwanziger* § 9 KSchG Rn. 46; KR-*Spilger* § 9 KSchG Rn. 83; Stahlhacke/ *Preis/Vossen* Rn. 1214; – abweichend *Ascheid* Kündigungsschutzrecht Rn. 823; APS/*Biebl* § 9 KSchG Rn. 7; *Löwisch* § 9 Rn. 67.

hat. In diesem Fall ist gemäß § 307 ZPO ein **Teilanerkenntnisurteil** zu erlassen, weil auf Grund des prozessualen Anerkenntnisses eine streitige Entscheidung über die Sozialwidrigkeit der Kündigung nicht mehr in Betracht kommt.[111] Über den Auflösungsantrag ist dann durch Schlußurteil zu befinden. Wird vom Arbeitgeber neben dem Feststellungsantrag auch der Auflösungsantrag anerkannt, so ergeht ein einheitliches Anerkenntnisurteil, wenn der Arbeitnehmer die festzusetzende Abfindung in das Ermessen des Gerichts gestellt hat. Die Höhe der Abfindung ist in diesem Fall vom Gericht im Anerkenntnisurteil entsprechend der vom Arbeitnehmer angegebenen Größenordnung festzusetzen.[112]

53 b) Umstritten ist, ob eine gerichtliche Auflösung des Arbeitsverhältnisses auch dann noch ausgesprochen werden kann, wenn das **Arbeitsverhältnis durch einen anderen Beendigungsgrund,** z. B. den Tod des Arbeitnehmers oder die Erreichung der vereinbarten Altersgrenze, nach dem vom Gericht in § 9 Abs. 2 für die Auflösung festzusetzenden Zeitpunkt, aber vor Erlaß des Urteils **sein Ende gefunden hat.** Dies wird von der h. M. zu Recht bejaht.[113] Man kann nicht einwenden, daß die Auflösung eines schon beendeten Arbeitsverhältnisses logisch nicht möglich sei. Denn es handelt sich im Fall des § 9 um eine rückwirkende Auflösung (dazu unten Rn. 58 ff.). Eine Rückwirkung im strengen Sinn, d. h. die Herbeiführung von Rechtswirkungen für die Vergangenheit, ist jedoch gar nicht möglich; vielmehr sollen nur die jetzigen oder künftigen Rechtswirkungen so gestaltet werden, als ob die rechtliche Auflösung des Arbeitsverhältnisses schon in dem früheren Zeitpunkt eingetreten wäre. Eine derart rückwirkende Auflösung ist aber auch noch in bezug auf ein später aus einem anderen Grund beendetes Arbeitsverhältnis denkbar. Erkennt das Gericht, ein inzwischen ohnehin beendetes Arbeitsverhältnis sei schon in dem § 9 Abs. 2 entsprechenden früheren Zeitpunkt unerträglich gewesen und deshalb als schon in diesem Zeitpunkt aufgelöst anzusehen (was für die Lohnansprüche des Arbeitnehmers, Schadensersatzansprüche des Arbeitgebers sowie die Abfindung sehr wesentlich sein kann), so ist das kein „in sich widerspruchsvolles, ja perplexes Urteil".[114]

54 Allerdings ist, worauf *Herschel*[115] hinweist, im allgemeinen die Frage, ob Gründe für eine gerichtliche Auflösung nach § 9 vorliegen, nach der Sachlage zur **Zeit der letzten mündlichen Verhandlung** in der Tatsacheninstanz zu beurteilen (oben Rn. 36 und 42). Man könnte deshalb geltend machen, daß in diesem Zeitpunkt, weil das Arbeitsverhältnis schon beendet war, ein Bedürfnis nach richterlicher Auflösung nicht mehr bestehe. Trotz-

---

[111] Vgl. BAG 29. 1. 1981, AP Nr. 6 zu § 9 KSchG 1969 mit Anm. *Herschel* = SAE 1982, 98 mit krit. Anm. *Corts.*
[112] Vgl. *Neumann* AR-Blattei SD 1020.6 Rn. 68; KR-*Spilger* § 9 KSchG Rn. 83.
[113] BAG 21. 1. 1965, AP Nr. 21 zu § 7 KSchG mit abl. Anm. *Herschel*; BAG 17. 9. 1987, RzK I 11 a Nr. 16; *Auffarth* DB 1969, 528, 530 f.; ErfK/*Ascheid* § 9 KSchG Rn. 11; APS/*Biebl* § 9 KSchG Rn. 87; HK-KSchG/*Hauck* § 9 Rn. 14; *Kittner/Däubler/Zwanziger* § 9 KSchG Rn. 9; KR-*Spilger* § 9 KSchG Rn. 34; – abweichend (noch) *Ascheid* Kündigungsschutzrecht Rn. 798; *Löwisch* § 9 Rn. 27; *Stahlhacke/Preis/Vossen* Rn. 1222 b.
[114] So *Herschel* Anm. zu BAG 21. 1. 1965, AP Nr. 21 zu § 7 KSchG.
[115] *Herschel* Anm. zu BAG 21. 1. 1965, AP Nr. 21 zu § 7 KSchG.

dem muß man aber, wenn erhebliche Unbilligkeiten vermieden werden sollen, der Ansicht des BAG folgen. Denn andernfalls könnte die Partei, welche die Auflösung rechtzeitig und mit ausreichender sachlicher Begründung beantragt hat, durch längere Dauer des Prozesses ohne ihr Verschulden erheblich geschädigt werden. Das gilt vor allem, wenn der Arbeitgeber oder der Arbeitnehmer im berechtigten Vertrauen darauf, daß der Auflösungsantrag nach Lage der Sache Erfolg haben müsse, das Arbeitsverhältnis tatsächlich nicht über den in § 9 Abs. 2 genannten Zeitpunkt hinaus fortgesetzt hat. Könnte nun dem Antrag nur deshalb nicht stattgegeben werden, weil das Arbeitsverhältnis während des Prozesses aus einem ganz anderen Grund endet (z. B. Erreichung der tariflichen Altersgrenze), so würde der Arbeitnehmer für die ganze Dauer bis zum Eintritt dieses anderen Beendigungsgrundes wegen Arbeitsverweigerung schadensersatzpflichtig werden, der Arbeitgeber im umgekehrten Fall für die ganze Zeit den Lohn zahlen müssen.

Um solche Folgen zu vermeiden, ist anzuerkennen, daß das Gericht auch **55** noch eine **rückwirkende Auflösung** aussprechen kann. Zugleich muß es dann die Abfindung festsetzen und kann bei deren Höhe berücksichtigen, daß das Arbeitsverhältnis auch ohne die gerichtliche Auflösung nicht mehr lange über den in § 9 Abs. 2 bestimmten Zeitpunkt hinaus bestanden haben würde;[116] doch ist das nur einer der in Betracht kommenden Gesichtspunkte (unten § 10 Rn. 9ff.). Würde man anders entscheiden, so würde, worauf das BAG mit Recht hinweist, für den Antragsgegner geradezu ein Anreiz zur Prozeßverzögerung geschaffen, wenn mit einem demnächst ohnehin eintretenden Ende des Arbeitsverhältnisses zu rechnen ist.[117]

Wird das **Auflösungsurteil** vor dem nach § 9 Abs. 2 zu bestimmenden **56** Auflösungszeitpunkt **rechtskräftig**, wie dies namentlich bei langen Kündigungsfristen möglich ist, so entfällt die Verpflichtung des Arbeitgebers zur Zahlung der im Urteil festgesetzten Abfindung selbst dann nicht, wenn der Arbeitnehmer vor dem Auflösungszeitpunkt aber nach Rechtskraft des Urteils stirbt.[118] Mit dem vor dem Tod des Arbeitnehmers rechtskräftig gewordenen Auflösungsurteil ist der Abfindungsanspruch des Arbeitnehmers entstanden und damit auch vererblich (vgl. dazu unten § 10 Rn. 35).

c) Gleichzeitig mit der Auflösung des Arbeitsverhältnisses hat das Gericht **57** den Arbeitgeber zur Zahlung einer **Abfindung** zu verurteilen. Das gilt auch dann, wenn ein besonderer Antrag in dieser Hinsicht nicht gestellt ist, so vielfach, wenn die Auflösung vom Arbeitgeber beantragt wird.[119] Denn eine Auflösung des Arbeitsverhältnisses ohne Festsetzung einer Abfindung ist nach § 9 Abs. 1 nicht möglich.

---

[116] Ebenso APS/*Biebl* § 9 KSchG Rn. 88; KR-*Spilger* § 9 KSchG Rn. 35.
[117] BAG 21. 1. 1965, AP Nr. 21 zu § 7 KSchG.
[118] BAG 25. 6. 1987, EzA § 9 KSchG n. F. Nr. 23 unter II 4 d cc; *Löwisch* § 9 Rn. 28; *Neumann* AR-Blattei SD 1020.6 Rn. 86; KR-*Spilger* § 9 KSchG Rn. 33; – abweichend noch BAG 16. 10. 1969, AP Nr. 20 zu § 794 ZPO mit abl. Anm. G. *Hueck* für den Fall einer Auflösung des Arbeitsverhältnisses gegen Zahlung einer Abfindung im Rahmen eines Prozeßvergleichs.
[119] ErfK/*Ascheid* § 9 KSchG Rn. 32; *Bader* Rn. 32; APS/*Biebl* § 9 KSchG Rn. 90; *Schaub* § 141 Rn. 27; KR-*Spilger* § 9 KSchG Rn. 87.

58 Außerdem hat das Gericht den **Zeitpunkt** festzusetzen, **an dem die Auflösung des Arbeitsverhältnisses eintreten soll.** Nach § 9 Abs. 2 hat das Gericht dafür den Zeitpunkt zu bestimmen, zu dem die Kündigung wirksam geworden wäre, wenn sie nicht sozialwidrig gewesen wäre. Maßgeblich ist damit die für das Arbeitsverhältnis geltende vertraglich vereinbarte, tarifliche oder gesetzliche Kündigungsfrist. Hiervon kann auch nicht aus Billigkeitsgründen abgewichen werden, weil der zur Auflösung vorgebrachte Umstand erst nach längerer Prozeßdauer eingetreten ist und bei rückwirkender Auflösung des Arbeitsverhältnisses der Arbeitnehmer nur eine erheblich unter dem im Falle des Fortbestehens des Arbeitsverhältnisses zu zahlenden Verzugslohn liegende Abfindung erhalten würde.[120] Hat der Arbeitgeber zu einem späteren Termin gekündigt, ist dieser maßgebend.[121]

59 War aber **mit einer zu kurzen Kündigungsfrist gekündigt**, so hat das Gericht den nächsten zulässigen Kündigungstermin als Zeitpunkt der Auflösung unter Datumsangabe im Urteil zu bestimmen.[122] – Zur Bestimmung des Auflösungszeitpunkts bei außerordentlicher Kündigung vgl. unten § 13 Rn. 19.

60 Mit Rechtskraft des Urteils ist das Arbeitsverhältnis zu dem festgesetzten Zeitpunkt aufgelöst. Der Arbeitnehmer erhält bis zu diesem Zeitpunkt seinen Arbeitsverdienst; war er nicht mehr beschäftigt worden, so ergibt sich der **Entgeltanspruch aus § 615 BGB.** Nach dem im Urteil rechtskräftig festgesetzten Zeitpunkt der Auflösung des Arbeitsverhältnisses steht dem Arbeitnehmer ein Verdienstanspruch nicht mehr zu, weil ein Annahmeverzug des Arbeitgebers nur bis zur Auflösung des Arbeitsverhältnisses möglich ist, diese aber durch die Entscheidung des Gerichts rückwirkend eingetreten ist.[123] Darüber hinaus erhält der Arbeitnehmer die vom Gericht festgesetzte Abfindung. Diese ist ihm also in vollem Umfang neben dem Lohn bis zum Kündigungstermin zu zahlen.

61 d) Die **Kosten des Verfahrens** hat der Arbeitgeber ganz zu tragen, wenn die Auflösung des Arbeitsverhältnisses lediglich auf Antrag des Arbeitnehmers erfolgt, wie übrigens auch, wenn nur der Arbeitgeber die Auflösung beantragt hat, dieser Antrag aber abgewiesen worden ist.[124] Dasselbe gilt, wenn der Arbeitgeber in erster Linie die Abweisung der Kündigungsschutzklage und erst in zweiter Linie die Auflösung des Arbeitsverhältnisses beantragt und der Arbeitnehmer sich gegen den Auflösungsantrag nicht gewehrt hat;[125] denn auch in diesem Fall ist der Arbeitnehmer in keinem Punkte unterlegen.

62 Anders ist es, wenn der nur vom Arbeitnehmer gestellte Auflösungsantrag abgewiesen wird, oder wenn der Arbeitnehmer sich gegen den nur vom Arbeitgeber gestellten Auflösungsantrag gewehrt, das Gericht aber doch auf

---

[120] Ebenso BAG 25. 11. 1982, AP Nr. 10 zu § 9 KSchG 1969; ErfK/*Ascheid* § 9 KSchG Rn. 33; APS/*Biebl* § 9 KSchG Rn. 84; *Löwisch* § 9 Rn. 70.
[121] *Bader* Rn. 32; *Löwisch* § 9 Rn. 70; KR-*Spilger* § 9 KSchG Rn. 31.
[122] Vgl. *Bauer* DB 1985, 1180, 1181; APS/*Biebl* § 9 KSchG Rn. 84; *Löwisch* § 9 Rn. 70; *Schaub* § 141 Rn. 19.
[123] BAG 22. 2. 1968, AP Nr. 22 zu § 615 BGB unter II 2b; APS/*Biebl* § 9 KSchG Rn. 86; *Löwisch* § 9 Rn. 71.
[124] ErfK/*Ascheid* § 9 KSchG Rn. 34; *Löwisch* § 9 Rn. 76; KR-*Spilger* § 9 KSchG Rn. 89.
[125] BAG 28. 11. 1968, AP Nr. 19 zu § 1 KSchG Betriebsbedingte Kündigung mit Anm. *A. Hueck*.

Auflösung des Arbeitsverhältnisses durch Urteil; Abfindung   63–66 § 9

Auflösung erkannt hat, da hier **beide Parteien teilweise obsiegt** haben. In diesem Fall sind die Kosten gemäß § 92 Abs. 1 ZPO zu teilen.[126] Allerdings wird auch in diesem Fall die Sozialwidrigkeit der Kündigung im allgemeinen als Hauptstreitpunkt anzusehen sein, so daß der Arbeitgeber gemäß § 92 Abs. 1 ZPO den größeren Teil der Kosten zu tragen hat.[127]

Entsprechendes gilt, wenn der **Arbeitgeber** die Sozialwidrigkeit der Kündigung von vornherein nicht bestritten und **nur mit Erfolg die Auflösung des Arbeitsverhältnisses verlangt** hat. Auch in diesem Fall sind die Kosten gemäß § 92 Abs. 1 ZPO zu teilen. Denn durch die sozialwidrige Kündigung hat der Arbeitgeber den Anlaß zum Prozeß gegeben. Der Arbeitnehmer war genötigt, die Klage rechtzeitig zu erheben, da andernfalls die Sozialwidrigkeit der Kündigung geheilt worden wäre. In diesem Punkt hat der Arbeitnehmer gesiegt, so daß auch hier die Kosten zu teilen sind.[128] 63

Haben **beide Parteien den Auflösungsantrag** gestellt, und hat das Gericht ihm, wozu es dann verpflichtet ist (Rn. 47), stattgegeben, so hat grundsätzlich der Arbeitgeber die ganzen Kosten zu tragen, da der Arbeitnehmer in vollem Umfang gesiegt hat, der Arbeitgeber aber in einem wesentlichen Punkt, nämlich in bezug auf die Sozialwidrigkeit der Kündigung, unterlegen ist.[129] Anders wäre es nur, wenn der Arbeitnehmer eine wesentlich höhere Abfindung verlangt hat, als sie ihm vom Gericht zuerkannt wird, das Gericht sich also hinsichtlich der Höhe der Abfindung ganz oder teilweise der Ansicht des Arbeitgebers angeschlossen hat; in diesem Falle sind die Kosten gemäß § 92 Abs. 1 ZPO angemessen zu verteilen.[130] Legt der Arbeitnehmer nur wegen der Höhe der Abfindung Berufung ein und unterliegt er, so hat er gemäß § 97 ZPO die Kosten der Berufung allein zu tragen.[131] 64

Nach § 12 Abs. 7 ArbGG beläuft sich der **Streitwert** bei Kündigungsschutzklagen höchstens auf den Betrag eines vierteljährlichen Arbeitsentgelts. Auch wenn ein Auflösungsantrag gestellt ist, wird die Höhe der sich daraus ergebenden Abfindung nicht hinzugerechnet; das ist seit der sog. Kostennovelle von 1975 in § 12 Abs. 7 Satz 1 Hs. 2 ArbGG ausdrücklich bestimmt.[132] 65

e) Urteile im Kündigungsschutzprozeß auf Zahlung einer Abfindung nach Auflösung des Arbeitsverhältnisses sind **vorläufig vollstreckbar**.[133] Denn 66

---

[126] Vgl. BAG 9. 12. 1955, AP Nr. 2 zu § 7 KSchG; BAG 28. 11. 1968, AP Nr. 19 zu § 1 KSchG Betriebsbedingte Kündigung; APS/*Biebl* § 9 KSchG Rn. 93 ff.; *Löwisch* § 9 Rn. 74 ff.; KR-*Spilger* § 9 KSchG Rn. 89.
[127] BAG 28. 1. 1961, AP Nr. 8 zu § 7 KSchG: Verteilung ³/₄ zu ¹/₄; ebenso ErfK/*Ascheid* § 9 KSchG Rn. 34; APS/*Biebl* § 9 KSchG Rn. 93; KR-*Spilger* § 9 KSchG Rn. 89.
[128] Wie hier ErfK/*Ascheid* § 9 KSchG Rn. 36; APS/*Biebl* § 9 KSchG Rn. 94; *Neumann* AR-Blattei SD 1020.6 Rn. 77; KR-*Spilger* § 9 KSchG Rn. 90.
[129] Ebenso ErfK/*Ascheid* § 9 KSchG Rn. 37; APS/*Biebl* § 9 KSchG Rn. 95; – differenzierend KR-*Spilger* § 9 KSchG Rn. 91.
[130] Vgl. BAG 26. 6. 1986, AP Nr. 3 zu § 10 KSchG 1969.
[131] BAG 28. 1. 1961, AP Nr. 8 zu § 7 KSchG unter III; KR-*Spilger* § 9 KSchG Rn. 92.
[132] Ebenso ErfK/*Ascheid* § 9 KSchG Rn. 38; APS/*Biebl* § 9 KSchG Rn. 97; HaKo-*Fiebig* § 9 Rn. 101; HK-KSchG/*Hauck* § 9 Rn. 70; *Löwisch* § 9 Rn. 79; KR-*Spilger* § 9 KSchG Rn. 94; – abweichend LAG Berlin 30. 12. 1999, LAGE § 12 ArbGG 1979 Streitwert Nr. 119 b.
[133] BAG 9. 12. 1987, AP Nr. 4 zu § 62 ArbGG 1979 mit zust. Anm. *O. Pecher*/*H.-P. Pecher* = AR-Blattei Kündigungsschutz Entsch. 290 mit zust. Anm. *Preis*; APS/*Biebl* § 9 KSchG Rn. 98; *Löwisch* § 9 Rn. 73; – abweichend LAG Berlin 17. 2. 1986 DB 1986, 753.

die in § 62 Abs. 1 ArbGG angeordnete vorläufige Vollstreckbarkeit gilt unabhängig davon, auf welche Leistung das Urteil gerichtet ist.[134]

4. Rechtsmittel

66 a Stellt eine Partei den Auflösungsantrag und beantragt die gegnerische Partei, den Antrag abzuweisen, ist die **jeweils unterlegene Partei** beschwert und kann daher Rechtsmittel einlegen. An der für die Berufung notwendigen Beschwer fehlt es jedoch, wenn der Arbeitnehmer im ersten Rechtszug erfolgreich Kündigungsschutzklage erhoben hat und daraufhin Berufung einlegt, um in der zweiten Instanz erstmals einen Auflösungsantrag zu stellen.[135]

66 b Haben in einem Kündigungsschutzprozeß **beide Parteien einen Auflösungsantrag gestellt** und löst das Arbeitsgericht daraufhin das Arbeitsverhältnis auf, so ist der Arbeitnehmer, der die Höhe der festgesetzten Abfindung nicht angreift, durch dieses Urteil nicht beschwert und seine Berufung deshalb unzulässig. Dies gilt auch, wenn das Arbeitsgericht das Arbeitsverhältnis auf Antrag des Arbeitgebers aufgelöst hat, weil mit dem Urteil des Arbeitsgerichts dem Arbeitnehmer im Ergebnis das zugesprochen wird, was er begehrt hat.[136] Durch die bloße rechtliche Begründung einer Entscheidung ist die Partei grundsätzlich nicht beschwert.[137] In diesem Fall ist der Arbeitnehmer nur beschwert, wenn die festgesetzte Abfindung unter dem von ihm als angemessen bezeichneten Betrag zurückbleibt.

V. Abfindung ohne Auflösungsurteil

1. Sozialplan und Nachteilsausgleich

67 In den Fällen der §§ 112 Abs. 1, 113 BetrVG hat das Gericht auf Zahlung einer Abfindung ohne Auflösungsurteil zu erkennen, also eine Kündigungsabfindung zuzusprechen, ohne gleichzeitig durch rechtsgestaltenden Akt die Beendigung des Arbeitsverhältnisses herbeizuführen, wenn in einem **Sozialplan** die Zahlung von Abfindungen vorgesehen ist oder die Voraussetzungen für einen **Nachteilsausgleich** nach § 113 BetrVG vorliegen.[138] § 9 findet dann keine Anwendung. Wohl aber ist die Abfindung dem KSchG nachgebildet, u. U. sogar unter Heranziehung von § 10 für ihre Höhe.

68 Für das **Verhältnis zum Abfindungsanspruch nach § 9** gilt folgendes:[139] Die Mitwirkung und Mitbestimmung des Betriebsrats nach §§ 111 ff. BetrVG, auch Einigung über Interessenausgleich und Sozialplan, schließen den individuellen Kündigungsschutz nach dem KSchG nicht aus. Für den Arbeitnehmer besteht deshalb u. U. die **Möglichkeit des doppelten Vor-**

---

[134] Zutr. *Grunsky* § 62 Rn. 1.
[135] Ebenso BAG 23. 6. 1993, AP Nr. 23 zu § 9 KSchG 1969 = AR-Blattei ES 1020.6 Nr. 2 mit zust. Anm. *Boemke* = EzA § 64 ArbGG 1979 Nr. 30 mit Anm. *Dütz/Kiefer;* ErfK/*Ascheid* § 9 KSchG Rn. 39.
[136] BAG 23. 6. 1993, AP Nr. 23 zu § 9 KSchG 1969.
[137] Zutr. *Boemke* Anm. zu BAG AR-Blattei ES 1020.6 Nr. 2.
[138] Vgl. zu den Einzelheiten Kommentare zum BetrVG.
[139] Vgl. dazu auch *v. Hoyningen-Huene* BetrVR § 15 V 5.

gehens nach dem KSchG und nach § 113 BetrVG. Das ist praktisch bedeutsam; denn im Einzelfall kann es leicht zweifelhaft sein, ob einerseits bei der Lage des Betriebes nach Durchführung einer Betriebsänderung die Kündigung durch dringende betriebliche Erfordernisse gerechtfertigt und der Betroffene auch sozialgerecht (§ 1 Abs. 3) ausgewählt worden ist, und ob andererseits der Arbeitgeber ohne zwingenden Grund von einem Interessenausgleich abgewichen ist. Der Arbeitnehmer wird dann gut beraten sein, in erster Linie die Sozialwidrigkeit der Kündigung geltend zu machen, also auf Feststellung der Unwirksamkeit der Kündigung zu klagen (womit, falls gewünscht, der Auflösungsantrag nach § 9 verbunden werden kann) und daneben hilfsweise für den Fall, daß das Gericht die dringenden betrieblichen Erfordernisse für die Kündigung und die sozialgerechte Auswahl bejahen sollte, eine Entschädigung nach § 113 BetrVG zu verlangen, weil kein zwingender Grund für die Abweichung vom Interessenausgleich vorgelegen habe. Diese Verbindung von **Haupt- und Eventualantrag** ist ohne weiteres möglich.[140] Dagegen kann der Arbeitnehmer nicht die Abfindungsansprüche nach § 9 und nach § 113 BetrVG kumulativ geltend machen, da sich beide Ansprüche dem sachlichen Gehalt nach decken und nach ihren Voraussetzungen ausschließen. Die Abfindung nach §§ 9 und 10 setzt die Sozialwidrigkeit der Kündigung, der Anspruch nach § 113 BetrVG dagegen gerade deren Wirksamkeit voraus.[141]

Für eine in erster Linie auf §§ 1, 4 und gegebenenfalls § 9 KSchG gestützte Klage muß die **Drei-Wochen-Frist** des § 4 eingehalten werden. Wird dagegen lediglich eine Abfindung nach § 113 BetrVG beansprucht, so ist die Klage nicht an diese Frist gebunden, da die Wirksamkeit der Kündigung nicht angegriffen und deshalb der Sache nach auch kein besonderes Bedürfnis für eine möglichst schnelle Klärung der Rechtslage besteht, soweit nicht vertragliche oder tarifvertragliche Ausschlußfristen eingreifen.[142] Hat der Arbeitnehmer die Klage nur auf § 113 BetrVG gestützt, so kann er allerdings, vom Sonderfall des § 5 abgesehen, die Sozialwidrigkeit der Kündigung nach Ablauf der drei Wochen nicht mehr geltend machen. Die Drei-Wochen-Frist des § 4 wird durch eine solche Klage nicht verlängert; § 6 ist nicht anwendbar, da die auf § 113 BetrVG gestützte Klage nicht die Unwirksamkeit der Kündigung geltend macht, sondern umgekehrt grundsätzlich von deren Rechtswirksamkeit ausgeht.[143]

Erhebt der Arbeitnehmer **in erster Linie Kündigungsschutzklage** nach § 4, ohne damit den Auflösungsantrag nach § 9 zu verbinden, und erhebt er **hilfsweise Klage nach § 113 BetrVG,** so muß das Arbeitsgericht zunächst über die Sozialwidrigkeit und damit über die Wirksamkeit der Kündigung entscheiden, da, wenn es die Sozialwidrigkeit bejaht, das Arbeitsverhältnis bestehen bleibt und somit eine Kündigungsabfindung nicht in Betracht kommt. Aber auch wenn der Arbeitnehmer mit der Klage nach § 4 den

---

[140] Vgl. ErfK/*Ascheid* § 9 KSchG Rn. 47; APS/*Biebl* § 9 KSchG Rn. 112; *Fitting* § 113 Rn. 28; *Löwisch* § 9 Rn. 14; *Richardi* § 113 Rn. 44.
[141] Vgl. ErfK/*Ascheid* § 9 KSchG Rn. 46; *Löwisch* § 9 Rn. 13.
[142] Ebenso KR-*Spilger* § 9 KSchG Rn. 69.
[143] Ebenso APS/*Biebl* § 9 KSchG Rn. 113; *Richardi* § 113 Rn. 46.

§ 10 1. Abschnitt. Allgemeiner Kündigungsschutz

Auflösungsantrag nach § 9 verbindet, kann das Arbeitsgericht nicht die Sozialwidrigkeit dahingestellt sein lassen und sich mit der Ausurteilung der Abfindung begnügen, weil diese entweder nach § 9 oder nach § 113 BetrVG begründet sei. Denn die Sozialwidrigkeit der Kündigung ist auch für die Höhe der Entschädigung von Bedeutung;[144] außerdem ist im Falle der Sozialwidrigkeit die Kündigung unwirksam und zur Beendigung des Arbeitsverhältnisses ein rechtsgestaltender Ausspruch im Urteil nötig.[145]

71 Gegenüber einer nur auf § 113 BetrVG gestützten Klage kann der **Arbeitgeber nicht seinerseits einwenden**, daß die Kündigung nach § 1 unwirksam gewesen sei und aus diesem Grund § 113 BetrVG, der eine sozialgerechte Kündigung voraussetze, nicht eingreife.[146] Denn ganz abgesehen davon, daß ein solcher Einwand u. U. arglistig sein kann, wird die Sozialwidrigkeit der Kündigung durch Ablauf der Drei-Wochen-Frist nach § 7 rückwirkend geheilt.

2. Seerecht und NATO-Truppenstatut

72 Über eine besondere Kündigungsabfindung im **Seerecht** vgl. § 65 Seemannsgesetz.[147] – Für **Arbeitnehmer bei den alliierten Streitkräften** ist im Hinblick auf Art. 56 Abs. 2 des Zusatzabkommens zum NATO-Truppenstatut auch in einem einer Kündigungsschutzklage stattgebenden Urteil von Amts wegen eine Abfindung für den Fall der Ablehnung der Weiterbeschäftigung festzusetzen, falls der Arbeitgeber im Prozeß erklärt hat, daß der Weiterbeschäftigung besonders schutzwürdige militärische Belange entgegenstehen.[148]

§ 10 Höhe der Abfindung

(1) **Als Abfindung ist ein Betrag bis zu zwölf Monatsverdiensten festzusetzen.**

(2) ¹**Hat der Arbeitnehmer das fünfzigste Lebensjahr vollendet und hat das Arbeitsverhältnis mindestens fünfzehn Jahre bestanden, so ist ein Betrag bis zu fünfzehn Monatsverdiensten, hat der Arbeitnehmer das fünfundfünfzigste Lebensjahr vollendet und hat das Arbeitsverhältnis mindestens zwanzig Jahre bestanden, so ist ein Betrag bis zu achtzehn Monatsverdiensten festzusetzen.** ²**Dies gilt nicht, wenn der Arbeitnehmer in dem Zeitpunkt, den das Gericht nach § 9 Abs. 2 für die Auflösung des Arbeitsverhältnisses festsetzt, das in der Vorschrift des Sech-**

---

[144] Unten § 10 Rn. 13 sowie *v. Hoyningen-Huene* RdA 1986, 102, 106f.
[145] Im Ergebnis ebenso *Löwisch* § 9 Rn. 14; *Neumann* AR-Blattei SD 1020.6 Rn. 52.
[146] Ebenso *Fitting* § 113 Rn. 30.
[147] Dazu *v. Hoyningen-Huene* Kündigungsvorschriften Anm. zu § 65 SeemG; KR-*Weigand* Kündigung im Seearbeitsrecht Rn. 127 ff.
[148] Dazu BAG 9. 12. 1971, AP Nr. 3 zu Art. 56 ZA-Nato-Truppenstatut; sowie KR-*Spilger* § 9 KSchG Rn. 64; – zur Verfassungsmäßigkeit vgl. den Vorlagebeschluß des ArbG Kaiserslautern 15. 10. 1987, NZA 1988, 400, der sich aber offenbar zwischenzeitlich durch außergerichtliche Einigung der Parteien erledigt hat, dazu KR-*Spilger* § 9 KSchG Rn. 64 a.E.

Höhe der Abfindung **§ 10**

sten Buches Sozialgesetzbuch über die Regelaltersrente bezeichnete Lebensalter erreicht hat.

(3) **Als Monatsverdienst gilt, was dem Arbeitnehmer bei der für ihn maßgebenden regelmäßigen Arbeitszeit in dem Monat, in dem das Arbeitsverhältnis endet (§ 9 Abs. 2), an Geld und Sachbezügen zusteht.**

Schrifttum: *Albrecht*, Die Auswirkung der §§ 117, 119 und 128 AFG auf die Vergleichspraxis im arbeitsgerichtlichen Kündigungsschutzprozeß, BB 1984, 919; *Ammermüller*, Abfindungen an Arbeitnehmer wegen Beendigung des Arbeitsverhältnisses, DB 1975 Beil. 10; *derselbe*, Neuregelung der Anrechnung von Abfindungen auf das Arbeitslosengeld, DB 1977, 2445; *Bauer*, Steuerliche Optimierung von Abfindungen, NZA 1991, 617; *derselbe*, Sozialrechtliche Konsequenzen arbeitsrechtlicher Aufhebungsverträge aus anwaltlicher Sicht, NZA 1985, 275; *derselbe*, Die Auflösung des Arbeitsverhältnisses durch Urteil, Festschrift für Hanau, 1999, S. 151; *Behrens*, Abfindung bei fristlosen Kündigungen und Anrechnung auf das Arbeitslosengeld gem. § 117 AFG n. F., DB 1978, 1224; *Brill*, Die Höhe der Kündigungsabfindung, DB 1981, 2326; *Compensis*, Die Vererblichkeit von Sozialplanansprüchen und anderen Abfindungen, DB 1992, 888; *Gagel/Vogt*, Beendigung von Arbeitsverhältnissen – Sozial- und steuerrechtliche Konsequenzen, 5. Aufl. 1996; *Gerauer*, Fälligkeit eines Abfindungsanspruchs, BB 1991, 2020; *derselbe*, Höhe der Abfindung bei Freistellung, BB 1993, 1945; *Grunsky*, Zum konkursrechtlichen Rang einer vertraglichen Abfindung für den Verlust des Arbeitsplatzes, ZIP 1981, 1177; *Heinze*, Sozialplanleistung und Kündigungsschutz, NZA 1984, 17; *Hümmerich*, Die arbeitsgerichtliche Abfindung, NZA 1999, 342; *Hümmerich/Spirolke*, Die arbeitsgerichtliche Abfindung im neuen Steuerrecht, NJW 1999, 1663; *Husmann*, Die Auswirkungen arbeitsgerichtlicher Vergleiche in Kündigungsschutzverfahren auf die Sperrzeittatbestände des § 119 Abs. 1 Satz 1 Nr. 1 AFG, BB 1986, 2120; *Johannsen*, Neues zur Berücksichtigung von Entlassungsentschädigungen beim Arbeitslosengeld – die Änderungen durch das Entlassungsentschädigungs-Änderungsgesetz, ZTR 1999, 241; *Koether*, Zur Einkommensbesteuerung von Entlassungsabfindungen, BB 1972, 312; *Kracht*, Steuerliche Behandlung von Abfindungen an ausscheidende Arbeitnehmer, BB 1976, 1452; *Küster*, Abfindungszahlungen aufgrund eines außergerichtlichen Vergleichs, BB 1972, 913; *Leube*, Das Zusammentreffen von Arbeitslosengeld mit Ansprüchen aus dem Arbeitsverhältnis (§ 117 AFG), AuR 1970, 78; *Mayerhofer*, Einfluß der bezahlten Freistellung auf die Höhe der Abfindung?, BB 1993, 2382; *Neef/Schrader*, Die Behandlung der Abfindung nach dem SGB III, DB 1999, 281; *Niermann*, Steuerfreiheit von Abfindungen – Ermittlung der für die Höhe der Steuerfreiheit nach § 3 Nr. 9 EStG maßgebenden Beschäftigungsdauer bei Wechsel des Arbeitgebers innerhalb verbundener Unternehmen, DB 1984, 2068; *Ottow*, Abfindung nach § 10 KSchG, DB 1971, 1258; *derselbe*, Praktikable Abfindungsregelung des § 117 AFG n. F., DB 1978, 1226; *G. Popp*, Abfindungen aus dem Arbeitsverhältnis, DB 1993, 734; *Reinecke*, Die Anrechnung von Arbeitgeberleistungen auf das Arbeitslosengeld bei Beendigung des Arbeitsverhältnisses, AuR 1977, 193; *derselbe*, Die arbeitsgerichtliche Vergleichspraxis in Kündigungsschutzprozessen nach der Neufassung des § 117 AFG, BB 1981, 854; *Rewolle*, Kündigungsabfindung und Arbeitslosengeld, DB 1971, 146; *Rockstroh/Polduwe*, Neuregelung der Berücksichtigung von Abfindungen beim Arbeitslosengeld, DB 1999, 529; *Rolfs*, AR-Blattei, Abfindung, SD 10, 1996; *Schaub*, Steuer- und sozialversicherungsrechtliche Behandlung der Abfindung, BB 1999, 1059; *Seitrich*, Abfindung wegen Umsetzung ins Steuerkonzern – einkommensteuerfrei?, BB 1987, 378; *Schlüter*, Die konkursrechtliche Einordnung der Kündigungsschutzabfindung, DB 1978, 299; *E. Schmidt*, Zur Steuerfreiheit von Entlassungsentschädigungen, BB 1978, 1463; *K. H. Schmidt*, Zur Rechtsnatur der Abfindung nach §§ 7, 8 KSchG und § 74 BetrVG, DB 1965, 1629; *R. Schmidt/ G. Schmid*, Die Arbeitnehmerabfindung nach dem Kündigungsschutzgesetz im Konkurs, NJW 1980, 2563; *dieselben*, Die Rangstelle der kündigungsschutzgesetzlichen Arbeitnehmerabfindung im System des § 61 KO, BB 1982, 191; *Tombers/Sauter*, Steuerliche Behandlung von Abfindungen wegen Auflösung des Dienst- oder Arbeitsverhältnisses, DB 1980, 709; *Tons*, Das sozialversicherungspflichtige Beschäftigungsverhältnis bei sozial ungerechtfertigter Kündigung, BB 1951, 898; *Vogt*, Zum Begriff der Abfindung in der Rechtsordnung, BB 1975, 1581; *Weisemann*, Arbeitsrechtliche

Probleme bei Kündigungsschutzabfindungen, BlStSozArbR 1976, 81; *derselbe,* Steuerrechtliche Probleme bei Kündigungsschutzabfindungen, BB 1976, 463; G. *Wisskirchen,* Die steuerliche Behandlung von Entlassungsentschädigungen ab 1999, NZA 1999, 405.

Übersicht

	Rn.
I. Vorbemerkung	1
II. Höhe der Abfindung	2
1. Höchstgrenze	2
2. Bemessung im Einzelfall	9
3. Erhöhung der Höchstgrenze	18
III. Rechtsnatur und rechtliche Behandlung der Abfindung	21
1. Rechtsnatur	21
2. Lohnschutz	23
3. Insolvenzverfahren	24
4. Steuer und Sozialversicherung	25
5. Ansprüche aus dem Arbeitsverhältnis	33
6. Abtretung und Vererbung	35

I. Vorbemerkung

1 § 10, der die Höhe der in § 9 vorgesehenen Abfindung regelt, hat durch das 1. ArbRBereinigG **vier Änderungen** erfahren:
a) Erhöhung der Höchstgrenze für die Abfindung bei höherem Alter und längerer Betriebszugehörigkeit des Arbeitnehmers (Abs. 2);
b) andere Bestimmung des Monatsverdienstes (Abs. 3);
c) Streichung des früheren Abs. 2 über die bei der Festsetzung der Abfindung besonders zu berücksichtigenden Gesichtspunkte.
d) Die in § 10 Abs. 2 Satz 2 geregelte Höchstgrenze für Abfindungen ist durch Art. 31 Rentenreformgesetz vom 18. 12. 1989 – BGBl. I 2261, 2380 – mit Wirkung zum 1. 1. 1992 neu gefaßt worden (dazu unten Rn. 20).
Im folgenden sollen nicht nur die Vorschriften über die Höhe der Abfindung, sondern auch die sonstigen Grundsätze, die für die Abfindung in Betracht kommen, behandelt werden.

II. Höhe der Abfindung

1. Höchstgrenze

2 Abs. 1 des § 10 setzt für die Abfindung eine **Höchstgrenze** fest, innerhalb derer das Gericht im Einzelfall die Abfindung zu bestimmen hat. Abgesehen von den älteren Arbeitnehmern im Sinne des Abs. 2 darf diese Grenze nicht, auch nicht in besonders schweren Fällen, überschritten werden.[1] Die unterschiedliche Bemessung der Höchstgrenze, die das AOG für normale und besonders schwere Fälle vorgenommen hatte, hat das KSchG nicht übernommen. Ebensowenig kannte es ursprünglich nach dem Vorbild des BRG 1920 eine Abstufung der Höchstgrenze nach der Dauer der Betriebs-

---

[1] H. M.; vgl. *Löwisch* § 10 Rn. 1; KR-*Spilger* § 10 KSchG Rn. 25.

Höhe der Abfindung 3–6 § 10

zugehörigkeit; das ist jedoch durch das 1. ArbRBereinigG für ältere Arbeitnehmer mit längerer Betriebszugehörigkeit geändert worden (unten Rn. 18). Die normale Höchstgrenze beträgt **12 Monatsverdienste.** Das KSchG **3** geht damit sowohl über das BRG 1920 hinaus, das die Höchstgrenze bei längerer Betriebszugehörigkeit auf 6 Monatsverdienste ansteigen ließ, wie auch über das AOG, das zwar auch die Höchstgrenze eines Jahresarbeitsverdienstes kannte, aber nur für besonders schwere Fälle, und sich im übrigen mit dem halben Jahresarbeitsverdienst begnügte. Wenn das KSchG im Gegensatz zum alten Recht nicht vom Jahresarbeitsverdienst, sondern von 12 Monatsverdiensten spricht, so liegt darin nicht lediglich eine andere Ausdrucksweise, sondern auch ein sachlicher Unterschied. Denn wenn sich die Höhe des Lohnes im Laufe des letzten Beschäftigungsjahres geändert hat, so kann das Zwölffache des letzten Monatsverdienstes höher oder niedriger sein als der Jahresarbeitsverdienst. Für die Höhe der Abfindung sollen die Verhältnisse am Ende des Arbeitsverhältnisses maßgebend sein.[2]

Monatsverdienst ist nach § 10 Abs. 3 die Summe, die der Arbeitnehmer **4** bei der für ihn maßgebenden regelmäßigen Arbeitszeit im letzten Monat verdient haben würde, und zwar der volle Betrag ohne Abzüge für Lohnsteuer und Sozialversicherung (Bruttomonatsverdienst; – vgl. auch unten Rn. 27ff.).[3] Anders als früher (§ 8 a. F.) kommt es für die Berechnung nicht auf die betriebsübliche Arbeitszeit an, sondern entscheidend ist die gerade für diesen Arbeitnehmer persönlich geltende Arbeitszeit, sofern sie, wie bei Teilzeitbeschäftigten (§ 2 TzBfG), von der sonst im Betrieb üblichen Arbeitszeit abweicht.[4]

Da das Gesetz ausdrücklich von regelmäßiger Arbeitszeit spricht, sind **5** **Überstunden und Kurzarbeit** nicht zu berücksichtigen, es sei denn, daß sie für diesen Arbeitnehmer regelmäßig gelten.[5] Ebensowenig beeinflussen Unterbrechungen der Arbeit durch Urlaub, Krankheit, Betriebsstillegung und dergleichen die Berechnung der Höchstgrenze; der Monatsverdienst ist dann so zu berechnen, als ob gearbeitet worden wäre.[6] Bei Akkordarbeit muß der mutmaßliche Verdienst ermittelt werden.[7]

Entscheidend ist der **Kalendermonat, in dem das Arbeitsverhältnis** **6** nach der vom Arbeitsgericht gemäß § 9 Abs. 2 getroffenen Bestimmung **aufgelöst wird,** § 10 Abs. 3. Es kommt also nicht darauf an, wie lange in diesem Monat tatsächlich gearbeitet worden ist. Die Regelung des KSchG bringt im Hinblick auf die verschiedene Länge der Kalendermonate sowie die Tatsache, daß eine verschieden große Zahl von Sonntagen in einen Kalendermonat fallen kann, bei Arbeitnehmern, die im Stundenlohn arbeiten,

---

[2] Ebenso *Löwisch* § 10 Rn. 2; KR-*Spilger* § 10 KSchG Rn. 31; *Stahlhacke/Preis/Vossen* Rn. 1225.
[3] ErfK/*Ascheid* § 10 KSchG Rn. 4; APS/*Biebl* § 10 KSchG Rn. 13; *Kittner/Däubler/Zwanziger* § 10 KSchG Rn. 18; HK-KSchG/*Neef* § 10 Rn. 3.
[4] Ebenso *Becker* GK-TzA Art. 1 § 2 Rn. 289; APS/*Biebl* § 10 KSchG Rn. 14; *Knorr/Bichlmeier/Kremhelmer* Kap. 14 Rn. 143; KR-*Spilger* § 10 KSchG Rn. 28.
[5] Vgl. APS/*Biebl* § 10 KSchG Rn. 14; KR-*Spilger* § 10 KSchG Rn. 29.
[6] Vgl. APS/*Biebl* § 10 KSchG Rn. 15; *Kittner/Däubler/Zwanziger* § 10 KSchG Rn. 18; *Neumann* AR-Blattei SD 1020.6 Rn. 101; *Schaub* § 141 Rn. 29; KR-*Spilger* § 10 KSchG Rn. 30.
[7] Ebenso *Kittner/Däubler/Zwanziger* § 10 KSchG Rn. 18; KR-*Spilger* § 10 KSchG Rn. 33.

gewisse Ungerechtigkeiten mit sich; insbesondere kann der Arbeitnehmer schlechter stehen, wenn das Arbeitsverhältnis im Februar endet. Nach der vom Gesetz aber einmal getroffenen Regelung läßt sich das nicht ändern, und es ist erträglich, da es sich nur um die Höchstgrenze handelt und das Gericht bei der Bemessung der Abfindung im Einzelfall einen Ausgleich vornehmen kann, sofern nicht nach Lage der Dinge die höchstmögliche Abfindung am Platze ist.[8]

7   Auf die Form des Arbeitsentgelts kommt es nicht an. Die Bestimmung gilt in gleicher Weise für **Geldlohn** und **Naturallohn,** wobei der letztere in Geld zu bewerten ist,[9] für Zeitlohn und **Akkordlohn,** auch für laufend gezahlte **Prämien** und **Provisionen.**[10] Auch das **Trinkgeld** des Servicepersonals in der Gastronomie gehört zum Entgelt.[11] Gleiches gilt für die Befugnis zur **Privatliquidation bei Chefärzten,** die gleichfalls Teil der Vergütung ist.[12] Bei der Umrechnung der **Sachbezüge**[13] ist der wahre Wert einzusetzen; die Sätze der Finanzverwaltung und Sozialversicherungsträger sind für das Gericht nicht bindend.[14]

8   Bezüge, die für die Arbeit eines längeren Zeitraums, insbesondere **für das ganze Jahr berechnet** werden, müssen auf die einzelnen Monate gleichmäßig verteilt werden, so eine Tantieme oder ein sog. dreizehntes Monatsgehalt.[15] Dagegen sind Beträge, die lediglich bei besonderer Gelegenheit gezahlt werden, wie ein **Jubiläumsgeschenk, Urlaubsgeld,** auch die **Weihnachtsgratifikationen,** nicht mitzurechnen, da sie grundsätzlich nicht zum regelmäßigen Monatsverdienst gehören.[16] – Kein Lohn ist der Ersatz von Aufwendungen (z. B. Spesen und Reisekostenerstattung) des Arbeitnehmers.[17]

2. Bemessung im Einzelfall

9   Innerhalb der Höchstgrenzen der Abs. 1 und 2 bestimmt **das Gericht** die Abfindung **nach pflichtgemäßem Ermessen.** Es ist dabei an Anträge der Parteien nicht gebunden. Die Anwendung dieses Ermessens ist in der Revi-

---

[8] Ebenso *Brill* DB 1981, 2326, 2330; KR-*Spilger* § 10 KSchG Rn. 32.
[9] Zum Dienstwagen mit privater Nutzungsmöglichkeit vgl. BAG 27. 5. 1999, AP Nr. 12 zu § 611 BGB Sachbezüge, wonach bei einem Schadensersatz in Geld die Höhe der steuerlichen Bewertung der privaten Nutzungsmöglichkeit nach § 6 Abs. 1 Nr. 4 EStG, d. h. 1% des inländischen Listenpreises im Zeitpunkt der Erstzulassung zuzüglich der Kosten für Sonderausstattungen einschließlich Umsatzsteuer maßgeblich ist.
[10] H. M.; *Löwisch* § 10 Rn. 3; KR-*Spilger* § 10 KSchG Rn. 34; *Stahlhacke/Preis/Vossen* Rn. 1225.
[11] Ebenso KR-*Spilger* § 10 KSchG Rn. 33.
[12] BAG 4. 5. 1983, AP Nr. 12 zu § 611 BGB Arzt-Krankenhaus-Vetrag.
[13] Näher dazu *Marschner* AR-Blattei SD 1380 (2000) sowie zu den einzelnen Werten für 2001 *Figge* DB 2000, 2370, 2380.
[14] Vgl. APS/*Biebl* § 10 KSchG Rn. 17; *Brill* DB 1981, 2326, 2331; *Neumann* AR-Blattei SD 1020.6 Rn. 105; KR-*Spilger* § 10 KSchG Rn. 34.
[15] ErfK/*Ascheid* § 10 KSchG Rn. 3; APS/*Biebl* § 10 KSchG Rn. 16; *Brill* DB 1981, 2326, 2330; *Löwisch* § 10 Rn. 3; KR-*Spilger* § 10 KSchG Rn. 33.
[16] APS/*Biebl* § 10 KSchG Rn. 18; *Brill* DB 1981, 2326, 2331; KR-*Spilger* § 10 KSchG Rn. 33; *Stahlhacke/Preis/Vossen* Rn. 1225; – abweichend ErfK/*Ascheid* § 10 KSchG Rn. 3; *Löwisch* § 10 Rn. 3; HK-KSchG/*Neef* § 10 Rn. 11; *Schaub* § 141 Rn. 29.
[17] *Kittner/Däubler/Zwanziger* § 10 KSchG Rn. 19; HK-KSchG/*Neef* § 10 Rn. 14.

Höhe der Abfindung 10–12 § 10

sionsinstanz nur dahin nachprüfbar, ob die Voraussetzungen und Grenzen des Ermessens richtig beachtet worden sind.[18]

Im Gegensatz zu § 8 a. F. sieht die heutige Fassung des Gesetzes nicht mehr ausdrücklich vor, daß **bestimmte Umstände,** nämlich die Dauer der Betriebszugehörigkeit, die wirtschaftliche Lage des Arbeitnehmers und diejenige des Arbeitgebers **besonders zu berücksichtigen** sind. Das schließt aber nicht aus, daß das Gericht sie berücksichtigen und auf sie besonderen Wert legen kann; es wird das sogar in der Mehrzahl der Fälle tun, aber das Gericht soll bei der Entscheidung darüber, welche Umstände es im konkreten Fall für besonders bedeutsam hält, größere Freiheit haben.[19] Insgesamt muß nur, wie schon § 9 hervorhebt, die Bemessung der Abfindung „angemessen" sein. 10

Bedenken sind seit jeher gegen eine zu starke Berücksichtigung der **wirtschaftlichen Lage des Arbeitnehmers** geltend gemacht worden. Sie darf nicht dazu führen, daß der sparsame Arbeitnehmer bei der Bemessung der Abfindung schlechter gestellt wird als ein Arbeitnehmer, der seinen ganzen Lohn sofort verbraucht hat.[20] Auch die Verbesserung der wirtschaftlichen Lage durch eine einvernehmliche Freistellung von der Arbeit unter Fortzahlung des Arbeitsentgelts darf demzufolge nicht berücksichtigt werden.[21] Anders dagegen ist es bei einer unverschuldeten Notlage des Arbeitnehmers. 11

Daß das Gesetz auch heute noch auf die **Länge der Betriebszugehörigkeit** bzw. die Dauer des Arbeitsverhältnisses besonderes Gewicht legt, zeigt Abs. 2, der darin neben dem Alter des Arbeitnehmers einen der Gründe für die Heraufsetzung der Höchstgrenze erblickt. In welchem Umfang aber das Gericht die Länge der Betriebszugehörigkeit berücksichtigen will, steht in seinem pflichtgemäßen Ermessen. Die Regel des BRG 1920, wonach für jedes Jahr der Betriebszugehörigkeit nur ein Zwölftel des Jahresarbeitsverdienstes gewährt werden durfte, gilt nicht mehr.[22] Immerhin kann sie in der Praxis den Gerichten auch heute noch einen gewissen Anhaltspunkt für die Bemessung der Abfindung bieten,[23] aber auch nicht mehr. Das Gericht kann 12

---

[18] BAG 12. 8. 1954, AP Nr. 17 zu § 72 ArbGG 1953 = AR-Blattei Kündigungsschutz Entsch. 21 mit Anm. *Herschel;* BAG 28. 11. 1968, AP Nr. 19 zu § 1 KSchG Betriebsbedingte Kündigung mit zust. Anm. *A. Hueck* = AR-Blattei Kündigungsschutz Entsch. 102 mit zust. Anm. *Herschel;* BAG 26. 8. 1976, AP Nr. 68 zu § 626 BGB mit zust. Anm. *Löwisch/Röder* = AR-Blattei Nebentätigkeit des Arbeitnehmers Entsch. 7 mit Anm. *Herschel;* BAG 19. 8. 1982, AP Nr. 9 zu § 9 KSchG 1969 mit zust. Anm. *Bernert* = AR-Blattei Kündigungsschutz Entsch. 228 mit zust. Anm. *Herschel;* BAG 20. 11. 1997 – 2 AZR 803/96 n.v.; KR-*Spilger* § 10 KSchG Rn. 71.
[19] Vgl. BAG 26. 8. 1976, AP Nr. 68 zu § 626 BGB unter III 3; *Löwisch* § 10 Rn. 10; KR-*Spilger* § 10 KSchG Rn. 45 f.
[20] Vgl. LAG Köln 15. 9. 1994, LAGE § 10 KSchG Nr. 3; ErfK/*Ascheid* § 10 KSchG Rn. 10; *Brill* DB 1981, 2326, 2328; *Kittner/Däubler/Zwanziger* § 10 KSchG Rn. 12; *Löwisch* § 10 Rn. 15; KR-*Spilger* § 10 KSchG Rn. 53; – abweichend *Stahlhacke/Preis/Vossen* Rn. 1226.
[21] Ebenso *Mayerhofer* BB 1993, 2382; – abweichend *Gerauer* BB 1993, 1945.
[22] Ebenso LAG Köln 15. 9. 1994, LAGE § 10 KSchG Nr. 3.
[23] Ähnlich ErfK/*Ascheid* § 10 KSchG Rn. 8; *v. Hoyningen-Huene* Kündigungsvorschriften § 10 KSchG Anm. 2; *Neumann* AR-Blattei SD 1020.6 Rn. 98; vgl. auch *Ottow* DB 1971, 1258, der allerdings zu teilweise abweichenden Sätzen kommt; zur gerichtlichen Praxis vgl. *Hümmerich* NZA 1999, 342.

597

deshalb auch bei kurzer Beschäftigungsdauer, die allerdings nach § 1 sechs Monate übersteigen muß, auf die volle Höchstgrenze erkennen, wenn sonstige Gründe, etwa ein besonders unsoziales Verhalten des Arbeitgebers in Verbindung mit einer besonderen Notlage des Arbeitnehmers das angemessen erscheinen lassen.[24] **Frühere Beschäftigungszeiten** sind zu berücksichtigen, wenn sie für die Wartezeit nach § 1 Abs. 1 relevant wären. Insoweit gelten die hierzu entwickelten Grundsätze auch bei der Bemessung der Abfindungshöhe.[25]

13 Im übrigen kann das Gericht, wie die Begründung zum Regierungsentwurf 1951 hervorhebt, auch **alle sonstigen Umstände** in Betracht ziehen, die eine Erhöhung oder eine Ermäßigung der Abfindung als billig erscheinen lassen. In Betracht kommt vor allem das **Maß der Sozialwidrigkeit** der Kündigung.[26] Das Gericht wird gegenüber einem Arbeitgeber, der keinerlei Rücksicht auf soziale Gesichtspunkte genommen hat, eine hohe Abfindung festzusetzen haben, dagegen eine niedrigere, wenn die Sozialwidrigkeit der Kündigung zweifelhaft ist oder den Arbeitnehmer ein Verschulden trifft, das zwar die Kündigung nicht gerade sozial rechtfertigt, sie aber doch in einem mildern Licht erscheinen läßt.[27] **Unberechtigte ehrverletzende oder verleumderische Vorwürfe** des die Auflösung begehrenden Arbeitnehmers sind abfindungsmindernd zu berücksichtigen.[28]

14 Weiter kommen in Betracht das **Alter des Arbeitnehmers,** sein **Familienstand,** die für ihn eintretenden **Folgen der Entlassung** wie der Verlust einer Ruhegeldanwartschaft vor deren Unverfallbarkeit nach dem BetrAVG,[29] die voraussichtliche Dauer der Arbeitslosigkeit[30] usw. Die Tatsache, daß der Arbeitnehmer alsbald einen **anderen Arbeitsplatz** erhalten hat, kann zwar als Grund für eine niedrige Festsetzung der Abfindung eine Rolle spielen, schließt sie aber keineswegs völlig aus; denn der Stellenwechsel kann für den Arbeitnehmer trotzdem materiell wie ideell eine Einbuße bedeuten. Das gilt selbst dann, wenn das Arbeitsentgelt unverändert bleibt, der Arbeitnehmer vielleicht nach wie vor den Tariflohn nach dem gleichen

---

[24] Dazu eingehend LAG Köln 15. 9. 1994, LAGE § 10 KSchG Nr. 3.
[25] Vgl. dazu § 1 Rn. 77 ff. sowie *Auffarth* DB 1969, 528, 532; HK-KSchG/*Neef* § 10 Rn. 17; KR-*Spilger* § 10 KSchG Rn. 37.
[26] BAG 29. 3. 1960, AP Nr. 7 zu § 7 KSchG mit Anm. *Herschel* = SAE 1961, 95 mit Anm. *Hecklinger;* BAG 15. 2. 1973, AP Nr. 2 zu § 9 KSchG 1969 mit Anm. *Herschel* = SAE 1974, 78 mit zust. Anm. *Schwerdtner;* BAG 25. 11. 1982, AP Nr. 10 zu § 9 KSchG 1969 mit Anm. *Herschel* = EzA § 9 n. F. KSchG Nr. 15 mit insoweit zust. Anm. *Belling;* BAG 20. 11. 1997, RzK I 11 c Nr. 13; ErfK/*Ascheid* § 10 KSchG Rn. 11; APS/*Biebl* § 10 KSchG Rn. 28; *Kittner/Däubler/Zwanziger* § 10 KSchG Rn. 14; *Löwisch* § 10 Rn. 17; HK-KSchG/ *Neef* § 10 Rn. 25; KR-*Spilger* § 141 Rn. 27; KR-*Spilger* § 10 KSchG Rn. 56.
[27] Vgl. LAG Schleswig-Holstein 22. 1. 1987, NZA 1987, 601; LAG Düsseldorf 29. 11. 1994, LAGE § 10 KSchG Nr. 2; *Brill* DB 1981, 2326, 2328; *Löwisch* § 9 Rn. 17. – Zur Höhe der Abfindung nach § 113 BetrVG vgl. *v. Hoyningen-Huene* RdA 1986, 102, 106 f.
[28] Vgl. BAG 20. 11. 1997 – 2 AZR 803/96 n.v.
[29] Vgl. BAG 28. 11. 1968, AP Nr. 19 zu § 1 KSchG Betriebsbedingte Kündigung; BAG 31. 3. 1969, AP Nr. 1 zu § 242 BGB Ruhegehalt – Lebensversicherung; BAG 24. 10. 1974, AP Nr. 6 zu § 242 BGB Ruhegehalt – Unverfallbarkeit; ErfK/*Ascheid* § 10 KSchG Rn. 10; APS/*Biebl* § 10 KSchG Rn. 27; *Brill* DB 1981, 2326, 2327; *Kittner/Däubler/Zwanziger* § 10 KSchG Rn. 11 ff.; *Löwisch* § 10 Rn. 16; HK-KSchG/*Neef* § 10 Rn. 30; KR-*Spilger* § 10 KSchG Rn. 58 ff.
[30] Ebenso ErfK/*Ascheid* § 10 KSchG Rn. 9; *Löwisch* § 10 Rn. 14.

Höhe der Abfindung 14a–17 § 10

Tarifvertrag erhält, da dem Arbeitnehmer, abgesehen von der ideellen Beeinträchtigung, die jeder erzwungene Wechsel des Arbeitsplatzes mit sich bringt, Umzugskosten erwachsen können oder er in der neuen Stelle wegen der kürzeren Betriebszugehörigkeit in mannigfacher Weise (Urlaub, Gratifikationen, Kündigung) schlechter gestellt sein kann.[31]

Auch die **wirtschaftliche Lage des Arbeitgebers**, d.h. des Unternehmens, nicht des Beschäftigungsbetriebes, ist angemessen zu berücksichtigen.[32] Bei Fehlen besonderer Anzeichen für eine überdurchschnittliche Leistungsfähigkeit kann auch berücksichtigt werden, daß für **Kleinbetriebe** hohe Abfindungen eine größere wirtschaftliche Belastung darstellen als für Großbetriebe.[33] 14a

Maßgebend für die Bemessung sind die Verhältnisse zur Zeit der letzten mündlichen Verhandlung in der Tatsacheninstanz.[34] Das Gericht spricht nicht etwa einen bereits früher entstandenen Anspruch zu, sondern dieser entsteht erst durch die gerichtliche Festsetzung.[35] 15

Das Gericht hat stets auf eine **bestimmte Summe** zu erkennen und nicht etwa die Abfindung in Bruchteilen des bisherigen Arbeitsverdienstes festzusetzen. Eine solche Entscheidung würde keine brauchbare Grundlage für die Vollstreckung bilden.[36] Nicht nötig ist, daß die festgesetzte Summe ein Vielfaches des festgestellten Monatsverdienstes ausmacht. 16

Liegt die vom Gericht festgesetzte Abfindung unter dem Höchstbetrag, so kann der Arbeitnehmer **Berufung** einlegen, sofern er den Höchstbetrag oder doch einen höheren als den vom Gericht zuerkannten Betrag verlangt hatte. Umgekehrt steht dem Arbeitgeber das Recht zur Berufung zu, wenn er auf Antrag des Arbeitnehmers zur Zahlung der Abfindung verurteilt worden ist oder er zwar die Auflösung des Arbeitsverhältnisses nach § 9 Satz 2 gefordert, aber die Festsetzung einer niedrigeren Abfindung beantragt hatte. Eine Berufung ist aber auch dann möglich, wenn der Arbeitnehmer oder der Arbeitgeber überhaupt keinen ziffernmäßigen Antrag gestellt hatte, er aber die Bemessung durch das Gericht nicht für angemessen hält.[37] Erforderlich ist in diesen Fällen, daß sich aus dem Vorbringen des Arbeitnehmers oder Arbeitgebers Anhaltspunkte dafür ergeben, was sie als angemessene Abfindung ansehen. Ansonsten liegt eine Beschwer nur bei grob ermessensfehlerhaften Entscheidungen vor.[38] 17

---

[31] Vgl. BAG 15. 2. 1973, AP Nr. 2 zu § 9 KSchG 1969; *Löwisch* § 10 Rn. 14; KR-*Spilger* § 10 KSchG Rn. 55.
[32] Vgl. APS/*Biebl* § 10 KSchG Rn. 29; *Brill* DB 1981, 2326, 2328; *Kittner/Däubler/Zwanziger* § 10 KSchG Rn. 15; KR-*Spilger* § 10 KSchG Rn. 60f.; – einschränkend ErfK/*Ascheid* § 10 KSchG Rn. 12; *Löwisch* § 10 Rn. 18; – abweichend *Gamillscheg* Festschrift für Bosch 1976, S. 214, 222.
[33] Vgl. BAG 20. 11. 1997 – 2 AZR 803/96 n.v.
[34] BAG 18. 1. 1962, AP Nr. 20 zu § 66 BetrVG mit zust. Anm. *A. Hueck*; APS/*Biebl* § 10 KSchG Rn. 20; KR-*Spilger* § 10 KSchG Rn. 46.
[35] BAG 22. 2. 1968, AP Nr. 22 zu § 7 KSchG mit insoweit zust. Anm. *A. Hueck;* BAG 13. 5. 1969, AP Nr. 2 zu § 8 KSchG mit zust. Anm. *Herschel.*
[36] *Neumann* AR-Blattei SD 1020.6 Rn. 95; KR-*Spilger* § 10 KSchG Rn. 67.
[37] Vgl. *Bauer* Festschrift für Hanau S. 151, 160; KR-*Spilger* § 10 KSchG Rn. 69; allg. zum Beschwerdewert bei unbezifferten Anträgen *Zöller/Schneider* vor § 511 Rn. 15 m.w.N.
[38] Vgl. LAG Hamm 5. 12. 1996, LAGE § 64 ArbGG 1979 Nr. 32; *Germelmann/ Matthes/Prütting* ArbGG § 64 Rn. 25.

§ 10 17a–20   1. Abschnitt. Allgemeiner Kündigungsschutz

17a   Gibt das Gericht im Falle eines bezifferten Abfindungsantrages des Arbeitnehmers dem Antrag nicht in voller Höhe statt, ist der Arbeitnehmer gemäß § 92 Abs. 1 ZPO zur Zahlung anteiliger **Kosten** zu verurteilen, wenn das Unterliegen nicht verhältnismäßig geringfügig ist.[39]

3. Erhöhung der Höchstgrenze

18   Die normale Höchstgrenze des Abs. 1 kann bei **höherem Alter des Arbeitnehmers und längerer Dauer des Arbeitsverhältnisses überschritten werden** (Abs. 2). Beide Voraussetzungen müssen zusammentreffen.[40] Die Höchstgrenze beträgt 15 Monatsverdienste, wenn der Arbeitnehmer in dem Zeitpunkt, den das Gericht für die Auflösung des Arbeitsverhältnisses festsetzt, das 50. Lebensjahr vollendet und das Arbeitsverhältnis mindestens 15 Jahre bestanden hat; sie beträgt 18 Monatsverdienste bei einem Alter von 55 Jahren und einer Vertragsdauer von mindestens 20 Jahren. Über die **Berechnung der Vertragsdauer** enthält § 10 keine Bestimmungen. Es fragt sich deshalb, ob § 1 Abs. 1 analog herangezogen werden kann. Dagegen könnte sprechen, daß § 10 die Worte „in demselben Betrieb oder Unternehmen" und „ohne Unterbrechung" nicht wiederholt. Auf der anderen Seite sind aber keine sachlichen Gründe ersichtlich, warum im Fall des § 10 andere Grundsätze als im Fall des § 1 gelten sollten. Dementsprechend gelten nach ganz h. M. für die Berechnung der Dauer des Arbeitsverhältnisses nach § 10 Abs. 2 die gleichen Grundsätze wie für die Berechnung der Wartezeit nach § 1 Abs. 1.[41]

19   Die **Vergünstigung des Abs. 2 Satz 1 gilt nicht,** wenn der Arbeitnehmer in dem für die Auflösung des Arbeitsverhältnisses maßgebenden Zeitpunkt (§ 9 Abs. 2) schon das in § 35 Nr. 1 SGB VI bezeichnete Lebensalter erreicht, d. h. das 65. Lebensjahr vollendet hat. Die Altersgrenzen für den unter bestimmten Voraussetzungen möglichen früheren Rentenbezug kommen nicht in Betracht, und zwar auch nicht für weibliche Arbeitnehmer, da § 10 Abs. 2 ausdrücklich nur auf die Regelaltersgrenze in § 35 Nr. 1 SGB VI verweist.[42]

20   Es handelt sich bei der Regelung des Abs. 2 Satz 1 lediglich um eine **Heraufsetzung der Höchstgrenze**. Deshalb kann auch in diesen Fällen eine Abfindung von weniger als 15 oder 18, auch weniger als 12 Monatsverdiensten festgesetzt werden, wenn die Gesamtheit der zu berücksichtigenden Umstände für eine niedrigere Abfindung spricht.[43] Nur muß ersichtlich sein, daß das Gericht bei der Bemessung der Abfindung sich des Vorliegens der Voraussetzungen des § 10 Abs. 2 bewußt gewesen ist.

---

[39] Vgl. BAG 26. 6. 1986, AP Nr. 3 zu § 10 KSchG 1969; BAG 20. 11. 1997 – 2 AZR 803/96 n.v.

[40] *Löwisch* § 10 Rn. 6; KR-*Spilger* § 10 KSchG Rn. 35.

[41] Vgl. BAG 26. 8. 1976, AP Nr. 68 zu § 626 BGB unter III 3; ErfK/*Ascheid* § 10 KSchG Rn. 5; APS/*Biebl* § 10 KSchG Rn. 11; *Kittner/Däubler/Zwanziger* § 10 KSchG Rn. 20; *Löwisch* § 10 Rn. 7; KR-*Spilger* § 10 KSchG Rn. 36; – zur Berechnung der Wartezeit nach § 1 Abs. 1 siehe oben § 1 Rn. 77 ff.

[42] H. M.; vgl. APS/*Biebl* § 10 KSchG Rn. 10; KR-*Spilger* § 10 KSchG Rn. 43; *Stahlhakke/Preis/Vossen* Rn. 1224.

[43] APS/*Biebl* § 10 KSchG Rn. 8; *Monjau* BB 1969, 1042, 1044; *Neumann* AR-Blattei SD 1020.6 Rn. 98.

III. Rechtsnatur und rechtliche Behandlung der Abfindung

1. Rechtsnatur

Die Abfindung ist eine **Entschädigung für den Verlust des Arbeitsplatzes**, d. h. dafür, daß der Arbeitnehmer seinen Arbeitsplatz verliert, obwohl ein die Kündigung rechtfertigender Grund nicht vorliegt.[44] Die Abfindung ist damit weder Arbeitsentgelt oder Ersatz für entgangenes Arbeitsentgelt noch vertraglicher oder deliktischer Schadensersatz, sondern ein Ausgleich für den Arbeitsplatzverlust trotz sozialwidriger Kündigung.[45]

Im Hinblick auf ihren Entschädigungscharakter schließt die Abfindung Ansprüche auf Schadensersatz wegen Verlustes des bisherigen Arbeitsplatzes aus, nicht dagegen **sonstige Schadensersatzansprüche,** die mit dem Verlust des Arbeitsplatzes nichts zu tun haben.[46]

2. Lohnschutz

Aus dem Gesagten ergibt sich, daß die Abfindung **nicht den besonderen Schutz des Lohnanspruchs** genießt. Die Abfindung ist Arbeitseinkommen i. S. v. § 850 ZPO, das nicht dem besonderen Schutz des § 850c ZPO unterliegt, weil es nicht für einen bestimmten Zeitraum bezahlt wird. Die Abfindung ist deshalb unbeschränkt pfändbar,[47] sie kann abgetreten werden (§ 400 BGB) und es kann gegen sie aufgerechnet werden. Die Pfändungsbeschränkung des § 850i ZPO ist allerdings anwendbar, da es sich bei der Abfindung um eine nicht wiederkehrend zahlbare Vergütung handelt.[48] Da die Abfindung weder rückständiger Lohn noch Schadensersatz ist und der Anspruch auf sie erst durch rechtskräftige richterliche Festsetzung entsteht, können für die vorhergehende Zeit keine Zinsen verlangt werden.[49]

---

[44] Ganz h. M.; vgl. BAG 20. 6. 1958, AP Nr. 1 zu § 113 AVAVG a. F.; BAG 16. 5. 1984, AP Nr. 12 zu § 9 KSchG 1969 = SAE 1985, 345 mit krit. Anm. v. *Maydell* = AuR 1985, 399 mit Anm. *Reinecke;* BAG 6. 12. 1984, AP Nr. 14 zu § 61 KO; BAG 25. 6. 1987, EzA § 9 KSchG n. F. Nr. 23; BAG 9. 11. 1988, AP Nr. 6 zu § 10 KSchG 1969 mit zust. Anm. *Brackmann* = SAE 1989, 176 mit krit. Anm. *Sieg;* APS/*Biebl* § 10 KSchG Rn. 38; HK-KSchG/*Neef* § 10 Rn. 33; *Schaub* § 141 Rn. 27; KR-*Spilger* § 10 KSchG Rn. 11; *Stahlhacke/Preis/Vossen* Rn. 1220.

[45] So zutr. BAG 6. 12. 1984, AP Nr. 12 zu § 9 KSchG 1969.

[46] BAG 22. 4. 1971, AP Nr. 24 zu § 7 KSchG mit insoweit abl. Anm. *Herschel* = BB 1971, 959 mit krit. Anm. *Gumpert;* BAG 15. 3. 1973, AP Nr. 2 zu § 9 KSchG 1969 mit eingehender Stellungnahme zur Kritik; *Löwisch* § 10 Rn. 40; *Schwerdtner* SAE 1974, 82; KR-*Spilger* § 10 KSchG Rn. 74.

[47] BAG 13. 7. 1959, AP Nr. 1 zu § 850 ZPO mit zust. Anm. *Förster* = SAE 1960, 7 mit Anm. *Walter;* BAG 12. 9. 1979, AP Nr. 10 zu § 850 ZPO mit zust. Anm. *Walchshöfer* = SAE 1980, 165 mit krit. Anm. *Herschel;* BAG 13. 11. 1991, AP Nr. 13 zu § 850 ZPO; ErfK/*Ascheid* § 10 KSchG Rn. 14; APS/*Biebl* § 10 KSchG Rn. 43; *Löwisch* § 10 Rn. 23; KR-*Spilger* § 10 KSchG Rn. 17; *Stahlhacke/Preis/Vossen* Rn. 1220.

[48] BAG 12. 9. 1979, 13. 11. 1991, AP Nr. 10, 13 zu § 850 ZPO; *Löwisch* § 10 Rn. 23; *Thomas/Putzo* § 850i Rn. 2.

[49] BAG 13. 5. 1969, AP Nr. 2 zu § 8 KSchG mit zust. Anm. *Herschel.*

3. Insolvenzverfahren

24 Im Falle der **Insolvenz** genießen Abfindungsforderungen keine besonderen Vorrechte. Hat der Insolvenzverwalter gekündigt und ist das Arbeitsverhältnis unter Festsetzung einer Abfindung aufgelöst worden, ist die Abfindungsforderung Masseverbindlichkeit nach § 55 Abs. 1 Nr. 1 InsO. Ist das Auflösungsurteil vor Eröffnung des Insolvenzverfahrens ergangen, handelt es sich bei Abfindungen um Insolvenzschulden, die zur Tabelle angemeldet werden müssen.[50]

4. Steuer und Sozialversicherung

25 Nach § 3 Nr. 9 EStG sind Abfindungen wegen einer vom Arbeitgeber veranlaßten oder gerichtlich ausgesprochenen Auflösung des Arbeitsverhältnisses innerhalb bestimmter Höchstgrenzen **von der Einkommensteuer befreit**.[51] Eine Abfindung ist eine Leistung zum Ausgleich von Nachteilen wegen des Verlustes des Arbeitsplatzes.[52] Ob der Arbeitnehmer tatsächlich einen Nachteil erleidet, ist unerheblich. Steuerrechtlich privilegiert sind auch in Abfindungen enthaltene Abgeltungen von Verdienstmöglichkeiten, die der Arbeitnehmer bei Fortbestand des Arbeitsverhältnisses gehabt hätte,[53] nicht jedoch Beträge, die Arbeitsentgelt für die Zeit bis zum vereinbarten Ende des Arbeitsverhältnisses darstellen, auch wenn sie in einer Abfindung enthalten oder mit ihr zusammen gezahlt werden.[54]

26 **Steuerfrei** sind Abfindungen wegen einer gerichtlich ausgesprochenen Auflösung des Arbeitsverhältnisses bis zu höchstens 16 000 DM. Hat der Arbeitnehmer das 50. Lebensjahr vollendet und das Arbeitsverhältnis mindestens 15 Jahre bestanden, beträgt der Höchstbetrag 20 000 DM, hat der Arbeitnehmer das 55. Lebensjahr vollendet und hat das Arbeitsverhältnis mindestens 20 Jahre bestanden, beträgt der Höchstbetrag 24 000 DM. Für Abfindungen, welche diese Höchstgrenzen übersteigen, gilt die Steuertarifermäßigung nach § 34 Abs. 1 und 2 Nr. 2 EStG, sofern eine Zusammenballung von Einnahmen vorliegt.[55]

27 Die Abfindung bei gerichtlicher Auflösung des Arbeitsverhältnisses nach § 9 ist danach stets **begünstigt, auch wenn der Arbeitnehmer den Auflösungsantrag gestellt hat.** Entsprechendes gilt für die nach § 112 BetrVG auf Grund eines Sozialplans oder nach § 113 Abs. 1 oder 3 BetrVG wegen Verletzung oder Versäumung eines Interessenausgleichs zu zahlenden Kündigungsabfindungen, da in diesen Fällen die Kündigungen vom Arbeitgeber im Zusammenhang mit einer Betriebsänderung veranlaßt sind.[56] – Die Voraussetzungen für eine steuerrechtliche Privilegierung von Abfindungszahlungen

---

[50] Vgl. *Löwisch* § 10 Rn. 24; HK-KSchG/*Neef* § 10 Rn. 42.
[51] Vgl. zur aktuellen Rechtslage *Bauer* Arbeitsrechtliche Aufhebungsverträge S. 349 ff.; *Hümmerich/Spirolke* NJW 1999, 1663; *Schaub* BB 1999, 1059; APS/*Selder* SteuerR Rn. 25 ff.
[52] BFH 13. 10. 1978 BStBl. II 1979, 155.
[53] Vgl. BFH 10. 10. 1986, DB 1987, 515 f.
[54] BFH 14. 4. 1967, AP Nr. 23 zu § 7 KSchG; BFH 17. 5. 1977, DB 1977, 1829; BFH 13. 10. 1978, 6. 10. 1978, DB 1979, 481, 726; APS/*Selder* SteuerR Rn. 28 f.
[55] Vgl. dazu näher APS/*Selder* SteuerR Rn. 74 ff.; *Wisskirchen* NZA 1999, 405.
[56] Ebenso KR-*Spilger* § 10 KSchG Rn. 86.

Höhe der Abfindung   28–31 § 10

sind **nicht gegeben,** wenn der Arbeitgeber eine **Änderungskündigung** ausspricht und der Arbeitnehmer das Änderungsangebot annimmt, ohne daß das Arbeitsverhältnis zwischenzeitlich aufgelöst wurde.[57] Für die Feststellung der Voraussetzungen für die Steuerfreiheit sind die Finanzämter und Finanzgerichte zuständig.

Darüber hinaus kommt Steuerfreiheit auch für in **Abfindungsvergleichen** oder in sonstiger Weise, insbesondere in Aufhebungsverträgen, vereinbarte Abfindungen in Betracht, wenn die Auflösung des Arbeitsverhältnisses vom Arbeitgeber veranlaßt worden ist.[58] Bei Unklarheiten über die steuerrechtliche Behandlung der Abfindung empfiehlt sich hier, beim zuständigen Betriebsstättenfinanzamt eine Anrufungsauskunft nach § 42e EStG einzuholen.[59] 28

Soweit danach die Abfindung zu versteuern ist, trifft die Steuerpflicht den Arbeitnehmer. Dieser ist nach § 38 Abs. 2 Satz 1 EStG Steuerschuldner, der Arbeitgeber ist nach § 38 Abs. 1, § 41a Abs. 1 Nr. 2 EStG nur verpflichtet, die Steuer einzubehalten und an das Finanzamt abzuführen. Deshalb haben die Gerichte den **Bruttobetrag** der Abfindung festzusetzen, wie sie auch bei der Höchstgrenze für die Abfindung (oben Rn. 2ff.) vom Bruttomonatsverdienst auszugehen haben. Freilich kann auch eine Nettozahlung, also Übernahme etwa anfallender Steuern durch den Arbeitgeber, vereinbart werden. Dies bedarf allerdings einer besonderen Abrede.[60] 29

Wird bei einer einvernehmlichen Auflösung des Arbeitsverhältnisses eine Abfindungssumme **„brutto-netto"** vereinbart, so kann es sich hierbei um eine Nettovereinbarung handeln, d.h. daß ein an sich geschuldeter Bruttobetrag zum Nominalwert netto vom Arbeitgeber auszubezahlen ist, wenn die Parteien dies so gewollt haben.[61] Hierbei kommt es jedoch stets auf die konkrete Vereinbarung an, die gemäß §§ 133, 157 BGB auszulegen ist.[62] Die gedankenlose Verwendung dieser eher verwirrenden Formulierung ändert hingegen nichts an der steuerrechtlichen Behandlung der Abfindung, d. h. der Arbeitnehmer hat die sich aus der Anwendung des EStG ergebenden Steuerlasten zu tragen.[63] 30

Abfindungszahlungen für den Verlust des Arbeitsplatzes sind **kein beitragspflichtiges Einkommen i. S. v. § 14 Abs. 1 SGB IV.**[64] Von der Beitragspflicht nicht befreit ist dagegen wie im Steuerrecht (oben Rn. 27ff.) verdecktes Arbeitsentgelt, das in der Abfindung enthalten ist oder mit ihr ge- 31

---

[57] BFH 10. 10. 1986, DB 1987, 515; BFH 16. 7. 1997 BStBl. II 1997, 666.
[58] Eingehend hierzu *Bauer* Arbeitsrechtliche Aufhebungsverträge 6. Aufl. 1999 sowie *Weber/Ehrich/Hoß* Handbuch arbeitsrechtlicher Aufhebungsverträge 2. Aufl. 1998.
[59] Vgl. *Bauer* Arbeitsrechtliche Aufhebungsverträge Rn. 978 ff.
[60] Zutreffend LAG Baden-Württemberg 17. 4. 1997, LAGE § 9 KSchG Nr. 31.
[61] Vgl. *Müller/Bauer* Der Anwalt vor den Arbeitsgerichten, 3. Aufl. 1991, S. 243 f.
[62] Vgl. dazu LAG Niedersachsen 10. 12. 1984, LAGE § 10 KSchG Nr. 1 = BB 1985, 242; LAG Bremen 22. 1. 1988, LAGE § 9 KSchG Nr. 6 = NZA 1988, 433; LAG Frankfurt 7. 12. 1988, LAGE § 9 KSchG Nr. 10 = DB 1989, 2080; LAG Köln 18. 12. 1995, LAGE § 9 KSchG Nr. 27; LAG Baden-Württemberg 17. 4. 1997, LAGE § 9 KSchG Nr. 31.
[63] Zutreffend LAG Baden-Württemberg 17. 4. 1997, LAGE § 9 KSchG Nr. 31.
[64] BAG 9. 11. 1988, AP Nr. 6 zu § 10 KSchG 1969; BSG 21. 2. 1990, EzA § 9 KSchG n. F. Nr. 35 und 37; APS/*Biebl* § 10 KSchG Rn. 54; *Löwisch* § 10 Rn. 29; *Schaub* § 141 Rn. 38; KR-*Spilger* § 10 KSchG Rn. 92.

§ 10 32–34   1. Abschnitt. Allgemeiner Kündigungsschutz

zahlt wird.[65] Eine Abfindung, die wegen einer Rückführung auf die tarifliche Einstufung bei weiterbestehendem versicherungspflichtigen Beschäftigungsverhältnis gezahlt wird, ist deshalb beitragspflichtiges Arbeitsentgelt.[66]

32   Die **Anrechnung der Abfindung auf das Arbeitslosengeld** richtet sich nach § 143a SGB III. Hat der Arbeitslose wegen der Beendigung des Arbeitsverhältnisses eine Abfindung erhalten und ist das Arbeitsverhältnis ohne Einhaltung einer der ordentlichen Kündigungsfrist des Arbeitgebers entsprechenden Frist beendet worden, ruht der Anspruch auf Arbeitslosengeld von dem Ende des Arbeitsverhältnisses an bis zu dem Tag, an dem das Arbeitsverhältnis bei Einhaltung dieser Frist geendet hätte. Gemäß § 143a SGB III ruht der Anspruch auf Arbeitslosengeld längstens ein Jahr; er ruht im übrigen nicht über den Tag hinaus, bis zu dem der Arbeitslose bei Weiterzahlung des während der letzten Beschäftigung kalendertäglich verdienten Arbeitsentgelts einen Betrag in Höhe von sechzig Prozent der Abfindung als Arbeitsverdienst verdient hätte. Damit vermutet das Gesetz unwiderleglich, daß von der Abfindungssumme 60% nicht zur Entschädigung für den Verlust des Arbeitsplatzes bestimmt sind. Dieser Anteil verringert sich nach § 143a Abs. 2 SBG III für Arbeitnehmer, die das 35. Lebensjahr vollendet haben, sowohl für je fünf weitere Lebensjahre und je fünf Jahre des Bestehens des Arbeitsverhältnisses in demselben Betrieb oder Unternehmen um jeweils fünf Prozent bis auf 25%.[67]

32a   Es bedarf einer **ausdrücklichen Regelung in einem Vergleich,** wenn eine Abfindung im Kündigungsschutzprozeß nach §§ 9 und 10 entgegen § 143a SGB III nicht um den darauf entfallenden Anteil der Arbeitslosenunterstützung gekürzt werden soll, sondern die auf die Bundesanstalt für Arbeit übergegangenen Ansprüche vom Arbeitgeber getragen werden sollen.[68]

5. Ansprüche aus dem Arbeitsverhältnis

33   Da die Abfindung eine besondere Entschädigung für den Verlust des Arbeitsplatzes darstellt (oben Rn. 21), werden durch ihre Zuerkennung **andere Entgeltansprüche** des Arbeitnehmers, die ihm auf Grund des Arbeitsvertrags zustehen, insbesondere Lohnansprüche für die Zeit vor der Beendigung des Arbeitsverhältnisses sowie Ansprüche auf Urlaubsvergütung, **nicht berührt.**[69] Das gilt, wenn die tatsächliche Entlassung vor dem vom Arbeitsgericht nach § 9 Abs. 2 festgesetzten Zeitpunkt erfolgt ist, auch für den Entgeltanspruch, der dem Arbeitnehmer nach § 615 BGB für die Zeit bis zu diesem Termin zusteht.

34   Ob ein besonderes im Arbeitsvertrag, in einer Betriebsvereinbarung oder einem Tarifvertrag für den Fall der Entlassung vorgesehenes **Übergangsgeld** neben der Abfindung zu zahlen oder auf sie anzurechnen ist, hängt vom Inhalt der getroffenen Vereinbarung ab. Im Zweifel wird im letzteren Sinn zu

---

[65] Dazu BSG 21. 2. 1990 und 25. 10. 1990, EzA § 9 KSchG n. F. Nr. 37, 38.
[66] BSG 28. 1. 1999, AP Nr. 1 zu § 1 ArEV.
[67] Näher hierzu *Bauer* Arbeitsrechtliche Aufhebungsverträge Rn. 1015 ff.; Kasseler Handbuch/*Gagel* 6.4. Rn. 222 ff.; *Johannsen* ZTR 1999, 241; APS/*Masuch* SozR Rn. 467 ff.
[68] BAG 25. 3. 1992, AP Nr. 12 zu § 117 AFG.
[69] Vgl. KR-*Spilger* § 10 KSchG Rn. 72.

entscheiden sein (so z. B. auch § 62 Abs. 2d BAT), weil das Übergangsgeld in der Regel einen ähnlichen Zweck verfolgt wie die Abfindung, nämlich dem Arbeitnehmer einen gewissen Ausgleich für den Verlust seines Arbeitsplatzes zu geben.[70]

6. Abtretung und Vererbung

Wie oben § 4 Rn. 33 darlegt, steht die Entscheidung, ob er die Sozialwidrigkeit der Kündigung durch Klage geltend machen will, dem Arbeitnehmer zu seinen Lebzeiten höchstpersönlich zu. Dasselbe gilt für die Frage, ob er den Antrag auf Auflösung des Arbeitsverhältnisses und Zahlung einer Abfindung nach § 9 stellen will. Das führt jedoch nicht dazu, daß der Anspruch auf die Abfindung höchstpersönlicher Natur ist. Seiner **Abtretung und Vererbung** stehen keine Bedenken entgegen, sobald er endgültig entstanden ist, also das auf eine Abfindung erkennende Urteil rechtskräftig geworden ist, denn dann handelt es sich um einen gewöhnlichen Geldanspruch.[71] Hatte der Arbeitnehmer vor seinem Tod den Auflösungsantrag gestellt und stirbt der Arbeitnehmer nach Ablauf der Kündigungsfrist, können die Erben den laufenden Prozeß fortführen und die Zahlung einer Abfindung verlangen.[72]

35

§ 11 Anrechnung auf entgangenen Zwischenverdienst

Besteht nach der Entscheidung des Gerichts das Arbeitsverhältnis fort, so muß sich der Arbeitnehmer auf das Arbeitsentgelt, das ihm der Arbeitgeber für die Zeit nach der Entlassung schuldet, anrechnen lassen,
1. was er durch anderweitige Arbeit verdient hat,
2. was er hätte verdienen können, wenn er es nicht böswillig unterlassen hätte, eine ihm zumutbare Arbeit anzunehmen,
3. was ihm an öffentlich-rechtlichen Leistungen infolge Arbeitslosigkeit aus der Sozialversicherung, der Arbeitslosenversicherung, der Arbeitslosenhilfe oder der Sozialhilfe für die Zwischenzeit gezahlt worden ist. Diese Beträge hat der Arbeitgeber der Stelle zu erstatten, die sie geleistet hat.

Schrifttum: *Beiersmann,* Die Aussetzung eines Rechtsstreits auf Arbeitsvergütung wegen Vorgreiflichkeit einer Kündigungsschutzklage, NZA 1987, 196; *Berkowsky,* Das Weiterbeschäftigungsangebot des Arbeitgebers während des Kündigungsschutzprozesses und seine Auswirkungen auf seinen Annahmeverzug, DB 1981, 1569; *der-*

---

[70] Vgl. KR-*Spilger* § 10 KSchG Rn. 80; zur Anrechnung bei Sozialplanabfindungen vgl. BAG 20. 6. 1985, AP Nr. 33 zu § 112 BetrVG 1972 mit Anm. *Hj. Weber; Heinze* NZA 1984, 17 ff.

[71] Vgl. BAG 25. 6. 1987, EzA § 9 KSchG n. F. Nr. 23 für eine vergleichsweise vereinbarte Abfindung; LAG Rheinland-Pfalz 13. 11. 1987, LAGE § 9 KSchG Nr. 8 mit zust. Anm. *Preis;* APS/*Biebl* § 10 KSchG Rn. 45; *Löwisch* § 10 Rn. 38 f.; KR-*Spilger* § 10 KSchG Rn. 18.

[72] Zur Behandlung des Abfindungsanspruchs aus einem Vergleich beim Tod des Begünstigten vgl. BAG 16. 10. 1979, AP Nr. 20 zu § 794 ZPO mit abl. Anm. *G. Hueck;* BAG 25. 6. 1987, EzA § 9 KSchG n. F. Nr. 23.

§ 11 1   1. Abschnitt. Allgemeiner Kündigungsschutz

selbe, Zum Weiterbeschäftigungsangebot des Arbeitgebers während des Kündigungsschutzprozesses und dessen Auswirkungen auf seinen Annahmeverzug, BB 1982, 374; *derselbe,* Die „Rücknahme" der Kündigung im Kündigungsschutzprozeß und ihre Auswirkungen auf den Annahmeverzug des Arbeitgebers, BB 1984, 216; *Boecken,* Berücksichtigung anderweitigen Erwerbs gem. § 615 S. 2 BGB, NJW 1995, 3218; *Fenski,* Die Pflicht des Arbeitgebers zum Hinweis auf tarifvertragliche Ausschlußfristen, BB 1987, 2293; *Gitter,* Die Berücksichtigung der Bestimmungen des Arbeitsförderungsgesetzes bei streitiger oder nichtstreitiger Beendigung des Arbeitsverhältnisses, NJW 1985, 1125; *Gumpert,* Anrechnung von anderweitigem Erwerb des Arbeitnehmers während des Kündigungsschutzprozesses, BB 1964, 1300; *Klein,* Die Offenbarungspflicht des Arbeitnehmers bei Annahmeverzug des Arbeitgebers, NZA 1998, 1208; *Löwisch,* Die Beendigung des Annahmeverzugs durch ein Weiterbeschäftigungsangebot während des Kündigungsrechtsstreits, DB 1986, 2433; *Ohlendorf,* Die Weiterbeschäftigung während eines Kündigungsschutzprozesses auf Wunsch des Arbeitgebers, AuR 1981, 109; *Opolony,* Möglichkeiten des Arbeitgebers zur Minimierung des Verzugslohnrisikos gemäß § 615 BGB, DB 1998, 1714; *Peter,* Kündigung, Annahmeverzug und Weiterbeschäftigung, DB 1982, 488; *Schäfer,* Zum Weiterbeschäftigungsangebot des Arbeitgebers während des Kündigungsschutzprozesses, DB 1982, 902; *derselbe,* Zur Lohnzahlungspflicht des Arbeitgebers nach verlorenem Kündigungsschutzprozeß, NZA 1984, 105; *Schaub,* Rechtsfragen des Annahmeverzuges im Arbeitsrecht, ZIP 1981, 347; *derselbe,* AR-Blattei, Annahmeverzug, SD 80, 1996; *Schirge,* Böswilliges Unterlassen anderweitigen Erwerbs nach § 615 Satz 2 BGB im gekündigten Arbeitsverhältnis, DB 2000, 1278; *Stahlhacke,* Beendigung des Arbeitsverhältnisses durch den Arbeitgeber und Einkommenssicherung des von einer Kündigung betroffenen Arbeitnehmers, RdA 1983, 340; *derselbe,* Aktuelle Probleme des Annahmeverzugs im Arbeitsverhältnis, AuR 1992, 8; *Vossen,* Die Klage auf Zahlung künftig fälliger Vergütung im gestörten Arbeitsverhältnis, DB 1985, 385 und 439; *Waas,* Rechtsfragen des Annahmeverzuges bei Kündigungen durch den Arbeitgeber, NZA 1994, 151.

Übersicht

	Rn.
I. Allgemeines	1
II. Annahmeverzug	3
III. Höhe der Nachzahlung	9
1. Anrechnung anderweitigen Verdienstes	11
2. Anrechnung eines möglichen Verdienstes	13
3. Keine Anrechnung von Erspartem	18
4. Anrechnung öffentlich-rechtlicher Leistungen	19
IV. Rechtsnatur des Anspruchs	20
V. Widerruf der Kündigung ohne Urteil	21

I. Allgemeines

1   Sieht das Arbeitsgericht die Kündigung als sozialwidrig an, gibt es also der Feststellungsklage des Arbeitnehmers nach § 4 Satz 1 statt, während ein Antrag auf Auflösung des Arbeitsverhältnisses nach § 9 entweder nicht gestellt ist oder keinen Erfolg hat, so steht damit die Fortdauer des Arbeitsverhältnisses fest. Wie oben (§ 4 Rn. 86 ff.) schon hervorgehoben wurde, folgt daraus, daß der Arbeitgeber, falls er den Arbeitnehmer bereits entlassen hatte, in **Annahmeverzug** geraten ist und deshalb den Lohn fortzahlen muß. Das ergibt sich schon aus § 615 BGB und brauchte deshalb im KSchG nicht besonders vorgeschrieben zu werden. Anders war es nach dem BRG 1920 und dem AOG. Dort war die Kündigung zunächst wirksam und wurde erst

nachträglich durch den Arbeitgeber auf Grund des der Klage des Arbeitnehmers stattgebenden Urteils widerrufen. Das Arbeitsverhältnis hatte also in der Zwischenzeit nicht bestanden, und deshalb ordnete das Gesetz (§ 88 BRG 1920, § 59 AOG) die Zahlung des Lohns für die Zwischenzeit zwischen Entlassung und Weiterbeschäftigung ausdrücklich an.

Aus der Anwendung des § 615 BGB würden sich bestimmte **Anrechnungspflichten** des Arbeitnehmers ergeben (§ 615 Satz 2 BGB). § 88 BRG 1920 und § 59 AOG hatten darauf verwiesen und außerdem eine Anrechnungspflicht hinsichtlich öffentlich-rechtlicher Leistungen hinzugefügt, die der Arbeitnehmer aus Mitteln der Arbeitslosenhilfe und der öffentlichen Fürsorge in der Zwischenzeit erhalten hatte. Diese Bestimmungen hat § 11 sachlich im wesentlichen übernommen; der Gesetzgeber hat aber, um Arbeitgebern und Arbeitnehmern die Unterrichtung über die Rechtslage zu verdeutlichen, die Verweisung auf § 615 Satz 2 BGB gestrichen und durch eine erschöpfende Aufzählung der Anrechnungspflichten ersetzt. Insoweit ist § 11 eine Sonderregelung zu § 615 Satz 2 BGB.[1] Im übrigen findet § 11 auch in den Fällen der §§ 12 und 16 Anwendung (siehe dort).

II. Annahmeverzug

§ 11 bestimmt nicht die Voraussetzungen des Annahmeverzugs, sondern dessen Rechtsfolgen. Die Voraussetzungen des Annahmeverzugs sind in § 615 BGB geregelt. § 11 ist ebensowenig wie § 615 BGB eine Anspruchsgrundlage für Vergütungsansprüche des Arbeitnehmers, sondern eine Anrechnungsvorschrift.[2] Der Vergütungsanspruch ergibt sich aus dem Arbeitsvertrag oder dem einschlägigen Tarifvertrag. Wegen des Zusammenhangs zwischen § 615 BGB und § 11 sollen nachfolgend die – teilweise heftig bestrittenen – **Grundsätze der Rechtsprechung zu § 615 BGB** dargestellt werden.

Der Arbeitgeber gerät **grundsätzlich** in **Annahmeverzug,** wenn er die vom Arbeitnehmer nach § 294 BGB tatsächlich am rechten Ort, zur rechten Zeit und in rechter Weise angebotene Arbeitsleistung nicht annimmt.[3] Gemäß § 295 Satz 1 BGB genügt jedoch ein wörtliches Angebot des Arbeitnehmers, wenn der Arbeitgeber erklärt hat, er werde die Arbeitsleistung nicht annehmen, oder wenn es zur Bewirkung der Arbeitsleistung einer Mitwirkungshandlung des Arbeitgebers bedarf. Eine derartige Annahmeverweigerung hat das BAG zunächst beim Ausspruch einer Kündigung angenommen, so daß es zur Begründung des Annahmeverzugs nach Ausspruch einer Kündigung ein mündliches Arbeitsangebot des Arbeitnehmers ausreichen ließ. Dieses Angebot wurde regelmäßig in der Kündigungsschutzklage gesehen.[4]

---

[1] BAG 6. 9. 1990, AP Nr. 47 zu § 615 BGB.
[2] Zutr. *Bader/Dörner* § 11 Rn. 1.
[3] Vgl. dazu RGRK-BGB/*Matthes* § 615 Rn. 34ff.; ErfK/*Preis* § 615 BGB Rn. 9ff.; MünchKomm-BGB/*Schaub* § 615 Rn. 9; Staudinger/*Richardi* § 615 Rn. 43ff.
[4] Vgl. dazu BAG 18. 1. 1963, AP Nr. 22 zu § 615 BGB mit zust. Anm. *A. Hueck* = SAE 1963, 183 mit Anm. *Schnorr v. Carolsfeld;* BAG 10. 4. 1963, AP Nr. 23 zu § 615 BGB mit Anm. *Herschel* = SAE 1963, 197 mit Anm. *Isele;* BAG 26. 8. 1971, AP Nr. 26 zu § 615 BGB mit krit. Anm. *W. Blomeyer* = AR-Blattei Annahmeverzug Entsch. 14 mit Anm. *Sommer;* BAG 27. 1. 1975, AP Nr. 31 zu § 615 BGB mit krit. Anm. *W. Blomeyer.*

5 Diese Grundsätze wurden vom BAG in den vergangenen Jahren weiterentwickelt. Ausgehend von § 296 BGB, wonach ein **wörtliches Angebot entbehrlich** ist, wenn für die von dem Gläubiger vorzunehmende Handlung eine Zeit nach dem Kalender bestimmt ist und der Gläubiger diese Handlung nicht rechtzeitig vornimmt, wird von der inzwischen gefestigten Rechtsprechung des BAG in der dem Arbeitgeber obliegenden Zuweisung von Arbeit eine kalendermäßig bestimmte Mitwirkungshandlung gesehen.[5]

5 a Demzufolge gerät nach Auffassung des BAG der Arbeitgeber in Annahmeverzug, wenn er den Arbeitnehmer unberechtigterweise kündigt und ihn für die Zeit nach Ablauf der Kündigungsfrist **nicht auffordert, die Arbeit wieder aufzunehmen,** ohne daß es eines vorherigen Arbeitsangebots des Arbeitnehmers bedarf.[6] Dem Arbeitgeber obliegt es als Gläubiger der geschuldeten Arbeitsleistung, dem Arbeitnehmer die Leistungserbringung zu ermöglichen. Dazu muß er dem Arbeitnehmer einen funktionsfähigen Arbeitsplatz zur Verfügung stellen,[7] den Arbeitseinsatz des Arbeitnehmers fortlaufend planen und durch Weisungen hinsichtlich Ort und Zeit der Arbeitsleistung näher konkretisieren. Kommt der Arbeitgeber dieser Obliegenheit nicht nach, gerät er auch ohne ein vorheriges Angebot der Arbeitsleistung durch den Arbeitnehmer in Annahmeverzug.[8] Das BAG hat damit seine entgegengesetzte ältere Rechtsprechung, nach der es eines wörtlichen Angebots des Arbeitnehmers bedurfte (vgl. die Nachweise in Rn. 4), aufgegeben.

6 Weitere Voraussetzung des Annahmeverzugs ist, daß der Arbeitnehmer im Zeitpunkt des Angebots zur **Leistung der Dienste tatsächlich und rechtlich in der Lage ist.**[9] Dies folgt aus § 297 BGB.[10] Danach kommt der Gläubiger nicht in Verzug, wenn der Schuldner im Falle des § 296 BGB zu der für die Handlung des Gläubigers bestimmten Zeit außerstande ist, die Leistung zu bewirken.

6 a Ist ein Arbeitnehmer objektiv **aus gesundheitlichen Gründen außerstande,** die arbeitsvertraglich geschuldete Leistung zu erbringen, so kann das fehlende Leistungsvermögen nicht allein durch die subjektive Einschätzung des Arbeitnehmers ersetzt werden, er sei trotzdem gesundheitlich in der

---

[5] Vgl. BAG 9. 8. 1984, AP Nr. 34 zu § 615 BGB mit. krit. Anm. *Konzen* = SAE 1986, 9 mit abl. Anm. *E. Wolf/Neumeier* = EzA § 615 BGB Nr. 43 mit Anm. *Kraft;* BAG 21. 3. 1985, AP Nr. 35 zu § 615 BGB mit krit. Anm. *Konzen* = EzA § 615 BGB Nr. 44 mit Anm. *v. Maydell;* BAG 18. 12. 1986, AP Nr. 2 zu § 297 BGB = EzA § 615 BGB Nr. 53 mit Anm. *Kraft.*
[6] BAG 21. 3. 1985, AP Nr. 35 zu § 615 BGB; BAG 19. 4. 1990, AP Nr. 45 zu § 615 BGB mit Anm. *Wiedemann/Wonneberger;* BAG 24. 10. 1991, AP Nr. 50 zu § 615 BGB = EzA § 615 BGB Nr. 70 mit abl. Anm. *Kaiser;* BAG 21. 1. 1993, AP Nr. 53 zu § 615 BGB mit abl. Anm. *Kaiser* = EzA § 615 BGB Nr. 78 mit krit. Anm. *Schwarze;* BAG 24. 11. 1994, AP Nr. 60 zu § 615 BGB = SAE 1995, 185 mit Anm. *Misera;* BAG 19. 1. 1999, AP Nr. 75 zu § 615 BGB.
[7] Vgl. BAG 17. 2. 1998, AP Nr. 27 zu § 618 BGB = EzA § 615 BGB Nr. 89 mit krit. Anm. *Annuß.*
[8] So BAG 19. 1. 1999, AP Nr. 75 zu § 615 BGB.
[9] Vgl. BAG 10. 5. 1973, AP Nr. 27 zu § 615 BGB mit krit. Anm. *Schnorr v. Carolsfeld;* BAG 7. 6. 1973, AP Nr. 28 zu § 615 BGB mit krit. Anm. *Schnorr v. Carolsfeld;* BAG 18. 12. 1974, AP Nr. 30 zu § 615 BGB mit zust. Anm. *Walchshöfer* = AR-Blattei Annahmeverzug Entsch. 21 mit Anm. *Herschel;* MünchKomm-BGB/*Schaub* § 615 Rn. 23 ff.; Staudinger/*Richardi* § 615 Rn. 72 ff.
[10] Näher dazu ErfK/*Preis* § 615 BGB Rn. 43 ff.

Lage, einen Arbeitsversuch zu unternehmen.[11] Ist ein Schwerbehinderter oder Gleichgestellter nicht in der Lage, die arbeitsvertraglich geschuldete Leistung zu erbringen, gerät der Arbeitgeber nicht in Annahmeverzug.[12] Die Leistungsfähigkeit ist dagegen nicht dadurch ausgeschlossen, daß der Arbeitnehmer dem Arbeitgeber eine **ärztliche Empfehlung zum Wechsel des Arbeitsplatzes** vorlegt.[13] Ein Kraftfahrer ist nach dem **Entzug der Fahrerlaubnis** rechtlich außerstande, die Arbeitsleistung zu erbringen.[14] Auch ein **leistungsunwilliger Schuldner** setzt sich außerstande, die Leistung zu bewirken.[15]

Ist der Arbeitnehmer zum **Kündigungstermin arbeitsunfähig erkrankt,** tritt nach der Rechtsprechung des BAG der Annahmeverzug ohne besondere Anzeige der Wiederherstellung der Arbeitsfähigkeit ein, wenn der Arbeitnehmer dem Arbeitgeber durch Erhebung der Kündigungsschutzklage oder sonstigen Widerspruch gegen die Kündigung seine Leistungsbereitschaft deutlich gemacht hat.[16] Dem kann nicht gefolgt werden. Erforderlich ist vielmehr, daß der Arbeitnehmer dem Arbeitgeber das Ende der Arbeitsunfähigkeit und damit des Leistungshindernisses anzeigt, damit der Arbeitgeber ihm Arbeit zuweisen kann.[17] 6b

Schließlich erfordert der Annahmeverzug, daß der **Arbeitgeber** die vom Arbeitnehmer angebotene **Leistung nicht annimmt.**[18] Unerheblich ist, ob den Arbeitgeber an der Nichtannahme der Leistung ein Verschulden trifft.[19] 7

Der Arbeitgeber ist allerdings berechtigt, die Arbeitsleistung abzulehnen, wenn ihm die **Weiterbeschäftigung** unter Berücksichtigung der dem Arbeitnehmer zuzurechnenden Umstände nach Treu und Glauben **nicht zuzumuten** ist.[20] Eine solche Unzumutbarkeit ist anzunehmen, wenn durch die Annahme der Leistung Rechtsgüter des Arbeitgebers, seiner Familienangehörigen oder anderer Arbeitnehmer gefährdet werden, deren Schutz Vorrang vor den Interessen des Arbeitnehmers an der Erhaltung seines Verdienstes hat. Dies ist beispielsweise bei dem dringenden Verdacht des sexuellen Mißbrauchs von Kindern in einer Kindertagesstätte durch einen Erzieher anzunehmen.[21] 7a

---

[11] Vgl. BAG 29. 10. 1998, AP Nr. 77 zu § 615 BGB.
[12] BAG 23. 1. 2001, NZA 2001, 1020.
[13] Vgl. BAG 17. 2. 1998, AP Nr. 27 zu § 618 BGB.
[14] Vgl. BAG 18. 12. 1986, AP Nr. 2 zu § 297 BGB.
[15] BAG 6. 11. 1986, RzK I 13b Nr. 4; *Bader/Dörner* § 11 Rn. 11; einschränkend allerdings BAG 9. 3. 1995, RzK I 13b Nr. 25.
[16] Vgl. BAG 9. 8. 1984, 21. 3. 1985, AP Nr. 34, 35 zu § 615 BGB; BAG 14. 11. 1985, AP Nr. 39 zu § 615 BGB = AR-Blattei Annahmeverzug Entsch. 31 mit abl. Anm. *Löwisch/Debong* = EzA § 615 BGB Nr. 46 mit abl. Anm. *Gaul* = SAE 1988, 280 mit zust. Anm. *Hirschberg*; BAG 19. 4. 1990, 24. 10. 1991, 24. 11. 1994, AP Nr. 45, 50, 60 zu § 615 BGB.
[17] Ebenso *Bader/Dörner* § 11 Rn. 12; *Bauer/Hahn* NZA 1991, 216 ff.; *Kaiser* Anm. zu BAG EzA § 615 BGB Nr. 70; *Löwisch* DB 1986, 2034 ff.; *Stahlhacke* AuR 1992, 8 ff.; zusammenfassend ErfK/*Preis* § 615 BGB Rn. 51 ff.
[18] Dazu *Erman/Belling* § 615 Rn. 10 ff.; ErfK/*Preis* § 615 BGB Rn. 55 ff.; MünchKomm-BGB/*Schaub* § 615 Rn. 30 ff.; *Staudinger/Richardi* § 615 BGB Rn. 84 ff.
[19] MünchArbR/*Boewer* § 78 Rn. 31; MünchKomm-BGB/*Schaub* § 615 Rn. 30; *Staudinger/Richardi* § 615 Rn. 85.
[20] Vgl. BAG 29. 10. 1987, AP Nr. 42 zu § 615 BGB.
[21] LAG Berlin 27. 11. 1995, LAGE § 615 BGB Nr. 46.

8 Der **Annahmeverzug endet,** sobald seine Voraussetzungen entfallen. Das kann dadurch geschehen, daß der Arbeitgeber das beseitigt, was den Annahmeverzug begründet hat. Ist der Arbeitgeber nach einer unwirksamen Kündigungserklärung mit der Annahme der Dienste des Arbeitnehmers in Verzug gekommen, so muß er zur Beendigung des Annahmeverzugs die versäumte Arbeitsaufforderung nachholen.[22] Nach Auffassung des BAG endet der Annahmeverzug allerdings dann nicht, wenn der Arbeitgeber dem Arbeitnehmer nur vorsorglich einen für die Dauer des Kündigungsrechtsstreits befristeten neuen Arbeitsvertrag zu den bisherigen Bedingungen oder eine durch die rechtskräftige Feststellung der Wirksamkeit der Kündigung auflösend bedingte Fortsetzung des Vertrages anbietet und der Arbeitnehmer dieses Angebot ablehnt.[23] Im Schrifttum ist diese Frage äußerst umstritten.[24]

8a **Rechtsfolge des Annahmeverzugs** ist, daß der arbeitsvertragliche Vergütungsanspruch des Arbeitnehmers trotz unterbliebener Arbeitsleistung bestehen bleibt. § 615 BGB enthält keine eigene Anspruchsgrundlage für den Annahmeverzugslohn, der arbeitsvertragliche Vergütungsanspruch wird vielmehr lediglich aufrechterhalten.[25]

III. Höhe der Nachzahlung

9 Die **Höhe des zu zahlenden Zwischenlohns** richtet sich zunächst nach § 615 Satz 1 BGB.[26] Der Arbeitgeber muß zahlen, was der Arbeitnehmer, wenn er nicht entlassen worden wäre, verdient haben würde. Das gilt auch für Akkordlohn, Provision, Tantieme, Gratifikation usw.[27] Findet im Betrieb Kurzarbeit statt, hätte also der Arbeitnehmer auch im Falle der Beschäftigung weniger verdient, so geht das zu seinen Lasten; umgekehrt steht ihm eine Vergütung für Überstunden zu, die er nachweislich geleistet hätte.[28]

10 Auf diesen Lohn muß sich aber der Arbeitnehmer nach § 11 **die folgenden Beträge anrechnen** lassen:[29]

1. Anrechnung anderweitigen Verdienstes

11 Anzurechnen ist nach § 11 Nr. 1, was der Arbeitnehmer **durch anderweitige Arbeit verdient hat (Nr. 1).** Anzurechnen ist nicht, was der Arbeitnehmer überhaupt durch seine Arbeitskraft erwirbt, sondern nur der Erwerb, der ihm erst durch das Unterbleiben der Arbeitsleistung ermöglicht

---

[22] Vgl. BAG 19. 1. 1999, AP Nr. 79 zu § 615 BGB.
[23] Vgl. BAG 14. 11. 1985, AP Nr. 39 zu § 615 BGB.
[24] Vgl. dazu *Berkowsky* BB 1984, 216 ff.; MünchArbR/*Boewer* § 786 Rn. 36; *Denck* NJW 1983, 255 ff.; *Kraft* Anm. zu BAG EzA § 615 BGB Nr. 53; *Löwisch* DB 1986, 2433 ff.; *Opolony* DB 1998, 1714; ErfK/*Preis* § 615 BGB Rn. 67 f.; *Schäfer* NZA 1984, 104, 110 ff.; MünchKomm-BGB/*Schaub* § 615 Rn. 37; *ders.* ZIP 1981, 347, 349; Staudinger/*Richardi* § 615 Rn. 88 ff.; *Waas* NZA 1994, 151, 156 ff.
[25] *Erman/Belling* § 615 Rn. 34; ErfK/*Preis* § 615 BGB Rn. 1; – abweichend Staudinger/*Richardi* § 615 Rn. 8.
[26] Vgl. MünchArbR/*Boewer* § 78 Rn. 45 ff.; *Erman/Belling* § 615 Rn. 34; RGRK-*Matthes* § 615 Rn. 69 ff.; MünchKomm-BGB/*Schaub* § 615 Rn. 45 ff.; Staudinger/*Richardi* § 615 Rn. 119 ff.
[27] Vgl. ErfK/*Preis* § 615 BGB Rn. 76; *Schaub* ZIP 1981, 347, 350.
[28] KR-*Spilger* § 11 KSchG Rn. 27.
[29] BAG 6. 9. 1990, AP Nr. 47 zu § 615 BGB unter III 3 d.

wird.³⁰ Nebenverdienste, die er auch bei Leistung der Arbeit hätte erzielen können, kommen also nicht in Betracht.³¹ Der anderweitige Erwerb muß kausal durch das Freiwerden der Arbeitskraft ermöglicht worden sein und darauf beruhen.³²

Es ist gleichgültig, ob der andere Erwerb durch Arbeit der gleichen Art **12** oder durch ganz anders geartete Arbeit gewonnen wird. Deshalb kommt auch ein Erwerb zur Anrechnung, den der Arbeitnehmer durch Verwendung seiner Arbeitskraft auf eigene Rechnung, namentlich durch Ausübung eines Gewerbes oder sonstige selbständige Tätigkeit erzielt.³³ Hier ist gegebenenfalls die Höhe des erzielten Gewinns nach § 287 ZPO zu schätzen.³⁴

Der **Arbeitgeber** trägt die **Beweislast** dafür, ob und in welcher Höhe **12 a** anrechenbare Bezüge den Anspruch des Arbeitnehmers auf Fortzahlung seiner Vergütung während der Zeit des Annahmeverzuges mindern.³⁵ Hinsichtlich der Höhe des anderweitigen Arbeitsverdienstes ist der **Arbeitnehmer** dem Arbeitgeber allerdings **auskunftspflichtig.** Der Anspruch auf Auskunft über die Höhe des anderweitigen Verdienstes ergibt sich aus der entsprechend anwendbaren Vorschrift des § 74 c Abs. 2 HGB.³⁶ Wenn der Arbeitnehmer die Auskunft nicht oder nicht ausreichend erteilt hat, kann der Arbeitgeber die Zahlung solange verweigern, bis er die Auskunft erhält.³⁷ Die Zahlungsklage ist in einem derartigen Fall als zur Zeit unbegründet abzuweisen.³⁸ Ein **Leistungsverweigerungsrecht** hat der Arbeitgeber allerdings nur, soweit von einer Nichterfüllung der Auskunftspflicht auszugehen ist. Ist die erteilte Auskunft lediglich in einzelnen Punkten unvollständig, so kommt nur eine Verpflichtung des Arbeitnehmers zur Ableistung einer eidesstattlichen Versicherung in Betracht.

2. Anrechnung eines möglichen Verdienstes

Der Arbeitnehmer muß sich weiterhin anrechnen lassen, was er zwar nicht **13** verdient hat, aber **hätte verdienen können,** wenn er es nicht böswillig

---

³⁰ BAG 1. 3. 1958, AP Nr. 1 zu § 9 KSchG.
³¹ Vgl. BAG 14. 8. 1974, AP Nr. 3 zu § 13 KSchG 1969 unter III mit krit. Anm. *Vollkommer* = AR-Blattei Kündigungsschutz Entsch. 150 mit Anm. *Herschel* = SAE 1976, 31 mit Anm. *Meisel*; BAG 6. 9. 1990, AP Nr. 47 zu § 615 BGB unter III 3 d, *Bader/Dörner* § 11 Rn. 29; *Erman/Belling* § 615 Rn. 42; *Löwisch* § 11 Rn. 9; MünchKomm-BGB/*Schaub* § 615 Rn. 65; KR-*Spilger* § 11 KSchG Rn. 35.
³² So zutr. BAG 6. 9. 1990, AP Nr. 47 zu § 615 BGB.
³³ Vgl. ErfK/*Ascheid* § 11 KSchG Rn. 6; APS/*Biebl* § 11 KSchG Rn. 18; *Löwisch* § 11 Rn. 6; KR-*Spilger* § 11 KSchG Rn. 35.
³⁴ *Bader/Dörner* § 11 Rn. 30; *Staudinger/Richardi* § 615 Rn. 147.
³⁵ BAG 19. 7. 1978, AP Nr. 16 zu § 242 BGB Auskunftspflicht; BAG 6. 9. 1990, AP Nr. 47 zu § 615 BGB unter III 3 d bb; ErfK/*Ascheid* § 11 KSchG Rn. 8; KR-*Spilger* § 11 KSchG Rn. 38; *Staudinger/Richardi* § 615 Rn. 159.
³⁶ BAG 27. 3. 1974, 19. 7. 1978, AP Nr. 15, 16 zu § 242 BGB Auskunftspflicht; BAG 29. 7. 1993, AP Nr. 52 zu § 615 BGB = EzA § 615 BGB Nr. 79 mit Anm. *Gravenhorst* = SAE 1994, 232 mit Anm. *Danne*; BAG 24. 8. 1999, AP Nr. 1 zu § 615 BGB Anrechnung = SAE 2001, 56 mit Anm. *Boecken*.
³⁷ BAG 29. 7. 1993, AP Nr. 52 zu § 615 BGB; ErfK/*Ascheid* § 11 KSchG Rn. 8; *Löwisch* § 11 Rn. 10.
³⁸ BAG 24. 8. 1999, AP Nr. 1 zu § 615 BGB Anrechnung = SAE 2001, 56 mit Anm. *Boecken*.

§ 11 14, 15 1. Abschnitt. Allgemeiner Kündigungsschutz

unterlassen hätte, eine ihm zumutbare Arbeit anzunehmen **(Nr. 2)**. Die Bestimmung unterscheidet sich im Wortlaut von § 615 BGB vor allem durch die Hervorhebung der Zumutbarkeit der Arbeit. Sachlich liegt aber kein Unterschied vor;[39] denn auch für die Anrechnungspflicht des § 615 BGB gilt die allgemeine Regel des § 242 BGB, so daß für die Anrechnung nur solche Arbeit in Frage kommt, deren Leistung nach Treu und Glauben vom Arbeitnehmer erwartet werden kann.[40] Daraus folgt aber nicht, daß der Arbeitnehmer sich darauf beschränken könnte, nur in einer genau gleichartigen Stellung beschäftigt zu werden; wohl aber muß es sich um eine Tätigkeit handeln, die seinen Kenntnissen, Fähigkeiten und Erfahrungen sowie seiner bisherigen Lebensstellung entspricht.

14 Der Begriff der **Böswilligkeit** ist im gleichen Sinn wie in § 324 Abs. 1 Satz 2 BGB verwandt.[41] Böswillig handelt der Arbeitnehmer, dem ein Vorwurf daraus gemacht werden kann, daß er während des Annahmeverzugs trotz Kenntnis aller objektiven Umstände, wie Arbeitsmöglichkeit, Zumutbarkeit der Arbeit und Nachteilsfolgen für den Arbeitgeber vorsätzlich untätig bleibt oder die Aufnahme der Arbeit bewußt verhindert.[42] Bloße Fahrlässigkeit des Arbeitnehmers genügt jedoch nicht. Dagegen ist nicht erforderlich, daß der Arbeitnehmer die ihm angebotene Arbeit geradezu in der Absicht, den Arbeitgeber zu schädigen, ablehnt.[43] Es genügt, wenn der Arbeitnehmer in dem Bewußtsein handelt, daß er durch die Ablehnung einer zumutbaren Arbeit den Arbeitgeber schädigt.

15 Im allgemeinen können vom Arbeitnehmer **besondere Anstrengungen** zur Erlangung anderer Arbeit **nicht verlangt** werden.[44] Besondere Umstände können aber eine andere Entscheidung rechtfertigen. So, wenn der Arbeitnehmer weiß, daß die Nichtbeschäftigung längere Zeit dauern wird und er sich bewußt ist, daß er ohne besondere Schwierigkeiten andere zumutbare Arbeit bekommen kann, sobald er sich darum bemüht. Dann kann je nach den Umständen das Unterlassen jeder Bemühung in dieser Richtung nicht nur als ein Verstoß gegen Treu und Glauben angesehen werden, sondern als geradezu böswillig, wobei aber auch das Verhalten des Arbeitgebers zu berücksichtigen ist. Auch das BAG[45] läßt u. U. Untätigbleiben des Arbeitnehmers bei Kenntnis der Arbeitsmöglichkeit genügen. Umgekehrt begründet auch die Ablehnung eines Arbeitsplatzes keine

---

[39] Ebenso BAG 16. 5. 2000, AP Nr. 7 zu § 615 BGB Böswilligkeit mit Anm. *Opolony*; APS/*Biebl* § 11 KSchG Rn. 21.
[40] Vgl. BAG 18. 6. 1965, AP Nr. 2 zu § 615 BGB Böswilligkeit mit zust. Anm. *A. Hueck*; KR-*Spilger* § 11 KSchG Rn. 39.
[41] BAG 18. 10. 1958, AP Nr. 1 zu § 615 BGB Böswilligkeit mit zust. Anm. *A. Hueck*; ErfK/*Ascheid* § 11 KSchG Rn. 10.
[42] Vgl. BAG 19. 3. 1998, AP Nr. 177 zu § 613a BGB; BAG 22. 2. 2000, AP Nr. 2 zu § 11 KSchG 1969 mit Anm. *Schirge*.
[43] So aber LAG Hannover 2. 2. 1953, AP 53 Nr. 136; LAG Frankfurt 5. 9. 1956, AP Nr. 2 zu § 615 BGB mit insoweit abl. Anm. *G. Hueck*; – dagegen mit Recht BAG 18. 10. 1958, AP Nr. 1 zu § 615 BGB Böswilligkeit mit zust. Anm. *A. Hueck*; BAG 16. 5. 2000, AP Nr. 7 zu § 615 BGB Böswilligkeit; *Bader/Dörner* § 11 Rn. 39; *Schaub* § 139 Rn. 10 und § 95 Rn. 15; KR-*Spilger* § 11 KSchG Rn. 40; *Staudinger/Richardi* § 615 Rn. 151.
[44] ErfK/*Ascheid* § 11 KSchG Rn. 10; *Schaub* § 139 Rn. 10 und § 95 Rdn. 15; KR-*Spilger* § 11 KSchG Rn. 40.
[45] BAG 18. 10. 1958, AP Nr. 1 zu § 615 BGB Böswilligkeit.

Anrechnungspflicht, wenn der Arbeitnehmer für die Ablehnung einen genügenden Grund hatte.[46]

Eine Anrechnung kommt auch in Betracht, wenn die **Beschäftigungsmöglichkeit bei dem Arbeitgeber besteht**, der sich mit der Annahme der Dienste des Arbeitnehmers in Verzug befindet.[47] Der Arbeitnehmer braucht ihm gegenüber aber nicht von sich aus aktiv zu werden. Denn nach § 11 Nr. 2 muß es der Arbeitnehmer unterlassen haben, eine Arbeit anzunehmen. Die Annahme einer Arbeit ist aber, was das BAG zutreffend hervorhebt, regelmäßig nur möglich, wenn sie zuvor angeboten worden ist. Das bedarf einer entsprechenden Erklärung des Arbeitgebers.[48] 15 a

Bei einem **Auslandsaufenthalt** nach Ausspruch der Kündigung kann nicht stets ein böswilliges Unterlassen einer anderweitigen Arbeit angenommen werden; es muß vielmehr hinzukommen, daß in dieser Zeit zumutbare Arbeitsmöglichkeiten vorhanden gewesen sind.[49] Dagegen liegt entgegen der Auffassung des BAG[50] in der Regel ein böswilliges Unterlassen anderweitiger Arbeitsaufnahme vor, wenn sich der Arbeitnehmer nicht unverzüglich beim zuständigen **Arbeitsamt** als Arbeitsuchender meldet und damit nicht von der dort konzentrierten Arbeitsvermittlung Gebrauch macht.[51] Soweit das BAG ausführt, es sei Sache des Arbeitgebers, dem Arbeitnehmer Stellenangebote zuzuleiten, um den Annahmeverzugslohn durch eine Anrechnung nach § 11 Nr. 2 zu mindern, überspannt es nicht mehr interessengerecht die Anforderungen. 16

Im Falle eines **Betriebsübergangs** gerät der Betriebsveräußerer in Annahmeverzug, wenn er den Arbeitnehmer, der dem Übergang seines Arbeitsverhältnisses auf den Betriebserwerber widersprochen hat, nicht beschäftigt. Besteht allerdings beim Erwerber die Möglichkeit einer vorübergehenden Beschäftigung bis zum Ablauf der Kündigungsfrist nach der Kündigung des Veräußerers und nimmt der Arbeitnehmer diese Möglichkeit nicht wahr, so schließt der Widerspruch die Anrechnung eines hypothetischen Verdienstes wegen böswilligem Unterlassen des Erwerbs beim neuen Betriebsinhaber nicht aus.[52] 16 a

Der anderweitig erzielte bzw. hypothetisch erzielte Verdienst des Arbeitnehmers ist auf die Vergütung **für die gesamte Dauer des Annahmeverzugs anzurechnen** und nicht nur auf die Vergütung für den Zeitabschnitt, in dem der anderweitige Erwerb gemacht (pro rata temporis) wurde. Für 17

---

[46] Vgl. BAG 18. 6. 1965, AP Nr. 2 zu § 615 BGB Böswilligkeit mit zust. Anm. *A. Hueck* = AR-Blattei Annahmeverzug Entsch. 10 mit Anm. *Herschel* = SAE 1965, 250 mit Anm. *Neumann-Duesberg*; BAG 3. 12. 1980, AP Nr. 4 zu § 615 BGB Böswilligkeit = SAE 1982, 162 mit zust. Anm. *Otto*; näher dazu *Schaub* ZIP 1981, 347, 351.
[47] Vgl. BAG 14. 11. 1985, AP Nr. 39 zu § 615 BGB; BAG 22. 2. 2000, AP Nr. 2 zu § 11 KSchG 1969.
[48] BAG 22. 2. 2000, AP Nr. 2 zu § 11 KSchG 1969.
[49] BAG 11. 7. 1985, AP Nr. 35 a zu § 615 BGB unter B II 4.
[50] BAG 16. 5. 2000, AP Nr. 7 zu § 615 BGB Böswilligkeit; *Bader/Dörner* § 11 Rn. 41 a.
[51] Ebenso ErfK/*Ascheid* § 11 KSchG Rn. 10; APS/*Biebl* § 11 KSchG Rn. 23, MünchArbR/*Boewer* § 78 Rn. 13; *Löwisch* § 11 Rn. 13; *Opolony* Anm. zu BAG AP Nr. 7 zu § 615 BGB Böswilligkeit; MünchKomm-BGB/*Schaub* § 615 Rn. 69; KR-*Spilger* § 11 KSchG Rn. 40; *Staudinger/Richardi* § 615 Rn. 153; .
[52] Vgl. BAG 19. 3. 1998, AP Nr. 177 zu § 613 a BGB mit Anm. *Moll/Jacobi*.

die deshalb erforderliche Vergleichsberechnung ist eine Gesamtberechnung durchzuführen und so die Vergütung für die infolge des Verzugs nicht geleisteten Dienste zu ermitteln. Dieser Gesamtvergütung ist gegenüberzustellen, was der Arbeitnehmer in der betreffenden Zeit anderweitig erwirbt.[53] In die Vergleichsberechnung sind zugunsten des Arbeitnehmers alle Ansprüche einzustellen, die er gegen den Arbeitgeber erworben hat. Ein zwischenzeitliches Erlöschen wegen nicht fristgerechter Geltendmachung der Forderung innerhalb tariflicher Ausschlußfristen ist unerheblich.[54]

3. Keine Anrechnung von Erspartem

18 Im Gegensatz zu § 615 BGB ist **nicht anzurechnen,** was der Arbeitnehmer infolge des Unterbleibens der Arbeitsleistung **erspart,** wie etwa die Kosten der Fahrt zur Arbeitsstätte.[55] Der Regierungsentwurf zum Gesetz von 1951 hatte auch insoweit eine Anrechnungspflicht vorgesehen; der zuständige Ausschuß des Bundestages hat aber im Hinblick auf die Geringfügigkeit der in Betracht kommenden Beträge diese Vorschrift gestrichen, um „nicht kleinlich zu verfahren". Ist das zwar an sich verständlich, so ist doch damit dem Gedanken der Einheitlichkeit des Rechts kein Dienst geleistet, da der gleiche Anspruch aus § 615 BGB in dem hier interessierenden Fall anders behandelt wird als in allen übrigen Fällen, ohne daß für diese unterschiedliche Behandlung ein Grund ersichtlich wäre.

4. Anrechnung öffentlich-rechtlicher Leistungen

19 Endlich hat der Arbeitnehmer, was in § 615 BGB nicht ausdrücklich bestimmt, wohl aber in § 11 **Nr. 3** besonders hervorgehoben ist, sich anrechnen zu lassen, was ihm an **öffentlich-rechtlichen Leistungen** infolge seiner Arbeitslosigkeit aus der Sozialversicherung, der Arbeitslosenversicherung, der Arbeitslosenhilfe oder der Sozialhilfe für die Zwischenzeit gezahlt worden ist.[56] Diese Beträge hat er objektiv zu Unrecht erhalten, da ihm wegen der Unwirksamkeit der Kündigung der Lohnanspruch zustand. Der Arbeitnehmer soll aber keine doppelte Bezahlung bekommen. Andererseits soll auch der Arbeitgeber durch diese Zahlungen keinen Vorteil haben; deshalb kann er diese Beträge zwar dem Arbeitnehmer anrechnen, ist aber verpflichtet, sie der zahlenden Stelle zu ersetzen. § 11 Nr. 3 hat freilich nur eine klarstellende Funktion, weil nach § 115 Abs. 1 SGB X bei erbrachten Leistungen eines Trägers der Sozialversicherung der Anspruch des Arbeitnehmers auf den Zwischenlohn kraft Gesetzes auf die öffentliche Stelle übergeht (cessio legis).[57] Infolgedessen kann der Arbeitgeber dem Anspruch der öffentlichen Stelle alle Einwendungen entgegensetzen, die ihm gegenüber dem

---

[53] BAG 29. 7. 1993, AP Nr. 52 zu § 615 BGB; BAG 24. 8. 1999, AP Nr. 1 zu § 615 BGB Anrechnung; *Bader/Dörner* § 11 Rn. 32; *Löwisch* § 11 Rn. 10; KR-*Spilger* § 11 KSchG Rn. 33; – abweichend *Boecken* NJW 1995, 3218; *ders.* SAE 2001, 59, 61.
[54] BAG 24. 8. 1999, AP Nr. 1 zu § 615 BGB Anrechnung.
[55] ErfK/*Ascheid* § 11 KSchG Rn. 11; APS/*Biebl* § 11 KSchG Rn. 31; *Löwisch* § 11 Rn. 2; KR-*Spilger* § 11 KSchG Rn. 50.
[56] *Löwisch* § 11 Rn. 18 ff.; KR-*Spilger* § 11 KSchG Rn. 43 ff.
[57] Ebenso ErfK/*Ascheid* § 11 KSchG Rn. 12; KR-*Spilger* § 11 KSchG Rn. 44.

Arbeitnehmer zustanden,[58] namentlich den Einwand der Aufrechnung mit einer Forderung gegen den Arbeitnehmer (§§ 404, 406, 412 BGB). Sollte der Arbeitgeber in Unkenntnis der Sachlage den Zwischenlohn an den Arbeitnehmer in voller Höhe zahlen, so wird er gemäß §§ 407, 412 BGB befreit. Um die Anrechnung ordnungsgemäß vornehmen zu können, kann der Arbeitgeber Auskunft vom Arbeitnehmer über die von ihm bezogenen öffentlich-rechtlichen Leistungen verlangen.

IV. Rechtsnatur des Anspruchs

Im Gegensatz zur Abfindung ist der Anspruch auf den entgangenen Zwischenverdienst **echter Arbeitsentgeltanspruch** und kein Schadenersatzanspruch.[59] Er unterliegt deshalb in vollem Umfang dem besonderen Lohnschutz und den sonstigen Rechtsvorschriften des Lohnrechts, namentlich den Vorschriften der §§ 850 ff. ZPO über die Lohnpfändung sowie dem Abtretungsverbot des § 400 BGB und dem Aufrechnungsverbot des § 394 BGB. Dagegen ist § 254 BGB weder unmittelbar noch analog anwendbar.   20

V. Widerruf der Kündigung ohne Urteil

Nimmt der Arbeitgeber nach Klageerhebung die Kündigung zurück, ohne daß es zu einem Urteil kommt, so **gilt § 11 entsprechend**.[60] Der Arbeitgeber erkennt damit an, daß die Kündigung sozialwidrig war, das Arbeitsverhältnis also nicht aufgelöst ist. Kommt es zu einem Vergleich, durch den die Fortsetzung des Arbeitsverhältnisses vereinbart wird, so ist es eine Frage der Auslegung, ob das Arbeitsverhältnis lediglich für die Zukunft erneuert oder aber rückwirkend wiederhergestellt werden soll; im letzteren Fall findet § 11 Anwendung.   21

§ 12 Neues Arbeitsverhältnis des Arbeitnehmers; Auflösung des alten Arbeitsverhältnisses

¹Besteht nach der Entscheidung des Gerichts das Arbeitsverhältnis fort, ist jedoch der Arbeitnehmer inzwischen ein neues Arbeitsverhältnis eingegangen, so kann er binnen einer Woche nach der Rechtskraft des Urteils durch Erklärung gegenüber dem alten Arbeitgeber die Fortsetzung des Arbeitsverhältnisses bei diesem verweigern. ²Die Frist wird auch durch eine vor ihrem Ablauf zur Post gegebene schriftliche Erklärung gewahrt. ³Mit dem Zugang der Erklärung erlischt das Arbeitsverhältnis. ⁴Macht der Arbeitnehmer von seinem Verweigerungsrecht Gebrauch, so ist ihm entgangener Verdienst nur für die Zeit zwischen der Entlassung und dem Tage des Eintritts in das neue Arbeitsverhältnis zu gewähren. ⁵§ 11 findet entsprechende Anwendung.

---

[58] Ebenso *Löwisch* § 11 Rn. 19; KR-*Spilger* § 11 KSchG Rn. 49.
[59] APS/*Biebl* § 11 KSchG Rn. 32; *Löwisch* § 11 Rn. 7; ErfK/*Preis* § 615 BGB Rn. 1; KR-*Spilger* § 11 KSchG Rn. 29.
[60] APS/*Biebl* § 11 KSchG Rn. 44; ErfK/*Ascheid* § 11 KSchG Rn. 13.

§ 12 1–3 1. Abschnitt. Allgemeiner Kündigungsschutz

Schrifttum: *Bauer,* Taktische Erwägungen und Möglichkeiten im Zusammenhang mit § 12 KSchG, BB 1993, 2444; *Brill,* Das Wahlrecht des Arbeitnehmers zwischen altem und neuem Arbeitsverhältnis (§ 12 KSchG), DB 1983, 2519.

Übersicht

	Rn.
1. Allgemeines	1
2. Voraussetzung des Wahlrechts	2
3. Fortsetzung des alten Arbeitsverhältnisses	4
4. Beendigung des alten Arbeitsverhältnisses	5
5. Erklärungsfrist	8
6. Verhältnis zu § 9	12

1. Allgemeines

1 Wenn das Gericht der Klage des Arbeitnehmers entsprechend die Fortdauer des Arbeitsverhältnisses feststellt, ist, wie oben (§ 4 Rn. 87) schon hervorgehoben wurde, auch der Arbeitnehmer verpflichtet, auf Verlangen des Arbeitgebers die Arbeit wiederaufzunehmen. Das kann für ihn Schwierigkeiten mit sich bringen, wenn er inzwischen ein neues Arbeitsverhältnis eingegangen ist. Er würde in einen Konflikt zwischen zwei verschiedenen Vertragspflichten geraten. Daraus, daß er einen neuen Arbeitsvertrag abgeschlossen hat, obwohl er die Kündigung für sozial ungerechtfertigt und somit für wirkungslos ansah, kann ihm kein Vorwurf gemacht werden. Denn einmal soll er, wie § 11 zeigt, seine Arbeitskraft in der Zwischenzeit möglichst anderweitig verwerten, und außerdem kann er nicht wissen, wie der Prozeß enden wird. Es kann ihm daher nicht zugemutet werden, in der Zwischenzeit die Möglichkeit, einen anderen Arbeitsplatz zu erhalten, abzulehnen. Deshalb gewährt ihm das Gesetz ein **Wahlrecht** zwischen den beiden Arbeitsverträgen, bindet aber dieses Wahlrecht im Interesse des Arbeitgebers an eine kurze Frist. – § 12 findet auch im Fall des § 16 Anwendung (siehe dort).

2. Voraussetzung des Wahlrechts

2 Das Wahlrecht setzt voraus, daß der Arbeitnehmer ein **neues Arbeitsverhältnis** eingegangen ist. Darunter ist ein Arbeitsverhältnis im Sinn des Arbeitsrechts zu verstehen. Dem steht dem Zweck des Gesetzes entsprechend ein Vertrag gleich, durch den der Arbeitnehmer die Tätigkeit eines Vorstandsmitgliedes einer juristischen Person übernimmt.[1] Gleiches gilt für die Begründung eines Berufsausbildungsverhältnisses. Dagegen genügen nicht der Abschluß eines Werkvertrages, nicht der Beginn eines selbständigen Gewerbes oder die bloße Beteiligung an einer Gesellschaft.[2]

3 Der Arbeitsvertrag muß „inzwischen", d. h. **vor Rechtskraft des Urteils,** abgeschlossen sein.[3] Dagegen ist nicht nötig, daß der Arbeitnehmer die

---

[1] *Bauer* BB 1993, 2444; APS/*Biebl* § 12 KSchG Rn. 5; HK-KSchG/*Dorndorf* § 12 Rn. 8; *Löwisch* § 12 Rn. 5; KR-*Rost* § 12 KSchG Rn. 8; – abweichend *Bader/Dörner* § 12 Rn. 10.

[2] Ebenso ErfK/*Ascheid* § 12 KSchG Rn. 4; *Bader/Dörner* § 12 Rn. 10, APS/*Biebl* § 12 KSchG Rn. 5; *Löwisch* § 12 Rn. 5; – teilweise abweichend HK-KSchG/*Dorndorf* § 12 Rn. 8; *Kittner/Däubler/Zwanziger* § 12 KSchG Rn. 6; *Knorr/Bichlmeier/Kremhelmer* Kap. 14 Rn. 188; KR-*Rost* § 12 KSchG Rn. 8.

[3] ErfK/*Ascheid* § 12 KSchG Rn. 4; *Kittner/Däubler/Zwanziger* § 12 KSchG Rn. 7; *Löwisch* § 12 Rn. 1 f.; KR-*Rost* § 12 KSchG Rn. 9.

Arbeit schon angetreten hat, denn die Bindung des Arbeitnehmers, auf die es in diesem Zusammenhang allein ankommt, entsteht schon durch den Abschluß des Arbeitsvertrages.[4] Ob er diese Bindung durch Anfechtung, Rücktritt oder Kündigung beseitigen könnte, ist ohne Bedeutung; denn ob er von einer solchen Lösungsmöglichkeit Gebrauch machen will, steht in seiner freien Entscheidung. – Ist dagegen **nach Rechtskraft** des Urteils der Arbeitnehmer noch frei, so ist er zur Wiederaufnahme der Arbeit verpflichtet. Er ist nicht berechtigt, jetzt noch einen neuen Arbeitsvertrag abzuschließen und daraufhin die Fortsetzung des alten Arbeitsverhältnisses zu verweigern, mochte er auch schon vorher Verhandlungen über den Abschluß des neuen Vertrages begonnen haben.

3. Fortsetzung des alten Arbeitsverhältnisses

Entscheidet sich der Arbeitnehmer für die **Fortsetzung des alten Arbeitsverhältnisses,** so ist es seine Sache, wie er sich mit dem Vertragspartner des zweiten Vertrages auseinandersetzt. Der **neue Arbeitsvertrag** wird an sich durch diese Entscheidung nicht berührt, insbesondere entsteht für den Arbeitnehmer kein Recht zur fristlosen Kündigung des zweiten Arbeitsvertrages, falls er sich nicht bei Vertragsschluß ein solches Recht besonders vorbehalten hat.[5] Er wird ihn vielmehr durch ordentliche Kündigung lösen müssen. Tritt er dann die Arbeit bei dem alten Arbeitgeber erst nach Ablauf der Kündigungsfrist an, so kann dieser aus einer solchen Verzögerung keine Rechte herleiten, da das Verhalten des Arbeitnehmers nicht schuldhaft ist, sofern er nicht etwa eine übermäßig lange Kündigungsfrist vereinbart hat.[6]

4. Beendigung des alten Arbeitsverhältnisses

Der Arbeitnehmer kann nach § 12 Satz 1 auch die Weiterarbeit bei dem alten Arbeitgeber ablehnen. Darin liegt, da die sozialwidrige Kündigung das alte Arbeitsverhältnis nicht beendet hatte, die **Auflösung** desselben **für die Zukunft.** Es handelt sich nicht um ein bloßes Leistungsverweigerungsrecht, sondern um ein fristgebundenes Sonderkündigungsrecht, das die Wirkung einer fristlosen Kündigung hat.[7] Deshalb schreibt das Gesetz folgerichtig vor, daß das alte Arbeitsverhältnis mit dem Zugehen dieser Erklärung erlischt, § 12 Satz 3.[8] Das gilt allerdings dann nicht, wenn der Arbeitnehmer sich den neuen Arbeitsplatz schon vor Ablauf der Kündigungsfrist für das alte Arbeitsverhältnis gesucht hat und auch seine Erklärung schon vor diesem Zeitpunkt abgibt. Sie wirkt dann wie eine Kündigung zu dem Termin, zu dem der Ar-

---

[4] Ebenso APS/*Biebl* § 12 KSchG Rn. 7; KR-*Rost* § 12 KSchG Rn. 10.
[5] Ebenso ErfK/*Ascheid* § 10 KSchG Rn. 8; APS/*Biebl* § 12 KSchG Rn. 9; KR-*Rost* § 12 KSchG Rn. 16.
[6] LAG Köln 23. 11. 1994, LAGE § 12 KSchG Nr. 2; KR-*Rost* § 12 KSchG Rn. 17 ff.; *Schaub* § 140 Rn. 3.
[7] Ebenso ErfK/*Ascheid* § 10 KSchG Rn. 1; *Bader/Dörner* § 12 Rn. 1; HK-KSchG/*Dorndorf* § 12 Rn. 22; HaKo-*Fiebig* § 12 KSchG Rn. 5; *Kittner/Däubler/Zwanziger* § 12 KSchG Rn. 4; KR-*Rost* § 12 KSchG Rn. 22.
[8] BAG 19. 7. 1978, AP Nr. 16 zu § 242 BGB Auskunftspflicht.

beitgeber (unwirksam) gekündigt hatte.⁹ Insofern ist der Wortlaut des Gesetzes nicht ganz genau.

6 Da das alte Arbeitsverhältnis bis zum Wirksamwerden der Erklärung des Arbeitnehmers bestanden hat, würde dem Arbeitnehmer der Lohn bis dahin nach § 615 BGB zustehen, doch müßte er sich das in dem neuen Arbeitsverhältnis Verdiente anrechnen lassen. § 12 Satz 4 vereinfacht das dadurch, daß dem Arbeitnehmer der **Lohnanspruch** von vornherein nur für die Zeit zwischen der tatsächlichen Entlassung und dem Tag des Eintritts in das neue Arbeitsverhältnis zusteht, ohne Rücksicht darauf, ob der Arbeitnehmer etwa in seiner früheren Stelle mehr verdient hätte.¹⁰ Dieser Anspruch ist ein echter Lohnanspruch im Sinn des § 615 BGB; deshalb finden auf ihn die Kürzungsvorschriften des § 11 entsprechende Anwendung, § 12 Satz 5.

7 Der Zeitraum, für den der frühere Arbeitgeber Arbeitsentgelt zu bezahlen hat, ist bei einer **Lösungserklärung des Arbeitnehmers** begrenzt bis zur vereinbarten Arbeitsaufnahme des Arbeitnehmers bei dem neuen Arbeitgeber.¹¹ Der Tag des Vertragsschlusses ist grundsätzlich unbeachtlich, weil Arbeitsentgeltansprüche erst ab dem Tag der Einstellung entstehen.¹² Es ist deshalb denkbar, daß der Arbeitnehmer zwar den neuen Arbeitsvertrag vor Rechtskraft des Urteils abgeschlossen hat, der Antritt der neuen Stelle aber erst zu einem Zeitpunkt erfolgen soll, in dem das Urteil schon rechtskräftig geworden ist. Dem Arbeitnehmer ist z. B. zum 31. März gekündigt worden. Er hat Feststellungsklage nach § 4 erhoben und dann am 10. April zum 1. Mai eine neue Stelle angenommen. Das der Klage stattgebende (Anerkenntnis-) Urteil ergeht am 15. April und wird durch Verzicht auf Rechtsmittel sofort rechtskräftig. Dann muß der Arbeitgeber, wenn der Arbeitnehmer von dem Recht des § 12 Gebrauch macht, den Lohn für den ganzen April zahlen. Andernfalls würde der Arbeitnehmer für die Zeit zwischen Abgabe seiner Erklärung und Beginn des neuen Arbeitsverhältnisses gar keinen Lohn erhalten, also durch die sozialwidrige Kündigung geschädigt werden, was das Gesetz verhindern will. Auf Verlangen des Arbeitgebers muß aber der Arbeitnehmer in der Zeit bis zum 1. Mai die Arbeit im Betrieb wieder aufnehmen. Tut er das nicht, so verliert er für diese Zeit den Lohnanspruch, da er sich das, was er durch anderweitige Verwendung der Arbeitskraft zu erwerben böswillig unterläßt, nach § 11 anrechnen lassen muß. Das Verhalten des Arbeitnehmers erscheint böswillig, wenn er, obwohl die Arbeit im neuen Arbeitsverhältnis noch gar nicht begonnen hat, unter Berufung auf dasselbe die Arbeit beim alten Arbeitgeber verweigert, trotzdem aber von ihm Lohn verlangt.¹³

---

⁹ Ebenso ErfK/*Ascheid* § 12 KSchG Rn. 7; HK-KSchG/*Dorndorf* § 12 Rn. 22; *Löwisch* § 12 Rn. 8; KR-*Rost* § 12 KSchG Rn. 22; – abweichend *Bader/Dörner* § 12 Rn. 16; APS/*Biebl* § 12 KSchG Rn. 12.

¹⁰ Dazu BAG 19. 7. 1978, AP Nr. 16 zu § 242 BGB Auskunftspflicht; HK-KSchG/*Dorndorf* § 12 Rn. 23; *Löwisch* § 12 Rn. 9; KR-*Rost* § 12 KSchG Rn. 30; zu taktischen Überlegungen im Hinblick auf Vergleichsverhandlungen vgl. *Bauer* BB 1993, 2444 ff.

¹¹ BAG 6. 11. 1986, RzK I 13 b Nr. 4.

¹² Allg. Ansicht; vgl. nur KR-*Rost* § 12 KSchG Rn. 31.

¹³ Ebenso *Kittner/Däubler/Zwanziger* § 12 KSchG Rn. 19; – abweichend *Löwisch* § 12 Rn. 10, KR-*Rost* § 12 KSchG Rn. 31, die den Lohnanspruch höchstens bis zu dem Zeitpunkt geben wollen, in dem der Arbeitnehmer die Fortsetzung des Arbeitsverhältnisses verweigert.

5. Erklärungsfrist

Die Erklärung des Arbeitnehmers muß binnen einer **Frist von einer Woche** abgegeben werden (Satz 1). Die Frist beginnt mit der Rechtskraft des Urteils; diese richtet sich nach den Vorschriften des Prozeßrechts (vgl. insbes. § 705 ZPO). – Erklärt sich der Arbeitnehmer innerhalb dieser Frist nicht, so erlischt sein Recht zur Auflösung des alten Arbeitsverhältnisses.[14] Schweigen oder nicht rechtzeitige Erklärung gilt also als Wahl der Weiterbeschäftigung.[15] Keine Bedenken bestehen dagegen, daß der Arbeitnehmer die Erklärung vorsorglich schon vor Rechtskraft des Urteils, also vor Fristbeginn abgibt.[16]

Die **Erklärung bedarf gemäß § 623 BGB der Schriftform,** weil es sich bei der Lossagung um ein Sonderkündigungsrecht handelt.[17] Die Frist wird durch Aufgabe eines die Erklärung enthaltenden Briefes zur Post gewahrt, § 12 Satz 2. Es ist dann nicht nötig, daß die Erklärung dem Arbeitgeber auch innerhalb der Frist zugeht. Handelt der Arbeitnehmer aber schuldhaft, z. B. durch fahrlässige Angabe einer unrichtigen Adresse, so wird er dem Arbeitgeber, falls dieser durch die Verzögerung des Zugehens einen Schaden erleidet, ersatzpflichtig.[18] Denn die ordnungsmäßige Abgabe der Erklärung ist eine für den Arbeitnehmer aus dem fortbestehenden Arbeitsverhältnis entspringende Vertragspflicht. Wird die Erklärung durch einen Boten übersandt, so muß sie dem Arbeitgeber innerhalb der Frist zugehen; § 12 Satz 2 erfaßt diesen Fall nicht.[19]

Bei **Berechnung** der Frist ist der Tag, an dem die Rechtskraft des Urteils eintritt, nicht mitzurechnen (§ 187 Abs. 1 BGB). Die Frist endet deshalb mit Ablauf des Tages der nächsten Woche, der durch seine Benennung dem Tag des Eintritts der Rechtskraft entspricht (§ 188 Abs. 2 BGB). Ist dieser Tag ein Samstag oder Sonntag oder ein staatlich anerkannter Feiertag, so endet die Frist erst mit dem Ablauf des folgenden Werktages (§ 193 BGB).

Die Frist ist eine **Ausschlußfrist.** Eine Wiedereinsetzung in den vorigen Stand gegen eine Versäumung der Frist ist nicht vorgesehen.[20] Eine nicht fristgerecht abgegebene Erklärung nach § 12 kann gemäß § 140 BGB in eine ordentliche Kündigung des Arbeitsverhältnisses **umgedeutet** werden.[21]

---

[14] BAG 6. 11. 1986, RzK I 13b Nr. 4; *Stahlhacke/Preis/Vossen* Rn. 20.
[15] LAG Düsseldorf 14. 10. 1969, DB 1970, 545; APS/*Biebl* § 12 KSchG Rn. 18; zur Auslegung einer Kündigung des Arbeitnehmers als Nichtfortsetzungserklärung vgl. LAG Düsseldorf 13. 6. 1979, AP Nr. 2 zu § 12 KSchG 1969.
[16] BAG 19. 10. 1972, AP Nr. 1 zu § 12 KSchG 1969; APS/*Biebl* § 12 KSchG Rn. 14; *Kittner/Däubler/Zwanziger* § 12 KSchG Rn. 10; *Löwisch* § 12 Rn. 3; KR-*Rost* § 12 KSchG Rn. 26.
[17] Ebenso ErfK/*Ascheid* § 12 KSchG Rn. 6; *Preis/Gotthardt* NZA 2000, 348, 350; *Richardi/Annuß* NJW 2000, 1231 f.; – abweichend *Bader/Dörner* § 623 Rn. 17; HK-KSchG/*Dorndorf* § 12 Rn. 11; *Löwisch* § 12 Rn. 7.
[18] Abweichend *Kittner/Däubler/Zwanziger* § 12 KSchG Rn. 12.
[19] Ebenso *Löwisch* § 12 Rn. 7; KR-*Rost* § 12 KSchG Rn. 24.
[20] APS/*Biebl* § 12 KSchG Rn. 14; *Löwisch* § 12 Rn. 7; KR-*Rost* § 12 KSchG Rn. 25.
[21] LAG Berlin 15. 10. 1999, RzK I 14 Nr. 2; APS/*Biebl* § 12 KSchG Rn. 16.

6. Verhältnis zu § 9

12 Das Gesagte gilt auch dann, wenn der Arbeitnehmer im Prozeß nach § 9 die **Auflösung des Arbeitsverhältnisses** beantragt, das Arbeitsgericht sie aber ablehnt. Die Tatsache, daß der Arbeitnehmer ein neues Arbeitsverhältnis eingegangen ist, macht die Fortsetzung des bisherigen Arbeitsverhältnisses für ihn noch nicht unzumutbar im Sinn des § 9 und braucht deshalb das Arbeitsgericht nicht zu veranlassen, dem Auflösungsantrag stattzugeben. Vielmehr kann das Arbeitsgericht es dem Arbeitnehmer überlassen, ob er von dem Recht des § 12 zur Auflösung des alten Arbeitsverhältnisses Gebrauch machen will.[22] – Hat dagegen das Arbeitsgericht nach § 9 die Auflösung des Arbeitsverhältnisses ausgesprochen, so ist für die Anwendung des § 12 kein Raum, da dem Arbeitnehmer ohnehin keine Verpflichtung zur Fortsetzung des alten Arbeitsverhältnisses mehr obliegt. Das schließt nicht aus, daß der Arbeitnehmer die Erklärung nach § 12 vorsorglich schon vor Rechtskraft des Urteils im Kündigungsschutzprozeß abgibt, gleichwohl aber den Antrag auf Auflösung nach § 9 verfolgt.[23] Gibt das Gericht dem Antrag nach § 9 statt, so wird die Erklärung nach § 12 gegenstandslos.

§ 13 Verhältnis zu sonstigen Kündigungen

(1) [1]Die Vorschriften über das Recht zur außerordentlichen Kündigung eines Arbeitsverhältnisses werden durch das vorliegende Gesetz nicht berührt. [2]Die Rechtsunwirksamkeit einer außerordentlichen Kündigung kann jedoch nur nach Maßgabe des § 4 Satz 1 und der §§ 5 bis 7 geltend gemacht werden. [3]Stellt das Gericht fest, daß die außerordentliche Kündigung unbegründet ist, ist jedoch dem Arbeitnehmer die Fortsetzung des Arbeitsverhältnisses nicht zuzumuten, so hat auf seinen Antrag das Gericht das Arbeitsverhältnis aufzulösen und den Arbeitgeber zur Zahlung einer angemessenen Abfindung zu verurteilen; die Vorschriften des § 9 Abs. 2 und der §§ 10 bis 12 gelten entsprechend.

(2) [1]Verstößt eine Kündigung gegen die guten Sitten, so kann der Arbeitnehmer ihre Nichtigkeit unabhängig von den Vorschriften dieses Gesetzes geltend machen. [2]Erhebt er innerhalb von drei Wochen nach Zugang der Kündigung Klage auf Feststellung, daß das Arbeitsverhältnis durch die Kündigung nicht aufgelöst ist, so finden die Vorschriften des § 9 Abs. 1 Satz 1 und Abs. 2 und der §§ 10 bis 12 entsprechende Anwendung; die Vorschriften des § 5 über Zulassung verspäteter Klagen und des § 6 über verlängerte Anrufungsfrist gelten gleichfalls entsprechend.

(3) Im übrigen finden die Vorschriften dieses Abschnitts auf eine Kündigung, die bereits aus anderen als den in § 1 Abs. 2 und 3 bezeichneten Gründen rechtsunwirksam ist, keine Anwendung.

---

[22] Ebenso APS/*Biebl* § 12 KSchG Rn. 26; HK-KSchG/*Dorndorf* § 12 Rn. 6; *Löwisch* § 12 Rn. 3; – abweichend LAG Hannover 12. 5. 1952, AP 53 Nr. 45 mit abl. Anm. *Herschel*.

[23] BAG 19. 12. 1972, AP Nr. 1 zu § 12 KSchG 1969 sowie oben § 9 Rn. 34.

Verhältnis zu sonstigen Kündigungen § 13

Schrifttum: *Butz,* Welche Arbeitnehmer müssen eine fristlose Kündigung innerhalb von 3 Wochen angreifen?, BB 1954, 30; *Däubler,* Kündigungsschutz außerhalb des Kündigungsschutzgesetzes, Festschrift zum 50-jährigen Bestehen der Arbeitsgerichtsbarkeit in Rheinland-Pfalz, 1999, S. 271; *Ebert,* Die Anhörung des Betriebsrats bei der Umdeutung einer fristlosen in eine fristgemäße Kündigung, BB 1976, 1132; *Etzel,* Die außerordentliche Kündigung nach dem neuen BetrVG, DB 1973, 1017; *v. Friesen/Reinecke,* Probleme der Umdeutung von außerordentlichen Kündigungen in ordentliche Kündigungen bei schwerbehinderten Arbeitnehmern, BB 1979, 1561; *Fromm,* Auflösung des Arbeitsverhältnisses eines unkündbaren Angestellten in besonders herausragender Funktion gegen dessen Willen?, DB 1988, 601; *Görner,* Die Klagefrist für die Kündigungsschutzklage nach außerordentlicher Kündigung, DB 1954, 348; *Gragert,* Kündigungsschutz in Kleinbetrieben, NZA 2000, 961; *Gragert/Kreutzfeldt,* Die Konsequenzen aus dem Beschluß des BVerfG zur Kleinbetriebsklausel in § 23 I 2 KSchG, NZA 1998, 567; *Güntner,* Der Anwendungsbereich der Dreiwochenklagefrist des KSchG, RdA 1954, 131 (dazu Erwiderung von *Hunn,* RdA 1954, 386); *derselbe,* Die Besonderheiten und Probleme des Kündigungsschutzverfahrens, DB 1975, 1267, 1317; *Hager,* Die Umdeutung der außerordentlichen in eine ordentliche Kündigung, BB 1989, 693; *Hanau,* Verfassungsrechtlicher Kündigungsschutz, Festschrift für Dieterich, 1999, S. 201; *Haubrock,* Kündigungskonversion im Arbeitsverhältnis, 1993; *Herschel,* Klagefrist bei außerordentlicher Kündigung, BB 1953, 60; *Hoffmann,* Zur Anwendung des § 11 Abs. 1 Satz 2 KSchG, RdA 1956, 263; *Joost,* Kündigungsschutz außerhalb des Kündigungsschutzgesetzes, in: Henssler/Moll (Hrsg.), Kündigung und Kündigungsschutz in der betrieblichen Praxis, 2000; *Kittner,* Neues Kündigungsschutzrecht außerhalb des Kündigungsschutzgesetzes, NZA 1998, 731; *Koller,* Abfindungs- und Fortsetzungsverweigerungsrecht im Falle einer aus „sonstigen Gründen" unwirksamen Kündigung (§ 13 Abs. 3 KSchG), DB 1979, 1458; *Kraegeloh,* Die außerordentliche Kündigung nach dem neuen KSchG, DB 1951, 877; *Krenz,* Zur Sozialauswahl in Kleinbetrieben, 2001; *Lakies,* Änderung des Kündigungsschutzgesetzes und allgemeiner Kündigungsschutz nach § 242 BGB – Verfassungsrechtliche Fragen, DB 1997, 1978; *Leisten,* Die Reichweite der Fiktion in den §§ 7 und 13 Abs. 1 Satz 2 KSchG, AuR 1985, 181; *Linck,* Die treuwidrige Kündigung, FA 2000, 382; *Lipke,* Auflösungssperre aus § 13 Abs. 1 Satz 3 KSchG bei Umdeutung der arbeitgeberseitigen außerordentlichen Kündigung in eine ordentliche Kündigung?, BlSt-SozArbR 1984, 340; *Löwisch,* Grenzen der ordentlichen Kündigung in kündigungsschutzfreien Betrieben, BB 1997, 782; *Mayer-Maly,* Was leisten die guten Sitten?, AcP 194 (1994), S. 105; *Maurer,* Ist die durch Versäumung der Ausschlußfrist unwirksame fristlose Kündigung nach § 7 KSchG n. F. heilbar?, DB 1971, 1524; *Molkenbur/Krasshöfer-Pidde,* Zur Umdeutung im Arbeitsrecht, RdA 1989, 337; *Monjau,* Sozial ungerechtfertigte, sittenwidrige und gegen Treu und Glauben verstoßende Kündigungen, DB 1951, 742; *Mühlhaus,* Die (verkannten) Auswirkungen der §§ 116, 117 BGB auf die Umdeutung nach § 140 BGB, NJW 1994, 1049; *Nikisch,* Die unwirksame Kündigung nach dem neuen KSchG, BB 1951, 646; *derselbe,* In welcher Form muß der Arbeitnehmer die Unwirksamkeit einer außerordentlichen Kündigung geltend machen?, BB 1952, 606; *Oehmann,* Auflösung des Arbeitsverhältnisses und Abfindung bei unwirksamer fristloser Entlassung, RdA 1952, 93; *Oetker,* Arbeitsrechtlicher Bestandsschutz und Grundrechtsordnung, RdA 1997, 9; *derselbe,* Gibt es einen Kündigungsschutz außerhalb des Kündigungsschutzgesetzes?, AuR 1997, 41; *Otto,* Schranken der Kündigungsfreiheit außerhalb des allgemeinen Kündigungsschutzes Festschrift für Wiese, 1998, S. 353; *U. Preis,* Der Kündigungsschutz außerhalb des Kündigungsschutzgesetzes, NZA 1997, 1256; *Röhsler,* Die ungehörige Kündigung, DB 1969, 1147; *Sarge,* Auszubildende und Fristen beim Kündigungsschutz, DB 1989, 879; *Siebert,* Unwirksamkeit der Kündigung wegen Sittenwidrigkeit oder Verstoßes gegen Treu und Glauben, BB 1952, 522; *derselbe,* Treu und Glauben im Kündigungsschutzrecht, BB 1960, 1029; *Schäfer,* Auflösungsanspruch des Arbeitgebers bei unwirksamer außerordentlicher Kündigung, BB 1985, 1994; *Schediwy,* Die Dreiwochenklagefrist des KSchG bei der außerordentlichen Kündigung, AuR 1954, 331; *K. Schmidt,* Die Umdeutung der außerordentlichen Kündigung im Spannungsverhältnis zwischen materiellem und Prozeßrecht, NZA 1989, 661; *Stahlhacke,* Grundrechtliche Schutzpflichten und allgemeiner Kündigungsschutz, Festschrift für Wiese, 1998, S. 513; *Trappehl/Lambrich,* Auflösungsantrag des Arbeitgebers nach außerordentlicher

§ 13

Kündigung?, RdA 1999, 243; *Trieschmann,* Zur Frage des Anwendungsbereiches des § 11 Abs. 1 KSchG, BArbBl. 1954, 373; *Urban,* Der Kündigungsschutz außerhalb des Kündigungsschutzgesetzes, 2001; *van Venrooy,* Unwirksamkeit der unzeitigen Kündigung in gesetzlich geregelten Fällen, JZ 1981, 53; *Wank,* Die Kündigung außerhalb des Kündigungschutzgesetzes, Festschrift für Hanau, 1999, S. 295; *Zeitlmann,* Kündigung von nicht unter das KSchG fallenden Arbeitnehmern, BlStSozArbR 1960, 124; *Zwingmann,* Zu welchem Zeitpunkt ist das Arbeitsverhältnis nach einer unbegründeten außerordentlichen Kündigung gem. § 13 Abs. 1 S. 3 KSchG aufzulösen?, AuR 1973, 65.

Übersicht

	Rn.
I. Allgemeines	1
II. Sinn und Zweck	2
III. Die außerordentliche Kündigung (Abs. 1)	6
1. Begriff	6
2. Wirksamkeit der außerordentlichen Kündigung	12
3. Unwirksamkeit der außerordentlichen Kündigung	13
a) Drei-Wochen-Frist zur gerichtlichen Geltendmachung	14
b) Kein Einspruch beim Betriebsrat	16
4. Auflösung des Arbeitsverhältnisses	17
a) Antragsberechtigung	17
b) Auflösungszeitpunkt	19
c) Annahmeverzug bei unbegründetem Auflösungsantrag	22
5. Geltendmachung sonstiger Mängel	24
6. Anwendungsbereich	25
a) Arbeitnehmer, die Kündigungsschutz nach § 1 Abs. 1 genießen	26
b) Keine Geltung für Organmitglieder und in Kleinbetrieben	27
c) Arbeitnehmer, die noch keine 6 Monate beschäftigt sind	28
d) Auszubildende	32
e) Befristete Arbeitsverhältnisse	36
7. Umdeutung	38
a) Allgemeines	38
b) Entwicklung	41
c) Vorrang der Auslegung	42
d) Folgen der Umdeutung	51
e) Anhörung des Betriebsrats	52
f) Tenorierung	56
IV. Die sittenwidrige Kündigung (Abs. 2)	57
1. Grundlagen	57
2. Abgrenzung von der Sozialwidrigkeit	58
a) Entwicklung der gesetzlichen Regelung	59
b) Strenger Maßstab	61
c) Darlegungs- und Beweislast	62
d) Beispiele	64
3. Rechtsfolgen der Sittenwidrigkeit	67
4. Feststellungsklage innerhalb der Drei-Wochen-Frist	70
V. Sonstige Nichtigkeitsgründe (Abs. 3)	75
1. Allgemeines	75
2. Gesetzliche Verbote	78
3. Weitere Kündigungsbeschränkungen	83
4. Treuwidrige Kündigung	86
a) Anwendungsbereich des § 242 BGB neben § 1	88
b) Anwendung des § 242 BGB außerhalb des KSchG	89
c) Kündigung in verletzender Form bzw. zur Unzeit	92 d
d) Sozialauswahl bei betriebsbedingten Kündigungen	92 e
5. Rechtsfolgen sonstiger Nichtigkeitsgründe	93

Verhältnis zu sonstigen Kündigungen 1–4 § 13

I. Allgemeines

§ 13 unterscheidet sich von dem früheren § 11 dadurch, daß in Abs. 1 **1**
Satz 3 ähnlich wie in § 9 Abs. 1 Satz 1 vor „Abfindung" das Wort „angemessene" eingefügt und der frühere Abs. 2, der die Umdeutung einer unwirksamen außerordentlichen in eine ordentliche Kündigung „im Zweifel" ausschloß, gestrichen worden ist. – Nach § 102 Abs. 1 BetrVG ist die Anhörung des Betriebsrats vor Ausspruch der außerordentlichen Kündigung Wirksamkeitsvoraussetzung für diese; insoweit gilt grundsätzlich dasselbe wie bei der ordentlichen Kündigung. Zu beachten ist aber, daß der Kündigungswiderspruch mit seinen besonderen Wirkungen nach § 102 Abs. 3–5 BetrVG (§ 79 Abs. 1 und 2 BPersVG) auf die ordentliche Kündigung beschränkt ist, für die außerordentliche Kündigung daher nicht in Betracht kommt. – Zur außerordentlichen Kündigung gegenüber Mitgliedern des Betriebsrats, Personalrats und anderer Arbeitnehmervertretungen vgl. unten § 15 Rn. 77 ff.

II. Sinn und Zweck

Unter einer nicht ganz zutreffenden Überschrift behandelt § 13 die **Be-** **2**
deutung sonstiger Mängel der Kündigung für den Kündigungsschutz, und zwar unterscheidet er drei Fälle: Die Rechtsunwirksamkeit der außerordentlichen Kündigung (Abs. 1), die Sittenwidrigkeit (Abs. 2) und sonstige Nichtigkeitsgründe (Abs. 3).

Der Gesetzgeber hat sich entgegen mehrfach geäußerten Anregungen **3**
nicht entschließen können, die Geltendmachung sämtlicher Nichtigkeitsgründe an die kurze **Ausschlußfrist** des § 4 zu binden.[1] Eine solche Regelung hätte den Vorteil gehabt, daß dadurch in kurzer Zeit Klarheit über das Bestehen oder Nichtbestehen des Arbeitsverhältnisses, zumindest aber über die Geltendmachung von Mängeln der Kündigung geschaffen würde. Bei Ablauf der Frist ohne Klageerhebung würde die Kündigung endgültig wirksam sein. Eine solche Regelung enthält § 17 TzBfG für befristete Arbeitsverhältnisse. – Auf der anderen Seite hätte der Ausschluß aller Einwendungen gegen die Kündigung durch Ablauf einer so kurzen Frist naturgemäß auch Härten zur Folge, man denke an eine gesetz- oder sittenwidrige Kündigung, die auf diese Weise geheilt werden könnte. Die Berücksichtigung solcher Härten hat den Gesetzgeber von einer so weitgehenden Regelung abgehalten. Überzeugend ist dies nicht. Abgesehen von der Sozialwidrigkeit können Mängel der Kündigung grundsätzlich auch noch nach Ablauf der Drei-Wochen-Frist die Nichtigkeit der Kündigung begründen.

Eine **Ausnahme** gilt aber für die Unwirksamkeit der außerordentlichen **4**
Kündigung beim Fehlen des wichtigen Grundes; dies muß durch Klage innerhalb der Drei-Wochen-Frist geltend gemacht werden (dazu auch Rn. 24). Ferner bietet das Gesetz bei Sittenwidrigkeit der Kündigung einen Anreiz zu einer Klage innerhalb der Drei-Wochen-Frist, indem es bei rechtzeitiger Klageerhebung eine Reihe von Vorschriften des KSchG für an-

---

[1] Vgl. zusammenfassend *Francken* NZA 1999, 796.

623

wendbar erklärt und damit dem Arbeitnehmer die Möglichkeit gibt, die Verurteilung des Arbeitgebers zur Zahlung einer Abfindung zu beantragen.

5   Um das **Verhältnis des KSchG zu anderen Nichtigkeitsgründen** richtig beurteilen zu können, ist aber neben § 13 noch zweierlei zu berücksichtigen:
1. Wie schon oben zu § 4 Rn. 81 dargelegt wurde, müssen, wenn der Arbeitnehmer eine Kündigungsschutzklage wegen Sozialwidrigkeit der Kündigung erhoben hat, **alle sonstigen Nichtigkeitsgründe** zwar nicht binnen der Drei-Wochen-Frist, wohl aber im Lauf des Feststellungsprozesses **geltend gemacht werden,** da ein die Klage abweisendes rechtskräftiges Urteil das Nichtbestehen des Arbeitsverhältnisses endgültig feststellt.
2. Erhebt der Arbeitnehmer wegen eines sonstigen Mangels der Kündigung innerhalb von drei Wochen Klage, so hat er den Vorteil, daß er die Sozialwidrigkeit auch noch nach Ablauf dieser Frist bis zum Schluß der mündlichen Verhandlung erster Instanz geltend machen kann **(§ 6 KSchG).**

III. Die außerordentliche Kündigung (Abs. 1)

1. Begriff

6   § 13 Abs. 1 spricht ganz allgemein von einer **außerordentlichen Kündigung.** Darunter ist eine Kündigung zu verstehen, die eine vorzeitige Beendigung des Arbeitsverhältnisses herbeiführt, allerdings nur aus einem besonderen gesetzlich vorgesehenen Grund zulässig ist.[2] Man pflegt sie vielfach mit einer fristlosen Kündigung gleichzusetzen. Das ist aber nicht ganz zutreffend.[3] Einerseits kann auch die ordentliche Kündigung unter Umständen unbefristet sein, nämlich dann, wenn gemäß § 622 Abs. 4 BGB tariflich oder vertraglich die Einhaltung einer Kündigungsfrist allgemein ausgeschlossen ist, die Kündigung also jederzeit mit sofortiger Wirkung zulässig sein soll.[4] Andererseits kann der Kündigungsberechtigte trotz des Rechts zur fristlosen Kündigung eine soziale Auslauffrist einhalten, ohne daß die Kündigung damit den Charakter einer außerordentlichen Kündigung verliert.[5] Zur außerordentlichen Kündigung i. S. v. § 13 Abs. 1 gehört auch die Kündigung nach Anlage I Kap. XIX Sachgebiet A Abschnitt III Nr. 1 Abs. 5 Einigungsvertrag.[6]

7   § 13 Abs. 1 gilt auch für **außerordentliche Änderungskündigungen** aus wichtigem Grund, die daher ebenfalls nur innerhalb der Drei-Wochen-Frist mit der Änderungsschutzklage des § 4 Satz 2 angegriffen werden können.[7]

---

[2] Vgl. *Schaub* § 125 Rn. 3.
[3] Ebenso APS/*Biebl* § 13 KSchG Rn. 6; KR-*Friedrich* § 13 KSchG Rn. 17; *Stahlhacke/Preis/Vossen* Rn. 429.
[4] Vgl. dazu BAG 2. 8. 1978, AP Nr. 1 zu § 55 MTL II mit zust. Anm. *Göller*; BAG 4. 6. 1987, AP Nr. 16 zu § 1 KSchG 1969 Soziale Auswahl; APS/*Linck* § 622 Rn. 109 f.
[5] Vgl. dazu BAG 5. 7. 1979, AP Nr. 6 zu § 15 KSchG 1969 unter III 2 mit Anm. *Richardi*; BAG 28. 3. 1985, AP Nr. 86 zu § 626 BGB mit Anm. *Herschel* = EzA § 626 n. F. BGB Nr. 96 mit zust. Anm. *Buchner*; ErfK/*Ascheid* § 13 KSchG Rn. 10; APS/*Linck* § 622 Rn. 27 ff.
[6] BAG 11. 6. 1992, AP Nr. 4 zu Einigungsvertrag Anlage I Kap. XIX.
[7] Vgl. BAG 17. 5. 1984, AP Nr. 3 zu § 55 BAT unter II 4 mit zust. Anm. *Scheuring*; BAG 19. 6. 1986, AP Nr. 16 zu § 2 KSchG 1969 = AR-Blattei Kündigungsschutz I A Entsch. 7

Das Gesetz sieht grundsätzlich für alle Arbeitsverhältnisse, auch die befristeten, die Möglichkeit einer außerordentlichen Kündigung bei Vorliegen eines **wichtigen Grundes** vor, **§ 626 BGB**. Die davon abweichende Aufzählung bestimmter Kündigungsgründe für gewerbliche Arbeiter in § 123 GewO ist durch das 1. ArbRBereinigG beseitigt worden. § 626 BGB ist zwingend und kann durch Parteivereinbarung (Arbeitsvertrag, Betriebsvereinbarung, Tarifvertrag) nicht eingeschränkt werden.[8] Neben § 626 BGB gibt es besondere Regelungen für die außerordentliche Kündigung gegenüber Auszubildenden nach § 15 Abs. 2 Nr. 1 BBiG und gegenüber den Besatzungsmitgliedern in der Seeschiffahrt nach § 64 SeemannsG.[9]   8

Die **Gründe** für eine außerordentliche Kündigung können **nicht durch Vertrag** über den gesetzlichen Rahmen hinaus **erweitert** werden, weil dadurch die für die ordentliche Kündigung zwingend vorgeschriebenen gesetzlichen Mindestkündigungsfristen und der ebenfalls zwingend wirkende Kündigungsschutz umgangen würden.[10] Wohl aber kann nach § 622 Abs. 4 BGB durch **Tarifvertrag** – und dann auch durch darauf Bezug nehmenden Arbeitsvertrag – die Kündigungsfrist für die ordentliche Kündigung abbedungen werden.[11] Geschieht das in der Weise, daß eine derart entfristete Kündigung nur beim Vorliegen bestimmter, wenn auch nicht i. S. d. § 626 BGB wichtiger, Kündigungsgründe erfolgen kann, so handelt es sich um einen der außerordentlichen Kündigung ähnlichen Vorgang, der zumindest in einem weiteren Sinn als außerordentliche Kündigung bezeichnet werden kann.[12]   9

§ 13 Abs. 1 betrifft in erster Linie die **auf Gesetz beruhende außerordentliche Kündigung.** Im Hinblick darauf, daß sein Zweck, eine baldige Klärung herbeizuführen, auch bei der an bestimmte Gründe gebundene **entfristeten ordentlichen Kündigung** als außerordentliche Kündigung im weiteren Sinn zutrifft, ist **§ 13 Abs. 1** hier **entsprechend** anzuwenden.[13] Danach muß ein Arbeitnehmer, dem zwar nicht aus wichtigem Grund, aber aus einem besonderen tariflich zur fristlosen Kündigung berechtigenden Grund gekündigt worden ist, die Unwirksamkeit der Kündigung wegen Fehlens dieses Grundes binnen drei Wochen durch Feststellungsklage geltend machen.   10

---

mit krit. Anm. *Löwisch/Abshagen*; BAG 27. 3. 1987, AP Nr. 20 zu § 2 KSchG 1969 = AR-Blattei Kündigungsschutz I A Entsch. 8 mit zust. Anm. *Wank* = EzA § 2 KSchG Nr. 10 mit insoweit zust. Anm. *Peterek*; ErfK/*Ascheid* § 13 KSchG Rn. 13.
[8] H. M.; vgl. BAG 18. 12. 1961, AP Nr. 1 zu § 626 BGB Kündigungserschwerung mit zust. Anm. *Nikisch*; BAG 8. 8. 1963, AP Nr. 2 zu § 626 BGB Kündigungserschwerung mit zust. Anm. *Bötticher*; RGRK-*Corts* § 626 Rn. 78; *Erman/Belling* § 626 Rn. 18; KR-*Fischermeier* § 626 BGB Rn. 57; *Stahlhacke/Preis/Vossen* Rn. 468; *Staudinger/Preis* § 626 Rn. 38.
[9] Zur Klage eines Arbeitgebers gegen eine außerordentliche Kündigung des Arbeitnehmers vgl. BAG 20. 3. 1986, AP Nr. 9 zu § 256 ZPO 1977; BAG 9. 9. 1992, RzK I 10 Nr. 13.
[10] Vgl. BAG 22. 11. 1973, AP Nr. 67 zu § 626 BGB mit zust. Anm. *Küchenhoff* = AR-Blattei Kündigung VIII Entsch. 43 mit Anm. *Herschel* = SAE 1975, 127 mit abl. Anm. *E. Wolf*; BAG 15. 10. 1992, EzA § 1 KSchG Verhaltensbedingte Kündigung Nr. 45 unter III 1 c; RGRK-*Corts* § 626 Rn. 76 f.; *Erman/Belling* § 626 Rn. 19; KR-*Fischermeier* § 626 BGB Rn. 68; *Stahlhacke/Preis/Vossen* Rn. 469.
[11] Dazu *Fenski* DB 1991, 2438 ff.
[12] Vgl. BAG 8. 10. 1957, AP Nr. 15 zu § 626 BGB mit zust. Anm. *G. Hueck*; BAG 4. 6. 1987, AP Nr. 16 zu § 1 KSchG 1969 Soziale Auswahl.
[13] Ebenso *Löwisch* § 13 Rn. 12; – abweichend HK-KSchG/*Dorndorf* § 13 Rn. 16; KR-*Friedrich* § 13 KSchG Rn. 22.

11 **Nicht ausgeschlossen** werden kann bei der auf Tarifvertrag oder bezugnehmendem Arbeitsvertrag beruhenden entfristeten ordentlichen Kündigung der **Kündigungsschutz** (vgl. § 1 Rn. 7 ff.). Deshalb hat der Arbeitnehmer zwei Möglichkeiten, gegen eine solche Kündigung vorzugehen:[14] Er kann geltend machen, der tariflich vorgesehene besondere Kündigungsgrund liege nicht vor, die Kündigung sei schon deshalb, zumindest als fristlose, unwirksam. Er kann aber auch vorbringen, die Kündigung sei trotz Vorliegens des besonderen Kündigungsgrundes nach den Umständen des Falles sozialwidrig und deshalb nach § 1 unwirksam. In beiden Fällen muß der Arbeitnehmer innerhalb der Frist des § 4 Feststellungsklage erheben. Er kann dann auch nach § 9 Abs. 1 bzw. § 13 Abs. 1 Satz 3 die gerichtliche Auflösung des Arbeitsverhältnisses gegen Zahlung einer Abfindung nach § 10 beantragen. Wird dagegen die außerordentliche Kündigung auf einen gesetzlich vorgesehenen Kündigungsgrund gestützt, so versagt der Kündigungsschutz nach § 1, und die Unwirksamkeit der Kündigung kann nur aus dem Fehlen des Kündigungsgrundes hergeleitet werden.

2. Wirksamkeit der außerordentlichen Kündigung

12 Das Gesetz bestimmt zunächst, daß die **Vorschriften über das Recht zur außerordentlichen Kündigung nicht berührt** werden (Abs. 1 Satz 1). Die Frage, wann ein außerordentlicher Kündigungsgrund vorliegt, ist also allein nach § 626 BGB und den daneben geltenden Sonderbestimmungen (oben Rn. 8) zu beurteilen. Liegt ein gesetzlich anerkannter Kündigungsgrund vor, so ist die Kündigung rechtswirksam und kann nicht auf Grund des KSchG bekämpft werden.[15]

3. Unwirksamkeit der außerordentlichen Kündigung

13 Anders dagegen ist es, wenn der **wichtige Kündigungsgrund fehlt.** Dann ist die außerordentliche Kündigung als solche unwirksam (über die Frage, ob sie als ordentliche Kündigung aufrechterhalten werden kann, vgl. unten Rn. 38 ff.). An dieser Unwirksamkeit ändert das KSchG an sich nichts; aber es stellt sie in ihrer weiteren Behandlung der Sozialwidrigkeit gleich, § 13 Abs. 1 Satz 2.

14 a) Will der Arbeitnehmer die Unwirksamkeit **der außerordentlichen Kündigung** geltend machen, so muß er binnen der **Drei-Wochen-Frist** des § 4, gegebenenfalls binnen der nach §§ 5 oder 6 verlängerten Frist,[16] **Feststellungsklage** nach § 4 Satz 1 erheben. Unterläßt er das, so wird der Mangel der Kündigung geheilt, die außerordentliche Kündigung gilt als von Anfang an wirksam.[17] Das folgt aus der Verweisung auf § 4 Satz 1 und §§ 5

---

[14] Ebenso *Löwisch* § 13 Rn. 12.
[15] Ebenso HK-KSchG/*Dorndorf* § 13 Rn. 3; KR-*Friedrich* § 13 KSchG Rn. 25.
[16] BAG 28. 6. 1973, AP Nr. 2 zu § 13 KSchG 1969 mit zust. Anm. *Herschel.*
[17] Vgl. ErfK/*Ascheid* § 13 KSchG Rn. 14; APS/*Biebl* § 13 KSchG Rn. 22; KR-*Friedrich* § 13 KSchG Rn. 53; *Löwisch* § 13 Rn. 15; zur Reichweite der Fiktion siehe *Leisten* AuR 1985, 181 ff. und § 7 Rn. 4 ff.

bis 7 und gilt bei unbefristeten und befristeten Arbeitsverhältnissen gleichermaßen.[18]

§ 13 greift auch dann ein, wenn der Arbeitgeber die **Zwei-Wochen-** **15** **Frist des § 626 Abs. 2 BGB** nicht eingehalten hat und die außerordentliche Kündigung bereits aus diesem Grunde unwirksam ist. Nach der gesetzlichen Regelung in § 626 Abs. 2 BGB liegt nämlich ein wichtiger Kündigungsgrund dann nicht mehr vor, wenn der Kündigungssachverhalt dem Arbeitgeber vor Ausspruch der Kündigung mehr als zwei Wochen bekannt war. Der fragliche Grund ist dann nicht mehr geeignet, die Kündigung zu rechtfertigen. Die Versäumung der Frist des § 626 Abs. 2 BGB muß daher vom Arbeitnehmer ebenfalls durch Kündigungsschutzklage binnen drei Wochen geltend gemacht werden.[19]

b) In § 13 Abs. 1 sind die §§ 3 und 4 Satz 3 nicht genannt; das Gesetz **16** sieht also **keinen Einspruch beim Betriebsrat** gegenüber einer unbegründeten außerordentlichen Kündigung vor (unberührt bleibt selbstverständlich § 102 BetrVG). Ein Grund dafür ist nicht recht ersichtlich; denn auch in solchen Fällen kann ein Einigungsversuch durch den Betriebsrat nützlich sein. Es steht aber auch nichts im Wege, daß der Arbeitnehmer sich trotz Fehlens einer besonderen Vorschrift an den Betriebsrat wendet, da dieser für derartige Anliegen eines Arbeitnehmers zuständig ist. Der Betriebsrat kann sich dann um eine Verständigung mit dem Arbeitgeber bemühen. Ebenso kann niemand den Betriebsrat hindern, dem Arbeitnehmer seine Stellungnahme schriftlich mitzuteilen, und der Arbeitnehmer kann dann diese Mitteilung auch seiner Klage beifügen. Das Fehlen einer Verweisung auf die §§ 3 und 4 Satz 3 bedeutet also lediglich, daß den Betriebsrat bei einer außerordentlichen Kündigung keine Rechtspflicht trifft, auf Einspruch des Arbeitnehmers hin tätig zu werden; das bleibt vielmehr seinem pflichtgemäßen Ermessen überlassen.

4. Auflösung des Arbeitsverhältnisses

a) Nach § 13 Abs. 1 Satz 3 kann **nur der Arbeitnehmer, dagegen** **17** **nicht der Arbeitgeber,** einen § 9 entsprechenden **Antrag auf Auflösung** des Arbeitsverhältnisses und Verurteilung des Arbeitgebers zur Zahlung einer Abfindung stellen, wenn ihm die Fortsetzung des Arbeitsverhältnisses nach der unberechtigten außerordentlichen Kündigung des Arbeitgebers nicht mehr zuzumuten ist. Eine analoge Anwendung des § 9 Abs. 1 Satz 2, wonach auch der Arbeitgeber die Möglichkeit hätte, einen Auflösungsantrag zu stellen, scheidet bei der außerordentlichen Kündigung auf Grund des eindeutigen Wortlauts des Gesetzes aus. Der Gesetzgeber hat die unberechtigte

---

[18] BAG 13. 4. 1967, AP Nr. 10 zu § 11 KSchG mit abl. Anm. *Herschel;* BAG 8. 6. 1972, AP Nr. 1 zu § 13 KSchG 1969 mit zust. Anm. *Schleßmann;* BAG 31. 3. 1993, AP Nr. 27 zu § 4 KSchG 1969; ErfK/*Ascheid* § 13 KSchG Rn. 14; vgl. auch unten Rn. 36 f.

[19] H. M.; vgl. BAG 8. 6. 1972, AP Nr. 1 zu § 13 KSchG 1969 mit zust. Anm. *Schleßmann;* BAG 6. 7. 1972, AP Nr. 3 zu § 626 BGB Ausschlußfrist mit zust. Anm. *Söllner;* ErfK/*Ascheid* § 13 KSchG Rn. 14; HK-KSchG/*Dorndorf* § 13 Rn. 34; KR-*Friedrich* § 13 KSchG Rn. 62; *Kittner/Däubler/Zwanziger* § 13 KSchG Rn. 8; *Löwisch* § 13 Rn. 18; *Stahlhacke/Preis/Vossen* Rn. 1163; – abweichend *Güntner* BB 1973, 1496.

außerordentliche Kündigung als besonders schwerwiegenden Vertragsverstoß des Arbeitgebers angesehen und ihm daher die Möglichkeit versagt, seinerseits einen Auflösungsantrag stellen zu können.[20] Dies gilt auch bei Kündigungen leitender Angestellter.[21]

17 a Hat der Arbeitgeber jedoch nicht nur außerordentlich, sondern auch **hilfsweise ordentlich gekündigt**, kann er für den Fall einer sich ergebenden Sozialwidrigkeit der vorsorglich erklärten ordentlichen Kündigung die Auflösung des Arbeitsverhältnisses zum Ablauf der Kündigungsfrist begehren, wenn der Betriebsrat zuvor auch zu der ordentlichen Kündigung ordnungsgemäß unter Beachtung der Wochenfrist des § 102 Abs. 2 BetrVG angehört wurde. Das gleiche gilt, wenn sich der Arbeitgeber gemäß § 140 BGB auf die Umdeutung der außerordentlichen Kündigung in eine ordentliche Kündigung beruft.[22]

18 Die Vorschrift des § 13 Abs. 1 Satz 3 über die Auflösung des Arbeitsverhältnisses auf Antrag des Arbeitnehmers nach unwirksamer fristloser Arbeitgeberkündigung ist auf **Berufsausbildungsverhältnisse nicht anwendbar**.[23] Zu Recht weist das BAG darauf hin, daß es mit dem vom Gesetzgeber verfolgten Ziel, den Fortbestand des Berufsausbildungsverhältnisses zu sichern, unvereinbar ist, dem Auszubildenden bei unwirksamer Kündigung des Ausbildenden die erleichterte Auflösungsmöglichkeit nach § 13 Abs. 1 Satz 3 i. V. m. §§ 9 und 10 zu eröffnen.

19 b) Das Gericht hat, wenn es dem Antrag stattgibt, nach § 9 Abs. 2 den **Zeitpunkt für die Auflösung des Arbeitsverhältnisses** festzusetzen. Zweifelhaft ist, was in dieser Hinsicht unter entsprechender Anwendung des § 9 Abs. 2 zu verstehen ist. Kommt es auf den Zeitpunkt an, zu dem eine sozial einwandfreie ordentliche Kündigung die Lösung herbeigeführt hätte,[24] oder auf den Zeitpunkt, zu dem die ausgesprochene Kündigung, wenn sie gerechtfertigt gewesen wäre, gewirkt hätte? Für den Normalfall der sozialwidrigen ordentlichen Kündigung, wie ihn § 9 Abs. 2 im Auge hat, fällt beides zusammen, nicht aber für den hier interessierenden Fall der außerordentlichen Kündigung.

---

[20] H. M.; vgl. BAG 15. 3. 1978, AP Nr. 45 zu § 620 BGB Befristeter Arbeitsvertrag unter III = AR-Blattei Probearbeitsverhältnis Entsch. 17 mit zust. Anm. *Falkenberg* = EzA § 620 BGB Nr. 34 mit zust. Anm. *Bunge;* BAG 26. 10. 1979, AP Nr. 5 zu § 9 KSchG 1969 mit abl. Anm. *Grunsky* = AR-Blattei Kündigungsschutz Entsch. 195 mit Anm. *Herschel* = SAE 1980, 57 mit insoweit zust. Anm. *Sieg;* LAG Hamm 24. 11. 1988, LAGE § 626 BGB Unkündbarkeit Nr. 2; LAG Hamm 18. 10. 1990, LAGE § 9 KSchG Nr. 19; LAG Niedersachsen 10. 11. 1994, LAGE § 9 KSchG Nr. 23; ErfK/*Ascheid* § 13 KSchG Rn. 15; *Bauer* Festschrift für Hanau S. 151, 161; APS/*Biebl* § 13 KSchG Rn. 24; HK-KSchG/*Dorndorf* § 13 Rn. 50; KR-*Friedrich* § 13 KSchG Rn. 64; – abweichend *Fromm* DB 1988, 601; *Schäfer* BB 1985, 1994; *Trappehl/Lambrich* RdA 1999, 243, 247 ff.
[21] Vgl. LAG Hamm 24. 11. 1988, LAGE § 626 BGB Unkündbarkeit Nr. 2.
[22] Vgl. BAG 26. 10. 1979, AP Nr. 5 zu § 9 KSchG 1969; LAG Berlin 5. 5. 1997, LAGE § 9 KSchG Nr. 29.
[23] BAG 29. 11. 1984, AP Nr. 6 zu § 13 KSchG 1969 mit insoweit zust. Anm. *Natzel*; APS/*Biebl* § 13 KSchG Rn. 26; HaKo-*Fiebig* § 13 Rn. 22.
[24] So LAG Frankfurt AP Nr. 85 mit insoweit abl. Anm. *A. Hueck,* LAG Hamm 5. 12. 1996, LAGE § 64 ArbGG 1979 Nr. 32; *Dietz* NJW 1951, 945; HK-KSchG/*Dorndorf* § 13 Rn. 54; *Güntner* DB 1975, 1270; *Oehmann* RdA 1952, 93; *Nikisch* BB 1951, 648; *Schaub* § 141 Rn. 19; *Zwingmann* AuR 1973, 65.

Die Frage ist im letzteren Sinn zu entscheiden, d. h. das Arbeitsverhältnis **20** endet zu dem **Zeitpunkt, zu dem die außerordentliche Kündigung wirksam geworden wäre.**[25] Denn eine ordentliche Kündigung ist gar nicht ausgesprochen, und es ist deshalb trotz unerfreulicher Konsequenzen für die Anwendung des § 143a Abs. 1 SGB III[26] nicht recht einzusehen, warum es auf die ordentliche Kündigungsfrist ankommen müßte. In diesem Zusammenhang ist auch zu berücksichtigen, daß der Gesetzgeber bei der Neufassung des AFG im Jahre 1977 und des SGB III im Jahre 1997 an dem bestehenden Rechtszustand nichts geändert hat, obwohl ihm die einschlägige Rechtsprechung des BAG zu jener Zeit bekannt war. Der Gesetzgeber hat daher in Kenntnis der h. M. die Neuregelung getroffen, weshalb kein Grund besteht, wegen der nachteiligen Folgen im Hinblick auf das Arbeitsförderungsrecht einen anderen Auflösungszeitpunkt anzunehmen, als den Zeitpunkt der Wirksamkeit der außerordentlichen Kündigung.[27]

Ferner spricht für diese Entscheidung auch folgende Erwägung: Das Ge- **21** setz hat **§ 9 als eine Art Ersatz für das frühere Wahlrecht** des Arbeitgebers zwischen Weiterbeschäftigung und Abfindung geschaffen. Durch den Abs. 2 des § 9 soll, wie die Begründung zum Regierungsentwurf erklärt, der Arbeitnehmer so gestellt werden, wie er früher gestanden hätte, wenn der Arbeitgeber den Widerruf der Kündigung ablehnte. In einem solchen Falle war die Kündigung so wirksam, wie sie vom Arbeitgeber ausgesprochen war. Endlich ist zu berücksichtigen, daß die Auflösung des Arbeitsverhältnisses nur anzuordnen ist, wenn die Weiterarbeit nicht mehr zumutbar ist. Damit ist nicht vereinbar, daß das Arbeitsgericht bei langen Kündigungsfristen den Zeitpunkt der Lösung so festsetzen müßte, daß der schon entlassene Arbeitnehmer u. U. noch für eine bestimmte Zeit die Arbeit wiederaufzunehmen hätte. Demgemäß ist, wenn, wie es die Regel ist, die außerordentliche Kündigung fristlos ausgesprochen war, vom Gericht als Zeitpunkt der Auflösung des Arbeitsverhältnisses der Tag festzustellen, an dem die Kündigung dem Arbeitnehmer zugegangen war. Nur bis zu diesem Tage steht dem Arbeitnehmer die Arbeitsvergütung zu, während er im übrigen die Abfindung erhält. Der frühe Termin der Auflösung ist in seiner Auswirkung auf den Zwischenverdienst bis zum Ende der Kündigungsfrist bei Bemessung der Höhe der Abfindung zu berücksichtigen. Für diese ist § 10 maßgebend.[28]

Fraglich ist, wie der Auflösungszeitpunkt festzusetzen ist, wenn eine **Um-** **21a** **deutung der außerordentlichen Kündigung** des Arbeitgebers in eine ordentliche Kündigung in Betracht kommt und beide Kündigungen unwirksam sind. In diesen Fällen hat der Arbeitnehmer nach der zutreffenden

---

[25] So auch die heute h. M.; vgl. BAG 23. 1. 1958, AP Nr. 11 zu § 13 KSchG mit zust. Anm. *A. Hueck;* BAG 30. 7. 1964, AP Nr. 1 zu § 398 ZPO; BAG 22. 2. 1968, AP Nr. 22 zu § 7 KSchG mit insoweit zust. Anm. *A. Hueck;* BAG 9. 4. 1981, AP Nr. 1 zu § 11 KSchG 1969 unter II 1 mit Anm. *Brackmann* und *Gagel;* BSG 8. 12. 1987, NZA 1988, 443, 445; ErfK/*Ascheid* § 13 KSchG Rn. 16; *Bader* § 13 Rn. 22; APS/*Biebl* § 13 KSchG Rn. 28; KR-*Friedrich* § 13 KSchG Rn. 69; *Kittner/Däubler/Zwanziger* § 13 KSchG Rn. 15; *Löwisch* § 13 Rn. 22; *Stahlhacke/Preis/Vossen* Rn. 1215.
[26] Vgl. zum früheren § 117 Abs. 2 AFG BSG 8. 12. 1987, NZA 1988, 443 ff.; *Gitter* NJW 1985, 1125 ff.
[27] Ebenso KR-*Friedrich* § 13 KSchG Rn. 69.
[28] Vgl. dazu LAG Baden-Württemberg 14. 5. 1975, DB 1975, 2328, 2329.

Rechtsprechung des BAG grundsätzlich die Möglichkeit, bezogen auf die fristlose Kündigung des Arbeitgebers keinen Auflösungsantrag zu stellen und nur die Auflösung des Arbeitsverhältnisses im Hinblick auf die umgedeutete fristgerechte Kündigung zu beantragen.[29] Damit behält der Arbeitnehmer für die Dauer der Kündigungsfrist seine Arbeitsentgeltansprüche. Der Arbeitgeber kann dies nur verhindern, wenn er sich nicht vorsorglich auf eine Umdeutung der außerordentlichen Kündigung in eine ordentliche Kündigung beruft.[30]

22 c) Stellt der Arbeitnehmer den Antrag nach §§ 9, 13 Abs. 1 Satz 3, so kann er daneben für den Fall, daß der Antrag keinen Erfolg hat, dem Arbeitgeber bis zur Entscheidung über den Antrag seine Dienste in einer den **Annahmeverzug des Arbeitgebers** begründenden Weise anbieten. Er behält dann den Anspruch aus den §§ 615 BGB, 11 KSchG, falls sein Auflösungsantrag abgelehnt wird oder er ihn später aus irgendeinem Grunde zurücknimmt.[31]

23 Wird ein Auflösungsantrag nicht gestellt oder weist das Arbeitsgericht ihn ab, sieht es aber die Kündigung als unbegründet an, so stellt es im Urteil fest, daß das Arbeitsverhältnis durch die außerordentliche Kündigung nicht aufgelöst worden ist. In diesem Fall hat der Arbeitgeber für die Zwischenzeit das **Arbeitsentgelt nach § 615 BGB** fortzuzahlen.[32] Für die Anrechnungspflicht des Arbeitnehmers und die Möglichkeit, seinerseits das Arbeitsverhältnis fristlos aufzulösen, wenn er schon ein anderes Arbeitsverhältnis eingegangen ist, finden die §§ 11 und 12 gemäß § 13 Abs. 1 Satz 3 Anwendung.

5. Geltendmachung sonstiger Mängel

24 Das Gesetz schreibt die Geltendmachung durch Kündigungsschutzklage nach § 4 für den Fall der „Rechtsunwirksamkeit einer außerordentlichen Kündigung" vor. Diese Formulierung ist jedoch zu weit; denn danach müßte die Regelung bei jedem Mangel einer außerordentlichen Kündigung, der deren Unwirksamkeit zur Folge hat, Platz greifen. Erfaßt werden soll jedoch nur der der Sozialwidrigkeit einer ordentlichen Kündigung vergleichbare Fall, daß ein die außerordentliche Kündigung rechtfertigender wichtiger Grund – einschließlich des nach § 626 Abs. 2 BGB fristgerechten Ausspruchs der Kündigung (dazu Rn. 15) – nicht vorliegt.[33] **Sonstige Mängel**, z.B. fehlende Geschäftsfähigkeit einer Partei, Mangel einer vertraglich vorgesehenen Form, fehlende Vollmacht bei Kündigung durch einen Vertreter, fehlende Betriebsratsanhörung nach § 102 Abs. 1 BetrVG usw. gehören nicht hierher. Es wäre sinnwidrig, wenn derartige Mängel bei einer ordentlichen

---

[29] BAG 26. 8. 1993, AP Nr. 113 zu § 626 BGB = EzA § 322 ZPO mit Anm. *Vogg*; KR-*Friedrich* § 13 KSchG Rn. 108; *Stahlhacke/Preis/Vossen* Rn. 1215.
[30] Zutr. *Bauer* Festschrift für Hanau S. 151, 166.
[31] BAG 18. 1. 1963, AP Nr. 22 zu § 615 BGB unter II 2b mit zust. Anm. *A. Hueck*; APS/*Biebl* § 13 KSchG Rn. 31; HK-KSchG/*Dorndorf* § 13 Rn. 57; KR-*Friedrich* § 13 KSchG Rn. 73.
[32] BAG 9. 4. 1981, AP Nr. 1 zu § 11 KSchG 1969; KR-*Friedrich* § 13 KSchG Rn. 72; *Peterek* SAE 1982, 33, 34.
[33] H.M.; vgl. ErfK/*Ascheid* § 13 KSchG Rn. 14; KR-*Friedrich* § 13 Rn. 61; *Löwisch* § 13 Rn. 17 f.; *Stahlhacke/Preis/Vossen* Rn. 1165.

Verhältnis zu sonstigen Kündigungen　　　　25–29　**§ 13**

Kündigung gemäß § 13 Abs. 3 (unten Rn. 75 ff.) unbefristet geltend gemacht werden könnten, ihre Geltendmachung aber bei der außerordentlichen Kündigung an die kurze Ausschlußfrist des § 4 gebunden wäre.

6. Anwendungsbereich

Umstritten ist der Anwendungsbereich der vorstehend geschilderten Regeln. 25

a) Sie gelten sicher für alle **Arbeitnehmer, die Kündigungsschutz** nach 26 § **1 genießen** (siehe § 1 Rn. 21 ff.).

b) Sie gelten **nicht** für **Organmitglieder** i. S. d. § 14 Abs. 1 und nicht für 27 **Arbeitnehmer in Kleinbetrieben** gemäß § 23 Abs. 1 Satz 2,[34] da diese beiden Personengruppen durch ausdrückliche Vorschrift von den Bestimmungen des 1. Abschnitts des KSchG und somit auch von § 13 ausgenommen sind.[35] – Dagegen findet für **leitende Angestellte** i. S. d. § 14 Abs. 2 der 1. Abschnitt des KSchG und damit auch § 13 Abs. 1 Anwendung.

c) Nach herrschender Meinung gilt § 13 Abs. 1 ferner **nicht für Arbeit-** 28 **nehmer, die weniger als 6 Monate dem Betrieb angehören,** weil sie nach § 1 keinen Kündigungsschutz genießen.[36]

Die Gründe der herrschenden Meinung überzeugen nicht.[37] Im 29 Gegensatz zu den oben (Rn. 27) genannten Gruppen fehlt eine ausdrückliche Regelung im Gesetz. Schon diese Tatsache spricht dagegen, daß das Gesetz die hier interessierenden Arbeitnehmer den Organmitgliedern und den Arbeitnehmern in Kleinbetrieben habe gleichstellen wollen, zumal es sehr nahe gelegen hätte und sehr einfach gewesen wäre, das im Gesetz zum Ausdruck zu bringen, wenn es gewollt gewesen wäre. Die fraglichen Arbeitnehmer sind nicht etwa schlechthin vom KSchG oder auch nur von den Vorschriften des 1. Abschnittes ausgenommen, sondern sie haben lediglich die besonderen Voraussetzungen für den Kündigungsschutz gegenüber ordentlichen Kündigungen, wie sie in § 1 Abs. 1 vorgesehen sind, noch nicht erfüllt. § 13 Abs. 1 verweist aber für die außerordentliche Kündigung nicht

---

[34] Zur Verfassungsmäßigkeit dieser Vorschrift vgl. BVerfG 27. 1. 1998, AP Nr. 17 zu § 23 KSchG 1969; BAG 19. 4. 1990, AP Nr. 8 zu § 23 KSchG 1969; zur Vereinbarkeit mit Gemeinschaftsrecht EuGH 30. 11. 1993, AP Nr. 13 zu § 23 KSchG 1969 sowie § 23 Rn. 19 a.

[35] H. M.; BAG 27. 1. 1955, 15. 12. 1956, AP Nr. 4, 9 zu § 11 KSchG; BAG 5. 8. 1965, AP Nr. 2 zu § 21 KSchG; KR-*Friedrich* § 13 KSchG Rn. 28; – abweichend *Güntner* RdA 1954, 131; LAG Stuttgart 30. 9. 1953, BB 1954, 29.

[36] BAG 27. 1. 1955, AP Nr. 5 zu § 11 KSchG mit abl. Anm. *A. Hueck* = AR-Blattei Kündigungsschutz Entsch. 24 mit zust. Anm. *Steinmann* = SAE 1956, 75 mit Anm. *Müller;* BAG 15. 9. 1955, AP Nr. 7 zu § 11 KSchG mit abl. Anm. *A. Hueck;* BAG 17. 8. 1972, AP Nr. 65 zu § 626 BGB mit insoweit zust. Anm. *Birk* = AR-Blattei Kündigungsschutz Entsch. 135 mit zust. Anm. *Herschel* = SAE 1974, 42 mit zust. Anm. *Beuthien;* ErfK/*Ascheid* § 13 KSchG Rn. 6; *Besta* Die Regelung der Klageerhebungsfrist in den §§ 4–6 KSchG, Diss. Passau 1987, S. 40 ff.; APS/*Biebl* § 13 KSchG Rn. 12 f.; HK-KSchG/*Dorndorf* § 13 Rn. 22; HaKo-*Fiebig* § 13 KSchG Rn. 12; KR-*Friedrich* § 13 KSchG Rn. 32 f.; Kittner/Däubler/ Zwanziger § 13 KSchG Rn. 3; *Schaub* § 138 Rn. 2; Stahlhacke/Preis/Vossen Rn. 1167.

[37] Ebenso KPK-*Bengelsdorf* § 13 Rn. 7; *A. Hueck* Anm. zu BAG AP Nr. 5 zu § 11 KSchG; *Löwisch* § 13 Rn. 4; MünchKomm-BGB/*Schwerdtner* § 626 Rn. 246; *Zöllner/Loritz* § 23 IX 3.

auf § 1, obwohl er im übrigen die anwendbaren Vorschriften genau aufzählt. Der Wortlaut des Gesetzes spricht also nicht für die herrschende Meinung. Deshalb überzeugt es auch nicht, wenn das BAG[38] zugunsten der herrschenden Meinung anführt, daß der Gesetzgeber in Kenntnis der Streitfrage das 1. ArbRBereinigG nicht zu einer klarstellenden Gesetzesänderung genutzt habe. Gewiß wäre hier eine Klärung wünschenswert gewesen; andererseits darf aber nicht übersehen werden, daß der Wortlaut des Gesetzes, wie gezeigt, gerade nicht für die herrschende Meinung spricht, so daß eher eine Gesetzesänderung zu ihrer Bestätigung erforderlich gewesen wäre.

30 Auch der Gedanke, daß nur Arbeitnehmer, die durch das KSchG gegenüber einer ordentlichen Kündigung **bessergestellt** seien, dafür gewissermaßen zum Ausgleich die Nachteile des § 13 Abs. 1 Satz 2 bei der außerordentlichen Kündigung in Kauf nehmen müßten, überzeugt nicht, da zwischen beidem kein innerer Zusammenhang besteht. § 1 nimmt die genannten Arbeitnehmer vom Kündigungsschutz gegenüber der ordentlichen Kündigung aus, weil der Gesetzgeber eine solche Kündigung gegenüber einem Arbeitnehmer, der noch nicht 6 Monate dem Betrieb angehört, nicht als sozialwidrig ansieht; ein Recht auf den Arbeitsplatz soll mit anderen Worten erst durch eine gewisse Dauer der Betriebszugehörigkeit erworben werden. Die Begrenzung der Sozialwidrigkeit der ordentlichen Kündigung hat aber mit dem Interesse an rascher und endgültiger Klärung der Wirksamkeit einer außerordentlichen Kündigung nichts zu tun. Dieses Interesse, das allein für die Schaffung des § 13 Abs. 1 maßgebend war, besteht vielmehr ganz unabhängig von der Dauer der Betriebszugehörigkeit.

31 Vor allem aber **führt die herrschende Meinung zu völlig unbilligen Ergebnissen.** Das zeigt am besten ein **Beispiel.** Angenommen, einem dem Betrieb schon 20 Jahre angehörenden Arbeitnehmer und einem erst vor wenigen Wochen in den Betrieb eingetretenen Arbeitnehmer wird wegen einer ihnen gemeinsam zum Vorwurf gemachten, in Wirklichkeit nicht vorliegenden Verfehlung fristlos außerordentlich gekündigt. Da zunächst Vergleichsverhandlungen geführt werden, die aber schließlich scheitern, klagen sie beide erst nach Ablauf von drei Wochen. Dann müßte nach der herrschenden Meinung die Klage des schon 20 Jahre beschäftigten Arbeitnehmers abgewiesen, der Klage des erst gerade in den Betrieb eingetretenen Arbeitnehmers aber stattgegeben werden. Der ganze Sinn des KSchG, das, wie nicht nur § 1 Abs. 1, sondern auch der frühere § 8 Abs. 2 und vor allem die allgemein anerkannte Handhabung des § 1 Abs. 3 zeigen, die längere Betriebszugehörigkeit besonders berücksichtigen will, wird auf den Kopf gestellt. Dies beweist besonders kraß die Unbilligkeit der herrschenden Lehre. Die Unbilligkeit bleibt grundsätzlich dieselbe, auch wenn die geschilderte ungleiche Behandlung von zwei Arbeitnehmern nicht gleichzeitig, sondern zu verschiedenen Zeitpunkten eintritt. Dagegen kann auch nicht, wie das BAG meint, eingewandt werden, daß es bei der Festsetzung von Fristen immer Grenzfälle gebe, die Unbilligkeiten mit sich brächten. Denn es handelt sich gerade nicht um Grenzfälle, sondern um eine grundsätzliche und deshalb dem Sinn des KSchG direkt zuwiderlaufende Besserstellung weniger schutz-

---

[38] BAG 17. 8. 1972, AP Nr. 65 zu § 626 BGB.

würdiger Arbeitnehmer, für die bisher kein ausreichender Grund hat angeführt werden können.[39]

d) § 13 Abs. 1 gilt grundsätzlich auch für **Auszubildende**.[40] Bedenken der Gegenmeinung im Hinblick auf die Mindestaltersgrenze in § 1 KSchG sind mit deren Aufhebung gegenstandslos geworden. Keine Besonderheit der Berufsausbildungsverhältnisse ist ferner die allgemeine Problematik der Anwendung bzw. Nichtanwendung von § 13 Abs. 1 auf Arbeitnehmer in Kleinbetrieben (oben Rn. 27), vor Erreichen der sechsmonatigen Betriebs- oder Unternehmensangehörigkeit (oben Rn. 28 ff.) oder in befristeten Arbeitsverhältnissen (unten Rn. 36, 37); hiervon sind alle Arten von Arbeitsverhältnissen gleichermaßen betroffen, so daß daraus keine Abweichung speziell für Berufsausbildungsverhältnisse hergeleitet werden kann.[41] Auch der Gedanke einer kompensierenden Verknüpfung des § 13 Abs. 1 Satz 2 mit § 1 ist abzulehnen (oben Rn. 30), würde aber im übrigen ebenfalls keine Besonderheit der Berufsausbildungsverhältnisse treffen, die zudem durch den Ausschluß der ordentlichen Arbeitgeberkündigung sogar noch stärker als nach § 1 geschützt sind. Das Ziel des § 13 Abs. 1, eine schnelle und endgültige Klärung der Wirksamkeit einer außerordentlichen Kündigung, trifft vielmehr bei Berufsausbildungsverhältnissen ebenso zu wie bei allen anderen Arbeitsverhältnissen und ist weder mit dem Wesen und Zweck der ersteren unvereinbar (§ 3 Abs. 2 BBiG), noch verkehrt es durch die Folgen einer Fristversäumung die Tendenz des Ausbildungsschutzes ins Gegenteil.[42]

Auch die Ausdehnung des früher nur für das Handwerk geltenden § 111 Abs. 2 ArbGG auf alle Bereiche der Berufsausbildung durch das BBiG hat an der Geltung des § 13 Abs. 1 für Auszubildende nichts geändert.[43] Die Einrichtung von **Ausschüssen zur Beilegung von Streitigkeiten aus Berufsausbildungsverhältnissen** zwischen Ausbildenden und Auszubildenden ist nicht zwingend vorgeschrieben.[44] Wenn ein solcher Ausschuß besteht, ist er auch für einen Streit über die Wirksamkeit der außerordentlichen Kündigung eines Berufsausbildungsverhältnisses zuständig.[45] Das Vorverfahren vor

---

[39] Vgl. im übrigen die eingehende Stellungnahme zu den Gründen des BAG in der Anm. von *A. Hueck* AP Nr. 5 zu § 11 KSchG.
[40] Vgl. dazu auch § 1 Rn. 51 sowie zur Ausnahme oben Rn. 18; ebenso BAG 5. 7. 1990, AP Nr. 23 zu § 4 KSchG 1969 = EzA § 4 KSchG n. F. Nr. 39 mit abl. Anm. *Vollkommer*; BAG 26. 1. 1999, AP Nr. 43 zu § 4 KSchG 1969; ErfK/*Ascheid* § 13 KSchG Rn. 7; KPK-*Bengelsdorf* § 13 Rn. 8; APS/*Biebl* § 13 KSchG Rn. 17; KR-*Friedrich* § 13 KSchG Rn. 36; *Kittner/Däubler/Zwanziger* § 13 KSchG Rn. 5; *Löwisch* § 13 Rn. 5; *Natzel* Berufsbildungsrecht 3. Aufl. 1982, S. 295; *Schaub* § 174 Rn. 96 ff.; – abweichend LAG Brandenburg 10. 1. 1997, LAGE § 4 KSchG Nr. 39 (aufgehoben durch BAG 26. 1. 1999 aaO.); HK-KSchG/*Dorndorf* § 13 Rn. 26; *Hurlebaus* BB 1975, 1533, 1535; *Sarge* DB 1989, 879, 881 f.; *Stahlhacke/Preis/Vossen* Rn. 1051b; KR-*Weigand* §§ 14, 15 BBiG Rn. 122 f.; *Wenzel* BB 1969, 1402, 1404.
[41] Zutr. BAG 5. 7. 1990, AP Nr. 23 zu § 4 KSchG 1969 unter II 2.
[42] So aber *Hurlebaus* BB 1975, 1533, 1535; KR-*Weigand* §§ 14, 15 BBiG Rn. 122.
[43] Ebenso BAG 5. 7. 1990, AP Nr. 23 zu § 4 KSchG 1969 unter II 4.
[44] Näheres dazu und zum Verfahren bei GK-ArbGG/*Ascheid* § 111 Rn. 3 ff.; *Germelmann/Matthes/Prütting* § 111 Rn. 6 ff.; *Grunsky* § 111 Rn. 3 ff.
[45] BAG 18. 9. 1975, AP Nr. 2 zu § 111 ArbGG 1953 mit zust. Anm. *Natzel;* BAG 13. 4. 1989, AP Nr. 21 zu § 4 KSchG 1969 mit zust. Anm. *Natzel* = EzA § 13 KSchG n. F. Nr. 4 mit zust. Anm. *Brehm*.

dem Ausschuß ist Prozeßvoraussetzung für eine Klage beim Arbeitsgericht; es kann bis zur streitigen Verhandlung der Sache noch wirksam nachgeholt werden.[46]

34 Äußerst streitig ist, ob und inwieweit die Vorschriften des KSchG über die fristgebundene Klageerhebung (§§ 4 und 13 Abs. 1 Satz 2) auf außerordentliche Kündigungen von Berufsausbildungsverhältnissen anzuwenden sind, wenn nach § 111 Abs. 2 Satz 5 ArbGG dem Kündigungsschutzprozeß zwingend ein Schlichtungsverfahren voranzugehen hat. Nach der zutreffenden Auffassung des BAG unterliegt die **Anrufung des Schlichtungsausschusses** nach § 111 Abs. 2 Satz 5 ArbGG **nicht der Drei-Wochen-Frist** der §§ 4 und 13 Abs. 1 Satz 2.[47]

35 Zu Recht weist das BAG darauf hin, daß bei der Anwendung der Drei-Wochen-Frist zur Anrufung des Schlichtungsausschusses sowohl die Drei-Wochen-Frist des § 4 als auch die in § 111 Abs. 2 Satz 3 ArbGG enthaltene **Fristenregelung wesentlich geändert** werden müßten. Im übrigen kommt es bei einer Fristversäumung zu erheblichen Schwierigkeiten im Hinblick auf die nachträgliche Zulassung nach § 5.[48] Die Anrufung des Schlichtungsausschusses nach § 111 Abs. 2 Satz 5 ArbGG unterliegt daher nicht der Drei-Wochen-Frist. Der Schlichtungsausschuß ist auch nicht unverzüglich i. S. d. § 121 Abs. 2 BGB anzurufen;[49] die Anrufung des Schlichtungsausschusses unterliegt vielmehr den allgemeinen Verwirkungsgrundsätzen.[50]

36 e) § 13 Abs. 1 findet auch auf die **außerordentliche Kündigung bei befristeten Arbeitsverhältnissen** Anwendung.[51] Das ergibt sich daraus, daß die Wirkung der außerordentlichen Kündigung bei befristeten und unbefristeten Arbeitsverhältnissen gleich ist. Daß § 626 BGB für beide Fälle gleichmäßig gilt, ist nahezu einhellige Ansicht.[52] Demgegenüber können die von *Herschel* angeführten Gegengründe nicht überzeugen. Daß aus der Überschrift des § 13 nicht der Schluß gezogen werden kann, den *Herschel* für richtig hält, hat schon das BAG[53] zutreffend dargelegt. Nach dieser Über-

---

[46] BAG 25. 11. 1976, AP Nr. 4 zu § 15 BBiG mit Anm. *Natzel* = EzA § 15 BBiG Nr. 3 mit Anm. *Söllner*; BAG 13. 4. 1989, AP Nr. 21 zu § 4 KSchG 1969 unter II 1 b bb; – zur Heilung dieses Mangels nach § 295 ZPO vgl. *Brehm* Anm. zu BAG EzA § 13 KSchG n. F. Nr. 4.

[47] BAG 13. 4. 1989, AP Nr. 21 zu § 4 KSchG 1969 mit insoweit krit. Anm. *Natzel*; 17. 6. 1998, RzK IV 3 a Nr. 30; ebenso LAG Hamm 19. 6. 1986, LAGE § 5 KSchG Nr. 24; *Brehm* Anm. zu BAG EzA § 13 KSchG n. F. Nr. 4; HK-KSchG/*Dorndorf* § 13 Rn. 23; *Sarge* DB 1989, 879, 880 f.; *Stahlhacke/Preis/Vossen* Rn. 1051 a; *Vollkommer* Anm. zu LAG Hamm LAGE § 5 KSchG Nr. 24; – für die Anwendung der Drei-Wochen-Frist zur Anrufung des Schlichtungsausschusses jedoch *Germelmann/Matthes/Prütting* § 111 Rn. 22 ff.; *Natzel* Berufsbildungsrecht 3. Aufl. 1982, S. 295; *Schaub* § 174 Rn. 96 ff.

[48] Vgl. dazu i. e. BAG 13. 4. 1989, AP Nr. 21 zu § 4 KSchG 1969 unter III 2 b.

[49] So aber *Barwasser* DB 1976, 434, 435.

[50] BAG 13. 4. 1989, AP Nr. 21 zu § 4 KSchG 1969 unter IV 1 a.

[51] BAG 13. 4. 1967, AP Nr. 10 zu § 11 KSchG mit abl. Anm. *Herschel*; BAG 8. 6. 1972, AP Nr. 1 zu § 13 KSchG 1969 mit zust. Anm. *Schleßmann*; Bühnenoberschiedsgericht 11. 10. 1958, AP Nr. 5 zu § 611 BGB Bühnenengagementsvertrag mit abl. Anm. *Herschel*; KR-*Friedrich* § 13 KSchG Rn. 37; *Löwisch* § 13 Rn. 6.

[52] Vgl. statt anderer APS/*Biebl* § 13 KSchG Rn. 15; HK-KSchG/*Dorndorf* § 13 Rn. 31; *Schaub* § 39 Rn. 71 ff.; *Stahlhacke/Preis/Vossen* Rn. 1167; *Staudinger/Preis* § 626 Rn. 3; *Zöllner/Loritz* § 22 III 1.

[53] BAG 13. 4. 1967, AP Nr. 10 zu § 11 KSchG.

schrift soll § 13 „das Verhältnis zu sonstigen Kündigungen" regeln. Auch die außerordentliche Kündigung eines befristeten Arbeitsverhältnisses ist aber eine echte Kündigung. Der bloße Wortlaut der Überschrift spricht also eher dafür, daß § 13 auch das Verhältnis der Vorschriften des KSchG zu dieser Kündigung regeln soll.

Im übrigen ist zu beachten, daß zwar das KSchG im allgemeinen dem Bestandsschutz der Arbeitsverhältnisse dient, der **Hauptzweck des § 13 Abs. 1** aber ein anderer ist, nämlich eine möglichst rasche und endgültige Klärung der Wirksamkeit einer fristlosen Kündigung herbeizuführen. Um diesen Zweck zu erreichen, nimmt das Gesetz, das sonst den Bestand des Arbeitsverhältnisses schützen will, sogar die Beseitigung des Arbeitsverhältnisses durch eine sachlich nicht begründete Kündigung in Kauf, wenn die Drei-Wochen-Frist versäumt ist. Dieser Zweck des § 13 Abs. 1 trifft aber für befristete und unbefristete Arbeitsverhältnisse in ganz gleicher Weise zu. Dabei darf auch nicht übersehen werden, daß eine solche rasche Klärung der Rechtslage auch im wohlverstandenen Interesse der Arbeitnehmer liegt, wenn auch im Einzelfall der Ausschluß der Klagemöglichkeit gegenüber einer unberechtigten fristlosen Entlassung bei Versäumung der Drei-Wochen-Frist eine Härte darstellen kann, wie sie nun einmal jede Ausschlußfrist mit sich bringen kann.

7. Umdeutung

a) Ist eine außerordentliche Kündigung unwirksam, stellt sich die Frage, ob sie nach § 140 BGB in ein **wirksames anderes Rechtsgeschäft umgedeutet** werden kann.[54]

In Betracht kommt die Umdeutung einer unwirksamen außerordentlichen Kündigung in ein Angebot auf Abschluß eines **Aufhebungsvertrags**,[55] dagegen grundsätzlich nicht die Umdeutung in eine **Anfechtung** des Arbeitsvertrags.[56]

Besonders naheliegend und praktisch wichtig ist die **Umdeutung einer unberechtigten außerordentlichen Kündigung in eine ordentliche Kündigung zum nächstmöglichen Termin.** Dies kommt vor allem dann in Betracht, wenn der Arbeitgeber das Arbeitsverhältnis auf jeden Fall lösen will und der dafür vorgebrachte Kündigungsgrund den Anforderungen eines

---

[54] Vgl. dazu BAG 13. 4. 1972, AP Nr. 64 zu § 626 BGB unter 4 mit krit. Anm. *H. P. Westermann* = AR-Blattei Kündigung III Entsch. 2 mit zust. Anm. *Herschel* = SAE 1973, 146 mit zust. Anm. *Dorndorf;* BAG 18. 9. 1975, AP Nr. 10 zu § 626 BGB Druckkündigung unter B II mit zust. Anm. *Hölters* = AR-Blattei Kündigung XII Entsch. 2 mit zust. Anm. *Herschel;* BAG 31. 5. 1979, AP Nr. 50 zu § 256 ZPO unter II 2a mit zust. Anm. *Leipold* = AR-Blattei Arbeitsgerichtsbarkeit XI Entsch. 11 mit Anm. *Herschel;* BAG 13. 8. 1987, AP Nr. 3 zu § 6 KSchG 1969 unter B II 2a; HK-KSchG/*Dorndorf* § 13 Rn. 59 ff.; *Feichtinger* AR-Blattei Kündigung VIII, D; *Hager* BB 1989, 693 ff.; *Lipke* BlStSozArbR 1984, 340 ff.; *Molkenbur/Krasshöfer-Pidde* RdA 1989, 337 ff.; *K. Schmidt* NZA 1989, 661 ff.; MünchKomm-BGB/*Schwerdtner* vor § 620 Rn. 127 ff.; *Stahlhacke/Preis/Vossen* Rn. 332 ff.

[55] Vgl. dazu BAG 13. 4. 1972, AP Nr. 64 zu § 626 BGB; LAG München 3. 8. 1988, LAGE § 140 BGB Nr. 8; LAG Berlin 22. 3. 1989, BB 1989, 1121; LAG Düsseldorf 24. 11. 1995, LAGE § 140 BGB Nr. 12; MünchKomm-BGB/*Schwerdtner* vor § 620 Rn. 127.

[56] Vgl. dazu BAG 14. 10. 1975, AP Nr. 4 zu § 9 MuSchG 1968; siehe dazu auch Münch-Komm-BGB/*Schwerdtner* vor § 620 Rn. 139; *Stahlhacke/Preis/Vossen* Rn. 344.

wichtigen Grundes i. S. d. § 626 BGB nicht genügt, aber möglicherweise zur sozialen Rechtfertigung einer ordentlichen Kündigung ausreicht. Eine solche Umdeutung ist nach § 140 BGB grundsätzlich möglich. Zu beachten ist, daß eine nach § 623 BGB **formnichtige** außerordentliche Kündigung nicht in eine ordentliche Kündigung umgedeutet werden kann, weil auch hierfür die Schriftform erforderlich ist.

41 b) Die **ursprünglich** herrschende Meinung ließ die Umdeutung weitgehend zu. Diese Ansicht hatte in § 61 AOG sogar gesetzliche Anerkennung gefunden für den Fall, daß anzunehmen war, daß eine solche Umdeutung der unberechtigten fristlosen Kündigung in eine befristete dem mutmaßlichen Willen des Arbeitgebers entsprach. Auch die Rechtsprechung vor 1951 hat die Umdeutung im Zweifel bejaht.[57] Besondere Umstände konnten aber auch damals ein anderes bedingen. Dagegen stellte das KSchG ursprünglich mit dem früheren § 11 Abs. 2 Satz 1 die entgegengesetzte Regel auf. Danach sollte die unbegründete fristlose Kündigung im Zweifel nichtig sein.[58] Diese von Anfang an viel bekämpfte Vorschrift hatte sich nicht bewährt und ist deshalb durch das 1. ArbRBereinigG aufgehoben worden.

42 c) Heute spricht somit keine Vermutung oder Auslegungsregel mehr gegen eine Umdeutung, vielmehr ist nur noch **§ 140 BGB maßgebend.** Danach ist zunächst im Wege der **Auslegung** nach §§ 133, 157 BGB festzustellen, ob der Arbeitgeber neben der außerordentlichen Kündigung auch zumindest hilfsweise eine ordentliche Kündigung erklärt hat. Die Auslegung geht der Umdeutung vor.[59]

43 Ergibt sich auf Grund des durch Auslegung erforschten wirklichen Willens des Arbeitgebers, daß dieser nur eine außerordentliche Kündigung ausgesprochen hat, ist nach § 140 BGB zu ermitteln, ob der Arbeitgeber bei Kenntnis der Unwirksamkeit der ausgesprochenen außerordentlichen Kündigung diese Kündigung **mutmaßlich auch als ordentliche Kündigung** ausgesprochen hätte und dies weiterhin für den gekündigten Arbeitnehmer im Zeitpunkt des Zugangs der Kündigungserklärung erkennbar gewesen ist.[60]

44 Bei der **Ermittlung des hypothetischen Willens** des Kündigenden ist auf die wirtschaftlichen Folgen abzustellen, die mit der nichtigen Erklärung

---

[57] Vgl. die Angaben in der 7. Aufl. § 13 Rn. 16.
[58] Dazu BAG 25. 7. 1968, AP Nr. 11 zu § 11 KSchG mit zust. Anm. *A. Hueck* = SAE 1969, 75 mit Anm. *Hofmann*.
[59] Vgl. APS/*Biebl* § 13 KSchG Rn. 35; HK-KSchG/*Dorndorf* § 13 Rn. 60; KR-*Friedrich* § 13 KSchG Rn. 76; *Löwisch* § 13 Rn. 28; *Molkenbur/Krasshöfer-Pidde* RdA 1989, 337, 341; *K. Schmidt* NZA 1989, 661, 663; *Stahlhacke/Preis/Vossen* Rn. 333; zu diesem Grundsatz allgemein vgl. *Soergel/Hefermehl* § 140 Rn. 1; – abweichend *Hager* BB 1989, 693, 694, der die Umdeutung als Sonderfall der Auslegung sieht.
[60] Vgl. BAG 18. 9. 1975, AP Nr. 10 zu § 626 BGB Druckkündigung mit zust. Anm. *Hölters* = AR-Blattei Kündigung XII Entsch. 2 mit insoweit krit. Anm. *Herschel;* BAG 12. 8. 1976, AP Nr. 10 zu § 102 BetrVG 1972 mit krit. Anm. *Pfarr* = SAE 1978, 77 mit krit. Anm. *v. Maydell* = AR-Blattei Betriebsverfassung XIV C Entsch. 46 mit Anm. *Herschel* = EzA § 102 BetrVG 1972 Nr. 25 mit krit. Anm. *Löwisch;* BAG 31. 5. 1979, AP Nr. 50 zu § 256 ZPO mit zust. Anm. *Leipold;* BAG 12. 7. 1984, AP Nr. 32 zu § 102 BetrVG 1972; BAG 20. 9. 1984, AP Nr. 80 zu § 626 BGB = SAE 1985, 171 mit zust. Anm. *Oetker;* LAG Köln 14. 7. 1987, LAGE § 140 BGB Nr. 5; LAG München 3. 8. 1988, 14. 12. 1988, LAGE § 140 BGB Nr. 8, 9; HK-KSchG/*Dorndorf* § 13 Rn. 62; *Löwisch* § 13 Rn. 32.

bezweckt waren. Entscheidend ist, ob sich aus der Erklärung des Kündigenden der hypothetische Wille erkennen läßt, das Arbeitsverhältnis auf jeden Fall zu beenden.[61]

Das Gericht kann die Umdeutung nur vornehmen, wenn das Vorbringen des Arbeitgebers im Prozeß ergibt, daß er die Kündigung im Falle ihrer Unwirksamkeit als außerordentliche zumindest als ordentliche zum nächstmöglichen Termin habe aussprechen wollen.[62] Dies ist mit dem mißverständlichen Satz, eine **Umdeutung von Amts wegen sei nicht möglich,**[63] gemeint. Bei Unklarheiten hat das Gericht nach § 139 ZPO auf die Möglichkeit einer Umdeutung hinzuweisen.[64] Dabei dürfte freilich davon auszugehen sein, daß es in aller Regel Ziel eines außerordentlich kündigenden Arbeitgebers ist, das Arbeitsverhältnis zum nächstmöglichen Termin zu beenden, auch wenn ein wichtiger Grund i. S. v. § 626 BGB fehlt.[65] Hiervon muß auch der gekündigte Arbeitnehmer verständigerweise ausgehen. Jede andere Interessenbewertung wäre wohl lebensfremd.[66]

Der Arbeitgeber kann sich auch noch in der **Berufungsinstanz** auf die Umdeutung berufen und die Tatsachen, die ihre Zulässigkeit ergeben, vorbringen.[67] Sofern der Arbeitnehmer in der ersten Instanz nicht den Streitgegenstand auf die Frage beschränkt hat, ob die Kündigung als außerordentliche unwirksam ist,[68] bedarf es zur Geltendmachung der Unwirksamkeit der umgedeuteten ordentlichen Kündigung keiner Klageerweiterung, sondern nur einer Klarstellung des Antrags. Denn die umgedeutete ordentliche Kündigung ist keine weitere Kündigungserklärung, die mit einer weiteren Klage angegriffen werden muß; es handelt sich vielmehr um eine einzige Kündigungserklärung, die allein auf Grund der Umdeutung nach § 140 BGB einen anderen Erklärungsinhalt erhält, nämlich Beendigung zum Ablauf der Kündigungsfrist anstelle der ursprünglich gewollten sofortigen Beendigung.[69]

---

[61] Vgl. BAG 31. 5. 1979, AP Nr. 50 zu § 256 ZPO unter II 2b; BAG 13. 8. 1987, AP Nr. 3 zu § 6 KSchG 1969 unter B II 2a aa; BAG 31. 3. 1993, AP Nr. 32 zu § 626 BGB Ausschlußfrist; LAG Köln 16. 3. 1995, LAGE § 140 BGB Nr. 11; APS/*Biebl* § 13 KSchG Rn. 37; HK-KSchG/*Dorndorf* § 13 Rn. 62; *Dütz* Anm. zu BAG EzA § 626 BGB n. F. Nr. 91; KR-*Friedrich* § 13 KSchG Rn. 78 ff.; *Löwisch* § 13 Rn. 31; *Molkenbur/Krasshöfer-Pidde* RdA 1989, 337, 341; MünchKomm-BGB/*Schwerdtner* vor § 620 Rn. 128 f.; *Stahlhacke/Preis/Vossen* Rn. 338.

[62] Vgl. BAG 14. 8. 1974, AP Nr. 3 zu § 13 KSchG 1969 mit insoweit abl. Anm. *Vollkommer* = AR-Blattei Kündigungsschutz Entsch. 150 mit Anm. *Herschel* = SAE 1976, 31 mit Anm. *Meisel;* BAG 18. 9. 1975, AP Nr. 10 zu § 626 BGB Druckkündigung; *Löwisch* § 13 Rn. 33; *K. Schmidt* NZA 1989, 661, 664; *Stahlhacke/Preis/Vossen* Rn. 338.

[63] BAG 14. 8. 1974, AP Nr. 3 zu § 13 KSchG 1969; BAG 18. 9. 1975, AP Nr. 10 zu § 626 BGB Druckkündigung; KR-*Friedrich* § 13 KSchG Rn. 82; *Lipke* BlStSozArbR 1984, 340.

[64] Zutr. APS/*Biebl* § 13 KSchG Rn. 40; HK-KSchG/*Dorndorf* § 13 Rn. 71.

[65] Zutr. LAG Köln 14. 12. 1988, LAGE § 140 BGB Nr. 10; *Hager* BB 1989, 693, 694.

[66] Ebenso *Stahlhacke/Preis/Vossen* Rn. 339.

[67] BAG 14. 8. 1974, AP Nr. 3 zu § 13 KSchG 1969; BAG 15. 11. 1984, AP Nr. 87 zu § 626 BGB unter II 3b = SAE 1986, 5 mit Anm. *Sieg;* APS/*Biebl* § 13 KSchG Rn. 44; HK-KSchG/*Dorndorf* § 13 Rn. 72; KR-*Friedrich* § 13 KSchG Rn. 83; *Löwisch* § 13 Rn. 34; – abweichend *K. Schmidt* NZA 1989, 661, 667 f.

[68] Vgl. dazu BAG 31. 5. 1979, AP Nr. 50 zu § 256 ZPO mit zust. Anm. *Leipold*.

[69] BAG 15. 11. 1984, AP Nr. 87 zu § 626 BGB unter II 3a und b sowie RGRK-BGB/*Corts* § 626 Rn. 244; HK-KSchG/*Dorndorf* § 13 Rn. 78.

47 Demzufolge stellen sich auch keine Probleme in bezug auf die Einhaltung der **Drei-Wochen-Frist,** wenn sich der Arbeitgeber erst im Laufe des Prozesses auf die Umdeutung der ausgesprochenen außerordentlichen Kündigung in eine ordentliche Kündigung beruft. Ergibt sich nämlich aus dem Tatsachenvortrag des Arbeitnehmers, daß er sich mit seiner gegen die außerordentliche Kündigung erhobenen Klage gegen die Auflösung des Arbeitsverhältnisses durch die konkrete Kündigung schlechthin wehren will, so ist die mit dieser Kündigung beabsichtigte Beendigung des Arbeitsverhältnisses Streitgegenstand. Bei einem obsiegenden Urteil steht daher fest, daß das Arbeitsverhältnis nicht aufgelöst wurde, und zwar weder fristlos noch fristgemäß.[70]

47 a Hat sich der Arbeitnehmer mit seiner Klage zunächst ausschließlich gegen die außerordentliche Kündigung gewandt, so hat er nach § 6 Satz 1 bis zum Schluß der mündlichen Verhandlung erster Instanz die Möglichkeit, die **Sozialwidrigkeit der umgedeuteten ordentlichen Kündigung** geltend zu machen.[71] Beruft sich der Arbeitgeber erstmals in der Berufungsinstanz auf die Umdeutung, kann der Arbeitnehmer in entsprechender Anwendung von § 6 Satz 1 auch noch vor dem Landesarbeitsgericht die fehlende soziale Rechtfertigung geltend machen.[72]

48 Genießt der Arbeitnehmer Kündigungsschutz nach dem KSchG, so ist zu prüfen, ob die in eine ordentliche Kündigung umgedeutete außerordentliche Kündigung **sozial gerechtfertigt** i. S. v. § 1 Abs. 2 ist. Dabei sind die vom Arbeitgeber zur Begründung des wichtigen Grundes nach § 626 Abs. 1 BGB vorgebrachten Tatsachen dahin zu überprüfen, ob sie die Kündigung sozial gerechtfertigt erscheinen lassen.[73]

49 Die **Umdeutung** einer außerordentlichen Kündigung in eine ordentliche Kündigung **scheidet aus,** wenn eine ordentliche Kündigung des Arbeitsverhältnisses auf Grund gesetzlicher oder vertraglicher Verbote ausgeschlossen ist (z. B. § 15 BBiG, § 9 MuSchG, § 15 Abs. 1 Satz 1 KSchG).

50 Ist zur **Kündigung Schwerbehinderter** beim Integrationsamt nur die Zustimmung zu einer außerordentlichen Kündigung beantragt worden (§ 91 SGB IX), so kommt eine Umdeutung entsprechend den Grundsätzen zur Betriebsratsanhörung nach § 102 BetrVG (vgl. Rn. 54) nur in Betracht, wenn die Zustimmung tatsächlich erteilt wurde.[74] Im übrigen ist die Umdeutung stets zulässig, wenn das Integrationsamt auch vorsorglich die Zustimmung zur ordentlichen Kündigung erteilt hat.

51 d) Da im Fall der Umdeutung die **allgemeinen Vorschriften über die Sozialwidrigkeit Anwendung** finden (§§ 1–14), kann der Arbeitnehmer nach § 9 Auflösung des Arbeitsverhältnisses mit Ablauf der Kündigungsfrist

---

[70] Vgl. BAG 15. 11. 1984, AP Nr. 87 zu § 626 BGB unter II 3 b; KR-*Friedrich* § 13 KSchG Rn. 83; *Hager* BB 1989, 693, 698; MünchKomm-BGB/*Schwerdtner* vor § 620 Rn. 131.
[71] KR-*Friedrich* § 6 KSchG Rn. 17.
[72] Ebenso HK-KSchG/*Dorndorf* § 13 Rn. 80; KR-*Friedrich* § 13 KSchG Rn. 83; *Löwisch* § 13 Rn. 34; – abweichend *K. Schmidt* NZA 1989, 661, 668.
[73] Vgl. KR-*Friedrich* § 13 KSchG Rn. 89.
[74] Zutr. KR-*Etzel* § 21 SchwbG Rn. 35 und KR-*Friedrich* § 13 KSchG Rn. 97; – abweichend BAG 16. 10. 1991, RzK I 6 b Nr. 12; *v. Friesen/Reinecke* BB 1979, 1561, 1562 f.; *Neumann/Pahlen* SchwbG § 21 Rn. 7.

Verhältnis zu sonstigen Kündigungen 52–54 § 13

und Zahlung einer Abfindung verlangen.[75] Aber auch der Arbeitgeber kann, anders als wenn lediglich die Unwirksamkeit der außerordentlichen Kündigung in Frage steht, den Antrag nach § 9 stellen.[76]

e) Bei der Umdeutung einer unwirksamen außerordentlichen in eine ordentliche Kündigung sind die besonderen Anforderungen der **vorherigen Anhörung des Betriebsrats** nach § 102 BetrVG (entsprechend § 79 BPersVG) zu beachten: Ist der Betriebsrat vor der Kündigung nicht gehört worden, so ist diese nach § 102 Abs. 1 Satz 3 BetrVG (§ 79 Abs. 4 BPersVG) unwirksam. Da das für die ordentliche und die außerordentliche Kündigung gleichermaßen gilt, kommt in diesem Fall eine Umdeutung nicht in Betracht, denn die ordentliche Kündigung würde unter demselben zur Unwirksamkeit führenden Mangel leiden wie die außerordentliche. 52

Aber auch dann, wenn der Betriebsrat vor der Kündigung gehört worden ist, muß berücksichtigt werden, daß die **Anhörung zu einer außerordentlichen Kündigung** tatsächlich und rechtlich eine andere Qualität hat als diejenige zu einer ordentlichen Kündigung. Besonders deutlich ist das in § 79 BPersVG, der in Abs. 3 für die außerordentliche Kündigung die vorherige Anhörung des Personalrats, dagegen in Abs. 1 für die ordentliche Kündigung weitergehend dessen Mitwirkung im technischen Sinn des § 72 BPersVG vorschreibt.[77] Aber auch bei der Anhörung des Betriebsrats nach § 102 BetrVG ist die rechtliche Ausgestaltung für **beide Arten der Kündigung** allein schon im Hinblick auf das nur bei der ordentlichen Kündigung bestehende Widerspruchsrecht mit seinen weitreichenden Folgen unterschiedlich wie es auch in tatsächlicher Hinsicht für die Erwägungen des Betriebsrats und seine Stellungnahme einen wesentlichen Unterschied machen kann, ob er sich zu einer außerordentlichen oder zu einer ordentlichen Kündigung zu äußern hat. 53

Die Anhörung vor einer außerordentlichen Kündigung genügt deshalb dem **Anhörungserfordernis für eine ordentliche Kündigung** nach § 102 Abs. 1 BetrVG normalerweise nur, wenn der Arbeitgeber dem Betriebsrat vorher zu erkennen gegeben hat, daß die geplante außerordentliche Kündigung im Falle der Unwirksamkeit auch als ordentliche aufrecht erhalten bleiben oder von vornherein hilfsweise auch als ordentliche ausgesprochen werden soll.[78] Die Anhörung lediglich zu einer außerordentlichen 54

---

[75] H.M.; vgl. BAG 26. 8. 1993, AP Nr. 113 zu § 626 BGB; KR-*Friedrich* § 13 KSchG Rn. 107; *Löwisch* § 13 Rn. 37.
[76] BAG 26. 10. 1979, AP Nr. 5 zu § 9 KSchG 1969 mit abl. Anm. *Grunsky* = SAE 1980, 57 mit Anm. *Sieg*; KR-*Friedrich* § 13 KSchG Rn. 109; *Löwisch* § 13 Rn. 37; – abweichend *Lipke* BlStSozArbR 1984, 340, 341 ff.
[77] Darüber, daß hieran regelmäßig eine Umdeutung scheitert, vgl. BAG 12. 2. 1973, AP Nr. 6 zu § 626 BGB Ausschlußfrist.
[78] Vgl. BAG 17. 12. 1976, AP Nr. 51 zu Art. 9 GG Arbeitskampf unter 9 mit Anm. *Rüthers* = AR-Blattei Arbeitskampf II Entsch. 18 mit Anm. *Löwisch* = SAE 1977, 233 mit Anm. *Konzen* = EzA Art. 9 GG Arbeitskampf Nr. 19 mit Anm. *Otto*; BAG 16. 3. 1978, AP Nr. 15 zu § 102 BetrVG 1972 unter B I 2c mit insoweit abl. Anm. *Meisel* = SAE 1979, 4 mit abl. Anm. *Heckelmann*; BAG 20. 9. 1984, AP Nr. 80 zu § 626 BGB = SAE 1985, 171 mit zust. Anm. *Oetker* = EzA § 626 BGB n. F. Nr. 91 mit insoweit zust. Anm. *Dütz*; KR-*Friedrich* § 13 KSchG Rn. 98; *Hager* BB 1989, 693, 695 f.; *G. Hueck* BAG-Festschrift S. 243, 259; *Löwisch* § 13 Rn. 29; – abweichend *Eich* DB 1975, 1603, 1606.

Kündigung deckt aber deren Umdeutung in eine ordentliche Kündigung ausnahmsweise dann mit ab, wenn der Betriebsrat der außerordentlichen Kündigung ausdrücklich (nicht nur durch Verstreichenlassen der Anhörungsfrist) und vorbehaltlos zugestimmt hat und auch keine Umstände zu erkennen sind, die ihn veranlaßt hätten, sich für den Fall der Unwirksamkeit gegen eine dann verbleibende ordentliche Kündigung zu wenden.[79]

55 Bei der **Doppelanhörung** sowohl zur außerordentlichen als auch vorsorglich zur ordentlichen Kündigung ist die **unterschiedliche Länge der Äußerungsfristen** nach § 102 Abs. 2 BetrVG zu beachten. Die gleichzeitige Bindung der außerordentlichen Kündigung an die Zwei-Wochen-Frist des § 626 Abs. 2 BGB kann den Arbeitgeber nötigen, diese nach Ablauf der dreitägigen Anhörungsfrist für außerordentliche Kündigungen nach § 102 Abs. 2 Satz 3 BetrVG auszusprechen, ohne den Ablauf der Wochenfrist für ordentliche Kündigungen abzuwarten. Liegt in diesem Zeitpunkt noch keine abschließende Äußerung des Betriebsrats vor,[80] so bleibt die Möglichkeit, das Anhörungsverfahren für die ordentliche Kündigung fortzusetzen und diese nach dessen Abschluß hilfsweise zusätzlich auszusprechen.

56 f) Ergibt sich am Ende des Verfahrens, daß die ausgesprochene Kündigung sowohl als außerordentliche als auch als ordentliche unwirksam ist, so hat das Gericht im **Tenor** festzustellen, daß das Arbeitsverhältnis durch die außerordentliche Kündigung vom ... weder fristlos noch fristgemäß zum ... aufgelöst worden ist.[81] Hält dagegen das Gericht die ordentliche Kündigung für wirksam, so ist festzustellen, daß das Arbeitsverhältnis durch die außerordentliche Kündigung vom ... nicht fristlos aufgelöst worden ist. Im übrigen ist die Klage abzuweisen.[82]

IV. Die sittenwidrige Kündigung (Abs. 2)

1. Grundlagen

57 In der älteren Lehre wurde überwiegend die Ansicht vertreten, daß die Kündigung als das auf Beendigung des Arbeitsverhältnisses gerichtete Rechtsgeschäft ihrem Inhalt nach sittlich indifferent sei und daß auch ein unsittliches Motiv allein nicht genüge, die Nichtigkeit der Kündigung zu begründen.[83] Dementsprechend spielt die Sittenwidrigkeit einer Kündigung außerhalb des Arbeitsrechts heute kaum eine Rolle. Im Arbeitsrecht dagegen hatte sich bereits in der Rechtsprechung des RAG die Auffassung durchgesetzt, daß eine Kündigung schon mit Rücksicht auf ihr Motiv oder ihren

---

[79] BAG 16. 3. 1978, AP Nr. 15 zu § 102 BetrVG 1972; BAG 12. 7. 1984, AP Nr. 32 zu § 102 BetrVG 1972; BAG 20. 9. 1984, AP Nr. 80 zu § 626 BGB; *Dütz* Anm. zu BAG EzA § 626 BGB Nr. 91; KR-*Etzel* § 102 BetrVG Rn. 182a; *G. Hueck* BAG-Festschrift S. 243, 260; – abweichend *Hager* BB 1989, 693, 696.
[80] Vgl. dazu BAG 12. 3. 1987, AP Nr. 47 zu § 102 BetrVG 1972 = EzA § 102 BetrVG 1972 mit zust. Anm. *Kraft;* BAG 26. 1. 1995, AP Nr. 69 zu § 102 BetrVG 1972; APS/*Koch* § 102 BetrVG Rn. 135.
[81] Vgl. BAG 15. 11. 1984, AP Nr. 87 zu § 626 BGB; RGRK-BGB/*Corts* § 626 Rn. 244; vgl. auch KR-*Friedrich* § 13 KSchG Rn. 92.
[82] Vgl. BAG 10. 3. 1977, AP Nr. 9 zu § 313 ZPO unter III 2 und 3 mit insoweit zust. Anm. *Grunsky*.
[83] So auch heute noch MünchKomm-BGB/*Schwerdtner* Anh. § 622 Rn. 17 f.

Zweck gegen die guten Sitten verstoßen und aus diesem Grunde nichtig sein könne (vgl. 7. Aufl. § 13 Rn. 23). Als nach der Aufhebung des AOG teilweise die gesetzliche Grundlage für den Kündigungsschutz fehlte, hat die Rechtsprechung vielfach gerade § 138 BGB zur Ausfüllung der Lücke herangezogen (oben Einl. Rn. 25). Auch das KSchG erkennt in § 13 **Abs. 2** ausdrücklich an, daß die **Kündigung gegen die guten Sitten verstoßen** und daß der Arbeitnehmer dann ihre **Nichtigkeit unabhängig von den Vorschriften des KSchG** geltend machen könne.

2. Abgrenzung von der Sozialwidrigkeit

Schwierigkeiten bereitet es jedoch, die Sittenwidrigkeit von der Sozialwidrigkeit abzugrenzen. **58**

a) Einen gewissen Anhalt für den anzulegenden Maßstab gibt die **Entwicklung der gesetzlichen Regelung:** § 58 AOG i. d. F. der Novelle vom 30. 11. 1934 hatte bestimmt, daß in besonders schweren Fällen der Sozialwidrigkeit die Kündigungsentschädigung erhöht werden könne. Dadurch war im Gesetz selbst klargestellt, daß in diesen Fällen nur Sozialwidrigkeit und nicht Sittenwidrigkeit vorlag, da bei Sittenwidrigkeit die Nichtigkeit der Kündigung eintrat, eine Abfindung also gar nicht in Frage kam. In diesem Sinn besonders schwerwiegend, also gröblich sozialwidrig, sollten die Fälle sein, in denen die Kündigung offensichtlich willkürlich war oder aus nichtigen Gründen unter Mißbrauch der Machtstellung des Arbeitgebers im Betrieb erfolgte. **59**

Auch das **KSchG in seiner Fassung von 1951** rechnete diese Tatbestände, wie ihre Erwähnung in § 7 Abs. 1 Satz 3 zeigte, zu den „nur" sozialwidrigen Kündigungen. Es ist aber mit Recht hervorgehoben worden, daß es nicht einfach sei, einen Fall zu bilden, in dem die Kündigung noch stärkere Mißbilligung verdient, als wenn sie offensichtlich willkürlich ist oder aus nichtigen Gründen erfolgt.[84] Die richtige Abgrenzung der grob unsozialen von der sittenwidrigen Kündigung ist zweifelhaft geblieben. Dasselbe gilt auch heute für die geltende Fassung des KSchG; denn die Aufhebung des früheren § 7 Abs. 1 Satz 3 ist aus anderen Gründen erfolgt (dazu oben § 9 Rn. 1). **60**

b) Immerhin zeigt die geschilderte Entwicklung, daß bei der Abgrenzung ein **strenger Maßstab** anzulegen ist.[85] Aus dem früheren § 7 Abs. 1 Satz 3 geht hervor, daß das Gesetz die offensichtlich willkürliche und die aus nichtigen Gründen erfolgende Kündigung nur als sozialwidrig ansieht. Die Tatsache allein, daß der Arbeitgeber in einer derartigen Weise kündigt, stellt mit **61**

---

[84] *Nikisch* BB 1951, 646, 647.
[85] H. M.; vgl. BAG 29. 5. 1956, AP Nr. 2 zu § 184 BGB mit Anm. *A. Hueck;* BAG 28. 12. 1956, AP Nr. 1 zu § 22 KSchG mit Anm. *Herschel;* BAG 23. 11. 1961, AP Nr. 22 zu § 138 BGB; BAG 14. 5. 1964, AP Nr. 5 zu § 242 BGB Kündigung mit Anm. *Herschel;* BAG 25. 6. 1964, AP Nr. 1 zu § 611 BGB Gewerkschaftsangestellte mit Anm. *A. Hueck;* BAG 19. 7. 1973, AP Nr. 32 zu § 138 BGB; BAG 2. 4. 1987, AP Nr. 1 zu § 612a BGB mit zust. Anm. *Proebsting;* BAG 16. 2. 1989, AP Nr. 46 zu § 138 BGB mit zust. Anm. *Kramer* = EzA § 138 BGB Nr. 23 mit krit. Anm. *Wank;* BAG 9. 5. 1996 – 2 AZR 128/95 n. v.; BAG 24. 4. 1997, AP Nr. 27 zu § 611 BGB Kirchendienst; APS/*Biebl* § 13 KSchG Rn. 49; KR-*Friedrich* § 13 KSchG Rn. 120.

anderen Worten nach dem Gesetz noch keinen Nichtigkeitsgrund im Sinne des § 138 BGB dar,[86] und es braucht deshalb die Frage, ob eine solche Kündigung an sich sittenwidrig ist, gar nicht geprüft zu werden. Man muß vielmehr das **Vorliegen besonderer Umstände** verlangen, welche die Sittenwidrigkeit der Kündigung unabhängig von der Willkür derselben begründen.

61 a Die Sittenwidrigkeit markiert die Grenze zum rechtsethischen Minimum, das eine Rechtsordnung gewährleisten muß.[87] Die Kündigung muß dem **Anstandsgefühl aller billig und gerecht Denkenden kraß widersprechen,**[88] wie etwa, wenn der Arbeitgeber aus verwerflichen Gründen, aus Rachsucht oder zur Vergeltung handelt und so die Kündigung unter Berücksichtigung aller Umstände des Einzelfalls sittenwidrig erscheint.[89] Ein besonders grober Verstoß gegen Grundrechte kann grundsätzlich den Vorwurf der Sittenwidrigkeit begründen, weil die Grundrechte den Wertgehalt der Gesamtrechtsordnung verkörpern.[90]

61 b Zu Recht hat das BAG zur Feststellung der Sittenwidrigkeit **stets** eine **Gesamtabwägung** aller Umstände des Einzelfalles gefordert.[91] Es ist verfehlt, lediglich auf das Motiv des kündigenden Arbeitgebers oder auf einzelne Tatsachenkomplexe abzustellen. Zu berücksichtigen ist vielmehr auch, ob der Arbeitgeber einen Kündigungsgrund geltend macht, der nach § 626 BGB oder § 1 geeignet ist, die Kündigung zu rechtfertigen. Macht der Arbeitgeber nämlich von seinem Kündigungsrecht Gebrauch, das ihm nach den gesetzlichen Vorschriften zusteht, kann kaum angenommen werden, die Kündigung verstoße gegen das Anstandsgefühl aller billig und gerecht Denkenden.[92]

62 c) Richtig ist, daß, wie *Nikisch*[93] hervorhebt, der Arbeitgeber im Fall einer vermeintlich sittenwidrigen Kündigung regelmäßig irgendeinen anderen, wenn auch „nichtigen" Grund vorschützen wird. Dann bedarf es des vom **darlegungs- und beweispflichtigen Arbeitnehmer**[94] zu erbringenden Nachweises, daß dieser Grund nicht der wahre, der wirkliche Grund aber sittlich zu mißbilligen ist. Daß dies für den Arbeitnehmer mit erheblichen Schwierigkeiten verbunden ist, liegt auf der Hand.[95] Im Lichte der neueren

---

[86] Ebenso *Stahlhacke/Preis/Vossen* Rn. 177.
[87] APS/*Preis* Grundlagen J Rn. 39.
[88] Vgl. BAG 23. 11. 1961, AP Nr. 22 zu § 138 BGB; BAG 24. 4. 1997, AP Nr. 27 zu § 611 BGB Kirchendienst; ErfK/*Ascheid* § 13 KSchG Rn. 21; HK-KSchG/*Dorndorf* § 13 Rn. 93; *Linck* AR-Blattei SD 1010.3 Rn. 79.
[89] BAG 29. 5. 1956, AP Nr. 2 zu § 184 BGB; BAG 23. 11. 1961, 19. 7. 1973, AP Nr. 22, 32 zu § 138 BGB; BAG 2. 4. 1987, AP Nr. 1 zu § 612a BGB; BAG 21. 7. 1988, AP Nr. 10 zu § 1 TVG Rückwirkung unter II 2b aa; BAG 16. 2. 1989, AP Nr. 46 zu § 138 BGB; BAG 28. 4. 1994, 9. 5. 1995, RzK I 8k Nr. 8, 10; BAG 24. 4. 1997, AP Nr. 27 zu § 611 BGB Kirchendienst; *Kittner/Däubler/Zwanziger* § 13 KSchG Rn. 22.
[90] Im Grundsatz ebenso HK-KSchG/*Dorndorf* § 13 Rn. 95; *Löwisch* § 13 Rn. 43; *Oetker* AuR 1997, 41, 48; APS/*Preis* Grundlagen J Rn. 39.
[91] Vgl. BAG 28. 4. 1994, RzK I 8k Nr. 8; BAG 24. 4. 1997, AP Nr. 27 zu § 611 BGB Kirchendienst; ebenso *Oetker* AuR 1997, 41, 47.
[92] Ebenso *Stahlhacke* Festschrift für Wiese S. 513, 526.
[93] BB 1951, 646, 647.
[94] BAG 19. 7. 1973, 16. 2. 1989, AP Nr. 32, 46 zu § 138 BGB; BAG 9. 5. 1996 – 2 AZR 128/95 n. v. unter II 5; HK-KSchG/*Dorndorf* § 13 Rn. 94.
[95] Vgl. dazu insbes. KR-*Friedrich* § 13 KSchG Rn. 129; *Joost* Rn. 26 ff.; *Preis* NZA 1997, 1256, 1269 f.

Verhältnis zu sonstigen Kündigungen   63, 64   § 13

Rechtsprechung des BVerfG ist freilich bei der Verteilung der Darlegungslast der objektiven Gehalt der Grundrechte zur Geltung zu bringen und deshalb eine abgestufte Verteilung der Darlegungs- und Beweislast vorzunehmen.[96] Der Arbeitnehmer hat danach zunächst die objektiven Umstände vorzutragen, welche die Kündigung als sittenwidrig erscheinen lassen können. Der Arbeitgeber hat sich darauf gemäß § 138 Abs. 2 ZPO konkret zu erklären.[97] Aus den vorgetragenen objektiven Tatsachen kann das Gericht gemäß § 286 ZPO Schlüsse auf die wirklichen Motive ziehen.[98] Die bloße Nichtangabe von Gründen genügt freilich nicht; denn sie kann nicht schwerer beurteilt werden, als die Angabe unbeachtlicher Gründe. Im übrigen ist der Arbeitgeber auch nicht zur Angabe von Gründen verpflichtet (vgl. dazu § 1 Rn. 159ff.).

Da der Arbeitgeber bei der **ordentlichen Kündigung** dem Arbeit- 63 nehmer die **Kündigungsgründe nicht mitzuteilen** braucht (oben § 1 Rn. 159),[99] ist es für diesen oft schwer, die Sittenwidrigkeit der Kündigung zu beurteilen. Eine gewisse Erleichterung ergibt sich insoweit aber aus § 102 BetrVG: Nach Abs. 1 Satz 2 hat der Arbeitgeber seine Gründe für die geplante Kündigung dem Betriebsrat mitzuteilen, der seinerseits nach Abs. 2 Satz 4 den Arbeitnehmer dazu hören und ihn im Zusammenhang damit informieren wird, wenn das, wie wohl stets bei Verdacht der Sittenwidrigkeit, erforderlich erscheint (vgl. auch §§ 79 Abs. 1, 72 BPersVG); nach Abs. 4 ist im Fall eines Kündigungswiderspruchs auch der Arbeitgeber zur Information des Arbeitnehmers verpflichtet (ebenso § 79 Abs. 1 Satz 4 BPersVG). – Bei der **außerordentlichen Kündigung** hat der Arbeitnehmer dagegen stets nach § 626 Abs. 2 Satz 3 BGB unmittelbar gegen den Arbeitgeber einen **Anspruch** auf unverzügliche schriftliche **Mitteilung des Kündigungsgrundes,** sofern er das verlangt.

d) **Beispiele für die Beurteilung der Sittenwidrigkeit** einer Kündi- 64 gung bietet die Rechtsprechung in großer Zahl. So wurde vom BAG eine Kündigung als sittenwidrig erachtet, die zur **Maßregelung** eines Arbeitnehmers erfolgte, weil dieser sich für seine Interessen und die seiner Kollegen eingesetzt hatte.[100] Die Kündigung eines **HIV-infizierten Arbeitnehmers,** der noch nicht den allgemeinen Kündigungsschutz nach § 1 Abs. 1 genießt, ist jedenfalls dann nicht sittenwidrig, wenn der Arbeitnehmer nach Kenntnis von der Infektion einen Selbstmordversuch unternommen hat, danach längere Zeit arbeitsunfähig krank war und diese Umstände für den Kündigungsentschluß jedenfalls mitbestimmend waren.[101] Als sittenwidrig wurde eine Kündigung allerdings dann angesehen, **nachdem der Arbeitnehmer die Beihilfe zu strafbaren Handlungen des Arbeitge-**

---

[96] BVerfG 27. 1. 1998, AP Nr. 17 zu § 23 KSchG 1969.
[97] Näher hierzu *Preis* NZA 1997, 1256, 1270 sowie *Joost* Rn. 31 f.; *Oetker* AuR 1997, 41, 53; *Otto* Festschrift für Wiese S. 353, 374; APS/*Preis* Grundlagen J Rn. 75 ff.
[98] Zutr. *Löwisch* § 13 Rn. 47.
[99] Für eine entsprechende Mitteilungspflicht im Wege der Rechtsfortbildung aber *Otto* Festschrift für Wiese S. 353, 371; – ablehnend *Gragert/Kreutzfeldt* NZA 1998, 567, 570; *Löwisch* BB 1997, 782, 789.
[100] BAG 23. 11. 1961, AP Nr. 22 zu § 138 BGB; zur Anwendung von § 612a BGB in diesen Fällen vgl. unten Rn. 65.
[101] BAG 16. 2. 1989, AP Nr. 46 zu § 138 BGB.

bers und **unsittliche Zumutungen abgelehnt** hatte.[102] Eine Kündigung am **Heiligen Abend** (24. Dezember) ist nach Auffassung des BAG nicht schon durch ihren Zugang an diesem Tag sittenwidrig, weil der 24. Dezember ein Werktag ist.[103] Entgegen der Auffassung des BAG[104] kann eine Kündigung, die allein auf die **Homosexualität des Arbeitnehmers** gestützt wird, im Lichte von Art. 2 Abs. 1 GG sittenwidrig, nicht aber treuwidrig sein.[105]

65 Die frühere Rechtsprechung zur Sittenwidrigkeit von Kündigungen wegen Maßregelungen des Arbeitnehmers ist durch das Inkrafttreten des in § 612a BGB normierten **Maßregelungsverbots** überholt.[106] Diese Vorschrift geht als lex specialis der allgemeineren Regelung der sittenwidrigen Kündigung in § 138 BGB vor.[107]

66 Das Gesagte gilt in gleicher Weise auch für **Arbeitnehmer, die dem KSchG nicht unterstehen.**[108]

3. Rechtsfolgen der Sittenwidrigkeit

67 Folge der Sittenwidrigkeit ist gemäß § 138 Abs. 1 BGB die **Nichtigkeit der Kündigung.** Da heute auch die Sozialwidrigkeit grundsätzlich die Rechtsunwirksamkeit der Kündigung bewirkt, scheint es, als ob die Unterscheidung beider Fälle praktisch gar nicht nötig sei. In Wahrheit aber führt die Sittenwidrigkeit in doppelter Hinsicht zu wesentlich anderen Rechtsfolgen als die Sozialwidrigkeit:

68 Das gilt einmal für die Kündigung gegenüber **Arbeitnehmern, die von der Geltung des KSchG ausgenommen sind.** Bei ihnen kann die Nichtigkeit der Kündigung grundsätzlich nur aus § 138 BGB hergeleitet werden.

69 Für die **Arbeitnehmer, die dem Kündigungsschutz unterstehen,** hat die Sittenwidrigkeit der Kündigung gegenüber der bloßen Sozialwidrigkeit den Vorteil, daß sie bei ihrer Geltendmachung nicht an Fristen und Formen gebunden ist. Auf die Sittenwidrigkeit kann sich der Arbeitnehmer noch nach Ablauf der Drei-Wochen-Frist des § 4 berufen, und er braucht sie nicht durch besondere Feststellungsklage geltend zu machen. Er kann also ohne weiteres den Lohn nach § 615 BGB beanspruchen, er kann mit der Lohnforderung aufrechnen, er kann sich im Wege des Einwandes auf die Sittenwidrigkeit berufen usw.[109] Er kann auch, wenn die sittenwidrige Kündigung eine so schwerwiegende Vertragsverletzung darstellt, daß ihm die Fortset-

---

[102] Vgl. ArbG Göttingen 9. 3. 1961 DB 1961, 1296.
[103] Vgl. BAG 14. 11. 1984, AP Nr. 88 zu § 626 BGB.
[104] BAG 23. 6. 1994, AP Nr. 9 zu § 242 BGB Kündigung = EzA § 242 BGB Nr. 39 mit abl. Anm. *v. Hoyningen-Huene.*
[105] Ebenso *Löwisch* BB 1997, 782, 785; *Preis* NZA 1997, 1256, 1266; *Stahlhacke/Preis/Vossen* Rn. 179.
[106] Vgl. APS/*Linck* § 612a BGB Rn. 6 ff.
[107] Vgl. BAG 2. 4. 1987, AP Nr. 1 zu § 612a BGB unter II 3 b aa; BAG 21. 7. 1988, AP Nr. 10 zu § 1 TVG Rückwirkung unter II 2 b bb; näheres zu § 612a BGB unten Rn. 81.
[108] BAG 23. 11. 1961, 16. 2. 1989, AP Nr. 22, 46 zu § 138 BGB; – abweichend MünchKomm-BGB/*Schwerdtner* vor § 620 Rn. 188.
[109] Ebenso KR-*Friedrich* § 13 KSchG Rn. 158; *Löwisch* § 13 Rn. 48.

zung des Arbeitsverhältnisses nicht mehr zuzumuten ist, seinerseits das Arbeitsverhältnis außerordentlich kündigen und nach § 628 Abs. 2 BGB Ersatz des ihm durch die Aufhebung des Arbeitsverhältnisses entstandenen Schadens verlangen.

4. Feststellungsklage innerhalb der Drei-Wochen-Frist

Das Gesetz bietet dem Arbeitnehmer einen gewissen Anreiz, schon während des Laufs der Drei-Wochen-Frist des § 4 auf Feststellung der Nichtigkeit der Kündigung zu klagen. Denn er erhält dann nach § 13 Abs. 2 Satz 2 die gleichen **Befugnisse wie bei der Kündigungsschutzklage** im Falle der Sozialwidrigkeit: 70

Er kann gemäß § 9 Abs. 1 Satz 1 **Auflösung des Arbeitsverhältnisses** und Verurteilung des Arbeitgebers zur **Zahlung einer Abfindung** verlangen, wenn ihm die Fortsetzung des Arbeitsverhältnisses nicht mehr zuzumuten ist, was gerade bei Sittenwidrigkeit der Kündigung besonders häufig zutreffen wird. Dagegen steht dem Arbeitgeber in diesem Fall (Sittenwidrigkeit der eigenen Kündigung) das Recht, die Auflösung des Arbeitsverhältnisses zu beantragen, nicht zu.[110] – Die Höhe der Abfindung richtet sich nach § 10. Sie kann im Gegensatz zu dem oben (Rn. 69) erwähnten Schadensersatzanspruch nach § 628 Abs. 2 BGB die Höhe des dem Arbeitnehmer entstandenen Schadens übersteigen und ist vor allem auch nicht an den Nachweis eines Schadens gebunden. 71

Stellt das Gericht die **Fortdauer des Arbeitsverhältnisses** fest, so richtet sich die **Anrechnungspflicht** des Arbeitnehmers nach § 11, und er hat das besondere **Auflösungsrecht** nach § 12, falls er schon ein neues Arbeitsverhältnis eingegangen ist. 72

Zweckmäßig wird der Arbeitnehmer in den hier in Betracht kommenden Fällen die Klage **auf Sittenwidrigkeit und auf Sozialwidrigkeit nebeneinander** stützen. Letzteres hat für ihn den Vorteil, daß die Anforderungen weit geringer sind und den Arbeitgeber, der die Sozialwidrigkeit bestreitet, die Beweislast trifft. Ersteres ist für ihn insofern günstiger, als dem Arbeitgeber nicht das Recht zusteht, die Auflösung des Arbeitsverhältnisses nach § 9 zu beantragen; außerdem wird der Arbeitnehmer, wenn er seinerseits einen solchen Antrag stellt, leichter damit durchdringen und eine höhere Entschädigung erwirken, da das Gericht bei Bemessung der Abfindung auch die Verwerflichkeit des Verhaltens des Arbeitgebers zu berücksichtigen hat und in dieser Hinsicht Sittenwidrigkeit im allgemeinen schwerer ins Gewicht fällt als bloße Sozialwidrigkeit. 73

Die besonderen Befugnisse des § 13 Abs. 2 Satz 2 kommen aber **nur für Arbeitnehmer** in Betracht, **die überhaupt den Kündigungsschutz des Gesetzes genießen,** nicht für Arbeitnehmer, die davon ausgenommen sind.[111] Sie können lediglich die Nichtigkeit der sittenwidrigen Kündigung geltend machen (oben Rn. 67). 74

---

[110] Allg. Ansicht; vgl. APS/*Biebl* § 13 KSchG Rn. 53; KR-*Friedrich* § 13 KSchG Rn. 165.
[111] APS/*Biebl* § 13 KSchG Rn. 52; HK-KSchG/*Dorndorf* § 13 Rn. 101; KR-*Friedrich* § 13 KSchG Rn. 163; – abweichend *Löwisch* § 13 Rn. 50.

V. Sonstige Nichtigkeitsgründe

1. Allgemeines

75 Nach § 13 Abs. 3 finden die **Vorschriften des 1. Abschnitts keine Anwendung** auf Kündigungen, die bereits aus anderen als den in § 1 Abs. 2 und 3 bezeichneten Gründen rechtsunwirksam sind. Nach der Begründung zum Regierungsentwurf für das KSchG 1951 sollte aus dem Wortlaut des damaligen § 11 Abs. 4 (heute § 13 Abs. 3) die Folgerung gezogen werden, daß, wenn die Kündigung bereits aus sonstigen Gründen rechtsunwirksam sei, die Vorschriften über die sozial ungerechtfertigte Kündigung überhaupt nicht Platz greifen.[112] Danach könnte der Arbeitnehmer die Klage auf Feststellung der Unwirksamkeit der Kündigung nicht gleichzeitig auf Sozialwidrigkeit und andere Nichtigkeitsgründe stützen, sondern er könnte die Sozialwidrigkeit höchstens eventualiter für den Fall der Verneinung der anderen Nichtigkeitsgründe geltend machen. Der Weg zu einem Antrag nach § 9 auf Auflösung des Arbeitsverhältnisses und Zahlung einer Abfindung wäre ihm auch dann verbaut, wenn die Kündigung zwar sozialwidrig ist, aber auch an sonstigen Mängeln leidet.

76 Für diese Auslegung spricht zwar der Wortlaut des Gesetzes, wonach die Vorschriften des 1. Abschnitts des KSchG auf Kündigungen, die bereits aus anderen Gründen rechtsunwirksam sind, keine Anwendung finden. Eine streng am Wortlaut haftende Auslegung erscheint indes **zweckwidrig**. So müßte, wenn der Arbeitnehmer auf Feststellung der Unwirksamkeit der Kündigung klagt und gleichzeitig die Sozialwidrigkeit und einen anderen Nichtigkeitsgrund behauptet, das Gericht in erster Linie diesen anderen Nichtigkeitsgrund prüfen, obwohl dafür vielleicht eine umfangreiche Beweisaufnahme nötig ist, während die Sozialwidrigkeit feststeht oder doch leicht festzustellen ist. Die Beweisaufnahme würde am Ergebnis nichts ändern und nur Zeitverlust und unnötige Kosten verursachen, während der Klage auf jeden Fall stattgegeben werden müßte.[113] Die Folgen eines Kündigungswiderspruchs des Betriebsrats, der nach § 102 Abs. 5 BetrVG und § 1 Abs. 2 Satz 2 und 3 an die Kündigungsschutzklage anknüpft, wären zumindest in Frage gestellt. Ebenso ist kein Grund ersichtlich, dem Arbeitnehmer den Anspruch auf eine Abfindung zu versagen, weil die Kündigung zufällig noch an einem zweiten Mangel leidet.[114] Es ist nicht einzusehen, warum der Arbeitgeber, der eine sozialwidrige Kündigung ausgesprochen hat, vor den Folgen des § 9 geschützt sein soll, wenn seine Kündigung auch noch in anderer Weise mangelhaft ist, der Arbeitgeber etwa zugleich gegen Art. 9 Abs. 3 GG verstoßen hat. Ebensowenig ist ersichtlich, warum aus diesem Grunde der Arbeitnehmer ungünstiger gestellt werden soll.

77 § 13 Abs. 3 schließt damit im Ergebnis die gleichzeitige Geltendmachung der Sozialwidrigkeit und im Zusammenhang damit die Anwendung des KSchG nicht aus. § 13 Abs. 3 stellt lediglich klar, daß die Geltendmachung

---

[112] Vgl. RdA 1951, 61, 64.
[113] Ebenso KR-*Friedrich* § 13 KSchG Rn. 332 ff.
[114] Ebenso *Löwisch* § 13 Rn. 59.

anderer Nichtigkeitsgründe nicht an die Vorschriften des KSchG, insbesondere die **Drei-Wochen-Frist** des § 4 gebunden ist.[115]

2. Gesetzliche Verbote

Wichtigster sonstiger Nichtigkeitsgrund einer Kündigung ist der Verstoß gegen ein **gesetzliches Verbot,** das nach § 134 BGB die Nichtigkeit der Kündigung zur Folge hat. Im folgenden wird ein **Überblick** über die wichtigsten Verbotsgesetze gegeben.[116] Einzelheiten zu den Verbotsgesetzen sind den einschlägigen Kommentaren zu den jeweiligen Vorschriften zu entnehmen. 78

Eine Kündigung kann nach § 134 BGB nichtig sein, wenn durch sie der Arbeitnehmer in **Grundrechten verletzt** wird. Dies ist im Hinblick auf die unmittelbare Drittwirkung des Art. 9 Abs. 3 GG bei Verstößen gegen die Koalitionsfreiheit unproblematisch,[117] im übrigen aber nicht unumstritten.[118] 79

Eine Kündigung kann weiter wegen eines Verstoßes gegen die **betriebsverfassungsrechtlichen Verbote** der §§ 20, 78 BetrVG unwirksam sein.[119] 80

Stellt die Kündigung eine verbotene **Maßregelung des Arbeitnehmers** dar, so ist sie nach § 612a BGB unwirksam.[120] Der Verstoß gegen § 612a BGB führt gemäß § 134 BGB zur Nichtigkeit der Kündigung. Voraussetzung hierfür ist, daß der insoweit darlegungs- und beweispflichtige Arbeitnehmer nachweisen kann, daß die unzulässige Rechtsausübung nicht nur Motiv, sondern tragender Beweggrund des Arbeitgebers für die Kündigung war.[121] 81

Erfolgt die Kündigung **wegen eines Betriebsübergangs,** so ist sie gemäß § 613a Abs. 4 BGB unwirksam (vgl. dazu Kommentare zu § 613a BGB sowie § 1 Rn. 418ff.). 82

3. Weitere Kündigungsbeschränkungen

Weitere gesetzliche Kündigungsbeschränkungen finden sich beispielsweise in § 85 SGB IX, § 9 MuSchG, § 11 Bergmannsversorgungs- 83

---

[115] H. M.; vgl. APS/*Biebl* § 13 KSchG Rn. 55 f.; HK-KSchG/*Dorndorf* § 13 Rn. 103 f.; KR-*Friedrich* § 13 KSchG Rn. 176; *Löwisch* § 13 Rn. 57.

[116] Vgl. dazu auch *Linck* AR-Blattei SD 1010.3 Rn. 5 ff.

[117] Vgl. dazu BAG 5. 3. 1987, RzK I 81 Nr. 6; siehe auch LAG Hamm 18. 12. 1987, LAGE § 612a BGB Nr. 1, das in einer Kündigung wegen aktiver Gewerkschaftsarbeit im Betrieb einen Verstoß gegen das Maßregelungsverbot des § 612a BGB sieht; Hessisches LAG 11. 4. 1997, Art. 9 GG Nr. 12.

[118] Vgl. KR-*Friedrich* § 13 KSchG Rn. 180 ff.; *Stahlhacke/Preis/Vossen* Rn. 158 ff. jeweils m. w. N. – zum Schutz der Meinungsfreiheit (Art. 5 Abs. 1 GG) bei der Übernahme von Auszubildenden in ein Arbeitsverhältnis vgl. BVerfG 19. 5. 1992, EzA Art. 5 GG Nr. 22 mit krit. Anm. *Reuter*.

[119] Dazu BAG 13. 10. 1977, AP Nr. 1 zu § 1 KSchG 1969 Verhaltensbedingte Kündigung; LAG Hamm 15. 1. 1985, 27. 8. 1987, LAGE § 20 BetrVG 1972 Nr. 5, 6; LAG Rheinland-Pfalz 1. 1991, AiB 1992, 531; ArbG München 26. 5. 1987, RzK I 8 1 Nr. 8; KR-*Friedrich* § 13 KSchG Rn. 206 f.

[120] Dazu BAG 2. 4. 1987, AP Nr. 1 zu § 612a BGB; BAG 21. 7. 1988, AP Nr. 10 zu § 1 TVG Rückwirkung unter II 2c; zu weiteren Einzelfällen vgl. APS/*Linck* § 612a BGB Rn. 13 ff.

[121] Vgl. dazu insbes. BAG 21. 7. 1988, AP Nr. 10 zu § 1 TVG Rückwirkung; BAG 25. 11. 1993, AP Nr. 4 zu § 14 KSchG 1969 unter I 2 = EzA § 14 KSchG Nr. 3 mit zust. Anm. *Bährle*.

§ 13 84–88   1. Abschnitt. Allgemeiner Kündigungsschutz

scheinG NRW, § 1 ArbPlSchG, § 8 HeimkehrerG, §§ 4 Abs. 1, 11 TzBfG, § 9 ASiG.[122]

84   Neben den gesetzlichen Verboten kommen als Unwirksamkeitsgründe nach § 13 Abs. 3 namentlich auch Verstöße gegen **tarifliche oder vertragliche Kündigungsverbote** in Betracht.[123]

85   Schließlich kann die Unwirksamkeit der Kündigung auch auf **Willensmängeln** (§§ 116 ff. BGB), Verstößen gegen **Formvorschriften** (§ 125 BGB) oder unzureichender **Vertretungsmacht** beruhen (§§ 180, 174 BGB).[124]

4. Treuwidrige Kündigung

86   Unter den sonstigen Nichtigkeitsgründen des § 13 Abs. 3 ist die treuwidrige Kündigung wegen ihrer **inhaltlichen Nähe zur Sozialwidrigkeit** nach § 1 Abs. 2 besonders hervorzuheben. Dabei ist allgemein anerkannt, daß eine gegen das aus § 242 BGB abzuleitende Gebot von Treu und Glauben verstoßende Kündigung unwirksam ist.[125]

87   Problematisch ist in diesem Zusammenhang allerdings, **inwieweit § 242 BGB** neben § 1 Abs. 2 und 3 einen **eigenen Anwendungsbereich** hat. Die Frage hat eine doppelte Bedeutung. Es fragt sich einmal, ob für die unter das KSchG fallenden Arbeitnehmer neben dem Kündigungsschutz dieses Gesetzes noch ein zusätzlicher Schutz aus § 242 BGB zu entnehmen ist. Und es fragt sich zweitens, ob für die Arbeitnehmer, für die der Kündigungsschutz des KSchG nicht gilt, also für Arbeitnehmer in Kleinbetrieben (§ 23 Abs. 1) und für Arbeitnehmer, die noch nicht sechs Monate in dem betreffenden Betrieb oder Unternehmen tätig sind (§ 1 Abs. 1), ein Kündigungsschutz aus § 242 BGB hergeleitet werden kann.

88   a) Für die **Kündigung gegenüber den unter das KSchG fallenden Arbeitnehmern** hat der allgemeine Grundsatz von Treu und Glauben Bedeutung für die Frage, ob bei Auslegung des Arbeitsvertrages nach Treu und Glauben die ordentliche Kündigung durch stillschweigende Vereinbarung zeitweise ausgeschlossen ist oder wenigstens der Kündigungsschutz mit Beginn der Beschäftigung einsetzen soll[126] oder ob die Kündigung als Widerspruch zu einem bestimmten Verhalten des Arbeitgebers (venire contra factum proprium) unabhängig von ihrer Sozialwidrigkeit unzulässig ist, ob der Arbeitgeber sich auf den Eintritt oder Nichteintritt eines Ereignisses berufen

---
[122] Dazu BAG 24. 3. 1988, AP Nr. 1 zu § 9 ASiG = SAE 1989, 290 mit abl. Anm. *Blomeyer/Reichold*.
[123] Eingehend dazu KR-*Friedrich* § 13 KSchG Rn. 260 ff.
[124] Vgl. dazu *Linck* AR-Blattei SD 1010.3 Rn. 102 ff.
[125] Vgl. BAG 8. 6. 1972, AP Nr. 1 zu § 13 KSchG 1969 mit zust. Anm. *Schleßmann*; BAG 23. 9. 1976, AP Nr. 1 zu § 1 KSchG 1969 Wartezeit; BAG 2. 11. 1983, AP Nr. 29 zu § 102 BetrVG 1972 unter A II 2 a = AR-Blattei Betriebsverfassung XIV C Entsch. 84 mit Anm. *Echterhölter* = EzA § 102 BetrVG 1972 Nr. 53 mit zust. Anm. *Streckel*; BAG 16. 2. 1989, AP Nr. 46 zu § 138 BGB mit zust. Anm. *Kramer* = EzA § 138 BGB Nr. 23 mit zust. Anm. *Wank*; BAG 23. 6. 1994, AP Nr. 9 zu § 242 BGB Kündigung = EzA § 242 BGB Nr. 39 mit abl. Anm. *v. Hoyningen-Huene* = SAE 1995, 103 mit zust. Anm. *Sandmann*; KR-*Friedrich* § 13 KSchG Rn. 229; *Löwisch* vor § 1 Rn. 56; – abweichend MünchKomm-BGB/*Schwerdtner* Anh. § 622 Rn. 14.
[126] Dazu BAG 18. 2. 1967, AP Nr. 81 zu § 1 KSchG sowie § 1 Rn. 66 f.

648

kann, weil er es in einer gegen Treu und Glauben verstoßenden Weise herbeigeführt hat oder nicht.[127]

b) Zur Feststellung der Bedeutung von **§ 242 BGB für die vom KSchG nicht geschützten Arbeitnehmer** ist zu berücksichtigen, daß Ziel der Gesetzgebung war, mit dem in § 1 geregelten Erfordernis der sozialen Rechtfertigung der Kündigung den Arbeitnehmer im Geltungsbereich des KSchG vor willkürlichen Kündigungen des Arbeitgebers zu schützen. So heißt es in der Begründung des Entwurfs zum KSchG 1951, das Gesetz wende sich gegen Kündigungen, die hinreichender Begründung entbehren und deshalb als willkürliche Durchschneidung des Bandes der Betriebszugehörigkeit erscheinen.[128] Die historische Auslegung macht damit deutlich, daß das KSchG die Voraussetzungen und Wirkungen des Grundsatzes von Treu und Glauben konkretisiert und abschließend regelt, soweit es um den Bestandsschutz und das Interesse des Arbeitnehmers am Erhalt seines Arbeitsplatzes geht.[129] Umstände, die an sich geeignet sind, eine Kündigung sozialwidrig i. S. v. § 1 KSchG erscheinen zu lassen, kommen als Verstöße gegen Treu und Glauben nicht in Betracht. Dies ist rechtssystematisch auch zutreffend, weil es andernfalls der Vorschriften des KSchG nicht bedurft hätte.[130] Für diese Auslegung spricht schließlich auch, daß das KSchG die treuwidrige Kündigung anders als die sittenwidrige Kündigung nicht erwähnt.

Damit ist eine Kündigung nur dann **treuwidrig und unwirksam, wenn sie aus Gründen, die von § 1 KSchG nicht erfaßt sind, die Grundsätze des § 242 BGB verletzt** und deshalb von der Rechtsordnung nicht gebilligt wird. Anders ausgedrückt: Eine Kündigung ist nicht nach § 242 BGB unwirksam, wenn sie auf Tatsachen gestützt wird, die bei unterstellter Anwendbarkeit des KSchG geeignet sind, die Kündigung nach § 1 Abs. 2 KSchG sozial zu rechtfertigen.[131]

---

[127] Vgl. hierzu aus der Rechtsprechung BAG 8. 10. 1959, AP Nr. 1 zu § 620 BGB Schuldrechtliche Kündigungsbeschränkung; BAG 30. 11. 1960, AP Nr. 2 zu § 242 BGB Kündigung; BAG 8. 6. 1972, AP Nr. 1 zu § 13 KSchG 1969; BAG 28. 9. 1972, AP Nr. 2 zu § 134 BGB; BAG 13. 7. 1978, AP Nr. 18 zu § 102 BetrVG 1972 unter III 3; BAG 2. 11. 1983, AP Nr. 29 zu § 102 BetrVG 1972 unter A II 2a; BAG 2. 4. 1987, AP Nr. 1 zu § 612a BGB; BAG 16. 2. 1989, AP Nr. 46 zu § 138 BGB unter III 1; KR-*Friedrich* § 13 KSchG Rn. 232; *Löwisch* vor § 1 Rn. 42; *Stahlhacke/Preis/Vossen* Rn. 188; – zur sog. Kündigung zur Unzeit vgl. BAG 14. 11. 1988, AP Nr. 88 zu § 626 BGB; BAG 5. 4. 2001, NZA 2001, 890 und LAG Bremen 29. 10. 1985, AuR 1986, 248.
[128] Vgl. den Abdruck der Gesetzesbegründung in RdA 1951, 58, 63.
[129] BAG 14. 5. 1964, AP Nr. 5 zu § 242 BGB Kündigung; BAG 24. 4. 1997, AP Nr. 27 zu § 611 BGB Kirchendienst; BAG 1. 7. 1999, AP Nr. 10 zu § 242 BGB Kündigung; BAG 5. 4. 2001, NZA 2001, 890.
[130] Zutr. *Löwisch*, BB 1997, 782, 786.
[131] So auch zu Recht die st. Rspr., vgl. BAG 16. 2. 1989, AP Nr. 46 zu § 138 BGB = EzA § 138 BGB Nr. 23 m. Anm. *Wank;* BAG 23. 6. 1994, AP Nr. 9 zu § 242 BGB Kündigung = EzA § 242 BGB Nr. 39 m. Anm. *v. Hoyningen-Huene;* BAG 24. 4. 1997, AP Nr. 27 zu § 611 BGB Kirchendienst; BAG 5. 4. 2001, NZA 2001, 890 jeweils mit Hinweisen auf die ältere Rechtsprechung; vgl. ErfK/*Ascheid* § 13 KSchG Rn. 30; APS/*Biebl* § 13 KSchG Rn. 58; *Boemke,* WiB 1997, 617; KR-*Friedrich* § 13 KSchG Rn. 232; *Linck* FA 1999, 382 f., *Löwisch,* Vorbem. zu § 1 Rn. 80 ff.; *ders.,* BB 1997, 782; *Preis,* NZA 1997, 1256, 1266 ff.; *Stahlhacke,* Festschrift für Wiese, S. 513, 523; im Grundsatz auch HK-KSchG/*Dorndorf* § 13 Rn. 110; *Stahlhacke/Preis/Vossen* Rn. 187 f.

§ 13 91, 92   1. Abschnitt. Allgemeiner Kündigungsschutz

91   Diese Grundsätze sind im Lichte der neueren **Rechtsprechung des BVerfG zum Kündigungsschutz in Kleinbetrieben** zu sehen.[132] Das BVerfG leitet hier aus Art. 12 Abs. 1 GG einen verfassungsrechtlich verbürgten Mindestschutz des Arbeitnehmers vor willkürlichen oder auf sachfremden Motiven beruhenden Kündigungen her. Die Diskriminierungsverbote aus Art. 3 Abs. 3 GG seien bei der Auslegung der zivilrechtlichen Generalklauseln zu beachten. Soweit unter mehreren Arbeitnehmern eine Auswahl zu treffen sei, gebiete der verfassungsrechtliche Schutz des Arbeitsplatzes in Verbindung mit dem Sozialstaatsprinzip ein gewisses Maß an sozialer Rücksichtnahme. Ein durch langjährige Mitarbeit erdientes Vertrauen in den Fortbestand des Arbeitsverhältnisses dürfe nicht unberücksichtigt bleiben. Schließlich müsse der objektive Gehalt der Grundrechte auch bei der Verteilung der Darlegungs- und Beweislast berücksichtigt werden. Zugleich betont aber auch das BVerfG, daß die gesetzliche Eingrenzung des Kündigungsschutzes nach dem KSchG respektiert werden müsse. Der durch Generalklauseln vermittelte Schutz dürfe nicht dazu führen, daß dem Kleinunternehmer praktisch die im KSchG vorgegebenen Maßstäbe der Sozialwidrigkeit auferlegt werden. Auch wirke der durch die Generalklauseln vermittelte Grundrechtsschutz umso schwächer, je stärker die mit der Kleinbetriebsklausel geschützten Grundrechtspositionen des Arbeitgebers im Einzelfall betroffen seien.[133]

92   Welche **Schlußfolgerungen aus dieser Entscheidung des BVerfG** zu ziehen sind, ist umstritten. Soweit die Auffassung vertreten wird, auch außerhalb des Geltungsbereichs des KSchG sei eine Kündigung nur wirksam, wenn eine Störung des Arbeitsverhältnisses objektiv vorliege und vom Arbeitgeber schlüssig dargelegt werde,[134] kann dem nicht gefolgt werden. Damit wird nicht beachtet, daß das BVerfG die Schutzwürdigkeit der Kleinunternehmer gerade damit begründet hat, daß dem Betriebsklima und dem Vertrauensverhältnis des Unternehmers zu jedem seiner Mitarbeiter ein besonderer Stellenwert zukommt.[135] Subjektive Empfindungen des Arbeitgebers sind damit durchaus beachtlich.[136] Auch die Annahme, evident unverhältnismäßigen Kündigungen, also Kündigungen, die offensichtlich willkürlich oder aus nichtigen Gründen unter Mißachtung der Machtstellung des Arbeitgebers im Betrieb erfolgten, seien nach § 242 BGB unwirksam,[137] überzeugt nicht. Hier wird nicht genügend beachtet, daß diese Fallgestaltungen wohl überwiegend von den §§ 138, 612a BGB erfaßt werden. Eine abgeschwächte Inhaltskontrolle von Kündigungen dahingehend, ob ansatzweise personen-, verhaltens- oder betriebsbedingte Gründe für die Kündigung vorliegen,[138] negiert unzulässigerweise die verfassungsgemäße Entscheidung des Gesetzgebers, außerhalb des

---

[132] BVerfG 27. 1. 1998, AP Nr. 17 zu § 23 KSchG 1969.
[133] BVerfG 27. 1. 1998, AP Nr. 17 zu § 23 KSchG 1969 unter B I 3 b cc der Gründe.
[134] *Däubler*, Festschrift zum fünfzigjährigen Bestehen der Arbeitsgerichtsbarkeit in Rheinland-Pfalz, 1999, S. 271, 281.
[135] BVerfG 27. 1. 1998, AP Nr. 17 zu § 23 KSchG 1969 unter B I 3 b bb der Gründe.
[136] Vgl. dazu weiterhin *Linck* FA 1999, 382, 384.
[137] *Oetker*, AuR 1997, 41, 52.
[138] So *Oetker*, AuR 1997, 41, 52; MünchArbR/*Wank* § 116 Rn. 13.

Verhältnis zu sonstigen Kündigungen 92 a–92 c § 13

Anwendungsbereichs des KSchG keine sachliche Rechtfertigung zu verlangen.[139]

Das **BAG** hat angenommen, im Rahmen der Prüfung von § 242 BGB 92 a seien die **Grundrechte** der Vertragsfreiheit (Kündigungsfreiheit) und andererseits die Rechte auf Achtung der Menschenwürde sowie auf freie Entfaltung der Persönlichkeit **gegeneinander abzuwägen**. Insofern sei es rechtsmißbräuchlich, wenn der Arbeitgeber unter Ausnutzung der Privatautonomie den Arbeitnehmer in den ersten sechs Monaten des Arbeitsverhältnisses wegen dessen homosexuellen Neigungen kündige.[140] Dies ist abgesehen davon, daß auf Seiten des Arbeitnehmers in erster Linie Art. 12 Abs. 1 GG und nicht die Grundrechte aus Art. 1 und 2 GG zu berücksichtigen sind, schon deshalb problematisch, weil es sich bei der Homosexualität des Arbeitnehmers um einen Grund handelt, der bei unterstellter Anwendbarkeit des KSchG zur Sozialwidrigkeit der Kündigung nach § 1 KSchG führen würde. Denn die Kündigung wegen Homosexualität des Arbeitnehmers ist grundsätzlich weder ein personen- noch ein verhaltensbedingter Kündigungsgrund. Dogmatisch zutreffend hätte daher geprüft werden müssen, ob die Kündigung im Lichte von Art. 2 Abs. 1 GG nach § 138 BGB gegen die guten Sitten verstößt.[141] Dies hat das BAG offengelassen.

Es ist mit dem Gesetz und der Rechtsprechung des BVerfG nicht verein- 92 b bar, Arbeitnehmern, die dem KSchG nicht unterstehen, auf dem **Umweg über § 242 BGB einen Kündigungsschutz** auch bei bloßer Sozialwidrigkeit der Kündigung zuzubilligen. Hinzu kommt, daß anderenfalls die vom Kündigungsschutz ausgenommenen Arbeitnehmer in verschiedener Hinsicht günstiger ständen als die dem KSchG unterliegenden Arbeitnehmer, da sie in der Berufung auf die Treuwidrigkeit (Sozialwidrigkeit) der Kündigung nicht an die Beschränkungen des KSchG gebunden wären, insbesondere nicht die Klage binnen der Drei-Wochen-Frist erheben müßten. Dies wäre ein unvertretbares Ergebnis.[142]

Unter Berücksichtigung dieser Grundsätze wäre nach § 242 BGB daher 92 c eine Kündigung in den Fällen des **widersprüchlichen Verhaltens** (venire contra factum proprium) des kündigenden Arbeitgebers unwirksam, wenn dieser also durch sein Verhalten beim Arbeitnehmer berechtigterweise das Vertrauen geweckt hat, das Arbeitsverhältnis werde längere Zeit fort-

---

[139] Zutr. *Preis*, NZA 1997, 1257, 1267; *Stahlhacke*, Festschrift für Wiese, S. 513, 523.
[140] Vgl. BAG 23. 6. 1994, AP Nr. 9 zu § 242 BGB Kündigung = EzA § 242 BGB Nr. 39 m. Anm. *v. Hoyningen-Huene*.
[141] Ebenso HK-KSchG/*Dorndorf* § 13 Rn. 119; *v. Hoyningen-Huene* Anm. zu BAG EzA § 242 BGB Nr. 39; *Stahlhacke/Preis/Vossen* Rn. 193; – kritisch hierzu auch *Löwisch*, BB 1997, 782, 785.
[142] In diesem Sinne auch die ganz h. M.; vgl. BAG 8. 6. 1972, AP Nr. 1 zu § 13 KSchG 1969 mit zust. Anm. *Schleßmann* = AR-Blattei Kündigungsschutz Entsch. 134 mit zust. Anm. *Herschel* = SAE 1973, 141 mit krit. Anm. *Martens*; BAG 13. 7. 1978, AP Nr. 18 zu § 102 BetrVG 1972 mit zust. Anm. G. *Hueck* = SAE 1979, 210 mit zust. Anm. *v. Hoyningen-Huene* = EzA § 102 BetrVG 1972 Nr. 36 mit Anm. *Otto*; BAG 21. 3. 1980, AP Nr. 1 zu § 17 SchwbG unter II 4; BAG 2. 11. 1983, AP Nr. 29 zu § 102 BetrVG 1972 unter A II 2 a; BAG 16. 2. 1989, AP Nr. 46 zu § 138 BGB unter III 1; – im Ergebnis abweichend BAG 23. 6. 1994, AP Nr. 9 zu § 242 BGB Kündigung = EzA § 242 BGB Nr. 39 mit abl. Anm. *v. Hoyningen-Huene*; – vgl. aus dem Schrifttum ErfK/*Ascheid* § 13 KSchG Rn. 30; APS/*Biebl* § 13 KSchG Rn. 58; KR-*Friedrich* § 13 KSchG Rn. 233; *Löwisch* vor § 1 Rn. 86.

bestehen.¹⁴³ Weiter kann das Kündigungsrecht nach Treu und Glauben **verwirken,** wenn der Arbeitgeber längere Zeit untätig geblieben ist (Zeitmoment), dieses Verhalten beim Arbeitnehmer nach den Gesamtumständen die berechtigte Annahme hervorgerufen hat, das Kündigungsrecht werde nicht mehr geltend gemacht, und der Arbeitnehmer sich erkennbar darauf eingestellt hat (Umstandsmoment).¹⁴⁴ Die **Kündigung kurz vor Ablauf der Wartezeit** des § 1 Abs. 1 stellt grundsätzlich keinen Verstoß gegen Treu und Glauben (§ 162 BGB analog) dar. Denn das Ausnutzen der gesetzlichen Frist zur Ausübung der eingeräumten Kündigungsfreiheit ist kein Rechtsmißbrauch, sondern die zulässige Wahrnehmung eines Rechts.¹⁴⁵

92 d c) Ob auch eine **Kündigung in verletzender Form bzw. zur Unzeit** oder eine Kündigung, mit der dem Arbeitnehmer über die reine Beendigung hinaus weitere Nachteile zugefügt werden und sein gesamtes berufliches Fortkommen in Frage gestellt wird, unwirksam ist, erscheint dagegen sehr fraglich.¹⁴⁶ Denn nach der gesetzlichen Wertung der §§ 671 Abs. 2, 723 Abs. 2 BGB löst die Kündigung zur Unzeit Schadenersatzansprüche aus und führt nicht zur Unwirksamkeit der Kündigung.¹⁴⁷ Zu berücksichtigen ist aber auch, daß die an sich zulässige Wahrnehmung von Rechten eine nach § 226 BGB unzulässige Benachteiligung bzw. Schikane des Betroffenen darstellen kann. Insoweit überschneidet sich der Anwendungsbereich von § 242 BGB mit § 226 BGB.¹⁴⁸ Damit wird deutlich, daß ein rein objektives Unwerturteil in der Regel für die Annahme einer unzulässigen Rechtsausübung nicht genügt.¹⁴⁹ Grundsätzlich muß vielmehr auch eine subjektive Benachteiligungsabsicht vorliegen. Dies spricht dafür, daß Begleitumstände beim Ausspruch der Kündigung die Wirksamkeit des Rechtsgeschäfts selbst nur in ganz seltenen Fällen in Frage stellen können.¹⁵⁰ Eine Kündigung, die dem Arbeitnehmer am Heiligen Abend zugeht, ist nach der zutreffenden Auffassung des BAG¹⁵¹ nicht allein durch ihren Zugang am 24. Dezember „ungehörig" und deshalb unwirksam. Gleiches gilt bei einer Kündigung, die in zeitlichem Zusammenhang mit einer Fehlgeburt der Arbeitnehmerin erfolgt¹⁵² sowie für eine Kündigung, die nur wenige Tage nach dem Tod des Lebensgefährten ausgesprochen wird.¹⁵³

---

¹⁴³ BAG 8. 6. 1972, AP Nr. 1 zu § 13 KSchG 1969 unter 4 mit Anm. *Schleßmann*; BAG 21. 3. 1980, AP Nr. 1 zu § 17 SchwbG unter II 4 mit Anm. *Jung;* BAG 21. 3. 1996 – 8 AZR 290/94 n.v.; KR-*Friedrich* § 13 KSchG Rn. 236.
¹⁴⁴ BAG 25. 11. 1982, AP Nr. 10 zu § 9 KSchG 1969 unter A II 2a = EzA § 9 KSchG n. F. Nr. 15 mit Anm. *Belling*; BAG 20. 1. 1994, AP Nr. 10 zu Art. 20 Einigungsvertrag; KR-*Friedrich* § 13 KSchG Rn. 239; MünchArbR/*Wank* § 116 Rn. 152.
¹⁴⁵ Vgl. dazu § 1 Rn. 69f.
¹⁴⁶ Vgl. BAG 5. 4. 2001, NZA 2001, 890.
¹⁴⁷ Zutr. *Oetker*, AuR 1997, 41, 47; ähnlich MünchKomm-BGB/*Schwerdtner*, Anh. § 622 Rn. 14f., nach dessen Auffassung dem Arbeitnehmer in diesen Fällen allenfalls Schadenersatzansprüche wegen der Verletzung des Persönlichkeitsrechts zustehen.
¹⁴⁸ Vgl. MünchKomm-BGB/*Roth*, § 242 Rn. 280; *Erman/Hefermehl*, BGB, 10. Aufl. 2000, § 226 Rn. 1 f.
¹⁴⁹ So auch BAG 5. 4. 2001, NZA 2001, 890.
¹⁵⁰ Näher dazu *Linck* FA 1999, 382, 385 f.
¹⁵¹ Vgl. BAG 14. 11. 1984, AP Nr. 88 zu § 626 BGB.
¹⁵² BAG 12. 7. 1990, AP Nr. 87 zu § 613a BGB.
¹⁵³ BAG 5. 4. 2001, NZA 2001, 890.

Verhältnis zu sonstigen Kündigungen 92 e–94 § 13

d) Bei der **Sozialauswahl bei betriebsbedingten Kündigungen** kann 92 e im Lichte der Rechtsprechung des BVerfG[154] die Kündigung treuwidrig sein, wenn bei einem Vergleich der grundsätzlich vom Arbeitnehmer vorzutragenden Sozialdaten evident ist, daß dieser erheblich sozial schutzbedürftiger ist als ein vergleichbarer weiterbeschäftigter Arbeitnehmer.[155] Setzt der Arbeitgeber dem schlüssigen Sachvortrag des Arbeitnehmers weitere (betriebliche, persönliche etc.) Gründe entgegen, die ihn zu der getroffenen Auswahl bewogen haben, so hat unter dem Gesichtspunkt von Treu und Glauben eine Abwägung zu erfolgen. Es ist zu prüfen, ob auch unter Berücksichtigung der vom Arbeitgeber geltend gemachten Gründe die Kündigung die sozialen Belange des betroffenen Arbeitnehmers in treuwidriger Weise unberücksichtigt läßt. Der unternehmerischen Freiheit des Arbeitgebers im Kleinbetrieb kommt bei dieser Abwägung ein erhebliches Gewicht zu.[156]

5. Rechtsfolgen sonstiger Nichtigkeitsgründe

Ist auf Grund gesetzlicher, tarifvertraglicher oder vertraglicher Kündigungs- 93 beschränkungen die Kündigung nichtig, so kann nach § 13 Abs. 3 diese **Nichtigkeit jederzeit und in jeder Weise geltend gemacht werden.** In diesen Fällen steht dem Arbeitnehmer allerdings im Gegensatz zur unbegründeten außerordentlichen Kündigung und zur sittenwidrigen Kündigung, auch wenn er binnen drei Wochen Klage erhebt, nicht das Recht zu, einen Antrag auf Auflösung des Arbeitsverhältnisses und Zahlung einer Abfindung zu stellen. Er kann lediglich, wenn ihm infolge der nichtigen Kündigung die Fortsetzung des Arbeitsverhältnisses nicht mehr zuzumuten ist, nach § 626 BGB seinerseits fristlos kündigen und, falls der Arbeitgeber schuldhaft gehandelt hat, nach § 628 Abs. 2 BGB Schadensersatz verlangen.[157]

Deshalb ist § 13 Abs. 3 dahin zu verstehen, daß lediglich klargestellt wer- 94 den soll, daß die Geltendmachung **anderer Mängel** nicht an die Vorschriften des KSchG, insbesondere die **Drei-Wochen-Frist des § 4,** gebunden ist. Das Klagerecht kann allerdings **verwirken.**[158] Schließlich ist durch § 13 Abs. 3 bestimmt, daß, wenn nur ein sonstiger Nichtigkeitsgrund, aber keine Sozialwidrigkeit vorliegt, die besonderen Befugnisse des Arbeitnehmers nach dem KSchG, insbesondere der Antrag nach § 9 nicht in Be-

---

[154] Vgl. BVerfG 27. 1. 1998, AP Nr. 17 zu § 23 KSchG 1969.
[155] Vgl. BAG 21. 2. 2001, NZA 2001, 833.
[156] Vgl. BAG 21. 2. 2001, NZA 2001, 833 sowie HK-KSchG/*Dorndorf* § 13 Rn. 123 a; *Linck* FA 1999, 382, 384 f.; *Wank* Festschrift für Hanau, S. 295, 309.
[157] H. M.; vgl. *Bauer* DB 1985, 1180, 1183; APS/*Biebl* § 13 KSchG Rn. 66; HK-KSchG/ *Dorndorf* § 13 Rn. 138; *Gröninger* Festschrift für Herschel 1982, S. 163, 164 ff.; *Löwisch* § 13 Rn. 58; *Schaub* § 141 Rn. 2; – abweichend jedoch KR-*Friedrich* § 13 KSchG Rn. 330 ff. und *Koller* DB 1979, 1458, die bei Verstößen gegen Normen des speziellen Bestandsschutzes im Interesse des Arbeitnehmers § 9 Abs. 1 Satz 1, 10 und 12 analog anwenden wollen; dagegen spricht allerdings die in dieser Hinsicht sehr deutliche gesetzliche Regelung in § 13 Abs. 1 und 2 einerseits und Abs. 3 andererseits; dazu auch nachfolgend Rn. 94.
[158] Vgl. dazu eingehend BAG 20. 5. 1988, AP Nr. 5 zu § 242 BGB Prozeßverwirkung mit zust. Anm. *Kreitner* = EzA § 242 BGB Prozeßverwirkung Nr. 1 mit zust. Anm. *Schulin* sowie BAG 28. 5. 1998, AP Nr. 48 zu § 2 KSchG 1969; BAG 2. 12. 1999, AP Nr. 6 zu § 242 BGB Prozeßverwirkung; KR-*Friedrich* § 13 KSchG Rn. 303 ff.; KR-*Rost* § 7 KSchG Rn. 36 ff.

tracht kommen.[159] Dagegen schließt die Vorschrift die gleichzeitige Geltendmachung der Sozialwidrigkeit und im Zusammenhang damit die Anwendung des KSchG nicht aus.

§ 14 Angestellte in leitender Stellung

(1) Die Vorschriften dieses Abschnitts gelten nicht
1. in Betrieben einer juristischen Person für die Mitglieder des Organs, das zur gesetzlichen Vertretung der juristischen Person berufen ist,
2. in Betrieben einer Personengesamtheit für die durch Gesetz, Satzung oder Gesellschaftsvertrag zur Vertretung der Personengesamtheit berufenen Personen.

(2) ¹Auf Geschäftsführer, Betriebsleiter und ähnliche leitende Angestellte, soweit diese zur selbständigen Einstellung oder Entlassung von Arbeitnehmern berechtigt sind, finden die Vorschriften dieses Abschnitts mit Ausnahme des § 3 Anwendung. ²§ 9 Abs. 1 Satz 2 findet mit der Maßgabe Anwendung, daß der Antrag des Arbeitgebers auf Auflösung des Arbeitsverhältnisses keiner Begründung bedarf.

Schrifttum: *Bauer*, Die Anwendung arbeitsrechtlicher Schutzvorschriften auf den Fremdgeschäftsführer der GmbH, DB 1979, 2178; *derselbe*, Zuständigkeitsprobleme bei Streitigkeiten der GmbH & Co KG mit ihren Geschäftsführern, GmbHR 1981, 109; *derselbe*, Kündigung und Kündigungsschutz vertretungsberechtigter Organmitglieder, BB 1994, 855; *derselbe*, Nun Schriftform bei Beförderung zum Geschäftsführer?, GmbHR 2000, 767; *Baums*, Der Geschäftsleitervertrag, 1987; *Baeck/Hopfner*, Schlüssige Aufhebungsverträge mit Organmitgliedern auch nach Inkrafttreten des § 623 BGB, DB 2000, 1914; *Becker*, Der kündigungsrechtliche Status von leitenden Angestellten, ZIP 1981, 1168; *Boemke*, Das Dienstverhältnis des GmbH-Geschäftsführes zwischen Gesellschafts- und Arbeitsrecht, ZfA 1998, 209; *derselbe*, Neue Selbständigkeit und Arbeitsverhältnis, ZfA 1998, 285; *Dernbach*, Abberufung und Kündigung des GmbH-Ge-schäftsführers, BB 1982, 1266; *Diller*, Gesellschafter und Gesellschafterorgane als Arbeitnehmer, 1994; *Fleck*, Das Organmitglied – Unternehmer oder Arbeitnehmer?, Festschrift für Hilger/Stumpf, 1983, 197; *Groß*, Das Anstellungsverhältnis des GmbH-Geschäftsführers im Zivil-, Arbeits-, Sozialversicherungs- und Steuerrecht, 1987; *Grüll*, Der Kündigungsschutz der leitenden Angestellten nach dem KSchG, BlStSoz-ArbR 1951, 297; *Grunsky*, Rechtswegzuständigkeit bei Kündigung des Anstellungsvertrages eines GmbH-Geschäftsführers, ZIP 1988, 76; *Henssler*, Das Anstellungsverhältnis der Organmitglieder, RdA 1992, 289; *Herschel*, Kündigungsschutz leitender Angestellter, DB 1961, 66; *derselbe*, Die leitenden Angestellten im KSchG, RdA 1962, 59; *v. Hoyningen-Huene*, Gesellschafter, „Scheingesellschafter" oder Arbeitnehmer, NJW 2000, 3233; *Hromadka*, Das Recht der leitenden Angestellten im historisch-gesellschaftlichen Zusammenhang, 1979; *derselbe*, Zur Präzisierung des Begriffs „leitende Angestellte", DB 1988, 753; *A. Hueck*, Der leitende Angestellte in der arbeitsrechtlichen Gesetzgebung, BB 1954, 536; *G. Hueck*, Bemerkungen zum Angestelltenverhältnis von Organmitgliedern juristischer Personen, Festschrift für Hilger/Stumpf, 1983, S. 365; *derselbe*, Zur arbeitsrechtlichen Stellung des GmbH-Geschäftsführers, ZfA 1985, 25; *derselbe*, Der GmbH-Geschäftsführer im Spannungsfeld zwischen Arbeitsrecht und allgemeinem Dienstvertragsrecht, Festschrift für Münir Ekonomi, 1993, S. 139; *Hümmerich*, Grenzfall des Arbeitsrechts, Kündigung des

---

[159] Vgl. APS/*Biebl* § 13 KSchG Rn. 66; *Schaub* § 138 Rn. 11 und § 141 Rn. 2; – teilweise abweichend KR-*Friedrich* § 13 KSchG Rn. 351; – der weitergehende Vorschlag von *Koller* DB 1979, 1458 ff., wonach §§ 9 Abs. 1 Satz 1, 10 und 12 bei bestimmten anderen Mängeln der Kündigung unabhängig von deren Sozialwidrigkeit analog anzuwenden seien, dürfte mit § 13 Abs. 3 nicht mehr vereinbar sein.

GmbH-Geschäftsführers, NJW 1995, 1177; *Jaeger*, Die Zuständigkeit des ArbG und Geltung des Kündigungsschutzgesetzes für Geschäftsführer, NZA 1998, 961; *Kaiser*, Leitende Angestellte, AR-Blattei SD 70.2 (1996); *Knott/Schröter*, Der Aufstieg des leitenden Angestellten zum GmbH-Geschäftsführer der ausgegliederten Konzerngesellschaft – ein arbeitsrechtliches Problem, GmbHR 1996, 238; *Martens*, Das Arbeitsrecht der leitenden Angestellten, 1982; *derselbe*, Arbeitsrechtlicher Rechtsformzwang und gesellschaftsrechtliche Beschäftigungsverhältnisse, RdA 1979, 347; *derselbe*, Vertretungsorgan und Arbeitnehmerstatus in konzernabhängigen Gesellschaften, Festschrift für Hilger/Stumpf, 1983, S. 437; *Mertens/Stein*, Das Recht des Geschäftsführers der GmbH, 2. Aufl., 1996; *Naendrup*, Kündigungsschutz von Arbeitnehmervertretern in mitbestimmten Aufsichtsräten, AuR 1979, 161 und 204; *Reiserer*, Der GmbH-Geschäftsführer im Arbeits- und Sozialversicherungsrecht, 1995; *dieselbe*, Die ordentliche Kündigung des Dienstvertrages des GmbH-Geschäftsführers, DB 1994, 1822; *Rumler*, Der Kündigungsschutz leitender Angestellter, 1990; *Säcker*, Die vorzeitige Beendigung der Arbeitsverträge mit leitenden Angestellten, RdA 1976, 91; *Schipp*, Die Stellung des Leitenden Angestellten im Kündigungsschutzprozeß, 1992; *Schwab*, Das Dienstverhältnis des GmbH-Geschäftsführers insbes. unter arbeitsrechtlichen Aspekten, NZA 1987, 839; *Thanos*, Die Abberufung des Gesellschafter-Geschäftsführers bei der personalistischen GmbH, Diss. Tübingen 1984; *Wagener*, Leitende Angestellte: Verbesserung des Kündigungsschutzes, BB 1975, 1401.

Übersicht

	Rn.
1. Allgemeines	1
2. Mitglieder von Vertretungsorganen und sonstige organschaftliche Vertreter	4
a) Gesetzliche Vertreter von juristischen Personen, Nr. 1	5
b) Zur Vertretung von Personengesamtheiten berufene Personen, Nr. 2	11
3. Leitende Angestellte	12
a) Geschäftsführer	14
b) Betriebsleiter	15
c) Ähnliche leitende Angestellte	17
d) Berechtigung zur Einstellung oder Entlassung	19
4. Der Kündigungsschutz leitender Angestellter	25
a) Einspruch beim Betriebsrat, § 3	26
b) Antrag nach § 9 ohne Begründung	28
5. Leitende Angestellte in Betrieben der Schiffahrt und des Luftverkehrs	31

1. Allgemeines

Während in der ursprünglichen Fassung des KSchG der frühere § 12 die drei von ihm als „Angestellte in leitender Stellung" bezeichneten Personengruppen in gleicher Weise von der Geltung der Vorschriften des 1. Abschnittes des KSchG ausnahm, beschränkt der an seine Stelle getretene § 14 diese Bestimmung in Abs. 1 auf die ersten beiden Gruppen. Dagegen unterstellt Abs. 2 Satz 1 die 3. Gruppe, die **leitenden Angestellten im engeren Sinn**, grundsätzlich den Vorschriften über den allgemeinen Kündigungsschutz, also den §§ 1–13 mit Ausnahme des § 3 (Kündigungseinspruch beim Betriebsrat). Als Ausgleich dafür erweitert Abs. 2 Satz 2 das Recht des Arbeitgebers, die Auflösung des Arbeitsverhältnisses eines solchen leitenden Angestellten durch das Gericht zu verlangen, dadurch, daß eine Begründung des Auflösungsantrags durch den Arbeitgeber für entbehrlich erklärt wird.

2 Von den in § 14 genannten Personengruppen sind die beiden ersten **zur gesetzlichen Vertretung berufenen Personen** nach allgemeiner Ansicht grundsätzlich überhaupt keine Arbeitnehmer.[1] Für diese Personengruppen besteht daher schon aus diesem Grund kein Kündigungsschutz. Abs. 1 dient also insoweit lediglich der Klarstellung.[2]

2 a Für die in § 14 Abs. 1 aufgeführten Personengruppen gilt freilich nach dem eindeutigen Wortlaut auch dann nicht der gesetzliche Kündigungsschutz des § 1, wenn ihr Rechtsverhältnis zu der juristischen Person ausnahmsweise als Arbeitsverhältnis und nicht als Dienstverhältnis ausgestaltet sein sollte. Insoweit enthält § 14 Abs. 1 eine **negative Fiktion**.[3]

3 Die in **Abs. 2 genannten Personen** sind dagegen echte Arbeitnehmer; sie unterstanden daher bereits nach dem AOG den Vorschriften über den Kündigungsschutz, während das BRG 1920 für sie in § 12 Abs. 2, ähnlich wie die frühere Fassung des KSchG, eine ausdrückliche Ausnahme vorgesehen hatte. Nach § 14 Abs. 2 steht ihnen nunmehr mit einzelnen Abweichungen der allgemeine Kündigungsschutz zu.

2. Mitglieder von Vertretungsorganen und sonstige organschaftliche Vertreter

4 Der Kündigungsschutz gilt nach **Abs. 1** nicht für folgende Personengruppen:

5 a) **Gesetzliche Vertreter von juristischen Personen, Nr. 1:** Das sind die Mitglieder des jeweiligen Vertretungsorgans. Dazu gehören vor allem Vorstandsmitglieder einer Aktiengesellschaft (§ 78 Abs. 1 AktG), einer Genossenschaft (§ 24 Abs. 1 GenG), eines rechtsfähigen Vereins (§ 26 Abs. 2 BGB), einer rechtsfähigen Stiftung (§ 86 i. V. m. § 26 Abs. 2 BGB) sowie der nach § 6 GmbHG bestellte Geschäftsführer einer GmbH (§ 35 Abs. 1 GmbHG)[4] und zwar auch Geschäftsführer der Komplementär-GmbH einer GmbH & Co KG (§ 170 HGB i. V. m. § 35 Abs. 1 GmbHG).[5]

6 Bei Geschäftsführern einer GmbH & Co KG ist das KSchG allerdings nach Ansicht des BAG auf ein **neben dem Anstellungsverhältnis** zur

---

[1] Vgl. BAG 27. 10. 1960, AP Nr. 14 zu § 5 ArbGG 1953 unter II 2 a mit Anm. *Bötticher*; BAG 15. 4. 1982, AP Nr. 1 zu § 14 KSchG 1969 unter B II 3 a aa mit zust. Anm. *Beitzke*; BAG 9. 5. 1985, AP Nr. 3 zu § 5 ArbGG 1979 unter II 1 d mit i. E. zust. Anm. *Martens*; BAG 27. 6. 1985, AP Nr. 2 zu § 1 AngKSchG unter III 1; BAG 13. 3. 1987, AP Nr. 6 zu § 5 ArbGG 1979 unter II 1 d; BGH 29. 1. 1981, AP Nr. 14 zu § 622 BGB; BGH 9. 2. 1978, AP Nr. 1 zu § 38 GmbHG; *Baums* S. 394 f.; *Fleck* Festschrift für Hilger/Stumpf S. 197, 208; *G. Hueck* Festschrift für Hilger/Stumpf S. 365 ff.; *ders.* ZfA 1985, 25, 31 f.; *Hümmerich* NJW 1995, 1177, 1178; *Löwisch* § 14 Rn. 1; *Mertens/Stein* § 35 Rn. 170; KR-*Rost* § 14 KSchG Rn. 6; *Schwab* NZA 1987, 839, 842; *Zöllner/Loritz* § 4 III 5 a aa; *ders.* in: *Baumbach/Hueck* § 35 Rn. 97 b; – differenzierend BAG 26. 5. 1999, AP Nr. 10 zu § 35 GmbHG mit krit. Anm. *Boemker*; *Martens* Festschrift für Hilger/Stumpf S. 437, 444 ff.; *Schaub* § 14 Rn. 5.

[2] Ebenso ErfK/*Ascheid* § 14 KSchG Rn. 1; HK-KSchG/*Dorndorf* § 14 Rn. 2; *Löwisch* § 14 Rn. 1.

[3] BAG 15. 4. 1982, AP Nr. 1 zu § 14 KSchG 1969; APS/*Biebl* § 14 KSchG Rn. 3; *Henssler* RdA 1992, 289, 293.

[4] Vgl. hierzu *Gissel* Arbeitnehmerschutz für den GmbH-Geschäftsführer 1987.

[5] Dazu *Baumbach/Hopt* Anhang zu § 177 a Rn. 36; *G. Hueck* Gesellschaftsrecht 19. Aufl. 1991, § 37 II 2.

Angestellte in leitender Stellung 7–7 b § 14

Komplementär-GmbH bestehendes **Arbeitsverhältnis zur KG** anwendbar.[6] Dem kann jedoch nicht gefolgt werden.[7] Der Geschäftsführer handelt als Organvertreter der Komplementär-GmbH zugleich für die KG. Eine Gesamtbetrachtung erhellt, daß dem Geschäftsführer auch gegenüber der KG eine Organstellung zuzuerkennen ist. Der allgemeine Kündigungsschutz des § 1 kommt daher entgegen der Auffassung des BAG nicht zur Anwendung.

Wird ein **Angestellter einer GmbH nach § 6 GmbHG zum Geschäftsführer bestellt,** sollte nach früherer Ansicht des BAG das bisherige Arbeitsverhältnis nur suspendiert und nicht endgültig beendet werden, wenn sich die bisherigen Arbeitsbedingungen nicht oder nur unwesentlich ändern. Im Zweifel sei dann anzunehmen, daß der Arbeitnehmer nicht in die Aufhebung seines Arbeitsverhältnisses einwillige. Vielmehr bedürfe es einer ausdrücklichen Vereinbarung zwischen der GmbH und dem nunmehrigen Geschäftsführer, daß das zuvor bestehende Arbeitsverhältnis enden soll.[8] Werde der Angestellte bei einer derartigen Vertragsgestaltung als Geschäftsführer abberufen, lebe das ursprüngliche Arbeitsverhältnis wieder auf. 7

Diese Auffassung hat das **BAG** zu Recht **jüngst teilweise aufgegeben.**[9] 7 a Die frühere Annahme des BAG,[10] der zum Geschäftsführer der GmbH berufene Angestellte wolle im Zweifel nicht endgültig den bisher erworbenen Bestandsschutz seines Arbeitsverhältnisses aufgeben, ohne dafür einen finanziellen Ausgleich durch eine höhere Vergütung zu erhalten, berücksichtigt nur einseitig die Interessen der einen Vertragspartei. Die andere Vertragspartei, die GmbH, wird regelmäßig davon ausgehen, daß mit der Bestellung des Angestellten zum Geschäftsführer der GmbH die Rechtsbeziehungen auf eine neue Grundlage gestellt werden. Will hiervon insbesondere der Geschäftsführer abweichen und seinen alten Arbeitsvertrag als ruhendes Rechtsverhältnis aufrechterhalten, hat er bei der Gestaltung des neuen Vertrages darauf hinzuwirken.[11]

Die abweichende **frühere Auffassung des BAG ist nicht interessen-** 7 b **gerecht,** weil von einem Angestellten in dieser Position und Situation be-

---

[6] Vgl. BAG 17. 8. 1972, AP Nr. 4 zu § 626 BGB Ausschlußfrist unter I 1 a mit Anm. Söllner = SAE 1973, 100 mit zust. Anm. Beitzke = AR-Blattei Kündigung VIII Entsch. 39 mit zust. Anm. Herschel; BAG 10. 7. 1980, AP Nr. 1 zu § 5 ArbGG 1979 mit zust. Anm. Beitzke; BAG 15. 4. 1982, AP Nr. 1 zu § 14 KSchG 1969 mit zust. Anm. Beitzke; BAG 13. 7. 1995, AP Nr. 23 zu § 5 ArbGG 1979 mit zust. Anm. Diller; Baums S. 397 ff.; Kittner/Däubler/Zwanziger § 14 KSchG Rn. 5; KR-Rost § 14 KSchG Rn. 10 a.
[7] Ablehnend auch Baumbach/Hueck GmbHG § 35 Rn. 97; G. Hueck ZfA 1985, 25, 37; Löwisch § 14 Rn. 7; ders. Festschrift für Ekonomi S. 139, 158; Kaiser AR-Blattei SD 70.2 Rn. 71; Reiserer S. 129.
[8] Vgl. BAG 9. 5. 1985, AP Nr. 3 zu § 5 ArbGG 1979 mit abl. Anm. Martens; BAG 17. 6. 1985, AP Nr. 2 zu § 1 AngKSchG; BAG 12. 3. 1987, AP Nr. 6 zu § 5 ArbGG 1979; BAG 20. 10. 1995, BB 1996, 274; ebenso Kittner/Däubler/Zwanziger § 14 KSchG Rn. 7.
[9] Vgl. BAG 8. 6. 2000, NZA 2000, 1013 = SAE 2001, 105 mit Anm. Adam.
[10] BAG 12. 3. 1987, AP Nr. 6 zu § 5 ArbGG 1979.
[11] Ebenso ErfK/Ascheid § 14 KSchG Rn. 5; Bauer DB 1994, 855, 857; APS/Biebl § 14 KSchG Rn. 11; Grunsky ZIP 1988, 76, 78; G. Hueck ZfA 1985, 25 ff.; ders., Festschrift für Münier Ekonomi S. 139, 155 f.; Hümmerich NJW 1995, 1177, 1181; Kaiser AR-Blattei SD 70.2 Rn. 68; Löwisch § 14 Rn. 10; Reiserer DB 1994, 1822, 1824; KR-Rost § 14 KSchG n. 6.

§ 14   7 c–8   1. Abschnitt. Allgemeiner Kündigungsschutz

rechtigterweise verlangt werden kann, daß er sich auch gegebenenfalls vor Abschluß des neuen Vertrages anwaltlich beraten läßt. Zwar ist es durchaus möglich, daß neben dem neu zu begründenden Anstellungsverhältnis des Geschäftsführers das bisherige Arbeitsverhältnis ruhend weiterbesteht. Für eine derartige Annahme müssen aber konkrete Anhaltspunkte vorliegen. Letztlich beruhte die abweichende Rechtsprechung des BAG auf einer unzutreffenden Fiktion.[12]

7 c Im Grundsatz ist daher davon auszugehen, daß **mit der Ernennung zum Geschäftsführer** der GmbH der **allgemeine Kündigungsschutz** des § 1 nach § 14 Abs. 1 **nicht mehr anwendbar** ist. Das gilt auch, wenn die Vertragsbedingungen im neuen Vertrag im wesentlichen unverändert sind.[13] Denn der Geschäftsführer hat zum einen regelmäßig eine größere Handlungsbefugnis erworben und zum anderen die Möglichkeit erlangt, seine Entgeltsituation zu verbessern, zumal wenn seine Vergütung erfolgsorientiert ist und er in seiner Position Einfluß auf die Geschäftspolitik nehmen kann. Eine Ausnahme von dem Grundsatz der Unanwendbarkeit des allgemeinen Kündigungsschutzes kann nur dann gelten, wenn die Parteien diese ausdrücklich vereinbart haben oder wenn die Bestellung zum Geschäftsführer und der damit verbundene Abschluß des Anstellungsvertrages rechtsmißbräuchlich ist. Dies ist beispielsweise anzunehmen, wenn die Bestellung allein mit dem – vom Arbeitnehmer nachzuweisenden – Ziel erfolgt, den Geschäftsführer alsbald zu entlassen. In diesen Fällen kommt eine analoge Anwendung des § 14 Abs. 2 in Betracht.

7 d Aufgrund des zum 1. 5. 2000 in Kraft getretenen **§ 623 BGB** bedarf allerdings die Beendigung des Arbeitsverhältnisses durch Kündigung oder Auflösungsvertrag der **Schriftform.** Da in der Bestellung zum Geschäftsführer und der damit zusammenhängenden neuen Vereinbarung eines Anstellungsvertrages nicht nur eine inhaltliche Änderung des bisherigen Arbeitsvertrages zu sehen ist, sondern die Begründung eines neuen Rechtsverhältnisses,[14] genügt eine einvernehmliche Beendigung des Arbeitsverhältnisses durch schlüssiges Verhalten nicht dem Schriftformerfordernis des § 623 BGB. Sie wäre deshalb nach § 125 BGB nichtig. Erforderlich ist vielmehr entweder eine ausdrückliche, schriftlich niedergelegte und unterzeichnete Aufhebung des Arbeitsverhältnisses oder eine entsprechende Regelung in dem neuen, schriftlich vereinbarten Anstellungsvertrag.[15]

8 Steht das Organmitglied, wie das vor allem bei **Konzernverhältnissen** vorkommt, zusätzlich in einem Dienstverhältnis mit einem anderen Unternehmen, so ist die Frage, ob für jenes das KSchG gilt, nicht nach § 14 Abs. 1 Nr. 1 zu entscheiden; es kommt vielmehr darauf an, ob das Dienstverhältnis

---

[12] *Kaiser* AR-Blattei SD 70.2 Rn. 68; *Löwisch* § 14 Rn. 10.
[13] Ebenso nunmehr BAG 8. 6. 2000, NZA 2000, 1013 für den Fall, daß ein in leitender Position beschäftigter Arbeitnehmer zum Geschäftsführer einer neu gegründeten GmbH bestellt wird, die wesentliche Teilaufgaben des Betriebes seines bisherigen Arbeitgebers übernimmt; – früher bereits ebenso für den Fall, daß der Arbeitnehmer zwecks späterer Anstellung als GmbH-Geschäftsführer zunächst in einem Arbeitsverhältnis erprobt werden sollte, BAG 7. 10. 1993, AP Nr. 16 zu § 5 ArbGG 1979.
[14] Zutreffend *Bauer* GmbHR 2000, 767, 768.
[15] Näher dazu *Baeck/Hopfner* DB 2000, 1914; *Bauer* GmbHR 2000, 767, 769 f.

zu dem anderen Unternehmen ein Arbeitsverhältnis ist.[16] In der Bestellung zum Geschäftsführer einer konzernabhängigen GmbH liegt regelmäßig nicht zugleich die (stillschweigende) Aufhebung des Arbeitsverhältnisses mit der Konzernobergesellschaft.[17]

Der **Aufsichtsrat** ist zwar nicht zur Vertretung berufen, fällt also nicht unter § 14 Abs. 1 Nr. 1,[18] aber Aufsichtsratsmitglieder stehen ohnehin nicht in einem arbeitsrechtlichen Dienstverhältnis.[19] Auch die der Belegschaft des Unternehmens angehörenden Arbeitnehmervertreter stehen in ihrer Eigenschaft als Aufsichtsratsmitglieder nicht in einem besonderen Arbeitsverhältnis; als Arbeitnehmern steht ihnen jedoch der Kündigungsschutz nach den allgemeinen Regeln zu (vgl. im übrigen unten § 15 Rn. 28).

Vertretungsberechtigte Organe von **juristischen Personen des öffentlichen Rechts** gehören gleichfalls zu dem Personenkreis des § 14 Abs. 1 Nr. 1,[20] doch kommt ein Kündigungsschutz für sie in der Regel nicht in Betracht, da sie meist Beamte sind.

b) **Die zur Vertretung von Personengesamtheiten berufenen Personen, Nr. 2:** Das sind vor allem die vertretungsberechtigten Gesellschafter einer offenen Handelsgesellschaft, einer Kommanditgesellschaft, einer Gesellschaft des bürgerlichen Rechts und die Vorstandsmitglieder eines nicht rechtsfähigen Vereins. Es handelt sich lediglich um sogenannte organschaftliche Vertreter,[21] nicht dagegen um Personen, die durch besondere Bevollmächtigung zur Vertretung berufen sind, wie Prokuristen oder Generalbevollmächtigte.[22]

3. Leitende Angestellte

Im Gegensatz zu den organschaftlichen Vertretern des § 14 Abs. 1 sind die leitenden Angestellten des Abs. 2 **echte Arbeitnehmer**.[23] Der **Begriff des leitenden Angestellten** wird in den arbeitsrechtlichen Gesetzen allerdings **nicht einheitlich** verwendet.[24] So ist, was an dieser Stelle vor allem interessiert, der Begriff des leitenden Angestellten im Sinn des KSchG teils enger als der des BetrVG, teils aber auch weiter.[25] Es gibt also Arbeitnehmer, die zwar

---

[16] Vgl. dazu BAG 24. 8. 1972, AP Nr. 2 zu § 611 Gemischter Vertrag mit zust. Anm. *Heckelmann* = AR-Blattei Arbeitsgerichtsbarkeit V B Entsch. 37 mit Anm. *Herschel* = SAE 1974, 53 mit abl. Anm. *E. Wolf/Bienert; Baums* S. 396 f.
[17] BAG 20. 10. 1995, AP Nr. 36 zu § 2 ArbGG 1979; *Kaiser* AR-Blattei SD 70.2 Rn. 72.
[18] Ebenso KR-*Rost* § 14 KSchG Rn. 8.
[19] Vgl. dazu *Baumbach/Hueck* GmbHG 16. Aufl. 1996, § 52 Rn. 35.
[20] Ebenso LAG Düsseldorf 12. 12. 1997, LAGE § 14 KSchG Nr. 3 (Geschäftsführer einer Kreishandwerkerschaft); *Löwisch* § 14 Rn. 5; KR-*Rost* § 14 KSchG Rn. 7.
[21] Vgl. ErfK/*Ascheid* § 14 KSchG Rn. 6; APS/*Biebl* § 14 KSchG Rn. 7; *Löwisch* § 14 Rn. 6; über diesen Begriff *A. Hueck* Das Recht der OHG 4. Aufl. 1971, S. 277; *G. Hueck* Gesellschaftsrecht § 15 II 1.
[22] H. M., vgl. ErfK/*Ascheid* § 14 KSchG Rn. 6; APS/*Biebl* § 14 KSchG Rn. 8; KR-*Rost* § 14 KSchG Rn. 18.
[23] Zur Verbindung mit einer Organstellung nach Abs. 1 vgl. BAG 24. 8. 1972, AP Nr. 2 zu § 611 BGB Gemischter Vertrag; dazu oben Rn. 6 ff.
[24] Vgl. dazu ausf. *Kaiser* AR-Blattei SD 70.2 Rn. 1 ff.; *Rumler* S. 19 ff. sowie *Schaub* § 14 Rn. 30 ff.
[25] Dazu ausführlich *Kaiser* AR-Blattei SD 70.2 Rn. 33 ff.; *Rumler* S. 59 ff.

§ 14 13–17   1. Abschnitt. Allgemeiner Kündigungsschutz

nach § 5 Abs. 3 BetrVG, nicht aber nach § 14 Abs. 2 leitende Angestellte sind, aber auch umgekehrt, wenngleich letzteres praktisch seltener vorkommt. Das muß man beachten, wenn man Entscheidungen und Schrifttum zum BetrVG im Bereich des KSchG berücksichtigen will.

13   **Leitende Angestellte i. S. d. KSchG** müssen Geschäftsführer oder Betriebsleiter sein oder eine ähnliche leitende Stellung haben.

14   a) Die Bezeichnung **Geschäftsführer** ist hier nicht im technischen Sinn des GmbHG zu verstehen, dafür gilt Abs. 1 Nr. 1.[26] Geschäftsführer i. S. d. § 14 Abs. 2 sind vielmehr Personen, die – ggf. auch neben dem Geschäftsführer nach § 35 GmbHG – leitende unternehmerische Aufgaben, beispielsweise im kaufmännischen, organisatorischen, technischen oder personellen Bereich wahrnehmen. Erforderlich ist die Ausführung von unternehmerischen Führungsaufgaben.[27] Die Geschäftsführer müssen darüber hinaus nach h. M. auch zur selbständigen Einstellung oder Entlassung berechtigt sein (dazu unten Rn. 19).

15   b) **Betriebsleitern** obliegt die Führung eines Betriebes oder Betriebsteils innerhalb eines Unternehmens.[28] Daß die Leitung einer Betriebsabteilung ausreicht, ergibt sich aus der Begründung zum Regierungsentwurf des KSchG, worin auf die Vorschriften des BRG 1920 Bezug genommen wurde.[29] In § 12 Abs. 2 BRG 1920 war die Leitung einer Betriebsabteilung ausdrücklich als genügend angesehen worden.

16   Betriebsleiter müssen unternehmerische Teilaufgaben für den Betrieb oder Betriebsteil eigenverantwortlich wahrnehmen und dabei gegenüber den Beschäftigten **Vorgesetztenstellung** einnehmen und das **Weisungsrecht** ausüben; die bloße Aufsichtsfunktion gegenüber Arbeitnehmern und dem technischen Betriebsablauf genügt nicht.[30]

17   c) Die in Abs. 2 genannten **ähnlichen leitenden Angestellten** müssen wie Geschäftsführer und Betriebsleiter einer nicht geringen Anzahl von Arbeitnehmern gegenüber eine Vorgesetztenstellung innehaben, einen eigenen Entscheidungsspielraum besitzen und eigenverantwortlich Arbeitgeberfunktionen ausüben.[31] Es genügt nicht, wenn das Direktionsrecht nur gegenüber

---

[26] H. M.; vgl. LAG Baden-Württemberg 13. 2. 1992, LAGE § 14 KSchG Nr. 2; *Becker* ZIP 1981, 1168, 1170; ErfK/*Ascheid* § 14 KSchG Rn. 8; APS/*Biebl* § 14 KSchG Rn. 17; HK-KSchG/*Dorndorf* § 14 Rn. 20; *Löwisch* § 14 Rn. 15; KR-*Rost* § 14 KSchG Rn. 27; *Rumler* S. 22 f.
[27] Vgl. KR-*Rost* § 14 KSchG Rn. 27; *Rumler* S. 24 f.
[28] Vgl. BAG 28. 9. 1961, AP Nr. 1 zu § 1 KSchG Personenbedingte Kündigung unter II 2 a mit zust. Anm. *Zöllner*; BAG 25. 11. 1993, AP Nr. 3 zu § 14 KSchG 1969 = EzA § 14 KSchG Nr. 3 mit Anm. *Bährle* zu einem Restaurantleiter; *Kaiser* AR-Blattei SD 70.2 Rn. 48; *Kittner/Däubler/Zwanziger* § 14 KSchG Rn. 20; – gegen die Einbeziehung von Leitern von Betriebsabteilungen *Rumler* S. 23 f.
[29] Vgl. Begr. z. Reg.-Entw. RdA 1951, 61, 65.
[30] Vgl. BAG 25. 11. 1993, AP Nr. 2 zu § 14 KSchG 1969; APS/*Biebl* § 14 KSchG Rn. 18; *Löwisch* § 14 Rn. 16; KR-*Rost* § 14 KSchG Rn. 27; *Rumler* S. 23.
[31] BAG 28. 9. 1961, AP Nr. 1 zu § 1 KSchG Personenbedingte Kündigung; ErfK/*Ascheid* § 14 KSchG Rn. 9; HK-KSchG/*Dorndorf* § 14 Rn. 21; *Löwisch* § 14 Rn. 18; *Martens* S. 200 f.; KR-*Rost* § 14 KSchG Rn. 28; – weitergehend *Rumler* S. 26 f., die alternativ entweder auf personellem oder auf wirtschaftlichem Gebiet bedeutende Befugnisse des Angestellten für Bestand und Entwicklung des Betriebes oder Unternehmens fordert und im Ein-

einem oder ganz wenigen Arbeitnehmern (beispielsweise der persönlichen Schreibkraft) ausgeübt wird. Ebensowenig ist eine Vertrauensstellung ausreichend, da im Einzelfall bereits eine Sekretärin Vertrauensperson sein kann, ohne daß sie auch nur entfernt ähnliche Funktionen wie ein Geschäftsführer oder Betriebsleiter inne hat.[32]

Die den Geschäftsführern und Betriebsleitern ähnlichen leitenden Angestellten müssen innerhalb des Unternehmens oder Betriebes **Führungsaufgaben** wahrnehmen;[33] beratende, ordnende oder nur fachlich anleitende Funktionen reichen nicht aus. Zu dem von Abs. 2 erfaßten Personenkreis zählen daher kaufmännische oder technische Leiter, Leiter von Rechtsabteilungen, nach den Umständen auch Filialleiter; dagegen gehören Werkmeister, Poliere oder Lagerverwalter nicht zu dem von Abs. 2 erfaßten Personenkreis.[34] **18**

d) Sowohl Geschäftsführer und Betriebsleiter als auch die ähnlichen leitenden Angestellten müssen zur **selbständigen Einstellung oder Entlassung** von Arbeitnehmern berechtigt sein.[35] Aus der Entstehungsgeschichte des § 14 Abs. 2, der auf § 12 Abs. 2 BRG 1920 zurückgeht, folgt, daß sich die Einstellungs- oder Entlassungsbefugnis auf **alle drei Personengruppen** des Abs. 2 beziehen muß. **19**

§ 14 Abs. 2 erfordert **alternativ** die Berechtigung zur selbständigen Einstellung oder Entlassung von Arbeitnehmern. Er unterscheidet sich damit von § 5 Abs. 3 Nr. 1 BetrVG, wonach die Erfordernisse der selbständigen Einstellungs- und Entlassungsberechtigung kumulativ vorliegen müssen. **20**

Für die Einstellungs- oder Entlassungsbefugnis ist **neben dem rechtlichen Können auch das rechtliche Dürfen** erforderlich.[36] Der Angestellte muß sowohl im Außen- als auch im Innenverhältnis zur Einstellung oder Entlassung berechtigt sein. Eine Prokura mit internem Ausschluß dieser Befugnisse genügt daher nicht.[37] Eine selbständige Einstellungsbefugnis liegt aber auch im umgekehrten Fall nicht vor, wenn der Angestellte im Außen- **21**

---

zelfall auf personelle Befugnisse verzichtet; dem kann jedoch nicht gefolgt werden, da das Gesetz im weiteren die Befugnis zur selbständigen Einstellung oder Entlassung von Arbeitnehmern fordert; dazu unten Rn. 19.

[32] Zutr. BAG 28. 9. 1961, AP Nr. 1 zu § 1 KSchG Personenbedingte Kündigung.
[33] Ebenso ErfK/*Ascheid* § 14 KSchG Rn. 15; APS/*Biebl* § 14 KSchG Rn. 19; *Kittner/Däubler/Zwanziger* § 14 KSchG Rn. 21.
[34] Vgl. LAG Baden-Württemberg 13. 2. 1992, LAGE § 14 KSchG Nr. 2: Chefärzte sind keine ähnlichen leitenden Angestellten; APS/*Biebl* § 14 KSchG Rn. 19; *Kaiser* AR-Blattei SD 70.2 Rn. 57 f.; *Martens* S. 201.
[35] H. M.; vgl. BFH 20. 12. 1961, AP Nr. 1 zu § 12 KSchG; BAG 25. 11. 1993, AP Nr. 3 zu § 14 KSchG 1969; BAG 18. 10. 2000, DB 2001, 652; LAG Baden-Württemberg 13. 2. 1992, LAGE § 14 KSchG Nr. 2; HK-KSchG/*Dorndorf* § 14 Rn. 23; *Kittner/Däubler/Zwanziger* § 14 KSchG Rn. 21a; *Martens* S. 201 f.; KR-*Rost* § 14 KSchG Rn. 27; – abweichend ErfK/*Ascheid* § 14 KSchG Rn. 10; *Becker* ZIP 1981, 1168, 1170; APS/*Biebl* § 14 KSchG Rn. 23; KPK-*Bengelsdorf* § 14 Rn. 16; *Löwisch* § 14 Rn. 17; HaKo-*Pfeiffer* § 14 Rn. 17; *Rumler* S. 28 ff.
[36] ErfK/*Ascheid* § 14 KSchG Rn. 10; KPK-*Bengelsdorf* § 14 Rn. 19; APS/*Biebl* § 14 KSchG Rn. 20; *Kaiser* AR-Blattei SD 70.2 Rn. 55; *Kittner/Däubler/Zwanziger* § 14 KSchG Rn. 22 f.; *Löwisch* § 14 Rn. 19; *Martens* S. 202; HaKo-*Pfeiffer* § 14 Rn. 20; KR-*Rost* § 14 KSchG Rn. 30; *Rumler* S. 31 f.
[37] Zutr. KPK-*Bengelsdorf* § 14 Rn. 19; KR-*Rost* § 14 KSchG Rn. 30; *Rumler* S. 31 f.

verhältnis nicht berechtigt ist, die Einstellung vorzunehmen, sondern lediglich im Innenverhältnis verbindliche Vorschläge machen kann, die nur unter bestimmten Voraussetzungen abgelehnt werden.[38] So fehlt beispielsweise bei einem **Chefarzt** die Selbständigkeit zur Einstellung sowohl im Innen- als auch im Außenverhältnis, wenn er für die Einstellung nachgeordneter Ärzte der vorherigen Zustimmung der Krankenhausleitung bedarf und die Abwicklung und Einstellung durch den Verwaltungsdirektor des Krankenhauses erfolgt.[39]

22 § 14 Abs. 2 fordert die selbständige Einstellungs- oder Entlassungsberechtigung. Die **Selbständigkeit** wird dabei durch interne Richtlinien nicht eingeschränkt, da es sich hierbei nur um allgemeine Vorgaben handelt, innerhalb derer die Befugnisse ausgeübt werden.[40] Gleiches gilt, wenn sich der leitende Angestellte vor seiner Entscheidung mit dem zuständigen Fachvorgesetzten zu beraten hat, ihm aber letztlich die alleinige Entscheidungsbefugnis vorbehalten bleibt.[41] Ist dagegen die Entscheidung über die personelle Maßnahme von der Zustimmung anderer Personen abhängig, so fehlt es an der Selbständigkeit, weshalb weder der Zustimmende noch der die Maßnahme Ausführende leitender Angestellter ist.[42]

23 Die Einstellungs- oder Entlassungsberechtigung muß einen **wesentlichen Teil der Tätigkeit** ausmachen.[43] Die bloße vertretungsweise Wahrnehmung dieser Befugnisse für die Dauer einer Erkrankung oder eines Urlaubs des Personalleiters genügt nicht. Nicht ausreichend ist weiterhin auch die generell erteilte Vollmacht, für den Arbeitgeber Rechtsstreitigkeiten vor den Arbeitsgerichten zu führen und Vergleiche abzuschließen, da der Tatbestand des Abs. 2 Satz 1 eine allgemeine, jedenfalls nicht an den Ausnahmefall von Prozessen gebundene Einstellungs- oder Entlassungsbefugnis verlangt.[44]

24 Die Berechtigung zur Einstellung oder Entlassung muß sich zwar nicht auf alle Arbeitnehmer beziehen, erforderlich ist allerdings eine auf eine **bedeutsame Anzahl von Beschäftigten** bezogene Berechtigung.[45] Die Berechtigung muß generell bestehen und darf nicht nur für einen einzelnen Fall erteilt sein.[46] Zu Recht hat das BAG daher die Einstellungsbefugnis eines

---

[38] BAG 18. 11. 1999, AP Nr. 5 zu § 14 KSchG 1969.
[39] BAG 18. 11. 1999, AP Nr. 5 zu § 14 KSchG 1969.
[40] Vgl. LAG Baden-Württemberg 13. 2. 1992, LAGE § 14 KSchG Nr. 2; ErfK/*Ascheid* § 14 KSchG Rn. 12; KPK-*Bengelsdorf* § 14 Rn. 20; APS/*Biebl* § 14 Rn. 21; *Martens* S. 202; KR-*Rost* § 14 KSchG Rn. 31; *Rumler* S. 32.
[41] Zutr. *Löwisch* § 14 Rn. 21.
[42] Vgl. ErfK/*Ascheid* § 14 KSchG Rn. 12; HK-KSchG/*Dorndorf* § 14 Rn. 25; *Löwisch* § 14 Rn. 21; KR-*Rost* § 14 KSchG Rn. 31.
[43] ErfK/*Ascheid* § 14 KSchG Rn. 13; KPK-*Bengelsdorf* § 14 Rn. 21; HK-KSchG/*Dorndorf* § 14 Rn. 27; *Kaiser* AR-Blattei SD 70.2 Rn. 56; *Kittner/Däubler/Zwanziger* § 14 KSchG Rn. 24; *Löwisch* § 14 Rn. 20; HaKo-*Pfeiffer* § 14 Rn. 23; KR-*Rost* § 14 KSchG Rn. 32; – krit. dazu *Rumler* S. 33.
[44] BAG 28. 9. 1961, AP Nr. 1 zu § 1 KSchG Personenbedingte Kündigung unter II 2 b.
[45] BAG 18. 10. 2000, DB 2001, 652, 654; zu dem insoweit vergleichbaren § 5 Abs. 3 Nr. 1 BetrVG: BAG 11. 3. 1982, AP Nr. 28 zu § 5 BetrVG 1972 sowie ErfK/*Ascheid* § 14 KSchG Rn. 11; HK-KSchG/*Dorndorf* § 14 Rn. 26; *Kittner/Däubler/Zwanziger* § 14 KSchG Rn. 21; KR-*Rost* § 14 KSchG Rn. 29; *Rumler* S. 33; – z. T. abweichend *Kaiser* AR-Blattei SD 70.2 Rn. 59.
[46] BAG 28. 9. 1961, AP Nr. 1 zu § 1 KSchG Personenbedingte Kündigung.

4. Der Kündigungsschutz leitender Angestellter

Nach § 14 Abs. 2 finden auf die leitenden Angestellten im Sinn des KSchG die **Vorschriften des allgemeinen Kündigungsschutzes** (§§ 1–13 KSchG) grundsätzlich ebenso Anwendung wie auf sonstige Arbeitnehmer. Dementsprechend bedurfte auch die Befristung des Arbeitsvertrages mit einem leitenden Angestellten i. S. d. § 14 Abs. 2 vor Inkrafttreten des TzBfG zum 1. 1. 2001 jedenfalls dann eines sachlichen Grundes, wenn der leitende Angestellte beim Ausscheiden infolge der Befristung keinen finanziellen Ausgleich erhielt, der einer Abfindung nach den §§ 9 und 10 zumindest gleichwertig war.[48] Seit 1. 1. 2001 gelten die Vorschriften des TzBfG uneingeschränkt auch für die Befristung von Arbeitsverhältnissen leitender Angestellter.

Von der grundsätzlichen Anwendbarkeit der Vorschriften des 1. Abschnittes des KSchG bestehen **zwei Ausnahmen:**

a) **Nicht anwendbar** ist § 3 hinsichtlich des **Einspruchs beim Betriebsrat**. Das erklärt sich daraus, daß § 5 Abs. 3 BetrVG die leitenden Angestellten aus dem Geltungsbereich des BetrVG herausnimmt, weil sie den anderen Arbeitnehmern und damit auch dem Betriebsrat als Repräsentanten des Arbeitgebers gegenüberstehen und der Sphäre des Arbeitgebers angehören, innerhalb derer ein Mitbestimmungs- und Mitwirkungsrecht des Betriebsrats ausgeschlossen ist.[49] Ist ein leitender Angestellter i. S. d. § 14 nicht auch leitender Angestellter i. S. d. BetrVG, so findet allerdings § 102 BetrVG Anwendung. Im übrigen ist § 31 Abs. 2 SpAuG zu beachten.

In § 14 Abs. 2 ist nicht hinreichend berücksichtigt, daß der **Begriff des leitenden Angestellten im BetrVG sich nicht mit dem des KSchG deckt.** Es fragt sich deshalb, ob der Ausschluß des § 3 auch dann gilt, wenn der in Betracht kommende Angestellte zwar leitender Angestellter i. S. d. § 14 Abs. 2, nicht aber i. S. d. § 5 Abs. 3 (Nr. 1) BetrVG ist, z. B. ein Angestellter, der nur zur Einstellung oder nur zur Entlassung von Arbeitnehmern, nicht aber zu beidem berechtigt ist. Für die Bejahung der Frage spricht der Wortlaut des § 14 Abs. 2, der die leitenden Angestellten im Sinn des KSchG allgemein von der Geltung des § 3 ausnimmt, für die Verneinung aber, was entscheidend ist, der Sinn des Gesetzes. Da ein derartiger Angestellter Arbeitnehmer im Sinn des BetrVG ist, also zur Zuständigkeit des Betriebsrats gehört, der Betriebsrat auch vor seiner Kündigung nach § 102 BetrVG zu hören ist, ist nicht einzusehen, warum der Angestellte sich nicht auch seinerseits an den Betriebsrat sollte wenden können.[50] Für leitende Angestellte

---

[47] BAG 27. 7. 1961, AP Nr. 24 zu § 611 BGB Ärzte, Gehaltsanspruch.
[48] BAG 26. 4. 1979, AP Nr. 47 zu § 620 BGB Befristeter Arbeitsvertrag mit zust. Anm. *Koller* = SAE 1980, 345 mit zust. Anm. *v. Hoyningen-Huene; Becker* ZIP 1981, 1168, 1176 f.; HK-KSchG/*Dorndorf* § 14 Rn. 34; *Löwisch* § 14 Rn. 33; *Martens* S. 243 f.; KR-*Rost* § 14 KSchG Rn. 201; *Stahlhacke* DB 1989, 2329, 2331; ausf. zur Befristung von Arbeitsverhältnissen leitender Angestellter *Rumler* S. 125 ff.
[49] Vgl. dazu *v. Hoyningen-Huene* BetrVR § 3 III 4 b, S. 39.
[50] H. M.; vgl. HK-KSchG/*Dorndorf* § 14 Rn. 30; *Martens* S. 199; KR-*Rost* § 14 KSchG Rn. 36; *Rumler* S. 94 f.

§ 14 28–31   1. Abschnitt. Allgemeiner Kündigungsschutz

i. S. d. BetrVG ist allerdings in analoger Anwendung von § 3 ein Einspruch beim Sprecherausschuß zu erwägen.⁵¹

28   b) Praktisch weit wichtiger ist die zweite in § 14 Abs. 2 enthaltene Abweichung, nach welcher der **Antrag des Arbeitgebers auf gerichtliche Auflösung des Arbeitsverhältnisses keiner Begründung bedarf.** Wie oben (§ 9 Rn. 37 ff.) dargelegt, setzt ein solcher Auflösungsantrag des Arbeitgebers im allgemeinen voraus, daß er Gründe darlegt und im Bestreitensfalle beweist, die eine den Betriebszwecken dienliche weitere Zusammenarbeit zwischen Arbeitgeber und Arbeitnehmer nicht mehr erwarten lassen. Von dieser Darlegungs- und Beweislast ist der Arbeitgeber befreit, wenn es sich um einen leitenden Angestellten i. S. d. § 14 Abs. 2 handelt. Der Gesetzgeber hat mit dieser Bestimmung berücksichtigt, daß zwischen dem Arbeitgeber und seinen leitenden Angestellten ein besonderes Vertrauensverhältnis zu bestehen pflegt und bestehen muß, wenn eine erfolgreiche Zusammenarbeit möglich sein soll. Ob der Arbeitgeber nach einer Kündigung zu dem Angestellten noch das nötige Vertrauen hat, kann letzten Endes nur er selbst entscheiden. Deshalb soll er stets die Möglichkeit haben, auch bei Sozialwidrigkeit der Kündigung durch einen entsprechenden Antrag die Auflösung des Arbeitsverhältnisses zu erzwingen, ohne daß er seinen Antrag zu begründen braucht.⁵²

29   Der Arbeitgeber muß aber bei einer Auflösung des Arbeitsverhältnisses dem Angestellten eine vom Gericht festzusetzende **angemessene Abfindung** zahlen. In diesem Anspruch auf die Abfindung liegt für den leitenden Angestellten trotz der in § 14 Abs. 2 enthaltenen Einschränkung seiner Rechte im Verhältnis zu denen anderer Arbeitnehmer eine erhebliche Verbesserung seiner Rechtslage gegenüber dem früheren Recht, das ihm jeden Kündigungsschutz versagte.

30   Der Arbeitgeber ist also **nicht verpflichtet,** seine **Gründe** für den Auflösungsantrag auch nur **zu nennen.**⁵³ Im allgemeinen wird er aber gut tun, ausreichende Gründe darzulegen, sofern solche bestehen, da er andernfalls damit rechnen muß, daß das Gericht auf die Höchstgrenze der Abfindung nach § 10 erkennen wird.

5. Leitende Angestellte in Betrieben der Schiffahrt und des Luftverkehrs

31   Nach dem **Wortlaut des § 24 Abs. 5** („abweichend von § 14") könnte es scheinen, daß für Kapitäne und sonstige leitende Angestellte der Besatzungen von Seeschiffen, Binnenschiffen und Luftfahrzeugen eine Sonderregelung für die Geltung der §§ 1–13 bestehe. Die Bestimmung wird jedoch nur durch ihre Entstehungsgeschichte verständlich: In der ursprünglichen Fas-

---

[51] Dafür *Hromadka* Sprecherausschußgesetz 1991, § 31 Rn. 20; – dagegen *Oetker* ZfA 1990, 43, 77 sowie ausf. *Rumler* S. 95 ff.
[52] ErfK/*Ascheid* § 14 KSchG Rn. 17; APS/*Biebl* § 14 KSchG Rn. 29; *Kaiser* AR-Blattei SD 70.2 Rn. 84; *Kittner/Däubler/Zwanziger* § 14 KSchG Rn. 25; *Löwisch* § 14 Rn. 25; *Martens* S. 204; KR-*Rost* § 14 KSchG Rn. 38; *Rumler* S. 100; – abweichend ohne Begründung *Säcker* RdA 1976, 91, 98.
[53] Abweichend nur *Säcker* RdA 1976, 91, 98.

Angestellte in leitender Stellung　　　　　　　　　　32 § 14

sung des KSchG hatte nämlich § 22 Abs. 5 bereits die Geltung des allgemeinen Kündigungsschutzes für die genannten Personen vorgesehen. Die Neufassung des § 14 Abs. 2 im Jahre 1969 hat also das, was für Kapitäne usw. früher schon galt, für alle leitenden Angestellten übernommen und damit die Abweichung des § 24 Abs. 5 von § 14 Abs. 2 beseitigt. Das ist offenbar bei der Neufassung des Gesetzes nicht beachtet worden (vgl. dazu § 24 Rn. 12).

Fraglich kann nur sein, ob die **Einschränkungen,** die § 14 Abs. 2 **hinsichtlich der §§ 3 und 9 Abs. 1 Satz 2** macht (oben Rn. 26–30), auch für leitende Angestellte der Schiffahrt und des Luftverkehrs gelten sollen. Das ist zu bejahen; denn Kapitäne und leitende Angestellte in Betrieben der Schiffahrt und des Luftverkehrs nehmen die gleiche, wenn nicht sogar eine noch stärker arbeitgeberorientierte Vertrauensstellung ein wie sonstige leitende Angestellte, so daß die Gründe für den Ausschluß des § 3 wie für die Erleichterung des Auflösungsantrages des Arbeitgebers nach § 9 für den § 24 Abs. 5 in gleicher Weise zutreffen. 32

Zweiter Abschnitt.
Kündigungsschutz im Rahmen der Betriebsverfassung und Personalvertretung

§ 15 Unzulässigkeit der Kündigung

(1) ¹Die Kündigung eines Mitglieds eines Betriebsrats, einer Jugend- und Auszubildendenvertretung, einer Bordvertretung oder eines Seebetriebsrats ist unzulässig, es sei denn, daß Tatsachen vorliegen, die den Arbeitgeber zur Kündigung aus wichtigem Grund ohne Einhaltung einer Kündigungsfrist berechtigen, und daß die nach § 103 des Betriebsverfassungsgesetzes erforderliche Zustimmung vorliegt oder durch gerichtliche Entscheidung ersetzt ist. ²Nach Beendigung der Amtszeit ist die Kündigung eines Mitglieds eines Betriebsrats, einer Jugend- und Auszubildendenvertretung oder eines Seebetriebsrats innerhalb eines Jahres, die Kündigung eines Mitglieds einer Bordvertretung innerhalb von sechs Monaten, jeweils vom Zeitpunkt der Beendigung der Amtszeit an gerechnet, unzulässig, es sei denn, daß Tatsachen vorliegen, die den Arbeitgeber zur Kündigung aus wichtigem Grund ohne Einhaltung einer Kündigungsfrist berechtigen; dies gilt nicht, wenn die Beendigung der Mitgliedschaft auf einer gerichtlichen Entscheidung beruht.

(2) ¹Die Kündigung eines Mitglieds einer Personalvertretung, einer Jugend- und Auszubildendenvertretung oder einer Jugendvertretung ist unzulässig, es sei denn, daß Tatsachen vorliegen, die den Arbeitgeber zur Kündigung aus wichtigem Grund ohne Einhaltung einer Kündigungsfrist berechtigen, und daß die nach dem Personalvertretungsrecht erforderliche Zustimmung vorliegt oder durch gerichtliche Entscheidung ersetzt ist. ²Nach Beendigung der Amtszeit der in Satz 1 genannten Personen ist ihre Kündigung innerhalb eines Jahres, vom Zeitpunkt der Beendigung der Amtszeit an gerechnet, unzulässig, es sei denn, daß Tatsachen vorliegen, die den Arbeitgeber zur Kündigung aus wichtigem Grund ohne Einhaltung einer Kündigungsfrist berechtigten; dies gilt nicht, wenn die Beendigung der Mitgliedschaft auf einer gerichtlichen Entscheidung beruht.

(3) ¹Die Kündigung eines Mitglieds eines Wahlvorstands ist vom Zeitpunkt seiner Bestellung an, die Kündigung eines Wahlbewerbers vom Zeitpunkt der Aufstellung des Wahlvorschlags an, jeweils bis zur Bekanntgabe des Wahlergebnisses unzulässig, es sei denn, daß Tatsachen vorliegen, die den Arbeitgeber zur Kündigung aus wichtigem Grund ohne Einhaltung einer Kündigungsfrist berechtigen, und daß die nach § 103 des Betriebsverfassungsgesetzes oder nach dem Personalvertretungsrecht erforderliche Zustimmung vorliegt oder durch eine gerichtliche Entscheidung ersetzt ist. ²Innerhalb von sechs Monaten nach Bekanntgabe des Wahlergebnisses ist die Kündigung unzulässig, es sei denn, daß Tatsachen vorliegen, die den Arbeitgeber zur Kündigung aus wichtigem Grund ohne Einhaltung einer Kündigungsfrist berechtigen; dies gilt nicht für Mitglieder des Wahlvorstands, wenn dieser durch gerichtliche Entscheidung durch einen anderen Wahlvorstand ersetzt worden ist.

Unzulässigkeit der Kündigung **§ 15**

(3a) ¹Die Kündigung eines Arbeitnehmers, der zu einer Betriebs-, Wahl- oder Bordversammlung nach § 17 Abs. 3, § 17a Nr. 3 Satz 2, § 115 Abs. 2 Nr. 8 Satz 1 des Betriebsverfassungsgesetzes einlädt oder die Bestellung eines Wahlvorstands nach § 16 Abs. 2 Satz 1, § 17 Abs. 4, § 17a Nr. 4, § 63 Abs. 3, § 115 Abs. 2 Nr. 8 Satz 2 oder § 116 Abs. 2 Nr. 7 Satz 5 des Betriebsverfassungsgesetzes beantragt, ist vom Zeitpunkt der Einladung oder Antragstellung an bis zur Bekanntgabe des Wahlergebnisses unzulässig, es sei denn, dass Tatsachen vorliegen, die den Arbeitgeber zur Kündigung aus wichtigem Grund ohne Einhaltung einer Kündigungsfrist berechtigen; der Kündigungsschutz gilt für die ersten drei in der Einladung oder Antragstellung aufgeführten Arbeitnehmer. ²Wird ein Betriebsrat, eine Jugend- und Auszubildendenvertretung, eine Bordvertretung oder ein Seebetriebsrat nicht gewählt, besteht der Kündigungsschutz nach Satz 1 vom Zeitpunkt der Einladung oder Antragstellung an drei Monate.

(4) Wird der Betrieb stillgelegt, so ist die Kündigung der in den Absätzen 1 bis 3 genannten Personen frühestens zum Zeitpunkt der Stillegung zulässig, es sei denn, daß ihre Kündigung zu einem früheren Zeitpunkt durch zwingende betriebliche Erfordernisse bedingt ist.

(5) ¹Wird eine der in den Absätzen 1 bis 3 genannten Personen in einer Betriebsabteilung beschäftigt, die stillgelegt wird, so ist sie in eine andere Betriebsabteilung zu übernehmen. ²Ist dies aus betrieblichen Gründen nicht möglich, so findet auf ihre Kündigung die Vorschrift des Absatzes 4 über die Kündigung bei Stillegung des Betriebs sinngemäß Anwendung.

Schrifttum: *Annuß,* Kündigung widersprechender Betriebsratsmitglieder bei Betriebs(teil)übergang, DB 1999, 798; *Bader,* Zur Zustimmungsbedürftigkeit der Kündigung von Betriebsratsmitgliedern bei Betriebsstillegung, BB 1978, 616; *Banvasser,* Zeitweilige Tätigkeit im Betriebsrat und nachwirkender Kündigungsschutz, AuR 1977, 74; *Basedau,* Sonderkündigungsschutz für bestimmte Arbeitnehmergruppen in Weiss/Gagel, Handbuch des Arbeits- und Sozialrechts, § 19 I Rn. 115 ff. (Febr. 1999); *Belling,* Die Beteiligung des Betriebsrats bei der Kündigung von Amtsträgern wegen der Stillegung des Betriebs oder einer Betriebsabteilung, NZA 1985, 481; *Bender,* Ausschluß eines Betriebsratsmitglieds wegen einer Pflichtverletzung während der vorhergehenden Amtszeit?, DB 1982, 1271; *Berkowsky,* Kündigungsschutz für Organmitglieder und Wahlbewerber, MünchArbR II (2. Aufl. 2000), § 157; *Bernstein,* Die Kündigung von Betriebsratsmitgliedern bei Stillegung einer Betriebsabteilung nach § 15 VKSchG, NZA 1993, 728; *Bertermann,* Die Kündigung des Betriebsratsmitglieds, BlStSozArbR 1953, 285; *Bichler/Bader,* Allgemeiner und besonderer Kündigungsschutz der Arbeitnehmer in der neueren Rechtsprechung des Bundesarbeitsgerichts, DB 1983, 337; *Bieback,* Der besondere Kündigungsschutz von Betriebsratsmitgliedern und ihre Rechtsstellung während des Kündigungsvorverfahrens, AuR 1977, 321; *ders.,* Arbeitsverhältnis und Betriebsratsamt bei der außerordentlichen Kündigung von Betriebsratsmitgliedern, RdA 1978, 82; *Boemke-Albrecht,* Die Versetzung von Betriebsratsmitgliedern, BB 1991, 541; *Bovensiepen,* Fristlose Kündigung von Betriebsratsmitgliedern aus wichtigem Grunde?, BB 1953, 711; *Buus,* Die Ersetzung der Zustimmung zur außerordentlichen Kündigung von Betriebs- und Personalratsmitgliedern, BB 1979, 1508; *Bychelberg,* Kündigung von Betriebsratsmitgliedern wegen Betriebsverlegung, DB 1960, 439; *Eich,* Der Einfluß eines Antrags auf Aussetzung eines Beschlusses des Betriebsrates auf den Lauf der Frist des § 626 II BGB im Zustimmungsverfahren nach § 103 BetrVG, DB 1978, 586; *Etzel,* Der besondere Kündigungsschutz für Betriebsratsmitglieder und andere Arbeitnehmer, die Aufgaben der Betriebsverfassung wahrnehmen, BlStSozArbR 1972, 86; *ders.,* Kündigungsschutz für

Wahlbewerber und Ersatzmitglieder betriebsverfassungsrechtlicher und verwandter Organe, BlStSozArbR 1976, 209; *ders.*, Kündigungsschutz von betriebsverfassungs- und personalvertretungsrechtlichen Amtsträgern, LzK 820 (1997); *Feudner*, Kündigungsschutz von Betriebsräten bei Betriebsübergang, DB 1994, 1570; *Freitag*, Betriebsratsamt und Arbeitsverhältnis, Diss. Regensburg 1972; *Frey*, Die Zulässigkeit einer Änderungskündigung gegenüber Betriebsratsmitgliedern, Die Betriebsverfassung 1958, 151 nebst Entgegnung von *Hessel*, ebendort S. 228; *Fuchs*, Kündigungsschutz von Wahlbewerbern, Wahlvorstandsmitgliedern und Vertrauensleuten der Schwerbehinderten in betriebsratslosen Betrieben, DB 1976, 677; *Gamillscheg*, Kündigung und Versetzung der Vertreter der Arbeitnehmer – Eine rechtsvergleichende Übersicht, ZfA 1977, 239; *ders.*, Betriebsrat und Kündigung, Festschrift BAG 1979, S. 117; *Gerauer*, Betriebsratsamt und Betriebsübergang, BB 1990, 1127; *Gross*, Der Kündigungsschutz der Betriebsratsmitglieder, AuR 1953, 364; *Güntner*, Ist die Verschärfung des außerordentlichen Kündigungsrechts bei Betriebsratsmitgliedern und Schwerbeschädigten zulässig?, AuR 1953, 264; *ders.*, Grenzen und Probleme des Kündigungsschutzes der Betriebsratsmitglieder, NJW 1955, 569; *Hanau*, Kündigungsschutz der Betriebs- und Personalvertretungen, AR-Blattei Betriebsverfassung IX (1977); *Hassenpflug*, Die Kündigung von Betriebsratsmitgliedern wegen Stillegung eines Betriebs oder einer Betriebsabteilung, 1989; *Heimeier*, Der Kündigungsschutz der Betriebsratsmitglieder, DB 1951, 918; *Hellmann*, Betriebsauflösung und Betriebsrat, 1994; *Helm/Müller*, Kündigung von Betriebsratsmitgliedern, AiB 1999, 604; *Hilbrandt*, Sonderkündigungsschutz von Betriebsratsmitgliedern bei Massenänderungskündigungen, NZA 1997, 465; *ders.*, Neue Entwicklungen beim Sonderkündigungsschutz von Mandatsträgern, NZA 1998, 1258; *Hillebrecht*, Ausgewählte Fragen zur Kündigungsrechtsprechung des Bundesarbeitsgerichts, BlStSozArbR 1978, 113; *A. Hueck*, Entlassung von Betriebsratsmitgliedern, BB 1952, 467; *G. Hueck*, Kündigungsschutz und Mitwirkung des Betriebsrats in der Rechtsprechung des Bundesarbeitsgerichts, Festschrift BAG 1979, S. 243; *Kauffmann*, Zum Kündigungsschutz des Betriebsrats, Die Betriebsverfassung 1959, 25; *Klebe/Schumann*, Unwirksamkeit der Kündigung von Organen der Betriebsverfassung bei fehlerhafter Zustimmung des Betriebsrats, DB 1978, 1591; *Knevels*, Die Änderungskündigung, insbesondere gegenüber Betriebsratsmitgliedern, BB 1961, 1390; *Küchenhoff*, Fristkündigung von Betriebsratsmitgliedern?, RdA 1955, 256; *Kutsch*, Schutz des Betriebsrats und seiner Mitglieder, 1994; *Lauschke*, Betriebsverfassungsrechtliche Fragen der Kündigung eines Betriebsratskandidaten, DB 1966, 1393; *Lepke*, Zustimmung des Betriebsrates zu außerordentlichen Kündigungen des Arbeitgebers in besonderen Fällen, BB 1973, 894; *Leuze*, Die Anforderungen an arbeitsrechtliche Maßnahmen gegen Betriebsrats- und Personalratsmitglieder, DB 1993, 2590; *Linke*, Grenzen des Kündigungsschutzes der Betriebsratsmitglieder, BB 1955, 385; *Löwisch*, Die Verknüpfung von Kündigungsschutz und Betriebsverfassung nach dem BetrVG 1972, DB 1975, 349; *Mareck*, Die Kündigung von Betriebsratsmitgliedern, BB 1986, 1082; *Matthes*, Probleme des Kündigungsschutzes von Betriebsratsmitgliedern, DB 1980, 1165; *ders.*, Kündigungsschutz für Betriebsratsmitglieder: Entstehung rechtsfreier Räume?, in Rüthers/Hacker, Das Betriebsverfassungsgesetz auf dem Prüfstand, 1983, S. 51 ff.; *Maurer*, Kündigung von Mitgliedern einer Betriebsvertretung, BB 1972, 971; *Maus*, Der Kündigungsschutz der Betriebsratsmitglieder, BetrR 1957, 54; *F.-J. Meyer*, Bestandsschutz der Arbeitsverhältnisse von Betriebsratsmitgliedern, 1980; *G. Müller*, Die Notwendigkeit der tatsächlichen Beschäftigungsmöglichkeit eines Arbeitnehmers im Betrieb als Voraussetzung der Zugehörigkeit zum dortigen Betriebsrat und damit zusammenhängenden Fragen, ZfA 1990, 607 ff.; *H.-P. Müller*, Die Bedeutung der Einschaltung des Betriebsrates für den Beginn der Ausschlußfrist des § 626 Abs. 2 BGB, DB 1975, 1363; *Naendrup*, Kündigungsschutz von Arbeitnehmervertretern in mitbestimmten Aufsichtsräten, AuR 1979, 161, 204; *Nerreter*, Die Kündigung von Betriebsratsmitgliedern bei Stillegung eines Betriebes nach § 15 IV KSchG, NZA 1995, 54; *Neumann-Duesberg*, Die Betriebsstillegung, AR-Blattei Betrieb III (1973); *Niethammer*, Die Rechtsstellung fristlos entlassener Betriebsratsmitglieder während der Dauer des Kündigungsschutzstreites, BB 1958, 1247; *H. C. Nipperdey*, Grundsätzliches zum Kündigungsrecht gegenüber Betriebsratsmitgliedern, BB 1950, 398; *P. Nipperdey*, Weiterbeschäftigung und Weiterbezahlung eines Betriebsratsmitglieds vor rechtskräftiger Ersetzung der Zustimmung zur Kündigung, DB 1975, 1891; *ders.*, Zum nachwirkenden Kündigungsschutz von Ersatzmitgliedern des Betriebsrats, DB 1981, 217; *Oehmann*,

Unzulässigkeit der Kündigung   § 15

Fristlose Kündigung von Betriebsratsmitgliedern aus jedem wichtigen Grunde, BB 1953, 920; *ders.*, Kündigungsschutz der Betriebsratsmitglieder bei Betriebsverlegung, DB 1958, 985; *Oetker*, Außerordentliche Kündigung von Betriebsratsmitgliedern – Aktuelle Probleme des Stimmrechtsausschlusses wegen Interessenkollisionen, AuR 1987, 224; *ders.*, Die Reichweite des Amtsschutzes betriebsverfassungsrechtlicher Organmitglieder – am Beispiel der Versetzung von Betriebsratsmitgliedern, RdA 1990, 343; *Pascher*, Der Kündigungsschutz der Betriebsratsmitglieder und Betriebsdelegierten im französischen Recht und Vergleiche zum Kündigungsschutz der Betriebsratsmitglieder nach deutschem Recht, Diss. Frankfurt a. M. 1969; *Peter*, Mandatsausübung und Arbeitsverhältnis, BlStSozArbR 1977, 257; *Richardi*, Ersetzung der Zustimmung des Betriebsrats durch Beschluß des Arbeitsgerichts im Rahmen von § 103 BetrVG, RdA 1975, 73; *ders.*, BetrVG, Anhang zu § 103; *Säcker*, Betriebsratsamt und Arbeitsverhältnis, RdA 1965, 372; *ders.*, Rechtsfragen der außerordentlichen Kündigung von Betriebsratsmitgliedern, DB 1967, 2027 und 2072; *Schleusener*, Die Freikündigung eines Arbeitsplatzes zugunsten eines Betriebsratsmitglieds bei Stillegung eines Betriebsteils, DB 1998, 2368; *K. Schmidt*, Die Kündigung gegenüber Betriebsratsmitgliedern, RdA 1973, 294; *K. H. Schmidt*, Zur Kündigung von Betriebsratsmitgliedern, DB 1961, 438; *Schmitt*, Befangenheitsprobleme im Betriebsverfassungsrecht, NZA 1987, 79; *Schuldt*, Der Vertragsbestandschutz der Betriebsratsmitglieder, AuR 1955, 111; *Schwerdtner*, Die Änderungskündigung, in: Brennpunkte des Arbeitsrechts 1993 (Hrsg. Deutsches Anwaltsinstitut), 1993, S. 235; *Söllner*, Stellung der Mitglieder der Personalvertretung, AR-Blattei Personalvertretung VII (1976); *Stahlhacke*, Außerordentliche betriebsbedingte Änderungskündigungen von Betriebsratsmitgliedern, Festschrift für Hanau, 1999, S. 281; *Stein*, Der Kündigungsschutz von Bewerbern um betriebsverfassungsrechtliche Ämter, AuR 1975, 201; *Steinhäuser*, Änderungskündigung gegenüber Arbeitnehmervertretern – betriebsverfassungskonforme Änderung des § 15 KSchG, Diss. Mainz 1979; *Strobelt*, Die Zulässigkeit von Änderungskündigungen gegenüber Betriebs- und Personalratsmitgliedern, RdA 1967, 205; *Tilgner*, Umfang und Grenzen des Kündigungsschutzes der Arbeitnehmervertreter, 1963; *Trieschmann*, Kündigungsschutz der Betriebsratsmitglieder, BB 1954, 874; *ders.*, Nochmals: Kündigungsschutz der Betriebsratsmitglieder, RdA 1956, 258; *Uhmann*, Kündigungsschutz von Ersatzmitgliedern des Betriebsrats, NZA 2000, 576; *Hj. Weber*, Die Kündigung eines Betriebsratsmitglieds aus wichtigem Grund, NJW 1973, 787; *U. Weber/Lohr*, Der Sonderkündigungsschutz von Betriebsratsmitgliedern, BB 1999, 2350; *Weisemann*, Neue Aspekte bei der außerordentlichen Kündigung von Betriebsratsmitgliedern, DB 1974, 2476; *Weller/Matthes*, Kündigungsschutz für betriebsverfassungsrechtliche Amtsträger, HwB AR 1130 (2000); *Witt*, Kündigungsschutz im Rahmen der Betriebsverfassung und Personalvertretung, AR-Blattei SD 530.9 (1996); *Weudel*, Die Auswirkungen einer Stillegung des Betriebes und der Zusammenlegung von Betrieben auf den Bestand des Betriebsrates, BetrR 1957, 112; *Wilhelm*, Die Zusammenhänge zwischen Sonderkündigungsschutz und dem Kündigungsschutzgesetz, NZA Beil. 3/1988, 18; *Wolf/Gangel*, Anfechtung und Kündigungsschutz, AuR 1982, 271.

Übersicht

	Rn.
I. Grundgedanke und Entstehungsgeschichte	1
1. Zweck des Gesetzes	1
2. Entwicklung	3
3. Anwendungsprobleme bei § 15	5
4. Hinweis zur Darstellungsweise	6
II. Geschützter Personenkreis	8
1. Mitglieder der Betriebsverfassung (Abs. 1)	8
2. Mitglieder der Personalvertretung (Abs. 2)	12
3. Mitglieder des Wahlvorstands und Wahlbewerber (Abs. 3 und 3 a)	16
a) Überblick	16
b) Wahlvorstand	17
c) Wahlbewerber	18

§ 15   2. Abschnitt. KSch/Betriebsverfassung u. Personalvertretung

	Rn.
4. Initiatoren für die Betriebsratswahl	20 a
5. Ersatzmitglieder	21
6. Mitglieder der Schwerbehindertenvertretung	26
7. Mitglieder anderer Arbeitnehmervertretungen	27 a
8. Arbeitnehmervertreter im Aufsichtsrat	28
III. Dauer des Schutzes	29
1. Beginn	30
a) Beginn der Amtszeit	30
b) Keine Vorwirkung	34
c) Mängel der Wahl	35
2. Ende des vollen Schutzes	37
a) Vorbemerkung	37
b) Ende der Amtszeit	38
c) Sonstige Arbeitnehmervertretungen	39
d) Wahlvorstand und Wahlbewerber	40
3. Nachwirkung	42
a) Abgeschwächter Kündigungsschutz	42
b) Beginn der Nachwirkung	43
c) Ausscheiden vor Beendigung der Amtszeit	44
d) Vorübergehend eingerücktes Ersatzmitglied	47
e) Wahlvorstand und Wahlbewerber	49
f) Ausschluß der Nachwirkung	52
IV. Ausschluß der ordentlichen Kündigung	54
1. Ordentliche Kündigung durch Arbeitgeber	54
2. Änderungskündigung und Massenänderungskündigung	59
a) Änderungskündigung	59
b) Gruppen- und Massenänderungskündigung	60
3. Sonstige Beendigungs- und Veränderungsfälle	63
a) Befristung	64
b) Erreichen der Altersgrenze	65
c) Ende der Berufsausbildung	66
d) Entlassung von Dienstordnungs-Angestellten	67
e) Aussperrung	68
f) Illegale Arbeitnehmerüberlassung	69
g) Betriebsübergang nach § 613 a BGB	70
h) Versetzung	72
i) Abmahnung	73
4. Rechtsfolgen	74
V. Zulässigkeit der fristlosen Kündigung	77
1. Überblick	77
a) Kündigung und Mitbestimmung	77
b) Überblick über die wichtigsten Verfahrensschritte	79
c) Hinweis auf Darstellungsweise	80
2. Begriff der fristlosen Kündigung	81
a) Grundlage im Gesetz	81
b) Vertragliche Einschränkung	82
c) Recht zur fristlosen Kündigung	83
d) Fristlose Änderungskündigung	84
e) Auslauffrist	85
3. Der wichtige Kündigungsgrund	86
a) Grundsatz (§ 626 Abs. 1 BGB)	86
b) Kollektives Interesse der Belegschaft	87
c) Zugrundelegung der Kündigungsfrist	88
d) Verstöße gegen Amtspflichten	89
e) Zusammentreffen von Amtspflicht- und Vertragspflichtverletzung	90
f) Fristlose Änderungskündigung	92

	Rn.
VI. Zustimmung des Betriebsrats oder der Personalvertretung	93
1. Wirksamkeitsvoraussetzung	93
2. Suspendierung und Amtsausübung	95
3. Nachwirkungszeitraum	97
4. Zuständigkeit	98
a) Betriebsverfassung und öffentlicher Dienst	98
b) Betroffenes Betriebsratsmitglied	100
5. Einschränkungen der Zustimmungspflicht	102
a) Zustimmung während des Arbeitskampfes	102
b) Funktionsunfähiger Betriebsrat	104
c) Betriebsratsloser Betrieb	106
6. Zustimmungsverfahren	108
a) Unterrichtung des Betriebsrats	108
b) Äußerungsfrist des Betriebsrats	110
c) Mitbeurteilungsrecht	114
d) Form der Zustimmung	115
e) Verfahrensmängel	116
7. Gerichtliche Ersetzung der Zustimmung	118
a) Wirksamkeitsvoraussetzung	118
b) Wichtiger Grund für die außerordentliche Kündigung	123
c) Nachschieben von Kündigungsgründen	125
d) Wegfall des Zustimmungserfordernisses	127
VII. Zeitpunkt der Kündigungserklärung	129
1. Problematik	129
2. Geltung des § 626 Abs. 2 BGB und Fristbeginn	130
a) Modifikation des § 626 Abs. 2 BGB	130
b) Beginn der Frist	131
3. Fristwahrung und Kündigungserklärung	132
a) Zustimmung des Betriebsrats	132
b) Kündigungsmöglichkeit	133
VIII. Kündigungsschutz bei fristloser Kündigung	136
1. Überblick	136
2. Fehlende Zustimmung des Betriebsrats	137
3. Wichtiger Kündigungsgrund und Ausschlußfrist	138
a) Fehlen des Kündigungsgrundes	138
b) Auflösung des Arbeitsverhältnisses gegen Abfindung	140
4. Kündigungsschutzklage und Zustimmungsersetzungsverfahren	142
IX. Kündigung bei Stillegung des Betriebes (Abs. 4)	145
1. Begriff der Betriebsstillegung	145
a) Aufgabe des Betriebszwecks	145
b) Änderung des Betriebszwecks	149
c) Betriebs(-teil)veräußerung	152
2. Zulässigkeit der ordentlichen Kündigung	154
a) Ordentliche Kündigung	154
b) Kündigungsgrund	156
3. Anhörung des Betriebsrats, Beteiligung des Personalrats	157
4. Kündigungstermin	159
a) Zeitpunkt der Stillegung	159
b) Erklärung der Kündigung	162
5. Geltendmachung des Kündigungsschutzes	163
X. Stillegung einer Betriebsabteilung (Abs. 5)	165
1. Zweck der Regelung	165
2. Begriff der Betriebsabteilung	166
3. Übernahme des Arbeitnehmers	170
4. Zulässigkeit der Kündigung	172

I. Grundgedanke und Entstehungsgeschichte

1. Zweck des Gesetzes

1 Den **Mitgliedern des Betriebsrats** hat der Gesetzgeber seit dem BRG 1920 schon immer einen **besonderen Kündigungsschutz** gewährt, um ihnen die erforderliche Unabhängigkeit für die Ausübung ihres Amtes und die Kontinuität der Amtsführung während einer Wahlperiode zu sichern.[1] Sie sollen nicht aus Furcht vor Entlassung an der Wahrnehmung der Arbeitnehmerinteressen gehindert werden.[2] Auch muß, da Mitglied des Betriebsrats nur sein kann, wer dem Betrieb angehört (§ 24 Abs. 1 Nr. 4 i. V. m. § 8 BetrVG), die Betriebszugehörigkeit aber durch die Fortdauer des Arbeitsverhältnisses bedingt ist (§ 24 Abs. 1 Nr. 3 BetrVG), nach Möglichkeit verhindert werden, daß der Arbeitgeber sich unbequemer Betriebsratsmitglieder dadurch zu entledigen sucht, daß er das Arbeitsverhältnis ordentlich kündigt; die außerordentliche Kündigung aus wichtigem Grund ist jedoch zulässig. Für grobe Pflichtverletzungen bei der Amtsführung ist allerdings nicht die Kündigung, sondern der Ausschluß aus dem Betriebsrat nach § 23 BetrVG die richtige Sanktion (siehe auch unter Rn. 89, 90).[3]

1 a Der Kündigungsschutz des Betriebsrats wirkt seit 1972 auch über die Beendigung des Amtes hinaus, damit es den ehemaligen Betriebsratsmitgliedern ermöglicht wird, ohne Sorge um ihren Arbeitsplatz wieder den beruflichen Anschluß zu erlangen. Außerdem dient die **Nachwirkung** des Kündigungsschutzes einer Abkühlung eventuell während der betriebsverfassungsrechtlichen Tätigkeit aufgetretener Kontroversen mit dem Arbeitgeber.[4] Der Kündigungsschutz des § 15 dient damit dem kollektiven Interesse der Belegschaft an der Amtsführung des Betriebsrats und nicht dem persönlichen Interesse der Betriebsratsmitglieder.[5] Deshalb ist § 15 **kein Schutzgesetz** i. S. d. § 823 Abs. 2 BGB zugunsten der einzelnen unter diese Bestimmung fallenden Personen.[6]

2 **§ 15 ist zwingend.** Er kann weder durch Einzelvertrag noch durch Betriebsvereinbarung noch durch betriebsverfassungsrechtliche Bestimmungen eines Tarifvertrages ausgeschlossen oder eingeschränkt werden. Ebenso ist ein **Verzicht** der geschützten Personen auf den Kündigungsschutz, falls er im

---

[1] Vgl. Amtl. Begr. RdA 1951, 65; BAG 24. 4. 1969, AP Nr. 18 zu § 13 KSchG mit Anm. *Wiese;* BAG 17. 2. 1983, AP Nr. 14 zu § 15 KSchG 1969; BAG 28. 4. 1994, AP Nr. 12 zu Art. 20 Einigungsvertrag; BAG 18. 9. 1997, AP Nr. 35 zu § 103 BetrVG 1972; KR-*Etzel* § 15 KSchG Rn. 9.
[2] ErfK/*Ascheid* § 15 KSchG Rn. 1; *Bader/Dörner* § 15 Rn. 1; APS/*Böck* § 15 KSchG Rn. 3; HK-KSchG/*Dorndorf* § 15 Rn. 12; *Kittner/Däubler/Zwanziger* § 15 KSchG Rn. 1; *Löwisch* § 15 Rn. 1; *Sowka/Bengelsdorf* § 15 Rn. 2; *Witt* AR-Blattei SD 530.9 Rn. 1.
[3] Dazu Begr. zu § 103 BetrVG BT-Drucks. VI/1786 S. 53.
[4] BAG 13. 6. 1996, AP Nr. 2 zu § 15 KSchG 1969 Wahlbewerber unter II 1 b; BT-Drucks. VI/1786 S. 60; KR-*Etzel* § 15 KSchG Rn. 63.
[5] BAG 6. 11. 1959, AP Nr. 15 zu § 13 KSchG unter II 3; ErfK/*Ascheid* § 15 KSchG Rn. 2; APS/*Böck* § 15 KSchG Rn. 4; HK-KSchG/*Dorndorf* § 15 Rn. 13; HaKo/*Fiebig* § 15 Rn. 5.
[6] Ebenso ErfK/*Ascheid* § 15 KSchG Rn. 2; HK-KSchG/*Dorndorf* § 15 Rn. 15; KR-*Etzel* § 15 KSchG Rn. 139; *Stahlhacke/Preis/Vossen* Rn. 970; *Weller* HwB AR 1130 Rn. 4; *Witt* AR-Blattei SD 530.9 Rn. 3 a.

Unzulässigkeit der Kündigung 3, 4 § 15

voraus erklärt wird, unzulässig und nichtig.[7] Anders steht es mit einem Verzicht nach dem Zugang der Kündigungserklärung. Dieser bedeutet das Einverständnis des Betroffenen mit der Lösung des Arbeitsverhältnisses zu dem in der Kündigung vorgesehenen Termin. Eine vertragliche Vereinbarung zur Beendigung des Arbeitsverhältnisses (Aufhebungsvertrag) aber ist stets zulässig, auch für den Träger betriebs- oder personalverfassungsrechtlicher Funktionen.[8] Er wird durch sein Amt an dem Abschluß eines solchen Vertrages ebensowenig wie an einer Kündigung gehindert, verliert aber sein Amt gemäß § 24 Abs. 1 Nr. 3 BetrVG mit Beendigung des Arbeitsverhältnisses.[9]

2. Entwicklung

Das **BRG 1920** hatte die ordentliche Kündigung gegenüber einem Betriebsratsmitglied grundsätzlich von der Zustimmung des Betriebsrats abhängig gemacht, die allerdings durch das Arbeitsgericht ersetzt werden konnte. – Noch weiter ging das **AOG**; es ließ gegenüber einem Vertrauensmann überhaupt nur eine Kündigung aus wichtigem Grund oder wegen Stillegung des Betriebes oder einer Betriebsabteilung zu. – Das **KRG Nr. 22** vom 10. 4. 1946 sah zwar einen Kündigungsschutz nicht ausdrücklich vor, verbot aber dem Arbeitgeber in Art. IX, die Tätigkeit des Betriebsrats in seinem Betrieb zu stören oder die Mitglieder des Betriebsrats zu benachteiligen. In welchem Umfang daraus ein Kündigungsschutz abzuleiten war, war bestritten.[10] – Auch die **BRGe der Länder** hatten einen besonderen Kündigungsschutz für Betriebsratsmitglieder vorgesehen. 3

Dem ist das **KSchG** gefolgt. Es hat sich im wesentlichen der Lösung des AOG angeschlossen und läßt **nur** die **außerordentliche Kündigung aus wichtigem Grund,** sowie ausnahmsweise die **ordentliche Kündigung bei Stillegung des Betriebes** (einer Betriebsabteilung nur unter weiter erschwerten Voraussetzungen) zu.[11] Während aber dieser Kündigungsschutz ursprünglich rein individualrechtlich ausgestaltet war, setzt seit der Neufassung des § 15 durch das BetrVG 1972 die außerordentliche Kündigung die **Zustimmung des Betriebsrats** nach § 103 BetrVG voraus, die durch das Arbeitsgericht ersetzt werden kann; entsprechend ist seit 1974 im öffentlichen Dienst die Zustimmung des Personalrats nach §§ 47 Abs. 1, 108 Abs. 1 BPersVG mit der Möglichkeit der Ersetzung durch das Verwaltungsgericht erforderlich (Abs. 2). Diese Regelung folgt dem mehr kollektivrechtlich orientierten Vorbild des BRG 1920 und einiger Landesgesetze aus der Zeit nach 1945. Damit gilt hier ebenso wie seit dem BetrVG 1972 auch beim allgemeinen Kündigungsschutz (vgl. Einleitung Rn. 43 ff.) ein aus kollektiven und individualrechtlichen Elementen kombiniertes System, das durch die Verzahnung 4

---
[7] Ebenso *Backmeister/Trittin* § 15 KSchG Rn. 5; HK-KSchG/*Dorndorf* § 15 Rn. 17; KR-*Etzel* § 15 KSchG Rn. 136 f.; HaKo/*Fiebig* § 15 Rn. 6; *Kittner/Däubler/Zwanziger* § 15 KSchG Rn. 2; *Stahlhacke/Preis/Vossen* Rn. 969.
[8] ErfK/*Ascheid* § 15 KSchG Rn. 1; vgl. für eine derartige Ausgleichsquittung BAG 6. 4. 1977, AP Nr. 4 zu § 4 KSchG 1969 mit Anm. *Herschel*.
[9] Ebenso KR-*Etzel* § 15 KSchG Rn. 138.
[10] Vgl. dazu *Müller* RdA 1948, 50.
[11] Vgl. auch BAG 18. 2. 1993, AP Nr. 35 zu § 15 KSchG 1969 unter II 3 b aa (1).

§ 15 4a, 5   2. Abschnitt. KSch/Betriebsverfassung u. Personalvertretung

von betriebsverfassungsrechtlichen und kündigungsschutzrechtlichen Bestimmungen gekennzeichnet ist.

4a Eine weitere Veränderung gegenüber dem früheren Recht besteht seit 1972 in der Erstreckung des Kündigungsschutzes auf die **Mitglieder bestimmter anderer Arbeitnehmervertretungen** der Betriebs- und Personalverfassung sowie auf **Wahlbewerber** und Mitglieder von **Wahlvorständen** (Abs. 3), nämlich auf die Mitglieder von Jugendvertretungen, Bordvertretungen und Seebetriebsräten sowie für Mitglieder von Personalvertretungen und Jugendvertretungen im Bereich des öffentlichen Dienstes. Dadurch soll in gleicher Weise wie für Betriebsratsmitglieder eine verstärkte Unabhängigkeit vom Arbeitgeber gewährleistet werden. Demselben Ziel dient die **zeitliche Ausdehnung des Schutzes** durch **Nachwirkung** über die Amtszeit bzw. Wahlkandidatur hinaus, die allerdings nicht für die Anwendung des § 103 BetrVG und der §§ 47 Abs. 1, 108 Abs. 1 BPersVG gilt. Durch die Gesetze vom 13. 7. 1988[12] wurde weiterhin die Bezeichnung der Jugendvertretung in Abs. 1 und 2 durch den Begriff der Jugend- und Auszubildendenvertretung ersetzt bzw. ergänzt.[13] Das Gesetz zur Reform des Betriebsverfassungsgesetzes vom 23. 7. 2001[14] hat mit Wirkung vom 24. 7. 2001 **Abs. 3a eingefügt.** Danach werden jetzt auch die sog. Initiatoren für die Betriebsratswahl nach § 15 geschützt.

3. Anwendungsprobleme bei § 15

5 Durch die Verknüpfung kündigungsschutzrechtlicher, rein individualrechtlicher und kollektivrechtlicher Elemente wirft die Anwendung des § 15 vielfältige Probleme auf. In seiner Kernaussage schließt die Regelung weitgehend die ordentliche Kündigung aus und läßt gegenüber Betriebsratsmitgliedern und den anderen geschützten Personen – abgesehen von der Betriebsstillegung – nur die Kündigung aus wichtigem Grund ohne Einhaltung einer Kündigungsfrist zu. Diese originär **kündigungsschutzrechtliche** Norm[15] muß infolgedessen durch die **individualrechtliche** Regelung über außerordentlichen Kündigungen aus wichtigem Grund (insbes. § 626 BGB) ergänzt werden, deren Anwendung sich allein nach den dortigen Voraussetzungen bestimmt. Schließlich muß die Zustimmung des Betriebsrats nach § 103 BetrVG bzw. des Personalrats nach §§ 47, 108 BPersVG (oder entsprechender LPVGe) vorliegen oder vom Arbeitsgericht bzw. Verwaltungsgericht ersetzt sein, was wiederum nach diesen **kollektivrechtlichen** Bestimmungen ermittelt werden muß. Diese drei Regelungsbereiche müssen daher bei der Anwendung des § 15 aufeinander abgestimmt werden, insbesondere in zeitlicher Hinsicht, wenn vor Ausspruch der außerordentlichen Kündigung die Zustimmung des Betriebsrats (Personalrats) gerichtlich ersetzt werden muß (zum Überblick der einzelnen Verfahrensschritte siehe unten Rn. 79).

---

[12] BGBl. I S. 1034, 1037.
[13] Zur Entwicklung HK-KSchG/*Dorndorf* § 15 Rn. 7 ff.; KR-*Etzel* § 15 KSchG Rn. 1 ff.
[14] BGBl. I S. 1852.
[15] Ebenso HaKo/*Fiebig* § 15 Rn. 8; – abweichend *Hanau* AR-Blattei Betriebsverfassung IX Anm. zu Entsch. 55 unter 2 sowie *G. Müller* ZfA 1990, 610, die das Kündigungsverbot in § 15 sachlich als betriebsverfassungsrechtliche Regelung ansehen.

Unzulässigkeit der Kündigung 6–8a § 15

4. Hinweis zur Darstellungsweise

Die Kommentierung beschränkt sich vorwiegend auf die Erörterung der **kündigungsschutzrechtlichen Probleme des § 15.** Die individualrechtlichen Voraussetzungen der Kündigung aus wichtigem Grund sowie die kollektivrechtlichen Fragestellungen bei der Mitwirkung des Betriebsrats bzw. Personalrats werden nur insoweit behandelt, als sie für das Verständnis des § 15 erforderlich sind. Im übrigen wird auf das Spezialschrifttum zu § 626 BGB und § 103 BetrVG sowie §§ 47, 108 BPersVG verwiesen. 6

Der besondere Kündigungsschutz des § 15 gilt für die Mitglieder einer Reihe verschiedener Arbeitnehmervertretungen der Betriebs- und Personalverfassung. Um die nachfolgende Darstellung nicht unnötig mit sich wiederholenden Aufzählungen zu belasten, soll im Interesse der Abkürzung und Übersichtlichkeit die **Rechtslage jeweils in erster Linie für die Betriebsratsmitglieder** als wichtigste Gruppe, zugleich exemplarisch für alle anderen, behandelt werden, ohne daß die letzteren jeweils einzeln aufgezählt werden. Nur soweit Besonderheiten gelten, werden diese gesondert dargestellt. Im übrigen orientiert sich die Kommentierung primär an der für den privaten Bereich maßgebenden Betriebsverfassung; für den öffentlichen Dienst **(Personalratsmitglieder)** werden die Abweichungen hervorgehoben. 7

II. Geschützter Personenkreis

1. Mitglieder der Betriebsverfassung (Abs. 1)

Der geschützte Personenkreis umfaßt nach **Abs. 1** ebenso wie nach **§ 103 BetrVG** die **Mitglieder des Betriebsrats** und **bestimmter anderer betrieblicher Arbeitnehmervertretungen,** nämlich der Jugend- und Auszubildendenvertretung (§ 60 BetrVG), der Bordvertretung (§ 115 BetrVG) und des Seebetriebsrats (§ 116 BetrVG). Dem Gesamtbetriebsrat und dem Konzernbetriebsrat können nach §§ 47 Abs. 2, 55 Abs. 1 BetrVG nur Mitglieder von Betriebsräten der einzelnen Betriebe angehören, die in dieser Eigenschaft bereits den Kündigungsschutz des § 15 genießen. Da nach §§ 47 Abs. 4, 55 Abs. 4 BetrVG nur die Mitgliederzahl des Gesamt- bzw. Konzernbetriebsrats, dagegen nicht mehr wie nach § 47 Abs. 2 BetrVG 1952 auch die Zusammensetzung abweichend vom Gesetz geregelt werden kann, stellt sich die früher umstrittene Frage nach der entsprechenden Anwendung für andere Mitglieder nicht mehr (vgl. dazu 7. Aufl. § 15 Rn. 5). Ganz entsprechend wie beim Gesamtbetriebsrat genießen auch die Mitglieder der Gesamtjugend- und Auszubildendenvertretung bereits als Mitglieder einzelner Jugend- und Auszubildendenvertretungen (§ 72 Abs. 2 BetrVG) den besonderen Kündigungsschutz.[16] 8

Für die Mitglieder eines **europäischen Betriebsrats,** die im Inland beschäftigt sind, sowie für Mitglieder des besonderen Verhandlungsgremiums und die Arbeitnehmervertreter im Rahmen eines Verfahrens zur Unterrichtung und Anhörung ist gemäß Art. 10 der Richtlinie 94/45/EG des Rates der Europäischen Union vom 22. September 1994[17] der gleiche Kündigungs- 8a

---

[16] Zum Überblick HaKo/*Fiebig* § 15 Rn. 16 ff.; *Stahlhacke/Preis/Vossen* Rn. 972 ff.
[17] ABl. Nr. L 254 S. 64.

schutz vorzusehen wie für sonstige Betriebsratsmitglieder. Demzufolge sieht der § 40 Abs. 1 EBRG die entsprechende Anwendung des § 15 Abs. 1, 3–5 vor.[18] Dieser Schutz muß wegen der Zweckrichtung trotz des entgegenstehenden Wortlauts in § 41 Abs. 1 Satz 1 EBRG auch für inländische Mitglieder eines europäischen Betriebsrats angenommen werden, der aufgrund Art. 13 der Richtlinie bereits vor Inkrafttreten des deutschen Umsetzungsgesetzes errichtet worden ist.[19]

9 Dagegen gilt § 15 wegen des ausdrücklichen, abschließenden Wortlauts **nicht** für die Mitglieder **sonstiger Arbeitnehmervertretungen** oder -einrichtungen der Betriebsverfassung, nämlich des Wirtschaftsausschusses (§ 106 BetrVG), der Einigungsstelle (§ 76 BetrVG), einer tariflichen Schlichtungsstelle (§ 76 Abs. 8 BetrVG), einer betrieblichen Beschwerdestelle (§ 86 BetrVG), des Sprecherausschusses der leitenden Angestellten (§ 1 SprAuG) oder einer nach § 3 Abs. 1 Nr. 4 und 5 BetrVG durch Tarifvertrag oder Betriebsvereinbarung (§ 3 Abs. 2 BetrVG) eingeführten zusätzlichen Arbeitnehmervertretung (siehe auch unten Rn. 27 a).[20]

9 a Demgegenüber ist § 15 gleichwohl **anwendbar** für Mitglieder einer anderen Vertretung der Arbeitnehmer, die nach **§ 3 Abs. 1 Nr. 1–3 BetrVG** errichtet werden kann. Denn in diesem Fall ist ausschlaggebend, daß eine derartige durch Tarifvertrag oder Betriebsvereinbarung (§ 3 Abs. 2 BetrVG) errichtete Vertretung der Arbeitnehmer an die Stelle eines gesetzlich vorgesehenen Betriebsrats tritt und damit die Befugnisse und Pflichten eines Betriebsrats hat (§ 3 Abs. 6 BetrVG), so daß deren Mitglieder auch dieselbe persönliche Rechtsstellung wie Betriebsratsmitglieder haben.[21] Erfaßt werden deshalb auch Mitglieder der nach § 117 Abs. 2 Satz 1 BetrVG durch Tarifvertrag errichteten Vertretung für im **Flugbetrieb** beschäftigte Arbeitnehmer.[22] Denn der gesetzlich zwingend ausgestaltete Kündigungsschutz des § 15 wird nicht von der nach § 117 Abs. 2 Satz 2 BetrVG vorgesehenen Dispositionsbefugnis der Tarifpartner erfaßt, zumal § 24 Abs. 1 die Anwendung des 2. Abschnitts ausdrücklich für das fliegende Personal vorsieht.

10 § 15 gilt grundsätzlich auch in **Tendenzunternehmen**.[23] Hinsichtlich der Reichweite des § 15 (und des § 103 BetrVG) muß aber danach unterschie-

---

[18] *Backmeister/Trittin* § 15 KSchG Rn. 36; HaKo/*Fiebig* § 15 Rn. 36; *Stahlhacke/Preis/Vossen* Rn. 972.
[19] Ebenso GK-BetrVG/*Kraft* § 103 Rn. 8.
[20] ErfK/*Ascheid* § 15 KSchG Rn. 8; APS/*Böck* § 15 KSchG Rn. 34; KR-*Etzel* § 103 BetrVG Rn. 17; HaKo/*Fiebig* § 15 Rn. 48; *Löwisch* § 15 Rn. 10; *Kittner/Däubler/Zwanziger* § 15 KSchG Rn. 6 ff.; *Sowka/Bengelsdorf* § 15 Rn. 9; *Witt* AR-Blattei SD 530.9 Rn. 26.
[21] Allg. M.; vgl. ErfK/*Ascheid* § 15 KSchG Rn. 9; HK-KSchG/*Dorndorf* § 15 Rn. 22; KR-*Etzel* § 103 BetrVG Rn. 10; *Fitting* § 103 Rn. 3; *Löwisch* § 15 Rn. 9; *Kittner/Däubler/Zwanziger* § 15 KSchG Rn. 11; GK-BetrVG/*Kraft* § 103 Rn. 4; *Richardi* § 103 Rn. 5; *Witt* AR-Blattei SD 530.9 Rn. 7.
[22] Ebenso HK-KSchG/*Dorndorf* § 15 Rn. 6; KR-*Etzel* § 103 BetrVG Rn. 10; *Kittner/Däubler/Zwanziger* § 15 KSchG Rn. 11; *Löwisch* § 15 Rn. 9; *Richardi* § 103 Rn. 5; *Witt* AR-Blattei SD 530.9 Rn. 7a; – abweichend LAG Frankfurt 4. 10. 1983, AuR 1985, 29; ErfK/*Ascheid* § 15 KSchG Rn. 8; APS/*Böck* § 15 KSchG Rn. 35; Hess/*Schlochauer/Glaubitz* § 117 Rn. 13; GK-BetrVG/*Wiese* § 117 Rn. 8.
[23] Ohne Einschränkung ErfK/*Ascheid* § 15 KSchG Rn. 3; DKK-*Blanke/Wedde* § 118 Rn. 100; MünchArbR/*Matthes* § 365 Rn. 30.

Unzulässigkeit der Kündigung   11, 12 § 15

den werden, ob die Kündigung aus tendenzbedingten oder nicht tendenzbedingten Gründen erfolgt. So ist die ordentliche Kündigung gegenüber einem dem Betriebsrat angehörigen Tendenzträger gemäß Abs. 1 Satz 1 unzulässig, wenn sie wegen nicht tendenzbezogener Leistungsmängel erklärt wird; dadurch wird die in Art. 5 GG gewährleistete Meinungsfreiheit nicht beeinträchtigt.[24] Wird hingegen aus tendenzbedingten Gründen ordentlich gekündigt, z. B. wegen tendenzbezogener Leistungsmängel, so bleibt § 15 ebenfalls anwendbar, weil der verfassungsrechtlich gebotene Schutz der Freiheitsräume des Tendenzunternehmens mangels ausdrücklicher Rechtsvorschriften nicht den Kündigungsschutz nach § 15 entfallen lassen muß,[25] zumal im Rahmen der Interessenabwägung nach § 626 BGB (dazu unten Rn. 86 ff.) tendenzbedingte Umstände mit berücksichtigt werden können.[26] Wohl aber entfällt wegen § 118 Abs. 1 BetrVG das Erfordernis der Zustimmung des Betriebsrats nach § 103 BetrVG, vielmehr bleibt es allein bei der Anwendung des § 102 BetrVG.[27]

Ein dem § 15 KSchG nachgebildeter Kündigungsschutz gilt nach **§ 29 a** 11 **HAG** für **Heimarbeiter** und sonstige in Heimarbeit beschäftigte Personen i. S. des § 1 HAG, wenn sie Mitglieder des Betriebsrats oder einer sonstigen betrieblichen Arbeitnehmervertretung sind.[28] Da sie nicht Arbeitnehmer sind (oben § 1 Rn. 45), gilt das KSchG für sie nicht; deshalb schafft § 29 a HAG unter Einbeziehung des § 103 BetrVG den Ausgleich dafür, daß § 15 nicht anwendbar ist. Dagegen werden Heimarbeiter nach § 5 Abs. 1 BetrVG unter bestimmten Voraussetzungen für den Bereich der Betriebsverfassung als Arbeitnehmer behandelt; sie können deshalb Mitglieder des Betriebsrats und anderer Arbeitnehmervertretungen sein. In dieser Eigenschaft gilt für sie § 103 BetrVG unmittelbar.[29]

2. Mitglieder der Personalvertretung (Abs. 2)

Für den **öffentlichen Dienst** legt **Abs. 2** den Kreis der geschützten Per- 12 sonen in ganz entsprechender Weise fest wie Abs. 1 für den Geltungsbereich der Betriebsverfassung. Geschützt sind danach die Mitglieder der Personalvertretung, der Jugend- und Auszubildendenvertretung und der Jugendvertretung. Unter dem Sammelbegriff Personalvertretung ist eine abgestufte

---

[24] Ebenso BAG 3. 11. 1982, AP Nr. 12 zu § 15 KSchG 1969 = SAE 1983, 282 mit insoweit zust. Anm. *Gangel* = AR-Blattei Betriebsverfassung IX Entsch. 55 mit abl. Anm. *Hanau;* KR-*Etzel* § 15 KSchG Rn. 11, § 103 BetrVG Rn. 16; *Löwisch* § 15 Rn. 8.

[25] Offengelassen von BAG Fn. 23 unter II 2; abweichend *Hanau* wie Fn. 23; dagegen wie hier zutreffend *Backmeister/Trittin* § 15 Rn. 13; *Bader/Dörner* § 15 Rn. 8; APS/*Böck* § 15 KSchG Rn. 31; HK-KSchG/*Dorndorf* § 15 Rn. 23; KR-*Etzel* § 103 BetrVG Rn. 16 a; HaKo/*Fiebig* § 15 Rn. 14; *Kittner/Däubler/Zwanziger* § 15 KSchG Rn. 20.

[26] Zutreffend *Gangel* SAE 1983, 287.

[27] Ebenso *Bader/Dörner* § 15 Rn. 15; APS/*Böck* § 15 KSchG Rn. 31; KR-*Etzel* § 103 BetrVG Rn. 16; *Fitting* § 118 Rn. 41; *Löwisch* § 15 Rn. 8; *G. Müller* ZfA 1982, 496 f.; *ders.* FS Hilger/Stumpf S. 508 f.; – abweichend *Backmeister/Trittin* § 15 KSchG Rn. 14; HK-KSchG/*Dorndorf* § 15 Rn. 23; GK-BetrVG/*Fabricius* § 118 Rn. 661; HaKo/*Fiebig* § 15 Rn. 15.

[28] Dazu *Schmidt/Koberski/Tiemann/Wascher* HAG 4. Aufl. 1998, Erl. zu § 29 a.

[29] Ebenso HK-KSchG/*Dorndorf* § 15 Rn. 24; HaKo/*Fiebig* § 15 Rn. 43; *Kittner/Däubler/ Zwanziger* § 15 KSchG Rn. 14.

§ 15 12a–15   2. Abschnitt. KSch/Betriebsverfassung u. Personalvertretung

Reihe von Arbeitnehmervertretungen zusammengefaßt, mit denen das BPersVG dem hierarchischen und in sich gegliederten Aufbau der Verwaltung Rechnung trägt. In Betracht kommen außer dem Personalrat (§ 12 BPersVG) die Stufenvertretungen als Bezirkspersonalrat und Hauptpersonalrat (§ 53 Abs. 1 BPersVG), ferner der Gesamtpersonalrat (§ 55 BPersVG). Entsprechend bestehen neben der Jugend- und Auszubildendenvertretung (§ 57 BPersVG) die Jugendstufenvertretungen als Bezirksjugend- und Auszubildendenvertretung und Hauptjugend- und Auszubildendenvertretung (§ 64 Abs. 1 BPersVG), ferner die Gesamtjugend- und Auszubildendenvertretung (§ 64 Abs. 2 BPersVG).

12a   Abs. 2 gilt auch dann für Mitglieder der Personalvertretung in den **neuen Bundesländern,** wenn eine Kündigung gemäß Art. 20 Abs. 1 i. V. m. Art. I Kap. XIX Sachgeb. A Abschnitt III Nr. 1 Abs. 4 und 5 EinV ausgesprochen wird (dazu Einl. Rn. 75a). Denn diese Bestimmungen stellen keine entgegenstehenden oder abweichenden Regelungen i. S. v. Abs. 1 Satz 2 EinV dar.[30]

13   Eine wesentliche **Ausnahme** vom Kündigungsschutz nach § 15 macht § 47 Abs. 3 BPersVG für Arbeitnehmer, die in einem dem Vorbereitungsdienst für Beamte entsprechenden Berufsausbildungsverhältnis stehen.[31] – **Nicht** erfaßt wird im übrigen die Vertretung der nicht ständig Beschäftigten (§ 65 BPersVG); sie ist nicht Personalvertretung i. S. d. § 15 Abs. 2.[32] Hinsichtlich des **Tendenzschutzes** im öffentlichen Dienst gelten die entsprechenden Prinzipien wie im Bereich der Privatwirtschaft (oben Rn. 10). Demzufolge wird auch bei Kündigungen gegenüber Tendenzträgern die Anwendung des § 15 nicht eingeschränkt. Allerdings enthält das BPersVG keine dem § 118 Abs. 1 BetrVG entsprechende Bestimmung, wohl aber einige LPVGe; das betrifft aber nur die mögliche Einschränkung des Zustimmungserfordernisses der Personalvertretung zu der beabsichtigten Kündigung.[33]

14   Für das **Personalvertretungsrecht der Länder** enthält § **108 Abs. 1 BPersVG** eine dem § 47 Abs. 1, nicht aber Abs. 3 BPersVG entsprechende Regelung. Im übrigen sind die einschlägigen Bestimmungen des jeweiligen LPVG heranzuziehen. – Inwieweit sogenannte **Dienstordnungs-Angestellte** als Mitglieder von Personalvertretungen unter den Kündigungsschutz des § 15 Abs. 2 fallen, siehe unten Rn. 67.

15   Im Gegensatz zum älteren Recht[34] genießen seit dem 1. Juli 1963 auch die Mitglieder von **Betriebsvertretungen, die bei den alliierten Streitkräften für deutsche Arbeitnehmer** nach Art. 56 Abs. 9 des Zusatzabkommens zum NATO-Truppenstatut vom 3. 8. 1959 i. d. F. vom 18. 3. 1993[35] gebildet worden sind, den Schutz der §§ 15 und 16,[36] da für die Betriebsvertre-

---

[30] BAG 28. 4. 1994, AP Nr. 12 zu Art. 20 EinV; LAG Chemnitz 14. 10. 1992, AuA 1993, 121.
[31] Dazu *Dietz/Richardi* BPersVG § 47 Rn. 70, 71.
[32] Das BPersVG verweist in § 65 Abs. 3 auch nicht auf § 47 Abs. 1 BPersVG; – vgl. im übrigen *Dietz/Richardi* BPersVG § 65 Rn. 61.
[33] Vgl. *Dietz/Richardi* BPersVG § 77 Rn. 20 ff.
[34] Vgl. BAG 15. 8. 1958, AP Nr. 22 zu § 44 Truppenvertrag mit Anm. *Beitzke.*
[35] BGBl. 1994 II S. 2598, in Kraft getreten am 29. 3. 1998, BGBl. 1998 II S. 1691.
[36] BAG 29. 1. 1981, AP Nr. 10 zu § 15 KSchG 1969 unter III mit Anm. *Beitzke;* HK-KSchG/*Dorndorf* § 15 Rn. 26; KR-*Etzel* § 15 KSchG Rn. 12a; *Löwisch* § 15 Rn. 24.

tung das deutsche BPersVG Anwendung findet. Durch die statische Verweisung des Änderungsabkommens zum Unterzeichnungsprotokoll[37] findet das BPersVG von 1974 mit der Änderung vom 16. 1. 1991 Anwendung. Dadurch ist die früher streitige Frage, ob die nach § 15 Abs. 2 erforderliche Zustimmung der Personalvertretung bei Betriebsvertretungen für deutsche Arbeitnehmer lediglich durch eine Mitwirkung der Betriebsvertretung (nach altem PersVG) ersetzt wird,[38] hinfällig.

3. Mitglieder des Wahlvorstands und Wahlbewerber (Abs. 3 und 3 a)

a) **Überblick:** Geschützt sind nach Abs. 3 im Rahmen der Betriebs- und Personalverfassung weiterhin die Mitglieder des Wahlvorstands und die Wahlbewerber für alle vorausgehend für die Geltung von Abs. 1 und 2 (oben Rn. 8–15) genannten Arbeitnehmervertretungen. Auch hier entspricht dem individualrechtlichen Kündigungsschutz kollektivrechtlich die Zustimmungsbedürftigkeit der Kündigung nach **§ 103 BetrVG** und **§§ 47 Abs. 1, 108 Abs. 1 BPersVG** (dazu Verweisungen in §§ 24 Abs. 1 Satz 3, 53 Abs. 3, 56, 62 Satz 2 und 3 BPersVG). – Im Gesetz **nicht** vorgesehen ist dagegen ein besonderer Kündigungsschutz für die **Bewerber** für die Wahl zum Wahlvorstand.[39] Für sie kommt nur der Schutz gegen Beeinträchtigungen im Rahmen des allgemeinen Wahlschutzes nach § 20 BetrVG, § 24 BPersVG in Betracht; verstößt eine Kündigung hiergegen, so ist sie nach § 134 BGB nichtig. 16

b) **Mitglied des Wahlvorstands** wird man gemäß Abs. 3 Satz 1 durch eine **wirksame Bestellung**. Diese erfolgt nach §§ 16, 17 und 17a BetrVG durch den Betriebsrat, in betriebsratslosen Betrieben durch den Gesamt- oder Konzernbetriebsrat, die Betriebsversammlung nach § 17 Abs. 2 BetrVG[40] oder ausnahmsweise durch das Arbeitsgericht (§ 17 Abs. 4 BetrVG). Für die Wahl der Jugend- und Auszubildendenvertretung, der Bordvertretung und des Seebetriebsrats vgl. die entsprechenden Regelungen in §§ 63 Abs. 2 und 3, 115 Abs. 2, 116 Abs. 2 BetrVG; ferner für die Wahl der Personalvertretungen und Jugendvertretungen sowie Jugend- und Auszubildendenvertretungen im öffentlichen Dienst §§ 20 ff., 53 Abs. 2 und 3, 56, 60 Abs. 1, 64 BPersVG sowie die einschlägigen LPVGe. Liegt keine wirksame Bestellung zum Wahlvorstand vor, greift der Kündigungsschutz nach Abs. 3 nicht ein.[41] 17

---

[37] BGBl. II 1994 S. 3712 ; vgl. *Beitzke* RdA 1981, 380; KR-*Weigand* Art. 56 NATO-ZusAbk Rn. 42.
[38] Dazu noch BAG 29. 1. 1981, wie Fn. 35.
[39] H. M.; LAG Baden-Württemberg 31. 5. 1974, BB 1974, 885; *Backmeister/Trittin* § 15 KSchG Rn. 21; *Bader/Dörner* § 15 Rn. 14; *MünchArbR/Berkowsky* § 157 Rn. 12; APS/*Böck* § 15 KSchG Rn. 56; HaKo/*Fiebig* § 15 Rn. 23; *Fitting* § 103 Rn. 8; *Hess/Schlochauer/Glaubitz* § 103 Rn. 7; *Kittner/Däubler/Zwanziger* § 15 KSchG Rn. 15; GK-BetrVG/*Kraft* § 103 Rn. 9; *Löwisch* § 15 Rn. 35; *Richardi* § 103 Rn. 8; *Witt* AR-Blattei SD 530.9 Rn. 11; – abweichend HK-KSchG/*Dorndorf* § 15 Rn. 30; KR-*Etzel* § 103 BetrVG Rn. 13; *Stein* AuR 1975, 202.
[40] *Bader/Dörner* § 15 Rn. 25 f.; *Witt* AR-Blattei SD 530.9 Rn. 12.
[41] BAG 7. 5. 1986, AP Nr. 18 zu § 15 KSchG 1969; BAG 29. 8. 1988, AP Nr. 76 zu § 613a BGB unter B mit zust. Anm. *Joost* unter III; *Bader/Dörner* § 15 Rn. 28; HK-KSchG/*Dorndorf* § 15 Rn. 46.

§ 15 18–20   2. Abschnitt. KSch/Betriebsverfassung u. Personalvertretung

18   c) Für **Wahlbewerber** stellt das Gesetz in Abs. 3 Satz 1 auf die **Aufstellung des Wahlvorschlags** ab; welcher Vorgang im einzelnen darunter zu verstehen ist, kann allerdings zweifelhaft sein. Bei der Beantwortung dieser Frage ist davon auszugehen, daß der besondere Kündigungsschutz erst gerechtfertigt ist, wenn die konkrete Möglichkeit der Wahl dieses Kandidaten besteht. Deshalb muß der Wahlbewerber zumindest überhaupt wählbar sein, dazu §§ 8, 61 Abs. 2, auch 115 Abs. 2 Nr. 2, 116 Abs. 2 Nr. 2 BetrVG sowie §§ 14, 15, 58 Abs. 2, auch 53 Abs. 3, 56, 64 Abs. 1 und 2 BPersVG,[42] wobei es auf den Zeitpunkt der Betriebsratswahl und nicht der Kündigung ankommt.[43] Die Wählbarkeit besteht auch bei einem gekündigten Wahlbewerber, wenn er Kündigungsschutzklage erhoben hat.[44] Die Wählbarkeit allein oder auch seine Zustimmung zu einer Kandidatur, sogar wenn sie schriftlich erklärt ist, reicht aber noch nicht aus.[45] Vielmehr muß das Wahlverfahren bereits durch die Bestellung eines Wahlvorstands eröffnet sein. Außerdem erfordert die Aufstellung als Wahlbewerber vor allem die Benennung auf einem Wahlvorschlag mit der genügenden Zahl von Stützunterschriften (dazu §§ 14 Abs. 4–5, 63 Abs. 2 BetrVG, §§ 19 Abs. 4–8, 60 Abs. 1 BPersVG).

19   Um den Kündigungsschutz für Wahlbewerber im Interesse seiner Effektivität möglichst frühzeitig anzusetzen, läßt die h. M. diese beiden Voraussetzungen für die Aufstellung des Wahlvorschlags genügen; auf die **Einreichung des Wahlvorschlags** beim Wahlvorstand **komme es nicht an.**[46] Obwohl für die Lösung der h. M. gute Gründe sprechen, bestehen doch Bedenken im Hinblick auf die Unsicherheit bei der Feststellung des Zeitpunkts der letzten erforderlichen Unterschrift. Darum und weil der Wahlvorschlag erst durch seine Einreichung beim Wahlvorstand im Wahlverfahren Wirkungen entfaltet (vgl. § 8 Abs. 1 Nr. 1 WO 1972), wird teilweise in der Literatur zu Recht erst auf diesen Vorgang abgestellt.[47]

20   Umstritten ist außerdem, ob der Kündigungsschutz des Abs. 3 bestehen bleibt, wenn die zunächst **wirksame Aufstellung** des Wahlvorschlags **nachträglich entfällt.** Die h. M. nimmt an, daß der besondere Kündigungs-

---

[42] Ebenso BAG 26. 9. 1996, AP Nr. 3 zu § 15 KSchG 1969 Wahlbewerber; ErfK/*Ascheid* § 15 KSchG Rn. 10; HK-KSchG/*Dorndorf* § 15 Rn.32; KR-*Etzel* § 103 BetrVG Rn. 25 a.

[43] LAG Hamm DB 1982, 2709; APS/*Böck* § 15 KSchG Rn. 58; HaKo/*Fiebig* § 15 Rn. 24; *Kittner/Däubler/Zwanziger* § 15 KSchG Rn. 16; offengelassen von BAG 26. 9. 1996, AP Nr. 3 zu § 15 KSchG 1969 Wahlbewerber.

[44] BAG 14. 5. 1997, AP Nr. 6 zu § 8 BetrVG 1972 = SAE 1998, 89 mit Anm. *v. Hoyningen-Huene; Fitting* § 8 Rn. 8; *Richardi* § 8 Rn. 12.

[45] BAG 4. 4. 1974, AP Nr. 1 zu § 626 BGB Arbeitnehmer im Aufsichtsrat mit Anm. *G. Hueck.*

[46] BAG 4. 3. 1976, AP Nr. 1 zu § 15 KSchG 1969 Wahlbewerber mit krit. Anm. *G. Hueck* = AR-Blattei Kündigungsschutz Entsch. 155 mit abl. Anm. *Hanau;* BAG 13. 10. 1977, AP Nr. 1 zu § 1 KSchG 1969 Verhaltensbedingte Kündigung mit krit. Anm. *Pfarr* = EzA § 74 BetrVG 1972 Nr. 3 mit Anm. *Löwisch;* BAG 5. 12. 1980, AP Nr. 9 zu § 15 KSchG 1969 mit zust. Anm. *Pfarr* = EzA § 15 KSchG n. F. Nr. 25 mit abl. Anm. *Löwisch/Arnold;* ErfK/*Ascheid* § 15 KSchG Rn. 11; *Backmeister/Trittin* § 15 KSchG Rn. 13; APS/*Böck* § 15 KSchG Rn. 77; HK-KSchG/*Dorndorf* § 15 Rn. 33; KR-*Etzel* § 103 BetrVG Rn. 23; HaKo/*Fiebig* § 15 Rn.24; *Fitting* § 103 Rn. 8; *Hess/Schlochauer/Glaubitz* § 103 Rn. 14; DKK/*Kittner* § 103 Rn. 18; *Kittner/Däubler/Zwanziger* § 15 KSchG Rn. 16; *Löwisch* § 15 Rn. 34; *Reuter* SAE 1975, 249 f.; *Stege/Weinspach* § 103 Rn. 20; *Stein* AuR 1975, 204; *Witt* AR-Blattei SD 530.9 Rn. 14.

[47] *G. Hueck* Anm. zu BAG AP Nr. 1 zu § 15 KSchG 1969 Wahlbewerber; GK-BetrVG/*Kraft* § 103 Rn. 14; *Meisel* Rn. 644; *Richardi* § 103 Rn. 17; *Sowka/Bengelsdorf* § 15 Rn. 8.

schutz für den Wahlbewerber nicht dadurch wegfällt, daß die Vorschlagsliste durch spätere Streichung von Stützunterschriften gemäß § 8 Abs. 2 Nr. 3 WO-BetrVG 1972 ungültig wird.[48] Dieser Auffassung ist jedoch nicht zu folgen, weil jedenfalls im Ergebnis kein wirksamer Wahlvorschlag vorliegt und damit der Kandidat in Wahrheit kein Wahlbewerber ist.[49] Demzufolge ist es auch nicht gerechtfertigt, einem solchen, unwirksam aufgestellten Wahlbewerber den besonderen Kündigungsschutz des Abs. 3 zukommen zu lassen. Nach der hier vertretenen Auffassung kann der Wahlvorschlag allein für den Zeitraum zwischen Einreichung beim Wahlvorstand und dem Zeitpunkt des Ungültigwerdens Wirksamkeit erlangen, so daß nur insoweit die Anwendung des Abs. 3 Satz 1 in Betracht kommt, im Anschluß daran der nachwirkende Kündigungsschutz des Abs. 3 Satz 2 (dazu unten Rn. 49).

4. Initiatoren für die Betriebsratswahl (Abs. 3 a)

In betriebsratslosen Betrieben können **3 wahlberechtigte Arbeitnehmer** des Betriebes zu einer Wahlversammlung nach § 17 Abs. 3, § 17a Nr. 3 Satz 2 oder § 115 Abs. 2 Nr. 8 Satz 1 BetrVG einladen und Vorschläge für die Zusammensetzung des Wahlvorstands machen oder nach § 16 Abs. 2 Satz 1, § 17 Abs. 4, § 17a Nr. 4, § 63 Abs. 3, § 115 Abs. 2 Nr. 8 Satz 2 oder § 116 Abs. 2 Nr. 7 Satz 5 BetrVG einen Antrag auf Bestellung des Wahlvorstands beim Arbeitsgericht stellen. Dieser Personenkreis war nach bisheriger Rechtslage nicht vom Kündigungsschutz des § 15 erfaßt. Durch das BetrVerf-ReformG vom 23. 7. 2001 (dazu oben Rn. 4a) wurde Abs. 3a eingefügt, der nunmehr auch die sog. Initiatoren für die Betriebsratswahl schützt. Denn diese 3 Arbeitnehmer sind im Hinblick auf mögliche Interessenkonflikte mit dem Arbeitgeber für die Zeit der Wahl in ähnlicher Weise schutzbedürftig wie die Mitglieder des Wahlvorstands und die Wahlbewerber. Die Erstreckung des besonderen Kündigungsschutzes soll dazu beitragen, daß künftig eher Arbeitnehmer bereit sind, insbesondere in betriebsratslosen Betrieben die Initiative für die Wahl von Betriebsräten zu ergreifen. 20a

Der besondere Kündigungsschutz besteht **ab dem Zeitpunkt** der Einladung oder Antragstellung bis zur Bekanntgabe des Wahlergebnisses, es sei denn, daß Tatsachen vorliegen, die den Arbeitgeber zur Kündigung aus wichtigem Grund ohne Einhaltung einer Kündigungsfrist berechtigen. Dieser Kündigungsschutz gilt für die ersten drei in der Einladung oder Antragstellung aufgeführten Arbeitnehmer. Damit wird der Kündigungsschutz auf die erforderliche Mindestzahl der einladenden bzw. antragstellenden Arbeitnehmer begrenzt. - Kommt es nicht zur Wahl eines Betriebsrats, einer Jugend- und Auszubildendenvertretung, einer Bordvertretung oder eines Seebetriebsrats, besteht der Kündigungsschutz drei Monate ab dem Zeitpunkt der Einladung bzw. Antragstellung. 20b

---

[48] BAG 5. 12. 1980, AP Nr. 9 zu § 15 KSchG 1969 mit zust. Anm. *Pfarr* = EzA § 15 KSchG n. F. Nr. 25 mit abl. Anm. *Löwisch/Arnold* = AR-Blattei Betriebsverfassung VI Entsch. 59 mit zust. Anm. *Herschel;* ebenso *Backmeister/Trittin* § 15 KSchG Rn. 24; *Bader/Dörner* § 15 Rn. 13; APS/*Böck* § 15 KSchG Rn. 78; HK-KSchG/*Dorndorf* § 15 Rn. 33; *Fitting* § 103 Rn. 8; *Stege/Weinspach* § 103 Rn. 20b; *Stein* AuR 1975, 205.

[49] Ebenso ErfK/*Ascheid* § 15 KSchG Rn. 11; HaKo/*Fiebig* § 15 Rn. 25; *Löwisch* § 15 Rn. 34; *Richardi* § 103 Rn. 17.

5. Ersatzmitglieder

21 a) Den Ersatzmitgliedern für den Betriebsrat (§ 25 BetrVG), den Personalrat (§ 31 BPersVG) und die anderen von § 15 Abs. 1 und 2 erfaßten Arbeitnehmervertretungen steht allein wegen dieser Eigenschaft ohne Ausübung einer Tätigkeit im Betriebsrat **kein besonderer Kündigungsschutz** nach § 15 zu. Sie genießen vielmehr nur sechs Monate von der Bekanntgabe des Wahlergebnisses an den nachwirkenden Kündigungsschutz als Wahlbewerber nach § 15 Abs. 3 Satz 2 (dazu unten Rn. 49, 51). Denn solange sie nur Ersatzmitglieder sind, gehören sie dem Betriebsrat nicht an, üben also auch kein Amt aus; der mit dem Amt verbundene Kündigungsschutz kommt deshalb für sie zunächst nicht in Betracht.[50]

22 b) **Anders** ist es jedoch **bei einer Amtsausübung** des Ersatzmitglieds, wenn es also anstelle eines ausgeschiedenen Mitglieds in den Betriebs- oder Personalrat bzw. die sonstige Arbeitnehmervertretung nachrückt oder wenn es vorübergehend ein zeitweilig verhindertes ordentliches Mitglied vertritt (§ 25 Abs. 1 BetrVG). In beiden Fällen ist aber zu beachten, daß der besondere Kündigungsschutz des § 15 beim Ausspruch der Kündigung ansetzt und nur diesen ausschließt (unten Rn. 54). Deshalb kann eine Kündigung, die nicht mehr unter den nachwirkenden Schutz für Wahlbewerber fällt, andererseits aber vor dem endgültigen oder vertretungsweisen Einrücken in das Amt ausgesprochen wird, das Arbeitsverhältnis auch während der nachfolgenden Amtstätigkeit des Ersatzmitglieds auflösen. Allerdings ist eine Kündigung, die gerade das Einrücken des Ersatzmitglieds hindern soll, wegen Verstoßes gegen § 78 BetrVG oder §§ 8, 107 BPersVG unzulässig und nach § 134 BGB nichtig. – Im übrigen ist zwischen endgültigem Nachrücken und vorübergehender Vertretung zu unterscheiden (unten Rn. 23 ff.).

23 c) Wenn das Ersatzmitglied **anstelle eines ausgeschiedenen Mitglieds** in den Betriebsrat oder die sonstige Arbeitnehmervertretung **nachrückt,** wird es dadurch ordentliches Mitglied. Ausscheiden aus dem Betriebsrat ist gleichbedeutend mit Erlöschen des Amtes als Betriebsratsmitglied; die einzelnen Fälle sind in § 24 BetrVG aufgeführt.[51] Das Ersatzmitglied rückt dann automatisch in die bisherige Stellung des Betriebsratsmitglieds nach; ein konstitutiver Rechtsakt – Beschluß des Betriebsrats, Ernennung oder Benachrichtigung durch den Betriebsratsvorsitzenden – ist ebensowenig erforderlich wie eine Annahmeerklärung des Ersatzmitglieds.[52] Von diesem Zeitpunkt an steht ihm der besondere Kündigungsschutz nach § 15 Abs. 1 oder 2 in vollem Umfang zu.[53]

24 d) Handelt es sich dagegen um die **Vertretung eines zeitweilig verhinderten Mitglieds** des Betriebsrats oder einer sonstigen Arbeitnehmerver-

---

[50] Allg. M.; vgl. *Bader/Dörner* § 15 Rn. 15; APS/*Böck* § 15 KSchG Rn. 108; HK-KSchG/*Dorndorf* § 15 Rn. 35; *Kittner/Däubler/Zwanziger* § 15 KSchG Rn. 17; *Witt* AR-Blattei SD 530.9 Rn. 19.
[51] Vgl. *Richardi* § 25 Rn. 3.
[52] BAG 17. 1. 1979, AP Nr. 5 zu § 15 KSchG 1969; *Backmeister/Trittin* § 15 KSchG Rn. 28; *Bader/Dörner* § 15 Rn. 15; APS/*Böck* § 15 KSchG Rn. 109; *Brill* BlStSozArbR 1983, 178; *Kittner/Däubler/Zwanziger* § 15 KSchG Rn. 18; GK-BetrVG/*Wiese/Oetker* § 25 Rn. 30; – abweichend MünchArbR/*Joost* § 305 Rn. 55.
[53] Vgl. HaKo/*Fiebig* § 15 Rn. 35; *Löwisch* § 15 Rn. 28.

tretung durch das Ersatzmitglied, dann steht diesem der besondere Kündigungsschutz nach § 15 Abs. 1 Satz 1 oder Abs. 2 Satz 1 für die Dauer der Vertretung zu.[54] Ein **Verhinderungsfall** liegt vor, wenn das ordentliche Betriebsratsmitglied erkrankt ist, Urlaub hat, sich auf Dienstreise befindet oder aus sonstigen Gründen zur Wahrnehmung des Betriebsratsamtes tatsächlich nicht imstande ist, z. B. beim Verbot der Teilnahme durch den Vorgesetzten.[55] Das ist auch der Fall, wenn sich das ordentliche Betriebsratsmitglied krank gemeldet hat und dem Dienst fernbleibt, obwohl objektiv keine Arbeitsunfähigkeit vorliegt; lediglich bei willkürlichem Fernbleiben müßte Rechtsmißbrauch angenommen werden, der dann nicht zum Kündigungsschutz des § 15 führen würde.[56] Auf die Dauer der Verhinderung des Betriebsratsmitglieds kommt es nicht an.[57]

Der **Kündigungsschutz beginnt** mit dem Eintritt des Vertretungsfalles, also am ersten Tag der Verhinderung, ohne daß es dazu einer förmlichen Benachrichtigung des Ersatzmitglieds oder des Arbeitgebers bedarf;[58] auch auf die Kenntnis des Arbeitgebers kommt es nicht an.[59] Der Kündigungsschutz gilt unabhängig davon, ob und welche Amtsgeschäfte vorzunehmen sind, für die gesamte Zeit der Vertretung, und nicht nur für die Teilnahme an Betriebsratssitzungen,[60] sondern auch für die Vorbereitungszeit. Handelt es sich um Betriebsratssitzungen, müssen diese ordnungsgemäß nach § 29 Abs. 2 BetrVG einberufen sein.[61] 24a

Ist das **Ersatzmitglied** seinerseits während der Vertretung vorübergehend an deren Wahrnehmung **verhindert**, z. B. durch Verbot der Teilnahme an der Betriebsratssitzung durch den Vorgesetzten,[62] so bleibt der Kündigungsschutz auch in dieser Zeit bestehen, sofern sie im Verhältnis zur mutmaßlichen Gesamtdauer der Vertretung nicht lang ist.[63] Das während dieser zusätzlichen 25

---

[54] BAG 9. 11. 1977, 17. 1. 1979, AP Nr. 3 und 5 zu § 15 KSchG 1969 mit Anm. G. *Hueck;* ErfK/*Ascheid* § 15 KSchG Rn. 12; *Bader/Dörner* § 15 Rn. 16 ff.; *Brill* BlStSozArbR 1983, 179; KR-*Etzel* § 103 BetrVG Rn. 45; *Löwisch* § 15 Rn. 29; *Meisel* Rn. 649; *Witt* AR-Blattei SD 530.9 Rn. 21.
[55] LAG Brandenburg 23. 10. 1993, AuA 1994, 361.
[56] BAG 5. 9. 1986, AP Nr. 26 zu § 15 KSchG 1969 = EzA § 15 KSchG n. F. Nr. 36 mit Anm. *Schulin;* Backmeister/Trittin § 15 KSchG Rn. 32; *Bader/Dörner* § 15 Rn. 20; APS/*Böck* § 15 KSchG Rn. 110; *Kittner/Däubler/Zwanziger* § 15 KSchG Rn. 19.
[57] BAG 6. 9. 1979, AP Nr. 7 zu § 15 KSchG 1969 unter II 2 e; LAG Bremen 15. 2. 1985, BB 1985, 1129; *Witt* AR-Blattei SD 530.9 Rn. 23.
[58] BAG 17. 1. 1979, AP Nr. 5 zu § 15 KSchG 1969; das BAG erkennt dort ausnahmsweise eine Vorverlegung des Kündigungsschutzes für eine bis zu dreitägige Vorbereitungszeit vor einer Betriebsratssitzung an, was wegen des nachwirkenden Kündigungsschutzes aber heute praktisch kaum noch eine Rolle spielen wird; zu diesem unten Rn. 42 ff.; vgl. außerdem *Uhmann* NZA 2000, 577.
[59] HK-KSchG/*Dorndorf* § 15 Rn. 36; *Löwisch* § 15 Rn. 30; *Weller* HwB AR 1130 Rn. 83.
[60] BAG 17. 1. 1979, AP Nr. 5 zu § 15 KSchG 1969; LAG Brandenburg LAGE § 15 KSchG Nr. 12 für Vorbereitungshandlungen; APS/*Böck* § 15 KSchG Rn. 111; KR-*Etzel* § 103 BetrVG Rn. 48.
[61] LAG Hamm 21. 8. 1986, LAGE § 15 KSchG Nr. 5; abweichend *Kittner/Däubler/Zwanziger* § 15 KSchG Rn. 19.
[62] LAG Brandenburg 25. 10. 1993, AuA 1994, 361.
[63] BAG 9. 11. 1977, AP Nr. 3 zu § 15 KSchG 1969 mit zust. Anm. *G. Hueck* = SAE 1980, 268 mit abl. Anm. *Nickel/Kuznik* = AR-Blattei Betriebsverfassung IX Entsch. 35 mit zust. Anm. *Hanau;* BAG 6. 9. 1979, AP Nr. 7 zu § 15 KSchG 1969 mit abl. Anm. *Löwisch/Mikosch* = SAE 1980, 329 mit abl. Anm. *Nickel* = AR-Blattei Betriebsverfassung IX Entsch. 46

Verhinderung eintretende weitere Ersatzmitglied vertritt unmittelbar das verhinderte ordentliche Mitglied und genießt in dieser Zeit ebenfalls den besonderen Kündigungsschutz. Auf diese Weise kann es vorkommen, daß mehrere Ersatzmitglieder nachrücken.[64]

6. Mitglieder der Schwerbehindertenvertretung

26 Der besondere Kündigungsschutz des § 15 gilt gemäß § 96 Abs. 3 SGB IX auch für die Mitglieder der Schwerbehindertenvertretung (Vertrauensperson, vgl. § 94 Abs. 1 SGB IX), der Konzern-, Gesamt- und Bezirksschwerbehindertenvertretung (§ 97 SGB IX). Das folgt aus der Verweisung, wonach die gleiche persönliche Rechtsstellung und insbesondere der **gleiche Kündigungsschutz** wie für Mitglieder der Betriebs- oder Personalvertretung besteht. § 15 muß daher so gelesen werden, daß in Abs. 1 und 2 auch die Mitglieder der Schwerbehindertenvertretung aufgeführt sind.[65] Dagegen ist die Zustimmung des **Integrationsamtes** (früher Hauptfürsorgestelle) bei der Kündigung eines Mitglieds der Schwerbehindertenvertretung gemäß §§ 85, 91 SGB IX nur erforderlich, wenn die Vertrauensperson Schwerbehinderte ist (§ 92 SGB IX).[66] Die gleiche Rechtslage ergibt sich für Stellvertreter (§ 96 Abs. 3 Satz 2 SGB IX).

27 Gemäß § 94 Abs. 6 Satz 2 SGB IX sind die Vorschriften über den **Wahlschutz** für Betriebs- und Personalräte sinngemäß anzuwenden. Daraus folgt jedenfalls, daß der Kündigungsschutz des Abs. 3 auch für den Wahlvorstand und die Wahlbewerber gilt. Strittig ist dagegen die Frage, ob statt der Zustimmung des Betriebsrats oder Personalrats nach §§ 103 BetrVG, 24 Abs. 1, 47, 108 BPersVG nur die Zustimmung des Integrationsamtes erforderlich ist.[67] Das ist mit der h. M. zu verneinen, weil die Verweisung des § 94 Abs. 6 Satz 2 SGB IX nur „sinngemäß" erfolgt, was jedoch allein auf die analoge Anwendung der einschlägigen Wahlvorschriften des BetrVG oder des BPersVG hinweist. Zwar gehört die Wahl der Schwerbehindertenvertretung zum Aufgabenbereich des Integrationsamtes (§ 94 Abs. 6 Satz 4 SGB IX); die daraus resultierende, besonders geschützte Rechtsstellung und der Kündigungsschutz der Mitglieder bleibt aber Aufgabe des Betriebsrats oder Personalrats, dessen Zustimmung also erforderlich ist.[68]

---

mit Anm. *Hanau;* ErfK/*Ascheid* § 15 KSchG Rn. 13; *Backmeister/Trittin* § 15 KSchG Rn. 33; APS/*Böck* § 15 KSchG Rn. 113; HK-KSchG/*Dorndorf* § 15 Rn. 37; *Kittner/ Däubler/Zwanziger* § 15 KSchG Rn. 19; *Richardi* § 25 Rn. 39; GK-BetrVG/*Wiese/ Oetker* § 25 Rn. 32; *Witt* AR-Blattei SD 530.9 Rn. 25; – abweichend *Bader/Dörner* § 15 Rn. 21, KR-*Etzel* § 103 BetrVG Rn. 49 und HaKo/*Fiebig* § 15 Rn. 41, die dem verhinderten Ersatzmitglied auch dann Kündigungsschutz zubilligen wollen, wenn die Dauer des Vertretungsfalles als unerheblich anzusehen ist.

[64] KR-*Etzel* § 103 BetrVG Rn. 50; einschränkend *Löwisch* § 15 Rn. 32.
[65] *Neumann/Pahlen* SchwbG 9. Aufl. 1999, § 26 Rn. 5 ff.
[66] BAG 11. 5. 2000, AP Nr. 42 zu § 103 BetrVG 1972; *Neumann/Pahlen* wie Fn. 65.
[67] So *Hess/Schlochauer/Glaubitz* § 103 BetrVG Rn. 8; *Neumann/Pahlen* SchwbG 9. Aufl. 1999, § 103 Rn. 41; *Wiegand* SchwbG Stand Dez. 1994, § 94 Rn. 64.
[68] Wie hier *Backmeister/Trittin* § 15 KSchG Rn. 26; *Bader/Dörner* § 15 Rn. 22; APS/*Böck* § 15 KSchG Rn. 60; *Cramer* SchwbG 5. Aufl. 1998, § 24 Rn. 13; *Dörner* SchwbG Stand März 1999, § 24 Anm. V 2; HK-KSchG/*Dorndorf* § 15 Rn. 38; KR-*Etzel* § 103 KSchG Rn. 14; *Fitting* § 103 Rn. 4; *Kittner/Däubler/Zwanziger* § 15 KSchG Rn. 13; GK-BetrVG/*Kraft* § 103 Rn. 6; *Richardi* § 103 Rn. 11; GK-SchwbG/*Schimanski*, 2. Aufl. 2000, § 24 Rn. 117.

7. Mitglieder anderer Arbeitnehmervertretungen

Die Erstreckung des § 15 auf einen bestimmten, ausdrücklich genannten Personenkreis in der Neufassung durch § 123 BetrVG 1972 und § 114 BPersVG 1974 macht insbesondere hinsichtlich der unterschiedlichen Regelung des § 78 BetrVG deutlich, daß der besondere Kündigungsschutz **nicht** darüber hinaus für die Mitglieder sonstiger Arbeitnehmervertretungen und anderer betriebs- oder personalverfassungsrechtlicher Institutionen gilt (dazu bereits oben Rn. 9 und 13).[69] § 15 kann auch nicht auf den Immissionsschutzbeauftragten angewendet werden, der einen besonderen Kündigungsschutz in § 58 Abs. 2 BImSchG erfahren hat.[70] Für die nicht von § 15 erfaßten Funktionsträger ergibt sich neben dem allgemeinen Kündigungsschutz nach § 1 ein weitergehender **relativer Kündigungsschutz** in bezug auf ihre Amtstätigkeit aus § 78 BetrVG oder §§ 8, 107 BPersVG. Danach ist eine Kündigung unzulässig und deshalb nach § 134 BGB nichtig, die ihnen die Ausübung ihres Amtes unmöglich machen oder sie deshalb maßregeln soll.[71]

27 a

8. Arbeitnehmervertreter im Aufsichtsrat

Ebenfalls **nicht** unter den besonderen Kündigungsschutz fallen die unternehmensangehörigen Arbeitnehmervertreter im Aufsichtsrat, soweit sie nicht zugleich dem Betriebsrat oder einer anderen der in §§ 103 BetrVG, 15 KSchG genannten betriebsverfassungsrechtlichen Institutionen angehören. Wie in den oben (Rn. 27) behandelten Fällen ist die gesetzliche Regelung des geschützten Personenkreises in § 15, die auch anläßlich des Mitbestimmungsgesetzes von 1976 keine Änderungen erfahren hat, ebenfalls in dieser Hinsicht eindeutig.[72] Auch für Arbeitnehmervertreter im Aufsichtsrat ergibt sich aber ein über den allgemeinen Kündigungsschutz hinausgehender **relativer Kündigungsschutz** im Hinblick auf ihr Amt aus § 26 MitbestG oder § 78 BetrVG, der nach § 76 Abs. 2 Satz 5 BetrVG 1952 i.V.m. § 129 Abs. 2 BetrVG anzuwenden ist (vgl. oben Rn. 27).

28

---

[69] HK-KSchG/*Dorndorf* § 15 Rn. 40; *Hess/Schlochauer/Glaubitz* § 103 Rn. 7; GK-BetrVG/*Kraft* § 103 Rn. 9; *Richardi* § 103 Rn. 5.
[70] BAG 22. 7. 1992, AP Nr. 1 zu § 58 BImSchG; HaKo/*Fiebig* § 15 Rn. 45.
[71] Vgl. HK-KSchG/*Dorndorf* § 15 Rn. 40; HaKo/*Fiebig* § 15 Rn. 47; *Fitting* § 103 Rn. 6; GK-BetrVG/*Kraft* § 103 Rn. 9; *Löwisch* § 15 Rn. 10; *Richardi* § 78 Rn. 2; so schon BAG 6. 7. 1955, AP Nr. 1 zu 20 BetrVG Jugendvertreter, für die damals noch nicht von § 15 erfaßten Mitglieder der Jugendvertretung.
[72] H. M.; BAG 4. 4. 1974, AP Nr. 1 zu § 626 BGB Arbeitnehmervertreter im Aufsichtsrat mit zust. Anm. G. *Hueck* = SAE 1975, 245 mit zust. Anm. *Reuter* = AuR 1974, 380 mit abl. Anm. *Hensche*; *Backmeister/Trittin* § 15 KSchG Rn. 35; HK-KSchG/*Dorndorf* § 15 Rn. 39; KR-*Etzel* § 103 KSchG Rn. 17; *Fitting* § 103 Rn. 6, § 76 BetrVG 1952 Rn. 178; *Hess/Schlochauer/Glaubitz* § 103 Rn. 7; *Kittner/Däubler/Zwanziger* § 15 KSchG Rn. 10; GK-BetrVG/*Kraft* § 103 Rn. 9; *Löwisch* § 15 Rn. 11; *Richardi* § 103 Rn. 13; *Witt* AR-Blattei SD 530.9 Rn. 26; – abweichend *Mayer* BlStSozArbR 1976, 173; *Naendrup* GK-MitbestG § 26 Rn. 39 ff. und AuR 1979, 204 ff.; *Peter* BlStSozArbR 1977, 260 ff.; *Reich/Lewerenz* AuR 1976, 362 ff.

III. Dauer des Schutzes

29 Die **zeitliche Geltung** des besonderen Kündigungsschutzes wird durch Beginn und Ende der Zugehörigkeit zu dem geschützten Personenkreis (oben Rn. 8 ff.) bestimmt. Sie wird für § 15, dagegen nicht für § 103 BetrVG und §§ 47, 108 BPersVG, durch **Nachwirkung** über die eigentliche Amtszeit, für Wahlbewerber über die Zeit der Wahl hinaus verlängert (dazu unten Rn. 42 ff.).

1. Beginn

30 a) Der besondere Kündigungsschutz beginnt für **Betriebsratsmitglieder** und für die Mitglieder aller anderen **von § 15 Abs. 1 und 2 erfaßten Arbeitnehmervertretungen** (oben Rn. 8 ff.) mit dem **Beginn der Amtszeit**. War bisher kein Betriebsrat vorhanden, so beginnt gemäß § 21 Satz 2 Hs. 1 BetrVG die Amtszeit des Betriebsrats mit der Bekanntgabe des vom Wahlvorstand festgestellten Wahlergebnisses (§ 19 WO-BetrVG 1972). Das gilt auch dann, wenn zuvor der Betriebsrat außerhalb des regelmäßigen Wahlzeitraums gewählt worden ist.[73] Erfolgt dagegen die Wahl des Betriebsrats im Normalfall während der regulären Amtsdauer des vorhergehenden Betriebsrats, so beginnt das Amt des neuen Betriebsrats erst mit dem Ablauf der Amtszeit des bisherigen Betriebsrats. Demzufolge setzt erst mit diesem Zeitpunkt der volle Kündigungsschutz des § 15 Abs. 1 und 2 ein.[74]

31 **Bis zum Beginn der Amtszeit** genießen die gewählten Arbeitnehmer den Schutz als Wahlbewerber nach Abs. 3 (oben Rn. 18), der in der Zeit zwischen Bekanntgabe des Wahlergebnisses und Amtsantritt nachwirkt (dazu unten Rn. 42 ff.). Während des Nachwirkungszeitraums wäre an sich die Zustimmung des Betriebsrats oder Personalrats gemäß Abs. 3 Satz 2 i. V. m. § 103 BetrVG bzw. §§ 47, 108 BPersVG nicht erforderlich (dazu unten Rn. 97).[75] Die h. M. geht dagegen zutreffend davon aus, daß das bereits gewählte künftige Betriebsratsmitglied in der Zeitspanne bis zum Amtsantritt gegenüber einer außerordentlichen Kündigung mindestens ebenso wie als Wahlbewerber und kaum weniger als ein amtierendes Betriebsratsmitglied schutzbedürftig ist; die Lage ist insofern deutlich anders als in der normalen Nachwirkungszeit nach Beendigung des Amtes oder bei fehlgeschlagener Wahlbewerbung. Das spricht dafür, in der meist kurzen Zeit bis zum Amtsbeginn **§ 103 BetrVG bereits analog anzuwenden**.[76]

---

[73] BAG 28. 9. 1983, AP Nr. 1 zu § 21 BetrVG 1972 mit Anm. *Gast*.

[74] ErfK/*Ascheid* § 15 KSchG Rn. 14; HK-KSchG/*Dorndorf* § 15 Rn. 42; KR-*Etzel* § 103 BetrVG Rn. 19; *Hess/Schlochauer/Glaubitz* § 21 Rn. 5 f.; *Löwisch* § 15 Rn. 13; *Richardi* § 21 Rn. 10; GK-BetrVG/*Wiese/Kreutz* § 21 Rn. 20; *Witt* AR-Blattei SD 530.9 Rn. 30.

[75] Für den Fall des gewählten Wahlbewerbers im Zwischenstadium ebenso *Hess/Schlochauer/Glaubitz* § 21 Rn. 9, die lediglich § 102 BetrVG anwenden wollen.

[76] ErfK/*Ascheid* § 15 Rn. 14; *Bader/Dörner* § 15 Rn. 24; APS/*Böck* § 15 KSchG Rn. 62; HK-KSchG/*Dorndorf* § 15 Rn. 43; KR-*Etzel* § 103 BetrVG Rn. 19; *Fitting* § 21 Rn. 13, § 103 Rn. 37; *Kittner/Däubler/Zwanziger* § 15 KSchG Rn. 21; *Richardi* § 21 Rn. 10, § 103 Rn. 15; GK-BetrVG/*Wiese/Kreutz* § 21 Rn. 20; *Witt* AR-Blattei SD 530.9 Rn. 31; vgl. auch BAG 22. 9. 1983, AP Nr. 11 zu § 78 a BetrVG 1972 mit Anm. *Löwisch*. – Zum gleichen Ergebnis kommt *Löwisch* § 15 Rn. 13, der den vollen Schutz des gewählten Wahlbewerbers nach Abs. 3 Satz 1 bis zum Amtsantritt bejaht.

Unzulässigkeit der Kündigung

Das für den Betriebsrat Ausgeführte (Rn. 30, 31) gilt entsprechend für die 32 Mitglieder der **Jugend- und Auszubildendenvertretung,** der **Bordvertretung** und des **Seebetriebsrats** nach §§ 64 Abs. 2, 115 Abs. 3, 116 Abs. 2 BetrVG, und für den **Personalrat, die Stufenvertretungen, den Gesamtpersonalrat** und die **Jugendvertretungen im öffentlichen Dienst** nach §§ 26, 54 Abs. 1, 56, 60 Abs. 2, 64 BPersVG. Allerdings ist nach § 26 BPersVG beim Fehlen eines amtierenden Personalrats der Tag der Wahl für den Beginn der Amtszeit maßgebend, nicht wie nach § 21 BetrVG die Bekanntgabe des Wahlergebnisses.

Zum Beginn des Kündigungsschutzes von **Mitgliedern des Wahlvor-** 33 **stands** und **Wahlbewerbern** siehe oben Rn. 17 ff., zu dem von **Initiatoren der Betriebsratswahl** oben Rn. 20b.

b) Der Kündigungsschutz der von § 15 genannten Personen hat **keine** 34 **Vorwirkung.** Deshalb wird eine bereits ausgesprochene Kündigung nicht durch die nachträgliche Wahl zum Betriebsratsmitglied von § 15 erfaßt (vgl. unten Rn. 54).[77] Ob in einem solchen Fall ein vorläufiger Weiterbeschäftigungsanspruch gewährt werden kann,[78] hängt von dessen allgemeinen Voraussetzungen ab (dazu oben § 4 Rn. 94 ff.).

c) **Mängel der Wahl** schaden nicht, solange diese nicht angefochten oder 35 auch ohne Anfechtung absolut nichtig ist. Die früher sehr umstrittene Frage, ob die **Anfechtung** der Wahl Rückwirkung hat, wird heute allgemein verneint.[79] Bis zur Rechtskraft der Entscheidung über die Anfechtung ist der Gewählte Betriebsratsmitglied und hat als solches Kündigungsschutz.[80] Das gilt auch dann, wenn bei einem Betriebsratsmitglied bereits vor Ausspruch der Kündigung durch Beschluß des Arbeitsgerichts seine Nichtwählbarkeit, z. B. wegen Status als leitender Angestellter, festgestellt worden war, die gerichtliche Entscheidung aber erst später rechtskräftig geworden ist.[81]

Der Kündigungsschutz besteht nur dann nicht, wenn die Mängel der 36 Wahl so schwer sind, daß die Wahl von vornherein auch ohne Anfechtung als **absolut nichtig** anzusehen ist. Das ist nur ausnahmsweise bei besonders schwerwiegenden Mängeln der Fall.[82] Dann ist der Gewählte niemals Betriebsratsmitglied geworden. Er kann daher nicht den Schutz als Betriebsratsmitglied beanspruchen,[83] sondern nur als Wahlbewerber.[84] War die Wahl des Wahlvorstands nichtig, so können demzufolge derartige Wahlvorstands-

---

[77] Ebenso APS/*Böck* § 15 KSchG Rn. 11; HK-KSchG/*Dorndorf* § 15 Rn. 45; *Kittner/Däubler/Zwanziger* § 15 KSchG Rn. 23.
[78] So LAG Hamm 15. 3. 1983, DB 1983, 1930.
[79] BAG 13. 3. 1991, AP Nr. 20 zu § 19 BetrVG 1972; *Fitting* § 19 Rn. 36; *Richardi* § 19 Rn. 56.
[80] ErfK/*Ascheid* § 15 KSchG Rn. 19; HK-KSchG/*Dorndorf* § 15 Rn. 47; HaKo/*Fiebig* § 15 Rn. 75; *Fitting* § 19 Rn. 37; *Löwisch* § 15 Rn. 15; *Witt* AR-Blattei SD 530.9 Rn. 33.
[81] BAG 29. 9. 1983, AP Nr. 15 zu § 15 KSchG 1969 mit zust. Anm. *Richardi* = SAE 1985, 115 mit zust. Anm. *Schulin* = AR-Blattei Betriebsverfassung IX Entsch. 60 mit zust. Anm. *Hanau*; KR-*Etzel* § 103 BetrVG Rn. 20.
[82] *Fitting* § 19 Rn. 3 ff.; GK-BetrVG/*Kreutz* § 19 Rn. 131; *Richardi* § 19 Rn. 70 ff.
[83] BAG 27. 4. 1976, AP Nr. 4 zu § 19 BetrVG 1972; ErfK/*Ascheid* § 15 KSchG Rn. 18; HK-KSchG/*Dorndorf* § 15 Rn. 46; HaKo/*Fiebig* § 15 Rn. 76 .
[84] LAG Düsseldorf 24. 8. 1978, BB 1979, 575 = DB 1979, 1092.

mitglieder ebenfalls nicht den Kündigungsschutz des Abs. 3 genießen;[85] für sie gilt auch nicht der Bewerberschutz (dazu oben Rn. 16).

2. Ende des vollen Schutzes

37 a) **Vorbemerkung:** Für die **Beendigung des Kündigungsschutzes** nach § 15 müssen **zwei Zeitpunkte** unterschieden werden: Die Beendigung des vollen Kündigungsschutzes (jeweils Satz 1 der Abs. 1–3) bedeutet, daß ab diesem Zeitpunkt die Zustimmung des Betriebsrats oder Personalrats nach §§ 103 BetrVG, 47 Abs. 1, 108 Abs. 1 BPersVG zu außerordentlichen Kündigungen nicht mehr erforderlich ist. Vielmehr bleibt die allgemeine Pflicht zur Anhörung des Betriebs- oder Personalrats nach §§ 102 Abs. 1 BetrVG, 79 Abs. 3 BPersVG bestehen.[86] Der besondere Kündigungsschutz des § 15, der die ordentliche Kündigung ausschließt, gilt jedoch weiter bis zum Ablauf des sog. Nachwirkungszeitraums (dazu Rn. 42 ff.). Während des Nachwirkungszeitraums (jeweils Satz 2 der Abs. 1–3) findet also nur noch ein abgeschwächter Kündigungsschutz statt, der aber immer noch stärker als derjenige nach § 1 ist.

38 b) Der volle Kündigungsschutz **endet zusammen mit der Betriebsratszugehörigkeit,** sei es beim regulären **Ende der Amtszeit,** sei es, daß vorher der Betriebsrat als ganzer aufgelöst wird, oder sei es, daß das einzelne Mitglied aus dem Betriebsrat ausscheidet. Wann das der Fall ist, richtet sich nach §§ 21–24 BetrVG. Endet die Mitgliedschaft durch gerichtliche Entscheidung (§ 24 Abs. 1 Nr. 5 und 6 BetrVG), so endet der Kündigungsschutz erst mit deren Rechtskraft.[87] Führt der aus seinem Amt ausscheidende Betriebsrat nach § 22 BetrVG die Geschäfte weiter, bis der neue Betriebsrat gewählt ist, so genießen seine Mitglieder, da sie noch die Betriebsratsfunktionen ausüben, bis zu diesem Zeitpunkt auch noch den vollen Kündigungsschutz.[88] Die Amtszeit eines außerhalb des regelmäßigen Wahlzeitraums gewählten Betriebsrats (§ 13 Abs. 2 BetrVG) endet mit der Bekanntgabe des Wahlergebnisses des neu gewählten Betriebsrats.[89] Die Mitgliedschaft im Betriebsrat endet auch durch endgültige Versetzung in einen anderen Betrieb des Unternehmens.[90] Wird ein Betriebsteil ausgegliedert, so verliert ein dort beschäftigtes Betriebsratsmitglied ebenfalls sein Amt.[91] In jedem Fall enden

---

[85] BAG 7. 5. 1986, AP Nr. 18 zu § 15 KSchG 1969; KR-*Etzel* § 103 BetrVG Rn. 18.
[86] BAG 30. 5. 1978, AP Nr. 4 zu § 15 KSchG 1969 mit zust. Anm. *G. Hueck*; ErfK/ *Ascheid* § 15 KSchG Rn. 17.
[87] BAG 29. 9. 1983, AP Nr. 15 zu § 15 KSchG 1969 mit zust. Anm. *Richardi* = SAE 1985, 115 mit zust. Anm. *Schulin* = AR-Blattei Betriebsverfassung IX Entsch. 60 mit zust. Anm. *Hanau*; ErfK/*Ascheid* § 15 KSchG Rn. 16; APS/*Böck* § 15 KSchG Rn. 93 f.; HK-KSchG/ *Dorndorf* § 15 Rn. 49; KR-*Etzel* § 103 BetrVG Rn. 20; *Richardi* Anh. zu § 103 Rn. 5.
[88] BAG 27. 9. 1957, AP Nr. 7 zu § 13 KSchG; LAG Düsseldorf/Köln EzA § 22 BetrVG 1972 Nr. 1; *Fitting* § 22 Rn. 8; *Richardi* § 22 Rn. 6; GK-BetrVG/*Wiese/Kreutz* § 22 Rn. 23.
[89] BAG 28. 9. 1983, AP Nr. 1 zu § 21 BetrVG 1972 mit Anm. *Gast*; KR-*Etzel* § 103 BetrVG Rn. 20; *Fitting* § 21 Rn. 24; *Richardi* § 21 Rn. 14; GK-BetrVG/*Wiese/Kreutz* § 21 Rn. 29.
[90] Dazu BAG 21. 9. 1989, AP Nr. 72 zu § 99 BetrVG 1972 unter II; *Boemke-Albrecht* BB 1991, 541, 543; *Fitting* § 24 Rn. 29; *Richardi* § 24 Rn. 20; GK-BetrVG/*Wiese/Oetker* § 24 Rn. 39.
[91] *Fitting* § 24 Rn. 31; *Richardi* § 24 Rn. 21; GK-BetrVG/*Wiese/Oetker* § 24 Rn. 41.

Unzulässigkeit der Kündigung 39–42 § 15

Amt und Kündigungsschutz, wenn das Arbeitsverhältnis des Betroffenen aus irgendeinem Grund endet (§ 24 Abs. 1 Nr. 3 BetrVG).

c) Für die **Mitglieder der übrigen** unter Abs. 1 und 2 fallenden **Arbeit- 39 nehmervertretungen** der Betriebs- und Personalverfassung gilt das Ausgeführte entsprechend (vgl. dazu §§ 64 Abs. 2, 115 Abs. 3, 116 Abs. 2 BetrVG, §§ 26–29, 54 Abs. 1, 56, 60 Abs. 2, 64 BPersVG). Das trifft auch hinsichtlich der vorläufigen Weiterführung der Geschäfte entsprechend § 22 BetrVG zu, soweit eine solche in Betracht kommt (vgl. insbes. § 27 Abs. 3 BPersVG für den Personalrat).

d) Für den **Wahlvorstand** endet der volle besondere Kündigungsschutz 40 nach dem ausdrücklichen Wortlaut des Abs. 3 Satz 1 mit der Bekanntgabe des Wahlergebnisses gemäß § 18 Abs. 3 BetrVG bzw. §§ 23 Abs. 2 BPersVG, 19 WO-BetrVG, 23 WO-BPersV.[92] Infolgedessen spielt es für die Anwendung des § 15 keine Rolle, daß das Amt des Wahlvorstands erst mit der Einberufung des Betriebsrats zur konstituierenden Sitzung erlischt.[93] Eine vorzeitige Beendigung tritt für den Wahlvorstand ein, wenn dieser durch gerichtliche Entscheidung nach § 18 Abs. 1 Satz 2 BetrVG bzw. im Verfahren nach § 23 Abs. 1 Satz 2 und 3 BPersVG abberufen wird. Das folgt daraus, daß damit das für den Kündigungsschutz maßgebende Amt erlischt. Bestätigt wird das durch § 15 Abs. 3 Satz 2 Hs. 2, wonach für den Fall der gerichtlichen Abberufung ausdrücklich auch die Nachwirkung ausgeschlossen wird.[94]

Bei **Wahlbewerbern,** die nicht gewählt worden sind, endet der volle Kün- 41 digungsschutz gemäß Abs. 3 Satz 1 mit der Bekanntgabe des Wahlergebnisses. Eine vorzeitige Beendigung tritt ein, wenn feststeht, daß der Wahlvorschlag infolge eines nicht mehr nach § 8 Abs. 2 WO-BetrVG bzw. § 10 Abs. 5 WO-BPersVG behebbaren Mangels ungültig ist. Beruht der Mangel auf dem Fehlen der notwendigen Zahl von Unterschriften, so hat von vornherein keine wirksame Wahlbewerbung vorgelegen und daher kein Kündigungsschutz nach § 15 Abs. 3 bestanden (oben Rn. 18 ff.). Ebenso endet der volle Kündigungsschutz des Wahlbewerbers vorzeitig bei Rücknahme der Kandidatur,[95] deren Zulässigkeit aber umstritten ist.[96]

3. Nachwirkung

a) Nach Ablauf des vollen Kündigungsschutzes (jeweils Satz 1 der Abs. 1–3) 42 gilt im sog. Nachwirkungszeitraum nur noch ein **abgeschwächter Kündigungsschutz,** der zwar individualrechtlich wie zuvor die ordentliche Kün-

---

[92] BAG 30. 5. 1978, AP Nr. 4 zu § 15 KSchG 1969 mit Anm. G. *Hueck;* APS/*Böck* § 15 KSchG Rn. 100; HK-KSchG/*Dorndorf* § 15 Rn. 51; KR-*Etzel* § 103 BetrVG Rn. 22.
[93] BAG 14. 11. 1975, AP Nr. 1 zu § 18 BetrVG 1972.
[94] Ebenso APS/*Böck* § 15 KSchG Rn. 102; KR-*Etzel* § 15 KSchG Rn. 69, § 103 BetrVG Rn. 22; *Fitting* § 18 Rn. 26 a; *Richardi* § 18 Rn. 16.
[95] Ebenso ErfK/*Ascheid* § 15 KSchG Rn. 16; *Bader/Dörner* § 15 Rn. 38; APS/*Böck* § 15 KSchG Rn. 106; KR-*Etzel* § 15 KSchG Rn. 71; *Kittner/Däubler/Zwanziger* § 15 KSchG Rn. 27.
[96] Dafür HK-KSchG/*Dorndorf* § 15 Rn. 53; GK-BetrVG/*Kreutz* § 14 Rn. 104; *Richardi* § 14 Rn. 96; *Witt* AR-Blattei SD 530.9 Rn. 43; im Ergebnis ebenso BAG 27. 4. 1976, AP Nr. 4 zu § 19 BetrVG 1972; – dagegen BVerwG AP Nr. 1 zu § 9 WO-PersVG; *Fitting* § 14 Rn. 59.

digung ausschließt (jeweils Satz 2 der Abs. 1–3), aber nicht mehr die Zustimmung des Betriebsrats oder Personalrats erforderlich macht (dazu schon oben Rn. 37). Die **Dauer der Nachwirkung** beträgt normalerweise ein Jahr. Sie ist auf 6 Monate beschränkt für Mitglieder einer Bordvertretung (Abs. 1 Satz 2) im Hinblick auf ihre kürzere Amtszeit,[97] ferner allgemein für Mitglieder von Wahlvorständen und für Wahlbewerber (Abs. 3 Satz 2).

43 b) Die **Nachwirkung beginnt** nach Abs. 1 Satz 2 mit dem **Ende der Amtszeit** des Betriebs- oder Personalrats bzw. der anderen in § 15 genannten Arbeitnehmervertretungen. Führt der Betriebsrat nach § 22 BetrVG die Geschäfte bis zur Wahl eines neuen Betriebsrats weiter, so endet seine Amtszeit nicht bei Eintritt des nach § 13 Abs. 2 Nr. 1–3 BetrVG zur Neuwahl führenden Grundes, sondern erst mit der Bekanntgabe des Wahlergebnisses. Dementsprechend beginnt die Nachwirkung auch erst in diesem Zeitpunkt;[98] bis dahin wirkt noch der volle Kündigungsschutz (vgl. oben Rn. 38). Für die anderen in § 15 genannten Arbeitnehmervertretungen gilt das entsprechend (vgl. insbes. § 27 Abs. 3 mit Abs. 2 Nr. 1–3 BPersVG für den Personalrat).

44 c) **Scheidet** eine nach § 15 geschützte Person **vor Beendigung der Amtszeit** aus dem Amt **aus,** z. B. durch Niederlegung des Betriebsratsamtes (§ 24 Abs. 1 Nr. 2 BetrVG), so genießt sie ebenfalls den nachwirkenden Kündigungsschutz, weil auch in diesem Falle nach dem Normzweck eine sog. Abkühlungsphase erforderlich ist.[99] Wenn auch nach dem Wortlaut des Abs. 1 Satz 2 auf die „Amtszeit" abgestellt wird, so ist damit jedoch wegen der nicht einheitlichen Verwendung des Begriffes im BetrVG auch die persönliche „Mitgliedschaft" des Amtsinhabers zu verstehen.[100] Das folgt insbesondere daraus, daß der Kündigungsschutz des § 15 im Gegensatz zu § 103 BetrVG individualrechtlich ausgestaltet ist (dazu auch oben Rn. 5). Entsprechendes gilt, wenn die Zahl der wahlberechtigten Arbeitnehmer unter fünf sinkt, so daß die Voraussetzungen für den Betriebsrat gemäß § 1 BetrVG entfallen; auch dann hat das Betriebsratsmitglied den nachwirkenden Kündigungsschutz des Abs. 1 Satz 2.[101]

45 Die Nachwirkung **beginnt** in diesen Fällen jeweils mit dem vorzeitigen Ausscheiden des einzelnen Mitglieds aus seinem Amt. Ihre von diesem Zeitpunkt an zu berechnende **Dauer** entspricht normalerweise derjenigen beim Ende der Amtszeit des Betriebsrats oder der sonstigen Arbeitnehmer-

---

[97] Vgl. Ausschußbericht, BT-Drucks. zu VI/2729 S. 36.
[98] Ebenso HK-KSchG/*Dorndorf* § 15 Rn. 55; KR-*Etzel* § 15 KSchG Rn. 60; HaKo/*Fiebig* § 15 Rn. 79; *Fitting* § 103 Rn. 37; *Richardi* § 22 Rn. 6; GK-BetrVG/*Wiese/Kreutz* § 22 Rn. 23.
[99] BAG 5. 7. 1979, AP Nr. 6 zu § 15 KSchG 1969 mit Anm. *Richardi* = AR-Blattei Betriebsverfassung IX Entsch. 44 mit Anm. *Hanau* = SAE 1980, 322 mit Anm. *Nickel/Kuznik*; APS/*Böck* § 15 KSchG Rn. 139; HK-KSchG/*Dorndorf* § 15 Rn. 56; KR-*Etzel* § 15 KSchG Rn. 61 ff.; HaKo/*Fiebig* § 15 Rn. 80; *Fitting* § 103 Rn. 39; *Kittner/Däubler/Zwanziger* § 15 KSchG Rn. 38; GK-BetrVG/*Kraft* § 103 Rn. 18, 26; *Richardi* Anh. zu § 103 Rn. 4 f.; GK-BetrVG/*Wiese/Oetker* § 24 Rn. 55; – abweichend *Hess/Schlochauer/Glaubitz* § 24 Rn. 35.
[100] Vgl. auch BAG 22. 9. 1983, AP Nr. 11 zu § 78 a BetrVG 1972 unter II 2 b.
[101] ArbG Berlin 29. 9. 1980, AuR 1981, 320; HK-KSchG/*Dorndorf* § 15 Rn. 56; *Löwisch* § 15 Rn. 17.

Unzulässigkeit der Kündigung 45a–47 § 15

vertretung im ganzen (dazu oben Rn. 38). Umstritten ist, ob die Nachwirkung auf 6 Monate zu verkürzen ist, wenn das vorzeitig ausgeschiedene Mitglied **sein Amt nur kurze Zeit** innegehabt hat.[102] Aus dem auf 6 Monate verkürzten Nachwirkungszeitraum für Mitglieder der Bordvertretung (Abs. 1 Satz 2), deren Amtszeit nur 1 Jahr beträgt (§ 115 Abs. 3 BetrVG), wird nämlich teilweise geschlossen, daß ein angemessenes Verhältnis zwischen Amtsdauer und nachwirkendem Kündigungsschutz bestehen soll, der folglich auch für sonstige vorzeitig ausgeschiedene Mitglieder mit kurzer Amtsdauer gelten soll.[103] Ob diese Besonderheit bei der Bordvertretung wirklich auf den Vorstellungen des Gesetzgebers über diese Zeitrelation[104] oder vielmehr auf der starken Fluktuation der Besatzungsmitglieder auf den Schiffen beruht,[105] läßt sich der Gesetzesgeschichte nicht eindeutig entnehmen.

Die Besonderheiten der Seeschiffahrt lassen sich aber nicht ohne weiteres **45 a** auf die allgemeine Betriebsverfassung übertragen, zumal auch die Jugend- und Auszubildendenvertreter nur 2 Jahre amtieren (§ 64 Abs. 2 BetrVG) und gleichwohl den einjährigen Nachwirkungszeitraum genießen. Deshalb ist es **nicht gerechtfertigt,** nur kurzzeitig amtierenden Mitgliedern einen **verkürzten Nachwirkungszeitraum** zuzugestehen. Denn auch kurzzeitig tätige Arbeitnehmervertreter können gerade zu Beginn ihrer Amtszeit in Konfrontation mit dem Arbeitgeber geraten. Deshalb genießt auch dieser Personenkreis grundsätzlich ebenfalls schon aus Gründen der Rechtsklarheit den nachwirkenden Kündigungsschutz von einem Jahr.[106] Diese Auffassung entspricht auch im übrigen der Rechtsprechung des BAG, das bei vorübergehend amtierenden Ersatzmitgliedern gleichfalls keine Einschränkung des Nachwirkungszeitraumes vornimmt (dazu unten Rn. 48).

Allerdings kann sich eine Einschränkung oder der Wegfall des nachwir- **46** kenden Kündigungsschutzes durch das **Verbot der unzulässigen Rechtsausübung** ergeben,[107] wenn die Berufung hierauf rechtsmißbräuchlich ist. Angesichts des Schutzcharakters der Nachwirkungsregelung und der im Kündigungsrecht notwendigen Rechtsklarheit und Rechtssicherheit kommt das jedoch nur ausnahmsweise bei besonders groben Verstößen in Betracht. Das wäre denkbar, wenn das Betriebsratsmitglied einem nach §§ 23 Abs. 1, 24 Abs. 1 Nr. 5 BetrVG drohenden Ausschluß durch Rücktritt zuvorkommen will.[108]

d) **Das vorübergehend eingerückte Ersatzmitglied** (dazu oben **47** Rn. 21 ff.) genießt nach Beendigung des Vertretungsfalles ebenfalls den nach-

---

[102] Vom BAG 5. 7. 1979, AP Nr. 6 zu § 15 KSchG 1969 unter III 4 als Problem aufgeworfen, ohne es aber zu entscheiden.
[103] So *Hueck,* KSchG 10. Aufl. 1980, § 15 Rn. 20b; *Hanau* Anm. zu BAG AR-Blattei Betriebsverfassung IX Entsch. 44; *Löwisch* § 15 Rn. 17; *Stege/Weinspach* § 103 Rn. 26.
[104] So BAG aaO.; siehe auch BT-Drucks. VI/2729, S. 36.
[105] BT-Drucks. VI/1786, S. 56.
[106] Ebenso ErfK/*Ascheid* § 15 KSchG Rn. 34; *Backmeister/Trittin* § 15 KSchG Rn. 84; APS/*Böck* § 15 KSchG Rn. 146; KR-*Etzel* § 15 KSchG Rn. 64a; HaKo/*Fiebig* § 15 Rn. 81; *Fitting* § 103 Rn. 39; *Kittner/Däubler/Zwanziger* § 15 KSchG Rn. 38; *Nickel/Kuznik* SAE 1980, 327 f.; *Witt* AR-Blattei SD 530.9 Rn. 47.
[107] BAG 5. 7. 1979, AP Nr. 6 zu § 15 KSchG 1969 unter II 4 d.
[108] Ebenso HK-KSchG/*Dorndorf* § 15 Rn. 60; KR-*Etzel* § 15 KSchG Rn. 64b; *Löwisch* § 15 Rn. 18; – abweichend *Bader/Dörner* § 15 Rn. 65; HaKo/*Fiebig* § 15 Rn. 87.

wirkenden Kündigungsschutz gemäß Satz 2 der Abs. 1 und 2.[109] Das folgt zunächst daraus, daß auch die vorübergehend tätig gewordenen Ersatzmitglieder während des Vertretungszeitraums vollwertige Mitglieder des Betriebsrats geworden sind. Darüber hinaus können Ersatzmitglieder auch bei nur kurzer Vertretungstätigkeit in Konflikt mit dem Arbeitgeber geraten sein, so daß auch für sie eine „Abkühlungsphase" erforderlich ist, in der sie nicht um den Bestand des Arbeitsverhältnisses fürchten sollen. Anderenfalls könnte das Ersatzmitglied seine Vertretung nicht unbefangen wahrnehmen. Der nachwirkende Kündigungsschutz für Ersatzmitglieder führt naturgemäß zu einer Erweiterung der Kündigungsbeschränkungen gegenüber einem Teil der Belegschaft;[110] das führt aber nicht zur Verfassungswidrigkeit dieser Auslegung des Satz 2 der Abs. 1 und 2,[111] weil der ohnehin schwer bestimmbare Grundsatz der Verhältnismäßigkeit dadurch noch nicht verletzt ist.

48 Der nachwirkende Kündigungsschutz für vorübergehend amtierende Ersatzmitglieder **beginnt** nach der Beendigung der Vertretung im Betriebsrat.[112] Die **Dauer** des nachwirkenden Kündigungsschutzes wird nicht nach den Regeln für Mitglieder der Bordvertretung (Abs. 1 Satz 2) oder des Wahlvorstands bzw. der Wahlbewerber (Abs. 3 Satz 1) auf 6 Monate begrenzt, sondern beträgt wie bei den regulären Betriebsratsmitgliedern unabhängig von der Dauer der Vertretung ein Jahr (dazu oben Rn. 45). Diese Frist beginnt bei jeder weiteren Vertretung erneut zu laufen. Der nachwirkende Kündigungsschutz besteht im übrigen unabhängig davon, ob der Arbeitgeber bei Ausspruch der ordentlichen Kündigung von der Vertretungstätigkeit des Ersatzmitglieds gewußt hat;[113] maßgebend ist der objektive Tatbestand, der vom Ersatzmitglied entweder durch das Sitzungsprotokoll des Betriebsrats (§ 34 BetrVG) oder durch die Zeugenaussage des Betriebsratsvorsitzenden, der zur Betriebsratssitzung nach § 29 BetrVG geladen hatte, bewiesen werden kann.

49 e) Für den **Wahlvorstand** und die **Wahlbewerber** beginnt die – sechsmonatige – Nachwirkung nach Abs. 3 Satz 2 mit der **Bekanntgabe des Wahlergebnisses** gemäß § 19 WO-BetrVG 1972 bzw. § 23 WO-BPersVG (dazu oben Rn. 40 f.). Das gilt für Wahlbewerber, wenn sie nicht gewählt worden sind, wie auch bei Ablehnung einer erfolgreichen Wahl (§ 18 WO-BetrVG 1972, § 22 WO-BPersVG). Dagegen schließt im übrigen bei ge-

---

[109] BAG 6. 9. 1979, AP Nr. 7 zu § 15 KSchG 1969 mit abl. Anm. *Löwisch/Mikosch* = AR-Blattei Betriebsverfassung IX Entsch. 46 mit abl. Anm. *Hanau* = EzA § 15 KSchG n. F. Nr. 23 mit zust. Anm. *Kraft* = SAE 1980, 329 mit zust. Anm. *Nickel; Bader/Dörner* § 15 Rn. 69; HK-KSchG/*Dorndorf* § 15 Rn. 61; KR-*Etzel* § 15 KSchG Rn. 65; *Fitting* § 25 Rn. 9; *Gamillscheg* ZfA 1977, 267; *Kittner/Däubler/Zwanziger* § 15 KSchG Rn. 39; *Matthes* DB 1980, 1171; *Uhmann* NZA 2000, 580; GK-BetrVG/*Wiese/Oetker* § 25 Rn. 61 f.; – abweichend *Hess/Schlochauer/Glaubitz* § 25 Rn. 19; *Löwisch* § 15 Rn. 32; *P. Nipperdey* DB 1981, 217.
[110] So *Löwisch* § 15 Rn. 32, der in seinem Beispiel 1/6 der Belegschaft errechnet.
[111] So aber *P. Nipperdey* DB 1981, 218.
[112] BAG 6. 9. 1979, AP Nr. 7 zu § 15 KSchG 1969 unter II 2 f.
[113] Ebenso BAG 5. 9. 1986, AP Nr. 26 zu § 15 KSchG 1969 = EzA § 15 KSchG n. F. Nr. 36 mit krit. Anm. *Schulin;* ErfK/*Ascheid* § 15 KSchG Rn. 34; HK-KSchG/*Dorndorf* § 15 Rn. 62; KR-*Etzel* § 15 KSchG Rn. 65 b; *Kittner/Däubler/Zwanziger* § 15 KSchG Rn. 39; GK-BetrVG/*Wiese/Oetker* § 25 Rn. 63; – abweichend *Löwisch* § 15 Rn. 30; *Stahlhacke/Preis/Vossen* Rn. 988 Fn. 24.

Unzulässigkeit der Kündigung 50–52 § 15

wählten Kandidaten der mit dem Amt verbundene volle Kündigungsschutz unmittelbar an denjenigen als Wahlbewerber an.

Scheidet ein Mitglied des **Wahlvorstands vorzeitig durch Amtsnieder-** 50 **legung aus,** so greift ab diesem Zeitpunkt der nachwirkende Kündigungsschutz gemäß Abs. 3 Satz 2 ebenfalls ein.[114] Zwar knüpft der Gesetzeswortlaut in Abs. 3 Satz 2 formal an die Bekanntgabe des Wahlergebnisses an, scheint also den normalen Abschluß des Wahlverfahrens vorauszusetzen. Nach dem Sinn und Zweck der Regelung bedürfen aber auch die zurückgetretenen Wahlvorstandsmitglieder des nachwirkenden Kündigungsschutzes, weil sie – vergleichbar den zurückgetretenen Betriebsratsmitgliedern (dazu oben Rn. 44f.) – mit dem Arbeitgeber durch die Tätigkeit im Wahlvorstand in Konflikt geraten sein können, weshalb ebenfalls eine „Abkühlungsphase" erforderlich ist.

Das gleiche gilt für wirksam aufgestellte **Wahlbewerber,** die vor Abschluß 51 der Wahl ihre **Kandidatur zurückziehen** (dazu oben Rn. 41). Denn auch sie haben sich durch ihre Bewerbung innerbetrieblich und gegenüber dem Arbeitgeber exponiert und können daher bereits im Vorfeld mit dem Arbeitgeber in Konflikt geraten; sie bedürfen daher ebenfalls des nachwirkenden Kündigungsschutzes des Abs. 3 Satz 2.[115] Wird ein zunächst wirksam aufgestellter Wahlvorschlag **nachträglich unwirksam,** z.B. durch Wegfall der Stützunterschriften (dazu oben Rn. 20), so genießt ein solcher Wahlbewerber nur den nachwirkenden Kündigungsschutz des Abs. 3 Satz 2.[116]

f) Die **Nachwirkung** ist **ausgeschlossen,** wenn die Mitgliedschaft im Be- 52 triebs- oder Personalrat bzw. einer anderen Arbeitnehmervertretung i.S. des Abs. 1 und 2 durch **gerichtliche Entscheidung** beendet wird (jeweils Satz 2 Hs. 2). Das betrifft vor allem die Abberufung des ganzen Betriebsrats oder eines einzelnen Mitglieds wegen grober Pflichtverletzung nach § 23 Abs. 1 BetrVG, entsprechend beim Personalrat nach § 28 Abs. 1 BPersVG (dazu für die anderen Arbeitnehmervertretungen §§ 65 Abs. 1, 115 Abs. 3, 116 Abs. 2 BetrVG, §§ 54 Abs. 1, 56, 60 Abs. 2, 64 Abs. 1 BPersVG). Dasselbe gilt nach h.M. auch für andere gerichtliche Entscheidungen über das Amt der Arbeitnehmervertretung im ganzen oder des einzelnen Mitglieds, so bei erfolgreicher Wahlanfechtung gemäß § 19 BetrVG oder § 25 BPersVG,[117] ferner bei

---

[114] BAG 9. 10. 1986, AP Nr. 23 zu § 15 KSchG 1969 mit abl. Anm. *Glaubitz* = SAE 1987, 315 mit zust. Anm. *Hammen;* ErfK/*Ascheid* § 15 KSchG Rn. 35; *Bader/Dörner* § 15 Rn. 70; APS/*Böck* § 15 KSchG Rn. 145; HK-KSchG/*Dorndorf* § 15 Rn. 64; KR-*Etzel* § 15 KSchG Rn. 68; *Gamillscheg* ZfA 1977, 269; DKK/*Kittner* § 103 Rn. 50; *Stege/Weinspach* § 103 Rn. 19; – abweichend: *Hueck* KSchG 10. Aufl. 1980, § 15 Rn. 21a; *Hess/Schlochauer/Glaubitz* § 103 Rn. 17; *Löwisch* § 15 Rn. 38; *Richardi* Anh. zu § 103 Rn. 7.
[115] Ebenso *Bader/Dörner* § 15 Rn. 70; HK-KSchG/*Dorndorf* § 15 Rn. 64; KR-*Etzel* § 15 KSchG Rn. 71; wohl auch BAG 9. 10. 1986, AP Nr. 23 zu § 15 KSchG 1969 unter III 3c und *Kittner/Däubler/Zwanziger* § 15 KSchG Rn. 27 iVm 40; – abweichend *Hueck* KSchG 10. Aufl. 1980 § 15 Rn. 21a; *Löwisch* § 15 Rn. 38; *Stege/Weinspach* § 103 Rn. 21.
[116] Im Ergebnis ebenso BAG 5. 12. 1980, AP Nr. 9 zu § 15 KSchG 1969 mit zust. Anm. *Pfarr* = EzA § 15 KSchG n. F. Nr. 25 mit abl. Anm. *Löwisch/Arnold* = AR-Blattei Betriebsverfassung VI Entsch. 59 mit zust. Anm. *Herschel;* ErfK/*Ascheid* § 15 KSchG Rn. 35; *Bichler/Bader* DB 1983, 342; KR-*Etzel* § 103 BetrVG Rn. 41; *Witt* AR-Blattei SD 530.9 Rn. 52.
[117] ErfK/*Ascheid* § 15 KSchG Rn. 36; APS/*Böck* § 15 KSchG Rn. 142; *Dietz/Richardi* BPersVG § 29 Rn. 54; HK-KSchG/*Dorndorf* § 15 Rn. 65; KR-*Etzel* § 15 KSchG Rn. 66; *Fitting* § 25 Rn. 40; HaKo/*Fiebig* § 15 Rn. 86; *Galperin/Löwisch* § 103 Rn. 42; *Hanau* AR-

§ 15   53, 54   2. Abschnitt. KSch/Betriebsverfassung u. Personalvertretung

Entscheidungen über die Mitgliedschaft nach § 24 Abs. 1 Nr. 5 BetrVG[118] und § 24 Abs. 1 Nr. 6 BetrVG[119] oder § 29 Abs. 1 Nr. 7 BPersVG.[120]

53   Entsprechend ist nach Abs. 3 Satz 2 Hs. 2 die **Nachwirkung für die Mitglieder eines Wahlvorstands ausgeschlossen,** wenn dieser nach § 18 Abs. 1 Satz 2 BetrVG vom Arbeitsgericht durch einen anderen Wahlvorstand ersetzt wird (über die Bedeutung dieser Regelung für andere Fälle vorzeitigen Ausscheidens aus dem Wahlvorstand oben Rn. 50). Das gilt entsprechend im Bereich der Personalvertretung für die Ersetzung eines Wahlvorstands durch einen anderen im Verfahren nach § 23 Abs. 1 Satz 2 BPersVG; zwar handelt es sich dabei nicht um ein gerichtliches Verfahren, die Wahlvorstandsmitglieder verlieren ihr Amt aber ebenfalls unfreiwillig, weshalb eine Gleichstellung mit der gerichtlichen Entscheidung gerechtfertigt ist.[121]

IV. Ausschluß der ordentlichen Kündigung

1. Ordentliche Kündigung durch Arbeitgeber

54   Nach Abs. 1–3 werden mit Ausnahme der (fristlosen) Kündigung aus wichtigem Grund (§§ 626 BGB, 15 Abs. 1 BBiG) **alle Kündigungen** (unabhängig vom Kündigungsgrund) für **unzulässig** erklärt.[122] Das bedeutet, daß insbesondere die ordentliche Kündigung gemäß § 622 Abs. 1 und 2 BGB[123] sowie die ordentliche Änderungskündigung (dazu unten Rn. 59), daneben aber auch andere außerordentliche Kündigungen unter Einhaltung einer Kündigungsfrist (§§ 113 InsO, 624 BGB) unzulässig sind. Lediglich unter den Voraussetzungen der Abs. 4 und 5 werden ordentliche Kündigungen zugelassen (dazu unten Rn. 154, 173). Unzulässig ist aber nur die **Erklärung der Kündigung.** War die Kündigung schon vor Beginn des besonderen Kündigungsschutzes (oben Rn. 30 ff.) wirksam ausgesprochen, ist sie also zu einem Zeitpunkt zugegangen (dazu unten Rn. 56), in dem die Kündigungsfreiheit des Arbeitgebers durch § 15 noch nicht beschränkt war, so wird ihre Wirksamkeit nicht dadurch berührt, daß die Kündigungsfrist erst später abläuft.[124] Denn die Wirksamkeit einer Willenserklärung wird nicht

---

Blattei Betriebsverfassung IX, A I; *Hess/Schlochauer/Glaubitz* § 103 Rn. 16; *Witt* AR-Blattei SD 530.9 Rn. 48; – abweichend HK-KSchG/*Dorndorf* § 15 Rn. 57; *Löwisch* § 15 Rn. 19; *Matthes* DB 1980, 1170; wohl auch *Kittner/Däubler/Zwanziger* § 15 KSchG Rn. 41.

[118] GK-BetrVG/*Wiese/Oetker* § 24 Rn. 55.
[119] BAG 29. 9. 1983, AP Nr. 15 zu § 15 KSchG 1969 mit Anm. *Richardi* = AR-Blattei Betriebsverfassung IX Entsch. 60 mit Anm. *Hanau* = SAE 1980, 115 mit Anm. *Schulin; Fitting* § 24 Rn. 40; – abweichend GK-BetrVG/*Wiese/Oetker* § 24 Rn. 55; siehe auch oben Rn. 35.
[120] Dazu *Dietz/Richardi* BPersVG § 29 Rn. 54.
[121] Ebenso APS/*Böck* § 15 KSchG Rn. 147; HK-KSchG/*Dorndorf* § 15 Rn. 65; Ha-Ko/*Fiebig* § 15 Rn. 88.
[122] ErfK/*Ascheid* § 15 KSchG Rn. 20; *Backmeister/Trittin* § 15 Rn. 62; *Bader/Dörner* § 15 Rn. 39; APS/*Böck* § 15 KSchG Rn. 8; KR-*Etzel* § 15 KSchG Rn. 55.
[123] Dazu BAG 5. 7. 1979, AP Nr. 6 zu § 15 KSchG 1969 unter III 2; BAG 14. 10. 1982, AP Nr. 1 zu § 1 KSchG 1969 Konzern unter B I 2 a; BAG 18. 2. 1993, AP Nr. 35 zu § 15 KSchG 1969 unter II 3 b (1); *Stahlhacke/Preis/Vossen* Rn. 990.
[124] *Bader/Dörner* § 15 Rn. 40; APS/*Böck* §15 KSchG Rn.11; HK-KSchG/*Dorndorf* § 15 Rn. 67; KR-*Etzel* § 15 KSchG Rn. 16, 54, 56; *Löwisch* § 15 Rn. 40; *Richardi* Anh. zu § 103 Rn. 21.

dadurch beeinflußt, daß sie in dem Zeitpunkt, in dem sie ihre Wirkung entfaltet, nicht mehr hätte abgegeben werden dürfen. Vielmehr endet dann mit dem Ablauf der Kündigungsfrist das Arbeitsverhältnis und damit auch die Mitgliedschaft im Betriebsrat bzw. in den anderen Arbeitnehmervertretungen wie auch die Kandidatur dafür.

Das gilt auch dann, wenn die Kündigung schon **vor dem letztzulässi-** 55 **gen Kündigungstermin** ausgesprochen wird, während dieser Termin selbst bereits in die Schutzzeit gefallen wäre. Doch wird eine Kündigung, die lediglich im Hinblick auf die demnächst eintretende Unkündbarkeit des Arbeitsverhältnisses vorgenommen wird, in der Regel sozialwidrig sein, da ein Grund für die soziale Rechtfertigung nach § 1 nicht vorliegt. Außerdem kann, da es sich regelmäßig vor Amtsantritt um Wahlbewerber oder um Mitglieder des Wahlvorstandes handelt, die Kündigung auch als Verstoß gegen die Wahlschutzbestimmungen des § 20 Abs. 1 und 2 BetrVG oder § 24 Abs. 1 BPersVG unzulässig und nach § 134 BGB nichtig sein.[125]

Maßgebend für die Frage, ob die Kündigung noch wirksam wird, ist der 56 **Zeitpunkt, in dem die Kündigung zugeht;** es kommt also darauf an, ob der Arbeitnehmer in diesem Zeitpunkt schon zu dem nach § 15 geschützten Personenkreis gehört.[126] Die Kündigung kann auch zugehen, wenn der Arbeitnehmer wegen Urlaubs abwesend ist[127] oder sich in Untersuchungshaft befindet.[128] Wurde die Kündigung durch Einschreiben erklärt und nach erfolglosem Zustellungsversuch bei der Post niedergelegt, so verhält sich der Gekündigte treuwidrig, wenn er trotz Kenntnis von der Kündigungsabsicht nicht alsbald das Kündigungsschreiben abholt.[129]

Ist zur Wirksamkeit der Kündigung die **Zustimmung einer Behörde** er- 57 forderlich,[130] so kann die Kündigung meist erst nach deren Erteilung wirksam ausgesprochen werden (vgl. etwa § 85 SGB IX, auch § 9 Abs. 3 MuSchG); es kommt dann auf den Zugang der so erklärten Kündigung an. Ist dagegen eine nachträgliche Zustimmung möglich und wird diese mit Rückwirkung erteilt, so ist die Kündigung als von Anfang an wirksam anzusehen, so daß es dann nicht darauf ankommt, ob zur Zeit der Erteilung der Zustimmung der Arbeitnehmer unter den Schutz des § 15 fällt; § 4 Satz 4 regelt nur den Beginn der Drei-Wochen-Frist für die Feststellungsklage und kann auf diesen Fall keine Anwendung finden (dazu näher § 4 Rn. 59 ff.).

Umgekehrt unterliegt der Ausspruch der Kündigung **während der Dauer** 58 **des besonderen Kündigungsschutzes** den strengen Beschränkungen des § 15 auch dann, wenn die Kündigungswirkung (= Entlassung) für einen

---

[125] BAG 4. 4. 1974, AP Nr. 1 zu § 626 BGB Arbeitnehmervertreter im Aufsichtsrat unter II mit Anm. *G. Hueck* = SAE 1975, 245 mit Anm. *Reuter* = AuR 1974, 380 mit Anm. *Hensche;* LAG Hamm AuR 1989, 59; HK-KSchG/*Dorndorf* § 15 Rn. 67; *Löwisch* § 15 Rn. 40.
[126] LAG Hamm 29. 11. 1973, DB 1974, 389; ErfK/*Ascheid* § 15 KSchG Rn. 21; APS/*Böck* § 15 KSchG Rn. 12; HaKo/*Fiebig* § 15 Rn. 90; *Richardi* Anh. zu § 103 Rn. 21.
[127] BAG 16. 3. 1988, AP Nr. 16 zu § 130 BGB.
[128] BAG 2. 3. 1989, AP Nr. 17 zu § 130 BGB.
[129] BAG 3. 4. 1986, AP Nr. 9 zu § 18 SchwbG; LAG Frankfurt a.M. 7. 5. 1987, DB 1987, 2314 = LAGE § 130 BGB Nr. 7.
[130] Zum vereinbarten Zustimmungserfordernis siehe BAG 10. 11. 1994, AP Nr. 24 zu § 9 KSchG 1969 = AR-Blattei ES 1020 Nr. 336 mit Anm. *v. Hoyningen-Huene*.

Zeitpunkt nach Beendigung des Sonderschutzes bzw. der Nachwirkung erfolgt.[131] **Nach Beendigung des besonderen Kündigungsschutzes** (oben Rn. 37 ff.) und seiner Nachwirkung (oben Rn. 42 ff.) gelten für die Kündigung wieder die allgemeinen Regeln. Ob der Arbeitgeber dann aus der Schutzzeit stammende, zurückliegende Sachverhalte als Kündigungsgrund heranziehen kann, hängt von den einzelnen Umständen ab; insoweit kommt eine Verwirkung der Kündigungsgründe in Betracht.[132] Der Arbeitgeber kann auch grundsätzlich den Nachwirkungszeitraum abwarten und dann die Kündigung aussprechen, soweit dies nicht gegen Treu und Glauben verstößt.[133]

2. Änderungskündigung und Massenänderungskündigung

59 a) Eine (ordentliche) **Änderungskündigung** fällt als echte Kündigung (dazu oben § 2 Rn. 5) grundsätzlich unter § 15 und ist demgemäß unzulässig. Das gilt jedenfalls dann, wenn die Kündigung sich lediglich gegen das betreffende Betriebsratsmitglied oder die sonstige nach § 15 geschützte Person als einzelne richtet.[134] Der dagegen gerichtete Einwand, daß § 2 bereits hinreichend Schutz gegen ungerechtfertigte Änderungskündigungen biete,[135] übersieht einerseits, daß § 15 auch eine an sich sozial gerechtfertigte Beendigungskündigung und dementsprechend auch eine gerechtfertigte Änderungskündigung ausschließt.[136] Andererseits kann auch schon die Änderung der Arbeitsbedingungen eine Belastung darstellen, die der Schutz des § 15 gerade verhindern will, sei es daß lediglich die Änderungsschutzklage nach § 2 erhoben werden muß, sei es daß durch die Änderungskündigung die Versetzung des Betriebsratsmitglieds in einen anderen Betrieb erfolgen soll und dadurch das Amt nach § 24 Abs. 1 Nr. 4 BetrVG entfallen würde.[137]

60 b) Auch **ordentliche Gruppen- oder Massenänderungskündigungen** unterfallen nach h. M. dem Schutz des § 15 und sind daher unzulässig.[138] Das

---

[131] BAG 6. 11. 1959, AP Nr. 15 zu § 13 KSchG unter II 3 mit Anm. *Dietz;* HK-KSchG/*Dorndorf* § 15 Rn. 68 a; HaKo/*Fiebig* § 15 Rn. 90; *Richardi* Anh. zu § 103 Rn. 21.
[132] Dazu BAG 13. 6. 1996, AP Nr. 2 zu § 15 KSchG 1969 Wahlbewerber unter II 2; LAG Frankfurt a. M. 29. 8. 1988, AuR 1989, 352; HK-KSchG/*Dorndorf* § 15 Rn. 68 b; *Löwisch* § 15 Rn. 40.
[133] BAG 13. 6. 1996, AP Nr. 2 zu § 15 KSchG 1969 Wahlbewerber unter II 3.
[134] BAG 25. 2. 1958, AP Nr. 10 zu § 13 KSchG mit zust. Anm. *Küchenhoff;* BAG 6. 10. 1965, AP Nr. 4 zu § 59 PersVG mit Anm. *Herschel;* BAG 12. 8. 1976, AP Nr. 2 zu § 15 KSchG 1969 mit zust. Anm. *G. Hueck;* BAG 29. 1. 1981, AP Nr. 10 zu § 15 KSchG 1969 mit zust. Anm. *Beitzke* = EzA § 15 KSchG n. F. Nr. 26 mit abl. Anm. *Schwerdtner* = AR-Blattei Betriebsverfassung IX Entsch. 51 mit krit. Anm. *Hanau;* BAG 6. 3. 1986, AP Nr. 19 zu § 15 KSchG 1969 mit Anm. *Schlaeper* = AR-Blattei Betriebsverfassung IX Entsch. 62 mit zust. Anm. *Löwisch/Abshagen;* ErfK/*Ascheid* § 15 KSchG Rn. 20; HK-KSchG/*Dorndorf* § 15 Rn. 69; KR-*Etzel* § 15 KSchG Rn. 56; *Hilbrandt,* NZA 1997, 465 ff.; *Löwisch* § 15 Rn. 50; *Matthes* DB 1980, 1165; *Wiese* Anm. zu BAG AP Nr. 18 zu § 13 KSchG unter II; – differenzierend *Steinhäuser* S. 113 ff.
[135] LAG Hamm 23. 6. 1978, DB 1978, 1745; *Schwerdtner* wie Fn. 134.
[136] Ebenso HK-KSchG/*Dorndorf* § 15 Rn. 69; *Weller* HwB AR 1130 Rn. 26.
[137] Dazu *Boemke-Albrecht* BB 1991, 541 sowie unten Rn. 72.
[138] BAG 24. 4. 1969, AP Nr. 18 zu § 13 KSchG mit zust. Anm. *Wiese;* BAG 29. 1. 1981, AP Nr. 10 zu § 15 KSchG 1969 mit zust. Anm. *Beitzke* = AR-Blattei Betriebsverfassung IX

Unzulässigkeit der Kündigung   61 § 15

ergibt sich zunächst aus dem eindeutigen Wortlaut der Bestimmung, nach dem in den Abs. 1–3 jegliche ordentliche Kündigung ausgeschlossen sein soll. Demgegenüber werden lediglich in den Abs. 4 und 5 unter besonderen Voraussetzungen Ausnahmen gemacht. Damit wird erkennbar, daß nach dem Willen des Gesetzgebers nur in den ausdrücklich genannten Fällen eine ordentliche Kündigung zulässig sein soll, zumal das KSchG in den letzten Jahren mehrfach geändert worden ist. Zum anderen gebietet auch der Schutzzweck des § 15 bei Massenänderungskündigungen, die Betriebsratsarbeit weitgehend von Streitigkeiten freizuhalten.

Deshalb kann nicht angenommen werden, daß für die **Massenände-** 61 **rungskündigung** eine verdeckte **Regelungslücke** vorliegt und folglich von der Geltung des § 15 hier eine Ausnahme gemacht werden müsse. So wird teilweise die Auffassung vertreten, daß ein Verstoß gegen das Gleichbehandlungsgebot von Betriebsratsmitgliedern (§ 78 BetrVG) und ein Widerspruch zu dem Grundsatz der ehrenamtlichen und unentgeltlichen Amtsführung (§ 37 Abs. 1 BetrVG) gegeben sei, wenn die übrige Belegschaft eine Änderung der Arbeitsbedingungen hinnehmen müsse.[139] Hierin liegt jedoch keine ungerechtfertigte Bevorzugung von Betriebsratsmitgliedern,[140] weil diese lediglich ihre ursprünglich vereinbarten Arbeitsbedingungen beibehalten, zumal § 15 lex specialis zu § 78 BetrVG darstellt.[141] Davon abgesehen ist häufig in der Praxis schwer zu differenzieren, ob eine einzelne (unzulässige) Änderungskündigung, eine (zulässige) Gruppenänderungskündigung oder sogar Massenänderungskündigung vorliegt, weil die Frage der entscheidungserheblichen Anzahl von Arbeitnehmern sowie die Anzahl der sozial gerechtfertigten bzw. ungerechtfertigten Kündigungen geklärt werden müßte.[142] Die teleologische Reduktion des § 15 bei Massenänderungskündigungen ist im übrigen auch nicht notwendig, weil einerseits die außerordentliche Massenänderungskündigung zulässig ist (vgl. unten Rn. 92)[143] und andererseits nach Abs. 4 und 5 in wichtigen Sonderfällen die ordentliche Kündigung erklärt werden kann (dazu unten Rn. 145 ff.).

Entsch. 51 mit zust. Anm. *Hanau* = EzA § 15 KSchG n. F. Nr. 26 mit abl. Anm. *Schwerdtner*; BAG 6. 3. 1986, AP Nr. 19 zu § 15 KSchG 1969 mit zust. Anm. *Schlaeper* = AR-Blattei Betriebsverfassung IX Entsch. 62 mit Anm. *Löwisch/Abshagen*; BAG 9. 4. 1987, AP Nr. 28 zu § 15 KSchG 1969; *Backmeister/Trittin* § 15 Rn. 92; *Bader/Dörner* § 15 Rn. 42; APS/*Böck* § 15 KSchG Rn. 10; KR-*Etzel* § 15 KSchG Rn. 18; *Kittner/Däubler/Zwanziger* § 15 KSchG Rn. 32; GK-BetrVG/*Kreutz* § 78 Rn. 46; *Weller* HwB AR 1130 Rn. 27 f.; *Witt* AR-Blattei SD 530.9 Rn. 62; – zum Streitstand *Hilbrandt*, NZA 1997, 465 ff.; *Weber/Lohr* BB 1999, 2350 f.

[139] So *Hueck* KSchG 10. Aufl. 1980, § 15 Rn. 29, 29 a m. w. N.; ErfK/*Ascheid* § 15 KSchG Rn. 20; HaKo/*Fiebig* § 15 Rn. 58; *Fitting* § 103 Rn. 10; *Hilbrandt* NZA 1997, 467 f.; ders. NZA 1998, 1260 f.; *Löwisch* § 15 Rn. 52; *Matthes* DB 1980, 1166; *Richardi* Anh. zu § 103 Rn. 26 f.; *Schwerdtner* Anm. zu BAG EzA § 15 KSchG n. F. Nr. 26; *Stahlhacke* FS Hanau S. 285; *Stahlhacke/Preis/Vossen* Rn. 991 a.

[140] Ebenso *Preis*, Anm. zu BAG AP Nr. 36 zu § 15 KSchG 1969 unter II 1 c.

[141] Dazu besonders *Wiese* Anm. zu BAG AP Nr. 18 zu § 13 KSchG unter III 1.

[142] Dazu *Beitzke* Anm. zu BAG AP Nr. 10 zu § 15 KSchG 1969 unter 5; *Schwerdtner* wie Fn. 139 unter V.

[143] Dazu BAG 21. 6. 1995, AP Nr. 36 zu § 15 KSchG 1969; außerdem *Hanau* Anm. zu BAG AR-Blattei Betriebsverfassung IX Entsch. 51 unter 2 und *Löwisch/Abshagen* Anm. zu BAG AR-Blattei Betriebsverfassung IX Entsch. 62.

62 Der Schutz des § 15 für Massenänderungskündigungen gilt auch im **Nachwirkungszeitraum** gemäß Abs. 1–3 jeweils Satz 2.[144] Denn auch in diesem Fall besteht kein Anlaß, von dem ausdrücklichen Wortlaut der Regelung abzuweichen, zumal damit die Rechtsklarheit beeinträchtigt würde.

3. Sonstige Beendigungs- oder Veränderungsfälle

63 § 15 verbietet nur bestimmte ordentliche Kündigungen des Arbeitgebers nach Abs. 1–3, nicht aber sonstige Fälle der Beendigung oder Veränderung des Arbeitsverhältnisses, namentlich nicht den **Aufhebungsvertrag;**[145] anders jetzt § 17 Abs. 1 Satz 2 bei anzeigepflichtigen Entlassungen. § 15 erfaßt ebensowenig anfechtbare oder nichtige Arbeitsverhältnisse.[146] Insoweit gilt dasselbe wie beim allgemeinen Kündigungsschutz (siehe oben § 1 Rn. 96 ff.).[147] Hierbei handelt es sich insbesondere um folgende Gestaltungen:

64 a) Endet das Arbeitsverhältnis einer nach § 15 geschützten Person durch **Befristung** (§ 620 Abs. 1 BGB), so kann auch die nachträgliche Wahl den sachlichen Grund für die Befristung nicht rückwirkend beseitigen. Eine Rechtsgrundlage für einen Anspruch auf Verlängerung des wirksam befristeten Arbeitsverhältnisses besteht grundsätzlich nicht, für einen solchen Kontrahierungszwang gibt § 15 keine genügende Grundlage.[148] Wird allerdings während der Amtsperiode eine zweite Befristung vereinbart, sind wegen einer möglichen Umgehung des § 15 an den sachlichen Grund besonders strenge Anforderungen zu stellen.[149]

65 b) § 15 greift ebenfalls nicht ein, wenn das Arbeitsverhältnis einer geschützten Person nach den Bestimmungen eines Tarifvertrages, einer Betriebsvereinbarung oder des Arbeitsvertrages durch **Erreichen der Altersgrenze** (z. B. 65. Lebensjahr, vgl. § 41 Satz 3 SGB VI) automatisch endet.[150] Das gilt auch dann, wenn der Arbeitgeber auf Grund einer **Fortsetzungsklausel** berechtigt ist, das Arbeitsverhältnis unter bestimmten Voraussetzungen zu verlängern.[151] Eine solche Fortsetzungsklausel stellt nämlich nur ein

---

[144] BAG 9. 4. 1987, AP Nr. 28 zu § 15 KSchG 1969 unter II 2; HK-KSchG/*Dorndorf* § 15 Rn. 70; *Kittner/Däubler/Zwanziger* § 15 KSchG Rn. 32; *Witt* AR-Blattei SD 530.9 Rn. 63; – abweichend KR-*Etzel* § 15 KSchG Rn. 18 a; *Sowka/Bengelsdorf* § 15 Rn. 17.

[145] Dazu SozG Mannheim 30. 3. 1990, BB 1990, 2496; *Backmeister/Trittin* § 15 Rn. 79; APS/*Böck* § 15 KSchG Rn. 15; HK-KSchG/*Dorndorf* § 15 Rn. 72; KR-*Etzel* §15 KSchG Rn. 14.

[146] HK-KSchG/*Dorndorf* § 15 Rn. 72; KR-*Etzel* § 15 KSchG Rn. 14; *McHardy*, RdA 1994, 101.

[147] Dazu *Weller* HwB AR 1130 Rn. 29 ff.

[148] BAG 17. 2. 1983, AP Nr. 14 zu § 15 KSchG 1969 unter IV 2; *Backmeister/Trittin* §15 Rn. 81; APS/*Böck* § 15 KSchG Rn. 16; HK-KSchG/*Dorndorf* § 15 Rn. 72; KR-*Etzel* § 15 KSchG Rn. 14; HaKo/*Fiebig* § 15 Rn. 60; *Löwisch* § 15 Rn. 46.

[149] BAG 17. 2. 1983, AP Nr. 14 zu § 15 KSchG 1968 unter IV 3; HaKo/*Fiebig* § 15 Rn. 61.

[150] BAG 25. 3. 1971, AP Nr. 5 zu § 57 BetrVG unter IV; siehe auch BAG 20. 11. 1987, AP Nr. 2 zu § 620 BGB Altersgrenze mit Anm. *Joost* = AR-Blattei Betriebsvereinbarung Entsch. 43 mit Anm. *Hanau* = SAE 1989, 84 mit Anm. *Hj. Weber* = EzA § 620 BGB Altersgrenze Nr. 1 mit Anm. *Belling* = EWiR § 620 BGB 2/88 mit Kurzkomm. *v. Hoyningen-Huene*; *Backmeister/Trittin* § 15 Rn. 82; APS/*Böck* § 15 KSchG Rn. 17.

[151] Zu solchen Fallgestaltungen BAG 20. 12. 1984, AP Nr. 9 zu § 620 BGB Bedingung mit Anm. *Belling*; BAG 13. 6. 1985, AP Nr. 19 zu § 611 BGB Beschäftigungspflicht mit Anm. *Belling*; BAG 6. 3. 1986, AP Nr. 1 zu § 620 BGB Altersgrenze; BAG GS 7. 11. 1989, AP Nr. 46 zu § 77 BetrVG 1972 = EzA § 77 BetrVG 1972 Nr. 34 mit Anm. *Otto*.

Recht, nicht aber eine Pflicht des Arbeitgebers dar, mag er auch nach der einschlägigen Regelung zur Wahrung billigen Ermessens verpflichtet sein.[152] Daraus leitet sich deshalb kein Kontrahierungszwang für den Arbeitgeber ab, auch wenn es sich um eine nach § 15 geschützte Person handelt.[153] Eine derartige Verpflichtung stünde im Widerspruch zu § 24 Abs. 1 Nr. 3 BetrVG bzw. § 29 Abs. 1 Nr. 3 BPersVG, die mit der Beendigung des Arbeitsverhältnisses automatisch ein Erlöschen der Amtsmitgliedschaft bewirken.

c) Für **Auszubildende,** deren Arbeitsverhältnis nach § 14 Abs. 1 BBiG mit dem Ablauf der Ausbildungszeit endet, findet deshalb § 15 ebenfalls keine Anwendung. Lediglich während der Probezeit (§ 13 BBiG: max. 3 Monate) kann das Ausbildungsverhältnis gemäß § 15 Abs. 1 BBiG gekündigt werden, so daß insoweit der Schutz des § 15 eingreifen könnte.[154] Um den Schutz von Auszubildenden als Amtsmitglieder trotz der automatischen Beendigung des Arbeitsverhältnisses zu gewährleisten, haben diese nach **§ 78 a Abs. 2 und 3 BetrVG** (§§ 9, 107 Satz 2 BPersVG) einen Anspruch auf Übernahme in ein Arbeitsverhältnis auf unbestimmte Zeit, der dem Kündigungsschutz des § 15 nahekommt.[155] Das verlängerte Arbeitsverhältnis unterliegt dann dem Kündigungsschutz des § 15 wie andere unbefristete Arbeitsverhältnisse auch.[156]

66

d) Wird gegenüber einem sog. **Dienstordnungs-Angestellten** der Sozialversicherungsträger[157] eine **Entlassung** nach beamtenrechtlichen Vorschriften ausgesprochen, so kann der Schutz des § 15 nicht eingreifen. Denn es liegt dann keine privatrechtliche Kündigung i. S. d. Vorschrift vor.[158] Kündigungen sind in den Dienstordnungen nicht (mehr) vorgesehen (vgl. § 10 MusterDO). Daher konnte der Gesetzgeber den § 693 Abs. 1 RVO, der allein die Schlechterstellung von privatrechtlichen Kündigungen von Dienstordnungs-Angestellten gegenüber den allgemeinen arbeitsrechtlichen Regelungen verbot, bei der Normierung der §§ 144 ff. SGB VII, die nunmehr keinerlei Kündigung eines Dienstordnungsverhältnisses vorsehen, weglassen.[159]

67

e) Die (lösende) **Aussperrung** und das sog. Einzellösungsrecht auf arbeitskampfrechtlicher Grundlage stellen ebenfalls keine Kündigungen dar, sondern ein Lösungsrecht eigener Art (dazu unten § 25 Rn. 12 und 14). Soweit diese Maßnahmen gegenüber Betriebsratsmitgliedern überhaupt zulässig

68

---

[152] BAG 20. 12. 1984 und 6. 3. 1986, wie Fn. 151.
[153] Abweichend BAG 12. 12. 1968, AP Nr. 6 zu § 24 BetrVG mit abl. Anm. *Herschel* = SAE 1970, 53 mit abl. Anm. G. *Hueck;* – wie hier APS/*Böck* § 15 KSchG Rn. 18; HK-KSchG/*Dorndorf* § 15 Rn. 73; *Löwisch* § 15 Rn. 47.
[154] Praktisch selten; vgl. GK-BetrVG/*Kreutz* § 78 a Rn. 4, 61.
[155] BAG 16. 1. 1979 und 15. 12. 1983, AP Nr. 5 und 12 zu § 78 a BetrVG 1972; APS/*Böck* § 15 KSchG Rn. 19; HK-KSchG/*Dorndorf* § 15 Rn. 75; *Fitting* § 78 a Rn. 1.
[156] GK-BetrVG/*Kreutz* § 78 a Rn. 7; KR-*Weigand* § 78 a BetrVG Rn. 3.
[157] Dazu v. *Hoyningen-Huene* AR-Blattei Öffentlicher Dienst Anm. zu BAG Entsch. 301.
[158] BAG 5. 9. 1986, AP Nr. 27 zu § 15 KSchG 1969 mit zust. Anm. *Stuzky;* KR-*Etzel* § 15 KSchG Rn. 15; HaKo/*Fiebig* § 15 Rn. 54.
[159] *Bereiter-Hahn/Schieke/Mehrtens* Gesetzliche Unfallversicherung 5. Aufl. 1997, Stand November 1999, § 144 Anm. 4.10.; zum Ganzen v. *Hoyningen-Huene/Boemke* NZA 1994, 481.

§ 15 69–71   2. Abschnitt. KSch/Betriebsverfassung u. Personalvertretung

sind,[160] unterfallen sie jedenfalls nicht § 15.[161] Zu anderen ordentlichen Kündigungen während des Arbeitskampfes siehe unten § 25 Rn. 11 ff., 18 ff.[162]

69   f) Geht ein Arbeitsverhältnis wegen illegaler Arbeitnehmerüberlassung nach § 10 Abs. 1 AÜG auf den „Entleiher" über, so endet kraft Gesetzes das bisherige Arbeitsverhältnis mit dem „Verleiher".[163] Gleichzeitig erlischt gemäß § 24 Abs. 1 Nr. 3 BetrVG die Mitgliedschaft des Arbeitnehmers im Betriebsrat seines bisherigen Betriebes.[164] § 15 findet daher keine Anwendung, weil keine Kündigung des bisherigen Arbeitgebers vorliegt.[165]

70   g) Beim **Betriebsübergang nach § 613 a BGB** endet das Arbeitsverhältnis nicht, sondern geht mit dem Betrieb auf den neuen Arbeitgeber über. Daher kann § 15 schon wegen fehlender Kündigung nicht eingreifen.[166] Ein Schutz ist auch nicht erforderlich, weil der Betriebsrat in seinem Bestand und seiner Identität beim Betriebserwerber unverändert bestehen bleibt.[167] Geht die Identität des Betriebes verloren, indem nur ein **Betriebsteil** übergeht oder eine Verschmelzung mit einem anderen Betrieb erfolgt, so geht zwar nach § 613 a BGB das Arbeitsverhältnis über, so daß ebenfalls § 15 nicht eingreift; diese Vorgänge können aber Einfluß auf den Bestand des Betriebsratsamtes haben.[168]

71   **Verliert ein Betriebsratsmitglied sein Amt,** weil er dem ohne Betriebsrat übergehenden Betriebsteil angehört,[169] so verbleibt dem Betriebsratsmitglied jedenfalls der nachwirkende Kündigungsschutz nach Abs. 1 Satz 2.[170] Nach heute herrschender Auffassung soll aber ein **Widerspruchsrecht** des Arbeitnehmers bestehen, so daß sein Arbeitsverhältnis beim früheren Arbeitgeber bleibt.[171] Deshalb wird erwogen, daß der bisherige Arbeitgeber analog Abs. 5 Satz 1 das Betriebsratsmitglied im alten Betrieb weiterbeschäftigen

---

[160] Verneinend wegen des Kündigungsschutzes in § 15: BAG GS 21. 4. 1971, AP Nr. 43 zu Art. 9 GG Arbeitskampf unter III C 5; *Backmeister/Trittin* § 15 Rn. 94; APS/*Böck* § 15 KSchG Rn. 20.
[161] KR-*Etzel* § 15 KSchG Rn. 15; *Löwisch* § 15 Rn. 48.
[162] Vgl. auch KR-*Etzel* § 103 BetrVG Rn. 61.
[163] GK-BetrVG/*Kreutz* § 7 Rn. 41.
[164] BAG 10. 2. 1977, AP Nr. 9 zu § 103 BetrVG 1972 mit Anm. *Moritz* = AR-Blattei Leiharbeitsverhältnis Entsch. 11 mit krit. Anm. *Seiter* = SAE 1978, 171 mit Anm. *Schnorr v. Carolsfeld; Becker/Wulfgramm* AÜG, 3. Aufl. 1985, § 10 Rn. 37 b; – abweichend *Schüren* AÜG 1994, § 10 Rn. 77, § 14 Rn. 394, der unter bestimmten Umständen eine doppelte Betriebszugehörigkeit annimmt.
[165] Ebenso APS/*Böck* § 15 KSchG Rn. 21; HK-KSchG/*Dorndorf* § 15 Rn. 76.
[166] Ebenso KR-*Etzel* § 15 KSchG Rn. 60 a; *Stahlhacke/Preis/Vossen* Rn. 993 b; – anders der nicht Gesetz gewordene Entwurf RdA 1979, 37, 38 und 40.
[167] *Erman/Hanau* § 613 a Rn. 84; ErfK/*Preis* § 613 a BGB Rn. 83; *Richardi* § 21 Rn. 39.
[168] Vgl. *Bracker* Betriebsübergang und Betriebsverfassung 1979, S. 125 ff.; *Erman/Hanau* § 613 a Rn. 84; KR-*Etzel* § 15 KSchG Rn. 60 a; *Feudner* DB 1994, 1570; *v. Hoyningen-Huene/Windbichler* RdA 1977, 335.
[169] Dazu GK-BetrVG/*Wiese/Oetker* § 24 Rn. 33.
[170] LAG Schleswig-Holstein 16. 8. 1984, DB 1985, 47; HK-KSchG/*Dorndorf* § 15 Rn. 78; KR-*Etzel* § 15 KSchG Rn. 60 a; ErfK/*Preis* § 613 a BGB Rn. 83; *Stege/Weinspach* § 103 Rn. 26.
[171] So st. Rspr. seit BAG 2. 10. 1974, AP Nr. 1 zu § 613 a BGB mit Anm. *Seiter;* BAG 7. 4. 1993, AP Nr. 22 zu § 1 KSchG 1969 Soziale Auswahl mit Anm. *Gentges* m. w. N. = AR-Blattei ES 1020.1.2 Nr. 1 mit abl. Anm. *v. Hoyningen-Huene;* EuGH 16. 12. 1992, AP Nr. 97 zu § 613 a BGB; – dagegen schon *v. Hoyningen-Huene* Anm. zu BAG AP Nr. 2 zu § 613 BGB unter 2 b m. w. N.

muß.¹⁷² Diese Analogie ist jedoch abzulehnen, weil § 15 den Bestandsschutz des Arbeitsverhältnisses gewährleisten soll, was bei einem Betriebs-(teil)übergang bereits durch § 613a Abs. 1 Satz 1 BGB erfolgt; ein darüber hinausgehender Schutz des Betriebsratsamtes ist nicht gerechtfertigt.¹⁷³

h) Nicht unter § 15 fällt die bloße **Versetzung** eines Betriebsratsmitglieds oder eines Mitglieds einer anderen unter § 15 fallenden Arbeitnehmervertretung innerhalb des Betriebes auf einen anderen Arbeitsplatz, sofern sie vertraglich oder auch kraft tariflicher Ermächtigung zulässig ist und nicht etwa auf Grund einer Änderungskündigung erfolgt.¹⁷⁴ Unberührt bleiben aber § 78 BetrVG, §§ 8, 107 BPersVG, die jede Störung oder Behinderung der Mitglieder des Betriebs- oder Personalrats und der anderen Arbeitnehmervertretungen in der Ausübung ihrer Tätigkeit und jede Benachteiligung um ihrer Tätigkeit willen verbieten.¹⁷⁵ Eine solche Benachteiligung kann insbesondere auch in einer Versetzung in einen anderen Betrieb des Arbeitgebers liegen.¹⁷⁶ Entgegen der früheren Rechtsprechung des BAG¹⁷⁷ ist die Versetzung eines Betriebsratsmitglieds jetzt nach § 103 Abs. 3 BetrVG mitbestimmungspflichtig.

i) Die **Abmahnung** (dazu oben § 1 Rn. 280 ff.)¹⁷⁸ gegenüber einer nach § 15 geschützten Person zur Vorbereitung einer verhaltensbedingten Kündigung nach Ablauf der Schutzfrist (oben Rn. 58) ist auch während des Kündigungsschutzzeitraumes zulässig.¹⁷⁹ Das ergibt sich aus dem ausdrücklichen Wortlaut der Abs. 1–3, die nur die (ordentliche) Kündigung für unzulässig erklären. Dem Arbeitgeber muß die Möglichkeit verbleiben, bereits während der Schutzfristen die erforderlichen Vorbereitungen zum Ausspruch einer später beabsichtigten Kündigung zu treffen. Ob die Abmahnung für die später erklärte Kündigung noch relevant ist oder bereits ihre Wirkung verloren hat, hängt von den Umständen des Einzelfalles ab (siehe auch oben § 1 Rn. 300).¹⁸⁰

---

¹⁷² So BAG 25. 5. 2000, NZA 2000, 1115 = EWiR § 613a BGB 8/2000 mit Kurzkomm. *Joost; Birk* Anm. zu BAG EzA § 613a BGB S. 18; *Bracker* Betriebsübergang und Betriebsverfassung, 1979, S. 127; *Herschel* AuR 1975, 384; *Seiter* Anm. zu BAG AP Nr. 1 zu § 613a BGB; *ders.* Betriebsinhaberwechsel 1980, S. 126; MünchArbR/*Wank* § 124 Rn. 118.
¹⁷³ *Feudner* DB 1994, 1570; *v. Hoyningen-Huene/Windbichler* RdA 1977, 335; *Posth*, Arbeitsrechtliche Probleme beim Betriebsinhaberwechsel (§ 613a BGB) 1978, S. 208 ff.
¹⁷⁴ Ebenso *Backmeister/Trittin* § 15 Rn. 88; APS/*Böck* § 15 KSchG Rn. 22; KR-*Etzel* § 15 KSchG Rn. 15; HaKo/*Fiebig* § 15 Rn. 63.
¹⁷⁵ Dazu *Oetker* RdA 1990, 347 f.
¹⁷⁶ Dazu *Boemke-Albrecht* BB 1991, 541; *Oetker* RdA 1990, 355 f.
¹⁷⁷ Dazu BAG 21. 9. 1989, AP Nr. 72 zu § 99 BetrVG 1972; BAG 26. 1. 1993, AP Nr. 102 zu § 99 BetrVG 1972 mit Anm. *v. Hoyningen-Huene*.
¹⁷⁸ Dazu *v. Hoyningen-Huene* RdA 1990, 193 ff.
¹⁷⁹ Vgl. BAG 30. 1. 1979 und 19. 7. 1983, AP Nr. 2 und 5 zu § 87 BetrVG 1972 Betriebsbuße; BAG 6. 8. 1981, AP Nr. 39 und 40 zu § 37 BetrVG 1972; BAG 12. 6. 1986, NZA 1987, 153; BAG 13. 11. 1991, AP Nr. 7 zu § 611 BGB Abmahnung = AR-Blattei ES 20 Nr. 23 mit Anm. *v. Hoyningen-Huene;* BAG 15. 7. 1992, AP Nr. 9 zu § 611 BGB Abmahnung mit Anm. *Conze* = EzA § 611 BGB Abmahnung Nr. 26 mit Anm. *Kittner;* BAG 10. 11. 1993, AP Nr. 4 zu § 78 BetrVG 1972; ErfK/*Ascheid* § 15 KSchG Rn.21; *Backmeister/Trittin* § 15 Rn. 89; *Kammerer* Personalakte und Abmahnung, 2. Aufl. 1994, S. 164 f.; kritisch *Kittner/Däubler/Zwanziger* § 15 KSchG Rn. 34.
¹⁸⁰ Dazu BAG 18. 11. 1986, AP Nr. 17 zu § 1 KSchG 1969 Verhaltensbedingte Kündigung; BAG 21. 5. 1987, DB 1987, 2367; BAG 13. 6. 1996, AP Nr. 2 zu § 15 KSchG 1969 Wahlbewerber unter II 2.

4. Rechtsfolgen

74 Wurde eine nach Abs. 1–3 unzulässige (ordentliche) Kündigung erklärt, so ist sie gemäß **§ 134 BGB nichtig.**[181] Das gilt sogar dann, wenn der Arbeitgeber lediglich eine ordentliche Kündigung erklärt, obwohl der wichtige Grund zur außerordentlichen Kündigung vorgelegen hat.[182] Davon zu unterscheiden ist jedoch die außerordentliche Kündigung mit sozialer Auslauffrist (dazu unten Rn. 85), die nicht als ordentliche fristgerechte und damit unzulässige Kündigung anzusehen ist. Wurde entgegen Abs. 1–3 gekündigt, handelt es sich um einen sonstigen Nichtigkeitsgrund i. S. d. § 13 Abs. 3, so daß bei Klageerhebung die Frist des § 4 nicht eingehalten werden muß.[183]

75 Die Kündigung gilt auch **nicht als Kündigung zum nächstmöglichen Termin,** zu dem sie zuerst wieder zulässig ist.[184] Es bedarf vielmehr einer neuen Kündigung, die nach Fortfall des besonderen Kündigungsschutzes erklärt werden muß.[185] Eine solche Kündigung kann aber darin liegen, daß der Arbeitgeber durch sein Verhalten nach Fortfall des Sonderschutzes dem Arbeitnehmer zu erkennen gibt, er wolle die frühere Kündigung aufrechterhalten. Die Kündigungsfrist beginnt dann mit der ersten Willensäußerung des Arbeitgebers, aus der ein solcher Wille hervorgeht, doch muß dieser Wille wie stets bei der Kündigung für den Arbeitnehmer deutlich und zweifelsfrei erkennbar sein.

76 Ist die Kündigung nichtig, so ist der Arbeitgeber zur **Fortsetzung des Arbeitsverhältnisses** verpflichtet. Verweigert er die Weiterbeschäftigung, so kommt er in Annahmeverzug, und der Arbeitnehmer kann nach § 615 BGB den Lohn fordern.[186] Das betriebs- oder personalverfassungsrechtliche Amt des Arbeitnehmers bzw. seine Wahlkandidatur werden durch die unzulässige Kündigung nicht berührt.

V. Zulässigkeit der fristlosen Kündigung

1. Überblick

77 a) Materiell bleibt das **Recht des Arbeitgebers zur außerordentlichen, fristlosen Kündigung** aus einem gesetzlich anerkannten Grund unberührt. § 15 KSchG, § 103 BetrVG, §§ 47 Abs. 1, 108 Abs. 1 BPersVG knüpfen die außerordentliche Kündigung aber während der Dauer des besonderen Kündigungsschutzes, dagegen nicht für die Zeit der Nachwirkung (dazu oben Rn. 42 ff.), an die **Zustimmung des Betriebsrats** oder der zuständigen

---

[181] BAG 28. 4. 1994, AP Nr. 12 zu Art. 20 Einigungsvertrag; ErfK/*Ascheid* § 15 KSchG Rn. 20; *Bader/Dörner* § 15 Rn. 39; HK-KSchG/*Dorndorf* § 15 Rn. 66; KR-*Etzel* § 15 KSchG Rn. 56; *Kittner/Däubler/Zwanziger* § 15 KSchG Rn. 42; *Löwisch* § 15 Rn. 39.

[182] BAG 5. 7. 1979, AP Nr. 6 zu § 15 KSchG mit zust. Anm. *Richardi* = SAE 1980, 322 mit zust. Anm. *Nickel/Kuznik*.

[183] BAG 1. 2. 1957, AP Nr. 5 zu § 13 KSchG mit Anm. *Bührig;* BAG 14. 2. 1978, AP Nr. 57 zu Art. 9 GG Arbeitskampf unter 2 und 3; *Fitting* § 103 Rn. 42; *Hess/Schlochauer/ Glaubitz* § 103 Rn. 23; *Löwisch* § 15 Rn. 71; *Richardi* Anh. zu § 103 Rn. 31.

[184] Ebenso HK-KSchG/*Dorndorf* § 15 Rn. 66.

[185] Vgl. auch KR-*Pfeiffer* § 9 MuSchG Rn. 83.

[186] BAG 21. 3. 1985, AP Nr. 35 zu § 615 BGB mit Anm. *Konzen*.

Unzulässigkeit der Kündigung 78, 79 § 15

Personalvertretung. Das Erfordernis der Zustimmung tritt neben die sonstigen Voraussetzungen der außerordentlichen Kündigung, vor allem den wichtigen Kündigungsgrund (§ 626 BGB), die auch für die nach § 15 geschützten Arbeitnehmer gelten. Die Zustimmung ist **Wirksamkeitsvoraussetzung** für die außerordentliche Kündigung (unten Rn. 136 ff.); das wird in Abs. 1–3 jeweils in Satz 1 ausdrücklich bestimmt.

Diese Regelung führt zu einem Zusammenwirken von § 626 BGB mit § 15 KSchG und § 103 BetrVG (§§ 47 Abs. 1 oder 108 Abs. 1 BPersVG). Die dadurch bewirkte **Verbindung individualrechtlicher und kollektivrechtlicher Elemente** ist schon vom allgemeinen Regelungsinhalt her kompliziert; hinzu kommt, daß die Normen nur mangelhaft aufeinander abgestimmt sind. Das hat zu erheblichen Schwierigkeiten und Zweifeln bei der Rechtsanwendung geführt (siehe dazu schon oben Rn. 5). Doch hat das BAG inzwischen in zahlreichen Einzelentscheidungen ein nahezu geschlossenes System zur folgerichtigen Anwendung der zunächst kaum vereinbar erscheinenden Normen entwickelt,[187] das in der Literatur weitgehend Zustimmung gefunden hat. Dabei wird mit einer strengen Bindung sowohl in zeitlicher als auch in verfahrensmäßiger Hinsicht dem Ziel der gesetzlichen Regelung Rechnung getragen, den in § 15 genannten Personen wirksamen Schutz gegen willkürliche oder sonstige ungerechtfertigte außerordentliche Kündigungen zu gewähren. Die Folge ist, daß, ganz abgesehen von weiterhin ungeklärten und streitigen Einzelheiten, damit ganz erhebliche Anforderungen an Rechtskenntnis, Umsicht und Handlungsbereitschaft des Arbeitgebers gestellt werden, wenn er das außerordentliche Kündigungsrecht ausüben will.[188]

78

b) Einen **Überblick über die wichtigsten Verfahrensschritte,** die ein privater Arbeitgeber (für den öffentlichen Dienst gilt unter Beachtung der andersartigen Zuständigkeiten Entsprechendes) bei der außerordentlichen Kündigung gegenüber einem nach § 15 geschützten Arbeitnehmer beachten muß, soll in groben Zügen das folgende **Schema** vermitteln:[189]

79

1. Voraussetzung der Kündigung ist ein **wichtiger Kündigungsgrund** i. S. des § 626 BGB (unten Rn. 86 ff.).

2. Innerhalb der **Zwei-Wochen-Frist** des § 626 Abs. 2 BGB, die mit der Kenntnis der für den Kündigungsgrund maßgebenden Tatsachen beginnt (unten Rn. 130 ff.), muß der Arbeitgeber sowohl den Betriebsrat informieren und zur **Zustimmung** nach § 103 Abs. 1 BetrVG auffordern (unten Rn. 93 ff.) als auch, wenn die Zustimmung erteilt wird, die **Kündigung** aussprechen (unten Rn. 132).

3. Verweigert der Betriebsrat die Zustimmung oder äußert er sich nicht innerhalb von 3 Tagen nach Unterrichtung (unten Rn. 110 ff.), so hat der Arbeitgeber ebenfalls noch innerhalb der laufenden Zwei-Wochen-Frist (unten Rn. 121) beim Arbeitsgericht den **Antrag auf Ersetzung der Zustimmung** nach § 103 Abs. 2 BetrVG zu stellen (unten Rn. 118 ff.). Die **Kündigung** kann erst **nach Rechtskraft** des die Zustimmung ersetzenden

---

[187] Dazu G. *Hueck* BAG-Festschrift S. 268 ff.
[188] Kritisch dazu *Gamillscheg* BAG-Festschrift S. 126 ff.; G. *Hueck* BAG-Festschrift S. 268 ff. und Anm. zu BAG AP Nr. 4 zu § 15 KSchG 1969.
[189] Vgl. auch HK-KSchG/*Dorndorf* § 15 Rn. 82.

703

Beschlusses, und zwar dann nur **unverzüglich** ausgesprochen werden (unten Rn. 133 f.).

4. In einem **betriebsratslosen Betrieb** entfällt die Zustimmung des Betriebsrats, doch hat der Arbeitgeber stattdessen innerhalb der Zwei-Wochen-Frist des § 626 Abs. 2 BGB die gerichtliche Zustimmungsersetzung zu beantragen (unten Rn. 106); ebenso im Sonderfall der sog. Kampfkündigung (unten Rn. 102). Im übrigen gilt das zu 3. Ausgeführte.

5. Erteilt der Betriebsrat **nachträglich** noch seine **Zustimmung** (unten Rn. 112), so wird ein bereits eingeleitetes Zustimmungsersetzungsverfahren gegenstandslos und die Kündigung kann nunmehr wie im Fall ihrer rechtskräftigen Ersetzung unverzüglich ausgesprochen werden (unten Rn. 132). Dasselbe gilt, wenn während des Zustimmungsersetzungsverfahrens die Zustimmungsbedürftigkeit für die Kündigung entfällt (unten Rn. 127). Beruht letzteres jedoch darauf, daß bei einem bisher betriebsratslosen Betrieb nunmehr ein Betriebsrat gewählt worden ist, so muß dieser vor Ausspruch der Kündigung nach § 102 BetrVG angehört werden (unten Rn. 107).

80 c) Die **nachfolgenden Ausführungen** zur fristlosen Kündigung gelten für den gesamten Anwendungsbereich des § 15. Soweit dabei Besonderheiten der Zustimmung des Betriebsrats oder des Personalrats behandelt werden, gilt das Ausgeführte nicht für das Stadium der Nachwirkung des besonderen Kündigungsschutzes (dazu unten Rn. 97).

2. Begriff der fristlosen Kündigung

81 a) Abs. 1–3 erklären die fristlose Kündigung aus wichtigem Grund für zulässig. Gemeint ist damit die fristlos erklärte, außerordentliche Kündigung, die ihre eigenständige **Grundlage im Gesetz** hat, vor allem in § 626 BGB, aber auch in § 15 Abs. 2 Nr. 1 BBiG, §§ 64 ff. SeemG und Art. 20 Abs. 1 EinV iVm. Art. I Kap. XIX Sachgebiet A Abschn. III Nr. 1 Abs. 4 und 5,[190] dagegen nicht eine Kündigung auf Grund nur tariflich oder vertraglich vereinbarter besonderer Gründe, auch wenn sie fristlos erfolgen kann (dazu oben § 13 Rn. 7); eine analoge Anwendung auf solche Fälle ist hier nicht möglich. Zwar nimmt § 15 Abs. 1 bis 3 anders als in der Fassung des 1. ArbR-BereinigG jetzt nicht mehr ausdrücklich auf § 626 BGB Bezug, doch ist eine Veränderung der Kündigungsmöglichkeit gegenüber dem bisherigen Rechtszustand der Neufassung nicht zu entnehmen.[191] Erst recht kommt eine durch Tarifvertrag ganz allgemein entfristete ordentliche Kündigung nicht in Betracht, es sei denn, daß sie zugleich als außerordentliche aus einem wichtigen Grund gemäß § 626 BGB erfolgt.

82 b) Umgekehrt kann aber auch durch eine Vereinbarung, daß ein bestimmter Umstand kein wichtiger Kündigungsgrund sein soll, das Kündigungsrecht

---

[190] BAG 5. 7. 1979, AP Nr. 6 zu § 15 KSchG 1969 unter III 2; BAG 28. 4. 1994, AP Nr. 12 zu Art. 20 Einigungsvertrag; ErfK/*Ascheid* § 15 KSchG Rn. 22; APS/*Böck* § 15 KSchG Rn. 120 f.; *Bader/Dörner* § 15 Rn. 45; HK-KSchG/*Dorndorf* § 15 Rn. 83; KR-*Etzel* § 15 KSchG Rn. 21; *Löwisch* § 15 Rn. 42; – nur auf § 626 BGB abstellend: *Backmeister/Trittin* § 15 Rn. 43.

[191] Vgl. BAG 22. 8. 1974, AP Nr. 1 zu § 103 BetrVG 1972 unter C IV 1 mit zust. Anm. G. *Hueck*.

des Arbeitgebers **nicht eingeschränkt** werden; denn auch die gesetzlichen Vorschriften über das Recht zur Kündigung aus wichtigem Grund, vor allem § 626 BGB, sind zwingend.[192] Immerhin spricht eine solche Vereinbarung dafür, daß unter den besonderen Verhältnissen, wie sie gerade für dieses Arbeitsverhältnis maßgebend sind, ein derartiger Umstand die Fortsetzung des Arbeitsverhältnisses nicht unzumutbar macht, also kein wichtiger Kündigungsgrund im Sinn des Gesetzes ist.[193]

c) Nach der Formulierung der Abs. 1–3 jeweils Satz 1 muß dem Arbeitgeber ein **Recht zur fristlosen Kündigung** zustehen. Gründe, die ihn zwar zu einer außerordentlichen, nicht aber zu einer fristlosen Kündigung berechtigen, kommen nicht in Betracht. Das gilt vor allem für das Kündigungsrecht des Insolvenzverwalters nach § 113 Abs. 1 InsO. Auch der Insolvenzverwalter darf also einem Betriebsratsmitglied nur fristlos kündigen, wenn ein wichtiger Grund im Sinn von § 626 BGB vorliegt. Die Insolvenz als solche ist aber kein wichtiger Grund.[194]

d) Zulässig nach Abs. 1–3 jeweils Satz 1 ist auch die außerordentliche **fristlose Änderungskündigung** aus wichtigem Grund.[195] Diese kann auch aus betriebsbedingten Gründen erfolgen.[196] Unter welchen Voraussetzungen ein wichtiger Grund gegeben ist, siehe unten Rn. 92.

e) Dagegen ist **nicht erforderlich,** daß der Arbeitgeber **tatsächlich fristlos kündigt,** sofern die Kündigung nur auf Grund eines außerordentlichen Kündigungsrechts erfolgt, das zur fristlosen Entlassung berechtigt. Hält in einem solchen Fall der Arbeitgeber bei der Kündigung eine gewisse **Auslauffrist** ein (befristete außerordentliche Kündigung), so liegt das in aller Regel im Interesse des Arbeitnehmers und ist für die Wirksamkeit unschädlich.[197] Der Arbeitgeber muß aber für den Arbeitnehmer deutlich erkennbar zum Ausdruck bringen, daß er eine außerordentliche Kündigung aussprechen will.[198] Eine ordentliche Kündigung reicht keinesfalls aus, auch wenn zugleich ein wichtiger Kündigungsgrund gegeben ist.[199] Das ist besonders wichtig, wenn die gewährte Frist der ordentlichen Kündigungsfrist entspricht; auch dann kann eine außerordentliche Kündigung vorliegen, sei es daß der

---

[192] KR-*Etzel* § 15 KSchG Rn. 21; KR-*Fischermeier* § 626 BGB Rn. 66; *Staudinger/Preis* § 626 Rn. 41.
[193] Vgl. BAG 22. 11. 1973, AP Nr. 67 zu § 626 BGB unter I 1 a; *Hueck* Lehrb. S. 596.
[194] BAG 25. 10. 1968, AP Nr. 1 zu § 22 KO mit Anm. *Böhle-Stamschräder;* APS/*Böck* § 15 KSchG Rn. 123; HK-KSchG/*Dorndorf* § 15 Rn.83; ErfK/*Müller-Glöge* § 113 InsO Rn. 25; KR-*Weigand* § 113 InsO Rn. 23; § 22 KO Rn. 26.
[195] BAG 12. 8. 1976, AP Nr. 2 zu § 15 KSchG 1969 unter III 3 mit zust. Anm. *G. Hueck;* BAG 6. 3. 1986, AP Nr. 19 zu § 15 KSchG 1969 unter B II 3 mit Anm. *Schlaeper* = AR-Blattei Betriebsverfassung IX Entsch. 62 mit Anm. *Löwisch;* BAG 21. 6. 1995, AP Nr. 36 zu § 15 KSchG 1969; *Backmeister/Trittin* § 15 Rn. 44; KR-*Fischermeier* § 626 BGB Rn. 198; *Kittner/Däubler/Zwanziger* § 15 KSchG Rn. 36 a.
[196] Dazu BAG 21. 6. 1995, AP Nr. 36 zu § 15 KSchG 1969.
[197] BAG 3. 12. 1954, AP Nr. 2 zu § 13 KSchG; BAG 5. 7. 1979, AP Nr. 6 zu § 15 KSchG 1969; ErfK/*Ascheid* § 15 KSchG Rn. 23; *Backmeister/Trittin* § 15 Rn. 46; APS/*Böck* § 15 KSchG Rn. 124; KR-*Etzel* § 15 KSchG Rn. 33; HaKo/*Fiebig* § 15 Rn. 149; KR-*Fischermeier* § 626 BGB Rn. 29; *Staudinger/Preis* § 626 Rn. 251.
[198] BAG 13. 1. 1982, AP Nr. 2 zu § 620 BGB Kündigungserklärung.
[199] BAG 5. 7. 1979, AP Nr. 6 zu § 15 KSchG 1969 unter III 3.

Arbeitgeber einen entsprechenden Willen ausdrücklich erklärt, sei es daß er sich aus den Umständen genügend deutlich ergibt.²⁰⁰

3. Der wichtige Kündigungsgrund

86 a) **Grundsatz:** Für den Begriff des wichtigen Grundes gelten die allgemeinen Regeln, wie sie für die außerordentliche Kündigung gegenüber jedem anderen Arbeitnehmer maßgebend sind.²⁰¹ Danach ist die Kündigung gemäß § 626 Abs. 1 BGB dann zulässig, wenn die Fortsetzung des Arbeitsverhältnisses bis zum Ablauf der Kündigungsfrist dem Arbeitgeber nicht mehr zuzumuten ist (dazu oben § 1 Rn. 120ff.), wobei alle Umstände des Einzelfalles zu berücksichtigen und die Interessen beider Vertragsteile abzuwägen sind. Alles das gilt grundsätzlich in der gleichen Weise auch für die Kündigung gegenüber einem nach § 15 geschützten Arbeitnehmer.²⁰² Die Eigenschaft als Mitglied des Betriebsrats oder einer anderen Arbeitnehmervertretung oder als Wahlbewerber verändert als solche für die Frage der fristlosen Kündigung nicht das Gewicht einer Pflichtverletzung des Arbeitnehmers;²⁰³ vielmehr ist gemäß § 78 Satz 2 BetrVG der Betreffende insofern weder besser noch schlechter als ein anderer Arbeitnehmer zu behandeln (zu den Ausnahmen siehe die folgenden Rn.).

86a Als wichtiger Grund kommt aber nach allgemeiner Auffassung grundsätzlich nur die **schwere Verletzung** von **arbeitsvertraglichen Haupt- oder Nebenpflichten** (des Arbeitnehmers) in Betracht, z. B. unrichtige Spesenabrechnung,²⁰⁴ Manipulieren am Zeiterfassungssystem,²⁰⁵ ehrverletzende Äußerungen in Flugblättern,²⁰⁶ treuwidrige Äußerungen gegenüber Geschäftsführer,²⁰⁷ Unterschlagungen oder sonstige Vermögensdelikte,²⁰⁸ gewerkschaft-

---

²⁰⁰ BAG 16. 7. 1959, AP Nr. 31 zu § 626 BGB mit Anm. *A. Hueck;* KR-*Fischermeier* § 626 BGB Rn. 30; *Witt* AR-Blattei SD 530.9 Rn. 105.
²⁰¹ Dazu ErfK/*Ascheid* § 15 KSchG Rn. 24; KR-*Fischermeier* § 626 BGB Rn. 83ff.; *Kittner/Däubler/Zwanziger* § 15 KSchG Rn. 37; ErfK/*Müller-Glöge* § 626 Rn. 33ff.; *Schaub* § 125 V, VII; *Staudinger/Preis* § 626 Rn. 268ff.; MünchArbR/*Wank* § 120; – sowie die Kommentare zu § 626 BGB mit kaum noch überschaubarer Rechtsprechung, insbes. in AP § 626 BGB.
²⁰² BAG 3. 12. 1954 und 13. 10. 1955, AP Nr. 2 und 3 zu § 13 KSchG mit zust. Anm. *A. Hueck;* BAG 13. 1. 1956 und 20. 12. 1961, AP Nr. 4 und 16 zu § 13 KSchG; BAG 25. 10. 1962, AP Nr. 21 zu § 66 BetrVG unter III 1 mit zust. Anm. *A. Hueck;* BAG 24. 4. 1975, AP Nr. 3 zu § 103 BetrVG 1972 unter I 2b mit zust. Anm. *G. Hueck;* BAG 11. 12. 1975, AP Nr. 1 zu § 15 KSchG 1969; BAG 16. 10. 1986, AP Nr. 95 zu § 626 BGB = EWiR § 626 BGB 1/87 mit Kurzkomm. *v. Hoyningen-Huene;* BAG 18. 2. 1993 und 21. 6. 1995, AP Nr. 35 und 36 zu § 15 KSchG 1969; ErfK/*Ascheid* § 15 KSchG Rn. 24; *Backmeister/Trittin* § 15 Rn. 31; *Bader/Dörner* § 15 Rn. 46; APS/*Böck* § 15 KSchG Rn. 125; HK-KSchG/*Dorndorf* § 15 Rn. 91; KR-*Etzel* § 15 KSchG Rn. 24; GK-BetrVG/*Kraft* § 103 Rn. 125; – abweichend *Bieback* RdA 1978, 83; *Konzen* ZfA 1985, 483.
²⁰³ BAG 13. 10. 1955, AP Nr. 3 zu § 13 KSchG mit zust. Anm. *A. Hueck;* BAG 22. 2. 1979, DB 1979, 1659 unter 2b.
²⁰⁴ BAG 22. 8. 1974, AP Nr. 1 zu § 103 BetrVG 1972.
²⁰⁵ BAG 24. 4. 1975 und 27. 1. 1977, AP Nr. 3 und 7 zu § 103 BetrVG 1972.
²⁰⁶ BAG 15. 12. 1977, DB 1978, 1038 = SAE 1978, 274 mit Anm. *Leipold;* – offengelassen dagegen beim Verteilen bewußt wahrheitswidriger Flugblätter, BAG 26. 5. 1977, AP Nr. 5 zu § 611 BGB Beschäftigungspflicht mit Anm. *Hj. Weber.*
²⁰⁷ LAG Köln 28. 11. 1996, LAGE § 15 KSchG Nr. 14.
²⁰⁸ BAG 16. 10. 1986, AP Nr. 95 zu § 626 BGB; BAG 10. 2. 1999, AP Nr. 42 zu § 15 KSchG 1969.

liche Betätigung eines freigestellten Betriebsratsmitglieds während der Arbeitszeit;[209] **nicht** dagegen häufige krankheitsbedingte Fehlzeiten;[210] – **offengelassen** bei beleidigenden Äußerungen gegenüber Werkleiter in einer Betriebsversammlung,[211] bei wiederholten Verspätungen.[212] Wird allerdings die Vertragsverletzung durch Amtspflichten gerechtfertigt, z.B. beharrliche Arbeitsverweigerung wegen vorrangiger Betriebsratstätigkeit gemäß § 37 Abs. 2 BetrVG, scheidet ein Kündigungsgrund aus.[213] Zu den Besonderheiten bei Amtspflichtverletzungen siehe unten Rn. 89.

b) Im Rahmen der umfassenden Interessenabwägung für den wichtigen Grund nach § 626 Abs. 1 BGB gewinnt auch das **kollektive Interesse der Belegschaft** an der Erhaltung ihrer gewählten Vertretungen besondere Bedeutung. Bei der Abwägung aller Umstände des Einzelfalles muß auch das Interesse an der Erhaltung des Arbeitsverhältnisses eines Mitglieds berücksichtigt werden, das sich in seinem Amt bewährt hat und als solches vielleicht schwer zu ersetzen ist. Dem Arbeitgeber ist in zweifelhaften Fällen die Weiterbeschäftigung eines für die Arbeitnehmerschaft schwer zu entbehrenden Funktionsträgers eher zuzumuten.[214] Ist aber die Fortsetzung des Arbeitsverhältnisses für den Arbeitgeber bei Würdigung auch dieser Umstände dennoch unzumutbar, dann muß auch das Interesse der Arbeitnehmerschaft zurücktreten, und die Kündigung ist zulässig.

c) Andererseits darf die fristlose (Beendigungs-)Kündigung aus wichtigem Grund für den Arbeitgeber auch nicht deshalb erleichtert werden, weil sie infolge des Ausschlusses der ordentlichen Kündigung für ihn die einzige Lösungsmöglichkeit ist.[215] Bei der Beurteilung der **Unzumutbarkeit** ist vielmehr die **Kündigungsfrist zugrunde zu legen,** die ohne den besonderen Kündigungsschutz für eine ordentliche (Beendigungs-)Kündigung gegenüber diesem Arbeitnehmer gelten würde.[216] Im Rahmen der Interessenabwägung

---

[209] LAG Berlin 16. 10. 1995, LAGE § 15 KSchG Nr. 13.
[210] BAG 18. 2. 1993, AP Nr. 35 zu § 15 KSchG 1969.
[211] BAG 2. 4. 1987, AP Nr. 96 zu § 626 BGB.
[212] BAG 17. 3. 1988, AP Nr. 99 zu § 626 BGB.
[213] BAG 23. 10. 1969, AP Nr. 19 zu § 13 KSchG unter II mit zust. Anm. *A. Hueck* unter 2a.
[214] *Backmeister/Trittin* § 15 Rn. 61; *Bieback* RdA 1978, 83; HK-KSchG/*Dorndorf* § 15 Rn. 86; KR-*Etzel* § 15 KSchG Rn. 24; *Löwisch* § 15 Rn. 43; *Witt* AR-Blattei SD 530.9 Rn. 108; – ebenso im Rahmen des Verfahrens nach § 103 BetrVG: BAG 22. 8. 1974, AP Nr. 1 zu § 103 BetrVG 1972 unter III 2 a.E. mit zust. Anm. *G. Hueck* = AR-Blattei Betriebsverfassung IX Entsch. 20 mit Anm. *Herschel;* BAG 24. 4. 1975, AP Nr. 3 zu § 103 BetrVG 1972 unter II 3c mit zust. Anm. *G. Hueck;* BAG 23. 8. 1984, AP Nr. 17 zu § 103 BetrVG 1972 unter B II 2 b cc; – einschränkend *Bader/Dörner* § 15 Rn. 49.
[215] KR-*Etzel* § 15 KSchG Rn. 23.
[216] BAG 8. 8. 1968, AP Nr. 57 zu § 626 BGB unter III; BAG 6. 3. 1986, AP Nr. 19 zu § 15 KSchG 1969 unter B II 4 a mit zust. Anm. *Schlaeper* = AR-Blattei Betriebsverfassung IX Entsch. 62 mit zust. Anm. *Löwisch/Abshagen;* BAG 18. 2. 1993, AP Nr. 35 zu § 15 KSchG 1969; BAG 10. 2. 1999, NZA 1999, 708 = EzA § 15 KSchG Nr. 47 mit Anm. *Auer;* ErfK/*Ascheid* § 15 KSchG Rn. 24; *Backmeister/Trittin* § 15 Rn. 52f.; *Bader/Dörner* § 15 Rn. 48; APS/*Böck* § 15 KSchG Rn. 126; HK-KSchG/*Dorndorf* § 15 Rn. 87ff.; HaKo/*Fiebig* § 15 Rn. 151ff.; *Kittner/Däubler/Zwanziger* § 15 KSchG Rn. 35; *K. Schmidt* RdA 1973, 295; *Stahlhacke/Preis/Vossen* Rn. 999; *Staudinger/Preis* § 626 Rn. 271; *Witt* AR-Blattei SD 530.9 Rn. 109; – abweichend KR-*Etzel* § 15 KSchG Rn. 23a; *Sowka/Bengelsdorf* § 15

ist dann zu prüfen, ob dem Arbeitgeber die Fortsetzung des Arbeitsverhältnisses bis zum Ablauf dieser (fiktiven) Frist zumutbar wäre; das entspricht dem Benachteiligungsverbot bzw. der verbesserten Rechtsstellung des Betriebsratsmitglieds nach § 78 Satz 2 BetrVG.[217]

89 d) **Verstöße gegen Amtspflichten,** die dem Arbeitnehmer in seiner Eigenschaft als Betriebsratsmitglied oder als Mitglied einer sonstigen Arbeitnehmervertretung i. S. des § 15 obliegen (insbes. § 74 Abs. 2 BetrVG), können allein eine fristlose Kündigung nicht rechtfertigen.[218] Der innere Grund ist darin zu sehen, daß § 23 Abs. 1 BetrVG bzw. § 28 Abs. 1 BPersVG insoweit leges speciales zu § 626 BGB enthalten, soweit deren Anwendungsbereich reicht. Die alleinige Verletzung von Amtspflichten kann daher nur zu einer gerichtlichen Abberufung als Betriebsratsmitglied bzw. sonstiger Amtsträger führen.[219] Damit wird dann allerdings eine ordentliche Kündigung möglich, die nur dem allgemeinen Kündigungsschutz unterliegt, weil § 15 für diese Fälle keine Nachwirkung gewährt (oben Rn. 52). Solange eine solche Abberufung aber nicht erfolgt ist, genießt der Arbeitnehmer den besonderen Kündigungsschutz des § 15 (i. V. m. § 103 BetrVG oder §§ 47, 108 BPersVG).

90 e) **Treffen Amtspflichtverletzung** (oben Rn. 89) **und Vertragspflichtverletzung** (oben Rn. 86) **zusammen,** kommen sowohl die gerichtliche Abberufung des Amtsmitglieds (§ 23 Abs. 1 BetrVG bzw. § 28 Abs. 1 BPersVG) als auch die Kündigung aus wichtigem Grund (§ 626 BGB) in Betracht (zum Verfahren unten Rn. 122). Ein wichtiger Grund zur fristlosen Kündigung ist aber nur dann gegeben, wenn die Amtspflichtverletzung zugleich und daneben auch einen **schweren Verstoß** gegen die Pflichten aus dem Arbeitsverhältnis darstellt.[220] Ein Ausschluß der Kündigung aus wichtigem

---

Rn. 105; – abweichend jetzt auch BAG 21. 6. 1995, AP Nr. 36 zu § 15 KSchG 1969 für die außerordentliche Änderungskündigung, dazu unten Rn. 92.
[217] BAG 14. 11. 1984, AP Nr. 83 zu § 626 BGB unter II 1a; BAG 18. 2. 1993, AP Nr. 35 zu § 15 KSchG 1969 unter II 3 b.
[218] BAG 3. 12. 1954, AP Nr. 2 zu § 13 KSchG Bl. 2 R mit zust. Anm. *A. Hueck;* BAG 13. 10. 1955, AP Nr. 3 zu § 13 KSchG unter 3 mit zust. Anm. *A. Hueck;* BAG 26. 1. 1962, AP Nr. 8 zu § 626 BGB Druckkündigung unter II 2 mit Anm. *Herschel;* BAG 8. 8. 1968, AP Nr. 57 zu § 626 BGB unter II mit Anm. *Herschel;* BAG 23. 10. 1969, AP Nr. 19 zu § 13 KSchG unter II mit zust. Anm. *A. Hueck;* BAG 22. 8. 1974, AP Nr. 1 zu § 103 BetrVG 1972 unter C V mit zust. Anm. *G. Hueck;* BAG 16. 10. 1986, AP Nr. 95 zu § 626 BGB unter II 4 = EWiR § 626 BGB 1/87 mit Kurzkomm. *v. Hoyningen-Huene;* ErfK/*Ascheid* § 15 KSchG Rn. 27; *Backmeister/Trittin* § 15 Rn. 56; *Bader/Dörner* § 15 Rn. 46; APS/*Böck* § 15 KSchG Rn. 130; HK-KSchG/*Dornhof* § 15 Rn. 92; KR-*Etzel* § 15 KSchG Rn. 25; *Richardi* Anh. zu § 103 Rn. 14; *K. Hoyningen* RdA 1973, 295.
[219] *Weller* HwB AR 1130 Rn. 69.
[220] Sog. Simultantheorie; BAG 3. 12. 1954, AP Nr. 2 zu § 13 KSchG Bl. 2 R mit zust. Anm. *A. Hueck;* BAG 13. 10. 1955, AP Nr. 3 zu § 13 KSchG unter 3 a. E. mit zust. Anm. *A. Hueck;* BAG 13. 1. 1956, AP Nr. 4 zu § 13 KSchG Bl. 3; BAG 20. 12. 1961, AP Nr. 16 zu § 13 KSchG; BAG 23. 10. 1969, AP Nr. 19 zu § 13 KSchG unter II mit Anm. *A. Hueck;* BAG 22. 8. 1974, AP Nr. 1 zu § 103 BetrVG 1972 unter C V mit zust. Anm. *G. Hueck;* BAG 11. 12. 1975, AP Nr. 1 zu § 15 KSchG 1969 unter II 1; BAG 16. 10. 1986, AP Nr. 95 zu § 626 BGB unter II 4 = EWiR § 626 BGB 1/87 mit Kurzkomm. *v. Hoyningen-Huene;* ErfK/*Ascheid* § 15 KSchG Rn. 28; *Backmeister/Trittin* § 15 Rn. 58; *Erman/Hanau* § 626 Rn. 81; KR-*Etzel* § 15 KSchG Rn. 26; *Fitting* § 23 Rn. 22; *Hess/Schlochauer/Glaubitz* § 23 Rn. 24; § 103 Rn. 29; *v. Hoyningen-Huene* BetrVR § 4 V 3 d, § 10 VI 1 c;

Grund bei gleichzeitiger Amtspflichtverletzung[221] kann nicht angenommen werden, weil dies auf eine unzulässige Privilegierung der Amtsmitglieder entgegen § 78 Satz 2 BetrVG hinausliefe.[222] Denn Amtsmitglieder bleiben weiterhin Arbeitnehmer, für die alle bisherigen arbeitsvertraglichen Pflichten weitergelten, soweit diese nicht von betriebsverfassungsrechtlichen Aufgaben überlagert werden.

Nach der st. Rspr. des BAG (oben Rn. 90, ihr folgend weitergehend die **91** Literatur) ist die fristlose Kündigung aus wichtigem Grund beim Zusammentreffen von Amtspflichtverletzung und Vertragsverletzung nur gerechtfertigt, wenn unter **Anlegung eines besonders strengen Maßstabs** das pflichtwidrige Verhalten als ein schwerer Verstoß gegen die Pflichten aus dem Arbeitsverhältnis zu werten ist. Demzufolge ist ein strengerer Maßstab anzulegen als bei einem Arbeitnehmer, der nicht Amtsmitglied ist.[223] Dieser Auffassung ist namentlich deshalb zu folgen, weil Amtsmitglieder leichter als andere Arbeitnehmer in Konfliktsituationen geraten können, in denen Vertragsverletzungen vorkommen können, z. B. Beleidigungen im Verlauf schwieriger und erregter Verhandlungen zwischen Arbeitgeber und Betriebsrat.[224] Nur bei gravierenden Pflichtverletzungen läßt sich auch die stets erforderliche negative Zukunftsprognose stellen (dazu oben § 1 Rn. 126 ff.).[225] Die in dem strengeren Prüfungsmaßstab zum Ausdruck kommende Tat- und Situationsgerechtigkeit soll die freie Amtsausübung gewährleisten und ist daher keine verbotene Besserstellung (§ 78 Satz 2 BetrVG), sondern die Beachtung der besonderen Umstände des Einzelfalles. Das steht auch nicht in Widerspruch zu der sonst auch vom BAG betonten grundsätzlichen Gleichheit des Maßstabes für fristlose Kündigungen gegenüber Betriebsratsmitgliedern bzw. sonstigen Amtsträgern und anderen Arbeitnehmern (oben Rn. 86), sondern ergibt sich als Folge aus dem nur hier möglichen Zusammentreffen der Vertragsverletzung mit einer Amtspflichtverletzung.

f) Ein wichtiger Grund für eine **fristlose Änderungskündigung** setzt auf **92** seiten des Kündigenden voraus, daß für ihn die Fortsetzung derjenigen bisherigen Arbeitsbedingungen, deren Änderung er erstrebt, jeweils unzumutbar geworden ist, d. h., daß die vorgesehenen Änderungen für ihn unabweisbar notwendig sind. Darüber hinaus müssen die neuen Bedingungen dem

---

GK-BetrVG/*Kraft* § 103 Rn. 25; *Stahlhacke/Preis/Vossen* Rn. 1000; *Stege/Weinspach* § 103 Rn. 6; GK-BetrVG/*Wiese/Oetker* § 23 Rn. 21 ff.

[221] So aber *Bieback* RdA 1978, 84; *Leuze* DB 1993, 2590; *Meyer* S. 201; – unklar *Schwerdtner* MünchKomm-BGB vor § 620 Rn. 821 ff.; – kritisch *Kittner/Däubler/Zwanziger* § 15 KSchG Rn. 36.

[222] So zutr. namentlich GK-BetrVG/*Wiese/Oetker* § 23 Rn. 26.

[223] So insbes. BAG 16. 10. 1986, AP Nr. 95 zu § 626 BGB unter II 4 = EWiR § 626 BGB 1/87 mit zust. Kurzkomm. *v. Hoyningen-Huene;* außerdem *Coester* SAE 1988, 124 f.; HK-KSchG/*Dorndorf* § 15 Rn. 95; *Fitting* § 23 Rn. 23; MünchArbR/*Joost* § 302 Rn. 5; *Kittner/Däubler/Zwanziger* § 15 KSchG Rn. 36; *Stahlhacke/Preis/Vossen* Rn. 1000; *Staudinger/Preis* § 626 Rn. 270.

[224] Ablehnend *Ascheid* KSchR Rn. 528; APS/*Böck* § 15 KSchG Rn. 133; KR-*Etzel* § 15 KSchG Rn. 26 a; *Hess/Schlochauer/Glaubitz* § 23 Rn. 25, § 103 Rn. 30; *Kraft* SAE 1975, 220; GK-BetrVG/*Kraft* § 103 Rn. 25; *Leuze* DB 1993, 2592; – wohl auch *Bader/Dörner* § 15 Rn. 47.

[225] *Witt* AR-Blattei SD 530.9 Rn. 113.

§ 15 93   2. Abschnitt. KSch/Betriebsverfassung u. Personalvertretung

Gekündigten zumutbar sein. Beide Voraussetzungen müssen kumulativ vorliegen und sind jeweils gesondert zu prüfen (dazu oben § 2 Rn. 63 ff.).[226] Die Einhaltung einer hypothetisch zu veranschlagenden Kündigungsfrist ist – anders als bei der außerordentlichen Beendigungskündigung (oben Rn. 88) – bei der fristlosen Änderungskündigung des Betriebsratsmitglieds nicht einzuhalten; denn dem Schutzzweck des § 15 ist Rechnung getragen, weil der Fortbestand und die Stetigkeit der jeweiligen Arbeitnehmervertretung gesichert sind.[227]

VI. Zustimmung des Betriebsrats oder der Personalvertretung

1. Wirksamkeitsvoraussetzung

93   Nach Abs. 1–3 jeweils Satz 1 erfordert die fristlose Kündigung gegenüber den geschützten Personen (oben Rn. 8 ff.) die **Zustimmung** des Betriebsrats bzw. Personalrats oder die Ersetzung durch gerichtliche Entscheidung (dazu unten Rn. 118). Das Gesetz erklärt erst unter dieser Voraussetzung die fristlose Kündigung für zulässig; die Zustimmung ist daher Wirksamkeitsvoraussetzung. Deshalb ist eine Kündigung ohne Zustimmung wegen Gesetzesverstoßes (§ 134 BGB) unheilbar nichtig.[228] Die Zustimmung oder gerichtliche Zustimmungsersetzung muß stets **vor Ausspruch der Kündigung** vorliegen, sie kann nach ganz h. M. nicht nachgeholt werden. Die Kündigung kann auch nicht durch nachträgliche Zustimmung (Genehmigung) oder gerichtliche Zustimmungsersetzung geheilt werden.[229]

---

[226] BAG 6. 3. 1986, AP Nr. 19 zu § 15 KSchG 1969 mit Anm. *Schlaeper* = AR-Blattei Betriebsverfassung IX Entsch. 62 mit Anm. *Löwisch;* BAG 21. 6. 1995, AP Nr. 36 zu § 15 KSchG 1969 mit abl. Anm. *Preis* = EzA § 15 KSchG n. F. Nr. 43 mit zust. Anm. *Bernstein* und *Oetker* = AiB 1996, 368 mit abl. Anm. *Nielebock* = SAE 1996, 354 mit zust. Anm. *Mummenhoff;* BAG 20. 1. 2000, AP Nr. 40 zu § 103 BetrVG 1972; *Weller* HwB AR 1130 Rn. 71.

[227] Zutr. BAG 21. 6. 1995, AP Nr. 36 zu § 15 KSchG 1969 unter II 2 b; ErfK/*Ascheid* § 15 KSchG Rn. 22; *Bader/Dörner* § 15 Rn. 48; APS/*Böck* § 15 KSchG Rn. 127; KR-*Etzel* § 15 Rn. 23; *Löwisch* § 15 Rn. 44; *Witt* AR-Blattei SD 530.9 Rn. 109 c; – ablehnend HK-KSchG/*Dorndorf* § 15 Rn. 97; *Hilbrandt* NZA 1997, 465; *Stahlhacke* FS Hanau S. 294; *Stahlhacke/Preis/Vossen* Rn. 1001 c.

[228] BAG 22. 8. 1974, AP Nr. 1 zu § 103 BetrVG 1972 mit zust. Anm. *G. Hueck* = AR-Blattei Betriebsverfassung IX Entsch. 20 mit Anm. *Herschel* = SAE 1977, 213 mit Anm. *Kraft;* BAG 28. 4. 1994, AP Nr. 12 zu Art. 20 Einigungsvertrag; *Backmeister/Trittin* § 15 Rn. 100; *Bader/Dörner* § 15 Rn. 50; APS/*Böck* § 103 BetrVG Rn. 19; HK-KSchG/*Dorndorf* § 15 Rn. 106; HaKo/*Fiebig* § 15 Rn. 173.

[229] BAG 20. 3. 1975, AP Nr. 2 zu § 103 BetrVG 1972 mit abl. Anm. *Richardi* = EzA § 103 BetrVG 1972 Nr. 7 mit Anm. *Herschel* = SAE 1975, 1 mit Anm. *Rüthers;* BAG 4. 3. 1976, AP Nr. 5 zu § 103 BetrVG 1972; BAG 12. 8. 1976, AP Nr. 2 zu § 15 KSchG 1969 mit zust. Anm. *G. Hueck* = AR-Blattei Betriebsverfassung XI Entsch. 28 mit Anm. *Hanau* = SAE 1977, 149 mit Anm. *Glaubitz;* BAG 11. 11. 1976, AP Nr. 8 zu § 103 BetrVG 1972 mit zust. Anm. *G. Hueck* = AR-Blattei Betriebsverfassung IX Entsch. 29 mit Anm. *Hanau* = EzA § 103 BetrVG 1972 Nr. 17 mit Anm. *Kraft* = SAE 1978, 96 mit Anm. *Grasmann;* BAG 1. 12. 1977, AP Nr. 11 zu § 103 BetrVG 1972 = AR-Blattei Betriebsverfassung IX Entsch. 33 mit Anm. *Hanau* = SAE 1978, 291 mit Anm. *Bulla;* BAG 30. 5. 1978, AP Nr. 4 zu § 15 KSchG 1969 mit zust. Anm. *G. Hueck* = EzA § 626 BGB n. F. Nr. 66 mit Anm. *Käppler* = SAE 1979, 45 mit Anm. *Beitzke;* BAG 9. 7. 1998, AP Nr. 36 zu § 103 BetrVG 1972; ErfK/*Ascheid* § 15 KSchG Rn. 29; KR-*Etzel* § 103 BetrVG Rn. 109; *Fitting* § 103 Rn. 17; *Hess/Schlochauer/Glaubitz* § 103 Rn. 34; GK-BetrVG/*Kraft* § 103 Rn. 33; *Stahlhacke/Preis/Vossen* Rn. 1011; *Stege/Weinspach* § 103 Rn. 16 f.; *Weller* HwB AR 1130 Rn. 41.

Die **nachträgliche Zulassung der Zustimmung** des Betriebsrats[230] ist mit dem besonderen Schutzzweck des § 103 BetrVG nicht vereinbar, zumal schon § 102 Abs. 1 Satz 3 BetrVG als hier einschlägige Grundnorm eine entsprechende Rechtsfolge anordnet.[231] Die Zustimmungsbedürftigkeit schützt die betriebs- oder personalverfassungsrechtliche Amtsausübung bzw. Wahlkandidatur des Arbeitnehmers gegen eine Unterbrechung oder sogar Verhinderung durch eine möglicherweise ungerechtfertigte fristlose Kündigung des Arbeitgebers. Erst die vom Betriebsrat erteilte oder vom Gericht (rechtskräftig) ersetzte Zustimmung bietet hinreichenden Schutz gegen einen Mißbrauch des Kündigungsrechts. Deshalb ist eine Kündigung ohne Zustimmung unwirksam und kann die Pflicht des Arbeitgebers zur Weiterbeschäftigung des betroffenen Arbeitnehmers nicht aufheben. 94

2. Suspendierung und Amtsausübung

Allerdings ist bei besonders schwerwiegenden Gründen, welche die Annahme der Arbeitsleistung für den Arbeitgeber schon vor Erlangung der Zustimmung nach Treu und Glauben unter Berücksichtigung der Gepflogenheiten des Arbeitslebens unzumutbar erscheinen lassen, eine **vorläufige Suspendierung** des Arbeitnehmers bis zur Kündigung möglich.[232] Im Hinblick auf die besonderen Voraussetzungen der Suspendierung kommt der Arbeitgeber hier durch die Ablehnung der Arbeitsleistung nicht in Annahmeverzug nach § 615 BGB, so daß auch der Anspruch auf Arbeitsentgelt entfällt,[233] wenn der Betriebsrat einer Suspendierung zustimmt. Fehlt diese, muß trotz einseitiger Suspendierungsmöglichkeit Entgeltfortzahlung gewährt werden. Jedoch erfüllen das bloße Vorliegen eines wichtigen Kündigungsgrundes oder eine darauf beruhende noch nicht rechtskräftige Ersetzung der Zustimmung die – strengeren – Voraussetzungen der Suspendierung nicht. 95

Auch eine zulässige Suspendierung hindert grundsätzlich nicht die **Amtsausübung** des betroffenen Arbeitnehmers und das damit verbundene Recht zum Betreten des Betriebes; eine Grenze bildet hier lediglich der Rechtsmißbrauch.[234] 96

---

[230] Dafür früher *Dietz/Richardi* § 103 Rn. 40 ff.

[231] *v. Hoyningen-Huene* Kündigungsvorschriften § 103 BetrVG Anm. 2; *Kittner/Däubler/Zwanziger* § 103 BetrVG Rn. 28.

[232] BAG 11. 11. 1976, AP Nr. 8 zu § 103 BetrVG 1972 unter B II 2a mit zust. Anm. G. *Hueck* = AR-Blattei Betriebsverfassung IX Entsch. 29 mit Anm. *Hanau* = EzA § 103 BetrVG 1972 Nr. 17 mit Anm. *Kraft* = SAE 1978, 96 mit Anm. *Grasmann*; BAG 30. 5. 1978, AP Nr. 4 zu § 15 KSchG 1969 unter C II 4c mit zust. Anm. *G. Hueck* = EzA § 626 BGB n. F. Nr. 66 mit Anm. *Käppler* = SAE 1979, 45 mit zust. Anm. *Beitzke; APS/Böck* § 103 BetrVG Rn. 38; KR-*Etzel* § 103 BetrVG Rn. 143; HaKo/*Fiebig* § 15 Rn. 205; *Fitting* § 103 Rn. 28; *Hess/Schlochauer/Glaubitz* § 103 BetrVG Rn. 60; GK-BetrVG/*Kraft* § 103 Rn. 61 ff.; *Richardi* § 103 Rn. 82; *Stahlhacke/Preis/Vossen* Rn. 1022; *Stege/Weinspach* § 103 Rn. 32; *Witt* AR-Blattei SD 530.9 Rn. 117; – ablehnend *Backmeister/Trittin* § 15 Rn. 97; *Bieback* AuR 1977, 328.

[233] Ebenso KR-*Etzel* § 103 BetrVG Rn. 144 f.; HaKo/*Fiebig* § 15 Rn. 209.

[234] LAG Düsseldorf 22. 2. 1977, DB 1977, 1053; LAG Hamm 27. 4. 1972, BB 1972, 751; 24. 10. 1974, BB 1974, 1638; KR-*Etzel* § 103 BetrVG Rn. 146, 150; *Fitting* § 103 Rn. 28; *Hess/Schlochauer/Glaubitz* § 103 BetrVG Rn. 60; GK-BetrVG/*Kraft* § 103 Rn. 62; *Richardi* § 103 Rn. 83; *Stege/Weinspach* § 103 Rn. 32.

3. Nachwirkungszeitraum

97 Das Erfordernis der **Zustimmung entfällt im Zeitraum der Nachwirkung** nach Abs. 1–3 jeweils Satz 2 (oben Rn. 37ff.), obwohl der besondere, individualrechtliche Kündigungsschutz im übrigen weiter gilt (siehe oben Rn. 37). Das stimmt mit § 103 BetrVG und §§ 47 Abs. 1, 108 Abs. 1 BPersVG (nebst Verweisungen) überein, die nur die aktiven, nicht die ausgeschiedenen Mitglieder und daneben nur die Wahlbewerber nennen. Im Stadium der Nachwirkung gelten insoweit wieder die allgemeinen Regeln; für die außerordentliche Kündigung ist demgemäß nur die **Anhörung des Betriebsrats** nach § 102 BetrVG bzw. des Personalrats nach § 79 Abs. 3 BPersVG erforderlich.[235] Ist das Zustimmungsersetzungsverfahren in diesem Zeitpunkt noch nicht rechtskräftig abgeschlossen, so wird es gegenstandslos; die später im Beschlußverfahren erteilte Zustimmung ersetzt aber nicht die Anhörung nach § 102 BetrVG.[236]

4. Zuständigkeit

98 a) Zuständig für die Zustimmung ist im **Bereich der Betriebsverfassung** normalerweise der **Betriebsrat,** im Anwendungsbereich des § 116 BetrVG der Seebetriebsrat, die Bordvertretung dagegen nur in den Grenzen von § 115 Abs. 7 Nr. 1 BetrVG, d. h. soweit der Kapitän zur außerordentlichen Kündigung ermächtigt ist. Keine besondere Zuständigkeit besteht mangels gesetzlicher Ermächtigung für die Jugend- und Auszubildendenvertretung oder den Wahlvorstand; § 103 BetrVG begründet nicht etwa eine Eigenzuständigkeit der jeweils betroffenen betriebsverfassungsrechtlichen Institution.[237] Dasselbe ergibt sich für den Gesamt- und den Konzernbetriebsrat schon daraus, daß ihre Mitglieder stets auch Mitglieder der sie entsendenden Einzelbetriebsräte sind; nur diese letzteren sind nach § 103 BetrVG für die Kündigungszustimmung zuständig.[238] Der Betriebsrat kann allerdings diese Zuständigkeit nach §§ 27 Abs. 3, 28 Abs. 1 BetrVG auf einen Ausschuß übertragen.[239]

99 Im **öffentlichen Dienst** ist für die Zustimmung nach der Formulierung des § 47 Abs. 1 BPersVG der **Personalrat** zuständig.[240] Die andere Struktur der Personalvertretungen führt allerdings zu einer eigenständigen Zuständig-

---

[235] ErfK/*Ascheid* § 15 KSchG Rn. 29; KR-*Etzel* § 15 KSchG Rn. 56; *Kittner/Däubler/ Zwanziger* § 15 KSchG Rn. 60; *Witt* AR-Blattei SD 530.9 Rn. 118.

[236] BAG 30. 5. 1978, AP Nr. 4 zu § 15 KSchG 1969 mit zust. Anm. G. *Hueck* = AR-Blattei Betriebsverfassung IX Entsch. 39 mit Anm. *Hanau* = SAE 1979, 235 mit Anm. *Thiele;* ErfK/*Ascheid* § 15 KSchG Rn. 29; APS/*Böck* § 103 BetrVG Rn. 28; KR-*Etzel* § 103 BetrVG Rn. 131 ff.; *Fitting* § 103 Rn. 32; *Hess/Schlochauer/Glaubitz* § 103 Rn. 50; *Richardi* § 103 Rn. 65 f.

[237] APS/*Böck* § 103 BetrVG Rn. 7; *Fitting* § 103 Rn. 20; *Hess/Schlochauer/Glaubitz* § 103 Rn. 35; GK-BetrVG/*Kraft* § 103 Rn. 35.

[238] Vgl. *Backmeister/Trittin* § 15 Rn. 106; *Kittner/Däubler/Zwanziger* § 103 Rn. 33.

[239] Ebenso KR-*Etzel* § 103 BetrVG Rn. 76; *Fitting* § 103 Rn. 20; *Hess/Schlochauer/Glaubitz* § 103 Rn. 35; GK-BetrVG/*Kraft* § 103 Rn. 35; *Richardi* § 103 Rn. 33; – abweichend *Kittner/Däubler/Zwanziger* § 103 Rn. 33.

[240] Zu dem nach § 47 Abs. 1 PersVG/DDR gebildeten Personalrat siehe BAG 28. 4. 1994, AP Nr. 12 zu Art. 20 Einigungsvertrag.

keit der Stufenvertretungen (Bezirks- und Hauptpersonalrat) sowie des Gesamtpersonalrats. Infolgedessen ist jeweils der Personalrat zuständig, dem das betreffende Mitglied angehört.[241] Gehört das betroffene Personalratsmitglied mehreren Personalvertretungen an, bedarf die beabsichtigte Kündigung der Zustimmung aller zuständigen Personalvertretungen.[242] Bei den anderen personalvertretungsrechtlichen Einrichtungen (Jugend- und Auszubildendenvertretungen, Wahlvorstände) besteht dagegen wie in der Betriebsverfassung (oben Rn. 98) ebenfalls keine Eigenzuständigkeit.[243]

b) Das von der beabsichtigten Kündigung selbst **betroffene Betriebsratsmitglied** kann nicht in eigener Sache an der Beratung und Beschlußfassung teilnehmen; es wird wegen rechtlicher Verhinderung nach § 25 Abs. 1 Satz 2 BetrVG durch ein Ersatzmitglied vertreten.[244] Das schließt aber nicht aus, das betroffene Betriebsratsmitglied entsprechend § 102 Abs. 2 Satz 4 BetrVG anzuhören.[245] Besteht der Betriebsrat nur aus einer Person (§ 9 Satz 1 Fall 1 BetrVG), muß in entsprechender Weise das Ersatzmitglied über die Zustimmung entscheiden.[246] Ist kein Ersatzmitglied für das betroffene Betriebsratsmitglied eingeladen worden, so ist der Betriebsratsbeschluß über die Kündigung nichtig.[247] Fehlt das einzige Ersatzmitglied, muß die Zustimmung analog § 103 Abs. 2 BetrVG ersetzt werden (siehe auch unten Rn. 104).[248]

Sind **alle Mitglieder des Betriebsrats gleichmäßig betroffen,** weil ihnen aus demselben Anlaß gekündigt werden soll, so kann jedes einzelne Mitglied zwar hinsichtlich der ihm selbst drohenden Kündigung nicht an der Beschlußfassung teilnehmen, wohl aber für die Kündigungen gegenüber den anderen Betriebsratsmitgliedern, über die deshalb einzeln abzustimmen ist.[249] Der

---

[241] *Backmeister/Trittin* § 15 Rn. 109; *Dietz/Richardi* BPersVG § 47 Rn. 14f.; KR-*Etzel* § 47 BPersVG Rn. 7; *Lorenzen/Haas/Schmitt* § 47 Rn. 26.
[242] BVerwG ZBR 1987, 287.
[243] *Dietz/Richardi* BPersVG § 47 Rn. 30 f.
[244] BAG 25. 3. 1976, AP Nr. 6 zu § 103 BetrVG 1972 = AR-Blattei Betriebsverfassung IX Entsch. 27 mit Anm. *Hanau*; BAG 26. 8. 1981, AP Nr. 17 zu § 103 BetrVG 1972 mit Anm. *Bickel*; BAG 23. 8. 1984, AP Nr. 17 zu § 103 BetrVG 1972 mit Anm. *van Venrooy* = AuR 1986, 92 mit Anm. *Heilmann*; BAG 3. 8. 1999, BB 1999, 1762; *Backmeister/Trittin* § 15 Rn. 106; KR-*Etzel* § 103 BetrVG Rn. 80; *Fitting* § 103 Rn. 19; *Hess/Schlochauer/ Glaubitz* § 103 Rn. 39; GK-BetrVG/*Kraft* § 103 Rn. 38; *Löwisch* BetrVG § 103 Rn. 11; GK-BetrVG/*Wiese/Oetker* § 25 Rn. 27; – abweichend *Richardi* § 25 Rn. 9: keine Verhinderung an der Teilnahme, nur Ausschluß von der Abstimmung.
[245] Vgl. BAG 23. 8. 1984, AP Nr. 17 zu § 103 BetrVG 1972 Ls. 2 Satz 2; KR-*Etzel* § 103 BetrVG Rn. 80.
[246] *Fitting* § 103 Rn. 19; *Hess/Schlochauer/Glaubitz* § 103 Rn. 39; GK-BetrVG/*Kraft* § 103 Rn. 38; *Löwisch* BetrVG § 103 Rn. 11; *Richardi* § 103 Rn. 34; – abweichend ArbG Siegen NZA 1984, 267; *Coester* SAE 1983, 281 f.; *Gamillscheg* ZfA 1977, 295; *K. Schmidt* RdA 1973, 296; – gegen diese zutreffend *Oetker* AuR 1987, 224 ff.
[247] BAG 23. 8. 1984, AP Nr. 17 zu § 103 BetrVG 1972; *Weller* HwB AR 1130 Rn. 49.
[248] BAG 14. 9. 1994, EzA § 103 BetrVG 1972 Nr. 36.
[249] BAG 25. 3. 1976, AP Nr. 6 zu § 103 BetrVG 1972 = AR-Blattei Betriebsverfassung Entsch. 27 mit zust. Anm. *Hanau*; APS/*Böck* § 103 BetrVG Rn. 12; KR-*Etzel* § 103 BetrVG Rn. 80a; HaKo/*Fiebig* § 15 Rn. 190; *Fitting* § 103 Rn. 19; *Hess/Schlochauer/ Glaubitz* § 103 Rn. 39; GK-BetrVG/*Kraft* § 103 Rn. 39; *Oetker* AuR 1987, 229; *Schmitt* NZA 1987, 80; *Weller* HwB AR 1130 Rn. 48; – abweichend *Hueck* KSchG 10. Aufl., § 15 Rn. 47b; *Schaub* § 143 IV 2; *Stahlhacke/Preis/Vossen* Rn. 1004 Fn. 78, die § 103 Abs. 2 BetrVG analog anwenden wollen.

Grund liegt darin, daß einerseits die Aufteilung des einheitlichen Sachverhalts in zahlreiche einzelne Kündigungsvorhaben möglich ist und andererseits gerade dem individualrechtlichen Charakter der Kündigung entspricht. Der mögliche Interessenkonflikt zwischen den betroffenen Betriebsratsmitgliedern ist in diesem Fall auch nicht stärker als in anderen Situationen.

5. Einschränkungen der Zustimmungspflicht

102 a) **Während eines Arbeitskampfes** bedürfen Kündigungen von geschützten Personen grundsätzlich ebenfalls der Zustimmung des Betriebsrats, weil dessen Mitwirkungsrechte mangels anderweitiger gesetzlicher Regelung zunächst bestehen bleiben und dessen Funktionsfähigkeit auch nicht beeinträchtigt wird (allg. M.). Anders ist es jedoch, wenn der Arbeitgeber gegenüber geschützten Personen außerordentliche **Kampfkündigungen** wegen der Teilnahme an rechtswidrigen Arbeitsniederlegungen aussprechen will (dazu unten § 25 Rn. 18). In diesem Fall kann der Betriebsrat seine Beteiligungsrechte dann nicht ausüben, wenn der Arbeitgeber personelle Maßnahmen ergreifen will, die **arbeitskampfbedingt** sind. Denn anderenfalls könnte der Betriebsrat mittelbar auf das Kampfgeschehen Einfluß nehmen, obwohl er nach § 74 Abs. 2 BetrVG koalitionspolitisch neutral bleiben muß. Will daher der Arbeitgeber gegenüber Betriebsratsmitgliedern oder anderen nach Abs. 1–3 jeweils Satz 1 geschützten Personen wegen Teilnahme an rechtswidrigen Streikmaßnahmen außerordentliche Kündigungen erklären, so bedürfen diese nicht der Zustimmung des Betriebsrats nach § 103 Abs. 1 BetrVG.[250]

103 Andererseits wird dadurch aber der besondere Schutzzweck des betriebsverfassungsrechtlichen Amtsschutzes (oben Rn. 1) nicht aufgehoben; deshalb kann der Arbeitgeber auch hier nicht unmittelbar kündigen. Jedoch kann der Arbeitgeber ohne vorherige Befassung des Betriebsrats das gerichtliche **Zustimmungsersetzungsverfahren** in entsprechender Anwendung von § 103 Abs. 2 BetrVG einleiten (dazu unten Rn. 118 ff.).[251] Letzteres ist allerdings entbehrlich, wenn der Betriebsrat trotz der besonderen Lage auf Aufforderungen des Arbeitgebers der Kündigung zugestimmt hat. Denn die arbeitskampfbedingte Suspendierung bestimmter Mitwirkungsrechte schließt deren Ausübung dann nicht aus, wenn darüber Einvernehmen zwischen Arbeitgeber und Betriebsrat besteht.

104 b) Ist der **Betriebsrat funktionsunfähig** geworden, kann er die erforderliche Zustimmung nach § 15 und § 103 BetrVG nicht erklären. Funktionsunfähigkeit liegt vor, wenn alle Betriebsratsmitglieder und Ersatzmitglieder gleichzeitig nicht nur kurzfristig an der **Ausübung des Amtes verhindert**

---

[250] BAG 14. 2. 1978, AP Nr. 57 zu Art. 9 GG Arbeitskampf mit zust. Anm. *Konzen* unter IV = AR-Blattei Betriebsverfassung IX Entsch. 37 mit Anm. *Hanau* = SAE 1980, 152, 162 mit Anm. *Seiter* = EzA Art. 9 GG Arbeitskampf Nr. 22 mit Anm. *Herschel; Backmeister/ Trittin* § 15 Rn. 125; HaKo/*Fiebig* § 15 Rn. 188; *v. Hoyningen-Huene* BetrVR § 11 I 6; GK-BetrVG/*Kraft* § 103 Rn. 29; *Richardi* § 103 Rn. 24 f.; *Stahlhacke/Preis/Vossen* Rn. 971; – abweichend *Brox/Rüthers* Arbeitskampfrecht 2. Aufl. 1982, Rn. 440, 447; KR-*Etzel* § 103 BetrVG Rn. 61; *Hess/Schlochauer/Glaubitz* § 103 Rn. 2; *Kittner/Däubler/Zwanziger* § 103 BetrVG Rn. 24, 37.
[251] Nachweise in Rn. 102; außerdem *Fitting* § 103 Rn. 9.

sind,[252] z. B. bei neugewähltem Betriebsrat ohne konstituierende Sitzung nach § 29 Abs. 1 BetrVG,[253] Verhinderung aller Betriebsrats- und Ersatzmitglieder durch Krankheit[254] oder sonstige länger als drei Tage dauernde Umstände.[255] In diesem Fall muß der Arbeitgeber vor der Kündigung die gerichtliche Zustimmungsersetzung analog § 103 Abs. 2 BetrVG beantragen.[256]

Keine Funktionsunfähigkeit tritt jedoch ein, solange auch nur ein einziges Betriebsrats- oder Ersatzmitglied zur Amtsausübung zur Verfügung steht.[257] In diesem Fall kann der Betriebsrat zwar gemäß § 33 Abs. 2 BetrVG beschlußunfähig sein; dann nimmt aber der Restbetriebsrat in entsprechender Anwendung des § 22 BetrVG das Mitbestimmungsrecht des § 103 BetrVG wahr.[258]

c) **Besteht kein Betriebsrat,** sei es, daß ein solcher erstmals gewählt werden soll, sei es, daß sich der frühere Betriebsrat nicht mehr im Amt befindet und auch nicht die Geschäfte nach § 22 BetrVG weiterführt, so kann eine Zustimmung nach § 103 Abs. 1 BetrVG nicht erteilt werden. Dadurch wird aber das Recht des Arbeitgebers zur außerordentlichen Kündigung gegenüber Mitgliedern eines Wahlvorstandes oder Wahlbewerbern sowie gegenüber Mitgliedern einer Jugend- und Auszubildendenvertretung, die trotz Wegfall eines früheren Betriebsrats bestehen kann, nicht ausgeschlossen. Allerdings muß dann wegen des Schutzzwecks des § 103 BetrVG in entsprechender Anwendung von Abs. 2 die **fehlende Zustimmung durch das Arbeitsgericht ersetzt** werden.[259] Dabei wird zutreffend eine faktische Verstärkung des Kündigungsschutzes in betriebsratslosen Betrieben in Kauf genommen, die sich daraus ergibt, daß hier die Möglichkeit einer schnellen Kündigung nach Zustimmung des Betriebsrats fehlt, mit der zumindest bei schwerwiegenden und eindeutigen Kündigungsgründen gerechnet werden darf.

Findet im betriebsratslosen Betrieb die **Wahl eines neuen Betriebsrats** statt, so endet für Mitglieder des Wahlvorstands und nicht gewählte Wahlbewerber der volle Kündigungsschutz nach § 15 Abs. 3 Satz 1 mit der Bekanntgabe des Wahlergebnisses; während der dann einsetzenden Nachwir-

---

[252] KR-*Etzel* § 102 BetrVG Rn. 24a, § 103 BetrVG Rn. 55.
[253] BAG 23. 8. 1984, AP Nr. 36 zu § 102 BetrVG 1972 mit zust. Anm. *Richardi* = EzA § 102 BetrVG 1972 Nr. 59 mit abl. Anm. *Wiese* = SAE 1986, 117 mit zust. Anm. *Meisel.*
[254] Vgl. dazu BAG 5. 9. 1986, AP Nr. 26 zu § 15 KSchG 1969.
[255] Vgl. auch KR-*Etzel* § 102 BetrVG Rn. 24c.
[256] BAG 16. 12. 1982, AP Nr. 13 zu § 15 KSchG 1969 mit zust. Anm. *Kraft* = SAE 1983, 277 mit Anm. *Coester; Backmeister/Trittin* § 15 Rn. 108; KR-*Etzel* § 103 BetrVG Rn. 56; HaKo/*Fiebig* § 15 Rn. 189.
[257] Ebenso KR-*Etzel* § 102 BetrVG Rn. 24f.
[258] BAG 18. 8. 1982, BAG Nr. 24 zu § 102 BetrVG 1972 = AR-Blattei Betriebsverfassung XIV C Entsch. 80 mit Anm. *Herschel* = EzA § 102 BetrVG 1972 Nr. 48 mit Anm. *Heinze* = SAE 1984, 121; BAG 16. 10. 1986, AP Nr. 95 zu § 626 BGB unter II 1; KR-*Etzel* § 102 BetrVG Rn. 24f.
[259] BAG 12. 8. 1976, AP Nr. 2 zu § 15 KSchG 1969 mit zust. Anm. *G. Hueck* = AR-Blattei Betriebsverfassung IX Entsch. 28 mit Anm. *Hanau* = SAE 1977, 149 mit abl. Anm. *Glaubitz;* BAG 30. 5. 1978, AP Nr. 4 zu § 15 KSchG 1969 mit zust. Anm. *G. Hueck* = AR-Blattei Betriebsverfassung IX Entsch. 39 mit Anm. *Hanau* = SAE 1979, 235 mit Anm. *Thiele;* BAG 16. 12. 1982, AP Nr. 13 zu § 15 KSchG 1969 unter II 2a mit zust. Anm. *Kraft* = SAE 1983, 277 mit Anm. *Coester;* KR-*Etzel* § 103 BetrVG Rn. 54; *Fitting* § 103 Rn. 9; GK-BetrVG/*Kraft* § 103 Rn. 30; HK-KSchG/*Kriebel* Anh. § 15 Rn.17; *Richardi* § 103 Rn. 29; *Stege/Weinspach* § 103 Rn. 31; – abweichend *Hess/Schlochauer/Glaubitz* § 103 Rn. 54.

kungszeit nach § 15 Abs. 3 Satz 2 ist die Zustimmung des Betriebsrats nach § 103 BetrVG nicht mehr erforderlich (oben Rn. 97). Erfolgreiche Wahlbewerber genießen nunmehr den Kündigungsschutz als Betriebsratsmitglieder nach Abs. 1 Satz 1. Ihnen gegenüber bedarf die Kündigung der Zustimmung des neuen Betriebsrats nach § 103 BetrVG. Wird sie erteilt, so erledigt sich dadurch ein früher eingeleitetes Zustimmungsersetzungsverfahren; wird sie verweigert, so kann das Verfahren unter Beteiligung des neuen Betriebsrats fortgesetzt werden.[260]

6. Zustimmungsverfahren

108 a) Hinsichtlich des Zustimmungsverfahrens nach § 103 Abs. 1 BetrVG ist zunächst zu beachten, daß es ein um die Zustimmung **erweitertes Anhörungsverfahren** darstellt; es gelten daher insoweit die Grundsätze des § 102 BetrVG entsprechend.[261] Daher wird das Zustimmungsverfahren vom Arbeitgeber eingeleitet mit der **Unterrichtung des Betriebsrats oder Personalrats** über die Einzelheiten der geplanten Kündigung, insbesondere den wichtigen Kündigungsgrund,[262] verbunden mit der Aufforderung, die Zustimmung zu erteilen. Da der Arbeitgeber für die beabsichtigte Kündigung auf die positive Entscheidung des Betriebsrats angewiesen ist, entspricht eine möglichst genaue Information seinem eigenen Interesse. Dem Betriebsrat sind alle Gründe mitzuteilen, auf die der Arbeitgeber die Kündigung stützen will.[263] Bei Verweigerung der Zustimmung kann ein Antrag auf deren gerichtliche Ersetzung nur auf solche Gründe gestützt werden, die vorher dem Betriebsrat mit dem Antrag auf Zustimmung vorgelegen haben (dazu unten Rn. 125).

109 Der **Zeitpunkt der Unterrichtung** des Betriebsrats ergibt sich mittelbar aus der Zwei-Wochen-Frist des § 626 Abs. 2 BGB. Diese zweiwöchige Ausschlußfrist wird weder durch das Zustimmungsverfahren beim Betriebsrat unterbrochen noch um dessen dreitägige Äußerungsfrist (dazu unten Rn. 110) verlängert.[264] Das entspricht insbesondere auch der zu § 102 BetrVG vertre-

---

[260] KR-*Etzel* § 103 BetrVG Rn. 133.
[261] BAG 18. 8. 1977, AP Nr. 10 zu § 103 BetrVG 1972 unter II 3b cc mit zust. Anm. G. *Hueck* = AR-Blattei Betriebsverfassung IX Entsch. 32 mit Anm. *Hanau* = EzA § 103 BetrVG 1972 Nr. 20 mit Anm. *Herschel* = SAE 1979, 194 mit Anm. *Richardi*; KR-*Etzel* § 103 BetrVG Rn. 66; v. *Hoyningen-Huene* BetrVR § 14 V 2; *Kittner/Däubler/Zwanziger* § 103 Rn. 29; GK-BetrVG/*Kraft* § 103 Rn. 32; *Richardi* § 103 Rn. 32.
[262] BAG 27. 5. 1975, AP Nr. 4 zu § 103 BetrVG 1972 unter II 2 c bb a. E.
[263] BAG 13. 7. 1978, AP Nr. 18 zu § 102 BetrVG 1972 mit zust. Anm. G. *Hueck* = EzA § 102 BetrVG 1972 Nr. 36 mit Anm. *Otto* = SAE 1979, 210 mit zust. Anm. v. *Hoyningen-Huene*; BAG 22. 9. 1994, AP Nr. 65 zu § 102 BetrVG 1972.
[264] Heute ganz h. M.; BAG 22. 8. 1974, AP Nr. 1 zu § 103 BetrVG 1972 mit zust. Anm. G. *Hueck* = AR-Blattei Betriebsverfassung IX Entsch. 20 mit Anm. *Herschel* = SAE 1975, 213 mit Anm. *Kraft*; BAG 20. 3. 1975, AP Nr. 2 zu § 103 BetrVG 1972 mit zust. Anm. *Richardi* = SAE 1977, 1 mit Anm. *Rüthers* = EzA § 103 BetrVG 1972 Nr. 7 mit Anm. *Herschel*; BAG 24. 4. 1975, AP Nr. 3 zu § 103 BetrVG 1972 unter II 6 b mit zust. Anm. G. *Hueck* = AR-Blattei Betriebsverfassung IX Entsch. 25 mit Anm. *Hanau* = SAE 1977, 3 mit Anm. *Rüthers*; BAG 27. 5. 1975, AP Nr. 4 zu § 103 BetrVG 1972 mit zust. Anm. G. *Hueck* = SAE 1977, 8 mit Anm. *Rüthers*; BAG 18. 8. 1977, AP Nr. 10 zu § 103 BetrVG 1972 mit zust. Anm. G. *Hueck* = AR-Blattei Betriebsverfassung IX Entsch. 32 mit Anm. *Hanau* = EzA § 103 BetrVG 1972 Nr. 20 mit Anm. *Herschel* = SAE 1979, 194 mit Anm. *Richardi*; BAG 24. 10. 1996, AP Nr. 32 zu § 103 BetrVG 1972; KR-*Etzel* § 15 KSchG Rn. 30, § 103 BetrVG Rn. 72; *Fitting* § 103 Rn. 21 und 26; *Hess/Schlochauer/Glaubitz* § 103 Rn. 42; GK-

Unzulässigkeit der Kündigung 110–112 § 15

tenen Auffassung.²⁶⁵ Daher verkürzt sich die Zwei-Wochen-Frist des § 626 Abs. 2 BGB um drei Tage. Infolgedessen muß der Arbeitgeber spätestens am **zehnten Tag** nach Kenntniserlangung von dem Kündigungsgrund beim Betriebsrat die Zustimmung zur Kündigung beantragen.²⁶⁶ Nur in diesem Fall kann er dann nach Zustimmung des Betriebsrats (§ 103 Abs. 1 BetrVG) oder Personalrats (§ 47 Abs. 1 BPersVG) gemäß § 626 Abs. 2 BGB spätestens am 14. Tag die Kündigung nach Abs. 1–3 jeweils Satz 1 erklären bzw. das Zustimmungsersetzungsverfahren nach § 103 Abs. 2 einleiten (dazu unten Rn. 118 ff.). Bei schwerbehinderten Betriebsratsmitgliedern kann der Antrag auf Zustimmung des Integrationsamtes (§ 85 SGB IX) vor, während oder erst nach der Beteiligung des Betriebsrats gestellt werden.²²⁶ᵃ

b) Die Entscheidung über die fristlose Kündigung ist der Sache nach und 110 vor allem auch im Hinblick auf die Frist des § 626 Abs. 2 BGB (dazu unten Rn. 129 ff.) stets dringlich. Der Arbeitgeber kann daher verlangen, daß der Betriebsrat ohne vermeidbare Verzögerung reagiert. Die h. M. geht deshalb zutreffend davon aus, daß die **Äußerungsfrist des Betriebsrats** auch im Rahmen des § 103 Abs. 1 BetrVG entsprechend § 102 Abs. 2 Satz 3 BetrVG **höchstens drei Tage** beträgt.²⁶⁷ Diese Auffassung zu § 103 BetrVG wird bestätigt durch die ausdrückliche Regelung der Drei-Tages-Frist in den entsprechenden Vorschriften der §§ 47 Abs. 1, 108 Abs. 1 BPersVG.²⁶⁸ Abweichend von § 102 Abs. 2 Satz 3 BetrVG bemißt das BPersVG die Frist allerdings nur nach Arbeitstagen; doch wird man insoweit mit der h. M. für § 103 BetrVG stärker auf die Parallele zu § 102 BetrVG abstellen.

Wenn der Arbeitgeber nach Einleitung des Zustimmungsverfahrens dem 111 Betriebsrat weitere Kündigungsgründe benennt (**Nachschieben von Kündigungsgründen**), so bestehen dagegen keine Bedenken. Doch muß für jeden Kündigungsgrund die dreitägige Äußerungsfrist gesondert von der Geltendmachung an beurteilt werden; außerdem muß der Betriebsrat dann erneut zustimmen. Wegen der zweiwöchigen Ausschlußfrist des § 626 Abs. 2 BGB für die Kündigung hat dieses Nachschieben von Kündigungsgründen für das Zustimmungsverfahren allerdings nur geringe Bedeutung.

Anders als in § 102 Abs. 2 Satz 2 BetrVG bedeutet ungenutztes Verstrei- 112 chenlassen der Drei-Tages-Frist, also **Schweigen** des Betriebsrats im Rahmen des § 103 BetrVG nicht Zustimmung, sondern **Zustimmungsversagung**

BetrVG/Kraft § 103 Rn. 56; Richardi § 103 Rn. 47; Stege/Weinspach § 103 Rn. 14; – abweichend Gamillscheg Festschrift BAG S. 127; Lepke BB 1973, 898; Weisemann DB 1974, 2478.
²⁶⁵ KR-Etzel § 102 BetrVG Rn. 79; Fitting § 102 Rn. 30; Hess/Schlochauer/Glaubitz § 102 Rn. 21; Kittner/Däubler/Zwanziger § 102 BetrVG Rn. 161; GK-BetrVG/Kraft § 102 Rn. 33; Richardi § 102 Rn. 95.
²⁶⁶ Ebenso BAG 24. 10. 1996, AP Nr. 32 zu § 103 BetrVG 1972; KR-Etzel § 103 BetrVG Rn. 113; Fitting § 103 Rn. 21; GK-BetrVG/Kraft § 103 Rn. 54.
²²⁶ᵃ BAG 11. 5. 2000, AP Nr. 42 zu § 103 BetrVG 1972.
²⁶⁷ BAG 18. 8. 1977, AP Nr. 10 zu § 103 BetrVG 1972 unter II 2b a mit zust. Anm. G. Hueck = AR-Blattei Betriebsverfassung IX Entsch. 32 mit Anm. Hanau = EzA § 103 BetrVG 1972 Nr. 20 mit abl. Anm. Herschel = SAE 1979, 194 mit Anm. Richardi; KR-Etzel § 103 BetrVG Rn. 78; Fitting § 103 Rn. 21; Hess/Schlochauer/Glaubitz § 103 Rn. 38; GK-BetrVG/Kraft § 103 Rn. 41; Richardi § 103 Rn. 36; – abweichend Gamillscheg Festschrift BAG S. 126 f.; K. Schmidt RdA 1973, 297.
²⁶⁸ Dazu Buus BB 1979, 1508.

mit der Folge, daß der Arbeitgeber nunmehr die gerichtliche Zustimmungsersetzung nach § 103 Abs. 2 BetrVG beantragen muß.²⁶⁹ Auch insoweit wird die h. M. durch die ausdrückliche Regelung in §§ 47 Abs. 1, 108 Abs. 1 BPersVG bestätigt. Eine auch nur entsprechende Anwendung von § 102 Abs. 2 Satz 2 BetrVG scheitert dagegen hier daran, daß der Zustimmung im Verfahren nach § 103 Abs. 1 BetrVG eine ganz andere Bedeutung zukommt als im Anhörungsverfahren nach § 102 BetrVG.

113 Andererseits ist der Betriebsrat nicht gehindert, auch nach Ablauf der dreitägigen Äußerungsfrist zu der geplanten Kündigung Stellung zu nehmen und noch **nachträglich die Zustimmung** zu erteilen.²⁷⁰ Das beruht darauf, daß der Betriebsrat auch bei einem inzwischen eingeleiteten Zustimmungsersetzungsverfahren nach § 103 Abs. 2 BetrVG (dazu unten Rn. 118 ff.) „Herr" des außergerichtlichen Zustimmungsverfahrens gemäß § 103 Abs. 1 BetrVG bleibt; er kann etwa auf Grund neuen Tatsachenvortrags oder anderer Beurteilung des gleichen Sachverhalts zu einer Änderung seiner bisherigen Entscheidung gelangen. Ein bereits eingeleitetes Zustimmungsersetzungsverfahren wird in diesem Fall gegenstandslos;²⁷¹ im übrigen gibt es dem Betriebsrat stets die Möglichkeit, sich als Beteiligter zu der beabsichtigten Kündigung zu äußern. Die nachträgliche Zustimmung ist wegen der Präklusionswirkung ausgeschlossen, wenn das Gericht die Zustimmung nach § 103 Abs. 2 BetrVG rechtskräftig ersetzt oder abgelehnt hat.²⁷²

114 c) § 103 Abs. 1 BetrVG gibt dem Betriebsrat ein **Mitbeurteilungsrecht;** er hat eine Vorprüfung vorzunehmen, ob der vom Arbeitgeber bezeichnete Tatbestand eine außerordentliche Kündigung rechtfertigt. Kommt der Betriebsrat zu dem Ergebnis, daß das der Fall ist, daß also ein wichtiger Kündigungsgrund vorliegt, so hat er, wie die Gründe für die gerichtliche Ersetzung der Zustimmung nach § 103 Abs. 2 BetrVG zeigen, die Zustimmung zu erteilen.²⁷³ Dem Betriebsrat steht daher in diesem Zusammenhang **kein Ermessensspielraum** zu.²⁷⁴ Die klare Regelung der Voraussetzungen für die

---

²⁶⁹ BAG 18. 8. 1977, AP Nr. 10 zu § 103 BetrVG 1972 unter II 3 d mit zutreffender Ablehnung der früher abweichenden Auffassungen, mit zust. Anm. *G. Hueck* = AR-Blattei Betriebsverfassung IX Entsch. 32 mit Anm. *Hanau* = EzA § 103 BetrVG 1972 Nr. 20 mit Anm. *Herschel* = SAE 1979, 194 mit Anm. *Richardi;* BAG 24. 10. 1996, AP Nr. 32 zu § 103 BetrVG 1972; KR-*Etzel* § 103 BetrVG Rn. 94; *Fitting* § 103 Rn. 21; *Hess/Schlochauer/Glaubitz* § 103 Rn. 38; *v. Hoyningen-Huene* BetrVR § 14 V 2; *Kittner/Däubler/Zwanziger* § 103 Rn. 31; GK-BetrVG/*Kraft* § 103 Rn. 41; *Richardi* § 103 Rn. 36; *Stege/Weinspach* § 103 Rn. 14.
²⁷⁰ BAG 17. 9. 1981, AP Nr. 14 zu § 103 BetrVG 1972 = AR-Blattei Betriebsverfassung IX Entsch. 53 mit Anm. *Hanau* = AuR 1983, 156 mit Anm. *Grunsky* = JuS 1983, 232 mit Anm. *Reuter* = SAE 1982, 309 mit Anm. *Peterek;* KR-*Etzel* § 103 BetrVG Rn. 99; *Fitting* § 103 Rn. 23; *Hess/Schlochauer/Glaubitz* § 103 Rn. 34; GK-BetrVG/*Kraft* § 103 Rn. 34; *Richardi* § 103 Rn. 42; *Stege/Weinspach* § 103 Rn. 14; *Weller* HwB AR 1130 Rn. 62.
²⁷¹ Prozessual muß es für erledigt erklärt werden, vgl. BAG 23. 6. 1993, AP Nr. 2 zu § 83a ArbGG 1979.
²⁷² KR-*Etzel* § 103 BetrVG Rn. 99; GK-BetrVG/*Kraft* § 103 Rn. 34.
²⁷³ BAG 25. 3. 1976, AP Nr. 6 zu § 103 BetrVG 1972 unter 2e = AR-Blattei Betriebsverfassung IX Entsch. 27 mit Anm. *Hanau; Ascheid* KSchR Rn. 669; KR-*Etzel* § 103 BetrVG Rn. 85; HaKo/*Fiebig* § 15 Rn. 177; *Hess/Schlochauer/Glaubitz* § 103 Rn. 40; GK-BetrVG/*Kraft* § 103 Rn. 41; *Richardi* § 103 Rn. 38; *Stege/Weinspach* § 103 Rn. 9; *Witt* AR-Blattei SD 530.9 Rn. 128; – wohl auch *Kittner/Däubler/Zwanziger* § 103 BetrVG Rn. 32; – kritisch *Backmeister/Trittin* § 15 Rn. 115 f.
²⁷⁴ So aber *Gamillscheg* ZfA 1977, 294.

gerichtliche Zustimmungsersetzung in § 103 Abs. 2 BetrVG läßt auch keinen gerichtlich nicht nachprüfbaren Beurteilungsspielraum zu.[275]

d) Für die Zustimmung oder deren Versagung schreibt das Gesetz **keine** **bestimmte Form** vor. Schriftliche Erklärung ist jedoch empfehlenswert und kann vom Arbeitgeber nach allgemeinen Grundsätzen (vertrauensvolle Zusammenarbeit, § 2 Abs. 1 BetrVG, Treu und Glauben) verlangt werden. Die Zustimmung erfüllt die Voraussetzungen für eine wirksame Kündigung erst, wenn sie endgültig erteilt ist; Vorbehalte des Betriebsrats können dem entgegenstehen.[276]

e) **Verfahrensmängel** bei der Beschlußfassung können sich nur in begrenztem Umfang auf die Wirksamkeit einer Zustimmung des Betriebsrats auswirken. Die zum Anhörungsverfahren nach § 102 BetrVG entwickelten Regeln, wonach Verfahrensfehler aus der Sphäre des Betriebsrats grundsätzlich keine Auswirkungen auf die Kündigung haben,[277] können angesichts der viel schwerer wiegenden Bedeutung des Zustimmungsverfahrens, insbesondere des hier herrschenden echten Konsensprinzips, nicht ohne weiteres auf dieses übertragen werden.[278] Andererseits führt jedoch nicht jeder beliebige, sondern nur ein schwerer Verfahrensmangel zur Unwirksamkeit des Betriebsratsbeschlusses und der darauf beruhenden Zustimmungserklärung.

Allerdings können die allgemeinen Grundsätze des **Vertrauensschutzes** zugunsten des Arbeitgebers eingreifen. Das gilt etwa dann, wenn der Betriebsratsvorsitzende oder sein Vertreter mitteilt, der Betriebsrat habe die beantragte Zustimmung erteilt; es sei denn, daß der Arbeitgeber weiß oder hätte wissen müssen, daß der Beschluß unwirksam ist. Eine falsche rechtliche Würdigung durch den Arbeitgeber ist jedoch unbeachtlich, eine besondere Erkundigungspflicht besteht ebenfalls nicht.[279] Damit nähern sich im Ergebnis die scheinbar divergierenden Auffassungen von Rechtsprechung und Lehre zu der Behandlung von Verfahrensmängeln bei § 102 BetrVG einerseits und § 103 BetrVG andererseits wieder an.[280] Denn entscheidend kommt es wohl nur auf die positive und zutreffende Kenntnis des Arbeitgebers von der Wirksamkeit des Betriebsratsbeschlusses an.[281] Nach Ausspruch der Kündigung bekannt gewordene Verfahrensmängel schaden dagegen nicht.[282]

---

[275] So aber offenbar *Bieback* RdA 1978, 83; wie hier *Weller* HwB AR 1130 Rn. 52.
[276] BAG 1. 12. 1977, AP Nr. 11 zu § 103 BetrVG 1972; KR-*Etzel* § 103 BetrVG Rn. 84.
[277] Insbes. BAG 2. 4. 1976, AP Nr. 9 zu § 102 BetrVG 1972; *v. Hoyningen-Huene* BetrVR § 14 IV 3.
[278] BAG 22. 2. 1979, BB 1979, 1347 = DB 1979, 1659 = EzA § 103 BetrVG 1972 Nr. 23; BAG 23. 8. 1984, AP Nr. 17 zu § 103 BetrVG 1972 unter B II 2 mit abl. Anm. *van Venrooy* = AuR 1986, 92 mit Anm. *Heilmann*; *Bieback* AuR 1977, 323; KR-*Etzel* § 103 BetrVG Rn. 106 f.; *Fitting* § 103 BetrVG Rn. 25; *Kittner/Däubler/Zwanziger* § 103 BetrVG Rn. 34; *Klebe/Schumann* DB 1978, 1591; GK-BetrVG/*Kraft* § 103 BetrVG Rn. 36; *Stege/Weinspach* § 103 Rn. 10; *Witt* AR-Blattei SD 530.9 Rn. 133; – abweichend *Hess/Schlochauer/Glaubitz* § 103 Rn. 39.
[279] BAG 23. 8. 1984, AP Nr. 17 zu § 103 BetrVG 1972 unter B II 2 c bb mit abl. Anm. *van Venrooy* = AuR 1986, 92 mit Anm. *Heilmann*.
[280] So wohl auch *Hess/Schlochauer/Glaubitz* § 103 Rn. 39; siehe auch oben Rn. 100.
[281] Ebenso *Backmeister/Trittin* § 15 Rn. 119; APS/*Böck* § 103 BetrVG Rn. 20; KR-*Etzel* § 103 BetrVG Rn. 107; HaKo/*Fiebig* § 15 Rn. 180; *Löwisch* § 103 BetrVG Rn. 12.
[282] KR-*Etzel* § 103 BetrVG Rn. 108.

7. Gerichtliche Ersetzung der Zustimmung

118 a) Verweigert der Betriebsrat die nach Abs. 1 und 3 jeweils Satz 1 erforderliche Zustimmung zur Kündigung, kann gemäß § 103 Abs. 2 BetrVG auf Antrag des Arbeitgebers das **Arbeitsgericht die Zustimmung ersetzen**. Entsprechendes gilt für die Verweigerung der Zustimmung des Personalrats nach Abs. 2 Satz 1, wobei hier die Zuständigkeit des Verwaltungsgerichts gegeben ist (§§ 47, 108 jeweils Abs. 1 Satz 2 BPersVG). Statt der Zustimmung des Betriebsrats ist die gerichtliche Ersetzung der Zustimmung **Wirksamkeitsvoraussetzung** für die fristlose Kündigung (oben Rn. 93). Die Einleitung des gerichtlichen Ersetzungsverfahrens ist aber nur zulässig, wenn der Betriebsrat vom Arbeitgeber rechtzeitig beteiligt worden ist (oben Rn. 108) und die Zustimmung ausdrücklich oder stillschweigend (oben Rn. 112) verweigert hat; die ordnungsgemäße und rechtzeitige Beteiligung des Betriebsrats ist somit **Zulässigkeitsvoraussetzung** für das gerichtliche Ersetzungsverfahren.[283] Nach Auffassung des BAG wird ein insoweit unzulässiger Zustimmungsersetzungsantrag auch nicht nach der ausdrücklichen oder fingierten Zustimmungsverweigerung des Betriebsrats nachträglich zulässig.[284] Richtigerweise kann das aber nur gelten, wenn auf diese Weise ein verspätet eingeleitetes Zustimmungsverfahren nach § 103 Abs. 1 BetrVG geheilt werden sollte. Hat dagegen der Arbeitgeber den Betriebsrat rechtzeitig, nämlich spätestens am 10. Tag nach Bekanntwerden des Kündigungsgrundes, das Zustimmungsverfahren eingeleitet (oben Rn. 109), so wäre es pure Förmelei, einen vorzeitig gestellten (vorsorglichen) Zustimmungsersetzungsantrag als nicht heilbar anzusehen, wenn er noch rechtzeitig am 14. Tag analog § 626 Abs. 2 BGB (dazu unten Rn. 121) hätte gestellt werden können.[285] Ist dagegen der Betriebsrat nach § 103 Abs. 1 BetrVG nicht ordnungsgemäß beteiligt worden, wird ein Zustimmungsersetzungsantrag nach § 103 Abs. 2 BetrVG nicht dadurch zulässig, daß jetzt nachträglich die Zustimmung des Betriebsrats beantragt wird.[286]

119 Bei **Kampfkündigungen** während des Arbeitskampfes (oben Rn. 102f.), bei **Funktionsunfähigkeit des Betriebsrats** (oben Rn. 104) oder **betriebsratslosem Betrieb** (oben Rn. 106) findet die gerichtliche Ersetzung der Zustimmung auch ohne vorherige Einschaltung des Betriebsrats statt.

120 Für die Zustimmungsersetzung findet nach § 2a Abs. 1 Nr. 1, Abs. 2 ArbGG das **Beschlußverfahren** statt. Beteiligte gemäß § 83 Abs. 3 ArbGG sind der Arbeitgeber, der Betriebsrat und nach § 103 Abs. 2 Satz 2 BetrVG (§§ 47 Abs. 1 Satz 3, 108 Abs. 1 Satz 3 BPersVG) stets auch der von der beabsichtigten Kündigung betroffene Arbeitnehmer.[287] Für diesen ist die Ver-

---

[283] BAG 7. 5. 1986, AP Nr. 18 zu § 103 BetrVG 1972 unter II 2a mit krit. Anm. *Leipold* = SAE 1987, 58 mit krit. Anm. *Weiss;* KR-*Etzel* § 103 BetrVG Rn. 111; HaKo/*Fiebig* § 15 Rn. 192; *Richardi* § 103 Rn. 56; *Stege/Weinspach* § 103 Rn. 12b.

[284] BAG aaO. unter II 2b; ebenso *Becker-Schaffner* DB 1987, 2152; GK-BetrVG/*Kraft* § 103 Rn. 46.

[285] Ebenso *Germelmann/Matthes/Prütting* § 81 Rn. 38.

[286] BAG 24. 10. 1996, AP Nr. 32 zu § 103 BetrVG 1972; KR-*Etzel* § 103 BetrVG Rn. 111a; *Fitting* § 103 Rn. 21 und 27.

[287] Ebenso KR-*Etzel* § 103 BetrVG Rn. 114; *Fitting* § 103 Rn. 27b.

fahrensbeteiligung nicht Betriebsratstätigkeit;[288] daher besteht insoweit keine Kostentragungspflicht des Arbeitgebers nach § 40 Abs. 1 BetrVG.

Der gerichtliche Zustimmungsersetzungsantrag muß **innerhalb der zwei- 121 wöchigen Ausschlußfrist** des § 626 Abs. 2 BGB gestellt werden.[289] Diese Frist wird durch den Zustimmungsantrag beim Betriebsrat und dessen Zustimmungsverweigerung weder unterbrochen noch gehemmt.[290] Zwar verlangt § 626 Abs. 2 BGB nach seinem Wortlaut zwingend die Kündigung innerhalb von zwei Wochen, nicht nur deren Vorbereitung. Andererseits ist der Arbeitgeber aber nicht in der Lage, auch bei sofortiger Einleitung des Zustimmungsverfahrens nach § 103 Abs. 1 BetrVG die Kündigung innerhalb der Zwei-Wochen-Frist zu erklären, wenn zuvor das gerichtliche Zustimmungsersetzungsverfahren nach § 103 Abs. 2 BetrVG schlimmstenfalls bis zur 3. Instanz durchgeführt werden muß. Wesentlich ist daher, daß nur eine gerichtliche Geltendmachung des Kündigungsrechts geeignet ist, die Ausübung eines fristgebundenen Rechts zeitlich bis zur rechtskräftigen Entscheidung des Gerichts zu verschieben. Das entspricht einem allgemeinen Rechtsgedanken, der im Recht der Verjährung (§ 209 BGB) Ausdruck gefunden hat, auch wenn die Verjährungsregeln im übrigen bei Ausschlußfristen nur mit Vorsicht analog anwendbar sind. Diese gerichtliche Geltendmachung ist nach § 103 Abs. 2 Satz 1 BetrVG nur in der Form des Antrags auf Zustimmungsersetzung möglich. Deshalb entspricht diese Lösung am besten dem Zweck des § 626 Abs. 2 BGB, im Interesse des zu Kündigenden alsbald die Kündigungsabsicht klarzustellen, der durch die Beteiligung des betroffenen Arbeitnehmers im Zustimmungsersetzungsverfahren nach § 103 Abs. 2 Satz 2 BetrVG (§§ 47, 108 jeweils Abs. 1 Satz 3 BPersVG) Rechnung getragen wird.

Mit dem Antrag auf Ersetzung der Zustimmung zur Kündigung kann **122** beim Zusammentreffen von Amtspflicht- und Vertragspflichtverletzung (dazu oben Rn. 90) **hilfsweise der Antrag auf Ausschluß** des Arbeitnehmers aus dem Betriebsrat nach § 23 Abs. 1 BetrVG verbunden werden.[291]

b) Im Verfahren zur Ersetzung der Zustimmung hat das Gericht darüber **123** zu befinden, ob ein **wichtiger Grund für eine außerordentliche Kündi-**

---

[288] BAG 3. 4. 1979, AP Nr. 16 zu § 40 BetrVG 1972; APS/*Böck* § 103 BetrVG Rn. 48.
[289] Heute ganz h. M.; BAG 24. 4. 1975, AP Nr. 3 zu § 103 BetrVG 1972 unter II 6 b mit zust. Anm. *G. Hueck* = AR-Blattei Betriebsverfassung IX Entsch. 25 mit Anm. *Hanau* = EzA § 103 BetrVG 1972 Nr. 8 mit Anm. *Dütz* = SAE 1977, 3 mit Anm. *Rüthers;* BAG 18. 8. 1977, AP Nr. 10 zu § 103 BetrVG 1972 mit zust. Anm. *G. Hueck* = AR-Blattei Betriebsverfassung IX Entsch. 32 mit Anm. *Hanau* = EzA § 103 BetrVG 1972 Nr. 20 mit Anm. *Herschel* = SAE 1979, 194 mit Anm. *Richardi;* BAG 7. 5. 1986, AP Nr. 18 zu § 103 BetrVG 1972 mit krit. Anm. *Leipold* = SAE 1987, 58 mit krit. Anm. *Weiss;* BAG 10. 12. 1992, AP Nr. 4 zu § 87 ArbGG 1979 unter II 2; BAG 24. 10. 1996, AP Nr. 32 zu § 103 BetrVG 1972; APS/*Böck* § 103 BetrVG Rn. 22; KR-*Etzel* § 103 BetrVG Rn. 113; *Fitting* § 103 Rn. 21; *Hess/Schlochauer/Glaubitz* § 103 Rn. 43; *Kittner/Däubler/Zwanziger* § 103 BetrVG Rn. 40; GK-BetrVG/*Kraft* § 103 Rn. 56; *Richardi* § 103 Rn. 50; *Stege/Weinspach* § 103 Rn. 14; – abweichend *K. Schmidt* RdA 1973, 295; *Weisemann* DB 1974, 2478.
[290] BAG 10. 12 1992, AP Nr. 4 zu § 87 ArbGG 1979.
[291] BAG 21. 2. 1978, AP Nr. 1 zu § 74 BetrVG 1972 mit Anm. *Löwisch* = SAE 1979, 59 mit Anm. *Bohn;* KR-*Etzel* § 103 BetrVG Rn. 112; *Fitting* § 23 Rn. 22, § 103 Rn. 28; *Hess/Schlochauer/Glaubitz* § 23 Rn. 26, § 103 Rn. 29; *Kittner/Däubler/Zwanziger* § 103 BetrVG Rn. 45; – abweichend *Richardi* § 103 Rn. 44; GK-BetrVG/*Wiese/Oetker* § 23 Rn. 73: Kumulativ.

gung nach Abs. 1–3 in dem oben (Rn. 86 ff.) behandelten Sinn vorliegt. Die Entscheidung betrifft somit keine Ermessensfrage, sondern ausschließlich eine **Rechtsfrage.** Diese bezieht sich auf die Prüfung, ob ein wichtiger Grund i. S. d. § 626 Abs. 1 BGB besteht. Damit nimmt das Zustimmungsersetzungsverfahren praktisch den Kündigungsschutzprozeß vorweg.[292] Kommt das Gericht zu dem Ergebnis, daß ein wichtiger Kündigungsgrund und die übrigen Voraussetzungen vorliegen, so hat es die Zustimmung zu ersetzen.

124 Da die Entscheidung im Beschlußverfahren erfolgt, sind nach § 83 ArbGG die für den wichtigen Kündigungsgrund **maßgebenden Tatsachen** von Amts wegen zu ermitteln. Dazu hebt § 103 Abs. 2 Satz 2 BetrVG ausdrücklich die umfassende Berücksichtigung aller Umstände hervor. Allerdings darf dabei nicht außer acht gelassen werden, daß das Gericht normalerweise nur die vom Betriebsrat verweigerte Zustimmung ersetzen, nicht aber primär diese Zustimmung erteilen soll. Gegenstand des Verfahrens ist daher nur die fristlose Kündigung, zu welcher der Arbeitgeber die Zustimmung des Betriebsrats begehrt hat. Alle dafür maßgebenden Umstände, aber auch nur diese, sind zu ermitteln und der Entscheidung zugrunde zu legen. Da es der Arbeitgeber in der Hand hat, auf welchen Sachverhalt er die beabsichtigte Kündigung stützen will, bleiben Umstände, die er selbst nicht zu deren Rechtfertigung heranzieht, auch dann außer Betracht, wenn sie im Verfahren bekannt geworden sind.[293] Zur Berücksichtigung einer im Laufe des Verfahrens eingetretenen Schwangerschaft siehe LAG Frankfurt a. M. DB 1988, 867.

125 c) Andererseits kann der Arbeitgeber jederzeit weitere neue Umstände zur Rechtfertigung der Kündigung vorbringen **(Nachschieben von Kündigungsgründen),** und zwar auch solche, die erst nach Einleitung des Verfahrens entstanden oder bekanntgeworden sind. Da die Kündigung noch nicht ausgesprochen ist, können grundsätzlich alle zu ihrer Rechtfertigung geeigneten Umstände in dieser Weise Berücksichtigung finden. Allerdings setzt das voraus, daß der Arbeitgeber jeweils **vorher den Betriebsrat damit befaßt,** d. h. vergeblich versucht hat, im Hinblick auf den nachgeschobenen Grund dessen Zustimmung zur Kündigung zu erlangen (oben Rn. 111). Denn da das Gericht nur die verweigerte Zustimmung des Betriebsrats zu ersetzen hat, muß diesem jeweils vorher Gelegenheit zu erneuter Entscheidung gegeben worden sein.[294] Das gilt auch für solche Umstände, die im gerichtlichen

---

[292] BAG 22. 8. 1974, AP Nr. 1 zu § 103 BetrVG 1972 mit Anm. *G. Hueck* = AR-Blattei Betriebsverfassung IX Entsch. 20 mit Anm. *Herschel* = SAE 1975, 213 mit Anm. *Kraft;* BAG 24. 4. 1975, AP Nr. 3 zu § 103 BetrVG 1972 unter II 3 a mit Anm. *G. Hueck* = AR-Blattei Betriebsverfassung IX Entsch. 25 mit Anm. *Hanau* = EzA § 103 BetrVG 1972 Nr. 8 mit Anm. *Dütz* = SAE 1977, 3 mit Anm. *Rüthers;* BAG 27. 1. 1977, AP Nr. 7 zu § 103 BetrVG 1972; KR-*Etzel* § 103 BetrVG Rn. 115; HaKo/*Fiebig* § 15 Rn. 195; *Fitting* § 103 Rn. 27 b; *Hess/Schlochauer/Glaubitz* § 103 Rn. 49; GK-BetrVG/*Kraft* § 103 Rn. 44; *Richardi* § 103 Rn. 58.
[293] BAG 27. 1. 1977, AP Nr. 7 zu § 103 BetrVG 1972; KR-*Etzel* § 103 BetrVG Rn. 116; HaKo/*Fiebig* § 15 Rn. 195; *Fitting* § 103 Rn. 27 b; *Hess/Schlochauer/Glaubitz* § 103 Rn. 49; *Richardi* § 103 Rn. 60.
[294] BAG 22. 8. 1974, AP Nr. 1 zu § 103 BetrVG 1972 mit zust. Anm. *G. Hueck* = AR-Blattei Betriebsverfassung IX Entsch. 20 mit Anm. *Herschel* = EzA § 103 BetrVG 1972 Nr. 6 mit krit. Anm. *Schlüter* = SAE 1975, 213 mit Anm. *Kraft;* BAG 27. 5. 1975, AP Nr. 4 zu § 103 BetrVG 1972 mit zust. Anm. *G. Hueck* = EzA § 103 BetrVG 1972 Nr. 9 mit krit.

Unzulässigkeit der Kündigung 126–128 § 15

Verfahren zur Sprache gekommen oder sogar entstanden sind, und zwar auch dann, wenn daraufhin der Prozeßvertreter des Betriebsrats im Einvernehmen mit dem Betriebsratsvorsitzenden den Antrag auf Ablehnung der Zustimmungsersetzung weiterverfolgt; denn das ersetzt nicht die unerläßliche Beschlußfassung des Betriebsrats oder seines zuständigen Ausschusses.[295]

Anders ist es naturgemäß dann, wenn ausnahmsweise die gerichtliche Ersetzung der Zustimmung **ohne vorherige Befassung des Betriebsrats** beantragt werden kann (zu diesen Fällen oben Rn. 102 ff.). In diesen Fällen kann der Arbeitgeber weitere Kündigungsgründe unmittelbar im gerichtlichen Verfahren nachschieben. 126

d) Endet vor Abschluß des gerichtlichen Zustimmungsersetzungsverfahrens das Amt des Betriebsratsmitglieds oder sonstigen Amtsträgers (dazu oben Rn. 37 ff.), so entfällt mit dem Ende des vollen besonderen Kündigungsschutzes das Zustimmungserfordernis für die außerordentliche Kündigung nach § 103 BetrVG; während der Nachwirkung des besonderen Kündigungsschutzes ist die Zustimmung nicht erforderlich (oben Rn. 97). Dasselbe gilt für Wahlbewerber, die nicht gewählt worden sind, von der Bekanntgabe des Wahlergebnisses an (oben Rn. 41), während erfolgreichen Wahlbewerbern dann der Kündigungsschutz für ihr neues Amt zusteht. Mit dem **Wegfall des Zustimmungserfordernisses** wird das Verfahren zur Zustimmungsersetzung gegenstandslos; der entsprechende Antrag ist unbegründet.[296] Der Arbeitgeber kann nunmehr ohne Zustimmung außerordentlich kündigen. Der dafür an sich erforderlichen Anhörung des Betriebsrats nach § 102 Abs. 1 BetrVG ist bereits durch das Zustimmungsverfahren nach § 103 Abs. 1 BetrVG genügt.[297] Zwar hat die Stellungnahme des Betriebsrats hier ein anderes Gewicht als dort, doch ist die Befassung des Betriebsrats mit der außerordentlichen Kündigung der Sache nach nicht so verschieden, daß das Verfahren wiederholt werden müßte.[298] 127

Das Zustimmungsersetzungsverfahren wird auch dann gegenstandslos, wenn vor seinem Abschluß das **Arbeitsverhältnis des betroffenen Arbeitnehmers endet.** In diesem Fall entfällt nicht nur mit dem Amt das Zustimmungserfordernis, sondern es bedarf auch keiner Kündigung mehr; ein gleichwohl gestellter oder weiter verfolgter Antrag ist unbegründet.[299] 128

Anm. *Dütz* = SAE 1977, 8 mit Anm. *Rüthers;* BAG 27. 1. 1977, AP Nr. 7 zu § 103 BetrVG 1972; KR-*Etzel* § 103 BetrVG Rn. 118; HaKo/*Fiebig* § 15 Rn. 196; *Fitting* § 103 Rn. 27 a; *Hess/Schlochauer/Glaubitz* § 103 Rn. 47; *Kittner/Däubler/Zwanziger* § 15 KSchG Rn. 53; GK-BetrVG/*Kraft* § 103 Rn. 49; *Richardi* § 103 Rn. 61; *Stege/Weinspach* § 103 Rn. 12.
[295] BAG 27. 5. 1975, AP Nr. 4 zu § 103 BetrVG 1972.
[296] BAG 30. 5. 1978, AP Nr. 4 zu § 15 KSchG 1969 mit zust. Anm. *G. Hueck* = AR-Blattei Betriebsverfassung IX Entsch. 39 mit Anm. *Hanau* = SAE 1979, 235 mit Anm. *Thiele;* KR-*Etzel* § 103 BetrVG Rn. 131; *Fitting* § 103 Rn. 32; *Hess/Schlochauer/Glaubitz* § 103 Rn. 50; *Richardi* § 103 Rn. 65; – abweichend DKK-*Kittner* § 103 Rn. 155.
[297] Ebenso *Richardi* § 103 Rn. 66.
[298] Ebenso KR-*Etzel* § 103 BetrVG Rn. 131.
[299] Dazu BAG 10. 2. 1977, AP Nr. 9 zu § 103 BetrVG 1972 für einen Fall der Beendigung nach § 10 AÜG; *Richardi* § 103 Rn. 68.

VII. Zeitpunkt der Kündigungserklärung

1. Problematik

129 Liegt ein wichtiger Grund für eine außerordentliche Kündigung vor und ist die Zustimmung vom Betriebsrat (Personalrat) erteilt oder gerichtlich ersetzt, so sind die Anforderungen erfüllt, die Abs. 1–3 jeweils Satz 1 an eine zulässige fristlose Kündigung stellen. Bei der Bestimmung des richtigen Zeitpunkts für die Abgabe einer wirksamen Kündigungserklärung bereitet jedoch das **Zusammenwirken von § 626 Abs. 2 BGB, § 15 KSchG und § 103 BetrVG** bzw. §§ 47 Abs. 1, 108 Abs. 1 BPersVG erhebliche Schwierigkeiten, für deren Bewältigung allerdings die Rechtsprechung des BAG in Übereinstimmung mit der h. M. in der Literatur inzwischen ein zwar kompliziertes, aber nahezu geschlossenes und folgerichtiges System entwickelt hat.[300] Dabei geht es darum, ob der Arbeitgeber in diesem Zusammenhang an die zweiwöchige Ausschlußfrist des § 626 Abs. 2 BGB gebunden ist, und weiter, ob er die Kündigung erst aussprechen darf, wenn die Zustimmung des Betriebsrats (Personalrats) erteilt oder gerichtlich ersetzt ist, oder ob auch die nachträgliche Zustimmung zu einer bereits ausgesprochenen Kündigung möglich ist. Beide Fragen hängen zusammen: Hat der Betriebsrat (Personalrat) der Kündigung nicht zugestimmt, so wird eine rechtskräftige Zustimmungsersetzung im Gerichtswege kaum innerhalb von zwei Wochen zu erreichen sein; muß aber die Zustimmung bei Ausspruch der Kündigung vorliegen, so könnte die Einhaltung der Frist des § 626 Abs. 2 BGB problematisch werden. Nicht ganz zu Unrecht spricht *Ascheid*[301] von einer „regelrechten Fristenhetze".

2. Geltung des § 626 Abs. 2 BGB und Fristbeginn

130 a) Seit der Neufassung des § 15 durch das BetrVG 1972 war in den ersten Jahren außerordentlich umstritten, ob die Ausschlußfrist des § 626 Abs. 2 BGB auch im Bereich des besonderen Kündigungsschutzes gilt.[302] Inzwischen entspricht es ganz h. M., daß § 626 Abs. 2 BGB bei einer Kündigung nach den Abs. 1–3 jeweils Satz 1 grundsätzlich, wenn auch mit **gewissen Modifikationen Anwendung findet**.[303] Die Abs. 1–3 jeweils Satz 1 enthalten zwar nicht mehr wie früher die Verweisung auf § 626 BGB. Daraus kann aber nicht geschlossen werden, daß die Ausschlußfrist hier nicht gelten soll. Die Streichung des Hinweises auf § 626 BGB war allein deshalb notwendig geworden, weil der besondere Kündigungsschutz auch auf Mitglieder einer Bordvertretung und eines Seebetriebsrats erweitert worden ist, der sich nicht

---

[300] G. *Hueck* Festschrift BAG S. 268 ff.
[301] ErfK/*Ascheid* § 15 KSchG Rn. 32.
[302] Zum damaligen Meinungsstand ausführlich *Hueck* KSchG 10. Aufl., Rn. 54 f.
[303] St. Rspr., insbes. BAG 18. 8. 1977, AP Nr. 10 zu § 103 BetrVG 1972 mit Anm. G. *Hueck* = AR-Blattei Betriebsverfassung IX Entsch. 32 mit Anm. *Hanau* = EzA § 103 BetrVG 1972 Nr. 20 mit Anm. *Herschel* = SAE 1979, 194 mit Anm. *Richardi*; ErfK/*Ascheid* § 15 KSchG Rn. 32; *Becker-Schaffner* DB 1987, 2152; HK-KSchG/*Dorndorf* § 15 Rn. 104; KR-*Etzel* § 15 KSchG Rn. 30 f.; *Fitting* § 103 Rn. 17, 21, 27; *Hess/Schlochauer/Glaubitz* § 103 BetrVG Rn. 42; *Kittner/Däubler/Zwanziger* § 15 KSchG Rn. 46 f.; GK-BetrVG/*Kraft* § 103 Rn. 51 ff.; *Mareck* BB 1986, 1083; *Richardi* § 103 Rn. 47; *Stege/Weinspach* § 103 Rn. 14; *Witt* AR-Blattei SD 530.9 Rn. 146 a.

nach § 626 BGB, sondern nach §§ 64, 65 SeemG richtet. Zudem kann von § 15 auch die außerordentliche Kündigung eines Auszubildenden gemäß § 15 Abs. 4 BBiG oder eines Schwerbehinderten nach § 21 SchwbG erfaßt sein, die den genannten besonderen Regeln unterliegen. Deshalb war eine allgemeinere Fassung des § 15 erforderlich, ohne daß damit jedoch die jeweiligen besonderen Voraussetzungen, insbes. die Ausschlußfrist, geändert werden sollten.

b) Ist somit die fristlose Kündigung gegenüber den nach § 15 geschützten Personen an die zweiwöchige Ausschlußfrist des § 626 Abs. 2 BGB gebunden, so ist weiter nach dem **Beginn der Frist** zu fragen. Die heute h. M. wendet auch insoweit § 626 Abs. 2 BGB uneingeschränkt an (vgl. oben Rn. 130). Wie bei allen Arbeitnehmern beginnt die Zwei-Wochen-Frist auch für die nach § 15 geschützten Personen, wenn der Arbeitgeber Kenntnis der Tatsachen erlangt hat, die den wichtigen Kündigungsgrund ergeben. Denn Normzweck der Ausschlußfrist ist es, dem betroffenen Arbeitnehmer möglichst rasch darüber Klarheit zu verschaffen, ob ihm aus wichtigem Grund fristlos gekündigt wird oder nicht. Daran ändert sich auch nichts, wenn der Arbeitgeber das Zustimmungsverfahren oder das gerichtliche Zustimmungsersetzungsverfahren nach § 103 BetrVG einleiten muß (dazu oben Rn. 109); in einem solchen Fall beginnt die Ausschlußfrist des § 626 Abs. 2 BGB nicht etwa erst mit Abschluß dieser Verfahren (zu dieser früher vertretenen Auffassung analog § 4 Satz 4 siehe *Hueck* KSchG 10. Aufl. Rn. 55), sondern hat allein Einfluß auf die Einleitung dieser Verfahren. Durch den Zustimmungsantrag beim Betriebsrat bzw. den Zustimmungsersetzungsantrag beim Arbeitsgericht wird diese Frist weder unterbrochen noch gehemmt.[304]

3. Fristwahrung und Kündigungserklärung

a) Für die Rechtzeitigkeit der Kündigung nach Abs. 1–3 jeweils Satz 1 muß danach unterschieden werden, ob der Betriebsrat (Personalrat) die Zustimmung nach § 103 Abs. 1 BetrVG (§§ 47, 108 jeweils Abs. 1 BPersVG) erteilt hat oder nach § 103 Abs. 2 BetrVG das gerichtliche Zustimmungsersetzungsverfahren durchgeführt werden muß. Liegt die rechtzeitige **Zustimmung des Betriebsrats** (Personalrats) innerhalb von drei Tagen vor (oben Rn. 109), so muß die fristlose **Kündigung innerhalb der Zwei-Wochen-Frist** in unmittelbarer Anwendung des § 626 Abs. 2 BGB erklärt werden.[305] Bis zu diesem Zeitpunkt könnte der Betriebsrat seine Zustimmung sogar noch nachholen (oben Rn. 113).

---

[304] BAG 7. 5. 1986, AP Nr. 18 zu § 103 BetrVG 1972 unter II 3a; BAG 10. 12. 1992, AP Nr. 4 zu § 87 ArbGG 1979 unter II 2.
[305] St. Rspr., insbes. BAG 18. 8. 1977, AP Nr. 10 zu § 103 BetrVG 1972 mit Anm. G. *Hueck* = AR-Blattei Betriebsverfassung IX Entsch. 32 mit Anm. *Hanau* = EzA § 103 BetrVG 1972 Nr. 20 mit Anm. *Herschel* = SAE 1979, 194 mit Anm. *Richardi*; BAG 17. 9. 1981, AP Nr. 14 zu § 103 BetrVG 1972 unter I 2a; BAG 24. 10. 1996, AP Nr. 32 zu § 103 BetrVG 1972 unter II 1; ErfK/*Ascheid* § 15 KSchG Rn. 31; HK-KSchG/*Dorndorf* § 15 Rn. 105; KR-*Etzel* § 15 KSchG Rn. 32; *Fitting* § 103 BetrVG Rn. 26; *Hess/Schlochauer/Glaubitz* § 103 Rn. 42; *Kittner/Däubler/Zwanziger* § 15 KSchG Rn. 47; § 626 BGB Rn. 289; *Richardi* § 103 Rn. 52; *Staudinger/Preis* § 626 Rn. 287; *Stege/Weinspach* § 103 Rn. 14.

133 b) Mußte der Arbeitgeber wegen Zustimmungsverweigerung des Betriebsrats das gerichtliche Zustimmungsersetzungsverfahren nach § 103 Abs. 2 BetrVG durchführen (oben Rn. 118, 121), so kann für die Erklärung der Kündigung die Zwei-Wochen-Frist des § 626 Abs. 2 BGB regelmäßig nicht mehr eingehalten werden. In diesem Fall kann der Arbeitgeber nach Abs. 1–3 jeweils Satz 1 **erst dann kündigen,** wenn die Entscheidung des Arbeitsgerichts (Verwaltungsgerichts) über die **Ersetzung der Zustimmung rechtskräftig** geworden ist; eine vorher ausgesprochene Kündigung wäre unheilbar nichtig.[306] Zum Zeitpunkt der Rechtskraft gelten die allgemeinen Grundsätze.[307] Wird der Zustimmungsersetzungsantrag vom Gericht rechtskräftig abgewiesen, kann der Arbeitgeber nicht wirksam kündigen,[308] wohl aber u. U. ein Anschlußverfahren nach § 23 Abs. 1 BetrVG beantragen.

134 Mit der rechtskräftigen Entscheidung über die Ersetzung der Zustimmung nach § 103 Abs. 2 BetrVG (§§ 47, 108 jeweils Abs. 1 Satz 2 BPersVG) steht dem Arbeitgeber nicht eine erneute Zwei-Wochen-Frist zur Verfügung.[309] Vielmehr hat der Arbeitgeber **unverzüglich nach der rechtskräftigen Zustimmungsersetzung** die fristlose Kündigung zu erklären.[310] Das gleiche gilt, wenn der Betriebsrat während eines gerichtlichen Zustimmungsersetzungsverfahrens nachträglich seine Zustimmung nach § 103 Abs. 1 BetrVG erteilt.[311] Hat der Arbeitgeber Zweifel an der Rechtskraft der Entscheidung, muß er sich nach Ablauf der Rechtsmittelfrist unverzüglich beim Gericht erkundigen[312] und gegebenenfalls gemäß § 706 ZPO ein Rechtskraftzeugnis beantragen, um nicht wegen Verspätung ausgeschlossen zu sein oder wegen Verfrühung Nichtigkeit befürchten zu müssen.[313]

---

[306] BAG 11. 11. 1976, AP Nr. 8 zu § 103 BetrVG 1972 mit zust. Anm. *G. Hueck* = EzA § 103 BetrVG 1972 mit Anm. *Kraft* = SAE 1978, 96 mit Anm. *Grasmann;* BAG 30. 5. 1978, AP Nr. 4 zu § 15 KSchG 1969 mit zust. Anm. *G. Hueck* = AR-Blattei Betriebsverfassung IX Entsch. 39 mit Anm. *Hanau* = SAE 1979, 235 mit Anm. *Thiele;* BAG 9. 7. 1998, AP Nr. 36 zu § 103 BetrVG 1972; HK-KSchG/*Dorndorf* § 15 Rn. 106; KR-*Etzel* § 103 BetrVG Rn. 127, 135; *Fitting* § 103 Rn. 29; *Hess/Schlochauer/Glaubitz* § 103 Rn. 53; GK-BetrVG/*Kraft* § 103 Rn. 48; *Richardi* § 103 Rn. 74.

[307] *Grunsky* § 80 Rn. 50 ff.; siehe zu Sonderfällen BAG 25. 1. 1979, AP Nr. 12 zu § 103 BetrVG 1972 mit Anm. *Grunsky;* BAG 9. 7. 1998, AP Nr. 36 zu § 103 BetrVG 1972; außerdem *Mareck* BB 1986, 1084 sowie HK-KSchG/*Dorndorf* § 15 Rn. 107 im Falle einer Divergenzrechtsbeschwerde.

[308] *Fitting* § 103 Rn. 31; GK-BetrVG/*Kraft* § 103 Rn. 47.

[309] So aber *Fitting* § 103 Rn. 29; *Hess/Schlochauer/Glaubitz* § 103 Rn. 44.

[310] BAG 24. 4. 1975, AP Nr. 3 zu § 103 BetrVG 1972 mit zust. Anm. *G. Hueck* = AR-Blattei Betriebsverfassung IX Entsch. 25 mit Anm. *Hanau* = SAE 1977, 3 mit Anm. *Rüthers;* BAG 21. 10. 1983, AP Nr. 16 zu § 626 BGB Ausschlußfrist unter I 2 mit Anm. *V. Schmidt;* BAG 22. 1. 1987, AP Nr. 24 zu § 103 BetrVG 1972; ErfK/*Ascheid* § 15 KSchG Rn. 31 und 49; HK-KSchG/*Dorndorf* § 15 Rn. 107; KR-*Etzel* § 15 KSchG Rn. 32; § 103 BetrVG Rn. 136; *v. Hoyningen-Huene* BetrVR § 14 V 2; *Kittner/Däubler/Zwanziger* § 626 Rn. 290; GK-BetrVG/*Kraft* § 103 Rn. 56; *Richardi* § 103 Rn. 53; *Stahlhacke/Preis/Vossen* Rn. 1013; *Staudinger/Preis* § 626 Rn. 287; *Stege/Weinspach* § 103 Rn. 14; *Witt* AR-Blattei SD 530.9 Rn. 148.

[311] BAG 17. 9. 1981, AP Nr. 14 zu § 103 BetrVG 1972 = AR-Blattei Betriebsverfassung IX Entsch. 53 mit Anm. *Hanau* = AuR 1983, 156 mit Anm. *Grunsky* = JuS 1983, 232 mit Anm. *Reuter* = SAE 1982, 309 mit Anm. *Peterek.*

[312] ArbG Wiesbaden 11. 1. 1978, DB 1978, 796.

[313] Vgl. ArbG Berlin 3. 11. 1988, DB 1989, 486; KR-*Etzel* § 103 BetrVG Rn. 136; *Fitting* § 103 Rn. 29; *Mareck* BB 1986, 1084.

Das Erfordernis der unverzüglichen, also ohne schuldhafte Verzögerung 135
vorzunehmenden Kündigung **begründet** die h. M. (oben Rn. 134) in überzeugender Weise mit einer Analogie zu § 21 Abs. 5 SchwbG, der die sachlich in dieser Beziehung ganz entsprechende Lage bei der zustimmungsbedürftigen Kündigung gegenüber Schwerbehinderten ausdrücklich in diesem Sinn regelt. Das entspricht der auch hier gegebenen Interessenlage; denn der Arbeitgeber bedarf nach rechtskräftigem Abschluß des von ihm selbst betriebenen Zustimmungsersetzungsverfahrens keiner erneuten Überlegungsfrist mehr, während auf der anderen Seite der betroffene Arbeitnehmer ein erhebliches Interesse daran hat, daß die Klärung seiner Lage nunmehr nicht unnötig noch weiter verzögert wird.

VIII. Kündigungsschutz bei fristloser Kündigung

1. Überblick

Erfüllt die fristlose Kündigung nicht alle **Wirksamkeitserfordernisse,** so 136
verstößt die **Kündigung** gegen das Gesetz und ist deshalb **nichtig** (§ 134 BGB; dazu oben Rn. 74). Für das Fehlen des wichtigen Kündigungsgrundes wie auch für die Versäumung der Ausschlußfrist des § 626 Abs. 2 BGB gilt im Bereich des § 15 dasselbe wie bei allen anderen Arbeitsverhältnissen. Fehlt beim Ausspruch der Kündigung die Zustimmung des Betriebs- oder Personalrats und ist sie auch nicht bis zu diesem Zeitpunkt durch rechtskräftige gerichtliche Entscheidung ersetzt, so ist die Kündigung gleichfalls nichtig, weil ihr damit eine nach Abs. 1–3 jeweils Satz 1 unerläßliche Wirksamkeitsvoraussetzung fehlt; eine nachträgliche Heilung durch spätere Zustimmung ist nicht möglich (siehe oben Rn. 93f.). Bei der **Geltendmachung eines Mangels** der Kündigung ist nach den verschiedenen Gründen zu unterscheiden.

2. Fehlende Zustimmung des Betriebsrats

Fehlt die Zustimmung des Betriebsrats oder Personalrats bei Ausspruch der 137
Kündigung, obwohl sie nach dem oben (Rn. 93) Ausgeführten erforderlich ist, und ist sie auch nicht vorher gerichtlich ersetzt worden (oben Rn. 118), so kann die Nichtigkeit der Kündigung in jeder beliebigen Form geltend gemacht werden. Da es sich um einen **sonstigen Nichtigkeitsgrund** i. S. des § 13 Abs. 3 handelt, bedarf es keiner Kündigungsschutzklage unter Einhaltung der Klageerhebungsfrist nach § 4.[314] Das hat zur Folge, daß auch keine Möglichkeit zur Auflösung des Arbeitsverhältnisses gegen Abfindung gemäß § 13 Abs. 1 Satz 3 möglich ist (dazu oben § 13 Rn. 93).[315] Zur Frage der Abfindung, wenn der betroffene Arbeitnehmer neben der fehlenden Zustimmung des Betriebsrats auch das Fehlen eines wichtigen Kündigungsgrundes rügt, siehe unten Rn. 141.

---

[314] ErfK/*Ascheid* § 15 KSchG Rn. 47; APS/*Böck* § 15 KSchG Rn. 189; HK-KSchG/*Dorndorf* § 15 Rn. 110; KR-*Etzel* § 15 KSchG Rn. 38f.; HaKo/*Fiebig* § 15 Rn. 213; *Löwisch* § 15 Rn. 71.
[315] BAG 9. 10. 1979, AP Nr. 4 zu § 9 KSchG 1969 mit Anm. *G. Hueck; Fitting* § 103 Rn. 43; *Kittner/Däubler/Zwanziger* § 15 KSchG Rn. 44; *Richardi* § 103 Rn. 80.

3. Wichtiger Kündigungsgrund und Ausschlußfrist

138 a) Etwas anderes gilt dagegen, wenn der **wichtige Kündigungsgrund fehlt** oder, was dem rechtlich gleichsteht (oben § 13 Rn. 15), die **Ausschlußfrist** des § 626 Abs. 2 BGB **nicht eingehalten** worden ist. Zwar wird dieser Mangel keineswegs durch eine trotzdem erteilte Zustimmung des Betriebsrats geheilt; auch wird die Geltendmachung dadurch nicht etwa ausgeschlossen. Aber in diesem Fall ist § 13 Abs. 1 anzuwenden, der auf § 4 Satz 1 und §§ 5–7 verweist. Danach muß die Unwirksamkeit der außerordentlichen Kündigung wegen Fehlens eines wichtigen Grundes durch **Kündigungsschutzklage binnen drei Wochen** geltend gemacht werden, anderenfalls wird die Unwirksamkeit geheilt (dazu oben § 13 Rn. 13 ff.). Das entspricht heute ganz h. M.[316]

139 Gegen diese **fast allgemeine Ansicht** wird zwar vorgebracht, es liege in Wahrheit Nichtigkeit wegen eines Verstoßes gegen ein gesetzliches Verbot, nämlich § 15, vor, so daß § 13 Abs. 3 anzuwenden sei. Dazu wird darauf hingewiesen, daß § 15 in seiner heutigen Fassung keine Verweisung auf den 1. Abschnitt des KSchG enthalte, sondern eine abgeschlossene Regelung des besonderen Kündigungsschutzes für den dort genannten Personenkreis darstelle.[317] Hierbei wird aber übersehen, daß § 15 lediglich die Kündigung für den geschützten Personenkreis auf die Fälle der fristlosen Kündigung beschränkt, dabei ist zwar bei § 15 die Zustimmung des Betriebs- oder Personalrats nach § 103 BetrVG, §§ 47 Abs. 1, 108 Abs. 1 BPersVG erforderlich, diese entfällt jedoch bereits in der ebenfalls in § 15 geregelten Nachwirkungszeit. Damit stimmt diese Regelung mit dem allgemein geltenden Recht in der Sache überein. Es liegt auch sachlich kein Grund vor, die nach § 15 geschützten Personen von der Pflicht zu befreien, das Fehlen des wichtigen Kündigungsgrundes fristgebunden geltend zu machen. Das Bedürfnis nach schneller Klärung der Gültigkeit der Kündigung besteht bei ihnen ebenso wie bei anderen Arbeitnehmern; es hat im Hinblick auf die Notwendigkeit, die richtige Besetzung der betriebs- und personalverfassungsrechtlichen Arbeitnehmervertretungen festzustellen, eher noch größeres Gewicht.

140 b) Die Anwendung von § 13 Abs. 1 führt dazu, daß dem betroffenen Arbeitnehmer nach § 13 Abs. 1 Satz 3 auch das Recht zusteht, die **Auflösung des Arbeitsverhältnisses gegen Abfindung** zu beantragen.[318] Über Einzelheiten zur Anwendung von § 13 Abs. 1 Satz 3 vgl. oben § 13 Rn. 17 ff.

---

[316] BAG 23. 1. 1958, AP Nr. 11 zu § 13 KSchG mit zust. Anm. *A. Hueck* = AR-Blattei Betriebsverfassung IX Entsch. 7 mit Anm. *Molitor* = AuR 1959, 27 mit zust. Anm. *Frey* = BABl. 1959, 73 mit Anm. *Trieschmann* = SAE 1958, 129 mit Anm. *Bohn; Bieback* AuR 1977, 331; APS/*Böck* § 15 KSchG Rn. 190 f.; HK-KSchG/*Dorndorf* § 15 Rn. 108; KR-*Etzel* § 15 KSchG Rn. 41; HaKo/*Fiebig* § 15 Rn. 214; *Hess/Schlochauer/Glaubitz* § 103 Rn. 23; Kittner/Däubler/Zwanziger § 15 KSchG Rn. 48; GK-BetrVG/*Kraft* § 103 Rn. 58; *Löwisch* § 15 Rn. 72; *Richardi* Anh. zu § 103 Rn. 19; *Stege/Weinspach* § 103 Rn. 16; *Wilhelm* NZA Beil. 3/1988, 28 f.

[317] *Fitting* § 103 Rn. 42.

[318] H. M.; BAG 23. 1. 1958 wie Rn. 138; HK-KSchG/*Dorndorf* § 15 Rn. 109; KR-*Etzel* § 15 KSchG Rn. 42; *Hess/Schlochauer/Glaubitz* § 103 Rn. 24; Kittner/Däubler/Zwanziger § 15 KSchG Rn. 48; *Löwisch* § 15 Rn. 72; *Richardi* Anh. zu § 103 Rn. 20; – abweichend *Fitting* § 103 Rn. 43.

Hat der betroffene Arbeitnehmer die fehlende Zustimmung des Betriebs- 141
rats gerügt (oben Rn. 137), kann er sich gleichzeitig auch auf das Fehlen eines
wichtigen Kündigungsgrundes berufen und im Zusammenhang damit den
Antrag nach § 13 Abs. 1 Satz 3 stellen.[319] Es besteht kein Grund, dem Arbeitnehmer diese Möglichkeit deshalb zu versagen, weil außer dem Fehlen
des wichtigen Kündigungsgrundes mit dem Mangel der Zustimmung noch
ein weiterer Nichtigkeitsgrund vorliegt (dazu allgemein § 9 Rn. 14). Voraussetzung ist allerdings, daß das Fehlen des wichtigen Grundes rechtzeitig
nach § 4 Satz 1 bzw. §§ 5, 6 geltend gemacht worden ist, wobei es nach § 6
jedoch genügt, wenn innerhalb der Drei-Wochen-Frist zunächst nur Klage
wegen der fehlenden Zustimmung erhoben, dann aber vor Schluß der mündlichen Verhandlung erster Instanz auch das Fehlen des Kündigungsgrundes
geltend gemacht worden ist.

4. Kündigungsschutzklage und Zustimmungsersetzungsverfahren

Eine Besonderheit ergibt sich für die Kündigungsschutzklage des Arbeit- 142
nehmers, wenn die Zustimmung des Betriebsrats nach § 103 Abs. 2 BetrVG
durch das Arbeitsgericht ersetzt worden ist; ebenso bei Ersetzung der Zustimmung des Personalrats durch das Verwaltungsgericht nach §§ 47 Abs. 1,
108 Abs. 1 BPersVG. Dann hatte nämlich das Gericht bereits im Beschlußverfahren das Vorliegen des wichtigen Kündigungsgrundes zu prüfen und
dabei, wie das Gesetz jeweils ausdrücklich vorschreibt, alle dafür maßgebenden Umstände zu berücksichtigen (oben Rn. 123). Da der betroffene Arbeitnehmer auch als Beteiligter am Beschlußverfahren teilgenommen hat,
erscheint es fraglich, ob er gleichwohl nach Ausspruch der Kündigung erneut, nunmehr durch Kündigungsschutzklage das Fehlen des wichtigen
Grundes gerichtlich geltend machen kann. Obwohl das zu einer Verdopplung des Verfahrens führt, wird die **Zulässigkeit der Klage** heute ganz allgemein bejaht.[320] Das entspricht auch der Intention des Gesetzgebers.[321]
Gleichwohl wird diese Regelung vielfach als unglücklich empfunden.[322]
Dennoch kann man im Hinblick auf den unterschiedlichen Streitgegenstand
der beiden Verfahren der Ansicht nicht folgen, welche die Klage des Arbeitnehmers wegen fehlenden Rechtsschutzbedürfnisses für unzulässig hält.[323]
Denn im Zustimmungsersetzungsverfahren hat das Arbeitsgericht nur über
die Zulässigkeit der fristlosen Kündigung zu entscheiden, noch nicht aber
über die Wirksamkeit der bisher noch nicht erklärten Kündigung.

---

[319] Ebenso APS/*Böck* § 15 Rn. 192; HK-KSchG/*Dorndorf* § 15 KSchG Rn. 109; KR-*Etzel* § 15 KSchG Rn. 38; *Richardi* § 103 Rn. 80.
[320] BAG 24. 4. 1975, AP Nr. 3 zu § 103 BetrVG 1972 unter II 1 mit Anm. G. *Hueck* = AR-Blattei Betriebsverfassung IX Entsch. 25 mit Anm. *Hanau* = EzA § 103 BetrVG 1972 Nr. 8 mit Anm. *Dütz* = SAE 1977, 3 mit Anm. *Rüthers;* ErfK/*Ascheid* § 15 KSchG Rn. 50; *ders.* FS Hanau S. 686 f.; APS/*Böck* § 103 BetrVG Rn. 42; HK-KSchG/*Dorndorf* § 15 Rn. 172; KR-*Etzel* § 103 BetrVG Rn. 137 ff.; *Fitting* § 103 Rn. 30; *Hess/Schlochauer/Glaubitz* § 103 Rn. 57; GK-BetrVG/*Kraft* § 103 Rn. 58 ff.; *Richardi* § 103 Rn. 76; *Stahlhacke/Preis/Vossen* Rn. 1019.
[321] Vgl. Begründung, BT-Drucks. VI/1786 S. 53.
[322] Dazu *Hanau* BB 1971, 490.
[323] So *Adomeit* DB 1971, 2364.

143 Dagegen wird die Klage infolge der auf Präjudizialität beruhenden Präklusionswirkung der rechtskräftigen Entscheidung im vorausgegangenen Beschlußverfahren regelmäßig **als unbegründet abzuweisen** sein,[324] denn das Arbeitsgericht hat im vorangegangenen Beschlußverfahren die Zulässigkeit der außerordentlichen Kündigung und damit das Vorliegen des wichtigen Grundes bejaht. An diese inhaltliche Feststellung ist das Arbeitsgericht im Kündigungsschutzprozeß gebunden, weil über dieselbe gegenständliche Streitfrage entschieden wird.[325]

144 Anders ist es jedoch, wenn der Arbeitnehmer mit der Kündigungsschutzklage **neue Tatsachen** geltend macht, die im Beschlußverfahren noch nicht berücksichtigt werden konnten, so beispielsweise auch die spätere Entkräftigung der Verdachtsmomente bei einer Verdachtskündigung[326] oder der verspätete Ausspruch der Kündigung nach rechtskräftiger Zustimmungsersetzung.[327] Ist der betroffene Arbeitnehmer entgegen § 103 Abs. 2 BetrVG, §§ 47 Abs. 1, 108 Abs. 1 BPersVG am Beschlußverfahren über die Ersetzung der Zustimmung **nicht beteiligt** gewesen (oben Rn. 120), so kann die Präklusionswirkung für ihn nicht eintreten.[328]

IX. Kündigung bei Stillegung des Betriebes (Abs. 4)

1. Begriff der Betriebsstillegung

145 a) Die Kündigung gegenüber den nach § 15 geschützten Personen ist ferner nach Abs. 4 zulässig, wenn der ganze Betrieb stillgelegt wird. Die Regelung macht eine Ausnahme von dem grundsätzlichen Kündigungsverbot des § 15, weil durch die Stillegung des Betriebes auch die Existenz des Betriebsrats beendet wird und daher eine Weiterbeschäftigung der Betriebsratsmitglieder nicht gerechtfertigt wäre.[329] Betriebsstillegung ist die **Aufgabe des Betriebszwecks und Auflösung der diesem Zweck dienenden Organisation** oder nach der in der Rechtsprechung seit langem gebräuchlichen Formulierung „die Auflösung der zwischen Arbeitgeber und Arbeitnehmern

---

[324] Ausführlich dazu BAG wie Rn. 142; BAG 21. 1. 1990, AP Nr. 28 zu § 103 BetrVG 1972 unter II 2 b, auch zu der Kostentragungspflicht; – außerdem BAG 3. 7. 1996, AP Nr. 3 zu § 84 ArbGG 1979 sowie *Dietz/Richardi* BPersVG § 47 Rn. 45 für die entsprechende Situation im öffentlichen Dienst.

[325] Ebenso BAG 11. 5. 2000, AP Nr. 42 zu § 103 BetrVG 1972 unter II 2 b; *Boemke* ZfA 1992, 504; KR-*Etzel* § 103 Rn. 139; *Fitting* § 103 Rn. 30; *v. Hoyningen-Huene* RdA 1992, 364; *Konzen* FS Zeuner S. 404; GK-BetrVG/*Kraft* § 103 Rn. 60; *R. Krause*, Rechtskrafterstreckung im kollektiven Arbeitsrecht 1996, S. 373 ff.; MünchArbR/*Matthes*, 1. Aufl. 1993, § 349 Rn. 25; *Prütting* RdA 1991, 260; *Richardi* § 103 Rn. 78; – abweichend *Ascheid* Kündigungsschutzrecht Rn. 697 ff. sowie *ders.* FS Hanau S. 698 ff. und ErfK/*Ascheid* § 15 KSchG Rn. 51, der wegen Annahme eines anderen Streitgegenstandes die erneute Überprüfbarkeit des Vorliegens eines wichtigen Grundes bejaht; ähnlich *Heinze* Personalplanung Rn. 673; *Helm/Müller* AiB 1999, 606; *Schultes* Anm. zu BAG EzA § 103 BetrVG 1972 Nr. 33.

[326] BAG 24. 4. 1975, AP Nr. 3 zu § 103 BetrVG 1972.

[327] *Kittner/Däubler/Zwanziger* § 15 KSchG Rn. 59.

[328] APS/*Böck* § 15 KSchG Rn. 43; HK-KSchG/*Dorndorf* § 15 Rn. 112; KR-*Etzel* § 103 BetrVG Rn. 140; *Galperin/Löwisch* § 103 Rn. 43; *Stahlhacke/Preis/Vossen* Rn. 1019; – vgl. aber BAG 3. 7. 1996, AP Nr. 3 zu § 84 ArbGG 1979.

[329] Vgl. *Hellmann* S. 27; *G. Müller* ZfA 1990, 609.

bestehenden Betriebs- und Produktionsgemeinschaft, die ihre Veranlassung und zugleich ihren sichtbaren Ausdruck darin findet, daß der Unternehmer die bisherige wirtschaftliche Betätigung in der ernstlichen Absicht einstellt, die Weiterverfolgung des bisherigen Betriebszwecks dauernd oder für eine ihrer Dauer nach unbestimmte, wirtschaftlich nicht unerhebliche Zeitspanne aufzugeben".[330] Der in Abs. 4 verwendete Begriff der Betriebsstillegung entspricht dem der Betriebsstillegung in §§ 106 Abs. 3 Nr. 6, 111 Satz 2 Nr. 1 BetrVG.

Maßgebend ist in erster Linie der **Wille des Unternehmers;** denn er bestimmt den Betriebszweck und kann ihn deshalb auch wieder aufgeben. Aber dieser Wille allein genügt nicht, sondern er muß nach außen zum Ausdruck kommen und zu einer **tatsächlichen Auflösung der Organisation** des Betriebes führen. Diese liegt noch nicht vor bei bloßer Produktionseinstellung („tatsächliche Betriebsstillegung"), auch nicht wenn der Arbeitgeber die Arbeitnehmer nur „nach Hause schickt", solange die Arbeitsverhältnisse weiterbestehen.[331] Dagegen steht die Weiterbeschäftigung einzelner Arbeitnehmer mit **Aufräumungsarbeiten** oder Arbeiten zur Erhaltung von technischen Einrichtungen der Annahme einer Betriebsstillegung nicht entgegen.[332]

Die **Stillegung** des Betriebes braucht **nicht notwendig endgültig** zu sein. Vielmehr sind mit dem Begriff der Stillegung der Wille, den Betrieb nach Wegfall des Stillegungsgrundes wieder zu eröffnen, und die Hoffnung auf baldigen Eintritt der Wiedereröffnungsmöglichkeit sehr wohl vereinbar.[333] Das kann freilich im Einzelfall schwierig festzustellen sein.[334] Nur darf nicht von vornherein die Wiederaufnahme des Betriebes nach so kurzer Zeit beabsichtigt sein, daß sie als Fortsetzung des bisherigen Betriebes erscheint und sich damit nur als Betriebsunterbrechung oder Betriebspause

---

[330] BAG 17. 9. 1957, AP Nr. 8 zu § 13 KSchG mit Anm. *Dietz;* BAG 6. 11. 1959, AP Nr. 15 zu § 13 KSchG mit Anm. *Dietz;* BAG 14. 10. 1982, AP Nr. 1 zu § 1 KSchG 1969 Konzern mit Anm. *Wiedemann* = AR-Blattei Kündigungsschutz Entsch. 233 mit Anm. *Herschel* = SAE 1984, 139 mit Anm. *Windbichler;* BAG 27. 9. 1984, AP Nr. 39 zu § 613a BGB = AR-Blattei Kündigungsschutz Entsch. 258 mit Anm. *Boldt* = SAE 1986, 147 mit Anm. *Wank;* BAG 3. 7. 1986, AP Nr. 53 zu § 613a BGB unter B III 1 mit Anm. *Loritz;* BAG 12. 2. 1987, AP Nr. 67 zu § 613a BGB unter II 1a; BAG 27. 2. 1987, AP Nr. 41 zu § 1 KSchG 1969 Betriebsbedingte Kündigung unter II 3 b; BAG 19. 6. 1991, EzA § 15 KSchG Betriebsbedingte Kündigung Nr. 70 unter II 1; ErfK/*Ascheid* § 15 KSchG Rn. 38; *Backmeister/Trittin* § 15 Rn. 129; *Bader/Dörner* § 15 Rn. 72; APS/*Böck* § 15 KSchG Rn. 160; HK-KSchG/*Dorndorf* § 15 Rn. 115; KR-*Etzel* § 15 KSchG Rn. 79; HaKo/*Fiebig* § 15 Rn. 102; *Fitting* § 1 Rn. 70, § 103 Rn. 12; *Hassenpflug* S. 11 ff.; *G. Hueck* Festschrift BAG S. 268; *Kittner/Däubler/Zwanziger* § 15 KSchG Rn. 61; *Löwisch* § 15 Rn. 54; *Richardi* Anh. zu § 103 Rn. 24; *Witt* AR-Blattei SD 530.9 Rn. 70.

[331] BAG 29. 3. 1977, AP Nr. 11 zu § 102 BetrVG 1972 mit Anm. *G. Hueck* = AR-Blattei Betriebsverfassung IX Entsch. 31 mit Anm. *Hanau* = SAE 1978, 87 mit Anm. *Thiele;* KR-*Etzel* § 15 KSchG Rn. 80 f.; *Weller* HwB AR 1130 Rn. 95.

[332] BAG 17. 9. 1957, AP Nr. 8 zu § 13 KSchG mit Anm. *Dietz;* BAG 14. 10. 1982, AP Nr. 1 zu § 1 KSchG 1969 Konzern mit Anm. *Wiedemann* = AR-Blattei Kündigungsschutz Entsch. 233 mit Anm. *Herschel* = SAE 1984, 139 mit Anm. *Windbichler;* KR-*Etzel* § 15 KSchG Rn. 81, 102a; *Nerreter* NZA 1995, 55; – kritisch *Hellmann* S. 88 ff.

[333] BAG 17. 9. 1957, AP Nr. 8 zu § 13 KSchG mit Anm. *Dietz.*

[334] Dazu BAG 23. 4. 1980, AP Nr. 8 zu § 15 KSchG 1969 mit Anm. *Meisel;* BAG 16. 6. 1987, AP Nr. 20 zu § 111 BetrVG 1972 mit Anm. *Löwisch/Göller* = AR-Blattei Betrieb Entsch. 15 mit Anm. *Richardi* = EzA § 111 BetrVG 1972 Nr. 21 mit Anm. *Preis* = SAE 1988, 138 mit Anm. *Otto.*

darstellt.³³⁵ Es darf insbesondere nicht lediglich eine Umstellung des Betriebes beabsichtigt sein, und erst recht darf die Schließung des Betriebes nicht nur den Zweck verfolgen, die aus dem KSchG sich ergebenden Kündigungsbeschränkungen zu beseitigen (Scheinstillegung). Dagegen schadet eine kurze Dauer der Stillegung dann nicht, wenn eine Stillegung auf unbestimmte oder jedenfalls längere Zeit beabsichtigt war, aber aus unvorhergesehenen Umständen schon bald eine Wiedereröffnung des Betriebes möglich wird. Allerdings spricht bei alsbaldiger Wiedereröffnung des Betriebes eine starke tatsächliche Vermutung gegen eine ernsthafte Stillegungsabsicht.

148 Auf den **Grund der Stillegung** kommt es nicht an. Voraussetzung für den Fortfall des Kündigungsschutzes ist, daß die Kündigung durch die Stillegung bedingt ist, nicht aber, daß die Stillegung ihrerseits erforderlich ist. Vielmehr hat darüber, ob der Betrieb stillgelegt werden soll, grundsätzlich der Betriebsinhaber im Rahmen seiner unternehmerischen Betätigung frei zu entscheiden.³³⁶ Die unternehmerische Entscheidungsfreiheit ist nur insoweit eingeschränkt, als die Maßnahme unsachlich oder willkürlich wäre (dazu auch oben § 1 Rn. 378 ff.).³³⁷ Zum **Zeitpunkt** und zur **Beweislast** eines Entschlusses zur Betriebsstillegung siehe BAG 23. 3. 1984, AP Nr. 38 zu § 1 KSchG 1969 Betriebsbedingte Kündigung, wonach der Arbeitgeber substantiiert auch die sog. greifbaren Formen darlegen muß (dazu § 1 Rn. 416 f.).

149 b) Eine bloße **Änderung des Betriebszwecks** unter Beibehaltung der Betriebsorganisation stellt keine Betriebsstillegung i. S. d. Abs. 4 dar (anders §§ 106 Abs. 3 Nr. 9, 111 Satz 2 Nr. 4 BetrVG). Denn in diesem Fall wird der Betrieb gerade nicht stillgelegt.³³⁸ Allerdings kann die Änderung des Betriebszwecks eine Stillegung darstellen, wenn mit ihm die Auflösung der alten und der Aufbau einer neuen Betriebsorganisation verbunden ist. Entscheidend ist dabei, ob die Identität der Belegschaft erhalten bleibt.³³⁹

150 Deshalb bedeutet auch die **Eröffnung eines Insolvenzverfahrens** als solche keine Betriebsstillegung, da der Betrieb vom Insolvenzverwalter weitergeführt werden kann und in sehr vielen Fällen zumindest vorläufig weitergeführt wird. Denn durch das Insolvenzverfahren ändert sich zunächst nur der Betriebszweck; er verwandelt sich vom „werbenden" zum „sterbenden" Betrieb.³⁴⁰

---

³³⁵ BAG 27. 9. 1984, AP Nr. 39 zu § 613a BGB unter B III 2 = AR-Blattei Kündigungsschutz Entsch. 258 mit Anm. *Boldt* = SAE 1986, 147 mit Anm. *Wank; ErfK/Ascheid* § 15 KSchG Rn. 39; *Backmeister/Trittin* § 15 Rn. 132; HK-KSchG/*Dorndorf* § 15 Rn. 117; KR-*Etzel* § 15 KSchG Rn. 88; *Hassenpflug* S. 30 ff.; *Kittner/Däubler/Zwanziger* § 15 KSchG Rn. 62; *Richardi* § 111 Rn. 55; *Witt* AR-Blattei SD 530.9 Rn. 75.
³³⁶ Ebenso HK-KSchG/*Dorndorf* § 15 Rn. 116; *Nerreter* NZA 1995, 55; *Stahlhacke/Preis/Vossen* Rn. 992.
³³⁷ BAG 27. 2. 1987, AP Nr. 41 zu § 1 KSchG 1969 Betriebsbedingte Kündigung unter II 3; enger noch BAG 17. 9. 1957, AP Nr. 8 zu § 13 KSchG mit insoweit krit. Anm. *Dietz*; wie hier KR-*Etzel* § 15 KSchG Rn. 92.
³³⁸ APS/*Böck* § 15 KSchG Rn. 164; KR-*Etzel* § 15 KSchG Rn. 81.
³³⁹ KR-*Etzel* § 15 KSchG Rn. 81; *Hellmann* S. 78; *Richardi* § 111 Rn. 100; *Weller* HwB AR 1130 Rn. 96.
³⁴⁰ Vgl. BAG 28. 4. 1988, AP Nr. 74 zu § 613a BGB; *Backmeister/Trittin* § 15 Rn. 139; *Bader/Dörner* § 15 Rn. 79; KR-*Etzel* § 15 KSchG Rn. 87; *Fitting* § 111 Rn. 36; *Richardi* § 111 Rn. 33, 58; – zur allmählichen Stillegung BAG 16. 9. 1982, AP Nr. 4 zu § 22 KO; *Hellmann* S. 77, 88 ff.

Unzulässigkeit der Kündigung 151–153 § 15

Eine **Betriebsverlegung** (vgl. §§ 106 Abs. 3 Nr. 7, 111 Satz 2 Nr. 2 **151** BetrVG) kann eine Betriebsstillegung bedeuten, wenn der Unternehmer die alte Belegschaft tatsächlich auflöst und am neuen Betriebssitz eine ganz neue aufbaut. Notwendig ist das aber keineswegs. Es kommt darauf an, ob die Identität des Betriebs erhalten bleibt, vor allem, ob ein nicht unerheblicher Teil der Arbeitnehmer an den neuen Betriebssitz übernommen wird.[341]

c) Die **Betriebs(-teil)veräußerung** als solche stellt keine Betriebsstille- **152** gung i. S. d. Abs. 4 dar, sofern der bisherige Betrieb vom Erwerber unter Beibehaltung seiner Identität weitergeführt wird. Das ergibt sich aus dem Umkehrschluß zu § 613 a BGB, der beim Betriebsübergang die Arbeitsverhältnisse und ebenso das Betriebsratsamt fortbestehen läßt.[342] Stillegung und Veräußerung schließen einander aus, weil der Erwerber eines Betriebes in die Rechte und Pflichten aus den im Zeitpunkt des Übergangs bestehenden Arbeitsverhältnissen eintritt.[343] Widerspricht allerdings das Betriebsratsmitglied dem Betriebsübergang (dazu oben Rn. 71), so kann ihm gegenüber eine Betriebsstillegung vorliegen, so daß sein Arbeitsverhältnis nach Abs. 4 gekündigt werden kann.[344] Das gleiche gilt für die Betriebsverpachtung.[345] Führt der Erwerber den Betrieb nicht fort und kündigt er allen Arbeitnehmern, so wird es sich im Zweifel um eine Betriebsstillegung handeln.[346] Eine derartige Stillegung nach Betriebsübergang kann auch durch den Pächter erfolgen.[347]

Werden nur **Betriebsteile** veräußert, bleibt der Restbetrieb bestehen,[348] so **153** daß eine Betriebsstillegung ausscheidet und eine Kündigung von geschützten

---

[341] BAG 6. 11. 1959, AP Nr. 15 zu § 13 KSchG mit Anm. *Dietz* = AuR 1960, 283 mit Anm. *Trieschmann* = BABl. 1960, 368 mit Anm. *Wlotzke* = SAE 1960, 99 mit Anm. *Lehna;* BAG 12. 2. 1987, AP Nr. 67 zu § 613 a BGB; *Backmeister/Trittin* § 15 Rn. 140; *Bader/ Dörner* § 15 Rn. 80; HK-KSchG/*Dorndorf* § 15 Rn. 123; KR-*Etzel* § 15 KSchG Rn. 85; *Fitting* § 111 Rn. 78; *Richardi* § 111 Rn. 84.
[342] ErfK/*Ascheid* § 15 KSchG Rn. 40; *Backmeister/Trittin* § 15 Rn. 138; *Bader/Dörner* § 15 Rn. 76; APS/*Böck* § 15 KSchG Rn. 167; HK-KSchG/*Dorndorf* § 15 Rn. 124; KR-*Etzel* § 15 KSchG Rn. 86, 125 a; *Kittner/Däubler/Zwanziger,* § 15 KSchG Rn. 64; *Löwisch* § 15 Rn. 57.
[343] BAG 23. 4. 1980, AP Nr. 8 zu § 15 KSchG 1969 unter III 1 mit Anm. *Meisel;* BAG 28. 4. 1988, AP Nr. 74 zu § 613 a BGB unter II mit Anm. *Hefermehl;* BAG 28. 9. 1988, AP Nr. 55 zu § 99 BetrVG 1972 unter B I 2a; BAG 25. 9. 1997, AP Nr. 39 zu § 15 KSchG 1969 unter B I 2; ErfK/*Ascheid* § 15 KSchG Rn. 40; *Fitting* § 111 Rn. 48; *Kreitner* Anm. zu BAG AP Nr. 81 zu § 613 a BGB unter 3; KR-*Pfeiffer* § 613 a BGB Rn. 30; *Richardi* § 111 Rn. 117; *Weller* HwB AR 1130 Rn. 97.
[344] Zutr. BAG 25. 5. 2000, NZA 2000, 1115 = EWiR § 613 a BGB 8/2000 mit Kurzkomm. *Joost; Annuß* DB 1999, 798; *Bader/Dörner* § 15 Rn. 76 f.; MünchArbR/*Berkowsky* § 157 Rn. 59 f.; APS/*Böck* § 15 KSchG Rn. 167; HK-KSchG/*Dorndorf* § 15 Rn. 124; HaKo/*Fiebig* § 15 Rn. 118; – vgl. auch BAG 20. 4. 1989, AP Nr. 81 zu § 613 a BGB mit Anm. *Kreitner* = AR-Blattei Betriebsinhaberwechsel Entsch. 83 mit Anm. *Hergenröder* = SAE 1991, 305 mit Anm. *Pietzko/Vogel* = EWiR 1989, 1189 mit Kurzkomm. *Joost;* BAG 18. 9. 1997, AP Nr. 35 zu § 103 BetrVG 1972 mit Anm. *Hilbrandt* = EzA § 15 KSchG n. F. Nr. 46 mit Anm. *Kraft;* KR-*Etzel* § 15 KSchG Rn. 86; *Gerauer* BB 1990, 1127; – abweichend *Däubler/Trümner* BetrVG § 1 Rn. 148.
[345] BAG 25. 2. 1981, AP Nr. 24 zu § 613 a BGB mit Anm. *Lüke.*
[346] BAG 24. 7. 1979, DB 1980, 164 mit Anm. *Gutbrod.*
[347] BAG 26. 2. 1987, AP Nr. 59 zu § 613 a BGB mit Anm. *Kraft;* BAG 17. 3. 1987, AP Nr. 18 zu § 111 BetrVG 1972.
[348] Vgl. dazu BAG 21. 10. 1980, AP Nr. 8 zu § 111 BetrVG 1972 mit Anm. *Seiter;* HK-KSchG/*Dorndorf* § 15 Rn. 126.

Personen nach Abs. 4 nicht in Betracht kommt.³⁴⁹ Eine Veränderung der Identität des Betriebes durch Betriebsteilung oder Zusammenschluß mehrerer Betriebe kann aber Einfluß auf die Amtszeit des Betriebsrats haben.³⁵⁰ Davon zu unterscheiden ist allerdings der Fall, daß zunächst der Betrieb endgültig i. S. d. Abs. 4 stillgelegt wird und erst anschließend einzelne Betriebseinrichtungen verkauft werden.³⁵¹

2. Zulässigkeit der ordentlichen Kündigung

154 a) Liegt eine Betriebsstillegung vor, so ist gegenüber den nach § 15 geschützten Personen auch eine **ordentliche Kündigung** möglich. Der Wortlaut des Abs. 4 ist allerdings nicht ganz eindeutig. Er sagt im Gegensatz zu früheren Regelungen (§ 96 BRG 1920, § 14 Abs. 2 AOG) nicht ausdrücklich, daß der besondere Kündigungsschutz bei Stillegung des Betriebes entfalle, sondern er bestimmt nur, wann im Falle der Stillegung die Kündigung frühestens zulässig ist. Da die grundlegenden Abs. 1–3 jede Kündigung verbieten und nur für die außerordentliche fristlose Kündigung eine Ausnahme machen, könnte der Wortlaut des Abs. 4 dahin verstanden werden, daß er diese außerordentliche Kündigung für den Fall der Betriebsstillegung zeitlich beschränken, nicht aber darüber hinaus eine ordentliche Kündigung zulasse. Gegen eine solche Auslegung sprechen aber die historische Entwicklung und die praktischen Bedürfnisse. Es ist nicht ersichtlich, daß Abs. 4 in diesem Punkt vom früheren Recht grundsätzlich abweichen will.

155 Auch liegt bei einer Betriebsstillegung normalerweise **kein wichtiger Grund zur außerordentlichen fristlosen Kündigung** vor; vielmehr kann der Arbeitgeber in den allermeisten Fällen nur mit der ordentlichen Kündigungsfrist kündigen (siehe auch oben § 1 Rn. 414).³⁵² Es wäre auch sinnwidrig, wenn er in einem solchen Fall trotz Stillegung des Betriebes die nach § 15 geschützten Personen, obwohl diese im stillgelegten Betrieb keine Aufgaben mehr zu erfüllen haben, überhaupt nicht entlassen könnte. Ebensowenig kann es dem Normzweck entsprechen, gerade wegen des besonderen Kündigungsschutzes für diesen Personenkreis den normalerweise nur zur ordentlichen Kündigung berechtigenden Vorgang der Betriebsstillegung als wichtigen Kündigungsgrund anzusehen. Die ganz überwiegende Meinung nimmt daher zutreffend die Zulässigkeit einer ordentlichen Kündigung an.³⁵³

---

³⁴⁹ Unklar insoweit KR-*Etzel* § 15 KSchG Rn. 87 a, der vom Untergang des Betriebes spricht, durch den die Amtsträger ihr Amt verlieren.
³⁵⁰ Vgl. dazu KR-*Etzel* § 15 KSchG Rn. 125 a; *Fitting* § 21 Rn. 38 ff.; *Löwisch* BetrVG § 21 Rn. 7; *Richardi* § 21 Rn. 30 ff.; GK-BetrVG/*Wiese/Kreutz* § 21 Rn. 40 ff.; GK-BetrVG/ *Wiese/Oetker* § 24 Rn. 33.
³⁵¹ Vgl. *Herschel/Löwisch* § 15 Rn. 49; zu einem solchen Fall im Rahmen des Gesamtvollstreckungsverfahrens BAG 25. 9. 1997, AP Nr. 39 zu § 15 KSchG 1969.
³⁵² BAG 29. 3. 1977, AP Nr. 11 zu § 102 BetrVG 1972 unter 2 mit Anm. *G. Hueck;* zur ausnahmsweisen außerordentlichen Kündigung BAG 28. 3. 1985, AP Nr. 86 zu § 626 BGB mit Anm. *Herschel* = EzA § 626 BGB n. F. Nr. 96 mit Anm. *Buchner;* BAG 18. 9. 1997, AP Nr. 35 zu § 103 BetrVG 1972 mit Anm. *Hilbrandt* = EzA § 15 KSchG n. F. Nr. 46 mit Anm. *Kraft.*
³⁵³ BAG 1. 2. 1957, AP Nr. 5 zu § 13 KSchG mit zust. Anm. *Bührig;* BAG 6. 11. 1959, AP Nr. 15 zu § 13 KSchG mit zust. Anm. *Dietz;* BAG 29. 3. 1977, AP Nr. 11 zu § 102 BetrVG 1972 mit zust. Anm. *G. Hueck;* BAG 23. 4. 1980, AP Nr. 8 zu § 15 KSchG 1969

b) Ob die Stillegung des Betriebes bereits als solche einen **Kündigungs-** 156 **grund** darstellt, geht aus Abs. 4 nicht eindeutig hervor. Das wird jedenfalls dann zu bejahen sein, wenn eine anderweitige Weiterbeschäftigung der nach § 15 geschützten Personen nicht möglich ist. Kommt dagegen eine **Weiterbeschäftigung in einem anderen Betrieb** des Unternehmens in Betracht, muß eine Beendigungskündigung ausscheiden und stattdessen eine Änderungskündigung oder bloße Versetzung im Wege des Weisungsrechts ausgesprochen werden.[354] Denn Abs. 4 ist diesbezüglich zu weit formuliert und bedarf daher einer teleologischen Restriktion.[355] Vom Zweck des § 15 sollen nämlich die dort aufgeführten geschützten Personen einen verstärkten Schutz genießen (Abs. 1–3), der lediglich im Fall der Betriebsstillegung (Abs. 4) die ordentliche Kündigung erleichtert zuläßt. Auf der anderen Seite ist aber nicht beabsichtigt, diesem Personenkreis einen schwächeren Schutz zu gewähren als den sonst von § 1 erfaßten Arbeitnehmern.

Demzufolge ist die (betriebsbedingte) **Kündigung wegen Stillegung des** 156 a **Betriebes nur gerechtfertigt,** wenn keine Weiterbeschäftigung in einem anderen Betrieb des Unternehmens besteht (dazu oben § 1 Rn. 390 ff.). Das folgt einerseits aus den gesetzlichen Wertungen in § 1 Abs. 2 Satz 2 sowie § 102 Abs. 3 Nr. 3 BetrVG, wonach der Kündigungsschutz unternehmensbezogen ist; andererseits aus dem Grundgedanken des Abs. 5, der nach dem ultima ratio-Prinzip (dazu oben § 1 Rn. 139 ff.) ebenfalls vorrangig die anderweitige Weiterbeschäftigung verlangt (dazu unten Rn. 165 ff.). Deshalb muß nach Abs. 4 eine Beendigungskündigung ausscheiden, wenn eine Weiterbeschäftigung in einem anderen Betrieb des Unternehmens möglich ist (siehe auch oben Rn. 156).[356]

Eine **Sozialauswahl** i. S. d. § 1 Abs. 3 kommt dagegen bei der zulässigen 156 b Beendigungskündigung nicht in Betracht, weil schon der allgemeine Kündigungsschutz hier nicht eingreift (dazu unten Rn. 164). Davon abgesehen

---

unter II 1 a mit Anm. *Meisel* = SAE 1981, 52 mit Anm. *Heckelmann;* BAG 14. 10. 1982, AP Nr. 1 zu § 1 KSchG 1969 Konzern unter B I 2 a mit Anm. *Wiedemann* = AR-Blattei Kündigungsschutz Entsch. 233 mit Anm. *Herschel* = SAE 1984, 139 mit Anm. *Windbichler;* BAG 20. 1. 1984, AP Nr. 16 zu § 15 KSchG 1969 unter I; ErfK/*Ascheid* § 15 KSchG Rn. 41; *Backmeister/Trittin* § 15 Rn. 128; *Bader/Dörner* § 15 Rn. 82; APS/*Böck* § 15 KSchG Rn. 170; HK-KSchG/*Dorndorf* § 15 Rn. 128; KR-*Etzel* § 15 KSchG Rn. 93; HaKo/*Fiebig* § 15 Rn. 129; *Fitting* § 103 Rn. 12; *Hassenpflug* S. 71; *Hess/Schlochauer/Glaubitz* § 103 Rn. 21; *Kittner/Däubler/Zwanziger* § 15 Rn. 67; GK-BetrVG/*Kraft* § 103 Rn. 19 f.; *Matthes* DB 1980, 1168; *Richardi* Anh. zu § 103 Rn. 24; *Weller* HwB AR 1130 Rn. 100; – abweichend *Bader* BB 1978, 616.

[354] Dazu ausführlich *v. Hoyningen-Huene/Boemke,* Die Versetzung 1991, S. 131 ff.; *G. Müller* ZfA 1990, 623.

[355] BAG 13. 8. 1992, AP Nr. 32 zu § 15 KSchG 1969 unter II 3; ErfK/*Ascheid* § 15 KSchG Rn. 41; *Bader/Dörner* § 15 Rn. 92; APS/*Böck* § 15 KSchG Rn. 171; KR-*Etzel* § 15 KSchG Rn. 93; *Fitting* § 103 Rn. 12 a; *Gamillscheg* ZfA 1977, 276; *Hassenpflug* S. 128 ff.; *Kittner/Däubler/Zwanziger* § 15 KSchG Rn. 67; *Nerreter* NZA 1995, 55; *Schwerdtner* S. 254 ff.; *Stahlhacke/Preis/Vossen* Rn. 993 a; *Weller* HwB AR 1130 Rn. 93; *Witt* AR-Blattei SD 530.9 Rn. 71; – abweichend *Backmeister/Trittin* § 15 Rn. 143; HK-KSchG/*Dorndorf* § 15 Rn. 145; *Hess/Schlochauer/Glaubitz* § 103 Rn. 22; *Löwisch* § 15 Rn. 70.

[356] Ebenso im Ergebnis BAG 14. 10. 1982, AP Nr. 1 zu § 1 KSchG 1969 Konzern unter B II 1 mit Anm. *Wiedemann* = AR-Blattei Kündigungsschutz Entsch. 233 mit zust. Anm. *Herschel* = SAE 1984, 139 mit zust. Anm. *Windbichler;* BAG 13. 8. 1992, AP Nr. 32 zu § 15 KSchG 1969.

§ 15 157, 158   2. Abschnitt. KSch/Betriebsverfassung u. Personalvertretung

muß die Sozialauswahl auch deshalb ausscheiden, weil bei der Stillegung des Betriebes alle Arbeitnehmer entlassen werden, so daß es nichts mehr auszuwählen gibt.[357]

3. Anhörung des Betriebsrats, Beteiligung des Personalrats

157 Da den nach § 15 geschützten Personen im Fall der Betriebsstillegung grundsätzlich in der gleichen Weise ordentlich gekündigt werden kann wie anderen Arbeitnehmern, ist die Zustimmung des Betriebsrats oder Personalrats nicht erforderlich.[358] Denn die § 103 BetrVG und §§ 47 Abs. 1, 108 Abs. 1 BPersVG gelten nur für die außerordentliche, nicht aber für die bei Betriebsstillegung regelmäßig allein mögliche ordentliche Kündigung.[359] Bei der ausnahmsweise in Betracht kommenden außerordentlichen Kündigung wegen Betriebsstillegung, z.B. aufgrund tariflicher Unkündbarkeit (vgl. oben Rn. 155 und § 1 Rn. 414a), ist ebenfalls keine Zustimmung des Betriebsrats erforderlich.[360] Jedoch ist wie bei jedem anderen Arbeitnehmer die **Anhörung des Betriebsrats** nach § 102 BetrVG bzw. die Beteiligung des Personalrats nach §§ 79, 108 Abs. 2 BPersVG für die Wirksamkeit der Kündigung notwendig.[361] Ein Widerspruchsrecht des Betriebsrats wird vorwiegend nach § 102 Abs. 3 Nr. 3 BetrVG wegen einer anderweitigen Weiterbeschäftigungsmöglichkeit in Betracht kommen.[362] Hinsichtlich der Begründung des Widerspruchs bestehen keine Unterschiede zur Kündigung von anderen Arbeitnehmern.[363]

158 Die Unterrichtung des Betriebsrats über eine geplante Betriebsstillegung im Rahmen des **§ 111 BetrVG** genügt nicht ohne weiteres zur Einleitung des Anhörungsverfahrens nach § 102 BetrVG, doch kann beides miteinander verbunden werden. Das setzt voraus, daß die Information des Betriebsrats den Anforderungen des Anhörungsverfahrens genügt und daß für ihn das

---

[357] Vgl. BAG 10. 10. 1996, NZA 1997, 92.
[358] BAG 30. 3. 1994, AP Nr. 1 zu § 47 BPersVG.
[359] So aber *Bader* BB 1978, 616; *Belling* NZA 1985, 484; *Schlüter/Belling* SAE 1985, 163.
[360] So BAG 18. 9. 1997, AP Nr. 35 zu § 103 BetrVG 1972 mit Anm. *Hilbrandt* = EzA § 15 KSchG n. F. Nr. 46 mit Anm. *Kraft* = SAE 1999, 136 mit Anm. *Eckert*; HaKo/*Fiebig* § 15 Rn. 140; *Stahlhacke/Preis/Vossen* Rn. 994 d, 1001 e.
[361] BAG 29. 3. 1977, AP Nr. 11 zu § 102 BetrVG 1972 mit zust. Anm. *G. Hueck*; BAG 23. 4. 1980, AP Nr. 8 zu § 15 KSchG 1969 unter II 1 c mit Anm. *Meisel* = SAE 1981, 52 mit Anm. *Heckelmann*; BAG 14. 10. 1982, AP Nr. 1 zu § 1 KSchG 1969 Konzern unter B I 2 a mit Anm. *Wiedemann* = AR-Blattei Kündigungsschutz Entsch. 233 mit Anm. *Herschel* = SAE 1984, 139 mit Anm. *Windbichler;* BAG 20. 1. 1984, AP Nr. 16 zu § 15 KSchG 1969 unter I = SAE 1985, 159 mit abl. Anm. *Schlüter/Belling;* BAG 18. 9. 1997, AP Nr. 35 zu § 103 BetrVG 1972 mit Anm. *Hilbrandt* = EzA § 15 KSchG n. F. mit Anm. *Kraft* = SAE 1999, 136 mit Anm. *Eckert;* ErfK/*Ascheid* § 15 KSchG Rn. 43; *Bader/Dörner*, § 15 Rn. 84; MünchArbR/*Berkowsky* § 157 Rn. 70ff.; APS/*Böck* § 15 KSchG Rn. 173 f.; HK-KSchG/*Dorndorf* § 15 Rn. 130 f.; KR-*Etzel* § 15 KSchG Rn. 95; HaKo/*Fiebig* § 15 Rn. 135; *Fitting* § 103 Rn. 12; *Hassenpflug* S. 186; *Hess/Schlochauer/Glaubitz* § 103 Rn. 21; *Kittner/Däubler/Zwanziger* § 15 KSchG Rn. 73; GK-BetrVG/*Kraft* § 103 Rn. 20; *Löwisch* § 15 Rn. 68; *Matthes* DB 1980, 1168; *G. Müller* ZfA 1990, 611; *Stahlhacke/Preis/Vossen* Rn. 995; *Stege/Weinspach* § 103 Rn. 36; – abweichend *Backmeister/Trittin* § 15 Rn. 147; *Bader* BB 1978, 616; *Belling* NZA 1985, 484.
[362] Ebenso KR-*Etzel* § 15 KSchG Rn. 96; – abweichend LAG Düsseldorf/Köln 20. 11. 1980, EzA § 102 BetrVG 1972 Beschäftigungspflicht Nr. 8.
[363] LAG Frankfurt a. M. 8. 6. 1984, AuR 1985, 60.

4. Kündigungstermin

a) Bei der (ordentlichen) Kündigung nach Abs. 4 muß die **Kündigungsfrist** 159 eingehalten werden, die sich aus Vertrag, Tarifvertrag oder Gesetz ergibt.[365] Im Falle einer ausnahmsweise zulässigen außerordentlichen (Beendigungs-) Kündigung muß ebenfalls die ordentliche Kündigungsfrist eingehalten werden.[366] Darüber hinaus gilt aber die Besonderheit, daß **frühestens zum Zeitpunkt der Stillegung** gekündigt werden kann; die Kündigung kann aber zuvor ausgesprochen werden (dazu unten Rn. 162).[367] Erfolgt der Abbau der Belegschaft im Hinblick auf die geplante Stillegung **stufenweise,** so kann zwar auch den nach § 15 geschützten Personen gekündigt werden, aber nur so, daß sie erst mit der letzten Gruppe ausscheiden.[368] Solange also überhaupt noch Arbeit im Betrieb zu leisten ist, kann dieser Personenkreis verlangen, daß ihm die Arbeit übertragen wird. Das gilt aber nicht für Arbeiten, die ausnahmsweise noch nach der Stillegung des Betriebes und dem damit verbundenen Fortfall der betrieblichen Arbeitnehmervertretung ausgeführt werden (Abwicklungs- oder Aufräumarbeiten, dazu oben Rn. 146). Kann von mehreren Betriebsratsmitgliedern nur ein Teil vorerst weiterbeschäftigt werden, hat der Arbeitgeber die zu Kündigenden analog § 1 Abs. 3 Satz 2 nach sozialen Gesichtspunkten auszuwählen.[369]

Die Kündigung nach Abs. 4 ist aber ausnahmsweise zu einem **früheren** 160 **Zeitpunkt** zulässig, wenn sie durch **zwingende betriebliche Erfordernisse** bedingt ist. Das gilt etwa, wenn ein Mitglied des Betriebsrats Arbeiten zu verrichten hat, für die im Betrieb im Hinblick auf die geplante Stillegung kein Bedürfnis mehr vorhanden ist und das Betriebsratsmitglied auch nicht mit anderer Arbeit beschäftigt werden kann. Beispiele bietet die Tätigkeit eines Chemikers in einem Laboratorium, das künftige Arbeiten des Betriebes vorbereiten sollte, oder eines Fabrikmaurers, wenn wegen der Stillegung Bauarbeiten nicht mehr in Frage kommen. Ebenso können zwingende be-

---

[364] HK-KSchG/*Dorndorf* § 15 Rn. 132; *G. Hueck* Anm. zu BAG AP Nr. 11 zu § 102 BetrVG 1972; *G. Müller* ZfA 1990, 613; offengelassen von BAG 29. 3. 1977, AP Nr. 11 zu § 102 BetrVG 1972 unter 3; – abweichend LAG Hamm 21. 7. 1975, BB 1976, 1270 mit krit. Anm. *Böhm.*

[365] BAG 29. 3. 1977, AP Nr. 11 zu § 102 BetrVG 1972 mit Anm. *G. Hueck;* ErfK/*Ascheid* § 15 KSchG Rn. 42; *Bader/Dörner* § 15 KSchG Rn. 86; KR-*Etzel* § 15 KSchG Rn. 100; *Hassenpflug* S. 79; *Kittner/Däubler/Zwanziger* § 15 KSchG Rn. 68; *Löwisch* § 15 Rn. 67.

[366] BAG 28. 3. 1985, AP Nr. 86 zu § 626 BGB mit Anm. *Herschel* = EzA § 626 BGB n. F. Nr. 96 mit Anm. *Buchner; Bader/Dörner* § 15 KSchG Rn. 87; APS/*Böck* § 15 KSchG Rn. 176; HK-KSchG/*Dorndorf* § 15 Rn. 133; ausführlich *Hassenpflug* S. 191 ff.

[367] BAG 25. 9. 1997, AP Nr. 39 zu § 15 KSchG 1969; APS/*Böck* § 15 KSchG Rn. 175; HK-KSchG/*Dorndorf* § 15 Rn. 134; HaKo/*Fiebig* § 15 Rn. 130.

[368] BAG 26. 10. 1967, AP Nr. 17 zu § 13 KSchG mit Anm. *A. Hueck;* BAG 29. 3. 1977, AP Nr. 11 zu § 102 BetrVG 1972 mit Anm. *G. Hueck;* APS/*Böck* § 15 KSchG Rn. 177; KR-*Etzel* § 15 KSchG Rn. 102; *Fitting* § 103 Rn. 15; *Hassenpflug* S. 87; *Kittner/Däubler/ Zwanziger* § 15 KSchG Rn. 69; *Löwisch* § 15 Rn. 62.

[369] BAG 16. 9. 1982, AP Nr. 4 zu § 22 KO; ErfK/*Ascheid* § 15 KSchG Rn. 41; HK-KSchG/ *Dorndorf* § 15 Rn. 135; KR-*Etzel* § 15 KSchG Rn. 102; – abweichend *Bader/Dörner* § 15 Rn. 93.

trieblichen Gründe die Kündigung notwendig machen, wenn nur noch Arbeiten zur Durchführung der Stillegung erforderlich sind, für diese aber ganz bestimmte Arbeitnehmer, zu denen das Betriebsratsmitglied nicht gehört, unentbehrlich sind.[370]

161 Bei nach § 38 BetrVG **freigestellten Betriebsratsmitgliedern** kommt eine vorzeitige Kündigung wegen zwingender betrieblicher Erfordernisse nicht in Betracht; entsprechendes gilt für freigestellte Personalratsmitglieder nach § 46 Abs. 4 BPersVG. Diesem Personenkreis kann stets nur frühestens zum Zeitpunkt der Betriebsstillegung gekündigt werden.[371] Zur Ausübung des sog. **Restmandats** (§ 21 b BetrVG) muß wenigstens ein Mitglied des Betriebs- oder Personalrats bis zur endgültigen Stillegung im Betrieb verbleiben.[372]

162 b) Ist die Kündigung nach Abs. 4 zulässig, sei es zum Zeitpunkt der Stillegung, sei es zu einem früheren Zeitpunkt, so braucht für die **Erklärung der Kündigung** dieser Zeitpunkt nicht abgewartet zu werden, so daß dann erst die Kündigungsfrist zu laufen begänne. Vielmehr kann die Kündigung schon früher, wenn auch nur mit Wirkung zu dem genannten Zeitpunkt, ausgesprochen werden, um die Kündigungsfrist rechtzeitig in Lauf zu setzen.[373] Verzögert sich die Betriebsstillegung, so endet das Arbeitsverhältnis durch die Kündigung erst mit dem nächst zulässigen Termin nach der Betriebsstillegung. Kommt es dagegen überhaupt nicht zur Stillegung, weil der Betrieb zuvor veräußert wird (oben Rn. 152), ist die Kündigung wegen Übergangs des Arbeitsverhältnisses auf den Erwerber gegenstandslos.[374] Das gilt namentlich für vorsorglich wegen der Betriebsstillegung ausgesprochene Kündigungen.[375] Die Kündigung kann in einem solchen Fall bedingungslos erfolgen, ihre Wirkung hängt aber kraft Gesetzes davon ab, daß es tatsächlich bis zum Ablauf der Kündigungsfrist zur Stillegung des Betriebes kommt. Im Gegen-

---

[370] Ebenso APS/*Böck* § 15 KSchG Rn. 178; KR-*Etzel* § 15 KSchG Rn. 103 f.; HaKo/*Fiebig* § 15 Rn. 131; *Fitting* § 103 Rn. 15; *Hassenpflug* S. 101 ff.; *Kittner/Däubler/Zwanziger* § 15 KSchG Rn. 70; *Löwisch* § 15 Rn. 62.

[371] Ebenso APS/*Böck* § 15 KSchG Rn. 179; HK-KSchG/*Dorndorf* § 15 Rn. 138; KR-*Etzel* § 15 KSchG Rn. 108; HaKo/*Fiebig* § 15 Rn. 133; *Fitting* § 103 Rn. 15; *Hassenpflug* S. 110 ff.; *Löwisch* § 15 Rn. 63.

[372] BAG 29. 3. 1977, AP Nr. 11 zu § 102 BetrVG 1972 unter 4 mit Anm. *G. Hueck*; BAG 30. 10. 1979, AP Nr. 9 zu § 112 BetrVG 1972; BAG 14. 10. 1982, AP Nr. 1 zu § 1 KSchG 1969 Konzern unter B I 3 mit Anm. *Wiedemann* = AR-Blattei Kündigungsschutz Entsch. 233 mit Anm. *Herschel* = SAE 1984, 139 mit Anm. *Windbichler*; BAG 16. 6. 1987, AP Nr. 20 zu § 111 BetrVG 1972 unter II 2 mit Anm. *Löwisch/Göller*; *Backmeister/Trittin* § 15 Rn. 149; *Biebl*, Das Restmandat des Betriebsrats nach Betriebsstillegung, 1991; APS/*Böck* § 15 KSchG Rn. 180; HK-KSchG/*Dorndorf* § 15 Rn. 139; *Fitting* § 103 Rn. 15; *Hassenpflug* S. 118; *Löwisch* § 15 Rn. 63; *G. Müller* ZfA 1990, 628 f.; – abweichend KR-*Etzel* § 15 KSchG Rn. 119.

[373] BAG 6. 11. 1959, AP Nr. 15 zu § 13 KSchG unter II 3 mit Anm. *Dietz*; BAG 14. 10. 1982, AP Nr. 1 zu § 1 KSchG 1969 Konzern unter B I; BAG 25. 9. 1997, AP Nr. 39 zu § 15 KSchG 1969 unter B I 3; ErfK/*Ascheid* § 15 KSchG Rn. 42; HK-KSchG/*Dorndorf* § 15 Rn. 139; *Hassenpflug* S. 120; *Löwisch* § 15 Rn. 67; – widersprüchlich KR-*Etzel* § 15 KSchG Rn. 98 einerseits, Rn. 101 andererseits.

[374] BAG 23. 4. 1980, AP Nr. 8 zu § 15 KSchG 1969 mit zust. Anm. *Meisel* = SAE 1981, 52 mit Anm. *Heckelmann*; *Bader/Dörner* § 15 Rn. 85; APS/*Böck* § 15 KSchG Rn. 177; HK-KSchG/*Dorndorf* § 15 Rn. 141; KR-*Etzel* § 15 KSchG Rn. 109; HaKo/*Fiebig* § 15 Rn. 130; *Hassenpflug* S. 121; *Löwisch* § 15 Rn. 67.

[375] BAG 27. 9. 1984, AP Nr. 39 zu § 613 a BGB.

Unzulässigkeit der Kündigung 163–165 § 15

satz zur betriebsbedingten Kündigung nach § 1 Abs. 2 wegen beabsichtigter Betriebsstillegung kommt es daher nicht erst auf den ernstlichen Entschluß des Unternehmers zur Betriebsstillegung an,[376] sondern auf die tatsächlich erfolgte Stillegung (dazu oben Rn. 146).

5. Geltendmachung des Kündigungsschutzes

Da es sich bei der Kündigung nach Abs. 4 in der Regel um eine ordentliche Kündigung handelt (dazu oben Rn. 154), greift § 13 Abs. 1 nicht ein. Die **Nichtigkeit einer Kündigung**, z. B. weil keine Betriebsstillegung vorliegt, kann daher gemäß § 13 Abs. 3 jederzeit und in jeder Weise geltend gemacht werden; insbesondere muß nicht die Drei-Wochen-Frist des § 4 eingehalten werden.[377] Demzufolge kommt auch eine gerichtliche Auflösung des Arbeitsverhältnisses unter Zahlung einer Abfindung gemäß §§ 9, 10 nicht in Betracht.[378] Aber auch eine ausnahmsweise zulässige außerordentliche Kündigung wegen Betriebsstillegung (dazu oben Rn. 155) muß wegen der Sonderregelung des Abs. 4 im zweiten Abschnitt des KSchG nicht nach § 13 Abs. 1 angegriffen werden. 163

Eine Anwendung des **allgemeinen Kündigungsschutzes**, insbesondere des § 1, kommt daneben wegen des § 15 Abs. 4 als lex specialis nicht in Betracht. Denn wenn die Kündigung wegen der Betriebsstillegung erfolgt, kann sie nicht sozialwidrig sein.[379] Dagegen greift der Kündigungsschutz bei **anzeigepflichtigen Entlassungen** (§§ 17 ff.) auch im Falle der Betriebsstillegung gemäß Abs. 4 ein, weil § 17 Abs. 4 nur die fristlosen Entlassungen ausnimmt.[380] Ebenso gilt der **Sonderkündigungsschutz** (§§ 85 SGB IX, 9 MuSchG, 2 ArbPlSchG) neben Abs. 4.[381] 164

X. Stillegung einer Betriebsabteilung (Abs. 5)

1. Zweck der Regelung

Während bei der völligen Betriebsstillegung der Tätigkeitsbereich des Betriebsrats (Personalrats) entfällt und daher nach Abs. 4 – im Gegensatz zu Abs. 1 – die ordentliche Kündigung zulässig ist, bleibt dieser bei der Stille- 165

---

[376] BAG 23. 3. 1984 und 27. 2. 1987, AP Nr. 38 und 41 zu § 1 KSchG 1969 Betriebsbedingte Kündigung; BAG 26. 2. 1987 und 28. 4. 1988, AP Nr. 63 und 74 zu § 613a BGB; BAG 19. 6. 1991, EzA § 1 KSchG Betriebsbedingte Kündigung Nr. 70.
[377] BAG 1. 2. 1957, AP Nr. 5 zu § 13 KSchG mit Anm. *Bührig;* ErfK/*Ascheid* § 15 KSchG Rn. 44; APS/*Böck* § 15 KSchG Rn. 196; HK-KSchG/*Dorndorf* § 15 Rn. 146; KR-*Etzel* § 15 KSchG Rn. 110f.; HaKo/*Fiebig* § 15 Rn. 143; *Fitting* § 103 Rn. 42; *Kittner/Däubler/ Zwanziger* § 15 KSchG Rn. 74; *Richardi* Anh. zu § 103 Rn. 31; *K. Schmidt* RdA 1973, 300; *Stahlhacke/Preis/Vossen* Rn. 995.
[378] *Bader/Dörner* § 15 Rn. 89; KR-*Etzel* § 15 KSchG Rn. 112; HaKo/*Fiebig* § 15 Rn. 144; *Kittner/Däubler/Zwanziger* § 15 KSchG Rn. 74; *Löwisch* § 15 Rn. 71; – widersprüchlich ErfK/*Ascheid* § 15 KSchG Rn. 4 einerseits, Rn. 44 andererseits.
[379] BAG 6. 11. 1959, AP Nr. 15 zu § 13 KSchG mit zust. Anm. *Dietz;* LAG Berlin 19. 3. 1979, DB 1979, 1608; *Bader/Dörner* § 15 Rn. 89; APS/*Böck* § 15 KSchG Rn. 196; KR-*Etzel* § 15 KSchG Rn. 93, 140; HaKo/*Fiebig* § 15 Rn. 8; *Kittner/Däubler/Zwanziger* § 15 KSchG Rn. 74; *Stahlhacke/Preis/Vossen* Rn. 995; *Wilhelm* NZA Beil. 3/1988, 30; – abweichend HK-KSchG/*Dorndorf* § 15 Rn. 149; *Löwisch* § 15 Rn. 4; *Windbichler* SAE 1984, 146f.
[380] Vgl. auch KR-*Etzel* § 15 KSchG Rn. 141.
[381] KR-*Etzel* § 15 KSchG Rn. 142.

gung einer Betriebsabteilung bestehen. Deshalb bestimmt Abs. 5, daß die geschützte Person in eine **andere Betriebsabteilung zu übernehmen** ist (Satz 1). Nur wenn die Übernahme nicht möglich ist (Satz 2), wird die ordentliche Kündigung gemäß Abs. 4 für zulässig erklärt.[382] Damit entspricht Abs. 5 an sich den Prinzipien des allgemeinen Kündigungsschutzes bei betriebsbedingten Kündigungen, wonach der Kündigungsgrund erst dann vorliegt, wenn eine anderweitige Weiterbeschäftigung im Betrieb oder Unternehmen nicht möglich ist (ultima-ratio-Prinzip, dazu oben § 1 Rn. 139 ff., 390 ff.).[383] Abs. 5 verlangt darüber hinausgehend, u. U. Arbeitsplätze in anderen Betriebsabteilungen freizumachen (dazu unten Rn. 170). Im übrigen ist Abs. 5 weitgehend nur aus seiner historischen Entwicklung zu verstehen.[384]

2. Begriff der Betriebsabteilung

166 Die Anwendung des Abs. 5 setzt voraus, daß es sich um die Stillegung einer gesamten Betriebsabteilung handelt. Eine Betriebsabteilung liegt vor, wenn eine gewisse **personelle Einheit** in der Form der Zusammenfassung eines oder mehrerer Arbeitnehmer zur Erledigung bestimmter Aufgaben gegeben ist. Diese Arbeitsgruppe muß **organisatorisch abgrenzbar** sein und mit eigenen **technischen Betriebsmitteln** (Maschinen etc.) tätig werden. Schließlich ist auch ein eigener Betriebs(abteilungs)zweck erforderlich, der aber auch in einem bloßen Hilfszweck zum Betrieb bestehen kann.[385]

167 Dabei ist die **Betriebsabteilung** vom **Betriebsteil** i. S. d. § 613a Abs. 1 Satz 1 BGB, §§ 4 Abs. 1 Satz 1, 111 Abs. 3 Nr. 6 und 7 BetrVG zu **unterscheiden**. Maßgeblich ist für das Vorliegen der Betriebsabteilung i. S. d. § 15 Abs. 5 der eigenständige Zweck der Betriebsabteilung, also die arbeitstechnische Abgrenzbarkeit, die bei dem bloßen Betriebsteil nicht erforderlich ist.[386] Deshalb können auch mehrere Betriebsteile eine einheitliche Betriebsabteilung darstellen. Soweit Betriebsabteilungen Betriebsteile i. S. d. § 4 Abs. 1 Satz 1 BetrVG sind und einen eigenen Betriebsrat gebildet haben,

---

[382] Vgl. auch BAG 25. 11. 1981, AP Nr. 11 zu § 15 KSchG 1969 unter III 1; *Bernstein* NZA 1993, 729; APS/*Böck* § 15 Rn. 181.

[383] Ebenso BAG 13. 8. 1992, AP Nr. 32 zu § 15 KSchG 1969 unter II 3 a; BAG 27. 1. 1994, AP Nr. 32 zu § 2 KSchG 1969 unter II 2 b cc = EzA § 615 BGB Nr. 80 mit Anm. *Kraft; Stahlhacke/Preis/Vossen* Rn. 994 b.

[384] Dazu ausführlich *Hassenpflug* S. 204 ff.

[385] BAG 30. 5. 1958, AP Nr. 13 zu § 13 KSchG mit Anm. *Tophoven;* BAG 20. 1. 1984, AP Nr. 16 zu § 15 KSchG 1969 unter II 2 a; BAG 5. 3. 1987, AP Nr. 30 zu § 15 KSchG 1969 unter B IV 1 = SAE 1989, 46 mit Anm. *Windbichler;* BAG 11. 10. 1989, AP Nr. 47 zu § 1 KSchG 1969 Betriebsbedingte Kündigung unter II 2 a ff. mit Anm. *Berger-Delhey;* LAG Sachsen-Anhalt NZA-RR 1999, 575; ErfK/*Ascheid* § 15 KSchG Rn. 45; *Backmeister/Trittin* § 15 Rn. 152; *Bader/Dörner* § 15 Rn. 95; *Bernstein* NZA 1993, 730 ff.; APS/*Böck* § 15 Rn. 182; HK-KSchG/*Dorndorf* § 15 Rn. 150; HaKo/*Fiebig* § 15 Rn. 109; *Hassenpflug* S. 201 ff.; *Kittner/Däubler/Zwanziger* § 15 KSchG Rn. 76; *Löwisch* § 15 Rn. 66; *Weller* HwB AR 1130 Rn. 105; – teilweise enger KR-*Etzel* § 15 KSchG Rn. 121; *Schlüter/Belling* SAE 1985, 165.

[386] BAG 20. 1. 1984, AP Nr. 16 zu § 15 KSchG 1969 unter II 2 und 3; BAG 11. 10. 1989, AP Nr. 47 zu § 1 KSchG 1969 Betriebsbedingte Kündigung mit Anm. *Berger-Delhey;* ErfK/*Ascheid* § 15 KSchG Rn. 45; *Bader/Dörner* § 15 Rn. 95; HK-KSchG/*Dorndorf* § 15 Rn. 151; *Hassenpflug* S. 214 ff.; *Löwisch* § 15 Rn. 66; *Witt* AR-Blattei SD 530.9 Rn. 91; – abweichend KR-*Etzel* § 15 KSchG Rn. 121 und *Schlüter/Belling* SAE 1985, 164, welche die organisatorische Abgrenzbarkeit genügen lassen.

handelt es sich in Wahrheit um eigenständige Betriebe, so daß die Anwendung des Abs. 5 ausscheiden muß.[387] Beispiele für Betriebsabteilungen sind: Kartonagen-Abteilung eines Schokoladenbetriebes, Konstruktionsabteilung einer Maschinenfabrik, Bauabteilung eines Produktionsbetriebes.

Abs. 5 findet auch Anwendung im **Gemeinschaftsbetrieb mehrerer** **168** **Unternehmen** (dazu unten § 23 Rn. 10 ff.), der aus mehreren Betriebsabteilungen besteht. Wird in einem solchen Fall die eine Betriebsabteilung (z. B. für Industriegarne), die einem rechtlich selbständigen Unternehmen gehört, stillgelegt, so kann ein Übernahmeanspruch der geschützten Person in die andere Betriebsabteilung (z. B. für Handstrickgarn) des anderen rechtlich selbständigen Unternehmens nach Abs. 5 Satz 1 bestehen.[388] Dieser Übernahmeanspruch wird freilich häufig daran scheitern, daß die andere Betriebsabteilung von einem anderen Unternehmer geführt wird, den keine Rechtspflicht zur Übernahme trifft; infolgedessen wird dann Abs. 5 Satz 2 eingreifen.[389]

Hinsichtlich der **Stillegung** der Betriebsabteilung gelten die Ausführungen zur Stillegung des Betriebes oben Rn. 145 ff. entsprechend.[390] **169**

3. Übernahme des Arbeitnehmers

Liegt die Stillegung einer Betriebsabteilung vor (oben Rn. 169, 145 ff.), besteht zunächst die Pflicht nach Abs. 5 Satz 1, die geschützte Person in eine **andere Betriebsabteilung zu übernehmen,** und zwar in eine möglichst gleichwertige Stellung. Durch das Angebot eines geringerwertigen Arbeitsplatzes mit geringerer Entlohnung genügt der Arbeitgeber daher nicht der Pflicht aus Abs. 5 Satz 1.[391] Ist kein gleichwertiger Arbeitsplatz vorhanden, hat der Arbeitgeber auch einen geringerwertigen Arbeitsplatz anzubieten. Bei mehreren Möglichkeiten ist die Vertragsänderung anzubieten, die dem Arbeitnehmer am ehesten zumutbar ist und ihn am wenigsten belastet. In Zweifelsfällen sind Alternativangebote zu unterbreiten.[392] Die Übernahme hat einvernehmlich oder im Wege des Direktionsrechts zu erfolgen. Willigt der Arbeitnehmer nicht ein und steht dem Arbeitgeber kein arbeitsvertragliches Versetzungsrecht zu,[393] kommt eine Änderungskündigung (Abs. 5 Satz 2 i. V. m. Abs. 4) in Betracht. **170**

Sind in einer anderen Betriebsabteilung zwar andere **gleichwertige Arbeitsplätze** vorhanden, aber bereits **mit anderen Arbeitnehmern** besetzt, **170 a**

---

[387] Ebenso APS/*Böck* § 15 KSchG Rn. 182; HaKo/*Fiebig* § 15 Rn. 114; KR-*Etzel* § 15 KSchG Rn. 122.
[388] BAG 5. 3. 1987, AP Nr. 30 zu 15 KSchG 1969 unter B IV 1 = SAE 1989, 46 mit Anm. *Windbichler, Bader/Dörner* § 15 Rn. 95; HaKo/*Fiebig* § 15 Rn. 113; *Witt* AR-Blattei SD 530.9 Rn. 92; vgl. auch BAG 28. 10. 1999, AP Nr. 44 zu § 15 KSchG 1969.
[389] Dazu *Windbichler* SAE 1989, 53 f.
[390] Vgl. auch KR-*Etzel* § 15 KSchG Rn. 124.
[391] BAG 1. 2. 1957, AP Nr. 5 zu § 13 KSchG mit Anm. *Bührig;* ErfK/*Ascheid* § 15 KSchG Rn. 46; *Bader/Dörner* § 15 Rn. 97; APS/*Böck* § 15 KSchG Rn. 184; HK-KSchG/*Dorndorf* § 15 Rn. 245; KR-*Etzel* § 15 KSchG Rn. 126; *Löwisch* § 15 Rn. 64; G. *Müller* ZfA 1990, 623 f.; *Weller* HwB AR 1130 Rn. 106.
[392] BAG 28. 10. 1999, AP Nr. 44 zu § 15 KSchG 1969.
[393] Dazu *v. Hoyningen-Huene/Boemke,* Die Versetzung 1991, S. 83 ff.; *v. Hoyningen-Huene* NZA 1993, 146.

muß der Arbeitgeber versuchen, einen dieser Arbeitsplätze durch Umorganisation, Versetzung oder Kündigung für die nach Abs. 5 Satz 1 geschützte Person freizumachen.[394] In diesem Fall sind die vorrangigen Interessen der geschützten Person und die Weiterbeschäftigungsinteressen der anderen Arbeitnehmer gegeneinander abzuwägen und derjenigen Person zu kündigen, die am wenigsten sozial hart von der Kündigung betroffen ist.[395] Ein absoluter Vorrang der nach Abs. 5 Satz 1 geschützten Person gegenüber anderen Arbeitnehmern besteht aber wegen Abs. 5 Satz 2 nicht,[396] was insbesondere nicht gegenüber einem Schwerbehinderten in Betracht kommen wird. In solchen Fällen müßte dann gemäß Abs. 5 Satz 2 gekündigt werden. Der Arbeitnehmer kann auch nicht verlangen, daß gerade derjenige Arbeitsplatz freigekündigt wird, der für ihn mit der „mildesten" Änderung verbunden wäre.[397]

171 Ist in einer anderen Betriebsabteilung kein Arbeitsplatz verfügbar, kann trotzdem nicht nach Abs. 5 Satz 2 vorgegangen werden, wenn in einem **anderen Betrieb des Unternehmens** ein gleichwertiger Arbeitsplatz frei ist. In diesem Fall ist Abs. 5 Satz 1 teleologisch dahin zu korrigieren, daß ein Versetzungsangebot an die geschützte Person zu machen ist oder bei Bestehen einer Versetzungsklausel[398] dorthin versetzt werden muß (dazu auch Rn. 156).[399] Auch wenn das betroffene Betriebsratsmitglied dadurch sein Amt verliert (§§ 24 Abs. 1 Nr. 4, 8 Abs. 1 Satz 1 BetrVG), darf es nicht schlechter gestellt werden als sonstige Arbeitnehmer, die Kündigungsschutz nach § 1 geltend machen können.[400] Der Arbeitsplatz in dem anderen Betrieb muß allerdings frei sein, ein Freimachen wie bei der Übernahme in eine andere Betriebsabteilung (oben Rn. 170a) ist nicht erforderlich.[401]

4. Zulässigkeit der Kündigung

172 Ist die Weiterbeschäftigung der geschützten Person in einer anderen Betriebsabteilung oder in einem anderen Betrieb des Unternehmens nicht möglich, so kann wie bei der Betriebsstillegung (Abs. 4) gemäß **Abs. 5**

---

[394] BAG 18. 10. 2000, NZA 2001, 321; – ablehnend ErfK/*Ascheid* § 15 KSchG Rn. 46; *Bader/Dörner* § 15 Rn. 99 ff.; MünchArbR/*Berkowsky* § 157 Rn. 68; APS/*Böck* § 15 KSchG Rn. 172; *Schleusener* DB 1998, 2370.
[395] Ebenso KR-*Etzel* § 15 KSchG Rn. 126; *Fitting* § 103 Rn. 16; *Kittner/Däubler/Zwanziger* § 15 KSchG Rn. 77; *Stahlhacke/Preis/Vossen* Rn. 994a; *Weller* HwB AR 1130 Rn. 107; *Witt* AR-Blattei SD 530.9 Rn. 95; – offengelassen von BAG 18. 10. 2000, NZA 2001, 321, 322.
[396] So aber ArbG Mainz 4. 12. 1985, DB 1986, 754; HK-KSchG/*Dorndorf* § 15 Rn. 156; HaKo/*Fiebig* § 15 Rn. 125; *Hassenpflug* S. 248 ff.; *Löwisch* § 15 Rn. 64; *Matthes* DB 1980, 1168 f.; – wohl auch *Bernstein* NZA 1993, 733.
[397] BAG 28. 10. 1999, AP Nr. 44 zu § 15 KSchG 1969; ErfK/*Ascheid* § 15 KSchG Rn. 46; *Bader/Dörner* § 15 Rn. 97.
[398] Dazu BAG 21. 9. 1989, AP Nr. 72 zu § 99 BetrVG 1972 unter II 1.
[399] Ebenso ErfK/*Ascheid* § 15 KSchG Rn. 46; MünchArbR/*Berkowsky* § 157 Rn. 78; *G. Müller* ZfA 1990, 622 ff.; *Stahlhacke/Preis/Vossen* Rn. 994b; – vgl. im übrigen *Bernstein* NZA 1993, 733; KR-*Etzel* § 15 KSchG Rn. 93, 126; *Oetker* RdA 1990, 356.
[400] Im Ergebnis ebenso *Bader/Dörner* § 15 Rn. 103; HK-KSchG/*Dorndorf* § 15 Rn. 159; *Löwisch* § 15 Rn. 70.
[401] Ebenso *Bader/Dörner* § 15 Rn. 103.

Satz 2 gekündigt werden.⁴⁰² An einer Weiterbeschäftigungsmöglichkeit fehlt es, wenn kein anderweitiger Arbeitsplatz frei ist oder freigemacht werden kann (dazu oben Rn. 170) und kein betriebliches Bedürfnis für die Arbeitskraft besteht. Die **fehlende Weiterbeschäftigungsmöglichkeit** hat der Arbeitgeber **substantiiert darzulegen** und vorzutragen, welche Arbeiten in den übrigen Betriebsabteilungen noch anfallen und daß es bei der Kündigung anderer (nicht durch § 15 geschützter) Arbeitnehmer und Umverteilung der vorhandenen Arbeit unter den verbleibenden Arbeitnehmern nicht möglich gewesen wäre, den zu kündigenden Arbeitnehmer in wirtschaftlich vertretbarer Weise mit gleichen oder geänderten Arbeitsbedingungen einzusetzen.⁴⁰³ Bestreitet das gekündigte Betriebsratsmitglied die fehlende Weiterbeschäftigungsmöglichkeit, muß es darlegen, wie es sich im Hinblick auf seine Qualifikation seine Weiterbeschäftigung vorstellt.⁴⁰⁴

Hinsichtlich der übrigen **Voraussetzungen für die Kündigung**, insbesondere für die Kündigungsart, Kündigungstermin, Anhörung des Betriebsrats,⁴⁰⁵ gelten die obigen Ausführungen zu Rn. 154 ff. entsprechend.⁴⁰⁶ Zu beachten ist insbesondere, daß nach dem Grundsatz der Verhältnismäßigkeit die **Änderungskündigung** vor der Beendigungskündigung **Vorrang** hat, wenn eine Versetzung oder sonstige Änderung der Arbeitsbedingungen nur auf diese Weise durchgeführt werden kann (dazu oben Rn. 156, 170, 171).⁴⁰⁷ Allerdings ist der Arbeitgeber in einem solchen Fall nicht verpflichtet, einen örtlich näher gelegenen und deshalb das Betriebsratsmitglied weniger belastenden Arbeitsplatz freizukündigen, wenn ein weiterer Arbeitsplatz frei ist.⁴⁰⁸ 173

§ 16 Neues Arbeitsverhältnis; Auflösung des alten Arbeitsverhältnisses

¹ **Stellt das Gericht die Unwirksamkeit der Kündigung einer der in § 15 Abs. 1 bis 3 a genannten Personen fest, so kann diese Person, falls sie inzwischen ein neues Arbeitsverhältnis eingegangen ist, binnen einer Woche nach Rechtskraft des Urteils durch Erklärung gegenüber dem alten Arbeitgeber die Weiterbeschäftigung bei diesem verweigern.** ² **Im übrigen finden die Vorschriften des § 11 und des § 12 Satz 2 bis 4 entsprechende Anwendung.**

---

⁴⁰² Ebenso *Weller* HwB AR 1130 Rn. 108.
⁴⁰³ BAG 25. 11. 1981, AP Nr. 11 zu § 15 KSchG 1969 unter III 3 = AR-Blattei Betriebsverfassung IX Entsch. 54 mit Anm. *Hanau* = EzA § 15 KSchG n. F. Nr. 27 mit Anm. *Herschel* = SAE 1983, 17 mit Anm. *Baumgärtel;* ErfK/*Ascheid* § 15 KSchG Rn. 46; *Bader/Dörner* § 15 Rn. 94; APS/*Böck* § 15 KSchG Rn. 187; HK-KSchG/*Dorndorf* § 15 Rn. 161; KR-*Etzel* § 15 KSchG Rn. 134; *Hassenpflug* S. 242 ff.; *Kittner/Däubler/Zwanziger* § 15 KSchG Rn. 79; *Löwisch* § 15 Rn. 64 f.; *Stahlhacke/Preis/Vossen* Rn. 994 c; *Witt* AR-Blattei SD 530.9 Rn. 96 f.
⁴⁰⁴ LAG Berlin LAGE § 15 KSchG Nr. 4.
⁴⁰⁵ Dazu auch LAG Frankfurt a. M. AuR 1985, 60.
⁴⁰⁶ Vgl. auch HK-KSchG/*Dorndorf* § 15 Rn. 162 f.; KR-*Etzel* § 15 KSchG Rn. 129 ff.
⁴⁰⁷ BAG 27. 1. 1994, AP Nr. 32 zu § 2 KSchG 1969 unter II 2 b cc; BAG 28. 10. 1999, AP Nr. 44 zu § 15 KSchG 1969 unter II 2; *Hassenpflug* S. 241.
⁴⁰⁸ BAG 28. 10. 1999, AP Nr. 44 zu § 15 KSchG 1969 unter II 5.

1 Zweck: § 16 stellt für den Fall der **gerichtlichen Feststellung der Unwirksamkeit** einer gegenüber einem Betriebs- oder Personalratsmitglied oder einer anderen der in § 15 Abs. 1–3a genannten Personen ausgesprochenen Kündigung die gleichen Bestimmungen auf, die für andere Arbeitnehmer bei Feststellung der Sozialwidrigkeit der Kündigung in den §§ 11 und 12 enthalten sind. Es kann deshalb auf die Erläuterungen zu diesen Paragraphen Bezug genommen werden. § 16 gilt für alle Fälle der Kündigung nach § 15 Abs. 1–5.[1]

2 Nach seinem Wortlaut gilt § 16 nur, wenn das Gericht die Unwirksamkeit der Kündigung feststellt, der Arbeitnehmer also **Klage** auf eine solche Feststellung erhoben hat. Im Gegensatz zu dem Fall des § 1 ist aber hier der Gekündigte, sofern es sich nicht um das Fehlen des wichtigen Grundes für eine außerordentliche Kündigung handelt, zur Klageerhebung nicht genötigt. Es kann deshalb vorkommen, daß der Arbeitnehmer nach einer Kündigung eine neue Stelle annimmt, **ohne** daß es zu einem **Feststellungsprozeß** kommt und ohne daß andererseits die Kündigung nach § 7 gültig wird (dazu oben § 15 Rn. 137, 163). Es wäre dann denkbar, daß der Arbeitgeber die Unwirksamkeit der Kündigung anerkennt und vom Arbeitnehmer die Wiederaufnahme der Arbeit verlangt. Der Arbeitnehmer, der schon eine neue Stelle angenommen hat und sie behalten möchte, kann sich dem aber dadurch entziehen, daß er seinerseits kündigt. Das alte Arbeitsverhältnis endet dann zwar erst mit Ablauf der Kündigungsfrist, sofern nicht im Verhalten des Arbeitgebers ein wichtiger Kündigungsgrund lag; aber für die Zwischenzeit kann der Arbeitgeber die Aufnahme der Arbeit nicht verlangen, da der Arbeitnehmer durch das neue Arbeitsverhältnis daran gehindert ist, er aber schon mit Rücksicht auf § 615 Satz 2 BGB dieses Arbeitsverhältnis eingehen durfte. Für die Zeit bis zum Antritt des neuen Arbeitsverhältnisses kann der Arbeitnehmer Lohn nach § 615 BGB fordern, so daß man praktisch zu ungefähr dem gleichen Ergebnis kommt wie im Fall des § 12.[2] Der Arbeitnehmer ist nicht etwa gezwungen, eine Feststellungsklage zu erheben, um das Lossagungsrecht des § 12 in Verbindung mit § 16 zu erhalten.[3]

---

[1] Ebenso ErfK/*Ascheid* § 16 KSchG Rn. 1; HK-KSchG/*Dorndorf* § 16 Rn. 1.
[2] Abweichend ErfK/*Ascheid* § 16 KSchG Rn. 4; APS/*Böck* § 16 KSchG Rn. 2; KR-*Etzel* § 16 KSchG Rn. 7; HaKo/*Fiebig* § 16 Rn. 5.
[3] Ebenso KR-*Etzel* § 16 KSchG Rn. 6; *Löwisch* § 16 Rn. 2; wohl auch HK-KSchG/*Dorndorf* § 16 Rn. 2.

Dritter Abschnitt. Anzeigepflichtige Entlassungen

Vorbemerkungen zu §§ 17 ff.

Schrifttum:

1. Zu §§ 15 ff. KSchG 1951:

Adomeit, Kündigung und Kündigungsschutz im Arbeitsverhältnis, 1962, S. 94; *Bellinghausen,* Der Massenentlassungsschutz nach dem Kündigungsschutz- und dem Betriebsverfassungsgesetz, Diss. Köln 1964; *Falkenroth,* Befugnisse der Massenentlassungsausschüsse im Sinne von §§ 15 ff. KSchG, BB 1956, 1110; *Gebhardt,* Zum Kündigungsschutz bei Massenentlassungen, AuR 1959, 298; *Gumpert,* Entscheidung über die Anzeigepflicht bei Massenentlassungen, BB 1953, 708; *Hahn,* Kurzarbeit, zeitweilige Betriebsstillegung und Massenentlassungen, 1967; *Herschel,* Nochmals: Massenentlassungen und Unwirksamkeit der Kündigung, RdA 1961, 17; *Hueck,* Lehrb. S. 690 ff.; *Hunn,* Massenänderungskündigung und Anzeigepflicht nach dem KSchG, BB 1953, 507; *Kehrmann,* Arbeitsrechtliche Fragen im Zusammenhang mit Kurzarbeit und Massenentlassungen, AuR 1967, 193; *Nikisch* S. 838; *ders.,* Bemerkungen zur Anzeigepflicht bei Massenentlassungen, DB 1955, 1140; *ders.,* Streitfragen bei der Behandlung von Massenentlassungen, DB 1960, 1274; *Nipperdey,* Die „Unwirksamkeit" von Massenentlassungen und die Lehre von der Nichtigkeit, RdA 1960, 285; *Rewolle,* Zwei Probleme zur Massenentlassung, DB 1959, 596; *Rohwer-Kahlmann,* Kündigungsschutz gegen Massenentlassungen, BB 1952, 350; *Schröcker,* Der öffentlich-rechtliche Kündigungsschutz, 1960; *Vielhaber,* Massenänderungskündigung und Anzeigepflicht nach dem KSchG, BB 1953, 508; *Wendel,* Der Kündigungsschutz bei Massenentlassungen, BetrR 1957, 62; Erlaß des Präsidenten der Bundesanstalt, ANBA 1953 Nr. 1 S. 6.

2. Zu §§ 17 ff. KSchG 1969 a. F.:

Böhm, Massenentlassung und Kurzarbeit, BB 1974, 281, 372; *Denck,* Das Problem der Massenentlassung, in: Deutsche, zivil-, kollisions- und wirtschaftsrechtliche Beiträge zum X. Internationalen Kongreß für Rechtsvergleichung, Budapest 1978, Heft 29, S. 311; *Rademacher,* Die Anzeige von Entlassungen, ABA 1973, 344; *Schleßmann,* Die Kündigung von Arbeitsverträgen, 1970, S. 63; *Wenzel,* Der Kündigungsschutz des Arbeitnehmers (VI), Teil 5: Massenentlassung, Betriebseinschränkung und Betriebsstillegung, MDR 1977, 897.

3. Zu §§ 17 ff. KSchG 1969 i. d. F. des 2. ÄndG zum KSchG vom 27. 4. 1978:

Becker, Die EG-Richtlinie zur Angleichung des Massenkündigungsschutzes, NJW 1976, 2057; *Bengelsdorf,* Massenentlassung (1998), in: Spiegelhalter, Arbeitsrechtslexikon; *Berscheid,* Massenentlassung und Einhaltung von Kündigungsterminen, ZIP 1987, 1512; *ders.,* Massenentlassung, in: Konkurs, Gesamtvollstreckung, Sanierung, S. 133 ff., (1992); *ders.,* Massenentlassung, HwB AR 1280, (1993); *Bieback,* Die rechtliche Stellung des Betriebsrats in der Arbeitsmarktpolitik, AuR 1986, 161; *Böck,* HzA Gruppe 5 Rn. 903 ff. (1997); *Boemke,* Massenentlassung, Lexikon des Rechts 12/1180, 1994; *Busch,* Massenentlassung unter Beachtung der §§ 111–113 BetrVG und § 17 KSchG, DB 1992, 1474; *Feichtinger,* HBV Gruppe 5, S. 533 ff. (1987); *Fuchs,* Massenentlassung (1988), in: Hoff/Knebel/Schwedes, Flexible Arbeitszeit, Praxishandbuch der Arbeitszeitgestaltung, Gruppe 6, S. 127 ff.; *Hohn,* Personalfragen bei Betriebsänderungen, 1985, S. 16 ff.; *ders.,* Massenentlassungen und Betriebsübergang, 2. Aufl. 1986, S. 22 ff.; *Löwisch,* Änderung des Kündigungsschutzgesetzes, NJW 1978, 1237; *ders.,* Arbeitsrechtliche Probleme bei Kurzarbeit, Massenentlassung, Betriebsänderungen und Veräußerung von Betrieben oder Betriebsteilen, RWS-Skript Nr. 99, 1981; *Marschall,* Neuregelung der Anzeigepflicht bei „Massenentlassungen", DB 1978, 981; *Pulte,* Änderung des Kündigungsschutzes bei Massenentlassungen, BB 1978, 1268; *Rumler,* Der Kündigungsschutz leitender Angestellter, 1990; *Rumpff/Boewer,* Mitbestimmung in wirtschaftlichen Angelegenheiten, 3. Aufl. 1990, S. 440 ff.; *Schaub,* Personalanpassung und Personalabbau im Betrieb, RWS-Skript 204, 1989, S. 73 ff.; *Schaub/Schindele,* Kurzarbeit, Massenentlassung, Sozialplan, 1993; *Schiefer,* Mitteilungs- und anzeigepflichtige

Vorb. zu §§ 17 ff. 3. Abschnitt. Anzeigepflichtige Entlassungen

Entlassungen, in: Brennpunkte des Arbeitsrechts, 1994; *Schlochauer,* Mitwirkung des Betriebsrats bei Massenentlassung, PersF 1986, 520 ff.; *Gustav Schmidt,* Der Kündigungsschutz bei Massenentlassungen, AR-Blattei Kündigungsschutz II Massenentlassung (1978); *Steike,* Die Durchführung der Massenentlassung, DB 1995, 674 ff.; *Vogt,* Aktuelle Probleme bei Massenkündigungen und -entlassungen, BB 1985, 1141; *Wagner,* Kurzarbeit und Massenentlassung, HzA Gruppe 1 Rn. 3579 ff. (1994); *Weiss,* Die europarechtliche Regelung der Massenentlassung, RdA 1992, 367 ff.; *Zwanziger,* Betriebsbedingte Kündigungen im Lichte der Rechtsprechung, NJW 1995, 916 ff.

4. Zu §§ 17 ff. KSchG 1969 in der Fassung des EG-Anpassungsgesetzes vom 20. 7. 1995 und nachfolgenden Änderungen:

Bachner/Schindele, Beschäftigungssicherung durch Interessenausgleich und Sozialplan, NZA 1999, 130 ff.; *Bauer/Haußmann,* Die Verantwortung des Arbeitgebers für den Arbeitsmarkt, NZA 1997, 1100 ff.; *Bauer/Powietzka,* Heilung unterbliebener Massenentlassungsanzeige nach § 17 KSchG, DB 2000, 1073 ff.; *dies.,* Neues zur Nachholbarkeit von Massenentlassungsanzeigen, DB 2001, 383; *Berscheid,* Der Kündigungsschutz bei Massenentlassungen, AR-Blattei SD 1020.2 (1996); *Bundesanstalt für Arbeit,* Merkblatt 5, Mitteilungs- und anzeigepflichtige Entlassungen, Stand Januar 1998; *dies.,* Durchführungsanweisungen zum Dritten und Vierten Abschnitt des KSchG v. 1. 1. 1998 (Stand 11/1999); *Ermer,* Neuregelungen der anzeigepflichtigen Entlassungen nach §§ 17 ff. KSchG, NJW 1998, 1288; *Grünberger,* Nachweisgesetz und Änderung des Kündigungsschutzgesetzes, NJW 1995, 2809 ff.; *Hold,* Neue Vorschriften über den Nachweis der für ein Arbeitsverhältnis geltenden wesentlichen Bedingungen und über Massenentlassung, AuA 1995, 289 f.; *Krauß,* Das Gesetz zur Anpassung arbeitsrechtlicher Bestimmungen an das EG-Recht, WiB 1995, 879 f.; *Löwisch,* Tarifliche Regelung von Arbeitgeberkündigungen, DB 1998, 877 ff.; *Moll,* in: Henssler/Moll, Kündigung und Kündigungsschutz, 2000, Massenentlassung, S. 141 ff.; *Opolony,* Die anzeigepflichtige Entlassung, NZA 1999, 791 ff.; *Ruberg,* Massenentlassungen, LzK 880 (1999); *Schaub,* Die besondere Verantwortung von Arbeitgeber und Arbeitnehmer für den Arbeitsmarkt – Wege aus der Krise oder rechtlicher Sprengstoff, NZA 1997, 810 ff.; *ders.,* Personalabbau im Konzern, ZIP 1999, 1949; *Schiefer,* Gesetz zur Anpassung arbeitsrechtlicher Bestimmungen an das EG-Recht, DB 1995, 1910 ff.; *Steffan,* Massenentlassungen, HAS III § 19 (1997); *Wißmann,* Probleme bei der Umsetzung der EG-Richtlinie über Massenentlassungen in deutsches Recht, RdA 1998, 221 ff.; *Zöllner/Loritz* § 24.

Übersicht

	Rn.
I. Überschrift des 3. Abschnitts	1
II. Entstehung und Entwicklung	2
1. Vor 1945	2
2. Nach 1945	3
3. Das 1. ArbRBereinigG v. 14. 8. 1969	4
4. Das 2. Gesetz zur Änderung des KSchG v. 27. 4. 1978	
5. Gesetz zur Anpassung arbeitsrechtl. Bestimmungen an das EG-Recht v. 20. 7. 1995	5 a
6. Arbeitsförderungs-Reformgesetz v. 24. 3. 1997	5 b
III. Grundgedanke	6
IV. Verhältnis zu sonstigen Kündigungsschutzregelungen	10
1. Individual-Kündigungsschutz nach §§ 1 ff.	10
2. Besonderer Kündigungsschutz	12
3. Mitwirkung des Betriebsrats	13
V. Anwendungsbereich	14
1. Betrieblicher Geltungsbereich	14
2. Persönlicher Geltungsbereich	15
3. Sachlicher Geltungsbereich	16
VI. Zwingende Wirkung	17
VII. Rechtsnatur der §§ 17 ff. und Rechtsweg	18

I. Überschrift des 3. Abschnitts

Die Überschrift des 3. Abschnitts ist durch das 1. ArbRBereinigG geändert worden: Statt „Kündigungsschutz bei Massenentlassungen" heißt sie jetzt „Anzeigepflichtige Entlassungen". Mag auch die bisherige Bezeichnung nicht für alle Fälle treffend gewesen sein,[1] kann es zweifelhaft erscheinen, ob diese Änderung glücklich ist. Auf der einen Seite können für den 3. Abschnitt bei kleineren Betrieben Fälle in Betracht kommen, in denen nur 6 Arbeitnehmer entlassen werden (§ 17 Abs. 1 Nr. 1), man also kaum von einer wirklichen „Massenentlassung" sprechen kann. Auf der anderen Seite könnte aber die neue Überschrift den Eindruck erwecken, daß der 3. Abschnitt nur Anzeigepflichten regele. Das wäre aber unzutreffend, vielmehr handelt es sich wie in den beiden ersten Abschnitten des Gesetzes um erhebliche sachliche Einschränkungen der Kündigungsmöglichkeiten.[2]

II. Entstehung und Entwicklung

1. Vor 1945: Der dritte Abschnitt des Gesetzes regelt den besonderen Kündigungsschutz bei Entlassungen einer größeren Zahl von Arbeitnehmern. Dieser Kündigungsschutz bei Massenentlassungen ist ein Produkt der Zeit **nach dem ersten Weltkrieg**. Sein unmittelbares Vorbild ist der § 20 AOG, der seinerseits die Vorschriften der sogenannten StillegungsVO vom 8. November 1920 in der Fassung der VO vom 15. Oktober 1923 übernommen hatte. Der eigentliche Ursprung lag aber nicht in dieser StillegungsVO, die zunächst nur wirtschaftspolitische Ziele verfolgte und in die der Kündigungsschutz erst später aufgenommen wurde, sondern in den verschiedenen Demobilmachungsverordnungen über die Einstellung und Entlassung von Arbeitern und Angestellten. § 12 der VO vom 12. Februar 1920, welche die bisherigen VOen zusammenfaßte, sah eine Entlassungssperre vor, d. h. er verbot die Verringerung der Arbeitnehmerzahl eines Betriebes, solange durch Herabsetzung der Arbeitszeit auf die Hälfte (Arbeitsstreckung) die Beschäftigung aller Arbeitnehmer möglich war. Als die Wirtschaftskrise des Jahres 1923 den Abbau dieser Bestimmungen erzwang (vgl. oben Einl. Rn. 14), wurde zum Ersatz durch die VO über Betriebsstillegungen und Arbeitsstreckung vom 15. 10. 1923 ein zeitlich beschränkter Kündigungsschutz in die StillegungsVO von 1920 eingebaut. Das brachte eine eigenartige Verbindung des Kündigungsschutzes mit der Stillegung von Betriebsanlagen mit sich, die innerlich nicht berechtigt war und eine Fülle unfruchtbarer Streitigkeiten über den Begriff der Stillegung von Betriebsanlagen zur Folge hatte. § 20 AOG hat deshalb diese Verbindung aufgegeben und den Kündigungsschutz nicht mehr an die Stillegung einer Betriebsanlage, sondern lediglich an die Entlassung einer bestimmten Mindestzahl von Arbeitnehmern oder eines bestimmten Prozentsatzes der Beschäftigten eines Betriebes geknüpft; im übrigen aber hat er an dem Grundgedanken des bisherigen Rechts festgehalten.[3] Diesem Beispiel folgt auch das KSchG.

---

[1] Vgl. BR-Drucks. 705/68 S. 9f.; *Nikisch* S. 839 Fn. 2; KR-*Weigand* § 17 KSchG Rn. 9.
[2] Vgl. MünchArbR/*Berkowsky* § 156 Rn. 2.
[3] Zu dieser Entwicklung insbes. *Denck* S. 312 ff.; APS/*Moll* Vor §§ 17 ff. KSchG Rn. 2 ff.

Vorb. zu §§ 17 ff. 3–5   3. Abschnitt. Anzeigepflichtige Entlassungen

3 2. **Nach 1945:** § 20 AOG wurde zum 1. 1. 1947 aufgehoben. Einen gewissen Ersatz bildete zunächst die Vorschrift Nr. 17 des Kontrollratsbefehls Nr. 3, die bestimmte, daß der Arbeitgeber dem Arbeitsamt von Massenentlassungen im voraus Mitteilung machen müsse. Doch ist der Kontrollratsbefehl Nr. 3 durch Gesetz Nr. A–19 der Alliierten Hohen Kommission vom 16. 8. 1951[4] beseitigt worden. Im übrigen ist die Materie in der Zwischenzeit in einer Reihe von Landesgesetzen geregelt worden, die durch § 26 des KSchG i. d. F. von 1951 wieder aufgehoben worden sind. Näheres darüber in den Erläuterungen der beiden ersten Auflagen dieses Kommentars zu § 26.

4 3. **Das 1. ArbRBereinigG vom 14. 8. 1969** (siehe oben Einl. Rn. 36 ff.) hat den 3. Abschnitt des KSchG – abgesehen von der Überschrift (siehe oben Rn. 1) – inhaltlich nicht verändert, sondern lediglich durch die anschließende Neufassung eine geänderte Paragraphenzählung gebracht. Dabei ist auch die in § 248 AFG enthaltene Einfügung eines neuen Absatzes 2a in den bisherigen § 16 berücksichtigt worden, der damals als § 18 Abs. 3 galt (siehe dazu unten § 18 Rn. 1). Die jetzigen §§ 17ff. KSchG 1969 entsprechen den früheren §§ 15ff. KSchG 1951, so daß auch die damalige Literatur und Rechtsprechung weiterhin verwendet werden kann.

5 4. **Das 2. Gesetz zur Änderung des KSchG vom 27. 4. 1978**[5] novellierte den 3. Abschnitt hinsichtlich der Anzeigepflicht des Arbeitgebers bei Massenentlassungen, trifft nunmehr nähere Bestimmungen über das Verfahren und regelt die Beteiligung des Betriebsrats genauer (siehe bereits oben Einl. Rn. 55). Die Änderungen passen das deutsche Recht u. a. den Vorschriften der Europäischen Gemeinschaften an, deren Rat am 17. 2. 1975 die **Richtlinie 75/129/EWG** zur Angleichung der Rechtsvorschriften der Mitgliedstaaten über Massenentlassungen verabschiedet hat.[6] Für Arbeitnehmer günstigere deutsche Regelungen konnten jedoch bestehen bleiben. Die nationalen Rechtsvorschriften sollten nach Art. 6 Abs. 1 der Richtlinie innerhalb von 2 Jahren den Bestimmungen der Richtlinie angepaßt werden. Die Bundesregierung brachte am 2. 9. 1977 einen entsprechenden Gesetzesentwurf ein,[7] gegen den vom Bundesrat keine Einwendungen erhoben wurden.[8] Nach Übernahme der Empfehlungen des Ausschusses für Arbeit und Sozialordnung[9] traten die Änderungen der §§ 17ff. mit mehr als einjähriger Fristüberschreitung am 30. 4. 1978 in Kraft.[10] Als Übergangsregelung wurde etwas unsystematisch § 22a eingefügt. Wegen der Einzelheiten zu der inhaltlichen Neuregelung vgl. die Erläuterungen zu §§ 17, 20 und 23. – Zu den Besonderheiten in der ehemaligen DDR siehe § 18 Rn. 1.

---

[4] AHKABl. S. 1037.
[5] BGBl. I S. 550.
[6] ABl. EG vom 22. 2. 1975 Nr. L 48 S. 29; Vorschlag für die Richtlinie abgedruckt in RdA 1973, 315; dazu *Becker* NJW 1976, 2057; *Nowak* Die EWG-Richtlinie über die Unterrichtung und Anhörung der Arbeitnehmer 1985, S. 116 ff.; *Weiss* RdA 1992, 367.
[7] BR-Drucks. 400/77, auch abgedruckt in RdA 1978, 35.
[8] BT-Drucks. 8/1041.
[9] BT-Drucks. 8/1546.
[10] Siehe dazu *Löwisch* NJW 1978, 1237; *Marschall* DB 1978, 981; *Pulte* BB 1978, 1268.

5. Gesetz zur Anpassung arbeitsrechtlicher Bestimmungen an das EG-Recht vom 20. 7. 1995.[11] Die Richtlinie 92/56/EWG des Rates der Europäischen Gemeinschaften[12] hat die Massenentlassungsrichtlinie (oben Rn. 5) geändert. Demzufolge wurde durch Art. 5 des Gesetzes zur Anpassung arbeitsrechtlicher Bestimmungen an das EG-Recht das KSchG geändert, und zwar § 17 modifiziert und § 22a aufgehoben.[13]

6. Durch das **Arbeitsförderungs-Reformgesetz (AFRG) vom 24. 3. 1997**[14] wurde das Arbeitsförderungsrecht (AFG) als SGB III in das Sozialgesetzbuch integriert und in diesem Zusammenhang auch das Recht der anzeigepflichtigen Entlassungen geändert. Insbesondere sind an Stelle der Landesarbeitsämter ab 1. 1. 1998 jetzt überwiegend die Arbeitsämter zuständig (§§ 18 Abs. 1, 20 n. F.), § 18 Abs. 3 ist entfallen, die Freifrist nach § 18 Abs. 4 wurde auf 90 Tage verlängert und schließlich § 22 Abs. 2 sprachlich angepaßt.[15] – Die **Massenentlassungsrichtlinie** (oben Rn. 5a) wurde durch die Richtlinie 98/59/EG vom 20. 7. 1998[16] **erneut geringfügig im Wortlaut geändert.** Eine inhaltliche Änderung ist aber nicht erfolgt, so daß eine Anpassung der §§ 17 ff. an die neugefaßte EU-Richtlinie nicht erforderlich ist. – Ob der deutsche Gesetzgeber die EU-Richtlinie ausreichend in nationales Recht umgesetzt hat, ist zweifelhaft (siehe dazu beispielsweise § 17 Rn. 8).[17]

III. Grundgedanke

Das Ziel des 3. Abschnitts des Gesetzes ist in erster Linie **arbeitsmarktpolitischer Art,** nämlich die weitestmögliche Verhütung von Arbeitslosigkeit im Allgemeininteresse, während das Interesse des einzelnen Arbeitnehmers an der Erhaltung seines Arbeitsplatzes in den §§ 1 ff. Berücksichtigung findet (dazu auch oben Einl. Rn. 13 ff. und unten Rn. 10).[18] Durch das 2. ÄndG zum KSchG vom 27. 4. 1978 (siehe oben Rn. 5) sind allerdings auch **Interessen der Belegschaft und des Betriebes** in die Zielrichtung miteinbezogen worden, weil nunmehr in § 17 Abs. 2 außerhalb des Betriebsverfassungsgesetzes und daher etwas systemfremd die Mitwirkung des Be-

---

[11] BGBl. I S. 946.
[12] ABl. EG Nr. L 245/3 vom 26. 8. 1992, abgedr. in RdA 1992, 387; dazu KR-*Weigand* § 17 KSchG Rn. 6 ff.; *Weiss* RdA 1992, 369.
[13] Dazu *Berscheid* AR-Blattei SD 1020.2 Rn. 8; *Grünberger* NJW 1995, 2809; *Hold* AuA 1995, 289; *Krauß* WiB 1995, 822; APS/*Moll* § 17 KSchG Rn. 1; *Schiefer* DB 1995, 1910; KR-*Weigand* § 17 KSchG Rn. 6 c ff.
[14] BGBl. I S. 594, 712; dazu *Gaul* NJW 1997, 1465.
[15] Dazu *Ermer* NJW 1998, 1288.
[16] ABl. EG Nr. L 225/16.
[17] Vgl. im übrigen EuGH 17. 12. 1998, NZA 1999, 305 = EWiR Art. 3 RL 75/129/EWG 1/99 mit Kurzkomm. *Schaub*.
[18] Vgl. Amtl. Begründung, abgedr. in RdA 1951, 65; BAG 6. 12. 1973, AP Nr. 1 zu § 17 KSchG 1969 unter II 2a mit zust. Anm. von *G. Hueck* unter 2a; BAG 24. 10. 1996, AP Nr. 8 zu § 17 KSchG 1969 unter B II 3b; BAG 11. 3. 1999, AP Nr. 12 zu § 17 KSchG 1969; BAG 13. 4. 2000, RzK I 8b Nr. 13; ErfK/*Ascheid* § 17 Rn. 2; *Bader/Dörner* § 17 Rn. 1; *Berscheid* HwB AR 1280 Rn. 3; HK-KSchG/*Hauck* § 17 Rn. 2; *Kittner/Däubler/Zwanziger* § 17 KSchG Rn. 3; *Löwisch* § 17 Rn. 1; KR-*Weigand* § 17 KSchG Rn. 7; – kritisch APS/*Moll* Vor §§ 17 ff. KSchG Rn. 10 ff.; *G. Schmidt* AR-Blattei Kündigungsschutz II, A III.

triebsrats geregelt ist. Damit werden indirekt auch die Interessen des einzelnen Arbeitnehmers geschützt.[19] Davon abgesehen verfolgen aber die §§ 17 ff. ähnliche Zwecke wie das Arbeitsförderungsrecht, das nach § 1 SGB III Arbeitslosigkeit verhindern soll; gemäß § 2 Abs. 1 Nr. 2 SGB III sollen Entlassungen möglichst vermieden werden.[20]

7 Die Regelungen des 3. Abschnitts sollen demzufolge im Interesse der Verhütung von Arbeitslosigkeit größere **Entlassungen erschweren,** wenn sie wirtschaftlich nicht wirklich notwendig sind. Außerdem soll der Arbeitsmarkt nicht von unvorhergesehenen „Massenentlassungen" überrascht werden.[21] Solche Entlassungen werden zwar nicht völlig verboten, denn das könnte zu einer wirtschaftlich nicht tragbaren Belastung des Betriebes führen und letzten Endes durch Vernichtung des Betriebes die Arbeitslosigkeit erst recht steigern. Wohl aber müssen geplante Massenentlassungen dem Arbeitsamt angezeigt werden (§ 17 Abs. 1), und sie dürfen innerhalb einer Sperrfrist nur mit dessen Genehmigung durchgeführt werden (§ 18). Vom Arbeitsamt nicht gebilligte Entlassungen werden also zeitlich hinausgeschoben.[22] Es wird Zeit gewonnen, damit, soweit das möglich ist, die Entlassungen überhaupt vermieden werden, etwa durch Herabsetzung der Arbeitszeit (§ 19) oder sonstige Abänderung der Arbeitsbedingungen, oder aber doch für anderweitige Unterbringung der zu Entlassenden nach Möglichkeit Sorge getragen werden kann. Die Vorschriften dienen somit auch der Vorbereitung einer geregelten Arbeitsvermittlung, die daraufhin durch die Bundesanstalt für Arbeit erfolgen kann (vgl. §§ 4, 35 ff. SGB III). Die Sperrfrist beträgt einen Monat (§ 18 Abs. 1) und kann im Gegensatz zum Recht der StillegungsVO, aber in Übereinstimmung mit § 20 AOG, vom Arbeitsamt auf 2 Monate verlängert werden (§ 18 Abs. 2).

8 Ob die §§ 17 ff. ihr **Ziel erreichen,** ist zweifelhaft, da sie in der Praxis häufig nicht greifen.[23] Hat nämlich ein Arbeitgeber die Absicht, seinen Betrieb weiterzuführen, und will er zu dessen Sanierung Entlassungen im größeren Umfang vornehmen, so wird er sich bemühen, knapp unter den Zahlen des § 17 Abs. 1 zu bleiben, um auf diese Weise das Anzeigeverfahren zu vermeiden (vgl. unten § 17 Rn. 36). Sind jedoch die anzeigepflichtigen Entlassungen wegen drohender Zahlungsunfähigkeit des Betriebes erforderlich, ist der Entscheidungsspielraum des Arbeitsamtes außerordentlich eingeschränkt, da in diesem Fall die Verlängerung der Sperrfrist praktisch nicht mehr in Frage kommt.

---

[19] So auch die Begründung der Kommission der EG zum Vorschlag für eine Richtlinie des Rates zur Änderung der Richtlinie 75/129 EWG vom 30. 11. 1991, ABl. EG C 310, S. 19; dazu *Opolony* NZA 1999, 792 und *Wißmann* RdA 1998, 222; – neuerdings dieses Argument hervorhebend BAG 11. 3. 1999, AP Nr. 12 zu § 17 KSchG 1969, aber in BAG 13. 4. 2000, RzK I 86 Nr. 13 nicht mehr angenommen.
[20] Zu dieser Bestimmung *Bauer/Haußmann* NZA 1997, 1100; *Schaub* NZA 1997, 810; siehe auch *Löwisch* § 17 Rn. 5.
[21] Vgl. *Denck* S. 311; *Löwisch* DB 1998, 878 mit Hinweis auf die staatliche Schutzpflicht aus Art. 12 GG.
[22] BAG 6. 12. 1973, AP Nr. 1 zu § 17 KSchG 1969; ErfK/*Ascheid* § 17 Rn. 3; *Kittner/Däubler/Zwanziger* § 17 KSchG Rn. 3; KR-*Weigand* § 17 KSchG Rn. 8.
[23] Vgl. *Backmeister/Trittin* § 17 Rn. 1, 5; HK-KSchG/*Hauck* § 17 Rn. 1; APS/*Moll* Vor §§ 17 ff. KSchG Rn. 9; *Rademacher* ABA 1973, 344.

Beabsichtigt der Arbeitgeber, anzeigepflichtige Entlassungen vorzuneh- 9
men, sind **folgende rechtliche Schritte** zu beachten, wobei die zeitliche
Reihenfolge je nach dem Einzelfall abweichen kann:[24]
- Mitwirkung des Betriebsrats nach §§ 92, 111, 112 BetrVG,
- Unterrichtung des Wirtschaftsausschusses nach § 106 BetrVG,
- Mitwirkung des Betriebsrats nach § 17 Abs. 2,
- Anzeige einschließlich Stellungnahme des Betriebsrats an das Arbeitsamt nach § 17 Abs. 1 und 3,
- Zuleitung einer Abschrift der Anzeige an den Betriebsrat nach § 17 Abs. 3 Satz 6,
- Evtl. weitere Stellungnahme des Betriebsrats an das Arbeitsamt nach § 17 Abs. 3 Satz 7 mit Zuleitung der Abschrift an den Arbeitgeber gemäß § 17 Abs. 3 Satz 8,
- Anhörung von Arbeitgeber und Betriebsrat durch das Arbeitsamt nach § 20 Abs. 3,
- Entscheidung des Arbeitsamtes über anzeigepflichtige Entlassungen (§ 18) oder Kurzarbeit (§ 19),
- Mitwirkung des Betriebsrats nach § 102 BetrVG und Erklärung der Kündigungen durch den Arbeitgeber,
- Durchführung der Entlassungen innerhalb der Freifrist nach § 18 Abs. 1 und 4 oder Einführung von Kurzarbeit nach § 19 Abs. 1 unter Beachtung des Mitbestimmungsrechts des Betriebsrats nach § 87 Abs. 1 Nr. 3 BetrVG.

IV. Verhältnis zu sonstigen Kündigungsschutzregelungen

1. Individual-Kündigungsschutz nach §§ 1 ff.

Von dem in §§ 1 ff. geregelten Individual-Kündigungsschutz unterscheidet 10
sich derjenige der §§ 17 ff. dadurch, daß er arbeitsmarktpolitische Ziele verfolgt (siehe oben Rn. 6 ff.). Es handelt sich nicht um den individuellen
Schutz des einzelnen Arbeitnehmers in seinem Arbeitsverhältnis, sondern um
das Interesse der Allgemeinheit an weitestmöglicher Verhütung der Arbeitslosigkeit. Natürlich kann sich die Beschränkung von Massenentlassungen
auch zugunsten des einzelnen Arbeitnehmers auswirken; es handelt sich dabei aber nur um eine Reflexwirkung.[25] Ist eine Kündigung unwirksam, so
ergeben sich daraus für ihn Ansprüche gegen seinen Arbeitgeber. Aber diese
dem einzelnen Arbeitnehmer erwachsenden Ansprüche sind nur das Mittel,
um das vom Gesetzgeber erstrebte Ziel der Verhinderung von Arbeitslosigkeit zu verwirklichen.[26] Daher kann das Arbeitsamt dadurch, daß es seine Zustimmung zur Entlassung gibt, den Schutz beseitigen, ohne daß der einzelne
Arbeitnehmer gefragt wird oder ein Rechtsmittel dagegen hätte.[27] Daraus

---

[24] Vgl. auch *Berscheid* HwB AR 1280 Rn. 10; HK-KSchG/*Hauck* § 17 Rn. 6; APS/*Moll* Vor §§ 17 ff. KSchG Rn. 21; *Sowka/Schiefer* §§ 17–22 Rn. 2; KR-*Weigand* § 17 KSchG Rn. 14 a ff.
[25] MünchArbR/*Berkowsky* § 156 Rn. 2; KR-*Weigand* § 17 KSchG Rn. 9; – weitergehend APS/*Moll* Vor §§ 17 ff. KSchG Rn. 12.
[26] Kritisch dazu *Herschel* SAE 1974, 194.
[27] *Löwisch* § 17 Rn. 2.

folgt, daß die Kündigungsbeschränkungen der §§ 17 ff. und diejenigen der §§ 1 ff. **unabhängig nebeneinander bestehen.**[28]

11 Die Zustimmung des Arbeitsamtes nach § 18 Abs. 1 **schließt eine Klage nach § 4 nicht aus,**[29] sofern der einzelne Arbeitnehmer glaubt, daß die ihm gegenüber ausgesprochene Kündigung sozial ungerechtfertigt sei, wenn auch natürlich die Tatsache einer gänzlichen oder teilweisen Betriebsstillegung für die Frage, ob die Kündigung betriebsbedingt ist, berücksichtigt werden muß (vgl. § 1 Rn. 414 ff.). Umgekehrt kann eine Kündigung, obwohl sie nicht sozialwidrig im Sinn des § 1 ist, nach § 18 unwirksam sein, weil eine Massenentlassung vorliegt und der Arbeitgeber die erforderliche Zustimmung nicht eingeholt hat.[30] Es können auch die Voraussetzungen beider Vorschriften zutreffen, so daß der Arbeitnehmer in erster Linie die Nichtigkeit der Kündigung wegen fehlender Zustimmung des Arbeitsamts geltend machen, für die Zeit nach Ablauf der Sperrfrist aber die Klage nach § 4 anstrengen kann. Die Drei-Wochen-Frist des § 4 wird durch das Verfahren bei Massenentlassungen nicht berührt. Denn die Sperrfrist des § 18 hemmt lediglich den Ablauf der Kündigungsfrist, beeinträchtigt aber nicht die Kündigung als solche. Der Beginn der Frist des § 4 aber hängt lediglich vom Zugang der Kündigungserklärung ab.[31]

2. Besonderer Kündigungsschutz

12 Der besondere Kündigungsschutz, z. B. der Betriebsratsmitglieder nach §§ 15 f., der Schwerbehinderten nach §§ 85 ff. SGB IX, der in § 9 MuSchG genannten Frauen oder der Arbeitnehmer im Erziehungsurlaub (§ 18 BErzGG) wird durch den Massenentlassungsschutz gleichfalls **nicht berührt** (siehe oben Einl. Rn. 75). Denn auch in diesen Fällen ist die Zielrichtung der jeweiligen Schutzbestimmungen unterschiedlich; sie müssen daher **zusätzlich** beachtet werden.[32] Das gilt naturgemäß für den besonderen Kündigungsschutz im Rahmen der **Betriebsverfassung** nach §§ 15 f., der eine Verstärkung des allgemeinen Kündigungsschutzes nach §§ 1 ff. bezweckt (siehe dazu oben § 15 Rn. 1 ff.; zur Kündigung von Betriebsratsmitgliedern bei Betriebsstillegung vgl. oben § 15 Rn. 145 ff.). Weiterhin wird durch die Zustimmung des Arbeitsamts zu einer anzeigepflichtigen Entlassung (§ 18) der Arbeitgeber nicht von der Verpflichtung befreit, die Zustimmung des Integrationsamtes zur Kündigung eines **Schwerbehinderten** einzuho-

---

[28] H. M.; vgl. BAG 27. 2. 1958, AP Nr. 1 zu § 1 KSchG Betriebsbedingte Kündigung unter III; BAG 6. 11. 1958, AP Nr. 1 zu § 15 KSchG unter 5 b; BAG 6. 12. 1973, AP Nr. 1 zu § 17 KSchG 1969 unter II 2 a mit zust. Anm. von *G. Hueck;* BSG AP Nr. 1 zu § 20 KSchG; ErfK/*Ascheid* § 17 Rn. 3; *Berscheid* AR-Blattei SD 1020.2 Rn. 17; HK-KSchG/ *Hauck* § 17 Rn. 2; *Kittner/Däubler/Zwanziger* § 17 KSchG Rn. 4; *Löwisch* § 17 Rn. 3; APS/*Moll* Vor §§ 17 ff. KSchG Rn. 17; HaKo/*Pfeiffer* § 17 Rn. 9 f., KR-*Weigand* § 17 KSchG Rn. 10; *Zöllner/Loritz* § 24 vor I.
[29] HK-KSchG/*Hauck* § 17 Rn. 3; *Kittner/Däubler/Zwanziger* § 17 KSchG Rn. 4; *Löwisch* § 17 Rn. 3; APS/*Moll* Vor §§ 17 ff. KSchG Rn. 17; HaKo/*Pfeiffer* § 17 Rn. 10.
[30] HK-KSchG/*Hauck* § 17 Rn. 3; siehe im übrigen unten § 18 Rn. 27 ff.
[31] Vgl. § 4 Rn. 51; ebenso *Löwisch* § 17 Rn. 3; *G. Schmidt* AR-Blattei Kündigungsschutz II, A III.
[32] Ebenso ErfK/*Ascheid* § 17 KSchG Rn. 3; HK-KSchG/*Hauck* § 17 Rn. 4.

len.³³ Schließlich greift auch das Kündigungsverbot gegenüber einer nach § 9 Abs. 1 MuSchG geschützten Frau ein, soweit nicht ausnahmsweise eine derartige Kündigung nach § 9 Abs. 3 MuSchG durch die zuständige Behörde für zulässig erklärt wird, weil die Massenentlassung einen besonderen Fall im Sinne dieser Bestimmung darstellt.³⁴ Gleiches gilt für das (ordentliche) Kündigungsverbot gegenüber Arbeitnehmern im **Erziehungsurlaub** (§ 18 BErzGG) sowie **Wehrpflichtigen** nach § 2 ArbPlSchG oder nach § 2 EignungsübungsG (vgl. oben Einl. Rn. 83 und § 1 Rn. 153).

3. Mitwirkung des Betriebsrats

Auch für die Mitwirkung des Betriebsrats gilt das entsprechend oben Rn. 10 Ausgeführte. Die in § 17 Abs. 2 und 3 vorausgesetzte Beteiligung des Betriebsrats bei Massenentlassungen **ergänzt** dessen Mitwirkung bei der Personalplanung nach § 92 BetrVG; falls eine Betriebsänderung im Sinne des § 111 BetrVG in Frage steht, erfolgt die Mitbestimmung zusätzlich nach §§ 111, 112 BetrVG. Auch wird die Anhörung des Betriebsrats nach § 102 BetrVG für jede einzelne Kündigung nicht ersetzt oder ausgeschlossen (vgl. § 102 Abs. 7 BetrVG); denn hierbei geht es um die Besonderheiten des Einzelfalles, die bei den generellen Beratungen über die Maßnahme im Ganzen nicht berücksichtigt werden.³⁵ Die Mitwirkung nach §§ 92, 111, 112 BetrVG sowie § 17 Abs. 2 KSchG und nach § 102 BetrVG kann aber **zusammengefaßt** werden, indem der Arbeitgeber bei Behandlung der Massenentlassung mit dem Betriebsrat auch die einzelnen Fälle der betroffenen Arbeitnehmer bespricht.³⁶ Zu weiteren Einzelheiten der Mitwirkung des Betriebsrats siehe unten die Erläuterungen zu § 17 Rn. 44 ff., 54 ff. 13

V. Anwendungsbereich

1. Betrieblicher Geltungsbereich

Die Vorschriften des 3. Abschnitts gelten für alle **privaten Betriebe und Verwaltungen** und ferner für Betriebe, die von einer öffentlichen Verwaltung zur Erreichung wirtschaftlicher Zwecke geführt werden (vgl. § 23 Abs. 2 und § 23 Rn. 32 ff.). Sie gelten aber nicht für Saison- und Kampagne-Betriebe (§ 22), wenn es sich um Entlassungen handelt, die durch die Eigenart dieser Betriebe bedingt sind (siehe unten § 22 Rn. 3 ff.). Die §§ 17 ff. gelten ferner nicht für Seeschiffe und ihre Besatzungen (siehe unten § 23 Abs. 2 Satz 2 und § 23 Rn. 34). Der Betrieb muß allerdings, wie sich aus § 17 Abs. 1 Nr. 1 ergibt, mehr als 20 Arbeitnehmer umfassen. Diese Regelung entspricht der alten StillegungsVO, während § 20 AOG schon für Betriebe mit 10 Arbeitnehmern galt. Zur Anwendung der §§ 17 ff. im Fall der Betriebsspaltung nach § 323 Abs. 1 UmwG siehe unten § 23 Rn. 9 c. 14

---

³³ *Neumann/Pahlen* SchwbG 9. Aufl. 1999, § 15 Rn. 17.
³⁴ *Buchner/Becker* MuSchG 6. Aufl. 1998, § 9 Rn. 19, 185.
³⁵ Ebenso *Bleistein* Rn. 359; *G. Schmidt* AR-Blattei Kündigungsschutz II, C I; vgl. auch BAG 14. 2. 1978, AP Nr. 60 zu Art. 9 GG Arbeitskampf unter 4.
³⁶ Ebenso BAG 14. 8. 1986, AP Nr. 43 zu § 102 BetrVG 1972 unter B II 2 a dd; APS/ *Moll* Vor §§ 17 ff. KSchG Rn. 20; *Schaub* § 142 Rn. 26 f.; KR-*Weigand* § 17 KSchG Rn. 70.

Vorb. zu §§ 17 ff. 15–17   3. Abschnitt. Anzeigepflichtige Entlassungen

2. Persönlicher Geltungsbereich

15   Die §§ 17 ff. gelten für alle Arbeitnehmer der betroffenen Betriebe, also für alle (nichtleitenden) **Angestellten** und **Arbeiter** sowie Auszubildenden und Volontäre, unabhängig vom Lebensalter oder von der Dauer der Betriebszugehörigkeit (siehe unten § 17 Rn. 7).[37] Die Vorschriften gelten aber nicht für Vorstandsmitglieder, Gesellschaftsvertreter und leitende Angestellte, die zur selbständigen Einstellung oder Entlassung von Arbeitnehmern berechtigt sind (vgl. § 17 Abs. 5; dazu unten § 17 Rn. 8). Die Bestimmungen finden ferner keine Anwendung auf Familienangehörige, Handelsvertreter, Heimarbeiter und andere arbeitnehmerähnliche Personen, z. B. freie Mitarbeiter; denn diese Personengruppen unterfallen nicht dem Arbeitnehmerbegriff des § 17.[38]

3. Sachlicher Geltungsbereich

16   Die Regelungen des 3. Abschnitts gelten nur für Entlassungen aufgrund **ordentlicher Kündigungen** des Arbeitgebers[39] sowie ordentlicher Änderungskündigungen, soweit diese zur Entlassung führen (zu weiteren Einzelheiten unten § 17 Rn. 14 ff.).[40] Die §§ 17 ff. finden demgemäß keine Anwendung bei fristlosen Entlassungen (§ 17 Abs. 4). Ebensowenig gelten sie für Entlassungen, die lediglich Maßnahmen des Arbeitskampfes sind (§ 25).

VI. Zwingende Wirkung

17   Die §§ 17 ff. enthalten wie alle Kündigungsbeschränkungen zwingendes Recht.[41] Der Kündigungsschutz bei Massenentlassungen kann deshalb **nicht im voraus ausgeschlossen** werden, und zwar weder durch Einzelvertrag noch durch Tarifvertrag oder Betriebsvereinbarung. Entgegenstehende Vereinbarungen wären vielmehr schlechthin nichtig. Dagegen steht nichts im Wege, daß ein Arbeitnehmer, **nachdem** der Tatbestand des § 17 eingetreten ist, auf den Kündigungsschutz dadurch verzichtet, daß er sich mit der Beendigung des Arbeitsverhältnisses einverstanden erklärt.[42] Diese Zustimmung des Arbeitnehmers zur Entlassung kann etwa darin zu sehen sein, daß er sich auf die Unwirksamkeit der Kündigung nicht beruft (siehe ausführlich unten § 18 Rn. 29 ff.). Wird hingegen das Arbeitsverhältnis im gegenseitigen Einvernehmen durch **Aufhebungsvertrag** aufgelöst (häufige Formulierung im Alltag: „Kündigung im gegenseitigen Einverständnis"), so finden die §§ 17 ff.

---

[37] ErfK/*Ascheid* § 17 KSchG Rn. 6; *Bader/Dörner* § 17 Rn. 9; HK-KSchG/*Hauck* § 17 Rn. 16; *Löwisch* § 17 Rn. 21 f.; KR-*Weigand* § 17 KSchG Rn. 29; siehe unten § 17 Rn. 7.
[38] KR-*Weigand* § 17 KSchG Rn. 30.
[39] HK-KSchG/*Hauck* § 17 Rn. 19; KR-*Weigand* § 17 KSchG Rn. 32.
[40] BAG 10. 3. 1983, AP Nr. 2 zu § 2 KSchG 1969.
[41] BAG 11. 3. 1999, BB 1999, 1272; ErfK/*Ascheid* § 17 KSchG Rn. 4; *Berscheid* HwB AR 1290 Rn. 4; HK-KSchG/*Hauck* § 17 Rn. 7; APS/*Moll* Vor §§ 17 ff. KSchG Rn. 16; HaKo/*Pfeiffer* § 17 Rn. 6; *G. Schmidt* AR-Blattei Kündigungsschutz II, A; KR-*Weigand* § 17 KSchG Rn. 13.
[42] BAG 11. 3. 1999, BB 1999, 1272; – abweichend *G. Schmidt* aaO., der entgegenstehende Vereinbarungen für „schlechthin nichtig" ansieht.

Anzeigepflicht § 17

schon wegen fehlender Tatbestandsmäßigkeit grundsätzlich keine Anwendung[43] (siehe aber für den „veranlaßten" Aufhebungsvertrag unten § 17 Rn. 18 a ff.); dies gilt in gleicher Weise für das Ausscheiden des Arbeitnehmers auf Grund privaten Vergleichs.[44] Schließlich greifen die §§ 17 ff. auch nicht ein, wenn der Arbeitgeber eine nach §§ 17, 18 an sich unwirksame Kündigung erklärt (siehe unten § 18 Rn. 27 ff.), die der Arbeitnehmer jedoch akzeptiert.[45]

VII. Rechtsnatur der §§ 17 ff. und Rechtsweg

Die Rechtsnatur der Regelungen über anzeigepflichtige Entlassungen 18 kann nicht allein danach bestimmt werden, daß die §§ 17 ff. Teil des Kündigungsschutzgesetzes und damit privatrechtliches Individual-Arbeitsrecht darstellen müßten. Vielmehr weisen die Vorschriften eine **Doppelnatur** auf:[46] Soweit die §§ 17 ff. die Rechtsbeziehung zwischen Arbeitgeber und Arbeitnehmer regeln, insbesondere die Wirksamkeit von Entlassungen, sind sie dem Individualarbeitsrecht zuzuordnen, mit der Folge, daß diesbezügliche Streitigkeiten vor den **Arbeitsgerichten** im Urteilsverfahren (§§ 2 Abs. 1 Nr. 3 b, 46 ff. ArbGG) auszutragen sind (dazu unten § 20 Rn. 26). Handelt es sich um die Mitbestimmung des Betriebsrats beim Anzeigeverfahren (§ 17 Abs. 2 und 3), sind ebenfalls die Arbeitsgerichte, aber gemäß §§ 2a Abs. 1 Nr. 1, 80 ff. ArbGG im Beschlußverfahren zuständig.[47] Soweit es aber um das Verhältnis zwischen Arbeitgeber und Arbeitsamt (Bundesanstalt für Arbeit) geht, ist dieses öffentlich-rechtlicher Natur, genauer sozialrechtlicher Natur, für das die einschlägigen Vorschriften des Sozialrechts, insbesondere des SGB, anwendbar sind. Das hat für den Rechtsweg zur Folge, daß bei derartigen Streitigkeiten die **Sozialgerichte** gemäß § 51 Abs. 1 SGG zuständig sind (dazu unten § 20 Rn. 27 ff.).

§ 17 Anzeigepflicht

(1) ¹**Der Arbeitgeber ist verpflichtet, dem Arbeitsamt Anzeige zu erstatten, bevor er**
1. **in Betrieben mit in der Regel mehr als 20 und weniger als 60 Arbeitnehmern mehr als 5 Arbeitnehmer,**
2. **in Betrieben mit in der Regel mindestens 60 und weniger als 500 Arbeitnehmern 10 vom Hundert der im Betrieb regelmäßig beschäftigten Arbeitnehmer oder aber mehr als 25 Arbeitnehmer,**
3. **in Betrieben mit in der Regel mindestens 500 Arbeitnehmern mindestens 30 Arbeitnehmer**

---

[43] Insoweit zutreffend LAG Düsseldorf 20. 3. 1996, DB 1996, 2498, das aber aufgehoben wurde.
[44] Anders für nach der Entlassung abgeschlossene Vergleiche, dazu BAG 13. 3. 1969, AP Nr. 10 zu § 15 KSchG; LAG Düsseldorf 23. 2. 1976, DB 1976, 1019; KR-*Weigand* § 17 KSchG Rn. 43.
[45] Ebenso ErfK/*Ascheid* § 17 KSchG Rn. 4; *Bescheid* wie Fn. 41; APS/*Moll* Vor §§ 17 ff. KSchG Rn. 16; KR-*Weigand* § 17 KSchG Rn. 14.
[46] Ebenso ErfK/*Ascheid* § 17 KSchG Rn. 38; *Bescheid* AR-Blattei SD 1020.2 Rn. 9 f.
[47] Dazu *Germelmann/Matthes/Prütting* ArbGG 3. Aufl. 1999, § 2a Rn. 9; vgl. auch BAG 19. 5. 1978, AP Nr. 1 zu § 88 BetrVG 1972.

§ 17　　　3. Abschnitt. Anzeigepflichtige Entlassungen

innerhalb von 30 Kalendertagen entläßt. ²Den Entlassungen stehen andere Beendigungen des Arbeitsverhältnisses gleich, die vom Arbeitgeber veranlaßt werden.

(2) ¹Beabsichtigt der Arbeitgeber, nach Absatz 1 anzeigepflichtige Entlassungen vorzunehmen, hat er dem Betriebsrat rechtzeitig die zweckdienlichen Auskünfte zu erteilen und ihn schriftlich insbesondere zu unterrichten über

1. die Gründe für die geplanten Entlassungen,
2. die Zahl und die Berufsgruppen der zu entlassenden Arbeitnehmer,
3. die Zahl und die Berufsgruppen der in der Regel beschäftigten Arbeitnehmer,
4. den Zeitraum, in dem die Entlassungen vorgenommen werden sollen,
5. die vorgesehenen Kriterien für die Auswahl der zu entlassenden Arbeitnehmer,
6. die für die Berechnung etwaiger Abfindungen vorgesehenen Kriterien.

²Arbeitgeber und Betriebsrat haben insbesondere die Möglichkeiten zu beraten, Entlassungen zu vermeiden oder einzuschränken und ihre Folgen zu mildern.

(3) ¹Der Arbeitgeber hat gleichzeitig dem Arbeitsamt eine Abschrift der Mitteilung an den Betriebsrat zuzuleiten; sie muß zumindest die in Absatz 2 Satz 1 Nr. 1 bis 5 vorgeschriebenen Angaben enthalten. ²Die Anzeige nach Absatz 1 ist schriftlich unter Beifügung der Stellungnahme des Betriebsrates zu den Entlassungen zu erstatten. ³Liegt eine Stellungnahme des Betriebsrates nicht vor, so ist die Anzeige wirksam, wenn der Arbeitgeber glaubhaft macht, daß er den Betriebsrat mindestens zwei Wochen vor Erstattung der Anzeige nach Absatz 2 Satz 1 unterrichtet hat, und er den Stand der Beratungen darlegt. ⁴Die Anzeige muß Angaben über den Namen des Arbeitgebers, den Sitz und die Art des Betriebes enthalten, ferner die Gründe für die geplanten Entlassungen, die Zahl und die Berufsgruppen der zu entlassenden und der in der Regel beschäftigten Arbeitnehmer, den Zeitraum, in dem die Entlassungen vorgenommen werden sollen und die vorgesehenen Kriterien für die Auswahl der zu entlassenden Arbeitnehmer. ⁵In der Anzeige sollen ferner im Einvernehmen mit dem Betriebsrat für die Arbeitsvermittlung Angaben über Geschlecht, Alter, Beruf und Staatsangehörigkeit der zu entlassenden Arbeitnehmer gemacht werden. ⁶Der Arbeitgeber hat dem Betriebsrat eine Abschrift der Anzeige zuzuleiten. ⁷Der Betriebsrat kann gegenüber dem Arbeitsamt weitere Stellungnahmen abgeben. ⁸Er hat dem Arbeitgeber eine Abschrift der Stellungnahme zuzuleiten.

(3 a) ¹Die Auskunfts-, Beratungs- und Anzeigepflichten nach den Absätzen 1 bis 3 gelten auch dann, wenn die Entscheidung über die Entlassungen von einem den Arbeitgeber beherrschenden Unternehmen getroffen wurde. ²Der Arbeitgeber kann sich nicht darauf berufen, daß das für die Entlassungen verantwortliche Unternehmen die notwendigen Auskünfte nicht übermittelt hat.

(4) ¹Das Recht zur fristlosen Entlassung bleibt unberührt. ²Fristlose Entlassungen werden bei Berechnung der Mindestzahl der Entlassungen nach Absatz 1 nicht mitgerechnet.

Anzeigepflicht **§ 17**

(5) **Als Arbeitnehmer im Sinne dieser Vorschrift gelten nicht**
1. **in Betrieben einer juristischen Person die Mitglieder des Organs, das zur gesetzlichen Vertretung der juristischen Person berufen ist,**
2. **in Betrieben einer Personengesamtheit die durch Gesetz, Satzung oder Gesellschaftsvertrag zur Vertretung der Personengesamtheit berufenen Personen,**
3. **Geschäftsführer, Betriebsleiter und ähnliche leitende Personen, soweit diese zur selbständigen Einstellung oder Entlassung von Arbeitnehmern berechtigt sind.**

Schrifttum: Siehe die Aufstellung bei den Vorbem. zu §§ 17 ff.

Übersicht

	Rn.
Vorbemerkung	1
I. Voraussetzungen der Anzeigepflicht	2
1. Einheit des Betriebes	3
a) Betrieb	3
b) Organisatorische Einheit	4
c) Besondere Betriebe	5
2. Gesamtzahl der Arbeitnehmer	6
a) Begriff des Arbeitnehmers	7
b) Maßgeblicher Zeitpunkt	9
c) Regelmäßige Arbeitnehmerzahl	10
d) Betriebseinschränkung	13
3. Zahl der beabsichtigten Entlassungen	14
a) Begriff der Entlassung	15
b) Kündigung durch den Arbeitnehmer	18
c) Sonstige Beendigung des Arbeitsverhältnisses	19
d) Arbeitsaussetzung	24
e) Änderungskündigung	25
f) Versetzung	26
g) Verminderung der Arbeitnehmerzahl	27
h) Fristlose Kündigung	28
4. Zeit der Entlassungen	34
a) Innerhalb von 30 Kalendertagen	35
b) Wirksamwerden	37
c) Weiterbeschäftigung	38
5. Verhältnis der Entlassungen zur Arbeitnehmerzahl	39
a) Zahlen und Prozentsätze	39
b) Konkretisierung für § 111 BetrVG und § 175 Abs. 1 Nr. 2 SGB III	43
II. Mitwirkung des Betriebsrats	44
1. Übersicht	44
2. Mitwirkungsverfahren nach Abs. 2	47
a) Beteiligungspflicht durch Arbeitgeber, Abs. 3 a	47
b) Auskünfte	47 b
c) Unterrichtung	47 c
d) Beratung	49
e) Stellungnahme des Betriebsrats	53
f) Einvernehmen nach Abs. 3 Satz 5	54
g) Mitwirkung nach anderen Vorschriften	55
3. Weitere Beteiligungsrechte nach Abs. 3 Satz 6–8	60
4. Mitwirkung des europäischen Betriebsrats	62 a
III. Die Anzeige	63
1. Übersicht	63
2. Rechtsnatur der Anzeigepflicht	64

757

	Rn.
a) Obliegenheit	64
b) Kein Schutzgesetz	65
3. Zuständigkeiten und Form	66
a) Erstattung durch den Arbeitgeber	66
b) Schriftform	67
c) Arbeitsamt als Adressat	68
4. Inhalt	69
a) Allgemeines	69
b) Muß-Angaben, Abs. 3 Satz 4	70
c) Soll-Angaben, Abs. 3 Satz 5	71
5. Beifügung der Stellungnahme des Betriebsrats	73
a) Wirksamkeitsvoraussetzung	73
b) Fehlende Stellungnahme des Betriebsrats	74
c) Stellungnahme nach §§ 3 und 4	77
d) Abschrift der Mitteilung an den Betriebsrat	78
e) Stellungnahme des Sprecherausschusses	79
6. Zeitpunkt	80
7. Vorsorgliche Anzeigen	82
8. Zurücknahme	83
9. Wirkung der Anzeige	84

1 **Vorbemerkung:** § 17 ist zunächst durch das 2. Gesetz zur Änderung des Kündigungsschutzgesetzes vom **27. 4. 1978 novelliert** worden. Abs. 1 wurde an die Richtlinie des Rates der Europäischen Gemeinschaften zur Angleichung der Rechtsvorschriften der Mitgliedstaaten über Massenentlassungen angepaßt (siehe oben Vorb. zu §§ 17 ff. Rn. 5), indem die Größe der von der Anzeigepflicht betroffenen Betriebe, der Umfang der anzeigepflichtigen Entlassungen und der Zeitraum der Entlassungen geändert wurden. Neu eingefügt sind die Absätze 2 und 3, die nunmehr die Mitwirkung des Betriebsrats bei Massenentlassungen genauer regeln und dessen Rechte verstärken (Abs. 2); insoweit wird jetzt wieder an die früher in § 66 Abs. 1 BetrVG 1952 enthaltene Regelung angeknüpft. Abs. 3 trifft nun eingehende Vorschriften über das Anzeigeverfahren zwischen Arbeitgeber, Arbeitsamt und Betriebsrat, das früher nur im Einleitungssatz des Abs. 1 angedeutet war. Abs. 4 und 5 entsprechen unverändert den früheren Abs. 2 und 3, was bei älteren Kommentierungen zu beachten ist.

1a Durch das Gesetz zur Anpassung arbeitsrechtlicher Bestimmungen an das EG-Recht vom **20. 7. 1995** (dazu oben Vorbem. zu §§ 17 ff. Rn. 5 a) wurde § 17 ein weiteres Mal **geändert** und **ergänzt**. Abs. 1 Satz 2 macht jetzt auch bestimmte andere Beendigungstatbestände anzeigepflichtig. Abs. 3 Satz 4 regelt den Inhalt der Anzeigepflicht gegenüber dem Arbeitsamt noch genauer. In Abs. 2 Satz 1 und Abs. 3 Satz 4 wird die Beteiligung des Betriebsrats erweitert. Schließlich enthält der neu eingefügte Abs. 3a eine sog. Konzernregelung.

I. Voraussetzungen der Anzeigepflicht

2 Die Anzeigepflicht und der Kündigungsschutz nach den §§ 17 ff. greifen nur ein, wenn
1. in einem Betrieb (Rn. 3 ff.)
2. bestimmter Größe (Rn. 6 ff.)
3. eine bestimmte Zahl von Entlassungen (Rn. 14 ff.)

4. innerhalb von 30 Kalendertagen (Rn. 34 ff.) und
5. nach einem bestimmten Verhältnis von Entlassungen zur Betriebsgröße (Rn. 39 ff.)
vorgenommen wird.

1. Einheit des Betriebes

a) Die Entlassungen müssen in einem **Betrieb** vorgenommen werden. Der Begriff des Betriebes, der im KSchG selbst nicht definiert wird, sondern nach dem allgemeinen arbeitsrechtlichen Betriebsbegriff bestimmt werden muß, deckt sich im Bereich des § 17 mit dem der Betriebsverfassung.[1] Das ergibt sich vor allem daraus, daß nur auf diese Weise die Zuständigkeit desjenigen örtlichen Betriebsrats gewährleistet ist, der mit den Verhältnissen des Betriebes am besten vertraut ist und daher der Mitwirkungspflicht nach Abs. 2 und 3 ohne weiteres nachkommen kann. Demzufolge kann auch die Frage, ob Betriebsabteilungen, Teilbetriebe oder Nebenbetriebe als selbständige Betriebe gelten können (was nach der StillegungsVO und dem AOG von Bedeutung war), heute nach § 4 BetrVG beurteilt werden.

b) Unter einem Betrieb versteht man die **organisatorische Einheit**, innerhalb derer ein Unternehmer allein oder in Gemeinschaft mit seinen Mitarbeitern mit Hilfe von sachlichen und immateriellen Mitteln bestimmte arbeitstechnische Zwecke fortgesetzt verfolgt.[2] Der Betrieb ist die Einheit, der die von der Entlassung betroffenen Arbeitnehmer zur Erfüllung ihrer Aufgabe angehören.[3] In erster Linie kommt es auf die Einheit der Organisation an, in der auch der Betriebsrat gebildet wird. Zu dem Begriff des Betriebes, der Bedeutung von Betriebsteilen und dem Problem eines Betriebes mehrerer Unternehmen vgl. im übrigen ausführlich unten § 23 Rn. 3 ff., 10 ff. Für den Kündigungsschutz der §§ 17 ff. ist vor allem die Entscheidung der Frage von Bedeutung, ob einerseits ein einheitlicher Betrieb gegeben ist oder mehrere selbständige Betriebe vorliegen, da von der Beantwortung dieser Frage die Berechnung der Arbeitnehmerzahl des Betriebes abhängt; und andererseits nur bei Einheit des Betriebes alle Entlassungen zusammenzurechnen sind, während Entlassungen in verschiedenen Betrieben gesondert behandelt werden müssen, auch wenn die Betriebe zu demselben Unternehmen gehören.

c) Kein Betrieb im Sinn des § 17 liegt vor, wenn in der Regel (dazu unten Rn. 10) nicht mehr als 20 Arbeitnehmer beschäftigt werden (dazu unten Rn. 7). Entlassungen in derartigen **Kleinbetrieben** sind also nicht anzeigepflichtig, auch wenn sie die Zahlen des Abs. 1 Nr. 1 überschreiten.[4] In Kleinstbetrieben mit fünf oder weniger Arbeitnehmern gilt der Kündigungsschutz gemäß § 23 Abs. 1 Satz 2 ohnehin nicht. In **Saison- und Kampagne-Be-**

---

[1] BAG 13. 3. 1969, AP Nr. 10 zu § 15 KSchG mit zust. Anm. *A. Hueck;* BAG 13. 4. 2000, AP Nr. 13 zu § 17 KSchG 1969 unter B II 1 d; ErfK/*Ascheid* § 17 KSchG Rn. 8; MünchArbR/*Berkowsky* § 156 Rn. 6; *Berscheid* AR.-Blattei SD 1020.2 Rn. 25; *Kittner/Däubler/Zwanziger* § 17 KSchG Rn. 5; *Löwisch* § 17 KSchG Rn. 9; APS/*Moll* § 17 KSchG Rn. 3; HaKo/*Pfeiffer* § 17 Rn. 14; KR–*Weigand* § 17 KSchG Rn. 17; – kritisch *Wißmann* RdA 1998, 223.
[2] BAG 25. 9. 1986, AP Nr. 7 zu § 1 BetrVG 1972.
[3] EuGH 7. 12. 1995, EzA § 17 KSchG Nr. 5.
[4] APS/*Moll* § 17 KSchG Rn. 6; HaKo/*Pfeiffer* § 17 Rn. 20; KR–*Weigand* § 17 KSchG Rn. 23.

§ 17 6–8   3. Abschnitt. Anzeigepflichtige Entlassungen

trieben finden die §§ 17 ff. keine Anwendung, soweit die Entlassungen durch diese Eigenart der Betriebe bedingt sind, vgl. § 22 mit Anmerkungen. Ausgenommen sind schließlich **Seeschiffe** und ihre Besatzungen sowie Betriebe und Verwaltungen der **öffentlichen Hand,** soweit sie nicht wirtschaftliche Zwecke verfolgen, § 23 Abs. 2.

2. Gesamtzahl der Arbeitnehmer

6   Für die Frage der Anwendbarkeit des Kündigungsschutzes nach §§ 17 ff. ist nun zunächst die Gesamtzahl der in diesem Betrieb **in der Regel beschäftigten Arbeitnehmer** festzustellen.

7   a) Dazu zählen alle Personen, die nach dem arbeitsrechtlichen Begriff als **Arbeitnehmer** anzusehen sind (siehe hierzu ausführlich oben § 1 Rn. 22 ff.), also Arbeiter, Angestellte, zur Berufsbildung Beschäftigte (= Auszubildende, Lehrlinge im bisherigen Sinn) und Volontäre, **nicht** dagegen Heimarbeiter und andere arbeitnehmerähnliche Personen wie (selbständige) Handelsvertreter oder sog. freie Mitarbeiter.[5] Personen, die auf Grund eines Eingliederungsverhältnisses nach §§ 229 ff. SGB III tätig sind, sind ebenfalls nicht mitzurechnen.[6] Wegen mitarbeitender Familienangehöriger siehe oben § 1 Rn. 48. Mitzurechnen sind auch Arbeitnehmer, die weniger als 6 Monate dem Betrieb oder Unternehmen angehören; denn die Herausnahme dieser Gruppe aus dem Kündigungsschutz gilt nur für § 1, nicht für § 17.[7] Ebenfalls zählen Teilzeitbeschäftigte (nicht nur anteilig) dazu, wenn sie die Arbeitnehmereigenschaft haben (dazu oben § 1 Rn. 41 und unter § 23 Rn. 22).[8] Hat ein Arbeitnehmer ein einheitliches Arbeitsverhältnis mit mehreren Arbeitgebern, so zählt seine Betriebszugehörigkeit ebenfalls dazu; ob die Entlassung nach § 17 auch Auswirkungen auf die anderen Arbeitgeber hat, hängt von den Umständen des Einzelfalles ab.[9]

8   **Nicht mitzurechnen** sind nach **Abs. 5** Vorstandsmitglieder von juristischen Personen und Vertreter von Personengesellschaften, aber auch **leitende Angestellte** im Sinn des Abs. 5 Nr. 3, obwohl die letzteren echte Arbeitnehmer sind.[10] Denn wenn für sie der Kündigungsschutz nicht gilt, dürfen sie auch bei Berechnung der Gesamtarbeitnehmerzahl des Betriebes nicht berücksichtigt werden. Das ergibt auch der Wortlaut des Abs. 5, der den leitenden Angestellten nicht nur den Kündigungsschutz versagt, sondern schlechthin bestimmt, daß sie nicht als Arbeitnehmer im Sinn des § 17 gelten sollen. In der Abgrenzung der in Betracht kommenden Personen entspricht § 17 Abs. 5 völlig dem § 14. Es kann deshalb auf die Anm. zu dieser Bestimmung verwiesen

---

[5] Vgl. ErfK/*Ascheid* § 17 KSchG Rn. 9; *Bader/Dörner* § 17 Rn. 9; *Berscheid* AR-Blattei SD 1020.2 Rn. 65 ff.; *Löwisch* § 17 Rn. 21 ff.; APS/*Moll* § 17 KSchG Rn. 13; KR-*Weigand* § 17 KSchG Rn. 29 ff.
[6] ErfK/*Ascheid* § 17 KSchG Rn. 10; *Hold* AuA 1997, 286.
[7] Vgl. BAG 13. 3. 1969, AP Nr. 10 zu § 15 KSchG unter 2 a.
[8] Ebenso *Kittner/Däubler/Zwanziger* § 17 Rn. 10; abweichend *Löwisch* RdA 1984, 204 – anders jetzt *ders.* § 17 Rn. 22.
[9] BAG 27. 3. 1981, AP Nr. 1 zu § 611 BGB Arbeitgebergruppe mit Anm. *Wiedemann.*
[10] ErfK/*Ascheid* § 17 KSchG Rn. 10; *Backmeister/Trittin* § 17 Rn. 9; *Bader/Dörner* § 17 Rn. 10; *Berscheid* AR-Blattei SD 1020.2 Rn. 76; APS/*Moll* § 17 KSchG Rn. 15; KR-*Weigand* § 17 KSchG Rn. 30.

Anzeigepflicht 9–11 § 17

werden. Ob Abs. 5 Nr. 3 mit der EG-Richtlinie über Massenentlassungen (dazu oben Vorb. zu §§ 17ff. Rn. 5) vereinbar ist, die keine Ausnahme für leitende Angestellte vorsieht, ist zweifelhaft. Die EG-Richtlinie hat jedoch keine unmittelbare Geltung,[11] sondern bedarf der Umsetzung in innerstaatliches Recht; infolgedessen gilt Abs. 5 Nr. 3 vorerst weiter.[12] – Zur Einbeziehung des **Sprecherausschusses** der leitenden Angestellten siehe unten Rn. 79.

b) Für die Ermittlung der in der Regel beschäftigten Arbeitnehmer ist auf den **Zeitpunkt der Entlassung** abzustellen,[13] maßgeblich ist dagegen nicht der Zeitpunkt des Ausspruchs der Kündigung (dazu unten Rn. 15).[14] Letzterer gilt vielmehr für den maßgebenden Zeitpunkt des § 23 Abs. 1 Satz 2 (dazu § 23 Rn. 16). **9**

c) Maßgebend ist die Zahl der **in der Regel** beschäftigten Arbeitnehmer. Der Ausdruck fand sich schon in § 20 AOG und in der StillegungsVO, ebenso in § 1 BRG von 1920, §§ 5 und 56 AOG sowie in §§ 8, 9 BetrVG 1952, §§ 1, 9, 99, 106, 110, 111, 115, 116 BetrVG 1972 und §§ 1, 4, 9 MitbestG 1976, schließlich in § 23 Abs. 1 Satz 2. Er hat überall die gleiche Bedeutung.[15] Es kann deshalb zu dem Begriff „in der Regel" die Rechtsprechung und das Schrifttum zu den genannten Bestimmungen herangezogen werden. **10**

Entscheidend ist die Zahl der im **Normalfall** beschäftigten Arbeitnehmer, d. h. diejenige Personalstärke, die für den Betrieb im allgemeinen kennzeichnend ist.[16] Maßstab ist also der in regelmäßiger Tätigkeit befindliche Betrieb. Dabei ist weder von der tatsächlichen, gegenwärtigen Beschäftigtenzahl des Betriebes im Zeitpunkt der Entlassungen auszugehen,[17] noch von dem Jahresdurchschnitt der beschäftigten Arbeitnehmer.[18] Vielmehr bedarf es grundsätzlich eines Rückblicks auf die bisherige Personalstärke des Betriebes[19] und eine Einschätzung der künftigen Entwicklung.[20] **11**

---

[11] EuGH 26. 2. 1986, NJW 1986, 2178, 2180.
[12] Ebenso *Bader/Dörner* § 17 Rn. 10; *Rumler* S. 134 ff.; KR-*Weigand* § 17 KSchG Rn. 30; – zweifelnd *Kittner/Däubler/Zwanziger* § 17 KSchG Rn. 1; APS/*Moll* § 17 KSchG Rn. 15; *Opolony* NZA 1999, 793; *Wißmann* RdA 1998, 222 f.
[13] BAG 31. 7. 1986 und 8. 6. 1989, AP Nr. 5 und 6 zu § 17 KSchG 1969; LAG Hamm 30. 10. 1981, BB 1982, 1665; ErfK/*Ascheid* § 17 KSchG Rn. 14; *Backmeister/Trittin* § 17 Rn. 12; *Berscheid* AR-Blattei SD 1020.2 Rn. 90, 109; HK-KSchG/*Hauck* § 17 Rn. 18; *Kittner/Däubler/Zwanziger* § 17 KSchG Rn. 11; *Löwisch* § 17 Rn. 24, 26; APS/*Moll* § 17 KSchG Rn. 18; HaKo/*Pfeiffer* § 17 Rn. 26; *Tschöpe* SAE 1988, 37; KR-*Weigand* § 17 KSchG Rn. 28 a.
[14] BAG wie Fn. 13.
[15] Dazu ausführlich *Frey* RdA 1960, 246, 251; vgl. außerdem *Bader/Dörner* § 17 Rn. 11; *Berscheid* AR-Blattei SD 1020.2 Rn. 80.
[16] BAG 19. 7. 1983, AP Nr. 23 zu § 113 BetrVG 1972; BAG 13. 4. 2000, AP Nr. 13 zu § 17 KSchG 1969.
[17] BAG 31. 7. 1986, AP Nr. 5 zu § 17 KSchG 1969; BAG 31. 1. 1991, AP Nr. 11 zu § 23 KSchG 1969.
[18] BSG 4. 9. 1979, ZIP 1980, 122; BAG 7. 11. 1984, AP Nr. 59 zu § 1 LohnFG unter II 1.
[19] Im Falle der Betriebsstillegung BAG 9. 5. 1995, NZA 1996, 166.
[20] BAG 8. 6. 1989, AP Nr. 6 zu § 17 KSchG 1969 = EWiR § 17 KSchG 1/90 mit Kurzkomm. *Plander;* BAG 31. 1. 1991, AP Nr. 11 zu § 23 KSchG 1969; ErfK/*Ascheid* § 17 KSchG Rn. 11; *Backmeister/Trittin* § 17 Rn. 13; *Bader/Dörner* § 17 Rn. 11; *Berscheid* AR-Blattei SD 1020.2 Rn. 84; HK-KSchG/*Hauck* § 17 Rn. 18; *Kittner/Däubler/Zwanziger* § 17 KSchG Rn. 11; *Löwisch* § 17 Rn. 24; APS/*Moll* § 17 KSchG Rn. 19; KR-*Weigand* § 17 KSchG Rn. 28.

§ 17 12–13 3. Abschnitt. Anzeigepflichtige Entlassungen

12 **Schwankt** nach der Eigenart des Betriebes die Zahl der Arbeitnehmer, so kommt es darauf an, ob die erhöhte Beschäftigungszahl in der Eigenart des Betriebes oder in Zufälligkeiten begründet ist; im ersten Fall wäre die erhöhte Zahl zugrunde zu legen. Nicht mitzuzählen sind Arbeitnehmer, die nur vorübergehend aus Anlaß einer kurzzeitigen Arbeitsvermehrung (Ausverkauf, Weihnachtsgeschäft, Abschlußarbeiten) oder als Ersatz für im Urlaub (Erziehungsurlaub, § 21 Abs. 7 BErzGG) befindliche oder erkrankte Arbeitnehmer eingestellt werden.[21] „Dauervertreter" erhöhen aber die regelmäßige Beschäftigtenzahl.[22] Für **Aushilfsarbeitnehmer** gilt als kurzzeitig die Beschäftigung bis zu 6 Monaten.[23] „ABM-Kräfte" (§ 260 SGB III) können nicht zu den in der Regel beschäftigten Arbeitnehmern gezählt werden, weil diese zur Vermeidung von Langzeitarbeitslosigkeit (§§ 6, 263 Abs. 1 SGB III) für Arbeiten im öffentlichen Interesse zur Förderung des Arbeitsmarktes (§ 261 Abs. 1 und 3 SGB III) eingesetzt werden. – Umgekehrt ist aber auch eine Zeit vorübergehend gedrosselter Tätigkeit nicht maßgebend (z. B. in der Nachsaison).

12 a Deshalb kommt es in Wahrheit auf die Zahl der **regelmäßig vorhandenen Arbeitsplätze** aufgrund des Stellenplans bzw. der Personalplanung (§ 92 BetrVG) im Betrieb an,[24] wie das auch in §§ 71, 73 SGB IX zur Ermittlung der Beschäftigtenzahl erfolgt (dort gilt allerdings abweichend von hier eine Aushilfsbeschäftigung nur bis zu 8 Wochen, § 73 Abs. 3 SGB IX; wieder anders § 622 Abs. 5 Nr. 1 BGB). Für diese Feststellung der regelmäßig vorhandenen Arbeitsplätze kann daher durchaus ein Vergleichszeitraum von 12 Monaten in Betracht kommen.[25]

13 d) Ist eine **Betriebseinschränkung oder -stillegung** geplant und werden zu diesem Zweck laufend, aber mit größeren Zeitabständen, also **stufenweise Entlassungen** vorgenommen, so handelt es sich nicht um vorübergehende Maßnahmen, sondern um langfristige und endgültige Festlegungen der Arbeitnehmerzahl. Deswegen ist hier von der jeweiligen Beschäftigtenzahl im Zeitpunkt der Anzeigepflicht auszugehen, wobei die Schwankungen nach Rn. 10 zu berücksichtigen sind. Im Falle einer Betriebsänderung i. S. des § 111 BetrVG kommt zur Bestimmung der in der Regel beschäftigten Arbeitnehmer **nur ein Rückblick** von dem maßgebenden Zeitpunkt der Entlassung auf die bisherige Belegschaftsstärke in Frage; diese Rückschau kann auch nicht auf einen festen Zeitraum (etwa zwei Monate) begrenzt werden.[26] Das folgt daraus, daß in der Zukunft eine neue Ausgangszahl der regelmäßig Beschäftigten beabsichtigt ist. Arbeiten in einem Betrieb nur

---

[21] *Berscheid* AR-Blattei SD 1020.2 Rn. 86 f.; APS/*Moll* § 17 KSchG Rn. 21.
[22] BAG 29. 5. 1991, AP Nr. 1 zu § 17 BPersVG.
[23] BAG 12. 10. 1976, AP Nr. 1 zu § 8 BetrVG 1972 unter III 3 b und c.
[24] BAG 29. 5. 1991, AP Nr. 1 zu § 17 BPersVG; BSG 4. 9. 1979, ZIP 1980, 122; *Eilers* BB 1964, 760.
[25] BAG 7. 11. 1984, AP Nr. 59 zu § 1 LohnFG unter II 1 = SAE 1985, 210 mit insoweit krit. Anm. *van Venrooy* unter II 2 b; *Berscheid* AR-Blattei SD 1020.2 Rn. 83.
[26] BAG 8. 6. 1989, AP Nr. 6 zu § 17 KSchG 1969 = EWiR § 17 KSchG 1/90 mit Kurzkomm. *Plander*; BAG 13. 4. 2000, AP Nr. 13 zu § 17 KSchG 1969; *Backmeister/Trittin* § 17 Rn. 15; *Berscheid* AR-Blattei SD 1020.2 Rn. 111 ff.; *Kittner/Däubler/Zwanziger* § 17 KSchG Rn. 12; *Löwisch* § 17 Rn. 25; APS/*Moll* § 17 KSchG Rn. 23; HaKo/*Pfeiffer* § 17 Rn. 25; KR-*Weigand* § 17 KSchG Rn. 28 a; – zu einem nicht verallgemeinerungsfähigen Fall siehe LAG Hamm 30. 10. 1981, BB 1982, 1665.

knapp über 20 Arbeitnehmer, so ist für die Bestimmung der in der Regel beschäftigten Arbeitnehmer entscheidend, wann der Arbeitgeber noch eine regelmäßige Betriebstätigkeit entwickelt und wie viele Arbeitnehmer er hierfür einsetzt. Hatte der Arbeitgeber vor dem Entlassungszeitpunkt zunächst eine Betriebseinschränkung geplant und den Betrieb mit entsprechend verminderter Belegschaft weitergeführt, so stellt diese Arbeitnehmerzahl die normale, den Betrieb kennzeichnende Belegschaftsstärke dar.[27] Entschließt sich der Arbeitgeber dagegen von vornherein zur endgültigen Stillegung des Betriebes und entläßt er danach nur stufenweise Personal, so ist von der ursprünglich maßgeblichen (höheren) Arbeitnehmerzahl auszugehen.[28] Zu anderen Fällen der stufenweisen Betriebsänderung siehe unten Rn. 81.

3. Zahl der beabsichtigten Entlassungen

Weiterhin muß die Zahl der beabsichtigten Entlassungen festgestellt werden, d. h. die Anzahl derjenigen Arbeitnehmer, die aus dem Betrieb **ausscheiden** sollen. **14**

a) **Entlassung** ist die vom Arbeitgeber durch einseitige Willenserklärung aufgrund ordentlicher Kündigung (dazu oben § 1 Rn. 97 ff., 100) herbeigeführte, **tatsächliche Beendigung** des Arbeitsverhältnisses, also das Ausscheiden aus dem Betrieb. Das war für die StillegungsVO und das AOG ganz überwiegend anerkannt[29] und ergab sich für § 15 KSchG i. d. F. von 1951 schon aus der Überschrift des 3. Abschnitts „Kündigungsschutz", aber auch aus dem Wort „entlassen". Das entspricht auch dem Wortlaut der EG-Richtlinie über Massenentlassungen (oben Vorb. zu §§ 17 ff. Rn. 5 ff.), die stets von „Entlassungen" spricht. Daß durch die Streichung des Wortes „Kündigungsschutz" in der heutigen Überschrift (vgl. Vorb. zu §§ 17 ff. Rn. 1) in diesem Punkt etwas geändert werden sollte, ist in keiner Weise ersichtlich, zumal das Wort „Entlassung" beibehalten worden ist (vgl. zu den Rechtsfolgen unten § 18 Rn. 27 ff.).[30] Unter Entlassung kann daher wegen des klaren Wortlauts auch nicht bereits die Kündigungserklärung verstanden werden.[31] Die Entlassung entspricht zeitlich dem Begriff „Kündigungstermin", dem Ablauf der Kündigungsfrist.[32] **15**

---

[27] BAG 31. 7. 1986, AP Nr. 5 zu § 17 KSchG 1969 = SAE 1988, 33 mit krit. Anm. *Tschöpe;* ErfK/*Ascheid* § 17 KSchG Rn. 11; *Bader/Dörner* § 17 Rn. 13; KR-*Weigand* § 17 KSchG Rn. 28 a.
[28] BAG 8. 6. 1989 wie Fn. 26.
[29] Vgl. *Hueck* AOG § 20 Rn. 16 mit weiteren Angaben.
[30] Vgl. BAG 25. 5. 1960 und 3. 10. 1963, AP Nr. 6 und 9 zu § 15 KSchG; BAG 6. 12. 1973, AP Nr. 1 zu § 17 KSchG 1969 mit zust. Anm. von G. *Hueck;* BAG 14. 8. 1986, RzK I 8b Nr. 8; BAG 24. 10. 1996, AP Nr. 8 zu § 17 KSchG 1969; BAG 13. 4. 2000, AP Nr. 13 zu § 17 KSchG 1969 unter B III 1 a; ErfK/*Ascheid* § 17 KSchG Rn. 12; *Bader/Dörner* § 17 Rn. 16; *Berscheid* AR-Blattei SD 1020.2 Rn. 116, 228; HK-KSchG/*Hauck* § 17 Rn. 21; *Kittner/Däubler/Zwanziger* § 17 KSchG Rn. 13; *Löwisch* § 17 Rn. 26; APS/*Moll* § 17 KSchG Rn. 26; HaKo/*Pfeiffer* § 17 Rn. 26; *Schaub* § 142 Rn. 10; KR-*Weigand* § 17 KSchG Rn. 32, 75.
[31] So aber *Steike* DB 1995, 674.
[32] Vgl. BAG 17. 11. 1998, NZA 1999, 609; vgl. auch *v. Hoyningen-Huene,* Kündigungsvorschriften, § 620 BGB Anm. 11 b.

16 Auf den **Grund der Kündigung** kommt es nicht an. Zwar sind nach Art. 1 Abs. 1 a der Richtlinie des Rates der Europäischen Gemeinschaften vom 17. 2. 1975 (vgl. oben Rn. 1 und Vorb. zu §§ 17 ff. Rn. 5) unter Massenentlassungen nur Entlassungen zu verstehen, deren Gründe nicht in der Person des Arbeitnehmers liegen;[33] in der Neufassung des § 17 Abs. 1 vom 27. 4. 1978 wurde diese Einschränkung aber nicht übernommen. Daher können wie früher unabhängig vom Kündigungsgrund alle Entlassungen, also auch personen- und verhaltensbedingte, unter die jetzige Regelung fallen.[34]

17 Eine Entlassung i. S. des § 17 ist auch gegeben, wenn der Arbeitgeber eine ordentliche **Kündigung auf Verlangen des Betriebsrats** nach § 104 Satz 1 BetrVG ausspricht; denn er muß den Sachverhalt der Störung des Betriebsfriedens durch den Arbeitnehmer in eigener Verantwortung prüfen und darf demgemäß eine „Druckkündigung" nur bei Vorliegen eines Kündigungsgrundes erklären.[35] Fraglich ist jedoch, ob dies ebenfalls zu gelten hat, wenn der Arbeitgeber die Kündigung ausspricht, weil ihm dies nach § 104 Satz 2 BetrVG vom Arbeitsgericht aufgegeben wurde. In diesem Fall liegt zwar formal eine Entlassung durch den Arbeitgeber vor, sie beruht aber nicht auf seinem freien Willen. Trotzdem wird man eine derartige, vom Arbeitsgericht erzwungene Kündigung als Entlassung i. S. des § 17 anzusehen haben, da die Zielrichtung der Anzeigepflicht arbeitsmarktpolitischer Natur ist und daher nicht auf Kündigungsgründe abstellt.[36]

18 b) Eine Entlassung liegt an sich begrifflich nicht vor, wenn das Arbeitsverhältnis **durch den Arbeitnehmer gekündigt** wird. Daher finden die §§ 17 ff. grundsätzlich keine Anwendung, falls der Arbeitnehmer auf Grund einer von ihm ausgesprochenen Kündigung ausscheidet.[37] Etwas anderes gilt jedoch seit jeher nach Sinn und Zweck des 3. Abschnitts, wenn der Arbeitnehmer deshalb selbst gekündigt hat, weil ihm der Arbeitgeber zuvor erklärt hatte, er werde ihm bei Nichtbefolgung der Kündigungsaufforderung auf jeden Fall kündigen. Die Kündigung des Arbeitnehmers muß also allein vom Arbeitgeber veranlaßt worden sein und zum gleichen Zeitpunkt erfolgen, zu dem anderenfalls der Arbeitgeber seinerseits dem Arbeitnehmer gekündigt haben würde.[38]

---

[33] Vgl. auch den ursprünglichen Vorschlag dazu, abgedr. in RdA 1973, 316.
[34] Ebenso Bericht des Ausschusses für Arbeit und Sozialordnung, BT-Drucks. 8/1546 S. 7 f.; BAG 8. 6. 1989, AP Nr. 6 zu § 17 KSchG 1969 unter III 4 b; ErfK/*Ascheid* § 17 KSchG Rn. 12; *Bader/Dörner* § 17 Rn. 17; *Berscheid* AR-Blattei SD 1020.2 Rn. 120 ff.; *Kittner/Däubler/ Zwanziger* § 17 KSchG Rn. 17; APS/*Moll* § 17 KSchG Rn. 37; *Sowka/Schiefer* §§ 17–22 Rn. 40; KR-*Weigand* § 17 KSchG Rn. 49 f.
[35] Vgl. *Berscheid* AR-Blattei SD 1020.2 Rn. 123; *Fitting* § 104 Rn. 8; *Kittner/Däubler/ Zwanziger* § 17 KSchG Rn. 17; APS/*Moll* § 17 KSchG Rn. 38; siehe auch oben § 1 Rn. 201 ff.
[36] So offenbar auch *Richardi* § 104 Rn. 23 und *Schaub* § 242 Rn. 12; – abweichend *Bellinghausen* S. 51.
[37] BAG 6. 12. 1973, AP Nr. 1 zu 17 KSchG 1969 mit Anm. *G. Hueck* = SAE 1974, 191 mit Anm. *Herschel.*
[38] BAG 6. 12. 1973, AP Nr. 1 zu 17 KSchG 1969 mit Anm. *G. Hueck* = SAE 1974, 191 mit Anm. *Herschel; Bader/Dörner* § 17 Rn. 19; *Berscheid* ZIP 1987, 1513; *ders.* AR-Blattei SD 1020.2 Rn. 138 ff.; *Isenhardt* Rn. 667; *Kittner/Däubler/Zwanziger* § 17 KSchG Rn. 21; *Löwisch* § 17 Rn. 27; APS/*Moll* § 17 KSchG Rn. 32; HaKo/*Pfeiffer* § 17 Rn. 27; KR-*Weigand* § 17 KSchG Rn. 39 f.; vgl. auch BAG 23. 8. 1988, AP Nr. 17 zu § 113 BetrVG 1972 mit Anm. *Hromadka/Heise* = EzA § 113 BetrVG 1972 Nr. 17 mit Anm. *Lö-*

Der Gesetzgeber hat diese Auffassung in dem 1995 eingefügten **Abs. 1** **18a**
Satz 2 bestätigt, indem **vom Arbeitgeber veranlaßte Beendigungen des Arbeitsverhältnisses** den Entlassungen gleichgestellt werden.[39] Insoweit kann an die frühere Rechtsprechung und Lehre angeknüpft werden. Nicht ausreichend wäre es jedoch, wenn der Arbeitgeber die Kündigung des Arbeitnehmers nur in einem weiteren Sinn (mit-) veranlaßt hätte oder die zeitliche Übereinstimmung zwischen dem Ausscheiden auf Grund der tatsächlich erfolgten Kündigung durch den Arbeitnehmer und der vom Arbeitgeber geplanten Kündigung fehlte.[40]

Eine **Veranlassung** im Sinne des Abs. 1 Satz 2 liegt daher nur dann vor, **18b** wenn der Arbeitgeber den Arbeitnehmer im Hinblick auf eine konkret geplante Betriebsänderung oder konkrete Kündigungsabsicht bestimmt, selbst zu kündigen, um auf diese Weise eine sonst notwendig werdende Kündigung zu vermeiden. Ein bloßer Hinweis des Arbeitgebers auf eine unsichere Lage des Unternehmens, auf eine notwendig werdende Betriebsänderung oder der Rat, sich eine neue Stelle zu suchen, genügt demzufolge nicht.[41] Dem betroffenen Arbeitnehmer muß vielmehr deutlich werden, daß infolge der Betriebsänderung oder der geplanten Kündigungsabsicht sein konkreter Arbeitsplatz gefährdet ist. Dies ist beispielsweise zu bejahen, wenn der Arbeitgeber auf einer Betriebsversammlung, durch Rundschreiben oder durch Aushang eine die Abteilung des Arbeitnehmers betreffende umfassende Personalreduzierung bekannt gibt und den Arbeitnehmern empfiehlt, sich einen neuen Arbeitsplatz zu suchen, nachdem er schon mit einer Reihe von Arbeitnehmern dieser Abteilung Aufhebungsverträge geschlossen hatte.[42] Es muß daher zwischen **Eigenkündigung und Arbeitsplatzgefährdung ein Kausalzusammenhang** bestehen, der jedenfalls dann fehlt, wenn der Arbeitnehmer drei Monate nach der Ankündigung einer Betriebsänderung kündigt und zu diesem Zeitpunkt keinen Grund mehr für die Annahme hatte, daß ihm im Zuge des Personalabbaus gekündigt werde.[43]

c) Weiterhin sind grundsätzlich nicht mitzurechnen alle Fälle, in denen das **19** Arbeitsverhältnis **in sonstiger Weise beendet** wird, also insbesondere ohne Kündigung sein Ende erreicht (vgl. über diese Fälle oben § 1 Rn. 101 ff.). Der Kündigungsschutz des 3. Abschnitts gilt also namentlich nicht, wenn das Arbeitsverhältnis durch vertragliche Vereinbarung **(Aufhebungsvertrag)**[44] endet. Allerdings kann ebenso wie die Eigenkündigung gemäß Abs. 1 Satz 2

---

wisch/Rieble; – ablehnend *Meisel,* Die Mitwirkung und Mitbestimmung des Betriebsrats in personellen Angelegenheiten 6. Aufl. 1998, Rn. 711.
[39] BT-Drucks. 13/668 S. 13; *Grünberger* NJW 1995, 2812; *Schiefer* DB 1995, 1913; – kritisch zum Gesetzeswortlaut *Bader/Dörner* § 17 Rn. 18.
[40] Dazu ausführlich *G. Hueck* Anm. zu BAG AP Nr. 1 zu § 17 KSchG 1969.
[41] BAG 20. 4. 1994, AP Nr. 77 zu § 112 BetrVG 1972; BAG 19. 7. 1995, AP Nr. 96 zu § 112 BetrVG 1972 mit Anm. *v. Hoyningen-Huene; Berscheid* AR-Blattei SD 1020.2 Rn. 139f.; *Matthes* ArbRdGgw 1995, 89; APS/*Moll* § 17 KSchG Rn. 33.
[42] BAG 28. 10. 1992, AP Nr. 65 zu § 112 BetrVG 1972 = SAE 1994, 121 mit Anm. *Milde; Hümmerich/Spirolke* BB 1995, 48.
[43] BAG 28. 10. 1992, AP Nr. 64 zu § 112 BetrVG 1972 unter II 1 b bb.
[44] Dazu *Bauer* Arbeitsrechtliche Aufhebungsverträge 6. Aufl. 1999; *Ernst,* Aufhebungsverträge zur Beendigung von Arbeitsverhältnissen, 1993; *Chr. Müller* Arbeitsrechtliche Aufhebungsverträge 1991, S. 100 ff.; *Schaub* § 122.

auch der Aufhebungsvertrag ausnahmsweise zu einer Entlassung i. S. der §§ 17 ff. führen, wenn sich der Arbeitnehmer unter dem Eindruck einer vom Arbeitgeber beabsichtigten Kündigung zu einer einverständlichen Aufhebung des Arbeitsverhältnisses bereit erklärt (oben Rn. 18 ff.).[45] Dieser Fall liegt aber nicht vor, wenn der Arbeitgeber dem Arbeitnehmer zum freiwilligen Ausscheiden vertragliche Abfindungen anbietet; dann wäre einerseits die Kündigungsabsicht des Arbeitgebers noch nicht hinreichend konkret, und andererseits das Ausscheiden des Arbeitnehmers nicht allein vom Willen des Arbeitgebers veranlaßt.[46]

20 **Ältere Arbeitnehmer,** die aufgrund Aufhebungsvertrages aus dem Arbeitsleben gegen Abfindung ausscheiden (**Vorruhestand,** vgl. früher § 2 Abs. 1 Nr. 3 VRG), zählen im übrigen nicht zu den anzeigepflichtig Entlassenen, weil sie den Arbeitsmarkt nicht mehr belasten.[47] Das gilt aber nicht für die Beendigung des Arbeitsverhältnisses aufgrund der sog. 58er oder 59er Regelung, weil diese entlassenen Arbeitnehmer (theoretisch) noch dem Arbeitsmarkt zur Verfügung stehen.[48] Wird mit einem älteren Arbeitnehmer **Altersteilzeit** mit Blockbildung vereinbart (§ 2 Abs. 2 und 3 ATG), liegt auch in der Freizeitphase keine Entlassung i. S. d. § 17 vor, weil das Arbeitsverhältnis weiterhin besteht.

21 Ein nach Ausspruch der Kündigung abgeschlossener **Vergleich** (§ 779 BGB) ändert nichts daran, daß die Entlassung zunächst aufgrund einer Kündigung stattfindet. Derartige Vorgänge lassen daher die Anzeigepflicht bestehen.[49]

22 Ebenfalls finden die §§ 17 ff. keine Anwendung, wenn das Arbeitsverhältnis **durch Zeitablauf endet.**[50] Das ist der Fall, wenn der Arbeitsvertrag zulässigerweise (vgl. § 1 Rn. 557 ff.) von vornherein auf bestimmte Zeit abgeschlossen ist (**befristetes Arbeitsverhältnis,** § 620 Abs. 3 BGB i. V. m. § 15 Abs. 1 TzBfG) oder die Dauer des Arbeitsverhältnisses sich aus der Beschaffenheit oder dem Zweck der Arbeit für beide Teile erkennbar ergibt (vgl. § 620 Abs. 2 BGB und § 15 Abs. 2 TzBfG). Dasselbe gilt, wenn die Auflösung des Arbeitsverhältnisses entsprechend einer bei Vertragsschluß getroffe-

---

[45] BAG 13. 11. 1996, AP Nr. 4 zu § 620 BGB Aufhebungsvertrag unter II 1 b; BAG 11. 3. 1999, AP Nr. 12 zu § 17 KSchG 1969; ErfK/*Ascheid* § 17 KSchG Rn. 14; *Bader/Dörner* § 17 Rn. 20; *Bauer/Röder* NZA 1985, 201; *Kittner/Däubler/Zwanziger* § 17 KSchG Rn. 22; *Löwisch* § 17 Rn. 27; KR-*Weigand* § 17 KSchG Rn. 43; – vgl. auch § 112 a Abs. 1 Satz 2 BetrVG.

[46] Dazu näher G. *Hueck* Anm. AP Nr. 1 zu § 17 KSchG 1969 unter 3; APS/*Moll* § 17 KSchG Rn. 33 a. E.; *Sowka/Schiefer* §§ 17–22 Rn. 47; – abweichend *Bauer/Röder* NZA 1985, 202; *Berscheid* AR-Blattei SD 1020.2 Rn. 143; *Löwisch* § 17 Rn. 27; KR-*Weigand* § 17 KSchG Rn. 43 b; – zum besonderen Fall des sog. Outplacement siehe *Schulz/Fritz/Schuppert/Seiwert/Walch* Outplacement 1989.

[47] *Löwisch* § 17 Rn. 28; APS/*Moll* § 17 KSchG Rn. 29; KR-*Weigand* § 17 KSchG Rn. 43 c.

[48] *Bauer/Röder* NZA 1985, 203; *Berscheid* AR-Blattei SD 1020.2 Rn. 145.

[49] BAG 13. 3. 1969, AP Nr. 10 zu § 15 KSchG mit Anm. *A. Hueck;* LAG Düsseldorf 23. 2. 1976, DB 1976, 1019; ErfK/*Ascheid* § 17 KSchG Rn. 14; *Bauer/Röder* NZA 1985, 202; *Kittner/Däubler/Zwanziger* § 17 KSchG Rn. 23; APS/*Moll* § 17 KSchG Rn. 34.

[50] BAG 6. 12. 1973, AP Nr. 1 zu § 17 KSchG 1969 mit zust. Anm. G. *Hueck* m. w. N.; BAG 21. 5. 1981, AP Nr. 15 zu § 611 BGB Bühnenengagementsvertrag unter II 4 b; ErfK/*Ascheid* § 17 KSchG Rn. 14; *Bader/Dörner* § 17 Rn. 21; HK-KSchG/*Hauck* § 17 Rn. 19; *Kittner/Däubler/Zwanziger* § 15 KSchG Rn. 24; *Löwisch* § 17 Rn. 30; APS/*Moll* § 17 KSchG Rn. 35; KR-*Weigand* § 17 KSchG Rn. 44.

nen Abrede infolge des Eintritts einer **auflösenden Bedingung** erfolgt (vgl. § 21 TzBfG). Nur darf die Form des befristeten oder bedingten Arbeitsvertrages nicht gerade zu dem Zweck gewählt sein, den gesetzlichen Kündigungsschutz zu umgehen. Das wäre etwa der Fall, wenn, ohne daß von vornherein eine vorübergehende Beschäftigung für bestimmte Zwecke beabsichtigt war, gerade die Tatsache der Stillegung des ganzen Betriebes oder einzelner Betriebsanlagen als auflösende Bedingung vereinbart wäre.[51]

Schließlich gelten die Regelungen der §§ 17 ff. auch nicht für die Beendigung von Arbeitsverhältnissen aus Gründen der **Nichtigkeit** oder **Anfechtung** (dazu oben § 1 Rn. 101 ff.), die nicht unter den hier verwendeten Begriff der Entlassung aufgrund einer ordentlichen Kündigung fallen.[52]

d) Keine Entlassung liegt vor, wenn ohne Beendigung des Arbeitsverhältnisses lediglich tatsächlich mit der **Arbeitsleistung ausgesetzt** wird (siehe auch oben § 1 Rn. 111). Das gilt besonders für den Fall der sog. Werksbeurlaubung[53] oder sonstige Fälle des unbezahlten Urlaubs, z. B. solche, die auf dem Wunsch des Arbeitnehmers beruhen.[54] Entscheidend ist in diesen Fällen, daß das Arbeitsverhältnis nicht endgültig abgebrochen, sondern die beiderseitigen Hauptleistungspflichten nur unterbrochen (suspendiert) sind und zu einem späteren Zeitpunkt wieder aufgenommen werden sollen. Daher ist auch die Einführung von **Kurzarbeit** keine Entlassung i. S. des § 17, da sie keine Beendigung des Arbeitsverhältnisses bezweckt;[55] vgl. im übrigen zur Frage der Kurzarbeit die Erläuterungen zu § 19.

e) Dagegen ist für den Begriff der Entlassung gleichgültig, ob der Arbeitgeber mit der Kündigung wirklich die Beendigung des Arbeitsverhältnisses erstrebte oder nur eine Änderung der Arbeitsbedingungen erreichen wollte (**Änderungskündigung**). Das in Rn. 2 ff. zu § 2 Gesagte gilt entsprechend. Führt daher eine Änderungskündigung im Ergebnis zur Beendigung des Arbeitsverhältnisses, so zählt sie als anzeigepflichtige Entlassung i. S. des § 17.[56] Anders ist es allerdings, wenn der Arbeitnehmer der Änderung der Arbeitsbedingungen zustimmt, weil dann eine Beendigung des Arbeitsverhältnisses überhaupt nicht eintritt. Eine Kündigung zur Abänderung der Arbeitsbedingungen ist mit anderen Worten an sich ohne Anzeige an das Arbeitsamt auch dann möglich, wenn es sich um eine größere Zahl von Arbeitnehmern han-

---

[51] Ebenso *Löwisch* § 17 Rn. 30; KR-*Weigand* § 17 KSchG Rn. 44; – abweichend APS/*Moll* § 17 KSchG Rn. 35.
[52] Ausführlich *Bellinghausen* S. 39; ebenso *Bader/Dörner* § 17 Rn. 21; APS/*Moll* § 17 KSchG Rn. 36; KR-*Weigand* § 17 KSchG Rn. 45.
[53] Vgl. RAG ARS 14, 363; *Berscheid* AR-Blattei SD 1020.2 Rn. 117; *Bleistein* GK-BUrlG 5. Aufl. 1992, § 1 Rn. 24 ff.; *Dersch/Neumann* BUrlG, 8. Aufl. 1997, § 1 Rn. 45 ff.; *Hahn* S. 130; *Kittner/Däubler/Zwanziger* § 15 KSchG Rn. 16.
[54] Siehe dazu *Dersch/Neumann* aaO., § 1 Rn. 37 ff.; *v. Hoyningen-Huene* NJW 1981, 713.
[55] *Löwisch* § 17 Rn. 30.
[56] Allg. M.; BAG 3. 10. 1963, AP Nr. 9 zu § 15 KSchG mit Anm. *A. Hueck*; BAG 10. 3. 1982, AP Nr. 2 zu § 2 KSchG 1969 mit Anm. *Meisch* = SAE 1983, 104 mit Anm. *v. Hoyningen-Huene* = AR-Blattei Kündigungsschutz Entsch. 224 mit Anm. *Herschel*; ErfK/*Ascheid* § 17 KSchG Rn. 13; *Bader/Dörner* § 17 Rn. 22; *Berscheid* AR-Blattei SD 1020.2 Rn. 132 ff.; HK-KSchG/*Hauck* § 17 Rn. 19; *Löwisch* § 17 Rn. 31; APS/*Moll* § 17 KSchG Rn. 26; HaKo/*Pfeiffer* § 17 Rn. 27; *Stahlhacke/Preis/Vossen* Rn. 954; KR-*Weigand* § 17 KSchG Rn. 41; ausführlich *Gerstner*, Die Massenänderungskündigung im Arbeitsrecht, Diss. Würzburg 1969, S. 264 ff.

delt. Sie führt aber, wenn die Arbeitnehmer in größerer Zahl ihre Zustimmung zur Änderung verweigern, eine Beendigung der Arbeitsverhältnisse erst dann herbei, wenn die Anzeige nunmehr erstattet wird und das Arbeitsamt die Genehmigung erteilt oder die Sperrfrist verstrichen ist. Daher empfiehlt es sich, bei beabsichtigten Änderungskündigungen eine **vorsorgliche Anzeige** zu erstatten (siehe unten Rn. 62).[57] – Zur Massenänderungskündigung als mögliche Arbeitskampfmaßnahme siehe unten § 25 Rn. 15.

26 f) Ähnlich ist eine **Versetzung** innerhalb des Betriebes oder des Unternehmens zu beurteilen. Ist der Arbeitgeber dazu ohne Änderung des Arbeitsvertrages kraft seines Direktionsrechts befugt (dazu oben § 2 Rn. 13 ff.),[58] so kommt der Kündigungsschutz nach §§ 17 ff. nicht in Betracht, da keine Entlassung vorliegt. Bedarf es aber zur Versetzung einer Änderung des Arbeitsvertrages durch Änderungskündigung und demgemäß der Zustimmung des Arbeitnehmers, so gilt das oben in Rn. 25 Gesagte entsprechend.[59]

27 g) Gleichgültig ist, ob an Stelle der entlassenen Arbeitnehmer andere neu eingestellt werden, also eine **Verminderung der Arbeitnehmerzahl** und eine Verringerung der Produktion gar nicht beabsichtigt ist. Denn es hat einen guten Sinn, wenn die Anzeigepflicht ganz allgemein für alle Fälle gilt, in denen durch Massenentlassungen Beunruhigung unter den Arbeitnehmern eines Betriebes geschaffen und der Arbeitsmarkt durch Arbeitsvermittlungen beeinflußt wird. Daher müssen die §§ 17 ff. in allen Fällen von Massenentlassungen Anwendung finden, auch wenn den Entlassungen **Neueinstellungen** gegenüberstehen.[60]

28 h) **Fristlose Entlassungen** werden gemäß **Abs. 4 Satz 2** bei Berechnung der Mindestzahl der Entlassungen nicht mitgerechnet. Bei fristlosen Entlassungen entfallen die Anzeigepflicht und der Kündigungsschutz des 3. Abschnitts (Abs. 4 Satz 1). In diesen Fällen tritt der arbeitsmarktpolitische Zweck der §§ 17 ff. hinter die Interessen des Arbeitgebers zurück, sich in besonderen Fällen vom Arbeitnehmer zu trennen.[61] Abs. 4 spricht im Gegensatz zu § 13 Abs. 1 nicht von außerordentlichen Kündigungen, sondern von fristlosen Entlassungen. Damit soll einerseits zum Ausdruck gebracht werden, daß nicht jede außerordentliche Kündigung von der Regelung des 3. Abschnitts ausgenommen ist (siehe zu solchen Fällen unten Rn. 30). Andererseits gibt es auch bestimmte fristlose Kündigungen, die nicht

---

[57] BAG 10. 3. 1982, AP Nr. 2 zu § 2 KSchG 1969; KR-*Weigand* § 17 KSchG Rn. 42.
[58] Außerdem *v. Hoyningen-Huene* NZA 1993, 146; *v. Hoyningen-Huene/Boemke* Versetzung 1991, S. 83 ff.
[59] *Berscheid* AR-Blattei SD 1020.2 Rn. 137; APS/*Moll* § 17 KSchG Rn. 26.
[60] H. M.; BAG 13. 3. 1969, AP Nr. 10 zu § 15 KSchG unter 2 c mit zust. Anm. *A. Hueck* = SAE 1969 S. 214 mit zust. Anm. *Reuß* = AR-Blattei Kündigungsschutz Entsch. 105 mit krit. Anm. *Hessel*; ErfK/*Ascheid* § 17 KSchG Rn. 15; *Bader/Dörner* § 17 Rn. 27; *Berscheid* ZIP 1987, 1513; *Kittner/Däubler/Zwanziger* § 15 KSchG Rn. 26; APS/*Moll* § 17 KSchG Rn. 53; *Schaub* § 142 Rn. 17; *Stahlhacke/Preis/Vossen* Rn. 954; KR-*Weigand* § 17 KSchG Rn. 51. – Abweichend: Erlasse des Präsidenten der Bundesanstalt vom 30. 12. 1952 und 24. 2. 1954, ANBA 1953 Nr. 1 S. 8 und 1954 S. 254; *Bellinghausen* S. 177 ff.; *Löwisch* § 17 Rn. 36.
[61] APS/*Moll* § 17 KSchG Rn. 39; HaKo/*Pfeiffer* § 17 Rn. 28; KR-*Weigand* § 17 KSchG Rn. 33.

zu den fristlosen Entlassungen im Sinn des Abs. 4 zählen. Das sind insbesondere ordentliche Kündigungen, bei denen gemäß § 622 Abs. 4 und 5 BGB zulässigerweise durch Tarifvertrag oder Arbeitsvertrag eine Kündigungsfrist ausgeschlossen wurde („Entfristung"). Zwar könnte man nach lediglich wörtlicher Auslegung auch derartige Beendigungen des Arbeitsverhältnisses als fristlose Entlassung ansehen, der Zweck des Abs. 4 verlangt aber, diese Entlassungen von der Anwendung des 3. Abschnitts auszunehmen.[62]

Zu den fristlosen Entlassungen nach Abs. 4 zählen als Hauptfall alle fristlosen, **außerordentlichen Kündigungen aus wichtigem Grunde** gemäß § 626 BGB. Daneben rechnen hierzu die fristlosen Kündigungen gegenüber Betriebsratsmitgliedern nach § 15 Abs. 1 (dazu oben § 15 Rn. 77 ff.) und Wehrpflichtigen nach § 2 Abs. 3 ArbPlSchG sowie die nach §§ 626 BGB, 15 BBiG kündbaren befristeten Ausbildungsverhältnisse vor Ablauf der Befristung.[63] Das gleiche gilt für fristlose Entlassungen gegenüber Schwerbehinderten (§ 91 SGB IX), bei denen lediglich die hier nicht in Frage stehende ordentliche Kündigung an die Zustimmung der Hauptfürsorgestelle gebunden ist. Bei der nach § 9 Abs. 3 MuSchG für zulässig erklärten Kündigung gegenüber einer nach § 9 Abs. 1 MuSchG geschützten Frau kommt es darauf an, ob die Kündigung als außerordentliche, fristlose oder als ordentliche Kündigung erlaubt wird.[64] 29

Dagegen ist trotz des Wortlauts des Abs. 4 entsprechend herrschender Auffassung nicht entscheidend, daß die Kündigung wirklich fristlos erfolgt, sondern es **genügt,** daß dem Arbeitgeber **ein Recht zur fristlosen Kündigung** zusteht und die Kündigung auf Grund dieses Rechts ausgesprochen wird, mag sie auch nicht fristlos sein. Es muß mit anderen Worten eine außerordentliche Kündigung vorliegen, die aus besonderem gesetzlich vorgesehenem Grunde erfolgt und bei der die Einhaltung einer Kündigungsfrist nicht nötig gewesen wäre. Deshalb entfällt der Kündigungsschutz gemäß Abs. 4 Satz 2, wenn der Arbeitgeber aus wichtigem Grunde kündigt, er aber aus Entgegenkommen eine **soziale Auslauffrist** einhält; denn der Arbeitgeber darf um seines Entgegenkommens willen nicht benachteiligt werden.[65] 30

Anders ist es, wenn zwar ein wichtiger Kündigungsgrund vorliegt, der Arbeitgeber aber von dem sich daraus ergebenden Kündigungsrecht keinen Gebrauch macht, sondern den Weg der **ordentlichen Kündigung** wählt. Eine solche Entlassung fällt unter §§ 17 ff. und müßte deshalb auch bei der Berechnung der Mindestzahl der Entlassungen mitgezählt werden.[66] Das zu- 31

---

[62] Ebenso *Berscheid* AR-Blattei SD 1020.2 Rn. 124 ff.; APS/*Moll* § 17 KSchG Rn. 45; KR-*Weigand* § 17 KSchG Rn. 34, 35.
[63] *Berscheid* AR-Blattei SD 1020.2 Rn. 125; *Kittner/Däubler/Zwanziger* § 15 KSchG Rn. 18; *Löwisch* § 17 Rn. 33; APS/*Moll* § 17 KSchG Rn. 39.
[64] Vgl. *Buchner/Becker* MuSchG 6. Aufl. 1998, § 9 Rn. 153 f.
[65] ErfK/*Ascheid* § 17 KSchG Rn. 16; *Bader/Dörner* § 17 Rn. 24; *Berscheid* AR-Blattei SD 1020.2 Rn. 128; *Kittner/Däubler/Zwanziger* § 15 KSchG Rn. 19; *Löwisch* § 17 Rn. 33; APS/*Moll* § 17 KSchG Rn. 42; *Schaub* § 142 Rn. 10; *Stahlhacke/Preis/Vossen* Rn. 955; KR-*Weigand* § 17 KSchG Rn. 36; – abweichend *Backmeister/Trittin* § 17 Rn. 19; *Bauer/Röder* NZA 1985, 202 Fn. 7.
[66] Ebenso ErfK/*Ascheid* § 17 KSchG Rn. 16; *Löwisch* § 17 Rn. 33; APS/*Moll* § 17 KSchG Rn. 42; KR-*Weigand* § 17 KSchG Rn. 36.

letzt Gesagte gilt schließlich auch für fristlose Entlassungen aus wichtigem Grund, wenn der wichtige Grund ausnahmsweise gerade in den betrieblichen Erfordernissen liegt, welche die Massenentlassung erforderlich machen und daher arbeitsmarktpolitische Relevanz haben.[67]

32 Nicht unter § 17 Abs. 4, sondern unter Abs. 1 fallen **außerordentliche, befristete Kündigungen.** Neben § 624 BGB zählt dazu namentlich die Kündigung durch den Insolvenzverwalter gemäß § 113 InsO, die nicht fristlos, sondern nur unter Einhaltung der gesetzlichen Kündigungsfrist erfolgen kann.[68] Kündigungen durch den Insolvenzverwalter sind also, wenn sie die Mindestzahl überschreiten, anzeigepflichtig.[69]

33 Bei **fristlosen Entlassungen in Arbeitskämpfen** entfällt die Anzeigepflicht gemäß § 25.[70]

4. Zeit der Entlassungen

34 Anzeigepflichtig sind – mit Ausnahmen der oben in Rn. 26–31 erläuterten fristlosen Kündigungen – alle Entlassungen, die innerhalb eines **Zeitraums von 30 Kalendertagen** wirksam werden.

35 a) Die Vorschriften der §§ 17 ff. sollen nicht dadurch umgangen werden, daß die Arbeitnehmer nicht gleichzeitig, sondern sukzessive mit kurzen Zwischenräumen entlassen werden. Deshalb bestimmt § 17 Abs. 1 Satz 1 a. E., daß alle Entlassungen, die **innerhalb von 30 Kalendertagen** erfolgen, zusammenzurechnen sind.[71] Der früher geltende Zeitraum von 4 Wochen wurde an die Richtlinie der Europäischen Gemeinschaften angeglichen und seit dem 30. 4. 1978 auf nunmehr 30 Kalendertage verlängert (siehe oben Rn. 1); dadurch werden in Grenzfällen früher anzeigefreie Entlassungen anzeigepflichtig.[72] Als **Fristbeginn** ist jeder der jeweiligen Entlassungstage anzusehen, so daß die Frist immer neu mit dem Tag beginnt, an dem Entlassungen durchgeführt werden.[73]

---

[67] Ebenso *Berscheid* AR-Blattei SD 1020.2 Rn. 126; *Löwisch* § 17 Rn. 33; KR-*Weigand* § 17 KSchG Rn. 37; – offengelassen von ErfK/*Ascheid* § 17 KSchG Rn. 16, der zu Unrecht annimmt, daß außerordentliche Kündigungen nicht auf wirtschaftlichen Gründen beruhen können; – abweichend HaKo/*Pfeiffer* § 17 Rn. 28.

[68] BAG 25. 10. 1968, AP Nr. 1 zu § 22 KO; ErfK/*Ascheid* § 17 KSchG Rn. 16; *Bellinghausen* S. 66 ff.; *Berscheid* AR-Blattei SD 1020.2 Rn. 130; *Buchner* ZGR 1984, 203; *Heilmann* Die Rechtslage des Arbeitnehmers bei Insolvenz seines Arbeitgebers 1977, S. 89, 92; *ders.* NJW 1975, 1760; *Kittner/Däubler/Zwanziger* § 15 KSchG Rn. 20; *Löwisch* § 17 Rn. 33; APS/*Moll* § 17 KSchG Rn. 44; *Schaub* § 125 Rn. 88; *Stahlhacke/Preis/Vossen* Rn. 955; KR-*Weigand* § 17 KSchG Rn. 38.

[69] BSG 5. 12. 1978, DB 1979, 1283; *Kübler/Prütting/Moll* InsO, Stand November 1999, § 113 Rn. 20.

[70] Siehe unten die Erläuterungen zu § 25 sowie *Berscheid* AR-Blattei SD 1020.2 Rn. 150 ff.

[71] So schon zum alten Recht: BAG 13. 3. 1969, AP Nr. 10 zu § 15 KSchG; BSG 9. 12. 1958, AP Nr. 3 zu § 15 KSchG; – zur heutigen Rechtslage ErfK/*Ascheid* § 17 KSchG Rn. 17; *Berscheid* AR-Blattei SD 1020.2 Rn. 90 ff.; HK-KSchG/*Hauck* § 17 Rn. 27; *Kittner/Däubler/ Zwanziger* § 15 KSchG Rn. 28; APS/*Moll* § 17 KSchG Rn. 49; *Stahlhacke/Preis/Vossen* Rn. 9569; KR-*Weigand* § 17 KSchG Rn. 53 f.

[72] Vgl. *Marschall* DB 1978, 981.

[73] ErfK/*Ascheid* § 17 KSchG Rn. 17; *Berscheid* AR-Blattei SD 1020.2 Rn. 95; HK-KSchG/ *Hauck* § 17 Rn. 25.

Andererseits kommen auch **nur solche Entlassungen** in Betracht. In einem 36 Betrieb mit beispielsweise 200 Arbeitnehmern würde der Arbeitgeber also keine Anzeige zu erstatten brauchen, wenn er jeweils am 1. März und am 1. April je 19 Arbeitnehmer entläßt. Angesichts der insoweit klaren ausdrücklichen Regelung im Gesetz läge darin auch keine unzulässige Umgehung. Vielmehr wird damit gerade eine wünschenswerte Verteilung der ausscheidenden Arbeitnehmer auf einen längeren Zeitraum erreicht.[74]

b) Wenn unter einer Entlassung auch lediglich die durch Kündigung des 37 Arbeitgebers herbeigeführte Beendigung des Arbeitsverhältnisses zu verstehen ist, so kommt es für die Berechnung der Mindestzahl doch nicht auf den Zeitpunkt des Ausspruches der Kündigung wie bei der Berechnung des Sechs-Monats-Zeitraumes nach § 1 Abs. 1 an (dazu oben § 1 Rn. 68). Entscheidend ist vielmehr allein die **Auswirkung der Kündigung,** also die tatsächliche Entlassung des Arbeitnehmers und damit die Auflösung des Arbeitsverhältnisses (allg. M.; dazu oben Rn. 15). Kündigungen, die innerhalb von 30 Kalendertagen zwar ausgesprochen werden, bei denen aber die Kündigungsfrist erst später abläuft, sind somit nicht mitzurechnen. Wenn also in einem Betrieb mit beispielsweise 200 Beschäftigten der Arbeitgeber am 15. Mai 17 Arbeitnehmern mit Frist von 2 Wochen (§ 622 Abs. 3 BGB) und 4 Arbeitnehmern mit 1-Monats-Frist zum Monatsende (§ 622 Abs. 2 Nr. 1 BGB) kündigt, so besteht keine Anzeigepflicht.[75] Zur möglicherweise nachträglich entstehenden Anzeigepflicht siehe unten § 18 Rn. 9. Ebenso zählen Kündigungen nicht mit, die vor Eintritt der Entlassung wirksam zurückgenommen werden.[76]

c) Eine eventuelle **Weiterbeschäftigungspflicht** nach der Kündigung, 38 insbesondere diejenige nach § 102 Abs. 5 BetrVG (dazu oben § 4 Rn. 94ff.), beeinflußt Zeitpunkt und Wirksamkeit der Entlassungen nicht. Zwar wäre bei rein formaler Auslegung des Begriffes der tatsächlichen Entlassung (oben Rn. 37) durch die Weiterbeschäftigung des Arbeitnehmers dessen Arbeitsverhältnis vorläufig noch nicht beendet, so daß dieses Arbeitsverhältnis nicht als anzeigepflichtige Entlassung zu zählen wäre, sondern erst im Zeitpunkt der rechtskräftig festgestellten Wirksamkeit der Kündigung.[77] Gleichwohl sprechen aber gegen diese Annahme gewichtige Gründe. Vorab ist zu beachten, daß jede Weiterbeschäftigungspflicht – gleich auf welcher Rechtsgrundlage – bis auf weiteres nur vorläufigen Charakter hat; erst nach Abschluß des gerichtlichen Verfahrens stellt sich die Wirksamkeit oder Unwirksamkeit der Kündigung heraus. Daraus folgt zunächst, daß es nicht vorhersehbar ist, wann die Weiterbeschäftigungspflicht endet, zumal der Arbeitnehmer auch von sich aus auf die Weiterbeschäftigung verzichten kann, etwa weil er einen anderen Arbeitsplatz

---

[74] BAG 6. 12. 1973, AP Nr. 1 zu § 17 KSchG 1969 mit Anm. *G. Hueck;* LAG Hamm 3. 10. 1981, DB 1982, 439; ErfK/*Ascheid* § 17 KSchG Rn. 17; *Bader/Dörner* § 17 Rn. 31; *Berscheid* ZIP 1987, 1513; *ders.* AR-Blattei SD 1020.2 Rn. 98; HK-KSchG/*Hauck* § 17 Rn. 26; *Löwisch* § 17 Rn. 34; APS/*Moll* § 17 KSchG Rn. 51; HaKo/*Pfeiffer* § 17 Rn. 38; KR-*Weigand* § 15 KSchG Rn. 53.
[75] Vgl. auch die Beispiele bei *Berscheid* AR-Blattei SD 1020.2 Rn. 91ff.; *Löwisch* § 17 Rn. 35; APS/*Moll* § 17 KSchG Rn. 52.
[76] Vgl. BAG 25. 5. 1960, AP Nr. 6 zu § 15 KSchG; *Kittner/Däubler/Zwanziger* § 15 KSchG Rn. 23; *Löwisch* § 17 Rn. 26; APS/*Moll* § 17 KSchG Rn. 49.
[77] So *Bader/Dörner* § 17 Rn. 28; *Berscheid* AR-Blattei SD 1020.2 Rn. 105.

gefunden hat. Davon abgesehen können auch bereits gekündigte, aber weiterbeschäftigte Arbeitnehmer den Arbeitsmarkt belasten, weil sie wegen der eigenen unsicheren Situation einen neuen Arbeitsplatz suchen. Weiterhin könnte der Arbeitgeber im Vertrauen auf die zu erwartenden Weiterbeschäftigungsanträge die Zahl der geplanten Massenentlassungen erhöhen, ohne die Grenzen des § 17 Abs. 1 zu erreichen, wenn weiterbeschäftigte Arbeitnehmer nicht zu den Entlassungen gezählt werden würden. Damit würde sich die Weiterbeschäftigung durch formale Auslegung des Begriffes der Entlassung zum Nachteil der betroffenen Arbeitnehmer auswirken. Daher sind aus Gründen der Praktikabilität und Rechtsklarheit gekündigte, aber weiterbeschäftigte Arbeitnehmer mit Ablauf der Kündigungsfrist als entlassen im Sinne des § 17 anzusehen.[78]

5. Verhältnis der Entlassungen zur Arbeitnehmerzahl

39 a) Steht die Anzahl der regelmäßig im Betrieb beschäftigten Arbeitnehmer und der Umfang der nach § 17 in Betracht kommenden Entlassungen fest, so ergibt sich aus diesem Verhältnis die Anzeigepflicht nach den in § 17 Abs. 1 genannten **Zahlen** und **Prozentsätzen**. Die jetzige gesetzliche Fassung vom 27. 4. 1978 hat die Verhältniszahlen geringfügig geändert. Das beruht einerseits auf der Richtlinie des Rats der Europäischen Gemeinschaften; andererseits sollten gleichzeitig bisherige Ungereimtheiten bereinigt werden (siehe oben Rn. 1). Das Gesetz teilt wie bisher die Betriebe gemäß Abs. 1 in **drei Gruppen** ein:

40 Nach **Nr. 1** werden Betriebe zwischen 21 und 59 (früher 49) Arbeitnehmern erfaßt. Hier greift der Kündigungsschutz bei einer Mindestzahl von 6 Entlassungen ein.

41 **Nr. 2** gilt für Betriebe zwischen 60 (früher 50) und 499 Arbeitnehmern. Die Anhebung der Arbeitnehmerzahl von 50 auf 60 war aus systematischen Gründen erforderlich, weil bisher bei Betrieben mit 21 bis 49 Arbeitnehmern eine Anzeigepflicht wie jetzt bei mindestens 6 Entlassungen eintrat (Nr. 1), während bei Betrieben mit 50 bis 59 Arbeitnehmern nach der alten Regelung der Nr. 2 schon Entlassungen von 5 Arbeitnehmern anzeigepflichtig waren. Dieser Widerspruch ist jetzt beseitigt, so daß einheitlich in Betrieben von 21 bis 59 Arbeitnehmern mindestens 6 Entlassungen der Anzeigepflicht unterfallen.[79] Nach Nr. 2 greift also der Kündigungsschutz ein, wenn mindestens 10% der regelmäßig beschäftigten Arbeitnehmer oder aber mehr als 25 Arbeitnehmer entlassen werden.

42 Gemäß **Nr. 3** sind in größeren Betrieben mit mindestens 500 Arbeitnehmern 30 und mehr Entlassungen (früher 50) anzeigepflichtig. Diese Änderung geht auf die Anpassung des deutschen Rechts an die Richtlinie der Europäischen Gemeinschaften zurück (vgl. die Literaturangaben in Rn. 41).

43 b) Die Zahlen zur Relation der betroffenen Arbeitnehmer zur Gesamtbelegschaft des § 17 Abs. 1 werden seit längerem in der Rechtsprechung des

---

[78] Ebenso ErfK/*Ascheid* § 17 KSchG Rn. 17; *Kittner/Däubler/Zwanziger* § 15 KSchG Rn. 15; *Löwisch* § 17 Rn. 26; KR-*Weigand* § 17 KSchG Rn. 43 d.

[79] Vgl. BT-Drucks. 8/1041 S. 4; BR-Drucks. 400/77 S. 5 = RdA 1978, 35; BT-Drucks. 8/1546 S. 7; *Löwisch* NJW 1978, 1237; *Marschall* DB 1978, 981; *Pulte* BB 1978, 1269.

BAG zur **Konkretisierung** der unbestimmten Rechtsbegriffe **außerhalb des KSchG** herangezogen, nämlich der „erheblichen Teile der Belegschaft" und der „wesentlichen Betriebsteile" in § 111 BetrVG im Rahmen von Betriebsänderungen.[80] Diese Analogie ist zulässig und berechtigt, weil schon früher in § 66 Abs. 2 BetrVG 1952 und jetzt in § 17 Abs. 2 und 3 der betriebliche Bezug des 3. Abschnitts trotz seiner vorwiegend arbeitsmarktpolitischen Bedeutung herausgestellt ist (dazu auch oben Vorbem. zu §§ 17 ff. Rn. 6). Zutreffend geht daher das BAG aus Gründen der Praktikabilität und Rechtssicherheit davon aus, daß für die Frage, wann ein erheblicher Teil der Belegschaft im Sinn des § 111 BetrVG betroffen ist, auf die Zahlen des § 17 Abs. 1 abzustellen ist, jedoch ohne den dort festgelegten Zeitraum von 30 Kalendertagen und mit der Maßgabe, daß jeweils mindestens fünf Prozent der Belegschaft des Betriebes betroffen sein müssen.[81] Trotz kritischer Stimmen in der Literatur[82] hat der Gesetzgeber diese Vorgehensweise der Rechtsprechung durch die neue Regelung des § 112a Abs. 1 BetrVG indirekt bestätigt, dort freilich für den genannten Sonderfall veränderte Zahlenrelationen angesetzt.[83]

Seit dem 1. 1. 1998 besteht auch in Fällen eines nicht nur vorübergehenden Arbeitsausfalles Anspruch auf **Kurzarbeitergeld** nach § 175 Abs. 1 Nr. 2 SGB III, wenn u.a. die von dem Arbeitsausfall betroffenen Arbeitnehmer zur Vermeidung von Entlassungen einer erheblichen Anzahl von Arbeitnehmern des Betriebs in einer betriebsorganisatorisch eigenständigen Einheit zusammengefaßt sind; dabei ist der Begriff der erheblichen Anzahl von Arbeitnehmern in dieser Bestimmung durch § 17 Abs. 1 legal definiert. Wie bei der Konkretisierung zu § 111 BetrVG (oben Rn. 43) ist der Zeitraum von 30 Kalendertagen auch hier unerheblich.[84] **43 a**

II. Mitwirkung des Betriebsrats

1. Übersicht

Die frühere Fassung des KSchG kannte kein eigenständiges Unterrichtungs- und Beratungsrecht des Betriebsrats bei Massenentlassungen. Wohl bestanden auch schon bisher die **allgemeinen Mitwirkungsrechte des Betriebsrats** bei Personalplanungen (§ 92 BetrVG) und Betriebsänderungen (§§ 111 ff. BetrVG); das besondere Beteiligungsverfahren nach § 66 Abs. 2 BetrVG 1952 war jedoch nicht in das BetrVG 1972 übernommen worden. Diese ursprüngliche betriebsverfassungsrechtliche Regelung wurde nun auf Grund der EG-Richtlinie vom 17. 2. 1975 wieder aufgegriffen und durch das 2. Änderungsgesetz zum KSchG vom 27. 4. 1978 in detaillierter Weise, wenn auch systemwidrig als betriebsverfassungsrechtliche Regelung im **44**

---

[80] BAG 22. 5. 1979, AP Nr. 3 und 4 zu § 111 BetrVG 1972 mit Anm. *Birk;* BAG 7. 8. 1990, AP Nr. 34 zu § 111 BetrVG 1972; BAG 10. 12. 1996, AP Nr. 32 zu § 113 BetrVG 1972.
[81] BAG 2. 8. 1983, AP Nr. 12 zu § 111 BetrVG 1972 mit Anm. *Fabricius/Pottmeyer;* BAG 6. 12. 1988, DB 1989, 883; *Fitting* § 111 Rn. 34, 58.
[82] Vgl. die Nachweise bei KR-*Weigand* § 17 KSchG Rn. 54a.
[83] Ebenso KR-*Weigand* § 17 KSchG Rn. 54b.
[84] Dazu *Bachner/Schindele* NZA 1999, 131; Durchführungsanweisungen zum Sammelerlaß Kurzarbeit der BA, 1998, unter 7.

KSchG bei § 17 eingefügt (vgl. dazu oben Rn. 1).[85] Abs. 2 regelt jetzt das Unterrichtungs- und Beratungsrecht des Betriebsrats vor geplanten Massenentlassungen; es wird etwas unübersichtlich ergänzt durch weitere Verfahrensvorschriften zwischen Arbeitgeber, Betriebsrat und Arbeitsamt in Abs. 3 Satz 6–8. Das EG-Anpassungsgesetz vom 20. 7. 1995 (vgl. Vorb. zu §§ 17 ff. Rn. 5 a) hat Abs. 2 Satz 1 konkretisiert und den Umfang der Unterrichtungspflicht des Arbeitgebers noch genauer normiert (unten Rn. 47 c). Für die Verletzung von Beteiligungsrechten des Betriebsrats ist keine ausdrückliche Regelung getroffen worden (dazu unten Rn. 47 c, 49, 73); es müssen daher die allgemeinen Grundsätze zugrundegelegt werden.[86]

44 a In **betriebsratslosen Betrieben** entfällt naturgemäß eine Beteiligung des Betriebsrats. Auch ist nicht stattdessen eine Gewerkschaft zuständig, obwohl eine solche Regelung nach der EG-Richtlinie über Massenentlassungen (oben Vorbem. zu §§ 17 ff. Rn. 5 ff.) möglich gewesen wäre. Der deutsche Gesetzgeber konnte nämlich den Begriff der „Arbeitnehmervertreter" gemäß Art. 1 Abs. 1 b EG-Richtlinien nach den eigenen Rechtsvorschriften konkretisieren.[87]

45 Dieses vorgeschaltete **betriebsinterne Beteiligungsverfahren** zwischen Arbeitgeber und Betriebsrat ist genau vom sich anschließenden **Anzeigeverfahren gegenüber dem Arbeitsamt** zu unterscheiden, das der Arbeitgeber unter Einschluß der Stellungnahme des Betriebsrats gemäß Abs. 1 sowie Abs. 3 Satz 1–5 durchzuführen hat (dazu unten Rn. 63 ff.); sie waren früher zutreffend getrennt in § 66 Abs. 2 BetrVG 1952 einerseits und § 15 KSchG 1951 bzw. § 17 KSchG 1969 a. F. andererseits geregelt.[88] Da die jetzige Regelung des Abs. 2 der Sache nach betriebsverfassungsrechtliche Sachverhalte betrifft, findet für die Auslegung dieser Bestimmungen das BetrVG zweckentsprechend Anwendung.[89]

46 § 17 findet auch auf **leitende Angestellte** i. S. d. § 5 Abs. 3 BetrVG Anwendung, die nicht gleichzeitig unter die Ausnahmevorschrift des Abs. 5 Nr. 3 fallen (dazu oben Rn. 8). Daher ist problematisch, ob anzeigepflichtige Entlassungen dieses Personenkreises ebenfalls der Mitwirkung des Betriebsrats unterliegen. Das ist zu verneinen, weil wegen der Rechtsnatur als Betriebsverfassungsrecht Abs. 2 die Anwendung des § 5 Abs. 3 Satz 1 BetrVG gebietet.[90] Allerdings besteht seit der Schaffung des SprAuG vom 20. 12. 1988[91] eine Lücke in § 17, der die Existenz eines Sprecherausschusses nicht berücksichtigt. Der Gesetzeszweck des Abs. 2 Satz 2, durch Beratung mit dem Betriebsrat Entlassungen zu vermeiden (dazu unten Rn. 52), trifft jedoch auch auf leitende Angestellte zu. Daher ist es gerechtfertigt, durch kor-

---

[85] Demgemäß sind die Kommentare zum früheren § 66 BetrVG 1952 insoweit wieder verwendbar; *Berscheid* AR-Blattei SD 1020.2 Rn. 166; siehe auch *v. Götz* Die Beteiligung des Betriebsrats bei Massenentlassungen, Diss. Kiel 1969, S. 74 ff.
[86] Dazu kritisch im Hinblick auf die EG-Richtlinie *Wißmann* RdA 1998, 225 ff.
[87] Zutreffend *Wißmann* RdA 1998, 224.
[88] Dazu *Fitting/Kraegeloh/Auffarth* BetrVG 9. Aufl. 1970, § 66 Rn. 24.
[89] Ebenso *Berscheid* AR-Blattei SD 1020.2 Rn. 166.
[90] Ebenso APS/*Moll* § 17 KSchG Rn. 57; HaKo/*Pfeiffer* § 17 Rn. 50; – abweichend *Rumler* S. 245 f. im Hinblick auf den Zweck der EG-Richtlinie über Massenentlassungen, dazu oben Rn. 8.
[91] BGBl. I 2312.

Anzeigepflicht 47–47b § 17

rigierende Auslegung des Abs. 2 bei anzeigepflichtigen Entlassungen von leitenden Angestellten, die nicht dem Abs. 5 Nr. 3 unterfallen, den **Sprecherausschuß** nach § 31 SprAuG zu beteiligen.[92]

2. Mitwirkungsverfahren nach Abs. 2

a) **Beteiligungspflicht durch Arbeitgeber:** Beabsichtigt der Arbeitgeber, gemäß § 17 Abs. 1 anzeigepflichtige Entlassungen vorzunehmen, so hat er nach Abs. 2 Satz 1 den Betriebsrat rechtzeitig die zweckdienlichen Auskünfte und ihn insbesondere über weitere Einzelheiten (unten Rn. 47b) der geplanten Entlassungen schriftlich zu unterrichten, damit nachfolgend die gemeinsame Beratung nach Abs. 2 Satz 2 ermöglicht wird (dazu unten Rn. 49). Zuständig für die Beteiligung des Betriebsrats ist der **Arbeitgeber;** das ist der Inhaber des Betriebes, also insbesondere der Einzelkaufmann oder die GmbH bzw. AG, vertreten durch den Geschäftsführer bzw. den Vorstand oder einen anderen Bevollmächtigten, z. B. Werkleiter.[93] 47

Ist das Unternehmen von einem **herrschenden Unternehmen** abhängig, stellt der durch das EG-Anpassungsgesetz vom 20. 7. 1995 (oben Vorbem. zu §§ 17 ff. Rn. 5 a) eingefügte **Abs. 3 a Satz 1** (unzutreffend gelegentlich als sog. Konzernklausel bezeichnet) klar, daß trotzdem der Arbeitgeber des abhängigen Unternehmens für die Einbeziehung des Betriebsrats zuständig bleibt.[94] Diese Regelung ist eigentlich selbstverständlich, weil sich auch in abhängigen Unternehmen die Zuständigkeit von Arbeitgeber und Betriebsrat nicht verändert, wenn der Arbeitgeber dem Einfluß eines herrschenden Unternehmens unterliegt; denn das herrschende Unternehmen erlangt auf Grund seiner Einflußmöglichkeit keine betriebsverfassungsrechtliche Zuständigkeit gegenüber dem Betriebsrat des abhängigen Unternehmens.[95] Ein herrschendes Unternehmen liegt bereits dann vor, wenn nach § 17 AktG ein beherrschender Einfluß ausgeübt werden kann; eine einheitliche Leitung (Konzernbindung) gemäß § 18 Abs. 1 AktG ist (im Gegensatz zu §§ 8 Abs. 1, 54 BetrVG) nach dem Wortlaut des Abs. 3a nicht erforderlich.[96] Daher versteht es sich auch von selbst, daß sich der Arbeitgeber gegenüber dem Betriebsrat gemäß Abs. 3a Satz 2 nicht darauf berufen kann, daß das für die Entlassungen verantwortliche Unternehmen die notwendigen Auskünfte nicht übermittelt hat. 47a

b) Die Verpflichtung zur Erteilung der **zweckdienlichen Auskünfte** ist durch das EG-Anpassungsgesetz vom 20. 7. 1995 an die Spitze des Abs. 2 Satz 1 gestellt worden (oben Vorbem. zu §§ 17ff. Rn. 5 a), ohne daß sich 47b

---

[92] Ebenso ErfK/*Ascheid* § 17 KSchG Rn. 19; *Backmeister/Trittin* § 17 Rn. 28; *Rumler* S. 247; wohl auch *Wißmann* RdA 1998, 224; – abweichend *Bader/Dörner* § 17 Rn. 38; HK-KSchG/*Hauck* § 17 Rn. 36; *Kittner/Däubler/Zwanziger* § 17 KSchG Rn. 30; *Löwisch* § 17 Rn. 40; APS/*Moll* § 17 KSchG Rn. 57; HaKo/*Pfeiffer* § 17 Rn. 50.
[93] Vgl. *v. Hoyningen-Huene* BetrVR § 3 III 1; GK-BetrVG/*Kraft* § 1 Rn. 43 f.
[94] Dazu BT-Drucks. 13/668 S. 14; MünchArbR/*Berkowsky* § 156 Rn. 39; *Grünberger* NJW 1995, 2813; *Schiefer* DB 1995, 1913 f.
[95] Vgl. HaKo/*Pfeiffer* § 17 Rn. 57; *Windbichler* S. 349, 353; siehe auch *Martens* ZfA 1973, 313; *Oetker* ZfA 1986, 190.
[96] Ebenso ErfK/*Ascheid* § 17 KSchG Rn. 37; APS/*Moll* § 17 KSchG Rn. 137; KR-*Weigand* § 17 KSchG Rn. 98 a ff.; *Wißmann* RdA 1998, 225.

dadurch aber gegenüber der bisherigen Rechtslage etwas geändert hat. Durch diese Auskunfterteilung soll über die Unterrichtungspflicht hinaus dem Betriebsrat die Möglichkeit gegeben werden, sich ein umfassendes Bild über die geplante Betriebseinschränkung zu machen und dabei etwa die wirtschaftlichen Ursachen, die Konkurrenzsituation und die zukünftige Entwicklung des Betriebes zu erfahren.

47 c c) **Unterrichtung** bedeutet wie im Betriebsverfassungsrecht die bewußte Überlassung von entsprechenden Informationen, die hier **Schriftform** (§ 126 BGB) haben müssen. Diese schriftliche Unterrichtung muß der Arbeitgeber gemäß Abs. 3 Satz 1 in Form einer Durchschrift als Mitteilung gleichzeitig dem Arbeitsamt zuleiten (dazu unten Rn. 78). Eine mündliche Unterrichtung reicht nicht aus; allerdings hat die Nichteinhaltung der Schriftform keinen Einfluß auf die Wirksamkeit der später zu erstattenden Anzeige, wenn sich der Betriebsrat damit zufrieden gibt und dem Arbeitgeber dennoch eine Stellungnahme abgibt.[97] Hat der Arbeitgeber die Unterrichtung aber überhaupt nicht vorgenommen, so ist das Mitwirkungsverfahren nach Abs. 2 nicht eingeleitet worden, so daß der Betriebsrat auch keine sinnvolle Stellungnahme abgeben kann. Deshalb ist die vollständige Unterrichtung des Betriebsrats nach den Nrn. 1–6 des Abs. 2 Satz 1 (unten Rn. 47 c) **Wirksamkeitsvoraussetzung** für die Anzeige des Arbeitgebers.[98] Denn bei fehlender Unterrichtung kann die nach Abs. 3 Satz 2 erforderliche Beifügung der Stellungnahme zur Anzeige des Arbeitgebers nicht ordnungsgemäß erfolgen (unten Rn. 73).

47 d Der **Inhalt der Unterrichtung** ist seit 1995 in Abs. 2 Satz 1 in **sechs Nummern** im einzelnen aufgeführt. Sie geht über die bereits früher bestehende Unterrichtungspflicht des Arbeitgebers gegenüber dem Betriebsrat nicht hinaus,[99] erleichtert jedoch dem Arbeitgeber die Konkretheit der Angaben. Nach **Nr. 1** sind die **Gründe** für die geplanten Entlassungen anzugeben. Dazu gehören die Sachverhalte, die zu den Entlassungen führen. Nicht erforderlich ist allerdings eine genaue Angabe der individuellen Kündigungsgründe i. S. d. § 102 BetrVG, weil nicht die konkreten Kündigungen, sondern lediglich die (tatsächlichen) Entlassungen in ihrer Gesamtheit angezeigt werden müssen (vgl. oben Rn. 16).[100] Denn der Schutz des einzelnen Arbeitnehmers gehört nicht zum Zweck des Verfahrens bei Massenentlassungen.[101]

47 e Nach **Nr. 2** muß über die **Zahl** und die **Berufsgruppen** der zu entlassenden Arbeitnehmer unterrichtet werden (dazu oben Rn. 14 ff., 37 ff.). Diese Angabe richtet sich sinnvollerweise nach der von der Bundesanstalt für

---

[97] Ebenso LAG Hamm 6. 6. 1986, LAGE § 17 KSchG Nr. 2; *Berscheid* AR-Blattei SD 1020.2 Rn. 169; *Kittner/Däubler/Zwanziger* § 17 KSchG Rn. 32; KR-*Weigand* § 17 KSchG Rn. 64; – abweichend *Backmeister/Trittin* § 17 Rn. 37.
[98] Ebenso BAG 14. 8. 1986, RzK I 8 b Nr. 8 unter I 3; *Backmeister/Trittin* § 17 Rn. 29; *Berscheid* AR-Blattei SD 1020.2 Rn. 168; HK-*Weigand/Hauck* § 17 Rn. 33; *Kittner/Däubler/Zwanziger* § 17 KSchG Rn. 38; HaKo/*Pfeiffer* § 17 Rn. 53; KR-*Weigand* § 17 KSchG Rn. 63; – kritisch *Bader/Dörner* § 17 Rn. 66; – differenzierend APS/*Moll* § 17 KSchG Rn. 76 ff.
[99] Ebenso KR-*Weigand* § 17 KSchG Rn. 62 b.
[100] Ebenso LAG Hamm 21. 5. 1985, ZIP 1986, 248; *Bader/Dörner* § 17 Rn. 44; APS/*Moll* § 17 KSchG Rn. 63; – abweichend KR-*Weigand* § 17 KSchG Rn. 62 c.
[101] BAG 14. 8. 1986, RzK I 8 b Nr. 8 unter I 4 a und b.

Arbeit herausgegebenen Anlage zur Anzeige von Entlassungen über Berufsgruppen, die dort 99 verschiedene, im einzelnen aufgeführte Berufsgruppen aufweist, z. B. Drucker, Schlosser, Werkzeugmacher etc.[102] Das gleiche gilt für die Unterrichtung nach **Nr. 3** über die Zahl und die Berufsgruppen der in der Regel beschäftigten Arbeitnehmer des Betriebes (dazu oben Rn. 6 ff.). Die Unterrichtung nach **Nr. 4** über den **Zeitraum**, in dem die Entlassungen vorgenommen werden sollen, also die jeweiligen Entlassungstermine, entspricht unverändert der bisherigen Rechtslage (dazu oben Rn. 32 ff.).

Neu hinzugekommen ist die **Nr. 5**, wonach die vorgesehenen **Kriterien für die Auswahl** der zu entlassenden Arbeitnehmer anzugeben sind. Im Hinblick auf den arbeitsmarktpolitischen Zweck der §§ 17 ff. stehen hier fachliche und persönliche Gesichtspunkte im Vordergrund, daneben aber auch soziale Belange i. S. d. § 1 Abs. 3 Satz 1.[103] Neu hinzugekommen ist schließlich die **Nr. 6** zur Unterrichtungspflicht über die für die Berechnung etwaiger **Abfindungen** vorgesehenen **Kriterien**. Diese Regelung wurde aufgenommen, weil nicht jede Massenentlassung i. S. d. § 17 Abs. 1 zugleich einen die Sozialplanpflicht auslösenden Personalabbau zur Folge haben muß, wie die höheren Schwellenwerte des § 112 a Abs. 1 Satz 1 BetrVG zeigen.[104]

Die Auskunfterteilung und Unterrichtung muß **rechtzeitig** erfolgen, also so frühzeitig, daß Vorschläge und Bedenken des Betriebsrats bei der Planung der Massenentlassung berücksichtigt werden können (vgl. § 90 Abs. 2 Satz 1 BetrVG), zumal sich die Beratung nach Abs. 2 Satz 2 anschließt (unten Rn. 49 ff.). Das wird sinnvoller Weise mindestens 2 Wochen vor der zu erstattenden Anzeige sein, weil anderenfalls der Arbeitgeber u. U. nach Abs. 3 Satz 3 keine wirksame Anzeige mehr abgeben kann.[105] Zur **Entgegennahme** der Auskünfte und Unterrichtung ist der Betriebsratsvorsitzende zuständig, § 26 Abs. 2 BetrVG.

d) An die Auskunfts- und Unterrichtungspflicht des Arbeitgebers (Abs. 2 Satz 1) schließt sich nach Abs. 2 Satz 2 die Verpflichtung von Arbeitgeber und Betriebsrat an, insbesondere die Möglichkeiten zu beraten, Entlassungen zu vermeiden oder einzuschränken und ihre Folgen zu mildern. Es besteht also eine **Beratungspflicht**, die sich zunächst auf die erteilten Auskünfte und Informationen des Arbeitgebers erstreckt; sodann sind die Auswirkungen auf die betroffenen Arbeitnehmer als besonders berücksichtigenswert zu erörtern. **Unterläßt** der Arbeitgeber die Beratung mit dem Betriebsrat, hat dies gleichwohl auf die Wirksamkeit der Anzeige keine Auswirkung,[106] da betriebsinterne Vorgänge wegen der insoweit abschließenden gesetzlichen Regelung außer Betracht bleiben. Die Beratung nach Abs. 2 Satz 2 ist also

---

[102] Vgl. auch APS/*Moll* § 17 KSchG Rn. 64; KR-*Weigand* § 17 KSchG Rn. 62 d.
[103] Ähnlich ErfK/*Ascheid* § 17 KSchG Rn. 20; KR-*Weigand* § 17 KSchG Rn. 62 g.
[104] Vgl. BT-Drucks. 13/668 S. 14.
[105] Ebenso *Berscheid* AR-Blattei SD 1020.2 Rn. 170; Ehmann Betriebsstillegung und Mitbestimmung 1978, S. 14, 32, 38, 108; *Fitting* § 102 Rn. 77; HK-Schaub/*Hauck* § 17 Rn. 29; *Kittner/Däubler/Zwanziger* § 17 KSchG Rn. 31; KR-*Weigand* § 17 KSchG Rn. 58; – abweichend *Bader/Dörner* § 17 Rn. 42; ; APS/*Moll* § 17 KSchG Rn. 71.
[106] Ebenso ErfK/*Ascheid* § 17 KSchG Rn. 22; *Bader/Dörner* § 17 Rn. 66 f.; *Berscheid* AR-Blattei SD 1020.2 Rn. 174; APS/*Moll* § 17 KSchG Rn. 78; – kritisch *Löwisch* RdA 1997, 84; *Wißmann* RdA 1998, 226; – abweichend KR-*Weigand* § 17 KSchG Rn. 63; *Kittner/Däubler/Zwanziger* § 17 KSchG Rn. 38.

keine Wirksamkeitsvoraussetzung für die Anzeige. Dem Arbeitsamt bleibt es aber unbenommen, diese Unterlassung bei der Entscheidung nach §§ 18 ff. im Rahmen seines Ermessens zu berücksichtigen (vgl. unten § 20 Rn. 18).

50 Die Beratung zwischen Arbeitgeber und Betriebsrat nach Abs. 2 Satz 2 verlangt **nicht Übereinstimmung** zwischen den Beteiligten. Zur Erfüllung der Beratungspflicht ist also wie im Betriebsverfassungsrecht die Zustimmung des Betriebsrats zu den vom Arbeitgeber beabsichtigten Maßnahmen nicht erforderlich.[107] Der Arbeitgeber entscheidet demgemäß nach eigenem Ermessen, welche Maßnahme er ergreifen will.[108]

51 Wie der Wortlaut des Abs. 2 Satz 2 zeigt, hat die Beratung mit dem **gesamten Betriebsrat** oder zumindest mit dem **entsprechenden Ausschuß** nach §§ 27 oder 28 BetrVG – was für die schwerwiegenden Fälle der Massenentlassung praktisch nicht vorkommen wird – zu erfolgen;[109] nicht genügend wäre die Beratung mit einzelnen Mitgliedern des Betriebsrats.[110]

52 **Inhalt** der Beratung ist trotz der in erster Linie arbeitsmarktpolitischen Zielrichtung des Massenentlassungsschutzes (dazu oben Vorbem. zu §§ 17 ff. Rn. 4) das Schicksal der von der geplanten Massenentlassung betroffenen Arbeitnehmer als Gesamtheit, nicht hingegen die Auswirkungen auf jeden einzelnen (siehe oben Rn. 47 d).[111] Möglich und sinnvoll ist es aber durchaus, bereits die Auswahl der in Betracht kommenden Arbeitnehmer zu beraten, ohne damit freilich die Auswahl für die einzelne, konkrete Kündigung präjudizieren zu müssen.[112] **Ziel** der Beratungen ist es, sich über die Zahl und die Reihenfolge der zu Kündigenden zu verständigen. Dabei ist auch zu versuchen, Entlassungen überhaupt zu vermeiden oder wenigstens einzuschränken, z. B. durch Einführung von Kurzarbeit (vgl. auch § 19), und ihre Folgen zu mildern (Abs. 2 Satz 2, siehe auch unten Rn. 55).[113]

53 e) Zu dem Ergebnis der Beratungen mit dem Arbeitgeber hat der Betriebsrat eine **Stellungnahme** abzugeben, die der Arbeitgeber mit der Anzeige nach Abs. 3 Satz 2 dem Arbeitsamt vorzulegen hat (dazu unten Rn. 73 ff.). Die Stellungnahme des Betriebsrats sollte sich nicht auf eine bloße Zustimmung oder Ablehnung der Maßnahme beschränken, sondern eine Darlegung der Auffassung des Betriebsrats enthalten, die insbesondere auf die Folgen der Entlassungen für die Arbeitnehmer eingeht, damit das Arbeitsamt die Beurteilung des Betriebsrats kennenlernt.[114] Zu **Mustern** für die Stellungnahme des Betriebsrats siehe die angegebene Literatur.[115] Gibt der Betriebsrat die nur mittelbar vom Gesetz geforderte Stellungnahme nicht ab,

---

[107] Siehe *Backmeister/Trittin* § 17 Rn. 43; *Fitting* § 1 Rn. 211; *Richardi* Vorbem. z. 4. Teil Rn. 26; *Schaub* § 230 Rn. 3.
[108] Vgl. BAG 17. 9. 1957, AP Nr. 8 zu § 13 KSchG mit zust. Anm. *Dietz*.
[109] Ebenso ErfK/*Ascheid* § 17 KSchG Rn. 22; *Bader/Dörner* § 17 Rn. 50.
[110] Ebenso für das frühere Recht: *v. Götz* wie Rn. 44, S. 76 f.; *Nikisch* Bd. 3 S. 481; siehe auch BAG 4. 8. 1975, AP Nr. 4 zu § 102 BetrVG 1972.
[111] BAG 14. 8. 1986, RzK I 8 b Nr. 8 unter I 4 a.
[112] Vgl. für die alte Rechtslage: BAG 14. 11. 1956, AP Nr. 9 zu § 66 BetrVG.
[113] *Berscheid* AR-Blattei SD 1020.2 Rn. 173.
[114] Vgl. ErfK/*Ascheid* § 17 KSchG Rn. 23; *Berscheid* AR-Blattei SD 1020 Rn. 185; KR-*Weigand* § 17 KSchG Rn. 93.
[115] Vgl. *Hohn* DB 1978, 159 sowie *Schaub* Arbeitsrechtliche Formularsammlung und Arbeitsgerichtsverfahren 7. Aufl. 1999, § 9 Rn. 4.

kann der Arbeitgeber unter der Voraussetzung des Abs. 3 Satz 3 trotzdem eine wirksame Anzeige zur Massenentlassung erstatten (dazu unten Rn. 74). Findet ein **Insolvenzverfahren** statt, und wird im Rahmen einer Betriebsänderung nach § 111 BetrVG ein Interessenausgleich vereinbart, ersetzt dieser nach § 125 Abs. 2 InsO die Stellungnahme des Betriebsrats nach Abs. 3 Satz 2.[116]

f) Das **Einvernehmen** mit dem Betriebsrat nach Abs. 3 Satz 5 ist ebenfalls **54** im Rahmen der Beratung (oben Rn. 49 f.) herzustellen und betrifft konkrete Angaben in der vom Arbeitgeber zu erstattenden Anzeige. Hier ist zwar im Gegensatz zur Beratung nach Abs. 2 Satz 2 Übereinstimmung zwischen Arbeitgeber und Betriebsrat erforderlich; es handelt sich aber nur um eine Soll-Bestimmung, deren Nichtbeachtung keine rechtliche Folge hat (dazu unten Rn. 77).

g) Andere **Mitwirkungsrechte** des Betriebsrats bestehen **neben** den Be- **55** teiligungsrechten nach Abs. 2 unverändert weiter.[117] Das gilt zum einen für die Fälle der Mitwirkung im (kollektiven) Belegschaftsinteresse. So hat der Arbeitgeber nach § 92 Abs. 1 BetrVG den Betriebsrat rechtzeitig und umfassend anhand von Unterlagen über die **Personalplanung,** insbesondere über den gegenwärtigen und künftigen Personalbedarf, zu unterrichten und über Art und Umfang sowie über die Vermeidung von Härten zu beraten.

Da Massenentlassungen zu den wirtschaftlichen Angelegenheiten i. S. d. **56** § 106 Abs. 3 Nr. 6 BetrVG zählen können,[118] kommt auch eine Mitwirkung des **Wirtschaftsausschusses** in Betracht. Besteht in einem Betrieb gemäß § 106 BetrVG ein Wirtschaftsausschuß, so hat der Arbeitgeber diesen rechtzeitig und umfassend zu unterrichten, die geplanten Maßnahmen mit ihm zu beraten, sowie die sich daraus ergebenden Auswirkungen auf die Personalplanung darzustellen. Anders als § 111 Satz 2 Nr. 1 BetrVG begrenzt § 106 Abs. 3 Nr. 6 BetrVG jedoch die Mitwirkung des Wirtschaftsausschusses nicht auf die Einschränkung oder Stillegung wesentlicher Betriebsteile (dazu oben Rn. 43). Deshalb ist die Beteiligung des Wirtschaftsausschusses schon dann erforderlich, wenn die Zahlenrelationen des § 17 Abs. 1 noch nicht erreicht sind.[119]

Falls die Entlassungen durch beabsichtigte **Betriebsänderungen** im Sinne **57** von §§ 111, 112 BetrVG bedingt sind, ist der Unternehmer auch verpflichtet, den Betriebsrat rechtzeitig und umfassend über die Auswirkungen der Betriebsänderungen auf die Arbeitnehmer zu unterrichten, diese Auswirkungen mit dem Betriebsrat zu beraten und wirtschaftliche Nachteile der Arbeitnehmer gegebenenfalls durch einen Sozialplan auszugleichen oder zu mildern. Soweit diese Mitwirkungspflichten mit denen nach § 17 Abs. 2 übereinstimmen, kann sie der Arbeitgeber durch Unterrichtung und Beratung mit dem

---

[116] ErfK/*Ascheid* § 125 InsO Rn. 12; APS/*Dörner* InsO Rn. 19.
[117] Ebenso ErfK/*Ascheid* § 17 KSchG Rn. 24; Bader/*Dörner* § 17 Rn. 51; HK-KSchG/ *Hauck* § 17 Rn. 38; *Berscheid* AR-Blattei SD 1020.2 Rn. 177; *Herschel/Löwisch* § 17 Rn. 41; APS/*Moll* § 17 KSchG Rn. 82; HaKo/*Pfeiffer* § 17 Rn. 54; KR-*Weigand* § 17 KSchG Rn. 66.
[118] Vgl. BAG 14. 2. 1978, AP Nr. 60 zu Art. 9 GG Arbeitskampf unter 5.
[119] Dazu *Löwisch* BetrVG 4. Aufl. 1996, § 106 Rn. 24.

Betriebsrat **gleichzeitig erfüllen,** worauf er zweckmäßigerweise ausdrücklich hinweist. Eine mehrfache Beteiligung über den gleichen Sachverhalt ist also nicht erforderlich.[120] Auch ist der Arbeitgeber nicht gehindert, unabhängig vom Vorliegen der §§ 111 ff. BetrVG, das Anzeigeverfahren nach §§ 17 ff. durchzuführen (siehe auch unten § 18 Rn. 24).[121] Haben Massenentlassungen keine Auswirkungen auf die betriebliche Organisation, sondern führen sie ausschließlich zur erheblichen Herabsetzung der Arbeitnehmerzahl,[122] kommt die Mitwirkung des Betriebsrats außer nach § 17 Abs. 2 zusätzlich nach § 111 BetrVG in Betracht.[123]

58 Zum anderen besteht erst recht das – vorwiegend im Individualinteresse des betroffenen Arbeitnehmers geschaffene – **Anhörungsrecht** des Betriebsrats **bei Kündigungen** nach § 102 BetrVG neben der Beteiligung nach § 17 Abs. 2 weiter. Das folgt ausdrücklich aus § 102 Abs. 7 BetrVG und ergibt sich aus den unterschiedlichen Normzwecken,[124] zumal § 17 Entlassungen betrifft, § 102 BetrVG hingegen Kündigungen. Gleiches gilt für die Massenänderungskündigung (dazu oben Rn. 25), bei der außerdem die Mitwirkung des Betriebsrats nach § 99 BetrVG in Betracht kommt (dazu oben § 2 Rn. 33 ff. und 42 ff.).[125]

59 Der Arbeitgeber kann aber alle Mitwirkungsverfahren **zusammenfassen,** indem er die unterschiedlichen Tatbestandsvoraussetzungen kumulativ erfüllt, insbesondere die verschiedenen Fristen einhält und bei der Behandlung der Massenentlassung mit dem Betriebsrat auch die einzelnen Fälle der betroffenen Arbeitnehmer bespricht (dazu auch oben Vorbem. zu §§ 17 ff. Rn. 13).[126]

3. Weitere Beteiligungsrechte nach Abs. 3 Satz 6–8

60 Um die laufende und sinnvolle Mitwirkung des Betriebsrats an der Massenentlassung auch nach der Unterrichtung und Beratung mit dem Arbeitgeber sicherzustellen, hat das 2. Änderungsgesetz zum KSchG vom 27. 4. 1978 gemäß der Richtlinie der Europäischen Gemeinschaften (dazu oben Rn. 1) weitere Beteiligungsrechte des Betriebsrats in Abs. 3 Satz 6–8 vorgesehen. Danach hat der Arbeitgeber nach Satz 6 dem Betriebsrat eine **Abschrift der**

---

[120] Ebenso BT-Drucks. 8/1041 S. 5; BR-Drucks. 400/77 S. 6 f. = RdA 1978, 36; *Berscheid* AR-Blattei SD 1020.2 Rn. 182; *Marschall* DB 1978, 982; APS/*Moll* § 17 KSchG Rn. 86; HaKo/*Pfeiffer* § 17 Rn. 54; *Pulte* BB 1978, 1269; KR-*Weigand* § 17 KSchG Rn. 70.
[121] Abweichend LAG Nürnberg 10. 5. 1984, ARSt 1985, 149.
[122] Dazu BAG 6. 6. 1978, AP Nr. 2 zu § 111 BetrVG 1972.
[123] So BAG 22. 5. 1979, AP Nr. 3 und 4 zu § 111 BetrVG 1972 mit Anm. *Birk;* – siehe auch § 112 a BetrVG, dazu oben Rn. 43.
[124] Ebenso BAG 14. 8. 1986, AP Nr. 43 zu § 102 BetrVG 1972 unter B II 2 a, im Gegensatz zur Entscheidung nach alter Rechtslage BAG 14. 11. 1956, AP Nr. 9 zu § 66 BetrVG; ErfK/*Ascheid* § 17 KSchG Rn. 24; *Berscheid* AR-Blattei SD 1020.2 Rn. 180; HK-KSchG/*Hauck* § 17 Rn. 42; – siehe außerdem die Angaben unten Rn. 77.
[125] Ebenso *Berscheid* AR-Blattei SD 1020.2 Rn. 181; vgl. auch BAG 3. 11. 1977, AP Nr. 1 zu § 75 BPersVG.
[126] ErfK/*Ascheid* § 17 KSchG Rn. 24; *Bader/Dörner* § 17 Rn. 52; *Fitting* § 102 Rn. 77; HK-KSchG/*Hauck* § 17 Rn. 43; *Kittner/Däubler/Zwanziger* § 17 KSchG Rn. 37; *Sowka/Schiefer* §§ 17–22 Rn. 87; KR-*Weigand* § 17 KSchG Rn. 70, 71.

Anzeige an das Arbeitsamt zuzuleiten.[127] Diese Information ist für den Betriebsrat deshalb wichtig, weil er auf die Gestaltung der Anzeige selbst keinen unmittelbaren Einfluß ausüben kann und deshalb feststellen muß, in welchem Umfang der Arbeitgeber auf seine Vorschläge während der Beratungsphase eingegangen ist (siehe auch unten Rn. 73 und 78).[128]

Daher ist es folgerichtig, daß der Betriebsrat nach Abs. 3 Satz 7 gegenüber dem Arbeitsamt **weitere Stellungnahmen** abgeben kann, vor allem wenn sich die Verhältnisse geändert haben oder eine andere Beurteilung der Lage angebracht ist.[129] Diese weiteren Stellungnahmen ersetzen freilich nicht die (erste) Stellungnahme des Betriebsrats, die der Arbeitgeber nach Abs. 3 Satz 2 der Anzeige beizufügen hat (vgl. unten Rn. 73 c).[130] **61**

Um aber auch die Unterrichtung des Arbeitgebers zu gewährleisten, muß der Betriebsrat in solchen Fällen nach Abs. 3 Satz 8 diesem eine **Abschrift seiner Stellungnahme zuleiten.** Wird gegen die in Abs. 3 Satz 6–8 vorgesehenen Verpflichtungen verstoßen, ist damit wegen der abschließenden Regelung des Gesetzes die Wirksamkeit der Anzeige nicht berührt. Etwaige Unterlassungen werden jedoch in dem Anhörungsverfahren vor der Entscheidung des Arbeitsamtes nach § 20 Abs. 1 Satz 2 offenkundig (siehe unten § 20 Rn. 13 f.). **62**

4. Mitwirkung des europäischen Betriebsrats

Soweit in dem Unternehmen ein **europäischer Betriebsrat** gebildet worden ist (oben § 15 Rn. 8 a)[131] und länderübergreifende Massenentlassungen vorgenommen werden sollen, ist dieser §§ 32 Abs. 2 Nr. 10 und 33 Abs. 1 Satz 2 Nr. 3 EBRG entsprechend zu unterrichten und anzuhören.[132] **62 a**

III. Die Anzeige

1. Übersicht

Liegen die unter I und II genannten Voraussetzungen vor, so hat der Arbeitgeber (Rn. 66) dem zuständigen Arbeitsamt (Rn. 68) eine schriftliche (Rn. 67) **Anzeige** (Rn. 69 ff.) zu erstatten. Der Anzeige ist die Stellungnahme des Betriebsrats (Rn. 73) beizufügen, soweit sie vorliegt (Rn. 74). Bereits vor Erstattung der Anzeige hat der Arbeitgeber dem Arbeitsamt die Abschrift der Mitteilung an den Betriebsrat zuzuleiten (Rn. 78). **63**

2. Rechtsnatur der Anzeigepflicht

a) Nach dem Wortlaut des Gesetzes könnte die Anzeigepflicht eine öffentlich-rechtliche Pflicht gegenüber der Arbeitsverwaltung sein.[133] Da aber **64**

---

[127] Vgl. KR-*Weigand* § 17 KSchG Rn. 97, 98.
[128] ErfK/*Ascheid* § 17 KSchG Rn. 25.
[129] Vgl. *Bader/Dörner* § 17 Rn. 63.
[130] LAG Hamm 6. 6. 1986, LAGE § 17 KSchG Nr. 2 S. 7; KR-*Weigand* § 17 KSchG Rn. 91 a.
[131] KR-*Weigand* § 17 KSchG Rn. 71 a.
[132] Vgl. Art. 1 Abs. 1 und Art. 6 Abs. 3 Satz 3 Richtlinie 94/95 EG vom 22. 9. 1994, ABl. Nr. L 254/64 vom 30. 9. 1994; APS/*Moll* § 17 KSchG Rn. 89; KR-*Weigand* § 17 KSchG Rn. 71 b; *Wißmann* RdA 1998, 224.
[133] So KR-*Weigand* § 17 KSchG Rn. 11.

an die Verletzung dieser Pflicht keine weiteren Rechtsfolgen geknüpft sind, insbesondere keine Strafdrohung vorgesehen ist, vielmehr die Erfüllung der Pflicht lediglich die Voraussetzung für die Wirksamkeit der Entlassungen darstellt (§ 18), erscheint es zutreffender, in der Anzeigepflicht nur eine sogenannte „**Pflicht gegen sich selbst**" zu erblicken. Richtigerweise handelt es sich um einen Akt eigener Interessenbetätigung zur Wahrung eigener Rechte,[134] also um eine **Obliegenheit** des Arbeitgebers.[135]

65 b) § 17 stellt auch **kein Schutzgesetz** zugunsten der Arbeitnehmer im Sinn des § 823 Abs. 2 BGB dar.[136] Denn die Beschränkung von Massenentlassungen dient nur zur Regulierung des Arbeitsmarktes,[137] zumal durch das Unterlassen der Anzeige der Arbeitgeber nur sich selbst schädigt und nicht die Arbeitnehmer, weil die Kündigungen unwirksam werden können. Die Arbeitnehmer können etwaige Ansprüche nur auf die Fortdauer der Arbeitsverträge stützen. Erfüllt der Arbeitgeber diese mit Rücksicht auf die angeblich zulässigen Entlassungen nicht, so können sich für die Arbeitnehmer daraus auch Schadensersatzansprüche ergeben; diese sind aber vertraglicher und nicht deliktischer Natur.

3. Zuständigkeiten und Form

66 a) Die Anzeige ist vom **Arbeitgeber,** also vom Inhaber des Betriebes zu erstatten (Abs. 1). Wer das ist, richtet sich nach den allgemeinen Regeln. Der Arbeitgeber kann sich auch eines Bevollmächtigten, z. B. eines Prokuristen oder Rechtsanwalts bedienen.[138] Im Falle der Insolvenz ist der Insolvenzverwalter gemäß §§ 80 Abs. 1, 113 InsO zuständig.[139] Wechselt ein Betrieb oder Betriebsteil seinen Inhaber (vgl. § 613a BGB), so bleibt die einmal abgegebene Anzeige wirksam, da der neue Arbeitgeber in die Rechtsstellung des bisherigen Arbeitgebers einrückt. Eine Anzeige durch einen Dritten, etwa den Betriebsrat, genügt nicht. Insbesondere ersetzen die in § 17 Abs. 3 Satz 7 möglichen weiteren Stellungnahmen des Betriebsrats (dazu oben Rn. 61) nicht die Anzeige des Arbeitgebers.[140]

66 a Auch wenn der Arbeitgeber von einem **herrschenden Unternehmen** beeinflußt wird (oben Rn. 47a), kann er sich nach Abs. 3a Satz 2 nicht darauf berufen, daß das für die Entlassungen verantwortliche Unternehmen die notwendigen Auskünfte nicht übermittelt hat. Das versteht sich eigentlich

---

[134] Vgl. *Bellinghausen* S. 184f.; *Hueck* Lehrb. S. 694; HaKo/*Pfeiffer* § 17 Rn. 59; KR-*Weigand* § 17 KSchG Rn. 11; – G. *Schmidt* AR-Blattei Kündigungsschutz II, B II 1 mißt der Anzeigepflicht hingegen einen Doppelcharakter bei.
[135] Zutreffend *Denck* S. 311; dazu *Palandt/Heinrichs* BGB 59. Aufl. 2000, Einl. vor § 241 Rn. 16.
[136] ErfK/*Ascheid* § 17 KSchG Rn. 2; HaKo/*Pfeiffer* § 17 Rn. 59; G. *Schmidt* AR-Blattei Kündigungsschutz II, B II 1; KR-*Weigand* § 17 KSchG Rn. 12.
[137] BAG 14. 8. 1986, RzK I 8b Nr. 3 unter I 4a.
[138] BAG 14. 8. 1986, RzK I 8b Nr. 8 unter I 6; APS/*Moll* § 17 KSchG Rn. 94.
[139] So zum Konkursrecht BSGE 46, 100; LAG Hamm 21. 5. 1985, ZIP 1986, 248; APS/*Moll* § 17 KSchG Rn. 95.
[140] Vgl. zum Ganzen: *Bader/Dörner* § 17 Rn. 53; *Berscheid* AR-Blattei SD 1020.2 Rn. 201 f.; *Kittner/Däubler/Zwanziger* § 17 KSchG Rn. 39; *Löwisch* § 17 Rn. 42; *Schaub* § 142 Rn. 24; KR-*Weigand* § 17 KSchG Rn. 72.

Anzeigepflicht 67, 68 § 17

von selbst, weil trotz Abhängigkeit nach § 17 AktG der Arbeitgeber rechtlich selbständig ist und für die Arbeitgeberentscheidung gegenüber dem Arbeitsamt zuständig bleibt.

b) Die Anzeige bedarf zwingend der **Schriftform** (Abs. 3 Satz 2); sie muß 67 also vom Arbeitgeber oder seinem Stellvertreter eigenhändig durch Namensunterschrift unterzeichnet werden, während der Text der Anzeige nicht eigenhändig geschrieben zu sein braucht (§ 126 BGB). Bei Kaufleuten tritt an die Stelle der Namensunterschrift die Unterzeichnung mit der Firma (§ 17 HGB), doch ist auch die Zeichnung mit dem bürgerlichen Namen nicht ungültig. Eine mündliche, insbesondere auch eine telephonische Anzeige genügt nicht.[141] Dagegen dürfte eine **telegraphische Anzeige** zuzulassen sein, sofern das Telegramm am Ende den Namen oder die Firma des Arbeitgebers trägt. Das ist zweifellos, wenn das Telegramm schriftlich aufgegeben wird und das der Post übergebene Aufgabetelegramm eigenhändig unterschrieben ist. Dasselbe gilt aber auch in Anlehnung an die Rechtsprechung über die Zulässigkeit telegraphischer Einlegung von rechtserheblichen Schriftsätzen, wenn das Telegramm durch Fernsprecher aufgegeben wird.[142] Entsprechend ist die Erstattung der Anzeige durch Fernschreiber oder Telebrief **(Telefax)** als zulässig anzusehen.[143] – Nach dem Gesetz zur Anpassung der Formvorschriften des Privatrechts und anderer Vorschriften an den modernen Rechtsverkehr vom 13. 7. 2001 (BGBl. I S. 1542) sieht § 126 Abs. 3 BGB vor, daß die schriftliche Form durch elektronische Form ersetzt werden kann. Dadurch werden künftig Anzeigen durch **e-mail** möglich.

c) Die Anzeige ist an **dasjenige Arbeitsamt** zu richten, in dessen Bezirk 68 der Betrieb liegt; es kommt also nicht auf den Sitz des Unternehmens an.[144] Über Ausnahmen, in denen die Anzeige an die Hauptstelle der Bundesanstalt für Arbeit zu erstatten ist, vgl. § 21. Erst mit dem Eingang beim zuständigen Arbeitsamt wird die Anzeige nach §§ 130 Abs. 1 und 3 BGB, 18 Abs. 1 wirksam (siehe unten § 18 Rn. 3). Die Zuständigkeit der Arbeitsämter ergibt sich aus den Festlegungen des Verwaltungsrates der Bundesanstalt, §§ 369 Abs. 3, 376 Abs. 2 SGB III (siehe dazu Kommentare zum SGB III). Die beim örtlich **unzuständigen Arbeitsamt** eingereichte Anzeige ist unwirksam und setzt die Sperrfrist nicht in Lauf. Die Anzeige kann aber wirksam werden, wenn sie an das örtlich zuständige Arbeitsamt weitergeleitet worden ist.[145]

---

[141] BAG 6. 12. 1973, AP Nr. 1 zu § 17 KSchG 1969 unter III a.
[142] Vgl. BAG 1. 7. 1971, AP Nr. 1 zu § 129 ZPO; ErfK/*Ascheid* § 17 KSchG Rn. 27; *Bader/ Dörner* § 17 Rn. 55; *Berscheid* AR-Blattei SD 1020.2 Rn. 203 ff.; HK-KSchG/*Hauck* § 17 Rn. 49; *Löwisch* § 17 Rn. 44; APS/*Moll* § 17 KSchG Rn. 97; HaKo/*Pfeiffer* § 17 Rn. 60; KR-*Weigand* § 17 KSchG Rn. 72.
[143] Vgl. BAG 24. 9. 1986, AP Nr. 12 zu § 72 ArbGG 1979 m. w. N.
[144] ErfK/*Ascheid* § 17 Rn. 27; *Berscheid* AR-Blattei SD 1020.2 Rn. 198; HK-KSchG/ *Hauck* § 17 Rn. 49; *Löwisch* § 17 Rn. 43; APS/*Moll* § 17 KSchG Rn. 96; HaKo/*Pfeiffer* § 17 Rn. 61; KR-*Weigand* § 17 KSchG Rn. 74.
[145] *Bader/Dörner* § 17 Rn. 54; *Berscheid* AR-Blattei SD 1020.2 Rn. 199; HK-KSchG/*Hauck* § 18 Rn. 5 a; *Kittner/Däubler/Zwanziger* § 17 KSchG Rn. 41; APS/*Moll* § 17 KSchG Rn. 96; KR-*Weigand* § 17 KSchG Rn. 74; siehe im einzelnen unten § 18 Rn. 3 a.

4. Inhalt

69 a) **Allgemeines:** Seit dem 2. Gesetz zur Änderung des KSchG sind mit Wirkung vom 30. 4. 1978 auch Bestimmungen über den Inhalt der Anzeige getroffen worden (vgl. oben Rn. 1), die durch das EG-Anpassungsgesetz vom 20. 7. 1995 ergänzt wurden (oben Rn. 1 a). § 17 Abs. 3 zählt **abschließend** die Voraussetzungen für die Wirksamkeit der Anzeige auf.[146] Neben der ausführlich geregelten Beteiligung des Betriebsrats (dazu oben Rn. 44 ff.) unterscheidet Abs. 3 hinsichtlich des Inhalts zwischen solchen Angaben, die in der Anzeige enthalten sein müssen (Satz 4), und solchen, die gemacht werden sollen (Satz 5). Zu entsprechenden **Mustern** siehe Fußnote.[147]

70 b) Nach Abs. 3 Satz 4 **müssen** in der Anzeige folgende Angaben enthalten sein: der Name des Arbeitgebers, der Sitz und die Art des Betriebes, die Gründe für die geplanten Entlassungen, die Zahl und die Berufsgruppen der zu entlassenden und der in der Regel beschäftigten Arbeitnehmer, der Zeitraum, in dem die Entlassungen vorgenommen werden sollen und die vorgesehenen Kriterien für die Auswahl der zu entlassenden Arbeitnehmer (dazu näher oben Rn. 47 d ff.). Durch diesen zwingend erforderlichen, abschließend geregelten Inhalt soll sichergestellt werden, daß der mit der Anzeige erstrebte arbeitsmarktpolitische Zweck erreicht werden kann. Die Arbeitsämter werden auf diese Weise in die Lage versetzt, vorausschauende Arbeitsvermittlungs- und andere Maßnahmen einzuleiten, um die Folgen der Massenentlassung von den betroffenen Arbeitnehmern möglichst abzuwenden.[148] Fehlt auch nur eine dieser zwingend erforderlichen Angaben, ist die Anzeige **unwirksam**.[149] Allerdings ist eine **Heilung** des Mangels durch Nachholen bis zum Zeitpunkt der ersten Entlassung oder bis zur Entscheidung des Arbeitsamtes mit ex nunc-Wirkung möglich; dies kann freilich Auswirkungen auf den Zeitpunkt des Wirksamwerdens der Entlassungen haben, vgl. § 18 Abs. 1 Hs. 2 (dazu unten § 18 Rn. 7 ff.).

71 c) Um dem Arbeitsamt seine Aufgaben der Arbeitsvermittlung zu erleichtern, **sollen** nach Abs. 3 Satz 5 ferner **im Einvernehmen mit dem Betriebsrat** Angaben über Geschlecht, Alter, Beruf und Staatsangehörigkeit der zu entlassenden Arbeitnehmer gemacht werden. Diese Angaben waren im Gesetzgebungsverfahren umstritten, weil besonders in mittleren und kleineren Betrieben dadurch im Grunde die zu entlassenden Arbeitnehmer der Person nach feststünden und so die Verhandlungen zwischen Arbeitgeber und Betriebsrat belastet werden würden. Zu Recht hat daher der Gesetzgeber die genannten Angaben nur als Soll-Inhalt der Anzeige

---

[146] So ausdrücklich BR-Drucks. 400/77 = RdA 1978 S. 36; BT-Drucks. 8/1041 S. 5.
[147] *Schaub* Arbeitsrechtliche Formularsammlung und Arbeitsgerichtsverfahren, 7. Aufl. 1999, § 9 I 3, sowie insbesondere die Vordrucke der BA: „KSchG 2, 2 a und 3".
[148] BR-Drucks. 400/77 S. 8 = RdA 1978, 36; BT-Drucks. 8/1041 S. 5; BAG 14. 8. 1986, RzK I 8 b Nr. 8 unter I 4 a; *Pulte* BB 1978, 1269.
[149] Ebenso ErfK/*Ascheid* § 17 KSchG Rn. 28; *Bader/Dörner* § 17 Rn. 57, 70; *Berscheid* AR-Blattei SD 1020.2 Rn. 208; HK-KSchG/*Hauck* § 17 Rn. 52; *Marschall* DB 1978, 981; APS/*Moll* § 17 KSchG Rn. 100, 130; HaKo/*Pfeiffer* § 17 Rn. 67; KR-*Weigand* § 17 KSchG Rn. 83.

Anzeigepflicht | 71a–73 § 17

festgelegt.[150] Praktisch bedeutet dies aber, daß solche Angaben in der Anzeige nur aufgenommen werden, wenn Arbeitgeber und Betriebsrat darüber einig sind, daß sie überhaupt gemacht werden und welchen Inhalt sie haben sollen.

Auch wenn die in Rn. 71 genannten Angaben erfolgen, ist aus dem erreichten Einvernehmen zwischen Arbeitgeber und Betriebsrat für keinen der beiden eine **Bindung für die späteren Kündigungen** abzuleiten, weder hinsichtlich der konkreten Auswahl des zu entlassenden Arbeitnehmers noch hinsichtlich des Mitwirkungsverfahrens nach § 102 BetrVG, das einen anderen Schutzzweck verfolgt.[151] Daher ist die Angabe der Namen der Betroffenen auch nicht vorgeschrieben, wohl aber in dem Vordruck: „Liste der zur Entlassung vorgesehenen Arbeitnehmer" des Arbeitsamtes (BA – KSchG 3) enthalten. 71a

Der Arbeitgeber kann aber die Angaben über Geschlecht, Alter, Beruf und Staatsangehörigkeit **auch ohne Einvernehmen** mit dem Betriebsrat in die Anzeige aufnehmen; davon erfährt der Betriebsrat freilich aus der ihm nach Abs. 3 Satz 6 zuzuleitenden Abschrift der Anzeige (dazu oben Rn. 60).[152] Nennt allerdings der Arbeitgeber in der Anzeige nur eine bestimmte Gruppe von Arbeitnehmern, so kann er sich bei der Entlassung anderer Arbeitnehmer auf die Anzeige nicht berufen; er kann jedoch eine solche Bindung durch einen entsprechenden Vorbehalt ausschließen.[153] **Fehlen die Soll-Angaben** überhaupt, so hat dies auf die Wirksamkeit der Anzeige keinen Einfluß, doch kann das Arbeitsamt vor einer Entscheidung nach § 20 Abs. 3 Satz 2 den Arbeitgeber und Betriebsrat zu entsprechenden Auskünften auffordern (dazu unten § 20 Rn. 14).[154] 72

5. Beifügung der Stellungnahme des Betriebsrats

a) Der dem Arbeitsamt zu erstattenden Anzeige ist die Stellungnahme des Betriebsrats beizufügen. Dies war schon in den früheren Regelungen des § 17 Abs. 1 sowie des § 15 Abs. 1 KSchG 1951 vorgesehen und gilt seit der Neufassung mit Wirkung vom 30. 4. 1978 (siehe dazu oben Rn. 1) gemäß § 17 Abs. 3 Satz 2 unverändert weiter. Zu dem Zustandekommen der Stellungnahme des Betriebsrats siehe oben Rn. 44 ff. Die Stellungnahme des Betriebsrats nach Abs. 3 Satz 2 kann seit 1. 1. 1999 nicht mehr durch die Beifügung eines Interessenausgleichs gemäß § 112 Abs. 1 Satz 1 BetrVG ersetzt 73

---

[150] Vgl. BR-Drucks. 400/77 S. 8 = RdA 1978, 36; BT-Drucks. 8/1041 S. 5; BT-Drucks. 8/1546 S. 7; ErfK/*Ascheid* § 17 KSchG Rn. 29; *Bader/Dörner* § 17 Rn. 58; *Löwisch* NJW 1978, 1238; *Marschall* DB 1978, 983; *Pulte* BB 1978, 1270; APS/*Moll* § 17 KSchG Rn. 103; KR-*Weigand* § 17 KSchG Rn. 84, 85.

[151] Ebenso *Berscheid* AR-Blattei SD 1020.2 Rn. 212; *Löwisch* NJW 1978, 1238; *ders.* § 17 Rn. 48; APS/*Moll* § 17 KSchG Rn. 110; *Pulte* BB 1978, 1270; *Schaub* § 142 Rn. 28; KR-*Weigand* § 17 KSchG Rn. 90.

[152] Siehe auch ErfK/*Ascheid* § 17 KSchG Rn. 29; *Bader/Dörner* § 17 Rn. 58.

[153] Insoweit ist die Entscheidung des BAG 6. 10. 1960, AP Nr. 7 zu § 15 KSchG mit zust. Anm. *Herschel* auch nach neuer Gesetzeslage einschlägig; ebenso *Kittner/Däubler/Zwanziger* § 17 KSchG Rn. 45; *Löwisch* § 17 Rn. 49; KR-*Weigand* § 17 KSchG Rn. 87 ff.; – abweichend *Schaub* § 142 Rn. 28.

[154] Außerdem *Bader/Dörner* § 17 Rn. 70; HK-KSchG/*Hauck* § 17 Rn. 54; APS/*Moll* § 17 KSchG Rn. 106; KR-*Weigand* § 17 KSchG Rn. 87.

werden, weil die diesbezügliche Regelung des § 1 Abs. 5 Satz 4 (dazu oben § 1 Rn. 484i) zu diesem Zeitpunkt nach etwas über zweijähriger Geltung wieder abgeschafft worden ist. Dagegen kann im Falle der **Insolvenz** nach wie vor die Stellungnahme des Betriebsrats durch die Beifügung des Interessenausgleichs mit Namensliste der zu kündigenden Arbeitnehmer nach § 125 Abs. 2 InsO ersetzt werden. Fügt der Arbeitgeber die Stellungnahme des Betriebsrats (bzw. den Interessenausgleich) nicht bei, so ist eine Anzeige nicht ordnungsgemäß und daher grundsätzlich nicht rechtswirksam.[155] Die Stellungnahme des Betriebsrats ist ein Teil der Anzeige und damit **Wirksamkeitsvoraussetzung.** Das folgt nach der Novellierung des § 17 nunmehr aus dem Umkehrschluß zu Abs. 3 Satz 3, nach dem nur in dem dort bestimmten Ausnahmefall die Anzeige auch ohne beigefügte Stellungnahme des Betriebsrats wirksam ist (dazu unten Rn. 74).

73 a Diese Auffassung war bereits nach **früherem Recht** von der Rechtsprechung anerkannt.[156] Diese Auffassung ist auch sachlich berechtigt, weil die Stellungnahme des Betriebsrats für die Entscheidung des Arbeitsamtes nach § 18, insbesondere für eine etwaige Verlängerung der Sperrfrist (vgl. § 18 Rn. 4), eine ganz wesentliche Unterlage bildet. Der Arbeitgeber darf namentlich nicht die Möglichkeit haben, durch Nichteinreichung einer für ihn besonders ungünstigen Stellungnahme des Betriebsrats das Arbeitsamt davon abzuhalten, rechtzeitig, d. h. vor Ablauf eines Monats seit der Anzeige, die Sperrfrist zu verlängern. Wird die Stellungnahme des Betriebsrats **nachträglich** eingereicht, so läuft die Sperrfrist von diesem Zeitpunkt an.[157]

74 b) Nach § 17 Abs. 3 Satz 3 ist jedoch die Anzeige ausnahmsweise auch bei **fehlender Stellungnahme des Betriebsrats** wirksam, wenn der Arbeitgeber glaubhaft macht, daß er den Betriebsrat mindestens 2 Wochen vor Erstattung der Anzeige nach Abs. 2 Satz 1 unterrichtet hat (dazu oben Rn. 47), und er den Stand der Beratungen (Rn. 49) darlegt. Diese Frage war bis zum Erlaß des 2. Änderungsgesetzes zum KSchG vom 27. 4. 1978 nicht ausdrücklich geregelt, aber von der herrschenden Lehre ebenso entschieden.[158] Zweck der jetzigen Regelung ist es, daß zum einen der Betriebsrat nicht durch Unterlassen der Stellungnahme die Wirksamkeit der Anzeige verzö-

---

[155] Ebenso jetzt ausdrücklich BAG 11. 3. 1999, AP Nr. 12 zu § 17 KSchG 1969; LAG Hamm 10. 8. 1982, DB 1983, 49; LAG Hamm 6. 6. 1986, LAGE § 17 KSchG Nr. 2; ErfK/*Ascheid* § 17 KSchG Rn. 30; *Bader/Dörner* § 17 Rn. 68; *Berscheid* AR-Blattei SD 1020.2 Rn. 192; *Fitting* § 102 Rn. 77; HK-KSchG/*Hauck* § 17 Rn. 56; *Kittner/Däubler/Zwanziger* § 17 KSchG Rn. 46; *Löwisch* § 17 Rn. 45; *Marschall* DB 1978, 982; APS/*Moll* § 17 KSchG Rn. 130; *Richardi* § 102 Rn. 297; *Schaub* § 142 Rn. 28; KR-*Weigand* § 17 KSchG Rn. 91; vgl. auch BT-Drucks. 8/1041 S. 5; BR-Drucks. 400/77 S. 7 = RdA 1978 S. 36.
[156] BAG 21. 5. 1970, AP Nr. 11 zu § 15 KSchG mit zust. Anm. *Beitzke* m. w. N. der damaligen Literatur; – abweichend teilweise ältere Lehre: *Bellinghausen* S. 217 ff.; *Herschel/Steinmann* § 15 Rn. 6 a; *Nikisch* S. 842 f.; *Hueck/Nipperdey/Säcker* Bd. II/2 S. 1446 f.; Präsident der Bundesanstalt BB 1953 S. 502.
[157] Ebenso ErfK/*Ascheid* § 17 KSchG Rn. 32; *Löwisch* § 17 Rn. 45; KR-*Weigand* § 17 KSchG Rn. 92; vgl. auch BAG 11. 3. 1999, AP Nr. 12 zu § 17 KSchG 1969 unter II 4 d.
[158] Vgl. *Hueck* KSchG 9. Aufl. 1974, § 17 Rn. 28; ebenso zur heutigen Rechtslage LAG Hamm 10. 8. 1982, DB 1983, 49; LAG Hamm 6. 6. 1986, LAGE § 17 KSchG Nr. 2; ErfK/*Ascheid* § 17 KSchG Rn. 30; HK-KSchG/*Hauck* § 17 Rn. 58; *Löwisch* § 17 Rn. 46; APS/*Moll* § 17 KSchG Rn. 117 ff.; HaKo/*Pfeiffer* § 17 Rn. 72; *Schaub* § 142 Rn. 26; KR-*Weigand* § 17 KSchG Rn. 94.

Anzeigepflicht

gern kann und daß zum anderen die Entscheidungsträger für anzeigepflichtige Entlassungen (§ 20 Abs. 1 und 4) die Wirksamkeit der Anzeige auf einfache und rasche Weise feststellen können.[159]

Der Arbeitgeber muß daher einerseits, wenn der Betriebsrat nicht vorher **75** eine Stellungnahme abgibt, eine Frist von **mindestens 2 Wochen** zwischen Mitteilung der geplanten anzeigepflichtigen Entlassungen an den Betriebsrat und ihrer Anzeige an das Arbeitsamt einhalten; vor Ablauf dieser Frist (§ 188 BGB) ist die Anzeige nicht wirksam. Eine Mahnung des Arbeitgebers gegenüber dem Betriebsrat ist wegen der abschließenden Regelung des Gesetzes nicht erforderlich. Andererseits muß der Arbeitgeber, um die Anzeige trotz Fehlens der Stellungnahme des Betriebsrats wirksam werden zu lassen, die ordnungsgemäße Unterrichtung des Betriebsrats **glaubhaft machen,** was zweckmäßigerweise mit Hilfe einer Durchschrift der Mitteilung mit Eingangsbestätigung des Betriebsratsvorsitzenden geschieht, nötigenfalls durch eidesstattliche Versicherung nach § 294 ZPO. Mehr als Glaubhaftmachung ist nicht erforderlich; stellt sich etwa später heraus, daß die Mitwirkung des Betriebsrats nach § 17 Abs. 2 Satz 1 nicht ordnungsgemäß war, ändert das nichts an der Wirksamkeit der Anzeige und dem Lauf der Sperrfrist nach § 18.[160]

Die Anzeige ist ebenfalls wirksam, wenn **der Betriebsrat seine Stellung-** **75 a** **nahme unmittelbar an das Arbeitsamt** abgibt.[161] Es muß sich aber um die erste Stellungnahme des Betriebsrats handeln, nicht etwa um weitere Stellungnahmen i. S. d. Abs. 3 Satz 7 (oben Rn. 61). Trotzdem ist auch in diesem Fall vom Arbeitgeber der **Stand der Beratungen** mit dem Betriebsrat darzulegen, die nach Abs. 2 Satz 2 erforderlich sind; fehlt diese Angabe, so ist die Anzeige ebenfalls nicht wirksam.

Die Beifügung der Stellungnahme des Betriebsrats **entfällt** naturgemäß, **76** wenn es in dem betreffenden Betrieb keinen Betriebsrat gibt. In diesem Fall hat jedoch der Arbeitgeber in der Anzeige auf diesen Umstand hinzuweisen; anderenfalls wäre die Anzeige nach Sinn und Zweck des Gesetzes nicht wirksam.[162]

c) Die in § 17 Abs. 3 Satz 2 vorgeschriebene Stellungnahme des Betriebs- **77** rats ist **nicht identisch** mit der **Stellungnahme nach den §§ 3 und 4,** die der Kündigungsschutzklage beigefügt werden soll. Beide betreffen ganz verschiedene Tatbestände. Die erstere bezieht sich auf die Frage, ob die Entlassung einer größeren Zahl von Arbeitnehmern im Betriebsinteresse erforderlich ist und wie sich bei ihrer Durchführung Härten vermeiden lassen; bei

---

[159] BT-Drucks. 8/1041 S. 5; BR-Drucks. 400/77 S. 7 f. = RdA 1978, 36; *Marschall* DB 1978, 982; *Pulte* BB 1978, 1269.
[160] Ebenso ErfK/*Ascheid* § 17 KSchG Rn. 30 f.; *Bader/Dörner* § 17 Rn. 62; HK-KSchG/*Hauck* § 17 Rn. 34; **Löwisch** § 17 Rn. 46; *ders.* NJW 1978, 1237 f.; APS/*Moll* § 17 KSchG Rn. 120; *Pulte* BB 1978, 1269; KR-*Weigand* § 17 KSchG Rn. 96.
[161] Zutreffend LAG Hamm 6. 6. 1986, LAGE § 17 KSchG Nr. 2 gegen ArbG Rheine 16. 10. 1985, DB 1986, 387; ErfK/*Ascheid* § 17 Rn. 32; *Bader/Dörner* § 17 Rn. 62; HK-KSchG/*Hauck* § 17 Rn. 59; APS/*Moll* § 17 KSchG Rn. 113; KR-*Weigand* § 17 Rn. 91 a.
[162] Ebenso *Berscheid* AR-Blattei SD 1020.2 Rn. 207; HK-KSchG/*Hauck* § 17 Rn. 60; *Kittner/Däubler/Zwanziger* § 17 KSchG Rn. 49; HaKo/*Pfeiffer* § 17 Rn. 74; KR-*Weigand* § 17 KSchG Rn. 96; – abweichend *Bader/Dörner* § 17 Rn. 69; APS/*Moll* § 17 KSchG Rn. 122.

§ 17 78, 79   3. Abschnitt. Anzeigepflichtige Entlassungen

der letzteren kommt es darauf an, ob die Kündigung eines bestimmten einzelnen Arbeitnehmers für diesen eine soziale Härte darstellt. Es kann sehr wohl sein, daß der Betriebsrat die Notwendigkeit der anzeigepflichtigen Entlassungen bejaht, während er die Kündigung gerade dieses bestimmten Arbeitnehmers für sozial ungerechtfertigt ansieht. Es ist der entsprechende Unterschied wie betriebsverfassungsrechtlich derjenige zwischen §§ 92, 111, 112 BetrVG und § 102 BetrVG, die gleichfalls unabhängig voneinander anzuwenden sind (siehe auch oben Rn. 53, 55 ff.).[163]

78   d) Zu unterscheiden von der beizufügenden Stellungnahme des Betriebsrats ist schließlich die Pflicht des Arbeitgebers, nach Abs. 3 Satz 1 die **Abschrift der Mitteilung an den Betriebsrat** (dazu oben Rn. 47 c) gleichzeitig **dem Arbeitsamt** zuzuleiten. Diese Vorschrift wurde durch das 2. Änderungsgesetz zum KSchG vom 27. 4. 1978 eingefügt und hatte bis dahin kein Vorbild; sie beruht auf der Richtlinie des Rates der Europäischen Gemeinschaften (vgl. oben Rn. 1). Durch diese Mitteilung soll bereits im Vorfeld der anzeigepflichtigen Entlassungen, also vor Erstattung der Anzeige nach Abs. 1, eine frühzeitige Unterrichtung der Arbeitsverwaltung sichergestellt werden.[164] Die Regelung ist aus Systemgründen nicht ganz unbedenklich, weil damit die betriebsinterne Entscheidungsfindung Außenwirkung erhält,[165] zumal gerade durch die Beratung mit dem Betriebsrat ursprünglich geplante anzeigepflichtige Entlassungen wieder fallengelassen werden können und daher auch die Anzeigepflicht entfiele. Aus der ausdrücklichen und abschließenden Bestimmung in Abs. 3 Satz 2 und 3, daß grundsätzlich nur die nicht beigefügte Stellungnahme des Betriebsrats die Anzeige unwirksam macht (siehe oben Rn. 73), folgt, daß sich an die nicht zugeleitete Abschrift der Mitteilung an den Betriebsrat keine Rechtsfolge knüpft, insbesondere sich nicht die Unwirksamkeit der Anzeige ergibt.[166]

79   e) Die obigen Ausführungen (Rn. 73–78) gelten entsprechend, wenn sich unter den anzeigepflichtigen Entlassungen solche von leitenden Angestellten i. S. d. § 5 Abs. 3 BetrVG befinden, die nicht von § 17 Abs. 5 Nr. 3 erfaßt sind (dazu oben Rn. 8). Allerdings hat der Arbeitgeber dann in entsprechender Anwendung des Abs. 3 der Anzeige gegenüber dem Arbeitsamt die Stellungnahme des **Sprecherausschusses der leitenden Angestellten** beizufügen (dazu oben Rn. 46). Denn seit der Schaffung des SprAuG vom 20. 12. 1988[167] ist in § 17 eine Lücke entstanden, die wegen des Gesetzeszweckes entsprechend ausgefüllt werden muß.[168] Die Stellungnahme des Sprecherausschusses ist deshalb auch Wirksamkeitsvoraussetzung für die Anzeige des Arbeitgebers (dazu oben Rn. 74). Wegen der Trennung der beiden Betriebs-

---

[163] Anders zur früheren Rechtslage BAG 3. 10. 1963, AP Nr. 9 zu § 66 BetrVG mit abl. Anm. von *Herschel* AuR 1957, 220; *Nikisch* Bd. 3 S. 492 ff.
[164] BT-Drucks. 8/1041 S. 5; BR-Drucks. 400/77 S. 7 = RdA 1978, 36.
[165] Siehe dazu MünchArbR/*v. Hoyningen-Huene* § 300 Rn. 25.
[166] Ebenso APS/*Moll* § 17 KSchG Rn. 93; *G. Schmidt* AR-Blattei Kündigungsschutz II, C I; wohl auch BAG 24. 10. 1996, AP Nr. 8 zu § 17 KSchG 1969 unter B II 2 und 3 für jeden Fall, daß das Arbeitsamt den Entlassungen zugestimmt hat; dazu unten § 18 Rn. 5 ff.
[167] BGBl. I S. 2312.
[168] Ebenso *Rumler* S. 247 f.; – abweichend APS/*Moll* § 17 KSchG Rn. 114.

vertretungen Betriebsrat und Sprecherausschuß wirkt sich ein Mangel aber nur für die jeweilige Gruppe aus; die fehlende Stellungnahme des Sprecherausschusses beeinflußt also nicht die Wirksamkeit der Anzeige hinsichtlich der nichtleitenden Arbeitnehmer.[169]

6. Zeitpunkt

Die Anzeige ist **vor der Entlassung** zu erstatten. Unter Entlassung ist auch hier die tatsächliche Beendigung des Arbeitsverhältnisses zu verstehen (vgl. oben Rn. 15 und 37). Es ist also nicht notwendig, daß die Anzeige vor dem Ausspruch der Kündigung (Kündigungserklärung) erfolgt.[170] Im Gegenteil wird bei langen Kündigungsfristen die Anzeige aus Zweckmäßigkeitsgründen erst später zu erstatten sein, damit die Entlassung selbst in die Freifrist (vgl. § 18 Rn. 25 f.) fällt.

Im Gegensatz zu § 111 BetrVG, wo auf eine einheitliche Gesamtplanung des Arbeitgebers abgestellt wird, genügt bei **stufenweisen Entlassungen** im Rahmen einer sich länger hinziehenden Betriebseinschränkung (vgl. oben Rn. 13 und 57) nicht eine einzige Anzeige.[171] Ist bei den anzeigepflichtigen Entlassungen wegen der Regelung des § 17 Abs. 1 a. E. stets von einer erneuten Anzeigepflicht nach Ablauf von 30 Kalendertagen auszugehen (vgl. oben Rn. 35).[172] Dieser Zeitrahmen kann sich aber bis zu drei Monate hinausschieben, wenn die Sperrfrist nach § 18 Abs. 2 verlängert worden ist (vgl. unten § 18 Rn. 4 f.) und die Entlassungen anschließend innerhalb der Freifrist gemäß § 18 Abs. 4 durchgeführt werden (vgl. unten § 18 Rn. 25 f.). Freilich bleibt es dem Entscheidungsträger nach § 20 unbenommen, aus praktischen Gründen bereits bei der ersten Anzeige den gesamten Entlassungskomplex gemeinsam zu beraten und die Haltung des Entscheidungsträgers hinsichtlich der weiteren Anzeigen darzulegen (vgl. unten § 20 Rn. 12 ff.). Zur nachträglichen Entstehung der Anzeigepflicht bei stufenweisen Entlassungen siehe unten § 18 Rn. 9, 35 ff.

7. Vorsorgliche Anzeigen

Wenn der Arbeitgeber bei wirtschaftlich ungeklärter Lage die Notwendigkeit von Entlassungen nicht sicher voraussehen kann, so kann er die Anzeige auch **vorsorglich** erstatten. Auch eine solche „Vorratsanzeige" setzt die Sperrfrist in Lauf.[173] Es würde aber dem Zweck des Gesetzes widerspre-

---

[169] Abweichend *Rumler* S. 248.
[170] Vgl. BAG 25. 5. 1960, AP Nr. 6 zu § 15 KSchG; BAG 31. 7. 1986 und 24. 10. 1996, AP Nr. 5 und 8 zu § 17 KSchG 1969; ErfK/*Ascheid* § 17 KSchG Rn. 34; Bader/*Dörner* § 17 Rn. 59; *Berscheid* AR-Blattei SD 1020.2 Rn. 218; HK-KSchG/*Hauck* § 17 Rn. 61; *Löwisch* § 17 Rn. 50; APS/*Moll* § 17 KSchG Rn. 124; HaKo/*Pfeiffer* § 17 Rn. 62; *Schaub* § 142 Rn. 25; KR-*Weigand* § 17 KSchG Rn. 75; *Wißmann* RdA 1998, 225.
[171] Vgl. BAG 6. 6. 1978, AP Nr. 2 zu § 111 BetrVG 1972; BAG 22. 5. 1979, DB 1979, 1751.
[172] ErfK/*Ascheid* § 17 KSchG Rn. 34; Bader/*Dörner* § 17 Rn. 59; *Berscheid* AR-Blattei SD 1020.2 Rn. 219; HK-KSchG/*Hauck* § 17 Rn. 62 f.; APS/*Moll* § 17 KSchG Rn. 125; HaKo/*Pfeiffer* § 17 Rn. 63; KR-*Weigand* § 17 KSchG Rn. 76.
[173] H. M.; vgl. BAG 3. 10. 1963, AP Nr. 9 zu § 15 KSchG unter 4a a. E.; ErfK/*Ascheid* § 17 KSchG Rn. 35; *Berscheid* AR-Blattei SD 1020.2 Rn. 223; HK-KSchG/*Hauck* § 17

§ 18   3. Abschnitt. Anzeigepflichtige Entlassungen

chen, wenn ohne besonderen Anlaß solche Anzeigen erstattet würden, nur um für alle Fälle freie Hand zu haben;[174] derartige Anzeigen verstießen gegen den Rechtsgedanken des § 242 BGB und wären unwirksam. Vorsorgliche Anzeigen verlieren aber in jedem Fall wegen der Freifrist des § 18 Abs. 4 im Zusammenhang mit der Sperrfrist nach § 18 Abs. 1 und 2 spätestens nach drei Monaten ihre Wirkung.[175]

8. Zurücknahme

83 Eine Zurücknahme der Anzeige ist **jederzeit zulässig**.[176] Die Wirkungen der Anzeige werden dadurch wieder beseitigt. Ein besonderes Interesse an einer derartigen Zurücknahme besteht allerdings heute für den Arbeitgeber nicht mehr, da mit der Anzeige für ihn keine nachteiligen Folgen entstehen.

9. Wirkung der Anzeige

84 Die Anzeige einer beabsichtigten Massenentlassung setzt die Sperrfrist des § 18 in Lauf, innerhalb derer Entlassungen nur mit Zustimmung des Arbeitsamtes erfolgen können. Fehlt die Anzeige oder ist sie unwirksam, können Entlassungen nicht wirksam werden. Einzelheiten in den Erläuterungen zu § 18.

§ 18 Entlassungssperre

(1) **Entlassungen, die nach § 17 anzuzeigen sind, werden vor Ablauf eines Monats nach Eingang der Anzeige beim Arbeitsamt nur mit dessen Zustimmung wirksam; die Zustimmung kann auch rückwirkend bis zum Tage der Antragstellung erteilt werden.**

(2) **Das Arbeitsamt kann im Einzelfall bestimmen, daß die Entlassungen nicht vor Ablauf von längstens zwei Monaten nach Eingang der Anzeige wirksam werden.**

(3) *(aufgehoben)*

(4) **Soweit die Entlassungen nicht innerhalb von 90 Tagen nach dem Zeitpunkt, zu dem sie nach den Absätzen 1 und 2 zulässig sind, durchgeführt werden, bedarf es unter den Voraussetzungen des § 17 Abs. 1 einer erneuten Anzeige.**

Schrifttum: Siehe die Angaben bei den Vorbem. zu §§ 17 ff.

Rn. 64; *Löwisch* § 17 Rn. 51; APS/*Moll* § 17 KSchG Rn. 127; HaKo/*Pfeiffer* § 17 Rn. 64; *Schaub* § 142 Rn. 29; KR-*Weigand* § 17 KSchG Rn. 78.
[174] *Hueck* Lehrb. S. 696; – abweichend APS/*Moll* § 17 KSchG Rn. 127.
[175] Ebenso HK-KSchG/*Hauck* § 17 Rn. 64; *Löwisch* § 17 Rn. 52.
[176] Ebenso ErfK/*Ascheid* § 17 KSchG Rn. 35; *Bader/Dörner* § 17 Rn. 60; *Berscheid* AR-Blattei SD 1020.2 Rn. 225; HK-KSchG/*Hauck* § 17 Rn. 65; *Kittner/Däubler/Zwanziger* § 17 KSchG Rn. 51; *Löwisch* § 17 Rn. 52; APS/*Moll* § 17 KSchG Rn. 128; *Schaub* § 142 Rn. 29; KR-*Weigand* § 17 KSchG Rn. 79.

Entlassungssperre 1, 2 § 18

Übersicht

	Rn.
Vorbemerkung	1
I. Grundgedanke	2
II. Rechtslage bei erfolgter Anzeige	3
1. Sperrfrist, Abs. 1	3
2. Verlängerung der Frist, Abs. 2	4
3. Zustimmung des Arbeitsamtes	5
a) Rechtsnatur der Zustimmung	6
b) Wirksamkeit der Zustimmung und Entlassung	7
c) Rückwirkung	8
d) Sonstige Erfordernisse der Kündigung	13
e) Erteilung unter Bedingungen	14
f) Negativattest	15
g) fehlerhafte Anzeigen	16
h) Anzeigepflicht nach dem ehem. § 8 AFG	17
4. Entlassungen während der Sperrfrist	18
5. Entlassungen nach Ablauf der Sperrfrist	20
6. Freifrist, Abs. 4	23
III. Rechtswirkungen bei unterlassener Anzeige	25
1. Einfluß auf die Kündigungen	25
a) Unwirksamkeit der Entlassungen?	25
b) Unwirksamkeit der Kündigung	27
c) Berufung des Arbeitnehmers auf die Unwirksamkeit	28
d) Wahlrecht des Arbeitnehmers	31
e) Nachholen der Anzeige	33
2. Betroffene Entlassungen	34
3. Rechtsfolge der Unwirksamkeit	38
4. Geltendmachung der Unwirksamkeit	39

Vorbemerkung

Abs. 3 des § 18 ist durch § 248 AFG vom 25. 6. 1969 eingefügt worden **1** und galt bis zum 31. 12. 1997 (näheres unten Rn. 16 ff.). Gemäß dem Einigungsvertrag vom 31. 8. 1990 i. V. m. Anlage I, Kap. VIII, Sachgebiet A, Abschnitt III Nr. 6b (BGBl. II S. 889) galt § 18 ab 3. 10. 1990 im Gebiet der ehemaligen DDR („neue Bundesländer") mit der Maßgabe, daß bis zur Bildung der Landesarbeitsämter die damalige Zuständigkeit des Landesarbeitsamtes durch die zentrale Arbeitsverwaltung wahrzunehmen war. Durch Art. 50 AFRG vom 24. 3. 1997 (BGBl. I S. 594) wurde § 18 mit Wirkung vom 1. 1. 1998 geändert (dazu oben Vorbem. zu §§ 17 ff. Rn. 5 b); die Zuständigkeit des Landesarbeitsamtes für Entscheidungen wurde auf das Arbeitsamt verlagert (Abs. 1 und 2); Abs. 3 wurde wegen Wegfalls von § 8 AFG aufgehoben (s. o.). In Abs. 4 wurde die Freifrist von einem Monat auf 90 Tage ausgedehnt[1] (dazu unten Rn. 25 f.).

I. Grundgedanke

Die §§ 18 und 19 regeln die Rechtslage, die eintritt, wenn der Arbeitge- **2** ber die geplanten Entlassungen dem Arbeitsamt **angezeigt** hat. Mittelbar ergeben sich daraus zugleich die Folgen einer Unterlassung der Anzeige. Diese

---

[1] Zur Neuregelung siehe *Ermer* NJW 1998, 1288.

sind deshalb in diesem Zusammenhang mitzubehandeln. Der **Zweck** der in § 18 geregelten, zeitlich begrenzten **Sperrfrist** liegt allein im öffentlichen Interesse, auch wenn sich vorteilhafte Auswirkungen als Reflex für den einzelnen Arbeitnehmer ergeben können.[2] § 18 ist keine Schutzvorschrift für das Arbeitsamt zur Vermeidung von Leistungen an Arbeitslose.[3]

II. Rechtslage bei erfolgter Anzeige

1. Sperrfrist, Abs. 1

3 Die Anzeige beim Arbeitsamt setzt gemäß Abs. 1 eine Sperrfrist in Lauf. Innerhalb dieser Sperrfrist werden Entlassungen nur mit dessen Zustimmung wirksam; nach Ablauf der Sperrfrist können Entlassungen ohne weiteres vorgenommen werden (dazu unten Rn. 22). Die Frist **beginnt** mit dem Eingang der ordnungsgemäßen Anzeige (einschließlich der Stellungnahme des Betriebsrats, dazu § 17 Rn. 63 ff.) beim zuständigen Arbeitsamt, nicht etwa schon mit der Absendung der Anzeige (§ 130 Abs. 3 BGB), und beträgt in der Regel einen Monat. Gemäß § 26 SGB X i.V. m. §§ 187, 188 BGB **endet** sie mit dem Ablauf desjenigen Tages des folgenden Monats, der durch seine Zahl dem Tage entspricht, an dem die Anzeige beim Arbeitsamt einging.[4]

3 a Geht die Anzeige bei einem **unzuständigen Arbeitsamt** ein (zur besonderen Zuständigkeit der Hauptstelle der Bundesanstalt für Arbeit siehe § 21), so läuft die Sperrfrist erst mit erfolgter Weitergabe an das zuständige Amt (vgl. oben § 17 Rn. 71).[5] Das folgt aus dem allgemeinen Grundsatz, daß regelmäßig nur die zuständige Behörde entscheiden kann.[6] Deshalb kann der Auffassung, daß die Frist bei Einreichung der Anzeige beim unzuständigen Arbeitsamt schon zu laufen beginne,[7] nicht gefolgt werden, zumal eine Rechtsgrundlage nicht ersichtlich ist. Insbesondere ist nicht § 16 Abs. 2 SGB I einschlägig, wonach ein Antrag als zu dem Zeitpunkt gestellt gilt, in dem er auch bei dem unzuständigen Leistungsträger eingegangen ist. Denn diese Regelung bezieht sich nur auf Sozialleistungen i. S. d. § 11 SGB I, nicht aber auf andere Verwaltungshandlungen.[8]

2. Verlängerung der Frist, Abs. 2

4 Das Arbeitsamt kann nach Abs. 2 die Frist verlängern, aber nicht über die Dauer von 2 Monaten hinaus, die vom Eingang der Anzeige läuft. Eine

---

[2] Vgl. ErfK/*Ascheid* § 18 KSchG Rn. 1; *Backmeister/Trittin* § 18 Rn. 2; *Bader/Dörner* § 18 Rn. 1; *Kittner/Däubler/Zwanziger* § 18 KSchG Rn. 2; KR-*Weigand* § 18 KSchG Rn. 4.
[3] Bayerisches LSG 8. 8. 1985, NZA 1986, 654 f.; APS/*Moll* § 18 KSchG Rn. 3.
[4] ErfK/*Ascheid* § 18 KSchG Rn. 5; *Backmeister/Trittin* § 18 Rn. 4; *Bader/Dörner* § 18 Rn. 5; APS/*Moll* § 18 KSchG Rn. 6; KR-*Weigand* § 18 KSchG Rn. 6, 8.
[5] Ebenso ErfK/*Ascheid* § 18 KSchG Rn. 5; *Berscheid* AR-Blattei SD 1020.2 Rn. 231; HK-KSchG/*Hauck* § 18 Rn. 5 a; APS/*Moll* § 18 KSchG Rn. 8; HaKo/*Pfeiffer* § 18 Rn. 4; KR-*Weigand* § 18 KSchG Rn. 7.
[6] Vgl. § 2 SGB X; *Wallerath*, Sozialrechtshandbuch, 2. Aufl. 1996, B 12, Rn. 23 f.
[7] So insbesondere *Löwisch* § 18 Rn. 2.
[8] Vgl. BSG 16. 3. 1983, SozR 1200 § 16 Nr. 7; BSG 19. 3. 1986, E 60, 44, 47; *Bader/Dörner* § 17 Rn. 54; *Hauck/Haines* SGB I, Stand März 1998, § 16 Rn. 8; *Schnapp*, Bochumer Kommentar SGB-AT, 1979, § 16 Rn. 1.

Mindestgrenze ist nicht gesetzt, so daß das Arbeitsamt nach seinem Ermessen die Frist von einem Monat auch um eine kürzere Zeit, also etwa auf 6 Wochen verlängern kann. Die Verlängerung kann **nur für den einzelnen Fall** erfolgen, setzt also eine Prüfung der individuellen Verhältnisse gerade dieses Betriebes voraus; sie darf nicht generell für alle Betriebe des Bezirks oder für bestimmte Arten von Betrieben angeordnet werden.[9] Die Mitteilung über die Verlängerung muß vor Ablauf der Monatsfrist dem Arbeitgeber zugehen; geschieht das nicht, so ist die Entlassungssperre abgelaufen, was vom Arbeitsamt nicht mehr rückgängig gemacht werden kann. Die Verlängerung muß erforderlich sein, um die Zwecke der §§ 17ff. (vgl. Vorbem. Rn. 6f. vor §§ 17ff.) zu erreichen; dagegen darf sie nicht lediglich deshalb erfolgen, um den Arbeitnehmern noch für einen weiteren Monat den Lohn zu sichern und um dadurch die Arbeitslosenversicherung zu entlasten.[10] – Zur Entscheidungsfindung siehe unten § 20 Rn. 18ff.

3. Zustimmung des Arbeitsamtes

Innerhalb der Sperrfrist ist eine Entlassung nur mit Zustimmung des Arbeitsamtes zulässig. Sie bedarf eines **Antrags** des Arbeitgebers, der bereits in der Anzeige nach § 17 zu sehen sein kann, insbesondere wenn die Begründung zu dieser Auslegung berechtigt;[11] siehe dazu unten § 20 Rn. 17. 5

a) Die Zustimmung des Arbeitsamtes ist eine behördliche Maßnahme (begünstigender **Verwaltungsakt**), von der die privatrechtliche Wirksamkeit der Kündigung des Arbeitgebers abhängig gemacht ist. Ihre Gültigkeit unterliegt trotz dieser privatrechtlichen Bedeutung lediglich den Normen des Verwaltungsrechts. Eine inhaltliche Nachprüfung durch das Arbeitsgericht ist deshalb nicht möglich; wohl aber kann nach §§ 51ff. SGG Klage vor den Sozialgerichten erhoben werden (dazu bereits oben Vorbem. Rn. 18 vor §§ 17ff.; ausführlich unten § 20 Rn. 26ff.).[12] 6

b) Die Zustimmung wird an sich in dem Zeitpunkt wirksam, in dem sie dem Arbeitgeber bekannt gemacht wird (§ 37 SGB X). Von diesem Zeitpunkt an ist deshalb ein Widerruf durch das Arbeitsamt unzulässig (§ 45 SGB X mit bestimmten Ausnahmen). Trotzdem kann die **Wirksamkeit der Entlassung** dem Arbeitnehmer gegenüber erst eintreten, wenn ihm, sei es vom Arbeitsamt, sei es vom Arbeitgeber, die Zustimmung mitgeteilt wird. Wenn das auch im Gesetz selbst nicht ausdrücklich gesagt ist, so ergibt es 7

---

[9] ErfK/*Ascheid* § 18 KSchG Rn. 9; *Löwisch* § 18 Rn. 5; APS/*Moll* § 18 KSchG Rn. 31; HaKo/*Pfeiffer* § 18 Rn. 6; KR-*Weigand* § 18 KSchG Rn. 21 f.
[10] Vgl. BSGE 46, 99; LSG München NJW 1977, 1255; Bayer. LSG NZA 1986, 654; ErfK/ *Ascheid* § 18 KSchG Rn. 10; *Bader/Dörner* § 18 Rn. 16; *Berscheid* AR-Blattei SD 1020.2 Rn. 238; *Kittner/Däubler/Zwanziger* § 18 KSchG Rn. 14; *Löwisch* § 18 Rn. 5; KR-*Weigand* § 18 KSchG Rn. 24.
[11] Ebenso Präsident der Bundesanstalt ANBA 1953 Nr. 1 S. 6; *Bader/Dörner* § 18 Rn. 7; HK-KSchG/*Hauck* § 18 Rn. 7; *Löwisch* § 18 Rn. 6; – abweichend ErfK/*Ascheid* § 18 KSchG Rn. 6; *Berscheid* AR-Blattei SD 1020.2 Rn. 234; *Kittner/Däubler/Zwanziger* § 18 KSchG Rn. 5; APS/*Moll* § 18 KSchG Rn. 13; HaKo/*Pfeiffer* § 18 Rn. 7 und KR-*Weigand* § 18 KSchG Rn. 11, die einen gesonderten Antrag verlangen, zumindest teilweise empfehlen.
[12] Siehe auch *Bader/Dörner* § 18 Rn. 9; HK-KSchG/*Hauck* § 18 Rn. 14.

sich doch daraus, daß es unbillig wäre, eine Beendigung des Arbeitsverhältnisses eintreten zu lassen, ohne daß der Arbeitnehmer als Betroffener davon Kenntnis erhielte oder auch nur die Möglichkeit hätte, diese Kenntnis zu erlangen. Es ist Sache des Arbeitgebers, ihm unverzüglich die Zustimmung mitzuteilen. Solange der Arbeitgeber das nicht tut, kann er sich nach Treu und Glauben auf die Zustimmung nicht berufen.[13]

8   c) Nach § 18 Abs. 1 Hs. 2 kann das Arbeitsamt die Zustimmung auch mit **Rückwirkung** erteilen (vgl. aber unten Rn. 10).[14] Doch kann die Rückwirkung entsprechend einem Wunsche der Sozialpartner im Gesetzgebungsverfahren[15] nur bis zu dem Tage der Antragstellung ausgedehnt werden, d. h. bis zum Tage der Erstattung der Anzeige nach § 17, wenn darin im Wege der Auslegung ein Antrag auf Genehmigung der Entlassungen erblickt werden kann (siehe oben Rn. 5), andernfalls nur bis zu dem Tage, an dem ein besonderer Antrag beim Arbeitsamt gestellt worden ist.[16]

9   Bei **stufenweisen Entlassungen,** bei der frühere, zunächst wirksame Entlassungen nur dadurch unwirksam geworden sind, daß innerhalb der Frist von 30 Kalendertagen infolge weiterer Entlassungen die Zahl der nach § 17 Abs. 1 anzeigepflichtigen Entlassungen erreicht worden ist (vgl. unten Rn. 35 ff.) und bei der deshalb erst bei Ausspruch der späteren Kündigungen der Antrag auf Zustimmung gestellt wird, wirkt diese, sofern sie überhaupt rückwirkend erteilt wird, ausnahmsweise – trotz entgegenstehendem Wortlaut, aber gemäß der ratio legis – auf den Zeitpunkt der früheren Entlassungen zurück. In diesem Fall sind die späteren Entlassungen nunmehr als wirksam anzusehen, weil unabhängig von ihrer Wirksamkeit auch die früheren Entlassungen hätten wirksam vorgenommen werden können.[17]

10   Das Arbeitsamt kann aber die **Rückwirkung ausschließen,** ja sogar die Entlassungen erst von einem in der Zukunft liegenden Zeitpunkt an für zulässig erklären. Trifft es keine ausdrückliche Bestimmung, so wirkt die Zustimmung vom Zeitpunkt ihrer Erteilung an. Es tritt also im Gegensatz zu § 184 Abs. 1 BGB keine automatische Rückwirkung ein. § 184 BGB ist, da es sich nicht um eine privatrechtliche Erklärung handelt, nicht direkt anwendbar, und seine analoge Anwendung würde dem Zweck des Gesetzes nicht entsprechen, da die Entlassungen grundsätzlich erst nach Prüfung durch das Arbeitsamt erfolgen sollen. Dafür spricht auch, daß § 18 Abs. 1 Hs. 2 für die Rückwirkung eine besondere Bestimmung vorsieht.[18]

---

[13] Ebenso ErfK/*Ascheid* § 18 KSchG Rn. 6; HK-KSchG/*Hauck* § 18 Rn. 9; *Kittner/Däubler/Zwanziger* § 18 KSchG Rn. 7; *Löwisch* § 18 Rn. 8; HaKo/*Pfeiffer* § 18 Rn. 8; KR-*Weigand* § 18 KSchG Rn. 13; – abweichend *Bader/Dörner* § 18 Rn. 12; *Berscheid* AR-Blattei SD 1020.2 Rn. 237; APS/*Moll* § 18 KSchG Rn. 18.
[14] Siehe zu möglichen Fällen KR-*Weigand* § 18 KSchG Rn. 14 ff.
[15] Vgl. RdA 1951, 65.
[16] BSG 5. 12. 1978, DB 1979, 1283; *Bader/Dörner* § 18 Rn. 11; *Kittner/Däubler/Zwanziger* § 18 KSchG Rn. 8; *Löwisch* § 18 Rn. 7; APS/*Moll* § 18 KSchG Rn. 20; KR-*Weigand* § 18 KSchG Rn. 14.
[17] Ebenso *Bader/Dörner* § 18 Rn. 11; *Falkenroth* BB 1956, 1111; HK-KSchG/*Hauck* § 18 Rn. 11; *Löwisch* § 17 Rn. 35, § 18 Rn. 7; *G. Schmidt* AR-Blattei Kündigungsschutz II, B II 5 a. E.; – abweichend *Kittner/Däubler/Zwanziger* § 18 Rn. 11; APS/*Moll* § 18 KSchG Rn. 21; HaKo/*Pfeiffer* § 18 Rn. 10; KR-*Weigand* § 18 KSchG Rn. 18.
[18] Vgl. *Hueck* Lehrb. S. 699 Fn. 30.

Die Erteilung der Zustimmung mit Rückwirkung spielt insbesondere **im** 11 **Baugewerbe** eine Rolle. Hier können namentlich bei öffentlich finanzierten Bauvorhaben Entlassungen durch unvorhergesehene Stillegungen erforderlich werden, weil die Bereitstellung öffentlicher Mittel versagt wird.[19] In diesen Fällen kann der Entscheidungsträger (§ 20 Abs. 1) ein vereinfachtes Verfahren zulassen.[20] – Früher fand bei Entlassungen auf Baustellen aus Witterungsgründen der Kündigungsschutz des 3. Abschnittes nach § 21 Abs. 3 a. F. überhaupt keine Anwendung. § 21 Abs. 3 a. F. ist aber durch Gesetz vom 7. 12. 1959 aufgehoben worden.

Die Rückwirkung tritt nur ein, wenn die **sonstigen Voraussetzungen** 12 **für die Entlassungen** vorliegen, insbesondere also die Kündigungsfrist abgelaufen ist. Eine Rückwirkung ist nicht möglich, wenn trotz Ablaufens der Kündigungsfrist das Arbeitsverhältnis tatsächlich bis zur Erteilung der Genehmigung fortgesetzt worden ist.[21] Dagegen geht, wenn die tatsächliche Entlassung schon stattgefunden hatte, im Falle der mit Rückwirkung erteilten Zustimmung der an sich auf Grund des § 615 BGB bestehende Lohnanspruch rückwirkend unter. Eine auf Grund des § 615 BGB schon erfolgte Zahlung kann dann als ungerechtfertigte Bereicherung (§§ 812 ff. BGB) zurückgefordert werden.[22]

d) Die Zustimmung beseitigt lediglich ein Hindernis für die Entlassung, 13 befreit den Arbeitgeber aber nicht von **den sonstigen Erfordernissen der Kündigung**.[23] Diese darf also nicht vertraglich ausgeschlossen sein; es muß die vertragliche, tarifliche oder gesetzliche Kündigungsfrist eingehalten werden, der Betriebsrat muß nach § 102 BetrVG angehört worden sein, und es finden auch die sonstigen Kündigungsbeschränkungen Anwendung. Insbesondere ist bei Schwerbehinderten die Zustimmung des Integrationsamtes erforderlich (§ 85 SGB IX), und nach § 15 geschützte Personen können trotz der Genehmigung nur unter den besonderen Voraussetzungen dieser Bestimmung entlassen werden. Daß auch der Kündigungsschutz der §§ 1 ff. bestehen bleibt, ist in Vorbem. zu §§ 17 ff. Rn. 10 f. schon hervorgehoben worden.

e) Das Arbeitsamt kann die Zustimmung auch **unter bestimmten Be-** 14 **dingungen erteilen** (vgl. § 32 SGB X). So kann sie auch nur für einen Teil der Entlassungen erteilt werden. Das Arbeitsamt kann die Zustimmung von besonderen Auflagen, z. B. der Zahlung einer Abfindung, abhängig machen.[24] Der Arbeitgeber wird aber dadurch nicht zur Zahlung der Abfindung

---

[19] Vgl. Begründung zum Regierungsentwurf, RdA 1951, 65; KR-*Weigand* § 18 KSchG Rn. 16.
[20] DA KSchG der BA; APS/*Moll* § 18 KSchG Rn. 28 f.; KR-*Weigand* § 18 Rn. 16 a.
[21] Ebenso *Kittner/Däubler/Zwanziger* § 18 KSchG Rn. 10; APS/*Moll* § 18 KSchG Rn. 23; KR-*Weigand* § 18 KSchG Rn. 19.
[22] Vgl. *Hueck* Lehrb. S. 700; *Kittner/Däubler/Zwanziger* § 18 KSchG Rn. 9; APS/*Moll* § 18 KSchG Rn. 26; G. *Schmidt* AR-Blattei Kündigungsschutz II, B II 5 a. E.; KR-*Weigand* § 18 KSchG Rn. 20.
[23] Ebenso ErfK/*Ascheid* § 18 KSchG Rn. 7; HK-KSchG/*Hauck* § 18 Rn. 12; *Kittner/ Däubler/Zwanziger* § 18 KSchG Rn. 8.
[24] Ebenso ErfK/*Ascheid* § 18 KSchG Rn. 10; HK-KSchG/*Hauck* § 18 Rn. 12; *Kittner/ Däubler/Zwanziger* § 18 KSchG Rn. 13; *Löwisch* § 18 Rn. 6; APS/*Moll* § 18 KSchG Rn. 24; *Schaub* § 142 Rn. 36; G. *Schmidt* AR-Blattei Kündigungsschutz II, D II; KR-*Weigand* § 18

§ 18 15, 16   3. Abschnitt. Anzeigepflichtige Entlassungen

unbedingt verpflichtet, sondern kann, indem er die Entlassung bis zum Ablauf der Sperrfrist hinausschiebt, die Zahlungspflicht vermeiden.[25] Das gleiche gilt für die Bedingung, daß der Arbeitgeber sich zur **Wiedereinstellung verpflichtet,** sobald Arbeitsbedarf eintritt.[26] Der Arbeitgeber hat dann die Wahl, den Arbeitnehmer sofort unter Übernahme einer solchen Verpflichtung zu entlassen oder die Entlassung ohne eine solche Verpflichtung, dann aber erst mit Ablauf der Sperrfrist vorzunehmen.[27] Dagegen kann das Arbeitsamt nicht von sich aus eine Wiedereinstellungspflicht festsetzen.[28] Unzulässig sind solche Bedingungen, die eine mit dem Wesen der Kündigung nicht verträgliche Unsicherheit über die Wirkung der Kündigung herbeiführen.[29]

15 f) Teilt das Arbeitsamt dem Arbeitgeber mit, daß es die Zustimmung nicht für notwendig erachte **(Negativattest),** weil die Voraussetzungen des § 17 nicht vorlägen, so wirkt eine solche Mitteilung wie eine Zustimmung, auch wenn in Wahrheit der Tatbestand des § 17 doch gegeben war.[30] Der Arbeitgeber muß sich darauf verlassen können, daß er, ohne sich Ansprüchen des Entlassenen auszusetzen, die beabsichtigte, ordnungsgemäß angezeigte Entlassung vornehmen kann. Eine entsprechende Auskunft oder Äußerung einer **unzuständigen Stelle** (z. B. Sachbearbeiter) des Arbeitsamtes hat diese Wirkung dagegen nicht. Entgegen früherer Rechtslage muß aber heute die Auskunft des Direktors des Arbeitsamtes wegen § 20 Abs. 1 als ausreichend angesehen werden.[31]

16 g) Die Zustimmung des Arbeitsamtes nach § 18 Abs. 1 zu den beabsichtigten Entlassungen kann u. U. eine **fehlerhafte Anzeige** heilen.[32] Durch den bestandskräftigen Verwaltungsakt hat das Arbeitsamt inzident festgestellt, daß eine wirksame Anzeige vorlag.[33] Das gilt aber nur für Fehler der Anzeige, die nicht nach § 17 Abs. 2 und 3 zur Unwirksamkeit der Anzeige führen (dazu oben § 17 Rn. 70, 73), z. B. sogenannte Soll-Angaben in der Anzeige (oben

---

KSchG Rn. 26; – abweichend *Bader/Dörner* § 18 Rn. 13; *Berscheid* AR-Blattei SD 1020.2 Rn. 243.
[25] Ebenso ErfK/*Ascheid* § 18 KSchG Rn. 10; *Kittner/Däubler/Zwanziger* § 18 KSchG Rn. 13; *Löwisch* § 18 Rn. 6; KR-*Weigand* § 18 KSchG Rn. 27.
[26] Dazu allgemein *Hambitzer,* Der Wiedereinstellungsanspruch des Arbeitnehmers nach wirksamer Kündigung, Diss. Bonn 1987.
[27] Ebenso *Berscheid* AR-Blattei SD 1020.2 Rn. 247; – kritisch APS/*Moll* § 18 KSchG Rn. 25.
[28] Vgl. RAG 27, 119 mit Anm. *Dersch* = JW 1936, 1232 mit Anm. *A. Hueck; Herschel/ Löwisch* § 20 Rn. 15; *Hueck* Lehrb. S. 700.
[29] Vgl. *Hueck* Lehrb. S. 548 ff., 700, 779 Fn. 14 m. w. N.; *Nikisch* S. 845 Fn. 25.
[30] Vgl. RAGE 13, 34; BAG 21. 5. 1970, AP Nr. 11 zu § 15 KSchG unter II, 2 a. E.; BAG 6. 12. 1973, AP Nr. 1 zu § 17 KSchG 1969 unter III b mit zust. Anm. *G. Hueck; Bader/ Dörner* § 18 Rn. 14; HK-KSchG/*Hauck* § 18 Rn. 18 f.; *Kittner/Däubler/Zwanziger* § 18 KSchG Rn. 20; *Löwisch* § 18 Rn. 9; APS/*Moll* § 18 KSchG Rn. 27; HaKo/*Pfeiffer* § 18 Rn. 13; *Schaub* § 142 Rn. 39; KR-*Weigand* § 18 KSchG Rn. 29; – abweichend *Gumpert* BB 1953, 708. – Zu einem zutreffenden Negativattest BAG 13. 11. 1996, AP Nr. 4 zu § 620 BGB Aufhebungsvertrag unter II 1 b.
[31] So schon früher LAG München 25. 11. 1992, DB 1993, 2136; – abweichend HaKo/*Pfeiffer* § 18 Rn. 13.
[32] So BAG 24. 10. 1996, AP Nr. 8 zu § 17 KSchG 1969; dazu, aber teilweise kritisch *Bader/Dörner* § 17 Rn. 66 ff., 72; KR-*Weigand* § 17 KSchG Rn. 101.
[33] BAG 11. 3. 1998, NZA 1998, 881; ebenso HK-KSchG/*Hauck* § 18 Rn. 13.

Entlassungssperre 17–20 § 18

§ 17 Rn. 72) oder andere leichtere Mängel bei der Mitwirkung des Betriebsrats (oben § 17 Rn. 49, 78). Hat der Arbeitgeber wesentliche Verfahrensvorschriften nicht beachtet, verdient er auch bei einer günstigen Entscheidung des Arbeitsamtes keinen Vertrauensschutz.[34]

h) Die Prüfungspflicht des Entscheidungsträgers nach **Abs. 3**, ob der Arbeitgeber eine Anzeige nach **§ 8 AFG** erstattet hat, ist mit Wirkung vom 1. 1. 1998 **aufgehoben** worden (siehe oben Rn. 1; zur früheren Rechtslage vgl. 12. Aufl. § 18 Rn. 16 ff.). 17

4. Entlassungen während der Sperrfrist

Besteht die Sperrfrist, so dürfen **Entlassungen** während dieses Zeitraums **nicht vorgenommen** werden; die Kündigungen können nicht wirksam werden (siehe dazu unten Rn. 27 ff.). Fällt aber der Kündigungstermin in die Sperrfrist, so kann die Kündigung erst mit dem Ablauf der Sperrfrist wirksam werden (siehe auch unten Rn. 22).[35] 18

Trotz erfolgter Anzeige sind **Entlassungen während der Sperrzeit zulässig,** wenn ihre Gesamtzahl unter der in § 17 Abs. 1 genannten Mindestzahl bleibt. Der Arbeitgeber kann also, wenn er die Genehmigung zu größeren Entlassungen nicht erhält, durch entsprechende Beschränkung der Kündigungen die Entlassungen einer die Freigrenze nicht überschreitenden Zahl von Arbeitnehmern ermöglichen.[36] Daß er in einem solchen Fall seine Anzeige zurückzieht, ist nicht unbedingt nötig; er kann an ihrer Aufrechterhaltung ein Interesse haben, um die Entlassung der übrigen Arbeitnehmer nach Ablauf der Sperrfrist durchführen zu können. 19

5. Entlassungen nach Ablauf der Sperrfrist

Mit Ablauf der Sperrfrist können Entlassungen beliebig vorgenommen werden. Es müssen aber auch hier die **sonstigen Voraussetzungen für die Kündigung** vorliegen, insbesondere muß die gesetzliche, tarifliche oder vertragliche Kündigungsfrist eingehalten werden[37] und der Betriebsrat nach § 102 BetrVG vor der Kündigung gehört worden sein. War die Kündigung schon vorher ausgesprochen, der Ablauf der Kündigungsfrist aber durch die Sperrfrist gehemmt, so wird die Kündigung mit Ablauf der Frist ohne weiteres wirksam; die Beendigung des Arbeitsverhältnisses und der Ablauf der Sperrfrist fallen im gleichen Zeitpunkt zusammen, und nicht erst zum nächsten Kündigungstermin.[38] Ebenso kann die Kündigung während der 20

---

[34] LAG Hamm LAGE § 17 KSchG Nr. 2; *Zwanziger* NJW 1995, 920.
[35] Ebenso *Hueck* Lehrb. S. 700.
[36] Vgl. BAG 25. 5. 1960, AP Nr. 6 zu § 15 KSchG mit zust. Anm. *Schelp; Hueck* Lehrb. S. 701; *Löwisch* § 18 Rn. 13; *Schaub* § 142 Rn. 36.
[37] Dazu ausführlich *Berscheid* ZIP 1987, 1516 ff.
[38] Ebenso ErfK/*Ascheid* § 18 KSchG Rn. 12; *Bader/Dörner* § 18 Rn. 20; HK-KSchG/ *Hauck* § 18 Rn. 22; *Löwisch* § 18 Rn. 14; APS/*Moll* § 18 KSchG Rn. 33; HaKo/*Pfeiffer* § 18 Rn. 14; KR-*Weigand* § 18 KSchG Rn. 31 a; – abweichend LAG Hamm 25. 6. 1986, AR-Blattei Kündigungsschutz II Entsch. 1; LAG Frankfurt a.M. 16. 3. 1990, DB 1991, 658; *Berscheid* ZIP 1987, 1516 ff.; *Kittner/Däubler/Zwanziger* § 18 KSchG Rn. 27, die zu wenig berücksichtigen, daß nur die tatsächliche Entlassung hinausgeschoben werden soll.

Sperrfrist zum Ablauf der Sperrfrist ausgesprochen werden, sofern die Kündigungsfrist kürzer als die Sperrfrist ist.[39] Dabei ist aber Voraussetzung, daß nicht besondere Vorschriften über den Kündigungstermin bestehen. Ist z.B. die Kündigung nur zum 15. oder zum Schluß eines Kalendermonats zulässig (§ 622 Abs. 1 und 2 BGB), so kann sie, auch wenn die Sperrfrist früher abläuft, nur zum nächsten Kündigungstermin wirksam werden.

21 Da die **Kündigungsfrist** für längerbeschäftigte Arbeitnehmer im allgemeinen länger als ein Monat ist (§ 622 Abs. 2 BGB), hat der Entlassungsschutz der §§ 17 ff. für diesen Personenkreis praktisch keine große Bedeutung.[40] Er kommt nur in Betracht, wenn der Arbeitgeber die Anzeige an das Arbeitsamt nicht rechtzeitig erstattet hat, oder das Arbeitsamt die Sperrfrist verlängert.

22 Der **Betriebsrat** kann nach § 18 zulässige Entlassungen nicht durch eine **einstweilige Verfügung** verhindern, wenn das Mitwirkungsverfahren nach §§ 111 ff. BetrVG noch nicht durchgeführt worden ist.[41] Denn die §§ 111 ff. BetrVG sehen für die Betriebsänderung als solche kein erzwingbares Mitbestimmungsrecht des Betriebsrats vor, sondern nur für die wirtschaftlichen Folgen in Form des Sozialplans (§ 112 BetrVG) bzw. den Anspruch des Arbeitnehmers auf Nachteilsausgleich nach § 113 BetrVG. Deshalb kann der Betriebsrat Massenentlassungen im Rahmen einer Betriebsänderung auch nicht vorläufig verhindern.[42]

6. Freifrist, Abs. 4

23 Die Entlassungen müssen nach Abs. 4 **innerhalb von 90 Tagen** (sog. Freifrist, bis 31. 12. 1997 1 Monat – siehe oben Rn. 1) durchgeführt werden. Die Frist beginnt mit dem Zeitpunkt, in dem die Entlassung zuerst wirksam vorgenommen werden kann, also bei Erteilung der Zustimmung mit diesem Zeitpunkt, sonst mit Ablauf der Sperrfrist. Sie kann weder verkürzt noch verlängert werden.[43] Werden die Entlassungen bis zum Ablauf der Freifrist nicht durchgeführt, so muß eine neue Anzeige erstattet werden; anderenfalls treten die unten Rn. 27 ff. geschilderten Rechtsfolgen ein.[44] Die neue Anzeige setzt dann eine neue Sperrfrist in Lauf. Das gilt namentlich, wenn sich der Arbeitgeber nach Erstattung der ersten Anzeige eine vorübergehende Beschäftigungsmöglichkeit bietet, die sich über die Dauer der Freifrist hinaus erstreckt. Will der Arbeitgeber in einem solchen Falle den Eintritt der neuen Anzeigepflicht und der zweiten Sperr-

---

[39] ErfK/*Ascheid* § 18 KSchG Rn. 12; KR-*Weigand* § 18 KSchG Rn. 31.
[40] Vgl. *Zöllner/Loritz* § 24 I 2.
[41] So aber LAG Nürnberg 10. 5. 1984, ARSt. 1985, 149; *Fitting* § 111 Rn. 114 m.w.N.; *Kittner/Däubler/Zwanziger* § 113 BetrVG Rn. 10 f. m.w.N.
[42] Vgl. BAG 28. 8. 1991, AP Nr. 2 zu § 85 ArbGG 1979; LAG Baden-Württemberg 28. 8. 1985, BB 1986, 1015; *Bauer* DB 1994, 224; *Bengelsdorf* DB 1990, 1233 ff.; *Ehrich* DB 1993, 356; *v. Hoyningen-Huene* BetrVR § 4 V 4a und d, § 15 II 4; *Richardi* § 111 Rn. 163; *Schlochauer* ArbRdGgnw 20 (1982), S. 61 ff.
[43] Ebenso ErfK/*Ascheid* § 18 KSchG Rn. 16; *Bader/Dörner* § 18 Rn. 19; *Kittner/Däubler/Zwanziger* § 18 KSchG Rn. 22; *Löwisch* § 18 Rn. 19; APS/*Moll* § 18 KSchG Rn. 38.
[44] Vgl. ErfK/*Ascheid* § 18 KSchG Rn. 17; *Löwisch* § 18 Rn. 17; KR-*Weigand* § 18 KSchG Rn. 44.

frist vermeiden, so muß er mit den Arbeitnehmern festbefristete oder doch für die Dauer einer bestimmten Arbeit begrenzte Arbeitsverträge schließen, so daß nach Erledigung der Arbeit eine besondere Kündigung nicht nötig ist.[45]

Da das Gesetz ausdrücklich eine **Durchführung der Entlassung** verlangt, hierunter aber nicht die Kündigung als solche, sondern die tatsächliche Beendigung des Arbeitsverhältnisses versteht (vgl. § 17 Rn. 15, 37), genügt es nicht, wenn während der Freifrist lediglich die Kündigung ausgesprochen wird. Vielmehr muß auch der Kündigungstermin in die Frist fallen.[46] Sollte das wegen der Länge der Kündigungsfrist bei einer die Mindestgrenze des § 17 überschreitenden Zahl von Arbeitnehmern nicht möglich sein, so bleibt dem Arbeitgeber nichts anderes übrig, als einen Monat vor Ablauf der Kündigungsfrist für diese Arbeitnehmer die Anzeige noch einmal zu wiederholen.[47] Handelt es sich ausschließlich um solche Arbeitnehmer, so wird er zweckmäßig von vornherein die Anzeige erst entsprechend später erstatten (vgl. § 17 Rn. 80f.). Eine theoretisch denkbare Verlängerung der Sperrfrist wird das Arbeitsamt dem Sinn des Gesetzes entsprechend in einem solchen Fall nicht vornehmen.[48] 24

III. Rechtswirkungen bei unterlassener Anzeige

1. Einfluß auf die Kündigungen

a) § 18 regelt nicht ausdrücklich, welche Rechtsfolgen eintreten, wenn der Arbeitgeber keine oder eine nicht ordnungsgemäße Anzeige (oben Rn. 16) nach § 17 erstattet hat. In einem Umkehrschluß zu § 18 Abs. 1 könnte es naheliegen, in diesem Fall von der **Unwirksamkeit der Entlassungen** auszugehen.[49] Dabei wurde gelegentlich angenommen, daß bei unterlassener Anzeige die Kündigung als solche jedoch zunächst rechtsgültig sei;[50] die Kündigung könne aber unwirksam werden, wenn sich der Arbeitnehmer auf den Gesetzesverstoß berufe (dazu unten Rn. 29ff.). Über die Einzelheiten der rechtlichen Begründung wurde früher viel gestritten (dazu die Nachweise 10. Aufl. § 18 Rn. 5), der Meinungsstreit ist aber vorwiegend theoretischer Natur, da über die gefundenen Ergebnisse praktisch Einigkeit besteht.[51] Den- 25

---

[45] Ebenso *Löwisch* § 18 Rn. 18; APS/*Moll* § 18 KSchG Rn. 41; KR-*Weigand* § 18 KSchG Rn. 49f.
[46] Ebenso ErfK/*Ascheid* § 18 KSchG Rn. 17; *Berscheid* ZIP 1987, 1515; *ders.* AR-Blattei SD 1020.2 Rn. 278ff.; *Löwisch* § 18 Rn. 17; APS/*Moll* § 18 KSchG Rn. 39; *Schaub* § 142 Rn. 33; KR-*Weigand* § 18 KSchG Rn. 47; – abweichend *Steike* DB 1995, 674.
[47] BAG 11. 3. 1998, NZA 1998, 881.
[48] Ebenso KR-*Weigand* § 18 KSchG Rn. 49.
[49] So auch bis zur 10. Aufl. § 18 Rn. 3ff. m. w. N.; BSG 30. 10. 1959, AP Nr. 1 zu § 18 KSchG; ErfK/*Ascheid* § 17 KSchG Rn. 36; *Berscheid* AR-Blattei SD 1020.2 Rn. 298; HK-KSchG/*Hauck* § 18 Rn. 25; *Isenhardt* HzA Gruppe 5 Rn. 707; *Kittner/Däubler/Zwanziger* § 18 KSchG Rn. 24; HaKo/*Pfeiffer* § 18 Rn. 20; *Schaub* § 142 Rn. 30; *G. Schmidt* AR-Blattei Kündigungsschutz II, B II 8; *Stahlhacke/Preis/Vossen* Rn. 962; – vgl. auch *Löwisch* § 17 Rn. 55; KR-*Weigand* § 18 KSchG Rn. 31.
[50] So insbesondere 10. Aufl. § 18 Rn. 3; *Hueck* Lehrb. S. 696; *Stahlhacke/Preis/Vossen* Rn. 962.
[51] Vgl. auch *Bader/Dörner* § 17 Rn. 64; APS/*Moll* § 18 KSchG Rn. 43; KR-*Weigand* § 18 KSchG Rn. 33, 37ff.

noch wird bei dieser Auseinandersetzung zu wenig der **Unterschied zwischen Entlassung und Kündigung** beachtet.[52]

26 Ausgangspunkt für die Überlegungen zu den rechtlichen Auswirkungen bei unterlassener Anzeige von anzeigepflichtigen Entlassungen ist die Erkenntnis, daß **Entlassung** nur die **tatsächliche Beendigung** des Arbeitsverhältnisses aufgrund ordentlicher Kündigung des Arbeitgebers bedeutet (siehe oben § 17 Rn. 15). Die Entlassung stellt also die Durchführung oder den Vollzug der Kündigung dar. Die Entlassung verhält sich damit zur Kündigung wie die Einstellung zum Abschluß des Arbeitsvertrages. Die Entlassung ist demzufolge allenfalls ein Realakt, in aller Regel handelt es sich aber um die bloße Wirkung der Kündigung, weil der gekündigte Arbeitnehmer seine Arbeitsleistung nach Beendigung des Arbeitsverhältnisses ohne weiteres Zutun des Arbeitgebers einstellt. Infolgedessen ist die Unwirksamkeit einer Entlassung schon aus logischen Gründen nicht denkbar. Es kann vielmehr nur das Rechtsgeschäft der Kündigung unwirksam sein.[53] Hinsichtlich der Entlassung stellt sich allein die Frage, ob diese trotz Gesetzesverstoßes vollzogen werden darf oder ob sie verboten ist. Nicht von ungefähr spricht die Überschrift des § 18 auch zutreffend von einer „Entlassungssperre", und nicht von der Wirksamkeit oder Unwirksamkeit der Entlassungen.

27 b) Das BAG hat deshalb zutreffend bis vor kurzem in st. Rspr. darauf abgestellt, daß die **Kündigung** gegenüber einem Arbeitnehmer, die unter Verletzung der Anzeigepflicht nach § 17 erfolgt, **unwirksam** ist, wenn sich der Arbeitnehmer auf den Gesetzesverstoß beruft.[54] Entscheidend ist dabei, daß nicht die Entlassung, sondern nur die Kündigung als unwirksam angesehen wird, auch wenn in früheren Urteilen die begriffliche Unterscheidung zwischen Entlassung und Kündigung nicht immer konsequent durchgehalten worden ist.[55] Denn nur ein Rechtsgeschäft wie die Kündigung kann rechtlich wirksam oder unwirksam sein (vgl. §§ 134 ff. BGB), nicht dagegen ein bloßer tatsächlicher Vorgang, der seinerseits bereits die Rechtsfolge eines Rechtsgeschäfts darstellt. Daß der Gesetzgeber trotzdem im Text des § 18 auf die Wirksamkeit der Entlassungen abstellt, ist zwar sprachlich ungenau (richtig müßte es „Rechtmäßigkeit" heißen), von der Sache her aber gerechtfertigt, weil die §§ 17 ff. allein auf arbeitsmarktpolitische Auswirkungen der auf den Arbeitsmarkt strömenden Arbeitnehmer ausgerichtet sind (dazu oben Vorb. zu §§ 17 ff. Rn. 6 ff.). – Neuerdings stellt das BAG darauf ab, daß

---

[52] So jetzt auch ausdrücklich BAG 24. 10. 1996, AP Nr. 8 zu § 17 KSchG 1969 unter B II 1; BAG 13. 4. 2000, AP Nr. 13 zu § 17 KSchG 1969 unter B III 1 a.
[53] Ebenso *Bauer/Powietzka* DB 2001, 383, 384.
[54] BAG AP Nr. 1, 2, 5, 9 und 10 zu § 15 KSchG; BAG 6. 12. 1973, AP Nr. 1 zu § 17 KSchG 1969 mit Anm. *G. Hueck;* BAG 10. 3. 1982, AP Nr. 2 zu § 2 KSchG 1969 mit Anm. *Meisel* = SAE 1983, 104 mit Anm. *v. Hoyningen-Huene;* BAG 31. 7. 1986, AP Nr. 5 zu § 15 KSchG 1969; BAG 8. 6. 1989, AP Nr. 6 zu § 15 KSchG 1969; BAG 19. 6. 1991, AP Nr. 53 zu § 1 KSchG 1969 Betriebsbedingte Kündigung unter II 4 a; BAG 4. 3. 1993, AP Nr. 60 zu § 1 KSchG 1969 Betriebsbedingte Kündigung unter II 1 a; – neuerdings offengelassen von BAG 24. 10. 1996, AP Nr. 8 zu § 17 KSchG 1969 unter B II 2 a.
[55] Vgl. etwa BAG 6. 11. 1958, AP Nr. 1 zu § 15 KSchG mit Anm. *Molitor*, der zutreffend bereits auf diese wichtige Differenzierung hinweist; deutlich aber dann BAG 3. 10. 1963, AP Nr. 9 zu § 15 KSchG mit Anm. *A. Hueck*; wiederum abweichend ohne Begründung BAG 11. 3. 1999, AP Nr. 12 zu § 17 KSchG 1969 unter II 4 d.

Entlassungssperre 28–30 § 18

bei fehlender Anzeige die Durchführung der Entlassung wegen der Entlassungssperre nicht möglich sei;[56] die rechtliche Situation sei dieselbe, wie wenn der Arbeitgeber die Kündigungsfrist überhaupt nicht beachtet oder zu kurz bemessen habe. Diese Argumentation läuft im Ergebnis ebenfalls auf eine Unwirksamkeit der Kündigung hinaus.

c) Wurden Entlassungen unter Verstoß gegen die Anzeigepflicht nach §§ 17 ff. vorgenommen, so ist die einzelne Kündigung aber nur dann **unwirksam**, wenn sich der **Arbeitnehmer darauf beruft** (st. Rspr., siehe oben Rn. 27). Das BAG begründet diese Auffassung zutreffend damit, daß die §§ 17 ff. sich einerseits nur an den Arbeitgeber als Normadressaten wenden und andererseits allein arbeitsmarktpolitische Zwecke verfolgen. Deshalb müsse sich die aus § 18 folgende Unwirksamkeit der einzelnen Kündigung nicht schlechthin ergeben. Vielmehr müsse der Arbeitnehmer im Rahmen seiner Entfaltungs- und Entschließungsfreiheit darüber befinden können, ob er als Glied des Arbeitsmarktes an den Folgen etwaiger künftiger arbeitsmarktpolitischer Maßnahmen der Arbeitsverwaltung teilhaben oder am Arbeitsvertrag weiter festhalten will.[57] Daher dürfe das in den §§ 17 ff. verfolgte Prinzip einer Steuerung des Arbeitsmarktes nicht zu einer Vergewaltigung der Persönlichkeit des Arbeitnehmers führen, so daß ein dem Arbeitnehmer aufoktroyierter Kündigungsschutz ausscheide.[58] 28

Schwierig ist die **rechtliche Einordnung** der Reaktionsmöglichkeit des Arbeitnehmers und der daraus resultierenden Rechtsfolge für die Entlassung bzw. Kündigung. In der 10. Aufl. § 18 Rn. 4 f. wurde angenommen, daß es sich um eine relative Unwirksamkeit handele.[59] An dieser Auffassung wird jedoch nicht festgehalten, weil dieser Begriff vorwiegend bei Verfügungsgeschäften eine Rolle spielt (vgl. §§ 135, 883 BGB), bei denen es auf eine Drittwirkung ankommt; innerhalb des Arbeitsverhältnisses als Schuldverhältnis können aber ohnehin nur relative Wirkungen zwischen den Parteien bestehen. Die Konstruktion der relativen Unwirksamkeit wurde namentlich deshalb herangezogen, weil diese nur dann beachtlich ist, wenn sich der Geschützte auf sie beruft.[60] 29

Das Erfordernis der Geltendmachung von Rechten wird dagegen besser erfaßt, wenn man mit dem BAG von einer (inzident geregelten) „**auflösenden Potestativbedingung**" ausgeht, die der Gekündigte für die Herbeiführung der Unwirksamkeit einer gegen § 17 verstoßenden Kündigung setzen muß.[61] Denn die Potestativbedingung als echte Bedingung i. S. d. § 158 30

---

[56] BAG 13. 4. 2000, RzK I 8 b Nr. 13 unter B III 2; dazu *Bauer/Powietzka* DB 2001, 383, 384; noch offengelassen von BAG 24. 10. 1996, AP Nr. 8 zu § 17 KSchG 1969 unter B II 2 a.
[57] BAG 6. 11. 1958, AP Nr. 1 zu § 15 KSchG unter 5 b.
[58] BAG 13. 12. 1958, AP Nr. 2 zu § 15 KSchG.
[59] Ebenso *Hueck* Lehrb. S. 696 f.; *Nipperdey* RdA 1960, 285; KR-*Rost* (3. Aufl. 1989) § 18 KSchG Rn. 34 f.; *Schaub* § 142 Rn. 31; *Zöllner/Loritz* § 24 I 2; – abweichend *Löwisch* § 17 Rn. 57, der die absolute Unwirksamkeit annimmt, dann aber trotzdem in Rn. 58 dem Arbeitgeber die Berufung auf die Unwirksamkeit versagt.
[60] Vgl. dazu *Jauernig* BGB 9. Aufl. 1999, vor § 104 Rn. 19.
[61] BAG 23. 10. 1959, AP Nr. 5 zu § 15 KSchG unter 4 b; ebenso jetzt ErfK/*Ascheid* § 18 Rn. 14; KR-*Weigand* § 18 KSchG Rn. 33; – abweichend APS/*Moll* § 18 KSchG Rn. 45, der von einer Einrede des Arbeitnehmers ausgeht, welche die Kündigung hemmt.

BGB knüpft den Eintritt von Rechtswirkungen allein an das Verhalten einer Vertragspartei.[62] Auflösend ist diese Potestativbedingung, weil sie durch die Berufung des Arbeitnehmers auf den Gesetzesverstoß des Arbeitgebers gegen §§ 17 ff. die bisher schwebende Wirksamkeit der einzelnen Kündigung im Rahmen der Entlassungen beendet und die Kündigung endgültig unwirksam macht. Die Beendigung der Rechtswirkung der Kündigung tritt allerdings entsprechend § 159 BGB ex tunc (rückwirkend) ein, damit die beabsichtigte Entlassung nicht realisiert werden kann.[63]

31 d) Demzufolge hat der **Arbeitnehmer die Wahl:**[64] Er kann entweder die Kündigung hinnehmen, dann wird der Schwebezustand beendet und sie wird endgültig wirksam, soweit sie nicht aus anderen Gründen unwirksam ist. Oder er beruft sich auf den Gesetzesverstoß des Arbeitgebers gegen §§ 17 ff., dann wird die Kündigung entsprechend §§ 158 Abs. 2, 159 BGB rückwirkend unwirksam. Die Berufung des Arbeitnehmers auf die Unwirksamkeit der Kündigung kann allerdings im Hinblick auf das vorangegangene Verhalten des Arbeitnehmers, das zur Kündigung geführt hat, rechtsmißbräuchlich und deswegen ausgeschlossen sein.[65] Dagegen kann sich der **Arbeitgeber** nicht auf die Unwirksamkeit der Kündigung berufen. Das ergibt sich zwangsläufig aus der Annahme einer Potestativbedingung (siehe oben Rn. 30), außerdem aus dem Gesetzeszweck, daß der Arbeitgeber nicht unter Berufung auf die von ihm selbst veranlaßte Unwirksamkeit der Kündigung den Arbeitnehmer am Arbeitsverhältnis festhalten kann.[66]

32 Praktisch wichtig ist, **wie lange** der Arbeitnehmer ein solches Wahlrecht hat. Nach Auffassung des BAG soll sich der Arbeitnehmer „innerhalb einer nach Treu und Glauben recht sicher zu bestimmenden kurzen Überlegungsfrist" auf die Unwirksamkeit der Kündigung berufen, ohne aber aus dieser Erkenntnis konkrete Konsequenzen zu ziehen.[67] Richtiger dürfte freilich sein, daß allein Grundsätze der **Verwirkung** eingreifen, wenn der Arbeitnehmer geraume Zeit verstreichen läßt, so daß der Arbeitgeber darauf vertrauen kann, daß die Unwirksamkeit der Kündigung nicht mehr geltend gemacht werde (zur gerichtlichen Geltendmachung siehe unten Rn. 39).[68] Verläßt er bei Ablauf der Kündigungsfrist den Betrieb, ohne irgendwie Widerspruch zu erheben, läßt er sich seine Papiere aushändigen, unterzeichnet er gar eine Ausgleichsquittung, so kann in einem solchen Ver-

---

[62] *Erman/Hefermehl* BGB 9. Aufl. 1993, vor § 158 Rn. 12; *Jauernig* § 158 Rn. 3; *Staudinger/Bork* BGB 3. Bearb. 1996, Vorbem. zu §§ 158 ff. Rn. 14 ff.
[63] Damit wird auch das Bedenken der ex-nunc-Wirkung von KR-*Rost*, 3. Aufl. 1989, § 18 KSchG Rn. 35 ausgeräumt.
[64] BAG 11. 3. 1999 AP Nr. 12 zu § 17 KSchG 1969 unter II 4c = DZWiR 1999, 326 mit Anm. *Bichlmeier* = EWiR § 17 KSchG 1/99 mit Kurzkomm. *Wertheimer*.
[65] Vgl. BAG 13. 3. 1969, AP Nr. 10 zu § 15 KSchG mit zust. Anm. *A. Hueck*.
[66] BAG 6. 11. 1958, AP Nr. 1 zu § 15 KSchG unter 5 b; ErfK/*Ascheid* § 18 KSchG Rn.14; HK-KSchG/*Hauck* § 18 Rn. 24; *Hueck* Lehrb. S. 696 f.; *Löwisch* § 18 Rn. 58; APS/*Moll* § 18 KSchG Rn. 42; KR-*Weigand* § 18 KSchG Rn. 32; *Zöllner/Loritz* § 24 I 2.
[67] BAG 23. 10. 1959, AP Nr. 5 zu § 15 KSchG unter 4 c Bl. 990 R.
[68] Ebenso ErfK/*Ascheid* § 17 KSchG Rn. 36 und § 18 KSchG Rn. 14; *Berscheid* AR-Blattei SD 1020.2 Rn. 301; HK-KSchG/*Hauck* § 18 Rn. 26; *Herschel/Löwisch* § 17 Rn. 57; *Schomburg*, Zeitliche Grenzen für Ausspruch und Abwehr der Arbeitgeberkündigung, 1989, S. 163; KR-*Weigand* § 18 KSchG Rn. 40; – APS/*Moll* § 18 KSchG Rn. 47 geht von einer maximalen Frist von 1 Monat aus.

halten ein Hinnehmen von Kündigung und Entlassung liegen, die damit endgültig wirksam werden.[69] Erhebt er dagegen in irgendeiner Weise Widerspruch gegen die Entlassung, so beruft er sich damit auf die Unwirksamkeit der Kündigung.

e) Eine unwirksame Kündigung kann auch nicht dadurch nachträglich wirksam werden, daß nach der Entlassung die **Anzeige nachgeholt** und nunmehr die Sperrfrist abläuft oder die Genehmigung erteilt wird. Der kündigende Arbeitgeber hätte es sonst in der Hand, das Wirksamwerden einer Kündigung beliebig hinauszuziehen. Eine solche Ungewißheit aber ist mit dem Wesen der Kündigung als einseitiger Eingriff in Rechtsbeziehungen zu anderen Personen nicht verträglich. Der Arbeitgeber muß in solchen Fällen also erneut kündigen, wobei die volle Kündigungsfrist eingehalten werden muß,[70] und darf erst nach erfolgter Anzeige und Zustimmung der Mitarbeiter die Entlassung vornehmen. 33

2. Betroffene Entlassungen

Rechtlich unzulässig sind, sobald die Voraussetzungen des § 17 vorliegen, aber die Anzeige unterlassen wurde, **sämtliche Entlassungen,** nicht etwa nur diejenigen, die über die Mindestzahl des § 17 Abs. 1 hinausgehen.[71] 34

Das trifft zweifellos zu, wenn die **Entlassungen gleichzeitig** erfolgen. Es kann nicht etwa dem Arbeitgeber das Recht eingeräumt werden, so viele Entlassungen, wie noch innerhalb der Grenzen des § 17 Abs. 1 liegen, auszuwählen und für wirksam zu erklären. Das würde die Zulässigkeit der einzelnen Entlassungen von der Willkür des Arbeitgebers abhängig machen und zu größter Rechtsunsicherheit führen, auch mit dem Zweck des Gesetzes nicht vereinbar sein. Da aber das Gesetz Entlassungen, die innerhalb von 30 Kalendertagen erfolgen, wie eine einheitliche Entlassung behandelt (vgl. § 17 Rn. 34ff.), muß das gleiche auch gelten, wenn die Entlassungen in zeitlichen Zwischenräumen vorgenommen werden, sofern nur der Zeitraum von 30 Kalendertagen nicht überschritten wird. 35

Beispiel: Hatte ein Arbeitgeber in einem Betrieb mit 200 Arbeitnehmern 15 entlassen, so sind diese Entlassungen zunächst zulässig, weil die Mindestzahl nicht erreicht ist. Entläßt er aber innerhalb der nächsten 30 Kalendertage weitere 5 Arbeitnehmer, so werden nunmehr auch die Entlassungen der ersteren 15 Arbeitnehmer rückwirkend unzulässig, da nunmehr feststeht, daß 36

---

[69] Vgl. BAG 6. 11. 1958, AP Nr. 1 zu § 15 KSchG unter 6; *Nipperdey* RdA 1960, 287; *Stahlhacke/Preis/Vossen* Rn. 962; KR-*Weigand* § 18 KSchG Rn. 41.
[70] Ebenso jetzt im Ergebnis BAG 13. 4. 2000, RzK I 8 b Nr. 13; *Berscheid* AR-Blattei SD 1020.2 Rn. 221; *Hueck* Lehrb. S. 698; *Löwisch* § 17 Rn. 58; – abweichend *Bauer/Powietzka* DB 2000, 1075 unter Berufung auf BAG 11. 3. 1999, AP Nr. 12 zu § 17 KSchG 1969; *dies.* DB 2001, 383; vgl. auch APS/*Moll* § 18 KSchG Rn. 49.
[71] Vgl. BAG 23. 10. 1959, AP Nr. 5 zu § 15 KSchG unter 4b; BAG 3. 10. 1963, AP Nr. 9 zu § 15 KSchG mit Anm. A. *Hueck* unter I 4; BSG 9. 12. 1958, AP Nr. 3 zu § 15 KSchG; BSG 30. 10. 1959, AP Nr. 1 zu § 18 KSchG; *Berscheid* AR-Blattei SD 1020.2 Rn. 297; *Kittner/Däubler/Zwanziger* § 18 KSchG Rn. 31; *Löwisch* § 17 Rn. 36; *Schaub* § 142 Rn. 30; *Stahlhacke/Preis/Vossen* Rn. 963; KR-*Weigand* § 18 KSchG Rn. 43; Präsident der Bundesanstalt, Erlaß vom 30. 12. 1952 ANBA 1953 Nr. 1 S. 7; – abweichend *Nikisch* S. 844 und DB 1955, 1140; DB 1960, 1275; *Rewolle* DB 1959, 596.

diese Entlassungen anzeigepflichtig waren.[72] Dem Arbeitgeber bleibt nur übrig, bevor er zur Entlassung der weiteren 5 Arbeitnehmer schreitet, die Anzeige zu erstatten und zu versuchen, für die schon vorgenommenen Entlassungen eine rückwirkende Genehmigung zu erhalten (oben Rn. 9). Erlangt er diese nicht, so muß er bis zum Ablauf der 30 Kalendertage von weiteren Entlassungen absehen, sofern er die früheren nicht gefährden will.

37 Gegenüber den von *Nikisch* und *Rewolle* (oben Rn. 35) geäußerten **Bedenken** ist zu sagen, daß ein Arbeitgeber bei der Entlassung einer ersten Gruppe von Arbeitnehmern im allgemeinen voraussehen kann, ob er in den nächsten 30 Tagen weitere Entlassungen wird vornehmen müssen, zumal dieser Fall wegen der inzwischen geltenden Grundkündigungsfrist von 4 Wochen (§ 622 Abs. 1 BGB) nur ausnahmsweise bei kürzeren Kündigungsfristen (§ 622 Abs. 3–5 BGB) vorkommen wird.[73] Ein Arbeitgeber, der sich nicht die Lage seines Betriebes für die nächsten 30 Tage überlegt und zum mindesten vorsorglich Anzeige erstattet, kann sich nicht beklagen, wenn er nicht zu weiteren Entlassungen schreiten kann, ohne die früheren zu gefährden.[74] Was den Arbeitnehmer betrifft, so werden seine Interessen, auch wenn er sich schon auf die Entlassung eingestellt hatte, in keiner Weise beeinträchtigt, da er trotz der nachträglich eingetretenen Unwirksamkeit seiner Kündigung an ihr festhalten kann (vgl. oben Rn. 30 und 32). Andererseits liegt es im Sinn des Gesetzes, daß, wenn es tatsächlich zu größeren Entlassungen binnen 30 Kalendertagen kommt, das Arbeitsamt möglichst frühzeitig verständigt wird.

3. Rechtsfolge der Unwirksamkeit

38 Die Folge der Unwirksamkeit der Kündigung ist, daß der Arbeitgeber, sofern der Entlassene sich zur weiteren Arbeitsleistung bereit erklärt, durch Nichtbeschäftigung in **Annahmeverzug** gerät und gemäß § 615 BGB bis zur anderweitigen Beendigung des Arbeitsverhältnisses Lohn zahlen muß.[75] Was das Angebot des Arbeitnehmers zur weiteren Arbeitsleistung betrifft, so kann an sich in der bisherigen Arbeitsleistung ohne weiteres ein solches Angebot liegen.[76] Hat aber der Arbeitgeber gekündigt, so muß der Arbeitnehmer gleichwohl wegen seines Wahlrechtes irgendwie zum Ausdruck bringen, daß er mit der Beendigung des Arbeitsverhältnisses nicht einverstanden sei, sondern seine Arbeitsleistung fortsetzen wolle (vgl. auch oben Rn. 31 f.).[77] Anders ist es, wenn die Kündigung in einer solchen Form erfolgt ist, daß jeder Widerspruch zwecklos erscheint oder doch dem Arbeitnehmer nach Lage der Dinge nicht zuzumuten ist.[78]

---

[72] Vgl. auch RAG ARS 9, 25.
[73] Vgl. auch *Berscheid* AR-Blattei SD 1020.2 Rn. 222.
[74] Ähnlich KR-*Weigand* § 18 KSchG Rn. 43.
[75] ErfK/*Ascheid* § 18 KSchG Rn. 15; *Bader/Dörner* § 18 KSchG Rn. 20; HK-KSchG/*Hauck* § 18 Rn. 30; *Kittner/Däubler/Zwanziger* § 18 KSchG Rn. 26; *Stahlhacke/Preis/Vossen* Rn. 964; KR-*Weigand* § 18 KSchG Rn. 38; siehe auch BAG 6. 11. 1958, AP Nr. 1 zu § 15 KSchG unter 5.
[76] So zutreffend BAG 9. 8. 1984 und 21. 3. 1985, AP Nr. 34 und 35 zu § 615 BGB mit Anm. *Konzen*.
[77] Ebenso KR-*Weigand* § 18 KSchG Rn. 38.
[78] Vgl. BAG 24. 11. 1960, AP Nr. 18 zu § 615 BGB mit Anm. *A. Hueck*.

Zulässigkeit von Kurzarbeit § 19

4. Geltendmachung der Unwirksamkeit

Die Unwirksamkeit der Kündigung kann gemäß § 13 Abs. 3 auch nach 39
Ablauf der Drei-Wochen-Frist geltend gemacht werden (siehe dazu oben
§ 13 Rn. 75ff.).[79] Hatte der Arbeitnehmer allerdings Kündigungsschutzklage
nach § 4 erhoben, muß er zur Vermeidung der Präklusionswirkung neben
der behaupteten Sozialwidrigkeit auch die Unwirksamkeit der Kündigung im
Hinblick auf die fehlende Anzeige nach §§ 17ff. geltend machen.[80] Die **Beweislast** für die Voraussetzung der Anzeigepflicht (oben § 17 Rn. 2) trifft
nach allgemeinen Grundsätzen den Arbeitnehmer.[81]

§ 19 Zulässigkeit von Kurzarbeit

(1) **Ist der Arbeitgeber nicht in der Lage, die Arbeitnehmer bis zu dem in § 18 Abs. 1 und 2 bezeichneten Zeitpunkt voll zu beschäftigen, so kann das Landesarbeitsamt zulassen, daß der Arbeitgeber für die Zwischenzeit Kurzarbeit einführt.**

(2) **Der Arbeitgeber ist im Falle der Kurzarbeit berechtigt, Lohn oder Gehalt der mit verkürzter Arbeitszeit beschäftigten Arbeitnehmer entsprechend zu kürzen; die Kürzung des Arbeitsentgelts wird jedoch erst von dem Zeitpunkt an wirksam, an dem das Arbeitsverhältnis nach den allgemeinen gesetzlichen oder den vereinbarten Bestimmungen enden würde.**

(3) **Tarifvertragliche Bestimmungen über die Einführung, das Ausmaß und die Bezahlung von Kurzarbeit werden durch die Absätze 1 und 2 nicht berührt.**

Schrifttum: Siehe außer den Angaben bei Vorbem. zu §§ 17 ff.: *Bähringer/Spiegelhalter*, Kurzarbeit – Planung, Durchführung, Rechtsbestimmungen, 12. Aufl. 1993; *Bauer/Rennpferdt*, Kurzarbeit bei Führungskräften, BB 1993, 1078 ff.; *Caspers*, Kurzarbeit, Diss. Köln 1965; *Conze*, Die Einführung von Kurzarbeit, Diss. Würzburg 1974; *Ehmann*, Betriebsrisikolehre und Kurzarbeit. Zur Verlagerung des Lohnrisikos im Arbeitskampf und Arbeitsfrieden, 1979; *Eichenhofer*, Die rechtliche Behandlung von Kurzarbeit – vom privat- zum sozialrechtlichen Lösungsansatz, RdA 1981, 208 ff.; *Gagel/Wieczorek*, AFG 2. Aufl. Stand Jan. 1998; *Hammer/Weiland*, Die Neuregelung beim Kurzarbeitergeld im Dritten Buch des Sozialgesetzbuchs (SGB III), BB 1997, 2582 ff.; *Jene*, Kurzarbeit und betriebliche Mitbestimmung (§ 87 I Nr. 3 BetrVG), 1981, insbes. S. 167 ff.; *Oppermann*, Kurzarbeit, 2. Aufl. 1993; *Rumpff/Dröge*, Kurzarbeit 1975; *v. Stebut*, Die Zulässigkeit der Einführung von Kurzarbeit, RdA 1974, 332.

---

[79] Ebenso ErfK/*Ascheid* § 17 Rn. 36; HK-KSchG/*Hauck* § 18 Rn. 26; *Löwisch* § 17 Rn. 58; KR-*Weigand* § 18 KSchG Rn. 40.
[80] BAG 3. 10. 1963, AP Nr. 9 zu § 15 KSchG mit Anm. *A. Hueck*.
[81] BAG 19. 6. 1991, AP Nr. 53 zu § 1 KSchG 1969 Betriebsbedingte Kündigung unter II 4a; BAG 11. 3. 1998, NZA 1998, 881; ArbG Solingen 4. 10. 1984, ARSt. 1985, 152; *Backmeister/Trittin* § 18 Rn. 28; HK-KSchG/*Hauck* § 18 Rn. 29; *Stahlhacke/Preis/Vossen* Rn. 962; KR-*Weigand* § 18 KSchG Rn. 40.

§ 19 1, 2   3. Abschnitt. Anzeigepflichtige Entlassungen

Übersicht
                                                                Rn.
- **I. Grundgedanke und Verhältnis zum früheren Recht** 1
- **II. Voraussetzungen** 3
  - 1. Tatbestand des § 17 3
  - 2. Beschäftigungsschwierigkeiten 4
  - 3. Antrag des Arbeitgebers 5
- **III. Zulassung durch das Landesarbeitsamt** 6
  - 1. Befugnis des Landesarbeitsamtes 6
  - 2. Umfang der Zulassung 7
  - 3. Bedeutung der Zulassung 13
    - a) Ermächtigung 13
    - b) Mitbestimmung des Betriebsrats 17
    - c) Verhältnis zu Tarifverträgen, Abs. 3 18
    - d) Persönlicher Geltungsbereich 20
    - e) Kurzarbeitergeld 21
- **IV. Durchführung der Kurzarbeit** 22
  - 1. Ankündigung der Kurzarbeit 22
  - 2. Beginn 24
  - 3. Rechtslage für den Arbeitnehmer 25
  - 4. Dauer der Kurzarbeit 26
  - 5. Verteilung der Kurzarbeitszeit 27
- **V. Lohnzahlung** 29
  - 1. Entsprechende Kürzung 30
  - 2. Zeitpunkt der Kürzung 31
  - 3. Die allgemeinen gesetzlichen Bestimmungen 32
  - 4. Die vereinbarten Bestimmungen 34
  - 5. Fristbeginn 35
  - 6. Akkordlohn 37
  - 7. Nichtarbeitende Arbeitnehmer 38
  - 8. Urlaub 39
  - 9. Rechtsmittel 40

I. Grundgedanke und Verhältnis zum früheren Recht

1 § 19 regelt die **Einführung von Kurzarbeit** oder nach dem früheren Sprachgebrauch die sog. **Arbeitsstreckung** während der Dauer der Sperrfrist. Sein Zweck ist, trotz Hinausschiebung der Entlassungen dem verminderten Arbeitsbedarf durch gleichmäßige Verteilung der noch vorhandenen Arbeit auf alle Arbeitskräfte Rechnung zu tragen und dadurch zugleich den Arbeitgeber in bezug auf die Lohnhöhe zu entlasten.[1] Die Bedeutung der Kurzarbeitsregelung des § 19 ist allerdings wegen der oft längeren Kündigungsfristen (Abs. 2 Hs. 2) gering (vgl. oben § 18 Rn. 21).[2]

2 Die jetzige Regelung entspricht fast völlig den Vorschriften des § 20 Abs. 3 AOG, der sich seinerseits eng an das Recht der StillegungsVO anschloß. Auch hier können deshalb Rechtsprechung und Schrifttum zum **früheren Recht** zur Erläuterung herangezogen werden. Gestrichen ist lediglich die frühere Vorschrift, daß die Wochenarbeitszeit eines Arbeitnehmers nicht unter 24 Stunden herabgesetzt werden dürfe. Andererseits wird besonders

---

[1] Vgl. *Bader/Dörner* § 19 Rn. 1; *Bellinghausen* S. 288 f.
[2] ErfK/*Ascheid* § 19 KSchG Rn. 1; *Backmeister/Trittin* § 19 Rn. 2; *Bader/Dörner* § 19 Rn. 2; *Berscheid* AR-Blattei SD 1020.2 Rn. 286; HK-KSchG/*Hauck* § 19 Rn. 2 f.; *Kittner/ Däubler/Zwanziger* § 19 KSchG Rn. 2; APS/*Moll* § 19 KSchG Rn. 2; *Rademacher* ABA 1973, 345; KR-*Weigand* § 19 KSchG Rn. 5; *v. Stebut* RdA 1974, 344.

Zulässigkeit von Kurzarbeit 2 a–5 § 19

hervorgehoben, daß tarifvertragliche Bestimmungen über die Kurzarbeit unberührt bleiben. Dagegen ist der Vorschlag des Regierungsentwurfes, den Arbeitgeber von sich aus über die Einführung der Kurzarbeit entscheiden zu lassen, vom Bundestag abgelehnt worden; vielmehr wird wie früher eine besondere Zulassung der Kurzarbeit durch das Landesarbeitsamt verlangt.[3]

Gemäß dem Einigungsvertrag vom 31. 8. 1990 i. V. m. Anlage I Kap. VIII, Sachgebiet A, Abschnitt III Nr. 6 b[4] gilt § 19 ab 3. 10. 1990 im Gebiet der **ehemaligen DDR** („neue Bundesländer") mit der Maßgabe, daß bis zur Bildung der Landesarbeitsämter die Zuständigkeit des Landesarbeitsamtes durch die zentrale Arbeitsverwaltung wahrgenommen wird. 2 a

II. Voraussetzungen

1. Tatbestand des § 17

Die Zulassung von Kurzarbeit durch das Landesarbeitsamt tritt **neben** die Zustimmung zu den Entlassungen. Deshalb müssen die **gleichen Voraussetzungen** vorliegen, d. h. es müssen Massenentlassungen i. S. des § 17 und eine wirksame Anzeige erstattet sein (siehe dazu § 17 Rn. 2 ff.).[5] 3

2. Beschäftigungsschwierigkeiten

Dazu kommt, daß der Arbeitgeber nicht in der Lage sein darf, die betroffenen Arbeitnehmer bis zum Ablauf der Sperrfrist (ein, evtl. zwei Monate, § 18 Abs. 1 und 2) voll zu beschäftigen. Es ist nicht notwendig, daß eine volle Beschäftigung objektiv unmöglich ist, sondern es genügt, daß dem Arbeitgeber nach der wirtschaftlichen Lage des Betriebes die volle Beschäftigung **nicht zuzumuten** ist.[6] Wenn diese Voraussetzung vorliegt, entscheidet das Landesarbeitsamt nach pflichtgemäßem Ermessen („kann") gemäß §§ 33 SGB I, 35 Abs. 2, 35 Abs. 1 Satz 2 SGB X, nicht etwa nach freiem, ungebundenem Ermessen.[7] Eine unmittelbare Nachprüfung der Zulassung der Kurzarbeit durch das Arbeitsgericht findet nicht statt (siehe unten Rn. 25 und 40 f.), wohl aber durch die Sozialgerichte.[8] 4

3. Antrag des Arbeitgebers

Obwohl nicht ausdrücklich geregelt, muß der Arbeitgeber einen (mindestens stillschweigenden) **Antrag auf Zulassung von Kurzarbeit** stellen, 5

---

[3] Vgl. Amtl. Begr. RdA 1951, 65; KR-*Weigand* § 19 KSchG Rn. 2.
[4] BGBl. II S. 889.
[5] ErfK/*Ascheid* § 19 KSchG Rn. 2; APS/*Moll* § 19 KSchG Rn. 3; KR-*Weigand* § 19 KSchG Rn. 6.
[6] Vgl. ErfK/*Ascheid* § 19 KSchG Rn. 2; *Bader/Dörner* § 19 Rn. 5; HK-KSchG/*Hauck* § 19 Rn. 7; *Kittner/Däubler/Zwanziger* § 19 KSchG Rn. 3; APS/*Moll* § 19 KSchG Rn. 5; HaKo/*Pfeiffer* § 19 Rn. 2; *Rumpff/Dröge* S. 53; KR-*Weigand* § 19 KSchG Rn. 7.
[7] Ebenso *Gagel/Wieczorek* Vor § 63 Rn. 45; *Kittner/Däubler/Zwanziger* § 19 KSchG Rn. 6; *Löwisch* § 19 Rn. 6; APS/*Moll* § 19 KSchG Rn. 11; HaKo/*Pfeiffer* § 19 Rn. 3; KR-*Weigand* § 19 KSchG Rn. 8; – widersprüchlich *Rumpff/Dröge,* die auf S. 53 vom unbestimmten Rechtsbegriff, auf S. 55 vom Ermessen sprechen.
[8] Ebenso ErfK/*Ascheid* § 19 KSchG Rn. 2; *Kittner/Däubler/Zwanziger* § 19 KSchG Rn. 7; *Löwisch* § 19 Rn. 11; *Rumpff/Dröge* S. 53; KR-*Weigand* § 19 KSchG Rn. 16; vgl. unten § 20 Rn. 27.

der zweckmäßigerweise gemeinsam mit der Anzeige nach § 17 erfolgt;[9] erst dann kann das Landesarbeitsamt überhaupt in dieser Hinsicht tätig werden (vgl. § 18 SGB X). Eine besondere Stellungnahme des Betriebsrats ist in diesem Zusammenhang nicht notwendig, aber möglich.[10] Der Antrag des Arbeitgebers nach § 19 ist nicht zu verwechseln mit der unabhängig davon zu erstattenden **Anzeige** des Arbeitgebers an das Arbeitsamt nach §§ 173 Abs. 1, 323 Abs. 2 Satz 1 SGB III **über den Arbeitsausfall**, die Anspruchsvoraussetzung für die Gewährung von Kurzarbeitergeld an die betroffenen Arbeitnehmer ist;[11] vgl. auch unten Rn. 21.

III. Zulassung durch das Landesarbeitsamt

1. Befugnis des Landesarbeitsamtes

6   Liegen die zu II genannten Voraussetzungen vor, so **kann** das Landesarbeitsamt die Kurzarbeit zulassen. Verpflichtet dazu ist es nicht. Auch wenn eine volle Beschäftigung nicht möglich ist, kann es angemessen erscheinen, von einer Zulassung der Kurzarbeit abzusehen, etwa weil die Unmöglichkeit der Weiterbeschäftigung vom Arbeitgeber selbst verschuldet ist und seine wirtschaftlichen Verhältnisse eine Fortzahlung der Löhne für die Dauer der Sperrfrist tragbar erscheinen lassen.[12] Die Entscheidung erfolgt, wie Abs. 1 zeigt, durch das **Landesarbeitsamt** als solches. Trotz der neugeregelten Zuständigkeit der Arbeitsämter (vgl. § 371 Abs. 1 SGB III) für die anzeigepflichtigen Entlassungen seit 1. 1. 1998 (dazu Vorbem. zu §§ 17 ff. Rn. 5 b) ist die Zuständigkeit für die Zulassung von Kurzarbeit nach § 19 merkwürdigerweise bei den Landesarbeitsämtern geblieben, was sinnvollerweise hätte harmonisiert werden sollen. – Die Zulassung von Kurzarbeit ist als privatrechtsgestaltender Verwaltungsakt zu qualifizieren.[13]

2. Umfang der Zulassung

7   Das Landesarbeitsamt kann die Kurzarbeit in **beliebigem Umfang** zulassen, nur darf sie zeitlich die Dauer der Sperrfrist (ein Monat, bei Verlängerung höchstens 2 Monate) nicht übersteigen. Im übrigen bestehen keine Schranken; namentlich gilt die frühere Vorschrift, daß die Wochenarbeitszeit nicht unter 24 Stunden herabgesetzt werden dürfe, nicht mehr. Insbesondere kann das Landesarbeitsamt die Art und Weise der Kurzarbeit durch nähere Bestimmungen regeln.[14] Es kann also:

---

[9] *Bader/Dörner* § 19 Rn. 4; – kritisch APS/*Moll* § 19 KSchG Rn. 7.
[10] Vgl. *Rumpff/Dröge* S. 54.
[11] Vgl. *Bader/Dörner* § 19 Rn. 18; *Gagel/Bieback*, AFG 2. Aufl. Stand Jan. 1998, § 64 Rn. 129 ff., § 66 Rn. 4 ff.; KR-*Weigand* § 19 KSchG Rn. 34.
[12] Vgl. *Gagel/Wieczorek* Vor § 63 Rn. 45; *Herschel/Löwisch* § 19 Rn. 6; *Hueck* Lehrb. S. 702; APS/*Moll* § 19 KSchG Rn. 11 ff.; *Rumpff/Dröge* S. 56; zweifelnd KR-*Weigand* § 19 KSchG Rn. 7 hinsichtlich des Verschuldens des Arbeitgebers.
[13] Vgl. ErfK/*Ascheid* § 19 KSchG Rn. 3; *Bader/Dörner* § 19 Rn. 7; HK-KSchG/*Hauck* § 19 Rn. 11; *Kittner/Däubler/Zwanziger* § 19 KSchG Rn. 5; *Löwisch* § 19 Rn. 11; APS/*Moll* § 19 KSchG Rn. 9; v. *Stebut* RdA 1974, 344; KR-*Weigand* § 19 KSchG Rn. 15.
[14] Vgl. ErfK/*Ascheid* § 19 KSchG Rn. 3; HK-KSchG/*Hauck* § 19 Rn. 13; *Kittner/Däubler/Zwanziger* § 19 KSchG Rn. 8; *Löwisch* § 19 Rn. 7; KR-*Weigand* § 19 KSchG Rn. 18.

a) Die Kurzarbeit nur für einen **Teil der Sperrfrist** zulassen, und es kann, 8
wenn nach seiner Meinung später die Gründe für die Kurzarbeit wieder
fortfallen, die Anordnung wieder aufheben.[15]

b) Das Landesarbeitsamt kann die Kurzarbeit für die **gesamte Belegschaft** 9
oder nur eine **Betriebsabteilung,** es kann sie auch für bestimmte Gruppen von Arbeitnehmern zulassen.[16]

c) Das Landesarbeitsamt kann die Kurzarbeit **inhaltlich beschränken,** also 10
etwa die Verkürzung der Arbeitszeit auf 30 Stunden wöchentlich zulassen,
soweit nicht der einschlägige Tarifvertrag bestimmte Daten vorgibt (dazu
unten Rn. 18). Immer aber muß eine untere Grenze der Arbeitszeit festgesetzt werden, da eine gesetzliche Mindestarbeitszeit nicht mehr besteht.

d) Die Zulassung von Kurzarbeit **mit rückwirkender Kraft** vor der An- 11
tragstellung ist auf der Grundlage des § 19 nicht zulässig;[17] denn § 19 Abs. 1
bezieht sich ausdrücklich auf die Regelung des § 18 Abs. 1 einschließlich
Halbsatz 2. Die vorausgehende Einführung von Kurzarbeit ist daher insoweit nur auf Grund anderer Voraussetzungen möglich (dazu unten
Rn. 14 ff.).

Mit Ablauf der Sperrfrist tritt die Zulassung **von selbst außer Kraft.**[18] 12

3. Bedeutung der Zulassung

a) Die Zulassung des Landesarbeitsamtes enthält keinen bindenden Befehl, 13
die Kurzarbeit einzuführen, sondern lediglich eine **Ermächtigung für den
Arbeitgeber.** Ob er davon Gebrauch machen will, steht ganz in seinem Belieben. Die Bedeutung dieser Ermächtigung liegt also darin, daß sie die in
den Arbeitsverträgen liegenden Hinderungsgründe für die Einführung von
Kurzarbeit beseitigt.[19]

Ohne die Ermächtigung des Landesarbeitsamtes nach § 19 ist Kurzarbeit 14
nur möglich, wenn sie entweder **von vornherein** im Arbeitsvertrag, in
einer Betriebsvereinbarung oder in einem Tarifvertrag **vorgesehen** ist. Dabei könnte geregelt sein, daß Kurzarbeit unter bestimmten Umständen von
selbst eintreten soll (praktisch selten), oder daß dem Arbeitgeber das Recht
zur einseitigen Einführung zugestanden ist, oder daß sich Arbeitgeber und
Arbeitnehmer über die Einführung der Kurzarbeit gütlich einigen, oder daß
schließlich Arbeitgeber und Betriebsrat eine entsprechende Betriebsvereinbarung gemäß § 87 Abs. 1 Nr. 3 BetrVG mit unmittelbarer und zwingender
Wirkung für die Arbeitnehmer (§ 77 Abs. 4 BetrVG) abschließen.[20] Soweit

---

[15] Vgl. *Hueck* Lehrb. S. 702; HaKo/*Pfeiffer* § 19 Rn. 4; – kritisch *Rumpff/Dröge* S. 55 f.
[16] *Kittner/Däubler/Zwanziger* § 19 KSchG Rn. 8; APS/*Moll* § 19 KSchG Rn. 17.
[17] Ebenso ErfK/*Ascheid* § 19 KSchG Rn. 3; *Bader/Dörner* § 19 KSchG Rn. 9; *Kittner/Däubler/Zwanziger* § 19 KSchG Rn. 8; – abweichend *Bellinghausen* S. 292 f.; APS/*Moll* § 19 KSchG Rn. 16.
[18] Vgl. ErfK/*Ascheid* § 19 KSchG Rn. 3; *Bader/Dörner* § 19 Rn. 8; *Kittner/Däubler/Zwanziger* § 19 KSchG Rn. 9; *Löwisch* § 19 Rn. 7; KR-*Weigand* § 19 KSchG Rn. 19.
[19] Ebenso ErfK/*Ascheid* § 19 KSchG Rn. 4; HK-KSchG/*Hauck* § 19 Rn. 14; *Kittner/Däubler/Zwanziger* § 19 KSchG Rn. 10; *Löwisch* § 19 Rn. 8; APS/*Moll* § 19 KSchG Rn. 20; HaKo/*Pfeiffer* § 19 Rn. 5; KR-*Weigand* § 19 KSchG Rn. 20.
[20] Siehe zu diesen Möglichkeiten: ErfK/*Ascheid* § 19 KSchG Rn. 4; *Backmeister/Trittin* § 19 Rn. 11; *Ehmann* S. 32 ff.; *Gagel/Wieczorek* Vor § 63 Rn. 14 ff.; APS/*Moll* § 19 KSchG Rn. 19; *Schaub* § 47 Rn. 2; *v. Stebut* RdA 1974, 332 ff.; KR-*Weigand* § 19 KSchG Rn. 3.

die Mitbestimmung des Betriebsrats für die konkrete Einführung der Kurzarbeit noch nicht beachtet ist, hat diese in allen Fällen der Einführung von Kurzarbeit gemäß § 87 Abs. 1 Nr. 3 BetrVG zu erfolgen (siehe dazu unten Rn. 17). Die Einführung von Kurzarbeit unter diesen eben genannten Voraussetzungen wird durch § 19 in keiner Weise berührt. Sie ist auch **neben** einer vom Landesarbeitsamt gestatteten Kurzarbeit möglich, wenn etwa das Landesarbeitsamt nur eine verhältnismäßig geringe Kürzung der Arbeitszeit zugelassen hat, der Arbeitgeber aber für einen Teil der Belegschaft eine stärkere Kürzung durchführen will. Irgendein Verbot oder eine Beschränkung einer solchen freiwilligen Arbeitszeitkürzung liegt in der Anordnung des Landesarbeitsamtes nicht. Ebensowenig kann das Landesarbeitsamt auf Grund des § 19 in Betrieben, in denen schon verkürzt gearbeitet wird, eine Heraufsetzung der Arbeitszeit anordnen.[21]

15 Ist aber die Einführung von Kurzarbeit außerhalb des § 19 nicht möglich und erklären sich die Arbeitnehmer auch nicht freiwillig damit einverstanden, so würde der Arbeitgeber sie ohne Ermächtigung des Landesarbeitsamtes nur durch Kündigung der alten Arbeitsverträge unter gleichzeitigem Angebot des Abschlusses neuer Arbeitsverträge mit kürzerer Arbeitszeit durchführen können. Eine solche **Änderungskündigung** wäre zwar denkbar, die Erreichung des beabsichtigten Zieles ist aber dadurch sehr erschwert, daß Entlassungen auf Grund einer derartigen Kündigung ohne Genehmigung des Landesarbeitsamtes während der Sperrfrist nicht durchgeführt werden können.[22]

16 Hier greift nun die Ermächtigung ein. Sie ermöglicht dem Arbeitgeber die Einführung der Kurzarbeit auch ohne Kündigung der Arbeitsverträge. Sie wirkt also insofern auf die Arbeitsverträge ein, als sie dem Arbeitgeber das Recht gibt, **einseitig den Inhalt der Verträge abzuändern**. Auch frühere Betriebsvereinbarungen nach § 87 Abs. 1 Nr. 3 BetrVG stehen dem nicht entgegen, selbst wenn sie ein Verbot der Arbeitszeitkürzung enthalten sollten; das folgt aus einem Gegenschluß zu § 19 Abs. 3 und ist durch die Sperrwirkung des § 87 Abs. 1 Hs. 1 BetrVG gedeckt.[23]

17 b) Davon ist streng die Frage zu unterscheiden, ob der Betriebsrat ein **Mitbestimmungsrecht nach § 87 Abs. 1 Nr. 3 BetrVG** hat, wenn der Arbeitgeber Kurzarbeit auf Grund der Ermächtigung nach § 19 einführen will. Dabei kann sich das Mitbestimmungsrecht des Betriebsrates auf die Frage der Einführung von Kurzarbeit als solcher („Ob") und auf die Frage der Durchführung der Kurzarbeit, der Modalitäten („Wie") erstrecken (zu letzteren unten Rn. 28). Die herrschende Meinung geht zutreffend davon aus, daß das Mitbestimmungsrecht des Betriebsrates nach § 87 Abs. 1 Nr. 3 BetrVG trotz der Zulassung von Kurzarbeit bestehen bleibt, weil diese dem Arbeitgeber lediglich ein Gestaltungsrecht einräumt (dazu oben Rn. 6), ohne daß bereits eine verbindliche Regelung durch den Gesetzgeber oder das Lan-

---

[21] Vgl. *Hueck* Lehrb. S. 703; *Rumpff/Dröge* S. 61 f.
[22] Vgl. KR-*Weigand* § 19 KSchG Rn. 3.
[23] Ebenso ErfK/*Ascheid* § 19 KSchG Rn. 4; *Bader/Dörner* § 19 Rn. 12; *Berscheid* AR-Blattei SD 1020.2 Rn. 288; *Caspers* S. 98; *Hahn* S. 45; *Kittner/Däubler/Zwanziger* § 19 KSchG Rn. 11; APS/*Moll* § 19 KSchG Rn. 23; *Rumpff/Dröge* S. 61, 83 f.; *Schaub* Personalanpassung S. 93; *v. Stebut* RdA 1974, 344; KR-*Weigand* § 19 KSchG Rn. 29; – abweichend zum früheren Recht *Bellinghausen* S. 316; *Herschel/Steinmann* § 17 Rn. 14.

Zulässigkeit von Kurzarbeit 18–20 § 19

desarbeitsamt getroffen wäre.[24] Demgegenüber muß der Einwand zurückstehen, daß mit der Bejahung des Mitbestimmungsrechtes bei der Einführung von Kurzarbeit § 19 gar keine praktische Bedeutung mehr hätte.[25] Entscheidend ist vielmehr, daß die Zulassung von Kurzarbeit durch das Landesarbeitsamt vorwiegend arbeitsmarktpolitische Aspekte,[26] der Betriebsrat hingegen ausschließlich die betrieblichen Interessen zu beachten hat (§ 2 Abs. 1 BetrVG), so daß sein Mitbestimmungsrecht auch bei der Einführung von Kurzarbeit nach § 19 gerechtfertigt ist.

c) Gemäß der ausdrücklichen Regelung des **Abs. 3** kann sich das Landesarbeitsamt über **Bestimmungen des Tarifvertrages,** welche die Einführung, das Ausmaß und die Bezahlung von Kurzarbeit regeln, nicht hinwegsetzen. Voraussetzung ist allerdings, daß der Tarifvertrag kraft Gesetzes oder vertraglicher Bezugnahme anwendbar ist.[27] Verbietet der Tarifvertrag die Einführung von Kurzarbeit, so ist für die Zulassung durch das Landesarbeitsamt kein Raum. Macht er die Einführung von Kurzarbeit von besonderen Bedingungen abhängig, beschränkt er ihr Ausmaß oder sieht er eine besondere Bezahlung vor, so ist das Landesarbeitsamt auch daran gebunden.[28] 18

Ist ein Tarifvertrag anwendbar (oben Rn. 18), behält § 19 Abs. 1 und 2 in Betrieben ohne Betriebsrat Bedeutung für **nichttarifgebundene Arbeitnehmer,** weil es je nach den Umständen sehr wohl denkbar ist, daß die Kurzarbeit für den tariflich nicht geschützten Teil der Arbeitnehmer auch bei Vollbeschäftigung des anderen Teiles durchgeführt wird.[29] Sieht ein Tarifvertrag lediglich zugunsten des Arbeitgebers ein einseitiges Recht zur Arbeitskürzung in bestimmtem Ausmaß auch ohne behördliche Genehmigung vor, will der Tarifvertrag aber erkennbar die Arbeitskürzung für den Fall der Gestattung durch das Landesarbeitsamt nicht regeln, so bleibt eine weitergehende Ermächtigung durch das Landesarbeitsamt möglich.[30] 19

d) **Persönlicher Geltungsbereich:** Die Ermächtigung gilt gegenüber allen Arbeitnehmern. Der Sonderkündigungsschutz für Schwerbehinderte, Betriebsratsmitglieder, nach § 9 MuSchG geschützte Frauen usw. kommt ihr 20

---

[24] ErfK/*Ascheid* § 19 KSchG Rn. 5; *Berscheid* AR-Blattei SD 1020.2 Rn. 292; *Fitting* § 87 Rn. 150; *Gagel/Wieczorek* Vor § 63 Rn. 65 f.; *Jahnke* ZfA 1984, 97; *Kilian,* Arbeitszeit und Mitbestimmung des Betriebsrats, Diss. Köln 1981, S. 197; *Kittner/Däubler/Zwanziger* § 19 KSchG Rn. 14; *Richardi* § 87 Rn. 413; *Schaub* § 142 Rn. 38; *v. Stebut* RdA 1974, 344 ff.; KR-*Weigand* § 19 KSchG Rn. 31; GK-BetrVG/*Wiese* § 87 Rn. 393 m.w.N.; – abweichend *Bader/Dörner* § 19 Rn. 12; *Böhm* BB 1974, 284; *Ehmann* S. 34 Fn. 13; *Hess/Schlochauer/Glaubitz* § 87 Rn. 196.
[25] So *Löwisch* § 19 Rn. 10; wohl auch APS/*Moll* § 19 KSchG Rn. 25 f.
[26] Vgl. oben Vorbem. zu §§ 17 ff. Rn. 6; ausführlich *Jene* S. 167 ff.
[27] Ebenso *Bader/Dörner* § 19 Rn. 13; APS/*Moll* § 19 KSchG Rn. 36; wohl auch *Löwisch* § 19 Rn. 9.
[28] Ebenso ErfK/*Ascheid* § 19 KSchG Rn. 6; *Bader/Dörner* § 19 Rn. 13; *Berscheid* AR-Blattei SD 1020.2 Rn. 290; *Kittner/Däubler/Zwanziger* § 19 KSchG Rn. 13; *Löwisch* § 19 Rn. 9; *Schaub* § 142 Rn. 38; KR-*Weigand* § 19 KSchG Rn. 22 ff.; – abweichend *Rumpff/Dröge* S. 56.
[29] Ebenso ErfK/*Ascheid* § 19 KSchG Rn. 7; *Bader/Dörner* § 19 Rn. 13; *Caspers* S. 98; *Kittner/Däubler/Zwanziger* § 19 KSchG Rn. 13; APS/*Moll* § 19 KSchG Rn. 39; KR-*Weigand* § 19 KSchG Rn. 28; – abweichend *Bellinghausen* S. 314 f. und *Kehrmann* AuR 1967, 198, nach denen eine Aufspaltung der Ermächtigung praktisch nicht möglich sei.
[30] Vgl. *Herschel/Löwisch* § 19 Rn. 9; *Hueck* Lehrb. S. 703; KR-*Weigand* § 19 KSchG Rn. 27.

gegenüber nicht in Betracht, da sie keine Kündigung der Arbeitsverträge bedeutet, vielmehr die Änderung der Arbeitsverträge ohne Kündigung herbeigeführt wird.[31] Sie gilt auch für Auszubildende, die in dieser Hinsicht keine Sonderstellung einnehmen (vgl. unten Rn. 30, 32 f.).

21 e) Die Zulassung von Kurzarbeit durch das Landesarbeitsamt nach § 19 **umfaßt nicht** zugleich die Bewilligung von **Kurzarbeitergeld** durch das Arbeitsamt nach §§ 173 Abs. 1, 323 Abs. 2 Satz 1 SGB III, das auf Antrag des Arbeitgebers oder Betriebsrats an die von der Kurzarbeit betroffenen Arbeitnehmer bezahlt wird.[32] Abgesehen von der unterschiedlichen Zuständigkeit wird dieses nur nach den in §§ 169 ff. SGB III festgelegten Voraussetzungen gewährt.[33]

IV. Durchführung der Kurzarbeit

1. Ankündigung der Kurzarbeit

22 Da die Anordnung des Landesarbeitsamtes lediglich eine Ermächtigung bedeutet, tritt die Kurzarbeit erst ein, wenn der Arbeitgeber von der Ermächtigung **Gebrauch macht.** Das geschieht durch Ankündigung der Kurzarbeit gegenüber den betroffenen Arbeitnehmern. Diese Ankündigung bedeutet rechtlich keine Kündigung, sondern die einseitige Umgestaltung der Arbeitsverträge kraft des dem Arbeitgeber verliehenen Gestaltungsrechts (siehe oben Rn. 13, 16). Mit der Ankündigung werden die vertraglichen Rechte und Pflichten beider Teile geändert.[34] Die Arbeitspflicht des Arbeitnehmers wird eingeschränkt, ebenso die Beschäftigungspflicht des Arbeitgebers. Dasselbe gilt vorbehaltlich der unten Rn. 31 zu erörternden Ausnahme auch für die Lohnzahlungspflicht.

23 Dagegen führt die Ankündigung **nicht** zu einer **Beendigung des Arbeitsverhältnisses,** und zwar auch nicht mit Ablauf der Sperrfrist. Will der Arbeitgeber nach Ablauf der Sperrfrist Entlassungen vornehmen, so muß er neben der Ankündigung der Kurzarbeit eine besondere Kündigung aussprechen (vgl. oben § 17 Rn. 15 ff.).

2. Beginn

24 Die Abänderung der Arbeitsverträge tritt mit dem in der Ankündigung angegebenen **Zeitpunkt** ein. Der Arbeitgeber kann diesen Zeitpunkt im Rahmen der ihm erteilten Ermächtigung beliebig bestimmen. Das ergibt sich daraus, daß es sich nicht um eine bindende Anordnung, sondern um eine Ermächtigung handelt, von welcher der Arbeitgeber überhaupt nicht Gebrauch machen muß (siehe oben Rn. 13). Hat z. B. das Landesarbeitsamt die

---

[31] ErfK/*Ascheid* § 19 KSchG Rn. 5; *Bader/Dörner* § 19 Rn. 15; *Berscheid* AR-Blattei SD 1020.2 Rn. 287; HK-KSchG/*Hauck* § 19 Rn. 19.
[32] Dazu *Gagel/Bieback* § 72 Rn. 115 f.
[33] Vgl. ErfK/*Ascheid* § 19 KSchG Rn. 8; *Bader/Dörner* § 19 Rn. 18; *Berscheid* AR-Blattei SD 1020.2 Rn. 294; *Kittner/Däubler/Zwanziger* § 19 KSchG Rn. 18; HaKo/*Pfeiffer* § 19 Rn. 14; KR-*Weigand* § 19 KSchG Rn. 34; oben Rn. 5.
[34] Vgl. ErfK/*Ascheid* § 19 KSchG Rn. 9; HK-KSchG/*Hauck* § 19 Rn. 15; *Löwisch* § 19 Rn. 12; APS/*Moll* § 19 KSchG Rn. 21; *v. Stebut* RdA 1974, 344; KR-*Weigand* § 19 KSchG Rn. 37.

Einführung der Kurzarbeit mit sofortiger Wirkung gestattet, so kann der Arbeitgeber sie, wenn er will, doch erst nach Ablauf der 14tägigen Kündigungsfrist eintreten lassen, was für ihn häufig zweckmäßig sein wird, da er erst von diesem Zeitpunkt an den Lohn kürzen kann (dazu unten Rn. 31). Ebenso kann der Arbeitgeber hinsichtlich des Umfanges der Kurzarbeit von der Ermächtigung einen beschränkten Gebrauch machen, und zwar sowohl hinsichtlich der Zahl der Arbeitnehmer, die verkürzt arbeiten sollen, wie hinsichtlich des zeitlichen Ausmaßes der Arbeitskürzung.[35]

3. Rechtslage für den Arbeitnehmer

Die Änderung des Arbeitsvertrages tritt ein, **ohne daß es einer Zustimmung des Arbeitnehmers** bedarf. Ein Arbeitnehmer, der nicht einverstanden ist, hat lediglich die Möglichkeit, seinerseits das Arbeitsverhältnis zu kündigen. Er muß dabei aber, sofern nicht etwa die Einführung der Kurzarbeit ausnahmsweise einen wichtigen Kündigungsgrund im Sinn des § 626 BGB darstellen sollte, die vertragliche oder gesetzliche Kündigungsfrist einhalten, und er genießt, da er von sich aus kündigt, keinerlei Kündigungsschutz; insbesondere finden die §§ 1 ff. keine Anwendung.[36] Zur gerichtlichen Kontrolle durch den Arbeitnehmer siehe unten Rn. 40 f.

4. Dauer der Kurzarbeit

Die Änderung des Arbeitsvertrages gilt nur für die Dauer der vom Landesarbeitsamt getroffenen Anordnung. Da diese höchstens für die Sperrfrist Geltung hat (vgl. oben Rn. 7), leben mit **Ablauf der Sperrfrist** die alten Arbeitsbedingungen wieder auf.[37] Arbeitnehmer, denen nicht gekündigt ist, können also von diesem Zeitpunkt an ihren früheren Lohn wieder fordern. Umgekehrt fällt aber auch mit Ablauf der Sperrfrist die Pflicht des Arbeitgebers, statt der Entlassung Kurzarbeit einzuführen, fort. Mit diesem Zeitpunkt kann also der Arbeitgeber beliebige Entlassungen vornehmen und die verbleibenden Arbeitnehmer wieder voll beschäftigen. Will er auch weiterhin verkürzt arbeiten lassen, so muß er entsprechende Vereinbarungen neu treffen, sofern er nicht etwa schon auf Grund der alten Arbeitsverträge, einer Betriebsvereinbarung oder eines Tarifvertrages das Recht zur einseitigen Einführung von Kurzarbeit hatte (vgl. oben Rn. 14).

5. Verteilung der Kurzarbeitszeit

Die Verteilung der Arbeitsstunden auf die einzelnen Wochentage unterliegt vorbehaltlich des Mitbestimmungsrechts des Betriebsrats (dazu unten Rn. 28) **der Entscheidung des Arbeitgebers.** Er kann, wenn die Arbeitszeit von 40 auf 24 Wochenstunden herabgesetzt ist, ebensogut an 3 Tagen je 8 Stunden wie an 6 Tagen je 4 Stunden oder an 4 Tagen je 6 Stunden arbeiten

---

[35] Vgl. ErfK/*Ascheid* § 19 KSchG Rn. 9; *Löwisch* § 19 Rn. 13; KR-*Weigand* § 19 KSchG Rn. 35.
[36] Allgemeine Meinung; vgl. ErfK/*Ascheid* § 19 KSchG Rn. 9; *Löwisch* § 19 Rn. 12; *Rumpff/Dröge* S. 59; KR-*Weigand* § 19 KSchG Rn. 38.
[37] ErfK/*Ascheid* § 19 KSchG Rn. 9; *Löwisch* § 19 Rn. 21; APS/*Moll* § 19 KSchG Rn. 22; KR-*Weigand* § 19 KSchG Rn. 41.

lassen. Auch eine Überschreitung der achtstündigen Arbeitszeit an einzelnen Tagen ist im gleichen Umfang möglich wie bei voller Beschäftigung; namentlich sind §§ 4, 7 ArbZG anwendbar. Das ergibt sich daraus, daß die Einführung der Kurzarbeit eine Vergünstigung für den Arbeitgeber bedeuten soll und ihm deshalb die beste wirtschaftliche Ausnutzung dieser Möglichkeit überlassen bleiben muß.[38]

28 Der Arbeitgeber muß allerdings das **Mitbestimmungsrecht des Betriebsrats** nach § 87 Abs. 1 Nr. 2 und 3 BetrVG beachten. Demzufolge ist mit dem Betriebsrat gemeinsam zu beschließen, ob, wann und wie die verbleibende Arbeitszeit auf die Kurzarbeitsperiode verteilt wird.[39] Das gilt nach der hier vertretenen Auffassung ohnehin (oben Rn. 17), wird aber auch im übrigen für die Verteilung der nach § 19 zugelassenen Kurzarbeit gemäß § 87 Abs. 1 Nr. 2 BetrVG überwiegend bejaht.[40]

V. Lohnzahlung

29 Wenn die Zulassung des Landesarbeitsamtes auch in die Gestaltung der Arbeitsverträge eingreift, so sollen dadurch doch die Lohnansprüche der Arbeitnehmer, die ohne den § 19 nach den allgemeinen Grundsätzen bestehen würden, **nicht unbedingt sofort geschmälert** werden **(Abs. 2)**.

1. Entsprechende Kürzung

30 An sich ist es selbstverständlich, daß mit der Verkürzung der Arbeitszeit normalerweise auch eine entsprechende Kürzung des Lohnes eintritt, da Arbeit und Lohn grundsätzlich einander entsprechen (vgl. § 323 BGB). Andernfalls hätte auch die Einführung der Kurzarbeit für den Arbeitgeber wirtschaftlich keine Bedeutung, sie brächte ihm regelmäßig nur Nachteile.[41] Diese Herabsetzung des Lohnes tritt bei Akkordarbeit von selbst ein, da das Ergebnis der Arbeitsleistung sich infolge der Kürzung der Arbeitszeit naturgemäß verringert (beachte aber unten Rn. 37). Sie ist aber auch beim Zeitlohn vorzunehmen, und zwar erfolgt sie hier genau im **Verhältnis zur Verkürzung der Arbeitszeit**.[42] Die Vergütung von Auszubildenden gemäß § 10 BBiG ist jedoch nach § 12 Abs. 1 Nr. 2a BBiG sechs Wochen lang während der Kurzarbeit in vollem Umfang weiterzuzahlen. Danach gelten auch für Auszubildende im Umkehrschluß zu dieser Bestimmung keine Besonderheiten, zumal sie als Arbeitnehmer i. S. d. §§ 25 Abs. 1, 172 Abs. 1 SGB III ebenfalls Anspruch auf Kurzarbeitergeld haben können, selbst wenn wegen des Ausbildungszwecks Kurzarbeit für sie nur in ganz seltenen Fällen in Betracht kommen wird.[43]

---

[38] Vgl. ErfK/*Ascheid* § 19 KSchG Rn. 9; *Löwisch* § 19 Rn. 13; KR-*Weigand* § 19 KSchG Rn. 36.
[39] Dazu *Fitting* § 87 Rn. 147; *Richardi* § 87 Rn. 392; GK-BetrVG/*Wiese* § 87 Rn. 389, 419.
[40] Vgl. ErfK/*Ascheid* § 19 KSchG Rn. 9; *Bader/Dörner* § 19 Rn. 12; *Löwisch* § 19 Rn. 14; *Rumpff/Dröge* S. 58, 93; KR-*Weigand* § 19 KSchG Rn. 36; – offengelassen insoweit von *Böhm* BB 1974, 284 und *Ehmann* S. 34 Fn. 13.
[41] Vgl. KR-*Weigand* § 19 KSchG Rn. 39.
[42] *Kittner/Däubler/Zwanziger* § 19 KSchG Rn. 17; HaKo/*Pfeiffer* § 19 Rn. 10.
[43] Vgl. *Herkert* BBiG Stand März 1997, § 3 Rn. 17c; – abweichend APS/*Moll* § 19 KSchG Rn. 32; *Rumpff/Dröge* S. 125.

2. Zeitpunkt der Kürzung

Die Lohnkürzung tritt **sofort** mit der Verkürzung der Arbeitszeit ein, wenn diese auf Grund vertraglicher Vereinbarung erfolgt oder wenn doch die Lohnkürzung für den Fall der Kurzarbeit vertraglich oder tariflich vorgesehen war. Enthält der Vertrag dagegen keine Bestimmung, so tritt die Lohnkürzung erst in dem Zeitpunkt ein, in dem das Arbeitsverhältnis im Falle der Kündigung nach den allgemeinen gesetzlichen oder den vertraglichen Bestimmungen enden würde, § 19 Abs. 2 Hs. 2.[44] Der Zweck dieser Regelung besteht darin, eine möglichst gleichmäßige Durchführung der Kurzarbeit zu ermöglichen,[45] soweit nicht besonders vereinbarte vertragliche Bestimmungen bestehen (unten Rn. 34).

31

3. Die allgemeinen gesetzlichen Bestimmungen

Unter den allgemeinen gesetzlichen Bestimmungen sind die Vorschriften zu verstehen, die für alle Arbeiter oder Angestellten gelten, also heute die **Vorschrift des § 622 Abs. 1 BGB** als sog. Grundkündigungsfrist von 4 Wochen zum 15. oder zum Ende eines Kalendermonats. Dagegen kommen die besonderen Kündigungsvorschriften für Schwerbehinderte, Auszubildende, Betriebsratsmitglieder und sonstige nach § 15 geschützte Personen sowie die Bestimmungen des Mutterschutzgesetzes nicht in Betracht.[46] Schwerbehinderte sind infolgedessen wie alle anderen Arbeitnehmer zu behandeln. Sieht für diese z.B. ein Tarifvertrag eine Kündigungsfrist von einer Woche vor, so muß sich auch ein Schwerbehinderter die Lohnkürzung nach Ablauf von einer Woche gefallen lassen.[47]

32

Auch die Vorschriften des inzwischen aufgehobenen **Angestelltenkündigungsschutzgesetzes** waren keine allgemeinen Bestimmungen im Sinn des Abs. 2, da sie nicht für eine geschlossene Gruppe von Arbeitnehmern gleiche Kündigungsfristen festsetzten, sondern die Kündigungsfristen für einzelne Angestellte mit Rücksicht auf ihre individuellen Eigenschaften (Alter, Dauer der Betriebszugehörigkeit) verschieden regelten.[48] Durch die Neufassung des **§ 622 BGB,** insbesondere in **Abs. 2,** sind zwar die Kündigungsfristen für länger beschäftigte Arbeitnehmer vereinheitlicht worden; diese bleiben aber besondere Bestimmungen über Kündigungsfristen. Deshalb kann diese Vorschrift im Rahmen des § 19 nicht beachtet werden.[49]

33

---

[44] *Löwisch* § 19 Rn. 15.
[45] *Löwisch* § 19 Rn. 17; KR-*Weigand* § 19 KSchG Rn. 42.
[46] H.M.; vgl. BAG 7. 4. 1970, AP Nr. 3 zu § 615 BGB Kurzarbeit mit zust. Anm. *Söllner;* ErfK/*Ascheid* § 19 KSchG Rn. 10; *Bader/Dörner* § 19 Rn. 15; HK-KSchG/*Hauck* § 19 Rn. 16; *Löwisch* § 19 Rn. 17; APS/*Moll* § 19 KSchG Rn. 28; HaKo/*Pfeiffer* § 19 Rn. 11; *Rumpff/Dröge* S. 59 f.; KR-*Weigand* § 19 KSchG Rn. 42, 44; – abweichend *Kehrmann* AuR 1967, 198 f.
[47] Vgl. *Neumann/Pahlen* SchwbG 9. Aufl. 1999, Rn. 67 m.w.N.
[48] Zur früheren Rechtslage Voraufl. § 19 Rn. 33; *Herschel/Löwisch* § 19 Rn. 16.
[49] Ebenso *Löwisch* § 19 Rn. 17; – abweichend APS/*Moll* § 19 KSchG Rn. 28.

4. Die vereinbarten Bestimmungen

34   Den allgemeinen gesetzlichen Bestimmungen sind die vereinbarten Bestimmungen wegen des Vorrangs der Privatautonomie gleichgestellt (Abs. 2). Sind demnach **besondere Kündigungsfristen im Arbeitsvertrag** vereinbart, so sind diese für die Ermittlung des Zeitpunkts maßgebend, von dem an die Kürzung des Arbeitsentgelts zulässig ist, mögen diese Fristen kürzer oder länger als die gesetzlichen sein.[50] Auch tarifliche Kündigungsfristen zählen zu den vereinbarten Fristen.[51] Daher ist auch bei zulässig befristeten Arbeitsverhältnissen wegen Ausschlusses der ordentlichen Kündigung die Lohnkürzung erst mit dem Ablauf der vereinbarten Zeit möglich (§ 620 Abs. 1 BGB).

5. Fristbeginn

35   Die der vertraglichen, tariflichen oder gesetzlichen Kündigungsfrist entsprechende Frist, während der noch der volle Lohn zu zahlen ist, beginnt im allgemeinen mit der **Ankündigung der Kurzarbeit.** Sie beginnt aber schon mit der Kündigung des Arbeitsvertrages, falls diese vor der Ankündigung der Kurzarbeit ausgesprochen worden ist. Das trifft z. B. zu, wenn der Arbeitgeber in der Hoffnung, das Landesarbeitsamt werde die Entlassung genehmigen, die Kündigung ausgesprochen hatte, das Landesarbeitsamt aber die Genehmigung verweigert und dafür die Einführung von Kurzarbeit gestattet. Ohne den Entlassungsschutz der §§ 17 ff. hätte in einem solchen Falle das Arbeitsverhältnis mit Ablauf der Kündigungsfrist sein Ende erreicht; nur bis zu diesem Zeitpunkt braucht deshalb der volle Lohn bezahlt zu werden.[52]

36   Ebenso ist es, wenn der Arbeitgeber bei **Arbeitsverhältnissen mit längeren Kündigungsfristen** zur Zeit der Kündigung mit einer Massenentlassung noch gar nicht gerechnet hatte. Fällt hier der Kündigungstermin in die Sperrfrist, so wird zwar in diesem Zeitpunkt die Kündigung nicht wirksam, wohl aber kann bei gestatteter Kurzarbeit der Arbeitgeber von diesem Zeitpunkt an den Lohn herabsetzen, da auch hier ohne die §§ 17 ff. das Arbeitsverhältnis schon in diesem Zeitpunkt sein Ende erreicht hätte.[53]

6. Akkordlohn

37   Nicht zutreffend ist die früher vielfach vertretene Ansicht, daß bei Akkordlohn die Lohnkürzung sofort eintreten könne.[54] Denn bei Akkordverträgen kann der Arbeitnehmer, wenn ihm nicht genug Arbeit zugewiesen wird, im allgemeinen Zahlung derjenigen Vergütung verlangen, die er bei Zuweisung ausreichender Arbeit verdient haben würde. Dieser Anspruch,

---

[50] Vgl. ErfK/*Ascheid* § 19 KSchG Rn. 10; *Löwisch* § 19 Rn. 18; – abweichend *Rumpff/ Dröge* S. 61, die vereinbarte längere Kündigungsfristen nicht zu Abs. 2 Hs. 2 zählen.
[51] *Löwisch* § 19 Rn. 18; HaKo/*Pfeiffer* § 19 Rn. 11.
[52] Vgl. ErfK/*Ascheid* § 19 KSchG Rn. 10; *Löwisch* § 19 Rn. 19 f.; APS/*Moll* § 19 KSchG Rn. 30; HaKo/*Pfeiffer* § 19 Rn. 12; KR-*Weigand* § 19 KSchG Rn. 40.
[53] Vgl. *Löwisch* § 19 Rn. 20.
[54] Vgl. zur älteren Literatur *Hueck* KSchG 7. Aufl. § 19 Rn. 17; wie hier *Hueck* Lehrb. S. 705; *Löwisch* § 19 Rn. 22.

der ihm ohne die Einführung der Kurzarbeit zugestanden hätte, muß ihm nach § 19 Abs. 2 bis zum Ablauf der Kündigungsfrist auch trotz der Arbeitskürzung zugebilligt werden.

7. Nichtarbeitende Arbeitnehmer

An der Arbeitsleistung verhinderte Arbeitnehmer, die nach § 616 BGB, § 3 **38** EFZG, § 12 BBiG oder nach entsprechenden tariflichen oder vertraglichen Bestimmungen auf Grund Arbeitsverhinderung, insbesondere **Arbeitsunfähigkeit,** Lohn fordern können, erhalten den verkürzten Lohn vom gleichen Zeitpunkt an, von dem an sie ihn erhalten hätten, wenn sie gearbeitet hätten. Denn sie sollen hinsichtlich des Lohnes nach dem Lohnausfallprinzip so gestellt werden, als ob sie hätten arbeiten können.[55]

8. Urlaub

Kurzarbeit hat **keinen Einfluß** auf den Urlaub und Urlaubsentgeltansprüche. **39** Wird nämlich während der Kurzarbeitszeit Urlaub gewährt, so sind die durch Verkürzung der Arbeitszeit freien Werktage nach bisher h. M. auf die Urlaubsdauer anzurechnen, also normalen Werktagen gleichzusetzen.[56] Verdienstkürzungen wirken sich auf die Höhe des Urlaubsentgelts nicht aus, da nach der ausdrücklichen Regelung des § 11 Abs. 1 Satz 3 BUrlG Kurzarbeit nicht berücksichtigt werden soll.[57]

9. Rechtsmittel

Führt der Arbeitgeber nach § 19 Kurzarbeit ein, kann der betroffene Arbeitnehmer **nicht** durch Klage bei dem **Sozialgericht** die Zulassung der Kurzarbeit überprüfen lassen. Auch wenn man die Entscheidung des Landesarbeitsamtes als einen Verwaltungsakt mit Doppelwirkung auffaßt, weil sie den Arbeitgeber begünstigt und die einzelnen Arbeitnehmer belastet,[58] fehlt es doch an einer unmittelbaren Belastung der Arbeitnehmer. Denn die Zulassung zur Kurzarbeit als solche beeinträchtigt die Arbeitnehmer noch nicht. Vielmehr muß die Entscheidung des Arbeitgebers über die Einführung von Kurzarbeit hinzukommen.

Daher können betroffene Arbeitnehmer lediglich gegen den Arbeitgeber **41** Klage bei dem **Arbeitsgericht** erheben, indem sie Weiterbeschäftigung und ungekürzte Entgeltzahlung beantragen. In diesem Rahmen findet dann eine eingeschränkte Inzidentprüfung der wirksamen Anordnung der Kurzarbeit

---

[55] Vgl. *Bader/Dörner* § 19 Rn. 17; HK-KSchG/*Hauck* § 19 Rn. 20; *Löwisch* § 19 Rn. 23; APS/*Moll* § 19 KSchG Rn. 34; HaKo/*Pfeiffer* § 19 Rn. 13; KR-*Weigand* § 19 KSchG Rn. 46.
[56] GK-BUrlG/*Bleistein* 5. Aufl. 1992, § 3 Rn. 13; *Dersch/Neumann* BUrlG 8. Aufl. 1997, § 3 Rn. 48; APS/*Moll* § 19 KSchG Rn. 35; HaKo/*Pfeiffer* § 19 Rn. 13; – abweichend *Leinemann/Linck* Urlaubsrecht 1995, § 3 Rn. 49 ff.
[57] *Bader/Dörner* § 19 Rn. 17; HK-KSchG/*Hauck* § 19 Rn. 20; *Löwisch* § 19 Rn. 24; GK-BUrlG/*Stahlhacke* § 11 Rn. 51 f.; KR-*Weigand* § 19 KSchG Rn. 48; ausführlich *Leinemann/Linck* § 11 Rn. 68 ff.
[58] So *Gagel/Wieczorek* vor § 63 Rn. 47; HaKo/*Pfeiffer* § 19 Rn. 3; *v. Stebut* RdA 1974, 344; KR-*Weigand* § 19 KSchG Rn. 3, welche eine Klage beim Sozialgericht zulassen. – Wie hier APS/*Moll* § 19 KSchG Rn. 42.

§ 20   3. Abschnitt. Anzeigepflichtige Entlassungen

statt. Das Arbeitsgericht hat demzufolge zu prüfen, ob eine Ermächtigung des Landesarbeitsamtes überhaupt vorliegt, und ob sich der Arbeitgeber im Rahmen dieser Ermächtigung gehalten hat. Eine Überprüfung der Ermessensausübung durch das Landesarbeitsamt hinsichtlich der Zulassung der Kurzarbeit ist aber nicht möglich.[59]

§ 20 Entscheidungen des Arbeitsamtes

(1) ¹Die Entscheidungen des Arbeitsamtes nach § 18 Abs. 1 und 2 trifft dessen Direktor oder ein Ausschuß (Entscheidungsträger). ²Der Direktor darf nur dann entscheiden, wenn die Zahl der Entlassungen weniger als 50 beträgt.

(2) ¹Der Ausschuß setzt sich aus dem Direktor des Arbeitsamtes oder einem von ihm beauftragten Angehörigen des Arbeitsamtes als Vorsitzenden und je zwei Vertretern der Arbeitnehmer, der Arbeitgeber und der öffentlichen Körperschaften zusammen, die von dem Verwaltungsausschuß des Arbeitsamtes benannt werden. ²Er trifft seine Entscheidung mit Stimmenmehrheit.

(3) ¹Der Entscheidungsträger hat vor seiner Entscheidung den Arbeitgeber und den Betriebsrat anzuhören. ²Dem Entscheidungsträger sind, insbesondere vom Arbeitgeber und Betriebsrat, die von ihm für die Beurteilung des Falles erforderlich gehaltenen Auskünfte zu erteilen.

(4) Der Entscheidungsträger hat sowohl das Interesse des Arbeitgebers als auch das der zu entlassenden Arbeitnehmer, das öffentliche Interesse und die Lage des gesamten Arbeitsmarktes unter besonderer Beachtung des Wirtschaftszweiges, dem der Betrieb angehört, zu berücksichtigen.

Schrifttum: Siehe außer den Angaben bei den Vorbem. zu §§ 17 ff.: Präsident der Bundesanstalt ANBA 1953 Nr. 2 S. 7.

Übersicht

	Rn.
Vorbemerkung	1
I. Grundgedanke	2
II. Geltungsbereich	3
III. Die Entscheidungsträger	5
1. Überblick	5
2. Ausschuß	6
a) Zusammensetzung	6
b) Vorsitzender	7
c) Beisitzer	8
3. Amtsdauer und Beschlußfähigkeit	11
IV. Verfahren	12
1. Anhörung von Arbeitgeber und Betriebsrat	13
2. Mehrheitsbeschluß	15
3. Verschwiegenheitspflicht	16

---

[59] Ebenso *Backmeister/Trittin* § 19 Rn. 14; *Bader/Dörner* § 19 Rn. 20; *Gagel/Wieczorek* vor § 63 Rn. 48; KR-*Weigand* § 19 KSchG Rn. 38; siehe auch oben Rn. 4 und 25.

Entscheidung des Arbeitsamtes 1–3 § 20

	Rn.
V. Entscheidungsgrundlagen	17
1. Antrag	17
2. Maßgebende Interessen	18
3. Beratungsaufgaben	22
VI. Entscheidung	23
1. Inhalt der Entscheidung	23
2. Wirksamwerden	24
3. Verwaltungsakt	25
4. Rechtsmittel	26
a) Arbeitsgericht	26
b) Sozialgericht	27
c) Vorverfahren	29

Vorbemerkung

Durch das Arbeitsförderungsreformgesetz (AFRG) vom 24. 3. 1997[1] ist § 20 **1** mit **Wirkung vom 1. 1. 1998 vollständig umgestaltet** worden (siehe auch oben Vorbem. zu §§ 17 ff. Rn. 5 b). Nach der Zielsetzung des AFRG sollen die Aufgaben der Bundesanstalt für Arbeit dezentralisiert und die Aufgaben durch Sachnähe und Verwaltungsvereinfachung verkürzt werden (vgl. § 371 Abs. 1 SGB III). Zur Entstehungsgeschichte der früheren Fassung siehe Vorauflage § 20 Rn. 1 f.[2]

I. Grundgedanke

§ 20 enthält **Bestimmungen für die wichtigeren** vom Arbeitsamt im **2** Fall von Massenentlassungen zu treffenden **Entscheidungen**. Während das jetzt festgelegte Verfahren weitgehend der bisherigen Regelung entspricht, ist die frühere Zuständigkeit des Landesarbeitsamtes auf das Arbeitsamt verlagert worden. Demzufolge ist auch die zuvor bestehende Delegationsmöglichkeit in § 20 Abs. 4 a. F. auf das Arbeitsamt entfallen. Statt dessen ist nunmehr die Entscheidungskompetenz einem sogenannten Entscheidungsträger übertragen (Abs. 1 Satz 1), das ist bei weniger als 50 Entlassungen der Direktor des Arbeitsamtes (Abs. 1 Satz 2), während bei einer größeren Zahl von Entlassungen wie früher ein – jetzt beim Arbeitsamt gebildeter – Ausschuß zuständig ist, der allerdings ebenfalls wie früher zusammengesetzt ist (Abs. 2). Unverändert knapp sind das Verfahren jetzt in Abs. 3 und die Kriterien der Entscheidungen in Abs. 4 geregelt. – Eine Sonderregelung für Betriebe des Verkehrswesens sowie des Post- und Fernmeldewesens im Bereich der unmittelbaren Zuständigkeit des Bundes enthält § 21.

II. Geltungsbereich

§ 20 gilt nur für die beiden wichtigsten Entscheidungen des Arbeitsamtes **3** nach § 18 Abs. 1 und 2, nämlich die Erteilung einer **Zustimmung zu den Entlassungen** während der Sperrfrist einerseits und die **Verlängerung der**

---

[1] BGBl. I S. 594, 712.
[2] Sowie APS/*Moll* § 20 KSchG Rn. 1 und KR-*Weigand* § 20 KSchG Rn. 1 ff.

Sperrfrist andererseits. Dazu gehört aber auch die Entscheidung darüber, ob die Voraussetzungen für ein Eingreifen des Arbeitsamtes überhaupt vorliegen. Ist z. B. zweifelhaft, ob die in § 17 Abs. 1 vorgesehene Mindestzahl der Entlassungen erreicht ist oder ob es sich um einen leitenden Angestellten im Sinn des § 17 Abs. 5 Nr. 3 handelt, hat aber der Arbeitgeber eine Anzeige erstattet und einen Antrag auf Zustimmung zu den Entlassungen gestellt, so ist die Entscheidung einzuholen, auch wenn der Entscheidungsträger der Ansicht ist, daß der besondere Kündigungsschutz nicht in Frage komme (dazu auch § 18 Rn. 15).[3]

4   Dagegen gilt § 20 **nicht für sonstige Entscheidungen**, die das Landesarbeitsamt auf Grund des KSchG zu treffen hat. Als solche kommt vor allem die Zulassung von Kurzarbeit nach § 19 in Betracht (siehe oben § 19 Rn. 6). Gerade diese Entscheidung ist besonders rasch zu treffen, so daß es befremdet, daß durch die neugeregelte Kompetenzzuweisung nicht auch für die Entscheidung der Zulassung von Kurzarbeit das Arbeitsamt zuständig geworden ist.[4]

III. Die Entscheidungsträger

1. Überblick

5   Nach der neuen Terminologie des Gesetzes trifft die Entscheidung jetzt gemäß Abs. 1 Satz 1 ein Entscheidungsträger. Das ist kein Organ der Bundesanstalt (vgl. § 374 Abs. 1 SGB III), auch kein besonderer Ausschuß i. S. von § 379 SGB III, sondern eine eigene **unabhängige Einrichtung**.[5] Seine Entscheidungen sind gleichwohl Entscheidungen des Arbeitsamtes, die der Bundesanstalt zugerechnet werden.[6] Entscheidungsträger ist entweder der Direktor des Arbeitsamtes (§ 396 Abs. 1 SGB III), wenn die Zahl der Entlassungen weniger als 50 beträgt (Abs. 1 Satz 2), oder der Ausschuß für anzeigepflichtige Entlassungen,[7] wenn die Zahl der Entlassungen 50 oder mehr umfaßt (Abs. 1 Satz 1). Die Zusammensetzung dieses Ausschusses bestimmt sich nach Abs. 2 Satz 1.

2. Ausschuß

6   a) **Zusammensetzung:** Der Ausschuß für anzeigepflichtige Entlassungen besteht aus einem Vorsitzenden und sechs Beisitzern, Abs. 2 Satz 1. Insoweit entspricht der Ausschuß der bis 1997 geltenden Regelung. Allerdings ist die Zusammensetzung jetzt **zwingend** gestaltet, die Zuordnung von weiteren beratenden Beisitzern (§ 20 Abs. 3 Satz 2 a. F.) ist also nicht mehr möglich.[8]

---

[3] Vgl. HaKo/*Pfeiffer* § 20 Rn. 9; KR-*Weigand* § 20 KSchG Rn. 38.
[4] Kritisch schon früher *Rademacher* ABA 1973, 345; jetzt ebenso *Bader/Dörner* § 20 Rn. 11; KR-*Weigand* § 19 Rn. 14.
[5] *Bader/Dörner* § 20 Rn. 3; KR-*Weigand* § 20 KSchG Rn. 10 ff.; kritisch *Rademacher* ABA 1973, 345.
[6] BSG 9. 12. 1958, AP Nr. 3 zu § 15 KSchG = BSGE 9, 1; 30. 10. 1959, AP Nr. 1 zu § 18 KSchG = BSGE 11, 14; BSGE 46, 99; APS/*Moll* § 20 KSchG Rn. 9.
[7] Ebenso KR-*Weigand* § 20 KSchG Rn. 6.
[8] Ebenso *Bader/Dörner* § 20 Rn. 4.

Entscheidung des Arbeitsamtes 7–10 § 20

b) **Vorsitzender:** Den Vorsitz kann der **Direktor des Arbeitsamtes** 7
selbst übernehmen. In der Regel wird er ihn einem Angehörigen des Arbeitsamtes übertragen. Derselbe kann, braucht aber nicht Beamter zu sein. In der Auswahl hat der Direktor des Arbeitsamtes freie Hand. Doch **muß** der Beauftragte **dem Arbeitsamt angehören.** Die Beauftragung kann jederzeit vom Direktor des Arbeitsamtes rückgängig gemacht werden.[9]

c) **Beisitzer:** Als Beisitzer mit Entscheidungsbefugnis fungieren je 2 Vertreter 8
der Arbeitnehmer, der Arbeitgeber und der öffentlichen Körperschaften. Die Beisitzer werden **vom Verwaltungsausschuß** des Arbeitsamtes gemäß Abs. 2 Satz 1 benannt. Da die Einzelheiten der Benennung von § 20 nicht geregelt werden, muß auf das in §§ 374 ff. SGB III normierte Organisationsrecht entsprechend zurückgegriffen werden.[10] Die Beisitzer werden dann vom Direktor des Arbeitsamtes im Rahmen der laufenden Geschäftsführung berufen und verpflichtet (Rundschreiben des Präsidenten v. 30. 9. 1997 – Ia 3–5570 (4)). Nicht nötig ist, daß dem Ausschuß nach § 20 die gleichen Vertreter angehören wie dem Verwaltungsausschuß des Arbeitsamtes (§ 378 Abs. 3 und 4 Satz 2 SGB III). Besondere Voraussetzungen brauchen sie nicht zu erfüllen.[11] In der Praxis wird der Verwaltungsausschuß die Arbeitnehmer- und Arbeitgebervertreter auf Grund von Vorschlägen der Gewerkschaften und Arbeitgeberverbände auswählen (vgl. § 392 Abs. 1 SGB III), diejenigen der öffentlichen Körperschaften aufgrund von Vorschlägen der gemeinsamen Gemeindeaufsichtsbehörden (§ 392 Abs. 4 SGB III).

Die Mitglieder des Ausschusses müssen **unparteiisch** sein. Deshalb kann 9
der Arbeitgeber – nicht jedoch der Betriebsrat[12] – Mitglieder ablehnen, wenn aus besonderen Gründen die Unparteilichkeit nicht gewährleistet ist. Das kann z. B. zutreffen, wenn ein Mitglied des Ausschusses einem Konkurrenzbetrieb angehört. Der Regierungsentwurf hatte ausdrücklich ein Ablehnungsrecht des Arbeitgebers aus Wettbewerbsgründen vorgesehen.[13] Im Arbeitsrechtsausschuß des Bundestages konnte über diesen Punkt keine Einigung erzielt werden. Deshalb ist die Bestimmung nicht Gesetz geworden. Das bedeutet aber nicht, daß dem Arbeitgeber in solchen Fällen kein Ablehnungsrecht zusteht, sondern es gelten die allgemeinen Grundsätze (vgl. §§ 16 f. SGB X), d. h. es muß im einzelnen Fall geprüft werden, ob ein ernsthafter Grund zum Mißtrauen gegen die Unparteilichkeit des Mitgliedes besteht.[14]

Über den **Antrag auf Ablehnung** entscheidet der Ausschuß (§§ 16 Abs. 4 10
Satz 2, 17 Abs. 2 SGB X). Der Vorschlag des Regierungsentwurfes, daß der Präsident des (Landes-)Arbeitsamtes allein entscheiden solle, ist nicht Gesetz

---

[9] Ebenso *Bader/Dörner* § 20 Rn. 4; APS/*Moll* § 20 KSchG Rn. 11; KR-*Weigand* § 20 KSchG Rn. 7.
[10] Ebenso *Bader/Dörner* § 20 Rn. 5; *Kittner/Däubler/Zwanziger* § 20 KSchG Rn. 4; APS/*Moll* § 20 KSchG Rn. 12 f.; KR-*Weigand* § 20 KSchG Rn. 10 ff.
[11] Vgl. APS/*Moll* § 20 KSchG Rn. 14; HaKo/*Pfeiffer* § 20 Rn. 6; KR-*Weigand* § 20 KSchG Rn. 13 ff.
[12] Ebenso *Kittner/Däubler/Zwanziger* § 20 KSchG Rn. 7; HaKo/*Pfeiffer* § 20 Rn. 7; KR-*Weigand* § 20 KSchG Rn. 23.
[13] Vgl. RdA 1951, 60.
[14] Ebenso *Löwisch* § 20 Rn. 5; *Kittner/Däubler/Zwanziger* § 20 KSchG Rn. 5; KR-*Weigand* § 20 KSchG Rn. 22 ff.

§ 20 11–13   3. Abschnitt. Anzeigepflichtige Entlassungen

geworden.[15] Jedes Mitglied des Ausschusses kann auch von sich aus in derartigen Fällen eine Beteiligung an der Entscheidung ablehnen. Ist das Ausschußmitglied an der Angelegenheit selbst beteiligt oder ist sein Ehegatte oder ein naher Verwandter beteiligt oder hat er als Bevollmächtigter oder gesetzlicher Vertreter eines Beteiligten oder als Zeuge oder Sachverständiger am Verfahren teilgenommen, so ist er von Amts wegen auszuschließen (§ 16 Abs. 1 SGB X).[16] In allen diesen Fällen muß ein Ersatzmann zugezogen werden (vgl. § 381 Abs. 3 SGB III).

4. Amtsdauer und Beschlußfähigkeit

11   Die **Amtsdauer** der Mitglieder des Ausschusses ist gesetzlich nicht festgelegt und kann daher beliebig bestimmt werden. Z.B. empfiehlt sich eine Anlehnung an die Amtsdauer der Verwaltungsausschüsse des Arbeitsamtes (§ 381 Abs. 1 SGB III).[17] – Auch hinsichtlich der **Beschlußfähigkeit** des Ausschusses enthält das Gesetz keine ausdrückliche Regelung. Wegen der relativ geringen Zahl von Mitgliedern wird man keine Analogie zu § 384 Abs. 1 Satz 1 SGB III ziehen können, sondern dem uneingeschränkten Wortlaut des § 20 Abs. 2 Satz 2 entnehmen müssen, daß der Ausschuß nur in vollständiger Besetzung beschlußfähig ist; nötigenfalls ist ein Ersatzmann der betreffenden Gruppe heranzuziehen. Wird dagegen verstoßen, ist die Entscheidung anfechtbar.[18]

IV. Verfahren

12   Das Gesetz enthält über das Verfahren nur wenige Vorschriften in § 20. Soweit nicht das SGB X bestimmte Verfahrensregeln vorschreibt, ist der Entscheidungsträger (Abs. 1 Satz 1) frei, kann also das Verfahren nach Zweckmäßigkeitserwägungen gemäß § 9 SGB X **selbst beliebig ausgestalten**.[19] Er kann sich namentlich eine Geschäftsordnung geben (§ 383 Abs. 1 SGB III).[20] Gesetzlich vorgesehen ist folgendes:

1. Anhörung von Arbeitgeber und Betriebsrat

13   Der Ausschuß hat vor der Entscheidung den Arbeitgeber und den Betriebsrat anzuhören (Abs. 3). Eine Form ist nicht vorgeschrieben, die Anhörung kann also schriftlich oder mündlich erfolgen.[21] Das Gesetz sieht die An-

---

[15] Vgl. RdA 1951, 60.
[16] Vgl. KR-*Weigand* § 20 KSchG Rn. 26.
[17] Ebenso APS/*Moll* § 20 KSchG Rn. 16; KR-*Weigand* § 20 KSchG Rn. 21.
[18] Ebenso Präsident der Bundesanstalt ANBA 1953 Nr. 2 S. 8 unter 5; Rundschreiben des Präsidenten BA v. 30. 9. 1997 – I a 3–5570 (4); *Herschel/Löwisch* § 20 Rn. 4; – abweichend BA DA 20.28; *Kittner/Däubler/Zwanziger* § 20 KSchG Rn. 10; APS/*Moll* § 20 KSchG Rn. 28; HaKo/*Pfeiffer* § 20 Rn. 12; KR-*Weigand* § 20 KSchG Rn. 51, welche die Mehrheit der anwesenden Mitglieder gemäß § 384 Abs. 1 Satz 1 SGB III genügen lassen wollen, aber trotzdem die Stellvertretung zur Vermeidung der Anfechtbarkeit empfehlen.
[19] Vgl. KR-*Weigand* § 20 KSchG Rn. 40; – kritisch APS/*Moll* § 20 KSchG Rn. 19.
[20] Ebenso ErfK/*Ascheid* § 20 KSchG Rn. 2; *Kittner/Däubler/Zwanziger* § 20 KSchG Rn. 9; KR-*Weigand* § 20 KSchG Rn. 49.
[21] APS/*Moll* § 20 KSchG Rn. 24; HaKo/*Pfeiffer* § 20 Rn. 10; – kritisch zum schriftlichen „Umlaufverfahren" *Rademacher* ABA 1973, 345.

hörung **zwingend** vor („hat anzuhören"), ohne eine Einschränkung zu machen, obwohl die Anzeige des Arbeitgebers (§ 17 Abs. 1) und die beigefügte Stellungnahme des Betriebsrats (§ 17 Abs. 3 Satz 2) in der Regel schon nähere Angaben über die Ansichten beider enthalten werden. Letzteres genügt also nicht, vielmehr soll der Ausschuß die Gelegenheit haben, selbst alle nach seiner Ansicht in Betracht kommenden Punkte mit Arbeitgeber und Betriebsrat zu erörtern, und diese sollen die Möglichkeit haben, ihrerseits ihre Auffassung dem Ausschuß unmittelbar vorzutragen.[22] Ein Verstoß hiergegen macht die Entscheidung anfechtbar (allg. M.; siehe dazu unten Rn. 27 ff.). Arbeitgeber und Betriebsrat können sich durch Vertreter ihrer Verbände (Arbeitgeberverband und Gewerkschaften) gemäß § 13 SGB X vertreten lassen.[23] Neben dem Arbeitgeber und dem Betriebsrat können auch Sachverständige gehört werden.[24]

Alle in Frage kommenden Personen, insbesondere Arbeitgeber und Betriebsrat, also z. B. auch leitende Angestellte des Betriebes, sind nach Abs. 3 Satz 2 verpflichtet, dem Entscheidungsträger alle von diesem für die Beurteilung des Falles für erforderlich gehaltenen **Auskünfte** zu erteilen. Zwangsmittel sind allerdings nicht vorgesehen (vgl. § 21 Abs. 2 SGB X). Doch würde aus der Verweigerung einer Auskunft der Entscheidungsträger Schlüsse zuungunsten des die Auskunft Verweigernden ziehen können. Lehnt z. B. der Arbeitgeber eine Auskunft ohne triftigen Grund ab, so kann der Entscheidungsträger den Antrag zu Entlassungen ohne weiteres zurückweisen.[25] 14

2. Mehrheitsbeschluß

Der Entscheidungsträger trifft seine Entscheidungen gemäß Abs. 2 Satz 2 mit Stimmenmehrheit. Alle Stimmen haben das gleiche Gewicht. Da nichts anderes vorgeschrieben ist, genügt stets einfache (relative) Mehrheit.[26] Demgemäß haben Stimmenthaltungen keine Wirkung auf die abgegebenen Stimmen. 15

3. Verschwiegenheitspflicht

Die Art der zu treffenden Entscheidung bringt es mit sich, daß dem Ausschuß Mitteilungen über die inneren Verhältnisse des Betriebes und damit über Angelegenheiten gemacht werden müssen, an deren Geheimhaltung 16

---

[22] Ebenso ErfK/*Ascheid* § 20 KSchG Rn. 2; *Bader/Dörner* § 20 Rn. 6; *Kittner/Däubler/Zwanziger* § 20 KSchG Rn. 11; KR-*Weigand* § 20 KSchG Rn. 41 f.; – abweichend *Löwisch* § 20 Rn. 6.
[23] Vgl. ErfK/*Ascheid* § 20 KSchG Rn. 6; *Kittner/Däubler/Zwanziger* § 20 KSchG Rn. 11; *Löwisch* § 20 Rn. 6; KR-*Weigand* § 20 KSchG Rn. 41; – abweichend die Empfehlung des Präsidenten der Bundesanstalt im Erlaß vom 9. 11. 1953, ANBA 1953 Nr. 12 S. 12.
[24] Dazu ErfK/*Ascheid* § 20 KSchG Rn. 6; *Kittner/Däubler/Zwanziger* § 20 KSchG Rn. 12; APS/*Moll* § 20 KSchG Rn. 25; HaKo/*Pfeiffer* § 20 Rn. 11; KR-*Weigand* § 20 KSchG Rn. 44 f. – einschränkend *Bader/Dörner* § 20 Rn. 7: nur im Ausnahmefall und mündlich.
[25] Vgl. ErfK/*Ascheid* § 20 KSchG Rn. 2; *Herschel/Löwisch* § 20 Rn. 7; *Kittner/Däubler/Zwanziger* § 20 KSchG Rn. 12; HaKo/*Pfeiffer* § 20 Rn. 11; KR-*Weigand* § 20 KSchG Rn. 44 f.
[26] ErfK/*Ascheid* § 20 KSchG Rn. 2; *Löwisch* § 20 Rn. 9; APS/*Moll* § 20 KSchG Rn. 29; HaKo/*Pfeiffer* § 20 Rn. 12; KR-*Weigand* § 20 KSchG Rn. 52.

der Arbeitgeber interessiert ist. Deshalb besteht für alle Mitglieder des Entscheidungsträgers eine Verschwiegenheitspflicht. Dies ergibt sich für die **beamteten Mitglieder** bereits aus den allgemeinen Beamtengesetzen (vgl. § 39 BRRG). Um die Verschwiegenheitspflicht auch bei **nichtbeamteten Mitgliedern** zu sichern und um zugleich die Unbestechlichkeit zu gewährleisten, findet das Gesetz über die förmliche Verpflichtung nichtbeamteter Personen vom 2. 3. 1974[27] Anwendung. Danach wird das Ausschußmitglied auf die gewissenhafte Erfüllung seiner Obliegenheiten mündlich verpflichtet und auf die strafrechtlichen Folgen einer Pflichtverletzung hingewiesen. Über die Verpflichtung wird eine Niederschrift aufgenommen, die der Verpflichtete mitunterzeichnet. Personen die vor 1975 gemäß der früheren BestechungsVO von 1943 verpflichtet worden sind, stehen denjenigen nach dem Verpflichtungsgesetz von 1974 gleich. Die unbefugte Offenbarung eines Betriebs- oder Geschäftsgeheimnisses wird nach § 203 Abs. 2 Nr. 1 oder 2 StGB in Verbindung mit § 11 Abs. 1 Nr. 2 oder 4 StGB bestraft.[28]

V. Entscheidungsgrundlagen

1. Antrag

17 Der Entscheidungsträger kann eine positive Entscheidung über die beabsichtigten Entlassungen nur treffen, wenn die in § 17 genannten Voraussetzungen vorliegen. Die Erteilung der Zustimmung zur Entlassung nach § 18 Abs. 1 setzt weiter einen **Antrag des Arbeitgebers** voraus. Das ist zwar im Gesetz nicht ausdrücklich gesagt, liegt aber in der Natur der Sache, da die Zustimmung zu anzeigepflichtigen Entlassungen keinen Sinn hat, wenn der Arbeitgeber sie gar nicht beabsichtigt. Dieser Antrag ist jedenfalls stillschweigend in der Anzeige des Arbeitgebers nach § 17 Abs. 1 enthalten (dazu oben § 18 Rn. 5). Dagegen kann der Entscheidungsträger eine Verlängerung der Sperrfrist nach § 18 Abs. 2 anordnen, auch ohne daß ein entsprechender Antrag vom Betriebsrat oder einem von der Entlassung betroffenen Arbeitnehmer gestellt wird.[29]

2. Maßgebende Interessen

18 Wenn die Voraussetzungen des § 17 vorliegen, steht die Entscheidung darüber, ob die Zustimmung zu den anzeigepflichtigen Entlassungen erteilt und evtl. die Sperrfrist verlängert werden soll, im pflichtgemäßen Ermessen des Entscheidungsträgers.[30] **Abs. 4** bestimmt, welche Gesichtspunkte ihn bei der Entscheidung leiten sollen.[31] Demgemäß ist eine **Interessenabwägung**

---

[27] BGBl. I S. 469, 547.
[28] *Kittner/Däubler/Zwanziger* § 20 KSchG Rn. 25; *Löwisch* § 20 Rn. 8; APS/*Moll* § 20 KSchG Rn. 23; KR-*Weigand* § 20 KSchG Rn. 31 ff.
[29] Vgl. *Backmeister/Trittin* § 20 Rn. 13; KR-*Weigand* § 20 KSchG Rn. 53 ff.
[30] BSGE 46, 101 = NJW 1980, 2430.
[31] Vgl. ErfK/*Ascheid* § 20 KSchG Rn. 3; *Bader/Dörner* § 20 Rn. 10; *Kittner/Däubler/Zwanziger* § 20 KSchG Rn. 16; *Löwisch* § 20 Rn. 10; APS/*Moll* § 20 KSchG Rn. 32; HaKo/*Pfeiffer* § 20 Rn. 13; KR-*Weigand* § 20 KSchG Rn. 57, 63; Präsident der Bundesanstalt ANBA 1953 Nr. 2 S. 9 unter 2.

Entscheidung des Arbeitsamtes 19–22 § 20

anhand bestimmter Kriterien vorzunehmen.[32] Der Entscheidungsträger muß alle maßgeblichen Interessen beachten, kann sie aber im Rahmen seines Ermessens gemäß den Umständen des Einzelfalles unterschiedlich gewichten. Wenn er das unterläßt und auch nur einen zu berücksichtigenden Gesichtspunkt übersieht, ist seine Entscheidung rechtswidrig.[33]

In Betracht kommen einmal die **Interessen des Arbeitgebers**, also namentlich die wirtschaftliche Lage des Unternehmens, dem der Betrieb angehört. Der Entscheidungsträger wird zu prüfen haben, ob die Beschäftigung der zu entlassenden Arbeitnehmer während der Sperrfrist wirtschaftlich noch zumutbar ist, wobei auch die Möglichkeit einer Arbeitsstreckung (Kurzarbeit) nach § 19 zu berücksichtigen ist, und ob der Betrieb die bei Verweigerung der Zustimmung und bei Verlängerung der Sperrfrist entstehenden Lohnkosten tragen kann. 19

Der Entscheidungsträger hat weiter die **Interessen der zu entlassenden Arbeitnehmer** zu berücksichtigen, wobei insbesondere die Frage, ob die Arbeitnehmer leicht eine andere Beschäftigung finden können, eine Rolle spielen wird. Dagegen hat der Entscheidungsträger nicht zu prüfen, ob eine bestimmte Entlassung im Sinne des § 1 sozialwidrig ist (vgl. Vorb. zu §§ 17 ff. Rn. 10). 20

Endlich kommt auch das **öffentliche Interesse** an der Verhütung der Arbeitslosigkeit in Betracht. Dabei ist die Lage des gesamten Arbeitsmarktes und insbesondere diejenige des in Frage stehenden Wirtschaftszweiges zu berücksichtigen. Zu beachten ist aber, daß auch ein öffentliches Interesse an der Erhaltung des Betriebes auf gesunder finanzieller Grundlage besteht, so daß das öffentliche Interesse gerade umgekehrt auch für eine baldige Zustimmung zur Massenentlassung sprechen kann.[34] Keine Rolle dürfen jedoch fiskalische Gründe der Bundesanstalt für die Entscheidung des Ausschusses spielen.[35] 21

3. Beratungsaufgaben

Bei der Entscheidung geht es nicht nur um die Zustimmung zu anzeigepflichtigen Entlassungen, Abkürzung oder Verlängerung der Sperrfrist. Vielmehr hat der Entscheidungsträger auch **helfend und vermittelnd** tätig zu werden, wenn die Aussicht besteht, durch Maßnahmen öffentlicher Stellen die Ursachen der Massenentlassung bekämpfen und damit die Entlassungen selbst verhindern oder einschränken zu können. Dabei kommt auch die Unterstützung bei der Beschaffung von Roh- oder Hilfsstoffen oder von Kreditmitteln in Frage.[36] 22

---

[32] Zu dieser Vorgehensweise allgemein: *Hubmann* AcP 155 (1955), 85; *ders.* FS Schnorr von Carolsfeld S. 173; *Larenz* FS Klingmüller S. 235; *Struck* FS Esser S. 171.
[33] BSG 21. 3. 1978, NJW 1980, 2430; 5. 12. 1978, DB 1979, 1284.
[34] Ebenso KR-*Weigand* § 20 KSchG Rn. 61.
[35] Ebenso Bayerisches LSG 4. 11. 1976, NJW 1977, 1256; vgl. auch Bayerisches LSG 8. 8. 1985, NZA 1986, 654 f.; APS/*Moll* § 20 KSchG Rn. 35.
[36] Vgl. ErfK/*Ascheid* § 20 KSchG Rn. 3; *Löwisch* § 20 Rn. 13; APS/*Moll* § 20 KSchG Rn. 36; Präsident der Bundesanstalt ANBA 1953 Nr. 2 S. 10.

VI. Entscheidung

1. Inhalt der Entscheidung

23 Kommt der Entscheidungsträger zu dem Ergebnis, daß die **Voraussetzungen des § 17** für die Anzeigepflicht nicht vorliegen, so teilt er dem Arbeitgeber mit, daß eine Zustimmung zu den beabsichtigten Entlassungen nicht nötig sei. Über die Bedeutung eines solchen **Negativattestes** vgl. § 18 Rn. 15.[37] Ist der Entscheidungsträger der Ansicht, daß die Voraussetzungen des § 17 gegeben sind, daß aber kein Grund vorliegt, eine Entlassung während der Sperrfrist zu gestatten oder umgekehrt die Sperrfrist zu verlängern, so lehnt er die betreffenden Anträge ab. Im umgekehrten Fall trifft er die entsprechenden positiven Entscheidungen.[38] Er kann auch zu nur einem Teil der Entlassungen zustimmen oder die Zustimmung von Bedingungen abhängig machen (vgl. oben § 18 Rn. 14).

2. Wirksamwerden

24 Die Entscheidung wird gemäß § 39 SGB X wirksam, wenn sie dem Arbeitgeber **bekanntgemacht** wird (zum Wirksamwerden gegenüber dem Arbeitnehmer § 18 Rn. 7). Sie wird in der Regel schriftlich erteilt werden (§ 33 SGB X). Es genügt aber auch eine mündliche Mitteilung, insbesondere in eiligen Fällen ein vorläufiger telefonischer Bescheid. Nach Wirksamwerden kann eine einmal erteilte Entlassungszustimmung grundsätzlich nicht mehr **widerrufen** werden, da sie auf die vorgenommenen Entlassungen rechtsgestaltend eingewirkt hat (§ 45 SGB X).[39] Die Ablehnung einer Zustimmung oder die Verlängerung der Sperrfrist dagegen binden den Entscheidungsträger für die Zukunft nicht. Vielmehr kann er gemäß §§ 44, 47, 48 SGB X bei Änderung der Verhältnisse oder Vorbringen neuer Tatsachen durch den Arbeitgeber seine frühere Entscheidung ändern und die Zustimmung zur Entlassung nunmehr erteilen oder die Verlängerung der Sperrfrist rückgängig machen.[40]

3. Verwaltungsakt

25 Die Entscheidung ist ein Verwaltungsakt gemäß § 31 SGB X.[41] Soweit der Bescheid schriftlich erfolgt, ist er nach §§ 35, 36 SGB X mit einer ausreichenden **Begründung** und **Rechtsmittelbelehrung** zu versehen. Dadurch soll dem Antragsteller die Möglichkeit gegeben werden, die Gründe für die Ablehnung nachzuprüfen und gegebenenfalls ein Rechtsmittel gegen die Entscheidung einlegen zu können.[42]

---

[37] Vgl. auch ErfK/*Ascheid* § 20 KSchG Rn. 4; *Bader/Dörner* § 20 Rn. 8; *Kittner/Däubler/Zwanziger* § 20 KSchG Rn. 13.
[38] Dazu ErfK/*Ascheid* § 20 KSchG Rn. 4; *Bader/Dörner* § 20 Rn. 10.
[39] ErfK/*Ascheid* § 20 KSchG Rn. 4; *Kittner/Däubler/Zwanziger* § 20 KSchG Rn. 18; HaKo/*Pfeiffer* § 20 Rn. 15.
[40] Vgl. Präsident der Bundesanstalt ANBA 1953 Nr. 2 S. 11.
[41] BSG 30. 10. 1959, AP Nr. 1 zu § 18 KSchG; ErfK/*Ascheid* § 20 KSchG Rn. 4; *Bader/Dörner* § 18 Rn. 9; *Kittner/Däubler/Zwanziger* § 20 KSchG Rn. 17; APS/*Moll* § 20 KSchG Rn. 31; KR-*Weigand* § 20 KSchG Rn. 64.
[42] Vgl. *Meyer-Ladewig* SGG 6. Aufl. 1998, § nach 54 Rn. 24; Präsident der Bundesanstalt ANBA 1953 Nr. 2 S. 11.

4. Rechtsmittel

a) Der sachliche Inhalt der Entscheidung unterliegt grundsätzlich **nicht** 26
der Nachprüfung durch die **Arbeitsgerichte.** Dagegen haben die Arbeitsgerichte im Streitfall zwischen Arbeitgeber und Arbeitnehmer (Kündigungsschutzklage) oder zwischen Arbeitgeber und Betriebsrat (Beschlußverfahren) von sich aus zu prüfen, ob eine Entlassung nach §§ 17ff. überhaupt anzeigepflichtig ist oder ob sie auch ohne Anzeige vorgenommen werden konnte (vgl. oben Vorb. zu §§ 17ff. Rn. 18). In dieser Hinsicht sind sie an die Auffassung des Entscheidungsträgers, der diese Frage nur als Vorfrage für seine Entscheidung zu prüfen hat, nicht gebunden.[43] Entzogen ist dem Arbeitsgericht aber die Nachprüfung der Entscheidung über die Verlängerung oder Abkürzung der Sperrfrist[44] oder die rechtskräftig festgestellte Wirksamkeit der Anzeige (dazu oben § 18 Rn. 16).[45]

b) Ein besonderes Rechtsmittel gegen die Entscheidung des Entschei- 27
dungsträgers ist im KSchG nicht vorgesehen. Nach §§ 51ff. SGG kann aber vor den **Gerichten der Sozialgerichtsbarkeit** Klage auf Aufhebung oder Abänderung des Verwaltungsaktes sowie auf Verurteilung zum Erlaß eines abgelehnten oder unterlassenen Verwaltungsaktes erhoben werden (§ 54 Abs. 1 SGG).[46] Klageberechtigt ist der Arbeitgeber, wenn er in seinen Rechten verletzt ist. Dagegen steht dem einzelnen Arbeitnehmer eine Klagebefugnis nicht zu, da er am Verfahren nicht beteiligt ist und der Kündigungsschutz der §§ 17ff. ihm nur mittelbar zugute kommt.[47] Auch der Betriebsrat ist gegen die Entscheidung des Entscheidungsträgers nicht klagebefugt, weil er durch sie nicht in seinen Rechten verletzt ist.[48]

Die Klage ist nicht gegen den Entscheidungsträger zu richten, sofern ihm 28
nicht landesrechtlich gemäß § 70 Nr. 3 SGG die Fähigkeit zur Beteiligung am sozialgerichtlichen Verfahren erteilt sein sollte, sondern **gegen die Bundesanstalt für Arbeit.**[49] Die Klage ist **zulässig,** wenn der Verwaltungsakt oder die Ablehnung desselben nach den Darlegungen des Klägers rechtswidrig sein kann. Das ist namentlich der Fall, wenn die Voraussetzungen für die

---

[43] Vgl. ErfK/*Ascheid* § 20 KSchG Rn. 6; *Hueck* Lehrb. S. 707; APS/*Moll* § 20 KSchG Rn. 41; HaKo/*Pfeiffer* § 20 Rn. 17; *Schaub* § 142 Rn. 45; KR-*Weigand* § 20 KSchG Rn. 72; Präsident der Bundesanstalt ANBA 1953 Nr. 2 S. 10 und Nr. 3 S. 1; – abweichend *Löwisch* § 20 Rn. 20.
[44] ErfK/*Ascheid* § 20 KSchG Rn. 6; *Kittner/Däubler/Zwanziger* § 20 Rn. 23; *Löwisch* § 20 Rn. 20; KR-*Weigand* § 20 KSchG Rn. 72.
[45] BAG 24. 10. 1996, AP Nr. 8 zu § 17 KSchG 1969; APS/*Moll* § 20 KSchG Rn. 42; KR-*Weigand* § 20 Rn. 72 a.
[46] Siehe dazu *Meyer-Ladewig* SGG 6. Aufl. 1998, § 51 Rn. 29, § 54 Rn. 1 ff.
[47] Vgl. BSG 30. 10. 1959, AP Nr. 1 zu § 18 KSchG; ErfK/*Ascheid* § 20 KSchG Rn. 5; *Bader/Dörner* § 20 Rn. 14; *Kittner/Däubler/Zwanziger* § 20 Rn. 21; *Löwisch* § 20 Rn. 15; APS/*Moll* § 20 KSchG Rn. 39; HaKo/*Pfeiffer* § 20 Rn. 16; *Schaub* § 142 Rn. 45; KR-*Weigand* § 20 KSchG Rn. 69 ff.
[48] Ebenso BSG 14. 8. 1980, AP Nr. 2 zu § 17 KSchG 1969; ErfK/*Ascheid* § 20 KSchG Rn. 5; *Kittner/Däubler/Zwanziger* § 20 Rn. 21; *Löwisch* § 20 Rn. 15; APS/*Moll* § 20 KSchG Rn. 39; HaKo/*Pfeiffer* § 20 Rn. 16; KR-*Weigand* § 20 KSchG Rn. 71.
[49] Vgl. BSG 30. 10. 1959, AP Nr. 1 zu § 18 KSchG; BSG 31. 3. 1978, E 46, 100; ErfK/*Ascheid* § 20 KSchG Rn. 5; *Kittner/Däubler/Zwanziger* § 20 Rn. 20; *Löwisch* § 20 Rn. 19; APS/*Moll* § 20 KSchG Rn. 39; HaKo/*Pfeiffer* § 20 Rn. 16; KR-*Weigand* § 20 KSchG Rn. 71.

§ 21 1   3. Abschnitt. Anzeigepflichtige Entlassungen

Anzeigepflicht verkannt sind (Rn. 23), die Interessenabwägung nach Abs. 3 Satz 1 unterlassen oder ein zu berücksichtigender Gesichtspunkt übersehen wurde,[50] Arbeitgeber oder Betriebsrat nicht angehört wurden (Rn. 13) oder der Ausschuß nicht beschlußfähig war (Rn. 11). Rechtswidrigkeit kann aber gemäß § 54 Abs. 2 Satz 2 SGG auch vorliegen, wenn der Ausschuß die gesetzlichen Grenzen seines Ermessens überschritten oder von dem Ermessen in einer dem Zweck der gesetzlichen Ermächtigung nicht entsprechenden Weise Gebrauch gemacht hat.[51]

29 c) Vor Erhebung der Klage ist die Entscheidung des Entscheidungsträgers, d. h. der erlassene Verwaltungsakt ebenso wie die Ablehnung desselben, in einem **Vorverfahren** nachzuprüfen (§§ 78 ff. SGG). Zu diesem Zweck ist binnen eines Monats nach Bekanntgabe der Entscheidung des Entscheidungsträgers an den Arbeitgeber von diesem Widerspruch einzulegen (§§ 83, 84 SGG). Die Frist beginnt nur dann zu laufen, wenn die Entscheidung des Entscheidungsträgers mit einer ordnungsgemäßen Rechtsmittelbelehrung versehen war; anderenfalls ist der Widerspruch noch innerhalb eines Jahres zulässig (§ 66 SGG). Wird der Widerspruch für begründet erachtet, so ist ihm abzuhelfen; andernfalls erläßt die vom Verwaltungsrat der Bundesanstalt bestimmte Stelle einen schriftlichen, mit Gründen zu versehenden Widerspruchsbescheid, in dem die Beteiligten über die Zulässigkeit der Klage, die einzuhaltende Frist und den Sitz des zuständigen Sozialgerichts zu belehren sind (§ 85 SGG). Binnen eines Monats nach Zustellung dieses Bescheides kann dann bei dem zuständigen Gericht schriftlich oder zur Niederschrift des Urkundsbeamten der Geschäftsstelle Klage erhoben werden (§§ 87, 90 SGG). Zuständig ist gemäß § 57 Abs. 1 SGG das Sozialgericht, in dessen Bezirk der Arbeitgeber zur Zeit der Klageerhebung seinen Sitz oder Wohnsitz hat.[52]

§ 21 Entscheidungen der Hauptstelle der Bundesanstalt für Arbeit

[1] Für Betriebe, die zum Geschäftsbereich des Bundesministers für Verkehr oder des Bundesministers für Post und Telekommunikation gehören, trifft, wenn mehr als 500 Arbeitnehmer entlassen werden sollen, ein gemäß § 20 Abs. 1 bei der Hauptstelle der Bundesanstalt für Arbeit zu bildender Ausschuß die Entscheidungen nach § 18 Abs. 1 und 2. [2] Der zuständige Bundesminister kann zwei Vertreter mit beratender Stimme in den Ausschuß entsenden. [3] Die Anzeigen nach § 17 sind in diesem Falle an die Hauptstelle der Bundesanstalt für Arbeit zu erstatten. [4] Im übrigen gilt § 20 Abs. 1 bis 3 entsprechend.

1 § 21 enthält eine **Sondervorschrift** für Massenentlassungen in Betrieben des Verkehrswesens, der Post und Telekommunikation (früher Fernmeldewesen), die unmittelbar der Bundesregierung unterstehen. Erfaßt werden von

---

[50] BSGE 46, 102.
[51] Zum Ganzen *Berscheid* ZIP 1987, 1515; *Kittner/Däubler/Zwanziger* § 20 KSchG Rn. 19 und 23; APS/*Moll* § 20 KSchG Rn. 40; KR-*Weigand* § 20 KSchG Rn. 72.
[52] Zum Ganzen *Kittner/Däubler/Zwanziger* § 20 KSchG Rn. 19; *Löwisch* § 20 Rn. 17; APS/*Moll* § 20 KSchG Rn. 39; KR-*Weigand* § 20 KSchG Rn. 69.

der Bestimmung nur Betriebe, die **im Eigentum des Bundes** stehen oder doch eine vergleichbare bzw. sehr nahekommende Beziehung haben;[1] ausreichend wäre daher auch ein **beherrschender Einfluß** auf Grund einer Konzernbeziehung.[2]

Es muß sich außerdem um **Betriebe mit wirtschaftlichen Zwecken** handeln, da andere öffentliche Betriebe und Hoheitsverwaltungen nach § 23 Abs. 2 überhaupt nicht unter die Vorschriften des 3. Abschnittes des KSchG fallen (siehe unten § 23 Rn. 32). Das sind insbesondere die Betriebe der Deutschen Bahn AG (vormals Deutsche Bundesbahn) sowie die Betriebe der früheren Deutschen Bundespost, die sich gem. § 1 Abs. 2 PostVerfG in die Teilbereiche Postdienst, Postbank und Telekom gliederten, und heute zu der Deutschen Post AG, Deutschen Postbank AG und Deutschen Telekom AG gehören (§ 1 PostUmwG). Dazu zählen auch die jeweiligen (zentralen) Leitungseinheiten nach der Verwaltungsordnung der Deutschen Bahn AG (§ 6 Abs. 6 BENeuglG), nicht aber das Eisenbahn-Bundesamt als Aufsichts- und Genehmigungsbehörde (§§ 2, 3 EVerkVerwG), sowie diejenigen des Postsens nach dem Gesetz zur Neuordnung des Postwesens und der Telekommunikation vom 14. 9. 1994.[3] Demgegenüber fallen Betriebe von privaten Verkehrsunternehmen (Luftlinien, Privatbahnen, Regionalverkehrslinien) oder privater Paketdienste und Telekommunikationsgesellschaften nicht unter § 21, auch wenn für das Betreiben dieser Unternehmen die Erteilung von Genehmigungen durch das Ministerium erforderlich ist.[4]

Die Vorschrift ist heute **weitgehend ohne praktische Bedeutung,**[5] weil zum einen die Betriebe von Post und Bahn aufgrund der Privatisierung nur noch teilweise in einer abhängigen Konzernbeziehung stehen (oben Rn. 1). Zum anderen ist das Bundesministerium für Post und Telekommunikation mit Ablauf des 31. 12. 1997 aufgelöst worden,[6] so daß diese Tatbestandsvoraussetzung des Satzes 1 entfallen ist.

Weitere Voraussetzung ist, daß es sich um eine größere Entlassung von **mehr als 500 Arbeitnehmern** handelt. Bleibt die Zahl der Entlassenen unter dieser Grenze, so gelten die gewöhnlichen Vorschriften. Die Entlassungen müssen gemäß dem Wortlaut des Satzes 1 innerhalb des jeweiligen **Betriebes** vorgenommen werden, nicht aber sind mehrere Betriebseinheiten zusammenzuzählen, weil anderenfalls die Vorschrift nahezu keine Bedeutung mehr hätte.[7] Vielmehr gilt auch im Bereich des § 21 der übliche Betriebsbegriff (dazu unten § 23 Rn. 3 ff.), der allerdings die Besonderheit hat, daß der Rechtsträger eines solchen Betriebes ein Unternehmen ist, das dem Bund

---

[1] BAG 4. 3. 1993, AP Nr. 60 zu § 1 KSchG 1969 Betriebsbedingte Kündigung.
[2] Ähnlich *Bader/Dörner* § 21 Rn. 4; KR-*Weigand* § 21 KSchG Rn. 2; – abweichend *Löwisch* § 21 Rn. 1; APS/*Moll* § 21 KSchG Rn. 7; HaKo/*Pfeiffer* § 21 Rn. 5.
[3] BGBl. I S. 2325.
[4] BAG 4. 3. 1993, AP Nr. 60 zu § 1 KSchG 1969 Betriebsbedingte Kündigung.
[5] Ebenso ErfK/*Ascheid* § 21 KSchG Rn. 1; *Bader/Dörner* § 21 Rn. 2; APS/*Moll* § 21 KSchG Rn. 11; KR-*Weigand* § 21 KSchG Rn. 0; – *Löwisch* § 21 Rn. 1 hält die Vorschrift für völlig bedeutungslos.
[6] Organisationsbeschluß des Bundeskanzlers vom 17. 12. 1997, BGBl. I 1998 S. 68.
[7] ErfK/*Ascheid* § 21 KSchG Rn. 2; *Bader/Dörner* § 21 Rn. 3; APS/*Moll* § 21 KSchG Rn. 8; HaKo/*Pfeiffer* § 21 Rn. 3; – abweichend HK-KSchG/*Hauck* § 21 Rn. 3; *Kittner/Däubler/Zwanziger* § 21 KSchG Rn. 3; KR-*Weigand* § 21 KSchG Rn. 4 ff.

gehört bzw. dessen Einfluß untersteht (oben Rn. 1). Denn dem Gesetzgeber war seit jeher im KSchG die Unterscheidung von Betrieb und Unternehmen bekannt, wie insbesondere § 1 Abs. 1 und Abs. 2 Satz 2 Nr. 1 b deutlich machen. Daher besteht keine Veranlassung, von dem im KSchG geltenden herkömmlichen Betriebsbegriff abzuweichen. Infolgedessen werden durch § 21 Satz 1 die Betriebe von Post und Bahn auch nicht stärkeren Einschränkungen als Betriebe privater Unternehmen unterworfen, indem durch Zusammenzählen in mehreren Betrieben insgesamt mehr als 500 Entlassungen vorgenommen würden, auch wenn die einzelnen Betriebe die Voraussetzungen des § 17 Abs. 1 noch nicht erfüllen.[8]

3 Vielmehr ändert § 21 nur formal die Zuständigkeit des **Ausschusses**.[9] Bei einer größeren Entlassung aber soll ein besonders bei der Hauptstelle der Bundesanstalt für Arbeit gebildeter Ausschuß die in § 18 Abs. 1 und 2 genannten Entscheidungen treffen. Der Ausschuß wird gemäß Satz 4 ähnlich **gebildet** wie der Ausschuß nach § 20 Abs. 2, besteht also aus dem Präsidenten der Bundesanstalt oder einem von ihm bestimmten beauftragten Vertreter als Vorsitzendem und je 2 Vertretern der Arbeitnehmer, Arbeitgeber und öffentlichen Körperschaften als Beisitzer mit Stimmrecht, die vom Verwaltungsrat der Bundesanstalt benannt werden. Beratende Beisitzer werden gemäß Satz 2 von dem für das Verkehrswesen bzw. für das Post- und Fernmeldewesen zuständigen Bundesminister ernannt; letzteres entfällt heute, weil dieses Ministerium aufgelöst worden ist (oben Rn. 1 b). Das früher bestehende Entsendungsrecht der obersten Landesbehörde nach § 20 Abs. 3 a. F. ist ebenfalls entfallen,[10] weil § 20 mit Wirkung vom 1. 1. 1998 geändert worden ist (siehe oben § 20 Rn. 6).

3 a Für das **Verfahren** und die zu treffenden Entscheidungen gelten keine Besonderheiten.[11] Dagegen hat der Arbeitgeber die nach § 17 vorgeschriebene **Anzeige** unmittelbar an die Hauptstelle der Bundesanstalt zu richten (Satz 3).

4 Im Gebiet der **ehemaligen DDR** („neue Bundesländer") gilt § 21 gemäß dem Einigungsvertrag vom 31. 8. 1990 i. V. m. Anlage I Kap. VIII, Sachgebiet A, Abschnitt III Nr. 6 c mit der Maßgabe, daß Entscheidungen der Beirat bei der zentralen Arbeitsverwaltung oder ein von ihm gebildeter Ausschuß trifft, bis der bei der Hauptstelle der Bundesanstalt für Arbeit gebildete Ausschuß auch für die neuen Bundesländer zuständig ist.

§ 22 Ausnahmebetriebe

(1) **Auf Saisonbetriebe und Kampagne-Betriebe finden die Vorschriften dieses Abschnitts bei Entlassungen, die durch diese Eigenart der Betriebe bedingt sind, keine Anwendung.**

(2) [1]**Keine Saisonbetriebe oder Kampagne-Betriebe sind Betriebe des Baugewerbes, in denen die ganzjährige Beschäftigung nach dem Dritten Buch Sozialgesetzbuch gefördert wird.** [2]**Der Bundesminister für Arbeit**

---

[8] So aber KR-*Weigand* § 21 KSchG Rn. 7.
[9] Insoweit ebenso *Herschel/Löwisch* § 21 Rn. 2.
[10] Ebenso *Bader/Dörner* § 21 Rn. 7.
[11] Ebenso ErfK/*Ascheid* § 21 KSchG Rn. 2; *Backmeister/Trittin* § 21 Rn. 2; *Kittner/Däubler/Zwanziger* § 21 KSchG Rn. 4; KR-*Weigand* § 21 KSchG Rn. 8 f.

Ausnahmebetriebe 1, 2 § 22

und Sozialordnung wird ermächtigt, durch Rechtsverordnung Vorschriften zu erlassen, welche Betriebe als Saisonbetriebe oder Kampagne-Betriebe im Sinne des Absatzes 1 gelten.

Schrifttum: Siehe außer den Angaben bei Vorbem. zu §§ 17 ff.: *Gumpert*, Arbeitsrechtliche Sonderbestimmungen für Saison- und Kampagnebetriebe, BB 1961, 645 ff.; *Kleefeld v. Wüstenhoff*, Der Kampagnearbeiter, Diss. Würzburg 1966; *Lewerenz/Woltereck/Wehleit*, Saison- und Kampagnearbeit, AR-Blattei Saisonarbeit I, 1986; *Reinfeld*, Saison- und Kampagnearbeit, AR-Blattei SD 1390 (1998).

Übersicht

	Rn.
1. Grundgedanke und Entstehungsgeschichte	1
2. Wegfall des Kündigungsschutzes	3
a) Saisonbetrieb	4
b) Kampagnebetrieb	7
c) Eigenart des Betriebes	8
d) Beweislast	10
3. Wiedereinstellungspflicht	11

1. Grundgedanke und Entstehungsgeschichte

§ 22 enthält eine **Ausnahmebestimmung** für Saison- und Kampagne- 1
betriebe. Diese sind zwar vom Kündigungsschutz für Massenentlassungen nicht völlig ausgenommen, der 3. Abschnitt findet aber insoweit keine Anwendung, als die Entlassungen durch die Eigenart dieser Betriebe bedingt sind. Die Ausklammerung der Saison- und Kampagnebetriebe aus dem betrieblichen Geltungsbereich des 3. Abschnitts des KSchG trägt dem Umstand Rechnung, daß die Arbeitnehmerzahl dieser Betriebe regelmäßig starken Schwankungen unterworfen ist. Diese sollen sich ohne die Formalitäten der Anzeigepflicht dem veränderten Personalbedarf anpassen können.[1] Systematisch gesehen hätte § 22 allerdings bei § 23 Abs. 2 angesiedelt werden müssen, weil dort der betriebliche Geltungsbereich geregelt wird.[2]

§ 22 entspricht völlig dem **früheren § 20 Abs. 4 AOG**. Nur hatte dieser 2
den Begriff der Saison- und Kampagnebetriebe näher zu bestimmen gesucht; demgegenüber überläßt es § 22 dem Bundesarbeitsminister, durch Rechtsverordnung die genauere Bestimmung dieser Betriebe vorzunehmen. Das erklärt sich daraus, daß man im Bundestag die früher für Kampagnebetriebe vorgesehene Beschäftigungsdauer von 3 Monaten, insbesondere im Hinblick auf die Verhältnisse in der Zuckerindustrie, nicht mehr als zutreffend ansah.[3] Solange der BArbMin. eine solche VO nicht erlassen hat, wird man, abgesehen von der Drei-Monats-Frist für Kampagnebetriebe, an den Begriffsbestimmungen des früheren Rechts festhalten können.[4] Durch Art. 3 des BeschFG

---

[1] Ebenso ErfK/*Ascheid* § 22 KSchG Rn. 1; APS/*Moll* § 22 KSchG Rn. 2; KR-*Weigand* § 22 KSchG Rn. 3; – abweichend *Bader/Dörner* § 22 Rn. 2, die auf die Vorhersehbarkeit der Schwankungen abstellen.
[2] Zutreffend *Bader/Dörner* § 22 Rn. 1; *Reinfeld* AR-Blattei SD 1390 Rn. 194; KR-*Weigand* § 22 KSchG Rn. 4.
[3] Vgl. d. Stellungnahme des BArbMin. gegenüber der Bundesanstalt, ANBA 1953 Nr. 1 S. 6.
[4] Ebenso ErfK/*Ascheid* § 22 KSchG Rn. 1; KR-*Weigand* § 22 KSchG Rn. 1 f.; Präsident der Bundesanstalt ANBA 1953 Nr. 2 S. 12.

§ 22 3–6 3. Abschnitt. Anzeigepflichtige Entlassungen

1985[5] wurde die Vorschrift des Abs. 2 Satz 1 eingefügt, die durch das AFRG ab 1. 1. 1998 sprachlich angepaßt worden ist (dazu oben Vorbem. zu §§ 17 ff. Rn. 5 b); der bisherige Abs. 2 wurde jetzt Abs. 2 Satz 2. Die eingefügte Regelung dient der Klarstellung, daß die nach den §§ 209 ff. SGB III (früher § 76 Abs. 2 AFG) geförderten Betriebe des Baugewerbes keine Saison- oder Kampagnebetriebe sind (dazu unten Rn. 6).

2. Wegfall des Kündigungsschutzes

3   Danach fällt der Kündigungsschutz der §§ 17 ff. unter folgenden **Voraussetzungen** fort: Es muß sich um einen Saison- oder Kampagnebetrieb handeln, und die Entlassungen müssen gerade durch diese Eigenart bedingt sein (Abs. 1), was vom Arbeitgeber zu beweisen ist.

4   a) **Saisonbetriebe** sind alle Betriebe, die regelmäßig in einer bestimmten Jahreszeit verstärkt arbeiten, sei es, daß sie vom Wetter abhängig sind, insbesondere im Winter Einschränkungen vornehmen oder die Arbeit ganz aussetzen müssen (z. B. Ziegeleien;[6] Kiesgruben;[7] Badeanstalten in Kurorten, Drahtseilbahnen zu Aussichtspunkten), sei es, daß der Absatz an bestimmte Gelegenheiten gebunden ist (Herstellung von Weihnachtsartikeln oder von Kisten für Frühgemüse,[8] sowie manche Textilfabriken[9]), sei es, daß das Schwanken der Beschäftigung auf sonstige Gründe zurückzuführen ist, sofern es nur regelmäßig in einer bestimmten Jahreszeit wiederkehrt.[10] Entscheidend ist für das Vorliegen eines Saisonbetriebes, daß zwar durchgehend, aber während der Saison (Hauptzeit) verstärkt gearbeitet wird.[11]

5   Dagegen genügt es im Gegensatz zum Recht der StillegungsVO nicht mehr, daß, wie im Fall des RAG ARS 17, 148, die Stillegung auf eine in der betreffenden Jahreszeit **ungewöhnliche Witterung** zurückzuführen ist. Die Ziegelei, um die es sich bei jener Entscheidung handelte, war zwar auch Saisonbetrieb, aber die im Juli erfolgte Stillegung war nicht auf diese Eigenschaft des Betriebes zurückzuführen (vgl. unten Rn. 8).

6   Nicht zu den Saisonbetrieben zählt heute gemäß Abs. 2 Satz 1 das **Baugewerbe,** wenn dort die ganzjährige Beschäftigung gemäß §§ 209 ff. SGB III gefördert wird.[12] Das galt schon seit dem Gesetz über Maßnahmen zur Förderung der ganzjährigen Beschäftigung in der Bauwirtschaft vom 7. Dezember 1959 (früher §§ 74 ff. AFG, jetzt §§ 209 ff. SGB III), zumal durch dieses Gesetz auch der frühere § 21 Abs. 3 (jetzt § 23), der Entlassungen auf Bau-

---

[5] BGBl. I S. 710, 712.
[6] RAG 25. 4. 1931, 26. 9. 1931, 3. 12. 1932, 18. 2. 1936, ARS 13, 22; 14, 200; 17, 148; 26, 149.
[7] RAG 4. 12. 1933, ARS 18, 129.
[8] RAG 24. 10. 1928, ARS 4, 396.
[9] RAG 22. 10. 1930, ARS 11, 185.
[10] Zust. BSG 20. 10. 1960, AP Nr. 1 zu § 20 KSchG.
[11] Ebenso ErfK/*Ascheid* § 22 KSchG Rn. 3; *Berschied* AR-Blattei SD 1020.2 Rn. 42; *Kittner/Däubler/Zwanziger* § 22 KSchG Rn. 2; *Löwisch* § 22 KSchG Rn. 2; APS/*Moll* § 22 KSchG Rn. 4; HaKo/*Pfeiffer* § 22 KSchG Rn. 2; *Reinfeld* AR-Blattei SD 1390 Rn. 9 ff.; KR-*Weigand* § 22 KSchG Rn. 6.
[12] Dazu *Bader/Dörner* § 22 KSchG Rn. 5; HK-KSchG/*Hauck* § 22 Rn. 10; *Kittner/Däubler/Zwanziger* § 22 KSchG Rn. 3; HaKo/*Pfeiffer* § 22 KSchG Rn. 5; *Reinfeld* AR-Blattei SD 1390 Rn. 25 ff.; KR-*Weigand* § 22 KSchG Rn. 6 a.

Ausnahmebetriebe 7–9 § 22

stellen aus Witterungsgründen von der Geltung der Vorschriften des 3. Abschnittes des KSchG ausnahm, aufgehoben worden ist. Die Entscheidung des BSG[13] steht dem nicht entgegen, da sie die Zeit vor 1959 betrifft und deshalb das Gesetz vom 7. 12. 1959 ausdrücklich außer Betracht läßt. Entlassungen in derartigen geförderten Betrieben der Bauwirtschaft unterliegen daher der Anzeigepflicht der §§ 17 ff. Dagegen können nicht geförderte Baubetriebe[14] nach § 22 Abs. 1 ausgenommen sein, wenn sie Saison- oder Kampagnebetriebe darstellen.[15]

b) **Kampagnebetriebe** im Sinn des AOG waren Betriebe, die regelmäßig nicht mehr als drei Monate im Jahr arbeiten. An die Stelle der 3 Monate wird man jetzt aus den oben in Rn. 2 genannten Gründen von einigen Monaten zu sprechen haben. Aus welchen Gründen nur so kurze Zeit gearbeitet wird, ist gleichgültig. Vor allem kommen Betriebe in Betracht, die Erzeugnisse der Ernte verhältnismäßig rasch verarbeiten müssen, also nur in den Monaten unmittelbar nach der Ernte arbeiten können (Zuckerfabriken,[16] Gemüse- und Obstkonservenfabriken). Es können aber auch alle sonstigen Betriebe hierher gehören, z. B. ein Hotel, das nur drei Monate im Jahr geöffnet ist. Eine scharfe Abgrenzung gegenüber den Saisonbetrieben ist für § 22 nicht erforderlich, da hier beide Arten von Betrieben gleichgestellt werden.[17] 7

c) Auch in diesen Betrieben sind aber nur solche Entlassungen ausgenommen, die gerade **durch diese Eigenart des Betriebes bedingt** sind, die also wegen Beendigung der Kampagne oder wegen Aufhörens der Saison erfolgen. Zwischen der Eigenart des Betriebes und der Massenentlassung muß folglich ein **kausaler Zusammenhang** bestehen.[18] Entlassungen während der Kampagne oder der Saison sind dagegen nach § 17 anzeigepflichtig, sobald sie die Mindestgrenze erreichen. Dasselbe gilt, wenn der Unternehmer aus Gründen der Konjunktur den Betrieb vorzeitig schließt, also das übliche Ende der Saison nicht abwartet.[19] 8

Sind die Entlassungen teils auf die Eigenart des Betriebes zurückzuführen, teils aber auch durch die Konjunktur veranlaßt **(Mischtatbestand)**, so ist, falls sich die beiden Gruppen von Entlassungen trennen lassen, eine Anzeige nach § 17 hinsichtlich der letzteren nötig, sofern sie für sich allein die Mindestzahl erreichen. Laufen beide Momente so ineinander, daß sich der Einfluß der Saison und der Einfluß der Konjunktur nicht scharf trennen lassen, 9

---

[13] BSG 20. 10. 1960, AP Nr. 1 zu § 20 KSchG.
[14] Dazu § 2 Baubetriebe-VO vom 28. 10. 1980, BGBl. I S. 2033; geänd. 24. 10. 1984, BGBl. I S. 1318.
[15] Ebenso KR-*Weigand* § 22 KSchG Rn. 6a.
[16] Vgl. RAG 26. 11. 1932, ARS 17, 340.
[17] Vgl. ErfK/*Ascheid* § 22 KSchG Rn. 1; *Bader/Dörner* § 22 Rn. 4; HK-KSchG/*Hauck* § 22 Rn. 7 f.; *Kittner/Däubler/Zwanziger* § 22 KSchG Rn. 4; APS/*Moll* § 22 KSchG Rn. 5; HaKo/*Pfeiffer* § 22 KSchG Rn. 7.
[18] ErfK/*Ascheid* § 22 KSchG Rn. 5; *Bader/Dörner* § 22 Rn. 6; HK-KSchG/*Hauck* § 22 Rn. 13; *Kittner/Däubler/Zwanziger* § 22 KSchG Rn. 1; APS/*Moll* § 22 KSchG Rn. 6; HaKo/ *Pfeiffer* § 22 Rn. 7; *Reinfeld* AR-Blattei SD 1390 Rn. 190; KR-*Weigand* § 22 KSchG Rn. 11.
[19] Vgl. RAG 25. 4. 1931, 26. 9. 1931, 4. 2. 1933, ARS 13, 22; 14, 200; 18, 129; aber auch RAG 3. 12. 1932, ARS 17, 148; ErfK/*Ascheid* § 22 Rn. 5; KR-*Weigand* § 22 KSchG Rn. 11.

§ 22   3. Abschnitt. Anzeigepflichtige Entlassungen

so ist eine Anzeige dann nicht nötig, wenn die Eigenschaft des Betriebes als Saisonbetrieb als die überwiegende Ursache anzusehen ist.[20] Ist der Betrieb nicht als ganzer (**Mischbetrieb**), wohl aber in bezug auf **einzelne Abteilungen** Saison- oder Kampagnebetrieb, so ist § 22 anwendbar, soweit die in Betracht kommenden Entlassungen durch die Eigenart der betreffenden Abteilungen bedingt sind.[21] Maßgeblich für die Anzahl der in der Regel beschäftigten Arbeitnehmer ist hier die während der Saison oder Kampagne übliche Arbeitnehmerzahl (vgl. oben § 17 Rn. 9 ff.).

10   d) **Beweispflichtig** für das Vorliegen der Voraussetzungen des § 22 ist in allen Fällen der Arbeitgeber, der § 22 für sich in Anspruch nimmt (allg. M.). Der Massenentlassungsausschuß des Arbeitsamtes ist nicht befugt, generell Entscheidungen darüber zu treffen, ob ein Betrieb Saison- oder Kampagnebetrieb ist; er kann insbesondere nicht Betriebe allgemein zu Saison- oder Kampagnebetrieben erklären. Er kann lediglich im Einzelfall bei der Entscheidung über einen Antrag, Entlassungen zu genehmigen, oder über die Verlängerung der Sperrfrist inzidenter feststellen, ob ein anzeigepflichtiger Tatbestand vorliegt.[22] Eine solche Entscheidung ist für die Arbeitsgerichte nicht bindend (vgl. oben § 20 Rn. 26).[23]

3. Wiedereinstellungspflicht

11   Eine Pflicht des Arbeitgebers, entlassene Arbeitnehmer bei Beginn der nächsten Saison oder Kampagne wiedereinzustellen, besteht **im allgemeinen nicht**. Eine Ausnahme kann sich nur bei Vorliegen ganz besonderer Umstände ergeben, namentlich wenn der Arbeitgeber regelmäßig alle am Ende des vorigen Beschäftigungsabschnittes ohne Vorbehalt entlassenen Arbeitnehmer wieder einstellt, so daß die Arbeitnehmer nach Treu und Glauben, wie der Arbeitgeber weiß, mit der Wiedereinstellung fest rechnen und der Arbeitgeber auch weder bei einer früheren noch bei der letzten Entlassung irgendeinen Vorbehalt gemacht hat.[24] Keine Schwierigkeiten ergeben sich, wenn der Arbeitgeber die Wiedereinstellung vertraglich zugesichert hat. Wird der Arbeitnehmer wiedereingestellt, kommt u. U. die Anrechnung der früheren Beschäftigungszeiten auf die Wartezeit nach § 1 Abs. 1 in Betracht (dazu oben § 1 Rn. 83).

§ 22 a *(aufgehoben)*

---

[20] Vgl. *Dersch* ARS 11, 188; APS/*Moll* § 22 KSchG Rn. 6; HaKo/*Pfeiffer* § 22 Rn. 7; KR-*Weigand* § 22 KSchG Rn. 12.
[21] Ebenso ErfK/*Ascheid* § 22 KSchG Rn. 6; *Kittner/Däubler/Zwanziger* § 22 KSchG Rn. 5; *Reinfeld* AR-Blattei SD 1390 Rn. 192; KR-*Weigand* § 22 KSchG Rn. 13.
[22] Vgl. BSG AP Nr. 1 zu § 20 KSchG; *Falkenroth* BB 1956, 1110; BA DA 22.17 mit Antragsvordruck in Anlage 9 und 10; KR-*Weigand* § 22 KSchG Rn. 15; Präsident der Bundesanstalt ANBA 1953 Nr. 2 S. 12, Nr. 3 S. 1.
[23] Präsident der Bundesanstalt ANBA 1953 Nr. 3 S. 1.
[24] Vgl. BAG 15. 3. 1984, AP Nr. 2 zu § 1 KSchG 1969 Soziale Auswahl unter 2a mit Anm. *Wank* = SAE 1985, 307 mit Anm. *Mummenhoff;* BAG 29. 1. 1987, AP Nr. 1 zu § 620 BGB Saisonarbeit unter III mit Anm. *Löwisch/Kaiser;* HaKo/*Pfeiffer* § 22 Rn. 9; KR-*Weigand* § 22 KSchG Rn. 14.

Vierter Abschnitt. Schlußbestimmungen

§ 23 Geltungsbereich

(1) ¹Die Vorschriften des Ersten und Zweiten Abschnitts gelten für Betriebe und Verwaltungen des privaten und des öffentlichen Rechts, vorbehaltlich der Vorschriften des § 24 für die Seeschiffahrts-, Binnenschifffahrts- und Luftverkehrsbetriebe. ²Die Vorschriften des Ersten Abschnitts gelten nicht für Betriebe und Verwaltungen, in denen in der Regel fünf oder weniger Arbeitnehmer ausschließlich der zu ihrer Berufsbildung Beschäftigten beschäftigt werden. ³Bei der Feststellung der Zahl der beschäftigten Arbeitnehmer nach Satz 2 sind teilzeitbeschäftigte Arbeitnehmer mit einer regelmäßigen wöchentlichen Arbeitszeit von nicht mehr als 20 Stunden mit 0,5 und nicht mehr als 30 Stunden mit 0,75 zu berücksichtigen.

(2) ¹Die Vorschriften des Dritten Abschnitts gelten für Betriebe und Verwaltungen des privaten Rechts sowie für Betriebe, die von einer öffentlichen Verwaltung geführt werden, soweit sie wirtschaftliche Zwecke verfolgen. ²Sie gelten nicht für Seeschiffe und ihre Besatzung.

Schrifttum: *Bachner,* Arbeitsrechtliche Besonderheiten bei Unternehmensumwandlung, AR-Blattei SD 1625 (2000); *Bader,* Neuregelungen im Bereich des Kündigungsschutzgesetzes durch das Arbeitsrechtliche Beschäftigungsförderungsgesetz, NZA 1996, 1125; *ders.,* Das Kündigungsschutzgesetz in neuer (alter) Fassung, NZA 1999, 64; *Bauer,* Kündigungsschutz für alle?, BB 1998 Heft 28/29 S. I; *Bauer/Lingemann,* Das neue Umwandlungsrecht und seine arbeitsrechtlichen Auswirkungen, NZA 1994, 1057; *Becker-Schaffner,* Die Rechtsprechung im Bereich der Teilzeitbeschäftigung, DB 1986, 1773; *Bepler,* Alte Kleinbetriebsklausel im Grundsatz verfassungsgemäß, AuA 1998, 212; *ders.,* Der Betriebsbegriff des Kündigungsschutzgesetzes und die Kleinbetriebsklausel, AuR 1997, 54; *Berkowsky,* Neue Perspektiven im Kündigungsrecht, DB 1996, 778 ff.; *ders.,* Darlegungs- und Beweislast für das Vorliegen des betrieblichen Anwendungsbereichs des Kündigungsschutzgesetzes, MDR 1998, 82; *Bock,* Zur Verfassungsmäßigkeit des § 23 Abs. 1 Satz 2 KSchG, DB 1988, 2204; *Boecken,* Unternehmensumwandlungen und Arbeitsrecht, 1996; *Boemke,* Kündigungsschutz in Kleinbetrieben, WiB 1997, 617; *Brinkmann,* Die Spaltung von Rechtsträgern nach dem neuen Umwandlungsrecht, 1999; *Däubler,* Der Gemeinschaftsbetrieb im Arbeitsrecht, Festschrift für Zeuner 1994, S. 19; *ders.,* Das Arbeitsrecht im neuen Umwandlungsgesetz, RdA 1995, 136; *Denecke,* Zum Begriff und Wesen des öffentlichen Dienstes, RdA 1955, 401; *Eilers,* Die Bedeutung der vorhandenen Arbeitsplätze im Kündigungsschutzrecht, BB 1964, 760; *Eylert,* Kündigungsschutzgesetz – Geltungsbereich, LzK 830 (1995); *Falder,* Kündigungsschutz für alle – Wunschdenken oder Realität, NZA 1998, 1254; *Frey,* Der Begriff der Regelmäßigkeit im Arbeitsrecht, RdA 1960, 246; *Fromen,* Der gemeinsame Betrieb mehrerer Unternehmen, Festschrift für Gaul, 1992, S. 151; *Gragert,* Kündigungsschutz in Kleinbetrieben, NZA 2000, 961; *Gragert/Kreutzfeldt,* Sturm auf die Gerichte? – Die Konsequenzen aus dem Beschluß des BVerfG zur Kleinbetriebsklausel in § 23 I 2 KSchG, NZA 1998, 567; *Hanau,* Verfassungsrechtlicher Kündigungsschutz, Festschrift für Dieterich, 1999, S. 201; *Heinze,* Arbeitsrechtliche Fragen bei der Übertragung und Umwandlung von Unternehmen, ZfA 1997, 1; *Herbst,* Arbeitsrecht im neuen Umwandlungsgesetz, AiB 1995, 5; *Kl. Hermann,* Der gemeinsame Betrieb mehrerer Unternehmen, Diss. Konstanz 1993; *Hetzel,* Das Arbeitsverhältnis im Kleinbetrieb, Diss. Freiburg 1983; *Hönsch,* Kleinbetriebsklausel und Gleichheitssatz – Zur Verfassungsmäßigkeit des § 23 Abs. 1 Satz 2 KSchG, DB 1988, 1650; *v. Hoyningen-Huene/Linck,* Neuregelungen des Kündigungsschutzes und befristeter Arbeitsverhältnisse, DB 1997, 41; *Joost,* Betrieb und Unternehmen als Grund-

§ 23 4. Abschnitt. Schlußbestimmungen

begriffe im Arbeitsrecht, 1988; *ders.*, Umwandlungsrecht und Arbeitsrecht, in: Kölner Umwandlungsrechtslage 1995, S. 297; *Kallmeyer,* Das neue Umwandlungsgesetz, ZIP 1994, 1746; *Kamphausen,* Einheitlicher Betrieb bei mehreren Unternehmen – Verfassungsrechtliche Probleme, NZA Beilage 4/1988, S. 10; *Kittner,* Neues Kündigungsschutzrecht außerhalb des Kündigungsschutzgesetzes, NZA 1998, 731; *ders.*, Das neue Recht der Sozialauswahl bei betriebsbedingten Kündigungen und die Ausdehnung der Kleinbetriebsklausel, AuR 1997, 182; *Knigge,* Die Abstellung von Arbeitnehmern an eine baugewerbliche Arbeitsgemeinschaft, DB Beilage 4/1982; *Kohte,* Der Gemeinschaftsbetrieb im Spiegel des Gesellschafts- und Konzernrechts, RdA 1992, 302; *Konzen,* Arbeitsverhältnisse im Konzern, ZHR 151 (1987), 566; *Kraft,* Mehrere Unternehmen als Träger eines Betriebes im Sinne des Betriebsverfassungsgesetzes, Festschrift für Hilger/Stumpf, 1983, S. 395 ff.; *Kraushaar,* Ist die Herausnahme der Kleinbetriebe aus dem Kündigungsschutz verfassungswidrig?, AuR 1988, 137; *ders.*, Zur Verfassungsmäßigkeit der Kleinbetriebsklausel des § 23 Abs. 1 Satz 2 KSchG, DB 1988, 2202; *Kraushaar/Storz,* Kleinbetriebsklausel nach § 23 Abs. 1 Satz 2 KSchG und EG-Recht, BB 1992, 1787; *Kreßel,* Arbeitsrechtliche Aspekte des neuen Umwandlungsbereinigungsgesetzes, BB 1995, 925; *Lakies,* Rechtsprobleme der Neuregelung des Kündigungsschutzgesetzes, NJ 1997, 121; *ders.*, Änderung des Kündigungsschutzgesetzes und allgemeiner Kündigungsschutz nach § 242 BGB – Verfassungsrechtliche Fragen, DB 1997, 1078; *Löwisch,* Das arbeitsrechtliche Beschäftigungsförderungsgesetz, NZA 1996, 1009; *ders.*, Grenzen der ordentlichen Kündigung in kündigungsschutzfreien Betrieben, BB 1997, 782; *ders.*, Der arbeitsrechtliche Teil des sogenannten Korrekturgesetzes, BB 1999, 102; *ders.*, Gemeinsamer Betrieb privater und öffentlicher Rechtsträger, Festschrift für Söllner, 2000, S. 689 ff.; *Lorenz,* Das arbeitsrechtliche Beschäftigungsförderungsgesetz, DB 1996, 1973; *Loritz,* Aktuelle Rechtsprobleme des Betriebsübergangs nach § 613 a BGB, RdA 1987, 65; *Moll,* Erleichterte Kündigung vor und in der Insolvenz, Insolvenzrecht 1998, 189; *Neuhausen,* Der betriebliche Geltungsbereich des Kündigungsschutzgesetzes, 1999; *Oetker,* Gibt es einen Kündigungsschutz außerhalb des Kündigungsschutzgesetzes?, AuR 1997, 41; *Pakirnus,* Sind §§ 1, 23 KSchG in der ab 1. 1. 1999 geltenden Fassung auf vor diesem Tag ausgesprochene Kündigungen anzuwenden?, DB 1999, 286; *Popp,* Zum Kündigungsschutz beim Übergang von Kleinbetrieben, DB 1986, 2284; *U. Preis,* Das arbeitsrechtliche Beschäftigungsförderungsgesetz 1996, NJW 1996, 3369; *ders.*, Aktuelle Tendenzen im Kündigungsschutzrecht, NZA 1997, 1073; *ders.*, Der Kündigungsschutz nach dem „Korrekturgesetz", RdA 1999, 311; *ders.*, Der Betriebsbegriff im Kündigungsschutzgesetz, in: Henssler/Moll (Hrsg.), Kündigung und Kündigungsschutz in der betrieblichen Praxis, 2000; *ders.*, Legitimation und Grenzen des Betriebsbegriffs im Arbeitsrecht, RdA 2000, 257; *Prütting,* Gegenwartsprobleme der Beweislast, 1983; *Ramm,* Arbeitsrecht und Kleinunternehmen, AuR 1991, 257, 289; *Ramrath,* Darlegungslast für die regelmäßige wöchentliche Arbeitszeit bei der Anwendung des Kündigungsschutzgesetzes, NZA 1997, 1319; *Reinecke,* Beweisfragen im Kündigungsschutzprozeß, NZA 1989, 577; *Richter/Mitsch,* Neuer Schwellenwert im Kündigungsschutzgesetz, DB 1997, 526; *Rossa,* Keine Verschlechterung des Kündigungsschutzes in Kleinbetrieben bis zum 30. September 1999, BB 1999, 1160; *Schalle,* Der Bestandsschutz der Arbeitsverhältnisse bei Unternehmensumwandlungen, 1999; *Schiefer,* Europäisches Arbeitsrecht, NJW 1995, 160; *ders.*, Gesetz zur Korrektur in der Sozialversicherung zur Sicherung der Arbeitnehmerrechte, DB 1998, 48; *M. Schmidt,* Die Anwendbarkeit des Kündigungsschutzgesetzes auf Kleinbetriebe vor dem Hintergrund der zunehmenden internationalen Unternehmensverflechtungen, NZA 1998, 169; *Schomburg,* Zeitliche Grenzen für Ausspruch und Abwehr der Arbeitgeberkündigung, 1989; *Schwedes,* Das Arbeitsrechtliche Beschäftigungsförderungsgesetz, BB Beil. 17/1996 S. 2; *Schwerdtner,* Der Kündigungsschutz in Kleinbetrieben (§ 23 Abs. 1 Satz 2 KSchG), in: Brennpunkte des Arbeitsrechts 1999, S. 243 ff.; *Schwermer,* Die Anwendbarkeit des Kündigungsschutzgesetzes auf Kleinstbetriebe, DB 1986, 1073; *Sick,* Der gemeinsame Betrieb mehrerer Unternehmen, BB 1992, 1129; *Stahlhacke,* Grundrechtliche Schutzpflichten und allgemeiner Kündigungsschutz, Festschrift für Wiese, 1998, S. 513; *Stahlhacke/Preis,* Das neue Kündigungsschutzrecht nach dem Arbeitsrechtlichen Beschäftigungsförderungsgesetz 1996, WiB 1996, 1025; *Thömmes,* Sind Teilzeitbeschäftigte bei der Bestimmung der Betriebsgröße im Rahmen des § 23 Abs. 1 Satz 2 KSchG zu berücksichtigen?, RdA 1984, 154; *Trieschmann,* Ungleichbehandlung im gesetzlichen Arbeits-

Geltungsbereich **§ 23**

vertragsrecht, Festschrift für Herschel, 1982, S. 421; *Trümner,* „Kündigungsrechtliche Stellung" in § 323 Abs. 1 Umwandlungsgesetz, AiB 1995, 309; *Tschöpe,* Die Bestimmung der „in der Regel" beschäftigten Arbeitnehmer, BB 1983, 1416; *Urban,* Der Kündigungsschutz außerhalb des Kündigungsschutzgesetzes, 2001; *Wank,* Teilzeitbeschäftigte im Kündigungsschutzgesetz, ZIP 1986, 206; *ders.,* Arbeitsrecht und Methode – am Beispiel der rangkonformen Auslegung –, RdA 1999, 130; *ders.,* Die Kündigung außerhalb des Kündigungsschutzgesetzes, Festschrift für Hanau, 1999, S. 295; *Weber,* Zur Frage der Vereinbarkeit des § 23 Abs. 1 Sätze 2 und 3 KSchG mit Art. 3 Abs. 1 und 3 GG, AuR 1995, 113; *Weigand,* Kleinbetriebe und Kündigungsschutz, DB 1997, 2484; *Wiese,* Mehrere Unternehmen als gemeinsamer Betrieb im Sinne des Betriebsverfassungsrechts, Festschrift für Gaul, 1992, S. 553; *Willemsen,* Arbeitsrecht im Umwandlungsgesetz – Zehn Fragen aus der Sicht der Praxis, NZA 1996, 791; *Wlotzke,* Arbeitsrechtliche Aspekte des neuen Umwandlungsrechts, DB 1995, 40; *ders.,* Einschränkungen des Kündigungsschutzes durch Anhebung der Schwellenzahl und Veränderungen bei der Sozialauswahl, BB 1997, 414; *Zöllner,* Gemeinsame Betriebsnutzung, Festschrift für Semler, 1993, S. 995.

Übersicht

	Rn.
I. Vorbemerkung und Grundgedanke	1
II. Betriebsbegriff	3
1. Allgemeiner Betriebsbegriff	3
a) Vorliegen eines Betriebes	3
b) Allgemeiner arbeitsrechtlicher Betriebsbegriff	4
c) Organisatorische Einheit	5
d) Betriebsinhaber	7
e) Öffentlicher Dienst	7 b
2. Einzelfälle	8
a) Beispiele	8
b) Nebenbetriebe	9
c) Betriebsteile	9 a
d) Betriebsspaltung aufgrund Unternehmensspaltung	9 b
e) Betriebsspaltung im Unternehmen	9 f
3. Gemeinsamer Betrieb mehrerer Unternehmer	10
a) Gemeinsamer Betriebszweck	10
b) Rechtliche Leitungsvereinbarung	11
c) Einheitlicher Leitungsapparat	12
d) Indizien	13
e) § 322 UmwG	13 b
f) Bauarbeitsgemeinschaft, Gesamthafenbetrieb	14
III. Geltungsbereich des 1. und 2. Abschnitts (Abs. 1)	15
1. Grundsatz	15
2. Ausnahmen bei Kleinbetrieben	16
a) Geltungsbereich	16
b) Regelungszweck	19
c) Zur Berufsbildung Beschäftigte	20
d) Teilzeitbeschäftigte	22
e) Sonstige Arbeitnehmer, leitende Angestellte	25
f) Rechtsfolge	27
3. Beweislast	28
IV. Geltungsbereich des 3. Abschnitts (Abs. 2)	30
1. Betriebe mit nicht mehr als 20 Arbeitnehmern	31
2. Öffentliche Betriebe mit nichtwirtschaftlichen Zwecken	32
3. Seeschiffe	34

§ 23 1–3   4. Abschnitt. Schlußbestimmungen

I. Vorbemerkung und Grundgedanke

1   § 23 ist **mehrfach geändert** bzw. ergänzt worden. Abs. 2 Satz 2 ist durch das 2. Gesetz zur Änderung des KSchG vom 27. 4. 1978[1] geändert worden (dazu Vorbem. zu §§ 17 ff. Rn. 5; näheres unten Rn. 34). Abs. 1 Satz 2 wurde durch das BeschFG 1985 vom 26. 4. 1985[2] geändert; dazu unten Rn. 20. Ebenfalls durch das BeschFG 1985 wurden in Abs. 1 die Sätze 3 und 4 angefügt.[3] Durch das Arbeitsrechtliche Beschäftigungsförderungsgesetz vom 25. 9. 1996[4] wurden die Sätze 2–4 geändert, dabei insbesondere nach einer Übergangszeit von 3 Jahren die Mindestbeschäftigtenzahl von 6 auf 11 angehoben und eine prozentuale Berücksichtigungsregel für die Teilzeitbeschäftigten eingeführt. Diese letztgenannten Änderungen waren aber nur bis 31. 12. 1998 in Kraft; sie wurden durch das Gesetz zu Korrekturen in der Sozialversicherung und zur Sicherung der Arbeitnehmerrechte vom 19. 12. 1998[5] wieder weitgehend abgeschafft, so daß der bis 30. 9. 1996 bestehende Rechtszustand ab 1. 1. 1999 im wesentlichen wieder hergestellt worden ist. Dadurch wurde der „Schwellenwert" in Abs. 1 Satz 2 wieder auf „fünf" zurückgeführt und die prozentuale Berücksichtigung der Teilzeitbeschäftigten modifiziert (Abs. 1 Satz 3); die damalige Übergangsregelung in Abs. 1 Satz 4 wurde aufgehoben.[6]

2   § 23 bestimmt den **betrieblichen Geltungsbereich** des KSchG, soweit es auf Art und Größe der betroffenen Betriebe ankommt.[7] Die Vorschrift ist aber nicht abschließend, da auch anderweitig der betriebliche Geltungsbereich geregelt wird (§§ 17 Abs. 1, 22, 24 Abs. 1).[8] § 23 unterscheidet zwischen den beiden ersten Abschnitten des Gesetzes einerseits (Abs. 1) und dem dritten Abschnitt andererseits (Abs. 2). – Über die betroffenen Personen vgl. oben § 1 Rn. 21 ff.

II. Betriebsbegriff

1. Allgemeiner Betriebsbegriff

3   a) § 23 knüpft die Anwendung des KSchG an das **Vorliegen eines Betriebes,** der bestimmte Voraussetzungen hinsichtlich der Arbeitnehmerzahl und Branchenzugehörigkeit erfüllen muß. Der Begriff des Betriebes ist darüber hinaus auch bei §§ 1, 15 und 17 von Bedeutung; er hat im gesamten KSchG den gleichen und einheitlichen Inhalt. Dagegen ist der Betriebsbegriff des KSchG nicht unbedingt identisch mit demjenigen des BetrVG, weil dort einerseits hinsichtlich der Arbeitnehmerzahl andere Voraussetzungen gelten (§ 1 BetrVG), andererseits es betriebsverfassungsrechtlich entscheidend

---

[1] BGBl. I S. 550.
[2] BGBl. I S. 710.
[3] Dazu ausführlich KR-*Weigand* § 23 KSchG Rn. 4 ff.
[4] BGBl. I S. 1476.
[5] BGBl. I S. 3843.
[6] Vgl. auch *Bader/Dörner* § 23 Rn. 1; HK-KSchG/*Kriebel* § 23 Rn. 1; APS/*Moll* § 23 KSchG Rn. 3.
[7] BAG 27. 1. 1955, AP Nr. 5 zu § 11 KSchG.
[8] Vgl. *Kittner/Däubler/Zwanziger* § 23 KSchG Rn. 1; HaKo/*Pfeiffer* § 23 Rn. 3; KR-*Weigand* § 23 KSchG Rn. 8.

Geltungsbereich 3a–5 § 23

auf den zur einheitlichen Willensbildung fähigen Betriebsleiter als Ansprechpartner des Betriebsrats ankommt.[9] In der Praxis wird für den Begriff des Betriebes auch die Formulierung Werk, Standort oder Arbeitsstätte verwendet.

Der Betrieb muß sich **in Deutschland** befinden,[10] denn der räumliche **3a** Geltungsbereich des Kündigungsschutzgesetzes ist auf Deutschland beschränkt (vgl. auch Einl. Rn. 77 sowie unten Rn. 16 und 16b). Gleichgültig ist, ob der Betriebsinhaber als Ausländer deutschem Recht untersteht.[11]

b) Das KSchG enthält keine Definition des Betriebes, sondern geht von **4** einem vorgegebenen Betriebsbegriff aus. Deshalb kann zunächst der **allgemeine arbeitsrechtliche Betriebsbegriff** zugrunde gelegt werden, der freilich entsprechend der jeweiligen Teleologie des einschlägigen Gesetzes modifiziert werden muß.[12] Für das KSchG müssen daher namentlich die Besonderheiten des § 23 beachtet werden. Demgegenüber empfiehlt sich nicht die Vorgehensweise von *Joost*, der jeweils unterschiedliche Betriebsbegriffe annimmt.[13] Vielmehr kann von grundsätzlichen Gemeinsamkeiten des allgemeinen Betriebsbegriffs ausgegangen werden, die allerdings im Rahmen des jeweiligen Gesetzesbezugs mit den entsprechenden Besonderheiten ergänzt werden müssen.[14] Dieser allgemeine Betriebsbegriff ist naturgemäß im weitesten Sinne zu verstehen; das gilt besonders wegen des Schutzzwecks im KSchG.[15]

c) Unter einem **Betrieb** versteht man die **organisatorische Einheit**, in- **5** nerhalb derer ein Unternehmer allein oder in Gemeinschaft mit seinen Mitarbeitern mit Hilfe von sachlichen und immateriellen Mitteln bestimmte **arbeitstechnische Zwecke** fortgesetzt verfolgt, die sich nicht in der Befriedigung von Eigenbedarf erschöpfen.[16] In erster Linie kommt es auf die Einheit der Organisation an, weniger auf die Einheit der arbeitstechnischen Zweckbestimmung, die auch gleichzeitig in der Verfolgung verschiedener

---

[9] BAG 7. 8. 1986, AP Nr. 5 zu § 1 BetrVG 1972 unter B II 3e mit Anm. *Wiedemann.*
[10] So zutr. BAG 9. 10. 1997, AP Nr. 16 zu § 23 KSchG 1969; LAG Düsseldorf 21. 5. 1996, BB 1996, 2411; ErfK/*Ascheid* § 23 KSchG Rn. 3; MünchArbR/*Birk* § 19 Rn. 193; *Falder* NZA 1998, 1257; APS/*Moll* § 23 KSchG Rn. 37; *M. Schmidt* NZA 1998, 171; HaKo/*Pfeiffer* § 23 Rn. 4; *Stahlhacke/Preis/Vossen* Rn. 606e; KR-*Weigand* § 23 KSchG Rn. 19; – abweichend *Löwisch* Vorbem. zu § 1 Rn. 36, der auf das Arbeitsvertragsstatut unabhängig vom Betrieb abstellen will; – *Gragert/Kreutzfeldt* NZA 1998, 569; *Kittner* NZA 1998, 732 und *Kittner/Däubler/Zwanziger* § 23 KSchG Rn. 22 wollen auch ausländische Betriebe miteinbeziehen.
[11] BAG 23. 4. 1998, AP Nr. 19 zu § 23 KSchG 1969 für ein italienisches Kulturinstitut in Deutschland.
[12] Vgl. auch *v. Hoyningen-Huene* BetrVR § 3 II 1; APS/*Moll* § 23 KSchG Rn. 7.
[13] Vgl. *Joost* insbes. These 6 und 14, S. 400f.; dagegen auch *Gragert* NZA 2000, 961, 962f., *Reuter* Anm. zu BAG AP Nr. 9 zu § 1 BetrVG 1972.
[14] Vgl. *Schaub* § 18 Rn. 1.
[15] BAG 9. 9. 1982, AP Nr. 1 zu § 611 BGB Hausmeister unter II 4a mit Anm. *Jahnke;* *Backmeister/Trittin* § 23 Rn. 6; KR-*Etzel* § 1 KSchG Rn. 139.
[16] H. M.: BAG 26. 8. 1971, AP Nr. 1 zu § 23 KSchG 1969 mit zust. Anm. *A. Hueck;* BAG 23. 3. 1984, AP Nr. 4 zu § 23 KSchG 1969; BAG 14. 9. 1988, AP Nr. 9 zu § 1 BetrVG 1972 m.w.N.; ErfK/*Ascheid* § 23 KSchG Rn. 4; ErfK/*Eisemann* § 1 BetrVG Rn. 7; KR-*Etzel* § 1 KSchG Rn. 142ff.; *Fitting* § 1 Rn. 55ff.; *v. Hoyningen-Huene* BetrVR § 3 II 1; GK-BetrVG/*Kraft* § 1 Rn. 5; HK-KSchG/*Kriebel* § 23 Rn. 3; APS/*Moll* § 23 KSchG Rn. 7; HaKo/*Pfeiffer* § 23 Rn. 10; *Schaub* § 18 Rn. 1; *Söllner* § 3 IV.

§ 23 6, 7 4. Abschnitt. Schlußbestimmungen

Zwecke bestehen kann. Maßgeblich ist dabei vor allem die **einheitliche und eigenständige Leitung des Betriebes** durch einen Betriebsleiter (vgl. auch § 14 Abs. 2), der freilich einzelne Aufgaben auf nachgeordnete Mitarbeiter delegiert haben kann; andererseits müssen ihm auch von der Unternehmensleitung noch wesentliche Aufgaben zur Betriebsleitung verblieben sein.[17] Daher ist regelmäßig vom Vorliegen eines Betriebes auszugehen, wenn die in einer Betriebsstätte vorhandenen materiellen und immateriellen Betriebsmittel für den oder die verfolgten arbeitstechnischen Zwecke zusammengefaßt, geordnet und gezielt eingesetzt werden, und der Einsatz der menschlichen Arbeitskraft von einem einheitlichen Leitungsapparat gesteuert wird. Infolgedessen können auch Nebenbetriebe mit Hilfsfunktionen für den Hauptbetrieb (vgl. § 4 Satz 2 BetrVG a. F.) eigenständige Betriebe i. S. d. KSchG darstellen (dazu unten Rn. 9).[18]

6   Die **räumliche Einheit** der Betriebsstätte ist dagegen kein entscheidendes Abgrenzungsmerkmal, weil es wesentlich auf die Leitung des Betriebes ankommt, nämlich Einzelheiten der arbeitstechnischen Zwecksetzung zu regeln. Daher stellen mehrere zentral gelenkte Verkaufsstellen **(Einzelhandelsfilialen)** unabhängig von der räumlichen Entfernung einen einheitlichen Betrieb dar.[19] Besteht allerdings eine eigenständige Leitungsfunktion in den Filialen, sind diese als selbständige Betriebe anzusehen. Das belegt auch die Regelung des § 4 BetrVG, die insoweit einen allgemeinen Rechtsgedanken für die Bestimmung eines einheitlichen Betriebes enthält, wonach es entscheidend auf die organisatorische Zusammenfassung und Leitung ankommt;[20] das kann insbesondere bei einer Vielzahl von Kleinstbetrieben mit weniger als fünf bzw. sechs Arbeitnehmern innerhalb eines Unternehmens der Fall sein.[21]

7   d) Für den Betriebsbegriff ist unerheblich, wer (rechtlicher und wirtschaftlicher) **Inhaber** des Betriebes ist; es kann sich um eine natürliche Person (Einzelkaufmann), um eine Personengesamtheit (BGB-Gesellschaft, oHG) oder um eine juristische Person des Privatrechts (AG, GmbH, eG) oder des öffentlichen Rechts (öffentlich-rechtliche Körperschaft, Anstalt) handeln.[22] Deshalb fallen unter den Betriebsbegriff auch Betriebe und Verwaltungen des öffentlichen Rechts, wie Abs. 1 Satz 1 ausdrücklich klarstellt (vgl. auch §§ 1, 6 Abs. 1 BPersVG; siehe im übrigen unten Rn. 7b).[23] Dagegen trifft es nicht zu, den Begriff des Betriebes mit dem des Arbeitgebers

---

[17] Dazu BAG 25. 11. 1993, AP Nr. 3 zu § 14 KSchG 1969 unter I 4.
[18] ErfK/*Eisemann* § 1 BetrVG Rn. 7 mit Hinweis auf BAG 21. 6. 1995 – 2 AZR 693/94 – n.v.; KR-*Etzel* § 1 KSchG Rn. 149; APS/*Moll* § 23 KSchG Rn. 12.
[19] BAG 26. 8. 1971, AP Nr. 2 zu § 4 KSchG 1969 mit zust. Anm. *A. Hueck*; BAG 24. 2. 1976, AP Nr. 2 zu § 4 BetrVG 1972; BAG 25. 11. 1993, AP Nr. 3 zu § 14 KSchG 1969 unter I 4 b; ErfK/*Ascheid* § 23 KSchG Rn. 4; *Birk* JuS 1985, 785; KR-*Etzel* § 1 KSchG Rn. 145; APS/*Moll* § 23 KSchG Rn. 13; HaKo/*Pfeiffer* § 23 Rn. 10; – ähnlich *Löwisch* § 23 Rn. 7.
[20] Ebenso BAG wie Fn. 19; BAG 21. 6. 1995 – 2 AZR 693/94 n. v. (zit. bei *Preis* NZA 1997, 1076); ErfK/*Ascheid* § 23 KSchG Rn. 4; HK-KSchG/*Kriebel* § 23 Rn. 3; *Löwisch* § 23 Rn. 7; KR-*Weigand* § 23 KSchG Rn. 48.
[21] Vgl. dazu BAG 3. 12. 1985, AP Nr. 28 zu § 99 BetrVG 1972 mit Anm. *Otto*.
[22] HK-KSchG/*Kriebel* § 23 Rn. 3.
[23] *Herschel*/*Löwisch* § 23 Rn. 2; KR-*Weigand* § 23 KSchG Rn. 33.

Geltungsbereich 7a, 7b § 23

oder Unternehmens (besser Unternehmers) gleichzusetzen;[24] denn der Arbeitgeber ist der Rechtsträger des Unternehmens und Betriebes, wohingegen der Betrieb einen tatsächlichen Gegenstand darstellt, der nicht rechtsfähig ist.[25] Die Frage, ob ein einheitlicher Betrieb vorliegt, hängt nicht von der Person des Arbeitgebers ab, sondern von dessen betrieblicher Organisation.

Von der Zugrundelegung des **Betriebsbegriffs in** § 23 kann derzeit 7a nicht abgewichen werden. Denn der Gesetzgeber hat ausdrücklich an ihm **festgehalten,** als im Zusammenhang mit dem am 1. 10. 1996 in Kraft getretenen Arbeitsrechtlichen Beschäftigungsförderungsgesetz im Gesetzgebungsverfahren ein Abstellen auf das Unternehmen diskutiert wurde[26] und auch im Bundesrat vorliegende Entwürfe für ein Arbeitsvertragsgesetz[27] dies vorsahen. Daß der Gesetzgeber ausdrücklich am kündigungsschutzrechtlichen Betriebsbegriff festgehalten hat, anstatt auf den weiteren Unternehmensbegriff abzustellen, belegt auch § 322 UmwG n. F. (früher Abs. 2).[28] Das Bundesverfassungsgericht hat bestätigt, daß die Anknüpfung des KSchG an den Begriff des Betriebes **verfassungsgemäß** ist.[29] Zur Frage, ob eine einschränkende Auslegung des Betriebsbegriffs unter dem Gesichtspunkt der Kleinbetriebsklausel des Abs. 1 Satz 2 erforderlich ist, siehe unten Rn. 19b.

e) Im Bereich des **öffentlichen Dienstes** ist statt des Betriebes Anknüpfungspunkt der Begriff der **Verwaltung.** Zwar entspricht der für die Privatwirtschaft entwickelte Betriebsbegriff im öffentlichen Dienst demjenigen der Dienststelle i. S. d. § 6 Abs. 1 BPersVG.[30] Der Gesetzgeber hat aber bewußt den weiteren Begriff der Verwaltung i. S. d. § 1 BPersVG verwendet, wie auch die Unterscheidung in § 1 Abs. 2 Satz 2 Nr. 2b zeigt.[31] Verwaltung ist danach die Zusammenfassung mehrerer Dienststellen zu einer administrativen Hierarchie, z. B. alle italienischen Kulturinstitute in Deutschland.[32] 7b

---

[24] So aber *Bepler* AuR 1997, 58; *Gragert/Kreutzfeldt* NZA 1998, 569; *Kittner* AuR 1997, 190; *ders.* NZA 1998, 732; *Kittner/Däubler/Zwanziger* § 23 KSchG Rn. 8a; *Löwisch* § 23 Rn. 7; *U. Preis* RdA 1999, 313 ff.
[25] Vgl. auch *v. Hoyningen-Huene* BetrVR § 3 II 1 und III 1.
[26] Dazu *Bader* NZA 1999, 66; *Bepler* AuR 1997, 57; *Löwisch* BB 1999, 102; APS/*Moll* § 23 KSchG Rn. 8; HaKo/*Pfeiffer* § 23 KSchG Rn. 11; *U. Preis* RdA 1999, 313; *Schwedes* BB 1996 Beil. 17 S. 2 f.
[27] BR-Drs. 293/95 und 671/96 – dazu oben Einl. Rn. 65 b.
[28] So ausdrückl. BAG 12. 11. 1998, NZA 1999, 592 unter II 4 = EzA § 23 KSchG Nr. 20 mit Anm. *Jacobs;* bestätigt von BAG 29. 4. 1999 unter III 5 b, DB 1999, 1711; ebenso *Falder* NZA 1998, 1257.
[29] BVerfG 27. 1. 1998, AP Nr. 17 zu § 23 KSchG 1969 unter B II 4 b bb; zustimmend HK-KSchG/*Kriebel* § 23 Rn. 24; – das war auch dem Gesetzgeber bekannt, vgl. BT-Drs. 14/45, S. 16 – dazu oben Einl. Rn. 62 e.
[30] BAG 25. 9. 1956, AP Nr. 18 zu § 1 KSchG; BAG 23. 4. 1998, AP Nr. 19 zu § 23 KSchG 1969.
[31] BAG 23. 4. 1998 aaO.; LAG Köln 23. 2. 1996, LAGE § 1 KSchG Betriebsbedingte Kündigung Nr. 36; *Löwisch* § 23 Rn. 7; APS/*Moll* § 23 KSchG Rn. 20; HaKo/*Pfeiffer* § 23 Rn. 9; KR-*Weigand* § 23 KSchG Rn. 29.
[32] BAG 23. 4. 1998 aaO.; *Dietz/Richardi* BPersVG § 1 Rn. 4; HK-KSchG/*Kriebel* § 23 Rn. 20; *U. Preis* RdA 1999, 314.

§ 23 8–9b 4. Abschnitt. Schlußbestimmungen

2. Einzelfälle

8 a) **Beispiele:** Zu den Betrieben zählen also wirtschaftliche Produktionsstätten und Dienstleistungsniederlassungen, Verkaufsstellen, mechanische Werkstätten, kaufmännische Büros, Rechtsanwaltskanzleien, Arztpraxen, Apotheken,[33] Krankenhäuser, Sparkassen, Vereinsgeschäftsstellen, Hotels und Gaststätten. Dagegen ist der Privathaushalt kein Betrieb i. S. d. KSchG, weil dieser der Befriedigung privater Lebensbedürfnisse dient.[34] Andererseits sind Einrichtungen mit karitativer, erzieherischer, künstlerischer oder religiöser Zielsetzung (Tendenzbetriebe, vgl. § 118 BetrVG) regelmäßig Betriebe i. S. d. KSchG, z. B. Erziehungsheime, Kindergärten, Theater, kirchliche Einrichtungen.[35] Das gleiche gilt für Einrichtungen und Verwaltungen von Stationierungsstreitkräften (dazu oben Einl. Rn. 84 ff.).[36]

9 b) **Nebenbetriebe** (vgl. früheren § 4 Satz 2 BetrVG a. F.) sind bei eigenständiger Betriebsorganisation trotz ihrer Hilfsfunktion für den Hauptbetrieb (z. B. Kartonagenfabrik für Zigarettenfabrik) ebenfalls Betriebe i. S. d. KSchG.[37] Sie dürfen allerdings nur angegliedert, nicht aber in den Hauptbetrieb völlig eingegliedert sein;[38] dann würde es sich nur noch um unselbständige Betriebsteile (§ 4 Abs. 2 BetrVG) bzw. Betriebsabteilungen (§ 15 Abs. 5) handeln.[39]

9a c) Ob **Betriebsteile** als selbständige Betriebe oder nur als unselbständige Bereiche eines selbständigen Betriebes gelten, richtet sich entsprechend § 4 Abs.1 Satz 1 BetrVG danach, ob sie entweder räumlich weit vom Hauptbetrieb entfernt oder durch Aufgabenbereiche und Organisation eigenständig sind. Wie bei der Betriebsdefinition kommt es für das KSchG in erster Linie auf die eigenständige Organisation an (oben Rn. 5).[40] Gegen die Annahme selbständiger Betriebsteile spricht vor allen Dingen das Vorhandensein einer zentralen Personalverwaltung und gemeinsamer sozialer Einrichtungen.[41] Wichtiges Indiz für die Selbständigkeit von Betriebsteilen ist die institutionelle Zuständigkeit von jeweiligen Leitungskräften.[42]

9b d) Findet eine **Betriebsspaltung auf Grund einer Unternehmensspaltung** (§§ 123 ff. UmwG) statt, so verändert sich nach § 323 Abs. 1 UmwG

---

[33] BAG 5. 8. 1965, AP Nr. 2 zu § 21 KSchG.
[34] Ebenso ErfK/*Ascheid* § 23 KSchG Rn. 7; HK-KSchG/*Kriebel* § 23 Rn. 1; *Löwisch* § 23 Rn. 6; KR-*Weigand* § 23 KSchG Rn. 34; vgl. auch BAG 26. 8. 1971 und 23. 3. 1984, AP Nr. 1 und 4 zu § 23 KSchG 1969.
[35] Ebenso KR-*Etzel* § 1 KSchG Rn. 140; KR-*Weigand* § 23 KSchG Rn. 34.
[36] Vgl. BAG 21. 5. 1970, AP Nr. 11 zu § 15 KSchG; BAG 9. 12. 1971, AP Nr. 3 zu Art. 56 ZA-Nato-Truppenstatut.
[37] KR-*Etzel* § 1 KSchG Rn. 145.
[38] Zutr. *Herschel/Löwisch* § 17 Rn. 19; APS/*Moll* § 23 KSchG Rn. 12.
[39] Vgl. einerseits BAG 23. 9. 1982, AP Nr. 3 zu § 4 BetrVG 1972; andererseits BAG 17. 2. 1983, AP Nr. 4 zu § 4 BetrVG 1972; vgl. auch oben § 15 Rn. 166 f.; zum Ganzen *Joost* S. 265 ff.
[40] Außerdem KR-*Etzel* § 1 KSchG Rn. 145.
[41] BAG 17. 2. 1983, AP Nr. 4 zu § 4 BetrVG 1972 unter II 1; APS/*Moll* § 23 KSchG Rn. 11.
[42] BAG 29. 5. 1991, AP Nr. 5 zu § 4 BetrVG 1972 unter II 3 und 4; siehe auch BAG 25. 11. 1993, AP Nr. 3 zu § 14 KSchG 1969 unter I 4 b–d.

Geltungsbereich 9c, 9d § 23

die kündigungsrechtliche Stellung eines Arbeitnehmers für die Dauer von zwei Jahren ab dem Zeitpunkt ihres Wirksamwerdens nicht. Das hat insbesondere zur Folge, daß die Kleinbetriebsklausel des Abs. 1 Satz 2 (unten Rn. 16 und 27) nicht angewendet wird. Wenn daher der Betrieb durch die Betriebsspaltung nur noch weniger als sechs Arbeitnehmer hat, bleibt dem zu kündigenden Arbeitnehmer der bisherige Kündigungsschutz trotzdem für zwei Jahre erhalten.[43]

Fraglich ist, ob darüber hinaus die zweijährige Beibehaltung der bisherigen kündigungsrechtlichen Stellung des Arbeitnehmers **sonstige Auswirkungen** hat. Nach dem weitgefaßten Wortlaut des § 323 Abs. 1 UmwG muß das insoweit bejaht werden, so daß sowohl die bisherige unternehmensweite Weiterbeschäftigungsmöglichkeit nach § 1 Abs. 2 auf das bisherige Gesamtunternehmen (oben § 1 Rn. 391) als auch die betriebsweite Sozialauswahl nach § 1 Abs. 3 auf den bisherigen Gesamtbetrieb (oben § 1 Rn. 434, 435 a) ausgedehnt werden muß, als hätte eine Betriebsspaltung nicht stattgefunden.[44] Dagegen kann sich eine Auswirkung auf die Anzeigepflicht nach § 17 nicht ergeben,[45] weil dort nicht der individualrechtliche Schutz des einzelnen Arbeitnehmers in seinem Arbeitsverhältnis, sondern das Interesse der Allgemeinheit an weitestmöglicher Verhütung der Arbeitslosigkeit geregelt ist (oben Vorbem. zu §§ 17ff. Rn. 10). 9c

Die zweijährige Berücksichtigung der **Weiterbeschäftigungsmöglichkeit** 9d nach § 1 Abs. 2 und der **Sozialauswahl** nach § 1 Abs. 3 könnte folglich dazu führen, daß ein bisher geschützter Arbeitnehmer in diesem Zeitraum im abgespaltenen Betrieb des neuen Arbeitgebers ebenfalls nicht gekündigt werden kann. Diese Rechtsfolge wird ohne eine gemeinsame Betriebsführung (unten Rn. 10) als nicht praktikabel angesehen, weshalb § 323 Abs. 1 UmwG als Zwang wirken soll, zumindest für die Dauer von zwei Jahren einen gemeinsamen Betrieb gemäß § 322 UmwG zu vereinbaren (dazu unten Rn. 13b).[46] Dieser Auffassung ist jedoch nicht zu folgen,[47] weil die zweijährige Fortwirkung der kündigungsrechtlichen Stellung im Ergebnis lediglich einen nachwirkenden Kündigungsschutz bezweckt. Sie kann im Extremfall

---

[43] BR-Drs. 75/94, S. 175; *Bader/Dörner* § 23 Rn. 28; *Bauer/Lingemann* NZA 1994, 1060; *Boecken* Rn. 275; *Brinkmann* S. 293, 306; *Däubler* RdA 1995, 143; *KR-Friedrich* §§ 322, 323, 324 UmwG Rn. 41; *Herbst* AiB 1995, 12; *Joost* in: Kölner Umwandlungsrechtstage 1995, S. 326 f.; *Kittner/Däubler/Zwanziger* § 323 UmwG Rn. 3 und 4; *APS/Steffan* § 323 UmwG Rn. 5; *Trümner* AiB 1995, 312; *KR-Weigand* § 23 KSchG Rn. 61; *Willemsen* NZA 1996, 799; *Wlotzke* DB 1995, 44.
[44] *ErfK/Ascheid* § 323 UmwG Rn. 3; *Bachner* AR-Blattei SD 1625 Rn. 98, 101; *Däubler* RdA 1995, 143; *Dehmer*, UmwG 2. Aufl. 1996, § 323 Rn. 6; *Herbst* AiB 1995, 12; *Schalle* S. 263; *Trümner* AiB 1995, 313; *KR-Weigand* § 23 KSchG Rn. 61; – abweichend *Bauer/Lingemann* NZA 1994, 1060; *Brinkmann* S. 308; *Kreßel* BB 1995, 925; *APS/Steffan* § 323 UmwG Rn. 6 f.; *Willemsen* NZA 1996, 799 f.; – Begrenzung auf § 23 Abs. 1 und kollektivrechtliche Vereinbarungen HK-KSchG/*Kriebel* § 23 Rn. 17 und *Wlotzke* DB 1995, 44.
[45] Ebenso *Bauer/Lingemann* NZA 1994, 1061; *Brinkmann* S. 307; *KR-Friedrich* §§ 322, 323, 324 UmwG Rn. 45; *Kittner/Däubler/Zwanziger* § 323 UmwG Rn. 7; *Schalle* S. 282; – abweichend *Bachner* AR-Blattei SD 1625 Rn. 96; *Boecken* Rn. 275; *Heinze* ZfA 1997, 13; *Trümner* AiB 1995, 313.
[46] So *Kallmeyer* ZIP 1994, 1746; ähnlich HK-KSchG/*Kriebel* § 23 Rn. 16; *KR-Weigand* § 23 Rn. 63.
[47] Ebenso *Kreßel* BB 1995, 928; wohl auch *Dehmer* UmwG § 323 Rn. 10.

843

§ 23 9 e–10   4. Abschnitt. Schlußbestimmungen

zu einem zweijährigen Kündigungsverbot führen, wenn im früheren Unternehmen eine anderweitige Weiterbeschäftigungsmöglichkeit bestand oder dem betroffenen Arbeitnehmer auf Grund der Sozialauswahl nicht hätte gekündigt werden können. Diese Rechtsfolge wirft aber keine rechtlichen Schwierigkeiten auf, sondern schränkt den Arbeitgeber betriebswirtschaftlich ein. Wird im Zweijahreszeitraum der bisherige Restbetrieb **erneut aufgespalten**, so wird naturgemäß die Berücksichtigung der kündigungsrechtlichen Stellung nochmals erschwert, bleibt aber rechtlich lösbar.

9 e   Deshalb muß mit der h. M. davon ausgegangen werden, daß die zweijährige Fortwirkung der kündigungsrechtlichen Stellung des Arbeitnehmers nach § 323 Abs. 1 UmwG auch die bisherigen Weiterbeschäftigungsmöglichkeiten und die Sozialauswahl erfaßt. Folglich erfaßt § 323 Abs. 1 UmwG auch die kündigungsrechtliche Stellung der **Arbeitnehmer im Restbetrieb;** diese wird zwar in der Regel durch die sozial vorrangig zu schützenden Arbeitnehmer im abgespaltenen Betrieb nicht berührt, könnte aber u. U. bei der Sozialauswahl im bisherigen Restbetrieb veränderte Auswirkungen auf die Sozialauswahl haben.[48]

9 f   e) Findet eine **Betriebsteilung** statt, **ohne daß der Rechtsträger gespalten** wurde (oben Rn. 9 b), so kann § 323 Abs. 1 UmwG keine direkte Anwendung finden. Auch § 613 a BGB ist mangels eines Arbeitgeberwechsels ebenfalls nicht einschlägig. Zwar bleibt in diesen Fällen der Kündigungsschutz nach § 1 grundsätzlich erhalten, weil es auf die Unternehmenszugehörigkeit ankommt (oben § 1 Rn. 70); die Teilung des Betriebes auf weniger als sechs Arbeitnehmer könnte aber das KSchG nach Abs. 1 Satz 2 insgesamt unanwendbar werden lassen (unten Rn. 27). Da der Gesetzgeber jedoch durch die Schaffung des § 323 Abs. 1 UmwG die Problematik erkannt, aber gleichwohl nicht geregelt hat, ist im Umkehrschluß davon auszugehen, daß bei einer Betriebsteilung ohne Unternehmensspaltung auf Grund der unüberprüfbaren Unternehmerentscheidung (oben § 1 Rn. 366) der Kündigungsschutz dem Arbeitnehmer verloren geht, soweit nicht ein Fall des Rechtsmißbrauchs vorliegt.

3. Gemeinsamer Betrieb mehrerer Unternehmer

10   a) Auch mehrere Unternehmer (Arbeitgeber) können als Rechtsträger einen gemeinsamen Betrieb haben. Normalfall ist an sich, daß ein einziger Unternehmensträger ein Unternehmen betreibt, das zur Realisierung des Unternehmenszwecks sich eines Betriebes oder mehrerer Betriebe bedient. Die Ausnahme ist demgegenüber, daß mehrere Unternehmensträger Inhaber eines gemeinsamen Betriebes sind. Das BAG hat bereits frühzeitig anerkannt, daß auch zwei selbständige Unternehmer im kündigungsrechtlichen Sinn einen gemeinsamen Betrieb haben können,[49] was jetzt in § 322 UmwG bestätigt wird (unten Rn. 14 a). Dabei genügt es nicht, daß die betriebliche Tätigkeit in den gleichen Räumen und mit den gleichen sächlichen Mitteln entwickelt

---

[48] Dazu *Brinkmann* S. 329; *Dehmer* UmwG § 323 Rn. 5; *Lutter/Joost* UmwG 1996 § 323 Rn. 8.
[49] BAG 4. 7. 1957, AP Nr. 1 zu § 21 KSchG mit Anm. *Herschel; Löwisch* FS Söllner S. 705; *Zöllner* FS Semler S. 998.

Geltungsbereich 11–12 § 23

wird. Ein gemeinsamer Betriebszweck ist zwar nicht erforderlich, da jeder Betrieb auch mehrere Zwecke verfolgen kann. Vielmehr muß aber hinzukommen, daß die Unternehmer die **Betriebsleitung gemeinsam vornehmen** und dadurch vereinheitlichen.

b) Hierzu **bedarf** es einer ausdrücklichen oder wenigstens stillschweigenden **rechtlichen Leitungsvereinbarung,** die sich aber auch aus den näheren tatsächlichen Umständen des Einzelfalles konkludent ergeben kann.[50] Das ist regelmäßig eine BGB-Gesellschaft, die als gemeinsamen Zweck (§ 705 BGB) den gemeinsamen Betrieb betreibt.[51] 11

Nach abweichender Auffassung soll demgegenüber eine rechtliche Vereinbarung zur Führung eines gemeinsamen Betriebes **entbehrlich** sein.[52] Diese Autoren verkennen jedoch, daß die tatsächliche Zusammenarbeit der Unternehmer in einem gemeinsamen Betrieb rechtlich (stillschweigend) als BGB-Gesellschaft zu werten ist.[53] 11 a

c) Eine unternehmerische Zusammenarbeit (z. B. durch Organschafts- oder Beherrschungsverträge) allein reicht zur Annahme eines gemeinsamen Betriebes mehrerer Unternehmensträger nicht aus (daher ist auch der „Berechnungsdurchgriff im Konzern" irrelevant); vielmehr müssen die für die arbeitstechnischen Zwecke notwendigen Maßnahmen von einem **einheitlichen Leitungsapparat auf betrieblicher Ebene** wahrgenommen werden.[54] Da- 12

---

[50] BAG 23. 3. 1984, AP Nr. 4 zu § 23 KSchG 1969 = SAE 1985, 127 mit Anm. *Hönn* = AR-Blattei Betrieb Entsch. 12 mit Anm. *Löwisch;* BAG 13. 6. 1985, AP Nr. 10 zu § 1 KSchG 1969 mit Anm. *Wiedemann;* BAG 5. 3. 1987, AP Nr. 30 zu § 15 KSchG 1969; BAG 18. 1. 1990, AP Nr. 9 zu § 23 KSchG 1969; BAG 29. 4. 1999, NZA 1999, 932; ErfK/ *Ascheid* § 23 KSchG Rn. 5; *Bader/Dörner* § 23 Rn. 26; HK-KSchG/*Kriebel* § 23 Rn. 7; *Löwisch* § 23 Rn. 8; APS/*Moll* § 23 KSchG Rn. 14; HaKo/*Pfeiffer* § 23 Rn. 16; *Stahlhacke/ Preis/Vossen* Rn. 605; KR-*Weigand* § 23 KSchG Rn. 50; *Wiese* in FS Gaul S. 568 ff.; *Zöllner* FS Semler S. 1010. – Ebenso zu betriebsverfassungsrechtlichen Fragestellungen: BAG 25. 11. 1980, AP Nr. 2 zu § 1 BetrVG 1972 mit Anm. *Kraft;* BAG 7. 8. 1986, AP Nr. 5 zu § 1 BetrVG 1972 mit Anm. *Wiedemann;* BAG 29. 1. 1987, AP Nr. 6 zu § 1 BetrVG 1972 = EWiR § 1 BetrVG 3/87 mit Anm. *v. Hoyningen-Huene;* BAG 14. 9. 1988, AP Nr. 9 zu § 1 BetrVG 1972 mit Anm. *Reuter;* BAG 18. 1. 1989, AP Nr. 2 zu § 14 AÜG; BAG 24. 1. 1996, AP Nr. 8 zu § 1 BetrVG 1972 Gemeinsamer Betrieb; BAG 11. 11. 1997, AP Nr. 42 zu § 111 BetrVG 1972; BAG 29. 4. 1999 AP Nr. 21 zu § 23 KSchG 1969 = SAE 2000, 102 mit Anm. *Franzen; Fitting* § 1 Rn. 75 ff.
[51] Ebenso BAG 5. 12. 1975, AP Nr. 1 zu § 47 BetrVG 1972 unter III 2 mit Anm. *Wiedemann/Strohn;* BAG 17. 1. 1978, AP Nr. 1 zu § 1 BetrVG 1972 mit Anm. *Wiese/Starck; Kraft* Anm. AP Nr. 2 zu § 1 BetrVG 1972; APS/*Moll* § 23 KSchG Rn. 15; *Reuter* Anm. AP Nr. 9 zu § 1 BetrVG 1972; *Schaub* § 18 Rn. 3; – abweichend *Däubler* FS Zeuner S. 22 ff.; *Kohte* RdA 1992, 302 ff.; – einschränkend *Fromen* FS Gaul S. 167 ff.
[52] LAG Hamm 5. 6. 1985, BB 1985, 1792 = EWiR § 1 BetrVG 1/85 mit krit. Anm. *v. Hoyningen-Huene; Blank/Blanke u. a.,* Arbeitnehmerschutz bei Betriebsaufspaltung und Unternehmensteilung, 2. Aufl. 1987, S. 138 ff.; *Gamillscheg* ZfA 1975, 360; *Joost* S. 259 f., 349 f.; *Konzen,* Unternehmensaufspaltung und Organisationsänderungen im Betriebsverfassungsrecht 1986, S. 29 f., 114 ff.; *Wendeling-Schröder* NZA 1984, 247.
[53] Ebenso *Kraft* FS Hilger/Stumpf S. 395 ff.; *Reuter* Anm. AP Nr. 9 zu § 1 BetrVG 1972; *Richardi* § 1 Rn. 69; *Windbichler* S. 294.
[54] BAG 18. 1. 1990, AP Nr. 9 zu § 23 KSchG 1969 unter III 1; BAG 24. 1. 1996, AP Nr. 8 zu § 1 BetrVG 1972 Gemeinsamer Betrieb; BAG 29. 4. 1999, AP Nr. 21 zu § 23 KSchG 1969 = SAE 2000, 102 mit Anm. *Franzen,* APS/*Moll* § 23 KSchG Rn. 18; – zum sog. Berechnungsdurchgriff im Konzern: *Bepler* AuR 1997, 58; *Kittner* NZA 1998, 732; wie hier ablehnend APS/*Moll* § 23 KSchG Rn. 8 a f.

§ 23 13–13 b   4. Abschnitt. Schlußbestimmungen

bei ist maßgeblich in erster Linie die Einheit der betrieblichen Organisation (s. oben Rn. 5). Der Annahme eines gemeinsamen Betriebes steht daher nicht entgegen, daß die beteiligten Unternehmen unterschiedliche Zwecke verfolgen. Auch die arbeitstechnischen Zwecke müssen weder identisch sein noch zueinander in funktionellem Zusammenhang stehen.[55]

13   d) **Indizien** für das Vorliegen einer konkludenten Leitungsvereinbarung sind insbesondere die einheitliche Ausübung von Arbeitgeberfunktionen im sozialen und personellen Bereich.[56] Die Rechtsprechung des BAG hat in allen genannten Entscheidungen (oben Rn. 11) im übrigen eine Vielzahl von weiteren Indizien untersucht, die für oder gegen die Annahme eines einheitlichen Betriebes sprechen können. Zusammenfassend läßt sich sagen, daß um so eher ein gemeinsamer Betrieb angenommen werden muß, je mehr betriebliche Gemeinsamkeiten und Organisationsverflechtungen bestehen. Überwiegen dagegen die Trennungselemente, desto eher muß von zwei getrennt geführten Betrieben ausgegangen werden. Meistens mußten die Fälle zur weiteren Sachverhaltsaufklärung zurückverwiesen werden. In den Entscheidungen des BAG vom 5. 12. 1975,[57] 27. 1. 1978 und 25. 11. 1980,[58] 18. 1. 1989,[59] 18. 1. 1990,[60] 9. 4. 1994,[61] 7. 11. 1996[62] sowie vom 29. 4. 1999[63] wurde das Vorliegen eines gemeinsamen Betriebes **verneint**, in den Beschlüssen vom 14. 9. 1988,[64] 24. 1. 1996[65] und 11. 11. 1997[66] **bejaht**.

13 a   Die **Darlegungs- und Beweislast** für das Vorliegen eines gemeinsamen Betriebes mehrerer Unternehmer i. S. d. Abs. 1 trägt der Arbeitnehmer.[67] Wurde in einem Beschlußverfahren nach § 18 Abs. 2 BetrVG **rechtskräftig festgestellt,** daß zwei Unternehmen keinen gemeinsamen Betrieb bilden, dann wirkt nach Auffassung des BAG diese Entscheidung auch im Verhältnis zwischen den Unternehmen und ihren Arbeitnehmern,[68] was sich ebenfalls auf die Anwendung des § 23 erstrecken kann.

13 b   e) Fand nach §§ 123 ff. UmwG eine **Betriebsspaltung** auf Grund einer Unternehmensspaltung statt (oben Rn. 9b), so bestimmt **§ 322 UmwG,** daß dieser gespaltene Betrieb auch dann als ein Betrieb i. S. d. Kündigungsschutzrechtes gilt, wenn die beteiligten Rechtsträger nach dem Wirksamwerden der Spaltung den **Betrieb gemeinsam führen.** Im Gegensatz zu § 323 Abs. 1 UmwG ist für die gemeinsame Betriebsführung keine zeit-

---

[55] BAG 13. 6. 1985, AP Nr. 10 zu § 1 KSchG 1969.
[56] BAG 29. 1. 1987 und 14. 9. 1988, AP Nr. 6 und 9 zu § 1 BetrVG 1972.
[57] AP Nr. 1 zu § 47 BetrVG 1972.
[58] AP Nr. 1 und 2 zu § 1 BetrVG 1972.
[59] AP Nr. 2 zu § 14 AÜG.
[60] AP Nr. 9 zu § 23 KSchG 1969.
[61] AP Nr. 8 zu § 18 BetrVG 1972.
[62] RzK I 4c Nr. 24.
[63] AP Nr. 21 zu § 23 KSchG 1969 = SAE 2000, 102 mit Anm. *Franzen*.
[64] AP Nr. 9 zu § 1 BetrVG 1972.
[65] AP Nr. 8 zu § 1 BetrVG 1972 Gemeinsamer Betrieb.
[66] AP Nr. 42 zu § 111 BetrVG 1972.
[67] BAG 23. 3. 1984, AP Nr. 4 zu § 23 KSchG 1969; BAG 7. 11. 1996, RzK I 4c Nr. 24; KR-*Weigand* § 23 KSchG Rn. 50; siehe auch unten Rn. 29.
[68] BAG 9. 4. 1991, AP Nr. 8 zu § 18 BetrVG 1972; sehr zweifelhaft, dazu *v. Hoyningen-Huene* RdA 1992, 355, 363 f.

Geltungsbereich 14, 15 § 23

liche Begrenzung vorgesehen. Ob die beteiligten Rechtsträger den Betrieb wirklich gemeinsam führen, hängt wiederum von der rechtlichen Leitungsvereinbarung ab (oben Rn. 11). Nach dem Wortlaut des früheren § 322 Abs. 1 UmwG galt die Vermutung der gemeinsamen Betriebsführung, wenn die Organisation des gespaltenen Betriebes nicht geändert worden ist, nur für die Anwendung des Betriebsverfassungsrechtes.[69] Nach Aufhebung dieser Bestimmung und Neufassung in § 1 Abs. 2 Satz 2 BetrVG wird zwar nicht mehr ausdrücklich der Bezug zum BetrVG genannt, dieser ergibt sich jetzt aber aus der systematischen Stellung im BetrVG selbst, so daß die Vermutung der gemeinsamen Betriebsführung nicht automatisch für die Anwendung des KSchG gilt.[70] Denn die Nichtänderung der Organisation bedeutet lediglich, daß der Betrieb einheitlich bleibt, nicht aber, daß künftig die Leitung dieses Betriebes gemeinsam ausgeübt wird.[71]

f) Besondere Fälle eines Betriebes mehrerer Unternehmer sind zunächst **14** die **Bauarbeitsgemeinschaft,** die gemäß dem vorformulierten Arbeitsgemeinschaftsvertrag von mehreren Bauunternehmern für einen besonderen Großauftrag gebildet wird.[72] Hier liegt regelmäßig ein gemeinsamer Betrieb der Arbeitsgemeinschaft vor, so daß bei Vorliegen der sonstigen Voraussetzungen der Arbeitnehmer Kündigungsschutz nach dem KSchG geltend machen kann.[73] Ähnliches gilt für Arbeitsverhältnisse in **Gesamthafenbetrieben,** die von mehreren Arbeitgebern gemäß § 1 GesamthafenbetriebsG[74] gebildet werden können.[75] Gesamthafenbetrieb und Hafeneinzelbetrieb bilden jedoch regelmäßig keinen einheitlichen Betrieb.[76]

III. Geltungsbereich des 1. und 2. Abschnitts (Abs. 1)

1. Grundsatz

Abs. 1 Satz 1 regelt den **grundsätzlichen Anwendungsbereich** des all- **15** gemeinen Kündigungsschutzes der §§ 1 ff. und des Kündigungsschutzes im Rahmen der Betriebsverfassung (§§ 15 f.). Die beiden ersten Abschnitte des KSchG gelten demzufolge für alle Betriebe und Verwaltungen des privaten und öffentlichen Rechts. Lediglich für Betriebe der Seeschiffahrt, der Bin-

---

[69] Ebenso *Bader/Dörner* § 23 Rn. 27; *Bauer/Lingemann* NZA 1994, 1069; *Dehmer* UmwG § 322 Rn. 16; *Kallmeyer* ZIP 1994, 1757; *Kittner/Däubler/Zwanziger* § 322 UmwG Rn. 11; APS/*Moll* § 23 KSchG Rn. 19; HaKo/*Pfeiffer* § 23 Rn. 16; *Wlotzke* DB 1995, 44; – abweichend *Joost,* in Kölner Umwandlungsrechtstage, S. 328.
[70] So aber *Brinkmann* S. 283 ff.; ErfK/*Eisemann* § 322 UmwG Rn. 5; *Schalle* S. 297; – HK-KSchG/*Kriebel* § 23 Rn. 14 hält die Vorschrift ohnehin für überflüssig.
[71] Zu dieser Unterscheidung insbes. *Zöllner* FS Semler S. 1002 ff.
[72] Dazu *Fahrenschon* u. a., ARGE-Kommentar, 2. Aufl. 1982; *Schwab* AR-Blattei SD 370.6 (2000); *Ulmer* MünchKomm-BGB, 3. Aufl. 1997, vor § 705 Rn. 30 m. w. N.; vgl. auch BAG 11. 3. 1975, AP Nr. 1 zu § 24 BetrVG 1972.
[73] KR-*Etzel* § 1 KSchG Rn. 145; *Knigge* DB 1982 Beil. 4, S. 12 ff.; HK-KSchG/*Kriebel* § 23 Rn. 8; *Löwisch* § 17 Rn. 15; HaKo/*Pfeiffer* § 23 Rn. 16; *Schwab* AR-Blattei SD 370.6 (2000); siehe dazu auch § 9 BRTV Bau.
[74] *Nipperdey,* Arbeitsgesetze Nr. 115.
[75] Dazu BAG 23. 7. 1970, AP Nr. 3 zu § 1 GesamthafenbetriebsG mit Anm. *Herschel.*
[76] BAG 30. 5. 1985, AP Nr. 24 zu § 1 KSchG 1969 Betriebsbedingte Kündigung = EWiR § 1 KSchG 1/86 mit Kurzkomm. *v. Hoyningen-Huene;* KR-*Etzel* § 1 KSchG Rn. 150; *Löwisch* § 23 Rn. 10; HaKo/*Pfeiffer* § 23 Rn. 16.

nenschiffahrt und des Luftverkehrs gelten gemäß § 24 gewisse Besonderheiten. Zum Begriff des Betriebes siehe oben Rn. 3 ff.

2. Ausnahmen bei Kleinbetrieben

16 a) **Geltungsbereich:** Nach Abs. 1 Satz 2 sind hinsichtlich der Vorschriften des ersten Abschnittes lediglich die Kleinbetriebe ausgenommen. Das sind Betriebe (dazu oben Rn. 3 ff.), in denen **in der Regel** (zu diesem Begriff oben § 17 Rn. 9 ff.)[77] **5 oder weniger Arbeitnehmer** beschäftigt werden, wobei zur Berufsbildung Beschäftigte (dazu unten Rn. 20) und bestimmte Teilzeitbeschäftigte (dazu unten Rn. 22) nicht mitzurechnen sind. Für die Mindestbeschäftigtenzahl ist ohne Bedeutung, ob alle Arbeitsverträge deutschem Recht unterliegen, wenn die Arbeitnehmer nur in dem deutschen Betrieb tätig sind (siehe oben Rn. 3).[78]

16 a Durch das Arbeitsrechtliche Beschäftigungsförderungsgesetz vom 25. 9. 1996 (siehe oben Rn. 1) war die **Beschäftigtenzahl vorübergehend auf 10 erhöht** worden (zu dieser Änderung Vorauflage § 23 Rn. 16 a).[79] Diese Regelung wurde mit Wirkung vom 1. 1. 1999 wieder abgeschafft (siehe oben Rn. 1).[80] Nur für diesen vorübergehenden Zeitrahmen gilt die veränderte Schwellenzahl.[81]

16 b Nach dem ausdrücklichen Wortlaut des Abs. 1 Satz 2 wird für die maßgebliche Arbeitnehmerzahl nur auf den **jeweiligen Betrieb** abgestellt, unabhängig davon, ob im gesamten Unternehmen mehr als 5 Arbeitnehmer beschäftigt sind (siehe oben Rn. 7 a; vgl. auch § 1 Rn. 70 ff., 144). Handelt es sich um einen gemeinsamen Betrieb mehrerer Unternehmer (oben Rn. 10 ff.), so müssen für das Vorliegen des § 23 wenigstens 5,5 Arbeitnehmer in Deutschland beschäftigt sein.[82] Maßgebend sind die Größenverhältnisse im **Zeitpunkt** des Zugangs der Kündigung, nicht im Zeitpunkt der Beendigung des Arbeitsverhältnisses; denn das KSchG stellt für die Frage, ob es Anwendung findet, generell auf die Kündigungserklärung als Gestaltungsakt ab.[83] Das gilt

---

[77] Außerdem BAG 31. 1. 1991, AP Nr. 11 zu § 23 KSchG 1969; LAG Hamm 3. 4. 1997, LAGE § 23 KSchG Nr. 13; LAG Rheinland-Pfalz 16. 2. 1996, AP Nr. 14 zu § 23 KSchG 1969; APS/*Moll* § 23 KSchG Rn. 29; HaKo/*Pfeiffer* § 23 Rn. 29.
[78] Vgl. LAG Frankfurt 18. 12. 1979, NJW 1980, 2664; KR-*Weigand* § 23 KSchG Rn. 18; – abweichend *Löwisch* Vorb. zu § 1 Rn. 35.
[79] Außerdem *Bepler* AuA 1997, 325; *Fischermeier* NZA 1997, 1089; *v. Hoyningen-Huene/ Linck* DB 1997, 41; *Kittner* AuR 1997, 182; *Lakies* NJ 1997, 121; *Lorenz* DB 1996, 1973; *Löwisch* NZA 1996, 1010; HaKo/*Pfeiffer* § 23 KSchG Rn. 25; *U. Preis* NZA 1997, 1073; *Richter/ Mitsch* DB 1997, 526; *Schwedes* BB Beil. 17/1996 S. 1; *Stahlhacke* FS Wiese S. 515; *Stahlhacke/Preis* WiB 1996, 1025; KR-*Weigand* § 23 KSchG Rn. 33 ff.; *Wlotzke* BB 1997, 414.
[80] Dazu *Bader* NZA 1999, 64.
[81] BAG 21. 1. 1999 NZA 1999, 866; BAG 10. 2. 1999, NZA 1999, 702; ArbG Frankfurt 10. 2. 1999, NZA-RR 1999, 304; *Bader/Dörner* § 23 Rn. 32 ff.; – abweichend *Pakirnus* DB 1999, 286.
[82] BAG 9. 10. 1997, AP Nr. 16 zu § 23 KSchG 1969; LAG Hamm 5. 4. 1989, LAGE § 23 KSchG Nr. 4; LAG Köln 27. 5. 1994, 22. 11. 1996, LAGE § 23 KSchG Nr. 10 und 12; APS/*Moll* § 23 KSchG Rn. 37; – noch offengelassen von BAG 18. 1. 1990, AP Nr. 9 zu § 23 KSchG 1969; – abweichend *Kittner/Däubler/Zwanziger* § 23 KSchG Rn. 22; *Löwisch* Vorb. zu § 1 Rn. 35.
[83] BAG 16. 6. 1976, AP Nr. 8 zu § 611 BGB Treuepflicht unter I; BAG 31. 1. 1991, AP Nr. 11 zu § 23 KSchG 1969 unter II 1; BAG 21. 1. 1999, NZA 1999, 866; BAG 10. 2. 1999, NZA 1999, 702; LAG Hamm 8. 10. 1985, LAGE § 23 KSchG Nr. 2; – vgl. auch oben § 1 Rn. 97 ff., 156.

Geltungsbereich 17–19a § 23

auch für die Frage, welcher Schwellenwert (5 oder 10 Arbeitnehmer) zugrundezulegen ist (siehe oben Rn. 16a).
Abs. 1 Satz 2 gilt **nur für den Ersten Abschnitt** des Gesetzes, also für 17
die §§ 1–14. Der Kündigungsschutz im Rahmen der Betriebsverfassung nach §§ 15, 16 findet demzufolge auch für Kleinbetriebe Anwendung, sofern sie nach § 1 BetrVG betriebsratsfähig sind.[84] Das ist möglich, weil das BetrVG eine andere Grenze zieht, indem es auf das Vorhandensein von fünf ständigen wahlberechtigten Arbeitnehmern abstellt und nach § 6 BetrVG auch die zu ihrer Berufsausbildung Beschäftigten uneingeschränkt mitzählt. Daher gibt es Kleinbetriebe i. S. des Abs. 1 Satz 2, die trotzdem betriebsratsfähig und -pflichtig sind.
Dagegen gilt der zum 1. Abschnitt des KSchG gehörende **§ 13 nicht für** 18
Kleinbetriebe. Arbeitnehmer in Kleinbetrieben brauchen deshalb gegen eine außerordentliche Kündigung nicht binnen drei Wochen Klage zu erheben (vgl. auch oben § 13 Rn. 27).[85]

b) **Regelungszweck:** Die Bestimmung des Abs. 1 Satz 2 soll den beson- 19
deren Verhältnissen der Kleinbetriebe Rechnung tragen. Der Inhaber eines Kleinbetriebes wird durch den Zwang zur Fortsetzung eines ihm nicht mehr erwünschten Arbeitsverhältnisses infolge der wesentlich engeren Zusammenarbeit persönlich und im Hinblick auf die kleineren Verhältnisse vielfach auch finanziell schwerer belastet als der Inhaber eines Groß- oder Mittelbetriebes.[86] Auf der anderen Seite aber ergibt sich die Folge, daß ein sehr erheblicher Teil des Handwerks, der kleineren Ladengeschäfte, der bäuerlichen Betriebe und der Betriebe von Angehörigen der freien Berufe aus dem Kündigungsschutz herausgenommen sind; nach einer rechtstatsächlichen Untersuchung von 1978 sind davon etwa 2 Mio. Arbeitnehmer betroffen;[87] die Zahl dürfte heute eher höher sein.[88] Gleichwohl kann auch bei ihnen eine Kündigung, die keinerlei Rücksicht auf die Dauer der Betriebszugehörigkeit des Arbeitnehmers, die von ihm in der Vergangenheit geleisteten Dienste, seine heutige Lage, seine Familienverhältnisse usw. nimmt, im stärksten Maße sozialwidrig sein.[89]
Trotzdem wird man auf die **kündigungsschutzrechtliche Privilegie-** 19a
rung im Interesse der Sicherung von Gründungs- und Entfaltungsmöglichkeiten der Kleinbetriebe nicht verzichten können.[90] Deshalb sollte § 23 Abs. 1

---

[84] Ebenso *Kittner/Däubler/Zwanziger* § 23 KSchG Rn. 13; *Löwisch* § 23 Rn. 26; APS/*Moll* § 23 KSchG Rn. 6; KR-*Weigand* § 23 Rn. 58.
[85] Vgl. BAG 5. 8. 1965, AP Nr. 2 zu § 21 KSchG; BAG 17. 8. 1972, AP Nr. 65 zu § 626 BGB; ErfK/*Ascheid* § 23 KSchG Rn. 8 und 10; *Löwisch* § 23 Rn. 23.
[86] Vgl. BT-Drs. 13/4612, S. 9; BVerfG 27. 1. 1998, AP Nr. 17 zu § 23 KSchG 1969 unter B I 3bbb; BAG 9. 6. 1983, AP Nr. 2 zu § 23 KSchG 1969 unter B IV 1; BAG 19. 4. 1990, AP Nr. 8 zu § 23 KSchG 1969 unter II 2acc; APS/*Moll* § 23 KSchG Rn. 5; KR-*Weigand* § 23 Rn. 13.
[87] *Falke/Höland/Rhode/Zimmermann,* Kündigungspraxis und Kündigungsschutz in der Bundesrepublik Deutschland, 1981, Bd. 1, S. 10.
[88] Vgl. BVerfG aaO. unter B II 3 unter Hinweis auf die Arbeitsstättenzählung von 1987.
[89] Vgl. BVerfG aaO. unter B I 3bcc; *Herschel* SozFort 1979, 153; *Herschel/Löwisch* § 23 Rn. 2; *A. Hueck* RdA 1951, 283; *Otto* JZ 1998, 854.
[90] Ebenso *Bader/Dörner* § 23 Rn. 6; *Herschel/Löwisch* § 23 Rn. 2.

§ 23 19 b 4. Abschnitt. Schlußbestimmungen

Satz 2 auch nicht gestrichen werden;[91] sinnvoll wäre jedoch eine Harmonisierung mit § 1 Abs. 1 BetrVG hinsichtlich des Schwellenwertes. Da wegen der unterschiedlichen Voraussetzungen kein Verstoß gegen Art. 3 GG vorliegt, ist die Regelung auch **nicht verfassungswidrig**, und zwar weder hinsichtlich des Schwellenwertes von 5 Arbeitnehmern nach Abs. 1 Satz 2[92] noch hinsichtlich der Berücksichtigung von Teilzeitbeschäftigten nach Abs. 1 Satz 3.[93] Der Gesetzgeber hat vielmehr sachgerecht die typische Interessenlage der Kleinbetriebe berücksichtigt und den nach Art. 12 Abs. 1 GG erforderlichen Ausgleich der Interessen von Kleinunternehmer und Arbeitnehmern beachtet. Abs. 1 Satz 2 verstößt auch **nicht gegen Europarecht**.[94]

19 b Der in Abs. 1 Satz 2 zugrundegelegte **Betriebsbegriff** (oben Rn. 7 a) muß auch im Hinblick auf den Schwellenwert von 5 Arbeitnehmern **nicht modifiziert** werden. Daher wird der Kündigungsschutz nicht arbeitgeber- oder unternehmensbezogen.[95] Nach Auffassung des Bundesverfassungsgerichts sei der Betriebsbegriff allerdings nicht so eindeutig vorgeprägt, daß er im Zusammenhang des KSchG keiner einschränkenden Auslegung zugänglich wäre. Durch eine am Sinn und Zweck der Kleinbetriebsklausel orientierten Interpretation des Betriebsbegriffs ließe sich vermeiden, daß Einheiten darunter fallen, für die der Schutzgedanke des § 23 Abs. 1 Satz 2 nicht zutreffe. Damit werde der Anwendungsbereich dieser Norm auf Fälle beschränkt, für welche die Benachteiligung der betroffenen Arbeitnehmer sachlich begründet sei.[96] Daher hatte das BAG schon früher zutreffend unselbständige Filialbetriebe mit weniger als 5 Arbeitnehmern als einen Betrieb i. S. d. § 23

---

[91] Ebenso *Hanau* ZRP 1978, 221; *Zöllner*, 52. DJT 1978, S. D 119; zu rechtspolitischen Vorschlägen *Trieschmann* FS Herschel S. 454 ff.

[92] BVerfG 27. 1. 1998, AP Nr. 17 KSchG 1969 = AR-Blattei ES 1020 Nr. 346 mit Anm. *Dieterich* = AiB 1998, 307 mit Anm. *Schoden* = AuR 1998, 210 mit Anm. *Buschmann* = EWiR § 23 KSchG 2/98 mit Kurzkomm. *Ehrich* = JuS 1999, 184 mit Anm. *Sachs* = JZ 1998, 852 mit Anm. *Otto;* BAG 19. 4. 1990, AP Nr. 8 zu § 23 KSchG 1969 = EzA § 23 KSchG Nr. 8 mit zust. Anm. *Wank;* LAG Hamm 18. 4. 1989, LAGE § 23 KSchG Nr. 7; ErfK/*Ascheid* § 23 KSchG Rn. 11; *Bader/Dörner* § 23 Rn. 9 und 12; *Hanau* FS Dieterich S. 207; *Hönsch* DB 1988, 1650; *Kittner/Däubler/Zwanziger* § 23 KSchG Rn. 10; HK-KSchG/*Kriebel* § 23 Rn. 24; APS/*Moll* § 23 KSchG Rn. 40; – abweichend ArbG Reutlingen 11. 12. 1986, DB 1987, 1052 = NZA 1987, 522; *Beck* DB 1988, 2204; *Däubler* Arbeitsrecht 2, 8.5.0; *Kraushaar* AuR 1988, 137; *ders.* DB 1988, 2202; *Ramm* AuR 1991, 257, 265; *Weigand* DB 1997, 2484; KR-*Weigand* § 23 KSchG Rn. 18; – kritisch *I. Weber* AuR 1995, 113.

[93] BVerfG 27. 1. 1998, AP Nr. 18 zu § 23 KSchG 1969 = AR-Blattei ES 1020 Nr. 346 mit Anm. *Dieterich* = AiB 1998, 307 mit Anm. *Schoden* = AuR 1998, 210 mit Anm. *Buschmann* = EWiR § 23 KSchG 1/98 mit Kurzkomm. *Boudon* = JuS 1999, 395 mit Anm. *Sachs* = JZ 1998, 852 mit Anm. *Otto.*

[94] EuGH 30. 11. 1993, AP Nr. 13 zu § 23 KSchG 1969; ErfK/*Ascheid* § 23 KSchG Rn. 11; *Bader/Dörner* § 23 Rn. 10; *Schieffer* NJW 1995, 162; – abweichend *Kraushaar/Storz* BB 1992, 1787.

[95] So aber *Bepler* AuR 1997, 58; *Hetzel* S. 171 ff.; *Joost* S. 344 ff.; *Kittner* NZA 1998, 732; *Kittner/Däubler/Zwanziger* § 23 KSchG Rn. 11; Lakies DB 1997, 1078; *Löwisch* § 23 Rn. 7; *ders.* NZA 1996, 1009; *ders.* BB 1997, 787; *U. Preis* NZA 1997, 1075; *ders.* RdA 1999, 313 ff.; *Wank* RdA 1999, 134; – wohl auch *Bader/Dörner* § 23 Rn. 12; MünchArbR/*Berkowsky* § 132 Rn. 53 und 67; HaKo/*Pfeiffer* § 23 Rn. 11.

[96] BVerfG 27. 1. 1998, AP Nr. 17 zu § 23 KSchG 1969 unter B II 4; vgl. auch *Löwisch* DB 1998, 877, 879 f.

Geltungsbereich   19 c, 20 § 23

verstanden (siehe auch oben Rn. 6).⁹⁷ Darüber hinaus läßt sich jedoch nicht annehmen, daß mehrere Kleinbetriebe eines Unternehmers (Arbeitgebers) oder gar innerhalb eines Konzerns, wenn sie selbständig geführt werden, zusammenzurechnen wären;⁹⁸ lediglich in Ausnahmefällen ist daher eine verfassungsrechtlich gebotene Korrektur des Betriebsbegriffs erforderlich.⁹⁹ Gleichwohl ist nicht zu verkennen, daß die neue Rechtsprechung des Bundesverfassungsgerichts zu einer erheblichen **Rechtsunsicherheit** bei der Anwendung des § 23 Abs. 1 Satz 2 führt.¹⁰⁰

Außerdem hat das BVerfG darauf hingewiesen, daß der verfassungsrechtliche **19 c** Schutz des Arbeitsplatzes i. V. m. dem Sozialstaatsprinzip ein **gewisses Maß an sozialer Rücksichtnahme** gebietet, weil ein durch langjährige Mitarbeit erdientes Vertrauen in den Fortbestand eines Arbeitsverhältnisses nicht unberücksichtigt bleiben dürfe.¹⁰¹ Das BVerfG hat aber ausdrücklich hervorgehoben, daß dieser Schutz nicht dazu führen dürfe, daß dem Kleinunternehmer praktisch die im KSchG vorgegebenen Maßstäbe der Sozialwidrigkeit (Sozialansicht nach § 1 Abs. 3) auferlegt werden. Infolgedessen müssen Kündigungen in Kleinbetrieben lediglich daraufhin überprüft werden, ob diese auf willkürlichen oder sachfremden Motiven beruhen und daher gegen §§ 138, 242 BGB i. V. m. Art. 3, 12 GG verstoßen können (dazu oben § 13 Rn. 86 ff.).¹⁰²

c) Die **zu ihrer Berufsbildung Beschäftigten** werden bei der Gesamt- **20** zahl der Arbeitnehmer nach Abs. 1 Satz 2 Hs. 2 nicht mitgezählt. Diese Formulierung hat die frühere Bezeichnung Lehrling durch das BeschFG 1985 mit Wirkung vom 1. 5. 1985 abgelöst (s. oben Rn. 1). Deshalb muß die frühere Streitfrage, ob Lehrlinge Auszubildende sind, nicht mehr erörtert werden.¹⁰³ Auch wenn die heutige Fassung des Abs. 1 Satz 2 sprachlich wenig geglückt ist („Beschäftigte" werden „beschäftigt"), ist doch zutreffend die Terminologie an das BBiG angeglichen worden. Deshalb kann zur Auslegung des Begriffes der zur Berufsbildung Beschäftigen die Legaldefinition in § 1 Abs. 1 BBiG über die Berufsbildung herangezogen werden.¹⁰⁴ Dagegen deckt sich der Begriff nicht mit demjenigen der zu ihrer Berufs**aus**bildung Beschäftigten in § 5 Abs. 1 BetrVG.¹⁰⁵

---

⁹⁷ BAG 26. 8. 1971, AP Nr. 1 zu § 23 KSchG 1969.
⁹⁸ BAG 12. 11. 1998, NZA 1999, 590 = EzA § 23 KSchG Nr. 20 mit Anm. *Jacobs*; BAG 29. 4. 1999, DB 1999, 1711; APS/*Moll* § 23 KSchG Rn. 41; – abweichend *Kittner/Däubler/Zwanziger* § 23 KSchG Rn. 11 a.
⁹⁹ Ebenso *Falder* NZA 1998, 1254; *Gragert* NZA 2000, 961, 963.
¹⁰⁰ So *Bauer* BB 1998 Heft 28/29 S. I; *Ehrich* Kurzkomm. zu EWiR § 23 KSchG 2/98; *Gragert/Kreutzfeldt* NZA 1997, 571; *Schwerdtner*, Brennpunkte 1999, S. 261 f.
¹⁰¹ BVerfG 27. 1. 1998, AP Nr. 17 zu § 23 KSchG unter B I 3 b cc; dazu *Urban* S. 153 ff.; – ebenso jetzt BAG 21. 2. 2001, NZA 2001, 833.
¹⁰² Außerdem *Boemke* WiB 1997, 617; *Gragert* NZA 2000, 961, 964 ff.; *Hanau* FS Dieterich S. 207; *Kühling* FS Dieterich S. 332; *Löwisch* BB 1997, 785 ff.; *Oetker* AuR 1997, 41; *Wank* FS Hanau S. 295.
¹⁰³ Dazu *Hueck* KSchG 10. Aufl., Rn. 2 a und 2 b; siehe auch BAG 7. 9. 1983, AP Nr. 3 zu § 23 KSchG 1969.
¹⁰⁴ Ebenso ErfK/*Ascheid* § 23 KSchG Rn. 17; *Bader/Dörner* § 23 Rn. 14; APS/*Moll* § 23 KSchG Rn. 28; HaKo/*Pfeiffer* § 23 Rn. 21; KR–*Weigand* § 23 KSchG Rn. 43.
¹⁰⁵ BAG 25. 10. 1989, AP Nr. 40 zu § 5 BetrVG 1972; zum Verhältnis des § 5 Abs. 1 BetrVG und § 4 Abs. 1 BPersVG siehe GemS OGB 12. 3. 1987, AP Nr. 35 zu § 5 BetrVG 1972.

21 Zur Berufsbildung zählen nach § 1 Abs. 1 BBiG die Berufsausbildung, die berufliche Fortbildung und die berufliche Umschulung. Hauptfall ist die Berufsausbildung gemäß § 1 Abs. 2 BBiG, die in §§ 3 bis 18 BBiG eine ausführliche Regelung erfahren hat.[106] Vorwiegend sind daher die zur Berufsbildung Beschäftigten **Auszubildende** (vgl. § 3 BBiG). Außerdem zählen dazu auch Umschüler.[107] Denn ob jemand zur Berufsbildung beschäftigt wird, richtet sich nach Sinn und Zweck des § 23 Abs. 1 Satz 2, nämlich daß auch Kleinbetriebe sich der Ausbildungsaufgabe widmen, ohne Gefahr laufen zu müssen, daß sie dadurch unter den Geltungsbereich des KSchG fallen. Deshalb darf nicht die Arbeitsleistung, sondern muß der **Ausbildungscharakter** Motiv der Tätigkeit sein, was insbesondere bei anerkannten Ausbildungsberufen der Fall ist. Ob die zur Berufsbildung Beschäftigten eine Vergütung erhalten, spielt insoweit keine Rolle. Inwieweit andere Vertragsverhältnisse (§ 19 BBiG) zur Berufsbildung i. S. d. § 23 Abs. 1 Satz 2 zählen (z. B. Anlernlinge, Praktikanten, Volontäre), richtet sich danach, ob derartige Beschäftigte berufliche Kenntnisse, Fertigkeiten oder Erfahrungen erwerben sollen, ohne daß die Arbeitsleistung im Vordergrund steht.[108]

22 d) **Teilzeitarbeitnehmer** (zum Begriff § 2 TzBfG) waren ursprünglich wie Vollzeitarbeitnehmer für die Errechnung des Schwellenwertes von 5 Arbeitnehmern nach Abs. 1 Satz 2 voll mitzuzählen.[109] Seit der seit 1. 5. 1985 geltenden Regelung des Abs. 1 Satz 3 (siehe oben Rn. 1) werden bei der Feststellung der maßgeblichen Arbeitnehmerzahl nur Arbeitnehmer berücksichtigt, deren regelmäßige Arbeitszeit wöchentlich 10 Stunden oder monatlich 45 Stunden übersteigt.[110] Die Regelung verstieß nicht gegen den Grundsatz der Gleichbehandlung von Männern und Frauen, sie war **europakonform**.[111] Dagegen hat das Bundesverfassungsgericht festgestellt, daß die damalige Regelung **verfassungswidrig** war, weil sie derartige Teilzeitkräfte durch vollständige Herausnahme aus dem KSchG gemäß Art. 3 Abs. 1 GG unangemessen benachteilige.[112] Schon zuvor hatte der Gesetzgeber durch die Neufassung des Abs. 1 Satz 3 auf Grund des **Arbeitsrechtlichen Beschäftigungsförderungsgesetzes** vom 25. 9. 1996 (oben Rn. 1) die Berücksichti-

---

[106] Zu Einzelheiten siehe beispielsweise *Gedon/Spiertz*, BBiG, Stand 1995; *Schlachter*, ErfK, BBiG; *Wohlgemuth*, BBiG, 2. Aufl. 1995.
[107] Dazu die insoweit noch einschlägige Entscheidung des BAG vom 7. 9. 1983, AP Nr. 3 zu § 23 KSchG 1969 mit Anm. *Natzel*.
[108] Bejaht für Apotheker-Praktikanten in BAG 5. 8. 1965, AP Nr. 2 zu § 21 KSchG; vgl. auch ErfK/*Ascheid* § 23 KSchG Rn. 17; *Backmeister/Trittin* § 23 Rn. 8; *Bader/Dörner* § 23 Rn. 14; *Kittner/Däubler/Zwanziger* § 23 KSchG Rn. 18; KR-*Weigand* § 23 KSchG Rn. 43.
[109] BAG 18. 1. 1990, AP Nr. 9 zu § 23 KSchG 1969; zur alten Rechtslage BAG 9. 6. 1983, AP Nr. 2 zu § 23 KSchG 1969.
[110] Zur damaligen Neuregelung *Hanau* NZA 1984, 347; *v. Hoyningen-Huene* NJW 1985, 1803; *Löwisch* RdA 1984, 203; KR-*Weigand* § 23 KSchG Rn. 11.
[111] EuGH 30. 11. 1993, AP Nr. 13 zu § 23 KSchG 1969; APS/*Moll* § 23 KSchG Rn. 38; – abweichend ArbG Reutlingen 3. 5. 1991, EzA § 23 KSchG Nr. 12; *Däubler* AiB 1992, 229.
[112] BVerfG 27. 1. 1998, AP Nr. 18 zu § 23 KSchG 1969 = AR-Blattei ES 1020 Nr. 346 mit Anm. *Dieterich* = AiB 1998, 307 mit Anm. *Schoden* = AuR 1998, 210 mit Anm. *Buschmann* = EWiR § 23 KSchG 1/98 mit Kurzkomm. *Boudon* = JuS 1999, 395 mit Anm. *Sachs* = JZ 1998, 852 mit Anm. *Otto*.

gung von Teilzeitbeschäftigten anders geregelt. Demzufolge waren Teilzeitbeschäftigte mit einer regelmäßigen wöchentlichen Arbeitszeit von nicht mehr als 10 Stunden mit 25%, nicht mehr als 20 Stunden mit 50% und nicht mehr als 30 Stunden mit 75% zu berücksichtigen. Im Ergebnis wurden damit Teilzeitbeschäftigte (§ 2 Abs. 1 TzBfG) anteilig entsprechend der Dauer ihrer Arbeitszeit zur Berechnung des Schwellenwertes von damals mehr als 10 Arbeitnehmern herangezogen.[113]

Durch das Gesetz zu Korrekturen in der Sozialversicherung und zur Sicherung der Arbeitnehmerrechte vom 19. 12. 1998 (siehe oben Rn. 1) wurde mit **Wirkung vom 1. 1. 1999 die anteilige Berücksichtigung von Teilzeitkräften modifiziert.** Nach der jetzigen Regelung des Abs. 1 Satz 3 werden für die Feststellung der Zahl der beschäftigten Arbeitnehmer nach Abs. 1 Satz 2 Teilzeitbeschäftigte mit einer regelmäßigen wöchentlichen Arbeitszeit von nicht mehr als 20 Stunden mit 0,5 und nicht mehr als 30 Stunden mit 0,75 berücksichtigt. Die stärkere Berücksichtigung der Teilzeitbeschäftigten mit weniger als 10 Wochenstunden, insbesondere auch die geringfügig Beschäftigten nach § 8 SGB IV (sog. 630-DM-Kräfte), wurde mit der Gefahr begründet, daß es für einen Arbeitgeber attraktiv sein könnte, Arbeitnehmer nur in geringerem Stundenumfang zu beschäftigen.[114] Damit kann heute der Kündigungsschutz eingreifen, wenn ein Arbeitgeber 5,5 oder mehr Arbeitnehmer beschäftigt. Wird dieser Schwellenwert erreicht, genießen auch Teilzeitbeschäftigte vollen Kündigungsschutz (siehe auch oben § 1 Rn. 41).[115]

Ob ein Arbeitnehmer die in Abs. 1 Satz 3 vorgesehene Arbeitszeitgrenze erreicht, richtet sich nach der vereinbarten oder tatsächlich ausgeübten **regelmäßigen Arbeitszeit** (vgl. § 2 Abs. 1 Satz 1 TzBfG). Bei unregelmäßiger Arbeitszeit ist gem. § 2 Abs. 1 Satz 2 TzBfG auf den Jahresdurchschnitt pro Woche oder Monat abzustellen.[116] Das gilt namentlich bei Arbeitsverhältnissen mit Anpassung der Arbeitszeit an den Arbeitsanfall (sog. Arbeit auf Abruf, § 12 TzBfG), bei denen ebenfalls die durchschnittliche Arbeitszeit ermittelt werden muß. Ist bei derartigen Arbeitsverhältnissen eine bestimmte Dauer der Arbeitszeit nicht festgelegt worden, so gilt gemäß § 12 Abs. 1 Satz 3 TzBfG eine wöchentliche Arbeitszeit von 10 Stunden als vereinbart, so daß diese bei der Arbeitnehmerzahl nach § 23 Abs. 1 Satz 3 mit 0,5 gezählt werden.

e) **Alle sonstigen Arbeitnehmer** (s. oben § 1 Rn. 22 ff.), sofern sie ein wirksam begründetes Arbeitsverhältnis mit dem Arbeitgeber haben,[117] werden bei der Berechnung der Beschäftigtenzahl mitgezählt. Das gilt ins-

---

[113] Vgl. BT-Drs. 13/4612 S. 16; zur alten Rechtslage mit der Übergangsregelung nach § 23 Abs. 1 Satz 4 a. F. siehe Vorauflage § 23 Rn. 23.
[114] BT-Drs. 14/151 S. 38; *Bader/Dörner* § 23 Rn. 17; HK-KSchG/*Kriebel* § 23 Rn. 28; *Löwisch* BB 1999, 104.
[115] BAG 13. 3. 1987, AP Nr. 37 zu § 1 KSchG 1969 unter I 3; GK-TzA/*Becker* Art. 1 § 2 Rn. 242; *Wank* ZIP 1986, 212.
[116] Ebenso (zur früheren Rechtslage nach § 2 Abs. 2 BeschFG 1985) ErfK/*Ascheid* § 23 KSchG Rn. 16; *Bader/Dörner* § 23 Rn. 19; *v. Hoyningen-Huene/Linck* DB 1997, 42; APS/*Moll* § 23 KSchG Rn. 32; KR-*Weigand* § 23 KSchG Rn. 39.
[117] Vgl. dazu BAG 16. 2. 1983, AP Nr. 8 zu § 2 AngestelltenKündigungsG unter II.

§ 23 26, 27   4. Abschnitt. Schlußbestimmungen

besondere auch für **leitende Angestellte** i. S. d. § 14 Abs. 2, weil das Gesetz nicht ihre Arbeitnehmereigenschaft verneint, sondern nur den Kündigungsschutz des 1. Abschnitts einschränkt.[118] Sofern **Familienangehörige** aufgrund Arbeitsvertrages im Betrieb mitarbeiten, zählen sie ebenfalls zu den zu berücksichtigenden Arbeitnehmern.[119] In **Verleihbetrieben** sind für die maßgebliche Beschäftigtenzahl sowohl die im Verleiherbetrieb tätigen Stammarbeitnehmer als auch die im Drittbetrieb tätigen Leiharbeitnehmer zu berücksichtigen.[120] **Leiharbeitnehmer** im Entleiherbetrieb zählen dagegen nicht mit, sofern kein Fall des § 10 AÜG vorliegt (siehe oben § 1 Rn. 39).[121] **Arbeitnehmerähnliche Personen**[122] oder lediglich tatsächlich eingegliederte und weisungsunterworfene freie Mitarbeiter zählen nicht zu den Arbeitnehmern i. S. d. § 23,[123] es sei denn, daß diese in Wahrheit doch Arbeitnehmereigenschaft haben.[124] **Heimarbeiter** sind keine Arbeitnehmer i. S. d. KSchG und zählen daher nicht mit (vgl. oben § 1 Rn. 45).

26   Vorübergehend **ruhende Arbeitsverhältnisse** (z. B. während der Wehrpflicht § 1 Abs. 1 ArbPlSchG, während des Erziehungsurlaubs §§ 15 ff. BErzGG, während unbezahlter Freistellung[125]) sind mitzuzählen, weil der betreffende Arbeitnehmer noch zur Belegschaft gehört. Auch wenn der Ruhenszeitraum 6 Monate übersteigt und der Arbeitgeber keine Ersatzkraft eingestellt hat, muß dieser Arbeitsplatz eingerechnet werden,[126] wenn der Arbeitgeber diesen Arbeitsplatz auf Dauer beibehalten will (vgl. oben § 17 Rn. 10 ff.). Wurde allerdings eine Ersatzkraft eingestellt, wird der Arbeitsplatz nur einmal gezählt.[127] Nicht vollzogene Scheinarbeitsverhältnisse werden nicht mitgerechnet.[128]

27   f) **Rechtsfolge:** Hat der Betrieb 5 oder weniger Arbeitnehmer, so können die betroffenen Arbeitnehmer gemäß § 23 Abs. 1 Satz 2 **keinen Kündigungsschutz** nach § 1 geltend machen. Der Arbeitgeber kann also in derartigen Betrieben grundsätzlich ohne Angabe und Vorliegen von Grün-

---

[118] *Bader/Dörner* § 23 Rn. 16; APS/*Moll* § 23 KSchG Rn. 27; HaKo/*Pfeiffer* § 23 Rn. 20; *Schwerdtner* DB 1986, 1074; KR-*Weigand* § 23 KSchG Rn. 42.
[119] LAG Berlin 26. 6. 1989, LAGE § 23 KSchG Nr. 5.
[120] *Becker* ArbRGgw 21 (1984), S. 42.
[121] ErfK/*Ascheid* § 23 KSchG Rn. 18; *Bader/Dörner* § 23 Rn. 15; HK-KSchG/*Kriebel* § 23 Rn. 32; *Löwisch* § 23 Rn. 13; APS/*Moll* § 23 KSchG Rn. 27; KR-*Weigand* § 23 KSchG Rn. 41.
[122] LAG Hamm 15. 6. 1989, LAGE § 23 KSchG Nr. 6.
[123] LAG Frankfurt a. M. 18. 9. 1987, BB 1988, 1122; *Kittner/Däubler/Zwanziger* § 23 KSchG Rn. 23; – abweichend BAG 15. 4. 1986, AP Nr. 35 zu § 99 BetrVG 1972 für das BetrVG.
[124] Zu möglichen Umgehungen durch Begründung eines mittelbaren Arbeitsverhältnisses vgl. BAG 20. 7. 1982, AP Nr. 5 zu § 611 BGB Mittelbares Arbeitsverhältnis unter 3 a.
[125] Dazu *v. Hoyningen-Huene* NJW 1981, 713 ff. mit Hinweisen auf weitere Fälle.
[126] ErfK/*Ascheid* § 23 KSchG Rn. 14; *Bader/Dörner* § 23 Rn. 22; *Kittner/Däubler/Zwanziger* § 23 KSchG Rn. 19; HK-KSchG/*Kriebel* § 23 Rn. 29; *Löwisch* § 23 Rn. 18; APS/*Moll* § 23 KSchG Rn. 29; KR-*Weigand* § 23 KSchG Rn. 40; – abweichend ArbG Stuttgart BB 1984, 1097.
[127] BAG 31. 1. 1991, AP Nr. 11 zu § 23 KSchG 1969 unter II 2 b unter Hinweis auf § 21 Abs. 7 BErzGG; LAG Hamm 3. 4. 1997, LAGE § 23 KSchG Nr. 13.
[128] ArbG Wetzlar 14. 1. 1985, ARSt 1986, 9 = AuR 1986, 122.

Geltungsbereich 27a, 28 § 23

den kündigen, sofern die Kündigung nicht gegen §§ 134, 138, 242 BGB verstößt (dazu oben § 13 Rn. 57 ff., 86).[129] Inwieweit daher ein **sog. Kündigungsschutz in Kleinbetrieben** in Betracht kommt, richtet sich allein nach den eben genannten Bestimmungen.[130] Eine wesentliche Ausweitung des Kündigungsschutzes ist trotz der Rechtsprechung des Bundesverfassungsgerichts (siehe oben Rn. 7a, 19b und c) im Moment nicht anzunehmen[131] und wäre nach derzeitiger Gesetzeslage auch verfehlt. Der gekündigte Arbeitnehmer muß bei Klagen gegen die Kündigung insbesondere nicht die Drei-Wochen-Frist des § 4 einhalten.[132] Zur Weitergeltung des Kündigungsschutzes bei Absinken der Arbeitnehmerzahl durch Betriebsspaltung siehe oben Rn. 9 b ff.

Dagegen kann sich der Arbeitnehmer nach zutreffender h. M. trotzdem **27a** auf die Unwirksamkeit der Kündigung nach **§ 613a Abs. 4 BGB** beim Übergang von Kleinbetrieben berufen, weil es sich hierbei um ein eigenständiges Kündigungsverbot i. S. d. § 13 Abs. 3 handelt, und nicht nur um eine besondere Regelung der Sozialwidrigkeit gemäß § 1 (dazu oben § 1 Rn. 418 ff.).[133]

3. Beweislast

Es besteht weder nach dem Wortlaut des Abs. 1 Satz 2 noch nach dem **28** tatsächlichen Aufbau unserer Wirtschaft, in der es eine sehr erhebliche Zahl von Kleinbetrieben gibt, eine Vermutung dafür, daß ein Betrieb mehr als 5 Arbeitnehmer beschäftigt.[134] Deshalb muß grundsätzlich der **klagende Arbeitnehmer,** sobald irgendwelche Zweifel möglich sind, die regelmäßige Beschäftigung von mehr als 5 Arbeitnehmern in einem Betrieb als Voraussetzung des Kündigungsschutzes **behaupten** und im Streitfall **beweisen.**[135]

---

[129] Ebenso *Bader/Dörner* § 23 Rn. 30; *HK-KSchG/Kriebel* § 23 Rn. 38; *Kittner/Däubler/Zwanziger* § 23 KSchG Rn. 28; *Löwisch* § 23 Rn. 23 f.; *KR-Weigand* § 23 KSchG Rn. 56; – ausführlich *Hetzel* S. 170 ff.

[130] Dazu ausführlich *Boemke* WiB 1997, 617; *Falder* NZA 1998, 1254; *Gragert/Kreutzfeldt* NZA 1998, 567; *Kittner* NZA 1998, 731; *Lakies* DB 1997, 1078; *Löwisch* BB 1997, 782; *Oetker* AuR 1997, 41; *Preis* NZA 1997, 1257; *Stahlhacke* FS Wiese S. 513; *Weigand* DB 1997, 2484.

[131] Ebenso *Bader/Dörner* § 23 Rn. 31; – abweichend *U. Preis* RdA 1999, 313 ff.

[132] BAG 27. 1. 1955, AP Nr. 4 zu § 11 KSchG mit Anm. *A. Hueck;* BAG 5. 8. 1965, AP Nr. 2 zu § 21 KSchG mit Anm. *A. Hueck; Schomburg* S. 166 ff. m. w. N.

[133] Ebenso BAG 31. 1. 1985, AP Nr. 40 zu § 613a BGB = EzA § 613a BGB Nr. 42 mit Anm. *Wank* mit ausführlichen Nachweisen über die abweichenden Auffassungen; BAG 5. 12. 1985, AP Nr. 47 zu § 613a BGB; *Backmeister/Trittin* § 23 Rn. 17; *Löwisch* § 23 Rn. 24; *Loritz* RdA 1987, 80 ff.; *Popp* DB 1986, 2284; *KR-Weigand* § 23 KSchG Rn. 52.

[134] BAG 4. 7. 1957, AP Nr. 1 zu § 21 KSchG unter 7; BAG 21. 3. 1959, AP Nr. 55 zu § 1 KSchG unter III 1.

[135] BAG 4. 7. 1957, AP Nr. 1 zu § 21 KSchG; BAG 9. 9. 1982, AP Nr. 1 zu § 611 BGB Hausmeister unter II 4 b mit zust. Anm. *Jahnke* unter IV 3; LAG Hamm 8. 10. 1985, LAGE § 23 KSchG Nr. 2 = EWiR § 23 KSchG 1/86 mit abl. Anm. *Löwisch;* LAG Berlin 26. 6. 1989, BB 1989, 1981 = LAGE § 23 KSchG Nr. 5; *Bader/Dörner* § 23 Rn. 23; *Münch-ArbR/Berkowsky* § 132 Rn. 74; *Grunsky* § 58 Rn. 15; *Kittner/Däubler/Zwanziger* § 23 KSchG Rn. 30; *HK-KSchG/Kriebel* § 23 KSchG Rn. 36; *APS/Moll* § 23 KSchG Rn. 48; *Ha-Ko/Pfeiffer* § 23 Rn. 37; *Ramrath* NZA 1997, 1319; *Schaub* § 128 Rn. 12; *Sowka* § 23 Rn. 12.

28 a Nach **anderer Auffassung** soll der **Arbeitgeber** beweispflichtig dafür sein, daß der gekündigte Arbeitnehmer in einem Kleinbetrieb mit 5 oder weniger Arbeitnehmern beschäftigt war; dies soll aus der sprachlichen Fassung des Abs. 1 Satz 2 als Ausnahmetatbestand folgen.[136] Dieser abweichenden Auffassung ist gleichwohl **nicht zu folgen,** weil trotz der Formulierung des Abs. 1 Satz 2 als scheinbare Ausnahmeregelung die Behauptung über das Vorliegen des betrieblichen Geltungsbereichs des KSchG zur Begründung der Klage gehört.[137] Denn Abs. 1 Satz 1 und 2 sind als Einheit vom Zweck des KSchG her so zu verstehen, daß es in allen Betrieben und Verwaltungen mit mehr als 5 Arbeitnehmern gilt. Für diesen eingeschränkten betrieblichen Geltungsbereich ergibt sich dann zwanglos die Beweispflicht des Arbeitnehmers.[138]

29 Dennoch ist dem Arbeitnehmer eine **erleichterte Beweisführung** zuzubilligen, weil er in der Regel keine oder nur ungenaue Kenntnisse über die betrieblichen Strukturen und arbeitszeitrechtlichen Vereinbarungen mit der Belegschaft hat. Das gilt namentlich für die Voraussetzungen eines gemeinsamen Betriebes mehrerer Unternehmer (oben Rn. 10 ff.). Das BAG hat deshalb zutreffend nach dem beweisrechtlichen Sphärengedanken (Prinzip der Sachnähe) keine strengen Anforderungen an die Darlegungslast des Arbeitnehmers gestellt.[139] Der Arbeitnehmer genügt daher ein für die Regel seiner Darlegungslast, wenn er aus seiner Sicht die entsprechende Arbeitnehmerzahl und Betriebszugehörigkeit aufgrund der äußeren Umstände schlüssig darlegt, die für die Annahme des betrieblichen Geltungsbereiches des KSchG sprechen. Der Arbeitgeber hat hierauf gem. § 138 Abs. 2 ZPO im einzelnen zu erklären, welche rechtserheblichen Umstände dagegen sprechen.[140] Diese **abgestufte Darlegungs- und Beweislast** entspricht auch der neueren Entwicklung des Beweisrechts bei der Sozialauswahl gem. § 1 Abs. 3 (siehe dazu oben § 1 Rn. 492 ff.).[141]

IV. Geltungsbereich des 3. Abschnitts (Abs. 2)

30 Der Geltungsbereich des 3. Abschnittes des Gesetzes über anzeigepflichtige Entlassungen ist in Abs. 2 nur **unvollständig geregelt.** Abs. 2 Satz 1 selbst formuliert nur positiv, für welche Betriebe und Verwaltungen der 3. Abschnitt gilt, nämlich einerseits für solche des privaten Rechts, sowie andererseits für Betriebe, die von einer öffentlichen Verwaltung geführt werden,

---

[136] So LAG Berlin 28. 10. 1994, LAGE § 23 KSchG Nr. 11; ErfK/*Ascheid* § 23 KSchG Rn. 25; *Bader* NZA 1997, 910; *ders.* NZA 1999, 66; *Bepler* AuR 1997, 57; *Berkowsky* MDR 1998, 84; *Germelmann/Matthes/Prütting* § 58 Rn. 91 S. 855; *Löwisch* § 23 Rn. 21; *Prütting* S. 326 ff.; *Reinecke* NZA 1989, 583 f.; *Stahlhacke/Preis/Vossen* Rn. 606 c; KR-*Weigand* § 23 KSchG Rn. 54 a.
[137] Ausdrücklich BAG 4. 7. 1957, AP Nr. 1 zu § 21 KSchG unter 7.
[138] Dazu näher *v. Hoyningen-Huene* SAE 1991, 125 ff. und oben § 1 Rn. 546.
[139] BAG 23. 3. 1984, AP Nr. 4 zu § 23 KSchG 1969 unter I 2 a bb; BAG 18. 1. 1990, AP Nr. 9 zu § 23 KSchG 1969 unter III 2; ebenso *Bader/Dörner* § 23 Rn. 24; *Kittner/Däubler/Zwanziger* § 23 KSchG Rn. 30; HK-KSchG/*Kriebel* § 23 Rn. 37; APS/*Moll* § 23 KSchG Rn. 48; *Ramrath* NZA 1997, 1320 f.
[140] LAG Hamm 3. 4. 1997, LAGE § 23 KSchG Nr. 13; vgl. auch *Reinecke* NZA 1989, 584 unter c, auch wenn dort gerade der umgekehrte Ausgangspunkt gewählt wird.
[141] Dazu *v. Hoyningen-Huene* Anm. zu BAG EzA § 1 KSchG Soziale Auswahl Nr. 26 unter 3; ebenso *Kittner/Däubler/Zwanziger* § 23 KSchG Rn. 30; HK-KSchG/*Kriebel* § 23 Rn. 37.

Geltungsbereich 31–34 § 23

soweit sie wirtschaftliche Zwecke verfolgen. Daraus ergibt sich im Umkehrschluß, daß die §§ 17 ff. nicht für öffentliche Betriebe mit nichtwirtschaftlichen Zwecken gelten. Problematisch bleibt im öffentlich-rechtlich betriebenen Betrieb die Abgrenzung der wirtschaftlichen und nichtwirtschaftlichen Zwecke (dazu unten Rn. 33), da heutzutage viele bisher staatliche Aufgaben auch von Privaten erfüllt werden können. Eine weitere Einschränkung des betrieblichen Geltungsbereiches folgt aus § 17 Abs. 1 Nr. 1. Schließlich enthält § 22 Einschränkungen bei Saison- und Kampagnebetrieben. Nach Abs. 2 Satz 2 werden außerdem Seeschiffe ausgenommen.

1. Betriebe mit nicht mehr als 20 Arbeitnehmern

In Betrieben mit nicht mehr als 20 Arbeitnehmern (also unter 21 Arbeitnehmern) findet der 3. Abschnitt des KSchG keine Anwendung, was nicht aus § 23 Abs. 2 folgt, sondern sich bereits aus § 17 Abs. 1 Nr. 1 ergibt (vgl. oben Vorbem. zu §§ 17 ff. Rn. 14, § 17 Rn. 39 f.).[142] 31

2. Öffentliche Betriebe mit nichtwirtschaftlichen Zwecken

Der 3. Abschnitt des KSchG findet **keine Anwendung** in allen öffentlichen Betrieben, die nichtwirtschaftliche Zwecke verfolgen. Dazu gehören einmal alle **Hoheitsverwaltungen** (Behörden, Ministerien, Polizei, Bundeswehr) und **Körperschaften des öffentlichen Rechts,** dann aber auch eigentliche Betriebe, die **spezifisch staatliche Aufgaben,** insbesondere mit rein ideeller, kultureller oder karitativer Zielsetzung zu erfüllen haben. Der 3. Abschnitt gilt deshalb z. B. nicht für öffentlich-rechtliche Schulen, Universitäten, Forschungsbetriebe, Einrichtungen der reinen Wohlfahrtspflege, Sozialversicherungsträger (Krankenkassen, Berufsgenossenschaften, Rentenversicherungsträger), die Bundesanstalt für Arbeit und auch nicht für die Kirchen.[143] 32

Handelt es sich dagegen um Aufgaben, die an sich auch von der **Privatwirtschaft** durchgeführt werden können, so greift der Kündigungsschutz ein.[144] Das gilt z. B. für Gas-, Wasser- und Elektrizitätswerke sowie Verkehrsunternehmen der öffentlichen Hand wie Straßenbahnen, Sparkassen, Theater, Museen, Krankenhäuser, Schulen und Forschungseinrichtungen, auch wenn sie im einzelnen Fall keinen Gewinn erzielen, sondern als Zuschußbetriebe geführt werden. Daher können auch Betriebe der Stationierungsstreitkräfte mit deutschen Arbeitnehmern unter die Regelung der §§ 17 ff. fallen.[145] 33

3. Seeschiffe

Ausgenommen von der Anwendung des 3. Abschnitts sind gemäß Abs. 2 Satz 2 auch Seeschiffe und ihre Besatzungen. Anders steht es mit den Landbetrieben dieser Unternehmen wie Verwaltungs- und Abfertigungsbetriebe, 34

---

[142] Ebenso ErfK/*Ascheid* § 23 Rn. 24; *Bader/Dörner* § 23 Rn. 36; *Löwisch* § 23 Rn. 27; APS/*Moll* § 23 KSchG Rn. 44; KR-*Weigand* § 23 KSchG Rn. 74.
[143] *Löwisch* § 23 Rn. 28; KR-*Weigand* § 23 KSchG Rn. 76.
[144] *Bader/Dörner* § 23 Rn. 38; *Kittner/Däubler/Zwanziger* § 23 KSchG Rn. 29; *Löwisch* § 23 Rn. 28; APS/*Moll* § 23 KSchG Rn. 43; KR-*Weigand* § 23 KSchG Rn. 71.
[145] BAG 21. 5. 1970, AP Nr. 11 zu § 15 KSchG mit zust. Anm. *Beitzke.*

§ 24   4. Abschnitt. Schlußbestimmungen

auch Docks, Werften, Reparatur- und Wartungsbetriebe, Lagerhäuser u. dgl.[146] Nach Abs. 2 Satz 2 a. F. galten die §§ 17 ff. ebenfalls nicht für Binnenschiffe und Luftfahrzeuge; diese Regelung ist jedoch durch das 2. ÄnderungsG zum KSchG vom 27. 4. 1978 (dazu oben Vorbem. zu §§ 17 ff. Rn. 5) abgeschafft worden, weil die EG-Richtlinie derartige Ausnahmen nicht kennt;[147] daher unterliegen solche Betriebe nach Maßgabe der Besonderheiten des § 24 Abs. 1 Satz 2 auch dem 3. Abschnitt des KSchG.[148]

§ 24 Anwendung des Gesetzes auf Betriebe der Schiffahrt und des Luftverkehrs

(1) ¹Die Vorschriften des Ersten und Zweiten Abschnitts finden nach Maßgabe der Absätze 2 bis 5 auf Arbeitsverhältnisse der Besatzung von Seeschiffen, Binnenschiffen und Luftfahrzeugen Anwendung. ²Als Betrieb im Sinne dieses Gesetzes gilt jeweils die Gesamtheit der Seeschiffe oder der Binnenschiffe eines Schiffahrtsbetriebs oder der Luftfahrzeuge eines Luftverkehrsbetriebs.

(2) Dauert die erste Reise eines Besatzungsmitglieds im Dienste einer Reederei oder eines Luftverkehrsbetriebs länger als sechs Monate, so verlängert sich die Sechsmonatsfrist des § 1 Abs. 1 bis drei Tage nach Beendigung dieser Reise.

(3) ¹Die Klage nach § 4 ist binnen drei Wochen, nachdem das Besatzungsmitglied zum Sitz des Betriebes zurückgekehrt ist, zu erheben, spätestens jedoch binnen sechs Wochen nach Zugang der Kündigung. ²Wird die Kündigung während der Fahrt des Schiffes oder des Luftfahrzeuges ausgesprochen, so beginnt die sechswöchige Frist nicht vor dem Tage, an dem das Schiff oder das Luftfahrzeug einen deutschen Hafen oder Liegeplatz erreicht. ³An die Stelle der Dreiwochenfrist in § 6 treten die hier in den Sätzen 1 und 2 bestimmten Fristen.

(4) ¹Für Klagen der Kapitäne und der Besatzungsmitglieder im Sinne der §§ 2 und 3 des Seemannsgesetzes nach § 4 dieses Gesetzes tritt an die Stelle des Arbeitsgerichts das Gericht, das für Streitigkeiten aus dem Arbeitsverhältnis dieser Personen zuständig ist. ²Soweit in Vorschriften des Seemannsgesetzes für die Streitigkeiten aus dem Arbeitsverhältnis Zuständigkeiten des Seemannsamtes begründet sind, finden die Vorschriften auf Streitigkeiten über Ansprüche aus diesem Gesetz keine Anwendung.

(5) Der Kündigungsschutz des Ersten Abschnitts gilt, abweichend von § 14, auch für den Kapitän und die übrigen als leitende Angestellte im Sinne des § 14 anzusehenden Angehörigen der Besatzung.

Schrifttum: *Bemm,* Das Arbeitsrecht der See- und Binnenschiffahrt, RGRK-BGB, 12. Aufl. 1990, Anh. II § 630; *Bemm/Lindemann,* Seemannsgesetz und Tarifverträge

---

[146] ErfK/*Ascheid* § 23 KSchG Rn. 24; *Bader/Dörner* § 23 Rn. 39; *Kittner/Däubler/Zwanziger* § 23 KSchG Rn. 29; HK-KSchG/*Kriebel* § 23 Rn. 50; *Löwisch* § 23 Rn. 27; HaKo/*Pfeiffer* § 23 Rn. 42; KR-*Weigand* § 23 KSchG Rn. 73.
[147] BT-Drucks. 8/1041 S. 6 = BR-Drucks. 400/77 S. 10.
[148] *Bader/Dörner* § 23 Rn. 39; APS/*Moll* § 23 KSchG Rn. 46; KR-*Weigand* § 23 KSchG Rn. 77.

Anwendung auf Betriebe der Schiffahrt   1–2a § 24

für die deutsche Seeschiffahrt, 3. Aufl. 1991; *Franzen,* Das Heuerverhältnis, AR-Blattei SD 1450.3 (1994); *Freitag,* MünchArbR § 190; *Leffler,* Das Heuerverhältnis auf ausgeflaggten deutschen Schiffen, 1978; *Lindemann,* Die Beendigung des Arbeitsverhältnisses in der Seeschiffahrt, 1975; *Monnerjahn,* Das Arbeitsverhältnis in der deutschen Seeschiffahrt, 1964; *Ruberg,* Seefahrt – Bordvertretung, LzK 1160 (1999); *Schelp/Fettback,* Seemannsgesetz, Kommentar, 1961; dies., Seemannsgesetz, Textausgabe mit Einleitung, ausf. Anmerkungen und Sachregister, 3. Aufl. 1976; *Schwedes/Franz,* Seemannsgesetz, 2. Aufl. 1984.

Übersicht

	Rn.
Vorbemerkung	1
1. Grundgedanke	2
2. Besonderer Betriebsbegriff (Abs. 1 Satz 2)	3
3. Verlängerung der Sechs-Monats-Frist (Abs. 2)	6
4. Klagefrist (Abs. 3)	7
5. Zuständigkeit (Abs. 4)	12
6. Kapitäne und leitende Angestellte (Abs. 5)	14

Vorbemerkung. Die Absätze 3 und 4 des § 24 sind ohne sachliche Änderung dem 1969 neu gefaßten § 4 angepaßt worden. Dagegen ist damals übersehen worden, in Abs. 5 die Änderung des § 14 zu berücksichtigen (vgl. dazu unten Rn. 7 und oben § 14 Rn. 31).[1]   1

1. Grundgedanke

Der § 24 enthält gemäß Abs. 1 Satz 1 **Sondervorschriften** für „mobile"   2
Betriebe der Schiffahrt und des Luftverkehrs. Nach früherem Recht waren die Fahrzeuge der Binnen-, See- und Luftschiffahrt und ihre Besatzungen ganz vom Kündigungsschutz ausgenommen (vgl. § 4 Abs. 3 AOG). Erst die 22. DVO zum AOG hatte für Schiffe der Binnenschiffahrt einen Kündigungsschutz vorgesehen. Heute gilt die Befreiung von dem Kündigungsschutz nur noch für die Vorschriften über Massenentlassungen (vgl. § 23 Abs. 2 Satz 2). Dagegen finden die Vorschriften des 1. und 2. Abschnittes grundsätzlich Anwendung, doch paßt § 24 den Kündigungsschutz den besonderen Verhältnissen in einer Reihe von Punkten an.

Diese Besonderheiten gelten aber nur für **die Besatzungen** von **Schiffen**   2a
bzw. **Flugzeugen,** nicht für Landbetriebe der Schiffahrts- und Luftverkehrsunternehmen, die vielmehr den allgemeinen Bestimmungen unterstehen (vgl. § 23 Rn. 34). Zur Besatzung des Schiffes gehören alle auf dem Schiff angestellten Personen (vgl. §§ 3 ff. SeemG), also nicht nur der Kapitän, die Schiffsoffiziere und Matrosen, sondern auch Ärzte, Zahlmeister, Kellner, Musiker, Köche usw.[2] Dagegen zählen selbständige Gewerbetreibende (Friseure, Boutiquen u. ä.) mit ihren Angestellten nicht zur Besatzung (vgl. § 7 Abs. 1 SeemG) und unterliegen daher nicht § 24.[3]

---

[1] Zur Entwicklung siehe ausführlich KR-*Weigand* § 24 KSchG Rn. 1 ff.
[2] Vgl. ErfK/*Ascheid* § 24 KSchG Rn. 3; *Backmeister/Trittin* § 24 Rn. 1; HaKo/*Pfeiffer* § 24 Rn. 3; *Schaub* § 186 Rn. 118; KR-*Weigand* § 24 Rn. 11 ff.
[3] *Bader/Dörner* § 24 Rn. 6; APS/*Moll* § 24 KSchG Rn. 4; – abweichend HK-KSchG/ *Kriebel* § 24 Rn. 5; KR-*Weigand* § 24 KSchG Rn. 11; wohl auch *Löwisch* § 24 Rn. 3.

859

§ 24 3–5   4. Abschnitt. Schlußbestimmungen

Entsprechendes gilt für die Besatzungen von Luftfahrzeugen (fliegendes Personal), insbesondere Flugzeugführer, Flugingenieure, Flugnavigatoren, Flugfunker, Flugbegleiter u. ä.[4]

2. Besonderer Betriebsbegriff (Abs. 1 Satz 2)

3 § 24 Abs. 1 Satz 2 stellt zunächst einen besonderen Begriff des Betriebes auf, indem er die **Gesamtheit** der Seeschiffe oder der Binnenschiffe oder der Luftfahrzeuge eines Schiffahrts- oder Luftverkehrsbetriebes zu einem einheitlichen, gegenüber dem Landbetrieb selbständigen Betrieb **zusammenfaßt**.

4 Die an **Land befindlichen Einrichtungen** bilden im Sinn des KSchG stets einen besonderen Betrieb (dazu § 23 Rn. 3 ff.),[5] so daß die dort beschäftigen Arbeitnehmer, wenn es nicht mehr als 5 sind, keinen Kündigungsschutz nach § 1[6] und, wenn es nicht mehr als 20 sind, keinen Kündigungsschutz bei Massenentlassungen genießen. Zu den Landbetrieben zählen Verwaltungs-, Abfertigungs-, Reparatur- und Wartungseinrichtungen, Werften, Speditionen und Lagerhäuser. Als Teil des Landbetriebes sind auch solche Schwimmkörper anzusehen, die mit dem Festland ständig vertäut sind, z. B. Gaststättenschiffe.[7] Daraus folgt, daß insoweit ein einzelnes Schiff keinen selbständigen Betrieb im Sinn des KSchG bildet.[8] Das schließt aber nicht aus, daß bei entsprechender organisatorischer Ausgestaltung des Betriebes die einzelnen Schiffe oder Luftfahrzeuge Betriebsabteilungen i. S. d. § 15 Abs. 5 darstellen können.[9]

4 a Die Fahrzeuge des reinen **Hafenbetriebes,** z. B. Hafenbarkassen, Hafenfähren und Hafenschlepper rechnen im Sinne des § 24 zum Landbetrieb. Das kann dem insoweit entsprechend anwendbaren § 114 Abs. 4 Satz 2 BetrVG entnommen werden, wonach Schiffe, die in der Regel binnen 24 Stunden nach dem Auslaufen an den Sitz eines Landbetriebes zurückkehren, als Teil dieses Landbetriebes gelten.[10]

5 Dieser **besondere Betriebsbegriff ist** überall von **Bedeutung,** wo der Betrieb, seine Größe (vgl. § 23 Abs. 1 Satz 2), seine Erfordernisse (§ 1 Abs. 2) usw. für den Kündigungsschutz eine Rolle spielen. Trotz seiner systematischen Stellung in Abs. 1 Satz 2 findet der besondere Betriebsbegriff nicht nur beim 1. und 2. Abschnitt Anwendung, sondern im gesamten KSchG. Denn die in Satz 2 verwendete allgemeine Definition verweist generell auf das KSchG und enthält insoweit keinerlei Einschränkung, so daß namentlich nach der Änderung des § 23 Abs. 2 Satz 2 (vgl. oben § 23 Rn. 34) der Betriebsbegriff

---

[4] Ebenso KR-*Weigand* § 24 KSchG Rn. 13.
[5] Vgl. ErfK/*Ascheid* § 24 KSchG Rn. 4; *Backmeister/Trittin* § 24 Rn. 2; *Bader/Dörner* § 24 Rn. 3; APS/*Moll* § 24 KSchG Rn. 6; HaKo/*Pfeiffer* § 24 Rn. 6; KR-*Weigand* § 24 Rn. 16.
[6] Vgl. BAG 28. 12. 1956, AP Nr. 1 zu § 22 KSchG mit Anm. *Herschel; Kittner/Däubler/ Zwanziger* § 24 KSchG Rn. 1; HK-KSchG/*Kriebel* § 24 KSchG Rn. 1.
[7] Ebenso ErfK/*Ascheid* § 24 KSchG Rn. 4; HK-KSchG/*Kriebel* § 24 Rn. 17.
[8] HK-KSchG/*Kriebel* § 24 Rn. 2; *Löwisch* § 24 Rn. 4.
[9] Ebenso *Bader/Dörner* § 24 Rn. 4; HK-KSchG/*Kriebel* § 24 Rn. 2; KR-*Weigand* § 24 KSchG Rn. 15.
[10] Ebenso *Backmeister/Trittin* § 24 Rn. 2 f.; KR-*Weigand* § 24 KSchG Rn. 17; – abweichend *Löwisch* § 24 Rn. 2, der zu Unrecht wegen nach § 27 SeemG zulässigen Umsetzungen Schwierigkeiten bei betriebsbedingten Kündigungen annimmt.

bei Massenentlassungen zwar nicht auf Seeschiffe, aber auf Binnenschiffen und Luftfahrzeugen relevant sein kann.[11]

3. Verlängerung der Sechs-Monats-Frist (Abs. 2)

Der Kündigungsschutz des § 1 setzt nach den allgemeinen Vorschriften 6 erst nach einer **Wartezeit** von sechs Monaten ein (dazu oben § 1 Rn. 63 ff.). Die Mitglieder der Besatzung eines Schiffes sollen sich mindestens während der ersten Reise bewährt haben. Deshalb greift, wenn die erste Reise mehr als 6 Monate dauert, der Kündigungsschutz frühestens nach Ablauf von 3 Tagen nach Beendigung der Reise ein (Abs. 2). Dadurch soll erreicht werden, daß der Kapitän dem Reeder nach Abschluß der Reise Bericht erstatten und dieser dann über die Kündigung ohne Bindung an die Kündigungsbeschränkungen der §§ 1 ff. entscheiden kann. Auch wird der Kapitän nicht genötigt, schon während der Reise zu kündigen, um die Sechs-Monats-Frist zu wahren. Die Frist von 3 Tagen beginnt mit dem Tage, der auf die Beendigung der Reise folgt (§ 187 Abs. 1 BGB). Wann die Reise endet, hängt von den Umständen des Einzelfalles ab; Rückkehr zum Ausgangspunkt oder zum Heimathafen ist nicht unbedingt nötig.[12] Die Vorschrift findet keine Anwendung, wenn das Besatzungsmitglied schon vor Antritt der ersten Reise wegen sechsmonatiger Zugehörigkeit zum gleichen Unternehmen den Kündigungsschutz genoß.[13]

4. Klagefrist (Abs. 3)

Abs. 3 trifft eine **abweichende Regelung** für die grundsätzlich geltende 7 Frist von 3 Wochen zur Klageerhebung von Besatzungsmitgliedern (zu diesen oben Rn. 2), wenn die **Kündigung während einer Reise** erfolgt. Damit soll den besonderen Verhältnissen der Seeschiffahrt und des Luftverkehrs Rechnung getragen werden, indem den Besatzungsmitgliedern genügend Zeit zur Rechtsverfolgung eingeräumt wird.[14] Die Klageerhebungsfrist wird nach Abs. 3 auf unterschiedliche Weise hinausgeschoben, je nachdem, ob das Besatzungsmitglied nach einer Reise zum Betriebssitz zurückkehrt oder ob das Schiff einen deutschen Hafen oder Liegeplatz erreicht.

Kehrt das Besatzungsmitglied nach Ausspruch der Kündigung zum Be- 8 triebssitz zurück, so beginnt nach Abs. 3 Satz 1 Hs. 1 die Klagefrist nicht mit der Kündigungserklärung, sondern mit der **Rückkehr des Besatzungsmitglieds zum Betriebssitz;** das ist der Sitz des Landbetriebes der Reederei, oder, wenn ein solcher fehlt, der Heimathafen.[15] Allerdings muß die Klage

---

[11] Ebenso *Löwisch* § 24 Rn. 6; HaKo/*Pfeiffer* § 24 Rn. 8; KR-*Weigand* § 24 KSchG Rn. 19, 35.
[12] Ebenso *Backmeister/Trittin* § 24 Rn. 5; *Bader/Dörner* § 24 Rn. 10; HK-KSchG/*Kriebel* § 24 Rn. 7; HaKo/*Pfeiffer* § 24 Rn. 11; KR-*Weigand* § 24 KSchG Rn. 25; – abweichend ErfK/*Ascheid* § 24 KSchG Rn. 5; *Löwisch* § 24 Rn. 7.
[13] Vgl. HK-KSchG/*Kriebel* § 24 Rn. 8; *Löwisch* § 24 Rn. 8; HaKo/*Pfeiffer* § 24 Rn. 12; KR-*Weigand* § 24 KSchG Rn. 24.
[14] Vgl. Begr. Reg. Entw. RdA 1951, 65; BAG 9. 1. 1986, AP Nr. 1 zu § 24 KSchG 1969 unter II 2a; ErfK/*Ascheid* § 24 KSchG Rn. 6; *Bader/Dörner* § 24 Rn. 16; *Löwisch* § 24 Rn. 10; APS/*Moll* § 24 KSchG Rn. 9; HaKo/*Pfeiffer* § 24 Rn. 14.
[15] *Bemm/Lindemann* § 62 Rn. 46; *Löwisch* § 24 Rn. 11.

§ 24 9–11   4. Abschnitt. Schlußbestimmungen

nach Abs. 3 Satz 1 Hs. 2 **spätestens 6 Wochen** nach der Kündigungserklärung erhoben werden; diese Bestimmung soll verhindern, daß das Besatzungsmitglied seine persönliche Rückkehr ins Inland verzögert und dadurch die Klagefrist unangemessen lange hinausschiebt.[16]

9   Erreicht hingegen das Schiff oder das Luftfahrzeug nach einer Auslandsreise mit dem gekündigten Besatzungsmitglied nicht den Betriebssitz, sondern einen **anderen deutschen Hafen oder Liegeplatz,** so beginnt nach Abs. 3 Satz 2 die sechswöchige Frist nicht mit der Kündigungserklärung, sondern mit dem Ankunftstage des Schiffes oder Luftfahrzeugs. Das Besatzungsmitglied hat in diesem Fall **6 Wochen** Zeit, Kündigungsschutzklage zu erheben. Kehrt das Besatzungsmitglied jedoch vorher zum Betriebssitz der Reederei zurück, so läuft ab diesem Zeitpunkt die reguläre dreiwöchige Klagefrist.[17]

10   Nicht gesetzlich geregelt ist die Problematik, welche Klagefristen gelten, wenn das Besatzungsmitglied nicht mit seinem Schiff oder Luftfahrzeug, sondern **auf andere Weise nach Deutschland zurückkommt.** Das BAG hat die Frage ausdrücklich offen gelassen, jedoch ausgeführt, daß die sechswöchige Klagefrist in jedem Fall frühestens an dem Tag der tatsächlichen Ankunft des Besatzungsmitglieds beginnen könne, und zwar auch dann, wenn es aus privaten Gründen (z. B. wegen Urlaubs) später nach Deutschland zurückkehrt, als es ihm möglich gewesen wäre.[18] Entscheidend ist jedoch nach dem Sinn der gesetzlichen Regelung die Rückkehr des Besatzungsmitglieds, nicht die des Schiffes.[19] Deshalb sollte entsprechend Satz 1 und Satz 2 darauf abgestellt werden, **wohin** das Besatzungsmitglied zurückkehrt: Kommt es zum Betriebssitz zurück, so läuft gem. Satz 1 die Drei-Wochen-Frist des § 4 mit der Obergrenze von 6 Wochen.[20] Kehrt es zu einem anderen deutschen Ort zurück, so läuft analog Satz 2 die dort genannte Sechs-Wochen-Frist, damit das Besatzungsmitglied nötigenfalls auch noch vorher zum Betriebssitz kommen kann.[21]

11   Diese Grundsätze in Rn. 7 bis 10 gelten gemäß Abs. 3 Satz 3 in gleicher Weise anstelle der **Drei-Wochen-Frist** in § 6, d. h. daß die dort genannten Kündigungsgründe entsprechend später noch geltend gemacht werden können. Davon abgesehen können verspätete Klagen nach § 5 zugelassen werden.[22]

---

[16] ErfK/*Ascheid* § 24 KSchG Rn. 7; *Backmeister/Trittin* § 24 Rn. 6; *Bader/Dörner* § 24 Rn. 15; HK-KSchG/*Kriebel* § 24 Rn. 14; APS/*Moll* § 24 KSchG Rn. 9; HaKo/*Pfeiffer* § 24 Rn. 15; KR-*Weigand* § 24 KSchG Rn. 27.
[17] Ebenso ErfK/*Ascheid* § 24 KSchG Rn. 8; *Bader/Dörner* § 24 Rn. 16; *Bemm/Lindemann* § 63 Rn. 46; *Kittner/Däubler/Zwanziger* § 24 KSchG Rn. 7; HK-KSchG/*Kriebel* § 24 Rn. 16; *Löwisch* § 24 Rn. 14; APS/*Moll* § 24 KSchG Rn. 10; HaKo/*Pfeiffer* § 24 Rn. 16; KR-*Weigand* § 24 KSchG Rn. 28.
[18] BAG 9. 1. 1986, AP Nr. 1 zu § 24 KSchG 1969 mit Anm. *Bemm.*
[19] Ebenso ErfK/*Ascheid* § 24 KSchG Rn. 9; *Backmeister/Trittin* § 24 Rn. 7; *Franzen* AR-Blattei SD 1450.3 Rn. 110; *Kittner/Däubler/Zwanziger* § 24 KSchG Rn. 8; HK-KSchG/*Kriebel* § 24 Rn. 17; KR-*Weigand* § 24 KSchG Rn. 28.
[20] Abweichend HK-KSchG/*Kriebel* § 24 Rn. 18.
[21] Ähnlich auch *Bemm/Lindemann* § 62 Rn. 46; MünchArbR/*Berkowsky* § 132 Rn. 90; *Löwisch* § 24 Rn. 12.
[22] Ebenso ErfK/*Ascheid* § 24 KSchG Rn. 11; *Bader/Dörner* § 24 Rn. 18; HK-KSchG/*Kriebel* § 24 Rn. 20; *Löwisch* § 24 Rn. 13; APS/*Moll* § 24 KSchG Rn. 10; KR-*Weigand* § 24 KSchG Rn. 29.

5. Zuständigkeit (Abs. 4)

Die Vorschrift des Abs. 4 ist **heute gegenstandslos**. Sie erklärt sich daraus, daß nach § 2 Abs. 1 Nr. 2 des alten ArbGG von 1926 die Arbeitsgerichte für die Angehörigen der Besatzungen von Seeschiffen nicht zuständig waren; deshalb sollte auch für die Kündigungsschutzklagen an die Stelle des Arbeitsgerichtes das jeweils zuständige Gericht treten. Das neue ArbGG von 1953 kennt diese Ausnahmen nicht mehr. Infolgedessen sind seitdem auch für die Kündigungsschutzklagen von Kapitänen und Mitgliedern der Schiffsbesatzungen die Arbeitsgerichte zuständig.[23] Soweit beiderseitige Tarifbindung besteht, ist nach § 81 MTV-See und § 36 Kapitäns-MTV das ArbG Hamburg ausschließlich zuständig.[24] Die Vorschriften des Seemannsgesetzes vom 26. 7. 1957,[25] das an die Stelle der Seemannsordnung getreten ist, über die Zuständigkeit der Seemannsämter finden gemäß Satz 2 keine Anwendung. 12

Trotzdem anwendbar ist die Regelung des § 69 SeemG geblieben, wonach eine vorläufige Entscheidung **ausländischer Seemannsämter** (das sind nach § 9 Nr. 2 SeemG die diplomatischen und konsularischen Vertretungen der Bundesrepublik Deutschland) über im Ausland ausgesprochene außerordentliche Kündigungen möglich ist;[26] denn derartige Auslandszuständigkeiten sind wegen des örtlichen, nationalen Geltungsbereichs des KSchG nicht erfaßt (dazu oben Einl. Rn. 77 f.). Abs. 4 berührt zwar nicht die Befugnis nach § 101 Abs. 2 ArbGG zur tariflichen Übertragung der Zuständigkeit auf ein Schiedsgericht, ist aber trotzdem nicht einschlägig, weil dort Kündigungsschutzstreitigkeiten nicht erfaßt sind.[27] 13

6. Kapitäne und leitende Angestellte (Abs. 5)

Nach § 12 des KSchG in der Fassung von 1951 hätten die Kapitäne und die sonstigen leitenden Angestellten von Schiffen und Luftfahrzeugen keinen Kündigungsschutz nach §§ 1 ff. genossen. Das wollte Abs. 5 im Einverständnis mit den Spitzen- und Fachverbänden beider Seiten verhindern und den **Kündigungsschutz** auch diesem Personenkreis gewähren. Bei der Neufassung des Gesetzes im Jahre 1969 ist übersehen worden, daß jetzt alle leitenden Angestellten im Sinn des § 14 Abs. 2 dem ersten Abschnitt des KSchG unterstehen, die Sondervorschrift des Abs. 5 also nicht mehr nötig war (vgl. dazu § 14 Rn. 25, 31).[28] Eine Bereinigung ist bedauerlicherweise weder durch das 2. ÄnderungsG zum KSchG von 1978 noch später erfolgt. 14

---

[23] ErfK/*Ascheid* § 24 KSchG Rn. 12; *Bader/Dörner* § 24 Rn. 19; *Kittner/Däubler/Zwanziger* § 24 KSchG Rn. 4; HK-KSchG/*Kriebel* § 24 Rn. 21; *Löwisch* § 24 Rn. 16; APS/*Moll* § 24 KSchG Rn. 12; HaKo/*Pfeiffer* § 24 Rn. 19; KR-*Weigand* § 24 KSchG Rn. 31.
[24] Vgl. *Bemm/Lindemann* Vorbem. vor § 23 Rn. 48 ff.
[25] BGBl. II S. 713.
[26] Ebenso ErfK/*Ascheid* § 24 KSchG Rn. 12; *Bader/Dörner* § 24 Rn. 20; HK-KSchG/*Kriebel* § 24 Rn. 22; *Löwisch* § 24 Rn. 17; APS/*Moll* § 24 KSchG Rn. 13; KR-*Weigand* § 24 KSchG Rn. 32.
[27] Ebenso ErfK/*Ascheid* § 24 KSchG Rn. 13; *Bader/Dörner* § 24 Rn. 21; *Grunsky* § 101 Rn. 8; *Löwisch* § 24 Rn. 18; KR-*Weigand* § 24 KSchG Rn. 32.
[28] Ebenso ErfK/*Ascheid* § 24 KSchG Rn. 14; *Bader/Dörner* § 24 Rn. 22; HK-KSchG/*Kriebel* § 24 Rn. 23; *Löwisch* § 24 Rn.19; APS/*Moll* § 24 KSchG Rn. 14; KR-*Weigand* § 24 KSchG Rn. 33 f.

§ 25   4. Abschnitt. Schlußbestimmungen

§ 25 Kündigung in Arbeitskämpfen

Die Vorschriften dieses Gesetzes finden keine Anwendung auf Kündigungen und Entlassungen, die lediglich als Maßnahmen in wirtschaftlichen Kämpfen zwischen Arbeitgebern und Arbeitnehmern vorgenommen werden.

Schrifttum: *Auffarth,* Der gegenwärtige Stand des Arbeitskampfrechts in der Bundesrepublik Deutschland unter besonderer Berücksichtigung des Streikrechts, RdA 1977, 129; *Beck,* Besprechung von Randerath, Die Kampfkündigung..., AuR 1984, 43; *Berscheid,* Der Kündigungsschutz bei Massenentlassungen, AR-Blattei SD 1020.2 (1995); *Bertelsmann,* Aussperrung, 1979; *Beuthien,* Fristlose Kündigung statt lösender Abwehraussperrung?, JZ 1969, 629; *Brox/Dudenbostel,* Die Zulässigkeit der Massenkündigung als Mittel des Arbeitskampfes, DB 1979, 1841; *Brox/Rüthers,* Arbeitskampfrecht, 2. Aufl. 1982; *Däubler* (Hrsg.), Arbeitskampfrecht, 2. Aufl. 1987; *Ehmann,* Die Rechtslage der Arbeitnehmer im Arbeitskampf – Arbeitnehmerrisiko und Sozialversicherung, DB 1978, 2023; *Engel,* Ordentliche Kündigungen aus wirtschaftlichen Gründen bei Arbeitskämpfen, RdA 1965, 85; *van Gelder,* Beendigung des Arbeitsverhältnisses im Arbeitskampf, DB 1970, 204; *ders.,* Ein neues Arbeitskampfrecht?, AuR 1972, 97; *van Gelder/Böttner,* Das Ende der Lösungstheorie, AuR 1970, 35; *Gerstner,* Die Massenänderungskündigung im Arbeitsrecht, Diss. Würzburg 1969; *Herschel,* Suspendierende und lösende Aussperrung im Lichte des Kündigungsschutzgesetzes, DB 1970, 253; *ders.,* Die Arbeitskündigung des Arbeitgebers im kollektiven Arbeitskampfrecht, RdA 1984, 214; *Hilbrandt,* Massenänderungskündigung und Arbeitskampf, 1997; *Kalb,* Arbeitskampfrecht, 1986; *Kittner,* Darf der Arbeitgeber einzelnen an einem „wilden Streik" beteiligten Arbeitnehmern kündigen?, BB 1974, 1488; *Knevels,* Wann sind Massenänderungskündigungen Streik oder Aussperrung?, BB 1968, 1249; *Koenen,* Suspendierende Aussperrung und Kündigung statt auflösende Abwehraussperrung, BB 1968, 1082; *Konzen,* Der Arbeitskampf im Verfassungs- und Privatrechtssystem, AcP 177 (1977), 520; *Kraft,* Arbeitsvertrag und kollektive Kampfmaßnahmen, RdA 1968, 286; *O. Kunze,* Arbeitskampf und Kündigung, AuR 1969, 289; *Löwisch,* Schlichtungs- und Arbeitskampfrecht, 1989 (SchlArbkR); *Löwisch/Rieble,* Zulässigkeit von Arbeitskämpfen, AR-Blattei SD 170.2 (1994); *G. Müller,* Gedanken zum arbeitsrechtlichen Kündigungsrecht, ZfA 1982, 475; *Neudel,* Kann eine Massenänderungskündigung eine Kampfmaßnahme sein?, AuR 1968, 321; *Nipperdey/Säcker,* Suspendierende und lösende Arbeitskampfmittel, BB 1969, 321; *Osthold,* Zulässigkeit der ordentlichen Kündigung während eines Streiks, DB 1958, 341; *Ramm,* Rechtmäßigkeit Änderungskündigung und Aussperrung, BB 1964, 1174; *Randerath,* Die Kampfkündigung des Arbeitgebers im kollektiven Arbeitskampfsystem, 1983; *Reuß,* Kollektivrechtliche und (gebündelte) individual-rechtliche Arbeitskampfmittel, JZ 1965, 348; *Ruberg,* Kampfkündigungen, LzK 605 (1999); *Rüthers,* Rechtsprobleme der Aussperrung, 1980; *Säcker,* Herabsetzung nichttariflicher Arbeitsbedingungen durch kollektive Änderungskündigung, DB 1967, 1086; *ders.,* Arbeitskampf und Arbeitsplatzrisiko, DB 1969, 1890, 1940; *ders.,* Gruppenautonomie und Übermachtkontrolle im Arbeitsrecht, 1972; *ders.,* Gruppenparität und Staatsneutralität als verfassungsrechtliche Grundprinzipien des Arbeitskampfrechts, 1974; *Seiter,* Streikrecht und Aussperrungsrecht, 1975; *ders.,* Die Rechtsgrundlagen für die suspendierenden Aussperrung, AuR 1979, 337; *ders.,* Die neue Aussperrungsrechtsprechung des Bundesarbeitsgerichts, RdA 1981, 65; *ders.,* Staatsneutralität im Arbeitskampf, 1989; *Scholz/Konzen,* Die Aussperrung im System von Arbeitsverfassung und kollektivem Arbeitsrecht, 1980; *Weller,* Massenänderungskündigung und Kampfparität, AuR 1967, 67; *Zachert/Metzke/Hamer,* Die Aussperrung, 1978.

Kündigung in Arbeitskämpfen 1, 2 § 25

Übersicht

Rn.
1. Grundgedanke und bisherige Entwicklung 1
   a) Maßnahmen in Arbeitskämpfen 1
   b) Neuere Entwicklung des Arbeitskampfrechts 2
2. Heutige Bedeutung des § 25 3
3. Wirtschaftliche Kämpfe 6
4. Kündigungsgrund ausschließlich im Arbeitskampf 8
5. Maßnahmen außerhalb des § 25 11
   a) Aussperrung 12
   b) Aussperrungskündigungen 13
   c) Einzellösungsrecht auf arbeitskampfrechtlicher Grundlage . 14
   d) Massenänderungskündigungen 15
6. Kampfkündigungen 18
   a) Mittel des Individualarbeitsrechts 18
   b) Arbeitskampfexzesse 19
   c) Aussperrungsersetzende Massenkündigungen 20
   d) Herausgreifende Einzelkündigungen 23

1. Grundgedanke und bisherige Entwicklung

a) § 25 nimmt **Kündigungen und Entlassungen als Maßnahmen in** 1
Arbeitskämpfen vom Kündigungsschutz aus. Zu den Mitteln des Arbeitskampfes gehören neben dem in diesem Zusammenhang weniger interessierenden Boykott vor allem Streik und Aussperrung. In beiden Fällen spielte die Kündigung des Arbeitsverhältnisses, wenn sie auch nicht geradezu begriffswesentlich war, nach der bei Schaffung des KSchG herrschenden Arbeitskampftheorie eine ganz erhebliche Rolle.[1] Steht man mit der heute ganz überwiegenden Auffassung auf dem Standpunkt, daß der Arbeitskampf ein zulässiges Mittel zur Herbeiführung gerechter Arbeitsbedingungen ist, so verlangte damals die Konsequenz, daß die Kündigungsmöglichkeit im Arbeitskampf nicht eingeschränkt wurde.[2] Auch hätte die Gewährung eines Kündigungsschutzes, der nur die vom Arbeitgeber ausgehenden Kündigungen betrifft, eine einseitige Begünstigung der Arbeitnehmer im Arbeitskampf bedeutet und den Grundsatz der Waffengleichheit verletzt. § 25 ist nicht zuletzt Ausdruck der staatlichen Neutralität gegenüber Arbeitskämpfen.[3] Daraus erklärt sich, daß das Gesetz den Kündigungsschutz für diese Fälle ganz beseitigt hat.

b) Die **neuere Entwicklung des Arbeitskampfrechts**[4] hat jedoch die 2
Bedeutung der Kündigung als Arbeitskampfmaßnahme und damit auch diejenige des § 25 stark zurücktreten lassen. Das versteht sich nach der Suspendierungstheorie von selbst, weil die Arbeitsverhältnisse durch den Arbeitskampf eben nicht aufgelöst werden sollen. Aber auch die Lösungstheorie benutzt

---

[1] Dazu *Bertelsmann* S. 20 ff., 146 ff.; *Nipperdey/Säcker* Lehrb. S. 952.
[2] Vgl. Begr. z. Reg. Entw., RdA 1951, 58, 66.
[3] Vgl. BAG GS 28. 1. 1955, AP Nr. 9 GG Arbeitskampf unter II 1; *Kittner/ Däubler/Zwanziger* § 25 KSchG Rn. 1; *Randerath* S. 19; *Seiter* Staatsneutralität S. 2; *Söllner* RdA 1980, 21; KR-*Weigand* § 25 KSchG Rn. 4.
[4] Vgl. insbesondere die beiden Grundsatzentscheidungen des Großen Senats des BAG 28. 1. 1955 und 21. 4. 1971, AP Nr. 1 und 43 zu Art. 9 GG Arbeitskampf; *Brox/Rüthers* Rn. 288 ff.; *Halbach* u. a. S. 263 ff.; *Hueck/Nipperdey/Säcker* Band II S. 854 ff.; *Nikisch* Bd. 2 S. 77 ff.; *Schaub* §§ 192 ff.; *Seiter* S. 7 ff.; *Söllner* § 13; *Zöllner/Loritz* §§ 40 f. alle mit zahlr. weiteren Angaben.

§ 25   3–5   4. Abschnitt. Schlußbestimmungen

zur Konstruktion der Auflösung des Arbeitsverhältnisses gerade nicht das Instrument der Kündigung, sondern den durch Rechtsprechung und Lehre geschaffenen, freilich im einzelnen nicht unbestrittenen arbeitskampfrechtlichen Tatbestand eigener Art der lösenden Aussperrung.[5] In diesen weitaus überwiegenden Fällen des Arbeitskampfes spielt daher § 25 keine Rolle mehr.[6]

2. Heutige Bedeutung des § 25

3   Die Regelung des § 25 ist aber **nicht völlig hinfällig,** obsolet oder gegenstandslos geworden bzw. gar durch Rechtsfortbildung „konsumiert" worden.[7] Die Vorschrift hat heute auch nicht „im wesentlichen nur mehr klarstellende Funktion".[8] Vielmehr kann auch nach heutigem Recht die Kündigung als Maßnahme im Arbeitskampf in seltenen Fällen noch eine Rolle spielen.[9]

4   Das können bestimmte Fälle der sog. **Kampfkündigung** sein (siehe im einzelnen unter Rn. 18 ff.).[10] Zwar enthält § 25 weder eine Regelung zur Kampfkündigung noch eine positive Aussage über die Zulässigkeit einer Kampfkündigung.[11] Die Bestimmung regelt keine Grundsätze des Arbeitskampfrechtes, ist also insoweit „neutral", sondern **beschränkt** lediglich den **Geltungsbereich** des KSchG.[12] Das ergibt sich aus der systematischen Stellung des § 25 in dem 4. Abschnitt über die Schlußbestimmungen, die allein Fragen des Geltungsbereichs behandeln (vgl. dazu insbes. §§ 23, 24).

5   Aus der Erkenntnis, daß § 25 allein den Geltungsbereich des KSchG im Arbeitskampf beschränkt und keine materiellen Aussagen über die Zulässigkeit von Kündigungen macht, folgt weiterhin, daß § 25 die **Zulässigkeit der Aussperrung** ebenfalls nicht regelt. Zwar nimmt das BAG an, daß der Gesetzgeber u. a. wegen der fortbestehenden Existenz des § 25 weiterhin von

---

[5] Dazu BAG GS 21. 4. 1971, AP Nr. 43 zu Art. 9 GG Arbeitskampf unter III D; siehe auch unten Rn. 12.

[6] Ebenso BAG 26. 4. 1988, AP Nr. 101 zu Art. 9 GG Arbeitskampf unter B II c dd; *Auffarth* RdA 1977, 130; *Beuthien* JZ 1969, 630 Fn. 15; *Brox/Dudenbostel* DB 1979, 1842, 1847; *Brox/Rüthers* Rn. 311, 551; *Engel* RdA 1965, 88; *Grüll* S. 128 ff.; *Hueck/Nipperdey/Säcker* Band II 2 S. 952; *Schaub* § 194 Rn. 43; *Seiter* S. 321; *Söllner* § 13 IV; *KR-Weigand* § 25 KSchG Rn. 6; *Zöllner/Loritz* § 41 V 2.

[7] So aber ErfK/*Ascheid* § 25 KSchG Rn. 2; *Bader/Dörner* § 25 Rn. 2; *Beck* AuR 1984, 45; *van Gelder* DB 1970, 207; *ders.* AuR 1972, 104; *van Gelder/Böttner* AuR 1970, 43 ff.; *Kittner/Däubler/Zwanziger* § 25 KSchG Rn. 2; HK-KSchG/*Kriebel* § 25 Rn. 5; *Kunze* AuR 1969, 290 Fn. 10; APS/*Moll* § 25 KSchG Rn. 2; *Söllner* Gruppenparität und Staatsneutralität ... 1974, S. 124; *ders.* aber teilweise widersprüchlich, Gruppenautonomie und Übermachtkontrolle, 1972, S. 334 sowie DB 1969, 1892 und 1944; *KR-Weigand* § 25 KSchG Rn. 7; *Zöllner/Loritz* § 41 V 2.

[8] So *Löwisch* § 25 Rn. 1; HaKo/*Pfeiffer* § 25 Rn. 2.

[9] Ebenso *Berscheid* AR-Blattei SD 1020.2 Rn. 151; *Bertelsmann* S. 158 f.; *Brox/Dudenbostel* DB 1979, 1847; *Brox/Rüthers* Rn. 575; *Däubler/Colneric* Rn. 581 m; *Ehmann* DB 1978, 2025; *Grüll* S. 130; *Kalb* Rn. 225; *Osthold* DB 1958, 341; *Seiter* S. 319 ff.; *Zeuner* JZ 1962, 428.

[10] Außerdem allg. *Randerath,* Die Kampfkündigung des Arbeitgebers im kollektiven Arbeitskampfsystem, 1983; dazu *Beck* AuR 1984, 60 und *Rüthers* RdA 1984, 214.

[11] So aber *G. Müller* ZfA 1982, 499; *Rüthers* Rechtsprobleme der Aussperrung 1980, S. 44; *Säcker* DB 1969, 1890, 1944; *Seiter* Streikrecht S. 320; *ders.* JA 1979, 339; *Söllner* RdA 1980, 19; – dagegen zutreffend *Randerath* S. 29.

[12] Ebenso BAG 10. 6. 1980, AP Nr. 64 und 65 zu Art. 9 GG Arbeitskampf unter A II 3; ErfK/*Ascheid* § 25 KSchG Rn. 2; *Bertelsmann* S. 158; *Herschel* DB 1970, 254; *KR-Weigand* § 25 KSchG Rn. 5.

der Zulässigkeit der Aussperrung ausgehe.[13] Auch wenn dieser Auffassung nicht zu folgen ist, kann die Frage aber für die hier anstehende Problematik letztlich dahinstehen, weil bei einer Klage gegen eine Aussperrung ohnehin das KSchG keine Anwendung finden würde.[14]

3. Wirtschaftliche Kämpfe

§ 25 gilt aber nicht für alle Streiks und Aussperrungen, sofern man diese **6** Begriffe entsprechend dem üblichen Sprachgebrauch in einem weiteren Sinne versteht;[15] sondern er spricht ausdrücklich von **wirtschaftlichen Kämpfen**. In Betracht kommen danach nur solche Arbeitskämpfe, die ein wirtschaftliches Ziel verfolgen, d. h. in der Regel eine Veränderung der Arbeitsbedingungen erstreben. Sonstige Streiks und Aussperrungen, namentlich solche, die lediglich als politische Kampfmaßnahmen oder als Demonstrationsmittel benutzt werden, fallen nicht unter § 25.[16]

Ein Arbeitskampf, welcher der Unterstützung anderer im Arbeitskampf **7** befindlicher Arbeitgeber oder Arbeitnehmer dient **(Sympathieaussperrung, Sympathiestreik)**,[17] kann ein wirtschaftlicher Kampf sein, wenn der unterstützte Kampf seinerseits um wirtschaftliche Ziele geführt wird und die Arbeitgeber oder Arbeitnehmer, welche die Unterstützung vornehmen, am Ausgang dieses Kampfes mindestens mittelbar ein wirtschaftliches Interesse haben, weil der Ausgang dieses Kampfes auch die Gestaltung ihrer Arbeitsbedingungen beeinflussen kann (vgl. § 146 Abs. 3 Nr. 2b SGB III). Ebenso kann eine Aussperrung, die als Abwehrmaßnahme gegen einen Streik der Arbeitnehmer erfolgt, ein wirtschaftliches Kampfmittel sein.

4. Kündigungsgrund ausschließlich im Arbeitskampf

Notwendig ist nach dem Wortlaut des § 25, daß die Kündigungen und **8** Entlassungen **lediglich** Maßnahmen des wirtschaftlichen Kampfes darstellen. Es liegt im Wesen des Arbeitskampfes, daß nach dessen Beendigung die Arbeit wieder aufgenommen werden soll. Benutzt der Arbeitgeber die Gelegenheit des wirtschaftlichen Kampfes, um einen oder mehrere ihm unbequeme Arbeitnehmer dauernd aus dem Betriebe zu entfernen, so würden die Voraussetzungen des § 25 nicht gegeben sein und demgemäß der Kündigungsschutz eingreifen. Allerdings wird zur Zeit der Kündigung eine derartige Absicht des Arbeitgebers nur schwer nachzuweisen sein.

Oft sind derartige Kündigungen aber schon deshalb nicht vom Kündi- **9** gungsschutz befreit, weil sie keinen **kollektiven Charakter** tragen und des-

---

[13] BAG 26. 4. 1988, AP Nr. 101 zu Art. 9 GG Arbeitskampf unter B II 2 c dd; ähnlich *van Gelder/Leinemann* AuR 1970, 5; *Rüthers* S. 45; *Scholz/Konzen* S. 58; *Seiter* JA 1979, 339.
[14] Zur Zulässigkeit der Aussperrung BVerfG 26. 6. 1991, NZA 1991, 809.
[15] Vgl. dazu *Brox/Rüthers* Rn. 16 ff.; *Däubler* Rn. 50 ff.; *A. Hueck* RdA 1968, 431 unter II 2; *Kalb* Rn. 14 ff.; *Löwisch* SchlArbKR Rn. 234 ff.; *Söllner* § 11; *Zöllner/Loritz* § 39 V.
[16] Ebenso *Herschel/Steinmann* § 23 Rn. 2; *Maus* § 25 Rn. 8; *Monjau/Heimeier* § 25 Anm. 2; einschränkend *Nikisch* BB 1952, 722.
[17] Dazu BAG 12. 1. 1988, AP Nr. 90 zu Art. 9 GG Arbeitskampf mit Anm. *Rüthers/Berghans; Birk*, Die Rechtmäßigkeit gewerkschaftlicher Unterstützungsmaßnahmen, 1978; *Rüthers* BB Beil. 25/1990; *Seiter*, Arbeitskampfparität und Übermaßverbot 1979, S. 44 ff.; *Zöllner/Loritz* § 40 IX.

halb keine Maßnahmen des wirtschaftlichen Kampfes darstellen. Denn von wirtschaftlichen Kampfmaßnahmen kann man nur sprechen, wenn sie von einer größeren Anzahl von Arbeitnehmern ausgehen oder gegen sie gerichtet sind.[18] Gegen eine Kündigung als bloße Individualmaßnahme ist deshalb der Arbeitnehmer auch im Arbeitskampf durch das KSchG geschützt.[19]

10 Keinesfalls kann ein Arbeitgeber, der seinen **Betrieb einschränken** oder stillegen will, den Weg der lösenden Aussperrung wählen, um den Kündigungsschutz bei Massenentlassungen zu umgehen.[20]

5. Maßnahmen außerhalb des § 25

11 Zunächst sind verschiedene Maßnahmen des Arbeitgebers zu beleuchten, die nach dem oben dargelegten System (Rn. 4ff.) keinesfalls dem Geltungsbereich des § 25 unterliegen, weil sie entweder **keine individualrechtlichen Kündigungen** oder **keine Maßnahmen des Arbeitskampfes** darstellen.

12 a) Das gilt naturgemäß für die **Aussperrung** als kollektivrechtliche Kampfmaßnahme, die als solche nicht § 25 unterliegt. Selbst wenn man entgegen der h. M. eine lösende Aussperrung für zulässig hält,[21] die jedenfalls bis auf weiteres zur Beendigung des Arbeitsverhältnisses führen würde,[22] handelt es sich hierbei nicht um individualrechtliche Massenkündigungen bzw. -entlassungen, sondern um einen durch Rechtsfortbildung geschaffenen, besonderen Beendigungstatbestand auf kollektivrechtlicher Grundlage. Hierfür war aber § 25 ohnehin nicht konzipiert, so daß diese Vorschrift nicht einschlägig ist.[23]

13 b) Ebensowenig fallen unter den Geltungsbereich des § 25 (ordentliche) **Aussperrungskündigungen** als Kampfmaßnahme des Arbeitgebers im Rahmen eines rechtmäßigen Arbeitskampfes. Derartige Aussperrungskündigungen könnten gegenüber nichtstreikenden Arbeitnehmern oder als Maßnahme einer – falls man sie für zulässig hält – Angriffsaussperrung in Betracht kommen.[24] Die Anhänger dieser Auffassung, die freilich teilweise von einer grundsätzlich anderen Arbeitskampftheorie ausgehen, geben jedoch selbst zu, daß diese Maßnahme wenig sinnvoll und praktikabel ist, allerdings als mögliches Mittel im Falle des Verbots der Aussperrung denkbar wäre. Derartige individualrechtliche Aussperrungskündigungen müssen aber wegen des kollektivrechtlichen Vorrangs (oben Rn. 2) als Mittel des Arbeitskampfes ausscheiden. Deshalb greift für diese Fälle § 25 von vornherein nicht ein.[25]

14 c) Ebensowenig fällt unter § 25 das vom BAG entwickelte, problematische **Einzellösungsrecht auf arbeitskampfrechtlicher Grundlage,** wenn die

---

[18] Vgl. *Löwisch* SchlArbkR Rn. 225 f.
[19] Vgl. *Grüll* S. 129; *Nikisch* Bd. 2 S. 169; *Osthold* DB 1958, 341; *Wiedemann* RdA 1961, 8; *Zöllner/Loritz* § 41 V.
[20] Vgl. *Zöllner/Loritz* § 41 V 2.
[21] Vgl. *Löwisch* SchlArbkR Rn. 401; ablehnend wohl BVerfG 26. 6. 1991, SAE 1991, 329 unter C I 1a mit Anm. *Konzen*.
[22] Dazu BAG GS 21. 4. 1971, AP Nr. 43 zu Art. 9 GG Arbeitskampf unter III D; BAG 27. 9. 1957 und 25. 1. 1963, AP Nr. 6 und 24 zu Art. 9 GG Arbeitskampf.
[23] Vgl. *Löwisch* SchlArbkR Rn. 461.
[24] So *Bertelsmann* S. 158 f.; *Rüthers* S. 44; *Seiter* Streikrecht S. 321 f.
[25] Ebenso *van Gelder* DB 1970, 207; *Nipperdey/Säcker* BB 1969, 326.

Weiterbeschäftigung bestimmter, streikender Arbeitnehmer unzumutbar geworden ist, etwa durch eine Betriebseinschränkung aufgrund des Streiks oder durch die Neubesetzung des Arbeitsplatzes mit einem anderen Arbeitnehmer,[26] denn auch hier handelt es sich nicht um eine Kündigung auf individualrechtlicher Grundlage.

d) Zweifelhaft ist, ob zu den Kampfmaßnahmen im Sinne des § 25 auch sog. **Massenänderungskündigungen** eines Arbeitgebers gehören, die scharf von der (aussperrungsersetzenden) Massenkündigung zu unterscheiden sind (dazu unten Rn. 20). Die Massenänderungskündigung ist eine Änderungskündigung (vgl. über diesen Begriff oben § 2 Rn. 3ff.), die generell gegenüber allen Arbeitnehmern des Betriebes oder doch gegenüber allen Angehörigen bestimmter Kategorien von Arbeitnehmern ausgesprochen wird. Die Frage ist mit der h. M. zu verneinen; die Massenänderungskündigung ist vielmehr als reguläre Kündigung zu betrachten, die nicht unter § 25 fällt.[27] Es ist zwar nicht zu verkennen, daß durch die Änderungskündigung ein gewisser Druck auf die Arbeitnehmer ausgeübt wird, indem sie durch die Kündigung vor die Wahl gestellt werden, entweder der Änderung der Arbeitsbedingungen zuzustimmen oder ihren Arbeitsplatz zu verlieren, ähnlich wie das bei der Aussperrung der Fall sein kann. Aber der Arbeitgeber wählt hier den individualrechtlichen Weg zur Herbeiführung der Änderung der Arbeitsbedingungen, ohne zu besonderen Gewaltmitteln zu greifen, insbesondere die Arbeitnehmer kampfweise von Arbeit und Verdienst auszuschließen. Zudem unterscheidet sich die Massenänderungskündigung von der Aussperrung auch dadurch, daß es vom Willen der Arbeitnehmer abhängt, ob sie dazu bereit sind, zu den angebotenen neuen Arbeitsbedingungen weiterzuarbeiten oder nicht.[28]

Der **Arbeitgeber trägt** demzufolge das **Risiko**, daß die Gerichte die Änderungskündigung für sozialwidrig erklären (vgl. § 4 Satz 2); er muß die Anzeige nach § 17 erstatten und die Wirksamkeit der Entlassungen wird nach § 18 hinausgeschoben, so daß der Arbeitgeber mit der Möglichkeit rechnen muß, daß die Arbeitnehmer rechtzeitig eine neue Stelle bekommen. Er muß den Betriebsrat vor der Kündigung anhören (§ 102 BetrVG) und je nach Lage des Falles auch nach §§ 92, 111 BetrVG mit ihm über die Massenänderungskündigung beraten.

---

[26] BAG GS AP Nr. 43 zu Art. 9 GG Arbeitskampf unter III D 1; dazu *van Gelder/Böttner* AuR 1970, 46; *Konzen* AcP 177 (1977), 534ff.; *Seiter* Streikrecht S. 364ff.; *ders.* Arbeitskampfparität und Übermaßverbot, 1979 S. 75f. m. w. N.; *Zöllner/Loritz* § 41 III 2.
[27] Ebenso BAG GS 28. 1. 1955, AP Nr. 1 zu Art. 9 GG Arbeitskampf unter III 3 aE; BAG 1. 2. 1957, AP Nr. 4 zu § 56 BetrVG; BAG 14. 10. 1960, AP Nr. 25 zu § 123 GewO mit Anm. *A. Hueck*; BAG 18. 10. 1984, AP Nr. 6 zu § 1 KSchG 1969 Soziale Auswahl mit Anm. *Löwisch*; ErfK/*Ascheid* § 25 KSchG Rn. 3; *Frey* AuR 1958, 341; *Herschel* RdA 1984, 218; *Hilbrandt* S. 164; *Hueck/Nipperdey/Säcker* Band II 2 S. 889, 1019ff.; *Kittner/Däubler/ Zwanziger* § 25 KSchG Rn. 3; HK-KSchG/*Kriebel* Rn. 14; *Löwisch* SchlArbR Rn. 461; *ders.* § 25 Rn. 6; *Löwisch/Rieble* AR-Blattei SD 170.2 Rn. 309; *Mayer-Maly* Anm. AP Nr. 37 zu Art. 9 GG Arbeitskampf; APS/*Moll* § 25 KSchG Rn. 5; *Otto* MünchArbR § 281 Rn. 119; *Söllner* § 11 IV; KR-*Weigand* § 25 KSchG Rn. 30ff.; *Zöllner* RdA 1969, 250; *Zöllner/Loritz* § 40 III 2 und V 2 b. – Abweichend *Brox/Rüthers* Rn. 575 (entgegen Voraufl. S. 134); *Kalb* Rn. 125; *Ramm* BB 1964, 1174; *Randerath* S. 102; *Reuß* JZ 1965, 348; *Weller* AuR 1967, 76. – Differenzierend *Seiter*, Streikrecht, S. 423ff.
[28] Ebenso KR-*Weigand* § 25 KSchG Rn. 31.

§ 25 17–19 4. Abschnitt. Schlußbestimmungen

17 Ist es im Einzelfall **zweifelhaft,** ob der Arbeitgeber eine Aussperrung oder eine Massenänderungskündigung gewollt hat, muß das **Ziel der Maßnahme** untersucht werden. Der Unterschied ist darin zu erblicken, daß die erstere die Arbeitnehmer unbedingt von der Arbeit und damit dem Verdienst ausschließt mit dem Ziel, ihren Widerstand gegen die Forderungen des Arbeitgebers zu brechen und sie dann wieder zu beschäftigen, während bei der Massenänderungskündigung die Beendigung des Arbeitsverhältnisses vom Willen des einzelnen Arbeitnehmers abhängt, im Fall der Nichtzustimmung zu der vorgeschlagenen Änderung der Arbeitsbedingungen aber eine endgültige sein soll.[29]

6. Kampfkündigungen

18 a) Wegen des grundsätzlichen Vorrangs von kollektivrechtlichen Maßnahmen während des Arbeitskampfes kommen nur ausnahmsweise individualrechtliche Kündigungen in Betracht, für welche die Anwendung des § 25 erwogen werden könnte. Kampfkündigungen liegen vor, wenn der Arbeitgeber statt kollektivrechtlicher Maßnahmen mit den **Mitteln des Individualarbeitsrechts** in den Arbeitskampf eingreift, um einem rechtswidrigen Angriff zu entgegnen.[30] Solche Fälle in Form einer ordentlichen oder außerordentlichen Kampfkündigung des Arbeitgebers wären denkbar, wenn Arbeitnehmer schuldhaft an einem rechtswidrigen (z. B. wilden) Streik teilnehmen (siehe unten Rn. 20) oder sich bei einem rechtmäßigen Streik an rechtswidrigen Ausschreitungen beteiligen (siehe unten Rn. 19). Regelfall ist die außerordentliche Kampfkündigung gem. § 626 BGB; doch könnte der Arbeitgeber theoretisch auch eine ordentliche Kündigung aussprechen, die freilich erst nach Fristablauf das Arbeitsverhältnis beenden würde.[31] Derartige Kampfkündigungen sind auch nicht durch die neuere Entwicklung des Arbeitskampfrechts (dazu oben Rn. 2) ausgeschlossen, zumal die Rechtsprechung hierfür keine Kompetenz hätte.[32] Allerdings bedarf es nachstehend genauer Klärung, inwieweit § 25 für Kampfkündigungen noch einschlägig ist.

19 b) Die Kampfkündigung bei **Arbeitskampfexzessen** kommt gegenüber Rädelsführern eines wilden Streiks oder gegenüber Arbeitnehmern, die Tätlichkeiten oder Sabotageakte während eines Arbeitskampfes begangen haben, in Betracht.[33] In diesen Fällen liegen – anders als bei der herausgreifenden Einzelkündigung (dazu unten Rn. 23 f.) – besondere individuelle Verstöße gegen die arbeitsvertraglichen Pflichten vor, die über den rechtmäßigen Arbeitskampf als solchen hinausgehen oder sogar innerhalb eines rechtswidrigen Ar-

---

[29] Vgl. BAG GS 28. 1. 1955, AP Nr. 1 zu Art. 9 GG Arbeitskampf unter II 3 aE; BAG 1. 2. 1957, AP Nr. 4 zu § 56 BetrVG; *Herschel/Löwisch* § 25 Rn. 5; *Löwisch* SchlArbkR Rn. 462; *Löwisch/Rieble* AR-Blattei SD 170.2 Rn. 311.
[30] BAG 14. 2. 1978, AP Nr. 57 und 58 zu Art. 9 GG Arbeitskampf; *Randerath* S. 20; *Ruberg* LzK 605 Rn. 2; *Söllner* SAE 1980, 158; *Söllner* § 13 VI 1; – die Terminologie ist nicht einheitlich, vgl. *Brox/Rüthers* Rn. 70, 339; *Seiter* Streikrecht S. 388.
[31] Siehe dazu beispielsweise BAG 28. 4. 1966, AP Nr. 37 zu Art. 9 GG Arbeitskampf unter 7 a. E.; *Däubler/Colneric* Rn. 1178; *Kalb* Rn. 278; *Seiter* SAE 1980, 158 f., 161 f.
[32] Vgl. *Seiter* RdA 1981, 92.
[33] Vgl. BAG 29. 3. 1957, AP Nr. 5 zu Art. 9 GG Arbeitskampf mit Anm. *Schnorr v. Carolsfeld;* 21. 10. 1969, AP Nr. 41 zu Art. 9 GG Arbeitskampf mit Anm. *Rüthers; Ruberg* LzK 605 Rn. 6.

beitskampfes sich als Handlungen mit besonderem Unrechtsgehalt darstellen. Werden daher bei derartigen Verhaltensweisen gegenüber einzelnen Arbeitnehmern Kündigungen ausgesprochen, so sind diese **nicht** „als Maßnahmen in wirtschaftlichen Kämpfen" **gemäß** § 25 anzusehen, weil sie als individualrechtliche Reaktionen eingesetzt werden und nicht mit dem Kampfziel eines Arbeitskampfes in unmittelbarem Zusammenhang stehen. Die h.M. lehnt daher zutreffend bei der Kündigung wegen Arbeitskampfexzessen die Anwendung des § 25 ab, weil keine Kampfmaßnahme vorliegt, sondern der Arbeitgeber mit der individualrechtlichen Kündigung auf den Bruch des individuellen Arbeitsvertrages geantwortet hat.[34] Das hat zur Folge, daß bei derartigen Kampfkündigungen das KSchG anwendbar bleibt, insbesondere die Klageerhebungsfrist nach §§ 4, 13 Abs. 1.

c) Beteiligen sich Arbeitnehmer an einem rechtswidrigen, insbesondere wilden (nichtgewerkschaftlichen) Streik, so muß der Arbeitgeber nicht mit dem kollektivrechtlichen Mittel der Aussperrung reagieren, sondern kann auch auf individualrechtlichem Weg vorgehen und den rechtswidrig streikenden Arbeitnehmern ordentlich oder außerordentlich kündigen.[35] Es handelt sich dann um kollektiv ausgeübte Kündigungen auf individualrechtlicher Grundlage, die statt der Aussperrung vorgenommen werden. Diese **aussperrungsersetzenden Massenkündigungen** haben ihre Ursache gerade im Arbeitskampf. Sie sind auch nicht als kollektivrechtliche Aussperrung anzusehen,[36] wenn der Arbeitgeber ausdrücklich individualrechtliche Massenkündigungen aussprechen will, was im einzelnen Auslegungsfrage ist.

Bei diesen Kampfkündigungen ist es nach wie vor gerechtfertigt, gemäß § 25 im Interesse der Arbeitskampffreiheit und -parität die **Anwendung des KSchG auszuschließen.**[37] Das gilt vor allem bei sich länger hinziehenden Arbeitskämpfen. Denn im Gegensatz zu rechtmäßigen Streiks, bei denen als Abwehr nach dem Vorrang der kollektivrechtlichen Arbeitskampfmittel die individualrechtliche „Aussperrungskündigung" nicht in Betracht kommt (dazu oben Rn. 13), muß der Arbeitgeber bei einem Mißbrauch des kollektiven Instituts des Arbeitskampfes die Möglichkeit haben, auch intensiver reagieren und demzufolge das Arbeitsverhältnis beenden zu können – unabhängig von einer etwaigen Wiedereinstellungspflicht nach Abschluß der Kampfmaßnahmen.[38] Da der Wortlaut des § 25 nicht nach rechtmäßigen oder rechts-

---

[34] ErfK/*Ascheid* § 25 KSchG Rn. 4; *Engel* RdA 1965, 88; *Grüll* S. 162; *Kittner* BB 1974, 1488, 1492; HK-KSchG/*Kriebel* § 25 Rn. 8; APS/*Moll* § 25 KSchG Rn. 5; HaKo/*Pfeiffer* § 25 Rn. 3; KR-*Weigand* § 25 KSchG Rn. 22; – abweichend *G. Müller* ZfA 1982, 499; *Randerath* S. 82.
[35] BAG 21. 10. 1969, AP Nr. 41 zu Art. 9 GG Arbeitskampf mit Anm. *Rüthers;* BAG GS 21. 4. 1971, AP Nr. 43 zu Art. 9 GG Arbeitskampf unter III D 2b; BAG 14. 2. 1978, AP Nr. 58 zu Art. 9 GG Arbeitskampf unter 4; BAG 29. 11. 1983, AP Nr. 78 zu § 626 BGB unter I 2; *Herschel/Löwisch* § 25 Rn. 4; *Löwisch* SchlArbKR Rn. 539.
[36] So aber noch BAG 25. 1. 1963, AP Nr. 24 zu Art. 9 GG Arbeitskampf.
[37] Ebenso *Berscheid* AR-Blattei SD 1020.2 Rn. 154; *Brox/Dudenbostel* DB 1979, 1847; *Brox/Rüthers* Rn. 575; *G. Müller* ZfA 1982, 499; *Randerath* S. 82; *Seiter* Streikrecht S. 380; *ders.* SAE 1980, 158 f., 161 f.; – abweichend BAG GS 21. 4. 1971, AP Nr. 43 zu Art. 9 GG Arbeitskampf III D 2b; ErfK/*Ascheid* § 25 KSchG Rn. 4; *Kittner/Däubler/Zwanziger* § 25 KSchG Rn. 2; HK-KSchG/*Kriebel* § 25 Rn. 8; *Löwisch* SchlArbKR § 25 KSchG Rn. 5; KR-*Weigand* § 25 KSchG Rn. 7a.
[38] Dazu *Löwisch* SchlArbKR Rn. 556; *Seiter* Streikrecht S. 381.

widrigen Arbeitskampfmaßnahmen unterscheidet,[39] müssen auch **Kampfreaktionen des Arbeitgebers** auf das **rechtswidrige Kampfverhalten** der Arbeitnehmer unter § 25 fallen.[40] Entgegen KR-*Weigand*[41] handelt es sich hier nicht um eine Sanktion, sondern um eine arbeitskampfrechtliche Reaktion, die folglich nicht wie die Kampfkündigung bei Arbeitskampfexzessen (oben Rn. 19) zu behandeln ist. Die Anwendung des § 25 bei aussperrungsersetzenden Massenkündigungen ist auch durchaus sinnvoll, weil die Beschränkungen des KSchG für die eventuell nach Abschluß des Arbeitskampfes bestehende Wiedereinstellungspflicht eher hinderlich sind.

22   Die **Anwendung des § 25** bei aussperrungsersetzenden Massenkündigungen hat **zur Folge,** daß die gesamten Regelungen des KSchG nicht eingreifen. Daher findet namentlich der 1. Abschnitt hinsichtlich der Drei-Wochen-Frist zur Klageerhebung (§§ 4, 13 Abs. 1) und der möglichen Abfindungsregelung (§§ 9, 10) keine Anwendung.[42] Weiterhin kann auch Betriebsratsmitgliedern und anderen nach § 15 geschützten Personen gekündigt werden, ohne daß die Voraussetzungen des § 15 beachtet werden müßten (zur Anwendbarkeit des § 103 BetrVG siehe oben § 15 Rn. 102f.).[43] Schließlich entfällt auch in diesen Fällen der Massenentlassung die Anwendbarkeit der §§ 17 ff.[44]

23   d) Zur Vermeidung einer Eskalation bei rechtswidrigen Streiks könnte der Arbeitgeber geneigt sein, nicht allen rechtswidrig streikenden Arbeitnehmern zu kündigen, sondern nur gegenüber einzelnen Arbeitnehmern „**herausgreifende**" **Einzelkündigungen** (selektive Kampfkündigungen) auszusprechen. In Abgrenzung zur Kampfkündigung bei Arbeitskampfexzessen (oben Rn. 19) handelt es sich dann um „herausgreifende" Einzelkündigungen von sog. Mitläufern, die nicht als Rädelsführer anzusehen sind, wenn sie sich keiner über den rechtmäßigen Streik hinausgehender Rechtswidrigkeiten schuldig gemacht haben. Solche Kündigungen könnten als Abschreckung dienen, damit die anderen rechtswidrig streikenden Arbeitnehmer von den Kampfmaßnahmen ablassen. Das BAG hat derartige „herausgreifende" Einzelkündigungen gebilligt, wenn trotz Aufforderung rechtswidrig die Arbeit nicht aufgenommen wird.[45]

24   Ob derartige „herausgreifende" Einzelkündigungen individualrechtliche Maßnahmen des Arbeitskampfes sind und demzufolge § 25 unterliegen, be-

---

[39] Vgl. *Däubler/Colneric* Rn. 1178.
[40] Ebenso G. *Müller* ZfA 1982, 499.
[41] § 25 KSchG Rn. 7a.
[42] Zur Geltung des § 102 BetrVG vgl. BAG 14. 2. 1978, AP Nr. 58 zu Art. 9 GG Arbeitskampf.
[43] Abweichend *Kittner/Däubler/Zwanziger* § 25 KSchG Rn. 3; KR-*Weigand* § 25 KSchG Rn. 21; *Zöllner/Loritz* § 41 V 2.
[44] Ebenso *Brox/Rüthers* Rn. 575; *G. Schmidt* AR-Blattei Kündigungsschutz II, A I aE; – abweichend *Kittner/Däubler/Zwanziger* § 25 KSchG Rn. 3; *Löwisch* § 25 Rn. 5a; KR-*Weigand* § 25 KSchG Rn. 321.
[45] BAG 21. 10. 1969, AP Nr. 41 zu Art. 9 GG Arbeitskampf mit krit. Anm. *Rüthers* = AR-Blattei Arbeitskampf II Entsch. 16 mit krit. Anm. *Mayer-Maly;* BAG 17. 12. 1976, AP Nr. 52 zu Art. 9 GG Arbeitskampf; ebenso *Herschel/Löwisch* § 25 Rn. 4; – ablehnend *Brox/Rüthers* Rn. 339; *Herschel* RdA 1984, 217; *Kittner* BB 1974, 1490; *Lieb* SAE 1970, 232; KR-*Weigand* § 25 KSchG Rn. 22; – differenzierend *Seiter* Streikrecht S. 381 f.

antwortet sich nach dem Zweck der Kündigungen. Im Gegensatz zu den Kampfkündigungen wegen Arbeitskampfexzessen (oben Rn. 19) beabsichtigt der Arbeitgeber bei der „herausgreifenden" Einzelkündigung keine individualrechtliche Reaktion, sondern wie bei der aussperrungsersetzenden Massenkündigung eine arbeitskampfrechtliche Gegenmaßnahme gegenüber einzelnen Arbeitnehmern. Daher ist es ebenso gerechtfertigt, die „herausgreifende" Einzelkündigung als Kampfkündigung i. S. d. § 25 anzusehen und die **Anwendung des KSchG auszuschließen.**[46] Unabhängig davon dürften die „herausgreifenden" Einzelkündigungen aber meist nicht den wichtigen Grund des § 626 BGB erfüllen, wenn einerseits die Kündigung nur zur Abschreckung anderer Arbeitnehmer erfolgt (Verstoß gegen die Menschenwürde) und andererseits den übrigen Arbeitnehmern nicht gekündigt wird, so daß offenbar der Grund vom Arbeitgeber nicht als so schwerwiegend eingestuft wird (dazu oben § 1 Rn. 154).

§ 25 a Berlin-Klausel *(gegenstandslos)*

§ 26 Inkrafttreten

Dieses Gesetz tritt am Tage nach seiner Verkündung in Kraft.[*]
1. Die **bisherigen** §§ 24 und 25 des KSchG von 1951 sind fortgefallen.

a) § 24 a. F. betraf die Verpflichtung des Arbeitgebers zur Meldung von Einstellungen und Entlassungen beim Arbeitsamt, hatte also keine unmittelbare Bedeutung für den Kündigungsschutz, sondern diente den Interessen der Arbeitsvermittlung. Er ist deshalb durch Art. X § 10 Nr. 29 des Gesetzes zur Änderung und Ergänzung des Gesetzes über Arbeitsvermittlung und Arbeitslosenversicherung (AVAVG) vom 23. 12. 1956 (BGBl. I S. 1018) aufgehoben worden. An seiner Stelle regelte § 53 des AVAVG die Pflicht zum Anzeigen von Einstellungen und Entlassungen. Das AVAVG seinerseits ist durch das AFG und jetzt durch das SGB III ersetzt worden. Auskunfts-, Melde- und Anzeigepflichten bestehen nunmehr nach § 28 a SGB IV. 1

b) § 25 a. F. enthielt Bestimmungen über das Außerkrafttreten von Vorschriften über den Arbeitsplatzwechsel. Er ist heute überholt und deshalb bei der Neufassung des KSchG gestrichen worden. 2

2. § 26 ist aufrechterhalten, soweit er das Inkrafttreten des KSchG von 1951 betraf. Dagegen sind die in ihm enthaltenen Übergangsvorschriften sowie die Bestimmungen über die Aufhebung landesrechtlicher Kündigungsschutzvorschriften überholt und deshalb gestrichen worden. 3

---

[46] Ebenso *Berscheid* AR-Blattei SD 1020.2 Rn. 157; *Randerath* S. 81 f.; *Ruberg* LzK 605 Rn. 11; – abweichend *Herschel/Löwisch* § 25 Rn. 4; HK-KSchG/*Kriebel* § 25 Rn. 10; KR-*Weigand* § 25 KSchG Rn. 22 a. E.
[*] Amtliche Fußnote:
Die Vorschrift betrifft das Inkrafttreten des Gesetzes in der Fassung vom 10. August 1951 (Bundesgesetzbl. I S. 499). Bis zum 31. Dezember 1972 gilt hinsichtlich der Anrechnung der Lehrzeit auf die Frist des § 1 Abs. 1 der Artikel 6 Abs. 3 des Ersten Arbeitsrechtsbereinigungsgesetzes vom 14. August 1969 (Bundesgesetzbl. I S. 1106).

§ 26 4–9   4. Abschnitt. Schlußbestimmungen

4 3. Die erhalten gebliebene Vorschrift über das Inkrafttreten des KSchG betrifft, wie die **amtliche Fußnote** im BGBl. 1969 I S. 1322 ausdrücklich betont, das Gesetz von 1951. Es ist am 14. 8. 1951 in Kraft getreten.

5 4. a) Die **Änderungen des KSchG** durch das 1. ArbRBereinigG sind nach dessen Art. 9 am ersten Tag des auf seine Verkündung folgenden Kalendermonats, d. h. am 1. September 1969, in Kraft getreten. Von den Übergangsbestimmungen des Art. 6 des 1. ArbRBereinigG sind für das Kündigungsschutzrecht die Abs. 1 und 3 von Interesse. Sie lauten:

„(1) *Für Kündigungen, die vor dem Inkrafttreten dieses Gesetzes zugegangen sind, bleiben die bisherigen Vorschriften maßgebend.*

(3) *§ 1 Abs. 1 des Kündigungsschutzgesetzes gilt bis zum 31. Dezember 1972 mit der Maßgabe, daß auf die Frist von sechs Monaten Zeiten aus einem Lehrverhältnis nur dann angerechnet werden, wenn der Arbeitnehmer im Zeitpunkt der Kündigung das 20. Lebensjahr vollendet hat. Dies gilt nicht im Saarland.*"

Vgl. dazu oben Einl. Rn. 36.

6 b) Eine **Übergangsregelung** zum Inkrafttreten der Änderungen des 3. Abschnitts über anzeigepflichtige Entlassungen aufgrund des 2. ÄndG zum KSchG von 1978 fand sich in § **22 a**, der durch das Gesetz vom 20. 7. 1995 (BGBl. I S. 946) aufgehoben worden ist.

7 c) Zu den **weiteren Änderungen** des KSchG siehe oben Einl. Rn. 41 ff., 53 ff.

8 5. Im **Saarland** wurde das KSchG mit Wirkung vom 1. 1. 1959 übernommen (Gesetz Nr. 628 vom 18. 6. 1958 Art. 7, ABl. S. 1249). Doch begann dort der Kündigungsschutz schon damals mit Vollendung des 18. Lebensjahres, wie es jetzt allgemein gilt. Daraus erklärt sich die Sonderbestimmung für das Saarland in Art. 6 Abs. 3 Satz 2 des 1. ArbRBereinigG (vgl. oben Rn. 5).

9 6. Für das Gebiet der **ehemaligen DDR** („neue Bundesländer") gilt das KSchG mit Wirkung vom 1. 7. 1990 als DDR-Gesetz und ab 3. 10. 1990 als unmittelbar geltendes Recht (dazu oben Einl. Rn. 32 a) mit folgenden **Ausnahmen:**

a) In § 10 Abs. 2 Satz 2 galt bis zum Inkrafttreten des gesamten Sechsten Buches des Sozialgesetzbuches als maßgebendes Lebensjahr jeweils das vollendete 65. Lebensjahr.

b) Die damalige Zuständigkeit des Landesarbeitsamtes gemäß §§ 18–20 wurde bis zur Bildung der Landesarbeitsämter durch die zentrale Arbeitsverwaltung wahrgenommen.

c) Entscheidungen gemäß §§ 20 und 21 traf der Beirat bei der zentralen Arbeitsverwaltung oder ein von ihm gebildeter Ausschuß, bis Ausschüsse nach § 20 bei den Landesarbeitsämtern gebildet worden sind, und bis der bei der Hauptstelle der Bundesanstalt für Arbeit gebildete Ausschuß nach § 21 auch für das in Art. 3 des Einigungsvertrages genannte Gebiet (neue Bundesländer) zuständig geworden ist.

Die **Einzelheiten** sind bei der jeweils einschlägigen Bestimmung erläutert.

Sachverzeichnis

Fette Zahlen = §§, magere Zahlen = Randnummern

Abfindung Einl. 66 69 a
- Abtretung **10** 35
- Anrechnung auf Arbeitslosengeld **10** 32
- Anrechnung von Übergangsgeld **10** 34
- Arbeitnehmer bei alliierten Streitkräften **Einl.** 86 **9** 72
- Bemessung im Einzelfall **10** 9 ff.
- Berufung **10** 17
- Betriebszugehörigkeit **10** 12
- dreizehntes Monatsgehalt **10** 8
- Erhöhung der Höchstgrenze **10** 18 ff.
- Höchstgrenze **10** 2 ff.
- Höhe **10** 2 ff.
- Insolvenz **10** 24
- Jubiläumsgeschenk **10** 8
- Kurzarbeit **10** 5
- Lohnschutz **10** 23
- Monatsverdienst **10** 4 ff.
- Nachteilsausgleich **9** 68 ff.
- ohne Auflösungsurteil **9** 67 ff.
- Rechtsmittel **10** 17
- Rechtsnatur **10** 21 f.
- Seerecht **9** 72
- sozialversicherungsrechtliche Behandlung **10** 31
- Sozialplanleistungen **9** 67 ff.
- steuerrechtliche Behandlung **10** 25 ff.
- Tantieme **10** 8
- Überstunden **10** 5
- Unterbrechungen der Arbeit **10** 5
- Urlaubsgeld **10** 8
- Vererbung **10** 35
- Verhältnis zu Schadensersatzansprüchen **10** 22
- Weihnachtsgratifikation **10** 8

Abfindungsgesetz 1 4
Abkehrwille 1 305
Abmahnung 1 280 ff.
- Abgrenzung zu Betriebsbußen **1** 289 a
- Alkoholmißbrauch **1** 309 ff.
- Anhörung des Arbeitnehmers **1** 297
- Ankündigungs- und Warnfunktion **1** 281 291
- Anzahl **1** 293
- außerordentliche Kündigung **1** 286 b
- Betriebsratsmitglieder **1** 295 b **15** 73
- Beweislast **1** 303
- Entbehrlichkeit **1** 285 f.
- Entfernungsanspruch **1** 298 ff. 300 a f.
- Funktionen **1** 281
- Leistungsbereich **1** 283
- Lohnpfändungen **1** 343 ff.
- Mitbestimmung des Betriebsrats **1** 282 a
- nach Kündigung **1** 295
- öffentlicher Dienst **1** 287 b
- personenbedingte Kündigung **1** 185 a
- Pflichtverletzungen, geringfügige **1** 290 f.
- Rechtsgrundlage **1** 289
- Rechtsschutz des Arbeitnehmers **1** 296 ff.
- sexuelle Belästigung **1** 286 a
- Tätlichkeiten **1** 286 a 357
- Vertrauensbereich **1** 283 f. 286 b
- vorweggenommene Kündigungsandrohung **1** 288 c
- Widerrufsanspruch **1** 296
- Wirksamkeitsvoraussetzungen **1** 287 ff.
- Zeitablauf **1** 300 ff.

absolute Kündigungsgründe 1 8
Abwerbung von Arbeitnehmern 1 308
Abwicklungsvertrag 1 13 i
ältere Arbeitnehmer 17 20
- Abfindung **10** 18 ff.
- anzeigepflichtige Entlassungen **17** 20
- befristete Arbeitsverhältnisse **17** 22

Änderung des Betriebszwecks 15 149
Änderungen des Kündigungsschutzgesetzes 1 3
Änderungsangebot 2 8 ff.
- Ablehnung **2** 39 45 52 ff.
- Annahme ohne Vorbehalt **2** 40 f. 99 ff.
- Annahme unter Vorbehalt **2** 41 46 ff. 81 ff.
- Annahmefrist **2** 85 ff. 100
- konkludente Annahme **2** 99

875

Sachverzeichnis

fette Zahlen = §§

- nach Kündigung **2** 11 ff.
- Sozialwidrigkeit der Änderungskündigung bei Ablehnung **2** 54 ff.
- Unterrichtung des Betriebsrats **2** 35 ff.
- Verstoß gegen gesetzliche oder tarifvertragliche Regelungen **2** 66 a ff.
- vor Kündigung **2** 12

Änderungskündigung 1 110 400 **2** 3 ff. 78 ff.; s. a. Änderungsangebot
- Annahmefrist **2** 88 100
- anzeigepflichtige Entlassung **17** 25
- außerordentliche **2** 6 **13** 7
- bedingte **2** 10 f.
- befristete Weiterbeschäftigung **2** 8 a ff.
- Begriff **2** 3 ff.
- Berücksichtigung des Änderungsangebots **2** 54
- betriebsbedingte **2** 68 71 ff.
- Betriebsratsanhörung **2** 33 ff.
- Beurteilungsmaßstab für Sozialwidrigkeit **2** 62 ff.
- Direktionsrecht **2** 13 ff.
- Einführung von Samstagsarbeit **2** 66 f
- Fortsetzungsangebot **2** 8 f.
- fristlose **15** 84
- Interessenabwägung **2** 65 67
- Kündigungserklärung **2** 5
- Kündigungsgrund **2** 62 64 67 ff.
- Kündigungsschutz von Betriebsratsmitgliedern **15** 59
- Lohnsenkung **2** 20 71 b
- Mitbestimmung **2** 51 a
- öffentlicher Dienst **2** 74 a
- personenbedingte **2** 70 ff.
- Rechtsfolgen unwirksamer Betriebsratsanhörung **2** 38 f.
- Rücknahme **2** 98 a
- Schriftformerfordernis **2** 12 a
- Sozialauswahl **2** 75 ff.
- Sozialwidrigkeit **2** 94
- Streitgegenstand **4** 93
- Vergleichbarkeit der Arbeitnehmer **2** 76
- Verhältnismäßigkeit **2** 32 a ff. 65 f. 72 d ff.
- Verhältnis zum Direktionsrecht **2** 32 b ff.
- verhaltensbedingte **2** 70 ff.
- Versetzung **2** 42
- Vorrang vor Beendigungskündigung **1** 142 f.
- Wahlmöglichkeit des Arbeitnehmers **2** 2 a f.

- Wahrung tariflicher Ausschlußfristen **4** 23
- Widerrufsvorbehalt **2** 30
- Widerspruch des Betriebsrats **2** 78 ff. 95
- Zurücknahme **4** 45 ff.
- Zweck **2** 2

Änderungsschutzklage 2 93 ff. **4** 43 ff.
- nachträgliche Geltendmachung der Sozialwidrigkeit **6** 5
- Streitgegenstand **2** 32 d **4** 44 93
- Zustimmungsersetzungsverfahren nach § 99 Abs. 4 BetrVG **2** 49 ff.

Äußerungsfrist des Betriebsrats 15 110

AIDS 1 187 ff. **13** 64

Alkoholmißbrauch 1 309 ff.
- Blutuntersuchungen **1** 310 c

Alkohol- und Drogensucht 1 190 ff.
- Darlegungs- und Beweislast **1** 191 a
- Entziehungskur **1** 192

allgemeiner Kündigungsschutz Einl. 17 19 ff. 71 ff. 76

allgemeiner Weiterbeschäftigungsanspruch 4 94 ff.

Alliierte Streitkräfte Einl. 84 ff.
- Abfindung **Einl.** 86 **9** 72
- Anwendbarkeit des Kündigungsschutzgesetzes **Einl.** 85
- Mitglieder der Betriebsvertretungen **Einl.** 87 **15** 15
- Weiterbeschäftigung **Einl.** 86

Altersgrenze 1 597 b **10** 18 ff.

Altersteilzeit 1 194 474

Anfechtung 1 102 ff.

Anforderungsprofil 1 367

Angestelltenkündigungsschutzgesetz Einl. 2 72

Anhörung des Arbeitnehmers
- Druckkündigung **1** 203
- krankheitsbedingte Kündigung **1** 223
- Verdachtskündigung **1** 265

Anhörung des Betriebsrats Einl. 43 **1** 20 401 495 ff. **3** 4; s. a. Mitbestimmung des B.
- Änderungskündigung **2** 35 ff.
- krankheitsbedingte Kündigung **1** 241
- Kündigung von Betriebsratsmitgliedern bei Betriebsstillegung **15** 157
- Nachschieben von Kündigungsgründen **1** 165
- soziale Auswahl **1** 488 ff.
- Umdeutung **13** 52 ff.

876

magere Zahlen = Randnummern

Sachverzeichnis

- Verdachtskündigung **1** 267
- Verhältnis zum Kündigungseinspruch **3** 4
- Weiterbeschäftigungsmöglichkeit **1** 403

Annahmefrist
- Änderungskündigung **2** 88 100

Annahmeverzug 4 87 **11** 1 3 ff.
- anderweitiger Verdienst **11** 11
- Aufforderung zur Arbeitsaufnahme **11** 5 a
- böswillig unterlassener Erwerb **11** 13 ff.
- Eingehen eines neuen Arbeitsverhältnisses **12** 6 f.
- Leistungsfähigkeit des Arbeitnehmers **11** 6 f.
- Lohnhöhe **11** 9
- Massenentlassungen trotz unterlassener Anzeige **18** 39
- wörtliches Angebot des Arbeitnehmers **11** 5

Anrechnungspflicht 11 10 ff.
- anderweitiger Verdienst **11** 11
- Beweislast **11** 12 a
- böswillig unterlassener Erwerb **11** 13 ff.
- ersparte Aufwendungen **11** 18
- öffentlich-rechtliche Leistungen **11** 19
- Widerruf der Kündigung **12** 21

Anzeige gegen Arbeitgeber 1 312 ff.

anzeigepflichtige Entlassungen Einl. 83 **17** 2 ff. **19** 1 **22** 1 ff.; s. a. Sperrfrist, Zustimmung des Arbeitsamtes
- ältere Arbeitnehmer **17** 20
- Änderungskündigung **17** 25
- Annahmeverzug **18** 38
- Anzeige **17** 63 ff.
- Anzeige nach AFG **18** 16 ff.
- arbeitnehmerähnliche Personen **Vorb. zu 17** 15
- Arbeitsmarktpolitik **Vorb. zu 17** 6 ff.
- Aufhebungsvertrag **Vorb. zu 17** 17 **17** 19
- Auswirkung unterlassener Anzeige auf Kündigung **18** 25 ff.
- Beendigungsgründe, sonstige **17** 19 ff.
- befristetes Arbeitsverhältnis **17** 22
- Beratung mit dem Betriebsrat **17** 49 ff.
- Betriebe des Verkehrswesens **21** 1 ff.
- Betriebsänderung **17** 57
- Beurteilungszeitpunkt **17** 9
- Beweislast **18** 39
- Drei-Wochen-Frist **18** 39
- Entlassungssperre **18** 3 ff.
- fehlende Stellungnahme des Betriebsrats **17** 74 ff.
- Form der Anzeige **17** 67
- Freifrist **18** 23 f.
- fristlose Entlassungen **17** 28 ff.
- geschichtliche Entwicklung **Vorb. zu 17** 2 ff.
- Grundgedanken **Vorb. zu 17** 6 ff.
- Heilung fehlerhafter Anzeigen **17** 70 **18** 16
- Inhalt der Anzeige **17** 69 ff.
- Insolvenzverfahren **17** 53
- Kampagnebetriebe **Vorb. zu 17** 14 **22** 1 ff.
- Kündigung auf Verlangen des Betriebsrats **17** 17
- Kündigung durch Arbeitnehmer **17** 18 ff.
- Kündigungsgrund **17** 16
- Kündigungsschutzklage **Vorb. zu 17** 11
- Leitende Angestellte **17** 46
- Mitwirkung des Betriebsrats **Vorb. zu 17** 13 **17** 44 ff. 55
- Mitwirkung des europäischen Betriebsrats **17** 62 a
- Mitwirkung des Wirtschaftsausschusses **17** 56
- Negativattest **18** 15
- Neueinstellungen **17** 27
- Post **21** 1 ff.
- rechtliche Voraussetzungen **Vorb. zu 17** 9
- Rechtslage bei erfolgter Anzeige **18** 3 ff.
- Rechtsnatur **Vorb. zu 17** 18
- Rechtsnatur der Anzeigepflicht **17** 64 f.
- Rechtswirkungen bei unterlassener Anzeige **18** 25 ff.
- Rückwirkung der Zustimmung des Arbeitsamtes **18** 8 ff.
- Saisonbetriebe **Vorb. zu 17** 14 **22** 1 ff.
- sonstige Beendigungsgründe **17** 19
- Sperrfrist **18** 3 f. 25 f.
- Sprecherausschuß der Leitenden Angestellten **17** 79
- Stellungnahme des Betriebsrats **17** 73 ff.
- stufenweise Entlassungen **17** 13

877

Sachverzeichnis

fette Zahlen = §§

- Unterrichtung des Betriebsrats **17** 47 ff.
- Verhältnis zu sonstigen Kündigungsschutzregelungen **Vorb. zu 17** 10 ff.
- Verzicht auf Kündigungsschutz **Vorb. zu 17** 17
- Voraussetzungen **17** 2 ff.
- während der Sperrfrist **18** 20 f.
- Wahlrecht des Arbeitnehmers **18** 32 ff.
- Weiterbeschäftigungsanspruch **17** 38
- Zeitpunkt der Anzeige **17** 80 f.
- zuständige Behörde **17** 68
- Zuständigkeit für Anzeige **17** 66
- Zustimmung des Arbeitsamtes **18** 5 ff.

Anzeigepflicht nach AFG 18 16
AOG Einl. 23 f.
Arbeitgeberinteressen Einl. 7
Arbeitnehmer 1 22 ff. **17** 7
Arbeitnehmerähnliche Personen 1 46 **23** 25
Arbeitnehmer im Kirchendienst 1 207 ff. **4** 63
Arbeitnehmerüberlassung 1 88 **4** 37
Arbeitnehmervertreter im Aufsichtsrat
- Kündigungsschutz **15** 28

Arbeitnehmerzahl 17 10 ff. **23** 16
Arbeitsamt 11 16
Arbeitsbeschaffungsmaßnahme 1 79 568
Arbeitserlaubnis 1 196 ff.
Arbeitsgemeinschaft 1 437 **23** 14
Arbeitsgesetzbuch Einl. 64 ff.
Arbeitskampf 15 102 f. **25**; s. a. Kampfkündigung
- Kündigungsgrund **1** 314
- rechtswidriger Streik **1** 314 **15** 102 **25** 20
- Zustimmung des Betriebsrats bei Kündigung **15** 102 f.

Arbeitslosengeld 10 32
- Anrechnung der Abfindung auf **10** 32

Arbeitslosenhilfe
- Anrechnung bei Annahmeverzug des Arbeitgebers **11** 19

Arbeitsmangel, vorübergehender 1 385
arbeitsmarktpolitische Kündigungsbeschränkungen Einl. 14 ff. **Vorb. zu 17** 6
Arbeitsort 2 17
Arbeitspapiere 1 320

Arbeitsrechtliches Beschäftigungsförderungsgesetz 1996 Einl. 62 c
Arbeitsstreckung 19 1
Arbeitsunfähigkeit 1 252 a ff., s. a. krankheitsbedingte Kündigung
- Androhung des Krankschreibens **1** 341
- Anzeige **1** 336 ff.
- erschlichene Bescheinigung **1** 341 a f.
- Nachweis **1** 337
- Spielcasinobesuch **1** 340
- Urlaubserkrankungen **1** 342
- Verstöße gegen ärztliche Anordnungen **1** 339 f.

Arbeitsverweigerung 1 315 ff.
Aufhebungsangebot 4 29 ff.
Aufhebungsvertrag 1 13 ff.
- Anfechtung **1** 13 d ff.
- und anzeigepflichtige Entlassungen **Vorb. zu 17** 17 **17** 19
- auflösend bedingter **1** 598
- Schriftform **1** 13 b
- Wiedereinstellungsanspruch **1** 156 n

Aufklärungspflicht des Arbeitgebers
- Klagefrist **4** 1 a

auflösende Bedingung 1 629 ff.
- Altersgrenze **1** 597 b

auflösende Potestativbedingung 18 31 a
Auflösung des alten Arbeitsverhältnisses nach Kündigungsschutzprozeß 12 5 ff. **16** 1
Auflösung des Arbeitsverhältnisses 1 **4** 9 1 ff. **12**; s. a. Neues Arbeitsverhältnis
- Abfindung **9** 57 67 ff.
- Abweisung des Auflösungsantrags **9** 49 f.
- Änderungskündigung **9** 17
- Anhörung des Betriebsrats **9** 45
- Antrag **9** 18 ff.
- Antrag des Arbeitgebers **9** 9 15 ff. **25** f. 37 ff. **13** 17
- Antrag des Arbeitnehmers **9** 10 14 24 32 ff. **13** 17
- außerordentliche Kündigung **13** 17 ff.
- beiderseitiger Antrag **9** 47
- Berufung **9** 21 a f.
- Bestandsschutz **9** 38
- Betriebsratstätigkeit **9** 38 a
- Betriebsübergang **9** 31 a
- Beweislast **9** 5 a 9 f.
- Billigkeit **9** 41
- Eventualantrag **9** 24 f.

878

magere Zahlen = Randnummern

Sachverzeichnis

- Gestaltungsurteil **9** 6
- Kündigung eines Betriebsratsmitglieds wegen Betriebsstillegung **15** 163
- leitende Angestellte **14** 28 ff.
- nach Umdeutung der außerordentlichen Kündigung **13** 51
- neues Arbeitsverhältnis **9** 34 **12** 12
- Rechtsmittel **9** 66 a f.
- Rücknahme des Auflösungsantrags **9** 27 ff.
- Rückwirkung **9** 6
- sittenwidrige Kündigung **13** 71
- sonstiger Beendigungsgrund **9** 53 ff.
- sozial gerechtfertigte Kündigung **9** 16
- Streitwert **9** 65
- Tod des Arbeitnehmers vor Auflösungszeitpunkt **9** 56
- Urteil **9** 51 ff.
- Verfahrenskosten **9** 61 ff.
- Verfassungsmäßigkeit **9** 7
- Voraussetzungen **9** 12 ff.
- Zeitpunkt der Auflösung **9** 58 ff. **13** 19 ff.

Aufsichtsratsmitglieder 14 9 **15** 28
Auftragslage 1 409
Auftragsrückgang 1 426; s. a. Umsatzrückgang
Ausbildungszeit 1 78
Ausgleichsquittung 1 14 ff.
- Hinweispflicht des Arbeitgebers **1** 15

Aushilfsarbeitsverhältnis 1 34
Auskunftsanspruch des Arbeitnehmers
- soziale Auswahl **1** 490 f.

Auskunftspflicht des Arbeitnehmers 11 12
- anderweitiger Verdienst **11** 12
- krankheitsbedingte Kündigung **1** 223
- öffentlich-rechtliche Leistungen **11** 19

ausländerfeindliche Äußerungen 1 328
ausländerfeindliches Verhalten 1 325 328 330
ausländische Arbeitnehmer 1 35 92
- Klageverzicht **1** 18
- Wehrdienst **1** 92 268 f.

ausländische Seemannsämter 24 13
ausländische Zweigstelle Einl. 81
Ausland Einl. 79 ff. 88 ff.
Auslandsarbeitsverhältnis Einl. 80
Auslandsrecht Einl. 82 ff. 88 f.
Auslauffrist 15 85
Ausschlußfrist 4 53

Außenstehende Bewerber 1 397
Außerdienstliches Verhalten 1 321 ff.
Außerordentliche Kündigung 1 123 ff. **13** 6 ff.; s. a. Kündigungsgrund, wichtiger, fristlose Kündigung
- Änderungskündigung **13** 7
- Auflösung des Arbeitsverhältnisses **13** 17 ff.
- Auflösungszeitpunkt bei Auflösungsantrag **13** 19 ff.
- Begriff **13** 6 ff.
- Betriebsratsmitglieder **15** 77 ff.
- Drei-Wochen-Frist **13** 14
- Erweiterung der Kündigungsgründe **13** 9
- Geltendmachung der Unwirksamkeit **13** 14
- Kündigungswiderspruch des Betriebsrats **13** 1
- tarifvertragliche Regelung **13** 9 ff.
- Umdeutung **13** 21 a 38 ff.
- Unzumutbarkeit **1** 123
- Verschulden **1** 126

Aussetzen der Arbeit 1 111
Aussperrung 1 80 **25** 5
- Betriebsratsmitglieder **15** 68
- Anwendung des KSchG **25** 12 f.
- aussperrungsersetzende Massenkündigung **25** 20 ff.

Ausstrahlung Einl. 79
Auswahlrichtlinien 1 481 ff. 522 ff.
- bei Massenkündigungen **1** 485 ff.
- Beweislast bei Verstoß **1** 543
- gerichtliche Überprüfung **1** 482 g
- Punktetabellen **1** 475 481 487 527
- soziale Auswahl **1** 481 ff.
- Verhältnis zum Kündigungsschutzrecht **1** 509 524
- Vorauswahl **1** 482

Auszubildende 1 51 397
- Berücksichtigung bei Arbeitnehmerzahl **23** 20
- Drei-Wochen-Frist bei Kündigungsschutzklage **13** 32 ff.

Bauarbeitsgemeinschaft 1 437 **23** 14
Baugewerbe 1 87 437
Beamte 1 47
Bedarf, mangelnder Einl. 75 h ff.
Bedarfsarbeitsverhältnisse 1 41 89
bedingtes Arbeitsverhältnis 1 571 597 ff. **17** 22

879

Sachverzeichnis

fette Zahlen = §§

Bedrohung 1 327
Beendigungskündigung
– Verhältnis zur Änderungskündigung **1** 142 ff.
Beförderung 1 398
befristetes Arbeitsverhältnis Einl. 59 **1** 65 554 ff.
– Änderungsangebot befristeter Weiterbeschäftigung **2** 8 a ff.
– Änderungsvertrag **1** 596
– Angabe des Befristungsgrundes **1** 597
– Anschlußbeschäftigung **1** 569
– anzeigepflichtige Entlassungen **17** 22
– Arbeitsbeschaffungsmaßnahme **1** 591
– Befristungsdauer **1** 601 ff.
– Begriff **1** 557
– bei älteren Arbeitnehmern **1** 618
– bei Betriebsratsmitgliedern **15** 64
– BeschFG 1996 **1** 637 ff.
– Beurteilungszeitpunkt **1** 593 ff.
– Beweislast **1** 635 f.
– Drei-Wochen-Frist bei außerordentlicher Kündigung **13** 36 ff.
– Drittmittel **1** 595
– Eigenart der Arbeitsleistung **1** 575
– einzelne Vertragsbedingungen **1** 603 ff.
– gerichtlicher Vergleich **1** 590
– gesetzlich geregelte sachliche Gründe **1** 565 ff.
– gesetzlich nicht geregelte sachliche Gründe **1** 591 f.
– Haushaltsmittel **1** 585 ff.
– Kettenarbeitsverhältnisse **1** 594 f. 612
– Klagefrist **1** 624
– Kündbarkeit **1** 621 623
– Kunstfreiheit **1** 577
– mehrfache Befristung **1** 594 f.
– Mitbestimmung **1** 627 f.
– nachträgliche Befristung **1** 608
– Neueinstellung **1** 612 ff.
– öffentlicher Dienst **1** 585 ff.
– ohne sachlichen Grund **1** 609 ff.
– persönliche Gründe **1** 580 ff.
– Rechtsfolgen unwirksamer Befristungen **1** 620 f.
– Rundfunkfreiheit **1** 575 f.
– sachlicher Grund **1** 562 ff.
– Schriftformerfordernis **1** 620 f.
– soziale Gründe **1** 580 f.
– Sport **1** 592
– Teilzeit- und Befristungsgesetz (TzBfG) **1** 555 ff.
– Übergangsprobleme **1** 625 f.

– Vereinbarung des Befristungsgrundes **1** 597
– Vertretung von Arbeitnehmern **1** 570 ff.
– vorübergehender personeller Mehrbedarf **1** 565
– Wunsch des Arbeitnehmers **1** 581
– Zulässigkeit **1** 560 ff.
– zur Erprobung **1** 578 f. 602
– Zweckbefristung **1** 598
Begründungszwang Einl. 69
Behördliche Zustimmung 4 59 ff.
Beleidigung 1 327 ff.
Bergmannsversorgungsscheine 4 63
Berufsausübungserlaubnis 1 198 f.
Berufsfreiheit 1 4 a f. 305 347
Berufskraftfahrer 1 255 **2** 26
Beschäftigungsanspruch 4 97; s. a. Weiterbeschäftigungsanspruch, allgemeiner
Beschäftigungsförderungsgesetz 1985 Einl. 57 ff. **1** 41 605 ff.
– besonderer Kündigungsschutz **1** 606
– Beweislast **1** 618
– einmalige Befristung **1** 613
– Kettenarbeitsvertrag **1** 613
– Neueinstellung **1** 607 ff.
– tarifliche Befristungsregelungen **1** 614 ff.
– Verlängerungsmöglichkeiten **1** 613 a
Beschäftigungshindernis, rechtliches 1 197
Beschäftigungsverbot 1 196
Beschränkung des gesetzlichen Kündigungsschutzes 1 7 4 57
besonderer Kündigungsschutz Einl. 18 75 **1** 592 ff. 606
Bestandsschutz Einl. 66 **1** 4 **2** 59
Bestandsschutzinteresse Einl. **4 1** 138
Bestellung zum Geschäftsführer 14 7 ff.
Beteiligung des Betriebsrats Einl. 43; s. a. Anhörung des Betriebsrats; Zustimmung des Betriebsrats
– Änderungskündigung **2** 33 ff.
– Kündigung von Betriebsratsmitgliedern **15** 93 ff.
– Kündigungseinspruch **3** 1 ff.
– Umgruppierung **2** 33 42
– Versetzung **2** 33 42
Betrieb 1 62 23 **3** ff.
– Begriff **17** 3 ff. **23** 3 ff.
– Betriebsspaltung **1** 435 a **23** 9 b f. 13 b

880

magere Zahlen = Randnummern

Sachverzeichnis

- Betriebsteile **1** 409 434 a **15** 70 152 23 9 a 9 f
- Betriebsteilung **23** 9 f
- Eingliederung in **1** 29
- gemeinsamer Betrieb mehrerer Unternehmer **23** 10 ff.
- Luftverkehr **24** 3 ff.
- Nebenbetriebe **23** 5 9
- organisatorische Einheit **23** 5
- räumliche Einheit **23** 6
- Schiffahrt **24** 3 ff.

Betriebliche Beeinträchtigungen 1 123 129 f.
- krankheitsbedingte Kündigung **1** 231 ff. 247
- Lohnpfändungen **1** 343
- personenbedingte Kündigung **1** 177
- Strafhaft **1** 254
- Unterlassen der Krankmeldung **1** 338
- Untersuchungshaft **1** 254
- verhaltensbedingte Kündigung **1** 275 278
- Wehrdienst ausländischer Arbeitnehmer **1** 269

Betriebsabteilung 15 166 ff.
- Gemeinschaftsbetrieb mehrerer Unternehmen **15** 168
- Stillegung **15** 165 ff.
- und Betriebsteil **15** 167
- und Kündigung von Betriebsratsmitgliedern **15** 165 ff.

Betriebsänderung 17 57
betriebsbedingte Kündigung 1 363 ff.; s. a. soziale Auswahl
- Änderungskündigung **2** 71 ff.
- Arbeitsverdichtung **1** 413 c f.
- Außerbetriebliche Gründe **1** 366 426 ff.; s. a. dort
- Betriebsstillegung **1** 414 ff. **15** 145 ff.
- Betriebsübergang **1** 418 ff.; s. a. dort
- Beurteilungszeitpunkt **1** 406 f. 422
- Beweislast **1** 375 376 ff. 405 f. 415 417 421 429
- Dringlichkeit **1** 377 ff.
- Einigungsvertrag **Einl.** 75 h ff.
- Einzelfälle **1** 413 ff.
- fehlende Weiterbeschäftigungsmöglichkeit **1** 390 ff.
- gerichtliche Überprüfungsmöglichkeiten **1** 371 ff. 376 ff. 408 ff.
- Haushaltsplan **1** 423 b
- Innerbetriebliche Gründe **1** 366 a f. 413 ff.

- Interessenabwägung **1** 371 c 380 399
- Interessenausgleich **1** 412 a
- Kurzarbeit **1** 384 ff.
- öffentlicher Dienst **1** 423 b 423 i ff.
- Rationalisierungsmaßnahmen **1** 367 371 c 409 423 b 424
- Umsatzrückgang **1** 366 368 409 426 ff.
- unternehmerische Entscheidung **1** 364 366 ff.; s. a. dort
- Unterrichtung des Betriebsrats **1** 401 f.
- Wegfall des Arbeitsplatzes **1** 364 a 368 372 a 390
- Weiterbeschäftigungsmöglichkeit **1** 390 ff.; s. a. dort

Betriebsbußen 1 289 a
Betriebsfrieden Einl. 6 **1** 330 f.
Betriebsgeheimnisse 1 200 332
Betriebsleiter 14 15 f.
Betriebsnachfolge 1 75 ff. 418 ff. **4** 38
Betriebsrätegesetz 1920 Einl. 19 ff. **3** 2
Betriebsrat Einl. 6; s. a. Mitbestimmung des Betriebsrats
- Beratungsrecht bei anzeigepflichtiger Entlassung **17** 49 ff.

Betriebsratsmitglieder, Kündigungsschutz 15 8 ff.; s. a. fristlose Kündigung eines Betriebsratsmitglieds
- Abmahnung **1** 295 b **15** 73
- Änderungskündigung **15** 59
- Aufhebungsvertrag **15** 2 63
- Ausschluß der ordentlichen Kündigung **15** 54 ff.
- Auszubildende **15** 66
- befristetes Arbeitsverhältnis **15** 64
- Betriebsübergang **15** 70 f.
- Erreichen der Altersgrenze **15** 65
- europäischer Betriebsrat **15** 8 a **17** 62 a
- Freistellung und Kündigung wegen Betriebsstillegung **15** 161
- fristlose Kündigung **15** 77 ff.
- fristlose Kündigung ohne Zustimmung des Betriebsrats **15** 137
- gerichtliche Abberufung **15** 89
- Kündigung wegen Betriebsstillegung **15** 145 ff. 154 ff.
- Kündigung wegen Stillegung einer Betriebsabteilung **15** 165 ff.
- Kündigungsschutz in Tendenzunternehmen **15** 10
- Kündigungstermin bei Kündigung wegen Betriebsstillegung **15** 159 ff.
- Massenänderungskündigung **15** 60 ff.

881

Sachverzeichnis

fette Zahlen = §§

- nachträgliche Zustimmung des Betriebsrats **15** 94 ff.
- Nachwirkung des Kündigungsschutzes **15** 1 a 29 42 ff.
- ordentliche Kündigung **15** 154
- Rechtsnatur **15** 5
- Tendenzunternehmen **15** 10
- Übergang eines Betriebsteils **15** 70
- Versetzung **15** 72
- Verstoß gegen Amtspflicht **1** 295 b **15** 89 f.
- Verzicht auf Kündigungsschutz **15** 2
- vorläufige Suspendierung **15** 95 f.
- Wahlmängel und Kündigungsschutz **15** 35 f.
- zeitliche Geltung des besonderen Kündigungsschutzes **15** 29 ff.
- Zustimmung des Betriebsrats zur Kündigung **15** 93 ff. 137

Betriebsspaltung 23 9 b

Betriebsstillegung 1 414 ff. 432 b **15** 145 ff.

- Änderung des Betriebszwecks **15** 149
- Anhörung des Betriebsrats **15** 157 f.
- Begriff **15** 145 ff.
- Betriebsveräußerung **15** 152
- Betriebsverlegung **15** 151
- Eröffnung eines Insolvenzverfahrens **15** 150
- keine Sozialauswahl **15** 156 b
- Kündigungstermin **15** 159 ff.
- Kündigung von Betriebsratsmitgliedern **15** 145 ff. 154 ff.
- Kündigungsgrund **15** 156 f.
- vorübergehende **1** 417 a ff.
- Weiterbeschäftigungsmöglichkeit **15** 156

Betriebsteil 1 434 a **15** 70 152 167 **23** 9 a 9 f

Betriebsübergang 1 72 75 ff. 418 ff.

- Aufhebungsvertrag **1** 13 c
- Kündigungsschutzklage **4** 38
- und Annahmeverzug **11** 16 a
- und Betriebsratsmandat **15** 70
- Soziale Auswahl **1** 439
- Widerspruchsrecht des Arbeitnehmers **1** 441 a ff. **15** 71 152
- Wiedereinstellungsanspruch **1** 156 g

Betriebsveräußerung 15 152

Betriebsverfassungsgesetz 1972 Einl. 41 ff.

Betriebsverlegung 15 151

Betriebszugehörigkeit 1 63 ff. 467 **23** 3 ff.; s. a. Dauer der Betriebszugehörigkeit

- Dauer und Abfindung **10** 12

Beurteilungsmaßstab für Kündigung 1 155

Beurteilungszeitpunkt 1 156 406 ff. 422 f.

- anzeigepflichtige Entlassungen **17** 9
- betriebsbedingte Kündigung **1** 406 ff. 422 f.
- Kleinbetrieb **23** 16
- krankheitsbedingte Kündigung **1** 222 226
- Verdachtskündigung **1** 266

Beweislast 1 544 ff.

- Abmahnung **1** 303 ff.
- absolute Sozialwidrigkeit **1** 541 ff.
- Alkoholmißbrauch **1** 310 a
- anderweitiger Verdienst **11** 12
- anzeigepflichtige Entlassung **18** 40
- befristetes Arbeitsverhältnis **1** 599 ff.
- Befristung nach dem TzBfG **1** 635 f.
- dringende betriebliche Erfordernisse **1** 377 421
- gemeinsamer Betrieb **23** 13 a
- gerichtliche Auflösung des Arbeitsverhältnisses **9** 5 a 9 f.
- Gesamtsystem **1** 544 ff.
- Gewissensentscheidung **1** 216
- Kampagnebetriebe **22** 10
- Kleinbetriebe **23** 28 ff.
- Konkurrenztätigkeit **1** 348
- krankheitsbedingte Kündigung **1** 227 ff. 240 252
- Massenentlassungen **1** 487 c
- Mißbrauchskontrolle **1** 428
- Saisonbetrieb **22** 10
- Sittenwidrigkeit **13** 62
- Sozialauswahl **1** 492 ff.
- Verhaltensbedingte Kündigung **1** 303 a ff.
- Verstoß gegen Auswahlrichtlinien **1** 543
- Verstoß gegen Direktionsrecht **2** 27 b
- Verstoß gegen Maßregelungsverbot **13** 81
- Vorliegen der Anrechnungspflicht **11** 17
- Wartezeit **1** 94
- Weiterbeschäftigungsmöglichkeit **1** 405 f. 539 b 542
- Widerspruch des Betriebsrats **1** 541 ff.

magere Zahlen = Randnummern

Sachverzeichnis

Beweisvereitelung 1 229 252
BGB-Gesellschaft
- als beklagter Arbeitgeber 4 41
- als Betriebsinhaber 23 11 a

Billiges Ermessen
- Direktionsrecht 2 22
- Widerruf 2 31

Billigkeit 9 41
Blutuntersuchung 1 310 c
Böswilligkeit 11 13 ff.
Bordvertretung
- Kündigungsschutz 15 8

Botschaftsangehörige Einl. 81
BRG 1920 Einl. 19 ff. 3 2
Bundespersonalvertretungsgesetz 1974 Einl. 48 ff.

Darlegungs- und Beweislast s. Beweislast
Dauer der Betriebszugehörigkeit
- Abfindung 10 12
- krankheitsbedingte Kündigung 1 237
- personenbedingte Kündigung 1 183
- soziale Auswahl 1 466 f.
- verhaltensbedingte Kündigung 1 278

Demobilmachungsverordnungen Einl. 14
Deutsche Botschaft Einl. 81
Diebstahl 1 353
Dienstanweisung 1 141 a f.
Dienstordnungs-Angestellte 1 47 **15** 67
Dienststelle 1 144 a
Direktionsrecht 1 179 400 2 13 ff.
- Arbeitskleidung 2 27 a
- Arbeitsort 2 17
- Arbeitszeit 2 18 a f.
- billiges Ermessen als Ausübungsschranke 2 13 b f.
- Einzelfälle 2 14 ff. 23 ff.
- Kernbereich des Arbeitsverhältnisses 2 21 303 ff.
- Notfälle 2 18
- öffentlicher Dienst 2 14 a 25 a
- tarifliche Regelung 2 22
- Versetzungsklausel 2 19 f.
- Zweck 2 13 a

DKP-Zugehörigkeit 1 322
Doppeltatbestand 1 167
Doppelverdienst 1 469 ff.
Drei-Wochen-Frist 4 51 ff.; s. a. Klagefrist
- Ablauf und Sozialwidrigkeit 6 2

- Änderungsschutzklage 4 43
- außerordentliche Kündigung 13 14 f.
- Auszubildende 13 34
- befristetes Arbeitsverhältnis 1 604
- behördliche Zustimmung 4 59 ff.
- bei besonderem tariflichen Kündigungsgrund 13 10
- Berufungsinstanz 4 9 a
- entfristete Kündigung 13 10
- Fehlen des wichtigen Grundes 13 4
- Fristberechnung 4 52
- Fristversäumung 7 1 ff.
- Fristwahrung 4 54 ff.
- Hinweispflicht 4 1 a
- Kleinbetriebe 23 27
- Kündigung eines Betriebsratsmitglieds wegen Betriebsstillegung 15 163
- kurzzeitig Beschäftigter 13 28 ff.
- Luftverkehr 24 7 ff.
- nachträgliche Klagezulassung bei Versäumung 5 1 ff.
- persönlicher Anwendungsbereich bei außerordentlicher Kündigung 13 26 ff.
- Rechtsnatur 4 53 82 ff.
- Schiffahrt 24 7 ff.
- Sinn und Zweck 4 2
- sittenwidrige Kündigung 13 69
- sonstige Nichtigkeitsgründe 6 2 13 3 24 77 94
- Übergabeeinschreiben 4 51
- verlängerte Anrufungsfrist 6 2 ff.
- Verstoß gegen Anzeigepflicht 18 40
- Wehrdienst 4 67
- Zivildienst 4 67

Dringende betriebliche Erfordernisse 1 363 ff.; s. a. betriebsbedingte Kündigung
- Anforderungen an Dringlichkeit 1 376 b 377 ff.
- außerbetriebliche Ursachen 1 381 426 ff.; s. a. dort
- Betriebsbezogenheit 1 363
- Beurteilungszeitpunkt 1 406 ff.
- Beweislast 1 421
- Fehlende Weiterbeschäftigungsmöglichkeit 1 390 ff.; s. a. Weiterbeschäftigungsmöglichkeit
- inner- und außerbetriebliche Ursachen 1 366 f.
- Interessenabwägung 1 371 c
- Konzernbezug 1 392 f.
- Nachprüfbarkeit 1 380 408 ff.
- personelle Konkretisierung 1 447

883

Sachverzeichnis

fette Zahlen = §§

- Unternehmensbezug **1** 391
- Wegfall des Arbeitsplatzes **1** 364a 368 372a 390

Drittmittel 1 423a f.
Druckkündigung 1 189 201 ff.
- Anhörung des Arbeitnehmers **1** 203
- vom Arbeitgeber verschuldete **1** 204

Eheähnliche Gemeinschaft 1 48
Ehebruch 1 209a f.
Ehegattenarbeitsverhältnis 1 48 206
Ehescheidung 1 206
Eheschließung 1 206
Ehrenamt 1 210
Ehrlichkeitskontrollen 1 264a
eigenmächtiger Urlaubsantritt 1 333f.
Eignung
- körperliche/geistige **1** 176 211
- mangelnde fachliche **Einl.** 75g
- mangelnde persönliche **Einl.** 75 d ff.

Eignungsmängel, tendenzbezogene 1 257
Eignungsübung 1 92
Eingliederung in den Betrieb 1 29
Einheitliche Betrachtungsweise 1 168
Einheitlicher Betrieb 1 436 23 10ff.
Einheitliches Arbeitsverhältnis 1 58f.
Einigungsvertrag Einl. 65 75a ff.
- Arbeitnehmer im öffentlichen Dienst **Einl.** 75a
- außerordentliche Kündigung **Einl.** 75a 75b
- Darlegungslast **Einl.** 75 f
- Einzelfallwürdigung **Einl.** 75 e
- Geltung des KSchG **26** 9
- lex specialis **Einl.** 75 c
- mangelnde fachliche Eignung **Einl.** 75 g; s. a. fehlende Eignung
- mangelnde persönliche Eignung **Einl.** 75 d; s. a. fehlende Eignung
- mangelnder Bedarf **Einl.** 75 h
- ordentliche Kündigung **Einl.** 75a 75b
- soziale Auswahl **Einl.** 75i ff.
- Stasi-Tätigkeit **Einl.** 75a 75e **1** 212a ff.
- Verhältnis zum Sonderkündigungsschutz **Einl.** 75 m
- Versetzungsmöglichkeiten **Einl.** 75 h

Einkommensteuer
- Abfindung **10** 27 ff.

Einrichtung neuer Arbeitsplätze 1 394
Einspruch s. Kündigungseinspruch
Einstellungsbefugnis 14 19 ff.
einstweiliger Rechtsschutz 4 101
Entgeltfortzahlungskosten 1 233 ff.
Entlassung 17 15; s. a. anzeigepflichtige Entlassungen
- Begriff **17** 15 ff.
- Kündigung auf Verlangen des Betriebsrats **17** 17
- nach Ablauf der Sperrfrist **18** 20ff.
- während der Sperrfrist **18** 5 18f.

Entlassungsbefugnis 14 19 ff.
Entlassungssperre 18 1 ff.
Entziehungskur 1 311a
Erbengemeinschaft 4 41
erhebliche betriebliche Beeinträchtigungen 1 124 127 ff.; s. a. betriebliche Beeinträchtigung
- krankheitsbedingte Kündigung **1** 231 f. 247 f.
- personenbedingte Kündigung **1** 177
- verhaltensbedingte Kündigung **1** 275

Erheblichkeit der Störung des Arbeitsverhältnisses 1 127
Erkundigungspflicht 1 223
Erlaßvertrag 1 13a
Erledigung der Hauptsache 4 29
Ersatzmitglieder von Arbeitnehmervertretungen 15 21 ff. 47 f.
- Nachwirkung des Sonderkündigungsschutzes **15** 47 f.

Erzieherin 1 255

Facharbeiter 2 26
Fahrerflucht 1 255
Fahrerlaubnisentzug 1 199
Faktische Arbeitsverhältnisse 1 54 77a
Familienangehörige 1 48
Fehlende Eignung 1 176
fehlerhafte Arbeitsverhältnisse 1 54 77a
Fertigungsmethoden, Einführung neuer 1 367
Feststellungsinteresse 4 14ff. 76
- bei Eingehen eines neuen Arbeitsverhältnisses **4** 15
- und Rücknahme der Kündigung **4** 30

Feststellungsklage 4 4ff.
- Änderungskündigung **4** 93
- allgemeine Feststellungsklage **4** 72ff.

magere Zahlen = Randnummern

Sachverzeichnis

- Berufungsinstanz **4** 9 a
- des Arbeitgebers **4** 26 80
- Feststellungsinteresse **4** 14 ff.
- Form der Klage **4** 10 ff.
- Klageantrag **4** 5 ff.
- mehrere Kündigungen **4** 74 f. 88
- nachträgliche Zulassung **5** 1 ff.
- Streitgegenstand **4** 73 ff. 93
- Urteil **4** 86
- Verbindung mit Kündigungsschutzklage **4** 72 ff.
- verlängerte Anrufungsfrist **6** 2 ff.

Fortsetzung des Arbeitsverhältnisses 1 82
- Unzumutbarkeit **1** 120 ff. **9** 32 ff.

Franchise-Nehmer 1 36
Frankfurter Gesetz Einl. 28
freie Mitarbeiter 1 46
freier Arbeitsplatz 1 398 ff.
Freiheitsstrafe 1 254
Fremdvergabe von Arbeitsaufgaben 1 423 c ff.
Frist, s. Drei-Wochen-Frist; Kündigungsfristen; Klagefrist
fristlose Kündigung eines Betriebsratsmitglieds 15 77 ff. 81 ff.; s. a. Kündigungsgrund, wichtiger; außerordentliche Kündigung
- Änderungskündigung **15** 92
- Auslauffrist **15** 85
- Beginn der Zwei-Wochen-Frist **15** 130
- Begriff **15** 81 ff.
- Insolvenz **15** 83
- Kündigungsschutz **15** 136 ff.; s. a. Betriebsratsmitglieder, Kündigungsschutz
- ohne Zustimmung des Betriebsrats **15** 137
- tarifvertragliche Einschränkung **15** 82
- tarifvertragliche Erweiterung, Kündigungsgründe **15** 81 f.
- Verfahrensschritte **15** 79
- Verstöße gegen Amtspflichten **15** 89 ff.
- Wahrung der Zwei-Wochen-Frist **15** 132 ff.
- wichtiger Kündigungsgrund **15** 86 ff.
- Zeitpunkt der Kündigungserklärung **15** 129 ff.

Fristwahrung 4 22

Gastronomie 1 87
Geltungsbereich Einl. 77 ff. 23

- anzeigepflichtige Entlassungen **Vorb. zu 17** 14 ff.
- betrieblicher **23** 15 ff.
- internationaler **Einl.** 79 ff.
- Kündigungsschutzklage **4** 71 a ff.
- Luftverkehr **24** 2 ff.
- nationaler **Einl.** 77 f.
- persönlicher **1** 21 ff.
- sachlicher **1** 96
- Schiffahrt **24** 2 ff.

Gemeinschaftsbetrieb mehrerer Unternehmen 15 168 **23** 10 ff.
- Kündigung von Betriebsratsmitgliedern **15** 168
- Leitungsvereinbarung **23** 11
- nach Betriebsspaltung **23** 13 b
- soziale Auswahl **1** 436

Genossenschaftsmitglieder 1 49 b
Gesamtbetriebsrat
- Kündigungsschutz **15** 8

Gesamthafenbetrieb 1 37
Gesamtrechtsnachfolge 1 76
Geschäftsführer 1 49 a **14** 7 ff. 14
Geschichtliche Entwicklung Einl. 1 ff.
- anzeigepflichtige Entlassungen **Vorb. zu 17** 1 f.
- Kündigungsschutz **Einl.** 1 ff. **1** 1 ff. 113 ff.

Gesellschaft bürgerlichen Rechts 4 41 **23** 11
Gesellschafter 1 49 ff.
Gesetz über Teilzeitarbeit und befristete Arbeitsverträge (TzBfG) Einl. 62 g
Gesetz zu Korrekturen in der Sozialversicherung und zur Sicherung der Arbeitnehmerrechte Einl. 62 e
Gesetz zur Reform der Arbeitsförderung Einl. 62 d
Gestaltungsurteil
- Auflösung des Arbeitsverhältnisses **9** 6

Gesundheitsprognose 1 220 ff. 243 ff.; s. a. Prognose
- Auskunftspflicht **1** 223
- Beurteilungszeitpunkt **1** 222 244
- Darlegungs- und Beweislast **1** 227 ff.
- Erkundigungspflicht **1** 223

Gewerkschaftssekretär 1 259
Gewinnverfall 1 430
Gewissensentscheidung 1 213 ff.
Glaubhaftmachung 5 25 f.

885

Sachverzeichnis

fette Zahlen = §§

Gleichbehandlungsgrundsatz **1** 153 ff. **2** 74
Grundgedanken des Kündigungsschutzes **1** 4 ff.
Grundrechte **1** 4 a f.
Grundwehrdienst **1** 92 268 **4** 67
Gruppenänderungskündigung **15** 60
Gruppenarbeitsverhältnis **1** 38 57

Häufige Kurzerkrankungen **1** 220 ff.
Halbtagskraft
– Umwandlung eines Halbtagsarbeitsplatzes **1** 367 a
Handelsvertreter **1** 44
Hattenheimer Entwurf Einl. 29
Hausgewerbetreibende **1** 45
Haushaltsmittel, Streichung von **1** 423 b
Heilung
– der Sozialwidrigkeit **7** 1 ff.
– Fiktionswirkung **7** 4 ff.
– Kündigungsmangel **4** 1 83 ff. **7** 1 ff.
– Kündigungsmängel bei außerordentlicher Kündigung **13** 14
– unzureichende Anzeige bei Massenentlassungen **17** 70
Heimarbeiter **1** 45
Heirat als Kündigungsgrund **1** 206 f.
herausgreifende Einzelkündigung **1** 153 f. **25** 23 f.
herrschendes Unternehmen **17** 47 a
Hilfsantrag **4** 9
Hilfsarbeiter **2** 14 24
Hinweispflicht des Arbeitgebers
– Ausgleichsquittung **1** 15
– Klagefrist **4** 1 a
HIV–Infektion **1** 187 ff. **13** 64
Homosexualität **1** 258
Horizontale Vergleichbarkeit **1** 445
– Abgrenzung zur vertikalen Vergleichbarkeit **1** 449

Inhaltsschutz **2** 59
Innerbetriebliche Gründe **1** 366 a ff. 413 ff.
Insolvenzordnung **1** 106 ff.
– Beschlußverfahren **1** 107 g ff.
– Höchstfrist **1** 107 a
– Schadensersatzanspruch **1** 107 b
– Soziale Auswahl **1** 494 a ff.
Integrationsamt **4** 62 64
Interessenabwägung **1** 122 135 ff. 235 ff.

– Änderungskündigung **2** 65
– Alter **1** 183 237
– Arbeitsamt **20** 18 ff.
– bei betriebsbedingter Kündigung **1** 371 c 380 399
– Betriebliche Beeinträchtigungen **1** 236 251 278
– Betriebszugehörigkeit **1** 183 237 278 287
– Entgeltfortzahlungskosten **1** 233 ff.
– Freiheitsstrafe **1** 254
– Gewissensentscheidung **1** 215
– Krankheit **1** 235 ff. 248 251 252 f
– Kündigung eines Betriebsratsmitglieds **15** 170 a
– personenbedingte Kündigung **1** 180 ff.
– Unterhaltspflichten **1** 278
– Ursache der fehlenden Einigung **1** 183
– verhaltensbedingte Kündigung **1** 277 f.
Interessenlage Einl. 3 ff.
Internationaler Kündigungsschutz Einl. 79 ff.
Irrtum des Arbeitnehmers
– irrtumsbedingte Arbeitsverweigerung **1** 316
– Zukunftsprognose **1** 279 f.

Jahressonderzahlung
– Anspruch bei vorläufiger Weiterbeschäftigung **4** 109
– Berücksichtigung bei Abfindung **10** 8
Job-sharing **1** 41
Jugend- und Auszubildendenvertretung **15** 8
– Ablauf der Ausbildungszeit **15** 66
Juristische Person **4** 40

Kampagnebetrieb Einl. 58
– Begriff **22** 7
– Beweislast **22** 10
– Massenentlassungen **Vorb. zu 17** 14 **22** 1 ff.
– Mischtatbestand **22** 9
– Wiedereinstellungspflicht **22** 11
Kampfkündigung **25** 1
– Arbeitskampfexzesse **25** 19
– außerordentliche **25** 18
– Begriff **25** 18
– selektive **25** 23 f.
– Zulässigkeit **25** 1
Kapitäne **14** 31 **24** 14
Katholisches Krankenhaus **1** 258

magere Zahlen = Randnummern

Sachverzeichnis

Kernbereich des Arbeitsverhältnisses 2 20
Kettenarbeitsverhältnisse 1 560 c
Kirchenaustritt 1 257
Kirchliche Einrichtungen 1 207 ff. 257 f.
– Loyalitätspflicht 1 208
Klageabweisung 4 81 ff.
– Rechtskraft 4 81 f.
– Versäumung der Drei-Wochen-Frist 4 82 ff.
Klageänderung 4 9
Klageantrag 4 5
Klagebefugnis 4 33 ff.
– Erbe 4 35 f.
– Erbe bei Änderungskündigung 4 49 f.
– Gläubiger 4 34
– Zessionar 4 34
Klageerweiterung 4 9 88
Klagefrist; s. a. Drei-Wochen-Frist
– Aufklärungsplicht des Arbeitgebers 4 1 a
– befristetes Arbeitsverhältnis 1 604
– Einberufung zum Wehr- oder Zivildienst 4 67
– Fristwahrung 4 54 ff.
– Rechtsnatur 4 82 ff.
– zustimmungsbedürftige Kündigung 4 59 ff.
Klagegegner 4 37
– bei Betriebsveräußerung 4 38
– Erbengemeinschaft 4 41
– Gesellschaft des bürgerlichen Rechts 4 41
– offene Handelsgesellschaft oder Kommanditgesellschaft 4 39
Klageschrift 4 10
Klageverzichtsvertrag 1 13
Kleinbetrieb Einl. 69 a 74 a 1 9
– arbeitnehmerähnliche Personen 23 25
– Auszubildende 23 20
– Begriff 23 16
– Berücksichtigung von Teilzeitarbeitnehmern 23 22 ff.
– Beweislast 23 28 f.
– Drei-Wochen-Frist 23 27
– einschränkende Auslegung 23 19 b
– Geltung des KSchG 23 16 ff.
– Kündigungsschutz 13 91 ff.
– kündigungsschutzrechtliche Privilegierung 23 19 a
– ruhende Arbeitsverhältnisse 23 26

Kollektive Arbeitnehmerinteressen Einl. 6
Kommanditgesellschaft 4 39
Kommanditist 1 49
Konkurrenzunternehmen 1 306 308
Konzern 1 151
– Berechnungsdurchgriff im 23 12
– Kündigungsschutz von Konzernbetriebsratsmitgliedern 15 8
– soziale Auswahl 1 435
– Wartezeitberechnung 1 73
– Weiterbeschäftigungsmöglichkeit 1 151 f. 392
Kraftfahrer
– Direktionsrecht 2 26
– Trunkenheitsfahrt 1 183 199 255 311
Krankheitsbedingte Kündigung 1 217 ff. 230 a
– Änderungskündigung 2 70 b
– Anhörung des Betriebsrats 1 241
– ärztliche Schweigepflicht 1 228 f.
– Auskunftspflicht 1 223
– betriebliche Beeinträchtigung 1 235 247 ff.
– betriebliche Ursachen 1 238
– Betriebsratsanhörung 1 241
– Beweislast 1 227 ff. 232 a 240 252
– chronische Erkrankung 1 242
– dauernde Arbeitsunfähigkeit 1 252 a ff.
– Entgeltfortzahlungskosten 1 233 ff.
– Erkundigungspflicht 1 223
– häufige Kurzerkrankungen 1 220 ff.
– Interessenabwägung 1 235 ff. 248 251 252 f
– langandauernde Erkrankung 1 242 ff.
– Leistungsminderung 1 252 e ff.
– Personalreserve 1 236
– Prognose 1 220 ff. 244 ff.; s. a. Gesundheitsprognose
– Schwangerschaft 1 230 a ff.
– Sportunfälle 1 224 a
– Überbrückungsmaßnahmen 1 231 248 f.
– Ungewißheit des Heilungsverlaufs 1 249
– Untersuchungspflicht 1 223 a
– Versetzung 1 234 c
Krankmeldung, unverzügliche 1 335 ff.
– Betriebsablaufstörung 1 336 d
– Verstöße gegen ärztliche Anordnungen 1 339 f.

887

Sachverzeichnis

fette Zahlen = §§

Kündigung 1 96; s. a. außerordentliche K.; betriebsbedingte K.; ordentliche K.; personenbedingte K.; verhaltensbedingte K.
- arbeitgeberveranlaßte Arbeitnehmerkündigung **17** 18 ff.
- Auslandsaufenthalt **5** 8
- Begriff **1** 97
- Begründung **1** 97 c
- Betriebsratsmitglieder, s. dort
- Eigenkündigung des Arbeitnehmers **1** 96
- entfristete ordentliche **13** 10 f. **15** 81
- Insolvenzverwalter **1** 107 ff.
- Rechtsnatur **1** 97
- Schriftformerfordernis **1** 97 b
- sittenwidrige **13** 57 ff.
- Stellvertretung **1** 98 c
- treuwidrige **13** 86 ff.
- unterlassene Anzeige bei Massenentlassungen **18** 27 ff.
- Vergleichsverfahren **1** 109
- Wegfall der Geschäftsgrundlage **1** 105 a
- Widerruf **4** 27 ff.
- Wirksamkeit **1** 97 a
- Zugang **1** 98 ff. **4** 51
- Zurücknahme **4** 27 ff.

Kündigung im Arbeitskampf 25; s. a. Kampfkündigungen, Arbeitskampf

Kündigungsbeschränkungen Einl. 2 1 9

Kündigungseinspruch 3 5 ff.
- außerordentliche Kündigung **13** 16
- Bedeutung **3** 12
- Behandlung durch Betriebsrat **3** 7 f.
- Einspruchsfrist **3** 5
- leitender Angestellter **14** 26 f.
- Verhältnis zur Anhörung des Betriebsrats **3** 4

Kündigungsfreiheit Einl. 1 34 1 4

Kündigungsfristen Einl. 72

Kündigungsfristengesetz von 1993 Einl. 2 62 a 72

Kündigungsgrund 1 103 119 f. 175 ff. 494 a
- Änderungskündigung **2** 62 ff.
- Begründungspflicht **1** 159 ff.
- negative Zukunftsprognose **1** 130 ff.; s. a. negative Prognose
- System **1** 116 ff.
- Übersicht **1** 494 d
- Unzumutbarkeit **1** 120 ff.

- vereinbarter **1** 8
- Verzicht und Verzeihung **1** 157 f.
- Wahrscheinlichkeitsgrad **1** 131 ff.

Kündigungsgrund, wichtiger 15 86 ff.
- Änderungskündigung **15** 92
- Drei-Wochen-Frist bei Fehlen eines **15** 138 ff.
- Interessenabwägung **15** 87
- Verstoß gegen betriebsverfassungsrechtliche Pflichten **15** 89 f.

Kündigungsschutz Einl. 2
- allgemein **Einl.** 71
- anzeigepflichtige Entlassung **Vorb. zu 17** 10 ff.
- arbeitgeberbezogener **1** 152
- Arbeitgeberinteressen **Einl. 7**
- Auslandsrecht **Einl.** 88 f.
- besonderer **Einl.** 18 75
- Einschränkung **1** 7
- Erweiterung **1** 9
- geringfügig Beschäftigte **1** 34 37 **23** 22
- geschichtliche Entwicklung **Einl.** 1 ff.
- Interessen der Allgemeinheit **Einl. 8**
- Kleinbetrieb **13** 91 ff.
- kollektive Arbeitnehmerinteressen **Einl. 6**
- sonstiger **Einl.** 71 74
- tarifvertragliche Regelungen **1** 7
- Voraussetzungen **1** 20
- Zielsetzung **Einl. 1** ff.
- zwingende Wirkung **1** 7

Kündigungsschutzgesetz
- Anwendungsbereich bei außerordentlicher Kündigung **13** 25 ff.
- betrieblicher Geltungsbereich **23** 2 ff.
- geschichtliche Entwicklung **Einl.** 28 ff.
- persönlicher Geltungsbereich **1** 21 ff.
- Wartezeit **1** 63 f.

Kündigungsschutzklage 4 1; s. a. nachträgliche Zulassung
- Änderungskündigung **4** 93
- Antrag **4** 5 ff.
- anzeigepflichtige Entlassungen **Vorb. zu 17** 11
- außerordentliche Kündigung **13** 14 f.
- Berufungsinstanz **4** 9 a
- Form **4** 10 ff.
- gegen Erbengemeinschaft **4** 41
- Geltungsbereich **4** 3 71 a ff.
- Grundgedanken **4** 1 f.
- keine Verjährungsunterbrechung **4** 17 ff.
- Klagefrist **4** 51

magere Zahlen = Randnummern

Sachverzeichnis

- Massenverfahren **4** 11
- nachträgliche Zulassung **5** 1 f. 27 a
- Präklusionswirkung **4** 24 ff.
- Rechtsnatur **4** 4
- Schlüssigkeit **4** 13
- Streitgegenstand **4** 69 ff.
- Telefax **4** 11
- Telekopie **4** 11
- Unterschrift **4** 11
- Verbindung mit Feststellungsantrag **4** 72 ff.
- Verfahrensmangel **5** 35 ff.
- Verhältnis zur Feststellungsklage **4** 71 a ff.
- Verhältnis zur Leistungsklage **4** 7
- Verjährung von Lohnansprüchen **4** 17 ff.
- Verzicht auf **4** 42
- Vorbringen anderer Nichtigkeitsgründe **4** 24 ff.
- Wahlbewerber **15** 16
- Wahlvorstand **15** 16
- Wahrung der Klagefrist **4** 54
- Wahrung tariflicher Ausschlußfristen **4** 19 ff.
- Zurücknahme **4** 42 **5** 17 a
- Zustimmungsersetzungsverfahren **15** 142

Kündigungsschutzrechtsreform Einl. 66

Kündigungsverbot 1 419 **4** 38 a **13** 78 ff.

Kündigungswellen Einl. 6

Kürzung einer übertariflichen Zulage 2 26

Kurzarbeit Einl. 6 **1** 384 ff. **19** 1 ff.
- Ablauf der Sperrfrist **19** 12 26
- Akkordarbeit **19** 30 37
- Ankündigung der Kurzarbeit **19** 22 f.
- Antrag **19** 5
- Bedeutung der Zulassung **19** 13 ff.
- Beginn **19** 24
- Beschäftigungsschwierigkeiten **19** 4
- betriebsbedingte Kündigung **1** 384 ff.
- Dauer der Kurzarbeit **19** 26
- individualrechtliche Zulässigkeit **19** 14 ff.
- Kurzarbeitergeld **17** 43 a **19** 21
- Lohnkürzung **19** 30
- Mitbestimmung des Betriebsrats **19** 17 28
- Rechtslage für den Arbeitnehmer **19** 25

- Rechtsmittel **19** 40 f.
- Umfang der Zulassung **19** 7 ff.
- Verteilung der Kurzarbeitszeit **19** 27 f.
- Zeitlohn **19** 30
- Zulassung durch das Arbeitsamt **19** 6 ff.

Kurzarbeitergeld 17 43 a **19** 21
kw-Vermerk 1 423 j

Ladendiebstahl 1 255
Lebensalter 1 95 194 f. 466 b f. 479 b ff.
Lebenspartnerschaft 1 468 a
Lehrer 1 199
Leiharbeitnehmer 1 78 383 396 423 ff.
Leiharbeitsverhältnis 1 39 **4** 37
Leistungsfähigkeit 1 253 ff.
- altersbedingtes Nachlassen **1** 182
- krankheitsbedingte Minderung **1** 252 e ff.

Leistungsklage 4 7
- nachträgliche Geltendmachung der Sozialwidrigkeit **6** 4

Leitende Angestellte 14 12 ff.
- Abfindung **14** 29
- Auflösung des Arbeitsverhältnisses **14** 28 ff.
- Begriff **14** 12 ff.
- Besatzungen von Seeschiffen **14** 31 f.
- Betriebsleiter **14** 15 f.
- Einstellungs- und Entlassungsberechtigung **14** 19 ff.
- Geschäftsführer **14** 14
- Kündigungseinspruch **14** 26 f.
- Kündigungsschutz **14** 25 ff.
- Luftfahrzeuge **14** 31 f. **24** 14
- Seeschiffe **14** 31 f. **24** 14

Lohnanspruch 4 17 ff.; s. a. Annahmeverzug
- tarifliche Ausschlußfrist **4** 19 ff.
- Verjährung **4** 17 f.

Lohnbetrug 1 356
Lohnkürzung
- Änderungskündigung **2** 71 b
- Direktionsrecht **2** 20 f.
- Kurzarbeit **19** 29 ff.

Lohnpfändungen 1 343 ff.
- Abmahnung **1** 345
- verhaltensbedingter Kündigungsgrund **1** 344

Lohnsteuer
- Abfindung **10** 27 ff.

Luftfahrzeuge Einl. 81 **24** 2 ff.
Luftverkehr 24 2 ff.
- Geltung des KSchG **24** 2 ff.

889

Sachverzeichnis

fette Zahlen = §§

- Kapitäne **24** 14
- Klagefrist **24** 7 ff.
- Landbetriebe **24** 4 f.
- leitende Angestellte **14** 31 **24** 14

Massenänderungskündigungen 1 386
- Anwendung des KSchG im Arbeitskampf **25** 15
- Betriebsratsmitglieder **15** 60 ff.

Massenentlassungen Einl. 55 73 **1** 479 d 485 ff. **17** 1 **25** 20; s. a. anzeigepflichtige Entlassungen

Massenkündigungen; s. a. Massenentlassungen
- aussperrungsersetzende **25** 20 ff.

Massenverfahren 4 11

Maßregelungsverbot 1 188 **13** 65 f.

Mehrere Kündigungsgründe 1 166

Mehrere Kündigungssachverhalte 1 167 ff.

Meinungsäußerung 1 329 331

MfS-Tätigkeit; s. Stasitätigkeit

Mindestaltersgrenze Einl. 54 95

Mindestzahl der zu Entlassenden 17 39 ff.

Mischtatbestände 1 166 174 **22** 9

Mißbrauch von Kontrolleinrichtungen 1 346

Mißbrauchskontrolle; s. Willkürkontrolle

Mitbestimmung des Betriebsrats 1 282 a 401; s. a. Anhörung des B.; Mitwirkung des B.; Unterrichtung des B.; Zustimmung des B.
- Abmahnung **1** 282 a
- Änderungskündigung und Versetzung **2** 42 ff.
- Auswahlrichtlinien **1** 481 f. 522 f.
- Versetzung auf freien Arbeitsplatz **1** 401 ff.; s. a. Versetzung
- Versetzung und Arbeitsverweigerung **1** 317 ff.; s. a. Versetzung
- Verteilung der Kurzarbeitszeit **19** 28
- Zulassung von Kurzarbeit durch Arbeitsamt **19** 17

Mitglieder des Wahlvorstands 15 16 ff.

Mitteilung der Kündigungsgründe 1 159 ff.
- an den Arbeitnehmer **1** 159
- an den Auszubildenden **1** 160
- Begründungspflicht **1** 161
- gegenüber dem Betriebsrat **15** 108
- Schadensersatz **1** 162 f.

Mittelbares Arbeitsverhältnis 1 60 f. **4** 37

Mitwirkung des Betriebsrats Einl. 43; s. a. Anhörung des B.; Mitbestimmung des B.
- anzeigepflichtige Entlassungen **Vorb. zu 17** 13 **17** 44 ff. 55

Monatsverdienst 10 4 ff.

Mutterschutz 1 93 **4** 64

Mutterschutzgesetz 4 64

Nachprüfbarkeit 1 429; s. a. Willkürkontrolle
- Abfindungshöhe durch Revisionsgericht **10** 9
- Entscheidung des Arbeitsamtes über Kurzarbeit **20** 23 ff.
- soziale Auswahl **1** 475
- soziale Auswahl bei Auswahlrichtlinien **1** 483

Nachschieben von Kündigungsgründen 1 164 ff. **15** 111
- im Zustimmungsersetzungsverfahren **15** 125

Nachtbriefkasten 5 13

Nachteilsausgleich
- und Abfindung wegen Auflösung des Arbeitsverhältnisses **9** 68 ff.

nachträgliche Überprüfung 1 5 f.

nachträgliche Zulassung
- Antrag **5** 20
- Antragsfrist **5** 21 ff.
- Arglisteinwand **5** 5
- Aufenthalt im Ausland **5** 8
- Ausnutzung der Klagefrist **5** 9 12
- Bindungswirkung **5** 34
- Einzelfälle **5** 4 ff.
- Entscheidung **5** 28 ff.
- falsche Auskünfte **5** 6 f.
- fehlende Sprachkenntnisse **5** 10
- formale Voraussetzungen **5** 20 f.
- Glaubhaftmachung **5** 25 ff.
- Krankheit **5** 12
- Nachtbriefkasten **5** 13
- Postlaufzeiten **5** 14
- Rechtskraft **5** 33 f.
- Rechtsschutzinteresse **5** 27 f.
- sofortige Beschwerde **5** 29 ff.
- Unkenntnis von der Klagefrist **5** 11
- Unterzeichnung **5** 5 a
- urlaubsbedingte Ortsabwesenheit **5** 18 f.
- Verschulden des Prozeßbevollmächtigten **5** 15 ff.

890

magere Zahlen = Randnummern

Sachverzeichnis

- Verzögerung bei Briefbeförderung **5** 14
- zuzumutende Sorgfalt **5** 2 ff.
Nachtwächter 2 26
Nachwirkung 15 42 ff.
- Ausschluß **15** 52 f.
- des Sonderkündigungsschutzes **15** 42 ff.
- und Zustimmungserfordernis **15** 97
Nebenpflichtverletzung 1 271 275 309 b
Nebentätigkeit 1 347 ff.
negative Gesundheitsprognose 1 222
negative Prognose 1 130 ff. 176 a 252 d 274 ff.; s. a. Gesundheitsprognose
- Begründung **1** 131 c
- Wahrscheinlichkeitsgrad **1** 131 ff.
negatives Schuldanerkenntnis 1 13 a
Neue Bundesländer Einl. 32 a 75 a ff. **1** 107 a **26** 9; s. a. Einigungsvertrag
Neueinstellung 1 607 ff.
Neues Arbeitsverhältnis 12 2
- Auflösungsantrag **12** 12
- Beendigung des alten Arbeitsverhältnisses **12** 5
- Erklärungspflicht **12** 8 ff.
- Fortsetzung des alten Arbeitsverhältnisses **12** 4
- Wahlrecht **12** 1 f.
Nichtigkeit des Arbeitsvertrages 1 101
Nichtigkeitsgründe, sonstige 13 75 ff.; s. a. sittenwidrige Kündigung
- betriebsverfassungsrechtliches Verbot **13** 80
- Drei-Wochen-Frist **13** 77 94
- Geltendmachung neben Sozialwidrigkeit **13** 75 ff.
- Gesetzliche Kündigungsbeschränkungen **13** 83
- gesetzliches Verbot **13** 78 ff.
- Kündigung wegen Betriebsübergang **13** 82
- Maßregelung des Arbeitnehmers **13** 81
- Rechtsfolgen **13** 93 f.
- Treu und Glauben **13** 86 ff.
nichtrechtsfähiger Verein 4 40
Notfälle 2 18
Notsituation 1 358

öffentlicher Dienst Einl. 75 a ff.
- Änderungskündigung **2** 74 a

- Anhörung des Arbeitnehmers vor Abmahnung **1** 287 b 297
- außerdienstliches Verhalten **1** 323 a f.
- korrigierende Rückgruppierung **2** 32 f
- Kündigungsschutz für Personalratsmitglieder **15** 12 ff.
- Kündigungswiderspruch nach BPersVG **1** 514 f.
- Zustimmung des Personalrats zur Kündigung **15** 99
offene Handelsgesellschaft 4 39
Omnibusfahrer 2 27
Ordentliche Kündigung 1 100
- Begriff **1** 100
- entfristete **1** 100 **13** 10 f.
- von Betriebsratsmitgliedern **15** 54 ff.
- Widerspruch des Betriebsrats **1** 505 ff.
Organmitglieder 1 50 **14** 4 ff.
Organschaftliche Vertreter 14 11
Outsourcing 1 367 423 c ff.

Persönliche Abhängigkeit 1 24
Persönlichkeitsrecht 1 296
Personaleinkauf 1 348 a
personenbedingte Kündigung 1 175 ff.
- Abgrenzung zur verhaltensbedingten **1** 185
- Abmahnung **1** 185 a
- Änderungskündigung **2** 70
- betriebliche Beeinträchtigungen **1** 177
- Doppeltatbestand **1** 167 ff.
- Einzelfälle (alphabetisch) **1** 187 ff.
- fehlende Eignung **Einl.** 75 d 75 g **1** 176
- fehlende Weiterbeschäftigungsmöglichkeit **1** 178
- Interessenabwägung **1** 180 ff.
politisch Verfolgte 4 63
politische Betätigung 1 331
Postlaufzeiten 5 14
Präklusion 15 143
- sonstige Beendigungstatbestände **4** 89 ff.
- Wirkung **4** 25
Privatsphäre des Arbeitgebers 1 129
Privatsphäre des Arbeitnehmers 1 321 ff.
Probearbeitsverhältnis 1 40
Probezeit 1 65
Produktionsumstellung 1 411
Prognose 1 130 ff. 176 f.; s. a. Gesundheitsprognose; negative Prognose

891

Sachverzeichnis

fette Zahlen = §§

Prognosezeitpunkt 1 156
– betriebliche Kündigung **1** 406
– krankheitsbedingte Kündigung **1** 222 244
– Verdachtskündigung **1** 266 407
– Wiedereinstellungsanspruch **1** 266
Punktetabellen 1 475 479 d 481 487 527

Rationalisierungsmaßnahmen 1 367 371 c 409 423 b 424
Rauchverbot 1 348 c
Rechtsformwahl bei Vertragsgestaltung 1 32
Rechtsfortbildung Einl. 10
– Weiterbeschäftigungsanspruch **4** 99
Rechtskraft 4 81 ff.
– Beschluß über nachträgliche Zulassung **5** 33 f.
– erneute Klage **4** 88
– erneute Kündigung **4** 88 91 f.
– Feststellungsurteil **4** 89 ff.
– Klageabweisung **4** 81 ff.
– Trotzkündigung **4** 91
Rechtsmittel
– gegen Auflösungsurteil **9** 66 a f.
– gegen Beschluß nach § 5 **5** 29 ff.
– gegen Entscheidung des Arbeitsamtes **20** 26 ff.
Rechtsnachfolge 1 75
rechtspolitische Diskussion Einl. 10 ff.
rechtspolitische Wertung Einl. 9
Rechtsschutz
– gegen Abmahnung **1** 296
Rechtsschutzinteresse 4 14 **5** 27
Rechtswahl Einl. 80 ff.
Reformbestrebungen Einl. 63 ff.
– Vorschläge **Einl.** 68 ff.
Rentenalter 1 195 597 b **10** 19 f.
Restmandat 15 161
richterliche Hinweispflicht 6 10 ff.
Rücknahme der Kündigung 1 82 **4** 27 ff.
– Änderungskündigung **4** 45 ff.
– Auflösungsantrag **4** 30 f.
Ruhen des Arbeitsverhältnisses 1 111 437

Sachverständigengutachten
– medizinisches **1** 225 229
Saisonbetrieb Einl. 58
– Baugewerbe **22** 6

– Begriff **22** 4
– Beweislast **22** 10
– Fortsetzung des Arbeitsverhältnisses **1** 87
– Massentlassungen **Vorb. zu 17** 14 **22** 1 ff.
– Mischtatbestand **22** 9
– Wiedereinstellungspflicht **22** 11
Sanktionscharakter 1 130 f
Schadensersatz 1 162 491 **4** 103 **10** 23 **17** 65
Schematisierung der Sozialauswahl; s. Auswahlrichtlinien
Schichtarbeit 1 532
Schichtbetrieb 2 25
Schiedsgericht 4 58
Schiffahrt 24 2 ff.
– Betriebsbegriff **24** 3 ff.
– Geltung des KSchG **24** 1 ff.
– Kapitäne **24** 14
– Klagefrist **24** 7 ff.
– Landbetriebe **23** 34 **24** 4
– leitende Angestellte **24** 14
– Wartezeit **24** 6
Schlechtleistung 1 129 349 ff.
Schmiergeld 1 351 f.
Schriftformerfordernis Einl. 69 **1** 97 b 630 **2** 12 a
– auflösend bedingtes Arbeitsverhältnis **1** 630
Schulaufsichtliche Genehmigung 1 199
Schutzgesetz 1 19
Schwangerschaft 1 230 a ff.
Schwangerschaftsabbruch 1 258
Schweigen des Arbeitnehmers 1 12
Schweigen des Betriebsrats 15 112
Schwerbehinderte 4 65
Schwerbehindertenvertretung
– Kündigungsschutz für Mitglieder **15** 26 f.
Sechs-Monats-Frist 1 63 ff.
SED-Mitgliedschaft Einl. 75 e
Seebetriebsrat 15 8
Seeschiffe Einl. 81 **24** 2 ff.; s. a. Schiffahrt
– Anwendung des KSchG **23** 34
Selbständige 1 44
Sexuelle Belästigungen 1 286 a 351 b f.
Sicherheitsbedenken 1 200
sittenwidrige Kündigung 13 57 ff.
– Abfindung **13** 70 f.

892

magere Zahlen = Randnummern

Sachverzeichnis

- Abgrenzung zur Sozialwidrigkeit 13 58 ff.
- Aids 1 188
- Beispiele 13 64 ff.
- Beweislast 13 62 f.
- Klagefrist 13 69
- Rechtsfolgen 13 67 ff.
- Sonderkündigungsschutz Einl. 18
- für Ersatzmitglieder von Arbeitnehmervertretungen 15 21 ff.
- geschützter Personenkreis 15 8 ff.
- Nachwirkung 15 42 ff.
- Wahlbewerber 15 18 ff.
- Wahlvorstand 15 16 f.
- zeitliche Dauer 15 29 ff.
- sonstige Aus- und Fortbildungsverhältnisse 1 52
- Soziale Auswahl 1 431 ff.; s. a. nachfolgende Stichworte
- Änderungskündigung 2 75 ff.
- Altersruhegeld 1 474 a
- Arbeitnehmer mit Sonderkündigungsschutz 1 453 ff.
- Arbeitnehmer ohne allgemeinen Kündigungsschutz 1 460
- Arbeitsmarktchancen 1 466 d
- Auskunftsanspruch des Arbeitnehmers 1 490 f.
- Austauschbarkeit von Arbeitnehmern 1 444 ff.
- Auswahlrichtlinien 1 481 ff. 484 a ff.
- befristetes Arbeitsverhältnis 1 455
- Berufsausbildung 1 451 451 b
- Betriebs- und Personalratsmitglieder 1 453
- Betriebsbezug 1 434 ff.
- Betriebsübergang 1 439 ff.
- Beweislast 1 492 ff.
- Einarbeitungszeiten 1 451 f.
- einheitlicher Betrieb mehrerer Unternehmen 1 436
- Einigungsvertrag Einl. 75 i ff.
- gerichtliche Überprüfung 1 475
- gesundheitliche Leistungsmängel 1 452
- Insolvenz 1 494 a ff.
- Konzernbezug 1 435
- Massenentlassungen 1 479 d 485 ff.
- Massenkündigungen 1 479 d 485 ff.
- Neuregelung 1 431 a
- öffentlicher Dienst 1 478 a
- personenbedingte Kündigung 1 433
- Punktetabellen 1 475 481 487

- ruhendes Arbeitsverhältnis 1 437
- Schwerbehinderte 1 454
- Spaltung oder Teilübergang nach §§ 123 ff. bzw. §§ 174 ff. UmwG 1 435 a
- tarifliche Eingruppierung 1 451 a
- tarifliche Unkündbarkeit 1 456 ff.
- Teilzeitbeschäftigte 1 443
- Unternehmensbezug 1 435
- Unterrichtung des Betriebsrats 1 488 ff.
- Vergleichbarkeit der Arbeitnehmer 1 442 ff.
- Vergleichbarkeitskriterien 1 451 ff.
- verhaltensbedingte Kündigung 1 433
- werdende und stillende Mütter 1 454
- Soziale Auswahl, Auswahlgesichtspunkte 1 462 ff.
- Alter 1 466 b ff.
- Arbeitsmarktchancen 1 472
- Betriebszugehörigkeit 1 467 f.
- Doppelverdienst 1 469 ff.
- flexible Altersgrenze 1 474
- Fragerecht des Arbeitgebers 1 465
- Gesundheitszustand 1 474
- Nachprüfbarkeit 1 475
- Neuregelung 1 475 a ff.
- Punktetabellen 1 475
- Unterhaltsverpflichtung 1 468 f.
- Vermögensverhältnisse 1 473
- Soziale Auswahl, entgegenstehende betriebliche Belange 1 476 ff.
- ausgewogene Altersstruktur 1 479 b ff.
- Massenkündigungen 1 479 e
- öffentlicher Dienst 1 478 a
- Neuregelung 1 482 b ff.
- personenbedingte Gründe 1 479
- Punktetabellen 1 481 ff.
- verhaltensbedingte Gründe 1 479
- Sozialplan
- Abfindung wegen Auflösung des Arbeitsverhältnisses 9 67 ff.
- Klageverzicht 1 10
- und anzeigepflichtige Entlassungen 17 57
- Sozialversicherungsbeiträge 10 31
- Sozialversicherungsleistungen
- Anrechnung bei Annahmeverzug des Arbeitgebers 11 19
- Sozialwidrigkeit 1 112 ff.; s. a. nachfolgende Stichworte
- Abgrenzung zur Sittenwidrigkeit 13 58 ff.

Sachverzeichnis

fette Zahlen = §§

- absolute **1** 118 495 ff.
- Änderungskündigung **2** 62 ff.
- Berufung des Arbeitgebers auf **4** 28
- Beurteilungszeitpunkt **1** 156
- Beweislast **1** 544 ff.
- Interessenabwägung **1** 135 ff.
- relative **1** 118
- rückwirkende Heilung **7** 1 ff.
- Verhältnis zu Treu und Glauben **13** 86 ff.

Sozialwidrigkeit, absolute Gründe 1 495 ff.
- als relative Gründe **1** 499 ff.
- Beweislast **1** 541 ff.
- Verstoß gegen Auswahlrichtlinien **1** 500 522 ff.
- Weiterbeschäftigungsmöglichkeit **1** 529 ff.
- Widerspruch des Betriebsrats **1** 505 ff.

Sperrfrist 18 3 f.
- Beginn **18** 3 f.
- Berechnung **18** 3
- Entlassung nach Ablauf **18** 20 ff.
- Entlassungen während **18** 18 f.
- Rückwirkung der Zustimmung des Arbeitsamtes **18** 8 ff.
- Verlängerung **18** 4
- Zustimmung des Arbeitsamtes zu Entlassungen **18** 5 ff.

Spesenbetrug 1 355 **15** 86 a
Sprachrisiko 1 18
Sprecherausschuß der leitenden Angestellten
- anzeigepflichtige Entlassungen **17** 79
- Einspruch nach § **3** **14** 27

Stasi-Tätigkeit Einl. 75 a 75 e **1** 212 a ff. 334 b
Stellungnahme des Betriebsrats 3 9 f. **4** 68 **17** 53 73 ff.
Stellvertretung 1 98 c
Steuerhinterziehung 1 255
Stillschweigende Annahmeerklärung 4 31
Straftaten 1 255 262 a f. 273 a 341
- außerdienstlich **1** 211 a 255 325
- im Betrieb **1** 353 **15** 86 a
Straf- und Untersuchungshaft 1 254 f.
Streik 1 80 **25** 1 6 f. 20 23
Streitgegenstand 2 61 **4** 24 ff. **13** 47
- Änderungsschutzklage **4** 44 93
- allgemeine Feststellungsklage **4** 73 79
- Kündigungsschutzklage **4** 69 ff.
- punktueller **4** 69 ff.

Streitwert 9 65
Sympathieaussperrung 25 7
Sympathiestreik 25 7

Tätlichkeiten 1 357; s. a. Straftaten
Tarifliche Ausschlußfrist 4 19 ff.
- Änderungskündigung **4** 23
Tarifvertrag
- Erweiterung von Kündigungsgründen **1** 7 ff.
- Ausschluß der ordentlichen Kündigung **1** 9
- Verkürzung von Kündigungsfristen **13** 9
Teilkündigung 2 28 ff.
Teilzeitarbeit Einl. 57 ff. 60 **1** 367
Teilzeitarbeitnehmer 1 41 91 425 a ff. **23** 22 ff.
Telearbeitnehmer 1 42
Telefax 4 11
Telefongespräche, private 1 348 b
Telekopie 4 11
Tendenzbetriebe 1 256 ff.
Tendenzunternehmen
- Kündigung von Betriebsratsmitgliedern **15** 10
Tierarzt 2 27
Tod des Arbeitnehmers
- Auflösung des Arbeitsverhältnisses **9** 56
- Vererbung des Abfindungsanspruchs **9** 56 **10** 35
- Vererbung des Klagerechts **4** 35 f. 49 f.
Transsexualität 1 218
Treu und Glauben Einl. 25 76 **13** 86 ff.
Trotzkündigung 4 91
Trunkenheitsfahrt 1 255 311

Überbrückungsmaßnahmen 1 180 249
Übermaßverbot
- Abmahnung **1** 289 f.
- Pflichtverletzungen, geringfügige **1** 290
Überstundenverweigerung 1 358 f.
Überwiegensprinzip 1 133
ultima ratio-Grundsatz 1 139 ff.
Umdeutung der Kündigung 13 21 a 38 ff.
- Anhörung des Betriebsrats **13** 52 ff.
- von Amts wegen **13** 45
Umgehung des Kündigungsschutzes
- Befristungen **1** 557

magere Zahlen = Randnummern

Sachverzeichnis

Umsatzrückgang 1 366 426 ff.
Umschulungs- oder Fortbildungsmaßnahmen 1 178 399 532 535 538 ff.
Umsetzungsklausel 2 19
Umwandlungsgesetz 1 72 435 a 23 9 b ff. 13 b
Unrentabilität 1 430
Unfall 1 224
Unpünktlichkeit 1 361 ff.
Unternehmen 1 71
Unternehmerische Entscheidung 1 366 ff.; s. a. betriebsbedingte Kündigung
– Anforderungsprofil des Arbeitsplatzes **1** 367
– Betriebsbezogenheit **1** 374 f.
– gerichtliche Willkürkontrolle **1** 371 ff. 388 a 411
– Gewinnsteigerung **1** 371 e
– verdeckte Unternehmerentscheidung **1** 369
– Wegfall einer Beschäftigungsmöglichkeit **1** 372 ff. 390
Unternehmensbezug
– dringende betriebliche Erfordernisse **1** 374
– soziale Auswahl **1** 435
– Wartezeit **1** 70 ff.
– Weiterbeschäftigungsmöglichkeit **1** 391
Unternehmensspaltung 23 13 b
Unterrichtung des Betriebsrats 1 488 ff.; s. a. Mitbestimmung des Betriebsrats
– Änderungsangebot bei Änderungskündigung **2** 35 ff.
– anzeigepflichtige Entlassungen **17** 47 ff.
– soziale Auswahl **1** 488 f.
– Zeitpunkt bei fristloser Kündigung eines Betriebsratsmitglieds **15** 109
Unterschlagungen 15 86 a
unzulässige Rechtsausübung 1 158
Unzumutbarkeit 1 120 ff.
– doppelte **1** 123 f.
Urlaub 5 18
– eigenmächtiger Urlaubsantritt **1** 333 f.
Urlaubsansprüche
– bei Erhebung einer Kündigungsschutzklage **4** 23 a
– bei vorläufiger Weiterbeschäftigung **4** 110
Urteil 4 69 ff.

Verbesserung des Kündigungsschutzes 1 9
Verdachtskündigung 1 260 ff. 359
– Abgrenzung zur Kündigung wegen Pflichtverletzung **1** 261
– Anhörung des Arbeitnehmers **1** 265
– Anhörung des Betriebsrats **1** 267
– Anforderungen **1** 263
– Bindung an Strafurteil **1** 262 b
– Kontrolle durch Testperson **1** 264 a
– Prognosezeitpunkt **1** 266
– Wiedereinstellungsanspruch **1** 156 j 266
Verein 1 49
Verfahrenskosten
– bei Auflösungsantrag **9** 61 ff.
Verfassungsmäßigkeit Einl. 9 74 a 23 19 a
Verfügungsgrund 4 101 f.
vergleichbare Arbeitsplätze 1 179
Vergleichbarkeit der Arbeitnehmer
– Änderungskündigung **2** 76
– soziale Auswahl **1** 442 ff.
Vergleichsverfahren 1 109
Vergleichsvertrag 1 13
– gerichtlicher Vergleich über Befristung **1** 569
Verhältnismäßigkeit 1 139 ff. 289 378 f. **2** 32 a ff.; s. a. Übermaßverbot
verhaltensbedingte Kündigung 1 270 ff.
– Abgrenzung zur personenbedingten **1** 185
– Abmahnung **1** 280 ff.
– Änderungskündigung **2** 70
– Beeinträchtigung des Arbeitsverhältnisses **1** 275
– Beweislast **1** 303 a
– Doppeltatbestand **1** 167 ff.
– Einzelfälle (alphabetisch) **1** 305 ff.
– fehlende Weiterbeschäftigungsmöglichkeit **1** 276
– Interessenabwägung **1** 277 f.
– Verschulden **1** 279 f.
Verheiratung 1 206 ff.
Verjährung 4 17
– Ablaufhemmung **4** 18
Verkäuferin 2 27
Verkaufsstellenleiter 2 27
Verlegung des Tätigkeitsorts 2 26
Verlöbnis 1 48
Verlust der Fahrerlaubnis 1 199
Verschulden 1 279

895

Sachverzeichnis

fette Zahlen = §§

Verschulden des Prozeßbevollmächtigten 5 15 ff.
Verschuldung des Arbeitnehmers 1 267 a f.
Verschwiegenheitspflicht
– Betriebsgeheimnis **1** 332
– Arbeitsamt-Ausschuß **20** 16
Versetzung 1 317 **2** 47 **17** 26
– Arbeitsverweigerung **1** 318 ff.
– Beteiligung des Betriebsrats **2** 33 f. 42 ff.
– Betriebsratsmitglieder **15** 38 72
– Zustimmungsverweigerung des Betriebsrats **2** 45 ff.
– Zuweisung anderer Tätigkeit **1** 401 ff.
Versetzungsklausel 2 19
Verspätete Klage 5 1 ff.
Vertikale Vergleichbarkeit 1 446
– Abgrenzung zur horizontalen Vergleichbarkeit **1** 449
vertragliches Klagerücknahmeversprechen 1 13
Vertragliches Rügerecht 1 290 b; s. a. Abmahnung
Vertragsänderung 1 148
– vorbehaltlose Annahme bei Änderungskündigung **2** 99
Vertragsfreiheit 1 31
Vertragsinhaltsschutz 2 2
Vertragsverletzung 1 271 ff.
Vertrauensbereich
– Abgrenzung zum Leistungsbereich **1** 283
– Abmahnung **1** 283
– fehlende Weiterbeschäftigungsmöglichkeit **1** 276
Vertrauensschutz 15 117
Verwirkung 7 3
– des Kündigungsrechts **1** 158 a
Verzeihung 1 157
Verzicht
– auf Kündigungsgründe **1** 158 f.
– auf Kündigungsschutzklage **4** 42
– auf verlängerte Kündigungsfristen **1** 10
– durch ausländischen Arbeitnehmer **1** 18
– durch Schweigen **1** 12
– Klageverzicht **1** 18
– Kündigungsrecht nach Abmahnung **1** 294
– Kündigungsschutz **1** 10 ff. **15** 2
– nach Zugang der Kündigung **1** 11
– Sperrzeit nach § 144 SGB III **1** 11 a

– Sprachrisiko **1** 18
– vor Ablauf der Drei-Wochen-Frist **1** 11
Volontäre 1 53
Vorbehalt bei Änderungskündigung 2 81 ff.
– Annahme unter Vorbehalt **2** 81 ff.
– außerordentliche Änderungskündigung **2** 90
– Form **2** 89
– Frist zur Erklärung **2** 85 ff.
– Fristversäumung **2** 88
– Rechtsfolgen der Annahme unter Vorbehalt **2** 91 ff.
– Wesen **2** 83 f.
– Zweck **2** 81
vorläufige Suspendierung 15 95 ff.
– und Amtsausübung **15** 96
Vorrang der Änderungskündigung 1 148
Vorstrafen 1 360
vorübergehende Verhinderung 1 180
vorübergehender Arbeitskräftebedarf Einl. 12
– Befristung **1** 564
vorübergehender Arbeitsmangel
– Einführung von Kurzarbeit **1** 141 384 ff. **19** 4

Wachmann 1 199
Wahlbewerber
– Ende des besonderen Kündigungsschutzes **15** 41
– Kündigungsschutz **15** 16 ff.
Wahlrecht
– des Arbeitnehmers bei Verstoß gegen Anzeigepflicht **18** 32 ff.
– nach erfolgreicher Kündigungsschutzklage **1** 1 ff.
Wahlvorstand 15 40
– Ende des besonderen Kündigungsschutzes **15** 40 f.
– Kündigungsschutz **15** 16 ff.
Wahrscheinlichkeitsgrad 1 131 ff.
Wartezeit 1 63 ff.
– Abdingbarkeit **1** 66 f.
– Beginn **1** 77
– Berechnung **1** 77 ff.
– Darlegungs- und Beweislast **1** 94
– geschichtliche Entwicklung **1** 63
– Gesetzesumgehung **1** 69
– Identität des Arbeitsverhältnisses **1** 74
– Konzern **1** 73

896

magere Zahlen = Randnummern

Sachverzeichnis

- Probezeit **1** 65
- Rechtsmißbrauch **1** 69 a
- Rechtsnachfolge **1** 75 ff.
- Schiffahrt **24** 6
- Sinn und Zweck **1** 64
- Unterbrechung **1** 80 ff.
- Veränderung der Unternehmenszugehörigkeit **1** 72
- Vollendung **1** 68

Wegfall des Arbeitsplatzes 1 364 368 372 a ff. 376 a 390

Wegfall der Bereicherung
- vorläufige Weiterbeschäftigung **4** 111

Wegfall der Geschäftsgrundlage 1 105 a

Wehrdienst 1 92 180 268 453 **4** 67

Wehrübung 1 92

Weisungsgebundenheit 1 25 f.

Weisungsrecht; s. Direktionsrecht

Weiterbeschäftigungsangebot vor Kündigungsausspruch 1 145 ff.

Weiterbeschäftigungsanspruch, allgemeiner 4 94 ff.
- Änderungskündigung **2** 92
- anzeigepflichtige Entlassungen **17** 38
- Befristung **4** 98
- Bereicherungsrecht **4** 107 ff.
- betriebsverfassungsrechtlicher **1** 6 516
- einstweiliger Rechtsschutz **4** 101
- prozessuale Fragen **4** 120
- Rechtsgrund **4** 112 ff.
- Rechtsnatur **4** 104 ff.
- Reformdiskussion **Einl.** 70
- Verfügungsgrund **4** 101 f.
- Vergütung **4** 116
- zur Abwendung der Zwangsvollstreckung **4** 106

Weiterbeschäftigungsmöglichkeit 1 142 ff. 390 ff. 401 ff.
- alliierte Streitkräfte **Einl.** 86
- andere Betriebe **1** 534
- Ausland **1** 144 c
- Auswahlentscheidung **1** 400 a ff.
- Beförderungsstelle **1** 398 b
- bessere Arbeitsbedingungen **1** 144 b 179
- betriebsbedingte Kündigung **1** 390 ff.
- Darlegungs- und Beweislast **1** 405 f. 542
- externe Bewerber **1** 397
- geänderte Vertragsbedingungen **1** 540
- höherwertiger Arbeitsplatz **1** 144 b 179

- interne Bewerber **1** 397
- Konzern **1** 151 f. 534 a
- Kündigung von Betriebsratsmitgliedern bei Betriebsstillegung **15** 156
- Leiharbeitnehmer **1** 396
- Mitbestimmung des Betriebsrats **1** 401 ff.
- nach Änderungskündigung **1** 535 a f.
- nach Umschulung **1** 399 539
- öffentlicher Dienst **1** 144 a 404
- personenbedingte Kündigung **1** 178 ff.
- Prüfungspflicht des Arbeitgebers **1** 395
- Umschulungs- bzw. Fortbildungsmaßnahmen **1** 538
- unternehmensbezogene **1** 144 391 ff. 400 f ff.
- vergleichbare freie Arbeitsplätze **1** 179 396 a ff. 398 ff.
- verhaltensbedingte Kündigung **1** 276
- Widerspruch des Betriebsrats **1** 529 ff.

Weiterbeschäftigungspflicht 1 6 516
- anzeigepflichtige Entlassung **17** 38

Weiterbeschäftigungsurteil 4 106

Weiterbeschäftigungsverhältnis 1 461 **4** 114
- Rückabwicklung **4** 107 ff.

Wettbewerbsverbot 1 348 360 a f.

Widerklage 4 9

Widerrufsanspruch
- Abmahnung **1** 296

Widerrufsvorbehalt 2 30

Widerspruch des Betriebsrats
- absolute Sozialwidrigkeit der Kündigung **1** 505 ff.
- Änderungskündigung **2** 78 ff. 95
- Begründung **1** 512
- Beweislast **1** 541 ff.
- Eventualvorbringen **1** 518
- Gründe **1** 516 ff.
- personenbedingte Kündigung **1** 520
- sachlich unberechtigter **1** 510
- verhaltensbedingte Kündigung **1** 520
- Verstoß gegen Auswahlrichtlinien **1** 522
- Weiterbeschäftigungsmöglichkeit **1** 529 ff.

Widerspruchsverfahren nach dem BPersVG 1 514 f.

Widersprüchliches Verhalten 13 89; s. a. Treu und Glauben

Wiedereingliederung 1 6 143 b

Wiedereinsetzung in den vorigen Stand 5 1 21

897

Sachverzeichnis

fette Zahlen = §§

Wiedereinstellungsanspruch 1
156a ff. 266 407
Wiedereinstellungspflicht
– Kampagnebetrieb **22** 11
– Saisonbetrieb **22** 11
Wiederholungskündigung 4 91
Wilde Streiks 1 314 25 18 ff.
Willkürkontrolle 1 371 ff. 388a 411
Wirtschaftliche Abhängigkeit 1 28
Wissenschaftliches Personal Einl. 62

Zeiterfassungssystem, Manipulieren am 1 346 **15** 86
Zielsetzung des KSchG Einl. 13 ff.
Zivildienst 1 92 268 453 **4** 67
Zivilschutz 1 92
Zölibatsklauseln 1 206
Zugang der Kündigung 1 156 **4** 51
Zukunftsbezogenheit der Kündigungsgründe 1 130 ff.
Zukunftsprognose 1 130
– Anzahl der Abmahnungen **1** 293
– Entbehrlichkeit der Abmahnung **1** 285 f.
– Sanktionscharakter **1** 274a
– Unpünktlichkeit **1** 362
– verhaltensbedingte Kündigung **1** 274
Zulassungsantrag 5 20
Zurückbehaltungsrecht 1 315b
Zuständigkeit
– für Zustimmung zur Kündigung **15** 98 ff.
Zustimmung des Arbeitsamtes 18 5 ff.
– Anhörung des Arbeitgebers **20** 13 f.
– Anhörung des Betriebsrats **20** 13 f.
– Entlassungen während der Sperrfrist **18** 5 18 f.
– Entscheidungsgrundlagen **20** 17 ff.
– Entscheidungsträger **20** 5
– Grundgedanke **20** 2
– Interessenabwägung **20** 18 ff.
– Negativattest **20** 15
– Rechtsmittel **20** 26 ff.
– Rückwirkung **18** 8 ff.
– sonstige Kündigungsvoraussetzungen **18** 13
– stufenweise Entlassungen **17** 13
– unter Bedingungen **18** 14
– Verfahren **20** 12 ff.
– Verwaltungsakt **18** 6 **20** 25
– Zusammensetzung des Ausschusses **20** 6 ff.

Zustimmung des Betriebsrats; s. a. Mitbestimmung des B.
– Änderungskündigung und Versetzung **2** 42 ff.
– Auswahlrichtlinien **1** 522 f.
– bei Kündigung von Betriebsratsmitgliedern; s. dort
– bei Zuweisung anderer Tätigkeit **1** 401 ff.
– im Nachwirkungszeitraum **15** 97
Zustimmung des Betriebsrats bei Kündigung von Betriebsratsmitgliedern 15 77 ff.
– bei Kündigung im betriebsratslosen Betrieb **15** 106 f.
– fehlender Ermessensspielraum **15** 114
– Form **15** 115
– im Arbeitskampf **15** 102 f.
– im Nachwirkungszeitraum **15** 97
– Kündigung von Betriebsratsmitgliedern bei Betriebsstillegung **15** 157
– Mitbeurteilungsrecht **15** 114
– nachträglich **15** 93 f.
– Verfahrensmängel bei Beschlußfassung **15** 116
– Schweigen **15** 112
– Zuständigkeit **15** 98 ff.
– Zustimmungsbeschluß **15** 100 f.
– Zustimmungsverfahren **15** 108
Zustimmungsersetzung, gerichtliche 15 118 ff.
– betriebsratsloser Betrieb **15** 106 119
– Frist für Antragsstellung **15** 121
– Funktionsfähigkeit des Betriebsrats **15** 104 119
– Kampfkündigungen **15** 119
– Nachschieben von Kündigungsgründen **15** 125
Zustimmungsersetzungsverfahren
– nachträgliche Zustimmung **15** 113
– und Kündigungsschutzklage **15** 142 ff.
– Wegfall des Zustimmungserfordernisses **15** 127
Zustimmungsversagung des Betriebsrats 15 112
Zwingende Wirkung des KSchG 1 7 ff.
Zwingendes Recht 1 7 ff. **15** 2 **Vorb. zu 17** 17
– Wartezeit **1** 66
Zwischenverdienst 11 1 ff.